DIRECTORY OF AMERICAN SCHOLARS

DIRECTORY OF AMERICAN SCHOLARS

TENTH EDITION

VOLUME VI

INDEXES

Caryn E. Klebba, Editor

GALE GROUP

THOMSON LEARNING

Detroit • New York • San Diego • San Francisco
Boston • New Haven, Conn. • Waterville, Maine
London • Munich

Caryn E. Klebba, *Editor*

Jason B. Baldwin, *Assistant Editor*

Contributing Editors: Alex Alviar, Claire M. Campana, Eric Hoss, Chris Lopez,
Christine Maurer, Jenai Mynatt, Jaime E. Noce, Kathleen E. Maki Potts, Amanda C. Quick

Lynne Maday, *Contributor*

Erin E. Braun, *Managing Editor*

Ralph Wiazowski, *Programmer/Analyst*
Venus Little, *Manager, Database Applications, Technical Support Services*

Dorothy Maki, *Manufacturing Manager*
Evi Seoud, *Production Manager*
NeKita McKee, *Buyer*

Data Capture Specialists: Nikkita Bankston, Cynthia A. Jones,
Frances L. Monroe

Mike Logusz, *Graphic Artist*

ISBN: 0-7876-5008-0 (Volume 1)
ISBN: 0-7876-5009-9 (Volume 2)
ISBN: 0-7876-5010-2 (Volume 3)
ISBN: 0-7876-5011-0 (Volume 4)
ISBN: 0-7876-5012-9 (Volume 5)
ISBN: 0-7876-5013-7 (Volume 6)
ISBN: 0-7876-5007-2 (set)
ISSN: 0070-5101

Printed in the United States of America
Published in the United States by Gale Group

CONTENTS

Preface vii

Major Humanities and Social Science Disciplines. ix

Institution Index 1

Geographic Index 73

Discipline Index 141

Alphabetic Index 217

PREFACE

First published in 1942 under the auspices of the American Council of Learned Societies, the *Directory of American Scholars* remains the foremost biographical reference to American humanities scholars. With the tenth edition, the Gale Group has added social science scholars, recognizing the close relationship of the social sciences to the humanities.

The directory is arranged for convenient use in five subject volumes: Volume I: History, Archaeology, and Area Studies; Volume II: English, Speech, and Drama; Volume III: Foreign Languages, Linguistics, and Philology; Volume IV: Philosophy, Religion, and Law; Volume V: Psychology, Sociology, and Education. Each volume of biographical listings contains a geographic index. Volume VI contains an alphabetical index, a discipline index, an institutional index and a cumulative geographic index of scholars listed in the first five volumes.

The tenth edition of the *Directory of American Scholars* profiles more than 30,000 United States and Canadian scholars currently active in teaching, research, and/or publishing. The names of entrants were obtained from a variety of sources, including former entrants, academic deans, or citations in professional journals. In most cases, nominees received a questionnaire to complete, and selection for inclusion was made based on the following criteria:

1. Achievement, by reason of experience and training, of a stature in scholarly work equivalent to that associated with the doctoral degree, coupled with current activity in such work;

or

2. Achievement as evidenced by publication of scholarly works;

or

3. Attainment of a position of substantial responsibility by reason of achievement as outlined in (1) and (2).

Enhancements to the tenth edition include the addition of the fifth subject volume, Volume V: Psychology, Sociology, and Education, and the renaming of Volume I to better reflect the disciplines covered within. An outline of the major disciplines within the social sciences and humanities has been added to each volume to assist in locating scholars associated with disciplines related to, but not named outright in the titles of the individual volumes. Please see page ix for this information. Those individuals involved in multiple fields are listed in all appropriate volumes.

The tenth edition of the *Directory of American Scholars* is produced by fully automated methods. Limitations in the printing method have made it necessary to omit most diacritics.

Individual entries can include: place and year of birth, *primary discipline(s), vital statistics, education, honorary degrees, past and present professional experience, concurrent positions, *membership in international, national and regional societies, honors and awards, *research interest, *publications, postal mailing and electronic mailing addresses. Elements preceded by an asterisk are limited as to the number of items included. If an entrant exceeded these limitations, the editors selected the most recent information. Biographies received in the offices of the Gale Group after the editorial deadline were included in an abbreviated manner whenever possible.

The editors have made every effort to include material as accurately and completely as possible within the confines of format and scope. However, the publishers do not assume and hereby disclaim any liability to any party for any loss or damage caused by errors or omissions in the *Directory of American Scholars*, whether such errors or omissions result from negligence, accident, or any other cause.

Thanks are expressed to those who contributed information and submitted nominations for the new edition. Many societies provided membership lists for the research process and published announcements in their journals or newsletters, and their help is appreciated.

Comments and suggestions regarding any aspect of the tenth edition are invited and should be addressed to The Editors, *Directory of American Scholars*, Gale Group, 27500 Drake Road, Farmington Hills, MI 48333-3535.

MAJOR HUMANITIES & SOCIAL SCIENCE DISCIPLINES

Volume I: History, Archaeology, & Area Studies

Aesthetics
Architecture
Archaeology
Area Studies
Art
Art History
Assyriology
Community Studies
Community Planning
Demography
Geography
History
International Studies
Urban Studies
Western Civilization

Volume II: English, Speech, & Drama

Advertising
Audiology
Bibliography
Cinema
Classical Literature
Communications
Composition (Language Arts)
Creative Writing
Drama
English Literature
Film Studies
Journalism
Library Science
Literary Theory
Literature
Marketing
Mass Communication
Media Studies
Music
Music History
Musicology
Performing Arts
Poetry
Rhetoric
Speech Communication
Speech-Language Pathology
Theater Studies

Volume III: Foreign Languages, Linguistics, & Philology

Classical Languages
Comparative Literature
Foreign Languages
Foreign Literature Studies
Linguistics
Modern Languages
Philology
Romance Languages
Translation

Volume IV: Philosophy, Religion, & Law

Accounting
Business Administration
Corrections
Criminal Justice
Criminology
Economics
Epistemology
Ethics
Evangelism
Forensic Sciences
Government
Homiletics
International Relations
Missiology
Philosophy
Political Science
Public Affairs
Religious Studies
Statistics

Volume V: Psychology, Sociology, & Education

Adult Education
Anthropology
Behavioral Sciences
Child Development
Clinical Psychology
Counseling
Culture Studies
Education
Ethnology
Folklore
Gender Studies
Gerontology
Health Studies
Human Development
Language Education
Psychology
Social Work
Sociology
Women's Studies

Institution Index

Abilene Christian University, Abilene
Barton, Gay, Vol II
Ferguson, Everett, Vol I, IV
Foster, Douglas A., Vol I, IV
Guild, Sonny, Vol IV
Osburn, Carroll D., Vol IV
Shankle, Nancy, Vol II
Slate, Philip, Vol IV
Tippens, Darryl L., Vol II
Van Rheenen, Gailyn, Vol IV
Willerton, Christian William, Vol II
Williams, John Howard, Vol II, III

Academy of Scriptural Knowledge
Martin, Ernest L., Vol IV

Acadia University, Wolfville
Best, Janice, Vol III
Callon, Gordon, Vol II
Conrad, Margaret R., Vol I, V
Davies, Gwendolyn, Vol II
Delpeche, Bernard, Vol III
Fink, Robert J., Vol I, II
McLay, Tim, Vol IV
McRobert, Jennifer, Vol IV
Quema, Anne, Vol II
Steggles, Mary Ann, Vol I
Thompson, Hilary, Vol II
Thompson, Ray, Vol II

Adams State College, Alamosa
Daley, Koos W., Vol II
Gross, Pamela, Vol I
Hilwig, Stuart, Vol I
Mazel, David, Vol II
Peterson, Norma Lois, Vol I

Adelphi University, Garden City
Amador, Raysa E., Vol III
Ernst, Robert, Vol I
Friedman, Eva Mary, Vol III
Garner, Richard, Vol II, III
Starkey, Armstrong, Vol I
Steil, Janice M., Vol V
Webb, Igor M., Vol II
Wolf, Donald, Vol II

Adirondack Community College, Queensbury
Bailey, Charles E., Vol I, IV
Muscari, Paul G., Vol IV

Adrian College, Adrian
Aichele, George, Vol IV
Elardo, Ronald Joseph, Vol III
Fechner, Roger J., Vol I

African Art Museum of Maryland
Ligon, Doris Hillian, Vol I

Agnes Scott College, Decatur
Ames, Christopher, Vol II
Ball, Bo, Vol II
Cochran, Augustus B., Vol IV
Hackett, Elizabeth, Vol IV
Johnson, Calvert, Vol II
Khwaja, Waqas A., Vol II
MacEwen, Sally, Vol II, III
Norat, Gisela, Vol III
Ocasio, Rafael, Vol III
Parry, Richard D., Vol IV
Pinka, Patricia G., Vol II
Pippin, Tina, Vol IV
Rothman, Roger, Vol I

Aims Community College, Greeley
Hardgrave, Billy D., Vol V

Alabama Agricultural and Mechanical University, Normal
Browne, Stanley M., Vol IV
Fennessee, W. T., Vol V
Jeter, Joseph, Vol II
Kearns, Nancy, Vol II
Rice, Horace Warren, Vol IV
Taylor, Gene Fred, Vol IV
Wilson, Patricia I., Vol V

Alabama Capital Representation Resource Center
Stanley, Kathryn Velma, Vol IV

Alabama State University, Montgomery
Bell, Katie Roberson, Vol V
Bibb, T. Clifford, Vol II
Bryson, Ralph J., Vol II
Ely, Robert Eugene, Vol II
Harris, Willa Bing, Vol V
Moore, Nathan, Vol II
Pace, Kay Robertine, Vol II
Roberson, Susan L., Vol II
Stephens, Margaret Holler, Vol II
Sumner, Gordon H., Vol III
Westhauser, Karl E., Vol I

Alaska Pacific University, Anchorage
Barry, Marilyn H., Vol II
Boisclair, Regina A., Vol IV
Evans, Mei Mei, Vol II

Albany State University, Albany
Anson, Richard, Vol IV
Cohen, Sandy, Vol II
Formwalt, Lee W., Vol I
Hill, James Lee, Vol II
Ochie, C., Vol IV
Reed, William, Vol V
Townsel, Sylviane, Vol II, III

Albert Einstein College of Medicine
Macklin, Ruth C., Vol IV

Albertson College of Idaho, Caldwell
Attebery, Louie Wayne, Vol II, V
Maughan, Steven, Vol I
Smith, Mark, Vol I

Albertus Magnus College, New Haven
Cole, Susan Letzler, Vol II
Hubert, Marie Louise, Vol III
Imholt, Robert Joseph, Vol I
Joy, Stephen, Vol V

Albion College, Albion
Baumgartner, Ingeborg Hogh, Vol III
Brumfiel, Elizabeth M., Vol V
Cocks, Geoffrey C., Vol I
Cook, James Wyatt, Vol II
Crupi, Charles William, Vol II
Davis, Ralph, Vol IV
Diedrick, James K., Vol II
Frick, Frank Smith, Vol IV
Horstman, Allen, Vol I, IV
Miller, Eugene Ernest, Vol II

Albright College, Reading
Barker, Jeffrey, Vol IV
De Syon, Guillaume, Vol I
Gilbert, Edward R., Vol V
Ingram-Wallace, Brenda, Vol V
Pawelski, James, Vol IV
Voigt, David Quentin, Vol I, V

Albuquerque Technical Vocational Institute
DuFour, John H., Vol IV

Alcorn State University, Lorman
Bristow, Clinton, Jr., Vol IV
Idleburg, Dorothy, Vol V
Rahman, Shafiqur, Vol II
Terfa, Solomon, Vol IV

Alderson-Broaddus College, Philippi
Boggess, Jennifer H., Vol I
Maddox, Timothy D. M., Vol IV

Alfred Adler Institute of Minnesota, Hopkins
Affinito, Mona Gustafson, Vol V

Alfred University, Alfred
Campbell, Stuart Lorin, Vol I
Greil, Arthur L., Vol V
Lovelace, Eugene A., Vol V
Ostrower, Gary Bert, Vol I
Peterson, Thomas V., Vol IV
Walker, Gail, Vol V
Westacott, Emrys, Vol IV

Algoma University College
Grace, Dominick M., Vol II

Alice Lloyd College, Pippa Passes
Holliday, Shawn P., Vol II
Walford, Gerald, Vol V

Allan Hancock College, Santa Maria
Fischer, Klaus P., Vol I

Allegheny College, Meadville
Carr, Amelia J., Vol I
Castro-Ponce, Clara E., Vol III
Helmreich, Jonathan Ernst, Vol I
Heuchert, J. W., Vol V
McKinley, Nita Mary, Vol V
Miller, David, Vol I
Nesset, Kirk, Vol II
Olson, Carl, Vol IV
Ozorak, Elizabeth Weiss, Vol V
Rose, Judith, Vol II
Treckel, Paula Ann, Vol I
Turk, Richard Wellington, Vol I
Zolbrod, Paul Geyer, Vol II, III

Allen College of Nursing, Waterloo
Schweer, Kathryn, Vol V

Allentown College of St. Francis De Sales, Center Valley
Kerr, Gregory, Vol IV

Alliance Francaise de Seattle
Brunner, Kathleen Marie, Vol III

Alliance Theological Seminary
Crockett, William, Vol IV

Alma College, Alma
Bender, Carol, Vol II
Chen, Chih-Ping, Vol II
Massanari, Ronald Lee, Vol I, IV
Ottenhoff, John, Vol II, III
Palmer, William, Vol II
Pattison, Eugene H., Vol II
Selmon, Michael, Vol II
Stargardt, Ute, Vol II

Alvernia College, Reading
Law, Richard, Vol II
Stichler, Richard, Vol IV

Alverno College, Milwaukee
Boyland, Joyce Tang, Vol V
Little, Jonathan D., Vol II

Amarillo College, Amarillo
Sapper, Neil Gary, Vol I

Amber Bible College and Seminary
Walton, Woodrow E., Vol IV

Amber University, Garland
Hufman, Melody J., Vol II

American Academy of Dramatic Arts/west, Pasadena
Brennan, Linda, Vol II, V

American Antiquarian Society
Barnhill, Georgia Brady, Vol I

American Association for the Advancement of Science
Teich, Albert Harris, Vol I

American Association of Universities
Kurland, Jordan Emil, Vol I

American Baptist College of American Baptist Theologic
Cloud, Fred, Vol IV

American Baptist History Society
Van Broekhoven, Deborah, Vol I

American College, Bryn Mawr
Duska, Ronald F., Vol IV

American Council of Learned Societies
D'Arms, John H., Vol III

American Enterprise Institute
Bork, Robert Heron, Vol IV

American Graduate School of International Management, Glendale
Peters, Issa, Vol I

American Institute of Physics
Weart, Spencer R., Vol I

American International College, Springfield
Habermehl, Lawrence L., Vol IV
Williams, Melvin Gilbert, Vol II

American Numismatic Society
Metcalf, William E., Vol II, III

American River College, Sacramento
Merlino, Scott A., Vol IV
Stolba, Soheir, Vol V

American University, Washington
Abraham, Daniel, Vol II
Abu-Nimer, Mohammed, Vol IV
Arnold, Steven H., Vol IV
Aufderheide, Patricia, Vol II
Bennett, Betty T., Vol II
Blecker, Robert A., Vol IV
Brautigam, Deborah, Vol IV
Breitman, Richard D., Vol I
Broad, Robin, Vol IV
Cheru, Fantu, Vol I
Clarke, Duncan, Vol I
Comor, Edward, Vol II, V
Cromwell, William C., Vol IV
Dienes, C. Thomas, Vol IV
Eyck, F. Gunther, Vol I
Finan, John J., Vol I
Fisk, Deborah Payne, Vol I, II
French, Valerie, Vol I
Garrard, Mary, Vol I
Garvey, John Leo, Vol IV
Goldstein, Joshua S., Vol IV
Goodman, Louis, Vol IV, V
Greenberg, Gershon, Vol IV
Gregg, Robert, Vol IV
Griffith, Robert, Vol I
Guttman, Egon, Vol IV
Hammer, Mitchell R., Vol II
Hendrix, Jerry, Vol II
Henning, Randall, Vol I
Hernandez, Consuelo, Vol III
Hirschmann, David, Vol I
Jorgens, Jack J., Vol II
Kim, Hyung Kook, Vol I
Kinsella, David, Vol I
Klein, Ira N., Vol I
Kraut, Alan M., Vol I
Kuznick, Peter J., Vol I
Larson, Charles Raymond, Vol II
Lewis, Peter, Vol IV
Loesberg, Jonathan, Vol II
Lubrano, Linda L., Vol I
Macharia, Kinuthia, Vol V
Maisch, Christian, Vol I
Mardin, Serif, Vol I, IV
Marlin-Bennett, Renee, Vol IV
McCann, Richard, Vol II
McCurdy, Howard Earl, Vol IV
Mendelson, Johanna, Vol IV
Mittelman, James H., Vol IV
Mowlana, Hamid, Vol II
Moyer, Kermit W., Vol II
Murray, Shoon, Vol I
Nadell, Pamela, Vol I
Nelson, Anna K., Vol I
Noble, Marianne K., Vol II
Norris, Deborah Olin, Vol V
Oppenheim, Janet, Vol I
Pasha, Mustapha, Vol IV
Phillips, Ann, Vol I
Pike, David, Vol II
Prevots, Naima, Vol II
Raskin, Jamin, Vol IV
Reagon, Bernice Johnson, Vol I
Rice, Paul R., Vol IV
Richardson, John, Vol IV
Robbins, Ira Paul, Vol IV
Rossi, Christopher, Vol IV
Rubenstein, Roberta, Vol II
Said, Abdul Aziz, Vol IV
Salla, Michael, Vol IV
Salzman, Jim, Vol IV
Samarasinghe, Vidyamali, Vol V
Sargentich, Thomas O., Vol IV
Schneider, Cathy, Vol IV
Schwartz, Herman, Vol IV
Sha, Richard, Vol II
Shalleck, Ann, Vol IV
Sharoni, Simona, Vol I
Silvia, Stephen J., Vol IV
Solomon, Julie R., Vol II
Spragens, Janet R., Vol IV
Stack, Richard, Vol II
Steinbruckner, Bruno, Vol III
Sutton, Sharyn, Vol II
Taylor, Henry, Vol II
Vaughn, Robert Gene, Vol IV
Wapner, Paul, Vol IV
Weaver, Gary, Vol II
Wechsler, Burton D., Vol IV
White, Charles Sidney John, Vol I, IV
Williams, Joan C., Vol I
Williams, Paul R., Vol IV
Yamauchi, Joanne, Vol V
Zaharna, Rhonda S., Vol II
Zhao, Quansheng, Vol IV

Amherst College
Alexander, George, Vol IV
Aries, Elizabeth J., Vol V
Cameron, John, Vol II
Caplan, Jay L., Vol III
Cheyette, Fredric Lawrence, Vol I
Cody, Richard John, Vol II
Couvares, Francis G., Vol I
Craig, George Armour, Vol II
Dizard, Jan, Vol V
Elias, Jamal J., Vol IV
Epstein, Catherine A., Vol I
Guttmann, Allen, Vol I
Gyatso, J., Vol IV
Hawkins, Hugh Dodge, Vol I
Heath, William Webster, Vol II
Ippolito, Christophe, Vol III
Kennick, William Elmer, Vol IV
Margolis, Nadia, Vol III
Marshall, Peter K., Vol III
Moore, Joseph G., Vol IV
Moore, Ray A., Vol I
Niditch, Susan, Vol IV
O'Connell, Barry, Vol II
Peterson, Dale E., Vol II, III
Pritchard, William H., Vol II
Reck, David, Vol II, V
Rockwell, Paul, Vol III
Sanchez-Eppler, Karen, Vol II
Sandweiss, Martha, Vol I
Sarat, Austin D., Vol IV
Sinos, Rebecca H., Vol II, III
Stavans, Ilan, Vol III
Sweeney, Kevin, Vol I
Townsend, Robert Campbell, Vol II
Weyland, Karin, Vol V
Wills, David Wood, Vol IV

Anderson College
Walker, Brena B., Vol II

Anderson University
Burnett, Fredrick Wayne, Vol IV
Chapman, Virginia, Vol II
Chiang, Linda H., Vol V
Massey, James Earl, Vol IV
Nelson, J. Douglas, Vol I
Rhule, Imogene G., Vol II
Stafford, Gilbert W., Vol IV

Andover Newton Theological School, Newton Centre
Carlston, Charles E., Vol IV
Everett, William J., Vol IV
Fontaine, Carole R., Vol IV
Holladay, William Lee, Vol IV
Pazmino, Robert W., Vol IV, V
Wan, Sze-Kar, Vol IV

Andrews University, Berrien Springs
Bacchiocchi, Samuele, Vol I, IV
Burrill, Russell C., Vol IV
Diaz, Hector L., Vol V
Douglas, Walter, Vol IV
Economou, Elly Helen, Vol IV
Gane, A. Barry, Vol IV
Geraty, Lawrence Thomas, Vol I, IV
Greig, Alexander Josef, Vol IV
Kis, Miroslav M., Vol IV
Merling, David, Vol I, IV
Paulien, Jon, Vol IV
Running, Leona Glidden, Vol III
Sabes, Jane, Vol IV
Vyhmeister, Nancy Jean, Vol IV
Warren, Joseph W., Vol II
Whidden, Woodrow W., II, Vol IV

Angelo State University, San Angelo
Hindman, E. James, Vol I
Tetzlaff, Otto W., Vol III
Ward, James R., Vol I

Anna Maria College, Paxton
Bilodeau, Lorraine, Vol IV, V
Russell, Paul A., Vol I

Anne Arundel Community College, Arnold
Lefcowitz, Barbara, Vol II

Antelope Valley College, Lancaster
Loofbourrow, Richard C., Vol IV

Antioch College, Yellow Springs
Davis, Barbara Beckerman, Vol I
Filemyr, Ann, Vol II
Fogarty, Robert Stephen, Vol I
Keen, Cheryl, Vol V
Patel, Ramesh, Vol IV
Rinehart, John, Vol II
Smoker, Paul L., Vol IV
Warren, Scott, Vol IV
Whelchel, Marianne, Vol I, V

Appalachian State University, Boone
Andrews, Kristin, Vol IV
Chen, Zhiyuan, Vol III
Claassen, Cheryl, Vol V
Dorgan, Howard, Vol II, V
Hanft, Sheldon, Vol I
Hauser, Alan J., Vol IV
Hay, Fred J., Vol II, V
Keefe, Susan E., Vol V
Kinsey, Winston Lee, Vol I
Moore, Michael J., Vol I
Mulgrew, John, Vol V
O'Hyun, Park, Vol IV
Rupp, Richard, Vol II
Simon, Stephen Joseph, Vol I
Specht, Neva Jean, Vol I
Stanovsky, Derek, Vol IV
Strickland, Ruth Ann, Vol IV
Wade, Michael G., Vol I
Williams, John Alexander, Vol I
Williamson, J. W., Vol II

Aquinas College, Grand Rapids
Eberle, Gary M., Vol II
Ellis, Bradford, Vol III
Fabbro, Amata, Vol IV
Garofalo, V. James, Vol V
Jefchak, Andrew Timothy, Vol II

Aquinas Institute of Theology, St. Louis
Ashley, Benedict M., Vol IV

Arapahoe Community College, Littleton
Williams, James Hiawatha, Vol V

Archives de la compagnie de Jesus
Toupin, Robert, Vol I

Argonne National Laboratory
Hoffecker, J. F., Vol I

Arizona Center for Medieval and Renaissance Studies
Reeves, Albert Compton, Vol I

Arizona State University West, Phoenix
Christie, Alice, Vol V
Cutrer, Thomas W., Vol I
Hay, M. Victoria, Vol II
Levy, Emanuel, Vol II, V

Arizona State University, Tempe
Adelson, Roger, Vol I
Allen, Craig Mitchell, Vol II
Askland, Andrew, Vol IV
Ball, Terence, Vol IV
Barnes, Andrew E., Vol I
Batalden, Stephen Kalmar, Vol I
Bender, Bert, Vol II
Bivona, Daniel E., Vol II
Bjork, Robert E., Vol II
Boyer, Jay M., Vol II
Brandt, Beverly K., Vol I
Brink, Jean R., Vol II
Burg, B. R., Vol I
Carney, James Donald, Vol IV
Chambers, Anthony Hood, Vol II
Clinton, Robert N., Vol IV
Codell, Julie, Vol I
Cogley, Timothy W., Vol IV
Cole, George L., Vol III
Colina, Sonia, Vol III
Conrad, Cheryl D., Vol V
Coudert, Allison P., Vol I
Croft, Lee B., Vol III
Curran, Mark Joseph, Vol III
Dagger, Richard K., Vol IV
Davis, Thomas Joseph, Vol I
de Jesus, Melinda L., Vol I
de Marneffe, Peter L., Vol IV
Eachron, Ann Mac, Vol V
Fisher, Marvin, Vol I
Foard, James Harlan, Vol IV
Foster, David W., Vol III, V
French, Peter A., Vol IV
Fuchs, Rachel G., Vol I
Fullinwider, S. Pendleton, Vol I
Giffin, Frederick Charles, Vol I
Goggin, Maureen Daly, Vol II
Gratton, Brian, Vol I
Gray, Susan E., Vol I
Gruzinska, Aleksandra, Vol III
Guntermann, Gail, Vol III
Harris, Mark, Vol II
Harris, Walter, Jr., Vol V
Hegmon, Michelle, Vol V
Helms, Randel, Vol II
Horan, Elizabeth R., Vol II, III
Horwath, Peter, Vol III
Hudak, Thomas John, Vol V
Johanson, Donald C., Vol V
Johnson, John M., Vol IV
Jones, Owen D., Vol IV
Kahn, B. Winston, Vol I
Karjala, Dennis S., Vol IV
Kehl, Delmar George, Vol II
Kintigh, Keith W., Vol V
Kleinfeld, Gerald R., Vol I
Kronenfeld, Jennie Jacobs, Vol V
Kuby, Michael, Vol I
Laner, Mary Riege, Vol V
Lavrin, Asuncion, Vol I
Lightfoot, Marjorie Jean, Vol II
Losse, Deborah N., Vol III
Luckingham, Bradford Franklin, Vol I
Luecken, Linda, Vol V
Luey, Beth Edelmann, Vol II
Mackinnon, Stephen Robert, Vol I
Mahoney, Dhira B., Vol II
McBeath, Michael K., Vol V
Moppett, Samantha A., Vol IV
Ney, James Walter, Vol II, III
Nilsen, Alleen Pace, Vol III, V
Norton, Kay, Vol II
Park-Fuller, Linda M., Vol II
Pasqualetti, Martin J., Vol I
Pedrick, Willard Hiram, Vol IV
Rees, Ellen R., Vol I
Reynolds, Steven L., Vol IV
Richard, Thelma Shinn, Vol II
Rockwell, Susan L., Vol II
Roen, Duane, Vol II
Russo, Nancy Felipe, Vol V
Samuelson, Hava Tirosh, Vol IV
Santos, Manuel S., Vol IV
Savard, Jeannine, Vol II
Schroeder, Milton R., Vol IV
Senner, Wayne, Vol III
Sensibar, Judith L., Vol II
Sierra-Maldonado, Rodrigo, Vol I
Simon, Sheldon W., Vol IV
Stage, Sarah J., Vol V
Steadman, Lyle B., Vol V
Sullivan, Deborah A., Vol V
Suwarno, Peter, Vol III
Tambs, Lewis, Vol I
Teson, Fernando R., Vol IV
Thompson, Victoria E., Vol I
Thornton, S. A., Vol I
Tillman, Hoyt Cleveland, Vol I
Tompkins, Cynthia Margarita, Vol II
Trennert, Robert Anthony, Vol I
Tucker, Bonnie, Vol IV
van Gelderen, Elly, Vol II
VanderMeer, Philip, Vol I
Volek, Emil, Vol III
Walker, Stephen G., Vol IV
Warnicke, Retha Marvine, Vol I
Warren, Morrison Fulbright, Vol V
Warren-Findley, Janelle, Vol I
Wentz, Richard E., Vol IV
Wetsel, William David, Vol III
White, Michael J., Vol IV
White, Patricia D., Vol IV
Williams, Philip F. C., Vol II, III
Wilson, Jeffrey R., Vol IV
Winkelman, Michael, Vol V
Wong, Timothy C., Vol II, III
Wosinska, Wilhelmina, Vol V
Youm, K. H., Vol II
Young, Otis E., Vol I

Arkansas State University
Ball, Larry D., Sr, Vol I
Bayless, Ovid Lyndal, Vol II
Harding, David R., Jr., Vol IV
Johnson, Warren, Vol III
Lord, George F., Vol V
Pobst, Phyllis E., Vol I

Reese, Catherine C., Vol IV
Smith, Charlie Calvin, Vol I

Arkansas Tech University, Russellville
Jenkins, Ellen Janet, Vol I
Mitchell, Jeff, Vol IV
White, Donna R., Vol II

Armstrong Atlantic State University, Savannah
Baker, Christopher P., Vol II
Hall, Michael, Vol I
Nordenhaug, Erik, Vol IV
Nordquist, Richard, Vol II
Scott, Vann, Vol V
Townsend, Dabney W., Jr., Vol IV

Art Gallery of Ontario
Lachan, Katharine, Vol I
Rix, Brenda, Vol I

Art Institute of Atlanta
Furey, Hester L., Vol II

Art Institute of Chicago
McCullagh, Suzanne Folds, Vol I
Townsend, Richard, Vol I

Art Institute of Southern California, Laguna Beach
Reilly, Michael S., Vol V

Asbury College, Wilmore
Anderson, Neil D., Vol IV
Joly, Ralph Robert, Vol II
Peterson, Michael Lynn, Vol IV
Simmons, Donald B., Vol II

Asbury Theological Seminary, Wilmore
Arnold, Bill T., Vol I, IV
Collins, Kenneth J., Vol IV
Demaray, Donald E., Vol IV
Green, Joel B., Vol IV
Kinghorn, Kenneth Cain, Vol I, IV
Lyon, Robert William, Vol IV
Thompson, David L., Vol IV
Walters, John R., Vol IV
Witherington, Ben, Vol IV
Zahniser, A. H. Mathias, Vol I

Ascension Priory
Feiss, Hugh, Vol IV

Ashland Community College, Kentucky
D'Aoust, Jean Jacques, Vol IV, V

Ashland University, Ashland
Fleming, Deborah, Vol II

Assemblies of God Theological Seminary, Springfield
Cotton, Roger D., Vol IV

Associated Mennonite Biblical Seminary, Elkhart
Dyck, Cornelius John, Vol I, IV
Lind, Millard C., Vol IV
Swartley, Willard M., Vol IV

Associates for Biblical Research
Wood, Bryant G., Vol III, IV

Assumption Abbey
Kardong, Terrence G., Vol IV

Assumption College, Worcester
Aspinall, Dana E., Vol II
Catto, Bonnie A., Vol II, III
Knoles, Lucia, Vol II
Mcclymer, John Francis, Vol I
Moynihan, Kenneth J., Vol I
Rollins, Wayne Gilbert, Vol IV
Toscano, Peter, Vol V
Ziegler, Paul R., Vol I

Athabasca University, Athabasca
Andria, Marco, Vol II
Finkel, Alvin, Vol I
Roberts, Barbara A., Vol I, V

Athenaeum of Ohio, Cincinnati
Callan, T., Vol IV
Lillie, Betty Jane, Vol IV

Athenaeum of Philadelphia
Moss, Roger W., Vol I, V

Athens State University
Joiner, Harry M., Vol I
Laubenthal, Penne J., Vol II

Atlantic Baptist University, Moncton
Ohlhauser, Jon B., Vol II

Atlantic Union College, South Lancaster
Kennedy, D. Robert, Vol IV
Sbacchi, Alberto, Vol I
Wehtje, Myron Floyd, Vol I

Auburn Theological Seminary
Wink, Walter, Vol IV

Auburn University
Backscheider, Paula R., Vol II
Beil, Richard O., Vol IV
Bolton, Jonathan W., Vol II
Bond, Gordon Crews, Vol I
Burson, Herbert I., Vol V
Cameron, Mary M., Vol V
Cashwell, Susan T., Vol V
Cesarz, Gary, Vol IV
Dodge, Timothy, Vol I, II
Elfstrom, Gerard, Vol IV
Flynt, J. Wayne, Vol I
Gabhart, Mitchell, Vol IV
Gerber, Larry G., Vol I
Goldstein, R. James, Vol II
Gramberg, Anne-Katrin, Vol III
Haney, David P., Vol II
Harrell, David E., Vol I
Hitchcock, Walter B., Vol II
Jardine, Murray D., Vol IV
Jiang, Nan, Vol II
Katz, Jeffrey S., Vol V
Kicklighter, Joseph Allen, Vol I
Latimer, Dan Raymond, Vol II, III
Lewis, Walter David, Vol I
Long, Roderick T., Vol IV
Melancon, Michael S., Vol I
Mitrevski, George G., Vol III
Morrow, Patrick D., Vol II
Nadar, Thomas R., Vol III
Newton, Wesley Phillips, Vol I
Noe, Kenneth W., Vol I
Nunnally, Thomas E., Vol II, III
O'Leary, Virginia, Vol V
Penaskovic, Richard, Vol IV
Raby, Michel J., Vol III
Sabino, Robin, Vol III
Seroka, James H., Vol IV
Spencer, Samia I., Vol III
Starr, Paul D., Vol V
Vazsonyi, Alexander T., Vol V
Vuchinich, Rudolph E., Vol V
Weigel, Robert G., Vol II
Williams, Lynn Barstis, Vol I, III
Wilson, David, Vol V
Wright, Thomas L., Vol II

Auburn University at Montgomery
Brackett, Kimberly P., Vol V
Crowley, Joseph P., Vol II
Depas-Orange, Ann, Vol II
Evans, Robert C., Vol II
Fitzsimmons, Michael P., Vol I
Gish, Steven D., Vol I
Gribben, Alan, Vol II, IV
Little, Anne Colclough, Vol II
Michael, Marion C., Vol II
Simmons, Michael, Vol I
Wyss, Hilary W., Vol I, II

Augsburg College, Minneapolis
Reichenbach, Bruce Robert, Vol IV

Augusta State University, Augusta
Davies, Kimberly A., Vol V
Gemmill, Robert H., Vol V
Jackson, Charles C., Vol V
Jegstrup, Elsebet, Vol IV
Mixon, Wayne, Vol I
Peden, William Creighton, Vol IV
Rice, Louise Allen, Vol II
Shotwell, Clayton M., Vol II

Augustana College, Rock Island
Calder, Lendol, Vol I
Huse, Nancy Lyman, Vol II
Keessen, Jan, Vol II
Kivisto, Peter J., Vol V
Mayer, Thomas F., Vol I
Symons, Van J., Vol I
Tredway, John Thomas, Vol I, IV

Augustana College, Sioux Falls
Huseboe, Arthur R., Vol II
Olson, Gary Duane, Vol I
Wienen, Mark Van, Vol II
Windholz, Anne, Vol II

Augustana University College, Alberta
Harland, Paul W., Vol II

Aurora University
Garth, Phyllis Ham, Vol V
Strassberg, Barbara, Vol V
Sublette, Walter, Vol II

Austin College, Sherman
Cape, Robert W., Jr., Vol II, III
Carlson, Arvid John, Vol I
Cummins, Light Townsend, Vol I
Cummins, Victoria Hennessey, Vol I
Duffey, John Patrick, Vol III
Moore, William Hamilton, Vol II
Tooley, T. Hunt, Vol I

Austin Community College, Austin
Dryden, M., Vol II
Hayman, Carol, Vol V
Lamarche, Pierre, Vol IV
Tijerina, Andres, Vol I

Austin Peay State University, Clarksville
Butts, Michele T., Vol I
Gildric, Richard P., Vol I, IV
Joyce, Donald Franklin, Vol II
Lester, James, Vol II
Muir, Malcolm, Jr, Vol I, IV
Pesely, George E., Vol I
Ruiz, Miguel, Vol III

Austin Presbyterian Theological Seminary, Austin
Dearman, John Andrew, Vol IV
Reid, Stephen B., Vol IV

Australian Defence Academy
Rothenberg, Gunther Eric, Vol I

Averett College, Danville
Hayes, Jack, Vol I
Laughlin, John C. H., Vol IV, V

Avila College, Kansas City
Benson, Mary E., Vol II

Azusa Pacific University
Ackley-Bean, Heather Ann, Vol IV
Battle-Walters, Kimberly, Vol V
Griesinger, Emily, Vol II
Padgett, Alan G., Vol IV
Robison, R. E., Vol III
Shoemaker, Melvin H., Vol II, IV
Smith, Kathryn, Vol IV

Babson College
Bruner, M. Lane, Vol II, III
Hoopes, James E., Vol I
Seitz, Brian, Vol IV

Baker University, Baldwin City
Buzzell, Timothy, Vol V
Hatcher, Donald L., Vol IV
Wiley, George, Vol IV

Bakersfield College
Jimenez, Qiu Y., Vol III

Baldwin-Wallace College, Berea
Ahmed, Ansaruddin, Vol V
Lingswiler, Robert Dayton, Vol IV
Madden, Deidre, Vol II
Martin, Terry J., Vol II
Moore, Edgar Benjamin, Vol I
Visconti, Colleen, Vol II

Ball State University, Muncie
Adrian, Daryl B., Vol II
Alves, Abel A., Vol I
Conn, Earl Lewis, Vol II
De Ollos, Ione Y., Vol V
Dolan, Ronald, Vol V
Dolon, Ronald, Vol V
Doyle, Michael W., Vol I
Edmonds, Anthony Owens, Vol I
Flores, Carol A., Vol I, II
Gauggel, Karl H., Vol III
Gilman, Donald, Vol III
Greenwood, Theresa M. Winfrey, Vol V
Guntsche, Marina, Vol III
Habich, Robert D., Vol II
Hicks, Ronald E., Vol V
Hoover, Dwight W., Vol I
Hozeski, Bruce William, Vol I, II
Jackson, Philip Taylor, Vol II
Jennings, Maude M., Vol II
Keith, Rebecca M., Vol V
King, Adele C., Vol III
Koontz, Thomas Wayne, Vol II
Koumoulides, John A., Vol I
Lassiter, Eric, Vol V
Lassiter, Luke E., Vol V
Leeper, Jill M., Vol II
Liston, William T., Vol II
Matuka, Yeno M., Vol II
McCord, Beth K., Vol V
Mertens, Thomas R., Vol V
Nickoli, Angela M., Vol IV
O'Hara, Michael M., Vol II
Perera, Nihal, Vol I
Rice, Peggy S., Vol II
Riley, Glenda, Vol I
Ruebel, James, Vol I, III
Scheele, Raymond H., Vol IV
Seager, Sharon Hannum, Vol I
Stevenson, Michael R., Vol V
Swartz, Benjamin K., Jr, Vol V
Trimmer, Joseph Francis, Vol I, II
Upchurch, David A., Vol II
Wauzzinski, Robert, Vol IV
Weakland, John Edgar, Vol I
Yordon, Judy E., Vol II

Baltimore Choral Arts Society
Hall, Tom, Vol II

Baltimore Hebrew University, Baltimore
Baumgarten, Joseph M., Vol III
Freedman, Robert Owen, Vol I
Gittlen, Barry M., Vol I

Bangor Theological Seminary, Bangor
Trobisch, David, Vol IV

Baptist Bible College of Pennsylvania, Clarks Summit
Stallard, Michael D., Vol IV
Wilhite, Dennis, Vol IV

Baptist Missionary Association Theological Seminary, Jacksonville
Johnson, Ronnie J., Vol IV, V

Baptist Theological Seminary at Richmond
Bagby, Daniel G., Vol IV
Bugg, Charles B., Vol IV
Polaski, Sandra Hack, Vol IV

Barat College, Lake Forest
Beiriger, Eugene, Vol I
Yannella, Donald, Vol II

Barber-Scotia College, Concord
McLean, Mable Parker, Vol V

Barclay College, Haviland
Landon, Michael Lee, Vol V

Bard College, Annandale-on-Hudson
Botstein, Leon, Vol I
Brockopp, Jonathan E., Vol IV
Chilton, Bruce, Vol IV
Kahn, Jonathan, Vol I
Lytle, Mark Hamilton, Vol I
Neusner, Jacob, Vol IV
Rosenberg, Justus, Vol III
Sourian, Peter, Vol II

Barnard College, New York
Bacon, Helen Hazard, Vol II, III
Berley, Marc, Vol II

Bloom, Irene, Vol IV
Carman, Taylor, Vol IV
Carnes, Mark C., Vol I
Connor, Peter T., Vol III
Fleischer, Georgette, Vol II, III
Gavronsky, Serge, Vol III
Hawley, John Stratton, Vol IV
Mac Adam, Alfred J., Vol III
Myers, Robert, Vol IV
Segal, Alan Franklin, Vol I, IV
Wemple, Suzanne Fonay, Vol I
Woloch, Nancy, Vol I

Barry University, Miami Shores
Alexandrakis, Aphrodite, Vol IV
Iozzio, Mary Jo, Vol IV
Koperski, Veronica, Vol IV
Lee, Joseph Patrick, Vol III
Lenaghan, Donna D., Vol V
Madden, Daniel Patrick, Vol IV
Mendez, Jesus, Vol I
Rice, Eileen F., Vol I
Samra, Risà Jana, Vol II
Sunshine, Edward R., Vol IV

Bartlesville Wesleyan College, Bartlesville
Wimberly, Dan, Vol I

Barton College, Wilson
Clark, James Alfred, Vol II
Jones, Joe Frank, Vol IV

Baruch College of The City University of New York
Andreassi, John L., Vol V
Barasch, Frances K., Vol II
Berggren, Paula S., Vol II
Feingold, Henry L., Vol I, IV
Hansen, Bert, Vol I
Jofen, Jean, Vol III
Jurkevich, Gayana, Vol III
Lackey, Douglas Paul, Vol IV
Lefkowitz, Joel M., Vol V
Parker-Starbuck, Jennifer, Vol II
Pessen, Edward, Vol I
Rollyson, Carl E., Jr., Vol II
Saloman, Ora Frishberg, Vol II
Schneider, Marshall Jerrold, Vol III
Trumbach, Randolph, Vol I
Wardrope, William J., Vol II
Whittaker, Cynthia Hyla, Vol I
Wohlgelernter, Maurice, Vol II
Xu, Ping, Vol III

Bates College, Lewiston
Cole, John R., Vol I
Hochstadt, Steve, Vol I
Kolb, David Alan, Vol IV
Kuritz, Paul, Vol II
Leamon, James Shenstone, Vol I
Williams, Linda F., Vol II

Baylor College of Medicine, Houston
Brody, Boruch Alter, Vol IV
Engelhardt, Hugo Tristram, Jr., Vol IV
McCullough, Laurence B., Vol IV

Baylor University, Waco
Baird, Robert Malcolm, Vol IV
Barge, J. Kevin, Vol II
Barker, Lewis M., Vol V
Beck, Rosalie, Vol IV
Breckenridge, James, Vol I, IV
Charlton, Thomas L., Vol I
Collmer, Robert George, Vol II
Creed, Bradley, Vol IV
Davis, Derek H., Vol IV
Davis, William V., Vol II, IV
Duncan, Elmer H., Vol IV
Hendon, David Warren, Vol I
Hunt, Maurice A., Vol II
Kisacky, Julie, Vol III
Lahaie, Scott, Vol I, II
Lemaster, Jimmie R., Vol II
Longfellow, David Lyman, Vol I
Ngan, Lai Ling E., Vol IV
Nordling, John G., Vol II, III
Patterson, Bob E., Vol II, IV
Pitts, Bill, Vol I, IV
Ray, Robert H., Vol II
Rennie, Mairi C., Vol II
Rust, Eric C., Vol I
Sorelle, James Martin, Vol I
Talbert, Charles H., Vol IV
Vardaman, James Welch, Vol I
Velez, Joseph Francisco, Vol III
Wallace, Patricia D., Vol I
Wood, John A., Vol IV

Beaver College, Glenside
Bracy, William, Vol II
Haywood, Geoffrey, Vol I
Huang, Siu Chi, Vol IV
Johnston, Norman, Vol V

Becker College-Worcester Campus
Belpedio, James R., Vol V

Beinecke Rare Book and Manuscript Library
Franklin, Ralph William, Vol II

Belhaven College, Jackson
Campbell, Ken M., Vol IV
Waibel, Paul R., Vol I
Wallis, Carrie G., Vol II

Bellarmine College, Louisville
Hall, Wade H., Vol II
Hornback, Bert, Vol II

Bellevue Community College
Korolenko, A. Michael, Vol II

Belmont Abbey College
Cote, Nathalie, Vol V

Belmont University, Nashville
Bisson, Douglas R., Vol I
Felton, Sharon, Vol II
Landes, W. Daniel, Vol II
Thorndike, Jonathan L., Vol II

Beloit College, Beloit
Freeman, Thomas Parry, Vol III
Hodge, Robert White, Vol I
Street, Jack David, Vol II, III
White, Lawrence, Vol V

Bemidji State University
Blackwood, Roy E., Vol II
Evans, Deanna G., Vol II
Thomaidis, Spero T., Vol I

Benedict College
Grigsby, Marshall C., Vol IV

Benedictine College
Macierowski, E. M., Vol I, IV
Meade, Denis, Vol I, IV

Benedictine University
Komechak, Michael E., Vol II

Bennett College
Brown, Linda Beatrice, Vol II
Khopkar, Asha D., Vol V
Scott, Roxanna, Vol V

Ward, Audrey L., Vol II

Bennington College
Sandy, Stephen, Vol II
Wang, Shunzhu, Vol III

Bentley College
Geehr, Richard Stockwell, Vol I
Gillan, Jeniffer, Vol II
Herzberg, Bruce, Vol II
McJannet, Linda, Vol II
Nemzoff, Ruth, Vol IV, V
Petruzzi, Anthony, Vol II
Sprich, Robert, Vol II

Berea College
Bolin, John Seelye, Vol I, II
Hoag, Robert W., Vol IV
McDonald, Verlaine, Vol II
Nelson, Paul D., Vol I
Pearson, Eric, Vol IV
Schneider, Robert J., Vol III, IV

Bergen Community College
Cronk, George, Vol IV
Dolce, Philip Charles, Vol I
Haber, Joram G., Vol IV
Kievitt, F. David, Vol II
Lenk, Richard William, Vol I
Sadock, Geoffrey, Vol II
Skau, George, Vol V
Woodland, Calvin Emmanuel, Vol V

Berkeley College, White Plains
Serels, M. Mitchell, Vol I, V

Berklee College of Music, Boston
Perricone, Jack, Vol II
Voigt, John F., Vol II

Berkshire Community College, Pittsfield
Merrill, Jeanne W., Vol II

Berry College
Brassard, Francis, Vol IV
Diller, Christopher G., Vol II
Hill, Harvey, Vol IV
Papazian, Michael, Vol IV
Tenger, Zeynep, Vol II

Bethany College
Asbury, Jo Ellen, Vol V
Kucan, Linda, Vol V

Bethany Lutheran College, Mankato
Jindra, Michael, Vol IV, V

Bethany Theological Seminary, Richmond
Brown, Dale W., Vol IV
Durnbaugh, Donald F., Vol I, IV
Roop, Eugene F., Vol I, IV

Bethel College, Indiana
Erdel, Timothy Paul, Vol I, IV

Bethel College, Kansas
Hart, Julie, Vol V
Juhnke, James Carlton, Vol I
Sprunger, Keith L., Vol I

Bethel College, Minnesota
Anderson, Stanley Daniel, Vol IV
Eddy, Paul R., Vol IV
Hensley, Carl Wayne, Vol II
Reasoner, Mark, Vol IV
Reece, Debra J., Vol II
Stewart, Melville Y., Vol IV

Bethel College, Tennessee
Lollar, Laddie H., Vol V

Bethel Seminary, San Diego
Eaton, Kent A., Vol IV
Youngblood, Ronald F., Vol IV

Bethel Theological Seminary, St. Paul
Howard, David M., Jr., Vol IV

Bethesda Christian University
Hyun, Yong Soo, Vol IV

Bethune-Cookman College, Daytona Beach
Mootry, Russell, Vol V

Biblical Archaeology Society
Shanks, Hershel, Vol II, IV, V

Biblical Research Institute
Rodriguez, Angel Manuel, Vol IV

Biblical Theological Seminary, Hatfield
Newman, Robert Chapman, Vol IV
Vannoy, J. Robert, Vol IV

Biola University
Alexander, George P., Vol V
Bloom, John A., Vol IV
Buss, Dietrich, Vol I
Finley, Thomas John, Vol III, IV
Grace, Christopher R., Vol V
Hayward, Douglas, Vol IV, V
Lewis, Todd Vernon, Vol II
Menjares, Pete, Vol V
Steffen, Tom, Vol V

Birmingham-Southern College
Fraley, David, Vol I
Hendley, Steve, Vol IV
Ward, Dorothy Cox, Vol III

Bishop College
Rollins, Richard Albert, Vol IV

Bishop State Community College
Taylor, Sarah E., Vol I

Bishop's University
Kuepper, Karl Josef, Vol III
McLean, Ken, Vol II
Norman, Joanne S., Vol II

Black Hills State University
Salomon, David A., Vol II, IV

Blackburn College, Carlinville
Buxbaum, Melba M., Vol III

Blinn College
Dietrich, Wilfred O., Vol I, II
Machann, Virginia, Vol II
Reagan, Rhonda, Vol I
Walter, Kay, Vol II

Bloomfield College
Figueredo, Danilo H., Vol III
Fuller, Clarence, Vol III
Hart, Richard E., Vol IV

Bloomsburg University of Pennsylvania
Armstrong, Christopher, Vol V
Bertelsen, Dale A., Vol II
Brasch, Walter Milton, Vol II
Bryan, Jesse A., Vol V
Fuller, Lawrence Benedict, Vol I, II
Hales, Steven D., Vol IV
Hickey, Michael C., Vol I
Lindenfeld, Frank, Vol V
Smiley, Ralph, Vol I
Smith, Riley Blake, Vol II, III

Blue River Community College
Crausaz, Winston, Vol I

Bluefield College
Crawford, Timothy G., Vol IV
Lyle, Kenneth, Vol IV

Bluffton College
Asuagbor, Greg, Vol IV
Bush, Perry, Vol I
Gratz, Delbert L., Vol I, IV
Gundy, Jeffrey G., Vol II
Johns, Loren L., Vol IV
Nath, Pamela S., Vol V
Weaver, J. Denny, Vol IV

Bob Jones University
Abrams, Douglas Carl, Vol I
Beale, David Otis, Vol I, IV
Kindall, Susan Carol, Vol II
Kuehmann, Karen Marie, Vol II
Lawson, Darren P., Vol I
Matzko, John A., Vol I
Parker, Mark M., Vol II
Schnaiter, Samuel E., Vol IV

Boise State University
Boyer, Dale Kenneth, Vol II
Gill, J., Vol I
Hourcade, Jack, Vol V
Jones, Daryl, Vol II
Lauterbach, Charles Everett, Vol II
Maguire, James Henry, Vol I, II
Newman, Marcy J. Knopf, Vol II
Ourada, Patricia K., Vol I
Petlichkoff, Linda M., Vol V
Sahni, Chaman Lall, Vol II
Sims, Robert Carl, Vol I
Zirinsky, Michael Paul, Vol I, IV

Borough of Manhattan Community College of The City University of New York
Consenstein, Peter, Vol I, III
Fish, Cheryl, Vol II
Fleck, George, Vol II
Gorbatov, Inna, Vol III
Kasachkoff, Tziporah, Vol IV
Liberopoulos, Maura H., Vol V
Lin, Yi-chun Tricia, Vol II
Mapp, Edward C., Vol II
Simmons, Diane, Vol II
Varderi, Alejandro, Vol III, V
Young, Jane J., Vol II

Bossier Parish Community College
Tinsley, James R., Vol I, III

Boston College, Chestnut Hill
Appleyard, Joseph A., Vol II
Araujo, Norman, Vol III
Barth, J. Robert, Vol II
Belsley, David A., Vol IV
Blake, Richard, Vol II
Blanchette, Oliva, Vol IV
Brabeck, Mary M., Vol V
Braude, Benjamin, Vol I
Breines, Joseph, Vol III
Breines, Paul, Vol I
Buni, Andrew, Vol I
Byrne, Patrick Hugh, Vol IV
Cahill, Lisa Sowle, Vol IV
Cleary, John J., Vol IV
Criscenti, Joseph Thomas, Vol I
Cronin, James E., Vol I
Daly, William M., Vol I
Deleeuw, Patricia Allwin, Vol I, IV
Egan, Harvey Daniel, Vol IV
Eykman, Christoph Wolfgang, Vol III
Figurito, Joseph, Vol III
Florescu, Radu R., Vol I
Friedman, Ellen G., Vol I
Garcia, Laura, Vol IV
Garroutte, Eva, Vol V
Green, Carol Hurd, Vol I
Groome, Thomas H., Vol IV, V
Gurtler, Gary M., Vol IV
Haskin, Dayton, Vol II
Herbeck, Dale A., Vol II
Himes, Michael J., Vol IV
Hinsdale, Mary Ann, Vol IV
Iatridis, Demetrius S., Vol V
Kearney, Richard, Vol IV
Kenny, Kevin, Vol I
Lamparska, Rena A., Vol II
Langer, Ruth, Vol IV
Mackey, Richard A., Vol V
Mahoney, John L., Vol II
Manning, Roberta Thompson, Vol I
Mccarthy, John F., Vol II
McDonough, Christopher Michael, Vol III
Mcnally, Raymond T., Vol I
Michalczyk, John Joseph, Vol II, III
Monan, James Donald, Vol IV
Morrill, Bruce T., Vol IV
Murphy, Francis Joseph, Vol I
Neisler, Otherine Johnson, Vol V
Northrup, David Arthur, Vol I
O'Connor, Thomas H., Vol I
Petillo, Carol Morris, Vol I
Philippides, Dia M., Vol II, III
Picklesimer, Dorman, Vol I, II
Pope, Stephen J., Vol IV
Raelin, Joseph A., Vol IV
Reinerman, Alan Jerome, Vol I
Resler, Michael, Vol I, III
Schrader, Richard J., Vol II
Shrayer, Maxim D., Vol III
Sofer, Andrew, Vol II
Takenaka, Makoto, Vol II
Taylor, E. Dennis, Vol II
Thomas, Margaret, Vol III
Valette, Rebecca Marianne, Vol III
Weiss, James Michael, Vol I
Wilt, Judith, Vol II
Wolfe, Alan, Vol IV

Boston College, Newton Center
Anderson, Alexis J., Vol IV
Baron, Charles Hillel, Vol IV
Bloom, Robert M., Vol IV
Brodin, Mark S., Vol IV
Coquillette, Daniel R., Vol IV
Howe, Ruth-Arlene W., Vol IV
Hurwitz, Ilana, Vol IV
Katz, Sanford Noah, Vol IV, V
Smith, Charles F., Jr., Vol V

Boston Graduate School of Psychoanalysis
Meadow, Phyllis W., Vol V

Boston University
Akram, Susan M., Vol IV
Amaro, Hortensia, Vol V
Anderson, Betty S., Vol I
Andresen, Jensine, Vol IV
Barfield, Thomas J., Vol V
Barlow, David H., Vol V
Barrett, Janice M., Vol II
Beaudry, Mary Carolyn, Vol I, V
Beerman, Jack, Vol IV
Bellow, Saul, Vol II
Bennett, Norman Robert, Vol I
Berman, Eli, Vol IV
Bleisch, Pamela, Vol II, III
Boskin, Joseph, Vol I
Botticini, Maristella, Vol IV
Brinkmann, Klaus, Vol IV
Brodley, Joseph F., Vol IV
Bruce, Robert Vance, Vol I
Burch, Sharon Peebles, Vol IV
Cahoone, Lawrence, Vol IV
Cass, Ronald Andrew, Vol IV
Chatterjee, Lata, Vol I
Chehabi, Houchang E., Vol I, IV
Chung, Chai-sik, Vol IV
Copeland, Anne P., Vol V
Corrin, Jay Patrick, Vol I
Cottle, Thomas J., Vol V
Diefendorf, Barbara Boonstoppel, Vol I
Eaton, Jonathan, Vol IV
Eckstein, Susan, Vol V
Eichenbaum, Howard, Vol V
El-Baz, Farouk, Vol I
Ellis, Randall P., Vol IV
Epstein, Leslie, Vol II
Feld, Alan L., Vol IV
Ferleger, Louis A., Vol I
Ferrarin, Alfredo, Vol IV
Floyd, Juliet, Vol IV
Frankel, Tamar, Vol IV
Fredriksen, P., Vol I, IV
Friedman, Sidney Joseph, Vol II
Gabel, Creighton, Vol I, V
Gagliardo, John G., Vol I
Gilkes, Cheryl Townsend, Vol IV
Glick, Thomas F., Vol I
Goldman, Merle, Vol I
Gordon, Wendy, Vol IV
Greenfield, Liah, Vol IV, V
Haakonssen, Knud, Vol IV
Hammond, Norman, Vol I
Hansen, Julie, Vol I
Harrison, Robert M., Vol V
Hasnath, Syed A., Vol I
Hecht, Neil S., Vol IV
Henderson, Jeffrey, Vol II, III
Hintikka, Jaakko, Vol IV
Hoddie, James Henry, Vol III
Hoffmann, George, Vol III
Hofmann, Stefan G., Vol V
Holmstrom-Hintikka, Ghita B. E., Vol IV
Hutchinson, Dorothy Stauss, Vol V
Hylton, Maria, Vol IV
Katz, Steven T., Vol IV
Kee, Howard Clark, Vol I, IV
Kelemen, Deborah A., Vol V
Kelly, Dorothy J., Vol III
Keylor, William Robert, Vol I
Kleiner, Fred S., Vol I
Klepper, Deeana, Vol I
Kline, Thomas Jefferson, Vol III
Kohn, Livia, Vol IV
Korom, Frank J., Vol II, V
Lasarte, Pedro, Vol III
Lepore, Jill, Vol I
Leventhal, Fred Marc, Vol I
Levine, Hillel, Vol V
Levine, Julius B., Vol IV
Levine, Robert, Vol II
Lindberg, Carter Harry, Vol IV
Lobel, Diana, Vol IV
Lyons, David, Vol IV
MacKinnon, Michael, Vol I
Macurdy, Allan, Vol IV
Mason, Herbert W., Vol I
Mattis, Sara, Vol V
Miller, Naomi, Vol I
Miller, Walter, Jr, Vol IV
Mizruchi, Susan L., Vol II
Morgan, Keith N., Vol I
Mustafa, Shakir M., Vol II
Neville, Robert C., Vol IV
Nolan, Cathal J., Vol I
O'Rourke, Maureen, Vol IV
Oliver, Harold Hunter, Vol IV
Orlow, Dietrich Otto, Vol I
Palmer, David Scott, Vol IV
Park, William Wynnewood, Vol IV
Parker, Simon B., Vol I, III
Partan, Daniel Gordon, Vol IV
Patterson, Anita, Vol II
Pinsky, Robert, Vol II
Psathas, George, Vol V
Redford, Bruce, Vol II
Riely, John Cabell, Vol I, II
Riggs, William G., Vol II
Rosen, Stanley H., Vol IV
Rossell, Christine H., Vol IV
Ruck, Carl Anton Paul, Vol III
Ryan, Kevin, Vol V
Saitz, Robert Leonard, Vol III, V
Saulnier, Christine F., Vol V
Schmidt, James W., Vol IV
Schulman, Bruce J., Vol I
Scully, Stephen P., Vol II, III
Seidman, Ann, Vol IV
Seidman, Robert, Vol IV
Seipp, David J., Vol I, IV
Seligman, Adam, Vol IV
Siemon, James Ralph, Vol II
Silbaugh, Katharine, Vol IV
Silber, John, Vol IV
Silber, Nina, Vol I
Stahuljak, Zrinka, Vol III
Stevens, Joyce W., Vol V
Stoehr, Kevin L., Vol IV
Tauber, Alfred I., Vol I, IV
ten Grotenhuis, Elizabeth, Vol I
Vance, William Lynn, Vol II
Weller, Robert P., Vol V
Williams, Patrick Ryan, Vol I
Zaderenko, Irene, Vol III
Zank, Michael, Vol IV

Bowdoin College
Bandy, Joe, Vol V
Boyd, Barbara Weiden, Vol II, III
Cerf, Steven Roy, Vol III
Helmreich, Ernst Christian, Vol I
Levine, Daniel, Vol I
Long, Burke O'Connor, Vol IV
Pols, Edward, Vol IV
Walter, John Christopher, Vol I

Bowie State University
English, Daylanne K., Vol II
Miller, M. Sammye, Vol I
Onwumechili, Chukwuka, Vol II
Pennix, Pamela R., Vol V
Ransome, Cora, Vol II
Tomlin, Carol, Vol II

Bowling Green State University
Adetunji, Jacob, Vol V
Bradford, Carole A., Vol III
Bradie, Michael, Vol IV
Browne, Ray B., Vol II
Chen, Yiwei, Vol V
Corrigan, Vincent, Vol II
Crow, Charles L., Vol II
Daly, Lawrence John, Vol I
Danziger, Edmund J., Vol I
Dixon, Lynda D., Vol II
Foell, Kristie A., Vol III
Forse, James Harry, Vol I
Givens, Stuart R., Vol I
Hess, Gary R., Vol I
Howes, Geoffrey C., Vol III
Kiple, Kenneth Franklin, Vol I
Leaman, George R., Vol IV
Lockford, Lesa, Vol II
Ludlow, Jeannie, Vol I, II, V
Luibheid, E., Vol V
Martin, Michael T., Vol V
Mccord, Howard, Vol II
Messer, Richard, Vol II
Middleton, Charles, Vol I
Myers, Norman Jerald, Vol II
Osumare, Halifu, Vol I, II
Pallister, Janis Louise, Vol III
Patraka, Vivian, Vol II
Pearson, Lynn E., Vol III
Rao, K. Vaninadha, Vol V
Scott, John Sherman, Vol V
Shrestha, Mohan N., Vol I
Skaggs, David Curtis, Vol I
Stockwell, Edward G., Vol V
Stuart, James Donald, Vol IV
Thomas, Jack Ray, Vol I
Tweney, Ryan D., Vol V
Wolfe, Ralph Haven, Vol II
Young, C., Vol II
Zackel, Fred, Vol II
Zeller, Richard A., Vol V
Zongo, Opportune Marie, Vol V

Bradley University
Bowers, William Lavalle, Vol I
Cheng, Hong, Vol II
Claussen, Ernest Neal, Vol II
Fuller, Robert Charles, Vol IV
Guzman, Gregory G., Vol I
Maier, Carol Smith, Vol III
Smallwood, Arwin, Vol I
Stein, Kevin J., Vol II

Brandeis University
Binion, Rudolph, Vol I
Black, Eugene Charlton, Vol I
Burt, John D., Vol II
Engelberg, Edward, Vol II, III
Fellman, Gordon, Vol V
Fox, Dian, Vol III
Freeze, Gregory L., Vol I
Giele, Janet Z., Vol V
Gill, David G., Vol V
Hale, Jane Alison, Vol II
Hansen, Karen V., Vol V
Harth, Erica, Vol III
Hershenson, Maurice, Vol V
Jackendoff, Ray Saul, Vol III
Jick, Leon Allen, Vol I, IV
Johnston, Patricia A., Vol II, III
Jones, Jacqueline, Vol I
Kahne, Hilda, Vol V
Kaplan, Edward Kivie, Vol III
Keller, Morton, Vol I
Lansing, Richard H., Vol III
Reinharz, Jehuda, Vol I
Sachs, Murray, Vol III
Sarna, Jonathan D., Vol I, IV
Sarna, Nahum M., Vol IV
Staves, Susan, Vol II
Todd, Ian Alexander, Vol I
Whitfield, Stephen Jack, Vol I
Williams, Dessima, Vol V
Young, Dwight Wayne, Vol III

Brandon University
Cederstrom, Lorelei S., Vol II
Ens, Gerhard J., Vol I
Florida, Robert E., Vol IV
Mott, Morris K., Vol I
Pernal, Andrew B., Vol I

Brenau University
Barlow, Brian C., Vol IV
Southerland, James Edward, Vol I
Varnum-Gallant, Billie M., Vol II

Brescia College
Sullivan, G. Sharon, Vol V

Brevard College
Brown, Margaret T., Vol I
White, Robert A., Vol II

Brevard Community College
Slaughter, Beverley, Vol II

Brewton-Parker College
Boomer, Dennis, Vol IV
Cheek, H. Lee, Jr., Vol IV
Rhoades, Vance, Vol V
Weaver, Doug, Vol I, IV

Briar Cliff College, Sioux City
Cooney, William, Vol IV

Bridgewater College
Piepke, Susan L., Vol III
Pierson, Jeffery A., Vol II

Bridgewater State College
Covington, William, Jr., Vol II
Curley, Thomas Michael, Vol II
Greenberg, Steven, Vol V
Karavites, Peter, Vol I
Ricciardi, Cynthia Booth, Vol II
Turner, Thomas Reed, Vol I

Brigham Young University
Alexander, Thomas G., Vol I
Baker, Joseph O., Vol III
Barton, Sally H., Vol V
Beecher, Maureen Ursenbach, Vol I, III
Britsch, R. Lanier, Vol I
Brown, Scott Kent, Vol I, IV
Burlingame, Gary M., Vol V
Cannon, Donald Quayle, Vol I
Carter, K. Codell, Vol IV
Christiansen, Nancy Lee, Vol II
Cowan, Richard O., Vol I, IV
Cracroft, Richard Holton, Vol II
Davis, Garold N., Vol III
Depillis, Mario Stephen, Vol I
Duerden, Richard Y., Vol II
Faulconer, James E., Vol IV
Fox, Frank Wayne, Vol I
Geary, Edward Acord, Vol II
Graham, Daniel W., Vol IV
Hallen, Cynthia L., Vol III
Hart, Edward Leroy, Vol II
Hawkins, John P., Vol V
Hegstrom, Valerie, Vol III
Holmes, Blair R., Vol I
Hyer, Paul V., Vol I
Jackson, Kent Phillips, Vol III
Jacobson, Cardell K., Vol V
Jarvis, Donald Karl, Vol III
Jensen, De Lamar, Vol I
Jones, Randall Lee, Vol III
Keele, Alan F., Vol III
Kelling, Hans-Wilhelm L., Vol III
Klein, Ilona, Vol III
Lounsbury, Richard Cecil, Vol I, III
Luthy, Melvin Joseph, Vol III
Madsen, Carol Cornwall, Vol I, V
Madsen, Truman Grant, Vol IV
Murphy, John J., Vol II
Oaks, Harold Rasmus, Vol II
Parry, Joseph D., Vol II
Paxman, David B., Vol II
Pedersen, Darhl M., Vol V
Peer, Larry Howard, Vol III
Perkins, George W., Vol III
Pixton, Paul Brewer, Vol I
Pratt, Dale J., Vol III
Preston, Cheryl B., Vol IV
Quackenbush, Louis Howard, Vol III
Reynolds, Noel Beldon, Vol IV
Rogers, Thomas Franklyn, Vol III
Ryskamp, George R., Vol IV
Shumway, Larry V., Vol II, V
Skousen, Royal, Vol III
Slife, Brent D., Vol V
Sperry, Kip, Vol I
Tanner, John Sears, Vol II
Tanner, Stephen Lowell, Vol II
Tate, George Sheldon, Vol II
Thomas, Paul R., Vol II
Walton, Elaine, Vol V
Warner, Ted J., Vol I
Wilson, Laurie J., Vol II
Winstead, Roy, Vol V
Worthen, Vaughn E., Vol V
York, Neil L., Vol I

Bristol Community College
Kelly, William, Vol II
Powers, Alan W., Vol II
Ryckebusch, Jules, Vol II

Brock University
Anderson, Mark, Vol I
Arthur, Alan, Vol I
Baxter-Moore, Nick, Vol II
Bredin, Marian, Vol II
Debly, Patricia, Vol II
Dirks, Patricia, Vol I
Drake, Fred, Vol I
Dyer, Klay, Vol II
Grant, Barry Keith, Vol II, V
Hanyan, Craig, Vol I

Irons, Glenwood H., Vol II
Leach, Jim, Vol II
McGarrell, Hedy M., Vol III
McLeod, Jane, Vol I
Miles, Murray Lewis, Vol IV
Miller, Mary Jane, Vol II
Nicks, Joan P., Vol II
Parker, Richard W., Vol II, III
Patrias, Carmela, Vol I
Preston, Joan M., Vol II
Sainsbury, John, Vol I
Sanchez, Monica E., Vol III
Sauer, Elizabeth, Vol II
Sivell, John, Vol II
Sloniowski, Jeannette, Vol II
Spearey, Susan, Vol II
Szuchewycz, Bohdan G., Vol II
Taylor, Robert R., Vol I
Turner, Wes, Vol I

Bronx Community College of The City University of New York
Blot, David, Vol II
Fergenson, Laraine R., Vol II
Frank, Mortimer Henry, Vol II
Hall, N. John, Vol II
Kubis, Theresa S., Vol II
Lankevich, George J., Vol I
Ryan, James D., Vol I
Strieby, H. Reid, Vol V
Terrell, Francis D'Arcy, Vol IV

Brookdale Community College
Trimble, Richard M., Vol I

Brookings Institute
Cohen, Stephen P., Vol IV
Deng, Francis M., Vol IV
Dionne, E. J., Vol IV
Downs, Anthony, Vol IV

Brooklyn College of The City University of New York
Ashley, Leonard R. N., Vol II, III
Barran, Thomas, Vol II, III
Baumbach, Jonathan, Vol II
Beckson, Karl, Vol II
Berger, David, Vol I
Black, Nancy BreMiller, Vol II, III
Blast, Alberto, Vol III
Bridenthal, Renate, Vol I
Browne, William Francis, Vol II
Bruffee, Kenneth Allen, Vol II
Burrows, Edwin G., Vol I
Clayman, Dee Lesser, Vol III
Cook, Daniel Joseph, Vol IV
Day, Lynda, Vol I
Eisenstadt, Abraham S., Vol I
Fernandez-Olmos, Margarite, Vol III
Filer, Malva Esther, Vol II, III
Gargan, William M., Vol II
Gelernt, Jules, Vol II, III
Haring, Lee, Vol V
Hirsch, Julia, Vol II
Hoogenboom, Ari, Vol I
Huffman, Claire, Vol III
King, Margaret L., Vol I
Kramer, Maurice, Vol II
Langley, Stephen G., Vol II, III
Leiman, Sid Zalman, Vol I, IV
Leiter, Samuel Louis, Vol II
Mallory, Michael, Vol I
Mermall, Thomas, Vol III
Meyers, Barton, Vol V
Michael, Emily, Vol IV
Monteiro, Thomas, Vol V
Nishi, Setsuko Matsunaga, Vol V
Page, Willie F., Vol I
Papayanis, Nicholas, Vol I
Reguer, Sara, Vol I, IV
Rogers, Katharine Munzer, Vol II
Rosenthal, Abigail L., Vol IV
Schaar, Stuart H., Vol I
Schlissel, Lillian, Vol II
Seiden, Morton Irving, Vol II, III
Sengupta, Gunja, Vol I
Singer, Beth J., Vol IV
Stevens-Arroyo, Antonio M., Vol IV
Trefousse, Hans L., Vol I
Verbit, Mervin F., Vol V
Wilson, Joseph F., Vol IV
Wiseman, Mary Bittner, Vol I, V
Wolfe, Ethyle Renee, Vol II, III
Zlotnick, Joan C., Vol II

Brooklyn Conservatory of Music
Erickson, Gregory T., Vol II

Brooklyn Law School
Solan, Lawrence, Vol III, IV

Broome Community College, State University of New York
O'Neil, Patrick M., Vol I
Thomasson, Gordon C., Vol I, IV

Broward Community College
Grow, Lynn, Vol II
Nash, Peggy, Vol V
Ryan, Thomas Joseph, Vol I
Wang, Xiao, Vol II

Brown University
Abramson, David M., Vol V
Ackerman, Felicia, Vol IV
Ahearn, Edward J., Vol I, III
Almeida, Onesimo, Vol IV
Benedict, Philip, Vol I
Blasing, Mutlu Konuk, Vol II
Blumstein, Sheila Ellen, Vol III
Boegehold, Alan, Vol II, III
Boss, Judith A., Vol IV
Brock, Dan W., Vol IV
Buhle, Mari Jo, Vol I
Carreno, Antonio, Vol I, III
Chambers, Timothy, Vol IV
Crossgrove, William C., Vol III
Davis, Robert Paul, Vol V
Denniston, Dorothy L., Vol II
Dreier, James, Vol IV
Durand, Frank, Vol III
Fido, Franco, Vol III
Fornara, Charles William, Vol II, III
Francis, Winthrop Nelson, Vol III
Gill, Mary Louise, Vol IV
Gleason, Abbott, Vol I
Graubard, Stephen Richards, Vol I
Haviland, Beverly, Vol III
Heath, Dwight Braley, Vol V
Hirsch, David Harry, Vol II
Holloway, R. R., Vol I
Honig, Edwin, Vol III
Jacoby, Karl, Vol I
Joukowsky, Martha Sharp, Vol I
Kahn, Coppelia, Vol II
Kertzer, David Israel, Vol V
Konstan, David, Vol II, III
Kucera, Henry, Vol III
Lesko, Leonard Henry, Vol I
Levitsky, Alexander, Vol III
Lieberman, Philip, Vol V
Litchfield, Robert Burr, Vol I
Monroe, William S., Vol I
Neu, Charles Eric, Vol I
Oldcorn, Anthony, Vol III
Patterson, James Tyler, Vol I
Pucci, Joseph M., Vol III
Putnam, Michael C. J., Vol II, III
Raaflaub, Kurt A., Vol II, III
Rabson, Steve, Vol I
Reeder, John P., Jr., Vol IV
Regnister, Bernard, Vol IV
Richards, Joan Livingston, Vol I
Rosenberg, Bruce, Vol II, V
Saint-Amand, Pierre N., Vol III
Scharf, Peter M., Vol I, III
Schmitt, Richard George, Vol IV
Scholes, Robert, Vol II, III
Schulz, Anne Markham, Vol I
Schulz, Juergen, Vol I
Shapiro, Marianne, Vol III
Shapiro, Michael, Vol III
Stowers, Stanley Kent, Vol I, IV
Terras, Victor, Vol III
Thomas, John Lovell, Vol I
Titon, Jeff Todd, Vol I
Twiss, Sumner Barnes, Vol IV
Valente, Luiz Fernando, Vol III
Van Cleve, James, Vol IV
Wilmeth, Don B., Vol I, II
Wood, Gordon Stewart, Vol I
Wyatt, William F., Vol II, III

Bryan College
Ingolfsland, Dennis E., Vol IV
Ketchersid, William L., Vol I

Bryant College
Kozikowski, Stanley John, Vol II
Litoff, Judy Barrett, Vol I
Reedy, Jay, Vol I

Bryn Athyn College
Gladish, Robert Willis, Vol II
Werner, Sonia S., Vol V

Bryn Mawr College
Banziger, Hans, Vol III
Bernstein, Carol L., Vol II, III
Brand, Charles Macy, Vol I
Burlin, Robert B., Vol II
Cast, David Jesse Dale, Vol I
Cohen, Jeffrey A., Vol I
Dean, Susan Day, Vol II
Dersofi, Nancy, Vol III
Dickerson, Gregory Weimer, Vol II, III
Dorian, Nancy Currier, Vol III
Dostal, Robert J., Vol IV
Dudden, Arthur Power, Vol I
Gaisser, Julia Haig, Vol III
Hamilton, Richard, Vol III
Kramer, Joseph Elliot, Vol II
Krausz, Michael, Vol IV
Lane, Barbara Miller, Vol I
Lang, Mabel Louise, Vol III
Mellink, Machteld Johanna, Vol I
Ridgway, Brunilde Sismondo, Vol I
Salmon, John Hearsey Mcmillan, Vol I, III
Silvera, Alain, Vol I
Vickers, Nancy J., Vol III

Bucknell University
Baumwoll, Dennis, Vol II
Beard, Robert Earl, Vol III
Evans, David, Vol V
Fell, Joseph Phineas, Vol IV
Grim, John A., Vol I, IV
Holzberger, William George, Vol II
Huffines, Marion Lois, Vol III
Keen, J. Ernest, Vol V
Little, Daniel E., Vol IV
Martin, Francis David, Vol IV
Murray, Joseph L., Vol V
Padilla, Mark, Vol II, III
Payne, Michael, Vol II
Sturm, Douglas Earl, Vol IV
Tucker, Mary Evelyn, Vol I, IV
Verbrugge, Martha Helen, Vol I

Bucks County Community College
Bursk, Christopher, Vol II
Freeman, James A., Vol II

Buena Vista University
Halbersleben, Karen I., Vol I

Buffalo State College
Carson, David, Vol I
Kirby, Carol, Vol III
Robinson, Zan, Vol II

Bunker Hill Community College
Cassara, Shirley, Vol V
Smith, Diane M., Vol II, V

Butler University
Baetzhold, Howard George, Vol II
Broman, Per F., Vol II
Colburn, Kenneth, Vol V
Detwiler, Louise A., Vol III
Fong, Bobby, Vol II
Geib, George Winthrop, Vol I
Kooreman, Thomas Edward, Vol II, III
Saffire, Paula Reiner, Vol II, III, IV
Shaughnessy, Edward, Vol II
Valliere, Paul R., Vol IV
Van Der Linden, Harry, Vol IV
Vecera, Grant, Vol II
Willem, Linda M., Vol III

Byzantine Catholic Seminary
Custer, John S., Vol IV

Cabrillo College
Sullivan, D., Vol II
Wood, Corrine Shear, Vol V

Cabrini College
Halpern, Cynthia L., Vol III
Primiano, Leonard Norman, Vol IV
Reher, Margaret Mary, Vol I, IV
Sicoli, Mary L., Vol V

Caldwell College
Bar, Rosann, Vol V
Haymann, Mary, Vol III
Krug, Barbara C., Vol IV
Mullaney, Marie, Vol I
Spano, Rina Gangemi, Vol V

Calhoun Community College
Blalock, Carmen Fountain, Vol V

California Baptist College
Robertson, Patricia, Vol V
Stokes, H. Bruce, Vol V
Wilson, Danny K., Vol IV

California College of Arts and Crafts
Adisa, Opal P., Vol II

California Institute of Integral Studies, San Francisco
Johnson, Don Hanlon, Vol V
Spretnak, Charlene, Vol IV

California Institute of Technology
Clark, Justus Kent, Vol II
Davis, Lance E., Vol IV
Fay, Peter Ward, Vol I
Goodstein, Judith Ronnie, Vol I
Kevles, Daniel Jerome, Vol I
Kousser, Joseph Morgan, Vol I
Mandel, Oscar, Vol II
Rosenstone, Robert Allan, Vol I
Woodward, J., Vol IV

California Lutheran University, Thousand Oaks
Chen, Xiang, Vol I, IV
Kelley, Beverly M., Vol II
Stewart, Walter K., Vol III
Streeter, Jarvis, Vol IV
Tierney, Nathan, Vol IV

California Maritime Academy, Vallejo
Marocchino, Kathryn D., Vol II

California Polytechnic State University
Barnes, Timothy Mark, Vol I
Bethel, Arthur Charles Walter, Vol IV
Clark, Kevin, Vol II
Duffy, Bernard K., Vol II
Evnine, Simon, Vol IV
Frantz, Barbara, Vol III, V
Hellenbrand, Harold, Vol II, III
Houlgate, Laurence Davis, Vol IV
Jones, Terry L., Vol V
Krieger, Daniel, Vol I
Lynch, Joseph J., Vol IV
Mori, Barbara L., Vol I, V
Oriji, John, Vol I
Preston, William L., Vol I
Saltzman, Judy Deane, Vol IV
Schwartz, Debora B., Vol II
Snetsinger, John, Vol I
Yip, Christopher, Vol I
Zeuschner, Raymond F., Vol II
Zulfacar, Maliha, Vol V

California School of Professional Psychology, Fresno
Templer, Donald I., Vol V

California School of Professional Psychology, Los Angelese
Banerjee, Leena, Vol V
Lindsay, Cindy, Vol V

California School of Professional Psychology, San Diego
Chang, Mei-I, Vol V
Gevirtz, Richard N., Vol V

California State Polytechnic University
Carrier, Rebecca, Vol II
Evans, William Mckee, Vol I
Morsberger, Robert E., Vol II
Podany, Amanda H., Vol I
Ross, Peter W., Vol IV
Smith, David Richard, Vol II, III
Sturges, James W., Vol V

California State University, Bakersfield
Aarons, Leslie Ann, Vol IV
Betty, Stafford, Vol IV
Flachmann, Michael C., Vol II
Jones, Bruce William, Vol III, IV
Kegley, Jacquelyn A., Vol IV
Kleinsasser, Jerome, Vol II
Rink, Oliver A., Vol I
Schmidt, Joanne (Josephine A.), Vol III
Wildman, Louis Robert, Vol V
Wood, Forrest Glen, Vol I, IV

California State University, Chico
Boyle, John Hunter, Vol I
Brown, James Lorin, Vol III
Burr, Carol E., Vol V
Caldwell, Sarah, Vol V
Churchill, Charles B., Vol I
Cowden, Joanna Dunlap, Vol I
Downes, David Anthony, Vol II
Farrer, Claire Rafferty, Vol V
Grelle, Bruce, Vol IV
Jollimore, Troy, Vol IV
Karman, James, Vol I, II, IV
Kimball, Gayle H., Vol V
Lillibridge, George Donald, Vol I
Maneker, Jerry S., Vol V
Minor, Clifford Edward, Vol I
Moore, Brooke N., Vol IV
Quaytman, Joyce A., Vol V
Singelis, Theodore M., Vol V
Willey, Patrick S., Vol V

California State University, Dominguez Hills
Garber, Marilyn, Vol I, IV
Geller, Lila Belle, Vol II
Grenier, Judson A., Vol I
Hata, Donald Teruo, Vol I
Ivers, Louise H., Vol I
Orellana, Sandra, Vol V
Ravitz, A., Vol II
Ravitz, Abe C., Vol II
Stricker, Frank A., Vol I
Wells, Walter, Vol I, II

California State University, Fresno
Adams, Katherine L., Vol II
Basden, B. H., Vol V
Benko, Stephen, Vol I, IV
Bloom, Melanie, Vol II
Bluestein, Gene, Vol II
Bochin, Hal William, Vol II
Bohnstedt, John Wolfgang, Vol I
Carmichael, Carl W., Vol II, III
Chang, Sidney H., Vol I
Dinkin, Robert J., Vol I
Faderman, Lillian, Vol II
Fraleigh, Douglas, Vol II
Golston, Chris, Vol III
Huff, Delores J., Vol V
Jackson, Jerome E., Vol IV
Klassen, Peter James, Vol I
Kuhn, Rose Marie, Vol III
Levine, Philip, Vol II
Ng, Franklin C., Vol I
Raney, George William, Vol III
Rosenthal, Judith Ann, Vol II
Sharps, Matthew J., Vol V
Walton, James E., Vol II
Weitzman, Raymond Stanley, Vol III
Wint, Arthur Valentine Noris, Vol IV

California State University, Fullerton
Axelrad, Allan M., Vol I
Axelrad, Arthur Marvin, Vol II
Bakken, Gordon Morris, Vol I, IV
Bellot, Leland Joseph, Vol I
Brown, Daniel Aloysius, Vol IV
Cummings, Sherwood, Vol II
Giacumakis, George, Vol I
Hansen, Debra Gold, Vol I
Hardy, B. Carmon, Vol I
Hobson, Wayne K., Vol I
Jaskoski, Helen, Vol II
Kanel, Kristi L., Vol V
Kaye, Alan Stewart, Vol III
Levesque, Paul J., Vol IV
Parman, Susan, Vol V
Peale, C. George, Vol III
Pivar, David J., Vol I
Putnam, Jackson K., Vol I
Runco, Mark, Vol V
Santucci, James A., Vol IV
Sayre, Shay, Vol II
Segal, N. L., Vol V
Smith, Jesse Owens, Vol IV
Vogeler, Martha Salmon, Vol I, II
Wagner, M. John, Vol II
Witmer, Diane F., Vol II

California State University, Hayward
Barrett, Eileen, Vol II
Bowser, Benjamin Paul, Vol V
Bullough, William Alfred, Vol I
Doyle, Jacqueline, Vol II
Eagan, Jennifer, Vol IV
Fernandez, Jose A., Vol I
Fuchs, Jacob, Vol II
Gilliard, Frank Daniel, Vol I
Hammerback, John C., Vol II
Henig, Gerald S., Vol I
Leavitt, Fred I., Vol V
Morby, John Edwin, Vol I
Neithercutt, Marc G., Vol IV
Pitts, Vera L., Vol V
Raack, Richard C., Vol I
Rasmusson, D. X., Vol V
Reichman, Henry F., Vol I
Reuter, William C., Vol I
Roszak, Theodore, Vol I
Sapontzis, Steve Frederic, Vol IV
Traversa, Vincenzo, Vol III
Warrin, Donald Ogden, Vol III
Zou, Ke, Vol III

California State University, Long Beach
Aspiz, Harold, Vol II
Brown, Kendall H., Vol I
Burke, Albie, Vol I, IV
Cargile, Aaron C., Vol II
Cash, Robert W., Vol V
Domingo-Foraste, Douglas, Vol II, III
Fiebert, Martin S., Vol V
Gosselin, Edward Alberic, Vol I
Griffin, Wendy, Vol V
Guerriere, Daniel, Vol IV
Guthrie, Sharon R., Vol V
Hood, David Crockett, Vol I
Johnson, Troy R., Vol I
Jones, F. Stanley, Vol IV
Kennett, Douglas, Vol V
Lindgren, Raymond Elmer, Vol I
Locklin, Gerald Ivan, Vol II
Marshall, Suzanne G., Vol V
May, Charles Edward, Vol II
Person, Dawn Renee, Vol V
Polakoff, Keith Ian, Vol I
Robinson, Jim C., Vol I
Samuelson, David N., Vol II
Tang, Paul C. L., Vol IV
Torres, Sam, Vol IV
Van Camp, Julie C., Vol IV
Weinstock, Donald Jay, Vol II
Wiley, Juniper, Vol V
Williams, Ora, Vol I
Young, Elizabeth V., Vol II

California State University, Los Angeles
Berk, Bernard B., Vol V
Brier, Peter A., Vol II
Burstein, Stanley M., Vol I
Chrzanowski, Joseph, Vol III
Crecelius, Daniel, Vol I
Dewey, Donald Odell, Vol I
Diaz-Jimeno, Felipe, Vol III
Dresser, N., Vol V
Garry, Ann, Vol IV
Goldberg, Herbert, Vol V
Hsu, Kylie, Vol I, III
Lopez-Calvo, Ignacio, Vol III
Mayer, Frank A., Vol I
Middlebrook, Geoffrey C., Vol II
Oring, Elliott, Vol V
Perrott, David R., Vol V
Phinney, Jean S., Vol V
Quintero, Ruben, Vol II
Rodriguez, Richard T., Vol I
Roy, Alice M., Vol II
Rudder, Robert S., Vol III
Snodgrass, Jon, Vol V

California State University, Monterey
Mendoza, Ruben, Vol V
Reis, Raul, Vol II
Wang, Qun, Vol II

California State University, Northridge
Armer, Alan A., Vol II
Attias, Bernardo, Vol II
Bajpai, Shiva Gopal, Vol I
Bartle, Elizabeth E., Vol V
Broesamle, John Joseph, Vol I
Camp, Richard, Vol I
Clendenning, John, Vol II
Crittenden, Charles, Vol IV
Ford, Alvin Earle, Vol III
Gariano, Carmelo, Vol III
Herman, Phyllis, Vol I
Hussain, Amir, Vol I
Kellenberger, Bertram James, Vol IV
Klotz, Marvin, Vol II
Koistinen, Paul Abraham Carl, Vol I
Krissman, Fred, Vol V
Magliocco, Sabina, Vol V
Marlane, Judith, Vol II
McHenry, Leemon, Vol IV
McIntyre, Ronald Treadwell, Vol IV
Meyer, Michael, Vol I
Peters, John U., Vol II
Saunders, Kurt M., Vol IV
Schaffer, Ronald, Vol I
Sefton, James Edward, Vol I
Shaw, Victor, Vol V
Shofner, Robert Dancey, Vol IV
Sicha, Jeffrey Franklin, Vol IV
Soffer, Reba Nusbaum, Vol I
Solomon, Jack, Vol II
Soto, Shirlene, Vol I
Tarver-Behring, Shari, Vol V
Tohidi, Nayereh E., Vol V
Yagisawa, Takasi, Vol IV

California State University, Sacramento
Agosta, Lucien, Vol II
Bankowsky, Richard James, Vol II
Burger, Mary Williams, Vol V
Chambers, Henry Edmund, Vol I
Covin, David Leroy, Vol IV
Craft, George S., Jr., Vol I
Dennis, Harry Joe, Vol III
Giles, Mary E., Vol III
Gordon, Allan M., Vol I
Hampton, Grace, Vol V
Harris, Stephen Leroy, Vol IV
Kando, Thomas M., Vol V
Madden, David, Vol II
Nystrom, Bradley, Vol I
Owens, Kenneth Nelson, Vol I
Roberts, Charles Edward, Vol I
Santana, Jorge Armando, Vol III
Scott, Otis L., Vol V
Trujillo, Nick L., Vol II
Tumminia, Diana, Vol V
Vande Berg, Leah R., Vol II
Von Friederichs-Fitzwater, Marlene M., Vol II
Williamson, Arthur H., Vol I
Wu, Joseph Sen, Vol III, IV

California State University, San Bernardino
Barkan, Elliott Robert, Vol I, V
Barnes, Ronald Edgar, Vol II
Blackey, Robert Alan, Vol I
Burgess, Michael, Vol II
Downs, Louis, Vol V
Earnest, Steve, Vol II
Everson, George D., Vol V
Fairchild, Bertram H., Vol II
Fields, Lanny Bruce, Vol I
Freischlag, Jerry A., Vol V
Golden, Bruce, Vol II, III
Henry, Mildred M. Dalton, Vol V
Jandt, Fred E., Vol II
LaFaye, A., Vol II
Mcafee, Ward Merner, Vol I
Reich, Louis, Vol IV
Riggs, Cheryl A., Vol I
Schofield, Kent, Vol I

California State University, San Marcos
Cassel, Susie L., Vol II
Oliver, Eileen, Vol II
Watts, Jill, Vol I
Yuan, Yuan, Vol II

California State University, Stanislaus
Blodgett, Harriet H., Vol II
Chu, Mayling M., Vol V
Mcdermott, Douglas, Vol II
Ploeger, Katherine, Vol II
Regalado, Samuel, Vol I
Vallega-Neu, Daniela, Vol IV
Weikart, Richard, Vol I

California University of Pennsylvania
Folmar, John Kent, Vol I
Korcheck, Robert, Vol II
Murdick, William, Vol II, III
Pagen, Michele A., Vol II
Schweiker, William F., Vol V
Smith, Madeline C., Vol II
Thomas, C. R., Vol II
Walsh, John H., Vol IV
Waterhouse, Carole, Vol II

Calvin College
Bolt, Robert, Vol I
Brinks, Herbert John, Vol I
Carpenter, Joel A., Vol I
Clark, Kelly James, Vol IV
Corcoran, Kevin J., Vol IV
Crump, David, Vol IV
De Vries, Bert, Vol I
Evans, C. Stephen, Vol IV
Fetzer, Glenn W., Vol III
Harlow, Daniel C., Vol IV
Hoekema, David A., Vol IV
Mellema, Gregory, Vol IV
Plantinga, Richard, Vol IV
Romanowski, William D., Vol I, II, V
Sandberg, Stephanie L., Vol II
Saupe, Karen E., Vol II
Schultze, Quentin J., Vol II
Shoemaker, Allen L., Vol V
Van Liere, Frans, Vol I
Zuidervaart, Lambert P., Vol IV

Calvin Theological Seminary
Becker, Gary J., Vol V
Bolt, John, Vol IV
Deppe, Dean B., Vol IV
Weima, Jeffrey A. D., Vol IV

Camden County College
Curtis, William H., Vol V
Murphey, Kathleen, Vol II

Cameron University
Blodgett, Ralph Edward, Vol I
Stegmaier, Mark Joseph, Vol I
Xie, Xiaolin, Vol V

Camosun College
Sexton, James P., Vol II

Campbell University, Buies Creek
Faulkner, Ronnie, Vol I, IV
Johnson, Lloyd, Vol I
Jonas, W. Glenn, Jr., Vol IV
Kledaras, Constantine G., Vol V
Martin, James I., Vol I
Powers, Bruce P., Vol IV
Shelley, Bryan, Vol II
Thornton, David, Vol IV

Campbellsville University, Campbellsville
Howell, J. Susan, Vol V
Medley, Mark S., Vol IV

Canadian Museum of Civilization
McGhee, Robert J., Vol I

Canadian Nazarene College
Neale, David, Vol IV

Canadian University College
Heer, Larry G., Vol IV

Canisius College, Buffalo
Coffta, David J., Vol III
De La Pedraja, Rene, Vol I
Devereux, David R., Vol I
Dierenfield, Bruce, Vol I
Gallagher, Shaun, Vol IV
Iggers, Wilma Abeles, Vol III
Jamros, Daniel, Vol IV
Jones, Larry Eugene, Vol I
Liderbach, Daniel, Vol IV
McNutt, Paula M., Vol I, IV, V
Nelson, Herbert James, Vol IV
Schultz-Aldrich, Janice Lee, Vol IV
Valaik, J. David, Vol I
Valone, James S., Vol I

Cape Cod Community College, West Barnstable
Bird, Delores, Vol II

Capella University
DeAngelo, LeAnna M., Vol V

Capital University, Columbus
Bruning, Stephen D., Vol II
Esposito, Steven, Vol II
Hatton, Robert Wayland, Vol III
Strasser, Mark, Vol IV
Wade, Robert J., Vol IV
White, Janice G., Vol IV

Capitol Outlook Newspaper
Smith, Jeraldine Williams, Vol IV

Cardinal Stritch College, Milwaukee
Christensen, Glenn, Vol II
Christensen, Peter G., Vol III

Cardozo School of Law
Stone, S. L., Vol IV

Carleton College, Northfield
Barbour, Ian Graeme, Vol IV
Boling, Becky, Vol II, V
Bonner, Robert Elliott, Vol I
Carpenter, Scott, Vol II
Clark, Clifford E., Jr., Vol I
Crouter, Richard E., Vol I, IV
Dust, Patrick, Vol II, III
Fisher, James F., Vol V
Freier, Mary P., Vol II
Iseminger, Gary H., Vol IV
Jackson, Roger, Vol IV
Jeffrey, Kirk, Vol I
Kaga, Mariko, Vol III
Kowalewski, Michael J., Vol II
Nemec-Ignashev, Diane M., Vol III
Newman, Louis E., Vol IV
Ottaway, Susannah R., Vol I
Paas, John Roger, Vol III
Pass, Martha White, Vol IV
Patrick, Anne E., Vol IV
Posfay, Eva, Vol II
Prowe, Diethelm Manfred-Hartmut, Vol I
Rader, Rosemary, Vol I, IV
Saiedi, Nader, Vol V
Sipfle, David A., Vol IV
Smith, Bardwell L., Vol III, IV
Soule, George, Vol II
Strand, Dana, Vol II
Unno, Mark, Vol IV
Wadsworth, Sarah A., Vol II
Wilkie, Nancy C., Vol I, II, III
Williams, Harry M., Vol I
Yandell, Cathy M., Vol II

Carleton University, Ottawa
Abel, Kerry, Vol I
Anglin, Douglas G., Vol I, IV
Barber, Marylin J., Vol I
Bennett, Y. Aleksandra, Vol I
Bird, Roger A., Vol II
Black, J. Laurence, Vol I
Brook, Andrew, Vol IV
Chari, V. K., Vol II
Dean, David M., Vol I

Dorland, Michael, Vol II
Dornan, Christopher, Vol II
Dourley, John Patrick, Vol IV
Edwards, Mary-Jane, Vol II
Elbaz, Andre Elie, Vol III
Elliott, B. S., Vol I
Elwood, R. Carter, Vol I
Farr, David M. L., Vol I
Fitzgerald, E. P., Vol I
Gillingham, Bryan R., Vol I, II
Gillmor, Alan, Vol II
Gnarowski, Michael, Vol II
Goheen, Jutta, Vol III
Goheen, R. B., Vol I
Goodwin, G. F., Vol I
Gorham, Deborah, Vol I
Griffiths, Naomi Elizabeth Saundaus, Vol I
Gualtieri, Antonio Roberto, Vol IV
Henighan, Thomas J., Vol II
Hillmer, George Norman, Vol I
Jurado, Jose, Vol III
Keillor, Elaine, Vol I, II, V
King, Peter John, Vol I
Kovalio, Jacob, Vol I
Kymlicka, Will, Vol IV
Laird, Walter Roy, Vol I
Lipsett-Rivera, Sonya, Vol I
Loiselle, Andre, Vol II
Macdonald, Robert Hugh, Vol II
Marks, Laura U., Vol II
Marshall, Dominique, Vol I
McDowall, Duncan L., Vol I
McKillop, A. B., Vol I
McMullin, Stan, Vol I
Merkley, Paul C., Vol I
Mosco, Vincent, Vol II
Muise, D. A., Vol I
Neatby, H. Blair, Vol I
Noonan, James S., Vol II
O'Brien, Charles, Vol II
Osborne, Robert E., Vol IV
Phillips, Roderick, Vol I
Shepherd, John, Vol I, II
Smart, Patricia, Vol II
Stainton, Robert J. H., Vol IV
Swinton, George, Vol I
Szabo, Franz A. J., Vol I
Walker, Pamela J., Vol I
Walton, Priscilla L., Vol II
Winseck, Dwayne, Vol II
Wise, Sydney F., Vol I
Yalden, Janice, Vol III

Carlow College, Pittsburgh
Abrams, Janice K., Vol V
Dana, Marie Immaculee, Vol III
Kraft, William F., Vol V
Mcshea, William Patrick, Vol I, II

Carnegie Mellon University, Pittsburgh
Achenbaum, W. Andrew, Vol I, V
Al-Kasey, Tamara, Vol III
Bernstein, Jane, Vol II
Boneva, Bonka, Vol V
Brockmann, Stephen, Vol II
Byrnes, John, Vol IV
Carrier, David, Vol IV
Castellano, Charlene, Vol III
Cavalier, Robert, Vol IV
Dawes, Robyn M., Vol IV, V
Dworkin y Mendez, Kenya C., Vol III
Flower, Linda S., Vol II
Freed, Barbara, Vol III, V
Green, Anne, Vol III
Hallstein, Christian W., Vol III
Hamilton, Carol Van der Veer, Vol II
Hart, John Augustine, Vol II
Hayes, Ann Louise, Vol II
Hopper, Paul, Vol II, III
Jones, Christopher M., Vol III
Kaufer, David S., Vol IV
Klahr, David, Vol V
Knapp, Peggy Ann, Vol II
Koda, Keiko, Vol III, V
Levy, Eugene Donald, Vol I
Liu, Yameng, Vol II
Masters, Hilary, Vol II
Meltzer, Allan H., Vol IV
Miller, David William, Vol I
Nagin, Daniel S., Vol IV
Newman, Kathy M., Vol I
Polansky, Susan, Vol III
Rockmore, Sylvie, Vol III
Sandage, Scott A., Vol I
Schlossman, Beryl, Vol III
Seidenfeld, Teddy, Vol IV
Shumway, David R., Vol II
Sieg, Wilfried, Vol IV
Silenieks, Juris, Vol III
Simon, Herbert A., Vol V
So, Sufumi, Vol III
St. Clair, Gloriana, Vol II
Steinberg, Erwin Ray, Vol II
Straub, Kristina, Vol II
Sutton, Donald Sinclair, Vol I
Tarr, Joel A., Vol I
Tucker, Richard, Vol III
Young, Richard E., Vol II

Carroll College, Helena
Ferst, Barry Joel, Vol IV
Hart, John, Vol IV
Lambert, Richard Thomas, Vol I, IV

Carroll College, Waukesha
Dailey, Joseph, Vol II
Dukes, Jack Richard, Vol I
Heim, Joel, Vol IV
Hemmer, Joseph, Vol IV
Settle, Peter, Vol II
Sherrick, Rebecca Louise, Vol I, V
Sinclair, Lawrence A., Vol I

Carroll Community College, Westminster
Young, Robert, Vol I

Carson-Newman College, Jefferson City
Hawkins, Merrill M., Vol IV
Wood, Gerald Carl, Vol II
Young-Ferrell, Brenda, Vol III

Carthage College, Kenosha
Bailey, John Wendell, Vol I
Chell, Samuel L., Vol II
DuPriest, Travis Talmadge, Jr., Vol II, IV
Hauck, Allan, Vol IV
Lochtefeld, James G., Vol IV
Loewen, Lynn, Vol III
Maczka, Romwald, Vol IV
Magurshak, Daniel J., Vol IV
Noer, Thomas John, Vol I
Rivera, Margarita Tavera, Vol III
Rothstein, Marian, Vol III
Tobin, Daniel, Vol II
von Dehsen, Christian D., Vol IV
Yang, Mimi, Vol III

Cascade College, Portland
Granberg, Stan, Vol IV

Case Western Reserve University, Cleveland
Adams, Henry, Vol I
Benseler, David P., Vol II
Biegel, David E., Vol V
Bishop, Thomas G., Vol II
Buchanan, Harvey, Vol I
Edmonson, James Milton, Vol I
Epp, Eldon Jay, Vol I, IV
Ferguson, Suzanne, Vol II
Freedheim, Donald K., Vol V
Goist, Park Dixon, Vol I, II
Grundy, Kenneth William, Vol IV
Haas, Peter J., Vol I, IV
Haddad, Gladys, Vol I
Hagiwara, Takao, Vol III
Helzle, Martin, Vol II, III
Johnson, Alice K., Vol V
Katz, Lewis Robert, Vol IV
Landau, Ellen G., Vol I
Ledford, Kenneth F., Vol I, IV
Marling, William H., Vol II
McElhaney, James Willson, Vol IV
McHale, Vincent Edward, Vol IV
Murphy, Tim, Vol IV
Nanfito, Jacqueline C., Vol III
Neils, Jenifer, Vol I
Oster, Judith, Vol II, V
Pursell, Carroll W., Vol I
Rocke, Alan J., Vol I
Saha, Prosanta Kumar, Vol II, III
Salomon, Roger B., Vol II
Samuels, Marilyn S., Vol II
Scallen, Catherine B., Vol I
Sharpe, Calvin William, Vol IV
Siebenschuh, William R., Vol II
Stonum, Gary Lee, Vol II
Strauss, Walter Adolf, Vol III
Ubbelohde, Carl, Vol I
Vrettos, Athena, Vol II
Warren, Ann Kosser, Vol I, IV
Whitbeck, Caroline, Vol IV
Whiting, Peter, Vol I
Woodmansee, Martha, Vol II
Zubizarreta, Armando F., Vol III

Casper College, Wyoming
Frankland, Erich, Vol IV

Castleton State College, Castleton
Acheson, Julianna, Vol V
Chamberlain, Kathleen P., Vol I
Cook, Warren Lawrence, Vol I
Gershon, Robert, Vol II
Holmes, Burnham, Vol II

Catawba College, Salisbury
Brown, J. Daniel, Vol IV
McCartney, Jesse Franklin, Vol II
Reitz, Richard Allen, Vol III

Catawba Valley Community College, Hickory
Baker, Linda D., Vol V

Cathedral College Seminary
Lauder, Robert Edward, Vol IV

Catholic Theological Union at Chicago
Bergant, Dianne, Vol IV
Frohlich, Mary, Vol IV
Gittins, Anthony, Vol IV, V
Hayes, Zachary Jerome, Vol I, IV
Lauer, Eugene F., Vol IV
Pawlikowski, John, Vol IV
Perelmuter, Hayim Goren, Vol I, IV
Schreiter, Robert John, Vol IV
Stuhlmueller, Carroll, Vol IV

Cedar Crest College, Allentown
Cameron, Catherine M., Vol V
Fletcher, LuAnn McCracken, Vol II
Meade, E. M., Vol IV
Pulham, Carol Ann, Vol II
Shaw, Barton Carr, Vol I

Cedar Valley College, Lancaster
Christman, Calvin, Vol I

Cedarville College
Davis, Cheryl K., Vol II
Henning, Nelson, Vol V
Mach, Thomas S., Vol I
McGoldrick, James Edward, Vol I
Murdoch, James Murray, Vol I
Robey, David H., Vol II
Schultz, Walter, Vol IV
Wiggins, Robert R., Vol V

Centenary College of Louisiana, Shreveport
Labor, Earle G., Vol II
Otto, David, Vol IV

Centenary College, Hackettstown
Alexander, Bryan, Vol II
Grigsby, Bryon L., Vol II
Gruettner, Mark, Vol III
Serafini, Anthony, Vol IV

Center for Bioethics and Health Law
Parker, Lisa S., Vol IV

Center for Christian Study
Trotter, A. H., Jr., Vol IV

Center for Creative Studies
Lahey, Christine, Vol II
Nawrocki, Dennis Alan, Vol I

Center for Governmental Responsibility
Wade, Jeffry, Vol IV

Center for Theological Inquiry
Fackre, Gabriel Joseph, Vol IV

Center for Women, Religion
Kirk-Duggan, Cheryl Ann, Vol II, IV

Central Baptist Theological Seminary, Kansas City
Hutton, Chane, Vol IV
Keeney, Donald E., Vol IV
May, David M., Vol IV
Wheeler, David L., Vol IV

Central College, Pella
Krogstad, Allison D., Vol III
Webber, Philip Ellsworth, Vol III
Ybarrola, Steven J., Vol V

Central Connecticut State University, New Britain
Auld, Louis, Vol III
Bonaccorso, Richard L., Vol II
Feder, Kenneth L., Vol V
Gigliotti, Gilbert L., Vol II
Iannone, A. Pablo, Vol IV
Leeds, Barry H., Vol II
Passaro, Maria C. Pastore, Vol III
Passaro, Maria P., Vol III
Pesca-Cupolo, Carmela, Vol III
Picerno, Richard A., Vol III
Rohinsky, Marie-Claire, Vol III
Shen, Xiaoping, Vol I
Shmurak, Carole B., Vol V
Snaden, James N., Vol I
Wallach, Martha K., Vol III

Central Florida Community College, Ocala
Manley, James, Vol I

Central Methodist College, Fayette
Burres, Kenneth Lee, Vol III, IV
Carter, John J., Vol IV
Geist, Joseph E., Vol II
Melnyk, Julie, Vol II

Central Michigan University, Mount Pleasant
Allen, Robert F., Vol IV
Alton, Anne, Vol II
Apter, Ronnie, Vol II
Bechtold, Brigitte, Vol V
Blackburn, George Mccoy, Vol I
Buerkel-Rothfuss, Nancy, Vol II
Colarelli, Stephen Michael, Vol V
Craig, J. Robert, Vol II
Dornan, Reade W., Vol II, V
Fulton, Henry Levan, Vol II
Haines, Annette L., Vol II
Hall, Mitchell K., Vol I
Hall, Timothy D., Vol I
Hughes, Diana L., Vol II
Johnson, Eric A., Vol I
Kochhar-Lindgren, Gray M., Vol II
Labrie, Gilles R., Vol III
Lindberg, Jordan, Vol IV
Macleod, David, Vol I
Malonebeach, Eileen, Vol V
McCluskey, James J., Vol II
McLean, Athena H., Vol V
Murphy, Sean P., Vol II
Pfeiffer, John R., Vol II
Purcell, Sarah, Vol I
Ronan, George F., Vol V
Root, Robert L., Jr., Vol II
Steffel, Susan B., Vol II
Toms-Robinson, Dolores C., Vol V
Walchak, Karol L., Vol II, III
Weinstock, Jeffrey A., Vol II
Wright, John, Vol IV

Central Missouri State University, Warrensburg
Adams, Louis Jerold, Vol IV
Cox, E. Sam, Vol II
Crews, Daniel A., Vol I
Crump, Gail Bruce, Vol II
Cust, Kenneth F. T., Vol IV
Doyle, Ruth Lestha, Vol III
Fernquist, Robert M., Vol V
Foley, William Edward, Vol I
Johnson, Yvonne, Vol I
Pentlin, Susan Lee, Vol III
Prufer, Kevin D., Vol II
Selvidge, Marla J., Vol IV
Smith, David Lee, Vol II
Sylwester, Harold James, Vol I
White, Donald Jerry, Vol II

Central Oregon Community College, Bend
Minor-Evans, Leslie, Vol V

Central State University, Oklahoma
Jackson, Joe C., Vol I, IV
Lehman, Paul Robert, Vol II

Central State University, Wilberforce
Bell, Leland V., Vol I
Fleissner, Robert F., Vol II
Garland, John William, Vol IV

Central Washington University, Ellensburg
Benton, Robert Milton, Vol II
Brennan, James Franklin, Vol IV
Halperin, Mike, Vol II
Keller, Chester, Vol IV
Lowther, Lawrence Leland, Vol I
McIntyre, Jerilyn S., Vol I, II
Olson, Steven, Vol II
Powell, Joseph E., Vol II
Schactler, Carolyn, Vol II
Schneider, Christian Immo, Vol II
Williams, Wendy A., Vol V
Xiao, Hong, Vol V

Centralia College, Centralia
Vosper, Jim M., Vol I, IV, V

Centre College, Danville
Ciholas, Karin Nordenhaug, Vol III
Cooney, Brian Patrick, Vol IV
Finch, Patricia S., Vol III
Foreman, George, Vol II
Glazier-McDonald, Beth, Vol IV
Hamm, Michael Franklin, Vol I
Joyce, Jane W., Vol II, III
Keffer, Charles K., Jr., Vol III
Levin, William R., Vol I
Lucas, Mark T., Vol II
McCollough, C. Thomas, Vol IV
Morrison, James V., Vol II, III
Mount, Eric, Jr., Vol II, IV
Newhall, David Sowle, Vol I
Reigelman, Milton M., Vol II
Scarborough, Milton R., Vol IV
Vahlkamp, Charles G., Vol III
Ward, John C., Vol II
White, Roberta, Vol II

Century Community and Technical College, White Bear La
Hinrichs, Bruce, Vol V
Mulcahy, Gregory, Vol II

Chaffey College, Rancho Cucamonga
Abner, Julie LaMay, Vol II
Rodriguez, Juan A., Vol V
Stavros, Steve, Vol I

Champlain College, Burlington
Randall, Willard, Vol I

Chapman University, Orange
Arnold, Craig Anthony, Vol IV
Axelrod, Mark R., Vol III
Gellman, I., Vol I
Larsen, Nick, Vol V
Machan, Tibor R., Vol IV
Martin, Mike W., Vol IV
Mc Grane, Bernard, Vol IV, V
Miller, Jeremy M., Vol IV
Nakell, Martin E., Vol II
Schneider, Matthew T., Vol II, III
Schultz, Nancy L., Vol IV
Truax, Elizabeth, Vol II

Charles County Community College, La Plata
Bilsker, Richard L., Vol IV
Klink, William, Vol II

Charleston Southern University, Charleston
Reisman, Rosemary C., Vol II
Sinisi, Christina S., Vol V

Charro Book Company, Inc
Wright, Roberta V. Hughes, Vol IV

Chatham College, Pittsburgh
Groch, John R., Vol II, III
Gundersen, J., Vol I
Lenz, William Ernest, Vol II
Walker, Janet L., Vol III

Chernow Editorial Services
Chernow, Barbara A., Vol I

Chesapeake Bay Maritime Museum
McLoud, Melissa, Vol I

Chestnut Hill College, Philadelphia
Contosta, David Richard, Vol I

Cheyney University of Pennsylvania, Cheyney
McCummings, LeVerne, Vol V
Rouse, Donald E., Vol V

Chicago Medical School
Zakowski, Sandra, Vol V

Chicago State University
Cronce, Philip, Vol IV
DePillars, Murry Norman, Vol V
Dunn, Ivy D., Vol V
Dust, Margaret C., Vol V
Gomberg, Paul, Vol IV
Green, Jesse Dawes, Vol I, V
Kuzdale, Ann E., Vol I
Ogorzaly, Michael, Vol I
Rodriguez-Florido, Jorge J., Vol III
Rowan, Bernard, Vol IV

Chicago Theological Seminary
Butler, Lee Hayward, Jr., Vol IV
Myers, William R., Vol IV
Schneider, Laurel, Vol IV
Terrell, JoAnne M., Vol IV

Children's Hospital of Pittsburgh
Feldman, Heidi M., Vol V

Chowan College, Murfreesboro
Chismar, Douglas, Vol IV
Fillingim, David, Vol IV
Gay, Richard R., Vol II
Taylor, Raymond Hargus, Vol IV

Chris Newport University
Guthrie, J. Richard, Jr., Vol III

Christ the King Seminary, East Aurora
Kubicki, Judith M., Vol IV
Roll, Susan K., Vol IV

Christendom College
Skeris, Robert A., Vol IV

Christendom College, Front Royal
Carroll, Warren Hasty, Vol I, IV
Flippen, Douglas, Vol IV

Christian Brothers University, Memphis
Limper, Peter Frederick, Vol IV

Christian Life College
Ashburn, Johnny, Vol IV
Pankey, William J., Vol IV

Christian Theological Seminary, Indianapolis
Allen, Ronald J., Vol IV
Ashanin, Charles B., Vol I, IV
Johnston, Carol F., Vol IV
Miller, James Blair, Vol IV, V
Steussy, Marti J., Vol III, IV
Williamson, Clark M., Vol IV

Christians Equipped for Ministry
Dawn, Marva J., Vol IV

Christopher Newport University, Newport News
Beauchamp, Richard A., Vol IV
Hines, James Robert, Vol II
Hoaglund, John Arthur, Vol IV
Morris, James M., Vol I
Powell, Jouett L., Vol IV
Rose, Kenneth, Vol IV
Sishagne, Shumet, Vol I
Teschner, George A., Vol IV

Church Divinity School of The Pacific, Berkeley
Clader, Linda, Vol III, IV
Compier, Don H., Vol IV
Countryman, L. Wm, Vol II, III, IV
Holder, Arthur G., Vol IV
Kater, John L., Jr., Vol IV
Lyman, J. Rebecca, Vol I, IV
Morgan, Donn F., Vol IV
Ramshaw, Elaine Julian, Vol IV
Weil, Louis, Vol IV

Church of God School of Theology, Cleveland
Beaty, James M., Vol IV
McMahan, Oliver, Vol IV
Moore, Rickie D., Vol IV
Waldrop, Richard E., Vol IV

Cincinnati Bible College and Seminary, Cincinnati
Bullard, Reuben, Vol I
Cottrell, Jack Warren, Vol I, IV
Kidwell, R. Jay, Vol V
North, James Brownlee, Vol I
Thatcher, Tom, Vol IV
Weatherly, Jon A., Vol IV

Cite Universitaire
Painchaud, Louis, Vol IV

Citrus College, Glendora
Salwak, Dale F., Vol II
Solheim, Bruce, Vol I
Tolen, W. Christopher, Vol V

City College of The City University of New York
Arafat, Ibtihaj, Vol V
Bellush, Bernard, Vol I
Cheng, Sinkwan, Vol II
de Jongh, James Laurence, Vol II
Dorenlot, Francoise, Vol III
Emanuel, James Andrew, Vol II
Fletcher, Anthony Q., Vol IV
Gelb, Joyce, Vol IV
Goldberg, Steven, Vol V
Golden, Arthur, Vol II
Guilhamet, Leon, Vol II
Hamalian, Leo, Vol II, III
Handel, Gerald, Vol V
Hatch, James V., Vol II
Huttenbach, Henry R., Vol I
Israel, Fred L., Vol I
Jaffe, David P., Vol I
Jeffries, Leonard, Vol I
Jeffries, Rosalind R., Vol I
Kelvin, Norman, Vol II
Koshi, Annie, Vol II
Laderman, Carol, Vol V
Lay, Nancy, Vol V
Oppenheimer, Paul, Vol II
Page, Stanley W., Vol I
Polk, Robert L., Vol V
Preston, George Nelson, Vol I
Richter, David H., Vol II
Sharma, Vishnu, Vol II
Struve, Walter, Vol I
Tartter, Vivien, Vol V
Turkewitz, Gerald, Vol V
Twombly, Robert C., Vol I
Urkowitz, Steven, Vol II
Waldman, Martin, Vol I
Wallenstein, Barry, Vol II
Weiner, Estha, Vol II
Zawawi, Sharifa, Vol III

City Colleges of Chicago, Harold Washington College
Miller, Bernice Johnson, Vol V

City Colleges of Chicago, Harry S. Truman College
Livatino, Melvin W., Vol II

City Colleges of Chicago, Malcolm X College
Primous, Dianella, Vol V

City Colleges of Chicago, Wilbur Wright College
Gariepy, Margo R., Vol I, II
Lucas, James L., Vol II

City University, Bellevue
Blazekovic, Zdravko, Vol II
Goldin, Frederick, Vol III
Kessner, Thomas, Vol I
Lemay, Richard, Vol I

Claflin College, Orangeburg
Jones, Marcus E., Vol I
Ratliff, Peggy S., Vol II
Rogers, Oscar Allan, Jr., Vol V

Claremont Graduate School, Claremont
Cobb, John Boswell, Vol IV
Easton, Patricia Ann, Vol IV
Granrose, Cherlyn Skromme, Vol V
Jaffa, Harry Victor, Vol IV
Kopp, Claire, Vol V
Levy, Leonard Williams, Vol I
Louch, Alfred, Vol IV
Phillips, Dewi Zephaniah, Vol IV
Redfield, Marc, Vol II
Schneider, Tammi J., Vol I
Torjesen, Karen Jo, Vol IV
Waingrow, Marshall, Vol II

Claremont Mckenna College, Claremont
Camp, Roderic A., Vol IV
Elliott, Ward Edward Yandell, Vol IV
Elsbree, Langdon, Vol II
Farrell, John C., Vol II
Kind, Amy L., Vol IV
Levin, Shana, Vol V
Lofgren, Charles Augustin, Vol I
Martin, Jay, Vol II
Moss, Myra Ellen, Vol IV
Post, Gaines, Vol I
Warner, Nicholas Oliver, Vol II, III

Clarion University of Pennsylvania, Clarion
Bartkowiak, Julia, Vol IV
Frakes, Robert, Vol I
Piott, Steven L., Vol I

Clark Atlanta University
Askew, Timothy, Vol II
Baird, Keith E., Vol I
Black, Daniel, Vol II
Boateng, Faustine, Vol III
Bradley, Josephine, Vol V
Capeles, Mervin, Vol III
Davis, Edward L., Vol V
Duncan, Charles, Vol II
Fine, Laura, Vol II
Henderson, Alexa Benson, Vol I
Higgins, Elizabeth J., Vol II
Holmes, Robert A., Vol IV
Liddell, Janice Lee, Vol II
Ma, Qian, Vol II
Monye, Laurent, Vol III
Osinubi, Olumide, Vol II
Pickens, Ernestine W. McCoy, Vol II
Sumler-Edmond, Janice L., Vol IV
Twining, Mary Arnold, Vol II

Clark College, Vancouver
Skiba, Paulette, Vol IV

Clark State Community College, Springfield
Dickson, Charles Ellis, Vol I

Clark University, Worcester
Aoki, Michikoy, Vol III
Arthur, Gwen, Vol II
Barry, Barbara R., Vol II
Bassett, John E., Vol II
Bibace, Roger, Vol V
Billias, George Athan, Vol I
Borg, Daniel Raymond, Vol I
DeCew, Judith Wagner, Vol IV
Ferguson, William Rotch, Vol III
Little, Douglas James, Vol I
Lucas, Paul, Vol I
Pontius, Robert Gilmore, Jr., Vol I
Ropp, Paul, Vol I
Ross, Robert J. S., Vol V
Shary, Timothy, Vol I, II
Sultan, Stanley, Vol II
Turner, B. L., II, Vol I
Vaughan, Virginia M., Vol II
Wapner, Seymour, Vol V

Clarke College, Dubuque
Fischer, Katherine, Vol II
Jones, Carroll J., Vol V
Kearns, Emily, Vol V

Clarkson College, Omaha
Brady, Owen E., Vol II

Clarkson University, Potsdam
Hinchman, Lewis P., Vol IV
Johnson-Eilola, Johndan, Vol II
Mamary, Anne, Vol IV
Serio, John N., Vol II

Clemson University, Clemson
Alley, Thomas R., Vol V
Andreas, James, Sr., Vol II
Barfield, Ray, Vol II
Bell, Kimberly, Vol II
Bennett, Alma, Vol II
Burnett, G. Wesley, Vol I
Bzdyl, Donald G., Vol II
Calhoun, Richard James, Vol II
Chapman, Wayne K., Vol II
Charney, Mark, Vol II
Cranston, Mechthild, Vol III
Crosby, Margaree Seawright, Vol V
Daniell, Beth, Vol II
Dettmar, Kevin, Vol II
Hardesty, Nancy A., Vol IV
Hawdon, James E., Vol V
Hilligoss, Susan, Vol II
Howard, Tharon, Vol II
Jacobi, Martin, Vol II
King, Samuel C., Vol III
Koon, G. W., Vol II
Longo, Bernadette, Vol II
Lovitt, Carl, Vol II
Mckale, Donald Marshall, Vol I
McKate, Donald M., Vol I

McLean, Edward L., Vol IV
Morrissey, Lee J., Vol II
Palmer, Barton, Vol II
Riley, Helene M., Vol III
Rollin, Lucy, Vol II
Satris, Stephen A., Vol IV
Shilstone, Frederick William, Vol II
Sinka, Margit M., Vol III
Smith, Kelly C., Vol IV
Sparks, Elisa Kay, Vol II
Underwood, Richard, Vol II
Ward, Carol, Vol II
Willey, Edward, Vol II
Winchell, Donna, Vol II
Winchell, Mark, Vol II
Woodell, Harold, Vol II
Yancy, Kathleen Blake, Vol II
Young, Arthur P., Vol II

Clermont College
Wolff, George, Vol II

Cleveland Clinic Foundation
Agich, George J., Vol IV

Cleveland Community College, Shelby
Bolich, Greg, Vol V

Cleveland Museum of Art
Czuma, Stanislaw, Vol I

Cleveland State University, Cleveland
Abelman, Robert, Vol II
Allen, M. Austin, Vol II
Anderson, Earl Robert, Vol II
Atkin, David J., Vol II
Beatie, Bruce A., Vol II, V
Bonder, Bette R., Vol V
Borchert, James A., Vol I
Bynum, David Eliab, Vol V
Clark, Sanza Barbara, Vol V
Curnow, Kathy, Vol I
Donaldson, Thomas, Vol I
Evett, David Hal, Vol II
Fox, Richard Milan, Vol IV
Friedman, Barton Robert, Vol II
Galvan, Delia V., Vol I, III
Gerlach, John Charles, Vol II
Gibbs, Lee Wayland, Vol IV
Greppin, John Aird Coutts, Vol III
Hartshorne, Thomas Llewellyn, Vol I
Hill, Susan E. Kogler, Vol II
Hinze, Klaus-Peter Wilhelm, Vol III
Hunter, John, Vol I
Jeffres, Leo, Vol II
Kolker, Delphine, Vol II
Kopfman, Jenifer E., Vol II
Kraus, Sidney, Vol II
Labrador, Jose J., Vol III
Larson, David Mitchell, Vol II
Lee, Jae-Won, Vol II
Lin, Carolyn, Vol II
Manning, Roger B., Vol I
Martin, Laura, Vol III
McCoy, Patricia A., Vol IV
Mesch, Claudia, Vol I
Neuendorf, Kimberly A., Vol II
Perloff, Richard M., Vol II
Peskin, Allan, Vol I
Pettey, Gary R., Vol II
Pole, Nelson, Vol IV
Purcell, John Marshall, Vol III
Ramos, Donald, Vol I
Ray, Eileen Berlin, Vol II
Ray, George B., Vol II
Reminick, Ronald A., Vol V
Richardson, David A., Vol II
Robertson, Heidi Gorovitz, Vol IV
Rudd, Jill, Vol II, III
Shorrock, William Irwin, Vol I
Stoll, Anita K., Vol III
Trawick, Leonard Moses, Vol II
Varallo, Sharon, Vol III, V
Werth, Lee Frederick, Vol IV
White, Frederic Paul, Jr., Vol IV
Wozniak, Judith, Vol I
Zorita, C. Angel, Vol III

Coastal Bend College
Strause, Glynis, Vol III

Coastal Carolina Community College, Jacksonville
Barton, Beth, Vol V

Coastal Carolina University, Conway
Nance, Brian K., Vol I
Rauhut, Nils, Vol IV

Cochise College, Sierra Vista
Madril, Jim, Vol V

Coconino County Community College, Flagstaff
Hall, P. W., Vol II, IV

Coe College, Cedar Rapids
Carroll, Rosemary F., Vol I, IV
Heller, Terry L., Vol II
Lemos, John P., Vol IV
Lisio, Donald J., Vol I
Mungello, David Emil, Vol I

Coker College, Hartsville
Culyer, Richard, Vol V
Doubles, Malcolm Carroll, Vol III, IV
Lay, Shawn, Vol I
Rubenstein, Joseph H., Vol V

Colby College, Waterville
Bassett, Charles Walker, Vol I, II
Fleming, James Rodger, Vol I
Leonard, Elizabeth D., Vol I
Longstaff, Thomas R. W., Vol IV
McArthur, Robert L., Vol IV
Moss, Jane, Vol III
O'Neill, Kerill, Vol II, III
Paliyenko, Adrianna M., Vol III
Partsch, Cornelius, Vol III
Prindle, Tamae K., Vol I
Reidel-Schrewe, Ursula, Vol III
Roisman, Hanna M., Vol II, III
Sweney, John R., Vol II
Taylor, Larissa Juliet, Vol I
Weisbrot, Robert S., Vol I

Colby-Sawyer College, New London
Freeberg, E., Vol I
Muyskens, Judith A., Vol III

Colgate Rochester Divinity School, Crozer Theological Seminary
Couture, Pamela D., Vol IV
Haverly, Thomas, Vol II, IV
Henshaw, Richard A., Vol IV
Lemke, Werner Erich, Vol I, IV
Wenderoth, Christine, Vol IV

Colgate University, Hamilton
Albrecht, Wilbur T., Vol II
Balakian, Peter, Vol II
Berlind, Bruce, Vol II
Bien, Gloria, Vol III
Bolland, O. Nigel, Vol V
Busch, Briton Cooper, Vol I
Busch, Frederick Matthew, Vol II
Carter, John Ross, Vol I, IV
Cerasano, Susan P., Vol II
Coyle, Michael Gordon, Vol II
Crawshaw, William Henry, Vol II
Davies, Morgan, Vol I, III
De Boer, George E., Vol V
Dudden, Faye E., Vol I
Frost, Richard Hindman, Vol I
Gallucci, John, Vol III
Glazebrook, Patricia, Vol IV
Godwin, Joscelyn, Vol II
Harsh, Constance D., Vol II, V
Hathaway, Robert L., Vol III
Hudson, George C., Jr., Vol II
Irwin, Joyce Louise, Vol I, IV
Jacobs, Jonathan, Vol IV
Johnson, Anita L., Vol III
Johnson, Linck Christopher, Vol II
Julien, Helene, Vol III
Kepnes, Steven D., Vol IV
Kerber, Jordan E., Vol V
Knuth, Deborah, Vol II
Levy, Jacques, Vol II
Liepe-Levinson, Katherine, Vol II
Lintz, Bernadette C., Vol III
Luciani, Frederick, Vol III
Maurer, Margaret, Vol II
McCabe, David, Vol IV
McIntyre, Lee C., Vol IV
Nakhimovsky, Alice, Vol III
Naughton, John, Vol III
Nicholls, James C., Vol III
Nicholls, Maria, Vol III
Olcott, Anthony, Vol III
Olcott, Martha, Vol IV
Payne, Harry Charles, Vol I
Pinchin, Jane Lagoudis, Vol II
Plata, Fernando, Vol III
Richards, Phillip M., Vol II
Ries, Nancy, Vol I
Rubenstein, Eric M., Vol IV
Rugg, Marilyn D., Vol III
Shiner, Rebecca, Vol V
Silver, Mark H., Vol I
Spires, Jeffrey, Vol II
Staley, Lynn, Vol II
Suarez-Galban, Eugenio, Vol III
Swain, Joseph, Vol II
Terrell, Huntington, Vol IV
Vecsey, Christopher, Vol I, IV
Wallace, Robert M., Vol IV
Wetzel, James Richared, Vol IV
Wider, Sarah Ann, Vol I, II
Witherspoon, Edward, Jr., Vol IV

College Art Association
Ball, Susan, Vol I

College Board Publications
Bailey, Adrienne Yvonne, Vol V

College Dominicain de Philosophie et de Theologie
Gourgues, Michel, Vol IV

College Misericordia, Dallas
Blanchard, Scott, Vol II
Johnson, Jeffrey, Vol II
La Jeunesse, Charles A., Vol V
Painter, Mark A., Vol IV

College of Charleston, Charleston
Clark, Malcolm Cameron, Vol I
Hunt, Caroline C., Vol II
Kaiser, Charles F., Vol V
Reynolds, Clark G., Vol I
Sclippa, Norbert, Vol III

College of Dupage, Glen Ellyn
Bollendorf, Robert F., Vol V
Chu, Mike S., Vol II
Georgalas, Robert N., Vol II
Maller, Mark, Vol IV
Pierson, Steven J., Vol II, V
Raepple, Eva Marie, Vol IV
Slocum, Patricia, Vol V
Webb, Nancy L., Vol II

College of Lake County, Grayslake
Roeske, Paulette, Vol II
Rosenberg, Judith, Vol II

College of Marin, Kentfield
Robertson-Gutierrez, Noel D., Vol II

College of Mount Saint Vincent, Riverdale
Brennan, Anne Denise, Vol II
Brennan, Mary Alethea, Vol II, III, IV
Dytell, Rita, Vol V
Noone, Pat, Vol II
Smith, Barbara, Vol II
Vigilanti, John A., Vol IV
Zukowski, Edward, Jr., Vol IV

College of New Rochelle, New Rochelle
Cutney, Barbara, Vol IV
Kraman, Cynthia, Vol II
Mahoney, Irene, Vol II
Perez, Mireya, Vol III
Schleifer, James Thomas, Vol I

College of Notre Dame of Maryland, Baltimore
Geiger, Mary Virginia, Vol I, IV

College of Notre Dame, Belmont
Gavin, Rosemarie Julie, Vol II, V
Harris, Xavier, Vol IV
Joseph, Cheryl, Vol V
McCracken, Blair, Vol V

College of Our Lady of the Elms
Moriarty, Thomas Francis, Vol I

College of Saint Benedict, Saint Joseph
Grabowska, James A., Vol I
Merkle, John Charles, Vol IV

College of Saint Elizabeth, Morristown
Ciorra, Anthony J., Vol IV
Flanagan, Kathleen, Vol IV
Hahn, Hannelore, Vol III
Marlin, John, Vol II
Swartz, Alice M., Vol IV

College of Saint Mary, Omaha
Garcia, Juan Ramon, Vol I

College of San Mateo
Lapp, Rudolph Mathew, Vol I
Petit, Susan, Vol II, III
Witt, Irving M., Vol V

College of Santa Fe
Dybowski, Brian, Vol IV, V

College of St. Catherine, St. Paul
Gaskill, Gayle, Vol II
Graebner, Alan, Vol I
Skemp, V., Vol IV
Timmerman, Joan H., Vol IV
Zurakowski, Michele M., Vol II

College of St. Rose
Black, Steve, Vol II

College of St. Scholastica, Duluth
Craig, Robert, Vol I
Evans, John Whitney, Vol I, IV
Hagen, Patricia, Vol II

College of Staten Island of The City University of New York
Binder, Frederick Melvin, Vol I
Chen, Sheying, Vol V
Chiles, Robert Eugene, Vol IV
Cooper, Sandi E., Vol I
Feola, Maryann, Vol II
Jochnowitz, George, Vol III
Saez, Richard, Vol III
Shugrue, Michael F., Vol II
Simpson, Peter P., Vol II, III, IV
Stearns, Stephen, Vol I

College of The Albemarle, Elizabeth City
Wilson, Grace G., Vol II

College of The Atlantic, Bar Harbor
Carpenter, William Morton, Vol II

College of The Desert, Palm Desert
Kreuter, Katherine, Vol III

College of The Holy Cross, Worcester
Arend, Jutta, Vol III
Attreed, Lorraine C., Vol I
Avery-Peck, Alan, Vol IV
Bernstein, Eckhard Richard, Vol III
Borland, Isabel Alvarez, Vol III
Burkett, Randall Keith, Vol I, IV
Cababas, Miguel Angel, Vol III
Cary, Noel D., Vol I
Cull, John T., Vol III
Erdmans, Mary Patrice, Vol V
Flynn, James Thomas, Vol I
Fraser, Theodore, Vol III
Hamilton, John Daniel Burgoyne, Vol III, IV
Kealey, Edward J., Vol I
Kom, Ambroise, Vol I, III
Kuzniewski, Anthony Joseph, Vol I, III
Laffey, Alice L., Vol IV
Lamoureux, Normand J., Vol III
Lapomarda, Vincent Anthony, Vol I, IV
Lavery, Gerard B., Vol III
Mcbride, Theresa Marie, Vol I
Murphy, Frederick J., Vol IV
Powers, James Francis, Vol I
Roberts, Helen Freear, Vol III
Ross, Claudia, Vol III
Sazaki, Kristina R., Vol III
Stempsey, William Edward, Vol IV
Stone, Cynthia, Vol III

College of The Ozarks, Point Lookout
Clemmer, Linda, Vol V
Kneeshaw, Stephen, Vol I, V

College of The Sequoias, Visalia
Bringhurst, Newell G., Vol I, IV

College of West Virginia
Moser, Irene, Vol II

College of William and Mary
Abdalla, Ismail H., Vol I
Armbrecht, Thomas J. D., Vol I, III

Axtell, James Lewis, Vol I
Baron, James, Vol II, III
Becker, Lawrence C., Vol IV
Blank, Paula Carin, Vol II
Bongie, Chris, Vol II, III
Carson, Barbara, Vol I
Catron, Louis E., Vol II
Crapol, Edward P., Vol I
Donahue, John F., Vol II, III
Donaldson, Scott, Vol I, II
Dwyer, James G., Vol IV
Ely, Melvin Patrick, Vol I
Esler, Anthony J., Vol I
Ewell, Judith, Vol I
Finn, Thomas M., Vol I, IV
Fraser, Howard Michael, Vol III
Funigiello, Philip J., Vol I
Furrow, Dwight, Vol IV
Gross, Robert A., Vol I
Gundaker, G., Vol V
Hart, Henry W., Vol II
Hoak, Dale E., Vol I
Hobson, Charles Frederic, Vol I
Hutton, William E., Vol II, III
Jarvis, Michael J., Vol I
Jones, Ward, Vol II, III
Kelley, E. Morgan, Vol III
Kerns, Virginia B., Vol V
Livingston, James Craig, Vol IV
Matthews, J. Rosser, Vol I
Meyers, Terry L., Vol II
Nettels, Elsa, Vol II
Oakley, John H., Vol I
Pinson, Hermine Dolorez, Vol II
Potkay, Adam S., Vol II
Preston, Katherine K., Vol I, II
Price, Sally, Vol V
Reilly, Linda, Vol II, III
Scholnick, Robert James, Vol I, II
Selby, John Edward, Vol I
Shean, Glenn D., Vol V
Sheppard, Thomas Frederick, Vol I
Sheriff, Carol, Vol I
Sherman, Richard B., Vol I
Strong, John S., Vol IV
Taylor, Talbot J., Vol III
Wallach, Alan, Vol I
Whittenburg, James Penn, Vol I

Collin County Community College
Coulter, Matthew, Vol I
Matijevich, Elke, Vol III

Colllege of St. Rose
Faul, Karene Tarquin, Vol I

Colonial Williamsburg Foundation
Lounsbury, Carl, Vol I

Colorado Christian University
Ames, Frank, Vol II, IV

Colorado College
Agee, Richard J., Vol II
Ashley, Susan A., Vol I
Bizzarro, Salvatore, Vol III
Butte, George, Vol II
Cramer, Owen C., Vol II, III
Davis, William, Vol III
Fox, Douglas A., Vol I, IV
Gardiner, David, Vol IV
Koc, Richard, Vol III
Krimm, Hans Heinz, Vol IV
Levine, Victoria Lindsay, Vol I, II, V
Mason, David, Vol II
Mcjimsey, Robert, Vol I
Richardson, Horst Fuchs, Vol III
Ross, Thomas W., Vol II
Showalter, Dennis, Vol I
Williams, Samuel Keel, Vol IV

Colorado Mountain College, Alpine Campus
Bagwell, George, Vol V

Colorado School of Mines, Golden
Sneed, Joseph Donald, Vol IV
Woolsey, Robert, Vol IV

Colorado State University, Fort Collins
Aoki, Eric, Vol II
Ben-Zvi, Linda, Vol II
Benson, P. Jann, Vol IV
Berwanger, Eugene H., Vol I
Bodine, Jay F., Vol III
Boyd, James W., Vol IV
Bucco, Martin, Vol II
Burgchardt, Carl, Vol II
Cafaro, Philip, Vol IV
Campbell, SueEllen, Vol II
Cantrell, Carol, Vol II
Castro, Amanda, Vol III
Clegern, Wayne M., Vol I
Cowell, Pattie Lee, Vol II
Crabtree, Loren William, Vol I
Delahunty, Gerald, Vol II
Enssle, Manfred Joachim, Vol I
Fiege, Mark T., Vol I
Flahive, Doug, Vol II
Fowler, Carolyn A., Vol III
Galvin, Kathleen, Vol V
Garcia, Jose Luis Suarez, Vol III
Gilderhus, Mark Theodore, Vol I
Gill, Ann, Vol II
Gilmore, Roger H., Vol III
Gravlee, Jack, Vol II
Griffin, Cindy L., Vol II
Hoffmann, Klaus D., Vol III
Hunt, Irmgard, Vol III
Irvine, James Richard, Vol II
Johnson, Frederick A., Vol IV
Johnson, Marion L., Vol V
Jones, Tobin H., Vol III
Jordan, Robert Welsh, Vol I, IV
Kiefer, Kate, Vol II
Kitchener, Richard F., Vol IV
Kneller, Jane E., Vol IV
Krahnke, Karl, Vol II
Lakin, Barbara, Vol II
Lee, Grant S., Vol IV
Leyendecker, Liston Edgington, Vol I
Losonsky, Michael, Vol IV
Lyons, Daniel D., Vol IV
Maffie, James, Vol IV
Malpezzi Price, Paola, Vol III
Matott, Glenn, Vol II
McBride, William, Vol II
Mccomb, David Glendinning, Vol I
McCray, James, Vol II
McKee, Patrick M., Vol IV
Mogen, David Lee, Vol II
Mullen, Laura, Vol II
Otero, Jose, Vol III
Ott, Brian L., Vol II
Palmquist, Mike, Vol II
Pendell, Sue D., Vol II
Petrie, Neil, Vol II
Phillips, Denny, Vol II
Pratt, John Clark, Vol II
Reid, Louann, Vol II
Reid, Stephen, Vol II
Rhodes, Chip, Vol II
Rock, Kenneth Willett, Vol I
Rollin, Bernard E., Vol IV
Rolston, Holmes, Vol IV
Ronda, Bruce, Vol II
Rosenberg, Harry, Vol I
Sargent, Stuart H., Vol II, III
Saz, Sara M., Vol III
Schamberger, J. Edward, Vol II
Stansfield, Maria Pilar Perez, Vol III
Suinn, Richard Michael, Vol V
Swanson, Louis E., Vol V
Swinson, Ward, Vol II
Tanner, Jim, Vol II
Thiem, Jon, Vol III
Trembath, Paul, Vol II
Tyler, Daniel, Vol I
Unnithan, N. Prabha, Vol V
Vancil, David, Vol II
Vest, David, Vol II
Weisser, Henry G., Vol I
Whitaker, Rosemary, Vol II
Wiliams, Ron G., Vol IV
Wolff, Roland A., Vol III
Work, James, Vol II
Worrall, Arthur John, Vol I
Xing, Jun, Vol I

Columbia College, Chicago
Floyd, Samuel A., Jr., Vol II, V
Hoover, Paul, Vol II
Johnson-Odim, Cheryl, Vol I
Krause, David H., Vol II

Columbia College, New York
Abrams, Bradley, Vol I
Adams, Rachel, Vol II
Alexakis, Alexander, Vol IV
Armstrong, Charles, Vol I
Awn, Peter, Vol IV
Billows, Richard A., Vol I
Blackmar, Elizabeth, Vol I
Bulliet, Richard, Vol I
Cannadine, David, Vol I
Castelli, Elizabeth, Vol IV
Chernetsky, Vitaly, Vol III
Dames, Nicholas, Vol II
de Grazia, Victoria, Vol I
Dirks, Nicholas, Vol I
Douglas, Ann, Vol II
Ferguson, Robert A., Vol II
Fields, Barbara J., Vol I
Goren, Arthur, Vol I
Gorup, Radmila J., Vol III
Haddad, Mahmoud, Vol I
Halivni, David, Vol IV
Howell, Martha, Vol I
Hunning, Robert W., Vol II
Jackson, Kenneth T., Vol I
Jalal, Ayesha, Vol I
James, Winston, Vol I
Kastan, David Scott, Vol II, III
Katznelson, Ira, Vol I
Kaye, Joel, Vol I
Klein, Herbert S., Vol I
Kosto, Adam, Vol I
Kussi, Peter, Vol III
Lake Prescott, Anne, Vol II
Lindt, Gillian, Vol IV
Mann, Gurinder Singh, Vol IV
Marable, Manning, Vol I
Marcus, Steven, Vol II
Mbodj, Mohamed, Vol I
Mendelson, Edward, Vol II
Meyer, Ronald, Vol III
Neel, Carol, Vol I
Nixon, Rob, Vol II
Nunes, Zita, Vol II
O'Meally, Robert, Vol II
Patriarca, Silvana, Vol I
Peters, Julie, Vol I, II
Pflugfelder, Gregory, Vol I
Prior, Sandra Pierson, Vol II
Proudfoot, Wayne, Vol IV
Quigley, Austin E., Vol II
Reyfman, Irina, Vol III
Rives, James, Vol I
Rosenberg, John D., Vol II
Rosenthal, Michael, Vol II
Rosner, David, Vol I
Rothman, David, Vol I
Said, Edward, Vol II
Scammell, Michael, Vol II
Schama, Simon, Vol I
Scott, Daryl, Vol I
Shapiro, James S., Vol II
Shenton, James, Vol I
Sloan, Herbert, Vol I
Smit, J. W., Vol I
Smith, Henry, Vol I
Somerville, Robert, Vol IV
Spivak, Gayatri Chakravorty, Vol II
Stanislawski, Michael, Vol I, IV
Stephanson, Anders, Vol I
Stern, Fritz, Vol I
Tiersten, Lisa, Vol I
Tsin, Michael, Vol I
Tubb, Gary, Vol IV
Valenze, Deborah, Vol I
van der Mieroop, Marc, Vol I
Weisenfeld, Judith, Vol IV
White, Deborah, Vol II
Wimbush, Vincent L., Vol IV
Wishard, Armin, Vol III
Wright, Gwendolyn, Vol I
Yerkes, David, Vol II, III
Zito, Angela, Vol IV

Columbia College, South Carolina
Fowler, Vivia, Vol IV
Hatch, Mary G., Vol III
Moore, Robert Joseph, Vol I
Shirley, Paula, Vol III
Tuten, Nancy, Vol II

Columbia International University, Columbia
Beyer, Bryan E., Vol IV
Harvey, John D., Vol IV
Mulholland, Kenneth B., Vol IV

Columbia Theological Seminary, Decatur
Gonzalez, Catherine Gunsalus, Vol I, IV
Guder, Darrell L., Vol IV
Hudnut-Beumler, James, Vol IV
Johnson, E. Elizabeth, Vol IV

Columbia Union College, Takoma Park
Hammond, James Matthew, Vol V
Leitma, Grant, Vol V

Columbia University, New York
Andriopoulos, Stefan, Vol III
Armitage, David, Vol I
Aronson, Arnold, Vol II
Bagnall, Roger Shaler, Vol I, III
Balmer, Randall, Vol IV
Barnouw, Erik, Vol II
Barolini, Teodolinda, Vol III
Beck, James Henry, Vol I
Belknap, Robert Lamont, Vol III
Berger, Vivian O., Vol IV
Berofsky, Bernard A., Vol IV
Betts, Richard Kevin, Vol IV
Blount, Marcellus, Vol II, V
Brilliant, Richard, Vol I
Brinkley, Alan, Vol I
Brooks-Gunn Brooks-Gunn, Jeanne, Vol V
Bushman, Richard, Vol I
Bynum, Caroline Walker, Vol I
Cachia, Pierre J. E., Vol III
Cameron, Alan, Vol I, III
Cavallo, JoAnn, Vol III
Christopher, Russell L., Vol IV
Cohen, Myron L., Vol V
Compagnon, Antoine M., Vol III
Damrosch, David N., Vol III
Daniel, E. Valentine, Vol V
De Bary, Wm. Theodore, Vol I
Deak, Istvan, Vol I
Delbanco, Andrew, Vol II
Dent, Gina, Vol II
DeSmidt, Ben, Vol II, III
Deutsch, Celia, Vol IV
Diamond, Sigmund, Vol I, V
Dinkins, David N., Vol IV
Eden, Kathy, Vol II
Eng, David L., Vol II
Farnsworth, E. Allan, Vol IV
Fletcher, George Philip, Vol IV
Foner, Eric, Vol I
Force, Pierre, Vol III
Gans, Herbert J., Vol V
Gardner, Richard Newton, Vol IV
Garro, A. M., Vol IV
Gilinsky, Joshua, Vol II
Giral, Angela, Vol II
Grad, Frank P., Vol IV
Gustafson, Richard Folke, Vol III
Hamilton, Charles Vernon, Vol IV
Hanning, Robert W., Vol II
Harris, William Vernon, Vol I
Heilbrun, Carolyn G., Vol II
Heinrich, Amy Vladeck, Vol III
Heise, Ursula K., Vol II
Henkin, Louis, Vol IV
Holloway, Ralph L., Vol V
Howard, Jean E., Vol II
Huyssen, Andreas, Vol III
Ivanoff, Andre, Vol V
Jervis, Robert, Vol IV
Jones, William K., Vol IV
Kessler-Harris, Alice, Vol I
Kitcher, Patricia, Vol IV
Kitcher, Philip, Vol IV
Koch, Kenneth, Vol II, III
Korn, Harold Leon, Vol IV
Kroeber, Karl, Vol II
Lerner, Barron H., Vol I
Levi, Isaac, Vol IV
Levin, Jonathan, Vol II
Lippman, Edward, Vol I, II
Lufrano, Richard, Vol I
Lynch, Hollis R., Vol I
Malefakis, Edward Emanuel, Vol I
Malone, Joseph Lawrence, Vol III
Martinez-Bonati, Felix, Vol III
May, Gita, Vol III
Mckitrick, Eric Louis, Vol I
Miller, Joshua L., Vol II
Mitterand, Henri, Vol III
Mothersill, Mary, Vol IV
Mundy, John Hine, Vol I
Nathan, Andrew J., Vol I
Okihiro, Gary Y., Vol I
Ortner, Sherry B., Vol V
Pappano, Margaret, Vol II
Paxton, Robert Owen, Vol I
Perez-Firmat, Gustavo, Vol III
Perkins, Leeman Lloyd, Vol II
Petit, Philip, Vol IV
Piccato, Pablo, Vol I
Prescott, Anne L., Vol II
Quigley, Austin F., Vol II
Raeff, Marc, Vol I
Rebay, Luciano, Vol III
Reff, Theodore Franklin, Vol I
Roe, Mark J., Vol IV
Rosand, David, Vol I
Rosenberg, Rosalind Navin, Vol I
Rossabi, Morris, Vol III
Rubin, Andrew M., Vol II
Rubin, Mordecai, Vol III
Schaafsma, David, Vol II
Scherzinger, M., Vol II
Segel, Harold Bernard, Vol III
Seidel, Michael Alan, Vol II
Silver, Philip Warnock, Vol III
Slade, Carole, Vol II, III
Smith, Joanna S., Vol I
Sovern, Michael I., Vol IV
Spivak, Gayatri Chakravorty, Vol III
Stade, George, Vol II
Staley, Allen, Vol I
Strauss, Peter L., Vol IV
Taran, Leonardo, Vol II, III, IV
Tayler, Edward W., Vol II
Tholfsen, Trygve Rainone, Vol I
Thomas, Kendall, Vol IV
Ulanov, Barry, Vol II
Uviller, H. Richard, Vol IV
Valkenier, Elizabeth Kridl, Vol I
van de Mieroop, Marc, Vol I
Varzi, Achille C., Vol IV
Vaughan, Alden T., Vol I
Velting, Drew, Vol V
Viswanathan, Gauri, Vol II
Von Hagen, Mark L., Vol I
Walsh, James Jerome, Vol IV
Walton, R. Keith, Vol IV
Waltz, Kenneth Neal, Vol IV
Wayman, Alex, Vol III
Welles, Marcia Louise, Vol III
Williams, Gareth D., Vol II, III
Woloch, Isser, Vol I
Woodring, Carl, Vol II
Wortman, Richard, Vol I
Wright, Marcia, Vol I
Yerushalmi, Yosef Hayim, Vol I
Yoshioka, Marianne R., Vol V
Zelin, Madeleine, Vol I

Columbia-Greene Community College, Hudson
Lyons-Chase, Rosemary, Vol II

Columbus State University, Columbus
Berger, Mark Lewis, Vol I
Ross, Daniel W., Vol II
Thomas, John Joseph, Vol IV

Communication Training Services
Watt, Willis M., Vol II

Community College of Allegheny County
Eskridge, John Clarence, Vol IV

Community College of Allegheny County, South Campus
Milne, Christopher, Vol II

Community College of Baltimore County-Essex Campus
Stephens, Charles Ralph, Vol II

Community College of Beaver County, Monaca
Gall, John, Vol II
Marshall, Cynthia, Vol II

Community College of Denver
Fleck, Richard F., Vol II

Community College of Philadelphia
Mallin, Dea Z., Vol II

Community College of Rhode Island, Warwick
Thakur, Parsram S., Vol V

Community College of Southern Nevada, North Las Vegas
Sarri, Samuel, Vol IV
Wallis, James, Vol IV

Community Renewal Society
Morris, Calvin S., Vol IV

Concord College, Winnipeg
Shillington, V. George, Vol IV

Concordia College, Bronxville
Bodling, Kurt A., Vol I, II, IV
Maida, Lori, Vol V

Concordia College, Seward
Fiala, Robert D., Vol I
Grothaus, Larry Henry, Vol I

Concordia College, St. Paul
Buckley, Joan, Vol II
Herman, Stewart W., Vol IV
Iverson, Stanley, Vol II, III
Jacobson, Arland D., Vol IV
Larson, George S., Vol II
Lintelman, Joy, Vol I
Poppe, Susan, Vol IV
Sprunger, David A., Vol II

Concordia Seminary, St. Louis
Arand, Charles P., Vol IV
Bartelt, Andrew H., Vol IV
Brauer, James L., Vol IV
Feuerhahn, Ronald R., Vol I, IV
Gibbs, Jeffrey A., Vol IV
Kolb, Robert A., Vol I
Nagel, Norman E., Vol IV
Peter, David J., Vol IV
Raabe, Paul R., Vol IV
Raj, Victor A. R., Vol IV
Rosin, Robert L., Vol I, IV
Schuchard, Bruce G., Vol IV
Voelz, James W., Vol IV

Concordia Theological Seminary, Fort Wayne
Collins, Robert H., Vol IV
Maier, Walter A., III, Vol IV
Nuffer, Richard T., Vol IV
Scaer, David P., Vol IV

Concordia University College of Alberta
Krispin, Gerald, Vol IV
Leske, Adrian M., Vol IV

Concordia University Wisconsin, Mequon
Beck, John A., Vol IV
Eyer, Richard, Vol IV
Garcia, Albert L., Vol IV
Maschke, Timothy, Vol IV
Menuge, Angus, Vol IV
Smith, Carol Y., Vol V
Tews, Rebecca, Vol V
Wolf, Mark J. P., Vol II

Concordia University, Irvine
Bachman, James V., Vol IV
Johnson, Ben, Vol IV

Concordia University, Montreal
Asselin, Olivier, Vol I
Belisle, Jean, Vol I
Bernier, Paul, Vol IV
Bertrand, Charles L., Vol I
Bird, Frederick, Vol IV
Bode, Frederick August, Vol I
Brennan, Kit, Vol II
Carr, Graham, Vol I
Chalk, Frank, Vol I
Clarke, Murray, Vol IV
Decarie, Graeme, Vol I
Despland, Michel, Vol IV
Diubaldo, Richard J., Vol I
Drage-Hale, Rosemary, Vol IV
Dunlop, Anne, Vol I
Fick, Carolyn E., Vol I
Foss, Brian, Vol I
French, Stanley G., Vol IV
Gray, Christopher, Vol IV
Groening, Laura S., Vol II
Hale, Mark, Vol III
Herz, Judith Scherer, Vol II
Hill, John, Vol I
Hofbeck, Josef, Vol IV
Hubbard, William H., Vol I
Hudson, Robert, Vol I, IV
Ingram, Norman, Vol I
Joos, Ernest, Vol II, IV
Joseph, Norma Baumel, Vol IV
Lightstone, Jack, Vol IV
Mangan, Jacqueline J. Samperi, Vol III
Mason, Sheila, Vol IV
McDonough, Sheila, Vol IV
McSheffrey, Shannon, Vol I
Miller, David, Vol IV
Nielsen, Kai, Vol IV
Nish, Cameron, Vol I
O'Connor, Dennis, Vol IV
Oppenhaim, Michael, Vol IV
Ornstein, Jack, Vol IV
Orr, Leslie, Vol I, IV
Pedersen, Diana, Vol I
Ravvin, Norman, Vol IV
Reiss, Charles, Vol III
Richard, Ron, Vol II
Robinson, Ira, Vol I, III
Roth, Lorna, Vol II
Rudin, Ronald, Vol I
Rukmani, T. S., Vol IV
Sanders, Lionel, Vol I, II
Schade, Rosemarie, Vol I
Scheinberg, Stephen, Vol I
Shlosser, Franziska E., Vol I
Singer, Martin, Vol I
Tittler, Robert, Vol I
van Nus, Walter, Vol I
Vipond, Mary, Vol I
Wayne, Andrew, Vol IV
Zeman, Vladimir, Vol IV

Concordia University, River Forest
Froehlich, Charles Donald, Vol II, III, IV
Heider, George C., Vol IV
Jenne, Natalie R., Vol II
Kreiss, Paul Theodore, Vol III
Stadtwald, Kurt, Vol I
Steinmann, Andrew E., Vol IV
Todd, Mary, Vol I

Connecticut College, New London
Ankeny, Rachel A., Vol I, IV
Bleeth, Kenneth Alan, Vol II
Burlingame, Michael A., Vol I
Chrisler, Joan C., Vol V
Despalatovic, Elinor Murray, Vol I
Evans, Robley Jo, Vol II
Forster, Marc R., Vol I
Green, Garrett, Vol IV
Hargraves, John A., Vol III
Hartman, Charles O., Vol II
Held, Dirk, Vol II, III
Lanoux, Andrea, Vol III
Lesser, Jeffrey, Vol I
Lynch, Michael P., Vol IV
Murstein, Bernard I., Vol V
Murstein, Nelly Kashy, Vol III
Paxton, Frederick S., Vol I
Sherak, Constance E., Vol III
Silverberg, Joann C., Vol III
Solomon, Janis Virginia Little, Vol III
Terras, Rita, Vol III
Wilson, Lisa H., Vol I
Winter, Jerry Alan, Vol V

Converse College, Spartanburg
Dunn, Joe Pender, Vol I, IV
Mathews, Spencer R., Vol V
Shand, Rosa, Vol II
Stevenson, John Weamer, Vol II
Walker, Melissa, Vol I

Cooper Union For The Advancement of Science and Art
Bartelik, Marek, Vol I
Swann, Brian, Vol II

Cooper-Lewter Rites of Passage
Cooper-Lewter, Nicholas Charles, Vol IV

Coppin State College, Baltimore
Durham, Joseph Thomas, Vol V
Gardner, Bettye J., Vol I
King, Ora Sterling, Vol V
Mathura, Clyde, Vol V
Neverdon-Morton, Cynthia, Vol I
Nwadike, Fellina, Vol I
Talley, William B., Vol V

Cornell College, Mount Vernon
Allin, Craig Willard, Vol IV
Crowder, Diane Griffin, Vol III, V
Gruber-Miller, John C., Vol II, III
Ihlan, Amy, Vol IV
Vernoff, Charles Elliott, Vol IV

Cornell University, New York
Abrams, Meyer Howard, Vol II
Adams, Barry Banfield, Vol II
Arroyo, Ciriaco Moron, Vol III
Baugh, Daniel Albert, Vol I
Bensel, Richard F., Vol IV
Bereaud, Jacques, Vol III
Bilson, Malcolm, Vol II
Bishop, Jonathan P., Vol II
Bjerken, Xak, Vol II
Blumin, Stuart, Vol I
Borstelmann, Thomas, Vol I
Browne, E. Wayles, Vol III
Brumberg, Joan Jacobs, Vol I
Calkins, Robert Gilmer, Vol I
Caputi, Anthony Francis, Vol II
Carmichael, Calum MacNeill, Vol IV
Clermont, Kevin Michael, Vol IV
Clinton, Kevin, Vol II, III
Cochran, Sherman, Vol I
Cohen, Walter Isaac, Vol III
Colby-Hall, Alice Mary, Vol I, III
Coleman, John E., Vol I, III
Colman, Gould P., Vol I
Coral, Lenore, Vol II
Cowie, Jefferson R., Vol I
Cramton, Roger C., Vol IV
Daniel, Cletus Edward, Vol I
Darlington, Richard B., Vol V
Deinert, Herbert, Vol III
DeLoughrey, Elizabeth M., Vol II
Evans, Gary W., Vol V
Gair, James Wells, Vol III
Gottschalk, Katherine K., Vol II
Greene, Sandra E., Vol I
Greenwood, Davydd J., Vol V
Groos, Arthur, Vol I, III
Grossvogel, David I., Vol III
Gudding, Gabriel, Vol I, II
Hanchett, Tom, Vol I
Harris, Robert L., Jr., Vol I
Harris-Warrick, Rebecca, Vol II
Hatch, Martin, Vol II
Hill, Thomas Dana, Vol II
Hodes, Harold T., Vol IV
Hohendahl, Peter U., Vol I, III
Holloway, Thomas Halsey, Vol I
John, James J., Vol I, III
Kammen, Michael, Vol I
Kaske, Carol Vonckx, Vol II, III
Kennedy, Kenneth Adrian Raine, Vol V
Kennedy, William John, Vol II, III
Kirkwood, Gordon Macdonald, Vol III
Kline, Ronald R., Vol I
Koschmann, Julien Victor, Vol I
Kronik, John W., Vol III
Krumhansl, Carol L., Vol V
Kuniholm, Peter Ian, Vol I
LaFeber, Walter, Vol I
Lewenstein, Bruce V., Vol I
Lewis, Philip Eugene, Vol III
Lurie, Alison, Vol II, V
MacDonald, Scott C., Vol IV
McCann, David Richard, Vol III
McClain, John O., Vol IV
McMillin, H. Scott, Vol II
Migiel, Marilyn, Vol III
Moore, Robert Laurence, Vol I
Najemy, John Michael, Vol I
Neuhouser, Frederick, Vol I, IV
Norton, Mary Beth, Vol I
Nussbaum, Alan, Vol III
Owen, David I., Vol I
Palmer, Larry Isaac, Vol IV
Peraino, Judith A., Vol II
Piedra, Jose, Vol III
Pinch, Trevor J., Vol I, V
Pintner, Walter Mckenzie, Vol I
Polenberg, Richard, Vol I
Powers, David Stephen, Vol I, IV
Pucci, Pietro, Vol II, III
Rachlinski, J. J., Vol IV
Rendsburg, Gary A., Vol I
Rosen, David, Vol II
Rosenberg, Edgar, Vol II
Rossiter, Margaret W., Vol I
Salvatore, Nicholas Anthony, Vol I
Samuels, Shirley, Vol II
Scatterday, Mark Davis, Vol II
Schwab, Stewart J., Vol IV
Schwarz, Daniel R., Vol II
Shapiro, Gavriel, Vol III
Shaw, Harry Edmund, Vol II
Shepherd, Reginald, Vol II
Sherry, John E. H., Vol IV
Silbey, Joel H., Vol I
Somkin, Fred, Vol I
Spivey, Michael, Vol V
Steinberg, Michael P., Vol I
Stycos, Maria Nowakowska, Vol III
Summers, Robert Samuel, Vol IV
Suner, Margarita, Vol III
Tierney, Brian, Vol I
Waugh, Linda Ruth, Vol III
Webster, James, Vol II
Williams, L. Pearce, Vol I
Williams, Robin M., Vol V
Wolff, John Ulrich, Vol III
Wolfram, Charles W., Vol IV
Wolters, Oliver William, Vol I
Wyatt, David Kent, Vol I
Yearsley, David, Vol II
Zaslaw, Neal, Vol II

Cornerstone College, Grand Rapids
Suggs, Robert Chinelo, Vol V

Corning Museum of Glass
Whitehouse, David Bryn, Vol I

Cosumnes River College, Sacramento
Klimes, Rudolf, Vol V

Cotsen Institute of Archeology
Buccellati, Giorgio, Vol I

Cottey College, Nevada
Byer, Inez, Vol IV
Lutke, Debi Reed, Vol V

Council of Graduate Schools
Pruitt, Anne Smith, Vol V

County College of Morris, Randolph
Citron, Henry, Vol I, IV
Heller, Rita, Vol I
Levy, Stephen, Vol II
Weyer, Robert A., Vol IV
Zulauf, Sander W., Vol II

Covenant Theological Seminary, St. Louis
Bayer, Hans F., Vol IV

Creighton University, Omaha
Aikin, Roger, Vol I
Andrus, Kay L., Vol IV
Brooks, Catherine M., Vol IV
Churchill, Robert J., Vol II
Conces, Rory, Vol IV
Culhane, Marianne B., Vol IV
Dickel, Charles Timothy, Vol V
Dornsife, Rob, Vol II
Fenner, G. Michael, Vol IV
Green, Barbara S., Vol IV
Green, J. Patrick, Vol IV
Greenspoon, Leonard Jay, Vol IV
Hamm, Michael Dennis, S. J., Vol IV
Hauser, Richard Joseph, Vol IV
Lawson Mack, Raneta, Vol IV
LeBeau, Bryan, Vol I
Mahern, Catherine, Vol IV
Mangrum, R. Collin, Vol IV
Mihelich, Dennis, Vol I
Morse, Edward A., Vol IV
Myers, Scott, Vol II
O'Neill, Megan, Vol II
Pieck, Manfred, Vol IV
Roddy, Nicolae, Vol IV
Santoni, Roland J., Vol IV
Schultenover, David, SJ, Vol I, IV
Shanahan, Thomas Joseph, Vol IV
Shkolnick, Rodney, Vol IV
Shugrue, Richard E., Vol IV
Stephens, William O., Vol IV
Strom, Lyle E., Vol IV
Teply, Larry L., Vol IV
Volkmer, Ronald R., Vol IV
Welch, Ashton Wesley, Vol I
Whipple, Robert Dale, Jr., Vol II
Whitten, Ralph U., Vol IV

Wunsch, James Stevenson, Vol I, IV
Zacharias, Greg, Vol II

Crichton College, Memphis
Vinson, Mark Alan, Vol II

Cronkite School of Journalism & Telecommunication
Farwell, Tricia M., Vol II

Culver-Stockton College, Canton
Camp, David A., Vol V
Lee, George Robert, Vol I
Wiegenstein, Steve, Vol II

Cumberland College, Williamsburg
Carmical, Oline, Jr., Vol I
Ramey, George, Vol IV

Cumberland University, Lebanon
Markert, John P., Vol V

Curry College, Milton
Hench, Michael, Vol II
Hunter, Allan, Vol IV, V
Meek, Edwin, Vol II
Murphy, Richard, Vol II
Robbins, Richard H., Vol V

Cuyahoga Community College, Eastern Campus
Badal, James J., Vol II

Cuyahoga Community College, Western Campus
Bate, Brian R., Vol V
Spencer, James Calvin, Sr., Vol IV
Surace, Peter C., Vol II

Cypress College, Cypress
Kaplan, Francene E., Vol V

Daemen College, Amherst
Morace, Robert A., Vol II

Dakota State University, Madison
Johnson, Eric, Vol II

Dakota Wesleyan University, Mitchell
Wilson, John H., Vol II

Dalhousie University, Halifax
Baylis, Francoise, Vol IV
Bishop, Michael, Vol III
Brett, Nathan C., Vol IV
Burns, Steven A. M., Vol IV
Campbell, Richmond M., Vol IV
Campbell, Susan, Vol IV
Chavy, Paul, Vol III
Darby, Barbara, Vol II
Flint, John E., Vol I
Gantar, Jure, Vol II
Gesner, B. Edward, Vol III
Greenfield, Bruce R., Vol II
Hogan, Melinda, Vol IV
Hymers, Michael, Vol IV
MacIntosh, Duncan, Vol IV
Maitzen, Rohan Amanda, Vol II
Maitzen, Stephen, Vol IV
Martin, Robert M., Vol IV
Mills, Eric L., Vol I
Ross, Trevor T., Vol II
Schotch, Peter K., Vol II, IV
Sherwin, Susan, Vol IV
Stokes, Lawrence Duncan, Vol I
Tetreault, Ronald, Vol II
Vinci, Thomas, Vol IV
Wainwright, John A., Vol II

Dallas Baptist University, Dallas
Still, Todd, Vol IV
Williams, Michael, Vol I

Dallas Theological Seminary, Dallas
Bock, Darrell L., Vol IV
Burns, J. Lanier, Vol IV
Mabery, Lucy, Vol IV
Merrill, Eugene H., Vol IV
Taylor, Richard A., Vol III
Wallace, Daniel B., Vol IV

Dalton College, Dalton
Elnajjar, Hassan, Vol V
Hutcheson, John A., Jr., Vol I

Daniel Webster College, Nashua
Malachuk, Daniel S., Vol II

Danville Area Community College, Danville
Cornelius, Janet Duitsman, Vol I
Rediehs, Robert E., Vol V

Dartmouth College, Lebanon
Allan, Sarah K. M., Vol I
Beasley, Faith E., Vol III
Bien, Peter Adolph, Vol II
Boose, Lynda E., Vol II
Breeden, James Pleasant, Vol IV
Burland, Margaret A. Jewett, Vol II
Chay, Deborah, Vol II
Chitoran, Ioanaa, Vol III
Cohen, Ada, Vol I
Cone, Annabelle, Vol III
Corrigan, Kathleen, Vol I
Cosgrove, Peter, Vol II
Cracolici, Stefano, Vol III
Crewe, Jonathan V., Vol II
Daniell, Jere, Vol I
Davies, Laurence J., Vol III
Desjardins, Mary, Vol II
Doenges, Norman Arthur, Vol I, II, III
Doney, Willis, Vol IV
Dorsey, James, Vol II, III
Duncan, Bruce, Vol III
Eberhart, Richard, Vol II
Ermarth, Hans Michael, Vol I
Favor, J. Martin, Vol II
Garretson, Deborah, Vol III
Garthwaite, Gene Ralph, Vol I
Gaylord, Alan T., Vol II
Gemunden, Gerd, Vol III
Gert, Bernard, Vol IV
Glinert, Lewis, Vol II, III
Gragnolati, Manuele, Vol III
Grenoble, Lenore A., Vol III
Halasz, Alexandra W., Vol II
Heck, Marlene, Vol I
Heffernan, James Anthony Walsh, Vol II
Higgins, Lynn Anthony, Vol III
Hirsch, Marianne, Vol III
Hockley, Allen, Vol I
Hoffmeister, Werner, Vol III
Jahner, Elaine A., Vol II
Jordan, Jim, Vol I
Kacandes, Irene, Vol III
Katz, Phyllis, Vol II, III
Kelley, Mary, Vol I
Kenkel, Konrad, Vol III
Kenseth, Joy, Vol I
Kleck, Robert E., Vol V
Kogan, Vivian, Vol III
Kuypers, Jim A., Vol II
LaValley, Albert J., Vol II
Loseff, Lev V., Vol III
Lozano-Renieblas, Isabel, Vol III
Luxon, Thomas H., Vol II
Major, John Stephen, Vol I
Mansell, Darrell L., Vol II
Masters, Roger D., Vol IV
McGrath, Robert, Vol I
McKee, Patricia, Vol II
Moor, James H., Vol IV
Mowry, Hua-yuan Li, Vol II, III
Ohnuma, Reiko, Vol I, IV
Otter, Monika, Vol II
Oxenhandler, Neal, Vol III
Parati, Graziella, Vol III
Pastor, Beatriz, Vol III
Pease, Donald E., Vol II
Penner, Hans Henry, Vol I, IV
Rainer, Ulrike, Vol III
Randolph, Adrian W. B., Vol I
Rege, Josna E., Vol II
Renza, Louis A., Vol II
Rosenthal, Angela H., Vol I
Rowlinson, Matthew C., Vol II
Rutter, Jeremy B., Vol II, III
Saccio, Peter, Vol II
Scher, Steven Paul, Vol III
Scherr, Barry, Vol III
Schweitzer, Ivy, Vol II
Scott, William Clyde, Vol II, III
Sears, Priscilla F., Vol II
Sheehan, Donald, Vol II
Shewmaker, Kenneth Earl, Vol I
Shookman, Ellis, Vol III
Sices, David, Vol III
Silver, Brenda R., Vol II
Sinnot-Armstrong, Walter P., Vol IV
Sorensen, Roy, Vol IV
Spengemann, William C., Vol II
Spitzer, Leo, Vol I
Swayne, Steven Robert, Vol IV
Travis, Peter W., Vol II
Washburn, Dennis, Vol II, III
Whaley, Lindsay, Vol III
Will, Barbara E., Vol II
Wright, James Edward, Vol I
Wykes, David, Vol II
Zeiger, Melissa F., Vol II

Darton College, Albany
Miller, O. Victor, Vol II
Shingleton, Royce Gordon, Vol I

Davidson College, Davidson
Abbott, Anthony S., Vol II
Ahrensdorf, Peter J., Vol II, III
Berkey, Jonathan P., Vol I
Denham, Scott, Vol III
Dockery, Charles D., Vol III
Edmondson, Clifton Earl, Vol I
Foley, W. Trent, Vol IV
Goldstein, Irwin, Vol IV
Hall, John, Vol IV
Kaylor, Robert David, Vol IV
Krentz, Peter Martin, Vol I
Kruger, Carole A., Vol III
Levering, Ralph Brooks, Vol I
Lewis, Cynthia, Vol II
Ligo, Larry L., Vol I
Mahony, William K., Vol IV
Mc Culloh, Mark R., Vol III
McKelway, Alexander Jeffrey, Vol IV
Nelson, Randy Franklin, Vol II
Plank, Karl A., Vol IV
Poland, Lynn, Vol IV
Polley, Max Eugene, Vol IV
Sabaratnam, Lakshmanan, Vol V
Serebrennikov, Nina Eugenia, Vol I
Singerman, Alan J., Vol III
Smith, C. Shaw, Jr., Vol I
Sutton, Homer B., Vol III
Toumazou, Michael K., Vol II, III
Walker, Hallam, Vol III
Wertheimer, John, Vol I
Yoder, Lauren Wayne, Vol III
Zimmermann, Thomas C. Price, Vol I

Dawson College
Haberl, Franz P., Vol III
Haines, Victor Yelverton, Vol II

Daytona Beach Community College, Daytona Beach
Riegner, Elizabeth Jane, Vol V

De Anza College, Cupertino
Patton, Marilyn D., Vol II
Rappaport, Steven D., Vol IV
Splitter, Randolph N., Vol II
Williams, James Calhoun, Vol I

Del Mar College, Corpus Christi
Delaney, Norman, Vol I

Delaware State University, Dover
Austin, John, Vol V
Flayhart, William H., III, Vol I
Hobler, Bruce, Vol V
Hoff, Samuel B., Vol IV
Suri, Kul Bhushan, Vol V

Delaware Valley College, Doylestown
Corbett, Janice, Vol II
Dimond, Roberta R., Vol V
Kuehl, Linda Kandel, Vol II
Schmidt, Jack, Vol II

Delgado Community College, New Orleans
Draper, David E., Vol II
Towns, Sanna Nimtz, Vol II

Delhi University
Sarao, Karam Tej S., Vol IV

Delta College, University Center
Baskind, David, Vol V
Forsberg, Ralph P., Vol IV
Pfeiffer, Raymond Smith, Vol IV

Delta State University, Cleveland
Abrahams, Caryl, Vol V
Davis, Miriam, Vol I
DeGraw, Darrel, Vol IV
King, Stephen, Vol II

Denison University, Granville
Baker, David Anthony, Vol II
Ball, David T., Vol IV
Cort, John E., Vol IV
Ferriol, Antonia, Vol III
Gordon, Amy Glassner, Vol I
Gordon, Michael Danish, Vol I
Kaplan, Abram, Vol I
Knobel, Dale Thomas, Vol I
Lisska, Anthony Joseph, Vol IV
Martin, James Luther, Vol IV
Miller, Gill Wright, Vol II
Santoni, Ronald Ernest, Vol IV
Schilling, Donald, Vol I
Scully, Pamela F., Vol I
Townsend, Ann, Vol II
Woodyard, David O., Vol IV

Denver Conservative Baptist Seminary, Denver
Blomberg, Craig L., Vol IV
Buschart, David, Vol IV
Covell, Ralph, Vol IV
Demarest, Bruce, Vol IV
Erwin, Pamela, Vol IV
Groothuis, Douglas, Vol IV
Grounds, Vernon, Vol IV
Hayes, Edward L., Vol IV, V
Hess, Richard S., Vol IV
Klein, William W., Vol IV
Lewis, Gordon Russel, Vol IV
Lindquist, Larry, Vol IV
Means, James, Vol III, IV
Rodas, M. Daniel Carroll, Vol IV
Shelley, Bruce, Vol I, IV

Depaul University, Chicago
Allen, O. Wesley, Jr., Vol IV
Blackman, Rodney J., Vol IV
Brault, Pascale-Anne, Vol III
Burton, J. D., Vol I, V
Calcagno, Ann, Vol II
Cyganowski, Carol K., Vol II
Decker, John F., Vol IV
Erlebacher, Albert, Vol I
Eslinger, Ellen T., Vol I
Garner, Roberta, Vol V
Garrigan, Kristine O., Vol II
Harrill, J. Albert, Vol IV
Hartman, Laura Pincus, Vol IV
Jones, Richard A., Vol II
Larrabee, Mary Jane, Vol IV
Nuzzo, Angelica, Vol I, IV
Orban, Clara E., Vol III
Ottley, Bruce L., Vol IV
Pennick, Aurie Alma, Vol IV
Price, Daniel, Vol IV
Rinehart, Lucy, Vol II
Shaman, Jeffrey Marc, Vol IV
Sizemore, Barbara A., Vol V
Taylor, Jacqueline S., Vol II
Ward, Jule D., Vol IV
Weinstein, Deena A., Vol V
Willard, Barb, Vol II

Depauw University, Greencastle
Beaudry, Agnes Porter, Vol III
Chandler, Marthe Atwater, Vol IV
Dittmer, John, Vol I
Evans, Arthur Bruce, Vol III
Huffman, Carl A., Vol II, III
Schlotterbeck, John Thomas, Vol I
Shannon, Daniel E., Vol IV
Sununu, Andrea, Vol II
Warren, Stanley, Vol V
Wilson, John Barney, Vol I

Des Moines Area Community College, Ankeny
McCaffrey, Jerrine A., Vol II
Yost, Robinson M., Vol I

Design Aid Architects
Samudio, Jeffrey, Vol I

Detroit College of Business, Flint
Bullard, Edward A., Jr., Vol IV

Detroit College of Law at Michigan State University
Klein, Christine A., Vol IV
Revelos, C. Nicholas, Vol IV

Detroit Institute of Arts
Peck, William Henry, Vol I

Devry Institute of Technology
Morello, John, Vol I

Devry Institute of Technology, Pomona
Hawkes, Lory, Vol II
Pritchard, Susan V., Vol II

Devry Institute, North Brunswick
Conolly-Smith, Peter, Vol I

Diablo Valley College, Pleasant Hill
Daley, James, Vol V
Gonzales, Manuel G., Vol I
Rawls, James J., Vol I

Dickinson College, Carlisle
Bullard, Truman, Vol II
Driver, Eddy Beverley, Vol III
Emery, Ted, Vol I, III
Jacobs, Norman G., Vol V
Jarvis, Charles Austin, Vol I
Johnston, Carol Ann, Vol II
Lockhart, Philip N., Vol II, III
Nichols, Ashton, Vol II
Pulcini, Theodore, Vol IV
Richter, Daniel K., Vol I
Roethke, Gisela, Vol III
Rogers, Kim L., Vol I
Rosen, Kenneth Mark, Vol II
Schiffman, Joseph, Vol I, II
Silva, Christopher, Vol V
Weinberger, Stephen, Vol I
Weissman, Neil Bruce, Vol I
Wilson, Blake, Vol II

Dickinson State University, Dickinson
Laman, Barbara, Vol II
McGarva, Andrew R., Vol V

Dillard University, New Orleans
Taylor, Herman Daniel, Vol II
Verrett, Joyce M., Vol I
Wade-Gayles, Gloria Jean, Vol II

Diocese of Greensburg
Grammer, Michael B., Vol IV

Disciples Seminary Foundation
Parrott, Rod, Vol IV

Doane College, Crete
Haller, Evelyn, Vol II
Hanson, Charles Parker, Vol I
Price, David C., Vol II
Scheele, Roy M., Vol II

Dodge City Community College, Dodge City
Stoddard-Hayes, Marlana, Vol I

Dominican College of Blauvelt, Orangeburg
Lounibos, John, Vol IV

Dominican College of San Rafael, San Rafael
Dougherty, Patricia M., Vol I
Hajdin, Mane, Vol IV
Novak, Philip Charles, Vol IV
Radden, Viki, Vol II
Sinclair, Scott, Vol IV

Dominican House of Studies, Washington
Burke, John, Vol IV
Cole, Basil, Vol IV
Donohoo, Lawrence, Vol IV

Dominican University
Hays, Rosalind Conklin, Vol I
Nnam, Nkuzi, Vol IV
Rohman, Chad, Vol II

Dorot Foundation
Frerichs, Ernest S., Vol IV

Dorset College
Harvey, William D., Vol III

Dowling College, Oakdale
Nimbark, Ashakant, Vol V
Poppiti, Kim, Vol II

Drake University, Des Moines
Abel, Richard Owen, Vol II, III
Baker, Thomas E., Vol IV
Barton, Mike Alan, Vol I, II
Begleitor, Martin D., Vol IV
Coleman, William S. E., Vol II
Dore, Laurie Kratky, Vol IV
Foster, David, Vol II
Frank, Sally, Vol IV
Fuller, Marshall Todd, Vol II
Hariman, Robert, Vol II
Harris, Charles David, Vol II
Hodgdon, Barbara Covington, Vol II
Horner, Bruce, Vol II
King, C. Richard, Vol V
Lu, Min-Zhan, Vol V
Martin, Bruce Kirk, Vol II
Patrick, Dale, Vol IV
Sisk, G. C., Vol IV
Stroud, Theodore Albert, Vol II
Wirth-Cauchon, Janet, Vol V
Worthen, Thomas, Vol I

Drew University, Madison
Avins, Styra, Vol II
Becker, Lucille Frackman, Vol III
Bicknell, John W., Vol II
Bull, Robert Jehu, Vol I, IV
Christensen, Michael, Vol I, IV
Courtney, Charles, Vol IV
Dayton, Donald Wilber, Vol I, IV
Jones, Donald D., Vol IV
Kelley, Paul B., Vol III
Lenz, John Richard, Vol II, III
Pintado-Casas, Pablo, Vol III
Prentiss, Karen Pechilis, Vol IV
Rice, Charles L., Vol IV
Rose, Jonathan, Vol I
Selinger, Suzanne, Vol I
Skaggs, Merrill Maguire, Vol II
Steiner, Joan Elizabeth, Vol II
Stroker, William Dettwiller, Vol IV
Weimer, Joan Myers, Vol II, V

Drexel University, Philadelphia
Barakat, Lamia, Vol V
Greenburg, Mark Lawrence, Vol II
Grunfeld, Joseph, Vol IV
Porter, Abioseh Michael, Vol III
Sullivan, Michael J., Vol I
Zaller, Robert, Vol I

Dropsie University
Lieberman, Stephen Jacob, Vol I, III

Drucker Graduate School of Management
Csikszentmihalyi, Mihaly, Vol V

Drury College, Springfield
Browning, Peter, Vol IV
Ess, Charles, Vol IV
Terry, Sean, Vol I
Willis, Resa, Vol II

Duke University, Durham
Aers, David, Vol II
Antliff, Mark, Vol I
Applewhite, James W., Vol II
Aravamundan, Srinivas, Vol II
Baker, Houston A., Vol II
Baker, Lee D., Vol V
Bartlet, M. Elizabeth C., Vol II
Battle, Michael, Vol IV
Baucom, Ian, Vol II
Beckwith, Sarah, Vol II
Biddle, Tami Davis, Vol I
Bland, Kalman Perry, Vol IV
Boatwright, Mary T., Vol II, III
Borchardt, Frank L., Vol III
Brandon, Robert N., Vol IV
Brett, Sally A., Vol II
Brothers, Thomas, Vol II
Bruzelius, Caroline, Vol I
Budd, Louis John, Vol II
Carrington, Paul, Vol IV
Caserta, Ernesto, Vol III
Cell, John W., Vol I
Clarke, George E., Vol II
Clum, John M., Vol II
Cooke, Miriam, Vol III
Cox, James D., Vol IV
Crenshaw, James L., Vol IV
Davidson, Arnold E., Vol II
Davidson, Cathy N., Vol II
Davis, Calvin D., Vol I
Davis, Gregson, Vol II, III
Demott, Deborah A., Vol IV
DeNeef, Leigh A., Vol II
Dirlik, Arif, Vol I
Druesedow, John E., Vol II
Durden, Robert Franklin, Vol I
Farred, Grant, Vol II
Ferejohn, Michael T., Vol IV
Ferguson, Arthus Bowles, Vol I
Ferraro, Thomas J., Vol II
Flanagan, Owen, Vol IV
Frykholm, Amy Johnson, Vol II
Gaines, Jane M., Vol II
Gavins, Raymond, Vol I
Gilliam, Bryan, Vol II
Gleckner, Robert F., Vol II
Golding, Martin P., Vol IV
Gopen, George D., Vol II
Guzeldere, Guven, Vol IV
Havighurst, Clark C., Vol IV
Heitzenrater, Richard, Vol I, IV
Herrup, Cynthia, Vol I, IV
Hillard, Van E., Vol II
Holloway, Karla F. C., Vol II
Holsti, Ole R., Vol IV
Horowitz, Donald L., Vol IV
Hull, Alexander, Vol III
Humphreys, Margaret, Vol I
Hutter, Reinhard, Vol IV
Jackson, Wallace, Vol II
Jonassaint, Jean, Vol III
Jones, Buford, Vol II
Jones, L. Gregory, Vol IV
Keefe, Susan Ann, Vol I
Kellogg, David, Vol II
Kennedy, Christopher, Vol II
Keyssar, Alexander, Vol I
Koonz, Claudia, Vol I
Kort, Wesley A., Vol IV
Kuniholm, Bruce Robellet, Vol I
Leighten, Patricia, Vol I
Lentricchia, Frank, Jr., Vol II
Lerner, Warren, Vol I
Lincoln, C. Eric, Vol IV
Mahoney, Edward P., Vol IV
Malouf, Melissa, Vol II
Mauskopf, Seymour Harold, Vol I
McCollough, Thomas Elmore, Vol IV
Mellown, Elgin Wendell, Vol II
Meyers, Carol L., Vol III, IV
Meyers, Eric Mark, Vol IV
Mezzatesta, Michael P., Vol I
Mickiewicz, Ellen Propper, Vol IV
Mignolo, Walter, Vol III
Miller, Martin Alan, Vol I
Moses, Michael Valdez, Vol II
Natavar, Mekhala D., Vol I
Nelson, Dana D., Vol II
O'Barr, William M., Vol II
Oates, John Francis, Vol I
Paredes, Liliana, Vol III
Pfau, Thomas, Vol II
Pope, Deborah, Vol II
Porter, Joseph A., Vol II
Posy, Carl J., Vol IV
Radway, Janice, Vol II
Randall, Dale B. J., Vol II
Rice, Louise, Vol I
Richardson, Lawrence, Jr., Vol I
Riddell, Richard, Vol II
Rigsby, Kent Jefferson, Vol I, III
Rodkin, Philip C., Vol V
Roland, Alex, Vol I
Ruderman, Judith, Vol II
Ruprecht, Louis A., Jr., Vol IV
Sanford, David Hawley, Vol IV
Sasson, Sarah Diane Hyde, Vol I, II
Schmaltz, Ted M., Vol IV
Schroth, Sarah W., Vol I
Shannon, Laurie, Vol II
Sieburth, Stephanie, Vol III
Silbiger, Alexander, Vol II
Smith, Barbara H., Vol II
Smith, D. Moody, Vol IV
Steinmetz, David Curtis, Vol I, IV
Stewart, Philip R., Vol III
Stiles, Kristine, Vol I
Stranberg, Victor H., Vol II
Tepaske, John J., Vol I
Tetel, Julie, Vol II
Tetel, Marcel, Vol III
Tiryakian, Edward A., Vol V
Todd, Larry, Vol II
Tompkins, Jane, Vol II
Torgovnick, Marianna De Marco, Vol II, III
Van Miegroet, Hans J., Vol I
Wainwright, Geoffrey, Vol IV
Ward, Benjamin F., Vol IV
Wharton, Annabel Jane, Vol I
Wigen, Karen, Vol I
Williams, George W., Vol II
Williams, Kenny J., Vol II
Williams, Peter, Vol II
Willimon, William Henry, Vol IV
Willis, Susan, Vol II
Willis, William Hailey, Vol III
Witt, Ronald Gene, Vol I
Wood, Peter H., Vol I
Young, Charles Robert, Vol I
Younger, John Grimes, Vol I
Zhou, Xueguang, Vol V

Duquesne University, Pittsburgh
Arnett, Ronald C., Vol II
Beatty, Edward N., Vol I
Blatz, Perry K., Vol I
Brooke, Roger, Vol V
Burston, Daniel, Vol V
Casile, William, Vol V
Clack, Jerry, Vol II, III
Colecchia, Francesca, Vol III
Edwards, Clark, Vol II
Gaichas, Lawrence Edward, Vol II, III
Hanigan, James P., Vol IV
Howard, Susan K., Vol II
Kealy, Sean P., Vol IV
Kelly, David F., Vol IV
Kurland, Stuart M., Vol II
Labriola, Albert C., Vol II
Mackler, Aaron L., Vol IV
Newberry, Frederick, Vol II
Newberry, Ruth E., Vol II
Perrucci, Alissa, Vol V
Polansky, Ronald M., Vol IV
Schaub, Marilyn McNamara, Vol I, IV
Simms, Eva-Maria, Vol V
Slusser, Michael, Vol IV
Thompson, William M., Vol IV
Vardy, Steven Bela, Vol I
Wilkens, Ann, Vol II, III

Dyersburg State Community College, Dyersburg
Griffin, Larry D., Vol II
Seibert-McCauley, Mary F., Vol V

Earlham College, Richmond
Brown, Mark M., Vol I
Cline, Peter Knox, Vol I
Goertzen, Chris, Vol II
Hamm, Thomas D., Vol I
Nugent, Patrick, Vol IV
Southard, Robert Fairbairn, Vol I
Suber, Peter Dain, Vol IV

East Arkansas Community College, Forrest City
Souheaver, Harold G., Vol V

East Asian Institute
Gluck, Carol, Vol I

East Carolina University, Greenville
Adler, Philip Joseph, Vol I
Bauer, Margaret D., Vol II
Calhoun, Charles W., Vol I
Chestnut, Dennis Earl, Vol V
Chia, Rosina, Vol V
Cobb, William Henry, Vol I
Collins, Donald E., Vol I
Deena, Seodial, Vol II
Douglass, Thomas E., Vol II
Farr, Marie T., Vol II
Ferguson, Kenneth G., Vol IV
Hall, Cathy W., Vol V
Holsey, Lilla G., Vol V
Hough, Monica, Vol II
Hutchins, Christine Ellen, Vol II
Jensen, Birgit A., Vol III
Kopelman, Loretta M., Vol IV
Malby, Maria Bozicevic, Vol III
Mayberry, Nancy Kennington, Vol III
McMillan, Douglas J., Vol II
Moskop, John C., Vol IV
Nischan, Bodo, Vol I
Papalas, Anthony John, Vol I
Runyan, Timothy J., Vol I
Ryan, Eugene Edward, Vol IV
Seavey, William, Vol II, III
Steelman, Joseph F., Vol I
Stevens, John A., Vol II, III
Sullivan, C. W., III, Vol II
Watson, Reginald, Vol II

East Central Community College, Decatur
Pouncey, Alice, Vol V

East Central University, Ada
Boeger, Palmer Henry, Vol I
Joyce, Davis D., Vol I
Sukholutskaya, Mara, Vol II, V

East Georgia College, Swainsboro
Derden, John K., Vol I

East Stroudsburg University of Pennsylvania, East Stro
Ahumada, Alfredo, Vol III
Donaghay, Marie, Vol I
Henwood, James N. J., Vol I
Jarvis, Joseph Anthony, Vol I
Mercado, Juan Carlos, Vol V
Meyers, Ronald J., Vol II
Rochedecoppens, Peter, Vol V
Vitello, Ralph Michael, Vol III
Weatherston, Martin B., Vol IV

East Tennessee State University, Johnson City
Baxter, Colin Frank, Vol I
Bonnyman-Stanley, Isabel, Vol II
Brown, Dan, Vol II
Day, Ronnie, Vol I
Drinkard-Hawkshawe, Dorothy, Vol I
Essin, Emmett M., Vol I
Fritz, Stephen G., Vol I
Gold, Jeff, Vol IV
Harrington, Karen A., Vol III
Harris, William Styron, Jr., Vol II
Hilliard, Jerry, Vol II
Hines, Randy, Vol II
Keith, Heather, Vol IV
Kirkwood, William, Vol II
LaFollette, Hugh, Vol IV
Mooney, Jack, Vol II
Nelson, Ardis L., Vol II, III
Ralston, Steven, Vol II
Roberts, Charles, Vol II
Rogers, W. Kim, Vol IV
Schneider, Valerie Lois, Vol II, III
Shanks, Niall, Vol IV
Sherrill, Catherine Anne, Vol II, V

Stenstad, Gail, Vol IV
Thomason, Wallace Ray, Vol II
Waage, Frederick O., Vol II, III
Williams, Edwin W., Vol II
Zavodny, John, Vol IV
Zayas-Bazan, Eduardo, Vol III

East Texas Baptist University, Marshall
Ellison, Robert, Vol II
Harris, John, Vol IV
Potts, Donald R., Vol IV
White, David, Vol IV

East Texas State University at Texarkana, Texarkana
Reynolds, Donald E., Vol I

East West Healing Arts Center
Roberts, Wendy Hunter, Vol IV

Eastern Baptist Theological Seminary, Wynnewood
Brauch, Manfred T., Vol IV
Gross, Nancy Lammers, Vol IV
Keener, Craig S., Vol IV
Koch, Glenn A., Vol IV
McDaniel, Thomas F., Vol III, IV
Sider, Ronald J., Vol IV

Eastern College, St. Davids
Bittenbender, J. Christopher, Vol II
Boehne, Patricia Jeanne, Vol III
Cary, Phillip, Vol IV
Cherry, Caroline Lockett, Vol II
Modica, Joseph Benjamin, Vol IV
Morgan, Betsy, Vol II

Eastern Connecticut State University, Willimantic
Anderson, Celia Catlett, Vol II
Carter, David G., Sr., Vol V
Dawson, Anne, Vol I
Fitz, Hope K., Vol IV
Jacobik, Gray, Vol II
Lacey, James, Vol I
Lynch, Catherine, Vol I
Mama, Raouf, Vol II
McGowan, Marcia Phillips, Vol V
Molette, Barbara J., Vol II
Pocock, Emil, Vol I
Tapia, Elena, Vol V

Eastern Illinois University, Charleston
Bazargan, Susan, Vol II
Colvin, William E., Vol I
Ibelema, Minabere, Vol II
Irwin, Bonnie D., Vol II
Kashefi, Mahmoud, Vol V
Lee, Young Sook, Vol IV
Marquardt-Cherry, Janet Teresa, Vol I
McMillan, Daniel, Vol I
Moore, John David, Vol II
Oseguera, A. Anthony, Vol II
Waldrep, Christopher, Vol I
Weasmer, Jerie, Vol II, V
Yen, Shu-Chen, Vol V

Eastern Kentucky University, Richmond
Appleton, Thomas H., Jr., Vol I
Benson, Richard Lee, Vol II
Carney, Virginia I., Vol II, V
Culross, Jack Lewis, Vol II
Dean, Margaret J., Vol II
Ellis, William Elliott, Vol I
Forderhase, Rudolph Eugene, Vol I
Gray, Bonnie Jean, Vol IV
Graybar, Lloyd Joseph, Vol I
Harris, Bond, Vol IV
Hill, Ordelle Gerhard, Vol II
Kopacz, Paula D., Vol II
Minor, Kevin I., Vol IV
Myers, Marshall, Vol II
Omatseye, Jim, Vol IV, V
Polvino, Geraldine J., Vol V
Stebbins, Robert E., Vol I
Stephens, Jessica, Vol II
Witt, Robert Wayne, Vol II

Eastern Mennonite University, Harrisonburg
Engle, James R., Vol IV
Finger, Thomas, Vol IV
Gingerich, Ray C., Vol IV
Grimsrud, Theodore G., Vol IV
Keim, Albert N., Vol IV
McKinney, Lauren D., Vol IV
Sprunger, Mary S., Vol IV
Weaver, Dorothy Jean, Vol IV
Zehr, Howard, Vol V
Zimmerman, Earl, Vol IV

Eastern Michigan University, Ypsilanti
Boyer, Lee R., Vol I
Burlingame, Lori, Vol II
Cao, Liqun, Vol V
Cassar, George H., Vol I
Cere, Ronald, Vol III
Citino, Robert M., Vol I
Cross, Gilbert B., Vol II
Crouch, Margaret, Vol IV
Delph, Ronald, Vol I
Duley, Margot I., Vol I
Duncan, Jeffrey Light, Vol II
Eiss, Harry Edwin, Vol II
Friedman, Monroe P., Vol V
Geherin, David J., Vol II
Gendin, Sidney, Vol IV
George, Laura J., Vol II
Gimelli, Louis B., Vol I, IV
Goff, Richard D., Vol I
Graves, Pamela, Vol I
Hafter, Daryl Maslow, Vol I
Higbee, Mark, Vol I
Holoka, James P., Vol I, II, III
Homel, Michael W., Vol I
Kauffman, Janet, Vol III
Keller, Gary D., Vol III
King, H. Roger, Vol I
Kirby, Steven D., Vol III
Knapp, James A., Vol II
Leighton, Paul S., Vol IV, V
Ligibel, Theodore J., Vol I
Long, Roger D., Vol I
McGlynn, Paul Dumon, Vol II
McNally, Michael, Vol I
Mehuron, Kate, Vol IV
Moss, Walter Gerald, Vol I
Nelson, Gersham, Vol I
Ojala, Carl F., Vol I
Perkins, George, Vol II
Perry, Robert Lee, Vol I, V
Shuter, Bill, Vol II
Staal, Arie, Vol II
Stevens, Lizbeth Jane, Vol II
Terry, Janice J., Vol I
Upshur, Jiu-Hwa Lo, Vol I
Vinyard, JoEllen, Vol I
Westman, Alida S., Vol V

Eastern Nazarene College, Quincy
Braaten, Laurie, Vol IV
Cameron, James Reese, Vol I
Cameron, Ruth A., Vol II
Lomba, Arthur J., Vol III
Phillips, Thomas, Vol IV
Winderl, Carl A., Vol II
Winderl, Ronda Rice, Vol II
Yerxa, Donald A., Vol I

Eastern New Mexico University, Portales
Berne, Stanley, Vol II
Lockman, Paul, Vol V
Walker, Forrest A., Vol I

Eastern Oregon University
Venn, George, Vol II

Eastern Washington University, Cheney
Elkind, Pamela D., Vol V
Garcia-Sanchea, Jose, Vol III
Gerber, Sanford E., Vol II
Green, Michael Knight, Vol I
Hendryx-Bedalov, P., Vol II
Howell, Christopher L., Vol II
Kenney, Garrett C., Vol IV
Kieswetter, James Kay, Vol I
Lauritsen, Frederick Michael, Vol I
Lester, Mark, Vol II
Lindholdt, Paul, Vol II
Seedorf, Martin F., Vol I
Smith, Grant William, Vol II
Watkins, Philip C., Vol V
Zhu, Liping, Vol I

Eastern Wyoming College, Torrington
Nesbitt, John D., Vol II, III

Eastfield College, Mesquite
Evans, John, Vol V

Eastman School of Music
Baldo, Jonathan, Vol II
Locke, Ralph Paul, Vol II, V
Marvin, Elizabeth W., Vol II
Thym, Jurgen, Vol II

Eckerd College, St. Petersburg
Bailly, Constantina Rhodes, Vol IV
Beal, Timothy K., Vol IV
Brooker, Jewel Spears, Vol II
Bryant, David J., Vol IV
Carter, Albert Howard, II, Vol III
Foltz, Bruce, Vol IV
Goetsch, James R., Vol IV
Johnston, Carolyn, Vol I
Molina-Gavilan, Yolanda, Vol III

Ecumenical Theological Seminary, Detroit
Koegel, Lynne, Vol IV
Rigdon, V. Bruce, Vol IV

Eden Theological Seminary, St. Louis
Greenhaw, David M., Vol IV
Zuck, Lowell H., Vol I, IV

Edgecombe Community College, Tarboro
Waters, Sharon, Vol V

Edgewood College, Madison
Hatheway, Joseph G., Vol I
Miller, Barbara Butler, Vol IV

Edinboro University of Pennsylvania, Edinboro
Drane, James Francis, Vol II
Girgis, Monir Saad, Vol I
Hoffman, Donald Stone, Vol I
Howell, Allen C., Vol II
Iutcovich, Mark, Vol V

Edison Community College, Fort Myers
Klemt, Barbara, Vol II

Edmonds Community College, Lynnwood
Warren, Linda, Vol IV

Edmonton Baptist Seminary
Page, Sydney, Vol IV

Education Testing Service
Taylor, Patricia E., Vol IV

Educational Research Center Language School
Thorburn, Carolyn Coles, Vol III

El Camino College, Torrance
Eula, Michael James, Vol I, IV
Hata, Nadine Ishitani, Vol I
Verge, Arthur C., Vol I

El Instituto Obregon
Murray, Stephen O., Vol V

Elgin Community College, Elgin
Broad, David B., Vol V

Elizabethtown College
Eller, David B., Vol I, IV
Ruscio, J., Vol V
Winpenny, Thomas R., Vol I

Elmhurst College, Elmhurst
Noice, Helga, Vol V
Parker, Paul P., Vol IV

Elmira College, Elmira
Schwartz, Peter, Vol I

Elon College, Elon College
Angyal, Andrew J., Vol II
Blake, Robert Grady, Vol II
Cahill, Ann J., Vol IV
Crowe, David, Vol I
Ellis, R. Clyde, Vol I
Sullivan, John G., Vol IV
Troxler, Carole Watterson, Vol I

Embry-Riddle Aeronautical University, Daytona Beach
Glassman, Steve, Vol II

Emerson College, Boston
Amato, Philip P., Vol II
Aram, Dorothy M., Vol II
Bartlett, Cynthia L., Vol II
Bashir, Anthony S., Vol II
Bruder, Kurt A., Vol II
Crannell, Kenneth C., Vol III
Fast, Robin Riley, Vol II
Jahn-Clough, Lisa, Vol II
Manuel, Sharon Y., Vol III
Maxwell, David Lowell, Vol II, V
Payne, J. Gregory, Vol II
Robinson, Kelly A., Vol II
Sigman, Stuart J., Vol II
Wallach, Geraldine P., Vol II

Emmanuel College, Boston
Beauchesne, Richard J., Vol IV
Cash, Philip, Vol I
Hines, Mary E., Vol IV
Silva, Arlyn Sanchez, Vol III
St Clair, Michael, Vol V

Emmanuel College, Franklin Springs
Bobic, Michael, Vol IV

Emmanuel School of Religion, Johnson City
Shields, Bruce E., Vol II, IV

Emory & Henry College, Emory
Reid, Robert L., Vol II

Emory University, Atlanta
Abraham, Julie L., Vol II
Adamson, Walter L., Vol I
Allitt, Patrick, Vol I
Amdur, Kathryn E., Vol I
Bakewell, Peter, Vol I
Bauerlein, Mark, Vol II
Beaty, Jerome, Vol II
Beik, William, Vol I
Bellesiles, Michael A., Vol I
Benario, Herbert W., Vol II, III
Berman, Harold J., Vol IV
Bernstein, Matthew H., Vol II
Bianchi, Eugene Carl, Vol IV
Blumenthal, David Reuben, Vol IV
Borowski, Oded, Vol I, IV
Brady, Michelle E., Vol IV
Bright, David F., Vol II, III
Brownley, Martine Watson, Vol II, V
Bugge, John Michael, Vol II
Burns, Thomas S., Vol I
Buss, Martin John, Vol IV
Campbell, C. Jean, Vol II
Carney, William J., Vol IV
Carr, David, Vol IV
Carter, Dan T., Vol I
Caruth, Cathy, Vol II
Cavanagh, Sheila T., Vol II
Chace, William M., Vol II
Chopp, Rebeca S., Vol IV
Christopher, Georgia B., Vol II
Davis, Leroy, Vol I
Dillingham, William B., Vol II
Dowell, Peter W., Vol II
Eiesland, Nancy L., Vol IV
Elliott, Michael, Vol II
Ethridge, Robert Wylie, Vol V
Evans, Dorinda, Vol I
Fehrenbach, Heide, Vol I
Ferguson, William Dean, Vol IV
Finn, Margot C., Vol I
Flynn, Thomas R., Vol IV
Fotion, Nicholas, Vol IV
Fox-Genovese, Elizabeth, Vol I
Gerkin, Charles Vincent, Vol IV
Gouinlock, James, Vol IV, V
Gowler, David B., Vol IV
Gruber, William, Vol II
Hall, Pamela M., Vol IV
Harbutt, Fraser J., Vol I
Harris, Leslie M., Vol I
Hartle, Ann, Vol IV
Haskell, Guy H., Vol V
Hesla, David H., Vol II
Hicks, Alexander, Vol IV
Holifield, E. Brooks, Vol I, IV
Hunter, Rodney J., Vol IV
Hyatt, Irwin T., Jr., Vol I
Jin, Xuefei, Vol II
Johnson, Luke Timothy, Vol IV
Johnston, John, Vol II
Jordan, Mark, Vol IV
Juricek, John T., Vol I
Kalaidjian, Walter, Vol II
Kasfir, Sidney L., Vol IV
Kiersky, James H., Vol IV
Klehr, Harvey, Vol IV
Ladd, Barbara, Vol II
Lane, Christopher, Vol II
Levenduski, Cristine, Vol II
Livingston, Donald W., Vol I, IV
Long, Richard Alexander, Vol II
Makkreel, Rudolf A., Vol IV
Mallard, William, Vol I, IV
Manley, Frank, Vol II
Mann, Kristin, Vol I
Martin, Richard C., Vol I, IV
McCauley, Robert N., Vol IV
McPhee, Sarah, Vol I
Melton, James V. H., Vol I
Metzger, Lore, Vol II, III

Meyer, James S., Vol I
Miller, J. Maxwell, Vol III, IV
Miller, Judith A., Vol I
Mohanty, Jitendra N., Vol IV
Morey, James, Vol II
Nahson, Daniel L., Vol III
Neu, Joyce, Vol V
Newby, Gordon D., Vol I, IV
Nickerson, Catherine Ross, Vol II
Odem, Mary E., Vol I
Packard, Randall M., Vol I
Pastan, Elizabeth C., Vol I
Patterson, Cynthia, Vol I
Patterson, Richard, Vol IV
Pazdernik, Charles, Vol II, III
Pederson, Lee, Vol II
Pennell, Jeffrey N., Vol IV
Petraglia-Bahri, Deepika, Vol II
Poling, Clark V., Vol I
Pollard, Alton Brooks, III, Vol IV
Pratt, L., Vol II, III
Prude, Jonathan, Vol I
Rambuss, Richard, Vol II, III
Ravina, Mark, Vol I
Reed, Walter, Vol II, III
Richey, Russell Earle, Vol I, IV
Risjord, Mark, Vol IV
Roark, James L., Vol I
Robins, Gay, Vol I
Rohrer, Judith C., Vol I
Rojas, Carlos, Vol I, III
Rubin, Paul H., Vol IV
Rutherford, Donald P., Vol I, IV
Saliers, Don E., Vol IV
Sanders, Mark, Vol II
Schuchard, W. Ronald, Vol II
Silliman, Robert Horace, Vol I
Sitter, John, Vol II
Smith, Luther Edward, Jr., Vol IV
Socolow, Susan M., Vol I
Spangler, May, Vol I, III
Stein, Kenneth W., Vol I
Stone-Miller, Rebecca, Vol I
Strange, Steven K., Vol IV
Strocchia, Sharon T., Vol I
Terrell, Timothy Prater, Vol IV
Tomlinson, Robert, Vol I
Tullos, Allen E., Vol I
Valiante, Giovanni, Vol V
Van Der Vyver, Johan D., Vol IV
Varner, Eric R., Vol I
Verene, Donald P., Vol IV
Warren, Nagueyalti, Vol II
Werum, Regina, Vol V
White, Steven D., Vol I
Willett, Cynthia, Vol IV
Witte, John, Jr., Vol IV
Young, James Harvey, Vol I
Zupko, Jack, Vol IV

Empire State College, State University of New York
Ariker, Shirley, Vol V
Coughlan, Reed, Vol V
Fox, Charles W., Vol IV
Hassenger, Robert, Vol V
Hollis, Susan T., Vol III, IV
Ouderkirk, Wayne, Vol IV
Seidel, Robert Neal, Vol I

Emporia State University, Emporia
Black, Lendley C., Vol II
Bonner, Mary Winstead, Vol V
Catt, Stephen E., Vol II
Clamurro, William, Vol III
Dicks, Samuel Eugene, Vol I
Frederickson, Ronald Q., Vol II
Heldrich, Philip J., Vol II
Matheny, David Leon, Vol II
McGlone, Edward L., Vol II
Roark, Dallas Morgan, Vol IV
Terrell, Nathaniel E., Vol V
Toadvine, Ted, Vol IV

Endicott College, Beverly
Jerin, Robert A., Vol IV
McCarthy, Thomas, Vol IV
Woodward, Pauline, Vol II

Enoch Pratt Free Library
Fitzpatrick, Vincent D., Vol II

Episcopal Divinity School, Cambridge
Martin, Joan M., Vol IV
McGowan, Andrew, Vol IV
Wills, Lawrence M., Vol IV
Yee, Gale A., Vol IV

Episcopal Theological School at Claremont
Frazee, Charles Aaron, Vol I, IV

Episcopal Theological Seminary of The Southwest
Floyd, Michael H., Vol IV
Ware, Corinne, Vol IV

Erasmus Rotterdam Society
Demolen, Richard Lee, Vol I

Erie Community College, City Campus, Buffalo
Tisdale, Celes, Vol II

Erindale College
Elliott, Thomas G., Vol II, III

Erskine College, Due West
Christie, N. Bradley, Vol II

Erskine Theological Seminary, Due West
Johnson, Merwyn S., Vol IV

Estrella Mountain Community College
SantaVicca, Edmund F., Vol II

Ethics Institute
Green, Ronald Michael, Vol IV

Eubanks Conservatory of Music
Eubanks, Rachel Amelia, Vol II

Eugene Lang College, New School For Social Research
Abelson, Elaine S., Vol I
Devenyi, Jutka, Vol II
Fritsche, Johannes, Vol IV
Goldfarb, Jeffrey C., Vol IV, V
Hobsbawm, Eric, Vol I
Kattago, Siobhan, Vol V
Menke, Christoph, Vol IV
Shusterman, Richard, Vol IV
Soffer, Gail, Vol IV
Tilly, Louise A., Vol I
Whitebook, Joel, Vol IV

Eureka College, Eureka
Logsdon, Loren, Vol II
McCoy, Jerry, Vol IV
Rodriguez, Junius, Vol I
Schwab, Allen, Vol II

Evangel College, Springfield
Syler, Eleanor G., Vol V

Evergreen State College
Williams, Sean, Vol II

Evergreen Valley College, San Jose
Goddard, Nettye, Vol II

Fairfield University, Fairfield
Abbott, Albert, Vol I
Abbott, William M., Vol I
Campos, Javier F., Vol III
Dykeman, King John, Vol IV
Klee, Ildora, Vol III
Lang, Martin Andrew, Vol IV
Leeber, Victor F., Vol III
Long, R. James, Vol I, IV
Mille, Diane, Vol I
Naser, Curtis R., Vol IV
Newton, Lisa Haenlein, Vol IV
O'Connor, Leo F., Vol I, II
Rosivach, Vincent John, Vol II, III
Simon, James, Vol II
Tong, Lik Kuen, Vol IV

Fairleigh Dickinson University
Dumont, Lloyd F., Vol IV, V

Fairleigh Dickinson University, Florham-Madison Campus
Calcagnetti, Daniel J., Vol V
Cowen, John Edwin, Vol V
Cummins, Walter M., Vol II
Gadsden, Gloria Y., Vol V
Goodman, Michael B., Vol II
Green, Martin, Vol II
Keyishian, Harry, Vol II
Kopp, Richard L., Vol III
Marchione, Margherita Frances, Vol I, III
McTague, Robert, Vol I
Woolley, Peter J., Vol I, IV

Fairleigh Dickinson University, Teaneck-Hackensack Campus
Becker, John, Vol II
Dick, Bernard F., Vol II
Gordon, Lois G., Vol II, III
Manganaro, Elise Salem, Vol II
Roberts, William, Vol I, IV
Rye, Marilyn, Vol II
Schaefer, Charles, Vol V
Shapiro, Susan, Vol II
Torodash, Martin, Vol I
Zahavy, Tzvee, Vol IV

Fairmont State College, Fairmont
Baker, J. Robert, Vol II
Hussey, John, Vol II
Kime, Wayne R., Vol II
Pudsell, F. David, Vol I, IV
Wills, Jack Charles, Vol II

Fashion Institute of Technology, New York
Poll, Carol, Vol V

Faulkner University, Montgomery
Cheatham, Carl W., Vol I, IV
Hicks, L. Edward, Vol I

Fayetteville State University, Fayetteville
Andrews-McCall, Maxine Ramseur, Vol V
Anthony, Booker T., Vol II
Brooks, John, Vol I, IV
Mutisya, Philliph, Vol V
Valenti, Peter Louis, Vol II

Felician College, Lodi
Burnor, Richard N., Vol IV
Castellitto, George, Vol II

Karetzky, Stephen, Vol I

Ferris State University, Big Rapids
Ball, Richard E., Vol V
Green, Lon C., Vol II
Griffin, Richard W., Vol IV
Mehler, Barry Alan, Vol I
Pisacreta, Richard J., Vol V
Roy, Donald H., Vol IV
Russell, David L., Vol II
Thorp, John P., Vol V

Ferrum College, Ferrum
Hardt, John S., Vol II
Woods, Daniel, Vol I

Field Museum of Natural History
Moseley, Michael Edward, Vol I, V

Firelands College
Smith, Larry, Vol II

Fisk University, Nashville
Hooks, Benjamin Lawson, Vol IV
Quirin, James, Vol I
Winbush, Raymond A., Vol V

Flagler College, St. Augustine
Gamache, Gerald L., Vol V
Horner, Carl S., III, Vol II
Klein, Ellen R., Vol IV

Florida Agricultural and Mechanical University, Tallahssee
Evans, Adeline, Vol II
Gayles-Felton, Anne Richardson, Vol V
Hemmingway, Beulah S., Vol II
Irvine, Carolyn Lenette, Vol II
Neyland, Leedell Wallace, Vol I
Pratt, Louis Hill, Vol II
Ravenell, William Hudson, Vol IV
Stallworth, Frances H., Vol II

Florida Atlantic University, Boca Raton
Abramson, Henry, Vol IV
Banchetti-Robino, Marina P., Vol IV
Berger, Alan L., Vol IV
Breslow, Boyd, Vol I
Brown, Sallie, Vol I
Budd, Michael, Vol II
Caputi, Jane, Vol I, V
Curl, Donald Walter, Vol I
Derfler, Leslie A., Vol I
Engle, Stephen D., Vol I
Ferrari, Roberto, Vol I
Fiore, Robin N., Vol IV
Forage, Paul C., Vol I
Frazer, Heather, Vol I
Ganson, Barbara, Vol I
Glynn, Simon, Vol IV
Kersey, Harry A., Vol I
Kollander, Patricia A., Vol I
Lowe, Benno P., Vol I
Marietta, Don E., Vol IV
Marina, William F., Vol I
Rice, Julian, Vol II
Rose, Mark, Vol I
Smith, Voncile Marshall, Vol II, III
Tamburri, Anthony J., Vol III
Tata, Robert J., Vol I
Taura, Graciella Cruz, Vol I

Florida Baptist Theological College, Graceville
Rathel, Mark, Vol IV

Florida Christian College, Kissimmee
Bruant, Rees, Vol IV
Smith, Robert W., Vol I

Florida Coastal School of Law
Bhandari, Jagdeep S., Vol IV
Stone, Dennis J., Vol IV

Florida Community College at Jacksonville
Beaman, Marian L., Vol V

Florida Gulf Coast University
Chambers, James, Vol IV
Golian, Linda Marie, Vol II
Mayers, Marvin K., Vol III, V
Sawyer, William Gregory, Vol V
Sullivan, Brad, Vol II

Florida Institute of Technology, Melbourne
Matar, Nabil, Vol II
Taylor, Robert, Vol I

Florida International University, North Miami
Breslin, Thomas Aloysius, Vol I
Cadely, Jean Robert Joseph, Vol III
Casines, Gisela P., Vol II
Chung, Bongkil, Vol IV
Cook, Noble David, Vol I
Dufresne, John, Vol II
Gudorf, Christine E., Vol IV
Heine, Steven, Vol IV
Jensen, John Barry, Vol III
Kahan, Alan S., Vol I
Katz, Nathan, Vol IV
Lifshitz, Felice, Vol I
Northup, Lesley A., Vol IV
Patrouch, Joseph F., Vol I
Peterson, Joyce Shaw, Vol I
Rock, Howard Blair, Vol I
Salekin, Randall T., Vol V
Schwartz, Richard A., Vol II
Sugg, Richard Peter, Vol II
Szuchman, Mark David, Vol I
Warren, Paul R., Vol IV
Waugh, Butler Huggins, Vol II, V
Wilkins, Mira, Vol I, IV
Young, Theodore Robert, Vol III
Yudin, Florence L., Vol II, III

Florida Keys Community College, Key West
Chandler, Theodore Alan, Vol V
McKinley, Barbara L., Vol IV

Florida Memorial College, Miami
Ross, Marilyn J., Vol II

Florida Southern College, Lakeland
Bruce, Alexander, Vol II
Denham, James M., Vol I
Lott, Raymond, Vol II
Smith, W. Alan, Vol IV

Florida State University, Tallahassee
Allaire, Joseph Leo, Vol III
Anthony, William Philip, Vol IV
Baker, Stuart Eddy, Vol II
Barbour, Paula Louise, Vol II
Bartlett, Richard Adams, Vol I
Bedell, George Chester, Vol IV
Berry, Ralph M., Vol II
Bishop, Wendy, Vol II
Blazek, Ronald David, Vol II
Boutin, Aimee Marie-Carmen, Vol III

Bower, Beverly Lynne, Vol V
Braendlin, Bonnie Hoover, Vol II
Burroway, Janet Gay, Vol II
Castellanos, Isabel, Vol III
Castells, Ricardo, Vol III
Conner, Valerie Jean, Vol I
Cunningham, Karen, Vol II
Dalton, Peter C., Vol IV
Darling, Carol, Vol V
Darst, David High, Vol III
Dickson, David Franklin, Vol IV
Dickson-Carr, Darryl, Vol II
Ericsson, K. Anders, Vol V
Fallon, Richard Gordon, Vol II
Freixas, Erik Camayd, Vol III
Gerato, Erasmo Gabriele, Vol III
Glenn, Justin Matthews, Vol III
Golden, Leon, Vol II, III
Gontarski, S. E., Vol II, III
Greaves, Richard L., Vol I
Green, Elna C., Vol I
Griffith, Elwin Jabez, Vol IV
Gruender, Carl David, Vol IV
Guy, Mary E., Vol IV
Hadden, Sally E., Vol I
Halpern, Paul G., Vol I
Hawkins, Hunt, Vol II
Hazelrigg, Lawrence E., Vol V
Hodges, Donald Clark, Vol IV
Horward, Donald D., Vol I
Isaac, Larry, Vol V
Johnson, Kenneth E., Vol II
Jumonville, Neil Talbot, Vol I
Jung, Darryl, Vol IV
Kaelin, Eugene Francis, Vol IV
Kebede, Ashenafi Amde, Vol I
Keuchel, Edward F., Vol I
Kirby, David, Vol II
Kleck, Gary, Vol IV
Leushuis, Reinier, Vol III
Levi, Darrell Erville, Vol I
Lhamon, W. T., Jr., Vol II
Lo, Winston W., Vol I
Lyon, Gordon W., Vol IV
Mabe, Alan R., Vol IV
Matthews, Patricia, Vol IV
McClure, Charles R., Vol II
McElrath, Joseph R., Jr., Vol II
Mele, Alfred R., Vol II, III, IV
Miller, Richard, Vol I
Morales, Maria H., Vol IV
Morris, Harry, Vol II
Nasgaard, Roald, Vol I
Oldson, William O., Vol I
Picart, Caroline (Kay) J. S., Vol IV
Pichugin, Valentina, Vol III, V
Plescia, Joseph, Vol I
Pullen, Daniel J., Vol I, V
Richardson, Joe M., Vol I
Rickless, Samuel, Vol IV
Rowe, Anne Ervin, Vol II
Seaton, Douglass, Vol I, II
Simons, John Donald, Vol III
Stanley, Patricia H., Vol III
Stoltzfus, Nathan, Vol I
Swain, Charles W., Vol I, IV
Tanenbaum, Jan Karl, Vol I
Turner, Ralph V., Vol I
Warf, Barney, Vol I
Watson, H. Justin, Vol IV
Weidner, Donald John, Vol IV

Fordham University, New York

Alfonso, Vincent C., Vol V
Antush, John V., Vol II
Babich, Babette E., Vol IV
Balestra, Dominic Joseph, Vol IV
Barnes, Sue, Vol II
Baur, Michael, Vol IV
Bechard, Dean P., Vol IV
Bedford, Steven M., Vol I
Ben-Atar, Doron, Vol I
Boyle, Frank T., Vol II
Bristow, Edward, Vol I, IV
Caldwell, Mark Leonard, Vol II
Callaway, Mary Chilton, Vol IV
Capra, Daniel J., Vol IV
Carrubba, Robert W., Vol III
Cassuto, Leonard, Vol II
Cimbala, Paul A., Vol I
Clark, John Richard, Vol III
Clarke, William Norris, Vol IV
Conigliaro, Vincent, Vol V
Conley, John J., Vol IV
Crane, Elaine F., Vol I
Curtin, N. J., Vol I
Davies, Brian, Vol IV
Diller, Matthew, Vol IV
Dimler, George Richard, Vol III
Dobson, Joane, Vol II
Dobson, Joanne, Vol II
Dych, William V., Vol IV
Erler, Mary C., Vol II
Evans, Harry B., Vol III
Fawzia, Mustafa, Vol II
Feerick, John David, Vol IV
Felsenfeld, Carl, Vol IV
Fleming, James E., Vol IV
Fogelman, Martin, Vol IV
Frost, Elisabeth, Vol II
Giannone, Richard, Vol II
Giblin, Charles Homer, Vol IV
Godfrey, Mary F., Vol II, IV
GoGwilt, Christopher, Vol II
Goldberg, Barry, Vol I
Gowans, Christopher W., Vol IV
Greco, John, Vol IV
Green, Judith, Vol IV
Greenfield, Susan, Vol II
Grennen, Joseph Edward, Vol I, II
Gyug, Richard F., Vol I, IV
Hallett, Charles A., Vol II
Harris, Frederick J., Vol III
Hassett, Constance W., Vol II
Himmelberg, Robert F., Vol I, IV
Hoffman, Anne, Vol I, II
Horvath, Richard P., Vol II
Johnson, Elizabeth A., Vol IV
Jones, Judith A., Vol IV
Jones, Robert Francis, Vol I
Katsoris, Constantine N., Vol IV
Kelbley, Charles A., Vol IV
Keller, Eve, Vol II
Kendrick, Walter, Vol II
Koterski, Joseph, Vol IV
Kowaleski, Maryanne, Vol I
Kramer, Lawrence Eliot, Vol II
Lamb, Margaret, Vol II
Latham, Michael E., Vol I
Lefebure, Leo D., Vol IV
Lienhard, Joseph T., Vol I, IV
Lindo-Fuentes, Hector, Vol I
London, Clement B. G., Vol V
Loomie, Albert J., Vol I
Macary, Jean Louis, Vol III
Macovski, Michael, Vol II
Marme, Michael, Vol I
Marsh, James L., Vol IV
Marun, Gioconda, Vol III
McCarthy, John P., Vol I
McLaughlin, Joseph M., Vol IV
Mendez-Clark, Ronald, Vol III
Miller, Danna R., Vol IV
Mueller, Wolfgang, Vol I
Muller, Ralf, Vol IV
Myers, David, Vol I, IV
Naison, Mark, Vol I
Nichols, Mary P., Vol IV
O'Conell, Robert J., Vol II, III
Panella, Robert J., Vol I
Pascoe, Louis B., Vol I
Patterson, Mark R., Vol IV
Pearce, Russell G., Vol IV
Peirce, Sarah, Vol I
Penella, Robert J., Vol II, III
Pereira, Jose V., Vol IV
Perillo, Joseph M., Vol IV
Pilant, Craig Wesley, Vol I, IV
Pitchford, Nicola, Vol II
Quinn, Thomas Michael, Vol IV
Ragan, Bryant T., Jr., Vol I
Reichberg, Gregory M., Vol IV
Reidenberg, Joel R., Vol IV
Rodriguez, Clara, Vol V
Rogler, Lloyd H., Vol V
Romm, James S., Vol I, II
Rosenthal, Bernice Glatzer, Vol I
Roth, Robert J., Vol IV
Rowe, Joyce A., Vol II
Ruffing, Janet, Vol IV
Shea, George W., Vol III
Sicker, Philip, Vol II
Sider, David, Vol III
Smail, Daniel Lord, Vol I
Smith, Terry, Vol IV
Soyer, Daniel, Vol I
Stadler, Eva Maria, Vol II, III
Strand, Virginia, Vol V
Strate, Lance, Vol II
Swinth, Kirsten, Vol I
Swiontkowski, Gale, Vol II
Takooshian, Harold, Vol V
Thomas, Chantal, Vol IV
Tress, Daryl McGowan, Vol IV
Tress, Daryl McGowen, Vol IV
van Buren, John, Vol IV
von Arx, Jeffery P., Vol I
Vorspan, Rachel, Vol IV
Wabuda, Susan, Vol I
Walker, Margaret, Vol IV
Walker, Margaret Urban, Vol IV
Watkins-Owens, Irma, Vol I
Westphal, Merold, Vol IV
Wines, Roger, Vol I

Forest Historical Society

Fahl, Ronald Jenks, Vol I

Fort Hays State University, Hays

Caulfield, Norman, Vol I
Edwards, Clifford Duane, Vol II
Firestone, Ruth H., Vol III
Hashem, Mahboub, Vol II
Hintz, Ernst Ralf, Vol III
Luehrs, Robert Boice, Vol I
Markley, Robert, Vol V
Salien, Jean, Vol II, III
Schmeller, Helmut John, Vol I
Strohkirch, Carolyn, Vol II
Vogel, Nancy, Vol II
Wilson, Raymond, Vol I

Fort Lewis College, Durango

Coe, William Jerome, Vol IV
Ellis, Richard N., Vol I
Greenwood, Tina Evans, Vol II
Hossain, Ziarat, Vol V
Smith, Duane Allan, Vol I

Fort Valley State University, Fort Valley

Bellamy, Donnie Duglie, Vol I, IV
Demenchonok, Edward V., Vol IV
Jenkins, Joyce O., Vol II
Murphy, B. Keith, Vol II
Omanchonu, John, Vol II
van Hartesveldt, Fred R., Vol I

Framingham State College, Framingham

Blakeslee, Spencer, Vol V
Heineman, Helen, Vol II
Joseph, Stephen, Vol IV
Lazarus, Joyce B., Vol III
Nolletti, Arthur E., Jr., Vol II

Francis Marion University, Florence

Anastasi, Jeffrey S., Vol V
Dorsel, Thomas N., Vol V
Harding, George E., Vol III
Hunter, Laurie Sullivan, Vol V
Tuttle, Jon, Vol II

Francis Xavier University

Berridge, John Maclennan, Vol IV

Franciscan School of Theology, Berkeley

Chinnici, Joseph Patrick, Vol I, IV
DiCicco, Mario, Vol IV
Guinan, Michael Damon, Vol III, IV
Osborne, Kenan Bernard, Vol IV

Franciscan University of Steubenville, Steubenville

Lyons, Declan P., Vol II, III
Miletic, Stephen F., Vol IV
Scotto, Dominic, Vol IV
Sunyoger, Mary Ann, Vol II
Vall, Gregory, Vol IV

Frank Phillips College, Borger

Strecker, Judy, Vol II

Franklin and Marshall College, Lancaster

Andrew, John Alfred, Vol I
Aronowicz, Annette, Vol IV
Farber, Jay Joel, Vol II, III
Galis, Leon, Vol IV
Grushow, Ira, Vol II
Jeannet, Angela Maria, Vol III
Kaye, Howard, Vol V
Pinsker, Sanford S., Vol II
Schuyler, David, Vol I
Sentilles, Renee M., Vol I
Steinbrink, Jeffrey, Vol II
Stevenson, Louise L., Vol I
Wank, Solomon, Vol I

Franklin College of Arts and Sciences

Hudson, Charles M., Vol V

Franklin Pierce College, Rindge

Cervo, Nathan Anthony, Vol II
Lupinin, Nickolas, Vol I
Picchi, Debra, Vol V

Franklin Pierce Law Center, Concord

Field, Thomas G., Jr., Vol IV
Scherr, Albert E., Vol I

Fredonia University

Sievens, Mary Beth, Vol I

Free Will Baptist Bible College, Nashville

Fields, Milton, Vol V
Reid, Garnett, Vol IV

Freed-Hardeman University, Henderson

Fulkerson, Raymond Gerald, Vol II

French International School

Devos, Jean, Vol IV

Fresno City College, Fresno

Boyd, Robert, Vol IV

Fresno Pacific College, Fresno

Freeman, David, Vol III
Freeman, Yvonne, Vol V
Warkentin, Larry R., Vol II

Friends University, Wichita

Eick, Gretchen, Vol I
Stuber-McEwen, Donna, Vol V

Front Range Community College, Westminster

Deroche, Andrew, Vol I

Frostburg State University, Frostburg

Bramann, Jorn, Vol IV
Clulee, Nicholas H., Vol I
Lutz, Mary Anne, Vol II
Rhodes, Randall, Vol I
Saku, James C., Vol I
Schweiker-Marra, Karen, Vol V
Wiseman, John Bailes, Vol I

Fuller Theological Seminary, Pasadena

Brown, Colin, Vol IV
Gooden, Winston Earl, Vol IV
Gorsuch, Richard L., Vol IV, V
Hagner, Donald A., Vol IV
Johnston, R. K., Vol IV
King, Roberta R., Vol II, IV, V
McClendon, James William, Jr., Vol IV
Murphy, Nancey, Vol IV
Park, Timothy K., Vol IV
Payne, Philip B., Vol IV
Scalise, Charles J., Vol I, IV
Scholer, David M., Vol IV
Shaw, R. Daniel, Vol V
Shenk, Wilbert, Vol IV
Shuster, Marguerite, Vol IV
Vande Kemp, Hendrika, Vol V

Fullerton College, Fullerton

Hanson, Bruce, Vol IV

Furman University, Greenville

Allen, Gilbert Bruce, Vol II
Block, John Martin, Vol IV
Buckley, Christina A., Vol III
Buford, Thomas O., Vol IV
Cherry, Charles Maurice, Vol III
Ching, Erik K., Vol I
Cox, Jerry Lynn, Vol III
Grisel, Judith E., Vol V
Hill, Philip George, Vol II
McKnight, Edgar Vernon, Vol III, IV
Parsell, David Beatty, Vol III
Radel, Nicholas F., Vol II
Rogers, William E., Vol II
Siegel, Brian V., Vol V
Worth, Sarah Elizabeth, Vol IV

Gainesville College

McLeod, Glenda Kaye W., Vol II

Gallaudet University, Washington

Bergen, Barry, Vol I
Fernandes, James, Vol II
Fox, Stephen D., Vol II
Leigh, Irene W., Vol V
Spencer, Patricia, Vol V

Galveston College

Hoskins, Billie, Vol V

Gannon University, Erie

Baker, Parris, Vol V
King, Charlotte P., Vol III
Minot, Walter, Vol II
Upton, Thomas Vernon, Vol IV

Gardner-Webb University, Boiling Springs

Blevins, Kent, Vol IV
Cranford, Lorin L., Vol IV
Cullinan, Alice R., Vol IV
Ellington, Donna S., Vol I
Moore, Charles B., Vol III
Rainer, Jackson P., Vol V
Stacy, Wayne, Vol IV
Strokanov, Alexandre, Vol I
White, M. Chris, Vol IV
Yelton, David K., Vol I

Garrett-Evangelical Theological Seminary, Evanston

Harley, Philip A., Vol IV
Kalantzis, George, Vol I, IV
Phillips, L. Edward, Vol IV
Poling, James N., Vol IV
Ruether, Rosemary R., Vol IV
Seymour, Jack L., Vol I, IV, V
Yeo, Khiok-Khng, Vol IV

Gaston College, Dallas
Manikas, William T., Vol I, IV

Gateway Technical College, Kenosha
Lawson, Cassell A., Vol V

General Theological Seminary, New York
Carpenter, James Anderson, Vol IV
Mullin, Robert Bruce, Vol I, IV
Newman, Judith H., Vol I, III
Slater, Peter, Vol IV
Wright, John Robert, Vol I, IV

Geneva College, Beaver Falls
Copeland, Robert M., Vol II
Szabo, Lynda, Vol II
Wollman, David Harris, Vol I

George Fox University, Newberg
Ankeny, Rebecca T., Vol II
Beebe, Ralph Kenneth, Vol I
Bufford, Rodger K., Vol V
Gathercoal, Kathleen, Vol V
Johnnson, Thomas F., Vol IV
Koch, Chris, Vol V
Linzey, Sharon, Vol V
Lloyd, Carl, Vol V
Nash, Lee, Vol I
Oropeza, B. J., Vol IV

George Mason University, Arlington
Byrne, James E., Vol IV
Cohen, Lloyd R., Vol IV

George Mason University, Fairfax
Bateson, Mary Catherine, Vol II, V
Berroa, Rei, Vol III
Brown, Lorraine Anne, Vol II
Brown, Stephen Jeffry, Vol II
Brunette, Peter, Vol I
Censer, Jack R., Vol I
Censer, Jane Turner, Vol I
Colvin, Mark, Vol V
Davis, Molly F., Vol V
DeCosta-Willis, Miriam, Vol III
Dennis, Rutledge M., Vol V
Deshmukh, Marion Fishel, Vol I
Dietz, Thomas, Vol V
Elstun, Esther Nies, Vol III
Foster, John Burt, Vol II
Fuchs, Cynthia, Vol I
Gras, Vernon W., Vol II
Hecht, Leo, Vol III
Irvine, Lorna Marie, Vol II
Jacobs, Mark D., Vol V
Jann, Rosemary, Vol II
Kalof, Linda E., Vol V
Kelley, Michael Robert, Vol II, III
Kinnaman, Theodore J., Vol IV
Lont, Cynthia M., Vol II
Roman-Mendoza, Esperanza, Vol II, III
Rosenzweig, Roy A., Vol I
Rothbart, Daniel, Vol IV
Rowan, Katherine E., Vol II
Schunn, C., Vol V
Smith, Paul, Vol I
Stearns, Peter N., Vol I
Tavani, Nicholas J., Vol V
Tolchin, Susan Jane, Vol IV
Winkler, Martin M., Vol II, III
Yocom, Margaret Rose, Vol II, V
Zagarri, Rosemarie, Vol I

George Washington University
Broderick, John Caruthers, Vol II

Georgetown College, Kentucky
Klotter, James, Vol I
Lunceford, Joe E., Vol IV
May, Steven W., Vol II
Redditt, Paul L., Vol IV
Wirzba, Norman, Vol IV

Georgetown University, Washington
Allen, Anita, Vol IV
Ambrosio, Francis J., Vol IV
Apostolos-Cappadona, Diane, Vol I
Babb, Valerie M., Vol II
Baker, Deborah Lesko, Vol III
Beauchamp, Tom, Vol IV
Bellamy, Everett, Vol V
Bensky, Roger Daniel, Vol III
Betz, Dorothy, Vol III
Betz, Paul F., Vol II
Birnbaum, Norman, Vol V
Blair, P., Vol II
Blattner, William, Vol IV
Bradley, Denis J. M., Vol IV
Brown, Dorothy M., Vol I
Brown Weiss, Edith, Vol IV
Cardaci, Paul F., Vol II
Carter, Barry Edward, Vol IV
Chickering, Roger, Vol III
Cima, Gay Gibson, Vol II
Cohn, Sherman Louis, Vol IV
Collins, Michael J., Vol II
Corrigan, Maureen, Vol II
Crowley, Kelley M. Wickham, Vol II
Cruz, Jo Ann Hoeppner Moran, Vol I
Curran, Robert Emmott, Vol I
Davis, Wayne, Vol IV
Drinan, Robert Frederick, Vol IV
Esposito, John L., Vol I
Fields, Stephen M., Vol IV
Fisher, Leona W., Vol II, V
Fort, Keith, Vol II
Fox, Pamela, Vol II
Gewanter, David, Vol II
Gillis, Chester, Vol IV
Ginsburg, Martin D., Vol IV
Glavin, John, Vol II
Gopalan, Lalitha, Vol II
Gostin, Lo, Vol IV
Guieu, Jean-Max, Vol III
Hall, Kim, Vol II
Harre, H. Romano, Vol V
Hayes, Diana L., Vol IV
Heelan, Patrick Aidan, Vol IV
Hill, Bennett David, Vol I
Hirsh, John Campion, Vol II
Holmer, Joan Ozark, Vol II
Ingebretsen, Edward J., Vol II
Irizarry, Estelle, Vol III
Irvine, Martin, Vol II
Johnson, Ronald Maberry, Vol I, V
Jordan, Emma Coleman, Vol IV
Kadlec, David, Vol II
Kaplan, Lindsay, Vol II
Kent, Carol Fleisher, Vol II
King, Patricia Ann, Vol IV
Kuhn, Steven Thomas, Vol IV
Lamm, Julia A., Vol IV
Lance, Mark, Vol IV
Langan, John P., Vol IV
Langer, Erick Detlef, Vol I
Lewis, Neil, Vol IV
Lobo, Alfonso Gomez, Vol IV
Maddox, Lucy, Vol II
Mason, Abelle, Vol II
McCartin, Joseph A., Vol I
McNamara, Dennis, Vol V
McNeill, John R., Vol I
Mitchell, Alan C., Vol IV
Mitchell, Angelyn, Vol II
Moran, F., Vol III
Morris, Marcia A., Vol III
Murphy, Mark Christopher, Vol IV
O'Brien, George, Vol II
O'Connor, Patricia E., Vol II
Orlans, F. Barbara, Vol II
Ortiz, Ricardo, Vol II
Page, Joseph Anthony, Vol IV
Patterson, Elizabeth Hayes, Vol IV
Pellegrino, Edmund Daniel, Vol IV
Pfordresher, John P., Vol II
Pireddu, Nicoletta, Vol III
Pitofsky, Robert, Vol IV
Pope, Rebecca A., Vol II
Powers, Madison, Vol IV
Ragussis, Michael, Vol II
Rameh, Clea Abdon, Vol III
Reich, Warren T., Vol IV
Reuscher, John, Vol IV
Reusher, Jay, Vol II, III
Ribeiro, Alvaro, Vol II
Richardson, Henry, Vol IV
Robinson, Amy, Vol II
Robinson, Daniel N., Vol III
Rosenblatt, Jason Philip, Vol II
Rothstein, Paul Frederick, Vol IV
Ruedy, John D., Vol I
Sabat, Steven, Vol V
Sanz, Cristina, Vol III
Sara, Solomon Ishu, Vol III
Schall, James Vincent, Vol IV
Schwartz, Henry J., Vol II
Schwartz, Richard B., Vol II
Seidman, Louis Michael, Vol IV
Severino, Roberto, Vol III
Shahid, Irfan Arif, Vol I, II
Shedel, James P., Vol I
Sherman, Nancy, Vol IV
Shulman, Jeffrey, Vol II
Siegel, Joel E., Vol II
Sitterson, Joseph, Vol II
Slakey, Roger L., Vol II
Slevin, James, Vol II
Smith, Bruce Ray, Vol II
Stephen, Elizabeth H., Vol I
Stetz, Margaret, Vol II
Szittya, Penn, Vol II
Taminiaux, Pierre S., Vol I, III
Tannen, Deborah F., Vol III
Temple, Kathryn, Vol II
Thiel, Anne, Vol III
Tinkcom, Matthew, Vol II
Tm, King, Vol II, IV
Todd, Dennis, Vol II
Tucker, Nancy Bernkopf, Vol I
Turner, Jeanine W., Vol II
Tushnet, Mark Victor, Vol I, IV
Tylenda, Joseph N., Vol IV
Valerie M., Babb, Vol II
Veatch, Robert M., Vol IV
Ver Eecke, Wilfried, Vol IV
Voll, John Obert, Vol I
Vukowich, William T., Vol IV
Wickham-Crowley, Timothy P., Vol V
Winters, Francis Xavier, Vol IV
Witek, John W., Vol I

Georgia College and State University
Bailey, Anne J., Vol I
Barron, Sheree S., Vol V
Fair, John, Vol I
Garcia-Castanon, Santiago, Vol II
Glowka, Arthur Wayne, Vol II, III
Noel, Roger A., Vol III
Sallstrom, John Emery, Vol IV

Georgia Institute of Technology, Atlanta
Bayor, Ronald Howard, Vol I
Brittain, James Edward, Vol I
Bullard, Alice, Vol I
Colatrella, Carol, Vol II, V
Craig, Robert M., Vol I
Foote, Bud, Vol II
Grusin, Richard A., Vol II
Harpold, Terry, Vol II, V
Kranzberg, Melvin, Vol I
McGuire, Peter, Vol II
McHugh, Susan B., Vol II
McKnight, Phillip S., Vol III
Nersessian, Nancy, Vol II, V
Nobles, Gregory H., Vol I
Norton, Bryan G., Vol IV
Petraglia-Bahri, Joseph, Vol II, III
Rauch, Alan, Vol V
Strain, Ellen, Vol II

Georgia Perimeter College
Sims, Toni Y., Vol V

Georgia School of Professional Psychology, Atlanta
DeFilipis, Nick A., Vol V

Georgia Southern University, Statesboro
Buller, Jeffrey L., Vol II, III
Burke, Kevin, Vol V
Humma, John Ballard, Vol II
Kinsella, Susan, Vol V
Kurtz, Horst, Vol III
McGrath, Michael J., Vol III
Nielsen, Michael, Vol V
Roell, Craig, Vol I
Smith, William L., Vol V
Steffen, Jerome Orville, Vol I
Wilson, Janie Hamn, Vol V
Young, Alfred, Vol I
Young, William C., Vol V

Georgia Southwestern College, Americus
Isaacs, Harold, Vol I

Georgia State University, Atlanta
Almeder, Robert F., Vol IV
Armstrong, Brian G., Vol I
Arrington, Robert Lee, Vol IV
Austin, Gayle M., Vol I, II
Bakeman, Roger, Vol V
Bell, Linda A., Vol IV, V
Black, Kenneth, Jr., Vol IV
Blumenfeld, David, Vol I, IV
Burrison, John A., Vol V
Carter, Marva Griffin, Vol II
Carter, Marva Griffin, Vol II
Dabney, Dean A., Vol IV
Darsey, James, Vol II
Evans, Ellen Lovell, Vol I
Fink, Gary M., Vol I
Galchinsky, Michael, Vol II
Galishoff, Stuart, Vol I
Gallant, Christine, Vol II
Ghosh, Shuba, Vol IV
Gorsuch, Edwin N., Vol I
Harwood, Robin, Vol IV
Herman, Jonathan R., Vol IV
Hirsh, James E., Vol II
Hollahan, Eugene, Vol II
Humber, James Michael, Vol IV
Jacobson, Stephen, Vol IV
Keenan, Hugh Thomas, Vol II
Kramer, Victor Anthony, Vol II
Kropf, Carl R., Vol II
Kuntz, Marion L., Vol III
L'Abate, Luciano, Vol V
Laushey, David Mason, Vol I
Lilenfeld, Lisa, Vol V
Lisby, Gregory C., Vol II
Luckhardt, C. Grant, Vol IV
Mchaney, Thomas Lafayette, Vol II
McWilliams, Alfred E., Jr., Vol V
Meyers, Marian J., Vol II
Orr, N. Lee, Vol II
Parchment, Steven, Vol I, IV
Ramsey, Mary K., Vol II
Reed, Merl E., Vol I
Reid, Donald Malcolm, Vol I
Renick, Timothy Mark, Vol IV
Richtarik, Marilynn J., Vol I
Rieber, Steven, Vol III, IV
Riso, Lawrence P., Vol V
Rouse, Jacqueline Anne, Vol I
Schaller, Kristi, Vol II
Sessions, William Alfred, Vol II
Shaner, Jaye L., Vol II
Snoeyenbos, Milton, Vol IV
Spivey, Ted Ray, Vol II
Tomasulo, Frank P., Vol II
Vaughn, Michael S., Vol IV
Weberman, David, Vol IV
Willen, Diane, Vol I
Winkler, Carol, Vol II
Woodhouse, Mark B., Vol IV
Zboray, Mary Saracino, Vol I
Zboray, Ronald J., Vol I

Georgian Court College, Lakewood
Chinery, Mary, Vol II
Holian, Gail, Vol II
McCarthy, Mary Theresa, Vol III
Smorra, Mary A., Vol V
Witman, Edward Paul, Vol IV

German Historical Institute
Wetzell, Richard, Vol I, III

Gettysburg College, Gettysburg
Allaire, Gloria, Vol III
Barnes, Dorothy, Vol II
Birkner, Michael J., Vol I
Crowner, David L., Vol III
Fredrickson, Robert Stewart, Vol II
Gritsch, Eric W., Vol I, IV
Ritterson, Michael, Vol III
Shannon, Timothy J., Vol I
Trevelyan, Amelia M., Vol I
Winans, Robert B., Vol II

Glendale Community College, Glendale
Brandt-Williams, Ann, Vol V
Diaz-Lefebvre, Rene, Vol V
Griggs, John W., Vol I, III
Jenkins, Carol A., Vol V
Kabateck, Gladys, Vol V

Glenville State College, Glenville
Galenza, Bruce D., Vol V
King, Yvonne, Vol II

Gloucester County College, Sewell
Lawson-Briddell, Lois Y., Vol V

Golden Gate Baptist Theological Seminary, Mill Valley
Arbino, Gary P., Vol I, IV
Harrop, Clayton Keith, Vol IV
Honeycutt, Dwight A., Vol I, IV
Hornecker, Ronald L., Vol IV
Martin, D. Michael, Vol IV
McCoy, Gary W., Vol II, IV
Nelson, Stanley A., Vol IV
Schweer, G. William, Vol IV

Golden Gate University, San Francisco
Browning, Judith, Vol II
Burneko, Guy, Vol II, IV
Fulkerth, Robert C., Vol II
Gottesman, Leslie D., Vol II
Leahy, Margaret E., Vol IV
MacKinnon, Patricia L., Vol V
Moskovitz, Myron, Vol IV
Sims, Amy R., Vol I

Gonzaga University, Spokane
Campbell, Donna, Vol II
Carriker, Robert C., Vol I
Cook, Michael L., Vol IV
Cook, Susan L., Vol II
Dallen, James, Vol IV
Downey, John, Vol IV
Hartin, Patrick, Vol IV
Hazel, Harry Charles, Vol II
Pomerleau, Wayne Paul, Vol IV
Schlatter, Fredric William, Vol I, III
Stackleberg, J. Roderick, Vol I
Tyrrell, Bernard James, Vol IV
Weatherby, Georgie Ann, Vol V

Gordon College, Wenham
Askew, Thomas A., Vol I
Flint-Ferguson, Janis, Vol V
Howard, Thomas A., Vol I
Lutes, Leasa, Vol III

Gordon-Conwell Theological Seminary, South Hamilton
Beale, Gregory, Vol IV
Cooley, Robert E., Vol I, III
Davis, John Jefferson, Vol IV
Gibson, Scott M., Vol IV
Gruenler, Royce Gordon, Vol IV
Isaac, Gordon L., Vol I, IV
Kaiser, Walter C., Jr., Vol I, IV
Kline, Meredith George, Vol IV
Kuzmic, Peter, Vol I
Lints, Richard, Vol IV
Mounce, William D., Vol IV
Niehaus, Jeffrey J., Vol IV
Padilla, Alvin, Vol IV
Polischuk, Pablo, Vol IV, V
Pratico, Gary D., Vol IV
Richardson, Kurt A., Vol IV
Robinson, Haddon W., Vol IV
Rosell, Garth M., Vol I, IV
Schutz, Samuel R., Vol IV
Silva, Moises, Vol IV
Stuart, Douglas Keith, Vol III, IV
Swetland, Kenneth L., Vol IV
Villafane, Eldin, Vol IV
Walters, Gwenfair, Vol I, IV
Wells, David Falconer, Vol I, IV

Goshen College, Goshen
Berry, Lee Roy, Jr., Vol I
Davis, Todd Fleming, Vol II
Graber-Miller, Keith A., Vol IV
Meyers, Thomas J., Vol V

Goucher College, Baltimore
Baker, Jean Harvey, Vol I
Bardaglio, Peter W., Vol I
Hedges, William Leonard, Vol II
Ingram, Mark, Vol III
Jeffrey, Julie Roy, Vol I
Makarushka, Irena, Vol IV
Saenz de tejada, Cristina, Vol III
Tokarczyk, Michelle M., Vol II

Governors State University, University Park
Blevins, Gregory A., Vol V
Kennedy, Joyce S., Vol V
Mc Master, Michele, Vol II, V

Grace College, Winona Lake
Lovelady, Edgar John, Vol II, III

Graceland College, Lamoni
Casey, Michael S., Vol I
Mesle, C. Robert, Vol IV

Graduate School and University Center of The City University of New York
Berkin, Carol Ruth, Vol I
Blasius, Mark, Vol IV
Brook, Barry Shelley, Vol II
Caws, Mary Ann, Vol II, III
Dellepiane, Angela B., Vol II, III
Devitt, Michael, Vol IV
Elton, William R., Vol II
Gerber, Jane Satlow, Vol I, IV
Greetham, David Charles, Vol II
Himmelfarb, Gertrude, Vol I
Humpherys, Anne, Vol II
Lavin, David E., Vol V
Leibowitz, Herbert, Vol II
Murphy, Kevin D., Vol I
Nichols, Fred Joseph, Vol III
Smith, Neil, Vol I
Waldinger, Renee, Vol III
Wasser, Henry H., Vol II
Weiss, T. G., Vol IV
Wittreich, Joseph Anthony, Jr, Vol II

Graduate Theological Union, Berkeley
Berling, Judith, Vol IV
Coleman, John Aloysius, Vol IV, V

Grambling State University, Grambling
Abraham, M. Francis, Vol V
Carter, Doris, Vol I

Grand Rapids Baptist Seminary, Grand Rapids
Lawlor, John I., Vol IV
Meadors, Gary T., Vol III, IV

Grand Rapids Community College, Grand Rapids
Scheifele, Eleanor L., Vol I

Grand Valley State University, Allendale
Anton, Corey, Vol II
Franklin, Ursula, Vol III
Goode, James, Vol I
Hewitt, Avis Grey, Vol II
Hoitenga, Dewey J., Vol IV
Hong, Ran-e, Vol II, III
Iadonisi, Richard A., Vol II
Miller, Jo Ellen, Vol II
Morison, William S., Vol I, II, III
Niemeyer, Glenn Alan, Vol I
Parker, Kelly A., Vol IV
Pestana, Mark, Vol IV
Rayor, Diane J., Vol II
Rowe, Stephen C., Vol IV
Whipps, Judy, Vol IV
White, Jonathan, Vol IV

Grays Harbor College, Aberdeen
Murrell, Gary J., Vol I

Great Lakes Christian College, Lansing
Kissling, Paul J., Vol IV

Greco Institute
Sur, Carolyn Worman, Vol IV

Green Mountain College, Poultney
Christensen, Laird E., Vol II

Green River Community College
Lowe, Walter G., Vol II

Greenfield Community College, Massachussets
Wilson, Donna M., Vol III

Greensboro College
Rolnick, Philip, Vol IV
Tatum, W. Barnes, Vol IV

Greenville College, Illinois
Stephens, William Richard, Vol I, V

Greenville Technical College
Dobson, Jeannie S., Vol II

Grinnell College
Burkle, Howard R., Vol IV
Cummins, W. Joseph, Vol II, III, IV
Goldberg, Sanford C., Vol IV
Kaiser, Daniel Hugh, Vol I
Lalonde, Gerald Vincent, Vol I, II, III
Meehan, M. Johanna, Vol IV
Michaels, Jennifer, Vol III
Rosenthal, Michael A., Vol IV
Sandner, David M., Vol II
Schrift, Alan D., Vol IV
Sortor, M., Vol I
Whittaker, John, Vol V

Grove City College, Grove City
Arnold, Edwin P., Vol V
Bibza, James, Vol IV
Bowne, Dale Russell, Vol IV
Kemeny, P, Vol I, IV
Smith, Gary, Vol V
Spradley, Garey B., Vol IV
Throckmorton, E. Warren, Vol V
Trammell, Richard Louis, Vol IV

Guilford Technical Community College, Jamestown
Schmid, Carol L., Vol V

Gulf Coast Community College, Panama City
Sale, William F., Vol IV

Gustavus Adolphus College, St. Peter
Alzate, Gaston A., Vol III
Clark, Jack Lowell, Vol IV
Flory, Marleen Boudreau, Vol II, III
Nordstrom, Byron John, Vol I
Paul, Garrett E., Vol IV

Gwynedd-Mercy College, Gwynedd Valley
Duclow, Donald F., Vol I, II, IV

Hagley Museum and Library
Porter, Glenn, Vol I

Hamilton College, Clinton
Doran, Katheryn, Vol I
Gold, Barbara K., Vol II, III
Guttman, Naomi E., Vol II
Kanipe, Esther Sue, Vol I, V
Kelly, Alfred Herbert, Vol I
Krueger, Roberta L., Vol III
Marki, Ivan, Vol II
Medina, Jeremy Tyler, Vol III
O'Neal, John Coffee, Vol III
O'Neill, John H., Vol II
Rabinowitz, Peter Jacob, Vol III
Ravven, Heidi, Vol IV
Simon, Robert L., Vol IV
Tobin, Eugene Marc, Vol I
Werner, Richard W., Vol IV
Wheatley, Edward, Vol II
Williams, Jay G., Vol IV

Hamline University, St. Paul
Biernat, Leonard F., Vol IV
Brown, Carole Ann, Vol II
Cady, Duane Lynn, Vol IV
Kagan, Richard C., Vol I
Larson, David A., Vol IV
McFarland, Douglas D., Vol II, IV
Nodes, Daniel J., Vol I
Swanson, Carol B., Vol IV
Watson, Dwight C., Vol V
Willis, Robert E., Vol IV

Hampden-Sydney College
Arieti, James Alexander, Vol I, II, III
Jagasich, Paul A., Vol III
Simpson, Hassell Algernon, Vol II

Hampshire College, Amherst
Hodder, Alan, Vol IV
Holland, Norman, Vol III
Klare, Michael T., Vol IV
Levine, Sura, Vol I
Mazor, Lester Jay, Vol I, IV
Rueschmann, Eva, Vol III
Russo, Mary, Vol II

Hampton University, Hampton
Benjamin, Lois, Vol V
Brown, Jessie Lemon, Vol II
Locke, Mamie Evelyn, Vol IV
Morris, Margaret Lindsay, Vol III
Whittenburg, Carolyn, Vol I

Hannibal-Lagrange College, Hannibal
Bergen, Robert D., Vol III, IV

Hanover College, Indiana
Barlow, Philip L., Vol IV
Caine, Stanley Paul, Vol I
Campbell, Joseph Gordon, Vol IV
Cassel, J. David, Vol IV
Clark, George Peirce, Vol II
Eden, Melissa, Vol II
Fearnow, Mark, Vol II
Jobe, Steve, Vol II
Roberts, Keith A., Vol V

Hardin-Simmons University, Abilene
Clayton, Lawrence Ray, Vol II
Haire, Carol, Vol II
Hamner, Robert Daniel, Vol II
Madden, Paul, Vol I
Richardson, Charles R., Vol II
Stamey, Joseph Donald, Vol IV
Taylor, Ira Donathan, Vol I

Harding University, Searcy
Elliott, Gary D., Vol II
Fortner, John D., Vol IV
Goss, Noble T., Vol III
James, Michael L., Vol II
Lewis, Jack Pearl, Vol IV
Shackelford, Don, Vol IV
Warden, Duane, Vol IV

Harris-Stowe State College, St. Louis
Akca, Zeynep, Vol V

Harrisburg Area Community College, Harrisburg
Qi, Shouhua, Vol II
Woods, Willie G., Vol II

Hartford Seminary, Hartford
Bijlefeld, Willem A., Vol I, IV
Cobb, Kelton, Vol IV
Green, Clifford James, Vol IV
Hoyt, Thomas L., Jr., Vol IV

Hartwick College, Oneonta
Beattie, Thomas Charles, Vol II
Travisano, Thomas J., Vol II

Harvard University, Cambridge
Ackerman, James Sloss, Vol I
Adolphson, Mikael, Vol I
Appel, Frederick, Vol IV
Appiah, Kwame Anthony, Vol I, IV
Badian, Ernst, Vol I, II, III
Bailyn, Bernard, Vol I
Bar-Yosef, Ofer, Vol V
Barron, David J., Vol IV
Bartholet, Elizabeth, Vol IV
Bate, Walter Jackson, Vol II
Benhabib, Seyla, Vol IV
Benson, Larry Dean, Vol II
Berlin, Charles, Vol IV
Berthoff, Warner Bement, Vol II
Bisson, Thomas N., Vol I
Blackbourn, David G., Vol I
Blier, Suzanne Preston, Vol I
Bok, Derek Curtis, Vol IV
Bovon, Francois, Vol IV
Brustein, Robert, Vol II
Bryson, Norman, Vol II
Buckley, Jerome Hamilton, Vol II
Buell, Lawrence I., Vol II
Burns, Carol J., Vol I
Butler, Thomas J., Vol III
Carmazza, Alfonso, Vol V
Cederman, Lars-Erik, Vol IV
Cohn, Dorrit, Vol III
Conley, Tom C., Vol I, III
Cox, Archibald, Vol IV
Craig, Albert Morton, Vol I
Cranston, Edwin Augustus, Vol III
Damrosch, Leo, Vol II
Dershowitz, Alan Morton, Vol IV
Diop, Samba, Vol III
Dominguez, Jorge Ignacio, Vol IV
Duckworth, Eleanor R., Vol V
Dyck, Arthur James, Vol IV
Evans, Gwynne Blakemore, Vol II
Fallon, Richard H., Vol IV
Fanger, Donald Lee, Vol III
Faust, Drew Gilpin, Vol I
Fernandezcifuentes, L., Vol III
Field, Mark G., Vol V
Fisher, Philip, Vol II
Fisher, Roger, Vol IV
Flier, Michael S., Vol III
Ford, Franklin Lewis, Vol I
Frank, John David, Vol V
Fried, Charles, Vol IV
Frug, Gerald E., Vol IV
Frye, Richard Nelson, Vol I
Gardner, Howard E., Vol V
Gaskell, Ivan, Vol I
Gates, Henry Louis, Jr., Vol II
Gerken, Heather K., Vol IV
Goldin, Claudia, Vol IV
Graham, Patricia Albjerg, Vol I
Graham, William, Vol I, IV
Grimsted, Patricia Kennedy, Vol I
Guinier, (Carol) Lani, Vol IV
Guthke, Karl Siegfried, Vol III
Haar, Charles Monroe, Vol IV
Hall, David D., Vol I
Halperin, Daniel, Vol IV
Hammond, Mason, Vol I, III
Hanan, Patrick Dewes, Vol II, III
Handlin, Oscar, Vol I
Hanson, Paul David, Vol IV
Harris, Joseph, Vol II, V
Heck, Richard, Vol IV
Henrich, Dieter, Vol IV
Herwitz, David Richard, Vol IV
Higonnet, Patrice, Vol I
Hill, Allan G., Vol I
Hoffmann, Stanley, Vol IV
Hunt, Richard M., Vol I, V
Hutchison, William Robert, Vol I
Iliescu, Nicolae, Vol III
Jasanoff, Sheila S., Vol IV
Jolls, C., Vol IV
Jones, Christopher P., Vol I, II, III
Jones-Correa, Michael, Vol IV
Kagan, Jerome, Vol V
Kaplow, Louis, Vol IV
Katz, Milton, Vol IV
Kaufman, Andrew L., Vol IV
Kaufman, Gordon Dester, Vol IV
Keeton, Robert Ernest, Vol IV
Kelman, Steven, Vol IV
Korsgaard, Christine M., Vol IV
Kuno, Susumu, Vol III
Lamberg-Karlovski, Clifford Charles, Vol V
LaMothe, Kimerer L., Vol IV
Langer, Ellen J., Vol V

Institution Index

Letts, Christine Webb, Vol IV
Lewalski, Barbara Kiefer, Vol II
Lockwood, Lewis Henry, Vol II
Lunt, Horace Gray, Vol III
Lutcavage, Charles, Vol III
Maccaffrey, Wallace T., Vol I
Macdougall, Elisabeth Blair, Vol I
MacFarquhar, Roderick, Vol IV
Mack, Kenneth W., Vol IV
Marichal, Juan, Vol III
Marlowe, Frank, Vol V
Marquez-Villanueva, Francisco, Vol III
McDonald, Christie, Vol III
Mendelsohn, Everett Irwin, Vol I
Minow, Martha, Vol IV
Moore, Sally F., Vol V
Moran, Richard, Vol IV
Nagy, Gregory John, Vol II, III
Nozick, Robert, Vol IV
Ogletree, Charles J., Jr., Vol IV
Parsons, Charles D., Vol IV
Patterson, H. Orlando L., Vol V
Perkins, David, Vol II
Perkins, Dwight Heald, Vol IV
Pian, Rulan Chao, Vol II, V
Putnam, Hilary, Vol IV
Rakova, Alfia A., Vol III
Rawls, John, Vol IV
Reibetanz, S. Sophia, Vol IV
Rivers, Wilga Marie, Vol II, III
Robbins, Edward, Vol I
Rosenberg, Jonathan, Vol I
Roush, Sherrilyn, Vol IV
Ryan, Judith, Vol III
Sander, Frank E. A., Vol IV
Saunders, William, Vol II
Scanlon, T. M., Vol IV
Scheffler, Israel, Vol IV
Schmitz-Burgard, Sylvia, Vol II
Scott, Alison M., Vol I
Segal, Charles P., Vol II, III
Shapiro, David L., Vol IV
Shavell, S., Vol IV
Shell, Marc, Vol II
Shinagel, Michael, Vol II
Simon, Eckehard, Vol III
Singer, Joseph W., Vol IV
Sohn, Louis Bruno, Vol IV
Sollors, Werner, Vol I, II
Stager, Lawrence E., Vol I
Steiker, Carol S., Vol IV
Stendahl, Krister, Vol IV
Stone, Alan Abraham, Vol IV
Strugnell, John, Vol IV
Stuntz, William J., Vol IV
Suleiman, Susan Rubin, Vol III
Tarrant, Richard John, Vol II, III
Tatar, Maria, Vol III
Terrill, Ross, Vol I
Thomas, Douglas L., Vol IV
Trautman, Donald T., Vol IV
Tribe, Laurence Henry, Vol IV
Tu, Wei-Ming, Vol I, IV
Vagts, Detlev F., Vol IV
van der Merwe, Nikolaas Johannes, Vol I
Vendler, Helen Hennessy, Vol II
Vietor, Richard Henry Kingsbury, Vol I
Warren, Alvin C., Jr., Vol IV
Warren, Elizabeth, Vol IV
Waters, Mary C., Vol V
Watkins, Calvert Ward, Vol III
Wechsler, Henry, Vol V
Weiler, Paul C., Vol IV
Weinreb, Lloyd L., Vol IV
Wendelken, Cherie, Vol I
West, Cornel, Vol III
Wilkins, David Brian, Vol IV
Willey, Gordon R., Vol I, V
Williams, Preston N., Vol IV
Winston, Kenneth Irwin, Vol IV
Wisse, Ruth R., Vol III
Wolfman, Bernard, Vol IV
Wolohojian, Stephan S., Vol I
Yannatos, James, Vol II
Ziolkowski, Jan M., Vol II
Zittrain, Jonathan L., Vol IV

Harvey Mudd College, Claremont
Barron, Hal S., Vol I
Davis, Nathaniel, Vol IV
Groves, Jeffrey D., Vol II
Sellery, J'nan Morse, Vol II

Hastings Center
Sharpe, Virginia A., Vol IV

Hastings College, Hastings
Jordan, Philip D., Vol I
Walker, James Silas, Vol IV
Wang, William Kai-Sheng, Vol IV

Haverford College, Haverford
Anyinefa, Koffi, Vol III
Bronner, Edwin Blaine, Vol I
Gangadean, Ashok Kumar, Vol IV
Gerstein, Linda Groves, Vol I
Gillis, Daniel J., Vol II, III
Lane, Roger, Vol I
Lapsansky, Emma J., Vol I
McGuire, Anne M., Vol IV
Mckenna, John William, Vol I
Russo, Joseph Anthony, Vol II, III
Stuard, Susan M., Vol I
Williams, Roland L., Vol II

Hawaii Pacific University, Honolulu
Cook, Kenneth William, Vol III
Ne Jame, Adele, Vol II
Noyes, Martha, Vol II
Ross, Deborah, Vol II
Sakihara, Michael Mitsugu, Vol I
Sheridan, Mary, Vol V

Hawaii Tokai International College, Honolulu
Grant, Glen, Vol I

Hazard Community College
Reed, Ron S., Vol II

Heartland Community College, Bloomington
Lord, Timothy C., Vol IV

Hebrew College, Brookline
Bernstein-Nahar, Avi K., Vol IV
Ramras-Rauch, Gila, Vol IV

Hebrew Union College-Jewish Institute of Religion, California
Cutter, William, Vol IV, V
Passamaneck, Stephen Maurice, Vol II

Hebrew Union College-Jewish Institute of Religion, New York
Cohen, Martin Aaron, Vol I, IV

Hebrew Union College-Jewish Institute of Religion, Ohio
Cook, Michael J., Vol IV
Goldman, Edward A., Vol II
Kaufman, Stephen Allan, Vol III, IV
Meyer, Michael Albert, Vol I, IV
Paper, Herbert Harry, Vol III
Sarason, Richard Samuel, Vol I, IV
Weisberg, David B., Vol I

Heidelberg College, Tiffin
Owens, Richard H., Vol I

Hellenic College, Brookline
Bebis, George S., Vol IV
Chirban, John T., Vol V
Patsavos, Lewis J., Vol IV
Perdicoyianui-Paleologou, Helene, Vol II, III
Vrame, Anton C., Vol IV

Henderson Community College
Hughes, Kathy L., Vol V

Henderson State University, Arkadelphia
Crawford, John W., Vol II
Graves, John W., Vol I, IV
Steinmiller, Georgine, Vol V
Taylor, Michael, Vol II

Hendrix College, Conway
Churchill, John Hugh, Vol IV
Farthing, John L., Vol III, IV
Frizzell, Robert, Vol I
McDaniel, John B., Vol IV
Resinski, Rebecca, Vol II, III
Schantz, Mark S., Vol I
Schmidt, Lawrence, Vol IV
Spatz, K. Christopher, Vol V
Stanley, Tom, Vol IV
Story, Kenneth Ervin, Vol II

Henry Ford Community College, Dearborn
Friedman, Hal M., Vol I
Rietz, John, Vol II

Herbert Hoover Library
Walch, Timothy G., Vol I

High Point University, High Point
Adams, Jeffrey, Vol V
McCaslin, Richard, Vol I
Moehlmann, John Frederick, Vol II
Piacentino, Edward J., Vol II

Hillsborough Community College, Tampa
Bouseman, John W., Vol IV

Hillsdale College
Brown, Kendall Walker, Vol I
Discenza, Nicole Guenther, Vol II
Muniz, Olga, Vol III
Turner, Donald A., Vol IV
Westblade, Donald, Vol IV
Whalen, David, Vol II

Hinds Community College, Raymond
Hill, Linda Marie, Vol II

Hiram College, Hiram
Sharfman, Glenn, Vol I
Slingerland, Dixon, Vol IV

Hobart and William Smith Colleges, Geneva
Baer, Eugen Silas, Vol IV
Crouthamel, James L., Vol I
Cummings, Peter March, Vol II
Daise, Benjamin, Vol IV
Gerhart, Mary, Vol II, IV
Lee, Steven Peyton, Vol IV
Simson, Rosalind, Vol IV
Singal, Daniel Joseph, Vol I

Hofstra University, Hempstead
Atwood, Joan Delores, Vol V
Bowe, Frank, Vol V
Bryant, John, Vol II
Burke, Alexander J., Vol II
Cassidy, David C., Vol I
Cohen, George Michael, Vol I
DiGaetani, John Louis, Vol II
Dobrin, Arthur, Vol V
Gorin, Robert M., Jr, Vol I
Holland, Robert A., Vol IV
Keener, Frederick M., Vol II, III
Kreps, Gary L., Vol II
Pugliese, Stanislao, Vol I
Sampedro, Benita, Vol III
Satler, Gail R., Vol V
Serper, Mark R., Vol V
Stern, Nancy B., Vol I
Wallace, Kathleen, Vol IV

Hollins College, Roanoke
Downey, James Patrick, Vol IV
Keyser, Elizabeth, Vol II
Sampon-Nicolas, Annette, Vol III

Holy Apostles College and Seminary, Cromwell
Olczak, Joseph M., Vol IV

Holy Cross College, Notre Dame
Bizzell, Patricia L., Vol II
Donahoe, Bernard Francis, Vol I
Sweeney, Susan Elizabeth, Vol II

Holy Names College, Oakland
Larsen, Grace H., Vol I

Holyoke Community College, Holyoke
Booxbaum, Ronnie, Vol V
Moukhlis, Salah M., Vol II, III

Hood College, Frederick
Caminals-Heath, Roser, Vol II
Hein, David, Vol IV
Miller, Margaret P., Vol III

Hood Theological Seminary
Hutson, Christopher R., Vol IV
Richards, Jeffrey, Vol IV

Hope College, Holland
Andre, Maria Claudia, Vol III, V
Bandstra, Barry L., Vol IV
Cohen, William, Vol I
Cox, John D., Vol II
Dove, Linda L., Vol II
Huttar, Charles Adolph, Vol II
Inman, M. L., Vol V
Kennedy, James C., Vol I
Laporte, Joseph F., Vol IV
Larson, Ann R., Vol III
Miller, Sharon L., Vol V
Motiff, James P., Vol V
Pannapacker, William Albert, Vol II
Peckham, Joel, Vol II
Ryden, David K., Vol IV
Verhey, Allen Dale, Vol IV
Wagenaar, Larry, Vol I

Hostos Community College of the City University of New York
Mbabuike, Michael C., Vol II, V
Watkins-Goffman, Linda, Vol II
Weiser, David K., Vol II

Houghton College
Eckley, Richard K., Vol IV
Schultz, Carl, Vol IV
Tyson, John R., Vol IV

Houston Advanced Research Center
Schmandt, Jurgen, Vol IV

Houston Baptist University
Adams, Leslie Kennedy, Vol II
Boyce, Elizabeth, Vol III
Markos, Louis, Vol II
Taylor, James Sheppard, Vol II

Howard Community College
Mitchell, Helen Buss, Vol I

Howard Payne University, Brownwood
Mangrum, Robert G., Vol I

Howard University, Washington
Adams, Russell Lee, Vol I
Arnez, Nancy L., Vol II
Banks, Sharon P., Vol IV
Barlow, William, Vol II
Barlow, William B., Vol V
Blakely, Allison, Vol I
Bullock, Alice G., Vol IV
Calhoun, Lee A., Vol V
Cotman, John W., Vol IV
Crooms, Lisa A., Vol IV
Dates, Jannette Lake, Vol II
De Leon, David, Vol I
Echols, Marsha A., Vol IV
Felder, Cain Hope, Vol IV
Gary, Lawrence E., Vol V
Gavil, Andrew I., Vol IV
Hamilton, Edwin, Vol V
Harris, Charles Wesley, Vol IV
Harris, Joseph E., Vol I
Hayden, John Carleton, Vol IV
Jamar, Steven D., Vol IV
Kurland, Adam H., Vol IV
Leonard, Walter J., Vol IV
Levine, Molly Myerowitz, Vol II, III
Logan, Paul Ellis, Vol III
Malek, Abbas, Vol II
Matabane, Paula W., Vol II
McNicol, Sharon-Ann, Vol V
Miller, Jeanne-Marie A., Vol II
Miller, Tedd, Vol IV
Newsome, Clarence Geno, Vol IV
Nordquist, Barbara K., Vol I
Nyang, Sulayman, Vol I
Oro, Cesar, Vol III
Peloso, Vincent C., Vol I
Reilly, John M., Vol II
Robinson, Reginald L., Vol IV
Roy, Abhik, Vol II
Saunders, Mauderie Hancock, Vol V
Smith, J. Clay, Jr., Vol IV
Starosta, William J., Vol II, V
Subryan, Carmen, Vol II
Taylor, Arnold H., Vol I
Taylor, Orlando L., Vol II
Thornell, Richard Paul, Vol IV
Trapp-Dail, Rosa Lee, Vol V
Traylor, Eleanor W., Vol II
Wallace, Karen Smyley, Vol III
Wu, Frank H., Vol IV

Hudson County Community College, Jersey City
Daane, Mary, Vol V
Kharpertian, Theodore, Vol II
Marshood, Nabil, Vol V

Humboldt State University, Arcata
Armstrong, Susan Jean, Vol IV
Bartlett, Maria, Vol V

Botzler, Richard G., Vol IV
Figone, Albert J., Vol V
Fox, Stephen C., Vol I
Goodman, Michael F., Vol IV
Hahn, Laura K., Vol II
Johnson, Ronald William, Vol I, V
Okin, Louis A., Vol I
Oliner, Samuel P., Vol V
Pence, Ellsworth Dean, Vol III
Sundstrom, Roy Alfred, Vol I, II
Taylor, Jennifer F., Vol V

Hunter College of The City University of New York

Abramovitz, Mimi, Vol V
Alexander, Aley E., Vol V
Alexander, Estella Conwill, Vol II
Alexander, Meena, Vol II
Barsam, Richard, Vol II
Burstein, L. Poundie, Vol II
Cohen, Naomi Wiener, Vol I
Creed, Gerald, Vol V
DeFord, Ruth, Vol II
Desalvo, Louise Anita, Vol II
Freeman, James B., Vol IV
Griffel, L. Michael, Vol II
Hampton, Barbara L., Vol II, V
James, Dorothy, Vol III
Kagan, Susan, Vol II
Kuhn-Osius, Eckhard, Vol III
Kurzman, Paul, Vol V
Kym, Annette, Vol III
Landesman, Charles, Vol IV
Lazreg, Marnia, Vol V
Margulies, Ivone, Vol II
Minkoff, Harvey, Vol II, III
Nicolai, Elke, Vol III
Oates, John F., Vol V
Parisi, Peter, Vol II
Paulovskaya, Marianna, Vol I
Pellicer, James O., Vol III
Perna, Michael, Vol III
Petrusewitz, Marta, Vol I
Pike, Ruth, Vol I
Pinedo, Isabel, Vol II
Plottel, Jeanine Parisier, Vol III
Pomeroy, Sarah B., Vol I, III
Press, Gerald, Vol IV
Purczinsky, Julius O., Vol III
Rettig, Salomon, Vol V
Ricke, Joseph M., Vol II
Schlesinger, Yaffa, Vol V
Seymour, Deborah M., Vol II
Sproul, Barbara Chamberlain, Vol IV
Stambaugh, Joan, Vol IV
Thompson, Jewel T., Vol II
Ulen, Elisa Nefertari, Vol II
Zuker, Joel, Vol II

Huntingdon College, Montgomery

Salyer, Gregory, Vol II, IV

Huntington College, Huntington

Fairchild, Mark, Vol IV
Hasker, William, Vol IV
Sanders, John E., Vol IV

Huntington Library and Art Gallery

Wark, Robert Rodger, Vol I

Huron University College

Rodger, Valentine Watson, Vol III

Idaho State University, Pocatello

Attebery, Brian, Vol II
Attebery, Jennifer, Vol II
Baergen, Ralph, Vol IV
Cantrill, Dante, Vol I
Cowles, Lois Anne Fort, Vol V
Eckhard, Rolz, Vol III
Engebretsen, Terry, Vol I
Goldbeck, Janne, Vol II
Hamlin, William, Vol II
Hatzenbuehler, Ronald Lee, Vol I
Hellwig, Hal, Vol II
Jones, Christopher A., Vol II
Kijinski, John, Vol II
King, Kathleen, Vol II
Levenson, Carl, Vol II
Mullin, Anne, Vol II
Owens, John Bingner, Vol I
Prineas, Matthew L., Vol II
Schmidt, Roger, Vol II
Schow, Wayne, Vol III
Swetnam, Ford, Vol II
Swetnam, Susan, Vol I, II
Tate, Paul Dean, Vol III, IV
Van Pelt, Tamise, Vol II
Wahl, Russell, Vol IV
Walsh, Dennis, Vol II
Walsh, Mary Ellen, Vol II
Westphal, Jonathan, Vol IV

Iliff School of Theology, Denver

Dean, William D., Vol IV
Eisenbaum, Pamela, Vol IV
Harding, Vincent, Vol I
Richards, Kent Harold, Vol IV
Smith, Yolanda Y., Vol IV
Troeger, Thomas, Vol IV

Illinois Central College, East Peoria

Mather, Patricia L., Vol V

Illinois College, Jacksonville

Davis, James Edward, Vol I
Koss, David H., Vol IV
Spalding, Paul S., Vol IV
Tracey, Donald Richard, Vol I
Verkruyse, Peter, Vol IV

Illinois Historical Preservation Agency

Taylor, Richard Stuart, Vol I, IV

Illinois Institute of Technology, Chicago

Brande, David, Vol II
Coogan, David, Vol II
Davis, Michael, Vol IV
Good, Jacquelyn Fox, Vol II
Harrington, Kevin, Vol I
Ladenson, Robert, Vol IV
Misa, Thomas J., Vol I
Perritt, Henry H., Jr., Vol IV
Power, Margaret, Vol I, III, IV
Schmaus, Warren Stanley, Vol I, IV
Steinman, Joan E., Vol IV
Tarlock, Anthony Dan, Vol IV
Weil, Vivian, Vol IV
Wolach, Allen H., Vol V

Illinois School of Professional Psychology, Chicago Campus

Laubscher, Leswin, Vol V

Illinois State University, Normal

Alstrum, James, Vol III
Anderson, David Leech, Vol IV
Bailey, Alison, Vol IV
Baldwin, John R., Vol II, IV
Beck, Ann R., Vol II
Beneson, Wayne A., Vol V
Bohn, Willard, Vol III
Brosnahan, Leger, Vol II, V
Burt, Susan Meredith, Vol II
Carr, Robin, Vol II
Dammers, Richard H., Vol II
De Santis, Christopher, Vol II
Devinatz, Victor G., Vol I
Freed, John Beckmann, Vol I
Giles, Linda, Vol V
Harris, Charles Burt, Vol II
Holsinger, M. Paul, Vol I
Homan, Gerlof Douwe, Vol I
Hulit, Lloyd, Vol II
Jagodzinski, Cecile M., Vol I
Kagle, Steven Earl, Vol II
Laurenti, Joseph L., Vol III
Liechty, Daniel, Vol IV
Machina, Kenton F., Vol IV
Mai, James L., Vol I
McLaughlin, Robert, Vol II
Moghadam, Valentine M., Vol V
Mullenix, Elizabeth Reitz, Vol II
Nourie, Alan Raymond, Vol II
Pancrazio, James, Vol II, III
Parent, David J., Vol III
Perez, Louis, Vol I
Poole, John R., Vol II
Reeder, Glenn D., Vol V
Schapsmeier, Edward Lewis, Vol I
Sessions, Kyle Cutler, Vol I
Shields, John Charles, Vol II, III
Snyder, David W., Vol II, V
Springer, Carl P. E., Vol II, III
Swindler, James Kenneth, Vol IV
Tarr, Rodger Leroy, Vol II
Thomas, Roger K., Vol III
Tolson, Nancy D., Vol II
Trouille, Mary S., Vol III
Unrau, Yvonne A., Vol V
Visor, Julia N., Vol II
Walker, Lawrence David, Vol I
Wortham, Anne, Vol V

Illinois Valley Community College, Oglesby

Lynch, Rose Marie, Vol II

Illinois Wesleyan University, Bloomington

Brown, Jared, Vol II
Gillett, Carl, Vol IV
Plath, James, Vol II
Rundblad, Georganne, Vol V
Schultz, Robert, Vol I
Young, Michael B., Vol I

Immaculata College

Alvarino, Madelyn L., Vol III
Bonfini, Marie Roseanne, Vol III

Imperial Valley College

Wilhelm, Robert, Vol IV

Incarnate Word University

Estep, Myrna Lynne, Vol IV

Indian River Community College, Fort Pierce

Cohen, Elliot, Vol IV
Lett, James W., Vol V

Indiana Historical Society

Shoemaker, Raymond Leroy, Vol I

Indiana State University, Terre Haute

Baker, Ronald Lee, Vol V
Bakerman, Jane Schnabel, Vol II
Barad, Judith A., Vol IV
Blackshire-Belay, C. Aisha, Vol III
Brennan, Matthew C., Vol II
Carino, Peter A., Vol II
Ceh, Brian, Vol I
Chesebro, James W., Vol II
Christianson, Gale Edward, Vol I
Clouse, Robert G., Vol I
Dailey, Sheron, Vol II
Dando, William, Vol I
DeMarr, Mary Jean, Vol II, V
Diaz, Lomberto, Vol III
Dowell, Richard Walker, Vol II
Gennaro, Rocco J., Vol IV
Giffin, William Wayne, Vol I
Grcic, Joseph, Vol IV
Hagedorn, Nancy, Vol I
Jegede, Dele, Vol I
Jennermann, Donald L., Vol III
Johnson, David Lawrence, Vol IV
Kleiner, Elaine Laura, Vol II
Mullen, Richard D., Vol II
Muyumba, Francois N., Vol I
Nicol, Charles David, Vol II
Oliver, John E., Vol I
Perry, Glenn, Vol IV
Pitzer, Donald Elden, Vol I
Ramsey, Renee R., Vol II
Robinson, Ruth, Vol V
Roy, Sudipto, Vol IV
Shields, Donald J., Vol II, IV
Shoemaker, Rebecca Shepherd, Vol I
Spann, Edward K., Vol I
Steiger, Thomas L., Vol V
Swindell, Warren C., Vol II
Weixlmann, Joseph Norman, Vol II
Worley, David W., Vol II

Indiana University East, Richmond

Blakey, George Thomas, Vol I
Clapp-Intyre, Alisa, Vol II
Osborne, Randall E., Vol V
Turk, Eleanor L., Vol I
Wilde, Jerry, Vol V

Indiana University Northwest, Gary

Barr, Alan Philip, Vol II
Boland, James M., Vol V
Buckley, William Kermit, Vol II
Cohen, Ronald Dennis, Vol I
Contreras, Raoul, Vol I
Guthrie, Danille Taylor, Vol I
O'Dell, Cynthia D., Vol V
Williamson-Ige, Dorothy Kay, Vol II

Indiana University of Pennsylvania

Anwar, Waseem, Vol II
Ault, C. Thomas, Vol II
Cashdollar, Charles D., Vol I
Darling, Rosalyn, Vol V
Ferro, Trenton R., Vol V
Goodrich, Thomas Day, Vol I
Holm, Tawny L., Vol IV
Jalongo, Mary, Vol V
Kilwein-Guevara, Maurice A., Vol II
Marcus, Irwin Murray, Vol I
Montgomery, Sharon Burke, Vol IV
Murphy, Patrick Dennis, Vol II
Patrick, Kevin J., Vol I
Schaub, R. Thomas, Vol IV
Shafer, Ronald G., Vol II
Slater, Thomas J., Vol II
Smith, W. Wayne, Vol I
Worzbyt, John C., Vol V

Indiana University Southeast, New Albany

Bowden, James Henry, Vol I, IV
Crothers, A. Glenn, Vol I
Findling, John Ellis, Vol I
French, Sandra, Vol V
Stroble, Paul E., Jr., Vol IV
Thackeray, Frank W., Vol I
Wolf, Thomas Phillip, Vol IV

Indiana University, Bloomington

Ackerman, James S., Vol IV
Adams, William, Vol V
Alexander, Scott C., Vol IV
Alter, George, Vol I
Aman, Alfred C., Jr., Vol IV
Anderson, Judith H., Vol II
Ankrom, Jeffrey, Vol III
Ansart, Guillaume, Vol III
Auger, Julie, Vol III
Bannon, Cynthia J., Vol II, III
Banta, Frank Graham, Vol III
Barnstone, Willis, Vol III
Beaty, Frederick L., Vol II
Beltran, Luis, Vol III
Berkvam, Michael, Vol III
Bieder, Maryellen, Vol III
Bodnar, John Edward, Vol I
Boerner, Peter, Vol III
Bokenkamp, Stephen R., Vol IV
Bondanella, Julia Conaway, Vol III
Bondanella, Peter, Vol III
Bradley, Craig M., Vol IV
Brakke, David, Vol IV
Brand, Myles, Vol IV
Brooks, George E., Vol I
Brown, A. Peter, Vol I, II
Brown, Mary Ellen, Vol V
Buelow, George John, Vol II
Bull, Barry L., Vol IV, V
Burdick, Dakin, Vol I
Burnim, Mellonee Victoria, Vol II
Burns, Sarah, Vol I
Caldwell, L. K., Vol I, IV
Campany, Robert F., Vol IV
Capshew, James H., Vol I
Carmichael, Ann Grayton, Vol I
Carr, Richard Alan, Vol III
Chaitin, Gilbert D., Vol III
Chermak, Steven, Vol IV
Choksy, Jamsheed, Vol I
Christ, Matthew R., Vol II, III
Churchill, Frederick Barton, Vol I
Ciccarelli, Andrea, Vol III
Clark, Gracia, Vol V
Cocchiarella, Nino Barnabas, Vol IV
Cohen, William B., Vol I
Cole, Bruce, Vol I
Conkle, Daniel O., Vol IV
Cooper, Henry Ronald, Jr., Vol III
Curtin, Michael, Vol II
Dau-Schmidt, Kenneth G., Vol IV
David, Alfred, Vol II
Davis, Stuart, Vol III
Dekydtspotter, Laurent, Vol III
Dickson, W. Michael, Vol IV
Dunn, Jon Michael, Vol IV
Dworkin, Roger Barnett, Vol IV
Eakin, Paul John, Vol II
Eisenberg, Paul D., Vol IV
Facos, Michelle, Vol I
Faries, Molly, Vol I
Ferrell, Robert Hugh, Vol I
Field, Arthur, Vol I
Fletcher, Winona Lee, Vol II
Forker, Charles Rush, Vol II
Franklin, James L., Vol II, III
Franks, Steven, Vol III
Fratianni, Michele, Vol IV
Friedman, Edward Herbert, Vol III
Friedman, Lawrence Jacob, Vol I
Friedman, Michael, Vol IV
Gamber, Wendy, Vol I
Gealt, Adelheid Medicus, Vol I
Gerrard, Charlotte, Vol III
Glowacki, Kevin T., Vol II, III
Graham, Cynthia A., Vol V
Grant, Edward, Vol I
Gray, Donald, Vol II
Gray, Margaret, Vol III
Gronbjerg, Kirsten Anderson, Vol V
Gupta, Anil, Vol IV
Haberman, David L., Vol IV
Hansen, William F., Vol II, III, V
Hart, James G., Vol IV
Hart, Jeffrey Allen, Vol IV
Hertz, David M., Vol III
Hinds, Leonard, Vol III
Hofstadter, Douglas Richard, Vol IV
Holschuh, Albrecht, Vol III
Houston, Mona T., Vol III
Hudson, Herman C., Vol I
Impey, Olga Tudorica, Vol III
Ipsen, Carl, Vol I
Irvine, B. J., Vol I
Isbell, John, Vol III
Iwamoto, Yoshio, Vol III
Janelli, Roger L., Vol V
Jelavich, Barbara, Vol I
Jensen, H. James, Vol II
Johnson, Owen V., Vol I
Johnston, Kenneth R., Vol II
Justus, James Huff, Vol II
Kaplan, Herbert Harold, Vol I
Katz, Irving, Vol I, IV
Kennedy, Janet, Vol I
Kenshur, Oscar S., Vol III
Kleinbauer, W. Eugene, Vol I
Klotman, Phyllis Rauch, Vol II
Koertge, Noretta, Vol I, IV
Larson, Gerald J., Vol IV
Leach, Eleanor W., Vol II, III
Lebano, Edoardo A., Vol III
Lloyd, Elisabeth A., Vol I, IV

Institution Index

Lloyd, Rosemary, Vol III
Lochrie, Karma D., Vol II
Lohmann, Christoph Karl, Vol I, II
Long, Timothy, Vol II, III
Lopez-Morillas, Consuelo, Vol III
MacPhail, Eric, Vol III
Madison, James H., Vol I
Marks, Herbert J., Vol IV
Mathiesen, Thomas J., Vol II
Maultsby, Portia K., Vol II
McGerr, M., Vol I
McNaughton, Patrick, Vol I
McRae, John R., Vol IV
Meadows, Patrick, Vol III
Meli, Domenico Bertoloni, Vol I
Merceron, Jacques E., Vol III
Meyerowitz, Joanne, Vol I
Mickel, Emanuel J., Vol III
Miller, Richard B., Vol IV
Mongoven, Ann, Vol IV
Musa, Mark, Vol III
Nader, Helen, Vol I
Nagle, Betty Rose, Vol II, III
Nakhnikion, George, Vol IV
Naremore, James, Vol II
Nelson, Susan, Vol I
Newman, Paul, Vol III
Nord, David P., Vol II
Nordloh, David Joseph, Vol I, II
Orsi, Robert A., Vol IV
Peterson, M. Jeanne, Vol I
Pfohl, Russell, Vol III
Piedmont, Ferdinand, Vol III
Pietsch, Paul Andrew, Vol IV, V
Pletcher, David Mitchell, Vol I
Rabinowitch, Alexander, Vol I
Ransel, David, Vol I
Rasch, William, Vol I, III
Remak, Henry Heymann Herman, Vol I, III
Riley, James, Vol I
Rosenberg, Samuel N., Vol III
Sailes, Gary, Vol V
Scalabrini, Massimo, Vol II, III
Sheehan, Bernard W., Vol I
Shetter, William Zeiders, Vol III
Shipps, Anthony Wimberly, Vol II
Shreve, Gene R., Vol IV
Sieber, Roy, Vol I
Smith, David H., Vol IV
Sobrer, Josep Miquel, Vol II, III
Sorrenson, Richard J., Vol I, IV
Sperry, Stuart M., Vol II
Stein, Stephen J., Vol IV
Strauss, Gerald, Vol I
Tanford, J. Alexander, Vol IV
Terrill, Robert, Vol II
Thorelli, Hans Birger, Vol IV
Tischler, Hans, Vol II
Valdman, Albert, Vol III
Vance, Barbara, Vol III
Volkova, Bronislava, Vol III
Wailes, Stephen L., Vol III
Wang, Joan Parsons, Vol II, III
Weaver, Mary Jo, Vol IV
Weinberg, Martin, Vol V
Wertheim, Albert, Vol II
Wiggins, William H., Jr., Vol IV
Wilson, George M., Vol I
Yan, Margaret M., Vol III, V

Indiana University, Kokomo

Kofas, Jon, Vol I
Nelson, Nicolas Harding, Vol II
Strikwerds, Robert A., Vol IV
Wysong, Earl, Vol IV, V

Indiana University, South Bend

Bender, Eileen Teper, Vol II, V
Cordell, Rosanne M., Vol II
Fernstein, Margarete Myers, Vol I
Furlong, Patrick Joseph, Vol I
Gindele, Karen C., Vol II
Keen, Mike F., Vol V
Naylor, Andrew, Vol IV
Robinson, Gabrielle S., Vol II
Scanlan, Margaret C., Vol III
Scherer, Paul Henry, Vol I
Schreiber, Roy, Vol I
Shlapentokh, Dmitry V., Vol I
Smith, Matthew, Vol II

Indiana University-Purdue University, Fort Wayne

Bell, John P., Vol I
Blumenshine, Gary Baker, Vol I
Blythe, Stuart, Vol II
Brennan, John P., Vol II
Butler, Clark Wade, Vol IV
Cantor, Louis, Vol I
Carr, Steven A., Vol II
Craig, Virginia Robertson, Vol III
Crismore, Avan G., Vol II, V
Fischer, Bernd, Vol I
Fox, Linda Chodosh, Vol III, V
Galoppe, Raul A., Vol III
Haw, James A., Vol I
Scott, Clifford H., Vol I
Squadrito, Kathleen Marie, Vol IV
Thuente, Mary Helen, Vol II, III
Violette, Aurele J., Vol I

Indiana University-Purdue University, Indianapolis

Barlow, John Denison, Vol III
Barrows, Robert, Vol I
Bepko, Gerald L., Vol IV
Burke, Michael B., Vol IV
Byrne, Edmund F., Vol IV
Dick, Robert C., Vol II
Eller, Jonathan R., Vol II
Funk, David A., Vol IV
Goering, Elizabeth, Vol II
Gray, Ralph D., Vol I
Hamilton, Sharon J., Vol II
Harris, Edward E., Vol V
Heise, Michael, Vol IV
Houser, Nathan, Vol IV
Hoyt, Giles Reid, Vol III
Jackson, William Joseph, Vol IV
Kapoor, Jitendra M., Vol V
Kovacik, Karen, Vol II
Langsam, Miriam Zelda, Vol I
Libby, Justin, Vol I
Little, Monroe Henry, Vol I
McBride, Angela Barron, Vol III
McGeever, Patrick, Vol IV
Nagy, Paul, Vol IV
Nnaemeka, Obioma G., Vol III
Planeaux, Christopher, Vol I, IV
Reidy, David A., Vol IV
Saatkamp, Herman J., Vol IV
Smurl, James Frederick, Vol IV
Sutton, Robert F., Vol I
Tilley, John, Vol IV
Turner, Richard Charles, Vol II
Vermette, Rosalie Ann, Vol III
Whitchurch, Gail, Vol II, V

Indiana Wesleyan University, Marion

Bence, Clarence, Vol IV
Boivin, Michael, Vol V
Drury, Keith, Vol IV
Lennox, Stephen J., Vol IV

Institute for Behavioral Awareness

Stern, Frances Meritt, Vol V

Institute for Health, Health Care Policy and Aging Research

Crystal, Stephen, Vol V

Institute for Independent Studies

Wigal, Donald, Vol IV

Institute for Philosophy and Social Progress

Mansueto, Anthony, Vol IV

Institute of Comparative Civilizations, Montreal

Domaradzki, Theodore F., Vol I

Institute of Semitic Studies

Isaac, Ephraim, Vol I, III

Institute of Transpersonal Psychology, Palo Alto

Braud, William, Vol V
Frager, Robert, Vol V
Wade, Jenny, Vol V

Inter American University of Puerto Rico, Metropolitan Campus

Quintana, Hilda E., Vol III

Inter American University of Puerto Rico, San German Campus

Hernandez, Juan E., Vol V

Interdenominational Theological Center, Atlanta

Bailey, Randall Charles, Vol IV
Bean, Bobby, Vol II
Costen, Melva Wilson, Vol IV
Ellingsen, Mark, Vol IV
Franklin, Robert Michael, Vol IV
Grant, Jacquelyn, Vol IV
Haney, Marsha Snulligan, Vol IV
Knight, Caroly Ann, Vol IV
Wimberly, Edward P., Vol IV

International College, Naples

Sutter, Leslie E., Vol IV, V

International School of Theology, San Bernardino

Maticich, Karen K., Vol IV

International Society for General Semantics

Russell, Charles G., Vol II

Iona College, New Rochelle

Carroll, James T., Vol I
Colaneri, John Nunzio, Vol III
Deignan, Kathleen P., CND, Vol IV
Dramin, Edward, Vol II
Dunkak, Harry Matthew, Vol I
Guidorizzi, Richard Peter, Vol I
Morgan, Joseph, Vol I, IV
O'Neill, William George, Vol IV
Salamone, Frank A., Vol V
Solomon, Barbara Hochster, Vol II, V
Solomon, Stanley J., Vol II
Zucker, Arnold H., Vol V

Iowa State University

Bowers, Neal, Vol II
Bowles, B., Vol III
Daly, Brenda O., Vol II
Epperson, Douglas, Vol V
Feinberg, Leonard, Vol II
Gasta, Chad M., Vol III
Hickok, Kathleen Klaire, Vol II
Marcus, Alan I., Vol I
McCarthy, William Paul, Vol II
Osborn, Wayne S., Vol I
Poague, Leland A., Vol II
Raverty, Dennis, Vol I
Riney-Kehrberg, Pamela, Vol I
Sawyer, Mary R., Vol IV
Silet, C. Loring, Vol II
Smith, Kim A., Vol II

Iowa State University of Science and Technology, Ames

Avalos, Hector, Vol V
Bishop, Michael, Vol IV
Bloomer, Jennifer A., Vol I
Courteau, Joanna, Vol III
Cravens, Hamilton, Vol I
Dearin, Ray Dean, Vol II
Dobson, John Mccullough, Vol I
Dow, James Raymond, Vol III, V
Hollenbach, Paul William, Vol IV
Keller, Clair Wayne, Vol I
Klemke, Elmer Daniel, Vol IV
Madison, Kenneth Glenn, Vol I
Mccarthy, Dennis Michael Patrick, Vol I
Mcjimsey, George Tilden, Vol I
Morris, Walter D., Vol III
Nakadate, Neil Edward, Vol II
Plakans, Andrejs, Vol I
Robinson, William Spencer, Vol IV
Schofield, Robert Edwin, Vol I
Schwieder, Dorothy Ann, Vol I, V
Vann, Roberta Jeanne, Vol II
Walker, Albert Lyell, Vol II
Whitaker, Faye Pauli, Vol II
Wilson, David B., Vol I
Wilt, Alan Freese, Vol I
Zimmerman, Zora Devrnja, Vol III, V

Iowa Wesleyan College, Mount Pleasant

Erickson, Nancy Lou, Vol I, II

Iowa Western Community College, Council Bluffs

Hill, Michael R., Vol V

Irvine Valley College, Irvine

Gold-Neil, Valerie L., Vol V

Itawamba Community College, Fulton

Mattison, William H., Vol I, V

Ithaca College, Ithaca

Arlin, Mary I., Vol II
Arliss, Laurie, Vol II
Bailey, Lee, Vol IV
Brodhead, Garry, Vol II
Cummings, Craig, Vol II
Ezergailis, Andrew, Vol I
Gayeski, Diane M., Vol II
Harris, Jonathan Gil, Vol II
Herndon, Sandra L., Vol II
Iacobucci, Christine, Vol II
Johnson, Timothy, Vol II
Kaplan, Jane Payne, Vol III
Kates, Carol A., Vol IV
Leeder, Elaine, Vol V
MacCurdy, Marian, Vol II
Mcbride, Paul Wilbert, Vol I, V
McKenna, Michael S., Vol IV
Mieczkowski, Bogdon, Vol IV
Pelto, William, Vol II
Radice, Mark A., Vol I, II
Ramage, Nancy Hirschland, Vol I
Rowland, Gordon, Vol II
Seidman, Steven A., Vol II
Swenson, Edward, Vol II
Twomey, Michael, Vol II
Wilson, Dana, Vol II

Ivy Tech State College, Fort Wayne

Bickel, Julia M., Vol V

Ivy Tech State College, Kokomo

Shively, Marsha L., Vol V

J. Paul Getty Museum

Papadopoulos, John K., Vol I
Teviotdale, Elizabeth C., Vol I

Jackson Community College

Scott, James J., Vol V

Jackson State University

Foster, E. C., Vol I
Harris, William McKinley, Sr., Vol V
Harvey, James Cardwell, Vol IV
Harvey, Maria-Luisa Alvarez, Vol III
Kocel, Katherine, Vol V
Middleton, Richard Temple, III, Vol V
Moreland-Young, Curtina, Vol IV
Phillips, Ivory, Vol I
Vogt, Daniel, Vol I

Jacksonville State University

Blain, Nancy Marie, Vol III
Caldwell, Ronald James, Vol I
Felgar, Robert, Vol II
Hollis, Daniel W., Vol I
Jones, John H., Vol II
Koerper, Phillip Eldon, Vol I
Lemmons, Russell, Vol I

Jacksonville University

Buettinger, Craig, Vol I
Clines, Raymond H., Vol II
Gibson, Richard J., Vol II
Greek, Morgan S. J., Vol V
Oldakowski, Raymond K., Vol I
Stanton, Robert J., Vol II
Thomas, Carl Eric, Vol I

James Madison University

Anderson, Steven D., Vol II
Arthur, Thomas H., Vol II
Bland, Sidney Roderick, Vol I, V
Cohen, Ralph Alan, Vol II
Congdon, Lee W., Vol I
Couch, James, Vol V
Fawkes, Don, Vol IV
Gabbin, Joanne Veal, Vol II
Galgano, Michael J., Vol I
Halonen, Jane S., Vol V
Hawthorne, Mark D., Vol II
Hoskins, Robert V., Vol II
Hyser, Raymond M., Vol I
King, Sallie B., Vol IV
King, Thomas L., Vol II
Maclean, Iain Stewart, Vol IV
McGuire, Charles, Vol II
Morey, Ann-Janine, Vol IV
Nickels, Cameron C., Vol II
Riley, Philip Ferdinand, Vol I

Jamestown College

Bratton, Timothy L., Vol I
Brown, Mark W., Vol II
Cox, Sharon G., Vol I

Jamestown Community College

Frischkorn, Craig, Vol II
Victor, Jeffery, Vol V

Jarvis Christian College, Hawkins

Hawkins, Dorisula Wooten, Vol V

Jefferson Community College, Watertown

Overacker, Ingrid, Vol I

Jefferson Davis Community College, Brewton

Reynolds, Mark, Vol II

Jesuit School of Theology at Berkeley, Berkeley

Bretzke, James T., Vol IV
Donovan, Mary Ann, Vol I, IV
Fernandez, Eduardo, Vol IV
Griener, George E., Vol IV
Lescher, Bruce, Vol IV

Sanks, T. Howland, Vol IV
Schneiders, Sandra Marie, Vol IV
Stagaman, David, Vol IV
Wright, John H., Vol IV

Jewish Outreach Institute
Olitzky, Kerry M., Vol V

Jewish Theological Seminary of America, New York
Brown, Steven M., Vol IV, V
Cohen, Burton I., Vol IV, V
Fishman, David E., Vol I, IV
Garfinkel, Stephen Paul, Vol IV
Gillman, Neil, Vol IV
Greenbaum, Michael B., Vol IV, V
Holtz, Avraham, Vol IV
Holtz, Barry, Vol IV, V
Kraemer, David, Vol IV
Lerner, Anne Lapidus, Vol IV
Marcus, David, Vol III, IV
Rabinowitz, Mayer E., Vol IV
Scheindlin, Raymond Paul, Vol III
Schorsch, Ismar, Vol I, IV
Schwartz, Shuly Rubin, Vol I, IV
Tucker, Gordon, Vol IV
Visotzky, Burton L., Vol IV
Wertheimer, Jack, Vol I, IV

John Abbott College
Leith, Linda J., Vol II

John Brown University, Siloam Springs
Habermas, Ronald T., Vol IV, V

John Carroll University, University Heights
Anderson, David G., Vol III
Berry, Margaret, Vol II, III
Chirayath, Verghese J., Vol V
Duncan, Russell, Vol I
Gatto, Katherine M., Vol III
Gensler, Harry J., Vol IV
Gibbs, Paul J., Vol IV
Kelly, Joseph F., Vol IV
Long, Susan O., Vol V
Mason, David Raymond, Vol IV
McGinn, Sheila E., Vol IV
Morton, Marian Johnson, Vol I
Nevin, Thomas R., Vol II, III
Poduska, Donald Miles, Vol III
Robson, David, Vol I
Sanko, Helene N., Vol III
Santilli, Nicholas R., Vol V
Seaton, Shirley Smith, Vol V
Shockey, Gary C., Vol I
Smith, Francis J., Vol II
Swenson, Elizabeth V., Vol V

John Jay College of Criminal Justice, The City University of New York
Banbury, Horace, Vol II
Cook, Blanche Wiesen, Vol I
Darling, Gregory J., Vol II
Dolan, Marc, Vol II
Gasman, Daniel E., Vol I
Halperin, D., Vol V
Hellinger, Benjamin, Vol II
Huse, Ann A., Vol II
Jacob, James R., Vol I
Johnson, Patricia L., Vol IV
Margolies, Alan, Vol II
Morris, Virginia Baumgartner, Vol II
Penrod, Steven D., Vol IV, V
Strozier, Charles B., Vol I
Suggs, Jon-Christian, Vol IV
Umeh, Marie A., Vol II

John Marshall Law School, Chicago
Beschle, D. L., Vol IV
Neely, David E., Vol IV

Olken, Samuel R., Vol IV
Sorkin, David E., Vol IV
Wojcik, Mark E., Vol IV

John Wood Community College, Quincy
Sparks, Sherry L., Vol II

Johns Hopkins University, Baltimore
Achinstein, Peter, Vol IV
Baldwin, John Wesley, Vol I
Bett, Richard, Vol II, III, IV
Brieger, Gert Henry, Vol I
Cameron, Sharon, Vol II
Carter, Donald, Vol V
Castro-Klaren, Sara, Vol III
Cooper, Jerrold Stephen, Vol I
Curtin, Philip De Armond, Vol I
Detienne, Marcel, Vol III
Fee, Elizabeth, Vol I, IV
Forster, Robert, Vol I
Galambos, Louis Paul, Vol I, IV
Goedicke, Hans, Vol I
Goldthwaite, Richard A., Vol I
Greene, Jack P., Vol I
Higham, John, Vol I
Hillers, Delbert Roy, Vol III, IV
Irwin, John Thomas, Vol I, II
Jusczyk, P. W., Vol V
Kagan, Richard Lauren, Vol I
Kargon, Robert, Vol I
Kessler, Herbert Leon, Vol I
Knight, Franklin Willis, Vol I
Krotkoff, Georg, Vol III
Lidtke, Vernon Leroy, Vol I
Macksey, Richard Alan, Vol II, III
Nagele, Rainer, Vol II, III
Neander, K., Vol IV
Nelson, Randy J., Vol V
Noonberg, Aaron R., Vol V
Pfefferle, W. T., Vol II
Ranum, Orest, Vol I
Roller, Matthew B., Vol I, II, III
Russell-Wood, A. J. R., Vol I
Ryang, Sonia, Vol V
Schneewind, Jerome B., Vol IV
Shapiro, H. Alan, Vol I
Slavin, Robert Edward, Vol V
Snell, Ana Maria, Vol III
Spiegel, Gabrielle Michele, Vol I
Spitzer, John, Vol II
Spring, David, Vol I
Stanley, Julian Cecil, Vol V
Struever, Nancy Schermerhorn, Vol I
Tolbert, Elizabeth D., Vol II
Valis, Noel M., Vol III
Walters, Ronald Gordon, Vol I, V
Waterman, Sue A., Vol II
Weiss, Piero, Vol II
Weiss, Susan Forscher, Vol II
Weiss, Susan Forscher, Vol II
Wellbery, David E., Vol III
Wolf, Susan R., Vol IV
Zhuk, Sergei I., Vol I
Ziff, Larzer, Vol II

Johnson C. Smith University, Charlotte
Mager, Donald, Vol II, IV
Yancy, Dorothy Cowser, Vol IV

Johnson County Community College, Overland Park
Browning, Mark, Vol II
Foster, Mark A., Vol V
Gilson, Joan, Vol II, V
Li, Jian, Vol V
McQueeney, Mary Patricia, Vol II

Joliet Junior College, Joliet
Cuvalo, Ante, Vol I

Juniata College, Huntingdon
Doyle, Esther M., Vol II
Nieto, Jose Constantino, Vol I, IV

Wang, Xinli, Vol IV
Wiinamaki, Lizabeth, Vol V

Kalamazoo College
Dorrien, Gary J., Vol IV
Latiolais, Christopher, Vol IV
Phillips, Romeo Eldridge, Vol II, V
Richman, Kenneth A., Vol IV
Strauss, David, Vol I
Wickstrom, John B., Vol I

Kalamazoo Valley Community College
Haight, Robert C., Vol II

Kansas City Art Institute
Wert, Hal E., Vol I

Kansas City Kansas Community College
Baeza, J., Vol V
Heflin, Ruth J., Vol II

Kansas State University, Manhattan
Benson, Douglas Keith, Vol III
Benton, Stephen L., Vol V
Carey, James Charles, Vol I
Chattopadhyay, Arpita, Vol V
Corum, Robert T., Jr., Vol III
Dehon, Claire L., Vol III
Fedder, Norman Joseph, Vol II
Ferguson, Clyde Randolph, Vol I
Frey, Marsha, Vol I
Griffen, Charles, Vol II
Hamscher, Albert Nelson, Vol I
Hedrick, Donald Keith, Vol II
Holden, Jonathan, Vol II
Keiser, George Robert, Vol II
Kremer, S. Lillian, Vol II
Kren, George M., Vol I
Linder, Robert Dean, Vol I, IV
Machor, James, Vol II
Mcculloh, John Marshall, Vol I
Nafziger, E. Wayne, Vol IV
Neely, Margery A., Vol V
Ossar, Michael Lee, Vol III
Prins, Harald E., Vol V
Schumm, Walter R., Vol V
Shaw, Bradley Alan, Vol III
Shelton, Lewis E., Vol II
Socolofsky, Homer Edward, Vol I
Suleiman, Michael W., Vol IV
Ulbrich, David J., Vol I
Warren, Leland Eddie, Vol II

Kansas Wesleyan University, Salina
Juhnke, Janet Ann, Vol II
Spencer, Heath A., Vol I

Kean College of New Jersey, Union
Catalano, Joseph Stellario, Vol IV
Crew, H., Vol II
Kaplowitz, Henry L., Vol V
Klein, Dennis B., Vol I, IV
Mulling, Sylvia S., Vol II
Rice, Arnold Sanford, Vol I

Keene State College, Keene
Frink, Helen, Vol V
Grayson, Janet, Vol II
Lee, Sander H., Vol IV

Kellogg Community College, Battle Creek
Taylor, Charles Avon, Vol V

Kennesaw State University, Kennesaw
Bobia, Rosa, Vol III
Parker, David B., Vol I

Kenrick-Glennon Seminary, St. Louis
Heil, John P., Vol IV

Kent Place School
Sherry, Lee F., Vol II, III

Kent State University, Kent
Andrews, Gregg L., Vol V
Andrews, Larry Ray, Vol II, III
Apseloff, Marilyn Fain, Vol II
Bank, Rosemarie Katherine, Vol II
Barnbaum, Deborah, Vol IV
Beer, Barrett L., Vol I
Berrong, Richard, Vol III
Bittle, William George, Vol I
Byrne, Frank Loyola, Vol I
Calkins, Kenneth Roy, Vol I
Chandler, Theodore A., Vol V
Crosby, Edward Warren, Vol I
Culbertson, Diana, Vol III, IV
Davis, Thomas M., Vol II
Dooley, Allan C., Vol II
Ekechi, Felix Kamalu, Vol I
Fischer, Norman Arthuf, Vol IV
Fontes, Manuel D., Vol II, III
Fried, Lewis Fredrick, Vol II
Friedman, Jerome, Vol I
Hakutani, Yoshinobu, Vol II, III
Harrison, Carol, Vol I
Hassler, Donald M., Vol II
Heiss, Mary Ann, Vol I
Hobfoll, Steven E., Vol V
Horvath, Brooke, Vol II
Hubbell, John Thomas, Vol I
Hudson, Leonne M., Vol I
Jameson, John R., Vol I
Kaplan, David H., Vol I
Kaplan, Lawrence Samuel, Vol I
Krause, Sydney Joseph, Vol II
Larson, Orville K., Vol II
Leonard, Henry Beardsell, Vol I
Louis, James Paul, Vol I
Marovitz, Sanford E., Vol II
Meier, August, Vol I
Meindl, Richard S., Vol V
Miller, Eric D., Vol V
Munoz, Willy O., Vol III
Murray, Ed, Vol V
Nantambu, Kwame, Vol IV
Newman, Gerald Gordon, Vol I
Papacosma, Solon Victor, Vol I
Pino, Julio Cesar, Vol I
Reinberg, Richard, Vol V
Rubin, Rebecca B., Vol II
Ryan, Frank X., Vol IV
Scott, Ellen, Vol V
Swierenga, Robert Peter, Vol I
Thyret, Isolde, Vol I
Turner, Doris J., Vol I
Wajda, Shirley, Vol I
Wakelyn, Jon L., Vol I
Wilson, Glee Everitt, Vol I
Wynar, Lubomyr Roman, Vol I
Zellner, Harold Marcellars, Vol IV

Kent State University, Salem Campus
Figg, Kristen Mossler, Vol II

Kent State University, Stark Campus
Norton-Smith, Thomas M., Vol IV
Sosnowski, Thomas C., Vol I

Kent State University, Trumbull Campus
Yoke, Carl B., Vol II

Kentucky Christian College, Grayson
Fiensy, David A., Vol IV
Knight, Fawn, Vol II
Pickens, George F., Vol IV
Wineland, John D., Vol I

Kentucky State University, Frankfort
Ayuninjam, Funwi, Vol III
Brooks, A. Russell, Vol II
Fakhrid-Deen, Nashid Abdullah, Vol IV

Kentucky Wesleyan College, Owensboro
Alexander, James, Vol IV, V
Fager, Jeff, Vol III, IV

Kenyon College, Gambier
Adler, Joseph A., Vol IV
Bennett, Robert E., Vol II, III
Bowman, Jeffrey A., Vol I
Browing, Reed S., Vol I
Browning, Reed St. Clair, Vol I
Crais, Clifton C., Vol I
DePascuale, Juan E., Vol IV
Dunnell, Ruth W., Vol I
Dwyer, Eugene Joseph, Vol I
Evans, Michael J., Vol I
Finke, L. A., Vol II
Heuchemer, Dane, Vol II
Kipp, Rita, Vol V
Klein, William Francis, Vol II
McCulloh, William Ezra, Vol II, III
Oden, Robert A., Jr., Vol III
Rutkoff, Peter, Vol I
Scott, William Butler, Vol I
Sharp, Ronald Alan, Vol II
Singer, Wendy F., Vol I
Turner, Frederick, Vol II
Weber, Clifford Whitbeck, Vol II, III
Wortman, Roy Theodore, Vol I

Keuka College
Diamond, Sander A., Vol I
Larkin, Janet, Vol I

Keystone College, La Plume
Elliott, Carolyn S., Vol I, IV
Wheeler, Wayne R., Vol II

Kilgore College, Kilgore
Ludewig, Larry M., Vol V
Park, Hong-Kyu, Vol I, IV

Kimbell Art Museum
Loud, Patricia Cummings, Vol I

King College, Bristol
Fulop, Timothy E., Vol IV
Jordan, Gregory D., Vol III
Wade, William Junius, Vol I

King's College, Wilkes-Barre
Corgan, Margaret M., Vol III
Curran, Daniel John, Vol I
Irwin, William T., Vol IV
Krawczeniuk, Joseph V., Vol III
Napieralski, Edmund Anthony, Vol II
O'Brien, Jean, Vol V
Pavlac, Brian A., Vol I
Stevens, Donald G., Vol I
Valletta, Clement Lawrence, Vol I, II
Werstine, Paul, Vol II

Kingsborough Community College of The City University of New York
Barnhart, Michael G., Vol IV
Garcia-Osuna, Alfonso, Vol III
Glazer, Ilsa M., Vol V
Karkhanis, Sharad, Vol I, IV
Kasper, Loretta F., Vol V
Kelly, Ernece Beverly, Vol II
Klein, Bernard, Vol I, IV
Lvovich, Natasha, Vol II
Martinez, Inez A., Vol II
O'Malley, Susan Gushee, Vol II

Kino Institute of Theology
Benjamin, Don C., Jr., Vol IV
Larkin, Ernest Eldon, Vol IV

Kirkwood Community College, Cedar Rapids
Allen, Linda, Vol V
Hensley, Robert B., Vol V
Inman, Beverly J., Vol I, III
Mettlin, Connie, Vol V
Sessions, Robert, Vol IV
Snell, Joel C., Vol V

Kirtland Community College, Roscommon
La Femina, Gerard, Vol II

Knox College, Galesburg
Bailey, Stephen, Vol I
Davis, Rodney, Vol I
Factor, Ralph Lance, Vol IV
Gold, Penny Schine, Vol I
Hane, Mikiso, Vol I
Hord, Frederick Lee, Vol I
Prats, Jorge, Vol III
Wilson, Douglas Lawson, Vol II

Knox College, Toronto
Dutcher-Walls, Patricia, Vol IV

Knox Theological Seminary
Reymond, Robert L., Vol IV
Robertson, O. Palmer, Vol IV
Sproul, R. C., Vol IV
White, R. Fowler, Vol IV

Knoxville College, Knoxville
Hunt, Barbara Ann, Vol V

Kutztown University of Pennsylvania, Kutztown
Back, Allan, Vol IV
Craig, Charlotte Marie, Vol III
Delaney, John J., Vol I
Huang, Guiyou, Vol II
Laubach, David C., Vol II
Newman, Arnold E., Vol II
Nigro, August John, Vol II
Okafor, Dubem, Vol II
Paulson, Michael G., Vol III
Rains, G. Dennis, Vol V

Kyung Hee University
Yang, Sung Chul, Vol I

La Roche College, Pittsburgh
Young, Michael, Vol II

La Salle University, Philadelphia
Blumenthal, Bernhardt George, Vol III
Brame, Grace Adolphsen, Vol IV
Butler, James Albert, Vol II
Fair, Theopolis, Vol I
Harty, Kevin John, Vol II
Kerlin, Michael J., Vol IV
Mall, Rita Sparrow, Vol III
Rossi, John P., Vol I
Soven, Margot, Vol II, V
Stow, George Buckley, Vol I

La Sierra University, Riverside
Dunn, Robert P., Vol II
Kim, Wonil, Vol IV

Lafayette College, Easton
Cap, Jean-Pierre, Vol III
Fix, Andrew C., Vol I
Lamb, Margarete, Vol III
Lusardi, James P., Vol II
Mattison, Robert S., Vol I
Pribic, Rado, Vol III
Smith, Andrea L., Vol V
Upton, Lee, Vol II
Walls, Laura Dassow, Vol II
Woolley, James, Vol II
Ziolkowski, Eric Jozef, Vol II, IV

LaGrange College, LaGrange
Frassetto, Michael, Vol I

LaGuardia Community College
Boris, Edna Z., Vol II
Feifer, Irwin, Vol V
Fink, Thomas A., Vol II
Silva, John O., Vol II

Lake Erie College, Painesville
Borchert, Susan D., Vol V
Lunardi, Egidio, Vol II
McQuaid, Kim, Vol I, IV

Lake Forest College, Lake Forest
Benton, Catherine, Vol I, IV
Bronstein, Herbert, Vol I, IV
Ebner, Michael Howard, Vol I
LeMahieu, Dan Lloyd, Vol I
Miller, Ronald H., Vol IV
Sadri, Ahmad, Vol V
Schneiderman, Davis A., Vol II
Schulze, Franz, Vol I
Zilversmit, Arthur, Vol I

Lake Michigan College, Benton Harbor
Sundaram, K., Vol IV

Lake Superior State University, Sault Sainte Marie
Fields, Polly Stevens, Vol II
Hines, Virginia E., Vol V

Lake-Sumter Community College, Leesburg
Sligh, Gary Lee, Vol II

Lakehead University, Thunder Bay
Colton, Glenn, Vol II
Forbes, Joyce, Vol II
Mamoojee, Abdool-Hack, Vol II, III
Nabarra, Alain, Vol III
Petrone, Serafina, Vol V
Schonberger, Vincent L., Vol III
Vervoort, Patricia, Vol I

Lakeland Community College, Kirtland
Coughlin, Robert M., Vol II

Lamar University, Beaumont
Carroll, John M., Vol I
Ellis, Marion Leroy, Vol III
Fritze, Ronald H., Vol I
Hawkins, Emma, Vol II, IV
Love, James, Vol V
Matthis, Michael, Vol IV
Rivers, Kenneth T., Vol III
Roth, Lane, Vol II
Saur, Pamela S., Vol II
Wooster, Ralph Ancil, Vol I

Lamar University, Orange
Coratti, John Edward, Vol IV

Lambuth University, Jackson
Davenport, Gene Looney, Vol IV, V

Lancaster Bible College
Mort, Dale L., Vol IV
Spender, Robert D., Vol IV

Lancaster Theological Seminary
Hartley, Loyde Hobart, Vol IV, V
Proffitt, Anabel C., Vol IV

Lander University, Greenwood
Archie, Lee C., Vol IV
Bethel, Elizabeth Rauh, Vol II, V

Landmark College, Putney
Halpern, Beth, Vol IV

Lane College, Jackson
David, Arthur LaCurtiss, Vol I
McClure, Wesley Cornelious, Vol V

Lane Community College, Eugene
Jaegers, Marvin, Vol I

Laney College, Oakland
Ward, Carole Geneva, Vol II

Langston University, Langston
Hardeman, Carole Hall, Vol V
Manning, Jean Bell, Vol V
Sagini, Meshack, Vol I, V

Lansing Community College
Jurczak, Paul M., Vol IV
McGiveron, Rafeeq O., Vol II

Laredo Community College
Cardenas, Maria de la Luz Rodriguez, Vol I, V
Hathorn, Billy B., Vol I

Lasell College, Newton
Tagge, Anne, Vol III

Laurentian University, Sudbury
Ambrose, Linda M., Vol I
Best, Henry, Vol I
Bray, R. Matthew, Vol I
Burke, Sara Z., Vol I
Colilli, Paul, Vol III
di Norcia, Vincent, Vol IV
Gagnon, Carolle, Vol IV
Gerry, Thomas M. F., Vol II
Giroux, Michel, Vol IV
Hengen, Shannon, Vol II
Ketchen, Jim, Vol IV
Krajewski, Bruce, Vol II
Lewis, Gertrud Jaron, Vol III
Liedl, Janice, Vol I
Mount, Graeme S., Vol I
Nash, Roger, Vol IV
Orr, Marilyn, Vol II
Pallard, Henri, Vol IV
Parker, Douglas, Vol II
Pelletier, Lucien, Vol IV
Sahadat, John, Vol IV
Schell, Richard, Vol II
Simpson, Peter, Vol IV
Steven, Laurence, Vol II
Wallace, Carl M., Vol I
Ward, Bruce, Vol IV

Lawrence Technological University, Southfield
Stern, Marvin, Vol I

Lawrence University, Appleton
Boardman, William Smith, Vol IV
Chaney, William Albert, Vol I
Cohen, Paul M., Vol I
Dreher, John Paul, Vol IV
Fritzell, Peter A., Vol II
Goldgar, Bertrand Alvin, Vol II
Lawton, Carol, Vol I
Podair, Jerald E., Vol I
Reed, Gervais Eyer, Vol III
Saunders, George R., Vol V
Ternes, Hans, Vol III, IV

Lawson State Community College, Birmingham
Brown, John Andrew, Vol V

Le Moyne College, Syracuse
Beritela, Gerard F., Vol IV
Blaszak, Barbara J., Vol I
Chin, Jeffrey C., Vol V
Judge, Edward H., Vol I
Lahey, Stephen, Vol IV
Langdon, John W., Vol I
Lloyd, David T., Vol II
MacDonald, Mary N., Vol I, IV
Maldari, Donald, Vol IV
Novelli, Cornelius, Vol II
Olin-Ammentorp, Julie, Vol II
Ring, Nancy C., Vol IV
Saenz, Mario, Vol IV
Scalisi, Joseph M., Vol IV
Telesca, William John, Vol I
Vetrano, Anthony Joseph, Vol III
Wiley, Raymond A., Vol II, III

Lebanese American University
Mohsen, Raed, Vol II
Seigneurie, Kenneth E., Vol II

Lebanon Valley College, Annville
Heffner, John Howard, Vol IV

Lee College, Baytown
Adams, Dale Talmadge, Vol II
Maroney, James C., Vol I

Lee College, Cleveland
Bowdle, Donald N., Vol IV
Hoffman, Daniel, Vol I, IV
Kailing, Joel, Vol II, III
Simmons, William A., Vol IV

Lees-McRae College, Banner Elk
Joslin, Michael E., Vol II

Leeward Community College
Michalski, John, Vol III

Lehigh University, Bethlehem
Aronson, Jay Richard, Vol IV
Baylor, Michael G., Vol I
Beidler, Peter Grant, Vol I, II
Cooper, Gail, Vol I
Cutcliffe, Stephen Hosmer, Vol I
Fifer, Elizabeth, Vol II, III
Girardot, Norman J., Vol I, IV
Goldman, Steven, Vol I
Jitendra, Asha K., Vol I
Lewis, David Wilfrid Paul, Vol III
Lindgren, John Ralph, Vol IV
Peters, Tom F., Vol I
Phillips, C. Robert, III, Vol I, II
Saeger, James Schofield, Vol I
Schwartz, Eli, Vol IV
Scott, William R., Vol I
Shade, William G., Vol I
Simon, Roger David, Vol I
Smith, John K., Jr., Vol I
Soderlund, Jean, Vol I
Spokane, Arnold R., Vol V
Steffen, Lloyd, Vol IV
Vickrey, John Frederick, Vol III
Washington, Mary L., Vol V
Weiss, Roslyn, Vol IV
Wolfgang, Lenora D., Vol III

Lehman College of The City University of New York
Arzoomanian, Ralph Sarkis, Vol II
Bullaro, Grace Russo, Vol II
Danzger, M. Herbert, Vol V
Dauben, Joseph Warren, Vol I
Duberman, Martin, Vol I
Judd, Jacob, Vol I
Kabakoff, Jacob, Vol III
Kearns, Francis E., Vol II
Kligerman, Jack, Vol II
Lerner, Isaias, Vol III
Losada, Luis Antonio, Vol I, II, III
Pirraglia, Elvira, Vol II
Seraile, William, Vol I
Valgemae, Mardi, Vol II
Weiss, John, Vol I
Westrem, Scott D., Vol II
Zuss, Mark, Vol V

Lemoyne-Owen College, Memphis
Joiner, Burnett, Vol I
Melancon, Donald, Vol V
Moore, Charles B., Vol II
Zaki, Mamoon, Vol IV

Lenoir-Rhyne College, Hickory
Benton, Russell E., Vol I
Blosser, Philip, Vol IV
Huff, Carolyn Barbara, Vol I
Painter, Lorene H., Vol V
Shuford, William Harris, Vol III

Lesley College, Cambridge
Fideler, Paul Arthur, Vol I, IV

Letourneau University, Longview
Farrell, Hobert K., Vol IV

Lewis & Clark College, Portland
Beckham, Stephen Dow, Vol I
Blumm, Micahel C., Vol IV
Brown, John E., Vol I
Callahan, John Francis, Vol II
Cox, Chana Berniker, Vol IV
Engelhardt, Klaus Heinrich, Vol III
Flori, Monica Roy, Vol III
Hunt, Steven B., Vol II
Rohrbaugh, Richard L., Vol IV

Rottschaefer, William Andrew, Vol IV
Savage, David William, Vol I
Toledano, Jaun Carlos, Vol III
Ward, Jean M., Vol II
Wheeler, Rachel, Vol I

Lewis and Clark Community College, Godfrey
Mozur, Gerald E., Vol IV

Lewis University, Romeoville
Glueckert, Leopold, Vol I
Lifka, Mary L., Vol I
McVann, Mark, Vol IV
Nissim-Sabat, Marilyn, Vol IV

Lewis-Clark State College, Lewiston
Haapanen, Lawrence W., Vol II
Held, Dennis, Vol II
Jolley, Jerry, Vol V
Torell, Kurt Charles, Vol IV

Lexington Community College
Humble, Jeanne, Vol V
Smoot, Rick, Vol I
Wachtel, David, Vol V

Lexington Theological Seminary, Lexington
Dowd, Sharyn, Vol IV
Dunnavant, Anthony L., Vol IV
McAvoy, Jane, Vol IV
Paulsell, William O., Vol IV

Liberty University, Lynchburg
Beck, W. David, Vol IV
Brindle, Wayne, Vol IV
Isaac, Lily, Vol II
Isaac, Samuel, Vol II
Matheny, William Edward, Vol I
Scott, William, Vol IV
Towns, Elmer, Vol IV

Library of Congress
Cole, John Y., Jr., Vol II
Fisher, Louis, Vol IV
Gravelle, Jane Gibson, Vol IV
Haynes, John Earl, Vol I
Mann, Thomas J., Vol II
Wallace, Paul Starett, Jr., Vol IV

Limestone College, Gaffney
Lundy, Duane, Vol V

Lincoln Center for Public Service
Dye, Thomas R., Vol IV

Lincoln College, Normal
Gaddy, Stephanie, Vol V
Sullivan, James, Vol II

Lincoln University, Missouri
Hearn, Rosemary, Vol II
Holland, Antonio F., Vol I
Kremer, Gary R., Vol I
Mattingly, Susan Shotliff, Vol IV
Steward, Dick Houston, Vol I
Wyman, Linda Lee, Vol II

Lincoln University, Pennsylvania
Abdelrahim-Soboleva, Valentina, Vol III
Maazaoui, Abbes, Vol III
Muzorewa, Gwinyal, Vol IV
Nagase, Takako, Vol III
Rowe, Patsy Baxter, Vol II
Willis, Gladys January, Vol II

Linfield College, McMinnville
Drake, Barbara, Vol II
Konick, Steve, Vol II

Linn-Benton Community College, Albany
Jensen, Peter, Vol II

Lipscomb University
Griffith, Larry D., Vol II
Johnson, Timothy D., Vol I

Lock Haven University of Pennsylvania, Lock Haven
Congdon, Howard Krebs, Vol IV
Hoff, Joan Whitman, Vol IV
Hybels, Saundra, Vol II
Jenkins, Charles M., Vol II
Jones, Laird, Vol I
Satya, Laxman D., Vol I
Shaw, Daniel, Vol I, IV

Logsdon Theological Seminary
Trull, Joe, Vol IV

Loma Linda University, Loma Linda
Baker, Delbert Wayne, Vol II

London Museum of Archaeology, Ontario
Finlayson, William D., Vol I

London School of Economics & Political Science
Hoefer, Carl, Vol IV
Marti, Genoveva, Vol IV

Long Beach City College, Long Beach
Tharp, Louis, Vol IV, V

Long Island University, Brooklyn Campus
Allen, Rhianon, Vol V
Arp, Kristana, Vol IV
Bandman, Bertram, Vol IV
Bernard, Kenneth, Vol II
Dorinson, Joseph, Vol I
Filonowicz, Joseph, Vol I, IV
Fisher, Craig B., Vol I
Fogel, Herbert, Vol III
Kleinberg, Seymour, Vol II
Parisi, Barbara, Vol II
Ramirez, Paul, Vol V
Schuman, Elliott Paul, Vol V
Tucker, Martin, Vol II

Long Island University, C.W. Post Campus
Araoz, Daniel L., Vol V
Austen, Zelda, Vol II
Bednarz, James P., Vol II
Brier, Bob, Vol IV
Coleman, Arthur, Vol II
Courtemanche, Regis Armand, Vol I
Digby, Joan, Vol I, II
Dinan, Susan A., Vol I
Dircks, Phyllis T., Vol II
Greenspan, Anders, Vol I
Hallissy, Margaret, Vol II
Hill-Miller, Katherine Cecelia, Vol II, V
Horwitz, Barbara, Vol II
Krapf, Norbert A., Vol II
Lettis, Richard, Vol II
Mates, Julian, Vol II
McDonald, Sheila, Vol II
McKenna, Sheila, Vol II
Meyers, Debra A., Vol I
Miller, Edmund, Vol II
Morrison, G. Grant, Vol I
Nalbantian, Suzanne, Vol II, III
Pahl, Dennis A., Vol II
Reiter, Henry H., Vol V
Scheckter, John, Vol II
Semeiks, Jonna Gormely, Vol II
Watanabe, Morimichi, Vol I, IV

Long Island University, Southampton College
Baker, Donald G., Vol I
Ganesan, Indira, Vol II, V
Garcia-Gomez, Jorge, Vol II, IV
Haynes, Jonathan, Vol II
Strong, John A., Vol I

Longview Community College, Lee's Summit
Westra, Matthew R., Vol V

Longwood College, Farmville
Cormier, Raymond, Vol III
Millar, Gilbert J., Vol I
Orth, Geoffrey C., Vol III
Simmons, Betty Jo, Vol V
Strait, John B., Vol I

Lorain County Community College, Elyria
Owens, Suzanne, Vol I, II
Weigl, Bruce, Vol II

Loras College, Dubuque
Mamali, Catalin, Vol V
McDermott, John J., Vol IV
Rossignol, Rosalyn, Vol II
Swiderski, Suzanne M., Vol II, V
Wilkie, William E., Vol I

Los Angeles City College
Singer, Laurienne, Vol V

Los Angeles County Museum of Art
Markel, Stephen, Vol I
Pal, Pratapaditya, Vol I

Los Angeles County Museum of Natural History
Fireman, Janet Ruth, Vol I

Los Angeles Mission College, Sylmar
Foster, Dudley E., Vol II

Los Angeles Pierce College, Woodland Hills
Coonfield, W. A., Vol II
Rowe, Bruce M., Vol V

Los Angeles Trade-Technical College
Teves, Rita R., Vol IV

Los Angeles Valley College, Van Nuys
Freeman, Margaret H., Vol II
Garber, Zev Warren, Vol IV
Zucker, Alfred John, Vol I, II

Louisiana College, Pineville
Dabbs, Jennifer B., Vol V

Louisiana State University
Babin, James L., Vol II
Batinski, Emily E., Vol I
Buehler, Arthur, Vol IV
Burkett, Delbert Royce, Vol I, IV
Cope, Kevin, Vol II
Cowan, Bainard, Vol II
Culbert, David H., Vol I
de Caro, Frank, Vol V
Di Maio, Irene S., Vol I, III
Doty, Gresdna Ann, Vol II
Edgeworth, Robert J., Vol II, III
Euba, Femi, Vol II
Fogel, Daniel Mark, Vol II
Freedman, Carl H., Vol II
Garrison, Mary Elizabeth, Vol V
Geiselman, Paula, Vol V
Gourdine, A. K. M., Vol II
Hart, Pierre, Vol III
Jordan, Rosan, Vol V
Kennedy, J. Gerald, Vol II
Kirshner, David, Vol V
Kooi, Christine, Vol I
Liggett, Sarah, Vol II
Looser, Devoney K., Vol II, V
Loveland, Anne C., Vol I
Madden, David, Vol II
Martin, Benjamin F., Vol I
Mohan, Brij, Vol IV
Moreland, Richard, Vol II
Oliver, Elizabeth L., Vol II
Owen, Thomas C., Vol I
Payne, Rodger M., Vol IV
Ramirez, Arnulfo G., Vol III
Ramirez, Maria-Esther D., Vol III
Richardson, Malcolm, Vol II
Richardson, Miles E., Vol V
Rodrigo, Victoria, Vol III
Schierling, Stephen P., Vol II, III
Smith, David J., Vol II
Southerland, Peter, Vol IV, V
Spaht, Katherine S., Vol IV
Warga, Richard G., Jr., Vol I, III

Louisiana State University and Agricultural and Mechanical College
Baker, John R., Vol IV
Becker, Robert Arthur, Vol I
Blakesley, Christopher L., Vol IV
Borck, Jim Springer, Vol II
Bowers, J. W., Vol IV
Brind'Amour, Lucie, Vol II, III
Brody, Jules, Vol III
Buehler, Arthur F., Vol IV
Carleton, Mark Thomas, Vol I
Carmona, Vicente, Vol II
Carrithers, Gale, Vol II
Cassidy, Jane W., Vol II
Catano, James, Vol II
Clarke, William M., Vol II
Coldiron, Anne E. B., Vol II
Cooper, William, Vol I
Crawford, William Edward, Vol IV
Crump, Rebecca, Vol II
Curry, Corrada, Vol III
d'Hemecourt, Jules, Vol II
Daniels, LeAnne, Vol II
Day, Louis A., Vol IV
Demastes, William, Vol II
Di Napoli, Thomas John, Vol III
Djebar, Assia, Vol I, III
Dubois, Sylvie, Vol IV
Dupuy, Beatrice, Vol III
Durmelat, Sylvie, Vol III
Edwards, Jay D., Vol V
Fischer, John Irwin, Vol II
Fitzgerald, Patrick, Vol IV
Fletcher, Alan D., Vol II
Garay, Mary Sue, Vol II
Garay, Ronald, Vol II
Gellrich, Jesse M., Vol II
Gellrich, Michelle, Vol II, III
Hamilton, John Maxwell, Vol II
Harbin, Bill J., Vol II
Harned, David B., Vol IV
Henderson, Edward H., Vol IV
Henderson, John B., Vol I, IV
Holtman, Robert Barney, Vol I
Honeycutt, James M., Vol II
Humphries, John J., Vol III
Irvine, Stuart, Vol IV
Jensen, Katharine, Vol II, V
Knight, Gary, Vol IV
Korwar, Arati, Vol IV
Kronick, Joseph, Vol II
Kurpius, David, Vol II
Lafayette, Robert, Vol III
Leupin, Alexandre, Vol II
Lindenfeld, David Frank, Vol I
Loos, John Louis, Vol I
Lowe, John, Vol II
Masse, Michelle, Vol II
Mattingly, Carol, Vol II
May, John Richard, Vol II, IV
Mayo, Charles M., Vol II
McGee, Patrick, Vol V
McMahon, Robert, Vol II, IV
Michie, Elsie B., Vol II
Mickelson, Sig, Vol II
Moore, Don, Vol II
Nardo, Anna, Vol II
Nelson, Richard Alan, Vol II
Oetting, Janna B., Vol V
Olney, James, Vol II
Parker, Margaret, Vol III
Perlmutter, David, Vol II
Pizer, John, Vol III
Prenshaw, Peggy, Vol II
Ragsdale, J. Donald, Vol II
Reid, Panthea, Vol II
Ricapito, Joseph V., Vol III
Roberts, Robin, Vol V
Ross, Billy I., Vol II
Royster, Charles William, Vol I
Russo, Adelaide, Vol III
Sandiford, Keith, Vol II, V
Schufreider, Gregory, Vol I, IV
Seynaeve, Jaak, Vol IV
Shiflett, Orvin Lee, Vol II
Shirley, Edward S., Vol IV
Sirridge, Mary, Vol IV
Stanford, Donald Elwin, Vol II
Stanton, Leonard J., Vol III
Stone, Gregory, Vol II
Suchy, Patricia, Vol II
Sutherland, Gail Hinich, Vol IV
Tandberg, Gerilyn, Vol II
Thompson, Alan Smith, Vol I
Thorn, J. Dale, Vol II
Toth, Emily, Vol II
Vandeloise, Claude, Vol III
Weltman, Sharon, Vol II
Whittaker, John, Vol IV, V
Windhauser, John W., Vol II
Wing, Nathaniel, Vol II
Wood, Susan H., Vol II
Zebouni, Selma, Vol II

Louisiana State University at Alexandria
Sanson, Jerry P., Vol I, IV

Louisiana State University at Eunice
Baltakis, Anthony, Vol I

Louisiana State University in Shreveport
Guerin, Wilfred Louis, Vol II
Leitz, Robert C., Vol II
Pederson, William David, Vol I, IV
Plummer, Marguerite R., Vol I

Louisiana Tech University, Ruston
Attrep, Abraham M., Vol I
Bush, John M., Vol I
Cook, Philip C., Vol I
Daly, John P., Vol I
Graves, Steven, Vol I
Halliburton, C. Lloyd, Vol III
Ingram, Earl Glynn, Vol I
Leissner, Debra, Vol II
Meade, Wade C., Vol I

Rea, Kenneth W., Vol I
Robbins, Kenneth, Vol II
Webre, Stephen, Vol I
Zalesch, Saul E., Vol I

Louisville Bible College
Mobley, Tommy W., Vol IV

Louisville Presbyterian Theological Seminary
Cooper, Burton, Vol IV
Cruz, Virgil, Vol IV
March, Wallace Eugene, Vol III, IV
Mulder, John Mark, Vol I, IV

Loyola College, Baltimore
Bauerschmidt, Frederick Christian, Vol IV
Bergo, Bettina, Vol IV
Breihan, John R., Vol I
Chaffee-Sorace, Diane, Vol III
Colombat, Andre P., Vol III
Crockett, Bryan L., Vol II
Davisson, Mary H. T., Vol II, III
Kirkhart, Matthew, Vol V
Leder, Drew L., Vol IV
Leonard, Angela, Vol I
Mc Glamery, Gayla, Vol II
Morgan, Leslie Zarker, Vol III
Pegram, Thomas R., Vol I
Ryu, Jai, Vol V
Scherer, Imgard S., Vol I, IV
Scheye, Thomas Edward, Vol II
Tassi, Aldo, Vol IV
Vann, Barbara H., Vol V
Varga, Nicholas, Vol I

Loyola Marymount University, Los Angeles
Araiza, William, Vol IV
Benson, Robert W., Vol IV
Chapple, C. K., Vol I, IV
Free, Katherine B., Vol I, II
Fulco, William J., Vol III
Harper, Katherine, Vol I
Just, Felix, S. J., Vol IV
Lawrence, Lary, Vol IV
Lazaroff, Daniel E., Vol IV
May, Christopher N., Vol IV
Maynard, Therese H., Vol IV
Popiden, John Robert, Vol IV
Rausch, Thomas P., Vol IV
Robinson, Susan Barnes, Vol I
Ryan, Herbert Joseph, Vol I, IV
Sia, Santiago, Vol IV
Sobel, Lionel S., Vol IV
Solum, Lawrence B., Vol IV
Stewart, Daniel Lewis, Vol IV
Strauss, Marcy, Vol IV
Tiersma, Peter M., Vol IV
Tritle, Lawrence, Vol I
Tunick, David C., Vol IV
Vairo, Georgene M., Vol IV
Vanderwilt, Jeffery T., Vol IV
Williams, Gary C., Vol IV
Younger, Kelly, Vol II

Loyola University, Chicago
Abela, Paul R., Vol IV
Allee, Mark, Vol I
Amaker, Norman Carey, Vol IV
Ascough, Richard S., Vol IV
Austin, Timothy Robert, Vol III
Bannan, John F., Vol IV
Barry, Robert M., Vol IV
Biester, James, Vol II
Bireley, Robert Lee, Vol I
Blachowicz, James, Vol IV
Blum, John D., Vol IV
Bouson, J. Brooks, Vol II
Braithwaite, William T., Vol IV
Cardoza, Anthony L., Vol I
Carrig, Maria, Vol II
Carson, Thomas L., Vol IV
Castiglia, Christopher, Vol II
Caughie, Pamela L., Vol II
Chinitz, David, Vol II
Clarke, Michael, Vol II
Cohen, Sheldon S., Vol I
Collins, Ardis B., Vol IV
Costigan, Richard F., Vol IV
Cunningham, Suzanne M., Vol IV
Cutrofello, Andrew, Vol IV
Dennis, David B., Vol I
Derdak, Thomas J., Vol IV
Elsbernd, Mary, Vol IV, V
Erenberg, Lewis, Vol I
Fennell, Francis L., Vol II
Foster, Verna A., Vol II
Frantzen, Allen J., Vol II
French, Louise, Vol IV
French, William, Vol IV
Fry, Christine L., Vol V
Gagliano, Joseph Anthony, Vol I
Galush, William J., Vol I
Ghazzal, Zouhair, Vol I
Gilfoyle, Timothy J., Vol I
Gilmour, Peter, Vol IV
Gini, Alfred, Vol IV
Gossett, Suzanne, Vol II
Gross-Diaz, Theresa, Vol I
Gutek, Gerald Lee, Vol I, V
Handy, Lowell, Vol IV
Harrington, Ann M., Vol I
Hays, Jo N., Vol I
Hermansen, Marcia, Vol I
Hirsch, Susan E., Vol I
Ingram, David B., Vol IV
Janangelo, Joseph, Vol II
Jay, Paul, Vol II
Jones, Steven, Vol II
Jung, Patricia Beattie, Vol IV
Kaminski, Thomas, Vol II
Karamanski, Theodore J., Vol I
Kaufman, George G., Vol IV
Kaufman, Suzanne, Vol I
Keenan, J. G., Vol II, III
Kendrick, Christopher, Vol II
Klein, R., Vol I
Knapp, Thomas A., Vol I
Krause, Joan H., Vol IV
Lopata, Helena Z., Vol V
Malm, Heidi, Vol IV
Mann, Harveen Sachdeva, Vol II
Mccaffrey, Lawrence John, Vol I
McCulloh, Gerald William, Vol IV
McGinty, Mary Peter, Vol IV
McKenna, Andrew Joseph, Vol III
McManamon, John, Vol I
Messbarger, Paul Robert, Vol II
Mooney-Melvin, Patricia, Vol I
Moser, Paul K., Vol IV
Mosha, Raymond S., Vol IV
Moylan, Prudence A., Vol I
Nabholtz, John R., Vol II
Neary, Timothy B., Vol I
Nilson, Jon, Vol IV
Nolan, Janet, Vol I
O'Connell, Daniel C., Vol V
O'Donnell, Thomas G., Vol II
Ornstein, Allan, Vol V
Overbeck, T. Jerome, Vol IV, V
Ozar, David T., Vol IV
Parks, Jennifer A., Vol IV
Peperzak, Adriaan Theodoor, Vol IV
Pfeffer, Paula F., Vol I
Phillips, Gene D., Vol II
Pintchman, Tracy, Vol IV
Platt, Harold L., Vol I
Reardon, John J., Vol I
Rocks, James E., Vol II
Rosenwein, Barbara Herstein, Vol I
Rychlak, Joseph F., Vol V
Saari, Carolyn, Vol V
Samar, Vincent J., Vol IV
Schroeder, Susan P., Vol I
Schweickart, David, Vol IV
Seigfried, Hans, Vol IV
Shea, John Stephen, Vol II
Sheasby, R., Vol II
Stalans, Loretta, Vol IV
Struckhoff, David, Vol IV
Sweeney, Leo, Vol IV
Taiwo, Olufemi, Vol IV
Thomasma, David C., Vol IV
Thompson, Kenneth F., Vol IV
Tobin, Thomas Herbert, Vol IV
Trout, J. D., Vol IV
Vaillancourt, Daniel, Vol IV
von Wahlde, Urban C., Vol IV
Walsh, Joseph A., Vol V
Walter, James J., Vol IV
Ward, Julie, Vol IV
Waymack, Mark H., Vol IV
Westley, Richard J., Vol IV
Wexler, Joyce, Vol II
White, Douglas Howarth, Vol II
Wike, Victoria S., Vol IV
Williams, Daniel, Vol I, IV
Wren, Thomas, Vol IV
Yandell, K. David, Vol IV
Yartz, Frank, Vol IV

Loyola University, New Orleans
Anderson, Nancy Fix, Vol I
Bourgeois, Patrick Lyall, Vol IV
Brungardt, Maurice P., Vol I
Cook, Bernard Anthony, Vol I
Cotton, William Theodore, Vol II
Crusto, Mitchell F., Vol IV
Duffy, Stephen Joseph, Vol IV
Ewell, Barbara Claire, Vol II, V
Folse, Henry J., Jr., Vol IV
Gnuse, Robert, Vol I, IV
Herbert, Gary B., Vol IV
Klebba, James Marshall, Vol IV
Major, Wilfred E., Vol II, III
Mosier, John, Vol II
Swift, Mary Grace, Vol I
Uddo, Basile Joseph, Vol IV
Watson, James R., Vol IV
Zamparelli, Thomas, Vol III

Lubbock Christian University, Lubbock
Patty, Stacy L., Vol IV
Young, Andy, Vol V

Luther College, Decorah
Bailey, Storm M., Vol IV
Bunge, Wilfred F., Vol III, IV
Christianson, John Robert, Vol I
Cole, Richard G., Vol I
Couch, Leon W., III, Vol II
Gibbs, Virginia, Vol III
Grewal, Jyoti, Vol I
Hervey, Norma J., Vol I
Iudin-Nelson, Laurie, Vol III
Kath, Ruth R., Vol III
Kemp, Henrietta J., Vol I, II, III
Krantz, Arthur A., Vol IV
Kuehn, D. D., Vol I
Kunkel, Charlotte A., Vol V
Kurth, William Charles, Vol III
Nelson, Harland S., Vol II
Schultz, R., Vol II
Sieber, John Harold, Vol II, III, IV
Slind, Marvin G., Vol I
Stokker, Kathleen Marie, Vol III
Tebbenhoff, Edward H., Vol I
Westfall, R., Vol III
Wilkie, Jacqueline S., Vol I
Williams, Lawrence H., Vol I
Williams, Queen J., Vol I

Luther Seminary, St. Paul
Albers, Robert H., Vol IV
Berge, Paul S., Vol IV
Boyce, James, Vol IV
Burtness, James H., Vol IV
Forde, Gerhard Olaf, Vol I, IV
Fredrickson, David, Vol IV
Fretheim, Terence E., Vol IV
Gaiser, Frederick J., Vol IV
Henrich, Sarah, Vol IV
Hillmer, Mark, Vol IV
Hultgren, Arland J., Vol IV
Jacobson, Diane L., Vol IV
Keifert, Patrick, Vol IV
Kimble, Melvin, Vol IV
Kittelson, James, Vol I, IV
Koester, Craig R., Vol IV
Kolden, Marc, Vol IV
Limburg, James, Vol IV
Martinson, Paul V., Vol IV
Martinson, Roland, Vol IV
Miller, Roland, Vol IV
Nelson, Randolph A., Vol V
Nestingen, James A., Vol I, IV
Nysse, Richard W., Vol IV
Paulson, Steven, Vol IV
Ramp, Steven W., Vol IV
Rogness, Michael, Vol IV
Simpson, Gary M., Vol IV
Simundson, Daniel J., Vol IV
Snook, Lee E., Vol IV
Sponheim, Paul R., Vol IV
Sundberg, Walter, Vol I, IV
Throntveit, Mark A., Vol IV
Tiede, David L., Vol IV
Westermeyer, Paul, Vol II, IV

Lutheran School of Theology at Chicago
Bangert, Mark Paul, Vol IV
Echols, James Kenneth, Vol I, IV
Fuerst, Wesley J., Vol IV
Hendel, Kurt Karl, Vol I
Jurisson, Cynthia, Vol IV
Klein, Ralph W., Vol IV
Krentz, Edgar, Vol IV
Leroy Conrad, Robert, Vol IV, V
Linss, Wilhelm Camill, Vol IV
Marshall, Robert J., Vol IV
Michel, Walter L., Vol IV
Pero, Albert, Vol IV
Perry, Richard J., Jr., Vol IV
Rhoads, David, Vol IV
Rodriguez, Jose David, Vol IV
Thomsen, Mark, Vol IV
Vogelaar, Harold Stanton, Vol IV

Lutheran Theological Seminary at Gettysburg
Krey, Philip D. W., Vol I, IV
Rajashekar, J. Paul, Vol IV
Wengert, Timothy J., Vol I

Lutheran Theological Seminary at Philadelphia
Hughes, Robert G., Vol IV
Lathrop, Gordon W., Vol IV
Reumann, John Henry Paul, Vol IV
Wartluft, David J., Vol I, IV

Lutheran Theological Seminary, Saskatoon
Krych, Margaret A., Vol IV
Uitti, Roger W., Vol IV

Lycoming College, Williamsport
Golahny, Amy, Vol I
Kingery, Sandra L., Vol III
Larson, Robert H., Vol I
Maples, Robert John Barrie, Vol III
Morris, Richard J., Vol I

Lynchburg College, Lynchburg
Friedman, Lesley, Vol IV
Hanenkrat, Frank Thomas, Vol II
Hermann, E. C., Vol III
Mayer, Bruce Hillis, Vol III
Potter, Dorothy T., Vol I
Young, William H., Vol I

Lyndon State College, Lyndonville
Viles, Perry, Vol I

Lynn University, Boca Raton
Helguero, Grace, Vol III

Lyon College, Batesville
Beck, Martha Catherine, Vol IV
Bordeau, Catherine, Vol III
Counts, Michael L., Vol II
Lankford, George E., Vol V
Lewis, Bart L., Vol III
Robbins, Helen W., Vol II
Shay, Robert, Vol I, II
Stinson, Russell, Vol II
Stricklin, David, Vol I
Tebbetts, Terrell L., Vol II

Macalester College, St. Paul
Baer, Joel H., Vol II
Boychuk, Terry, Vol V
Cooey, Paula M., Vol III, IV
Dye, Robert Ellis, Vol III
Fritz, Annick, Vol III
Greenberg, Alvin D., Vol II
Griffin, Michael S., Vol II
Hopper, David Henry, Vol IV
Laine, James W., Vol IV
Pinn, Anthony B., Vol IV
Rachleff, Peter J., Vol I
Rosenberg, Norman Lewis, Vol I
Schubert, Virginia Ann, Vol III
Stewart, James Brewer, Vol I
West, Henry Robison, Vol IV
Wright, Michelle M., Vol II

Macmurray College, Jacksonville
Burnette, Rand, Vol I
Decker, Philip H., Vol II
Goulding, James Allan, Vol IV
Metcalf, Allan Albert, Vol II, III
Palmer, Richard E., Vol IV
Qian, Wen-yuan, Vol I

Macon College, Macon
Fennelly, Laurence W., Vol II

Madisonville Community College
Vander Ploeg, Scott D., Vol II

Madonna University, Livonia
Eyster, Kevin Irenies, Vol II

Maharishi University of Management, Fairfield
Travis, Fred, Vol V

Maine College of Art, Portland
Sawyer, Dana, Vol I

Malaspina University College
Harrison, Keith, Vol II
Siemens, Raymond G., Vol II

Malone College, Canton
Dymale, Herbert Richard, Vol IV
Watson, D. F., Vol IV

Manatee Community College, Bradenton
Jones, Jane A., Vol II

Manchester College, North Manchester
Bishop, C. James, Vol I
Brown, Kenneth Lee, Vol IV
Deeter, Allen C., Vol I, IV
Glade, Henry, Vol III

Manchester Community-Technical College, Manchester
Wynn, Jean M., Vol V

Manhattan College, Riverdale
Atkinson, Camille, Vol IV
Cammarata, Joan F., Vol III
Friedenberg, Jay, Vol V
Gray, Donald P., Vol IV
Kiernan, Robert F., Vol II
Rodriguez, Rodney T., Vol III

Rubsys, Anthony L., Vol IV
Setzer, Claudia, Vol IV
Taylor, Mark, Vol II
Wilcox, John R., Vol IV

Manhattanville College, Purchase
Clark, Mary T., Vol IV
Thormann, Gerard Charles, Vol I

Mankato State University, Mankato
Croce, Lewis Henry, Vol I
Davis, Terry, Vol II
Janc, John J., Vol III
Larson, Bruce Llewellyn, Vol I
Lass, William Edward, Vol I
Mink, Joanna, Vol II

Manor Junior College, Jenkintown
Jih, Luke, Vol IV

Mansfield University of Pennsylvania, Mansfield
Gertzman, Jay Albert, Vol II
Guenther, Karen, Vol I
Hindman, Kathleen Behrenbruch, Vol II
Sidell, Nancy, Vol V
Uffelman, Larry Kent, Vol II

Manuscript Division of the Library of Congress
Gephart, Ronald Michael, Vol I

Maple Woods Community College, Kansas City
Ogilvie, Leon Parker, Vol I

Marian College, Indianapolis
Black, Margaretta, Vol III
Divita, James John, Vol I
Plascak-Craig, Faye D., Vol V
Spencer, Darrell W., Vol II

Marietta College, Marietta
Machaffie, Barbara J., Vol I, IV
O'Donnell, James, Vol I

Marion Military Institute, Marion
Comer, John, Vol IV, V

Marist College, Poughkeepsie
Brakas, Jurgis George, Vol IV
Doherty, John F., Vol IV
Moses, Greg, Vol IV
Staples, S. L., Vol V

Marlboro College, Marlboro
Kevra, Susan, Vol III
Weiner, Neal O., Vol II, III, IV

Marquette University, Milwaukee
Anderson, Thomas C., Vol IV
Bates, Milton James, Vol II
Benda, Gisela, Vol III
Bieganowski, Ronald, Vol II, IV
Burckel, Nicholas C., Vol I
Carey, Patrick W., Vol I, IV
Coffey, David Michael, Vol IV
Copeland, M. Shawn, Vol IV
Cordova, Sarah Davies, Vol III
Del Colle, Ralph, Vol IV
Donnelly, J. Patrick, Vol I
Edwards, Richard Alan, Vol IV
Gardinier, David E., Vol I
Gillespie, Michael Patrick, Vol II
Goldin, Owen Michael, Vol IV
Goldzwig, Steven R., Vol II
Hagen, Kenneth G., Vol I
Hauser, Stephen, Vol I
Hay, Carla H., Vol I
Hay, Robert Pettus, Vol I
Justice, George L., Vol II
Korabic, Edward W., Vol II
Krueger, Christine L., Vol II
Kurz, William Stephen, Vol IV
Levy, Ian Christopher, Vol I, IV
Maguire, Daniel C., Vol IV
Marten, James, Vol I
Misner, Paul, Vol IV
Nielson, Kristy A., Vol V
Prucha, Francis Paul, Vol I
Rivero, Albert J., Vol II
Ruff, Julius R., Vol I
Sawkins, Annemarie, Vol I
Schaefer, Jame, Vol IV
Silverman, Franklin H., Vol II
Slocum, Robert B., Vol IV
Soley, Lawrence C., Vol II
Taylor, Steven Millen, Vol III
Teske, Roland John, Vol IV
Theoharis, Athan, Vol I
Twetten, David B., Vol IV
Weber, Ralph E., Vol I
Wolfe, Christopher, Vol IV
Zupko, Ronald Edward, Vol I

Mars Hill College
Jones, Barry Alan, Vol IV
Kinnamon, Noel James, Vol II
Knapp, Richard Gilbert, Vol III

Marshall University, Huntington
Burgueno, Maria C., Vol I
Dennison, Corley F., Vol II
Linkey, Helen E., Vol V
Lopez, Carlos, Vol II
McKernan, John J., Vol II
Palmer, William, Vol I
Riddel, Frank Stephen, Vol I
Spindel, Donna Jane, Vol I
Vielkind, John N., Vol IV
Watson, Jean Louise, Vol II
Woodward, David Reid, Vol I

Marshalltown Community College
Colbert, Thomas Burnell, Vol I

Martin Luther College, New Ulm
Thompson, Glen L., Vol I

Mary Baldwin College, Staunton
Cole, Mary Hill, Vol I
Keller, Kenneth Wayne, Vol I
Menk, Patricia Holbert, Vol I
Reich, Robert D., Vol II

Mary Holmes College, West Point
Codling, Jim, Vol I, IV, V

Mary Washington College, Fredericksburg
Aminrazavi, Mehdi, Vol IV
Bourdon, Roger J., Vol I
Merrill, Sammy Ray, Vol III
Ryang, Key S., Vol I
Smith, Roy H., Vol V

Marycrest International University, Davenport
Orozco, S. Luz Maria, Vol II

Marygrove College, Detroit
DuBruck, Edelgard E., Vol III
Dunne, Tad, Vol IV
Simon, Georgianna, Vol V

Maryland Institute, College of Art, Baltimore
King-Hammond, Leslie, Vol I
Thompson, Chevia, Vol II

Marylhurst College, Marylhurst
Maiers, Joan, Vol II

Marymount College, California
Sayers, Kari, Vol II

Marymount College, Tarrytown
Lawry, John, Vol V

Marymount Manhattan College, New York
Clancy, Joseph P., Vol II
Ringer, Mark, Vol II

Marymount University, Arlington
Boylan, Michael A., Vol IV

Maryville College
Simpson, Terry L., Vol V

Mashantucket Pequot Museum and Research Center
Newport, William H. A., Vol I

Massachusetts College of Liberal Arts
Silliman, Matthew R., Vol IV

Massachusetts College of Pharmacy and Allied Health Science
Mesler, Mark A., Vol V

Massachusetts Historical Society
Rhoads, Linda S., Vol I, V

Massachusetts Institute of Technology, Cambridge
Anderson, Stanford Owen, Vol I
Bailyn, Lotte, Vol V
Boyle, Edward A., Vol I
Brody, Aaron J., Vol I
Chomsky, Noam, Vol III
Chvany, Catherine Vakar, Vol III
Donaldson, Peter Samuel, Vol II
Dyck, Martin, Vol III
Graham, Loren Raymond, Vol I
Gusterson, Hugh, Vol V
Halle, Morris, Vol III
Keller, Evelyn Fox, Vol V
Khoury, Philip S., Vol I
Lee, Helen Elaine, Vol II
Maier, Pauline Rubbelke, Vol I
Mazlish, Bruce, Vol I, IV
Posen, Barry R., Vol IV
Rabbat, Nasser O., Vol I
Ritvo, Harriet, Vol I, II
Sawyer-Laucanno, Christopher, Vol II
Shen, Qing, Vol I
Singer, Irving, Vol IV
Smith, Merritt Roe, Vol I
Wedgwood, Ralph N., Vol IV
Wolff, Cynthia Griffin, Vol II

Massey College
Scharper, Stephen B., Vol IV

Massey University
Schouls, Peter A., Vol IV

Master's College and Seminary, Newhall
Johnson, Robert C., Vol V

Master's College and Seminary, Sun Valley
Barrick, William D., Vol IV

Mayville State University, Mayville
Brunsdale, Mitzi Mallarian, Vol II, III
Neilson, James Warren, Vol I

McCord Museum
Beaudoin-Ross, Jacqueline, Vol I

McCormick Theological Seminary, Chicago
Boling, Robert Gordon, Vol IV
Burkhart, John E., Vol IV
Hiebert, Theodore, Vol IV

McGill Institute for the Study of Canada
Morton, Desmond D. P., Vol I

McGill University, Montreal
Austin, Paul Murray, Vol III
Bates, Donald G., Vol I
Bauer, Karin, Vol III
Bircher, Martin, Vol III
Boker, Hans J., Vol I
Bunge, Mario, Vol IV
Crowley, David, Vol II
Culter, Suzanne, Vol I
D'Andrea, Antonio, Vol III
Davies, David, Vol IV
Dean, Kenneth, Vol I
Deslauriers, Marguerite, Vol IV
DiGiovanni, George, Vol IV
Dorsinville, Max, Vol II, III
Duquette, Jean-Pierre, Vol III
Dwyer, Susan, Vol IV
Fong, Grace, Vol I
Galavaris, George, Vol I
Gallati, Ernst, Vol III
Galli, Barbara E., Vol II, III
Ghosh, Ratna, Vol V
Glen, Thomas L., Vol I
Gopnik, Myrna, Vol III
Hallett, Michael, Vol IV
Hoffman, Peter C. W., Vol I
Hori, G. Victor Sogen, Vol IV
Kilgour, Maggie, Vol II
Klibansky, Raymond, Vol IV
LaMarre, Thomas, Vol I
Laywine, Alison, Vol IV
Levin, Charles, Vol II
Lewis, Eric, Vol IV
McCall, Storrs, Vol IV
McGilvray, James, Vol IV
McLelland, Joseph Cumming, Vol IV
Menn, Stephen, Vol IV
Merken, Kathleen, Vol I
Miller, Carman I., Vol I
Norton, David Fate, Vol IV
O'Toole, Tess, Vol II
Ouimette, Victor, Vol III
Picot, Jocelyne, Vol II
Ricard, Francois, Vol III
Robinson, Gertrude Joch, Vol II
Sharma, Arvind, Vol IV
Straw, William O., Vol II
Stroud, Sarah, Vol IV
Szanto, George, Vol II
Vogel, Robert, Vol I
Woloch, George Michael, Vol II, III
Yates, Robin D. S., Vol I

McIntosh College, Dover
Phelan, Jim, Vol IV

McKendree College, Lebanon
Brailow, David Gregory, Vol II
Greenfield, John R., Vol II
Neale, Philip Whitby, Vol IV

McLennan Community College, Waco
Hail, Jim G., Vol V
Kelly, S., Vol II

McMaster University, Hamilton
Adamson, Joseph, Vol II
Aksan, Virginia, Vol I
Alsop, James, Vol I
Ballstadt, Carl P. A., Vol II
Barrett, David P., Vol I
Beame, Edmond Morton, Vol I
Bishop, Allan, Vol II
Blewett, David, Vol II
Boetzkes, Elizabeth, Vol IV
Bowerbank, Sylvia, Vol II
Brennan, Anthony, Vol II
Cassels, Alan, Vol I
Clark, David L., Vol II
Coldwell, Joan, Vol II
Coleman, Daniel, Vol II
Cox, Claude E., Vol IV
Cro, Stelio, Vol III
Cruikshank, Kenneth, Vol I
Donaldson, Jeffery, Vol II
Ferns, John, Vol II
Frager, Ruth, Vol I
Gauvreau, J. Michael, Vol I
Geagan, Daniel J., Vol I
George, Peter J., Vol I
Goellnicht, Donald, Vol II
Granofsky, Ronald, Vol II
Griffin, Nicholas, Vol IV
Haley, Evan W., Vol I
Hall, Frederick A., Vol I, II
Hitchcock, David, Vol IV
Hobbs, Trevor Raymond, Vol IV
Horn, Martin, Vol I
Horsnell, Malcolm J. A., Vol IV
Hyman, Roger L., Vol II
John, Brian, Vol II
Johnston, Charles Murray, Vol I
Johnston, Robert H., Vol I
Kaczynski, Bernice M., Vol I
King, James, Vol II
Lee, Alvin A., Vol II
Longenecker, Richard Norman, Vol IV
Madison, Gary Brent, Vol IV
Maqbool, Aziz, Vol II
McKay, Alexander G., Vol II, III
Mendelson, Alan, Vol IV
Meyer, Ben Franklin, Vol IV
Morton, Richard E., Vol II
O'Brien, Susie, Vol II
O'Connor, Mary E., Vol II
Ostovich, Helen, Vol II
Paul, George Mackay, Vol I, II, III
Rempel, Richard A., Vol I
Roland, Charles G., Vol I
Russo, David J., Vol I
Savage, Anne, Vol II
Silcox, Mary, Vol II
Silvestri, Elena M., Vol III, V
Simpson, Evan, Vol IV
Szeman, Imre J., Vol II, V
Thorpe, Wayne L., Vol I
Walmsley, Peter, Vol II
Weaver, John C., Vol I
York, Lorraine, Vol II

McMurry University, Abilene
Ellis, Laura, Vol II
Shanafelt, Gary, Vol I

McNeese State University, Lake Charles
Goins, Scott, Vol II, III
Marcello, Leo L., Vol II
Nagem, Monique F., Vol III
Nesanovich, Stella, Vol II
Sennett, James, Vol IV
Tarver, H. Michael, Vol I
Watson, Thomas Davis, Vol I
Wood, Carol L., Vol II, III

MCP Hahnemann University
Perry, Constance K., Vol IV

Meadville/Lombard Theological School, Chicago
Engel, J. Ronald, Vol IV
Gerdes, Neil W., Vol III
Thandeka, Vol IV

Medaille College, Buffalo
Harrison, Carol Lynn, Vol II
Savage, Elizabeth, Vol II

Medgar Evers College of The City University of New York
McLaughlin, Andree Nicola, Vol II, V
Simmons, Esmeralda, Vol IV

Medieval Academy of America
Emmerson, Richard K., Vol I, II

Memorial University of Newfoundland, St. John's
Clark, Raymond John, Vol II, III
Greenlee, James G. C., Vol I
Hewson, John, Vol III
Kealey, Gregory S., Vol I
Kealey, Linda, Vol I
Langford, Michael J., Vol IV
Miller, Elizabeth A., Vol II
O'Dea, Shane, Vol II
Ommer, Rosemary, Vol I
Pitt, David G., Vol II
Rompkey, Ronald G., Vol II

Memphis Theological Seminary, Memphis
Dekar, Paul R., Vol IV
McKim, Donald K., Vol IV
Todd, Virgil H., Vol IV

Mendocino College, Ukiah
Hock, Roger R., Vol V

Menlo College, Atherton
Faulkenberg, Marilyn, Vol II
Waddell, James, Vol I, IV

Mennonite Brethren Biblical Seminary, Fresno
Geddert, Tim J., Vol IV
Martens, Elmer Arthur, Vol IV

Merced College, Merced
Cabezut-Ortiz, Delores, Vol II
Hallman, Max, Vol IV

Mercer County Community College, Trenton
Levin, David S., Vol I
Mezei, Regina A., Vol IV
Richman, Stephen, Vol III

Mercer University, Cecil B. Day Campus, Atlanta
Culpepper, R. Alan, Vol IV
Ross, Peter A., Vol V

Mercer University, Macon
Cass, Michael Mcconnell, Vol I, II
Cockfield, Jamie H., Vol I
Dunaway, John Marson, Vol III
Fontenot, Chester J., Vol II
Hester, D. Micah, Vol IV
Masanat, Lydia, Vol III
Richardson, Gary A., Vol II
Staton, Cecil P., Vol IV
Watson, James Shand, Vol IV
Zompetti, Joseph P., Vol II

Mercy College, Dobbs Ferry
D'heurle, Adma J., Vol V
Ephraim, Charlesworth W., Vol IV
Foster, James Hadlei, Vol IV
Gocking, Roger, Vol I
Shiels, Frederick L., Vol IV
Slater, Peter Gregg, Vol I

Mercyhurst College, Erie
Adovasio, J. M., Vol V
Christensen, Karen L., Vol III

Meredith College, Raleigh
Huber, R. John, Vol V
Maldonado-Deoliveira, Debora, Vol III
Price, William, Vol I

Merrimack College, North Andover
Ford, Peter Anthony, Vol I
Kitts, Margo, Vol IV
Ledoux, Arthur O'brien, Vol IV

Merritt College, Oakland
Beasley, A., Vol IV

Mesa Community College, Mesa
Bilodeau, Brenda, Vol II

Mesa State College, Grand Junction
Bailey, Velda, Vol V
Djos, Matts G., Vol II

Messenger College
Costley, Kevin, Vol V

Messiah College, Grantham
Davis, Edward B., Vol I
Kraybill, Donald B., Vol V
Lagrand, James B., Vol I
Sawatsky, Rodney James, Vol I, IV
Sider, Morris, Vol IV
Tettah, Joshua, Vol V

Methodist College, Fayetteville
Murray, Peter, Vol I
Potts, Michael, Vol IV
Wilson, Norman J., Vol I

Methodist Theological School in Ohio, Delaware
Smith, Ervin, Vol IV
Tannehill, Robert C., Vol IV

Metropolitan Museum of Art
Avery, Kevin J., Vol I
Davis, Elliot Bostwick, Vol I
Muscarella, Oscar White, Vol I

Metropolitan State College of Denver, Denver
Altherr, Thomas L., Vol I
De Baca, Vincent C., Vol I
Doepke, Frederick C., Vol IV
Finken, Bryan W., Vol IV
Friedland, Julian, Vol IV
Glatz, Lawrence F., Vol III
Lang-Peralta, Linda, Vol II
Monnett, John, Vol V
Ranwez, Alain Daniel, Vol III
Schofield, H., Vol I
Watson, Mary Ann, Vol V

Metropolitan State University, St. Paul
Mathews, Mark William, Vol IV

Miami University, Oxford
Baird, Jay Warren, Vol I
Biran, Mia W., Vol V
Branch, Edgar Marquess, Vol II
Brock, James W., Vol II
Clark, James Drummond, Vol II
Coakley, Jean Alexander, Vol II
Coakley, Thomas M., Vol I
del Valle, Jose, Vol III
Dolan, Frances E., Vol II
Domino, Brian, Vol IV
Ellison, Curtis William, Vol I
Erlich, Richard D., Vol II
Fahey, David Michael, Vol I
Forshey, Harold Odes, Vol IV
Fox, Alice, Vol II
Friedenberg, Robert Victor, Vol II
Fryer, Judith, Vol I, II
Frymier, Ann Bainbridge, Vol II
Fuller, Mary J., Vol II
Goldy, Charlotte Newman, Vol I
Harwood, Britton James, Vol II
Inness, Sherrie A., Vol II
Jackson, W. Sherman, Vol I
Joseph, Alfred, Vol V
Kane, Stanley G., Vol I, IV
Kelly, Jim Kelly, Vol IV
Kimball, Jeffrey P., Vol I
Kirby, Jack Temple, Vol I
Matteo, Sante, Vol III
McKenna, William R., Vol IV
McKinney, Mark, Vol III
Momeyer, Rick, Vol IV
Newell, William H., Vol IV
O'Brien, Michael, Vol I
Ortiz, Mario A., Vol III
Pappu, Rama Rao, Vol IV
Pedroni, Peter, Vol III
Plater, Edward M. V., Vol III
Rejai, Mostafa, Vol IV
Roberts, Anna, Vol III
Rose, Peter Wires, Vol II, III
Runyon, Randolph Paul, Vol I, III
Sanabria, Sergio Luis, Vol I
Sandro, Paul Denney, Vol III
Seidel, Asher M., Vol IV
Sosnoski, James Joseph, Vol II
Southard, Edna Carter, Vol I
Stiles, William B., Vol V
Strauss, Jonathan, Vol III
Swanson, Maynard William, Vol I
Thurston, Robert, Vol I
Tidwell, John Edgar, Vol II
Ward, Roy Bowen, Vol IV
White, John Hoxland, Vol I
Williams, Peter W., Vol IV
Winkler, Allan M., Vol I
Wortman, William A., Vol II
Yamauchi, Edwin Masao, Vol I, III
Ziolkowski, Margaret C., Vol III, V

Miami University-Hamilton Campus
Krafft, John M., Vol II
Womack, Whitney, Vol II

Miami University-Middletown Campus
Lewiecki-Wilson, Cynthia B., Vol V

Miami-Dade Community College, Miami
Demko, David, Vol V
Lenaghan, Michael J., Vol I, IV
Meza, Alberto, Vol I
Robinson, Christine A., Vol II
Verschoor, Charles V., Vol V

Michigan Public Health Institute
Roberto, Anthony J., Vol II

Michigan State University, East Lansing
Abbott, B., Vol III
Achmitt, Neal W., Vol V
Allen, William Barclay, Vol IV
Athanason, Arthur Nicholas, Vol II
Barrows, Floyd Dell, Vol I
Blackburn, Terence L., Vol IV
Bresnahan, Roger J. Jiang, Vol II
Bunge, Nancy Liddell, Vol II
Busch, Lawrence M., Vol V
Byron, Kristine Ann, Vol I, III
Christian, Amy, Vol IV
Compitello, Malcolm Alan, Vol III
Donakowski, Conrad L., Vol I, II, IV
Dulai, Surjit Singh, Vol I, III
Fernandez, Ramona E., Vol II
Finifter, Ada Weintraub, Vol IV
Fiore, Robert L., Vol III
Fishburn, Katherine Richards, Vol II
Fisher, Alan Washburn, Vol I
Flanagan, Maureen Anne, Vol I
Fogel, Jerise, Vol II, III
Francese, Joseph, Vol II, III
Gochberg, Donald S., Vol II
Graham, W. Fred, Vol I, IV
Gray, Eugene Francis, Vol III
Greenberg, Bradley, Vol II
Grimes, John A., Vol IV
Hall, Richard John, Vol IV
Hall, Ronald, Vol V
Haltman, Kenneth, Vol I
Hawthorne, Berton J., Vol V
Hudson, Robert Vernon, Vol I, II
Huzar, Eleanor Goltz, Vol I
Imamura, Shigeo, Vol III, V
Josephs, Herbert, Vol III
Julier, Laura S., Vol II
Juntune, Thomas William, Vol III
Karon, Bertram Paul, Vol V
Konvitz, Josef Wolf, Vol I
Koppisch, Michael Seibert, Vol III
Korth, Philip Alan, Vol I
Kotzin, Rhoda Hadassah, Vol IV
Kronegger, Maria Elisabeth, Vol III
Lammers, Donald N., Vol I
Landrum, Larry N., Vol II
Laurence, Richard Robert, Vol I
LeBlanc, Albert, Vol II, V
Lee, Robert E., Vol V
Levine, Peter D., Vol I
Lunde, Erik Sheldon, Vol I, II
Manning, Peter K., Vol V
Mansour, George Phillip, Vol III
Marcus, Harold G., Vol I
Matthews, Roy T., Vol I
McCracken, Charles James, Vol IV
Mcguire, Philip Carroll, Vol II
Meiners, Roger K., Vol II
Miller, Douglas T., Vol I
Miller, Vernon D., Vol II
Nails, Debra, Vol IV
Nalla, Mahesh K., Vol IV
Nelson, James L., Vol IV
Noverr, Douglas Arthur, Vol I, II
Paananen, Victor N., Vol II
Pennock, Robert T., Vol IV
Perlstadt, Harry, Vol V
Platt, Franklin Dewitt, Vol I
Porter, Laurence M., Vol III
Prestel, David K., Vol III
Pyle, Ralph, Vol V
Resig, Michael D., Vol IV
Robinson, David W., Vol I
Schlesinger, Joseph Abraham, Vol IV
Schmid, A. Allan, Vol IV
Schoenl, William J., Vol I
Seadle, Michael S., Vol I, II
Smitherman, Geneva, Vol V
Soltow, James Harold, Vol I
Sowards, Steven W., Vol I, II
Stalker, James Curtis, Vol III
Stewart, Gordon Thomas, Vol I
Stockman, Ida J., Vol II
Suter, Ronald, Vol IV
Sweet, Paul Robinson, Vol I
Thomas, Samuel Joseph, Vol I
Uphaus, Robert Walter, Vol II
Varg, Paul Albert, Vol I
Versluis, Arthur, Vol II
von Eye, Alexander A., Vol V
Wakoski, Diane, Vol II
Yates, Donald Alfred, Vol III
Ziewacz, Lawrence E., Vol I

Michigan Technological University, Houghton
Erikson, Fritz John, Vol V
Gill, Glenda E., Vol I, II
Reynolds, Terry S., Vol I
Seely, Bruce E., Vol I
Sullivan, Dale L., Vol II
Whitt, Laurie A., Vol IV

Mid-America Baptist Theological Seminary Northeast Branch, Colonie, New York
McClain, T. Van, Vol III, IV

Mid-America Baptist Theological Seminary, Germantown
Cox, Steven L., Vol IV
Miller, Stephen R., Vol IV

Mid-Continent Baptist Bible College, Mayfield
Mason, William E., Vol II

Middle Georgia College, Cochran
Wilson, Mary, Vol I

Middle Tennessee State University, Murfreesboro
Anton, Harley F., Vol I, V
Bader, Carol H., Vol V
Bombardi, Ronald Jude, Vol IV
Brantley, William, Vol II
Brookshire, Jerry, Vol I
Clark, Bertha Smith, Vol II
Conard, Rebecca, Vol I
Harper, A. Dianne, Vol III
Huhta, James Kenneth, Vol I
Hutcheson, Thom, Vol II
McCash, June, Vol III
Ostrowski, Carl, Vol II
Sherman, Theodore, Vol II
Staples, A., Vol I
Sullivan, Sheila J., Vol II
Walker, David E., Vol II
West, Carroll V., Vol I

Middlebury College, Middlebury
Andreu, Alicia Graciela, Vol III
Bates, Stanley P., Vol IV
Berninghausen, John, Vol III
Carney, Raymond, Vol II
Davydov, Sergei, Vol III
DiGiacomo, Susan, Vol V
Elder, John, Vol II
Endicott, Elizabeth, Vol I
Ferm, Robert L., Vol IV
Huber, Thomas, Vol III
Jacobs, Travis B., Vol I
Keenan, John P., Vol IV
Knox, Edward Chapman, Vol III

Lamberti, Marjorie, Vol I
Macey, David A. J., Vol I
Margolis, Gary, Vol V
Matthias, Bettina Ulrike, Vol III
McWilliams, John P., Vol II
Millier, Brett, Vol II
Monod, Paul, Vol I
Moran, Thomas Hillcrest, Vol III
Potts, Cassandra W., Vol I
Ralph, James R., Vol I
Rockefeller, Steven C., Vol I, IV
Schaumann, Caroline, Vol III
Schine, Robert S., Vol IV
Sonderegger, Katherine, Vol IV
Sparks, Kimberly, Vol III
Waldron, William S., Vol IV
Waters, Neil L., Vol I
West, James L., Vol I
Wyatt, Don, Vol I
Yarbrough, O. Larry, Vol IV
Yu, Clara, Vol III
Zenteno, Gloria Estela Gonzalez, Vol III

Middlesex Community College, Bedford
Keller, Jill Lenett, Vol II

Middlesex County College, Edison
Blanco, Virgil H., Vol III
Manogue, Ralph Anthony, Vol II
Nagy, Karoly, Vol V

Midland College, Midland
Goodyear, Russell, Vol IV, V
Wynn, Dianna, Vol II

Midland Lutheran College, Fremont
Russell, William R., Vol IV

Midwestern Baptist Theological Seminary, Kansas City
Andrews, Stephen J., Vol III
Cogdill, James, Vol IV
Howell, John C., Vol IV
McCarty, Doran Chester, Vol IV
Miles, Delos, Vol IV

Midwestern State University, Wichita Falls
Arnoult, Sharon L., Vol I
Brown, Harry Matthew, Vol II
Hoggard, James Martin, Vol II
Kindig, Everett W., Vol I
Smith, Evans L., Vol II, III

Midwestern University, Downers Grove
Taylor, Arvilla Kerns, Vol II

Miles College, Birmingham
Johnson, Leroy, Vol V

Miles Community College, Miles City
Engel, Scott, Vol V

Millersville University of Pennsylvania, Millersville
Bremer, Francis John, Vol I
Carballo, Robert, Vol II
Clark, Linda L., Vol I
Downey, Dennis B., Vol I
Duncan, Bonnie I., Vol II
Hopkins, Leroy Taft, Jr., Vol II, III
Miller, Steven Max, Vol II
Oppenheimer, Fred E., Vol III
Pucci, Frank J., Vol I
Schneller, Beverly, Vol II
Shields, Kenneth, Vol II
Skitter, Hans Gunter, Vol III
Thompson, Stephen A., Vol I
Thornton, John K., Vol I
Tirado, Thomas C., Vol I
Winter, John Ellsworth, Vol IV, V

Milligan College
Farmer, Craig S., Vol I, IV
Kenneson, Philip D., Vol IV
Wainer, Alex, Vol II

Millikin University, Decatur
Detmer-Groebel, Emily, Vol II
Jacobs, Jo Ellen, Vol IV
Mittal, Sushil, Vol I, IV, V

Mills College, Oakland
Abinader, Elmaz, Vol II
Anderson, Robert T., Vol V
Bernstein, JoAnne G., Vol I
Bloch, Chana, Vol II
Caufield, Carlota, Vol III
Cavallari, Hector Mario, Vol I, III
Clegg, Jerry Stephen, Vol IV
Gordon, Bertram M., Vol I
Kahn, Madeleine, Vol II
Micco, Melinda, Vol V
Milowicki, Edward John, Vol II
Moody, Linda A., Vol IV
Potter, Elizabeth, Vol V
Ratcliffe, Stephen, Vol II
Roth, Moira, Vol I
Russell, Diana Elizabeth H., Vol V
Santana, Deborah Berman, Vol V
Scheinberg, Cynthia, Vol II
Sheldon, Marianne Buroff, Vol I
Siekhaus, Elisabeth, Vol I, III
Strychacz, Thomas, Vol II
Williams, Bruce, Vol V

Millsaps College, Jackson
Ammon, Theodore G., Vol I, IV
Brown, Kristen M., Vol I, IV
Freis, Catherine Ruggiero, Vol II, III
Freis, Richard, Vol III
Gleason, Michael, Vol III
Krabbe, Judith, Vol II, III
Marrs, Suzanne, Vol II
McElvaine, Robert S., Vol I
Miller, Greg, Vol II
Mitias, Michael Hanna, Vol IV
Olivia, Leonora, Vol III
Sallis, Charles, Vol I, V
Smith, Steven G., Vol I, IV
Thaw, Kurt A., Vol V
Wilson, L. Austin, Vol II

Milwaukee Area Technical College, Milwaukee
Connelly, Mark, Vol II

Minneapolis Community and Technical College, Minneapol
Winters, Donald, Vol I, II

Minnesota Bible College, Rochester
Davis, Christopher A., Vol IV

Minnesota State University, Mankato
Cronn-Mills, Daniel, Vol II
Friend, Donald A., Vol I
Langston, Donna Hightower, Vol V
Larsson, Donald, Vol II
Lindberg, John, Vol II
Lopez, Jose Javier, Vol I
Postma, Johannes, Vol I
Wicker, Nancy L., Vol I

Minnesota State University, Moorhead
Hong, Chang-Seong, Vol IV

Minnesota State University, St. Paul
Berg, James J., Vol V

Minot State University, Minot
Catel, Mylene, Vol III

Mississippi College, Clinton
Fant, Gene C., Jr., Vol II, V
Lytal, Billy D., Vol II
Martin, Charles Edward, Vol III
Miller, David G., Vol II

Mississippi College, Jackson
Bennett, Patricia W., Vol IV
McIntosh, Phillip L., Vol IV

Mississippi State University, Mississippi State
Bartkowski, John, Vol V
Bell, William Dudley, Vol I
Blaney, Benjamin, Vol III
Boyd, Robert, Vol V
Chatham, James Ray, Vol III
Emplaincourt, Edmond Arthur, Vol III
Godbold, E. Stanly, Vol I
Grill, Johnpeter Horst, Vol I
Huttenstine, Marian L., Vol II
Lytle, Timothy F., Vol IV
Marszalek, John Francis, Vol I
McClung, William A., Vol II
Nybakken, Elizabeth I., Vol I
Obringer, Stephen, Vol V
Parrish, William E., Vol I
Person, William Alfred, Vol V
Scott, Roy V., Vol I
Smith, Jonathan, Vol II
Swain, Martha Helen, Vol I
Williams, Carolyn Chandler, Vol V
Wiltrout, Ann Elizabeth, Vol III
Wolverton, Robert E., Vol II, III
Woodrow-Lafield, Kare, Vol V

Mississippi University For Women, Columbus
Bartlett, Sandra, Vol I
Bean, Suzanne M., Vol V
Donat, Patricia, Vol V
Smith, Gail K., Vol II

Mississippi Valley State University, Itta Bena
Nelson, Dorothy J. Smith, Vol V
Zheng, Jianqing, Vol II

Missouri Baptist College, St. Louis
Bagley, Mary, Vol II

Missouri Southern State College, Joplin
Denniston, Elliott Averett, Vol II
Marlowe, Ann, Vol II
Massa, Richard Wayne, Vol II
Murdock, Gwendolyn K., Vol V
Saltzman, Arthur Michael, Vol II

Missouri Valley College, Marshall
Gruber, Loren C., Vol II

Missouri Western State College, St. Joseph
Kepler, Jon S., Vol I
Malone, Edward A., Vol II

Modesto Junior College, Modesto
Morris, Bernard E., Vol II

Mohawk Valley Community College, Utica
Gifford, James J., Vol II
Labuz, Ronald, Vol II
Searles, George J., Vol II

Molloy College, Rockville Centre
Foster, Matthew, Vol IV
Pickman-Gertz, Charlotte, Vol III

Monmouth College, Monmouth
Cordery, Simon, Vol I, IV
Cordery, Stacy A. Rozek, Vol I
De Young, James, Vol II
Grahe, Jon E., Vol V
Urban, William Lawrence, Vol I

Monmouth University, West Long Branch
Dell, Chad E., Vol II
Greenberg, Brian, Vol I
Mitchell, William P., Vol V
Pearson, Thomas Spencer, Vol I
Schwerin, Alan, Vol IV
Stam, James H., Vol IV
Stunkel, Kenneth Reagan, Vol I

Monroe Community College, Rochester
French, Henry P., Jr, Vol I, IV
Laidlaw, Elizabeth Santana, Vol IV
Lansky, Lewis, Vol I

Montana State University, Billings
Frigulietti, James, Vol I
Gross, Daniel D., Vol II
Jensen, Theodore Wayne, Vol III
Schaffer, Deborah, Vol III

Montana State University, Bozeman
Aldred, Lisa, Vol I
Brown, Alanna Kathleen, Vol II
Coffey, Jerome Edward, Vol III
Jelinski, Jack Bernard, Vol III
Mentzer, Raymond A., Vol I
Metz, Walter C., Vol II
Monaco, Paul, Vol II
Mullen, Pierce C., Vol I
O'Donnell, Victoria, Vol II
Pinet, Christopher, Vol III
Poster, Carol, Vol II
Rydell, Robert William, Vol I
Safford, Jeffrey Jaeger, Vol I
Smith, Billy G., Vol I
Stadtlander, Leann (Lee) M., Vol V
Steen, Sara Jayne, Vol II
Thomas, Amy M., Vol II
Wessel, Thomas Roger, Vol I, V
Witkin-New Holy, Alexandra, Vol V

Montana State University, Havre
Gilmartin, Brian G., Vol V

Montclair State University, Upper Montclair
Benfield, David William, Vol IV
Brewton, Butler E., Vol II
Cray, Robert, Vol I
Flint, Marcha, Vol V
Gencarelli, Thomas F., Vol II
Haupt, Edward, Vol V
Kelly, David H., Vol III
Lang, Gerhard, Vol V
Lipman, Matthew, Vol IV
Mintz, Donald, Vol II
Newman, Geoffrey W., Vol II
Oppenheim, Lois B., Vol III
Pastor, Peter, Vol I
Principe, D. Del, Vol III
Rambaldo, Ana M., Vol III
Schlant, Ernestine, Vol III
Schwartz, Joel, Vol I
Townsend, David J., Vol V
Zimmer, Louis Bernard, Vol I

Monterey Institute of International Studies, Monterey
Cooper, Danielle Chavy, Vol I, III
Glon, Daniel, Vol III
Strolle, Jon M., Vol III

Monterey Peninsula College, Monterey
Nitsche, Richard, Vol II, III, V

Montgomery College, Rockville
Annis, James L., Vol I
Goldenberg, Myrna, Vol II
Okechukwu, Chinwe C., Vol II

Montgomery College, Takoma Park
Bevin, Teresa, Vol V
Dunn, Annie M., Vol V
Giron, Robert L., Vol II

Montgomery County Community College, Blue Bell
Baron, Steven H., Vol V
Scheponik, Peter C., Vol II

Montserrat College of Art, Beverly
Arnold, Gordon, Vol V

Moody Bible Institute, Chicago
Lee, Johng O., Vol IV, V
Park, Kyeong-Sook, Vol IV

Moorhead State University
Benson, John E., Vol V
Hanson, Colan T., Vol II
Harris, Paul, Vol I
Johnson, Leroy Ronald, Vol I
Kaplan, James Maurice, Vol III
Schoen, Jill, Vol V

Moorpark College
Daurio, Janice, Vol IV
Kairschner, Anne J., Vol II

Moraine Valley Community College, Palos Hills
Porter, Joyce K., Vol II
Silk, William, Vol IV, V

Moravian College, Bethlehem
Baehr, Amy R., Vol IV
Kohls, Winfred A., Vol I
Loengard, Janet Senderowitz, Vol I
Radycki, Diane, Vol I
Remer, Rosalind, Vol I
Stinson, Robert William, Vol I, II

Morehead State University
Blair, Robert G., Vol V
Leroy, Perry Eugene, Vol I
Mangrum, Franklin M., Vol IV
Sato, Toru, Vol V
Sprague, Stuart Seely, Vol I
Swank, Eric W., Vol V

Morehouse College, Atlanta
Blumenthal, Anna, Vol II
Carter, Lawrence E., Sr., Vol IV
Clayton, Obie, Vol V
Conwill, Giles, Vol IV
Ervin, Hazel A., Vol II
Hajjar, Lisa, Vol V
Hallen, Barry, Vol IV
Hornsby, Alton, Vol I
Larebo, Haile, Vol I
Pickens, William Garfield, Vol II
Watts, Anne Wimbush, Vol V
Williams, Emily A., Vol II

Morgan State University, Baltimore
Barrett-Larimore, Rita L., Vol V
Chapelle, Suzanne E. G., Vol I
Chikeka, Charles, Vol I
Faulcon, Clarence Augustus, II, Vol II
Ham, Debra Newman, Vol I
Hawthorne, Lucia Shelia, Vol II
Haynes, James H., Vol V
Phillips, Glenn Owen, Vol I
Serequeberhan, Tsenay, Vol IV
Sheffey, Ruthe G., Vol II
Sweeney, John Albert, Vol II
Terborg-Penn, Rosalyn M., Vol I
Walker, Ernestein, Vol I

Morningside College, Sioux City
Coyne, Stephen, Vol II
Lawrence, John Shelton, Vol IV

Morris Brown College, Atlanta
Frazier, Earlene, Vol III
Marsh, Clifton, Vol I, V
Myers, Johnnie D., Vol IV
Price, Charles Eugene, Vol IV

Morris College, Sumter
McCauley, Terita, Vol V

Mott Community College
Hayes-Scott, Fairy Cesena, Vol II
Shafer, Gregory, Vol II

Mount Allison University, Sackville
Adams, Graham, Jr., Vol I
Bamford, Karen V., Vol II
Godfrey, William Gerald, Vol I
Lapp, Robert Keith, Vol II
Lochhead, Douglas Grant, Vol II
MacMillan, Carrie H., Vol II
Parent, Mark, Vol IV
Stark, James A., Vol II
Vogan, Nancy F., Vol II

Mount Angel Seminary, Saint Benedict
McHatten, Mary Timothy, Vol IV

Mount Holyoke College, South Hadley
Berkey, Robert Fred, Vol IV
Burns, Michael, Vol I
Castilla, Alberto, Vol III
Collette, Carolyn Penney, Vol II
Crosthwaite, Jane Freeman, Vol I, IV
Farnham, Anthony Edward, Vol II, III
Ferm, Deane William, Vol IV
Gelfand, Elissa Deborah, Vol I, V
Gudmundson, Lowell, Vol I
Herbert, Eugenia Warren, Vol I
Hill, Eugene David, Vol I, II
Kesterson, David Bert, Vol II
Mazzocco, Angelo, Vol III
Ramsey, Patricia G., Vol V
Townsley, Eleanor R., Vol V
Weber, Donald, Vol II
Yamashita, Tadanori, Vol IV

Mount Marty College, Yankton
Ferris, Alan, Vol V
Frigge, S. Marielle, Vol IV
Kessler, Ann Verona, Vol I, IV
Neville, Mary Eileen, Vol II

Mount Mary College, Milwaukee
Conlon, James J., Vol IV
Foley, Mary Briant, Vol I
Hockenbery, Jennifer D., Vol IV
Siegel, Kristi, Vol II

Mount Mercy College, Cedar Rapids
Grove, James Paul, Vol II
Martin, Charlotte Joy, Vol IV

Mount Olive College, Mount Olive
Lamm, Alan K., Vol I, IV

Mount Royal College
Jensen, Debra J., Vol IV

Mount Saint Mary College, Newburgh
Saldivar, Toni, Vol II

Mount Saint Mary's College and Seminary, Emmitsburg
Campbell, John W., Vol V
Collinge, William Joseph, Vol IV
Conway, Gertrude D., Vol IV
Craft, William, Vol II
Donovan, John F., Vol IV
Dorsey, Peter, Vol II
Drummond, John J., Vol IV
Ducharme, Robert, Vol II
Gandal, Keith, Vol II
Hamel, Mary, Vol II
Heath, William, Vol II
Johnson, Curtis, Vol I, IV
Kalas, Robert, Vol I
Krysiek, James Stephen, Vol I
Malone, Martin J., Vol V
McDonald, Patricia M., Vol IV
Portier, William L., Vol IV
Rupp, Teresa, Vol I
Selner-Wright, Susan C., Vol IV
Whitman, T. Stephen, Vol I
Wright, Terrence C., Vol II, IV

Mount Saint Vincent University, Halifax
Anthony, Geraldine, Vol II
McKenna, Mary Olga, Vol V
Stanley, Della M. M., Vol I

Mount Senario College, Ladysmith
Lewis, Thomas T., Vol I

Mount St. Mary's College, Los Angeles
Grisez, Germain, Vol IV
Michael, Aloysius, Vol IV

Mount Union College, Alliance
Carr, Thomas, Vol IV
Dorsey, Scott W., Vol II
Gravlee, G. Scott, Vol IV
Harris, Victoria, Vol II
Miskell, Jerry, Vol II
Olin-Hitt, Michael, Vol II
Tidman, Paul, Vol IV

Mount Vernon Nazarene College, Mount Vernon
Cubie, David Livingston, Vol IV

Mountain Empire Community College, Big Stone Gap
Quillen, Rita S., Vol II

Mountain View College, Dallas
Mount, George, Vol V

Muhlenberg College, Allentown
Gossai, Hemchand, Vol IV
Kipa, Albert Alexander, Vol III
Malsberger, John William, Vol I
McVeigh, Frank J., Vol V
Vos, Nelvin Leroy, Vol II, IV
Wilson, Daniel Joseph, Vol I

Multnomah Bible College and Biblical Seminary, Portland
Lubeck, Ray, Vol IV

Mundelein Seminary
Lodge, John G., Vol IV

Murray State College, Tishomingo
Rodden, Kirk A., Vol IV

Murray State University, Murray
Cartwright, Joseph Howard, Vol I
Cella, Charles Ronald, Vol II
Cohen, Michael Martin, Vol II
Foreman, Terry Hancock, Vol IV
Keller, Howard Hughes, Vol III
Miller, Thomas W., Vol V
Mulligan, William, Vol I
Osborne, Carol D., Vol II
Wylder, Delbert E., Vol II

Museum Exposition Park
Chaput, Donald, Vol I

Museum of Modern Art
Riley, Terence, Vol I

Muskingum College, New Concord
Barrett, J. Edward, Vol IV
Fisk, William Lyons, Vol I
McClelland, William Lester, Vol I, IV
Nutt, R., Vol I, IV
Schultz, William J., Vol II
Sturtevant, David Reeves, Vol I

Napa Valley College
Bunch, Richard Alan, Vol I
Francoz, Marion, Vol II

Nassau Community College, Garden City
Blake, James Joseph, Vol II
Cunsolo, Ronald S., Vol I
Doyle, Paul A., Vol II
Eisner, Wendy, Vol V
James, Marquita L., Vol IV
Jenkins, Kenneth Vincent, Vol II
Kallaur, Constantine H., Vol III
Kliman, Bernice W., Vol II
Mann, Maria A., Vol III
McNair, Marcia, Vol II
Okoampa-Ahoofe, Kwame, Jr, Vol II
Silverman, Jay R., Vol II
Skidell, Myrna, Vol V
Varacalli, Joseph A., Vol V
Yezzo, Dominick, Vol II

National Bureau of Economic Research
Lipsey, Robert E., Vol IV

National Foreign Language Center
McGinnis, Scott G., Vol III

National Gallery of Art
Greenough, Sarah, Vol I
Wheelock, Arthur K., Jr., Vol I

National Gallery of Canada
Pauli, Lori, Vol I
Routledge, Marie I., Vol I
Tovell, Rosemarie, Vol I

National Humanities Center
Connor, W. Robert, Vol II, III

National Institute for the Psychotherapies
Fosshage, James L., Vol V

National Institute of Education
Engel, Martin, Vol V

National Institutes of Health
Sreenivasan, Gopal, Vol IV

National Library of Medicine
Cassedy, James Higgins, Vol I
Sappol, Michael, Vol I
Waserman, Manfred, Vol I, II

National Science Foundation
England, James Merton, Vol I
Hollander, Rachelle D., Vol IV
Oglesby, James Robert, Vol V

National Technical Institute for Deaf
Carmel, Simon J., Vol V
Lylak, Eugene, Vol II

National University of Singapore
Landow, George Paul, Vol I, II

Naugatuck Valley Community-Technical College, Waterbury
O'Donnell, Kim, Vol V

Naval Historical Center
Crawford, Michael John, Vol I
Dudley, William Sheldon, Vol I

Naval War College, Newport
Liotta, Peter H., Vol IV

Nazarene Theological Seminary, Kansas City
Deasley, Alex R. G., Vol IV
Raser, Harold E., Vol IV

Nazareth College of Rochester, Rochester
Dooley, Deborah, Vol II
Kneeland, Timothy W., Vol I
Madigan, Mark J., Vol II

Nebraska Christian College, Norfolk
Donaldson, Daniel J., Vol IV
Huddleston, Mark, Vol IV

Nebraska Wesleyan University, Lincoln
Heckman, Peter, Vol IV
Meininger, Robert Alan, Vol III
Naugle, Ronald C., Vol I

Neighborhood Institute
Lightfoot, Jean Harvey, Vol II

Neosho County Community College, Chanute
Underwood, Willard A., Vol II

New Brunswick Theological Seminary
Coakley, John, Vol I, IV
Ellis, Edward Earle, Vol I, IV

New College of The University of South Florida, Sarasota
Andrews, Anthony P., Vol I, V
Doenecke, Justus D., Vol I
Snyder, Lee Daniel, Vol I

New England Bible College
Keay, Robert, Vol IV

New England College, Henniker
Crafts, Amy, Vol V

New England Historical Genealogical Society
Bell, James Brugler, Vol I

New England School of Law, Boston
Chester, Ronald, Vol IV
Engler, Russell, Vol IV, V

Fischer, Thomas C., Vol IV
Moreno, Joelle, Vol IV

New Hampshire College, Manchester
Begiebing, Robert J., Vol II
Kinsman, Lawrence, Vol II

New Jersey City University
Hamilton, Harlan, Vol II
Ohiwerei, Godwin, Vol V

New Jersey Institute of Technology, Newark
Coppola, Nancy, Vol II
Kimmelman, Burt, Vol II
Lyngstad, Sverre, Vol II
O'Connor, John E., Vol I
Schweizer, Karl W., Vol V

New Mexico Highlands University, Las Vegas
Lohrli, Anne, Vol II

New Mexico State University, Las Cruces
Billington, Monroe, Vol I
Blum, Albert A., Vol I
Crabtree, Robbin D., Vol II
Del Campo, Robert L., Vol V
Dubois, Betty Lou, Vol III
Eamon, William, Vol I
Hart, Susan J., Vol V
Jacobs, Margaret D., Vol I
Jensen, Joan Maria, Vol I
Ketchum, Richard J., Vol IV
Malamud, Margaret, Vol I
Matray, James Irving, Vol I
Newman, Edgar Leon, Vol I
Robinson, William I., Vol V
Rundell, Richard Jason, Vol III
Sallee, Alvin L., Vol V
Vaughan, Stephanie L., Vol V
Winfree, L. Thomas, Jr, Vol IV, V
Zakahi, Walter R., Vol II

New Orleans Baptist Theological Seminary
Barlow, Jerry N., Vol IV
Eskew, Harry Lee, Vol I, II

New School for Social Research, New York
Bernstein, Richard J., Vol IV
Birns, Nicholas B., Vol II
Dasgupta, Nilanjana, Vol V
Farganis, James, Vol V
Friedlander, Judith, Vol V
Gibaldi, Joseph, Vol II, III
Heller, Agnes, Vol IV
Miller, James, Vol IV
Nikulin, Dmitri, Vol IV
Terezakis, Katie, Vol IV
Yovel, Yirmiyahu, Vol IV
Zolberg, Vera L., Vol V

New York City Technical College of The City University of New York
Rivers, Louis, Vol II

New York Law School
Benson, Lenni B., Vol IV
Franck, Thomas M., Vol IV
Gross, Karen, Vol IV
Lieberman, Jethro K., Vol IV
Matasar, Richard, Vol IV
Purcell, E. A., Vol I, IV

New York Theological Seminary
Gottwald, Norman Karol, Vol IV
Han, Jin Hee, Vol IV
Irvin, Dale T., Vol IV
Webber, George Williams, Vol IV

New York University
Affron, Charles M., Vol III
Aiello, T., Vol V
Amsterdam, Anthony G., Vol IV
Anderson, Helene M., Vol III
Aull, Felice, Vol V
Baker, Paul R., Vol I
Ben-Ghiat, Ruth, Vol I
Benardete, Seth Gabriel, Vol II, III
Bender, Thomas, Vol I
Bernard, Claudie, Vol II
Bishop, Thomas, Vol III
Block, Ned, Vol IV
Boghossian, Paul, Vol IV
Bonfante, Larissa, Vol I
Bonomi, Patricia Updegraff, Vol I
Brown, Jonathan M., Vol I
Campbell, Mary Schmidt, Vol I
Cantor, Norman Frank, Vol I, IV, V
Carrera, Alessandro, Vol III
Carroll, Linda M., Vol II
Chelkowski, Peter Jan, Vol III
Chusid, Martin, Vol II
Claster, Jill Nadell, Vol I
Cohen, Robert, Vol III
Collins, Christopher, Vol II
Costello, John Robert, Vol III
Dane, Barbara, Vol V
de Schaepdrijver, Sophie, Vol I
Deakins, Roger Lee, Vol II
Dean, Warren, Vol I
Dilts, Mervin R., Vol II, III
Dore, Florence W., Vol II
Doubrovsky, Serge, Vol III
Dougherty, Ray Cordell, Vol III, IV
Eisenstadt, Peter, Vol I
Eisler, Colin, Vol I
Eustice, James S., Vol IV
Feldman, Yael S., Vol IV
Field, Hartry, Vol IV
Fisherkeller, JoEllen, Vol II, V
Frankel, Margherita, Vol III
Gaull, Marilyn, Vol II
Geistfeld, Mark, Vol IV
Gerson, Kathleen, Vol V
Gilman, Ernest B., Vol II
Globerman, Erma, Vol V
Goldberger, Leo, Vol V
Gordon, Linda, Vol I
Griffin, Dustin, Vol II
Gross, Irena Grudzinska, Vol III
Haynes, Holly, Vol II, III
Hertzberg, Arthur, Vol I
Heyns, Barbara, Vol V
Hicks, David L., Vol I
Hoover, David Lowell, Vol II, III
Hull, Richard W., Vol I
Huppauf, Bernd, Vol III
Jackson, Robert Max, Vol V
Jacobs, Carol F., Vol III
Jasso, Guillermina, Vol V
Jimenez-Ramirez, Talia, Vol II
Johnson, Penelope Delafield, Vol I
Joseph, Weiler H. H., Vol IV
Kahan, Marcel, Vol IV
Kamm, Frances Myrna, Vol IV
Kande, Sylvie, Vol III
Katz, Esther, Vol I
Kirshenblatt-Gimblett, Barbara, Vol II
Klibbe, Lawrence H., Vol III
Kneller, John William, Vol III
Krabbenhoft, Kenneth, Vol III
Krinsky, Carol Herselle, Vol I
Kupperman, Karen, Vol I
Lagemann, Ellen Condliffe, Vol I, V
Landau, Sarah Bradford, Vol I
Levy, Darline G., Vol I
Lockridge, Laurence Shockley, Vol II
London, Herbert, Vol I
Low, Anthony, Vol II
Lowenfeld, Andreas F., Vol IV
Lowrie, Michele, Vol II, III
Lynch, Owen, Vol V
Magnuson, Paul Andrew, Vol II
Marincola, John, Vol II, III
Martin, Randy, Vol IV, V
Martinez, H. Salvador, Vol III, IV
Maynard, John Rogers, Vol II
McRae, Mary B., Vol V
Meisel, Perry H., Vol II
Meron, Theodor, Vol IV
Mikhail, Mona, Vol III, V
Miller, Edwin Haviland, Vol II
Murphy, Liam Beresford, Vol IV
Nagel, Thomas, Vol IV
Nash, June C., Vol V
Nolan, Mary, Vol I, V
Oliva, L. Jay, Vol I
Penceal, Bernadette Whitley, Vol II
Peters, Francis Edward, Vol II, IV
Po-Chia Hsia, Ronnie, Vol I
Prager, Jonas, Vol IV
Prince, Carl E., Vol I
Rajagopal, Arvind, Vol I, II, V
Regalado, Nancy Freeman, Vol III
Reid, John P., Vol IV
Rosenblum, Robert, Vol I
Sandler, Lucy Freeman, Vol I
Scaglione, Aldo, Vol II
Scharffenberger, Elizabeth Watson, Vol II
Schechner, Richard, Vol II
Scheeder, Louis, Vol II
Schiffman, Lawrence H., Vol III
Shaviro, Daniel N., Vol IV
Siegel, Jerrold, Vol I
Silverman, Kenneth Eugene, Vol I, II
Sklar, Robert Anthony, Vol I, III
Smith, Mark Stratton, Vol IV
Stimpson, Catharine R., Vol II, V
Straussner, Shulamith Lala, Vol V
Szasz, Paul Charles, Vol IV
Terry, James L., Vol II, V
Trope, Yaacov, Vol V
Tuttleton, James Wesley, Vol II
Unger, Irwin, Vol I
Vitz, Evelyn Birge, Vol III
Walkowitz, Daniel Jay, Vol I
White, Donald Wallace, Vol I, IV
Wosh, Peter J., Vol I
Yellin, Victor Fell, Vol I
Zimmerman, Diane L., Vol IV

Newberry College, Newberry
O'Shea, Michael J., Vol II
Wilson, James Hugh, Vol I

Newberry Library
Austern, Linda, Vol II
Johnston, Mark D., Vol II
Tanner, Helen Hornbeck, Vol I, V

Newman Theological College, Edmonton
Kambeitz, Teresita, Vol IV, V

Newman University
Dietrich, Bryan, Vol II
McCormick, Robert B., Vol I

Newport University
Croke, Prudence Mary, Vol IV

Newschool of Architecture, San Diego
Borstel, Frederico Von, Vol V

Niagara County Community College, Sanborn
Liu, Yu, Vol II
McWhorter, Kathleen T., Vol V

Niagara University
Bonnette, Dennis, Vol IV
Carpenter, Gerald, Vol I
Collington, Phillip D., Vol II
Pinti, Daniel J., Vol II
Waters, Raphael Thomas, Vol IV
Wittebols, James H., Vol II

Nicholls State University, Thibodaux
Bello, Richard S., Vol II
Davis, Albert J., Vol II
Fletcher, Marie, Vol II
Tonn, Anke, Vol II

Nichols College, Dudley
Smith, Thomas G., Vol I
Wagner, Mark G., Vol II

Nipissing University
Janzen, Lorraine, Vol II
Kooistra, John, Vol II
Kruk, Laurie, Vol II
Muhlberger, Steven, Vol I
Plumstead, William, Vol II
Zytaruk, George J., Vol II

Norfolk State University, Norfolk
Bogger, Tommy L., Vol I
Carroll, William, Vol II
Dandridge, Rita Bernice, Vol II
Davis, Katie Campbell, Vol II
Miller, Sheila D., Vol V
Tyler, Gerald DeForest, Vol V

Normandale Community College, Bloomington
Johnson, Willie J., Vol II, V

North American Baptist Seminary, Sioux Falls
Harris, J. Gordon, Vol IV, V
Leslie, Benjamin C., Vol IV

North Carolina Agricultural and Technical State Univer
Alexander, Sandra Carlton, Vol II
Dickerson, Joyce, Vol V
Fonge, Fuabeh P., Vol I
Hayes, Charles Leonard, Vol V
Jennings, Robert Ray, Vol V
Kirk, Wyatt D., Vol V

North Carolina Central University, Durham
Chambers, Julius LeVonne, Vol IV
Clark, Edward Depriest, Sr., Vol II
Davies, James, Vol V
DeBracy, Warren, Vol IV
Dempsey, Joseph P., Vol IV
Jacobs, Sylvia M., Vol I
Joyner, Irving L., Vol IV
Ogede, Ode S., Vol II
Perry, Patsy Brewington, Vol II
Smith, Charles Edison, Vol IV

North Carolina School of the Arts, Winston-Salem
Mathews, Gary, Vol III

North Carolina State University, Raleigh
Banker, James Roderick, Vol I
Champion, Larry Stephen, Vol II
Crisp, James E., Vol I
Crumbley, Deidre H., Vol IV, V
Douglas, Marcia B., Vol II
Gallagher, Victoria J., Vol II
Garson, G. David, Vol IV
Harris, William C., Vol I
Harrison, Antony Howard, Vol II
Hester, Marvin Thomas, Vol II
Holley, Linda Tarte, Vol II
Jaimes, H., Vol II
Mackethan, Lucinda Hardwick, Vol II
Marchi, Dudley M., Vol III
Meyers, Walter Earl, Vol II, III
Middleton, Stephen, Vol I
Miller, Carolyn R., Vol II
Moxley, Robert L., Vol V
Pettis, Joyce, Vol II
Prioli, Carmen A., Vol II
Sack, Ronald H., Vol I
Slatta, Richard W., Vol I
Small, Judy Jo, Vol II
Smith, John David, Vol I
Smoot, Jeanne, Vol II
Sosower, Mark L., Vol II, III
Stern, Irwin, Vol III
Sylla, Edith Dudley, Vol I, IV
Ting, Siu-Man R., Vol V
Tomaskovic-Devey, Barbara A., Vol V
Tyler, Pamela, Vol I
Vincent, K. Steven, Vol I
Witt, Mary Ann Frese, Vol III
Young, Robert Vaughan, Vol II, III
Zonderman, David A., Vol I

North Carolina Wesleyan College, Rocky Mount
Watson, Richard L., Vol I

North Central College, Naperville
Fisher, David Hickman, Vol IV
Gems, Gerald R., Vol V
Kelley, Karl Neal, Vol V
Mueller, Howard Ernest, Vol I, IV

North Central Texas College, Gainesville
Hise, Pat J., Vol II
McDaniel, Gerald, Vol II

North Dakota State University, Fargo
Anderson, Gerald D., Vol I
Burnett, Ann K., Vol II
Danbom, David Byers, Vol I
Goreham, Gary, Vol V
Pearson, Judy C., Vol II
Peterson, Larry R., Vol I
Slobin, Kathleen, Vol V

North Florida Community College, Madison
Mc Cauley, Barbara L., Vol II

North Georgia College and State University
Daigle, Lennet J., Vol II
Pickett, Terry H., Vol I, III
Reese, Mike, Vol IV
Wiedmann, Sally N., Vol IV

North Greenville College, Tigerville
Collier, Cheryl, Vol II

North Hennepin Community College, Minneapolis
Johnston, Barbara J., Vol V
Matsen, William, Vol II

North Illinois Regional Historical Center
Gildemeister, Glen A., Vol I

North Park Theological Seminary, Chicago
Bramer, Paul G., Vol IV
Graham, Stephen R., Vol IV
Koptak, Paul E., Vol II, IV
Snodgrass, Klyne Ryland, Vol IV

North Park University
Bodi, Sonia, Vol II
Gill, David W., Vol IV
Lacava, J., Vol III

Nystrom, David P., Vol I, IV

North Seattle Community College
Diao, Wei, Vol V
Nutting, Maureen M., Vol I

Northeast Community College, Norfolk
Keating, Patrick, Vol II

Northeast Iowa Community College, Calmar Campus
Ernst, John, Vol I

Northeast Iowa Community College, Peosta Campus
Scharnau, Ralph William, Vol I

Northeast Louisiana University, Monroe
James, Elridge M., Vol V
Johnson, Christopher J., Vol V
Legan, Marshall Scott, Vol I
McGahan, Joseph R., Vol V

Northeast State Technical Community College
O'Dell, Earlene R., Vol V

Northeast Texas Community College, Mount Pleasant
Yox, Andrew, Vol I, V

Northeastern Illinois University, Chicago
Barushok, James William, Vol II
Bevington, Gary, Vol III
Bofman, Theodora Helene, Vol III
Brommel, Bernard, Vol II
Howard, C. Jeriel, Vol II
Macdonald, J. Fred, Vol I
Potee, Nanette, Vol II
Reynolds, Audrey L., Vol III
Riess, Steve Allen, Vol I
Robinson, Edward A., Vol II
Singleton, Gregory Holmes, Vol I
Sochen, June, Vol I
Walker, Robert Jefferson, Vol II
Walker, Sue Sheridan, Vol I
Weiner, Jack, Vol III
Worrill, Conrad W., Vol V

Northeastern State University, Tahlequah
Baker, Terri M., Vol II
Corbett, William P., Vol I
Owen, Christopher H., Vol I
Sharp, Mike, Vol IV

Northeastern University, Boston
Anzalone, Filippa M., Vol IV
Blaisdell, Charmarie Jenkins, Vol I
Blanch, Robert James, Vol II
Blessington, Francis C., Vol II
Breines, Winifred, Vol V
Campbell, Ballard C., Vol I
Cromley, Elizabeth Collins, Vol I
Davis, Willie J., Vol IV
Enos, V. Pualani, Vol IV
Faber, Daniel R., Vol V
Fowler, William M., Vol I
Franklin, Wayne S., Vol II
Gilbert, Robert Emile, Vol IV
Givelber, Daniel James, Vol IV
Green, Harvey, Vol I
Hall, David, Vol IV
Harbert, Earl, Vol II
Herman, Gerald Harvey, Vol I
Jacobs, Donald Martin, Vol I
Kaufman, Debra Renee, Vol V
Klare, Karl E., Vol IV
Manning, Patrick, Vol I
Nathanson, Stephen L., Vol IV
Panford, Kwamina, Vol IV
Peterfreund, Stuart S., Vol II
Pruett, Gordon Earl, Vol I, IV
Robinson, Raymond H., Vol I
Scharf, Bertram, Vol V
Sherwood, Wallace Walter, Vol IV
Sussman, Herbert, Vol II
Tick, Judith, Vol II
Totosy de Zepetnek, Steven, Vol II
Warren, Joseph David, Vol V
Weitzman, Arthur J., Vol II
West-Duran, Alan, Vol III

Northern Arizona University, Flagstaff
Bacon, Roger L., Vol II
Boles, Lawrence H., Jr., Vol I
Cox, Joseph W., Vol I, V
Cunningham, Keith K., Vol V
Dutton, Paul V., Vol I
Enders, Victoria L., Vol V
Gantt, Barbara N., Vol III
Hassing, Arne, Vol I, IV
Hinsley, Curtis M., Vol I
Hood, Edward, Vol III
Kitterman, David Harold, Vol I
Kyte, George Wallace, Vol I
Lubick, George Michael, Vol I
Mahmoudi, Kooros M., Vol V
Mcfarlane, Larry Allan, Vol I
Perry, Barbara, Vol IV
Rogers, Richard A., Vol II
Rosales, Elisa, Vol II
Sexton, James D., Vol V
Wallace, Andrew, Vol I
Westerlund, John S., Vol I
Willeto, Agela A., Vol V
Yowell, Robert L., Vol II

Northern Baptist Theological Seminary, Lombard
Borchert, Gerald Leo, Vol IV
Lee, Wonkee "Dan", Vol IV
Weber, Timothy P., Vol I, IV

Northern Illinois University, De Kalb
Abbott, Craig Stephens, Vol II
Anderson, Kevin, Vol V
Atkins, E. Taylor, Vol I
Baker, William, Vol II
Barbe, Katharina, Vol III
Berkowitz, Gerald Martin, Vol II
Blomquist, Thomas W., Vol I
Brown, Harold I., Vol IV
Bryan, Ferald J., Vol II
Burwell, Rose Marie, Vol II
Court, Franklin Edward, Vol II
Day, Michael, Vol II
Dye, James Wayne, Vol I, IV
Foster, Stephen, Vol I
George, Charles Hilles, Vol I
Giles, James Richard, Vol II
Hudson, James L., Vol IV
Johannesen, Richard Lee, Vol II, V
Kern, Stephen R., Vol I
Kinser, Samuel, Vol I
Kipperman, Mark, Vol II
Kisiel, Theodore Joseph, Vol IV
Knapp, John V., Vol II
Kourvetaris, George A., Vol V
Kyvig, David E., Vol I
Mazzola, Michael Lee, Vol III
Mellard, James Milton, Vol II
Michael, Colette, Vol III, IV
Moody, J. Carroll, Vol I
Norris, James D., Vol I, IV
Osterle, Heinz D., Vol III
Parot, Joseph John, Vol I, IV
Posadas, Barbara Mercedes, Vol I
Resis, Albert, Vol I
Schneider, Robert W., Vol I
Schriber, Mary Suzanne, Vol III
Self, Robert Thomas, Vol II
Sheehan-Holt, Jan, Vol V
Shesgreen, Sean Nicholas, Vol I, II
Spencer, Elaine Glovka, Vol I
Spencer, George W., Vol I
Thurman, Alfonzo, Vol V
Waldeland, Lynne M., Vol II
Williams, Eddie R., Jr., Vol V
Williams, William Proctor, Vol II
Wilson, Constance Maralyn, Vol I
Wilson, Robert H., Vol II
Witherell, Elizabeth H., Vol II
Worobec, Christine D., Vol I
Young, Alfred F., Vol I

Northern Kentucky University, Highland Heights
Adams, Michael Charles, Vol I
Adams, Susan S., Vol II
Alberti, John, Vol II
Bechtel, Judith A., Vol II
Bell, Sheila Trice, Vol IV
Forman, Sandra, Vol II
Ramage, James A., Vol I
Rhode, Robert T., Vol II
Richards, Jerald H., Vol IV
Richards, Stephen C., Vol IV, V
Trundle, Robert, Vol IV
Vitz, Robert C., Vol I
Washington, Michael Harlan, Vol V

Northern Michigan University, Marquette
Cantrill, James G., Vol II
Dreisbach, Donald Fred, Vol I, IV
Heldreth, Leonard Guy, Vol II
Jones, James H., Vol II
Kupper, Nelly J., Vol III
Leuthold, Steven M., Vol II
Livingston, James L., Vol II
Magnaghi, Russell Mario, Vol I
Payant, Katherine B., Vol II
Rauch, Doreen E., Vol IV
Rose, Toby, Vol II
Schiffer, James M., Vol II
Whitehouse, Eugene Alan, Vol I

Northern Oklahoma College, Tonkawa
Bowers, Paul, Vol II

Northern State University, Aberdeen
Coxwell, Margaret, Vol V
Geier, Connie, Vol V
Hastings, A. Waller, Vol II
King, Walter Joseph, Vol I
Ruud, Jay, Vol II
Whiteley, Patrick, Vol II

Northern Virginia Community College, Annandale
Alford, Terry L., Vol I
Archer, Chalmers, Jr., Vol V
Gallick, Rosemary, Vol I
Hintz, Suzanne S., Vol II, III
McVeigh, Paul J., Vol II
Sylvas, Lionel B., Vol V

Northland College
O'Keefe, J. Paul, Vol I

Northwest Arkansas Community College, Bentonville
Huggard, Chris, Vol I
Xu, Guangqin, Vol I

Northwest College, Powell
Inslee, Forrest, Vol II

Northwest Missouri State University, Maryville
Carneal, Thomas William, Vol I
Chandler, Wayne A., Vol II
Edwards, Carla, Vol V
Field, Richard, Vol IV
Fry, Carrol Lee, Vol II
Haddock, Gregory, Vol I
Ross, Theophil, Vol II
Saucerman, James Ray, Vol II

Northwest Nazarene College, Nampa
Marshman, Michelle, Vol I

Northwest-Shoals Community College, Muscle Shoals
England, Robert, Vol I
Stone, Ruth J., Vol V

Northwestern College, Orange City
Druliner, Marcia M., Vol III, V
Van Hook, Jay M., Vol IV

Northwestern College, St. Paul
Caneday, Ardel B., Vol IV
Huffman, Douglas S., Vol IV
Johnson, Eric L., Vol V
Smith, L. Ripley, Vol II

Northwestern Oklahoma State University, Alva
Fear, Marcia B., Vol V

Northwestern State University of Louisiana, Natchitoch
Green, Suzanne Disheroon, Vol II
Hillebrand, John D., Vol V
Lauterbach, Dean, Vol V
Le Breton, Marietta, Vol I
Norman, Paralee Frances, Vol II

Northwestern University, Evanston
Appel, Alfred, Jr., Vol II
Binford, Henry C., Vol I
Birner, Betty, Vol III
Breen, Timothy Hall, Vol I
Breslin, Paul, Vol II
Brkkila, Betsy, Vol II
Brown, John A., Vol V
Cheah, Pheng, Vol II
Cirillo, Albert, Vol II
Citron, Michelle, Vol II
Clayson, S. Hollis, Vol I
Cummins, Fred, Vol III
Darby, Derrick, Vol IV
Davies, Carole Boyce, Vol I
Davis, Whitney, Vol I
Deigh, John, Vol IV
Dillon, Diane, Vol I
Dubey, Madhu, Vol II
Durham, Scot, Vol III
Durr, Volker, Vol III
Eagly, Alice H., Vol V
Eldred, Katherine O., Vol II, III
Evans, Lawrence, Vol II
Fenves, Peter, Vol III
Fine, Arthur, Vol IV
Fischel, Daniel R., Vol IV
Fox, Edward Inman, Vol III
Fraser, Sarah, Vol I
Frisch, Mathias F., Vol IV
Froula, Christine, Vol II
Garrison, Daniel H., Vol II, III
Gibbons, Reginald, Vol II
Ginsburg, Michal P., Vol III
Gooding-Williams, Robert, Vol IV
Goodnight, G. Thomas, Vol II, IV
Griswold, Wendy, Vol II
Harris, Robert Allen, Vol II
Heinz, John P., Vol IV, V
Herbert, Christopher, Vol II
Heyck, Thomas William, Vol I
Hill, Randolph K., Vol IV
Hindman, Sandra L., Vol I
Hughes, Joyce A., Vol IV
Hull, David L., Vol IV
Joravsky, David, Vol I
Kennedy, Chris, Vol III
Kerr, Lucille, Vol III
Kieckhefer, Richard, Vol I, IV
Kinzie, Mary, Vol II
Kraut, Richard, Vol IV
Lafont, Cristina, Vol IV
Launay, Robert G., Vol V
Law, Jules, Vol II
Lazarus, Cathy Lynn, Vol II
Leonard, William R., Vol V
Lerner, Robert E., Vol I
Levi, Judith N., Vol III
Levin, Beth, Vol III
Levin, David M., Vol IV
Lewis, Dan A., Vol V
Lipking, Lawrence, Vol II
Lowe, Eugene Y., Jr., Vol I, IV
Lys, Franziska, Vol III
Macneil, Ian Roderick, Vol IV
Manning, Susan, Vol II
Marshall, David, Vol II
Maza, Sarah C., Vol I
McCarthy, Thomas A., Vol IV
McCumber, John, Vol III
Mead, Gerald, Vol III
Mokyr, Joel, Vol IV
Monoson, S. Sara, Vol II, III, IV
Moskos, Charles C., Vol V
Mueller, Martin, Vol II
Muir, Edward, Vol I
Mulcaire, Terry, Vol II
Muller-Sievers, Helmut, Vol III
Murdock, Jonah, Vol IV
Newman, Barbara J., Vol II, IV
Okoye, Ikem, Vol I
Packer, James, Vol II, III
Paden, William D., Vol III
Perry, Edmund, Vol I, IV
Petry, Carl F., Vol I
Pierrehumbert, Janet, Vol III
Pinkard, Terry, Vol IV
Postlewaite, Philip F., Vol IV
Reginald, Allen, Vol II, III
Rohrbacher, Bernhard, Vol III
Romanowski, Sylvie, Vol III
Rosello, Michelle M., Vol III
Rosenblum, Victor Gregory, Vol IV
Rumold, Rainer, Vol II
Safford, Frank Robinson, Vol I
Sankovitch, Tilde, Vol III
Schachter, Gustav, Vol IV
Schwartz, Regina, Vol II
Schwarzlose, Richard A., Vol II
Schwoch, James J., Vol II
Seeskin, Kenneth, Vol IV
Sherry, Michael Stephen, Vol I
Smith, Carl, Vol I
Sommer, Benjamin D., Vol IV
Speck, Oliver C., Vol III
Spencer, Janine, Vol III
Stern, Julia, Vol II
Stimilli, Davide, Vol III
Stone-Richards, Michael, Vol I
Styan, John Louis, Vol II
Taylor, Charles, Vol IV
Thorsen, Kristine, Vol III
Tournier, Claude, Vol III
Van Zanten, David, Vol I
Vogel, Manfred H., Vol IV
Wall, Wendy, Vol II
Wallace, Robert, Vol II, III
Ward, Gregory, Vol III
Waxman, Sandra R., Vol V
Werckmeister, O. K., Vol I
Wilkins, Leona B., Vol II, V
Williams, Meredith, Vol IV
Williams, Michael J., Vol IV
Wilson, Steven R., Vol II
Winston, Jane, Vol III
Wright, John, Vol III
Zecker, Steven G., Vol V

Northwood University, Texas Campus, Cedar Hill
Konditi, Jane, Vol IV, V

Norwalk Community-Technical College, Norwalk
Bontatibus, Donna, Vol V
Goodman, William, Vol V

Norwich University, Northfield
Liberman, Terri, Vol II
Shernock, Stanley K., Vol V

Notre Dame College, Manchester
Bowman, Leonard Joseph, Vol II, IV
Savers, Ann C., Vol II

Nova Scotia Museum of Industry
McNabb, Debra, Vol I

Nova Scotia Museum of Natural History
Whitehead, Ruth, Vol I

Nova Southeastern University, Davie
Donoho, Douglas L., Vol IV
Mintz, Joel A., Vol IV

Nova Southeastern University, Fort Lauderdale
Doan, James E., Vol I, II, V
Jarvis, Robert M., Vol IV
Mulvey, Ben, Vol IV
Segal, Marilyn, Vol V

Nuemann College
McDonnell, Clare I., Vol II

Nyack College
Danaher, James, Vol IV
Isang, S. Akpan, Vol II
Poston, Larry A., Vol IV
Ruegsegger, Ronald W., Vol IV
Saxby, William R., Vol V
Weir, David A., Vol I

Oak Hills Bible College, Bemidji
Mathewson, Dave L., Vol II
Spreng, Ronald, Vol I

Oakland Community College, Bloomfield Hills
Ali, Schari M., Vol II
James, David L., Vol V

Oakland University, Rochester
Appleton, Sheldon L., Vol IV
Atlas, John Wesley, Vol V
Barnard, Virgil John, Vol I
Brown, Judith K., Vol V
Coppola, Carlo, Vol III
Dykes, DeWitt S., Jr., Vol I
Eberly, Mary B., Vol V
Eberwein, Jane Donahue, Vol I, II
Fitzsimmons, Thomas, Vol II
Harrison, Algea Othella, Vol V
Horning, Alice S., Vol II, III
Mayer, Don, Vol IV
Murphy, Brian, Vol II
Osthaus, Carl Richard, Vol I
Papazian, Mary A., Vol II
Stamps, Richard B., Vol V
Strauss, Wallace Patrick, Vol I
Sudol, Ronald A., Vol II
Tucker, Richard Philip, Vol I
Wiggins, Jacqueline D., Vol II, V

Oakwood College, Huntsville
Burton, Keith, Vol IV
Reaves, Benjamin Franklin, Vol V

Oberlin College
Albright, Ann Cooper, Vol II
Alexander, Pamela, Vol II
Colish, Marcia L., Vol I
Erwin, Joanne, Vol II
Faber, Sebastion, Vol III
Ganzel, Dewey Alvin, Vol II
Gorfain, Phyllis, Vol II, V
Goulding, Daniel J., Vol II
Greenberg, Nathan Abraham, Vol III
Helm, James Joel, Vol II, III
Hogan, Heather, Vol I
Jones, Nicholas, Vol II
Koch, Christian Herbert, Vol II
Koppes, Clayton R., Vol I
Kornblith, Gary J., Vol I
Krassen, Miles, Vol IV
Logan, Wendell, Vol I
Lubben, Joseph, Vol II
McInerney, Peter K., Vol IV
Merrill, Daniel Davy, Vol IV
Plank, Steven E., Vol II
Richman, Paula, Vol IV
Rogers, Lynne, Vol II
Rosenfeld, Sidney, Vol III
Rothstein, William, Vol II
Skrupskelis, Viktoria, Vol III
Soucy, Robert J., Vol I
Tregouet, Annie D., Vol I, III
Walker, David, Vol II
White, Clovis L., Vol V
Young, David, Vol II
Zagarell, Sandra Abelson, Vol II
Zinn, Grover A., Vol I, IV

Occidental College, Los Angeles
Barber, Elizabeth J. Wayland, Vol I, III
Cohen, Norman Sonny, Vol I
Garrett, James M., Vol II
Horowitz, Maryanne Cline, Vol I
Kroeber, Clifton Brown, Vol I
Trevizo, Dolores, Vol V
Yin, Xiao-Huang, Vol I

Ocean County College, Toms River
Atanda, Alfred W., Vol V
MacDonald, Jane, Vol V
Trevisan, Carey, Vol V
Willetts, Elizabeth M., Vol II

Office of Historical Preservation
Marsh, Vincent, Vol I

Oglethorpe University, Atlanta
Neujahr, Philip Joseph, Vol IV
Weiss, Victoria Louise, Vol II
Wirth, Jason M., Vol IV

Ohio Dominican College, Columbus
Alberts, Darlene J., Vol V
Erickson, Darlene E. Williams, Vol II
Schnell, James, Vol II

Ohio Historical Center
Devine, Michael John, Vol I

Ohio Northern University, Ada
Beanblossom, Ronald Edwin, Vol I, IV
Croskery, Margaret C., Vol II
George, Michael W., Vol II
Guy, Daniel Sowers, Vol IV
Lomax, John Phillip, Vol I, IV
Veltri, Stephen, Vol IV

Ohio University, Athens
Alexander, Charles C., Vol I
Atlas, Marilyn Judith, Vol II
Baxter, Douglas Clark, Vol I
Blocker, H. Gene, Vol I
Bond, Zinny, Vol III
Booth, Alan R., Vol I
Carpenter, T. H., Vol I
Childs, Francine C., Vol V
Coady, James Martin, Vol III
Collins, Elizabeth F., Vol IV
Connor, Joan, Vol II
Crowl, Samuel, Vol II
De Mott, Robert J., Vol II
Dodd, Wayne Donald, Vol II
Fidler, Ann, Vol I
Field, Phyllis F., Vol I
Fitch, Raymond E., Vol II
Franz, Thomas Rudy, Vol III
Frederick, William Hayward, Vol I
Hamby, Alonzo Lee, Vol I
Handwerk-Noragon, Patricia, Vol IV
Hill, Susanne, Vol III
Hoff, Joan, Vol I
Jordan, Donald A., Vol I
Killoran, Helen, Vol II
Knies, Earl Allen, Vol II
Marchenkov, Vladimir, Vol IV
Matthews, Jack, Vol II
McGeoch, Lyle Archibald, Vol I
Morrison, Molly, Vol III
Myers, Lena Wright, Vol V
Owens, William M., Vol II, III
Rao, Nagesh, Vol II, V
Rauschenberg, Roy A., Vol I
Richter, Donald Charles, Vol I
Rouzie, Albert, Vol II
Safran, Joan, Vol V
Safran, Stephen P., Vol V
Sarnoff, Susan, Vol V
Schneider, Duane, Vol II
Soltow, Lee, Vol IV
Steiner, Bruce E., Vol I
Stewart, David, Vol IV
Sweeney, Thomas John, Vol V
Thayer, Calvin G., Vol II
Weckman, George, Vol I, IV
Whealey, Robert H., Vol I
Wrage, William, Vol III

Ohio Wesleyan University, Delaware
Carpenter, Lynette, Vol II
Harper, Sandra Nadine, Vol III
Lateiner, Donald, Vol I, II, III
Lewes, Ulle Erika, Vol II, III
Macias, Anna, Vol I
Mahdi, Akbar, Vol V
Michael, Randall Blake, Vol IV
Richards, Constance S., Vol I, II, V
Spall, Richard, Vol I
Twesigye, Emmanuel, Vol IV

Ohlone College, Fremont
Kirshner, Alan Michael, Vol I

Okanagan University College
Bindon, K., Vol I

Oklahoma Baptist University, Shawnee
Hall, Larry Joe, Vol I, II

Oklahoma City University
Arrow, Dennis Wayne, Vol IV
Brophy, Alfred L., Vol IV
Emler, Donald, Vol IV

Oklahoma State University, Cleveland
Rollins, Peter, Vol II

Oklahoma State University, Oklahoma City
Faltyn, Tim, Vol IV
Miller, John Douglas, Vol IV
Smith, Dennis P., Vol I
Thornton, Jeri, Vol II, V

Oklahoma State University, Stillwater
Anderson, Eric Gary, Vol II
Austin, Linda, Vol II
Batteiger, Richard P., Vol II
Bays, Brad A., Vol I
Berkeley, David Shelley, Vol II
Broadhead, Glenn J., Vol II
Brown, Robert, Vol V
Byrnes, Joseph Francis, Vol I
Cain, James, Vol IV
Converse, Hyla Stuntz, Vol I, IV
Cordova, Carlos E., Vol I
Decker, William, Vol II
Fitz, Brewster, Vol III
Grubgeld, Elizabeth, Vol II
Halleck, Gene B., Vol III
Henry, Carolyn S., Vol V
Hershey, Douglas, Vol V
Jewsbury, George Frederick, Vol I
Lawry, Edward George, Vol IV
Leavell, Linda, Vol II
Leff, Leonard J., Vol II
Lewis, Lisa, Vol II
Mayer, Robert, Vol II
Moder, Carol Lynn, Vol III
Rohrs, Richard Carlton, Vol I
Schrader, Dorothy Lynne, Vol III
Scott, Walter Gaylord, Vol IV
Sirhandi, Marcella, Vol I
Smallwood, James Milton, Vol I, IV
Smith, Michael Myrle, Vol I
Stout, Joseph A., Vol I
Walkiewicz, Edward P., Vol II
Wallen, Martin, Vol II
Warren, Thomas, Vol II
Wikle, Thomas A., Vol I

Old Dominion University, Norfolk
Altegoer, Diana B., Vol II
Aycock, Roy E., Vol II
Bing, Janet M., Vol II
Boyd, Carl, Vol I
Brenner, William H., Vol IV
Brueggemann, Aminia M., Vol III
Card, James Van Dyck, Vol II
Chen, Jie, Vol IV
Comfort, Juanita R., Vol II
Cooper, Virginia W., Vol II
Eckenwiler, Lisa A., Vol IV
Edgerton, Gary R., Vol II
Evans, Rod L., Vol IV
Fellman, Anita C., Vol V
Ford, Lewis S., Vol IV
Gainey, Randy R., Vol IV, V
Greene, Douglas G., Vol I
Habib, Imitiaz, Vol II
Hassencahl, Frances J., Vol II
Hatab, Lawrence J., Vol IV
Heller, Dana, Vol II
Hoffmann, Joyce, Vol II
Jacobs, Edward, Vol II
Jones, William B., Vol IV
Kuehl, John William, Vol I
Lawes, Carolyn J., Vol I
Matthews, A. Warren, Vol IV
Metzger, David, Vol II
Moorti, Sujata, Vol II
Mourao, Manuela, Vol II
Neff, Joyce, Vol II
Pearson, Michael, Vol II
Putney, David P., Vol IV
Raisor, Philip, Vol II
Raver-Lampman, Sharon, Vol V
Richards, Jeffrey H., Vol II
Root, Regina A., Vol III
Shelton, Mark, Vol IV
Shores, David Lee, Vol II, III
Slane, Andrea, Vol I, II
Wilson, Charles E., Jr., Vol II
Wilson, Harold Stacy, Vol I
Zeigler, Donald J., Vol I

Olia Harvey College
Robinson, Rochelle, Vol II

Olivet Nazarene University, Kankakee
Lowe, Stephen, Vol I
Walker, Connie, Vol V

Omohundro Institute of Early American History and Culture
Hoffman, Ronald, Vol I
Teute, Fredrika J., Vol I

Onondaga Community College, Syracuse
Donegan, Jane Bauer, Vol I

Ontario Black Historical Society
Sadlier, Rosemary, Vol I

Ontario Institute for Studies in Education
Courtney, Richard, Vol II, V

Ontario Theological Seminary, North York
Calvert-Koyzis, Nancy, Vol IV

Open Learning Agency, Burnaby
Stanley, Donald, Vol II

Oral Roberts University, Tulsa
Lederle, Henry, Vol IV
Mansfield, Mecklin Robert, Vol IV
Thorpe, Samuel, Vol IV
Vance, Donald Richard, Vol IV

Orange Coast College, Costa Mesa
Breece, William H., Vol I

Orange County Community College, Middletown
Byrne, William, Vol V

Oregon College of Art and Craft, Portland
Nash, Anedith, Vol I

Oregon Health Sciences University, Portland
Garland, Michael John, Vol IV

Oregon Institute of Technology, Klamath Falls
Clark, Mark, Vol I

Oregon State University, Corvallis
Ahearn, Kerry, Vol II
Anderson, Chris, Vol II
Barbour, Richmond, Vol II
Campbell, Courtney S., Vol IV
Campbell, Elizabeth, Vol II
Cardinal, Bradley J., Vol V
Carroll, Carleton Warren, Vol III
Clinton, Richard Lee, Vol IV
Collins, Vicki, Vol II
Copek, Peter Joseph, Vol II
Daniels, Richard, Vol II
Daugherty, Tracy, Vol II
Davison, Neil, Vol II
Ede, Lisa, Vol II
Farber, Paul L., Vol I
Ferngren, Gary Burt, Vol I
Frank, Robert, Vol II
Helle, Anita, Vol II, V
Hosoi, Y. Tim, Vol IV
Johnson, Simon, Vol II
Kesler, Linc, Vol III
Leeson, Ted, Vol II
Leibowitz, Flora L., Vol IV

Lewis, Jon, Vol II
List, Peter C., Vol IV
Mcclintock, Thomas Coshow, Vol I
Moore, Kathleen D., Vol IV
Nye, Mary Jo, Vol I
Nye, Robert Allen, Vol I
Oriard, Michael, Vol II
Ramsey, Jeff, Vol I, IV
Rice, Laura, Vol III
Robbins, William Grover, Vol I
Roberts, Lani, Vol IV
Robinson, David, Vol II
Rubert, Steven, Vol I
Scanlan, Michael, Vol IV
Schwartz, Robert Barnett, Vol II
Uzgalis, William, Vol III, IV
Wess, Robert, Vol II
Yu, Shiao-Ling, Vol III

Ottawa University, Ottawa
Discher, Mark, Vol IV

Otterbein College, Westerville
Cooper, Allan D., Vol IV
Eisenstein, Paul S., Vol II
Halbert, Debora, Vol IV
Luckey, Evelyn F., Vol V
MacLean, Elizabeth, Vol I

Ouachita Baptist University, Arkadelphia
Curlin, J., Vol II
Duncan, Janice Marie, Vol III
Hays, Danny, Vol IV

Ouachita Technical College
Schultz, Marvin, Vol I

Our Lady of the Holy Cross College
Bauer, Craig A., Vol I
Doll, Mary A., Vol IV

Our Lady of the Lake University
Larraga, Maribel, Vol III
Paleczny, Barbara, Vol IV

Ozark Christian College, Joplin
Bowland, Terry, Vol IV

Pace University, New York
Adams, Barbara, Vol II
Blumberg, Barbara, Vol I
Castronovo, David, Vol II, III
Chapman, Robert L., Vol IV
Colbourn, Frank E., Vol II
Denmark, Florence L., Vol V
Driver, Martha Westcott, Vol II
Griffin, Kathleen, Vol II
Hapke, Laura, Vol I, II
Hussey, Mark, Vol II
Kaufmann, Frank, Vol I, IV
Lauer, Rachel M., Vol V
Low, Lisa, Vol II
Sallustio, Anthony Thomas, Vol III
Thomas, Joseph M., Vol II
Torosyan, Roben, Vol V
Young, Jordan Marten, Vol I

Pace University, Pleasantville
Anstendig, Linda, Vol II
Coupe, Lynda, Vol II
Leiser, Burton, Vol IV

Pace University, White Plains
Jensen, Ronald H., Vol IV
Munneke, Gary A., Vol IV

Pacific Lutheran Theological Seminary, Berkeley
Aune, Michael B., Vol IV
Kalin, Everett Roy, Vol IV
Lull, Timothy F., Vol IV
Peters, Theodore Frank, Vol IV
Smith, Robert Harry, Vol IV
Stortz, Martha Ellen, Vol I, IV

Pacific Lutheran University, Tacoma
Arbaugh, George E., Vol IV
Carp, E. Wayne, Vol I
Eklund, Emmet Elvin, Vol IV
Eyler, Audrey S., Vol II
Govig, Stewart D., Vol IV
Johnson, Lucille Marguerite, Vol II
Killen, Patricia O'Connell, Vol IV
Nordby, Jon Jorgen, Vol IV
Oakman, Douglas E., Vol IV
Pilgrim, Walter, Vol IV
Robinson, Solveig C., Vol II
Staley, Jeffrey L., Vol IV
Stivers, Robert L., Vol IV

Pacific School of Religion, Berkeley
Adams, Douglas Glenn, Vol IV
Driskill, Joseph D., Vol IV

Pacific University, Forest Grove
Hersen, Michel, Vol V
Marenco, Marc, Vol IV
Thomas, Jay, Vol V

Pacifica Graduate Institute, Carpinteria
Paris, Ginette, Vol V

Paine College, Augusta
Carter, Judy L., Vol V
Clayton, Marcus, Vol IV

Palm Beach Community College, Lake Worth
Dilgen, Regina M., Vol II
Slatery, William Patrick, Vol I
Young, Zenaida Isabel, Vol I

Palo Alto College, San Antonio
Humphries, Bettye, Vol II

Palomar College, San Marcos
Kerckhove, Lee, Vol IV
Peterson, Morgan, Vol IV

Paradise Valley Community College, Phoenix
Roma-Deeley, Lois, Vol II

Park College, Parkville
Gall, Robert, Vol IV
McClelland, Patricia, Vol V

Parkland College, Champaign
Harshbarger, Terry L., Vol I

Pasadena City College
Allocati, Iris F., Vol III
Brandler, Marcielle, Vol II
Reid, Joel Otto, Vol V
Smallenburg, Harry Russell, Vol II

Passaic County Community College, Paterson
Collins, Elliott, Vol I

Patten College, Oakland
Benham, Priscilla, Vol IV

Paul D. Camp Community College, Franklin
LeBlanc, W. James, Vol III

Peabody Essex Museum
La Moy, William T., Vol II

Peace College, Raleigh
Vick, Laura G., Vol V

Penn State College of Medicine
Wilson, Philip, Vol I

Pennsylvania College of Technology, Williamsport
Vavra, Edward, Vol II

Pennsylvania Historical and Museum Commission
Waddell, Louis Morton, Vol I

Pennsylvania State University at Erie, The Behrend College
Baldwin, Dean, Vol II
Frankforter, Albertus Daniel, Vol I, IV
Loss, Archie Krug, Vol I

Pennsylvania State University at Harrisburg
Bronner, Simon J., Vol I
Graham, Theodora Rapp, Vol II
Johnson, Patricia E., Vol II
Tischler, Nancy Marie, Vol II
Viser, Victor J., Vol II

Pennsylvania State University, Abington-Ogontz Campus
August, Andrew, Vol I
Cintas, Pierre Francois Diego, Vol III
Isser, Natalie K., Vol I
Zigler, Ronald L., Vol V

Pennsylvania State University, Altoona Campus
Balch, William, Vol V
Black, Brian C., Vol I
Petrulionis, Sandra H., Vol II
Warg, Ilse-Rose, Vol III
Wolfe, Michael, Vol I

Pennsylvania State University, Berks Campus
Feinstein, Sandy, Vol II

Pennsylvania State University, Delaware County Campus
Cimbala, Stephen J., Vol IV
Cole, Phillis B., Vol V
Franz, George W., Vol I
Ginsberg, Robert, Vol IV
Kelley, Alita, Vol III
Kessler, Carol, Vol II
Markley, Arnold A., Vol II
McMullen, Wayne, Vol II
Sorkin, Adam J., Vol II, III

Pennsylvania State University, Dubois Campus
Evans, Dale Wilt, Vol II, III, IV
McCarthy, William B., Vol II

Pennsylvania State University, Fayette Campus
Hovanec, Evelyn Ann, Vol I, II, V
Pluhar, Evelyn Begley, Vol IV
Pluhar, Werner S., Vol IV

Pennsylvania State University, Hazleton Campus
Aurand, Harold Wilson, Vol I
Kemmerer, Kathleen, Vol II
O'Neill, W. Patrick, Vol I
Price, Alan, Vol II
Tseo, George, Vol I

Pennsylvania State University, McKeesport Campus
Frushell, Richard Clayton, Vol II
Preuss, Mary, Vol III

Pennsylvania State University, New Kensington Campus
Rubin, L., Vol II

Pennsylvania State University, Schuylkill Campus
Vickers, Anita M., Vol II

Pennsylvania State University, Shenango Campus
Berland, Kevin Joel, Vol II

Pennsylvania State University, University Park
Anderson, Roland F., Vol II
Frantz, John B., Vol I

Pennsylvania State University, University Park Campus
Afifi, Walid A., Vol II
Anderson, Douglas R., Vol IV
Astroff, Roberta J., Vol II
Begnal, Michael Henry, Vol II, III
Bell, Bernard W., Vol II
Benson, Thomas W., Vol II
Bialostosky, Don, Vol II
Bodian, Miriam, Vol I, IV
Borza, Eugene N., Vol I
Brasfield, James, Vol II
Brault, Gerard Joseph, Vol III
Brockman, William S., Vol II
Brown, Ira Vernon, Vol I
Browning, Barton W., Vol III
Broyles, Michael, Vol I, II
Buckalew, Ronald Eugene, Vol II
Castonguay, Louis G., Vol V
Cheney, Patrick, Vol II
Clausen, Christopher, Vol II
Covert, Henry, Vol IV
Cross, Gary, Vol I
Curran, Brian A., Vol I
Cutler, Anthony, Vol I
De Armas, Frederick A., Vol III
Ebbitt, Wilma Robb, Vol II
Eckhardt, Caroline Davis, Vol II, III
Eggert, Gerald G., Vol I
Engel, David M., Vol II, III
Firebaugh, Glenn, Vol V
Fitz, Earl Eugene, Vol I, III
Fleming, Raymond Richard, Vol III
Foti, Veronique M., Vol IV
Frautschi, Richard Lane, Vol III
Gentry, Francis G., Vol III
Golany, Gideon S., Vol I
Goldschmidt, Arthur E., Jr, Vol I
Greenberg, Wendy, Vol III
Grossman, Kathryn Marie, Vol III
Hager, Hellmut, Vol I
Hale, Thomas Albert, Vol II, III
Halsey, Martha T., Vol III
Hecht, Michael L., Vol II
Hogan, J. Michael, Vol II
Holmes, Charlotte, Vol II
Hudson, Benjamin T., Vol I
Hume, Kathryn, Vol II
Hume, Robert David, Vol II
Jackson, Ronald, II, Vol II
Jacobs, Janis E., Vol V
Kiernan, Michael Terence, Vol II
Knight, Alan Edgar, Vol III
Knight, Isabel Frances, Vol I
Lacy, Norris J., Vol III
Lankewish, Vincent A., Vol II
LaPorte, Robert, Jr., Vol IV
Lima, Robert F., Vol III
Lingis, Alphonso, Vol IV
Lougy, Robert E., Vol II
Lyon, Janet W., Vol II, V
Maddox, Robert James, Vol I
Makward, Christiane Perrin, Vol III, V
Meserole, Harrison Talbot, Vol II
Miller, E. Willard, Vol I
Miller-Day, Michelle, Vol II
Morrisson, Mark S., Vol II
Moses, Wilson Jeremiah, Vol I
Mulford, Carla J., Vol II
Munn, Mark H., Vol I
Murray, Robert Keith, Vol I
Ng, On-cho, Vol I, IV
Oliver, Mary Beth, Vol II
Paternost, Joseph, Vol III
Peavler, Terry J., Vol III
Pencak, William A., Vol I
Pfaff, Daniel W., Vol II
Porter, Jeanne Chenault, Vol I
Prebish, Charles Stuart, Vol IV
Price, Robert George, Vol I, IV
Robinson, Joyce H., Vol I
Rose, Paul Lawrence, Vol I
Ruggiero, Guido, Vol I
Russon, John E., Vol IV
Sallis, John C., Vol IV
Schmalstieg, William Riegel, Vol III
Scott, Charles, Vol IV
Scott, Susan C., Vol I
Secor, Robert Arnold, Vol II
Show, Dean R., Vol V
Smith, Elizabeth Bradford, Vol I
Snow, D. R., Vol V
Stevens, Robert, Vol V
Ulmer, Jeffery T., Vol V
Walden, Daniel, Vol II
Walker, Alan Cyril, Vol V
Walters, Elizabeth J., Vol I
Ward, Patricia A., Vol III
Weiss, Beno, Vol III
West, James L. W., III, Vol II
Willumson, Glenn Gardner, Vol I, II
Woodbridge, Linda, Vol II
Woodruff, Nan Elizabeth, Vol I
Zabel, Craig, Vol I
Zelinski, Wilbur, Vol I
Ziegler, Vickie Lynne, Vol III

Pennsylvania State University, Worthington Scranton Campus
Daniels, Marilyn, Vol II
Dolis, John, Vol II
Smith, Gayle Leppin, Vol II

Pennsylvania State University, York Campus
Collison, Gary L., Vol II
Sutton, Jane, Vol II

Pensacola Junior College, Pensacola
Broxton, Randall, Vol I
McLeod, Marshall W., Vol I
McLeod, Stephen G., Vol II, V
Rucker, Brian, Vol I

Pepperdine University, Malibu
Baird, David, Vol I
Buchanan, Raymond W., Vol II
Caldwell, Harry M., Vol IV
Carver, Marc, Vol IV
Casey, Michael W., Vol II
Casmir, Fred L., Vol II, III
Chesnutt, Randall D., Vol IV
Clark, W. Royce, Vol IV
Clegg, Cyndia Susan, Vol II
Cochran, Robert F., Jr., Vol IV
Colson, Darrel D., Vol IV
Dunaway, Baxter, Vol IV
Durham, Ken R., Vol III, IV
Fulmer, Constance M., Vol II
Gelhart, Robert, Vol V
Gough, Russell W., Vol IV
Henslee, William D., Vol IV
Highfield, Ronald Curtis, Vol IV
Holmes, David, Vol II
Hughes, Richard T., Vol I, IV
James, Bernard, Vol IV
Kmiec, Douglas William, Vol IV
Lorenzi, Paola G., Vol III
Lowry, David, Vol II
Luft, Herbert, Vol I
Lynn, Richardson R., Vol IV
Marrs, Riock R., Vol IV
Martinez, Thomas, Vol V
McDowell, Markus, Vol IV
Mendosa, Antonio, Vol IV
Miller, Anthony, Vol IV
Miller-Perrin, Cindy, Vol V
Ogden, Gregory L., Vol IV
Paniccia, Patricia L., Vol IV
Rowland, Rick, Vol IV
Smith, F. Lagard, Vol IV
Thomason, Phil, Vol III
Tyler, Ronald, Vol IV
Willis, Tim, Vol IV

Phelps Stokes Institute
Cartwright, Marguerite Dorsey, Vol II

Philadelphia Maritime Museum
Smith, Philip Chadwick Foster, Vol I

Philander Smith College, Little Rock
Ringer, Marinelle, Vol II

Phillips Academy
Dalton, Kathleen Mary, Vol I

Phillips Exeter Academy
Bedford, Henry F., Vol I
Cole, Donald Barnard, Vol I
Wooley, Allan D., Vol III

Phillips Theological Seminary, Enid
Smith, Dennis E., Vol IV
Tabbernee, William, Vol I, IV

Phoenix College
Goff, John S., Vol I
Richardson, Don, Vol II

Piedmont College, Demorest
Andrews, Donna G., Vol V
Baumler, Alan, Vol I
Chastain, Catherine, Vol I
Greene, David Louis, Vol II
Uhde, Anna P., Vol V
Vance, Cynthia Lynn, Vol V

Piedmont Community College, Roxboro
Thomas, Timothy, Vol IV

Piedmont Technical College, Greenwood
Brennan, Pat, Vol I

Pierce College, Tacoma
Pickard, Dean, Vol IV

Pikes Peak Community College, Colorado Springs
Beardsley, Ruth E., Vol IV

Pikeville College
Fitzgerald, Michael, Vol I

Pillsbury Baptist Bible College, Owatonna
Lyda, Paul, Vol II
Orton, Arlene, Vol V

Pima Community College, Tucson
Gonzales, Gail, Vol V
Sanchez, Mary Ann M., Vol V

Pittsburg State University
De Grave, Kathleen R., Vol II
Drew, Shirley K., Vol II, III
Hamilton, Peter K., Vol II
Hermansson, Casie, Vol II
Hurley, David, Vol I, II
Meats, Stephen Earl, Vol II
Morgan, Lyle W., II, Vol II, V
Morris, Paul, Vol II
Nemeth, Neil, Vol II
Nichols, Kathleen L., Vol II
O'Hearn, Carolyn, Vol II, III
Patterson, Celia, Vol II
Schick, James Baldwin Mcdonald, Vol I
Teller, Stephen J., Vol II
Walther, Thomas Robert, Vol I
Washburn, Laura Lee, Vol II

Pittsburgh Theological Seminary
Allison, Dale C., Jr., Vol IV
Calian, Carnegie Samuel, Vol IV
Gowan, Donald E., Vol IV
Hare, Douglas Robert Adams, Vol IV
Jackson, Gordon Edmund, Vol IV
Jackson, Jared Judd, Vol IV
Thurston, Bonnie Bowman, Vol IV
Wilson, John Elbert, Vol I, IV

Pitzer College, Claremont
Greenberger, Allen Jay, Vol I
Jackson, Agnes Moreland, Vol V
Senn, Harry, Vol III
Wachtel, Albert, Vol II
Warmbrunn, Werner, Vol I
Werner, Cynthia, Vol V

Plymouth State College of The University System of New Hampshire
DeRosa, Robin, Vol II
Dubino, Jeanne, Vol II
Epstein, Bonnie W., Vol II
Funk, Joel D., Vol V
Haight, David F., Vol IV
Leibowitz, Constance, Vol IV
Petersen, Meg, Vol II
Sandy, Leo, Vol V
Strang, J. V., Vol IV

Point Loma Nazarene College, San Diego
Jackson, James Harvey, Vol II
Kennedy, Rick, Vol I
Powell, Sam, Vol IV

Polk Community College, Winter Haven
Kerner, Howard A., Vol II
Mc Leod, Ann M., Vol I, V

Polytechnic University of New York
Gruber, Helmut, Vol I
Leeb, Isidore Leonard, Vol I
Menashe, Louis, Vol I

Pomona College, Claremont
Atlas, Jay David, Vol III, IV
Davilla-Lopez, Grace, Vol III
Dornish, Margaret Hammond, Vol I, IV
Emerick, Judson, Vol I
Erickson, Stephen Anthony, Vol IV
Gonzalez, Deena J., Vol I
Gorse, George L., Vol I
Kassam, Zayn, Vol I, IV
McGaha, Michael Dennis, Vol III
McKirahan, Richard D., Vol IV
Mezey, Robert, Vol II
Miller, Eric, Vol III
Rindisbacher, Hans J., Vol III
Rinkus, Jerome Joseph, Vol III
Saigal, M., Vol III
Schrader, Richard J., Vol III
Silverman, Victor, Vol I
Smith, Pamela H., Vol I
Sontag, Frederick Earl, Vol IV
Wall, Helena M., Vol I
Woods, Robert L., Vol I
Yamashita, Samuel Hideo, Vol I
Young, Howard Thomas, Vol III

Pontifical College Josephinum, Columbus
Thomas, M. Carolyn, Vol IV

Portland State University, Beaverton
Abbott, Carl, Vol I
Bernstine, Daniel O., Vol IV
Burke, Bernard V., Vol I
Carafiol, Peter, Vol II
Cooper, John Rex, Vol II
Dmytryshyn, Basil, Vol I
Dodds, Gordon B., Vol I
Giarelli, Andrew, Vol II
Gradin, Sherrie L., Vol II
Halverson, Susan E., Vol V
Heath, Jim Frank, Vol I
Heflin, John F., Vol V
Heying, Charles, Vol I
Horowitz, David A., Vol I
Johnson, David Alan, Vol I
Kristof, Jane, Vol I
Lang, William, Vol I
Leguin, Charles A., Vol I
Mandaville, Jon Elliott, Vol I
Miller-Jones, Dalton, Vol V
Morris, Thomas Dean, Vol I
Nunn, Frederick Mckinley, Vol I
Passell, Dan, Vol IV
Sawaya, Francesca, Vol II
Sbait, Dirgham H., Vol III
Taylor, Sue, Vol I
Weikel, Ann, Vol I
West, Franklin Carl, Vol I

Potomac State College of West Virginia University
Wolford, R., Vol V

Poynter Institute for Media Studies
Dunlap, Karen F. Brown, Vol II

Prairie State College, Chicago Heights
Calgaro, W., Vol V

Prairie View A&M University, Prairie View
McShane, Marilyn, Vol IV
Penrose, Mehl A., Vol III
Tryman, Mfanya Donald, Vol IV
Williams, Franklin P., Vol IV

Pratt Institute, Brooklyn
Doloff, Steven, Vol II
Edwards, Mary, Vol I
Fjelde, Rolf Gerhard, Vol II
Gisolfi, Diana, Vol I

Presbyterian College, Clinton
Freymeyer, Robert H., Vol V
McCabe, Nancy, Vol II

Presbytery of St. Agustine
Hooker, Paul K., Vol IV

Prestonburg Community College
McAninch, Robert D., Vol IV

Prince George's Community College
Adamson, Lynda G., Vol II
James, David Phillip, Vol V
Kass, Elaine W., Vol II
Link, James R., Vol II
Silverman, Sherman E., Vol I

Princeton Theological Seminary
Allen, Diogenes, Vol IV
Bartow, Charles L., Vol II
Black, C. Clifton, Vol IV
Capps, Donald E., Vol IV
Charlesworth, James H., Vol IV
Kay, James F., Vol IV
Meyer, Paul William, Vol IV
Moorhead, James Howell, Vol I, IV
Stackhouse, Max Lynn, Vol IV
West, Charles Converse, Vol IV

Princeton University
Aarsleff, Hans, Vol II
Babby, Leonard Harvey, Vol III
Bagley, Robert W., Vol I
Bellos, David M., Vol III
Broadie, Sarah, Vol IV
Challener, Richard Delo, Vol I
Champlin, Edward James, Vol I
Clinton, Jerome Wright, Vol III
Coffin, David Robbins, Vol I
Cooper, Joel, Vol V
Corngold, Stanley Alan, Vol III
Curran, Sara R., Vol V
Curschmann, Michael J., Vol III
Davis, Natalie Zemon, Vol I
Drewry, Cecelia Hodges, Vol II
Ebert, Robert P., Vol III
Ermolaev, Herman, Vol III
Fagles, Robert, Vol II, III
Feldherr, Andrew, Vol I
Geison, Gerald Lynn, Vol I
George, Robert P., Vol IV
Grafton, Anthony T., Vol I
Griffith, R. Marie, Vol IV
Gutmann, Amy, Vol IV
Hinderer, Walter, Vol III, IV
Hollander, Robert, Vol III
Howarth, William L., Vol II
James, Harold, Vol I
Jasper, James M., Vol V
Jeffery, Peter, Vol II
Jeffrey, Richard C., Vol IV
Jordan, William C., Vol I
Kaster, Robert A., Vol II, III
Katz, Stanley Nider, Vol I, IV
Kaufmann, Thomas DaCosta, Vol I
Keaney, John J., Vol II, III
Kelly, Sean D., Vol IV
Knoepflmacher, U. C., Vol II
Krauel, Ricardo, Vol III
Levin, Thomas Y., Vol III
Link, Arthur S., Vol I
Litz, Arthur Walton, Vol II
Ludwig, Richard Milton, Vol II
Ma, John T., Vol III
Mahoney, Michael Sean, Vol I
Makino, Yasuko, Vol I, II
Malkiel, Burton Gordon, Vol IV
Martin, Janet Marion, Vol II, III
Martinez, Yolanda, Vol II
Mayer, Arno Joseph, Vol I
McLanahan, Sara S., Vol V
McLaughlin, Kevin P., Vol II
Mcpherson, James Munro, Vol I
Mills, Kenneth R., Vol I
Modarressi, Hossein, Vol I
Morrison, Simon, Vol II
Murrin, John Matthew, Vol I
Nabokov, Isabbelle, Vol V
Naquin, Susan, Vol I
Nehamas, Alexander, Vol IV
Ober, Josiah, Vol I
Painter, Nell Irvine, Vol I
Pemberton, Gayle R., Vol I
Peterson, Willard James, Vol I
Pitcher, George Willard, Vol IV
Quandt, Richard E., Vol IV
Rabb, Theodore K., Vol I
Rampersad, Arnold, Vol II
Rigolot, Francois, Vol II
Rosen, Lawrence, Vol V
Schor, Esther, Vol II
Sigmund, Paul Eugene, Vol IV
Steele, Marta N., Vol III
Tate, Claudia, Vol II
Taylor, Howard F., Vol V
Teiser, Stephen F., Vol III, IV
Tignor, Robert L., Vol I
Trentmann, Frank, Vol I
Udovitch, Abraham L., Vol I
Uitti, Karl D., Vol III
Wallace, Walter L., Vol V
Waswo, Ann, Vol I
Webb, Ruth H., Vol II, V
Western, Bruce, Vol V
Wildberg, Christian, Vol II, III, IV
Wilson, John Frederick, Vol I, IV
Zeitlin, Froma I., Vol III

Principia College, Elsah
Follis, Elaine R., Vol IV
Helmer, Stephen, Vol I
Sandford, George W., Vol I

Providence College
Alexander, Jon, Vol I
Barbour, Brian Michael, Vol II
Branham, Joan R., Vol I
Cappelletti, Salvatore, Vol III
Chaika, Elaine Ostrach, Vol III
Curran, Sonia Terrie, Vol II
Delasanta, Rodney, Vol II
Devine, Philip E., Vol IV
Gordon-Seifert, Catherine, Vol I, II
Guido, Joseph, Vol V
Hennedy, John Francis, Vol II
Keating, James, Vol IV
Perry, Tim, Vol IV
Scanlan, J. T., Vol I, II
Wilcox, Joel, Vol IV
Zavestoski, Stephen, Vol V

Providence College and Theological Seminary, Otterburn
Tiessen, Terrance, Vol IV

Institution Index

Purchase College, State University of New York
Dubin, S. C., Vol V
Foner, Nancy, Vol V
Howard, John Robert, Vol V
Lemire, Elise V., Vol II
Newton, Esther, Vol V
Schwab, Peter, Vol IV
Waller, Gary F., Vol II
Yelin, Louise, Vol II

Purdue University North Central
Jablon, Howard, Vol I
Loggins, Vernon P., Vol II
Schlobin, Roger Clark, Vol II
Sheehy, John, Vol IV, V

Purdue University, Calumet
Boiarsky, Carolyn, Vol II
Carilli, Theresa M., Vol I
Casto-Urios, Jose, Vol II
Detmer, David J., Vol IV
Fewer, Colin D., Vol II, IV
Koenig, Thomas Roy, Vol IV
Rowan, John R., Vol IV
Selig, Robert L., Vol II
Trusty, Norman Lance, Vol I

Purdue University, West Lafayette
Adler, Thomas Peter, Vol II
Allert, Beate I., Vol II
Babrow, Austin S., Vol II, V
Bartlett, Robert V., Vol IV
Beer, Jeanette Mary Ayres, Vol III
Berg, David M., Vol II
Bergmann, Michael, Vol IV
Berthrong, Donald John, Vol I
Bertolet, Rod, Vol IV
Botan, Carl H., Vol II
Broden, Thomas F., Vol III
Burks, Don M., Vol II
Burleson, Brant R., Vol II
Clair, Robin P., Vol II
Contreni, John Joseph, Vol I
Cover, Jan, Vol IV
Curd, Martin Vincent, Vol IV
Curd, Patricia, Vol IV
Curtis, Susan, Vol I
Davis, Wendell Eugene, Vol II
Deflem, Mathieu, Vol V
Epstein, William Henry, Vol II
Felluga, Dino F., Vol II
Ferraro, Kenneth K., Vol V
Flory, Wendy Stallard, Vol II
Fouche, Rayvon, Vol I
Garfinkel, Alan, Vol III, V
Gill, Michael, Vol IV
Gordon, Leonard H. D., Vol I
Gorn, Elliott J., Vol I
Greene, John O., Vol II
Gustason, William, Vol IV
Harper, William, Vol V
Hart, Patricia, Vol III
Hatasa, Kazumi, Vol III
Hong, Wei, Vol III
Hughes, Shaun Francis Douglas, Vol II
Ingrao, Charles William, Vol I
Jaen-Portillo, Isabel, Vol III
Keck, Christiane Elisabeth, Vol III
Keehner, Mary, Vol II
Kirby, John T., Vol II, III
Kleine-Ahlbrandt, Wm. Laird, Vol I
Knoeller, Christian, Vol II
Kuehn, Manfred, Vol I, IV
Larson, John L., Vol I
Leidholdt, Alex S., Vol II
Lemelle, Anthony J., Vol V
Magner, Lois, Vol I
Marina, Jacqueline, Vol IV
Martinez, Jacqueline M., Vol II, III, V
Matustik, Martin J. Beck, Vol IV
May, Jill P., Vol II, V
May, Robert Evan, Vol I
McBride, William Leon, Vol IV
McGee, Reece Jerome, Vol V
Mckenzie, Alan T., Vol II
Merrell, F., Vol I
Mitchell, Donald, Vol IV
Mork, Gordon Robert, Vol I
Mumby, Dennis K., Vol II, III, IV
Ogles, Robert M., Vol II, V
Ohlgren, Thomas Harold, Vol II
Orlando, Valerie, Vol III
Parman, Donald Lee, Vol I
Rawlins, William K., Vol II
Robb, Stephen, Vol II
Rowe, William L., Vol IV
Russow, Lilly-Marlene, Vol IV
Saunders, Elmo Stewart, Vol I
Scerri, Eric R., Vol IV
Scheele, Henry Zaegel, Vol II
Schrag, Calvin Orville, Vol IV
Schweickart, Patrocinio Pagaduan, Vol II
Scott, Kermit, Vol IV
Seigfried, Charlene, Vol IV, V
Skinner, Ewart C., Vol II
Smith, Larry D., Vol II
Smith, Robert E., Vol II
Sparks, Glenn G., Vol II
Stewart, Charles J., Vol II
Stohl, Cynthia B., Vol II, III
Stover, John Ford, Vol I
Swensen, Clifford Henrik, Vol V
Teaford, Jon C., Vol I
Thompson, Gary Richard, Vol II
Thompson, Paul B., Vol IV
Titche, Leon L., Vol III
Tucker, Mark, Vol I, II
Ulrich, Dolph, Vol IV
Wang, Aihe, Vol I
Webb, Ralph, Jr., Vol II
Williams, Vernon J., Jr., Vol I
Woodman, Harold David, Vol I
Yetman, Michael G., Vol II

Queen's University at Kingston
Akenson, Donald, Vol I
Alistair, Macleod, Vol IV
Babbitt, Susan, Vol IV
Bakhurst, David J., Vol IV
Beninger, Richard J., Vol V
Berg, Maggie, Vol II
Berman, Bruce J., Vol IV
Bond, Edward J., Vol IV
Carpenter, Mary, Vol II
Carson, James, Vol IV
Clark, George, Vol II
Colwell, Frederic, Vol II
Craig, Wendy M., Vol V
der Otter, Sandra, Vol IV
Dick, Susan M., Vol II
Duffin, Jacalyn, Vol I
English, Allan D., Vol I
Feldman, Maurice A., Vol V
Fell, Albert Prior, Vol IV
Finlayson, John, Vol II
Finley, Gerald E., Vol I
Fox, Michael Allen, Vol IV
Gunn, J., Vol IV
Hamilton, Albert C., Vol II
Hansen, Klaus Juergen, Vol I
Hanson, Elizabeth, Vol II
Helland, Janice, Vol V
Hospital, Clifford G., Vol IV
James, William Closson, Vol II, IV
Jolly, Rosemary J., Vol II
Jones, Mark, Vol II
Kilpatrick, Ross S., Vol II, III
King, Shelley, Vol II
Knight, Deborah, Vol IV
Leighton, Stephen, Vol IV
Leith, James A., Vol I
Lobb, Edward, Vol II
Lock, F. P., Vol II
Logan, George, Vol II
MacKinnon, James, Vol IV
Mccready, William David, Vol I
Mewhort, Doug J. K., Vol V
Moffatt, John, Vol II
Monkman, Leslie G., Vol II
Murray, Laura, Vol II
Overall, Christine D., Vol IV
Pierce, John, Vol II
Prado, C. G., Vol IV
Quinsey, Vernon L., Vol V
Rae, Patricia, Vol II
Rasula, Jed, Vol II
Riddell, J. Barry, Vol I
Robinson, Laura, Vol II
Rogers, Phil, Vol II
Sandor, Monica A., Vol I
Schlick, Yael, Vol II
Schroeder, Frederic M., Vol II, III
Sismondo, Sergio, Vol IV
Soderlind, Sylvia, Vol II
Stayer, James Mentzer, Vol I
Stevens, Paul, Vol II
Straznicky, Marta, Vol II
Streight, Irwin, Vol II
Surridge, Marie, Vol I, III
Sypnowich, Christine, Vol IV
Throne, Barry, Vol II
Tulchinsky, Gerald J. J., Vol I
Varadharajan, Asha, Vol II
Ware, Tracy, Vol II
Wiebe, Mel, Vol II
Willmott, Glenn Allan, Vol II
Young, Pamela Dickey, Vol IV

Queens College, Charlotte
Brown, Royal Scott, Vol III
Eisenstein, Hester, Vol V

Queens College, City University of New York
Bessette, Gerard, Vol III
Bird, Thomas E., Vol III
Buell, Frederick Henderson, Vol II
Cannistraro, Philip Vincent, Vol I
Carlson, Harry Gilbert, Vol II
Colby, Robert Alan, Vol II
Cooley, Nicole R., Vol II
Cordero, Alberto, Vol IV
D'Avanzo, Mario L., Vol II
Davis, Ellen Nancy, Vol I
Dickstein, Morris, Vol II, III
Epstein, Edmund Lloyd, Vol II, III
Erickson, Raymond Frederick, Vol II
Eubank, Keith, Vol I
Fichtner, Edward G., Vol III
Fontinell, Eugene, Vol IV
Friedman, Stanley, Vol II
Frosch, Thomas Richard, Vol II
Gover, Yerah, Vol V
Green, William, Vol II
Gruder, Vivian Rebecca, Vol I
Haller, Hermann W., Vol III
Harris, Susan Kumin, Vol I, II
Heilman, Samuel C., Vol V
Held, George, Vol II
Hershkowitz, Leo, Vol I
Hintz, Carrie, Vol II
Kaplan, Fred, Vol II
Lidov, Joel, Vol II, III
Lonigan, Paul R., Vol II, III
Markovitz, Irving Leonard, Vol IV
McManus, Edgar J., Vol I, IV
O'Connor, Patricia, Vol IV
Peritz, Janice H., Vol II
Pine, Martin L., Vol I
Prall, Stuart E., Vol I
Rabassa, Gregory, Vol III
Rivera, Jenny, Vol IV
Roberts, Michael J., Vol V
Russell, Rinaldina, Vol III
Scott, Donald M., Vol I
Stone, Donald David, Vol II
Sungolowsky, Joseph, Vol III
Syrett, David, Vol I
Timko, Michael, Vol II
Tytell, John, Vol II
Warren, Joyce, Vol II
Whatley, Eric Gordon, Vol II
Wreszin, Michael, Vol I
Wu, Pei-Yi, Vol I, III
Zwiebach, Burton, Vol IV

Queensborough Community College of The City University of New York
Altman, Ira, Vol IV, V
Camus, Raoul F., Vol II
Fonesca, Terezinha, Vol II
Greenbaum, Fred, Vol I
Meza, Pedro Thomas, Vol I
Pecorino, Philip Anthony, Vol IV, V
Polak, Emil J., Vol I
Seymour, Victor, Vol II
Tricarico, Donald, Vol V

Quincy University, Quincy
Biallas, Leonard John, Vol IV
Schweda, Donald Norman, Vol II
Vidal, Jaime R., Vol IV

Quinebaug Valley Community-Technical College, Danielso
DeShong, Scott, Vol II

Quinnipiac College, Hamden
Bix, Brian, Vol IV
Brown, Pearl Leblanc, Vol II
Engel, Leonard W., Vol II
Magnarelli, Sharon, Vol III
Page, Benjamin Bakewell, Vol IV
Quirk, Ronald Joseph, Vol III
Zucker, David Hard, Vol II

Radford University, Radford
Adams, Lynn, Vol II
Arbury, Steve, Vol I
Baker, Moira, Vol II
Christianson, Scott, Vol II
Du Plessis, Eric, Vol II
Edwards, Grace Toney, Vol II, V
Gainer, Kim, Vol II
Gallo, Louis, Vol II
Graham, Joyce, Vol II
Guruswamy, Rosemary, Vol II
Hepburn, Sharon Roger, Vol I
Ioffe, Grigory, Vol I
Jackson, Pamela A., Vol V
Killen, Linda, Vol I
Kovarik, Bill, Vol II
Kranidis, Rita, Vol II
Lanier, Parks, Vol II
Lindberg, Debra, Vol IV
Martin, Glen T., Vol IV
Mcclellan, Charles W., Vol I
Parker, Jacqueline, Vol V
Poe, Elizabeth, Vol II
Poland, Tim, Vol II
Pribram, Karl H., Vol V
Riddle, Rita Sizemore, Vol II
Samson, Donald, Vol II
Saperstein, Jeff, Vol II
Secreast, Donald, Vol II
Servaty, Heather, Vol V
Siebert, Hilary, Vol II
Stanley, Paula H., Vol V
Wawrzycka, Jolanta, Vol II
Weiss, Alexander, Vol II

Ramapo College of New Jersey, Mahwah
Alaya, Flavia M., Vol II
Davis, Henry Vance, Vol I
Frundt, Henry, Vol V
Johnson, Roger N., Vol V
Leontovich, Olga, Vol I
Padovano, Anthony, Vol I
Rice, Stephen P., Vol I
Ross, Ellen, Vol I
Sineshaw, T., Vol V

Randolph-Macon College, Ashland
Beatty, Joseph, Vol IV
Daugherty, Gregory Neil, Vol II, III
deGraff, Amy, Vol I, III
Inge, M. Thomas, Vol II
McCaffrey, Daniel, Vol II, III
Scanlon, James Edward, Vol I
Yamamoto, Masahiro, Vol I

Randolph-Macon Woman's College, Lynchburg
Adams, Beverly C., Vol V
Hostetler, Theodore J., Vol I, II

Raritan Valley Community College, Somerville
Bezanson, Mark, Vol II

Reading Area Community College, Reading
Peemoeller, Helen C., Vol II

Real Urban Ministry
Gilmore, Robert McKinley, Sr., Vol IV

Reconstructionist Rabbinical College, Wyncote
Kamionkowski, Susan T., Vol IV
Staub, Jacob J., Vol IV

Reed College, Portland
Butler, Leslie, Vol I
Hancock, Virginia, Vol II
Hillis, Rick, Vol II, V
Knapp, Robert Stanley, Vol II
Nicholson, Nigel, Vol II, III
Peck, William Dayton, Vol IV
Sacks, David Harris, Vol I
Segel, Edward Barton, Vol I
Steinman, Lisa M., Vol II

Reedley College
Borofka, David, Vol II

Reformed Bible College, Grand Rapids
Schwanda, Tom, Vol IV

Reformed Theological Seminary, Jackson
Curry, Allen, Vol IV, V
Hoffecker, W. Andrew, Vol I, IV
Hurley, James, Vol V
Long, Paul, Vol IV
Rankin, Duncan, Vol IV
Richardson, William, Vol V
Wan, Enoch, Vol IV
Whitlock, Luder, Vol IV

Reformed Theological Seminary, Maitland
Farrell, Frank, Vol I, IV
Gamble, Richard C., Vol IV
Hill, Charles, Vol IV
James, Frank A., III, Vol I, IV
Kidd, Reggie McReynolds, Vol IV
Kistemaker, Simon, Vol IV
Nash, Ronald H., Vol IV
Nicole, Roger R., Vol IV
Rupp, Gary, Vol V
Waltke, Bruce K., Vol IV

Reformed Theological Seminary, North Carolina
Brown, Harold O. J., Vol IV
Hunter, Joel, Vol IV
Kelly, Douglas, Vol IV
Norris, Robert, Vol IV
Norton, H. Wilbert, Sr., Vol IV

Regent College, Vancouver
Stackhouse, John G., Jr., Vol I, IV

Regent University, Virginia Beach
Foltz, Howard L., Vol IV
Holman, Charles L., Vol IV
Prosser, Peter E., Vol I, IV
Ruthven, Jon M., Vol IV
Stern, Craig A., Vol IV
Story, J. Lyle, Vol IV
Synan, Vinson, Vol I, IV
Umidi, Joseph L., Vol IV
Williams, J. Rodman, Vol IV

Regis College, Massachusetts
Jacobs, Ruth, Vol V
Laska, Vera, Vol I
Meade, Catherine M., Vol I

Regis College, Toronto
Schner, George, Vol IV
Stoeber, Michael, Vol IV

Regis College, Weston
Liazos, Alexander, Vol V

Regis University, Denver
Blake, Deborah, Vol IV
Kane, John, Vol IV
Lumpp, Randolph, Vol IV
Oakes, Edward T., Vol IV
Ridgway, John Karl, Vol IV
Thomas, David, Vol IV

Reinhardt College, Waleska
Ast, Theresa, Vol I

Rensselaer Polytechnic Institute, Troy
Anderson-Gold, Sharon, Vol IV
Crouch, Dora Polk, Vol I
Edwards, George Charles, III, Vol IV
Halloran, Stephen Michael, Vol II
Restivo, Sal, Vol V
Traver, Holly A., Vol V
Woodhouse, Edward James, Vol IV

Rhode Island College, Providence
Allen, Peter S., Vol V
Brown, Peter B., Vol I
Coons, Dix Scott, Vol III
Cvornyek, Bob, Vol I
Dufour, Ron, Vol I
Filinson, Rachel, Vol V
Kellner, George, Vol I
Lemons, J. Stanley, Vol I
Levi, Joseph Abraham, Vol III
Lopes, William H., Vol V
McMunn, Maradith T., Vol II
Olson, Jeannine, Vol I
Reddy, Maureen T., Vol II
Robinson, William Henry, Vol II
Schapiro, Barbara, Vol II
Schneider, Joanne, Vol I
Schuster, Leslie, Vol I
Scott, Daniel Marcellus, Vol III
Singh, Amritjit, Vol II
Stevens, Earl Eugene, Vol II
Swift, Carolyn Ruth, Vol II
Teng, Tony, Vol I

Rhodes College, Memphis
Batey, Richard A., Vol IV
Entzminger, Robert L., Vol II
Favazza, Joseph A., Vol IV
Garceau, Dee, Vol I
Hatfield, Douglas Wilford, Vol I
Huebner, Timothy, Vol I
Lacy, William Larry, Vol IV
Muesse, Mark William, Vol IV
Schmidt, Sabine I., Vol III
Shaffer, Brian W., Vol II
Sick, David, Vol II, III
Walsh, Carey Ellen, Vol III, IV

Rice University, Houston
Boles, John B., Vol I
Bongmba, Elias Kifon, Vol IV
Chance, Jane, Vol II
Chen, Lilly, Vol III
Crist, Lynda Lasswell, Vol I
Crowell, Steven G., Vol IV
Drew, Katherine Fischer, Vol I
Elfimov, Alexei, Vol V
Grandy, Richard E., Vol IV
Grob, Alan, Vol II
Gruber, Ira, Vol I
Haskell, Thomas Langdon, Vol I
Houng, Caroline C., Vol III
Huston, John Dennis, Vol II
Hyman, Harold Melvin, Vol I
Kemmer, Suzanne E., Vol III
Klein, Anne, Vol III, IV
Kulstad, Mark Alan, Vol IV
Levander, Caroline Field, Vol II
Mackie, Hilary S., Vol II, III
Matusow, Allen Joseph, Vol I
Minter, David Lee, Vol II
Mitchell, Douglas, Vol III
Naficy, Hamid, Vol II
Patten, Robert Lowry, Vol II
Qian, Nanxiu, Vol III
Seed, Patricia, Vol I
Sher, George, Vol IV
Skura, Meredith Anne, Vol II
Smith, Richard J., Vol I
Stokes, Gale, Vol I
Thal, Sarah, Vol I
Thompson, Ewa Majewska, Vol III
Tyler, Stephen, Vol V
Van Helden, Albert, Vol I
Weissenberger, Klaus, Vol III
Wiener, Martin J., Vol I
Wilson, Joseph Benjamin, Vol III
Wood, Philip R., Vol III
Yang, Insun, Vol III

Richard Stockton College
Ashton, Nancy, Vol V
Constantelos, Demetrios J., Vol I
Hayse, Michael, Vol I
Ince, Elizabeth, Vol V
Lester, David, Vol V
Lubenow, William Cornelius, Vol I
Schwartz, Mimi J., Vol II

Richland College, Dallas
Trickel, John, Vol I

Ricks College, Rexburg
Bennett, Ronald, Vol II
George, Stephen, Vol II

Rider University, Lawrenceville
Brown, Jerry Wayne, Vol I, IV
Burgh, Richard, Vol IV
Finello, Dominick Louis, Vol III
Good, Robert C., Vol IV
Gowaskie, Joseph M., Vol I
Iorio, Dominick Anthony, Vol IV
Long, John Wendell, Vol I
Mcleod, Alan L., Vol II
Richardson, Charles O., Vol I
Sethi, Robbie Clipper, Vol II
Stroh, Guy Weston, Vol IV
Sullivan, Jack R., Vol II

Ripon College
Hannaford, R., Vol IV
Lillios, Katina, Vol V
Lowry, Eddie R., Jr., Vol III
Miller, George Hall, Vol I
Northrop, Douglas A., Vol II
Smith, Brian H., Vol IV

Riverside Community College
Baker, David V., Vol V
Quin, Carolyn L., Vol II
Thompson, O., Vol IV

Rivier College, Nashua
Kaloudis, George, Vol I
Tavani, Herman, Vol IV

Roanoke College, Salem
Hartley, Roger, Vol IV
McDermott, Gerald D., Vol IV
Pranzarone, Galdino F., Vol V
Selby, John G., Vol I
Weiss, Gregory L., Vol V

Robert Morris College, Coraopolis
Vardy, Agnes Huszar, Vol II

Roberts Wesleyan College, Rochester
Bassett, Rodney, Vol V

Rochester Institute of Technology
Ferber, Paul H., Vol IV
Gordon, Dane R., Vol IV
Ishman, Sybil R., Vol II
McKenzie, Stanley D., Vol II
Sanders, John T., Vol IV
Smith, Marshall L., Vol V
Sullivan, Mary C., RSM, Vol II, IV

Rock Valley College, Rockford
LeFew-Blake, Penelope, Vol II

Rockefeller University, New York
Wang, Hao, Vol IV

Rockford College, Rockford
Forslund, Catherine, Vol I
Hicks, Stephen R. C., Vol IV

Rockhurst College, Kansas City
Brady, Jules M., Vol IV
Bredeck, Martin James, Vol IV
Capra, Carl J., Vol V
Oldani, Louis Joseph, Vol II
Robinson, Genevieve, Vol I
Sweetman, Brendan M., Vol IV

Rockland Community College, Suffern
Bay, Libby, Vol II

Rocky Mountain College of Art & Design, Denver
Robyn, Elisa, Vol V

Roger Williams University, Bristol
Bogus, Carl T., Vol IV
Hollingsworth, Anthony L., Vol II, III

Rogers State College, Claremore
Dial-Driver, Emily, Vol II

Rollins College, Winter Park
Cook, J. Thomas, Vol IV
Edge, Hoyt Littleton, Vol IV
Lemon, Robert S., Jr., Vol I
Mesavage, Ruth Matilde, Vol III
Rubarth, Scott M., Vol IV

Roosevelt University, Chicago
Amberg, Anthony, Vol II
Buccola, Regina M., Vol II
Headrick, Daniel Richard, Vol I
Johnson, Paul B., Vol I
Kipper, David A., Vol V
Leer, Norman Robert, Vol II, III
Miller, David B., Vol I
Stein, Leon, Vol I
Trela, D. J., Vol II
Weiner, Lynn, Vol I
Wolfe, Gary Kent, Vol II

Rosary College, River Forest
McElwain, Hugh Thomas, Vol IV
McGinty, Carolyn, Vol II

Rose-Hulman Institute of Technology, Terre Haute
Krause, Maureen Therese, Vol III

Rosenberg Kitaen Institute
Rosenberg, Jack L., Vol V

Roswell Park Memorial Institute
Shedd, D., Vol I

Rowan University, Glassboro
Adelson, Fred B., Vol I
Applebaum, David, Vol I
Ashton, Dianne C., Vol IV
Clough, Sharon, Vol IV
Coulombe, Joseph L., Vol II
Doskow, Minna, Vol II
Grupenhoff, Richard, Vol I, II
Haba, James, Vol II
Hewsen, Robert, Vol I
Hunter, Gary, Vol I
Jiao, Allan, Vol IV
Kaleta, Kenneth C., Vol II
Kress, Lee Bruce, Vol I
Patrick, Barbara, Vol II
Penrod, Diane, Vol II
Porterfield, Richard Maurice, Vol I
Viator, Timothy J., Vol II
Vitto, Cindy, Vol II
Wang, Q. Edward, Vol I
Wiltenburg, Joy, Vol I, V

Rowan-Cabarrus Community College, Salisbury
Hill, Wanda W., Vol II

Royal Military College
Errington, Jane, Vol I
Haycock, Ronald G., Vol I
Klepak, Hal, Vol I
Prete, Roy A., Vol I
Shirinian, Lorne, Vol III
Skarbarnicki, Anne, Vol II
Sokolsky, Joel J., Vol IV

Royal Ontario Museum
Golombek, Lisa, Vol I
Tushingham, Arlotte Douglas, Vol I
Webster, Donald B., Vol I

Russell Sage College, Troy
Ahlers, Rolf, Vol IV
Apena, Igho Adeline, Vol I
Leibo, Steve, Vol V
Spector, Sherman David, Vol I

Russian-American Christian University
Ort, Larry V., Vol IV

Rust College, Holly Springs
Chapman, Norman, Vol II

Rutgers, The State University of New Jersey, Camden
Barbarese, J. T., Vol II
Bowden, Betsy, Vol II
Carlisle, Rodney, Vol I
Dorwart, Jeffrey M., Vol I
Epstein, Richard, Vol III
Fitter, Chris, Vol II
Hull, N. E. H., Vol I, IV
Klinghoffer, Arthur Jay, Vol IV
Kludze, A. Kodzo Paaku, Vol IV
Lutz, William, Vol II
Martin, Timothy, Vol II
Patterson, D., Vol IV
Scranton, Philip, Vol I
Showalter, English, Vol III
Sill, Geoffrey M., Vol II

Rutgers, The State University of New Jersey, Douglass College
McGary, Howard, Vol IV

Rutgers, The State University of New Jersey, Livingston College
Borocz, Jozsef, Vol V
Bunzl, Martin, Vol IV
Caban, Pedro, Vol I, III
Ellis, Katherine, Vol II
Falk, John L., Vol V
Jussim, Lee, Vol V
Martinez-Fernandez, Luis, Vol I
Sass, Louise A., Vol V
Waxman, Chaim I., Vol V

Rutgers, The State University of New Jersey, New Brunswick
Adams, Kimberly V., Vol II, V
Adas, Michael Peter, Vol I
Aronoff, Myron J., Vol IV, V
Attridge, Derek, Vol II
Avins, Carol Joan, Vol III
Baigell, Matthew, Vol I
Baily, Samuel Longstreth, Vol I
Barnett, Louise, Vol II
Becker, Seymour, Vol I
Bell, Rudolph Mark, Vol I
Belton, John, Vol II
Bethel, Leonard Leslie, Vol IV
Blumenthal, Eileen, Vol II
Bodel, John, Vol II, III
Bolton, Martha Brandt, Vol IV
Bowden, Henry Warner, Vol I, IV
Brett-Smith, Sarah, Vol I
Butler, Kim D., Vol I
Cargill, Jack, Vol I
Chambers, John W., II, Vol I
Chandler, Daniel Ross, Vol II
Chang, Ruth, Vol IV
Charney, Maurice Myron, Vol II
Cobble, Dorothy Sue, Vol I, V
Cornelia, Marie E., Vol II
Crane, Susan, Vol II
Crozier, Alice Cooper, Vol II
Davidson, Harriet, Vol II
DeKoven, Marianne, Vol II
Demone, Harold Wellington, Vol V
Derbyshire, William W., Vol III
Diamond, Elin, Vol II, V
Dowling, William C., Vol II
Edwards, Brent Hayes, Vol II
Eidelberg, Martin, Vol I
Figueira, Thomas J., Vol I
Fizer, John, Vol III
Flitterman-Lewis, Sandy, Vol II
Fortenbaugh, William Wall, Vol II, III
Galperin, William, Vol II
Garrison, Lora Dee, Vol I
Gasster, Michael, Vol I
George, Kearns, Vol II
Gibson, Donald Bernard, Vol II
Gillespie, Angus K., Vol I
Gillette, William, Vol I
Gillis, John R., Vol I
Gliserman, Martin, Vol II
Goffen, Rona, Vol I
Gossy, Mary S., Vol II, V
Grob, Gerald N., Vol I
Guetti, James L., Vol II
Habib, M. A. Rafey, Vol II
Harris, Daniel A., Vol II
Hartman, Mary Susan, Vol I
Held, Joseph, Vol I
Hinds, Lennox S., Vol IV
Hoffman, Tyler B., Vol II
Horowitz, Irving Louis, Vol V

Howard, Angela, Vol I
Husak, Douglas Neil, Vol IV
Jeffrey, Thomas Edward, Vol I
Jehlen, Myra, Vol II
Johnson, James Turner, Vol IV
Kelley, Donald R., Vol I
Kenfield, John F., III, Vol I
Kivy, Peter Nathan, Vol IV
Klein, Peter David, Vol IV
Kubey, Robert W., Vol V
Lears, T. J. Jackson, Vol I, II
Lee, Maurice D., Jr, Vol I
Levine, George L., Vol II
Lewis, David Levering, Vol I
Lutz, Jessie Gregory, Vol I
Lyons, Bridget G., Vol II
Maman, Marie, Vol II
Marder, Tod A., Vol I
Marter, Joan, Vol I
Martinez-San Miguel, Yolanda M., Vol III
Matro, Thomas G., Vol II
Matthews, Robert Joseph, Vol IV
McClure, John, Vol II
Mccolley, Diane K., Vol II
Mccormick, Richard P., Vol I
McHam, Sarah Blake, Vol I
McKeon, Michael, Vol II
McLachlan, Elizabeth Parker, Vol I
Morrison, Karl F., Vol I
Mull, Donald L., Vol II
Nagy, Edward, Vol III
Neugeboren, Bernard, Vol V
O'Neill, William L., Vol I
Obayashi, Hiroshi, Vol IV
Oppenheimer, Martin, Vol V
Ostriker, Alicia, Vol II
Phillips, Julie, Vol V
Pirog, Gerald, Vol III
Popenoe, David, Vol V
Puglisi, Catherine, Vol I
Qualls, Barry V., Vol II
Reed, James Wesley, Vol I
Robbins, Bruce, Vol II
Roberts, Brian, Vol II
Rockland, Michael Aaron, Vol I, III
Ruben, Brent David, Vol II
Ryan, Robert M., Vol II, IV
Saretzky, Gary D., Vol I
Schick, Frederic, Vol IV
Serrano, Richard, Vol III
Sigman, Hilary A., Vol IV
Slaughter, Thomas Paul, Vol I
Small, Jocelyn Penny, Vol I
Smalls, James, Vol I
Smith, Carol Hertzig, Vol II
Sosa, Ernest, Vol IV
Spector, Jack, Vol I
Speer, Mary B., Vol III
St Clair Harvey, Archer, Vol I
Stauffer, George B., Vol I, II
Stephens, Thomas M., Vol I
Stern, Laurent, Vol IV
Stich, Stephen P., Vol IV
Stoianovich, Traian, Vol I
Strickland, Dorothy S., Vol V
Stroffolino, Chris, Vol II
Tarbell, Roberta K., Vol I
Truckenbrodt, Hubert, Vol III
Tu, Ching-I, Vol I, III
Turnbull, Barbara, Vol V
Turshen, Meredeth, Vol I
Vesterman, William, Vol II
Walker, Janet Anderson, Vol III
Walling, William, Vol II
Wang, Ban, Vol III
Warner, Michael D., Vol II
Wasserman, Mark, Vol I
Welsh, Andrew, Vol II
Westermann, Mariet, Vol I
White, Helene R., Vol V
Wilshire, Bruce W., Vol IV
Yanni, Carla, Vol I
Yolton, John W., Vol IV
Zatlin, Phyllis, Vol III

Rutgers, The State University of New Jersey, Newark

Askin, Frank, Vol IV
Baker, David, Vol II
Basch, Norma, Vol I, IV
Blumrosen, Alfred W., Vol IV
Cottrol, Robert James, Vol IV
Crew, Louie, Vol II
Dain, Norman, Vol I
Davenport, Charles, Vol IV
Diner, Steven J., Vol I
Feinman, Jay M., Vol IV
Felson, Marcus, Vol IV
Foley, Barbara, Vol II
Franklin, H. Bruce, Vol I, II
Hadas, Rachel, Vol II
Heffernan, Carol F., Vol II
Hirschberg, Stuart, Vol II
Hyde, Alan, Vol IV
Hyman, Jonathan Morris, Vol IV
Kijne, Hugo, Vol V
Kimball, Warren, Vol I
Lees, Andrew, Vol I
Leubsdorf, John, Vol II, IV
Lewis, Jan Ellen, Vol I
Liu, Zili, Vol V
Miller, Gabriel, Vol II
Rohr, Michael D., Vol IV
Rosenblatt, Jay, Vol V
Russell, Charles, Vol III
Russell, Frederick, Vol I
Singley, Carol J., Vol II
Stieglitz, Robert R., Vol I, V
Tiger, Virginia Marie, Vol II
Tractenberg, Paul L., Vol IV
Wagenheim, Olga, Vol I
Watts, Ann Chalmers, Vol II
Znayenko, Myroslava, Vol I

Ryerson Polytechnic University, Toronto

Imboden, Roberta, Vol II
Mulhallen, Karen, Vol II

Sacramento City College, Sacramento

Ford, Bonnie L., Vol I
Moftakhar, Hossein, Vol V

Sacred Heart Major Seminary, Detroit

Mehaffey, Karen Rae, Vol II
Muller, Earl, Vol IV

Sacred Heart School of Theology, Hales Corners

Gomez, Raul R., Vol IV
McNally, Vincent J., Vol I, IV

Sacred Heart University, Fairfield

Grigg, Richard M., Vol IV
Manning, Christel, Vol IV, V
Roney, John B., Vol I
Rouse, John Jay, Vol IV

Saddleback College, Mission Viejo

Heffernan, William A., Vol II
Quickel, Kim, Vol V
Wilson, Dick, Vol V

Saginaw Valley State University

Braddock, Robert Cook, Vol I, II
Clark, Basil Alfred, Vol II
Jezierski, John V., Vol I
Koperski, Jeffrey, Vol IV
Munn, Paul T., Vol II
Ramet, Carlos, Vol II
Rayfield, David, Vol IV
Renna, Thomas Julius, Vol I
Riegle, Rosalie G., Vol II
Thompson, Gary, Vol II
Wang, Mason Yu-Heng, Vol II, III
Wignall, Dennis L., Vol II

Saint Anselm College, Manchester

Berthold, George Charles, Vol IV
Cassidy, James G., Vol I
Constance, Joseph, Vol I, II
Foster, Anne L., Vol I
Huff, Peter A., Vol I, IV
Mason, Francis M., Vol I
Pajakowski, Philip E., Vol I
Shannon, Sylvia C., Vol I

Saint Augustine's College, Raleigh

Thaden, Barbara, Vol II

Saint Bernard's Institute, Rochester

Karaban, Roslyn A., Vol IV

Saint Charles County Community College, St. Peters

Checkett, Lawrence, Vol II
Feng-Checkett, Gayle, Vol II, V

Saint Francis College, Loretto

Bertocci, Rosemary, Vol IV
McKale, Michael, Vol IV
Melusky, Joseph, Vol I, IV
Neeley, G. Steven, Vol IV

Saint John's University, Collegeville

Forman, Mary, Vol I

Saint Joseph's College, Connecticut

Lacey, Barbara E., Vol I

Saint Joseph's College, Indiana

Heiman, Lawrence Frederick, Vol II, IV

Saint Joseph's College, Maine

Eduljee, Nina, Vol V
Rielly, Edward J., Vol II

Saint Joseph's Seminary College, Saint Benedict

Nauman, Ann K., Vol I
Regan, Patrick J., Vol IV

Saint Joseph's University, Philadelphia

Burch, Francis Floyd, Vol III, IV
Burton, David Henry, Vol I
Chapman, Judith G., Vol V
Cohen, Eileen Z., Vol II
Donahue, Thomas John, Vol II, III
Dougherty, James E., Vol IV
Feeney, Joseph John, Vol II
Ferere, Gerard Alphonse, Vol V
Fusco, Richard A., Vol II
Genovesi, Vincent Joseph, Vol IV
Gilman, Owen W., Vol II
Jackson, Arlene M., Vol II
Jenemann, Albert Harry, Vol IV
Krahmer, Shawn Madison, Vol IV
Linehan, Elizabeth Ann, Vol IV
Lombardi, Joseph L., Vol IV
Marsilio, Maria S., Vol II, III
Marzik, Thomas David, Vol I
Miller, Randall Martin, Vol I
Morris, Francis J., Vol II
Norberg, Peter, Vol II
Parker, Jo Alyson, Vol II
Schmandt, Raymond Henry, Vol I
Serano, J., Vol IV
Traupman, John Charles, Vol III
Wendling, Ronald Charles, Vol II

Saint Leo University

Cronin, Christopher, Vol V

Saint Louis University

Acker, Paul, Vol II
Barmann, Lawrence F., Vol I, IV
Benis, Toby Ruth, Vol II
Benoit, Raymond, Vol II
Berg-Weger, Marla, Vol V
Berman, Scott, Vol IV
Blackwell, Richard Joseph, Vol IV
Brown, Candy, Vol I
Bush, Harold K., Vol II
Casaregola, Vincent, Vol II
Charron, William C., Vol IV
Critchlow, Donald T., Vol I
Curran, Thomas F., Vol I
DuBois, James M., Vol IV
Ferrari, Rita, Vol II
Fleener, Charles Joseph, Vol I
Fournier, Lucien, Vol II
Gaffney, John Patrick, Vol IV
Guentner, Frances J., Vol II
Harvey, Richard D., Vol V
Hasler, Antony, Vol II
Herron, Robert Deupree, Vol III
Johnston, Georgia, Vol II
Jones, Ellen, Vol II
Kolmer, Elizabeth, Vol I
Latta, Kimberly, Vol II
Levie, Howard Sidney, Vol IV
Lopez, Oscar R., Vol II, III
Madden, Thomas, Vol I
Magill, Gerard, Vol IV
McLeod, Frederick G., Vol IV
McNamee, Maurice Basil, Vol II
Miles, Dorothy D., Vol V
Miller, Clarence Harvey, Vol II
Modras, Ronald E., Vol IV
Moisan, Thomas, Vol II
Ordower, Henry M., Vol II, IV
Pautrot, Jean-Louis, Vol III
Perry, Lewis C., Vol I
Rozbicki, Michal J., Vol I, II
Ruddy, T. Michael, Vol I
Sanchez, Jose Mariano, Vol I
Schlafly, Daniel L., Vol I
Scott, James F., Vol II
Scott, James Frazier, Vol II
Shippey, T. A., Vol II
Smith, Duane, Vol II
Thro, Linus J., Vol IV
Trotter, Griffin, Vol IV
Tuchler, Dennis John, Vol IV
Turner, Paige K., Vol II
Uraizee, Joya F., Vol II
Walsh, Thomas M., Vol II

Saint Martin's College, Lacey

Langill, Richard L., Vol IV
Reilich, Eileen, Vol V
Seidel, George J., Vol IV
Winston Suter, David, Vol IV

Saint Mary's College of California, Moraga

Beran, Carol L., Vol II
Boyd, Candy Dawson, Vol V
Fleming, John, Vol II
Guarneri, Carl J., Vol I
Lemke-Santangelo, Gretchen, Vol I
Lu, Matthias, Vol IV
Santiago, Myrna, Vol I

Saint Mary's College, Notre Dame

Klene, Jean M., Vol II
Pauley, John L., Vol II
Sayre, Patricia, Vol IV
Weiss, Herold D., Vol IV

Saint Mary's College, Orchard Lake

Wrobel, Janusz, Vol III

Saint Mary's University of Minnesota, Winona

Ni, Ting, Vol I

Saint Mary's University, Halifax

Abdul-Masih, Marguerite, Vol IV
Carrigan, David O., Vol I

Saint Meinrad School of Theology, Saint Meinrad

Cody, Aelred, Vol IV
Davis, Kenneth G., Vol III, IV
Debona, Guerric, Vol IV

Saint Michael's College, Colchester

Balutansky, Kathleen M., Vol II
Dameron, George Williamson, Vol I
Kaplan, Carey, Vol II
Kenney, John Peter, Vol IV
Lewis, Nathaniel, Vol I, II
Niemi, Robert, Vol II
Reiss, John, Vol II
Shea, Kerry, Vol III
Smith, Lorrie, Vol II
Trumbower, Jeffrey A., Vol IV
Umanzor, Marta A., Vol III
Wang, K. W., Vol I

Saint Paul School of Theology, Kansas City

Bangs, Carl, Vol IV
Carter, Warren, Vol IV
Dunlap, Elden Dale, Vol IV
Jones, William Paul, Vol IV
Knight, Henry H., III, Vol IV
Lambert, Jean Christine, Vol IV
Matthaei, Sondra, Vol IV

Saint Paul University, Ottawa

Bonneau, Normand, Vol IV
Coyle, J. Kevin, Vol I, IV
Creamer, David G., Vol IV
Krawchuk, Andrii, Vol IV
Perrin, David, Vol IV
Theriault, Michel, Vol I, IV
Vogels, Walter A., Vol IV

Saint Paul's College, Lawrenceville

Kamau, Mosi, Vol I

Saint Peter's College, Jersey City

Carter, Guy C., Vol I, IV
Cassidy, Laurence Lavelle, Vol IV
Loughran, James N., Vol IV
Luhr, William, Vol II
Lynch, Thomas Patrick, Vol II
Palmegiano, Eugenia M., Vol I
Schmidt, William John, Vol I, IV
Schmidtberger, Loren F., Vol II
Scott, Gary Alan, Vol IV

Saint Vincent College, Latrobe

Clough, Wulfstan, Vol II, V
Maloney, Elliott Charles, Vol III, IV
Miranda de Almeida, Rogerio, Vol IV

Saint Xavier University, Chicago

Abadinsky, Howard, Vol IV
Alaimo, Kathleen, Vol I, IV
Cooper, Chris, Vol V
Jordan, J. Scott, Vol V
Knight, Eileen Q., Vol V
Martin, Troy W., Vol IV
Musgrove, Laurence E., Vol II
Sternberg, Joel, Vol II
Walker, James, Vol II

Salem College, Winston-Salem

Oczkowicz, Edyta Katarzyna, Vol II
Pubantz, Jerry, Vol IV

Salem State College, Salem
Brown, Robert E., Vol II
Carter, Steven Ray, Vol II
Chomsky, Aviva, Vol I
Damon-Bach, Lucinda, Vol II
Elia, Richard Leonard, Vol II
Flibbert, Joseph Thomas, Vol II
Hudson, Christopher G., Vol V
Kessler, Rod, Vol II
Keyes, Claire J., Vol II
Parker, Patricia L., Vol II
Stubbs, Janet C., Vol V
Urbain, Henri, Vol III
Walker, Pierre (Peter), Vol II

Salem-Teikyo University, Salem
Florian, Robert Bruce, Vol I
Runyan, William Ronald, Vol II

Salisbury State University, Salisbury
Clement, Grace, Vol IV
Kane, Francis, Vol IV
Thompson, G. Ray, Vol I
Waters, Michael, Vol II
Welsh, James Michael, Vol II

Salt Lake Community College, Salt Lake City
Giles, Jerry, Vol V
Vlam, Grace A. H., Vol I

Salve Regina University, Newport
Martasian, Paula J., Vol V

Sam Houston State University, Huntsville
Barker, Rosanne M., Vol I
Bilhartz, Terry D., Vol I
Bradley, Marshell C., Vol IV
Camfield, Thomas M., Vol I
Coers, Donald V., Vol II
Coffey, Joan L., Vol I
Crimm, Carolina Castillo, Vol I
Dowdey, Diane, Vol II
Fair, Frank Kenneth, Vol IV
Harnsberger, R. Scott, Vol IV
Mallard, Harry, Vol II
Meredith, Hugh Edwin, Vol III
Olm, Lee Elmer, Vol I
Olson, James S., Vol I
Pappas, Nicholas C. J., Vol I
Parotti, Phillip, Vol II
Patrick, Darryl L., Vol I
Richardson, Don, Vol II
Roth, Mitchel, Vol I
Ruffin, Paul, Vol II
Wile, Kip, Vol II

Samford University, Birmingham
Allgood, Myralyn Frizzelle, Vol III
Bray, Gerald L., Vol IV
Brown, James Seay, Jr., Vol I
Chapman, David W., Vol II
Day, J. Norfleete, Vol IV
Drees, Hajo, Vol III
Fournier, Eric J., Vol I
Frost, Ginger S., Vol I
Hines, Thomas Moore, Vol III
Hull, William E., Vol IV
Humpreys, Fisher H., Vol IV
Langum, David J., Vol IV
Mayfield, John R., Vol I, II
Raabe, William A., Vol IV
Rikard, Marlene Hunt, Vol I
Strickland, Henry C., Vol IV
Wilson, Donald E., Vol I, IV

San Antonio College
Clayson, W., Vol I
Matthews, Rebecca, Vol I, II
Myers, Ellen H., Vol I

San Diego City College
Kovach, Charles, Vol II

San Diego Mesa College
Hinkes, Madeline J., Vol V
McLeod, Johnathan, Vol I

San Diego State University
Adams, Elsie B., Vol II
Atterton, Peter C., Vol IV
Barbone, Steven, Vol IV
Benson, Jackson J., Vol II
Brown, Ruth Christiani, Vol II
Butler, Gerald Joseph, Vol II, III
Case, Thomas Edward, Vol III
Chu, Pao-Chin, Vol I
Corlett, J. Angelo, Vol IV
Cox, Thomas Richard, Vol I
Cunniff, Roger Lee, Vol I
Dionisopoulos, George N., Vol II
Donadey, Anne, Vol III, V
Dukas, Vytas, Vol III
Farber, Gerald Howard, Vol II, III
Fisher, Robert Thaddeus, Vol IV
Gazell, James A., Vol IV
Geist, Patricia, Vol II
Genovese, Edgar Nicholas, Vol II, III
Griswold, Jerome Joseph, Vol II
Hanchett, William, Vol I
Hayes, Floyd Windom, III, Vol I
Hoidal, Oddvar Karsten, Vol I
Hutchinson, George, Vol V
Jackson, Elizabeth R., Vol III
Johnson, Willard, Vol IV
Kushner, Howard I., Vol I
Lauzen, Martha M., Vol II, V
Lustig, Myron W., Vol II, V
Lyman-Hager, Mary Ann, Vol III
Martin, Donald R., Vol II
Meadows, Eddie, Vol II, V
Neumeyer, Peter F., Vol II
Peterson, Richard Hermann, Vol I
Real, Michael, Vol II
Rosenstein, Leon, Vol IV
Savvas, Minas, Vol II, III
Shapiro, Lewis P., Vol III, V
Silverman, Malcolm Noel, Vol III
Spitzberg, Brian H., Vol II
Steele, Richard William, Vol I
Stites, Francis Noel, Vol I
Strong, Douglas Hillman, Vol I
Toombs, Charles Phillip, Vol II
Vanderwood, Paul Joseph, Vol I
Warren, Edward W., Vol III, IV
Weber, Shirley Nash, Vol I
Weston, Thomas Spengler, Vol IV

San Diego Theological Seminary
Morris, Paul, Vol IV

San Francisco State University
Bach, Kent, Vol IV
Bassan, Maurice, Vol II
Behrooz, Maziar, Vol I
Berger, Arthur A., Vol II
Busby, Rudolph E., Vol II
Cherny, Robert Wallace, Vol I
Chinosole, Vol III
Chope, Robert C., Vol V
Combs, Jerald A., Vol I
Cuellar, Jose, Vol V
Curtin, John C., Vol IV
D'Agostino, Anthony W., Vol I
De Vries, Brian, Vol V
Feinstein, Herbert Charles Verschleisser, Vol II
Felstiner, Mary Lowenthal, Vol I
Gregory, Michael Strietmann, Vol II
Hanson, Marci J., Vol V
Head, Laura Dean, Vol I
Illick, Joseph E., Vol I
Issel, William Henry, Vol I
Jaimes-Guerrero, Mariana, Vol I, V
Johnson, Phil Brian, Vol I
Leroux, Jeffrey, Vol V
Lowe, Donald M., Vol I
Luft, Sandra, Vol I
Martinot, Steve, Vol I
Middlebrook, Jonathan, Vol II
Needleman, Jacob, Vol IV
Peel, Ellen S., Vol II
Richards, Johnetta Gladys, Vol I
Rischin, Moses, Vol I
Schechter, Joel, Vol II
Seely, Gordon M., Vol I, V
Soh, C. Sarah, Vol V
Solomon, H. Eric, Vol II
Stevens, M., Vol I
Wong, Bernard P., Vol V
Zimmerman, Michael, Vol II

San Francisco Theological Seminary
Ocker, Christopher, Vol IV
Park, Eung Chun, Vol IV
Waetjen, Herman C., Vol IV
White, Ronald C., Vol I, IV

San Jacinto College-Central Campus, Pasadena
Hall, Wayne W., Vol V
Kinnebrew, Mary Jane, Vol II

San Jacinto College-South Campus, Houston
Carmichael, Sheleigh, Vol II
Law, Ron, Vol I
Morrison, Dennis L., Vol I
Weller, Cecil, Vol I

San Joaquin Delta College, Stockton
Dominik, Jane, Vol II
Kallman, Theodore, Vol I
Lyons, Robin, Vol I

San Jose State University
Birenbaum, Harvey, Vol II
Boll, Michael Mitchel, Vol I
Boudreau, Joseph A., Vol I
Brooks, Robin, Vol I
Callaghan, Glenn McKee, Vol V
Chan, Loren Briggs, Vol I
Cook, S. D. Noam, Vol IV
Cramer, Richard S., Vol I
Douglass, Paul, Vol II
Easter, Marilyn, Vol V
Goldman, Aaron L., Vol I
Hinckley, Ted C., Vol I
Kao, Arthur Mu-sen, Vol I
Leddy, T., Vol IV
Leung, Kai-Cheong, Vol III
Maio, Samuel, Vol II
Mcneil, David O., Vol I
Melendy, Howard Brett, Vol I
Mengxiong, Liu, Vol II
Moore, George Eagleton, Vol I
Murray, S. B., Vol V
Pollock, John, Vol II
Reckmeyer, William J., Vol V
Reynolds, E. Bruce, Vol I
Roth, Jonathan, Vol I
Varona, Federico, Vol II
Walker, Ethel Pitts, Vol II
Wheeler, Gerald Everett, Vol I
Wilcox, Dennis Lee, Vol II

Santa Ana College
Osborne, Thomas, Vol I

Santa Barbara City College
Alpert, Julie, Vol II
Frakes, George Edward, Vol I

Santa Clara University
Alexander, George J., Vol IV
Anawalt, Howard C., Vol IV
Burnham, Michelle, Vol II
Calkins, Martin, Vol IV
Dreher, Diane Elizabeth, Vol II
Dunbar, Mary Judith, Vol II
Felt, James Wright, Vol IV
Field, A. J., Vol IV
Gelber, Steven Michael, Vol I, V
Gordon, Mary Mcdougall, Vol I
Hanson, Eric O., Vol IV
Jimenez, Francisco, Vol III
Jonte-Pace, Diane E., Vol IV
McKevitt, Gerald, Vol I, IV
Osberg, Richard H., Vol I, II
Pierson, Peter O'Malley, Vol I
Soukup, Paul A., Vol II
Spatz, Nancy, Vol I
Spohn, William C., Vol IV
Sullivan, Kieran, Vol V
Unger, Nancy, Vol I
Urdan, Timothy C., Vol V
White, Fred D., Vol II

Santa Fe Community College, Gainesville
Sussman, Stephan, Vol V

Santa Fe Community College, Santa Fe
Bornet, Bruno, Vol V

Santa Monica College
Daughtry, Philip J., Vol II
Lundgren, Amy, Vol V
Nieman, Nancy Dale, Vol III
Verba, Ericka K., Vol I

Santa Rosa Junior College
Ehret, Terry, Vol II
Rosen, Nina, Vol II
Rudinow, Joel, Vol IV
Wright, Janis, Vol II

Sarah Lawrence College, Bronxville
Davis, Michael Peter, Vol IV
Doyle, Charlotte, Vol V
Krupat, Arnold, Vol II
Lauinger, Joseph, Vol II
Swerdlow, Amy, Vol I
Woodard, Komazi, Vol I

Savannah College of Art and Design
Forrest, Larry W., Vol I
Gobel, David W., Vol I
Williams, Robin B., Vol I
Zhang, Weihau, Vol II

Savannah State University
Fisher, James Randolph, Vol II
Milledge, Luetta Upshur, Vol II
Simmons, Jack R., Vol IV

Saybrook Graduate School and Research Center
Rothberg, Donald Jay, Vol IV

School for University Studies
Teehan, John, Vol IV

School of American Research
Schwartz, Douglas W., Vol V

School of the Art Institute of Chicago
Bock-Weiss, Catherine C., Vol I
Burnell, Devin, Vol I
Elkins, James, Vol I
Goldman, Jean, Vol I
Guenther, Barbara J., Vol II
Halwani, Raja, Vol IV
McManus, James, Vol III
Olin, Margaret, Vol I
Pinder, Kymberly, Vol I
Ranes, Barbara, Vol II
Roeder, George H., Jr., Vol I
Sloan, Thomas, Vol I
Stern, Robin, Vol I

School of the Ozarks
Zabel, James Allen, Vol I

School of Visual Arts, New York
Beckley, William, Vol I
Phillips, Louis, Vol II, III
Weinreich, Regina, Vol II

Schreiner College, Kerrville
Breeden, David M., Vol II
Keeble, Robert L., Vol II
Sullivan, Claudia N., Vol II

Scripps College, Claremont
Adler, Sara Maria, Vol III
Greene, Gayle Jacoba, Vol II
Neumann, Harry, Vol IV
Seizer, Susan, Vol V
Walker, Cheryl, Vol II
Wicker, Kathleen O'Brien, Vol III, IV

Seabury-Western Theological Seminary, Evanston
Rothauge, Arlin J., Vol IV
Wallace, Catherine Miles, Vol II, IV

Seattle Central Community College
Leitich, Keith A., Vol IV

Seattle Pacific University
Ewald, Owen M., Vol II, III
MacDonald, Don, Vol V
Purcell, William, Vol II
Spina, Frank Anthony, Vol IV
Steele, Richard B., Vol IV
Wilson, Bev J., Vol V

Seattle University, Tacoma
Adelman, Mara, Vol II
Bosmajian, Hamida H., Vol II
Bullon-Fernandez, Maria, Vol II
Burnstein, Daniel, Vol I
Chamberlain, Gary L., Vol IV
Cobb, Jerry, Vol II
Cumberland, Sharon L., Vol II
Dombrowski, Daniel A., Vol IV
Fortier, Ted, Vol V
Hy, Le Xuan, Vol V
Iyer, Nalini, Vol II
Kunz, George, Vol V
Leigh, David J., Vol II
Marinoni, R. Max, Vol III
McGee, Henry W., Jr., Vol IV
Miller, Jacquelyn C., Vol I
Perozo, Jaime J., Vol III
Philpott, Jeffrey S., Vol II
Reichmann, James B., Vol IV
Reinking, Victor, Vol III
Risser, James C., Vol IV
Rodriguez-Holguin, Jeanette, Vol IV
Rowan, Stephen C., Vol II
Skover, David, Vol IV
Stark, James, Vol III
Tadie, Andrew A., Vol II
Taylor, Tom, Vol I
Weihe, Edwin, Vol II

Selma University
Garcia, William Burres, Vol II, V

Seminole Community College, Sanford
Fitzgerald, J. Patrick, Vol I, IV
Wright, Stephen Caldwell, Vol II

Seminole State Col, Seminole
Ousley, Charles, Vol V

Seton Hall University, Newark
Bulbulia, Ahmed I., Vol IV

Seton Hall University, South Orange
Bracken, W. Jerome, Vol IV
Chu, Petra, Vol I
Frizzell, Lawrence E., Vol IV
Gray, Jeffrey, Vol II
Herrera, Robert Anthony, Vol IV
Leab, Daniel Josef, Vol I
MacPhee, Laurence Edward, Vol II
Mahoney, Joseph F., Vol I
Murzaku, Ines A., Vol I, IV
Nardone, Richard Morton, Vol I, IV
O'Connor, David, Vol IV
Pastor, Leslie P., Vol I, III
Smith, William A., Vol IV
Zalacain, Daniel, Vol II, III

Seton Hill College, Greensburg
Barriga, Alvaro, Vol V
Spurlock, John C., Vol I
Toler, Colette, Vol II

Sewanee, The University of the South
Armentrout, Donald S., Vol IV
Bates, Scott, Vol II, III
Coleman, Priscilla K., Vol V
Conn, Christopher, Vol IV
Core, George, Vol II
Davidheiser, James Charles, Vol III
Grammer, John M., Vol II
Naylor, Eric Woodfin, Vol III
Patterson, William Brown, Vol I
Perry, Charles R., Vol I
Spaccarelli, Thomas Dean, Vol III
Zachau, Reinhard Konrad, Vol III

Shasta Bible College
Brown, Stephen G., Vol IV

Shaw University, Raleigh
Cofield, Elizabeth Bias, Vol V
Weil, Eric A., Vol II

Shawnee State University, Portsmouth
Dillard, J. L., Vol II
Field, Michael J., Vol II
Pambookian, Hagop S., Vol V
Powell, Michael, Vol II

Shenandoah University, Winchester
Copenhaver, John, Vol IV
Daddario, Gina, Vol II
Hofstra, Warren R., Vol I, V
Jacobs, John T., Vol II
Lesman, Ann St Clair, Vol III
St. Clair Lesman, Ann, Vol III
Wooldridge, John B., Vol III

Shepherd College, Shepherdstown
Austin, Michael, Vol II
Hanak, Walter Karl, Vol I
Henriksson, Anders H., Vol I
Holland, James C., Vol I
Snyder, Katherine Ann, Vol V
Stealey, John E., Vol I

Shippensburg University of Pennsylvania, Shippensburg
Brofman, Mikita, Vol II
James, Alice, Vol V
McFarland, Katharine, Vol II
Mehiel, Ronald, Vol V
Meo, Susan Rimby, Vol I
Pomeroy, George, Vol I
Quist, John W., Vol I
Snow, George Edward, Vol I

Shoreline Community College, Seattle
Mielenz, Cecile C., Vol V

Shorter College, Rome
Haines, Dorothy, Vol II
Nash, Robert N., Vol IV
Rice, William, Vol II
Sheeley, Steven M., Vol IV

Siena College, Loudonville
Boisvert, Raymond, Vol IV
Burkey, John, Vol IV
Davies, Julian A., Vol IV
Dick, Michael B., Vol IV
Fesmire, Steven A., Vol IV
Fiore, Peter Amadeus, Vol II
Hannay, Margaret Patterson, Vol II
Meany, Mary Walsh, Vol IV
Munir, Fareed Z., Vol I
Murphy, John C., Vol I
Murray, Paul, Vol V
Trainor, Charles Robert, Vol II
Yoon, Won Z., Vol I
Zaas, Peter S., Vol IV

Siena Heights University
Yehuda, Simone N., Vol II, III

Sierra College, Rocklin
Fishman, Jerry, Vol II

Silver Lake College, Manitowoc
Tadych, Renita, Vol II

Simmons College, Boston
Fine, Marlene G., Vol II
Fraioli, Deborah, Vol III
Gregory, Wanda Torres, Vol IV
Hernon, Peter, Vol II
Pelaez-Benitz, Lola, Vol III
Raymond, Diane, Vol IV
Stafford, Sue P., Vol IV
Thiruvengadam, Raj, Vol IV
Thompson, Becky, Vol V
Torres-Gregory, Wanda, Vol IV

Simon Fraser University, Burnaby
Black, Stephen Ames, Vol II
Boyer, Richard, Vol I
Budra, Paul Vincent, Vol II
Buitenhuis, Peter M., Vol II
Carlson, Roy L., Vol I
Cohen, Marjorie G., Vol IV, V
Davison, Rosena, Vol III
Delany, Paul, Vol II
Delany, Sheila, Vol II
Djwa, Sandra A., Vol II
Fellman, Michael, Vol I
Gomez-Moriana, Antonio, Vol III
Harden, Edgar Frederick, Vol II
Kirschner, Teresa, Vol IV
Kitchen, Martin, Vol I
Little, John Irvine, Vol I
Merler, Grazia, Vol III
Murray, Catherine A., Vol II
Parr, Joy, Vol I
Roesch, Ronald, Vol V
St Pierre, Paul Matthew, Vol II
Taboada, Maria, Vol III
Todd, Donald David, Vol IV

Simon's Rock College of Bard, Great Barrington
Bonvillain, Nancy, Vol III, V

Simpson College, Indianola
Gieber, Robert L., Vol III
Kalpakgian, Mitchell A., Vol II
Walt, Joseph W., Vol I

Simpson College, Redding
Rocca, Al M., Vol I, V

Sinclair Community College, Dayton
Preisser, Thomas, Vol I, IV

Skagit Valley College, Mount Vernon
Muga, David, Vol V

Skidmore College, Saratoga Springs
Boyers, Robert, Vol II
Cahn, Victor L., Vol II
Ciancio, Ralph Armando, Vol II
Clapper, Michael, Vol I
Denzey, Nicola, Vol IV
Gelber, Lynne Levick, Vol III
Goldensohn, Barry, Vol II
Karp, David, Vol V
Kuroda, Tadahisa, Vol I
Lewis, Thomas Spottswood Wellford, Vol II
Lynn, Mary Constance, Vol I
Porter, David H., Vol II, III
Roth, Phyllis Ann, Vol II
Simon, Linda, Vol II
Walker, Renee B., Vol I
Weller, Eric John, Vol IV
Zangrando, Joanna Schneider, Vol I, V

Slippery Rock University of Pennsylvania
Bass, Eben E., Vol II
Bhatia, Kundan Lai, Vol V
Crafton, Robert E., Vol II
Curry, Elizabeth R., Vol II
Egan, Mary Joan, Vol I, II
Larsen, Allan W., Vol IV
Lasarenko, Jane, Vol II
McIlvaine, Robert Morton, Vol II
Nichols, John A., Vol I
Prorok, Carolyn V., Vol I
Stewart, Thomas D., Vol II
Wilson, Bradley E., Vol IV
Zinni, Hannah Case, Vol III

Smith College, Northampton
Ackelsberg, Martha A., Vol IV
Aldrich, Mark, Vol I, IV
Ball, David, Vol III
Berkman, Leonard, Vol II
Birkett, Mary Ellen, Vol III
Boyd, J. Wesley, Vol IV
Buettner, Brigitte, Vol I
Clemente, Alice Rodrigues, Vol III
Connolly, John M., Vol IV
Davis, Charles Roger, Vol II
Davis, John, Vol I
Derr, Thomas S., Vol IV
Donfried, Karl P., Vol IV
Felton, Craig, Vol I
Flower, Dean Scott, Vol II
Fu, Hongchu, Vol II
Gounaridou, Kiki, Vol II
Graf, Eric, Vol III
Gregory, Justina, Vol II, III
Haddad, Robert Mitchell, Vol I
Hai, Ambreen, Vol II
Harries, Elizabeth Wanning, Vol II, III
Horowitz, Daniel, Vol I
Houser, Caroline, Vol I
Kellum, Barbara, Vol I
Knight, Deirdre Sabina, Vol III
Kolb, Jocelyne, Vol III
Kulikowski, Michael, Vol I
Leibsohn, Dana, Vol I
Leshko, Jaroslav, Vol I
Morris-Hale, Walter, Vol I
Moulton, Janice, Vol II, IV
Nemcova, Maria, Vol III
Nenner, Howard Allen, Vol I
Patey, Douglas L., Vol II
Rhie, Marylin, Vol I
Sajdak, Bruce T., Vol II
Salisbury, Neal, Vol I
Schuster, Marilyn R., Vol III, V
Seelig, Sharon Cadman, Vol II
Sherr, Richard Jonathan, Vol II
Skarda, Patricia Lyn, Vol II
Sternbach, Nancy Saporta, Vol III
Suarez-Arauz, Nicomedes, Vol V
Unno, Taitetsu, Vol IV

Smithsonian Institute
Bedini, Silvio A., Vol III
Billington, James H., Vol I
Crew, Spencer R., Vol I
Crouch, Tom Day, Vol I
Daniel, Pete, Vol I
Davis, Audrey Blyman, Vol I
Dillon, Wilton Sterling, Vol V
Fern, Alan M., Vol I
Forman, P., Vol I
George, Luvenia A., Vol II, V
Kotler, Neil G., Vol IV
Multhauf, Robert Phillip, Vol I
Needell, Allan A., Vol I
Post, Robert C., Vol I
Rand, Harry, Vol I
Rothenberg, Marc, Vol I
Sharrer, George Terry, Vol I
Viola, Herman Joseph, Vol I

Society of the Study of Architecture in Canada
Thomas, Diana, Vol I

Sojourner-Douglass College, Baltimore
Murray, Mabel Lake, Vol V

Soka University of America
Chappell, David Wellington, Vol I, IV

Sonoma State University, Rohnert Park
Abernethy, Cecil Emory, Vol II
Allen, Julia M., Vol II
Castillo, Ed, Vol I, V
Clayton, Philip, Vol I, IV
Gale, Richard A., Vol II
Haslam, Gerald William, Vol II, III
Hillier, Susan, Vol V
Martinez, Elizabeth Coonrod, Vol III, V
Mellini, Peter John Dreyfus, Vol I
Parker, Sue T., Vol V
Phillips, Peter, Vol V
Praetzellis, Adrian, Vol V
Rust, Ezra Gardner, Vol II
Wautischer, Helmut, Vol IV, V
Webster, Niambi Dyanne, Vol I
White, David Anthony, Vol I

South Carolina Department of Archives and History
Stroup, Rodger Emerson, Vol I

South Carolina State University, Orangeburg
Grimes, Tresmaine, Vol V
Harris, Gil W., Vol II
Harrold, Stanley, Vol I
Heggins, Martha Jean Adams, Vol V
Hine, William Cassidy, Vol I
Johnson, Alex C., Vol II
Michaux, Henry G., Vol I
Wallace, Nathaniel, Vol II
Washington, Sarah M., Vol II

South Dakota State University, Brookings
Brandt, Bruce E., Vol II
Evans, David Allan, Vol II
Funchion, Michael Francis, Vol I
Marken, Jack Walter, Vol II
Miller, John E., Vol I
Napton, Darrell E., Vol I
Phelps, Brady, Vol V
Sweeney, Jerry K., Vol I
White, Joseph, Vol V

South Suburban College, South Holland
Stark, Herman E., Vol IV

Southampton College
Hullot-Kentor, Robert, Vol IV

Southeast Community College, Cumberland Campus
Thomas, Katherine, Vol III, V

Southeast Community College, Lincoln Campus
Langdon, Barbara Tracy, Vol II

Southeast Missouri State University, Cape Girardeau
Gerber, Mitchell, Vol IV
Hamblin, Robert W., Vol II
Hoffman, Steven J., Vol I
Keys, Paul, Vol V
Lloyd, Paul J., Vol V
Parette, Howard P., Vol V
Petch-Hogan, Beverly M., Vol V
Raschke, Debra, Vol II
Reinheimer, David, Vol II
Snell, William, Jr, Vol V
Stennis-Williams, Shirley, Vol V
Stepenoff, Bonita M., Vol I
Veneziano, Carol, Vol IV

Southeastern Baptist Theological Seminary, Wake Forest
Carson, Logan, Vol IV
Eitel, Keith E., Vol IV
Kostenberger, Andreas J., Vol IV
McKinion, Steven A., Vol I, IV

Southeastern Louisiana University, Hammond
Bettagere, Ramesh N., Vol II
Castro, Russell A., Vol V
Costanza, Stephen E., Vol IV, V
Gaines, James Frederick, Vol III
Kurtz, Michael L., Vol I
Laurent, Dianna V., Vol II
Nichols, C. Howard, Vol I

Southeastern Massachusetts University
Washington, Ida Harrison, Vol III

Southeastern Oklahoma State University, Durant
Emge, Steven W., Vol I
Flippen, J. Brooks, Vol V
Kennedy, Elizabeth, Vol V

Southern Adventist University
Byrd, R., Vol II
Coombs, Robert Stephen, Vol IV, V
Liu, Ruth A., Vol V
McClarty, Wilma King- Doering, Vol II, V
Morris, Derek, Vol IV

Southern Arkansas University, Magnolia
Willis, James F., Vol I

Southern Baptist Theological Seminary, Louisville
Akin, Daniel L., Vol IV
Beougher, Timothy K., Vol IV
Blaising, Craig A., Vol IV
Blevins, James Lowell, Vol IV
Block, Daniel I., Vol III
Chancellor, James D., Vol I, IV
Conver, Leigh E., Vol IV
Cook, E. David, Vol IV
Cunningham, Jack R., Vol IV, V
Deering, Ronald F., Vol I, II, IV
Drinkard, Joel F., Jr., Vol IV
Fuller, Russell T., Vol IV
Gentry, Peter J., Vol IV
Hinson, E. Glenn, Vol I, IV
Hughes, Robert Don, Vol IV
Lawless, Charles E., Vol IV
Mohler, R. Albert, Jr., Vol IV
Mueller, David L., Vol IV
Polhill, John B., Vol IV
Rainer, Thom S., Vol IV
Richardson, Brian C., Vol IV, V
Rothenbusch, Esther H., Vol II, IV
Schreiner, Thomas R., Vol IV
Simpson, Mark E., Vol IV, V
Smith, Marsha A. Ellis, Vol IV
Steeger, William P., Vol I, IV
Stein, Robert H., Vol IV
Terry, J. Mark, Vol IV
Ware, Bruce A., Vol IV
Williams, Dennis E., Vol IV, V
Wills, Gregory A., Vol I, IV

Southern California College, Costa Mesa
Cerillo, Augustus, Vol I
Clark, David, Vol IV
Wilson, John, Vol I
Wilson, Lewis, Vol I

Southern California Institute of Architecture, Los Angeles
Varnelis, Kazys, Vol I

Southern Connecticut State University, New Haven
Ausmus, Harry Jack, Vol I
Elwood, William R., Vol II
Feinberg, Harvey Michael, Vol I
Garvey, Sheila Hickey, Vol II
Holley, Sandra Cavanaugh, Vol II
Lee, Ta-ling, Vol I
Russell, Tilden A., Vol II
Solodow, Joseph B., Vol II, III
Vena, Michael, Vol III

Southern Evangelical Seminary
Beckwith, Frank, Vol IV
Geisler, Norman Leo, Vol IV
Rhodes, Ron, Vol IV
Zacharias, Ravi, Vol IV, V

Southern Illinois University at Carbondale
Alexander, Thomas, Vol IV
Allen, Howard W., Vol I
Amos, Mark Addison, Vol II
Angelis, Paul J., Vol III
Argersinger, Jo Ann E., Vol I
Argersinger, Peter, Vol I
Barton, H. Arnold, Vol I
Bean, Jonathan J., Vol I
Bennett, Paula, Vol II
Betz, Frederick, Vol III
Collins, K. K., Vol II
Corruccini, Robert, Vol V
Cox, Shelly Marie, Vol II
Detwiler, Donald Scaife, Vol I
Dotson, John Edward, Vol I
Duram, Leslie, Vol I
Falvo, Donna R., Vol V
Fanning, Charles F., Vol II
Geyh, Paula E., Vol II
Gillan, Garth J., Vol IV
Gobert, David Lawrence, Vol III
Gorman, Carma, Vol I
Haller, John S., Jr, Vol I
Hartman, Steven Lee, Vol III
Hill, Jonathan D., Vol V
Howell, John M., Vol II
Howie, John, Vol IV
Hoyt, Charles Alva, Vol II
Jurkowski, Elaine, Vol V
Kawewe, Saliew, Vol V
Kilpatrick, Thomas L., Vol V
Lant, Christopher, Vol I
Mcleod, Archibald, Vol II
Meinhardt, Warren Lee, Vol III
Molfese, Dennis L., Vol V
Molino, Michael R., Vol II
Morgan, Marjorie, Vol I
Moss, Sidney Phil, Vol II
Nathan, Geoffrey Steven, Vol III
Nguyen, Dinh-Hoa, Vol II, III
Padden, Carol, Vol II
Paddon, Anna R., Vol II
Parish, Charles, Vol II, III
Perkins, Allan Kyle, Vol III
Schedler, George Edward, Vol IV
Schneider, Mark A., Vol V
Schonhorn, Manuel, Vol II
Simon, John Y., Vol I
Stalls, M., Vol I
Timpe, Eugene Frank, Vol III
Weeks, Theodore R., Vol I
Werlich, David P., Vol I
Williams, Frederick, Vol II, III
Williams, Rhys H., Vol V
Williams, Tony, Vol II
Wilson, David L., Vol I
Winchatz, Michaela R., Vol II
Woodbridge, Hensley Charles, Vol III

Southern Illinois University at Edwardsville
Astour, Michael Czernichow, Vol I
Blain, Robert R., Vol V
Browne, Dallas L., Vol V
Bukalski, Peter J., Vol II
Chen, Ching-Chih, Vol I
Corr, Charles A., Vol IV
Danley, John Robert, Vol IV
Griffen, Toby David, Vol III
Haas, James M., Vol I
Hill, Jason D., Vol IV
Lox, Curt L., Vol V
Mann, Joan Debbie, Vol III
Meyering, Sheryl L., Vol II
Murphy, Patrick D., Vol II
Nore, Ellen, Vol I
Pearson, Samuel C., Vol I, IV
Petry, Alice Hall, Vol II
Pogatshnik, Lee Wolfram, Vol V
Ragen, Brian A., Vol II
Richardson, Betty, Vol II
Schmidt, Barbara Quinn, Vol II
Spurgeon, Dickie A., Vol II
Valley, David B., Vol II
Weingartner, James Joseph, Vol I
Wilson, Rudolph George, Vol V

Southern Methodist University, Dallas
Babcock, William Summer, Vol I, IV
Bradley, Jacqueline, Vol II
Brettell, Caroline B., Vol V
Chavez, John R., Vol I
Cogley, Richard W., Vol IV
Cordell, Dennis Dale, Vol I
Countryman, Edward, Vol I
Cox, Gary D., Vol I
Davis, Ronald Leroy, Vol I, V
Deschner, John, Vol IV
Early, James, Vol I
Howe, Leroy T., Vol IV
McCullagh, Mark, Vol IV
McKnight, Joseph Webb, Vol I, IV
Mears, John A., Vol I
Murfin, Ross C., Vol II
Niewyk, Donald Lee, Vol I
Schmidt, Frederick W., Vol IV
Shuman, Daniel Wayne, Vol IV
Smith, Sherry L., Vol I
Spiegelman, Willard Lester, Vol II
Thornburg, E. G., Vol IV
Tyson, Joseph B., Vol IV
Weber, David J., Vol I
Wendorf, D. Fred, Vol V
Wheeler, Bonnie, Vol II
Williams, Richard Hal, Vol I
Wood, Charles M., Vol IV

Southern Nazarene University, Bethany
Bracken, Pamela, Vol II
Tashjian, Jirair S., Vol IV

Southern Oregon University
Jones, Gregory, Vol I
Maltz, Diana F., Vol II

Southern Polytechnic State University, Marietta
Barnum, Carol, Vol II
Kelly, Rebecca, Vol II
Korn, Kim Haimes, Vol II
Pfeiffer, William S., Vol II
Rainey, Kenneth T., Vol II
Smith, Herb J., Vol II
Stevens, Mark, Vol II
Tumlin, John S., Vol IV
Wess, Robert C., Vol IV

Southern Union State Community College, Wadley
Stone, Karen, Vol I

Southern University and Agricultural and Mechanical College
Christian, Ollie, Vol IV
Isadore, Harold W., Vol IV
Jones, Eileen G., Vol IV
Lane, Pinkie Gordon, Vol II
Peoples, VerJanis Andrews, Vol V
Ridgel, Gus Tolver, Vol V
Tarver, Leon R., II, Vol IV
Tolson, Arthur, Vol I
Vincent, Charles, Vol I
Weis, Carol M., Vol III
Wilson, Evelyn, Vol IV

Southern University at New Orleans, New Orleans
James, Felix, Vol I
Jordan, Eddie Jack, Sr., Vol V
Neighbors, Ira, Vol V
Worthy, Barbara Ann, Vol I

Southern Utah University, Cedar City
Aton, James M., Vol II
Harrison, James W., Vol III
Heuett, Brian L., Vol II
Lee, David, Vol II
Lee, William David, Vol II
Vlasich, James Anthony, Vol I

Southern Virginia University
Armstrong, John M., Vol IV
Cluff, Randall, Vol II

Southern Wesleyan University, Central
Bross, James Beverley, Vol I, IV
Johnson, Dale, Vol I, IV

Southwest Baptist University
Gallatin, Harlie Kay, Vol I

Southwest Missouri State University, Springfield
Albin, Craig D., Vol II
Baumlin, James S., Vol II
Baumlin, Tita French, Vol II
Burgess, Stanley M., Vol IV
Burling, William J., Vol II
Burt, Larry, Vol I
Daley, James G., Vol V
Davis, James O., Vol V
Dicke, Thomas Scott, Vol I
Dyer, Sam Coad, Vol II
Giglio, James N., Vol I
Gutzke, David W., Vol I
Hedrick, Charles W., Vol IV
John, Judith A., Vol II
Lederer, Katherine, Vol II
Lewis, Andrew Wells, Vol I
Luckert, Karl Wilhelm, Vol I, IV
Madden, Etta M., Vol II
McClennen, Joan, Vol V
Miller, Worth Robert, Vol I
Moran, Jon S., Vol IV
Moyer, James Carroll, Vol I, IV
Paxton, Mark, Vol II
Piston, Williams Garrett, Vol I
Polly, Lyle R., Vol III
Smith, Ralph R., Vol II
Stanton, Don, Vol II

Southwest State University, Marshall
Butler, J. Corey, Vol V
Curtler, Hugh, Vol IV
Pichaske, David, Vol II

Southwest Texas State University, San Marcos
Beebe, Steven A., Vol II
Bell-Metereau, Rebecca, Vol II
Blair, John, Vol II
Brandimarte, Cynthia A., Vol I
Brister, Louis Edwin, Vol III
Brown, Ronald Conklin, Vol I
Brunson, Martha Luan, Vol II
Cagniant, Pierre, Vol I
Chase Hankins, June, Vol II, V
Chavkin, Allan, Vol II
de la Teja, J. F., Vol I
Dunn, Dennis John, Vol I
England, Michael Timothy, Vol II
Fite, Kathleen E., Vol V
Frost, Christopher J., Vol V
Grayson, Nancy Jane, Vol II
Hardwick, Susan Wiley, Vol I
Hennessy, Michael, Vol II
Laird, Edgar, Vol II
Liddle, William D., Vol I
Lochman, Daniel, Vol II
Makowski, Elizabeth, Vol I
Margerison, Kenneth, Vol I
Marron, Maria B., Vol II
Martin, Carole, Vol III
Monroe, Debra, Vol II
Nelson, Claudia B., Vol II
Nelson, David C., Vol II
Peirce, Kate L., Vol II
Pohl, James William, Vol I
Rao, Sandhya, Vol II
Renfro, Paula C., Vol II
Renfro, R. Bruce, Vol II
Ronan, Clifford J., Vol II
Rosenberg, Teya, Vol II
Salem, Philip, Vol II
Skerpan-Wheeler, Elizabeth P., Vol II
Smith, Joanne Hamlin, Vol V
Swinney, Everette, Vol I
Wilson, Steven M., Vol II
Yick, Joseph Kong Sang, Vol I

Southwestern Adventist University, Keene
England, Micheal, Vol V
Sicher, Erwin, Vol I

Southwestern Baptist Theological Seminary, Fort Worth
Babler, John, Vol IV
Black, Wesley O., Vol V
Brisco, Thomas V., Vol I, IV
Brister, C. W., Vol IV
Eldridge, Daryl, Vol V
Fasol, Al, Vol IV
Garrett, James Leo, Jr., Vol IV
Garrett, Robert I., Vol IV
Johnson, Rick L., Vol IV
Kirkpatrick, W. David, Vol IV
Lea, Thomas Dale, Vol IV
Lovejoy, Grant I., Vol IV
Lyon, Steve, Vol IV
Mathis, Robert, Vol IV
McBeth, Harry Leon, Vol I, IV
Newport, J., Vol IV
Stevens, Paul W., Vol IV
Welch, Robert H., Vol IV
Yount, William R., Vol V

Southwestern College, Chula Vista
Benkendorf, Ray R., Vol II

Southwestern College, Winfield
Gray, Wallace, Vol IV
Rankin, Steve, Vol IV

Southwestern Indian Polytechnic Institute, Albuquerque
Lonewol, Ted, Vol V

Southwestern Oklahoma State University, Weatherford
Hayden, John K., Vol I
Jones, Jill T., Vol II
Jones, Robin A., Vol II
Lackey, Robert Sam, Vol III
Nadel, Stanley, Vol I
Nail, Paul R., Vol V

Southwestern Social Science Association
Wintz, Cary DeCordova, Vol I

Southwestern University School of Law, Los Angeles
Darden, Christopher A., Vol IV
Glasco, Anita L., Vol V
Kushner, James Alan, Vol I, IV
Pugsley, Robert Adrian, Vol IV

Southwestern University, Georgetown
Gleason, Paul W., Vol II
Gottschalk, Peter, Vol I, IV
Hobgood-Oster, Laura, Vol I, IV
McClendon, Thomas, Vol I
Neville, Gwen K., Vol V
Saenger, Michael B., Vol II
Spellman, Norman Woods, Vol IV

Spalding University, Louisville
Burns, Mary T., Vol V
Byers, Lori, Vol II
Hoyt-O'Connor, Paul E., Vol I, IV

Martos, Joseph, Vol IV
Stephanides, Marios, Vol V

Spelman College, Atlanta
Carter, Barbara Lillian, Vol V
Crim, Alonzo A., Vol V
Ganz, Margery Ann, Vol I
Guy-Sheftall, Beverly, Vol V
Martinez, Roy, Vol IV
Rates, Norman M., Vol IV
Robinson, Jontyle Theresa, Vol I
Sizemore, Christine Wick, Vol II

Spertus Institute of Jewish Studies, Chicago
Sherwin, Byron Lee, Vol III

Spokane Falls Community College, Spokane
Rendon, Marie E., Vol V

Spring Arbor College
Daigle-Williamson, Marsha A., Vol II
Dibaba, Mamo, Vol V

Spring Hill College, Mobile
Gilmore, George Barnes, Vol IV
Harrison, Patricia G., Vol I
Sauer, David K., Vol II

Springfield College, Springfield
Gonzalez de Leon, Fernando Javier, Vol I

SS Cyril & Methodius Seminary
Smith, Pamela A., Vol IV

St. Ambrose University, Davenport
Bradley, Ritamary, Vol II
Hansen, Elena S., Vol III
Jacobson, Paul Kenneth, Vol I, IV
McDaniel, George William, Vol I

St. Andrew's College, Saskatoon
Jobling, David, Vol IV

St. Andrews Presbyterian College, Laurinburg
Alexander, William M., Vol IV
Bennett, Carl D., Vol II

St. Augustine's Seminary
Davies, Gordon F., Vol IV

St. Bonaventure University, St. Bonaventure
Adekson, Mary Olufunmilayo, Vol V
Amico, Robert P., Vol IV
Dooley, Patrick Kiaran, Vol IV
Eckert, Edward K., Vol I
Farrow, Anthony, Vol II
Horowitz, Joel, Vol I
Martine, James John, Vol II
Whelan, Winifred, Vol IV
Williams, Penny, Vol II
Wood, Paul William, Vol III
Zimmer, Joseph E., Vol V

St. Boniface College
Heidenreich, Rosmarin, Vol II, III

St. Charles Borromeo Seminary, Overbrook
McNally, Michael J., Vol IV

St. Cloud State University, St. Cloud
Anderson, Myron George, Vol IV
Andrzejewski, Julie, Vol V
Daneshpour, Manijeh, Vol V
Dillman, Richard H., Vol II
Gower, Calvin William, Vol I
Havir, Linda, Vol V
Hofsommer, Don L., Vol I
Lawrence, Richard, Vol IV
Medhi, Abbas, Vol V
Roman-Morales, Belen, Vol II, III
Tripp, Luke S., Vol I, V
Tripp, Michael, Vol V
Zheng, Yiwei, Vol IV

St. Edward's University, Austin
Fisher, James T., Vol I, IV
Klawitter, George, Vol II
Moragne e Silva, Michele, Vol II
Rainwater, Catherine, Vol II
Sutherland, Kay, Vol V

St. Francis College, Brooklyn Heights
Galgan, Gerald J., Vol IV
Gielen, Uwe P., Vol V

St. Francis Xavier University, Antigonish
Cameron, James D., Vol I
English, Leona, Vol V
Hogan, Patricia, Vol I
Mensch, James, Vol IV
O'Brien, Kevin, Vol II
Stanley-Blackwell, Laurie, Vol I
Walsh, Patrick F., Vol II

St. Gregory's College, Shawnee
Roberts, Victor William, Vol IV

St. Jerome's University
Campbell, Gerry, Vol IV
Centore, Floyd, Vol IV
Demarco, Don, Vol IV
Fogel, Stan, Vol II
Hinchcliffe, Peter, Vol II
Jones, Charlene Diehl, Vol II
McCormack, Eric, Vol II
McGee, Christopher Edward, Vol II
McLaughlin, Ken, Vol I
Niccoli, Gabriel, Vol III
Seljak, David, Vol IV
Stortz, Gerry, Vol I
Wahl, Jim, Vol I

St. John Fisher College, Rochester
Doty, Dale V., Vol V
Freedman-Baum, Roselyn L., Vol II
Golphin, Vincent F. A., Vol IV
Herzbrun, Michael B., Vol V
Kollar, Nathan Rudolph, Vol I, IV
Middleton, Joyce Irene, Vol II
Shafiq, Muhammed, Vol IV
Sullivan, William Joseph, Vol IV

St. John Vianney College Seminary, Miami
Laumakis, Stephen J., Vol IV

St. John's College, Annapolis
Barbera, Andre, Vol II
Borjesson, Gary, Vol IV

St. John's College, Santa Fe
Bayer, Greg, Vol IV

St. John's River Community College, Palatka
McClain, E., Vol II

St. John's Seminary, Camarillo
Fischer, Mark F., Vol IV
Ford, Paul F., Vol IV

St. John's University, Jamaica
Augustine, Dolores L., Vol I
Biafora, Frank, Vol V
Boyle, Robin A., Vol IV
Brennan, John James, Vol I
Callaghan, Michael J., Vol II
Cevasco, George Anthony, Vol II
Chuang, Rueyling, Vol IV
Coppa, Frank John, Vol I
Curran, Thomas J., Vol I
Dircks, Richard J., Vol II
Dolling, Lisa M., Vol IV
Drekonja, Otmar Maximilian, Vol II
Ekbantani, Glayol, Vol V
Finn, Daniel R., Vol IV
Forman, Robert, Vol II
Freeman, Christopher Edward, Vol II
Gregory, David L., Vol IV
Griffin, William Denis, Vol I
Haile, Getatchew, Vol III, IV
Harmond, Richard Peter, Vol I
Hostetler, Michael J., Vol II
Jones, Michele, Vol III
Kim, Margaret, Vol II
Kinkley, Jeffrey Carroll, Vol I
Lowney, John, Vol II
Maertz, Gregory, Vol II
Makepeace, James, Vol V
McKenna, John H., C.M., Vol IV
Mockler, Robert J., Vol IV
Primeaux, Patrick, Vol IV
Richardson, Scott D., Vol III
Seminara, Gloria, Vol II
Sicari, Stephen, Vol II
Slattery, Kenneth F., Vol IV
Sovern, Jeff, Vol IV
Tegeder, Vincent George, Vol I, IV
Upton, Julia A., Vol IV
White, Howard A., Vol IV
White, Leland J., Vol IV
Wintergerst, Ann C., Vol III
Zirkel, Patricia McCormick, Vol I, IV

St. Joseph's College, Alberta
Groppe, John Daniel, Vol II
Scott, Timothy, Vol IV

St. Joseph's College, New York, Brooklyn
D'Angelo, Raymond, Vol V

St. Joseph's College, Suffolk Campus, Patchogue
Armus, Seth, Vol I

St. Joseph's Seminary, Yonkers
Hull, Michael F., Vol IV

St. Lawrence University, Canton
Bellamy, Joe David, Vol II
Berger, Thomas Leland, Vol II
Coburn, Thomas Bowen, Vol I, IV
DeGroat, Judith A., Vol I
Glover, Albert G., Vol II
Goldberg, Rita Maria, Vol III
Weiner, Bruce I., Vol II

St. Louis Community College at Florissant Valley
Rosenthal, Howard, Vol V

St. Louis Community College at Meramec
Dunne, Joseph Fallon, Vol II
Ritts, Vicki, Vol V

St. Louis University
Arp, Robert, Vol IV
Hitchcock, James, Vol I
Perry, Elizabeth Israels, Vol I
Souza, M., Vol II
Treadgold, Warren, Vol I, II, III
Wernet, Stephen P., Vol V

St. Mary Graduate School
Latcovich, Mark A., Vol IV

St. Mary's College of Maryland
Krondorfer, Bjoern, Vol IV
Ojo-Ade, Femi, Vol III
Paskow, Alan, Vol IV
Rogachevsky, Jorge R., Vol III
Rosemont, Henry, Jr., Vol IV
Stabile, Donald Robert, Vol I
Von Kellenbach, Katharine, Vol IV, V
Winnik, Herbert Charles, Vol I

St. Mary's Seminary and University, Baltimore
Davis, Benjamin G., Vol IV
Gorman, Michael J., Vol I, IV
Hostetter, Edwin C., Vol IV
Talar, Charles J. T., Vol IV

St. Mary's University of San Antonio
Hughes, Glenn, Vol IV
Leies, John A., Vol IV

St. Mary's University, Albuquerque
Cutter, Donald C., Vol I

St. Mary's University, Canada
Mercer, Mark, Vol IV

St. Michael's College
Bilaniuk, Petro Borys T., Vol IV
Boyle, Joseph, Vol IV
Lee, M. Owen, Vol II, III
Leland, Charles Wallace, Vol II, IV

St. Norbert College, De Pere
Abel, Donald C., Vol IV
Duquette, David A., Vol IV
Hardy, R. Reed, Vol V
Hutchinson, Kevin, Vol II
Patterson, Wayne Kief, Vol I, IV
Wadell, Paul J., Vol IV
Zahorski, Kenneth, Vol II

St. Olaf College, Northfield
Allen, Wendy, Vol III
Barbour, John D., Vol II, IV
Blake, Stephen, Vol I
Buckstead, Richard C., Vol II
Carrington, Laurel, Vol I
Cisar, Mary, Vol III
DeLaney, Jeane, Vol I
Entenmann, Robert, Vol I
Fink, Karl J., Vol III
Fritz, Henry Eugene, Vol I
Granquist, Mark, Vol IV
Groton, Anne H., Vol II, III
Krey, Gary De, Vol I
Kutulas, Judy, Vol I, V
Langerak, Edward Anthony, Vol IV
Lovoll, Odd Sverre, Vol I
Lund, Eric, Vol I, IV
May, James M., Vol II
Odell, Margaret S., Vol IV
Reece, Steve, Vol II
Taliaferro, Charles, Vol II, IV
Wee, David Luther, Vol II

St. Patrick's Seminary, Menlo Park
Holleran, John Warren, Vol IV
White, Cecil R., Vol II

St. Paul Seminary, School of Divinity
Fisch, Thomas, Vol IV

St. Paul's College
McEleney, Neil Joseph, Vol IV

St. Petersburg Junior College, St. Petersburg
Goree, William K., Vol IV
Miller, Myron, Vol IV

St. Petersburg Theological Seminary
Fischer, John, Vol IV
Whittlesey, Wellington W., Vol IV

St. Thomas Aquinas College, Sparkill
McCarthy, Gerald, Vol II
Roglieri, Maria Ann, Vol III

St. Thomas University, Fredericton
Sicius, Francis, Vol I

Stanford University
Anderson, R. Lanier, Vol IV
Babcock, Barbara Allen, Vol IV
Baker, Keith M., Vol I
Bar, Francois, Vol II
Barton, John Hays, Vol IV
Bell, Susan Groag, Vol I, V
Bernstein, Barton Jannen, Vol I
Bloomer, W. Martin, Vol II, III
Bower, Gordon, Vol V
Breitrose, Henry S., Vol II
Brest, Paul, Vol IV
Brown, George Hardin, Vol II
Carlsmith, Lyn, Vol V
Carnochan, Walter Bliss, Vol II
Carson, Clayborne, Vol I
Castle, Terry, Vol II
Clark, Eve Vivienne, Vol III
Cohn, Robert G., Vol III
Connolly, Joy P. T., Vol II, III
Craig, Gordon Alexander, Vol I
Degler, Carl Neumann, Vol I
Delaney, Carol L., Vol V
Donahue, John J., Vol IV
Evans, John Martin, Vol II
Felstiner, John, Vol II, III, IV
Ferejohn, John, Vol IV
Findlen, Paula, Vol I
Fleishman, Lazar, Vol III
Fliegelman, Jay, Vol II
Fonrobert, Charlotte, Vol I
Franco, Jean, Vol II
Fredrickson, George M., Vol I
Freedman, Estelle, Vol I
Friedman, Lawrence M., Vol IV
Glasser, Theodore L., Vol II
Gleason, Maude, Vol II, III

Goetschel, Willi, Vol III
Goldstein, Paul, Vol IV
Goldworth, Amnon, Vol IV
Gomez-Herrero, Fernando, Vol I
Gould, William Benjamin, Vol IV
Greene, Roland, Vol II
Gregg, Robert C., Vol II, III
Grey, Thomas C., Vol IV
Gumbrecht, Hans Ulrich, Vol II
Gunther, Gerald, Vol I, IV
Hester, Ralph M., Vol III
Hilton, Ronald, Vol IV
Huang, Alexander C. Y., Vol III
Hunt, Patrick, Vol II, III
Jackson, Kennell A., Jr., Vol I
Jameson, Michael H., Vol II, III
Jenkins, Nicholas, Vol III
Kennedy, David M., Vol I
Kollmann, Nancy Shields, Vol I
Langmuir, Gavin Ince, Vol I
Lenior, Timothy, Vol I
Lindenburger, Herbert S., Vol II, III
Lougee-Chappell, Carolyn, Vol I
Lunsford, Andrea A., Vol II
Manning, Joseph G., Vol II, III
Martin, Richard Peter, Vol III
Mass, Jeffrey Paul, Vol I
Maxmin, Jody, Vol II, III
McCall, Marsh H., Jr., Vol II, III
McLure, Charles E., Jr., Vol IV
Metzger, Thomas Albert, Vol I
Miano, Alice, Vol III
Middlebrook, Diane W., Vol II
Mints, Grigori, Vol IV
Moravcsik, Julius M., Vol IV
Morris, Ian, Vol II, III
Mudimbe, Valentine, Vol III
Nass, Clifford I., Vol II
Nightingale, Andrea Wilson, Vol II, III
Olzak, Susan, Vol V
Perloff, Marjorie Gabrielle, Vol II
Philpott, Mark, Vol IV
Polhemus, Robert M., Vol II
Pratt, Mary Louise, Vol III
Rabin, Robert Leonard, Vol IV
Rakove, Jack Norman, Vol I
Rebholtz, Ronald A., Vol II
Reeves, Byron, Vol II
Rehm, Rush, Vol II, III
Reynolds, Clark Winton, Vol IV
Risser, James V., Vol II
Roberts, Donald F., Vol II
Rosner, Jennifer, Vol IV
Ryan, Lawrence Vincent, Vol II
Sag, Ivan Andrew, Vol III
Schnapp, Jeffrey, Vol III
Scott, William Richard, Vol V
Seaver, Paul Siddall, Vol I
Selfridge-Field, Eleanor, Vol II
Sheehan, James John, Vol I
Sheehan, Thomas, Vol IV
Simon, William Hackett, Vol IV
Sockness, Brent, Vol IV
Spitz, Ellen Handler, Vol IV
Spitz, Lewis W., Vol I
Stansky, Peter D. L., Vol I
Steele, Claude Mason, Vol V
Stephens, Susan A., Vol II, III
Sungdai, Cho, Vol III
Syed, Jasmin, Vol II, III
Tandy, Charles, Vol IV
Traugott, Elizabeth Closs, Vol III
Treggiari, Susan M., Vol II, III
Vucinich, Wayne S., Vol I
Wallace, John R., Vol III
Wang, John C. Y., Vol III
Wasow, Thomas Alexander, Vol III
Wigodsky, Michael M., Vol II, III
Wirth, John Davis, Vol I

State Historical Society of Wisconsin

Malone, Barbara S. (Bobbie), Vol I

State University of New York at Binghamton

Abou-El-Haj, Barbara, Vol I
Abou-El-Haj, Rifaat Ali, Vol I
Bernardo, Aldo Sisto, Vol III
Bernbeck, Reinhard W., Vol I
Block, Haskell M., Vol III
Brackett, David, Vol II
Burright, Richard B., Vol V
Burroughs, Charles, Vol I
Carpenter, Charles Albert, Vol II
Coates, Carrol F., Vol III
Cocozzella, Peter, Vol III
Devitis, Joseph, Vol V
Dillon, M. C., Vol IV
Dublin, Thomas, Vol I
Dubofsky, Melvyn, Vol I
Elbert, Sarah, Vol I
Fajardo, Salvador J., Vol II, III
Fischler, Alexander, Vol III
Freimarck, Vincent, Vol II
Glenny, Sharon, Vol II
Goldstein, Leon J., Vol IV
Hanson, John, Vol II
Horowitz, Michael M., Vol V
Kadish, Gerald E., Vol I
King, Anthony D., Vol I
LaValva, Rosemarie, Vol III
Levin, Saul, Vol II, III
Lincoln, Harry B., Vol II
Liu, Jung-Chao, Vol IV
Malin, Jo E., Vol V
Mazrui, Ali Al'Amin, Vol I
Morrison, Clayton T., Vol IV
Nzegwu, Nkiru, Vol I
O'Connor, Thomas, Vol III
Oggins, Robin S., Vol I
Petras, James Frank, Vol IV
Polachek, Dora, Vol III
Preus, Anthony, Vol IV
Quataert, Donald George, Vol I
Reardon, Colleen, Vol II
Rose, Marilyn Gaddis, Vol III
Ross, Stephen D., Vol IV
Silverberg, Carol, Vol II
Sklar, Kathryn Kish, Vol I
Sobejano-Morgan, Antonio, Vol III
Spanos, William, Vol II, IV
Sticca, Sandro, Vol III
Tagg, John, Vol I
Trexler, Richard C., Vol I
Tricomi, Albert Henry, Vol II
Van Baelen, Jacqueline, Vol III
Vazquez, Oscar E., Vol I
Vos, Alvin, Vol II
Wagar, W. Warren, Vol I
Webster, Grant T., Vol II
Wilson, Jean C., Vol I
Young, Cynthia A., Vol I, II
Zinkin, Melissa R., Vol IV

State University of New York at Buffalo

Allen, William Sheridan, Vol I
Atleson, James B., Vol IV
Aubery, Pierre, Vol III
Ault, Bradley A., Vol I
Bachman, Charles Roger, Vol III
Berger, Martin A., Vol I
Bernstein, Charles, Vol II
Bobinski, George Sylvan, Vol I, II
Bono, Barbara Jane, Vol II
Brady, James B., Vol IV
Braun, Kazimierz, Vol II
Bucher, Gerard C., Vol III
Burkman, Thomas, Vol I
Camurati, Mireya Beatriz, Vol II, III
Cardoso, Joaquin Jose, Vol I
Carman, Charles, Vol I
Cho, Kah-Kyung, Vol IV
Conte, Joseph, Vol II
Copjec, Joan, Vol II, III
Corcoran, John, Vol IV
Cummings, William K., Vol V
Curran, Leo C., Vol II, III
Daly, Robert J., Vol II
De Veaux, Alexis, Vol II
Dentan, Robert K., Vol V
Doyno, Victor, Vol II
Dudley, Edward J., Vol II, III
Dyson, Steven L., Vol II, III
Egginton, William, Vol II, III
Ekeh, Peter, Vol IV
Elkin, Saul, Vol II
Ellis, Richard E., Vol I
Emihovich, Catherine A., Vol V
Feal, Carlos, Vol III
Feal, Rosemary Geisdorfer, Vol III
Federman, Raymond, Vol II, III
Feldman, Irving, Vol II
Fiedler, Leslie Aaron, Vol II
Fordham, Monroe, Vol I
Fradin, Joseph I., Vol III
Garton, Charles, Vol II, III
Garver, Newton, Vol IV
Gasche, Rodolphe, Vol III
Gerber, David, Vol I
Glass, Dorothy, Vol I
Gottdiener, Mark, Vol V
Gracia, Jorge Jesus Emiliano, Vol IV
Grosz, Elizabeth, Vol III
Guinn, Paul, Vol I
Guitart, Jorge, Vol III
Headrick, Thomas E., Vol IV
Hewitt, Andrew, Vol III
Iggers, Georg G., Vol I
Inada, Kenneth K., Vol IV
Jackson, Bruce, Vol II
Jacobson, Thomas L., Vol II
Johnstone, D. Bruce, Vol V
Kahane, Claire, Vol II
Kearns, John Thomas, Vol IV
Keil, Charles M. H., Vol II, V
Koekkoek, Byron J., Vol III
Koginos, Manny T., Vol I
Korsmeyer, Carolyn, Vol IV
Kustus, George L., Vol II, III
LaHood, Marvin John, Vol II
Lamb, Charles M., Vol IV
Levine, George Richard, Vol II
Lewis, Lionel Stanley, Vol V
Magdol, Lynn, Vol V
Malamud, Martha A., Vol II, III
Mathiot, Madeleine, Vol III, V
Mazzaro, Jerome L., Vol II
McGuire, Donald T., Jr., Vol II, III
Meidinger, Errol Eldon, Vol IV
Metzger, Erika Alma, Vol III
Metzger, Michael Moses, Vol III
Naylor, John F., Vol I
Ness, Arthur J., Vol II
Otterbein, Keith F., Vol V
Paley, Samuel M., Vol II, III
Palmer, Robert L., II, Vol V
Payne, F. Anne, Vol II
Peradotto, John Joseph, Vol II, III
Peterson, Lorna Ingrid, Vol II
Podet, Allen Howard, Vol I, IV
Pruitt, Dean, Vol V
Quinan, Jack, Vol I
Raily, Kevin, Vol II
Rapaport, William J., Vol IV
Robbins, Jill, Vol III
Romans, J. Thomas, Vol IV
Scales-Trent, Judy, Vol IV
Scarlett, Elizabeth, Vol III
Seeman, Erik R., Vol I
Seller, Maxine Schwartz, Vol I
Sherk, Robert K., Vol II, III
Smith, Barry, Vol IV
Soons, C. Alan, Vol III
Stathopoulos, E. T., Vol II
Stinger, Charles Lewis, Vol I
Sussman, Henry, Vol III
Tall, Emily, Vol III
Thalos, Mariam G., Vol IV
Thompson, Sanna J., Vol V
Vargas, Margarita, Vol III
Warner, William Beatty, Vol II
Watrous, Livingston V., Vol I
Wickert, Max Albrecht, Vol II
Zarembka, Paul, Vol IV
Zemel, Carol, Vol I
Zirin, Ronald A., Vol II, III
Zlotsky, Andres, Vol II, III

State University of New York at New Paltz

Brown, Peter D. G., Vol III
D'Elia, Donald John, Vol I
Fein, Richard J., Vol II
Garlick, Peter C., Vol IV
Gillon, Adam, Vol II, III
Hauptman, Laurence Marc, Vol I
Heath, Eugene, Vol IV
Huang, Ray, Vol I
Kesselman, Amy, Vol I
Knapp, Ronald G., Vol I, V
Paz, Francis Xavier, Vol I, III
Piluso, Robert Vincent, Vol III
Schnell, George Adam, Vol I
Sorin, Gerald, Vol I
Williams-Myers, Albert J., Vol I
Wolf, Reva J., Vol I

State University of New York at Oswego

Cheng, Weikun, Vol I
Conrad, David C., Vol I
Deal, J. Douglas, Vol I
Echelbarger, Charles G., Vol IV
Forbes, Geraldine May, Vol I
Hill, David, Vol II
Knapp, John A., II, Vol II
Kulikowski, Mark, Vol I
Loe, Thomas Benjamin, Vol II
Messere, Frank, Vol II
O'Shea, Edward, Vol II
Peterson, Luther D., Vol I
Powell, Thomas F., Vol I
Schaber, Bennet, Vol II
Smith, John Kares, Vol II
Stuck, Mary Frances, Vol V
Thibault, Edward, Vol V
Thurber, Tim, Vol I
Wellman, Judith, Vol I

State University of New York at Stony Brook

Barnhart, Michael, Vol I
Beaufort, Anne, Vol II
Bethin, Christina Y., Vol III
Bottigheimer, Karl S., Vol I
Bottigheimer, Ruth B., Vol II
Brown, Frederick, Vol III
Burner, David B., Vol I, II
Casey, Edward S., Vol IV
Charnon-Deutsch, Lou, Vol I, III
Cole, Stephen, Vol V
Cowan, Ruth Schwartz, Vol I
Crease, Robert P., Vol IV
Czerwinski, Edward J., Vol II, III
Davidson, Cynthia A., Vol II
De Laurentiis, Allegra, Vol IV
Franco, Charles, Vol III
Fuller, Sarah, Vol II
Gabbard, Krin, Vol III
Gardaphe, Fred L., Vol II
Godfrey, Aaron W., Vol II, III
Goldenberg, Robert, Vol II
Gootenberg, Paul, Vol I
Grim, Patrick, Vol IV
Guilmain, Jacques, Vol I
Harvey, Robert, Vol III
Huffman, Clifford Chalmers, Vol II
Ihde, Don, Vol IV
Kaplan, Elizabeth Ann, Vol III
Kittay, Eva Feder, Vol IV
Kuisel, Richard F., Vol I
Landsman, Ned C., Vol I
Lebovics, Herman, Vol I
Lemay, Helen Rodnite, Vol I
Levin, Richard L., Vol II
Levine, Richard Allan, Vol II
Manning, Peter J., Vol II
McWorter, Gerald A., Vol V
Mignone, Mario B., Vol III
Miller, Wilbur R., Vol I
Molette-Ogden, Carla E., Vol IV
Nolan, Rita, Vol IV
Petrey, Sandy, Vol III
Rachlin, Howard C., Vol V
Rashkow, Ilona N., Vol III
Rivers, Elias Lynch, Vol III, V
Rizzuto, Anthony, Vol III
Rubin, James Henry, Vol I
Rzhevsky, Nicholas, Vol III
Sabat-Rivers, Georgina, Vol III
Scheps, Walter, Vol II
Sprinker, Michael, Vol II, III
Sridhar, S. N., Vol III
Tomes, Nancy Jane, Vol I
Vasvari, Louise O., Vol III
Weinstein, Fred, Vol I
Zimbardo, Rose A., Vol II

State University of New York College at Brockport

Anderson, Floyd D., Vol II
Bucholz, Arden K., Vol I
Clements, Tad S., Vol IV
Crimando, Thomas, Vol I
Crume, Alice L., Vol II
Dicker, Georges, Vol IV
Gemmett, Robert J., Vol II
Gilbert, Joseph, Vol IV
Greenstein, Harold, Vol IV
Herlan, Ronald Wallace, Vol I
Kramer, John E., Vol V
Kutolowski, John Francis, Vol I
Kutolowski, Kathleen Smith, Vol I
Lloyd, Jennifer, Vol I, V
Madden, Kate, Vol II
Maier, John, Vol II
Malik, Salahuddin, Vol I
Marchant, Peter L., Vol II
Parsons, Lynn, Vol I
Reed, Bill, Vol II
Siracusa, Joseph, Vol III
Smith, Robert J., Vol I
Stack, George Joseph, Vol IV
Strayer, Robert William, Vol I
Tollers, Vincent Louis, Vol II
Turley, Alan, Vol V

State University of New York College at Buffalo

Feal, Gisele C., Vol III
Ferguson, Marianne, Vol IV

State University of New York College at Cortland

Alsen, Eberhard, Vol II
Ba-Yunus, Ilyas, Vol V
Best, Judith A., Vol IV
Boynton, Victoria A., Vol II
Burd, Van Akin, Vol II
Gebhard, Ann, Vol II
Gonzalez, Alexander G., Vol II
Hager, Alan, Vol II
Janik, Del Ivan, Vol II
Kaminsky, Alice R., Vol II
Kelley, Samuel L., Vol II
Knight, Denise D., Vol II
Lawrence, Kathleen, Vol II
Lickona, Thomas E., Vol II, V
Masselink, Noralyn, Vol II
McCorduck, Edward Scott, Vol II
McDowell-Loudan, Ellis, Vol V
Nagel, Mechthild E., Vol IV
Russell, Kathryn, Vol IV
Ryder, John, Vol IV
Shatsky, Joel, Vol II
Wright, Donald R., Vol I

State University of New York College at Fredonia

Belliotti, Raymond A., Vol IV
Browder, George C., Vol I
Courts, Patrick Lawrence, Vol II
Deming, Robert Howard, Vol II
Fries, Maureen Holmberg, Vol II
Goetz, Thomas Henry, Vol III
Harper, Gary F., Vol V
Huffman, James Richard, Vol I, II
Kohl, Marvin, Vol IV
Litwicki, Ellen M., Vol I
Nelson, Malcolm A., Vol II
Raat, William D., Vol I
Regelski, Thomas Adam, Vol II, V
Reiff, Daniel D., Vol I
Schagrin, Morton L., Vol IV
Schoenbach, Peter J., Vol II
Schweik, Robert Charles, Vol II
Sebouhian, George, Vol II
Shokoff, James, Vol II
Sonnenfeld, Marion Wilma, Vol III
Steinberg, Theodore Louis, Vol II, IV
Stinson, John Jerome, Vol II
Trace, Jacqueline Bruch, Vol II
Zlotchew, Clark M., Vol III

State University of New York College at Geneseo

Bailey, Charles Randall, Vol I, V
Cook, William Robert, Vol I, IV
Derby, William Edward, Vol I
Deutsch, Kenneth L., Vol IV
Doan, Laura L., Vol II, V
Edgar, William John, Vol IV
Fausold, Martin L., Vol I
Gollin, Rita K., Vol II
Herzman, Ronald Bernard, Vol II
Lutkus, Alan, Vol II, III
Pacheco, Paul J., Vol V
Soffer, Walter, Vol IV
Somerville, James Karl, Vol I
Stelzig, Eugene Louis, Vol II
Van Vliet, Edward Richie, Vol III
Zuckerman, Mary Ellen, Vol II

State University of New York College at Old Westbury
Assa, Sonia, Vol III
Hobson, Christopher, Vol II

State University of New York College at Oneonta
Devlin, James E., Vol II
Green, Michael, Vol IV
Jackson, Robert H., Vol I
Koch, Michael, Vol IV
Koddermann, Achim D., Vol IV
Lilly, Paul R., Jr., Vol II
Macris, Peter John, Vol III
Malhotra, Ashok Kumar, Vol IV
Meanor, Patrick, Vol II
Morgan, Eileen M., Vol I, II
Otero-Krauthammer, Elizabeth, Vol III
Roda, Anthony, Vol IV
Shrader, Douglas Wall, Jr., Vol IV
Walker, Charlotte Zoe, Vol II

State University of New York College at Plattsburgh
Abu-Ghazaleh, Adnan M., Vol I
Agne, Karen J., Vol V
Arredondo, Isabel, Vol III
Burde, Edgar J., Vol II
Butterfield, Bruce A., Vol II
Corodimas, Peter, Vol II
Davis, Ron, Vol II
Groth, Janet, Vol II
Johnston, Paul, Vol II
Kiefer, Lauren, Vol II
Kutzer, M. Daphne, Vol II
Levitin, Alexis, Vol II
Lindgren, James, Vol I
Morrissey, Thomas J., Vol II
Myers, John L., Vol I
Scanlon, Jennifer, Vol V
Shout, John, Vol II
Tracy, Ann B., Vol II
Wilson, Hugh F., Vol II

State University of New York College at Potsdam
Beauchamp, Heather, Vol V
Coleman, Mark, Vol II
Emery, Kitty, Vol V
Funston, Judith, Vol II
Hanson, David J., Vol V
Johnson, Arthur L., Vol I
O'Bireck, Gary M., Vol V
Ratliff, Gerald Lee, Vol II
Tartaglia, Philip, Vol IV
Weise, Judith Anderson, Vol II

State University of New York College of Agriculture and Technology at Cobleskill
Descartes, Rene, Vol V

State University of New York College of Technology at Dehli
Gedmintas, Aleksandras, Vol I

State University of New York College of Technology at Farmingdale
Friel, James P., Vol II, IV
Gaab, Jeffrey S., Vol I
Rozakis, Laurie, Vol II
Shapiro, Ann, Vol II

State University of New York Maritime College
Boon, Kevin A., Vol I, II
Wosk, Julie, Vol I, II

State University of West Georgia, Carrollton
Aanstoos, Christopher, Vol V
Auble, Joel, Vol IV
Blair, John T., Vol III
Doxey, William S., Vol II
Earnest, Robert S., Vol II
Ferling, John Ernie, Vol I
Frickey, Pierrette M., Vol III
Goldstein, Jonathan, Vol I
Goodson, Carol F., Vol II
Helminiak, Daniel A., Vol IV, V
Hynes, Thomas J., Jr., Vol II
Joiner, Dorothy, Vol I
Lee, Cecilia Castro, Vol III
Lloyd, Caryl, Vol III
McCleary, Ann, Vol I
Merron, Jeffrey L., Vol II
Miller, Richard G., Vol I
Morgan, Harry, Vol V
Overfield, Denise, Vol III
Sample, Maxine J., Vol II, IV
Smith, Nigel, Vol III
Snipes, Marjorie M., Vol V
Snyder, Robert Lance, Vol II
Steely, Melvin T., Vol I
Taylor, James S., Vol I
Wantland, Burdett L., Vol IV

Stephen F. Austin State University, Nacogdoches
Abernethy, Francis Edward, Vol II
Davis, Carl L., Vol I, IV
Devine, Joseph A., Jr., Vol I
Duncan, Kirby Luther, Vol II
Gaston, Edwin W., Jr, Vol II
Johnson, Bobby Harold, Vol I, II
McDonald, Archie Philip, Vol I
McGrath, Sylvia Wallace, Vol I
Olsen, P., Vol I
Reese, James Verdo, Vol I
Scharff, Lauren F., Vol V
Watson, Jack B., Vol V
Wilson, Wayne J., Vol V

Stephens College, Columbia
Gilbert, Bennie Ruth, Vol V

Sterling and Francine Clark Art Institute
Holly, Michael Ann, Vol I

Sterling College, Sterling
MacArthur, Steven D., Vol IV

Stern College for Women
Lubetski, Edith, Vol II, IV
Schrecker, Ellen, Vol I

Stetson University, Deland
Blum, Toni L., Vol V
Croce, Paul Jerome, Vol I
Favis, Roberta Smith, Vol I
Hall, Ronald L., Vol IV
Hoogenboom, Hilde, Vol I
Kaivola, Karen, Vol II
Long, Lynn Landis, Vol V
McCoy, Ken W., Vol II
Pearson, John H., Vol II
Reddish, Mitchell Glenn, Vol IV
Steeves, Paul David, Vol I, IV

Stetson University, St. Petersburg
Beane, Dorothea Annette, Vol IV
Brown, James J., Vol IV
Jacob, Bruce Robert, Vol IV

Stevens Institute of Technology, Hoboken
Clark, Geoffrey W., Vol I
Foster, Edward H., Vol II
Laccetti, Silvio R., Vol I
Prisco, Salvatore, Vol I

Stillman College, Tuscaloosa
Lockett, James, Vol IV

Stonehill College, North Easton
Chichetto, James W., Vol II
Coogan, Michael, Vol IV
Goddu, Andre, Vol IV

Strategic Studies Institute
Crane, Conrad Charles, Vol I

Strayer University
Tesmer, Floyd S., Vol V

Suffolk County Community College, Ammerman Campus
Huang, Zhen, Vol V
Kleiman, Lowell, Vol IV

Suffolk County Community College, Eastern Campus
Stewart, Cisley P., Vol V
Stewart, Cisley P., Vol V

Suffolk County Community College, Western Campus
Guthman, Christine A., Vol V

Suffolk University, Boston
Allison, Robert, Vol I
Ashe, Marie, Vol IV
Avery, Michael, Vol IV
Beckerman-Rodau, Andrew, Vol IV
Blum, Karen M., Vol IV
Blumenson, Eric D., Vol IV
Brown, Barry, Vol IV
Cavallaro, Rosanna, Vol IV
Clark, Edward, Vol II
Clark, Gerard J., Vol IV
Coffler, Gail H., Vol II
Connolly, Thomas F., Vol II
Day, Kate N., Vol IV
Dodd, Victoria J., Vol IV
Eisenstat, Steven M., Vol IV
Epps, Valerie C., Vol IV
Glannon, Joseph William, Vol IV
Golann, Dwight, Vol IV
Greenberg, Kenneth, Vol I
Mandl, Bette, Vol II
McCarthy, Joseph M., Vol V
McKenzie, Elizabeth M., Vol IV
Nolan, John Joseph, Vol IV
Norton-Hawk, Maureen, Vol V
Perlin, Marc G., Vol IV
Perlmutter, Richard Mark, Vol IV
Richman, Gerald I., Vol II
Rounds, Charles E., Jr, Vol IV
Todd, Alexandra, Vol V
Webb, Robert C., Vol V
Yamada, David C., Vol IV

Sul Ross State University, Alpine
De Ortego Y Gasca, Felipe, Vol II
Glasrud, Bruce A., Vol I
Nelson, Barbara J., Vol II

Sunflower University
Higham, Robin, Vol I

Suomi College, Hancock
Anderson, Laurie, Vol II

Susquehanna University, Selinsgrove
Bohmbach, Karla G., Vol IV
Chabora, Pamela, Vol II
Wei, C. X. George, Vol I
Whitman, Jeffrey P., Vol IV
Wilson, Rebecca A., Vol II

Sussex County Community College, Newton
Carducci, Eleanor, Vol II

Swarthmore College
Avery, George Costas, Vol III
Blackburn, Thomas, Vol II
Blake, J. Herman, Vol V
Chmielewski, Wendy E., Vol I
Cothren, Michael W., Vol I
Devin, Lee, Vol II
DuPlessis, Robert S., Vol I
Friend, Theodore W., Vol I
Frost, Jerry William, Vol I, IV
Graybill, Maribeth, Vol I
Hungerford, Constance Cain, Vol I
Kitao, T. Kaori, Vol I
Marissen, Michael, Vol II
Morgan, Kathryn L., Vol I, V
Moskos, George, Vol III
Napoli, Donna Jo, Vol III
Oberdiek, Hans Fredrick, Vol IV
Perkins, Jean A., Vol III
Rose, Gilbert Paul, Vol III
Schmidt, Peter Jarrett, Vol II
Skelnar, Robert John, Vol II, III
Swearer, Donald K., Vol I, IV
Weinstein, Philip Meyer, Vol II
Williamson, Craig B., Vol II

Sweet Briar College
Aiken, Ralph, Vol II
Ascari, Rosalia Colombo, Vol III
Berg, Gerald Michael, Vol I
Dabney, Ross H., Vol II
DeWeese, Pamela, Vol III
Evans-Grubbs, Judith, Vol II, III
Horwege, Ronald Eugene, Vol III
Ingber, Alix, Vol III
Killiam, Marie-Therese, Vol III
Mares, Cheryl, Vol II
Metzidakis, Angelo, Vol III
Moran, Diane D., Vol I
Piepho, Lee, Vol II
Stanton, Margaret, Vol III
Tamburr, Karl, Vol II
Witcombe, Christopher L. C. E., Vol I

Syracuse University
Archambault, Paul Joseph, Vol III
Arnold, Philip P., Vol IV
Bennett, David Harry, Vol I
Bonesteel, Margaret D., Vol II
Booth, Philip, Vol II
Brown, Mark A., Vol IV
Bulman, Gail A., Vol III
Butler, Katharine G., Vol II
Comstock, George Adolphe, Vol II, V
Crowley, John W., Vol II
Dixon, Laurinda S., Vol I
Doherty, Karen A., Vol II
Driesen, David, Vol IV
Echeruo, Michael, Vol II
Edwards, Mary Louise, Vol II
Field, Daniel, Vol I
Frieden, Ken, Vol III
Gold, Ann G., Vol V
Gregory, Robert G., Vol I
Griffith, Daniel A., Vol I
Hardin, Clyde Laurence, Vol IV
Herzog, Peter Emilius, Vol IV
Hovendick, Kelly B., Vol I, II, V
Ketcham, Ralph Louis, Vol I
Kriesberg, Louis, Vol V
Lambert, Gregg, Vol II
MacDonald, Roderick James, Vol I
MacKillop, James J., Vol I
Marsh, Peter T., Vol I
McCort, Dennis, Vol III
Miller, David Leroy, Vol IV
Miller, Patricia Cox, Vol I, IV
Milosky, Linda M., Vol II
Monmonier, Mark, Vol I
Phillips, Kendall R., Vol II
Pilgrim, Richard B., Vol IV
Powell, James Matthew, Vol I
Prieve, Beth A., Vol II
Schneider, Gerd K., Vol III
Sharp, James Roger, Vol I
Shires, Linda M., Vol II
Shoemaker, Pamela J., Vol II
Sider, Theodore, Vol IV
Smith, Corrine, Vol V
Sternlicht, Sanford, Vol II
Tatham, David Frederic, Vol I
Thompson, Margaret Susan, Vol I, IV
Timberlake, Constance Hector, Vol V
Wallwork, Ernest, Vol IV
Watson, Charles N., Jr., Vol II
Watts, James W., Vol IV
Webb, Stephen Saunders, Vol I
Wetherbee Phelps, Louise, Vol II
Wiecek, William Michael, Vol I, II
Wiggins, James Bryan, Vol I, IV
Wright, Roosevelt R., Jr., Vol II
Wyngaard, Amy S., Vol III
Zavarzadeh, Mas'ud, Vol II
Zerai, Assata, Vol V

Talbot School of Theology
Rhee, Victor, Vol IV

Talladega College, Talladega
White, John D., Vol II, IV

Tallahassee Community College, Tallahassee
Thompson, Janet Ann, Vol I

Tarleton State University, Stephenville
Gibson, Jennifer, Vol V
Gladden, John W., Vol V
Jones, Jerry W., Vol I
Martin, William Bizzell, Vol II

Tarrant County Junior College, Fort Worth
Overstreet, Charles, Vol V
Pate, J'Nell, Vol I
Stripling, Luther, Vol II
Zurlo, John A., Vol II

Taylor University, Fort Wayne Campus
Gerig, Wesley Lee, Vol III, IV

Taylor University, Upland
Baker, Beulah Pearl, Vol II
Charles, J. Daryl, Vol IV
Corduan, Winfried, Vol IV
Harbin, Michael A., Vol II, IV
Heavilin, Barbara A., Vol II
Helyer, Larry R., Vol IV
Ringenberg, William C., Vol I
Rousselow, Jessica, Vol II
Spiegel, James S., Vol IV
Winquist, Alan, Vol I

Technology & Physical Science Historical Association
Wheaton, Bruce R., Vol I

Tel Aviv University
Cohen, Jeremy, Vol I, IV

Temple University, Philadelphia
Asante, Molefi Kete, Vol I
Axinn, Sidney, Vol IV
Beckman, Richard, Vol II
Bentman, Raymond, Vol II

Betancourt, Philip Paul, Vol I
Bregman, Lucy, Vol IV
Collier-Thomas, Bettye, Vol I
Cutler, William W., III, Vol I
Davidson, Abraham A., Vol I
DuPlessis, Rachel Blau, Vol II
Ershkowitz, Herbert J., Vol I
Friedman, Murray, Vol I, IV
Fullard, William, Vol V
Glazier, Ira Albert, Vol I, IV
Greenberg, Robert M., Vol II
Halbert, Terry Ann, Vol IV
Haller, Mark Hughlin, Vol I, IV
Harris, P. M. G., Vol I
Herz, Julius Michael, Vol III
Hilty, James, Vol I
Hyatt, Susan Brin, Vol V
Jackson, Ricardo C., Vol IV
Jacobs, David M., Vol I
Joyce, Joyce A., Vol I
Karcher, Carolyn Lury, Vol I, II
King, Peter, Vol I, II, III
Kusmer, Kenneth L., Vol I
Lebofsky, Dennis Stanley, Vol II, III
Letzring, Monica, Vol II, III
Levitt, Morton Paul, Vol II
Libonati, Michael E., Vol IV
Mannino, Mary Ann V., Vol II
Margolis, Joseph, Vol IV
Mason, Robert, Vol I
McCord, Joan, Vol IV
Mcgrew, Roderick Erle, Vol I
Means, John B., Vol III
Melchionne, Kevin, Vol IV
Mellen, Joan, Vol II
Metz, Brent E., Vol V
Mitchell, Sally, Vol II
Mitchell-Boyask, Robin N., Vol II, III
Murphy, Laurence Lyons, Vol III, IV
Myrick, Howard A., Jr., Vol V
Ohline, Howard Albert, Vol I
Orvell, Miles, Vol I, II
Rengert, George, Vol I
Ruby, Jay W., Vol V
Silk, Gerald, Vol I
Stieb, James, Vol IV
Stoeffler, Fred Ernest, Vol I, IV
Swidler, Leonard, Vol I, IV
Tasch, Peter Anthony, Vol II
Vision, Gerald, Vol IV
Vitiello, Justin, Vol III
Walker, Valaida Smith, Vol V
Watson, Wilbur H., Vol V
Weigley, Russell F., Vol I
Weinberg, Harold R., Vol IV
Welker, David Dale, Vol IV
Wilde, Alan, Vol II
Wilkinson, D., Vol IV
Wolper, Roy S., Vol II

Tennessee State University, Nashville
Ascencao, Erlene M., Vol V
Blasi, Anthony J., Vol V
Elliott, Derek W., Vol I
Hudson, Robert J., Vol II
Insignares, Harriette B., Vol II, V
Jackson, Andrew, Vol V
Lovett, Bobby L., Vol I

Tennessee Technological University, Cookeville
Bode, Robert Francis, Vol II
Burduck, Michael L., Vol II
Campana, Phillip Joseph, Vol III
Clougherty, Robert, Jr., Vol II
Deese, Helen R., Vol II
Lindenmeyer, Kriste A., Vol I
Reagan, Patrick, Vol I
Schrader, William C., Vol I
Slotkin, Alan, Vol II
Viera, David John, Vol III
Webb, George Ernest, Vol I
Wheeler, John, Vol V
Whiteaker, Janet Faye, Vol II

Tennessee Wesleyan College, Athens
Fisher, Nancy, Vol II
Folks, Jeffrey J., Vol II
Gowdy, Anne R., Vol II
McDonald, William, Vol I, IV

Terra State Community College, Fremont
Stallkamp, Ray H., III, Vol V

Texas A&M International University, Laredo
Farrokh, Faridoun, Vol II
Mitchell, Thomas R., Vol II

Texas A&M University, College Station
Adams, Ralph James Quincy, Vol I
Allen, Colin, Vol IV
Anderson, Terry Howard, Vol I
Aune, James Arnt, Vol IV
Austin, Scott, Vol IV
Baer, Judith A., Vol IV
Bass, George Fletcher, Vol I
Baum, Dale, Vol I
Beasley, Vanessa B., Vol II
Beaumont, Roger A., Vol I
Berthold, Dennis A., Vol II
Black, Shirley Jean, Vol I
Bornstein, Daniel E., Vol I
Bradford, James Chapin, Vol I
Burch, Robert W., Vol IV
Cannon, Garland, Vol II
Canup, John, Vol I
Christensen, Paul N., Vol II
Clark, William Bedford, Vol II
Conrad, Charles R., Vol II, III
Coopersmith, Jonathan C., Vol I
Costa, Richard Hauer, Vol II
Davenport, Manuel M., Vol IV
Dawson, Joseph G., III, Vol I
Dethloff, Henry Clay, Vol I
Dickson, Donald R., Vol II
Dorsey, Leroy, Vol II
Gert, Heather, Vol IV
Gibson, Claude Louis, Vol II
Goodman, Jennifer Robin, Vol II
Hand, Michael, Vol IV
Hannah, James R., Vol II
Harris, Charles Edwin, Vol IV
Imhoff, Brian, Vol III
Kallendorf, Craig William, Vol II
Kern-Foxworth, Marilyn L., Vol II
Koepke, Wulf, Vol III
Kosztolnyik, Zoltan Joseph Desiderius, Vol I
Kramer, Arnold Paul, Vol I
Lenihan, John H., Vol I
Loving, Jerome M., Vol II
Machann, Clinton J., Vol II
Marshall, Alicia A., Vol II, V
McCann, Hugh Joseph, Vol IV
McCann, Janet P., Vol II
McDermott, John J., Vol IV
Medhurst, Martin J., Vol II
Menzel, Christopher, Vol IV
Miller, Katherine I., Vol II
Myers, David G., Vol II, IV
Pappas, Gregory F., Vol IV
Pejovich, Svetozar, Vol IV
Peters, William H., Vol V
Peterson, Tarla Rai, Vol III
Poole, Marshall Scott, Vol II
Portales, Marco, Vol II
Putnam, Linda L., Vol II
Radzik, Linda, Vol IV
Reese, Roger R., Vol I
Rigsby, Enrique D., Vol II
Rimal, Rajiv Nath, Vol II
Ritter, Kurt, Vol II
Rosenheim, James Morton, Vol I
Salazar, Abran J., Vol II
Schmidt, Henry Conrad, Vol I
Self, Charles C., Vol II
Sharf, Barbara F., Vol II, V
Smith, Robin, Vol IV
Stranges, Anthony N., Vol I
Street, Richard L., Jr., Vol II, V
Unterberger, Betty Miller, Vol I
Vandiver, Frank Everson, Vol I
Varner, Gary Edward, Vol IV
Wang, Di, Vol I
Williams, Eric, Vol III

Texas A&M University, Commerce
Duchovnay, Gerald, Vol II
Fulkerson, Richard P., Vol II
Grimshaw, James, Vol II, IV
Grissett, Barbara, Vol V
Mc Farland, Keith D., Vol I
Sarantakes, Nick, Vol I
Thompson, William, Vol V
Trusty, Jerry, Vol V
Tuerk, Richard, Vol II

Texas A&M University, Corpus Christi
Harner, James L., Vol II
Lessoff, Alan H., Vol I
Myers, Elwin R., Vol V
Wooster, Robert, Vol I

Texas A&M University, Galveston
Curley, Stephen J., Vol II
Ryan, James G., Vol I
Willett, Donald E., Vol I

Texas A&M University, Kingsville
Elkins, Michael R., Vol II
Hunter, Leslie G., Vol I
Ponder, Fred T., Vol V

Texas Christian University, Fort Worth
Baird, William R., Vol IV
Bedford, David, Vol I, III
Bell, Reva Pearl, Vol V
Brown, D. Clayton, Vol I
Daniel, Lee A., Vol II, III
Erisman, Fred Raymond, Vol I, II
Flowers, Ronald Bruce, Vol III, IV
Gouwens, David J., Vol IV
Hughes, Linda K., Vol II
King, Paul E., Vol II
Machado, Daisy L., Vol I, IV
Middleton, Darren J. N., Vol IV
Newsom, Douglas Ann, Vol II
Pool, Jeff B., Vol IV
Procter, Ben, Vol I
Schmidt, Daryl Dean, Vol IV
Shepard, Alan, Vol II
Sherwood, Steven E., Vol II
Slattery, M. C., Vol I
Smith, Gene A., Vol I
Toulouse, Mark G., Vol I, IV
Vanderwerken, David Leon, Vol II
Wertz, S. K., Vol IV
Worcester, Donald Emmet, Vol I

Texas Council on Humanities
Hull, Richard T., Vol IV

Texas Lutheran University, Seguin
Beck, Norman Arthur, Vol IV
Bittrich, Louis Edward, Vol II, III

Texas Southern University, Houston
Akubukwe, David, Vol V
Atang, Christopher, Vol V
Beard, James William, Jr., Vol IV
Beeth, Howard, Vol I
Bullock, James, Vol IV
Cunningham, James J., Vol V
Douglas, James Matthew, Vol IV
Lomas, Ronald Leroy, Vol II
Mwamba, Zuberi I., Vol I
Oby, Jason B., Vol II
Pitre, Merline, Vol I
Taylor-Thompson, Betty E., Vol II

Texas Southmost College, Brownsville
Diaz, Lidia, Vol III
Ritter, Susan, Vol IV

Texas Tech University, Lubbock
Ashby, Clifford, Vol II
Averill, Edward W., Vol IV
Aycock, Wendell M., Vol II, III
Bacon, Thomas Ivey, Vol III
Barker, Thomas T., Vol II
Barkley, Heather S., Vol II
Barr, Alwyn, Vol I
Beard, Laura J., Vol III
Breslin, Linda, Vol II
Brink, James Eastgate, Vol I
Brown, Lady, Vol II
Bubany, Charles Phillip, Vol IV
Carlson, Paul, Vol I
Carter, Locke, Vol II
Ceniza, Sherry, Vol II
Check, Ed, Vol I
Cismaru, Alfred, Vol III
Clarke, Bruce Cooper, Vol II
Collins, Jacquelin, Vol I
Conrad, Bryce D., Vol II
Crowell, Douglas E., Vol II
Curzer, Howard J., Vol IV
Cutter, Paul F., Vol II
Davis, Dale W., Vol II, III
Davis, Kenneth Waldron, Vol II
Dickson, John H., Vol II
Dietz, Donald T., Vol III
Dragga, Sam A., Vol II
Elbow, Gary S., Vol I, IV
Finco, Aldo, Vol III
Flynn, George Quitman, Vol I
George, Edward, Vol II, III
Harrienger, Myrna J., Vol II
Higdon, David Leon, Vol II
Hobbs, Wayne, Vol II
Howe, John Mcdonald, Vol I
Hurst, Mary Jane, Vol III
Kemp, Fred O., Vol II
Ketner, Kenneth Laine, Vol II, IV
Klock, Sheldon, Jr, Vol III
Kuethe, Allan James, Vol I
Kuriyama, Constance, Vol II
Langford, Thomas, Vol II
McDonald, Walter Robert, Vol II
Miner, Madonne, Vol I, V
Nathan, Daniel O., Vol IV
Nelson, Otto Millard, Vol I
Newcomb, Benjamin H., Vol I
Niessen, James P., Vol I
Oberhelman, Harley Dean, Vol III
Perez, Genaro J., Vol III
Phelan, Marilyn E., Vol IV
Purinton, Marjean D., Vol II
Rainger, Ronald, Vol I
Ransdell, Joseph M., Vol IV
Rickly, Rebecca, Vol II
Rude, Carolyn D., Vol II
Rude, Donald W., Vol II
Samson, John W., Vol II
Santos, Jose Andre, Vol II, III
Schaller, Walter E., Vol IV
Schoenecke, Michael Keith, Vol II
Shaw, Patrick W., Vol II
Snead, David L., Vol I
Suppe, Frederick, Vol IV
Thomas, Orlan E., Vol I, II
Trotter, Mary, Vol II
Van Appledorn, Mary Jeanne, Vol II
Wages, Jack D., Vol II
Whitlark, James S., Vol II, III
Wilcox, Dean, Vol I, II
Williams, David E., Vol II

Texas Wesleyan University, Fort Worth
Edwards, Joy, Vol V
Salih, Halil Ibrahim, Vol I, IV

Texas Woman's University, Denton
Bean, Judith M., Vol II, V
Cissell, William B., Vol V
DeMoss, Dorothy Dell, Vol I
Hildreth, Gladys Johnson, Vol V
Marshall, Linda, Vol V
Rubin, Linda J., Vol V
Sadri, Malmoud, Vol V
Scobie, Ingrid Winther, Vol I, V
Tanner, William Edward, Vol II
Williams, Joyce E., Vol V

The Art Institute of Philadelphia
Youngman, C. Van, Vol V

The Catholic University of America, Washington
Barbieri, William A., Jr., Vol IV
Berkman, John, Vol IV
Bloomfield, Maxwell H., Vol I
Brady, Leo, Vol II
Capizzi, Joseph E., Vol IV
Cenkner, William, Vol I, IV
Clark, Leroy D., Vol IV
Cline, Catherine Ann, Vol I
Collins, Mary, Vol IV
Crysdale, Cynthia S. W., Vol IV
Cua, Antonio S., Vol IV
D'Antonio, William, Vol V
Damiani, Bruno Mario, Vol III
Dechert, Charles Richard, Vol IV
Dennis, George Thomas, Vol I
Dinges, William, Vol IV
Dougherty, Jude Patrick, Vol IV
Druart, Therese-Anne, Vol IV
Eno, Robert Bryan, Vol I, IV
Fitzmyer, Joseph A., Vol IV
Ford, John T., Vol IV
Frank, Richard Macdonough, Vol III
Gignac, Francis Thomas, Vol III, IV
Ginsberg, Ellen Sutor, Vol III
Halton, Thomas, Vol III
Hanson, Sandra L., Vol V
Happel, Stephen P., Vol IV
Hassing, Richard F., Vol I, IV
Heimonet, Jean-Michel, Vol III
Hoge, Dean R., Vol IV, V
Jamme, Albert W. F., Vol II, III
Jones, Charles B., Vol IV
Kress, Robert Lee, Vol IV
Lerman, Lisa G., Vol IV
Lewis, Bradley, Vol IV
Loewe, William Patrick, Vol IV
Loewen, James W., Vol V
Ludwikowski, Rett R., Vol IV
Lynch, John Edward, Vol I
Mack, Michael, Vol II
Mahoney, Christina Hunt, Vol III
Mahony, Robert E. P., Vol I, II
Maloney, Francis J., Vol IV
Marcin, Raymond B., Vol IV
Marthaler, Berard Lawrence, Vol IV, V
McLean, George Francis, Vol IV
McManus, Frederick Richard, Vol IV
Minnich, Nelson H., Vol I
Mohan, Robert Paul, Vol IV
Muller, Jerry Z., Vol I
O'Connor, Michael P., Vol II
O'Donnell, Anne M., Vol II
Poos, L. R., Vol I
Pozzo, Riccardo, Vol IV
Pritzl, Kurt, Vol IV
Riley, James Denson, Vol I
Schneider, Robert A., Vol I
Sendry, Joseph M., Vol II
Sloyan, Gerard, Vol IV
Smith, George P., Vol IV
Sokolowski, Robert S., Vol IV
Studzinski, Raymond James, Vol IV, V
Sullins, Donald Paul, Vol V
Trisco, Robert Frederick, Vol I, IV
Van Dam, Deedee, Vol V
Velkley, Richard L., Vol IV
Wagstaff, Grayson, Vol II
Wheatley, Christopher J., Vol II
White, Kevin, Vol I, IV
Wippel, John F., Vol IV
Wiseman, James A., Vol IV
Youniss, James, Vol V

The Citadel, The Military College of South Carolina
Barrett, Michael Baker, Vol I
Gordon, John W., Vol I
Heisser, David C. R., Vol I, II
Hewett, Stephenie M., Vol V
Holbein, Woodrow Lee, Vol II
Hutchisson, James M., Vol II
Leonard, James S., Vol II
Marshall-Bradley, Tina, Vol V
Moore, Winfred B., Jr., Vol I

Shields, David S., Vol II

The College of New Jersey, Trenton
Barnes, Gerald, Vol IV
Gotthelf, Allan, Vol IV
Kamber, Richard, Vol I
Li, Rebecca, Vol V
McFeely, Eliza, Vol I
Omole-Odubekun, Omolola E., Vol IV
Roberts, Melinda, Vol IV
San Pedro, Teresa Anta, Vol III
Winston, Morton E., Vol IV
Wong, Jean, Vol III

The College of Saint Rose, Albany
Bologna, M., Vol V
Crowley-Long, Kathleen, Vol V
Gulley, Anthony D., Vol IV
Haynes, Keith A., Vol I
Refai, Shahid, Vol I
Smith, Karen A., Vol II

The College of Wooster, Wooster
Bell, Richard H., Vol IV
Bostdorff, Denise M., Vol II
Bucher, Glenn R., Vol IV
Calhoun, Daniel Fairchild, Vol I
Christianson, Paul, Vol II
Durham, Carolyn Ann, Vol III
Falkner, Thomas M., Vol III
Frye, Joanne S., Vol II
Gabriele, John P., Vol III
Gates, John Morgan, Vol I
Gaylord, Inez K., Vol III
Gedalecia, David, Vol I
Grace, Nancy, Vol II
Harris, Ishwar C., Vol IV
Herring, Henry, Vol II
Hettinger, Madonna, Vol I
Hickey, Damon, Vol I
Hodges, James A., Vol I
Holliday, Vivian Loyrea, Vol I, II, III
Hondros, John L., Vol I
Hults, Linda, Vol I
Jefferson, Alphine W., Vol I
Lewis, Arnold, Vol I
Plestina, Dijana, Vol IV
Scholz, Susanne, Vol IV
Shostak, Debra, Vol II
Smith, Robert Houston, Vol IV
Sokol, Elena, Vol III
Stewart, Larry, Vol II
Taylor, Karen, Vol I
Thomson, Garrett, Vol IV
Wright, Josephine, Vol II
Young, Mary, Vol III

The Criswell College, Dallas
Luter, A. Boyd, Vol IV

The George Washington University, Washington
Adelman, Martin Jerome, Vol IV
Anderson, David M., Vol IV
Andrews, Avery D., Vol I
Atkin, Muriel Ann, Vol I
Beck, Sylven S., Vol V
Becker, William Henry, Vol I, IV
Bell, Diane, Vol V
Berkowitz, Edward D., Vol I
Bowling, Kenneth R., Vol I
Captain, Yvonne, Vol II, III
Caws, Peter James, Vol IV
Chambliss, William J., Vol V
Chandler, James P., Vol IV
Crane, Milton, Vol II
Davison, Roderic Hollett, Vol I
Frey, John Andrew, Vol III
Galston, M., Vol IV
Halal, William E., Vol IV
Herber, Charles Joseph, Vol I
Hill, Peter Proal, Vol I
Horton, James O., Vol I
Jacks, Philip, Vol I
Karp, Stephen A., Vol V
Kennedy, Dane Keith, Vol I
Kim-Renaud, Young-Key, Vol III, V
Klaren, Peter Flindell, Vol I
Kotz, Samuel, Vol IV
Kramer, Robert, Vol IV
McAleavey, David Willard, Vol II
Mergen, Bernard M., Vol I
Morris, Bonnie J., Vol I, V
Nasr, Sayed H., Vol IV
Palmer, Phyllis Marynick, Vol I
Quitslund, Sonya Antoinette, Vol IV
Rathnam, Mahadev, Vol V
Raven-Hansen, Peter, Vol IV
Robb, James Willis, Vol III
Robinson, Lilien F., Vol I
Ryfa, Juras, Vol III
Sachar, Howard M., Vol I
Salamon, Linda B., Vol II
Saperstein, Marc E., Vol I
Schlagel, Richard H., Vol IV
Schooner, Steven L., Vol IV
Schrag, Philip G., Vol IV
Schwoerer, Lois Green, Vol I
Silber, David E., Vol V
Spector, Ronald H., Vol I
Steiner, Carl, Vol III
Sten, Christopher W., Vol II
Thornton, Richard C., Vol I
Wallace, Dewey D., Jr., Vol IV
Warren, Clay, Vol II
Weitzer, Ronald, Vol V
Wilmarth, Arthur E., Vol I
Young, Michael K., Vol IV
Ziolkowski, John Edmund, Vol III

The Institute for Advanced Study
Burke, Martin J., Vol I
Geertz, Clifford, Vol V
Paret, Peter, Vol I
Walzer, Michael, Vol IV
White, Morton G., Vol IV

The Masters College
Halstead, Thomas, Vol IV
Varner, Willaim, Vol IV

The Minerva Center
Depauw, Linda Grant, Vol I

The Naropa Institute, Boulder
Schultz, Joseph P., Vol III, IV

The New School
Quigley, Timothy R., Vol IV

The Ohio State University, Columbus
Aman, Michael G., Vol V
Andrien, Kenneth James, Vol I
Balcer, Jack Martin, Vol I
Barnes, Daniel Ramon, Vol II, V
Bartholomew, James Richard, Vol I
Bartle-Haring, Suzanne, Vol V
Battersby, James L., Vol II
Becker-Cantarino, Barbara, Vol III
Beja, Morris, Vol II
Bekker, Hugo, Vol III
Benedict, Michael Les, Vol I
Blackford, Mansel Griffiths, Vol I
Blackwell, Marilyn Johns, Vol II, III
Boh, Ivan, Vol IV
Bourguignon, Erika Eichhorn, Vol V
Bracken, James K., Vol II
Brown, Alan K., Vol II
Brown, Lee Bateman, Vol IV
Burkman, Katherine H., Vol II
Burnham, John Chynoweth, Vol I
Callaghan, Catherine A., Vol III
Cegala, Donald Joseph, Vol II
Cooksey, Elizabeth C., Vol V
Cooley, Thomas Winfield, Vol I, II
Cooper, Donald B., Vol I
Cottrell, Robert Duane, Vol III
Cox, Kevin R., Vol I
Cressy, David, Vol I
Davidson, John E., Vol II
Dillon, Merton Lynn, Vol I
Donovan, Maureen H., Vol II
Evans, Donna Browder, Vol V
Farina, Luciano Fernando, Vol III
Findley, Carter Vaughn, Vol I, III
Fink, Carole K., Vol I
Frantz, David Oswin, Vol II
Friedman, Harvey Martin, Vol IV
Gao, Q., Vol III
Garland, Martha, Vol I
Gribble, Charles Edward, Vol III
Griffin, David Alexander, Vol III
Grotans, Anna A., Vol III
Guilmartin, John F., Vol I
Hahm, David Edgar, Vol I, III, IV
Haidt, Rebecca, Vol III
Hamilton, Richard Frederick, Vol V
Hammermeister, Kai, Vol I, III
Hanawalt, Barbara A., Vol I
Harlow, L. L., Vol III
Hartmann, Susan, Vol I
Hathaway, Jane, Vol I
Heck, Thomas F., Vol II
Heiden, Bruce A., Vol III
Hoffmann, David, Vol I
Hogan, Michael J., Vol I
Holland, Eugene W., Vol II
Hopkins, Richard Joseph, Vol I
Hume, Elizabeth, Vol III
Jang, Sung Joon, Vol V
Jarvis, Gilbert Andrew, Vol V
Johnston, Sarah Iles, Vol III
Joseph, Brian Daniel, Vol III
Jost, Timothy Stolzfus, Vol IV
Julia, Maria C., Vol V
Jusdanis, Gregory, Vol I, II
Kalbouss, George, Vol III
Kerr, Kathel Austin, Vol I
Kielkopf, Charles F., Vol IV
Kiser, Lisa J., Vol II
Kitch, Sally L., Vol V
Klopp, Charles, Vol III
Kozyris, Phaedon John, Vol IV
Krzyzanowski, Jerzy Roman, Vol III
Lehiste, Ilse, Vol III
Levin, Eve, Vol I
Lynch, Joseph Howard, Vol I, IV
Makau, Josina M., Vol II, IV
Mancini, Albert Nicholas, Vol II
Markels, Julian, Vol II
Matejic, Mateja, Vol III
Maurer, A. E. Wallace, Vol II
Meckler, Michael Louis, Vol I
Meier, Samuel, Vol I
Millett, Allan Reed, Vol I
Mizejewski, Linda, Vol II
Morgan, Terrell A., Vol III
Morganstern, Anne Mcgee, Vol I
Morganstern, James, Vol I
Morita, James R., Vol III
Nakayama, Mineharu, Vol III
Newell, Margaret E., Vol I
Pappas, George Sotiros, Vol IV
Patterson, Samuel C., Vol IV
Pegues, Franklin J., Vol I
Pessin, Sarah, Vol IV
Pestana, Carla Gardina, Vol I
Phelan, James Pius X., Vol II
Price-Spratlen, Townsend, Vol V
Redenbarger, Wayne Jacob, Vol IV
Reed, Christopher A., Vol I
Richardson, Laurel, Vol V
Riedinger, Edward, Vol I
Rigney, Barbara, Vol II
Rojahn, Johannes, Vol V
Roorbach, Bill F., Vol II
Roth, Randolph A., Vol I
Rothney, John Alexander, Vol I
Sagaria, Mary Ann D., Vol V
Schlam, Carl C., Vol II, III
Sena, John F., Vol II
Silbajoris, Rimvydas, Vol III
Slomczynski, Kazimietz M., Vol V
Stebenne, David, Vol I, IV
Steckel, Richard H., Vol IV
Stewart, Mac A., Vol V
Taylor, Verta, Vol V
Tripodi, Tony, Vol V
Turnbull, Robert George, Vol IV
Unger, James Marshall, Vol III
Van Tine, Warren R., Vol I
Vantine, Warren, Vol I
Wade, Jacqueline E., Vol I
Walters, E. Garrison, Vol I
Wanner, Dieter, Vol IV
Whaley, Douglas John, Vol IV
Williams, Charles Garfield Singer, Vol III
Williams, Gregory Howard, Vol IV
Williams, Susan, Vol II
Wilson, John Harold, Vol II
Woods, Alan Lambert, Vol I, II
Zacher, Christian Keeler, Vol II
Zahniser, Marvin Ralph, Vol I

The Ohio State University, Lima
Anspaugh, Kelly C., Vol II
Hellmann, John M., Vol II
Page, Roger A., Vol V

The Ohio State University, Mansfield
Dahlstrand, Frederick Charles, Vol I
Dominick, Raymond, Vol I

The Ohio State University, Marion
Steffel, R. Vladimir, Vol I

The Ohio State University, Newark
Ganz, Albert Harding, Vol I
Loucks, James F., Vol II
MacDonald, William L., Vol V
Shapiro, Stewart, Vol IV
Shiels, Richard Douglas, Vol I, IV
Tebben, Joseph Richard, Vol II, III
Viscarri, Dionisio, Vol III

The Union Institute, Cincinnati
Amussen, Susan, Vol I
Arcana, Judith, Vol II
Atkins, Robert, Vol IV
Chambers, Marjorie Bell, Vol I
Harris, Norman, Vol IV
Kirshbaum, Hal, Vol IV
Meeker, Joseph W., Vol II
Minnich, Elizabeth, Vol IV
Moustakas, Clark, Vol IV
Natov, Roni, Vol II
Pratt, Minnie Bruce, Vol II
Searl, Stanford J., Vol II
Sharpe, Kevin J., Vol IV
Wingard, Edward L., Vol V

The University of Akron-Wayne College, Orrville
Beyeler, Julia M., Vol V
Johanyak, Debra L., Vol II

The University of Alabama, Birmingham
Arnold, Scott, Vol IV
Bach, Rebecca Ann, Vol II
Baker, Tracey, Vol II
Benditt, Theodore Matthew, Vol IV
Brown, Thomas H., Vol II
Conley, Carolyn, Vol I
Fitzptrick, Kevin Michael, Vol V
Frost, Linda Anne, Vol II
Gamble, James D., Vol II
Glosecki, Stephen O., Vol I
Graham, George, Vol IV
Grimes, Kyle, Vol II
Haarbauer, Don Ward, Vol I, II
Hamilton, Virginia V., Vol I
Huddle, Thomas S., Vol I
Hutchings, William, Vol II
Jeffreys, Mark, Vol II
Kemp, Theresa D., Vol II
Kurata, Marilyn J., Vol II
Leffel, Katherine, Vol III
Litch, Mary, Vol IV
Long, Ada, Vol II, V
Long, Sheri Spaine, Vol III
Lueschen, Guenther, Vol V
Martin, Dellita Lillian, Vol III
Martin-Ogunsola, Dellita Lillian, Vol III
Mcwilliams, Tennant S., Vol I
Neiva, Eduardo, Vol II
Pence, Gregory E., Vol IV
Person, Leland S., Vol II
Price, Marjorie S., Vol IV
Quinlan, Kieran, Vol II
Rachels, James, Vol IV
Spector, Daniel E., Vol I
Stephens, Lynn, Vol IV
Taub, Edward, Vol V
Taylor, Christopher C., Vol V
Valentine, P. V., Vol V
Wharton, Lawrence, Vol II
Whitaker, Elaine E., Vol II

The University of Alabama, Huntsville
Baird, Bruce C., Vol I
Boucher, Philip P., Vol I
Dunar, Andrew J., Vol I
Ellis, Jack D., Vol I
Gerberding, Richard A., Vol I
Hull, Henry Lane, Vol I
Maier, Linda, Vol II, III
Martin, Virginia, Vol I
Mcbane, John Spencer, Vol II
Shields, Johanna Nicol, Vol I
Waring, Stephen P., Vol I
White, John Charles, Vol I
Williams, Lee Erskine, II, Vol I

The University of Alabama, Tuscaloosa
Alter, Torin, Vol IV
Andreen, William L., Vol IV
Badger, Reid, Vol I
Baker, Donald W., Vol IV
Beeler, John F., Vol I
Beito, David T., Vol I
Bindon, James R., Vol V
Boles, David B., Vol V
Brewbaker, William S., III, Vol IV
Bucy, Pamela H., Vol IV
Burke, John J., Jr, Vol II
Clayton, Lawrence A., Vol I
Doster, James Fletcher, Vol I
Fair, Bryan K., Vol IV
Freyer, Tony Allan, Vol I, IV
Gamble, Charles W., Vol IV
Harris, Thomas E., Vol II
Hestevoid, H. Scott, Vol IV
Hoff, Timothy, Vol IV
Johnson, Rhoda E., Vol V
Jones, Howard, Vol I
Martone, Michael, Vol II
McDonald, Forrest, Vol I
Mendle, Michael J., Vol I
Monk, Dennis C., Vol II
Morgan, Martha, Vol IV
Oths, Kathryn S., Vol V
Picone, Michael D., Vol III
Pierman, Carol J., Vol V
Rable, George Calvin, Vol I
Rachels, Stuart, Vol IV
Randall, Kenneth C., Vol IV
Randall, Susan Lyons, Vol IV
Rawlings, Wendy Mai, Vol II
Salem, James M., Vol I
Shabazz, Amilcar, Vol I
Shiau, Wendy, Vol II
Sigler, Robert T., Vol IV
Tripp, Bernell E., Vol II
Ulmer, William A., Vol II
Ultee, Maarten, Vol I
Watkins, John C., Vol IV
Webster, Gerald R., Vol I
Weinberger, Leon Judah, Vol IV
Wiggins, Sarah W., Vol I
Winston, Mathew, Vol II
Zapf, Patricia A., Vol V
Zupancic, Metka, Vol III

The University of Calgary, Calgary
Baker, John Arthur, Vol IV
Bercuson, David Jay, Vol I
Eyck, Frank, Vol I
Francis, Robert D., Vol I
Hexham, Irving, Vol IV
Knafla, Louis A., Vol I
Macintosh, John James, Vol IV
Martin, Charles Burton, Vol IV

Martin, John Sayre, Vol II
McGillivray, Murray D., Vol II
Mckenna, Marian Cecilia, Vol I
Mcmordie, Michael J., Vol I
Penelhum, Terence M., Vol IV
Rasporich, Anthony W., Vol I
Stone-Blackburn, Susan, Vol II
Stratton, Susan B., Vol II
Zekulin, Nicholas Gleb, Vol III

The University of Charleston, Charleston

Jones, Jerry, Vol V
Turgeon, Gabrielle S., Vol III

The University of Iowa, Iowa City

Adamek, Wendi, Vol IV
Addis, Laird Clark, Vol IV
Balderston, Daniel, Vol III
Beaudoin, John M., Vol IV
Boos, Florence Saunders, Vol II, V
Butchvarov, Panayot K., Vol IV
Hines, N. William, Vol IV
Hirokawa, Randy Y., Vol II
Hunnicutt, Benjamin K., Vol V
Ke, C. R., Vol III
Landini, Gregory, Vol IV
Markovsky, Barry, Vol V
McPherson, James Alan, Vol I, II, IV
Newman, Robert P., Vol II
Raeburn, John H., Vol I, II
Stone, Gerald L., Vol V
Stratton, John Ray, Vol V
Troyer, Lisa L., Vol V
Wing, Adrien Katherine, Vol IV
Witt, Doris, Vol II

The University of Texas at Arlington

Alaimo, Stacy, Vol II
Barros, Carolyn, Vol II
Bernstein, Ira H., Vol V
Bing, Robert, Vol IV
Bradshaw, Denny, Vol IV
Buisseret, David, Vol I
Callicutt, James W., Vol V
Carroll, Bret E., Vol I
Cohen, Philip G., Vol II
del Carmen, Alex, Vol IV
Green, George N., Vol I
Harrold, Francis B., Vol V
Hoefer, Richard, Vol IV, V
Jordan, Catheleen, Vol V
Katz, Michael Ray, Vol III
Kellner, Hans, Vol II
Kolko, Beth E., Vol II
Kyle, Donald G., Vol I
Maizlish, Stephen E., Vol I
Morris, Christopher, Vol I
Ordonez, Elizabeth Jane, Vol III
Palmer, Stanley Howard, Vol I
Philp, Kenneth, Vol I
Polk, Elmer, Vol IV
Reddick, Robert J., Vol II
Reeder, Harry P., Vol IV
Reinhartz, Dennis Paul, Vol I
Richmond, Douglas Wertz, Vol I
Rodnitzky, Jerome L., Vol I
Roemer, Kenneth M., Vol I, II
Rojas-Auda, Elizabeth, Vol III
Silva, David James, Vol III
Stark, Gary Duane, Vol I
Wells, Corri Elizabeth, Vol II
Wick, Audrey, Vol II
Wood, Nancy, Vol II

The University of Texas at Austin

Abboud, Peter Fouad, Vol I, III
Abzug, Robert H., Vol I
Alofsin, Anthony, Vol I
Angelelli, Ignazio Alfredo, Vol IV
Antokoletz, Elliott Maxim, Vol II
Arens, Katherine M., Vol III
Baade, Hans Wolfgang, Vol IV
Baltzer, Rebecca, Vol I
Barker, Nancy Nichols, Vol I
Behague, Gerard, Vol II
Bertelsen, Lance, Vol I, II
Blockley, Mary Eva, Vol V
Bonevac, Daniel A., Vol IV
Bowman, Shearer Davis, Vol I
Braisted, William Reynolds, Vol I
Braybrooke, David, Vol IV
Bremen, Brian A., Vol II
Brokaw, John W., Vol II
Brown, Norman D., Vol I
Bruster, Douglas, Vol II
Bump, Jerome Francis Anthony, Vol II, III
Burnham, Patricia, Vol I
Cable, Thomas Monroe, Vol II, III
Carleton, Don E., Vol I
Carter, Joseph Coleman, Vol I, II, III
Castiglione, Caroline F., Vol I
Causey, Robert Louis, Vol IV
Cauvin, Jean-Pierre Bernard, Vol III
Charlesworth, Michael, Vol I
Clarke, John R., Vol I
Cloud, Dana L., Vol II
Cook, Erwin, Vol II, III
Crew, David F., Vol I
Crosby, Alfred W., Vol I
Dassonville, Michel, Vol III
Davis, Donald G., Jr., Vol I, II
Dawson, Robert Lewis, Vol III
Dell' Antonio, Andrew, Vol II
Denbow, James R., Vol V
Dewar, Mary, Vol I
Dietz, Hanns-Bertold, Vol I
Divine, Robert Alexander, Vol I
Duban, James, Vol II
Dulles, John W. F., Vol I
Edlund-Berry, Ingrid E. M., Vol I
Erdener, Yildiray, Vol II, V
Erlmann, Veit, Vol II
Faigley, Lester, Vol II
Falola, Toyin, Vol I
Farrell, John P., Vol II
Flowers, Betty Sue, Vol II
Foley, Neil, Vol I
Fontanella, Lee, Vol I, III
Forgie, George Barnard, Vol I
Forster, Merlin Henry, Vol III
Frazier, Alison, Vol I
Friedman, Alan, Vol II
Gagarin, Michael, Vol II, III
Galinsky, Karl, Vol II, III
Garrison, James Dale, Vol II
Ghose, Zulfikar Ahmed, Vol II
Gillam, Ronald G., Vol II
Goetzmann, William Harry, Vol I
Goff, Barbara E., Vol II, III
Goosman, Stuart, Vol II, V
Graglia, L. A., Vol IV
Graham, Richard, Vol I
Grant, Richard Babson, Vol III
Green, Douglass Marshall, Vol II
Green, Lisa, Vol III
Grieder, Terence, Vol I
Gutmann, Myron P., Vol I
Hall, Michael G., Vol I
Hamilton, Robert W., Vol IV
Harms, Robert Thomas, Vol III
Harris, Elizabeth Hall, Vol II
Hart, Roderick P., Vol II
Harzer, Edeltraud, Vol I
Heinen, Hubert, Vol III
Henderson, Linda, Vol I
Hensey, Frederick Gerald, Vol III
Herring, Phillip F., Vol II
Hester, Thomas R., Vol V
Higginbotham, Virginia, Vol III
Higgins, Kathleen Marie, Vol IV
Hilfer, Tony, Vol II
Holden, George W., Vol V
Holz, Robert K., Vol I
Hubbard, Thomas K., Vol II
Hunt, Bruce J., Vol I
Jensen, Robert W., Vol II
Kane, Robert H., Vol IV
Karttunen, Frances, Vol III
Kaulbach, Ernest Norman, Vol III, IV
Knapp, Mark L., Vol II
Koike, Dale A., Vol III
Koons, Robert C., Vol IV
Kroll, John Hennig, Vol I
Langford, Gerald, Vol II
Lariviere, Richard Wilfred, Vol I
Larson, Stephanie L., Vol I
Leoshko, Janice, Vol I
Levack, Brian Paul, Vol I
Lewis, Randy Lynn, Vol IV
Lindstrom, Naomi, Vol III
Lopreato, Joseph, Vol V
Lukenbill, Willis B., Vol II
Mackay, Carol Hanbery, Vol II
Mackey, Louis Henry, Vol III, IV
MacNeil, Anne, Vol II
Magee, S. P., Vol IV
Malof, Joseph Fetler, Vol II
Martinich, Aloysius P., Vol IV
McCombs, Maxwell E., Vol II
Meacham, Standish, Vol I
Meikle, Jeffrey L., Vol I
Meisel, Janet Anne, Vol I
Meritt, Lucy Shoe, Vol II, III
Michael, Wolfgang Friedrich, Vol III
Minault, Gail, Vol I
Moeller, Hans-Bernhard, Vol III
Moldenhauer, Joseph John, Vol II
Monas, Sidney, Vol III
Moore, T. J., Vol II, III
Mourelatos, Alexander Phoebus Dionysiou, Vol III, IV
Nelson, Wanda Lee, Vol V
Nethercut, William Robert, Vol II, III
Newton, Adam Zachary, Vol II
Olasky, Marvin N., Vol I, II
Oliphant, Dave, Vol II
Padilla, Yolanda C., Vol V
Parker, Joseph C., Jr., Vol IV
Pells, Richard Henry, Vol I
Prindle, David F., Vol IV
Raley, R. Kelly, Vol V
Rather, Susan, Vol I
Ratner, Steven Richard, Vol IV
Reynolds, Ann, Vol I
Rhoads, Edward J. M., Vol I
Rossman, Charles R., Vol II
Ruszkiewicz, John Joseph, Vol II
Schade, George D., Vol III
Scheick, William J., Vol II
Segre, Claudio Giuseppe, Vol I
Seung, Thomas Kaehao, Vol IV
Shelmerdine, Cynthia Wright, Vol I, II, III
Shiff, Richard, Vol I
Shirazi, Faegheh S., Vol I
Shumway, Nicolas, Vol II, III
Sidbury, James, Vol I
Sjoberg, Andree Frances, Vol III
Slate, Joseph Evans, Vol II
Slawek, Stephen, Vol I, II
Smith, Carlota S., Vol III
Smith, Jeffrey Chipps, Vol I
Sole, Carlos A., Vol III
Solomon, Robert Charles, Vol IV
Southern, Mark R. V., Vol III
Springer, David W., Vol V
Staley, Thomas F., Vol II
Stoff, Michael B., Vol I
Stott, William Merrell, Vol I, II
Sutherland, William Owen Sheppard, Vol II
Swaffar, Janet King, Vol III
Sylvie, George, Vol II
Tankard, James William, Vol II
Teorio-Trillo, Mauricio, Vol I
Todd, William B., Vol II
Trimble, John Ralston, Vol II
Tusa, Michael, Vol I
Twombly, Robert Gray, Vol II
Vangelisti, Anita L., Vol II
Vessely, Thomas Richard, Vol III
Wadlington, Warwick Paul, Vol II
Warnke, Nina, Vol III
Wartella, Ellen A., Vol II
Webb-Johnson, Gwendolyn, Vol V
Weinberg, Steven, Vol IV
Weintraub, Russell Jay, Vol IV
Wells, Maria Xenia Zevelechi, Vol III
White, Philip Lloyd, Vol I
Wimsatt, James I., Vol II
Winship, Michael B., Vol II
Woodruff, Paul, Vol IV
Wright, Charles Alan, Vol IV
Wylie, Hal, Vol II, III
Young, Ernest A., Vol IV

The University of Texas at Brownsville

Adams, William, Vol I
Green, George, Vol III, V
Joseph, Harriet D., Vol I
Kearney, Milo, Vol I

The University of Texas at Dallas

Alexander, Bobby C., Vol IV, V
Argyros, Alex, Vol III
Bambach, Charles, Vol I
Berry, Brian J. L., Vol I
Branson, Susan, Vol I
Burton, Charles E., Vol V
Chandler, Joan, Vol I
Channell, David, Vol I
Cohen, Milton, Vol II
Egea, Esteban R., Vol III
Gossin, Pamela, Vol I, II
Hambly, Gavin Richard Grenville, Vol I
Haynes, Cynthia, Vol II
Hernandez, Juan, Vol III
Kain, John Forrest, Vol IV
Kelly, Rita Mae, Vol IV
Kratz, Dennis, Vol II
Leaf, Murray J., Vol V
Michaelson, Pat, Vol II
Nelsen, Robert, Vol II
Ozsvath, Zsuzsanna, Vol II
Perl, Jeffery Michael, Vol III
Rabe, Stephen, Vol I
Redman, Tim, Vol II
Schulte, Rainer, Vol II
Simpson, Michael, Vol II, III
Sobstyl, Edrie, Vol IV
Soliday, Gerald, Vol I
Stott, Deborah, Vol V
Van Beveren, Toosje T., Vol V
Wickberg, Daniel, Vol I
Wilson, Michael, Vol I
Worsfold, Victor, Vol I

The University of Texas at El Paso

Amastae, Jon Edward, Vol III
Armengol, Armando, Vol III
Best, Steven, Vol IV
Bledsoe, Robert Terrell, Vol II
Brunk, Samuel, Vol I
Campbell, Howard B., Vol V
Clymer, Kenton James, Vol I
Coleman, Karen J., Vol V
Deutsch, Sandra McGee, Vol I
Hackett, David Andrew, Vol I
Hall, David Lynn, Vol IV
Jackson, Carl Thomas, Vol I
Johnson, Steve, Vol V
Kawashima, Yasuhide, Vol I, IV
Leach, Joseph, Vol II
Louden, Bruce, Vol II, III
Manley, Joan, Vol III
Metz, Leon Claire, Vol I
Natalicio, Diana, Vol III, V
Perez-Pisonero, Arturo, Vol III
Ross, David, Vol II
Simon, Julius J., Vol IV
Small, Ray, Vol II
Teschner, Richard Vincent, Vol III
West, John Oliver, Vol II

The University of Texas at San Antonio

Adams, Richard E. W., Vol I, V
Allen, Mark, Vol II
Andrea, Bernadette D., Vol II
Barker, Wendy, Vol II
Bernstein, Mark H., Vol II, III, IV
Caver, Christine, Vol I, II
Craven, Alan, Vol II
Diem, Richard A., Vol V
Drinka, Bridget, Vol III
Firestone, Juanita M., Vol V
Fisher, Judith Law, Vol II
Gelo, Daniel J., Vol V
Graff, Harvey J., Vol I
Henderson, Dwight F., Vol I
Hernandez, Arthur E., Vol IV, V
Himelblau, Jack J., Vol III
Hovey, Kenneth, Vol II
Johnson, David R., Vol I
Kellman, Steven G., Vol III
Larson, Doran, Vol II
Levitt, Steven R., Vol II
Lopez, Debbie, Vol II
Lyons, Bonnie, Vol II
McBride, Margaret, Vol II
Mendoza, Louis, Vol II, V
Miller, A. R., Vol IV
Oleszkiewicz, Malgorzata, Vol III
Reesman, J. C., Vol II
Rodriguez, Clemencia, Vol II
Romano, Susan, Vol II
Romo, Ricardo, Vol I
Schott, Linda, Vol I
Wickham, Christopher, Vol III
Wilkinson, Kenton, Vol II
Woodson, Linda, Vol II

The University of Texas at Tyler

Eidenmuller, Michael, Vol II
Jedlicka, Davor, Vol V
Rogers, Jack E., Vol II, V
Scherb, Victor I., Vol II

The University of Texas Medical Branch at Galveston

Burns, Chester Ray, Vol I
Cole, Thomas Richard, Vol I
Jones, Anne Hudson, Vol II
Vanderpool, Harold Young, Vol I, IV

The University of Texas of the Permian Basin

Olien, Diana Davids, Vol I
Simpson, Megan B., Vol II
Toruno, Rhina, Vol III

The University of Texas-Pan American

Dominguez, Sylvia, Vol III
Henggeler, Paul R., Vol I
Jou, Jerwen, Vol V
La Prade, Douglas E., Vol II
Miller, Hubert J., Vol I
Phillips, Richard E., Vol I
Raajpoot, Uzzer A., Vol V
Vassberg, David Erland, Vol I
Wakefield, Robert, Vol II

The University of the District of Columbia

Bennet, Joel F., Vol III
Boswell, Jackson Campbell, Vol I, II
Burgdorf, Robert L., Jr., Vol IV
Cahn, Edgar S., Vol IV, V
Condit, Richard E., Vol IV
Gellhorn, Gay, Vol IV
Lee, Milton C., Jr., Vol IV
LeMelle, Tilden J., Vol I
Sims, Edna N., Vol III
Waysdorf, Susan L., Vol IV
Winter, Daria Portray, Vol II

The University of West Alabama, Livingston

Pate, James Paul, Vol I
Smith, Louis R., Vol V

The Wright Institute

Newton, Peter M., Vol V

Thiel College, Greenville

Nitschke, Beverley A., Vol IV
Peterson, Gregory R., Vol IV

Thomas College, Waterville

Geller, David A., Vol IV
Lepley, Doug, Vol II

Thomas Heinrich Falk

Falk, Thomas Heinrich, Vol II

Thomas Jefferson School of Law, San Diego

Crawford, Colin, Vol IV
Lee, Cheryl R., Vol IV
Schwabach, Aaron, Vol IV

Thomas M. Cooley Law School, Lansing
Stockmeyer, Norman Otto, Sr, Vol IV

Thomas Moore Institute
Tansey, Charlotte, Vol V

Thomas More College, Crestview Hills
Blair, George Alfred, Vol IV
Cimprich, John, Vol I
Mcnutt, James Charles, Vol I, V
Tenkotte, Paul A., Vol I
Twaddell, Gerald E., Vol IV

Thomas Nelson Community College, Hampton
Long, Thomas L., Vol II
Noel, Melvina, Vol V
Norwood, Margaret M., Vol V

Thunderbird, The American Graduate School of International Management
Kumayama, Akihisa, Vol III

Tidewater Community College, Portsmouth
Cirrone, Steven F., Vol II
Guarnieri, Nancy M., Vol V
Paquette, William A., Vol I

Tiffin University
Bowlus, Bruce, Vol I

Toccoa Falls College, Toccoa Falls
Atkinson, Harley, Vol IV, V
Ratcliff, Donald, Vol V
Sprinkle, Joe M., Vol IV

Tomball College, Tomball
Dernovsek, Vera, Vol II

Tougaloo College, Tougaloo
Ward, Jerry W., Vol II

Touro College, New York
Abramson, Harold I., Vol IV
Battaglia, Jack M., Vol IV
Davis, Peter L., Vol IV
Derby, Daniel H., Vol IV
Felder, Mira B., Vol II, III
Franklin, Naomi P., Vol IV
Grant, J. Kirkland, Vol IV
Hochberg, Stephen, Vol IV
Klein, Richard, Vol IV
Morris, Jeffrey B., Vol IV
Njoku, John, Vol V
Penkower, Monty Noam, Vol I
Post, Deborah W., Vol IV
Povarsky, Chaim, Vol IV
Roth, Jeffrey I., Vol IV
Schwartz, Martin A., Vol IV
Schweitzer, Thomas A., Vol IV
Seplowitz, Rena C., Vol IV
Shaw, Gary M., Vol IV
Silver, Marjorie A., Vol IV
Strickman, Norman, Vol IV
Subotnik, Dan, Vol IV
Swartz, Barbara E., Vol IV
Zablotsky, Peter A., Vol IV

Towson State University, Towson
Bergman, David L., Vol II
Blumberg, Arnold, Vol I
Chen, Ni, Vol II
Dombrowski, Nicole, Vol I
Douglas, Paul H., Vol II
Esslinger, Dean Robert, Vol I
Evangeliou, Christos C., Vol IV
Faller, Greg, Vol II
Flippen, Charles, Vol II
Froman, Larry, Vol V
Giro, Jorge A., Vol III
Gissendanner, John M., Vol II
Hahn, H. George, Vol II
Hirschmann, Edwin A., Vol I
Larew, Karl G., Vol I
Lev, Peter, Vol II
Matlon, Ronald, Vol III
McElreath, Mark, Vol II
Mruck, Armin Einhard, Vol I
Pineo, Ronn, Vol I
Roome, Dorothy M., Vol II, V
Ryon, Roderick Naylor, Vol I
Shifren, Kim, Vol V
Sinnott, Jan Dynda, Vol V
Stanley, Jay, Vol V
Vatz, Richard E., Vol II

Transylvania University, Lexington
Fosl, Peter S., Vol IV
Helweg-Larsen, Marie, Vol V
Jones, Paul Henry, Vol I, IV
Moseley, James G., Vol II, IV

Trent University, Peterborough
Burbidge, John William, Vol IV
Carter, Robert Edgar, Vol IV
Conolly, Leonard W., Vol II
Grant, Shelagh D., Vol I
Hodgins, Bruce W., Vol I
Jones, Elwood Hugh, Vol I
Neufeld, James Edward, Vol II
Symons, T. H. B., Vol I

Trenton State College
Collins, Elsie, Vol V
Dickinson, Gloria Harper, Vol I
Halpern, Sheldon, Vol II

Tri-State University, Angola
Zimmerman, James A., Vol I

Trinidad State Junior College, Trinidad
Durland, William, Vol IV

Trinity Christian College, Palos Heights
Harrold, Jeffery Deland, Vol IV
Ward, Annalee R., Vol II
Williams, Clifford E., Vol IV

Trinity College and Seminary
Martin, Edward N., Vol IV

Trinity College of Vermont, Burlington
Doyle, Mary Beth, Vol V

Trinity College, Hartford
Bradley, James Robert, Vol II, III
Cohn, Jan, Vol II
Desmangles, Leslie Gerald, Vol IV, V
Greenberg, Cheryl, Vol I
Hunter, Dianne McKinley, Vol II
Hyland, Drew Alan, Vol IV
Kaimowitz, Jeffrey H., Vol II, III
Kassow, Samuel D., Vol I
Kirkpatrick, Frank Gloyd, Vol IV
Kuyk, Dirk Adriaan, Jr., Vol II
Lahti, Katherine, Vol III
Lang, Berel, Vol I, IV
Lee, Sonia M., Vol III
Macro, Anthony David, Vol I, III
Ndiaye, Cheikh, Vol III
Sloan, Edward William, Vol I
Walsh, Andrew, Vol IV

Trinity College, Washington
Claydon, Margaret, Vol II
Levitine, Eda Mezer, Vol III

Trinity Episcopal School For Ministry, Ambridge
House, Paul R., Vol IV
Whitacre, Rodney A., Vol IV

Trinity Evangelical Divinity School, Deerfield
Benson, Warren S., Vol I, V
Mitchell, C. Ben, Vol IV

Trinity International University, College of Arts And
Alexanian, Joseph M., Vol IV
Baxter, Harold J., Vol II
de S. Cameron, Nigel M., Vol IV
Graddy, William E., Vol II
Lunde, Jonathan M., Vol IV
Moulder, William J., Vol IV
Pointer, Steven R., Vol I
Schnabel, Eckhard J., Vol IV

Trinity International University, South Florida Campus
Skjoldal, Neil O., Vol IV
Williams, Gary G. Cohen, Vol IV

Trinity Lutheran College
Harrisville, Roy A., III, Vol IV

Trinity Lutheran Seminary, Columbus
Anderson, Dennis A., Vol IV
Binau, Brad A., Vol IV
Brand, Eugene L., Vol IV
Childs, James M., Jr., Vol IV
Doermann, Ralph W., Vol IV
Elhard, Leland E., Vol IV
Harms, Paul W. F., Vol IV
Hoops, Merlin Henry, Vol IV
Huber, Donald L., Vol I, IV
Huffman, Gordon, Jr., Vol IV
Hutton, Rodney R., Vol IV
Kevern, John, Vol I, IV
Luck, Donald G., Vol IV
Nakamura, C. Lynn, Vol IV
Powell, Mark Allan, Vol IV
Root, Michael, Vol IV
Sager, Allan Henry, Vol IV
Schwarz, May L., Vol II, IV
Shields, Mary E., Vol IV
Taylor, Walter F., Jr., Vol IV

Trinity University, San Antonio
Blanchard, Robert O., Vol II
Brackenridge, Robert Douglas, Vol I, IV
Breit, William Leo, Vol IV
Burton, Joan, Vol II, III
Chittenden, Jean Stahl, Vol III
Christ, William G., Vol II
Garrison, Mark, Vol I
Hill, L. Brooks, Vol II
Huesca, Robert, Vol II
Hutton, John, Vol I
Kates, Gary R., Vol I
Luper, Steven, Vol IV
Martin, John J., Vol I
McCusker, John J., Vol IV
Metcalf, Alida C., Vol I
Miller, Char, Vol I
Nadeau, Randall, Vol IV
Norman, Judith, Vol IV
Pearce, James, Vol II, III
Reitzes, Lisa B., Vol I
Salvucci, Linda Kerrigan, Vol I
Spinks, C. William, Vol II
Stroud, Matthew David, Vol III
Talbot, Charles, Vol I
Valone, Carolyn, Vol I
Walker, William O., Jr., Vol IV
Wells, Colin, Vol II, III
Williams, Suzanne Hurst, Vol II

Trinity Western University, Langley
Abegg, Martin G., Jr., Vol IV
Burkinshaw, Robert K., Vol I
Chamberlain, Paul, Vol IV
Shantz, Douglas H., Vol I
Strom, William O., Vol II
Weibe, Phillip H., Vol IV

Triton College, River Grove
Brackett, Mary Virginia, Vol II
Latham, Angela, Vol II

Trocaire College, Buffalo
Miller, Peter, Vol II, IV

Troy State University, Montgomery
Aleinikov, Andrei G., Vol III
Harris, Sandra M., Vol V
Lee, Hsiao-Hung, Vol II

Troy State University, Troy
Stewart, Henry R., Jr., Vol II
Thurber, Karl T., Vol V

Truckee Meadows Community College, Reno
Piercy, Earl, Vol V

Truett Theol Seminary
Kent, Dan Gentry, Vol IV
Olson, Roger E., Vol I, IV

Truett-Mcconnell College, Cleveland
Hoeffner, Kent, Vol IV

Truman College
McCloskey, Michael, Vol V

Truman State University, Kirksville
Applegate, John A., Vol II
Barnes, Jim Weaver, Vol II, III
Davis, Adam B., Vol II
Davis, Janet, Vol II
DeLancey, Julia, Vol I
Graber, Robert, Vol V
Hsieh, Dinghwa Evelyn, Vol IV
Jesse, Jennifer G., Vol IV
Jia, Wenshan, Vol II
Keller, Dale, Vol II
Ling, Huping, Vol I
Orchard, Lee F., Vol II
Orel, Sara E., Vol I
Presley, Paula, Vol I
Preussner, Arnold, Vol II
Rao, Ramesh N., Vol II, III
Reid, Constance L., Vol III
Richter, Gregory, Vol III

Tufts University, Medford
Abramson, Daniel, Vol I
Bauer, Nancy, Vol IV
Bedau, Hugo Adam, Vol IV
Brooke, John L., Vol I
Cartwright, Helen Morris, Vol IV
Caviness, Madeline H., Vol I
Conklin, John E., Vol IV, V
Daniels, Norman, Vol IV
Dennett, Daniel C., Vol IV
Drachman, Virginia Goldsmith, Vol I, V
Gill, Gerald Robert, Vol I
Gittleman, Sol, Vol III
Johnson, Vida, Vol III
Krimsky, Sheldon, Vol I, IV
Laurent, Pierre Henri, Vol I
Marcopoulos, George John, Vol I
Marrone, Steve P., Vol I
Mccabe, Bernard, Vol II
McConnell, Jeff, Vol IV
McLennan, Scotty, Vol IV
Meagher, Robert Francis, Vol IV
Penvenne, Jeanne Marie, Vol I
Perry, John Curtis, Vol I
Phillips, Joanne Higgins, Vol III
Reid, Peter L. D., Vol II, III
Rice, Grantland S., Vol II
Rodriguez, Barbara R., Vol II
Rosenberg, Joel William, Vol III
Rubin, Alfred P., Vol IV
Sherwin, Martin J., Vol I
Sloane, David, Vol III
Solomon, Howard Mitchell, Vol I
Soraci, Salvatore, Vol V
Ueda, Reed T., Vol I
Wertlieb, Donald, Vol V
White, Barbara Ehrlich, Vol I
Wolf, Maryanne, Vol V

Tulane University, New Orleans
Ager, Richard D., Vol V
Ahearn, W. Barry, Vol II
Bankston, Carl L., Vol V
Baron, John H., Vol II
Beck, Guy, Vol I, IV
Berlin, Netta, Vol II, III
Bogdan, Radu J., Vol IV
Brower, Bruce W., Vol IV
Brown, Marilyn, Vol I
Brumfield, William Craft, Vol I, III
Burger, Ronna C., Vol IV
Carroll, Linda Louise, Vol III
Carter, Jane B., Vol I
Cohen, Joseph, Vol II
Cooley, Peter John, Vol II
Cummings, Anthony M., Vol II
Desai, Gaurav Gajanan, Vol I, II
Ebel, Roland H., Vol IV
Engel, Kirsten H., Vol II
Esthus, Raymond Arthur, Vol I
Forbes, Graeme, Vol IV
Frey, Slyvia Rae, Vol I
Glenn, John D., Jr., Vol IV
Green, O. Harvey, Vol IV
Greenleaf, Richard E., Vol I
Hallock, Ann Hayes, Vol III
Harpham, Geoffrey Galt, Vol II
Hasselbach, Karl Heinz, Vol III
Irwin, Robert McKee, Vol I
Izawa, Chizuko, Vol V
Kehoe, Dennis P., Vol I
Koch, Erec R., Vol III
Koritz, Amy, Vol II
Kuczynski, Michael, Vol I
Latner, Richard Barnett, Vol I
Lee, Donald Soule, Vol IV
Liuzza, Roy, Vol II
Lodge, Paul A., Vol IV
Lozovaya, Elizaveta V., Vol III
Mack, Eric M., Vol IV
Malone, Bill Charles, Vol I
Mark, Rebecca, Vol II
Masquelier, Adeline M., Vol V
Nair, Supryia M., Vol I, II
Pizer, Donald, Vol II
Poe, Joe Park, Vol III
Reck, Andrew Joseph, Vol IV
Reiss, Benjamin D., Vol II
Rothenberg, Molly, Vol III
Schafer, Judith, Vol I
Simmons, Joseph Larry, Vol II
Snare, Gerald, Vol II
Spaeth, Barbette S., Vol II, IV
Stewart, Maaja Agur, Vol II
Toulouse, Teresa, Vol II
Travis, Molly Abel, Vol II
Tronzo, William, Vol I
Tuttle, Richard J., Vol I
Weiss, Ellen B., Vol I
Yiannopoulos, A. N., Vol IV
Zimmerman, Michael E., Vol IV

Tulsa Comm College
Blankemeyer, Kenneth Joseph, Vol IV
Sullivan, Paula, Vol II

Tusculum College, Greeneville
Sexton, Donal J., Vol I

Tuskegee University, Tuskegee
Baker, Barbara A., Vol II
Robinson, Ella S., Vol I, II

Ukranian Free University
Rudnytzky, Leonid, Vol III

Ulster County Community College
Corrales, Edwin, Vol I, II

Unification Theological Seminary, Barrytown
Carlson, David A., Vol IV
Shimmyo, Theodore T., Vol IV
Tsirpanlis, Constantine Nicholas, Vol I, IV

Uniformed Services University of The Health Sciences
Smith, Dale Cary, Vol I

Union College, Barbourville
Sisson, Russell, Vol IV
Wood, Andelys, Vol II

Union College, Schenectady
Baker, Robert B., Vol IV
Finkelstein, Joseph, Vol I
Gmelch, George, Vol V
Gmelch, Sharon Bohn, Vol V
Jonas, Manfred, Vol I
Khan, Yoshmitsu, Vol I
Ludwig, Jan Keith, Vol IV
Mace, Sarah, Vol II, III
Scullion, Scott, Vol II, III
Slavin, Stephen L., Vol IV
Sorum, Christina Elliott, Vol II, III
Toher, Mark, Vol II, III
Wells, Robert Vale, Vol I
Wineapple, Brenda, Vol II

Union County College, Cranford
Hogan, Lawrence Daniel, Vol I
Pizzo, Joseph S., Vol II

Union Theological Seminary in Virginia, Richmond
Achtemeier, Paul John, Vol IV
Brown, William P., Vol IV
Cannon, Katie Geneva, Vol IV
Carroll, John T., Vol IV
Dawe, Donald Gilbert, Vol IV
DeVries, Dawn A., Vol IV
Leith, John Haddon, Vol IV
Ottati, Douglas Fernando, Vol IV
Rissi, Mathias, Vol IV
Valeri, Mark, Vol IV

Union Theological Seminary, New York
Cone, James H., Vol IV
Landes, George Miller, Vol IV
Lotz, David Walter, Vol I, IV
McGuckin, John A., Vol I, IV
Townes, Emilie M., Vol IV
Ulanov, Ann Belford, Vol IV, V
Washington, James Melvin, Vol IV
Weidmann, Frederick W., Vol IV

Union University, Jackson
Carls, Stephen, Vol I
Lindley, Terry, Vol I
Mc Millin, Barbara C., Vol II
Patterson, James A., Vol I, IV

United States Air Force Academy, USAF Academy
Hallion, Richard Paul, Vol I
Kline, John A., Vol II
Krise, Thomas W., Vol II
Neiberg, Michael, Vol I
Porter, David B., Vol V
Wakin, Malham M., Vol IV

United States Army Center of Military History
Bell, William Gardner, Vol I
Hunt, Richard Allen, Vol I

United States International University, San Diego
Kantor, John, Vol V

United States Merchant Marine Academy, Kings Point
Gardella, Robert Paul, Vol I

United States Military Academy, West Point
Doughty, Robert, Vol I
Hartle, Anthony E., Vol II, IV
Johnson, James M., Vol I
McDonald, Robert M. S., Vol I
Pojman, Louis, Vol IV
Rogers, Clifford J., Vol I

United States Naval Academy, Annapolis
Abels, Richard, Vol I
Cochran, Charles Leo, Vol IV
Coletta, Paolo E., Vol I
Culham, Phyllis, Vol I, II
DeCredico, Mary A., Vol I
Donovan, Aine, Vol V
Fleming, Bruce E., Vol II
Gilliland, C. Herbert, Vol II
Good, Jane E., Vol I
Hagan, Kenneth James, Vol I
Jason, Philip K., Vol II
Symonds, Craig Lee, Vol I

United Theological Seminary of The Twin Cities
Barker, Lance R., Vol IV
Yates, Wilson, Vol IV

United Theological Seminary, Dayton
Gorrell, Donald Kenneth, Vol I, IV
Inbody, Tyron Lee, Vol IV
Kim, Ai Ra, Vol IV
Ross, Rosetta E., Vol IV
Welborn, L. L., Vol IV
Wert, Newell John, Vol IV

United Way of Southeastern Connecticut
Waterman, Thelma M., Vol V

Universite de Montreal, Montreal
Larouche, Michel, Vol I

Universite Laval, Sainte-Foy
de Koninck, Thomas, Vol IV

Universite Sainte-Anne, Church Point
Knutson, Susan, Vol II

University at Albany, State University of New York
Alba, Richard, Vol V
Ballard, Allen Butler, Jr., Vol I
Baran, Henryk, Vol III
Barker, Thomas M., Vol I
Barker-Benfield, Graham John, Vol I
Barlow, Judith Ellen, Vol II
Barnard, Sylvia, Vol II, III
Berger, Iris B., Vol I
Berger, Morris I., Vol IV
Birn, Donald S., Vol I
Burian, Jarka Marsano, Vol II
Carmack, Robert M., Vol V
Cohon, Rachel, Vol IV
Cooren, Francois, Vol II
Dressler, Rachel, Vol I
Dykstra, Robert R., Vol I
Eckstein, Jerome, Vol IV
Elam, Helen Regueiro, Vol III
Fetterley, Judith, Vol II, V
Fortune, Anne E., Vol V
Frye, Cheryl A., Vol V
Gould, Josiah B., Vol IV
Greene, Robert William, Vol III
Hahner, June Edith, Vol I
Hartman, C., Vol II, III
Hill, Mike K., Vol II
Howell, Robert, Vol IV
Joris, Pierre, Vol II
Kanes, Martin, Vol III
Kekes, John, Vol IV
Kendall, Kathleen E., Vol II
Lawrence, Samuel G., Vol II, III
Levesque, George August, Vol I
Ley, Ronald, Vol V
Loneck, Barry Martin, Vol V
Lubensky, Sophia, Vol III
Maclean, Hugh Norman, Vol II
Mandle, Jonathan, Vol IV
Martland, T(homas) R(odolphe), Vol IV
Maruna, Shadd, Vol IV
McClamrock, Ron, Vol IV
Meyers, Robert, Vol IV
Moore, Gwen L., Vol V
Morehead, Joseph Hyde, Vol II, V
Morick, Harold, Vol IV
Nagy-Zekmi, Silvia, Vol I, III
Nepaulsingh, Colbert Ivor, Vol III
Noller, David K., Vol II
Overbeck, John Clarence, Vol I, III
Pelosi, Olimpia, Vol III
Pohlsander, Hans Achim, Vol II, III
Reedy, William T., Vol I
Reese, William L., Vol IV
Richter, Maurice N., Vol V
Roberts, Warren Errol, Vol I
Roth, William, Vol IV
Salomon, Herman Prins, Vol II
Sanders, Robert E., Vol II
Sarfoh, Kwabwo A., Vol I
Scatton, Ernest Alden, Vol III
Shane, Alex Michael, Vol III
Smith, Michael E., Vol V
Steen, Ivan David, Vol I
Steinbock, Bonnie, Vol IV
Strelka, Joseph Peter, Vol II, III
Swanstrom, Todd F., Vol IV
Tedeschi, James, Vol V
Tichenor, Irene, Vol I
Ungar, Anthony, Vol IV
Valentis, Mary Arensberg, Vol II
White, Dan Seligsberger, Vol I
Wills, David, Vol II
Withington, Ann F., Vol I
Wittner, Lawrence Stephen, Vol I
Yalkut, Carolyn, Vol II
Zacek, Joseph Frederick, Vol I
Zack, Naomi, Vol IV
Zimmerman, Joseph F., Vol IV

University College of Fraser Valley
Nichols, Mariam F., Vol II

University of Akron
Anderson, Carolyn M., Vol II
Baker, Joseph Wayne, Vol I
Baranowski, Shelley, Vol IV
Bartley, Abel A., Vol I
Birdsall, Eric, Vol II
Bouchard, Constance Brittain, Vol I
Clements, Barbara Evans, Vol I
Ducharme, Howard M., Vol IV
Dutt, Ashok K., Vol I
Egan, James, Vol II
Erickson, Rebecca J., Vol V
Fant, J. Clayton, Vol II, III
Feltey, Kathryn M., Vol V
Gerlach, Don R., Vol I
Harp, Stephen L., Vol I
Harpine, William, Vol II
Hixson, Walter L., Vol I
Kent, Robert B., Vol I
Kristofco, John P., Vol V
Liss, Sheldon Barnett, Vol I
Lo, Celia C., Vol V
Mancke, Elizabeth, Vol I
McClain, Andrew Bradley, Vol V
McMahon, William Edward, Vol IV
Miller, William Irvin, Vol III
Mushkat, Jerome, Vol I
Nelson, Daniel, Vol I
Sakezles, Priscilla, Vol IV
Schreiber, Mae N., Vol IV
Smith, Priscilla R., Vol V
Triece, Mary, Vol II
Yetiv, Isaac, Vol III
Yoder, Janice, Vol V
Zangrando, Robert Lewis, Vol I

University of Alaska, Anchorage
Andes, Nancy, Vol V
Babb, Genie, Vol II
Crosman, Robert, Vol II
Haley, Michael, Vol III
Haycox, Steve, Vol I
Katasse, Conny, Vol II
Kline, Daniel, Vol II
Linton, Patricia, Vol II
Liszka, James, Vol IV
Moore, Judith, Vol II
Mtika, Mike M., Vol V
Patterson, Becky H., Vol IV
Widdicombe, Richard Toby, Vol II

University of Alaska, Fairbanks
Cole, Terrence M., Vol I
Cooper, G. Burns, Vol II
Cornwall, Peter G., Vol I
Falk, Marvin W., Vol I
Geist, Charles R., Vol V
Gold, Carol, Vol I
Hunt, William Raymond, Vol I
Irwin, Robert, Vol I
Jonaitis, Aldona, Vol I
Krauss, Michael, Vol III
Mamoon, Trina, Vol III
Mangusso, Mary C., Vol I
Naske, Claus M., Vol I
Pierce, Richard A., Vol I
Riccio, Tom, Vol II
Whitehead, John S., Vol I

University of Alberta, Edmonton
Blodgett, Edward D., Vol III
Brown, Janice C. L., Vol III
Buck, Robert J., Vol II, III
Cahill, P. Joseph, Vol IV
Dimic, Milan Velimir, Vol III
Dryer, Matthew S., Vol III
Egert, Eugene, Vol III
Fishwick, Duncan, Vol II, III
Forcadas, Alberto M., Vol III
Grant, Raymond James Shepherd, Vol II
Grundy, Isobel, Vol II
Hoffpauir, Richard, Vol II
Ingles, Ernie B., Vol I, II
Jones, William J., Vol I
Landy, Francis, Vol II, III
Lightner, David Lee, Vol I
Macleod, Roderick Charles, Vol I
Marahrens, Gerwin, Vol III
Margolin, Uri, Vol II, III
McMaster, Juliet, Vol II
Mcmaster, Rowland Douglas, Vol II
Miall, David S., Vol II
Mozejko, Edward, Vol III
Nedashkivska, Alla, Vol III
Oosterhuis, Tom, Vol IV
Owram, Douglas R., Vol I
Penrod, Lynn K., Vol III
Pownall, Frances Skoczylas, Vol II, III
Prideaux, Gary Dean, Vol III
Priestly, Tom M. S., Vol III
Rahimich, Nasrin, Vol III
Shiner, Roger Alfred, Vol IV
Swirski, Peter, Vol III
Trumpener, Ulrich, Vol I
Waugh, Earle Howard, Vol I, IV
Wiesenthal, Christine, Vol II
Williamson, Janice, Vol II
Zvi, Ehud Ben, Vol IV
Zwicker, Heather S., Vol II

University of Arizona, Tucson
Adamec, Ludwig W., Vol I
Adamson, Hugh Douglas, Vol III
Aiken, Susan Hardy, Vol II
Alonso, Ana Maria, Vol V
Austin, J. Norman, Vol II, III
Bechtel, Robert, Vol V
Berkhout, Carl T., Vol II
Bernstein, Gail Lee, Vol I
Bollong, Charles A., Vol V
Bowen, Roger, Vol II
Burgoon, Judee, Vol II
Canfield, J. Douglas, Vol II
Carter, Paul Allen, Vol I
Chandola, Anoop C., Vol III
Chisholm, David, Vol III
Clark, L. D., Vol II
Clarke, James W., Vol IV
Classen, Albrecht, Vol I, III
Cosgrove, Richard A., Vol I
Croissant, Jennifer L., Vol V
Dahood, Roger, Vol II
Darling, Linda T., Vol I
Demers, Richard Arthur, Vol III
Dever, William Gwinn, Vol I
Dinnerstein, Leonard, Vol I
Dinnerstein, Myra, Vol V
Dobbs, Dan Byron, Vol IV
Dryden, Edgar A., Vol II
Eaton, Richard Maxwell, Vol I
Eisner, Sigmund, Vol II
Fishback, Price Vanmeter, Vol IV
Fontana, Bernard Lee, Vol I
Fuchs, Esther, Vol III
Gamal, Adel Sulaiman, Vol III
Gibbs, David N., Vol IV
Glisky, Elizabeth Louise, Vol V
Goldman, Alvin I., Vol IV
Gonzalez, Norma E., Vol V
Guy, Donna Jay, Vol I
Hammond, Michael, Vol III
Hilpert, Bruce, Vol V
Hogle, Jerrold Edwin, Vol II
Iserson, Kenneth V., Vol IV
Ismael, Jenann, Vol IV
Kellogg, Frederick, Vol I
Kiefer, Frederick P., Vol II
Kinkade, Richard Paisley, Vol III
Kolodny, Annette, Vol II, V
Kosta, Barbara, Vol III
Kovach, Thomas A., Vol III
Kunnie, Julian, Vol I
Langendoen, Terence, Vol III
Le Hir, Marie-Pierre, Vol III
Liu, Jun, Vol III
Longacre, William A., II, Vol V
Lord-Maes, Janiece, Vol V
Luna, Eileen, Vol I
Maloney, J. Christoper, Vol IV
Martinez, Oscar J., Vol I
Martinson, Steven D., Vol III
Mcelroy, John Harmon, Vol II
McPherson, Miller, Vol V

Institution Index

Medine, Peter Ernest, Vol II
Mills, John Arvin, Vol II
Nichols, Roger L., Vol I
Parezo, Nancy Jean, Vol V
Pinnington, Noel J., Vol III
Pollock, John Leslie, Vol IV
Rivero, Eliana Suarez, Vol III
Romer, F. E., Vol II, III
Rowe, David C., Vol V
Schaller, Michael, Vol I
Schiffer, Michael B., Vol V
Schneidau, Herbert N., Vol II
Schulz, Renate A., Vol III, V
Shelton, Richard William, Vol II
Smith, Charles, Vol I
Sterckx, Roel, Vol I, IV
Tabili, Laura, Vol I
Taylor, Lester D., Vol IV
Temple, Judy Nolte, Vol II
Van Steen, Gonda Aline Hector, Vol II, III
Vance, Timothy, Vol III
Veaner, Allen B., Vol II
Wearing, J. P., Vol I, II
Weekes, Ann, Vol II
Wexler, David Barry, Vol IV
White, Cynthia, Vol II, III
Wildner-Bassett, Mary E., Vol III, V
Willard, Thomas Spaulding, Vol II
Wilson, William Jerram, Vol I
Worthen, Thomas, Vol II, III
Zegura, Elizabeth Chesney, Vol II, III

University of Arkansas at Fayetteville

Adams, Charles H., Vol II
Adler, Jacob, Vol IV
Allen, Myria, Vol II
Amason, Patricia, Vol II
Arenberg, Nancy, Vol II
Bell, Steven, Vol II, III
Bennett, James Richard, Vol II
Bolsterli, Margaret Jones, Vol I, II, V
Booker, M. Keith, Vol II
Brady, Robert M., Vol II
Bukey, Evan B., Vol I
Burris, Sidney, Vol II
Candido, Joseph D., Vol II
Chappell, David L., Vol I
Chase, James S., Vol I
Christiansen, Hope, Vol II, III
Cochran, Robert, Vol V
Coon, Lynda L., Vol I
Cory, Mark E., Vol III
Davis, James, Vol II
Duval, John, Vol III
Edwards, Sandra S., Vol IV
Eichmann, Raymond, Vol III
Engels, Donald W., Vol I, II, III
Farley, Roy C., Vol V
Finlay, Robert, Vol I
Ford, James, Vol III
Ford, James Francis, Vol III
Fredrick, David, Vol I
Frentz, Thomas S., Vol II
Gitelman, Morton, Vol IV
Goforth, Carol R., Vol IV, V
Guilds, John C., Vol II
Hanlin, Todd, Vol III
Hassel, Jon, Vol II
Haydar, Adnan, Vol III
Heffernan, Michael, Vol II
Hill, Christopher, Vol IV
Jacobs, Lynn F., Vol I
Jimoh, A. Yemisi, Vol II
Juhl, M. E., Vol II
Kahf, Mohja, Vol V
Kennedy, Thomas C., Vol I
Kinnamon, Keneth, Vol II
Lee, Richard, Vol IV
Levine, Daniel Blank, Vol II, III
Locke, John, Vol III
Macrae, Suzanne H., Vol II
Marren, Susan M., Vol II
Minar, Edward, Vol IV
Montgomery, Lyna Lee, Vol II
Morgan, Gordon D., Vol V
Nissen, Lowell A., Vol IV
Quinn, William A., Vol II
Restrepo, Luis F., Vol III
Ricker-Abderhalden, Judith, Vol III
Rogers, Jimmie N., Vol II
Rosteck, H. Thomas, Vol II
Rozier, Louise, Vol III
Rushing, Janice H., Vol II
Scheide, Frank Milo, Vol I, II
Scott, James, Vol IV
Senor, Thomas, Vol IV
Sherman, Sandra, Vol II
Simpson, Ethel C., Vol III
Sloan, David, Vol I
Smith, Stephen A., Vol II
Sonn, Richard D., Vol I
Spellman, Lynne, Vol IV
Strausberg, Stephen Frederick, Vol I, IV
Sutherland, Daniel E., Vol I
Tsai, Shih-shan Henry, Vol I
Tucker, Janet, Vol III
Turner, Joan, Vol III
Van Patten, James J., Vol I, IV
Wavering, Michael J., Vol V
West, Elliott, Vol I
Whayne, Jeannie, Vol I
Wilkie, Brian, Vol II
Williams, Nudie Eugene, Vol I, V
Woods, Randall, Vol I

University of Arkansas at Little Rock

Anderson, Steve, Vol II
Baker, Thomas H., Vol I
Benda, Brent B., Vol V
Bilsky, Lester James, Vol I
Bolton, Sidney Charles, Vol I
Briscoe, David L., Vol V
Garnett, Mary Anne, Vol III
Gibbens, E. Byrd, Vol II
Jacoway, Elizabeth, Vol I
Jauss, David, Vol II
Kaiser, Thomas Ernest, Vol I
Knutson, Roslyn L., Vol II
Kwasny, Andrea, Vol II
Levernier, James Arthur, Vol I, II
Lewis, Johanna M., Vol I
Littlefield, Daniel F., Vol I, II
Matrician, Marian, Vol I
McClurg, Andrew, Vol IV
Moneyhon, Carl Hofmann, Vol I
Moore, Patrick, Vol II
Murphy, Russell E., Vol II
Parins, James, Vol I
Parins, Marylyn, Vol II
Ramsey, C. Earl, Vol II
Rittenhouse, Robert K., Vol V
Sobin, Nicholas, Vol III
Stodola, Zabelle, Vol II
Strickland, Johnye, Vol II, V
Thorson, Helga, Vol III
Vannatta, Dennis, Vol II
Vinikas, Vincent, Vol I
Walker, Jeff T., Vol IV
Wang, Guang-zhen, Vol V
Williams, C. Fred, Vol I
Williams, Leroy Thomas, Vol I
Yoder, R. Paul, Vol I

University of Arkansas at Monticello

Adams, Tyrone L., Vol II
Schmidt, Mark, Vol II, IV
Shea, William Lee, Vol I
Stewart, E. Kate, Vol II

University of Arkansas at Pine Bluff

Demecs, Desiderio D., Vol IV
Littlejohn, Walter L., Vol V

University of Arkansas Community College at Hope

Breshears, Russell, Vol IV
Ramsay, Carol, Vol V

University of Baltimore

Albrecht, Catherine, Vol I
Carruthers, Virginia, Vol II
Elfenbein, Jessica, Vol I
Gibson, Stephanie, Vol II
Guy, Fred, Vol IV
Hopkins, Fred, Vol I
Jacklin, Thomas M., Vol I
Kaplan, Nancy, Vol II
Kleinman, Neil, Vol II
Lasson, Kenneth, Vol IV
Legon, Ronald, Vol I
Matanle, Stephen, Vol II
Moulthrop, Stuart, Vol II
Mulcahey, Donald C., Vol I
Murphy, Jane C., Vol IV
Sawyer, Jeffrey K., Vol I
Sellers, Mortimer, Vol IV
Smith, Cindy J., Vol IV
Tiefer, Charles, Vol IV
Yarrison, Betsy, Vol III

University of Bridgeport

Levitt, Jesse, Vol III
Rubenstein, Richard Lowell, Vol IV
Soares, Anthony T., Vol V

University of British Columbia, Vancouver

Ainley, Marianne G., Vol I, V
Akrigg, George P. V., Vol II
Avakumovic, Ivan, Vol I, IV
Bak, Janos M., Vol I
Bakan, Joel, Vol IV
Barman, Jean, Vol I, V
Barman, Roderick James, Vol I
Batts, Michael S., Vol III
Baxter, Gisele, Vol II
Blom, Joost, Vol IV
Bongie, Laurence L., Vol III
Bose, Sarika, Vol II
Boyle, Christine, Vol IV
Brinton, Laurel J., Vol III
Brunnee, Jutta, Vol IV
Bryden, Philip, Vol IV
Busza, Andrew/Andrzej, Vol II
Chapman, Mary M., Vol II
Conway, John S., Vol I
Danielson, Dennis R., Vol II
Dawson, Anthony Blanchard, Vol II
Edinger, Elizabeth, Vol IV
Egleston, Don, Vol IV
Elliot, Robin, Vol IV
Endo, Paul, Vol II
Ericson, Richard, Vol IV
Evans, James A. S., Vol II, III
Farquhar, Keith, Vol IV
Fisher, Robin, Vol I
Franson, Robert T., Vol IV
Frose, Victor, Vol V
Goetz-Stankiewicz, Marketa, Vol III
Gooch, Bryan N. S., Vol II
Grace, Sherrill E., Vol II
Grant, Isabel, Vol IV
Grigorut, Constantin, Vol III
Grogan, Claire, Vol II
Haiken, Elizabeth, Vol I
Hamlin, Frank Rodway, Vol III
Harms, William F., Vol IV
Harnetty, Peter, Vol I
Hatch, Ronald B., Vol II
Head, Ivan, Vol IV
Hudson, Nicholas, Vol II
Hundert, Edward J., Vol I
Iyer, Nitya, Vol IV
Johnson, Lee Milford, Vol II
Klang, Daniel M., Vol I
Kline, Marlee, Vol IV
Knutson, Harold Christian, Vol III
Kohan, Kevin M., Vol II
Labrie, Ross E., Vol II
Lawrence, Sean, Vol II
Lopes, Dominic McIver, Vol IV
MacCrimmon, Marilyn, Vol IV
MacDougall, Bruce, Vol IV
MacIntyre, James, Vol IV
McClean, Albert, Vol IV
Merivale, Patricia, Vol II, III
Moogk, Peter N., Vol I
Mornin, Edward, Vol II
Morrison, William R., Vol I
Mosoff, Judith, Vol IV
Nadel, Ira Bruce, Vol II
Neufeld, Dietmar, Vol I, IV
Neuman, Shirley C., Vol II
New, William H., Vol II
Ormsby, Margaret A., Vol I
Pacheco-Ransanz, Arsenio, Vol III
Paterson, Robert, Vol IV
Pavlich, Dennis, Vol IV
Potter, Pitman, Vol IV
Potter, Tiffany, Vol II
Pue, Wesley W., Vol IV
Pulleyblank, Edwin George, Vol I, III
Raoul, Valerie, Vol III, V
Saint-Jacques, Bernard, Vol III
Salzberg, Stephan, Vol IV
Sanders, Douglas, Vol IV
Sheppard, Anthony, Vol IV
Smith, Lynn C., Vol IV
Stanwood, Paul G., Vol II
Strong-Boag, Veronica, Vol I, V
Wasserman, Jerry, Vol II
Weiler, Joseph, Vol IV
Wexler, Stephen, Vol IV
Windsor-Liscombe, Rhodri, Vol I
Zeitlin, Michael, Vol II

University of California, Berkeley

Abrams, Richard M., Vol I
Adamthwaite, Anthony, Vol I
Adelman, Janet Ann, Vol II
Ahmadi, Shahwali, Vol I, II
Alter, Robert, Vol III
Altieri, Charles F., Vol II
Anderson, Margaret Lavinia, Vol I
Anderson, William Scovil, Vol II, III
Azevedo, Milton M., Vol III
Banks, William Maron, III, Vol V
Barnes, Thomas Garden, Vol I
Barth, Gunther, Vol I
Blaise, C., Vol II
Bloom, Robert, Vol II
Booth, Stephen, Vol II
Botterill, Steven, Vol III
Bouwsma, William James, Vol I
Boyarin, Daniel, Vol IV
Brentano, Robert, Vol I
Brinner, William Michael, Vol I, III, IV
Broughton, Janet Setzer, Vol IV
Brucker, Gene Adam, Vol I
Butler, J., Vol IV
Buxbaum, Richard Manfred, Vol IV
Cascardi, Anthony Joseph, Vol III
Choper, Jesse H., Vol IV
Christ, Carol Tecla, Vol II
Christian, Barbara T., Vol II
Clark, VeVe A., Vol V
Clemens, Diane Shaver, Vol I
Clifford, Geraldine Joncich, Vol I, V
Clubb, Louise George, Vol III
Coolidge, John Stanhope, Vol II, III
Costa, Gustavo, Vol I, III
Craddock, Jerry Russell, Vol IV
Crocker, Richard Lincoln, Vol I, II
Daube, David, Vol IV
Davidson, Donald, Vol IV
de Vries, Jan, Vol I, IV
Dolan, Frederick M., Vol IV
Dreyfus, Hubert Lederer, Vol IV
Duggan, Joseph J., Vol III
Dundes, Alan, Vol V
Edwards, Harry, Vol V
Einhorn, Robin, Vol I
Eisenberg, Melvin Aron, Vol IV
Emeneau, Murray Barnson, Vol III
Eyal, Gil, Vol V
Falk, Candace, Vol I, IV
Fass, Paula S., Vol I
Faulhaber, Charles Bailey, Vol III
Feeley, Malcolm M., Vol IV
Feldman, Gerald Donald, Vol I
Feller, David Edward, Vol IV
Fleming, John G., Vol IV
Friedman, Donald M., Vol II
Gifford, Bernard R., Vol V
Greenewalt, Crawford Hallock, Vol I
Grossman, Joan Delaney, Vol III
Groth, Paul, Vol I
Gruen, Erich S., Vol I
Gumperz, John J., Vol III, V
Haber, Samuel, Vol I
Hahn, Roger, Vol I
Hall, Bronwyn H., Vol IV
Hartsough, Carolyn, Vol V
Heinze, Ruth-Inge, Vol IV, V
Hesse, C., Vol I
Hetherington, Norriss Swigart, Vol I
Hilden, Patricia Penn, Vol I
Hillen, Gerd, Vol III
Hintzen, Percy Claude, Vol IV
Hollinger, David A., Vol I
Holub, Renate, Vol I
Holub, Robert C., Vol II, III
Irschick, Eugene Frederick, Vol I, IV, V
Jaini, Padmanabh S., Vol III, IV
Jarrett, James L., Vol IV
Jay, Martin Evan, Vol I
Johnson, Leonard Wilkie, Vol III
Jones, Christopher R. A. Morray, Vol IV
Joyce, Rosemary A., Vol I, V
Kadish, Sanford H., Vol IV
Kagan, Robert A., Vol IV
Karlinsky, Simon, Vol III
Kay, Herma Hill, Vol IV
Keightley, David Noel, Vol I
Kern, Richard G., Vol III
Kettner, James Harold, Vol I
Kilmer, Anne Draffkorn, Vol I
Kim, Elaine, Vol V
Kirch, Patrick V., Vol V
Knapp, Arthur Bernard, Vol I
Knapp, Robert C., Vol I, II, III
Kudszus, Winfried G., Vol III
Laguerre, Michel S., Vol V
Laqueur, Thomas Walter, Vol I
Lee, Jung Young, Vol IV
Leonard, Thomas Charles, Vol I
Lesch, John Emmett, Vol I
Lewin, Linda, Vol I
Litwack, Leon F., Vol I
Liu, Xin, Vol V
Long, Anthony A., Vol II, III
Marcus, Sharon, Vol II, III
Mastronarde, Donald John, Vol III
Matisoff, James Alan, Vol III
May, Henry Farnham, Vol I
McFadden, Daniel L., Vol IV
McLean, Hugh, Vol III
McNulty, John K., Vol IV
Melia, Daniel Frederick, Vol II
Merchant, Carolyn, Vol I, IV
Messinger, Sheldon L., Vol V
Metcalf, Thomas R., Vol I
Michaels, Leonard, Vol II
Middlekauff, Robert Lawrence, Vol I
Middleton, Anne Louise, Vol II
Milgrom, Jacob, Vol IV
Miller, Stephen G., Vol I
Muir, William Ker, Jr., Vol IV
Munoz, Carlos, Jr, Vol V
Murgia, Charles Edward, Vol II, III
Nagler, Michael Nicholas, Vol II
Ogden, Dunbar Hunt, Vol II
Ohala, John Jerome, Vol III
Olney, Martha L., Vol IV
Parsons, Jedediah David, Vol II, III
Peng, Kaiping, Vol V
Polt, John H. R., Vol III
Potts, D. Malcolm, Vol V
Quigley, John M., Vol IV
Rauch, Irmengard, Vol III
Redmount, Carol A., Vol I
Rejhon, Annalee C., Vol III
Riasanovsky, Nicholas, Vol I
Richmond, Hugh M., Vol II
Roland, Gerard, Vol IV
Rose, Leo E., Vol IV
Rosenberg, Marvin, Vol II
Rothblatt, Sheldon, Vol I
Rugg, Linda Haverty, Vol III
Sax, Joseph L., Vol IV
Schamschula, Walter, Vol III
Scheiber, Harry N., Vol I
Scheiffele, Eberhard, Vol II, V
Scheiner, Irwin, Vol I
Scotchmer, Suzanne Andersen, Vol IV
Sealey, Raphael, Vol I
Searle, John R., Vol IV
Seeba, Hinrich Claassen, Vol III
Segal, Steve P., Vol V
Shackley, M. Steven, Vol V
Shannon, Thomas F., Vol III
Shapiro, Barbara June, Vol I
Sloane, Thomas O., Vol II
Slobin, Dan Isaac, Vol III, V
Snapper, Johan Pieter, Vol III
Spahr, Blake Lee, Vol III
Starn, Randolph, Vol I
Stroud, Ronald Sidney, Vol II, III
Sweet, Justin, Vol IV
Takaki, Ronald Toshiyuki, Vol I
Threatte, Leslie L., Vol II, III
Tongson, Karen L., Vol II
Upton, Dell, Vol I

Vermazen, Bruce James, Vol IV
Vernon, James, Vol I
Wakeman, Frederic Evans, Jr., Vol I
Wang, William S. Y., Vol III
Williams, Joanna, Vol I
Yeh, Wen-hsin, Vol I
Yellen, Janet L., Vol IV
Zelnik, Reginald Ely, Vol I
Zwerdling, Alex, Vol II

University of California, Davis

Aldwin, Carolyn M., Vol V
Altisent, Marta E., Vol III
Arnett, Carlee, Vol III, V
Bauer, Arnold Jacob, Vol I
Bernd, Clifford Albrecht, Vol III
Bettinger, Robert L., Vol V
Blair, Carole, Vol II
Bowsky, William Marvin, Vol I
Brody, David, Vol I
Brower, Daniel Roberts, Vol I
Bruch, C. S., Vol IV
Cannon, Joann Charlene, Vol III
Carter, Everett, Vol II
Crummey, Robert Owen, Vol I
Ferguson, Margaret Williams, Vol II, III
Fetzer, John Francis, Vol III
Fleischer, Manfred Paul, Vol I, IV
Gilbert, Sandra Mortola, Vol II, V
Goodman, Paul, Vol I
Grossman, George S., Vol II, IV
Groth, Alexander J., Vol IV
Guerrero, Vladimir, Vol III
Guynn, Noah, Vol III
Hagen, William Walter, Vol I
Hall, John R., Vol V
Halttunen, Karen, Vol I
Hays, Peter L., Vol II
Hoffman, Michael Jerome, Vol II
Imwinkelried, Edward, Vol IV
Jackson, William Turrentine, Vol I
Jett, Stephen C., Vol I
Johnson, Kevin R., Vol IV
Kusch, Manfred, Vol III
Lacy, William B., Vol V
Landau, Norma Beatrice, Vol I
Levin, Richard A., Vol II
Loewy, Erich H., Vol IV
Major, Clarence, Vol II
McCarthy, William, Vol V
McConnell, Winder, Vol III
McHenry, Henry M., Vol V
McKee, Sally, Vol I
Montejo, Victor, Vol V
Oakley, John Bilyeu, Vol IV
Poppino, Rollie Edward, Vol I
Price, Don C., Vol I
Rosen, Ruth E., Vol I
Sandoval, Jonathan H., Vol V
Sarlos, Robert Karoly, Vol I, II
Schaeffer, Peter Moritz-Friedrich, Vol II, III, IV
Schleiner, Winfried H., Vol II, III
Shaver, Phillip R., Vol V
Simonton, Dean K., Vol V
Spyridakis, Stylianos V., Vol I
Stewart, John Othneil, Vol II
Taylor, Alan S., Vol I
Teller, Paul, Vol IV
Torrance, Robert M., Vol III
Traill, David Angus, Vol III
Verani, Hugo Juan, Vol III
Waddington, Raymond B., Vol II
Wallacker, Benjamin E., Vol III
West, Martha S., Vol I, IV
Willis, Frank Roy, Vol I
Woodress, James, Vol II
Yeh, Michelle, Vol III
Zender, Karl Francis, Vol II

University of California, Irvine

Antonelli, Gian Aldo, Vol IV
Beevi, Mariam, Vol II, V
Boyd, Carolyn Patricia, Vol I
Brown, Homer O., Vol II
Bruce, D. D., Vol I
Burton, Michael L., Vol V
Carroll, David, Vol III
Chiampi, James T., Vol III
Donlan, Walter, Vol II, III
Fahs, Alice E., Vol I
Folkenflik, Robert, Vol II
Fuller, M. A., Vol II, III
Gearhart, Suzzane, Vol III
Grofman, Bernard N., Vol IV, V
Guthrie, Elizabeth M., Vol III
Hart, Gail K., Vol III
Hill, Lamar Mott, Vol I
Huang, J., Vol III
Hubert, Judd D., Vol III
Hubert, Renee Riese, Vol III
Hubert, Renee Riese, Vol III
Hufbauer, Karl G., Vol I
Laborde, Alice M., Vol III
Lehnert, Herbert Hermann, Vol III
Leonard, Karen Isaksen, Vol V
Lillyman, William J., Vol III
Maddy, Penelope, Vol IV
Malament, David Baruch, Vol IV
Mazumdar, Sanjoy, Vol V
Mcculloch, Samuel Clyde, Vol I
Menton, Seymour, Vol II, III
Miles, Margaret M., Vol I
Monroe, Kristen R., Vol IV
Munevar, Gonzalo, Vol IV
Nelson, Keith LeBahn, Vol I
Newsom, Robert, Vol II
Noland, Carrie J., Vol III
Ogunseitan, Oladele, Vol V
Palley, Julian, Vol III
Rabine, Leslie W., Vol III
Regosin, Richard L., Vol III
Rieckmann, Jens, Vol II
Romney, A. Kimball, Vol V
Rowe, John Carlos, Vol II
Rubel, Arthur J., Vol V
Saine, Thomas Price, Vol III
Santas, Gerasimos, Vol IV
Skyrms, Brian, Vol IV
Small, Kenneth Alan, Vol IV
Stanford, Preston K., Vol IV
Stepan-Norris, Judith, Vol V
Suarez-Villa, Luis, Vol I
Sutton, Dana Ferrin, Vol II, III
Tackett, Timothy, Vol I
Thomas, Brook, Vol II
Walsh, Roger, Vol V
Watt, William Carnell, Vol III
White, Douglas R., Vol V
Wiener, Jonathan M., Vol I

University of California, Lawrence Livermore National Laboratory

Girill, T. R., Vol IV

University of California, Los Angeles

Aberbach, Joel D., Vol IV
Abou El Fadl, Khaled M., Vol IV
Agnew, John A., Vol I
Allmendinger, Blake, Vol II
Alpers, Edward A., Vol I
Bahr, Ehrhard, Vol III
Baldwin, Peter, Vol I
Band, Arnold J., Vol II
Banta, Martha, Vol II
Baswell, Christopher C., Vol II
Bauml, Franz H., Vol III
Behdad, Ali, Vol II
Bergman, Paul, Vol IV
Bergren, Ann L. T., Vol III
Berst, Charles A., Vol II
Binder, David A., Vol IV
Binder, Leonard, Vol IV
Birnbaum, Henrik, Vol III
Blank, David L., Vol II, III
Blumberg, Grace Ganz, Vol IV
Boime, Albert, Vol I
Bonebakker, Seeger A., Vol III
Bontty, Monica, Vol I
Braunmuller, A. R., Vol II
Brown, Jonathan Charles, Vol I, IV
Bruno, James Edward, Vol IV, V
Burwick, Frederick, Vol II
Bussel, Daniel J., Vol IV
Carney, Judith A., Vol I
Carron, Jean-Claude, Vol III
Chambers, Mortimer Hardin, Vol III
Cheung, King-Kok, Vol II
Coben, Stanley, Vol I
Coleman, Patrick J., Vol III
Coombs, Robert H., Vol V
Cosgrove, Denis E., Vol I
Crowe, P. S., Vol III
Currie, Janet, Vol IV
Doepke, Matthias, Vol IV
DuBois, Ellen Carol, Vol I
Dukeminier, Jesse, Vol IV
Eekman, Thomas, Vol III
Ehret, Christopher, Vol I, III
Elman, B. A., Vol I
Elman, Benjamin, Vol I
Emigh, Rebecca Jean, Vol V
Entrikin, J. Nicholas, Vol I
Freeman, Jody L., Vol IV
Freeman, Stephanny Fumi, Vol V
Frischer, Bernard D., Vol II, III
Fromkin, Victoria A., Vol III
Funkenstein, Amos, Vol I
Gans, Eric L., Vol III
Geary, Patrick, Vol I
Gilliland-Swetland, Anne J., Vol II
Goldberg, Sander M., Vol II, III
Grassian, Esther Stampfer, Vol II
Gurval, Robert Alan, Vol II, III
Haidu, Peter, Vol III
Handler, Joel F., Vol IV
Hansen, Gary, Vol IV
Harberger, Arnold C., Vol IV
Hayles, Katherine N., Vol II
Hieronymi, Pamela, Vol IV
Hines, Thomas S., Vol I
Hossein, Ziai, Vol IV
Howe, Daniel, Vol I
Hundley, Norris Cecil, Vol I
Intrilligator, Michael D., Vol IV
Ivanov, Vyacheslav V., Vol III
Jacoby, Sanford M., Vol IV
James, Scott C., Vol IV
Johnson, Carroll B., Vol III
Jones, Michael Owen, Vol V
Jun, Sun-Ah, Vol III
Karst, Kenneth L., Vol IV
Keddie, Nikki R., Vol I
Kelly, Henry Ansgar, Vol II
Kelsey, Sean, Vol IV
Kessler, Jascha Frederick, Vol II
King, Katherine Callen, Vol III
Kipling, Gordon L., Vol II
Klein, Benjamin, Vol IV
Klein, Cecelia F., Vol I
Klein, William A., Vol IV
Knopoff, L., Vol I
Kolb, Gwin Jack, Vol II
Komar, Kathleen Lenore, Vol II, III
Koropeckyj, Roman, Vol III
Krekic, Barisa, Vol I
Kunzle, David M., Vol I
Ladefoged, Peter, Vol II, III
Lal, Vinay, Vol I
Lanham, Carol D., Vol III
Laslett, John Henry Martin, Vol I
Lattimore, Steven, Vol I, II, III
Lester, Gillian, Vol IV
Lewis, Jayne Elizabeth, Vol II
Light, Ivan, Vol V
Lincoln, Kenneth, Vol II
Lionnet, Francoise, Vol III
Lofstedt, Bengt, Vol III
Lowenstein, Daniel H., Vol IV
Lydon, Ghislaine, Vol I
Maniquis, Robert Manuel, Vol II, III
McGovern, William M., Vol IV
Mellor, Ronald, Vol II, III
Miller, Laura L., Vol V
Minkova, Donka, Vol III
Monkkonen, Eric H., Vol I
Morgan, Kathryn A., Vol II, III
Moya, Jose C., Vol I
Munzer, Stephen Roger, Vol IV
Nagy, Joseph F., Vol II
Naiditch, P. G., Vol II, III
Nash, Gary B., Vol I
Nehring, Wolfgang, Vol III
Nelson, Steven D., Vol I
Notehelfer, Fred G., Vol I
Novak, Maximillian E., Vol II
Nussbaum, Felicity, Vol II
Pecora, Vincent P., Vol II
Perez-Torres, Rafael, Vol II
Perkins, Linda Marie, Vol I
Porter, Theodore, Vol I
Post, Jonathan F. S., Vol II
Purefoy Morris, Sarah, Vol I
Rapoport, David C., Vol IV
Reill, Peter Hanns, Vol I
Roper, Alan, Vol II
Roston, Murray, Vol II
Rowe, Karen E., Vol II
Roy, William G., Vol V
Rubenstein, William, Vol IV
Sardesai, D. R. (Damodar Ramaji), Vol I
Savage, Melissa, Vol I
Schmidt, Hanns-Peter, Vol I
Schniedewind, William M., Vol I
Sears, David O., Vol V
Sellin, Paul R., Vol II
Sharpe, Jenny, Vol II
Sheats, Paul Douglas, Vol II
Shuger, Debora, Vol II
Silverman, Deborah, Vol I
Sinclair, Barbara, Vol IV
Sklar, Richard Lawrence, Vol IV
Spillenger, Clyde, Vol IV
Stefanovska, Malina, Vol III
Stockwell, Robert Paul, Vol II, III
Symcox, Geoffrey, Vol I
Tennyson, Georg Bernhard, Vol II
Thomas, Dominic R., Vol III
Thomas, Duncan, Vol IV
Thompson, Earl A., Vol IV
Tornell, Aaron, Vol IV
Torrecilla, Jesus, Vol V
Tournissac, Annick-France, Vol III
Trimble, Stanley W., Vol I
Tsebelis, George, Vol IV
Vine, Brent, Vol II, III
Volokh, Eugene, Vol IV
Vonfalkenhausen, L., Vol I
Wagener, Hans, Vol III
Walter, Hartmut S., Vol I
Wehrli, Mary Brent, Vol V
Whiteman, D. Bruce, Vol II
Whiting, Cecile, Vol I
Wilkie, James Wallace, Vol I
Willis, Alfred, Vol I
Wilson, Robert Arden, Vol I
Wittrock, Merlin Carl, Vol V
Wohl, Robert, Vol I
Wolfenstein, E. Victor, Vol IV
Worth, Dean Stoddard, Vol III
Wortham, Thomas, Vol II
Yarborough, Richard A., Vol I
Yenser, Stephen I., Vol II
Yu, Henry, Vol I
Zeitlin, Maurice, Vol V

University of California, Riverside

Arrizon, Alicia, Vol V
Axelrod, Steven Gould, Vol II
Barkin, Kenneth, Vol I
Bredbeck, Gregory W., Vol II
Brett, Philip, Vol II
Briggs, John C., Vol II
Chang, Edward T., Vol V
Chen, Jingsong, Vol III
Childers, Joseph W., Vol II
Cortes, Carlos Eliseo, Vol I
Cranor, Carl F., Vol IV
Daviau, Donald G., Vol III
Devlin, Kimberly J., Vol II
Elliott, Emory B., Vol II
Essick, Robert N., Vol I, II
Fabricant, Carole, Vol II
Fagundo, Ana Maria, Vol II, III
Fischer, John Martin, Vol IV
Forster-Hahn, Francoise, Vol I
Ganim, John Michael, Vol II, III
Gaustad, Edwin Scott, Vol I, IV
Gericke, Philip Otto, Vol III
Getty, J. Arch, Vol I
Gillis, Catherine L., Vol II
Glidden, David, Vol IV
Godbeer, R., Vol I
Grimm, Reinhold, Vol III
Haggerty, George E., Vol II
Hendrick, Irving Guilford, Vol I, V
Hoffman, Paul, Vol I, IV
Hornby, Richard, Vol II
Hsu, Ginger Cheng-chi, Vol I
Jones, Amelia, Vol I
Keller, Pierre, Vol IV
Kinney, Katherine, Vol II
Kposowa, Augustine, Vol V
Kronenfeld, David B., Vol V
Kronenfeld, Judith Z., Vol II
Laursen, John Christian, Vol IV
Levin, Jules Fred, Vol III
Lopez, Tiffany Ana, Vol II
Magnus, Bernd, Vol IV
Megenney, William Wilber, Vol III
Mileur, Jean-Pierre, Vol II
Morton, Carlos, Vol II
Morton, Patricia A., Vol I
Ness, Sally A., Vol V
O'Connor, June Elizabeth, Vol IV
Ostrow, Steven F., Vol I
Parr, James A., Vol I, III
Phillips, John Allen, Vol I
Reath, Andrews, Vol IV
Reck, Erich H., Vol IV
Roy, Parama, Vol II
Rudolph, Conrad, Vol I
Salzman, Michele, Vol I
Scanlon, Thomas Francis, Vol III
Schwitzgebel, Eric, Vol IV
Stewart, Stanley N., Vol II
Stoltzfus, Ben F., Vol III
Tobey, Ronald Charles, Vol I
Turk, Austin T., Vol V
Turner, Jonathan H., Vol V
Tyler, Carole-Anne, Vol II
Vickery, John B., Vol II
Wall, Irwin M., Vol I
Waller, Marguerite R., Vol III
Warnke, George C., Vol IV
Westfahl, Gary, Vol II
Wetherell, Charles W., Vol I
Wettstein, Howard K., Vol IV
Willis, Deborah, Vol II
Wright, Larry, Vol IV
Yamamoto, Traise, Vol I, II

University of California, San Diego

Arneson, Richard J., Vol IV
Bailey, Frederick George, Vol V
Berger, Bennet Maurice, Vol V
Briggs, Charles L., Vol V
Brink, David O., Vol IV
Cancel, Robert, Vol II
Churchland, Paul M., Vol IV
Cole, Mike, Vol II
Cox, Stephen D., Vol II
Davis, Susan, Vol II
Deak, Gedeon O., Vol V
Dijkstra, Bram, Vol II, III
Doppelt, Gerald D., Vol IV
Engestrom, Yrjo, Vol II
Foster, Frances Smith, Vol II
Friedman, Richard Elliott, Vol III, IV
Fussell, Edwin, Vol II
Gaffney, Floyd, Vol II
Glymour, Clark, Vol IV
Gutierrez, Ramon A., Vol I
Hallin, Daniel C., Vol II
Hardimon, Michael O., Vol IV
Hartouni, Valerie, Vol II
Horwitz, Robert, Vol II
Hughes, Judith Markham, Vol I
Humphries, Tom, Vol II
Johns, Adrian, Vol V
Jolley, Nicholas, Vol IV
Keyssar, Helene, Vol II
Kirkpatrick, Susan, Vol III, V
Klatch, Rebecca, Vol V
Klima, Edward Stephens, Vol III
Konecni, Vladimir J., Vol V
Langacker, Ronald Wayne, Vol III
Luft, David Sheers, Vol I
Marino, John Anthony, Vol I
Marquis, Alice Goldfarb, Vol I
Martin, Wayne M., Vol I, IV
McDonald, Marianne, Vol II
Mosshammer, Alden Adams, Vol I, II, III
Mukerji, Chandra, Vol II
Parrish, Michael Emerson, Vol I
Pasler, Jann C., Vol II
Rafael, Vicente, Vol II
Ringrose, David R., Vol I
Rose, Sharon, Vol III
Schudson, Michael, Vol V
Sher, Gila, Vol IV
Smarr, Janet L., Vol I, II
Stavrianos, Leften Stavros, Vol I
Stroll, Avrum, Vol IV
Wesling, Donald Truman, Vol II
Yalowitz, Steven, Vol IV

University of California, San Francisco

Forrester, William Ray, Vol IV
Mattei, Ugo A., Vol IV
Staples, Robert Eugene, Vol V
Tierney, Kevin H., Vol IV

University of California, Santa Barbara

Abbott, H. Porter, Vol II
Allaback, Steve, Vol II
Ashby, William James, Vol III
Athanassakis, Apostolos N., Vol II, III
Avalle-Arce, Juan Bautista, Vol III
Badash, Lawrence, Vol I
Bazerman, Charles, Vol II
Blau, Sheridan, Vol II
Bliss, Lee, Vol II
Boscagli, Maurizia, Vol II
Bowers, Edgar, Vol II
Butler-Evans, Eliot, Vol II
Carlisle, Harry J., Vol V
Carlson, Julie, Vol II
Chaffee, Steven H., Vol II
Cohen, Patricia Cline, Vol I
Collins, Robert O., Vol I
Cook, Elizabeth Heckendorn, Vol II, III
Cooley, Timothy, Vol II, V
Cortijo, Antonio, Vol III
Daniels, Douglas Henry, Vol I
Dauer, Francis W., Vol IV
De Hart, Jane S., Vol I
Deconde, Alexander, Vol I
Djordjevic, Dimitrije, Vol I
Drake, Harold A., Vol I, II, III
Duffy, Andrew E., Vol II
Dunn, Francis M., Vol II
Erickson, Robert A., Vol II
Exner, Richard, Vol III
Flacks, Richard, Vol V
Fradenburg, L. O. Aranye, Vol II
Fumerton, Patricia, Vol II
Garr, W. Randall, Vol III
Golledge, Reginald G., Vol I
Gunn, Giles, Vol II
Guss, Donald Leroy, Vol II
Gutierrez-Jones, Carl, Vol II
Hahn, Francis V. Hickson, Vol II, III
Helgerson, Richard, Vol II, III
Hernadi, Paul, Vol III
Hoffmeister, Gerhart, Vol III
Johnson, Donald Barton, Vol III
Jordan, Borimir, Vol II, III
Kalman, Laura, Vol I
Lane, Alcyee, Vol II
Leal, Luis, Vol III
Li, Charles N., Vol III
Lim, Shirley G., Vol II
Lindemann, Albert S., Vol I
Lindheim, Sara H., Vol II, III
Liu, Alan, Vol II
Lundell, Torborg Lovisa, Vol III, V
Mahlendorf, Ursula R., Vol III
Maslan, Mark, Vol II
McCarthy, Patrick J., Vol II
McGee, James Sears, Vol I
Merkl, Peter Hans, Vol IV
Michaelsen, Robert Slocumb, Vol IV
Miko, Stephen, Vol II
Morstein-Marx, Robert, Vol I
Nash, Roderick W., Vol I
Nauenberg, M., Vol I
Newfield, Cristopher, Vol II
O'Connell, Michael, Vol II
Oglesby, Richard E., Vol I
Panikkar, Raimundo, Vol IV
Pasternack, Carol Braun, Vol I, II
Pearson, Birger Albert, Vol I, IV
Perissinotto, Giorgio, Vol III
Potter, Robert Alonzo, Vol II
Renehan, Robert, Vol III
Ridland, John, Vol II
Roof, Wade Clark, Vol V
Salmon, Nathan, Vol IV
Scheff, Thomas, Vol V
Shelton, Jo-Ann, Vol I
Singh, Mann Gurinder, Vol IV
Smart, Ninian, Vol I, IV
Smith, James David, Vol I
Speirs, Logan, Vol II
St. Omer, Garth, Vol II, III
Steiner, Thomas Robert, Vol II, III
Sullivan, John P., Vol II, III
Talbott, John Edwin, Vol I
Tobin, Ronald William Francis, Vol III
Wallace, B. Alan, Vol IV
Wallace, Vesna Acimovic, Vol III
Wiemann, John M., Vol II
Yegul, Fikret Kutlu, Vol I
Young, David Charles, Vol II, III
Young, Kay, Vol II
Zimmerman, Evertett, Vol II

University of California, Santa Cruz

Aissen, Judith, Vol III
Anthony, David Henry, III, Vol I
Aronson, Elliot, Vol V
Beecher, Jonathan F., Vol I
Burke, Edmund, Vol I
Chalmers, David, Vol IV
Chung, Sandra, Vol III
Crow, Ben, Vol V
Farkas, Donka F., Vol III
Foley, Mary Kathleen, Vol I, II
Fukurai, Hiroshi, Vol IV, V
Hankamer, Jorge, Vol III
Hedrick, Charles W., Jr., Vol I
Hester, Karlton Edward, Vol II
Houghton, Edward Francis, Vol II
Hull, Akasha Gloria, Vol II
Ito, Junko, Vol III
Jannarone, Kimberly M., Vol II
Jansen, Virginia, Vol I
Kenez, Peter, Vol I
Ladusaw, William A., Vol III
Levine, Bruce C., Vol I
Linger, Daniel T., Vol V
Mccloskey, James, Vol III
Mester, Armin, Vol III
Miles, Gary B., Vol II, III
Moglen, Helene, Vol II
Neu, Jerome, Vol IV
Padgett, Jaye, Vol III
Pettigrew, Thomas Fraser, Vol V
Pullum, Geoffrey K., Vol III
Roby, Pamela A., Vol V
Sharp, Buchanan, Vol I
Shipley, William F., Vol III
Swanger, David, Vol II, IV
Thompson, Bruce, Vol I
Urban, Michael, Vol IV
Westerkamp, Marilyn J., Vol I
Wilson, Carter, Vol I, V

University of Central Arkansas, Conway

Andronikov, Sergei V., Vol I
Atkins, Kathleen, Vol V
Bailey, Phillip, Vol III
Barnes, Kenneth C., Vol I
Brodman, James W., Vol I
Brodman, Marian, Vol III
Harvey, Charles W., Vol IV
Kearns, Terrance, Vol II
Langston, Dwight E., Vol III
Martinez, Jose-Luis, Vol I
Mehl, Peter J., Vol IV
Pouwels, Joel, Vol III
Shelton, Jim D., Vol IV
Wilson, Janet, Vol V

University of Central Florida, Orlando

Baird-Olson, Karren P., Vol V
Congdon, Kristin G., Vol I, V
De Lorme, Denise, Vol II
Dombrowski, Paul M., Vol II
Dziegielewski, Sophia, Vol V
Elston, Julie A., Vol IV
Fottler, Myron D., Vol IV
Hubbard, Susan S., Vol II
Huff-Corzine, Lin, Vol IV
Kassim, Husain, Vol IV
Leckie, Shirley A., Vol I
Pauley, Bruce F., Vol I
Pelli, Moshe, Vol IV
Raskin, Jay, Vol IV
Sadri, Houman A., Vol IV
Schiffhorst, Gerald Joseph, Vol I, II

University of Central Oklahoma, Edmond

Baker, James Franklin, Vol I
Baughman, T. H., Vol I
Green, Malinda Hendricks, Vol V
Hayes, Kevin J., Vol II
Kremm, Diane Neal, Vol I
Lewis, Gladys S., Vol II
Li, Bing, Vol I

University of Chicago, Chicago

Adkins, Arthur William Hope, Vol II, III, IV
Ahlstrom, Gosta Werner, Vol IV
Allen, Michael I., Vol I
Alschuler, Albert W., Vol IV
Aronson, Howard Isaac, Vol III
Asmis, Elizabeth, Vol II, III
Austen, Ralph Albert, Vol I
Aydede, Murat, Vol IV
Bartsch, Shadi, Vol II, III
Betz, Hans Dieter, Vol IV
Bevington, David M., Vol II
Bidwell, Charles E., Vol V
Biggs, Robert Dale, Vol I
Booth, Wayne Clayson, Vol II
Boyer, John William, Vol I
Brauer, Jerald, Vol I, IV
Brinkman, John Anthony, Vol I
Brown, Bill, Vol II
Browning, Don S., Vol IV
Burnett, Anne Pippin, Vol II, III
Cafferty, Pastora San Juan, Vol I
Carr, Anne E., Vol IV
Civil, Miguel, Vol I, III
Clark, Terry Nichols, Vol V
Cohen, Ted, Vol IV
Cohn, Bernard Samuel, Vol I, V
Comaroff, Jean, Vol V
Craig, John Eldon, Vol I, V
Crone, Anna Lisa, Vol III
Cumings, Bruce, Vol IV
Currie, David P., Vol IV
Dam, Kenneth W., Vol IV
Dearmas, Frederick A., Vol III
Dembowski, Peter Florian, Vol III
Dietler, Michael, Vol V
Dik, Helma, Vol II, III
Donner, Fred M., Vol I
Ehre, Milton, Vol III
Epstein, Richard Allen, Vol IV
Faraone, Christopher, Vol II, III
Fasolt, Constantin, Vol I
Field, Norma, Vol III
Friedman, Victor A., Vol III
Friedrich, Paul, Vol II, III, V
Frymer-Kensky, Tikva, Vol IV
Garber, Daniel Elliot, Vol IV
Gerrish, Brian Albert, Vol I, IV
Geyer, M., Vol I
Gilpin, W. Clark, Vol IV
Golb, Norman, Vol I, III, IV
Gollrad, Gareth E., Vol III
Gossett, Philip, Vol II
Gragg, Gene Balford, Vol III
Gray, Hanna Holborn, Vol I
Greeley, Andrew M., Vol II, IV, V
Green, Michael J., Vol IV
Gross, Hanns, Vol I
Hall, Jonathan M., Vol II, III
Hamp, Eric Pratt, Vol III
Haugeland, John Christian, Vol IV
Hellie, Richard, Vol I
Helmholz, R. H., Vol I, IV
Henly, Julia, Vol V
Homans, Peter, Vol IV
Hopkins, Dwight N., Vol IV
Ingham, Norman William, Vol III
Johnson, W. Ralph, Vol II, III
Kaegi, Walter Emil, Vol I
Karl, Barry D., Vol I
Kazazis, Kostas, Vol III
Kirshner, Julius, Vol I
Kolb, Gwin Jackson, Vol II
Krieger, Leonard, Vol I
Laumann, Edward O., Vol V
Lawler, James Ronald, Vol III
Levin, David J., Vol I, III
Levmore, Saul, Vol IV
Lincoln, Bruce K., Vol IV
Lipson, Charles, Vol IV
Marriott, Mc Kim, Vol V
Marty, Martin Emil, Vol I, IV
McCawley, James D., Vol III
McGinn, Bernard John, Vol I, IV
Mcneill, David, Vol III, V
Mcneill, William Hardy, Vol I
Mitchell, W. J. Thomas, Vol II
Moayyad, Heshmat, Vol III
Morris, Norval, Vol IV
Most, Glenn Warren, Vol III
Naim, Choudhri Mohammed, Vol III
Najita, Tetsuo, Vol I
Novick, Peter, Vol I
Pavel, Thomas, Vol II
Pinney, Gloria Ferrari, Vol I
Redfield, James M., Vol II, III
Reiner, Erica, Vol I
Reynolds, Frank E., Vol I, IV
Ricoeur, Paul, Vol IV
Saller, Richard, Vol I
Sassen, Saskia, Vol IV, V
Schultz, Reynolds Barton, Vol IV
Slatkin, Laura M., Vol III
Smith, Jonathan Zittell, Vol I, IV
Smith, Raymond T., Vol V
Smith, Tom W., Vol I
Stafford, Barbara Maria, Vol I
Stein, Howard, Vol IV
Strier, Richard, Vol II
Sullivan, Winnifred F., Vol IV
Tang, Chenxi, Vol III
Taub, Richard P., Vol V
Trumpener, Katie, Vol II
Tuttle, Russell H., Vol V
Usiskin, Zalman, Vol V
Waite, Linda J., Vol V
Wallace, John Malcolm, Vol II
Warner, R. Stephen, Vol V
Wasiolek, Edward, Vol III
Weaver, Elissa B., Vol III
Wente, Edward Frank, Vol I
White, Peter, Vol III
Williams, Joseph M., Vol II, III
Wray, David L., Vol III
Yu, Anthony C., Vol III, IV

University of Cincinnati, Cincinnati

Aeschbacher, William Driver, Vol I
Alexander, Jonathan F., Vol II, V
Arner, Robert David, Vol II
Atkinson, Michael, Vol II, V
Bahk, C. M., Vol II
Beaver, Daniel R., Vol I
Bleznick, Donald William, Vol III
Bowman, Steven, Vol I
Burrell, Barbara, Vol I
Castenell, Louis Anthony, Jr., Vol V
Cebula, James E., Vol I
Collins, Patricia Hill, Vol I
Conyne, Robert, Vol V
Coughlin, Edward V., Vol III
Davis, Jack L., Vol II, III
Durrill, Wayne K., Vol I
Edwards, Ruth McCalla, Vol IV
Elder, Arlene Adams, Vol II, III
Foss, D. Pedar W., Vol I
Friedrichsmeyer, Erhard Martin, Vol III
Gauker, Christopher P., Vol IV
Glenn, Jerry, Vol III
Godshalk, William Leigh, Vol II
Gutzwiller, Kathryn, Vol II, III
Hamilton, James Francis, Vol III
Hansen, Barbara L., Vol II, V
Harris-Cline, Diane, Vol I
Hogeland, L. M., Vol III
Huang, Shaorong, Vol II
Kafker, Frank Arthur, Vol I
Kraut, Benny, Vol I, IV
Krome, Frederic, Vol IV
Laux, James Michael, Vol I
Matthews, G., Vol V
McDaniel, Rebecca M., Vol II
Michelini, Ann Norris, Vol II, III
Miller, Zane L., Vol I
Mills, Carl Rhett, Vol III
Murdoch, Norman H., Vol I
Murray, James, Vol I
O'Connor, Patricia W., Vol III
Parker, Holt, Vol II, III
Pettit, Rhonda S., Vol II
Plank, Geoffrey, Vol I
Pogue, Samuel Franklin, Vol II
Ramusack, Barbara N., Vol I
Richardson, Robert Calvin, Vol IV
Rind, Miles, Vol IV
Roder, Wolf, Vol I
Rose, Brian, Vol I
Rutter, Irvin C., Vol IV
Sage, Michael, Vol I, II, III
Sakmyster, Thomas Lawrence, Vol I
Sato, Elizabeth Selanders, Vol I
Schade, Richard E., Vol III
Schefft, Bruce K., Vol V
Schiff, James A., Vol II
Schrier, Arnold, Vol I
Selya, Roger M., Vol I
Shapiro, Henry D., Vol I
Shapiro, Herbert, Vol I
Smith, Paul M., Jr., Vol V
Stephens, Martha Thomas, Vol II
Sterling, David L., Vol I
Stoffregen, Thomas, Vol V
Tang, Mei, Vol V
Tolzmann, Don Heinrich, Vol I
Trent, Judith, Vol II
Twinam, Ann, Vol I
Vaughn, Gary Lee, Vol II
Verderber, Rudolph Francis, Vol II
Walberg, Gisela, Vol I
Wilson, Samuel S., Vol IV
Winkler, Henry Ralph, Vol I
Wooldredge, John, Vol IV
Yager, Geoffrey, Vol V
York, Anthony Delano, Vol IV

University of Colorado at Boulder

Allen, Brenda J., Vol II
Alpern Engel, Barbara, Vol I
Anderson, Fred, Vol I
Anthes, Susan H., Vol II
Baker, Donald C., Vol II
Banich, Marie T., Vol V
Barchilon, Jacques, Vol III
Barton, Charles K. B., Vol IV
Beer, Francis A., Vol IV
Bejel, Emilio, Vol II, III
Belknap, Joanne, Vol V
Blanken, Peter D., Vol I
Bourne, Lyle E., Vol V
Bryant, Lynn Ross, Vol IV
Buttenfield, Barbara P., Vol I
Chernus, Ira, Vol IV
Christensen, Carl C., Vol I
Churchill, Mary, Vol IV
Cioffi-Revilla, Claudio, Vol IV
Cleland, Carol, Vol IV
Craig, Robert T., Vol II
Davenport, Christian A., Vol IV
Deetz, Stanley A., Vol II
Deloria, Vine, Jr., Vol I
Denny, Fred, Vol IV
Dodson, Jualynne, Vol IV
Draper, Joan E., Vol I
Eggert, Katherine, Vol II
Einbeck, Kandace, Vol III
Ellsworth, Oliver B., Vol II
Engel, Barbara, Vol III
Frajzyngier, Zygmunt, Vol III
Franklin, Allan David, Vol I, IV
Furman, Patrick, Vol IV
Gaile, Gary L., Vol I
Geary, John Steven, Vol III
Getches, David H., Vol IV
Gibert, John C., Vol I
Gill, Sam, Vol IV
Glahe, Fred Rufus, Vol IV
Gonzalez-del-Valle, Luis T., Vol III
Graves, Philip E., Vol IV
Greenwood, Michael J., Vol IV
Gross, David, Vol I
Guralnick, Elissa Schagrin, Vol II
Hall, Joan Lord, Vol II
Hanna, Martha, Vol I
Harvey, Lewis O., Jr., Vol V
Hauser, Gerard A., Vol II
Hohlfelder, Robert L., Vol I
Hoover, Stewart, Vol IV
Jackson, Michele, Vol II
Jacobs, Karen, Vol II
Jankowski, James Paul, Vol I
Jensen, Frede, Vol III
Johnson, Thomas E., Vol V
Jones, Stanley E., Vol II
Junod, Samuel A., Vol II, III
Kawin, Bruce Frederick, Vol I, II
Kenevan, Phyllis Berdt, Vol IV
Kent, Susan, Vol I
Kintsch, Walter, Vol V
Klages, Mary, Vol II
Kopff, Edward Christian, Vol III
Kroeger, Karl D., Vol II
Laffoon, Elizabeth Anne, Vol II
LeBaron, Curtis D., Vol II
Lee, Charles Nicholas, Vol III
Leeds, Stephen J., Vol IV
Lester, Robert Carlton, Vol IV
Limerick, Patricia Nelson, Vol I
Lipovetsky, Mark, Vol III
Long, Mary, Vol III
Lozovsky, Natalia, Vol I
Main, Gloria L., Vol I
Mann, Ralph, Vol I
Martin, Jerry Lee, Vol IV
McGilvray, Dennis B., Vol V

Mcintosh, Marjorie Keniston, Vol I
Mcintosh, Marjorie Keniston, Vol I
Menn, Lise, Vol III
Michaelis, Laura A., Vol III
Miklowitz, David J., Vol V
Miller, Edward L., Vol IV
Mills, Claudia, Vol IV
Minor, Vernon H., Vol I
Moore, Terrence L., Vol IV
Nagel, Robert F., Vol IV
Nathan, Mitchell J., Vol V
Nickel, James W., Vol IV
Norgaard, Rolf, Vol II
Nwaubani, Chidiebere, Vol I
O'Reilly, Randall C., Vol V
Oddie, Graham James, Vol IV
Paris, Roland C., Vol IV
Peppet, Scott R., Vol IV
Pesantubbee, Michelene, Vol IV
Peterson, Courtland H., Vol IV
Pittenger, Mark A., Vol I
Pois, Robert, Vol I
Preston, Cathy L., Vol II
Prince, Susan, Vol II, III
Ray, Reginald, Vol IV
Regoli, Robert M., Vol V
Robinson, Jeffrey Cane, Vol II
Rood, David Stanley, Vol III
Ruestow, Edward G., Vol I
Safran, William, Vol IV
Salzberg, Joel, Vol II
Scamehorn, Howard Lee, Vol I
Schmiesing, Ann, Vol III
Schulzinger, Robert D., Vol I
Stavan, Henry-Anthony, Vol III
Steffen, Konrad, Vol I
Steinmo, Sven, Vol IV
Steuben, Norton L., Vol IV
Stevenson, John A., Vol I, II
Sukenick, Ronald, Vol II
Taylor, Allan Ross, Vol III
Taylor, Bryan C., Vol II
Taylor, Lucien, Vol V
Taylor, Rodney, Vol IV
Tompkins, Phillip K., Vol II
Tooley, Michael J., Vol IV
Tracy, Karen, Vol II
Travers, Arthur Hopkins, Vol IV
Walker, Deward E., Vol V
Wei, William, Vol I
Weston, Timothy B., Vol I
White, Cindy H., Vol II
Zax, Jeffrey S., Vol IV

University of Colorado at Colorado Springs

Dukes, Richard L., Vol V
Ferber, Abby L., Vol V
Fink, Virginia, Vol V
Hackman, Michael, Vol II
Harner, John P., Vol I
Harvey, Paul, Vol I
Hill, Christopher V., Vol I
Sassower, Raphael, Vol IV
Sheidley, Harlow W., Vol I
Von Dassanowsky, Robert, Vol II, III
Walker, Kim, Vol II
Wanca-Thibault, Maryanne, Vol II
Watts, Linda K., Vol V

University of Colorado at Denver

Becker, Charles M., Vol IV
Curet, Luis Antonio, Vol I, V
DeForest, Mary Margolies, Vol II, III
Dodge, Mary J., Vol IV
Finkelstein, Gabriel, Vol I
Foster, Mark S., Vol I
Gardner, Rick M., Vol V
Glenn, Cecil E., Vol V
Goad, Candace Shelby, Vol IV
Jordan, Karin B., Vol V
Miller, Robert D., Vol V
Morgenthaler, Hans Rudolf, Vol I
Noel, Thomas J., Vol I
Whiteside, James B., Vol I
Wick, Robert L., Vol II

University of Connecticut, Hartford

Blumberg, Phillip Irvin, Vol IV
Goodheart, Lawrence, Vol I
Johnson, Harriette C., Vol V
Maciuika, Benedict Vytenis, Vol I
Phillips, Robert L., Vol IV
Simmons, Louise, Vol V
Stanley, William Chad, Vol II
Whitman, Robert, Vol IV

University of Connecticut, Stamford

Anderson, Susan Leigh, Vol IV
Frank, Yakira H., Vol III
Tec, Nechama, Vol V

University of Connecticut, Storrs

Abramson, Arthur Seymour, Vol III
Asher, Robert, Vol I
Baxter, Donald, Vol IV
Beck, Sigrid, Vol III
Berleant, Riva, Vol V
Bloom, Lynn Z., Vol II
Boskovic, Zeljko, Vol III
Brown, Richard D., Vol I
Calabrese, Andrea, Vol III
Carlson, Eric Walter, Vol II
Charters, Ann D., Vol II
Chow, Karen, Vol II
Clark, Austen, Vol IV
Clifford, John Garry, Vol I
Coelho, Carl, Vol III
Collier, Christopher, Vol I
Coons, Ronald E., Vol I
Costigliola, Frank Charles, Vol I
Creevey, Lucy, Vol IV
Crosby, Donald H., Vol III
Curry, Richard Orr, Vol I
Dashefsky, Arnold, Vol V
Dayton, Cornelia H., Vol I
Dickerman, Edmund H., Vol I
Gatta, John J., Vol II
Gibson, Margaret, Vol II
Gilbert, Harvey R., Vol II
Gilbert, Margaret, Vol IV
Gugler, Josef, Vol V
Hagan, Willie James, Vol V
Halvorson, Peter L., Vol I
Hamilton, Mark A., Vol II
Higonnet, Margaret R., Vol II
Hiskes, Anne L., Vol IV
Hoglund, A. William, Vol I
Hollenberg, Donna Krolik, Vol II
Jacobus, Lee Andre, Vol II, IV
Krimerman, Leonard I., Vol IV
Kupperman, Joel J., Vol IV
Lasnik, Howard, Vol III
Lederer, Herbert, Vol III
Lehmann, Scott K., Vol IV
Lewis, T., Vol I
Liles, Betty Z., Vol II
Lillo-Martin, Diane C., Vol III
Lougee, Robert Wayne, Vol I
Luyster, Robert W., Vol IV
Marrone, Nila Gutierrez, Vol III
Mattingly, Ignatius G., Vol III
Meyer, Paul Hugo, Vol III
Meyers, Diana Tietjens, Vol IV, V
Michaels, David, Vol III
Millikan, Ruth G., Vol IV
Naudin, Marie, Vol III
Nelson, Marilyn, Vol II
Orringer, Nelson R., Vol III
Paterson, Thomas Graham, Vol I
Peterson, Richard Scot, Vol II
Robb, Michael P., Vol II
Shaffer, Jerome A., Vol IV
Shivers, Jay Sanford, Vol V
Snyder, William, Vol III
Stave, Bruce M., Vol I
Stern, Milton R., Vol II
Troyer, John G., Vol IV
Turley, Hans, Vol II
Ward, Allen M., Vol I
Wheeler, Samuel C., III, Vol IV

University of Connecticut, Torrington

Grover, Robinson Allen, Vol IV

University of Connecticut, Waterbury

Macleod, Glen, Vol II
Meyer, Judith, Vol I

University of Dallas, Irving

Balas, David L., Vol IV
Frank, William A., Vol IV
Jodziewicz, Thomas W., Vol I
Lehrberger, James, Vol IV
Lowery, Mark, Vol IV
Maddux, Stephen, Vol III
Martin, Sean Charles, Vol IV
Nagy, Moses Melchior, Vol III
Norris, John Martin, Vol IV
Pacwa, Mitch, Vol IV
Parens, Joshua, Vol IV
Rosemann, Philipp W., Vol IV
Sanchez, Elizabeth Doremus, Vol III
Sepper, Dennis L., Vol IV
Simmons, Lance, Vol IV
Smith, Janet E., Vol IV
Sommerfeldt, John R., Vol I
Sullivan, Charles R., Vol I
Swietek, Francis Roy, Vol I
Welch, June R., Vol I
West, Grace Starry, Vol II, III
Wilhelmsen, Alexandra, Vol I
Wood, Robert, Vol IV

University of Dayton, Dayton

Anderson, William P., Vol IV
August, Eugene R., Vol II
Barnes, Michael Horton, Vol IV
Bednarek, Janet, Vol I
Benson, Paul H., Vol IV
Blatt, Stephen J., Vol II
Branick, Vincent P., Vol IV
Chinchar, Gerald T., Vol IV
Doyle, Dennis M., Vol IV
Eid, Leroy Victor, Vol I
Fischer, Marilyn R., Vol IV
Fouke, Daniel C., Vol IV
Hagel, Thomas L., Vol IV
Heft, James L., Vol IV
Herbenick, Raymond M., Vol IV
Inglis, John, Vol IV
Jablonski, Leanne M., Vol IV
Jenkins, Fred W., Vol III
Johnson, Patricia Altenbernd, Vol IV
Kozar, Joseph F., Vol IV
Kunkel, Joseph C., Vol IV
Luke, Brian A., Vol IV
Lysaught, M. Therese, Vol IV
Macklin, F. Anthony, Vol II
Martin, Herbert Woodward, Vol II
Martin, Judith G., Vol IV
McWhorter, Stanley B., Vol II
Mosser, Kurt, Vol III, IV
Quinn, John F., Vol IV
Richards, William M., Vol IV
Schweikart, Larry Earl, Vol I
Sudzina, Mary, Vol V
Tibbetts, Paul E., Vol IV
Tilley, Terrence W., Vol IV
Ulrich, Lawrence P., Vol IV
Wolff, Florence I., Vol II
Yocum, Sandra Mize, Vol IV
Yoder, Don, Vol II
Yungblut, Laura Hunt, Vol I

University of Delaware

Zhou, Jian-Zhong, Vol II

University of Delaware, Newark

Adams, Frederick R., Jr., Vol IV
Allmendinger, David F., Vol I
Athanassoglou-Kallmyer, Nina Maria, Vol I
Beasley, Jerry Carr, Vol II
Bergstrom, Anna, Vol III, V
Bernstein, John Andrew, Vol I
Boylan, Anne M., Vol I
Braun, Theodore, Vol III
Brock, Dewey Heyward, Vol II
Brown, Joan L., Vol III
Brown, Robert Fath, Vol IV
Byrne, John M., Vol I
Calhoun, Thomas O., Vol II
Callahan, Daniel Francis, Vol I, IV
Callahan, Raymond Aloysius, Vol I
Chapman, H. Perry, Vol I
Cole, Peter, Vol III
Courtright, John A., Vol II
Craven, Wayne, Vol I
Crawford, John S., Vol I
Curtis, James C., Vol I
Dawson, Carl, Vol II
Dee, Juliet L., Vol II
Detenber, Benjamin H., Vol II
Dilley, Frank B., Vol IV
DiRenzo, Gordon James, Vol V
Donaldson-Evans, Mary P., Vol II
Duggan, Lawrence Gerald, Vol I
Gates, Barbara Timm, Vol II, V
Geiger, Reed G., Vol I
Gibson, Ann Eden, Vol I
Goodman, Susan, Vol II
Grossman, Jonathan H., Vol II
Grubb, Farley, Vol IV
Haber, Carole, Vol I
Halio, Jay L., Vol II
Haslett, Betty J., Vol II
Heggen, Bruce A., Vol IV
Henderson, Carol E., Vol II
Herman, Bernard L., Vol I
Heyrman, Christine L., Vol I
Hoffecker, Carol E., Vol I
Hogan, Robert, Vol II
Homer, William I., Vol I
Horowitz, Sara R., Vol II
Lamay, J. Leo, Vol II
Lathrop, Thomas A., Vol III
Leitch, Thomas, Vol II
Martin, Vincent, Vol III
May, Gary, Vol I
McCagney, Nancy, Vol IV
McInnis, Judy B., Vol II
Mcleod, Douglas M., Vol II
Mell, Donald Charles, Vol II
Merrill, Thomas F., Vol II
Meyer, Donald Harvey, Vol I
Ness, Lawrence, Vol I
Newton, James E., Vol I
Pauly, Thomas Harry, Vol II
Pavitt, Charles, Vol II
Pellecchia, Linda, Vol I
Perse, Elizabeth M., Vol II
Peterson, Larry, Vol II
Pifer, Ellen, Vol II, III
Pong, David, Vol I
Postle, Martin J., Vol I
Rea, Michael C., Vol IV
Reedy, Chandra L., Vol I
Safer, Elaine Berkman, Vol II
Samter, Wendy, Vol II
Schwartz, Norman B., Vol V
Scott, Bonnie Kime, Vol II, V
Selimov, Alexander R., Vol III
Sharf, Richard S., Vol V
Sidebotham, Steven Edward, Vol I
Signorielli, Nancy, Vol II
Smith, G., Vol V
Stillman, Damie, Vol I
Stone, David M., Vol I
Thibault, Bruno, Vol III
Tolles, Bryant F., Vol I
Walker, Jeanne M., Vol II
Wedel, Alfred R., Vol III
Wolters, Raymond, Vol I
Zuckerman, Marvin, Vol V

University of Denver, Denver

Adler, Peter, Vol V
Arnold, Eric Anderson, Vol I
Barany, George, Vol I
Barbour, Alton Bradford, Vol II
Castellani, Victor, Vol II, III
Chanzit, Gwen, Vol I
Cheever, Fred, Vol IV
Clark, Patricia, Vol II
Dorsett, Lyle Wesley, Vol I
Ehrenreich, N., Vol IV
Evenson, Brian, Vol II
Furman, David M., Vol V
Gilroy, James Paul, Vol III
Golas, Peter John, Vol I
Goodfriend, Joyce Diane, Vol I
Greenspahn, Frederick E., Vol IV
Hill, Roscoe Earl, Vol IV
Howard, W. Scott, Vol II
Hughes, J. Donald, Vol I
Ishimatsu, Ginette, Vol III
Jones, John F., Vol V
King, Edith, Vol V
Kiteley, Brian, Vol II
Laitos, Jan Gordon, Vol I, IV
Littlefield, Neil Oakman, Vol IV
Marsh, Lucy A., Vol IV
Nanda, Ved P., Vol IV
Nice, Julie A., Vol IV
Olsen, Alexandra, Vol II
Rhodes, Paula R., Vol IV
Standring, Timoty, Vol I
Stott, Annette, Vol I
Sutton, Paul, Vol I
Syliowicz, Joseph S., Vol I, IV
Ward, Seth, Vol III
Warlick, M. E., Vol I
Watt, Norman F., Vol V
Yegge, Robert Bernard, Vol IV

University of Detroit Mercy

Albrecht, Gloria H., Vol IV
Barry, Michael, Vol II
Bolz, Barbara J., Vol II
Crabtree, Clarie, Vol II, V
Crawford, David R., Vol IV
Culik, Hugh, Vol II
Dause, Charles A., Vol II
DeWindt, Edwin B., Vol I
Dicks, Vivian I., Vol II
Finkenbine, Roy E., Vol I
Freeman, John, Vol II
Hertz, Richard C., Vol IV
Hutchison, Harry Greene, IV, Vol IV
Koontz, Christian, Vol II, III
Kowalczyk, Richard L., Vol II
Latta, Susan M., Vol II, III
Lauer, Janice M., Vol II, III
Lowe, William J., Vol I
McGovern, Arthur F., Vol IV
McKendrick, Norman G., Vol II
Meisse, Tom, Vol I, V
Pickering, George W., Vol IV
Rike, Jennifer L., Vol IV
Rombes, Nicholas, Vol II
Saliba, John A., Vol IV
Schaberg, Jane D., Vol IV
Shen, Raphael, Vol IV
Staudenmaier, John M., Vol I
Stever, Sarah S., Vol I
Sumner, Gregory D., Vol I
Tubbs, James B., Vol IV
Wagner, Wenceslas Joseph, Vol IV
Weber, Leonard J., Vol IV
Wedberg, Lloyd W., Vol II, III

University of Dubuque

Colyer, Elmer M., Vol IV
Drummond, Richard Henry, Vol II, III
Healey, Robert Mathieu, Vol I, IV
Platt, Elizabeth Ellan, Vol IV
Stevenson-Moessner, Jeanne, Vol IV

University of Evansville

Baer, William, Vol II
Brown, Arthur A., Vol II
Caldwell, Larry, Vol III
Carson, Michael, Vol II
Haegert, John, Vol II
Hemminger, William, Vol II
Longmire, Samuel, Vol II
McMullan, Margaret, Vol II
McMullen, Margaret, Vol II
Richardson, Donald, Vol II, III
Shiller, Dana, Vol II
Snow, Helena, Vol II

University of Findlay

Kern, Gilbert Richard, Vol I, IV
Nye, Jean C., Vol III
Stulman, Louis, Vol IV

University of Florida

Alexander, Laurence Benedict, Vol IV
Allington, Richard Lloyd, Vol V
Ankersen, Thomas T., Vol IV
Ardelt, Monika, Vol V
Baker, Susan Read, Vol III

Baldwin, Fletcher N., Jr., Vol IV
Baum, Robert J., Vol IV
Bennett, Gerald T., Vol IV
Berardo, Felix Mario, Vol V
Borg, Marian J., Vol V
Brundage, William F., Vol I
Bullivant, Keith, Vol I, III
Bushnell, David, Vol I
Cailler, Bernadette Anne, Vol II
Calfee, Dennis A., Vol IV
Calin, William, Vol III
Carnell, Corbin Scott, Vol II
Chamberlin, Bill F., Vol IV
Chu, Chauncey Cheng-Hsi, Vol III
Clark, Ira, Vol II
Cohn, Stuart R., Vol IV
Colburn, David Richard, Vol I
Collier, Charles W., Vol IV
Cotter, Thomas F., Vol IV
Craig-Taylor, Phyliss, Vol IV
D'Amico, Robert, Vol IV
Davis, Jeffrey, Vol IV
Der-Houssikian, Haig, Vol III
Derrick, Clarence, Vol II
Dewsbury, Donald A., Vol V
Dickison, Sheila Kathryn, Vol I, II, III
Diller, George Theodore, Vol III
Dilley, Patricia E., Vol IV
Dowd, Nancy E., Vol IV
Du Toit, Brian M., Vol V
Duckworth, Alistair Mckay, Vol II
Feagin, Joe R., Vol V
Flournoy, Alyson Craig, Vol IV
Foltz, Richard, Vol I
Formisano, Ronald P., Vol I
Frazer, William Johnson, Vol IV
Friel, Michael K., Vol IV
Funk, Arthur Layton, Vol I
Gay-Crosier, Raymond, Vol III
Geggus, D., Vol I
Gilbert, Pamela K., Vol II
Giles, Geoffrey John, Vol I
Gordon, Andrew, Vol II
Gordon, Michael W., Vol IV
Gregory, Frederick, Vol I
Hackett, David H., Vol I, IV, V
Harrison, Jeffrey L., Vol IV
Hartigan, Karelisa V., Vol II, III
Hatch, Robert A., Vol I
Hausenblas, Heather Ann, Vol V
Hiers, Richard H., Vol IV
Hill-Lubin, Mildred Anderson, Vol II
Holland, Norman N., Vol II
Hudson, Davis M., Vol IV
Hulvey, S. Yumiko, Vol III
Hurst, Thomas R., Vol IV
Isenberg, Sheldon Robert, Vol I, IV
Israel, Jerold H., Vol IV
Jacobs, Michelle S., Vol IV
Janelle, Christopher M., Vol V
Johnston, Otto William, Vol III
Juergensmeyer, Julian C., Vol IV
Katritzky, Linde, Vol III
Kershner, R. Brandon, Vol II, III
Kushner, David Z., Vol II
Lanzillotti, Robert F., Vol IV
Lear, Elizabeth T., Vol IV
Lewis, Jeffrey E., Vol IV
Lidsky, Lyrissa C. Barnett, Vol IV
Little, Joseph W., Vol IV
Lokken, Lawrence, Vol IV
Ludwig, Kirk, Vol IV
Malavet, Pedro A., Vol IV
Margolis, Maxine Luanna, Vol V
Mashburn, Amy R., Vol IV
Mazur, Diane H., Vol IV
McCoy, Francis T., Vol IV
McCulloch, Elizabeth, Vol IV
McKeen, William, Vol I, II, V
McMahon, Martin J., Jr., Vol IV
McMahon, Robert J., Vol I
Millender, Michael J., Vol IV
Miller, C. Douglas, Vol IV
Miller, D. Gary, Vol II, III
Mills, Jon L., Vol IV
Moberly, Robert B., Vol IV
Moffat, Robert C. L., Vol IV
Nagan, Winston P., Vol IV
Nanji, Azim A., Vol III
Needell, Jeffrey D., Vol I
Nelson, Marie, Vol II
New, Melvyn, Vol II
Nicholas, James C., Vol IV
Noah, Lars, Vol IV
Nunn, Kenneth B., Vol IV
Oberst, Michael A., Vol IV
Page, Judith W., Vol II
Paul, Harry W., Vol I, IV
Pozzetta, George Enrico, Vol I
Ray, Greg, Vol IV
Rennert, Hellmut Hal, Vol III
Richardson, David M., Vol IV
Rush, Sharon E., Vol IV
Schlenker, Barry R., Vol V
Schmeling, Gareth Lon, Vol III
Schmidt, Patricia Lois, Vol II
Scholes, Robert James, Vol III
Schulz, Geralyn, Vol II
Seigel, Michael L., Vol IV
Shepperd, James A., Vol V
Shoaf, R. Allen, Vol II
Slobogin, Christopher, Vol IV
Smith, David T., Vol IV
Smith, F. Leslie, Vol II
Smith, Julian, Vol II
Smith, Stephanie A., Vol II
Smith, Walter L., Vol V
Smocovitis, Vassiliki B., Vol I
Sommerville, Charles John, Vol I
Stansbury, James P., Vol V
Stephan, Alexander, Vol III
Sturgill, Claude C., Vol I
Sussman, Lewis Arthur, Vol II, III
Swanson, Bert E., Vol IV
Taylor, Grace W., Vol IV
Thompson, Roger Mark, Vol III, V
Thursby, Gene Robert, Vol I, IV
Todorova, M., Vol I
Turner, Eldon R., Vol I
Twitchell, James B., Vol II
Twitchell, Mary Poe, Vol IV
Weyrauch, Walter Otto, Vol IV
Williams, Winton E., Vol IV
Willis, Steven J., Vol IV
Witmer, Donald G., Vol IV
Wright, Danaya C., Vol IV
Wyatt-Brown, Anne M., Vol III
Wyatt-Brown, Bertram, Vol I
Zieger, R. H., Vol I

University of Georgia

Adams, Michael F., Vol II
Algeo, John T., Vol II
Amir, Nader, Vol V
Amstutz, Margaret A., Vol II
Anderson, James C., Jr., Vol II, III
Bartley, Numan V., Vol I
Bennett-Alexander, Dawn DeJuana, Vol IV
Boney, Francis Nash, Vol I
Brooks, Dwight E., Vol II
Broussard, Ray F., Vol I
Brown, Stewart Jay, Vol I
Clarke, Bowman Lafayette, Vol IV
Colvert, James B., Vol II
Cooney, Mark, Vol V
Craige, Betty Jean, Vol II
Curtis, Robert I., Vol I
Dowling, John Clarkson, Vol III
Doyle, Charles Clay, Vol II, V
Dupre, Anne P., Vol IV
Ferreira, Debora R. S., Vol II, III
Fite, Gilbert Courtland, Vol I
Franklin, Rosemary F., Vol II
Free, William Joseph, Vol II
Freer, Coburn, Vol II
Gordon, Walter Martin, Vol II, IV
Grandt, Jurgen E., Vol II
Gruner, Charles R., Vol II
Halper, Edward Charles, Vol IV
Harrison, Frank Russell, Vol IV
Hellerstein, Nina, Vol III
Hellerstein, Walter, Vol IV
Heslep, Robert Durham, Vol IV, V
Hilton, Nelson, Vol II
Hoffer, Peter Charles, Vol I
Holmes, William F., Vol I
Huberty, Carl J., Vol V
Ingersoll, Richard, Vol V
Johnson, Julie Greer, Vol II, III
Jorgensen, Peter A., Vol III
Karpf, Juanita, Vol II
Kibler, James Everett, Jr., Vol II
Klein, Jared S., Vol III
Kleiner, Scott Alter, Vol IV
Kraft, Elizabeth A., Vol II
Kretzschmar, William A., Jr., Vol II, III
LaFleur, Richard Allen, Vol II, III
Langley, Lester Danny, Vol I
Leary, William M., Vol I
Lessl, Thomas M., Vol III
Lewis, Ward B., Vol III
Mantero, Manuel, Vol III
McAlexander, Hubert H., Vol II
Mcalexander, Patricia Jewell, Vol II
McCaskill, Barbara Ann, Vol II
McGregor, James H. S., Vol III
Medine, Carolyn Jones, Vol IV
Miller, R. Baxter, Vol II
Moore, Rayburn Sabatzky, Vol II
Moran, Mary H., Vol II
Moran, Michael G., Vol II
Morrow, John Howard, Jr., Vol I
Moshi, Lioba, Vol III
Nicholson, John H., Vol II, III
Parkes, Adam, Vol II
Pollack, Robert, Vol V
Power, William L., Vol IV
Roberts, Bryndis Wynette, Vol V
Rosenberg, Alexander, Vol IV
Ruppersburg, Hugh, Vol II
Saunt, Claudio, Vol I
Schoenbrun, D. L., Vol I
Simon, Janice, Vol I
Stephens, Lester Dow, Vol I
Surrency, Erwin C., Vol I, IV
Teague, Frances Nicol, Vol II
Thomas, Emory M., Vol I
Thomas, Maxine Suzanne, Vol IV
Tucker, Robert Askew, Vol III
Vance, John Anthony, Vol II
Vipperman, Carl, Vol I
Wall, Bennett Harrison, Vol I
Wynes, Charles Eldridge, Vol I

University of Great Falls

Bobbitt, Curtis W., Vol II
Furdell, Ellzabeth Lane, Vol I, IV
Zook, Donna M., Vol V

University of Guam, Mangilao

Hale, J. Keith, Vol II
Klitzkie, Lourdes Palomo, Vol V
Mezo, Richard E., Vol II

University of Guelph, Guelph

Benson, Renate, Vol I, III
Cyr, Mary, Vol I, II
Davis, Marie, Vol II
Dorter, Kenneth, Vol IV
Graham, Kenneth Wayne, Vol II
Keefer, Janice Kulyk, Vol II
Marshall, Linda Edith, Vol II
Matthews, Victor J., Vol II, III
Rooke, Constance M., Vol II
Rubio, Mary H., Vol II
Settle, Tom, Vol IV
Spring, Howard, Vol II
Vaughan, Frederick, Vol IV

University of Hartford, West Hartford

Auten, Arthur, Vol I
Azzara, Christopher D., Vol II
Braus, Ira, Vol II
Breit, Peter K., Vol I
Dalton, Stuart, Vol IV
den Ouden, Bernard, Vol IV
Ellis, Donald, Vol II
Ghnassia, Jill Dix, Vol II
Jamil, S. Selina, Vol II
Katz, Sandra, Vol II
Keteku, Oheneba E., Vol V
Miller, Patrick, Vol II
Mori, Akane, Vol II
Roderick, John M., Vol II
Saunders, T. Clark, Vol II
Seabury, Marcia, Vol II
Stevenson, Catherine Barnes, Vol II, V
Stull, William L., Vol II
Tonkin, Humphrey R., Vol II, III
Wilheim, Imanuel, Vol II

University of Hawaii at Hilo

Best, Gary Dean, Vol I
Brown, Susan G., Vol V
Doudna, Martin Kirk, Vol I, II, V
Gordon, Ronald D., Vol II
Rogers, Lawrence William, Vol III
Wang, Enbao, Vol IV

University of Hawaii at Manoa

Ball, Robert J., Vol II, III
Beechert, Edward D., Vol I
Bender, Byron Wilbur, Vol III
Benouis, Mustapha Kemal, Vol III
Bentley, Jerry Harrell, Vol I
Bickerton, Derek, Vol III
Bloom, Alfred, Vol IV
Bomberger, E. Douglas, Vol I, II
Brandon, James R., Vol II
Carroll, William Dennis, Vol II
Chang, Sen Dou, Vol I
Chaudron, Craig, Vol III
Cheng, Chung-Ying, Vol III, IV
Choe, Yong-ho, Vol I
Cohn, Joel, Vol III
Cook, Haruko M., Vol III
Cowing, Cedric Breslyn, Vol I
Creed, Walter Gentry, Vol II
Daniel, Marcus L., Vol I
Defrancis, John, Vol III
Ellsworth, James Dennis, Vol II, III
Finney, Ben Rudolph, Vol V
Forman, Michael Lawrence, Vol III, V
Graves, Michael W., Vol V
Hooper, Paul F., Vol I
Hsieh, Hsin-I, Vol III
Jacobs, Roderick Arnold, Vol III
Knapp, Terence R., Vol II
Kraft, James P., Vol I
Kwok, D. W. Y., Vol I
Ladd, Doris, Vol I
Lam, Truong Buu, Vol I
Lamb, Ramdas, Vol IV
Levy, Alfred J., Vol II
Littman, Robert J., Vol I, II, III
Lo, Chin-Tang, Vol III
Lyovin, Anatole Vladimirovich, Vol III
Marshall, W. Gerald, Vol II
Mathias, Gerald Barton, Vol III
McCutcheon, Elizabeth North, Vol II
Mccutcheon, James Miller, Vol I
Menikoff, Barry, Vol II
Morse, Jonathan, Vol II
Newby, I. A., Vol I
Ochner, Nobuko M., Vol III
Peters, Ann Marie, Vol III
Reid, Lawrence Andrew, Vol III
Richards, Leon, Vol II, IV
Roberts, Rodney C., Vol IV
Scherer, William F., Vol III
Schutz, Albert J., Vol III
Schweizer, Niklaus R., Vol III
Seymour, Richard Kellogg, Vol III
Sharma, Jagdish P., Vol I, IV
Shi, Mingzheng, Vol I
Speidel, Michael Paul, Vol I
Stephan, John Jason, Vol I
Tahara, Mildred Machiko, Vol III
Tao, Tien-Yi, Vol I
Tiles, J. E., Vol IV
Trowbridge, John, Vol IV
Wade, Rex Arvin, Vol I
Wayne, Valerie, Vol II
Yen, D. E., Vol V

University of Hawaii-Honolulu Community College

Bennett Peterson, Barbara, Vol I
Bilmes, Jack, Vol V
Bontekoe, Ron, Vol IV
Ferguson, Kathy E., Vol IV
Hatfield, Elaine, Vol V
Knowlton, Edgar C., Jr., Vol III
Nicholson, Peter C., Vol II
Rapson, Richard L., Vol I
Umemoto, Karen, Vol I

University of Hawaii-Kapiolani Community College

Hefner, Carl, Vol V

University of Hawaii-West Oahu

Falgout, Suzanne, Vol V

University of Houston

Alvarez, Jose E., Vol I
Austin, William H., Vol IV
Balestra, Alejandra, Vol III
Bell, Linda, Vol V
Benremouga, Karima, Vol II
Bernard, John, Vol II
Brown-Guillory, Elizabeth, Vol II
Christian, Garna, Vol I
Cunningham, Merrilee A., Vol II
Curry, Lawrence H., Jr., Vol I
Decker, Hannah S., Vol I
Dirst, Matthew, Vol II
Dworkin, Anthony G., Vol V
Fisher, Robert Bruce, Vol I
Fishman-Boyd, Sarah, Vol I
Ford, Thomas Wellborn, Vol II
Hart, John Mason, Vol I
Hawes, William K., Vol II
Holt, Frank L., Vol I
Jackson, Richard A., Vol I
Johnsen, Bredo C., Vol IV
Johnson, Richard Ronald, Vol I
Jones, James Howard, Vol I
Kanellos, Nicolas, Vol II, III
Lewis, Mary R., Vol V
Lindahl, Carl, Vol II, V
Martin, James Kirby, Vol I
McLendon, Will Loving, Vol III
Melosi, Martin V., Vol I
Mieszkowski, Gretchen, Vol II
Mikics, David, Vol II
Miles, Edwin Arthur, Vol I
Mintz, Steven, Vol I
Nelson, William N., Vol IV
Nogee, Joseph Lippman, Vol IV
O'Brien, Thomas F., Vol I
Osterberg, Susan, Vol V
Parsons, Keith M., Vol I, IV
Phillips, Robert, Vol II
Pollock, James, Vol II
Rasmussen, S. J., Vol V
Reed, Linda, Vol I
Robbins, Susan P., Vol V
Rothman, Irving N., Vol II
Sherman, Roger, Vol IV
Stone, Bailey S., Vol I
Storrs, Landon R. Y., Vol I
Switzer, Les, Vol II
Tinsley, James Aubrey, Vol I
Wagner, Paul Anthony, Vol IV
Waldner-Haugrud, Lisa, Vol V
Walker, Ronald Gary, Vol II
Wyschogrod, Michael, Vol IV
Zophy, Jonathan W., Vol I

University of Houston-Clear Lake

Gorman, John, Vol III
Kierstead, Fred P., Vol V
McMullen, Mike, Vol IV, V
Petrovich, Alisa, Vol I

University of Houston-Downtown

McCaffrey, James M., Vol I

University of Houston-Victoria

Smith, Harold L., Vol I
Stanford, RoseMary, Vol IV

University of Idaho, Moscow

Fischer, Jerome M., Vol V
George, Kathryn Paxton, Vol IV
Gier, Nicholas F., Vol IV
Hackmann, William Kent, Vol I, II
Harris, Robert Dalton, Vol I
Jankowski, Piotr, Vol I
Klimko, Ronald, Vol II
Lushnig, Cecilia Eaton, Vol II, III
McFarland, Ronald E., Vol II
Olsen, Lance, Vol II
Putsche, Laura, Vol V

Rwiza, Katetegeilwe MosesKatetegeilwe MosesKatetegeilwe Moses, Vol I
Sipahigil, Teoman, Vol II
Stoll, Sharon, Vol V
Stratton, Charles R., Vol II
Williams, Gary, Vol II

University of Illinois at Chicago

Albrecht, Gary Louis, Vol V
Alexander, Michael C., Vol I
Anderson, Greg, Vol I, II, III
Barahona, Renato, Vol I
Bartky, Sandra, Vol IV
Bledstein, Burton J., Vol I
Bottoms, Bette L., Vol V
Broudy, Harry S., Vol IV, V
Bruegmann, Robert, Vol I
Chastain, Charles, Vol IV
Conroy, Peter Vincent, Vol III
Daily, Jonathan, Vol I
Danzer, Gerald, Vol I, V
Davis, Lennard J., Vol II
Dickie, George T., Vol IV
Dickie, Matthew Wallace, Vol III
Dominowski, Roger L., Vol V
Dworkin, Gerald, Vol IV
Edelberg, Walter, Vol IV
Edie, Carolyn A., Vol I
Fanning, Steve, Vol I
Fields, Beverly, Vol II
Fiscella, Joan B., Vol II, IV
Fish, Stanley E., Vol II, IV
Fleischacker, Sam, Vol IV
Fried, Richard M., Vol I
Fromm, Gloria Glikin, Vol II
Gardiner, Judith Kegan, Vol II
Gasienica-Byrcyn, Anna Zofia, Vol II, III
Gebhard, Elizabeth Replogle, Vol I
Gilbert, Bentley Brinkerhoff, Vol I
Graber, Doris A., Vol IV
Graff, Gerald E., Vol II, V
Grossman, Neal, Vol IV
Grover, Dorothy, Vol IV
Hales, Peter Bacon, Vol I
Hardy, John Edward, Vol II
Hart, Bill, Vol IV
Hart, W. D., Vol IV
Higgins, Hannah, Vol I
Hilbert, David, Vol IV
Hockings, Paul E., Vol V
Holli, Melvin G., Vol I
Huggett, Nick, Vol IV
Hulse, Clark, Vol I, II
Hylton, Peter, Vol IV
Jarrett, Jon, Vol IV
Jennings, Lee B., Vol III
John, Richard R., Vol I
Jones, Peter D. A., Vol I, IV
Jordan, David P., Vol I
Keys, Christopher, Vol V
Kulczycki, John, Vol I
Laden, Anthony, Vol IV
Lee, Mi Kyoung, Vol IV
Lee, Shoou-Yih D., Vol V
Leighton, Lauren Gray, Vol II, III
Levy, Richard S., Vol I
Lieb, Michael J., Vol II
Lind, Rebecca, Vol II
Livezey, Lowell W., Vol IV
Lukacher, Ned, Vol II, III
Maharg, James, Vol III
Makkai, Adam, Vol III
Margolin, Victor, Vol I
Marshall, Donald G., Vol II
Meinwald, Constance, Vol IV
Mellon, Stanley, Vol I
Messenger, Christian Karl, Vol II
Messer, Robert Louis, Vol I
Miller, Marion S., Vol I
Miller, Virginia E., Vol I
Mills, Charles, Vol IV
Nelson, Judith C., Vol V
Nims, John Frederick, Vol II
Perman, Michael, Vol I
Pollak, Martha, Vol I
Poston, Lawrence S., Vol II
Ramsey, John T., Vol II, III
Ransby, Barbara, Vol I
Remini, Robert Vincent, Vol I
Roosevelt, Anna C., Vol V
Royster, Philip M., Vol I
Sack, James J., Vol I
Schechtman, Marya, Vol IV
Schelbert, Leo, Vol I
Schultheiss, K., Vol I
Schwartz, Mildred A., Vol V
Simpson, Dick, Vol IV
Sinkler, Georgette, Vol IV
Smith, Daniel Scott, Vol I
Sokol, David M., Vol I
Sweetser, Marie-Odile, Vol III
Tabbi, Joseph, Vol II
Tannenbaum, Rebecca J., Vol I
Wallach, Luitpold, Vol II, III
Wexman, Virginia Wright, Vol II
Wilson, Kent, Vol IV
Wood, Barbara, Vol II
Woodman, Taylor, Vol I
Zukowsky, John, Vol I

University of Illinois at Springfield

Boltuc, Piotr, Vol IV
Jackson, Jacqueline Dougan, Vol II
Shaidian, Hammed, Vol V
Shiner, Larry, Vol I, IV
Van Der Slik, Jack Ronald, Vol V
Van Dyke, Annette, Vol V

University of Illinois at Urbana-Champaign

Accad, Evelyne, Vol I
Ackerson, Barry J., Vol V
Adelman, Gary S., Vol II
Anderson, James D., Vol I
Avelar, Idelber, Vol III
Baron, Dennis, Vol II
Baron, Marcia, Vol IV
Barrett, James R., Vol I
Baym, Nina, Vol II
Beckett, Steven J., Vol IV
Bernard, Paul Peter, Vol I
Berube, Michael, Vol V
Blake, Nancy, Vol III
Borgeson, Paul A., Vol III
Bristol, Evelyn C., Vol III
Bruner, Edward M., Vol V
Buchanan, Donna A., Vol II
Buckler, John, Vol I
Burkhardt, Richard W., Vol I
Burton, Orville Vernon, Vol I
Calder, William M., III, Vol II, III
Campbell, Jackson Justice, Vol II
Capwell, Charles, Vol II
Carringer, Robert L., Vol I, II, V
Cassell, Anthony K., Vol III
Chandler, Hugh, Vol IV
Choldin, Marianna Tax, Vol I
Chow, Kai-Wing, Vol III
Cole, Howard Chandler, Vol II
Colombo, John D., Vol IV
Copeland, Robert M., Vol V
Cribbet, John E., Vol IV
Crummey, Donald E., Vol I
Cuno, Kenneth M., Vol I
Cussins, Adrian, Vol IV
Davey, William J., Vol IV
Davis, Peter, Vol II
De Ley, Herbert C., Vol III
Dean, Tim, Vol II
Delgado, Luisa Elena, Vol III
Doak, Kevin M., Vol I
Douglas, George Halsey, Vol I, II
Dulany, Don E., Vol V
Dussias, Paola E., Vol III
Dussinger, John Andrew, Vol II
Ebbs, Gary, Vol IV
Escobar, Anna Maria, Vol III
Espelage, Dorothy, Vol V
Fehl, Philipp P., Vol I
Figueira, Dorothy, Vol III
Finkin, Matthew W., Vol IV
Fresco, Alain D., Vol III
Fresco, Karen, Vol III
Freyfogle, Eric T., Vol IV
Friedberg, Maurice, Vol III
Friedman, John Block, Vol II
Fritzsche, Peter, Vol I
Fu, Poshek, Vol I
Garcia, Matt, Vol I
Garrett, Peter, Vol II
Gerlach, U. Henry, Vol III
Gladney, Frank Y., Vol III
Goldsmith, Daena J., Vol II
Goodman, David G., Vol III
Graves, Robert, Vol II
Green, Georgia Marks, Vol III
Guibbory, Achsah, Vol II
Gushee, Lawrence, Vol II
Haboush, Ja-Hyun Kim, Vol I
Hannon, Bruce M., Vol I
Harris, Fred O., Vol IV
Hibbard, Caroline Marsh, Vol I
Hill, John Walter, Vol II
Hill, Steven Phillips, Vol III
Hitchins, Keith, Vol I
Hoddeson, Lillian, Vol I
Hoffman, Valerie J., Vol IV
Hoxie, Frederick E., Vol I
Hualde, Jose Ignacio, Vol III
Hurt, James Riggins, Vol II
Jacobsen, Nils, Vol I
Jacobson, Howard, Vol II
Jaher, Frederic Cople, Vol I
Jakle, John Allais, Vol I
Jenkins, Frederic Magill, Vol III
Johannsen, Robert W., Vol I
Jones, Robert Alun, Vol IV
Kachru, Braj Behari, Vol III
Kachru, Yamuna, Vol III
Kalipeni, Ezekiel, Vol I
Kaplan, Richard L., Vol IV
Kay, W. David, Vol II
Kesan, Jay P., Vol IV
Kibbee, Douglas, Vol III
Kling, Blair B., Vol I
Knust, Herbert, Vol III
Koenker, Diane P., Vol I
Koslofsky, Craig, Vol I
Kramer, Dale Vernon, Vol II
Krummel, Donald William, Vol II
Kruty, Paul, Vol I
LaFave, Wayne R., Vol IV
Lasersohn, Peter, Vol III
Leff, Mark H., Vol I
Lie, John J., Vol V
Lieberman, Laurence, Vol II
Liebersohn, Harry, Vol I
Littlefield, Daniel C., Vol I
Lorbe, Ruth Elisabeth, Vol II
Lott, Robert Eugene, Vol III
Love, Joseph L., Vol I
Lynn, John A., Vol I
Maggs, Peter B., Vol IV
Maher, Patrick L., Vol IV
Mall, Laurence, Vol III
Marchand, James Woodrow, Vol III
Marder, Herbert, Vol II
McCarthy, Timothy, Vol IV
McColley, Robert, Vol I
McConnaughay, Philip J., Vol IV
McGlathery, James Melville, Vol III
Mckay, John Patrick, Vol I
McKim, Robert, Vol IV
McLaughlin, Megan, Vol I
McMahan, Jefferson, Vol IV
Melnick, Atrhur, Vol IV
Michel, Sonya, Vol I
Michelson, Bruce, Vol I, II
Mitchell, Richard E., Vol I
Mohr, Richard, Vol IV
Morgan, Jerry Lee, Vol III
Mortimer, Armine Kotin, Vol III
Mullin, Michael A., Vol II
Murdoch, H. Adlai, Vol III
Neely, Wright, Vol IV
Nelson, Cary Robert, Vol II
Nelson, Robert J. Ames, Vol III
Nettl, Bruno, Vol II
Nichols, Jalden, Vol I
Nikelly, Arthur G., Vol V
Nowak, John E., Vol IV
Oberdeck, Kathryn J., Vol I
Olney, Marjorie F., Vol V
Omaggio Hadley, Alice, Vol III
Ordonez, Francisco, Vol III
Pachmuss, Temira, Vol III
Painter, Richard W., Vol IV
Palencia-Roth, Michael, Vol III
Pan, Da'an, Vol III
Pandharipande, Rajeshwari, Vol IV
Pauketat, Timothy, Vol V
Pecoraro, Rosilie Hernandez, Vol III
Pleck, Elizabeth, Vol I
Popescu, Nicolae, Vol III
Porton, Gary Gilbert, Vol I, IV
Prochaska, David, Vol I
Pruett, John H., Vol I
Radding, Cynthia, Vol I
Ratner, Lorman A. (Larry), Vol I
Reagan, Leslie J., Vol I
Reynolds, Laurie A., Vol IV
Rich, Robert F., Vol IV
Ringer, Alexander, Vol II
Rivest, Johanne, Vol II
Rosenthal, Lisa, Vol I
Ross, Stephen F., Vol IV
Rotunda, Ronald Daniel, Vol IV
Salamon, Sonya, Vol V
Sansone, David, Vol II, III
Scanlan, Richard T., Vol II, III
Schacht, Richard, Vol IV
Schack, Haimo, Vol IV
Schejbal, David, Vol IV
Schmitt, Frederick Francis, Vol IV
Schoeps, Karl H., Vol III
Schroeder, Paul W., Vol I
Schroeder, William, Vol IV
Shapiro, Michael, Vol IV
Shoben, Elaine W., Vol IV
Shwayder, David, Vol IV
Smarr, Janet Levarie, Vol III
Solberg, Winton Udell, Vol I
Spence, Clark Christian, Vol I
Spence, Mary Lee, Vol I
Stein, Arnold, Vol II
Steinberg, Mark D., Vol I
Stewart, Charles Cameron, Vol I
Stillinger, Jack, Vol II
Stone, Victor J., Vol IV
Sullivan, Zohreh Tawakuli, Vol II
Talbot, Emile, Vol III
Tarr, Nina W., Vol IV
Temperley, Nicholas, Vol II
Terry, Charles T., Vol IV
Thomas, Stafford H., Vol II
Tikku, Girdhari, Vol III
Tiyambe Zeleza, Paul, Vol I
Toby, Ronald P., Vol I, V
Tolliver, Joyce, Vol III
Turino, Thomas, Vol II
Ulen, Thomas S., Vol IV
VanPatten, Bill, Vol III
Violas, Paul Constantine, Vol I, V
Wagner, Steven, Vol IV
Waldoff, Leon, Vol II
Walker, Juliet Elise Kirkpatrick, Vol I
Wallace, James Donald, Vol IV
Ward, Tom R., Vol II
Watts, Emily, Vol II
Wengert, Robert, Vol IV
Wenzel, Joseph Wilfred, Vol II
Wheeler, Richard Paul, Vol II
Widenor, William C., Vol I
Wilcox, John Chapman, Vol III
Williams, Cynthia A., Vol IV
Wilson, Robert, Vol IV
Zgusta, Ladislav, Vol III

University of Indianapolis

Anderson, David L., Vol I
Clapper, Greg, Vol IV
Feinman, Paul I., Vol II
Gentry, Marshall Bruce, Vol II
Iwamasa, Gayle, Vol V
Meier, Marga, Vol III

University of Iowa

Aikin, Judith Popovich, Vol III
Altman, Rick (Charles Frederick), Vol II, III
Andreasen, Nancy C., Vol V
Baender, Paul, Vol II
Baird, Robert Dahlen, Vol IV
Baynton, Douglas C., Vol I
Bezanson, Randall P., Vol IV
Biesecker, Barbara, Vol II
Boyd, Willard L., Vol IV
Boyle, John Phillips, Vol IV
Bozeman, Theodore D., Vol I, IV
Castagna, JoAnn E., Vol I
Ciochon, Russell L., Vol V
Coblin, Weldon South, Vol III
Cook, Smalley Mike, Vol II
Coolidge, Archibald Cary, Jr., Vol II
Cuttler, Charles David, Vol I
David, Marcella, Vol IV
De Puma, Richard Daniel, Vol I
Detmer, Hellena R., Vol II, III
Di Pardo, Anne, Vol II, V
Diaz-Duque, Ozzie Francis, Vol V
Diehl, Huston, Vol II
Douglass, R. Thomas, Vol III
Duck, Steve, Vol V
Duerlinger, James, Vol IV
Ertl, Wolfgang, Vol III
Fales, Evan Michael, Vol IV
Folsom, Lowell Edwin, Vol I, II
Forell, George Wolfgang, Vol IV
Fumerton, Richard, Vol IV
Garlinger, Patrick P., Vol II, III
Gelfand, Lawrence E., Vol I
Grant, John Ernest, Vol II
Green, Peter, Vol II, III
Hahn, Oscar, Vol III
Hanley, Sarah, Vol I
Harris, Michael Wesley, Vol I
Hawley, Ellis Wayne, Vol I
Hornsby, Roger Allen, Vol II, III
Horwitz, Henry Gluck, Vol I, IV
Hovenkamp, Herb, Vol IV
Jones, Phillip Erskine, Vol V
Kaplan, Benjamin J., Vol I
Keen, Ralph, Vol IV
Kerber, Linda Kaufman, Vol I
Knight, W. H., Vol IV
Kuenzli, Rudolf Ernst, Vol II, III
Kuntz, J. Kenneth, Vol IV
Kupersmith, William Roger, Vol II
Lavezzo, Kathy, Vol II
Levin, Irwin P., Vol V
Lohafer, Susan, Vol II
Maierhofer, Walter, Vol III
Marra, Kim, Vol II
McCloskey, Deirdre, Vol IV
Mcdowell, Frederick Peter Woll, Vol II
Michaels, Paula A., Vol I
Nagel, Alan Frederick, Vol II, III
Ringen, Catherine Oleson, Vol III
Rohrbough, Malcolm J., Vol I
Schacht, John N., Vol I
Schwalm, Leslie A., Vol I
Soloski, John, Vol II
Spalding, James Colwell, Vol IV
Spitzer, Alan B., Vol I
Stensvaag, John-Mark, Vol IV
Thomas, Randall S., Vol IV
Tomasini, Wallace John, Vol I
Ungar, Steven, Vol III
Wachal, Robert Stanley, Vol III
Wertz, Christopher Allen, Vol III
Weston, Burns H., Vol IV
Widiss, Alan I., Vol IV
Williams-Hackett, Lamara, Vol II
Woodard, Fredrick, Vol V

University of Judaism, Los Angeles

Bouler, Steven W., Vol II
Lowenstein, Steven Mark, Vol I
Zevit, Ziony, Vol III

University of Kansas, Lawrence

Alexander, John T., Vol I
Anatol, Giselle L., Vol II
Anderson, Danny L., Vol III
Anderson, Gordon A., Vol I, II
Antonio, Robert, Vol V
Bailey, Victor, Vol I
Baron, Frank, Vol III
Bays, Daniel Henry, Vol I
Bergeron, David M., Vol II
Bhana, Surendra, Vol I
Blue, William Robert, Vol III
Booker, John T., Vol II
Boon, Jean-Pierre, Vol III
Brushwood, John Stubbs, Vol II, III
Caminero-Santangelo, Marta, Vol II
Casagrande, Peter Joseph, Vol II
Chamberlin, V. A., Vol III
Cherniss, Michael David, Vol II
Cienciala, Anna M., Vol I
Clark, Walter, Vol II
Coggins, George Cameron, Vol IV
Cole, Richard, Vol IV
Conrad, Joseph Lawrence, Vol III
Conrad, Kathryn A., Vol II
Corbeill, Anthony, Vol II, III
Cudd, Ann E., Vol IV
Dardess, John W., Vol I
Debicki, Andrew Peter, Vol III
DeGeorge, Richard, Vol IV
Devitt, Amy J., Vol II
Dick, Ernst S., Vol III
Dinneen, David A., Vol III
Doudoroff, Michael John, Vol III
Elliott, Dorice W., Vol II
Findlay, Robert, Vol II
Fourny, Diane, Vol III
Fowler, Doreen, Vol II
Freeman, Bryant C., Vol III
Galton, Herbert, Vol III

Genova, Anthony Charles, Vol IV
Gold, Ellen Reid, Vol II
Gold, Joel Jay, Vol II
Goodman, Grant Kohn, Vol I
Gordon, Jacob U., Vol I
Graham, Maryemma, Vol II
Greaves, Rose Louise, Vol I
Greenberg, Marc L., Vol III
Hanson, Allan, Vol V
Hardin, Richard F., Vol II
Harrington, Robert, Vol V
Hartman, James Walter, Vol II, III
Head, John W., Vol IV
Herzfeld, Anita, Vol III
Hirsch, Bernard Alan, Vol II
Hoeflich, Michael H., Vol I, IV
Ingemann, Frances, Vol III
Jewers, Caroline, Vol III
Johnson, J. Theodore, Jr., Vol II
Johnson, Michael Lillard, Vol II
Katzman, David Manners, Vol I, V
Keel, William D., Vol III
Kelly, Van, Vol III
Kozma, Janice M., Vol III
Laird, Paul, Vol II
Li, Chu-Tsing, Vol I
Lombardo, Stanley, Vol III
Marquis, Donald Bagley, Vol IV
Martin, Rex, Vol IV
Marx, Leonie, Vol III
Maurer, Warren R., Vol III
Miller, Timothy, Vol I
Minor, Robert Neil, Vol IV
Mirecki, Paul A., Vol IV
Montgomery, Toni-Marie, Vol II
Nelson, Lynn Harry, Vol I
Orel, Harold, Vol II
Paludan, Phillip Shaw, Vol I
Parker, Stephen Jan, Vol III
Pasco, Allan, Vol III
Piekalkiewicz, Jaroslaw, Vol IV
Roberts, Michael C., Vol V
Robertson, Teresa, Vol IV
Saul, Norman E., Vol I, IV
Sautermaister, Gert, Vol III
Sax, Benjamin, Vol I
Scott, William O., Vol II
Shafer-Landau, Russell, Vol IV
Shaw, Michael, Vol II, III
Shortridge, James R., Vol I
Souza, Raymond D., Vol III
Spires, Robert Cecil, Vol III
Springer, Haskell Saul, Vol I, II
Stansifer, Charles Lee, Vol I
Stokstad, Marilyn Jane, Vol I
Sutton, Max K., Vol II
Sweets, John Frank, Vol I
Tuttle, William M., Vol I
Ukpokodu, Peter, Vol II
Wilson, Theodore A., Vol I
Worth, George John, Vol II
Yetman, Norman Roger, Vol I, V

University of Kentucky, Lexington

Albisetti, James C., Vol I
Allen, John, Vol III
Allison, Jonathan, Vol II
Alvey, Richard Gerald, Vol II, V
Anderman, Eric M., Vol V
Banning, Lance, Vol I
Betts, Raymond Frederick, Vol I
Blues, Thomas, Vol II
Cawelti, John George, Vol I, II
Chassen-Lopez, Francie R., Vol I
Christianson, Eric Howard, Vol I
Clark, James J., Vol V
Clubbe, John L. E., Vol II
Daniel, E. Randolph, Vol IV
Dendle, Brian John, Vol III
Eastwood, Bruce Stansfield, Vol I
Eller, Ronald, Vol I
Erickson, John, Vol III
Fiedler, Theodore, Vol III
Fox, James Walker, Vol IV
Frank, Daniel H., Vol IV
Freehling, William W., Vol I, V
Furlough, Ellen, Vol I
Gaetke, Eugene Roger, Vol IV
Gardner, Joseph Hogue, Vol II
Harris, Joseph John, III, Vol V
Heath, Robin L., Vol V
Herring, George C., Vol I
High, Dallas Milton, Vol IV
Ireland, Robert, Vol I
Jones, Margaret E. W., Vol III
Keller, John Esten, Vol III
Kiernan, Kevin S., Vol II
Kratz, Bernd, Vol III
Krislov, Joseph, Vol IV
Lihani, John, Vol III
Longyear, Rey Morgan, Vol II
Manns, James William, Vol IV
Miller, David Lee, Vol II
Niebylski, Dianna, Vol III
Nugent, Donald Christopher, Vol I, IV
Olshewsky, Thomas Mack, Vol IV
Olson, Robert W., Vol I
Perreiah, Alan Richard, Vol I, IV
Petrone, Karen, Vol I
Phillips, Jane Ellen, Vol II, III
Pickens, Rupert Tarpley, Vol IV
Popkin, Jeremy D., Vol I
Robinson, Andrew, Vol V
Servlnikov, Sergio, Vol I
Shawcross, John Thomas, Vol II
Sineath, Timothy W., Vol II
Smith, Daniel B., Vol I
Stanton, Edward F., Vol I, III
Starr-Lebeau, Gretchen D., Vol I
Swift, Louis Joseph, Vol II, III
Thomas, John Wesley, Vol III
Warth, Robert Douglas, Vol I
Wilkinson, Doris, Vol V
Wrobel, Arthur, Vol II

University of La Verne, La Verne

Ayala-Alcantar, Christina, Vol V
Burris-Kitchen, Deborah J., Vol V
Le Sueur, James, Vol I

University of Laval

Auger, Reginald, Vol I
Fortin, Michel, Vol I
Hirtle, Walter Heal, Vol III
Lemire, Maurice, Vol II
Mackey, William Francis, Vol III
Manning, Alan, Vol III
Page, Jean-Guy, Vol IV
Pelchat, Marc, Vol IV
Ponton, Lionel, Vol IV
Roberge, Rene-Michel, Vol I, IV
Valois, Raynald, Vol I

University of Lethbridge, Lethbridge

Brown, Bryson, Vol IV
Cassis, Awny F., Vol II
Greenshields, Malcolm, Vol I
Huel, Ray, Vol I
O'Dea, Jane, Vol IV
Peacock, Kent, Vol IV
Robinson, Tom, Vol I
Rodrigues, Hillary, Vol IV
Stingl, Michael, Vol IV
Tagg, James, Vol I
Titley, E. Brian, Vol I
Viminitz, Paul, Vol IV

University of London

Betz, Mark W., Vol II
Pagel, Ulrich, Vol IV

University of Louisiana, Lafayette

Conrad, Glenn Russell, Vol I
Dorwick, Keith, Vol II
Garrett, Aline M., Vol V
Iskander, Sylvia W., Vol II
Johnson, David C., Vol I
Kocher, Suzanne A., Vol III
Korcz, Keith, Vol IV
Laudun, John, Vol II, V
Oller, John William, Vol III
Raffel, Burton, Vol II
Reilly, Timothy F., Vol I
Richard, Carl, Vol I
Sandoz, Charles Jeffrey, Vol V
Wang, Hsiao-Ming, Vol IV
Wooddell, George, Vol V

University of Louisiana, Monroe

Kauffman, Bette J., Vol II
McClelland, John Fleming, Vol II
Steckline, C. Turner, Vol II, III
Wilson, Holly, Vol IV

University of Louisville, Louisville

Alperson, Philip A., Vol IV
Axton, William F., Vol II
Buchanan, Rhonda L., Vol III
Burnett, Donald L., Vol IV
Comprone, Joseph John, Vol II
Cunningham, William, Vol III
Curry, Leonard Preston, Vol I
deZeeuw, Anne Marie, Vol II
Ferre, John P., Vol II
Freibert, Lucy Marie, Vol II
Grossi, Elizabeth L., Vol IV
Hall, Dennis R., Vol II
Hart, Joy L., Vol II
Hausman, Carl R., Vol IV
Hudson, James Blaine, III, Vol V
John, Eileen, Vol IV
Kebric, Robert Barnett, Vol I
Kimball, Robert, Vol IV
Mackey, Thomas C., Vol I
Mahoney, Daniel F., Vol V
Maloney, Thomas, Vol IV
Masolo, D. A., Vol IV
McCarthy, Justin, Vol I
McLeod, John, Vol I
Medina, Manuel F., Vol III
Miller, Robert H., Vol II
Morgan, William, Vol I
Mullen, Karen A., Vol II, III
Negrey, Cynthia, Vol V
Nuessel, Frank, Vol III
Portes, Pedro R., Vol V
Potter, Nancy, Vol IV
Powell, Cedric Merlin, Vol IV
Sandhu, Dava S., Vol V
Schultze, Sydney, Vol III
Simmons, Paul D., Vol IV
St Clair, Robert, Vol III
Stenger, Robert Leo, Vol IV
Van, Thomas A., Vol II, III
Warren, Manning G., III, Vol IV
Weaver, Russell L., Vol IV
Weissbach, Lee Shai, Vol I
Wiggins, Osborne P., Jr., Vol IV
Willard, Charles A., Vol II

University of Maine at Augusta

Schlenker, Jon A., Vol V
Waugh, Charles G., Vol II, V

University of Maine at Farmington

Cohen, Johathan, Vol IV
Condon, Richard Herrick, Vol I
Flint, Allen Denis, Vol I, II
Franson, J. Karl, Vol II
Outka, Paul Harold, Vol II

University of Maine at Orono

Acampora, Christa Davis, Vol IV
Babcock, Robert Harper, Vol I
Blanke, Richard, Vol I
Cunningham, Sarah B., Vol IV
Delogu, Orlando E., Vol IV
Dietrich, Craig, Vol I
Donovan, Josephine, Vol II
Egenhofer, Max J., Vol I
French, Paulette, Vol III
Fries, Russell Inslee, Vol I
Hatlen, Burton Norval, Vol II
Howard, Michael W., Vol IV
Huggins, Cynthia, Vol II
Jacobs, Naomi, Vol II
Judd, Richard, Vol I
Kwiatkowski, J., Vol V
Langellier, Kristin M., Vol II
Markides, Kyriacos, Vol V
Mooney, L. R., Vol I
Munson, Henry Lee, Vol V
Pease, Jane Hanna, Vol I
Peterson, Eric E., Vol II
Petrik, Paula E., Vol I
Rogers, Deborah D., Vol II
See, Scott W., Vol I
Smith, David Clayton, Vol I
Smith, Laurence D., Vol I, V
Thomas, Sidney C., Vol V
Troiano, James J., Vol III
Turner, Win, Vol V

University of Manitoba, Winnipeg

Amabile, George, Vol II
Anna, Timothy, Vol I
Aponiuk, Natalia, Vol I
Arnason, David E., Vol II
Bucknell, Brad, Vol II
Busby, Karen, Vol IV
Carroll, Francis Martin, Vol I
Cooley, Dennis O., Vol II
Day, Terence Patrick, Vol I, IV
de Toro, Fernando, Vol II
Doerksen, Victor Gerard, Vol III
Donatelli, Joseph M. P., Vol II
Egan, Rory Bernard, Vol II, III
Esau, Alvin, Vol IV
Fainstein, Lisa, Vol IV
Finnegan, Robert Emmett, Vol II
Gordon, Alexander Lobban, Vol III
Groome, Margaret, Vol II
Harvey, Cameron, Vol IV
Heller, Henry, Vol I
Hoople, Robin P., Vol II
Johnson, Christopher G., Vol II
Joubert, Andre, Vol III
Kinnear, Michael S. R., Vol I
Klassen, William, Vol IV
Klostermaier, Klaus Konrad, Vol IV
Kroetsch, Robert P., Vol II
Layman, Lewis M., Vol II
Lenoski, Daniel S., Vol II
Marantz, Enid Goldstine, Vol III
McGillivray, Anne, Vol IV
Moss, Laura, Vol II
Moulton, Edward C., Vol I
Muller, Adam, Vol II
O'Kell, Robert P., Vol II
Ogden, John T., Vol II
Penner, Roland, Vol IV
Rempel, John W., Vol II
Schwartz, Bryan, Vol IV
Smith, Brenda Austin, Vol II
Sneiderman, Barney, Vol IV
Snyder, Stephen W., Vol II
Stambrook, Fred, Vol I
Steiman, Lionel Bradley, Vol I
Stuesser, Lee, Vol IV
Teunissen, John J., Vol II
Toles, George E., Vol II
Turner, Myron M., Vol II
Vadney, Thomas Eugene, Vol I
Walz, Eugene P., Vol II
Weil, Herbert S., Vol II
Weil, Judith R., Vol II
Young, Arlene, Vol II

University of Mary Hardin-Baylor, Belton

Howard, Diane, Vol II
Reynolds, J. Alvin, Vol IV
Shelburne, D. Audell, Vol II
Walker-Nixon, Donna, Vol II
Wyrick, Stephen Von, Vol III, IV

University of Maryland at Baltimore

Adler, Marina, Vol V
Arnold, Joseph L., Vol I
Bell, John D., Vol I
Bogen, David S., Vol IV
Booth, Richard A., Vol IV
Brennan, Timothy J., Vol IV
Browne, Gary Lawson, Vol I
Brumbaugh, John Maynard, Vol IV
Burke, Colin B., Vol I
Chiu, Hungdah, Vol IV
Fitzpatrick, Carolyn H., Vol II
Herbert, Sandra Swanson, Vol I
Herr, Stanley S., Vol IV
Irmscher, Christoph, Vol II
Kars, Marjoleine, Vol I
Masi, Dale A., Vol V
McKusick, James C., Vol II
Mitchell, Reid, Vol I
Nucho, Aina O., Vol V
Palley, Howard A., Vol V
Papadakis, Aristeides, Vol I
Ritschel, Daniel, Vol I
Rothstein, William G., Vol V
Rubinstein, Robert L., Vol V
Tatarewicz, Joseph N., Vol I
Vaporis, Constantine N., Vol I
Webb, Robert Kiefer, Vol I
Wexler, Victor G., Vol I
Zuravin, Susan, Vol V

University of Maryland Baltimore County, Baltimore

Bittner, Thomas, Vol IV
Boehling, Rebecca, Vol I
Catania, A. Charles, Vol V
Cohen, Warren I., Vol I
Field, Thomas Tilden, Vol III
Grubb, James S., Vol I
Harrison, Daphne Duval, Vol II
Hrabowski, Freeman Alphonsa, III, Vol V
Jeffries, John W., Vol I
Kahane, Howard, Vol IV
Korenman, Joan Smolin, Vol II
Oden, Gloria, Vol II
Yip, Ka-che, Vol I

University of Maryland, College Park

Achinstein, Sharon, Vol II
Albert, Peter J., Vol I
Auerbach, Jonathan, Vol II
Barry, Jackson Granville, Vol II
Bauer, Ralph R., Vol II
Bedos-Rezak, Brigitte, Vol I
Belz, Herman Julius, Vol I
Benito-Vessels, Carmen, Vol III
Berlin, Adele, Vol I, IV
Berlin, Ira, Vol I
Best, Otto Ferdinand, Vol III
Bradbury, Miles L., Vol I
Breslow, Marvin A., Vol I
Brown, Peter G., Vol IV
Brown, Richard H., Vol V
Brush, Stephen George, Vol I
Bryer, Jackson R., Vol II
Bub, Jeffrey, Vol IV
Cai, Deborah A., Vol II
Caramello, Charles, Vol II
Caughey, John L., Vol I, V
Claude, Richard P., Vol IV
Colantuono, Anthony, Vol I
Cole, Wayne S., Vol I
Cunningham, William Dean, Vol V
Cypess, Sandra M., Vol III
Darden, Lindley, Vol I, IV
Davidson, Roger Harry, Vol IV
Davis, Johnetta Garner, Vol II
Denny, Don William, Vol I
Derose, Laurie, Vol V
Dix, Jennifer A., Vol III
Doherty, Lillian E., Vol III
Donawerth, Jane L., Vol II
Eckstein, Arthur M., Vol I
Evans, Emory Gibbons, Vol I
Fink, Edward L., Vol II
Finkelstein, Barbara, Vol I, V
Flack, James, Vol I
Fleck, Jere, Vol III
Fraistat, Neil R., Vol II
Freedman, Morris, Vol II, III
Freimuth, Vicki S., Vol II, V
Friedel, Robert D., Vol I
Gaines, Robert N., Vol II, IV
Gerstel, Sharon E. J., Vol I
Gilbert, James B., Vol I
Gillespie, Patti P., Vol II
Grimsted, David Allen, Vol I, V
Gullickson, Gay Linda, Vol I, V
Hallett, Judith Peller, Vol III
Hampton, Robert L., Vol V
Harlan, Louis R., Vol I
Harris, James F., Vol I
Henretta, James A., Vol I
Hershenson, David B., Vol V
Hiebert, Ray Eldon, Vol II
Hill, Clara E., Vol V
Holton, William Milne, Vol II
Horty, John F., Vol IV
Igel, Regina, Vol III
Isaacs, Neil D., Vol II
Jashemski, Wilhelmina F., Vol I
Jenkins, Virginia Scott, Vol I
Kelly, R. Gordon, Vol II
Klumpp, James F., Vol II
Kornbluth, Genevra, Vol I
Lawson, Lewis Allen, Vol II

Lee, Hugh Ming, Vol II, III
Leonardi, Susan J., Vol II
Lesher, James, Vol IV
Levinson, Jerrold, Vol IV
Lightfoot, David, Vol II
Lounsbury, Myron, Vol I
Lyons, Clare A., Vol I
Martin, Raymond Frederick, Vol IV
Matossian, Mary Kilbourne, Vol I
McCaleb, Joseph L., Vol II
Mintz, Lawrence E., Vol I, II
Moses, Claire G., Vol V
Moss, Alfred A., Jr., Vol IV
Nemes, Graciela Palau, Vol III
Niles, Lyndrey Arnaud, Vol II
Nogueira, Claudia B., Vol III
Olson, Alison Gilbert, Vol I
Olson, Keith Waldemar, Vol I
Paoletti, Jo, Vol I, II, V
Parks, Sheri L., Vol II
Parry-Giles, Trevor, Vol II
Pasch, Alan, Vol IV
Pease, John, Vol V
Penner, Merrilynn J., Vol V
Peterson, Carla L., Vol II
Presser, Harriet B., Vol V
Pressly, William L., Vol I
Price, Richard, Vol I
Promey, Sally M., Vol I
Ridgway, Whitman Hawley, Vol I
Ritzer, George, Vol V
Rutherford, Charles Shepard, Vol II
Rutledge, Steven H., Vol II, III
Sagoff, Mark, Vol IV
Sandy, Kity, Vol I
Segal, David R., Vol V
Sherman, William H., Vol II
Sies, Mary Corbin, Vol I
Smith, Barry D., Vol V
Smith, Gregory C., Vol V
Staley, Gregory A., Vol II, III
Sthele, Eva, Vol II
Sullivan, Denis, Vol I, III
Sumida, Jon T., Vol I
Tarica, Ralph, Vol III
Taylor, James Coleridge, Vol V
Terchek, Ronald John, Vol IV
Vandiver, Elizabeth, Vol II, III
Vanegmond, Peter, Vol II
Vann, Robert Lindley, Vol I
Waks, Leah, Vol II
Walker, Richard E., Vol III
Wallace, William A., Vol IV
Walters, Ronald, Vol I
Warren, Donald R., Vol I, V
Warren, J. Benedict, Vol I
Williams, Helen Elizabeth, Vol II
Winton, Calhoun, Vol II
Wolvin, Andrew D., Vol II, III
Woolf, Leonard, Vol II
Wyatt, David M., Vol II
Zilfi, Madeline Carol, Vol I, IV, V

University of Maryland, Columbia

Corley, Constance Saltz, Vol V

University of Maryland, Eastern Shore

Harleston, Robert Alonzo, Vol IV
Hedgepeth, Chester Melvin, Jr., Vol II
Keenan, Richard Charles, Vol II
Onwudiwe, Ihekwoaba, Vol IV

University of Maryland, Reston

Myricks, Noel, Vol IV

University of Maryland, Silver Spring

Eliot, John, Vol V

University of Massachusetts, Amherst

Altstadt, Audrey L., Vol I
Aune, Bruce Arthur, Vol IV
Ayres, John J. B., Vol V
Bach, Emmon, Vol III
Baker, Lynne R., Vol IV
Barton, Carlin, Vol I
Bauschinger, Sigrid Elisabeth, Vol II
Benson, Jack Leonard, Vol I
Berkman, Joyce A., Vol I, V
Berlin, Normand, Vol II
Berwald, Jean-Pierre, Vol III
Bliss, Katherine, Vol I
Boudreau, Harold Laverne, Vol III
Bowman, Joye L., Vol I
Boyer, Horace Clarence, Vol II
Boyle, Kevin, Vol I
Brigham, John, Vol IV
Brown, T. Dennis, Vol II
Busi, Frederick, Vol III
Cantor, Milton, Vol I
Carlson, Melvin, Jr., Vol II
Carre, Marie-Rose, Vol III
Cassirer, Thomas, Vol II, III
Cathey, James E., Vol III
Chang, Briankle G., Vol II
Chappell, Vere Claiborne, Vol IV
Cheney, Donald, Vol II, III
Chrisman, Miriam Usher, Vol I
Clayton, John J., Vol II
Cohen, Alvin Philip, Vol I, III
Collins, Dan Stead, Vol II
Cooks, Leda M., Vol II
Davidov, Judith Fryer, Vol I
Dincauze, Dena F., Vol I
Drake, Fred, Vol I
Duckert, Audrey Rosalind, Vol III
Edwards, Lee R., Vol II
Erdman, Harley M., Vol II
Fabos, Julius Gyula, Vol I
Fisher, Gene A., Vol V
Foster, Lawrence, Vol IV
Frank, Joseph, Vol II
Frazier, Lyn, Vol III
French, Roberts Walker, Vol II
Garaud, Christian, Vol III
Gentry, Atron A., Vol V
Gintis, Herbert, Vol IV
Glassberg, David, Vol I
Goldman, Sheldon, Vol IV
Gordon, Daniel, Vol I
Greenfield, Sumner M., Vol III
Hafner, J., Vol I
Harbison, Craig, Vol I
Heffernan, Charles, Vol II
Higgins, Roger F., Vol III
Higginson, John, Vol I
Johnson, Kyle B., Vol III
Johnston, William M., Vol I
Jones, Robert Edward, Vol I
Karpinski, Gary S., Vol II
Keefe, Robert, Vol II
Kingston, John, Vol III
Kitchell, Kenneth F., Vol II, III
Koehler, G. Stanley, Vol II
Kratzer, Angelika, Vol III
Laurie, Bruce, Vol I
Lawall, Gilbert Westcott, Vol II, III
Lawall, Sarah Nesbit, Vol III
Levy, Barry, Vol I
Love, Barbara, Vol V
Lowance, Mason Ira, Vol II
Maddox, Donald, Vol III
Mariani, Paul L., Vol II
Martin, Daniel, Vol III
Matthews, Gareth Blanc, Vol IV
May, Ernest, Vol II
Mazzocco, Elizabeth H., Vol III
McFarland, Gerald W., Vol I
Minear, Richard H., Vol I
Moran, Charles, Vol II
Naff, William E., Vol III
Nightingale, Carl, Vol I
Nissenbaum, Stephen Willner, Vol I
Owens, Larry, Vol I
Partee, Barbara H., Vol III
Paulsen, Wolfgang, Vol III
Peiss, Kathy, Vol I
Pelz, Stephen Ernest, Vol I
Philippides, Marios, Vol III
Platt, Gerald M., Vol V
Porter, Dennis, Vol III
Portuges, Catherine, Vol III
Rausch, Jane M., Vol I
Rearick, Charles, Vol I
Richards, Leonard, Vol I
Roeper, Thomas, Vol III
Roskill, Mark, Vol I
Rudman, Masha, Vol V
Ryavec, Karl William, Vol IV
Sarti, Roland, Vol I
Schwartzwald, Robert, Vol III
Scott, Nina Margaret, Vol III
Sears, Dianne, Vol III
Seelig, Harry E., Vol II, III
Selkirk, Elisabeth, Vol III
Seymour, Harry N., Vol III
Shipley, Neal Robert, Vol I
Sleigh, Robert Collins, Vol IV
Speas, Margaret, Vol III
Spivack, Charlotte K., Vol II
Stone, Jennifer, Vol III
Story, Ronald, Vol I
Sturm-Maddox, Sara, Vol III
Swaim, Kathleen Mackenzie, Vol II
Swartz, Marvin, Vol I
Tager, Jack, Vol I
Tillis, Frederick C., Vol II
Trehub, Arnold, Vol V
Watkins, Andrea, Vol II
Wickwire, Mary Botts, Vol I
Wilson, Mary C., Vol I
Wobst, H. Martin, Vol I
Wolff, Robert Paul, Vol IV
Woolford, Ellen, Vol III
Wyman, David S., Vol I
Zamora, Juan C., Vol III

University of Massachusetts, Boston

Amiji, Hatim M., Vol I
Bacigalupe, Gonzalo, Vol V
Basu, Ananyo, Vol IV
Berthoff, Ann Evans, Vol II, III
Blum, Lawrence A., Vol IV, V
Buckley, Thomas, Vol V
Burgin, Diana Lewis, Vol III
Chesson, Michael, Vol I
Chu, Jonathan M., Vol I
Coll-Tellecha, Reyes, Vol I, III
Collins, Martha, Vol II
Conlon, John J., Vol II
Crossley, Robert Thomas, Vol II
Faler, Paul G., Vol I
Foss, Clive, Vol I
Garrett, Gerald R., Vol IV, V
Hartwell, Stephanie, Vol V
Horsley, Ritta Jo, Vol III
Horton, Susan R., Vol II
Kaye, Lawrence J., Vol IV
Knight, Charles, Vol II
Larson, Calvin J., Vol V
Mcalpine, Monica Ellen, Vol II
McMullin, Thomas Austin, Vol I
Milburn, Michael A., Vol V
Nisetich, Frank, Vol III
O'Connell, Shaun V., Vol II
Petronella, Vincent F., Vol II
Quitt, Martin Herbert, Vol I
Radden, Jennifer, Vol IV
Rothwell, Kenneth S., Vol II, III
Schwartz, Lloyd, Vol II
Silver, Mitchell, Vol IV
Smith, Judith, Vol I
Smith, Louise, Vol II
Smith, Woodruff Donald, Vol I
Smuts, Malcolm R., Vol I
Thompson, Brian, Vol III
Volpe, Gerald Carmine, Vol III
Walters, Hubert Everett, Vol II, V
Washington, Mary Helen, Vol II
Weisman, Amy Gina, Vol V
Winch, Julie P., Vol I

University of Massachusetts, Dartmouth

Dace, Letitia, Vol II
Gamburd, Geraldine, Vol V
Huff, Toby E., Vol V
Ingraham, Vernon Leland, Vol II
Koot, Gerard M., Vol I
Krumholz, Susan, Vol V
Marlow, James Elliott, Vol II
Nelles, William, Vol II
Scionti, Joseph Natale, Vol I
Stauder, Jack, Vol V
Werly, John Mcintyre, Vol I
Yoken, Mel B., Vol III

University of Massachusetts, Lowell

Blewett, Mary H., Vol I
Bond, Meg, Vol V
Chorajian, Levon, Vol V
De Girolami Cheney, Liana, Vol I
Holladay, Hilary, Vol II
Karr, Ronald Dale, Vol II
Kramer, Mary Duhamel, Vol II
Ogasapian, John, Vol II
Whelan, Robert, Vol III

University of Memphis

Albanese, Ralph, Vol III
Bensman, Marvin R., Vol II
Brown, Walter R., Vol I
Burgos, Fernando, Vol II
Caffrey, Margaret M., Vol I
Carlson, Thomas Clark, Vol II
Crouse, Maurice A., Vol I
Dameron, John Lasley, Vol II
Evans, David Huhn, Vol II
Fickle, James Edward, Vol I
Fulton, DoVeanna S., Vol II
Hawes, Joseph, Vol I
Hurley, Forrest Jack, Vol I
Kriegel, Abraham David, Vol II
MacNealy, Mary Sue, Vol II
Manopolous, Monique M., Vol III
Nenon, Thomas J., Vol IV
Purtle, Carol Jean, Vol I
Ranta, Richard R., Vol II
Robinson, Hoke, Vol IV
Russell, Irma S., Vol IV
Shadish, W. R., Vol V
Shaheen, Naseeb, Vol II
Shoemaker, David W., Vol IV
Simco, Nancy Davis, Vol IV
Skeen, C. Edward, Vol I
Strauser, David, Vol V
Tucker, Cynthia Grant, Vol II, III
Tucker, David Milton, Vol I
Ward, Jeannette P., Vol V
White, Lonnie Joe, Vol I
Wilson, Major L., Vol I

University of Miami, Coral Gables

Antoni, Michael H., Vol V
Beck, Herman, Vol I
Benstock, Shari, Vol II
Carlebach, Michael L., Vol I
Casebier, Allan, Vol I, IV
Dreyer, Edward L., Vol I
Dunham, Roger, Vol V
Fitzgerald, John Thomas, Jr., Vol IV
Freeman, Kathryn S., Vol II
Goldman, Alan H., Vol IV
Graf, David Frank, Vol I
Guttenberg, Barnett, Vol II
Haack, Susan, Vol IV
Johnson, Sheri L., Vol V
Judd, Catherine, Vol II, V
Kanet, Roger E., Vol IV
Kelleghan, Fiona, Vol II
Kling, David, Vol I, IV
Lemos, Ramon M., Vol IV
Levine, Robert M., Vol I
Lewis, Peter J., Vol IV
Lohof, Bruce Alan, Vol I
Manning, Elliott, Vol IV
McCarthy, Patrick A., Vol II
Muller, Peter O., Vol I
Mundy, Peter, Vol V
Page, John Bryan, Vol V
Palmeri, Frank, Vol II
Pospesel, Howard, Vol IV
Russo, John Paul, Vol II
Stampino, Maria Galli, Vol III
Suchlicki, Jaime, Vol I
Suzuki, Mihoko, Vol II
Taylor, Linda L., Vol V
Thiel, Diane, Vol II
Warren, M., Vol III
Woshinsky, Barbara, Vol III

University of Michigan, Ann Arbor

Allen, Layman E., Vol IV
Anderson, Elizabeth S., Vol IV
Antonucci, Tony C., Vol V
Arroyo, Jossiana, Vol III
Bailey, Richard Weld, Vol II
Bauland, Peter Max, Vol II
Becker, Alton Lewis, Vol III
Becker, Marvin Burton, Vol I
Beckman, Gary M., Vol I
Bellamy, James Andrew, Vol III
Billick, David Joseph, Vol II, III
Blotner, Joseph Leo, Vol II
Bornstein, George J., Vol II
Brater, Enoch, Vol II
Britton, Allen Perdue, Vol II
Bryant, Bunyan I., Vol V
Burling, Robbins, Vol III, V
Carpenter, Bogdana, Vol III
Chang, Chun-Shu, Vol I, III
Cole, Juan R., Vol I
Collins, Derek B., Vol II, III, V
Conard, Alfred Fletcher, Vol IV
Cotera, Maria E., Vol I, V
Cowen, Roy C., Vol III
Darwall, Stephen L., Vol IV
Eadie, John W., Vol I
Eby, Cecil Degrotte, Vol I, II
Eley, Geoff, Vol I
Ellsworth, Phoebe C., Vol V
Endelman, Todd Michael, Vol I, IV
Fabian, Hans Joachim, Vol III
Faller, Lincoln B., Vol II
Fine, Sidney, Vol I
Freedman, David Noel, Vol III
Frier, Bruce W., Vol I, II, III
George, Emery Edward, Vol I, III
Gernes, Todd Steven, Vol II
Gibbard, Allan Fletcher, Vol IV
Gikandi, Simon E., Vol II
Goic, Cedomil, Vol III
Goldstein, Laurence Alan, Vol I
Gonzalez, John M., Vol II
Gray, Floyd Francis, Vol III
Green, Thomas Andrew, Vol I, IV
Grew, Raymond, Vol I
Hafter, Monroe Z., Vol III
Harrison, Don K., Sr., Vol V
Holter, Mark Clark, Vol V
House, James S., Vol V
Ingram, William, Vol II
Jackson, James S., Vol V
Jensen, Ejner Jacob, Vol II
Johnson, Lemuel A., Vol II
Johnson, Mayumi Yuki, Vol III
Kahn, Douglas A., Vol IV
Kamisar, Yale, Vol IV
Karlsen, Carol F., Vol I
Kirkpatrick, Diane Marie, Vol I
Kivelson, Valerie, Vol I
Knott, John R., Vol II
Knysh, Alexander D., Vol I
Konigsberg, Ira, Vol II
Krahmalkov, Charles R., Vol I
Krier, James Edward, Vol IV
Kucich, John Richard, Vol II
Kyes, Robert L., Vol III
Lempert, Richard O., Vol IV
Lewis, David Lanier, Vol I, IV
Lindner, Rudi Paul, Vol I
Loeb, Louis Edward, Vol IV
Maxwell, Donald R., Vol III
McIntosh, James Henry, Vol II
McKeachie, William M., Vol V
Mermier, Guy R., Vol III
Moody, Charles David, Sr., Vol V
Muller, Marcel, Vol III
Ness, Gayl DeForrest, Vol V
Paslick, Robert H., Vol III
Patterson, Willis Charles, Vol II
Pedley, John Griffiths, Vol I
Perkins, Bradford, Vol I
Pernick, Martin Steven, Vol I
Porter, J. I., Vol II, III
Proops, Ian, Vol IV
Rabkin, Eric S., Vol II
Rastalsky, Hartmut, Vol III
Sameroff, Arnold, Vol V
Sandalow, Terrance, Vol IV
Schneider, Carl E., Vol IV
Scott, Rebecca Jarvis, Vol I
Seidler, Ingo, Vol III
Sharf, Robert H., Vol IV
Singer, J. David, Vol IV
Sklar, Lawrence, Vol IV
Smith, Richard Candida, Vol I
Smith-Rosenberg, Carroll, Vol I, V
Spector, Scott, Vol I
Spink, Walter M., Vol I
Starr, Chester G., Vol I
Stein, Eric, Vol IV
Steneck, Nicholas H., Vol I
Stolz, Benjamin Armond, Vol III
Taylor, Dorceta E., Vol I
Terpstra, Vern, Vol II, IV
Thrall, Trevor, Vol II
Trautmann, Thomas Roger, Vol I
Verdesio, Gustavo, Vol III
Vining, Joseph, Vol IV
Vinovskis, Maris A., Vol I
Vosteen, Thomas, Vol III

Waggoner, Lawrence W., Vol IV
Wald, Alan Maynard, Vol I, II
Walton, Kendall, Vol IV
Warner, Robert Mark, Vol I
Weiss, Hermann Friedrich, Vol III
White, James Justesen, Vol IV
Whiting, Steven, Vol II
Williams, Melvin D., Vol V
Windfuhr, Gernot Ludwig, Vol III
Winter, David G., Vol V
Witke, E. C., Vol II
Wolowitz, Howard M., Vol V

University of Michigan, Dearborn

Baumgarten, Elias, Vol IV
Berkove, Lawrence Ivan, Vol II
Hughes, Paul, Vol IV
Kamachi, Noriko, Vol I
Lee, Dorothy A. H., Vol II
Linker, Maureen, Vol IV
Linn, William Joseph, Vol II
Papazian, Dennis Richard, Vol I
Rosenthal, Marilynn M., Vol V
Spinelli, Emily L., Vol II
Summers, Claude Joseph, Vol II
Wider, Kathleen V., Vol IV

University of Michigan, Flint

Anderson, Jami L., Vol IV
Blakely, Everett, Vol V
Dunlop, Charles, Vol IV
Friesen, Lauren, Vol II, IV
Gardner, Catherine, Vol IV
Oaklander, L. Nathan, Vol IV
Wisneski, Richard, Vol II

University of Minnesota, Duluth

Adams, Stephen J., Vol II
Bartlett, Beth, Vol IV
Bock, Carol A., Vol II
Bock, Martin F., Vol II
Cole, Eve Browning, Vol II, III, IV
Conant, Jonathan Brendan, Vol III
Fetzer, James Henry, Vol I, IV
Fischer, Roger Adrian, Vol I
Jankofsky, Klaus P., Vol III
Kramer, Joyce Marie, Vol V
Linn, Michael D., Vol II, III
Lips, Roger C., Vol II
Maypole, Donald E., Vol V
Rallis, Helen, Vol V
Storch, Neil T., Vol I
Trolander, Judith Ann, Vol I
Wilson, Janelle L., Vol V
Zeitz, Eileen, Vol II, III

University of Minnesota, Edina

Nash, Elizabeth, Vol II

University of Minnesota, Morris

Ahern, Wilbert H., Vol I
Guyotte, Roland L., Vol I
Hinds, Harold E., Jr, Vol I
Underwood, Ted Leroy, Vol I

University of Minnesota, Twin Cities Campus, St. Paul

Akehurst, F. R. P., Vol I, III
Allman, Jean M., Vol I
Altholz, Josef L., Vol I
Arenas, Fernando, Vol III
Babcock, William, Vol II
Bachrach, Bernard S., Vol I
Bales, Kent, Vol II
Barnes, Betsy, Vol III
Bashiri, Iraj, Vol I, III
Beatty, John, Vol IV
Befort, Stephen, Vol IV
Belifiore, Elizabeth S., Vol II, III
Berlin, Andrea Michelle, Vol I
Berman, Hyman, Vol I
Bowie, Norman, Vol IV
Brauer, Kinley, Vol I
Brennan, Timothy A., Vol II
Brewer, Daniel, Vol II
Brewer, Maria Minich, Vol III
Brewer, Maria Minich, Vol II
Browne, Donald R., Vol II
Brustein, William, Vol V
Cardamone, Donna, Vol II
Chambers, Sarah, Vol I
Chang, Tsan-Kuo, Vol II
Chen, J., Vol IV
Chen, Jim, Vol IV
Clark, Anna, Vol I, V
Clayton, Tom, Vol I, II
Cohen, Andrew D., Vol V
Cooper, Frederick A., Vol I
Crain, Patricia, Vol II
Dahl, Norman, Vol IV
Davis, Gordon B., Vol IV
Dolan, John M., Vol IV
Doyle, Kenneth, Vol V
Duin, Ann Hill, Vol II
Eaton, Marcia M., Vol IV
Eckart, Michelle, Vol V
Elliott, Carl, Vol IV
Erickson, Gerald M., Vol III
Erickson, Martha F., Vol V
Evans, John Karl, Vol I
Evans, Sara M., Vol I
Faber, Ronald, Vol II
Fang, Irving E., Vol II
Farah, Caesar E., Vol I, IV
Farber, Daniel Alan, Vol IV
Farmer, Edward, Vol I
Ferran, Ofelia, Vol III
Firchow, Evelyn Scherabon, Vol III
Firchow, Peter Edgerly, Vol II, III
Frase, Richard S., Vol IV
Fry, Gerald W., Vol IV
Fullerton, Gerald Lee, Vol III
Garcia, Hazel F. Dicken, Vol II
Gidmark, Jill B., Vol II
Giere, Ronald N., Vol IV
Gifford, Daniel Joseph, Vol IV
Gillmor, Donald M., Vol II
Goetz, Edward G., Vol IV
Good, David F., Vol I
Green, George D., Vol I
Griffin, Edward M., Vol II
Grimstad, Kaaren, Vol III
Gross, Alan G., Vol II
Gundel, Jeannette K., Vol III
Gunderson, Keith, Vol IV
Gurak, Laura J., Vol II
Hancher, Charles Michael, Vol II
Hanson, William H., Vol IV
Hartmann, Douglas R., Vol V
Hellman, Geoffrey, Vol IV
Henry, Daniel Joseph, Vol IV
Hirsch, Gordon D., Vol II
Hirschbach, Frank Donald, Vol III
Holtman, Sarah Williams, Vol IV
Hopkins, Jasper, Vol IV
Howe, John R., Vol I
Hudec, Robert Emil, Vol IV
Isaacman, Allen, Vol I
Isett, Christopher, Vol I
Jahn, Gary Robert, Vol III
Jara, Rene, Vol III
Kac, Michael, Vol IV
Kahn, Jeffrey P., Vol IV
Kelly, Thomas, Vol I
Kendall, Calvin B., Vol II
Kieft, David, Vol I
Klee, Carol A., Vol III, V
Knoke, David, Vol V
Kohlstedt, Sally Gregory, Vol I
Kopf, David, Vol I
Kraabel, Alf Thomas, Vol II, III, IV
Krevans, Nita, Vol II, III
Kuftinec, Sonja, Vol II
Lardinois, Andre P. M. H., Vol II, III
Lay, Mary M., Vol II
Layton, Edwin Thomas, Vol I
Lee, Chin-Chuan, Vol II
Levinson, Bernard M., Vol I
Lewis, Douglas, Vol IV
Leyasmeyer, Archibald I., Vol II
Liberman, Anatoly, Vol III
Liu, Catherine, Vol II, III
Longino, Helen, Vol IV
Malandra, William, Vol I, II, III
Marshall, Byron K., Vol I
Martinez, Ronald L., Vol III
Mason, H. E., Vol IV
May, Elaine Tyler, Vol I
May, Lary L., Vol I
Maynes, Mary Jo, Vol I
McCaa, Robert, Vol I
McDowell, Earl E., Vol II
McNally, Sheila, Vol I
McNaron, Toni Ann Hurley, Vol II
Menard, Russell R., Vol I
Mikelonis-Paraskov, Victoria M., Vol II
Miller, Carol, Vol I
Morrison, Fred L., Vol IV
Munholland, John Kim, Vol I
Myers, Samuel L., Jr., Vol I
Nagar, Richa, Vol I, V
Nelson, Charles A., Vol V
Noakes, Susan, Vol III
Noble, David Watson, Vol I
Noonan, Thomas S., Vol I
Norling, Lisa A., Vol I
Norwood, James, Vol II
O'Brien, Jean, Vol I
O'Connell, Joanna, Vol III
Ocampo, Francisco, Vol III
Olson, Stuart Douglas, Vol III
Ouren, Dallas, Vol IV
Overmier, J. Bruce, Vol V
Owens, Joseph, Vol IV
Paganini, Maria, Vol III
Pankake, Marcia J., Vol I
Parente, James A., Jr., Vol III
Park, Roger Cook, Vol IV
Peterson, Sandra, Vol IV
Philipon, Daniel J., Vol II
Phillips, Carla Rahn, Vol I
Phillips, William D., Jr, Vol I
Polakiewicz, Leonard A., Vol III
Preckshot, Judith, Vol III
Prell, Riv-Ellen, Vol I, IV, V
Rabinowitz, Paula, Vol I
Ramos-Garcia, Luis A., Vol III
Reed, Peter J., Vol II
Reyerson, Kathryn L., Vol I
Roberts, Nancy L., Vol II
Root, Michael, Vol IV
Ross, Donald, Vol II
Ross, Patricia A., Vol IV
Ruggles, Steven, Vol I
Samaha, Joel, Vol I
Samatar, Abdi I., Vol I
Sarles, Harvey Burton, Vol III, V
Savage, C. Wade, Vol IV
Savelsberg, Joachim, Vol V
Scanlan, Thomas, Vol II
Scheman, Naomi, Vol IV
Schwartz, Dona B., Vol II
Scott, Robert Lee, Vol II
Seidel, Robert H., Vol I
Sera, Maria D., Vol V
Sheets, George Archibald, Vol III
Sivert, Eileen, Vol III
Sonkowsky, Robert Paul, Vol II, III
Southall, Geneva H., Vol II
Spear, Allan H., Vol I
Sroufe, L. Alan, Vol V
St. Amant, Kirk R., Vol II
Stenson, Nancy Jean, Vol III
Stuewer, Roger H., Vol I
Sugnet, Charles Joseph, Vol II
Sullivan, Constance, Vol III
Taborn, John Marvin, Vol V
Taylor, David Vassar, Vol I
Tennyson, Robert, Vol V
Teraoka, Arlene, Vol I, III
Thayer, John A., Vol I
Thomas, Gary Craig, Vol II, III
Tiberius, Valerie, Vol IV
Tims, Albert R., Vol II
Tracy, James, Vol I
Tyler May, Elaine, Vol I
Uggen, Chris, Vol V
Underiner, Tamara, Vol II
Valdes, Dennis N., Vol I
Vecoli, Rudolph John, Vol I
Vidal, Hernan, Vol II, III
Wahlstrom, Billie J., Vol II
Wakefield, Ray Milan, Vol III
Wallace, John, Vol IV
Waltner, Ann, Vol I
Walzer, Arthur E., Vol II
Wang, Liping, Vol I
Waters, C. Kenneth, Vol IV
Weissbrodt, David Samuel, Vol IV
Welke, Barbara Y., Vol I
Wells, William D., Vol II
Yahnke, Robert Eugene, Vol II
Yates, Gayle Graham, Vol I
Zahareas, Anthony, Vol III
Zipes, Jack, Vol I

University of Mississippi

Abadie, Hubert Dale, Vol I
Ajootian, Aileen, Vol I
Arrington, Melvin, Vol III
Barbera, Jack Vincent, Vol II
Bell, Roseann P., Vol II
Cooke, James Jerome, Vol I
Crouther, Betty Jean, Vol I
Davis, Robert N., Vol IV
Dewey, Tom, Vol I
Eagles, Charles W., Vol I
Field, Lester L., Jr, Vol I
Fisher, Benjamin, Vol II
Galef, David A., Vol II
Gispen, Kees, Vol I
Gutierrez, John R., Vol III
Hall, James R., Vol II
Harrington, Michael Louis, Vol IV
Hoffheimer, Michael H., Vol IV
Kartiganer, Donald M., Vol II
Kiger, Joseph Charles, Vol I
Kullman, Colby Haight, Vol II
Landon, Michael De Laval, Vol I
Lawhead, William F., Vol I, IV
Metcalf, Michael F., Vol I
Moysey, Robert Allen, Vol I, III
Riggs, Robert, Vol II
Rychlak, Ronald J., Vol IV
Sharpe, Peggy, Vol III
Skemp, Sheila Lynn, Vol I
Sparks, Esther, Vol I
Steel, David Warren, Vol II
Urgo, Joseph R., Vol II
Watt, Jeffrey R., Vol I
Westmoreland, Robert B., Vol IV
Williams, Daniel E., Vol II
Wilson, Charles Reagan, Vol I, IV
Yang, Xiaobin, Vol II, III

University of Missouri, Columbia

Abrams, Douglas Edward, Vol IV
Bank, Barbara J., Vol V
Barabtarlo, Gene, Vol III
Bender, Robert M., Vol II
Benoit, William L., Vol II
Bondeson, William B., Vol IV
Braun, Ernst, Vol III
Budds, Michael J., Vol II
Bullion, John Lewis, Vol I
Burggraaff, Winfield J., Vol I
Camargo, Martin J., Vol II
Cavigioli, Rita C., Vol III
Collins, Robert Maurice, Vol I
Comfort, Kathleen, Vol III
Cooke, Thomas D., Vol II
Cooper, Harris M., Vol V
Crowley, J. Donald, Vol II
Cunningham, Noble E., Jr., Vol I
Curtis, James Malcolm, Vol III
Dawson, William, Vol II
Devlin, Albert J., Vol II
Dorsey, Carolyn Ann, Vol I
Eggener, Keith L., Vol I
Fischer, David Arnold, Vol IV
Flader, Susan L., Vol I
Foley, John Miles, Vol III
Fulweiler, Howard, Vol II
Geary, David, Vol V
Heringman, Noah, Vol II
Hessler, Richard M., Vol V
Hinkel, Howard, Vol II
Hinnant, Charles H., Vol II
Hocks, Elaine, Vol IV
Hocks, Richard, Vol II
Holtz, William, Vol II
Hooley, Daniel M., Vol III
Hudson-Weems, Clenora, Vol II
Koditschek, Theodore, Vol I
Koegel, John, Vol II
Kramer, Michael W., Vol II
Kultgen, John, Vol IV
Lago, Mary Mcclelland, Vol II, III
Lane, Eugene N., Vol II
Lewis, Marvin A., Vol III
Lyman, R. Lee, Vol V
Markie, Peter J., Vol IV
Marshall, Howard Wight, Vol I
McBain, James F., Jr., Vol IV
Miller, Kerby A., Vol I
Mullen, Edward, Vol II
Muratore, Mary Jo, Vol III
Nauert, Charles G., Vol I
Neff, Hector, Vol V
Okker, Patricia Ann, Vol II
Pierce, Glenn, Vol III
Pigg, Kenneth E., Vol V
Prahlad, Sw. Anand, Vol II, V
Presberg, Charles D., Vol III
Quirk, Thomas Vaughan, Vol II
Raitt, Jill, Vol IV
Roberts, John, Vol II
Rowlett, Ralph M., Vol V
Rueda, Ana, Vol III
Santos, Sherod, Vol II, IV
Saylor, Charles F., Vol III
Schenker, David J., Vol III
Scroggins, Daniel Coy, Vol III
Sheldon, Kennon, Vol V
Sperber, Jonathon, Vol I
Strickland, Arvarh E., Vol I
Tarkow, Theodore A., Vol II, III
Terrell, Robert L., Vol II
Thiher, Ottah Allen, Vol III
Timberlake, Charles E., Vol I
Ugarte, Michael, Vol III
Urban, Michael A., Vol I
Wall, Eamonn, Vol II
Wallace, Paul, Vol IV
Weirich, Paul, Vol IV
Whidden, Seth A., Vol III
Williams, Jeff, Vol II
Worthington, Ian, Vol I, II, III

University of Missouri, Kansas City

Aitken, Joan Evelyn, Vol II
Alarid, Leanne F., Vol IV
Berets, Ralph Adolph, Vol II
Berger, Mark, Vol IV
Berman, Jeffrey B., Vol IV
Brodsky, Patricia Pollock, Vol III
Clardy, Jesse V., Vol I
Cooper, Corinne, Vol IV
Dean, Joan Fitzpatrick, Vol II
Dolskaya-Ackerly, Olga, Vol II
Driever, Steven L., Vol I
Eubanks, Eugene E., Vol V
Feagin, Susan Louise, Vol IV
Ferguson, Kenneth D., Vol IV
Garavalia, Linda, Vol V
Graham, John Thomas, Vol I
Hattaway, Herman Morell, Vol I
Hood, Edwin T., Vol IV
Hoyt, Christopher R., Vol IV
Huyett, Patricia, Vol II
Kisthardt, Walter E., Vol V
Klausner, Carla Levine, Vol I
Kobach, Kris W., Vol IV
Larsen, Lawrence H., Vol I
Levit, Nancy, Vol IV
Levy, Gayle A., Vol III
Londre, Felicia Hardison, Vol II
Lubin, Bernard, Vol V
Lucas, Wayne L., Vol V
Lumin, Bernard, Vol V
Mckinley, James Courtright, Vol II
Moenssens, Andre A., Vol IV
Phegley, Jennifer J., Vol II
Pogemiller, Leroy, Vol II
Popper, Robert, Vol IV
Potts, Louis Watson, Vol I
Powell, Burnele Venable, Vol IV
Price, Tanya Y., Vol V
Richards, Edward P., Vol IV
Sheldon, Ted P., Vol II
Singelmann, Peter, Vol V
Trani, Eugene Paul, Vol I
Verchick, Robert R., Vol IV
Voigts, Linda Ehrsam, Vol I, III
Walter, Edward F., Vol IV
Williams, Hazel Browne, Vol II
Wilson, Robert F., Vol II

University of Missouri, Rolla

Bergmann, Linda S., Vol II
Christensen, Lawrence, Vol I
Ivliyeva, Irina, Vol III
Knight, Nicholas William, Vol II
Ridley, Jack, Vol I
Vonalt, Larry, Vol II

University of Missouri, St. Louis

Artibise, Alan F. J., Vol I
Beatty, Michael, Vol II, III
Bliss, Robert M., Vol I
Brownell, Susan E., Vol V
Burkholder, Mark A., Vol I
Bush, Harry H., Vol V
Carkeet, David Corydon, Vol II
Champagne, Roland A., Vol III

Cooper, Jerry Marvin, Vol I
Davis, Lawrence H., Vol IV
Fausz, John Frederick, Vol I
Finney, Paul Corby, Vol I, IV
Fuss, Peter L., Vol IV
Gerteis, Louis, Vol I
Gordon, Robert Morris, Vol IV
Hause, Steven C., Vol I
Hurley, Andrew J., Vol I
Jung, Donald J., Vol II
Kizer, Elizabeth J., Vol II
Korr, Charles P., Vol I
Leonard, Kimberly K., Vol IV
Maltby, William Saunders, Vol I
McPhail, Thomas Lawrence, Vol II
Miller, Howard Smith, Vol I
Mitchell, Richard Hanks, Vol I
Munson, Ronald, Vol IV
Murray, Michael D., Vol I, II
Nelson, Lynn Hankinson, Vol IV
Nunez-Betelu, Maite, Vol III
Patterson, Miles L., Vol V
Primm, James Neal, Vol I
Rawling, J. Piers, Vol IV
Resick, Patricia A., Vol V
Robbert, Louise Buenger, Vol I
Ross, Stephanie A., Vol I, V
Rota, C. David, Vol II
Roth, Paul A., Vol IV
Rowan, Steven, Vol I
Schwartz, Howard, Vol II
Shaffer, Arthur, Vol I
Shapiro, Henry L., Vol I, IV
Sherraden, Margaret, Vol V
Shields, Donald C., Vol II
Stake, Jayne E., Vol V
Sweet, Nan, Vol II
Thompson, Vetta L., Vol V
Thumin, Fred J., Vol V
Tierney, James Edward, Vol II
Walterscheid, Kathryn A., Vol II
Williamson, Jane Louise, Vol II
Works, John A., Vol I

University of Mobile, Mobile

Berry, Donald K., Vol IV
McPeak, Judith L., Vol II

University of Moncton

Gallant, Christel, Vol III
LeBlanc, Phyllis, Vol I

University of Montana

Acker, Robert, Vol III
Arens, Hiltrud, Vol III
Campbell, Gregory R., Vol V
Deaton, Robert L., Vol V
Dozier, Robert R., Vol I, IV
Eglin, John, Vol I
Elliott, Deni, Vol IV
Flores, Dan, Vol I
Frey, Linda, Vol I
Fritz, Harry William, Vol I
Grieves, Forest L., Vol IV
Harrington, Henry R., Vol II, IV
Kanevskaya, Marina, Vol III
Kende, Mark, Vol IV
Kittredge, William Alfred, Vol II
Lauren, Paul Gordon, Vol I
Lopach, James Joseph, Vol IV
Rolfe, Oliver Willis, Vol III
Rose, Stanley Ludwig, Vol III
Schwaller, John, Vol I, III

University of Montevallo

Conway, Glenda, Vol II
Hall, John, Vol III
Hughes, Elaine W., Vol II
McCaw, R. John, Vol III
McGeever, Kathleen, Vol II
Morgan, David Taft, Vol I
Truss, Ruth Smith, Vol I

University of Montreal

Bertrand de Munoz, Maryse, Vol III
Cauchy, Venant, Vol IV
Chausse, Gilles, Vol I, IV
Clas, Andre, Vol III
Cote, Joanne, Vol I
Durocher, Rene, Vol I
Gauthier, Yvon, Vol IV
Godin, Jean Cleo, Vol III
Hanna, Blake Thompson, Vol III
Lemieux, Lucien, Vol I, IV
Lusignan, Serge, Vol I
Taylor, James R., Vol II

University of Nebraska, Kearney

Barua, Pradeep P., Vol I
Bloomfield, Susanne George, Vol II
Borchard, Kurt, Vol V
Briner, Wayne, Vol V
Counts, M. Reid, Vol IV, V
Damon, John Edward, Vol II
Glazier, Stephen D., Vol IV, V
Luscher, Robert M., Vol II
Martin, Thomas, Vol IV
Mosig, Yozan Dirk, Vol V
Narey, Martha, Vol I
Pearson, Lon, Vol III
Pigott, Ruth, Vol V
Ramage, Jean C., Vol V
Schuyler, Michael Wayne, Vol I
Stauffer, Helen Winter, Vol II
Tassi, Marguerite, Vol II
Umland, Rebecca, Vol II
Umland, Samuel, Vol II
Volpe, Vernon L., Vol I

University of Nebraska, Lincoln

Adkin, Neil, Vol II, III
Ambrosius, Lloyd, Vol I
Audi, Robert, Vol IV
Balasubramanian, Radha, Vol III
Becker, Edward, Vol IV
Behrendt, Stephen C., Vol II
Belasco, Susan, Vol II
Berger, Lawrence, Vol IV
Berger, Patrice, Vol I
Bormann, Dennis Robert, Vol II, III
Braeman, John, Vol I
Braithwaite, Dawn O., Vol II
Buhler, Stephen M., Vol II
Burnett, Amy, Vol I
Burnett, Stephen G., Vol I, IV
Cahan, David, Vol I
Cahan, Jean, Vol IV
Caramagno, Thomas C., Vol II
Casullo, Albert, Vol IV
Coble, Parks, Vol I
Coope, Jessica, Vol I
Cope, Esther Sidney, Vol I
Courtney, Sean, Vol V
Crawford, Dan, Vol IV
Crawford, Sidnie White, Vol I, III
Crompton, Louis, Vol I
Deegan, Mary Jo, Vol V
Denicola, Robert C., Vol IV
Dixon, Wheeler Winston, Vol II
Dorsey, Learthen, Vol I
Eskridge, Chris W., Vol IV
Ford, James Eric, Vol II
Gorman, Vanessa, Vol I
Hilliard, Stephen Shortis, Vol II
Hoffman, Peter Toll, Vol IV
Homze, Edward L., Vol I
Honey, Maureen, Vol I, V
Hugly, Philip, Vol IV
Ide, Harry, Vol IV
Johnson, David, Vol II
Karch, Dieter, Vol III
Kaye, Frances Weller, Vol I, II
Kleimola, Ann, Vol I
Lee, Ronald E., Vol II
Lehmann, Jennifer M., Vol V
Leinieks, Valdis, Vol II, III
Lepard, Brian, Vol IV
Link, Frederick M., Vol II
Lu, Suping, Vol I, IV
Luebke, Frederick Carl, Vol I
Mahoney, Timothy, Vol I
Marcus, Mordecai, Vol II
Maslowski, Peter, Vol I
Mayeux, Peter, Vol II
McClelland, James, Vol I
Mendola, Joseph, Vol IV
Mignon, Charles William, Vol II
Miller, Susan, Vol I
Miller, Tice Lewis, Vol I, II
Moulton, Gary Evan, Vol I
Norland, Howard Bernett, Vol II
Owomoyela, Oyekan, Vol II
Patton, Venetria, Vol II
Perlman, Harvey, Vol IV
Pitt, David, Vol III, IV
Porsild, Charlene, Vol I
Potter, Nelson, Vol IV
Potuto, Josephine R., Vol IV
Pratt, Linda Ray, Vol II
Rader, Benjamin G., Vol I
Rawley, James A., Vol I
Rinkevich, Thomas E., Vol II, III
Rosowski, Susan Jean, Vol II
Saskova-Pierce, Mila, Vol III
Sayward, Charles, Vol III, IV
Seiler, William John, Vol II
Sherman, William Lewis, Vol I
Sosin, Jack Marvin, Vol I
Steinweis, Alan, Vol I, IV
Stock, Robert Douglas, Vol II
Stoddard, Robert, Vol I
Thorson, Norm, Vol IV
Turner, John D., Vol I, IV
van Roojen, Mark, Vol IV
Vigil, Ralph Harold, Vol I
Von Eckardt, Barbara, Vol IV
Winkle, Kenneth, Vol I
Winter, Thomas Nelson, Vol II, III
Works, Robert G., Vol IV
Wunder, John R., Vol I

University of Nebraska, Omaha

Allen, Chris, Vol II
Arav, Rami, Vol IV
Blizek, William L., Vol IV
Burch, Hobart, Vol V
Burke, Ronald R., Vol IV
Cederblom, Jerry, Vol IV
Christensen, John E., Vol V
Conner, Maurice Wayne, Vol III
Conyers, Jim, Vol I
Dalstrom, Harl A., Vol I
Dendinger, Donald, Vol V
Freund, Richard A., Vol IV
Friedlander, Walter J., Vol I, IV
Glaser, Hollis F., Vol II
Granrose, Kathleen, Vol III
Hilt, Michael, Vol II
Irvin, Deborah M., Vol V
Jensen, Tim, Vol IV
Johanningsmeier, Charles, Vol I, II
Johansen, Bruce Elliott, Vol I
Kuo, Lenore, Vol I, IV
Lafontant, Julien J., Vol I, III
Lipschultz, Jeremy Harris, Vol II
Louisa, Angelo, Vol I
Newkirk, Glen A., Vol II
Newman, Andrew, Vol IV
Okhamafe, Imafedia, Vol II, IV
Palmer, Russ, Vol I, IV
Paterson, Douglas L., Vol II
Peterson, Michael, Vol I
Pollak, Oliver, Vol I
Pratt, William C., Vol I
Shaffer, Nancy E., Vol I, IV
Sharma, Manoj, Vol V
Simmons, Jerold Lee, Vol I
Skau, Michael Walter, Vol II
Smallwood, Andrew, Vol I
Tate, Michael Lynn, Vol I
Thorson, James A., Vol V

University of Nevada, Las Vegas

Appell, Annette Ruth, Vol IV
Babbitt, Beatrice C., Vol V
Bell, Andrew J. E., Vol I
Bowers, John M., Vol II
Bybee, Jay S., Vol IV
Campbell, Felicia F., Vol II
Chung, Sue Fawn, Vol I
Clark, Thomas L., Vol III
Coburn, William Leon, Vol II
Coughtry, Jay, Vol I
Crank, Joe N., Vol V
Crawford, Jerry L., Vol II
Davenport, Robert Wilson, Vol I
Dil, Nasim, Vol V
Dodge, Robert Kendall, Vol II
Donohue, Bradley C., Vol V
Engberg, Norma J., Vol II
Erwin, D. Timothy, Vol II
Filler, John W., Vol V
Finocchiaro, Maurice A., Vol IV
Fry, Joseph A., Vol I
Gajowski, Evelyn J., Vol II
Goodwin, Joanne, Vol I
Hall, Gene E., Vol V
Hausbeck, Kate, Vol V
Hazen, James F., Vol II
Healey, William C., Vol II, V
Hilgar, Marie-France, Vol III
Hudgins, Christopher Chapman, Vol II
Irsfeld, John Henry, Vol II
Kelly, Cathie, Vol I
Klein, Lawrence E., Vol I
Koester, Rudolf Alfred, Vol III
Kyle Higgins, Amanda, Vol V
Loader, Colin T., Vol I
Lockette, Agnes Louise, Vol II
Mattson, Vernon E., Vol I
McAffee, Thomas B., Vol IV
McCullough, Joseph B., Vol II
McDonough, Ann, Vol II
Meana, Marta, Vol V
Miller, Susan P., Vol V
Moehring, Eugene P., Vol I
Mullen, Lawrence J., Vol II
Pierce, Thomas B., Vol V
Rasmussen, Chris, Vol I
Rollings, Willard H., Vol I
Rose, Ellen Cronan, Vol II
Rosenberg, Beth C., Vol II
Rothman, Hal K., Vol I
Schmiedel, Donald Emerson, Vol III
Stitt, J. Michael, Vol II, V
Strawser, Sherri C., Vol V
Taylor, Susan L., Vol II, V
Tobias, Carl William, Vol IV
Tominaga, Thomas T., Vol IV
Unger, Douglas A., Vol II
Walton, Craig, Vol IV
Weinstein, Mark A., Vol II
White, Elizabeth, Vol I
Whitney, Charles C., Vol II
Whitney, Elspeth, Vol I
Wright, Thomas C., Vol I

University of Nevada, Reno

Achtenberg, Deborah, Vol I, IV
Ake, David, Vol II
Axtell, G. S., Vol IV
Boardman, Kathy, Vol II
Branch, Michael, Vol II
Casper, Scott E., Vol I
De Rafols, Wifredo, Vol III
Elliott, Marta, Vol V
Fruzzetti, Alan, Vol V
Hayes, Steven C., Vol V
Hoffman, Piotr, Vol I, IV
Howard, Anne Bail, Vol II
Hulse, James W., Vol I
Lange, Horst, Vol III
Leone, Matthew C., Vol IV
Lucas, Brad E., Vol II
Lucash, Frank S., Vol IV
Manca, Franco, Vol I
Marschall, John Peter, Vol I, IV
Nickles, Thomas, Vol I, IV
Pettey, John Carson, Vol III
Reinshagen-Joho, Liane, Vol III
Rojas, J. Nelson, Vol III
Ronald, Ann, Vol II
Sackett, Theodore Alan, Vol III
Sepulveda-Pulventini, Emma, Vol III
Stevens, Kevin M., Vol I
Stewart, Mary W., Vol V
Stitt, B. Grant, Vol IV
Tchudi, Stephen, Vol II
Tobin, Frank J., Vol II, IV
Wagener, Guy, Vol III
Williams, Christopher, Vol IV

University of New Brunswick, Fredericton

Buckner, Phillip Alfred, Vol I
Doerksen, Daniel William, Vol II
Edwards, Viviane, Vol V
Frank, David, Vol I
Lemire, Beverly, Vol I
Lorey, Christoph R., Vol I, III
Pugh, Anthony Roy, Vol III
Thompson, Dorothy Gillian, Vol I
Tryphonopoulos, Demetres P. P., Vol II

University of New Hampshire at Manchester

Klenotic, Jeffrey F., Vol II
Piotrowski, Thaddeus M., Vol I, V
Resch, John P., Vol I

University of New Hampshire, Durham

Baum, William M., Vol V
Bolster, W. Jeffrey, Vol I
Brettschneider, Marla, Vol IV
Brockelman, Paul, Vol IV
Callan, Richard Jerome, Vol III
Christie, Drew, Vol IV
Clark, Mary Morris, Vol III, V
Cook, Anne E., Vol V
De Vries, Willem A., Vol IV
Deporte, Michael V., Vol II
Diefendorf, Jeffry Mindlin, Vol I
Dorsey, Kurk, Vol I
Drugan, Robert C., Vol V
Dusek, Rudolph Valentine, Vol IV
Emison, Patricia A., Vol I
Fitzpatrick, Ellen, Vol I, V
Frankfurter, David, Vol IV
Freedman, Diane P., Vol II
Frierson, Cathy A., Vol I
Golinski, Jan, Vol I
Gould, Eliga H., Vol I
Gullace, Nicoletta F., Vol I, V
Hageman, Elizabeth H., Vol II
Harris, J. William, Vol I
Jacoby, Sally, Vol III
Kelleher, Patricia, Vol I
Lanier, Douglas M., Vol II
Marshall, Grover Edwin, Vol III
Matsuda, Paul Kei, Vol II, III
McCann, Francis D., Jr., Vol I
McMahon, Gregory, Vol I
McNamara, Paul, Vol IV
Mennel, Robert Mckisson, Vol I
Palmer, Stuart, Vol V
Polasky, Janet, Vol I
Rouman, John Christ, Vol II, III
Salyer, Lucy, Vol I
Sample, Ruth, Vol IV
Schwarz, Marc Lewis, Vol I
Silva, J. Donald, Vol II
Sitkoff, Harvard, Vol I
Straus, Murray A., Vol V
Triplett, Tim, Vol IV
Ulrich, Laurel Thatcher, Vol I
Watters, David Harper, Vol II
Wheeler, Douglas L., Vol I
Whittier, Duane Hapgood, Vol IV
Witt, Charlotte, Vol IV
Wolper, Ethel Sara, Vol I

University of New Haven, West Haven

Eder, Doris Leonora, Vol II
Glen, Robert Allan, Vol I
Marks, Joel Howard, Vol IV
Marx, Paul, Vol II
Rafalko, Robert J., Vol IV

University of New Mexico, Albuquerque

Aleman, Jesse, Vol II
Axelrod, Melissa, Vol III
Bailey, Beth, Vol I
Bartlett, Lee, Vol II
Beene, Lynn Dianne, Vol II
Bergen, John J., Vol III
Berthold, Richard M., Vol I
Bieber, Judy, Vol I
Bills, Garland D., Vol III
Block, Steven, Vol II
Bock, Philip K., Vol V
Burgess, Andrew J., Vol IV
Bussanich, John, Vol IV
Bybee, Joan L., Vol III
Christopher, Thomas Weldon, Vol IV
Connell-Szasz, Margaret, Vol I
Damico, Helen, Vol II
Dunaway, David K., Vol II
Etulain, Richard W., Vol I
Feller, Daniel, Vol I
Fischer, Michael, Vol II
Fleming, Robert, Vol II
Fresch, Cheryl, Vol II
Gaines, Barry, Vol II

Institution Index

Gallacher, Patrick, Vol I
Gibson, Dirk C., Vol II
Goodman, Russell B., Vol IV
Hall, Linda, Vol I
Hannan, Barbara, Vol IV
Hanson, Carl Aaron, Vol I
Harrison, Gary, Vol II
Hermann, Richard, Vol II
Hill, Kim R., Vol V
Huaco, George, Vol V
Isham, William P., Vol III
Jameson, Elizabeth, Vol I, V
John-Steiner, Vera P., Vol III
Johnson-Sheehan, Richard, Vol II
Kern, Robert, Vol I
Kukla, Rebecca, Vol I, IV
Mares, E. A., Vol II
Marquez, Antonio, Vol II, III
Martin, Wanda, Vol II
Martinez, Nancy Conrad, Vol II
Mazumdar, Rinita, Vol IV, V
McPherson, David, Vol II
Mead, Christopher Curtis, Vol I
Melada, Ivan, Vol II
Melendez, Gabriel, Vol I
Morford, Jill P., Vol III
Norwood, Vera, Vol I
Okunor, Shiame, Vol I
Orozco, Cynthia E., Vol I
Porter, Jonathan, Vol I
Power, Mary, Vol II, V
Pugach, Noel H., Vol I
Rabinowitz, Howard, Vol I
Risso, Patricia, Vol I
Robbins, Richard G., Vol I
Rodriguez, Sylvia, Vol V
Salvaggio, Ruth, Vol I
Sanders, Scott P., Vol II
Schaefer, Richard J., Vol II
Schmitter, Amy, Vol I, IV
Schueler, G. Frederick, Vol IV
Shultis, Christopher, Vol II
Smith, Pat Clark, Vol II
Straus, Lawrence G., Vol V
Sturm, Fred G., Vol IV
Sturm, Fred Gillette, Vol IV
Sullivan, Donald David, Vol I
Szabo, Joyce, Vol I
Szasz, Ferenc, Vol I
Szasz, Margaret Connell, Vol I
Taber, John, Vol IV
Tenenbaum, Sergio, Vol I, IV
Thorson, James Llewellyn, Vol II
Torres, Hector, Vol II
Uscher, Nancy, Vol II
Utton, Albert E., Vol IV
Whidden, Mary Bess, Vol II
White, Peter, Vol II
Wilcox, Phyllis Perrin, Vol III
Wilcox, Sherman E., Vol III
Wilson, Christopher M., Vol I
Witemeyer, Hugh, Vol II
Wood, Richard L., Vol V
Woodward, Carolyn, Vol II, V
Yaqub, Aladdin M., Vol IV
Young, M. Jane, Vol I

University of New Mexico, Gallup Branch

Dyc, Gloria, Vol II
Glowienka, Emerine Frances, Vol IV, V

University of New Orleans

Altman, Ida, Vol I
Austin, Patricia, Vol V
Billings, William M., Vol I
Bischof, Gunter J., Jr., Vol I
Boyd, Anne E., Vol II
Clark, Michael D., Vol I
Collin, Richard H., Vol I
Fann, Willerd Reese, Vol I
Frank, Elfrieda, Vol III
Garcia-Castellon, Manuel, Vol III
Gelderman, Carol W., Vol II
Hanks, Donald, Vol IV
Hazlett, John D., Vol II
Hirsch, Arnold Richard, Vol I
Jenkins, A. Lawrence, Vol I
Johnson, Edward, Vol IV
Johnson, Jerah W., Vol I
Lackey, Kris L., Vol II
Lazzerini, Edward James, Vol I
Logsdon, Joseph, Vol I
Mazoue, Jim, Vol IV
Qian, Zhaoming, Vol II, III
Raabe, Phyllis H., Vol V
Reck, Rima Drell, Vol III
Sauder, Robert A., Vol I
Schalow, Frank H., Vol IV
Schlunz, Thomas Paul, Vol I
Stiebing, William H., Jr, Vol I
Vetrocq, Marcia E., Vol I
Washington, Robert Orlanda, Vol V
Watson, Cresap Shaw, Vol II

University of North Alabama, Florence

Christy, T. Craig, Vol III
Johnson, Jean L., Vol II
Osborne, Thomas R., Vol I
Smith, Ronald E., Vol II
Wakefield, John F., Vol V

University of North Carolina at Asheville

Dvorsky-Rohner, Dorothy, Vol I
Malicote, S., Vol II
McGlinn, Jeanne, Vol II
Mills, Sophie J., Vol II, III
Moseley, Merritt, Vol II
Ziffer, Walter, Vol IV

University of North Carolina at Chapel Hill

Adams, E. Maynard, Vol IV
Amer, Sahar, Vol III
Bandera, Cesareo, Vol III
Bar-On, Dorit, Vol IV
Baron, Samuel Haskell, Vol I
Baxter, Stephen Bartow, Vol I
Bennett, Judith M., Vol I
Blackburn, Simon, Vol IV
Blansfield, Karen C., Vol II
Blau, Judith R., Vol V
Boren, Henry C., Vol I
Breen, Marcus, Vol II
Brooks, E. Willis, Vol I
Broughton, Thomas Robert Shannon, Vol I, II, III
Brown, Frank, Vol V
Browning, C. R., Vol I
Bullard, Melissa Meriam, Vol I
Casado, Pablo Gil, Vol III
Connor, Carolyn, Vol II, III
Corrado, Michael L., Vol IV
Cortes, Julio, Vol III
Crowhurst, Megan J., Vol III
Daye, Charles Edward, Vol IV
Debreczeny, Paul, Vol III
Dessen, Alan Charles, Vol II
Dessen, Cynthia Sheldon, Vol II
Eble, Connie C., Vol II, III
Ernst, Carl W., Vol IV
Feinberg, Lawrence E., Vol III
Filene, Peter Gabriel, Vol I
Finson, Jon William, Vol II
Flora, Joseph M., Vol II
Folda, Jaroslav, III, Vol I
Furst, Lillian R., Vol III
Garrett, Don James, Vol IV
Gatewood, Algie C., Vol V
Greenland, David E., Vol I
Grossberg, Lawrence, Vol II
Gura, Philip F., Vol I
Haar, James, Vol I, II
Haggis, Donald, Vol I
Haig, I. R. Stirling, Vol III
Hall, Jacquelyn Dowd, Vol I
Harris, Michael D., Vol I
Harris, Trudier, Vol II
Hazen, Thomas Lee, Vol IV
Headley, John M., Vol I
Henry, Eric Putnam, Vol I, III
Higginbotham, R. Don, Vol I
Hill, Thomas E., Vol IV
Hobson, Fred C., Vol II
Horne, Gerald Charles, Vol IV
Houston, George W., Vol II, III
Hunt, Michael H., Vol I
Illiano, Antonio, Vol III
Immerwahr, Henry R., Vol III
Jackson, Blyden, Vol II
Jones, Houston Gwynne, Vol I
Kasson, John Franklin, Vol I
Koelb, Clayton L., Vol III
Kohn, Richard Henry, Vol I
Kuzniar, A. A., Vol III
Lawson, Richard H., Vol III
Lee, Sherman E., Vol I
Linderski, Jerzy, Vol II, III
Long, Douglas C., Vol IV
Lore, Anthony George, Vol III
Lotchin, Roger W., Vol I
Mack, Sara, Vol II, III
Marks, Arthur S., Vol I
Masters, George Mallary, Vol III
Mathews, Donald G., Vol I
Matilsky, Barbara C., Vol I
Mavor, Carol, Vol I
McGowan, John P., Vol II, III
Mcvaugh, Michael Rogers, Vol I
Melchert, H. Craig, Vol III
Mews, Siegfried, Vol III
Mihailovich, Vasa D., Vol III
Miller, Marla R., Vol I
Moran, Barbara B., Vol II
Orth, John Victor, Vol I, IV
Pfaff, Richard W., Vol I
Pollock, Della, Vol II
Postema, Gerald Jay, Vol IV
Race, William H., Vol II, III
Raper, Julius R., Vol II
Rector, Monica Paula, Vol III
Resnik, Michael D., Vol IV
Riggs, Timothy A., Vol I
Rust, Richard Dilworth, Vol II
Salgado, Maria A., Vol III
Schultz, Heidi M., Vol II
Schweitzer, Christoph Eugen, Vol III
Seaton, Jerome P., Vol III
Semonche, John Erwin, Vol I
Shaw, Donald Lewis, Vol I, II
Sheriff, Mary D., Vol I
Sherman, Carol Lynn, Vol III
Smith, C. S., Vol V
Smith, Rebekah M., Vol II, III
Smither, Howard Elbert, Vol I, II
Snyder, Glenn Herald, Vol IV
Soloway, Richard Allen, Vol I
Stadter, Philip Austin, Vol II
Starkey, Kathryn, Vol III
Strauss, Albrecht Benno, Vol II
Sturgeon, Mary C., Vol I
Taylor, Beverly W., Vol II
Tindall, George Brown, Vol I
Tsiapera, Maria, Vol III
Tweed, Thomas A., Vol IV
Van Seters, John, Vol III, IV
Verkerk, Dorothy Hoogland, Vol I
Vickery, Walter, Vol III
Vogler, Frederick Wright, Vol III
Watson, Harry L., Vol I
Weaver, Garrett F., Vol I
Weisburd, Arthur M., Vol IV
Weiss, Michael L., Vol II, III
West, William C., III, Vol II, III
Williamson, Joel R., Vol I
Wittig, Joseph Sylvester, Vol I, II
Wood, Carolyn B., Vol I
Wood, Julia T., Vol II
Wooten, Cecil W., Vol II, III
Yarbrough, Marilyn Virginia, Vol IV

University of North Carolina at Charlotte

Brennan, Pauline G., Vol IV
Caste, Nicholas J., Vol IV
Crane, Jon, Vol II
Croy, Marvin J., Vol IV
Davis, Christopher, Vol II
Doerfel, Marya L., Vol II
Dupre, Dan, Vol I
Eldridge, Michael, Vol IV
Escott, Paul David, Vol I
Fullmer, Elise M., Vol V
Gabaccia, Donna, Vol I
Gaide, Tanure, Vol I, II
Gavran, James Holt, Vol II
Gay, William Carroll, Vol IV
Gleaves, Robert Milnor, Vol III
Goldfield, David, Vol I
Govan, Sandra Yvonne, Vol I, II
Heath, Kingston W., Vol I
Hopper, Edward W., Vol III
Huffman, John L., Vol II
Kaplan, Laura Duhan, Vol IV, V
Knoblauch, Cyril H., Vol II
Lansen, Oscar, Vol I
Laurent, Jane Katherine, Vol I
Leeman, Richard W., Vol II
Lincourt, John M., Vol IV
Patterson, Karl David, Vol I
Pereira, Malin, Vol II
Pizzato, Mark, Vol II
Pollack, Bonnie N., Vol V
Rashotte, Lisa Slattery, Vol V
Reeves, John C., Vol IV
Shenk, Dena, Vol V
Swanson, Randy, Vol I
Terry, William S., Vol V
Thomas, Herman Edward, Vol IV
Toenjes, Richard H., Vol IV
Tong, Rosemarie, Vol IV
Tristan, J., Vol IV
West, Mark I., Vol II
Williams, Nancy M., Vol IV, V

University of North Carolina at Greensboro

Almeida, Jose Agusin, Vol III
Baber, Ceola Ross, Vol V
Baer, Joachim Theodor, Vol I
Baker, Denise Nowakowski, Vol II
Beale, Walter Henry, Vol II
Calhoon, Robert M., Vol I
Calhoun, Robert M., Vol I
Carmichael, Peter S., Vol I
Chappell, Fred Davis, Vol II
Clowse, Converse Dilworth, Vol I
Edwards, Emily D., Vol II
Evans, James Edward, Vol II
Fein, David, Vol III
Gill, Diane L., Vol V
Goldstein, Carl, Vol I
Goodall, Harold L., Vol II
Goode, William Osborne, Vol III
Gould, Daniel, Vol V
Grossi, Veronica, Vol III
Hansen, Bob, Vol I, II
Hunter, Phyllis A., Vol I
Jacks, Julia Zuwerink, Vol V
Kellett, Pete, Vol II
Kelly, Robert Leroy, Vol II
Kilcup, Karen L., Vol II
Kirby-Smith, H. T., Vol II
Koenig, Jean-Paul Francois Xavier, Vol III
Leplin, Jarrett, Vol I, IV
Linder, Laura R., Vol II
Mackenzie, David, Vol I
McConnell, Terrance C., Vol IV
Pasley, B. Kay, Vol V
Purkey, William Watson, Vol V
Reeder, Heidi M., Vol II, III
Rosenblum, Joseph, Vol II
Rosenkrantz, Gary Sol, Vol IV
Saab, E. Ann Pottinger, Vol I
Schleunes, Karl Albert, Vol I
Shelmerdine, Susan C., Vol II, III
Shoffner, Marie F., Vol V
Smith, Roch Charles, Vol III
Smith-Soto, Mark, Vol III

University of North Carolina at Pembroke

Brown, Monkia, Vol II
Brown, Robert W., Vol I
Canada, Mark A., Vol II
Hilton, Kathleen C., Vol I
Ho, Truc-Nhu, Vol V
Marson, Stephen, Vol V

University of North Carolina at Wilmington

Atwill, William D., Vol II
Berliner, Todd, Vol II
Clark, Andrew, Vol I
Conser, Walter H., Jr., Vol I, IV
Ellerby, Janet Mason, Vol II
Furia, Philip George, Vol II
Gauthier, Candace, Vol IV
Gould, Christopher, Vol II
Habibi, Don, Vol IV
Janson, Anthony F., Vol I
Kamenish, Paula K., Vol II, III
LaPaire, Pierre J., Vol III
Martin, Sherrill V., Vol II
McLaurin, Melton Alonza, Vol I
Murrell, Nathaniel Samuel, Vol IV
Olsen, Richard K., Vol II
Richardson, Granetta L., Vol II
Richardson, Stephanie A., Vol II
Schmid, W. Thomas, Vol IV
Schweninger, Lee, Vol II
Seidman, Michael, Vol I
Sullivan, Sally A., Vol II
Toplin, Robert B., Vol I
Usilton, Larry, Vol I
Watson, Alan Douglas, Vol I
Wilson, Joe Bransford, Jr., Vol III, IV

University of North Dakota, Grand Forks

Beringer, Richard E., Vol I
Clingan, Edmund, Vol I
Coleman, Joyce K., Vol II
Dixon, Kathleen, Vol II
Donaldson, Sandra, Vol II
Erickson, Daniel Nathan, Vol III
Fiordo, Richard A., Vol II
Gard, Betty A., Vol II
Hume, Wendelin M., Vol IV, V
Iseminger, Gordon Llewellyn, Vol I
Lewis, Robert William, Vol II
Marshall, David, Vol III
Pynn, Ronald Earl, Vol IV
Tweton, D. Jerone, Vol I
Vivian, James Floyd, Vol I
Williams, John, Vol V

University of North Florida, Jacksonville

Adams, Afesa M., Vol V
Baron, Mary K., Vol II
Borsky, Susan, Vol V
Bowen, David H., Vol IV
Clifford, Dale Lothrop, Vol I
Courtwright, David T., Vol I
Crooks, James Benedict, Vol I
Harmon, Gary L., Vol II
Koegler, Hans-Herbert, Vol IV
Leonard, Thomas M., Vol I, IV
Urbina, Susana P., Vol V

University of North Texas, Denton

Altekruse, Michael, Vol V
Barnhart, Joe Edward, Vol IV
Bogle, Edra Charlotte, Vol III
Campbell, Randolph B., Vol I
Cantrell, Gregg, Vol I
Carle, Barbara, Vol III
Chipman, Donald Eugene, Vol I
Clogan, Paul Maurice, Vol II, III
Cobb, Jeanne B., Vol V
Cogan, Karen D., Vol V
Gibbs, Tyson, Vol V
Golden, Richard Martin, Vol I
Guarnaccia, Charles A., Vol V
Gunter, Peter A. Y., Vol IV
Kamman, William, Vol I
Kesterson, David B., Vol II
Kobler, Jasper Fred, Vol II
Koop, Marie-Christine W., Vol III
La Forte, Robert Sherman, Vol I, II
Lowe, Richard Grady, Vol I
Lowery, Bullitt, Vol I
Lowry, Bullitt, Vol I
Marcello, Ronald E., Vol I
Nahrgang, Wilbur Lee, Vol II
Nash, Jerry, Vol III
Naylor, Larry L., Vol V
Olsen, Solveig, Vol III
Oxford, Jeffery, Vol III
Pickens, Donald Kenneth, Vol I
Quinn, James F., Vol V
Shillingsburg, Peter Leroy, Vol II
Smith, F. Todd, Vol I
Wilson, William Henry, Vol I
Yaffe, Martin David, Vol IV

University of Northern British Columbia

Horne, Dee A., Vol II

University of Northern Colorado, Greeley

Arneson, Pat, Vol II
Baldo, Tracy D. Bostwick, Vol V
Bellman, Jonathan, Vol II
Ferguson, Sherilyn, Vol II
George, Hermon, Jr., Vol III
Hodapp, Paul F., Vol IV
Jockers, Matthew L., Vol II
Junne, George, Vol I
Karre, Idahlynn, Vol II
Keaten, James A., Vol II, V
Knott, Alexander W., Vol I

Larson, Robert Walter, Vol I
Loftis, John E., Vol II
Moore, Melanie, Vol V
Reichel, Phillip, Vol IV
Rowe, Gail Stuart, Vol I
Schlewitt-Haynes, Lora D., Vol V
Stukas, Arthur A., Vol V
Wilson, Sharon Rose, Vol II
Worrall, Janet Evelyn, Vol I

University of Northern Iowa, Cedar Falls

Boedeker, Edgar, Vol IV
Brod, Harry, Vol IV
Burstein, Andrew, Vol I
Crew, B. Keith, Vol V
Crownfield, David R., Vol IV
Dilly, Barbara J., Vol V
Gilgen, Albert R., Vol V
Glenn, George D., Vol I, II
Hobson, Matthew L., Vol V
Holland, Margaret G., Vol IV
Isenberg, Nancy G., Vol I
Johnson, John W., Vol I
Klinkowitz, Jerome, Vol II
Kopper, Beverly A., Vol V
Kruckeberg, Dean A., Vol II
Lounsberry, Barbara S., Vol II
Maier, Donna J. E., Vol I
Meier, A. J., Vol III
Oates, Michael David, Vol III
Robinson, James Burnell, Vol IV
Shepardson, Donald E., Vol I
Soneson, Jerome P., Vol IV
Sunseri, Alvin Raymond, Vol I
Talbott, Robert Dean, Vol I
Utz, Richard J., Vol II
Walker, David Allan, Vol I
Wang, Jennie, Vol II
Zucker, George K., Vol III

University of Notre Dame, Notre Dame

Aldous, Joan, Vol V
Amar, Joseph P., Vol I, III
Ameriks, Karl, Vol IV
Anadon, Jose, Vol III
Ashley, James Matthew, Vol IV
Attridge, Harold William, Vol IV
Bauer, Joseph P., Vol IV
Bergen, Doris L., Vol I
Blanchette, Patricia, Vol IV
Blantz, Thomas E., Vol I
Blenkinsopp, Joseph, Vol IV
Bobik, Joseph, Vol IV
Boulton, Maureen, Vol III
Brogan, Jacqueline V., Vol II
Bruns, Gerald L., Vol II
Burrell, David, Vol IV
Burtchaell, James T., Vol IV
Buttigieg, Joseph A., Vol II
Cavadini, John C., Vol IV
Chang, Patricia, Vol V
Collins, James M., Vol II
Costello, Donald Paul, Vol I, II
Crosson, Frederick J., Vol IV
Crowe, Michael J., Vol I
Cushing, James T., Vol I
Dallmayr, Fred Reinhard, Vol IV
Dasilva, Fabio B., Vol V
David, Marian, Vol IV
Deane, Seamus, Vol I
Delaney, Cornelius F., Vol IV
DellaNeva, JoAnn, Vol III
DePaul, Michael R., Vol IV
Detlefsen, Michael, Vol IV
Dolan, Jay P., Vol I, IV
Doody, Margaret A., Vol II
Dougherty, James P., Vol II
Douthwaite, Julia V., Vol III
Dowty, Alan K., Vol IV
Dunne, John Scribner, Vol IV
Fallon, Stephen, Vol II
Fiorenza, Elizabeth Schussler, Vol IV
Flint, Thomas P., Vol IV
Fox, Christopher B., Vol IV
Freddoso, Alfred J., Vol IV
Fredman, Stephen Albert, Vol II
Frese, Dolores, Vol II
Gaffney, Patrick D., Vol V
Gasperetti, David, Vol III
Gernes, Sonia, Vol II
Ghilarducci, Teresa, Vol IV
Giamo, Benedict, Vol I
Gustafson, Sandra, Vol II
Gutting, Gary Michael, Vol IV
Hagens, Jan Luber, Vol III
Hamlin, Christopher S., Vol I
Hammill, Graham L., Vol II
Hare, John, Vol IV
Hatch, Nathan O., Vol I
Herdt, Jennifer A., Vol IV
Hoesle, Vittorio, Vol IV
Howard, Don A., Vol IV
Ibsen, Kristine L., Vol III
Jemielity, Thomas J., Vol II
Jenkins, John, Vol IV
Jerez-Farran, Carlos, Vol III
Joy, Lynn S., Vol IV
Kazin, Alfred, Vol I
Keselman, Thomas A., Vol I
Klima, Gyula, Vol IV
Kremer, Michael, Vol IV
Krieg, Robert A., Vol IV
Kusmer, Robert L., Vol III
Lanzinger, Klaus, Vol III
Leyerle, Blake, Vol I, IV
Louthan, Howard, Vol I
Loux, Michael, Vol IV
MacKenzie, Louis A., Vol III
Malloy, Edward A., Vol IV
Manier, A. Edward, Vol IV
Marsden, G. M., Vol I, IV
Marullo, Thomas Gaiton, Vol III
Marvin, Julia, Vol II
Matovina, Timothy M., Vol IV
Matthias, John Edward, Vol II
McBrien, Richard Peter, Vol IV
McInerny, Ralph, Vol IV
McMullin, Ernan, Vol IV
Meier, John P., Vol IV
Mirowski, Philip E., Vol IV
Moevs, Christian, Vol III
Moody, Peter R., Vol IV
Moss, Lenny, Vol IV
Munzel, Gisela Felicitas, Vol IV
Neyrey, Jerome H., Vol IV
Norton, Robert E., Vol III
O'Boyle, Cornelius, Vol I
O'Brien-O'Keeffe, Katherine, Vol II
O'Connor, David, Vol IV
O'Meara, Thomas F., Vol IV
Perry, Catherine, Vol III
Peters, Erskine Alvin, Vol II
Phelps, Teresa Godwin, Vol IV
Plantinga, Alvin, Vol IV
Prieto, Char, Vol III
Profit, Vera Barbara, Vol III
Quinn, Philip L., Vol IV
Radner, Hilary A., Vol II
Ramsey, William M., Vol IV
Rathburn, Paul A., Vol II
Reydams-Schils, Gretchen, Vol II, III, IV
Rice, Charles E., Vol IV
Ripple, Kenneth Francis, Vol IV
Robinson, John H., Vol IV
Rodes, Robert Emmet, Vol IV
Sayre, Kenneth Malcolm, Vol IV
Schlereth, Thomas J., Vol I
Sent, Esther Mirjam, Vol IV
Shaffer, Thomas Lindsay, Vol I
Shin, Sun Joo, Vol IV
Slabey, Robert M., Vol II
Sloan, Phillip R., Vol I
Smith, Randall Brian, Vol IV
Smithburn, John Eric, Vol IV
Soens, A. L., Jr., Vol II
Solomon, William David, Vol IV
Spillman, Lynette P., Vol V
Sterba, James P., Vol IV
Sterling, Gregory, Vol IV
Stubenberg, Leopold, Vol IV
Suellen, Hoy, Vol I
Toumayan, Alain P., Vol III
Turner, James, Vol I
Udoh, Fabian E., Vol IV
van Inwagen, Peter, Vol IV
Vanden Bossche, Chris R., Vol II
Vander Kam, James C., Vol IV
Vasta, Edward, Vol II
Walton, James H., Vol II
Warfield, Ted A., Vol IV
Watson, Stephen, Vol IV
Weber, Ronald, Vol I
Wegs, James Robert, Vol I
Weigert, Andrew, Vol V
Weithman, Paul J., Vol IV
Werge, Thomas, Vol II
Westfall, Carroll W., Vol I
White, James F., Vol IV
Williams, Maria Rosa Olivera, Vol III
Wimmer, Albert K., Vol III
Ziarek, Ewa, Vol II
Ziarek, Krzysztof, Vol II
Zimmerman, Dean, Vol IV

University of Oklahoma, Norman

Barker, Peter, Vol IV
Brown, Sidney DeVere, Vol I
Cohen, Andrew I., Vol IV
Cohen, Gary Bennett, Vol I
De Bolt, Darian C., Vol IV
Dharwadker, Aparna, Vol II, V
Doty, Ralph, Vol IV
Fears, J. Rufus, Vol I, II, III
Forman, Jonathan Barry, Vol IV
Friedrich, Gustav William, Vol II
Gilje, Paul Arn, Vol I
Glad, Paul Wilbur, Vol I
Gross, David Stuart, Vol II, III
Gui, Ming C., Vol III
Henderson, George, Vol V
Hurtado, A. L., Vol I
Kamoche, Jidlaph Gitau, Vol I
Kennison, Shelia, Vol V
Leitch, Vincent B., Vol II
Levy, David W., Vol I
Lewis, Mitchell R., Vol II
Madland, Helga Stipa, Vol III
May, Jude Thomas, Vol I
Merrill, Kenneth Rogers, Vol IV
Mical, Thomas, Vol I
Miller, David H., Vol I
Morgan, H. Wayne, Vol I
Nitzova, Petya, Vol I
Norwood, Stephen H., Vol I
Perkins, Edward Joseph, Vol IV
Purinton, Jeffrey S., Vol II, III
Savage, William W., Jr., Vol I
Scaperlanda, Michael, Vol IV
Shalhope, Robert E., Vol I
Snell, Daniel C., Vol III
Stillman, Norman (Noam) Arthur, Vol I
Sturm, Circe, Vol V
Taylor, Kenneth Lapham, Vol I
Treat, James, Vol IV
Velie, Alan R., Vol II
Wren, Daniel Alan, Vol IV
Yu, Ning, Vol III

University of Oregon, Eugene

Albert-Galtier, Alexandre, Vol III
Alley, Henry Melton, Vol II
Baker, Robert Samuel, Vol II
Bergquist, Peter, Vol II
Biles, Zachary P., Vol II, III
Birn, Raymond, Vol I
Boren, James Lewis, Vol II
Bowditch, Lowell, Vol II, III
Brownmiller, Sara N., Vol IV
Clark, Suzanne, Vol II
Coleman, Edwin Leon, II, Vol II
Connolly, Thomas J., Vol I, V
Desroches, Richard Henry, Vol III
Dugaw, Dianne M., Vol II, V
Dumond, D. E., Vol I, V
Epple, Juan Armando, Vol II, III
Epps, Garrett, Vol IV
Esherick, Joseph Wharton, Vol I
Forell, Caroline, Vol IV
Frank, David A., Vol II
Gontrum, Peter B., Vol III
Grudin, Robert, Vol II
Hart, Thomas Roy, Vol III
Hildreth, Richard George, Vol IV
Holbo, Paul S., Vol I
Kohl, Stephen William, Vol III
Krawiec, Kimberly D., Vol IV
Liberman, Kenneth B., Vol V
Love, Glen A., Vol II
Lowenstam, Steven, Vol III
Mate, Mavis, Vol I
McLucas, Anne Dhu, Vol II
Mohr, James C., Vol I
Murphy, Alexander B., Vol I
Pascal, Cecil Bennett, Vol III
Plant, Helmut R., Vol III
Pomeroy, Earl, Vol I
Pope, Daniel, Vol I
Porter, Samuel C., Vol IV, V
Powell, Amanda W., Vol III
Sanders, Jack Thomas, Vol IV
Scoles, Eugene Francis, Vol IV
Sheets-Johnstone, Maxine, Vol IV
Sherman, Sharon R., Vol V
Simonds, Paul E., Vol V
Taylor, Donald Stewart, Vol II
Tossa, Wajuppa, Vol II
Wade, Louise Carroll, Vol I
Westling, Louise Hutchings, Vol II
Wickes, George, Vol II
Wojcik, Daniel, Vol II, V

University of Ottawa, Ottawa

Abell, Jennie, Vol IV
Bazan, Carlos, Vol IV
Benidickson, Jamie, Vol IV
Chartier, Yves, Vol I, II
Clayton, John Douglas, Vol III
Currie, John H., Vol IV
D'Allaire, Micheline, Vol I
Delisle, Jean, Vol I, III
Dickason, Olive P., Vol I
Dionne, Rene, Vol III
Dray, William Herbert, Vol IV
Dube, Jean-Claude, Vol I
Eldredge, Laurence Milton, Vol III
Geraets, Theodore F., Vol IV
Granger, Christopher, Vol IV
Grise, Yolande, Vol III
Gwyn, Julian, Vol I
Hamelin, Marcel, Vol I
Hare, John Ellis, Vol I
Imbert, Patrick L., Vol III
Jaenen, Cornelius John, Vol I
Jeffrey, David Lyle, Vol I, II
Jensen, John T., Vol III
Kaplan, William, Vol IV
Kelly, Louis G., Vol III
Koerner, E. F. K., Vol III
Krishna, Vern, Vol IV
Lafrance, Yvon, Vol IV
Lamirande, Emilien, Vol I, IV
Lapierre, Andre, Vol III
Le Moine, Roger, Vol III
Magnet, Joseph E., Vol IV
Major, Jean-Louis, Vol III
Manganiello, Dominic, Vol II
McMullen, Lorraine, Vol II
McRae, Donald M., Vol IV
Mendes, Errol, Vol IV
Merkely, Paul B., Vol II
Morse, Bradford W., Vol IV
Paciocco, David, Vol IV
Panek, Jennifer Marie, Vol II
Payne, Julien, Vol IV
Perrakis, Phyllis J., Vol II
Petersen, Cynthia, Vol IV
Poplack, Shana, Vol III
Ratushny, Edward J., Vol IV
Rivero, Maria Luisa, Vol III
Rodgers, Sanda, Vol IV
Sbrocchi, Leonard G., Vol III
Sheehy, Elizabeth A., Vol IV
Spry, Irene, Vol I, IV
Staines, David, Vol II
Sullivan, Ruth, Vol IV
VanDuzer, Anthony J., Vol IV
Von Flotow, Luise, Vol II
Wallot, Jean-Pierre, Vol I
Watelet, Hubert, Vol I
Way, Rosemary Cairns, Vol IV
Wilson, Keith G., Vol II
Wyczynski, Paul, Vol II
Yardley, J. C., Vol II, III
Zweibel, Ellen, Vol IV

University of Pennsylvania, Philadelphia

Aiken, Linda H., Vol V
Allen, Roger Michael Ashley, Vol III
Azzolina, Davis S., Vol V
Baker, C. Edwin, Vol II, IV
Ben-Amos, Dan, Vol I
Benson, Morton, Vol III
Bernstein, Lawrence F., Vol II
Bodde, Derk, Vol I
Bowman, Frank Paul, Vol III
Brevart, Francis B., Vol III
Burbank, Stephen B., Vol IV
Caplan, Arthur L., Vol IV
Cappella, Joseph N., Vol II
Cardona, George, Vol III
Cochran, Thomas Childs, Vol I
Coltrane, Robert, Vol II
Crane, Diana, Vol V
Curran, Stuart Alan, Vol II
Daemmrich, Horst S., Vol III
DeLaura, David Joseph, Vol II
DeLong, David G., Vol I
Dunn, Richard Slator, Vol I
Dunning, Stephen Northrop, Vol IV
Dyson, Robert Harris, Jr., Vol I, V
Earle, Peter G., Vol III
Engs, Robert Francis, Vol I
Estes, Richard J., Vol V
Frye, Roland Mushat, Vol II
Gaeffke, Peter, Vol III
Goldin, Paul Rakita, Vol I
Good, Irene Lee, Vol I
Graham, A. John, Vol II, III
Hackney, Sheldon, Vol I
Hatfield, Gary C., Vol IV
Hiz, Henry, Vol III, IV
Hoenigswald, Henry M., Vol III
Hoffman, Daniel, Vol II
Hughes, Thomas Parke, Vol I
Hunt, John Dixon, Vol II
Kahn, Charles H., Vol I, IV
Katz, Michael B., Vol I
Kirkham, Victoria E., Vol III
Knauer, Georg Nicolaus, Vol II, III
Kopytoff, Igor, Vol V
Kors, Alan Charles, Vol I
Korshin, Paul J., Vol II
Kraft, Robert Alan, Vol I, IV
Kuklick, Bruce, Vol I
Kumar, Rahul, Vol IV
Kunreuther, Howard, Vol IV
Lees, Lynn Hollen, Vol I
Leichty, Erle Verdun, Vol I
Lisker, Leigh, Vol III
Lloyd, Paul M., Vol III
Lopez, Ignacio Javier, Vol III
Lucid, Robert Francis, Vol II
Mair, Victor H., Vol III
Marcus, Milicent, Vol I
Matter, Edith Ann, Vol I, IV
Mazer, Cary M., Vol II
McCoubrey, John W., Vol I
McGovern, Patrick E., Vol I
Meister, Michael William, Vol I
Meyer, Leonard B., Vol II
Miller, Naomi F., Vol V
Morawska, Ewa, Vol V
Moyer, Ann E., Vol I
Nichols, P. M., Vol IV
Nishimura-Jensen, Julie M., Vol II, III
O'Donnell, James J., Vol II, III
Orts, Eric W., Vol IV
Otto, Karl F., Vol III
Perelman, Bob, Vol II
Peters, Edward Murray, Vol I
Prince, Gerald, Vol III
Regueiro, Jose Miguel, Vol III
Reitz, Curtis R., Vol IV
Richetti, John J., Vol II
Ricketts, Thomas G., Vol IV
Romano, David Gilman, Vol I
Roulin, Jean-Marie, Vol III
Rybczynski, Witold, Vol I
Schuyler, Robert L., Vol V
Sebold, Russell Perry, Vol III
Seigle, Cecelia, Vol I
Sivin, Nathan, Vol I
Solomon, P., Vol V
St. George, Robert B., Vol I
Steinberg, Leo, Vol I
Steiner, Wendy Lois, Vol II
Steinhardt, Nancy Shatzman, Vol I
Striker, Cecil Leopold, Vol I
Sugrue, Thomas J., Vol I
Tigay, Jeffrey Howard, Vol II, IV
Trachtenberg, Marc, Vol I
Trommler, Frank Alfred, Vol III
Turner, Robert Y., Vol II
Turow, Joseph G., Vol II
Van De Walle, Etienne, Vol V
Weales, Gerald, Vol II
Wenzel, Siegfried, Vol II
White, Donald, Vol I
Wolf, Eugene Kendrick, Vol II
Woodard, Emory H., IV, Vol II
Zuckerman, Michael, Vol I

University of Pittsburgh

Anderson, Thomas H., Vol I
Andrews, George Reid, Vol I
Anise, Ladun Oladunjoye E., Vol IV
Arac, Jonathan, Vol II
Ashliman, D. L., Vol III

Avery, Harry Costas, Vol II, III
Bart, Benjamin Franklin, Vol III, V
Biggs, Shirley Ann, Vol V
Blee, K. M., Vol V
Brandom, Robert Boyce, Vol IV
Branson, Douglas M., Vol IV
Carr, Stephen Leo, Vol II
Chase, William John, Vol I
Citton, Yves, Vol III
Clifton, Robert K., Vol IV
Clothey, Frederick Wilson, Vol I, IV
Conley, John A., Vol IV
Curran, Vivian, Vol IV
Davis, Nathan T., Vol II, V
Dekeyser, R. M., Vol III
Drennan, Robert D., Vol V
Drescher, Seymour, Vol I
Erlen, Jonathon, Vol I
Fararo, Thomas J., Vol V
Flechtner, Harry M., Vol IV
Floyd, Edwin Douglas, Vol II, III
Franco, Abel B., Vol IV
Frey, Herschel J., Vol III
Glasco, Laurence A., Vol I
Glaser, Robert, Vol V
Glazener, Nancy K., Vol II
Greenwald, Maurine Weiner, Vol I
Grunbaum, Adolf, Vol IV
Hammond, Paul Y., Vol IV
Harris, Ann Sutherland, Vol I
Harris, Jane Gary, Vol III
Hays, Samuel Pfrimmer, Vol I
Helfand, Michael S., Vol II
Hellman, Arthur D., Vol IV
Hsu, Cho-yun, Vol I
Jonas, Klaus Werner, Vol III
Jones, Nicholas Francis, Vol I, III
Juffs, Alan, Vol III
Karsten, Peter, Vol I
Kaufman, Terrence Scott, Vol III, V
Knapp, James Franklin, Vol II
Koch, Philip, Vol III
Landy, Marcia, Vol II
Lennox, James Gordon, Vol IV
Linduff, Katheryn Mcallister, Vol I
Livezeanu, I., Vol I
Looney, Dennis, Vol III
Machamer, Peter Kennedy, Vol IV
Maguire, Lambert, Vol V
Markoff, John, Vol V
Massey, Gerald J., Vol IV
Meisel, Alan, Vol IV
Miller, Andrew M., Vol II, III
Mills, David Otis, Vol III
Mitchell, Sandra D., Vol IV
Muller, Edward K., Vol I
Oestreicher, Richard Jules, Vol I
Olsen, Lester C., Vol II
Orbach, Alexander, Vol I, IV
Paulston, Christina Bratt, Vol III
Rawski, Evelyn S., Vol I
Rediker, Marcus, Vol I
Rescher, Nicholas, Vol IV
Ringer, Fritz K., Vol I
Root, Deane Leslie, Vol II
Salmon, Wesley Charles, Vol IV
Schofield, Janet W., Vol V
Schwartz, Jerome, Vol III
Seitz, James E., Vol II
Sheon, Aaron, Vol I
Sims, Harold Dana, Vol I
Sinsheimer, Ann M., Vol IV
Smethurst, Mae J., Vol II, III
Smethurst, Richard Jacob, Vol I
Stranahan, Patricia, Vol I
Taylor, G. H., Vol IV
Taylor, Jerome, Vol I
Tobias, Richard C., Vol II
Toker, Franklin K., Vol I
Venarde, Bruce L., Vol I, II
Von Dirke, Sabine B., Vol III
Wasserman, Rhonda S., Vol IV
Wells, Jerome C., Vol IV
West, Michael Davidson, Vol II
Williams, John W., Vol I
Wion, Philip Kennedy, Vol II
Zhou, Peter Xinping, Vol III

University of Pittsburgh at Bradford
Frederick, Richard G., Vol I
Jordan, Sandra D., Vol IV

University of Pittsburgh at Greensburg
Haslett, Tammy, Vol V
Liddick, Donald R., Vol IV

University of Pittsburgh at Johnstown
Mock, Michele L., Vol II
Sedlar, Jean Whitenack, Vol I

University of Pittsburgh, Titusville
Mulcahy, Richard P., Vol I

University of Portland
Covert, James Thayne, Vol I, II
Danner, Dan Gordon, Vol I, IV
Deming, Will H., Vol IV
Dempsey, Carol J., Vol IV
Faller, Thompson Mason, Vol IV
Gauthier, Jeff, Vol IV
Macias, Manuel Jato, Vol III
Mayr, Franz Karl, Vol III, IV
Zimmerman, Loretta Ellen, Vol I

University of Prince Edward Island, Charlottetown
Bolger, Francis W. P., Vol I
Bourne, Lesley-Anne, Vol II
Cregier, Don Mesick, Vol I
Epperly, Elizabeth Rollins, Vol II
Robb, Stewart A., Vol I

University of Puerto Rico, Humacao University College
Darhower, Martin L., Vol II, III

University of Puerto Rico, Mayaguez Campus
Hunt, Anthony, Vol II

University of Puerto Rico, Rio Piedras
Baez, Angel David Cruz, Vol I
Irizarry, Maria A., Vol V
Pena, Juan A., Vol II

University of Puerto Rico, San Juan
Diaz, Luis Felipe, Vol III
Ward, Margaret Charlotte, Vol III

University of Puget Sound, Tacoma
Barnett, Suzanne Wilson, Vol I
Block, Geoffrey, Vol II
Cooney, Terry Arnold, Vol I
Curley, Michael Joseph, Vol II, III
DeLombard, Jeanine, Vol II
Edwards, Douglas R., Vol IV
Garratt, Robert Francis, Vol II
Guilmet, George, Vol V
Ives, Christopher, Vol IV
Kay, Judith Webb, Vol IV
Orlin, Eric, Vol I
Ostrom, Hans, Vol II
Pinzino, Jane M., Vol IV
Potts, David B., Vol I
Proehl, Geoffrey, Vol II
Smith, David Fredrick, Vol I

University of Quebec, Montreal
Boisvert, Mathieu, Vol IV
Boulad-Ayoub, Josiane, Vol IV
Fahmy-Eid, Nadia, Vol I
Germain, Claude, Vol III
Hould, Claudette, Vol I
Lehuu, Isabel, Vol I
Prades, Jose Albert, Vol IV, V
Robert, Jean-Claude, Vol I
Robert, Lucie, Vol II

University of Quebec, Rimouski
Dumais, Monique, Vol IV

University of Redlands
Eng, Robert Y., Vol I
Hester, James D., Vol IV
Keene, Jennifer D., Vol I
Musmann, Klaus, Vol II
Ogren, Kathy J., Vol I
Sandos, James A., Vol I
Vailakis, Ivan Gordon, Vol II, III

University of Regina
Bismanis, Maija, Vol I
Blackstone, Mary A., Vol II
Cowasjee, Saros, Vol II
Givner, Joan, Vol II
Howard, William J., Vol II
Mitchell, Kenneth R., Vol II
Szabados, Bela, Vol IV

University of Rhode Island, Kingston
Briggs, J. M., Vol I
Chen, Guo-Ming, Vol II
Cohen, Joel Alden, Vol I
Culatta, Barbara, Vol II
Cunnigen, Donald, Vol V
deBoo, Edward L., Vol II, III
Durand, Alain-Philippe, Vol III
Findlay, James F., Vol I
Gutchen, Robert M., Vol I
Hutton, Lewis J., Vol III
Jacobs, Dorothy Hieronymus, Vol II
Ketrow, Sandra M., Vol II
Kim, Yong Choon, Vol IV
Klein, Maurice N., Vol I
Kovarsky, Dana, Vol II
Kunz, Don, Vol II
Ladewig, James L., Vol I
Maclaine, Allan Hugh, Vol II
Manteiga, Robert Charles, Vol III
Miles, Libby, Vol II
Rogers, Kenneth Hall, Vol III
Rossi, Joseph S., Vol V
Stein, Karen F., Vol II, V
Strom, Sharon Hartman, Vol I
Thurston, Gary J., Vol I
Turnbaugh, William A., Vol V
Velicer, Wayne F., Vol V
Weisbord, Robert G., Vol I

University of Richmond
Addiss, Stephen L., Vol I
Bolt, Ernest C., Jr., Vol I
Bonfiglio, Thomas, Vol III
Bryson, William Hamilton, Vol I, IV
Ciulla, Joanne B., Vol IV
Dance, Daryl Cumber, Vol II
Daniel, Wilbon Harrison, Vol I
Eakin, Frank Edwin, Vol IV
Gruner, Elisabeth, Vol II
Gunlicks, Arthur B., Vol IV
Hall, James, Vol IV
Hilliard, Raymond Francis, Vol II
Jones, Suzanne W., Vol II
Kenzer, Robert C., Vol I
Leary, David E., Vol I, IV
Lewellen, Ted Charles, Vol V
Li, Ping, Vol V
Marcone, Rose Marie, Vol III
McMurtry, Josephine, Vol II
Rilling, John R., Vol I
Schauber, Nancy Ellen, Vol IV
Shapiro, Gary, Vol IV
Stevenson, Walt, Vol III
Taylor, Welford Dunaway, Vol II
Terry, Robert Meredith, Vol III
Ward, Harry M., Vol I
Watts, Sydney, Vol I
West, Hugh A., Vol I

University of Rio Grande
Barton, Marcella Biro, Vol I, IV
Tribe, Ivan Mathews, Vol I

University of Rochester
Albright, Daniel, Vol II
Beaumont, Daniel E., Vol I
Berlo, Janet Catherine, Vol I
Bleich, David, Vol II
Bond, Gerald Albert, Vol I, III
Braun, Wilhelm, Vol III
Cadorette, Curt R., Vol IV
Cartwright, Lisa, Vol II, V
Cherchi-Usai, Paolo, Vol II
Chiarenza, Carl, Vol I
Crimp, Douglas, Vol I
Curren, Randall R., Vol IV
Deci, Edward, Vol V
Dohanian, Diran Kavork, Vol I
Doolittle, James, Vol I, III
Eaves, Morris, Vol II
Engerman, Stanley Lewis, Vol I, IV
Feldman, Richard Harold, Vol IV
Genovese, Eugene D., Vol I
Gollin, Richard M., Vol II
Gordon, Lynn Dorothy, Vol I, V
Grella, George, Vol II
Gross, Kenneth, Vol II
Hahn, Thomas George O'Hara, Vol II
Hauser, William Barry, Vol I
Herminghouse, Patricia A., Vol III
Higley, Sarah, Vol II
Holmes, Robert Lawrence, Vol IV
Homerin, T. Emil, Vol IV
Johnson, James William, Vol II
Jorgensen, Beth E., Vol III
Kaeuper, Richard William, Vol I
Kegl, Rosemary, Vol II
Kirschenbaum, Howard, Vol V
Kowalke, Kim H., Vol II
Levy, Anita, Vol II
Lipscomb, Drema Richelle, Vol II
London, Bette, Vol II
Longenbach, James, Vol II
Lupack, Alan, Vol II
Meerbote, Ralf, Vol I, IV
Michael, John, Vol II
More, Ellen Singer, Vol I
Moutsos, Demetrius George, Vol III
Peck, Russell A., Vol II
Ramsey, Jarold, Vol II
Rodowick, David N., Vol II
Rodriquez-Hernandez, Raul, Vol III
Seiberling, Grace, Vol I
Shuffelton, Frank, Vol II
Voloshin, Beverly R., Vol II
Walsh, David A., Vol I
Wason, Robert W., Vol II
Waters, John J., Vol I
Wierenga, Edward Ray, Vol IV
Wolff, Janet, Vol I
Young, Mary Elizabeth, Vol I

University of San Diego
Alexander, Larry, Vol IV
Appelbaum, Robert, Vol II
Aquino, Maria Pilar, Vol IV
Baber, Harriet Erica, Vol IV
Brooks, Roy Lavon, Vol IV
Caywood, Cynthia, Vol II
Donnelly, John, Vol IV
Engstrand, Iris H. Wilson, Vol I
Gillman, Florence Morgan, Vol IV
Hurd, Heidi M., Vol IV
Macy, Gary A., Vol I, IV
Mapa, Marina Vargas, Vol III
McClain, Molly A., Vol I
McGowan, Joseph P., Vol II
Mohamed, A. Rafil, Vol V
Monroe, Theresa M., Vol IV
Morris, Grant H., Vol IV
Nelson, Lance E., Vol IV
Nyce, Benjamin M., Vol II
Rigali, Norbert Jerome, Vol IV
Robinson, Fred, Vol II
Rohatyn, Dennis Anthony, Vol IV
Wagner, Michael Frank, Vol IV
Walsh, Elizabeth, Vol II
Weckstein, Donald Theodore, Vol IV

University of San Francisco
Bassett, William W., Vol I, IV
Boucher, Jerry, Vol V
Buckley, Francis J., Vol IV
Cavanaugh, Thomas A., Vol IV
Ciena, Mel, Vol V
Elliott, John Hall, Vol IV
FitzGerald, Desmond J., Vol IV
Gleason, Elisabeth Gregorich, Vol I
Hill, Patricia Liggins, Vol II
Kruze, Uldis, Vol I
McCarthy, J. Thomas, Vol IV
Mendieta, Eduardo, Vol IV
Nagarajan, Vijaya, Vol IV
Neaman, Elliott Y., Vol I
Smith, Patrick J., Vol II
Stump, David James, Vol IV
Vogeley, Nancy Jeanne, Vol III

University of Saskatchewan, Saskatoon
Bietenholz, Peter Gerard, Vol I
Bilson, Beth, Vol IV
Bowden, Marie Ann, Vol IV
Buckingham, Don, Vol IV
Buckwold, Tamara, Vol IV
Cairns, Alan, Vol IV
Calder, Robert L., Vol II
Clark, Don, Vol IV
Cuming, Ron, Vol IV
Fairbairn, Brett T., Vol I
Findlay, Leonard Murray, Vol II
Flannigan, Rob, Vol IV
Foster, John, Vol IV
Fritz, Ron, Vol IV
Gosse, Richard, Vol IV
Greschner, Donna, Vol IV
Hayden, James Michael, Vol I
Henderson, Judith Rice, Vol II
Ish, Daniel, Vol IV
Mackinnon, Peter, Vol IV
McConnell, William Howard, Vol IV
Miller, James R., Vol I
Miquelon, Dale B., Vol I
Norman, Ken, Vol IV
Porter, John R., Vol I
Quigley, Tim, Vol IV
Roach, Kent, Vol IV
Stephenson, Ken Cooper, Vol IV
Torres-Recinos, Julio, Vol III
Vandervort, Lucinda, Vol IV
Wiegers, Wanda, Vol IV
Zlotkin, Norman, Vol IV

University of Science and Arts of Oklahoma, Chickasha
Brown, Brenda, Vol II
Hester, Lee, Vol IV
Meredith, Howard, Vol I

University of Scranton
Baker, Thomas E., Vol IV, V
Casey, Ellen Miller, Vol II
Casey, Timothy, Vol IV
DeRitter, Jones, Vol II
Domenico, Roy P., Vol I
Frein, Brigid Curtin, Vol IV
Friedman, Michael D., Vol II
Friedrichs, David, Vol IV
Gougeon, Len G., Vol II
Homer, Francis X. J., Vol I
Hueston, Robert Francis, Vol I
Kamla, Thomas A., Vol III
Kennedy, Lawrence W., Vol I
Klonoski, Richard, Vol IV
Kopas, Jane, Vol IV
Ledford-Miller, Linda, Vol III
Mathews, Edward G., Jr., Vol IV
McGinley, John Willard, Vol IV
Norcross, John C., Vol V
Parente, William, Vol IV
Parsons, Robert A., Vol III
Pinches, Charles R., Vol IV
Sable, Thomas F., Vol IV
Williams, Bernard D., Vol I
Wilson, Joseph P., Vol II, III
Wolfer, Loreen T., Vol V

University of Sheffield
Edelman, Diana V., Vol I, IV

University of Sherbrooke
Bonenfant, Joseph, Vol II
Dumont, Micheline, Vol I
Greenstein, Michael, Vol II
Jones, Douglas Gordon, Vol II

University of South Alabama, Mobile
Brown, Richmond F., Vol I
Dendinger, Lloyd N., Vol II
Fogleman, Aaron S., Vol I
Holmes, Larry E., Vol I
Jones, Calvin N., Vol III
Lally, Tim Douglas Patrick, Vol III
McKiven, Henry M., Jr., Vol I
Mohr, Clarence L., Vol I
Monheit, Michael L., Vol I
Oszuscik, Philippe, Vol I
Rogers, Daniel E., Vol I
White, James P., Vol II

University of South Carolina at Aiken
Polk, Jim, Vol I
Roy, Emil L., Vol II
Smith, Wallace Calvin, Vol I

University of South Carolina at Beaufort
Eby, Carl P., Vol II
Flannagan, Roy C., Vol II
Stehle, Cheryl F., Vol II
Villena-Alvarez, Juanita, Vol III
Wise, Steve, Vol I

University of South Carolina at Columbia
Adams, Gregory B., Vol IV
Appel, James B., Vol V
Augustinos, Gerasimos, Vol I
Baird, Davis, Vol IV
Basil, John Duryea, Vol I
Beardsley, Edward Henry, Vol I
Becker, Peter Wolfgang, Vol I
Beltman, Brian W., Vol I
Boyle, F. Ladson, Vol IV
Bridwell, R. Randal, Vol IV
Briggs, Ward W., Vol II, III
Bruccoli, Matthew J., Vol II
Carter, Jeffrey D. R., Vol I, IV
Charlebois, Lucile C., Vol III
Clements, Kendrick A., Vol I
Connelly, Owen S., Vol I
Costa, Michael J., Vol IV
Cowart, David, Vol II
Crystal, Nathan M., Vol IV
Day, James T., Vol III
Day, Richard E., Vol IV
Dillon, Bert, Vol II
Disterheft, Dorothy, Vol III
Duffy, John Joseph, Vol I
Edgar, Walter B., Vol I
Edmiston, William F., Vol II
Elfe, Wolfgang Dieter, Vol II
Farrar, Ronald, Vol II
Feldman, Paula R., Vol II
Felix, Robert E., Vol IV
Flanagan, James F., Vol IV
Franklin, Benjamin, Vol II
French, Harold Wendell, Vol III
Fryer, T. Bruce, Vol III
Ginsberg, Leon, Vol V
Grant, August E., Vol II
Greenspan, Ezra, Vol I
Gregg, Edward, Vol I
Greiner, Donald James, Vol II
Hackett, Jeremiah M., Vol IV
Haggard, Thomas R., Vol IV
Halberstam, Michael, Vol IV
Hardin, James Neal, Vol III
Hark, Ina Rae, Vol II
Henry, Freeman George, Vol III
Herzstein, Robert Edwin, Vol I
Hubbard, F. Patrick, Vol IV
Hynes, Jennifer, Vol II
Janiskee, Robert L., Vol I
Johanson, Herbert A., Vol I, IV
Johnson, Herbert A., Vol I, IV
Jones, Donald L., Vol IV
Kegley, Charles W., Vol IV
Kross, Jessica, Vol I
Lacy, Philip T., Vol IV
Lesesne, Henry H., Vol I
Lewis, Kevin, Vol II, IV
Little, Greta D., Vol II, III
Long, Eugene T., Vol IV
Maney, Patrick J., Vol I
Mather, Henry S., Vol IV
Mathias, William J., Vol IV
Mathisen, Ralph Whitney, Vol I, II, III
McAninch, William S., Vol IV
McCabe, Kimberly A., Vol IV
McCullough, Ralph C., II, Vol IV
Medlin, S. Alan, Vol IV
Miller, J. Mitchell, Vol IV
Miller, Paul, Vol III
Minghi, Julian M., Vol I
Montgomery, John E., Vol IV
Montgomery, Michael M., Vol III
Morris, Robin K., Vol V
Mueller, Agnes C., Vol III
Myerson, Joel Arthur, Vol II
Nolan, Edward Francis, Vol II
Norman, G. Buford, Vol III
Owen, David G., Vol IV
Patterson, Elizabeth G., Vol IV
Patterson, Robert Benjamin, Vol I
Perkins, Kenneth J. Ames, Vol I
Quirk, William J., Vol IV
Raymond, Frank B., Vol V
Rickert, Edward J., Vol V
Roy, G(eorge) Ross, Vol II, III
Scardaville, Michael Charles, Vol I
Scott, Patrick G., Vol II
Skrupskelis, Agnas K., Vol IV
Smalls, O'Neal, Vol IV
Sprague, Rosamond Kent, Vol IV
Stephens, R. Eugene, Vol IV
Stewart, Joan Hinde, Vol III
Synnott, Marcia G., Vol I
Terrill, Tom E., Vol I
Thesing, William Barney, Vol II
Underwood, James L., Vol IV
Vazsonyi, Nicholas, Vol III
Weir, Robert Mccolloch, Vol I
Wimsatt, Mary Ann, Vol II
Zoch, Lynn M., Vol II

University of South Carolina at Spartanburg
Carson, Warren Jason, Jr., Vol II
Crosland, Andrew Tate, Vol II
Holcombe, Lee, Vol I
Raquidel, Danielle, Vol III
Valentine, Tamara M., Vol III

University of South Carolina at Sumter
Coyne, Anthony M., Vol IV
Safford, John L., Vol IV
Walsh, David John, Vol IV

University of South Carolina-Salkehatchie Regional Campus
Chilcote, Wayne L., Vol I, II
Mitchell, Arthur, Vol I

University of South Dakota, Vermillion
Bucklin, Steve, Vol I
Cherry, Paul, Vol II
Cunningham, Frank Robert, Vol II
Evans, Wayne, Vol V
Gasque, Thomas J., Vol II
Hilderbrand, Robert Clinton, Vol I
Hoover, Herbert Theodore, Vol I
Klein, Dennis Allan, Vol III
Lee, Roy Alton, Vol I
Lehmann, Clayton M., Vol I
Meyer, Leroy N., Vol IV
Moyer, Ronald L., Vol I, II
Nienonen, Jack E., Vol V
Rude, Roberta N., Vol II
Sebesta, Judith Lynn, Vol I, II, III
Shen, Fuyuan, Vol II
Whitehouse, George, Vol IV
Wilson, Norma Clark, Vol II
Wolff, Gerald W., Vol I

University of South Florida, Tampa
Anton, John P., Vol IV
Banes, Ruth A., Vol I
Belohlavek, John M., Vol I
Brulotte, Gaetan, Vol III
Carr, David Randolph, Vol I
Cissna, Kenneth N., Vol II
Cochran, John K., Vol IV
Currey, Cecil B., Vol I
DeChant, Dell, Vol IV
Deitrick, Lynn, Vol V
Dembo, Richard, Vol IV, V
DesAutels, Peggy, Vol IV
Ellis, Carolyn Sue, Vol II, V
Fasching, Darrell, Vol IV
Follman, John C., Vol V
Heide, Kathleen M., Vol IV
Himmelgreen, David, Vol V
Hirsh, Elizabeth, Vol II
Ingalls, Robert Paul, Vol I
Johanningmeier, Erwin, Vol V
Jorgensen, Danny L., Vol IV
Mauser, August J., Vol V
McAlister, Linda L., Vol IV
Mitchell, Mozella, Vol II
Moss, S., Vol II
Motto, Anna Lydia, Vol II, III
Parker, Keith Alfred, Vol I
Poythress, N. G., Vol V
Purcell, Trevor W., Vol V
Rubin, Steven J., Vol II
Runge, Laura, Vol II
Schonfeld, Martin, Vol IV
Silver, Bruce, Vol IV
Snyder, Robert Edward, Vol I
Stavig, Ward, Vol I
Strange, James F., Vol I, IV
Trask, Roger R., Vol I
Turner, Stephen, Vol II, V
Tykot, Robert, Vol V
Tyson, Nancy Jane, Vol II
Weatherford, Roy C., Vol IV
Wells, Daniel Arthur, Vol II

University of Southern California, Los Angeles
Accampo, Elinor A., Vol I
Altman, Scott A., Vol IV
Andersen, Elaine, Vol III
Ando, Clifford, Vol II, III
Aoun, Joseph, Vol III
Arlen, Jennifer H., Vol IV
Armour, Jody D., Vol IV
Aronson, Jonathan David, Vol IV
Babcock, Arthur Edward, Vol III
Banet-Weiser, Sarah, Vol II
Banner, Lois W., Vol I
Barnouw, Dagmar, Vol III
Becker, Marjorie R., Vol I
Beniger, James R., Vol II, V
Berger, Gordon, Vol I
Berton, Peter, Vol IV
Bice, Scott H., Vol IV
Binder, Amy J., Vol V
Birge, Bettine, Vol III
Blumberg, Sherry H., Vol III
Borer, Hagit, Vol III, V
Boyle, Thomas Coraghessan, Vol II
Braudy, Leo, Vol II
Brecht, Albert O., Vol IV
Bruneau, Marie Florine, Vol III
Caiden, Gerald E., Vol IV
Campbell, Lee W., Vol IV
Capron, Alexander M., Vol I, IV
Carnicke, Sharon Marie, Vol III
Chang, Howard F., Vol IV
Chemerinsky, Erwin, Vol IV
Cheng, Meiling, Vol II
Cheung, Dominic C. N., Vol III
Christol, Carl Quimby, Vol IV
Chyet, Stanley F., Vol I, IV
Clausing, Gerhard, Vol III
Cohen, Stephen Marshall, Vol IV
Cooper, Marilyn Marie, Vol II
Cox, Thomas C., Vol I
Crossley, John P., Vol IV
Cruz, David B., Vol IV
Cuenca, Jose Ramon Araluce, Vol III
Dales, Richard C., Vol I
Dane, Joseph A., Vol II
Diaz, Roberto Ignacio, Vol II, III
Dingman, Roger V., Vol I
Dudziak, Mary L., Vol I, IV
Dutton, William H., Vol II
Ellwood, Robert S., Vol IV
Estrich, Susan, Vol IV
Ethington, Philip J., Vol I
Finegan, Edward J., Vol III, IV
Fisher, Walter R., Vol II
Fitch, Noel Filey, Vol II
Frakes, Jerold C., Vol III
Franklin, Carl M., Vol IV
Freeman, Donald C., Vol II
Fry, Michael G., Vol I, IV
Fulk, Janet, Vol II
Furth, Charlotte, Vol I
Garet, Ronald R., Vol IV
Ghirardo, Diane, Vol I
Green, Lawrence Donald, Vol II
Griffith, Thomas D., Vol IV
Hahn, Harlan, Vol IV
Han, Mieko, Vol III
Harley, Maria Anna, Vol II
Hawkins, John A., Vol III
Hayden, George A., Vol III
Heidsieck, Arnold, Vol III
Hise, Greg, Vol I
Hoji, Hajime, Vol III
Houston, Velina H., Vol II
Ilie, Paul, Vol III
Kamuf, Peggy, Vol III
Katada, Saori, Vol IV
Keating, Gregory C., Vol IV
Kim, Nam-Kil, Vol III
Klerman, Daniel M., Vol IV
Knoll, Michael S., Vol IV
Knoll, Paul W., Vol I
Knowles, Ralph L., Vol I
Lazar, Moshe, Vol II, III
Lefcoe, George, Vol IV
Levine, Martin L., Vol IV
Li, Audrey, Vol III
Liebig, Phoebe, Vol V
Lu, Zhong-Lin, Vol V
Lyon, Thomas D., Vol IV
MacDonald, Maryellen, Vol III, V
Malone, Carolyn, Vol I
Marder, Nancy S., Vol IV
Matteson, Lynn Robert, Vol I
Mazon, Mauricio, Vol I
McCaffery, Edward J., Vol IV
McCann, Edwin, Vol IV
Mead, Lisa M., Vol IV
Meyer, Richard, Vol I
Miller, Donald, Vol IV, V
Moore, A. Lloyd, Vol I
Nagle, D. Brendan, Vol I
Nash, Stanley, Vol III
Noble, Douglas, Vol I
Nosco, Peter, Vol I
Orenstein, Gloria Feman, Vol III, V
Patti, Rino J., Vol V
Pinkus, Karen, Vol III
Pollini, John, Vol I
Resnik, Judith, Vol IV
Richlin, Amy, Vol II, III
Rorlich, Azade-Ayse, Vol I
Rosenthal, Margaret F., Vol II, III
Ross, Steven, Vol I
Rutherford, William E., Vol III
Saks, Elyn R., Vol IV
Saltarelli, Mario, Vol III
Saltzman, Robert M., Vol IV
Sanchez, George J., Vol I
Schein, Barry, Vol III
Schierle, Gotthilf Goetz, Vol I
Schmidhauser, John Richard, Vol IV
Schnauber, Cornelius, Vol III
Schor, Hilary, Vol II
Seidenberg, Mark, Vol III, V
Seip, Terry, Vol I
Shapiro, Michael H., Vol IV
Silva-Corvalan, Carmen M., Vol III
Simon, Larry G., Vol IV
Slawson, W. David, Vol IV
Smith, Edwin M., Vol IV
Sonnenfeld, Albert, Vol III
Spitzer, Matthew L., Vol IV
Stacey, Judith, Vol V
Starr, Kevin, Vol I
Starr, Peter, Vol III
Stolzenberg, N. M., Vol IV
Stone, Christopher D., Vol IV
Talley, Eric L., Vol IV
Thompson, Laurence G., Vol I
Tomlinson, John G., Vol IV
Totten, George Oakley, III, Vol I
Troy, Nancy J., Vol I
Vergnaud, Jean-Roger, Vol III
Walker, Rachel, Vol III
Ward, Thomas W., Vol V
Whitebread, Charles H., Vol IV
Wilcox, Rand R., Vol V
Williams, William J., Vol IV
Williamson, Chris, Vol I
Wills, John E., Jr., Vol I
Woodard, Roger, Vol III
Zholkovsky, Alexander, Vol III
Zubizarreta, Maria Luisa, Vol III
Zuckerman, Bruce, Vol I

University of Southern Colorado, Pueblo
Barber, Margaret, Vol II
Forsyth, Dan W., Vol V
Griffin, John R., Vol II
Hochman, Will, Vol II
Keller, Robert L., Vol IV, V
Kulkosky, Paul, Vol V
Meyer, Russell J., Vol II
Mo, Suchoon S., Vol V
Sheidley, William E., Vol II
Taylor, Cindy, Vol II, V

University of Southern Indiana, Evansville
Bigham, Darrel E., Vol I
Blake, Michelle, Vol V
Sands, Helen R., Vol II
Sullivan, Stephen J., Vol IV
Zehr, Stephen C., Vol V

University of Southern Maine, Portland
Caffentzis, C. George, Vol IV
Cluchey, David P., Vol IV
Cowart, Wayne, Vol III
Earle, Kathleen Alison, Vol V
Gavin, William, Vol IV
Grange, Joseph, Vol IV
Kissen, Rita, Vol V
Klooster, Willem, Vol I
Lang, Michael B., Vol IV
Louden, Robert B., Vol IV
McGrath, Francis C., Vol II
Murphy, Julien, Vol IV
Muthyala, John S., Vol I
Rieser, Alison, Vol IV
Schwanauer, Francis, Vol IV
Wagner, David, Vol V
Ward, Thomas M., Vol IV
Wells, William W., Vol IV
Wininger, Kathleen J., Vol IV
Wriggins, Jennifer, Vol IV
Yang, Fenggang, Vol IV, V
Zillman, Donald N., Vol IV

University of Southern Mississippi, Hattiesburg
Bolton, Charles C., Vol I
Bradley, Doris P., Vol II
Clark, Mark E., Vol II, III
Eells, Gregory T., Vol V
Fortunato, Vincent J., Vol V
Goggin, William, Vol V
Gonzales, John Edmond, Vol I
Guice, John David Wynne, Vol I
Harvey, Tamara, Vol II
Holley, David M., Vol IV
Kolin, Philip, Vol II
Langstraat, Lisa R., Vol II
Lares, Jameela, Vol II
Mcmillen, Neil Raymond, Vol I
Meyer, John, Vol II
Polk, Noel E., Vol II
Scarborough, William, Vol I
Sharkey, Paul, Vol IV
Sims, James Hylbert, Vol II
Taylor, William B., Vol IV
Waltman, Jerold Lloyd, Vol IV
Wood, Forrest E., Jr., Vol IV

University of Southwestern Louisiana, Lafayette
Arehole, S., Vol II
Berkeley, Istvan S. N., Vol V
Brasseaux, Carl A., Vol I
Fackler, Herbert Vern, Vol II
Gentry, Judith Anne Fenner, Vol I
Petitjean, Thomas D., Jr, Vol II
Riehl, Joseph E., Vol II
Schoonover, Thomas David, Vol I

University of St. Francis, Fort Wayne
Kumfer, Earl T., Vol IV

University of St. Francis, Joliet
Chilton, H. Randolph, Vol II
Marzec, Marcia Smith, Vol II

University of St. Michael's College, Toronto
Leonard, Ellen M., Vol IV

University of St. Thomas, Houston
Andrist, Debra D., Vol III
Bernhard, Virginia P., Vol I
Farge, James Knox, Vol I
Kitchel, Mary Jean, Vol I, IV
Prokurat, Michael, Vol IV
Rodriguez, Alvaro, Vol III
Schiefen, Richard John, Vol I, IV
Strieder, Leon, Vol IV
Wasserman, Julian, Vol II

University of St. Thomas, St. Paul
Chew, Kristina, Vol III
Chrislock, C. Winston, Vol I
Hallman, Joseph Martin, Vol IV
Herman, Randolph W., Vol V
Hicks, Patrick, Vol II
Klejment, Anne, Vol I
MacKenzie, Raymond, Vol II
Patton, Corrine, Vol IV
Reichardt, Mary R., Vol II
Reiter, David Dean, Vol IV
Schweigert, Francis J., Vol V
Stromberg, James S., Vol IV
Windley-Daoust, Susan M., Vol IV
Wright, Scott Kenneth, Vol I

University of Sudbury
Lemieux, Germain, Vol I, V
Organ, Barbara, Vol IV

University of Tampa
Botjer, George, Vol I
Lombardi, Mark O., Vol IV
Mariotti, Arleen, Vol V
Parssinen, Terry, Vol I
Piper, Richard, Vol IV
Rynder, Constance, Vol I
Schenck, Mary Jane, Vol I
Solomon, Andrew Joseph, Vol II
Tillson, Albert H., Jr., Vol I

University of Tennessee at Chattanooga
Bodkin, Thomas E., Vol V
Eskildsen, Stephen E., Vol IV
Froide, Amy, Vol I
Giffin, Phillip E., Vol I, IV
Hall, Thor, Vol IV
Jackson, Richard P., Vol II
Lippy, Charles, Vol IV
McClay, Wilfred M., Vol I
Resnick, Irven M., Vol IV
Sachsman, David B., Vol II
Switala, Kristin, Vol IV
Townsend, Gavin, Vol I
Ware, Thomas C., Vol II
Wright, William John, Vol I

University of Tennessee, Chatanooga
Rice, Richard, Vol I
Russell, James M., Vol I
Ward, James A., Vol I

University of Tennessee, Hermitage
Moser, Harold Dean, Vol I, II

University of Tennessee, Knoxville
Adams, Percy Guy, Vol II
Alexakos, Panos D., Vol IV
Aquila, Richard E., Vol IV
Ash, Stephen V., Vol I
Ashdown, Paul George, Vol II
Bast, Robert, Vol I
Bates, Benjamin J., Vol II
Beauvois, Margaret H., Vol III
Becker, Susan D., Vol I
Bennett, James O., Vol IV
Bergeron, Paul H., Vol I
Bing, J. Daniel, Vol I
Bohstedt, John, Vol I
Bradley, Owen, Vol I
Brady, Patrick S., Vol I, III
Breslaw, Elaine, Vol I
Brizio-Skov, Flavia, Vol III
Brummett, Palmira, Vol I
Burghardt, Gordon M., Vol V
Burman, Thomas, Vol I
Campion, Edmund J., Vol III
Cazenave, Odile, Vol III
Cohen, Sheldon M., Vol IV
Cox, Don Richard, Vol II
Craig, Christopher P., Vol II, III
Creel, Bryant L., Vol III
Diacon, Todd, Vol I
DiMaria, Salvatore, Vol III
Drake, Robert Y., Jr., Vol II
Dumas, Bethany K., Vol III
Edwards, Rem B., Vol IV
Ensor, Allison R., Vol II
Essif, Les, Vol III
Evelev, John, Vol II
Farris, W. Wayne, Vol I
Finger, John R., Vol I
Finneran, Richard John, Vol II
Fisher, John Hurt, Vol II
Fuller, Homer Woodrow, Vol II
Galligan, Thomas C. Thomas C, Vol IV
Gesell, Geraldine C., Vol II, III
Haas, Arthur G., Vol I
Habel, Dorothy Metzger, Vol I
Hardwig, John R., Vol IV
Higgs, Catherine, Vol I
Hiles, Timothy, Vol I
Hodges, Carolyn Richardson, Vol III
Hodges, John O., Vol IV
Hoeng, Peter, Vol I, III
Holmlund, Christine, Vol III
Howard, Herbert, Vol II
Jalata, Asafa, Vol V
Kaplan, Gregory, Vol III
Klein, Milton M., Vol I
Kratz, Henry, Vol III
Lacure, Jon W., Vol III
Leggett, B. J., Vol II
Leki, Ilona, Vol III, V
Levy, Karen D., Vol III
Logan, Joanne, Vol I
Maland, Charles J., Vol I, II, V
Martin, Susan D., Vol II, III
Martinson, Fred, Vol I
McAlpin, Mary, Vol III
Mellor, Chauncey Jeffries, Vol III
Moffat, Frederick, Vol I
Nakuma, Constancio, Vol III
Neff, Amy, Vol I
Norrell, Robert J., Vol I
Peek, Marvin E., Vol I
Piehler, G. Kurt, Vol I
Rivera-Rodas, Oscar, Vol III
Rocha, Cynthia, Vol V
Romeiser, John B., Vol III
Rutledge, Harry Carraci, Vol II, III
Schroeder-Lein, Glenna R., Vol I
Shurr, William Howard, Vol II
Silva-Filho, Euridice, Vol III
Sutherland, Elizabeth H., Vol II, III
Tandy, David, Vol III
Washburn, Yulan M., Vol III
Welch, Olga Michele, Vol II
Wheeler, William Bruce, Vol I
Young, Dolly J., Vol III
Ziegler, Dhyana, Vol II

University of Tennessee, Martin
Alexander, Lynn M., Vol II
Buchanan, Carl J., Vol II
Carls, Alice-Catherine, Vol I
Downing, Marvin Lee, Vol I
Graves, Roy Neil, Vol II
Jones, Kenneth Paul, Vol I
Maness, Lonnie E., Vol I, IV
Mohler, Stephen Charles, Vol III
Parker, Henry H., Vol III
Rogers, Nels Jeffrey, Vol III

University of the Arts, Philadelphia
Paglia, Camille, Vol II
Sergeev, Mikhail, Vol IV

University of the District of Columbia
Myers, Ernest R., Vol V

University of the Incarnate Word, San Antonio
Carey, Catherine, Vol II
Lampe, Philip, Vol IV, V
Perry, John, Vol II
Ryan, Eilish, Vol IV

University of the Pacific, Stockton
Albala, Kenneth, Vol I
Ballot, Michael, Vol IV
Blum, George Paul, Vol I
Borden, Diane M., Vol II
Camfield, Gregg, Vol II
Cox, Caroline, Vol I
Cox, Robert, Vol II
Erickson, Erling A., Vol I
Giraldez, Susan C., Vol III
Grubbs, Donald Hughes, Vol I
Hauben, Paul J., Vol I
Heffernan, James, Vol IV
Humphreys, Leonard A., Vol I
Knighton, Robert Tolman, Vol II
Koper, Randall J., Vol II
Lewis, George H., Vol V
Limbaugh, Ronald H., Vol I
Lutz, Reinhart, Vol II
Maynard, Arthur Homer, Vol IV
McCullen, Maurice, Vol II
Miller, Sally M., Vol I
Mueller, Roger, Vol II
Norton, Camille, Vol II
Pasztor, Suzanne B., Vol I
Schedler, Gilbert W., Vol II
Seaman, John, Vol II
Sharp, Francis Michael, Vol III
Smith, Reuben W., Vol I
Tedards, Douglas Manning, Vol II
Williams, John S., Vol II
Wittrup, Eleanor, Vol IV
Wolak, William J., Vol II

University of Toledo
Abu-Absi, Samir, Vol III
Al-Marayati, Abid Amin, Vol IV, V
Andersen, Roger William, Vol IV
Aryeetey-Attoh, Samuel, Vol I
Barden, Thomas, Vol II
Barrett, John A., Vol IV
Bourguignon, Henry J., Vol I, IV
Bullock, Joan R., Vol IV
Cave, Alfred A., Vol I
Chapman, Douglas K., Vol IV
Closius, Phillip J., Vol IV
Dessner, Lawrence Jay, Vol II
Edwards, Richard W., Vol IV
Eisler, Beth A., Vol IV
Friedman, Howard M., Vol IV
Glaab, Charles Nelson, Vol I
Gregory, Elmer Richard, Vol II, III
Harris, David A., Vol IV
Hopperton, Robert J., Vol IV
Hottell, Ruth A., Vol III
Hovey, Joseph, Vol V
Kadens, Michael G., Vol IV
Kennedy, Bruce, Vol IV
Kennedy, Robin M., Vol IV
Kirtland, Robert, Vol IV
Kydd, Elspeth, Vol II
Lora, Ronald Gene, Vol I
Manheim, Michael, Vol II
Many, Paul, Vol II
Martyn, Susan, Vol IV
Mc Guire, Patrick, Vol V
Merritt, Frank S., Vol IV
Messer-Kruse, Timothy, Vol I
Metress, Seamus, Vol V
Moran, Gerald P., Vol IV
Moskovitz, Marc, Vol II
Mostaghel, Deborah M., Vol IV
Quick, Albert T., Vol IV
Raitt, Ronald D., Vol IV
Richman, William M., Vol IV
Riebling, Barbara, Vol II
Scanlan, Timothy Michael, Vol III
Schneider, Barbara J., Vol II
Smith, David Quintin, Vol II
Smith, Robert Freeman, Vol I
Steinbock, Daniel J., Vol IV
Stern, David S., Vol IV
Tierney, James E., Vol IV
Watermeier, Daniel J., Vol II
Wikander, Matthew H., Vol II
Wilcox, Larry Dean, Vol I
Zietlow, Rebecca, Vol IV

University of Toronto
Adams, George, Vol IV
Airhart, Phyllis, Vol IV
Aster, Sidney, Vol I
Astington, John H., Vol II
Baird, John D., Vol II
Barnes, Timothy David, Vol I, II, III
Bartel, Lee R., Vol II, V
Bartlett, Kenneth Roy, Vol I
Beck, Roger L., Vol II, III
Beckwith, John, Vol I, II
Bedford, Harold, Vol I
Benn, Carl E., Vol I
Bessner, Ronda, Vol IV
Bewell, Alan J., Vol II
Blackmore, Joshiah, Vol III
Blanchard, Peter, Vol I
Bliss, John W. M., Vol I
Borrows, John, Vol IV
Bothwell, Robert S., Vol I
Bouissac, Paul A., Vol III
Braithwaite, John, Vol IV
Breton, Raymond J., Vol I
Brock, Peter de Beauvoir, Vol I
Brown, James R., Vol IV
Brown, R. Craig, Vol I
Brown, Russell Morton, Vol II
Burgess, Jonathan, Vol II, III
Burke, James F., Vol III
Callahan, William James, Vol I
Cameron, Donald M., Vol IV
Cameron, Elspeth M., Vol II
Case, Fredrick I., Vol III
Chambers, J. K., Vol III
Ching, Julia, Vol IV
Chornenki, Genevieve A., Vol IV
Clarke, Ernest George, Vol I
Clivio, Gianrenzo Pietro, Vol II, III
Cloutier, Cecile, Vol III
Code, Michael, Vol IV
Cole, Kenneth, Vol IV
Conacher, Desmond J., Vol II, III
Cook, Eleanor, Vol II
Coop, Jack, Vol IV
Corman, Brian, Vol II
Crowe, Frederick E., Vol IV
Curtis, Alexander Ross, Vol III
Dainard, James A., Vol III
Danesi, Marcel, Vol III
Davies, Alan T., Vol IV
Day, Richard B., Vol I, IV
De Sousa, Ronald B., Vol IV
Dewart, Leslie, Vol IV
Dicenso, James, Vol IV
Dolezel, Lubomir, Vol III
Dolezvelova-Velingerova, Milena, Vol III
Domville, Eric W., Vol II
Duffy, Dennis, Vol II
Dyke, Doris J., Vol V
Dyzenhaus, David, Vol IV
Eberts, Mary, Vol IV
Eisenbichler, Konrad, Vol III
Ellis, Keith A. A., Vol III
Ellsworth, Randall, Vol IV
Estes, James Martin, Vol I
Evans, Donald D., Vol IV
Fernie, J. Donald, Vol I
Finlayson, Michael G., Vol I
Fish, Arthur, Vol IV
Fitch, Brian T., Vol III
Fleming, Patricia L., Vol I
Forguson, Lynd W., Vol IV
Franceschetti, Antonio, Vol III
Frank, Roberta, Vol II
French, Goldwin S., Vol I
Gannage, Mark, Vol IV
Genno, Charles N., Vol III
Gervers, Michael, Vol I
Goffart, Walter A., Vol I
Gooch, Paul W., Vol IV
Goodman, Susanne R., Vol IV
Grant, John Neilson, Vol II, III
Grayson, Albert K., Vol I
Greenspan, Edward L., Vol IV
Greer, Allan R., Vol I
Grosskurth, Phyllis M., Vol II
Gulsoy, J., Vol III
Gupta, Neena, Vol IV
Hacking, Ian, Vol IV
Halewood, William H., Vol II
Haney, Mary-Ann, Vol IV
Harrison, Timothy P., Vol I
Hayes, Alan L., Vol IV
Hayne, David Mackness, Vol III
Heath, Joseph, Vol IV
Heinemann, Edward Arthur, Vol III
Hoeniger, Frederick J. D., Vol II
Hoffman, John C., Vol IV
Howarth, Thomas, Vol I
Hughes, Andrew, Vol I, II
Hughes, Pamela S., Vol IV
Hutcheon, Linda, Vol II, III
Hutchinson, Douglas S., Vol IV
Hutchinson, Roger Charles, Vol IV
Iacovetta, Franca, Vol I
Iannucci, Amilcare Alfredo, Vol III
Ingham, John Norman, Vol I
Irvine, Margot Elisabeth, Vol III, V
Irwin, Eleanor, Vol II, III
Irwin, William Henery, Vol IV
Israel, Milton, Vol I
Jackman, Barbara, Vol IV
Jackson, Heather J., Vol II
Jackson, James Robert de Jager, Vol II
Johnson, Robert E., Vol I
Johnson, William M., Vol I
Johnston, Alexandra F., Vol II
Joyce, Douglas A., Vol III
Keep, John L. H., Vol I
Kennedy, David, Vol IV
Khan, Abrahim H., Vol IV
Klein, Martin A., Vol I
Kornberg, Jacques, Vol I
Kushner, Eva, Vol III
Lancashire, Anne C., Vol II
Lancashire, Ian, Vol II
Latta, Alan Dennis, Vol III
Legge, Elizabeth, Vol I
Lehouck, Emile, Vol III
Leon, Pierre R. A., Vol III
Lepofsky, David M., Vol IV
Levenson, Jill, Vol II
Levy, Kurt Leopold, Vol III
Macpherson, Jay, Vol II
Makuch, Stanley M., Vol IV
Maniates, Maria Rika, Vol II, IV
Marinelli, Peter V., Vol II
Marmura, Michael Elias, Vol III, IV
Martin, Philippe Jean, Vol III
Mason, H. J., Vol II, III
McAuliffe, J. D., Vol IV
McDonough, C. J., Vol II, III
Mcintire, Carl Thomas, Vol I, IV
McKague, Carla A., Vol IV
McLellan, Bradley N., Vol IV
Merkur, Dan, Vol IV
Mertins, Detlef, Vol I
Monet, Jacques, Vol I
Morgan, Edward M., Vol IV
Mount, Nick James, Vol II
Mullin, Amy M., Vol IV
Murray, Heather, Vol II
Nigosian, Solomon Alexander, Vol I, IV
Normore, Calvin Gerard, Vol I, IV
Norris, John, Vol IV
Northey, Rodney, Vol IV
Novak, David, Vol IV
O'Grady, Jean, Vol II
Owens, Richard C., Vol IV
Paterson, Janet M., Vol III
Pierson, Ruth, Vol I
Prentice, Alison, Vol V
Pugliese, Olga, Vol III
Radomski, Harry B., Vol IV
Rae, Bob, Vol IV
Richardson, Peter, Vol IV
Richardson, Stephen R., Vol IV
Rigg, Arthur George, Vol II

Robson, Ann W., Vol I
Rosenthal, Peter, Vol IV
Rubincam, Catherine I., Vol I
Rutherford, Paul F. W., Vol I, II
Sarra, Janis, Vol IV
Scarlett, James D., Vol IV
Shaw, Joseph Winterbotham, Vol I
Silcox, David P., Vol I
Stefanovic, Ingid Leman, Vol IV
Stein, Janice Gross, Vol IV
Stitt, Allan J., Vol IV
Sullivan, Rosemary, Vol II
Swan, Kenneth P., Vol IV
Thornton, Archibald Paton, Vol I
Trotter, Gary, Vol IV
Underwood, Harry, Vol IV
Vertin, Michael, Vol IV
Waddams, Stephen M., Vol I
Wark, Wesley K., Vol IV
Warkentin, Germaine, Vol II
Webster, Jill, Vol I
Weinrib, Ernest Joseph, Vol I, IV
Welsh-Ovcharov, Bogomila M., Vol I
Winsor, Mary Pickard, Vol I
Winter, Ralph A., Vol IV
Yalden, Robert, Vol IV

University of Tulsa

Bradley, Joseph C., Vol I
Brown, Paul Llewellyn, Vol IV
Buckley, Thomas Hugh, Vol I
Clark, David S., Vol IV
de Almeida, Hermione, Vol II
Epstein, David M., Vol I
Faingold, Eduardo D., Vol III
Hyatte, Reginald L., Vol III
Latham, Sean, Vol II
Lindstrom, Lamont, Vol V
Nicholson, Robert A., Vol V
Odell, George H., Vol I
Rutland, Robert Allen, Vol I
Sloan, Tod Stratton, Vol V
Stromberg, Peter G., Vol V
Taylor, Gordon Overton, Vol II
Udwin, Victor, Vol III
Watson, James Gray, Vol II
Weathers, Winston, Vol II

University of Utah, Salt Lake City

Adams, Winthrop Lindsay, Vol I
Aggeler, Geoffrey Donovan, Vol II
Alexander, Dennis C., Vol II
Barusch, Amanda S., Vol V
Battin, Margaret Pabst, Vol IV
Bergstrom, Mark, Vol II
Brunvand, Jan Harold, Vol V
Cassell, P. G., Vol IV
Chopyk, Dan Bohdan, Vol III
Clayton, James L., Vol I, IV
Coleman, Ronald Gerald, Vol I
Coombs, Frank Alan, Vol I
Council, Norman Briggs, Vol II
Derezotes, David S., Vol V
Downes, Stephen M., Vol IV
Fiema, Zbigniew, Vol I, V
Firmage, Edwin Brown, Vol IV
Gerlach, Larry Reuben, Vol I
Gess, Randall S., Vol III
Goldberg, Robert A., Vol I
Gringeri, Christina E., Vol V
Helbling, Robert E., Vol III
Hollstein, Milton C., Vol II
Holmes, Michael E., Vol II
Johnson, Paul E., Vol I
Keiter, Robert B., Vol I, IV
Knapp, Gerhard Peter, Vol II
McPhail, Mark L., Vol II
Millgram, Elijah, Vol IV
Neta, Ram, Vol IV
Newman, Lex, Vol I, IV
Olsen, Glenn Warren, Vol I
Oravec, Christine, Vol II
Revell, Donald, Vol II
Samuels, Wilfred D., Vol II
Smith, Larry L., Vol IV
Steensma, Robert Charles, Vol II
Taylor, Sandra C., Vol I
Tiemens, Robert K., Vol II
Tompson, Richard Stevens, Vol I
Torrago, Loretta, Vol IV
White, Nicholas P., Vol IV

University of Vermont, Burlington

Ambrose, Z. Philip, Vol III
Andrea, Alfred J., Vol I
Bailly, Jacques A., Vol II, III
Berkowitz, Stephen David, Vol V
Crichfield, Grant, Vol III
Daniels, Robert V., Vol I
Davison, Jean Margaret, Vol I, III
Flores, Yolanda, Vol III
Grinde, Donald Andrew, Vol I
Guignon, Charles B., Vol IV
Guitar, Barry, Vol II
Gutman, Stanley T., Vol II
Hall, Robert William, Vol IV
Hand, Samuel B., Vol I
Huddle, David R., Vol II
Hutton, Patrick H., Vol I
Joffe, Justin M., Vol V
Kornblith, Hilary, Vol IV
Kuizenga, Donna, Vol III
Mann, William Edward, Vol I, IV
McCann, Harold G., Vol V
McCauley, Rebecca J., Vol II
Prelock, Patricia A., Vol II
Roberts, Julie, Vol II
Rosa, Alfred, Vol II
Rothwell, Kenneth Sprague, Vol II
Sandoval, Dolores S., Vol V
Stoler, Mark A., Vol I
van Slyke, Gretchen J., Vol III
Weiger, John George, Vol III
Winter, Kari J., Vol II
Youngblood, Denise J., Vol I

University of Victoria

Archibald, Elizabeth F., Vol II
Bates, Jennifer, Vol IV
Baxter, Laurie Rae, Vol IV, V
Beardsmore, Barry, Vol I
Bedeski, Robert E., Vol I, IV
Berry, Edward I., Vol II
Best, Michael R., Vol II
Blank, G. Kim, Vol II
Bowman, L. M., Vol I
Bradley, Keith Richard, Vol I, III
Campbell, David A., Vol II, III
Carlin, Claire L., Vol III
Carson, Luke, Vol II
Cassels, Jamie, Vol IV
Casswell, Donald G., Vol IV
Cleary, Thomas R., Vol II
Cobley, Evelyn M., Vol II
Cohen, David, Vol IV
Coward, Harold G., Vol I, IV
Daniels, Charles B., Vol IV
Dean, Misao A., Vol II
Dopp, James A., Vol II
Edwards, Anthony S. G., Vol II
England, Anthony Bertram, Vol II
Ferguson, Gerry, Vol IV
Fitch, J. G., Vol II
Foshay, Toby, Vol II
Foss, Jeffrey E., Vol IV
Foster, Hamar, Vol IV
Fulton, Gordon D., Vol II
Galloway, J. Donald C., Vol IV
Gillen, Mark R., Vol IV
Grant, Patrick, Vol II
Greene, John, Vol II
Grove-White, Elizabeth M., Vol II
Hadley, Michael Llewellyn, Vol III
Herique, Emmanuel, Vol III
Heyd, Thomas, Vol IV
Hodgins, Jack S., Vol II
Hollingsworth, Margaret, Vol II
Holmberg, I. E., Vol III
Howard, Lloyd H., Vol III
Hsieh, Yvonne Y., Vol III
Jenkins, Anthony W., Vol II
Kamboureli, Smaro, Vol II
Keep, Christopher J., Vol II
Keller, Arnold, Vol II
Kerby-Fulton, Kathryn, Vol II
Kilcoyne, John R., Vol IV
Kluge, Eike-Henner W., Vol IV
Langer, Monika, Vol IV
Lapprand, Marc, Vol III
Lazarevich, Gordana, Vol II
Lessard, Hester A., Vol IV
Limbrick, Elaine, Vol III
Louis, Margot K., Vol II
M'Gonigle, R. Michael, Vol IV
Macleod, Colin, Vol IV
Maloney, Maureen A., Vol IV
McCartney, Sharon, Vol IV
Mccue, Robert J., Vol I
McDorman, Ted L., Vol IV
McLaren, John P. S., Vol IV
Michelsen, John Magnus, Vol IV
Mitchell, Judith I., Vol II
Morgan, Charles G., Vol IV
Neilson, William A. W., Vol IV
Neufeldt, Victor A., Vol II
Niang, Sada, Vol II
Nowlin, Michael E., Vol II
Oleson, John P., Vol I
Osborne, John, Vol I
Petter, Andrew J., Vol IV
Rabillard, Sheila M., Vol II
Riedel, Walter Erwin, Vol III
Robinson, Lyman R., Vol IV
Ross, Mary Ellen, Vol III
Schuler, Robert M., Vol II
Scobie, Stephen A. C., Vol II
Segger, Martin, Vol I
Sherwood, Terry G., Vol II
Shrimpton, G. S., Vol I
Smith, Nelson C., Vol II
Surridge, Lisa A., Vol II
Taylor, Angus, Vol IV
Thaler, Danielle, Vol II
Thatcher, David S., Vol II
Thomson, Kathryn, Vol IV
Tollefson, Chris, Vol IV
Tolomeo, Diane, Vol II
Tsurumi, E. Patricia, Vol I
Tucker, John J., Vol III
Tumasonis, Elizabeth, Vol I
Vautier, Marie, Vol III
Waelti-Walters, Jennifer, Vol III, V
Waldron, Mary Anne, Vol IV
Waters, Donovan W. M., Vol IV
Williams, David R., Vol I
Wooley, Wesley Theodore, Vol I
Young, James O., Vol IV

University of Virginia, Charlottesville

Abbot, William Wright, Vol I
Allinson, Gary, Vol I
Arata, Stephen D., Vol II
Barolsky, Paul, Vol I, II
Battestin, Martin Carey, Vol II
Beizer, Janet L., Vol III
Berkeley, Edmund, Vol I
Berlanstein, Lenard Russell, Vol I
Bluestone, Daniel, Vol I
Bond, Julian, Vol I
Bonnie, Richard J., Vol IV
Cantor, Paul Arthur, Vol II
Casey, John Dudley, Vol I, II, IV
Casteen, John, Vol I, III
Chase, Karen S., Vol II
Chase, Philander Dean, Vol I
Childress, James Franklin, Vol IV
Clay, Jenny Strauss, Vol II, III
Cohen, George M., Vol IV
Colker, Marvin L., Vol III
Connolly, Julian Welch, Vol III
Cook, Robert Francis, Vol III
Cross, Robert Dougherty, Vol I
Cushman, Stephen B., Vol II
Cusick, Suzanne G., Vol II
Davidson, Hugh Macculloughh, Vol III
Denomme, Robert T., Vol III
DeVeaux, Scott, Vol II
Duggan, Hoyt Nolan, Vol III
Elson, Mark Jeffrey, Vol III
Felski, Rita, Vol II
Gallagher, Gary W., Vol I
Gaunt, Kyra D., Vol II
Gerli, E. Michael, Vol I, III
Gies, David Thatcher, Vol III
Green, Mitchell S., Vol IV
Grossman, Jeffrey, Vol III
Haberly, David T., Vol III
Hartt, Julian Norris, Vol IV
Havran, Martin Joseph, Vol I
Herrero, Javier, Vol III
Holt, Michael Fitzgibbon, Vol I
Howard, A. E. Dick, Vol IV
Hudson, G. Elizabeth, Vol II
Jackson, William Edward, Vol III
Jordan, Ervin L., Vol I
Kauffman, James M., Vol V
Kett, Joseph Francis, Vol I, V
Kovacs, P. David, Vol II, III
Kraehe, Enno Edward, Vol I
Kubovy, Michael, Vol V
Langbaum, Robert, Vol II
Leffler, Melvyn P., Vol I
Levenson, Jacob Clavner, Vol II
Loach, Donald, Vol II
Lyons, John D., Vol III
Malone, Dumas, Vol I, II
Mathewes, Charles, Vol IV
Maus, Fred Everett, Vol II
Maus, Katharine E., Vol II
Mcclellan, Woodford, Vol I
McClymonds, Marita P., Vol II
McCurdy, Charles William, Vol I
McDonald, William Cecil, Vol III
McKinley, Mary B., Vol III
Meador, Daniel John, Vol IV
Merrill, Richard Austin, Vol IV
Midelfort, H. C. Erik, Vol I
Miles, David Holmes, Vol III
Miller, John F., Vol II, III
Miller, Joseph Calder, Vol I
Miller, Laura, Vol II
Moore, John Norton, Vol IV
Neiman, Fraser Duff, Vol I
Noble, Thomas Francis Xavier, Vol I
Nohrnberg, James Carson, Vol II, IV
Nolan, Barbara, Vol II
Onuf, Peter S., Vol I
Opere, Fernando, Vol III
Osheim, Duane Jeffrey, Vol I
Perdue, Charles L., Vol V
Perkowski, Jan Louis, Vol III
Peterson, Merrill Daniel, Vol I
Ramazani, Jahan, Vol II
Reed, Bradley W., Vol I
Reilly, Lisa, Vol I
Rini, Joel, Vol III
Roberts, Marion Elizabeth, Vol I
Rubin, David Lee, Vol III
Russell, Edmund Paul, III, Vol I
Sabato, Larry J., Vol IV
Scharlemann, Robert Paul, Vol IV
Schmitt, Hans Adolf, Vol I
Schuker, Stephen A., Vol I
Schutte, Anne Jacobson, Vol I
Scott, Nathan Alexander, Jr., Vol IV
Secada, Jorge E. K., Vol IV
Sedgwick, Alexander, Vol I
Simmons, A. John, Vol IV
Simon, Roland Henri, Vol I, III
Stephan, Paul Brooke, III, Vol IV
Thomas, Mark, Vol I
Turner, Edith, Vol V
Turner, Robert Foster, Vol IV
Twohig, Dorothy Ann, Vol I
Unsworth, John M., Vol II
Vandersee, Charles Andrew, Vol II
Velimirovic, Milos, Vol II
Wadlington, Walter James, Vol IV
Wagner, Roy, Vol I, V
Wells, Camille, Vol I
White, G. Edward, Vol I, IV
Wilson, Richard Guy, Vol I
Winner, Anthony, Vol II, III
Zunz, Olivier, Vol I

University of Washington, Seattle

Aanerud, Rebecca J., Vol II, V
Alden, Dauril, Vol I
Alexander, Edward, Vol II
Allen, Carolyn J., Vol II
Bacharach, Jere L., Vol I
Banks, James Albert, Vol V
Barrack, Charles Michael, Vol III
Behler, Ernst, Vol III
Benson, Keith Rodney, Vol I
Bernard, J. W., Vol II
Blau, Herbert, Vol II, III
Bliquez, Lawrence J., Vol II, III
Brown, Jane K., Vol III
Burke, William Thomas, Vol IV
Butow, Robert J. C., Vol I
Carlsen, James Caldwell, Vol II
Catalano, Richard F., Vol V
Ceccarelli, Leah M., Vol II
Clausen, Meredith L., Vol I
Clauss, James, Vol II, III
Coburn, Robert C., Vol IV
Conlon, Frank Fowler, Vol I
Contreras, Heles, Vol III
Cosway, Richard, Vol IV
DeFiore, Joann, Vol V
Dunn, Richard John, Vol II
Eastman, Carol M., Vol III, V
Eichenlaub, Constance, Vol II, III
Ellison, Herbert J., Vol I
Ellrich, Robert John, Vol III
Fearn-Banks, Kathleen, Vol II
Ferrill, Arther L., Vol I
Freeze, Karen J., Vol I
Gastil, John Webster, Vol II
Gray, Richard T., Vol III
Hankins, Thomas Leroy, Vol I
Harmon, Daniel P., Vol II, III
Hechter, Michael, Vol V
Heilman, Robert Bechtold, Vol II
Hertling, Gunter H., Vol III
Icard, Larry D., Vol V
Jaeger, C. Stephen, Vol III
Jay, Stewart, Vol IV
Johnson, Richard Rigby, Vol I
Jones, Edward Louis, Vol I
Kahn, Miriam, Vol V
Kaplan, Sydney Janet, Vol II
Keyt, David, Vol IV
Klausenburger, Jurgen, Vol III
Korg, Jacob, Vol II
Kramer, Karl D., Vol III
Leiren, Terje Ivan, Vol I
Levi, Margaret, Vol IV
Linehan, Marsha M., Vol V
Mayerfeld, Jamie, Vol IV
Mccracken, David, Vol II
McElroy, Colleen J., Vol II
Micklesen, Lew R., Vol III
Miyamoto, John M., Vol V
Moody, Joycelyn K., Vol II
Moore, Ronald, Vol IV
Noegel, Scott B., Vol III
Nostrand, Howard Lee, Vol III
Ochsner, Jeffrey Karl, Vol I
Palais, James Bernard, Vol I
Pascal, Paul, Vol II, III
Pauwels, Heidi, Vol I
Pease, Otis Arnold, Vol I
Peck, Jeffrey Marc, Vol III
Post, Robert M., Vol II
Potter, Karl Harrington, Vol IV
Predmore, Michael P., Vol III
Prosterman, Roy L., Vol IV
Raferty, Adrian E., Vol V
Rey, William Henry, Vol III
Rorabaugh, William J., Vol I
Salomon, Richard, Vol I, III
Saporta, Sol, Vol III
Schwartz, Pepper J., Vol V
Shapiro, Michael C., Vol III
Shipley, George A., Vol III
Shulman, Robert P., Vol II
Simonson, Harold Peter, Vol II
Spigner, Clarence, Vol V
Starr, Larry, Vol II
Stoebuck, William Brees, Vol IV
Stroup, Sarah Culpepper, Vol II, III
Sutton, Sharon Egretta, Vol I
Talbott, William J., Vol IV
Taylor, Quintard, Jr., Vol I
Thomas, Carol G., Vol I
Tollefson, James William, Vol III
Ullman, Joan Connelly, Vol I
Van Den Berghe, Pierre L., Vol V
Vaughn, Lea B., Vol IV
Waugh, Daniel Clarke, Vol I
Webb, Eugene, Vol III, IV
Wicks, Andrew C., Vol IV
Wulff, Donald H., Vol II
Ziadeh, Farhat Jacob, Vol III

University of Washington, Tacoma

Allen, Michael, Vol I
Honey, Michael, Vol I

University of Waterloo

Abbott, Carmeta, Vol III
Abbott, W. R., Vol IV
Ages, Arnold, Vol III
Ashworth, E. Jennifer, Vol IV
Brunk, Conrad, Vol IV
DeVidi, Dave, Vol IV
Downey, James, Vol II
Dube, Pierre, Vol III
Enns, Leonard, Vol II
Forsyth, Phyllis, Vol I, II, III
Fournier, Hannah, Vol III
Froese Tiessen, Hildi, Vol II
George, Rolf A., Vol IV
Gray, Laura, Vol II
Grubisic, Vinko, Vol III
Harrigan, Patrick Joseph, Vol I
Harris, Randy Allen, Vol II
Haworth, Lawrence L., Vol IV
Hendley, Brian, Vol IV

Hoefert, Sigfrid, Vol III
Holmes, Richard H., Vol IV
Horne, James R., Vol IV
Hull, Kenneth, Vol II
John, David Gethin, Vol III
Klaassen, Walter, Vol I, IV
Kuxdorf, Manfred, Vol III
Lawson, Angus Kerr, Vol IV
Liesbscher, Grit, Vol III
MacGillivray, Royce C., Vol I
Macnaughton, William Robert, Vol II
Marteinson, Peter, Vol III
Minas, Anne C., Vol IV
Miraglia, Anne Marie, Vol III
Mitchinson, Wendy, Vol I
Moore, Margaret, Vol IV
Novak, Joseph A., Vol IV
Nutbrown, Richard A., Vol IV
Orend, Brian, Vol IV
Packull, Werner O., Vol I
Reimer, James A., Vol IV
Roberts, Don, Vol IV
Russell, Delbert, Vol III
Ryan, Robert, Vol III
Snyder, Arnold C., Vol I
Socken, Paul, Vol III
Szarycz, Ireneusz, Vol III
Thagard, Paul, Vol IV
Van Evra, James, Vol IV
Wilson, Don, Vol III
Wubnig, Judy, Vol IV

University of West Florida, Pensacola

Arnold, Barry, Vol IV
Auter, Philip J., Vol II
Biasco, Frank, Vol V
Coker, William Sidney, Vol I
Dews, Carlos L., Vol II
Dysart, Jane Ellen, Vol I
Goel, Madan Lal, Vol IV
Howe, Lawrence W., Vol IV
Josephs, Allen, Vol III
Maddock, Lawrence H., Vol II
Mountcastle, William W., Vol IV
Sansone, Frank A., Vol V
Stanny, Claudia J., Vol V

University of Western Ontario

Armstrong, Frederick H., Vol I
Auksi, Peter, Vol II
Avotins, Ivars, Vol II, III
Backhouse, Constance B., Vol IV
Baguley, David, Vol III
Bailey, Terence, Vol II
Barsky, Robert, Vol II
Barton, Peter G., Vol IV
Bell, John L., Vol IV
Bentley, D. M. R., Vol II
Brandt, Gregory J., Vol IV
Brown, Craig, Vol IV
Bryant, Alan W., Vol IV
Brydon, Diana, Vol II
Carmichael, Thomas, Vol II
Cheetham, Mark A., Vol I
Cormier, Micheal J., Vol IV
Cozea, Angela, Vol III
Dale, William S. A., Vol I
Davey, Frank W., Vol II
de Looze, Laurence, Vol III
Demopoulos, William G., Vol IV
Edgar, Timothy W., Vol IV
Elliott, Bridget, Vol I
Esterhammer, Angela, Vol II
Falkenstein, Lorne, Vol IV
Farber, Carole, Vol II
Feldthusen, Bruce P., Vol IV
Freed, Bruce, Vol IV
Gerber, Douglas E., Vol II, III
Gold, Richard E., Vol IV
Green, Richard F., Vol II
Grier, James, Vol II
Groden, Michael, Vol II
Hair, Donald S., Vol II
Harper, Bill, Vol IV
Harvey, Elizabeth D., Vol II
Hieatt, Allen Kent, Vol II
Hoffmaster, Barry, Vol IV
Kreiswirth, Martin, Vol II
Lander, Jack Robert, Vol I
Lennon, Thomas M., Vol IV
Marras, Ausonio, Vol IV
Maynard, Patrick, Vol IV
Mihailescu, Calin Andrei, Vol III
Myrvold, Wayne C., Vol IV
Neary, Peter F., Vol I
Neville, Don, Vol II
Nicholas, John M., Vol IV
Picard, Anne Marie, Vol III
Plotkin, Howard, Vol IV
Purdy, Anthony, Vol III
Rajan, Balachandra, Vol II
Rajan, Tilottama, Vol II
Ross, Catherine S., Vol II
Roulston, Christine, Vol III
Semmens, Richard, Vol II
Thomson, Clive, Vol III
Thorp, John, Vol IV
Toft, Robert, Vol II
Traister, Bryce, Vol II
Vaillancourt, Daniel, Vol III
Wylie, A., Vol IV

University of Windsor

Amore, Roy C., Vol IV
Atkinson, Colin B., Vol II
Bebout, Linda J., Vol II
Bird, Harold Wesley, Vol I, II
Brandt, Di, Vol II
Conklin, William E., Vol IV
Davison, Carol Margaret, Vol II
de Villers, Jean-Pierre, Vol II
Dilworth, Thomas, Vol II
Ditsky, John M., Vol II
Halford, Peter W., Vol III
Harder, Bernhard D., Vol II
Herendeen, Wyman H., Vol II
Janzen, Henry David, Vol II
Kingstone, Basil D., Vol III
Klein, Owen, Vol I, II
Kovarik, Edward, Vol II
Mackendrick, Louis King, Vol II
MacLeod, Alistair, Vol II
Manzig, John G. W., Vol IV
Marasinghe, M. Lakshman, Vol IV
McCrone, Kathleen E., Vol I
Mehta, Mahesh Maganlal, Vol IV
Murray, Jacqueline, Vol I
Nielsen, Harry A., Vol IV
Quinsey, Katherine M., Vol II
Ruggles, Myles A., Vol II
Smedick, Lois Katherine, Vol II
Straus, Barrie Ruth, Vol II
Tucker, Bruce, Vol I
van den Hoven, Adrian, Vol III
Weir, John P., Vol IV
Whitney, Barry L., Vol IV
Wydrzynski, Christopher J., Vol IV

University of Winnipeg

Bailey, Donald Atholl, Vol I
Brown, Jennifer S. H., Vol I
Cahill, Jane, Vol II
Cooper, Craig, Vol III
Daniels, Bruce C., Vol I
Day, Peggy, Vol IV
Golden, Mark, Vol II, III
Greenhill, Pauline, Vol V
Harvey, Carol, Vol III
McDougall, Iain, Vol I
Sauer, Angelika, Vol I
Schnitzer, Deborah, Vol II
Shields, Carol, Vol II
Walton, Douglas, Vol IV
Wyke, Clement Horatio, Vol II
Young, Robert John, Vol I

University of Wisconsin Center-Baraboo/Sauk County

Cole, David William, Vol II
Kuhlmann, Annette, Vol V

University of Wisconsin Center-Manitowoc County

Bjerke, Robert Alan, Vol III
Trask, Kerry A., Vol I
White, V. Alan, Vol IV

University of Wisconsin Center-Marathon County

Lorence, James J., Vol I

University of Wisconsin, Eau Claire

Bushnell, Jack, Vol II
Dale, Helen, Vol II, V
Duyfhuizen, Bernard, Vol II
Fairbanks, Carol, Vol II
Gross, Rita M., Vol I, IV
Harder, Sarah, Vol II
Jerz, Dennis G., Vol II
Kelly, Erna, Vol II
Lauber, Jack M., Vol I
Meiser, Mary, Vol II
Oberly, James W., Vol I
Onwueme, Tess O., Vol II
Rowlett, Lori, Vol IV
Shaddock, Jennifer, Vol II
Walsh, Grace, Vol II

University of Wisconsin, Green Bay

Aldrete, Gregory S., Vol I
Fleurant, Ken, Vol III
Jay, Gregory S., Vol II
Kaye, Harvey Jordan, Vol I, V
Lockard, Craig Alan, Vol I
Salisbury, Joyce E., Vol I
Stokes, Sandra M., Vol V

University of Wisconsin, La Crosse

Butterfield, Bradley J., Vol II
Chavalas, Mark W., Vol I
Gedicks, Albert J., Vol V
Hagar, Hope, Vol V
Hyde, William James, Vol II
Jenson, Carol Elizabeth, Vol I
O'Grady, Genevieve J., Vol II
Pemberton, William Erwin, Vol I
Pinnell, Richard, Vol I, II
Socha, Donald, Vol III
Zollweg, William, Vol V

University of Wisconsin, Madison

Abramson, Lyn, Vol V
Anderson, Charles W., Vol IV
Archdeacon, Thomas John, Vol I
Baker, Robert Samuel, Vol II
Baldwin, Gordon Brewster, Vol IV
Barker, John W., Vol I
Bender, Todd K., Vol I, III
Berg, Willaim J., Vol III, V
Berghahn, Klaus L., Vol III
Bogue, Allan G., Vol I
Boyer, Paul S., Vol I
Brighouse, M. H., Vol IV
Buhnemann, Gudrun, Vol I, IV
Bush, Sargent, Jr., Vol II
Card, Claudia F., Vol IV
Ciplijauskaite, Birute, Vol III
Clover, Frank M., Vol I
Coffman, Edward M., Vol I
Cohen, L. Keith, Vol III
Cook, Harold J., Vol I
Courtenay, William James, Vol I
Csikszentmihalyi, Mark, Vol IV
Culbertson, Robert G., Vol IV
Cunliffe, William Gordon, Vol III
Dickey, Walter J., Vol IV
Doane, Alger Nicolaus, Vol II
Eells, Ellery T., Vol IV
Enc, Berent, Vol IV
Fain, Haskell, Vol IV
Filipowicz, Halina, Vol II
Fox, Michael, Vol I, IV
Friedman, Edward, Vol I, IV
Frykenberg, Robert E., Vol I
Galanter, Marc, Vol IV, V
Gooding, Diane, Vol V
Gorski, Philip, Vol V
Gross, Sabine, Vol III
Gutierrez, Manuel Hierro, Vol III
Hamalainen, Pekka Kalevi, Vol I
Hamerow, Theodore Stephen, Vol I
Hanrez, Marc, Vol III
Harmon-Jones, Eddie A., Vol V
Hauser, Robert M., Vol V
Hausman, Daniel M., Vol IV
Haveman, Robert H., Vol IV
Hayman, David, Vol II
Hemand, Jost, Vol I, III, IV
Hermand, Jost, Vol II
Hilts, Victor L., Vol I
Hinden, Michael Charles, Vol II
Hollingsworth, Joseph Rogers, Vol I
Hopkins, Dianne McAfee, Vol V
Hunter, Linda, Vol II
Hutchison, Jane Campbell, Vol I
Ingwersen, Niels, Vol III
Jones, James Edward, Jr., Vol IV
Kaminski, John Paul, Vol I
Keesey, Richard E., Vol V
Kingdon, Robert McCune, Vol I
Kleinhenz, Christopher, Vol III
Knipe, David Maclay, Vol I, IV
Knowles, Richard Alan John, Vol II
Kornblatt, Judith Deutsch, Vol III, IV
Kutler, Stanley I., Vol I
Leary, James Patrick, Vol I, V
Leavitt, Judith Walzer, Vol I
Lee, Jean B., Vol I
Lehrer, Richard, Vol V
Levine, Andrew, Vol IV
Lin, Yu-sheng, Vol I
Lindberg, David C., Vol I
Lindstrom, Diana, Vol I
Livorni, Ernesto, Vol III
Loewenstein, David, Vol II
Lovejoy, David Sherman, Vol I
Lucas, Stephen E., Vol II
Lundin, Anne, Vol II
Macaulay, Stewart, Vol IV
Marks, Elaine, Vol I, III
Marquess, Harlan Earl, Vol III
Mazzaoui, Maureen Fennell, Vol I
McClure, Laura Kathleen, Vol II, III
McKeown, James C., Vol II, III
Melli, Marygold Shire, Vol IV
Memon, Muhammad Umar, Vol IV
Michels, Anthony, Vol I
Moedersheim, Sabine, Vol III
Mortensen, C. David, Vol II
Mosse, George L., Vol I
Naess, Harald S., Vol I
Nelson, James Graham, Vol II
Nicholas, Robert Leon, Vol III
Nollendorfs, Valters, Vol III
Numbers, Ronald L., Vol I
Ohnuki-Tierney, Emiko, Vol V
Payne, Stanley George, Vol I
Pfau, Michael, Vol II
Powell, Barry, Vol II, III
Read, Charles, Vol III
Richter, Gerhard, Vol III
Ringler, Richard N., Vol II
Risjord, Norman Kurt, Vol I
Rodini, Robert Joseph, Vol III
Schleicher, Antonia Yetunde Faelarin, Vol II
Schultz, Stanley Kenton, Vol I
Scott, Charles Thomas, Vol III
Senn, Alfred Erich, Vol I
Sewell, Richard Herbert, Vol I
Sihler, Andrew L., Vol III
Silberman, M., Vol III
Singer, Marcus G., Vol IV
Skloot, Robert, Vol II, IV
Sober, Elliott Reuben, Vol IV
Soll, A. Ivan, Vol IV
Sommerville, Johann, Vol I
Sorkin, David, Vol I
Stern, Steve Jefferey, Vol I
Strier, Karen, Vol V
Thain, Gerald John, Vol IV
Tuerkheimer, Frank M., Vol IV
Van Deburg, William L., Vol I
Vaughn, Stephen Lee, Vol I
Von Schneidemesser, Luanne, Vol III
Wallace, Ronald William, Vol II
Weinbrot, Howard D., Vol II
Weiner, Andrew David, Vol II
Weingand, Darlene E., Vol II
Whitford, William C., Vol IV
Wiesenfarth, Joseph John, Vol II
Wink, Andre, Vol I
Woodward, David, Vol I
Yandell, Keith E., Vol IV
Young, Richard F., Vol III
Zile, Zigurds Laimons, Vol IV

University of Wisconsin, Marinette

Kallgren, Daniel C., Vol I

University of Wisconsin, Milwaukee

Aman, Mohammed M., Vol I
Baron, F. Xavier, Vol II
Bartley, Russell Howard, Vol I
Baumann, Carol Edler, Vol IV
Bellegarde-Smith, Patrick, Vol I
Bendiner, Kenneth Paul, Vol I
Brodwin, Paul E., Vol V
Buck, David, Vol I
Carpenter, Joseph, II, Vol I
Chang, Joseph S., Vol II
Corre, Alan David, Vol III
Downing, Pamela A., Vol III
Fetter, Bruce Sigmond, Vol I
Filips-Juswigg, Katherina P., Vol III
Friedman, Melvin Jack, Vol II, III
Greene, Victor Robert, Vol I
Grossfeld, Bernard, Vol III
Guerinot, Joseph Vincent, Vol II
Hamdani, Abbas Husayn, Vol I
Hayes, Jeffrey R., Vol I
Hoeveler, J. David, Vol I
Hoey, Lawrence R., Vol I
Horsman, Reginald, Vol I
Hubbard, Nancy, Vol I
Jones, Robert Alston, Vol II
Krause, Linda R., Vol I
Kuist, James Marquis, Vol II
Mantyh, Mark R., Vol V
Martin-Rodriguez, Manuel M., Vol III
McNeely, R. L., Vol V
Mileham, James Warren, Vol III
Moravcsik, Edith Andrea, Vol III
Nardin, Terry, Vol IV
Pickering-Iazzi, Robin, Vol III
Pollard, Diane S., Vol V
Renda, Lex, Vol I
Rodriguez-Luis, Julio, Vol III
Ross, Ronald John, Vol I
Schroeder, John H., Vol I
Seery, Carol H., Vol II
Shashko, Philip, Vol I
Shey, Howard James, Vol II, III
Skalitzky, Rachel Irene, Vol I, III
Stone, Andrea Joyce, Vol I
Swanson, Roy Arthur, Vol III
Ullman, Pierre Lioni, Vol III
Wainwright, William J., Vol IV
Waldbaum, Jane C., Vol I
Weare, Walter Burdette, Vol I
Weiss, Raymond L., Vol IV
Wilson, Frank Harold, Vol V
Wind, Barry, Vol I
Winter, Ian James, Vol III
Wishne, Brian, Vol I

University of Wisconsin, Oshkosh

Burr, John Roy, Vol IV
Cordero, Ronald Anthony, Vol IV
Grieb, Kenneth J., Vol I
Helmers, Marguerite H., Vol II
Herzing, Thomas Wayne, Vol II
Hoefel, Roseanne, Vol II, V
Horner, David T., Vol V
Linenthal, Edward Tabor, Vol I, IV
Missner, Marshall Howard, Vol IV
Nuernberg, Susan M., Vol II
Sieber, George Wesley, Vol I
Thorpe, Judith M., Vol II
Urbrock, William Joseph, Vol IV
Wu, Kuang-Ming, Vol IV

University of Wisconsin, Parkside

Buenker, John D., Vol I
Canary, Robert Hughes, Vol II
Christoph, Siegfried, Vol III
Colston, Herbert L., Vol V
Cress, Donald Alan, Vol IV
Dean, Dennis Richard, Vol II, III
Dean, James S., Vol II
Egerton, Frank N., Vol I
Gellott, Laura S., Vol I
Greenfield, Gerald M., Vol I
Kummings, Donald D., Vol I, II
Leeds-Hurtwitz, Wendy, Vol II
Lenard, Mary, Vol II
Lindner, Carl Martin, Vol II, V
Mclean, Andrew Miller, Vol I, II
Meyer, Stephen, Vol I
Reeves, Thomas C., Vol I

Schunk, Thom, Vol I
Shade, Barbara J., Vol V
Shailor, Jonathan G., Vol II
Shucard, Alan Robert, Vol II
Smith, Eleanor Jane, Vol V
Stathatos, Constantine Christopher, Vol III

University of Wisconsin, Platteville
Drefcinski, Shane, Vol IV
Faymonville, Carmen, Vol II
Wendorff, Laura C., Vol I, II, V

University of Wisconsin, River Falls
Brantley, Jennifer, Vol II
Brown, Terry, Vol II
Cederberg, Herbert Renando, Vol I, IV
Gerster, Carole, Vol II
Karolides, Nicholas J., Vol II
Luebke, Steve, Vol II
Mannetter, Terrance, Vol III
Peterson, Edward Norman, Vol I
Wood, Ruth, Vol II
Zlogar, Laura, Vol II

University of Wisconsin, Stevens Point
Billings, John R., Vol IV
Fadner, Donald E., Vol IV
Herman, Arthur L., Vol IV
Keefe, Alice Ann, Vol IV
Knowlton, Robert James, Vol I
Meisel, Martin, Vol II, III
Missey, James L., Vol II
Nelson, Michael P., Vol IV
Overholt, Thomas William, Vol I, IV
Paul, Justus F., Vol I
Skelton, William B., Vol I
Stokes, James, Vol II
Waligore, Joseph, Vol IV
Walker, Hugh D., Vol I
Warren, Dona, Vol IV

University of Wisconsin, Stout
Levy, Michael Marc, Vol II
Schuler, Robert, Vol II
Thurin, Susan Molly Schoenbauer, Vol II
Williams, John, Vol V
Zeidel, Robert F., Vol I

University of Wisconsin, Superior
Bischoff, Joan, Vol II
Haugrud-Reiff, Raychel A., Vol II
Hudelson, Richard Henry, Vol IV
Reiff, Raychel A., Vol II
Sipress, Joel M., Vol I

University of Wisconsin, Waukesha
Rozga, Margaret, Vol II

University of Wisconsin, Whitewater
Adams, George Roy, Vol II, III
Berger, Ronald J., Vol V
Haney, Richard Carlton, Vol I
Haven, Richard P., Vol II
Nye, Andrea, Vol IV
Salzwedel, Kenneth D., Vol V
Yasko, Richard Anthony, Vol I
Zastrow, Charles H., Vol V

University of Wyoming, Laramie
Ashley, David, Vol V
Bagby, Lewis, Vol III
Bangerter, Lowell A., Vol III
Denney, Colleen J., Vol I
Durer, Christopher, Vol II, III
Gressley, Gene M., Vol I
Hanson, Klaus D., Vol III
Harkin, Michael E., Vol V
Harris, Duncan Seely, Vol II
Harris, Janice Hubbard, Vol I, II, V
Holt, Philip, Vol I
Jensen, Katherine Ruth, Vol V
Kalbfleisch, Pamela J., Vol II
Kohler, Eric Dave, Vol I
Langlois, Walter G., Vol III
Larsen, Kevin, Vol III
Martin, James August, Vol IV
Mayer, Sigrid, Vol III
McIrvin, Michael D., Vol II
Moore, William Howard, Vol I
Mundt, Hannelore, Vol III
Picherit, Jean-Louis, Vol III
Porterfield, Amanda, Vol IV
Reverand, Cedric D., Vol II
Rhoades, Duane, Vol III
Schaefer, Jean Owens, Vol I
Seckinger, Donald Sherman, Vol I, IV, V
Sherline, Ed, Vol IV
Sigalov, Pavel S., Vol III
Tolo, Khama-Basilli, Vol III

Ursinus College, Collegeville
Akin, William Ernest, Vol I
Clark, Hugh R., Vol I, III
Clouser, Robin, Vol III
Decatur, Louis Aubrey, Vol II
Hardman, Keith J., Vol IV
Hemphill, C. Dallett, Vol I
King, Richard D., Vol I
Lionarons, Joyce T., Vol II
Oboler, Regina, Vol V
Visser, Derk, Vol I

Ursuline College, Pepper Pike
Glavac, Cynthia, Vol II
Gromada, Conrad T., Vol IV
Matejka, George, Vol IV
Pina, Leslie, Vol I
Podis, Joanne, Vol II

Utah State University, Logan
Bakker, Jan, Vol II
Carmack, Noel A., Vol I
Chung, Younsook Na, Vol II
Cole, Robert, Vol I
Derry, James, Vol II
Ellsworth, Samuel George, Vol I
Fawcett, Bill, Vol V
Glass-Coffin, Bonnie, Vol V
Glatfelter, Ralph Edward, Vol I
Huenemann, Charles, Vol IV
Jones, Norman L., Vol I
Lewis, David Rich, Vol I
McInerney, Daniel J., Vol I
Milner, Clyde A., II, Vol I
Nicholls, Michael Lee, Vol I
O'Connor, Carol A., Vol I
Pease, Ted, Vol II
Peterson, Charles S., Vol I
Peterson, Frank Ross, Vol I
Posthofen, Renate, Vol III
Robson, Kent E., Vol IV
Siporin, Steve, Vol I, II
Smitten, Jeffrey, Vol II
Sweeney, Michael S., Vol II
Tweraser, Felix W., Vol III

Utah Valley State College, Orem
Bennion, J., Vol V
Kazemzadeh, Masoud, Vol IV
Keller, David R., Vol IV
McDonald, R., Vol II
Mizell, K., Vol IV
Snedegar, Keith, Vol I

Utica College of Syracuse University
Bergmann, Frank, Vol II, III
Nassar, Eugene Paul, Vol II

Valdosta State University
Adler, Brian Ungar, Vol II
Brown, Ola M., Vol V
Campbell, J. Lee, Vol II, III
Crowley, John G., Vol I
Johnson, Charles, Vol I
Marks, Patricia, Vol II
McNeill, Paula L., Vol I
Smith, Robert Mark, Vol II
Sommers, Laurie., Vol II
Whatley, Mark A., Vol V

Valencia Community College, Orlando
Lehmann, Timothy J., Vol V

Valparaiso University
Austensen, Roy Allen, Vol I
Bass, Dorothy C., Vol IV
Brant, Dale, Vol IV
Brietzke, Paul H., Vol IV
Conison, Jay, Vol IV
Corazzo, Nina, Vol I
Geiman, Kevin, Vol IV
Greene, Martha D., Vol II, IV
Hatcher, Richard Gordon, Vol IV
Herrera, Enrique, Vol III, IV
Kennedy, Thomas, Vol IV
Kilpinen, Jon T., Vol I
Klein, Kenneth, Vol IV
Krodel, Gottfried G., Vol I, IV
Kumpf, Michael, Vol III
Leeb, Carolyn, Vol III, IV
Ludwig, Theodore Mark, Vol I, IV
Maxwell, Richard, Vol II
Meilaender, Gilbert, Vol IV
Morgan, David, Vol I
Niedner, Frederick A., Vol IV
Rast, Walter Emil, Vol I, IV
Schoppa, Robert Keith, Vol I
Sponberg, Arvid Frederic, Vol II
Stith, Richard T., Vol IV
Truemper, David George, Vol IV
Vandoorn-Harder, Nelly, Vol IV

Vance Granville Community College
Powell, Lydia C., Vol V

Vancouver Museum
Swart, Paula, Vol I

Vancouver School of Theology
Gaston, Lloyd, Vol IV

Vanderbilt University, Nashville
Arai, Paula K. R., Vol IV
Baldwin, Lewis V., Vol IV
Barrett, Tracy, Vol III, V
Bell, Vereen M., Vol II
Belton, Robert, Vol IV
Bingham, John L., Vol III
Blumstein, James Franklin, Vol IV
Bowen, Barbara C., Vol II
Brennan, Virginia M., Vol III
Brown, R. L., Vol IV
Burns, J. Patout, Jr., Vol IV
Carlton, David L., Vol I
Charney, Jonathan I., Vol IV
Church, Dan M., Vol II, V
Clayton, Jay, Vol II
Cockrell, Dale, Vol II
Conkin, Paul K., Vol I
Covington, Robert N., Vol IV
Crawford, Katherine B., Vol I
Crispin, John, Vol III
Cyrus, Cynthia, Vol II
Davis, Thadious, Vol II
Deal, Terrance E., Vol V
DeHart, Paul, Vol IV
Dickerson, Dennis Clark, Vol IV
Doyle, Don H., Vol I
Eakin, Marshall C., Vol I
Elledge, Paul, Vol II
Enterline, Lynn, Vol II, V
Epstein, James A., Vol I
Franke, William, Vol III
Froment-Meurice, Marc, Vol III, IV
Fryd, Vivien G., Vol I
Girgus, Sam B., Vol II
Goddu, Teresa, Vol II, V
Goodman, Lenn Evan, Vol IV
Gottfried, Roy K., Vol II
Graham, George Jackson, Vol IV
Graham, Hugh Davis, Vol I
Grantham, D. Wesley, Vol V
Grantham, Dewey Wesley, Vol I
Halperin, John, Vol II
Harrelson, Walter, Vol IV
Harris, Alice C., Vol III
Harrod, Howard L., Vol IV, V
Hassel, R. Chris, Jr, Vol II
Headrick, Annabeth, Vol I
Helguera, J. Leon, Vol I
Hodges, Michael P., Vol IV
Hodgson, Peter C., Vol IV
Isherwood, Robert M., Vol I
Johnson, Dale Arthur, Vol IV
Jrade, Cathy L., Vol II, III
Kezar, Dennis, Vol II
Kreyling, Michael, Vol II
Kustanovich, Konstantin, Vol III
Lachs, John, Vol IV
Lee, Douglas, Vol II
Lubinski, David, Vol V
Luis, William, Vol I
Mack, Robert, Vol II
Maier, Harold Geistweit, Vol IV
Marcus, Leah S., Vol II
McCarthy, John A., Vol III
McCoy, Thomas Raymond, Vol IV
McFague, Sallie, Vol II, IV
Mckoy, Sheila Smith, Vol II
Mcseveney, Samuel Thompson, Vol I
Miller-McLemore, Bonnie Jean, Vol IV
Myers, Charles Bennett, Vol V
Nathanson, Leonard, Vol II
Patte, Daniel, Vol IV
Patty, James Singleton, Vol III
Pfanner, Helmut F., Vol III
Pichois, Claude, Vol III
Plummer, John F., Vol II
Sasson, Jack Murad, Vol I, IV
Schoenfield, Mark, Vol II
Schwarz, Kathryn, Vol II
Sevin, Dieter H., Vol III
Sherkat, Darren E., Vol V
Smith, Helmut, Vol I
Sullivan, Walter L., Vol II
Syverud, K. D., Vol IV
Teselle, Eugene A., Vol IV
Tichi, Cecelia, Vol II, V
Todd, Margo, Vol I
Voegeli, Victor Jacque, Vol I
Walker, Nancy A., Vol II
Weatherby, Harold L., Jr., Vol II
Wiltshire, Susan Ford, Vol II, III
Winters, Donald Lee, Vol I
Wollaeger, Mark A., Vol II
Wood, David C., Vol IV
Zaner, Richard, Vol IV

Vanguard University of Southern California
Baldwin, Donald E., Vol IV
Hoggatt, Jerry Camery, Vol IV
Williams, William C., Vol IV

Vassar College, Poughkeepsie
Adams, Nicholas, Vol I
Amaru-Halpern, Betsy, Vol IV
Arlyck, Elisabeth C., Vol III
Berkley, Constance E. Gresham, Vol III
Blumenfeld, Rodica, Vol I
Borradori, Giovanna, Vol IV
Church, Jennifer, Vol IV
Cladis, Mark, Vol IV
Cohen, Miriam J., Vol I
DeMaria, Robert, Jr., Vol II
Edwards, Rebecca, Vol I
Fergusson, Frances D., Vol I
Fortna, Robert Tomson, Vol IV
Foster, Donald W., Vol II
Grunfeld, Mihai, Vol III
Hiner, Susan, Vol III
Imbrie, Ann Elizabeth, Vol II
Jarow, E. H. Rick, Vol IV
Johnson, M. Glen, Vol IV
Libin, Kathryn, Vol II
Lott, John Bertrand, Vol IV
Mann, Brian, Vol II
Moore, Deborah D., Vol IV
Park, Jin Y., Vol IV
Pisani, Michael, Vol II
Rossi, Monica, Vol I
Schneider, Jeffrey A., Vol I, III
Van Norden, Bryan W., Vol IV
von der Emde, Silke, Vol III
Wohl, Anthony Stephen, Vol I

Ventura College
Armstrong, Dianne, Vol II
Rush, Patricia, Vol III

Vernon Regional Junior College
Farber, Jimmie D., Vol II

Victoria College
Hardin, Stephen L., Vol I

Villa Julie College, Stevenson
Penczek, Alan, Vol IV

Villanova University
Abraham, Gerald, Vol IV
Anderson, Michelle J., Vol IV
Becker, Lewis, Vol IV
Bergquist, James, Vol I
Bersoff, Donald N., Vol IV
Betz, Joseph M., Vol IV
Brakman, Sarah-Vaughan, Vol IV
Brogan, Doris DelTosto, Vol IV
Brogan, Walter A., Vol IV
Burke, Michael E., Vol I
Burt, Donald X., Vol IV
Busch, Thomas W., Vol IV
Cannon, John J., Vol IV
Caputo, John D., Vol IV
Carvalho, John, Vol IV
Cherry, Charles L., Vol II
Cohen, Arnold B., Vol IV
Colwell, Chauncey, Vol IV
Conn, Walter Eugene, Vol IV
Crabtree, Arthur Bamford, Vol IV
Cummings, Raymond L., Vol I
Delano, Sterling F., Vol II
Dellapenna, Joseph W., Vol IV
Dobbyn, John Francis, Vol IV
Doody, John A., Vol IV
Doorley, Mark J., Vol IV
Duran, Jaime, Vol III
Durnin, John H., Vol V
Edelman, Diane Penneys, Vol IV
Eigo, Francis Augustine, Vol IV
Fielder, John H., Vol IV
Flannery, Michael T., Vol IV
Gafni, Abraham J., Vol IV
Gallicchio, Marc S., Vol I
Goff, Edwin L., Vol IV
Gordon, Ruth E., Vol IV
Gotanda, John Yukio, Vol IV
Greene, Thomas R., Vol I, II
Heitzmann, William Ray, Vol II
Helmetag, Charles Hugh, Vol III
Hughes, Kevin L., Vol I, IV
Hunt, John M., Jr., Vol II, III
Hyson, John M., Vol IV
Immerwahr, John, Vol IV
James, William, Vol IV
Johannes, John R., Vol IV
Juliano, Ann Carey, Vol IV
Kelley, Donald B., Vol I
Kinney, Joseph, Vol II
Kirschke, James J., Vol II
Lanctot, Catherine J., Vol IV
Lindenmeyr, Adele, Vol I
Llewellyn, Don W., Vol IV
Losoncy, Thomas A., Vol IV
Lurie, Howard R., Vol IV
Magid, Laurie, Vol IV
Makowski, Lee, Vol IV
Malik, Hafeez, Vol IV
Maule, James Edward, Vol IV
McCartney, James J., Vol IV
Miles, Kevin Thomas, Vol IV
Mulroney, Michael, Vol IV
Murphy, John F., Vol IV
O'Brien, J. Willard, Vol IV

Ogden, Estrella V., Vol I, III
Packel, Leonard, Vol IV
Paffenroth, Kim, Vol IV
Pattnayak, Satya R., Vol V
Pohlhaus, Gaile, Vol IV
Poulin, Anne Bowen, Vol IV
Prince, John R., Vol IV
Radan, George T., Vol I
Reilly, Bernard, Vol I
Rothman, Frederick P., Vol IV
Schmidt, Dennis, Vol IV
Schoenfeld, Marcus, Vol IV
Scholz, Sally J., Vol IV
Shyles, Leonard C., Vol II
Sirico, Louis J., Jr., Vol IV
Taggart, Walter John, Vol IV
Termini, Roseann B., Vol IV
Thomas, Deborah Allen, Vol II
Tomarchio, John, Vol IV
Turkington, Richard C., Vol IV
Vanallen, Rodger, Vol IV
Wall, Barbara E., Vol IV
Wertheimer, Ellen, Vol IV
Young, Phillips Edward, Vol IV

Vincennes University
Verkamp, Bernard, Vol IV

Virginia Commonwealth University, Richmond
Bendersky, Joseph William, Vol I
Berry, Boyd Mcculloch, Vol II
Brennen, Bonnie S., Vol IV
Briceland, Alan Vance, Vol I
Cornis-Pope, Marcel H., Vol II
Cramer, Elizabeth P., Vol V
Dvorak, Paul Francis, Vol III
Edwards, Clifford Walter, Vol IV
Ellis, Anthony John, Vol IV
Engel, Arthur Jason, Vol I
Farmer, David, Vol IV
Giacobbe, George A., Vol V
Griffin, Claudius Williams, Vol II
Hirsch, Herbert, Vol IV
Kinney, James Joseph, Vol II
Kirkpatrick, Peter S., Vol III
Moore, James Tice, Vol I
Morse, Charlotte Cook, Vol II
Palen, J. John, Vol V
Priebe, Richard K., Vol II
Reed, Daisy Frye, Vol V
Schwarz, Philip James, Vol I
Shear, Jonathan, Vol IV
Sims, Robert Lewis, Vol III
Vallentyne, Peter, Vol IV

Virginia Intermont College, Bristol
Pridgen, Allen, Vol II

Virginia Military Institute, Lexington
Bausum, Henry S., Vol I
Davis, Thomas Webster, Vol I
Emmitt, Helen, Vol II
Fay, Mary Ann, Vol I
Gentry, Thomas Blythe, Vol II
Hays, Willard Murrell, Vol I
Koeniger, A. Cash, Vol I
McCleskey, Turk, Vol I
Pierpaoli, Paul G., Vol I
Richter, Duncan J., Vol IV
Sheldon, Rose Mary, Vol I
Thomas, Donald E., Vol I
Tucker, Spencer C., Vol I
Vandervort, Bruce, Vol I
Weing, Siegfried, Vol III

Virginia Polytechnic Institute and State University, Blacksburg
Anderson, Linda, Vol II
Assar, Nandini Narain, Vol V
Barr, Marleen Sandra, Vol II, V
Becker, Andrew S., Vol II, III
Bixler, Jacqueline, Vol III
Britt, Brian M., Vol IV
Burian, Richard M., Vol IV
Doswald, Herman K., Vol III
Ekirch, A. Roger, Vol I
Fine, Elizabeth C., Vol II, V
Fishwick, Marshall W., Vol I
Fitzpatrick, William J., Vol IV
Fowler, Virginia C., Vol II
Graham, Peter W., Vol II
Hammond, Guy Bowers, Vol IV
Hasselman, Margaret, Vol II
Hattab, Helen, Vol IV
Hirsh, Richard Frederic, Vol I
Howard, Thomas Carlton, Vol I
Kaufman, Burton I., Vol I
Klagge, James C., Vol IV
Levy, John M., Vol I
Malbon, Elizabeth Struthers, Vol IV
Mann, Jeffrey A., Vol IV
Mcallister, Matthew P., Vol II
Norstedt, Johann A., Vol II
Pitt, Joseph C., Vol IV
Riley, Sam G., Vol II
Robertson, James I., Vol I
Robertson, James Irvin, Vol I
Saffle, Michael, Vol II
Shumsky, Neil Larry, Vol I
Stahl, John D., Vol II
Stubbs, John C., Vol II
Sulloway, Alison G., Vol II
Taylor, Charles L., Vol IV
Tucker, Edward L., Vol II
Wallenstein, Peter, Vol I
Welch, Dennis Martin, Vol II

Virginia State University, Petersburg
Blouet, Olwyn, Vol I
Garrott, Carl L., Vol III
Hill, Renee Afanan, Vol IV
Norris, Ethel Maureen, Vol II
Toppin, Edgar Allan, Vol I

Virginia Theological Seminary, Alexandria
Davis, Ellen F., Vol IV
Dyer, James Mark, Vol IV
Eversley, Walter V. L., Vol IV
Fuller, Reginald H., Vol IV
Gearey, Amelia J., Vol IV, V
Hanchey, Howard, Vol IV
Horne, Martha J., Vol IV
Jones, Richard J., Vol IV
McDaniel, Judith M., Vol IV
Parrent, Allan Mitchell, Vol IV
Prichard, Robert W., Vol IV
Robertson, Benjamin W., Vol IV
Ross, James F., Vol IV
Scott, David Allen, Vol IV
Sedgwick, Timothy F., Vol IV
Stafford, William Sutherland, Vol I, IV

Virginia Union University, Richmond
James, Allix Bledsoe, Vol IV
Roberts, Samuel Kelton, Vol IV
Watson, John A., Vol III
Yancy, Preston Martin, Vol II

Virginia Wesleyan College, Norfolk
Graf, Daniel William, Vol I
Jackson, Kathy Merlock, Vol II

Virginia Western Community College, Roanoke
Sargent, James E., Vol I
Welch, John, Vol IV

Viterbo College, La Crosse
Morehouse, Richard, Vol V

Volunteer State Community College, Gallatin
Flynn, David, Vol II
Sherrill, Vanita Lytle, Vol V

Voorhees College, Denmark
Wong, Eugene F., Vol V

Wabash College
Baker, Donald Whitelaw, Vol II
Barnes, James John, Vol I
Danby, Judd G., Vol II
Davis, George H., Vol I
Fisher, James, Vol II
Gomez, Gilberto, Vol II, III
Herzog, Tobey C., Vol II
Kubiak, David Payne, Vol III
Peebles, I. Hall, Vol IV
Placher, William C., Vol IV

Wabash Valley College
Owens, Patricia, Vol I

Wadhams Hall Seminary-College, Ogdensburg
Rocker, Stephen, Vol IV

Wagner College, Staten Island
Anderson, Robert Mapes, Vol I, IV
Frank, Sam Hager, Vol I
Groth, Miles, Vol IV, V
Snow, Steven Gregory, Vol IV
Urbanc, Katica, Vol III

Wagner Leadership Institute
Greig, Gary S., Vol IV

Wake Forest University, Winston-Salem
Andronica, John Louis, Vol III
Angelou, Maya, Vol I, II
Barbour, Sarah E., Vol III
Bennett, Barbara A., Vol II
Bree, Germaine, Vol III
Fleer, Jack David, Vol IV
Ford, James L., Vol IV
Glenn, Kathleen Mary, Vol III
Hans, James Stuart, Vol II, IV
Hattery, Angela J., Vol V
Hendricks, J. Edwin, Vol I
Hester, Marcus B., Vol IV
Levy, David Benjamin, Vol II
Milner, Joseph O'Beirne, Vol II, V
Nauckhoff, Josefine C., Vol IV
Pendergraft, Mary L., Vol II, III
Shapere, Dudley, Vol I, IV
Shores, David Francis, Vol IV
Shorter, Robert Newland, Vol II
Sinclair, Michael Loy, Vol I
Ulery, Robert W., Vol II, III
Walker, George Kontz, Vol I, IV
Weber, Samuel F., Vol IV
West, Larry E., Vol III
Weyler, Karen A., Vol II
Zuber, Richard Lee, Vol I

Waldorf College, Forest City
Biggs, Douglas L., Vol I
Hamre, James S., Vol I, IV

Walla Walla College, College Place
Dickinson, Loren, Vol II
Maynard-Reid, Pedrito U., Vol IV

Walsh University, North Canton
McClain, Shirla R., Vol V

Walters State Community College, Morristown
Eichelman, Sarah M., Vol II

Warren Wilson College, Asheville
Matin, A. Michael, Vol II
Yeager, Robert Frederick, Vol II

Wartburg College, Waverly
Bouzard, Walter, Vol IV

Wartburg Theological Seminary, Dubuque
Bailey, James L., Vol IV
Martin, Raymond Albert, Vol IV
Priebe, Duane A., Vol IV
Quere, Ralph Walter, Vol I, IV

Washburn University of Topeka
Altman, Joanne, Vol V
Besthorn, Fred H., Vol V
Concannon, James M., Vol IV
Danker, Donald Floyd, Vol I
Dimmitt, Jean Pollard, Vol II
Elrod, Linda Diane Henry, Vol IV
Elrod, Linda Henry, Vol IV
Griffin, Ronald Charles, Vol IV
Haywood, C. Robert, Vol I
Pruitt, Virginia D., Vol II
Spring, Raymond Lewis, Vol IV
Stein, Robert David, Vol II
Zaharopoulos, Thimios, Vol II

Washington and Jefferson College, Washington
Miller, Stuart J., Vol V
Mitchell, R. Lloyd, Vol IV
Schrader, David, Vol IV
Troost, Linda V., Vol II

Washington and Lee University, Lexington
Brown, Alexandra, Vol IV
Campbell, Gwyn E., Vol III
Cavanaugh, Maureen B., Vol IV
Craun, Edwin David, Vol II
Davis, Winston, Vol I, IV
Hodges, Louis Wendell, Vol II, IV
Keen, Suzanne, Vol II
Kirgis, Frederic Lee, Vol IV
LaRue, Lewis Henry, Vol IV
Martin, Joseph Ramsey, Vol IV
Partlett, David Frederick, Vol IV
Sessions, William Lad, Vol IV
Stuart, Dabney, Vol II
Warren, James Perrin, Vol II

Washington Bible College, Lanham
Kari, Daven Michael, Vol II

Washington College, Chestertown
Cades, Steven, Vol V
Deprospo, Richard Chris, Vol II
Lubic, Robert B., Vol IV
Shivers, George Robert, Vol III
Tatum, Nancy R., Vol I, II

Washington State University, Pullman
Armitage, Susan, Vol I, V
Ashby, LeRoy, Vol I
Bennett, Edward Moore, Vol I
Blackwell, Frederick Warn, Vol I
Brewer, John T., Vol III
Broyles, James Earl, Vol IV
Burbick, Joan, Vol II
Chermak, Gail D., Vol II
Clanton, Orval Gene, Vol I
Cohen, Lindsey, Vol V
Condon, William, Vol II
Coon, David L., Vol I
Delahoyde, Michael, Vol II
Ehrstine, John, Vol II
Faulkner, Thomas Corwin, Vol II
Fowler, Shelli, Vol I
Franks, J. Richard, Vol III
Frykman, George Axel, Vol I
Gillespie, Diane F., Vol II
Gonzalez, Eloy, Vol III
Gordon, Lynn, Vol III, V
Gorsevski, Ellen, Vol II
Gough, Jerry B., Vol I
Hammond, Alexander, Vol II
Harris, Laurilyn J., Vol I, II
Hellegers, Desiree, Vol II
Hirt, Paul W., Vol I
Hume, Richard L., Vol I
Hunt, Tim, Vol II
Hyde, Virginia Crosswhite, Vol II
Jankowski, Theodora, Vol II
Johnson, Jeanne M., Vol II
Kale, Steven D., Vol I
Katz, Jennifer, Vol V
Kawamura, Noriko, Vol I
Kennedy, George E., Vol II
Kennedy, Thomas L., Vol I
Kicza, John Edward, Vol I
Kiessling, Nicolas, Vol II
Kuhlman, Erika, Vol I
Law, Richard G., Vol II
Linden, Stanton J., Vol II
Lipe, William David, Vol I
Macauley, Beth, Vol III
Madison, Charles L., Vol III
McLeod, Susan, Vol II
Meyer, Kathryn E., Vol I
Myers, Michael W., Vol IV
Ong, Rory J., Vol II
Orr, Leonard, Vol II
Peabody, Susan, Vol I
Peterson, Jacqueline, Vol I
Reed, T. V., Vol I, II, V
Roman, Camille, Vol II
Rosa, Eugene A., Vol V
Schlesinger, Roger, Vol I
Sherard, Tracey, Vol II
Shier, David, Vol IV
Siegel, Carol, Vol V
Sitko, Barbara, Vol II
Smith, Shawn M., Vol II
Streets, Heather, Vol I
Sturgeon, Noel A., Vol V
Sun, Raymond, Vol I
Svingen, Orlan J., Vol I
Tolmacheva, Marina, Vol I
Trafzer, Clifford Earl, Vol I
Villanueva, Victor, Vol II
Von Frank, Albert J., Vol II
Warner, Dennis A., Vol V
Watrous, Mary A., Vol I
Williams, Richard S., Vol I

Washington Theological Union
Delio, Ilia, Vol I, IV
Waznak, Robert P., Vol II

Washington University, St. Louis
Aiken, Jane Harris, Vol IV
Allen, Garland E., Vol I
Bechtel, William, Vol IV
Beck, Lois, Vol V
Beinfeld, Solon, Vol I
Berger, Henry Weinberg, Vol I
Bernstein, Iver, Vol I
Brickey, Kathleen F., Vol IV
Brock, Karen L., Vol I
Browman, David L., Vol V
Brown, Eric, Vol IV
Brown, Leslie, Vol I
Buickerood, James G., Vol IV
Carey, John M., Vol IV
Childs, Elizabeth C., Vol I
Davis, Richard W., Vol I
Dzuback, Mary Ann, Vol I, V
Early, Gerald, Vol I, II
Epstein, Lee, Vol IV
Fiss, Karen A., Vol I
Friedman, Marilyn A., Vol IV
Gass, William Howard, Vol IV
Gerard, Jules Bernard, Vol IV
Greenfield, Michael M., Vol IV
Hatch, George, Vol I
Head, Thomas F., Vol I
Hegel, Robert E., Vol II
Heidenheimer, Arnold J., Vol IV
Hirst, Derek M., Vol I
Ifri, Pascal A., Vol III
Izenberg, Gerald Nathan, Vol I
Jenkins, Jennifer L., Vol I
Joy, Peter, Vol IV

Karamustafa, Ahmet T., Vol I, IV
Kleingeld, Pauline, Vol IV
Konig, David Thomas, Vol I, IV
Leven, Charles Louis, Vol IV
Levin, Ronald Mark, Vol IV
Lowry, William R., Vol IV
Lutzeler, Paul M., Vol III
Mandelker, Daniel Robert, Vol IV
Marcus, Marvin H., Vol III
Milder, Robert, Vol II
Miller, Angela L., Vol I
Mumford, Eric, Vol I
Nicholson, L., Vol IV
Norwood, Kimberly Jade, Vol IV
Okenfuss, Max Joseph, Vol I
Paulson, Stanley Lowell, Vol IV
Poag, James F., Vol III
Riesenberg, Peter, Vol I
Roediger, Henry L., Vol V
Rosenbloom, Joseph R., Vol I
Ruland, Richard, Vol II
Salisbury, Robert H., Vol IV
Schneider, Laurence, Vol I
Schwarzbach, Fredric S., Vol I, II
Seligman, Joel, Vol IV
Shea, Daniel B., Vol II
Sherman, Stuart, Vol II
Sussman, Robert W., Vol V
Symeonoglou, Sarantis, Vol I
Tatlock, Lynne, Vol III
Toribio, Josefa, Vol IV
Tsunoda, Elizabeth, Vol I
Ulian, Joseph, Vol IV
Wallace, William E., Vol I
Walter, Richard John, Vol I
Watson, Patty Jo, Vol I
Watson, Richard A., Vol IV
Weil, Mark S., Vol I
Wellman, Carl, Vol IV
Weninger, Robert, Vol IV
Williams, Gerhild Scholz, Vol I
Williams, Robert Chadwell, Vol I
Zwicker, Steven Nathan, Vol II

Watburg Theological Seminary
Nessan, Craig L., Vol IV

Wayland Baptist University, Plainview
Feagin, Glyndle M., Vol IV
Owens, Nora Estelle, Vol I
Ratcliffe, Carolyn, Vol IV

Wayne State College, Nebraska
Bertolas, Randy, Vol I
Blaser, L. Kent, Vol I
Hickey, Donald Robert, Vol I

Wayne State University, Detroit
Aguirre, Robert D., Vol II
Ambler, Effie, Vol I
Anchustegui, Ann-Marie, Vol IV
Barrett, Barnaby B., Vol V
Black, Beverly M., Vol V
Bonner, Thomas Neville, Vol I
Boyd, Melba J., Vol II
Byars, Jackie L., Vol II, V
Calarco, N. Joseph, Vol II
Chauderlot, Fabienne Sophie, Vol III
Cobbs, Alfred Leon, Vol III
Corvino, John F., Vol IV
Duggan, Anne E., Vol III
Farrow, J. G., Vol II, III
Faue, Elizabeth V., Vol I
Gilb, Corinne Lathrop, Vol I
Goldfield, Michael, Vol IV
Goldman, Bernard, Vol I
Granger, Herbert, Vol IV
Guberti-Bassett, Sarah, Vol I
Gutierrez, Jesus, Vol III
Gutmann, Joseph, Vol I
Haase, Donald P., Vol I, III
Hale, Janice Ellen, Vol V
Hetzel, Otto J., Vol IV
Holley, Robert P., Vol II
Johnson, Christopher Howard, Vol I
Kiah, Ruth Josephine, Vol V
Kibler, Louis Wayne, Vol III
Kruman, Marc Wayne, Vol I
Leland, Christopher, Vol II
Levine, Bernard, Vol II
Liebler, Michael L., Vol II
Lombard, Lawrence B., Vol IV
Marotti, Arthur Francis, Vol II
Mason, Philip P., Vol I
McKinsey, Michael, Vol IV
McNamee, Kathleen, Vol II, III
Mika, Joseph John, Vol II, V
Powell, Ronald R., Vol II
Raucher, Alan R., Vol I
Reed, John R., Vol II
Reide, Jerome L., Vol IV
Ronnick, Michele Valerie, Vol II, III
Russell, Bruce Alan, Vol IV
Sabino, Osvaldo R., Vol II
Schurlknight, Donald E., Vol III
Scott, Samuel Francis, Vol I
Scrivener, Michael Henry, Vol II
Sedler, Robert Allen, Vol IV
Sengstock, Mary C., Vol V
Shapiro, Stanley, Vol I
Sheridan, Jennifer A., Vol II, III
Slovenko, Ralph, Vol V
Small, Melvin, Vol I
Somers, Cheryl L., Vol V
Spinelli, Donald C., Vol II
Stack, Steven, Vol IV
Stern, Guy, Vol III
Stivale, Charles J., Vol III
Titiev, Robert Jay, Vol IV
Trix, Frances, Vol V
Uhr, Horst, Vol I
Vlasopolos, Anca, Vol II
Wagner, Vern, Vol II
Williamson, Marilyn Lammert, Vol II
Wise, Edward Martin, Vol I, IV
Woodroffe, Annette, Vol V
Yanal, Robert J., Vol IV
Ziegelmueller, George W., Vol II

Waynesburg College
Glidden, Jock, Vol IV
Vernezze, Peter J., Vol IV

Weber State University, Ogden
Elliott, Harold M., Vol I
Godfrey, Gary M., Vol III
Mathews, Thomas J., Vol III
Sharpes, Donald Kenneth, Vol V
Vause, L. Mikel, Vol II
Wei-Arthus, Huiying, Vol V
Wutz, Michael, Vol II

Webster University, St. Louis
Barry, Bert, Vol V
Klass, Dennis, Vol IV
Parr, Chris, Vol IV

Wellesley College
Auerbach, Jerold, Vol I
Cohen, Paul Andrew, Vol I
Congelton, Ann, Vol IV
Cudjoe, Selwyn Reginald, Vol I
Fontijn-Harris, Claire, Vol I, II
Galand, Rene, Vol III
Lefkowitz, Mary Rosenthal, Vol II, III
Lynch, Kathryn, Vol II
Malino, Frances, Vol I, IV
Martin, Tony, Vol I
Merry, Sally E., Vol V
Mistacco, Vicki, Vol III
O'Gorman, James F., Vol I
Piper, Adrian Margaret Smith, Vol IV
Rollins, Judith, Vol I, V
Rosenwald, Lawrence A., Vol II
Roses, Lorraine Elena, Vol III
Stadler, Ingrid, Vol IV
Starr, Raymond James, Vol III
Steady, Filomina, Vol I
Vega, Carlos, Vol III
Winkler, Kenneth P., Vol IV
Witte, Ann Dryden, Vol IV

Wells College, Aurora
Burroughs, Catherine, Vol II
Farnsworth, Beatrice, Vol I
MacCormick, Chalmers, Vol IV
Yates, Jenny, Vol IV

Wesley Biblical Seminary, Jackson
Oswalt, John N., Vol IV
Tashiro, Paul Y., Vol IV
Ury, M. William, Vol I, IV

Wesley College, Dover
Mask, E. Jefferey, Vol IV
Nielsen, Michael, Vol II
Pelzer, Linda C., Vol II

Wesley Theological Seminary, Washington
Birch, Bruce Charles, Vol I, IV
Buchanan, George Wesley, Vol IV
Campbell, Ted A., Vol I, IV
Lee, K. Samuel, Vol IV
Shopshire, James Maynard, Vol IV
Strong, Douglas M., Vol I, IV
Wheeler, Sondra E., Vol IV
Wogaman, John Philip, Vol IV

Wesleyan College, Macon
Bell, Nora Kizer, Vol IV

Wesleyan University, Middletown
Abelove, Henry, Vol II
Buel, Richard (Van Wyck), Vol I
Butler, Jeffrey Ernest, Vol I
Crites, Stephen Decatur, Vol IV
Dunn, Peter Norman, Vol III
Elphick, Richard, Vol I
Gillmor, Charles Stewart, Vol I
Gonzalez, Bernardo Antonio, Vol III
Greene, Nathanael, Vol I
Hill, Patricia, Vol I
Horgan, Paul, Vol I
Horst, Steven, Vol IV
Johnston, William, Vol V
Katz, Marilyn A., Vol III
Kerr-Ritchie, Jeffrey R., Vol I
Long, Jerome Herbert, Vol I, IV
Lowrie, Joyce Oliver, Vol III
McAlister, Elizabeth, Vol IV
Meyer, Donald, Vol I
Meyer, Priscilla, Vol III
Needler, Howard, Vol III
O'Hara, James J., Vol II
Pomper, Philip, Vol I, V
Reeve, F. D., Vol II
Roberts, Michael, Vol II, III
Rose, Phyllis Davidoff, Vol II
Slotkin, Richard S., Vol I
Smyers, Karen A., Vol IV
Stowe, William, Vol II
Szegedy-Maszak, Andrew, Vol II
Vann, Richard T., Vol I
Walker, Willard, Vol III, V
Wensinger, Arthur Stevens, Vol III
Winston, Krishna, Vol III

West Chester University of Pennsylvania
Braidotti, Erminio, Vol III
Brown, Christopher P., Vol I
Dzamba, Anne, Vol I, V
Gutwirth, Madelyn, Vol III, V
Hardy, Charles, III, Vol I
Lavasseur, David G., Vol II
McNairy, Francine G., Vol V
Myrsiades, Linda, Vol II
Puchek, Peter A., Vol II
Treadwell, Thomas, Vol V
Voss, Richard W., Vol V

West Liberty State College, West Liberty
Gold, Jonathan, Vol IV
Hattman, John, Vol II
Herrick, Susan, Vol V

West Texas A&M University, Canyon
Bradley, Jerry W., Vol II
Culley, John Joel, Vol I
Dudt, Charmazel, Vol II
Furnish, Shearle, Vol II
Githiga, John Gatungu, Vol IV
Kunz, Jennifer, Vol V
Nall, Garry Lynn, Vol I
Teichmann, Sandra G., Vol II
Teven, Jason, Vol II
White, Lana, Vol II

West Valley College, Saratoga
Cubie, Michael, Vol IV, V
Jimenez, Randall, Vol I

West Virginia State College, Institute
Sharma, R. N., Vol I, II, V
Thorn, Arline Roush, Vol II, III

West Virginia University at Parkersburg
Allen, Bernard Lee, Vol I, IV
McClung, Phil, Vol V

West Virginia University Institute of Technology
Alexander, Ronald R., Vol I
Bradford, Richard Headlee, Vol I
Long, Ronald Wilson, Vol I

West Virginia University, Charleston
Casdorph, Paul Douglas, Vol I
Schrum, Stephen, Vol II

West Virginia University, Morgantown
Adams, Timothy D., Vol II
Bagby, Wesley Marvin, Vol I
Blaydes, Sophia Boyatzies, Vol II
Bruner, Jeffrey, Vol III
Cohen, Debra R., Vol IV
Conner, Patrick Wayne, Vol III
Drange, Theodore Michael, Vol IV
Eaton, Richard B., Vol II
Eichorn, Lisa, Vol IV
Elkins, James R., Vol IV
French, William Wirt, Vol II
Ginsberg, Elaine Kaner, Vol II, V
Hood, Mantle, Vol II, V
Johnston, John H., Vol II
Jokic, Aleksander, Vol IV
Labys, Walter Carl, Vol IV
Lass, Norman J., Vol II
Maxey, B. Ann, Vol IV
Maxon, Robert Mead, Vol I
Mccluskey, Stephen C., Vol I
McNerney, Kathleen, Vol III
Morris, William O., Vol IV
Murphy, Joseph Anthony, Vol III
Potesta, Woodrow A., Vol IV
Reese, Hayne W., Vol V
Roinila, Mika, Vol I
Schlunk, Juergen Eckart, Vol III
Selinger, Carl Marvin, Vol IV
Shapiro, Daniel, Vol IV
Vargas, Julie S., Vol V
Walken, Chrisopher, Vol I
Wicclair, Mark Robert, Vol IV
Wigal, Grace J., Vol II, IV
Yura, Michael T., Vol IV

West Virginia Wesleyan College, Buckhannon
Baldwin, Arminta Tucker, Vol II
Welliver, Kenneth Bruce, Vol IV

Westchester Community College, Valhalla
Costanzo, William Vincent, Vol II
Courage, Richard A., Vol II, V

Western Carolina University, Cullowhee
Anderson, William L., Vol I
Blethen, H. Tyler, Vol I
Debo, Annette R., Vol II
Dorondo, David R., Vol I
Graham, Gael N., Vol I
Kowalski, Robin Marie, Vol V
Lewis, James A., Vol I
Loeffler, Donald Lee, Vol II
Lovin, Clifford R., Vol I
Nicholl, James Robert, Vol II
Philyaw, Scott L., Vol I
Randolph, Mickey M. K., Vol V
Schwartz, Gerald, Vol I
Slater, John W., Vol II
Vartabedian, Robert A., Vol II
Walton, Brian G., Vol I
Wood, Curtis W., Vol I

Western Connecticut State University, Danbury
Briggs, John, Vol II
Hawkes, Carol A., Vol II
Kuther, Tara, Vol V
Manes, Averell, Vol V
Peretti, Burton W., Vol I
Welburn, Ronald Garfield, Vol II
Young, Kenneth Ray, Vol I

Western Illinois University, Macomb
Armfield, Felix L., Vol I
Bracey, Willie Earl, Vol IV
Brown, Spencer Hunter, Vol I
Burton, William Lester, Vol I
Chu, Felix T., Vol II
Colvin, Daniel Lester, Vol II
Combs, William L., Vol I
Conger, Syndy Mcmillen, Vol II, III
Dallinger, Judith M., Vol II
Davenport, Harbert William, Vol IV
Dunlap, Isaac H., Vol II
Edwards, Janis, Vol II
Egler, David G., Vol I
Frazer, June, Vol II
Frazer, Timothy C., Vol II, III
Hallwas, John Edward, Vol II
Harrison, Leland Bruce, Vol II
Hawkinson, Kenneth S., Vol II
Helm, Thomas Eugene, Vol II, IV
Hurh, Won Moo, Vol V
Keeling, Lytle Bryant, Vol IV
Kim, Kwang Chung, Vol V
Kurman, George, Vol III
Lee, Jai Hyon, Vol II
Leonard, Virginia Waugh, Vol I
Majeres, Raymond L., Vol V
Mann, John Stuart, Vol II
Mann, Karen Berg, Vol II
Mathes, Eugene W., Vol V
McClure, Kimberley A., Vol V
Merrett, Christopher D., Vol I
Morelli, Mario Frank, Vol IV
Na'allah, Abdul-Rasheed, Vol II, V
Palmer, Scott W., Vol I
Radosh, Mary F., Vol V
Sutton, Robert Paul, Vol I
Tang, Shengming, Vol V
Vos, Morris, Vol III
Watkins, Thomas H., Vol I
Werner, John M., Vol I

Western Kentucky University, Bowling Green
Ardrey, Saundra Curry, Vol IV
Baldwin, Thomas Pratt, Vol III
Bennett, James D., Vol I
Calendrillo, Linda T., Vol II
Capps, Randall, Vol II
Coutts, Brian E., Vol I, II
Curtis-Howe, E. Margaret, Vol IV
Danielson, Larry W., Vol II
Goldfarb, Nancy D., Vol II
Hardin, John Arthur, Vol I
Harrington, Jesse Drew, Vol I
Heldman, James M., Vol II
Jackson, Carlton Luther, Vol I
Klein, Michael Eugene, Vol I
Lee, David Dale, Vol I

Likes, Terry, Vol II
Logan, Deborah, Vol II
Long, John Edward, Vol IV
Lucas, Marion Brunson, Vol I
Lumsden, Linda, Vol II
Martin-Murrey, Loretta, Vol II
Millichap, Joseph R., Vol II
Oakes, Elisabeth, Vol II
Olmsted, Jane, Vol II, V
Onyekwuluje, Anne B., Vol V
Salisbury, Richard Vanalstyne, Vol I
Schneider, Karen, Vol II
Schoen, Edward Lloyd, Vol IV
Spears, Lee A., Vol II
Speer, Donald R., Vol II
Thacker, Jack W., Vol I
Trutty-Coohill, Patricia, Vol I
Tuck, Donald Richard, Vol I, IV
Veenker, Ronald Allen, Vol I, IV
Vos, Arvin G., Vol IV
Weigel, Richard David, Vol I, II, III

Western Maryland College, Westminster
Cobb, Eulalia Benejam, Vol III
Evergates, Theodore, Vol I
Williams, Daniel Anthony, Vol III

Western Michigan University, Kalamazoo
Bach, Shirley, Vol IV
Bailey, Thomas Cullen, Vol II
Baldner, Kent, Vol IV
Blickle, Peter, Vol III
Borden, Sandra L., Vol II
Breisach, Ernst Adolf, Vol I
Brinkley, Ellen H., Vol II
Brown, Alan S., Vol I
Carey-Webb, Allen, Vol II
Carlson, Andrew, Vol I
Carlson, Lewis H., Vol I
Culp, Sylvia, Vol IV
Davidson, Clifford Oscar, Vol II
Dilworth, John, Vol IV
Dooley, Howard John, Vol I
Dybek, Stuart, Vol II
Earhart, Harry Byron, Vol I, IV
Elder, Ellen Rozanne, Vol I
Ellin, Joseph S., Vol IV
Falk, Arthur, Vol IV
Falk, Nancy Ellen, Vol I, IV
Gianakaris, Constantine John, Vol II
Gibson, Melissa K., Vol II
Haenicke, Diether H., Vol III
He, Chansheng, Vol I
Heller, Janet, Vol II, III, V
Helweg, Arthur W., Vol V
Hyun, Insoo, Vol IV
Johnston, Arnold, Vol II
Jones, Leander Corbin, Vol I, II
Joslin, Katherine, Vol I, II
Lawson, E. Thomas, Vol IV
Maier, Paul Luther, Vol I
Mathews, Gary, Vol V
Newman, David, Vol IV
Pritchard, Michael, Vol IV
Rudge, David W., Vol V
Saillant, John D., Vol I, II
Sauret, Martine, Vol III
Sichel, Werner, Vol IV
Syndergaard, Larry E., Vol II
Szarmach, Paul E., Vol I, II
Washington, Earl Melvin, Vol V
Washington, Von Hugo, Sr., Vol II
Wilson, B., Vol I
Xiong, Victor, Vol I
Ziring, Lawrence, Vol IV

Western New England College, Springfield
Baynes, Leonard M., Vol IV
Cohen, Amy B., Vol IV
Goldstein, Anne B., Vol IV
Gouvin, Eric J., Vol IV
Porter, Burton F., Vol IV
Rempel, Gerhard, Vol II
Wozniuk, Vladimir, Vol I

Western New Mexico University, Silver City
French, Laurence, Vol V
Gutierrez, Donald, Vol II
Juszcyk, Frank, Vol II
Ollivier, Louis L., Vol III
Toth, Bill, Vol II

Western Oregon State College, Monmouth
Cotroneo, Ross Ralph, Vol I

Western Oregon University
Cannon, Dale W., Vol IV
Perlman, Mark, Vol IV
Rector, John L., Vol I
Sil, Narasingha P., Vol I

Western Seminary
De Young, James B., Vol IV

Western State College of Colorado, Gunnison
Drake, Roger A., Vol V
Hansen, Helynne, Vol II, III
Nemanic, Mary Lou, Vol II

Western State University College of Law of Orange County
Koppel, Glenn, Vol IV

Western Theological Seminary, Holland
Bechtel, Carol M., Vol IV
Brown, George, Jr., Vol IV
Kaiser, Christopher Barina, Vol IV

Western Washington University, Bellingham
Buckland, Roscoe Lawrence, Vol I, II
Danysk, Cecilia, Vol I
Delorme, Roland L., Vol I
Feit, Neil, Vol IV
Guess, Carol A., Vol II
Hoover, Kenneth R., Vol IV
Janson, Carol, Vol I
Kaplan, Edward Harold, Vol I, III
Klein, Robert H., Vol V
McDonald, Kelly M., Vol II
Merrill, Reed, Vol III
Ritter, Harry R., Vol I
Smeins, Linda, Vol I
Stoever, William K. B., Vol I, IV
Vajda, Edward J., Vol III
Whisenhunt, Donald W., Vol I
Yusa, M., Vol IV

Westfield State College, Westfield
Ali, Kamal Hassan, Vol V
Blyn, Robin, Vol II
Brewster, Glen, Vol II
Fellbaum, Christiane, Vol III
John, PM, Vol IV
Kane, Leslie, Vol III
Kaufman, Martin, Vol I
Lee, Yueh-Ting, Vol V
Mento, Joan, Vol II
Rife, Jerry E., Vol II
Robards, Brooks, Vol II
Sossaman, Stephen, Vol II

Westminster Choir College of Rider University, Princeton
Kosar, Anthony J., Vol II
Leaver, Robin A., Vol II

Westminster College of Salt Lake City
Davison, Alan R., Vol III
Donavin, Georgiana, Vol II

Westminster College, Fulton
Lael, Richard Lee, Vol I
Mattingly, Richard Edward, Vol IV
Southern, David Wheaton, Vol I

Westminster College, New Wilmington
Botzenhart-Viehe, Verena, Vol I
Bove, Carol Mastrangelo, Vol III
Heinz, Vira I., Vol I
Horvath, Cary W., Vol II
Macky, Nancy, Vol II
Martin, Russell, Vol I
McTaggart, William, Vol II
Mujcinovic, Fatima, Vol II
Perkins, James Ashbrook, Vol II
Pitman, Grover A., Vol II
Rennie, Bryan, Vol IV
Sprow, Richard, Vol II
Swerdlow, David G., Vol II
Turner, James Hilton, Vol III
VanDale, Robert, Vol IV

Westminster Theological Seminary, Philadelphia
Davis, Daniel Clair, Vol I, IV
Edgar, William, Vol IV
Enns, Peter, Vol III
Fuller, George Cain, Vol IV
Gaffin, Richard Birch, Jr., Vol IV
Hart, Darryl Glenn, Vol I, IV
Logan, Samuel Talbot, Jr., Vol I, IV
McCartney, Dan Gale, Vol IV
Oliphint, K. Scott, Vol IV
Ortiz, Manuel, Vol IV
Poythress, Vern S., Vol IV

Westmont College, Santa Barbara
Blackwood-Collier, Mary, Vol III
Cook, Stephan H., Vol II
Delaney, Paul, Vol II
Docter, Mary K., Vol III
Giuliano, Michael J., Vol II
Gundry, Robert H., Vol IV
Jobes, Karen H., Vol IV
Jorden, Crystal W., Vol V
Longman, Tremper, III, Vol IV
Mcentyre, Marilyn Chandler, Vol III
Meznar, Joan E., Vol I
Millen, Shirley A., Vol I
Nelson, William B., Vol I, III
Obitts, Stanley Ralph, Vol IV
Pointer, Richard W., Vol I
Robins, Marianne Ruel, Vol I
Sider, John W., Vol II
Spencer, Gregory H., Vol II
Tappy, Ron E., Vol I, III
Taylor, James, Vol IV
Vander Mey, Randall J., Vol II
Wennberg, Robert N., Vol IV
Willis, Paul J., Vol II
Wilson, Jonatan R., Vol IV

Weston Jesuit School of Theology, Cambridge
Clifford, Richard J., Vol IV
Daley, Brian Edward, Vol I, IV
Harrington, Daniel Joseph, Vol I, IV
Keenan, J. F., Vol IV
Vacek, Edward Victor, Vol IV

Wharton County Junior College
Loessin, Jonathan K., Vol V
Soderstrom, Doug, Vol V
Spellman, Paul, Vol I

Wheaton College, Norton
Anderson, Kirk, Vol III
Bloom, Alexander, Vol I
Chandra, Vipan, Vol I
Clark, Beverly Lyon, Vol II
Coale, Samuel Chase, Vol I, II
Crosby, Travis L., Vol I
Drout, Michael D. C., Vol II
Gallagher, Edward J., Vol III
Helmreich, Paul Christian, Vol I
Ladd, Rosalind Ekman, Vol IV
Letts, Janet Taylor, Vol III
Pearce, Richard, Vol II
Relihan, Joel C., Vol II, III
Sears, Elizabeth Ann, Vol I
Tomasek, Kathryn, Vol I
Walsh, Jonathan D., Vol II, III

Wheaton College, Wheaton
Allen, Henry L., Vol V
Arnold, Dean E., Vol V
Blumhofer, Edith L., Vol I, IV
Callahan, James P., Vol IV
Fletcher, David B., Vol IV
Hawthorne, Gerald F., Vol III, IV
Hein, Rolland Neal, Vol II, IV
Kay, Thomas O., Vol I
McRay, John Robert, Vol IV
Noll, Mark Allan, Vol I, IV
Ryken, Leland, Vol II
Scott, Lindy, Vol III
Ziefle, Helmut W., Vol I, III

Wheeling Jesuit University
Charles, May, Vol III
Steltenkamp, Michael F., Vol IV, V
Wack, John Theodore, Vol I

Wheelock College, Boston
Folsom, Marcia M., Vol II

Whitman College, Walla Walla
Breit, Frederick Joseph, Vol I
Davidson, Roberta, Vol II
Desmond, John F., Vol II
DiPasquale, Theresa M., Vol II
Foster, Edward E., Vol II
Hashimoto, I. Y., Vol II, III
Masteller, Richard N., Vol II
Maxfield, James F., Vol II
Mesteller, Jean C., Vol I, II, V
Pailliotet, Ann Watts, Vol II, V

Whittier College
Charbran, H. Rafael, Vol I, III
Marks, Robert B., Vol I
Ochoa, Tyler T., Vol IV
Radisich, Paula, Vol I
Reich, Peter L., Vol IV
Yocum, Glenn E., Vol IV

Whittier Law School, Costa Mesa
Rose, I. Nelson, Vol IV

Whitworth College, Spokane
Baird, Forrest, Vol IV
Bynagle, Hans Edward, Vol IV
Edwards, James, Vol IV
Graham, J. Michele, Vol IV
Hunt, James, Vol I, IV
Hunt, Linda, Vol II
Jackson, Gordon, Vol II
Migliazzo, Arlin C., Vol I
Mohrlang, Roger L., Vol IV
Palacios, Conny, Vol III
Sanford, Daniel, Vol I, IV
Sittser, Gerald L., Vol IV
Soden, Dale, Vol I
Stronks, Julia K., Vol IV
Sugano, Douglas, Vol II
Wyma, Keith D., Vol IV
Yoder, John, Vol I, IV

Wichita State University
Bennett, Tina L., Vol III
Born, John D., Jr., Vol I
Chang, Dae Hong, Vol IV
Daugherty, Sarah B., Vol II
Dooley, Patricia, Vol II, IV
Douglas, Donald Morse, Vol I
Dreifort, John E., Vol I
Duram, James C., Vol I, IV
Gaunt, Philip, Vol II
Gythiel, Anthony P., Vol I
Hawkins, Kate, Vol II
Huber, Tonya, Vol V
Huxman, Susan S., Vol II
Iorio, Sharon, Vol II
Johnson, Judith R., Vol I
Keel, Vernon, Vol IV
Kiralyfalvi, Bela, Vol II
Klunder, Willard Carl, Vol I
Konek, Carol Wolfe, Vol II, V
Lawless, Robert, Vol V
Mandt, Almer J., III, Vol IV
Merriman, Mira P., Vol I
Miner, Craig, Vol I
Murdock, Katherine, Vol II
Myers, Eunice Doman, Vol III
Quantic, Dine D., Vol II
Skaggs, Jimmy M., Vol I, IV
Smith, Patrick, Vol I
Sowards, Jesse Kelley, Vol I
Torbenson, Craig L., Vol I
Unrau, William Errol, Vol I
Williamson, Keith, Vol II, III
Woods, William Forrestere, Vol II

Widener University, Chester
Danford, Robert E., Vol II
Dernbach, John C., Vol IV
Edgette, J. Joseph, Vol V
Godsall-Myers, Jean, Vol III
LeStourgeon, Diana E., Vol II
Melzi, Robert C., Vol III
Wrobel, David M., Vol I

Widener University, Wilmington
Malinowski, Michael J., Vol IV
Ray, Douglas E., Vol IV

Wilbur Wright College North
Gans, Bruce, Vol II
Hoover, Polly, Vol II, III

Wiley College, Marshall
Miller, Telly Hugh, Vol IV

Wilfrid Laurier University, Waterloo
Boire, Gary, Vol I
Campbell, Jane, Vol II
Castricano, Jodey, Vol V
Chamberlin, John, Vol II, III
Comacchio, Cynthia, Vol I
Comensoli, Viviana, Vol II
Copp, John T., Vol I
Cristi, Renato, Vol I
DiCenzo, Maria, Vol II
Doyle, James, Vol II
Evans, Joan, Vol II
Fletcher, Judith, Vol II
Freed, Joann, Vol I
Greene, Gordon K., Vol II
Grimes, Ronald L., Vol IV
Groarke, Leo A., Vol IV
Jewinski, Edwin, Vol II
Lorimer, Douglas, Vol I
Lorimer, Joyce, Vol I
Moore, Michael, Vol II
O'Dell, Leslie, Vol II
Ross, Christopher F. J., Vol IV, V
Rummel, Erika, Vol I
Russell, Anne, Vol II
Santosuosso, Alma, Vol II
Schaus, Gerald, Vol I
Shakinovsky, Lynn, Vol II, V
Sibalis, Michael, Vol I, V
Simpson, Chris, Vol I
Smith, Rowland, Vol II
Tiessen, Paul, Vol II, V
Ty, Eleanor R., Vol II, V

Weldon, James, Vol III
Zeller, Suzanne, Vol I

Wilkes University, Wilkes-Barre
Bedford, Bonnie C., Vol II
Cox, Harold E., Vol I
Fields, Darin E., Vol II
Hupchick, Dennis P., Vol I
Lennon, J. Michael, Vol II

Willamette University, Salem
Ackerman, Robert M., Vol IV
Cameron, David L., Vol IV
Carrasco, Gilbert P., Vol IV
Griffith, Gwendolyn, Vol IV
Hagedorn, Richard B., Vol IV
Isom, Dallas W., Vol IV
Knorr, Ortwin, Vol II, III
Lucas, Robert Harold, Vol I
Nafziger, James A. R., Vol IV
Richardson, Dean M., Vol IV
Runkel, Ross R., Vol IV
Standen, Jeffery A., Vol IV
Tornquist, Leroy J., Vol IV
Vollmar, Valerie J., Vol IV

William and Catherine Booth College, Winnipeg
Jeal, Roy R., Vol IV

William Carey College, Hattiesburg
Browning, Daniel C., Vol I, IV

William Jewell College, Liberty
Garrison, Ronilue B., Vol V
Horne, Milton P., Vol IV
Kauffmann, Ruth A., Vol III
Miller, Mara, Vol I, V
Reynolds, Elaine A., Vol I

William Mitchell College of Law, St. Paul
Haydock, Roger S., Vol IV

William Paterson College of New Jersey, Wayne
Aguirre, Angela M., Vol III
Araujo, Luisa, Vol II
Chao, Paul K., Vol V
Cho, Joanne M., Vol I
Cook, Theodore F., Jr., Vol I
Edelstein, Melvin A., Vol I
Finnegan, Terence Robert, Vol I
Friquegnon, Marie, Vol IV
Glassman, Ronald, Vol V
Gonzalez, Evelyn, Vol I
Gruber, Carlos S., Vol I
Hand, Sally Nixon, Vol II
Hirstein, William, Vol IV
Keumsil, Kim Yoon, Vol III
Korgen, Kathleen, Vol V
Lesikin, Joan, Vol V
Liu, T., Vol II
Livingston, John W., Vol I
Makerec, Katherine, Vol V
Martinez, Esther M., Vol III
Meaders, Daniel, Vol I
Nalle, Sara Tilghman, Vol I
O'Donnell, Krista E., Vol I
Rabbitt, Kara, Vol III
Radford, Gary P., Vol II
Robb, George, Vol I
Rosa, William, Vol III
Rosen, Robert Charles, Vol II
Saa, Orlando, Vol III
Steinhart, Eric, Vol IV
Tirado, Isabel A., Vol I
Wertheim, Stanley Claude, Vol II
Williams, Bruce, Vol I, II, III

William Penn University, Oskaloosa
Porter, David L., Vol I, IV

William Rainey Harper College, Palatine
Johnson, Richard F., Vol II
Stone, Jerome Arthur, Vol IV

William Tyndale College, Michigan
Parrish, Stephen E., Vol IV

Williams Baptist College, Walnut Ridge
Aucoin, Brent J., Vol I
Richards, Randy, Vol IV

Williams College, Williamstown
Beaver, Donald de Blasiis, Vol I
Bell, Ilona, Vol II
Bell-Villada, Gene Harold, Vol III
Bloxam, M. Jennifer, Vol II
Brown, Michael Fobes, Vol V
Carter-Sanborn, Kristin, Vol II
Case, Alison, Vol II
Cassiday, Julie A., Vol III
Chang, Cecilia, Vol III
Christensen, Kerry A., Vol II, III
Cleghorn, Cassandra, Vol II
Desrosiers-Schott, Nicole, Vol III
Dew, Charles Burgess, Vol I
Druxes, Helga, Vol III
Dunn, Susan, Vol III
Fix, Stephen, Vol II
Frost, Peter K., Vol I
Fuqua, Charles, Vol II, III
Gagliardi, Frank M., Vol III
Gimenez, Antonio, Vol III
Goldstein, Darra, Vol III
Graver, Lawrence S., Vol II
Graver, Suzanne, Vol II
Hedreen, Guy, Vol I
Helfant, Ian M., Vol III
Ishikawa, Minako, Vol III
Johnson, Emily, Vol III
Katarzyna, Olga B., Vol III
Kennan, William R., Jr., Vol II
Kieffer, Bruce, Vol III
Kleiner, John, Vol II
Knopp, Sherron Elizabeth, Vol II, III
Kohut, Thomas A., Vol I
Kraus, Matthew A., Vol II, III
Kubler, Cornelius C., Vol I
Limon, John, Vol II
Murphy, Peter, Vol II
Newman, Gail M., Vol III
Nicastro, Anthony J., Vol III
Norton, Glyn P., Vol III
O'Connor, Daniel D., Vol IV
Oakley, Francis Christopher, Vol I
Park, Clara C., Vol II
Park, David Allen, Vol I
Pethica, James, Vol II
Roberts, Kenneth C., Jr., Vol II
Rosenheim, Shawn, Vol II
Silber, Cathy L., Vol III
Stamelman, Richard, Vol III
Suderburg, Robert, Vol II
Tracy, Patricia Juneau, Vol I
Wagner, William Gilson, Vol I
Wood, James Brian, Vol I
Yamada, Reiko, Vol III
Zilcosky, John, Vol III

Wilmington College, Wilmington
Gerritz, E. Keith, Vol V
Jones, Thomas Canby, Vol IV

Wilson College, Chambersburg
Platt, David S., Vol IV

Windward Community College
Helfand, Jody, Vol II

Winebrenner Theological Seminary, Findlay
Cecire, Robert C., Vol I, IV
Draper, David E., Vol IV
Resseguie, James L., Vol IV
Shilling, Burnette P., Vol IV

Wingate University
Cannon, Keith, Vol II
Doak, Robert, Vol II
Schuhl, Mark, Vol III
Spancer, Janet, Vol II

Winona State University
Bazillion, Richard J., Vol I
Byman, Seymour David, Vol I, IV
Carducci, Jane, Vol II
Cowgill, Kent, Vol II
Gerlach, Jerry, Vol I
Grawe, Paul H., Vol II
Hayes, Douglas W., Vol II
Meeker, Michael W., Vol II
Nichols, Ann, Vol III
Nichols, James, Vol II
Schmidt, Greg, Vol I

Winston-Salem State University
Cook, Sharon, Vol V
Sadler, Wilbert L., Jr., Vol V
Scales, Manderline Elizabeth, Vol III
Wall, Rebecca A., Vol II

Winterthur Museum
Smith, James Morton, Vol I

Winthrop University, Rock Hill
Click, J. William, Vol II
Craighead, Houston Archer, Vol IV
Fortner-Wood, Cheryl, Vol V
Friedman, Donald F., Vol III
Green, Ronald K., Vol V
Haynes, Edward S., Vol I
Marx, Jonathan I., Vol V
Morgan, Thomas Sellers, Vol I
Silverman, Jason H., Vol I
Viault, Birdsall Scrymser, Vol I
Webb, Ross Allan, Vol I
Woods, Jeannie Marlin, Vol II

Wittenberg University, Springfield
Ashworth, Suzanne M., Vol II
Celms, Peter, Vol I
Chatfield, E. Charles, Vol I
Copeland, Warren R., Vol IV
Davis, Robert Leigh, Vol II, V
Dixon, Mimi S., Vol II
Faber, J. Arthur, Vol II
Huffman, James Lamar, Vol I
Inboden, Robin L., Vol II
Jones, Mary Ellen, Vol II
Kaminski, Patricia, Vol V
Lenz, Ralph D., Vol I
Levy, Robert J., Vol IV
Millen, Rochelle L., Vol IV
Nelson, Paul T., Vol IV
O'Connor, Joseph E., Vol I
Ortquist, Richard Theodore, Vol I
Otten, Terry Ralph, Vol II
Swanger, Eugene R., Vol IV
Taylor, Thomas Templeton, Vol I
Veler, Richard, Vol II
Wolf, Herbert Christian, Vol IV

Wofford College, Spartanburg
Bullard, John Moore, Vol II, IV
Keller, James Albert, Vol IV
Michelman, Stephen A., Vol IV

Racine, Philip N., Vol I

Worcester Polytechnic Institute, Worcester
Dollenmayer, David Bristol, Vol II, III
Dunn, Patrick Peter, Vol I
Gottlieb, Roger Samuel, Vol IV
Hansen, Peter H., Vol I
Janack, Marianne, Vol IV
Ljungquist, Kent Paul, Vol II
Manfra, Jo Ann, Vol I, IV
Menides, Laura J., Vol II
Merithew, Charlene L., Vol III
Saeed, Khalid, Vol IV
Shannon, Thomas A., Vol IV
Sokal, Michael Mark, Vol I

Worcester State College, Worcester
Allard, M. June, Vol V
Shea, Ann Marie, Vol II
Shea, Emmett A., Vol I, IV

Wright Institute, Berkeley
Kupers, Terry, Vol V

Wright State University, Dayton
Amos, Oris Elizabeth Carter, Vol V
Arbagi, Martin George, Vol I
Barr, David Lawrence, Vol I, IV
Cary, Cecile Williamson, Vol II
Dobson, Frank, Vol II
Dorn, Jacob Henry, Vol I
Gaines, Elliot I., Vol II
Garrison, David Lee, Vol III
Griffin, Paul R., Vol I
Guthrie, James Robert, Vol II
Horn, Pierre Laurence, Vol III
Howard, Lillie Pearl, Vol II
Hussman, Lawrence, Vol II
Hye, Allen Edward, Vol III
Maner, Martin, Vol II
Petreman, David A., Vol III
Sammons, Martha Cragoe, Vol II
Yuan, Tsing, Vol I

Wright State University, Lake Campus
Molitierno, Arthur, Vol II

Wytheville Community College
Jones, Dan Curtis, Vol II

Xavier University of Louisiana, New Orleans
Bonner, Thomas, Jr., Vol II
Collins, Richard W., Vol II
Mace, Carroll E., Vol III
Skinner, Robert Earle, Vol II

Xavier University, Cincinnati
Bracken, J. A., Vol IV
Cueva, Edmund, Vol II, III
Finkelstein, Norman Mark, Vol II
Fontana, Ernest L., Vol II
Giblin, Marie J., Vol IV
Knitter, Paul Francis, Vol IV
Larocca, John Joseph, Vol I
Oppenheim, Frank M., Vol IV
Simon, Paul L., Vol I
Smythe, Kathleen, Vol I
Traub, George William, Vol II, IV
Welton, William A., Vol IV

Yakima Valley Community College
Fike, Lawrence Udell, Jr., Vol IV
Newbill, James, Vol I

Yale University, New Haven
Adams, Marilyn M., Vol I, IV
Adams, Robert Merrihew, Vol IV
Amanat, Abbas, Vol I
Anderson, Michael John, Vol II, III
Avram, Wesley D., Vol II
Bartlett, Beatrice S., Vol I
Bers, Victor, Vol II, III
Blatt, Sidney Jules, Vol V
Blodgett, Barbara, Vol IV
Bloom, Harold, Vol II
Bond, Gilbert I., Vol IV
Breyer, Stephen Gerald, Vol IV
Brisman, Leslie, Vol II
Bromwich, David, Vol II
Brooks, Peter Preston, Vol III
Burt, Robert Amsterdam, Vol IV
Butler, Jon, Vol I
Carby, Hazel V., Vol I
Chang, Kang-I S., Vol II, III
Childs, Brevard Springs, Vol IV
Cott, Nancy Falik, Vol I
Davis, David Brion, Vol I
de Bretteville, Sheila Levrant, Vol I
Deresiewicz, William, Vol II
Dillon, Michele, Vol V
Dimock, Wai Chee, Vol II
Dittes, James Edward, Vol IV, V
Duke, Steven Barry, Vol IV
Ellickson, Robert Chester, Vol IV
Erlich, Victor, Vol III
Faragher, John Mack, Vol I
Farley, Margaret Ann, Vol IV
Fink, Hilary L., Vol III
Fiss, Owen M., Vol IV
Forte, Allen, Vol II, V
Foster, Benjamin Read, Vol I
Fraade, Steven D., Vol IV
Freeman, Joanne B., Vol I
French, Richard Frederic, Vol II, V
Gaddis, John Lewis, Vol I
Gaylin, Ann E. E., Vol III
Goldstein, Abraham Samuel, Vol IV
Graetz, Michael J., Vol IV
Griffith, Ezra, Vol I
Harries, Karsten, Vol IV
Hayden, Dolores, Vol I
Hersey, George Leonard, Vol I
Insler, Stanley, Vol III
Jackson, K. David, Vol III
Jackson, Robert Louis, Vol III
Jansson, Maija, Vol I
Kavanagh, Aidan, Vol IV
Kazemzadeh, Firuz, Vol I
Keck, Leander E., Vol IV
Krasner, David, Vol II
Lamar, Howard Roberts, Vol I
Lawler, Traugott, Vol II
Lewis, Perciles, Vol II
Macmullen, Ramsay, Vol I
Marcus, Ruth Borcan, Vol IV
Martin, Samuel Elmo, Vol III
Martz, Louis Lohr, Vol II
Mazzotta, Giuseppe F., Vol III
McGuire, William J., Vol V
Meeks, Wayne Atherton, Vol IV
Merriman, John M., Vol I
Metlitzki, Dorothee, Vol II
Minkema, Kenneth P., Vol I
Nelihaus, Tobin, Vol II
Outka, Gene Harold, Vol IV
Parks, Stephen Robert, Vol II
Perlis, Vivian, Vol I, II
Peterson, Linda H., Vol II
Pollitt, Jerome J., Vol I, III
Porter, Charles Allen, Vol III
Prown, Jules D., Vol I
Reisman, W. Michael, Vol IV
Robinson, Fred C., Vol II, III
Rose-Ackerman, Susan, Vol IV
Sammons, Jeffrey Leonard, Vol III
Sanneh, Lamin, Vol I
Schoolfield, George C., Vol III
Schuck, Peter H., Vol IV
Schwartz, Stuart, Vol I
Smith, John Edwin, Vol IV
Spence, Jonathan Dermot, Vol I
Stepto, Robert Burns, Vol II
Sternberg, Robert, Vol V
Stimson, Hugh McBirney, Vol III
Stith-Cabranes, Kate, Vol IV
Stoll, Steven, Vol I
Stout, Harry S., Vol I
Thomas, Gerald Eustis, Vol I

Thompson, Robert Farris, Vol I
Tirro, Frank Pascale, Vol II
Trachtenberg, Alan, Vol I, II
Turner, Frank Miller, Vol I
Turner, Henry Ashby, Jr., Vol I
Valesio, Paolo, Vol II
Venclova, Tomas Andrius, Vol III
Waldstreicher, David L., Vol I
Wallerstein, Immanuel, Vol V
Wandycz, Piotr Stefan, Vol I
Weber, Michael, Vol IV
Weinstein, Stanley, Vol I, IV
Welsh, Alexander, Vol II
Wheeler, Stanton, Vol IV, V
Whitaker, Thomas Russell, Vol II
Willis, Patricia Cannon, Vol II
Winks, Robin William Evert, Vol I
Winroth, Anders, Vol I
Wood, Rega, Vol IV
Yeazell, Ruth Bernard, Vol II
Zigler, Edward, Vol V

Yavapai College, Prescott
Reisdorfer, Kathryn, Vol I

Yeshiva University, Bronx
Bleich, J. David, Vol IV
Brickman, Lester, Vol IV
Cunningham, L. A., Vol IV
de Grazia, Edward, Vol II, IV
Feldman, Louis H., Vol II, III
Fishman, Joshua Aaron, Vol III
Haahr, Joan Gluckauf, Vol II
Halberstam, Malvina, Vol IV
Jacobson, Arthur J., Vol IV
Kra, Pauline, Vol III
Lamm, Norman, Vol IV
Lee, William L., Vol II
Neaman, Judith S., Vol II
Price, Monroe E., Vol IV
Rosenfeld, Michel, Vol IV
Rudenstine, David, Vol IV
Schneider, Mareleyn, Vol V
Schneider, Samuel, Vol IV
Schroeder, Jeanne L., Vol IV
Schwartz, William, Vol IV
Shapiro, Scott J., Vol IV
Silver, Carole Greta, Vol II
Steiner, Richard C., Vol III
Tillers, Peter, Vol IV
Weidhorn, Manfred, Vol II
Weisberg, Richard H., Vol IV
Weisberg, Richard H., Vol IV
Wishart, Lynn, Vol IV
Wurzburger, Walter S., Vol IV
Zimmerman, Josh, Vol I

York College of Pennsylvania
Abudu, Gabriel, Vol II
Barr, Jeanine R., Vol II
Diener, Paul W., Vol IV
Jones, Edward T., Vol II
McGhee, James, Vol II
McKulik, Ben, Vol III
Medina, Cindy, Vol III
Siegel, Gerald, Vol II
Vause, Deborah, Vol II
Wessley, Stephen Eugene, Vol I

York College of The City University of New York, Jamaica
Baruch, Elaine Hoffman, Vol II, V
Boyer, Marjorie Nice, Vol I
Kramer-Hellinx, Nechama, Vol III
Rosenthal, Beth, Vol V
Seitz, Jay, Vol V

York College, Nebraska
Wheeler, Kathleen B., Vol V

York University, North York
Adelman, Howard, Vol IV
Adolph, Robert, Vol II
Armstrong, Pat, Vol I
Black, Naomi, Vol I, IV
Brown, Michael G., Vol III
Carpenter, Carole, Vol V
Cohen, Derek M., Vol II
Collie, Michael J., Vol I, II
Corbett, Noel L., Vol III
Cotnam, Jacques, Vol III
Doob, Penelope, Vol II
Edmondson, Jonathan C., Vol I
Ehrlich, Carl S., Vol III
Embleton, Sheila, Vol II, III
Endicott, Stephen L., Vol I
Ernst, Joseph Albert, Vol I
Faas, Ekbert, Vol II
Feltes, Norman Nicholas, Vol II
Gentles, Ian, Vol I
Godard, Barbara J., Vol II
Granatstein, Jack L., Vol I
Gray, Patrick T. R., Vol IV
Gregory, Michael J. P., Vol II
Harris, Henry Silton, Vol IV
Heller, Deborah, Vol II
Herren, Michael W., Vol I, II
Hornstein, Shelley, Vol I
Innes, Christopher, Vol II
Jackman, Henry, Vol IV
Jarrell, Richard A., Vol I
Jarvie, Ian Charles, Vol IV, V
Kater, Michael H., Vol I
Kolko, Gabriel, Vol I
Kuin, Roger, Vol II
Lary, Nikita, Vol II
Lawee, Eric J., Vol IV
Le Goff, T. J. A., Vol I
Lennox, John W., Vol II
Lightman, Bernard V., Vol I
Lovejoy, Paul E., Vol I
Maidman, Maynard Paul, Vol I, IV
Mason, Steve, Vol I, IV
Nelles, Henry V., Vol I
Paper, Jordan, Vol I, IV
Parry, Hugh, Vol II, III
Rowland, Beryl, Vol II
Sabiston, Elizabeth, Vol II
Thomas, Clara M., Vol II
Unrau, John, Vol II
Valihora, Karen, Vol II
Waddington, Miriam, Vol II
Woods, Joseph Michael, Vol I
Zemans, Joyce P., Vol I

Youngstown State University, Youngstown
Attardo, Salvatore, Vol III
Bache, Christopher Martin, Vol IV
Berger, Martin Edgar, Vol I
Blue, Frederick J., Vol I
Bowers, Bege K., Vol II
Brown, Steven, Vol II
Friedman, Saul S., Vol I, V
Harrison, W. Dale, Vol II
Issac, Megan, Vol II
Leck, Glorianne Mae, Vol IV
Minogue, Brendan Patrick, Vol IV
Satre, Lowell Joseph, Vol I
Shale, Rick, Vol II, V
Shipka, Thomas A., Vol IV
Viehmeyer, L. Allen, Vol III

Geographic Index

ALABAMA

Athens
Joiner, Harry M., Vol I
Laubenthal, Penne J., Vol II

Auburn
Backscheider, Paula R., Vol II
Beil, Richard O., Vol IV
Bolton, Jonathan W., Vol II
Bond, Gordon Crews, Vol I
Burson, Herbert I., Vol V
Cameron, Mary M., Vol V
Cashwell, Susan T., Vol V
Cesarz, Gary, Vol IV
Elfstrom, Gerard, Vol IV
Flynt, J. Wayne, Vol I
Gabhart, Mitchell, Vol IV
Gerber, Larry G., Vol I
Goldstein, R. James, Vol II
Gramberg, Anne-Katrin, Vol III
Haney, David P., Vol II
Harrell, David E., Vol I
Hitchcock, Walter B., Vol II
Jardine, Murray D., Vol IV
Jiang, Nan, Vol II
Katz, Jeffrey S., Vol V
Kicklighter, Joseph Allen, Vol I
Lewis, Walter David, Vol I
Long, Roderick T., Vol IV
Melancon, Michael S., Vol I
Mitrevski, George G., Vol III
Morrow, Patrick D., Vol II
Nadar, Thomas R., Vol III
Newton, Wesley Phillips, Vol I
Noe, Kenneth W., Vol I
Nunnally, Thomas E., Vol II, III
O'Leary, Virginia, Vol V
Penaskovic, Richard, Vol IV
Raby, Michel J., Vol III
Sabino, Robin, Vol III
Seroka, James H., Vol IV
Spencer, Samia I., Vol III
Starr, Paul D., Vol V
Straiton, T. Harmon, Jr., Vol II
Vazsonyi, Alexander T., Vol V
Vuchinich, Rudolph E., Vol V
Weigel, Robert G., Vol II
White, Stephen W., Vol IV
Williams, Lynn Barstis, Vol I, III
Wilson, David, Vol V
Wright, Thomas L., Vol II

Birmingham
Allen, Lee Norcross, Vol I
Allgood, Myralyn Frizzelle, Vol III
Arnold, Scott, Vol IV
Bach, Rebecca Ann, Vol II
Baker, Beverly Poole, Vol IV
Baker, Tracey, Vol II
Benditt, Theodore Matthew, Vol IV
Bodon, Jean, Vol II
Bray, Gerald L., Vol IV
Brown, James Seay, Jr., Vol I
Brown, John Andrew, Vol V
Brown, Thomas H., Vol II
Carter, William Causey, Vol III
Chapman, David W., Vol II
Conley, Carolyn, Vol I
Cowan, S. B., Vol IV
Davis, Jack E., Vol I
Day, J. Norfleete, Vol IV
Drees, Hajo, Vol III
Fitzptrick, Kevin Michael, Vol V
Fournier, Eric J., Vol I
Fraley, David, Vol I
Frost, Ginger S., Vol I
Frost, Linda Anne, Vol II
Gamble, James D., Vol II
Glosecki, Stephen O., Vol I
Graham, George, Vol IV
Grimes, Kyle, Vol II
Haarbauer, Don Ward, Vol I, II
Hamilton, Virginia V., Vol I
Hendley, Steve, Vol IV
Hickson, Mark, Vol II
Hines, Thomas Moore, Vol III
Huddle, Thomas S., Vol I
Hull, William E., Vol IV
Humpreys, Fisher H., Vol IV
Hutchings, William, Vol II
James, Frank Samuel, III, Vol IV
Jeffreys, Mark, Vol II
Johnson, Leroy, Vol V
Kemp, Theresa D., Vol II
Kurata, Marilyn J., Vol II
Langum, David J., Vol IV
Leffel, Katherine, Vol III
Litch, Mary, Vol IV
Long, Ada, Vol II, V
Long, Sheri Spaine, Vol III
Lueschen, Guenther, Vol V
Martin, Dellita Lillian, Vol III
Martin-Ogunsola, Dellita Lillian, Vol III
Mayfield, John R., Vol I, II
Mcwilliams, Tennant S., Vol I
Neiva, Eduardo, Vol II
Pence, Gregory E., Vol IV
Person, Leland S., Vol II
Price, Marjorie S., Vol IV
Quinlan, Kieran, Vol II
Raabe, William A., Vol IV
Rachels, James, Vol IV
Rikard, Marlene Hunt, Vol I
Smitherman, Carole, Vol IV
Spector, Daniel E., Vol I
Stephens, Lynn, Vol IV
Strickland, Henry C., Vol IV
Stutts, Deborah A., Vol IV
Sullivan, Sherry A., Vol II
Taub, Edward, Vol V
Taylor, Christopher C., Vol V
Valentine, P. V., Vol V
Ward, Dorothy Cox, Vol III
Wharton, Lawrence, Vol II
Whitaker, Elaine E., Vol II
Wilson, Donald E., Vol I, IV

Brewton
Reynolds, Mark, Vol II

Cullman
Nelson, Lonnie R., Vol IV

Decatur
Blalock, Carmen Fountain, Vol V

Dothan
Wise, Philip D., Vol IV

Florence
Christy, T. Craig, Vol III
Johnson, Jean L., Vol II
Osborne, Thomas R., Vol I
Smith, Ronald E., Vol II
Wakefield, John F., Vol V

Greensboro
Massey, James Earl, Vol IV

Gulf Shores
Camp, Helen C., Vol I

Huntsville
Baird, Bruce C., Vol I
Boucher, Philip P., Vol I
Burton, Keith, Vol IV
Dunar, Andrew J., Vol I
Ellis, Jack D., Vol I
Gerberding, Richard A., Vol I
Hull, Henry Lane, Vol I
Lacy, Hugh Gale, Vol IV
Maier, Linda, Vol II, III
Martin, Virginia, Vol I
Mcbane, John Spencer, Vol II
Reaves, Benjamin Franklin, Vol V
Shields, Johanna Nicol, Vol I
Waring, Stephen P., Vol I
White, John Charles, Vol I
Williams, Lee Erskine, II, Vol I

Jacksonville
Blain, Nancy Marie, Vol III
Caldwell, Ronald James, Vol I
Felgar, Robert, Vol II
Hollis, Daniel W., Vol I
Jones, John H., Vol II
Koerper, Phillip Eldon, Vol I
Lemmons, Russell, Vol I

Lanett
Stone, Karen, Vol I

Livingston
Pate, James Paul, Vol I
Smith, Louis R., Vol V

Loachapoka
Schafer, Elizabeth D., Vol I

Marion
Comer, John, Vol IV, V

Maxwell AFB
Kline, John A., Vol II

Mobile
Berry, Donald K., Vol IV
Brown, Richmond F., Vol I
Dendinger, Lloyd N., Vol II
Fogleman, Aaron S., Vol I
Gilmore, George Barnes, Vol IV
Harrison, Patricia G., Vol I
Holmes, Larry E., Vol I
Jones, Calvin N., Vol III
Lally, Tim Douglas Patrick, Vol III
Mahan, Howard F., Vol I, IV
McDevitt, Anthony, Vol IV
McKiven, Henry M., Jr., Vol I
McPeak, Judith L., Vol II
Mohr, Clarence L., Vol I
Monheit, Michael L., Vol I
Oszuscik, Philippe, Vol I
Rogers, Daniel E., Vol I
Sauer, David K., Vol II
Taylor, Sarah E., Vol I
White, James P., Vol II

Montevallo
Conway, Glenda, Vol II
Fuller, Justin, Vol I
Hall, John, Vol III
Hughes, Elaine W., Vol II
McCaw, R. John, Vol III
McGeever, Kathleen, Vol II
Morgan, David Taft, Vol I
Truss, Ruth Smith, Vol I

Montgomery
Aleinikov, Andrei G., Vol III
Bell, Katie Roberson, Vol V
Bibb, T. Clifford, Vol II
Brackett, Kimberly P., Vol V
Bryson, Ralph J., Vol II
Cheatham, Carl W., Vol I, IV
Conley, Charles S., Vol IV
Crowley, Joseph P., Vol II
Depas-Orange, Ann, Vol II
Ely, Robert Eugene, Vol II
Evans, Robert C., Vol II
Fitzsimmons, Michael P., Vol I
Futrell, Robert Frank, Vol I
Gish, Steven D., Vol I
Gribben, Alan, Vol II, IV
Harris, Sandra M., Vol V
Harris, Willa Bing, Vol V
Hicks, L. Edward, Vol I
Little, Anne Colclough, Vol II
Michael, Marion C., Vol II
Moore, Nathan, Vol II
Newton, Merlin Owen, Vol I
Pace, Kay Robertine, Vol II
Salyer, Gregory, Vol II, IV
Simmons, Michael, Vol I
Stanley, Kathryn Velma, Vol IV
Stephens, Margaret Holler, Vol II
Sumner, Gordon H., Vol III
Thurber, Karl T., Vol V
Westhauser, Karl E., Vol I
Willis, Susan, Vol II
Wood, Walter Kirk, Vol I
Wyss, Hilary W., Vol I, II

Muscle Shoals
England, Robert, Vol I
Stone, Ruth J., Vol V

New Market
Hawkins, Ralph K., Vol IV

Normal
Browne, Stanley M., Vol IV
Fennessee, W. T., Vol V
Jeter, Joseph, Vol II
Kearns, Nancy, Vol II
Rice, Horace Warren, Vol IV
Taylor, Gene Fred, Vol IV
Wilson, Patricia I., Vol V

Selma
Garcia, William Burres, Vol II, V

Talladega
White, John D., Vol II, IV

Troy
Stewart, Henry R., Jr., Vol II

Tuscaloosa
Alter, Torin, Vol IV
Andreen, William L., Vol IV
Baker, Donald W., Vol IV
Beeler, John F., Vol I
Beito, David T., Vol I
Bindon, James R., Vol V
Boles, David B., Vol V
Brewbaker, William S., III, Vol IV
Bucy, Pamela H., Vol IV
Burke, John J., Jr, Vol II
Clayton, Lawrence A., Vol I
Fair, Bryan K., Vol IV
Freyer, Tony Allan, Vol I, IV
Gamble, Charles W., Vol IV
Harris, Thomas E., Vol II
Hestevoid, H. Scott, Vol IV
Hoff, Timothy, Vol IV
Johnson, Rhoda E., Vol V
Lockett, James, Vol IV
Martone, Michael, Vol II
McDonald, Forrest, Vol I
Mendle, Michael J., Vol I
Monk, Dennis C., Vol II
Morgan, Martha, Vol IV
Oths, Kathryn S., Vol V
Otteson, James R., Vol IV
Picone, Michael D., Vol III
Pierman, Carol J., Vol V
Rable, George Calvin, Vol I
Rachels, Stuart, Vol IV
Randall, Kenneth C., Vol IV
Randall, Susan Lyons, Vol IV
Rawlings, Wendy Mai, Vol II
Salem, James M., Vol I
Shabazz, Amilear, Vol I
Shiau, Wendy, Vol II
Sigler, Robert T., Vol IV
Tripp, Bernell E., Vol II
Ulmer, William A., Vol II
Ultee, Maarten, Vol I
Watkins, John C., Vol IV
Webster, Gerald R., Vol I
Wiggins, Sarah W., Vol I
Winston, Mathew, Vol II
Zapf, Patricia A., Vol V
Zupancic, Metka, Vol III

Tuskegee
Baker, Barbara A., Vol II
Lewis, Meharry Hubbard, Vol V

Tuskegee Institute
Robinson, Ella S., Vol I, II

University
Badger, Reid, Vol I
Doster, James Fletcher, Vol I
Jones, Howard, Vol I
Latimer, Dan Raymond, Vol II, III
Weinberger, Leon Judah, Vol IV

Vestavia Hills
McCarl, Mary Rhinelander, Vol I

Waverly
Dodge, Timothy, Vol I, II

ALASKA

Anchorage
Andes, Nancy, Vol V
Babb, Genie, Vol II
Barry, Marilyn H., Vol II
Boisclair, Regina A., Vol IV
Crosman, Robert, Vol II
Ducker, James H., Vol I
Evans, Mei Mei, Vol II
Haley, Michael, Vol III
Haycox, Steve, Vol I
Katasse, Conny, Vol II
Kline, Daniel, Vol II
Linton, Patricia, Vol II
Liszka, James, Vol IV
Moore, Judith, Vol II
Mtika, Mike M., Vol V
Patterson, Becky H., Vol IV
Widdicombe, Richard Toby, Vol II

Fairbanks
Cole, Terrence M., Vol I
Cooper, G. Burns, Vol II
Cornwall, Peter G., Vol I
Falk, Marvin W., Vol I
Geist, Charles R., Vol V
Gold, Carol, Vol I
Hunt, William Raymond, Vol I
Irwin, Robert, Vol I
Jonaitis, Aldona, Vol I
Krauss, Michael, Vol III
Mamoon, Trina, Vol III
Mangusso, Mary C., Vol I
Naske, Claus M., Vol I
Pierce, Richard A., Vol I
Riccio, Tom, Vol II
Strohmaier, Mahla, Vol II
Whitehead, John S., Vol I

ARIZONA

Avondale
SantaVicca, Edmund F., Vol II

Chandler
Sullivan, Deborah A., Vol V

Flagstaff
Bacon, Roger L., Vol II
Boles, Lawrence H., Jr., Vol I
Brown, Alison L., Vol IV
Cox, Joseph W., Vol I, V
Cunningham, Keith K., Vol V
Dutton, Paul V., Vol I
Enders, Victoria L., Vol V
Gantt, Barbara N., Vol III
Hall, P. W., Vol II, IV
Hassing, Arne, Vol I, IV
Hinsley, Curtis M., Vol I
Hood, Edward, Vol III
Kitterman, David Harold, Vol I
Kyte, George Wallace, Vol I
Lubick, George Michael, Vol I
Mahmoudi, Kooros M., Vol V
Mcfarlane, Larry Allan, Vol I
Mihesuah, Devon Abbott, Vol I
Perry, Barbara, Vol IV
Poen, Monte Mac, Vol I
Rogers, Richard A., Vol II
Rosales, Elisa, Vol II
Sexton, James D., Vol V
Wallace, Andrew, Vol I
Westerlund, John S., Vol I
White, Edward Michael, Vol II
Willeto, Agela A., Vol V
Yowell, Robert L., Vol II

Glendale
Brandt-Williams, Ann, Vol V
Christie, Alice, Vol V
Cutrer, Thomas W., Vol I
Diaz-Lefebvre, Rene, Vol V
Griggs, John W., Vol I, III
Hay, M. Victoria, Vol II
Jenkins, Carol A., Vol V
Kumayama, Akihisa, Vol III
Levy, Emanuel, Vol II, V
Peters, Issa, Vol I
Stage, Sarah J., Vol V
Wosinska, Wilhelmina, Vol V

Gold Canyon
Vallicella, William F., Vol IV

Hope
Ramsay, Carol, Vol V

Malvern
Schultz, Marvin, Vol I

Mesa
Bilodeau, Brenda, Vol II

Phoenix
Benjamin, Don C., Jr., Vol IV
Corrigan, John, Vol I, IV
Doyel, D., Vol V
Fuchs, Rachel G., Vol I
Goff, John S., Vol I
Larkin, Ernest Eldon, Vol IV
Pritchard, Susan V., Vol II
Richardson, Don, Vol II
Roma-Deeley, Lois, Vol II
Young, John Terry, Vol IV

Prescott
Reeves, Albert Compton, Vol I
Reisdorfer, Kathryn, Vol I

Scottsdale
Boyer, Jay M., Vol II
Bruhn, John Glyndon, Vol V
Farwell, Tricia M., Vol II
Topel, Bernadette, Vol IV

Sierra Vista
Madril, Jim, Vol V

Sun City
Lapsley, James N., Vol IV

Surprise
Nelson, Stanley A., Vol IV

Tempe
Adelson, Roger, Vol I
Alisky, Marvin Howard, Vol II
Allen, Craig Mitchell, Vol II
Askland, Andrew, Vol IV
Ball, Terence, Vol IV
Barnes, Andrew E., Vol I
Batalden, Stephen Kalmar, Vol I
Bender, Bert, Vol II
Bivona, Daniel E., Vol II
Bjork, Robert E., Vol II
Brandt, Beverly K., Vol I
Burg, B. R., Vol I
Carney, James Donald, Vol IV
Chambers, Anthony Hood, Vol II
Clinton, Robert N., Vol IV
Codell, Julie, Vol I
Cogley, Timothy W., Vol IV
Cole, George L., Vol III
Colina, Sonia, Vol III
Conrad, Cheryl D., Vol V
Coudert, Allison P., Vol I
Croft, Lee B., Vol III
Curran, Mark Joseph, Vol III
Dagger, Richard K., Vol IV
Davis, Thomas Joseph, Vol I
de Jesus, Melinda L., Vol I
de Marneffe, Peter L., Vol IV
Eachron, Ann Mac, Vol V
Fisher, Marvin, Vol I
Foard, James Harlan, Vol IV
Foster, David W., Vol III, V
French, Peter A., Vol IV
Fullinwider, S. Pendleton, Vol I
Giffin, Frederick Charles, Vol I
Goggin, Maureen Daly, Vol II
Gratton, Brian, Vol I
Gray, Susan E., Vol I
Gruzinska, Aleksandra, Vol III
Guntermann, Gail, Vol III
Harris, Mark, Vol II
Harris, Walter, Jr., Vol V
Hegmon, Michelle, Vol V
Helms, Randel, Vol II
Horan, Elizabeth R., Vol II, III
Horwath, Peter, Vol III
Hudak, Thomas John, Vol V
Johanson, Donald C., Vol V
Johnson, John M., Vol IV
Jones, Owen D., Vol IV
Kahn, B. Winston, Vol I
Karjala, Dennis S., Vol IV
Kehl, Delmar George, Vol II
Kintigh, Keith W., Vol V
Kleinfeld, Gerald R., Vol I
Kronenfeld, Jennie Jacobs, Vol V
Kuby, Michael, Vol I
Laner, Mary Riege, Vol V
Lavrin, Asuncion, Vol I
Lightfoot, Marjorie Jean, Vol II
Losse, Deborah N., Vol III
Luckingham, Bradford Franklin, Vol I
Luecken, Linda, Vol V
Luey, Beth Edelmann, Vol II
MacCoull, Leslie, Vol II, III, IV
Mackinnon, Stephen Robert, Vol I
Mahoney, Dhira B., Vol II
McBeath, Michael K., Vol V
Moppett, Samantha A., Vol IV
Ney, James Walter, Vol II, III
Nilsen, Alleen Pace, Vol III, V
Nilsen, Don Lee Fred, Vol III
Norton, Kay, Vol II
Park-Fuller, Linda M., Vol II
Pasqualetti, Martin J., Vol I
Pedrick, Willard Hiram, Vol IV
Rees, Ellen R., Vol I
Reynolds, Steven L., Vol IV
Richard, Thelma Shinn, Vol II
Rockwell, Susan L., Vol II
Roen, Duane, Vol II
Russo, Nancy Felipe, Vol V
Samuelson, Hava Tirosh, Vol IV
Santos, Manuel S., Vol IV
Savard, Jeannine, Vol II
Schroeder, Milton R., Vol IV
Senner, Wayne, Vol III
Sensibar, Judith L., Vol II
Sierra-Maldonado, Rodrigo, Vol I
Simon, Sheldon W., Vol IV
Steadman, Lyle B., Vol V
Suwarno, Peter, Vol III
Tambs, Lewis, Vol I
Teson, Fernando R., Vol IV
Thompson, Victoria E., Vol I
Thornton, S. A., Vol I
Tillman, Hoyt Cleveland, Vol I
Tompkins, Cynthia Margarita, Vol II
Trennert, Robert Anthony, Vol I
Tucker, Bonnie, Vol IV
van Gelderen, Elly, Vol II
VanderMeer, Philip, Vol I
Volek, Emil, Vol III
Walker, Stephen G., Vol IV
Warnicke, Retha Marvine, Vol I
Warren, Morrison Fulbright, Vol V
Warren-Findley, Janelle, Vol I
Wentz, Richard E., Vol IV
Wetsel, William David, Vol III
White, Michael J., Vol IV
White, Patricia D., Vol IV
Williams, Philip F. C., Vol II, III
Wilson, Jeffrey R., Vol IV
Winkelman, Michael, Vol V
Wong, Timothy C., Vol II, III
Youm, K. H., Vol II
Young, Otis E., Vol I

Tucson
Adamec, Ludwig W., Vol I
Adamson, Hugh Douglas, Vol III
Aiken, Susan Hardy, Vol II
Alonso, Ana Maria, Vol V
Austin, J. Norman, Vol II, III
Bechtel, Robert, Vol V
Berkhout, Carl T., Vol II
Bernstein, Gail Lee, Vol I
Bollong, Charles A., Vol V
Bowen, Roger, Vol II
Burgoon, Judee, Vol II
Canfield, J. Douglas, Vol II
Carter, Paul Allen, Vol I
Chandola, Anoop C., Vol III
Chisholm, David, Vol III
Clark, L. D., Vol II
Clarke, James W., Vol IV
Classen, Albrecht, Vol I, III
Coan, Richard W., Vol V
Cosgrove, Richard A., Vol I
Croissant, Jennifer L., Vol V
Dahood, Roger, Vol II
Darling, Linda T., Vol I
Dellinger, Mary Ann, Vol III
Demers, Richard Arthur, Vol III
Dever, William Gwinn, Vol I
Dinnerstein, Leonard, Vol I
Dinnerstein, Myra, Vol V
Dobbs, Dan Byron, Vol IV
Dryden, Edgar A., Vol II
Eaton, Richard Maxwell, Vol I
Eisner, Sigmund, Vol II
Fishback, Price Vanmeter, Vol IV
Fontana, Bernard Lee, Vol I
Fuchs, Esther, Vol III
Gamal, Adel Sulaiman, Vol III
Gibbs, David N., Vol IV
Glisky, Elizabeth Louise, Vol V
Goldman, Alvin I., Vol IV
Gonzales, Gail, Vol V
Gonzalez, Norma E., Vol V
Guy, Donna Jay, Vol I
Hammond, Michael, Vol III
Hilpert, Bruce, Vol V
Hogle, Jerrold Edwin, Vol II
Inman, Billie Andrew, Vol II
Iserson, Kenneth V., Vol IV
Ismael, Jenann, Vol IV
Johnson, Harold Benjamin, Vol I
Kellogg, Frederick, Vol I
Kiefer, Frederick P., Vol II
Kinkade, Richard Paisley, Vol III
Kolodny, Annette, Vol II, V
Kosta, Barbara, Vol III
Kovach, Thomas A., Vol III
Kunnie, Julian, Vol I
Langendoen, Terence, Vol III
Le Hir, Marie-Pierre, Vol III
Liu, Jun, Vol III
Longacre, William A., II, Vol V
Lord-Maes, Janiece, Vol V
Luna, Eileen, Vol I
Maloney, J. Christoper, Vol IV
Martinez, Oscar J., Vol I
Martinson, Steven D., Vol III
Mcelroy, John Harmon, Vol II
McPherson, Miller, Vol V
Medine, Peter Ernest, Vol II
Mills, John Arvin, Vol II
Nakhai, Beth Alpert, Vol I, IV
Nichols, Roger L., Vol I
Parezo, Nancy Jean, Vol V
Pinnington, Noel J., Vol III
Pollock, John Leslie, Vol IV
Rivero, Eliana Suarez, Vol III
Romer, F. E., Vol II, III
Rowe, David C., Vol V
Sanchez, Mary Ann M., Vol V
Schaller, Michael, Vol I
Schiffer, Michael B., Vol V
Schneidau, Herbert N., Vol II
Schulz, Renate A., Vol III, V
Shelton, Richard William, Vol II
Smith, Charles, Vol I
Sokel, Walter H., Vol III
Sterckx, Roel, Vol I, IV
Tabili, Laura, Vol I
Taylor, Lester D., Vol IV
Temple, Judy Nolte, Vol II
Van Steen, Gonda Aline Hector, Vol II, III
Vance, Timothy, Vol III
Veaner, Allen B., Vol II
Wearing, J. P., Vol I, II
Weekes, Ann, Vol II
Wexler, David Barry, Vol IV
White, Cynthia, Vol II, III
Wildner-Bassett, Mary E., Vol III, V
Willard, Thomas Spaulding, Vol II
Wilson, William Jerram, Vol I
Worthen, Thomas, Vol II, III
Wright, George Thaddeus, Vol II
Zegura, Elizabeth Chesney, Vol II, III

ARKANSAS

Arkadelphia
Crawford, John W., Vol II
Curlin, J., Vol II
Duncan, Janice Marie, Vol III
Graves, John W., Vol I, IV
Halaby, Raouf J., Vol II
Hays, Danny, Vol IV
Steinmiller, Georgine, Vol V
Taylor, Michael, Vol II
Thompson, Larry, Vol I

Batesville
Beck, Martha Catherine, Vol IV
Bordeau, Catherine, Vol III
Counts, Michael L., Vol II
Lankford, George E., Vol V
Lewis, Bart L., Vol III
Robbins, Helen W., Vol II
Shay, Robert, Vol I, II
Stinson, Russell, Vol II
Stricklin, David, Vol I
Tebbetts, Terrell L., Vol II

Bentonville
Huggard, Chris, Vol I
Xu, Guangqin, Vol I

Conway
Andronikov, Sergei V., Vol I
Atkins, Kathleen, Vol V
Bailey, Phillip, Vol III
Barnes, Kenneth C., Vol I
Bender, Melvin E., Vol I
Brodman, James W., Vol I
Brodman, Marian, Vol III
Churchill, John Hugh, Vol IV
Farthing, John L., Vol III, IV
Frizzell, Robert, Vol I
Harvey, Charles W., Vol IV
Kearns, Terrance, Vol II
Langston, Dwight E., Vol III
Martinez, Jose-Luis, Vol I
McDaniel, John B., Vol IV
Mehl, Peter J., Vol IV
Pouwels, Joel, Vol III
Resinski, Rebecca, Vol II, III
Schantz, Mark S., Vol I
Schmidt, Lawrence, Vol IV
Shelton, Jim D., Vol IV
Spatz, K. Christopher, Vol V
Stanley, Tom, Vol IV
Story, Kenneth Ervin, Vol II
Wilson, Janet, Vol V

Fayetteville
Adams, Charles H., Vol II
Adler, Jacob, Vol IV
Allen, Myria, Vol II
Amason, Patricia, Vol II
Arenberg, Nancy, Vol II
Bell, Steven, Vol II, III
Bennett, James Richard, Vol II
Bolsterli, Margaret Jones, Vol I, II, V
Booker, M. Keith, Vol II
Brady, Robert M., Vol II
Bukey, Evan B., Vol I
Burris, Sidney, Vol II
Candido, Joseph D., Vol II
Chappell, David L., Vol I
Chase, James S., Vol I
Christiansen, Hope, Vol II, III
Cochran, Robert, Vol V
Coon, Lynda L., Vol II
Cory, Mark E., Vol III
Davis, James, Vol II
Duval, John, Vol III
Edwards, Sandra S., Vol IV
Eichmann, Raymond, Vol III
Engels, Donald W., Vol I, II, III
Farley, Roy C., Vol V
Finlay, Robert, Vol I
Ford, James, Vol III
Ford, James Francis, Vol III
Fredrick, David, Vol I
Frentz, Thomas S., Vol II
Gatewood, Willard Badgett, Vol I
Gitelman, Morton, Vol IV
Goforth, Carol R., Vol IV, V
Guilds, John C., Vol II
Hanlin, Todd, Vol III
Hassel, Jon, Vol II
Haydar, Adnan, Vol III
Heffernan, Michael, Vol II
Hill, Christopher, Vol IV
Jacobs, Lynn F., Vol I
Jimoh, A. Yemisi, Vol II
Juhl, M. E., Vol II
Kahf, Mohja, Vol V
Kennedy, Thomas C., Vol I
Kinnamon, Keneth, Vol II
Lee, Richard, Vol IV
Levine, Daniel Blank, Vol II, III
Locke, John, Vol III
Macrae, Suzanne H., Vol II
Marren, Susan M., Vol II
Minar, Edward, Vol IV
Montgomery, Lyna Lee, Vol II
Morgan, Gordon D., Vol V
Nissen, Lowell A., Vol IV

Pritchett, Kay, Vol III
Quinn, William A., Vol II
Restrepo, Luis F., Vol III
Ricker-Abderhalden, Judith, Vol III
Rogers, Jimmie N., Vol II
Rosteck, H. Thomas, Vol II
Rozier, Louise, Vol III
Rushing, Janice H., Vol II
Scheide, Frank Milo, Vol I, II
Scott, James, Vol IV
Senor, Thomas, Vol IV
Sherman, Sandra, Vol II
Simpson, Ethel C., Vol III
Sloan, David, Vol I
Smith, Stephen A., Vol II
Sonn, Richard D., Vol I
Spellman, Lynne, Vol IV
Strausberg, Stephen Frederick, Vol I, IV
Sutherland, Daniel E., Vol I
Tsai, Shih-shan Henry, Vol I
Tucker, Janet, Vol III
Tucker, William F., Vol I
Turner, Joan, Vol III
Van Patten, James J., Vol I, IV
Wavering, Michael J., Vol V
Webb, Lynne M., Vol I, II
West, Elliott, Vol I
Whayne, Jeannie, Vol I
Wilkie, Brian, Vol II
Williams, Nudie Eugene, Vol I, V
Woods, Randall, Vol I

Forrest City
Souheaver, Harold G., Vol V

Hope
Breshears, Russell, Vol IV

Little Rock
Anderson, Steve, Vol II
Baker, Thomas H., Vol I
Benda, Brent B., Vol V
Bilsky, Lester James, Vol I
Bolton, Sidney Charles, Vol I
Briscoe, David L., Vol V
Garnett, Mary Anne, Vol III
Gibbens, E. Byrd, Vol II
Jacoway, Elizabeth, Vol I
Jauss, David, Vol II
Kaiser, Thomas Ernest, Vol I
Knutson, Roslyn L., Vol II
Kwasny, Andrea, Vol II
Levernier, James Arthur, Vol I, II
Lewis, Johanna M., Vol I
Lindsey, William D., Vol IV
Littlefield, Daniel F., Vol I, II
Matrician, Marian, Vol I
McClurg, Andrew, Vol IV
Moneyhon, Carl Hofmann, Vol I
Moore, Patrick, Vol II
Murphy, Russell E., Vol II
Parins, James, Vol I
Parins, Marylyn, Vol II
Ramsey, C. Earl, Vol IV
Ringer, Marinelle, Vol II
Rittenhouse, Robert K., Vol V
Sobin, Nicholas, Vol III
Stodola, Zabelle, Vol II
Strickland, Johnye, Vol II, V
Thorson, Helga, Vol III
Vannatta, Dennis, Vol II
Vinikas, Vincent, Vol I
Walker, Jeff T., Vol IV
Wang, Guang-zhen, Vol V
Williams, C. Fred, Vol I
Williams, Leroy Thomas, Vol I
Yoder, R. Paul, Vol I

Magnolia
Willis, James F., Vol I

Monticello
Adams, Tyrone L., Vol II
Schmidt, Mark, Vol II, IV
Shea, William Lee, Vol I
Stewart, E. Kate, Vol II

Nature View
Mcneil, William Kinneth, Vol I, V

North Little Rock
Cooley, James F., Vol IV

Pine Bluff
Demecs, Desiderio D., Vol IV
Doss, Barney J., Vol IV

Littlejohn, Walter L., Vol V

Russellville
Jenkins, Ellen Janet, Vol I
Mitchell, Jeff, Vol IV
White, Donna R., Vol II

Searcy
Elliott, Gary D., Vol II
Fortner, John D., Vol IV
Goss, Noble T., Vol III
James, Michael L., Vol II
Shackelford, Don, Vol IV
Warden, Duane, Vol IV

Siloam Springs
Habermas, Ronald T., Vol IV, V

State University
Ball, Larry D., Sr, Vol I
Bayless, Ovid Lyndal, Vol II
Cave, Eric M., Vol IV
Dougan, Michael Bruce, Vol I
Johnson, Warren, Vol III
Lord, George F., Vol V
Pobst, Phyllis E., Vol I
Reese, Catherine C., Vol IV
Smith, Charlie Calvin, Vol I

Walnut Ridge
Aucoin, Brent J., Vol I
Richards, Randy, Vol IV

CALIFORNIA

Alameda
Quivik, Fredric L., Vol I, V

Albany
Wheaton, Bruce R., Vol I

Alhambra
Banerjee, Leena, Vol V
Lindsay, Cindy, Vol V

Aliso Viejo
Chappell, David Wellington, Vol I, IV

Alpine
Butler, Gerald Joseph, Vol II, III

Alta Loma
Abner, Julie LaMay, Vol II
Rodriguez, Juan A., Vol V
Stavros, Steve, Vol I

Altadena
Bascom, Robert, Vol IV
Ellwood, Gracia F., Vol IV

Anaheim
Hyun, Yong Soo, Vol IV

Aptos
Sullivan, D., Vol II
Wood, Corrine Shear, Vol V

Arcata
Armstrong, Susan Jean, Vol IV
Bartlett, Maria, Vol V
Botzler, Richard G., Vol IV
Figone, Albert J., Vol V
Fox, Stephen C., Vol I
Goodman, Michael F., Vol IV
Hahn, Laura K., Vol II
Ingle, Harold Norman, Vol I
Johnson, Ronald William, Vol I, V
Okin, Louis A., Vol I
Oliner, Samuel P., Vol V
Pence, Ellsworth Dean, Vol III
Sundstrom, Roy Alfred, Vol I, II
Taylor, Jennifer F., Vol V

Atherton
Faulkenberg, Marilyn, Vol II
Waddell, James, Vol I, IV

Azusa
Ackley-Bean, Heather Ann, Vol IV
Battle-Walters, Kimberly, Vol V
Griesinger, Emily, Vol II
Padgett, Alan G., Vol IV
Robison, R. E., Vol III

Shoemaker, Melvin H., Vol II, IV
Smith, Kathryn, Vol IV

Bakersfield
Betty, Stafford, Vol IV
Flachmann, Michael C., Vol II
Goh, David T., Vol IV
Jimenez, Qiu Y., Vol III
Jones, Bruce William, Vol III, IV
Kegley, Jacquelyn A., Vol IV
Kleinsasser, Jerome, Vol II
Rink, Oliver A., Vol I
Schmidt, Joanne (Josephine A.), Vol III
Wildman, Louis Robert, Vol V
Wood, Forrest Glen, Vol I, IV

Balboa Island
Leedom, Tim C., Vol II

Bel Air
Bouler, Steven W., Vol II

Belmont
Gavin, Rosemarie Julie, Vol II, V
Harris, Xavier, Vol IV
Joseph, Cheryl, Vol V
McCracken, Blair, Vol V

Benicia
Carr, Gerald Francis, Vol III

Berkeley
Abrams, Richard M., Vol I
Adams, Douglas Glenn, Vol IV
Adamthwaite, Anthony, Vol I
Adelman, Janet Ann, Vol II
Ahmadi, Shahwali, Vol I, II
Alter, Robert, Vol III
Altieri, Charles F., Vol II
Anderson, Margaret Lavinia, Vol I
Anderson, William Scovil, Vol II, III
Aune, Michael B., Vol IV
Azevedo, Milton M., Vol III
Bagdikian, Ben Haig, Vol II
Banks, William Maron, III, Vol V
Barnes, Thomas Garden, Vol I
Barth, Gunther, Vol I
Berling, Judith, Vol IV
Birnbaum, Lucia Chiavola, Vol I
Bloom, Robert, Vol II
Booth, Stephen, Vol II
Botterill, Steven, Vol III
Bouwsma, William James, Vol I
Boyarin, Daniel, Vol IV
Brentano, Robert, Vol I
Bretzke, James T., Vol IV
Brinner, William Michael, Vol I, III, IV
Broughton, Janet Setzer, Vol IV
Brucker, Gene Adam, Vol I
Butler, J., Vol IV
Buxbaum, Richard Manfred, Vol IV
Cascardi, Anthony Joseph, Vol III
Chinnici, Joseph Patrick, Vol I, IV
Choper, Jesse H., Vol IV
Christ, Carol Tecla, Vol II
Christian, Barbara T., Vol II
Clader, Linda, Vol III, IV
Clark, VeVe A., Vol V
Clemens, Diane Shaver, Vol I
Clifford, Geraldine Joncich, Vol I, V
Clubb, Louise George, Vol III
Coleman, John Aloysius, Vol IV, V
Compier, Don H., Vol IV
Coolidge, John Stanhope, Vol II, III
Costa, Gustavo, Vol I, III
Countryman, L. Wm, Vol II, III, IV
Craddock, Jerry Russell, Vol IV
Crews, Frederick, Vol II
Crocker, Richard Lincoln, Vol I, II
Daly, Markate, Vol IV
Daube, David, Vol IV
Davidson, Donald, Vol IV
de Vries, Jan, Vol I, IV
DiCicco, Mario, Vol IV
Dolan, Frederick M., Vol IV
Donovan, Mary Ann, Vol I, IV
Dreyfus, Hubert Lederer, Vol IV
Driskill, Joseph D., Vol IV
Duggan, Joseph J., Vol III
Dundes, Alan, Vol V
Edwards, Harry, Vol V

Einhorn, Robin, Vol I
Eisenberg, Melvin Aron, Vol IV
Emeneau, Murray Barnson, Vol III
Epstein, Edwin M., Vol IV
Ernst, Eldon G., Vol I
Eyal, Gil, Vol V
Falk, Candace, Vol I, IV
Fass, Paula S., Vol I
Faulhaber, Charles Bailey, Vol III
Feeley, Malcolm M., Vol IV
Feldman, Gerald Donald, Vol I
Feller, David Edward, Vol IV
Fernandez, Eduardo, Vol IV
Fleming, John G., Vol IV
Friedman, Donald M., Vol II
Gifford, Bernard R., Vol V
Gold, Victor Roland, Vol IV
Greenewalt, Crawford Hallock, Vol I
Griener, George E., Vol IV
Grossman, Joan Delaney, Vol III
Groth, Paul, Vol I
Gruen, Erich S., Vol I
Guinan, Michael Damon, Vol III, IV
Gumperz, John J., Vol III, V
Haber, Samuel, Vol I
Hahn, Roger, Vol I
Hall, Bronwyn H., Vol IV
Hartsough, Carolyn, Vol V
Heinze, Ruth-Inge, Vol IV, V
Herr, Richard, Vol I
Hesse, C., Vol I
Hetherington, Norriss Swigart, Vol I
Hilden, Patricia Penn, Vol I
Hillen, Gerd, Vol III
Hintzen, Percy Claude, Vol IV
Holder, Arthur G., Vol IV
Hollinger, David A., Vol I
Holub, Renate, Vol I
Holub, Robert C., Vol II, III
Irschick, Eugene Frederick, Vol I, IV, V
Jaini, Padmanabh S., Vol III, IV
Jarrett, James L., Vol IV
Jay, Martin Evan, Vol I
Johnson, Leonard Wilkie, Vol III
Jones, Christopher R. A. Morray, Vol IV
Joyce, Rosemary A., Vol I, V
Kadish, Sanford H., Vol IV
Kagan, Robert A., Vol IV
Kalin, Everett Roy, Vol IV
Karlinsky, Simon, Vol III
Kater, John L., Jr., Vol IV
Kay, Herma Hill, Vol IV
Keightley, David Noel, Vol I
Kern, Richard G., Vol III
Kettner, James Harold, Vol I
Kilmer, Anne Draffkorn, Vol I
Kim, Elaine, Vol V
Kirch, Patrick V., Vol V
Kirk-Duggan, Cheryl Ann, Vol II, IV
Knapp, Arthur Bernard, Vol I
Knapp, Robert C., Vol I, II, III
Kudszus, Winfried G., Vol III
Kupers, Terry, Vol V
Laguerre, Michel S., Vol V
Lapidus, Ira M., Vol I
Laqueur, Thomas Walter, Vol I
Lee, Jung Young, Vol IV
Lelwica, Michelle M., Vol IV
Leonard, Thomas Charles, Vol I
Lesch, John Emmett, Vol I
Lescher, Bruce, Vol IV
Lesser, Wendy, Vol II
Lewin, Linda, Vol I
Litwack, Leon F., Vol I
Liu, Xin, Vol V
Long, Anthony A., Vol II, III
Lull, Timothy F., Vol IV
Lyman, J. Rebecca, Vol I, IV
Marcus, Sharon, Vol II, III
Martinot, Steve, Vol I
Mastronarde, Donald John, Vol III
Matisoff, James Alan, Vol III
May, Henry Farnham, Vol I
McFadden, Daniel L., Vol IV
McLean, Hugh, Vol III
McNulty, John K., Vol IV
Melia, Daniel Frederick, Vol II
Merchant, Carolyn, Vol I, IV
Messinger, Sheldon L., Vol V
Metcalf, Thomas R., Vol I
Middlekauff, Robert Lawrence, Vol I
Middleton, Anne Louise, Vol II

Milgrom, Jacob, Vol IV
Miller, Stephen G., Vol I
Millner, Dianne Maxine, Vol IV
Morgan, Donn F., Vol IV
Muir, William Ker, Jr., Vol IV
Munoz, Carlos, Jr, Vol V
Murgia, Charles Edward, Vol II, III
Nagler, Michael Nicholas, Vol II
Nasu, Eisho, Vol I, IV
Newton, Peter M., Vol V
Ogden, Dunbar Hunt, Vol II
Ohala, John Jerome, Vol III
Olney, Martha L., Vol IV
Osborne, Kenan Bernard, Vol IV
Parsons, Jedediah David, Vol II, III
Peng, Kaiping, Vol V
Peters, Theodore Frank, Vol IV
Polt, John H. R., Vol III
Potts, D. Malcolm, Vol V
Quigley, John M., Vol IV
Ramshaw, Elaine Julian, Vol IV
Rauch, Irmengard, Vol III
Redmount, Carol A., Vol I
Rejhon, Annalee C., Vol III
Riasanovsky, Nicholas, Vol I
Richardson, Anne, Vol II
Richmond, Hugh M., Vol II
Richmond, Velma Bourgeois, Vol I, II
Roland, Gerard, Vol IV
Rose, Leo E., Vol IV
Rosenberg, Marvin, Vol II
Rothblatt, Sheldon, Vol I
Rugg, Linda Haverty, Vol III
Sanks, T. Howland, Vol IV
Sax, Joseph L., Vol IV
Schamschula, Walter, Vol III
Scheiber, Harry N., Vol I
Scheiffele, Eberhard, Vol II, V
Scheiner, Irwin, Vol I
Schneiders, Sandra Marie, Vol IV
Scotchmer, Suzanne Andersen, Vol IV
Scott, Peter Dale, Vol II, IV
Sealey, Raphael, Vol I
Searle, John R., Vol IV
Seeba, Hinrich Claassen, Vol III
Segal, Steve P., Vol V
Shackley, M. Steven, Vol V
Shannon, Thomas F., Vol III
Shapiro, Barbara June, Vol I
Sloane, Thomas O., Vol II
Slobin, Dan Isaac, Vol III, V
Smith, Robert Harry, Vol IV
Snapper, Johan Pieter, Vol III
Spahr, Blake Lee, Vol III
Spalding, Christopher J., Vol IV
Stagaman, David, Vol IV
Starn, Randolph, Vol I
Stortz, Martha Ellen, Vol I, IV
Stroud, Ronald Sidney, Vol II, III
Stuhr, Walter Martin, Vol IV
Sweet, Justin, Vol IV
Takaki, Ronald Toshiyuki, Vol I
Threatte, Leslie L., Vol II, III
Tongson, Karen L., Vol II
Upton, Dell, Vol I
Vermazen, Bruce James, Vol IV
Vernon, James, Vol I
Wakeman, Frederic Evans, Jr., Vol I
Wang, William S. Y., Vol III
Weil, Louis, Vol IV
Williams, Joanna, Vol I
Wolgast, Eliz H., Vol II, IV
Wright, Georgia Sommers, Vol I
Wright, John H., Vol IV
Yeh, Wen-hsin, Vol I
Yellen, Janet L., Vol IV
Zelnik, Reginald Ely, Vol I
Zwerdling, Alex, Vol II

Beverly Hills
Adams, John Oscar, Vol IV
Shaw, Curtis Mitchell, Vol IV

Bonsall
Fouquet, Patricia Root, Vol I

Burbank
Holmes, Robert Ernest, Vol IV

Camarillo
Fischer, Mark F., Vol IV
Ford, Paul F., Vol IV

Cambry
Verhaegh, Marcus, Vol IV

Campbell
Nichols, Patricia Causey, Vol II, III

Canoga Park
Levy, William Turner, Vol II

Canyon Country
MacArthur, John, Vol IV

Carmel
Sarbin, Theodore R., Vol V

Carpenteria
Paris, Ginette, Vol V

Carson
Garber, Marilyn, Vol I, IV
Geller, Lila Belle, Vol II
Grenier, Judson A., Vol I
Hata, Donald Teruo, Vol I
Ivers, Louise H., Vol I
Orellana, Sandra, Vol V
Ravitz, A., Vol II
Stricker, Frank A., Vol I
Wells, Walter, Vol I, II

Chico
Boyle, John Hunter, Vol I
Brown, James Lorin, Vol III
Burr, Carol E., Vol V
Caldwell, Sarah, Vol V
Churchill, Charles B., Vol I
Cowden, Joanna Dunlap, Vol I
Downes, David Anthony, Vol II
Farrer, Claire Rafferty, Vol V
Grelle, Bruce, Vol IV
Jollimore, Troy, Vol IV
Karman, James, Vol I, II, IV
Kimball, Gayle H., Vol V
Lillibridge, George Donald, Vol I
Maneker, Jerry S., Vol V
Minor, Clifford Edward, Vol I
Moore, Brooke N., Vol IV
Quaytman, Joyce A., Vol V
Singelis, Theodore M., Vol V
Willey, Patrick S., Vol V

Chula Vista
Benkendorf, Ray R., Vol II

Claremont
Adler, Sara Maria, Vol III
Atlas, Jay David, Vol III, IV
Barron, Hal S., Vol I
Bellman, Samuel Irving, Vol II
Blaine, Bradford Bennett, Vol I
Camp, Roderic A., Vol IV
Cobb, John Boswell, Vol IV
Csikszentmihalyi, Mihaly, Vol V
Davilla-Lopez, Grace, Vol III
Davis, Nathaniel, Vol IV
Dornish, Margaret Hammond, Vol I, IV
Easton, Patricia Ann, Vol IV
Elliott, Ward Edward Yandell, Vol IV
Elsbree, Langdon, Vol II
Emerick, Judson, Vol I
Erickson, Stephen Anthony, Vol IV
Farrell, John C., Vol II
Frazee, Charles Aaron, Vol I, IV
Geerken, John Henry, Vol I
Gonzalez, Deena J., Vol I
Gorse, George L., Vol I
Granrose, Cherlyn Skromme, Vol V
Greenberger, Allen Jay, Vol I
Greene, Gayle Jacoba, Vol II
Groves, Jeffrey D., Vol II
Hutchison, John A., Vol IV
Jackson, Agnes Moreland, Vol V
Jaffa, Harry Victor, Vol IV
Kassam, Zayn, Vol I, IV
Kim, Chan-Hie, Vol IV
Kind, Amy L., Vol IV
Kopp, Claire, Vol V
Kucheman, Clark Arthur, Vol IV
Levin, Shana, Vol V
Levy, Leonard Williams, Vol I
Lofgren, Charles Augustin, Vol I
Lohrli, Anne, Vol II
Louch, Alfred, Vol IV
Marler, Grant A., Vol IV
Martin, Jay, Vol II
McGaha, Michael Dennis, Vol III
McKirahan, Richard D., Vol IV
Mezey, Robert, Vol II
Miller, Eric, Vol III
Moss, Myra Ellen, Vol IV
Neumann, Harry, Vol IV
Parrott, Rod, Vol IV
Phillips, Dewi Zephaniah, Vol IV
Post, Gaines, Vol I
Redfield, Marc, Vol II
Rice, Albert R., Vol II
Rindisbacher, Hans J., Vol III
Rinkus, Jerome Joseph, Vol III
Saigal, M., Vol III
Sanders, James Alvin, Vol IV
Schneider, Tammi J., Vol I
Schrader, Richard J., Vol III
Seizer, Susan, Vol V
Sellery, J'nan Morse, Vol II
Senn, Harry, Vol III
Silverman, Victor, Vol I
Smith, Pamela H., Vol I
Sontag, Frederick Earl, Vol IV
Torjesen, Karen Jo, Vol IV
Wachtel, Albert, Vol II
Waingrow, Marshall, Vol II
Walker, Cheryl, Vol II
Wall, Helena M., Vol I
Warmbrunn, Werner, Vol I
Warner, Nicholas Oliver, Vol II, III
Werner, Cynthia, Vol V
Wicker, Kathleen O'Brien, Vol III, IV
Wolf, Kenneth Baxter, Vol I, IV
Woodress, James, Vol II
Woods, Robert L., Vol I
Yamashita, Samuel Hideo, Vol I
Young, Howard Thomas, Vol III

Compton
Clegg, Legrand H., II, Vol IV

Concord
Chandler, Robert Joseph, Vol I

Corona
Kwon, Kyeong-Seog, Vol IV

Costa Mesa
Baldwin, Donald E., Vol IV
Breece, William H., Vol I
Cerillo, Augustus, Vol I
Clark, David, Vol IV
Hoggatt, Jerry Camery, Vol IV
Ochoa, Tyler T., Vol IV
Reich, Peter L., Vol IV
Rose, I. Nelson, Vol IV
Williams, William C., Vol IV
Wilson, John, Vol I
Wilson, Lewis, Vol I

Culver City
Gelhart, Robert, Vol V

Cupertino
Bogus, Diane Adamz, Vol II
Rappaport, Steven D., Vol IV
Splitter, Randolph N., Vol II
Williams, James Calhoun, Vol I

Cypress
Kaplan, Francene E., Vol V
Ricci, Paul O., Vol IV

Daly City
Low, Roy, Vol IV

Dana Point
Verrico, Rose May, Vol II

Davis
Aldwin, Carolyn M., Vol V
Altisent, Marta E., Vol III
Arnett, Carlee, Vol III, V
Bauer, Arnold Jacob, Vol I
Bernd, Clifford Albrecht, Vol III
Bettinger, Robert L., Vol V
Bowsky, William Marvin, Vol I
Brody, David, Vol I
Brower, Daniel Roberts, Vol I
Bruch, C. S., Vol IV
Byrd, James David, Jr., Vol IV
Cannon, Joann Charlene, Vol III
Carter, Everett, Vol II
Crummey, Robert Owen, Vol I
Dundon, Stanislaus, Vol IV
Ferguson, Margaret Williams, Vol II, III
Fetzer, John Francis, Vol III
Fleischer, Manfred Paul, Vol I, IV
Gilbert, Sandra Mortola, Vol II, V
Goodman, Paul, Vol I
Grossman, George S., Vol II, IV
Groth, Alexander J., Vol IV
Guerrero, Vladimir, Vol III
Guynn, Noah, Vol III
Hagen, William Walter, Vol I
Hall, John R., Vol V
Halttunen, Karen, Vol I
Hays, Peter L., Vol II
Hoffman, Michael Jerome, Vol II
Imwinkelried, Edward, Vol IV
Jackson, William Turrentine, Vol I
Jett, Stephen C., Vol I
Johnson, Kevin R., Vol IV
Kusch, Manfred, Vol III
Lacy, William B., Vol V
Landau, Norma Beatrice, Vol I
Levin, Richard A., Vol II
Major, Clarence, Vol II
McCarthy, William, Vol V
McConnell, Winder, Vol III
McHenry, Henry M., Vol V
McKee, Sally, Vol I
Merlino, Scott A., Vol IV
Montejo, Victor, Vol V
Oakley, John Bilyeu, Vol IV
Poppino, Rollie Edward, Vol I
Price, Don C., Vol I
Rosen, Ruth E., Vol I
Sandoval, Jonathan H., Vol V
Sarlos, Robert Karoly, Vol I, II
Schaeffer, Peter Moritz-Friedrich, Vol II, III, IV
Schleiner, Winfried H., Vol II, III
Shaver, Phillip R., Vol V
Simonton, Dean K., Vol V
Smith, Wilson, Vol I
Spyridakis, Stylianos V., Vol I
Stewart, John Othneil, Vol II
Taylor, Alan S., Vol I
Teller, Paul, Vol IV
Torrance, Robert M., Vol III
Traill, David Angus, Vol III
Verani, Hugo Juan, Vol III
Waddington, Raymond B., Vol II
Wallacker, Benjamin E., Vol III
West, Martha S., Vol I, IV
Willis, Frank Roy, Vol I
Yeh, Michelle, Vol III
Zender, Karl Francis, Vol II

Dominguez Hills
Ravitz, Abe C., Vol II

El Cajon
Strauss, Mark, Vol IV

El Centro
Porrua, Enrique J., Vol I
Wilhelm, Robert, Vol IV

El Dorado Hills
Albada-Jelgersma, Jill Elizabeth, Vol III
Schlachter, Gail Ann, Vol II

El Monte
Hwang, Tzu-Yang, Vol IV
Wu, Julie L., Vol IV

Elk Court
Peitz-Hillenbrand, Darlene, Vol IV

Encinitas
Beyer, David W., Vol II, V
Farrell, Warren Thomas, Vol IV
Fisher, Edith Maureen, Vol II

Escalm
Pearson, Birger Albert, Vol I, IV

Escondido
Neihoff, Arthur H., Vol V

Eureka
Tiso, Francis V., Vol IV

Fairfax
Leighton, Taigen Daniel, Vol IV

Fairfield
Schweer, G. William, Vol IV

Fillmore
Whitley, David S., Vol I, V

Fontana
Maticich, Karen K., Vol IV

Fremont
Kirshner, Alan Michael, Vol I
Nakasone, Ronald, Vol IV

Fresno
Adams, Katherine L., Vol II
Basden, B. H., Vol V
Benko, Stephen, Vol I, IV
Bloom, Melanie, Vol II
Bluestein, Gene, Vol II
Bochin, Hal William, Vol II
Bohnstedt, John Wolfgang, Vol I
Boyajian, James Charles, Vol I
Boyd, Robert, Vol IV
Carmichael, Carl W., Vol II, III
Chang, Sidney H., Vol I
Dinkin, Robert J., Vol I
Faderman, Lillian, Vol II
Fraleigh, Douglas, Vol II
Freeman, David, Vol III
Freeman, Yvonne, Vol V
Geddert, Tim J., Vol IV
Golston, Chris, Vol III
Huff, Delores J., Vol V
Jackson, Jerome E., Vol IV
Kauffman, George B., Vol I
Klassen, Peter James, Vol I
Kuhn, Rose Marie, Vol III
Levine, Philip, Vol II
Martens, Elmer Arthur, Vol IV
Ng, Franklin C., Vol I
Pitt, Jack, Vol IV
Raney, George William, Vol III
Rosenthal, Judith Ann, Vol II
Sharps, Matthew J., Vol V
Templer, Donald I., Vol V
Walton, James E., Vol II
Warkentin, Larry R., Vol II
Weitzman, Raymond Stanley, Vol III
Wint, Arthur Valentine Noris, Vol IV

Fullerton
Axelrad, Allan M., Vol I
Axelrad, Arthur Marvin, Vol II
Bakken, Gordon Morris, Vol I, IV
Bellot, Leland Joseph, Vol I
Brown, Daniel Aloysius, Vol IV
Cummings, Sherwood, Vol II
De Rios, Marlene Dobkin, Vol V
Hansen, Debra Gold, Vol I
Hanson, Bruce, Vol IV
Hardy, B. Carmon, Vol I
Hobson, Wayne K., Vol I
Jaskoski, Helen, Vol II
Kanel, Kristi L., Vol V
Kaye, Alan Stewart, Vol III
Koppel, Glenn, Vol IV
Levesque, Paul J., Vol IV
Myers, Mitzi, Vol II
Parman, Susan, Vol V
Peale, C. George, Vol III
Pivar, David J., Vol I
Putnam, Jackson K., Vol I
Runco, Mark, Vol V
Santucci, James A., Vol IV
Sayre, Shay, Vol II
Segal, N. L., Vol V
Smith, Jesse Owens, Vol IV
Vogeler, Martha Salmon, Vol I, II
Wagner, M. John, Vol II
Witmer, Diane F., Vol II

Gilroy
Hargis, Jeffrey W., Vol IV

Glendale
Kabateck, Gladys, Vol V
Pressman, H. Mark, Vol IV

Glendora
Dingilian, Der Stepanos, Vol IV
Salwak, Dale F., Vol II
Solheim, Bruce, Vol I
Tolen, W. Christopher, Vol V

Gold River
Loewy, Roberta S., Vol IV

Goleta
Nogales, Patti, Vol IV

Hayward
Barrett, Eileen, Vol II
Bowser, Benjamin Paul, Vol V
Bullough, William Alfred, Vol I
Doyle, Jacqueline, Vol II
Eagan, Jennifer, Vol IV
Fernandez, Jose A., Vol I
Fuchs, Jacob, Vol II
Gilliard, Frank Daniel, Vol I
Hammerback, John C., Vol II
Henig, Gerald S., Vol I
Leavitt, Fred I., Vol V
Morby, John Edwin, Vol I
Neithercutt, Marc G., Vol IV
Pitts, Vera L., Vol V
Raack, Richard C., Vol I
Rasmusson, D. X., Vol V
Reichman, Henry F., Vol I
Reuter, William C., Vol I
Roszak, Theodore, Vol I
Sapontzis, Steve Frederic, Vol IV
Traversa, Vincenzo, Vol III
Warrin, Donald Ogden, Vol III
Zou, Ke, Vol III

Hollywood
Samudio, Jeffrey, Vol I

Huntington Beach
Mason, Jeffrey A., Vol IV

Irvine
Antonelli, Gian Aldo, Vol IV
Bachman, James V., Vol IV
Beevi, Mariam, Vol II, V
Boyd, Carolyn Patricia, Vol I
Brown, Homer O., Vol II
Bruce, D. D., Vol I
Burton, Michael L., Vol V
Carroll, David, Vol III
Chiampi, James T., Vol III
Donlan, Walter, Vol II, III
Fahs, Alice E., Vol I
Folkenflik, Robert, Vol II
Fuller, M. A., Vol II, III
Gearhart, Suzzane, Vol III
Gold-Neil, Valerie L., Vol V
Grofman, Bernard N., Vol IV, V
Guthrie, Elizabeth M., Vol III
Hart, Gail K., Vol III
Hill, Lamar Mott, Vol I
Huang, J., Vol III
Hubert, Judd D., Vol III
Hubert, Renee Riese, Vol III
Hubert, Renee Riese, Vol III
Hufbauer, Karl G., Vol I
Johnson, Ben, Vol IV
Laborde, Alice M., Vol III
Lehnert, Herbert Hermann, Vol III
Leonard, Karen Isaksen, Vol V
Lillyman, William J., Vol III
Maddy, Penelope, Vol IV
Malament, David Baruch, Vol IV
Mauss, Armand, Vol I, V
Mazumdar, Sanjoy, Vol V
Mcculloch, Samuel Clyde, Vol I
Menton, Seymour, Vol II, III
Miles, Margaret M., Vol I
Monroe, Kristen R., Vol IV
Munevar, Gonzalo, Vol IV
Nelson, Keith LeBahn, Vol I
Newsom, Robert, Vol II
Noland, Carrie J., Vol III
Ogunseitan, Oladele, Vol V
Palley, Julian, Vol III
Rabine, Leslie W., Vol III
Regosin, Richard L., Vol III
Rieckmann, Jens, Vol II
Romney, A. Kimball, Vol V
Rowe, John Carlos, Vol II
Rubel, Arthur J., Vol V
Saadoun, Mohamed, Vol IV
Saine, Thomas Price, Vol III
Santas, Gerasimos, Vol IV
Skyrms, Brian, Vol IV
Small, Kenneth Alan, Vol IV
Stanford, Preston K., Vol IV
Stepan-Norris, Judith, Vol V
Suarez-Villa, Luis, Vol I
Sutton, Dana Ferrin, Vol II, III
Tackett, Timothy, Vol I
Thomas, Brook, Vol II
Walsh, Roger, Vol V
Watt, William Carnell, Vol III
White, Douglas R., Vol V
Wiener, Jonathan M., Vol I

Kenington
Michaels, Leonard, Vol II

Kensington
Kohn, Richard, Vol IV

Kentfield
Robertson-Gutierrez, Noel D., Vol II

La Crescenta
O'Sullivan, Michael, Vol IV

La Jolla
Arneson, Richard J., Vol IV
Bailey, Frederick George, Vol V
Briggs, Charles L., Vol V
Brink, David O., Vol IV
Cancel, Robert, Vol II
Churchland, Paul M., Vol IV
Cole, Mike, Vol II
Cox, Stephen D., Vol II
Davis, Susan, Vol II
Dijkstra, Bram, Vol II, III
Doppelt, Gerald D., Vol IV
Engestrom, Yrjo, Vol II
Falk, Julia Sableski, Vol III
Falk, Thomas Heinrich, Vol II
Foster, Frances Smith, Vol II
Friedman, Richard Elliott, Vol III, IV
Gaffney, Floyd, Vol II
Glymour, Clark, Vol IV
Gollaher, David L., Vol I
Gutierrez, Ramon A., Vol I
Hallin, Daniel C., Vol II
Hardimon, Michael O., Vol IV
Hartouni, Valerie, Vol II
Horwitz, Robert, Vol II
Hughes, Judith Markham, Vol I
Humphries, Tom, Vol II
Johns, Adrian, Vol V
Jolley, Nicholas, Vol IV
Keyssar, Helene, Vol II
Kirkpatrick, Susan, Vol III, V
Klatch, Rebecca, Vol V
Klima, Edward Stephens, Vol III
Konecni, Vladimir J., Vol V
Langacker, Ronald Wayne, Vol III
Luft, David Sheers, Vol I
Marino, John Anthony, Vol I
Martin, Wayne M., Vol I, IV
Mosshammer, Alden Adams, Vol I, II, III
Mukerji, Chandra, Vol II
Newmark, Leonard, Vol III
Pasler, Jann C., Vol II
Rafael, Vicente, Vol II
Reynolds, Edward, Vol IV
Ringrose, David R., Vol I
Rose, Sharon, Vol III
Schiller, Anita R., Vol II
Schudson, Michael, Vol V
Sher, Gila, Vol IV
Smarr, Janet L., Vol I, II
Stavrianos, Leften Stavros, Vol I
Stroll, Avrum, Vol IV
Wesling, Donald Truman, Vol II
Yalowitz, Steven, Vol IV

La Mesa
Ruja, Harry, Vol IV

La Mirada
Alexander, George P., Vol V
Bloom, John A., Vol IV
Buss, Dietrich, Vol I
Finley, Thomas John, Vol III, IV
Grace, Christopher R., Vol V
Hayward, Douglas, Vol IV, V
Lewis, Todd Vernon, Vol II
Menjares, Pete, Vol V
Rhee, Victor, Vol IV

La Miranda
Steffen, Tom, Vol V

La Verne
Burris-Kitchen, Deborah J., Vol V
Le Sueur, James, Vol I

Laguna Beach
Krieger, Murray, Vol II

LaJolla
Deak, Gedeon O., Vol V

Lake Arrowhead
Morris, Paul, Vol IV

LaMesa
Vanderwood, Paul Joseph, Vol I

Lancaster
Loofbourrow, Richard C., Vol IV
Sharkey, Paul, Vol IV

LaVerne
Ayala-Alcantar, Christina, Vol V

Livermore
Girill, T. R., Vol IV
Porter, Andrew P., Vol IV

Loma Linda
Baker, Delbert Wayne, Vol II

Long Beach
Aspiz, Harold, Vol II
Battenfield, James R., Vol IV
Brown, Kendall H., Vol I
Burke, Albie, Vol I, IV
Cargile, Aaron C., Vol II
Cash, Robert W., Vol V
Domingo-Foraste, Douglas, Vol II, III
Fiebert, Martin S., Vol V
Gosselin, Edward Alberic, Vol I
Griffin, Wendy, Vol V
Guerriere, Daniel, Vol IV
Guthrie, Sharon R., Vol V
Hood, David Crockett, Vol I
Johnson, Troy R., Vol I
Jones, F. Stanley, Vol IV
Kennett, Douglas, Vol V
Lindgren, Raymond Elmer, Vol I
Locklin, Gerald Ivan, Vol II
Marshall, Suzanne G., Vol V
May, Charles Edward, Vol II
Person, Dawn Renee, Vol V
Polakoff, Keith Ian, Vol I
Robinson, Jim C., Vol I
Samuelson, David N., Vol II
Tang, Paul C. L., Vol IV
Tharp, Louis, Vol IV, V
Torres, Sam, Vol IV
Van Camp, Julie C., Vol IV
Van De Mortel, Joseph A., Vol IV
Weinstock, Donald Jay, Vol II
Wiley, Juniper, Vol V
Williams, Ora, Vol I
Young, Elizabeth V., Vol II

Los Alamitos
Piar, Carlos R., Vol IV

Los Altos
Ueda, Makoto, Vol II, IV

Los Altos Hills
Roth, Jean, Vol IV

Los Angeles
Aberbach, Joel D., Vol IV
Abou El Fadl, Khaled M., Vol IV
Accampo, Elinor A., Vol I
Agnew, John A., Vol I
Alexander, Theodore Thomas, Jr., Vol V
Allmendinger, Blake, Vol II
Alpers, Edward A., Vol I
Altman, Scott A., Vol IV
Andersen, Elaine, Vol III
Ando, Clifford, Vol II, III
Aoun, Joseph, Vol III
Appleby, Joyce, Vol I
Araiza, William, Vol IV
Arlen, Jennifer H., Vol IV
Armour, Jody D., Vol IV
Aronson, Jonathan David, Vol IV
Babcock, Arthur Edward, Vol III
Bahr, Ehrhard, Vol III
Baldwin, Peter, Vol I
Band, Arnold J., Vol II
Banet-Weiser, Sarah, Vol II
Banner, Lois W., Vol I
Banta, Martha, Vol II
Barber, Elizabeth J. Wayland, Vol I, III
Barnes, Willie R., Vol IV
Barnouw, Dagmar, Vol III
Baswell, Christopher C., Vol II
Bauml, Franz H., Vol III
Becker, Marjorie R., Vol I
Behdad, Ali, Vol II
Beniger, James R., Vol II, V
Benson, Robert W., Vol IV
Berenbaum, Michael, Vol IV
Berger, Gordon, Vol I
Bergman, Paul, Vol IV
Bergren, Ann L. T., Vol III
Berk, Bernard B., Vol V
Bernstein, Jerry, Vol IV
Berst, Charles A., Vol II
Berton, Peter, Vol IV
Bice, Scott H., Vol IV
Binder, Amy J., Vol V
Binder, David A., Vol IV
Binder, Leonard, Vol IV
Birge, Bettine, Vol III
Birnbaum, Henrik, Vol III
Blank, David L., Vol II, III
Blumberg, Grace Ganz, Vol IV
Blumberg, Sherry H., Vol III
Boime, Albert, Vol I
Bonebakker, Seeger A., Vol III
Bontty, Monica, Vol I
Borer, Hagit, Vol III, V
Borsch, Frederick Houk, Vol II, IV
Boyle, Thomas Coraghessan, Vol II
Braudy, Leo, Vol II
Braunmuller, A. R., Vol II
Brecht, Albert O., Vol IV
Brier, Peter A., Vol II
Brown, Jonathan Charles, Vol I, IV
Bruneau, Marie Florine, Vol III
Bruno, James Edward, Vol IV, V
Buccellati, Giorgio, Vol I
Burstein, Stanley M., Vol I
Burwick, Frederick, Vol II
Bussel, Daniel J., Vol IV
Caiden, Gerald E., Vol IV
Campbell, Lee W., Vol IV
Capron, Alexander M., Vol I, IV
Carney, Judith A., Vol I
Carnicke, Sharon Marie, Vol III
Carron, Jean-Claude, Vol III
Chambers, Mortimer Hardin, Vol III
Chang, Howard F., Vol IV
Chapple, C. K., Vol I, IV
Chaput, Donald, Vol I
Chemerinsky, Erwin, Vol IV
Cheng, Meiling, Vol II
Cheung, Dominic C. N., Vol III
Cheung, King-Kok, Vol II
Christol, Carl Quimby, Vol IV
Chrzanowski, Joseph, Vol III
Chyet, Stanley F., Vol I, IV
Clausing, Gerhard, Vol III
Coben, Stanley, Vol I
Cohen, Norman Sonny, Vol I
Cohen, Stephen Marshall, Vol IV
Coleman, Patrick J., Vol III
Colley, Nathaniel S., Vol II
Collins, Kenneth L., Vol IV
Coombs, Robert H., Vol V
Cooper, Marilyn Marie, Vol II
Cosgrove, Denis E., Vol I
Cox, Thomas C., Vol I
Crecelius, Daniel, Vol I
Crossley, John P., Vol IV
Crowe, P. S., Vol III
Cruz, David B., Vol IV
Cuenca, Jose Ramon Araluce, Vol III
Currie, Janet, Vol IV
Cutter, William, Vol IV, V
Dales, Richard C., Vol I
Dallek, Robert, Vol I
Dane, Joseph A., Vol II
Darden, Christopher A., Vol IV
Dewey, Donald Odell, Vol I
Diaz, Roberto Ignacio, Vol II, III
Diaz-Jimeno, Felipe, Vol III
Dingman, Roger V., Vol I
Doepke, Matthias, Vol IV
Dresser, N., Vol V
DuBois, Ellen Carol, Vol I
Dudziak, Mary L., Vol I, IV
Dukeminier, Jesse, Vol IV
Dutton, William H., Vol II
Dyck, Andrew R., Vol II, III
Eekman, Thomas, Vol III
Ehret, Christopher, Vol I, III
Ellwood, Robert S., Vol IV
Elman, B. A., Vol I
Elman, Benjamin, Vol I
Emigh, Rebecca Jean, Vol V
Entrikin, J. Nicholas, Vol I
Estrich, Susan, Vol IV
Ethington, Philip J., Vol I
Eubanks, Rachel Amelia, Vol II
Finegan, Edward J., Vol III, IV
Fireman, Janet Ruth, Vol I
Fisher, Walter R., Vol II
Fitch, Noel Filey, Vol II
Frakes, Jerold C., Vol III
Franklin, Carl M., Vol IV
Franklin, Floyd, Vol IV
Free, Katherine B., Vol I, II
Freeman, Donald C., Vol II
Freeman, Jody L., Vol IV
Freeman, Stephanny Fumi, Vol V
Friedman, Philip Allan, Vol II, IV
Frischer, Bernard D., Vol II, III
Fromkin, Victoria A., Vol III
Fry, Michael G., Vol I, IV
Fulco, William J., Vol III
Fulk, Janet, Vol II
Funkenstein, Amos, Vol I
Furth, Charlotte, Vol I
Gans, Eric L., Vol III
Garet, Ronald R., Vol IV
Garrett, James M., Vol II
Garry, Ann, Vol IV
Geary, Patrick, Vol I
Georges, Robert A., Vol III, V
Ghirardo, Diane, Vol I
Gilliland-Swetland, Anne J., Vol II
Glasco, Anita L., Vol V
Glaser, Daniel, Vol V
Goldberg, Herbert, Vol V
Goldberg, Sander M., Vol II, III
Gonzalez, Alfonso, Vol III
Gordon, Walter Lear, III, Vol IV
Grassian, Esther Stampfer, Vol II
Green, Lawrence Donald, Vol II
Griffith, Thomas D., Vol IV
Gurval, Robert Alan, Vol II, III
Hahn, Harlan, Vol IV
Haidu, Peter, Vol III
Han, Mieko, Vol III
Handler, Joel F., Vol IV
Hansen, Gary, Vol IV
Harberger, Arnold C., Vol IV
Harley, Maria Anna, Vol II
Harper, Katherine, Vol I
Harris, Jimmie, Vol IV
Hawkins, John A., Vol III
Hayden, George A., Vol III
Hayles, Katherine N., Vol II
Heidsieck, Arnold, Vol III
Hieronymi, Pamela, Vol IV
Hill, Jacqueline R., Vol IV
Hines, Thomas S., Vol I
Hirsch, Werner Z., Vol IV
Hise, Greg, Vol I
Hoji, Hajime, Vol III
Horowitz, Maryanne Cline, Vol I
Hossein, Ziai, Vol IV
Houston, Velina H., Vol II
Howe, Daniel, Vol I
Hsu, Kylie, Vol I, III
Hundley, Norris Cecil, Vol I
Ilie, Paul, Vol III
Intrilligator, Michael D., Vol IV
Ivanov, Vyacheslav V., Vol III
Jacoby, Sanford M., Vol IV
James, Scott C., Vol IV
Johnson, Carroll B., Vol III
Johnson, Chas Floyd, Vol IV
Jones, Amelia, Vol I
Jones, Michael Owen, Vol V
Jun, Sun-Ah, Vol III
Just, Felix, S. J., Vol IV
Kamuf, Peggy, Vol III
Karst, Kenneth L., Vol IV
Katada, Saori, Vol IV
Keating, Gregory C., Vol IV
Keddie, Nikki R., Vol I
Kelly, Henry Ansgar, Vol II
Kelsey, Sean, Vol IV
Kim, Nam-Kil, Vol III
King, Katherine Callen, Vol III
Kipling, Gordon L., Vol II
Klein, Benjamin, Vol IV
Klein, Cecelia F., Vol I
Klerman, Daniel M., Vol IV
Knoll, Michael S., Vol IV
Knoll, Paul W., Vol I
Knopoff, L., Vol I
Knowles, Ralph L., Vol I
Kolb, Gwin Jack, Vol II
Komar, Kathleen Lenore, Vol II, III
Koropeckyj, Roman, Vol III
Krekic, Barisa, Vol I
Kroeber, Clifton Brown, Vol I
Krupp, E. C., Vol I
Kunzle, David M., Vol I
Kushner, James Alan, Vol I, IV
Ladefoged, Peter, Vol II, III
Lal, Vinay, Vol I
Lancaster, Herman Burtram, Vol IV
Lanham, Carol D., Vol III
Lanham, Richard Alan, Vol II
Laslett, John Henry Martin, Vol I
Lattimore, Steven, Vol I, II, III
Lawrence, Lary, Vol IV
Lazar, Moshe, Vol II, III
Lazaroff, Daniel E., Vol IV
Lee, Anthony A., Vol I
Lefcoe, George, Vol IV
Lester, Gillian, Vol IV
Levine, Martin L., Vol IV
Lewis, Jayne Elizabeth, Vol II
Li, Audrey, Vol III
Liebig, Phoebe, Vol V
Light, Ivan, Vol V
Lincoln, Kenneth, Vol II
Lionnet, Francoise, Vol III
Lofstedt, Bengt, Vol III
Lopez-Calvo, Ignacio, Vol III
Lovett, Leonard, Vol IV
Lowenstein, Daniel H., Vol IV
Lowenstein, Steven Mark, Vol I
Lu, Zhong-Lin, Vol V
Lydon, Ghislaine, Vol I
Lyon, Thomas D., Vol IV
MacDonald, Maryellen, Vol III, V
Malone, Carolyn, Vol I
Maniquis, Robert Manuel, Vol II, III
Marder, Nancy S., Vol IV
Markel, Stephen, Vol I
Matteson, Lynn Robert, Vol I
May, Christopher N., Vol IV
Mayer, Frank A., Vol I
Maynard, Therese H., Vol IV
Mazon, Mauricio, Vol I
McCaffery, Edward J., Vol IV
McCann, Edwin, Vol IV
McGovern, William M., Vol IV
Mead, Lisa M., Vol IV
Mellor, Anne Kostelanetz, Vol II, III
Mellor, Ronald, Vol II, III
Meyer, Richard, Vol I
Michael, Aloysius, Vol IV
Middlebrook, Geoffrey C., Vol II
Miller, Donald, Vol IV, V
Miller, Laura L., Vol V
Minkova, Donka, Vol III
Monkkonen, Eric H., Vol I
Moore, A. Lloyd, Vol I
Morgan, Kathryn A., Vol II, III
Moss, Bernard Haym, Vol I
Moya, Jose C., Vol I
Munzer, Stephen Roger, Vol IV
Myers, Charles Edward, Vol IV
Nagle, D. Brendan, Vol I
Nagy, Joseph F., Vol II
Naiditch, P. G., Vol II, III
Naim, Elissa Ben, Vol IV
Nash, Gary B., Vol I
Nash, Stanley, Vol III
Nehring, Wolfgang, Vol III
Nelson, Steven D., Vol I
Noble, Douglas, Vol I
Nosco, Peter, Vol I
Notehelfer, Fred G., Vol I
Novak, Maximillian E., Vol II
Nunis, Doyce Blackman, Jr., Vol I, V
Nussbaum, Felicity, Vol II
Orenstein, Gloria Feman, Vol III, V
Oring, Elliott, Vol V
Packer, Barbara Lee, Vol II
Pal, Pratapaditya, Vol I
Papadopoulos, John K., Vol I
Passamaneck, Stephen Maurice, Vol II
Patti, Rino J., Vol V
Pecora, Vincent P., Vol II
Perez-Torres, Rafael, Vol II
Perkins, Linda Marie, Vol I
Perrott, David R., Vol V
Peters, Aulana Louise, Vol IV
Phinney, Jean S., Vol V
Pinkus, Karen, Vol III
Pollini, John, Vol I
Popiden, John Robert, Vol IV
Porter, Theodore, Vol I
Post, Jonathan F. S., Vol II
Pugsley, Robert Adrian, Vol IV
Purefoy Morris, Sarah, Vol I
Quintero, Ruben, Vol II
Radchik, Laura, Vol III
Rapoport, David C., Vol IV

Geographic Index

Rausch, Thomas P., Vol IV
Reill, Peter Hanns, Vol I
Resnik, Judith, Vol IV
Richlin, Amy, Vol II, III
Robinson, Susan Barnes, Vol I
Rodriguez, Richard T., Vol I
Roper, Alan, Vol II
Rorlich, Azade-Ayse, Vol I
Rosenthal, Margaret F., Vol II, III
Ross, Steven, Vol I
Roston, Murray, Vol II
Rowe, Karen E., Vol II
Roy, Alice M., Vol II
Roy, William G., Vol V
Rubenstein, William, Vol IV
Rudder, Robert S., Vol III
Ruiz, Teofilo Fabian, Vol I
Rutherford, William E., Vol III
Ryan, Herbert Joseph, Vol I, IV
Saks, Elyn R., Vol IV
Saltarelli, Mario, Vol III
Saltzman, Robert M., Vol IV
Sanchez, George J., Vol I
Sardesai, D. R. (Damodar Ramaji), Vol I
Savage, Melissa, Vol I
Schein, Barry, Vol III
Schierle, Gotthilf Goetz, Vol I
Schmidhauser, John Richard, Vol IV
Schmidt, Hanns-Peter, Vol I
Schnauber, Cornelius, Vol III
Schniedewind, William M., Vol I
Schor, Hilary, Vol II
Schwartz, Jeff L., Vol II
Sears, David O., Vol V
Seidenberg, Mark, Vol III, V
Seip, Terry, Vol I
Sellin, Paul R., Vol II
Shapiro, Michael H., Vol IV
Sharpe, Jenny, Vol II
Sheats, Paul Douglas, Vol II
Shuger, Debora, Vol II
Sia, Santiago, Vol IV
Silva-Corvalan, Carmen M., Vol III
Silverman, Deborah, Vol I
Simon, Larry G., Vol IV
Sinclair, Barbara, Vol IV
Singer, Laurienne, Vol V
Sklar, Richard Lawrence, Vol IV
Slawson, W. David, Vol IV
Smith, Edwin M., Vol IV
Smith, Jeffrey A., Vol I, II
Snodgrass, Jon, Vol V
Sobel, Lionel S., Vol IV
Solum, Lawrence B., Vol IV
Sonnenfeld, Albert, Vol III
Spillenger, Clyde, Vol IV
Spitzer, Matthew L., Vol IV
Stacey, Judith, Vol V
Starr, Kevin, Vol I
Starr, Peter, Vol III
Stefanovska, Malina, Vol III
Stewart, Daniel Lewis, Vol IV
Stockwell, Robert Paul, Vol II, III
Stolzenberg, N. M., Vol IV
Stone, Christopher D., Vol IV
Strauss, Marcy, Vol IV
Symcox, Geoffrey, Vol I
Talley, Eric L., Vol IV
Tennyson, Georg Bernhard, Vol II
Teves, Rita R., Vol IV
Teviotdale, Elizabeth C., Vol I
Thomas, Dominic R., Vol III
Thomas, Duncan, Vol IV
Thompson, Earl A., Vol IV
Thompson, Laurence G., Vol I
Tiersma, Peter M., Vol IV
Tomlinson, John G., Vol IV
Tornell, Aaron, Vol IV
Torrecilla, Jesus, Vol V
Totten, George Oakley, III, Vol I
Tournissac, Annick-France, Vol III
Treusch, Paul E., Vol IV
Trevizo, Dolores, Vol V
Tritle, Lawrence, Vol I
Troy, Nancy J., Vol I
Tsebelis, George, Vol IV
Tunick, David C., Vol IV
Tuttle, Edward Fowler, Vol III
Vairo, Georgene M., Vol IV
Vanderwilt, Jeffery T., Vol IV
Varnelis, Kazys, Vol I
Vergnaud, Jean-Roger, Vol III
Vine, Brent, Vol II, III
Voeltz, Richard Andrew, Vol I
Volokh, Eugene, Vol IV
Vonfalkenhausen, L., Vol I
Wagener, Hans, Vol III
Walker, Andrew David, Vol II, III
Walker, Rachel, Vol III
Walter, Hartmut S., Vol I
Ward, Thomas W., Vol V
Weekes, Martin Edward, Vol IV
Wehrli, Mary Brent, Vol V
Whitebread, Charles H., Vol IV
Whiteman, D. Bruce, Vol II
Whiting, Cecile, Vol I
Wilcox, Rand R., Vol V
Wilkie, James Wallace, Vol I
Williams, Gary C., Vol IV
Williams, William J., Vol IV
Williamson, Chris, Vol I
Willis, Alfred, Vol I
Wills, John E., Jr., Vol I
Wilson, Robert Arden, Vol I
Wittrock, Merlin Carl, Vol V
Wohl, Robert, Vol I
Wolfenstein, E. Victor, Vol IV
Woodard, Roger, Vol III
Worth, Dean Stoddard, Vol III
Wortham, Thomas, Vol II
Yarborough, Richard A., Vol I
Yenser, Stephen I., Vol II
Yin, Xiao-Huang, Vol I
Younger, Kelly, Vol II
Yu, Henry, Vol I
Zeitlin, Maurice, Vol V
Zevit, Ziony, Vol III
Zholkovsky, Alexander, Vol III
Zubizarreta, Maria Luisa, Vol III
Zuckerman, Bruce, Vol I

Los Gatos
Rogers, Franklin R., Vol II

Lucerne
Rising, Catharine C., Vol II

Malibu
Baird, David, Vol I
Buchanan, Raymond W., Vol II
Caldwell, Harry M., Vol IV
Carver, Marc, Vol IV
Casey, Michael W., Vol II
Casmir, Fred L., Vol II, III
Chesnutt, Randall D., Vol IV
Clark, W. Royce, Vol IV
Clegg, Cyndia Susan, Vol II
Cochran, Robert F., Jr., Vol IV
Colson, Darrel D., Vol IV
Dunaway, Baxter, Vol IV
Durham, Ken R., Vol III, IV
Fulmer, Constance M., Vol II
Gough, Russell W., Vol IV
Henslee, William D., Vol IV
Highfield, Ronald Curtis, Vol IV
Holmes, David, Vol II
Hughes, Richard T., Vol I, IV
James, Bernard, Vol IV
Kmiec, Douglas William, Vol IV
Lorenzi, Paola G., Vol III
Lowry, David, Vol II
Luft, Herbert, Vol I
Lynn, Richardson R., Vol IV
Marrs, Riock R., Vol IV
Martinez, Thomas, Vol V
McDowell, Markus, Vol IV
Mendosa, Antonio, Vol IV
Miller, Anthony, Vol IV
Miller-Perrin, Cindy, Vol V
Ogden, Gregory L., Vol IV
Paniccia, Patricia L., Vol IV
Rowland, Rick, Vol IV
Smith, F. Lagard, Vol IV
Thomason, Phil, Vol III
Tyler, Ronald, Vol IV
Willis, Tim, Vol IV

Marina del Rey
Levine, David Oscar, Vol I
Moore, Max, Vol IV

McKinleyville
Yingling, Julie, Vol II

Menlo Park
Carr, Michael Harold, Vol I
Holleran, John Warren, Vol IV
Patzia, Arthur G., Vol IV
White, Cecil R., Vol II

Merced
Cabezut-Ortiz, Delores, Vol II
Hallman, Max, Vol IV

Mill Valley
Arbino, Gary P., Vol I, IV
Harrop, Clayton Keith, Vol IV
Honeycutt, Dwight A., Vol I, IV
Hornecker, Ronald L., Vol IV
Martin, D. Michael, Vol IV
McCoy, Gary W., Vol II, IV

Mission Viejo
Giacumakis, George, Vol I
Heffernan, William A., Vol II
Quickel, Kim, Vol V
Wilson, Dick, Vol V

Modesto
Morris, Bernard E., Vol II

Monterey
Cooper, Danielle Chavy, Vol I, III
Glon, Daniel, Vol III
Larson, Stephanie L., Vol I
Nitsche, Richard, Vol II, III, V
Strolle, Jon M., Vol III

Moorpark
Daurio, Janice, Vol IV
Kairschner, Anne J., Vol II

Moraga
Beran, Carol L., Vol II
Boyd, Candy Dawson, Vol V
Fleming, John, Vol II
Guarneri, Carl J., Vol I
Lemke-Santangelo, Gretchen, Vol I
Lu, Matthias, Vol IV
Santiago, Myrna, Vol I

Moreno Valley
Conway, Melissa, Vol I

Mount View
Brennan, Mary Alethea, Vol II, III, IV

Mountain View
Jobim, Jose Luis, Vol III
Mariani, Bethania S. C., Vol III

Napa
Bunch, Richard Alan, Vol I
Francoz, Marion, Vol II

Newhall
Halstead, Thomas, Vol IV
Johnson, Robert C., Vol V
Varner, Willaim, Vol IV

North Hollywood
Wertheimer, Roger, Vol IV

Northridge
Armer, Alan A., Vol II
Attias, Bernardo, Vol II
Bajpai, Shiva Gopal, Vol I
Bartle, Elizabeth E., Vol V
Broesamle, John Joseph, Vol I
Camp, Richard, Vol I
Clendenning, John, Vol II
Crittenden, Charles, Vol IV
Field, Earle, Vol I
Ford, Alvin Earle, Vol III
Gariano, Carmelo, Vol III
Goss, James, Vol II, IV
Herman, Phyllis, Vol I
Hussain, Amir, Vol I
Johnson, DeWayne Burton, Vol II
Kellenberger, Bertram James, Vol IV
Klotz, Marvin, Vol II
Koistinen, Paul Abraham Carl, Vol I
Krissman, Fred, Vol V
Magliocco, Sabina, Vol V
Marlane, Judith, Vol II
McHenry, Leemon, Vol IV
McIntyre, Ronald Treadwell, Vol IV
Meyer, Michael, Vol I
Peters, John U., Vol II
Saunders, Kurt M., Vol IV
Schaffer, Ronald, Vol I
Sefton, James Edward, Vol I
Shaw, Victor, Vol V
Shofner, Robert Dancey, Vol IV
Sicha, Jeffrey Franklin, Vol IV
Soffer, Reba Nusbaum, Vol I
Solomon, Jack, Vol II
Soto, Shirlene, Vol I
Tarver-Behring, Shari, Vol V
Tohidi, Nayereh E., Vol V
Yagisawa, Takasi, Vol IV

Oak Park
Womack, Morris M., Vol II

Oakland
Abinader, Elmaz, Vol II
Adisa, Opal P., Vol II
Allen, Robert L., Vol I
Anderson, Robert T., Vol V
Baker-Kelly, Beverly, Vol IV
Beasley, A., Vol IV
Benham, Priscilla, Vol IV
Bernstein, JoAnne G., Vol I
Bloch, Chana, Vol II
Braungardt, Jurgen, Vol IV
Burris, John L., Vol IV
Caufield, Carlota, Vol III
Cavallari, Hector Mario, Vol I, III
Clegg, Jerry Stephen, Vol IV
Ford, Judith Donna, Vol IV
Giurlanda, Paul, Vol IV
Gordon, Bertram M., Vol I
Goring, William S., Vol V
Hart, Thomas Joel, Vol II
Hopkins, Donald Ray, Vol IV
Kahn, Madeleine, Vol II
Larsen, Grace H., Vol I
Micco, Melinda, Vol V
Milowicki, Edward John, Vol II
Moody, Linda A., Vol IV
Pavesich, Vida, Vol IV
Potter, Elizabeth, Vol V
Ratcliffe, Stephen, Vol II
Roberts, Wendy Hunter, Vol IV
Roth, Moira, Vol I
Russell, Diana Elizabeth H., Vol V
Santana, Deborah Berman, Vol V
Scheinberg, Cynthia, Vol II
Sheldon, Marianne Buroff, Vol I
Siekhaus, Elisabeth, Vol I, III
Skaggs, Rebecca, Vol IV
Strychacz, Thomas, Vol II
Stuckey, Priscilla F., Vol IV, V
Tatz, Mark, Vol IV
Ward, Carole Geneva, Vol II
Webster, William H., Vol IV
Weiner, Robert, Vol IV
Williams, Bruce, Vol V
Zweig, Ellen, Vol II

Orange
Arnold, Craig Anthony, Vol IV
Axelrod, Mark R., Vol III
Deck, Allan F., Vol III, IV
Gellman, I., Vol I
Hennessy, Anne, Vol IV
Larsen, Nick, Vol V
Martin, Mike W., Vol IV
Mc Grane, Bernard, Vol IV, V
Miller, Jeremy M., Vol IV
Nakell, Martin E., Vol II
Schneider, Matthew T., Vol II, III
Schultz, Nancy L., Vol IV
Truax, Elizabeth, Vol II

Pacific Grove
Greene, John C., Vol I

Pacific Palisades
Grimstad, Kirsten J., Vol III
Klein, William A., Vol IV
Popkin, Richard, Vol IV
Reichenbach, Maria, Vol IV

Palm Desert
Kreuter, Katherine, Vol III

Palo Alto
Balsamo, Anne, Vol II
Braud, William, Vol V
Forbes, A. Dean, Vol IV
Frager, Robert, Vol V
Ginsberg, Lesley, Vol II
Goldworth, Amnon, Vol IV
Jackson, Kennell A., Jr., Vol I
Scoledes, Aristotle, Vol IV
Tandy, Charles, Vol IV
Wade, Jenny, Vol V

Palos Verdes
Zucker, Alfred John, Vol I, II

Pasadena
Albert, Sidney Paul, Vol IV
Allocati, Iris F., Vol III
Barber, Paul Thomas, Vol III
Blustein, Bonnie Ellen, Vol I
Bogen, Joseph E., Vol III
Brandler, Marcielle, Vol II
Brennan, Linda, Vol II, V
Bricker, Daniel P., Vol IV
Brown, Colin, Vol IV
Clark, Justus Kent, Vol II
Davis, Lance E., Vol IV
Fay, Peter Ward, Vol I
Goldingay, John, Vol IV
Gooden, Winston Earl, Vol IV
Goodstein, Judith Ronnie, Vol I
Gorsuch, Richard L., Vol IV, V
Grillo, Laura, Vol I, IV
Hagner, Donald A., Vol IV
Johnston, R. K., Vol IV
Kevles, Daniel Jerome, Vol I
King, Roberta R., Vol II, IV, V
Kousser, Joseph Morgan, Vol I
Mandel, Oscar, Vol II
McClendon, James William, Jr., Vol IV
Miner, Ellis D., Vol III
Murphy, Nancey, Vol IV
Park, Timothy K., Vol IV
Reid, Joel Otto, Vol V
Rosenstone, Robert Allan, Vol I
Scholer, David M., Vol IV
Shaw, R. Daniel, Vol V
Shenk, Wilbert, Vol IV
Shin, Andrew, Vol II
Shuster, Marguerite, Vol IV
Smallenburg, Harry Russell, Vol II
Thomas, Nigel J. T., Vol I, IV
Thomson, William, Vol IV
Thongthiraj, Dootsdeemalachanok, Vol II
Vande Kemp, Hendrika, Vol V
Winter, Robert W., Vol I
Woodward, J., Vol IV

Pittsburgh
Schmalenberger, Jerry L., Vol IV

Placerville
Klimes, Rudolf, Vol V

Playa del Rey
Mahoney, John Francis, Vol II, III

Pleasant Hill
Daley, James, Vol V
Gonzales, Manuel G., Vol I
Rawls, James J., Vol I

Pomona
Carrier, Rebecca, Vol II
Evans, William Mckee, Vol I
Morsberger, Robert E., Vol II
Podany, Amanda H., Vol I
Ross, Peter W., Vol IV
Smith, David Richard, Vol II, III
Sturges, James W., Vol V

Poway
Baljon, Neil, Vol I
von Borstel, Federico, Vol V

Prunedale
Aarons, Leslie Ann, Vol IV

Rancho Cordova
Vryonis, Speros, Jr., Vol I

Rancho Palos Verdes
Sayers, Kari, Vol II

Rancho Santa Fe
McDonald, Marianne, Vol II

Redding
Brown, Stephen G., Vol IV
Rocca, Al M., Vol I, V

Redlands
Eng, Robert Y., Vol I
Hester, James D., Vol IV
Keene, Jennifer D., Vol I
Musmann, Klaus, Vol II
Ogren, Kathy J., Vol I
Sandos, James A., Vol I
Vailakis, Ivan Gordon, Vol II, III

Redondo Beach
Heim, Michael R., Vol IV

Reedley
Borofka, David, Vol II

Reseda
James, Woodrow C., Vol II

Richmond
McSpadden, Lucia, Vol V

Ripon
Radic, Randall, Vol IV

Riverside
Arrizon, Alicia, Vol V
Axelrod, Steven Gould, Vol II
Baker, David V., Vol V
Barkin, Kenneth, Vol I
Bredbeck, Gregory W., Vol II
Brett, Philip, Vol II
Briggs, John C., Vol II
Chang, Edward T., Vol V
Chen, Jingsong, Vol III
Childers, Joseph W., Vol II
Cortes, Carlos Eliseo, Vol I
Cranor, Carl F., Vol IV
Daviau, Donald G., Vol III
Devlin, Kimberly J., Vol II
Dunn, Robert P., Vol II
Elliott, Emory B., Vol II
Essick, Robert N., Vol I, II
Fabricant, Carole, Vol II
Fagundo, Ana Maria, Vol II, III
Fischer, John Martin, Vol IV
Forster-Hahn, Francoise, Vol I
Ganim, John Michael, Vol II, III
Gaustad, Edwin Scott, Vol I, IV
Gericke, Philip Otto, Vol III
Getty, J. Arch, Vol I
Gillis, Catherine L., Vol II
Glidden, David, Vol IV
Godbeer, R., Vol I
Grimm, Reinhold, Vol III
Haggerty, George E., Vol II
Hendrick, Irving Guilford, Vol I, V
Hoffman, Paul, Vol I, IV
Hornby, Richard, Vol II
Hsu, Ginger Cheng-chi, Vol I
Keller, Pierre, Vol IV
Kim, Wonil, Vol IV
King, Ben L., Vol II, III
Kinney, Katherine, Vol II
Kposowa, Augustine, Vol V
Kronenfeld, David B., Vol V
Kronenfeld, Judith Z., Vol II
Laursen, John Christian, Vol IV
Levin, Jules Fred, Vol III
Lopez, Tiffany Ana, Vol II
Magnus, Bernd, Vol IV
Megenney, William Wilber, Vol III
Mileur, Jean-Pierre, Vol II
Morton, Carlos, Vol II
Morton, Patricia A., Vol I
Ness, Sally A., Vol V
O'Connor, June Elizabeth, Vol IV
Ostrow, Steven F., Vol I
Parr, James A., Vol I, III
Phillips, John Allen, Vol I
Quin, Carolyn L., Vol II
Reath, Andrews, Vol IV
Reck, Erich H., Vol IV
Robertson, Patricia, Vol V
Roy, Parama, Vol II
Rudolph, Conrad, Vol I
Salzman, Michele, Vol I
Scanlon, Thomas Francis, Vol III
Schwitzgebel, Eric, Vol IV
Stewart, Stanley N., Vol II
Stokes, H. Bruce, Vol V
Stoltzfus, Ben F., Vol III
Thompson, O., Vol IV
Tobey, Ronald Charles, Vol I
Turk, Austin T., Vol V
Turner, Jonathan H., Vol V
Tyler, Carole-Anne, Vol II
Vickery, John B., Vol II
Wall, Irwin M., Vol I
Waller, Marguerite R., Vol III
Warnke, George C., Vol IV
Westfahl, Gary, Vol II
Wetherell, Charles W., Vol I
Wettstein, Howard K., Vol IV
Willis, Deborah, Vol II
Wilson, Danny K., Vol IV
Wright, Larry, Vol IV
Yamamoto, Traise, Vol I, II

Rocklin
Fishman, Jerry, Vol II

Rohnert Park
Abernethy, Cecil Emory, Vol II
Castillo, Ed, Vol I, V
Clayton, Philip, Vol I, IV
Gale, Richard A., Vol II
Haslam, Gerald William, Vol II, III
Hillier, Susan, Vol V
Martinez, Elizabeth Coonrod, Vol III, V
Mellini, Peter John Dreyfus, Vol I
Parker, Sue T., Vol V
Phillips, Peter, Vol V
Praetzellis, Adrian, Vol V
Raskin, Jonah, Vol II
Rust, Ezra Gardner, Vol II
Wautischer, Helmut, Vol IV, V
Webster, Niambi Dyanne, Vol I
White, David Anthony, Vol I

Rohnert Pk
Allen, Julia M., Vol II

Sacramento
Agosta, Lucien, Vol II
Bankowsky, Richard James, Vol II
Burger, Mary Williams, Vol V
Chambers, Henry Edmund, Vol I
Cooper, Joseph, Vol IV
Covin, David Leroy, Vol IV
Craft, George S., Jr., Vol I
Dennis, Harry Joe, Vol III
Ford, Bonnie L., Vol I
Giles, Mary E., Vol III
Gordon, Allan M., Vol I
Hampton, Grace, Vol V
Harris, Stephen Leroy, Vol IV
Kando, Thomas M., Vol V
Loewy, Erich H., Vol IV
Long, James L., Vol IV
Madden, David, Vol II
Marsh, Vincent, Vol I
Moftakhar, Hossein, Vol V
Nystrom, Bradley, Vol I
Owens, Kenneth Nelson, Vol I
Raye, Vance Wallace, Vol IV
Roberts, Charles Edward, Vol I
Santana, Jorge Armando, Vol III
Scott, Otis L., Vol V
Smith, Heman Bernard, Vol IV
Stolba, Soheir, Vol V
Trujillo, Nick L., Vol II
Tumminia, Diana, Vol V
Vande Berg, Leah R., Vol II
Von Friederichs-Fitzwater, Marlene M., Vol II
Williamson, Arthur H., Vol I
Wu, Joseph Sen, Vol III, IV

San Anselmo
Liebert, Elizabeth, Vol IV
Ocker, Christopher, Vol IV
Park, Eung Chun, Vol IV
Waetjen, Herman C., Vol IV
White, Ronald C., Vol I, IV

San Bernardino
Barkan, Elliott Robert, Vol I, V
Barnes, Ronald Edgar, Vol II
Blackey, Robert Alan, Vol I
Burgess, Michael, Vol II
Downs, Louis, Vol V
Earnest, Steve, Vol II
Everson, George D., Vol V
Fairchild, Bertram H., Vol II
Fields, Lanny Bruce, Vol I
Freischlag, Jerry A., Vol V
Golden, Bruce, Vol II, III
Henry, Mildred M. Dalton, Vol V
Jandt, Fred E., Vol II
Kallenberg, Brad J., Vol IV
LaFaye, A., Vol II
Mcafee, Ward Merner, Vol I
Reich, Louis, Vol IV
Riggs, Cheryl A., Vol I
Schofield, Kent, Vol I

San Clemente
Goodman-Delahunty, Jane, Vol IV, V

San Diego
Adams, Elsie B., Vol II
Alexander, Larry, Vol IV
Appelbaum, Robert, Vol II
Aquino, Maria Pilar, Vol IV
Atterton, Peter C., Vol IV
Baber, Harriet Erica, Vol IV
Barbone, Steven, Vol IV
Benson, Jackson J., Vol II
Berger, Bennet Maurice, Vol V
Borstel, Frederico Von, Vol V
Brooks, Roy Lavon, Vol IV
Brown, Ruth Christiani, Vol II
Carver, Frank G., Vol IV
Case, Thomas Edward, Vol III
Caywood, Cynthia, Vol II
Chamberlin, Eugene Keith, Vol I
Chang, Mei-I, Vol V
Chu, Pao-Chin, Vol I
Coates, Robert Crawford, Vol IV
Corlett, J. Angelo, Vol IV
Cox, Thomas Richard, Vol I
Crawford, Colin, Vol IV
Cunniff, Roger Lee, Vol I
Dionisopoulos, George N., Vol II
Donadey, Anne, Vol III, V
Donnelly, John, Vol IV
Dukas, Vytas, Vol III
Eaton, Kent A., Vol IV
Eigner, Edwin Moss, Vol II
Engstrand, Iris H. Wilson, Vol I
Farber, Gerald Howard, Vol II, III
Fisher, Robert Thaddeus, Vol IV
Fussell, Edwin, Vol II
Gazell, James A., Vol IV
Geist, Patricia, Vol II
Genovese, Edgar Nicholas, Vol II, III
Gevirtz, Richard N., Vol V
Gillman, Florence Morgan, Vol IV
Griswold, Jerome Joseph, Vol II
Hanchett, William, Vol I
Hayes, Floyd Windom, III, Vol I
Hinkes, Madeline J., Vol V
Hoidal, Oddvar Karsten, Vol I
Hurd, Heidi M., Vol IV
Hutchinson, George, Vol V
Jackson, Elizabeth R., Vol III
Jackson, James Harvey, Vol II
Johnson, Willard, Vol IV
Kantor, John, Vol V
Kennedy, Rick, Vol I
Kim, Young Hum, Vol I, IV
Koelsch, William Alvin, Vol I
Kovach, Charles, Vol II
Kushner, Howard I., Vol I
Lauzen, Martha M., Vol II, V
Lawson, Richard H., Vol III
Lee, Cheryl R., Vol IV
Lustig, Myron W., Vol II, V
Lyman-Hager, Mary Ann, Vol III
Macy, Gary A., Vol I, IV
Mapa, Marina Vargas, Vol III
Marquis, Alice Goldfarb, Vol I
Martin, Donald R., Vol II
McClain, Molly A., Vol I
McGowan, Joseph P., Vol II
McKinney, George Dallas, Jr., Vol IV
McLeod, Johnathan, Vol I
Meadows, Eddie, Vol II, V
Mohamed, A. Rafil, Vol V
Monroe, Theresa M., Vol IV
Morris, Grant H., Vol IV
Nelson, Lance E., Vol IV
Neumeyer, Peter F., Vol II
Nyce, Benjamin M., Vol II
Parrish, Michael Emerson, Vol I
Pascuzzi, Maria, Vol IV
Peterson, Richard Hermann, Vol I
Powell, Sam, Vol IV
Real, Michael, Vol II
Reilly, Michael S., Vol V
Rigali, Norbert Jerome, Vol IV
Robinson, Fred, Vol II
Rohatyn, Dennis Anthony, Vol IV
Rosenstein, Leon, Vol IV
Savvas, Minas, Vol II, III
Schwabach, Aaron, Vol IV
Scorgie, Glen G., Vol I, IV
Shapiro, Lewis P., Vol III, V
Silverman, Malcolm Noel, Vol III
Spitzberg, Brian H., Vol II
Steele, Richard William, Vol I
Steets, Cheryl, Vol I
Stites, Francis Noel, Vol I
Storer, Norman William, Vol V
Strong, Douglas Hillman, Vol I
Toombs, Charles Phillip, Vol II
Wagner, Michael Frank, Vol IV
Walsh, Elizabeth, Vol II
Warren, Edward W., Vol III, IV
Weber, Shirley Nash, Vol I
Weckstein, Donald Theodore, Vol IV
Weston, Thomas Spengler, Vol IV
Youngblood, Ronald F., Vol IV

San Francisco
Arnelle, Hugh Jesse, Vol IV
Bach, Kent, Vol IV
Bassan, Maurice, Vol II
Bassett, William W., Vol I, IV
Behrooz, Maziar, Vol I
Berger, Arthur A., Vol II
Bodkin, Robin O., Vol III
Boucher, Jerry, Vol V
Brandt, Eric A., Vol IV
Brown, Amos Cleophilus, Vol IV
Browning, Judith, Vol II
Buckley, Francis J., Vol IV
Burneko, Guy, Vol II, IV
Busby, Rudolph E., Vol II
Cavanaugh, Thomas A., Vol IV
Cherny, Robert Wallace, Vol I
Chinosole, Vol III
Chope, Robert C., Vol V
Ciena, Mel, Vol V
Coleman, Arthur H., Vol IV
Combs, Jerald A., Vol I
Cuellar, Jose, Vol V
Curtin, John C., Vol IV
D'Agostino, Anthony W., Vol I
Davis, Morris E., Vol IV
De Vries, Brian, Vol V
Dell'Agostino, David, Vol IV
Elliott, John Hall, Vol IV
Feinstein, Herbert Charles Verschleisser, Vol II
Felstiner, Mary Lowenthal, Vol I
FitzGerald, Desmond J., Vol IV
Forrester, William Ray, Vol IV
Fulkerth, Robert C., Vol II
Gleason, Elisabeth Gregorich, Vol I
Gottesman, Leslie D., Vol II
Gregory, Michael Strietmann, Vol II
Gries, Frauke, Vol III
Hackenburg, Michael, Vol I
Hajdin, Mane, Vol IV
Hanson, Marci J., Vol V
Harrison, Randall Paul, Vol II
Head, Laura Dean, Vol I
Held, Beverly Orlove, Vol I
Hill, Patricia Liggins, Vol II
Holbert, Raymond, Vol I
Illick, Joseph E., Vol I
Issel, William Henry, Vol I
Jacobson, Paul A., Vol II
Jaimes-Guerrero, Mariana, Vol I, V
Jeffers, Clifton R., Vol IV
Jewell, James Earl, Vol II
Johnson, Don Hanlon, Vol V
Johnson, Phil Brian, Vol I
Kruze, Uldis, Vol I
Leahy, Margaret E., Vol IV
Leitao, David, Vol II, III
Leroux, Jeffrey, Vol V
Lowe, Donald M., Vol I
Luft, Sandra, Vol I
MacKinnon, Patricia L., Vol V
Mattei, Ugo A., Vol IV
McCarthy, J. Thomas, Vol IV
Mendieta, Eduardo, Vol IV
Middlebrook, Diane W., Vol II
Middlebrook, Jonathan, Vol II
Moskovitz, Myron, Vol IV
Moskowitz, Andre J., Vol III
Murray, Stephen O., Vol V
Nagarajan, Vijaya, Vol IV
Neaman, Elliott Y., Vol I
Needleman, Jacob, Vol IV
Peel, Ellen S., Vol II
Richards, Johnetta Gladys, Vol I
Rischin, Moses, Vol I
Rothberg, Donald Jay, Vol IV
Russell, Charles G., Vol II
Schechter, Joel, Vol II
Seely, Gordon M., Vol I, V
Silvers, Anita, Vol I, IV
Sims, Amy R., Vol I
Smith, Patrick J., Vol II
Soh, C. Sarah, Vol V
Solomon, H. Eric, Vol II
Spretnak, Charlene, Vol IV
Staples, Robert Eugene, Vol V
Stevens, M., Vol I
Stump, David James, Vol IV
Tierney, Kevin H., Vol IV
Traynor, Michael, Vol IV
Vogeley, Nancy Jeanne, Vol III
Wang, Jennie, Vol II
Wang, William Kai-Sheng, Vol IV
Wong, Bernard P., Vol V
Zimmerman, Michael, Vol II

San Gabriel
Chen, John C., Vol V
Laird, David, Vol II

San Jose
Birenbaum, Harvey, Vol II
Blouin, Lenora P., Vol II
Boll, Michael Mitchel, Vol I
Boudreau, Joseph A., Vol I
Brooks, Robin, Vol I
Callaghan, Glenn McKee, Vol V
Chan, Loren Briggs, Vol I
Cook, S. D. Noam, Vol IV
Cordell, LaDoris Hazzard, Vol IV
Cramer, Richard S., Vol I
Douglass, Paul, Vol II
Easter, Marilyn, Vol V
Goddard, Nettye, Vol II
Goldman, Aaron L., Vol I
Hinckley, Ted C., Vol I
Kao, Arthur Mu-sen, Vol I
Leddy, T., Vol IV
Leung, Kai-Cheong, Vol III
Maio, Samuel, Vol II
Mcneil, David O., Vol I
Melendy, Howard Brett, Vol I
Mengxiong, Liu, Vol II
Moore, George Eagleton, Vol I
Murray, S. B., Vol V
Pollock, John, Vol II
Reckmeyer, William J., Vol V
Reynolds, E. Bruce, Vol I
Roth, Jonathan, Vol I
Ryzl, Milan, Vol I
Varona, Federico, Vol II
Walker, Ethel Pitts, Vol II
Wheeler, Gerald Everett, Vol I
Wilcox, Dennis Lee, Vol II

San Luis Obispo
Barnes, Timothy Mark, Vol I
Bethel, Arthur Charles Walter, Vol IV
Clark, Kevin, Vol II
Duffy, Bernard K., Vol II
Evnine, Simon, Vol IV
Frantz, Barbara, Vol III, V
Hellenbrand, Harold, Vol II, III
Hogan, Wilbur C., Vol IV
Houlgate, Laurence Davis, Vol IV
Jones, Terry L., Vol V
Krieger, Daniel, Vol I
Lynch, Joseph J., Vol IV
Mori, Barbara L., Vol I, V
Oriji, John, Vol I
Preston, William L., Vol I
Saltzman, Judy Deane, Vol IV
Schwartz, Debora B., Vol II
Snetsinger, John, Vol I
Yip, Christopher, Vol I
Zeuschner, Raymond F., Vol II
Zulfacar, Maliha, Vol V

San Marcos
Cassel, Susie L., Vol II
Kerckhove, Lee, Vol IV
Oliver, Eileen, Vol II
Peterson, Morgan, Vol IV
Watts, Jill, Vol I
Yuan, Yuan, Vol II

San Marino
Brink, Jean R., Vol II
Wark, Robert Rodger, Vol I

San Mateo
Lapp, Rudolph Mathew, Vol I
Petit, Susan, Vol II, III
Witt, Irving M., Vol V

San Rafael
Dougherty, Patricia M., Vol I
Novak, Philip Charles, Vol IV
Radden, Viki, Vol II
Sinclair, Scott, Vol IV

Sansalito
Bache, Christopher Martin, Vol IV

Santa Ana
Osborne, Thomas, Vol I

Santa Barbara
Abbott, H. Porter, Vol II
Allaback, Steve, Vol II
Alpert, Julie, Vol II
Ashby, William James, Vol III
Athanassakis, Apostolos N., Vol II, III
Avalle-Arce, Juan Bautista, Vol III
Badash, Lawrence, Vol I
Bazerman, Charles, Vol II
Blackwood-Collier, Mary, Vol III
Blau, Sheridan, Vol II
Bliss, Lee, Vol II
Boscagli, Maurizia, Vol II
Bowers, Edgar, Vol II
Butler-Evans, Eliot, Vol II
Carlisle, Harry J., Vol V
Carlson, Julie, Vol II
Chaffee, Steven H., Vol II
Cohen, Patricia Cline, Vol I
Collins, Robert O., Vol I
Cook, Elizabeth Heckendorn, Vol II, III
Cook, Stephan H., Vol II
Cooley, Timothy, Vol II, V
Cornwall, Robert D., Vol I, IV
Cortijo, Antonio, Vol III
Daniels, Douglas Henry, Vol I
Dauer, Francis W., Vol IV
De Hart, Jane S., Vol I
Deconde, Alexander, Vol I
Delaney, Paul, Vol II
Djordjevic, Dimitrije, Vol I
Docter, Mary K., Vol III
Drake, Harold A., Vol I, II, III
Duffy, Andrew E., Vol II
Dunn, Francis M., Vol II
Erickson, Robert A., Vol II
Exner, Richard, Vol III
Flacks, Richard, Vol V
Fradenburg, L. O. Aranye, Vol II
Frakes, George Edward, Vol I
Frost, Frank J., Vol I
Fumerton, Patricia, Vol II
Garfinkle, Charlene G., Vol I
Garr, W. Randall, Vol III
Gebhard, David, Vol I
Giuliano, Michael J., Vol II
Golledge, Reginald G., Vol I
Gundry, Robert H., Vol IV
Gunn, Giles, Vol II
Guss, Donald Leroy, Vol II
Gutierrez-Jones, Carl, Vol II
Hahn, Francis V. Hickson, Vol II, III
Helgerson, Richard, Vol II, III
Heller, Lee Ellen, Vol II
Hernadi, Paul, Vol III
Hoffmeister, Gerhart, Vol III
Jackman, Jarrell C., Vol I, III
Jobes, Karen H., Vol IV
Johnson, Donald Barton, Vol III
Jordan, Borimir, Vol II, III
Jorden, Crystal W., Vol V
Kalman, Laura, Vol I
Lane, Alcyee, Vol II
Leal, Luis, Vol III
Li, Charles N., Vol III
Lim, Shirley G., Vol II
Lindemann, Albert S., Vol I
Lindheim, Sara H., Vol II, III
Liu, Alan, Vol II
Longman, Tremper, III, Vol IV
Lundell, Torborg Lovisa, Vol III, V
Mahlendorf, Ursula R., Vol III
Martinez-Lopez, Enrique, Vol III
Maslan, Mark, Vol II
McCarthy, Patrick J., Vol II
McCracken, Charles James, Vol IV
Mcentyre, Marilyn Chandler, Vol III
McGee, James Sears, Vol I
Merkl, Peter Hans, Vol IV
Meznar, Joan E., Vol I
Michaelsen, Robert Slocumb, Vol IV
Miko, Stephen, Vol II
Millen, Shirley A., Vol I
Morstein-Marx, Robert, Vol I
Nash, Roderick W., Vol I
Nelson, William B., Vol I, III
Newfield, Cristopher, Vol II
O'Connell, Michael, Vol II
Obitts, Stanley Ralph, Vol IV
Oglesby, Richard E., Vol I
Pasternack, Carol Braun, Vol I, II
Perissinotto, Giorgio, Vol III
Pointer, Richard W., Vol I
Potter, Robert Alonzo, Vol II
Rank, Hugh, Vol II
Remak, Joachim, Vol I
Renehan, Robert, Vol III
Ridland, John, Vol II
Robins, Marianne Ruel, Vol I
Roof, Wade Clark, Vol V
Salmon, Nathan, Vol IV
Scheff, Thomas, Vol V
Shelton, Jo-Ann, Vol I
Sider, John W., Vol II
Singh, Mann Gurinder, Vol IV
Smart, Ninian, Vol I, IV
Smith, James David, Vol I
Speirs, Logan, Vol II
Spencer, Gregory H., Vol II
St. Omer, Garth, Vol II, III
Steiner, Thomas Robert, Vol II, III
Sullivan, John P., Vol II, III
Talbott, John Edwin, Vol I
Tappy, Ron E., Vol I, III
Taylor, James, Vol IV
Tobin, Ronald William Francis, Vol III
Vander Mey, Randall J., Vol II
Wallace, B. Alan, Vol IV
Wallace, Vesna Acimovic, Vol III
Wennberg, Robert N., Vol IV
Wiemann, John M., Vol II
Willis, Paul J., Vol II
Wilson, Jonatan R., Vol IV
Yegul, Fikret Kutlu, Vol I
Young, David Charles, Vol II, III
Young, Kay, Vol II
Zimmerman, Evertett, Vol II

Santa Clara
Alexander, George J., Vol IV
Anawalt, Howard C., Vol IV
Burnham, Michelle, Vol II
Calkins, Martin, Vol IV
Dreher, Diane Elizabeth, Vol II
Dunbar, Mary Judith, Vol II
Felt, James Wright, Vol IV
Field, A. J., Vol IV
Gelber, Steven Michael, Vol I, V
Gordon, Mary Mcdougall, Vol I
Hanson, Eric O., Vol IV
Jimenez, Francisco, Vol III
Jonte-Pace, Diane E., Vol IV
McKevitt, Gerald, Vol I, IV
Osberg, Richard H., Vol I, II
Pierson, Peter O'Malley, Vol I
Soukup, Paul A., Vol II
Spatz, Nancy, Vol I
Spohn, William C., Vol IV
Sullivan, Kieran, Vol V
Unger, Nancy, Vol I
Urdan, Timothy C., Vol V
White, Fred D., Vol II

Santa Cruz
Aissen, Judith, Vol III
Anthony, David Henry, III, Vol I
Aronson, Elliot, Vol V
Beecher, Jonathan F., Vol I
Burke, Edmund, Vol I
Chalmers, David, Vol IV
Chung, Sandra, Vol III
Crow, Ben, Vol V
Fahl, Ronald Jenks, Vol I
Farkas, Donka F., Vol III
Foley, Mary Kathleen, Vol I, II
Fukurai, Hiroshi, Vol IV, V
Hankamer, Jorge, Vol III
Hedrick, Charles W., Jr., Vol I
Hester, Karlton Edward, Vol II
Houghton, Edward Francis, Vol II
Hull, Akasha Gloria, Vol II
Ito, Junko, Vol III
Jannarone, Kimberly M., Vol II
Jansen, Virginia, Vol I
Kenez, Peter, Vol I
Ladusaw, William A., Vol III
Levine, Bruce C., Vol I
Linger, Daniel T., Vol V
Mccloskey, James, Vol III
Mester, Armin, Vol III
Miles, Gary B., Vol II, III
Moglen, Helene, Vol II
Nauenberg, M., Vol I
Neu, Jerome, Vol IV
Noren, Stephen J., Vol IV
Padgett, Jaye, Vol III
Patton, Marilyn D., Vol II
Pettigrew, Thomas Fraser, Vol V
Pullum, Geoffrey K., Vol III
Roby, Pamela A., Vol V
Sharp, Buchanan, Vol I
Shipley, William F., Vol III
Swanger, David, Vol II, IV
Thompson, Bruce, Vol I
Urban, Michael, Vol IV
Westerkamp, Marilyn J., Vol I
Wilson, Carter, Vol I, V

Santa Maria
Fischer, Klaus P., Vol I

Santa Monica
Daughtry, Philip J., Vol II
Kessler, Jascha Frederick, Vol II
Lundgren, Amy, Vol V
Nieman, Nancy Dale, Vol III
Stramel, James, Vol IV
Tobias, Michael Charles, Vol II
Verba, Ericka K., Vol I
Wexler, Alice Ruth, Vol I
Yablonsky, Lewis, Vol V

Santa Rosa
Ehret, Terry, Vol II
Rosen, Nina, Vol II
Rudinow, Joel, Vol IV
Wright, Janis, Vol II

Saratoga
Cubie, Michael, Vol IV, V
Jimenez, Randall, Vol I

Seal Beach
LeMoncheck, Linda, Vol IV, V

Seaside
Mendoza, Ruben, Vol V
Reis, Raul, Vol II
Wang, Qun, Vol II

Sebastopol
Price, Glenn Warren, Vol I

Silverado
Machan, Tibor R., Vol IV

Simi Valley
Cheal, Catheryn Leda, Vol I

Solana Beach
Friedman, Maurice Stanley, Vol IV

Sonoma
Woodbridge, John M., Vol I, II

Sonora
Kaiser, Kevin Robert, Vol I, IV

Springville
Falero, Frank, Vol IV

Stanford
Anderson, R. Lanier, Vol IV
Babcock, Barbara Allen, Vol IV
Baker, Keith M., Vol I
Bar, Francois, Vol II
Barton, John Hays, Vol IV
Bell, Susan Groag, Vol I, V
Bernstein, Barton Jannen, Vol I
Bloomer, W. Martin, Vol II, III
Bower, Gordon, Vol V
Breitrose, Henry S., Vol II
Brest, Paul, Vol IV
Brown, George Hardin, Vol II
Carlsmith, Lyn, Vol V
Carnochan, Walter Bliss, Vol II
Carson, Clayborne, Vol I
Castle, Terry, Vol II
Clark, Eve Vivienne, Vol III
Cohn, Robert G., Vol III
Connolly, Joy P. T., Vol II, III
Craig, Gordon Alexander, Vol I
Degler, Carl Neumann, Vol I
Delaney, Carol L., Vol V
Donahue, John J., Vol IV
Evans, John Martin, Vol II
Fehrenbacher, Don Edward, Vol I
Felstiner, John, Vol II, III, IV
Findlen, Paula, Vol I
Fleishman, Lazar, Vol III
Fliegelman, Jay, Vol II
Fonrobert, Charlotte, Vol I
Franco, Jean, Vol II
Fredrickson, George M., Vol I
Freedman, Estelle, Vol I
Friedman, Lawrence M., Vol IV
Glasser, Theodore L., Vol II
Gleason, Maude, Vol II, III
Goetschel, Willi, Vol III
Goldstein, Paul, Vol IV
Gomez-Herrero, Fernando, Vol I
Gould, William Benjamin, Vol IV
Greene, Roland, Vol II
Gregg, Robert C., Vol II, III
Grey, Thomas C., Vol IV
Gumbrecht, Hans Ulrich, Vol II
Gunther, Gerald, Vol I, IV
Hester, Ralph M., Vol III
Hilton, Ronald, Vol IV
Huang, Alexander C. Y., Vol III
Hunt, Patrick, Vol II, III
Jameson, Michael H., Vol II, III
Jenkins, Nicholas, Vol II
Kennedy, David M., Vol I
Kollmann, Nancy Shields, Vol I
Langmuir, Gavin Ince, Vol I
Lenior, Timothy, Vol I
Lindenburger, Herbert S., Vol II, III
Lougee-Chappell, Carolyn, Vol I
Lunsford, Andrea A., Vol II
Manning, Joseph G., Vol II, III
Martin, Richard Peter, Vol III
Mass, Jeffrey Paul, Vol I
Maxmin, Jody, Vol II, III
McCall, Marsh H., Jr., Vol II, III
McLure, Charles E., Jr., Vol IV
Merryman, John Henry, Vol IV
Metzger, Thomas Albert, Vol I
Miano, Alice, Vol III
Mints, Grigori, Vol IV
Moravcsik, Julius M., Vol IV
Morris, Ian, Vol II, III
Moser, Thomas Colborn, Sr, Vol II
Mudimbe, Valentine, Vol III
Nass, Clifford I., Vol II
Nightingale, Andrea Wilson, Vol II, III
Olzak, Susan, Vol V
Perloff, Marjorie Gabrielle, Vol II
Philpott, Mark, Vol IV
Polhemus, Robert M., Vol II
Pratt, Mary Louise, Vol III
Rabin, Robert Leonard, Vol IV
Rakove, Jack Norman, Vol I
Rebholtz, Ronald A., Vol II
Reeves, Byron, Vol II
Rehm, Rush, Vol II, III
Reynolds, Clark Winton, Vol IV
Risser, James V., Vol II
Roberts, Donald F., Vol II
Rorty, R., Vol IV
Rosner, Jennifer, Vol IV
Ryan, Lawrence Vincent, Vol II
Sag, Ivan Andrew, Vol III
Schnapp, Jeffrey, Vol III
Scott, William Richard, Vol V
Seaver, Paul Siddall, Vol I
Selfridge-Field, Eleanor, Vol II
Sheehan, James John, Vol I
Sheehan, Thomas, Vol IV
Simon, William Hackett, Vol IV
Sockness, Brent, Vol IV
Spitz, Ellen Handler, Vol IV
Spitz, Lewis W., Vol I
Stansky, Peter D. L., Vol I
Steele, Claude Mason, Vol V
Stephens, Susan A., Vol II, III
Sungdai, Cho, Vol III
Suppes, Patrick, Vol IV
Syed, Jasmin, Vol II, III
Traugott, Elizabeth Closs, Vol III
Treggiari, Susan M., Vol II, III
Vucinich, Wayne S., Vol I
Wallace, John R., Vol III
Wang, John C. Y., Vol III
Wasow, Thomas Alexander, Vol III
Wigodsky, Michael M., Vol II, III
Wirth, John Davis, Vol I

Stockton
Albala, Kenneth, Vol I
Ballot, Michael, Vol IV
Blum, George Paul, Vol I
Borden, Diane M., Vol II
Camfield, Gregg, Vol II
Clerc, Charles, Vol II
Cox, Caroline, Vol I
Cox, Robert, Vol II
Dominik, Jane, Vol II
Erickson, Erling A., Vol I
Ferraiolo, William D., Vol IV
Giraldez, Susan C., Vol III
Grubbs, Donald Hughes, Vol I
Hauben, Paul J., Vol I
Heffernan, James, Vol IV
Humphreys, Leonard A., Vol I
Kahn, Sy M., Vol II
Kallman, Theodore, Vol I
Knighton, Robert Tolman, Vol II
Koper, Randall J., Vol II
Lewis, George H., Vol V
Limbaugh, Ronald H., Vol I
Lutz, Reinhart, Vol II
Lyons, Robin, Vol I
Maynard, Arthur Homer, Vol IV
McCullen, Maurice, Vol II
Miller, Sally M., Vol I
Mueller, Roger, Vol II
Norton, Camille, Vol II
Pasztor, Suzanne B., Vol I
Schedler, Gilbert W., Vol II
Seaman, John, Vol II
Sharp, Francis Michael, Vol III
Smith, Reuben W., Vol I
Tedards, Douglas Manning, Vol II
Williams, John S., Vol II
Wittrup, Eleanor, Vol IV
Wolak, William J., Vol II

Studio City
Theile, Karl H., Vol I, IV

Summerland
Baker, Melva Joyce, Vol I

Sun Valley
Barrick, William D., Vol IV

Sylmar
Foster, Dudley E., Vol II

Thousand Oaks
Chen, Xiang, Vol I, IV
Kelley, Beverly M., Vol II
Paskow, Shimon, Vol IV
Stewart, Walter K., Vol III
Streeter, Jarvis, Vol IV
Tierney, Nathan, Vol IV

Torrance
Eula, Michael James, Vol I, IV
Hata, Nadine Ishitani, Vol I
Verge, Arthur C., Vol I

Turlock
Andres, Carlos M., Vol III
Blodgett, Harriet H., Vol II
Chu, Mayling M., Vol V
Mcdermott, Douglas, Vol II
Oppenheim, Samuel, Vol I
Ploeger, Katherine, Vol II
Regalado, Samuel, Vol I
Vallega-Neu, Daniela, Vol IV
Weikart, Richard, Vol I

Tustin
Moon, Cyris Hee Suk, Vol I

Ukiah
Hock, Roger R., Vol V

Vallejo
Marocchino, Kathryn D., Vol II

Valley Glen
Freeman, Margaret H., Vol II

Van Nuys
Garber, Zev Warren, Vol IV

Venice
Becker-Slaton, Nellie Frances, Vol V
Rosenberg, Jack L., Vol V

Ventura
Armstrong, Dianne, Vol II
Rush, Patricia, Vol III

Visalia
Bringhurst, Newell G., Vol I, IV

Walnut Creek
Schouborg, Gary, Vol IV

Watsonville
Mahan, Susan, Vol I, IV
Omosupe, Ekua Rashida, Vol II, V

Westlake Village
Koestenbaum, Peter, Vol IV

Whittier
Charbran, H. Rafael, Vol I, III
Marks, Robert B., Vol I
Radisich, Paula, Vol I
Yocum, Glenn E., Vol IV

Woodland Hills
Coonfield, W. A., Vol II
Follick, Edwin D., Vol IV, V
Pickard, Dean, Vol IV
Rowe, Bruce M., Vol V

COLORADO

Alamosa
Daley, Koos W., Vol II
Gross, Pamela, Vol I
Hilwig, Stuart, Vol I
Mazel, David, Vol II
Peterson, Norma Lois, Vol I

Aurora
Boyd, Tom Wesley, Vol IV

Boulder
Allen, Brenda J., Vol II
Alpern Engel, Barbara, Vol I
Anderson, Fred, Vol I
Anthes, Susan H., Vol II
Baker, Donald C., Vol II
Banich, Marie T., Vol V
Barchilon, Jacques, Vol III
Barton, Charles K. B., Vol IV
Beer, Francis A., Vol IV
Bejel, Emilio, Vol II, III
Belknap, Joanne, Vol V
Blanken, Peter D., Vol I
Bourne, Lyle E., Vol V
Bryant, Lynn Ross, Vol IV
Buttenfield, Barbara P., Vol I
Chernus, Ira, Vol IV
Christensen, Carl C., Vol I
Churchill, Mary, Vol IV
Cioffi-Revilla, Claudio, Vol IV
Cleland, Carol, Vol IV
Craig, Robert T., Vol II
Davenport, Christian A., Vol IV
Deetz, Stanley A., Vol II
Deloria, Vine, Jr., Vol I
Denny, Fred, Vol IV
Dodson, Jualynne, Vol IV
Draper, Joan E., Vol I
Eggert, Katherine, Vol II
Einbeck, Kandace, Vol III
Ellsworth, Oliver B., Vol II
Engel, Barbara, Vol III
Flowers, William Harold, Jr., Vol IV
Frajzyngier, Zygmunt, Vol III
Franklin, Allan David, Vol I, IV
Fredrickmeyer, Ernst A., Vol II, III
Furman, Patrick, Vol IV
Gaile, Gary L., Vol I
Geary, John Steven, Vol III
Getches, David H., Vol IV
Gibert, John C., Vol I
Gill, Sam, Vol IV
Glahe, Fred Rufus, Vol IV
Gonzalez-del-Valle, Luis T., Vol III
Graves, Philip E., Vol IV
Greenwood, Michael J., Vol IV
Gross, David, Vol I
Guralnick, Elissa Schagrin, Vol II
Hall, Joan Lord, Vol II
Hanna, Martha, Vol I
Harvey, Lewis O., Jr., Vol V
Hauser, Gerard A., Vol II
Hohlfelder, Robert L., Vol I
Hoover, Stewart, Vol IV
Jackson, Michele, Vol II
Jacobs, Karen, Vol II
Jankowski, James Paul, Vol I
Jensen, Frede, Vol III
Johnson, Thomas E., Vol V
Jones, Stanley E., Vol II
Junod, Samuel A., Vol II, III
Kawin, Bruce Frederick, Vol I, II
Kenevan, Phyllis Berdt, Vol IV
Kent, Susan, Vol I
Kintsch, Walter, Vol V
Klages, Mary, Vol II
Kopff, Edward Christian, Vol III
Kroeger, Karl D., Vol II
Laffoon, Elizabeth Anne, Vol II
LeBaron, Curtis D., Vol II
Lee, Charles Nicholas, Vol III
Leeds, Stephen J., Vol IV
Lester, Robert Carlton, Vol IV
Limerick, Patricia Nelson, Vol I
Lipovetsky, Mark, Vol III
Long, Mary, Vol III
Lozovsky, Natalia, Vol I
Main, Gloria L., Vol I
Main, Jackson T., Vol I
Mann, Ralph, Vol I
Martin, Jerry Lee, Vol IV
McGilvray, Dennis B., Vol V
Mcintosh, Marjorie Keniston, Vol I
Mcintosh, Marjorie Keniston, Vol I
Menn, Lise, Vol III
Michaelis, Laura A., Vol III
Miklowitz, David J., Vol V
Miller, Edward L., Vol IV
Mills, Claudia, Vol IV
Minor, Vernon H., Vol I
Nagel, Robert F., Vol IV
Nathan, Mitchell J., Vol V
Nickel, James W., Vol IV
Norgaard, Rolf, Vol II
Nwaubani, Chidiebere, Vol I
O'Reilly, Randall C., Vol V
Oddie, Graham James, Vol IV
Paris, Roland C., Vol IV
Peppet, Scott R., Vol IV
Pesantubbee, Michelene, Vol IV
Peterson, Courtland H., Vol IV
Pittenger, Mark A., Vol I
Pois, Robert, Vol I
Preston, Cathy L., Vol II
Prince, Susan, Vol II, III
Ray, Reginald, Vol IV
Regoli, Robert M., Vol V
Robinson, Jeffrey Cane, Vol II
Rood, David Stanley, Vol III
Ruestow, Edward G., Vol I
Sacksteder, William, Vol IV
Safran, William, Vol IV
Scamehorn, Howard Lee, Vol I
Schmiesing, Ann, Vol III
Schultz, Joseph P., Vol III, IV
Schulzinger, Robert D., Vol I
Stavan, Henry-Anthony, Vol III
Steffen, Konrad, Vol I
Steinmo, Sven, Vol IV
Steuben, Norton L., Vol IV
Stevenson, John A., Vol I, II
Sukenick, Ronald, Vol II
Taylor, Allan Ross, Vol III
Taylor, Bryan C., Vol II
Taylor, Lucien, Vol V
Taylor, Rodney, Vol IV
Tompkins, Phillip K., Vol II
Tooley, Michael J., Vol IV
Tracy, Karen, Vol II
Travers, Arthur Hopkins, Vol IV
Walker, Deward E., Vol V
Wei, William, Vol I
Weston, Timothy B., Vol I
White, Cindy H., Vol II
Zax, Jeffrey S., Vol IV

Carbondale
Munsell, Floyd Darrell, Vol I

Colorado Springs
Agee, Richard J., Vol II
Ashley, Susan A., Vol I
Beardsley, Ruth E., Vol IV
Bizzarro, Salvatore, Vol III
Blackburn, Alexander, Vol II
Butte, George, Vol II
Cramer, Owen C., Vol II, III
Davis, William, Vol III
Dukes, Richard L., Vol V
Ferber, Abby L., Vol V
Fink, Virginia, Vol V
Fox, Douglas A., Vol I, IV
Gardiner, David, Vol IV
Greig, Gary S., Vol IV
Hackman, Michael, Vol II
Harner, John P., Vol I
Harvey, Paul, Vol I
Hill, Christopher V., Vol I
Kang, Wi Jo, Vol I, IV
Koc, Richard, Vol III
Krimm, Hans Heinz, Vol IV
Levine, Victoria Lindsay, Vol I, II, V
Mason, David, Vol II
Mcjimsey, Robert, Vol I
McKay, Douglas R., Vol III
Moore, Terrence L., Vol IV
Neel, Carol, Vol I
Richardson, Horst Fuchs, Vol III
Roeder, Bea, Vol II, V
Ross, Thomas W., Vol II
Sassower, Raphael, Vol IV
Sheidley, Harlow W., Vol I
Showalter, Dennis, Vol I
Von Dassanowsky, Robert, Vol II, III
Walker, Kim, Vol II
Wanca-Thibault, Maryanne, Vol II
Washington, Durthy A., Vol II
Watts, Linda K., Vol V
Williams, Samuel Keel, Vol IV
Wishard, Armin, Vol III
Wunderli, Richard M., Vol I

Denver
Adler, Peter, Vol V
Altherr, Thomas L., Vol I
Ames, Frank, Vol II, IV
Arnold, Eric Anderson, Vol I
Aubrey, James R., Vol II
Barany, George, Vol I
Barbour, Alton Bradford, Vol II
Becker, Charles M., Vol IV
Blake, Deborah, Vol IV
Blomberg, Craig L., Vol IV
Buschart, David, Vol IV
Castellani, Victor, Vol II, III
Chanzit, Gwen, Vol I
Cheever, Fred, Vol IV
Clark, Patricia, Vol II
Cohen, Jonathan Allan, Vol V
Covell, Ralph, Vol IV
Curet, Luis Antonio, Vol I, V
Daniel, Wiley Young, Vol IV
De Baca, Vincent C., Vol I
Dean, William D., Vol IV
DeForest, Mary Margolies, Vol II, III
Demarest, Bruce, Vol IV
Dodge, Mary J., Vol IV
Doepke, Frederick C., Vol IV
Dorsett, Lyle Wesley, Vol I
Ecklebarger, Kermit A., Vol IV
Ehrenreich, N., Vol IV
Eisenbaum, Pamela, Vol IV
Erwin, Pamela, Vol IV
Evenson, Brian, Vol II
Finkelstein, Gabriel, Vol I
Finken, Bryan W., Vol IV
Fleck, Richard F., Vol II
Foster, Mark S., Vol I
Friedland, Julian, Vol IV
Furman, David M., Vol V
Furness, Edna Lue, Vol II, III
Gardner, Rick M., Vol V
Gilroy, James Paul, Vol III
Glatz, Lawrence F., Vol III
Glenn, Cecil E., Vol V
Goad, Candace Shelby, Vol IV
Golas, Peter John, Vol I
Goldberg, Hillel, Vol IV
Goodfriend, Joyce Diane, Vol I
Greene, Jerome Allen, Vol I
Greenspahn, Frederick E., Vol IV
Groothuis, Douglas, Vol IV
Grounds, Vernon, Vol IV
Hansen, Carl L., Vol IV
Harding, Vincent, Vol I
Hayes, Edward L., Vol IV, V
Hess, Richard S., Vol IV
Hill, Roscoe Earl, Vol IV
Hitchens, Marilynn Jo, Vol I
Howard, W. Scott, Vol II
Hughes, J. Donald, Vol I
Ishimatsu, Ginette, Vol III
Jones, John F., Vol V
Jordan, Karin B., Vol V
Kane, John, Vol IV
King, Edith, Vol V
Kiteley, Brian, Vol II
Klein, William W., Vol IV
Laitos, Jan Gordon, Vol I, IV
Lang-Peralta, Linda, Vol II
Lewis, Gordon Russel, Vol IV
Lindquist, Larry, Vol IV
Littlefield, Neil Oakman, Vol IV
Lumpp, Randolph, Vol IV
Marsh, Lucy A., Vol IV
Means, James, Vol III, IV
Miller, Robert D., Vol V
Monnett, John, Vol V
Morgenthaler, Hans Rudolf, Vol I
Nanda, Ved P., Vol IV
Nice, Julie A., Vol IV
Noel, Thomas J., Vol I
Oakes, Edward T., Vol IV
Olsen, Alexandra, Vol II
Pepper, Stephen L., Vol IV
Rabouin, E. Michelle, Vol IV
Ranwez, Alain Daniel, Vol III
Rhodes, Paula R., Vol IV
Richards, Kent Harold, Vol IV
Ridgway, John Karl, Vol IV
Robyn, Elisa, Vol V
Rodas, M. Daniel Carroll, Vol IV
Salzberg, Joel, Vol II
Schofield, H., Vol I
Shelley, Bruce, Vol I, IV
Smith, Glenn R., Vol V
Smith, Yolanda Y., Vol IV
Standring, Timoty, Vol I
Starbuck, Scott R., Vol IV
Stott, Annette, Vol I
Sutton, Paul, Vol I
Syliowicz, Joseph S., Vol I, IV
Thomas, David, Vol IV
Troeger, Thomas, Vol IV
Tucker, Gene M., Vol IV
Ward, Seth, Vol III
Warlick, M. E., Vol I
Watson, Mary Ann, Vol V
Watt, Norman F., Vol V
Whiteside, James B., Vol I
Wick, Robert L., Vol II
Yegge, Robert Bernard, Vol IV

Durango
Coe, William Jerome, Vol IV
Ellis, Richard N., Vol I
Greenwood, Tina Evans, Vol II
Hossain, Ziarat, Vol V
Smith, Duane Allan, Vol I

Englewood
Ermarth, Elizabeth Deeds, Vol I
Hoffecker, J. F., Vol I
Nigg, Joseph Eugene, Vol II
Wilson, Douglas B., Vol II

Evergreen
Gibson, Todd, Vol III

Fort Collins
Aoki, Eric, Vol II
Ben-Zvi, Linda, Vol II
Benson, P. Jann, Vol IV
Berwanger, Eugene H., Vol I
Bodine, Jay F., Vol III
Boyd, James W., Vol IV
Bucco, Martin, Vol II
Burgchardt, Carl, Vol II
Cafaro, Philip, Vol IV
Campbell, SueEllen, Vol II
Cantrell, Carol, Vol II
Castro, Amanda, Vol III
Clegern, Wayne M., Vol I
Crabtree, Loren William, Vol I
Crosby, Donald A., Vol IV
Delahunty, Gerald, Vol II
Enssle, Manfred Joachim, Vol I
Fiege, Mark T., Vol I
Flahive, Doug, Vol II
Fowler, Carolyn A., Vol III
Galvin, Kathleen, Vol V
Garcia, Jose Luis Suarez, Vol III
Gilderhus, Mark Theodore, Vol I
Gill, Ann, Vol II
Gilmore, Roger H., Vol III
Gravlee, Jack, Vol II
Griffin, Cindy L., Vol II
Hoffmann, Klaus D., Vol III
Hunt, Irmgard, Vol III
Irvine, James Richard, Vol II
Johnson, Frederick A., Vol IV
Johnson, Marion L., Vol V
Jones, Tobin H., Vol III
Jordan, Robert Welsh, Vol I, IV
Jordan, Sabine D., Vol III
Kennedy, George A., Vol II, III
Kiefer, Kate, Vol II
Kitchener, Richard F., Vol IV
Kneller, Jane E., Vol IV
Krahnke, Karl, Vol II
Lakin, Barbara, Vol II
Lee, Grant S., Vol IV
Leyendecker, Liston Edgington, Vol I
Losonsky, Michael, Vol IV
Lyons, Daniel D., Vol IV
Maffie, James, Vol IV
Malpezzi Price, Paola, Vol III
Matott, Glenn, Vol II
McBride, William, Vol II
Mccomb, David Glendinning, Vol I
McCray, James, Vol II
McKee, Patrick M., Vol IV
Mogen, David Lee, Vol II
Mullen, Laura, Vol II
Otero, Jose, Vol III
Ott, Brian L., Vol II
Palmquist, Mike, Vol II
Pendell, Sue D., Vol II
Petrie, Neil, Vol II
Phillips, Denny, Vol II
Pratt, John Clark, Vol II
Reid, Louann, Vol II
Reid, Stephen, Vol II
Rhodes, Chip, Vol II
Rock, Kenneth Willett, Vol I
Rollin, Bernard E., Vol IV
Rolston, Holmes, Vol IV
Ronda, Bruce, Vol II
Rosenberg, Harry, Vol I
Sargent, Stuart H., Vol II, III
Saz, Sara M., Vol III
Schamberger, J. Edward, Vol II
Stansfield, Maria Pilar Perez, Vol III
Suinn, Richard Michael, Vol V
Swanson, Louis E., Vol V
Swinson, Ward, Vol II
Tanner, Jim, Vol II
Theodoratus, Robert James, Vol V
Thiem, Jon, Vol III
Trembath, Paul, Vol II
Tyler, Daniel, Vol I
Unnithan, N. Prabha, Vol V
Vancil, David, Vol II
Vest, David, Vol II
Weisser, Henry G., Vol I
Whitaker, Rosemary, Vol II
Wiliams, Ron G., Vol IV
Wolff, Roland A., Vol III
Work, James, Vol II
Worrall, Arthur John, Vol I
Xing, Jun, Vol I

Golden
Sneed, Joseph Donald, Vol IV
Woolsey, Robert, Vol IV

Grand Junction
Bailey, Velda, Vol V
Djos, Matts G., Vol II

Greeley
Arneson, Pat, Vol II
Baldo, Tracy D. Bostwick, Vol V
Bellman, Jonathan, Vol II
Ferguson, Sherilyn, Vol II
George, Hermon, Jr., Vol III
Hardgrave, Billy D., Vol V
Hodapp, Paul F., Vol IV
Jockers, Matthew L., Vol II
Junne, George, Vol I
Karre, Idahlynn, Vol II
Keaten, James A., Vol II, V
Knott, Alexander W., Vol I
Larson, Robert Walter, Vol I
Loftis, John E., Vol II
Marecaux, Marie-Laure, Vol III
Moore, Melanie, Vol V
Reichel, Phillip, Vol IV
Rowe, Gail Stuart, Vol I
Schlewitt-Haynes, Lora D., Vol V
Stukas, Arthur A., Vol V
Wilson, Sharon Rose, Vol II
Worrall, Janet Evelyn, Vol I

Gunnison
Drake, Roger A., Vol V
Hansen, Helynne, Vol II, III
Nemanic, Mary Lou, Vol II
Rouillard, Zelda Jeanne, Vol II

LaPorte
Cowell, Pattie Lee, Vol II

Leadville
Frykholm, Amy Johnson, Vol II

Geographic Index

Littleton
Bennett, Janice L., Vol III
Schaefer, Josephine O'Brien, Vol II
Walker, T. B., Vol IV, V
Williams, James Hiawatha, Vol V

Longmount
Deroche, Andrew, Vol I

Louisville
Del Caro, Adrian, Vol III

Pagosa Springs
Pope, Robert G., Vol I

Pueblo
Barber, Margaret, Vol II
Forsyth, Dan W., Vol V
Griffin, John R., Vol II
Hochman, Will, Vol II
Keller, Robert L., Vol IV, V
Kulkosky, Paul, Vol V
Meyer, Russell J., Vol II
Mo, Suchoon S., Vol V
Sheidley, William E., Vol II
Taylor, Cindy, Vol II, V

Steamboat Springs
Bagwell, George, Vol V

Sterling
Elliott, Susan Elli, Vol IV

Trinidad
Durland, William, Vol IV

United States Air Force Academy
Krise, Thomas W., Vol II
Macisaac, David, Vol I
Neiberg, Michael, Vol I
Porter, David B., Vol V
Shuttleworth, Jack M., Vol II
Wakin, Malham M., Vol IV

Westminster
Ogden, Schubert Miles, Vol IV

CONNECTICUT

Avon
Kalvoda, Josef, Vol I, IV

Bethany
Martyn, James Louis, Vol IV

Bethel
Dobsevage, Alvin P., Vol III, IV
Gorman, Rosemarie E., Vol IV

Bloomfield
Thorpe, James, Vol II

Bridgeport
Rubenstein, Richard Lowell, Vol IV
Soares, Anthony T., Vol V

Bristol
Leeds, Barry H., Vol II

Cheshire
Ellison, Jerome, Vol II

Chester
Tatum, George B., Vol I

Cromwell
Olczak, Joseph M., Vol IV

Danbury
Briggs, John, Vol II
Hawkes, Carol A., Vol II
Kuther, Tara, Vol V
Manes, Averell, Vol V
Peretti, Burton W., Vol I
Roman, Eric, Vol I, IV
Welburn, Ronald Garfield, Vol II
Young, Kenneth Ray, Vol I

Danielson
DeShong, Scott, Vol II

Easton
Paolini, Gilberto, Vol III

Essex
Hieatt, Constance B., Vol II

Fairfield
Abbott, Albert, Vol I
Abbott, William M., Vol I
Campos, Javier F., Vol III
Cross, Dolores E., Vol V
Dykeman, King John, Vol IV
Dykeman, Therese B., Vol II
Klee, Ildora, Vol III
Lang, Martin Andrew, Vol IV
Leeber, Victor F., Vol III
Levitt, Jesse, Vol III
Long, R. James, Vol I, IV
Manning, Christel, Vol IV, V
Mille, Diane, Vol I
Naser, Curtis R., Vol IV
Newton, Lisa Haenlein, Vol IV
O'Connor, Leo F., Vol I, II
Roney, John B., Vol I
Rosivach, Vincent John, Vol II, III
Rosner, Stanley, Vol V
Rouse, John Jay, Vol IV
Saxon, Arthur Hartley, Vol I, II
Simon, James, Vol II
Tong, Lik Kuen, Vol IV

Fairlfield
Grigg, Richard M., Vol IV

Gales Ferry
Waterman, Thelma M., Vol V

Glastonbury
Waite, Robert George Leeson, Vol I

Greenwich
Panaitescu, Adrian, Vol I

Guilford
Higashi, Sumiko, Vol I
Kelley, Brooks Mather, Vol I

Hamden
Bix, Brian, Vol IV
Brown, Pearl Leblanc, Vol II
Culler, Arthur Dwight, Vol II
Davis, Richard, Vol IV
Engel, Leonard W., Vol II
Glassner, Martin, Vol I, IV
Magnarelli, Sharon, Vol III
Page, Benjamin Bakewell, Vol IV
Quirk, Ronald Joseph, Vol III
Zucker, David Hard, Vol II

Hanford
Cohn, Jan, Vol II

Hartford
Arnold, Rudolph P., Vol IV
Bijlefeld, Willem A., Vol I, IV
Cobb, Kelton, Vol IV
Cohn, Henry S., Vol IV
Desmangles, Leslie Gerald, Vol IV, V
Green, Clifford James, Vol IV
Greenberg, Cheryl, Vol I
Hoyt, Thomas L., Jr., Vol IV
Hunter, Dianne McKinley, Vol II
Hyland, Drew Alan, Vol IV
Kaimowitz, Jeffrey H., Vol II, III
Kassow, Samuel D., Vol I
Kirkpatrick, Frank Gloyd, Vol IV
Kuyk, Dirk Adriaan, Jr., Vol II
Lahti, Katherine, Vol III
Lang, Berel, Vol I, IV
Lang, Robert, Vol II
Lee, Sonia M., Vol III
Maciuika, Benedict Vytenis, Vol I
Macro, Anthony David, Vol I, III
Ndiaye, Cheikh, Vol III
Peters, Ellen Ash, Vol IV
Sloan, Edward William, Vol I
Walsh, Andrew, Vol IV
Whitman, Robert, Vol IV

Haven
Martz, Louis Lohr, Vol II

Killingworth
Sampson, Edward C., Vol II

Manchester
Wynn, Jean M., Vol V

Mashantucket
Newport, William H. A., Vol I

Middlebury
Bedford, Steven M., Vol I

Middletown
Abelove, Henry, Vol II
Buel, Richard (Van Wyck), Vol I
Butler, Jeffrey Ernest, Vol I
Crites, Stephen Decatur, Vol IV
Dunn, Peter Norman, Vol III
Elphick, Richard, Vol I
Gillmor, Charles Stewart, Vol I
Gonzalez, Bernardo Antonio, Vol III
Greene, Nathanael, Vol I
Hill, Patricia, Vol I
Horgan, Paul, Vol I
Horst, Steven, Vol IV
Johnston, William, Vol V
Katz, Marilyn A., Vol III
Kerr-Ritchie, Jeffrey R., Vol I
Long, Jerome Herbert, Vol I, IV
Lowrie, Joyce Oliver, Vol III
McAlister, Elizabeth, Vol IV
Meyer, Donald, Vol I
Meyer, Priscilla, Vol III
Needler, Howard, Vol III
O'Hara, James J., Vol II
Pomper, Philip, Vol I, V
Reeve, F. D., Vol II
Roberts, Michael, Vol II, III
Rose, Phyllis Davidoff, Vol II
Slotkin, Richard S., Vol I
Smyers, Karen A., Vol IV
Stowe, William, Vol II
Szegedy-Maszak, Andrew, Vol II
Vann, Richard T., Vol I
Walker, Willard, Vol III, V
Wensinger, Arthur Stevens, Vol III
Winston, Krishna, Vol III

Miles City
Engel, Scott, Vol V

Mystic
Hartman, Charles O., Vol II

New Britain
Auld, Louis, Vol III
Bonaccorso, Richard L., Vol II
Feder, Kenneth L., Vol V
Gigliotti, Gilbert L., Vol II
Iannone, A. Pablo, Vol IV
Passaro, Maria C. Pastore, Vol III
Passaro, Maria P., Vol III
Pesca-Cupolo, Carmela, Vol III
Picerno, Richard A., Vol III
Rohinsky, Marie-Claire, Vol III
Shen, Xiaoping, Vol I
Shmurak, Carole B., Vol V
Snaden, James N., Vol I
Wallach, Martha K., Vol III

New Haven
Adams, Marilyn M., Vol I, IV
Adams, Robert Merrihew, Vol IV
Amanat, Abbas, Vol I
Anderson, Michael John, Vol II, III
Ausmus, Harry Jack, Vol I
Avram, Wesley D., Vol II
Babcock, Robert, Vol II, III
Bartlett, Beatrice S., Vol I
Bers, Victor, Vol II, III
Blatt, Sidney Jules, Vol V
Blodgett, Barbara, Vol IV
Bloom, Harold, Vol II
Bond, Gilbert I., Vol IV
Breyer, Stephen Gerald, Vol IV
Brisman, Leslie, Vol II
Bromwich, David, Vol II
Brooks, Peter Preston, Vol III
Burt, Robert Amsterdam, Vol IV
Butler, Jon, Vol I
Calabresi, The Honorable Guido, Vol IV
Carby, Hazel V., Vol I
Chang, Kang-I S., Vol II, III
Childs, Brevard Springs, Vol IV
Cole, Susan Letzler, Vol II
Cott, Nancy Falik, Vol I
Davis, David Brion, Vol I
de Bretteville, Sheila Levrant, Vol I
Deresiewicz, William, Vol II
Dillon, Michele, Vol V
Dimock, Wai Chee, Vol II
Dittes, James Edward, Vol IV, V
Duke, Steven Barry, Vol IV
Eder, Doris Leonora, Vol II
Ellickson, Robert Chester, Vol IV
Elwood, William R., Vol II
Erlich, Victor, Vol III
Faragher, John Mack, Vol I
Farley, Margaret Ann, Vol IV
Feinberg, Harvey Michael, Vol I
Fink, Hilary L., Vol III
Fiss, Owen M., Vol IV
Foos, Paul W., Vol I
Forte, Allen, Vol II, V
Foster, Benjamin Read, Vol I
Foster, Karen Polinger, Vol I
Fraade, Steven D., Vol IV
Franklin, Ralph William, Vol II
Freeman, Joanne B., Vol I
French, Richard Frederic, Vol II, V
Gaddis, John Lewis, Vol I
Garvey, Sheila Hickey, Vol II
Gaylin, Ann E. E., Vol III
Goldstein, Abraham Samuel, Vol IV
Graetz, Michael J., Vol IV
Griffith, Ezra, Vol I
Harries, Karsten, Vol IV
Hein, Norvin, Vol IV
Hersey, George Leonard, Vol I
Hollander, John, Vol II
Holley, Sandra Cavanaugh, Vol II
Hubert, Marie Louise, Vol III
Imholt, Robert Joseph, Vol I
Insler, Stanley, Vol III
Jackson, K. David, Vol III
Jackson, Robert Louis, Vol III
Jansson, Maija, Vol I
Joy, Stephen, Vol V
Kavanagh, Aidan, Vol IV
Kazemzadeh, Firuz, Vol I
Keck, Leander E., Vol IV
Krasner, David, Vol II
Lamar, Howard Roberts, Vol I
Lawler, Traugott, Vol II
Lee, Sukjae, Vol IV
Lee, Ta-ling, Vol I
Lewis, Perciles, Vol II
Macmullen, Ramsay, Vol I
Marcus, Ruth Borcan, Vol IV
Martin, Samuel Elmo, Vol III
Matthews, John F., Vol I, II, III
May, Georges, Vol III
Mazzotta, Giuseppe F., Vol III
McGuire, William J., Vol V
Meeks, Wayne Atherton, Vol IV
Merriman, John M., Vol I
Metlitzki, Dorothee, Vol II
Minkema, Kenneth P., Vol I
Nelihaus, Tobin, Vol II
Outka, Gene Harold, Vol IV
Parks, Stephen Robert, Vol II
Patterson, Robert Leyburne, Vol I
Pelikan, Jaroslav J., Vol I
Perlis, Vivian, Vol I, II
Peterson, Linda H., Vol II
Pollitt, Jerome J., Vol I, III
Porter, Charles Allen, Vol III
Prown, Jules D., Vol I
Reisman, W. Michael, Vol IV
Robinson, Fred C., Vol II, III
Rose-Ackerman, Susan, Vol IV
Russell, Tilden A., Vol II
Sammons, Jeffrey Leonard, Vol III
Sanneh, Lamin, Vol I
Schoolfield, George C., Vol III
Schuck, Peter H., Vol IV
Schwartz, Stuart, Vol I
Smith, John Edwin, Vol IV
Solodow, Joseph B., Vol II, III
Spence, Jonathan Dermot, Vol I
Stambovsky, Phillip, Vol II
Stepto, Robert Burns, Vol II
Stimson, Hugh McBirney, Vol III
Stith-Cabranes, Kate, Vol IV
Stoll, Steven, Vol I
Stout, Harry S., Vol I
Thomas, Gerald Eustis, Vol I
Thompson, Robert Farris, Vol I
Tirro, Frank Pascale, Vol II
Trachtenberg, Alan, Vol I, II
Turner, Frank Miller, Vol I
Turner, Henry Ashby, Jr., Vol I
Valesio, Paolo, Vol II
Vena, Michael, Vol III
Venclova, Tomas Andrius, Vol III
Waith, Eugene Mersereau, Vol II
Waldstreicher, David L., Vol I
Wallerstein, Immanuel, Vol V
Wandycz, Piotr Stefan, Vol I
Weber, Mark E., Vol IV
Weber, Michael, Vol IV
Weinstein, Stanley, Vol I, IV
Welsh, Alexander, Vol II
Wennemyr, Susan E., Vol IV
Wheeler, Stanton, Vol IV, V
Whitaker, Thomas Russell, Vol II
Willis, Patricia Cannon, Vol II
Winks, Robin William Evert, Vol I
Winroth, Anders, Vol I
Wood, Rega, Vol IV
Yeazell, Ruth Bernard, Vol II
Zigler, Edward, Vol V

New Heaven
Hayden, Dolores, Vol I
Sternberg, Robert, Vol V

New London
Ankeny, Rachel A., Vol I, IV
Bleeth, Kenneth Alan, Vol II
Burlingame, Michael A., Vol I
Chrisler, Joan C., Vol V
Despalatovic, Elinor Murray, Vol I
Evans, Robley Jo, Vol II
Forster, Marc R., Vol I
Green, Garrett, Vol IV
Hargraves, John A., Vol III
Held, Dirk, Vol II, III
Lanoux, Andrea, Vol III
Lesser, Jeffrey, Vol I
Lynch, Michael P., Vol IV
Murstein, Bernard I., Vol V
Murstein, Nelly Kashy, Vol III
Myers, Gerald E., Vol IV
Paxton, Frederick S., Vol I
Sherak, Constance E., Vol III
Silverberg, Joann C., Vol III
Solomon, Janis Virginia Little, Vol III
Taranow, Gerda, Vol I, II
Terras, Rita, Vol III
Wilson, Lisa H., Vol I
Winter, Jerry Alan, Vol V

Niantic
Jackson, Joseph Hollister, Vol IV, V

North Haven
Katsaros, Thomas, Vol I

Northampton
Aldrich, Mark, Vol I, IV

Norwalk
Bontatibus, Donna, Vol V
Goodman, William, Vol V

Orange
Ni, W. J., Vol III

Orchard Branford
Palisca, Claude Victor, Vol II

Simsbury
Frost, James Arthur, Vol I

South Windsor
Bradley, James Robert, Vol II, III

Southbury
Wescott, Roger Williams, Vol III, V

Stamford
Anderson, Susan Leigh, Vol IV
Babson, Jane F., Vol I
Frank, Yakira H., Vol III
Gray, Sherman W., Jr., Vol IV
Tec, Nechama, Vol V

Storrs
Abramson, Arthur Seymour, Vol III
Allen, Irving L., Vol V
Asher, Robert, Vol I
Baxter, Donald, Vol IV
Beck, Sigrid, Vol III
Berleant, Riva, Vol V
Bloom, Lynn Z., Vol II
Boskovic, Zeljko, Vol III

Brown, Richard D., Vol I
Calabrese, Andrea, Vol III
Carlson, Eric Walter, Vol II
Charters, Ann D., Vol II
Chow, Karen, Vol II
Clark, Austen, Vol IV
Clifford, John Garry, Vol I
Coelho, Carl, Vol III
Collier, Christopher, Vol I
Coons, Ronald E., Vol I
Costigliola, Frank Charles, Vol I
Creevey, Lucy, Vol IV
Crosby, Donald H., Vol III
Curry, Richard Orr, Vol I
Dashefsky, Arnold, Vol V
Dayton, Cornelia H., Vol I
Dickerman, Edmund H., Vol I
Gatta, John J., Vol II
Gibson, Margaret, Vol II
Gilbert, Harvey R., Vol II
Gilbert, Margaret, Vol IV
Gugler, Josef, Vol V
Hagan, Willie James, Vol V
Halvorson, Peter L., Vol I
Hamilton, Mark A., Vol II
Higonnet, Margaret R., Vol II
Hiskes, Anne L., Vol IV
Hoglund, A. William, Vol I
Hollenberg, Donna Krolik, Vol II
Jacobus, Lee Andre, Vol II, IV
Krimerman, Leonard I., Vol IV
Kupperman, Joel J., Vol IV
Lasnik, Howard, Vol III
Lederer, Herbert, Vol III
Lehmann, Scott K., Vol IV
Lewis, T., Vol I
Liles, Betty Z., Vol II
Lillo-Martin, Diane C., Vol III
Lougee, Robert Wayne, Vol I
Luyster, Robert W., Vol IV
Marrone, Nila Gutierrez, Vol III
Mattingly, Ignatius G., Vol III
McHugh, Michael P., Vol III, IV
Meyer, Paul Hugo, Vol III
Meyers, Diana Tietjens, Vol IV, V
Michaels, David, Vol III
Millikan, Ruth G., Vol IV
Molette, Carlton Woodard, II, Vol II
Moynihan, Ruth Barnes, Vol I
Naudin, Marie, Vol III
Nelson, Marilyn, Vol II
Orringer, Nelson R., Vol III
Paterson, Thomas Graham, Vol I
Peterson, Richard Scot, Vol II
Robb, Michael P., Vol II
Roberts, Thomas J., Vol II
Shaffer, Jerome A., Vol IV
Shivers, Jay Sanford, Vol V
Snyder, William, Vol III
Stave, Bruce M., Vol I
Stern, Milton R., Vol II
Suits, Thomas Allan, Vol III
Troyer, John G., Vol IV
Turley, Hans, Vol II
Ward, Allen M., Vol I
Wheeler, Samuel C., III, Vol IV

Stratford

Fritz, Robert B., Vol I

Torrington

Grover, Robinson Allen, Vol IV

Waterbury

Macleod, Glen, Vol II
Meyer, Judith, Vol I
O'Donnell, Kim, Vol V

West Hartford

Auten, Arthur, Vol I
Azzara, Christopher D., Vol II
Blumberg, Phillip Irvin, Vol IV
Blume, Donald Thomas, Vol II
Braus, Ira, Vol II
Breit, Peter K., Vol I
Canning, Paul, Vol I
Dalton, Stuart, Vol IV
den Ouden, Bernard, Vol IV
Ellis, Donald, Vol II
Ghnassia, Jill Dix, Vol II
Goodheart, Lawrence, Vol I
Jamil, S. Selina, Vol II
Johnson, Harriette C., Vol V
Katz, Sandra, Vol II
Keteku, Oheneba E., Vol V
Lacey, Barbara E., Vol I
Miller, Patrick, Vol II
Mori, Akane, Vol II
Phillips, Robert L., Vol IV
Roderick, John M., Vol II
Rollins, Wayne Gilbert, Vol IV
Saunders, T. Clark, Vol II
Seabury, Marcia, Vol II
Simmons, Louise, Vol V
Stanley, William Chad, Vol II
Stull, William L., Vol II
Tonkin, Humphrey R., Vol II, III
Willheim, Imanuel, Vol II

West Haven

Emma, Ronald David, Vol II, III
Glen, Robert Allan, Vol I
Marks, Joel Howard, Vol IV
Marx, Paul, Vol II
Rafalko, Robert J., Vol IV
Sloane, David Edward Edison, Vol II

West Simsbury

Stevenson, Catherine Barnes, Vol II, V

Westport

Fraser, J(ulius) T(homas), Vol I
Greeley, June-Ann T., Vol II, III
Millar, Steven, Vol I

Willimantic

Anderson, Celia Catlett, Vol II
Carter, David G., Sr., Vol V
Dawson, Anne, Vol I
Fitz, Hope K., Vol IV
Jacobik, Gray, Vol II
Lacey, James, Vol I
Lynch, Catherine, Vol I
Mama, Raouf, Vol II
McGowan, Marcia Phillips, Vol V
Molette, Barbara J., Vol II
Pocock, Emil, Vol I
Tapia, Elena, Vol V

Wilton

Stoetzer, O. Carlos, Vol I

Windham

Murphy, Brenda C., Vol II

Wolcott

Sokolowski, William R., Vol IV

Woodbridge

Kimnach, Wilson H., Vol II

DELAWARE

Dover

Austin, John, Vol V
Caldwell, M. Milford, Vol V
Flayhart, William H., III, Vol I
Hobler, Bruce, Vol V
Hoff, Samuel B., Vol IV
Mask, E. Jefferey, Vol IV
Nielsen, Michael, Vol II
Pelzer, Linda C., Vol II
Suri, Kul Bhushan, Vol V

Georgetown

Williams, William Henry, Vol I

Lewes

McCagney, Nancy, Vol IV

Newark

Adams, Frederick R., Jr., Vol IV
Allmendinger, David F., Vol I
Athanassoglou-Kallmyer, Nina Maria, Vol I
Beasley, Jerry Carr, Vol II
Bergstrom, Anna, Vol III, V
Bernstein, John Andrew, Vol I
Boylan, Anne M., Vol I
Braun, Theodore, Vol III
Brock, Dewey Heyward, Vol II
Brown, Joan L., Vol III
Brown, Robert Fath, Vol IV
Byrne, John M., Vol I
Calhoun, Thomas O., Vol II
Callahan, Daniel Francis, Vol I, IV
Callahan, Raymond Aloysius, Vol I
Chapman, H. Perry, Vol I
Cole, Peter, Vol III
Courtright, John A., Vol II
Cox, Roger Lindsay, Vol II, III
Craven, Wayne, Vol I
Crawford, John S., Vol I
Curtis, James C., Vol I
Dawson, Carl, Vol II
Dee, Juliet L., Vol II
Detenber, Benjamin H., Vol II
Dilley, Frank B., Vol IV
DiRenzo, Gordon James, Vol V
Donaldson-Evans, Mary P., Vol II
Duggan, Lawrence Gerald, Vol I
Ferguson, Eugene S., Vol I
Gates, Barbara Timm, Vol II, V
Geiger, Reed G., Vol I
Gibson, Ann Eden, Vol I
Goodman, Susan, Vol II
Grossman, Jonathan H., Vol II
Grubb, Farley, Vol IV
Haber, Carole, Vol I
Halio, Jay L., Vol II
Haslett, Betty J., Vol II
Heggen, Bruce A., Vol IV
Henderson, Carol E., Vol II
Herman, Bernard L., Vol I
Heyrman, Christine L., Vol I
Hoffecker, Carol E., Vol I
Hogan, Robert, Vol II
Homer, William I., Vol I
Horowitz, Sara R., Vol II
Lathrop, Thomas A., Vol III
Leitch, Thomas, Vol II
Lopata, Roy Haywood, Vol I
Martin, Ronald Edward, Vol I, II
Martin, Vincent, Vol III
May, Gary, Vol I
McInnis, Judy B., Vol II
Mcleod, Douglas M., Vol II
Mell, Donald Charles, Vol II
Merrill, Thomas F., Vol II
Meyer, Donald Harvey, Vol I
Munroe, John Andrew, Vol I
Ness, Lawrence, Vol I
Newton, James E., Vol I
Pauly, Thomas Harry, Vol II
Pavitt, Charles, Vol II
Pellecchia, Linda, Vol I
Perse, Elizabeth M., Vol II
Peterson, Larry, Vol II
Pifer, Ellen, Vol II, III
Pong, David, Vol I
Postle, Martin J., Vol I
Rea, Michael C., Vol IV
Reedy, Chandra L., Vol I
Safer, Elaine Berkman, Vol II
Samter, Wendy, Vol II
Schwartz, Norman B., Vol V
Scott, Bonnie Kime, Vol II, V
Selimov, Alexander R., Vol III
Sharf, Richard S., Vol V
Sidebotham, Steven Edward, Vol I
Signorielli, Nancy, Vol II
Smith, G., Vol V
Stillman, Damie, Vol I
Stone, David M., Vol I
Thibault, Bruno, Vol III
Tolles, Bryant F., Vol I
Valbuena-Briones, Angel Julian, Vol III
Van Dover, James K., Vol II
Walker, Jeanne M., Vol II
Wedel, Alfred R., Vol III
Wolters, Raymond, Vol I
Zuckerman, Marvin, Vol V

Wilmington

Alford, Haile Lorraine, Vol IV
Brame, Grace Adolphsen, Vol IV
Finkelstein, Rona G., Vol I, IV
Malinowski, Michael J., Vol IV
Porter, Glenn, Vol I
Ray, Douglas E., Vol IV
Zhou, Jian-Zhong, Vol II

Winterthur

Smith, James Morton, Vol I

DISTRICT OF COLUMBIA

Washington

Abel, Elie, Vol I
Abraham, Daniel, Vol II
Abu-Nimer, Mohammed, Vol IV
Adams, Russell Lee, Vol I
Adelman, Martin Jerome, Vol IV
Allen, Anita, Vol IV
Ambrosio, Francis J., Vol IV
Anderson, David M., Vol IV
Andrews, Avery D., Vol I
Antoci, Peter, Vol IV
Apostolos-Cappadona, Diane, Vol I
Argrett, Loretta Collins, Vol IV
Arnez, Nancy L., Vol II
Arnold, Steven H., Vol IV
Atkin, Muriel Ann, Vol I
Aufderheide, Patricia, Vol II
Austin, Bobby William, Vol II
Babb, Valerie M., Vol II
Baker, Deborah Lesko, Vol III
Baker, Richard Allan, Vol I
Banks, Sharon P., Vol IV
Barbieri, William A., Jr., Vol IV
Barlow, William, Vol II
Barlow, William B., Vol V
Beauchamp, Tom, Vol IV
Beck, Sylven S., Vol V
Becker, William Henry, Vol I, IV
Beckerman, Paul, Vol IV
Bedini, Silvio A., Vol III
Beisner, Robert L., Vol I
Bell, Diane, Vol V
Bell, William Gardner, Vol I
Bellamy, Everett, Vol V
Bennet, Joel F., Vol III
Bennett, Betty T., Vol II
Bensky, Roger Daniel, Vol III
Bergen, Barry, Vol I
Berkman, John, Vol IV
Berkowitz, Edward D., Vol I
Betz, Dorothy, Vol III
Betz, Paul F., Vol II
Billington, James H., Vol I
Birch, Bruce Charles, Vol I, IV
Birnbaum, Norman, Vol V
Bishop, Donald M., Vol I
Blair, Carole, Vol II
Blair, P., Vol II
Blakely, Allison, Vol I
Blattner, William, Vol IV
Blecker, Robert A., Vol IV
Bloomfield, Maxwell H., Vol I
Boorstin, Daniel Joseph, Vol I
Borelli, John, Vol I, IV
Bork, Robert Heron, Vol IV
Boswell, Jackson Campbell, Vol I, II
Bowling, Kenneth R., Vol I
Boyd, Linda F. Wharton, Vol II
Boykin, Keith, Vol IV
Bradley, Denis J. M., Vol IV
Brady, Leo, Vol II
Brautigam, Deborah, Vol IV
Breitman, Richard D., Vol I
Broad, Robin, Vol IV
Broderick, John Caruthers, Vol II
Brown, Dorothy M., Vol I
Brown, John Lackey, Vol III
Bub, Jeffrey, Vol IV
Buchanan, George Wesley, Vol IV
Bullock, Alice G., Vol IV
Burgdorf, Robert L., Jr., Vol IV
Burke, John, Vol IV
Bush, Nathaniel, Vol IV
Byrd, Jerry Stewart, Vol IV
Cahn, Edgar S., Vol IV, V
Calhoun, Lee A., Vol V
Campbell, Ted A., Vol I, IV
Capizzi, Joseph E., Vol IV
Captain, Yvonne, Vol II, III
Cardaci, Paul F., Vol II
Carroll, Raoul Lord, Vol IV
Carter, Barry Edward, Vol IV
Caws, Peter James, Vol IV
Cenkner, William, Vol I, IV
Chambers, John Curry, Jr., Vol IV
Chambliss, William J., Vol V
Chandler, James P., Vol IV
Cheek, King Virgil, Jr., Vol IV
Cheru, Fantu, Vol I
Chickering, Roger, Vol III
Childs, Winston, Vol IV
Cima, Gay Gibson, Vol II
Clark, Leroy D., Vol IV
Clarke, Duncan, Vol I
Claydon, Margaret, Vol II
Cline, Catherine Ann, Vol I
Cohen, Stephen P., Vol IV
Cohn, Sherman Louis, Vol IV
Cole, Basil, Vol IV
Cole, John Y., Jr., Vol II
Coll, Blanche D., Vol I
Collins, Mary, Vol IV
Collins, Michael J., Vol II
Comor, Edward, Vol II, V
Condit, Richard E., Vol IV
Cooper, Clement Theodore, Vol IV
Corrigan, Maureen, Vol II
Cotman, John W., Vol IV
Crane, Milton, Vol II
Crawford, Michael John, Vol I
Crew, Spencer R., Vol I
Cromwell, William C., Vol IV
Crooms, Lisa A., Vol IV
Crouch, Tom Day, Vol I
Crowley, Kelley M. Wickham, Vol II
Cruise, Warren Michael, Vol IV
Cruz, Jo Ann Hoeppner Moran, Vol I
Crysdale, Cynthia S. W., Vol IV
Cua, Antonio S., Vol IV
Curran, Robert Emmott, Vol I
D'Antonio, William, Vol V
Dalley, George Albert, Vol IV
Damiani, Bruno Mario, Vol III
Daniel, Pete, Vol I
Davis, Audrey Blyman, Vol I
Davis, John Wesley, Vol IV
Davis, Wayne, Vol IV
Davison, Roderic Hollett, Vol I
De Leon, David, Vol I
Dechert, Charles Richard, Vol IV
Delio, Ilia, Vol I, IV
Dellums, Leola M. Roscoe, Vol IV
Deng, Francis M., Vol IV
Dennis, George Thomas, Vol I
Deutscher, Irwin, Vol V
Dienes, C. Thomas, Vol IV
Dillon, Wilton Sterling, Vol V
Dinges, William, Vol IV
Dionne, E. J., Vol IV
Donegan, Charles Edward, Vol IV
Donohoo, Lawrence, Vol IV
Dougherty, Jude Patrick, Vol IV
Downs, Anthony, Vol IV
Drinan, Robert Frederick, Vol IV
Druart, Therese-Anne, Vol IV
Dubay, Thomas E., Vol IV
Dudley, William Sheldon, Vol I
Echols, Marsha A., Vol IV
Edwards, Harry T., Vol IV
Eisenstein, Elizabeth Lewisohn, Vol I
Engel, Martin, Vol V
England, James Merton, Vol I
Eno, Robert Bryan, Vol I, IV
Esposito, John L., Vol I
Everett, Ralph B., Vol IV
Eyck, F. Gunther, Vol I
Farr, Judith Banzer, Vol II
Fern, Alan M., Vol I
Fernandes, James, Vol II
Fields, Stephen M., Vol IV
Finan, John J., Vol I
Fink, Beatrice, Vol III, IV
Finlayson, Arnold Robert, Vol IV
Fisher, Eugene J., Vol IV
Fisher, Leona W., Vol II, V
Fisher, Louis, Vol IV
Fisk, Deborah Payne, Vol I, II
Fitzmyer, Joseph A., Vol IV
Ford, John T., Vol IV
Forman, P., Vol I
Fort, Keith, Vol II
Fox, Pamela, Vol II
Fox, Stephen D., Vol II
Frank, Richard Macdonough, Vol III
French, Valerie, Vol I
Frey, John Andrew, Vol III
Fuller, Alfredia Y., Vol IV
Galston, M., Vol IV
Garrard, Mary, Vol I
Garthoff, Raymond L., Vol IV
Garvey, John Leo, Vol IV
Gary, Lawrence E., Vol IV
Gavil, Andrew I., Vol IV
Gellhorn, Gay, Vol IV
Gephart, Ronald Michael, Vol I
Gewanter, David, Vol II
Gignac, Francis Thomas, Vol III, IV
Gillis, Chester, Vol IV
Gilson, Anne Bathurst, Vol IV
Ginsburg, Martin D., Vol IV
Glavin, John, Vol II
Goldfarb, Ronald L., Vol IV
Goldstein, Joshua S., Vol IV
Goodman, Louis, Vol IV, V
Gopalan, Lalitha, Vol II
Gostin, Lo, Vol IV
Gowans, Alan, Vol I

Gravelle, Jane Gibson, Vol IV
Greenberg, Gershon, Vol IV
Greenough, Sarah, Vol I
Gregg, Robert, Vol IV
Gribbin, William James, Vol I
Griffith, Robert, Vol I
Grimsted, David Allen, Vol I, V
Gros, Jeffrey, Vol IV
Groves, Harry Edward, Vol IV
Guieu, Jean-Max, Vol III
Gundersheimer, W. L., Vol I
Gunzerath, David, Vol II
Guttman, Egon, Vol IV
Haines, Diana, Vol IV
Halal, William E., Vol IV
Hall, Kim, Vol II
Hallion, Richard Paul, Vol I
Halton, Thomas, Vol III
Hamilton, Eugene Nolan, Vol IV
Hammer, Mitchell R., Vol II
Hanson, Sandra L., Vol V
Happel, Stephen P., Vol IV
Harre, H. Romano, Vol V
Harris, Charles Wesley, Vol IV
Harris, Joseph E., Vol I
Harrison, Cynthia, Vol I
Hart, Christopher Alvin, Vol IV
Hartgrove, Joseph Dane, Vol I
Hassing, Richard F., Vol I, IV
Hayden, John Carleton, Vol IV
Hayes, Diana L., Vol IV
Haynes, John Earl, Vol I
Heelan, Patrick Aidan, Vol IV
Heffron, Paul Thayer, Vol I, IV
Heimonet, Jean-Michel, Vol III
Helms, John Douglas, Vol I
Hendrix, Jerry, Vol II
Henning, Randall, Vol I
Henry, Brent Lee, Vol IV
Herber, Charles Joseph, Vol I
Hernandez, Consuelo, Vol III
Hicks, H. Beecher, Jr., Vol IV
Hill, Bennett David, Vol I
Hill, Peter Proal, Vol I
Hirschmann, David, Vol I
Hirsh, John Campion, Vol II
Hoge, Dean R., Vol IV, V
Holmer, Joan Ozark, Vol II
Horn, John Stephen, Vol I, IV
Horton, James O., Vol I
Hunt, Richard Allen, Vol I
Hunter, Jerry L., Vol IV
Ingebretsen, Edward J., Vol II
Irizarry, Estelle, Vol III
Irvine, Martin, Vol II
Jacks, Philip, Vol I
Jackson, Mary E., Vol II
Jaffe, Lorna S., Vol I
Jamar, Steven D., Vol IV
Jamme, Albert W. F., Vol II, III
Johnson, Jacob Edwards, III, Vol IV
Johnson, Johnnie L., Jr., Vol IV
Johnson, Ronald Maberry, Vol I, V
Jones, Charles B., Vol IV
Jordan, Emma Coleman, Vol IV
Jorgens, Jack J., Vol II
Kadlec, David, Vol II
Kaplan, Lindsay, Vol II
Karp, Stephen A., Vol V
Kellogg, Frederic R., Vol IV
Kennedy, Dane Keith, Vol I
Kent, Carol Fleisher, Vol II
Kim, Hyung Kook, Vol I
Kim-Renaud, Young-Key, Vol III, V
King, Patricia Ann, Vol IV
Kinsella, David, Vol I
Klaren, Peter Flindell, Vol I
Klein, Ira N., Vol I
Kohler, Sue A., Vol I
Kotler, Neil G., Vol IV
Kotz, Samuel, Vol IV
Kramer, Robert, Vol IV
Krattenmaker, Thomas George, Vol IV
Kraut, Alan M., Vol I
Kress, Robert Lee, Vol IV
Kuhn, Steven Thomas, Vol IV
Kurland, Adam H., Vol IV
Kurland, Jordan Emil, Vol I
Kuznick, Peter J., Vol I
Lamm, Julia A., Vol IV
Lance, Mark, Vol IV
Langan, John P., Vol IV
Langer, Erick Detlef, Vol I
Lanouette, William John, Vol II
Larson, Charles Raymond, Vol II
Latham, Weldon Hurd, Vol IV
Leche, Emma Jean Ghee, Vol II
Lee, K. Samuel, Vol IV
Lee, Milton C., Jr., Vol IV
Leigh, Irene W., Vol V
LeMelle, Tilden J., Vol I
Leonard, Walter J., Vol IV
Lerman, Lisa G., Vol IV
Levitine, Eda Mezer, Vol III
Levy, Anita B., Vol II
Lewis, Bradley, Vol IV
Lewis, Douglas, Vol I
Lewis, Neil, Vol IV
Lewis, Peter, Vol IV
Lewis, William A., Jr., Vol IV
Liss, Peggy K., Vol I
Lobo, Alfonso Gomez, Vol IV
Loesberg, Jonathan, Vol II
Loewe, William Patrick, Vol IV
Loewen, James W., Vol V
Logan, Paul Ellis, Vol III
Lubbers, Jeffrey S., Vol I, IV
Lubic, Robert B., Vol IV
Lubrano, Linda L., Vol I
Ludwikowski, Rett R., Vol IV
Lynch, John Edward, Vol I
Lynn, Kenneth Schuyler, Vol I
MacDonald, William L., Vol I
Macharia, Kinuthia, Vol V
Mack, Michael, Vol II
Maddox, Lucy, Vol II
Mahoney, Christina Hunt, Vol III
Mahony, Robert E. P., Vol I, II
Maisch, Christian, Vol I
Malek, Abbas, Vol II
Maloney, Francis J., Vol IV
Mann, Thomas J., Vol II
Marcin, Raymond B., Vol IV
Mardin, Serif, Vol I, IV
Marlin-Bennett, Renee, Vol IV
Marthaler, Berard Lawrence, Vol IV, V
Marty, Myron August, Vol I
Mason, Abelle, Vol II
Matabane, Paula W., Vol II
McAleavey, David Willard, Vol II
McCann, Richard, Vol II
McCartin, Joseph A., Vol I
McCurdy, Howard Earl, Vol IV
McDonald, Peter J. T., Vol IV
McEleney, Neil Joseph, Vol IV
McGinnis, Scott G., Vol III
McIntosh, Simeon Charles, Vol IV
McLean, George Francis, Vol IV
McManus, Frederick Richard, Vol IV
McNamara, Dennis, Vol V
McNeill, John R., Vol I
McNicol, Sharon-Ann, Vol V
Mendelson, Johanna, Vol IV
Mergen, Bernard M., Vol I
Miller, Jeanne-Marie A., Vol II
Minnich, Nelson H., Vol I
Mitchell, Alan C., Vol IV
Mitchell, Angelyn, Vol II
Mittelman, James H., Vol IV
Mohan, Robert Paul, Vol IV
Moran, F., Vol III
Morris, Bonnie J., Vol I, V
Morris, Marcia A., Vol III
Mowlana, Hamid, Vol II
Moyer, Kermit W., Vol II
Muller, Jerry Z., Vol I
Multhauf, Robert Phillip, Vol I
Murphy, Mark Christopher, Vol IV
Murray, Shoon, Vol I
Musgrove, Philip, Vol IV
Mutchler, David Edward, Vol IV
Myers, Ernest R., Vol V
Nadell, Pamela, Vol I
Nasr, Sayed H., Vol IV
Needell, Allan A., Vol I
Nelson, Anna K., Vol I
Newsome, Clarence Geno, Vol IV
Noble, Marianne K., Vol II
Nordquist, Barbara K., Vol I
Norris, Deborah Olin, Vol V
Norton, Eleanor Holmes, Vol IV
Nyang, Sulayman, Vol I
O'Brien, George, Vol II
O'Connor, Michael P., Vol II
O'Connor, Patricia E., Vol II
O'Donnell, Anne M., Vol II
O'Neill, James E., Vol I
Oppenheim, Janet, Vol I
Orlans, F. Barbara, Vol I
Oro, Cesar, Vol III
Orr, Janice, Vol IV
Ortiz, Ricardo, Vol II
Page, Joseph Anthony, Vol IV
Palmer, Phyllis Marynick, Vol I
Parker, Vernon B., Vol IV
Pasha, Mustapha, Vol IV
Patterson, Elizabeth Hayes, Vol IV
Payne, Steven, Vol IV
Pellegrino, Edmund Daniel, Vol IV
Peloso, Vincent C., Vol I
Pfordresher, John P., Vol II
Phillips, Ann, Vol I
Pike, David, Vol II
Pinkett, Harold Thomas, Vol I, II
Pireddu, Nicoletta, Vol III
Pitofsky, Robert, Vol IV
Poos, L. R., Vol I
Pope, Rebecca A., Vol II
Post, Robert C., Vol I
Powers, Madison, Vol IV
Pozzo, Riccardo, Vol IV
Prevots, Naima, Vol II
Pritzl, Kurt, Vol IV
Pruitt, Anne Smith, Vol V
Quander, Rohulamin, Vol IV
Queen, Evelyn E. Crawford, Vol IV
Quitslund, Sonya Antoinette, Vol IV
Ragussis, Michael, Vol II
Rameh, Clea Abdon, Vol III
Rand, Harry, Vol I
Raskin, Jamin, Vol IV
Rathnam, Mahadev, Vol V
Raven-Hansen, Peter, Vol IV
Reagon, Bernice Johnson, Vol I
Rehnquist, William Hubbs, Vol IV
Reich, Warren T., Vol IV
Reid, Inez Smith, Vol IV
Reilly, John M., Vol II
Reuscher, John, Vol IV
Reusher, Jay, Vol II, III
Ribeiro, Alvaro, Vol II
Rice, Paul R., Vol IV
Rich, Lawrence, Vol III
Richardson, Henry, Vol IV
Richardson, John, Vol IV
Riley, James Denson, Vol I
Ritchie, Donald Arthur, Vol I
Robb, James Willis, Vol III
Robbins, Ira Paul, Vol IV
Robinson, Amy, Vol II
Robinson, Daniel N., Vol III
Robinson, Lilien F., Vol I
Robinson, Reginald L., Vol IV
Rosenblatt, Jason Philip, Vol II
Ross, Dorothy Rabin, Vol I
Rossi, Christopher, Vol IV
Rothenberg, Marc, Vol I
Rothstein, Paul Frederick, Vol IV
Roy, Abhik, Vol II
Rubenstein, Roberta, Vol II
Ruedy, John D., Vol I
Ryfa, Juras, Vol III
Sabat, Steven, Vol V
Sachar, Howard M., Vol I
Said, Abdul Aziz, Vol IV
Salamon, Linda B., Vol II
Salla, Michael, Vol IV
Salzman, Jim, Vol IV
Samarasinghe, Vidyamali, Vol V
Sanders, Cheryl J., Vol IV
Sanz, Cristina, Vol III
Saperstein, Marc E., Vol I
Sara, Solomon Ishu, Vol III
Sargentich, Thomas O., Vol IV
Schall, James Vincent, Vol IV
Schlagel, Richard H., Vol IV
Schlossman, David A., Vol II
Schneider, Cathy, Vol IV
Schneider, Robert A., Vol I
Schooner, Steven L., Vol IV
Schrag, Philip G., Vol IV
Schwartz, Henry J., Vol II
Schwartz, Herman, Vol IV
Schwartz, Richard B., Vol II
Schwoerer, Lois Green, Vol I
Seidman, Louis Michael, Vol IV
Sendry, Joseph M., Vol II
Severino, Roberto, Vol III
Sha, Richard, Vol II
Shahid, Irfan Arif, Vol I, II
Shalleck, Ann, Vol IV
Shanks, Hershel, Vol II, IV, V
Sharoni, Simona, Vol I
Sharrer, George Terry, Vol I
Shedel, James P., Vol I
Sherman, Nancy, Vol IV
Shulman, Jeffrey, Vol II
Siegel, Joel E., Vol II
Silber, David E., Vol V
Silvia, Stephen J., Vol IV
Sims, Edna N., Vol III
Sitterson, Joseph, Vol II
Slakey, Roger L., Vol II
Slevin, James, Vol II
Sloyan, Gerard, Vol IV
Smith, Bruce Ray, Vol II
Smith, George P., Vol IV
Smith, J. Clay, Jr., Vol IV
Smith, Wallace Charles, Vol IV
Snyder, Susan Brooke, Vol II
Sokolowski, Robert S., Vol IV
Solomon, Julie R., Vol II
Spector, Ronald H., Vol I
Spencer, Patricia, Vol V
Spragens, Janet R., Vol IV
Stack, Richard, Vol II
Steinbruckner, Bruno, Vol III
Steiner, Carl, Vol III
Sten, Christopher W., Vol II
Stent, Michelle Dorene, Vol IV
Stephen, Elizabeth H., Vol I
Stephens, William Richard, Vol I, V
Stetz, Margaret, Vol II
Stevens, John Paul, Vol IV
Stewart, Charles Todd, Vol IV
Stokes, Louis, Vol IV
Straumanis, Joan, Vol IV
Strong, Douglas M., Vol I, IV
Studzinski, Raymond James, Vol IV, V
Sullins, Donald Paul, Vol V
Sutton, Sharyn, Vol II
Szittya, Penn, Vol II
Talbot, Alice Mary, Vol I
Taminiaux, Pierre S., Vol I, III
Tannen, Deborah F., Vol III
Taylor, Henry, Vol II
Taylor, Orlando L., Vol II
Teich, Albert Harris, Vol I
Temple, Kathryn, Vol II
Thiel, Anne, Vol III
Thomas, Clarence, Vol IV
Thornton, Richard C., Vol I
Tinkcom, Matthew, Vol II
Tm, King, Vol II, IV
Todd, Dennis, Vol II
Trapp-Dail, Rosa Lee, Vol V
Trask, David F., Vol I
Traylor, Eleanor W., Vol II
Trisco, Robert Frederick, Vol I, IV
Tucker, Nancy Bernkopf, Vol I
Turner, Jeanine W., Vol II
Tushnet, Mark Victor, Vol I, IV
Tylenda, Joseph N., Vol IV
Valerie M., Babb, Vol II
Van Dam, Deedee, Vol V
Vaughn, Robert Gene, Vol IV
Veatch, Robert M., Vol IV
Velkley, Richard L., Vol IV
Ver Eecke, Wilfried, Vol IV
Viola, Herman Joseph, Vol I
Vogt, George Leonard, Vol I
Voll, John Obert, Vol I
Vukowich, William T., Vol IV
Wagner, Annice, Vol IV
Wagstaff, Grayson, Vol II
Wald, Patricia M., Vol IV
Walker, Rebecca, Vol IV
Walker, Robert Harris, Vol I
Wallace, Dewey D., Jr., Vol IV
Wallace, Paul Starett, Jr., Vol IV
Wallwork, Ernest, Vol IV
Wapner, Paul, Vol IV
Warren, Clay, Vol II
Washington, Robert Benjamin, Jr., Vol IV
Waysdorf, Susan L., Vol IV
Waznak, Robert P., Vol II
Weaver, Gary, Vol II
Wechsler, Burton D., Vol IV
Weitzer, Ronald, Vol V
Wendland, Ernst R., Vol II, III
Wetzell, Richard, Vol I, III
Wheatley, Christopher J., Vol II
Wheeler, Sondra E., Vol IV
Wheelock, Arthur K., Jr., Vol I
White, Charles Sidney John, Vol I, IV
White, Kevin, Vol I, IV
Wickham-Crowley, Timothy P., Vol V
Williams, Joan C., Vol I
Williams, Karen Hastie, Vol IV
Williams, Paul R., Vol IV
Williams, Yvonne LaVerne, Vol IV
Wilmarth, Arthur E., Vol I
Wilmot, David Winston, Vol IV
Winter, Daria Portray, Vol II
Winter, Douglas E., Vol IV
Winters, Francis Xavier, Vol IV
Wippel, John F., Vol IV
Wiseman, James A., Vol IV
Wiser, Vivian, Vol I
Witek, John W., Vol I
Wogaman, John Philip, Vol IV
Wolfensohn, James David, Vol II
Wu, Frank H., Vol IV
Yamauchi, Joanne, Vol V
Yeandle, Laetitia, Vol I
Young, Elizabeth Bell, Vol II
Young, Michael K., Vol IV
Youniss, James, Vol V
Zaharna, Rhonda S., Vol II
Zhao, Quansheng, Vol IV
Ziolkowski, John Edmund, Vol III

FLORIDA

Alachua

Wall, William G., Vol II

Archer

Sarver, Vernon T., Jr., Vol IV

Aripeka

Harley, Gail M., Vol IV

Boca Raton

Abramson, Henry, Vol IV
Banchetti-Robino, Marina P., Vol IV
Berger, Alan L., Vol IV
Breslow, Boyd, Vol I
Brown, Sallie, Vol I
Budd, Michael, Vol II
Caputi, Jane, Vol I, V
Curl, Donald Walter, Vol I
Derfler, Leslie A., Vol I
Engle, Stephen D., Vol I
Ferrari, Roberto, Vol I
Fiore, Robin N., Vol IV
Forage, Paul C., Vol I
Frazer, Heather, Vol I
Ganson, Barbara, Vol I
Glynn, Simon, Vol IV
Helguero, Grace, Vol III
Kersey, Harry A., Vol I
Kollander, Patricia A., Vol I
Kramer, Phyllis S., Vol IV
Lowe, Benno P., Vol I
Marina, William F., Vol I
Rice, Julian, Vol II
Rose, Mark, Vol I
Smith, Voncile Marshall, Vol II, III
Tamburri, Anthony J., Vol III
Tata, Robert J., Vol I
Taura, Graciella Cruz, Vol I

Bonita Springs

James, Robert N., Vol IV

Boynton Beach

Fine, Africa R., Vol II

Cape Coral

Magner, Lois, Vol I

Carol City

Tumpkin, Mary A., Vol IV

Coral Gables

Benstock, Shari, Vol II
Carlebach, Michael L., Vol I
Casebier, Allan, Vol I, IV
Cosculluela, Victor, Vol IV
Fitzgerald, John Thomas, Jr., Vol IV
Freeman, Kathryn S., Vol II
Goldman, Alan H., Vol IV
Graf, David Frank, Vol I
Guttenberg, Barnett, Vol II
Haack, Susan, Vol IV
Kanet, Roger E., Vol IV
Kelleghan, Fiona, Vol II
Lemos, Ramon M., Vol IV
Lewis, Peter J., Vol IV
Lohof, Bruce Alan, Vol I
McCarthy, Patrick A., Vol II
Muller, Peter O., Vol I
Mundy, Peter, Vol V

Palmeri, Frank, Vol II
Pospesel, Howard, Vol IV
Russo, John Paul, Vol II
Sabat-Rivers, Georgina, Vol III
Stampino, Maria Galli, Vol III
Suzuki, Mihoko, Vol II
Thiel, Diane, Vol II

Dania
Skellings, Edmund, Vol II

Davie
Donoho, Douglas L., Vol IV
Grow, Lynn, Vol II
Mintz, Joel A., Vol IV

Daytona Beach
Glassman, Steve, Vol II
Golden, Evelyn Davis, Vol IV
Hamlin, Ernest Lee, Vol IV
Mootry, Russell, Vol V
Perkins, Moreland, Vol IV

Deland
Blum, Toni L., Vol V
Croce, Paul Jerome, Vol I
Favis, Roberta Smith, Vol I
Hall, Ronald L., Vol IV
Hoogenboom, Hilde, Vol I
Kaivola, Karen, Vol II
Long, Lynn Landis, Vol V
McCoy, Ken W., Vol II
Pearson, John H., Vol II
Reddish, Mitchell Glenn, Vol IV
Steeves, Paul David, Vol I, IV

Delray Beach
Dye, Thomas R., Vol IV
Marietta, Don E., Vol IV

Destin
Beavers, Myrtle B., Vol II

Dunedin
Hyers, M. Conrad, Vol I, III, IV

Fairfield
Douglas, Jane Yellowlees, Vol II

Fort Lauderdale
Jarvis, Robert M., Vol IV
Mulvey, Ben, Vol IV
Reymond, Robert L., Vol IV
Robertson, O. Palmer, Vol IV
Ryan, Thomas Joseph, Vol I
Segal, Marilyn, Vol V
Sproul, R. C., Vol IV
White, R. Fowler, Vol IV

Fort Myers
Chambers, James, Vol IV
Golian, Linda Marie, Vol II
Klemt, Barbara, Vol II
Mayers, Marvin K., Vol III, V
Sawyer, William Gregory, Vol V
Sullivan, Brad, Vol II

Fort Pierce
Cohen, Elliot, Vol IV
Grego, Richard, Vol I
Lett, James W., Vol V

Ft Lauderdale
Doan, James E., Vol I, II, V
Wang, Xiao, Vol II

Gainesville
Alexander, Laurence Benedict, Vol IV
Allington, Richard Lloyd, Vol V
Ankersen, Thomas T., Vol IV
Ardelt, Monika, Vol V
Baker, Susan Read, Vol III
Baldwin, Fletcher N., Jr., Vol IV
Baum, Robert J., Vol IV
Bennett, Gerald T., Vol IV
Berardo, Felix Mario, Vol V
Borg, Marian J., Vol V
Brundage, William F., Vol I
Bullivant, Keith, Vol I, III
Bushnell, David, Vol I
Cailler, Bernadette Anne, Vol II
Calfee, Dennis A., Vol IV
Calin, William, Vol III
Carnell, Corbin Scott, Vol II
Casagrande, Jean, Vol III
Chamberlin, Bill F., Vol IV
Chu, Chauncey Cheng-Hsi, Vol III
Clark, Ira, Vol II
Cohn, Stuart R., Vol IV
Colburn, David Richard, Vol I
Collier, Charles W., Vol IV
Cotter, Thomas F., Vol IV
Craig-Taylor, Phyliss, Vol IV
D'Amico, Robert, Vol IV
Davis, Jeffrey, Vol IV
Der-Houssikian, Haig, Vol III
Derrick, Clarence, Vol II
Dewsbury, Donald A., Vol V
Dickison, Sheila Kathryn, Vol I, II, III
Diller, George Theodore, Vol III
Dilley, Patricia E., Vol IV
Dowd, Nancy E., Vol IV
Du Toit, Brian M., Vol V
Duckworth, Alistair Mckay, Vol II
Feagin, Joe R., Vol V
Flournoy, Alyson Craig, Vol IV
Foltz, Richard, Vol I
Formisano, Ronald P., Vol I
Frazer, William Johnson, Vol IV
Friel, Michael K., Vol IV
Funk, Arthur Layton, Vol I
Gay-Crosier, Raymond, Vol III
Geggus, D., Vol I
Gilbert, Pamela K., Vol II
Giles, Geoffrey John, Vol I
Gordon, Andrew, Vol II
Gordon, Michael W., Vol IV
Gregory, Frederick, Vol I
Hackett, David H., Vol I, IV, V
Harrison, Jeffrey L., Vol IV
Hartigan, Karelisa V., Vol II, III
Hatch, Robert A., Vol I
Hausenblas, Heather Ann, Vol V
Hiers, Richard H., Vol IV
Hill-Lubin, Mildred Anderson, Vol II
Holland, Norman N., Vol II
Hudson, Davis M., Vol IV
Hulvey, S. Yumiko, Vol III
Hurst, Thomas R., Vol IV
Isenberg, Sheldon Robert, Vol I, IV
Israel, Jerold H., Vol IV
Jacobs, Michelle S., Vol IV
Janelle, Christopher M., Vol V
Johnston, Otto William, Vol III
Juergensmeyer, Julian C., Vol IV
Katritzky, Linde, Vol III
Kershner, R. Brandon, Vol II, III
Kushner, David Z., Vol II
Lanzillotti, Robert F., Vol IV
Lear, Elizabeth T., Vol IV
Lewis, Jeffrey E., Vol IV
Lidsky, Lyrissa C. Barnett, Vol IV
Little, Joseph W., Vol IV
Lokken, Lawrence, Vol IV
Ludwig, Kirk, Vol IV
Malavet, Pedro A., Vol IV
Margolis, Maxine Luanna, Vol V
Mashburn, Amy R., Vol IV
Mazur, Diane H., Vol IV
McCoy, Francis T., Vol IV
McCulloch, Elizabeth, Vol IV
McKeen, William, Vol I, II, V
McMahon, Martin J., Jr., Vol IV
McMahon, Robert J., Vol I
Millender, Michael J., Vol IV
Miller, C. Douglas, Vol IV
Miller, D. Gary, Vol II, III
Mills, Jon L., Vol IV
Moberly, Robert B., Vol IV
Moffat, Robert C. L., Vol IV
Nagan, Winston P., Vol IV
Nanji, Azim A., Vol III
Needell, Jeffrey D., Vol I
Nelson, Marie, Vol II
New, Melvyn, Vol II
Nicholas, James C., Vol IV
Noah, Lars, Vol IV
Nunn, Kenneth B., Vol IV
Oberst, Michael A., Vol IV
Page, Judith W., Vol II
Paris, Bernard J., Vol II
Paul, Harry W., Vol I, IV
Pozzetta, George Enrico, Vol I
Ray, Greg, Vol IV
Rennert, Hellmut Hal, Vol III
Richardson, David M., Vol IV
Rush, Sharon E., Vol IV
Schlenker, Barry R., Vol V
Schmeling, Gareth Lon, Vol III
Schmidt, Patricia Lois, Vol II
Scholes, Robert James, Vol III
Schulz, Geralyn, Vol II
Seigel, Michael L., Vol IV
Shepperd, James A., Vol V
Shoaf, R. Allen, Vol II
Slobogin, Christopher, Vol IV
Smillov, Marin S., Vol IV
Smith, David T., Vol IV
Smith, F. Leslie, Vol II
Smith, Julian, Vol II
Smith, Stephanie A., Vol II
Smith, Walter L., Vol V
Smocovitis, Vassiliki B., Vol I
Sommerville, Charles John, Vol I
Stansbury, James P., Vol V
Stephan, Alexander, Vol III
Sturgill, Claude C., Vol I
Sussman, Lewis Arthur, Vol II, III
Sussman, Stephan, Vol V
Swanson, Bert E., Vol IV
Taylor, Grace W., Vol IV
Thompson, Roger Mark, Vol III, V
Thursby, Gene Robert, Vol I, IV
Todorova, M., Vol I
Turner, Eldon R., Vol I
Twitchell, James B., Vol II
Twitchell, Mary Poe, Vol IV
Varnum-Gallant, Billie M., Vol II
Wade, Jeffry, Vol IV
Weyrauch, Walter Otto, Vol IV
Williams, Winton E., Vol IV
Willis, Steven J., Vol IV
Witmer, Donald G., Vol IV
Wright, Danaya C., Vol IV
Wyatt-Brown, Anne M., Vol III
Wyatt-Brown, Bertram, Vol I
Zieger, R. H., Vol I

Graceville
Rathel, Mark, Vol IV

Hawthorne
Seelye, John D., Vol I

Hollywood
Taylor, Williamson S., Vol IV

Jacksonville
Adams, Afesa M., Vol V
Angeles, Jose Luis, Vol III
Baron, Mary K., Vol II
Beaman, Marian L., Vol V
Bhandari, Jagdeep S., Vol IV
Borsky, Susan, Vol V
Bowen, David H., Vol IV
Buettinger, Craig, Vol I
Clifford, Dale Lothrop, Vol I
Clines, Raymond H., Vol II
Courtwright, David T., Vol I
Crooks, James Benedict, Vol I
Gibson, Richard J., Vol II
Greek, Morgan S. J., Vol V
Harmon, Gary L., Vol II
Hooker, Paul K., Vol IV
Koegler, Hans-Herbert, Vol IV
Leonard, Thomas M., Vol I, IV
Oldakowski, Raymond K., Vol I
Parker, Sidney Baynes, Vol V
Pike, Fredrick B., Vol I
Qian, Wen-yuan, Vol I
Stanton, Robert J., Vol II
Stone, Dennis J., Vol IV
Thomas, Carl Eric, Vol I
Urbina, Susana P., Vol V
Watson, Cletus Claude, T.O.R., Vol IV

Key West
Chandler, Theodore Alan, Vol V
Elwood, William N., Vol II
McKinley, Barbara L., Vol IV

Kissimmee
Bruant, Rees, Vol IV
Long, Steven A., Vol IV
Pachow, Wang, Vol III, IV
Smith, Robert W., Vol I

Lake Worth
Dilgen, Regina M., Vol II
Slatery, William Patrick, Vol I
Young, Zenaida Isabel, Vol I

Lakeland
Bruce, Alexander, Vol II
Denham, James M., Vol I
Lott, Raymond, Vol II
Mc Leod, Ann M., Vol I, V
Ratliff, Charles Edward, Vol IV
Silber, Daniel, Vol IV
Smith, W. Alan, Vol IV
Watson, Judge, Vol I

Leesburg
Sligh, Gary Lee, Vol II

Lutz
Smith, Elton Edward, Vol II, IV

Madison
Mc Cauley, Barbara L., Vol II

Maitland
Sinclair, Gail, Vol II

Melbourne
Matar, Nabil, Vol II
Ritson, G. Joy, Vol I, IV
Slaughter, Beverley, Vol II
Taylor, Robert, Vol I

Miami
Antoni, Michael H., Vol V
Beck, Herman, Vol I
Breslin, Thomas Aloysius, Vol I
Cadely, Jean Robert Joseph, Vol III
Casines, Gisela P., Vol II
Castellanos, Isabel, Vol III
Castells, Ricardo, Vol III
Chung, Bongkil, Vol IV
Clarke, Robert F., Vol II
Cook, Noble David, Vol I
Demko, David, Vol V
Dreyer, Edward L., Vol I
Dunham, Roger, Vol V
Freixas, Erik Camayd, Vol III
Gudorf, Christine E., Vol IV
Hawkins, Benjamin Sanford, Jr., Vol IV
Heine, Steven, Vol IV
Jensen, John Barry, Vol III
Johnson, Kenneth E., Vol II
Johnson, Sheri L., Vol V
Judd, Catherine, Vol II, V
Kahan, Alan S., Vol I
Katz, Nathan, Vol IV
Kling, David, Vol I, IV
Knox, George F., Vol IV
Koperski, Veronica, Vol IV
Krebs, Victor J., Vol IV
Lee, Joseph Patrick, Vol III
Lenaghan, Michael J., Vol I, IV
Levine, Robert M., Vol I
Lewis, Samella, Vol I
Lifshitz, Felice, Vol I
Machonis, Peter A., Vol III
Madden, Daniel Patrick, Vol IV
Manning, Elliott, Vol IV
Mendez, Jesus, Vol I
Meza, Alberto, Vol I
Northup, Lesley A., Vol IV
Page, John Bryan, Vol V
Patrouch, Joseph F., Vol I
Peterson, Joyce Shaw, Vol I
Rice, Eileen F., Vol I
Robinson, Christine A., Vol II
Rock, Howard Blair, Vol I
Ross, Ralph M., Vol IV
Samra, Risà Jana, Vol II
Schwartz, Richard A., Vol II
Shapiro, Rami, Vol IV
Sicius, Francis, Vol I
Skjoldal, Neil O., Vol IV
Smith, Harold Teliaferro, Jr., Vol IV
Suchlicki, Jaime, Vol I
Sugg, Richard Peter, Vol II
Szuchman, Mark David, Vol I
Taylor, Linda L., Vol V
Verschoor, Charles V., Vol V
Warren, M., Vol III
Warren, Paul R., Vol IV
Waugh, Butler Huggins, Vol II, V
Wilkins, Mira, Vol I, IV
Williams, Gary G. Cohen, Vol IV
Woshinsky, Barbara, Vol III
Young, Theodore Robert, Vol III
Yudin, Florence L., Vol II, III

Miami Beach
Gonzalez-Cruz, Luis F., Vol III
Swain, James H., Vol IV

Miami Shores
Alexandrakis, Aphrodite, Vol IV
Iozzio, Mary Jo, Vol IV
Lenaghan, Donna D., Vol V
Sunshine, Edward R., Vol IV

Mount Dora
Laux, James Michael, Vol I

Naples
Mcdowell, John H., Vol I
Sutter, Leslie E., Vol IV, V

North Miami
Dufresne, John, Vol II
Salekin, Randall T., Vol V

Ocala
Manley, James, Vol I

Opa Locka
Ross, Marilyn J., Vol II

Orange Park
McClain, E., Vol II

Orland
Huff-Corzine, Lin, Vol IV

Orlando
Baird-Olson, Karren P., Vol V
Congdon, Kristin G., Vol I, V
De Lorme, Denise, Vol II
Dombrowski, Paul M., Vol II
Dziegielewski, Sophia, Vol V
Elston, Julie A., Vol IV
Fottler, Myron D., Vol IV
Hubbard, Susan S., Vol II
Kassim, Husain, Vol IV
Leckie, Shirley A., Vol I
Lehmann, Timothy J., Vol V
Pauley, Bruce F., Vol I
Pelli, Moshe, Vol IV
Raskin, Jay, Vol IV
Sadri, Houman A., Vol IV
Schiffhorst, Gerald Joseph, Vol I, II

Oviedo
Adicks, Richard R., Vol II
Farrell, Frank, Vol I, IV
Gamble, Richard C., Vol IV
Hill, Charles, Vol IV
James, Frank A., III, Vol I, IV
Kidd, Reggie McReynolds, Vol IV
Kistemaker, Simon, Vol IV
Nash, Ronald H., Vol IV
Nicole, Roger R., Vol IV
Pratt, Richard L., Jr., Vol IV
Rupp, Gary, Vol V
Villanueva, Celestino Alberto, Vol II
Waltke, Bruce K., Vol IV

Palm Coast
Hochman, Jiri, Vol I

Panama City
Sale, William F., Vol IV

Pensacola
Arnold, Barry, Vol IV
Auter, Philip J., Vol II
Biasco, Frank, Vol V
Broxton, Randall, Vol I
Coker, William Sidney, Vol I
Dews, Carlos L., Vol II
Dysart, Jane Ellen, Vol I
Goel, Madan Lal, Vol IV
Howe, Lawrence W., Vol IV
Josephs, Allen, Vol III
Maddock, Lawrence H., Vol II
McLeod, Marshall W., Vol I
McLeod, Stephen G., Vol II, V
Mountcastle, William W., Vol IV
Rucker, Brian, Vol I
Sansone, Frank A., Vol V
Stanny, Claudia J., Vol V
Umphlett, Wiley Lee, Vol II

Pompano Beach
Nash, Peggy, Vol V

Port Charlotte
Winters, Stanley B., Vol I

Port Orange
Riegner, Elizabeth Jane, Vol V

Rockledge
Sprague, Paul Edward, Vol I

Saint Augustine
Gamache, Gerald L., Vol V
Klein, Ellen R., Vol IV

Saint Augustine Beach
Goldthwait, John T., Vol IV

Saint Leo
Cronin, Christopher, Vol V

Saint Petersburg
Bailly, Constantina Rhodes, Vol IV
Beal, Timothy K., Vol IV
Beane, Dorothea Annette, Vol IV
Brooker, Jewel Spears, Vol II
Brown, James J., Vol IV
Bryant, David J., Vol IV
Carr, David Randolph, Vol I
Carter, Albert Howard, II, Vol III
Carter, Nancy Corson, Vol I, V
Dunlap, Karen F. Brown, Vol II
Fischer, John, Vol IV
Foltz, Bruce, Vol IV
Goetsch, James R., Vol IV
Goree, William K., Vol IV
Goss, Theresa Carter, Vol V
Jacob, Bruce Robert, Vol IV
Johnston, Carolyn, Vol I
Meinke, Peter, Vol II
Miller, Myron, Vol IV
Molina-Gavilan, Yolanda, Vol III
Wells, Daniel Arthur, Vol II
Whitney, Ruth, Vol IV, V
Whittlesey, Wellington W., Vol IV

Sainte Augustine
Horner, Carl S., III, Vol II

Sanford
Fitzgerald, J. Patrick, Vol I, IV
Wright, Stephen Caldwell, Vol II

Sanibel
Ennis, Robert H., Vol IV

Sarasota
Andrews, Anthony P., Vol I, V
Deitrick, Lynn, Vol V
Doenecke, Justus D., Vol I
Nelson, Roy Ray, Vol II, III
Outka, Paul Harold, Vol II
Snyder, Lee Daniel, Vol I
Wieczynski, Joseph Leon, Vol I

Sebastian
Dunn, Laura, Vol I

Tallahassee
Allaire, Joseph Leo, Vol III
Anthony, William Philip, Vol IV
Baker, Stuart Eddy, Vol II
Barbour, Paula Louise, Vol II
Bartlett, Richard Adams, Vol I
Bedell, George Chester, Vol IV
Berry, Ralph M., Vol II
Bishop, Wendy, Vol II
Blazek, Ronald David, Vol II
Boutin, Aimee Marie-Carmen, Vol III
Bower, Beverly Lynne, Vol V
Braendlin, Bonnie Hoover, Vol II
Burroway, Janet Gay, Vol II
Conner, Valerie Jean, Vol I
Cunningham, Karen, Vol II
Dalton, Peter C., Vol IV
Darling, Carol, Vol V
Darst, David High, Vol III
Dickson, David Franklin, Vol IV
Dickson-Carr, Darryl, Vol II
Ericsson, K. Anders, Vol V
Evans, Adeline, Vol II
Fallon, Richard Gordon, Vol II
Felder, David W., Vol IV
Gayles-Felton, Anne Richardson, Vol V
Gerato, Erasmo Gabriele, Vol III
Glenn, Justin Matthews, Vol III
Golden, Leon, Vol II, III
Gontarski, S. E., Vol II, III
Greaves, Richard L., Vol I
Green, Elna C., Vol I
Griffith, Elwin Jabez, Vol IV
Gruender, Carl David, Vol IV
Guy, Mary E., Vol IV
Hadden, Sally E., Vol I
Halpern, Paul G., Vol I
Hatchett, Joseph Woodrow, Vol IV
Hawkins, Hunt, Vol II
Hazelrigg, Lawrence E., Vol V
Hemmingway, Beulah S., Vol II
Hodges, Donald Clark, Vol IV
Horward, Donald D., Vol I
Irvine, Carolyn Lenette, Vol II
Isaac, Larry, Vol V
Jacobs, Ennis Leon, Jr., Vol IV
Jumonville, Neil Talbot, Vol I
Jung, Darryl, Vol IV
Kaelin, Eugene Francis, Vol IV
Kebede, Ashenafi Amde, Vol I
Keuchel, Edward F., Vol I
Kirby, David, Vol II
Kleck, Gary, Vol IV
Leushuis, Reinier, Vol III
Levi, Darrell Erville, Vol I
Lhamon, W. T., Jr., Vol II
Lo, Winston W., Vol I
Lyon, Gordon W., Vol IV
Mabe, Alan R., Vol IV
Matthews, Patricia, Vol IV
McClure, Charles R., Vol II
McElrath, Joseph R., Jr., Vol II
Mele, Alfred R., Vol II, III, IV
Miller, Richard, Vol I
Morales, Maria H., Vol IV
Morris, Harry, Vol II
Nasgaard, Roald, Vol I
Neyland, Leedell Wallace, Vol I
Oldson, William O., Vol I
Picart, Caroline (Kay) J. S., Vol IV
Pichugin, Valentina, Vol III, V
Plescia, Joseph, Vol I
Pratt, Louis Hill, Vol II
Pullen, Daniel J., Vol I, V
Ravenell, William Hudson, Vol IV
Richardson, Joe M., Vol I
Rickless, Samuel, Vol IV
Rowe, Anne Ervin, Vol II
Schlenoff, Zeina Tamer, Vol III
Seaton, Douglass, Vol I, II
Simons, John Donald, Vol III
Smith, Jeraldine Williams, Vol IV
Stallworth, Frances H., Vol II
Stanley, Patricia H., Vol III
Stoltzfus, Nathan, Vol I
Swain, Charles W., Vol I, IV
Tanenbaum, Jan Karl, Vol I
Thompson, Janet Ann, Vol I
Turner, Ralph V., Vol I
Warf, Barney, Vol I
Watson, H. Justin, Vol IV
Weidner, Donald John, Vol IV

Tampa
Anton, John P., Vol IV
Argen, Ralph J., III, Vol I, IV
Banes, Ruth A., Vol I
Belohlavek, John M., Vol I
Botjer, George, Vol I
Bouseman, John W., Vol IV
Brulotte, Gaetan, Vol III
Cissna, Kenneth N., Vol II
Cochran, John K., Vol IV
Currey, Cecil B., Vol I
DeChant, Dell, Vol IV
Dembo, Richard, Vol IV, V
DesAutels, Peggy, Vol IV
Ellis, Carolyn Sue, Vol II, V
Fasching, Darrell, Vol IV
Follman, John C., Vol V
Heide, Kathleen M., Vol IV
Himmelgreen, David, Vol V
Hirsh, Elizabeth, Vol II
Ingalls, Robert Paul, Vol I
Johanningmeier, Erwin, Vol V
Jorgensen, Danny L., Vol IV
Loeffler, Donald Lee, Vol II
Lombardi, Mark O., Vol IV
Mariotti, Arleen, Vol V
Mauser, August J., Vol V
McAlister, Linda L., Vol IV
Miller, John F., III, Vol IV
Mitchell, Mozella, Vol II
Moss, S., Vol II
Motto, Anna Lydia, Vol II, III
Parker, Keith Alfred, Vol I
Parssinen, Terry, Vol I
Piper, Richard, Vol IV
Poythress, N. G., Vol V
Purcell, Trevor W., Vol V
Rubin, Steven J., Vol II
Runge, Laura, Vol II
Rynder, Constance, Vol I
Schenck, Mary Jane, Vol I
Schonfeld, Martin, Vol IV
Silver, Bruce, Vol IV
Snyder, Robert Edward, Vol I
Solomon, Andrew Joseph, Vol II
Stavig, Ward, Vol I
Strange, James F., Vol I, IV
Theodore, Charmant, Vol I
Tillson, Albert H., Jr., Vol I
Trask, Roger R., Vol I
Turner, Stephen, Vol II, V
Tykot, Robert, Vol V
Tyson, Nancy Jane, Vol II
Weatherford, Roy C., Vol IV

Venice
Jones, Jane A., Vol II

Wellington
Terrero, Irene, Vol II, III, V

West Palm Beach
Nolan, Richard T., Vol IV

Winter Haven
Kerner, Howard A., Vol II

Winter Park
Cook, J. Thomas, Vol IV
Edge, Hoyt Littleton, Vol IV
Flick, Robert Gene, Vol II
Hammons, Pamela Susanne, Vol II
Lemon, Robert S., Jr., Vol I
Mesavage, Ruth Matilde, Vol III
Rubarth, Scott M., Vol IV

GEORGIA

Albany
Cohen, Sandy, Vol II
Formwalt, Lee W., Vol I
Hill, James Lee, Vol II
Miller, O. Victor, Vol II
Ochie, C., Vol IV
Reed, William, Vol V
Shingleton, Royce Gordon, Vol I
Townsel, Sylviane, Vol II, III

Americus
Isaacs, Harold, Vol I

Atanta
Galchinsky, Michael, Vol II

Athens
Adams, Michael F., Vol II
Algeo, John T., Vol II
Amir, Nader, Vol V
Amstutz, Margaret A., Vol II
Anderson, James C., Jr., Vol II, III
Bartley, Numan V., Vol I
Bennett-Alexander, Dawn DeJuana, Vol IV
Boney, Francis Nash, Vol I
Braester, Yomi, Vol I, III
Brooks, Dwight E., Vol II
Broussard, Ray F., Vol I
Brown, Stewart Jay, Vol I
Castenell, Louis Anthony, Jr., Vol V
Clarke, Bowman Lafayette, Vol IV
Colvert, James B., Vol II
Cooney, Mark, Vol V
Craige, Betty Jean, Vol II
Curtis, Robert I., Vol I
Dowling, John Clarkson, Vol III
Doyle, Charles Clay, Vol II, V
Dupre, Anne P., Vol IV
Ferreira, Debora R. S., Vol II, III
Fite, Gilbert Courtland, Vol I
Franklin, Rosemary F., Vol II
Frasier, Mary Mack, Vol V
Free, William Joseph, Vol II
Freer, Coburn, Vol II
Gordon, Walter Martin, Vol II, IV
Grandt, Jurgen E., Vol II
Gruner, Charles R., Vol II
Halper, Edward Charles, Vol IV
Harrison, Frank Russell, Vol IV
Hellerstein, Nina, Vol III
Hellerstein, Walter, Vol IV
Heslep, Robert Durham, Vol IV, V
Hilton, Nelson, Vol II
Hoffer, Peter Charles, Vol I
Holmes, William F., Vol I
Huberty, Carl J., Vol V
Hudson, Charles M., Vol V
Ingersoll, Richard, Vol V
Johnson, Julie Greer, Vol II, III
Jones, Wilbur Devereux, Vol I
Jorgensen, Peter A., Vol III
Karpf, Juanita, Vol II
Kibler, James Everett, Jr., Vol II
Klein, Jared S., Vol III
Kleiner, Scott Alter, Vol IV
Kraft, Elizabeth A., Vol II
Kretzschmar, William A., Jr., Vol II, III
LaFleur, Richard Allen, Vol II, III
Langley, Lester Danny, Vol I
Leary, William M., Vol I
Lessl, Thomas M., Vol III
Lewis, Ward B., Vol III
Mantero, Manuel, Vol III
McAlexander, Hubert H., Vol II
Mcalexander, Patricia Jewell, Vol II
McCaskill, Barbara Ann, Vol II
McGregor, James H. S., Vol III
Medine, Carolyn Jones, Vol IV
Miller, R. Baxter, Vol II
Moore, Rayburn Sabatzky, Vol II
Moran, Mary H., Vol II
Moran, Michael G., Vol II
Morris, Kenneth Earl, Vol V
Morrow, John Howard, Jr., Vol I
Moshi, Lioba, Vol III
Nicholson, John H., Vol II, III
Ower, John, Vol II
Parkes, Adam, Vol II
Piper, Linda Jane, Vol I
Pollack, Robert, Vol V
Power, William L., Vol IV
Rice, Berry, Vol IV, V
Roberts, Bryndis Wynette, Vol V
Rosenberg, Alexander, Vol IV
Ruppersburg, Hugh, Vol II
Saunt, Claudio, Vol I
Schoenbrun, D. L., Vol I
Simon, Janice, Vol I
Stephens, Lester Dow, Vol I
Surrency, Erwin C., Vol I, IV
Teague, Frances Nicol, Vol II
Thomas, Emory M., Vol I
Thomas, Maxine Suzanne, Vol IV
Tucker, Robert Askew, Vol III
Vance, John Anthony, Vol II
Vipperman, Carl, Vol I
Wall, Bennett Harrison, Vol I
Wynes, Charles Eldridge, Vol I
Ziemke, Earl Frederick, Vol I

Atlanta
Abraham, Julie L., Vol II
Adamson, Walter L., Vol I
Allitt, Patrick, Vol I
Almeder, Robert F., Vol IV
Amdur, Kathryn E., Vol I
Ames, Christopher, Vol II
Armstrong, Brian G., Vol I
Arrington, Robert Lee, Vol IV
Askew, Timothy, Vol II
Austin, Gayle M., Vol I, II
Bailey, Randall Charles, Vol IV
Baird, Keith E., Vol I
Bakeman, Roger, Vol V
Bakewell, Peter, Vol I
Bauerlein, Mark, Vol II
Bayor, Ronald Howard, Vol I
Bean, Bobby, Vol II
Beaty, Jerome, Vol II
Beik, William, Vol I
Bell, Linda A., Vol IV, V
Bellesiles, Michael A., Vol I
Benario, Herbert W., Vol II, III
Berman, Harold J., Vol IV
Bernstein, Matthew H., Vol II
Bianchi, Eugene Carl, Vol IV
Black, Daniel, Vol II
Black, Kenneth, Jr., Vol IV
Blumenfeld, David, Vol I, IV
Blumenthal, Anna, Vol II
Blumenthal, David Reuben, Vol IV
Boateng, Faustine, Vol III
Borowski, Oded, Vol I, IV
Bradley, Josephine, Vol V
Brady, Michelle E., Vol IV
Bright, David F., Vol II, III
Brittain, James Edward, Vol I
Brownley, Martine Watson, Vol II, V
Bugge, John Michael, Vol II
Bullard, Alice, Vol I
Burns, Thomas S., Vol I
Burrison, John A., Vol V
Buss, Martin John, Vol IV
Campbell, C. Jean, Vol II
Capeles, Mervin, Vol III
Carney, William J., Vol IV
Carr, David, Vol IV
Carter, Barbara Lillian, Vol V
Carter, Dan T., Vol I
Carter, Lawrence E., Sr., Vol IV
Carter, Marva Griffin, Vol II
Caruth, Cathy, Vol II
Cavanagh, Sheila T., Vol II
Chace, William M., Vol II
Chopp, Rebeca S., Vol IV
Christopher, Georgia B., Vol II
Clark, J. Michael, Vol IV
Clayton, Obie, Vol V
Colatrella, Carol, Vol II, V
Conwill, Giles, Vol IV
Cooper, Clarence, Vol IV
Costen, Melva Wilson, Vol IV
Craig, Robert M., Vol I
Crim, Alonzo A., Vol V
Culpepper, R. Alan, Vol IV
Dabney, Dean A., Vol IV
Darden, George Harry, Vol IV
Darsey, James, Vol II
Davis, Edward L., Vol V
Davis, Leroy, Vol I
DeFilipis, Nick A., Vol V
del Pliego, Jose B., Vol III
Dillingham, William B., Vol II
Dowell, Peter W., Vol II
Duncan, Charles, Vol II
Eiesland, Nancy L., Vol IV
Ellingsen, Mark, Vol IV
Elliott, Michael, Vol II
Ervin, Hazel A., Vol II
Ethridge, Robert Wylie, Vol V
Evans, Dorinda, Vol I
Evans, Ellen Lovell, Vol I
Fehrenbach, Heide, Vol I
Ferguson, William Dean, Vol IV
Fine, Laura, Vol II
Fink, Gary M., Vol I
Finn, Margot C., Vol I
Flynn, Thomas R., Vol IV
Foote, Bud, Vol II
Fotion, Nicholas, Vol IV
Fox-Genovese, Elizabeth, Vol I
Franklin, Robert Michael, Vol IV
Frazier, Earlene, Vol III
Galishoff, Stuart, Vol I
Gallant, Christine, Vol II
Ganz, Margery Ann, Vol I
Gerkin, Charles Vincent, Vol IV
Ghosh, Shuba, Vol IV
Giebelhaus, August William, Vol I
Gorsuch, Edwin N., Vol I
Gouinlock, James, Vol IV, V
Grant, Jacquelyn, Vol IV
Gruber, William, Vol II
Grusin, Richard A., Vol II
Guy-Sheftall, Beverly, Vol V
Hajjar, Lisa, Vol V
Hall, Pamela M., Vol IV
Hallen, Barry, Vol IV
Haney, Marsha Snulligan, Vol IV
Harbutt, Fraser J., Vol I
Harpold, Terry, Vol II, V
Harris, Leslie M., Vol I
Hartle, Ann, Vol IV
Harwood, Robin, Vol IV
Haskell, Guy H., Vol V
Hawk, Charles Nathaniel, III, Vol IV
Henderson, Alexa Benson, Vol I
Herman, Jonathan R., Vol IV
Hesla, David H., Vol II
Hicks, Alexander, Vol IV
Higgins, Elizabeth J., Vol II
Hirsh, James E., Vol II
Holifield, E. Brooks, Vol I, IV
Holladay, Carl R., Vol IV
Hollahan, Eugene, Vol II
Holler, Clyde, Vol IV
Holmes, Robert A., Vol IV
Hornsby, Alton, Vol I
Humber, James Michael, Vol IV
Hunter, Rodney J., Vol IV
Hyatt, Irwin T., Jr., Vol I
Jacobson, Stephen, Vol IV
Jin, Xuefei, Vol II
Johnson, Luke Timothy, Vol IV
Johnson, Ronald W., Vol IV
Johnston, John, Vol II
Jordan, Mark, Vol IV
Juricek, John T., Vol I
Kalaidjian, Walter, Vol II
Kasfir, Sidney L., Vol IV
Keenan, Hugh Thomas, Vol II
Khwaja, Waqas A., Vol II

Kiersky, James H., Vol IV
Klehr, Harvey, Vol IV
Knight, Caroly Ann, Vol IV
Kramer, Victor Anthony, Vol II
Kranzberg, Melvin, Vol I
Kropf, Carl R., Vol II
Kuntz, Marion L., Vol III
L'Abate, Luciano, Vol V
Ladd, Barbara, Vol II
Lamplugh, George Russell, Vol I
Lane, Christopher, Vol II
Larebo, Haile, Vol I
Laushey, David Mason, Vol I
Levenduski, Cristine, Vol II
Liddell, Janice Lee, Vol II
Lilenfeld, Lisa, Vol V
Lisby, Gregory C., Vol II
Livingston, Donald W., Vol I, IV
Long, Richard Alexander, Vol II
Luckhardt, C. Grant, Vol IV
Ma, Qian, Vol II
Makkreel, Rudolf A., Vol IV
Mallard, William, Vol I, IV
Manley, Frank, Vol II
Mann, Kristin, Vol I
Marsh, Clifton, Vol I, V
Martin, Richard C., Vol I, IV
Martinez, Roy, Vol IV
McCauley, Robert N., Vol IV
McGuire, Peter, Vol II
Mchaney, Thomas Lafayette, Vol II
McHugh, Susan B., Vol II
McKnight, Phillip S., Vol III
McPhee, Sarah, Vol I
McWilliams, Alfred E., Jr., Vol V
Melton, James V. H., Vol I
Metzger, Lore, Vol II, III
Meyer, James S., Vol I
Meyers, Marian J., Vol II
Miller, J. Maxwell, Vol III, IV
Miller, Judith A., Vol I
Mohanty, Jitendra N., Vol IV
Monye, Laurent, Vol III
Morey, James, Vol II
Myers, Johnnie D., Vol IV
Nersessian, Nancy, Vol II, V
Neu, Joyce, Vol V
Neujahr, Philip Joseph, Vol IV
Newby, Gordon D., Vol I, IV
Nickerson, Catherine Ross, Vol II
Nobles, Gregory H., Vol I
Norton, Bryan G., Vol IV
Odem, Mary E., Vol I
Orr, N. Lee, Vol II
Osinubi, Olumide, Vol II
Overbeck, James A., Vol I, IV
Packard, Randall M., Vol I
Parchment, Steven, Vol I, IV
Pastan, Elizabeth C., Vol I
Patterson, Cynthia, Vol I
Patterson, Richard, Vol IV
Pazdernik, Charles, Vol II, III
Pederson, Lee, Vol II
Pennell, Jeffrey N., Vol IV
Persons, W. Ray, Vol IV
Petraglia-Bahri, Deepika, Vol II
Petraglia-Bahri, Joseph, Vol II, III
Pickens, Ernestine W. McCoy, Vol II
Pickens, William Garfield, Vol II
Poling, Clark V., Vol I
Pollard, Alton Brooks, III, Vol IV
Pratt, L., Vol II, III
Price, Charles Eugene, Vol IV
Prude, Jonathan, Vol I
Rambuss, Richard, Vol II, III
Ramsey, Mary K., Vol II
Rates, Norman M., Vol IV
Rauch, Alan, Vol V
Ravina, Mark, Vol I
Reed, Merl E., Vol I
Reed, Walter, Vol II, III
Reid, Donald Malcolm, Vol I
Renick, Timothy Mark, Vol IV
Richey, Russell Earle, Vol I, IV
Richtarik, Marilynn J., Vol I
Rieber, Steven, Vol III, IV
Risjord, Mark, Vol IV
Riso, Lawrence P., Vol V
Roark, James L., Vol I
Robins, Gay, Vol I
Robinson, Jontyle Theresa, Vol I
Rohrer, Judith C., Vol I
Rojas, Carlos, Vol I, III
Ross, Peter A., Vol V
Rothman, Roger, Vol I
Rouse, Jacqueline Anne, Vol I
Rubin, Paul H., Vol IV
Rutherford, Donald P., Vol I, IV
Saliers, Don E., Vol IV
Sanders, Mark, Vol II
Schaller, Kristi, Vol II
Schuchard, W. Ronald, Vol II
Sessions, William Alfred, Vol II
Shaner, Jaye L., Vol II
Silliman, Robert Horace, Vol I
Sitter, John, Vol II
Sizemore, Christine Wick, Vol II
Smith, Luther Edward, Jr., Vol IV
Snoeyenbos, Milton, Vol IV
Socolow, Susan M., Vol I
Spangler, May, Vol I, III
Spivey, Ted Ray, Vol II
Stein, Kenneth W., Vol I
Stokes, Mack B., Vol IV
Stone-Miller, Rebecca, Vol I
Strain, Ellen, Vol II
Strange, Steven K., Vol IV
Strocchia, Sharon T., Vol I
Sumler-Edmond, Janice L., Vol IV
Terrell, Timothy Prater, Vol IV
Tomasulo, Frank P., Vol II
Tomlinson, Robert, Vol I
Tullos, Allen E., Vol I
Tusan, Gail S., Vol IV
Twining, Mary Arnold, Vol II
Valiante, Giovanni, Vol V
Van Der Vyver, Johan D., Vol IV
Varner, Eric R., Vol I
Vaughn, Michael S., Vol IV
Verene, Donald P., Vol IV
Vivian, Cordy Tindell, Vol IV
Warren, Nagueyalti, Vol II
Watts, Anne Wimbush, Vol V
Weber, Theodore R., Vol IV
Weberman, David, Vol IV
Weiss, Victoria Louise, Vol II
Werum, Regina, Vol V
White, Steven D., Vol I
Willen, Diane, Vol I
Willett, Cynthia, Vol IV
Williams, Emily A., Vol II
Wimberly, Edward P., Vol IV
Winkler, Carol, Vol II
Wirth, Jason M., Vol IV
Witte, John, Jr., Vol IV
Woodhouse, Mark B., Vol IV
Young, James Harvey, Vol I
Zatlin, Linda Gertner, Vol II
Zboray, Mary Saracino, Vol I
Zboray, Ronald J., Vol I
Zupko, Jack, Vol IV

Augusta
Carter, Judy L., Vol V
Clayton, Marcus, Vol IV
Davies, Kimberly A., Vol V
Gemmill, Robert H., Vol V
Jackson, Charles C., Vol V
Jegstrup, Elsebet, Vol IV
Mixon, Wayne, Vol I
Peden, William Creighton, Vol IV
Rice, Louise Allen, Vol II
Shotwell, Clayton M., Vol II

Carollton
Sample, Maxine J., Vol II, IV

Carrollton
Aanstoos, Christopher, Vol V
Auble, Joel, Vol IV
Blair, John T., Vol III
Doxey, William S., Vol II
Earnest, Robert S., Vol II
Ferling, John Ernie, Vol I
Frickey, Pierrette M., Vol III
Goldstein, Jonathan, Vol I
Goodson, Carol F., Vol II
Helminiak, Daniel A., Vol IV, V
Hynes, Thomas J., Jr., Vol II
Joiner, Dorothy, Vol I
Lee, Cecilia Castro, Vol III
Lloyd, Caryl, Vol III
McCleary, Ann, Vol I
Merron, Jeffrey L., Vol II
Miller, Richard G., Vol I
Morgan, Harry, Vol V
Overfield, Denise, Vol III
Smith, Nigel, Vol III
Snipes, Marjorie M., Vol V
Snyder, Robert Lance, Vol II
Steely, Melvin T., Vol I
Taylor, James S., Vol I
Wantland, Burdett L., Vol IV

Clarkston
Sims, Toni Y., Vol V

Cochran
Wilson, Mary, Vol I

Coleman
Heckman, Hugh W., Vol IV

College Park
Hightower, Anthony, Vol IV
McCall, Emmanuel Lemuel, Sr., Vol IV

Columbia
Ross, Daniel W., Vol II

Columbus
Berger, Mark Lewis, Vol I
Thomas, John Joseph, Vol IV

Dahlonega
Daigle, Lennet J., Vol II
Pickett, Terry H., Vol I, III
Reese, Mike, Vol IV
Wiedmann, Sally N., Vol IV

Dalton
Elnajjar, Hassan, Vol V
Hutcheson, John A., Jr., Vol I

Danielsville
McLeod, Glenda Kaye W., Vol II

Decatur
Ball, Bo, Vol II
Carter, Marva Griffin, Vol II
Cochran, Augustus B., Vol IV
Glasrud, Bruce A., Vol I
Gonzalez, Catherine Gunsalus, Vol I, IV
Gonzalez, Justo Luis, Vol I, IV
Guder, Darrell L., Vol IV
Hackett, Elizabeth, Vol IV
Hudnut-Beumler, James, Vol IV
Johnson, Calvert, Vol II
Johnson, E. Elizabeth, Vol IV
MacEwen, Sally, Vol II, III
Magee, Glenn A., Vol IV
Marion, Laurie Cowan, Vol IV
Norat, Gisela, Vol III
Nunnally, David H., Sr., Vol V
Ocasio, Rafael, Vol III
Odhoji, Benjamin M. M., Vol III
Parry, Richard D., Vol IV
Pinka, Patricia G., Vol II
Pippin, Tina, Vol IV
Smith, Paul, Vol IV

Demorest
Andrews, Donna G., Vol V
Baumler, Alan, Vol I
Chastain, Catherine, Vol I
Greene, David Louis, Vol II
Lytle, Timothy F., Vol IV
Uhde, Anna P., Vol V
Vance, Cynthia Lynn, Vol V

Fayetteville
Schuster-Craig, John, Vol II

Fort Valley
Bellamy, Donnie Duglie, Vol I, IV
Demenchonok, Edward V., Vol IV
Jenkins, Joyce O., Vol II
Omanchonu, John, Vol II
van Hartesveldt, Fred R., Vol I

Franklin Springs
Bobic, Michael, Vol IV

Ft Valley
Murphy, B. Keith, Vol II

Gainesville
Barlow, Brian C., Vol IV
Southerland, James Edward, Vol I

Hiawassee
Kennedy, W. Benjamin, Vol I

Kennesaw
Bobia, Rosa, Vol III
Parker, David B., Vol I

La Grange
Frassetto, Michael, Vol I
Freeman, Bernice, Vol II, V

Lilburn
Miles, Diana F., Vol II

Macon
Bell, Nora Kizer, Vol IV
Cass, Michael Mcconnell, Vol I, II
Cockfield, Jamie H., Vol I
Dunaway, John Marson, Vol III
Fennelly, Laurence W., Vol II
Fontenot, Chester J., Vol II
Hester, D. Micah, Vol IV
Masanat, Lydia, Vol III
Richardson, Gary A., Vol II
Staton, Cecil P., Vol IV
Watson, James Shand, Vol IV
Zompetti, Joseph P., Vol II

Marietta
Barnum, Carol, Vol II
Craig, William Lane, Vol IV
Gladson, Jerry A., Vol IV
Kelly, Rebecca, Vol II
Korn, Kim Haimes, Vol II
Pfeiffer, William S., Vol II
Rainey, Kenneth T., Vol II
Smith, Herb J., Vol II
Stevens, Mark, Vol II
Tumlin, John S., Vol IV
Wess, Robert C., Vol IV

Milledgeville
Bailey, Anne J., Vol I
Barron, Sheree S., Vol V
Fair, John, Vol I
Garcia-Castanon, Santiago, Vol II
Glowka, Arthur Wayne, Vol II, III
Jenkins, Ronald Bradford, Vol II
Noel, Roger A., Vol III
Sallstrom, John Emery, Vol IV

Mount Berry
Carl, Harold F., Vol IV
Diller, Christopher G., Vol II
Hill, Harvey, Vol IV
Tenger, Zeynep, Vol II

Mount Vernon
Boomer, Dennis, Vol IV
Cheek, H. Lee, Jr., Vol IV
Rhoades, Vance, Vol V
Weaver, Doug, Vol I, IV

Oxford
Gowler, David B., Vol IV
Nahson, Daniel L., Vol III

Reidsville
Yizar, Marvin, Vol IV

Riverdale
Waters, John W., Vol IV

Rome
Haines, Dorothy, Vol II
Nash, Robert N., Vol IV
Papazian, Michael, Vol IV
Rice, William, Vol II
Sheeley, Steven M., Vol IV
Troy, Virgina Gardner, Vol I

Roswell
Furey, Hester L., Vol II

Savannah
Baker, Christopher P., Vol II
Fisher, James Randolph, Vol II
Forrest, Larry W., Vol I
Gobel, David W., Vol I
Hall, Michael, Vol I
Jordan, Abbie H., Vol V
Milledge, Luetta Upshur, Vol II
Nordenhaug, Erik, Vol IV
Nordquist, Richard, Vol II
Scott, Vann, Vol V
Simmons, Jack R., Vol IV
Townsend, Dabney W., Jr., Vol IV
Williams, Robin B., Vol I
Zhang, Weihau, Vol II

Stateboro
Kinsella, Susan, Vol V

Statesboro
Buller, Jeffrey L., Vol II, III
Burke, Kevin, Vol V
Humma, John Ballard, Vol II
Kurtz, Horst, Vol III
McGrath, Michael J., Vol III
Nielsen, Michael, Vol V
Roell, Craig, Vol I
Shriver, George Hite, Vol I, IV
Smith, William L., Vol V
Steffen, Jerome Orville, Vol I
Wilson, Janie Hamn, Vol V
Young, Alfred, Vol I
Young, William C., Vol V

Stone Mountain
da Cunha-Giabbai, Gloria E., Vol III

Swainsboro
Derden, John K., Vol I

Toccoa
Atkinson, Harley, Vol IV, V

Toccoa Falls
Ratcliff, Donald, Vol V
Sprinkle, Joe M., Vol IV
Williams, Donald T., Vol IV

Valdosta
Adler, Brian Ungar, Vol II
Brown, Ola M., Vol V
Campbell, J. Lee, Vol II, III
Crowley, John G., Vol I
Johnson, Charles, Vol I
Marks, Patricia, Vol II
McNeill, Paula L., Vol I
Smith, Robert Mark, Vol II
Sommers, Laurie., Vol II
Whatley, Mark A., Vol V

Waleska
Ast, Theresa, Vol I

Watkinsville
Friedman, Jean E., Vol I
Hoeffner, Kent, Vol IV

GUAM

Mangilao
Klitzkie, Lourdes Palomo, Vol V

HAWAII

Hilo
Best, Gary Dean, Vol I
Brown, Susan G., Vol V
Doudna, Martin Kirk, Vol I, II, V
Gordon, Ronald D., Vol II
Rogers, Lawrence William, Vol III
Wang, Enbao, Vol IV

Honolulu
Ball, Robert J., Vol II, III
Beechert, Edward D., Vol I
Bender, Byron Wilbur, Vol III
Bennett Peterson, Barbara, Vol I
Benouis, Mustapha Kemal, Vol III
Bentley, Jerry Harrell, Vol I
Bickerton, Derek, Vol III
Bilmes, Jack, Vol V
Bloom, Alfred, Vol IV
Bomberger, E. Douglas, Vol I, II
Bontekoe, Ron, Vol IV
Brandon, James R., Vol II
Callies, David Lee, Vol IV
Carroll, William Dennis, Vol II
Chang, Sen Dou, Vol I
Chaudron, Craig, Vol III
Cheng, Chung-Ying, Vol III, IV
Choe, Yong-ho, Vol I
Cohn, Joel, Vol III
Cook, Haruko M., Vol III
Cook, Kenneth William, Vol III
Cowing, Cedric Breslyn, Vol I
Creed, Walter Gentry, Vol II
Daniel, Marcus L., Vol I
Defrancis, John, Vol III
Ellsworth, James Dennis, Vol II, III
Ferguson, Kathy E., Vol IV
Finney, Ben Rudolph, Vol V
Forman, Michael Lawrence, Vol III, V
Grant, Glen, Vol I
Graves, Michael W., Vol V

Hatfield, Elaine, Vol V
Hefner, Carl, Vol V
Hooper, Paul F., Vol I
Hsieh, Hsin-I, Vol III
Jacobs, Roderick Arnold, Vol III
Knapp, Terence R., Vol II
Knowlton, Edgar C., Jr., Vol III
Kraft, James P., Vol I
Kwok, D. W. Y., Vol I
Ladd, Doris, Vol I
Lam, Truong Buu, Vol I
Lamb, Ramdas, Vol IV
Levy, Alfred J., Vol II
Littman, Robert J., Vol I, II, III
Lo, Chin-Tang, Vol III
Lyovin, Anatole Vladimirovich, Vol III
Marshall, W. Gerald, Vol II
Mathias, Gerald Barton, Vol III
McCutcheon, Elizabeth North, Vol II
Mccutcheon, James Miller, Vol I
Menikoff, Barry, Vol II
Morse, Jonathan, Vol II
Ne Jame, Adele, Vol II
Newby, I. A., Vol I
Nicholson, Peter C., Vol II
Noyes, Martha, Vol II
Ochner, Nobuko M., Vol III
Peters, Ann Marie, Vol III
Quirk, Ruthmarie, Vol II
Rapson, Richard L., Vol I
Reid, Lawrence Andrew, Vol III
Richards, Leon, Vol II, IV
Roberts, Rodney C., Vol IV
Ross, Deborah, Vol II
Sakihara, Michael Mitsugu, Vol I
Scherer, William F., Vol III
Schutz, Albert J., Vol III
Schweizer, Niklaus R., Vol III
Seymour, Richard Kellogg, Vol III
Sharma, Jagdish P., Vol I, IV
Sheridan, Mary, Vol V
Shi, Mingzheng, Vol I
Speidel, Michael Paul, Vol I
Stephan, John Jason, Vol I
Suh, Dae-Suk, Vol IV
Tahara, Mildred Machiko, Vol III
Tao, Tien-Yi, Vol I
Tiles, J. E., Vol IV
Trowbridge, John, Vol IV
Umemoto, Karen, Vol I
Wade, Rex Arvin, Vol I
Wayne, Valerie, Vol II
Weingand, Darlene E., Vol II
Yen, D. E., Vol V

Kailua
Deutsch, Eliot, Vol IV
Johnson, Ronald C., Vol V

Kaneohe
Helfand, Jody, Vol II
Jackson, Miles Merrill, Vol II

Laie
Shumway, Eric Brandon, Vol II, III
Winstead, Roy, Vol V

Mililani
Mamo, Nathan, Vol IV

Pearl City
Falgout, Suzanne, Vol V
Michalski, John, Vol III

IDAHO

Boise
Austin, Judith, Vol I
Boyer, Dale Kenneth, Vol II
Ericson, Robert Edward, Vol I, II
Gill, J., Vol I
Greenberg, Alvin D., Vol II
Hourcade, Jack, Vol V
Jones, Daryl, Vol II
Lauterbach, Charles Everett, Vol II
Lovin, Hugh Taylor, Vol I
Maguire, James Henry, Vol I, II
Newman, Marcy J. Knopf, Vol II
Ourada, Patricia K., Vol I
Petlichkoff, Linda M., Vol V
Sahni, Chaman Lall, Vol II
Sims, Robert Carl, Vol I
Zirinsky, Michael Paul, Vol I, IV

Caldwell
Attebery, Louie Wayne, Vol II, V
Maughan, Steven, Vol I
Smith, Mark, Vol I

Jerome
Feiss, Hugh, Vol IV

Lewiston
Haapanen, Lawrence W., Vol II
Held, Dennis, Vol II
Jolley, Jerry, Vol V
Torell, Kurt Charles, Vol IV

Moscow
Fischer, Jerome M., Vol V
George, Kathryn Paxton, Vol IV
Gier, Nicholas F., Vol IV
Hackmann, William Kent, Vol I, II
Harris, Robert Dalton, Vol I
Jankowski, Piotr, Vol I
Klimko, Ronald, Vol II
Lushnig, Cecilia Eaton, Vol II, III
McFarland, Ronald E., Vol II
Olsen, Lance, Vol II
Putsche, Laura, Vol V
Rwiza, Katetegeilwe MosesKatetegeilwe MosesKatetegeilwe Moses, Vol I
Sipahigil, Teoman, Vol II
Stoll, Sharon, Vol V
Stratton, Charles R., Vol II
Williams, Gary, Vol II

Nampa
Marshman, Michelle, Vol I

Pocatello
Attebery, Brian, Vol II
Attebery, Jennifer, Vol II
Baergen, Ralph, Vol IV
Cantrill, Dante, Vol I
Cowles, Lois Anne Fort, Vol V
Eckhard, Rolz, Vol III
Ellis, Susan, Vol V
Engebretsen, Terry, Vol I
Goldbeck, Janne, Vol II
Hamlin, William, Vol II
Hatzenbuehler, Ronald Lee, Vol I
Hellwig, Hal, Vol II
Jones, Christopher A., Vol II
Kijinski, John, Vol II
King, Kathleen, Vol II
Levenson, Carl, Vol II
Mullin, Anne, Vol II
Owens, John Bingner, Vol I
Prineas, Matthew L., Vol II
Schmidt, Roger, Vol II
Schow, Wayne, Vol III
Swetnam, Ford, Vol II
Swetnam, Susan, Vol I, II
Tate, Paul Dean, Vol III, IV
Van Pelt, Tamise, Vol II
Wahl, Russell, Vol IV
Walsh, Dennis, Vol II
Walsh, Mary Ellen, Vol II
Westphal, Jonathan, Vol IV

Rexburg
Bennett, Ronald, Vol II
George, Stephen, Vol II

ILLINOIS

Addison
Morello, John, Vol I

Aledo
Keessen, Jan, Vol II

Alsip
Altalib, Omar, Vol V

Auburn
Roberson, Susan L., Vol II

Aurora
Garth, Phyllis Ham, Vol V
Strassberg, Barbara, Vol V
Sublette, Walter, Vol II

Bloomington
Brown, Jared, Vol II
Gillett, Carl, Vol IV
Liechty, Daniel, Vol IV
Lord, Timothy C., Vol IV
Mead, Walter Bruce, Vol IV
Plath, James, Vol II
Rundblad, Georganne, Vol V
Schultz, Robert, Vol I
Tolson, Nancy D., Vol II
Young, Michael B., Vol I

Carbondale
Alexander, Thomas, Vol IV
Allen, Howard W., Vol I
Amos, Mark Addison, Vol II
Angelis, Paul J., Vol III
Argersinger, Jo Ann E., Vol I
Argersinger, Peter, Vol I
Barton, H. Arnold, Vol I
Bean, Jonathan J., Vol I
Bennett, Paula, Vol II
Betz, Frederick, Vol III
Collins, K. K., Vol II
Corruccini, Robert, Vol V
Cox, Shelly Marie, Vol II
Detwiler, Donald Scaife, Vol I
Dotson, John Edward, Vol I
Duram, Leslie, Vol I
Eames, Elizabeth R., Vol IV
Elsamahi, Mohamed, Vol IV
Falvo, Donna R., Vol V
Fanning, Charles F., Vol II
Geyh, Paula E., Vol II
Gillan, Garth J., Vol IV
Gobert, David Lawrence, Vol III
Gorman, Carma, Vol I
Haller, John S., Jr, Vol I
Hartman, Steven Lee, Vol III
Helstern, Linda Lizut, Vol II
Hill, Jonathan D., Vol V
Howell, John M., Vol II
Howie, John, Vol IV
Hoyt, Charles Alva, Vol II
Jurkowski, Elaine, Vol V
Kawewe, Saliew, Vol V
Kilpatrick, Thomas L., Vol V
Lant, Christopher, Vol I
Mcleod, Archibald, Vol II
Meinhardt, Warren Lee, Vol III
Molino, Michael R., Vol II
Morgan, Marjorie, Vol I
Moss, Sidney Phil, Vol II
Nathan, Geoffrey Steven, Vol III
Nguyen, Dinh-Hoa, Vol II, III
Padden, Carol, Vol II
Paddon, Anna R., Vol II
Parish, Charles, Vol II, III
Perkins, Allan Kyle, Vol III
Schedler, George Edward, Vol IV
Schneider, Mark A., Vol V
Schonhorn, Manuel, Vol II
Simon, John Y., Vol I
Stalls, M., Vol I
Timpe, Eugene Frank, Vol III
Weeks, Theodore R., Vol I
Werlich, David P., Vol I
Williams, Frederick, Vol II, III
Williams, Rhys H., Vol V
Williams, Tony, Vol II
Wilson, David L., Vol I
Winchatz, Michaela R., Vol II
Woodbridge, Hensley Charles, Vol III

Carlinville
Buxbaum, Melba M., Vol III
Zimany, Roland Daniel, Vol IV

Champaign
Anderson, James D., Vol I
Appel, Susan K., Vol I
Avelar, Idelber, Vol III
Beckett, Steven J., Vol IV
Blake, Nancy, Vol III
Boyle, Francis, Vol IV
Buchanan, Donna A., Vol II
Capwell, Charles, Vol II
Chandler, Hugh, Vol IV
Choldin, Marianna Tax, Vol I
Christians, Clifford G., Vol II
Colombo, John D., Vol IV
Cribbet, John E., Vol IV
Crummey, Donald E., Vol I
Cuffey, Kenneth H., Vol IV
Davey, William J., Vol IV
Davis, Peter, Vol II
Delgado, Luisa Elena, Vol III
Doak, Kevin M., Vol I
Dulany, Don E., Vol V
Dussias, Paola E., Vol III
Ebbs, Gary, Vol IV
Escobar, Anna Maria, Vol III
Espelage, Dorothy, Vol V
Fehl, Philipp P., Vol I
Feinberg, Walter, Vol IV
Figueira, Dorothy, Vol III
Finkin, Matthew W., Vol IV
Fresco, Alain D., Vol III
Freyfogle, Eric T., Vol IV
Fu, Poshek, Vol I
Garcia, Matt, Vol I
Graves, Robert, Vol II
Gushee, Lawrence, Vol II
Haile, Harry G., Vol III
Harris, Fred O., Vol IV
Harshbarger, Terry L., Vol I
Hill, John Walter, Vol II
Hualde, Jose Ignacio, Vol III
Jacobsen, Nils, Vol I
Kaplan, Richard L., Vol IV
Kesan, Jay P., Vol IV
Kibbee, Douglas, Vol III
Kling, Blair B., Vol I
Knust, Herbert, Vol III
Krummel, Donald William, Vol II
Kruty, Paul, Vol I
LaFave, Wayne R., Vol IV
Liebersohn, Harry, Vol I
Littlefield, Daniel C., Vol I
Maggs, Peter B., Vol IV
Marder, Herbert, Vol II
McCarthy, Timothy, Vol IV
McColley, Robert, Vol I
McConnaughay, Philip J., Vol IV
McKim, Robert, Vol IV
McLaughlin, Megan, Vol I
Melnick, Atrhur, Vol IV
Michel, Sonya, Vol I
Mohr, Richard, Vol IV
Murdoch, H. Adlai, Vol III
Neely, Carol Thomas, Vol II
Neely, Wright, Vol IV
Nerone, John, Vol II
Nowak, John E., Vol IV
Oberdeck, Kathryn J., Vol I
Olney, Marjorie F., Vol V
Omaggio Hadley, Alice, Vol III
Ordonez, Francisco, Vol III
Painter, Richard W., Vol IV
Pan, Da'an, Vol III
Pecoraro, Rosilie Hernandez, Vol III
Popescu, Nicolae, Vol III
Prochaska, David, Vol I
Pruett, John H., Vol I
Reynolds, Laurie A., Vol IV
Ringer, Alexander, Vol II
Rivest, Johanne, Vol II
Rosenthal, Lisa, Vol I
Ross, Stephen F., Vol IV
Rotunda, Ronald Daniel, Vol IV
Schacht, Richard, Vol IV
Schack, Haimo, Vol IV
Schroeder, Paul W., Vol I
Schroeder, William, Vol IV
Shoben, Elaine W., Vol IV
Shwayder, David, Vol IV
Silverman, Daniel, Vol III
Smarr, Janet Levarie, Vol III
Sousa, Ronald W., Vol III
Steinberg, Mark D., Vol I
Stone, Victor J., Vol IV
Tarr, Nina W., Vol IV
Terry, Charles T., Vol IV
Tikku, Girdhari, Vol III
Tiyambe Zeleza, Paul, Vol I
Turino, Thomas, Vol II
Turquette, Atwell R., Vol IV
Ulen, Thomas S., Vol IV
VanPatten, Bill, Vol III
Wagner, Steven, Vol IV
Ward, Tom R., Vol II
Wengert, Robert, Vol IV
Widenor, William C., Vol I
Williams, Cynthia A., Vol IV
Wilson, Robert, Vol IV

Charleston
Bazargan, Susan, Vol II
Colvin, William E., Vol I
Ibelema, Minabere, Vol II
Irwin, Bonnie D., Vol II
Kashefi, Mahmoud, Vol V
Lee, Young Sook, Vol IV
Lehman, Cynthia L., Vol I
Marquardt-Cherry, Janet Teresa, Vol I
McMillan, Daniel, Vol I
Moore, John David, Vol II
Oseguera, A. Anthony, Vol II
Waldrep, Christopher, Vol I
Weasmer, Jerie, Vol II, V
Yen, Shu-Chen, Vol V

Chicago
Abadinsky, Howard, Vol IV
Abela, Paul R., Vol IV
Adkins, Arthur William Hope, Vol II, III, IV
Ahlstrom, Gosta Werner, Vol IV
Alaimo, Kathleen, Vol I, IV
Albrecht, Gary Louis, Vol V
Alexander, Michael C., Vol I
Allee, Mark, Vol I
Allegrezza, William, Vol II
Allen, Michael I., Vol I
Alschuler, Albert W., Vol IV
Amaker, Norman Carey, Vol IV
Amberg, Anthony, Vol II
Anderson, Greg, Vol I, II, III
Antonucci, Michael A., Vol II
Aronson, Howard Isaac, Vol III
Ascough, Richard S., Vol IV
Asmis, Elizabeth, Vol II, III
Austen, Ralph Albert, Vol I
Austern, Linda, Vol II
Austin, Timothy Robert, Vol III
Aydede, Murat, Vol IV
Ball, William Batten, Vol IV
Bangert, Mark Paul, Vol IV
Bannan, John F., Vol IV
Barahona, Renato, Vol I
Barry, Robert M., Vol IV
Bartky, Sandra, Vol IV
Bartsch, Shadi, Vol II, III
Barushok, James William, Vol II
Bateman, Paul E., Vol IV
Bergant, Dianne, Vol IV
Beschle, D. L., Vol IV
Betz, Hans Dieter, Vol IV
Bevans, Stephen, Vol IV
Bevington, David M., Vol II
Bevington, Gary, Vol III
Bidwell, Charles E., Vol V
Biester, James, Vol II
Biggs, Robert Dale, Vol I
Bireley, Robert Lee, Vol I
Blachowicz, James, Vol IV
Blackman, Rodney J., Vol IV
Bledstein, Adrien, Vol I, II
Bledstein, Burton J., Vol I
Blum, John D., Vol IV
Bock-Weiss, Catherine C., Vol I
Bodi, Sonia, Vol II
Bofman, Theodora Helene, Vol III
Boling, Robert Gordon, Vol IV
Booth, Wayne Clayson, Vol II
Bottoms, Bette L., Vol V
Bouson, J. Brooks, Vol II
Boyer, John William, Vol I
Bramer, Paul G., Vol IV
Brande, David, Vol II
Brauer, Jerald, Vol I, IV
Brault, Pascale-Anne, Vol III
Brinkman, John Anthony, Vol I
Brommel, Bernard, Vol II
Broniak, Christopher, Vol IV
Broudy, Harry S., Vol IV, V
Brown, Bill, Vol II
Brown, Richard Holbrook, Vol I
Browning, Don S., Vol IV
Bruegmann, Robert, Vol I
Buccola, Regina M., Vol II
Buntrock, Dana, Vol I
Burkhart, John E., Vol IV
Burnell, Devin, Vol I
Burnett, Anne Pippin, Vol II, III
Burton, J. D., Vol I, V
Butler, Lee Hayward, Jr., Vol IV
Cafferty, Pastora San Juan, Vol I
Calcagno, Ann, Vol II
Cardoza, Anthony L., Vol I
Carr, Anne E., Vol IV
Carrig, Maria, Vol II
Carson, Thomas L., Vol IV
Castiglia, Christopher, Vol II
Caughie, Pamela L., Vol II
Chastain, Charles, Vol IV
Chinitz, David, Vol II
Civil, Miguel, Vol I, III
Clark, Terry Nichols, Vol V
Clarke, Michael, Vol II
Cohen, Sheldon S., Vol I
Cohen, Ted, Vol IV
Cohn, Bernard Samuel, Vol I, V
Collins, Ardis B., Vol IV
Comaroff, Jean, Vol V
Conroy, Peter Vincent, Vol III
Coogan, David, Vol II

Cooper, Chris, Vol V
Costigan, Richard F., Vol IV
Craig, John Eldon, Vol I, V
Cronce, Philip, Vol IV
Crone, Anna Lisa, Vol III
Cumings, Bruce, Vol IV
Cunningham, Suzanne M., Vol IV
Currie, David P., Vol IV
Cutrofello, Andrew, Vol IV
Cyganowski, Carol K., Vol II
Daily, Jonathan, Vol I
Dale, Walter R., Vol IV
Dam, Kenneth W., Vol IV
Danzer, Gerald, Vol I, V
Davis, Lennard J., Vol II
Davis, Michael, Vol IV
Davis, Phoebe Stein, Vol II
Dearmas, Frederick A., Vol III
Decker, John F., Vol IV
Dembowski, Peter Florian, Vol III
Dennis, David B., Vol I
DePillars, Murry Norman, Vol V
Derdak, Thomas J., Vol IV
Dickie, George T., Vol IV
Dickie, Matthew Wallace, Vol III
Dietler, Michael, Vol V
Dik, Helma, Vol II, III
Dominowski, Roger L., Vol V
Donner, Fred M., Vol I
Draznin, Yaffa Claire, Vol I
Dunn, Ivy D., Vol V
Dust, Margaret C., Vol V
Dworkin, Gerald, Vol IV
Echols, James Kenneth, Vol I, IV
Edelberg, Walter, Vol IV
Edie, Carolyn A., Vol I
Ehre, Milton, Vol III
Elkins, James, Vol I
Elsbernd, Mary, Vol IV, V
Engel, J. Ronald, Vol IV
Epstein, Richard Allen, Vol IV
Erenberg, Lewis, Vol I
Erlebacher, Albert, Vol I
Erwin, James Otis, Vol IV
Eslinger, Ellen T., Vol I
Fanning, Steve, Vol I
Faraone, Christopher, Vol II, III
Fasolt, Constantin, Vol I
Fennell, Francis L., Vol II
Field, Norma, Vol III
Fields, Beverly, Vol II
Fiscella, Joan B., Vol II, IV
Fischel, Daniel R., Vol IV
Fish, Stanley E., Vol II, IV
Fleischacker, Sam, Vol IV
Floyd, Samuel A., Jr., Vol II, V
Foster, Verna A., Vol II
Frantzen, Allen J., Vol II
French, Louise, Vol IV
French, William, Vol IV
Fried, Richard M., Vol I
Friedman, Victor A., Vol III
Friedrich, Paul, Vol II, III, V
Frohlich, Mary, Vol IV
Fromm, Gloria Glikin, Vol II
Fry, Christine L., Vol V
Frymer-Kensky, Tikva, Vol IV
Fuerst, Wesley J., Vol IV
Gagliano, Joseph Anthony, Vol I
Galush, William J., Vol I
Gans, Bruce, Vol II
Garber, Daniel Elliot, Vol IV
Gardiner, Judith Kegan, Vol II
Gariepy, Margo R., Vol I, II
Garner, Roberta, Vol V
Garrigan, Kristine O., Vol II
Gasienica-Byrcyn, Anna Zofia, Vol II, III
Gebhard, Elizabeth Replogle, Vol I
Georgalas, Robert N., Vol II
Gerdes, Neil W., Vol III
Geyer, M., Vol I
Ghazzal, Zouhair, Vol I
Gilbert, Bentley Brinkerhoff, Vol I
Gilfoyle, Timothy J., Vol I
Gill, David W., Vol IV
Gilmour, Peter, Vol IV
Gilpin, W. Clark, Vol IV
Gini, Alfred, Vol IV
Gittins, Anthony, Vol IV, V
Golb, Norman, Vol I, III, IV
Goldman, Jean, Vol I
Gollrad, Gareth E., Vol III
Gomberg, Paul, Vol IV
Good, Jacquelyn Fox, Vol II
Gordon, Milton A., Vol V
Goroff, David B., Vol IV
Gossett, Philip, Vol II
Gossett, Suzanne, Vol II
Graber, Doris A., Vol IV
Graff, Gerald E., Vol II, V
Gragg, Gene Balford, Vol III
Graham, Stephen R., Vol IV
Gray, Hanna Holborn, Vol I
Greeley, Andrew M., Vol II, IV, V
Green, Jesse Dawes, Vol I, V
Green, Michael J., Vol IV
Gross, Hanns, Vol I
Gross-Diaz, Theresa, Vol I
Grossman, Neal, Vol IV
Grover, Dorothy, Vol IV
Groves, Nicholas, Vol I
Guenther, Barbara J., Vol II
Gutek, Gerald Lee, Vol I, V
Hales, Peter Bacon, Vol I
Hall, Jonathan M., Vol II, III
Halwani, Raja, Vol IV
Hamp, Eric Pratt, Vol III
Handy, Lowell, Vol IV
Hardy, John Edward, Vol II
Harrill, J. Albert, Vol IV
Harrington, Ann M., Vol I
Harrington, Kevin, Vol I
Hart, Bill, Vol IV
Hart, W. D., Vol IV
Hartman, Laura Pincus, Vol IV
Haugeland, John Christian, Vol IV
Hayes, Zachary Jerome, Vol I, IV
Hays, Jo N., Vol I
Headrick, Daniel Richard, Vol I
Heinz, John P., Vol IV, V
Hellie, Richard, Vol I
Helmholz, R. H., Vol I, IV
Hendel, Kurt Karl, Vol I
Henly, Julia, Vol V
Hermansen, Marcia, Vol I
Hiebert, Theodore, Vol IV
Higgins, Hannah, Vol I
Hilbert, David, Vol IV
Hilliard, David C., Vol IV
Hirsch, Susan E., Vol I
Hockings, Paul E., Vol V
Hogenson, George B., Vol IV
Holli, Melvin G., Vol I
Homans, Peter, Vol IV
Hoover, Paul, Vol II
Hoover, Polly, Vol II, III
Hopkins, Dwight N., Vol IV
Hoppe, E. A., Vol IV
Hoppe, Leslie John, Vol IV
Howard, C. Jeriel, Vol II
Huggett, Nick, Vol IV
Hughes, Joyce A., Vol IV
Hulse, Clark, Vol I, II
Hylton, Peter, Vol IV
Ingham, Norman William, Vol III
Ingram, David B., Vol IV
Janangelo, Joseph, Vol II
Jarrett, Jon, Vol IV
Jay, Paul, Vol II
Jennings, Lee B., Vol III
John, Richard R., Vol I
Johnson, Paul B., Vol I
Johnson, W. Ralph, Vol II, III
Johnson, Walker C., Vol I
Johnson-Odim, Cheryl, Vol I
Johnston, Mark D., Vol II
Jones, Peter D. A., Vol I, IV
Jones, Richard A., Vol II
Jones, Steven, Vol II
Jordan, David P., Vol I
Jordan, J. Scott, Vol V
Jung, Patricia Beattie, Vol IV
Jurisson, Cynthia, Vol IV
Kaegi, Walter Emil, Vol I
Kajevich, Steven N., Vol IV
Kaminski, Thomas, Vol II
Kang, Soo Y., Vol I
Karamanski, Theodore J., Vol I
Karl, Barry D., Vol I
Kaufman, George G., Vol IV
Kaufman, Suzanne, Vol I
Kazazis, Kostas, Vol III
Keenan, J. G., Vol II, III
Kendrick, Christopher, Vol II
Keys, Christopher, Vol V
Khodarkovsky, Michael, Vol I
Kipper, David A., Vol V
Kirshner, Julius, Vol I
Klein, R., Vol I
Klein, Ralph W., Vol IV
Knapp, Thomas A., Vol I
Knight, Eileen Q., Vol V
Kolb, Gwin Jackson, Vol II
Koptak, Paul E., Vol II, IV
Krause, David H., Vol II
Krause, Joan H., Vol IV
Krentz, Edgar, Vol IV
Krieger, Leonard, Vol I
Kulczycki, John, Vol I
Kuzdale, Ann E., Vol I
Lacava, J., Vol III
Laden, Anthony, Vol IV
Ladenson, Robert, Vol IV
Lane, Marc J., Vol IV
Larrabee, Mary Jane, Vol IV
Laubscher, Leswin, Vol V
Lauer, Eugene F., Vol IV
Laumann, Edward O., Vol V
Lawler, James Ronald, Vol III
Lazarus, Cathy Lynn, Vol II
Lee, Johng O., Vol IV, V
Lee, Mi Kyoung, Vol IV
Lee, Shoou-Yih D., Vol V
Leer, Norman Robert, Vol II, III
Leighton, Lauren Gray, Vol II, III
Leroy Conrad, Robert, Vol IV, V
Levin, David J., Vol I, III
Levy, Richard S., Vol I
Lewis, Cary B., Jr., Vol IV
Lichtenbert, Robert H., Vol IV
Lieb, Michael J., Vol II
Lightfoot, Jean Harvey, Vol II
Lincoln, Bruce K., Vol IV
Lind, Rebecca, Vol II
Linss, Wilhelm Camill, Vol IV
Lipson, Charles, Vol IV
Livatino, Melvin W., Vol II
Livezey, Lowell W., Vol IV
Lopata, Helena Z., Vol V
Lorek, Robert, Vol IV
Lucas, James L., Vol II
Lukacher, Ned, Vol II, III
Lundbom, Jack R., Vol IV
Macdonald, J. Fred, Vol I
Macneil, Ian Roderick, Vol IV
Maharg, James, Vol III
Makkai, Adam, Vol III
Malm, Heidi, Vol IV
Mann, Arthur, Vol I
Mann, Harveen Sachdeva, Vol II
Manning, Blanche Marie, Vol IV
Margolin, Victor, Vol I
Markey, Constance D., Vol III
Marriott, Mc Kim, Vol V
Marshall, Donald G., Vol II
Marshall, Robert J., Vol IV
Martin, Troy W., Vol IV
Mccaffrey, Lawrence John, Vol I
McCawley, James D., Vol III
McCloskey, Michael, Vol V
McCullagh, Suzanne Folds, Vol I
McCulloh, Gerald William, Vol IV
McGinn, Bernard John, Vol I, IV
McGinty, Mary Peter, Vol IV
McKenna, Andrew Joseph, Vol III
McManamon, John, Vol I
McManus, James, Vol III
Mcneill, David, Vol III, V
Mcneill, William Hardy, Vol I
Meinwald, Constance, Vol IV
Mellon, Stanley, Vol I
Messbarger, Paul Robert, Vol II
Messenger, Christian Karl, Vol II
Messer, Robert Louis, Vol I
Michel, Walter L., Vol IV
Mikva, A. J., Vol IV
Miller, Bernice Johnson, Vol V
Miller, David B., Vol I
Miller, Marion S., Vol I
Miller, Virginia E., Vol I
Mills, Charles, Vol IV
Misa, Thomas J., Vol I
Mitchell, W. J. Thomas, Vol II
Moayyad, Heshmat, Vol III
Mooney-Melvin, Patricia, Vol I
Morris, Calvin S., Vol IV
Morris, Norval, Vol IV
Moseley, Michael Edward, Vol I, V
Moser, Paul K., Vol IV
Mosha, Raymond S., Vol IV
Most, Glenn Warren, Vol III
Moylan, Prudence A., Vol I
Musgrove, Laurence E., Vol II
Nabholtz, John R., Vol II
Naim, Choudhri Mohammed, Vol III
Najita, Tetsuo, Vol I
Neary, Timothy B., Vol I
Neely, David E., Vol IV
Nelson, Judith C., Vol V
Nelson, Robert S., Vol I
Nilson, Jon, Vol IV
Nims, John Frederick, Vol II
Nolan, Janet, Vol I
Notz, John K., Jr., Vol IV
Novick, Peter, Vol I
Nuzzo, Angelica, Vol I, IV
Nystrom, David P., Vol I, IV
O'Connell, Daniel C., Vol V
O'Donnell, Thomas G., Vol II
Ogorzaly, Michael, Vol I
Oliker, Michael A., Vol II, IV
Olin, Margaret, Vol I
Olken, Samuel R., Vol IV
Orban, Clara E., Vol III
Ottley, Bruce L., Vol IV
Overbeck, T. Jerome, Vol IV, V
Ozar, David T., Vol IV
Park, Kyeong-Sook, Vol IV
Parks, Jennifer A., Vol IV
Patton, Gerald Wilson, Vol V
Pavel, Thomas, Vol II
Pawlikowski, John, Vol IV
Pennick, Aurie Alma, Vol IV
Peperzak, Adriaan Theodoor, Vol IV
Perelmuter, Hayim Goren, Vol I, IV
Perman, Michael, Vol I
Pero, Albert, Vol IV
Perritt, Henry H., Jr., Vol IV
Perry, Richard J., Jr., Vol IV
Pfeffer, Paula F., Vol I
Phillips, Gene D., Vol II
Pinder, Kymberly, Vol I
Pinney, Gloria Ferrari, Vol I
Pintchman, Tracy, Vol IV
Platt, Harold L., Vol I
Pollak, Martha, Vol I
Porter, Kwame John R., Vol IV
Postlewaite, Philip F., Vol IV
Poston, Lawrence S., Vol II
Potee, Nanette, Vol II
Power, Margaret, Vol I, III, IV
Price, Daniel, Vol IV
Primous, Dianella, Vol V
Pullin, Nicolas G., Vol II
Ramsey, John T., Vol II, III
Ranes, Barbara, Vol II
Ransby, Barbara, Vol I
Reardon, John J., Vol I
Redfield, James M., Vol II, III
Reiner, Erica, Vol I
Reisch, George, Vol I, IV
Reitz, Miriam, Vol IV
Remini, Robert Vincent, Vol I
Reynolds, Audrey L., Vol III
Reynolds, Frank E., Vol I, IV
Rhoads, David, Vol IV
Ricoeur, Paul, Vol IV
Riess, Steve Allen, Vol I
Rinehart, Lucy, Vol II
Robinson, Edward A., Vol II
Robinson, Rochelle, Vol II
Rocks, James E., Vol II
Rodriguez, Jose David, Vol IV
Rodriguez-Florido, Jorge J., Vol III
Roeder, George H., Jr., Vol I
Roosevelt, Anna C., Vol V
Rosenblum, Victor Gregory, Vol IV
Rosenwein, Barbara Herstein, Vol I
Rowan, Bernard, Vol IV
Royster, Philip M., Vol I
Rychlak, Joseph F., Vol V
Saari, Carolyn, Vol V
Sack, James J., Vol I
Saller, Richard, Vol I
Samar, Vincent J., Vol IV
Sandler, Samuel, Vol III
Sassen, Saskia, Vol IV, V
Schechtman, Marya, Vol IV
Schelbert, Leo, Vol I
Schmaus, Warren Stanley, Vol I, IV
Schneider, Laurel, Vol IV
Schreiter, Robert John, Vol IV
Schroeder, Steven H., Vol IV
Schroeder, Susan P., Vol I
Schultheiss, K., Vol I
Schultz, Reynolds Barton, Vol IV
Schwartz, Justin, Vol IV
Schwartz, Mildred A., Vol V
Schweickart, David, Vol IV
Seigfried, Hans, Vol IV
Shaman, Jeffrey Marc, Vol IV
Shea, John Stephen, Vol II
Sheasby, R., Vol II
Sherwin, Byron Lee, Vol III
Simpson, Dick, Vol IV
Singleton, Gregory Holmes, Vol I
Sinkler, Georgette, Vol IV
Sizemore, Barbara A., Vol V
Slatkin, Laura M., Vol III
Sloan, Thomas, Vol I
Smith, Daniel Scott, Vol I
Smith, Jonathan Zittell, Vol I, IV
Smith, Raymond T., Vol V
Smith, Tom W., Vol I
Snodgrass, Klyne Ryland, Vol IV
Sochen, June, Vol I
Sokol, David M., Vol I
Sorkin, David E., Vol IV
Stafford, Barbara Maria, Vol I
Stalans, Loretta, Vol IV
Stein, Howard, Vol IV
Stein, Leon, Vol I
Steinman, Joan E., Vol IV
Stern, Richard G., Vol II
Stern, Robin, Vol I
Sternberg, Joel, Vol II
Strier, Richard, Vol II
Struckhoff, David, Vol IV
Stuhlmueller, Carroll, Vol IV
Sullivan, Winnifred F., Vol IV
Sweeney, Leo, Vol IV
Sweetser, Marie-Odile, Vol III
Tabbi, Joseph, Vol II
Taiwo, Olufemi, Vol IV
Tang, Chenxi, Vol III
Tannenbaum, Rebecca J., Vol I
Tarlock, Anthony Dan, Vol IV
Taub, Richard P., Vol V
Tave, Stuart Malcolm, Vol II
Taylor, Jacqueline S., Vol II
Terrell, JoAnne M., Vol IV
Terrell, Melvin C., Vol V
Thandeka, Vol IV
Thompson, Kenneth F., Vol IV
Thomsen, Mark, Vol IV
Tobin, Thomas Herbert, Vol IV
Tolliver, Richard Lamar, Vol IV
Tomlins, Christopher L., Vol I, IV
Townsend, Richard, Vol I
Trela, D. J., Vol II
Trout, J. D., Vol IV
Trumpener, Katie, Vol II
Tuttle, Russell H., Vol V
Usiskin, Zalman, Vol V
Vaillancourt, Daniel, Vol IV
Vita, Steven, Vol I
Vogelaar, Harold Stanton, Vol IV
von Wahlde, Urban C., Vol IV
Waite, Linda J., Vol V
Walker, James, Vol II
Walker, Robert Jefferson, Vol II
Walker, Sue Sheridan, Vol I
Wallace, John Malcolm, Vol II
Walsh, Joseph A., Vol V
Walter, James J., Vol IV
Ward, Jule D., Vol IV
Ward, Julie, Vol IV
Warner, R. Stephen, Vol V
Wasiolek, Edward, Vol III
Waymack, Mark H., Vol IV
Weaver, Elissa B., Vol III
Weil, Vivian, Vol IV
Weiner, Jack, Vol III
Weiner, Lynn, Vol I
Weinstein, Deena A., Vol V
Wente, Edward Frank, Vol I
Westley, Richard J., Vol IV
Wexler, Joyce, Vol II
Wexman, Virginia Wright, Vol II
White, David A., Vol IV
White, Douglas Howarth, Vol II
White, John L., Vol IV
White, Peter, Vol III
Wike, Victoria S., Vol IV
Willard, Barb, Vol II
Williams, Daniel, Vol I, IV
Williams, Joseph M., Vol II, III
Wilson, Clarence S., Jr., Vol IV
Wilson, Kent, Vol IV
Wissler, Robert W., Vol IV
Wojcik, Mark E., Vol IV
Wolach, Allen H., Vol V
Wolf, Arnold J., Vol IV
Wolfe, Gary Kent, Vol II
Wood, Barbara, Vol II
Woodman, Taylor, Vol I
Worrill, Conrad W., Vol V
Wray, David L., Vol III
Wren, Thomas, Vol IV
Wyrick, Floyd I., Vol V
Yandell, K. David, Vol IV
Yang, Xiaosi, Vol IV
Yartz, Frank, Vol IV
Yu, Anthony C., Vol III, IV
Zaferson, William S., Vol II, III, IV

Zakowski, Sandra, Vol V
Zukowsky, John, Vol I

Chicago Heights
Calgaro, W., Vol V

Danville
Cornelius, Janet Duitsman, Vol I
Rediehs, Robert E., Vol V

De Kalb
Abbott, Craig Stephens, Vol II
Barbe, Katharina, Vol III
Berkowitz, Gerald Martin, Vol II
Blomquist, Thomas W., Vol I
Burwell, Rose Marie, Vol II
Court, Franklin Edward, Vol II
Dye, James Wayne, Vol I, IV
Foster, Stephen, Vol I
George, Charles Hilles, Vol I
Gildemeister, Glen A., Vol I
Giles, James Richard, Vol II
Johannesen, Richard Lee, Vol II, V
Kinser, Samuel, Vol I
Kisiel, Theodore Joseph, Vol IV
Mazzola, Michael Lee, Vol III
Mellard, James Milton, Vol II
Meyer, Jerry D., Vol I
Michael, Colette Verger, Vol III, IV
Moody, J. Carroll, Vol I
Norris, James D., Vol I, IV
Parot, Joseph John, Vol I, IV
Posadas, Barbara Mercedes, Vol I
Resis, Albert, Vol I
Schneider, Robert W., Vol I
Schriber, Mary Suzanne, Vol III
Self, Robert Thomas, Vol II
Shesgreen, Sean Nicholas, Vol I, II
Spencer, Elaine Glovka, Vol I
Spencer, George W., Vol I
Thurman, Alfonzo, Vol V
Waldeland, Lynne M., Vol II
Williams, Eddie R., Jr., Vol V
Wilson, Constance Maralyn, Vol I
Wilson, Robert H., Vol II

Decatur
Detmer-Groebel, Emily, Vol II
Jacobs, Jo Ellen, Vol IV
Mittal, Sushil, Vol I, IV, V
Rozema, Hazel J., Vol II

Deerfield
Alexanian, Joseph M., Vol IV
Baxter, Harold J., Vol II
Benson, Warren S., Vol I, V
de S. Cameron, Nigel M., Vol IV
Graddy, William E., Vol II
Harrold, Jeffery Deland, Vol IV
Lunde, Jonathan M., Vol IV
Mitchell, C. Ben, Vol IV
Moulder, William J., Vol IV
Pointer, Steven R., Vol I
Schnabel, Eckhard J., Vol IV
Solheim, Barbara P., Vol IV
Williams, Clifford E., Vol IV

Dekalb
Anderson, Kevin, Vol V
Atkins, E. Taylor, Vol I
Baker, William, Vol II
Brown, Harold I., Vol IV
Bryan, Ferald J., Vol II
Day, Michael, Vol II
Hudson, James L., Vol IV
Kern, Stephen R., Vol I
Kipperman, Mark, Vol II
Knapp, John V., Vol II
Kourvetaris, George A., Vol V
Kyvig, David E., Vol I
Michael, Colette, Vol III, IV
Osterle, Heinz D., Vol III
Sheehan-Holt, Jan, Vol V
Williams, William Proctor, Vol II
Witherell, Elizabeth H., Vol II
Worobec, Christine D., Vol I

Edwardsville
Astour, Michael Czernichow, Vol I
Blain, Robert R., Vol V
Browne, Dallas L., Vol V
Bukalski, Peter J., Vol II
Chen, Ching-Chih, Vol I
Corr, Charles A., Vol IV
Danley, John Robert, Vol IV
Griffen, Toby David, Vol III
Haas, James M., Vol I
Hill, Jason D., Vol IV
Lox, Curt L., Vol V
Mann, Joan Debbie, Vol III
Meyering, Sheryl L., Vol II
Murphy, Patrick D., Vol II
Nore, Ellen, Vol I
Pearson, Samuel C., Vol I, IV
Petry, Alice Hall, Vol II
Pogatshnik, Lee Wolfram, Vol V
Ragen, Brian A., Vol II
Richardson, Betty, Vol II
Schmidt, Barbara Quinn, Vol II
Springer, Carl P. E., Vol II, III
Spurgeon, Dickie A., Vol II
Valley, David B., Vol II
Weingartner, James Joseph, Vol I
Welch, Edward L., Vol IV
Wilson, Rudolph George, Vol V

Elgin
Broad, David B., Vol V
Ferguson, Paul, Vol IV

Elmhurst
Noice, Helga, Vol V
Parker, Paul P., Vol IV

Elsah
Follis, Elaine R., Vol IV
Helmer, Stephen, Vol I
Sandford, George W., Vol I

Eureka
Logsdon, Loren, Vol II
McCoy, Jerry, Vol IV
Rodriguez, Junius, Vol I
Schwab, Allen, Vol II

Evanston
Appel, Alfred, Jr., Vol II
Binford, Henry C., Vol I
Birner, Betty, Vol III
Breen, Timothy Hall, Vol I
Breslin, Paul, Vol II
Brkkila, Betsy, Vol II
Brown, John A., Vol V
Cheah, Pheng, Vol II
Cirillo, Albert, Vol II
Citron, Michelle, Vol II
Clayson, S. Hollis, Vol I
Cummins, Fred, Vol III
Darby, Derrick, Vol IV
Davies, Carole Boyce, Vol I
Davis, Whitney, Vol I
Deigh, John, Vol IV
Dillon, Diane, Vol I
Dubey, Madhu, Vol II
Durham, Scot, Vol III
Durr, Volker, Vol III
Eagly, Alice H., Vol V
Eldred, Katherine O., Vol II, III
Evans, Lawrence, Vol II
Fenves, Peter, Vol III
Fine, Arthur, Vol IV
Fox, Edward Inman, Vol III
Fraser, Sarah, Vol I
Frisch, Mathias F., Vol IV
Froula, Christine, Vol II
Garrison, Daniel H., Vol II, III
Gibbons, Reginald, Vol II
Ginsburg, Michal P., Vol III
Gooding-Williams, Robert, Vol IV
Goodnight, G. Thomas, Vol II, IV
Griswold, Wendy, Vol II
Harley, Philip A., Vol IV
Harris, Robert Allen, Vol II
Herbert, Christopher, Vol II
Heyck, Thomas William, Vol I
Hill, Randolph K., Vol IV
Hindman, Sandra L., Vol I
Hull, David L., Vol IV
Joravsky, David, Vol I
Kalantzis, George, Vol I, IV
Kennedy, Chris, Vol III
Kerr, Lucille, Vol III
Kieckhefer, Richard, Vol I, IV
Kinzie, Mary, Vol II
Kraut, Richard, Vol IV
Lafont, Cristina, Vol IV
Lassner, Phyllis, Vol II, V
Launay, Robert G., Vol V
Law, Jules, Vol II
Leonard, William R., Vol V
Lerner, Robert E., Vol I
Levi, Judith N., Vol III
Levin, Beth, Vol III
Levin, David M., Vol IV
Lewis, Dan A., Vol V
Lipking, Lawrence, Vol II
Lowe, Eugene Y., Jr., Vol I, IV
Lys, Franziska, Vol III
Manning, Susan, Vol II
Marshall, David, Vol II
Maza, Sarah C., Vol I
McCarthy, Thomas A., Vol IV
McCumber, John, Vol III
Mead, Gerald, Vol III
Mokyr, Joel, Vol IV
Monoson, S. Sara, Vol II, III, IV
Moskos, Charles C., Vol V
Mueller, Martin, Vol II
Muir, Edward, Vol I
Mulcaire, Terry, Vol II
Muller-Sievers, Helmut, Vol III
Murdock, Jonah, Vol IV
Murphy, Larry G., Vol I, IV
Newman, Barbara J., Vol II, IV
Okoye, Ikem, Vol I
Packer, James, Vol II, III
Paden, William D., Vol III
Perry, Edmund, Vol I, IV
Petry, Carl F., Vol I
Phillips, L. Edward, Vol IV
Pierrehumbert, Janet, Vol III
Pinkard, Terry, Vol IV
Poling, James N., Vol IV
Reginald, Allen, Vol II, III
Roberson, Christopher, Vol IV
Rohrbacher, Bernhard, Vol III
Romanowski, Sylvie, Vol III
Rosello, Michelle M., Vol III
Rothauge, Arlin J., Vol IV
Ruether, Rosemary R., Vol IV
Rumold, Rainer, Vol II
Safford, Frank Robinson, Vol I
Sankovitch, Tilde, Vol III
Schwartz, Regina, Vol II
Schwarzlose, Richard A., Vol II
Schwoch, James J., Vol II
Seeskin, Kenneth, Vol IV
Seymour, Jack L., Vol I, IV, V
Shapo, Marshall S., Vol IV
Sherry, Michael Stephen, Vol I
Smith, Carl, Vol I
Sommer, Benjamin D., Vol IV
Speck, Oliver C., Vol III
Spencer, Janine, Vol III
Steinberg, Salme Harju, Vol I
Stern, Julia, Vol II
Stimilli, Davide, Vol III
Stone-Richards, Michael, Vol I
Styan, John Louis, Vol II
Taylor, Charles, Vol IV
Thorsen, Kristine, Vol III
Tournier, Claude, Vol III
Van Zanten, David, Vol I
Vogel, Manfred H., Vol IV
Wall, Wendy, Vol II
Wallace, Catherine Miles, Vol II, IV
Wallace, Robert, Vol II, III
Ward, Gregory, Vol III
Waxman, Sandra R., Vol V
Werckmeister, O. K., Vol I
Wilkins, Leona B., Vol II, V
Williams, Meredith, Vol IV
Williams, Michael J., Vol IV
Wilson, Steven R., Vol II
Winston, Jane, Vol III
Wright, John, Vol III
Yeo, Khiok-Khng, Vol IV
Zecker, Steven G., Vol V

Flossmoor
Collins, John J., Vol IV

Galesburg
Bailey, Stephen, Vol I
Davis, Rodney, Vol I
Factor, Ralph Lance, Vol IV
Gold, Penny Schine, Vol I
Hane, Mikiso, Vol I
Hord, Frederick Lee, Vol I
Prats, Jorge, Vol III
Wilson, Douglas Lawson, Vol II

Glen Ellyn
Bollendorf, Robert F., Vol V
Chu, Mike S., Vol II
Maller, Mark, Vol IV
Pierson, Steven J., Vol II, V
Raepple, Eva Marie, Vol IV
Slocum, Patricia, Vol V
Webb, Nancy L., Vol II

Glencoe
Kotler, Philip, Vol II

Godfrey
Mozur, Gerald E., Vol IV

Grayslake
Roeske, Paulette, Vol II
Rosenberg, Judith, Vol II

Greenville
Huston, Richard P., Vol I

Grinnell
Sortor, M., Vol I

Homewood
Gerrish, Brian Albert, Vol I, IV

Jacksonville
Burnette, Rand, Vol I
Davis, James Edward, Vol I
Decker, Philip H., Vol II
Goulding, James Allan, Vol IV
Koss, David H., Vol IV
Metcalf, Allan Albert, Vol II, III
Palmer, Richard E., Vol IV
Spalding, Paul S., Vol IV
Tracey, Donald Richard, Vol I
Verkruyse, Peter, Vol IV

Joliet
Chilton, H. Randolph, Vol II
Cuvalo, Ante, Vol I
Marzec, Marcia Smith, Vol II

Kankakee
Lowe, Stephen, Vol I
Walker, Connie, Vol V

La Grange
Mueller, Roseanna M., Vol III

Lake Forest
Beiriger, Eugene, Vol I
Bronstein, Herbert, Vol I, IV
Ebner, Michael Howard, Vol I
LeMahieu, Dan Lloyd, Vol I
Miller, Ronald H., Vol IV
Sadri, Ahmad, Vol V
Schneiderman, Davis A., Vol II
Schulze, Franz, Vol I
Yannella, Donald, Vol II
Zilversmit, Arthur, Vol I

Lebanon
Brailow, David Gregory, Vol II
Greenfield, John R., Vol II
Neale, Philip Whitby, Vol IV

Lincoln
Gaddy, Stephanie, Vol V
Shaw, Wayne Eugene, Vol II, IV
Sullivan, James, Vol II

Lincolnwood
Singer, David G., Vol I

Lisle
Komechak, Michael E., Vol II

Lombard
Borchert, Gerald Leo, Vol IV
Lee, Wonkee "Dan", Vol IV
Weber, Timothy P., Vol I, IV

Macomb
Armfield, Felix L., Vol I
Bracey, Willie Earl, Vol IV
Brown, Spencer Hunter, Vol I
Burton, William Lester, Vol I
Chu, Felix T., Vol II
Colvin, Daniel Lester, Vol II
Combs, William L., Vol I
Conger, Syndy Mcmillen, Vol II, III
Dallinger, Judith M., Vol II
Davenport, Harbert William, Vol IV
Dunlap, Isaac H., Vol II
Edwards, Janis, Vol II
Egler, David G., Vol I
Frazer, June, Vol II
Frazer, Timothy C., Vol II, III
Hallwas, John Edward, Vol II
Harrison, Leland Bruce, Vol II
Helm, Thomas Eugene, Vol II, IV
Hurh, Won Moo, Vol V
Keeling, Lytle Bryant, Vol IV
Kurman, George, Vol III
Lee, Jai Hyon, Vol II
Leonard, Virginia Waugh, Vol I
Majeres, Raymond L., Vol V
Mann, John Stuart, Vol II
Mann, Karen Berg, Vol II
Mathes, Eugene W., Vol V
McClure, Kimberley A., Vol V
Merrett, Christopher D., Vol I
Morelli, Mario Frank, Vol IV
Na'allah, Abdul-Rasheed, Vol II, V
Palmer, Scott W., Vol I
Radosh, Mary F., Vol V
Sutton, Robert Paul, Vol I
Tang, Shengming, Vol V
Vos, Morris, Vol III
Watkins, Thomas H., Vol I
Werner, John M., Vol I
West, C. S'thembile, Vol I

Maywood
Roeber, Anthony G., Vol I
Thomasma, David C., Vol IV

Monmouth
Cordery, Simon, Vol I, IV
Cordery, Stacy A. Rozek, Vol I
De Young, James, Vol II
Grahe, Jon E., Vol V
Johnson, J. Prescott, Vol IV
Li, Chenyang, Vol IV
Urban, William Lawrence, Vol I

Mount Prospect
Ashburn, Johnny, Vol IV
Pankey, William J., Vol IV
Wachsmuth, Wayne R., Vol IV

Mountt Carmel
Owens, Patricia, Vol I

Mundelein
Lodge, John G., Vol IV

Murphysboro
Lyons, Robin R., Vol I, IV

Naperville
Fisher, David Hickman, Vol IV
Gems, Gerald R., Vol V
Kanwar, Anju, Vol II
Kelley, Karl Neal, Vol V
Mueller, Howard Ernest, Vol I, IV

Normal
Alstrum, James, Vol III
Anderson, David Leech, Vol IV
Bailey, Alison, Vol IV
Baldwin, John R., Vol II, IV
Beck, Ann R., Vol II
Beneson, Wayne A., Vol V
Bohn, Willard, Vol III
Brosnahan, Leger, Vol II, V
Burt, Susan Meredith, Vol II
Carr, Robin, Vol II
Dammers, Richard H., Vol II
Davis, Gloria-Jeanne, Vol V
De Santis, Christopher, Vol II
Devinatz, Victor G., Vol I
Freed, John Beckmann, Vol I
Giles, Linda, Vol V
Harris, Charles Burt, Vol II
Holsinger, M. Paul, Vol I
Homan, Gerlof Douwe, Vol I
Hulit, Lloyd, Vol II
Jagodzinski, Cecile M., Vol I
Jelks, Edward Baker, Vol I
Kagle, Steven Earl, Vol II
Laurenti, Joseph L., Vol III
Machina, Kenton F., Vol IV
Mai, James L., Vol I
McLaughlin, Robert, Vol II
Moghadam, Valentine M., Vol V
Mullenix, Elizabeth Reitz, Vol II
Nourie, Alan Raymond, Vol II
Pancrazio, James, Vol II, III
Parent, David J., Vol III
Perez, Louis, Vol I
Poole, John R., Vol II
Reeder, Glenn D., Vol V
Schapsmeier, Edward Lewis, Vol I
Sessions, Kyle Cutler, Vol I
Shields, John Charles, Vol II, III
Snyder, David W., Vol II, V
Swindler, James Kenneth, Vol IV

Tarr, Rodger Leroy, Vol II
Thomas, Roger K., Vol III
Trouille, Mary S., Vol III
Unrau, Yvonne A., Vol V
Visor, Julia N., Vol II
Walker, Lawrence David, Vol I
Wortham, Anne, Vol V

Notre Dame
O'Meara, Thomas F., Vol IV

Oak Brook
Brown, Dale W., Vol IV
Durnbaugh, Donald F., Vol I, IV

Oak Park
Greenhouse, Wendy, Vol I
Kim, Kwang Chung, Vol V
Robinet, Harriette Gillem, Vol I
Young, Alfred F., Vol I

Oglesby
Lynch, Rose Marie, Vol II

Orland Hills
Merwin, Peter Matthew, Vol IV

Orland Park
Antia, Kersey H., Vol V
Lee, Sungho, Vol IV

Palatine
Johnson, Richard F., Vol II
Stone, Jerome Arthur, Vol IV

Palos Heights
Ward, Annalee R., Vol II

Palos Hills
Porter, Joyce K., Vol II
Silk, William, Vol IV, V

Park Forest
Blevins, Gregory A., Vol V
Mc Master, Michele, Vol II, V

Payson
House, Kay S., Vol II

Peoria
Bowers, William Lavalle, Vol I
Cheng, Hong, Vol II
Claussen, Ernest Neal, Vol II
Fuller, Robert Charles, Vol IV
Guzman, Gregory G., Vol I
Maier, Carol Smith, Vol III
Mather, Patricia L., Vol V
Smallwood, Arwin, Vol I
Stein, Kevin J., Vol II
Vickroy, Laurie, Vol II

Peru
Abele, Robert P., Vol IV

Quincy
Biallas, Leonard John, Vol IV
Schweda, Donald Norman, Vol II
Sparks, Sherry L., Vol II
Vidal, Jaime R., Vol IV

Ridge
Doherty, Barbara, Vol I, IV

River Forest
Froehlich, Charles Donald, Vol II, III, IV
Hays, Rosalind Conklin, Vol I
Heider, George C., Vol IV
Jenne, Natalie R., Vol II
Kreiss, Paul Theodore, Vol III
McElwain, Hugh Thomas, Vol IV
McGinty, Carolyn, Vol II
Nnam, Nkuzi, Vol IV
Rohman, Chad, Vol II
Stadtwald, Kurt, Vol I
Steinmann, Andrew E., Vol IV
Todd, Mary, Vol I

River Grove
Brackett, Mary Virginia, Vol II
Latham, Angela, Vol II

Riverside
Martin, Marty, Vol I, IV
Marty, Martin Emil, Vol I, IV

Rock Island
Calder, Lendol, Vol I
Hauck, Paul A., Vol V
Huse, Nancy Lyman, Vol II
Kivisto, Peter J., Vol V
Mayer, Thomas F., Vol I
Symons, Van J., Vol I
Tredway, John Thomas, Vol I, IV

Rockford
Forslund, Catherine, Vol I
Hesselgrave, David J., Vol II
Hicks, Stephen R. C., Vol IV
Lee, Hsiao-Hung, Vol II
LeFew-Blake, Penelope, Vol II
Walhout, Donald, Vol IV

Romeoville
Glueckert, Leopold, Vol I
Lifka, Mary L., Vol I
McVann, Mark, Vol IV
Nissim-Sabat, Marilyn, Vol IV

Saint Anne
Capriotti, Emile, Vol IV

Savoy
Tingley, Donald Fred, Vol I

South Holland
Stark, Herman E., Vol IV

Springfield
Boltuc, Piotr, Vol IV
Jackson, Jacqueline Dougan, Vol II
Kitching, Benita, Vol IV
Molfese, Dennis L., Vol V
Shaidian, Hammed, Vol V
Shiner, Larry, Vol I, IV
Taylor, Richard Stuart, Vol I, IV
Van Der Slik, Jack Ronald, Vol V
Van Dyke, Annette, Vol V

Techny
Luzbetak, Louis Joseph, Vol III, V

University Park
Kennedy, Joyce S., Vol V

Urbana
Accad, Evelyne, Vol I
Ackerson, Barry J., Vol V
Adelman, Gary S., Vol II
Baron, Dennis, Vol II
Baron, Marcia, Vol IV
Barrett, James R., Vol I
Baym, Nina, Vol II
Bernard, Paul Peter, Vol I
Berube, Michael, Vol IV
Borgeson, Paul A., Vol III
Bristol, Evelyn C., Vol III
Bruner, Edward M., Vol V
Buckler, John, Vol I
Burkhardt, Richard W., Vol I
Burton, Orville Vernon, Vol I
Calder, William M., III, Vol II, III
Campbell, Jackson Justice, Vol II
Carringer, Robert L., Vol I, II, V
Cassell, Anthony K., Vol III
Chow, Kai-Wing, Vol III
Cole, Howard Chandler, Vol II
Copeland, Robert M., Vol V
Cuno, Kenneth M., Vol I
Cussins, Adrian, Vol IV
De Ley, Herbert C., Vol III
Dean, Tim, Vol II
Douglas, George Halsey, Vol I, II
Dussinger, John Andrew, Vol II
Fresco, Karen, Vol III
Friedberg, Maurice, Vol III
Friedman, John Block, Vol II
Fritzsche, Peter, Vol I
Garrett, Peter, Vol II
Gerlach, U. Henry, Vol III
Gladney, Frank Y., Vol III
Goldsmith, Daena J., Vol II
Goodman, David G., Vol III
Green, Georgia Marks, Vol III
Guibbory, Achsah, Vol II
Haboush, Ja-Hyun Kim, Vol I
Hannon, Bruce M., Vol I
Hibbard, Caroline Marsh, Vol I
Hill, Steven Phillips, Vol III
Hitchins, Keith, Vol I
Hoddeson, Lillian, Vol I
Hoffman, Valerie J., Vol IV
Hoxie, Frederick E., Vol I
Hurt, James Riggins, Vol II
Irish, Sharon, Vol I
Jacobson, Howard, Vol II
Jaher, Frederic Cople, Vol I
Jakle, John Allais, Vol I
Jenkins, Frederic Magill, Vol III
Johannsen, Robert W., Vol I
Jones, Robert Alun, Vol IV
Kachru, Braj Behari, Vol III
Kachru, Yamuna, Vol III
Kalipeni, Ezekiel, Vol I
Kay, W. David, Vol II
Klein, Joan Larsen, Vol II
Koenker, Diane P., Vol I
Koslofsky, Craig, Vol I
Kramer, Dale Vernon, Vol II
Lasersohn, Peter, Vol III
Leff, Mark H., Vol I
Lie, John J., Vol V
Lieberman, Laurence, Vol II
Lorbe, Ruth Elisabeth, Vol II
Lott, Robert Eugene, Vol III
Love, Joseph L., Vol I
Lynn, John A., Vol I
Maher, Patrick L., Vol IV
Mall, Laurence, Vol III
Marchand, James Woodrow, Vol III
McGlathery, James Melville, Vol III
Mckay, John Patrick, Vol I
McMahan, Jefferson, Vol IV
Michelson, Bruce, Vol I, II
Mitchell, Richard E., Vol I
Morgan, Jerry Lee, Vol III
Mortimer, Armine Kotin, Vol III
Mullin, Michael A., Vol II
Nelson, Cary Robert, Vol II
Nelson, Robert J. Ames, Vol III
Nettl, Bruno, Vol II
Newman, John Kevin, Vol III
Nichols, Jalden, Vol I
Nikelly, Arthur G., Vol V
Pachmuss, Temira, Vol III
Palencia-Roth, Michael, Vol III
Pandharipande, Rajeshwari, Vol IV
Pauketat, Timothy, Vol V
Pleck, Elizabeth, Vol I
Porton, Gary Gilbert, Vol I, IV
Radding, Cynthia, Vol I
Ratner, Lorman A. (Larry), Vol I
Reagan, Leslie J., Vol I
Rich, Robert F., Vol IV
Salamon, Sonya, Vol V
Sansone, David, Vol II, III
Scanlan, Richard T., Vol II, III
Schejbal, David, Vol IV
Schmitt, Frederick Francis, Vol IV
Schoedel, William Richard, Vol IV
Schoeps, Karl H., Vol III
Shapiro, Michael, Vol II
Solberg, Winton Udell, Vol I
Spence, Clark Christian, Vol I
Spence, Mary Lee, Vol I
Stein, Arnold, Vol II
Stewart, Charles Cameron, Vol I
Stillinger, Jack, Vol II
Sullivan, Zohreh Tawakuli, Vol II
Talbot, Emile, Vol III
Temperley, Nicholas, Vol II
Thomas, Stafford H., Vol II
Toby, Ronald P., Vol I, V
Violas, Paul Constantine, Vol I, V
Waldoff, Leon, Vol II
Walker, Juliet Elise Kirkpatrick, Vol I
Wallace, James Donald, Vol IV
Wallach, Luitpold, Vol II, III
Watts, Emily, Vol II
Wenzel, Joseph Wilfred, Vol II
Wheeler, Richard Paul, Vol II
Wilcox, John Chapman, Vol III
Zgusta, Ladislav, Vol III

Urbanan
Tolliver, Joyce, Vol III

Wauconda
Bolchazy, Ladislaus J., Vol II, III, IV

Western
Hawkinson, Kenneth S., Vol II

Western Springs
Fischer, Robert Harley, Vol I, IV

Wheaton
Allen, Henry L., Vol V
Arnold, Dean E., Vol V
Blumhofer, Edith L., Vol I, IV
Callahan, James P., Vol IV
Elwell, Walter Alexander, Vol IV
Ericson, Norman R., Vol IV
Fletcher, David B., Vol IV
Hawthorne, Gerald F., Vol III, IV
Hein, Rolland Neal, Vol II, IV
Kay, Thomas O., Vol I
Lewis, James F., Vol I, IV
Madigan, Mary, Vol II
McRay, John Robert, Vol IV
Noll, Mark Allan, Vol I, IV
Ryken, Leland, Vol II
Scott, Lindy, Vol III
Ziefle, Helmut W., Vol I, III

Wilmette
Atkins, Robert A., Jr., Vol IV
Huppert, George, Vol I
Lu, Xing L., Vol II
Ornstein, Allan, Vol V
Smith, Lacey Baldwin, Vol I
Vivas, Eliseo, Vol IV
Will, James Edward, Vol IV

INDIANA

Anderson
Burnett, Fredrick Wayne, Vol IV
Chapman, Virginia, Vol II
Chiang, Linda H., Vol V
Nelson, J. Douglas, Vol I
Rhule, Imogene G., Vol II
Robertson, Patricia C., Vol II
Stafford, Gilbert W., Vol IV

Angola
Zimmerman, James A., Vol I

Bloomington
Ackerman, James S., Vol IV
Adams, William, Vol V
Alexander, Scott C., Vol IV
Alter, George, Vol I
Aman, Alfred C., Jr., Vol IV
Anderson, Judith H., Vol II
Ankrom, Jeffrey, Vol III
Ansart, Guillaume, Vol III
Auger, Julie, Vol III
Bannon, Cynthia J., Vol II, III
Banta, Frank Graham, Vol III
Barnstone, Willis, Vol III
Beaty, Frederick L., Vol II
Beltran, Luis, Vol III
Berkvam, Michael, Vol III
Bieder, Maryellen, Vol III
Bodnar, John Edward, Vol I
Boerner, Peter, Vol III
Bokenkamp, Stephen R., Vol IV
Bondanella, Julia Conaway, Vol III
Bondanella, Peter, Vol III
Bradley, Craig M., Vol IV
Brakke, David, Vol IV
Brand, Myles, Vol IV
Brooks, George E., Vol I
Brown, A. Peter, Vol I, II
Brown, Mary Ellen, Vol V
Buelow, George John, Vol II
Bull, Barry L., Vol IV, V
Burdick, Dakin, Vol I
Burnim, Mellonee Victoria, Vol II
Burns, Sarah, Vol I
Caldwell, L. K., Vol I, IV
Campany, Robert F., Vol IV
Capshew, James H., Vol I
Carmichael, Ann Grayton, Vol I
Carr, Richard Alan, Vol III
Chaitin, Gilbert D., Vol III
Chermak, Steven, Vol IV
Choksy, Jamsheed, Vol I
Christ, Matthew R., Vol II, III
Churchill, Frederick Barton, Vol I
Ciccarelli, Andrea, Vol III
Clark, Gracia, Vol V
Cocchiarella, Nino Barnabas, Vol IV
Cohen, William B., Vol I
Cole, Bruce, Vol I
Conkle, Daniel O., Vol IV
Cooper, Henry Ronald, Jr., Vol III
Curtin, Michael, Vol II
Dau-Schmidt, Kenneth G., Vol IV
David, Alfred, Vol II
Davies, Ivor Kevin, Vol V
Davis, Stuart, Vol III
Dekydtspotter, Laurent, Vol III
Dickson, W. Michael, Vol IV
Dunn, Jon Michael, Vol IV
Dworkin, Roger Barnett, Vol IV
Eakin, Paul John, Vol II
Eisenberg, Paul D., Vol IV
Facos, Michelle, Vol I
Faries, Molly, Vol I
Feldstein, Ronald Fred, Vol III
Ferrell, Robert Hugh, Vol I
Field, Arthur, Vol I
Fletcher, Winona Lee, Vol II
Forker, Charles Rush, Vol II
Franklin, James L., Vol II, III
Franks, Steven, Vol III
Fratianni, Michele, Vol IV
Friedman, Edward Herbert, Vol III
Friedman, Lawrence Jacob, Vol I
Friedman, Michael, Vol IV
Gaetke, Eugene Roger, Vol IV
Gamber, Wendy, Vol I
Gealt, Adelheid Medicus, Vol I
Gerrard, Charlotte, Vol III
Glowacki, Kevin T., Vol II, III
Graham, Cynthia A., Vol V
Grant, Edward, Vol I
Gray, Donald, Vol II
Gray, Margaret, Vol III
Gronbjerg, Kirsten Anderson, Vol V
Gupta, Anil, Vol IV
Haberman, David L., Vol IV
Hansen, William F., Vol II, III, V
Hart, James G., Vol IV
Hart, Jeffrey Allen, Vol IV
Hertz, David M., Vol III
Hinds, Leonard, Vol III
Hofstadter, Douglas Richard, Vol IV
Holschuh, Albrecht, Vol III
Houston, Mona T., Vol III
Hudson, Herman C., Vol I
Impey, Olga Tudorica, Vol III
Ipsen, Carl, Vol I
Irvine, B. J., Vol I
Isbell, John, Vol III
Iwamoto, Yoshio, Vol III
Janelli, Roger L., Vol V
Jelavich, Barbara, Vol I
Jensen, H. James, Vol II
Johnson, Owen V., Vol I
Johnston, Kenneth R., Vol II
Justus, James Huff, Vol II
Kaplan, Herbert Harold, Vol I
Katz, Irving, Vol I, IV
Kennedy, Janet, Vol I
Kenshur, Oscar S., Vol III
Kleinbauer, W. Eugene, Vol I
Klotman, Phyllis Rauch, Vol II
Koertge, Noretta, Vol I, IV
Larson, Gerald J., Vol IV
Leach, Eleanor W., Vol II, III
Lebano, Edoardo A., Vol III
Lloyd, Elisabeth A., Vol I, IV
Lloyd, Rosemary, Vol III
Lochrie, Karma D., Vol II
Lohmann, Christoph Karl, Vol I, II
Long, Timothy, Vol II, III
Lopez-Morillas, Consuelo, Vol III
MacPhail, Eric, Vol III
Madison, James H., Vol I
Marks, Herbert J., Vol IV
Mathiesen, Thomas J., Vol II
Maultsby, Portia K., Vol II
McGerr, M., Vol I
McNaughton, Patrick, Vol I
McRae, John R., Vol IV
Meadows, Patrick, Vol III
Mehlinger, Howard Dean, Vol I
Meli, Domenico Bertoloni, Vol I
Merceron, Jacques E., Vol III
Meyerowitz, Joanne, Vol I
Mickel, Emanuel J., Vol III
Miller, Richard B., Vol IV
Mongoven, Ann, Vol IV
Moore, John Clare, Vol I
Musa, Mark, Vol III
Nader, Helen, Vol I
Nagle, Betty Rose, Vol II, III
Nakhnikion, George, Vol IV
Naremore, James, Vol II
Nelson, Susan, Vol I
Newman, Paul, Vol III
Nord, David P., Vol II
Nordloh, David Joseph, Vol I, II
Oinas, Felix Johannes, Vol III

Orsi, Robert A., Vol IV
Peterson, M. Jeanne, Vol I
Pfohl, Russell, Vol III
Piedmont, Ferdinand, Vol III
Pietsch, Paul Andrew, Vol IV, V
Pletcher, David Mitchell, Vol I
Rabinowitch, Alexander, Vol I
Ransel, David, Vol I
Rasch, William, Vol I, III
Remak, Henry Heymann Herman, Vol I, III
Riley, James, Vol I
Rosenberg, Samuel N., Vol III
Sailes, Gary, Vol V
Scalabrini, Massimo, Vol II, III
Sheehan, Bernard W., Vol I
Shetter, William Zeiders, Vol III
Shipps, Anthony Wimberly, Vol II
Shreve, Gene R., Vol IV
Sieber, Roy, Vol I
Smith, David H., Vol IV
Sobrer, Josep Miquel, Vol II, III
Sorrenson, Richard J., Vol I, IV
Sperry, Stuart M., Vol II
Stein, Stephen J., Vol IV
Strauss, Gerald, Vol I
Tanford, J. Alexander, Vol IV
Terrill, Robert, Vol II
Thorelli, Hans Birger, Vol IV
Tischler, Hans, Vol II
Valdman, Albert, Vol III
Vance, Barbara, Vol III
Volkova, Bronislava, Vol III
Wailes, Stephen L., Vol III
Wang, Joan Parsons, Vol II, III
Weaver, Mary Jo, Vol IV
Weinberg, Martin, Vol V
Weisstein, Ulrich, Vol III
Wertheim, Albert, Vol II
Wiggins, William H., Jr., Vol IV
Wilson, George M., Vol I
Yan, Margaret M., Vol III, V

Chesterton
Suellen, Hoy, Vol I

Clarksville
Kramer, Carl Edward, Vol I

Crawford
Danby, Judd G., Vol II

Crawfordsville
Baker, Donald Whitelaw, Vol II
Barnes, James John, Vol I
Davis, George H., Vol I
Fisher, James, Vol II
Gomez, Gilberto, Vol II, III
Herzog, Tobey C., Vol II
Kubiak, David Payne, Vol III
Peebles, I. Hall, Vol IV
Placher, William C., Vol IV

Durham
Davis, Calvin D., Vol I

Elkhart
Dyck, Cornelius John, Vol I, IV
Lind, Millard C., Vol IV
Swartley, Willard M., Vol IV

Evansville
Baer, William, Vol II
Bigham, Darrel E., Vol I
Blake, Michelle, Vol V
Brown, Arthur A., Vol II
Caldwell, Larry, Vol III
Carson, Michael, Vol II
Haegert, John, Vol II
Hemminger, William, Vol II
Longmire, Samuel, Vol II
McMullan, Margaret, Vol II
McMullen, Margaret, Vol II
Pitzer, Donald Elden, Vol I
Richardson, Donald, Vol II, III
Sands, Helen R., Vol II
Shiller, Dana, Vol II
Snow, Helena, Vol II
Sullivan, Stephen J., Vol IV
Zehr, Stephen C., Vol V

Floyds Knobs
Shields, George W., Vol IV

Fort Wayne
Bell, John P., Vol I
Bickel, Julia M., Vol V
Blumenshine, Gary Baker, Vol I
Blythe, Stuart, Vol II
Brennan, John P., Vol II
Butler, Clark Wade, Vol IV
Cantor, Louis, Vol I
Carr, Steven A., Vol II
Collins, Robert H., Vol IV
Craig, Virginia Robertson, Vol III
Crismore, Avan G., Vol II, V
Fischer, Bernd, Vol I
Fox, Linda Chodosh, Vol III, V
Galoppe, Raul A., Vol III
Gerig, Wesley Lee, Vol III, IV
Haw, James A., Vol I
Kumfer, Earl T., Vol IV
Maier, Walter A., III, Vol IV
Nuffer, Richard T., Vol IV
Scaer, David P., Vol IV
Scott, Clifford H., Vol I
Squadrito, Kathleen Marie, Vol IV
Thuente, Mary Helen, Vol II, III
Violette, Aurele J., Vol I

Gary
Barr, Alan Philip, Vol II
Boland, James M., Vol V
Buckley, William Kermit, Vol II
Cohen, Ronald Dennis, Vol I
Contreras, Raoul, Vol I
Guthrie, Danille Taylor, Vol I
O'Dell, Cynthia D., Vol V
Williamson-Ige, Dorothy Kay, Vol II

Goshen
Bender, Ross Thomas, Vol IV
Berry, Lee Roy, Jr., Vol I
Davis, Todd Fleming, Vol II
Graber-Miller, Keith A., Vol IV
Meyers, Thomas J., Vol V

Greencastle
Allen, O. Wesley, Jr., Vol IV
Chandler, Marthe Atwater, Vol IV
Dittmer, John, Vol I
Evans, Arthur Bruce, Vol III
Huffman, Carl A., Vol II, III
Schlotterbeck, John Thomas, Vol I
Shannon, Daniel E., Vol IV
Sununu, Andrea, Vol II
Warren, Stanley, Vol V
Wilson, John Barney, Vol I

Hagerstown
Lambert, Byron C., Vol I, IV

Hammond
Boiarsky, Carolyn, Vol II
Carilli, Theresa M., Vol I
Casto-Urios, Jose, Vol II
Detmer, David J., Vol IV
Fewer, Colin D., Vol II, IV
Koenig, Thomas Roy, Vol IV
Rowan, John R., Vol IV
Selig, Robert L., Vol II
Trusty, Norman Lance, Vol I

Hanover
Barlow, Philip L., Vol IV
Caine, Stanley Paul, Vol I
Campbell, Joseph Gordon, Vol IV
Cassel, J. David, Vol IV
Clark, George Peirce, Vol II
Eden, Melissa, Vol II
Fearnow, Mark, Vol II
Jobe, Steve, Vol II
Roberts, Keith A., Vol V

Huntington
Fairchild, Mark, Vol IV
Hasker, William, Vol IV
Sanders, John E., Vol IV

Indianapolis
Allen, Ronald J., Vol IV
Anderson, David L., Vol I
Ashanin, Charles B., Vol I, IV
Baetzhold, Howard George, Vol II
Barlow, John Denison, Vol III
Barrows, Robert, Vol I
Bepko, Gerald L., Vol IV
Black, Margaretta, Vol III
Blair, Rebecca S., Vol II
Broman, Per F., Vol II
Burke, Michael B., Vol IV
Byrne, Edmund F., Vol IV
Clapper, Greg, Vol IV
Colburn, Kenneth, Vol V
Detwiler, Louise A., Vol III
Dick, Robert C., Vol II
Divita, James John, Vol I
Eller, Jonathan R., Vol II
Feinman, Paul I., Vol II
Fong, Bobby, Vol II
Funk, David A., Vol IV
Geib, George Winthrop, Vol I
Gentry, Marshall Bruce, Vol II
Goering, Elizabeth, Vol II
Gray, Ralph D., Vol I
Hamilton, Sharon J., Vol II
Harris, Edward E., Vol V
Heise, Michael, Vol IV
Houser, Nathan, Vol IV
Hoyt, Giles Reid, Vol III
Iwamasa, Gayle, Vol V
Jackson, William Joseph, Vol IV
Janzen, John Gerald, Vol IV
Johnston, Carol F., Vol IV
Kapoor, Jitendra M., Vol V
Kinney, E. D., Vol IV
Kooreman, Thomas Edward, Vol II, III
Kovacik, Karen, Vol II
Langsam, Miriam Zelda, Vol I
Leeper, Jill M., Vol II
Libby, Justin, Vol I
Little, Monroe Henry, Vol I
McBride, Angela Barron, Vol III
McGeever, Patrick, Vol IV
Meier, Marga, Vol III
Miller, James Blair, Vol IV, V
Nagy, Paul, Vol IV
Nnaemeka, Obioma G., Vol III
Planeaux, Christopher, Vol I, IV
Plascak-Craig, Faye D., Vol V
Reidy, David A., Vol IV
Saatkamp, Herman J., Vol IV
Saffire, Paula Reiner, Vol II, III, IV
Schmidt, Steven J., Vol II
Sehlinger, Peter J., Vol I
Shaughnessy, Edward, Vol II
Shoemaker, Raymond Leroy, Vol I
Smurl, James Frederick, Vol IV
Spencer, Darrell W., Vol II
Steussy, Marti J., Vol III, IV
Sutton, Robert F., Vol I
Tilley, John, Vol IV
Turner, Richard Charles, Vol II
Valliere, Paul R., Vol IV
Van Der Linden, Harry, Vol IV
Vecera, Grant, Vol II
Vermette, Rosalie Ann, Vol III
Whitchurch, Gail, Vol II, V
Willem, Linda M., Vol III
Williamson, Clark M., Vol IV

Jeffersonville
Besson, Paul Smith, Vol IV

Kokomo
Kelz, Rochelle Kanter, Vol III
Kofas, Jon, Vol I
Nelson, Nicolas Harding, Vol II
Shively, Marsha L., Vol V
Strikwerds, Robert A., Vol IV
Wysong, Earl, Vol IV, V

La Porte
Jones, Larry Bert, Vol III

Lafayette
Epstein, William Henry, Vol II
Stover, John Ford, Vol I

Layfayette
Goffman, Ethan E., Vol II

Marion
Bence, Clarence, Vol IV
Boivin, Michael, Vol V
Drury, Keith, Vol IV
Kierstead, Melanie Starks, Vol IV
Lennox, Stephen J., Vol IV
Lo, Jim, Vol IV

Mishawaka
Blowers, LaVerne P., Vol IV
Erdel, Timothy Paul, Vol I, IV

Muncie
Adrian, Daryl B., Vol II
Alves, Abel A., Vol I
Conn, Earl Lewis, Vol II
De Ollos, Ione Y., Vol V
Dolan, Ronald, Vol V
Dolon, Ronald, Vol V
Doyle, Michael W., Vol I
Edmonds, Anthony Owens, Vol I
Flores, Carol A., Vol I, II
Gauggel, Karl H., Vol III
Gilman, Donald, Vol III
Greenwood, Theresa M. Winfrey, Vol V
Guntsche, Marina, Vol III
Habich, Robert D., Vol II
Hicks, Ronald E., Vol V
Hoover, Dwight W., Vol I
Hozeski, Bruce William, Vol I, II
Jackson, Philip Taylor, Vol II
Jennings, Maude M., Vol II
Keith, Rebecca M., Vol V
King, Adele C., Vol III
Koontz, Thomas Wayne, Vol II
Koumoulides, John A., Vol I
Lassiter, Eric, Vol V
Lassiter, Luke E., Vol V
Liston, William T., Vol II
Matuka, Yeno M., Vol II
McCord, Beth K., Vol V
Mertens, Thomas R., Vol V
Nickoli, Angela M., Vol IV
O'Hara, Michael M., Vol II
Perera, Nihal, Vol I
Rice, Peggy S., Vol II
Riley, Glenda, Vol I
Ruebel, James, Vol I, III
Scheele, Raymond H., Vol IV
Seager, Sharon Hannum, Vol I
Stevenson, Michael R., Vol V
Swartz, Benjamin K., Jr, Vol V
Trimmer, Joseph Francis, Vol I, II
Upchurch, David A., Vol II
Wauzzinski, Robert, Vol IV
Weakland, John Edgar, Vol I
Yordon, Judy E., Vol II

New Albany
Bowden, James Henry, Vol I, IV
Crothers, A. Glenn, Vol I
Findling, John Ellis, Vol I
French, Sandra, Vol V
Thackeray, Frank W., Vol I
Wolf, Thomas Phillip, Vol IV

New Castle
Schubert, E., Vol IV

Newburgh
Martin, Edward N., Vol IV

North Manchester
Bishop, C. James, Vol I
Brown, Kenneth Lee, Vol IV
Deeter, Allen C., Vol I, IV
Glade, Henry, Vol III

Notre Dame
Aldous, Joan, Vol V
Amar, Joseph P., Vol I, III
Ameriks, Karl, Vol IV
Anadon, Jose, Vol III
Ashley, James Matthew, Vol IV
Attridge, Harold William, Vol IV
Bauer, Joseph P., Vol IV
Bergen, Doris L., Vol I
Blanchette, Patricia, Vol IV
Blantz, Thomas E., Vol I
Blenkinsopp, Joseph, Vol IV
Bobik, Joseph, Vol IV
Boulton, Maureen, Vol III
Brogan, Jacqueline V., Vol II
Bruns, Gerald L., Vol II
Burrell, David, Vol IV
Burtchaell, James T., Vol IV
Buttigieg, Joseph A., Vol II
Cavadini, John C., Vol IV
Chang, Patricia, Vol V
Collins, James M., Vol II
Costello, Donald Paul, Vol I, II
Crosson, Frederick J., Vol IV
Crowe, Michael J., Vol I
Cushing, James T., Vol I
Dallmayr, Fred Reinhard, Vol IV
Dasilva, Fabio B., Vol V
David, Marian, Vol IV
Deane, Seamus, Vol I
Delaney, Cornelius F., Vol IV
DellaNeva, JoAnn, Vol III
DePaul, Michael R., Vol IV
Detlefsen, Michael, Vol IV
Dolan, Jay P., Vol I, IV
Donahoe, Bernard Francis, Vol I
Doody, Margaret A., Vol II
Dougherty, James P., Vol II
Douthwaite, Julia V., Vol III
Dowty, Alan K., Vol IV
Dunne, John Scribner, Vol IV
Fallon, Stephen, Vol II
Fiorenza, Elizabeth Schussler, Vol IV
Flint, Thomas P., Vol IV
Fox, Christopher B., Vol IV
Freddoso, Alfred J., Vol IV
Fredman, Stephen Albert, Vol II
Frese, Dolores, Vol II
Gaffney, Patrick D., Vol V
Gasperetti, David, Vol III
Gernes, Sonia, Vol II
Ghilarducci, Teresa, Vol IV
Giamo, Benedict, Vol I
Gustafson, Sandra, Vol II
Gutting, Gary Michael, Vol IV
Hagens, Jan Luber, Vol III
Hamlin, Christopher S., Vol I
Hammill, Graham L., Vol II
Hare, John, Vol IV
Hatch, Nathan O., Vol I
Herdt, Jennifer A., Vol IV
Hoesle, Vittorio, Vol IV
Howard, Don A., Vol IV
Ibsen, Kristine L., Vol III
Jemielity, Thomas J., Vol II
Jenkins, John, Vol IV
Jerez-Farran, Carlos, Vol III
Joy, Lynn S., Vol IV
Kazin, Alfred, Vol I
Keselman, Thomas A., Vol I
Klene, Jean M., Vol II
Klima, Gyula, Vol IV
Kremer, Michael, Vol IV
Krieg, Robert A., Vol IV
Kusmer, Robert L., Vol III
Lanzinger, Klaus, Vol III
Leyerle, Blake, Vol I, IV
Louthan, Howard, Vol I
Loux, Michael, Vol IV
MacKenzie, Louis A., Vol III
Malloy, Edward A., Vol IV
Manier, A. Edward, Vol IV
Marsden, G. M., Vol I, IV
Marullo, Thomas Gaiton, Vol III
Marvin, Julia, Vol II
Matovina, Timothy M., Vol IV
Matthias, John Edward, Vol II
McBrien, Richard Peter, Vol IV
McInerny, Ralph, Vol IV
McMullin, Ernan, Vol IV
Meier, John P., Vol IV
Mirowski, Philip E., Vol IV
Moevs, Christian, Vol III
Moody, Peter R., Vol IV
Moss, Lenny, Vol IV
Munzel, Gisela Felicitas, Vol IV
Neyrey, Jerome H., Vol IV
Norton, Robert E., Vol III
O'Boyle, Cornelius, Vol I
O'Brien-O'Keeffe, Katherine, Vol II
O'Connor, David, Vol IV
Pauley, John L., Vol II
Perry, Catherine, Vol III
Peters, Erskine Alvin, Vol II
Phelps, Teresa Godwin, Vol IV
Plantinga, Alvin, Vol IV
Prieto, Char, Vol III
Profit, Vera Barbara, Vol III
Quinn, Philip L., Vol IV
Radner, Hilary A., Vol II
Ramsey, William M., Vol IV
Rathburn, Paul A., Vol II
Reydams-Schils, Gretchen, Vol II, III, IV
Rice, Charles E., Vol IV
Ripple, Kenneth Francis, Vol IV
Robinson, John H., Vol IV
Rodes, Robert Emmet, Vol IV
Sayre, Kenneth Malcolm, Vol IV
Sayre, Patricia, Vol IV
Schlereth, Thomas J., Vol I
Sent, Esther Mirjam, Vol IV
Shaffer, Thomas Lindsay, Vol I
Shin, Sun Joo, Vol IV
Slabey, Robert M., Vol II
Sloan, Phillip R., Vol I
Smith, Randall Brian, Vol IV
Smithburn, John Eric, Vol IV
Soens, A. L., Jr., Vol II
Solomon, William David, Vol IV
Spillman, Lynette P., Vol V
Sterba, James P., Vol IV
Sterling, Gregory, Vol IV
Stubenberg, Leopold, Vol IV
Toumayan, Alain P., Vol III
Turner, James, Vol I

Udoh, Fabian E., Vol IV
van Inwagen, Peter, Vol IV
Vanden Bossche, Chris R., Vol II
Vander Kam, James C., Vol IV
Vasta, Edward, Vol II
Walton, James H., Vol II
Warfield, Ted A., Vol IV
Watson, Stephen, Vol IV
Weber, Ronald, Vol I
Weigert, Andrew, Vol V
Weiss, Herold D., Vol IV
Weithman, Paul J., Vol IV
Werge, Thomas, Vol II
Westfall, Carroll W., Vol I
White, James F., Vol IV
Williams, Maria Rosa Olivera, Vol III
Wimmer, Albert K., Vol III
Ziarek, Ewa, Vol II
Ziarek, Krzysztof, Vol II
Zimmerman, Dean, Vol IV

Osceola
Boys, Samuel A., Vol IV

Plainfield
Beaudry, Agnes Porter, Vol III

Rensselaer
Groppe, John Daniel, Vol II
Heiman, Lawrence Frederick, Vol II, IV

Richmond
Atkinson, James Blakely, Vol II, III
Barbour, Hugh, Vol I, IV
Blakey, George Thomas, Vol I
Brown, Mark M., Vol I
Clapp-Intyre, Alisa, Vol II
Cline, Peter Knox, Vol I
Goertzen, Chris, Vol II
Hamm, Thomas D., Vol I
Nugent, Patrick, Vol IV
Osborne, Randall E., Vol V
Roop, Eugene F., Vol I, IV
Southard, Robert Fairbairn, Vol I
Suber, Peter Dain, Vol IV
Turk, Eleanor L., Vol I
Wilde, Jerry, Vol V

Saint Meinrad
Cody, Aelred, Vol IV
Davis, Kenneth G., Vol III, IV
Debona, Guerric, Vol IV

South Bend
Bender, Eileen Teper, Vol II, V
Block, Joyce, Vol V
Botham, Thad M., Vol IV
Brinkley, George A., Vol I, IV
Cordell, Rosanne M., Vol II
Devenish, Philip Edward, Vol IV
Fernstein, Margarete Myers, Vol I
Furlong, Patrick Joseph, Vol I
Gindele, Karen C., Vol II
Juarez, Encarnacion, Vol III
Keen, Mike F., Vol V
Marti, Donald B., Vol I
Naylor, Andrew, Vol IV
Robinson, Gabrielle S., Vol II
Scanlan, Margaret C., Vol III
Scherer, Paul Henry, Vol I
Schreiber, Roy, Vol I
Shlapentokh, Dmitry V., Vol I
Smith, Matthew, Vol II
Stockman, Robert H., Vol I, IV
Thundy, Zacharias P., Vol II, III
Tull, Charles Joseph, Vol I
Wegs, James Robert, Vol I
Welle, John Patrick, Vol III

Terre Haute
Baker, Ronald Lee, Vol V
Bakerman, Jane Schnabel, Vol II
Barad, Judith A., Vol IV
Blackshire-Belay, C. Aisha, Vol III
Bone, Quentin, Vol I
Brennan, Matthew C., Vol II
Carino, Peter A., Vol II
Ceh, Brian, Vol I
Chesebro, James W., Vol II
Christianson, Gale Edward, Vol I
Clouse, Robert G., Vol I
Dailey, Sheron, Vol II
Dando, William, Vol I
DeMarr, Mary Jean, Vol II, V
Diaz, Lomberto, Vol III
Dowell, Richard Walker, Vol II
Gennaro, Rocco J., Vol IV
Giffin, William Wayne, Vol I
Grcic, Joseph, Vol IV
Hagedorn, Nancy, Vol I
Jegede, Dele, Vol I
Jennermann, Donald L., Vol III
Johnson, David Lawrence, Vol IV
Kleiner, Elaine Laura, Vol II
Krause, Maureen Therese, Vol III
Mullen, Richard D., Vol II
Muyumba, Francois N., Vol I
Nicol, Charles David, Vol II
Oliver, John E., Vol I
Perry, Glenn, Vol IV
Pierard, Richard Victor, Vol I, IV
Ramsey, Renee R., Vol II
Robinson, Ruth, Vol V
Roy, Sudipto, Vol IV
Shields, Donald J., Vol II, IV
Shoemaker, Rebecca Shepherd, Vol I
Spann, Edward K., Vol I
Steiger, Thomas L., Vol V
Swindell, Warren C., Vol II
Weixlmann, Joseph Norman, Vol II
Worley, David W., Vol II

Upland
Baker, Beulah Pearl, Vol II
Charles, J. Daryl, Vol IV
Corduan, Winfried, Vol IV
Harbin, Michael A., Vol II, IV
Heavilin, Barbara A., Vol II
Helyer, Larry R., Vol IV
Ringenberg, William C., Vol I
Rousselow, Jessica, Vol II
Spiegel, James S., Vol IV
Winquist, Alan, Vol I

Valparaiso
Austensen, Roy Allen, Vol I
Bass, Dorothy C., Vol IV
Brant, Dale, Vol IV
Brietzke, Paul H., Vol IV
Conison, Jay, Vol IV
Corazzo, Nina, Vol I
Geiman, Kevin, Vol IV
Greene, Martha D., Vol II, IV
Hatcher, Richard Gordon, Vol IV
Herrera, Enrique, Vol III, IV
Kilpinen, Jon T., Vol I
Klein, Kenneth, Vol IV
Krodel, Gottfried G., Vol I, IV
Kumpf, Michael, Vol III
Leeb, Carolyn, Vol III, IV
Ludwig, Theodore Mark, Vol I, IV
Maxwell, Richard, Vol II
Meilaender, Gilbert, Vol IV
Morgan, David, Vol I
Must, Gustav, Vol III
Niedner, Frederick A., Vol IV
Rast, Walter Emil, Vol I, IV
Schoppa, Robert Keith, Vol I
Sponberg, Arvid Frederic, Vol II
Startt, James Dill, Vol I
Stith, Richard T., Vol IV
Truemper, David George, Vol IV
Vandoorn-Harder, Nelly, Vol IV

Valparalso
Kennedy, Thomas, Vol IV

Vincennes
Rinderle, Walter, Vol I, IV
Verkamp, Bernard, Vol IV

West Lafayette
Adler, Thomas Peter, Vol II
Allert, Beate I., Vol II
Babrow, Austin S., Vol II, V
Bartlett, Robert V., Vol IV
Beer, Jeanette Mary Ayres, Vol III
Berg, David M., Vol II
Bergmann, Michael, Vol IV
Berthrong, Donald John, Vol I
Bertolet, Rod, Vol IV
Botan, Carl H., Vol II
Broden, Thomas F., Vol III
Burks, Don M., Vol II
Burleson, Brant R., Vol II
Clair, Robin P., Vol II
Contreni, John Joseph, Vol I
Cover, Jan, Vol IV
Curd, Martin Vincent, Vol IV
Curd, Patricia, Vol IV
Curtis, Susan, Vol I
Davis, Wendell Eugene, Vol II
Deflem, Mathieu, Vol V
Felluga, Dino F., Vol II
Ferraro, Kenneth K., Vol V
Flory, Wendy Stallard, Vol II
Fouche, Rayvon, Vol I
Garfinkel, Alan, Vol III, V
Gill, Michael, Vol IV
Gordon, Leonard H. D., Vol I
Gorn, Elliott J., Vol I
Greene, John O., Vol II
Gustason, William, Vol IV
Harper, William, Vol V
Hart, Patricia, Vol III
Hatasa, Kazumi, Vol III
Hislope, Kristi A., Vol III, V
Hong, Wei, Vol III
Hughes, Shaun Francis Douglas, Vol II
Ingrao, Charles William, Vol I
Jaen-Portillo, Isabel, Vol III
Keck, Christiane Elisabeth, Vol III
Keehner, Mary, Vol II
Kirby, John T., Vol II, III
Kleine-Ahlbrandt, Wm. Laird, Vol I
Knoeller, Christian, Vol II
Kuehn, Manfred, Vol I, IV
Larson, John L., Vol I
Leidholdt, Alex S., Vol II
Lemelle, Anthony J., Vol V
Lindsay, Stan A., Vol II
Marina, Jacqueline, Vol IV
Martinez, Jacqueline M., Vol II, III, V
Matustik, Martin J. Beck, Vol IV
May, Jill P., Vol II, V
May, Robert Evan, Vol I
McBride, William Leon, Vol IV
McGee, Reece Jerome, Vol V
Mckenzie, Alan T., Vol II
Merrell, F., Vol I
Mitchell, Donald, Vol IV
Mork, Gordon Robert, Vol I
Mumby, Dennis K., Vol II, III, IV
Ogles, Robert M., Vol II, V
Ohlgren, Thomas Harold, Vol II
Orlando, Valerie, Vol III
Parman, Donald Lee, Vol I
Rawlins, William K., Vol II
Robb, Stephen, Vol II
Rowe, William L., Vol IV
Russow, Lilly-Marlene, Vol IV
Saunders, Elmo Stewart, Vol I
Scerri, Eric R., Vol IV
Scheele, Henry Zaegel, Vol II
Schrag, Calvin Orville, Vol IV
Schweickart, Patrocinio Pagaduan, Vol II
Scott, Kermit, Vol IV
Seigfried, Charlene, Vol IV, V
Skinner, Ewart C., Vol II
Smith, Larry D., Vol II
Smith, Robert E., Vol II
Sparks, Glenn G., Vol II
Stewart, Charles J., Vol II
Stohl, Cynthia B., Vol II, III
Swensen, Clifford Henrik, Vol V
Teaford, Jon C., Vol I
Thompson, Gary Richard, Vol II
Thompson, Paul B., Vol IV
Titche, Leon L., Vol III
Tucker, Mark, Vol I, II
Ulrich, Dolph, Vol IV
Wang, Aihe, Vol I
Webb, Ralph, Jr., Vol II
Williams, Vernon J., Jr., Vol I
Woodman, Harold David, Vol I
Yetman, Michael G., Vol II

Westville
Jablon, Howard, Vol I
Loggins, Vernon P., Vol II
Schlobin, Roger Clark, Vol II
Sheehy, John, Vol IV, V

Winona Lake
Bateman, Herbert W., Vol IV
Lovelady, Edgar John, Vol II, III

IOWA

Ames
Avalos, Hector, Vol V
Bishop, Michael, Vol IV
Bloomer, Jennifer A., Vol I
Bowers, Neal, Vol II
Bowles, B., Vol III
Courteau, Joanna, Vol III
Cravens, Hamilton, Vol I
Daly, Brenda O., Vol II
Dearin, Ray Dean, Vol II
Dobson, John Mccullough, Vol I
Donaghy, John A., Vol IV
Dow, James Raymond, Vol III, V
Epperson, Douglas, Vol V
Ewald, Helen Rothschild, Vol II
Feinberg, Leonard, Vol II
Fink, Deborah R., Vol V
Gasta, Chad M., Vol III
Hickok, Kathleen Klaire, Vol II
Hollenbach, Paul William, Vol IV
Keller, Clair Wayne, Vol I
Klemke, Elmer Daniel, Vol IV
Madison, Kenneth Glenn, Vol I
Marcus, Alan I., Vol I
Mccarthy, Dennis Michael Patrick, Vol I
McCarthy, William Paul, Vol II
Mcjimsey, George Tilden, Vol I
Morris, Walter D., Vol III
Nakadate, Neil Edward, Vol II
Osborn, Wayne S., Vol I
Plakans, Andrejs, Vol I
Poague, Leland A., Vol II
Raverty, Dennis, Vol I
Riney-Kehrberg, Pamela, Vol I
Robinson, William Spencer, Vol IV
Sawyer, Mary R., Vol IV
Schofield, Robert Edwin, Vol I
Schwieder, Dorothy Ann, Vol I, V
Shank, Wesley I., Vol I
Silet, C. Loring, Vol II
Smith, Kim A., Vol II
Vann, Roberta Jeanne, Vol II
Walker, Albert Lyell, Vol II
Whitaker, Faye Pauli, Vol II
Wilson, David B., Vol I
Wilt, Alan Freese, Vol I
Zimmerman, Zora Devrnja, Vol III, V

Ankeny
Yost, Robinson M., Vol I

Burlington
Benjamin, Paul, Vol IV

Calmar
Ernst, John, Vol I

Carroll
McCaffrey, Jerrine A., Vol II

Cedar Falls
Boedeker, Edgar, Vol IV
Brod, Harry, Vol IV
Burstein, Andrew, Vol I
Crew, B. Keith, Vol V
Crownfield, David R., Vol IV
Dilly, Barbara J., Vol V
Gilgen, Albert R., Vol V
Glenn, George D., Vol I, II
Hobson, Matthew L., Vol V
Holland, Margaret G., Vol IV
Isenberg, Nancy G., Vol I
Johnson, John W., Vol I
Klinkowitz, Jerome, Vol II
Kopper, Beverly A., Vol V
Kruckeberg, Dean A., Vol II
Lounsberry, Barbara S., Vol II
Maier, Donna J. E., Vol I
Meier, A. J., Vol III
Oates, Michael David, Vol III
Robinson, James Burnell, Vol IV
Shepardson, Donald E., Vol I
Soneson, Jerome P., Vol IV
Sunseri, Alvin Raymond, Vol I
Talbott, Robert Dean, Vol I
Utz, Richard J., Vol II
Walker, David Allan, Vol I
Zucker, George K., Vol III

Cedar Rapids
Allen, Linda, Vol V
Carroll, Rosemary F., Vol I, IV
Grove, James Paul, Vol II
Heller, Terry L., Vol II
Hensley, Robert B., Vol V
Inman, Beverly J., Vol I, III
Lemos, John P., Vol IV
Lisio, Donald J., Vol I
Martin, Charlotte Joy, Vol IV
Mettlin, Connie, Vol V
Mungello, David Emil, Vol I
Robinson, Mary Elizabeth, Vol IV
Sessions, Robert, Vol IV
Snell, Joel C., Vol V

Council Bluffs
Hill, Michael R., Vol V

Davenport
Bradley, Ritamary, Vol II
Hansen, Elena S., Vol III
Jacobson, Paul Kenneth, Vol I, IV
Johnson, Geraldine Ross, Vol IV
McDaniel, George William, Vol I
Orozco, S. Luz Maria, Vol II
Tsagaris, Ellen, Vol II

Decorah
Bailey, Storm M., Vol IV
Bunge, Wilfred F., Vol III, IV
Christianson, John Robert, Vol I
Cole, Richard G., Vol I
Couch, Leon W., III, Vol II
Gibbs, Virginia, Vol III
Grewal, Jyoti, Vol I
Hanson, Bradley, Vol IV
Hervey, Norma J., Vol I
Iudin-Nelson, Laurie, Vol III
Kath, Ruth R., Vol III
Kemp, Henrietta J., Vol I, II, III
Kuehn, D. D., Vol I
Kunkel, Charlotte A., Vol V
Kurth, William Charles, Vol III
Nelson, Harland S., Vol II
Schultz, R., Vol II
Sieber, John Harold, Vol II, III, IV
Slind, Marvin G., Vol I
Stokker, Kathleen Marie, Vol III
Tebbenhoff, Edward H., Vol I
Westfall, R., Vol III
Wilkie, Jacqueline S., Vol I
Williams, Lawrence H., Vol I
Williams, Queen J., Vol I

Des Moines
Abel, Richard Owen, Vol II, III
Baker, Thomas E., Vol IV
Barton, Mike Alan, Vol I, II
Begleitor, Martin D., Vol IV
Beynen, Gijsbertus (Bert) Koolemans, Vol III
Coleman, William S. E., Vol II
Dore, Laurie Kratky, Vol IV
Foster, David, Vol II
Frank, Sally, Vol IV
Fuller, Marshall Todd, Vol II
Hariman, Robert, Vol II
Harris, Charles David, Vol II
Hodgdon, Barbara Covington, Vol II
Horner, Bruce, Vol II
King, C. Richard, Vol V
Kniker, Charles R., Vol IV
Lu, Min-Zhan, Vol V
Martin, Bruce Kirk, Vol II
Mcdowell, Frederick Peter Woll, Vol II
Patrick, Dale, Vol IV
Sisk, G. C., Vol IV
Stroud, Theodore Albert, Vol II
Wirth-Cauchon, Janet, Vol V
Worthen, Thomas, Vol I

Dubuque
Ashley, Benedict M., Vol IV
Bailey, James L., Vol IV
Bloesch, Donald G., Vol IV
Colyer, Elmer M., Vol IV
Drummond, Richard Henry, Vol II, III
Fischer, Katherine, Vol II
Freund, Norm, Vol IV
Healey, Robert Mathieu, Vol I, IV
Jones, Carroll J., Vol V
Jung, L. Shannon, Vol IV
Kearns, Emily, Vol V
Mamali, Catalin, Vol V
Martin, Raymond Albert, Vol IV
McAlpin, Sara, Vol II
McDermott, John J., Vol IV
Nessan, Craig L., Vol IV
Platt, Elizabeth Ellan, Vol IV
Priebe, Duane A., Vol IV
Quere, Ralph Walter, Vol I, IV
Rossignol, Rosalyn, Vol II
Skiba, Paulette, Vol IV
Stevenson-Moessner, Jeanne, Vol IV
Swiderski, Suzanne M., Vol II, V
Thibeau, Matthew J., Vol IV

Geographic Index

Wilkie, William E., Vol I

Fairfield
Travis, Fred, Vol V

Forest City
Biggs, Douglas L., Vol I
Hamre, James S., Vol I, IV

Grinnell
Burkle, Howard R., Vol IV
Cummins, W. Joseph, Vol II, III, IV
Goldberg, Sanford C., Vol IV
Kaiser, Daniel Hugh, Vol I
Lalonde, Gerald Vincent, Vol I, II, III
Meehan, M. Johanna, Vol IV
Michaels, Jennifer, Vol III
Rosenthal, Michael A., Vol IV
Sandner, David M., Vol II
Schrift, Alan D., Vol IV
Whittaker, John, Vol V

Indianola
Gieber, Robert L., Vol III
Kalpakgian, Mitchell A., Vol II
Walt, Joseph W., Vol I

Iowa City
Adamek, Wendi, Vol IV
Addis, Laird Clark, Vol IV
Aikin, Judith Popovich, Vol III
Altman, Rick (Charles Frederick), Vol II, III
Baender, Paul, Vol II
Baird, Robert Dahlen, Vol IV
Balderston, Daniel, Vol III
Baynton, Douglas C., Vol I
Beaudoin, John M., Vol IV
Bezanson, Randall P., Vol IV
Biesecker, Barbara, Vol II
Boos, Florence Saunders, Vol II, V
Boyd, Willard L., Vol IV
Boyle, John Phillips, Vol IV
Bozeman, Theodore D., Vol I, IV
Butchvarov, Panayot K., Vol IV
Campion, Daniel R., Vol II
Castagna, JoAnn E., Vol I
Ciochon, Russell L., Vol V
Coblin, Weldon South, Vol III
Cook, Smalley Mike, Vol II
Coolidge, Archibald Cary, Jr., Vol II
Cuttler, Charles David, Vol I
David, Marcella, Vol IV
De Puma, Richard Daniel, Vol I
Detmer, Hellena R., Vol II, III
Di Pardo, Anne, Vol II, V
Diaz-Duque, Ozzie Francis, Vol V
Diehl, Huston, Vol II
Douglass, R. Thomas, Vol III
Duck, Steve, Vol V
Duerlinger, James, Vol IV
Eckhardt, Patricia, Vol I
Ertl, Wolfgang, Vol III
Fales, Evan Michael, Vol IV
Folsom, Lowell Edwin, Vol I, II
Forell, George Wolfgang, Vol IV
Fumerton, Richard, Vol IV
Garlinger, Patrick P., Vol II, III
Gelfand, Lawrence E., Vol I
Grant, John Ernest, Vol II
Green, Peter, Vol II, III
Hahn, Oscar, Vol III
Hale, Charles Adams, Vol I
Hanley, Sarah, Vol I
Harris, Michael Wesley, Vol I
Hawley, Ellis Wayne, Vol I
Hines, N. William, Vol IV
Hirokawa, Randy Y., Vol II
Hornsby, Roger Allen, Vol II, III
Horton, Loren Nelson, Vol I
Horwitz, Henry Gluck, Vol I, IV
Hovenkamp, Herb, Vol IV
Hunnicutt, Benjamin K., Vol V
Jones, Phillip Erskine, Vol V
Kaplan, Benjamin J., Vol I
Ke, C. R., Vol III
Keen, Ralph, Vol IV
Kerber, Linda Kaufman, Vol I
Knight, W. H., Vol IV
Kuenzli, Rudolf Ernst, Vol II, III
Kuntz, J. Kenneth, Vol IV
Kupersmith, William Roger, Vol II
Landini, Gregory, Vol IV
Lavezzo, Kathy, Vol II
Levin, Irwin P., Vol V
Lohafer, Susan, Vol II
Maierhofer, Walter, Vol III
Markovsky, Barry, Vol V
Marra, Kim, Vol II
McCloskey, Deirdre, Vol IV
McPherson, James Alan, Vol I, II, IV
Michaels, Paula A., Vol I
Nagel, Alan Frederick, Vol II, III
Newman, Robert P., Vol II
Nickelsburg, George William Elmer, Vol I, IV
Raeburn, John H., Vol I, II
Ringen, Catherine Oleson, Vol III
Rohrbough, Malcolm J., Vol I
Sayre, Robert F., Vol II
Schacht, John N., Vol I
Schwalm, Leslie A., Vol I
Soloski, John, Vol II
Spalding, James Colwell, Vol IV
Spitzer, Alan B., Vol I
Stensvaag, John-Mark, Vol IV
Stone, Gerald L., Vol V
Stratton, John Ray, Vol V
Thomas, Randall S., Vol IV
Tomasini, Wallace John, Vol I
Troyer, Lisa L., Vol V
Ungar, Steven, Vol III
Wachal, Robert Stanley, Vol III
Wertz, Christopher Allen, Vol III
Weston, Burns H., Vol IV
Widiss, Alan I., Vol IV
Wing, Adrien Katherine, Vol IV
Witt, Doris, Vol II
Woodard, Fredrick, Vol V

Janesville
Hallberg, Fred William, Vol IV

Lamoni
Casey, Michael S., Vol I
Mesle, C. Robert, Vol IV

Marshalltown
Colbert, Thomas Burnell, Vol I

Mount Pleasant
Erickson, Nancy Lou, Vol I, II

Mount Vernon
Allin, Craig Willard, Vol IV
Crowder, Diane Griffin, Vol III, V
Gruber-Miller, John C., Vol II, III
Ihlan, Amy, Vol IV
Vernoff, Charles Elliott, Vol IV
Weddle, David L., Vol IV

Orange City
Druliner, Marcia M., Vol III, V
Rohrer, James, Vol IV
Van Hook, Jay M., Vol IV

Oskaloosa
Porter, David L., Vol I, IV

Parkersburg
Schnucker, Robert Victor, Vol I

Pella
Krogstad, Allison D., Vol III
Webber, Philip Ellsworth, Vol III
Ybarrola, Steven J., Vol V

Peosta
Scharnau, Ralph William, Vol I

Sioux City
Cooney, William, Vol IV
Coyne, Stephen, Vol II
Lawrence, John Shelton, Vol IV

Storm Lake
Halbersleben, Karen I., Vol I

Waterloo
Schweer, Kathryn, Vol V
Weems, Vernon Eugene, Jr., Vol IV

Waverly
Bouzard, Walter, Vol IV

West Branch
Walch, Timothy G., Vol I

KANSAS

Atchison
Macierowski, E. M., Vol I, IV
Meade, Denis, Vol I, IV
Nowell, Irene, Vol IV

Baldwin City
Buzzell, Timothy, Vol V
English, John Cammel, Vol I
Hatcher, Donald L., Vol IV
Wiley, George, Vol IV

Chanute
Underwood, Willard A., Vol II

Dodge City
Stoddard-Hayes, Marlana, Vol I

Emporia
Black, Lendley C., Vol II
Bonner, Mary Winstead, Vol V
Catt, Stephen E., Vol II
Clamurro, William, Vol III
Dicks, Samuel Eugene, Vol I
Frederickson, Ronald Q., Vol II
Heldrich, Philip J., Vol II
Matheny, David Leon, Vol II
McGlone, Edward L., Vol II
Roark, Dallas Morgan, Vol IV
Terrell, Nathaniel E., Vol V
Toadvine, Ted, Vol IV

Fort Leavenworth
Spiller, Roger Joseph, Vol I

Haviland
Landon, Michael Lee, Vol V

Hays
Caulfield, Norman, Vol I
Edwards, Clifford Duane, Vol II
Firestone, Ruth H., Vol III
Hashem, Mahboub, Vol II
Hintz, Ernst Ralf, Vol III
Luehrs, Robert Boice, Vol I
Markley, Robert, Vol V
Salien, Jean, Vol II, III
Schmeller, Helmut John, Vol I
Strohkirch, Carolyn, Vol II
Vogel, Nancy, Vol II
Wilson, Raymond, Vol I

Hillsboro
Miller, Douglas B., Vol IV

Hutchinson
Chalfant, William Y., Vol I, IV

Kansas City
Baeza, J., Vol V
Hutton, Chane, Vol IV
Keeney, Donald E., Vol IV
Lucas, Wayne L., Vol V
May, David M., Vol IV
Wheeler, David L., Vol IV

Lawrence
Alexander, John T., Vol I
Anatol, Giselle L., Vol II
Anderson, Danny L., Vol III
Anderson, Gordon A., Vol I, II
Antonio, Robert, Vol V
Bailey, Victor, Vol I
Baron, Frank, Vol III
Bays, Daniel Henry, Vol I
Bergeron, David M., Vol II
Bhana, Surendra, Vol I
Blue, William Robert, Vol III
Booker, John T., Vol II
Boon, Jean-Pierre, Vol III
Brundage, James A., Vol I
Brushwood, John Stubbs, Vol II, III
Caminero-Santangelo, Byron, Vol II
Caminero-Santangelo, Marta, Vol II
Casagrande, Peter Joseph, Vol II
Chamberlin, V. A., Vol III
Cherniss, Michael David, Vol II
Cienciala, Anna M., Vol I
Clark, Walter, Vol II
Coggins, George Cameron, Vol IV
Cole, Richard, Vol IV
Conrad, Joseph Lawrence, Vol III
Conrad, Kathryn A., Vol II
Corbeill, Anthony, Vol II, III
Cudd, Ann E., Vol IV
Dardess, John W., Vol I
Davis, Jed H., Vol II
Debicki, Andrew Peter, Vol III
DeGeorge, Richard, Vol IV
Devitt, Amy J., Vol II
Dick, Ernst S., Vol III
Dinneen, David A., Vol III
Doudoroff, Michael John, Vol III
Elliott, Dorice W., Vol II
Findlay, Robert, Vol II
Fourny, Diane, Vol III
Fowler, Doreen, Vol II
Freeman, Bryant C., Vol III
Galton, Herbert, Vol III
Genova, Anthony Charles, Vol IV
Gold, Ellen Reid, Vol II
Gold, Joel Jay, Vol II
Goodman, Grant Kohn, Vol I
Gordon, Jacob U., Vol I
Graham, Maryemma, Vol II
Greaves, Rose Louise, Vol I
Greenberg, Marc L., Vol III
Hanson, Allan, Vol V
Hardin, Richard F., Vol II
Harrington, Robert, Vol V
Hartman, James Walter, Vol II, III
Head, John W., Vol IV
Herzfeld, Anita, Vol III
Hirsch, Bernard Alan, Vol II
Hoeflich, Michael H., Vol I, IV
Ingemann, Frances, Vol III
Jewers, Caroline, Vol III
Johnson, J. Theodore, Jr., Vol II
Johnson, Michael Lillard, Vol II
Katzman, David Manners, Vol I, V
Keel, William D., Vol III
Kelly, Van, Vol III
Kozma, Janice M., Vol III
Laird, Paul, Vol II
Li, Chu-Tsing, Vol I
Lombardo, Stanley, Vol III
Marquis, Donald Bagley, Vol IV
Martin, Rex, Vol IV
Marx, Leonie, Vol III
Maurer, Warren R., Vol III
Miller, Timothy, Vol I
Minor, Robert Neil, Vol IV
Mirecki, Paul A., Vol IV
Montgomery, Toni-Marie, Vol II
Nelson, Lynn Harry, Vol I
Orel, Harold, Vol II
Paludan, Phillip Shaw, Vol I
Parker, Stephen Jan, Vol III
Pasco, Allan, Vol III
Piekalkiewicz, Jaroslaw, Vol IV
Roberts, Michael C., Vol V
Robertson, Teresa, Vol IV
Saul, Norman E., Vol I, IV
Sautermaister, Gert, Vol III
Sax, Benjamin, Vol I
Scott, William O., Vol II
Shafer-Landau, Russell, Vol IV
Shaw, Michael, Vol II, III
Shortridge, James R., Vol I
Souza, Raymond D., Vol III
Spires, Robert Cecil, Vol III
Springer, Haskell Saul, Vol I, II
Stansifer, Charles Lee, Vol I
Stokstad, Marilyn Jane, Vol I
Sutton, Max K., Vol II
Sweets, John Frank, Vol I
Sylwester, Harold James, Vol I
Tuttle, William M., Vol I
Ukpokodu, Peter, Vol II
Wilson, Theodore A., Vol I
Worth, George John, Vol II
Yetman, Norman Roger, Vol I, V

Leavenworth
Berlin, Robert Harry, Vol I
Heflin, Ruth J., Vol II

Manhattan
Benson, Douglas Keith, Vol III
Benton, Stephen L., Vol V
Carey, James Charles, Vol I
Chattopadhyay, Arpita, Vol V
Corum, Robert T., Jr., Vol III
Dehon, Claire L., Vol III
Fedder, Norman Joseph, Vol II
Ferguson, Clyde Randolph, Vol I
Frey, Marsha, Vol I
Griffen, Charles, Vol II
Hamscher, Albert Nelson, Vol I
Hedrick, Donald Keith, Vol II
Higham, Robin, Vol I
Holden, Jonathan, Vol II
Keiser, George Robert, Vol II
Kolonosky, Walter F., Vol III
Kremer, S. Lillian, Vol II
Kren, George M., Vol I
Linder, Robert Dean, Vol I, IV
Machor, James, Vol II
Mcculloh, John Marshall, Vol I
Nafziger, E. Wayne, Vol IV
Neely, Margery A., Vol V
Ossar, Michael Lee, Vol III
Prins, Harald E., Vol V
Schumm, Walter R., Vol V
Shaw, Bradley Alan, Vol III
Shelton, Lewis E., Vol II
Socolofsky, Homer Edward, Vol I
Suleiman, Michael W., Vol IV
Ulbrich, David J., Vol I
Warren, Leland Eddie, Vol II
Watt, Willis M., Vol II

Murray
Miller, Thomas W., Vol V

North Newton
Friesen, Duane K., Vol IV
Hart, Julie, Vol V
Juhnke, James Carlton, Vol I
Sprunger, Keith L., Vol I

Ottawa
Discher, Mark, Vol IV

Overland Park
Foster, Mark A., Vol V
Li, Jian, Vol V
McQueeney, Mary Patricia, Vol II
Olson, Richard P., Vol IV
Williams, Carmaletta M., Vol II

Pittsburg
De Grave, Kathleen R., Vol II
Drew, Shirley K., Vol II, III
Hamilton, Peter K., Vol II
Hermansson, Casie, Vol II
Hurley, David, Vol I, II
Meats, Stephen Earl, Vol II
Morgan, Lyle W., II, Vol II, V
Morris, Paul, Vol II
Nemeth, Neil, Vol II
Nichols, Kathleen L., Vol II
O'Hearn, Carolyn, Vol II, III
Patterson, Celia, Vol II
Schick, James Baldwin Mcdonald, Vol I
Teller, Stephen J., Vol II
Walther, Thomas Robert, Vol I
Washburn, Laura Lee, Vol II

Salina
Juhnke, Janet Ann, Vol II
Spencer, Heath A., Vol I

Shawnee-Mission
Browning, Mark, Vol II
Gilson, Joan, Vol II, V

Sterling
MacArthur, Steven D., Vol IV

Topeka
Altman, Joanne, Vol V
Besthorn, Fred H., Vol V
Concannon, James M., Vol IV
Danker, Donald Floyd, Vol I
Dimmitt, Jean Pollard, Vol II
Elrod, Linda Diane Henry, Vol IV
Elrod, Linda Henry, Vol IV
Griffin, Ronald Charles, Vol IV
Haywood, C. Robert, Vol I
Hoard, R. J., Vol V
Pruitt, Virginia D., Vol II
Spring, Raymond Lewis, Vol IV
Stein, Robert David, Vol II
Zaharopoulos, Thimios, Vol II

Wichita
Bennett, Tina L., Vol III
Born, John D., Jr., Vol I
Chang, Dae Hong, Vol IV
Daugherty, Sarah B., Vol II
Dietrich, Bryan, Vol II
Dooley, Patricia, Vol II, IV
Douglas, Donald Morse, Vol I
Dreifort, John E., Vol I
Duram, James C., Vol I, IV
Eick, Gretchen, Vol I
Gaunt, Philip, Vol II

Gleissner, Stephen, Vol I
Gythiel, Anthony P., Vol I
Hawkins, Kate, Vol II
Huber, Tonya, Vol V
Huxman, Susan S., Vol II
Iorio, Sharon, Vol II
Johnson, Judith R., Vol I
Keel, Vernon, Vol IV
Kiralyfalvi, Bela, Vol II
Klunder, Willard Carl, Vol I
Konek, Carol Wolfe, Vol II, V
Lawless, Robert, Vol V
Mandt, Almer J., III, Vol IV
McCormick, Robert B., Vol I
Merriman, Mira P., Vol I
Miner, Craig, Vol I
Murdock, Katherine, Vol II
Myers, Eunice Doman, Vol III
Pyles, John E., Vol IV
Quantic, Dine D., Vol II
Skaggs, Jimmy M., Vol I, IV
Smith, Patrick, Vol I
Sowards, Jesse Kelley, Vol I
Stuber-McEwen, Donna, Vol V
Tomayko, James Edward, Vol I, III
Torbenson, Craig L., Vol I
Unrau, William Errol, Vol I
Williamson, Keith, Vol II, III
Woods, William Forrestere, Vol II

Winfield
Gray, Wallace, Vol IV
Mueller, Roland Martin, Vol I
Rankin, Steve, Vol IV

KENTUCKY

Ashland
D'Aoust, Jean-Jacques, Vol IV, V

Barbourville
Sisson, Russell, Vol IV
Wood, Andelys, Vol II

Berea
Bolin, John Seelye, Vol I, II
Hoag, Robert W., Vol IV
Lee-Riffe, Nancy M., Vol II
McDonald, Verlaine, Vol II
Nelson, Paul D., Vol I
Pearson, Eric, Vol IV
Schafer, William John, Vol II
Schneider, Robert J., Vol III, IV

Bowling Green
Ardrey, Saundra Curry, Vol IV
Baldwin, Thomas Pratt, Vol III
Bennett, James D., Vol I
Calendrillo, Linda T., Vol II
Capps, Randall, Vol II
Casey, Kenneth, Vol IV
Coutts, Brian E., Vol I, II
Curtis-Howe, E. Margaret, Vol IV
Danielson, Larry W., Vol II
Goldfarb, Nancy D., Vol II
Hardin, John Arthur, Vol I
Harrington, Jesse Drew, Vol I
Harrison, Lowell Hayes, Vol I
Heldman, James M., Vol II
Jackson, Carlton Luther, Vol I
Klein, Michael Eugene, Vol I
Lee, David Dale, Vol I
Likes, Terry, Vol II
Logan, Deborah, Vol II
Long, John Edward, Vol IV
Lucas, Marion Brunson, Vol I
Lumsden, Linda, Vol II
Millichap, Joseph R., Vol II
Oakes, Elisabeth, Vol II
Olmsted, Jane, Vol II, V
Onyekwuluje, Anne B., Vol V
Salisbury, Richard Vanalstyne, Vol I
Schneider, Karen, Vol II
Schoen, Edward Lloyd, Vol IV
Spears, Lee A., Vol II
Speer, Donald R., Vol II
Spurlock, John Howard, Vol II, III
Thacker, Jack W., Vol I
Trutty-Coohill, Patricia, Vol I
Tuck, Donald Richard, Vol I, IV
Veenker, Ronald Allen, Vol I, IV
Vos, Arvin G., Vol IV
Weigel, Richard David, Vol I, II, III

Burgin
Huddleston, Tobianna W., Vol IV

Campbellsville
Howell, J. Susan, Vol V
Medley, Mark S., Vol IV

Covington
Blair, George Alfred, Vol IV

Crestview Hills
Cimprich, John, Vol I
Mcnutt, James Charles, Vol I, V
Tenkotte, Paul A., Vol I
Twaddell, Gerald E., Vol IV

Cumberland
Thomas, Katherine, Vol III, V

Danville
Allen, John, Vol III
Brown, Richard Carl, Vol I
Ciholas, Karin Nordenhaug, Vol III
Cooney, Brian Patrick, Vol IV
Finch, Patricia S., Vol III
Foreman, George, Vol II
Glazier-McDonald, Beth, Vol IV
Hamm, Michael Franklin, Vol I
Joyce, Jane W., Vol II, III
Keffer, Charles K., Jr., Vol III
Levin, William R., Vol I
Lucas, Mark T., Vol II
McCollough, C. Thomas, Vol IV
Morrison, James V., Vol II, III
Mount, Eric, Jr., Vol II, IV
Newhall, David Sowle, Vol I
Reigelman, Milton M., Vol II
Scarborough, Milton R., Vol IV
Tapper, Gordon, Vol II
Vahlkamp, Charles G., Vol III
Ward, John C., Vol II
White, Roberta, Vol II

Edgewood
Borne, Lawrence Roger, Vol I

Erlanger
Pettit, Rhonda S., Vol II

Frankfort
Ayuninjam, Funwi, Vol III
Brooks, A. Russell, Vol II
Griffin, Betty Sue, Vol V

Georgetown
Klotter, James, Vol I
Lunceford, Joe E., Vol IV
May, Steven W., Vol II
Redditt, Paul L., Vol IV
Wirzba, Norman, Vol IV

Glasgow
Martin-Murrey, Loretta, Vol II

Grayson
Fiensy, David A., Vol IV
Knight, Fawn, Vol II
Pickens, George F., Vol IV
Wineland, John D., Vol I

Hazard
Reed, Ron S., Vol II

Henderson
Hughes, Kathy L., Vol V

Hickory
Mason, William E., Vol II

Highland Heights
Adams, Michael Charles, Vol I
Bell, Sheila Trice, Vol IV
Rhode, Robert T., Vol II
Richards, Jerald H., Vol IV
Washington, Michael Harlan, Vol V

Lexington
Albisetti, James C., Vol I
Allison, Jonathan, Vol II
Alvey, Richard Gerald, Vol II, V
Anderman, Eric M., Vol V
Banning, Lance, Vol I
Betts, Raymond Frederick, Vol I
Bloomfield, Elisabeth M., Vol II, III
Blues, Thomas, Vol II
Cawelti, John George, Vol I, II
Chassen-Lopez, Francie R., Vol I
Christianson, Eric Howard, Vol I
Clark, James J., Vol V
Clubbe, John L. E., Vol II
Daniel, E. Randolph, Vol IV
Davenport, Guy Mattison, Vol II
Dendle, Brian John, Vol III
Dowd, Sharyn, Vol IV
Dunnavant, Anthony L., Vol IV
Eastwood, Bruce Stansfield, Vol I
Eller, Ronald, Vol I
Erickson, John, Vol III
Fakhrid-Deen, Nashid Abdullah, Vol IV
Faupel, William, Vol IV
Fiedler, Theodore, Vol III
Fosl, Peter S., Vol IV
Frank, Daniel H., Vol IV
Freehling, William W., Vol I, V
Furlough, Ellen, Vol I
Gardner, Joseph Hogue, Vol II
Hargreaves, Mary Wilma Massey, Vol I
Harris, Joseph John, III, Vol V
Heath, Robin L., Vol V
Helweg-Larsen, Marie, Vol V
Herring, George C., Vol I
High, Dallas Milton, Vol IV
Humble, Jeanne, Vol V
Ireland, Robert, Vol I
Jones, Margaret E. W., Vol III
Jones, Paul Henry, Vol I, IV
Keller, John Esten, Vol III
Kiernan, Kevin S., Vol II
Kratz, Bernd, Vol III
Krislov, Joseph, Vol IV
Lihani, John, Vol III
Longyear, Rey Morgan, Vol II
Manns, James William, Vol IV
McAvoy, Jane, Vol IV
Miller, David Lee, Vol II
Moseley, James G., Vol II, IV
Niebylski, Dianna, Vol III
Nugent, Donald Christopher, Vol I, IV
Olshewsky, Thomas Mack, Vol IV
Olson, Robert W., Vol I
Paulsell, William O., Vol IV
Perreiah, Alan Richard, Vol I, IV
Petrone, Karen, Vol I
Phillips, Jane Ellen, Vol II, III
Pickens, Rupert Tarpley, Vol IV
Popkin, Jeremy D., Vol I
Robinson, Andrew, Vol V
Roland, Charles P., Vol I
Servlnikov, Sergio, Vol I
Shawcross, John Thomas, Vol II
Sineath, Timothy W., Vol II
Smaw, Eric, Vol IV
Smith, Daniel B., Vol I
Smoot, Rick, Vol I
Stanton, Edward F., Vol I, III
Starr-Lebeau, Gretchen D., Vol I
Stilwell, William E., III, Vol V
Swift, Louis Joseph, Vol II, III
Thomas, John Wesley, Vol III
Wachtel, David, Vol V
Warth, Robert Douglas, Vol I
Wilkinson, Doris, Vol V
Withington, William Adriance, Vol I
Wrobel, Arthur, Vol II

Louisville
Akin, Daniel L., Vol IV
Alperson, Philip A., Vol IV
Axton, William F., Vol II
Barnette, Henlee Hulix, Vol IV
Beougher, Timothy K., Vol IV
Blaising, Craig A., Vol IV
Blevins, James Lowell, Vol IV
Block, Daniel I., Vol III
Buchanan, Rhonda L., Vol III
Burnett, Donald L., Vol IV
Burns, Mary T., Vol V
Byers, Lori, Vol II
Cabal, Theodore James, Vol IV
Chancellor, James D., Vol I, IV
Comprone, Joseph John, Vol II
Conver, Leigh E., Vol IV
Cook, E. David, Vol IV
Cooper, Burton, Vol IV
Cruz, Virgil, Vol IV
Cunningham, Jack R., Vol IV, V
Cunningham, William, Vol III
Curry, Leonard Preston, Vol I
Deering, Ronald F., Vol I, II, IV
deZeeuw, Anne Marie, Vol II
Drinkard, Joel F., Jr., Vol IV
Ferre, John P., Vol I
Freibert, Lucy Marie, Vol II
Fuller, Russell T., Vol IV
Gentry, Peter J., Vol IV
Grossi, Elizabeth L., Vol IV
Hall, Dennis R., Vol II
Hall, Jill, Vol II
Hall, Wade H., Vol II
Hart, Joy L., Vol II
Hausman, Carl R., Vol IV
Henry, Gray, Vol I, IV
Hornback, Bert, Vol II
Howard, Leigh Anne, Vol II
Hoyt-O'Connor, Paul E., Vol I, IV
Hudson, James Blaine, III, Vol V
Hughes, Robert Don, Vol IV
John, Eileen, Vol IV
Kebric, Robert Barnett, Vol I
Kimball, Robert, Vol IV
Lawless, Charles E., Vol IV
Mackey, Thomas C., Vol I
Mahoney, Daniel F., Vol V
Maloney, Thomas, Vol IV
Mann, David D., Vol II
March, Wallace Eugene, Vol III, IV
Martin, Janice R., Vol IV
Martos, Joseph, Vol IV
Masolo, D. A., Vol IV
McCarthy, Justin, Vol I
McLeod, John, Vol I
Medina, Manuel F., Vol III
Miller, Robert H., Vol II
Mobley, Tommy W., Vol IV
Mohler, R. Albert, Jr., Vol IV
Morgan, William, Vol I
Mueller, David L., Vol IV
Mulder, John Mark, Vol I, IV
Mullen, Karen A., Vol II, III
Negrey, Cynthia, Vol V
Nuessel, Frank, Vol III
Poethig, Eunice Blanchard, Vol IV
Polhill, John B., Vol IV
Portes, Pedro R., Vol V
Potter, Nancy, Vol IV
Powell, Cedric Merlin, Vol IV
Rainer, Thom S., Vol IV
Richardson, Brian C., Vol IV, V
Rothenbusch, Esther H., Vol II, IV
Sandhu, Dava S., Vol V
Schreiner, Thomas R., Vol IV
Schultze, Sydney, Vol III
Simmons, Paul D., Vol IV
Simpson, Mark E., Vol IV, V
Slavin, Arthur J., Vol I, II
Smith, Marsha A. Ellis, Vol IV
St Clair, Robert, Vol III
Steeger, William P., Vol I, IV
Stein, Robert H., Vol IV
Stenger, Robert Leo, Vol IV
Stephanides, Marios, Vol V
Stroble, Paul E., Jr., Vol IV
Terry, J. Mark, Vol IV
Van, Thomas A., Vol II, III
Walsh, Thomas, Vol IV
Ware, Bruce A., Vol IV
Warren, Manning G., III, Vol IV
Weaver, Russell L., Vol IV
Webber, Randall C., Vol I, IV, V
Weissbach, Lee Shai, Vol I
Wiggins, Osborne P., Jr., Vol IV
Willard, Charles A., Vol II
Williams, Dennis E., Vol IV, V
Wills, Gregory A., Vol I, IV

Madisonville
Vander Ploeg, Scott D., Vol II

Morehead
Blair, Robert G., Vol V
Leroy, Perry Eugene, Vol I
Mangrum, Franklin M., Vol IV
Sato, Toru, Vol V
Sprague, Stuart Seely, Vol I
Swank, Eric W., Vol V

Murray
Cartwright, Joseph Howard, Vol I
Cella, Charles Ronald, Vol II
Cohen, Michael Martin, Vol II
Foreman, Terry Hancock, Vol IV
Keller, Howard Hughes, Vol III
Mulligan, William, Vol I
Osborne, Carol D., Vol II
Wylder, Delbert E., Vol II

Newport
Adams, Susan S., Vol II
Alberti, John, Vol II
Bechtel, Judith A., Vol II
Forman, Sandra, Vol II
Purvis, Thomas L., Vol I
Ramage, James A., Vol I
Richards, Stephen C., Vol IV, V
Trundle, Robert, Vol IV
Vitz, Robert C., Vol I

Owensboro
Alexander, James, Vol IV, V
Fager, Jeff, Vol III, IV
Sullivan, G. Sharon, Vol V

Pikeville
Fitzgerald, Michael, Vol I

Pippa Passes
Walford, Gerald, Vol V

Prestonburg
McAninch, Robert D., Vol IV

Richmond
Appleton, Thomas H., Jr., Vol I
Benson, Richard Lee, Vol II
Carney, Virginia I., Vol II, V
Culross, Jack Lewis, Vol II
Dean, Margaret J., Vol II
Ellis, William Elliott, Vol I
Forderhase, Rudolph Eugene, Vol I
Fox, James Walker, Vol IV
Gray, Bonnie Jean, Vol IV
Graybar, Lloyd Joseph, Vol I
Harris, Bond, Vol IV
Hay, Melba Porter, Vol I
Hill, Ordelle Gerhard, Vol II
Kopacz, Paula D., Vol II
Minor, Kevin I., Vol IV
Myers, Marshall, Vol II
Omatseye, Jim, Vol IV, V
Polvino, Geraldine J., Vol V
Shearon, Forrest Bedford, Vol II
Stebbins, Robert E., Vol I
Stephens, Jessica, Vol II
Witt, Robert Wayne, Vol II

Williamsburg
Carmical, Oline, Jr., Vol I
Fish, Thomas Edward, Vol II
Ramey, George, Vol IV

Wilmore
Anderson, Neil D., Vol IV
Arnold, Bill T., Vol I, IV
Collins, Kenneth J., Vol IV
Demaray, Donald E., Vol IV
Green, Joel B., Vol IV
Hamilton, Victor Paul, Vol I, IV
Joly, Ralph Robert, Vol II
Joy, Donald Marvin, Vol V
Kinghorn, Kenneth Cain, Vol I, IV
Lyon, Robert William, Vol IV
Peterson, Michael Lynn, Vol IV
Simmons, Donald B., Vol II
Thompson, David L., Vol IV
Walters, John R., Vol IV
Witherington, Ben, Vol IV
Zahniser, A. H. Mathias, Vol I

LOUISIANA

Alexandria
Sanson, Jerry P., Vol I, IV

Baton Rouge
Babin, James L., Vol II
Baker, John R., Vol IV
Batinski, Emily E., Vol I
Becker, Robert Arthur, Vol I
Blakesley, Christopher L., Vol IV
Borck, Jim Springer, Vol II
Bowers, J. W., Vol IV
Bradford, Clinton W., Vol II
Brind'Amour, Lucie, Vol II, III
Brody, Jules, Vol III
Buehler, Arthur, Vol IV
Buehler, Arthur F., Vol IV
Burkett, Delbert Royce, Vol I, IV
Carleton, Mark Thomas, Vol I
Carmona, Vicente, Vol II
Carrithers, Gale, Vol II
Cassidy, Jane W., Vol II

Geographic Index

Catano, James, Vol II
Christian, Ollie, Vol IV
Clarke, William M., Vol II
Coldiron, Anne E. B., Vol II
Cooper, William, Vol I
Cope, Kevin, Vol II
Cowan, Bainard, Vol II
Crawford, William Edward, Vol IV
Crump, Rebecca, Vol II
Culbert, David H., Vol I
Curry, Corrada, Vol III
d'Hemecourt, Jules, Vol II
Daniels, LeAnne, Vol II
Day, Louis A., Vol IV
de Caro, Frank, Vol V
Demastes, William, Vol II
Di Maio, Irene S., Vol I, III
Di Napoli, Thomas John, Vol III
Djebar, Assia, Vol I, III
Doty, Gresdna Ann, Vol II
Dubois, Sylvie, Vol IV
Dupuy, Beatrice, Vol III
Durmelat, Sylvie, Vol III
Edgeworth, Robert J., Vol II, III
Edwards, Jay D., Vol V
Euba, Femi, Vol II
Fischer, John Irwin, Vol II
Fitzgerald, Patrick, Vol IV
Fletcher, Alan D., Vol II
Fogel, Daniel Mark, Vol II
Freedman, Carl H., Vol II
Garay, Mary Sue, Vol II
Garay, Ronald, Vol II
Garrison, Mary Elizabeth, Vol V
Geiselman, Paula, Vol V
Gellrich, Jesse M., Vol II
Gellrich, Michelle, Vol II, III
Gourdine, A. K. M., Vol II
Hamilton, John Maxwell, Vol II
Harbin, Bill J., Vol II
Harned, David B., Vol IV
Hart, Pierre, Vol III
Henderson, Edward H., Vol IV
Henderson, John B., Vol I, IV
Holtman, Robert Barney, Vol I
Honeycutt, James M., Vol II
Humphries, John J., Vol III
Irvine, Stuart, Vol IV
Isadore, Harold W., Vol IV
Jensen, Katharine, Vol II, V
Johnson, Ernest L., Vol IV
Jones, Eileen G., Vol IV
Jordan, Rosan, Vol V
Kennedy, J. Gerald, Vol II
Kirshner, David, Vol V
Knight, Gary, Vol IV
Kooi, Christine, Vol I
Korwar, Arati, Vol IV
Kronick, Joseph, Vol II
Kurpius, David, Vol II
Lafayette, Robert, Vol III
Lane, Pinkie Gordon, Vol II
Leupin, Alexandre, Vol II
Liggett, Sarah, Vol II
Lindenfeld, David Frank, Vol I
Loos, John Louis, Vol I
Looser, Devoney K., Vol II, V
Loveland, Anne C., Vol I
Lowe, John, Vol II
Madden, David, Vol II
Martin, Benjamin F., Vol I
Masse, Michelle, Vol II
Mattingly, Carol, Vol II
May, John Richard, Vol II, IV
Mayo, Charles M., Vol II
McGee, Patrick, Vol V
McMahon, Robert, Vol II, IV
Michie, Elsie B., Vol II
Mickelson, Sig, Vol II
Mohan, Brij, Vol IV
Moore, Don, Vol II
Moreland, Richard, Vol II
Nardo, Anna, Vol II
Nelson, Richard Alan, Vol II
Oetting, Janna B., Vol V
Oliver, Elizabeth L., Vol II
Olney, James, Vol II
Owen, Thomas C., Vol I
Parker, Margaret, Vol III
Payne, Rodger M., Vol IV
Peoples, VerJanis Andrews, Vol V
Perlmutter, David, Vol II
Pizer, John, Vol III
Prenshaw, Peggy, Vol II
Ragsdale, J. Donald, Vol II
Ramirez, Arnulfo G., Vol III
Ramirez, Maria-Esther D., Vol III
Reid, Panthea, Vol II
Ricapito, Joseph V., Vol III
Richardson, Malcolm, Vol II
Richardson, Miles E., Vol V
Ridgel, Gus Tolver, Vol V
Roberts, Robin, Vol V
Rodrigo, Victoria, Vol III
Ross, Billy I., Vol II
Royster, Charles William, Vol I
Russo, Adelaide, Vol III
Sandiford, Keith, Vol II, V
Schierling, Stephen P., Vol II, III
Schufreider, Gregory, Vol I, IV
Seynaeve, Jaak, Vol IV
Shiflett, Orvin Lee, Vol II
Shirley, Edward S., Vol IV
Sirridge, Mary, Vol IV
Smith, David J., Vol II
Southerland, Peter, Vol IV, V
Spaht, Katherine S., Vol IV
Stanford, Donald Elwin, Vol II
Stanton, Leonard J., Vol III
Stone, Gregory, Vol II
Suchy, Patricia, Vol II
Sutherland, Gail Hinich, Vol IV
Tandberg, Gerilyn, Vol II
Tarver, Leon R., II, Vol IV
Thorn, J. Dale, Vol II
Tolson, Arthur, Vol I
Toth, Emily, Vol II
Vandeloise, Claude, Vol III
Vincent, Charles, Vol I
Warga, Richard G., Jr., Vol I, III
Weis, Carol M., Vol III
Weltman, Sharon, Vol II
Whittaker, John, Vol IV, V
Williams-Hackett, Lamara, Vol II
Wilson, Evelyn, Vol IV
Windhauser, John W., Vol II
Wing, Nathaniel, Vol II
Wood, Susan H., Vol II
Yiannopoulos, A. N., Vol IV
Zebouni, Selma, Vol II

Bossier City
Tinsley, James R., Vol I, III

Eunice
Baltakis, Anthony, Vol I

Grambling
Abraham, M. Francis, Vol V
Carter, Doris, Vol I

Hammond
Bettagere, Ramesh N., Vol II
Castro, Russell A., Vol IV
Costanza, Stephen E., Vol IV, V
Gaines, James Frederick, Vol III
Kurtz, Michael L., Vol I
Laurent, Dianna V., Vol II
McGehee, R. V., Vol I
Nichols, C. Howard, Vol I

Lafayette
Arehole, S., Vol II
Berkeley, Istvan S. N., Vol V
Brasseaux, Carl A., Vol I
Conrad, Glenn Russell, Vol I
Dorwick, Keith, Vol II
Fackler, Herbert Vern, Vol II
Garrett, Aline M., Vol V
Gentry, Judith Anne Fenner, Vol I
Iskander, Sylvia W., Vol II
Johnson, David C., Vol I
Kocher, Suzanne A., Vol III
Korcz, Keith, Vol IV
Laudun, John, Vol II, V
Oller, John William, Vol III
Petitjean, Thomas D., Jr, Vol II
Raffel, Burton, Vol II
Reilly, Timothy F., Vol I
Richard, Carl, Vol I
Riehl, Joseph E., Vol II
Sandoz, Charles Jeffrey, Vol V
Schoonover, Thomas David, Vol I
Wang, Hsiao-Ming, Vol IV
Wooddell, George, Vol V

Lake Charles
Goins, Scott, Vol II, III
Marcello, Leo L., Vol II
Nagem, Monique F., Vol III
Nesanovich, Stella, Vol II
Sennett, James, Vol IV
Tarver, H. Michael, Vol I
Watson, Thomas Davis, Vol I
Wood, Carol L., Vol II, III

Leesville
Norman, Paralee Frances, Vol II

Marrero
Gumms, Emmanuel George, Sr., Vol IV

Monroe
James, Elridge M., Vol V
Johnson, Christopher J., Vol V
Kauffman, Bette J., Vol II
Legan, Marshall Scott, Vol I
Madden, Patrick, Vol IV
McClelland, John Fleming, Vol II
McGahan, Joseph R., Vol V
Steckline, C. Turner, Vol II, III
Thameling, Carl L., Vol II
Wilson, Holly, Vol IV

Natchitoches
Green, Suzanne Disheroon, Vol II
Hillebrand, John D., Vol V
Jarred, Ada D., Vol II
Lauterbach, Dean, Vol V
Le Breton, Marietta, Vol I
Thomas, Jean D'Amato, Vol I, II

New Orleans
Ager, Richard D., Vol V
Ahearn, W. Barry, Vol II
Altman, Ida, Vol I
Anderson, Nancy Fix, Vol I
Austin, Patricia, Vol V
Bankston, Carl L., Vol V
Barlow, Jerry N., Vol IV
Baron, John H., Vol II
Bauer, Craig A., Vol I
Beck, Guy, Vol I, IV
Berlin, Netta, Vol II, III
Billings, William M., Vol I
Bischof, Gunter J., Jr., Vol I
Bogdan, Radu J., Vol IV
Bonner, Thomas, Jr., Vol II
Bourgeois, Patrick Lyall, Vol IV
Boyd, Anne E., Vol II
Brower, Bruce W., Vol IV
Brown, Marilyn, Vol I
Brumfield, William Craft, Vol I, III
Brungardt, Maurice P., Vol I
Burger, Ronna C., Vol IV
Carroll, Linda Louise, Vol III
Carter, Jane B., Vol I
Clark, Michael D., Vol I
Cohen, Joseph, Vol II
Collin, Richard H., Vol I
Collins, Richard W., Vol II
Cook, Bernard Anthony, Vol I
Cooley, Peter John, Vol II
Cotton, William Theodore, Vol II
Crusto, Mitchell F., Vol IV
Cummings, Anthony M., Vol II
Desai, Gaurav Gajanan, Vol I, II
Dixon, Nancy J., Vol II
Doll, Mary A., Vol IV
Draper, David E., Vol II
Duffy, Stephen Joseph, Vol IV
Ebel, Roland H., Vol IV
Engel, Kirsten H., Vol II
Eskew, Harry Lee, Vol I, II
Esthus, Raymond Arthur, Vol I
Ewell, Barbara Claire, Vol II, V
Fann, Willerd Reese, Vol I
Folse, Henry J., Jr., Vol IV
Forbes, Graeme, Vol IV
Frank, Elfrieda, Vol III
Frey, Slyvia Rae, Vol I
Garcia-Castellon, Manuel, Vol III
Gelderman, Carol W., Vol II
Glenn, John D., Jr., Vol IV
Gnuse, Robert, Vol I, IV
Goins, Richard Anthony, Vol I
Golluber, Michael, Vol IV
Green, O. Harvey, Vol IV
Greenleaf, Richard E., Vol I
Hall, Gwendolyn Midlo, Vol I
Hallock, Ann Hayes, Vol III
Hanks, Donald, Vol IV
Harpham, Geoffrey Galt, Vol II
Hasselbach, Ingrid Tiesler, Vol III
Hasselbach, Karl Heinz, Vol III
Hazlett, John D., Vol II
Herbert, Gary B., Vol IV
Hingle, Norwood N., III, Vol IV
Hirsch, Arnold Richard, Vol I
Holditch, William Kenneth, Vol II
Holloway, Alvin J., Vol IV
Irwin, Robert McKee, Vol I
Izawa, Chizuko, Vol V
James, Felix, Vol I
Jenkins, A. Lawrence, Vol I
Johnson, Edward, Vol IV
Johnson, Jerah W., Vol I
Jordan, Eddie J., Jr., Vol IV
Jordan, Eddie Jack, Sr., Vol V
Kehoe, Dennis P., Vol I
Klebba, James Marshall, Vol IV
Koch, Erec R., Vol III
Koritz, Amy, Vol II
Kuczynski, Michael, Vol I
Lackey, Kris L., Vol II
Lass, Tris, Vol IV
Latner, Richard Barnett, Vol I
Lazzerini, Edward James, Vol I
Lee, Donald Soule, Vol IV
Liuzza, Roy, Vol II
Lodge, Paul A., Vol IV
Logsdon, Joseph, Vol I
Lozovaya, Elizaveta V., Vol III
Mace, Carroll E., Vol III
Mack, Eric M., Vol IV
Major, Wilfred E., Vol II, III
Malone, Bill Charles, Vol I
Mark, Rebecca, Vol II
Masquelier, Adeline M., Vol V
Mazoue, Jim, Vol IV
Mosier, John, Vol II
Nair, Supryia M., Vol I, II
Neighbors, Ira, Vol V
Olivera, Otto H., Vol II, III
Phillips, Clarence Mark, Vol IV
Pizer, Donald, Vol II
Poe, Joe Park, Vol III
Porter, Michael, Vol III
Qian, Zhaoming, Vol II, III
Raabe, Phyllis H., Vol V
Reck, Andrew Joseph, Vol IV
Reck, Rima Drell, Vol III
Reeves, William Dale, Vol I
Reiss, Benjamin D., Vol II
Rothenberg, Molly, Vol III
Sauder, Robert A., Vol I
Schafer, Judith, Vol I
Schalow, Frank H., Vol IV
Schlunz, Thomas Paul, Vol I
Simmons, Joseph Larry, Vol II
Skinner, Robert Earle, Vol II
Snare, Gerald, Vol II
Spaeth, Barbette S., Vol II, IV
Stewart, Maaja Agur, Vol II
Stiebing, William H., Jr, Vol I
Strong, L. Thomas, III, Vol IV
Swift, Mary Grace, Vol I
Taylor, Herman Daniel, Vol II
Toulouse, Teresa, Vol II
Towns, Sanna Nimtz, Vol II
Travis, Molly Abel, Vol II
Tronzo, William, Vol I
Tuttle, Richard J., Vol I
Uddo, Basile Joseph, Vol IV
Verrett, Joyce M., Vol I
Vetrocq, Marcia E., Vol I
Wade-Gayles, Gloria Jean, Vol II
Washington, Robert Orlanda, Vol V
Watson, Cresap Shaw, Vol II
Watson, James R., Vol IV
Weiss, Ellen B., Vol I
Willems, Elizabeth, Vol IV
Worthy, Barbara Ann, Vol I
Zamparelli, Thomas, Vol III
Zimmerman, Michael E., Vol IV

Pineville
Dabbs, Jennifer B., Vol V

Ruston
Attrep, Abraham M., Vol I
Bush, John M., Vol I
Cook, Philip C., Vol I
Daly, John P., Vol I
Graves, Steven, Vol I
Halliburton, C. Lloyd, Vol III
Ingram, Earl Glynn, Vol I
Leissner, Debra, Vol II
Meade, Wade C., Vol I
Rea, Kenneth W., Vol I
Robbins, Kenneth, Vol II
Webre, Stephen, Vol I
Zalesch, Saul E., Vol I

Saint Benedict
Nauman, Ann K., Vol I
Regan, Patrick J., Vol IV

Shreveport
Alexander, Bryan, Vol II
Gruettner, Mark, Vol III
Guerin, Wilfred Louis, Vol II
Labor, Earle G., Vol II
Leitz, Robert C., Vol II
Otto, David, Vol IV
Pederson, William David, Vol I, IV
Plummer, Marguerite R., Vol I
Rigby, Kenneth, Vol IV
Sur, Carolyn Worman, Vol IV
Thompson, Alan Smith, Vol I

Thibodaux
Bello, Richard S., Vol II
Davis, Albert J., Vol II
Fletcher, Marie, Vol II
Tonn, Anke, Vol II

MAINE

Augusta
Schlenker, Jon A., Vol V

Bangor
Baker, Christina L., Vol V
Baker, William Joseph, Vol I
Trobisch, David, Vol IV

Bar Harbor
Carpenter, William Morton, Vol II

Boston
Stoehr, Kevin L., Vol IV

Brunswick
Bandy, Joe, Vol V
Boyd, Barbara Weiden, Vol II, III
Cerf, Steven Roy, Vol III
Gelwick, Richard, Vol IV
Helmreich, Ernst Christian, Vol I
Levine, Daniel, Vol I
Long, Burke O'Connor, Vol IV
Pols, Edward, Vol IV
Walter, John Christopher, Vol I

Bucksport
Ives, Edward Dawson, Vol V

Cape Neddick
Hapgood, Robert, Vol II

Castine
Berleant, Arnold, Vol IV
Booth, Philip, Vol II

Dresden
Turco, Lewis, Vol II

Farmington
Cohen, Johathan, Vol IV
Condon, Richard Herrick, Vol I
Flint, Allen Denis, Vol I, II
Franson, J. Karl, Vol II

Georgetown
Hudson, Yeager, Vol IV

Gorham
Kissen, Rita, Vol V

Harborside
Miner, Thelma Smith, Vol II
Miner, Ward L., Vol II

Lewiston
Cole, John R., Vol I
Hochstadt, Steve, Vol I
Kolb, David Alan, Vol IV
Leamon, James Shenstone, Vol I
Williams, Linda F., Vol II

Machias
Huggins, Cynthia, Vol II

New Gloucester
Eckersley, L. Lynnette, Vol II

New Vineyard
Bliss, Francis Royster, Vol III

Newcastle
Gilmour, John C., Vol IV

Norway
Kuritz, Paul, Vol II

Orono
Acampora, Christa Davis, Vol IV
Babcock, Robert Harper, Vol I
Blanke, Richard, Vol I
Cunningham, Sarah B., Vol IV
Doty, Charles Stewart, Vol I
Egenhofer, Max J., Vol I
French, Paulette, Vol III
Fries, Russell Inslee, Vol I
Hatlen, Burton Norval, Vol II
Howard, Michael W., Vol IV
Jacobs, Naomi, Vol II
Judd, Richard, Vol I
Kwiatkowski, J., Vol V
Langellier, Kristin M., Vol II
Markides, Kyriacos, Vol V
Mooney, L. R., Vol I
Munson, Henry Lee, Vol V
Pease, Jane Hanna, Vol I
Peterson, Eric E., Vol II
Petrik, Paula E., Vol I
Rogers, Deborah D., Vol II
See, Scott W., Vol I
Smith, David Clayton, Vol I
Smith, Laurence D., Vol I, V
Thomas, Sidney C., Vol V
Troiano, James J., Vol III
Turner, Win, Vol V

Portland
Caffentzis, C. George, Vol IV
Cluchey, David P., Vol IV
Delogu, Orlando E., Vol IV
Dietrich, Craig, Vol I
Earle, Kathleen Alison, Vol V
Gavin, William, Vol IV
Gish, Nancy K., Vol II, V
Grange, Joseph, Vol IV
Klooster, Willem, Vol I
Lang, Michael B., Vol IV
Louden, Robert B., Vol IV
McGrath, Francis C., Vol II
Murphy, Julien, Vol IV
Rieser, Alison, Vol IV
Sawyer, Dana, Vol I
Schwanauer, Francis, Vol IV
Shedletsky, Leonard Jerald, Vol II
Wagner, David, Vol V
Ward, Thomas M., Vol IV
Wells, William W., Vol IV
Wininger, Kathleen J., Vol IV
Wriggins, Jennifer, Vol IV
Yang, Fenggang, Vol IV, V
Zillman, Donald N., Vol IV

Presque Isle
Blackstone, Thomas L., Vol IV
Petress, Kenneth C., Vol II

South Andover
Rosenwald, John, Vol II

South Berwick
Olbricht, Thomas H., Vol II, IV

South Portland
Keay, Robert, Vol IV

Standish
Eduljee, Nina, Vol V
Rielly, Edward J., Vol II

Strong
Decker, Leslie Edward, Vol I

Waterville
Bassett, Charles Walker, Vol I, II
Clogan, Paul Maurice, Vol II, III
Fleming, James Rodger, Vol I
Geller, David A., Vol IV
Leonard, Elizabeth D., Vol I
Lepley, Doug, Vol II
Longstaff, Thomas R. W., Vol IV
McArthur, Robert L., Vol IV
Moss, Jane, Vol III
O'Neill, Kerill, Vol II, III
Paliyenko, Adrianna M., Vol III
Partsch, Cornelius, Vol III
Prindle, Tamae K., Vol I
Reidel-Schrewe, Ursula, Vol III
Roisman, Hanna M., Vol II, III
Sweney, John R., Vol II
Taylor, Larissa Juliet, Vol I
Weisbrot, Robert S., Vol I

Winthrop
Waugh, Charles G., Vol II, V

Woolwich
Martin, Kenneth R., Vol I

York Beach
Davison, Nancy R., Vol I, II, V

York Harbor
Henderson, Charles, Jr., Vol II, III

MARYLAND

Adelphi
Fuegi, John B., Vol III

Anapolis
Borjesson, Gary, Vol IV

Annapolis
Abels, Richard, Vol I
Barbera, Andre, Vol II
Carr, Lois Green, Vol I, IV
Cochran, Charles Leo, Vol IV
Coletta, Paolo E., Vol I
Culham, Phyllis, Vol I, II
DeCredico, Mary A., Vol I
Donovan, Aine, Vol V
Fleming, Bruce E., Vol II
Gilliland, C. Herbert, Vol II
Good, Jane E., Vol I
Hagan, Kenneth James, Vol I
Jason, Philip K., Vol II
Symonds, Craig Lee, Vol I

Arnold
Lefcowitz, Barbara, Vol II

Babson Park
Seitz, Brian, Vol IV

Baltimore
Achinstein, Peter, Vol IV
Adler, Marina, Vol V
Albrecht, Catherine, Vol I
Arnold, Joseph L., Vol I
Baker, Jean Harvey, Vol I
Baldwin, John Wesley, Vol I
Bardaglio, Peter W., Vol I
Barker, Evelyn M., Vol IV
Barrett-Larimore, Rita L., Vol V
Bauerschmidt, Frederick Christian, Vol IV
Baumgarten, Joseph M., Vol III
Bell, John D., Vol I
Bergo, Bettina, Vol IV
Bett, Richard, Vol II, III, IV
Bittner, Thomas, Vol IV
Blumberg, Arnold, Vol I
Boehling, Rebecca, Vol I
Bogen, David S., Vol IV
Booth, Richard A., Vol IV
Bowman, Leonard Joseph, Vol II, IV
Breihan, John R., Vol I
Brennan, Timothy J., Vol IV
Brieger, Gert Henry, Vol I
Browne, Gary Lawson, Vol I
Brumbaugh, John Maynard, Vol IV
Burke, Colin B., Vol I
Cameron, Sharon, Vol II
Carruthers, Virginia, Vol II
Carter, Charles Edward, Vol IV
Carter, Donald, Vol V
Castro-Klaren, Sara, Vol III
Chaffee-Sorace, Diane, Vol III
Chapelle, Suzanne E. G., Vol I
Chikeka, Charles, Vol I
Chiu, Hungdah, Vol IV
Cohen, Warren I., Vol I
Colombat, Andre P., Vol III
Cooper, Jerrold Stephen, Vol I
Cripps, Thomas, Vol I
Crockett, Bryan L., Vol II
Curtin, Philip De Armond, Vol I
Davis, Benjamin G., Vol IV
Davisson, Mary H. T., Vol II, III
de Tejada, Cristina Saenz, Vol III
Detienne, Marcel, Vol III
Dombrowski, Nicole, Vol I
Donaghy, Thomas J., Vol I
Douglas, Paul H., Vol II
Durham, Joseph Thomas, Vol V
Elfenbein, Jessica, Vol I
Evangeliou, Christos C., Vol IV
Faulcon, Clarence Augustus, II, Vol II
Fee, Elizabeth, Vol I, IV
Field, Thomas Tilden, Vol III
Fitts, Leroy, Vol IV
Fitzpatrick, Carolyn H., Vol II
Fitzpatrick, Vincent D., Vol II
Fleishman, Avrom, Vol II
Forster, Robert, Vol I
Freedman, Robert Owen, Vol I
Froman, Larry, Vol V
Galambos, Louis Paul, Vol I, IV
Gardner, Bettye J., Vol I
Geiger, Mary Virginia, Vol I, IV
Gibson, Stephanie, Vol II
Gittlen, Barry M., Vol I
Goedicke, Hans, Vol I
Goldthwaite, Richard A., Vol I
Gorman, Michael J., Vol I, IV
Greene, Jack P., Vol I
Grubb, James S., Vol I
Guy, Fred, Vol IV
Hahn, H. George, Vol II
Hall, Tom, Vol II
Ham, Debra Newman, Vol I
Harrison, Daphne Duval, Vol II
Hawthorne, Lucia Shelia, Vol II
Haynes, James H., Vol V
Herbert, Sandra Swanson, Vol I
Herr, Stanley S., Vol IV
Higham, John, Vol I
Hillers, Delbert Roy, Vol III, IV
Hirschmann, Edwin A., Vol I
Hopkins, Fred, Vol I
Hostetter, Edwin C., Vol IV
Hrabowski, Freeman Alphonsa, III, Vol V
Ike, Alice Denise, Vol IV
Irmscher, Christoph, Vol II
Irwin, John Thomas, Vol I, II
Jacklin, Thomas M., Vol I
Jeffrey, Julie Roy, Vol I
Jeffries, John W., Vol I
Jusczyk, P. W., Vol V
Kagan, Richard Lauren, Vol I
Kahane, Howard, Vol IV
Kaplan, Nancy, Vol II
Kargon, Robert, Vol I
Kars, Marjoleine, Vol I
Kelley, Delores G., Vol II
Kessler, Herbert Leon, Vol I
King, Ora Sterling, Vol V
King-Hammond, Leslie, Vol I
Kirkhart, Matthew, Vol V
Kleinman, Neil, Vol II
Knight, Franklin Willis, Vol I
Korenman, Joan Smolin, Vol II
Krotkoff, Georg, Vol III
Larew, Karl G., Vol I
Lasson, Kenneth, Vol IV
Leder, Drew L., Vol IV
Legon, Ronald, Vol I
Leonard, Angela, Vol I
Lidtke, Vernon Leroy, Vol I
Macksey, Richard Alan, Vol II, III
Makarushka, Irena, Vol IV
Masi, Dale A., Vol V
Matanle, Stephen, Vol II
Mathura, Clyde, Vol V
Mc Glamery, Gayla, Vol II
McConnell, Roland Calhoun, Vol I
McKinney, Richard I., Vol IV
McKusick, James C., Vol II
Mitchell, Reid, Vol I
Morgan, Leslie Zarker, Vol III
Moulthrop, Stuart, Vol II
Mruck, Armin Einhard, Vol I
Mulcahey, Donald C., Vol I
Murphy, Jane C., Vol IV
Murray, Mabel Lake, Vol V
Nagele, Rainer, Vol II, III
Neander, K., Vol IV
Nelson, Randy J., Vol V
Neverdon-Morton, Cynthia, Vol I
Noonberg, Aaron R., Vol V
Nucho, Aina O., Vol V
Nwadike, Fellina, Vol I
Oden, Gloria, Vol II
Olson, Paul Richard, Vol III
Palley, Howard A., Vol V
Papadakis, Aristeides, Vol I
Pegram, Thomas R., Vol I
Pfefferle, W. T., Vol II
Phillips, Glenn Owen, Vol I
Pineo, Ronn, Vol I
Power, Garrett, Vol IV
Ranum, Orest, Vol I
Ritschel, Daniel, Vol I
Roller, Matthew B., Vol I, II, III
Roome, Dorothy M., Vol II, V
Rothstein, William G., Vol V
Rubinstein, Robert L., Vol V
Russell-Wood, A. J. R., Vol I
Ryang, Sonia, Vol V
Ryon, Roderick Naylor, Vol I
Ryu, Jai, Vol V
Sawyer, Jeffrey K., Vol I
Scherer, Imgard S., Vol I, IV
Scheye, Thomas Edward, Vol II
Schneewind, Jerome B., Vol IV
Sellers, Mortimer, Vol IV
Serequeberhan, Tsenay, Vol IV
Shapiro, H. Alan, Vol I
Sheffey, Ruthe G., Vol II
Shifren, Kim, Vol V
Sinnott, Jan Dynda, Vol V
Slavin, Robert Edward, Vol V
Smith, Cindy J., Vol IV
Snell, Ana Maria, Vol III
Soria, Regina, Vol I, III
Spiegel, Gabrielle Michele, Vol I
Spitzer, John, Vol II
Spring, David, Vol I
Stanley, Jay, Vol V
Stanley, Julian Cecil, Vol V
Stanton, Phoebe Baroody, Vol I
Stephens, Charles Ralph, Vol II
Struever, Nancy Schermerhorn, Vol I
Sweeney, John Albert, Vol II
Talar, Charles J. T., Vol IV
Talley, William B., Vol V
Tassi, Aldo, Vol IV
Tatarewicz, Joseph N., Vol I
Terborg-Penn, Rosalyn M., Vol I
Thompson, Chevia, Vol II
Tiefer, Charles, Vol IV
Tokarczyk, Michelle M., Vol II
Tolbert, Elizabeth D., Vol II
Valis, Noel M., Vol III
Vann, Barbara H., Vol V
Vaporis, Constantine N., Vol I
Varga, Nicholas, Vol I
Vatz, Richard E., Vol II
Walker, Ernestein, Vol I
Walker, Mack, Vol I
Walters, Ronald Gordon, Vol I, V
Waterman, Sue A., Vol II
Webb, Robert Kiefer, Vol I
Weinhouse, Linda, Vol II
Weiss, Piero, Vol II
Weiss, Susan Forscher, Vol II
Weiss, Susan Forscher, Vol II
Wellbery, David E., Vol III
Wexler, Victor G., Vol I
Wolf, Susan R., Vol IV
Yarrison, Betsy, Vol III
Yip, Ka-che, Vol I
Zhuk, Sergei I., Vol I
Ziff, Larzer, Vol II
Zuravin, Susan, Vol V

Bethesda
Bates, Margaret Jane, Vol III
Cassedy, James Higgins, Vol I
Devos, Jean, Vol IV
Geyer, Alan, Vol IV
Godsey, John Drew, Vol IV
Hewlett, Richard Greening, Vol I
Levine, Molly Myerowitz, Vol II, III
Linton, Calvin Darlington, Vol II
Orlans, Harold, Vol V
Sappol, Michael, Vol I
Smith, Dale Cary, Vol I
Sreenivasan, Gopal, Vol IV
Waserman, Manfred, Vol I, II

Betterton
Kohl, Benjamin Gibbs, Vol I

Bowie
English, Daylanne K., Vol II
Miller, M. Sammye, Vol I
Onwumechili, Chukwuka, Vol II
Pennix, Pamela R., Vol V
Ransome, Cora, Vol II
Tomlin, Carol, Vol II

Burtonsville
Rothfeld, Anne, Vol I, II

Cantonsville
Pilch, John J., Vol IV

Catonsville
Loerke, William, Vol I

Chestertown
Cades, Steven, Vol V
Deprospo, Richard Chris, Vol II
Janson-La Palme, Bayly, Vol I
Shivers, George Robert, Vol III
Tatum, Nancy R., Vol I, II

Chevy Chase
Gutowski, Carolyn, Vol IV, V
Kochanek, Stanley Anthony, Vol IV
Miller, Franklin, Vol IV
Patterson, David Sands, Vol I, IV
Ricciardelli, Angela R., Vol IV
Timbie, Janet Ann, Vol I, IV

Clinton
Williams, Wilbert Lee, Vol IV

College Park
Achinstein, Sharon, Vol II
Albert, Peter J., Vol I
Auerbach, Jonathan, Vol II
Barry, Jackson Granville, Vol II
Bauer, Ralph R., Vol II
Bedos-Rezak, Brigitte, Vol I
Belz, Herman Julius, Vol I
Benito-Vessels, Carmen, Vol III
Berlin, Adele, Vol I, IV
Berlin, Ira, Vol I
Best, Otto Ferdinand, Vol III
Bradbury, Miles L., Vol I
Brown, Peter G., Vol IV
Brown, Richard H., Vol V
Brush, Stephen George, Vol I
Bryer, Jackson R., Vol II
Cai, Deborah A., Vol II
Caramello, Charles, Vol II
Caughey, John L., Vol I, V
Claude, Richard P., Vol IV
Colantuono, Anthony, Vol I
Cole, Wayne S., Vol I
Cunningham, William Dean, Vol V
Cypess, Sandra M., Vol III
Darden, Lindley, Vol I, IV
Davidson, Roger Harry, Vol IV
Davis, Johnetta Garner, Vol II
Denny, Don William, Vol I
Derose, Laurie, Vol V
Dix, Jennifer A., Vol III
Doherty, Lillian E., Vol III
Donawerth, Jane L., Vol II
Eckstein, Arthur M., Vol I
Evans, Emory Gibbons, Vol I
Fink, Edward L., Vol II
Finkelstein, Barbara, Vol I, V
Flack, James, Vol I
Fleck, Jere, Vol III
Fraistat, Neil R., Vol II
Freedman, Morris, Vol II, III
Freimuth, Vicki S., Vol II, V
Friedel, Robert D., Vol I
Gaines, Robert N., Vol II, IV
Gerstel, Sharon E. J., Vol I
Gilbert, James B., Vol I
Gillespie, Patti P., Vol II
Gullickson, Gay Linda, Vol I, V
Hallett, Judith Peller, Vol III
Hampton, Robert L., Vol V
Harlan, Louis R., Vol I
Harris, James F., Vol I
Henretta, James A., Vol I
Hershenson, David B., Vol V
Hiebert, Ray Eldon, Vol II
Hill, Clara E., Vol V
Holton, William Milne, Vol II
Horty, John F., Vol IV
Igel, Regina, Vol III
Isaacs, Neil D., Vol II
Jashemski, Wilhelmina F., Vol I
Jenkins, Virginia Scott, Vol I
Kelly, R. Gordon, Vol II
Klumpp, James F., Vol II
Kornbluth, Genevra, Vol I
Lawson, Lewis Allen, Vol II
Lee, Hugh Ming, Vol II, III
Leonardi, Susan J., Vol II
Lesher, James, Vol IV
Levinson, Jerrold, Vol IV
Lightfoot, David, Vol II
Lounsbury, Myron, Vol I
Lyons, Clare A., Vol I
Martin, Raymond Frederick, Vol IV
Matossian, Mary Kilbourne, Vol I
McCaleb, Joseph L., Vol II
Moses, Claire G., Vol V
Nemes, Graciela Palau, Vol III

Niles, Lyndrey Arnaud, Vol II
Nogueira, Claudia B., Vol III
O'Donovan-Anderson, Michael, Vol IV
Olson, Alison Gilbert, Vol I
Olson, Keith Waldemar, Vol I
Parks, Sheri L., Vol II
Parry-Giles, Trevor, Vol II
Pasch, Alan, Vol IV
Pease, John, Vol V
Penner, Merrilynn J., Vol V
Peterson, Carla L., Vol II
Presser, Harriet B., Vol V
Pressly, William L., Vol I
Price, Richard, Vol I
Promey, Sally M., Vol I
Ridgway, Whitman Hawley, Vol I
Ritzer, George, Vol V
Rutherford, Charles Shepard, Vol II
Rutledge, Steven H., Vol II, III
Sagoff, Mark, Vol IV
Segal, David R., Vol V
Sherman, William H., Vol II
Sies, Mary Corbin, Vol I
Smith, Barry D., Vol V
Smith, Gregory C., Vol V
Staley, Gregory A., Vol II, III
Sthele, Eva, Vol II
Sullivan, Denis, Vol I, III
Sumida, Jon T., Vol I
Tarica, Ralph, Vol III
Terchek, Ronald John, Vol IV
Vandiver, Elizabeth, Vol II, III
Vanegmond, Peter, Vol II
Vann, Robert Lindley, Vol I
Waks, Leah, Vol II
Walker, Richard E., Vol III
Wallace, William A., Vol IV
Walters, Ronald, Vol I
Warren, Donald R., Vol I, V
Warren, J. Benedict, Vol I
Weart, Spencer R., Vol I
Williams, Helen Elizabeth, Vol II
Wilt, David E., Vol II
Winton, Calhoun, Vol II
Wolvin, Andrew D., Vol II, III
Woolf, Leonard, Vol II
Zilfi, Madeline Carol, Vol I, IV, V

Columbia
Catania, A. Charles, Vol V
Corley, Constance Saltz, Vol V
Keeton, Morris Teuton, Vol IV
Ligon, Doris Hillian, Vol I
Mitchell, Helen Buss, Vol I
White, Alfred Loe, Vol IV
Wolter, John A., Vol I

Darnestown
Knox, Bernard MacGregor Walker, Vol III

Edgewater
Hammer, Jane R., Vol IV

Elkton
Coulet Du Gard, Rene, Vol III

Ellicott City
West, Herbert Lee, Jr., Vol V

Emmitsburg
Campbell, John W., Vol V
Collinge, William Joseph, Vol IV
Conway, Gertrude D., Vol IV
Craft, William, Vol II
Donovan, John F., Vol IV
Dorsey, Peter, Vol II
Drummond, John J., Vol IV
Ducharme, Robert, Vol II
Gandal, Keith, Vol II
Grisez, Germain, Vol IV
Hamel, Mary, Vol II
Heath, William, Vol II
Johnson, Curtis, Vol I, IV
Kalas, Robert, Vol I
Krysiek, James Stephen, Vol I
Malone, Martin J., Vol V
McDonald, Patricia M., Vol IV
Portier, William L., Vol IV
Rupp, Teresa, Vol I
Selner-Wright, Susan C., Vol IV
Whitman, T. Stephen, Vol I
Wright, Terrence C., Vol II, IV

Fort Washington
Demolen, Richard Lee, Vol I
Gustafson, Milton Odell, Vol I

Frederick
Caminals-Heath, Roser, Vol II
Hein, David, Vol IV
Keeler, Mary Frear, Vol I
Miller, Margaret P., Vol III
Moreland, Raymond T., Jr., Vol IV, V

Frostburg
Bramann, Jorn, Vol IV
Clulee, Nicholas H., Vol I
Rhodes, Randall, Vol I
Saku, James C., Vol I
Schweiker-Marra, Karen, Vol V
Wiseman, John Bailes, Vol I

Frostburgh
Lutz, Mary Anne, Vol II

Gaithersburg
Garson, Helen S., Vol II

Germantown
Gabriele, Edward, Vol IV

Hyattsville
Komonchak, Joseph Andrew, Vol IV

Kensington
Cline, Eric, Vol I

La Plata
Bilsker, Richard L., Vol IV
Klink, William, Vol II

Lanham
Bormanshinov, Arash, Vol III

Lanham Seabrook
Kari, Daven Michael, Vol II

Largo
Cloud, W. Eric, Vol IV
James, David Phillip, Vol V

Leonardtown
Winnik, Herbert Charles, Vol I

Lexington Park
McNeill, Susan Patricia, Vol IV

Lowell
Whelan, Robert, Vol III

Lutherville
Muuss, Rolf Eduard Helmut, Vol V

New Market
Mintz, Lawrence E., Vol I, II

North Potomac
Kapsch, Robert J., Vol I

Olney
Din, Gilbert C., Vol I

Parkville
Dunn, E. Catherine, Vol II

Pasadena
De Pauw, Linda Grant, Vol I
Depauw, Linda Grant, Vol I

Princess Anne
Harleston, Robert Alonzo, Vol IV
Hedgepeth, Chester Melvin, Jr., Vol II
Keenan, Richard Charles, Vol II
Onwudiwe, Ihekwoaba, Vol IV

Rockville
Annis, James L., Vol I
Goldenberg, Myrna, Vol II
Haffner, Marlene Elisabeth, Vol IV
Kimes, Don, Vol I
Okechukwu, Chinwe C., Vol II

Saint Mary's City
Krondorfer, Bjoern, Vol IV
Ojo-Ade, Femi, Vol III
Paskow, Alan, Vol IV
Rogachevsky, Jorge R., Vol III
Rosemont, Henry, Jr., Vol IV
Stabile, Donald Robert, Vol I
Von Kellenbach, Katharine, Vol IV, V

Saint Michaels
McLoud, Melissa, Vol I

Salisbury
Clement, Grace, Vol IV
Kane, Francis, Vol IV
Miller, Jerome A., Vol IV
Thompson, G. Ray, Vol I
Waters, Michael, Vol II
Welsh, James Michael, Vol II

Shady Side
Devine, Donald J., Vol IV

Silver Spring
Berger, Carl, Vol I
Breslow, Marvin A., Vol I
Eliot, John, Vol V
Grassby, Richard, Vol V
Howze, Karen Aileen, Vol IV
Hunt, Mary Elizabeth, Vol IV
Irving, Kartina M., Vol II
Leitma, Grant, Vol V
Levy, Diane Wolfe, Vol III
Moore, Robert Henry, Vol I, II
Morse, Oliver, Vol IV
Null, Elisabeth M., Vol I, II, V
Robbins, Paul Richard, Vol V
Rodriguez, Angel Manuel, Vol IV
Smith, David R., Vol IV
Smith, Paul Hubert, Vol I
Svejda, George J., Vol I
Ulrich, Homer, Vol I
Winston, Michael R., Vol I

Stevenson
Penczek, Alan, Vol IV

Tacoma Park
Dunn, Annie M., Vol V

Takoma Park
Bevin, Teresa, Vol V
Bulger, Peggy A., Vol V
Ginsberg, Ellen Sutor, Vol III
Giron, Robert L., Vol II
Hammond, James Matthew, Vol V
Loizeaux, Elizabeth Bergmann, Vol II

Towson
Bergman, David L., Vol II
Chen, Ni, Vol II
Esslinger, Dean Robert, Vol I
Faller, Greg, Vol II
Flippen, Charles, Vol II
Giro, Jorge A., Vol III
Gissendanner, John M., Vol II
Hedges, William Leonard, Vol II
Ingram, Mark, Vol III
Leahy, David G., Vol II, III
Lev, Peter, Vol II
Matlon, Ronald, Vol III
McElreath, Mark, Vol II
McGrain, John W., Vol II
Saenz de tejada, Cristina, Vol III

University Park
Paoletti, Jo, Vol I, II, V

Upper Marlboro
Adamson, Lynda G., Vol II
Kass, Elaine W., Vol II
Link, James R., Vol II
Silverman, Sherman E., Vol I

Westminster
Cobb, Eulalia Benejam, Vol III
Evergates, Theodore, Vol I
Williams, Daniel Anthony, Vol III
Young, Robert, Vol I

Wheaton
Ort, Larry V., Vol IV

MASSACHUSETTS

Agawam
Sylvester, John Andrew, Vol I

Allston
D'Agostino, Peter R., Vol I, IV
Stark, Tracey, Vol IV

Amherst
Alexander, George, Vol IV
Altstadt, Audrey L., Vol I
Aries, Elizabeth J., Vol V
Aune, Bruce Arthur, Vol IV
Ayres, John J. B., Vol V
Bach, Emmon, Vol III
Baker, Lynne R., Vol IV
Barton, Carlin, Vol I
Bauschinger, Sigrid Elisabeth, Vol II
Benson, Jack Leonard, Vol I
Berkman, Joyce A., Vol I, V
Berlin, Normand, Vol II
Berwald, Jean-Pierre, Vol III
Bliss, Katherine, Vol I
Boudreau, Harold Laverne, Vol III
Bowman, Joye L., Vol I
Boyer, Horace Clarence, Vol II
Boyle, Kevin, Vol I
Brigham, John, Vol IV
Brown, T. Dennis, Vol II
Busi, Frederick, Vol III
Cameron, John, Vol II
Cantor, Milton, Vol I
Caplan, Jay L., Vol III
Carlson, Melvin, Jr., Vol II
Carre, Marie-Rose, Vol III
Cassirer, Thomas, Vol II, III
Cathey, James E., Vol III
Chametzky, Jules, Vol II
Chang, Briankle G., Vol II
Chappell, Vere Claiborne, Vol IV
Cheney, Donald, Vol II, III
Cheyette, Fredric Lawrence, Vol I
Chrisman, Miriam Usher, Vol I
Clayton, John J., Vol II
Cody, Richard John, Vol II
Cohen, Alvin Philip, Vol I, III
Collins, Dan Stead, Vol II
Cooks, Leda M., Vol II
Couvares, Francis G., Vol I
Craig, George Armour, Vol II
Davidov, Judith Fryer, Vol I
Dincauze, Dena F., Vol I
Dizard, Jan, Vol V
Drake, Fred, Vol I
Duckert, Audrey Rosalind, Vol III
Edwards, Lee R., Vol II
Elias, Jamal J., Vol IV
Epstein, Catherine A., Vol I
Erdman, Harley M., Vol II
Fabos, Julius Gyula, Vol I
Fisher, Gene A., Vol V
Frank, Joseph, Vol II
Frazier, Lyn, Vol III
French, Roberts Walker, Vol II
Garaud, Christian, Vol III
Gentry, Atron A., Vol V
Gintis, Herbert, Vol IV
Glassberg, David, Vol I
Goldman, Sheldon, Vol IV
Gordon, Daniel, Vol I
Greenfield, Sumner M., Vol III
Guttmann, Allen, Vol I
Gyatso, J., Vol IV
Hafner, J., Vol I
Harbison, Craig, Vol I
Harbison, Sherrill, Vol II
Hawkins, Hugh Dodge, Vol I
Heath, William Webster, Vol II
Heffernan, Charles, Vol II
Higgins, Roger F., Vol III
Higginson, John, Vol I
Hodder, Alan, Vol IV
Holland, Norman, Vol III
Ippolito, Christophe, Vol III
Johnson, Kyle B., Vol III
Johnston, William M., Vol I
Jones, Robert Edward, Vol I
Karpinski, Gary S., Vol II
Keefe, Robert, Vol II
Kennick, William Elmer, Vol IV
Kingston, John, Vol III
Kinney, Arthur F., Vol II
Kitchell, Kenneth F., Vol II, III
Klare, Michael T., Vol IV
Koehler, G. Stanley, Vol II
Kratzer, Anglelika, Vol III
Ladin, Jay, Vol II
Laurie, Bruce, Vol I
Lawall, Gilbert Westcott, Vol II, III
Lawall, Sarah Nesbit, Vol III
Levin, Maurice Irwin, Vol III
Levine, Sura, Vol I
Levy, Barry, Vol I
Love, Barbara, Vol V
Lowance, Mason Ira, Vol II
Maddox, Donald, Vol III
Margolis, Nadia, Vol III
Mariani, Paul L., Vol II
Marshall, Peter K., Vol III
Martin, Daniel, Vol III
Matthews, Gareth Blanc, Vol IV
May, Ernest, Vol II
Mazor, Lester Jay, Vol I, IV
Mazzocco, Elizabeth H., Vol III
McFarland, Gerald W., Vol I
Minear, Richard H., Vol I
Moore, Joseph G., Vol IV
Moore, Ray A., Vol I
Moran, Charles, Vol II
Naff, William E., Vol III
Niditch, Susan, Vol IV
Nightingale, Carl, Vol I
Nissenbaum, Stephen Willner, Vol I
Norton, Paul F., Vol I
O'Connell, Barry, Vol II
Owens, Larry, Vol I
Partee, Barbara H., Vol III
Paulsen, Wolfgang, Vol III
Peiss, Kathy, Vol I
Pelz, Stephen Ernest, Vol I
Peterson, Dale E., Vol II, III
Philippides, Marios, Vol III
Platt, Gerald M., Vol V
Porter, Dennis, Vol III
Portuges, Catherine, Vol III
Potash, Robert Aaron, Vol I
Pritchard, William H., Vol II
Rausch, Jane M., Vol I
Rearick, Charles, Vol I
Reck, David, Vol II, V
Richards, Leonard, Vol I
Rockwell, Paul, Vol III
Roeper, Thomas, Vol III
Roskill, Mark, Vol I
Rudman, Masha, Vol V
Rueschmann, Eva, Vol III
Russo, Mary, Vol II
Ryavec, Karl William, Vol IV
Sanchez-Eppler, Karen, Vol II
Sandweiss, Martha, Vol I
Sarat, Austin D., Vol IV
Sarti, Roland, Vol I
Schwartzwald, Robert, Vol III
Scott, Nina Margaret, Vol III
Sears, Dianne, Vol III
Seelig, Harry E., Vol II, III
Selkirk, Elisabeth, Vol III
Seymour, Harry N., Vol III
Shipley, Neal Robert, Vol I
Sinos, Rebecca H., Vol II, III
Sleigh, Robert Collins, Vol IV
Speas, Margaret, Vol III
Spivack, Charlotte K., Vol II
Stavans, Ilan, Vol III
Stone, Jennifer, Vol III
Story, Ronald, Vol I
Sturm-Maddox, Sara, Vol III
Swaim, Kathleen Mackenzie, Vol II
Swartz, Marvin, Vol I
Sweeney, Kevin, Vol I
Tager, Jack, Vol I
Tillis, Frederick C., Vol II
Townsend, Robert Campbell, Vol II
Trahan, Elizabeth Welt, Vol III
Trehub, Arnold, Vol V
Watkins, Andrea, Vol II
Weyland, Karin, Vol V
Wickwire, Mary Botts, Vol I
Wills, David Wood, Vol IV
Wilson, Mary C., Vol I
Wobst, H. Martin, Vol I
Wolff, Robert Paul, Vol IV
Woolford, Ellen, Vol III
Wyman, David S., Vol I
Zamora, Juan C., Vol III

Andover
Dalton, Kathleen Mary, Vol I

Attleboro
Ruiz, Roberto, Vol III

Auburndale
Tagge, Anne, Vol III
Vaccaro, Joseph, Vol II

Babson Park
Bruner, M. Lane, Vol II, III
Hoopes, James E., Vol I

Bedford
Keller, Jill Lenett, Vol II

Belmont
Brauer, Carl Malcolm, Vol I
Elliott, Clark Albert, Vol I, II
Fairley, Irene R., Vol II, III

Beverly
Arnold, Gordon, Vol V
Jerin, Robert A., Vol IV
McCarthy, Thomas, Vol IV
Woodward, Pauline, Vol II

Boston
Akram, Susan M., Vol IV
Allison, Robert, Vol I
Amaro, Hortensia, Vol V
Amato, Philip P., Vol II
Amiji, Hatim M., Vol I
Anderson, Betty S., Vol I
Andresen, Jensine, Vol IV
Anzalone, Filippa M., Vol IV
Aram, Dorothy M., Vol II
Ashe, Marie, Vol IV
Avery, Michael, Vol IV
Bacigalupe, Gonzalo, Vol V
Barash, Carol Isaacson, Vol IV
Barfield, Thomas J., Vol V
Barlow, David H., Vol V
Barrett, Janice M., Vol II
Bartlett, Cynthia L., Vol II
Bashir, Anthony S., Vol II
Beauchesne, Richard J., Vol IV
Beaudry, Mary Carolyn, Vol I, V
Beckerman-Rodau, Andrew, Vol IV
Beerman, Jack, Vol IV
Bell, James Brugler, Vol I
Bellow, Saul, Vol II
Bennett, Norman Robert, Vol I
Berman, Eli, Vol IV
Blaisdell, Charmarie Jenkins, Vol I
Blanch, Robert James, Vol II
Bleisch, Pamela, Vol II, III
Blessington, Francis C., Vol II
Blum, Karen M., Vol IV
Blum, Lawrence A., Vol IV, V
Blumenson, Eric D., Vol IV
Boskin, Joseph, Vol I
Botticini, Maristella, Vol IV
Breines, Winifred, Vol V
Brinkmann, Klaus, Vol IV
Brodley, Joseph F., Vol IV
Brown, Barry, Vol IV
Brown, Julia Prewitt, Vol II
Bruce, Robert Vance, Vol I
Bruder, Kurt A., Vol II
Buckley, Thomas, Vol V
Burch, Sharon Peebles, Vol IV
Burgin, Diana Lewis, Vol III
Cahoone, Lawrence, Vol IV
Campbell, Ballard C., Vol I
Cash, Philip, Vol I
Cass, Ronald Andrew, Vol IV
Cassara, Shirley, Vol V
Cavallaro, Rosanna, Vol IV
Chatterjee, Lata, Vol I
Chehabi, Houchang E., Vol I, IV
Chesson, Michael, Vol I
Chester, Ronald, Vol IV
Clark, Edward, Vol II
Clark, Gerard J., Vol IV
Coffler, Gail H., Vol II
Collins, Martha, Vol II
Connolly, Thomas F., Vol II
Copeland, Anne P., Vol V
Corrin, Jay Patrick, Vol I
Cottle, Thomas J., Vol V
Crannell, Kenneth C., Vol III
Cromley, Elizabeth Collins, Vol I
Crossley, Robert Thomas, Vol II
Day, Kate N., Vol IV
Dickinson, Charles C., Vol IV
Diefendorf, Barbara Boonstoppel, Vol I
Dodd, Victoria J., Vol IV
Dwyer, Johanna, Vol V
Eaton, Jonathan, Vol IV
Eckstein, Susan, Vol V
Eichenbaum, Howard, Vol V
Eisenstat, Steven M., Vol IV
El-Baz, Farouk, Vol I
Ellis, Randall P., Vol IV
Engler, Russell, Vol IV, V
Epps, Valerie C., Vol IV
Faber, Daniel R., Vol V
Fast, Robin Riley, Vol II
Feld, Alan L., Vol IV
Ferleger, Louis A., Vol I
Ferrarin, Alfredo, Vol IV
Fine, Marlene G., Vol II
Fischer, Thomas C., Vol IV
Floyd, Juliet, Vol IV
Folsom, Marcia M., Vol II
Foss, Clive, Vol I
Foster, Lawrence, Vol IV
Fowler, William M., Vol I
Fraioli, Deborah, Vol III
Frankel, Tamar, Vol IV
Franklin, Wayne S., Vol II
Fredriksen, P., Vol I, IV
Friedman, Sidney Joseph, Vol II
Gagliardo, John G., Vol I
Garrett, Gerald R., Vol IV, V
Gilbert, Robert Emile, Vol IV
Gilkes, Cheryl Townsend, Vol IV
Givelber, Daniel James, Vol IV
Glannon, Joseph William, Vol IV
Glick, Thomas F., Vol I
Golann, Dwight, Vol IV
Goldman, Merle, Vol I
Green, Harvey, Vol I
Greenberg, Kenneth, Vol I
Greenfield, Liah, Vol IV, V
Gregory, Wanda Torres, Vol IV
Haakonssen, Knud, Vol IV
Hall, David, Vol IV
Hammond, Norman, Vol I
Hansen, Julie, Vol I
Harbert, Earl, Vol II
Harrison, Robert M., Vol V
Hartwell, Stephanie, Vol V
Harvey, Mark S., Vol IV
Hasnath, Syed A., Vol I
Hecht, Neil S., Vol IV
Henderson, Jeffrey, Vol II, III
Henton, Caroline G., Vol III
Herman, Gerald Harvey, Vol I
Hernon, Peter, Vol II
Hill, Allan G., Vol I
Hines, Mary E., Vol IV
Hintikka, Jaakko, Vol IV
Hoddie, James Henry, Vol III
Hoffmann, George, Vol III
Hofmann, Stefan G., Vol V
Holmstrom-Hintikka, Ghita B. E., Vol IV
Horne, Ralph Albert, Vol IV
Horsley, Ritta Jo, Vol III
Horton, Susan R., Vol II
Hutchinson, Dorothy Stauss, Vol V
Hylton, Maria, Vol IV
Ireland, Roderick Louis, Vol IV
Jacobs, Donald Martin, Vol I
Jahn-Clough, Lisa, Vol II
Jefferson, Carter, Vol I
Kafker, Frank Arthur, Vol I
Katz, Steven T., Vol IV
Kaufman, Debra Renee, Vol V
Kaye, Lawrence J., Vol IV
Kee, Howard Clark, Vol I, IV
Kelemen, Deborah A., Vol V
Kelly, Dorothy J., Vol III
Keylor, William Robert, Vol I
Klare, Karl E., Vol IV
Kleiner, Fred S., Vol I
Klepper, Deeana, Vol I
Kline, Thomas Jefferson, Vol III
Kohn, Livia, Vol IV
Kopaczynski, Germain, Vol IV
Korom, Frank J., Vol II, V
Krakauer, Eric, Vol IV
Landers, Renee M., Vol IV
Larson, Calvin J., Vol V
Lasarte, Pedro, Vol III
Lepore, Jill, Vol I
Leventhal, Fred Marc, Vol I
Levine, Hillel, Vol V
Levine, Julius B., Vol IV
Levine, Robert, Vol II
Lidz, Joel W., Vol IV
Lindberg, Carter Harry, Vol IV
Lint, Gregg Lewis, Vol I
Lobel, Diana, Vol IV
Lyons, David, Vol IV
MacKinnon, Michael, Vol I
Macurdy, Allan, Vol IV
Mandl, Bette, Vol II
Manning, Patrick, Vol I
Manuel, Sharon Y., Vol III
Mason, Herbert W., Vol I
Mattis, Sara, Vol V
Maxwell, David Lowell, Vol II, V
Mayer, Henri Andre Van Huysen, Vol I
Mcalpine, Monica Ellen, Vol II
McCarthy, Joseph M., Vol V
McKenzie, Elizabeth M., Vol IV
McMullin, Thomas Austin, Vol I
Mesler, Mark A., Vol V
Milburn, Michael A., Vol V
Miller, Naomi, Vol I
Miller, Walter, Jr, Vol IV
Mizruchi, Susan L., Vol II
Moreno, Joelle, Vol IV
Morgan, Keith N., Vol I
Mustafa, Shakir M., Vol II
Nathanson, Stephen L., Vol IV
Ness, Arthur J., Vol II
Neville, Robert C., Vol IV
Nisetich, Frank, Vol III
Nolan, Cathal J., Vol I
Nolan, John Joseph, Vol IV
Norton-Hawk, Maureen, Vol V
O'Connell, Shaun V., Vol II
O'Rourke, Maureen, Vol IV
Oliver, Harold Hunter, Vol IV
Orlow, Dietrich Otto, Vol I
Palmer, David Scott, Vol IV
Panford, Kwamina, Vol IV
Park, William Wynnewood, Vol IV
Parker, Simon B., Vol I, III
Partan, Daniel Gordon, Vol IV
Patterson, Anita, Vol II
Payne, J. Gregory, Vol II
Pelaez-Benitz, Lola, Vol III
Perlin, Marc G., Vol IV
Perlmutter, Richard Mark, Vol IV
Perricone, Jack, Vol II
Peterfreund, Stuart S., Vol II
Petronella, Vincent F., Vol II
Pinsky, Robert, Vol II
Pruett, Gordon Earl, Vol I, IV
Psathas, George, Vol V
Quitt, Martin Herbert, Vol I
Radden, Jennifer, Vol IV
Raymond, Diane, Vol IV
Redford, Bruce, Vol II
Reno, J. David, Vol II
Rhoads, Linda S., Vol I, V
Richman, Gerald I., Vol II
Riely, John Cabell, Vol I, II
Riggs, William G., Vol II
Roberts, Wesley A., Vol I
Robinson, Kelly A., Vol II
Robinson, Raymond H., Vol I
Rosen, Stanley H., Vol IV
Rothwell, Kenneth S., Vol II, III
Rounds, Charles E., Jr, Vol IV
Ruck, Carl Anton Paul, Vol III
Ryan, Kevin, Vol V
Saitz, Robert Leonard, Vol III, V
Saulnier, Christine F., Vol V
Schachter, Gustav, Vol IV
Scharf, Bertram, Vol V
Schmidt, James W., Vol IV
Schulman, Bruce J., Vol I
Schwartz, Lloyd, Vol II
Scully, Stephen P., Vol II, III
Seidman, Ann, Vol IV
Seidman, Robert, Vol IV
Seipp, David J., Vol I, IV
Seligman, Adam, Vol IV
Siemon, James Ralph, Vol II
Sigman, Stuart J., Vol II
Silbaugh, Katharine, Vol IV
Silber, John, Vol IV
Silber, Nina, Vol I
Silva, Arlyn Sanchez, Vol III
Silver, Mitchell, Vol IV
Smith, Diane M., Vol II, V
Smith, Judith, Vol I
Smith, Woodruff Donald, Vol I
St Clair, Michael, Vol V
Stafford, Sue P., Vol IV
Stahuljak, Zrinka, Vol III
Stevens, Joyce W., Vol V
Sussman, Herbert, Vol II
Tauber, Alfred I., Vol I, IV
Tawa, Nicholas E., Vol II
ten Grotenhuis, Elizabeth, Vol I
Thiruvengadam, Raj, Vol IV
Thompson, Becky, Vol V
Tick, Judith, Vol II
Todd, Alexandra, Vol V
Tokunaga, Emiko, Vol I
Torres-Gregory, Wanda, Vol IV
Vance, William Lynn, Vol II
Vietor, Richard Henry Kingsbury, Vol I
Voigt, John F., Vol II
Volpe, Gerald Carmine, Vol III
Vrame, Anton C., Vol IV
Wallach, Geraldine P., Vol II
Walters, Hubert Everett, Vol II, V
Warren, Joseph David, Vol V
Washington, Mary Helen, Vol II
Webb, Robert C., Vol V
Wechsler, Henry, Vol V
Weisman, Amy Gina, Vol V
Weitzman, Arthur J., Vol II
Weller, Robert P., Vol V
West-Duran, Alan, Vol III
Williams, Patrick Ryan, Vol I
Winch, Julie P., Vol I
Yamada, David C., Vol IV
Zack, Arnold Marshall, Vol IV
Zaderenko, Irene, Vol III
Zank, Michael, Vol IV

Brewster
Kroeger, Catherine Clark, Vol II, III

Bridgewater
Covington, William, Jr., Vol II
Curley, Thomas Michael, Vol II
Greenberg, Steven, Vol V
Karavites, Peter, Vol I
Ricciardi, Cynthia Booth, Vol II
Turner, Thomas Reed, Vol I

Brockton
Caranfa, Angelo, Vol I, IV

Brookline
Bebis, George S., Vol IV
Bernstein-Nahar, Avi K., Vol IV
Brenner, Louis, Vol I
Chirban, John T., Vol V
Chryssavgis, John, Vol IV
Epstein, Leslie, Vol II
Fox, Sanford J., Vol IV
Gabel, Creighton, Vol I, V
Marangos, Frank, Vol IV
Meadow, Phyllis W., Vol V
Patsavos, Lewis J., Vol IV
Perdicoyianui-Paleologou, Helene, Vol II, III
Ramras-Rauch, Gila, Vol IV
Rossell, Christine H., Vol IV
Smith, Sarah, Vol II

Cambridge
Abe, Nobuhiko, Vol IV
Ackerman, James Sloss, Vol I
Ackermann, Paul Kurt, Vol III
Adolphson, Mikael, Vol I
Anderson, Stanford Owen, Vol I
Appel, Frederick, Vol IV
Appiah, Kwame Anthony, Vol I, IV
Badian, Ernst, Vol I, II, III
Bailyn, Bernard, Vol I
Bailyn, Lotte, Vol V
Bar-Yosef, Ofer, Vol V
Barron, David J., Vol IV
Bartholet, Elizabeth, Vol IV
Bate, Walter Jackson, Vol II
Benhabib, Seyla, Vol IV
Benson, Larry Dean, Vol II
Berlin, Charles, Vol IV
Berthoff, Warner Bement, Vol II
Bisson, Thomas N., Vol I
Blackbourn, David G., Vol I
Blier, Suzanne Preston, Vol I
Bok, Derek Curtis, Vol IV
Bovon, Francois, Vol IV
Boyle, Edward A., Vol I
Brody, Aaron J., Vol I
Brustein, Robert, Vol II
Bryson, Norman, Vol II
Buckley, Jerome Hamilton, Vol II
Buell, Lawrence I., Vol II
Burns, Carol J., Vol I
Butler, Thomas J., Vol III
Carmazza, Alfonso, Vol V
Cederman, Lars-Erik, Vol IV
Chomsky, Noam, Vol III
Chvany, Catherine Vakar, Vol III
Clifford, Richard J., Vol IV
Cohn, Dorrit, Vol III
Conley, Tom C., Vol I, III
Cox, Archibald, Vol IV
Craig, Albert Morton, Vol I
Cranston, Edwin Augustus, Vol III
Daley, Brian Edward, Vol I, IV
Damrosch, Leo, Vol II
Dershowitz, Alan Morton, Vol IV
Diop, Samba, Vol III
Dominguez, Jorge Ignacio, Vol IV
Donaldson, Peter Samuel, Vol II
Duckworth, Eleanor R., Vol V
Dunn, Charles W., Vol II
Dupree, Anderson Hunter, Vol I
Dyck, Arthur James, Vol IV
Dyck, Martin, Vol III
Emmerson, Richard K., Vol I, II
Evans, Gwynne Blakemore, Vol II
Fallon, Richard H., Vol IV
Fanger, Donald Lee, Vol III
Farmer, P., Vol V
Faust, Drew Gilpin, Vol I
Fernandezcifuentes, L., Vol III
Fideler, Paul Arthur, Vol I, IV
Field, Mark G., Vol V
Fisher, Philip, Vol II
Fisher, Roger, Vol IV
Flier, Michael S., Vol III
Foerst, Anne, Vol IV
Fogelson, Robert M., Vol I
Ford, Franklin Lewis, Vol I
Frank, John David, Vol V
Fried, Charles, Vol IV
Frug, Gerald E., Vol IV
Frye, Richard Nelson, Vol I
Gardner, Howard E., Vol V
Gaskell, Ivan, Vol I
Gates, Henry Louis, Jr., Vol II
Gerken, Heather K., Vol IV
Goldin, Claudia, Vol IV
Graham, Loren Raymond, Vol I
Graham, Patricia Albjerg, Vol I
Graham, William, Vol I, IV
Grimsted, Patricia Kennedy, Vol I
Guinier, (Carol) Lani, Vol IV
Gusterson, Hugh, Vol V
Guthke, Karl Siegfried, Vol III
Haar, Charles Monroe, Vol IV
Hall, David D., Vol I
Halle, Morris, Vol III
Halperin, Daniel, Vol IV
Halporn, James W., Vol II, III
Hammond, Mason, Vol I, III
Hanan, Patrick Dewes, Vol II, III
Handlin, Oscar, Vol I
Hanson, Paul David, Vol IV
Harrington, Daniel Joseph, Vol I, IV
Harris, Errol E., Vol IV
Harris, Joseph, Vol II, V
Heck, Richard, Vol IV
Henrich, Dieter, Vol IV
Herwitz, David Richard, Vol IV
Higonnet, Patrice, Vol I
Hoffmann, Stanley, Vol IV
Horovitz, Amir, Vol IV
Hullett, James N., Vol IV
Hunt, Richard M., Vol I, V
Hutchison, William Robert, Vol I
Iliescu, Nicolae, Vol III
Jasanoff, Sheila S., Vol IV
Jolls, C., Vol IV
Jones, Christopher P., Vol I, II, III
Jones-Correa, Michael, Vol IV
Kagan, Jerome, Vol V
Kahn, Jonathan, Vol I
Kane, Thomas Anthony, Vol IV
Kaplan, Justin, Vol II
Kaplow, Louis, Vol IV
Katz, Milton, Vol IV
Kaufman, Andrew L., Vol IV
Kaufman, Gordon Dester, Vol IV
Keenan, J. F., Vol IV
Keeton, Robert Ernest, Vol IV
Keller, Evelyn Fox, Vol V
Kelman, Steven, Vol IV
Khoury, Philip S., Vol I
Koester, Helmut, Vol IV
Korsgaard, Christine M., Vol IV
Kujawa, Sheryl A., Vol IV
Kuno, Susumu, Vol III
Lamberg-Karlovski, Clifford Charles, Vol V
LaMothe, Kimerer L., Vol IV
Langer, Ellen J., Vol V
Lee, Helen Elaine, Vol II
Letts, Christine Webb, Vol IV
Lewalski, Barbara Kiefer, Vol II
Lida, Denah Levy, Vol III
Lockwood, Lewis Henry, Vol II
Lunt, Horace Gray, Vol III
Lutcavage, Charles, Vol III
Maccaffrey, Wallace T., Vol I

Macdougall, Elisabeth Blair, Vol I
MacFarquhar, Roderick, Vol IV
Mack, Kenneth W., Vol IV
Maier, Pauline Rubbelke, Vol I
Marichal, Juan, Vol III
Marlowe, Frank, Vol V
Marquez-Villanueva, Francisco, Vol III
Marrow, Stanley Behjet, Vol IV
Martin, Jane Roland, Vol IV, V
Martin, Joan M., Vol IV
Martin, Michael Lou, Vol IV
Mazlish, Bruce, Vol I, IV
McDonald, Christie, Vol III
McGowan, Andrew, Vol IV
Mendelsohn, Everett Irwin, Vol I
Minow, Martha, Vol IV
Moore, Sally F., Vol V
Moran, Richard, Vol IV
Nagy, Gregory John, Vol II, III
Nesson, Charles Rothwell, Vol IV
Nozick, Robert, Vol IV
O'Malley, John William, Vol I
Ogletree, Charles J., Jr., Vol IV
Parsons, Charles D., Vol IV
Patterson, H. Orlando L., Vol V
Perkins, David, Vol II
Perkins, Dwight Heald, Vol IV
Pian, Rulan Chao, Vol II, V
Posen, Barry R., Vol IV
Putnam, Hilary, Vol IV
Rabbat, Nasser O., Vol I
Rakova, Alfia A., Vol III
Rawls, John, Vol IV
Reibetanz, S. Sophia, Vol IV
Ritvo, Harriet, Vol I, II
Rivers, Wilga Marie, Vol II, III
Robbins, Edward, Vol I
Rorty, Amelie Oksenberg, Vol IV
Rosenberg, Jonathan, Vol I
Roush, Sherrilyn, Vol IV
Rowley, Hazel Joan, Vol II
Ryan, Judith, Vol III
Sachs, John R., Vol IV
Sander, Frank E. A., Vol IV
Saunders, William, Vol II
Sawyer-Laucanno, Christopher, Vol II
Scanlon, T. M., Vol IV
Scheffler, Israel, Vol IV
Schmitz-Burgard, Sylvia, Vol II
Scott, Alison M., Vol I
Segal, Charles P., Vol II, III
Shapiro, David L., Vol IV
Shavell, S., Vol IV
Shell, Marc, Vol II
Shen, Qing, Vol I
Shinagel, Michael, Vol II
Simon, Eckehard, Vol III
Singer, Irving, Vol IV
Singer, Joseph W., Vol IV
Skolnikoff, Eugene B., Vol IV
Smith, Merritt Roe, Vol I
Sohn, Louis Bruno, Vol IV
Sollors, Werner, Vol I, II
Spaethling, Robert H., Vol III
Stager, Lawrence E., Vol I
Steiker, Carol S., Vol IV
Stendahl, Krister, Vol IV
Stone, Alan Abraham, Vol IV
Strugnell, John, Vol IV
Stuntz, William J., Vol IV
Suleiman, Susan Rubin, Vol III
Tarrant, Richard John, Vol II, III
Tatar, Maria, Vol III
Terrill, Ross, Vol I
Thomas, Douglas L., Vol IV
Thomas, Owen Clark, Vol IV
Trautman, Donald T., Vol IV
Tribe, Laurence Henry, Vol IV
Tu, Wei-Ming, Vol I, IV
Tucker, Louis Leonard, Vol I
Vacek, Edward Victor, Vol IV
Vagts, Detlev F., Vol IV
van der Merwe, Nikolaas Johannes, Vol I
Vendler, Helen Hennessy, Vol II
Warren, Alvin C., Jr., Vol IV
Warren, Elizabeth, Vol IV
Waters, Mary C., Vol V
Watkins, Calvert Ward, Vol III
Wedgwood, Ralph N., Vol IV
Weiler, Paul C., Vol IV
Weinreb, Lloyd L., Vol IV
Wendelken, Cherie, Vol I
West, Cornel, Vol III
Wilkins, David Brian, Vol IV
Willey, Gordon R., Vol I, V
Williams, Preston N., Vol IV
Wills, Lawrence M., Vol IV
Winston, Kenneth Irwin, Vol IV
Wisse, Ruth R., Vol III
Wolff, Cynthia Griffin, Vol II
Wolfman, Bernard, Vol IV
Wolohojian, Stephan S., Vol I
Wood, Charles B., III, Vol I
Yannatos, James, Vol II
Yee, Gale A., Vol IV
Ziolkowski, Jan M., Vol II
Zittrain, Jonathan L., Vol IV

Carlisle
Russell, C. Allyn, Vol IV

Charlestown
Schiavona, Christopher F., Vol IV

Chesnut Hill
Langer, Ruth, Vol IV
Manning, Roberta Thompson, Vol I

Chestnut Hill
Appleyard, Joseph A., Vol II
Araujo, Norman, Vol III
Barth, J. Robert, Vol II
Belsley, David A., Vol IV
Blake, Richard, Vol II
Blanchette, Oliva, Vol IV
Brabeck, Mary M., Vol V
Braude, Benjamin, Vol I
Breines, Joseph, Vol III
Breines, Paul, Vol I
Buni, Andrew, Vol I
Byrne, Patrick Hugh, Vol IV
Cahill, Lisa Sowle, Vol IV
Cleary, John J., Vol IV
Criscenti, Joseph Thomas, Vol I
Cronin, James E., Vol I
Daly, William M., Vol I
Deleeuw, Patricia Allwin, Vol I, IV
Egan, Harvey Daniel, Vol IV
Eykman, Christoph Wolfgang, Vol III
Figurito, Joseph, Vol III
Florescu, Radu R., Vol I
Friedman, Ellen G., Vol I
Garcia, Laura, Vol IV
Garroutte, Eva, Vol V
Green, Carol Hurd, Vol I
Groome, Thomas H., Vol IV, V
Gurtler, Gary M., Vol IV
Haskin, Dayton, Vol II
Herbeck, Dale A., Vol II
Himes, Michael J., Vol IV
Hinsdale, Mary Ann, Vol IV
Iatridis, Demetrius S., Vol V
Kearney, Richard, Vol IV
Kenny, Kevin, Vol I
Lamparska, Rena A., Vol II
Mackey, Richard A., Vol V
Mahoney, John L., Vol II
Mccarthy, John F., Vol II
McDonough, Christopher Michael, Vol III
Mcnally, Raymond T., Vol I
Michalczyk, John Joseph, Vol II, III
Monan, James Donald, Vol IV
Morrill, Bruce T., Vol IV
Murphy, Francis Joseph, Vol I
Neisler, Otherine Johnson, Vol V
Northrup, David Arthur, Vol I
O'Connor, Thomas H., Vol I
Petillo, Carol Morris, Vol I
Philippides, Dia M., Vol II, III
Picklesimer, Dorman, Vol I, II
Pope, Stephen J., Vol IV
Raelin, Joseph A., Vol IV
Reinerman, Alan Jerome, Vol I
Resler, Michael, Vol I, III
Sarkodie-Mensah, Kwasi, Vol II
Schrader, Richard J., Vol II
Shrayer, Maxim D., Vol III
Sofer, Andrew, Vol II
Takenaka, Makoto, Vol II
Taylor, E. Dennis, Vol II
Thomas, Margaret, Vol III
Valette, Rebecca Marianne, Vol III
Weiss, James Michael, Vol I
Wilt, Judith, Vol II
Wolfe, Alan, Vol IV

Chicopee
Chelte, Judith S., Vol II
Moriarty, Thomas Francis, Vol I

Cohasset
Campbell, John Coert, Vol I

Concord
Berthoff, Ann Evans, Vol II, III
DeHoratius, Edmund F., Vol III

Danvers
Davis, David D., Vol I, II
Terry, Ann R., Vol I

Deerfield
Junkins, Donald A., Vol II

Dennis
Walcott, Robert, Vol I

Dorcherster
Coll-Tellecha, Reyes, Vol I, III

Dorchester
Chu, Jonathan M., Vol I
Conlon, John J., Vol II
Faler, Paul G., Vol I
Knight, Charles, Vol II
Smith, Louise, Vol II
Smuts, Malcolm R., Vol I
Strang, J. V., Vol IV
Thompson, Brian, Vol III
Thompson, Cynthia L., Vol II, IV

Dudley
Smith, Thomas G., Vol I
Wagner, Mark G., Vol II

East Orleans
Romey, William Dowden, Vol I

Easton
Coogan, Michael, Vol IV
Goddu, Andre, Vol IV

Essex
Buckley, Thomas W., Vol IV

Fall River
Dimaio, Michael, Vol II, III
Kaufman, William E., Vol IV
Kelly, William, Vol II
Powers, Alan W., Vol II
Ryckebusch, Jules, Vol II

Framingham
Blakeslee, Spencer, Vol V
Heineman, Helen, Vol II
Joseph, Stephen, Vol IV
Lazarus, Joyce B., Vol III
Nolletti, Arthur E., Jr., Vol II

Gloucester
Ronan, John J., Vol II

Gorham
Schiferl, Ellen, Vol I

Great Barrington
Bonvillain, Nancy, Vol III, V

Greenfield
Wilson, Donna M., Vol III

Groton
Tyler, John W., Vol I

Harvard
Carroll, Charles Francis, Vol I
Finkelpearl, Philip J., Vol II

Hatfield
Aldrich, Michele, Vol I

Haverhill
Allman, William Arthur, Vol II

Haydenville
Warner, John M., Vol II

Hingham
Bartlett, Irving Henry, Vol I

Holden
Johnson, Donald Ellis, Vol I, IV

Holyoke
Booxbaum, Ronnie, Vol V
Moukhlis, Salah M., Vol II, III

Jamaica Plain
Abrahamsen, Valerie, Vol IV
Faxon, Alicia Craig, Vol I
Sands, Kathleen M., Vol IV

Lawrence
Wigall, Steve R., Vol IV

Leeds
Lea, Henry A., Vol III

Leverett
King, Roger, Vol II

Lexington
Gendzier, Stephen J., Vol III
Thernstrom, Stephan Albert, Vol I

Lincoln
Donald, David Herbert, Vol I
Little, Elizabeth A., Vol I, V
Lyman, Richard B., Vol I

Lowell
Blewett, Mary H., Vol I
Bond, Meg, Vol V
De Girolami Cheney, Liana, Vol I
Holladay, Hilary, Vol II
Karr, Ronald Dale, Vol II
Kramer, Mary Duhamel, Vol II
Ogasapian, John, Vol II

Lynn
Fox, Samuel, Vol IV

Marblehead
Devine, Mary E., Vol V
Keyes, Claire J., Vol II

Marlborough
Burris, John, Jr., Vol IV

Marshfield
Henderson, H. James, Vol I

Maynard
Mutschler, Ben, Vol I

Medford
Abramson, Daniel, Vol I
Bauer, Nancy, Vol IV
Bedau, Hugo Adam, Vol IV
Brooke, John L., Vol I
Buzzard, Karen S., Vol II
Cartwright, Helen Morris, Vol IV
Caviness, Madeline H., Vol I
Conklin, John E., Vol IV, V
Daniels, Norman, Vol IV
Dennett, Daniel C., Vol IV
Drachman, Virginia Goldsmith, Vol I, V
Gittleman, Sol, Vol III
Johnson, Vida, Vol III
Krimsky, Sheldon, Vol I, IV
Laurent, Pierre Henri, Vol I
Marcopoulos, George John, Vol I
Marrone, Steve P., Vol I
Mccabe, Bernard, Vol II
McConnell, Jeff, Vol IV
McLennan, Scotty, Vol IV
Meagher, Robert Francis, Vol IV
Penvenne, Jeanne Marie, Vol I
Perry, John Curtis, Vol I
Phillips, Joanne Higgins, Vol III
Reid, Peter L. D., Vol II, III
Rice, Grantland S., Vol II
Rodriguez, Barbara R., Vol II
Rosenberg, Joel William, Vol III
Rubin, Alfred P., Vol IV
Sherwin, Martin J., Vol I
Sloane, David, Vol III
Solomon, Howard Mitchell, Vol I
Soraci, Salvatore, Vol V
Ueda, Reed T., Vol I
Wertlieb, Donald, Vol V
White, Barbara Ehrlich, Vol I
Wolf, Maryanne, Vol V

Medway
Morvan, Jennifer, Vol I

Millbury
Wilson, John H., Vol II

Milton
Hansen, Wells S., Vol II, III
Hench, Michael, Vol II
Hunter, Allan, Vol IV, V
Krejci-Papa, Marianna, Vol II
Meek, Edwin, Vol II
Murphy, Richard, Vol II
Robbins, Richard H., Vol V

Nantucket
Crosby, Alfred W., Vol I

Natick
Dolnikowski, Edith W., Vol I

Newton
Anderson, Alexis J., Vol IV
Baron, Charles Hillel, Vol IV
Bloom, Robert M., Vol IV
Brodin, Mark S., Vol IV
Carlston, Charles E., Vol IV
Coquillette, Daniel R., Vol IV
Everett, William J., Vol IV
Fontaine, Carole R., Vol IV
Holladay, William Lee, Vol IV
Howe, Ruth-Arlene W., Vol IV
Hurwitz, Ilana, Vol IV
Katz, Sanford Noah, Vol IV, V
Pazmino, Robert W., Vol IV, V
Smith, Charles F., Jr., Vol V
Tankard, Judith B., Vol I

North Adams
Silliman, Matthew R., Vol IV

North Amherst
Greenbaum, Louis Simpson, Vol I

North Andover
Ford, Peter Anthony, Vol I
Kitts, Margo, Vol IV
Ledoux, Arthur O'brien, Vol IV

North Dartmouth
Dace, Letitia, Vol II
Gamburd, Geraldine, Vol V
Huff, Toby E., Vol V
Ingraham, Vernon Leland, Vol II
Koot, Gerard M., Vol I
Krumholz, Susan, Vol V
Marlow, James Elliott, Vol II
Nelles, William, Vol II
Scionti, Joseph Natale, Vol I
Stauder, Jack, Vol V
Washington, Ida Harrison, Vol III
Werly, John Mcintyre, Vol I
Yoken, Mel B., Vol III

North Easton
Chichetto, James W., Vol II

Northampton
Ackelsberg, Martha A., Vol IV
Ball, David, Vol III
Berkman, Leonard, Vol II
Birkett, Mary Ellen, Vol III
Brooks, E. Bruce, Vol I
Buettner, Brigitte, Vol I
Chinoy, Helen Krich, Vol II
Clemente, Alice Rodrigues, Vol III
Connolly, John M., Vol IV
Davis, Charles Roger, Vol II
Davis, John, Vol I
Derr, Thomas S., Vol IV
Donfried, Karl P., Vol IV
Felton, Craig, Vol I
Flower, Dean Scott, Vol II
Ford, Andrew, Vol II, III
Fu, Hongchu, Vol II
Gounaridou, Kiki, Vol II
Graf, Eric, Vol III
Gregory, Justina, Vol II, III
Haddad, Robert Mitchell, Vol I
Hai, Ambreen, Vol II
Horowitz, Daniel, Vol I
Houser, Caroline, Vol I
Kellum, Barbara, Vol I
Knight, Deirdre Sabina, Vol III
Kolb, Jocelyne, Vol III
Kulikowski, Michael, Vol I
Leibsohn, Dana, Vol I
Leshko, Jaroslav, Vol I
Mitchell, Betty L., Vol I
Morris-Hale, Walter, Vol I
Moulton, Janice, Vol II, IV
Nemcova, Maria, Vol III
Nenner, Howard Allen, Vol I
Patey, Douglas L., Vol II
Rhie, Marylin, Vol I
Sajdak, Bruce T., Vol II
Salisbury, Neal, Vol I

Schuster, Marilyn R., Vol III, V
Seelig, Sharon Cadman, Vol II
Sherr, Richard Jonathan, Vol II
Skarda, Patricia Lyn, Vol II
Sternbach, Nancy Saporta, Vol III
Suarez-Arauz, Nicomedes, Vol V
Unno, Taitetsu, Vol IV

Northfield
Reid, Ronald F., Vol II

Northhampton
Boyd, J. Wesley, Vol IV
Harries, Elizabeth Wanning, Vol II, III

Norton
Anderson, Kirk, Vol III
Bloom, Alexander, Vol I
Chandra, Vipan, Vol I
Clark, Beverly Lyon, Vol II
Coale, Samuel Chase, Vol I, II
Crosby, Travis L., Vol I
Drout, Michael D. C., Vol II
Gallagher, Edward J., Vol III
Helmreich, Paul Christian, Vol I
Ladd, Rosalind Ekman, Vol IV
Letts, Janet Taylor, Vol III
Pearce, Richard, Vol II
Relihan, Joel C., Vol II, III
Sears, Elizabeth Ann, Vol I
Shirley, Frances A., Vol II
Tomasek, Kathryn, Vol I
Walsh, Jonathan D., Vol II, III

Nutham
Stylianopoulos, Theodore, Vol IV

Paxton
Bilodeau, Lorraine, Vol IV, V
Russell, Paul A., Vol I

Portland
Muthyala, John S., Vol I

Quincy
Braaten, Laurie, Vol IV
Cameron, James Reese, Vol I
Cameron, Ruth A., Vol II
Lomba, Arthur J., Vol III
Phillips, Thomas, Vol IV
Winderl, Carl A., Vol II
Winderl, Ronda Rice, Vol II
Yerxa, Donald A., Vol I

Roslindale
Holmes, Steven J., Vol I

Roxbury
Enos, V. Pualani, Vol IV

Salem
Brown, Robert E., Vol II
Carter, Steven Ray, Vol II
Chomsky, Aviva, Vol I
Damon-Bach, Lucinda, Vol II
Denby, David A., Vol IV
Elia, Richard Leonard, Vol II
Flibbert, Joseph Thomas, Vol II
Hudson, Christopher G., Vol V
Kessler, Rod, Vol II
La Moy, William T., Vol II
Parker, Patricia L., Vol II
Stubbs, Janet C., Vol V
Urbain, Henri, Vol III
Walker, Pierre (Peter), Vol II

Sharon
Rudnick, Lois P., Vol I

Sheffield
Merrill, Jeanne W., Vol II

Sherborn
Chung, Chai-sik, Vol IV

Somerville
Arn, Mary-Jo, Vol I
Pugh, Christian A., Vol II
Race, Jeffrey, Vol IV
Trigilio, Jo, Vol IV, V
Wan, Sze-Kar, Vol IV
White, Marsha, Vol III, IV
Zong, Desheng, Vol IV

South Hadley
Berkey, Robert Fred, Vol IV
Burns, Michael, Vol I
Castilla, Alberto, Vol III
Collette, Carolyn Penney, Vol II
Crosthwaite, Jane Freeman, Vol I, IV
Farnham, Anthony Edward, Vol II, III
Ferm, Deane William, Vol IV
Gelfand, Elissa Deborah, Vol I, V
Gudmundson, Lowell, Vol I
Herbert, Eugenia Warren, Vol I
Hill, Eugene David, Vol I, II
Kesterson, David Bert, Vol II
Mazzocco, Angelo, Vol III
Ramsey, Patricia G., Vol V
Switten, Margaret L., Vol III
Townsley, Eleanor R., Vol V
Viereck, Peter, Vol I, II
Weber, Donald, Vol II
Yamashita, Tadanori, Vol IV

South Hamilton
Beale, Gregory, Vol IV
Cooley, Robert E., Vol I, III
Davis, John Jefferson, Vol IV
Gibson, Scott M., Vol IV
Gruenler, Royce Gordon, Vol IV
Isaac, Gordon L., Vol I, IV
Kaiser, Walter C., Jr., Vol I, IV
Kline, Meredith George, Vol IV
Kuzmic, Peter, Vol I
Lints, Richard, Vol IV
Mounce, William D., Vol IV
Niehaus, Jeffrey J., Vol IV
Padilla, Alvin, Vol IV
Polischuk, Pablo, Vol IV, V
Pratico, Gary D., Vol IV
Richardson, Kurt A., Vol IV
Robinson, Haddon W., Vol IV
Rosell, Garth M., Vol I, IV
Schutz, Samuel R., Vol IV
Silva, Moises, Vol IV
Spencer, Aida Besancon, Vol IV
Stuart, Douglas Keith, Vol III, IV
Swetland, Kenneth L., Vol IV
Villafane, Eldin, Vol IV
Walters, Gwenfair, Vol I, IV
Wells, David Falconer, Vol I, IV

South Lancaster
Kennedy, D. Robert, Vol IV
Sbacchi, Alberto, Vol I
Wehtje, Myron Floyd, Vol I

Southbridge
Pentiuc, Eugene, Vol IV

Springfield
Baynes, Leonard M., Vol IV
Birnbaum, Milton, Vol II
Bock, Robert L., Vol IV
Cohen, Amy B., Vol IV
Goldstein, Anne B., Vol IV
Gonzalez de Leon, Fernando Javier, Vol I
Gouvin, Eric J., Vol IV
Habermehl, Lawrence L., Vol IV
Porter, Burton F., Vol IV
Rempel, Gerhard, Vol II
Skelly, Brian, Vol IV
Williams, Melvin Gilbert, Vol II
Wozniuk, Vladimir, Vol I

Sturbridge
Larkin, Jack, Vol I

Sunderland
Ilardi, Vincent, Vol I

Upton
Waldau, Paul, Vol IV

Waltham
Binion, Rudolph, Vol I
Black, Eugene Charlton, Vol I
Burt, John D., Vol II
Engelberg, Edward, Vol II, III
Fellman, Gordon, Vol V
Fox, Dian, Vol III
Freeze, Gregory L., Vol I
Geehr, Richard Stockwell, Vol I
Giele, Janet Z., Vol V
Gill, David G., Vol V
Gillan, Jeniffer, Vol II
Hale, Jane Alison, Vol II
Hansen, Karen V., Vol V
Harth, Erica, Vol III
Hershenson, Maurice, Vol V
Herzberg, Bruce, Vol II
Jackendoff, Ray Saul, Vol III
Jick, Leon Allen, Vol I, IV
Johnston, Patricia A., Vol II, III
Jones, Jacqueline, Vol I
Kahne, Hilda, Vol V
Kaplan, Edward Kivie, Vol III
Keller, Morton, Vol I
Lansing, Richard H., Vol III
McJannet, Linda, Vol II
Nemzoff, Ruth, Vol IV, V
Petruzzi, Anthony, Vol II
Reinharz, Jehuda, Vol I
Sachs, Murray, Vol III
Sarna, Jonathan D., Vol I, IV
Sarna, Nahum M., Vol IV
Sprich, Robert, Vol II
Staves, Susan, Vol II
Todd, Ian Alexander, Vol I
Whitfield, Stephen Jack, Vol I
Williams, Dessima, Vol V
Young, Dwight Wayne, Vol III

Watertown
Goodheart, Eugene, Vol II
Schagrin, Morton L., Vol IV

Wayland
Lane, Evelyn Staudinger, Vol I
Walker, Robert Miller, Vol I

Wellesley
Cohen, Paul Andrew, Vol I
Congelton, Ann, Vol IV
Cudjoe, Selwyn Reginald, Vol I
Edelstein, Arthur, Vol I, II
Fontijn-Harris, Claire, Vol I, II
Galand, Rene, Vol III
Johnson, Roger A., Vol I, IV
Lefkowitz, Mary Rosenthal, Vol II, III
Lynch, Kathryn, Vol II
Malino, Frances, Vol I, IV
Martin, Tony, Vol I
Merry, Sally E., Vol V
Mistacco, Vicki, Vol III
O'Gorman, James F., Vol I
Piper, Adrian Margaret Smith, Vol IV
Rollins, Judith, Vol I, V
Rosenwald, Lawrence A., Vol II
Roses, Lorraine Elena, Vol III
Stadler, Ingrid, Vol IV
Starr, Raymond James, Vol III
Steady, Filomina, Vol I
Thrasher, William, Vol I
Winkler, Kenneth P., Vol IV
Witte, Ann Dryden, Vol IV

Wellesley Hills
Auerbach, Jerold, Vol I
Vega, Carlos, Vol III

Wenham
Askew, Thomas A., Vol I
Flint-Ferguson, Janis, Vol V
Howard, Thomas A., Vol I
Lutes, Leasa, Vol III

West Barnstable
Bird, Delores, Vol II

West Harwich
Berry, J. Duncan, Vol I

West Newton
Langer, Lawrence L., Vol II
Porter, Jack Nusan, Vol V
Zohn, Harry, Vol III

Westfield
Ali, Kamal Hassan, Vol V
Blyn, Robin, Vol II
Brewster, Glen, Vol II
Fellbaum, Christiane, Vol III
John, PM, Vol IV
Kane, Leslie, Vol III
Kaufman, Martin, Vol I
Lee, Yueh-Ting, Vol V
Mento, Joan, Vol II
Rife, Jerry E., Vol II
Robards, Brooks, Vol II
Shannon, Catherine Barbara, Vol I
Sossaman, Stephen, Vol II

Weston
Barry, William Anthony, Vol IV
Grad, Bonnie L., Vol I
Jacobs, Ruth, Vol V
Laska, Vera, Vol I
Liazos, Alexander, Vol V
Meade, Catherine M., Vol I
Wasson, Ellis Archer, Vol I
Wintle, Thomas, Vol I, IV

Williamstown
Beaver, Donald de Blasiis, Vol I
Bell, Ilona, Vol II
Bell-Villada, Gene Harold, Vol III
Bloxam, M. Jennifer, Vol II
Brown, Michael Fobes, Vol V
Carter-Sanborn, Kristin, Vol II
Case, Alison, Vol II
Cassiday, Julie A., Vol III
Chang, Cecilia, Vol III
Christensen, Kerry A., Vol II, III
Cleghorn, Cassandra, Vol II
Desrosiers-Scholt, Nicole, Vol III
Dew, Charles Burgess, Vol I
Druxes, Helga, Vol III
Dunn, Susan, Vol III
Fix, Stephen, Vol II
Frost, Peter K., Vol I
Fuqua, Charles, Vol II, III
Gagliardi, Frank M., Vol III
Gimenez, Antonio, Vol III
Goldstein, Darra, Vol III
Graver, Lawrence S., Vol II
Graver, Suzanne, Vol II
Hedreen, Guy, Vol I
Helfant, Ian M., Vol III
Holly, Michael Ann, Vol I
Ishikawa, Minako, Vol III
Johnson, Emily, Vol III
Katarzyna, Olga B., Vol III
Kennan, William R., Jr., Vol II
Kieffer, Bruce, Vol III
Kleiner, John, Vol II
Knopp, Sherron Elizabeth, Vol II, III
Kohut, Thomas A., Vol I
Kraus, Matthew A., Vol II, III
Kubler, Cornelius C., Vol I
Limon, John, Vol II
Murphy, Peter, Vol II
Newman, Gail M., Vol III
Nicastro, Anthony J., Vol III
Norton, Glyn P., Vol III
O'Connor, Daniel D., Vol IV
Oakley, Francis Christopher, Vol I
Park, Clara C., Vol II
Park, David Allen, Vol I
Pethica, James, Vol II
Piper, Anson Conant, Vol III
Pye, Christopher, Vol II
Roberts, Kenneth C., Jr., Vol II
Rosenheim, Shawn, Vol II
Rudolph, Frederick, Vol I
Silber, Cathy L., Vol III
Stamelman, Richard, Vol III
Stoddard, Whitney S., Vol I
Suderburg, Robert, Vol II
Tracy, Patricia Juneau, Vol I
Wagner, William Gilson, Vol I
Wood, James Brian, Vol I
Yamada, Reiko, Vol III
Zilcosky, John, Vol III

Winchester
Meister, Maureen, Vol I
Totosy de Zepetnek, Steven, Vol II

Wollaston
Westwater, Martha E., Vol II

Worcester
Allard, M. June, Vol V
Aoki, Michikoy, Vol III
Appelbaum, Paul S., Vol V
Arend, Jutta, Vol III
Arthur, Gwen, Vol II
Aspinall, Dana E., Vol II
Attreed, Lorraine C., Vol I
Avery-Peck, Alan, Vol IV
Barnhill, Georgia Brady, Vol I
Barry, Barbara R., Vol II
Bashir, Shahzad, Vol IV
Bassett, John E., Vol II
Belpedio, James R., Vol V
Bernstein, Eckhard Richard, Vol III
Bibace, Roger, Vol V
Billias, George Athan, Vol I
Bizzell, Patricia L., Vol II
Borg, Daniel Raymond, Vol I
Borland, Isabel Alvarez, Vol III
Bullock, Steven C., Vol I
Burkett, Randall Keith, Vol I, IV
Cababas, Miguel Angel, Vol III
Cary, Noel D., Vol I
Catto, Bonnie A., Vol II, III
Cull, John T., Vol III
DeCew, Judith Wagner, Vol IV
Dollenmayer, David Bristol, Vol II, III
Dunn, Patrick Peter, Vol I
Dykstra, Robert R., Vol I
Erdmans, Mary Patrice, Vol V
Ferguson, William Rotch, Vol III
Flynn, James Thomas, Vol I
Fraser, Theodore, Vol III
Gottlieb, Roger Samuel, Vol IV
Hamilton, John Daniel Burgoyne, Vol III, IV
Hansen, Peter H., Vol I
Hench, John Bixler, Vol I
Janack, Marianne, Vol IV
Kealey, Edward J., Vol I
Knoles, Lucia, Vol II
Kom, Ambroise, Vol I, III
Kuzniewski, Anthony Joseph, Vol I, III
Laffey, Alice L., Vol IV
Lamoureux, Normand J., Vol III
Lapomarda, Vincent Anthony, Vol I, IV
Lavery, Gerard B., Vol III
Little, Douglas James, Vol I
Ljungquist, Kent Paul, Vol II
Lucas, Paul, Vol I
Manfra, Jo Ann, Vol I, IV
Martin, Russell L., Vol II
Mcbride, Theresa Marie, Vol I
Mccarthy, B. Eugene, Vol II
Mcclymer, John Francis, Vol I
McCorison, Marcus Allen, Vol I
Menides, Laura J., Vol II
Merithew, Charlene L., Vol III
Moynihan, Kenneth J., Vol I
Murphy, Frederick J., Vol IV
Neussendorfer, Margaret R., Vol II
Pontius, Robert Gilmore, Jr., Vol I
Powers, James Francis, Vol I
Roberts, Helen Freear, Vol III
Ropp, Paul, Vol I
Ross, Claudia, Vol III
Ross, Robert J. S., Vol V
Saeed, Khalid, Vol IV
Sazaki, Kristina R., Vol III
Schachterle, Lance E., Vol II
Shannon, Thomas A., Vol IV
Shary, Timothy, Vol I, II
Shea, Ann Marie, Vol II
Shea, Emmett A., Vol I, IV
Sokal, Michael Mark, Vol I
Stempsey, William Edward, Vol IV
Stone, Cynthia, Vol III
Sultan, Stanley, Vol II
Sweeney, Susan Elizabeth, Vol II
Toscano, Peter, Vol V
True, Michael D., Vol II
Turner, B. L., II, Vol I
Vaughan, Virginia M., Vol II
Wapner, Seymour, Vol V
Ziegler, Paul R., Vol I

MICHIGAN

Adrian
Aichele, George, Vol IV
Elardo, Ronald Joseph, Vol III
Fechner, Roger J., Vol I
Yehuda, Simone N., Vol II, III

Albion
Baumgartner, Ingeborg Hogh, Vol III
Brumfiel, Elizabeth M., Vol V
Cocks, Geoffrey C., Vol I
Cook, James Wyatt, Vol II
Crupi, Charles William, Vol II
Davis, Ralph, Vol IV
Diedrick, James K., Vol II
Frick, Frank Smith, Vol IV
Horstman, Allen, Vol I, IV
Lockyer, Judith Ann, Vol II
Miller, Eugene Ernest, Vol II

Allendale
Anton, Corey, Vol II
Franklin, Ursula, Vol III
Goode, James, Vol I
Hewitt, Avis Grey, Vol II
Hoitenga, Dewey J., Vol IV
Hong, Ran-e, Vol II, III
Iadonisi, Richard A., Vol II
Miller, Jo Ellen, Vol II
Morison, William S., Vol I, II, III
Niemeyer, Glenn Alan, Vol I
Parker, Kelly A., Vol IV
Pestana, Mark, Vol IV
Rayor, Diane J., Vol II
Rowe, Stephen C., Vol IV
White, Jonathan, Vol IV

Alma
Bender, Carol, Vol II
Chen, Chih-Ping, Vol II
Hoefel, Roseanne, Vol II, V
Massanari, Ronald Lee, Vol I, IV
Ottenhoff, John, Vol II, III
Palmer, William, Vol II
Pattison, Eugene H., Vol II
Selmon, Michael, Vol II
Stargardt, Ute, Vol II

Ann Arbor
Allen, Layman E., Vol IV
Anderson, Elizabeth S., Vol IV
Antonucci, Tony C., Vol V
Arroyo, Jossiana, Vol III
Bailey, Richard Weld, Vol II
Bauland, Peter Max, Vol II
Becker, Alton Lewis, Vol III
Becker, Marvin Burton, Vol I
Beckman, Gary M., Vol I
Bellamy, James Andrew, Vol III
Billick, David Joseph, Vol II, III
Bornstein, George J., Vol II
Brater, Enoch, Vol II
Brehm, H. Alan, Vol IV
Britton, Allen Perdue, Vol II
Bryant, Bunyan I., Vol V
Burks, Arthur Walter, Vol IV
Burling, Robbins, Vol III, V
Carpenter, Bogdana, Vol III
Casa, Frank Paul, Vol III
Chang, Chun-Shu, Vol I, III
Cole, Juan R., Vol I
Collins, Derek B., Vol II, III, V
Conard, Alfred Fletcher, Vol IV
Cotera, Maria E., Vol I, V
Cowen, Roy C., Vol III
Crawford, Clan, Jr., Vol IV
Crawford, Richard, Vol II
Darwall, Stephen L., Vol IV
Dejnozka, Jan, Vol IV
Eadie, John W., Vol I
Eby, Cecil Degrotte, Vol I, II
Eley, Geoff, Vol I
Ellsworth, Phoebe C., Vol V
Endelman, Todd Michael, Vol I, IV
Fabian, Hans Joachim, Vol III
Faller, Lincoln B., Vol II
Fine, Sidney, Vol I
Freedman, David Noel, Vol III
Frier, Bruce W., Vol I, II, III
George, Emery Edward, Vol I, III
Gernes, Todd Steven, Vol II
Gibbard, Allan Fletcher, Vol IV
Gikandi, Simon E., Vol II
Goic, Cedomil, Vol III
Goldstein, Laurence Alan, Vol I
Gonzalez, John M., Vol II
Gray, Floyd Francis, Vol III
Green, Thomas Andrew, Vol I, IV
Grew, Raymond, Vol I
Hafter, Monroe Z., Vol III
Harrison, Don K., Sr., Vol V
Hayes-Scott, Fairy Cesena, Vol II
Holter, Mark Clark, Vol V
House, James S., Vol V
Ingram, William, Vol II
Jackson, James S., Vol V
Jensen, Ejner Jacob, Vol II
Johnson, Lemuel A., Vol II
Johnson, Mayumi Yuki, Vol III
Kahn, Douglas A., Vol IV
Kamisar, Yale, Vol IV
Karlsen, Carol F., Vol I
King, John O., Vol I
Kirkpatrick, Diane Marie, Vol I
Kivelson, Valerie, Vol I
Knott, John R., Vol II
Knysh, Alexander D., Vol I
Koenen, Ludwig, Vol III
Konigsberg, Ira, Vol II
Krahmalkov, Charles R., Vol I
Krier, James Edward, Vol IV
Kucich, John Richard, Vol II
Kuznets, Lois R., Vol II
Kyes, Robert L., Vol III
Lempert, Richard O., Vol IV
Lewis, David Lanier, Vol I, IV
Lindner, Rudi Paul, Vol I
Loeb, Louis Edward, Vol IV
Looker, Mark S., Vol II
Mackey, Barbara S., Vol II
Malm, William P., Vol II, V
Marzolf, Marion Tuttle, Vol I
Maxwell, Donald R., Vol III
McIntosh, James Henry, Vol II
McKeachie, William M., Vol V
Mermier, Guy R., Vol III
Moody, Charles David, Sr., Vol V
Morton, Jacqueline, Vol III
Muller, Marcel, Vol III
Ness, Gayl DeForrest, Vol V
Paslick, Robert H., Vol III
Patterson, Willis Charles, Vol II
Pedley, John Griffiths, Vol I
Perkins, Barbara M., Vol II
Perkins, Bradford, Vol I
Pernick, Martin Steven, Vol I
Porter, J. I., Vol II, III
Proops, Ian, Vol IV
Rabkin, Eric S., Vol II
Rastalsky, Hartmut, Vol III
Sameroff, Arnold, Vol V
Sandalow, Terrance, Vol IV
Schneider, Carl E., Vol IV
Scott, Rebecca Jarvis, Vol I
Seidler, Ingo, Vol III
Sharf, Robert H., Vol IV
Singer, J. David, Vol IV
Sklar, Lawrence, Vol IV
Smith, Richard Candida, Vol I
Smith-Rosenberg, Carroll, Vol I, V
Spector, Scott, Vol I
Spink, Walter M., Vol I
Starr, Chester G., Vol I
Stein, Eric, Vol IV
Steneck, Nicholas H., Vol I
Stolz, Benjamin Armond, Vol III
Suny, Ronald Grigor, Vol I
Super, Robert Henry, Vol II
Taylor, Dorceta E., Vol I
Terpstra, Vern, Vol II, IV
Thrall, Trevor, Vol II
Trautmann, Thomas Roger, Vol I
Verdesio, Gustavo, Vol III
Vining, Joseph, Vol IV
Vinovskis, Maris A., Vol I
Vosteen, Thomas, Vol III
Waggoner, Lawrence W., Vol IV
Wald, Alan Maynard, Vol I, II
Walton, Kendall, Vol IV
Warner, Robert Mark, Vol I
Weiss, Hermann Friedrich, Vol III
White, James Justesen, Vol IV
Whiting, Steven, Vol II
Whitman, Robert F., Vol II
Williams, Melvin D., Vol V
Windfuhr, Gernot Ludwig, Vol III
Winter, David G., Vol V
Witke, E. C., Vol II
Wolowitz, Howard M., Vol V

Battle Creek
Taylor, Charles Avon, Vol V

Benton Harbor
Sundaram, K., Vol IV

Berkley
Price, Danielle E., Vol II
Vernier, Richard, Vol III

Berrien Springs
Bacchiocchi, Samuele, Vol I, IV
Burrill, Russell C., Vol IV
Diaz, Hector L., Vol V
Douglas, Walter, Vol IV
Economou, Elly Helen, Vol IV
Gane, A. Barry, Vol IV
Geraty, Lawrence Thomas, Vol I, IV
Greig, Alexander Josef, Vol IV
Kis, Miroslav M., Vol IV
LaBianca, Oystein S., Vol V
Merling, David, Vol I, IV
Paulien, Jon, Vol IV
Roche, Mark W., Vol III, IV
Running, Leona Glidden, Vol III
Sabes, Jane, Vol IV
Vyhmeister, Nancy Jean, Vol IV
Warren, Joseph W., Vol II
Whidden, Woodrow W., II, Vol IV

Beulah
Tanner, Helen Hornbeck, Vol I, V

Big Rapids
Ball, Richard E., Vol V
Green, Lon C., Vol II
Griffin, Richard W., Vol IV
Hanford, Jack, Vol IV
Mehler, Barry Alan, Vol I
Pisacreta, Richard J., Vol V
Roy, Donald H., Vol IV
Russell, David L., Vol II
Thorp, John P., Vol V

Bloomfield Village
Meyer, George H., Vol IV

Brighton
Browne, Gregory M., Vol IV

Dearborn
Baumgarten, Elias, Vol IV
Berkove, Lawrence Ivan, Vol II
Friedman, Hal M., Vol I
Hughes, Paul, Vol IV
Kamachi, Noriko, Vol I
Lee, Dorothy A. H., Vol II
Limbacher, James L., Vol II
Linker, Maureen, Vol IV
Linn, William Joseph, Vol II
Papazian, Dennis Richard, Vol I
Procter, Harvey Thornton, Jr., Vol IV
Rietz, John, Vol II
Rosenthal, Marilynn M., Vol V
Spinelli, Emily L., Vol II
Summers, Claude Joseph, Vol II
Wider, Kathleen V., Vol IV

Dearborn Heights
Phillips, Randall R., Vol IV

Detroit
Aguirre, Robert D., Vol II
Albrecht, Gloria H., Vol IV
Ambler, Effie, Vol I
Anchustegui, Ann-Marie, Vol IV
Barrett, Barnaby B., Vol V
Barry, Michael, Vol II
Black, Beverly M., Vol V
Bolz, Barbara J., Vol II
Bonner, Thomas Neville, Vol I
Boyd, Melba J., Vol II
Byars, Jackie L., Vol II, V
Calarco, N. Joseph, Vol II
Chauderlot, Fabienne Sophie, Vol III
Cobbs, Alfred Leon, Vol III
Cook, Julian Abele, Jr., Vol IV
Corvino, John F., Vol IV
Crabtree, Clarie, Vol II, V
Crawford, David R., Vol IV
Crenshaw, Ronald Willis, Vol IV
Culik, Hugh, Vol II
Dause, Charles A., Vol II
DeWindt, Anne R., Vol I
DeWindt, Edwin B., Vol I
Dicks, Vivian I., Vol II
DuBruck, Edelgard E., Vol III
Duggan, Anne E., Vol III
Dunne, Tad, Vol IV
Edwards, Abiyah, Jr., Vol IV
Evans, Warren Cleage, Vol IV
Farrow, J. G., Vol II, III
Faue, Elizabeth V., Vol I
Feaster, Bruce Sullivan, Vol IV
Finkenbine, Roy E., Vol I
Freeman, John, Vol II
Gilb, Corinne Lathrop, Vol I
Goldfield, Michael, Vol IV
Goldman, Bernard, Vol I
Gordon, Aaron Z., Vol V
Gossman, Norbert Joseph, Vol I
Granger, Herbert, Vol IV
Guberti-Bassett, Sarah, Vol I
Gutierrez, Jesus, Vol III
Gutmann, Joseph, Vol I
Haase, Donald P., Vol I, III
Hale, Janice Ellen, Vol V
Hertz, Richard C., Vol IV
Hetzel, Otto J., Vol IV
Holley, Jim, Vol IV
Holley, Robert P., Vol II
Hughes, Carl D., Vol V
Hutchison, Harry Greene, IV, Vol IV
Johnson, Christopher Howard, Vol I
Kelly, Justin J., Vol II
Kiah, Ruth Josephine, Vol V
Kibler, Louis Wayne, Vol III
Koegel, Lynne, Vol IV
Koontz, Christian, Vol II, III
Kowalczyk, Richard L., Vol II
Kruman, Marc Wayne, Vol I
Lahey, Christine, Vol II
Latta, Susan M., Vol II, III
Lauer, Janice M., Vol II, III
Leland, Christopher, Vol II
Levine, Bernard, Vol II
Lewis, David Baker, Vol IV
Liebler, Michael L., Vol II
Littlejohn, Edward J., Vol IV
Lombard, Lawrence B., Vol IV
Lowe, William J., Vol I
Madgett, Naomi Long, Vol II
Marotti, Arthur Francis, Vol II
Mason, Philip P., Vol I
McGinnis, James W., Vol IV
McGovern, Arthur F., Vol IV
McKendrick, Norman G., Vol II
McKinsey, Michael, Vol IV
McNamee, Kathleen, Vol II, III
Mehaffey, Karen Rae, Vol II
Meisse, Tom, Vol I, V
Mika, Joseph John, Vol II, V
Miller, Jay, Vol II
Moore, Marian J., Vol I
Morton, Charles E., Vol IV
Muller, Earl, Vol IV
Nawrocki, Dennis Alan, Vol I
Peck, William Henry, Vol I
Pickering, George W., Vol IV
Powell, Ronald R., Vol II
Raucher, Alan R., Vol I
Reed, Gregory J., Vol IV
Reed, John R., Vol II
Reide, Jerome L., Vol IV
Rike, Jennifer L., Vol IV
Rombes, Nicholas, Vol II
Ronnick, Michele Valerie, Vol II, III
Russell, Bruce Alan, Vol IV
Sabino, Osvaldo R., Vol II
Saliba, John A., Vol IV
Schaberg, Jane D., Vol IV
Schurlknight, Donald E., Vol III
Scott, Samuel Francis, Vol I
Scrivener, Michael Henry, Vol II
Sedler, Robert Allen, Vol IV
Sengstock, Mary C., Vol V
Shakoor, Adam Adib, Vol IV
Shapiro, Stanley, Vol I
Shen, Raphael, Vol IV
Sheridan, Jennifer A., Vol II, III
Shipley, Anthony J., Vol IV
Simon, Georgianna, Vol V
Slovenko, Ralph, Vol V
Small, Melvin, Vol I
Somers, Cheryl L., Vol V
Spinelli, Donald C., Vol II
Stack, Steven, Vol IV
Staudenmaier, John M., Vol I
Stephens, Cynthia Diane, Vol IV
Stern, Guy, Vol III
Stever, Sarah S., Vol I
Stivale, Charles J., Vol III
Sumner, Gregory D., Vol I
Taylor, Cledie Collins, Vol I
Tilles, Gerald Emerson, Vol IV
Titiev, Robert Jay, Vol IV
Trix, Frances, Vol V
Tubbs, James B., Vol IV
Uhr, Horst, Vol I
Vlasopolos, Anca, Vol II
Wagner, Vern, Vol II
Wagner, Wenceslas Joseph, Vol IV
Weber, Leonard J., Vol IV
Wedberg, Lloyd W., Vol II, III
Whitney, Barry L., Vol IV
Williamson, Marilyn Lammert, Vol II
Wise, Edward Martin, Vol I, IV
Woodroffe, Annette, Vol V
Wyre, Stanley Marcel, Vol IV
Yanal, Robert J., Vol IV
Ziegelmueller, George W., Vol II

Douglas
Miller, Sharon L., Vol V

East Lansing
Abbott, B., Vol III
Achmitt, Neal W., Vol V
Allen, William Barclay, Vol IV
Athanason, Arthur Nicholas, Vol II
Barrows, Floyd Dell, Vol I
Blackburn, Terence L., Vol IV
Bresnahan, Roger J. Jiang, Vol II
Bunge, Nancy Liddell, Vol II
Busch, Lawrence M., Vol V
Byron, Kristine Ann, Vol I, III
Christian, Amy, Vol IV
Compitello, Malcolm Alan, Vol III
Donakowski, Conrad L., Vol I, II, IV
Dulai, Surjit Singh, Vol I, III
Fernandez, Ramona E., Vol II
Finifter, Ada Weintraub, Vol IV
Fiore, Robert L., Vol III
Fishburn, Katherine Richards, Vol II
Fisher, Alan Washburn, Vol I
Flanagan, Maureen Anne, Vol I
Fogel, Jerise, Vol II, III
Francese, Joseph, Vol II, III
Gochberg, Donald S., Vol II
Goodson, Alfred Clement, Vol II, III
Graham, W. Fred, Vol I, IV
Gray, Eugene Francis, Vol III
Greenberg, Bradley, Vol II
Grimes, John A., Vol IV
Hall, Richard John, Vol IV
Hall, Ronald, Vol V
Haltman, Kenneth, Vol I
Hawthorne, Berton J., Vol V
Hudson, Robert Vernon, Vol I, II
Hughes, William Nolin, Vol III
Huzar, Eleanor Goltz, Vol I
Imamura, Shigeo, Vol III, V
Josephs, Herbert, Vol III
Julier, Laura S., Vol II
Juntune, Thomas William, Vol III
Karon, Bertram Paul, Vol V
Klein, Christine A., Vol IV
Konvitz, Josef Wolf, Vol I
Koppisch, Michael Seibert, Vol III
Korth, Philip Alan, Vol I
Kotzin, Rhoda Hadassah, Vol IV
Kronegger, Maria Elisabeth, Vol III
Lammers, Donald N., Vol I
Landrum, Larry N., Vol II
Laurence, Richard Robert, Vol I
LeBlanc, Albert, Vol II, V
Lee, Robert E., Vol V
Levine, Peter D., Vol I
Lunde, Erik Sheldon, Vol I, II
Manning, Peter K., Vol V
Mansour, George Phillip, Vol III
Marcus, Harold G., Vol I
Matthews, Roy T., Vol I
Mcguire, Philip Carroll, Vol II
Meiners, Roger K., Vol II
Miller, Douglas T., Vol I
Miller, Vernon D., Vol II
Nails, Debra, Vol IV
Nalla, Mahesh K., Vol IV
Nelson, James L., Vol IV
Noverr, Douglas Arthur, Vol I, II
Paananen, Victor N., Vol II
Pennock, Robert T., Vol IV
Perlstadt, Harry, Vol V
Platt, Franklin Dewitt, Vol I
Pollack, Norman, Vol I
Porter, Laurence M., Vol III
Prestel, David K., Vol III
Pyle, Ralph, Vol V
Resig, Michael D., Vol IV
Revelos, C. Nicholas, Vol IV
Robinson, David W., Vol I
Schlesinger, Joseph Abraham, Vol IV
Schmid, A. Allan, Vol IV
Schoenl, William J., Vol I
Seadle, Michael S., Vol I, II
Shafer, Gregory, Vol II
Smitherman, Geneva, Vol V
Soltow, James Harold, Vol I
Sowards, Steven W., Vol I, II
Stalker, James Curtis, Vol III
Stewart, Gordon Thomas, Vol I
Stockman, Ida J., Vol II
Suter, Ronald, Vol IV
Sweet, Paul Robinson, Vol I
Thomas, Samuel Joseph, Vol I
Uphaus, Robert Walter, Vol II
Varg, Paul Albert, Vol I
Versluis, Arthur, Vol II

von Eye, Alexander A., Vol V
Wakoski, Diane, Vol II
Wright, Robert L., Vol II, V
Yates, Donald Alfred, Vol III
Ziewacz, Lawrence E., Vol I

Farmington Hills
Ali, Schari M., Vol II
Ellens, Jay Harold, Vol IV, V
Parrish, Stephen E., Vol IV

Flint
Anderson, Jami L., Vol IV
Blakely, Everett, Vol V
Bullard, Edward A., Jr., Vol IV
Dunlop, Charles, Vol IV
Friesen, Lauren, Vol II, IV
Gardner, Catherine, Vol IV
Oaklander, L. Nathan, Vol IV
Wisneski, Richard, Vol II

Garden City
Settles, Rosetta Hayes, Vol V

Grand Rapids
Becker, Gary J., Vol V
Bolt, John, Vol IV
Bolt, Robert, Vol I
Brinks, Herbert John, Vol I
Carlson, Lewis H., Vol I
Carpenter, Joel A., Vol I
Clark, Kelly James, Vol IV
Corcoran, Kevin J., Vol IV
Crump, David, Vol IV
De Vries, Bert, Vol I
Deppe, Dean B., Vol IV
Eberle, Gary M., Vol II
Ellis, Bradford, Vol III
Evans, C. Stephen, Vol IV
Fabbro, Amata, Vol IV
Fetzer, Glenn W., Vol III
Garofalo, V. James, Vol V
Gonzalez, Luis G., Vol IV
Gronbacher, Gregory, Vol IV
Harlow, Daniel C., Vol IV
Hoekema, David A., Vol IV
Jefchak, Andrew Timothy, Vol II
Lawlor, John I., Vol IV
Meadors, Gary T., Vol III, IV
Mellema, Gregory, Vol IV
Ni, Peimin, Vol IV
Plantinga, Richard, Vol IV
Romanowski, William D., Vol I, II, V
Ryou, Daniel H., Vol IV
Sandberg, Stephanie L., Vol II
Saupe, Karen E., Vol II
Scheifele, Eleanor L., Vol I
Schultze, Quentin J., Vol II
Schwanda, Tom, Vol IV
Shoemaker, Allen L., Vol V
Suggs, Robert Chinelo, Vol V
Van Liere, Frans, Vol I
Weima, Jeffrey A. D., Vol IV
Zuidervaart, Lambert P., Vol IV

Grandville
Robinson, Keith Alan, Vol IV
Whipps, Judy, Vol IV

Grosse Pointe
Rigdon, V. Bruce, Vol IV

Hancock
Anderson, Laurie, Vol II

Hillsdale
Brown, Kendall Walker, Vol I
Discenza, Nicole Guenther, Vol II
Gilbert, Arlan Kemmerer, Vol I
Muniz, Olga, Vol III
Turner, Donald A., Vol IV
Westblade, Donald, Vol IV
Whalen, David, Vol II

Holland
Andre, Maria Claudia, Vol III, V
Bandstra, Barry L., Vol IV
Bechtel, Carol M., Vol IV
Brown, George, Jr., Vol IV
Brownson, James, Vol IV
Cohen, William, Vol I
Cox, John D., Vol II
Dove, Linda L., Vol II
Huttar, Charles Adolph, Vol II
Inman, M. L., Vol V
Kaiser, Christopher Barina, Vol IV
Kennedy, James C., Vol I
Laporte, Joseph F., Vol IV
Larson, Ann R., Vol III
Motiff, James P., Vol V
Pannapacker, William Albert, Vol II
Peckham, Joel, Vol II
Ryden, David K., Vol IV
Verhey, Allen Dale, Vol IV
Wagenaar, Larry, Vol I

Holt
Pirau, Vasile, Vol IV

Houghton
Erikson, Fritz John, Vol V
Gill, Glenda E., Vol I, II
Reynolds, Terry S., Vol I
Seely, Bruce E., Vol I
Selfe, Richard J., Vol II
Sullivan, Dale L., Vol II
Whitt, Laurie A., Vol IV

Howell
Bruland, Esther, Vol IV

Jackson
Scott, James J., Vol V

Jenison
Vander Vliet, Marvin J., Vol IV

Kalamazoo
Bach, Shirley, Vol IV
Bailey, Thomas Cullen, Vol II
Baldner, Kent, Vol IV
Blickle, Peter, Vol III
Borden, Sandra L., Vol II
Breisach, Ernst Adolf, Vol I
Brinkley, Ellen H., Vol II
Brown, Alan S., Vol I
Carey-Webb, Allen, Vol II
Carlson, Andrew, Vol I
Culp, Sylvia, Vol IV
Davidson, Clifford Oscar, Vol II
Dilworth, John, Vol IV
Dooley, Howard John, Vol I
Dube, Thomas M. T., Vol V
Dybek, Stuart, Vol II
Earhart, Harry Byron, Vol I, IV
Elder, Ellen Rozanne, Vol I
Ellin, Joseph S., Vol IV
Falk, Arthur, Vol IV
Falk, Nancy Ellen, Vol I, IV
Gianakaris, Constantine John, Vol II
Gibson, Melissa K., Vol II
Haenicke, Diether H., Vol III
Haight, Robert C., Vol II
He, Chansheng, Vol I
Heller, Janet, Vol II, III, V
Helweg, Arthur W., Vol V
Hyun, Insoo, Vol IV
Johnston, Arnold, Vol II
Jones, Leander Corbin, Vol I, II
Joslin, Katherine, Vol I, II
Latiolais, Christopher, Vol IV
Lawson, E. Thomas, Vol IV
Maier, Paul Luther, Vol I
Mathews, Gary, Vol V
Newman, David, Vol IV
Phillips, Romeo Eldridge, Vol II, V
Pritchard, Michael, Vol IV
Richman, Kenneth A., Vol IV
Rudge, David W., Vol V
Saillant, John D., Vol I, II
Sauret, Martine, Vol III
Sichel, Werner, Vol IV
Strauss, David, Vol I
Syndergaard, Larry E., Vol II
Szarmach, Paul E., Vol I, II
Washington, Earl Melvin, Vol V
Washington, Von Hugo, Sr., Vol II
Wickstrom, John B., Vol I
Wilson, B., Vol I
Xiong, Victor, Vol I
Ziring, Lawrence, Vol IV

Kentwood
Sivier, Evelyn M., Vol II

Lansing
Fox, Hugh B., Vol II
Harrison, Ann Tukey, Vol III
Jurczak, Paul M., Vol IV
Kissling, Paul J., Vol IV
McGiveron, Rafeeq O., Vol II
Stockmeyer, Norman Otto, Sr, Vol IV
Thomas, Claude Roderick, Vol IV

Livonia
Eyster, Kevin Irenies, Vol II
Kearly, Peter R., Vol II
Schneider, Barbara J., Vol II

Marquette
Cantrill, James G., Vol II
Dreisbach, Donald Fred, Vol I, IV
Heldreth, Leonard Guy, Vol II
Jones, James H., Vol II
Kupper, Nelly J., Vol III
Leuthold, Steven M., Vol II
Livingston, James L., Vol II
Magnaghi, Russell Mario, Vol I
Payant, Katherine B., Vol II
Rauch, Doreen E., Vol IV
Rose, Toby, Vol II
Schiffer, James M., Vol II
Whitehouse, Eugene Alan, Vol I

Midland
Serum, Robert W., Vol II

Mount Pleasant
Alton, Anne, Vol II
Apter, Ronnie, Vol II
Bechtold, Brigitte, Vol V
Blackburn, George Mccoy, Vol I
Buerkel-Rothfuss, Nancy, Vol II
Colarelli, Stephen Michael, Vol V
Craig, J. Robert, Vol II
Dornan, Reade W., Vol II, V
Fulton, Henry Levan, Vol II
Haines, Annette L., Vol II
Hall, Mitchell K., Vol I
Hall, Timothy D., Vol I
Hughes, Diana L., Vol II
Johnson, Eric A., Vol I
Kochhar-Lindgren, Gray M., Vol II
Labrie, Gilles R., Vol III
Lindberg, Jordan, Vol IV
Macleod, David, Vol I
Malonebeach, Eileen, Vol V
McCluskey, James J., Vol II
McLean, Athena H., Vol V
Murphy, Sean P., Vol II
Orlik, Peter B., Vol II
Pfeiffer, John R., Vol II
Purcell, Sarah, Vol I
Ronan, George F., Vol V
Root, Robert L., Jr., Vol II
Steffel, Susan B., Vol II
Toms-Robinson, Dolores C., Vol V
Walchak, Karol L., Vol II, III
Weinstock, Jeffrey A., Vol II
Wright, John, Vol IV

Novi
Richardson, Andra Virginia, Vol IV

Okemos
Roberto, Anthony J., Vol II
Stecker, Robert, Vol IV

Orchard Lake
Smith, Pamela A., Vol IV
Wrobel, Janusz, Vol III

Pontiac
Cohassey, John F., Vol I

Redford
Allen, Robert F., Vol IV

Rochester
Appleton, Sheldon L., Vol IV
Atlas, John Wesley, Vol V
Barnard, Virgil John, Vol I
Brown, Judith K., Vol V
Coppola, Carlo, Vol III
Dykes, DeWitt S., Jr., Vol I
Eberly, Mary B., Vol V
Eberwein, Jane Donahue, Vol I, II
Fitzsimmons, Thomas, Vol II
Harrison, Algea Othella, Vol V
Horning, Alice S., Vol II, III
Mayer, Don, Vol IV
Murphy, Brian, Vol II
Osthaus, Carl Richard, Vol I
Papazian, Mary A., Vol II
Stamps, Richard B., Vol V
Strauss, Wallace Patrick, Vol I
Sudol, Ronald A., Vol II
Tucker, Richard Philip, Vol I
Wiggins, Jacqueline D., Vol II, V

Roscommon
La Femina, Gerard, Vol II

Royal Oak
Jooharigian, Robert B., Vol IV

Saginaw
Thompson, M. T., Jr., Vol IV

Sandusky
Eschelbach, Michael A., Vol IV

Sault Ste. Marie
Fields, Polly Stevens, Vol II
Hines, Virginia E., Vol V
Nairn, Charles E., Vol IV

Southfield
Stern, Marvin, Vol I
Stewart, Carlyle F., III, Vol IV
Wright, Roberta V. Hughes, Vol IV

Spring Arbor
Daigle-Williamson, Marsha A., Vol II
Dibaba, Mamo, Vol V

Troy
Kaucheck, Ken, Vol IV
Lewis, Daniel J., Vol IV

University Center
Baskind, David, Vol V
Braddock, Robert Cook, Vol I, II
Clark, Basil Alfred, Vol II
Forsberg, Ralph P., Vol IV
Jezierski, John V., Vol I
Koperski, Jeffrey, Vol IV
Munn, Paul T., Vol II
Pfeiffer, Raymond Smith, Vol IV
Ramet, Carlos, Vol II
Rayfield, David, Vol IV
Renna, Thomas Julius, Vol I
Thompson, Gary, Vol II
Wang, Mason Yu-Heng, Vol II, III
Wignall, Dennis L., Vol II

Univesity Center
Riegle, Rosalie G., Vol II

Waterford
James, David L., Vol V

West Bloomfield
Bertman, Stephen, Vol II, III

Westland
Eisele, Thomas David, Vol IV

Ypsilanti
Boyer, Lee R., Vol I
Burlingame, Lori, Vol II
Cao, Liqun, Vol V
Cassar, George H., Vol I
Cere, Ronald, Vol III
Citino, Robert M., Vol I
Cross, Gilbert B., Vol II
Crouch, Margaret, Vol IV
Delph, Ronald, Vol I
Duley, Margot I., Vol I
Duncan, Jeffrey Light, Vol II
Eiss, Harry Edwin, Vol II
Friedman, Monroe P., Vol V
Geherin, David J., Vol II
Gendin, Sidney, Vol IV
George, Laura J., Vol II
Gimelli, Louis B., Vol I, IV
Goff, Richard D., Vol I
Graves, Pamela, Vol I
Hafter, Daryl Maslow, Vol I
Higbee, Mark, Vol I
Holoka, James P., Vol I, II, III
Homel, Michael W., Vol I
Kauffman, Janet, Vol III
Keller, Gary D., Vol III
King, H. Roger, Vol I
Kirby, Steven D., Vol III
Knapp, James A., Vol II
Leighton, Paul S., Vol IV, V
Ligibel, Theodore J., Vol I
Long, Roger D., Vol I
McGlynn, Paul Dumon, Vol II
McNally, Michael, Vol I
Mehuron, Kate, Vol IV
Moss, Walter Gerald, Vol I
Nelson, Gersham, Vol I
Ojala, Carl F., Vol I
Perkins, George, Vol II
Perry, Robert Lee, Vol I, V
Shuter, Bill, Vol II
Staal, Arie, Vol II
Stevens, Lizbeth Jane, Vol II
Terry, Janice J., Vol I
Upshur, Jiu-Hwa Lo, Vol I
Vinyard, JoEllen, Vol I
Westman, Alida S., Vol V

MINNESOTA

Apple Valley
O'Sullivan, Michael K., Vol II

Archives Collegeville
Tegeder, Vincent George, Vol I, IV

Baxter
Bianchi, Robert S., Vol I

Bemidji
Blackwood, Roy E., Vol II
Evans, Deanna G., Vol II
Mathewson, Dave L., Vol II
Spreng, Ronald, Vol I
Thomaidis, Spero T., Vol I

Boynton
Kahn, Jeffrey P., Vol IV

Brooklyn Park
Johnston, Barbara J., Vol V

Cloud
Corliss, Richard Lee, Vol IV

Collegeville
Chuang, Rueyling, Vol IV
Drekonja, Otmar Maximilian, Vol II
Finn, Daniel R., Vol IV
Forman, Mary, Vol I
Freeman, Christopher Edward, Vol II
Haile, Getatchew, Vol III, IV
Makepeace, James, Vol V
Richardson, Scott D., Vol III

Duluth
Adams, Stephen J., Vol II
Bartlett, Beth, Vol IV
Bock, Carol A., Vol II
Bock, Martin F., Vol II
Cole, Eve Browning, Vol II, III, IV
Conant, Jonathan Brendan, Vol III
Craig, Robert, Vol I
Evans, John Whitney, Vol I, IV
Fetzer, James Henry, Vol I, IV
Fischer, Roger Adrian, Vol I
Graham, William C., Vol I, IV
Gustafson, David, Vol I, IV
Hagen, Patricia, Vol II
Jankofsky, Klaus P., Vol III
Kramer, Joyce Marie, Vol V
Linn, Michael D., Vol II, III
Lips, Roger C., Vol II
Maypole, Donald E., Vol V
Rallis, Helen, Vol V
Storch, Neil T., Vol I
Trolander, Judith Ann, Vol I
Wilson, Janelle L., Vol V
Zeitz, Eileen, Vol II, III

Eden Prairie
Nancarrow, Paul S., Vol IV

Edina
Nash, Elizabeth, Vol II

Gorham
Cowart, Wayne, Vol III
Fouchereaux, Jean, Vol III

Hopkins
Affinito, Mona Gustafson, Vol V

Mankato
Croce, Lewis Henry, Vol I
Cronn-Mills, Daniel, Vol II
Davis, Terry, Vol II
Friend, Donald A., Vol I
Janc, John J., Vol III
Jindra, Michael, Vol IV, V
Langston, Donna Hightower, Vol V
Larson, Bruce Llewellyn, Vol I
Larsson, Donald, Vol II
Lass, William Edward, Vol I
Lindberg, John, Vol II
Lopez, Jose Javier, Vol I
Metzger, Daniel, Vol IV
Postma, Johannes, Vol I
Wicker, Nancy L., Vol I
Yezzi, Ronald D., Vol IV

Marine on Saint Croix
West, Frederick S., Vol IV

Marshall
Butler, J. Corey, Vol V
Curtler, Hugh, Vol IV
Pichaske, David, Vol II

Minneapolis
Akehurst, F. R. P., Vol I, III
Allman, Jean M., Vol I
Altholz, Josef L., Vol I
Arenas, Fernando, Vol III
Babcock, William, Vol II
Bachrach, Bernard S., Vol I
Bales, Kent, Vol II
Barnes, Betsy, Vol III
Bashiri, Iraj, Vol I, III
Beatty, John, Vol IV
Befort, Stephen, Vol IV
Belifiore, Elizabeth S., Vol II, III
Berlin, Andrea Michelle, Vol I
Berman, Hyman, Vol I
Bowie, Norman, Vol IV
Brauer, Kinley, Vol I
Brennan, Timothy A., Vol II
Brewer, Daniel, Vol II
Brewer, Maria Minich, Vol III
Brewer, Maria Minich, Vol II
Browne, Donald R., Vol II
Brustein, William, Vol V
Cardamone, Donna, Vol II
Chambers, Sarah, Vol I
Chang, Tsan-Kuo, Vol II
Chen, J., Vol IV
Chen, Jim, Vol IV
Clark, Anna, Vol I, V
Clayton, Tom, Vol I, II
Cohen, Andrew D., Vol V
Cooper, Frederick A., Vol I
Crain, Patricia, Vol II
Dahl, Norman, Vol IV
Davis, Gordon B., Vol IV
Dolan, John M., Vol IV
Doyle, Kenneth, Vol V
Eaton, Marcia M., Vol IV
Eckart, Michelle, Vol V
Elliott, Carl, Vol IV
Erickson, Gerald M., Vol III
Erickson, Martha F., Vol V
Evans, John Karl, Vol I
Evans, Sara M., Vol I
Faber, Ronald, Vol II
Fang, Irving E., Vol II
Farah, Caesar E., Vol I, IV
Farber, Daniel Alan, Vol IV
Farmer, Edward, Vol I
Ferran, Ofelia, Vol III
Firchow, Evelyn Scherabon, Vol III
Firchow, Peter Edgerly, Vol II, III
Frase, Richard S., Vol IV
Fry, Gerald W., Vol IV
Fullerton, Gerald Lee, Vol III
Garcia, Hazel F. Dicken, Vol II
Gidmark, Jill B., Vol II
Giere, Ronald N., Vol IV
Gifford, Daniel Joseph, Vol IV
Gillmor, Donald M., Vol II
Goetz, Edward G., Vol IV
Good, David F., Vol I
Green, George D., Vol I
Griffin, Edward M., Vol II
Grimstad, Kaaren, Vol III
Gumpel, Liselotte, Vol III
Gundel, Jeannette K., Vol III
Gunderson, Keith, Vol IV
Hancher, Charles Michael, Vol II
Hanson, William H., Vol IV
Hartmann, Douglas R., Vol V
Hellman, Geoffrey, Vol IV
Henry, Daniel Joseph, Vol IV
Hirsch, Gordon D., Vol II
Hirschbach, Frank Donald, Vol III
Holtman, Sarah Williams, Vol IV
Hopkins, Jasper, Vol IV
Howe, John R., Vol I
Hudec, Robert Emil, Vol IV
Isaacman, Allen, Vol I
Isett, Christopher, Vol I
Jahn, Gary Robert, Vol III
Jara, Rene, Vol III
Johnson, Willie J., Vol II, V
Kac, Michael, Vol IV
Kelly, Thomas, Vol I
Kendall, Calvin B., Vol II
Kieft, David, Vol I
Klee, Carol A., Vol III, V
Knoke, David, Vol V
Kohlstedt, Sally Gregory, Vol I
Kopf, David, Vol I
Kraabel, Alf Thomas, Vol II, III, IV
Krevans, Nita, Vol II, III
Kuftinec, Sonja, Vol II
Lardinois, Andre P. M. H., Vol II, III
Laudon, Robert Tallant, Vol II
Layton, Edwin Thomas, Vol I
Lee, Chin-Chuan, Vol II
Levinson, Bernard M., Vol I
Lewis, Douglas, Vol IV
Leyasmeyer, Archibald I., Vol II
Liberman, Anatoly, Vol III
Liu, Catherine, Vol II, III
Longino, Helen, Vol IV
MacLeish, Andrew, Vol III
Malandra, William, Vol I, II, III
Marshall, Byron K., Vol I
Martinez, Ronald L., Vol III
Mason, H. E., Vol IV
Mathews, Mark William, Vol IV
Matsen, William, Vol II
May, Elaine Tyler, Vol I
May, Lary L., Vol I
Maynes, Mary Jo, Vol I
McCaa, Robert, Vol I
McNally, Sheila, Vol I
McNaron, Toni Ann Hurley, Vol II
Menard, Russell R., Vol I
Merritt, Raymond Harland, Vol I
Miller, Carol, Vol I
Morrison, Fred L., Vol IV
Munholland, John Kim, Vol I
Myers, Samuel L., Jr., Vol I
Nagar, Richa, Vol I, V
Nelson, Charles A., Vol V
Noakes, Susan, Vol III
Noble, David Watson, Vol I
Noonan, Thomas S., Vol I
Norling, Lisa A., Vol I
Norwood, James, Vol II
O'Brien, Jean, Vol I
O'Connell, Joanna, Vol III
Ocampo, Francisco, Vol III
Olson, Stuart Douglas, Vol III
Ouren, Dallas, Vol IV
Overmier, J. Bruce, Vol V
Owens, Joseph, Vol IV
Paganini, Maria, Vol III
Pankake, Marcia J., Vol I
Parente, James A., Jr., Vol III
Park, Roger Cook, Vol IV
Peterson, Sandra, Vol IV
Phillips, Carla Rahn, Vol I
Phillips, William D., Jr, Vol I
Polakiewicz, Leonard A., Vol III
Preckshot, Judith, Vol III
Prell, Riv-Ellen, Vol I, IV, V
Rabinowitz, Paula, Vol I
Ramos-Garcia, Luis A., Vol III
Reed, Peter J., Vol II
Reichenbach, Bruce Robert, Vol IV
Reyerson, Kathryn L., Vol I
Roberts, Nancy L., Vol II
Root, Michael, Vol IV
Ross, Donald, Vol II
Ross, Patricia A., Vol IV
Ruggles, Steven, Vol I
Samaha, Joel, Vol I
Samatar, Abdi I., Vol I
Sarles, Harvey Burton, Vol III, V
Savage, C. Wade, Vol IV
Savelsberg, Joachim, Vol V
Scheman, Naomi, Vol IV
Schwartz, Dona B., Vol II
Scott, Robert Lee, Vol II
Seidel, Robert H., Vol I
Sera, Maria D., Vol V
Sheets, George Archibald, Vol III
Sivert, Eileen, Vol III
Sonkowsky, Robert Paul, Vol II, III
Southall, Geneva H., Vol II
Spear, Allan H., Vol I
Sroufe, L. Alan, Vol V
Stenson, Nancy Jean, Vol III
Stuewer, Roger H., Vol I
Sugnet, Charles Joseph, Vol II
Sullivan, Constance, Vol III
Taborn, John Marvin, Vol V
Taylor, David Vassar, Vol I
Tennyson, Robert, Vol V
Teraoka, Arlene, Vol I, III
Thayer, John A., Vol I
Thomas, Gary Craig, Vol II, III
Tiberius, Valerie, Vol IV
Tims, Albert R., Vol II
Toure, Diala, Vol I
Tracy, James, Vol I
Tyler May, Elaine, Vol I
Uggen, Chris, Vol V
Underiner, Tamara, Vol II
Urness, Carol, Vol I
Valdes, Dennis N., Vol I
Vecoli, Rudolph John, Vol I
Vidal, Hernan, Vol II, III
Wakefield, Ray Milan, Vol III
Wallace, John, Vol IV
Waltner, Ann, Vol I
Wang, Liping, Vol I
Waters, C. Kenneth, Vol IV
Weissbrodt, David Samuel, Vol IV
Welke, Barbara Y., Vol I
Wells, William D., Vol II
Westermeyer, Joseph John, Vol V
Winters, Donald, Vol I, II
Yahnke, Robert Eugene, Vol II
Yates, Gayle Graham, Vol I
Zahareas, Anthony, Vol III
Zipes, Jack, Vol I

Moorehead
Hong, Chang-Seong, Vol IV
Larson, George S., Vol II

Moorhead
Aageson, James W., Vol I, IV
Benson, John S., Vol V
Buckley, Joan, Vol II
Hanson, Colan T., Vol II
Harris, Paul, Vol I
Herman, Stewart W., Vol IV
Iverson, Stanley, Vol II, III
Jacobson, Arland D., Vol IV
Johnson, Leroy Ronald, Vol I
Kaplan, James Maurice, Vol III
Lintelman, Joy, Vol I
Poppe, Susan, Vol IV
Schoen, Jill, Vol V
Sprunger, David A., Vol II

Morris
Ahern, Wilbert H., Vol I
Guyotte, Roland L., Vol I
Hinds, Harold E., Jr, Vol I
Underwood, Ted Leroy, Vol I

Mounds View
Erickson, Millard J., Vol IV

New Brighton
Ross, Rosetta E., Vol IV
Yates, Wilson, Vol IV

New Hope
Dalman, Rodger, Vol IV

New Ulm
Thompson, Glen L., Vol I

Northfield
Achberger, Karen Ripp, Vol II, III
Allen, Wendy, Vol III
Barbour, Ian Graeme, Vol IV
Barbour, John D., Vol II, IV
Blake, Stephen, Vol I
Boling, Becky, Vol II, V
Bonner, Robert Elliott, Vol I
Buckstead, Richard C., Vol II
Carpenter, Scott, Vol II
Carrington, Laurel, Vol I
Cisar, Mary, Vol III
Clark, Clifford E., Jr., Vol I
Crouter, Richard E., Vol I, IV
DeLaney, Jeane, Vol I
Dust, Patrick, Vol II, III
Entenmann, Robert, Vol I
Fink, Karl J., Vol III
Fisher, James F., Vol V
Freier, Mary P., Vol II
Fritz, Henry Eugene, Vol I
Granquist, Mark, Vol IV
Groton, Anne H., Vol II, III
Hong, Howard V., Vol IV
Iseminger, Gary H., Vol IV
Jackson, Roger, Vol IV
Jeffrey, Kirk, Vol I
Kaga, Mariko, Vol III
Kowalewski, Michael J., Vol II
Krey, Gary De, Vol I
Kutulas, Judy, Vol I, V
Langerak, Edward Anthony, Vol IV
Lovoll, Odd Sverre, Vol I
Lund, Eric, Vol I, IV
May, James M., Vol II
Morral, Frank R., Vol II
Nemec-Ignashev, Diane M., Vol III
Newman, Louis E., Vol IV
Odell, Margaret S., Vol IV
Ottaway, Susannah R., Vol I
Paas, John Roger, Vol III
Pass, Martha White, Vol IV
Patrick, Anne E., Vol IV
Posfay, Eva, Vol II
Prowe, Diethelm Manfred-Hartmut, Vol I
Rader, Rosemary, Vol I, IV
Reece, Steve, Vol II
Rippley, La Vern J., Vol I, III
Saiedi, Nader, Vol V
Sipfle, David A., Vol IV
Smith, Bardwell L., Vol III, IV
Soule, George, Vol II
Strand, Dana, Vol II
Taliaferro, Charles, Vol II, IV
Unno, Mark, Vol IV
Wadsworth, Sarah A., Vol II
Wee, David Luther, Vol II
Wilkens, Kenneth G., Vol II
Wilkie, Nancy C., Vol I, II, III
Williams, Harry M., Vol I
Yandell, Cathy M., Vol II

Owatonna
Lyda, Paul, Vol II
Orton, Arlene, Vol V

Rochester
Davis, Christopher A., Vol IV
Penniston, Joyce K., Vol II, III

Roseville
Gross, Alan G., Vol II
Sauter, Kevin O., Vol II

Saint Cloud
Anderson, Myron George, Vol IV
Andrzejewski, Julie, Vol V
Daneshpour, Manijeh, Vol V
Dillman, Richard H., Vol II
Gower, Calvin William, Vol I
Havir, Linda, Vol V
Hofsommer, Don L., Vol I
Lawrence, Richard, Vol IV
Medhi, Abbas, Vol V
Roman-Morales, Belen, Vol II, III
Tripp, Luke S., Vol I, V
Tripp, Michael, Vol V
Zheng, Yiwei, Vol IV

Saint Joseph
Grabowska, James A., Vol I
Merkle, John Charles, Vol IV

Saint Paul
Albers, Robert H., Vol IV
Anderson, Charles Samuel, Vol I, IV
Anderson, Stanley Daniel, Vol IV
Baer, Joel H., Vol II
Barker, Lance R., Vol IV
Berg, James J., Vol V
Berge, Paul S., Vol IV
Biernat, Leonard F., Vol IV
Boyce, James, Vol IV
Boychuk, Terry, Vol V
Brown, Carole Ann, Vol II
Burtness, James H., Vol IV
Cady, Duane Lynn, Vol IV
Caneday, Ardel B., Vol IV
Chew, Kristina, Vol III
Chrislock, C. Winston, Vol I
Cooey, Paula M., Vol III, IV
Cooper-Lewter, Nicholas Charles, Vol IV
Derfler, Steven, Vol I
Duin, Ann Hill, Vol II
Dye, Robert Ellis, Vol III
Eddy, Paul R., Vol IV
Fisch, Thomas, Vol IV
Forde, Gerhard Olaf, Vol I, IV
Frazier, Leta J., Vol II
Fredrickson, David, Vol IV
Fretheim, Terence E., Vol IV
Fritz, Annick, Vol III
Gaiser, Frederick J., Vol IV
Gaskill, Gayle, Vol II
Glancy, Diane, Vol II
Graebner, Alan, Vol I
Griffin, Michael S., Vol II
Gurak, Laura J., Vol II
Hallman, Joseph Martin, Vol IV
Haydock, Roger S., Vol IV
Henrich, Sarah, Vol IV
Hensley, Carl Wayne, Vol II
Herman, Randolph W., Vol V
Hicks, Patrick, Vol II
Hillmer, Mark, Vol IV
Hopper, David Henry, Vol IV
Howard, David M., Jr., Vol IV
Huffman, Douglas S., Vol IV
Hultgren, Arland J., Vol IV
Jacobson, Diane L., Vol IV
Jensen, J. Vernon, Vol II
Johnson, Eric L., Vol V
Kagan, Richard C., Vol I
Keifert, Patrick, Vol IV
Kimble, Melvin, Vol IV
Kittelson, James, Vol I, IV
Klejment, Anne, Vol I
Koester, Craig R., Vol IV
Kolden, Marc, Vol IV
Laine, James W., Vol IV
Larson, David A., Vol IV
Laumakis, Stephen J., Vol IV
Lay, Mary M., Vol II
Limburg, James, Vol IV
MacKenzie, Raymond, Vol II
Martinson, Paul V., Vol IV
Martinson, Roland, Vol IV
McDowell, Earl E., Vol II
McFarland, Douglas D., Vol II, IV
Michels, Eileen M., Vol I
Mikelonis-Paraskov, Victoria M., Vol II
Miller, Roland, Vol IV
Mulcahy, Gregory, Vol II
Murphy, Paul Lloyd, Vol I
Nelson, Randolph A., Vol V
Nestingen, James A., Vol I, IV
Nodes, Daniel J., Vol I
Nysse, Richard W., Vol IV
O'Hara, Mary L., Vol IV
Patton, Corrine, Vol IV
Paul, Garrett E., Vol IV
Paulson, Steven, Vol IV
Penchansky, David, Vol III, IV
Philipon, Daniel J., Vol II
Pinn, Anthony B., Vol IV
Polk, Timothy H., Vol IV
Pollard, Tanya Louise, Vol II
Rachleff, Peter J., Vol I
Ramp, Steven W., Vol IV
Reagan, Mary Jane, Vol V
Reasoner, Mark, Vol IV
Reece, Debra J., Vol II
Reichardt, Mary R., Vol II
Reiter, David Dean, Vol IV
Roediger, David, Vol I
Rogness, Michael, Vol IV
Rosenberg, Emily Schlaht, Vol I, IV
Rosenberg, Norman Lewis, Vol I
Scanlan, Thomas, Vol II
Schubert, Virginia Ann, Vol III
Schweigert, Francis J., Vol V
Simpson, Gary M., Vol IV
Simundson, Daniel J., Vol IV
Skemp, V., Vol IV
Smith, L. Ripley, Vol II
Snook, Lee E., Vol IV
Sponheim, Paul R., Vol IV
St. Amant, Kirk R., Vol II
Stewart, James Brewer, Vol I
Stewart, Melville Y., Vol IV
Stromberg, James S., Vol IV
Sundberg, Walter, Vol I, IV
Swanson, Carol B., Vol IV
Thronveit, Mark A., Vol IV
Tiede, David L., Vol IV

Timmerman, Joan H., Vol IV
Wahlstrom, Billie J., Vol II
Walzer, Arthur E., Vol II
Watson, Dwight C., Vol V
West, Henry Robison, Vol IV
Westermeyer, Paul, Vol II, IV
Willis, Robert E., Vol IV
Wilson, Leonard Gilchrist, Vol I
Windley-Daoust, Susan M., Vol IV
Wolsey, Mary Lou Morris, Vol III
Wright, Michelle M., Vol II
Wright, Scott Kenneth, Vol I
Zachary, Steven W., Vol IV
Zurakowski, Michele M., Vol II

Saint Peter
Alzate, Gaston A., Vol III
Clark, Jack Lowell, Vol IV
Flory, Marleen Boudreau, Vol II, III
Flory, Stewart Gilman, Vol II, III
Freiert, William K., Vol II, III
Nordstrom, Byron John, Vol I

Wayzata
Howe, Sondra Wieland, Vol II

West Saint Paul
Kuhn, Gary G., Vol I

White Bear Lake
Hinrichs, Bruce, Vol V

Winona
Bazillion, Richard J., Vol I
Byman, Seymour David, Vol I, IV
Carducci, Jane, Vol II
Cowgill, Kent, Vol II
Gerlach, Jerry, Vol I
Grawe, Paul H., Vol II
Hayes, Douglas W., Vol II
Ni, Ting, Vol I
Nichols, Ann, Vol III
Nichols, James, Vol II
Schmidt, Greg, Vol I
Wilson, Lisa Marie, Vol II

MISSISSIPPI

Alcorn State
Idleburg, Dorothy, Vol V
Terfa, Solomon, Vol IV

Boston
Davis, Willie J., Vol IV
Sherwood, Wallace Walter, Vol IV
Soden, Richard Allan, Vol IV
Walker, Charles Edward, Jr., Vol IV

Cleveland
Abrahams, Caryl, Vol V
Davis, Miriam, Vol I
DeGraw, Darrel, Vol IV

Clinton
Fant, Gene C., Jr., Vol II, V
Lytal, Billy D., Vol II
Martin, Charles Edward, Vol III
Miller, David G., Vol II

Columbus
Bartlett, Sandra, Vol I
Bean, Suzanne M., Vol V
Donat, Patricia, Vol V
Smith, Gail K., Vol II

Courtland
Lindgren, C. E., Vol I, V

Decatur
Pouncey, Alice, Vol V

Fulton
Mattison, William H., Vol I, V

Hamilton
Lancaster, Jane Fairchild, Vol V

Hattiesburg
Bolton, Charles C., Vol I
Bowers, Richard Hugh, Vol I
Bradley, Doris P., Vol II
Browning, Daniel C., Vol I, IV
Clark, Mark E., Vol II, III
Eells, Gregory T., Vol V
Fortunato, Vincent J., Vol V
Goggin, William, Vol V
Gonzales, John Edmond, Vol I
Guice, John David Wynne, Vol I
Harvey, Tamara, Vol II
Holley, David M., Vol IV
Kolin, Philip, Vol II
Langstraat, Lisa R., Vol II
Lares, Jameela, Vol II
Mcmillen, Neil Raymond, Vol I
Meyer, John, Vol II
Paprzycka, Katarzyna, Vol IV
Polk, Noel E., Vol II
Scarborough, William, Vol I
Sims, James Hylbert, Vol II
Taylor, William B., Vol IV
Waltman, Jerold Lloyd, Vol IV
Wood, Forrest E., Jr., Vol IV

Holly Springs
Chapman, Norman, Vol II

Itta Bena
Nelson, Dorothy J. Smith, Vol V
Zheng, Jianqing, Vol II

Jackson
Ammon, Theodore G., Vol I, IV
Beckers, Astrid M., Vol III
Bennett, Patricia W., Vol IV
Brown, Kristen M., Vol I, IV
Campbell, Ken M., Vol IV
Curry, Allen, Vol IV, V
Deterding, Paul E., Vol IV
Easley, Ray, Vol IV
Foster, E. C., Vol I
Freis, Catherine Ruggiero, Vol II, III
Freis, Richard, Vol III
Gleason, Michael, Vol III
Harris, William McKinley, Sr., Vol V
Harvey, James Cardwell, Vol IV
Harvey, Maria-Luisa Alvarez, Vol III
Hoffecker, W. Andrew, Vol I, IV
Hurley, James, Vol V
Kocel, Katherine, Vol V
Krabbe, Judith, Vol II, III
Long, Paul, Vol IV
Marrs, Suzanne, Vol II
McElvaine, Robert S., Vol I
McIntosh, Phillip L., Vol IV
Middleton, Richard Temple, III, Vol V
Miller, Greg, Vol II
Mitias, Michael Hanna, Vol IV
Moreland-Young, Curtina, Vol IV
Olivia, Leonora, Vol III
Oswalt, John N., Vol IV
Phillips, Ivory, Vol I
Rankin, Duncan, Vol IV
Richardson, William, Vol V
Sallis, Charles, Vol I, V
Smith, Steven G., Vol I, IV
Tashiro, Paul Y., Vol IV
Thaw, Kurt A., Vol V
Ury, M. William, Vol I, IV
Vogt, Daniel, Vol I
Waibel, Paul R., Vol I
Wallis, Carrie G., Vol II
Wan, Enoch, Vol IV
White, Frankie Walton, Vol IV
Whitlock, Luder, Vol IV
Wilson, L. Austin, Vol II

Kosciusko
Cox, Howard A., Vol IV

Lorman
Bristow, Clinton, Jr., Vol IV
Rahman, Shafiqur, Vol II

Lowell
Chorajian, Levon, Vol V

Macon
Barge, Laura I., Vol II

Medford
Gill, Gerald Robert, Vol I

Meridian
Bell, William Dudley, Vol I
Gilbert, James L., Vol V

Mississippi State
Bartkowski, John, Vol V
Blaney, Benjamin, Vol III
Boyd, Robert, Vol V
Chatham, James Ray, Vol III
Emplaincourt, Edmond Arthur, Vol III
Godbold, E. Stanly, Vol I
Grill, Johnpeter Horst, Vol I
Huttenstine, Marian L., Vol II
Mabry, Donald Joseph, Vol I
Marszalek, John Francis, Vol I
McClung, William A., Vol II
Nybakken, Elizabeth I., Vol I
Obringer, Stephen, Vol V
Parrish, William E., Vol I
Person, William Alfred, Vol V
Scott, Roy V., Vol I
Smith, Jonathan, Vol II
Swain, Martha Helen, Vol I
Williams, Carolyn Chandler, Vol V
Wiltrout, Ann Elizabeth, Vol III
Wolverton, Robert E., Vol II, III
Woodrow-Lafield, Kare, Vol V

Natchez
West, George Ferdinand, Jr., Vol IV

Oxford
Ajootian, Aileen, Vol I
Dewey, Tom, Vol I
Fisher, Benjamin, Vol II
Gispen, Kees, Vol I
Gutierrez, John R., Vol III
Lawhead, William F., Vol I, IV
Westmoreland, Robert B., Vol IV

Oxfordm
Urgo, Joseph R., Vol II

Pearl
Hill, Linda Marie, Vol II

Tougaloo
Ward, Jerry W., Vol II

University
Abadie, Hubert Dale, Vol I
Arrington, Melvin, Vol III
Barbera, Jack Vincent, Vol II
Bell, Roseann P., Vol II
Cooke, James Jerome, Vol I
Crouther, Betty Jean, Vol I
Davis, Robert N., Vol IV
Eagles, Charles W., Vol I
Field, Lester L., Jr, Vol I
Galef, David A., Vol II
Hall, James R., Vol II
Harrington, Michael Louis, Vol IV
Hoffheimer, Michael H., Vol IV
Kartiganer, Donald M., Vol II
Kiger, Joseph Charles, Vol I
Kullman, Colby Haight, Vol II
Landon, Michael De Laval, Vol I
Metcalf, Michael F., Vol I
Moysey, Robert Allen, Vol I, III
Riggs, Robert, Vol II
Rychlak, Ronald J., Vol IV
Sharpe, Peggy, Vol III
Skemp, Sheila Lynn, Vol I
Sparks, Esther, Vol I
Steel, David Warren, Vol II
Swinden, Kevin J., Vol II
Watt, Jeffrey R., Vol I
Williams, Daniel E., Vol II
Wilson, Charles Reagan, Vol I, IV
Yang, Xiaobin, Vol II, III

West Point
Codling, Jim, Vol I, IV, V

MISSOURI

Billings
Schaffer, Deborah, Vol III

Blue Springs
Crausaz, Winston, Vol I

Bolivar
Derryberry, Bob R., Vol II
Gallatin, Harlie Kay, Vol I
Hooper, William Loyd, Vol II

Canton
Lee, George Robert, Vol I
Wiegenstein, Steve, Vol II

Cape Girardeau
Gerber, Mitchell, Vol IV
Hamblin, Robert W., Vol II
Hoffman, Steven J., Vol I
Keys, Paul, Vol V
Lloyd, Paul J., Vol V
Parette, Howard P., Vol V
Petch-Hogan, Beverly M., Vol V
Raschke, Debra, Vol II
Reinheimer, David, Vol II
Snell, William, Jr, Vol V
Stennis-Williams, Shirley, Vol V
Stepenoff, Bonita M., Vol I
Veneziano, Carol, Vol IV

Chesterfield
Te, Jordan, Vol V
Winn, Colette Henriette, Vol III

Columbia
Abrams, Douglas Edward, Vol IV
Bank, Barbara J., Vol V
Barabtarlo, Gene, Vol III
Bender, Robert M., Vol II
Benoit, William L., Vol II
Bien, Joseph J., Vol IV
Bondeson, William B., Vol IV
Braun, Ernst, Vol III
Budds, Michael J., Vol II
Bullion, John Lewis, Vol I
Burggraaff, Winfield J., Vol I
Camargo, Martin J., Vol II
Cavigioli, Rita C., Vol III
Collins, Robert Maurice, Vol I
Comfort, Kathleen, Vol III
Cooke, Thomas D., Vol II
Cooper, Harris M., Vol V
Crowley, J. Donald, Vol II
Crowley, Sue Mitchell, Vol II, IV
Cunningham, Noble E., Jr., Vol I
Curtis, James Malcolm, Vol III
Dawson, William, Vol II
Devlin, Albert J., Vol II
Dorsey, Carolyn Ann, Vol I
Eggener, Keith L., Vol I
Fischer, David Arnold, Vol IV
Flader, Susan L., Vol I
Foley, John Miles, Vol III
Fulweiler, Howard, Vol II
Geary, David, Vol V
Gilbert, Bennie Ruth, Vol V
Heringman, Noah, Vol II
Hessler, Richard M., Vol V
Hinkel, Howard, Vol II
Hinnant, Charles H., Vol II
Hocks, Elaine, Vol IV
Hocks, Richard, Vol II
Holland, Antonio F., Vol I
Holtz, William, Vol II
Hooley, Daniel M., Vol III
Hudson-Weems, Clenora, Vol II
Koditschek, Theodore, Vol I
Koegel, John, Vol II
Kramer, Michael W., Vol II
Kuizenga, Donna, Vol III
Kultgen, John, Vol IV
Lago, Mary Mcclelland, Vol II, III
Lance, Donald M., Vol III
Lane, Eugene N., Vol II
Lewis, Marvin A., Vol III
Lyman, R. Lee, Vol V
Markie, Peter J., Vol IV
Marshall, Howard Wight, Vol I
McBain, James F., Jr., Vol IV
Miller, Kerby A., Vol I
Muratore, Mary Jo, Vol III
Nauert, Charles G., Vol I
Neff, Hector, Vol V
Okker, Patricia Ann, Vol II
Overby, Osmund R., Vol I
Pierce, Glenn, Vol III
Pigg, Kenneth E., Vol V
Prahlad, Sw. Anand, Vol II, V
Presberg, Charles D., Vol III
Quirk, Thomas Vaughan, Vol II
Raitt, Jill, Vol IV
Reid, Loren, Vol II
Roberts, John, Vol II
Rowlett, Ralph M., Vol V
Santos, Sherod, Vol II, IV
Saylor, Charles F., Vol III
Schenker, David J., Vol III
Scroggins, Daniel Coy, Vol III
Sheldon, Kennon, Vol V
Sperber, Jonathon, Vol I
Strickland, Arvarh E., Vol I
Tarkow, Theodore A., Vol II, III
Terrell, Robert L., Vol II
Thiher, Ottah Allen, Vol III
Timberlake, Charles E., Vol I
Ugarte, Michael, Vol III
Urban, Michael A., Vol I
Wallace, Paul, Vol IV
Weirich, Paul, Vol IV
Whidden, Seth A., Vol III
Williams, Jeff, Vol II
Worthington, Ian, Vol I, II, III
Wu, Kuang-Ming, Vol IV

Columbus
Mullen, Edward, Vol II
Rueda, Ana, Vol III

Fayette
Burres, Kenneth Lee, Vol III, IV
Carter, John J., Vol IV
Geist, Joseph E., Vol II
Melnyk, Julie, Vol II

Fulton
Lael, Richard Lee, Vol I
Mattingly, Richard Edward, Vol IV
Southern, David Wheaton, Vol I

Hannibal
Bergen, Robert D., Vol III, IV
Pelletier, Samuel R., Vol IV

Jefferson City
Hearn, Rosemary, Vol II
Kremer, Gary R., Vol I
Mattingly, Susan Shotliff, Vol IV
Steward, Dick Houston, Vol I
Wyman, Linda Lee, Vol II

Joplin
Bowland, Terry, Vol IV
Costley, Kevin, Vol V
Denniston, Elliott Averett, Vol II
Harder, Henry Louis, Vol II
Marlowe, Ann, Vol II
Massa, Richard Wayne, Vol II
Merriam, Allen H., Vol II
Murdock, Gwendolyn K., Vol V
Saltzman, Arthur Michael, Vol II

Kansas City
Aitken, Joan Evelyn, Vol II
Alarid, Leanne F., Vol IV
Andrews, Stephen J., Vol III
Bangs, Carl, Vol IV
Benson, Mary E., Vol II
Berets, Ralph Adolph, Vol II
Berger, Mark, Vol IV
Berman, Jeffrey B., Vol IV
Brady, Jules M., Vol IV
Bredeck, Martin James, Vol IV
Brodsky, Patricia Pollock, Vol III
Capra, Carl J., Vol V
Carter, Warren, Vol IV
Clardy, Jesse V., Vol I
Cogdill, James, Vol IV
Cooper, Corinne, Vol IV
Dean, Joan Fitzpatrick, Vol II
Deasley, Alex R. G., Vol IV
Deblauwe, Francis, Vol I
Dolskaya-Ackerly, Olga, Vol II
Driever, Steven L., Vol I
Dunlap, Elden Dale, Vol IV
Eubanks, Eugene E., Vol V
Feagin, Susan Louise, Vol IV
Ferguson, Kenneth D., Vol IV
Gall, Robert, Vol IV
Garavalia, Linda, Vol V
Graham, John Thomas, Vol I
Hattaway, Herman Morell, Vol I
Hoffmann, Donald, Vol I
Hood, Edwin T., Vol IV
Howell, John C., Vol IV
Hoyt, Christopher R., Vol IV
Huyett, Patricia, Vol II
Jones, William Paul, Vol IV
Kisthardt, Walter E., Vol V
Klausner, Carla Levine, Vol I
Knight, Henry H., III, Vol IV
Kobach, Kris W., Vol IV
Lambert, Jean Christine, Vol IV
Larsen, Lawrence H., Vol I
Levit, Nancy, Vol IV
Levy, Gayle A., Vol III
Lewis, Martha Hoffman, Vol II, III
Londre, Felicia Hardison, Vol II

Lubin, Bernard, Vol V
Lumin, Bernard, Vol V
Martin, Robert K., Vol IV
Matthaei, Sondra, Vol IV
McCarty, Doran Chester, Vol IV
Mckinley, James Courtright, Vol II
Miles, Delos, Vol IV
Moenssens, Andre A., Vol IV
Ogilvie, Leon Parker, Vol I
Oldani, Louis Joseph, Vol II
Phegley, Jennifer J., Vol II
Pogemiller, Leroy, Vol II
Popper, Robert, Vol IV
Potts, Louis Watson, Vol I
Powell, Burnele Venable, Vol IV
Price, Tanya Y., Vol V
Raser, Harold E., Vol IV
Reitz, Charles, Vol IV, V
Richards, Edward P., Vol IV
Robinson, Genevieve, Vol I
Sheldon, Ted P., Vol II
Singelmann, Peter, Vol V
Sweetman, Brendan M., Vol IV
Trani, Eugene Paul, Vol I
Verchick, Robert R., Vol IV
Voigts, Linda Ehrsam, Vol I, III
Walter, Edward F., Vol IV
Wert, Hal E., Vol I
Williams, Hazel Browne, Vol II
Wilson, Robert F., Vol II

Kirksville
Applegate, John A., Vol II
Barnes, Jim Weaver, Vol II, III
Davis, Adam B., Vol II
Davis, Janet, Vol II
DeLancey, Julia, Vol I
Graber, Robert, Vol V
Hsieh, Dinghwa Evelyn, Vol IV
Jesse, Jennifer G., Vol IV
Jia, Wenshan, Vol II
Keller, Dale, Vol II
Ling, Huping, Voi I
Orchard, Lee F., Vol II
Orel, Sara E., Vol I
Presley, Paula, Vol I
Preussner, Arnold, Vol II
Ramsbottom, Mary Macmanus, Vol I
Rao, Ramesh N., Vol II, III
Reid, Constance L., Vol III
Richter, Gregory, Vol III

Lees Summit
Nanos, Mark D., Vol IV
Westra, Matthew R., Vol V

Liberty
Chance, J. Bradley, Vol IV
David, Keith R., Vol IV, V
Garrison, Ronilue B., Vol V
Horne, Milton P., Vol IV
Kauffmann, Ruth A., Vol III
Miller, Mara, Vol I, V
Reynolds, Elaine A., Vol I

Louis
McNamee, Maurice Basil, Vol II

Marshall
Gruber, Loren C., Vol II

Maryville
Albertini, Virgil, Vol II
Carneal, Thomas William, Vol I
Chandler, Wayne A., Vol II
Edwards, Carla, Vol V
Field, Richard, Vol IV
Fry, Carrol Lee, Vol II
Haddock, Gregory, Vol I
Ross, Theophil, Vol II
Saucerman, James Ray, Vol II

Nevada
Byer, Inez, Vol IV
Lutke, Debi Reed, Vol V

Parkville
McClelland, Patricia, Vol V

Point Lookout
Clemmer, Linda, Vol V
Kneeshaw, Stephen, Vol I, V
Zabel, James Allen, Vol I

Rolla
Bergmann, Linda S., Vol II
Christensen, Lawrence, Vol I
Ivliyeva, Irina, Vol III
Knight, Nicholas William, Vol II
Ridley, Jack, Vol I
Vonalt, Larry, Vol II

Saint Joseph
Kepler, Jon S., Vol I
Malone, Edward A., Vol II

Saint Louis
Acker, Paul, Vol II
Aiken, Jane Harris, Vol IV
Akca, Zeynep, Vol V
Allen, Garland E., Vol I
Anderson, Vinton Randolph, Vol IV
Arand, Charles P., Vol IV
Arp, Robert, Vol IV
Bagley, Mary, Vol II
Barmann, Lawrence F., Vol I, IV
Barry, Bert, Vol V
Bartelt, Andrew H., Vol IV
Bayer, Hans F., Vol IV
Beatty, Michael, Vol II, III
Bechtel, William, Vol IV
Beck, Lois, Vol V
Beinfeld, Solon, Vol I
Benis, Toby Ruth, Vol II
Benoit, Raymond, Vol II
Benton, Catherine, Vol I, IV
Berg-Weger, Marla, Vol V
Berger, Henry Weinberg, Vol I
Berman, Scott, Vol IV
Bernstein, Iver, Vol I
Berquist, Jon L., Vol IV
Blackwell, Richard Joseph, Vol IV
Blessing, Kamila, Vol IV
Bliss, Robert M., Vol I
Brauer, James L., Vol IV
Brickey, Kathleen F., Vol IV
Brock, Karen L., Vol I
Browman, David L., Vol V
Brown, Candy, Vol I
Brown, Eric, Vol IV
Brown, Leslie, Vol I
Brownell, Susan E., Vol V
Buickerood, James G., Vol IV
Burkholder, Mark A., Vol I
Bush, Harold K., Vol II
Bush, Harry H., Vol V
Carey, John M., Vol IV
Carkeet, David Corydon, Vol II
Casaregola, Vincent, Vol II
Champagne, Roland A., Vol III
Charron, William C., Vol IV
Childs, Elizabeth C., Vol I
Clarke, Anne-Marie, Vol IV
Cooper, Jerry Marvin, Vol I
Critchlow, Donald T., Vol I
Curran, Thomas F., Vol I
Danker, Frederick W., Vol III, IV
Davis, Lawrence H., Vol IV
Davis, Richard W., Vol I
Dorsey, Elbert, Vol IV
Doyle, James F., Vol IV
DuBois, James M., Vol IV
Dunne, Joseph Fallon, Vol II
Dzuback, Mary Ann, Vol I, V
Early, Gerald, Vol I, II
Epstein, Lee, Vol IV
Faherty, William Barnaby, Vol I
Fausz, John Frederick, Vol I
Ferrari, Rita, Vol II
Feuerhahn, Ronald R., Vol I, IV
Finney, Paul Corby, Vol I, IV
Fiss, Karen A., Vol I
Fleener, Charles Joseph, Vol I
Fournier, Lucien, Vol II
Friedman, Marilyn A., Vol IV
Fuss, Peter L., Vol IV
Gaffney, John Patrick, Vol IV
Gass, William Howard, Vol IV
Gerard, Jules Bernard, Vol IV
Gerteis, Louis, Vol I
Gibbs, Jeffrey A., Vol IV
Gordon, Robert Morris, Vol IV
Greenfield, Michael M., Vol IV
Greenhaw, David M., Vol IV
Guentner, Frances J., Vol II
Harvey, Richard D., Vol V
Hasler, Antony, Vol II
Hatch, George, Vol I
Hause, Steven C., Vol I
Head, Thomas F., Vol I
Hegel, Robert E., Vol II
Heidenheimer, Arnold J., Vol IV
Heil, John P., Vol IV
Herron, Robert Deupree, Vol III
Hirst, Derek M., Vol I
Hitchcock, James, Vol I
Hurley, Andrew J., Vol I
Ifri, Pascal A., Vol III
Izenberg, Gerald Nathan, Vol I
Jackson, Carol E., Vol IV
Jenkins, Jennifer L., Vol I
Johnston, Georgia, Vol II
Jones, David Clyde, Vol IV
Jones, Ellen, Vol II
Joy, Peter, Vol IV
Jung, Donald J., Vol II
Karamustafa, Ahmet T., Vol I, IV
Kizer, Elizabeth J., Vol II
Klass, Dennis, Vol IV
Kleingeld, Pauline, Vol IV
Kolb, Robert A., Vol I
Kolmer, Elizabeth, Vol I
Konig, David Thomas, Vol I, IV
Korr, Charles P., Vol I
Latta, Kimberly, Vol II
Leonard, Kimberly K., Vol IV
Leven, Charles Louis, Vol IV
Levie, Howard Sidney, Vol IV
Levin, Ronald Mark, Vol IV
Lopez, Oscar R., Vol II, III
Lowry, William R., Vol IV
Lutzeler, Paul M., Vol III
Madden, Thomas, Vol I
Magill, Gerard, Vol IV
Maltby, William Saunders, Vol I
Mandelker, Daniel Robert, Vol IV
Marcus, Marvin H., Vol III
McGlone, Mary M., Vol IV
McLeod, Frederick G., Vol IV
McPhail, Thomas Lawrence, Vol II
Milder, Robert, Vol II
Miles, Dorothy D., Vol V
Miller, Angela L., Vol I
Miller, Clarence Harvey, Vol II
Miller, Howard Smith, Vol I
Mitchell, Christopher, Vol III
Mitchell, Richard Hanks, Vol I
Modras, Ronald E., Vol IV
Moisan, Thomas, Vol II
Mumford, Eric, Vol I
Munson, Ronald, Vol IV
Murray, Michael D., Vol I, II
Nagel, Norman E., Vol IV
Nelson, Lynn Hankinson, Vol IV
Nicholson, L., Vol IV
Norwood, Kimberly Jade, Vol IV
Nunez-Betelu, Maite, Vol III
Okenfuss, Max Joseph, Vol I
Ordower, Henry M., Vol II, IV
Parr, Chris, Vol IV
Patterson, Miles L., Vol V
Paulson, Stanley Lowell, Vol IV
Pautrot, Jean-Louis, Vol III
Perry, Elizabeth Israels, Vol I
Perry, Lewis C., Vol I
Peter, David J., Vol IV
Poag, James F., Vol III
Primm, James Neal, Vol I
Raabe, Paul R., Vol IV
Raj, Victor A. R., Vol IV
Rawling, J. Piers, Vol IV
Resick, Patricia A., Vol V
Riesenberg, Peter, Vol I
Ritts, Vicki, Vol V
Robbert, Louise Buenger, Vol I
Roediger, Henry L., Vol V
Rosenbloom, Joseph R., Vol I
Rosenthal, Howard, Vol V
Rosin, Robert L., Vol I, IV
Ross, Stephanie A., Vol I, V
Rota, C. David, Vol II
Roth, Paul A., Vol IV
Rowan, Steven, Vol I
Rowold, Henry, Vol IV
Rozbicki, Michal J., Vol I, II
Ruddy, T. Michael, Vol I
Ruland, Richard, Vol II
Sale, Mary, Vol II, III, IV
Salisbury, Robert H., Vol IV
Sanchez, Jose Mariano, Vol I
Schlafly, Daniel L., Vol I
Schlafly, Phyllis Stewart, Vol IV
Schneider, Laurence, Vol I
Schraibman, Joseph, Vol III
Schuchard, Bruce G., Vol IV
Schwartz, Howard, Vol II
Schwarz, E., Vol III
Schwarzbach, Fredric S., Vol I, II
Scott, James F., Vol II
Scott, James Frazier, Vol II
Searls, Eileen H., Vol IV
Seligman, Joel, Vol IV
Shaffer, Arthur, Vol I
Shapiro, Henry L., Vol I, IV
Shea, Daniel B., Vol II
Sherman, Stuart, Vol II
Sherraden, Margaret, Vol V
Shields, Donald C., Vol II
Shippey, T. A., Vol II
Smith, Duane, Vol II
Souza, M., Vol II
Stake, Jayne E., Vol V
Sussman, Robert W., Vol V
Sweet, Nan, Vol II
Symeonoglou, Sarantis, Vol I
Tatlock, Lynne, Vol III
Thompson, Vetta L., Vol V
Thro, Linus J., Vol IV
Thumin, Fred J., Vol V
Tierney, James Edward, Vol II
Toribio, Josefa, Vol IV
Treadgold, Warren, Vol I, II, III
Tsunoda, Elizabeth, Vol I
Tuchler, Dennis John, Vol IV
Turner, Paige K., Vol II
Ulian, Joseph, Vol IV
Uraizee, Joya F., Vol II
Voelz, James W., Vol IV
Wall, Eamonn, Vol II
Wallace, William E., Vol I
Walsh, Thomas M., Vol II
Walter, Richard John, Vol I
Walterscheid, Kathryn A., Vol II
Watson, Patty Jo, Vol I
Watson, Richard A., Vol IV
Weil, Mark S., Vol I
Wellman, Carl, Vol IV
Weninger, Robert, Vol IV
Wernet, Stephen P., Vol V
Wesselschmidt, Quentin F., Vol III, IV
Williams, Gerhild Scholz, Vol I
Williams, Robert Chadwell, Vol I
Williamson, Jane Louise, Vol II
Works, John A., Vol I
Zuck, Lowell H., Vol I, IV
Zwicker, Steven Nathan, Vol II

Saint Peters
Checkett, Lawrence, Vol II
Feng-Checkett, Gayle, Vol II, V

Springfield
Baumlin, James S., Vol II
Baumlin, Tita French, Vol II
Browning, Peter, Vol IV
Burgess, Stanley M., Vol IV
Burling, William J., Vol II
Burt, Larry, Vol I
Cotton, Roger D., Vol IV
Daley, James G., Vol V
Davis, James O., Vol V
DeAngelo, LeAnna M., Vol V
Dicke, Thomas Scott, Vol I
Dyer, Sam Coad, Vol II
Ess, Charles, Vol IV
Giglio, James N., Vol I
Gutzke, David W., Vol I
Hedrick, Charles W., Vol IV
John, Judith A., Vol II
Lederer, Katherine, Vol II
Lewis, Andrew Wells, Vol I
Luckert, Karl Wilhelm, Vol I, IV
Madden, Etta M., Vol II
McClennen, Joan, Vol V
Miller, Worth Robert, Vol I
Moran, Jon S., Vol IV
Moyer, James Carroll, Vol I, IV
Parsons, James, Vol II
Paxton, Mark, Vol II
Piston, Williams Garrett, Vol I
Polly, Lyle R., Vol III
Smith, Ralph R., Vol II
Stanton, Don, Vol II
Syler, Eleanor G., Vol V
Terry, Sean, Vol I
Willis, Resa, Vol II

University City
Trotter, Griffin, Vol IV

Warrensburg
Adams, Louis Jerold, Vol IV
Cox, E. Sam, Vol II
Crews, Daniel A., Vol I
Crump, Gail Bruce, Vol II
Cust, Kenneth F. T., Vol IV
Doyle, Ruth Lestha, Vol III
Fernquist, Robert M., Vol V
Foley, William Edward, Vol I
Johnson, Yvonne, Vol I
Pentlin, Susan Lee, Vol III
Prufer, Kevin D., Vol II
Selvidge, Marla J., Vol IV
Smith, David Lee, Vol II
White, Donald Jerry, Vol II
Young, James Van, Vol IV

Webster Groves
Barker, William Shirmer, II, Vol I, IV

West Plains
Albin, Craig D., Vol II

MONTANA

Billings
Friguglietti, James, Vol I
Gross, Daniel D., Vol II
Jensen, Theodore Wayne, Vol III
Small, Lawrence Farnsworth, Vol I, IV

Bozeman
Aldred, Lisa, Vol I
Brown, Alanna Kathleen, Vol II
Coffey, Jerome Edward, Vol III
Jelinski, Jack Bernard, Vol III
Mentzer, Raymond A., Vol I
Metz, Walter C., Vol II
Monaco, Paul, Vol II
Mullen, Pierce C., Vol I
O'Donnell, Victoria, Vol II
Pinet, Christopher, Vol III
Poster, Carol, Vol II
Rydell, Robert William, Vol I
Safford, Jeffrey Jaeger, Vol I
Shaw, Marvin C., Vol IV
Smith, Billy G., Vol I
Stadtlander, Leann (Lee) M., Vol V
Steen, Sara Jayne, Vol II
Thomas, Amy M., Vol II
Wessel, Thomas Roger, Vol I, V
Witkin-New Holy, Alexandra, Vol V

Great Falls
Bobbitt, Curtis W., Vol II
Furdell, Elizabeth Lane, Vol I, IV
Taylor, Jon, Vol III, IV
Zook, Donna M., Vol V

Havre
Gilmartin, Brian G., Vol V

Helena
Ferst, Barry Joel, Vol IV
Hart, John, Vol IV
Lambert, Richard Thomas, Vol I, IV

Missoula
Acker, Robert, Vol III
Arens, Hiltrud, Vol III
Bier, Jesse, Vol II
Campbell, Gregory R., Vol V
Deaton, Robert L., Vol V
Dozier, Robert R., Vol I, IV
Eglin, John, Vol I
Elliott, Deni, Vol IV
Flores, Dan, Vol I
Frey, Linda, Vol I
Fritz, Harry William, Vol I
Grieves, Forest L., Vol IV
Harrington, Henry R., Vol II, IV
Kanevskaya, Marina, Vol III
Kende, Mark, Vol IV
Kittredge, William Alfred, Vol II
Lauren, Paul Gordon, Vol I
Lopach, James Joseph, Vol IV
Rolfe, Oliver Willis, Vol III
Rose, Stanley Ludwig, Vol III
Schwaller, John, Vol I, III
Shuy, Roger W., Vol III

NEBRASKA

Blair
Madsen, Charles Clifford, Vol IV

Boys Town
Larzelere, R. E., Vol V

Crete
Haller, Evelyn, Vol II
Hanson, Charles Parker, Vol I
Price, David C., Vol II
Scheele, Roy M., Vol II

Fremont
Russell, William R., Vol IV

Hastings
Jordan, Philip D., Vol I
O'Connell, Robert H., Vol IV
Walker, James Silas, Vol IV

Kearney
Barua, Pradeep P., Vol I
Bloomfield, Susanne George, Vol II
Borchard, Kurt, Vol V
Briner, Wayne, Vol V
Counts, M. Reid, Vol IV, V
Craig, Herbert Eugene, Vol II, III
Damon, John Edward, Vol II
Glazier, Stephen D., Vol IV, V
Luscher, Robert M., Vol II
Martin, Thomas, Vol IV
Mosig, Yozan Dirk, Vol V
Narey, Martha, Vol I
Pearson, Lon, Vol III
Pigott, Ruth, Vol V
Ramage, Jean C., Vol V
Schuyler, Michael Wayne, Vol I
Stauffer, Helen Winter, Vol II
Tassi, Marguerite, Vol II
Umland, Rebecca, Vol II
Umland, Samuel, Vol II
Volpe, Vernon L., Vol I
Welch, Donovan LeRoy, Vol II

Lincoln
Adkin, Neil, Vol II, III
Ambrosius, Lloyd, Vol I
Andreasen, Nancy C., Vol V
Audi, Robert, Vol IV
Balasubramanian, Radha, Vol III
Becker, Edward, Vol IV
Behrendt, Stephen C., Vol II
Belasco, Susan, Vol II
Berger, Lawrence, Vol IV
Berger, Patrice, Vol I
Bormann, Dennis Robert, Vol II, III
Braeman, John, Vol I
Braithwaite, Dawn O., Vol II
Buhler, Stephen M., Vol II
Burnett, Amy, Vol I
Burnett, Stephen G., Vol I, IV
Cahan, David, Vol I
Cahan, Jean, Vol IV
Caramagno, Thomas C., Vol II
Casullo, Albert, Vol IV
Coble, Parks, Vol I
Coope, Jessica, Vol I
Cope, Esther Sidney, Vol I
Courtney, Sean, Vol V
Crawford, Dan, Vol IV
Crawford, Sidnie White, Vol I, III
Crompton, Louis, Vol I
Crump, Arthel Eugene, Vol IV
Deegan, Mary Jo, Vol V
Denicola, Robert C., Vol IV
Dixon, Wheeler Winston, Vol II
Dorsey, Learthen, Vol I
Edler, Frank H. W., Vol IV
Eskridge, Chris W., Vol IV
Ford, James Eric, Vol II
Goodburn, Amy M., Vol II
Gorman, Vanessa, Vol I
Heckman, Peter, Vol IV
Hilliard, Stephen Shortis, Vol II
Hoffman, Peter Toll, Vol IV
Homze, Edward L., Vol I
Honey, Maureen, Vol I, V
Hugly, Philip, Vol IV
Ide, Harry, Vol IV
Johnson, David, Vol II
Karch, Dieter, Vol III
Kaye, Frances Weller, Vol I, II
Kleimola, Ann, Vol I
Langdon, Barbara Tracy, Vol II
Lee, Ronald E., Vol II
Lehmann, Jennifer M., Vol V
Leinieks, Valdis, Vol II, III
Lepard, Brian, Vol IV
Link, Frederick M., Vol II
Lu, Suping, Vol I, IV
Luebke, Frederick Carl, Vol I
Mahoney, Timothy, Vol I
Marcus, Mordecai, Vol II
Maslowski, Peter, Vol I
Mayeux, Peter, Vol II
McClelland, James, Vol I
Meininger, Robert Alan, Vol III
Mendola, Joseph, Vol IV
Mignon, Charles William, Vol II
Miller, Susan, Vol I
Miller, Tice Lewis, Vol I, II
Moulton, Gary Evan, Vol I
Naugle, Ronald C., Vol I
Norland, Howard Bernett, Vol II
Olson, Paul A., Vol II
Owomoyela, Oyekan, Vol II
Patton, Venetria, Vol II
Perlman, Harvey, Vol IV
Pitt, David, Vol III, IV
Porsild, Charlene, Vol I
Potter, Nelson, Vol IV
Potuto, Josephine R., Vol IV
Pratt, Linda Ray, Vol II
Rader, Benjamin G., Vol I
Rawley, James A., Vol I
Rinkevich, Thomas E., Vol II, III
Rosowski, Susan Jean, Vol II
Saskova-Pierce, Mila, Vol III
Sayward, Charles, Vol III, IV
Seiler, William John, Vol II
Sherman, William Lewis, Vol I
Sosin, Jack Marvin, Vol I
Steiner, Vernon J., Vol IV
Steinweis, Alan, Vol I, IV
Stock, Robert Douglas, Vol II
Stoddard, Robert, Vol I
Thorson, Norm, Vol IV
Turner, John D., Vol I, IV
van Roojen, Mark, Vol IV
Vigil, Ralph Harold, Vol I
Von Eckardt, Barbara, Vol IV
Winkle, Kenneth, Vol I
Winter, Thomas Nelson, Vol II, III
Works, Robert G., Vol IV
Wunder, John R., Vol I

Norfolk
Donaldson, Daniel J., Vol IV
Huddleston, Mark, Vol IV
Keating, Patrick, Vol II

Omaha
Aikin, Roger, Vol I
Allen, Chris, Vol II
Andrus, Kay L., Vol IV
Arav, Rami, Vol IV
Bauer, Otto Frank, Vol II, III
Blizek, William L., Vol IV
Brooks, Catherine M., Vol IV
Brown, Marion Marsh, Vol II
Burch, Hobart, Vol IV
Burke, Ronald R., Vol IV
Cederblom, Jerry, Vol IV
Christensen, John E., Vol V
Churchill, Robert J., Vol II
Conces, Rory, Vol IV
Conner, Maurice Wayne, Vol III
Conyers, Jim, Vol I
Culhane, Marianne B., Vol IV
Dalstrom, Harl A., Vol I
Dendinger, Donald, Vol V
Dickel, Charles Timothy, Vol V
Dornsife, Rob, Vol II
Fenner, G. Michael, Vol IV
Freund, Richard A., Vol IV
Friedlander, Walter J., Vol I, IV
Garcia, Juan Ramon, Vol I
Glaser, Hollis F., Vol II
Granrose, Kathleen, Vol III
Green, Barbara S., Vol IV
Green, J. Patrick, Vol IV
Greenspoon, Leonard Jay, Vol IV
Hamm, Michael Dennis, S. J., Vol IV
Hauser, Richard Joseph, Vol IV
Hilt, Michael, Vol II
Irvin, Deborah M., Vol V
Jensen, Tim, Vol IV
Johanningsmeier, Charles, Vol I, II
Johansen, Bruce Elliott, Vol I
Kuo, Lenore, Vol I, IV
Lafontant, Julien J., Vol I, III
Lawson Mack, Raneta, Vol IV
LeBeau, Bryan, Vol I
Lipschultz, Jeremy Harris, Vol II
Louisa, Angelo, Vol I
Mahern, Catherine, Vol IV
Mangrum, R. Collin, Vol IV
Mihelich, Dennis, Vol I
Morse, Edward A., Vol IV
Myers, Scott, Vol II
Newkirk, Glen A., Vol II
Newman, Andrew, Vol IV
O'Neill, Megan, Vol II
Okhamafe, Imafedia, Vol II, IV
Palmer, Russ, Vol I, IV
Paterson, Douglas L., Vol II
Peterson, Michael, Vol I
Pieck, Manfred, Vol IV
Pollak, Oliver, Vol I
Pratt, William C., Vol I
Roddy, Nicolae, Vol IV
Santoni, Roland J., Vol IV
Schultenover, David, SJ, Vol I, IV
Shaffer, Nancy E., Vol I, IV
Shanahan, Thomas Joseph, Vol IV
Sharma, Manoj, Vol V
Shkolnick, Rodney, Vol IV
Shugrue, Richard E., Vol IV
Simmons, Jerold Lee, Vol I
Skau, Michael Walter, Vol II
Smallwood, Andrew, Vol I
Stephens, William O., Vol IV
Strom, Lyle E., Vol IV
Tate, Michael Lynn, Vol I
Teply, Larry L., Vol IV
Thorson, James A., Vol V
Volkmer, Ronald R., Vol IV
Welch, Ashton Wesley, Vol I
Whipple, Robert Dale, Jr., Vol II
Whitten, Ralph U., Vol IV
Wunsch, James Stevenson, Vol I, IV
Zacharias, Greg, Vol II

Seward
Fiala, Robert D., Vol I
Grothaus, Larry Henry, Vol I

Wayne
Bertolas, Randy, Vol I
Blaser, L. Kent, Vol I
Hickey, Donald Robert, Vol I

York
Wheeler, Kathleen B., Vol V

NEVADA

Incline Village
Barney, Stephen Allen, Vol II

Las Vegas
Appell, Annette Ruth, Vol IV
Babbitt, Beatrice C., Vol V
Bell, Andrew J. E., Vol I
Bell, Barbara Mosallai, Vol V
Bowers, John M., Vol II
Bybee, Jay S., Vol IV
Campbell, Felicia F., Vol II
Chung, Sue Fawn, Vol I
Clark, Thomas L., Vol III
Coburn, William Leon, Vol II
Coughtry, Jay, Vol I
Crank, Joe N., Vol V
Crawford, Jerry L., Vol II
Davenport, Robert Wilson, Vol I
Dil, Nasim, Vol V
Dodge, Robert Kendall, Vol II
Donohue, Bradley C., Vol V
Engberg, Norma J., Vol II
Erwin, D. Timothy, Vol II
Filler, John W., Vol V
Finocchiaro, Maurice A., Vol IV
Fry, Joseph A., Vol I
Gajowski, Evelyn J., Vol II
Goodwin, Joanne, Vol I
Hall, Gene E., Vol V
Hausbeck, Kate, Vol V
Hazen, James F., Vol II
Healey, William C., Vol II, V
Hilgar, Marie-France, Vol III
Hudgins, Christopher Chapman, Vol II
Irsfeld, John Henry, Vol II
Kelly, Cathie, Vol I
Klein, Lawrence E., Vol I
Koester, Rudolf Alfred, Vol III
Kyle Higgins, Amanda, Vol V
Loader, Colin T., Vol I
Lockette, Agnes Louise, Vol II
Mattson, Vernon E., Vol I
McAffee, Thomas B., Vol IV
McCullough, Joseph B., Vol II
McDonough, Ann, Vol II
Meana, Marta, Vol V
Miller, Susan P., Vol V
Moehring, Eugene P., Vol I
Muccigrosso, Robert Henry, Vol I
Mullen, Lawrence J., Vol II
Pierce, Thomas B., Vol V
Rasmussen, Chris, Vol I
Rollings, Willard H., Vol I
Rose, Ellen Cronan, Vol II
Rosenberg, Beth C., Vol II
Rothman, Hal K., Vol I
Sarri, Samuel, Vol IV
Schmiedel, Donald Emerson, Vol III
Shanab, Robert, Vol IV
Shuman, R. Baird, Vol II, V
Stitt, J. Michael, Vol II, V
Strawser, Sherri C., Vol V
Taylor, Susan L., Vol II, V
Tobias, Carl William, Vol IV
Tominaga, Thomas T., Vol IV
Unger, Douglas A., Vol II
Wallis, James, Vol IV
Walton, Craig, Vol IV
Weinstein, Mark A., Vol II
White, Elizabeth, Vol I
Whitney, Charles C., Vol II
Whitney, Elspeth, Vol I
Wright, Thomas C., Vol I

Reno
Achtenberg, Deborah, Vol I, IV
Ake, David, Vol II
Axtell, G. S., Vol IV
Boardman, Kathy, Vol II
Branch, Michael, Vol II
Brodhead, Michael John, Vol I
Casper, Scott E., Vol I
De Rafols, Wifredo, Vol III
Elliott, Marta, Vol V
Fruzzetti, Alan, Vol V
Hayes, Steven C., Vol V
Hoffman, Piotr, Vol I, IV
Howard, Anne Bail, Vol II
Hulse, James W., Vol I
Key, Wilson Bryan, Vol II
Lange, Horst, Vol III
Leone, Matthew C., Vol IV
Lucas, Brad E., Vol II
Lucash, Frank S., Vol IV
Manca, Franco, Vol I
Marschall, John Peter, Vol I, IV
Nickles, Thomas, Vol I, IV
Pettey, John Carson, Vol III
Piercy, Earl, Vol V
Reinshagen-Joho, Liane, Vol III
Rojas, J. Nelson, Vol III
Ronald, Ann, Vol II
Rusco, Elmer R., Vol IV
Sackett, Theodore Alan, Vol III
Sepulveda-Pulventini, Emma, Vol III
Stevens, Kevin M., Vol I
Stewart, Mary W., Vol V
Stitt, B. Grant, Vol IV
Tchudi, Stephen, Vol II
Tobin, Frank J., Vol II, IV
Wagener, Guy, Vol III
Whitenack, Judith A., Vol III
Williams, Christopher, Vol IV

NEW HAMPSHIRE

Barrington
Bolster, W. Jeffrey, Vol I

Bradford
Jacobsen, Thorkild, Vol I

Concord
Field, Thomas G., Jr., Vol IV
Garvin, James L., Vol I
Mevers, Frank Clement, Vol I
Scherr, Albert E., Vol I

Dover
Phelan, Jim, Vol IV

Dublin
Germain, Edward B., Vol II

Durham
Baum, William M., Vol V
Brettschneider, Marla, Vol IV
Brockelman, Paul, Vol IV
Callan, Richard Jerome, Vol III
Christie, Drew, Vol IV
Clark, Charles Edwin, Vol I
Clark, Mary Morris, Vol III, V
Cook, Anne E., Vol V
De Vries, Willem A., Vol IV
Deporte, Michael V., Vol II
Diefendorf, Jeffry Mindlin, Vol I
Drugan, Robert C., Vol V
Dusek, Rudolph Valentine, Vol IV
Emison, Patricia A., Vol I
Fitzpatrick, Ellen, Vol I, V
Frankfurter, David, Vol IV
Frierson, Cathy A., Vol I
Golinski, Jan, Vol I
Gould, Eliga H., Vol I
Gullace, Nicoletta F., Vol I, V
Hageman, Elizabeth H., Vol II
Harris, J. William, Vol I
Jacoby, Sally, Vol III
Kelleher, Patricia, Vol I
Lanier, Douglas M., Vol II
Marshall, Grover Edwin, Vol III
Matsuda, Paul Kei, Vol II, III
McCann, Francis D., Jr., Vol I
McMahon, Gregory, Vol I
McNamara, Paul, Vol IV
Mennel, Robert Mckisson, Vol I
Palmer, Stuart, Vol V
Polasky, Janet, Vol I
Rouman, John Christ, Vol II, III
Salyer, Lucy, Vol I
Sample, Ruth, Vol IV
Schwarz, Marc Lewis, Vol I
Silva, J. Donald, Vol II
Sitkoff, Harvard, Vol I
Straus, Murray A., Vol V
Triplett, Tim, Vol IV
Ulrich, Laurel Thatcher, Vol I
Watters, David Harper, Vol II
Wheeler, Douglas L., Vol I
Whittier, Duane Hapgood, Vol IV
Witt, Charlotte, Vol IV
Wolper, Ethel Sara, Vol I

Exeter
Bedford, Henry F., Vol I
Cole, Donald Barnard, Vol I
Wooley, Allan D., Vol III

Hanover
Allan, Sarah K. M., Vol I
Beasley, Faith E., Vol III
Bien, Peter Adolph, Vol II
Boose, Lynda E., Vol II
Breeden, James Pleasant, Vol IV
Burland, Margaret A. Jewett, Vol II
Chay, Deborah, Vol II
Chitoran, Ioanaa, Vol III
Cohen, Ada, Vol I
Cone, Annabelle, Vol III
Corrigan, Kathleen, Vol I
Cosgrove, Peter, Vol II
Cracolici, Stefano, Vol III
Crewe, Jonathan V., Vol II
Daniell, Jere, Vol I
Davies, Laurence J., Vol III
Desjardins, Mary, Vol II
Doenges, Norman Arthur, Vol I, II, III
Doney, Willis, Vol IV
Dorsey, James, Vol II, III
Duncan, Bruce, Vol III
Eberhart, Richard, Vol II
Ermarth, Hans Michael, Vol I
Favor, J. Martin, Vol II
Garretson, Deborah, Vol III
Garthwaite, Gene Ralph, Vol I
Gaylord, Alan T., Vol II
Gemunden, Gerd, Vol III
Gert, Bernard, Vol IV
Glinert, Lewis, Vol II, III
Gragnolati, Manuele, Vol III
Green, Ronald Michael, Vol IV
Grenoble, Lenore A., Vol III
Halasz, Alexandra W., Vol II
Heck, Marlene, Vol I
Heffernan, James Anthony Walsh, Vol II
Higgins, Lynn Anthony, Vol III
Hirsch, Marianne, Vol III
Hockley, Allen, Vol I
Hoffmeister, Werner, Vol III
Jahner, Elaine A., Vol II
Jordan, Jim, Vol I
Kacandes, Irene, Vol III
Katz, Phyllis, Vol II, III
Kelley, Mary, Vol I
Kenkel, Konrad, Vol III
Kenseth, Joy, Vol I

Geographic Index

Kleck, Robert E., Vol V
Kogan, Vivian, Vol III
Kuypers, Jim A., Vol II
LaValley, Albert J., Vol II
Loseff, Lev V., Vol III
Lozano-Renieblas, Isabel, Vol III
Luxon, Thomas H., Vol II
Major, John Stephen, Vol I
Mansell, Darrell L., Vol II
Masters, Roger D., Vol IV
McGrath, Robert, Vol I
McKee, Patricia, Vol II
Moor, James H., Vol IV
Mowry, Hua-yuan Li, Vol II, III
Ohnuma, Reiko, Vol I, IV
Otter, Monika, Vol II
Oxenhandler, Neal, Vol III
Parati, Graziella, Vol III
Pastor, Beatriz, Vol III
Pease, Donald E., Vol II
Penner, Hans Henry, Vol I, IV
Rainer, Ulrike, Vol III
Randolph, Adrian W. B., Vol I
Rege, Josna E., Vol II
Renza, Louis A., Vol II
Rosenthal, Angela H., Vol I
Rowlinson, Matthew C., Vol II
Rutter, Jeremy B., Vol II, III
Saccio, Peter, Vol II
Scher, Steven Paul, Vol III
Scherr, Barry, Vol III
Schweitzer, Ivy, Vol II
Scott, William Clyde, Vol II, III
Sears, Priscilla F., Vol II
Sheehan, Donald, Vol II
Shewmaker, Kenneth Earl, Vol I
Shookman, Ellis, Vol III
Sices, David, Vol III
Silver, Brenda R., Vol II
Sinnot-Armstrong, Walter P., Vol IV
Sorensen, Roy, Vol IV
Spengemann, William C., Vol II
Spitzer, Leo, Vol I
Swayne, Steven Robert, Vol IV
Travis, Peter W., Vol II
Washburn, Dennis, Vol II, III
Whaley, Lindsay, Vol III
Will, Barbara E., Vol II
Wood, Charles Tuttle, Vol I
Wright, James Edward, Vol I
Wykes, David, Vol II
Zeiger, Melissa F., Vol II

Henniker
Crafts, Amy, Vol V

Hooksett
Kinsman, Lawrence, Vol II

Keene
Frink, Helen, Vol V
Grayson, Janet, Vol II
Lee, Sander H., Vol IV

Manchester
Begiebing, Robert J., Vol II
Berthold, George Charles, Vol IV
Cassidy, James G., Vol I
Constance, Joseph, Vol I, II
Foster, Anne L., Vol I
Huff, Peter A., Vol I, IV
Klenotic, Jeffrey F., Vol II
Mason, Francis M., Vol I
Pajakowski, Philip E., Vol I
Piotrowski, Thaddeus M., Vol I, V
Resch, John P., Vol I
Savers, Ann C., Vol II
Shannon, Sylvia C., Vol I

Nashua
Kaloudis, George, Vol I
Malachuk, Daniel S., Vol II
Tavani, Herman, Vol IV

New London
Freeberg, E., Vol I
Muyskens, Judith A., Vol III

Newmarket
Dorsey, Kurk, Vol I

Peterborough
Donelan, James, Vol IV

Plymouth
DeRosa, Robin, Vol II
Dubino, Jeanne, Vol II
Epstein, Bonnie W., Vol II
Funk, Joel D., Vol V
Haight, David F., Vol IV
Leibowitz, Constance, Vol IV
Petersen, Meg, Vol II
Sandy, Leo, Vol V

Portsmouth
Hilson, Arthur Lee, Vol I
Howard, Joan E., Vol III
Sommer, Doris, Vol II

Rindge
Cervo, Nathan Anthony, Vol II
Lupinin, Nickolas, Vol I
Picchi, Debra, Vol V

Rye
Winslow, Richard E., III, Vol I

Stafford
Westbrook, Ellen E., Vol II

NEW JERSEY

Belle Mead
Ward, Herman M., Vol II

Blackwood
Curtis, William H., Vol V
Murphey, Kathleen, Vol II

Bloomfield
Figueredo, Danilo H., Vol III
Fuller, Clarence, Vol III
Hart, Richard E., Vol IV
Price, Robert M., Vol IV

Caldwell
Bar, Rosann, Vol V
Haymann, Mary, Vol III
Kramer, Jennifer, Vol II
Krug, Barbara C., Vol IV
Mullaney, Marie, Vol I
Spano, Rina Gangemi, Vol V

Camden
Barbarese, J. T., Vol II
Bowden, Betsy, Vol II
Carlisle, Rodney, Vol I
Carter, Theodore Ulysses, Vol IV
Cornelia, Marie E., Vol II
Cottrol, Robert James, Vol IV
Dorwart, Jeffrey M., Vol I
Eichelberger, William L., Vol IV
Epstein, Richard, Vol III
Feinman, Jay M., Vol IV
Fitter, Chris, Vol II
Hull, N. E. H., Vol I, IV
Klinghoffer, Arthur Jay, Vol IV
Kludze, A. Kodzo Paaku, Vol IV
Lees, Andrew, Vol I
Lutz, William, Vol II
Martin, Timothy, Vol II
Mccolley, Diane K., Vol II
Scranton, Philip, Vol I
Showalter, English, Vol III
Sill, Geoffrey M., Vol II
Singley, Carol J., Vol II

Chatham
Kim, Younglae, Vol IV

Cherry Hill
Butler, Rebecca Batts, Vol V

Cranford
Hogan, Lawrence Daniel, Vol I
Pizzo, Joseph S., Vol II
Wolfe, Deborah Cannon Partridge, Vol IV

Dayton
Adickes, Sandra Elaine, Vol II

Douglass
Bunzl, Martin, Vol IV

Dumont
Dorn, Louis, Vol IV

East Orange
Boraas, Roger Stuart, Vol IV
Chethimattam, John Britto, Vol IV
Thorburn, Carolyn Coles, Vol III

Edison
Blanco, Virgil H., Vol III
Manogue, Ralph Anthony, Vol II
Nagy, Karoly, Vol V

Elizabeth
Lupia, John N., Vol I
Siegel, Adrienne, Vol I, II

Englewood
Hertzberg, Arthur, Vol I
Lee, William L., Vol II

Ewing
Barnes, Gerald, Vol IV
Dickinson, Gloria Harper, Vol I
Gotthelf, Allan, Vol IV
Kamber, Richard, Vol I
Li, Rebecca, Vol V
Omole-Odubekun, Omolola E., Vol IV
Roberts, Melinda, Vol IV
San Pedro, Teresa Anta, Vol III
Winston, Morton E., Vol IV
Wong, Jean, Vol III

Fort Lee
Corredor, Eva Livia, Vol III

Garden City
Varacalli, Joseph A., Vol V

Glassboro
Adelson, Fred B., Vol I
Applebaum, David, Vol I
Ashton, Dianne C., Vol IV
Clough, Sharon, Vol IV
Coulombe, Joseph L., Vol II
Doskow, Minna, Vol II
Grupenhoff, Richard, Vol I, II
Haba, James, Vol II
Hewsen, Robert, Vol I
Hunter, Gary, Vol I
Jiao, Allan, Vol IV
Kaleta, Kenneth C., Vol II
Kress, Lee Bruce, Vol I
Patrick, Barbara, Vol II
Penrod, Diane, Vol II
Porterfield, Richard Maurice, Vol I
Viator, Timothy J., Vol II
Vitto, Cindy, Vol II
Wang, Q. Edward, Vol I
Wiltenburg, Joy, Vol I, V

Hackettstown
Grigsby, Bryon L., Vol II
Serafini, Anthony, Vol IV

Haddonfield
Clouser, Roy A., Vol IV
White, Hugh, Vol III, IV

Hawthorne
Scott, Kieran, Vol IV, V

Hewitt
Mollenkott, Virginia Ramey, Vol II, V

Highland Park
Edmunds, Lowell, Vol II, III
Necheles-Jansyn, Ruth F., Vol I
Walker, Steven Friemel, Vol III

Hoboken
Bennett, Philip W., Vol IV
Clark, Geoffrey W., Vol I
Foster, Edward H., Vol II
Laccetti, Silvio R., Vol I
Linsenbard, Gail E., Vol IV
Prisco, Salvatore, Vol I

Irvington
Williams, Junius W., Vol IV

Iselin
Caffrey, Raymond T., Vol II

Jackson
Cappucci, Paul R., Vol II

Jamesburg
Kramer-Mills, Hartmut, Vol IV

Jersey City
Carter, Guy C., Vol I, IV
Cassidy, Laurence Lavelle, Vol IV
Daane, Mary, Vol V
Finn, Margaret R., Vol II, III
Giles, Thomas Ransom, Vol IV
Hamilton, Harlan, Vol II
Kennedy, Robert E., Vol IV
Kharpertian, Theodore, Vol II
Loughran, James N., Vol IV
Luhr, William, Vol II
Lynch, Thomas Patrick, Vol II
Marshood, Nabil, Vol V
Mintz, Kenneth A., Vol II
Ohiwerei, Godwin, Vol V
Palmegiano, Eugenia M., Vol I
Schmidt, William John, Vol I, IV
Schmidtberger, Loren F., Vol II
Scott, Gary Alan, Vol IV
Sheridan, Thomas L., Vol IV
Watson, John Clifton, Vol II

Lakewood
Chinery, Mary, Vol II
Holian, Gail, Vol II
McCarthy, Mary Theresa, Vol III
Schubert, Judith, Vol IV
Smorra, Mary A., Vol V
Witman, Edward Paul, Vol IV

Lawrenceville
Brown, Jerry Wayne, Vol I, IV
Finello, Dominick Louis, Vol III
Good, Robert C., Vol IV
Iorio, Dominick Anthony, Vol IV
Long, John Wendell, Vol I
Mcleod, Alan L., Vol II
Onyshkevych, Larissa M. L. Z., Vol II
Richardson, Charles O., Vol I
Stroh, Guy Weston, Vol IV

Lebanon
Callander, Marilyn Berg, Vol II

Leonia
Barlow, J. Stanley, Vol IV

Lincroft
Trimble, Richard M., Vol I

Linwood
Lacy, Allen, Vol IV

Livingston
Caban, Pedro, Vol I, III

Lodi
Burnor, Richard N., Vol IV
Castellitto, George, Vol II
Karetzky, Stephen, Vol I

Madison
Becker, Lucille Frackman, Vol III
Bicknell, John W., Vol II
Bull, Robert Jehu, Vol I, IV
Calcagnetti, Daniel J., Vol V
Christensen, Michael, Vol I, IV
Courtney, Charles, Vol IV
Cowen, John Edwin, Vol V
Cummins, Walter M., Vol II
Dayton, Donald Wilber, Vol I, IV
Fishburn, Janet Forsythe, Vol I, IV
Gadsden, Gloria Y., Vol V
Goodman, Michael B., Vol II
Green, Martin, Vol II
Jones, Donald D., Vol IV
Kelley, Paul B., Vol III
Keyishian, Harry, Vol II
Kopp, Richard L., Vol III
Lenz, John Richard, Vol II, III
Marchione, Margherita Frances, Vol I, III
McTague, Robert, Vol I
Pintado-Casas, Pablo, Vol III
Prentiss, Karen Pechilis, Vol IV
Rice, Charles L., Vol IV
Rose, Jonathan, Vol I
Selinger, Suzanne, Vol I
Skaggs, Merrill Maguire, Vol II
Steiner, Joan Elizabeth, Vol II
Stroker, William Dettwiller, Vol IV
Weimer, Joan Myers, Vol II, V
Woolley, Peter J., Vol I, IV

Mahwah
Alaya, Flavia M., Vol II
Boadt, Lawrence E., Vol IV
Davis, Henry Vance, Vol I
Frundt, Henry, Vol V
Johnson, Roger N., Vol V
Leontovich, Olga, Vol I
Padovano, Anthony, Vol I
Rice, Stephen P., Vol I
Ross, Ellen, Vol I
Sineshaw, T., Vol V

Manasquan
Freiday, Dean, Vol IV

Maplewood
Higgins, William E., Vol II, III

Montclair
Cray, Robert, Vol I
Flint, Marcha, Vol V
Haupt, Edward, Vol V
Kelly, David H., Vol III
Lang, Gerhard, Vol V
Metcalf, William E., Vol II, III
Mintz, Donald, Vol II
Newman, Geoffrey W., Vol II
Olenik, John Kenneth, Vol I, III
Pastor, Peter, Vol I
Principe, D. Del, Vol III
Rambaldo, Ana M., Vol III
Schwartz, Joel, Vol I
Townsend, David J., Vol V

Morristown
Ciorra, Anthony J., Vol IV
Flanagan, Kathleen, Vol IV
Hahn, Hannelore, Vol III
Marlin, John, Vol II
Sand, R. H., Vol II
Swartz, Alice M., Vol IV

New Brunswick
Adams, Kimberly V., Vol II, V
Adas, Michael Peter, Vol I
Aronoff, Myron J., Vol IV, V
Attridge, Derek, Vol II
Avins, Carol Joan, Vol III
Baigell, Matthew, Vol I
Baily, Samuel Longstreth, Vol I
Barnett, Louise, Vol II
Becker, Seymour, Vol I
Bell, Rudolph Mark, Vol I
Belton, John, Vol II
Bethel, Leonard Leslie, Vol IV
Blumenthal, Eileen, Vol II
Bodel, John, Vol II, III
Bolton, Martha Brandt, Vol IV
Bowden, Henry Warner, Vol I, IV
Brett-Smith, Sarah, Vol I
Butler, Kim D., Vol I
Cargill, Jack, Vol I
Chambers, John W., II, Vol I
Chandler, Daniel Ross, Vol II
Chang, Ruth, Vol IV
Charney, Maurice Myron, Vol II
Coakley, John, Vol I, IV
Cobble, Dorothy Sue, Vol I, V
Crane, Susan, Vol II
Crozier, Alice Cooper, Vol II
Crystal, Stephen, Vol V
Davidson, Harriet, Vol II
DeKoven, Marianne, Vol II
Demone, Harold Wellington, Vol V
Derbyshire, William W., Vol III
Diamond, Elin, Vol II, V
Dowling, William C., Vol II
Edwards, Brent Hayes, Vol II
Eidelberg, Martin, Vol I
Ellis, Edward Earle, Vol I, IV
Figueira, Thomas J., Vol I
Fizer, John, Vol III
Flitterman-Lewis, Sandy, Vol II
Fortenbaugh, William Wall, Vol II, III
Galperin, William, Vol II
Garrison, Lora Dee, Vol I
Gasster, Michael, Vol I
George, Kearns, Vol II
Gibson, Donald Bernard, Vol II
Gillespie, Angus K., Vol I
Gillette, William, Vol I
Gillis, John R., Vol I
Gliserman, Martin, Vol II
Goffen, Rona, Vol I
Gossy, Mary S., Vol II, V
Grob, Gerald N., Vol I
Guetti, James L., Vol II
Habib, M. A. Rafey, Vol II
Harris, Daniel A., Vol II
Hartman, Mary Susan, Vol I
Held, Joseph, Vol I
Hinds, Lennox S., Vol IV

Hoffman, Tyler B., Vol II
Horowitz, Irving Louis, Vol V
Howard, Angela, Vol I
Husak, Douglas Neil, Vol IV
Jeffrey, Thomas Edward, Vol I
Jehlen, Myra, Vol II
Johnson, James Turner, Vol IV
Kelley, Donald R., Vol I
Kenfield, John F., III, Vol I
Kivy, Peter Nathan, Vol IV
Klein, Peter David, Vol IV
Kubey, Robert W., Vol V
Lambert, Benjamin Franklin, Vol IV
Lears, T. J. Jackson, Vol I, II
Lee, Maurice D., Jr, Vol I
Levine, George L., Vol II
Lewis, David Levering, Vol I
Lutz, Jessie Gregory, Vol I
Lyons, Bridget G., Vol II
Maman, Marie, Vol II
Marder, Tod A., Vol I
Marter, Joan, Vol I
Martinez-San Miguel, Yolanda M., Vol III
Matro, Thomas G., Vol II
Matthews, Robert Joseph, Vol IV
McClure, John, Vol II
Mccormick, Richard P., Vol I
McGary, Howard, Vol IV
McHam, Sarah Blake, Vol I
McKeon, Michael, Vol II
McLachlan, Elizabeth Parker, Vol I
Morrison, Karl F., Vol I
Mull, Donald L., Vol II
Nagy, Edward, Vol III
Neugeboren, Bernard, Vol V
Neuse, Erna Kritsch, Vol III
O'Neill, William L., Vol I
Obayashi, Hiroshi, Vol IV
Oppenheimer, Martin, Vol V
Ostriker, Alicia, Vol II
Phillips, Julie, Vol V
Pirog, Gerald, Vol III
Popenoe, David, Vol V
Puglisi, Catherine, Vol I
Qualls, Barry V., Vol II
Reed, James Wesley, Vol I
Robbins, Bruce, Vol II
Roberts, Brian, Vol II
Rockland, Michael Aaron, Vol I, III
Ruben, Brent David, Vol II
Ryan, Robert M., Vol II, IV
Saretzky, Gary D., Vol I
Schick, Frederic, Vol IV
Serrano, Richard, Vol III
Sigman, Hilary A., Vol IV
Slaughter, Thomas Paul, Vol I
Small, Jocelyn Penny, Vol I
Smalls, James, Vol I
Smith, Carol Hertzig, Vol II
Sosa, Ernest, Vol IV
Spector, Jack, Vol I
Speer, Mary B., Vol III
St Clair Harvey, Archer, Vol I
Stauffer, George B., Vol I, II
Stephens, Thomas M., Vol I
Stern, Laurent, Vol IV
Stich, Stephen P., Vol IV
Stoianovich, Traian, Vol I
Strickland, Dorothy S., Vol V
Stroffolino, Chris, Vol II
Tarbell, Roberta K., Vol I
Truckenbrodt, Hubert, Vol III
Tu, Ching-I, Vol I, III
Turnbull, Barbara, Vol V
Turshen, Meredeth, Vol I
Vesterman, William, Vol II
Walker, Janet Anderson, Vol III
Walling, William, Vol II
Wang, Ban, Vol III
Warner, Michael D., Vol II
Wasserman, Mark, Vol I
Welsh, Andrew, Vol II
Westermann, Mariet, Vol I
White, Helene R., Vol V
Wilshire, Bruce W., Vol IV
Yanni, Carla, Vol I
Zatlin, Phyllis, Vol III

New Jersey

Avins, Styra, Vol II

Newark

Askin, Frank, Vol IV
Baker, David, Vol II
Basch, Norma, Vol I, IV
Blumrosen, Alfred W., Vol IV
Bulbulia, Ahmed I., Vol IV
Coppola, Nancy, Vol II
Crew, Louie, Vol II
Dain, Norman, Vol I
Davenport, Charles, Vol IV
Diner, Steven J., Vol I
Felson, Marcus, Vol IV
Foley, Barbara, Vol II
Franklin, H. Bruce, Vol I, II
Fykes, Leroy Matthews, Jr., Vol IV
Hadas, Rachel, Vol II
Heffernan, Carol F., Vol II
Hirschberg, Stuart, Vol II
Hyde, Alan, Vol IV
Hyman, Jonathan Morris, Vol IV
Johnson, Golden Elizabeth, Vol IV
Kijne, Hugo, Vol V
Kimball, Warren, Vol I
Kimmelman, Burt, Vol II
Lamay, J. Leo, Vol II
Larosiliere, Jean Darly Martin, Vol IV
Leubsdorf, John, Vol II, IV
Lewis, Jan Ellen, Vol I
Liu, Zili, Vol V
Lyngstad, Sverre, Vol II
Miller, Gabriel, Vol II
O'Connor, John E., Vol I
Rohr, Michael D., Vol IV
Rosenblatt, Jay, Vol V
Russell, Charles, Vol III
Russell, Frederick, Vol I
Schweizer, Karl W., Vol V
Stancell, Dolores Wilson Pegram, Vol IV
Stieglitz, Robert R., Vol I, V
Tiger, Virginia Marie, Vol II
Tractenberg, Paul L., Vol IV
Wagenheim, Olga, Vol I
Watts, Ann Chalmers, Vol II
Znayenko, Myroslava, Vol I

Newton

Carducci, Eleanor, Vol II
Cifelli, Edward M., Vol I

North Brunswick

Conolly-Smith, Peter, Vol I

Oakhurst

Konvitz, Milton R., Vol IV

Oceanport

Carter, Charles Michael, Vol IV

Paramus

Ahn, Timothy Myunghoon, Vol IV, V
Cronk, George, Vol IV
Dolce, Philip Charles, Vol I
Haber, Joram G., Vol IV
Kievitt, F. David, Vol II
Lenk, Richard William, Vol I
Sadock, Geoffrey, Vol II
Skau, George, Vol V
Woodland, Calvin Emmanuel, Vol V

Paterson

Collins, Elliott, Vol I

Piscataway

Borocz, Jozsef, Vol V
Dauster, Frank Nicholas, Vol III
Ellis, Katherine, Vol II
Falk, John L., Vol V
Jussim, Lee, Vol V
Martinez-Fernandez, Luis, Vol I
Sass, Louise A., Vol V
Waxman, Chaim I., Vol V
Yolton, John W., Vol IV

Plainfield

Smith, Stanley G., Vol IV

Point Pleasant

Niers, Werner Gert, Vol III

Pomona

Ashton, Nancy, Vol V
Constantelos, Demetrios J., Vol I
Hayse, Michael, Vol I
Ince, Elizabeth, Vol V
Lester, David, Vol V
Lubenow, William Cornelius, Vol I
Schwartz, Mimi J., Vol II

Princeton

Aarsleff, Hans, Vol II
Allen, Diogenes, Vol IV
Bagley, Robert W., Vol I
Bartow, Charles L., Vol II
Bellos, David M., Vol III
Black, C. Clifton, Vol IV
Blumenfeld-Kosinski, Renate, Vol III
Broadie, Sarah, Vol IV
Burgh, Richard, Vol IV
Burke, Martin J., Vol I
Capps, Donald E., Vol IV
Challener, Richard Delo, Vol I
Champlin, Edward James, Vol I
Charlesworth, James H., Vol IV
Clagett, Marshall, Vol I
Clinton, Jerome Wright, Vol III
Coffin, David Robbins, Vol I
Cooper, Joel, Vol V
Corngold, Stanley Alan, Vol III
Curran, Sara R., Vol V
Curschmann, Michael J., Vol III
Drewry, Cecelia Hodges, Vol II
Dubrovsky, Gertrude, Vol II
Ebert, Robert P., Vol III
Ermolaev, Herman, Vol III
Fackre, Gabriel Joseph, Vol IV
Fagles, Robert, Vol II, III
Fantham, Elaine, Vol II, III
Feldherr, Andrew, Vol I
Frantz, Mary Alison, Vol I
Garibaldi, Antoine Michael, Vol V
Geertz, Clifford, Vol V
Geison, Gerald Lynn, Vol I
George, Robert P., Vol IV
Grafton, Anthony T., Vol I
Griffith, R. Marie, Vol IV
Gutmann, Amy, Vol IV
Hinderer, Walter, Vol III, IV
Hollander, Robert, Vol III
Howarth, William L., Vol II
Isaac, Ephraim, Vol I, III
James, Harold, Vol I
Jasper, James M., Vol V
Jeffery, Peter, Vol II
Jeffrey, Richard C., Vol IV
Jordan, William C., Vol I
Kaster, Robert A., Vol II, III
Katz, Stanley Nider, Vol I, IV
Kaufmann, Thomas DaCosta, Vol I
Kay, James F., Vol IV
Keaney, John J., Vol II, III
Kelly, Sean D., Vol IV
Knoepflmacher, U. C., Vol II
Kosar, Anthony J., Vol II
Krauel, Ricardo, Vol III
Leaver, Robin A., Vol II
Levin, Thomas Y., Vol III
Link, Arthur S., Vol I
Litz, Arthur Walton, Vol II
Ludwig, Richard Milton, Vol II
Ma, John T., Vol III
MacLennan, Robert S., Vol I
Mahoney, Michael Sean, Vol I
Makino, Yasuko, Vol I, II
Malkiel, Burton Gordon, Vol IV
Martin, Janet Marion, Vol II, III
Martinez, Yolanda, Vol II
Mayer, Arno Joseph, Vol I
McLanahan, Sara S., Vol V
McLaughlin, Kevin P., Vol II
Mcpherson, James Munro, Vol I
Metzger, Bruce Manning, Vol IV
Meyer, Paul William, Vol IV
Mills, Kenneth R., Vol I
Modarressi, Hossein, Vol I
Moffett, Samuel Hugh, Vol I, IV
Moorhead, James Howell, Vol I, IV
Morgan, Ann Lee, Vol I
Morrison, Simon, Vol II
Mulvihill, Maureen E., Vol II
Murrin, John Matthew, Vol I
Nabokov, Isabbelle, Vol V
Naquin, Susan, Vol I
Negus, Kenneth George, Vol III
Nehamas, Alexander, Vol IV
Ober, Josiah, Vol I
Painter, Nell Irvine, Vol I
Paret, Peter, Vol I
Pemberton, Gayle R., Vol I
Peterson, Willard James, Vol I
Pitcher, George Willard, Vol IV
Quandt, Richard E., Vol IV
Rabb, Theodore K., Vol I
Rampersad, Arnold, Vol II
Rigolot, Francois, Vol II
Rosen, Lawrence, Vol V
Schor, Esther, Vol II
Shehadi, Fadlou A., Vol IV
Showalter, Elaine, Vol II
Sigmund, Paul Eugene, Vol IV
Silverstein, Josef, Vol IV
Stackhouse, Max Lynn, Vol IV
Steele, Marta N., Vol III
Tate, Claudia, Vol II
Taylor, Howard F., Vol V
Taylor, Patricia E., Vol IV
Teiser, Stephen F., Vol III, IV
Tignor, Robert L., Vol I
Trentmann, Frank, Vol I
Tull, Herman, Vol I, IV
Udovitch, Abraham L., Vol I
Ufford, Lettia W., Vol I
Uitti, Karl D., Vol III
Wallace, Walter L., Vol V
Walzer, Michael, Vol IV
Waswo, Ann, Vol I
Webb, Ruth H., Vol II, V
West, Charles Converse, Vol IV
Western, Bruce, Vol V
White, Morton G., Vol IV
Wildberg, Christian, Vol II, III, IV
Wilson, John Frederick, Vol I, IV
Wrong, Dennis H., Vol V
Yun, Samuel, Vol IV
Zeitlin, Froma I., Vol III
Ziolkowski, Theodore J., Vol III

Randolph

Citron, Henry, Vol I, IV
Heller, Rita, Vol I
Levy, Stephen, Vol II
Weyer, Robert A., Vol IV
Zulauf, Sander W., Vol II

Ridge

Keller, William, Vol I

Sewell

Dumont, Lloyd F., Vol IV, V
Lawson-Briddell, Lois Y., Vol V

Short Hills

Feyerick, Ada, Vol I
Steffensen-Bruce, Ingrid A., Vol I

Somerset

Azzi, Marie-Denise Boros, Vol III

Somerville

Bezanson, Mark, Vol II

South Orange

Bracken, W. Jerome, Vol IV
Chu, Petra, Vol I
Frizzell, Lawrence E., Vol IV
Gray, Jeffrey, Vol II
Herrera, Robert Anthony, Vol IV
Leab, Daniel Josef, Vol I
MacPhee, Laurence Edward, Vol II
Mahoney, Joseph F., Vol I
Murzaku, Ines A., Vol I, IV
Nardone, Richard Morton, Vol I, IV
O'Connor, David, Vol IV
Pastor, Leslie P., Vol I, III
Smith, William A., Vol IV
Zalacain, Daniel, Vol II, III

Springfield

Stern, Frances Meritt, Vol V

Summit

Jooma, Minaz, Vol II
Sherry, Lee F., Vol II, III

Sussex

Tschemplik, Andrea, Vol IV

Teaneck

Becker, John, Vol II
Gordon, Lois G., Vol II, III
Manganaro, Elise Salem, Vol II
Roberts, William, Vol I, IV
Rye, Marilyn, Vol II
Schaefer, Charles, Vol V
Selengut, Charles, Vol IV
Shapiro, Susan, Vol II
Torodash, Martin, Vol I
Wiener, Joel H., Vol I
Zahavy, Tzvee, Vol IV

Tenafly

Rudy, Willis, Vol I

Toms River

Atanda, Alfred W., Vol V
MacDonald, Jane, Vol V
Magliola, Robert, Vol III
Tarala, Joseph J., Vol IV
Trevisan, Carey, Vol V
Willetts, Elizabeth M., Vol II

Trenton

Collins, Elsie, Vol V
Gowaskie, Joseph M., Vol I
Halpern, Sheldon, Vol II
Konkle, Lincoln Ernest, Vol II
Levin, David S., Vol I
McFeely, Eliza, Vol I
Mezei, Regina A., Vol IV
Richman, Stephen, Vol III
Sethi, Robbie Clipper, Vol II
Sullivan, Jack R., Vol II

Union

Catalano, Joseph Stellario, Vol IV
Crew, H., Vol II
Kaplowitz, Henry L., Vol V
Klein, Dennis B., Vol I, IV
Mulling, Sylvia S., Vol II
Rice, Arnold Sanford, Vol I

Upper Montclair

Benfield, David William, Vol IV
Brewton, Butler E., Vol II
Fabend, Firth Haring, Vol I
Gencarelli, Thomas F., Vol II
Lipman, Matthew, Vol IV
Oppenheim, Lois B., Vol III
Schlant, Ernestine, Vol III
Zimmer, Louis Bernard, Vol I

Verona

Johnson, Stephen M., Vol IV

Voorhees

Leontiades, Milton, Vol IV
Patterson, D., Vol IV

Wayne

Aguirre, Angela M., Vol III
Araujo, Luisa, Vol II
Bowles, Suzanne, Vol I
Chao, Paul K., Vol V
Cho, Joanne M., Vol I
Cook, Theodore F., Jr., Vol I
Edelstein, Melvin A., Vol I
Finnegan, Terence Robert, Vol I
Friquegnon, Marie, Vol IV
Glassman, Ronald, Vol V
Gonzalez, Evelyn, Vol I
Gruber, Carlos S., Vol I
Hand, Sally Nixon, Vol II
Hayes, Leola G., Vol V
Hirstein, William, Vol IV
Keumsil, Kim Yoon, Vol III
Korgen, Kathleen, Vol V
Kressel, Neil, Vol V
Lesikin, Joan, Vol V
Liu, T., Vol II
Livingston, John W., Vol I
Makerec, Katherine, Vol V
Martinez, Esther M., Vol III
Meaders, Daniel, Vol I
Nalle, Sara Tilghman, Vol I
O'Donnell, Krista E., Vol I
Rabbitt, Kara, Vol III
Radford, Gary P., Vol II
Robb, George, Vol I
Rosa, William, Vol III
Saa, Orlando, Vol III
Seal, Robert, Vol V
Steinhart, Eric, Vol IV
Tirado, Isabel A., Vol I
Wertheim, Stanley Claude, Vol II
Williams, Bruce, Vol I, II, III

West Long Branch

Dell, Chad E., Vol II
Greenberg, Brian, Vol I
Mitchell, William P., Vol V
Pearson, Thomas Spencer, Vol I
Schwerin, Alan, Vol IV
Stam, James H., Vol IV
Stunkel, Kenneth Reagan, Vol I

West New York

Cordasco, Francesco, Vol I

West Orange
Osborne, John Walter, Vol I
Shapiro, Edward S., Vol I
Yang, Winston L., Vol I

Westfield
Johnson, James Pearce, Vol I

Whitehouse Station
Ali-Jackson, Kamil, Vol IV

NEW MEXICO

Albuquerque
Aleman, Jesse, Vol II
Axelrod, Melissa, Vol III
Baackmann, Susanne, Vol I, III
Bailey, Beth, Vol I
Bartlett, Lee, Vol II
Beene, Lynn Dianne, Vol II
Bergen, John J., Vol III
Berthold, Richard M., Vol I
Bieber, Judy, Vol I
Bills, Garland D., Vol III
Block, Steven, Vol II
Bock, Philip K., Vol V
Burgess, Andrew J., Vol IV
Bussanich, John, Vol IV
Bybee, Joan L., Vol III
Christopher, Thomas Weldon, Vol IV
Connell-Szasz, Margaret, Vol I
Cutter, Donald C., Vol I
Damico, Helen, Vol II
Demkovich, Michael, Vol IV
DuFour, John H., Vol IV
Dunaway, David K., Vol II
Etulain, Richard W., Vol I
Feller, Daniel, Vol I
Fischer, Michael, Vol II
Fleming, Robert, Vol II
Fresch, Cheryl, Vol II
Furman, Necah Stewart, Vol I
Gaines, Barry, Vol II
Gallacher, Patrick, Vol I
Gibson, Dirk C., Vol II
Gish, Robert F., Vol II
Goodman, Russell B., Vol IV
Hall, Linda, Vol I
Hannan, Barbara, Vol IV
Hanson, Carl Aaron, Vol I
Harding, Robert E., Jr., Vol IV
Harrison, Gary, Vol II
Hermann, Richard, Vol II
Hill, Kim R., Vol V
Huaco, George, Vol V
Isham, William P., Vol III
Jameson, Elizabeth, Vol I, V
John-Steiner, Vera P., Vol III
Johnson-Sheehan, Richard, Vol II
Keller, Robert J., Vol V
Kern, Robert, Vol I
Kukla, Rebecca, Vol I, IV
Lindskold, Jane M., Vol II
Lonewol, Ted, Vol V
Mares, E. A., Vol II
Marquez, Antonio, Vol II, III
Martin, Wanda, Vol II
Martinez, Nancy Conrad, Vol II
Mazumdar, Rinita, Vol IV, V
McClelland, Charles E., Vol I
McPherson, David, Vol II
Mead, Christopher Curtis, Vol I
Melada, Ivan, Vol II
Melendez, Gabriel, Vol I
Morford, Jill P., Vol III
Morris, David B., Vol II
Nash, Gerald David, Vol I
Norwood, Vera, Vol I
Okunor, Shiame, Vol I
Orozco, Cynthia E., Vol I
Penhall, Michele M., Vol I
Porter, Jonathan, Vol I
Power, Mary, Vol II, V
Pugach, Noel H., Vol I
Rabinowitz, Howard, Vol I
Risso, Patricia, Vol I
Robbins, Richard G., Vol I
Rodriguez, Sylvia, Vol V
Salvaggio, Ruth, Vol I
Sanders, Scott P., Vol II
Schaefer, Richard J., Vol II
Schmidt, Paul F., Vol IV
Schmitter, Amy, Vol I, IV
Schueler, G. Frederick, Vol IV
Shultis, Christopher, Vol II
Smith, Pat Clark, Vol II
Straus, Lawrence G., Vol V
Sturm, Fred G., Vol IV
Sturm, Fred Gillette, Vol IV
Sullivan, Donald David, Vol I
Szabo, Joyce, Vol I
Szasz, Ferenc, Vol I
Szasz, Margaret Connell, Vol I
Taber, John, Vol IV
Tenenbaum, Sergio, Vol I, IV
Thorson, James Llewellyn, Vol II
Torres, Hector, Vol II
Uscher, Nancy, Vol II
Utton, Albert E., Vol IV
Whidden, Mary Bess, Vol II
White, Peter, Vol II
Wilcox, Phyllis Perrin, Vol III
Wilcox, Sherman E., Vol III
Wilson, Christopher M., Vol I
Witemeyer, Hugh, Vol II
Wood, Richard L., Vol V
Woodward, Carolyn, Vol II, V
Yaqub, Aladdin M., Vol IV
Young, M. Jane, Vol I

Corrales
McDermott, A. Charlene, Vol IV

Gallup
Dyc, Gloria, Vol II
Glowienka, Emerine Frances, Vol IV, V

Hanover
Sheldon, Richard, Vol III

Las Cruces
Billington, Monroe, Vol I
Blum, Albert A., Vol I
Crabtree, Robbin D., Vol II
Del Campo, Robert L., Vol V
Eamon, William, Vol I
Hart, Susan J., Vol V
Jacobs, Margaret D., Vol I
Jensen, Joan Maria, Vol I
Ketchum, Richard J., Vol IV
Malamud, Margaret, Vol I
Matray, James Irving, Vol I
Newman, Edgar Leon, Vol I
Robinson, William I., Vol V
Rundell, Richard Jason, Vol III
Sallee, Alvin L., Vol V
Schlauch, Wolfgang T., Vol I
Vaughan, Stephanie L., Vol V
Winfree, L. Thomas, Jr, Vol IV, V
Zakahi, Walter R., Vol II

Mankato
Mink, Joanna, Vol II

Portales
Berne, Stanley, Vol II
Lockman, Paul, Vol V
Walker, Forrest A., Vol I
Williamson, John Stewart, Vol II

Santa Fe
Bornet, Bruno, Vol V
Clubbe, John, Vol II
deBuys, William Eno, Vol I
Dybowski, Brian, Vol IV, V
Fasanaro, Charles N., Vol IV
Garrett, Clarke W., Vol I
Keen, Benjamin, Vol I
Lehmberg, Stanford E., Vol I
Meyer, Doris, Vol III
Schwartz, Douglas W., Vol V
Sherover, Charles M., Vol IV
Utley, Robert Marshall, Vol I
Zants, Emily, Vol II, III

Sante Fe
Bayer, Greg, Vol IV

Silver City
French, Laurence, Vol V
Gutierrez, Donald, Vol II
Juszcyk, Frank, Vol II
Ollivier, Louis L., Vol III
Toth, Bill, Vol II

University Park
Dubois, Betty Lou, Vol III

NEW YORK

Albany
Alba, Richard, Vol V
Anson, Richard, Vol IV
Ballard, Allen Butler, Jr., Vol I
Baran, Henryk, Vol III
Barker, Thomas M., Vol I
Barker-Benfield, Graham John, Vol I
Barlow, Judith Ellen, Vol II
Barnard, Sylvia, Vol II, III
Berger, Iris B., Vol I
Berger, Morris I., Vol IV
Birn, Donald S., Vol I
Bologna, M., Vol V
Burian, Jarka Marsano, Vol II
Carmack, Robert M., Vol V
Cohon, Rachel, Vol IV
Cooren, Francois, Vol II
Crowley-Long, Kathleen, Vol V
Davies, Julian A., Vol IV
Dressler, Rachel, Vol I
Eckstein, Jerome, Vol IV
Elam, Helen Regueiro, Vol III
Faul, Karene Tarquin, Vol I
Fetterley, Judith, Vol II, V
Fortune, Anne E., Vol V
Frank, Francine, Vol III
Frye, Cheryl A., Vol V
Gottlieb, Stephen Elliot, Vol IV
Gould, Josiah B., Vol IV
Gulley, Anthony D., Vol IV
Hahner, June Edith, Vol I
Hartman, C., Vol II, III
Haynes, Keith A., Vol I
Hill, Mike K., Vol II
Howell, Robert, Vol IV
Joris, Pierre, Vol II
Kanes, Martin, Vol III
Kekes, John, Vol IV
Kendall, Kathleen E., Vol II
Laroche, Roland Arthur, Vol II, III
Lawrence, Samuel G., Vol II, III
Leibo, Steve, Vol V
Levesque, George August, Vol I
Ley, Ronald, Vol V
Loneck, Barry Martin, Vol V
Lubensky, Sophia, Vol III
Maclean, Hugh Norman, Vol II
Mandle, Jonathan, Vol IV
Martland, T(homas) R(odolphe), Vol IV
Maruna, Shadd, Vol IV
McClamrock, Ron, Vol IV
Meyers, Robert, Vol IV
Moore, Gwen L., Vol V
Morehead, Joseph Hyde, Vol II, V
Morick, Harold, Vol IV
Nagy-Zekmi, Silvia, Vol I, III
Nepaulsingh, Colbert Ivor, Vol III
Noller, David K., Vol II
Overbeck, John Clarence, Vol I, III
Pelosi, Olimpia, Vol III
Pohlsander, Hans Achim, Vol II, III
Reedy, William T., Vol I
Reese, William L., Vol IV
Refai, Shahid, Vol I
Richter, Maurice N., Vol V
Roberts, Warren Errol, Vol I
Roth, William, Vol IV
Salomon, Herman Prins, Vol II
Sanders, Robert E., Vol II
Sarfoh, Kwabwo A., Vol I
Scatton, Ernest Alden, Vol III
Shane, Alex Michael, Vol III
Smith, Karen A., Vol II
Smith, Michael E., Vol V
Steen, Ivan David, Vol I
Steinbock, Bonnie, Vol IV
Strelka, Joseph Peter, Vol II, III
Swanstrom, Todd F., Vol IV
Tedeschi, James, Vol V
Ungar, Anthony, Vol IV
Valentis, Mary Arensberg, Vol II
Wesser, Robert F., Vol I
White, Dan Seligsberger, Vol I
Wills, David, Vol II
Withington, Ann F., Vol I
Wittner, Lawrence Stephen, Vol I
Yalkut, Carolyn, Vol II
Zacek, Joseph Frederick, Vol I
Zack, Naomi, Vol IV
Zimmerman, Joseph F., Vol IV

Alfred
Campbell, Stuart Lorin, Vol I
Greil, Arthur L., Vol V
Lovelace, Eugene A., Vol V
Ostrower, Gary Bert, Vol I
Peterson, Thomas V., Vol IV
Walker, Gail, Vol V
Westacott, Emrys, Vol IV

Amherst
Brown, Murray, Vol IV
Kurtz, Paul, Vol IV
LaHood, Marvin John, Vol II
Quinan, Jack, Vol I
Romans, J. Thomas, Vol IV

Annandale
Botstein, Leon, Vol I
Brockopp, Jonathan E., Vol IV
Chilton, Bruce, Vol IV
Lytle, Mark Hamilton, Vol I
Neusner, Jacob, Vol IV
Rosenberg, Justus, Vol III
Sourian, Peter, Vol II

Ardsley
Leftow, Brian, Vol IV

Aurora
Bellinzoni, Arthur J., Vol I, IV
Bogel, Fredric V., Vol II
Burroughs, Catherine, Vol II
Farnsworth, Beatrice, Vol I
MacCormick, Chalmers, Vol IV
Yates, Jenny, Vol IV

Ballston Spa
Barba, Harry, Vol II

Barrytown
Carlson, David A., Vol IV
Mickler, Michael L., Vol I, IV
Shimmyo, Theodore T., Vol IV
Tsirpanlis, Constantine Nicholas, Vol I, IV

Bayside
Camus, Raoul F., Vol II
Parmet, Herbert S., Vol I
Polak, Emil J., Vol I
Tricarico, Donald, Vol V

Bellport
Nieva, Constantino S., Vol IV

Bellvale
Murnion, William E., Vol IV

Binghamton
Abou-El-Haj, Barbara, Vol I
Abou-El-Haj, Rifaat Ali, Vol I
Bernardo, Aldo Sisto, Vol III
Bernbeck, Reinhard W., Vol I
Block, Haskell M., Vol III
Brackett, David, Vol II
Burright, Richard B., Vol V
Burroughs, Charles, Vol I
Carpenter, Charles Albert, Vol II
Coates, Carrol F., Vol III
Cocozzella, Peter, Vol III
Devitis, Joseph, Vol V
Dillon, M. C., Vol IV
Dublin, Thomas, Vol I
Dubofsky, Melvyn, Vol I
Elbert, Sarah, Vol I
Fajardo, Salvador J., Vol II, III
Fischler, Alexander, Vol III
Freimarck, Vincent, Vol II
Glenny, Sharon, Vol II
Goldstein, Leon J., Vol IV
Hanson, John, Vol II
Harcave, Sidney Samuel, Vol I
Horowitz, Michael M., Vol V
Kadish, Gerald E., Vol I
King, Anthony D., Vol I
LaValva, Rosemarie, Vol III
Levin, Saul, Vol II, III
Lincoln, Harry B., Vol II
Liu, Jung-Chao, Vol IV
Malin, Jo E., Vol V
Mazrui, Ali Al'Amin, Vol I
Morrison, Clayton T., Vol IV
Nzegwu, Nkiru, Vol I
O'Connor, Thomas, Vol III
O'Neil, Patrick M., Vol I
Oggins, Robin S., Vol I
Petras, James Frank, Vol IV
Polachek, Dora, Vol III
Preus, Anthony, Vol IV
Quataert, Donald George, Vol I
Reardon, Colleen, Vol II
Rose, Marilyn Gaddis, Vol III
Ross, Stephen D., Vol IV
Silverberg, Carol, Vol II
Sklar, Kathryn Kish, Vol I
Sobejano-Morgan, Antonio, Vol III
Spanos, William, Vol II, IV
Sticca, Sandro, Vol III
Tagg, John, Vol I
Trexler, Richard C., Vol I
Tricomi, Albert Henry, Vol II
Van Baelen, Jacqueline, Vol III
Vazquez, Oscar E., Vol I
Vos, Alvin, Vol II
Wagar, W. Warren, Vol I
Webster, Grant T., Vol II
Wilson, Jean C., Vol I
Young, Cynthia A., Vol I, II
Zinkin, Melissa R., Vol IV

Brentwood
Guthman, Christine A., Vol V

Bridgehampton
Cummings, Richard M., Vol IV

Brockport
Anderson, Floyd D., Vol II
Bucholz, Arden K., Vol I
Clements, Tad S., Vol IV
Crimando, Thomas, Vol I
Crume, Alice L., Vol II
Dicker, Georges, Vol IV
Gemmett, Robert J., Vol II
Gilbert, Joseph, Vol IV
Greenstein, Harold, Vol IV
Hale, David George, Vol II
Herlan, Ronald Wallace, Vol I
Kramer, John E., Vol V
Kutolowski, John Francis, Vol I
Kutolowski, Kathleen Smith, Vol I
Lloyd, Jennifer, Vol I, V
Madden, Kate, Vol II
Maier, John, Vol II
Malik, Salahuddin, Vol I
Marchant, Peter L., Vol II
Parsons, Lynn, Vol I
Reed, Bill, Vol II
Siracusa, Joseph, Vol III
Smith, Robert J., Vol I
Stack, George Joseph, Vol IV
Strayer, Robert William, Vol I
Tollers, Vincent Louis, Vol II
Turley, Alan, Vol V

Bronx
Antush, John V., Vol II
Arzoomanian, Ralph Sarkis, Vol II
Atkinson, Camille, Vol IV
Balestra, Dominic Joseph, Vol IV
Barnes, Sue, Vol II
Baur, Michael, Vol IV
Bechard, Dean P., Vol IV
Blot, David, Vol II
Boon, Kevin A., Vol I, II
Boyle, Frank T., Vol II
Bullaro, Grace Russo, Vol II
Callaway, Mary Chilton, Vol IV
Cammarata, Joan F., Vol III
Clark, John Richard, Vol III
Clarke, William Norris, Vol IV
Clowers, Marsha L., Vol II
Conley, John J., Vol IV
Crane, Elaine F., Vol I
Curtin, N. J., Vol I
Danzger, M. Herbert, Vol V
Dauben, Joseph Warren, Vol I
Dimler, George Richard, Vol III
Dobson, Joane, Vol II
Duberman, Martin, Vol I
Dych, William V., Vol IV
Dytell, Rita, Vol V
Erler, Mary C., Vol II
Fergenson, Laraine R., Vol II
Frank, Mortimer Henry, Vol II
Friedenberg, Jay, Vol V
Giannone, Richard, Vol II
Giblin, Charles Homer, Vol IV
GoGwilt, Christopher, Vol II
Gray, Donald P., Vol IV
Gyug, Richard F., Vol I, IV
Hall, N. John, Vol II
Hallett, Charles A., Vol II
Harris, Frederick J., Vol III
Hill, W. Speed, Vol II
Himmelberg, Robert F., Vol I, IV
Hunting, Mary Anne, Vol I

Johnson, Elizabeth A., Vol IV
Jones, Robert Francis, Vol I
Judd, Jacob, Vol I
Kabakoff, Jacob, Vol III
Kearns, Francis E., Vol II
Kiernan, Robert F., Vol II
Kligerman, Jack, Vol II
Koterski, Joseph, Vol IV
Kowaleski, Maryanne, Vol I
Kubis, Theresa S., Vol II
Lankevich, George J., Vol I
Latham, Michael E., Vol I
Lavin, David E., Vol V
Lefebure, Leo D., Vol IV
Loomie, Albert J., Vol I
Losada, Luis Antonio, Vol I, II, III
Macary, Jean Louis, Vol III
Macklin, Ruth C., Vol IV
Marun, Gioconda, Vol III
Mbabuike, Michael C., Vol II, V
Mendez-Clark, Ronald, Vol III
Mueller, Wolfgang, Vol I
Myers, David, Vol I, IV
Nichols, Mary P., Vol IV
Pascoe, Louis B., Vol I
Penella, Robert J., Vol II, III
Pereira, Jose V., Vol IV
Pilant, Craig Wesley, Vol I, IV
Pirraglia, Elvira, Vol II
Pitchford, Nicola, Vol II
Rodriguez, Rodney T., Vol III
Rogler, Lloyd H., Vol V
Rosenthal, Bernice Glatzer, Vol I
Roth, Robert J., Vol IV
Rowe, Joyce A., Vol II
Ruffing, Janet, Vol IV
Ryan, James D., Vol I
Seraile, William, Vol I
Setzer, Claudia, Vol IV
Smail, Daniel Lord, Vol I
Soyer, Daniel, Vol I
Stadler, Eva Maria, Vol II, III
Strate, Lance, Vol II
Strieby, H. Reid, Vol V
Swinth, Kirsten, Vol I
Swiontkowski, Gale, Vol II
Taylor, Mark, Vol II
Terrell, Francis D'Arcy, Vol IV
Tress, Daryl McGowan, Vol IV
Tusiani, Joseph, Vol III
Valgemae, Mardi, Vol II
van Buren, John, Vol IV
Vigilanti, John A., Vol IV
von Arx, Jeffery P., Vol I
Wabuda, Susan, Vol I
Walker, Margaret, Vol IV
Watkins-Goffman, Linda, Vol II
Weiss, John, Vol I
Westphal, Merold, Vol IV
Westrem, Scott D., Vol II
Wilcox, John R., Vol IV
Wilson, Kim Adair, Vol IV
Wines, Roger, Vol I
Wosk, Julie, Vol I, II
Zuss, Mark, Vol V

Bronx Bronx
Weiser, David K., Vol II

Bronxville
Bodling, Kurt A., Vol I, II, IV
Davis, Michael Peter, Vol IV
Doyle, Charlotte, Vol V
Krupat, Arnold, Vol II
Lauinger, Joseph, Vol II
Maida, Lori, Vol V
Woodard, Komazi, Vol I

Brooklyn
Allen, Rhianon, Vol V
Arp, Kristana, Vol IV
Ashley, Leonard R. N., Vol II, III
Bandman, Bertram, Vol IV
Barnhart, Michael G., Vol IV
Barran, Thomas, Vol IV
Battaglia, Jack M., Vol IV
Baumbach, Jonathan, Vol II
Beckson, Karl, Vol II
Berger, David, Vol I
Bernard, Kenneth, Vol II
Black, Nancy BreMiller, Vol II, III
Blast, Alberto, Vol III
Blustein, Jeffrey, Vol IV
Bridenthal, Renate, Vol I
Browne, William Francis, Vol II
Bruffee, Kenneth Allen, Vol II
Burrows, Edwin G., Vol I
Callender, Wilfred A., Vol IV
Clayman, Dee Lesser, Vol III
Cook, Daniel Joseph, Vol IV
D'Angelo, Raymond, Vol V
David, Gerald, Vol IV, V
Davis, Peter L., Vol IV
Day, Lynda, Vol I
Derby, Daniel H., Vol IV
di Filippo, Terry, Vol IV
Doloff, Steven, Vol II
Dorinson, Joseph, Vol I
Doron, Pinchas, Vol III, IV
Edwards, Mary, Vol I
Eisenstadt, Abraham S., Vol I
Erickson, Gregory T., Vol II
Fernandez-Olmos, Margarite, Vol III
Fichtner, Edward G., Vol III
Fichtner, Paula Sutter, Vol I
Fierce, Milfred C., Vol I
Filer, Malva Esther, Vol II, III
Filonowicz, Joseph, Vol I, IV
Fisher, Craig B., Vol I
Fjelde, Rolf Gerhard, Vol II
Fogel, Herbert, Vol III
Fox, Robert Charles, Vol II
Fry, Katherine G., Vol II
Galgan, Gerald J., Vol IV
Gallagher, Mary A. Y., Vol I
Garcia-Osuna, Alfonso, Vol III
Gargan, William M., Vol II
Gelernt, Jules, Vol II, III
Gerber, Barbara Leslie, Vol III
Gielen, Uwe P., Vol V
Gisolfi, Diana, Vol I
Glazer, Ilsa M., Vol V
Goode, James Edward, Vol IV
Grant, J. Kirkland, Vol IV
Greaves, Gail-Ann, Vol II
Gruber, Helmut, Vol I
Halpern, Martin, Vol II
Haring, Lee, Vol V
Haywoode, M. Douglas, Vol IV
Hirsch, Julia, Vol II
Hoogenboom, Ari, Vol I
Huffman, Claire, Vol III
Jackson, Randolph, Vol IV
Jones, William A., Jr., Vol IV
Kaplan, David M., Vol IV
Karkhanis, Sharad, Vol I, IV
Karmel, Roberta S., Vol IV
Kasper, Loretta F., Vol V
Kelly, Ernece Beverly, Vol II
King, Margaret L., Vol I
Kitts, Thomas M., Vol II
Klein, Bernard, Vol I, IV
Kleinberg, Seymour, Vol II
Koch, Ernst, Vol III
Kotzin, Joshua Boaz, Vol II
Kramer, Maurice, Vol II
Langley, Stephen G., Vol II, III
Leeb, Isidore Leonard, Vol I
Leiman, Sid Zalman, Vol I, IV
Leiter, Samuel Louis, Vol II
Lvovich, Natasha, Vol II
Mallory, Michael, Vol I
Martinez, Inez A., Vol II
McLaughlin, Andree Nicola, Vol II, V
Menashe, Louis, Vol I
Mermall, Thomas, Vol III
Meyers, Barton, Vol V
Meyler, Joan Bernadette, Vol II, IV
Michael, Emily, Vol IV
Miller, Clarence, Vol IV
Monteiro, Thomas, Vol V
Morris, Jeffrey B., Vol IV
Nishi, Setsuko Matsunaga, Vol V
O'Malley, Susan Gushee, Vol II
Page, Willie F., Vol I
Papayanis, Nicholas, Vol I
Parisi, Barbara, Vol II
Pile, John F., Vol I
Post, Deborah W., Vol IV
Povarsky, Chaim, Vol IV
Quigley, Timothy R., Vol IV
Ramirez, Paul, Vol V
Reguer, Sara, Vol I, IV
Rivers, Louis, Vol II
Rogers, Katharine Munzer, Vol II
Rosenthal, Abigail L., Vol IV
Roth, Jeffrey I., Vol IV
Russo, Donald T., Vol IV, V
Sasson, Victor, Vol II, IV
Schaar, Stuart H., Vol I
Schlissel, Lillian, Vol II
Schuman, Elliott Paul, Vol V
Schwartz, Martin A., Vol IV
Schweitzer, Thomas A., Vol IV
Seiden, Morton Irving, Vol II, III
Sengupta, Gunja, Vol I
Senie, Harriet F., Vol I
Seplowitz, Rena C., Vol IV
Silver, Marjorie A., Vol IV
Simmons, Esmeralda, Vol IV
Singer, Beth J., Vol IV
Slavin, Stephen L., Vol IV
Solan, Lawrence, Vol III, IV
Spector, Robert Donald, Vol II
Stevens-Arroyo, Antonio M., Vol IV
Subotnik, Dan, Vol IV
Tichenor, Irene, Vol I
Trefousse, Hans L., Vol I
Tucker, Martin, Vol II
Verbit, Mervin F., Vol V
Weinstein, Jack B., Vol IV
Wilson, Joseph F., Vol IV
Wolfe, Ethyle Renee, Vol II, III
Zablotsky, Peter A., Vol IV
Zlotnick, Joan C., Vol II

Brookville
Austen, Zelda, Vol II
Bednarz, James P., Vol II
Coleman, Arthur, Vol II
Digby, Joan, Vol I, II
Hallissy, Margaret, Vol II
Krapf, Norbert A., Vol II
McDonald, Sheila, Vol II
McKenna, Sheila, Vol II
Nalbantian, Suzanne, Vol II, III
Scheckter, John, Vol II
Semeiks, Jonna Gormely, Vol II

Buffalo
Allen, William Sheridan, Vol I
Atleson, James B., Vol IV
Aubery, Pierre, Vol III
Ault, Bradley A., Vol I
Bachman, Charles Roger, Vol III
Berger, Martin A., Vol I
Bobinski, George Sylvan, Vol I, II
Bono, Barbara Jane, Vol II
Brady, James B., Vol IV
Braun, Kazimierz, Vol II
Bucher, Gerard C., Vol III
Burkman, Thomas, Vol I
Camurati, Mireya Beatriz, Vol II, III
Cardoso, Joaquin Jose, Vol I
Carman, Charles, Vol I
Carson, David, Vol I
Cho, Kah-Kyung, Vol IV
Coffta, David J., Vol III
Colley, Ann C., Vol II
Conte, Joseph, Vol II
Copjec, Joan, Vol II, III
Corcoran, John, Vol IV
Cummings, William K., Vol V
Curran, Leo C., Vol II, III
Daly, Robert J., Vol II
De La Pedraja, Rene, Vol I
De Veaux, Alexis, Vol II
Dentan, Robert K., Vol V
Devereux, David R., Vol I
Dierenfield, Bruce, Vol I
Doyno, Victor, Vol II
Dudley, Edward J., Vol II, III
Dyson, Steven L., Vol II, III
Egginton, William, Vol II, III
Ekeh, Peter, Vol IV
Elkin, Saul, Vol II
Ellis, Richard E., Vol I
Emihovich, Catherine A., Vol V
Feal, Carlos, Vol III
Feal, Gisele C., Vol III
Feal, Rosemary Geisdorfer, Vol III
Federman, Raymond, Vol II, III
Feldman, Irving, Vol II
Ferguson, Marianne, Vol IV
Fiedler, Leslie Aaron, Vol II
Fordham, Monroe, Vol I
Fradin, Joseph I., Vol III
Gallagher, Shaun, Vol IV
Garton, Charles, Vol II, III
Garver, Newton, Vol IV
Gasche, Rodolphe, Vol III
Gerber, David, Vol I
Glass, Dorothy, Vol I
Gottdiener, Mark, Vol V
Gracia, Jorge Jesus Emiliano, Vol IV
Grosz, Elizabeth, Vol III
Guinn, Paul, Vol I
Guitart, Jorge, Vol III
Hallborg, Robert B., Jr., Vol IV
Harrison, Carol Lynn, Vol II
Hart, Stephen, Vol V
Headrick, Thomas E., Vol IV
Hewitt, Andrew, Vol III
Iggers, Georg G., Vol I
Iggers, Wilma Abeles, Vol III
Inada, Kenneth K., Vol IV
Jackson, Bruce, Vol II
Jacobson, Thomas L., Vol II
Jamros, Daniel, Vol IV
Johnstone, D. Bruce, Vol V
Jones, Larry Eugene, Vol I
Kahane, Claire, Vol II
Kearns, John Thomas, Vol IV
Keil, Charles M. H., Vol II, V
Kelly, David H., Vol I
Kendrick, Joy A., Vol IV
Kirby, Carol, Vol III
Koekkoek, Byron J., Vol III
Koginos, Manny T., Vol I
Korsmeyer, Carolyn, Vol IV
Kustus, George L., Vol II, III
Lamb, Charles M., Vol IV
Levine, George Richard, Vol II
Lewis, Lionel Stanley, Vol V
Liderbach, Daniel, Vol IV
Lovering, Joseph Paul, Vol II
Lunenfeld, Marvin, Vol I
Magdol, Lynn, Vol V
Malamud, Martha A., Vol II, III
Mathiot, Madeleine, Vol III, V
May, Richard Warren, Vol IV
Mazzaro, Jerome L., Vol II
McGuire, Donald T., Jr., Vol II, III
McNutt, Paula M., Vol I, IV, V
Meidinger, Errol Eldon, Vol IV
Metzger, Erika Alma, Vol III
Metzger, Michael Moses, Vol III
Miller, Peter, Vol II, IV
Morace, Robert A., Vol II
Naylor, John F., Vol I
Nelson, Herbert James, Vol IV
O'Connor, Eugene, Vol II, III
Otterbein, Keith F., Vol V
Owens, Kathleen Marie, Vol IV
Paley, Samuel M., Vol II, III
Palmer, Robert L., II, Vol V
Payne, F. Anne, Vol II
Peradotto, John Joseph, Vol II, III
Peterson, Lorna Ingrid, Vol II
Podet, Allen Howard, Vol I, IV
Primack, Maxwell, Vol I, IV
Pruitt, Dean, Vol V
Raily, Kevin, Vol II
Rapaport, William J., Vol IV
Robbins, Jill, Vol III
Robinson, Zan, Vol II
Savage, Elizabeth, Vol II
Scales-Trent, Judy, Vol IV
Scarlett, Elizabeth, Vol III
Schultz-Aldrich, Janice Lee, Vol IV
Scott, Hugh B., Vol IV
Seeman, Erik R., Vol I
Seller, Maxine Schwartz, Vol I
Shedd, D., Vol I
Sherk, Robert K., Vol II, III
Smith, Barry, Vol IV
Soons, C. Alan, Vol III
Stathopoulos, E. T., Vol II
Stinger, Charles Lewis, Vol I
Sussman, Henry, Vol III
Tall, Emily, Vol III
Thalos, Mariam G., Vol IV
Thompson, Sanna J., Vol V
Tisdale, Celes, Vol II
Valaik, J. David, Vol I
Valone, James S., Vol I
Vargas, Margarita, Vol III
Warner, William Beatty, Vol II
Watrous, Livingston V., Vol I
Wickert, Max Albrecht, Vol II
Zarembka, Paul, Vol IV
Zemel, Carol, Vol I
Zirin, Ronald A., Vol II, III
Zlotsky, Andres, Vol II, III

Caledonia
MacDonald, Roderick James, Vol I

Cambria Heights
Southern, Eileen Jackson, Vol II

Canton
Bellamy, Joe David, Vol II
Berger, Thomas Leland, Vol II
Coburn, Thomas Bowen, Vol I, IV
DeGroat, Judith A., Vol I
Glover, Albert G., Vol II
Goldberg, Rita Maria, Vol III
Matteson, Robert Steere, Vol II
Weiner, Bruce I., Vol II

Centereach
Seifman, Eli, Vol V

Churchville
Ingersoll, Earl G., Vol II

Clarence
Hull, Richard T., Vol IV

Clinton
Doran, Katheryn, Vol I
Gold, Barbara K., Vol II, III
Guttman, Naomi E., Vol II
Kanipe, Esther Sue, Vol I, V
Kelly, Alfred Herbert, Vol I
Krueger, Roberta L., Vol III
Marki, Ivan, Vol II
Medina, Jeremy Tyler, Vol III
Norman, Andrew, Vol IV
O'Neal, John Coffee, Vol III
O'Neill, John H., Vol II
Rabinowitz, Peter Jacob, Vol III
Ravven, Heidi, Vol IV
Simon, Robert L., Vol IV
Tobin, Eugene Marc, Vol I
Werner, Richard W., Vol IV
Wheatley, Edward, Vol II
Williams, Jay G., Vol IV

Cobleskill
Descartes, Rene, Vol V
Ouderkirk, Wayne, Vol IV

Cold Spring
Sprague, Elmer D., Jr., Vol IV

Cooperstown
Jones, Louis Clark, Vol I, II

Corning
Whitehouse, David Bryn, Vol I

Cornwall on Hudson
Willard, Charity Cannon, Vol III

Cortland
Alsen, Eberhard, Vol II
Ba-Yunus, Ilyas, Vol V
Best, Judith A., Vol IV
Boynton, Victoria A., Vol II
Burd, Van Akin, Vol II
Gebhard, Ann, Vol II
Gonzalez, Alexander G., Vol II
Hager, Alan, Vol II
Janik, Del Ivan, Vol II
Kaminsky, Alice R., Vol II
Kaminsky, Jack, Vol IV
Kelley, Samuel L., Vol II
Knight, Denise D., Vol II
Lawrence, Kathleen, Vol II
Lickona, Thomas E., Vol II, V
Masselink, Noralyn, Vol II
McCorduck, Edward Scott, Vol II
McDowell-Loudan, Ellis, Vol V
Nagel, Mechthild E., Vol IV
Russell, Kathryn, Vol IV
Ryder, John, Vol IV
Shatsky, Joel, Vol II
Wright, Donald R., Vol I

Croton On Hudson
Kaebnick, Gregory E., Vol IV

Dansville
Barwick, Daniel, Vol IV

Delhi
Gedmintas, Aleksandras, Vol I

Delmar
Greene, Robert William, Vol III

Derby
LaMarche, Jean, Vol I

Dobbs Ferry
D'heurle, Adma J., Vol V
Ephraim, Charlesworth W., Vol IV
Foster, James Hadlei, Vol IV
Gocking, Roger, Vol I
Shiels, Frederick L., Vol IV

Geographic Index

Douglaston
Kraft, Ruth Nelson, Vol II
Lauder, Robert Edward, Vol IV

East Aurora
Kubicki, Judith M., Vol IV
Roll, Susan K., Vol IV

Eden
Dumain, Harold, Vol IV

Elmhurst
Dude, Carl K., Vol IV

Elmira
Schwartz, Peter, Vol I

Elmsford
Rugoff, Milton, Vol I, II

Fairport
Carlton, Charles Merritt, Vol III

Far Rockaway
Pollack, Gloria W., Vol III

Farmingdale
Friel, James P., Vol II, IV
Gaab, Jeffrey S., Vol I
Rozakis, Laurie, Vol II
Shapiro, Ann, Vol II

Floral Park
Callender, Carl O., Vol IV

Flushing
Bird, Thomas E., Vol III
Brown, Royal Scott, Vol III
Buell, Frederick Henderson, Vol II
Cannistraro, Philip Vincent, Vol I
Carlson, Harry Gilbert, Vol II
Cooley, Nicole R., Vol II
Cordero, Alberto, Vol IV
D'Avanzo, Mario L., Vol II
Davis, Ellen Nancy, Vol I
Dickstein, Morris, Vol II, III
Eisenstein, Hester, Vol V
Epstein, Edmund Lloyd, Vol II, III
Erickson, Raymond Frederick, Vol II
Eubank, Keith, Vol I
Fontinell, Eugene, Vol IV
Friedman, Norman, Vol II, V
Friedman, Stanley, Vol II
Frosch, Thomas Richard, Vol II
Green, William, Vol II
Greenbaum, Fred, Vol I
Gruder, Vivian Rebecca, Vol I
Haller, Hermann W., Vol III
Harris, Susan Kumin, Vol I, II
Heilman, Samuel C., Vol V
Held, George, Vol II
Hershkowitz, Leo, Vol I
Hintz, Carrie, Vol II
Keshishian, Flora, Vol II
Lidov, Joel, Vol II, III
Lonigan, Paul R., Vol II, III
Markovitz, Irving Leonard, Vol IV
McManus, Edgar J., Vol I, IV
Meza, Pedro Thomas, Vol I
O'Connor, Patricia, Vol IV
Pecorino, Philip Anthony, Vol IV, V
Peritz, Janice H., Vol II
Pine, Martin L., Vol I
Prall, Stuart E., Vol I
Rabassa, Gregory, Vol III
Richter, David H., Vol II
Rivera, Jenny, Vol IV
Roberts, Michael J., Vol V
Russell, Rinaldina, Vol III
Scott, Donald M., Vol I
Seymour, Victor, Vol II
Stone, Donald David, Vol II
Sungolowsky, Joseph, Vol III
Syrett, David, Vol I
Timko, Michael, Vol II
Tytell, John, Vol II
Warren, Joyce, Vol II
Whatley, Eric Gordon, Vol II
Wreszin, Michael, Vol I
Wu, Pei-Yi, Vol I, III
Zwiebach, Burton, Vol IV

Fly Creek
Kuzminski, Adrian, Vol I, IV

Forest Hills
Gover, Yerah, Vol V

Fredonia
Belliotti, Raymond A., Vol IV
Browder, George C., Vol I
Courts, Patrick Lawrence, Vol II
Deming, Robert Howard, Vol II
Fries, Maureen Holmberg, Vol II
Goetz, Thomas Henry, Vol III
Harper, Gary F., Vol V
Huffman, James Richard, Vol I, II
Kohl, Marvin, Vol IV
Litwicki, Ellen M., Vol I
Nelson, Malcolm A., Vol II
Raat, William D., Vol I
Regelski, Thomas Adam, Vol II, V
Reiff, Daniel D., Vol I
Schoenbach, Peter J., Vol II
Schweik, Robert Charles, Vol II
Sebouhian, George, Vol II
Shokoff, James, Vol II
Sievens, Mary Beth, Vol I
Sonnenfeld, Marion Wilma, Vol III
Steinberg, Theodore Louis, Vol II, IV
Stinson, John Jerome, Vol II
Trace, Jacqueline Bruch, Vol II
Zlotchew, Clark M., Vol III

Garden City
Amador, Raysa E., Vol III
Blake, James Joseph, Vol II
Cunsolo, Ronald S., Vol I
Doyle, Paul A., Vol II
Eisner, Wendy, Vol V
Ernst, Robert, Vol I
Ferrara, Louis F., Vol IV
Friedman, Eva Mary, Vol III
Garner, Richard, Vol II, III
James, Marquita L., Vol IV
Jenkins, Kenneth Vincent, Vol II
Kallaur, Constantine H., Vol III
Kliman, Bernice W., Vol II
Mann, Maria A., Vol III
McNair, Marcia, Vol II
Okoampa-Ahoofe, Kwame, Jr, Vol II
Silverman, Jay R., Vol II
Skidell, Myrna, Vol V
Starkey, Armstrong, Vol I
Steil, Janice M., Vol V
Webb, Igor M., Vol II
Wolf, Donald, Vol II
Yezzo, Dominick, Vol II

Garrison
Sharpe, Virginia A., Vol IV

Geneseo
Bailey, Charles Randall, Vol I, V
Cook, William Robert, Vol I, IV
Derby, William Edward, Vol I
Deutsch, Kenneth L., Vol IV
Doan, Laura L., Vol II, V
Edgar, William John, Vol IV
Fausold, Martin L., Vol I
Gollin, Rita K., Vol II
Herzman, Ronald Bernard, Vol II
Lutkus, Alan, Vol II, III
Pacheco, Paul J., Vol V
Soffer, Walter, Vol IV
Somerville, James Karl, Vol I
Stelzig, Eugene Louis, Vol II
Van Vliet, Edward Richie, Vol III
Zuckerman, Mary Ellen, Vol II

Geneva
Baer, Eugen Silas, Vol IV
Crouthamel, James L., Vol I
Cummings, Peter March, Vol II
Daise, Benjamin, Vol IV
Gerhart, Mary, Vol II, IV
Lee, Steven Peyton, Vol IV
Simson, Rosalind, Vol IV
Singal, Daniel Joseph, Vol I

Germantown
Szasz, Paul Charles, Vol IV

Getzville
Murphy, Orville Theodore, Vol I

Great Neck
Baron, Carol K., Vol II
Bogin, Ruth, Vol I
Christie, Jean, Vol I
Kahn, David, Vol I
Marcus, Paul, Vol V
Parmet, Robert David, Vol I
Peterson, Jon Alvah, Vol I

Greene
Marsland, Amy, Vol II

Greenvale
Araoz, Daniel L., Vol V
Brier, Bob, Vol IV
Courtemanche, Regis Armand, Vol I
Dinan, Susan A., Vol I
Dircks, Phyllis T., Vol II
Greenspan, Anders, Vol I
Hill-Miller, Katherine Cecelia, Vol II, V
Horwitz, Barbara, Vol II
Lettis, Richard, Vol II
Mates, Julian, Vol II
Meyers, Debra A., Vol I
Miller, Edmund, Vol II
Morrison, G. Grant, Vol I
Pahl, Dennis A., Vol II
Reiter, Henry H., Vol V
Watanabe, Morimichi, Vol I, IV

Hamilton
Albrecht, Wilbur T., Vol II
Balakian, Peter, Vol II
Berlind, Bruce, Vol II
Bien, Gloria, Vol III
Blackmore, Robert Long, Vol II
Bolland, O. Nigel, Vol V
Busch, Briton Cooper, Vol I
Busch, Frederick Matthew, Vol II
Carter, John Ross, Vol I, IV
Cerasano, Susan P., Vol II
Coyle, Michael Gordon, Vol II
Crawshaw, William Henry, Vol II
Davies, Morgan, Vol I, III
De Boer, George E., Vol V
Dudden, Faye E., Vol I
Farronato, Cristina, Vol III
Frost, Richard Hindman, Vol I
Gallucci, John, Vol III
Glazebrook, Patricia, Vol IV
Godwin, Joscelyn, Vol II
Harsh, Constance D., Vol II, V
Hathaway, Robert L., Vol III
Hudson, George C., Jr., Vol II
Irwin, Joyce Louise, Vol I, IV
Jacobs, Jonathan, Vol IV
Johnson, Anita L., Vol III
Johnson, Linck Christopher, Vol II
Julien, Helene, Vol III
Kepnes, Steven D., Vol IV
Kerber, Jordan E., Vol V
Knuth, Deborah, Vol II
Levy, Jacques, Vol II
Liepe-Levinson, Katherine, Vol II
Lintz, Bernadette C., Vol III
Luciani, Frederick, Vol III
Maurer, Margaret, Vol II
McCabe, David, Vol IV
McIntyre, Lee C., Vol IV
Nakhimovsky, Alice, Vol III
Naughton, John, Vol III
Nicholls, James C., Vol III
Nicholls, Maria, Vol III
Olcott, Anthony, Vol III
Olcott, Martha, Vol IV
Payne, Harry Charles, Vol I
Pinchin, Jane Lagoudis, Vol II
Plata, Fernando, Vol III
Richards, Phillip M., Vol II
Ries, Nancy, Vol I
Rubenstein, Eric M., Vol IV
Rugg, Marilyn D., Vol III
Shiner, Rebecca, Vol V
Silver, Mark H., Vol I
Spires, Jeffrey, Vol II
Staley, Lynn, Vol II
Suarez-Galban, Eugenio, Vol III
Swain, Joseph, Vol II
Terrell, Huntington, Vol IV
Vecsey, Christopher, Vol I, IV
Wetzel, James Richared, Vol IV
Wider, Sarah Ann, Vol I, II
Witherspoon, Edward, Jr., Vol IV

Harrison
Pepper, George B., Vol IV

Hastings on Hudson
Forman, Robert, Vol IV

Hemlock
Eberle, Rolf A., Vol IV

Hempstead
Atwood, Joan Delores, Vol V
Bowe, Frank, Vol V
Bryant, John, Vol II
Burke, Alexander J., Vol II
Cassidy, David C., Vol I
Cohen, George Michael, Vol I
DiGaetani, John Louis, Vol II
Dobrin, Arthur, Vol V
Gorin, Robert M., Jr, Vol I
Holland, Robert A., Vol IV
Keener, Frederick M., Vol II, III
Kreps, Gary L., Vol II
Pugliese, Stanislao, Vol I
Sampedro, Benita, Vol III
Satler, Gail R., Vol V
Serper, Mark R., Vol V
Stern, Nancy B., Vol I
Teehan, John, Vol IV
Wallace, Kathleen, Vol IV

Homer
Dudgeon, Ralph T., Vol II

Houghton
Eckley, Richard K., Vol IV
Schultz, Carl, Vol IV
Tyson, John R., Vol IV

Hudson
Lyons-Chase, Rosemary, Vol II

Huntington
Abramson, Harold I., Vol IV
Hochberg, Stephen, Vol IV
Klein, Richard, Vol IV
Shaw, Gary M., Vol IV
Swartz, Barbara E., Vol IV

Huntington Station
Douglass, Melvin Isadore, Vol V

Ithaca
Abrams, Meyer Howard, Vol II
Adams, Barry Banfield, Vol II
Arlin, Mary I., Vol II
Arliss, Laurie, Vol II
Arroyo, Ciriaco Moron, Vol III
Babby, Leonard Harvey, Vol III
Bailey, Lee, Vol IV
Baugh, Daniel Albert, Vol I
Bensel, Richard F., Vol IV
Benson, LeGrace, Vol I, IV, V
Bereaud, Jacques, Vol III
Bilson, Malcolm, Vol II
Bishop, Jonathan P., Vol II
Bjerken, Xak, Vol II
Blumin, Stuart, Vol I
Borstelmann, Thomas, Vol I
Brodhead, Garry, Vol II
Browne, E. Wayles, Vol III
Brumberg, Joan Jacobs, Vol I
Calkins, Robert Gilmer, Vol I
Caputi, Anthony Francis, Vol II
Carmichael, Calum MacNeill, Vol IV
Clermont, Kevin Michael, Vol IV
Clinton, Kevin, Vol II, III
Cochran, Sherman, Vol I
Cohen, Walter Isaac, Vol III
Colby-Hall, Alice Mary, Vol I, III
Coleman, John E., Vol I, III
Colman, Gould P., Vol I
Coral, Lenore, Vol II
Cowie, Jefferson R., Vol I
Cramton, Roger C., Vol IV
Cummings, Craig, Vol II
Daniel, Cletus Edward, Vol I
Darlington, Richard B., Vol V
Deinert, Herbert, Vol III
DeLoughrey, Elizabeth M., Vol II
Evans, Gary W., Vol V
Ezergailis, Andrew, Vol I
Gair, James Wells, Vol III
Gayeski, Diane M., Vol II
Gottschalk, Katherine K., Vol II
Greene, Sandra E., Vol I
Greenwood, Davydd J., Vol V
Groos, Arthur, Vol I, III
Grossvogel, David I., Vol III
Gudding, Gabriel, Vol I, II
Hanchett, Tom, Vol I
Harris, Jonathan Gil, Vol II
Harris, Robert L., Jr., Vol I
Harris-Warrick, Rebecca, Vol II
Hatch, Martin, Vol II
Herndon, Sandra L., Vol II
Hill, Thomas Dana, Vol II
Hodes, Harold T., Vol IV
Hohendahl, Peter U., Vol I, III
Holloway, Thomas Halsey, Vol I
Hutcheson, Richard E., Vol IV
Iacobucci, Christine, Vol II
John, James J., Vol I, III
Johnson, Timothy, Vol II
Kammen, Michael, Vol I
Kaplan, Jane Payne, Vol III
Kaske, Carol Vonckx, Vol II, III
Kates, Carol A., Vol IV
Kennedy, Kenneth Adrian Raine, Vol V
Kennedy, William John, Vol II, III
Kirkwood, Gordon Macdonald, Vol III
Kline, Ronald R., Vol I
Koschmann, Julien Victor, Vol I
Kronik, John W., Vol III
Krumhansl, Carol L., Vol V
Kuniholm, Peter Ian, Vol I
LaFeber, Walter, Vol I
Leeder, Elaine, Vol V
Lewenstein, Bruce V., Vol I
Lewis, Philip Eugene, Vol III
Lurie, Alison, Vol II, V
MacCurdy, Marian, Vol II
MacDonald, Scott C., Vol IV
Mcbride, Paul Wilbert, Vol I, V
McCann, David Richard, Vol III
McClain, John O., Vol IV
McKenna, Michael S., Vol IV
McMillin, H. Scott, Vol II
Mieczkowski, Bogdon, Vol IV
Migiel, Marilyn, Vol III
Moore, Robert Laurence, Vol I
Najemy, John Michael, Vol I
Neuhouser, Frederick, Vol I, IV
Norton, Mary Beth, Vol I
Nussbaum, Alan, Vol III
Owen, David I., Vol I
Palmer, Larry Isaac, Vol IV
Paz-Soldan, Jose Edmundo, Vol III
Pelto, William, Vol II
Peraino, Judith A., Vol II
Piedra, Jose, Vol III
Pinch, Trevor J., Vol I, V
Pintner, Walter Mckenzie, Vol I
Polenberg, Richard, Vol I
Powers, David Stephen, Vol I, IV
Pucci, Pietro, Vol II, III
Rachlinski, J. J., Vol IV
Radice, Mark A., Vol I, II
Ramage, Nancy Hirschland, Vol I
Rendsburg, Gary A., Vol I
Rosen, David, Vol II
Rosenberg, Edgar, Vol II
Rossiter, Margaret W., Vol I
Rowland, Gordon, Vol II
Salvatore, Nicholas Anthony, Vol I
Samuels, Shirley, Vol II
Scatterday, Mark Davis, Vol II
Schwab, Stewart J., Vol IV
Schwarz, Daniel R., Vol II
Seidman, Steven A., Vol II
Shapiro, Gavriel, Vol III
Shaw, Harry Edmund, Vol II
Shepherd, Reginald, Vol II
Silbey, Joel H., Vol I
Smith, Daniel L., Vol II, III, IV
Somkin, Fred, Vol I
Spivey, Michael, Vol V
Steinberg, Michael P., Vol I
Stycos, Maria Nowakowska, Vol III
Summers, Robert Samuel, Vol IV
Suner, Margarita, Vol III
Swenson, Edward, Vol II
Tierney, Brian, Vol I
Turner, Terence S., Vol V
Twomey, Michael, Vol II
Waugh, Linda Ruth, Vol III
Webster, James, Vol II
Williams, L. Pearce, Vol I
Williams, Robin M., Vol V
Wilson, Dana, Vol II
Wolff, John Ulrich, Vol III
Wolfram, Charles W., Vol IV
Wolters, Oliver William, Vol I
Wyatt, David Kent, Vol I
Yearsley, David, Vol II
Zaslaw, Neal, Vol II

Jackson Heights
Walsh, Jerome T., Vol III, IV

Jamaica
Augustine, Dolores L., Vol I
Baruch, Elaine Hoffman, Vol II, V
Biafora, Frank, Vol V
Boyer, Marjorie Nice, Vol I
Boyle, Robin A., Vol IV
Butscher, Edward, Vol II
Callaghan, Michael J., Vol II
Cevasco, George Anthony, Vol II
Coppa, Frank John, Vol I
Curran, Thomas J., Vol I
Dircks, Richard J., Vol II
Dolling, Lisa M., Vol IV
Ekbantani, Glayol, Vol V
Forman, Robert, Vol II
Gregory, David L., Vol IV
Griffin, William Denis, Vol I
Harmond, Richard Peter, Vol I
Hostetler, Michael J., Vol II
Jones, Michele, Vol III
Kim, Margaret, Vol II
Kinkley, Jeffrey Carroll, Vol I
Kramer-Hellinx, Nechama, Vol III
Lowney, John, Vol II
Maertz, Gregory, Vol II
McKenna, John H., C.M., Vol IV
Primeaux, Patrick, Vol IV
Rosenthal, Beth, Vol V
Satterfield, Patricia Polson, Vol IV
Seitz, Jay, Vol V
Sicari, Stephen, Vol II
Slattery, Kenneth F., Vol IV
Sovern, Jeff, Vol IV
Upton, Julia A., Vol IV
White, Howard A., Vol IV
White, Leland J., Vol IV
Wintergerst, Ann C., Vol III
Zirkel, Patricia McCormick, Vol I, IV

Jamestown
Frischkorn, Craig, Vol II
Victor, Jeffery, Vol V

Jamesville
Snow, Vernon F., Vol I

Katonah
Allman, Eileen Jorge, Vol II
Nnoruka, Sylvanos I., Vol IV

Keuka Park
Diamond, Sander A., Vol I
Larkin, Janet, Vol I

Kew Gardens Hills
Penkower, Monty Noam, Vol I

Kings Point
Gardella, Robert Paul, Vol I

Lake George
Foulke, Robert Dana, Vol II

Lake Peekskill
Csaki, Luciana Cuppo, Vol III

Latham
Wright, Theodore P., Jr., Vol I

Laurens
Fink, William Bertrand, Vol I

Lewiston
Collington, Phillip D., Vol II
Ponce de Leon, Gina, Vol III

Locust Valley
Edwards, Lee M., Vol I

Long Island
Fink, Thomas A., Vol II

Long Island City
Boris, Edna Z., Vol II
Feifer, Irwin, Vol V
Silva, John O., Vol II

Loudonville
Boisvert, Raymond, Vol IV
Dick, Michael B., Vol IV
Fesmire, Steven A., Vol IV
Fiore, Peter Amadeus, Vol II
Hannay, Margaret Patterson, Vol II
Meany, Mary Walsh, Vol IV
Munir, Fareed Z., Vol I
Murphy, John C., Vol I
Trainor, Charles Robert, Vol II
Yoon, Won Z., Vol I
Zaas, Peter S., Vol IV

Louisville
Burkey, John, Vol IV

Loundonville
Murray, Paul, Vol V

Lynbrook
Langiulli, Nino Francis, Vol II, IV

Maryknoll
Price, Bernadette B., Vol II

Massapequa
Wiener, Harvey Shelby, Vol II

Middletown
Byrne, William, Vol V

Millbrook
McLaughlin, Mary Martin, Vol I

Miller Place
Rizzuto, Anthony, Vol III

Mount Vernon
Brown, Beatrice S., Vol V
Shaw, Susan J., Vol IV

New Paltz
Brown, Peter D. G., Vol III
D'Elia, Donald John, Vol I
Fein, Richard J., Vol II
Garlick, Peter C., Vol IV
Gillon, Adam, Vol II, III
Hathaway, Richard Dean, Vol II
Hauptman, Laurence Marc, Vol I
Heath, Eugene, Vol IV
Huang, Ray, Vol I
Kesselman, Amy, Vol I
Khatib, Syed Malik, Vol II
Knapp, Ronald G., Vol I, V
Lee, Loyd Ervin, Vol I
Paz, Francis Xavier, Vol I, III
Piluso, Robert Vincent, Vol III
Rhoads, William B., Vol I
Schnell, George Adam, Vol I
Sorin, Gerald, Vol I
Williams-Myers, Albert J., Vol I
Wolf, Reva J., Vol I

New Rochelle
Carroll, James T., Vol I
Colaneri, John Nunzio, Vol III
Cutney, Barbara, Vol IV
Deignan, Kathleen P., CND, Vol IV
Dramin, Edward, Vol II
Dunkak, Harry Matthew, Vol I
Guidorizzi, Richard Peter, Vol I
Jonas, Hans, Vol IV
Kraman, Cynthia, Vol II
Mahoney, Irene, Vol II
Morgan, Joseph, Vol I, IV
O'Neill, William George, Vol IV
Perez, Mireya, Vol III
Salamone, Frank A., Vol V
Schleifer, James Thomas, Vol I
Solomon, Barbara Hochster, Vol II, V
Solomon, Stanley J., Vol II
Yellin, Jean Fagan, Vol I, II
Zucker, Arnold H., Vol V

New Russia
Kortepeter, C. Max, Vol I

New York
Abelson, Elaine S., Vol I
Abramovitz, Mimi, Vol V
Abrams, Bradley, Vol I
Adams, Barbara, Vol II
Adams, Rachel, Vol II
Addams, Robert David, Vol IV
Affron, Charles M., Vol III
Aiello, T., Vol V
Alexakis, Alexander, Vol IV
Alexander, Aley E., Vol V
Alexander, Estella Conwill, Vol II
Alexander, Meena, Vol II
Alfonso, Vincent C., Vol V
Allentuck, Marcia Epstein, Vol II
Amsterdam, Anthony G., Vol IV
Anderson, Helene M., Vol III
Andreassi, John L., Vol V
Andriopoulos, Stefan, Vol III
Angel, Marc D., Vol I
Arafat, Ibtihaj, Vol V
Ariker, Shirley, Vol V
Arkway, Angela, Vol IV
Armitage, David, Vol I
Armstrong, Charles, Vol I
Aronson, Arnold, Vol II
Aull, Felice, Vol V
Avery, Kevin J., Vol I
Avrich, Paul Henry, Vol I
Awn, Peter, Vol IV
Babich, Babette E., Vol IV
Bacon, Helen Hazard, Vol II, III
Bagnall, Roger Shaler, Vol I, III
Bailey, Adrienne Yvonne, Vol V
Baker, Paul R., Vol I
Bakish, David Joseph, Vol II
Ball, Susan, Vol I
Balmer, Randall, Vol IV
Banbury, Horace, Vol II
Barasch, Frances K., Vol II
Barnes, Joseph Nathan, Vol IV
Barnouw, Erik, Vol II
Barolini, Teodolinda, Vol III
Barsam, Richard, Vol II
Barstow, Anne Llewellyn, Vol I, V
Bartelik, Marek, Vol I
Barzun, Jacques, Vol I
Baumbach, Gerard, Vol IV
Baumrin, Bernard Herbert, Vol IV
Bayer, Richard C., Vol IV
Beardsley, Theodore S., Jr., Vol III
Beck, James Henry, Vol I
Beckley, William, Vol I
Belknap, Robert Lamont, Vol III
Bell, Derrick Albert, Jr., Vol IV
Bellush, Bernard, Vol I
Ben-Atar, Doron, Vol I
Ben-Ghiat, Ruth, Vol I
Benardete, Jane, Vol II
Benardete, Seth Gabriel, Vol II, III
Bender, Thomas, Vol I
Benson, Lenni B., Vol IV
Bentley, Eric, Vol II, III
Berger, Vivian O., Vol IV
Berggren, Paula S., Vol II
Berley, Marc, Vol II
Berman, Avis, Vol II
Bernard, Claudie, Vol II
Bernstein, Richard J., Vol IV
Berofsky, Bernard A., Vol IV
Berrol, Selma Cantor, Vol I
Betts, Richard Kevin, Vol IV
Billows, Richard A., Vol I
Birns, Nicholas B., Vol II
Bishop, Thomas, Vol III
Blackmar, Elizabeth, Vol I
Blaisdell, Robert Ehler, Vol II
Blasius, Mark, Vol IV
Blazekovic, Zdravko, Vol II
Bleich, J. David, Vol IV
Block, Ned, Vol IV
Bloom, Abigail Burnham, Vol II
Bloom, Irene, Vol IV
Blount, Marcellus, Vol II, V
Blumberg, Barbara, Vol I
Boddewyn, Jean J., Vol II, IV
Boghossian, Paul, Vol IV
Bonfante, Larissa, Vol I
Bonomi, Patricia Updegraff, Vol I
Borg, Dorothy, Vol I, IV
Botein, Michael, Vol IV
Boyle, Ashby D., II, Vol IV
Brabant, Jozef M., Vol IV
Braxton, Edward Kenneth, Vol IV
Brickman, Lester, Vol IV
Brilliant, Richard, Vol I
Brinkley, Alan, Vol I
Bristow, Edward, Vol I, IV
Brook, Barry Shelley, Vol II
Brooks-Gunn Brooks-Gunn, Jeanne, Vol V
Brown, Blanche Rachel, Vol I
Brown, Jonathan M., Vol I
Brown, Steven M., Vol IV, V
Brush, Craig Balcombe, Vol III
Buja, Maureen, Vol II
Bulliet, Richard, Vol I
Burstein, L. Poundie, Vol II
Bushman, Claudia, Vol I
Bushman, Richard, Vol I
Bynum, Caroline Walker, Vol I
Cachia, Pierre J. E., Vol III
Caldwell, Mark Leonard, Vol II
Cameron, Alan, Vol I, III
Campbell, Mary Schmidt, Vol I
Cannadine, David, Vol I
Cantor, Norman Frank, Vol I, IV, V
Capra, Daniel J., Vol IV
Carman, Taylor, Vol IV
Carnes, Mark C., Vol I
Caroli, Betty Boyd, Vol I
Carpenter, James Anderson, Vol IV
Carrera, Alessandro, Vol III
Carroll, Linda M., Vol II
Carrubba, Robert W., Vol III
Carson, Katharine Whitman, Vol III
Cartwright, Marguerite Dorsey, Vol II
Casson, Lionel, Vol I
Cassuto, Leonard, Vol II
Castelli, Elizabeth, Vol IV
Castronovo, David, Vol II, III
Cavaglieri, Giorgio, Vol I
Cavallo, JoAnn, Vol III
Caws, Mary Ann, Vol II, III
Cazeaux, Isabelle, Vol II
Chapman, Robert L., Vol IV
Chelkowski, Peter Jan, Vol III
Cheng, Sinkwan, Vol II
Chernetsky, Vitaly, Vol III
Chernow, Barbara A., Vol I
Christopher, Russell L., Vol IV
Chusid, Martin, Vol II
Cimbala, Paul A., Vol I
Clancy, Joseph P., Vol II
Claster, Jill Nadell, Vol I
Cohen, Burton I., Vol IV, V
Cohen, Martin Aaron, Vol I, IV
Cohen, Myron L., Vol V
Cohen, Naomi Wiener, Vol I
Cohen, Robert, Vol III
Colbourn, Frank E., Vol II
Colby, Robert Alan, Vol II
Coleman, Robin R., Vol II
Collins, Christopher, Vol II
Colton, Joel, Vol I
Compagnon, Antoine M., Vol III
Cone, James H., Vol IV
Conigliaro, Vincent, Vol V
Connor, Peter T., Vol III
Consenstein, Peter, Vol I, III
Cook, Blanche Wiesen, Vol I
Costello, John Robert, Vol III
Coulter, Harris L., Vol I
Creed, Gerald, Vol V
Cribiore, Raffaela, Vol II, III
Cullinan, Bernice Ellinger, Vol V
Cunningham, L. A., Vol IV
Cunningham, Sarah Gardner, Vol I, IV
D'Arms, John H., Vol III
Dames, Nicholas, Vol II
Damrosch, David N., Vol III
Dane, Barbara, Vol V
Daniel, E. Valentine, Vol V
Darling, Gregory J., Vol II
Dasgupta, Nilanjana, Vol V
Dash, Irene Golden, Vol II, V
Davies, Brian, Vol IV
Davis, Elliot Bostwick, Vol I
Dawson, John Philip, Vol I
De Bary, Wm. Theodore, Vol I
de Grazia, Edward, Vol II, IV
de Grazia, Victoria, Vol I
de Jongh, James Laurence, Vol II
de Schaepdrijver, Sophie, Vol I
Deak, Istvan, Vol I
Deakins, Roger Lee, Vol II
Dean, Warren, Vol I
DeFord, Ruth, Vol II
Delbanco, Andrew, Vol II
Dellepiane, Angela B., Vol II, III
Denmark, Florence L., Vol V
Dent, Gina, Vol II
Desalvo, Louise Anita, Vol II
DeSmidt, Ben, Vol II, III
Deutsch, Celia, Vol IV
Devenyi, Jutka, Vol II
Devitt, Michael, Vol IV
deVries, Paul, Vol IV
Diamond, Sigmund, Vol I, V
Diller, Matthew, Vol IV
Dilts, Mervin R., Vol II, III
Dinkins, David N., Vol IV
Dirks, Nicholas, Vol I
Dobson, Joanne, Vol II
Dolan, Marc, Vol II
Donhauser, Peter L., Vol I
Donohue, John Waldron, Vol I, IV, V
Dore, Florence W., Vol II
Dorenlot, Francoise, Vol III
Dorsen, Norman, Vol IV
Doubrovsky, Serge, Vol III
Dougherty, Ray Cordell, Vol III, IV
Douglas, Ann, Vol II
Driver, Martha Westcott, Vol II
Driver, Tom Faw, Vol II, IV
Duncan, Carol G., Vol I
Eden, Kathy, Vol II
Eigen, Michael, Vol V
Eisenstadt, Peter, Vol I
Eisler, Colin, Vol I
Elton, William R., Vol II
Emanuel, James Andrew, Vol II
Embree, Ainslie Thomas, Vol I
Eng, David L., Vol II
Eustice, James S., Vol IV
Evans, Harry B., Vol III
Fabian, Ann, Vol I
Farganis, James, Vol V
Farnsworth, E. Allan, Vol IV
Fawzia, Mustafa, Vol II
Feerick, John David, Vol IV
Feinberg, Barbara Jane, Vol IV
Feingold, Henry L., Vol I, IV
Felder, Mira B., Vol II, III
Feldman, Louis H., Vol II, III
Feldman, Yael S., Vol IV
Felix, David, Vol I
Felsenfeld, Carl, Vol IV
Ferguson, Robert A., Vol II
Ferrante, Joan M., Vol III
Field, Hartry, Vol IV
Fields, Barbara J., Vol I
Fine, Ellen Sydney, Vol III
Fine, Kit, Vol IV
Fish, Cheryl, Vol II
Fisher, Saul, Vol IV
Fisherkeller, JoEllen, Vol II, V
Fishman, David E., Vol I, IV
Fishman, Joshua Aaron, Vol III
Fleck, George, Vol II
Fleischer, Georgette, Vol II, III
Fleming, James E., Vol IV
Fletcher, Angus S., Vol II
Fletcher, Anthony Q., Vol IV
Fletcher, George Philip, Vol IV
Fletcher, Robert E., Vol III, IV
Fogelman, Martin, Vol IV
Foner, Eric, Vol I
Force, Pierre, Vol III
Fosshage, James L., Vol V
Fox, Eleanor M., Vol IV
Franck, Thomas M., Vol IV
Frankel, Margherita, Vol III
Franklin, Naomi P., Vol IV
Franklin, Phyllis, Vol II
Freeman, James B., Vol IV
Friedlander, Judith, Vol V
Fritsche, Johannes, Vol IV
Frost, Elisabeth, Vol II
Frydman, Anne, Vol III
Fukuyama, Francis, Vol II, III
Gallagher, David M., Vol IV
Gans, Herbert J., Vol V
Ganz, Arthur F., Vol II
Ganz, David L., Vol IV
Gardner, Richard Newton, Vol IV
Garfinkel, Stephen Paul, Vol IV
Garro, A. M., Vol IV
Gasman, Daniel E., Vol I
Gaull, Marilyn, Vol II
Gavronsky, Serge, Vol III
Geistfeld, Mark, Vol IV
Gelb, Joyce, Vol IV
Gerber, Jane Satlow, Vol I, IV
Gerson, Kathleen, Vol V
Gettleman, Marvin Edward, Vol I
Gibaldi, Joseph, Vol II, III
Gilinsky, Joshua, Vol IV
Gillman, Neil, Vol IV
Gilman, Ernest B., Vol II
Giral, Angela, Vol II
Globerman, Erma, Vol V
Gluck, Andrew L., Vol IV
Gluck, Carol, Vol I
Godfrey, Mary F., Vol II, IV
Goldberg, Barry, Vol I
Goldberg, Steven, Vol V
Goldberger, Leo, Vol V
Golden, Arthur, Vol II
Goldfarb, Jeffrey C., Vol IV, V
Goldin, Frederick, Vol III
Golumbia, David, Vol II
Gorbatov, Inna, Vol III
Gordon, Leonard Abraham, Vol I
Gordon, Linda, Vol I
Goren, Arthur, Vol I

Geographic Index

Gorup, Radmila J., Vol III
Gottlieb, Carla, Vol I
Gottschalk, Alfred, Vol IV
Gottwald, Norman Karol, Vol IV
Gourevitch, Victor, Vol IV
Govan, Reginald C., Vol IV
Gowans, Christopher W., Vol IV
Grace, Joan Carroll, Vol II
Grad, Frank P., Vol IV
Gray, Ronald A., Vol IV
Greco, John, Vol IV
Green, Judith, Vol IV
Greenawalt, Robert Kent, Vol IV
Greenbaum, Michael B., Vol IV, V
Greenfield, Susan, Vol II
Greetham, David Charles, Vol II
Grele, Ronald J., Vol I
Grennen, Joseph Edward, Vol I, II
Griffel, L. Michael, Vol II
Griffin, Dustin, Vol II
Griffin, Kathleen, Vol II
Gross, Irena Grudzinska, Vol III
Gross, Karen, Vol IV
Guilhamet, Leon, Vol II
Gura, Timothy, Vol III
Gustafson, Richard Folke, Vol III
Gutierrez-Vega, Zenaida, Vol II, III
Haahr, Joan Gluckauf, Vol II
Haddad, Mahmoud, Vol I
Halberstam, Malvina, Vol IV
Halivni, David, Vol IV
Halperin, D., Vol V
Hamalian, Leo, Vol II, III
Hamilton, Charles Vernon, Vol IV
Hampton, Barbara L., Vol II, V
Han, Jin Hee, Vol IV
Handel, Gerald, Vol V
Hanning, Robert W., Vol II
Hansen, Bert, Vol I
Hapke, Laura, Vol I, II
Hardy, Michael A., Vol IV
Harris, William Vernon, Vol I
Hassett, Constance W., Vol II
Hatch, James V., Vol II
Hauser, Thomas, Vol IV
Hawley, John Stratton, Vol IV
Haynes, Holly, Vol II, III
Heidt, Sarah L., Vol IV
Heilbrun, Carolyn G., Vol II
Heinrich, Amy Vladeck, Vol III
Heise, Ursula K., Vol II
Heller, Agnes, Vol IV
Hellinger, Benjamin, Vol II
Helly, Dorothy O., Vol I
Henkin, Louis, Vol IV
Herron, Carolivia, Vol I, II
Heyns, Barbara, Vol V
Hicks, David L., Vol I
Hill, Holly, Vol II
Himmelfarb, Gertrude, Vol I
Hobsbawm, Eric, Vol I
Hoeflin, Ronald K., Vol IV
Hoffman, Anne, Vol I, II
Holloway, Ralph L., Vol V
Holtz, Avraham, Vol IV
Holtz, Barry, Vol IV, V
Hoover, David Lowell, Vol II, III
Hopkins, John Orville, Vol V
Horvath, Richard P., Vol II
Howard, Jean E., Vol II
Howell, Martha, Vol I
Hoxie, Ralph Gordon, Vol I, IV
Hull, Richard W., Vol I
Humpherys, Anne, Vol II
Hunning, Robert W., Vol II
Huppauf, Bernd, Vol III
Huse, Ann A., Vol II
Hussey, Mark, Vol II
Huttenbach, Henry R., Vol I
Huyssen, Andreas, Vol III
Iannuzzi, John N., Vol IV
Irvin, Dale T., Vol IV
Isasi-Diaz, Ada Maria, Vol IV
Israel, Fred L., Vol I
Ivanoff, Andre, Vol V
Jackson, Janice Tudy, Vol IV
Jackson, Kenneth T., Vol I
Jackson, Robert Max, Vol V
Jacob, James R., Vol I
Jacobs, Carol F., Vol III
Jacobson, Arthur J., Vol IV
Jaffe, David P., Vol I
Jalal, Ayesha, Vol I
James, Dorothy, Vol III
James, Winston, Vol I
Jasso, Guillermina, Vol V
Jeffries, Leonard, Vol I
Jeffries, Rosalind R., Vol I
Jervis, Robert, Vol IV
Jimenez-Ramirez, Talia, Vol II
Jofen, Jean, Vol III
Johnson, John W., Vol IV
Johnson, Patricia L., Vol IV
Johnson, Penelope Delafield, Vol I
Jones, Judith A., Vol IV
Jones, William K., Vol IV
Joseph, Weiler H. H., Vol IV
Jurkevich, Gayana, Vol III
Kagan, Susan, Vol II
Kahan, Marcel, Vol IV
Kamhi, Michelle Marder, Vol I
Kamm, Frances Myrna, Vol IV
Kande, Sylvie, Vol III
Kaplan, Fred, Vol II
Kardon, Peter F., Vol I
Karsen, Sonja Petra, Vol III
Kasachkoff, Tziporah, Vol IV
Kastan, David Scott, Vol II, III
Katsoris, Constantine N., Vol IV
Kattago, Siobhan, Vol V
Katz, Esther, Vol I
Katznelson, Ira, Vol I
Kaufmann, Frank, Vol I, IV
Kavanagh, Peter, Vol II
Kaye, Joel, Vol I
Kelbley, Charles A., Vol IV
Keller, Eve, Vol II
Kelvin, Norman, Vol II
Kendrick, Walter, Vol II
Kennedy-Day, Kiki, Vol III, IV
Kenny, Alfreida B., Vol IV
Kessler-Harris, Alice, Vol I
Kessner, Thomas, Vol I
King, Peter, Vol I, II, III
Kirshenblatt-Gimblett, Barbara, Vol II
Kitcher, Patricia, Vol IV
Kitcher, Philip, Vol IV
Klein, Herbert S., Vol I
Klibbe, Lawrence H., Vol III
Knapp, Bettina, Vol III
Kneller, John William, Vol III
Koch, Kenneth, Vol II, III
Koenigsberg, Lisa M., Vol I
Korn, Harold Leon, Vol IV
Koshi, Annie, Vol II
Kostelanetz, Richard, Vol I, II, V
Kosto, Adam, Vol I
Kovaleff, Theodore Philip, Vol I, IV
Kra, Pauline, Vol III
Krabbenhoft, Kenneth, Vol III
Kraemer, David, Vol IV
Kramer, Lawrence Eliot, Vol II
Kriegel, Leonard, Vol II
Krinsky, Carol Herselle, Vol I
Kristeller, Paul Oskar, Vol IV
Kroeber, Karl, Vol II
Kuhn-Osius, Eckhard, Vol III
Kuhns, Richard, Vol IV
Kunitz, Stanley, Vol II
Kupperman, Karen, Vol I
Kurzman, Paul, Vol V
Kussi, Peter, Vol III
Kym, Annette, Vol III
Lackey, Douglas Paul, Vol IV
Laderman, Carol, Vol V
Lagemann, Ellen Condliffe, Vol I, V
Lake Prescott, Anne, Vol II
Lamb, Margaret, Vol II
Lamm, Norman, Vol IV
Landau, Sarah Bradford, Vol I
Landes, George Miller, Vol IV
Landesman, Charles, Vol IV
Lauer, Rachel M., Vol V
Lay, Nancy, Vol V
Lazreg, Marnia, Vol V
Lefkowitz, Joel M., Vol V
Leibowitz, Herbert, Vol II
Lemay, Richard, Vol I
Lerner, Anne Lapidus, Vol IV
Lerner, Barron H., Vol I
Lerner, Isaias, Vol III
Levi, Isaac, Vol IV
Levin, Jonathan, Vol II
Levy, Darline G., Vol I
Liberopoulos, Maura H., Vol V
Libo, Kenneth Harold, Vol I, IV
Lieberman, Jethro K., Vol IV
Lienhard, Joseph T., Vol I, IV
Lin, Yi-chun Tricia, Vol II
Lindo-Fuentes, Hector, Vol I
Lindt, Gillian, Vol IV
Lippman, Edward, Vol I, II
Lipsey, Robert E., Vol IV
Lockridge, Laurence Shockley, Vol II
London, Clement B. G., Vol V
London, Herbert, Vol I
Loney, Glenn Meredith, Vol II
Lotz, David Walter, Vol I, IV
Low, Anthony, Vol II
Low, Lisa, Vol II
Lowenfeld, Andreas F., Vol IV
Lowrie, Michele, Vol II, III
Lubetski, Edith, Vol II, IV
Lufrano, Richard, Vol I
Lynch, Hollis R., Vol I
Lynch, Owen, Vol V
Mac Adam, Alfred J., Vol III
Macchiarulo, Louis, Vol II, III
Macovski, Michael, Vol II
Magnuson, Paul Andrew, Vol II
Malefakis, Edward Emanuel, Vol I
Malone, Joseph Lawrence, Vol III
Mann, Gurinder Singh, Vol IV
Mapp, Edward C., Vol II
Marable, Manning, Vol I
Marcus, David, Vol III, IV
Marcus, Steven, Vol II
Margolies, Alan, Vol II
Margulies, Ivone, Vol II
Marincola, John, Vol II, III
Marme, Michael, Vol I
Marrin, Albert, Vol I
Marsh, James L., Vol IV
Martel, Leon C., Vol IV
Martin, Randy, Vol IV, V
Martinez, H. Salvador, Vol III, IV
Martinez-Bonati, Felix, Vol III
Marx, Anthony W., Vol IV
Mason, Bobbie Ann, Vol II
Matasar, Richard, Vol IV
Mattingly, Paul Havey, Vol I
Matynia, Elzbieta, Vol I
Maxwell, Kenneth R., Vol I
May, Gita, Vol III
Maynard, John Rogers, Vol II
Mbodj, Mohamed, Vol I
McCarthy, John P., Vol I
McCaughey, Robert Anthony, Vol I
McGuckin, John A., Vol I, IV
McKay, Diane L., Vol V
Mckitrick, Eric Louis, Vol I
McLaughlin, Joseph M., Vol IV
McRae, Mary B., Vol V
Meisel, Perry H., Vol II
Mendelson, Edward, Vol II
Menke, Christoph, Vol IV
Meron, Theodor, Vol IV
Meyer, Ronald, Vol III
Middendorf, John Harlan, Vol II
Mikhail, Mona, Vol III, V
Miller, Daisy Sophia, Vol II
Miller, Danna R., Vol IV
Miller, Edwin Haviland, Vol II
Miller, James, Vol IV
Miller, Joshua L., Vol II
Millstein, Ira M., Vol IV
Minkoff, Harvey, Vol II, III
Mitterand, Henri, Vol III
Mockler, Robert J., Vol IV
Mohsen, Raed, Vol II
Morris, Virginia Baumgartner, Vol II
Morrison, Toni, Vol II
Mothersill, Mary, Vol IV
Mueller, Claus, Vol II, V
Muller, Priscilla Elkow, Vol I
Muller, Ralf, Vol IV
Mullin, Robert Bruce, Vol I, IV
Mundy, John Hine, Vol I
Munker, Dona Feldman, Vol II
Murnion, Philip Joseph, Vol V
Murphy, Kevin D., Vol I
Murphy, Liam Beresford, Vol IV
Muscarella, Oscar White, Vol I
Musto, Ronald G., Vol I
Myers, Robert, Vol IV
Nagel, Thomas, Vol IV
Naison, Mark, Vol I
Naro, Anthony Julius, Vol III
Nash, June C., Vol V
Nathan, Andrew J., Vol I
Neaman, Judith S., Vol II
Nelkin, Dorothy, Vol V
Nepomnyashchy, Catharine Theimer, Vol III
Newman, Judith H., Vol I, III
Nichols, Fred Joseph, Vol III
Nicolai, Elke, Vol III
Nikulin, Dmitri, Vol IV
Nixon, Rob, Vol II
Njoku, John, Vol V
Nolan, Mary, Vol I, V
Nunes, Zita, Vol II
O'Conell, Robert J., Vol II, III
O'Meally, Robert, Vol II
Oates, John F., Vol V
Okihiro, Gary Y., Vol I
Olitzky, Kerry M., Vol V
Oliva, L. Jay, Vol I
Olugebefola, Ademola, Vol I
Oppenheimer, Paul, Vol II
Ortner, Sherry B., Vol V
Ostertag, Gary, Vol IV
Paca, Barbara, Vol I
Page, Stanley W., Vol I
Panella, Robert J., Vol I
Pappano, Margaret, Vol II
Parisi, Peter, Vol II
Parker, Mary, Vol II
Parker-Starbuck, Jennifer, Vol II
Patriarca, Silvana, Vol I
Patry, William F., Vol IV
Patterson, Mark R., Vol IV
Paulovskaya, Marianna, Vol I
Paxton, Robert Owen, Vol I
Pearce, Russell G., Vol IV
Peirce, Sarah, Vol I
Pellicer, James O., Vol III
Penceal, Bernadette Whitley, Vol II
Penrod, Steven D., Vol IV, V
Perez-Firmat, Gustavo, Vol III
Perillo, Joseph M., Vol IV
Perkins, Leeman Lloyd, Vol II
Perna, Michael, Vol III
Perry, Marilyn, Vol I
Pessen, Edward, Vol I
Peters, Francis Edward, Vol II, IV
Peters, Julie, Vol I, II
Peterson, R. G., Vol II
Petit, Philip, Vol IV
Petrusewitz, Marta, Vol I
Pflugfelder, Gregory, Vol I
Phillips, Louis, Vol II, III
Piccato, Pablo, Vol I
Pike, Ruth, Vol I
Pinedo, Isabel, Vol II
Pinet, Simone, Vol III
Plottel, Jeanine Parisier, Vol III
Po-Chia Hsia, Ronnie, Vol I
Poirier, Richard, Vol II
Polk, Robert L., Vol V
Poll, Carol, Vol V
Pomeroy, Sarah B., Vol I, III
Prager, Jonas, Vol IV
Prescott, Anne L., Vol II
Press, Gerald, Vol IV
Preston, George Nelson, Vol I
Price, Monroe E., Vol IV
Prince, Carl E., Vol I
Prior, Sandra Pierson, Vol II
Proudfoot, Wayne, Vol IV
Purcell, E. A., Vol I, IV
Purczinsky, Julius O., Vol III
Quigley, Austin E., Vol II
Quigley, Austin F., Vol II
Quinn, Thomas Michael, Vol IV
Rabassa, Clementine Christos, Vol III
Rabinowitz, Mayer E., Vol IV
Raeff, Marc, Vol I
Ragan, Bryant T., Jr., Vol I
Rajagopal, Arvind, Vol I, II, V
Randall, Francis Ballard, Vol I
Rebay, Luciano, Vol III
Reese, Thomas, Vol IV
Reff, Theodore Franklin, Vol I
Regalado, Nancy Freeman, Vol III
Reichberg, Gregory M., Vol IV
Reid, John P., Vol IV
Reidenberg, Joel R., Vol IV
Rettig, Salomon, Vol V
Reyfman, Irina, Vol III
Richardson, Richard C., Jr., Vol V
Ricke, Joseph M., Vol II
Riggins, Thomas, Vol IV
Riley, Terence, Vol I
Ringer, Mark, Vol II
Rives, James, Vol I
Rodriguez, Clara, Vol V
Roe, Mark J., Vol IV
Rollyson, Carl E., Jr., Vol II
Romm, James S., Vol I, II
Rosand, David, Vol I
Rosenberg, John D., Vol II
Rosenberg, Rosalind Navin, Vol I
Rosenblum, Robert, Vol I
Rosenfeld, Michel, Vol IV
Rosenthal, David M., Vol IV
Rosenthal, Michael, Vol II
Rosner, David, Vol I
Rossabi, Morris, Vol III
Rothman, David, Vol I
Rubin, Andrew M., Vol II
Rubin, Mordecai, Vol III
Rubinstein, Ernest, Vol IV
Rudenstine, David, Vol IV
Sachs, William L., Vol I, IV
Said, Edward, Vol II
Sallustio, Anthony Thomas, Vol III
Saloman, Ora Frishberg, Vol II
Sandler, Lucy Freeman, Vol I
Santa Maria, Dario Atehortua, Vol IV
Scaglia, Gustina, Vol I
Scaglione, Aldo, Vol II
Scammell, Michael, Vol II
Schaafsma, David, Vol II
Schama, Simon, Vol I
Scharffenberger, Elizabeth Watson, Vol II
Schechner, Richard, Vol II
Scheeder, Louis, Vol II
Scheindlin, Raymond Paul, Vol III
Scherzinger, M., Vol II
Schiffman, Lawrence H., Vol III
Schirmeister, Pamela J., Vol II
Schlesinger, Yaffa, Vol V
Schmemann, S., Vol II
Schneider, Mareleyn, Vol V
Schneider, Marshall Jerrold, Vol III
Schneider, Samuel, Vol IV
Schoen, Carol Bronston, Vol II
Schorsch, Ismar, Vol I, IV
Schrecker, Ellen, Vol I
Schroeder, Jeanne L., Vol IV
Schwartz, Shuly Rubin, Vol I, IV
Schwartz, William, Vol IV
Scott, Daryl, Vol I
Scott, Gregory L., Vol IV
Segal, Alan Franklin, Vol I, IV
Segel, Harold Bernard, Vol III
Seidel, Michael Alan, Vol II
Seiple, David I., Vol IV
Seymour, Deborah M., Vol II
Shapiro, James S., Vol II
Shapiro, Scott J., Vol IV
Sharma, Vishnu, Vol II
Shaviro, Daniel N., Vol IV
Shaw, Theodore Michael, Vol IV
Shea, George W., Vol III
Shenton, James, Vol I
Sherwood, O. Peter, Vol IV
Shneidman, J. Lee, Vol I
Shriver, Donald W., Vol IV
Shugrue, Michael F., Vol II
Shusterman, Richard, Vol IV
Sicker, Philip, Vol II
Sider, David, Vol III
Siegel, Jerrold, Vol I
Siegel, Paul N., Vol II
Silver, Carole Greta, Vol II
Silver, Philip Warnock, Vol III
Silverman, Kenneth Eugene, Vol I, II
Simmelkjaer, Robert T., Vol IV
Simmons, Diane, Vol II
Sims, Lowery Stokes, Vol I
Sklar, Robert Anthony, Vol I, III
Slade, Carole, Vol II, III
Slater, Peter, Vol IV
Sloan, Herbert, Vol I
Smit, Hans, Vol IV
Smit, J. W., Vol I
Smith, Henry, Vol I
Smith, Joanna S., Vol I
Smith, Mark Stratton, Vol IV
Smith, Neil, Vol I
Smith, Terry, Vol IV
Snyder, Emery, Vol II, III
Soffer, Gail, Vol IV
Somerville, Robert, Vol IV
Sovern, Michael I., Vol IV
Spivak, Gayatri Chakravorty, Vol II
Spivak, Gayatri Chakravorty, Vol III
Sproul, Barbara Chamberlain, Vol IV
Stade, George, Vol II
Stahl, Alan Michael, Vol I
Staley, Allen, Vol I
Stambaugh, Joan, Vol IV
Stanislawski, Michael, Vol I, IV
Steiner, Richard C., Vol III
Stephanson, Anders, Vol I

Stern, Fritz, Vol I
Stimpson, Catharine R., Vol II, V
Stone, S. L., Vol IV
Strand, Virginia, Vol V
Strauss, Peter L., Vol IV
Straussner, Shulamith Lala, Vol V
Strickman, Norman, Vol IV
Strozier, Charles B., Vol I
Strum, Philippa, Vol IV
Struve, Walter, Vol I
Stuber, Florian, Vol II
Suggs, Jon-Christian, Vol IV
Swann, Brian, Vol II
Swerdlow, Amy, Vol I
Sypher, Francis Jacques, Vol II, III
Takooshian, Harold, Vol V
Tancredi, Laurence Richard, Vol IV
Tanselle, George Thomas, Vol II
Taran, Leonardo, Vol II, III, IV
Tarr, Zoltan, Vol I, V
Tartter, Vivien, Vol V
Tayler, Edward W., Vol II
Taylor, James Coleridge, Vol V
Terezakis, Katie, Vol IV
Terry, James L., Vol II, V
Tholfsen, Trygve Rainone, Vol I
Thomas, Chantal, Vol IV
Thomas, Joseph M., Vol II
Thomas, Kendall, Vol IV
Thompson, Jewel T., Vol II
Tiersten, Lisa, Vol I
Tillers, Peter, Vol IV
Tilly, Louise A., Vol I
Tong, Diane, Vol III
Toote, Gloria E. A., Vol IV
Torosyan, Roben, Vol V
Torres, Louis, Vol II, V
Townes, Emilie M., Vol IV
Tress, Daryl McGowen, Vol IV
Trope, Yaacov, Vol V
Trumbach, Randolph, Vol I
Tsin, Michael, Vol I
Tubb, Gary, Vol IV
Tucker, Gordon, Vol IV
Turetzky, Nachum, Vol IV
Turkewitz, Gerald, Vol V
Tuttleton, James Wesley, Vol II
Twombly, Robert C., Vol I
Ulanov, Ann Belford, Vol IV, V
Ulanov, Barry, Vol II
Ulen, Elisa Nefertari, Vol II
Umeh, Marie A., Vol II
Unger, Irwin, Vol I
Urkowitz, Steven, Vol II
Uviller, H. Richard, Vol IV
Valenze, Deborah, Vol I
Valkenier, Elizabeth Kridl, Vol I
van de Mieroop, Marc, Vol I
van der Mieroop, Marc, Vol I
Varderi, Alejandro, Vol III, V
Varzi, Achille C., Vol IV
Vaughan, Alden T., Vol I
Velting, Drew, Vol V
Visotzky, Burton L., Vol IV
Visson, Lynn, Vol III
Viswanathan, Gauri, Vol II
Vitz, Evelyn Birge, Vol III
Von Hagen, Mark L., Vol I
Vorspan, Rachel, Vol IV
Waldinger, Renee, Vol III
Waldman, Martin, Vol I
Walker, Margaret Urban, Vol IV
Walker, Wyatt Tee, Vol IV
Walkowitz, Daniel Jay, Vol I
Wallenstein, Barry, Vol II
Walsh, James Jerome, Vol IV
Walton, Guy E., Vol I
Walton, R. Keith, Vol IV
Waltz, Kenneth Neal, Vol IV
Wang, Hao, Vol IV
Ward, John William, Vol I
Wardrope, William J., Vol II
Washington, James Melvin, Vol IV
Wasser, Henry H., Vol II
Watkins-Owens, Irma, Vol I
Way, Gary Darryl, Vol IV
Wayman, Alex, Vol III
Webber, George Williams, Vol IV
Weidhorn, Manfred, Vol II
Weidmann, Frederick W., Vol IV
Weiner, Estha, Vol II
Weinreich, Regina, Vol II
Weisberg, Richard H., Vol IV
Weisberg, Richard H., Vol IV
Weisberger, Bernard A., Vol I
Weisenfeld, Judith, Vol IV
Weiss, T. G., Vol IV
Welles, Marcia Louise, Vol III
Wemple, Suzanne Fonay, Vol I
Wertheimer, Jack, Vol I, IV
Weston, Corinne Comstock, Vol I
Whelan, Stephen T., Vol I, IV
White, Deborah, Vol II
White, Donald Wallace, Vol I, IV
Whitebook, Joel, Vol IV
Whittaker, Cynthia Hyla, Vol I
Wigal, Donald, Vol IV
Wilhelm, James Jerome, Vol III
Wilkerson, Margaret Buford, Vol II
Williams, Gareth D., Vol II, III
Williams, John Alfred, Vol II
Williams, Kyle, Vol IV
Wimbush, Vincent L., Vol IV
Wink, Walter, Vol IV
Wishart, Lynn, Vol IV
Wittreich, Joseph Anthony, Jr, Vol II
Wohlgelernter, Maurice, Vol II
Woloch, Isser, Vol I
Woloch, Nancy, Vol I
Woodring, Carl, Vol II
Wortman, Richard, Vol I
Wosh, Peter J., Vol I
Wright, Gwendolyn, Vol I
Wright, John Robert, Vol I, IV
Wright, Marcia, Vol I
Wurzburger, Walter S., Vol IV
Xu, Ping, Vol III
Yellin, Victor Fell, Vol I
Yerkes, David, Vol II, III
Yerushalmi, Yosef Hayim, Vol I
Yoshioka, Marianne R., Vol V
Young, Jane J., Vol II
Young, Jordan Marten, Vol I
Yovel, Yirmiyahu, Vol IV
Zagano, Phyllis, Vol II, IV
Zawawi, Sharifa, Vol III
Zelin, Madeleine, Vol I
Zimmerman, Diane L., Vol IV
Zimmerman, Josh, Vol I
Zito, Angela, Vol IV
Zolberg, Vera L., Vol V
Zuker, Joel, Vol II
Zweig, Arnulf, Vol IV

New York City
Berkin, Carol Ruth, Vol I

Newburgh
Cotter, James Finn, Vol II, IV
Saldivar, Toni, Vol II

Niagara
Carpenter, Gerald, Vol I

Niagara Univ
Pinti, Daniel J., Vol II

Niagara University
Bonnette, Dennis, Vol IV
Waters, Raphael Thomas, Vol IV

North Syracuse
Boudreau, Gordon V., Vol II

Nyack
Crockett, William, Vol IV
Danaher, James, Vol IV
Isang, S. Akpan, Vol II
Poston, Larry A., Vol IV
Ruegsegger, Ronald W., Vol IV
Saxby, William R., Vol V
Thayer, H. S., Vol IV
Weir, David A., Vol I

Oakdale
Nimbark, Ashakant, Vol V
Poppiti, Kim, Vol II

Oakland Gardens
Altman, Ira, Vol IV, V
Fonesca, Terezinha, Vol II

Ogdensburg
Rocker, Stephen, Vol IV

Old Westbury
Assa, Sonia, Vol III
Hobson, Christopher, Vol II
Reynolds, David S., Vol II

Oneonta
Beattie, Thomas Charles, Vol II
Burrington, Dale E., Vol IV
Devlin, James E., Vol II
Green, Michael, Vol IV
Jackson, Robert H., Vol I
Koch, Michael, Vol IV
Koddermann, Achim D., Vol IV
Lilly, Paul R., Jr., Vol II
Macris, Peter John, Vol III
Malhotra, Ashok Kumar, Vol IV
Meanor, Patrick, Vol II
Morgan, Eileen M., Vol I, II
Otero-Krauthammer, Elizabeth, Vol III
Roda, Anthony, Vol IV
Shrader, Douglas Wall, Jr., Vol IV
Travisano, Thomas J., Vol II
Walker, Charlotte Zoe, Vol II

Orangeburg
Lounibos, John, Vol IV

Oswego
Cheng, Weikun, Vol I
Conrad, David C., Vol I
Deal, J. Douglas, Vol I
Echelbarger, Charles G., Vol IV
Fisher, John C., Vol II, III
Forbes, Geraldine May, Vol I
Hill, David, Vol II
Knapp, John A., II, Vol II
Kulikowski, Mark, Vol I
Loe, Thomas Benjamin, Vol II
Loveridge-Sanbonmatsu, Joan, Vol I, II
Messere, Frank, Vol II
O'Shea, Edward, Vol II
Peterson, Luther D., Vol I
Powell, Thomas F., Vol I
Schaber, Bennet, Vol II
Smith, John Kares, Vol II
Stuck, Mary Frances, Vol V
Sweetser, Wesley Duaine, Vol II
Thibault, Edward, Vol V
Thurber, Tim, Vol I
Wellman, Judith, Vol I
Woodall, Natalie Joy, Vol II

Patchogue
Armus, Seth, Vol I

Pittsford
Albright, Daniel, Vol II
France, Jean R., Vol I

Plains
Larson, Richard Leslie, Vol II

Plattsburgh
Abu-Ghazaleh, Adnan M., Vol I
Agne, Karen J., Vol V
Arredondo, Isabel, Vol III
Burde, Edgar J., Vol II
Butterfield, Bruce A., Vol II
Corodimas, Peter, Vol II
Davis, Ron, Vol II
Groth, Janet, Vol II
Johnston, Paul, Vol II
Kiefer, Lauren, Vol II
Kutzer, M. Daphne, Vol II
Levitin, Alexis, Vol II
Lindgren, James, Vol I
Morrissey, Thomas J., Vol II
Myers, John L., Vol I
Scanlon, Jennifer, Vol V
Shout, John, Vol II
Tracy, Ann B., Vol II
Wilson, Hugh F., Vol II

Pleasantville
Anstendig, Linda, Vol II
Coupe, Lynda, Vol II
Leiser, Burton, Vol IV

Pobdam
Mamary, Anne, Vol IV

Pomona
Kolak, Daniel, Vol IV

Port Jefferson
Dunham, Vera S., Vol III
Rosenthal, Naomi, Vol I, V
Schievella, P. S., Vol IV

Port Washington
Muller, Gilbert Henry, Vol II
Schroeder, Christopher L., Vol II

Potsdam
Beauchamp, Heather, Vol V
Brady, Owen E., Vol II
Coleman, Mark, Vol II
Emery, Kitty, Vol V
Funston, Judith, Vol II
Hanson, David J., Vol V
Hinchman, Lewis P., Vol IV
Johnson, Arthur L., Vol I
Johnson-Eilola, Johndan, Vol II
O'Bireck, Gary M., Vol V
Ratliff, Gerald Lee, Vol II
Serio, John N., Vol II
Subramanian, Jane M., Vol II
Tartaglia, Philip, Vol IV
Weise, Judith Anderson, Vol II

Poughkeepsie
Adams, Nicholas, Vol I
Amaru-Halpern, Betsy, Vol IV
Arlyck, Elisabeth C., Vol III
Berkley, Constance E. Gresham, Vol III
Blumenfeld, Rodica, Vol I
Borradori, Giovanna, Vol IV
Brakas, Jurgis George, Vol IV
Church, Jennifer, Vol IV
Cladis, Mark, Vol IV
Cohen, Miriam J., Vol I
DeMaria, Robert, Jr., Vol II
Doherty, John F., Vol IV
Edwards, Rebecca, Vol I
Fergusson, Frances D., Vol I
Fortna, Robert Tomson, Vol IV
Foster, Donald W., Vol II
Grunfeld, Mihai, Vol III
Hiner, Susan, Vol III
Imbrie, Ann Elizabeth, Vol II
Jarow, E. H. Rick, Vol IV
Johnson, M. Glen, Vol IV
Libin, Kathryn, Vol II
Lipschutz, Ilse Hempel, Vol III
Lott, John Bertrand, Vol IV
Mann, Brian, Vol II
Moore, Deborah D., Vol IV
Moses, Greg, Vol IV
Park, Jin Y., Vol IV
Pisani, Michael, Vol II
Rappaport, Rhoda, Vol I
Rossi, Monica, Vol I
Schneider, Jeffrey A., Vol I, III
Staples, S. L., Vol V
Van Norden, Bryan W., Vol IV
von der Emde, Silke, Vol III
Wohl, Anthony Stephen, Vol I

Purchase
Clark, Mary T., Vol IV
Dubin, S. C., Vol V
Foner, Nancy, Vol V
Grebstein, Sheldon Norman, Vol II
Howard, John Robert, Vol V
Lemire, Elise V., Vol II
Newton, Esther, Vol V
Schwab, Peter, Vol IV
Thormann, Gerard Charles, Vol I
Waller, Gary F., Vol II
Yelin, Louise, Vol II

Quaker Street
Black, Steve, Vol II

Queensbury
Bailey, Charles E., Vol I, IV
Muscari, Paul G., Vol IV

Ridgewood
Constantinou, Constantia, Vol II

Riverdale
Brennan, Anne Denise, Vol II
Meyers, Michael, Vol IV
Noone, Pat, Vol II
Rubsys, Anthony L., Vol IV
Smith, Barbara, Vol II
Zukowski, Edward, Jr., Vol IV

Rochester
Anderson, David Atlas, Vol V
Baldo, Jonathan, Vol II
Bassett, Rodney, Vol V
Beaumont, Daniel E., Vol I
Berlo, Janet Catherine, Vol I
Bleich, David, Vol II
Bond, Gerald Albert, Vol I, III
Braun, Wilhelm, Vol III
Cadorette, Curt R., Vol IV
Carmel, Simon J., Vol V
Cartwright, Lisa, Vol II, V
Cherchi-Usai, Paolo, Vol II
Chiarenza, Carl, Vol I
Couture, Pamela D., Vol IV
Crimp, Douglas, Vol I
Curren, Randall R., Vol IV
Davis, Casey W., Vol IV
Deci, Edward, Vol V
Dohanian, Diran Kavork, Vol I
Dooley, Deborah, Vol II
Doolittle, James, Vol I, III
Doty, Dale V., Vol V
Eaves, Morris, Vol II
Engerman, Stanley Lewis, Vol I, IV
Feldman, Richard Harold, Vol IV
Ferber, Paul H., Vol IV
Freedman-Baum, Roselyn L., Vol II
French, Henry P., Jr, Vol I, IV
Genovese, Eugene D., Vol I
Gollin, Richard M., Vol II
Golphin, Vincent F. A., Vol IV
Gordon, Dane R., Vol IV
Gordon, Lynn Dorothy, Vol I, V
Grella, George, Vol II
Gross, Kenneth, Vol II
Gupta, Brijen Kishore, Vol I
Hahn, Thomas George O'Hara, Vol II
Hauser, William Barry, Vol I
Haverly, Thomas, Vol II, IV
Henshaw, Richard A., Vol IV
Herminghouse, Patricia A., Vol III
Herzbrun, Michael B., Vol V
Higley, Sarah, Vol II
Hollis, Susan T., Vol III, IV
Holmes, Robert Lawrence, Vol IV
Homerin, T. Emil, Vol IV
Howard, Hubert Wendell, Vol II
Ishman, Sybil R., Vol II
Johnson, James William, Vol II
Jorgensen, Beth E., Vol III
Kaeuper, Richard William, Vol I
Karaban, Roslyn A., Vol IV
Kegl, Rosemary, Vol II
Kirschenbaum, Howard, Vol V
Kneeland, Timothy W., Vol I
Kollar, Nathan Rudolph, Vol I, IV
Kowalke, Kim H., Vol II
Laidlaw, Elizabeth Santana, Vol IV
Lansky, Lewis, Vol I
Lemke, Werner Erich, Vol I, IV
Levy, Anita, Vol II
Lipscomb, Drema Richelle, Vol II
Locke, Ralph Paul, Vol II, V
London, Bette, Vol II
Longenbach, James, Vol II
Lupack, Alan, Vol II
Lylak, Eugene, Vol II
Madigan, Mark J., Vol II
Mann, Alfred, Vol II
Marvin, Elizabeth W., Vol II
May, Melanie A., Vol IV
McKenzie, Stanley D., Vol II
Meerbote, Ralf, Vol I, IV
Michael, John, Vol II
Middleton, Joyce Irene, Vol II
More, Ellen Singer, Vol I
Moutsos, Demetrius George, Vol III
Peck, Russell A., Vol II
Ramsey, Jarold, Vol II
Rodowick, David N., Vol II
Rodriquez-Hernandez, Raul, Vol III
Rosenthal, Peggy, Vol II
Sanders, John T., Vol IV
Seiberling, Grace, Vol I
Seidel, Robert Neal, Vol I
Shafiq, Muhammed, Vol IV
Shuffelton, Frank, Vol II
Smith, Marshall L., Vol V
Sullivan, Mary C., RSM, Vol II, IV
Sullivan, William Joseph, Vol IV
Thym, Jurgen, Vol II
Voloshin, Beverly R., Vol II
Walsh, David A., Vol I
Wason, Robert W., Vol II
Waters, John J., Vol I
Wenderoth, Christine, Vol IV
Wierenga, Edward Ray, Vol IV
Wolff, Janet, Vol I
Young, Mary Elizabeth, Vol I

Geographic Index

Rockville Centre
Foster, Matthew, Vol IV
Pickman-Gertz, Charlotte, Vol III

Rushford
Biggs, Henry N., Vol III

Rushville
Kane, Peter, Vol II

Saint Bonas
Wood, Paul William, Vol III

Saint Bonaventure
Adekson, Mary Olufunmilayo, Vol V
Amico, Robert P., Vol IV
Dooley, Patrick Kiaran, Vol IV
Eckert, Edward K., Vol I
Etzkorn, Girard J., Vol III, IV
Farrow, Anthony, Vol II
Horowitz, Joel, Vol I
Martine, James John, Vol II
Whelan, Winifred, Vol IV
Williams, Penny, Vol II
Zimmer, Joseph E., Vol V

Sanborn
Liu, Yu, Vol II
McWhorter, Kathleen T., Vol V

Saratoga Springs
Boyers, Robert, Vol II
Cahn, Victor L., Vol II
Casey, James Galligami, Vol II
Ciancio, Ralph Armando, Vol II
Clapper, Michael, Vol I
Denzey, Nicola, Vol IV
Fox, Charles W., Vol IV
Gelber, Lynne Levick, Vol III
Goldensohn, Barry, Vol II
Hassenger, Robert, Vol V
Karp, David, Vol V
Kuroda, Tadahisa, Vol I
Lee, Patricia-Ann, Vol I
Lewis, Thomas Spottswood Wellford, Vol II
Lynn, Mary Constance, Vol I
Mayer, Reinhard, Vol III
Porter, David H., Vol II, III
Roth, Phyllis Ann, Vol II
Simon, Linda, Vol II
Walker, Renee B., Vol I
Weller, Eric John, Vol IV
Zangrando, Joanna Schneider, Vol I, V

Scarsdale
Nag, Moni, Vol IV, V
Wood, William L., Jr., Vol IV

Schenectady
Baker, Robert B., Vol IV
Finkelstein, Joseph, Vol I
Gmelch, George, Vol V
Gmelch, Sharon Bohn, Vol V
Jonas, Manfred, Vol I
Khan, Yoshmitsu, Vol I
Ludwig, Jan Keith, Vol IV
Mace, Sarah, Vol II, III
McClain, T. Van, Vol III, IV
Scullion, Scott, Vol II, III
Sorum, Christina Elliott, Vol II, III
Toher, Mark, Vol II, III
Wells, Robert Vale, Vol I
Wineapple, Brenda, Vol II
Wittkowski, Wolfgang, Vol III

Selden
Becker, Lloyd George, Vol I, II
Huang, Zhen, Vol V
Kleiman, Lowell, Vol IV
Stewart, Cisley P., Vol V

Setauket
Watson, Walter, Vol IV

Shoreham
Brinkman, John T., Vol I, IV

Slingerlands
Fenton, William Nelson, Vol V

Smithtown
Bica, Camillo C., Vol IV

Sound Beach
Elkin, Robert Terrell, Vol II

Southampton
Baker, Donald G., Vol I
Ganesan, Indira, Vol II, V
Garcia-Gomez, Jorge, Vol II, IV
Haynes, Jonathan, Vol II
Hullot-Kentor, Robert, Vol IV
Strong, John A., Vol I

Sparkill
McCarthy, Gerald, Vol II
Roglieri, Maria Ann, Vol III

Springwater
Drost, Mark P., Vol IV

Staten Island
Anderson, Robert Mapes, Vol I, IV
Binder, Frederick Melvin, Vol I
Brennan, John James, Vol I
Chen, Sheying, Vol V
Chiles, Robert Eugene, Vol IV
Cooper, Sandi E., Vol I
Feola, Maryann, Vol II
Frank, Sam Hager, Vol I
Groth, Miles, Vol IV, V
Jochnowitz, George, Vol III
Saez, Richard, Vol III
Seminara, Gloria, Vol II
Simpson, Peter P., Vol II, III, IV
Snow, Steven Gregory, Vol IV
Stearns, Stephen, Vol I
Urbanc, Katica, Vol III

Stone Ridge
Corrales, Edwin, Vol I, II

Stony Brook
Barnhart, Michael, Vol I
Beaufort, Anne, Vol II
Bethin, Christina Y., Vol III
Bottigheimer, Karl S., Vol I
Bottigheimer, Ruth B., Vol II
Brown, Frederick, Vol III
Burner, David B., Vol I, II
Casey, Edward S., Vol IV
Charnon-Deutsch, Lou, Vol I, III
Cole, Stephen, Vol V
Cowan, Ruth Schwartz, Vol I
Crease, Robert P., Vol IV
Czerwinski, Edward J., Vol II, III
Davidson, Cynthia A., Vol II
De Laurentiis, Allegra, Vol IV
Franco, Charles, Vol III
Fuller, Sarah, Vol II
Gabbard, Krin, Vol III
Gardaphe, Fred L., Vol II
Godfrey, Aaron W., Vol II, III
Goldenberg, Robert, Vol II
Gootenberg, Paul, Vol I
Grim, Patrick, Vol IV
Guilmain, Jacques, Vol I
Harvey, Robert, Vol III
Huffman, Clifford Chalmers, Vol II
Ihde, Don, Vol IV
Kaplan, Elizabeth Ann, Vol III
Kittay, Eva Feder, Vol IV
Kuisel, Richard F., Vol I
Landsman, Ned C., Vol I
Lebovics, Herman, Vol I
Lemay, Helen Rodnite, Vol I
Levin, Richard L., Vol II
Levine, Richard Allan, Vol II
Manning, Peter J., Vol II
McWorter, Gerald A., Vol V
Mignone, Mario B., Vol III
Miller, Wilbur R., Vol I
Molette-Ogden, Carla E., Vol IV
Nolan, Rita, Vol IV
Petrey, Sandy, Vol III
Rachlin, Howard C., Vol V
Rashkow, Ilona N., Vol III
Rivers, Elias Lynch, Vol III, V
Rubin, James Henry, Vol I
Rzhevsky, Nicholas, Vol III
Sanders, Ivan, Vol II, III
Scheps, Walter, Vol II
Sprinker, Michael, Vol II, III
Sridhar, S. N., Vol III
Tomes, Nancy Jane, Vol I
Vasvari, Louise O., Vol III
Weinstein, Fred, Vol I
Zimbardo, Rose A., Vol II

Suffern
Bay, Libby, Vol II
Wilson, Robert J., Vol II

Syracuse
Archambault, Paul Joseph, Vol III
Arnold, Philip P., Vol IV
Bennett, David Harry, Vol I
Beritela, Gerard F., Vol IV
Blaszak, Barbara J., Vol I
Bonesteel, Margaret D., Vol II
Brown, Mark A., Vol IV
Bulman, Gail A., Vol III
Butler, Katharine G., Vol II
Chin, Jeffrey C., Vol V
Comstock, George Adolphe, Vol II, V
Crowley, John W., Vol II
Dixon, Laurinda S., Vol I
Doherty, Karen A., Vol II
Donegan, Jane Bauer, Vol I
Driesen, David, Vol IV
Echeruo, Michael, Vol II
Edwards, Mary Louise, Vol II
Field, Daniel, Vol I
Frieden, Ken, Vol III
Gold, Ann G., Vol V
Gregory, Robert G., Vol I
Griffith, Daniel A., Vol I
Hardin, Clyde Laurence, Vol IV
Herzog, Peter Emilius, Vol IV
Hovendick, Kelly B., Vol I, II, V
Judge, Edward H., Vol I
Ketcham, Ralph Louis, Vol I
Kriesberg, Louis, Vol V
Lahey, Stephen, Vol IV
Lambert, Gregg, Vol II
Langdon, John W., Vol I
Lichtblau, Myron Ivor, Vol III
Lloyd, David T., Vol II
MacDonald, Mary N., Vol I, IV
MacKillop, James J., Vol I
Maldari, Donald, Vol IV
Marsh, Peter T., Vol I
McCort, Dennis, Vol III
Meikeljohn, Donald, Vol IV
Milac, Metod M., Vol I, II
Miller, David Leroy, Vol IV
Miller, Patricia Cox, Vol I, IV
Milosky, Linda M., Vol II
Monmonier, Mark, Vol I
Novelli, Cornelius, Vol II
Olin-Ammentorp, Julie, Vol II
Peterson, Philip Leslie, Vol III, IV
Phillips, Kendall R., Vol II
Pilgrim, Richard B., Vol IV
Powell, James Matthew, Vol I
Prieve, Beth A., Vol II
Ring, Nancy C., Vol IV
Saenz, Mario, Vol IV
Scalisi, Joseph M., Vol IV
Schneider, Gerd K., Vol III
Sharp, James Roger, Vol I
Shires, Linda M., Vol II
Shoemaker, Pamela J., Vol II
Sider, Theodore, Vol IV
Smith, Corrine, Vol V
Sternlicht, Sanford, Vol II
Tatham, David Frederic, Vol I
Telesca, William John, Vol I
Thompson, Margaret Susan, Vol I, IV
Timberlake, Constance Hector, Vol V
Vetrano, Anthony Joseph, Vol III
Watson, Charles N., Jr., Vol II
Watts, James W., Vol IV
Webb, Stephen Saunders, Vol I
Wetherbee Phelps, Louise, Vol II
Wiecek, William Michael, Vol I, II
Wiggins, James Bryan, Vol I, IV
Wiley, Raymond A., Vol II, III
Wright, Roosevelt R., Jr., Vol II
Wyngaard, Amy S., Vol III
Zavarzadeh, Mas'ud, Vol II
Zerai, Assata, Vol V

Tarrytown
Goldin, Milton, Vol II, V
Lawry, John, Vol V
Noda, Keisuke, Vol IV
Winings, Kathy, Vol IV

Teaneck
Dick, Bernard F., Vol II

Tonawanda
Tucker, Melvin Jay, Vol I

Troy
Ahlers, Rolf, Vol IV
Anderson-Gold, Sharon, Vol IV
Apena, Igho Adeline, Vol I
Crouch, Dora Polk, Vol I
Edwards, George Charles, III, Vol IV
Halloran, Stephen Michael, Vol II
Restivo, Sal, Vol V
Spector, Sherman David, Vol I
Woodhouse, Edward James, Vol IV

Uniondale
Naylor, Natalie A., Vol I, V

Utica
Bergmann, Frank, Vol II, III
Coughlan, Reed, Vol V
Gifford, James J., Vol II
Labuz, Ronald, Vol II
Nassar, Eugene Paul, Vol II
Searles, George J., Vol II

Valhalla
Costanzo, William Vincent, Vol II
Courage, Richard A., Vol II, V

Verbank
Salzman, Neil, Vol I

Vestal
Africa, Thomas Wilson, Vol I
Jackson, Allan Stuart, Vol II
Manso, Leira Annette, Vol II
Thomasson, Gordon C., Vol I, IV

Watertown
Overacker, Ingrid, Vol I

Wayne
Rosen, Robert Charles, Vol II

Webster
Denson, Fred L., Vol IV

West Nyack
Olin, John C., Vol I

West Point
Doughty, Robert, Vol I
Hartle, Anthony E., Vol II, IV
Johnson, James M., Vol I
McDonald, Robert M. S., Vol I
Pojman, Louis, Vol IV
Rogers, Clifford J., Vol I

White Plains
Jensen, Ronald H., Vol IV
Munneke, Gary A., Vol IV
Serels, M. Mitchell, Vol I, V
Slater, Peter Gregg, Vol I

Williamsville
Glazier, Loss Pequeno, Vol II

Yonkers
Ansbro, John J., Vol IV
Fagan, Eileen M., Vol IV
Fowkes, Robert Allen, Vol III
Hull, Michael F., Vol IV
Lentner, Howard H., Vol IV

Riverhead
Stewart, Cisley P., Vol V

NORTH CAROLINA

Apex
Vandergriff, Ken, Vol IV

Asheville
Aaron, N. Grace, Vol III
Dvorsky-Rohner, Dorothy, Vol I
Locke, Don C., Vol V
Malicote, S., Vol II
McGlinn, Jeanne, Vol II
Mills, Sophie J., Vol II, III
Moseley, Merritt, Vol II
Walker, Philip Alfred, Vol I
Ziffer, Walter, Vol IV

Banner Elk
Joslin, Michael E., Vol II

Belmont
Cote, Nathalie, Vol V

Black Mountain
Matin, A. Michael, Vol II

Boiling Springs
Blevins, Kent, Vol IV
Cullinan, Alice R., Vol IV
Ellington, Donna S., Vol I
Moore, Charles B., Vol III
Rainer, Jackson P., Vol V
Stacy, Wayne, Vol IV
Strokanov, Alexandre, Vol I
White, M. Chris, Vol IV
Yelton, David K., Vol I

Boone
Andrews, Kristin, Vol IV
Chen, Zhiyuan, Vol III
Claassen, Cheryl, Vol V
Dorgan, Howard, Vol II, V
Hanft, Sheldon, Vol I
Hauser, Alan J., Vol IV
Hay, Fred J., Vol II, V
Keefe, Susan E., Vol V
Kinsey, Winston Lee, Vol I
Moore, Michael J., Vol I
Mulgrew, John, Vol V
O'Hyun, Park, Vol IV
Rupp, Richard, Vol II
Simon, Stephen Joseph, Vol I
Specht, Neva Jean, Vol I
Strickland, Ruth Ann, Vol IV
Wade, Michael G., Vol I
Williams, John Alexander, Vol I
Williamson, J. W., Vol II

Boonie
Stanovsky, Derek, Vol IV

Brevard
Brown, Margaret T., Vol I
White, Robert A., Vol II

Buies Creek
Ballard, Harold Wayne, Jr., Vol IV
Faulkner, Ronnie, Vol I, IV
Johnson, Lloyd, Vol I
Jonas, W. Glenn, Jr., Vol IV
Kledaras, Constantine G., Vol V
Martin, Dean M., Vol IV
Martin, James I., Vol I
Powers, Bruce P., Vol IV
Thornton, David, Vol IV

Chapel
Garrett, Don James, Vol IV

Chapel Hill
Adams, E. Maynard, Vol IV
Amer, Sahar, Vol III
Anderson, Thomas Jefferson, Vol II
Bandera, Cesareo, Vol III
Bar-On, Dorit, Vol IV
Barney, William Lesko, Vol I
Baron, Samuel Haskell, Vol I
Baxter, Stephen Bartow, Vol I
Bennett, Judith M., Vol I
Blackburn, Simon, Vol IV
Blansfield, Karen C., Vol II
Blau, Judith R., Vol V
Boren, Henry C., Vol I
Breen, Marcus, Vol II
Bremer, William Walling, Vol I
Brooks, E. Willis, Vol I
Broughton, Thomas Robert Shannon, Vol I, II, III
Brown, Frank, Vol V
Browning, C. R., Vol I
Bullard, Melissa Meriam, Vol I
Calhoun, Richard James, Vol II
Casado, Pablo Gil, Vol III
Connor, Carolyn, Vol II, III
Corrado, Michael L., Vol IV
Cortes, Julio, Vol III
Crowhurst, Megan J., Vol III
Daye, Charles Edward, Vol IV
Debreczeny, Paul, Vol III
Dessen, Alan Charles, Vol II
Dessen, Cynthia Sheldon, Vol II
Eaton, Charles Edward, Vol II
Eble, Connie C., Vol II, III
Emerson, Everett, Vol II

Ernst, Carl W., Vol IV
Feinberg, Lawrence E., Vol III
Filene, Peter Gabriel, Vol I
Finson, Jon William, Vol II
Flora, Joseph M., Vol II
Folda, Jaroslav, III, Vol I
Furst, Lillian R., Vol III
Greenland, David E., Vol I
Grendler, Paul F., Vol I
Grossberg, Lawrence, Vol II
Gura, Philip F., Vol I
Haar, James, Vol I, II
Haggis, Donald, Vol I
Haig, I. R. Stirling, Vol III
Hall, Jacquelyn Dowd, Vol I
Harris, Michael D., Vol I
Harris, Trudier, Vol II
Hazen, Thomas Lee, Vol IV
Headley, John M., Vol I
Henry, Eric Putnam, Vol I, III
Higginbotham, R. Don, Vol I
Hill, Thomas E., Vol IV
Hobson, Fred C., Vol II
Horne, Gerald Charles, Vol IV
Houston, George W., Vol II, III
Hunt, Michael H., Vol I
Illiano, Antonio, Vol III
Immerwahr, Henry R., Vol III
Jackson, Blyden, Vol II
Jones, Houston Gwynne, Vol I
Kasson, John Franklin, Vol I
Koelb, Clayton L., Vol III
Kohn, Richard Henry, Vol I
Kuzniar, A. A., Vol III
Lee, Sherman E., Vol I
Linderski, Jerzy, Vol II, III
Long, Douglas C., Vol IV
Lore, Anthony George, Vol III
Lotchin, Roger W., Vol I
Mack, Sara, Vol II, III
Marks, Arthur S., Vol I
Masters, George Mallary, Vol III
Mathews, Donald G., Vol I
Matilsky, Barbara C., Vol I
Mavor, Carol, Vol I
McGowan, John P., Vol II, III
Mcvaugh, Michael Rogers, Vol I
Melchert, H. Craig, Vol III
Mews, Siegfried, Vol III
Mihailovich, Vasa D., Vol III
Miller, Marla R., Vol I
Moran, Barbara B., Vol II
Orth, John Victor, Vol I, IV
Pfaff, Richard W., Vol I
Pollock, Della, Vol II
Postema, Gerald Jay, Vol IV
Powers, Doris Bosworth, Vol II
Race, William H., Vol II, III
Raper, Julius R., Vol II
Rector, Monica Paula, Vol III
Resnik, Michael D., Vol IV
Riggs, Timothy A., Vol I
Rust, Richard Dilworth, Vol II
Salgado, Maria A., Vol III
Schultz, Heidi M., Vol II
Schweitzer, Christoph Eugen, Vol III
Seaton, Jerome P., Vol III
Semonche, John Erwin, Vol I
Shaw, Donald Lewis, Vol I, II
Sheriff, Mary D., Vol I
Sherman, Carol Lynn, Vol III
Smith, C. S., Vol V
Smith, Rebekah M., Vol II, III
Smither, Howard Elbert, Vol I, II
Smythe, Thomas W., Vol IV
Snyder, Glenn Herald, Vol IV
Soloway, Richard Allen, Vol I
Sreedhar, Susanne, Vol IV
Stadter, Philip Austin, Vol II
Starkey, Kathryn, Vol III
Strauss, Albrecht Benno, Vol II
Sturgeon, Mary C., Vol I
Taylor, Beverly W., Vol II
Tindall, George Brown, Vol I
Tsiapera, Maria, Vol III
Tweed, Thomas A., Vol IV
Verkerk, Dorothy Hoogland, Vol I
Vickery, Walter, Vol III
Vogler, Frederick Wright, Vol III
Watson, Harry L., Vol I
Weaver, Garrett F., Vol I
Weisburd, Arthur M., Vol IV
Weiss, Michael L., Vol II, III
West, William C., III, Vol II, III
Williamson, Joel R., Vol I
Wittig, Joseph Sylvester, Vol I, II
Wood, Carolyn B., Vol I
Wood, Julia T., Vol II
Wooten, Cecil W., Vol II, III
Worth, Fabienne Andre, Vol II, III
Yarbrough, Marilyn Virginia, Vol IV

Charlotte

Beckwith, Frank, Vol IV
Brennan, Pauline G., Vol IV
Brown, Harold O. J., Vol IV
Caste, Nicholas J., Vol IV
Crane, Jon, Vol II
Croy, Marvin J., Vol IV
Davis, Christopher, Vol II
Doerfel, Marya L., Vol II
Dupre, Dan, Vol I
Eldridge, Michael, Vol IV
Escott, Paul David, Vol I
Fullmer, Elise M., Vol V
Gabaccia, Donna, Vol I
Gaide, Tanure, Vol I, II
Gavran, James Holt, Vol II
Gay, William Carroll, Vol IV
Geisler, Norman Leo, Vol IV
Gleaves, Robert Milnor, Vol III
Goldfield, David, Vol I
Govan, Sandra Yvonne, Vol I, II
Heath, Kingston W., Vol I
Hopper, Edward W., Vol III
Huffman, John L., Vol II
Hunter, Joel, Vol IV
Kaplan, Laura Duhan, Vol IV, V
Kelly, Douglas, Vol IV
Knoblauch, Cyril H., Vol II
Lansen, Oscar, Vol I
Laurent, Jane Katherine, Vol I
Leeman, Richard W., Vol II
Lincourt, John M., Vol IV
MacKinnon, Aran S., Vol I
Mager, Donald, Vol II, IV
Norris, Robert, Vol IV
Norton, H. Wilbert, Sr., Vol IV
Patterson, Karl David, Vol I
Pereira, Malin, Vol II
Pizzato, Mark, Vol II
Pollack, Bonnie N., Vol V
Rashotte, Lisa Slattery, Vol V
Reeves, John C., Vol IV
Rhodes, Ron, Vol IV
Shenk, Dena, Vol V
Swanson, Randy, Vol I
Terry, William S., Vol V
Thomas, Herman Edward, Vol IV
Toenjes, Richard H., Vol IV
Tong, Rosemarie, Vol IV
Tristan, J., Vol IV
West, Mark I., Vol II
Williams, Nancy M., Vol IV, V
Yancy, Dorothy Cowser, Vol IV
Zacharias, Ravi, Vol IV, V

Concord

McLean, Mable Parker, Vol V

Cullowhee

Anderson, William L., Vol I
Blethen, H. Tyler, Vol I
Debo, Annette R., Vol II
Dorondo, David R., Vol I
Graham, Gael N., Vol I
Kowalski, Robin Marie, Vol V
Lovin, Clifford R., Vol I
Nicholl, James Robert, Vol II
Philyaw, Scott L., Vol I
Randolph, Mickey M. K., Vol V
Schwartz, Gerald, Vol I
Slater, John W., Vol II
Vartabedian, Robert A., Vol II
Walton, Brian G., Vol I
Wood, Curtis W., Vol I

Dallas

Manikas, William T., Vol I, IV

Davidson

Abbott, Anthony S., Vol II
Ahrensdorf, Peter J., Vol II, III
Berkey, Jonathan P., Vol I
Denham, Scott, Vol III
Dockery, Charles D., Vol III
Edmondson, Clifton Earl, Vol I
Foley, W. Trent, Vol IV
Goldstein, Irwin, Vol IV
Hall, John, Vol IV
Kaylor, Robert David, Vol IV
Krentz, Peter Martin, Vol I
Kruger, Carole A., Vol III
Levering, Ralph Brooks, Vol I
Lewis, Cynthia, Vol II
Ligo, Larry L., Vol I
Mahony, William K., Vol IV
Mc Culloh, Mark R., Vol III
McIntosh, Anne, Vol II
McKelway, Alexander Jeffrey, Vol IV
Nelson, Randy Franklin, Vol II
Plank, Karl A., Vol IV
Poland, Lynn, Vol IV
Polley, Max Eugene, Vol IV
Sabaratnam, Lakshmanan, Vol V
Serebrennikov, Nina Eugenia, Vol I
Singerman, Alan J., Vol III
Smith, C. Shaw, Jr., Vol I
Sutton, Homer B., Vol III
Toumazou, Michael K., Vol II, III
Walker, Hallam, Vol III
Wertheimer, John, Vol I
Yoder, Lauren Wayne, Vol III

Durham

Aers, David, Vol II
Antliff, Mark, Vol I
Applewhite, James W., Vol II
Aravamundan, Srinivas, Vol II
Baker, Houston A., Vol II
Baker, Lee D., Vol V
Bartlet, M. Elizabeth C., Vol II
Battle, Michael, Vol IV
Baucom, Ian, Vol II
Beckwith, Sarah, Vol II
Biddle, Tami Davis, Vol I
Bland, Kalman Perry, Vol IV
Boatwright, Mary T., Vol II, III
Borchardt, Frank L., Vol III
Brandon, Robert N., Vol IV
Brett, Sally A., Vol II
Brothers, Thomas, Vol II
Bruzelius, Caroline, Vol I
Budd, Louis John, Vol II
Butters, Ronald R., Vol II
Carrington, Paul, Vol IV
Caserta, Ernesto, Vol III
Cell, John W., Vol I
Chambers, Julius LeVonne, Vol IV
Clarke, George E., Vol II
Clum, John M., Vol II
Cooke, Miriam, Vol III
Cox, James D., Vol IV
Crenshaw, James L., Vol IV
Davidson, Arnold E., Vol II
Davidson, Cathy N., Vol II
Davies, James, Vol V
Davis, Gregson, Vol II, III
DeBracy, Warren, Vol IV
Demott, Deborah A., Vol IV
Dempsey, Joseph P., Vol IV
DeNeef, Leigh A., Vol II
Dirlik, Arif, Vol I
Druesedow, John E., Vol II
Durden, Robert Franklin, Vol I
Farred, Grant, Vol II
Ferejohn, Michael T., Vol IV
Ferguson, Arthus Bowles, Vol I
Ferguson, Oliver Watkins, Vol II
Ferraro, Thomas J., Vol II
Flanagan, Owen, Vol IV
Freedman, Diane P., Vol II
Gaines, Jane M., Vol II
Gavins, Raymond, Vol I
Gilliam, Bryan, Vol II
Gleckner, Robert F., Vol II
Golding, Martin P., Vol IV
Gopen, George D., Vol II
Goranson, Stephen, Vol I, IV
Guzeldere, Guven, Vol IV
Havighurst, Clark C., Vol IV
Heitzenrater, Richard, Vol I, IV
Herrup, Cynthia, Vol I, IV
Herzog, Kristin, Vol II
Hillard, Van E., Vol II
Hines, Susan Carol, Vol II
Holloway, Karla F. C., Vol II
Holsti, Ole R., Vol IV
Horowitz, Donald L., Vol IV
Hull, Alexander, Vol III
Humphreys, Margaret, Vol I
Hutter, Reinhard, Vol IV
Jackson, Wallace, Vol II
Jacobs, Sylvia M., Vol I
Jonassaint, Jean, Vol III
Jones, Barney Lee, Vol I, IV
Jones, Beverly Washington, Vol I
Jones, Buford, Vol II
Jones, L. Gregory, Vol IV
Joyner, Irving L., Vol IV
Keefe, Susan Ann, Vol I
Kellogg, David, Vol II
Kennedy, Christopher, Vol II
Keohane, Nannerl O., Vol IV
Keyssar, Alexander, Vol I
Koonz, Claudia, Vol I
Kort, Wesley A., Vol IV
Kuniholm, Bruce Robellet, Vol I
Leighten, Patricia, Vol I
Lentricchia, Frank, Jr., Vol II
Lerner, Warren, Vol I
Lincoln, C. Eric, Vol IV
Mahoney, Edward P., Vol IV
Malouf, Melissa, Vol II
Malpass, Leslie Frederick, Vol V
Mauskopf, Seymour Harold, Vol I
McCollough, Thomas Elmore, Vol IV
McKissick, Floyd B., Jr., Vol IV
Mellown, Elgin Wendell, Vol II
Meyers, Carol L., Vol III, IV
Meyers, Eric Mark, Vol IV
Mezzatesta, Michael P., Vol I
Mickiewicz, Ellen Propper, Vol IV
Mignolo, Walter, Vol III
Miller, Martin Alan, Vol I
Miller, Mary Ruth, Vol II
Moses, Michael Valdez, Vol II
Natavar, Mekhala D., Vol I
Nelson, Dana D., Vol II
O'Barr, William M., Vol II
Oates, John Francis, Vol I
Ogede, Ode S., Vol II
Page, Patricia, Vol IV, V
Paredes, Liliana, Vol III
Perry, Patsy Brewington, Vol II
Pfau, Thomas, Vol II
Pope, Deborah, Vol II
Porter, Joseph A., Vol II
Posy, Carl J., Vol IV
Radway, Janice, Vol II
Randall, Dale B. J., Vol II
Rice, Louise, Vol I
Richardson, Lawrence, Jr., Vol I
Riddell, Richard, Vol II
Rigsby, Kent Jefferson, Vol I, III
Rodkin, Philip C., Vol V
Roland, Alex, Vol I
Ruderman, Judith, Vol II
Ruprecht, Louis A., Jr., Vol IV
Ryals, Clyde De L., Vol II
Sanford, David Hawley, Vol IV
Sasson, Sarah Diane Hyde, Vol I, II
Schmaltz, Ted M., Vol IV
Schroth, Sarah W., Vol I
Shannon, Laurie, Vol II
Sieburth, Stephanie, Vol III
Silbiger, Alexander, Vol II
Smith, Barbara H., Vol II
Smith, Charles Edison, Vol IV
Smith, D. Moody, Vol IV
Steinmetz, David Curtis, Vol I, IV
Stewart, Philip R., Vol III
Stiles, Kristine, Vol I
Stranberg, Victor H., Vol II
Taylor, Felicia Michelle, Vol IV
Tepaske, John J., Vol I
Tetel, Julie, Vol II
Tetel, Marcel, Vol III
Tiryakian, Edward A., Vol V
Todd, Larry, Vol II
Tompkins, Jane, Vol II
Torgovnick, Marianna De Marco, Vol II, III
Van Miegroet, Hans J., Vol I
Wainwright, Geoffrey, Vol IV
Ward, Benjamin F., Vol IV
Wharton, Annabel Jane, Vol I
Wigen, Karen, Vol I
Williams, George W., Vol II
Williams, Kenny J., Vol II
Williams, Peter, Vol II
Willimon, William Henry, Vol IV
Willis, Susan, Vol II
Willis, William Hailey, Vol III
Witt, Ronald Gene, Vol I
Wood, Peter H., Vol I
Young, Charles Robert, Vol I
Younger, John Grimes, Vol I
Zhou, Xueguang, Vol V

Efland

Weinberg, Gerhard Ludwig, Vol I

Elizabeth City

Wilson, Grace G., Vol II

Elon College

Angyal, Andrew J., Vol II
Blake, Robert Grady, Vol II
Ellis, R. Clyde, Vol I
Sullivan, John G., Vol IV
Troxler, Carole Watterson, Vol I

Fayetteville

Andrews-McCall, Maxine Ramseur, Vol V
Anthony, Booker T., Vol II
Brooks, John, Vol I, IV
Murray, Peter, Vol I
Mutisya, Philliph, Vol V
Potts, Michael, Vol IV
Valenti, Peter Louis, Vol II
Wilson, Norman J., Vol I

Greenboro

Gould, Daniel, Vol V

Greensboro

Alexander, Sandra Carlton, Vol II
Almeida, Jose Agusin, Vol III
Baber, Ceola Ross, Vol V
Baer, Joachim Theodor, Vol I
Baker, Denise Nowakowski, Vol II
Beale, Walter Henry, Vol II
Brown, Linda Beatrice, Vol II
Cahill, Ann J., Vol IV
Calhoon, Robert M., Vol I
Calhoun, Robert M., Vol I
Carmichael, Peter S., Vol I
Chappell, Fred Davis, Vol II
Clowse, Converse Dilworth, Vol I
Crowe, David, Vol I
Current, Richard Nelson, Vol I
Deagon, Ann Fleming, Vol II, III
Dickerson, Joyce, Vol V
Edwards, Emily D., Vol II
Evans, James Edward, Vol II
Fein, David, Vol III
Fonge, Fuabeh P., Vol I
Gill, Diane L., Vol V
Goldstein, Carl, Vol I
Goodall, Harold L., Vol II
Goode, William Osborne, Vol III
Grossi, Veronica, Vol III
Hansen, Bob, Vol I, II
Hayes, Charles Leonard, Vol V
Hunter, Phyllis A., Vol I
Jacks, Julia Zuwerink, Vol V
Jennings, Robert Ray, Vol V
Johnson, Walter Thaniel, Jr., Vol IV
Kellett, Pete, Vol II
Kelly, Robert Leroy, Vol II
Khopkar, Asha D., Vol V
Kilcup, Karen L., Vol II
Kirby-Smith, H. T., Vol II
Kirk, Wyatt D., Vol V
Koenig, Jean-Paul Francois Xavier, Vol III
Leplin, Jarrett, Vol I, IV
Linder, Laura R., Vol II
Mackenzie, David, Vol I
McConnell, Terrance C., Vol IV
Murphy, Romallus O., Vol IV
Newton, Robert Parr, Vol III
Pasley, B. Kay, Vol V
Purkey, William Watson, Vol V
Reeder, Heidi M., Vol II, III
Rolnick, Philip, Vol IV
Rosenblum, Joseph, Vol II
Rosenkrantz, Gary Sol, Vol IV
Rosthal, Robert, Vol IV
Saab, E. Ann Pottinger, Vol I
Schleunes, Karl Albert, Vol I
Schweninger, Loren Lance, Vol I
Scott, Roxanna, Vol V
Shelmerdine, Susan C., Vol II, III
Shoffner, Marie F., Vol V
Smith, Roch Charles, Vol III
Smith-Soto, Mark, Vol III
Stephens, Robert Oren, Vol II
Tatum, W. Barnes, Vol IV
Trelease, Allen William, Vol I
Ward, Audrey L., Vol II
Watson, Robert Winthrop, Vol II

Greenville

Adler, Philip Joseph, Vol I
Bauer, Margaret D., Vol II
Buckley, Christina A., Vol III
Calhoun, Charles W., Vol I
Chestnut, Dennis Earl, Vol V
Chia, Rosina, Vol V
Cobb, William Henry, Vol I
Collins, Donald E., Vol I
Deena, Seodial, Vol II
Douglass, Thomas E., Vol II
Farr, Marie T., Vol II
Ferguson, Kenneth G., Vol IV

Hall, Cathy W., Vol V
Holsey, Lilla G., Vol V
Hough, Monica, Vol II
Hutchins, Christine Ellen, Vol II
Jensen, Birgit A., Vol III
Kopelman, Loretta M., Vol IV
Malby, Maria Bozicevic, Vol III
Mayberry, Nancy Kennington, Vol III
McMillan, Douglas J., Vol II
Micciche, Laura Rose, Vol II
Moskop, John C., Vol IV
Nischan, Bodo, Vol I
Papalas, Anthony John, Vol I
Runyan, Timothy J., Vol I
Ryan, Eugene Edward, Vol IV
Seavey, William, Vol II, III
Steelman, Joseph F., Vol I
Steer, Helen V., Vol II
Stevens, John A., Vol II, III
Sullivan, C. W., III, Vol II
Watson, Reginald, Vol II

Henderson
Powell, Lydia C., Vol V

Hendersonville
Gabel, Jack, Vol I
Parker, Thomas D., Vol IV
Shelley, Bryan, Vol II

Hickory
Baker, Linda D., Vol V
Benton, Russell E., Vol I
Blosser, Philip, Vol IV
Huff, Carolyn Barbara, Vol I
Painter, Lorene H., Vol V
Shuford, William Harris, Vol III

High Point
Adams, Jeffrey, Vol V
McCaslin, Richard, Vol I
Moehlmann, John Frederick, Vol II
Piacentino, Edward J., Vol II

Hillsborough
Connor, W. Robert, Vol II, III
Storch, Steven R., Vol IV

Huntersville
Zimmermann, Thomas C. Price, Vol I

Jacksonville
Barton, Beth, Vol V

Jamestown
Schmid, Carol L., Vol V

Laurinburg
Alexander, William M., Vol IV
Bennett, Carl D., Vol II
Prust, Richard Charles, Vol IV

Lewisville
Williams, Alan John, Vol I

Mars Hill
Jones, Barry Alan, Vol IV
Kinnamon, Noel James, Vol II
Knapp, Richard Gilbert, Vol III

Matthews
Laniak, Timothy, Vol IV

Mocksville
Steele, Jane, Vol I

Montreal
Copeland, Henry Jefferson, Vol I

Montreat
Ellington, John, Vol IV
Williamson, Lamar, Vol IV

Mount Olive
Lamm, Alan K., Vol I, IV

Murfreesboro
Chismar, Douglas, Vol IV
Fillingim, David, Vol IV
Gay, Richard R., Vol II
Taylor, Raymond Hargus, Vol IV

Oak Island
Sherry, John E. H., Vol IV

Pembroke
Brown, Monkia, Vol II
Brown, Robert W., Vol I
Canada, Mark A., Vol II
Hilton, Kathleen C., Vol I
Ho, Truc-Nhu, Vol V
Marson, Stephen, Vol V

Pittsboro
Shurr, William Howard, Vol II

Raleigh
Banker, James Roderick, Vol I
Beers, Burton Floyd, Vol I
Champion, Larry Stephen, Vol II
Clark, Edward Depriest, Sr., Vol II
Cofield, Elizabeth Bias, Vol V
Crisp, James E., Vol I
Crow, Jeffrey Jay, Vol I
Crumbley, Deidre H., Vol IV, V
Douglas, Marcia B., Vol II
Gallagher, Victoria J., Vol II
Garson, G. David, Vol IV
Harris, William C., Vol I
Harrison, Antony Howard, Vol II
Hester, Marvin Thomas, Vol II
Holley, Linda Tarte, Vol II
Huber, R. John, Vol V
Jaimes, H., Vol II
Mackethan, Lucinda Hardwick, Vol II
Maldonado-Deoliveira, Debora, Vol III
Marchi, Dudley M., Vol III
Mcmurry, Richard Manning, Vol I
McMurry-Edwards, Linda O., Vol I
Melbourne, Lucy, Vol II
Meyers, Walter Earl, Vol II, III
Middleton, Stephen, Vol I
Miller, Carolyn R., Vol II
Moxley, Robert L., Vol V
Pettis, Joyce, Vol II
Price, William, Vol I
Prioli, Carmen A., Vol II
Richmond, M. Temple, Vol II
Sack, Ronald H., Vol I
Sims, Genevieve Constance, Vol IV
Slatta, Richard W., Vol I
Small, Judy Jo, Vol II
Smith, John David, Vol I
Smoot, Jeanne, Vol II
Sosower, Mark L., Vol II, III
Sparks, Kenton L., Vol IV
Stern, Irwin, Vol III
Sylla, Edith Dudley, Vol I, IV
Thaden, Barbara, Vol II
Ting, Siu-Man R., Vol V
Tomaskovic-Devey, Barbara A., Vol V
Tyler, Pamela, Vol I
Vick, Laura G., Vol V
Vincent, K. Steven, Vol I
Walser, Richard, Vol II
Weil, Eric A., Vol II
Witt, Mary Ann Frese, Vol III
Young, Robert Vaughan, Vol II, III
Zonderman, David A., Vol I

Research Triangle Park
Gatewood, Algie C., Vol V

Rocky Mount
Watson, Richard L., Vol I

Roxboro
Thomas, Timothy, Vol IV

Salisbury
Brown, J. Daniel, Vol IV
Hill, Wanda W., Vol II
Hutson, Christopher R., Vol IV
McCartney, Jesse Franklin, Vol II
Reitz, Richard Allen, Vol III
Richards, Jeffrey, Vol IV

Shelby
Bolich, Greg, Vol V
Cranford, Lorin L., Vol IV

Southern Pines
Lemmon, Sarah McCulloh, Vol I

Swannanoa
Yeager, Robert Frederick, Vol II

Tarboro
Waters, Sharon, Vol V

Wake Forest
Bush, L. Russ, Vol IV
Carson, Logan, Vol IV
Eitel, Keith E., Vol IV
Kostenberger, Andreas J., Vol IV
McKinion, Steven A., Vol I, IV
Moseley, Allan, Vol IV

Wilmington
Atwill, William D., Vol II
Berliner, Todd, Vol II
Clark, Andrew, Vol I
Conser, Walter H., Jr., Vol I, IV
Ellerby, Janet Mason, Vol II
Furia, Philip George, Vol II
Gauthier, Candace, Vol IV
Gould, Christopher, Vol II
Habibi, Don, Vol IV
Janson, Anthony F., Vol I
Kamenish, Paula K., Vol II, III
Kimmel, Richard H., Vol I, V
LaPaire, Pierre J., Vol III
Martin, Sherrill V., Vol II
McLaurin, Melton Alonza, Vol I
Murrell, Nathaniel Samuel, Vol IV
Olsen, Richard K., Vol II
Richardson, Granetta L., Vol II
Richardson, Stephanie A., Vol II
Schmid, W. Thomas, Vol IV
Schweninger, Lee, Vol II
Seidman, Michael, Vol I
Sullivan, Sally A., Vol II
Toplin, Robert B., Vol I
Usilton, Larry, Vol I
Watson, Alan Douglas, Vol I
Wilson, Joe Bransford, Jr., Vol III, IV

Wilson
Clark, James Alfred, Vol II
Jones, Joe Frank, Vol IV

Wingate
Cannon, Keith, Vol II
Doak, Robert, Vol II
Schuhl, Mark, Vol III
Spancer, Janet, Vol II

Winston-Salem
Andronica, John Louis, Vol III
Angelou, Maya, Vol I, II
Atwood, Craig D., Vol IV
Barbour, Sarah E., Vol III
Barnett, Richard Chambers, Vol I
Bennett, Barbara A., Vol II
Bree, Germaine, Vol III
Butler, J. Ray, Vol IV
Cook, Sharon, Vol V
Fleer, Jack David, Vol IV
Ford, James L., Vol IV
Glenn, Kathleen Mary, Vol III
Gokhale, Balkrishna Govind, Vol I
Hans, James Stuart, Vol II, IV
Hattery, Angela J., Vol V
Hendricks, J. Edwin, Vol I
Hester, Marcus B., Vol IV
Levy, David Benjamin, Vol II
Mathews, Gary, Vol III
Milner, Joseph O'Beirne, Vol II, V
Nauckhoff, Josefine C., Vol IV
Newman, Joel S., Vol IV
O'Flaherty, James Carneal, Vol III
Oczkowicz, Edyta Katarzyna, Vol II
Pendergraft, Mary L., Vol II, III
Phillips, Elizabeth, Vol II
Pubantz, Jerry, Vol IV
Sadler, Wilbert L., Jr., Vol V
Scales, Manderline Elizabeth, Vol III
Shapere, Dudley, Vol I, IV
Shores, David Francis, Vol IV
Shorter, Robert Newland, Vol II
Sinclair, Michael Loy, Vol I
Smiley, David Leslie, Vol I
Smith, James Howell, Vol I
Ulery, Robert W., Vol II, III
Walker, George Kontz, Vol I, IV
Wall, Rebecca A., Vol II
Weber, Samuel F., Vol IV
West, Larry E., Vol III
Weyler, Karen A., Vol II
Zuber, Richard Lee, Vol I

NORTH DAKOTA

Dickinson
Laman, Barbara, Vol II
McGarva, Andrew R., Vol V

Fargo
Anderson, Gerald D., Vol I
Burnett, Ann K., Vol II
Danbom, David Byers, Vol I
Goreham, Gary, Vol V
Hoffman, Mark G., Vol IV
Pearson, Judy C., Vol II
Peterson, Larry R., Vol I
Slobin, Kathleen, Vol V

Grand Forks
Beringer, Richard E., Vol I
Clingan, Edmund, Vol I
Coleman, Joyce K., Vol II
Dixon, Kathleen, Vol II
Donaldson, Sandra, Vol II
Erickson, Daniel Nathan, Vol III
Fiordo, Richard A., Vol II
Gard, Betty A., Vol II
Hume, Wendelin M., Vol IV, V
Iseminger, Gordon Llewellyn, Vol I
Lewis, Robert William, Vol II
Marshall, David, Vol III
Pynn, Ronald Earl, Vol IV
Tweton, D. Jerone, Vol I
Vivian, James Floyd, Vol I
Williams, John, Vol V

Jamestown
Argall, Randall A., Vol IV
Bratton, Timothy L., Vol I
Brown, Mark W., Vol II
Cox, Sharon G., Vol I
Joy, Mark S., Vol I

Mayville
Brunsdale, Mitzi Mallarian, Vol II, III
Neilson, James Warren, Vol I

Minot
Catel, Mylene, Vol III

Richardton
Kardong, Terrence G., Vol IV

OHIO

Ada
Beanblossom, Ronald Edwin, Vol I, IV
Croskery, Margaret C., Vol II
George, Michael W., Vol II
Guy, Daniel Sowers, Vol IV
Lomax, John Phillip, Vol I, IV
Veltri, Stephen, Vol IV

Akron
Anderson, Carolyn M., Vol II
Baker, Joseph Wayne, Vol I
Baranowski, Shelley, Vol IV
Bartley, Abel A., Vol I
Birdsall, Eric, Vol II
Bouchard, Constance Brittain, Vol I
Brown, Ronald Paul, Vol I
Clements, Barbara Evans, Vol I
Ducharme, Howard M., Vol IV
Dutt, Ashok K., Vol I
Egan, James, Vol II
Erickson, Rebecca J., Vol V
Fant, J. Clayton, Vol II, III
Feltey, Kathryn M., Vol V
Gerlach, Don R., Vol I
Harp, Stephen L., Vol I
Harpine, William, Vol II
Hixson, Walter L., Vol I
Kent, Robert B., Vol I
Liss, Sheldon Barnett, Vol I
Lo, Celia C., Vol V
Mancke, Elizabeth, Vol I
McClain, Andrew Bradley, Vol V
McMahon, William Edward, Vol IV
Miller, William Irvin, Vol III
Mushkat, Jerome, Vol I
Nelson, Daniel, Vol I
Patsouras, Louis, Vol I
Sakezles, Priscilla, Vol IV
Schreiber, Mae N., Vol IV
Smith, Priscilla R., Vol V
Triece, Mary, Vol II
Yetiv, Isaac, Vol III
Yoder, Janice, Vol V
Zangrando, Robert Lewis, Vol I

Alliance
Carr, Thomas, Vol IV
Dorsey, Scott W., Vol II
Gravlee, G. Scott, Vol IV
Harris, Victoria, Vol II
Miskell, Jerry, Vol II
Olin-Hitt, Michael, Vol II
Tidman, Paul, Vol IV

Ashland
Watson, Joann Ford, Vol IV

Ashtabula
Murray, Ed, Vol V

Asland
Fleming, Deborah, Vol II

Athens
Alexander, Charles C., Vol I
Atlas, Marilyn Judith, Vol II
Baxter, Douglas Clark, Vol I
Blocker, H. Gene, Vol I
Bond, Zinny, Vol III
Booth, Alan R., Vol I
Carpenter, T. H., Vol I
Childs, Francine C., Vol V
Coady, James Martin, Vol III
Collins, Elizabeth F., Vol IV
Connor, Joan, Vol II
Crowl, Samuel, Vol II
De Mott, Robert J., Vol II
Dodd, Wayne Donald, Vol II
Fidler, Ann, Vol I
Field, Phyllis F., Vol I
Fitch, Raymond E., Vol II
Fletcher, Marvin Edward, Vol I
Franz, Thomas Rudy, Vol III
Frederick, William Hayward, Vol I
Hamby, Alonzo Lee, Vol I
Hill, Susanne, Vol III
Hoff, Joan, Vol I
Jordan, Donald A., Vol I
Knies, Earl Allen, Vol II
Marchenkov, Vladimir, Vol IV
Matthews, Jack, Vol II
McGeoch, Lyle Archibald, Vol I
Morrison, Molly, Vol III
Myers, Lena Wright, Vol V
Owens, William M., Vol II, III
Rao, Nagesh, Vol II, V
Rauschenberg, Roy A., Vol I
Richter, Donald Charles, Vol I
Rouzie, Albert, Vol II
Safran, Joan, Vol V
Safran, Stephen P., Vol V
Sarnoff, Susan, Vol V
Schneider, Duane, Vol II
Soltow, Lee, Vol IV
Steiner, Bruce E., Vol I
Stewart, David, Vol IV
Swardson, Harold Roland, Vol II
Sweeney, Thomas John, Vol V
Thayer, Calvin G., Vol II
Weckman, George, Vol I, IV
Whealey, Robert H., Vol I
Wrage, William, Vol III

Batavia
Wolff, George, Vol II

Berea
Ahmed, Ansaruddin, Vol V
Kennelly, Laura B., Vol II
Lingswiler, Robert Dayton, Vol IV
Madden, Deidre, Vol II
Martin, Terry J., Vol II
Moore, Edgar Benjamin, Vol I
Visconti, Colleen, Vol II

Bexley
Esposito, Steven, Vol II

Bluffton
Bush, Perry, Vol I
Gratz, Delbert L., Vol I, IV
Gundy, Jeffrey G., Vol II
Johns, Loren L., Vol IV
Nath, Pamela S., Vol V
Weaver, J. Denny, Vol IV

Bowling Green
Adetunji, Jacob, Vol V
Bradford, Carole A., Vol III
Bradie, Michael, Vol IV
Browne, Ray B., Vol II
Chen, Yiwei, Vol V
Corrigan, Vincent, Vol II
Crow, Charles L., Vol II
Daly, Lawrence John, Vol I
Danziger, Edmund J., Vol I
Dixon, Lynda D., Vol II
Foell, Kristie A., Vol III
Forse, James Harry, Vol I
Givens, Stuart R., Vol I
Hess, Gary R., Vol I
Howes, Geoffrey C., Vol III
Kiple, Kenneth Franklin, Vol I
Lineback, Richard Harold, Vol IV
Lockford, Lesa, Vol II
Ludlow, Jeannie, Vol I, II, V
Luibheid, E., Vol V
Martin, Michael T., Vol V
Mccord, Howard, Vol II
Messer, Richard, Vol II
Middleton, Charles, Vol I
Myers, Norman Jerald, Vol II
Osumare, Halifu, Vol I, II
Pallister, Janis Louise, Vol III
Patraka, Vivian, Vol II
Pearson, Lynn E., Vol III
Rao, K. Vaninadha, Vol V
Scott, John Sherman, Vol V
Shrestha, Mohan N., Vol I
Skaggs, David Curtis, Vol I
Stockwell, Edward G., Vol V
Stuart, James Donald, Vol IV
Thomas, Jack Ray, Vol I
Tweney, Ryan D., Vol V
Wolfe, Ralph Haven, Vol II
Young, C., Vol II
Zackel, Fred, Vol II
Zeller, Richard A., Vol V
Zongo, Opportune Marie, Vol V

Brecksville
Bagley, Stanley B., Vol IV

Canal Fulton
Higgins, Mary Anne, Vol II

Canton
Bittle, William George, Vol I
Camp, David A., Vol V
Dymale, Herbert Richard, Vol IV
McClain, Shirla R., Vol V
Sosnowski, Thomas C., Vol I
Watson, D. F., Vol IV

Cedarville
Davis, Cheryl K., Vol II
Henning, Nelson, Vol V
Mach, Thomas S., Vol I
McGoldrick, James Edward, Vol I
Murdoch, James Murray, Vol I
Robey, David H., Vol II
Schultz, Walter, Vol IV
Wiggins, Robert R., Vol V

Celina
Molitierno, Arthur, Vol II

Cincinnati
Aeschbacher, William Driver, Vol I
Al'Uqdah, William Mujahid, Vol IV
Alexander, Jonathan F., Vol II, V
Amussen, Susan, Vol I
Arcana, Judith, Vol II
Arner, Robert David, Vol II
Atkins, Robert, Vol IV
Atkinson, Michael, Vol II, V
Bahk, C. M., Vol II
Beaver, Daniel R., Vol I
Bleznick, Donald William, Vol III
Bodo, Murray, Vol II
Bowman, Steven, Vol I
Bracken, J. A., Vol IV
Bullard, Reuben, Vol I
Burrell, Barbara, Vol I
Callan, T., Vol IV
Cebula, James E., Vol I
Chambers, Marjorie Bell, Vol I
Collins, Patricia Hill, Vol I
Conyne, Robert, Vol V
Cook, Michael J., Vol IV
Cottrell, Jack Warren, Vol I, IV
Coughlin, Edward V., Vol III
Cueva, Edmund, Vol II, III
Davis, Jack L., Vol II, III
Durrill, Wayne K., Vol I
Eagleson, Ian, Vol IV
Edwards, Ruth McCalla, Vol IV
Elder, Arlene Adams, Vol II, III
Evans, William, Vol IV
Finkelstein, Norman Mark, Vol II
Fleming, John Emory, Vol I
Fontana, Ernest L., Vol II
Foss, D. Pedar W., Vol I
Friedrichsmeyer, Erhard Martin, Vol III
Gauker, Christopher P., Vol IV
Giblin, Marie J., Vol IV
Glenn, Jerry, Vol III
Godshalk, William Leigh, Vol II
Goldman, Edward A., Vol II
Gutzwiller, Kathryn, Vol II, III
Hamilton, James Francis, Vol III
Hansen, Barbara L., Vol II, V
Harris, Norman, Vol IV
Harris-Cline, Diane, Vol I
Harrison, George William Mallory, Vol I
Hershey, Daniel, Vol V
Hogeland, L. M., Vol III
Huang, Shaorong, Vol II
Kaufman, Stephen Allan, Vol III, IV
Kidwell, R. Jay, Vol V
Kirshbaum, Hal, Vol IV
Knitter, Paul Francis, Vol IV
Kraut, Benny, Vol I, IV
Krome, Frederic, Vol IV
Langsam, Walter E., Vol I
Larocca, John Joseph, Vol I
Lillie, Betty Jane, Vol IV
Lund, Jerome A., Vol III
Matthews, G., Vol V
McDaniel, Rebecca M., Vol II
Meeker, Joseph W., Vol II
Meyer, Michael Albert, Vol I, IV
Michelini, Ann Norris, Vol II, III
Miller, Zane L., Vol I
Mills, Carl Rhett, Vol III
Minnich, Elizabeth, Vol IV
Moustakas, Clark, Vol IV
Murdoch, Norman H., Vol I
Murray, James, Vol I
Natov, Roni, Vol II
North, James Brownlee, Vol I
O'Connor, Patricia W., Vol III
Paper, Herbert Harry, Vol III
Parker, Holt, Vol II, III
Patterson, Ward L., Vol II
Petuchowski, Jakob Josef, Vol IV
Plank, Geoffrey, Vol I
Pogue, Samuel Franklin, Vol II
Pratt, Minnie Bruce, Vol II
Ramusack, Barbara N., Vol I
Richardson, Robert Calvin, Vol IV
Rind, Miles, Vol IV
Rivers, Clarence Joseph, Vol IV
Roder, Wolf, Vol I
Rose, Brian, Vol I
Rura, Svetlana, Vol IV
Rutter, Irvin C., Vol IV
Sage, Michael, Vol I, II, III
Sakmyster, Thomas Lawrence, Vol I
Sarason, Richard Samuel, Vol I, IV
Sato, Elizabeth Selanders, Vol I
Schade, Richard E., Vol III
Schefft, Bruce K., Vol V
Schiff, James A., Vol II
Schrier, Arnold, Vol I
Searl, Stanford J., Vol II
Selya, Roger M., Vol I
Shapiro, Henry D., Vol I
Shapiro, Herbert, Vol I
Sharpe, Kevin J., Vol IV
Simon, Paul L., Vol I
Slouffman, James W., Vol I
Smith, Paul M., Jr., Vol V
Smythe, Kathleen, Vol I
Stephens, Martha Thomas, Vol II
Sterling, David L., Vol I
Stoffregen, Thomas, Vol V
Tang, Mei, Vol V
Thatcher, Tom, Vol IV
Thomas, Norman C., Vol IV
Tolzmann, Don Heinrich, Vol I
Traub, George William, Vol II, IV
Trent, Judith, Vol II
Twinam, Ann, Vol I
Vaughn, Gary Lee, Vol II
Verderber, Rudolph Francis, Vol II
Wacholder, Ben Zion, Vol I, II
Walberg, Gisela, Vol I
Weatherly, Jon A., Vol IV
Weisberg, David B., Vol I
Welton, William A., Vol IV
Wilson, Samuel S., Vol IV
Wingard, Edward L., Vol V
Winkler, Henry Ralph, Vol I
Wooldredge, John, Vol IV
Wright, Austin M., Vol II
Yager, Geoffrey, Vol V
York, Anthony Delano, Vol IV
Zafren, Herbert C., Vol II

Cleveland
Abelman, Robert, Vol II
Adams, Henry, Vol I
Agich, George J., Vol IV
Allen, M. Austin, Vol II
Anderson, David G., Vol III
Anderson, Earl Robert, Vol II
Atkin, David J., Vol II
Bate, Brian R., Vol V
Beatie, Bruce A., Vol II, V
Benseler, David P., Vol II
Berry, Margaret, Vol II, III
Biegel, David E., Vol V
Bishop, Thomas G., Vol II
Bonder, Bette R., Vol V
Borchert, James A., Vol I
Buchanan, Harvey, Vol I
Bynum, David Eliab, Vol V
Chandler, Everett A., Vol IV
Chirayath, Verghese J., Vol V
Clark, Sanza Barbara, Vol V
Curnow, Kathy, Vol I
Czuma, Stanislaw, Vol I
Donaldson, Thomas, Vol I
Edmonson, James Milton, Vol I
Epp, Eldon Jay, Vol I, IV
Evett, David Hal, Vol II
Ferguson, Suzanne, Vol II
Fox, Richard Milan, Vol IV
Freedheim, Donald K., Vol V
Friedman, Barton Robert, Vol II
Galvan, Delia V., Vol I, III
Gatto, Katherine M., Vol III
Gensler, Harry J., Vol IV
Gerlach, John Charles, Vol II
Gibbs, Lee Wayland, Vol IV
Gibbs, Paul J., Vol IV
Goist, Park Dixon, Vol I, II
Greppin, John Aird Coutts, Vol III
Grundy, Kenneth William, Vol IV
Haas, Peter J., Vol I, IV
Haddad, Gladys, Vol I
Hagiwara, Takao, Vol III
Hartshorne, Thomas Llewellyn, Vol I
Helzle, Martin, Vol II, III
Hill, Susan E. Kogler, Vol II
Hinze, Klaus-Peter Wilhelm, Vol III
Hunter, John, Vol I
Jeffres, Leo, Vol II
Johnson, Alice K., Vol V
Johnson, Steven D., Vol IV
Kadish, Mortimer R., Vol IV
Katz, Lewis Robert, Vol IV
Kelly, Joseph F., Vol IV
King, Stephen, Vol II
Kiser, Joy, Vol I, II
Kolker, Delphine, Vol II
Kopfman, Jenifer E., Vol II
Kraus, Sidney, Vol II
Labrador, Jose J., Vol III
Lairet, Dolores Person, Vol III
Landau, Ellen G., Vol I
Larson, David Mitchell, Vol II
Ledford, Kenneth F., Vol I, IV
Lee, Jae-Won, Vol II
Lin, Carolyn, Vol II
Long, Susan O., Vol V
Manning, Roger B., Vol I
Marling, William H., Vol II
Martin, Laura, Vol III
Mason, David Raymond, Vol IV
McCoy, Patricia A., Vol IV
McElhaney, James Willson, Vol IV
McHale, Vincent Edward, Vol IV
Mehlman, Maxwell, Vol IV
Mesch, Claudia, Vol I
Miller, Genevieve, Vol I
Morton, Marian Johnson, Vol I
Murphy, Tim, Vol IV
Murray, J. Glenn, Vol IV
Nanfito, Jacqueline C., Vol III
Neils, Jenifer, Vol I
Neuendorf, Kimberly A., Vol II
Oster, Judith, Vol II, V
Perloff, Richard M., Vol II
Peskin, Allan, Vol I
Pettey, Gary R., Vol II
Poduska, Donald Miles, Vol III
Pole, Nelson, Vol IV
Purcell, John Marshall, Vol III
Pursell, Carroll W., Vol I
Ramos, Donald, Vol I
Ray, Eileen Berlin, Vol II
Ray, George B., Vol II
Reminick, Ronald A., Vol V
Richardson, David A., Vol II
Robertson, Heidi Gorovitz, Vol IV
Rocke, Alan J., Vol I
Rooks, Charles Shelby, Vol IV
Rowan, Albert T., Vol IV
Rudd, Jill, Vol II, III
Saha, Prosanta Kumar, Vol II, III
Salomon, Roger B., Vol II
Samuels, Marilyn S., Vol II
Sanko, Helene N., Vol III
Santilli, Nicholas R., Vol V
Scallen, Catherine B., Vol I
Sharpe, Calvin William, Vol IV
Shorrock, William Irwin, Vol I
Siebenschuh, William R., Vol II
Smith, Francis J., Vol II
Spencer, James Calvin, Sr., Vol IV
Stoll, Anita K., Vol III
Stonum, Gary Lee, Vol II
Strauss, Walter Adolf, Vol III
Surace, Peter C., Vol II
Swenson, Elizabeth V., Vol V
Trawick, Leonard Moses, Vol II
Ubbelohde, Carl, Vol I
Varallo, Sharon, Vol III, V
Vrettos, Athena, Vol II
Warren, Ann Kosser, Vol I, IV
Werth, Lee Frederick, Vol IV
Whitbeck, Caroline, Vol IV
White, Frederic Paul, Jr., Vol IV
Whiting, Peter, Vol I
Willacy, Hazel M., Vol IV
Woodmansee, Martha, Vol II
Wozniak, Judith, Vol I
Yang, Peter Jianhua, Vol III
Zorita, C. Angel, Vol III
Zubizarreta, Armando F., Vol III

Cleveland Heights
Milic, Louis Tonko, Vol II

Columbus
Alberts, Darlene J., Vol V
Aman, Michael G., Vol V
Anderson, Dennis A., Vol IV
Andrien, Kenneth James, Vol I
Balcer, Jack Martin, Vol I
Barnes, Daniel Ramon, Vol II, V
Bartholomew, James Richard, Vol I
Bartle-Haring, Suzanne, Vol V
Battersby, James L., Vol II
Beatty, Otto, Jr., Vol IV
Becker-Cantarino, Barbara, Vol III
Beja, Morris, Vol II
Bekker, Hugo, Vol III
Benedict, Michael Les, Vol I
Binau, Brad A., Vol IV
Blackford, Mansel Griffiths, Vol I
Blackwell, Marilyn Johns, Vol II, III
Boh, Ivan, Vol IV
Bouman, Walter R., Vol IV
Bourguignon, Erika Eichhorn, Vol V
Bracken, James K., Vol II
Brand, Eugene L., Vol IV
Brown, Alan K., Vol II
Brown, Lee Bateman, Vol IV
Bruning, Stephen D., Vol II
Burkman, Katherine H., Vol II
Burnham, John Chynoweth, Vol I
Callaghan, Catherine A., Vol III
Carter, Percy A., Jr., Vol IV
Cegala, Donald Joseph, Vol II
Childs, James M., Jr., Vol IV
Cooksey, Elizabeth C., Vol V
Cooley, Thomas Winfield, Vol I, II
Cooper, Donald B., Vol I
Cottrell, Robert Duane, Vol III
Cox, Kevin R., Vol I
Cressy, David, Vol I
Davidson, John E., Vol II
Devine, Michael John, Vol I
Dillon, Merton Lynn, Vol I
Doermann, Ralph W., Vol IV
Donovan, Maureen H., Vol II
Elhard, Leland E., Vol IV
Erickson, Darlene E. Williams, Vol II
Evans, Donna Browder, Vol V
Farina, Luciano Fernando, Vol III
Findley, Carter Vaughn, Vol I, III
Fink, Carole K., Vol I
Frantz, David Oswin, Vol II
Friedman, Harvey Martin, Vol IV
Fullmer, June Zimmerman, Vol I
Gao, Q., Vol III
Garland, Martha, Vol I
Gibbs, Jack Gilbert, Jr., Vol IV
Gribble, Charles Edward, Vol III
Griffin, David Alexander, Vol III
Grotans, Anna A., Vol III
Guilmartin, John F., Vol I
Hahm, David Edgar, Vol I, III, IV
Haidt, Rebecca, Vol III
Hamilton, Richard Frederick, Vol V
Hammermeister, Kai, Vol I, III
Hanawalt, Barbara A., Vol I
Harlow, L. L., Vol III
Harms, Paul W. F., Vol IV
Hartmann, Susan, Vol I
Hathaway, Jane, Vol I
Hatton, Robert Wayland, Vol III
Heck, Thomas F., Vol II
Heiden, Bruce A., Vol III
Hens, Gregor, Vol III
Hoffmann, David, Vol I
Hogan, Michael J., Vol I
Holland, Eugene W., Vol II
Hoops, Merlin Henry, Vol IV
Hopkins, Richard Joseph, Vol I
Huber, Donald L., Vol I, IV
Huffman, Gordon, Jr., Vol IV
Hume, Elizabeth, Vol III
Hutton, Rodney R., Vol IV
Irwin, Raymond D., Vol I, IV
Jang, Sung Joon, Vol V
Jarvis, Gilbert Andrew, Vol V
Johnston, Sarah Iles, Vol III
Joseph, Brian Daniel, Vol III
Jost, Timothy Stolzfus, Vol IV
Julia, Maria C., Vol V
Jusdanis, Gregory, Vol I, II
Kalbouss, George, Vol III
Kerr, Kathel Austin, Vol I
Kevern, John, Vol I, IV
Kielkopf, Charles F., Vol IV
Kiser, Lisa J., Vol II
Kitch, Sally L., Vol V
Klopp, Charles, Vol III
Kozyris, Phaedon John, Vol IV
Krzyzanowski, Jerzy Roman, Vol III
Lehiste, Ilse, Vol III
Levin, Eve, Vol I
Luck, Donald G., Vol IV
Lynch, Joseph Howard, Vol I, IV
Makau, Josina M., Vol II, IV
Mancini, Albert Nicholas, Vol II
Markels, Julian, Vol II
Matejic, Mateja, Vol III
Maurer, A. E. Wallace, Vol II
McCorkle, W. Benson, Vol II
Meckler, Michael Louis, Vol I
Meier, Samuel, Vol I
Millett, Allan Reed, Vol I
Mizejewski, Linda, Vol II
Morgan, Terrell A., Vol III
Morganstern, Anne Mcgee, Vol I
Morganstern, James, Vol I
Morita, James R., Vol III
Nakamura, C. Lynn, Vol IV
Nakayama, Mineharu, Vol III
Newell, Margaret E., Vol I
Pappas, George Sotiros, Vol IV
Parks, Edward Y., Vol IV
Patterson, Samuel C., Vol IV
Pegues, Franklin J., Vol I
Pessin, Sarah, Vol IV
Pestana, Carla Gardina, Vol I
Phelan, James Pius X., Vol II
Powell, Mark Allan, Vol IV
Price-Spratlen, Townsand, Vol V
Redenbarger, Wayne Jacob, Vol IV
Reed, Christopher A., Vol I
Richards, Constance S., Vol I, II, V
Richardson, Laurel, Vol V
Riedinger, Edward, Vol I
Rigney, Barbara, Vol II
Rojahn, Johannes, Vol V

Geographic Index

Roorbach, Bill F., Vol II
Root, Michael, Vol IV
Rosenberg, Milla, Vol I
Roth, Randolph A., Vol I
Rothney, John Alexander, Vol I
Rupp, Leila J., Vol I, V
Sagaria, Mary Ann D., Vol V
Sager, Allan Henry, Vol IV
Sasso, Michael J., Vol II
Scanlan, James P., Vol IV
Schlam, Carl C., Vol II, III
Schnell, James, Vol II
Schwarz, May L., Vol II, IV
Sena, John F., Vol II
Shields, Mary E., Vol IV
Silbajoris, Rimvydas, Vol III
Slomczynski, Kazimietz M., Vol V
Smith, Susan Warrener, Vol IV
Stebenne, David, Vol I, IV
Steckel, Richard H., Vol IV
Stewart, Mac A., Vol V
Strasser, Mark, Vol IV
Taylor, Verta, Vol V
Taylor, Walter F., Jr., Vol IV
Thomas, M. Carolyn, Vol IV
Tripodi, Tony, Vol V
Turnbull, Robert George, Vol IV
Unger, James Marshall, Vol III
Van Tine, Warren R., Vol I
Vantine, Warren, Vol I
Wade, Jacqueline E., Vol I
Wade, Robert J., Vol IV
Walters, E. Garrison, Vol I
Wanner, Dieter, Vol IV
Whaley, Douglas John, Vol IV
White, Janice G., Vol IV
Williams, Charles Garfield Singer, Vol III
Williams, Gregory Howard, Vol IV
Williams, Susan, Vol II
Wilson, John Harold, Vol II
Woods, Alan Lambert, Vol I, II
Zacher, Christian Keeler, Vol II
Zahniser, Marvin Ralph, Vol I

Dayton
Anderson, William P., Vol IV
Arbagi, Martin George, Vol I
August, Eugene R., Vol II
Barnes, Michael Horton, Vol IV
Barr, David Lawrence, Vol I, IV
Bednarek, Janet, Vol I
Benson, Paul H., Vol IV
Blatt, Stephen J., Vol II
Branick, Vincent P., Vol IV
Cary, Cecile Williamson, Vol II
Chinchar, Gerald T., Vol IV
Dobson, Frank, Vol II
Dorn, Jacob Henry, Vol I
Doyle, Dennis M., Vol IV
Eid, Leroy Victor, Vol I
Fischer, Marilyn R., Vol IV
Fouke, Daniel C., Vol IV
Gaines, Elliot I., Vol II
Garrison, David Lee, Vol III
Gorrell, Donald Kenneth, Vol I, IV
Griffin, Paul R., Vol I
Guthrie, James Robert, Vol II
Hagel, Thomas L., Vol IV
Heft, James L., Vol IV
Herbenick, Raymond M., Vol IV
Hertig, Paul, Vol IV
Hertig, Young Lee, Vol IV
Horn, Pierre Laurence, Vol III
Howard, Lillie Pearl, Vol II
Hye, Allen Edward, Vol III
Inbody, Tyron Lee, Vol IV
Inglis, John, Vol IV
Jablonski, Leanne M., Vol IV
Jenkins, Fred W., Vol III
Johnson, Patricia Altenbernd, Vol IV
Kim, Ai Ra, Vol IV
Kozar, Joseph F., Vol IV
Kunkel, Joseph C., Vol IV
Lockwood, Kimberly Mosher, Vol IV
Luke, Brian A., Vol IV
Lysaught, M. Therese, Vol IV
Macklin, F. Anthony, Vol II
Maner, Martin, Vol II
Martin, Herbert Woodward, Vol II
Martin, Judith G., Vol IV
McWhorter, Stanley B., Vol II
Moore, Cecilia, Vol IV
Mosser, Kurt, Vol III, IV
Nelson, James David, Vol I, IV
Petreman, David A., Vol III
Porter, Ellen-Jane Lorenz, Vol I, II
Preisser, Thomas, Vol I, IV
Quinn, John F., Vol IV
Richards, William M., Vol IV
Sammons, Martha Cragoe, Vol II
Schweikart, Larry Earl, Vol I
Spetter, Allan Burton, Vol I
Sudzina, Mary, Vol V
Swanson, Donald Roland, Vol II
Tibbetts, Paul E., Vol IV
Tilley, Terrence W., Vol IV
Ulrich, Lawrence P., Vol IV
Welborn, L. L., Vol IV
Wert, Newell John, Vol IV
Wolff, Florence I., Vol II
Yocum, Sandra Mize, Vol IV
Yoder, Don, Vol II
Yuan, Tsing, Vol I
Yungblut, Laura Hunt, Vol I
Zimmerman, Joyce Ann, Vol IV

Delaware
Carpenter, Lynette, Vol II
Easton, Loyd D., Vol IV
Harper, Sandra Nadine, Vol III
Lateiner, Donald, Vol I, II, III
Lewes, Ulle Erika, Vol II, III
Macias, Anna, Vol I
Mahdi, Akbar, Vol V
Mercadante, Linda A., Vol IV
Michael, Randall Blake, Vol IV
Smith, Ervin, Vol IV
Spall, Richard, Vol I
Tannehill, Robert C., Vol IV
Twesigye, Emmanuel, Vol IV

Doylestown
Edwards, Wendy J. Deichmann, Vol I

East Liverpool
Miller, Eric D., Vol V

Elyria
Owens, Suzanne, Vol I, II
Weigl, Bruce, Vol II

Findlay
Cecire, Robert C., Vol I, IV
Draper, David E., Vol IV
Kern, Gilbert Richard, Vol I, IV
Nye, Jean C., Vol III
Resseguie, James L., Vol IV
Shilling, Burnette P., Vol IV
Stulman, Louis, Vol IV

Fremont
Bridges, Roger Dean, Vol I
Stallkamp, Ray H., III, Vol V

Gambier
Adler, Joseph A., Vol IV
Bennett, Robert E., Vol II, III
Bowman, Jeffrey A., Vol I
Browing, Reed S., Vol I
Browning, Reed St. Clair, Vol I
Crais, Clifton C., Vol I
DePascuale, Juan E., Vol IV
Dunnell, Ruth W., Vol I
Dwyer, Eugene Joseph, Vol I
Evans, Michael J., Vol I
Finke, L. A., Vol II
Heuchemer, Dane, Vol II
Kipp, Rita, Vol V
Klein, William Francis, Vol II
McCulloh, William Ezra, Vol II, III
Oden, Robert A., Jr., Vol III
Rutkoff, Peter, Vol I
Scott, William Butler, Vol I
Sharp, Ronald Alan, Vol II
Singer, Wendy F., Vol I
Turner, Frederick, Vol II
Weber, Clifford Whitbeck, Vol II, III
Wortman, Roy Theodore, Vol I

Granville
Baker, David Anthony, Vol II
Ball, David T., Vol IV
Cort, John E., Vol IV
Ferriol, Antonia, Vol III
Gordon, Amy Glassner, Vol I
Gordon, Michael Danish, Vol I
Kaplan, Abram, Vol I
Knobel, Dale Thomas, Vol I
Lisska, Anthony Joseph, Vol IV
Martin, James Luther, Vol IV
Miller, Gill Wright, Vol II
Santoni, Ronald Ernest, Vol IV
Schilling, Donald, Vol I
Scully, Pamela F., Vol I
Townsend, Ann, Vol II
Woodyard, David O., Vol IV

Hamilton
Friedenberg, Robert Victor, Vol II
Inness, Sherrie A., Vol II
Krafft, John M., Vol II
Womack, Whitney, Vol II

Highland Hills
Badal, James J., Vol II

Hiram
Sharfman, Glenn, Vol I
Slingerland, Dixon, Vol IV

Huber Heights
Puckett, Pauline N., Vol IV

Hudson
Berrong, Richard, Vol III
Dyer, Joyce, Vol II
Wakelyn, Jon L., Vol I

Huron
Currie, William W., Vol II
Smith, Larry, Vol II

Kent
Andrews, Larry Ray, Vol II, III
Apseloff, Marilyn Fain, Vol II
Bank, Rosemarie Katherine, Vol II
Barnbaum, Deborah, Vol IV
Beer, Barrett L., Vol I
Byrne, Frank Loyola, Vol I
Calkins, Kenneth Roy, Vol I
Chandler, Theodore A., Vol V
Crosby, Edward Warren, Vol I
Culbertson, Diana, Vol III, IV
Davis, Thomas M., Vol II
Dooley, Allan C., Vol II
Ekechi, Felix Kamalu, Vol I
Fischer, Norman Arthuf, Vol IV
Fontes, Manuel D., Vol II, III
Fried, Lewis Fredrick, Vol II
Friedman, Jerome, Vol I
Hakutani, Yoshinobu, Vol II, III
Harrison, Carol, Vol I
Hassler, Donald M., Vol II
Heiss, Mary Ann, Vol I
Hobfoll, Steven E., Vol V
Hubbell, John Thomas, Vol I
Hudson, Leonne M., Vol I
Jameson, John R., Vol I
Kaplan, David H., Vol I
Kaplan, Lawrence Samuel, Vol I
Krause, Sydney Joseph, Vol II
Larson, Orville K., Vol II
Leonard, Henry Beardsell, Vol I
Louis, James Paul, Vol I
Marovitz, Sanford E., Vol II
McCormick, Edgar Lindsley, Vol II
Meier, August, Vol I
Meindl, Richard S., Vol V
Munoz, Willy O., Vol III
Nantambu, Kwame, Vol IV
Papacosma, Solon Victor, Vol I
Pino, Julio Cesar, Vol I
Reinberg, Richard, Vol V
Rubin, Rebecca B., Vol II
Ryan, Frank X., Vol IV
Scott, Ellen, Vol V
Swierenga, Robert Peter, Vol I
Thyret, Isolde, Vol I
Turner, Doris J., Vol I
Wajda, Shirley, Vol I
Wheeler, Arthur M., Vol II, IV
Wilson, Glee Everitt, Vol I
Wynar, Lubomyr Roman, Vol I
Zellner, Harold Marcellars, Vol IV

Kirtland
Johnston, Stanley Howard, Vol II

Lancaster
Killoran, Helen, Vol II

Lima
Anspaugh, Kelly C., Vol II
Asuagbor, Greg, Vol IV
Hellmann, John M., Vol II
Page, Roger A., Vol V

Lyndhurst
Strater, Henry A., Vol I, III

Mansfield
Dahlstrand, Frederick Charles, Vol I
Dominick, Raymond, Vol I

Marietta
Machaffie, Barbara J., Vol I, IV
O'Donnell, James, Vol I
O'Donnell, Mabry Miller, Vol II, III

Marion
Handwerk-Noragon, Patricia, Vol IV
Steffel, R. Vladimir, Vol I

Middletown
Domino, Brian, Vol IV
Lewiecki-Wilson, Cynthia B., Vol V

Milford
Oppenheim, Frank M., Vol IV

Mount Vernon
Cubie, David Livingston, Vol IV

Munroe Falls
DiPuccio, William, Vol IV

New Concord
Barrett, J. Edward, Vol IV
Fisk, William Lyons, Vol I
McClelland, William Lester, Vol I, IV
Nutt, R., Vol I, IV
Schultz, William J., Vol II
Sturtevant, David Reeves, Vol I

New Philadelphia
Andrews, Gregg L., Vol V

Newark
Ganz, Albert Harding, Vol I
Loucks, James F., Vol II
MacDonald, William L., Vol V
Shapiro, Stewart, Vol IV
Shiels, Richard Douglas, Vol I, IV
Tebben, Joseph Richard, Vol II, III
Viscarri, Dionisio, Vol III

North Canton
Horvath, Brooke, Vol II
Norton-Smith, Thomas M., Vol IV

Oberlin
Albright, Ann Cooper, Vol II
Alexander, Pamela, Vol II
Colish, Marcia L., Vol I
Erwin, Joanne, Vol II
Faber, Sebastion, Vol III
Ganzel, Dewey Alvin, Vol II
Gorfain, Phyllis, Vol II, V
Goulding, Daniel J., Vol II
Gouma-Peterson, Thalia, Vol I
Greenberg, Nathan Abraham, Vol III
Helm, James Joel, Vol II, III
Hogan, Heather, Vol I
Jones, Nicholas, Vol II
Koch, Christian Herbert, Vol II
Kornblith, Gary J., Vol I
Krassen, Miles, Vol IV
Logan, Wendell, Vol I
Lubben, Joseph, Vol II
McInerney, Peter K., Vol IV
Merrill, Daniel Davy, Vol IV
Plank, Steven E., Vol II
Richman, Paula, Vol IV
Rogers, Lynne, Vol II
Rosenfeld, Sidney, Vol III
Rothstein, William, Vol II
Skrupskelis, Viktoria, Vol III
Soucy, Robert J., Vol I
Tregouet, Annie D., Vol I, III
Walker, David, Vol II
White, Clovis L., Vol V
Young, David, Vol II
Zagarell, Sandra Abelson, Vol II
Zinn, Grover A., Vol I, IV

Orrville
Beyeler, Julia M., Vol V
Johanyak, Debra L., Vol II

Kristofco, John P., Vol V

Oxford
Baird, Jay Warren, Vol I
Biran, Mia W., Vol V
Branch, Edgar Marquess, Vol II
Brock, James W., Vol II
Clark, James Drummond, Vol II
Coakley, Jean Alexander, Vol II
Coakley, Thomas M., Vol I
del Valle, Jose, Vol III
Dolan, Frances E., Vol II
Ellison, Curtis William, Vol I
Erlich, Richard D., Vol II
Fahey, David Michael, Vol I
Forshey, Harold Odes, Vol IV
Fox, Alice, Vol II
Fritz, Donald Wayen, Vol II
Fryer, Judith, Vol I, II
Frymier, Ann Bainbridge, Vol II
Fuller, Mary J., Vol II
Goldy, Charlotte Newman, Vol I
Harwood, Britton James, Vol II
Jackson, W. Sherman, Vol I
Joseph, Alfred, Vol V
Kane, Stanley G., Vol I, IV
Kelly, Jim Kelly, Vol IV
Kimball, Jeffrey P., Vol I
Kirby, Jack Temple, Vol I
Matteo, Sante, Vol III
McKenna, William R., Vol IV
McKinney, Mark, Vol III
Momeyer, Rick, Vol IV
Newell, William H., Vol IV
O'Brien, Michael, Vol I
Ortiz, Mario A., Vol III
Pappu, Rama Rao, Vol IV
Pedroni, Peter, Vol III
Plater, Edward M. V., Vol III
Rejai, Mostafa, Vol IV
Roberts, Anna, Vol III
Rose, Peter Wires, Vol II, III
Runyon, Randolph Paul, Vol I, III
Sanabria, Sergio Luis, Vol I
Sandro, Paul Denney, Vol III
Seidel, Asher M., Vol IV
Smith, Dwight L., Vol I
Sommer, John D., Vol IV
Sosnoski, James Joseph, Vol II
Southard, Edna Carter, Vol I
Stiles, William B., Vol V
Strauss, Jonathan, Vol III
Swanson, Maynard William, Vol I
Thurston, Robert, Vol I
Tidwell, John Edgar, Vol II
Trent, Jimmie Douglas, Vol II
Ward, Roy Bowen, Vol IV
White, John Hoxland, Vol I
Williams, Peter W., Vol IV
Winkler, Allan M., Vol I
Wortman, William A., Vol II
Wright, Deborah Kempf, Vol II
Wright, H. Bunker, Vol II
Yamauchi, Edwin Masao, Vol I, III
Ziolkowski, Margaret C., Vol III, V

Painesville
Borchert, Susan D., Vol V
Lunardi, Egidio, Vol II
McQuaid, Kim, Vol I, IV
Miller, Benjamin, Vol IV

Pepper Pike
Glavac, Cynthia, Vol II
Gromada, Conrad T., Vol IV
Matejka, George, Vol IV
Pina, Leslie, Vol I
Podis, Joanne, Vol II

Pickerington
Evans, Roger S., Vol I

Portsmouth
Dillard, J. L., Vol II
Field, Michael J., Vol II
Pambookian, Hagop S., Vol V
Powell, Michael, Vol II

Reynoldsburg
Rolwing, Richard J., Vol IV

Rio Grande
Barton, Marcella Biro, Vol I, IV
Tribe, Ivan Mathews, Vol I

Salem
Figg, Kristen Mossler, Vol II

Shaker Heights
Giannelli, Paul Clark, Vol IV
Miller, Clement Albin, Vol II

Shaker Hts
Giannetti, Louis Daniel, Vol II

Silver Lake
Poloma, Margaret Mary, Vol V

Springfield
Ashworth, Suzanne M., Vol II
Celms, Peter, Vol I
Chatfield, E. Charles, Vol I
Copeland, Warren R., Vol IV
Davis, Robert Leigh, Vol II, V
Dickson, Charles Ellis, Vol I
Dixon, Mimi S., Vol II
Faber, J. Arthur, Vol II
Hayden, Albert A., Vol I
Huffman, James Lamar, Vol I
Inboden, Robin L., Vol II
Jones, Mary Ellen, Vol II
Kaminski, Patricia, Vol V
Lenz, Ralph D., Vol I
Levy, Robert J., Vol IV
Millen, Rochelle L., Vol IV
Nelson, Paul T., Vol IV
O'Connor, Joseph E., Vol I
Ortquist, Richard Theodore, Vol I
Otten, Terry Ralph, Vol II
Swanger, Eugene R., Vol IV
Taylor, Thomas Templeton, Vol I
Veler, Richard, Vol II
Vincent, David, Vol IV
Wolf, Herbert Christian, Vol IV

Stenberville
Vall, Gregory, Vol IV

Steubenville
Lyons, Declan P., Vol II, III
Miletic, Stephen F., Vol IV
Scotto, Dominic, Vol IV
Sunyoger, Mary Ann, Vol II

Stow
Crawford, Ronald Lee, Vol III
Knepper, George W., Vol I
Ophardt, Michael, Vol IV

Tiffin
Bowlus, Bruce, Vol I
Owens, Richard H., Vol I

Toledo
Abu-Absi, Samir, Vol III
Al-Marayati, Abid Amin, Vol IV, V
Andersen, Roger William, Vol IV
Aryeetey-Attoh, Samuel, Vol I
Barden, Thomas, Vol II
Barrett, John A., Vol IV
Boening, John, Vol III
Bourguignon, Henry J., Vol I, IV
Bullock, Joan R., Vol IV
Cave, Alfred A., Vol I
Chapman, Douglas K., Vol IV
Closius, Phillip J., Vol IV
Dessner, Lawrence Jay, Vol II
Edwards, Richard W., Vol IV
Eisler, Beth A., Vol IV
Friedman, Howard M., Vol IV
Glaab, Charles Nelson, Vol I
Gregory, Elmer Richard, Vol II, III
Harris, David A., Vol IV
Hoover, William Davis, Vol I
Hopperton, Robert J., Vol IV
Hottell, Ruth A., Vol III
Hovey, Joseph, Vol V
Jan, George Pokung, Vol IV
Kadens, Michael G., Vol IV
Kennedy, Bruce, Vol IV
Kennedy, Robin M., Vol IV
Kirtland, Robert, Vol IV
Kydd, Elspeth, Vol II
Lora, Ronald Gene, Vol I
Manheim, Michael, Vol II
Many, Paul, Vol II
Martyn, Susan, Vol IV
Mc Guire, Patrick, Vol V
Merritt, Frank S., Vol IV
Messer-Kruse, Timothy, Vol I
Metress, Seamus, Vol V
Moran, Gerald P., Vol IV
Moskovitz, Marc, Vol II
Mostaghel, Deborah M., Vol IV
Normand, Guessler, Vol III
Puligandla, Ramakrishna, Vol IV
Quick, Albert T., Vol IV
Raitt, Ronald D., Vol IV
Richman, William M., Vol IV
Riebling, Barbara, Vol II
Rudolph, Robert Samuel, Vol II
Scanlan, Timothy Michael, Vol III
Smith, David Quintin, Vol II
Smith, Robert Freeman, Vol I
Steinbock, Daniel J., Vol IV
Stern, David S., Vol IV
Tierney, James E., Vol IV
Watermeier, Daniel J., Vol II
Wikander, Matthew H., Vol II
Wilcox, Larry Dean, Vol I
Zietlow, Rebecca, Vol IV

Toronto
Marbais, Peter C., Vol II

University Heights
Duncan, Russell, Vol I
McGinn, Sheila E., Vol IV
Nevin, Thomas R., Vol II, III
Robson, David, Vol I
Seaton, Shirley Smith, Vol V
Shockey, Gary C., Vol I

Warren
Eminhizer, Earl Eugene, Vol IV
Yoke, Carl B., Vol II

Westerville
Cooper, Allan D., Vol IV
Eisenstein, Paul S., Vol II
Halbert, Debora, Vol IV
Luckey, Evelyn F., Vol V
MacLean, Elizabeth, Vol I
Vance, Sylvia P., Vol III
Woodson, Thomas, Vol II

Wickliffe
Hunter, Frederick Douglas, Vol IV
Latcovich, Mark A., Vol IV

Wilberforce
Bell, Leland V., Vol I
Fleissner, Robert F., Vol II
Garland, John William, Vol IV

Willoughby
Coughlin, Robert M., Vol II

Wilmington
Gara, Larry, Vol I
Gerritz, E. Keith, Vol V
Jones, Thomas Canby, Vol IV

Wooster
Bell, Richard H., Vol IV
Bostdorff, Denise M., Vol II
Bucher, Glenn R., Vol IV
Calhoun, Daniel Fairchild, Vol I
Christianson, Paul, Vol II
Durham, Carolyn Ann, Vol III
Falkner, Thomas M., Vol III
Frye, Joanne S., Vol II
Gabriele, John P., Vol III
Gates, John Morgan, Vol I
Gaylord, Inez K., Vol III
Gedalecia, David, Vol I
Grace, Nancy, Vol II
Harris, Ishwar C., Vol IV
Herring, Henry, Vol II
Hettinger, Madonna, Vol I
Hickey, Damon, Vol I
Hodges, James A., Vol I
Holliday, Vivian Loyrea, Vol I, II, III
Hondros, John L., Vol I
Hults, Linda, Vol I
Hustwit, Ronald E., Vol IV
Jefferson, Alphine W., Vol I
Lewis, Arnold, Vol I
Plestina, Dijana, Vol IV
Scholz, Susanne, Vol IV
Shostak, Debra, Vol II
Smith, Robert Houston, Vol IV
Sokol, Elena, Vol III
Stewart, Larry, Vol II
Taylor, Karen, Vol I
Thomson, Garrett, Vol IV
Wright, Josephine, Vol II
Young, Mary, Vol III

Worthington
Bremner, Robert Hamlett, Vol I
Josephson, Susan G., Vol IV
Ness, Gary Clifford, Vol I

Yellow Springs
Amos, Oris Elizabeth Carter, Vol V
Davis, Barbara Beckerman, Vol I
Filemyr, Ann, Vol II
Fogarty, Robert Stephen, Vol I
Hussman, Lawrence, Vol II
Keen, Cheryl, Vol V
Patel, Ramesh, Vol IV
Rinehart, John, Vol II
Smoker, Paul L., Vol IV
Warren, Scott, Vol IV
Whelchel, Marianne, Vol I, V

Youngstown
Attardo, Salvatore, Vol III
Berger, Martin Edgar, Vol I
Blue, Frederick J., Vol I
Bowers, Bege K., Vol II
Brown, Steven, Vol II
Friedman, Saul S., Vol I, V
Harrison, W. Dale, Vol II
Issac, Megan, Vol II
Leck, Glorianne Mae, Vol IV
Minogue, Brendan Patrick, Vol IV
Satre, Lowell Joseph, Vol I
Shale, Rick, Vol II, V
Shipka, Thomas A., Vol IV
Viehmeyer, L. Allen, Vol III

OKLAHOMA

Ada
Boeger, Palmer Henry, Vol I
Joyce, Davis D., Vol I
Sukholutskaya, Mara, Vol II, V

Alva
Fear, Marcia B., Vol V

Bartlesville
Wimberly, Dan, Vol I

Bethany
Bracken, Pamela, Vol II
Tashjian, Jirair S., Vol IV

Chickasha
Brown, Brenda, Vol II
Meredith, Howard, Vol I

Claremore
Dial-Driver, Emily, Vol II

Cleveland
Rollins, Peter, Vol II

Durant
Emge, Steven W., Vol I
Flippen, J. Brooks, Vol V
Kennedy, Elizabeth, Vol V

Edmond
Baker, James Franklin, Vol I
Baughman, T. H., Vol I
Faulk, Odie B., Vol I
Green, Malinda Hendricks, Vol V
Hayes, Kevin J., Vol II
Jackson, Joe C., Vol I, IV
Kremm, Diane Neal, Vol I
Lehman, Paul Robert, Vol II
Lewis, Gladys S., Vol II
Li, Bing, Vol I

Enid
Bowers, Paul, Vol II

Langston
Manning, Jean Bell, Vol V
Sagini, Meshack, Vol I, V

Lawton
Blodgett, Ralph Edward, Vol I
Stegmaier, Mark Joseph, Vol I
Xie, Xiaolin, Vol V

Norman
Barker, Peter, Vol IV
Brown, Sidney DeVere, Vol I
Byre, Calvin S., Vol II, III
Cohen, Andrew I., Vol IV
Cohen, Gary Bennett, Vol I
De Bolt, Darian C., Vol IV
Dharwadker, Aparna, Vol II, V
Doty, Ralph, Vol IV
Fears, J. Rufus, Vol I, II, III
Forman, Jonathan Barry, Vol IV
Friedrich, Gustav William, Vol II
Gilje, Paul Arn, Vol I
Glad, Paul Wilbur, Vol I
Gross, David Stuart, Vol II, III
Gui, Ming C., Vol III
Hagan, William Thomas, Vol I
Hambrick, A. Fred, Vol IV
Hassrick, Peter H., Vol I
Henderson, George, Vol V
Hester, Lee, Vol IV
Hurtado, A. L., Vol I
Kamoche, Jidlaph Gitau, Vol I
Kennison, Shelia, Vol V
Kidwell, Clara Sue, Vol I
Koshkin-Youritzin, Victor, Vol I
Leitch, Vincent B., Vol II
Levy, David W., Vol I
Lewis, Mitchell R., Vol II
Madland, Helga Stipa, Vol III
Merrill, Kenneth Rogers, Vol IV
Mical, Thomas, Vol I
Miller, David H., Vol I
Morgan, H. Wayne, Vol I
Nitzova, Petya, Vol I
Norwood, Stephen H., Vol I
Perkins, Edward Joseph, Vol IV
Purinton, Jeffrey S., Vol II, III
Savage, William W., Jr., Vol I
Scaperlanda, Michael, Vol IV
Shalhope, Robert E., Vol I
Snell, Daniel C., Vol III
Stillman, Norman (Noam) Arthur, Vol I
Sturm, Circe, Vol V
Taylor, Kenneth Lapham, Vol I
Treat, James, Vol IV
Velie, Alan R., Vol II
Wren, Daniel Alan, Vol IV
Yu, Ning, Vol III

Oklahoma City
Arrow, Dennis Wayne, Vol IV
Brophy, Alfred L., Vol IV
Emler, Donald, Vol IV
Faltyn, Tim, Vol IV
Franks, Kenny Arthur, Vol I
Gigger, Helen C., Vol IV
Hardeman, Carole Hall, Vol V
May, Jude Thomas, Vol I
Miller, John Douglas, Vol IV
Smith, Dennis P., Vol I
Thornton, Jeri, Vol II, V
Walton, Woodrow E., Vol IV

Seminole
Ousley, Charles, Vol V

Shawnee
Hall, Larry Joe, Vol I, II
Roberts, Victor William, Vol IV

Stillwater
Anderson, Eric Gary, Vol II
Austin, Linda, Vol II
Batteiger, Richard P., Vol II
Bays, Brad A., Vol I
Berkeley, David Shelley, Vol II
Broadhead, Glenn J., Vol II
Brown, Robert, Vol V
Byrnes, Joseph Francis, Vol I
Cain, James, Vol IV
Converse, Hyla Stuntz, Vol I, IV
Cordova, Carlos E., Vol I
Decker, William, Vol II
Fitz, Brewster, Vol III
Grubgeld, Elizabeth, Vol II
Halleck, Gene B., Vol III
Henry, Carolyn S., Vol V
Jewsbury, George Frederick, Vol I
Lawry, Edward George, Vol IV
Leavell, Linda, Vol II
Leff, Leonard J., Vol II
Lewis, Lisa, Vol II
Luebke, Neil Robert, Vol IV
Mayer, Robert, Vol II
Moder, Carol Lynn, Vol III
Rohrs, Richard Carlton, Vol I
Schrader, Dorothy Lynne, Vol III
Scott, Walter Gaylord, Vol IV
Sirhandi, Marcella, Vol I
Smallwood, James Milton, Vol I, IV
Smith, Michael Myrle, Vol I
Stout, Joseph A., Vol I
Walker, Jeffrey, Vol II
Walkiewicz, Edward P., Vol II
Wallen, Martin, Vol II
Warren, Thomas, Vol II
Wikle, Thomas A., Vol I

Stilwater
Hershey, Douglas, Vol V

Tahlequah
Baker, Terri M., Vol II
Corbett, William P., Vol I
Owen, Christopher H., Vol I
Sharp, Mike, Vol IV

Tinker AFB
Barnhill, John Herschel, Vol I

Tishomingo
Rodden, Kirk A., Vol IV

Tulsa
Blankemeyer, Kenneth Joseph, Vol IV
Bradley, Joseph C., Vol I
Brown, Paul Llewellyn, Vol IV
Buckley, Thomas Hugh, Vol I
Clark, David S., Vol IV
de Almeida, Hermione, Vol II
Deller, David C., Vol II
Epstein, David M., Vol I
Faingold, Eduardo D., Vol III
Goodwin, James Osby, Vol IV
Hyatte, Reginald L., Vol III
Latham, Sean, Vol II
Lederle, Henry, Vol IV
Lindstrom, Lamont, Vol V
Lobner, Corina Del Greco, Vol III
Mansfield, Mecklin Robert, Vol IV
Nicholson, Robert A., Vol V
Odell, George H., Vol I
Palma, Ronald B., Vol II, III
Rapp, M. H. Kris, Vol II
Rutland, Robert Allen, Vol I
Sloan, Tod Stratton, Vol V
Smith, Dennis E., Vol IV
Stromberg, Peter G., Vol V
Sullivan, Paula, Vol II
Tabbernee, William, Vol I, IV
Taylor, Gordon Overton, Vol II
Thorpe, Samuel, Vol IV
Udwin, Victor, Vol III
Vance, Donald Richard, Vol IV
Watson, James Gray, Vol II
Weathers, Winston, Vol II
Weston, Ruth Deason, Vol II
Will, W. Marvin, Vol IV

Weatherford
Hayden, John K., Vol I
Jones, Jill T., Vol II
Jones, Robin A., Vol II
Lackey, Robert Sam, Vol III
Nadel, Stanley, Vol I
Nail, Paul R., Vol V

OREGON

Albany
Jensen, Peter, Vol II

Ashland
Jones, Gregory, Vol I
Maltz, Diana F., Vol II

Bend
Minor-Evans, Leslie, Vol V

Brookings
McCarren, Vincent Paul, Vol II, III

Corvallis
Ahearn, Kerry, Vol II
Anderson, Chris, Vol II
Barbour, Richmond, Vol II
Campbell, Courtney S., Vol IV
Campbell, Elizabeth, Vol II
Cardinal, Bradley J., Vol V
Carroll, Carleton Warren, Vol III
Chamberlain, Gordon Blanding, Vol I
Clinton, Richard Lee, Vol IV
Collins, Vicki, Vol II

Copek, Peter Joseph, Vol II
Daniels, Richard, Vol II
Daugherty, Tracy, Vol II
Davison, Neil, Vol II
Ede, Lisa, Vol II
Farber, Paul L., Vol I
Ferngren, Gary Burt, Vol I
Frank, Robert, Vol II
Helle, Anita, Vol II, V
Hosoi, Y. Tim, Vol IV
Johnson, Simon, Vol II
Kesler, Linc, Vol III
Leeson, Ted, Vol II
Leibowitz, Flora L., Vol IV
Lewis, Jon, Vol II
List, Peter C., Vol IV
Mcclintock, Thomas Coshow, Vol I
Moore, Kathleen D., Vol IV
Nye, Mary Jo, Vol I
Nye, Robert Allen, Vol I
Oriard, Michael, Vol II
Ramsey, Jeff, Vol I, IV
Rice, Laura, Vol III
Robbins, William Grover, Vol I
Roberts, Lani, Vol IV
Robinson, David, Vol II
Rubert, Steven, Vol I
Scanlan, Michael, Vol IV
Schwartz, Robert Barnett, Vol II
Uzgalis, William, Vol III, IV
Wess, Robert, Vol II
Yu, Shiao-Ling, Vol III

Eugene
Albert-Galtier, Alexandre, Vol III
Alley, Henry Melton, Vol II
Baskin, Judith R., Vol IV
Bergquist, Peter, Vol II
Biles, Zachary P., Vol II, III
Bingham, Edwin Ralph, Vol I
Birn, Raymond, Vol I
Boren, James Lewis, Vol II
Bowditch, Lowell, Vol II, III
Brown, James Dale, Vol II
Brownmiller, Sara N., Vol IV
Clark, Suzanne, Vol II
Coleman, Edwin Leon, II, Vol II
Connolly, Thomas J., Vol I, V
Desroches, Richard Henry, Vol III
Dugaw, Dianne M., Vol II, V
Dumond, D. E., Vol I, V
Epple, Juan Armando, Vol II, III
Epps, Garrett, Vol IV
Esherick, Joseph Wharton, Vol I
Forell, Caroline, Vol IV
Frank, David A., Vol II
Gontrum, Peter B., Vol III
Grudin, Robert, Vol II
Hart, Thomas Roy, Vol III
Hildreth, Richard George, Vol IV
Holbo, Paul S., Vol I
Jaegers, Marvin, Vol I
Kohl, Stephen William, Vol III
Krawiec, Kimberly D., Vol IV
Liberman, Kenneth B., Vol V
Love, Glen A., Vol II
Lowenstam, Steven, Vol III
Mate, Mavis, Vol I
McLucas, Anne Dhu, Vol II
Mohr, James C., Vol I
Murphy, Alexander B., Vol I
Nicholls, Roger Archibald, Vol III
Pascal, Cecil Bennett, Vol III
Plant, Helmut R., Vol III
Pomeroy, Earl, Vol I
Pope, Daniel, Vol I
Porter, Samuel C., Vol IV, V
Powell, Amanda W., Vol III
Sanders, Jack Thomas, Vol IV
Scoles, Eugene Francis, Vol IV
Sheets-Johnstone, Maxine, Vol IV
Sherman, Sharon R., Vol V
Simonds, Paul E., Vol V
Taylor, Donald Stewart, Vol II
Tossa, Wajuppa, Vol II
Wade, Louise Carroll, Vol I
Westling, Louise Hutchings, Vol II
Wickes, George, Vol II
Wojcik, Daniel, Vol II, V

Forest Grove
Hersen, Michel, Vol V
Marenco, Marc, Vol IV

Gresham
Alexander, Ralph H., Vol I, IV

Hammond
Lambert, J. Karel, Vol IV

Klamath Falls
Clark, Mark, Vol I

La Grande
Patterson, Joby, Vol I
Venn, George, Vol II

Marylhurst
Maiers, Joan, Vol II

McMinnville
Drake, Barbara, Vol II
Konick, Steve, Vol II

Medford
Barret, Harold, Vol II
Wells, Donald A., Vol IV

Monmouth
Baker, Robert Samuel, Vol II
Cannon, Dale W., Vol IV
Cotroneo, Ross Ralph, Vol I
Perlman, Mark, Vol IV
Rector, John L., Vol I
Sil, Narasingha P., Vol I

Newberg
Ankeny, Rebecca T., Vol II
Beebe, Ralph Kenneth, Vol I
Bufford, Rodger K., Vol V
Gathercoal, Kathleen, Vol V
Koch, Chris, Vol V
Linzey, Sharon, Vol V
Lloyd, Carl, Vol V
Nash, Lee, Vol I
Newell, Roger, Vol IV
Oropeza, B. J., Vol IV

Pendleton
Grover, Dorys Crow, Vol I, II

Portland
Abbott, Carl, Vol I
Balcomb, Raymond, Vol IV
Beckham, Stephen Dow, Vol I
Bernstine, Daniel O., Vol IV
Blumm, Micahel C., Vol IV
Borg, Marcus J., Vol IV
Brown, John E., Vol I
Burke, Bernard V., Vol I
Butler, Leslie, Vol I
Callahan, John Francis, Vol II
Carafiol, Peter, Vol II
Cook, Jonathan A., Vol IV
Cooper, John Rex, Vol II
Covert, James Thayne, Vol I, II
Cox, Chana Berniker, Vol IV
Danner, Dan Gordon, Vol I, IV
De Young, James B., Vol IV
Deming, Will H., Vol IV
Dempsey, Carol J., Vol IV
Dmytryshyn, Basil, Vol I
Dodds, Gordon B., Vol I
Donkel, Douglas L., Vol IV
Duboff, Leonard David, Vol IV
Engelhardt, Klaus Heinrich, Vol III
Faller, Thompson Mason, Vol IV
Flori, Monica Roy, Vol III
Fortier, Jan Marie, Vol II
Foulk, Gary J., Vol IV
Garland, Michael John, Vol IV
Gauthier, Jeff, Vol IV
Giarelli, Andrew, Vol II
Gradin, Sherrie L., Vol II
Granberg, Stan, Vol IV
Halverson, Susan E., Vol V
Hancock, Virginia, Vol II
Havas, Randall E., Vol IV
Heath, Jim Frank, Vol I
Heflin, John F., Vol V
Henry, Samuel Dudley, Vol V
Heying, Charles, Vol I
Hillis, Rick, Vol II, V
Horowitz, David A., Vol I
Hunt, Steven B., Vol II
Johnnson, Thomas F., Vol IV
Johnson, David Alan, Vol I
Jones, Shawn, Vol IV
Knapp, Robert Stanley, Vol II
Kovacs, Edna M., Vol V
Kristof, Jane, Vol I
Lang, William, Vol I
Leguin, Charles A., Vol I
Lubeck, Ray, Vol IV
Macias, Manuel Jato, Vol III
Mandaville, Jon Elliott, Vol I
Martin, Ernest L., Vol IV
Mayr, Franz Karl, Vol III, IV
Mazur, Dennis J., Vol IV
Miller-Jones, Dalton, Vol V
Morris, Thomas Dean, Vol I
Nash, Anedith, Vol I
Nicholson, Nigel, Vol II, III
Nunn, Frederick Mckinley, Vol I
Passell, Dan, Vol IV
Peck, William Dayton, Vol IV
Rohrbaugh, Richard L., Vol IV
Ross, Jamie, Vol IV
Rottschaefer, William Andrew, Vol IV
Sacks, David Harris, Vol I
Savage, David William, Vol I
Sawaya, Francesca, Vol II
Sbait, Dirgham H., Vol III
Segel, Edward Barton, Vol I
Soldati, Joseph Arthur, Vol II
Steinman, Lisa M., Vol II
Taylor, Sue, Vol I
Thomas, Jay, Vol V
Toledano, Jaun Carlos, Vol III
Ward, Jean M., Vol II
Weikel, Ann, Vol I
West, Franklin Carl, Vol I
Wheeler, Rachel, Vol I
Zimmerman, Loretta Ellen, Vol I

Prineville
Dykstra, Wayne A., Vol IV

Saint Benedict
McHatten, Mary Timothy, Vol IV

Salem
Bartlett, Steven J., Vol IV
Cameron, David L., Vol IV
Carrasco, Gilbert P., Vol IV
Eddings, Dennis Wayne, Vol II
Griffith, Gwendolyn, Vol IV
Hagedorn, Richard B., Vol IV
Isom, Dallas W., Vol IV
Knorr, Ortwin, Vol II, III
Lucas, Robert Harold, Vol I
Nafziger, James A. R., Vol IV
Richardson, Dean M., Vol IV
Runkel, Ross R., Vol IV
Standen, Jeffery A., Vol IV
Tornquist, Leroy J., Vol IV
Vollmar, Valerie J., Vol IV

Spray
Fussner, Frank Smith, Vol I

PENNSYLVANIA

Abington
August, Andrew, Vol I
Cintas, Pierre Francois Diego, Vol III
Isser, Natalie K., Vol I
Zigler, Ronald L., Vol V

Allentown
Cameron, Catherine M., Vol V
Fletcher, LuAnn McCracken, Vol II
Gossai, Hemchand, Vol IV
Kipa, Albert Alexander, Vol III
Malsberger, John William, Vol I
McVeigh, Frank J., Vol V
Meade, E. M., Vol IV
Prettiman, C. A., Vol II
Pulham, Carol Ann, Vol II
Reed, John Julius, Vol I
Shaw, Barton Carr, Vol I
Vos, Nelvin Leroy, Vol II, IV
Wilson, Daniel Joseph, Vol I

Altoona
Balch, William, Vol V
Black, Brian C., Vol I
Petrulionis, Sandra H., Vol II
Warg, Ilse-Rose, Vol III
Wolfe, Michael, Vol I

Ambler
Morse, Josiah Mitchell, Vol II

Ambridge
House, Paul R., Vol IV
Whitacre, Rodney A., Vol IV

Annville
Heffner, John Howard, Vol IV

Ardmore
Bober, Phyllis Pray, Vol I
Kline, George Louis, Vol IV

Aston
McDonnell, Clare I., Vol II

Bala-Cynwyd
Keefe, Thomas M., Vol I
Murphey, Murray Griffin, Vol I
Webb, Gisela, Vol III, IV

Barracks Carlisle
Deutsch, Harold Charles, Vol I

Beaver Falls
Copeland, Robert M., Vol II
Szabo, Lynda, Vol II
Watt, Jonathan M., Vol III
Wollman, David Harris, Vol I

Bethelem
Saeger, James Schofield, Vol I

Bethlehem
Aronson, Jay Richard, Vol IV
Baehr, Amy R., Vol IV
Baylor, Michael G., Vol I
Beidler, Peter Grant, Vol I, II
Cooper, Gail, Vol I
Cutcliffe, Stephen Hosmer, Vol I
Fifer, Elizabeth, Vol II, III
Girardot, Norman J., Vol I, IV
Goldman, Steven, Vol I
Jitendra, Asha K., Vol I
Kohls, Winfred A., Vol I
Lewis, David Wilfrid Paul, Vol III
Lindgren, John Ralph, Vol IV
Loengard, Janet Senderowitz, Vol I
Peters, Tom F., Vol I
Phillips, C. Robert, III, Vol I, II
Radycki, Diane, Vol I
Remer, Rosalind, Vol I
Schwartz, Eli, Vol IV
Scott, William R., Vol I
Shade, William G., Vol I
Simon, Roger David, Vol I
Smith, John K., Jr., Vol I
Soderlund, Jean, Vol I
Spokane, Arnold R., Vol V
Steffen, Lloyd, Vol IV
Stinson, Robert William, Vol I, II
Vickrey, John Frederick, Vol III
Washington, Mary L., Vol V
Weiss, Roslyn, Vol IV
Wolfgang, Lenora D., Vol III

Bloomsburg
Armstrong, Christopher, Vol V
Bertelsen, Dale A., Vol II
Brasch, Walter Milton, Vol II
Bryan, Jesse A., Vol V
Fuller, Lawrence Benedict, Vol I, II
Hales, Steven D., Vol IV
Hickey, Michael C., Vol I
Lindenfeld, Frank, Vol V
Smiley, Ralph, Vol I
Smith, Riley Blake, Vol II, III

Blue Bell
Baron, Steven H., Vol V
Scheponik, Peter C., Vol II

Bradford
Frederick, Richard G., Vol I

Bryn Athyn
Gladish, Robert Willis, Vol II
Werner, Sonia S., Vol V

Bryn Mawr
Banziger, Hans, Vol III
Bernstein, Carol L., Vol II, III
Brand, Charles Macy, Vol I
Burlin, Robert B., Vol II
Cast, David Jesse Dale, Vol I
Cohen, Jeffrey A., Vol I
Dean, Susan Day, Vol II
Dersofi, Nancy, Vol III
Dickerson, Gregory Weimer, Vol II, III
Dorian, Nancy Currier, Vol III
Dostal, Robert J., Vol IV
Dudden, Arthur Power, Vol I
Duska, Ronald F., Vol IV
Gaisser, Julia Haig, Vol III
Hamilton, Richard, Vol III
Jimenez, Carlos, Vol III
Kramer, Joseph Elliot, Vol II
Krausz, Michael, Vol IV
Lane, Barbara Miller, Vol I
Lang, Mabel Louise, Vol III
Lassek, Yun Ja, Vol IV, V
Lichtenberg, Phillip, Vol V
Mellink, Machteld Johanna, Vol I
Prialkowski, Kristoff, Vol IV
Ridgway, Brunilde Sismondo, Vol I
Salmon, John Hearsey Mcmillan, Vol I, III
Silvera, Alain, Vol I
Vickers, Nancy J., Vol III

Butler
Weisberger, William, Vol I

California
Folmar, John Kent, Vol I
Korcheck, Robert, Vol II
Murdick, William, Vol II, III
Pagen, Michele A., Vol II
Schweiker, William F., Vol V
Thomas, C. R., Vol II
Walsh, John H., Vol IV
Waterhouse, Carole, Vol II

Camp Hill
Wolf, George D., Vol I

Carlisle
Ackerman, Robert M., Vol IV
Bullard, Truman, Vol II
Crane, Conrad Charles, Vol I
Driver, Eddy Beverley, Vol III
Emery, Ted, Vol I, III
Jacobs, Norman G., Vol V
Jarvis, Charles Austin, Vol I
Johnston, Carol Ann, Vol II
Lockhart, Philip N., Vol II, III
Nichols, Ashton, Vol II
Pulcini, Theodore, Vol IV
Richter, Daniel K., Vol I
Roethke, Gisela, Vol III
Rogers, Kim L., Vol I
Rosen, Kenneth Mark, Vol II
Schiffman, Joseph, Vol I, II
Shrader, Charles R., Vol I
Silva, Christopher, Vol V
Weinberger, Stephen, Vol I
Weissman, Neil Bruce, Vol I
Wilson, Blake, Vol II

Center Valley
Kerr, Gregory, Vol IV

Chambersburg
Buck, Harry Merwyn, Vol I, IV
Platt, David S., Vol IV

Chester
Danford, Robert E., Vol II
Edgette, J. Joseph, Vol V
Godsall-Myers, Jean, Vol III
LeStourgeon, Diana E., Vol II
Melzi, Robert C., Vol III
Wrobel, David M., Vol I

Cheyney
McCummings, LeVerne, Vol V

Clarion
Bartkowiak, Julia, Vol IV
Frakes, Robert, Vol I
Piott, Steven L., Vol I

Clarks Summit
Stallard, Michael D., Vol IV
Wilhite, Dennis, Vol IV

Collegeville
Akin, William Ernest, Vol I
Alvarino, Madelyn L., Vol III
Clark, Hugh R., Vol I, III
Clouser, Robin, Vol III
Decatur, Louis Aubrey, Vol II
Hardman, Keith J., Vol IV
Hemphill, C. Dallett, Vol I
King, Richard D., Vol I
Lionarons, Joyce T., Vol II
Oboler, Regina, Vol V
Procko, Bohdan P., Vol I

Visser, Derk, Vol I

Coopersburg
Eckardt, Alice Lyons, Vol I, IV

Cranberry Township
Cayard, W. W., Vol IV

Dallas
Blanchard, Scott, Vol II
Johnson, Jeffrey, Vol II
La Jeunesse, Charles A., Vol V
Painter, Mark A., Vol IV

Devon
Wilson, Victor M., Vol IV

Doylestown
Corbett, Janice, Vol II
Dimond, Roberta R., Vol V
Kuehl, Linda Kandel, Vol II
Schmidt, Jack, Vol II
Williamson, William B., Vol IV
Wiseman, Mary Bittner, Vol I, V

Drexel Hill
Lent, John Anthony, Vol II

Du Bois
Evans, Dale Wilt, Vol II, III, IV
McCarthy, William B., Vol II

Dunmore
Daniels, Marilyn, Vol II
Dolis, John, Vol II
Smith, Gayle Leppin, Vol II

East Petersburg
Ayers, James R., Vol IV

East Stroudsburg
Ahumada, Alfredo, Vol III
Donaghay, Marie, Vol I
Henwood, James N. J., Vol I
Jarvis, Joseph Anthony, Vol I
Mercado, Juan Carlos, Vol V
Meyers, Ronald J., Vol II
Rochedecoppens, Peter, Vol V
Vitello, Ralph Michael, Vol III
Weatherston, Martin B., Vol IV

Easton
Bechtel, Lyn, Vol IV
Cap, Jean-Pierre, Vol III
Cooke, Jacob Ernest, Vol I
Fix, Andrew C., Vol I
Lamb, Margarete, Vol III
Lusardi, James P., Vol II
Mattison, Robert S., Vol I
Pribic, Rado, Vol III
Smith, Andrea L., Vol V
Upton, Lee, Vol II
Walls, Laura Dassow, Vol II
Woolley, James, Vol II
Ziolkowski, Eric Jozef, Vol II, IV

Edinboro
Drane, James Francis, Vol II
Girgis, Monir Saad, Vol I
Hoffman, Donald Stone, Vol I
Howell, Allen C., Vol II
Iutcovich, Mark, Vol V

Elizabethtown
Eller, David B., Vol I, IV
Ruscio, J., Vol V
Winpenny, Thomas R., Vol I

Elkins Park
Davidson, Abraham A., Vol I
Melchionne, Kevin, Vol IV
Puchek, Peter A., Vol II

Ellwood City
Lambert, Lynda J., Vol I, II

Emmaus
Wainwright, Sue, Vol IV

Erie
Adovasio, J. M., Vol V
Baker, Parris, Vol V
Baldwin, Dean, Vol II
Christensen, Karen L., Vol III
Frankforter, Albertus Daniel, Vol I, IV
King, Charlotte P., Vol III
Loss, Archie Krug, Vol I
Minot, Walter, Vol II
O'Leary, Brian Eugene, Vol II
Upton, Thomas Vernon, Vol IV

Fayetteville
Ross, Marilyn A., Vol III

Fleetwood
Lucas, Raymond E., Vol IV

Gettysburg
Allaire, Gloria, Vol III
Barnes, Dorothy, Vol II
Birkner, Michael J., Vol I
Crowner, David L., Vol III
Fredrickson, Robert Stewart, Vol II
Gritsch, Eric W., Vol I, IV
Ritterson, Michael, Vol III
Shannon, Timothy J., Vol I
Trevelyan, Amelia M., Vol I
Winans, Robert B., Vol II

Glenside
Bracy, William, Vol II
Haywood, Geoffrey, Vol I
Johnston, Norman, Vol V
Thompson, George, Jr., Vol IV

Grantham
Davis, Edward B., Vol I
Kraybill, Donald B., Vol V
Lagrand, James B., Vol I
Sider, Morris, Vol IV
Tettah, Joshua, Vol V

Greenburg
Liddick, Donald R., Vol IV

Greensburg
Barriga, Alvaro, Vol V
Grammer, Michael B., Vol IV
Spurlock, John C., Vol I
Toler, Colette, Vol II

Greenville
Nitschke, Beverley A., Vol IV
Peterson, Gregory R., Vol IV

Grove City
Arnold, Edwin P., Vol V
Bibza, James, Vol IV
Bowne, Dale Russell, Vol IV
Kemeny, P, Vol I, IV
Kring, Hilda Adam, Vol II, V
Smith, Gary, Vol V
Spradley, Garey B., Vol IV
Throckmorton, E. Warren, Vol V
Trammell, Richard Louis, Vol IV

Gwynedd Valley
Duclow, Donald F., Vol I, II, IV

Hanover
Capps, Jack L., Vol II

Harrisburg
Dernbach, John C., Vol IV
Graham, Theodora Rapp, Vol II
Qi, Shouhua, Vol II
Waddell, Louis Morton, Vol I
Wood, Bryant G., Vol III, IV
Woods, Willie G., Vol II
Young, James A., Vol I, II

Hatboro
Conn, Marie A., Vol IV

Hatfield
Newman, Robert Chapman, Vol IV
Vannoy, J. Robert, Vol IV

Haverford
Anyinefa, Koffi, Vol III
Bronner, Edwin Blaine, Vol I
Dillon, Clarissa F., Vol I, IV
Eiteljorg, Harrison, II, Vol I
Gangadean, Ashok Kumar, Vol IV
Gerstein, Linda Groves, Vol I
Gillis, Daniel J., Vol II, III
Knauer, Georg Nicolaus, Vol II, III
Lane, Roger, Vol I
Lapsansky, Emma J., Vol I
McGuire, Anne M., Vol IV
Mckenna, John William, Vol I
Russo, Joseph Anthony, Vol II, III
Stuard, Susan M., Vol I
Williams, Roland L., Vol II

Havertown
Griffith, Sally F., Vol I

Hazleton
Aurand, Harold Wilson, Vol I
Brown, Kenneth, Vol I, IV
Kemmerer, Kathleen, Vol II
O'Neill, W. Patrick, Vol I
Price, Alan, Vol II
Tseo, George, Vol I

Hershey
Clouser, Karl Danner, Vol IV
Wilson, Philip, Vol I

Hippensburg
Pomeroy, George, Vol I

Huntingdon
Doyle, Esther M., Vol II
Nieto, Jose Constantino, Vol I, IV
Wang, Xinli, Vol IV
Wiinamaki, Lizabeth, Vol V

Immaculata
Bonfini, Marie Roseanne, Vol III

Indiana
Ault, C. Thomas, Vol II
Cashdollar, Charles D., Vol I
Darling, Rosalyn, Vol V
Ferro, Trenton R., Vol V
Goodrich, Thomas Day, Vol I
Holm, Tawny L., Vol IV
Jalongo, Mary, Vol V
Kilwein-Guevara, Maurice A., Vol II
Marcus, Irwin Murray, Vol I
Montgomery, Sharon Burke, Vol IV
Murphy, Patrick Dennis, Vol II
Patrick, Kevin J., Vol I
Rodriguez, Lydia H., Vol II, III
Schaub, R. Thomas, Vol IV
Shafer, Ronald G., Vol II
Slater, Thomas J., Vol II
Smith, W. Wayne, Vol I
Worzbyt, John C., Vol V

Jenkintown
Jih, Luke, Vol IV
Mizzoni, John M., Vol IV

Johnstown
Haslett, Tammy, Vol V
Mock, Michele L., Vol II
Sedlar, Jean Whitenack, Vol I

Kennett Square
Angell, Richard B., Vol IV
Perkins, Jean A., Vol III

Kutztown
Back, Allan, Vol IV
Craig, Charlotte Marie, Vol III
Delaney, John J., Vol I
Huang, Guiyou, Vol II
Laubach, David C., Vol II
Newman, Arnold E., Vol II
Nigro, August John, Vol II
Okafor, Dubem, Vol II
Paulson, Michael G., Vol III
Rains, G. Dennis, Vol V

La Plume
Elliott, Carolyn S., Vol I, IV
Wheeler, Wayne R., Vol II

Lancaster
Andrew, John Alfred, Vol I
Aronowicz, Annette, Vol IV
Farber, Jay Joel, Vol II, III
Freeman, Donald Dale, Vol IV
Galis, Leon, Vol IV
Grushow, Ira, Vol II
Hartley, Loyde Hobart, Vol IV, V
Hopkins, Thomas J., Vol I, IV
Jeannet, Angela Maria, Vol III
Kaye, Howard, Vol V
Martin, Joel, Vol IV
Mort, Dale L., Vol IV
Pearson, Edward, Vol I
Pinsker, Sanford S., Vol II
Proffitt, Anabel C., Vol IV
Schuyler, David, Vol I
Sentilles, Renee M., Vol I
Spender, Robert D., Vol IV
Steinbrink, Jeffrey, Vol II
Stevenson, Louise L., Vol I
Wank, Solomon, Vol I

Laporte
Ferguson, James Wilson, Vol I

Latrobe
Clough, Wulfstan, Vol II, V
Maloney, Elliott Charles, Vol III, IV
Miranda de Almeida, Rogerio, Vol IV

Lebanon
Tuninetti, Angel T., Vol III

Lewisberg
Keen, J. Ernest, Vol V

Lewisburg
Baumwoll, Dennis, Vol II
Beard, Robert Earl, Vol III
Evans, David, Vol V
Fell, Joseph Phineas, Vol IV
Grim, John A., Vol I, IV
Holzberger, William George, Vol II
Huffines, Marion Lois, Vol III
Little, Daniel E., Vol IV
Martin, Francis David, Vol IV
Murray, Joseph L., Vol V
Padilla, Mark, Vol II, III
Payne, Michael, Vol II
Sturm, Douglas Earl, Vol IV
Tucker, Mary Evelyn, Vol I, IV
Verbrugge, Martha Helen, Vol I

Lincoln University
Abdelrahim-Soboleva, Valentina, Vol III
Maazaoui, Abbes, Vol III
Muzorewa, Gwinyal, Vol IV
Nagase, Takako, Vol III
Rodgers, Joseph James, Jr., Vol III
Rowe, Patsy Baxter, Vol II
Willis, Gladys January, Vol II

Lock Haven
Coltrane, Robert, Vol II
Congdon, Howard Krebs, Vol IV
Hoff, Joan Whitman, Vol IV
Hybels, Saundra, Vol II
Jenkins, Charles M., Vol II
Jones, Laird, Vol I
Satya, Laxman D., Vol I

Loretto
Bertocci, Rosemary, Vol IV
McKale, Michael, Vol IV
Melusky, Joseph, Vol I, IV
Neeley, G. Steven, Vol IV

Lumberville
Fallon, Robert Thomas, Vol II, III

Malvern
Kelley, John T., Vol I

Mansfield
Gertzman, Jay Albert, Vol II
Guenther, Karen, Vol I
Hindman, Kathleen Behrenbruch, Vol II
Sidell, Nancy, Vol V
Uffelman, Larry Kent, Vol II

Marion Center
Hermann, Robert M., Vol IV

McKeesport
Frushell, Richard Clayton, Vol II
Preuss, Mary, Vol III

Meadowbrook
Boni, Sylvain, Vol IV

Meadville
Carr, Amelia J., Vol I
Castro-Ponce, Clara E., Vol III
Helmreich, Jonathan Ernst, Vol I
Heuchert, J. W., Vol V
McKinley, Nita Mary, Vol V
Miller, David, Vol I
Nesset, Kirk, Vol II
Olson, Carl, Vol IV
Ozorak, Elizabeth Weiss, Vol V
Rose, Judith, Vol II
Thorson, Connie C., Vol II
Treckel, Paula Ann, Vol I
Turk, Richard Wellington, Vol I
Zolbrod, Paul Geyer, Vol II, III

Mechanicsburg
Stanley, John E., Vol IV

Media
Carlson, Robert E., Vol I
Cimbala, Stephen J., Vol IV
Cole, Phillis B., Vol V
Franz, George W., Vol I
Ginsberg, Robert, Vol IV
Kelley, Alita, Vol III
Kessler, Carol, Vol II
Markley, Arnold A., Vol II
McMullen, Wayne, Vol II
Sorkin, Adam J., Vol II, III

Merion Station
Fox, Frank, Vol I

Middletown
Bronner, Simon J., Vol I
Johnson, Patricia E., Vol II
Tischler, Nancy Marie, Vol II
Viser, Victor J., Vol II

Mill Hall
Shaw, Daniel, Vol I, IV

Millersville
Bremer, Francis John, Vol I
Carballo, Robert, Vol II
Clark, Linda L., Vol I
Downey, Dennis B., Vol I
Duncan, Bonnie I., Vol II
Hopkins, Leroy Taft, Jr., Vol II, III
Miller, Steven Max, Vol II
Oppenheimer, Fred E., Vol III
Pucci, Frank J., Vol I
Schneller, Beverly, Vol II
Shields, Kenneth, Vol II
Skitter, Hans Gunter, Vol III
Thompson, Stephen A., Vol I
Thornton, John K., Vol I
Tirado, Thomas C., Vol I
Winter, John Ellsworth, Vol IV, V

Minersville
Walters, Glenn D., Vol V

Monaca
Gall, John, Vol II
Marshall, Cynthia, Vol II

Moscow
Ekeya, Bette Jan, Vol IV

Munhall
Tobin, Thomas J., Vol II

Myerstown
Shearer, Rodney H., Vol IV

Narberth
Bizzarro, Tina Waldeier, Vol I
Phillips, Craig A., Vol IV

New Kensington
Rubin, L., Vol II

New Wilmington
Botzenhart-Viehe, Verena, Vol I
Bove, Carol Mastrangelo, Vol III
Garrison, Roman, Vol IV
Heinz, Vira I., Vol I
Horvath, Cary W., Vol II
Macky, Nancy, Vol II
Martin, Russell, Vol I
McTaggart, William, Vol II
Perkins, James Ashbrook, Vol II
Pitman, Grover A., Vol II
Rennie, Bryan, Vol IV
Sprow, Richard, Vol II
Swerdlow, David G., Vol II
Turner, James Hilton, Vol III
VanDale, Robert, Vol IV

Newton
Huberman, Elizabeth Lyle, Vol II

Newtown
Bursk, Christopher, Vol II
Eyer, Diane E., Vol V
Freeman, James A., Vol II

Newtown Square
Myrsiades, Linda, Vol II

North Huntington
Lau, Sue, Vol IV

Oreland
Lyons, Joseph, Vol IV

Palmyra
Gates, Gary, Vol IV

Philadelphia
Aiken, Linda H., Vol V
Allen, Roger Michael Ashley, Vol III
Alpert, Rebecca T., Vol IV
Asante, Molefi Kete, Vol I
Axinn, Sidney, Vol IV
Azzolina, Davis S., Vol V
Baker, C. Edwin, Vol II, IV
Barakat, Lamia, Vol V
Beckman, Richard, Vol II
Ben-Amos, Dan, Vol I
Benson, Morton, Vol III
Bentman, Raymond, Vol II
Bernstein, Lawrence F., Vol II
Betancourt, Philip Paul, Vol I
Blumenthal, Bernhardt George, Vol III
Bodde, Derk, Vol I
Bowman, Frank Paul, Vol III
Bregman, Lucy, Vol IV
Brevart, Francis B., Vol III
Brown, William H., III, Vol IV
Burbank, Stephen B., Vol IV
Burch, Francis Floyd, Vol III, IV
Burton, David Henry, Vol I
Butler, James Albert, Vol II
Caplan, Arthur L., Vol IV
Cappella, Joseph N., Vol II
Cardona, George, Vol III
Carter, Edward C., II, Vol I
Chapman, Judith G., Vol V
Cochran, Thomas Childs, Vol I
Cohen, Eileen Z., Vol II
Collier-Thomas, Bettye, Vol I
Contosta, David Richard, Vol I
Cotter, John Lambert, Vol I, V
Crane, Diana, Vol V
Curran, Stuart Alan, Vol II
Cutler, William W., III, Vol I
Daemmrich, Horst S., Vol III
Davis, Allen Freeman, Vol I
Davis, Daniel Clair, Vol I, IV
DeLaura, David Joseph, Vol II
DeLong, David G., Vol I
Dodds, Dennis R., Vol I
Donahue, Thomas John, Vol II, III
Dunn, Richard Slator, Vol I
Dunning, Stephen Northrop, Vol IV
DuPlessis, Rachel Blau, Vol II
Dyson, Robert Harris, Jr., Vol I, V
Earle, Peter G., Vol III
Edgar, William, Vol IV
Engs, Robert Francis, Vol I
Enns, Peter, Vol III
Ershkowitz, Herbert J., Vol I
Estes, Richard J., Vol V
Fair, Theopolis, Vol I
Feeney, Joseph John, Vol II
Ferere, Gerard Alphonse, Vol V
Fittipaldi, Silvio Edward, Vol IV, V
Fox, Lawrence J., Vol IV
Friedman, Murray, Vol I, IV
Frye, Roland Mushat, Vol II
Fullard, William, Vol V
Fuller, George Cain, Vol IV
Fusco, Richard A., Vol II
Gaeffke, Peter, Vol III
Gaffin, Richard Birch, Jr., Vol IV
Genovesi, Vincent Joseph, Vol IV
Gilman, Owen W., Vol II
Glazier, Ira Albert, Vol I, IV
Goldin, Paul Rakita, Vol I
Good, Irene Lee, Vol I
Graham, A. John, Vol II, III
Greenberg, Robert M., Vol II
Greenburg, Mark Lawrence, Vol II
Grunfeld, Joseph, Vol IV
Hackney, Sheldon, Vol I
Halbert, Terry Ann, Vol IV
Haller, Mark Hughlin, Vol I, IV
Harris, P. M. G., Vol I
Hart, Darryl Glenn, Vol I, IV
Harty, Kevin John, Vol II
Hatfield, Gary C., Vol IV
Herz, Julius Michael, Vol III
Hilty, James, Vol I
Himelstein, Morgan Y., Vol II
Hiz, Henry, Vol III, IV
Hoenigswald, Henry M., Vol III
Hoffman, Daniel, Vol II
Hughes, Robert G., Vol IV
Hughes, Thomas Parke, Vol I
Hunt, John Dixon, Vol II
Hyatt, Susan Brin, Vol V
Inyamah, Nathaniel Ginikanwa N., Vol IV
Jackson, Arlene M., Vol II
Jackson, Ricardo C., Vol IV
Jacobs, David M., Vol I
Jenemann, Albert Harry, Vol IV
Joyce, Joyce A., Vol I
Kahn, Charles H., Vol I, IV
Karcher, Carolyn Lury, Vol I, II
Katz, Michael B., Vol I
Kay, Gersil N., Vol IV
Kerlin, Michael J., Vol IV
Kirkham, Victoria E., Vol III
Kopytoff, Igor, Vol V
Kors, Alan Charles, Vol I
Korshin, Paul J., Vol II
Kraft, Robert Alan, Vol I, IV
Krahmer, Shawn Madison, Vol IV
Krey, Philip D. W., Vol I, IV
Krych, Margaret A., Vol IV
Kuklick, Bruce, Vol I
Kumar, Rahul, Vol IV
Kunreuther, Howard, Vol IV
Kusmer, Kenneth L., Vol I
Lathrop, Gordon W., Vol IV
Lebofsky, Dennis Stanley, Vol II, III
Lees, Lynn Hollen, Vol I
Lefkovitz, Lori Hope, Vol V
Leichty, Erle Verdun, Vol I
Letzring, Monica, Vol II, III
Levitt, Morton Paul, Vol II
Libonati, Michael E., Vol IV
Lieberman, Stephen Jacob, Vol I, III
Linehan, Elizabeth Ann, Vol IV
Lisker, Leigh, Vol III
Lloyd, Paul M., Vol III
Logan, Samuel Talbot, Jr., Vol I, IV
Lombardi, Joseph L., Vol IV
Lopez, Ignacio Javier, Vol III
Lucid, Robert Francis, Vol II
Lyons, Timothy James, Vol I, II
Mair, Victor H., Vol III
Mall, Rita Sparrow, Vol III
Mallin, Dea Z., Vol II
Mannino, Mary Ann V., Vol II
Marcus, Milicent, Vol I
Margolis, Joseph, Vol IV
Marsilio, Maria S., Vol II, III
Marzik, Thomas David, Vol I
Mason, Robert, Vol I
Matter, Edith Ann, Vol I, IV
Mazer, Cary M., Vol II
McCartney, Dan Gale, Vol IV
McCord, Joan, Vol IV
McCoubrey, John W., Vol I
McGovern, Patrick E., Vol I
Mcgrew, Roderick Erle, Vol I
Means, John B., Vol III
Meister, Michael William, Vol I
Mellen, Joan, Vol II
Metz, Brent E., Vol V
Meyer, Leonard B., Vol II
Miller, Douglas James, Vol IV
Miller, Naomi F., Vol V
Miller, Randall Martin, Vol I
Mitchell, Sally, Vol II
Mitchell-Boyask, Robin N., Vol II, III
Morawska, Ewa, Vol V
Morris, Francis J., Vol II
Moss, Roger W., Vol I, V
Moyer, Ann E., Vol I
Murphy, Laurence Lyons, Vol III, IV
Myrick, Howard A., Jr., Vol V
Nichols, P. M., Vol IV
Nishimura-Jensen, Julie M., Vol II, III
Norberg, Peter, Vol II
O'Donnell, James J., Vol II, III
Ohline, Howard Albert, Vol I
Oliphint, K. Scott, Vol IV
Ortiz, Manuel, Vol IV
Orts, Eric W., Vol IV
Orvell, Miles, Vol I, II
Otto, Karl F., Vol III
Paglia, Camille, Vol II
Parker, Jo Alyson, Vol II
Paulo, Craig N., Vol IV
Perelman, Bob, Vol II
Perkins, Dorothy, Vol IV
Perry, Constance K., Vol IV
Peters, Edward Murray, Vol I
Pipes, Daniel, Vol I
Pollak, Louis Heilprin, Vol IV
Porter, Abioseh Michael, Vol III
Poythress, Vern S., Vol IV
Prince, Gerald, Vol III
Railton, Benjamin A., Vol II
Rainey, Penelope, Vol II, III
Rajashekar, J. Paul, Vol IV
Rakus, Daniel T., Vol IV
Regueiro, Jose Miguel, Vol III
Reitz, Curtis R., Vol IV
Rengert, George, Vol I
Reumann, John Henry Paul, Vol IV
Richetti, John J., Vol II
Ricketts, Thomas G., Vol IV
Romano, David Gilman, Vol I
Rossi, John P., Vol I
Roulin, Jean-Marie, Vol III
Rouse, Donald E., Vol V
Ruby, Jay W., Vol V
Rusch, Scott M., Vol I
Rybczynski, Witold, Vol I
Samway, Patrick H., Vol II
Schmandt, Raymond Henry, Vol I
Schuyler, Robert L., Vol V
Schwartz, Jerome, Vol III
Sebold, Russell Perry, Vol III
Seigle, Cecelia, Vol I
Serano, J., Vol IV
Sergeev, Mikhail, Vol IV
Silk, Gerald, Vol I
Simpson, Stephen Whittington, Vol IV
Sivin, Nathan, Vol I
Smith, Philip Chadwick Foster, Vol I
Solomon, P., Vol V
Soven, Margot, Vol II, V
St. George, Robert B., Vol I
Steinberg, Leo, Vol I
Steiner, Wendy Lois, Vol II
Steinhardt, Nancy Shatzman, Vol I
Stieb, James, Vol IV
Stoeffler, Fred Ernest, Vol I, IV
Stow, George Buckley, Vol I
Striker, Cecil Leopold, Vol I
Sugrue, Thomas J., Vol I
Sullivan, Michael J., Vol I
Summers, Clyde W., Vol IV
Swidler, Leonard, Vol I, IV
Tasch, Peter Anthony, Vol II
Thomas, Ruth Paula, Vol III
Tigay, Jeffrey Howard, Vol II, IV
Trachtenberg, Marc, Vol I
Traupman, John Charles, Vol III
Trommler, Frank Alfred, Vol III
Trulear, Harold Dean, Vol IV
Turner, Robert Y., Vol II
Turow, Joseph G., Vol II
Van De Walle, Etienne, Vol V
Vaughn, Barry, Vol I, IV
Vision, Gerald, Vol IV
Vitiello, Justin, Vol III
Waldman, Glenys A., Vol III
Walker, Valaida Smith, Vol V
Wartluft, David J., Vol I, IV
Watson, Wilbur H., Vol V
Weales, Gerald, Vol II
Weigley, Russell F., Vol I
Weinberg, Harold R., Vol IV
Welker, David Dale, Vol IV
Wendling, Ronald Charles, Vol II
Wengert, Timothy J., Vol I
Wenzel, Siegfried, Vol II
White, Donald, Vol I
Wilde, Alan, Vol II
Wilkinson, D., Vol IV
Winston, Diane, Vol IV
Wolf, Eugene Kendrick, Vol II
Wolper, Roy S., Vol II
Woodard, Emory H., IV, Vol II
Youngman, C. Van, Vol V
Zaller, Robert, Vol I
Zimmerman, Franklin B., Vol II
Zuckerman, Michael, Vol I

Phoenixville
Lukacs, John Adalbert, Vol I

Pittsburgh
Abrams, Janice K., Vol V
Achenbaum, W. Andrew, Vol I, V
Al-Kasey, Tamara, Vol III
Allison, Dale C., Jr., Vol IV
Anderson, Thomas H., Vol I
Andrews, George Reid, Vol I
Anise, Ladun Oladunjoye E., Vol IV
Arac, Jonathan, Vol II
Arnett, Ronald C., Vol II
Ashliman, D. L., Vol III
Avery, Harry Costas, Vol II, III
Baldwin, Cynthia A., Vol IV
Bart, Benjamin Franklin, Vol III, V
Beatty, Edward N., Vol I
Bernstein, Jane, Vol II
Biggs, Shirley Ann, Vol V
Blatz, Perry K., Vol I
Blee, K. M., Vol V
Boneva, Bonka, Vol V
Brandom, Robert Boyce, Vol IV
Branson, Douglas M., Vol IV
Brockmann, Stephen, Vol II
Brooke, Roger, Vol V
Burston, Daniel, Vol V
Byrnes, John, Vol IV
Calian, Carnegie Samuel, Vol IV
Carr, Stephen Leo, Vol II
Carrier, David, Vol IV
Casile, William, Vol V
Castellano, Charlene, Vol III
Cavalier, Robert, Vol IV
Chase, William John, Vol I
Citton, Yves, Vol III
Clack, Jerry, Vol II, III
Clifton, Robert K., Vol IV
Clothey, Frederick Wilson, Vol I, IV
Colecchia, Francesca, Vol III
Conley, John A., Vol IV
Curran, Vivian, Vol IV
Custer, John S., Vol IV
Dana, Marie Immaculee, Vol III
Davis, Nathan T., Vol II, V
Dawes, Robyn M., Vol IV, V
Dekeyser, R. M., Vol III
Downing, David, Vol II
Drennan, Robert D., Vol V
Drescher, Seymour, Vol I
Dworkin y Mendez, Kenya C., Vol III
Edwards, Clark, Vol II
Erlen, Jonathon, Vol I
Eskridge, John Clarence, Vol IV
Fararo, Thomas J., Vol V
Feldman, Heidi M., Vol V
Flechtner, Harry M., Vol IV
Flower, Linda S., Vol II
Floyd, Edwin Douglas, Vol II, III
Franco, Abel B., Vol IV
Freed, Barbara, Vol III, V
Frey, Herschel J., Vol III
Gaichas, Lawrence Edward, Vol II, III
Glasco, Laurence A., Vol I
Glazener, Nancy K., Vol II
Gowan, Donald E., Vol IV
Green, Anne, Vol III
Greenwald, Maurine Weiner, Vol I
Groch, John R., Vol II, III
Grunbaum, Adolf, Vol IV
Gundersen, J., Vol I
Hall, Van Beck, Vol I
Hallstein, Christian W., Vol III
Hamilton, Carol Van der Veer, Vol II
Hammond, Paul Y., Vol IV
Hanigan, James P., Vol IV
Hare, Douglas Robert Adams, Vol IV
Harris, Ann Sutherland, Vol I
Harris, Jane Gary, Vol III
Hart, John Augustine, Vol II
Hayes, Ann Louise, Vol II
Hays, Samuel Pfrimmer, Vol I
Helfand, Michael S., Vol II
Hellman, Arthur D., Vol IV
Hopper, Paul, Vol II, III
Howard, Susan K., Vol II
Hsu, Cho-yun, Vol I
Jackson, Gordon Edmund, Vol IV
Jackson, Jared Judd, Vol IV
Johnson, Justin Morris, Vol IV
Jonas, Klaus Werner, Vol III
Jones, Christopher M., Vol III
Jones, Nicholas Francis, Vol I, III
Jordan, Sandra D., Vol IV
Juffs, Alan, Vol III
Karsten, Peter, Vol I
Kaufer, David S., Vol IV
Kaufman, Terrence Scott, Vol III, V
Kealy, Sean P., Vol IV
Kehl, James Arthur, Vol I
Kelly, David F., Vol IV
Klahr, David, Vol V
Knapp, James Franklin, Vol II
Knapp, Peggy Ann, Vol II
Koch, Philip, Vol III
Koda, Keiko, Vol III, V
Kraft, William F., Vol V
Krause, Corinne Azen, Vol I, V
Kurland, Stuart M., Vol II
Labriola, Albert C., Vol II
Landy, Marcia, Vol II
Lennox, James Gordon, Vol IV
Lenz, William Ernest, Vol II
Levy, Eugene Donald, Vol I
Lewis, Harold T., Vol IV
Linduff, Katheryn Mcallister, Vol I
Liu, Yameng, Vol II
Livezeanu, I., Vol I
Looney, Dennis, Vol III
Machamer, Peter Kennedy, Vol IV
Mackler, Aaron L., Vol IV
Maguire, Lambert, Vol V
Markoff, John, Vol V
Martin, Sean Elliot, Vol II
Massey, Gerald J., Vol IV
Masters, Hilary, Vol II
McIntyre, Moni, Vol IV
Mcshea, William Patrick, Vol I, II
Meisel, Alan, Vol IV
Meltzer, Allan H., Vol IV
Miller, Andrew M., Vol II, III
Miller, David William, Vol I
Mills, David Otis, Vol III
Mitchell, Sandra D., Vol IV
Muller, Edward K., Vol I
Myers, William R., Vol IV
Nagin, Daniel S., Vol IV
Newberry, Frederick, Vol II
Newberry, Ruth E., Vol II
Newman, Kathy M., Vol I
Newmyer, Stephen Thomas, Vol II, III
Oestreicher, Richard Jules, Vol I
Olsen, Lester C., Vol II
Orbach, Alexander, Vol I, IV
Parker, Lisa S., Vol IV
Paulston, Christina Bratt, Vol III
Perrucci, Alissa, Vol V
Polansky, Ronald M., Vol IV
Polansky, Susan, Vol III
Porter, Curtiss E., Vol V
Rawski, Evelyn S., Vol I
Rediker, Marcus, Vol I
Rescher, Nicholas, Vol IV
Richardson, Cordell, Vol V
Ringer, Fritz K., Vol I
Rockmore, Sylvie, Vol III
Root, Deane Leslie, Vol II
Salmon, Wesley Charles, Vol IV
Sandage, Scott A., Vol I
Schaub, Marilyn McNamara, Vol I, IV
Schlossman, Beryl, Vol III
Schofield, Janet W., Vol V
Seidenfeld, Teddy, Vol IV
Seitz, James E., Vol II
Sheon, Aaron, Vol I
Shumway, David R., Vol II
Sieg, Wilfried, Vol IV
Silenieks, Juris, Vol III
Simms, Eva-Maria, Vol V
Simon, Herbert A., Vol V
Sims, Harold Dana, Vol I
Sinsheimer, Ann M., Vol IV
Slusser, Michael, Vol IV
Smethurst, Mae J., Vol II, III
Smethurst, Richard Jacob, Vol I
So, Sufumi, Vol III
St. Clair, Gloriana, Vol II
Steinberg, Erwin Ray, Vol II
Stone, Ronald Henry, Vol IV
Stranahan, Patricia, Vol I
Straub, Kristina, Vol II
Sutton, Donald Sinclair, Vol I

Tarr, Joel A., Vol I
Taylor, G. H., Vol IV
Taylor, Jerome, Vol I
Thompson, William M., Vol IV
Thurston, Bonnie Bowman, Vol IV
Tobias, Richard C., Vol II
Toker, Franklin K., Vol I
Tucker, Richard, Vol III
Vardy, Agnes Huszar, Vol II
Vardy, Steven Bela, Vol I
Venarde, Bruce L., Vol I, II
Von Dirke, Sabine B., Vol III
Walker, Janet L., Vol III
Wasserman, Rhonda S., Vol IV
Wells, Jerome C., Vol IV
West, Michael Davidson, Vol II
Wilkens, Ann, Vol II, III
Williams, John W., Vol I
Wilson, John Elbert, Vol I, IV
Wion, Philip Kennedy, Vol II
Yaruss, J. Scott, Vol II
Young, Michael, Vol II
Young, Richard E., Vol II
Zhou, Peter Xinping, Vol III

Port Carbon
Aurand, Harold, Jr., Vol I

Pottstown
Bender, Henry V., Vol II, III

Radnor
Halpern, Cynthia L., Vol III
Primiano, Leonard Norman, Vol IV
Reher, Margaret Mary, Vol I, IV
Rosnow, Ralph Leon, Vol V
Sicoli, Mary L., Vol V

Reading
Barker, Jeffrey, Vol IV
Cacicedo, Alberto Jesus, Vol II
De Syon, Guillaume, Vol I
Feinstein, Sandy, Vol II
Gilbert, Edward R., Vol V
Ingram-Wallace, Brenda, Vol V
Law, Richard, Vol II
Pawelski, James, Vol IV
Peemoeller, Helen C., Vol II
Stichler, Richard, Vol IV
Voigt, David Quentin, Vol I, V

Rosemont
Dmochowski, Henry W., Vol IV

Rydal
Huang, Siu Chi, Vol IV

Saint Davids
Bittenbender, J. Christopher, Vol II
Boehne, Patricia Jeanne, Vol III
Cary, Phillip, Vol IV
Cherry, Caroline Lockett, Vol II
Modica, Joseph Benjamin, Vol IV
Morgan, Betsy, Vol II

Sarver
Kasely, Terry S., Vol IV

Schuykill Haven
Vickers, Anita M., Vol II

Scranton
Baker, Thomas E., Vol IV, V
Beal, Rebecca S., Vol II
Casey, Ellen Miller, Vol II
Casey, Timothy, Vol IV
DeRitter, Jones, Vol II
Domenico, Roy P., Vol I
Frein, Brigid Curtin, Vol IV
Friedman, Michael D., Vol II
Friedrichs, David, Vol IV
Gougeon, Len G., Vol II
Homer, Francis X. J., Vol I
Hueston, Robert Francis, Vol I
Kamla, Thomas A., Vol III
Kennedy, Lawrence W., Vol I
Klonoski, Richard, Vol IV
Kopas, Jane, Vol IV
Ledford-Miller, Linda, Vol III
Mathews, Edward G., Jr., Vol IV
McGinley, John Willard, Vol IV
Norcross, John C., Vol V
Parente, William, Vol IV
Parsons, Robert A., Vol III
Petrovic, Njegos M., Vol III
Pinches, Charles R., Vol IV
Sable, Thomas F., Vol IV
Williams, Bernard D., Vol I
Wilson, Joseph P., Vol II, III
Wolfer, Loreen T., Vol V

Secane
Hoffer, Peter T., Vol I, III

Selinsgrove
Bohmbach, Karla G., Vol IV
Chabora, Pamela, Vol II
Wei, C. X. George, Vol I
Whitman, Jeffrey P., Vol IV
Wilson, Rebecca A., Vol II

Sharon
Berland, Kevin Joel, Vol II

Shavertown
Lennon, J. Michael, Vol II

Shippensburg
Brofman, Mikita, Vol II
James, Alice, Vol V
McFarland, Katharine, Vol II
Mehiel, Ronald, Vol V
Meo, Susan Rimby, Vol I
Quist, John W., Vol I
Reber, Vera Blinn, Vol I
Snow, George Edward, Vol I

Slippery Rock
Bass, Eben E., Vol II
Bhatia, Kundan Lai, Vol V
Crafton, Robert E., Vol II
Curry, Elizabeth R., Vol II
Egan, Mary Joan, Vol I, II
Larsen, Allan W., Vol IV
Lasarenko, Jane, Vol II
McIlvaine, Robert Morton, Vol II
Nichols, John A., Vol I
Prorok, Carolyn V., Vol I
Stewart, Thomas D., Vol II
Wilson, Bradley E., Vol IV
Zinni, Hannah Case, Vol III

Southampton
Crofts, Daniel Wallace, Vol I

Springfield
Malsbary, Gerald Henry, Vol II, III

State College
Anderson, Roland F., Vol II
Bell, Bernard W., Vol II
Betlyon, John Wilson, Vol I, III
Lyon, Janet W., Vol II, V
Miller, E. Willard, Vol I
Paternost, Joseph, Vol III
Pfaff, Daniel W., Vol II

Swarthmore
Avery, George Costas, Vol III
Blackburn, Thomas, Vol II
Blake, J. Herman, Vol V
Chmielewski, Wendy E., Vol I
Cothren, Michael W., Vol I
Devin, Lee, Vol II
DuPlessis, Robert S., Vol I
Friend, Theodore W., Vol I
Frost, Jerry William, Vol I, IV
Graybill, Maribeth, Vol I
Hungerford, Constance Cain, Vol I
Kitao, T. Kaori, Vol I
Marissen, Michael, Vol II
Meyer, Milton Wachsberg, Vol IV
Morgan, Kathryn L., Vol I, V
Moskos, George, Vol III
Napoli, Donna Jo, Vol III
North, Helen Florence, Vol II
Oberdiek, Hans Fredrick, Vol IV
Ostwald, Martin, Vol III
Rose, Gilbert Paul, Vol III
Schmidt, Peter Jarrett, Vol II
Skelnar, Robert John, Vol II, III
Swearer, Donald K., Vol I, IV
Weinstein, Philip Meyer, Vol II
Williamson, Craig B., Vol II

Titusville
Mulcahy, Richard P., Vol I

Uniontown
Hovanec, Evelyn Ann, Vol I, II, V
Pluhar, Evelyn Begley, Vol IV
Pluhar, Werner S., Vol IV

Unionville
Grassie, William, Vol IV

University Park
Afifi, Walid A., Vol II
Anderson, Douglas R., Vol IV
Astroff, Roberta J., Vol II
Begnal, Michael Henry, Vol II, III
Benson, Thomas W., Vol II
Bialostosky, Don, Vol II
Bodian, Miriam, Vol I, IV
Borza, Eugene N., Vol I
Brasfield, James, Vol II
Brault, Gerard Joseph, Vol III
Brockman, William S., Vol II
Brown, Ira Vernon, Vol I
Browning, Barton W., Vol III
Broyles, Michael, Vol I, II
Buckalew, Ronald Eugene, Vol II
Castonguay, Louis G., Vol V
Cheney, Patrick, Vol II
Clausen, Christopher, Vol II
Covert, Henry, Vol IV
Cross, Gary, Vol I
Curran, Brian A., Vol I
Cutler, Anthony, Vol I
De Armas, Frederick A., Vol III
Ebbitt, Wilma Robb, Vol II
Eckhardt, Caroline Davis, Vol II, III
Eggert, Gerald G., Vol I
Engel, David M., Vol II, III
Firebaugh, Glenn, Vol V
Fitz, Earl Eugene, Vol I, III
Fleming, Raymond Richard, Vol III
Foti, Veronique M., Vol IV
Frantz, John B., Vol I
Frautschi, Richard Lane, Vol III
Gentry, Francis G., Vol III
Golany, Gideon S., Vol I
Goldschmidt, Arthur E., Jr, Vol I
Greenberg, Wendy, Vol III
Grossman, Kathryn Marie, Vol III
Hager, Hellmut, Vol I
Hale, Thomas Albert, Vol II, III
Halsey, Martha T., Vol III
Hecht, Michael L., Vol II
Hogan, J. Michael, Vol II
Holmes, Charlotte, Vol II
Hudson, Benjamin T., Vol I
Hume, Kathryn, Vol II
Hume, Robert David, Vol II
Jackson, Ronald, II, Vol II
Jacobs, Janis E., Vol V
Kiernan, Michael Terence, Vol II
Knight, Alan Edgar, Vol III
Knight, Isabel Frances, Vol I
Lacy, Norris J., Vol III
Lankewish, Vincent A., Vol II
LaPorte, Robert, Jr., Vol IV
Lima, Robert F., Vol III
Lingis, Alphonso, Vol IV
Lougy, Robert E., Vol II
Maddox, Robert James, Vol I
Makward, Christiane Perrin, Vol III, V
Meserole, Harrison Talbot, Vol II
Miller-Day, Michelle, Vol II
Morrisson, Mark S., Vol II
Moses, Wilson Jeremiah, Vol I
Mulford, Carla J., Vol II
Munn, Mark H., Vol I
Murray, Robert Keith, Vol I
Ng, On-cho, Vol I, IV
Oliver, Mary Beth, Vol II
Peavler, Terry J., Vol III
Pencak, William A., Vol I
Porter, Jeanne Chenault, Vol I
Prebish, Charles Stuart, Vol IV
Price, Robert George, Vol I, IV
Robinson, Joyce H., Vol I
Rose, Paul Lawrence, Vol I
Ruggiero, Guido, Vol I
Russon, John E., Vol IV
Sallis, John C., Vol IV
Schmalstieg, William Riegel, Vol III
Scott, Charles, Vol IV
Scott, Susan C., Vol I
Secor, Robert Arnold, Vol II
Show, Dean R., Vol V
Smith, Elizabeth Bradford, Vol I
Snow, D. R., Vol V
Stevens, Robert, Vol V
Ulmer, Jeffery T., Vol V
Walden, Daniel, Vol II
Walker, Alan Cyril, Vol V
Walters, Elizabeth J., Vol I
Wanner, Adrian J., Vol III
Ward, Patricia A., Vol III
Weintraub, Stanley, Vol II
Weiss, Beno, Vol III
West, James L. W., III, Vol II
Willumson, Glenn Gardner, Vol I, II
Woodbridge, Linda, Vol II
Woodruff, Nan Elizabeth, Vol I
Zabel, Craig, Vol I
Zelinski, Wilbur, Vol I
Ziegler, Vickie Lynne, Vol III

Upper Black Eddy
Regney, Gabrielle, Vol II, V

Valley Forge
Van Broekhoven, Deborah, Vol I

Verona
Matthews, Jack, Vol II, V

Villanova
Abraham, Gerald, Vol IV
Anderson, Michelle J., Vol IV
Becker, Lewis, Vol IV
Bergquist, James, Vol I
Bersoff, Donald N., Vol IV
Betz, Joseph M., Vol IV
Brakman, Sarah-Vaughan, Vol IV
Brogan, Doris DelTosto, Vol IV
Brogan, Walter A., Vol IV
Burke, Michael E., Vol I
Burt, Donald X., Vol IV
Busch, Thomas W., Vol IV
Cannon, John J., Vol IV
Caputo, John D., Vol IV
Carvalho, John, Vol IV
Cherry, Charles L., Vol II
Cohen, Arnold B., Vol IV
Colwell, Chauncey, Vol IV
Conn, Walter Eugene, Vol IV
Crabtree, Arthur Bamford, Vol IV
Cummings, Raymond L., Vol I
Delano, Sterling F., Vol II
Dellapenna, Joseph W., Vol IV
Dobbyn, John Francis, Vol IV
Doody, John A., Vol IV
Doorley, Mark J., Vol IV
Duran, Jaime, Vol III
Durnin, John H., Vol V
Edelman, Diane Penneys, Vol IV
Eigo, Francis Augustine, Vol IV
Fielder, John H., Vol IV
Flannery, Michael T., Vol IV
Gafni, Abraham J., Vol IV
Gallicchio, Marc S., Vol I
Goff, Edwin L., Vol IV
Gordon, Ruth E., Vol IV
Gotanda, John Yukio, Vol IV
Greene, Thomas R., Vol I, II
Heitzmann, William Ray, Vol II
Helmetag, Charles Hugh, Vol III
Hughes, Kevin L., Vol I, IV
Hunt, John M., Jr., Vol II, III
Hyson, John M., Vol IV
Immerwahr, John, Vol IV
James, William, Vol IV
Johannes, John R., Vol IV
Juliano, Ann Carey, Vol IV
Kelley, Donald B., Vol I
Kinney, Joseph, Vol II
Kirschke, James J., Vol II
Lanctot, Catherine J., Vol IV
Lindenmeyr, Adele, Vol I
Llewellyn, Don W., Vol IV
Losoncy, Thomas A., Vol IV
Lurie, Howard R., Vol IV
Magid, Laurie, Vol IV
Makowski, Lee, Vol IV
Malik, Hafeez, Vol IV
Maule, James Edward, Vol IV
McCartney, James J., Vol IV
Miles, Kevin Thomas, Vol IV
Mulroney, Michael, Vol IV
Murphy, John F., Vol IV
O'Brien, J. Willard, Vol IV
Ogden, Estrella V., Vol I, III
Packel, Leonard, Vol IV
Paffenroth, Kim, Vol IV
Pattnayak, Satya R., Vol V
Pohlhaus, Gaile, Vol IV
Poulin, Anne Bowen, Vol IV
Prince, John R., Vol IV
Radan, George T., Vol I
Reilly, Bernard, Vol I
Rothman, Frederick P., Vol IV
Schmidt, Dennis, Vol IV
Schoenfeld, Marcus, Vol IV
Scholz, Sally J., Vol IV
Shyles, Leonard C., Vol II
Sirico, Louis J., Jr., Vol IV
Taggart, Walter John, Vol IV
Termini, Roseann B., Vol IV
Thomas, Deborah Allen, Vol II
Tomarchio, John, Vol IV
Turkington, Richard C., Vol IV
Vanallen, Rodger, Vol IV
Wall, Barbara E., Vol IV
Wertheimer, Ellen, Vol IV
Young, Phillips Edward, Vol IV

Wallingford
De Cruz-Saenz, Michele S., Vol III

Washington
Miller, Stuart J., Vol V
Mitchell, R. Lloyd, Vol IV
Schrader, David, Vol IV
Troost, Linda V., Vol II

Wayne
Wickersham, Erlis, Vol III

Waynesburg
Glidden, Jock, Vol IV
Vernezze, Peter J., Vol IV

West Brandywine
Dougherty, James E., Vol IV

West Chester
Braidotti, Erminio, Vol III
Brown, Christopher P., Vol I
Dzamba, Anne, Vol I, V
Gutwirth, Madelyn, Vol III, V
Hardy, Charles, III, Vol I
Lavasseur, David G., Vol II
McNairy, Francine G., Vol V
Siegel, Peter E., Vol V
Soldon, Norbert C., Vol I
Treadwell, Thomas, Vol V
Voss, Richard W., Vol V
Webster, Richard J., Vol I

West Mifflin
Milne, Christopher, Vol II

Wexford
Wangu, Madhu Bazaz, Vol IV

Wilkes-Barre
Bedford, Bonnie C., Vol II
Corgan, Margaret M., Vol III
Cox, Harold E., Vol I
Curran, Daniel John, Vol I
Fields, Darin E., Vol II
Hupchick, Dennis P., Vol I
Irwin, William T., Vol IV
Krawczeniuk, Joseph V., Vol III
Napieralski, Edmund Anthony, Vol II
O'Brien, Jean, Vol V
Pavlac, Brian A., Vol I
Stevens, Donald G., Vol I
Valletta, Clement Lawrence, Vol I, II

Williamsburg
Hoak, Dale E., Vol I

Williamsport
Golahny, Amy, Vol I
Griffith, Stephen R., Vol IV
Hughes, Richard Allan, Vol IV
Kingery, Sandra L., Vol III
Larson, Robert H., Vol I
Maples, Robert John Barrie, Vol III
Morris, Richard J., Vol I
Vavra, Edward, Vol II

Wyncote
Kamionkowski, Susan T., Vol IV
Staub, Jacob J., Vol IV

Wynnewood
Brauch, Manfred T., Vol IV
Gross, Nancy Lammers, Vol IV
Keener, Craig S., Vol IV
Koch, Glenn A., Vol IV
McDaniel, Thomas F., Vol III, IV
McNally, Michael J., Vol IV
Sider, Ronald J., Vol IV

York
Abudu, Gabriel, Vol II
Barr, Jeanine R., Vol II
Collison, Gary L., Vol II
Diener, Paul W., Vol IV
Jones, Edward T., Vol II
McGhee, James, Vol II
McKulik, Ben, Vol III
Medina, Cindy, Vol III
Siegel, Gerald, Vol II
Sutton, Jane, Vol II
Vause, Deborah, Vol II
Wessley, Stephen Eugene, Vol I

PUERTO RICO

Bayamon
Guzman-Merced, Rosa Maria, Vol II, III

Humacao
Darhower, Martin L., Vol II, III

Mayaguez
Anderlini-D'Onofrio, Serena, Vol III
Hunt, Anthony, Vol II

Rio Piedras
Baez, Angel David Cruz, Vol I
Irizarry, Maria A., Vol V
Pena, Juan A., Vol II

San German
Hernandez, Juan E., Vol V

San Juan
Diaz, Luis Felipe, Vol III
Quintana, Hilda E., Vol III
Ward, Margaret Charlotte, Vol III

RHODE ISLAND

Adamsville
Lawrence, Elizabeth Atwood, Vol II

Bristol
Bogus, Carl T., Vol IV
Conley, Patrick Thomas, Vol I, IV
Hollingsworth, Anthony L., Vol II, III

Jamestown
Wright, Harrison Morris, Vol I

Kingston
Briggs, J. M., Vol I
Chen, Guo-Ming, Vol II
Cohen, Joel Alden, Vol I
Culatta, Barbara, Vol II
Cunnigen, Donald, Vol V
Durand, Alain-Philippe, Vol III
Findlay, James F., Vol I
Gullason, Thomas Arthur, Vol II
Gutchen, Robert M., Vol I
Hutton, Lewis J., Vol III
Jacobs, Dorothy Hieronymus, Vol II
Ketrow, Sandra M., Vol II
Kim, Yong Choon, Vol IV
Klein, Maurice N., Vol I
Kovarsky, Dana, Vol II
Kunz, Don, Vol II
Ladewig, James L., Vol I
Maclaine, Allan Hugh, Vol II
Manteiga, Robert Charles, Vol III
Miles, Libby, Vol II
Rogers, Kenneth Hall, Vol III
Rossi, Joseph S., Vol V
Stein, Karen F., Vol II, V
Strom, Sharon Hartman, Vol I
Thurston, Gary J., Vol I
Turnbaugh, William A., Vol V
Velicer, Wayne F., Vol V
Weisbord, Robert G., Vol I

Lincoln
Thakur, Parsram S., Vol V

Middletown
Demy, Timothy J., Vol I, IV

Newport
Croke, Prudence Mary, Vol IV
Liotta, Peter H., Vol IV
Martasian, Paula J., Vol V

Pautucket
Brodsky, Garry, Vol IV

Providence
Abramson, David M., Vol V
Ackerman, Felicia, Vol IV
Ahearn, Edward J., Vol I, III
Alexander, Jon, Vol I
Allen, Peter S., Vol V
Almeida, Onesimo, Vol IV
Barbour, Brian Michael, Vol II
Benedict, Philip, Vol I
Blasing, Mutlu Konuk, Vol II
Blumstein, Sheila Ellen, Vol III
Boegehold, Alan, Vol II, III
Boss, Judith A., Vol IV
Branham, Joan R., Vol I
Brock, Dan W., Vol IV
Brown, Peter B., Vol I
Buhle, Mari Jo, Vol I
Cappelletti, Salvatore, Vol III
Carreno, Antonio, Vol I, III
Chaika, Elaine Ostrach, Vol III
Chambers, Timothy, Vol IV
Chudacoff, Howard Peter, Vol I
Coons, Dix Scott, Vol III
Crossgrove, William C., Vol III
Curran, Sonia Terrie, Vol II
Cvornyek, Bob, Vol I
D'Evelyn, Margaret M., Vol I
Davis, Robert Paul, Vol V
deBoo, Edward L., Vol II, III
Delasanta, Rodney, Vol II
Denniston, Dorothy L., Vol II
Devine, Philip E., Vol IV
Dreier, James, Vol IV
Dufour, Ron, Vol I
Durand, Frank, Vol III
Estlund, David, Vol IV
Fido, Franco, Vol III
Filinson, Rachel, Vol V
Fornara, Charles William, Vol II, III
Francis, Winthrop Nelson, Vol III
Frerichs, Ernest S., Vol IV
Gill, Mary Louise, Vol IV
Gleason, Abbott, Vol I
Gordon-Seifert, Catherine, Vol I, II
Graubard, Stephen Richards, Vol I
Guido, Joseph, Vol V
Haviland, Beverly, Vol III
Heath, Dwight Braley, Vol V
Hennedy, John Francis, Vol II
Hirsch, David Harry, Vol II
Holloway, R. R., Vol I
Honig, Edwin, Vol III
Jacoby, Karl, Vol I
Joukowsky, Martha Sharp, Vol I
Kahn, Coppelia, Vol II
Keating, James, Vol IV
Keefer, Donald R., Vol IV
Kellner, George, Vol I
Kertzer, David Israel, Vol V
Konstan, David, Vol II, III
Kucera, Henry, Vol III
Lemons, J. Stanley, Vol I
Lesko, Leonard Henry, Vol I
Levi, Joseph Abraham, Vol III
Levitsky, Alexander, Vol III
Lieberman, Philip, Vol V
Litchfield, Robert Burr, Vol I
Lopes, William H., Vol V
Marks, Sally Jean, Vol I
McMunn, Maradith T., Vol II
Monroe, William S., Vol I
Neu, Charles Eric, Vol I
Oldcorn, Anthony, Vol III
Olson, Jeannine, Vol I
Patterson, James Tyler, Vol I
Pucci, Joseph M., Vol III
Putnam, Michael C. J., Vol II, III
Raaflaub, Kurt A., Vol II, III
Rabson, Steve, Vol I
Reddy, Maureen T., Vol II
Reeder, John P., Jr., Vol IV
Regnister, Bernard, Vol IV
Rich, Norman, Vol I
Richards, Joan Livingston, Vol I
Robinson, William Henry, Vol II
Rosenberg, Bruce, Vol II, V
Saint-Amand, Pierre N., Vol III
Scanlan, J. T., Vol I, II
Schapiro, Barbara, Vol II
Scharf, Peter M., Vol I, III
Schmitt, Richard George, Vol IV
Schneider, Joanne, Vol I
Scholes, Robert, Vol II, III
Schulz, Anne Markham, Vol I
Schulz, Juergen, Vol I
Schuster, Leslie, Vol I
Scott, Daniel Marcellus, Vol III
Shapiro, Marianne, Vol III
Shapiro, Michael, Vol III
Singh, Amritjit, Vol II
Spilka, Mark, Vol II, III
Stevens, Earl Eugene, Vol II
Stowers, Stanley Kent, Vol I, IV
Swift, Carolyn Ruth, Vol II
Teng, Tony, Vol I
Terras, Victor, Vol III
Thomas, John Lovell, Vol I
Titon, Jeff Todd, Vol I
Twiss, Sumner Barnes, Vol IV
Valente, Luiz Fernando, Vol III
Van Cleve, James, Vol IV
Wilcox, Joel, Vol IV
Wilmeth, Don B., Vol I, II
Wood, Gordon Stewart, Vol I
Wyatt, William F., Vol II, III
Zavestoski, Stephen, Vol V

Saunderstown
Handsman, Russell G., Vol I
Waters, Harold A., Vol II, III

Smithfield
Kozikowski, Stanley John, Vol II
Litoff, Judy Barrett, Vol I
Reedy, Jay, Vol I

Wakefield
Coffin, Tristram Potter, Vol II, V

SOUTH CAROLINA

Aiken
Mack, S. Thomas, Vol II
Polk, Jim, Vol I
Rich, John Stanley, Vol III
Roy, Emil L., Vol II
Smith, Wallace Calvin, Vol I

Allendale
Chilcote, Wayne L., Vol I, II
Mitchell, Arthur, Vol I

Anderson
Walker, Brena B., Vol II

Beaufort
Eby, Carl P., Vol II
Flannagan, Roy C., Vol II
Villena-Alvarez, Juanita, Vol III
Wise, Steve, Vol I

Central
Bross, James Beverley, Vol I, IV
Grant, H. Roger, Vol I
Johnson, Dale, Vol I, IV
Marrus, Francine E., Vol II

Charleston
Addington, Larry H., Vol I
Barrett, Michael Baker, Vol I
Clark, Malcolm Cameron, Vol I
Gordon, John W., Vol I
Heisser, David C. R., Vol I, II
Holbein, Woodrow Lee, Vol II
Hunt, Caroline C., Vol II
Hutchisson, James M., Vol II
Kaiser, Charles F., Vol V
Leon, Philip Wheeler, Vol II
Leonard, James S., Vol II
Marshall-Bradley, Tina, Vol V
Moore, Fred Henderson, Vol IV
Moore, Winfred B., Jr., Vol I
Reisman, Rosemary C., Vol II
Reynolds, Clark G., Vol I
Sclippa, Norbert, Vol III
Shields, David S., Vol II
Sinisi, Christina S., Vol V
Stiglitz, Beatrice, Vol III

Clemson
Alley, Thomas R., Vol V
Andreas, James, Sr., Vol II
Barfield, Ray, Vol II
Bell, Kimberly, Vol II
Bennett, Alma, Vol II
Burnett, G. Wesley, Vol I
Bzdyl, Donald G., Vol II
Chapman, Wayne K., Vol II
Charney, Mark, Vol II
Cranston, Mechthild, Vol III
Crosby, Margaree Seawright, Vol V
Daniell, Beth, Vol II
Dettmar, Kevin, Vol II
Hardesty, Nancy A., Vol IV
Hawdon, James E., Vol V
Hilligoss, Susan, Vol II
Howard, Tharon, Vol II
Jacobi, Martin, Vol II
King, Samuel C., Vol III
Koon, G. W., Vol II
Longo, Bernadette, Vol II
Lovitt, Carl, Vol II
Mckale, Donald Marshall, Vol I
McKate, Donald M., Vol I
McLean, Edward L., Vol IV
Morrissey, Lee J., Vol II
Palmer, Barton, Vol II
Riley, Helene M., Vol III
Rollin, Lucy, Vol II
Satris, Stephen A., Vol IV
Shilstone, Frederick William, Vol II
Sinka, Margit M., Vol III
Smith, Kelly C., Vol IV
Sparks, Elisa Kay, Vol II
Underwood, Richard, Vol II
Ward, Carol, Vol II
Willey, Edward, Vol II
Winchell, Donna, Vol II
Winchell, Mark, Vol II
Woodell, Harold, Vol II
Yancy, Kathleen Blake, Vol II
Young, Arthur P., Vol II

Clinton
Freymeyer, Robert H., Vol V
McCabe, Nancy, Vol II
Presseau, Jack R., Vol IV, V

Columbia
Adams, Gregory B., Vol IV
Appel, James B., Vol V
Augustinos, Gerasimos, Vol I
Baird, Davis, Vol IV
Basil, John Duryea, Vol I
Beardsley, Edward Henry, Vol I
Becker, Peter Wolfgang, Vol I
Beltman, Brian W., Vol I
Beyer, Bryan E., Vol IV
Boyle, F. Ladson, Vol IV
Bridwell, R. Randal, Vol IV
Briggs, Ward W., Vol II, III
Bruccoli, Matthew J., Vol II
Carter, Jeffrey D. R., Vol I, IV
Charlebois, Lucile C., Vol III
Clements, Kendrick A., Vol I
Connelly, Owen S., Vol I
Costa, Michael J., Vol IV
Cowart, David, Vol II
Crystal, Nathan M., Vol IV
Davis, Marianna White, Vol II
Day, James T., Vol III
Day, Richard E., Vol IV
Dickey, James, Vol II
Dillon, Bert, Vol II
Disterheft, Dorothy, Vol III
Duffy, John Joseph, Vol I
Edgar, Walter B., Vol I
Edmiston, William F., Vol II
Elfe, Wolfgang Dieter, Vol II
Farley, Benjamin Wirt, Vol I, IV
Farrar, Ronald, Vol II
Feldman, Paula R., Vol II
Felix, Robert E., Vol IV
Flanagan, James F., Vol IV
Fowler, Vivia, Vol IV
Franklin, Benjamin, Vol II
French, Harold Wendell, Vol III
Fryer, T. Bruce, Vol III
Ginsberg, Leon, Vol V
Grant, August E., Vol II
Greenspan, Ezra, Vol I
Gregg, Edward, Vol I
Greiner, Donald James, Vol II
Grigsby, Marshall C., Vol IV
Hackett, Jeremiah M., Vol IV
Haggard, Thomas R., Vol IV
Halberstam, Michael, Vol IV
Hardin, James Neal, Vol III
Hark, Ina Rae, Vol II
Harvey, John D., Vol IV
Hatch, Mary G., Vol III
Henry, Freeman George, Vol III
Herzstein, Robert Edwin, Vol I
Hubbard, F. Patrick, Vol IV
Hynes, Jennifer, Vol II
Janiskee, Robert L., Vol I
Johanson, Herbert A., Vol I, IV
Johnson, Herbert A., Vol I, IV
Jones, Donald L., Vol IV
Kegley, Charles W., Vol IV
Khushf, George, Vol IV
Kross, Jessica, Vol I
Lacy, Philip T., Vol IV
Layman, Richard, Vol I, II
Lesesne, Henry H., Vol I
Lewis, Kevin, Vol II, IV
Little, Greta D., Vol II, III
Long, Eugene T., Vol IV
Maney, Patrick J., Vol I
Mather, Henry S., Vol IV
Mathias, William J., Vol IV
Mathisen, Ralph Whitney, Vol I, II, III
McAninch, William S., Vol IV
McCabe, Kimberly A., Vol IV
McCullough, Ralph C., II, Vol IV
Medlin, S. Alan, Vol IV
Miller, J. Mitchell, Vol IV
Miller, Paul, Vol III
Minghi, Julian M., Vol I
Montgomery, John E., Vol IV
Montgomery, Michael M., Vol III
Moore, Robert Joseph, Vol I
Morris, Robin K., Vol V
Mueller, Agnes C., Vol III
Mulholland, Kenneth B., Vol IV
Myerson, Joel Arthur, Vol II
Nolan, Edward Francis, Vol II
Norman, G. Buford, Vol III
Owen, David G., Vol IV
Patterson, Elizabeth G., Vol IV
Patterson, Robert Benjamin, Vol I
Perkins, Kenneth J. Ames, Vol I
Peterson, Brian, Vol IV
Quirk, William J., Vol IV
Raymond, Frank B., Vol V
Rickert, Edward J., Vol V
Roy, G(eorge) Ross, Vol II, III
Scardaville, Michael Charles, Vol I
Scott, Mary Jane W., Vol II
Scott, Patrick G., Vol II
Shirley, Paula, Vol III
Skrupskelis, Agnas K., Vol IV
Smalls, O'Neal, Vol IV
Sprague, Rosamond Kent, Vol IV
Stephens, R. Eugene, Vol IV
Stewart, Joan Hinde, Vol III
Stroup, Rodger Emerson, Vol I
Synnott, Marcia G., Vol I
Terrill, Tom E., Vol I
Thesing, William Barney, Vol II
Tuten, Nancy, Vol II
Underwood, James L., Vol IV
Vazsonyi, Nicholas, Vol III
Weir, Robert Mccolloch, Vol I
Wimsatt, Mary Ann, Vol II
Zoch, Lynn M., Vol II

Conway
DeWitt, Franklin Roosevelt, Vol IV
Nance, Brian K., Vol I
Rauhut, Nils, Vol IV

Cullowhee
Lewis, James A., Vol I

Denmark
Wong, Eugene F., Vol V

Due West
Christie, N. Bradley, Vol II
Johnson, Merwyn S., Vol IV

Florence
Anastasi, Jeffrey S., Vol V
Diggs, William P., Vol V
Dorsel, Thomas N., Vol V
Harding, George E., Vol III
Hunter, Laurie Sullivan, Vol V
Tuttle, Jon, Vol II

Gaffney
Lundy, Duane, Vol V

Greenville
Abrams, Douglas Carl, Vol I
Allen, Gilbert Bruce, Vol II

Beale, David Otis, Vol I, IV
Block, John Martin, Vol IV
Buford, Thomas O., Vol IV
Cherry, Charles Maurice, Vol III
Ching, Erik K., Vol I
Cox, Jerry Lynn, Vol III
Dobson, Jeannie S., Vol II
Gingery, Gail Alvah, Vol II
Grisel, Judith E., Vol V
Hayner, Linda K., Vol I
Hill, Philip George, Vol II
Horton, Ronald A., Vol II
Kindall, Susan Carol, Vol II
Kuehmann, Karen Marie, Vol II
Lawson, Darren P., Vol I
Matzko, John A., Vol I
McKnight, Edgar Vernon, Vol III, IV
Parker, Mark M., Vol II
Parsell, David Beatty, Vol III
Radel, Nicholas F., Vol II
Rogers, William E., Vol II
Schnaiter, Samuel E., Vol IV
Siegel, Brian V., Vol V
Worth, Sarah Elizabeth, Vol IV

Greenwood
Archie, Lee C., Vol IV
Bethel, Elizabeth Rauh, Vol II, V
Brennan, Pat, Vol I

Hartsvill
Culyer, Richard, Vol V

Hartsville
Doubles, Malcolm Carroll, Vol III, IV
Lay, Shawn, Vol I
Rubenstein, Joseph H., Vol V

Hilton Head
Stehle, Cheryl F., Vol II

Holly Hill
Morant, Mack Bernard, Vol II

Inman
Combes, Richard E., Vol IV

Isle of Palms
Turner, Robert Kean, Vol II

Mount Pleasant
Hewett, Stephenie M., Vol V

Newberry
O'Shea, Michael J., Vol II
Wilson, James Hugh, Vol I

Okatie
Fitzgerald, John Joseph, Vol IV

Orangeburg
Gore, Blinzy L., Vol IV
Grimes, Tresmaine, Vol V
Harris, Gil W., Vol II
Harrold, Stanley, Vol I
Heggins, Martha Jean Adams, Vol V
Hine, William Cassidy, Vol I
Johnson, Alex C., Vol II
Jones, Marcus E., Vol I
Michaux, Henry G., Vol I
Ratliff, Peggy S., Vol II
Rogers, Oscar Allan, Jr., Vol V
Wallace, Nathaniel, Vol II
Washington, Sarah M., Vol II

Pawleys Island
Comfort, Philip W., Vol IV

Rock Hill
Click, J. William, Vol II
Craighead, Houston Archer, Vol IV
Fortner-Wood, Cheryl, Vol V
Friedman, Donald F., Vol III
Green, Ronald K., Vol V
Haynes, Edward S., Vol I
Marx, Jonathan I., Vol V
Morgan, Thomas Sellers, Vol I
Silverman, Jason H., Vol I
Viault, Birdsall Scrymser, Vol I
Weaver, Jack Wayne, Vol II
Webb, Ross Allan, Vol I
Woods, Jeannie Marlin, Vol II
Wright-Botchwey, Roberta Yvonne, Vol IV

Spartanburg
Bullard, John Moore, Vol II, IV
Carson, Warren Jason, Jr., Vol II
Crosland, Andrew Tate, Vol II
Dunn, Joe Pender, Vol I, IV
Holcombe, Lee, Vol I
Keller, James Albert, Vol IV
Mathews, Spencer R., Vol V
Michelman, Stephen A., Vol IV
Racine, Philip N., Vol I
Raquidel, Danielle, Vol III
Shand, Rosa, Vol II
Stevenson, John Weamer, Vol II
Valentine, Tamara M., Vol III
Walker, Melissa, Vol I

Sumpter
McCauley, Terita, Vol V

Sumter
Coyne, Anthony M., Vol IV
Safford, John L., Vol IV
Walsh, David John, Vol IV

Tigerville
Collier, Cheryl, Vol II

SOUTH DAKOTA

Aberdeen
Coxwell, Margaret, Vol V
Geier, Connie, Vol V
Hastings, A. Waller, Vol II
King, Walter Joseph, Vol I
Ruud, Jay, Vol II
Whiteley, Patrick, Vol II

Brookings
Bareiss, Warren J., Vol II
Brandt, Bruce E., Vol II
Evans, David Allan, Vol II
Funchion, Michael Francis, Vol I
Marken, Jack Walter, Vol II
Miller, John E., Vol I
Napton, Darrell E., Vol I
Phelps, Brady, Vol V
Sweeney, Jerry K., Vol I
White, Joseph, Vol V

Huron
Meyer, Kenneth John, Vol I, II

Madison
Johnson, Eric, Vol II

Mitchell
Wilson, John H., Vol II

Sioux Falls
Harris, J. Gordon, Vol IV, V
Huseboe, Arthur R., Vol II
Leslie, Benjamin C., Vol IV
Olson, Gary Duane, Vol I
Wienen, Mark Van, Vol II
Windholz, Anne, Vol II

Spearfish
Salomon, David A., Vol II, IV

Vermillion
Bucklin, Steve, Vol I
Cherry, Paul, Vol II
Cunningham, Frank Robert, Vol II
Evans, Wayne, Vol V
Gasque, Thomas J., Vol II
Hilderbrand, Robert Clinton, Vol I
Hoover, Herbert Theodore, Vol I
Klein, Dennis Allan, Vol III
Lee, Roy Alton, Vol I
Lehmann, Clayton M., Vol I
Meyer, Leroy N., Vol IV
Moyer, Ronald L., Vol I, II
Nienonen, Jack E., Vol V
Rude, Roberta N., Vol II
Sebesta, Judith Lynn, Vol I, II, III
Shen, Fuyuan, Vol II
Whitehouse, George, Vol IV
Wilson, Norma Clark, Vol II
Wolff, Gerald W., Vol I

Yankton
Ferris, Alan, Vol V
Frigge, S. Marielle, Vol IV
Kessler, Ann Verona, Vol I, IV
Neville, Mary Eileen, Vol II

TENNESSEE

Athens
Dunn, Durwood, Vol I
Fisher, Nancy, Vol II
Folks, Jeffrey J., Vol II
Gowdy, Anne R., Vol II
McDonald, William, Vol I, IV

Blountville
Charlton, Charles Hayes, Vol IV
O'Dell, Earlene R., Vol V

Bristol
Fulop, Timothy E., Vol IV
Jordan, Gregory D., Vol III
Wade, William Junius, Vol I

Chattanooga
Bodkin, Thomas E., Vol V
Eskildsen, Stephen E., Vol IV
Froide, Amy, Vol I
Giffin, Phillip E., Vol I, IV
Hall, Thor, Vol IV
Ingle, Homer Larry, Vol I
Jackson, Richard P., Vol II
Jacobs, David C., Vol IV
Lippy, Charles, Vol IV
McClary, Ben Harris, Vol II
McClay, Wilfred M., Vol I
Resnick, Irven M., Vol IV
Rice, Richard, Vol I
Russell, James M., Vol I
Sachsman, David B., Vol II
Stewart, William H., Vol IV
Switala, Kristin, Vol IV
Townsend, Gavin, Vol I
Ward, James A., Vol I
Ware, Thomas C., Vol II
Wright, William John, Vol I

Clarksville
Butts, Michele T., Vol I
Gildric, Richard P., Vol I, IV
Joyce, Donald Franklin, Vol II
Lester, James, Vol II
Muir, Malcolm, Jr, Vol I, IV
Pesely, George E., Vol I
Ruiz, Miguel, Vol III

Cleveland
Beaty, James M., Vol IV
Bowdle, Donald N., Vol IV
Hoffman, Daniel, Vol I, IV
Kailing, Joel, Vol II, III
McMahan, Oliver, Vol IV
Moore, Rickie D., Vol IV
Simmons, William A., Vol IV
Waldrop, Richard E., Vol IV

Collegedale
Byrd, R., Vol II
Coombs, Robert Stephen, Vol IV, V
Dick, Donald, Vol II
Liu, Ruth A., Vol V
McClarty, Wilma King- Doering, Vol II, V
Morris, Derek, Vol IV
Morrison, Robert R., Vol II

Cookeville
Bode, Robert Francis, Vol II
Burduck, Michael L., Vol II
Campana, Phillip Joseph, Vol III
Clougherty, Robert, Jr., Vol II
Deese, Helen R., Vol II
Lindenmeyer, Kriste A., Vol I
Reagan, Patrick, Vol I
Schrader, William C., Vol I
Slotkin, Alan, Vol II
Viera, David John, Vol III
Webb, George Ernest, Vol I
Wheeler, John, Vol V
Whiteaker, Janet Faye, Vol II

Dayton
Ingolfsland, Dennis E., Vol IV
Ketchersid, William L., Vol I

Dyerburg
Griffin, Larry D., Vol II

Dyersburg
Seibert-McCauley, Mary F., Vol V

Franklin
Harrington, E. Michael, Vol II
Thorndike, Jonathan L., Vol II

Gallatin
Flynn, David, Vol II
Sherrill, Vanita Lytle, Vol V

Germantown
Cox, Steven L., Vol IV
Miller, Stephen R., Vol IV

Greenville
Sexton, Donal J., Vol I

Gullatin
Butler, Trent C., Vol IV

Henderson
Fulkerson, Raymond Gerald, Vol II

Hendersonville
Varnado, Douglas, Vol IV

Hermitage
Albin, Thomas R., Vol I, IV
Moser, Harold Dean, Vol I, II

Jackson
Carls, Stephen, Vol I
Davenport, Gene Looney, Vol IV, V
David, Arthur LaCurtiss, Vol I
Dockery, David S., Vol I, IV
Gushee, David P., Vol IV
Lindley, Terry, Vol I
Mc Millin, Barbara C., Vol II
McClure, Wesley Cornelious, Vol V
Patterson, James A., Vol I, IV
Whitehead, Brady, Jr., Vol IV

Jefferson City
Hawkins, Merrill M., Vol IV
Wood, Gerald Carl, Vol II
Young-Ferrell, Brenda, Vol III

Johnson City
Baxter, Colin Frank, Vol I
Bonnyman-Stanley, Isabel, Vol II
Brown, Dan, Vol II
Day, Ronnie, Vol I
Drinkard-Hawkshawe, Dorothy, Vol I
Essin, Emmett M., Vol I
Fritz, Stephen G., Vol I
Gold, Jeff, Vol IV
Harrington, Karen A., Vol III
Harris, William Styron, Jr., Vol II
Hilliard, Jerry, Vol II
Hines, Randy, Vol II
Keith, Heather, Vol IV
Kirkwood, William, Vol II
LaFollette, Hugh, Vol IV
Mooney, Jack, Vol II
Nelson, Ardis L., Vol II, III
Ralston, Steven, Vol II
Roberts, Charles, Vol II
Rogers, W. Kim, Vol IV
Schneider, Valerie Lois, Vol II, III
Shanks, Niall, Vol IV
Sherrill, Catherine Anne, Vol II, V
Shields, Bruce E., Vol II, IV
Slagle, Judith Baily, Vol II
Stenstad, Gail, Vol IV
Thomason, Wallace Ray, Vol II
Waage, Frederick O., Vol II, III
Williams, Edwin W., Vol II
Zavodny, John, Vol IV
Zayas-Bazan, Eduardo, Vol III

Knoxville
Adams, Percy Guy, Vol II
Alexakos, Panos D., Vol IV
Aquila, Richard E., Vol IV
Ash, Stephen V., Vol I
Ashdown, Paul George, Vol II
Banker, Mark T., Vol I
Bast, Robert, Vol I
Bates, Benjamin J., Vol II
Beauvois, Margaret H., Vol III
Becker, Susan D., Vol I
Bennett, James O., Vol IV
Bergeron, Paul H., Vol I
Bing, J. Daniel, Vol I
Bohstedt, John, Vol I
Bradley, Owen, Vol I
Brady, Patrick S., Vol I, III
Breslaw, Elaine, Vol I
Brizio-Skov, Flavia, Vol III
Brummett, Palmira, Vol I
Burghardt, Gordon M., Vol V
Burman, Thomas, Vol I
Campion, Edmund J., Vol III
Cazenave, Odile, Vol III
Cohen, Sheldon M., Vol IV
Cox, Don Richard, Vol II
Craig, Christopher P., Vol II, III
Creel, Bryant L., Vol III
Diacon, Todd, Vol I
DiMaria, Salvatore, Vol III
Drake, Robert Y., Jr., Vol II
Dumas, Bethany K., Vol III
Edwards, Rem B., Vol IV
Ensor, Allison R., Vol II
Essif, Les, Vol III
Evelev, John, Vol II
Farris, W. Wayne, Vol I
Finger, John R., Vol I
Finneran, Richard John, Vol II
Fisher, John Hurt, Vol II
Freeman, Edward C., Vol IV
Fuller, Homer Woodrow, Vol II
Galligan, Thomas C. Thomas C, Vol IV
Gesell, Geraldine C., Vol II, III
Haas, Arthur G., Vol I
Habel, Dorothy Metzger, Vol I
Hao, Yen-Ping, Vol I
Hardwig, John R., Vol IV
Higgs, Catherine, Vol I
Hiles, Timothy, Vol I
Hodges, Carolyn Richardson, Vol III
Hodges, John O., Vol IV
Hoeng, Peter, Vol I, III
Holmlund, Christine, Vol III
Howard, Herbert, Vol II
Hunt, Barbara Ann, Vol V
Jalata, Asafa, Vol V
Kaplan, Gregory, Vol III
Klein, Milton M., Vol I
Koski, Cheryl A., Vol II
Kratz, Henry, Vol III
Lacure, Jon W., Vol III
Leggett, B. J., Vol II
Leki, Ilona, Vol III, V
Levy, Karen D., Vol III
Maland, Charles J., Vol I, II, V
Martin, Susan D., Vol II, III
Martinson, Fred, Vol I
McAlpin, Mary, Vol III
Mellor, Chauncey Jeffries, Vol III
Moffat, Frederick, Vol I
Nakuma, Constancio, Vol III
Nappa, Christopher, Vol II, III
Neff, Amy, Vol I
Norrell, Robert J., Vol I
Peek, Marvin E., Vol I
Piehler, G. Kurt, Vol I
Rivera-Rodas, Oscar, Vol III
Rocha, Cynthia, Vol V
Romeiser, John B., Vol III
Rutledge, Harry Carraci, Vol II, III
Schroeder-Lein, Glenna R., Vol I
Silva-Filho, Euridice, Vol III
Speidell, Todd, Vol IV, V
Sutherland, Elizabeth H., Vol II, III
Tandy, David, Vol III
Washburn, Yulan M., Vol III
Welch, Olga Michele, Vol II
Wheeler, William Bruce, Vol I
Young, Dolly J., Vol III
Ziegler, Dhyana, Vol II

Lebanon
Markert, John P., Vol V

Lenoir City
Wilson, Jack Howard, Vol IV

Martin
Alexander, Lynn M., Vol II
Buchanan, Carl J., Vol II
Carls, Alice-Catherine, Vol I
Downing, Marvin Lee, Vol I
Graves, Roy Neil, Vol II
Jones, Kenneth Paul, Vol I
Maness, Lonnie E., Vol I, IV
Mohler, Stephen Charles, Vol III
Parker, Henry H., Vol III
Rogers, Nels Jeffrey, Vol III

Maryville
Simpson, Terry L., Vol V

McKenzie
Lollar, Laddie H., Vol V

Memphis
Albanese, Ralph, Vol III
Batey, Richard A., Vol IV
Bensman, Marvin R., Vol II
Brown, Walter R., Vol I
Bufford, Edward Eugene, Vol IV
Burgos, Fernando, Vol II
Caffrey, Margaret M., Vol I
Carlson, Thomas Clark, Vol II
Chambliss, Prince C., Jr., Vol IV
Crouse, Maurice A., Vol I
Dameron, John Lasley, Vol II
Dekar, Paul R., Vol IV
Entzminger, Robert L., Vol II
Evans, David Huhn, Vol II
Favazza, Joseph A., Vol IV
Fickle, James Edward, Vol I
Fulton, DoVeanna S., Vol II
Garceau, Dee, Vol I
Hatfield, Douglas Wilford, Vol I
Hawes, Joseph, Vol I
Huebner, Timothy, Vol I
Hurley, Forrest Jack, Vol I
Irwin, Amanda Lee, Vol III
Joiner, Burnett, Vol I
Kriegel, Abraham David, Vol II
Lacy, William Larry, Vol IV
Lasslo, Andrew, Vol II
Lewis, Jack Pearl, Vol IV
Limper, Peter Frederick, Vol IV
MacNealy, Mary Sue, Vol II
Manopolous, Monique M., Vol III
McKim, Donald K., Vol IV
Melancon, Donald, Vol V
Moore, Charles B., Vol II
Muesse, Mark William, Vol IV
Nenon, Thomas J., Vol IV
Prince, Arthur, Vol IV
Purtle, Carol Jean, Vol I
Ranta, Richard R., Vol II
Reed, Ross Channing, Vol IV
Robinson, Hoke, Vol IV
Russell, Irma S., Vol IV
Schmidt, Sabine I., Vol III
Shadish, W. R., Vol V
Shaffer, Brian W., Vol II
Shaheen, Naseeb, Vol II
Shoemaker, David W., Vol IV
Sick, David, Vol II, III
Simco, Nancy Davis, Vol IV
Skeen, C. Edward, Vol I
Stagg, Louis Charles, Vol II
Strauser, David, Vol V
Todd, Virgil H., Vol IV
Tucker, Cynthia Grant, Vol II, III
Tucker, David Milton, Vol I
Vinson, Mark Alan, Vol II
Walsh, Carey Ellen, Vol III, IV
Ward, Jeannette P., Vol V
Wharton, A. C., Jr., Vol IV
White, Lonnie Joe, Vol I
Wilson, Major L., Vol I
Zaki, Mamoon, Vol IV

Milligan College
Farmer, Craig S., Vol I, IV
Kenneson, Philip D., Vol IV
Wainer, Alex, Vol II

Morristown
Eichelman, Sarah M., Vol II

Murfreesboro
Anton, Harley F., Vol I, V
Bader, Carol H., Vol V
Bombardi, Ronald Jude, Vol IV
Brantley, William, Vol II
Brookshire, Jerry, Vol I
Clark, Bertha Smith, Vol II
Conard, Rebecca, Vol I
Ferris, Norman B., Vol I
Harper, A. Dianne, Vol III
Huhta, James Kenneth, Vol I
Hutcheson, Thom, Vol II
McCash, June, Vol III
Ostrowski, Carl, Vol II
Rowe, D. L., Vol I
Sherman, Theodore, Vol II
Slate, Philip, Vol IV
Staples, A., Vol I
Sullivan, Sheila J., Vol II
Walker, David E., Vol II
Watson, Daivd Lowes, Vol IV
West, Carroll V., Vol I
Young, David, Vol IV

Nashville
Allen, Harriette Louise, Vol II
Allen, Jack, Vol I
Arai, Paula K. R., Vol IV
Ascencao, Erlene M., Vol V
Baldwin, Lewis V., Vol IV
Barrett, Tracy, Vol III, V
Bell, Vereen M., Vol II
Belton, Robert, Vol IV
Bingham, John L., Vol III
Birch, Adolpho A., Jr., Vol IV
Bisson, Douglas R., Vol I
Blasi, Anthony J., Vol V
Blumstein, James Franklin, Vol IV
Bowen, Barbara C., Vol II
Brennan, Virginia M., Vol III
Brown, R. L., Vol IV
Burns, J. Patout, Jr., Vol IV
Carlton, David L., Vol I
Charney, Jonathan I., Vol IV
Church, Dan M., Vol II, V
Clayton, Jay, Vol II
Clendenen, E. Ray, Vol III
Cloud, Fred, Vol IV
Cockrell, Dale, Vol II
Compton, John J., Vol IV
Conkin, Paul K., Vol I
Cooper, Almeta E., Vol IV
Covington, Robert N., Vol IV
Crawford, Katherine B., Vol I
Crispin, John, Vol III
Crist, Larry S., Vol III
Cyrus, Cynthia, Vol II
Davis, Thadious, Vol II
Deal, Terrance E., Vol V
DeHart, Paul, Vol IV
Dickerson, Dennis Clark, Vol IV
Doyle, Don H., Vol I
Eakin, Marshall C., Vol I
Elledge, Paul, Vol II
Elliott, Derek W., Vol I
Enterline, Lynn, Vol II, V
Epstein, James A., Vol I
Felton, Sharon, Vol II
Fields, Milton, Vol V
Fisher, Eli D., Vol IV
Franke, William, Vol III
Froment-Meurice, Marc, Vol III, IV
Fryd, Vivien G., Vol I
Girgus, Sam B., Vol II
Goddu, Teresa, Vol II, V
Goodman, Lenn Evan, Vol IV
Gottfried, Roy K., Vol II
Graham, George Jackson, Vol IV
Graham, Hugh Davis, Vol I
Grantham, D. Wesley, Vol V
Grantham, Dewey Wesley, Vol I
Griffith, Larry D., Vol II
Halperin, John, Vol II
Handy, William Talbot, Jr., Vol IV
Harrelson, Walter, Vol IV
Harris, Alice C., Vol III
Harrod, Howard L., Vol IV, V
Hassel, R. Chris, Jr, Vol II
Haynes, William J., Jr., Vol IV
Headrick, Annabeth, Vol I
Helguera, J. Leon, Vol I
Hodges, Michael P., Vol IV
Hodgson, Peter C., Vol IV
Hooks, Benjamin Lawson, Vol IV
Howell, Sarah McCanless, Vol I
Hudson, Robert J., Vol II
Insignares, Harriette B., Vol II, V
Isherwood, Robert M., Vol I
Jackson, Andrew, Vol V
Johnson, Dale Arthur, Vol IV
Johnson, Timothy D., Vol I
Jrade, Cathy L., Vol II, III
Kezar, Dennis, Vol II
Kreyling, Michael, Vol II
Kustanovich, Konstantin, Vol III
Lachs, John, Vol IV
Landes, W. Daniel, Vol II
Lee, Douglas, Vol II
Lovett, Bobby L., Vol I
Lubinski, David, Vol V
Luis, William, Vol I
Mack, Robert, Vol II
Maier, Harold Geistweit, Vol IV
Marcus, Leah S., Vol II
McCarthy, John A., Vol III
McCoy, Thomas Raymond, Vol IV
McFague, Sallie, Vol II, IV
Mckoy, Sheila Smith, Vol II
Mcseveney, Samuel Thompson, Vol I
Miller-McLemore, Bonnie Jean, Vol IV
Monga, Luigi, Vol III
Moss, C. Michael, Vol IV
Myers, Charles Bennett, Vol V
Nathanson, Leonard, Vol II
Owens, Dorothy M., Vol IV
Patte, Daniel, Vol IV
Patty, James Singleton, Vol III
Perhac, Ralph M., Vol IV
Pfanner, Helmut F., Vol III
Pichois, Claude, Vol III
Picirilli, Robert Eugene, Vol IV
Plummer, John F., Vol II
Quirin, James, Vol I
Reid, Garnett, Vol IV
Sasson, Jack Murad, Vol I, IV
Schoenfield, Mark, Vol II
Schrag, Oswald O., Vol IV
Schwarz, Kathryn, Vol II
Sevin, Dieter H., Vol III
Sherkat, Darren E., Vol V
Smith, Helmut, Vol I
Sullivan, Walter L., Vol II
Syverud, K. D., Vol IV
Teselle, Eugene A., Vol IV
Thompson, Almose Alphonse, II, Vol IV
Tichi, Cecelia, Vol II, V
Todd, Margo, Vol I
Voegeli, Victor Jacque, Vol I
Walker, Nancy A., Vol II
Weatherby, Harold L., Jr., Vol II
Wiltshire, Susan Ford, Vol II, III
Winbush, Raymond A., Vol V
Winters, Donald Lee, Vol I
Wollaeger, Mark A., Vol II
Wood, David C., Vol IV
Zaner, Richard, Vol IV

Petros
West, James E., Vol IV

Prospect
Trimble, Stanley W., Vol I

Sevierville
Layman, Fred Dale, Vol IV

Sewanee
Armentrout, Donald S., Vol IV
Bates, Scott, Vol II, III
Coleman, Priscilla K., Vol V
Core, George, Vol II
Davidheiser, James Charles, Vol III
Grammer, John M., Vol II
Lumpkins, David W., Vol III
Naylor, Eric Woodfin, Vol III
Patterson, William Brown, Vol I
Perry, Charles R., Vol I
Rhys, J. Howard W., Vol IV
Spaccarelli, Thomas Dean, Vol III
Zachau, Reinhard Konrad, Vol III

Sewanne
Conn, Christopher, Vol IV

Signal Mountain
Conwell, David, Vol II, III

Sneedville
Dodson, Danita Joan, Vol II

TEXAS

Abilene
Barton, Gay, Vol II
Clayton, Lawrence Ray, Vol II
Ellis, Laura, Vol II
Ellis, Robert, Vol III, IV
Ferguson, Everett, Vol I, IV
Foster, Douglas A., Vol I, IV
Guild, Sonny, Vol IV
Haire, Carol, Vol II
Hamner, Robert Daniel, Vol II
Madden, Paul, Vol I
Osburn, Carroll D., Vol IV
Richardson, Charles R., Vol II
Shanafelt, Gary, Vol I
Shankle, Nancy, Vol II
Shuler, Philip L., Vol IV
Stamey, Joseph Donald, Vol IV
Taylor, Ira Donathan, Vol I
Tippens, Darryl L., Vol II
Van Rheenen, Gailyn, Vol IV
Willerton, Christian William, Vol II
Williams, John Howard, Vol II, III

Aledo
Worcester, Donald Emmet, Vol I

Alpine
De Ortego Y Gasca, Felipe, Vol II
Elam, Earl Henry, Vol I
Nelson, Barbara J., Vol II

Amarillo
Sapper, Neil Gary, Vol I
White, Lana, Vol II

Arlington
Alaimo, Stacy, Vol II
Barros, Carolyn, Vol II
Bernstein, Ira H., Vol V
Bing, Robert, Vol IV
Bradshaw, Denny, Vol IV
Buisseret, David, Vol I
Callicutt, James W., Vol V
Carroll, Bret E., Vol I
Cohen, Philip G., Vol II
del Carmen, Alex, Vol IV
Green, George N., Vol I
Harrold, Francis B., Vol V
Hoefer, Richard, Vol IV, V
Jordan, Catheleen, Vol V
Katz, Michael Ray, Vol III
Kellner, Hans, Vol II
Kolko, Beth E., Vol II
Kyle, Donald G., Vol I
Maizlish, Stephen E., Vol I
Morris, Christopher, Vol I
Ordonez, Elizabeth Jane, Vol III
Palmer, Stanley Howard, Vol I
Philp, Kenneth, Vol I
Polk, Elmer, Vol IV
Reddick, Robert J., Vol II
Reeder, Harry P., Vol IV
Reinhartz, Dennis Paul, Vol I
Richmond, Douglas Wertz, Vol I
Rodnitzky, Jerome L., Vol I
Roemer, Kenneth M., Vol I, II
Silva, David James, Vol III
Stark, Gary Duane, Vol I
Wells, Corri Elizabeth, Vol II
Wick, Audrey, Vol II
Wood, Nancy, Vol II
Zurlo, John A., Vol II

Ashland
Inge, M. Thomas, Vol II

Austin
Abboud, Peter Fouad, Vol I, III
Abzug, Robert H., Vol I
Alofsin, Anthony, Vol I
Angelelli, Ignazio Alfredo, Vol IV
Antokoletz, Elliott Maxim, Vol II
Arens, Katherine M., Vol III
Baade, Hans Wolfgang, Vol IV
Baker, Mary Jordan, Vol III
Baltzer, Rebecca, Vol I
Barker, Nancy Nichols, Vol I
Bauder, Mark, Vol IV
Behague, Gerard, Vol II
Bertelsen, Lance, Vol I, II
Blockley, Mary Eva, Vol V
Bonevac, Daniel A., Vol IV
Bowman, Shearer Davis, Vol I
Braisted, William Reynolds, Vol I
Brandimarte, Cynthia A., Vol I
Braybrooke, David, Vol IV
Bremen, Brian A., Vol II
Brokaw, John W., Vol II
Brown, Norman D., Vol I
Bruster, Douglas, Vol II
Bump, Jerome Francis Anthony, Vol II, III
Burnham, Patricia, Vol I
Cable, Thomas Monroe, Vol II, III
Carleton, Don E., Vol I
Carter, Joseph Coleman, Vol I, II, III
Castiglione, Caroline F., Vol I
Causey, Robert Louis, Vol IV
Cauvin, Jean-Pierre Bernard, Vol III
Charlesworth, Michael, Vol I
Clarke, John R., Vol I
Cloud, Dana L., Vol II
Colvin, Christopher, Vol IV
Cook, Erwin, Vol II, III
Crew, David F., Vol I
Dassonville, Michel, Vol III
Davis, Donald G., Jr., Vol I, II
Dawson, Robert Lewis, Vol III
Dearman, John Andrew, Vol IV
Dee, James H., Vol III
Dell' Antonio, Andrew, Vol II
Denbow, James R., Vol V
Dewar, Mary, Vol I
Dietz, Hanns-Bertold, Vol I
Divine, Robert Alexander, Vol I
Dryden, M., Vol II
Duban, James, Vol II
Dulles, John W. F., Vol I
Edlund-Berry, Ingrid E. M., Vol I
Erdener, Yildiray, Vol II, V
Erlmann, Veit, Vol II
Faigley, Lester, Vol II
Falola, Toyin, Vol I
Farrell, John P., Vol II
Fisher, James T., Vol I, IV
Flowers, Betty Sue, Vol II
Floyd, Michael H., Vol IV
Foley, Neil, Vol I
Fontanella, Lee, Vol I, III
Forgie, George Barnard, Vol I
Forster, Merlin Henry, Vol III
Frazier, Alison, Vol I
Friedman, Alan, Vol II
Gagarin, Michael, Vol II, III
Galinsky, Karl, Vol II, III
Garrison, James Dale, Vol II
Ghose, Zulfikar Ahmed, Vol II
Gillam, Ronald G., Vol II
Goetzmann, William Harry, Vol I
Goff, Barbara E., Vol II, III
Goosman, Stuart, Vol II, V
Gould, Lewis Ludlow, Vol I
Graglia, L. A., Vol IV
Graham, Don B., Vol II
Graham, Richard, Vol I
Grant, Richard Babson, Vol III
Green, Douglass Marshall, Vol II
Green, Lisa, Vol III
Grieder, Terence, Vol I
Gutmann, Myron P., Vol I
Hall, Michael G., Vol I
Hamilton, Robert W., Vol IV
Harms, Robert Thomas, Vol III
Harris, Elizabeth Hall, Vol II
Hart, Roderick P., Vol II
Harzer, Edeltraud, Vol I
Hayman, Carol, Vol V
Heinen, Hubert, Vol III
Henderson, Linda, Vol I
Hensey, Frederick Gerald, Vol III
Herring, Phillip F., Vol II
Hester, Thomas R., Vol V
Higginbotham, Virginia, Vol III
Higgins, Kathleen Marie, Vol IV
Hilfer, Tony, Vol II
Hoberman, Louisa Schell, Vol I
Holden, George W., Vol V
Holz, Robert K., Vol I
Hubbard, Thomas K., Vol II
Hunt, Bruce J., Vol I
Jensen, Robert W., Vol II
Kane, Robert H., Vol IV
Karttunen, Frances, Vol III
Kaulbach, Ernest Norman, Vol III, IV
Klawitter, George, Vol II
Knapp, Mark L., Vol II
Koike, Dale A., Vol III
Koons, Robert C., Vol IV
Kroll, John Hennig, Vol I
Kruppa, Patricia Stallings, Vol I
Lamarche, Pierre, Vol IV
Langford, Gerald, Vol II
Lariviere, Richard Wilfred, Vol I
Lehmann, Winfred Philipp, Vol III
Leoshko, Janice, Vol I
Levack, Brian Paul, Vol I
Lewis, Randy Lynn, Vol IV
Lindstrom, Naomi, Vol III
Lopreato, Joseph, Vol V
Lukenbill, Willis B., Vol II
Mackay, Carol Hanbery, Vol II
Mackey, Louis Henry, Vol III, IV
MacNeil, Anne, Vol II
Magee, S. P., Vol IV
Malof, Joseph Fetler, Vol II
Martinich, Aloysius P., Vol IV
McCombs, Maxwell E., Vol II
Meacham, Standish, Vol I
Meikle, Jeffrey L., Vol I
Meisel, Janet Anne, Vol I
Meritt, Lucy Shoe, Vol II, III
Mersky, Roy Martin, Vol IV
Michael, Wolfgang Friedrich, Vol III
Minault, Gail, Vol I
Moeller, Hans-Bernhard, Vol III

Moldenhauer, Joseph John, Vol II
Monas, Sidney, Vol III
Moore, T. J., Vol II, III
Moragne e Silva, Michele, Vol II
Mourelatos, Alexander Phoebus Dionysiou, Vol III, IV
Neeld, Elizabeth Harper, Vol II
Nelson, Wanda Lee, Vol V
Nethercut, William Robert, Vol II, III
Newton, Adam Zachary, Vol II
Olasky, Marvin N., Vol I, II
Oliphant, Dave, Vol II
Padilla, Yolanda C., Vol V
Parker, Joseph C., Jr., Vol IV
Pells, Richard Henry, Vol I
Prindle, David F., Vol IV
Rainwater, Catherine, Vol II
Raley, R. Kelly, Vol V
Rather, Susan, Vol I
Ratner, Steven Richard, Vol IV
Reeves-Marquardt, Dona, Vol III
Reid, Stephen B., Vol IV
Reynolds, Ann, Vol I
Rhoads, Edward J. M., Vol I
Roberts, Kathryn L., Vol IV
Rossman, Charles R., Vol II
Ruszkiewicz, John Joseph, Vol II
Schade, George D., Vol III
Scheick, William J., Vol II
Segre, Claudio Giuseppe, Vol I
Seung, Thomas Kaehao, Vol IV
Shelmerdine, Cynthia Wright, Vol I, II, III
Shiff, Richard, Vol I
Shirazi, Faegheh S., Vol I
Shumway, Nicolas, Vol II, III
Sidbury, James, Vol I
Sjoberg, Andree Frances, Vol III
Slate, Joseph Evans, Vol II
Slawek, Stephen, Vol I, II
Smith, Carlota S., Vol III
Smith, Jeffrey Chipps, Vol I
Sole, Carlos A., Vol III
Solomon, Robert Charles, Vol IV
Southern, Mark R. V., Vol III
Springer, David W., Vol V
Staley, Thomas F., Vol II
Stoff, Michael B., Vol I
Stott, William Merrell, Vol I, II
Sutherland, Kay, Vol V
Sutherland, William Owen Sheppard, Vol II
Swaffar, Janet King, Vol III
Sylvie, George, Vol II
Tankard, James William, Vol II
Teorio-Trillo, Mauricio, Vol I
Todd, William B., Vol II
Trimble, John Ralston, Vol II
Tulis, Jeffrey K., Vol IV
Tusa, Michael, Vol I
Twombly, Robert Gray, Vol II
Vangelisti, Anita L., Vol II
Vessely, Thomas Richard, Vol III
Wadlington, Warwick Paul, Vol II
Ware, Corinne, Vol IV
Warnke, Nina, Vol III
Wartella, Ellen A., Vol II
Webb-Johnson, Gwendolyn, Vol V
Weinberg, Steven, Vol IV
Weintraub, Russell Jay, Vol IV
Wells, Maria Xenia Zevelechi, Vol III
White, Philip Lloyd, Vol I
Wimsatt, James I., Vol II
Winship, Michael B., Vol II
Woodruff, Paul, Vol IV
Wright, Charles Alan, Vol IV
Wylie, Hal, Vol II, III
Young, Ernest A., Vol IV

Azle
Pate, J'Nell, Vol I

Baytown
Adams, Dale Talmadge, Vol II
Maroney, James C., Vol I

Beaumont
Carroll, John M., Vol I
Ellis, Marion Leroy, Vol III
Fritze, Ronald H., Vol I
Hawkins, Emma, Vol II, IV
Love, James, Vol V
Matthis, Michael, Vol IV
Rivers, Kenneth T., Vol III
Roth, Lane, Vol II
Saur, Pamela S., Vol II
Wooster, Ralph Ancil, Vol I

Beeville
Strause, Glynis, Vol III

Belton
Howard, Diane, Vol II
Reynolds, J. Alvin, Vol IV
Shelburne, D. Audell, Vol II
Walker-Nixon, Donna, Vol II
Wyrick, Stephen Von, Vol III, IV

Borger
Strecker, Judy, Vol II

Brenham
Dietrich, Wilfred O., Vol I, II
Walter, Kay, Vol II

Brownsville
Adams, William, Vol I
Diaz, Lidia, Vol III
Green, George, Vol III, V
Joseph, Harriet D., Vol I
Kearney, Milo, Vol I
Ritter, Susan, Vol IV

Brownwood
Mangrum, Robert G., Vol I

Bryan
Gangotena, Margarita, Vol II
Machann, Virginia, Vol II
Reagan, Rhonda, Vol I

Canyon
Bradley, Jerry W., Vol II
Culley, John Joel, Vol I
Dudt, Charmazel, Vol II
Furnish, Shearle, Vol II
Githiga, John Gatungu, Vol IV
Kunz, Jennifer, Vol V
Nall, Garry Lynn, Vol I
Teichmann, Sandra G., Vol II
Teven, Jason, Vol II

Cedar Hill
Konditi, Jane, Vol IV, V

Cedar Park
Tijerina, Andres, Vol I

College Station
Adams, Ralph James Quincy, Vol I
Allen, Colin, Vol IV
Anderson, Terry Howard, Vol I
Atkins, Stephen E., Vol II, IV
Aune, James Arnt, Vol IV
Austin, Scott, Vol IV
Baer, Judith A., Vol IV
Bass, George Fletcher, Vol I
Baum, Dale, Vol I
Beasley, Vanessa B., Vol II
Beaumont, Roger A., Vol I
Berthold, Dennis A., Vol II
Black, Shirley Jean, Vol I
Bornstein, Daniel E., Vol I
Bradford, James Chapin, Vol I
Burch, Robert W., Vol IV
Cannon, Garland, Vol II
Canup, John, Vol I
Christensen, Paul N., Vol II
Clark, William Bedford, Vol II
Conrad, Charles R., Vol II, III
Coopersmith, Jonathan C., Vol I
Davenport, Manuel M., Vol IV
Dawson, Joseph G., III, Vol I
Dethloff, Henry Clay, Vol I
Dickson, Donald R., Vol II
Dorsey, Leroy, Vol II
Gert, Heather, Vol IV
Gibson, Claude Louis, Vol II
Goodman, Jennifer Robin, Vol II
Hand, Michael, Vol IV
Hannah, James R., Vol II
Harner, James L., Vol II
Harris, Charles Edwin, Vol IV
Imhoff, Brian, Vol III
Kallendorf, Craig William, Vol II
Kern-Foxworth, Marilyn L., Vol II
Kosztolnyik, Zoltan Joseph Desiderius, Vol I
Kramer, Arnold Paul, Vol I
Lenihan, John H., Vol I
Loving, Jerome M., Vol II
Machann, Clinton J., Vol II
Marshall, Alicia A., Vol II, V
McCann, Hugh Joseph, Vol IV
McCann, Janet P., Vol II
McDermott, John J., Vol IV
Medhurst, Martin J., Vol II
Menzel, Christopher, Vol IV
Miller, Katherine I., Vol II
Myers, David G., Vol II, IV
Nance, Joseph Milton, Vol I
Pappas, Gregory F., Vol IV
Pejovich, Svetozar, Vol IV
Peters, William H., Vol V
Peterson, Tarla Rai, Vol III
Poole, Marshall Scott, Vol II
Portales, Marco, Vol II
Putnam, Linda L., Vol II
Radzik, Linda, Vol IV
Reese, Roger R., Vol I
Rigsby, Enrique D., Vol II
Rimal, Rajiv Nath, Vol II
Ritter, Kurt, Vol II
Rosenheim, James Morton, Vol I
Salazar, Abran J., Vol II
Schmidt, Henry Conrad, Vol I
Self, Charles C., Vol II
Sharf, Barbara F., Vol II, V
Smith, Robin, Vol IV
Stranges, Anthony N., Vol I
Street, Richard L., Jr., Vol II, V
Unterberger, Betty Miller, Vol I
Vandiver, Frank Everson, Vol I
Varner, Gary Edward, Vol IV
Wang, Di, Vol I
Williams, Eric, Vol III

Colleyville
Hawkes, Lory, Vol II

Commerce
Duchovnay, Gerald, Vol II
Fulkerson, Richard P., Vol II
Grimshaw, James, Vol II, IV
Grissett, Barbara, Vol V
Mc Farland, Keith D., Vol I
Reynolds, Donald E., Vol I
Sarantakes, Nick, Vol I
Thompson, William, Vol V
Trusty, Jerry, Vol V
Tuerk, Richard, Vol II

Conroe
Matheny, Paul Duane, Vol IV

Corinth
Hise, Pat J., Vol II

Corpus Christi
Delaney, Norman, Vol I
Lessoff, Alan H., Vol I
Myers, Elwin R., Vol V
Sencerz, Stefan, Vol IV
Wooster, Robert, Vol I

Dallas
Babcock, William Summer, Vol I, IV
Bock, Darrell L., Vol IV
Bradley, Jacqueline, Vol II
Brettell, Caroline B., Vol V
Burns, J. Lanier, Vol IV
Chavez, John R., Vol I
Cogley, Richard W., Vol IV
Cordell, Dennis Dale, Vol I
Countryman, Edward, Vol I
Cox, Gary D., Vol I
Davis, Ronald Leroy, Vol I, V
Deschner, John, Vol IV
Early, James, Vol I
Furnish, Victor Paul, Vol IV
Howe, Leroy T., Vol IV
James, H. Rhett, Vol IV, V
Luter, A. Boyd, Vol IV
Mabery, Lucy, Vol IV
Mansueto, Anthony, Vol IV
McCullagh, Mark, Vol IV
McKnight, Joseph Webb, Vol I, IV
Mears, John A., Vol I
Merrifield, William R., Vol III, V
Merrill, Eugene H., Vol IV
Mount, George, Vol V
Murfin, Ross C., Vol II
Niewyk, Donald Lee, Vol I
Nobles, Patricia Joyce, Vol IV
Ortiz, Victor, Vol IV
Perl, Jeffery Michael, Vol III
Rojas-Auda, Elizabeth, Vol III
Rollins, Richard Albert, Vol IV
Schmidt, Frederick W., Vol IV
Shuman, Daniel Wayne, Vol IV
Smith, Sherry L., Vol I
Spiegelman, Willard Lester, Vol II
Still, Todd, Vol IV
Taylor, Richard A., Vol III
Thornburg, E. G., Vol IV
Tinsley, Fred Leland, Jr., Vol IV
Trickel, John, Vol I
Tyson, Joseph B., Vol IV
Ulatowska, Hanna K., Vol III
Wallace, Daniel B., Vol IV
Weber, David J., Vol I
Wendorf, D. Fred, Vol V
Wheeler, Bonnie, Vol II
Williams, Michael, Vol I
Williams, Richard Hal, Vol I
Winship, Peter, Vol I, II
Wood, Charles M., Vol IV

Denton
Altekruse, Michael, Vol V
Barnhart, Joe Edward, Vol IV
Bean, Judith M., Vol II, V
Bogle, Edra Charlotte, Vol III
Campbell, Randolph B., Vol I
Cantrell, Gregg, Vol I
Carle, Barbara, Vol III
Chipman, Donald Eugene, Vol I
Cissell, William B., Vol V
Cobb, Jeanne B., Vol V
Cogan, Karen D., Vol V
DeMoss, Dorothy Dell, Vol I
Emery, Sarah W., Vol II, IV
Gibbs, Tyson, Vol V
Golden, Richard Martin, Vol I
Guarnaccia, Charles A., Vol V
Gunter, Peter A. Y., Vol IV
Hildreth, Gladys Johnson, Vol V
Hurley, Alfred Francis, Vol I
Kamman, William, Vol I
Kesterson, David B., Vol II
Kobler, Jasper Fred, Vol II
Koop, Marie-Christine W., Vol III
La Forte, Robert Sherman, Vol I, II
Lowe, Richard Grady, Vol I
Lowery, Bullitt, Vol I
Lowry, Bullitt, Vol I
Marcello, Ronald E., Vol I
Marshall, Linda, Vol V
Nahrgang, Wilbur Lee, Vol II
Nash, Jerry, Vol III
Naylor, Larry L., Vol V
Odom, Edwin Dale, Vol I
Olsen, Solveig, Vol III
Oxford, Jeffery, Vol III
Pickens, Donald Kenneth, Vol I
Quinn, James F., Vol V
Reynolds, Richard Clay, Vol II
Rubin, Linda J., Vol V
Sadri, Malmoud, Vol V
Scobie, Ingrid Winther, Vol I, V
Shillingsburg, Peter Leroy, Vol II
Sibley, Jack Raymond, Vol IV
Smith, F. Todd, Vol I
Tanner, William Edward, Vol II
Vann, Jerry Don, Vol II
Waters, Richard L., Vol II
Williams, Joyce E., Vol V
Wilson, William Henry, Vol I
Yaffe, Martin David, Vol IV

Dripping Springs
Bilstein, Roger Eugene, Vol I

Edinburg
Bokina, John, Vol IV
Dominguez, Sylvia, Vol III
Henggeler, Paul R., Vol I
Jou, Jerwen, Vol V
La Prade, Douglas E., Vol II
Miller, Hubert J., Vol I
Phillips, Richard E., Vol I
Raajpoot, Uzzer A., Vol V
Vassberg, David Erland, Vol I
Wade, Seth, Vol II
Wakefield, Robert, Vol II

El Paso
Amastae, Jon Edward, Vol III
Armengol, Armando, Vol III
Best, Steven, Vol IV
Bledsoe, Robert Terrell, Vol II
Brunk, Samuel, Vol I
Campbell, Howard B., Vol V
Clymer, Kenton James, Vol I
Coleman, Karen J., Vol V
Deutsch, Sandra McGee, Vol I
Hackett, David Andrew, Vol I
Hall, David Lynn, Vol IV
Jackson, Carl Thomas, Vol I
Johnson, Steve, Vol V
Kawashima, Yasuhide, Vol I, IV
Leach, Joseph, Vol II
Louden, Bruce, Vol II, III
Manley, Joan, Vol III
Metz, Leon Claire, Vol I
Natalicio, Diana, Vol III, V
Perez-Pisonero, Arturo, Vol III
Ross, David, Vol II
Simon, Julius J., Vol IV
Small, Ray, Vol II
Teschner, Richard Vincent, Vol III
West, John Oliver, Vol II

Fort Worth
Alter, Judy, Vol II
Babler, John, Vol IV
Baird, William R., Vol IV
Bedford, David, Vol I, III
Bell, Reva Pearl, Vol V
Black, Wesley O., Vol V
Brisco, Thomas V., Vol I, IV
Brister, C. W., Vol IV
Brown, D. Clayton, Vol I
Daniel, Lee A., Vol II, III
Edwards, Joy, Vol V
Eldridge, Daryl, Vol V
Erisman, Fred Raymond, Vol I, II
Flowers, Ronald Bruce, Vol III, IV
Garrett, James Leo, Jr., Vol IV
Gouwens, David J., Vol IV
Hughes, Linda K., Vol II
Johnson, Rick L., Vol IV
King, Paul E., Vol II
Kirkpatrick, W. David, Vol IV
Lea, Thomas Dale, Vol IV
Loud, Patricia Cummings, Vol I
Lovejoy, Grant I., Vol IV
Lyon, Steve, Vol IV
Machado, Daisy L., Vol I, IV
Mathis, Robert, Vol IV
McBeth, Harry Leon, Vol I, IV
Middleton, Darren J. N., Vol IV
Newman, J. R., Vol I, V
Newport, J., Vol IV
Newsom, Douglas Ann, Vol II
Overstreet, Charles, Vol V
Perez, Frank E., Vol II
Pool, Jeff B., Vol IV
Procter, Ben, Vol I
Salih, Halil Ibrahim, Vol I, IV
Schmidt, Daryl Dean, Vol IV
Shepard, Alan, Vol II
Sherwood, Steven E., Vol II
Slattery, M. C., Vol I
Smith, Gene A., Vol I
Stevens, Paul W., Vol IV
Stripling, Mahala Yates, Vol II
Toulouse, Mark G., Vol I, IV
Tucker, William E., Vol I, IV
Vanderwerken, David Leon, Vol II
Welch, Robert H., Vol IV
Wertz, S. K., Vol IV
Woodward, Ralph L., Vol I
Yount, William R., Vol V

Ft Worth
Fasol, Al, Vol IV
Garrett, Robert I., Vol IV

Gainesville
McDaniel, Gerald, Vol II

Galveston
Burns, Chester Ray, Vol I
Carter, Michele A., Vol IV
Cole, Thomas Richard, Vol I
Curley, Stephen J., Vol II
Hoskins, Billie, Vol V
Jones, Anne Hudson, Vol II
Ryan, James G., Vol I
Streeter, Donald, Vol II
Vanderpool, Harold Young, Vol I, IV
Willett, Donald E., Vol I

Garland
Hufman, Melody J., Vol II

Georgetown
Gleason, Paul W., Vol II
Gottschalk, Peter, Vol I, IV
Hobgood-Oster, Laura, Vol I, IV
McClendon, Thomas, Vol I
Neville, Gwen K., Vol V
Saenger, Michael B., Vol II
Spellman, Norman Woods, Vol IV

Geographic Index

Hawkins
Hawkins, Dorisula Wooten, Vol V

Houston
Adams, Leslie Kennedy, Vol II
Akubukwe, David, Vol V
Alvarez, Jose E., Vol I
Andrist, Debra D., Vol III
Atang, Christopher, Vol V
Austin, William H., Vol IV
Balestra, Alejandra, Vol III
Barksdale, Leonard N., III, Vol IV
Beard, James William, Jr., Vol IV
Beeth, Howard, Vol I
Bell, Linda, Vol V
Benremouga, Karima, Vol II
Berger, Sidney L., Vol II
Bernard, John, Vol II
Bernhard, Virginia P., Vol I
Boles, John B., Vol I
Bongmba, Elias Kifon, Vol IV
Boyce, Elizabeth, Vol III
Brody, Boruch Alter, Vol IV
Brown-Guillory, Elizabeth, Vol II
Bullock, James, Vol IV
Carmichael, Sheleigh, Vol II
Carroll, Beverlee Jill, Vol IV
Chance, Jane, Vol II
Chen, Lilly, Vol III
Christian, Garna, Vol I
Crist, Lynda Lasswell, Vol I
Crowell, Steven G., Vol IV
Cunningham, James J., Vol V
Cunningham, Merrilee A., Vol II
Curry, Lawrence H., Jr., Vol I
Decker, Hannah S., Vol I
Dirst, Matthew, Vol II
Douglas, James Matthew, Vol IV
Drew, Katherine Fischer, Vol I
Dworkin, Anthony G., Vol V
Elfimov, Alexei, Vol V
Engelhardt, Hugo Tristram, Jr., Vol IV
Farge, James Knox, Vol I
Fisher, Robert Bruce, Vol I
Fishman-Boyd, Sarah, Vol I
Ford, Thomas Wellborn, Vol II
Foreman, Peggy E., Vol IV
Gilmore, Robert McKinley, Sr., Vol IV
Gilmore, Vanessa D., Vol IV
Gorman, John, Vol III
Grandy, Richard E., Vol IV
Green, Leamon L., Jr., Vol I
Grob, Alan, Vol II
Gruber, Ira, Vol I
Hall, Benjamin Lewis, III, Vol IV
Hart, John Mason, Vol I
Haskell, Thomas Langdon, Vol I
Hawes, William K., Vol II
Hildebrand, David, Vol IV
Hillar, Marian, Vol IV
Holt, Frank L., Vol I
Houng, Caroline C., Vol III
Huston, John Dennis, Vol II
Hyman, Harold Melvin, Vol I
Jackson, Richard A., Vol I
Jefferson, Joseph L., Vol V
Johnsen, Bredo C., Vol IV
Johnson, Caliph, Vol IV
Johnson, Richard Ronald, Vol I
Jones, James Howard, Vol I
Kanellos, Nicolas, Vol II, III
Kemmer, Suzanne E., Vol III
Kierstead, Fred P., Vol V
Kitchel, Mary Jean, Vol I, IV
Klein, Anne, Vol III, IV
Kulstad, Mark Alan, Vol IV
Lanning, Bill L., Vol IV
Law, Ron, Vol I
Levander, Caroline Field, Vol II
Lewis, Mary R., Vol V
Lindahl, Carl, Vol II, V
Lomas, Ronald Leroy, Vol II
Mackie, Hilary S., Vol II, III
Markos, Louis, Vol II
Martin, James Kirby, Vol I
Matusow, Allen Joseph, Vol I
McCaffrey, James M., Vol I
McCullough, Laurence B., Vol IV
McLendon, Will Loving, Vol III
McMullen, Mike, Vol IV, V
Melosi, Martin V., Vol I
Mieszkowski, Gretchen, Vol II
Mikics, David, Vol II
Miles, Edwin Arthur, Vol I
Minter, David Lee, Vol II
Mintz, Steven, Vol I
Mitchell, Douglas, Vol III
Moore, James Talmadge, Vol I
Morrison, Dennis L., Vol I
Mwamba, Zuberi I., Vol I
Naficy, Hamid, Vol II
Natunewicz, Mary Ann T., Vol II, III
Nelson, William N., Vol IV
Nogee, Joseph Lippman, Vol IV
O'Brien, Thomas F., Vol I
Oby, Jason B., Vol II
Osterberg, Susan, Vol V
Parsons, Keith M., Vol I, IV
Patten, Robert Lowry, Vol II
Petrovich, Alisa, Vol I
Phillips, Robert, Vol II
Pitre, Merline, Vol I
Pollock, James, Vol II
Prokurat, Michael, Vol IV
Qian, Nanxiu, Vol III
Rasmussen, S. J., Vol V
Reed, Linda, Vol I
Robbins, Susan P., Vol V
Rodriguez, Alvaro, Vol III
Rothman, Irving N., Vol II
Schiefen, Richard John, Vol I, IV
Schiff, Frederick, Vol II, V
Seed, Patricia, Vol I
Shelp, Earl E., Vol IV
Sher, George, Vol IV
Sherman, Roger, Vol IV
Skura, Meredith Anne, Vol II
Smith, Richard J., Vol I
Stokes, Gale, Vol I
Stone, Bailey S., Vol I
Storrs, Landon R. Y., Vol I
Strieder, Leon, Vol IV
Switzer, Les, Vol II
Taylor, James Sheppard, Vol II
Taylor-Thompson, Betty E., Vol II
Thal, Sarah, Vol I
Thompson, Ewa Majewska, Vol III
Tinsley, James Aubrey, Vol I
Tryman, Mfanya Donald, Vol IV
Tyler, Stephen, Vol V
Van Helden, Albert, Vol I
Wagner, Paul Anthony, Vol IV
Waldner-Haugrud, Lisa, Vol V
Walker, Stanley M., Vol IV
Wasserman, Julian, Vol II
Weissenberger, Klaus, Vol III
Weller, Cecil, Vol I
Wiener, Martin J., Vol I
Wilson, Joseph Benjamin, Vol III
Wintz, Cary DeCordova, Vol I
Wood, Philip R., Vol III
Wyschogrod, Michael, Vol IV
Yang, Insun, Vol III
Zophy, Jonathan W., Vol I

Huntsville
Barker, Rosanne M., Vol I
Bilhartz, Terry D., Vol I
Bradley, Marshell C., Vol IV
Camfield, Thomas M., Vol I
Coers, Donald V., Vol II
Coffey, Joan L., Vol I
Crimm, Carolina Castillo, Vol I
Dowdey, Diane, Vol II
Fair, Frank Kenneth, Vol IV
Harnsberger, R. Scott, Vol IV
Mallard, Harry, Vol II
Meredith, Hugh Edwin, Vol III
Olm, Lee Elmer, Vol I
Olson, James S., Vol I
Pappas, Nicholas C. J., Vol I
Parotti, Phillip, Vol II
Patrick, Darryl L., Vol I
Richardson, Don, Vol II
Roth, Mitchel, Vol I
Ruffin, Paul, Vol II
Wile, Kip, Vol II

Hurst
Stripling, Luther, Vol II

Irving
Balas, David L., Vol IV
Frank, William A., Vol IV
Jodziewicz, Thomas W., Vol I
Lehrberger, James, Vol IV
Lowery, Mark, Vol IV
Maddux, Stephen, Vol III
Martin, Sean Charles, Vol IV
Nagy, Moses Melchior, Vol III
Norris, John Martin, Vol IV
Pacwa, Mitch, Vol IV
Parens, Joshua, Vol IV
Rosemann, Philipp W., Vol IV
Sanchez, Elizabeth Doremus, Vol III
Sepper, Dennis L., Vol IV
Simmons, Lance, Vol IV
Smith, Janet E., Vol IV
Sommerfeldt, John R., Vol I
Sullivan, Charles R., Vol I
Swietek, Francis Roy, Vol I
Welch, June R., Vol I
West, Grace Starry, Vol II, III
Wilhelmsen, Alexandra, Vol I
Wood, Robert, Vol IV

Jacksonville
Johnson, Ronnie J., Vol IV, V

Keene
England, Micheal, Vol V
Sicher, Erwin, Vol I

Kerrville
Breeden, David M., Vol II
Keeble, Robert L., Vol II
Sullivan, Claudia N., Vol II

Kileen
Van Dyke, Brian D., Vol IV

Kilgore
Ludewig, Larry M., Vol V

Killeen
Gladden, John W., Vol V
Jones, Jerry W., Vol I

Kingsville
Elkins, Michael R., Vol II
Hunter, Leslie G., Vol I
Ponder, Fred T., Vol V

Knoxville
Logan, Joanne, Vol I

Lake Kiowa
Wolfe, Robert F., Vol IV

Lancaster
Christman, Calvin, Vol I

Laredo
Cardenas, Maria de la Luz Rodriguez, Vol I, V
Farrokh, Faridoun, Vol II
Hathorn, Billy B., Vol I
Mitchell, Thomas R., Vol II
Soto, Gilberto D., Vol II

Livingston
O'Day, Edward Francis, Vol V

Longview
Farrell, Hobert K., Vol IV
Hummel, Bradford Scott, Vol IV
Woodring, Andrew N., Vol IV

Lubbock
Ashby, Clifford, Vol II
Averill, Edward W., Vol IV
Aycock, Wendell M., Vol II, III
Bacon, Thomas Ivey, Vol III
Barker, Thomas T., Vol II
Barkley, Heather S., Vol II
Barr, Alwyn, Vol I
Beard, Laura J., Vol III
Breslin, Linda, Vol II
Brink, James Eastgate, Vol I
Brown, Lady, Vol II
Bubany, Charles Phillip, Vol IV
Carlson, Paul, Vol I
Carter, Locke, Vol II
Ceniza, Sherry, Vol II
Check, Ed, Vol I
Cismaru, Alfred, Vol III
Clarke, Bruce Cooper, Vol II
Collins, Jacquelin, Vol I
Conrad, Bryce D., Vol II
Crowell, Douglas E., Vol II
Curzer, Howard J., Vol IV
Cutter, Paul F., Vol II
Davis, Dale W., Vol II, III
Davis, Kenneth Waldron, Vol II
Dickson, John H., Vol II
Dietz, Donald T., Vol III
Dragga, Sam A., Vol II
Elbow, Gary S., Vol I, IV
Finco, Aldo, Vol III
Flynn, George Quitman, Vol I
George, Edward, Vol II, III
Harrienger, Myrna J., Vol II
Higdon, David Leon, Vol II
Hobbs, Wayne, Vol II
Howe, John Mcdonald, Vol I
Kemp, Fred O., Vol II
Ketner, Kenneth Laine, Vol II, IV
Klock, Sheldon, Jr, Vol III
Kuethe, Allan James, Vol I
Kuriyama, Constance, Vol II
Langford, Thomas, Vol II
McDonald, Walter Robert, Vol II
Miner, Madonne, Vol I, V
Nathan, Daniel O., Vol IV
Nelson, Otto Millard, Vol I
Newcomb, Benjamin H., Vol I
Niessen, James P., Vol I
Oberhelman, Harley Dean, Vol III
Patty, Stacy L., Vol IV
Perez, Genaro J., Vol III
Phelan, Marilyn E., Vol IV
Purinton, Marjean D., Vol II
Rainger, Ronald, Vol I
Ransdell, Joseph M., Vol IV
Rickly, Rebecca, Vol II
Rude, Carolyn D., Vol II
Rude, Donald W., Vol II
Samson, John W., Vol II
Santos, Jose Andre, Vol II, III
Schaller, Walter E., Vol IV
Schoenecke, Michael Keith, Vol II
Shaw, Patrick W., Vol II
Snead, David L., Vol I
Suppe, Frederick, Vol IV
Thomas, Orlan E., Vol I, II
Trotter, Mary, Vol II
Van Appledorn, Mary Jeanne, Vol II
Wages, Jack D., Vol II
Whitlark, James S., Vol II, III
Wilcox, Dean, Vol I, II
Williams, David E., Vol II
Young, Andy, Vol V
Zyla, Wolodymyr T., Vol III

Lubbox
Hurst, Mary Jane, Vol III

Marshall
Ellison, Robert, Vol II
Harris, John, Vol IV
Miller, Telly Hugh, Vol IV
Potts, Donald R., Vol IV
White, David, Vol IV

McAllen
Carter, David K., Vol IV
Evans, James L., Vol II, V

Mesquite
Evans, John, Vol V
Lightner, Robert P., Vol I, IV

Midland
Goodyear, Russell, Vol IV, V
Wynn, Dianna, Vol II

Mount Pleasant
Yox, Andrew, Vol I, V

Nacogdoches
Abernethy, Francis Edward, Vol II
Davis, Carl L., Vol I, IV
Devine, Joseph A., Jr., Vol I
Duncan, Kirby Luther, Vol II
Gaston, Edwin W., Jr, Vol II
Johnson, Bobby Harold, Vol I, II
McDonald, Archie Philip, Vol I
McGrath, Sylvia Wallace, Vol I
Olsen, P., Vol I
Reese, James Verdo, Vol I
Scharff, Lauren F., Vol V
Watson, Jack B., Vol V
Wilson, Wayne J., Vol V

Odessa
Olien, Diana Davids, Vol I
Simpson, Megan B., Vol II
Thompson, Spencer K., Vol V
Toruno, Rhina, Vol III

Orange
Coratti, John Edward, Vol IV

Pasadena
Hall, Wayne W., Vol V
Kinnebrew, Mary Jane, Vol II

Plainview
Feagin, Glyndle M., Vol IV
Owens, Nora Estelle, Vol I
Ratcliffe, Carolyn, Vol IV

Plano
Coulter, Matthew, Vol I
Matijevich, Elke, Vol III
Santillana, Fernando, Vol IV

Prairie View
McShane, Marilyn, Vol IV
Penrose, Mehl A., Vol III
Shine, Theodis, Vol II
Williams, Franklin P., Vol IV

Rancho Viejo
Soldan, Angelika, Vol IV

Richardson
Alexander, Bobby C., Vol IV, V
Argyros, Alex, Vol III
Bambach, Charles, Vol I
Berry, Brian J. L., Vol I
Branson, Susan, Vol I
Burton, Charles E., Vol V
Chandler, Joan, Vol I
Channell, David, Vol I
Cohen, Milton, Vol II
Egea, Esteban R., Vol III
Gossin, Pamela, Vol I, II
Hambly, Gavin Richard Grenville, Vol I
Haynes, Cynthia, Vol II
Hernandez, Juan, Vol III
Kain, John Forrest, Vol IV
Kelly, Rita Mae, Vol IV
Kratz, Dennis, Vol II
Leaf, Murray J., Vol V
Michaelson, Pat, Vol II
Nelsen, Robert, Vol II
Ozsvath, Zsuzsanna, Vol II
Rabe, Stephen, Vol I
Redman, Tim, Vol II
Schulte, Rainer, Vol II
Simpson, Michael, Vol II, III
Sobstyl, Edrie, Vol IV
Soliday, Gerald, Vol I
Stott, Deborah, Vol V
Van Beveren, Toosje T., Vol V
Wickberg, Daniel, Vol I
Wilson, Michael, Vol I
Worsfold, Victor, Vol I

Rio Vista
Baker, Thomas Lindsay, Vol I

San Angelo
Hindman, E. James, Vol I
Tetzlaff, Otto W., Vol III
Ward, James R., Vol I

San Antonio
Adams, Richard E. W., Vol I, V
Allen, Mark, Vol II
Andrea, Bernadette D., Vol II
Aspell, Patrick Joseph, Vol IV, V
Barker, Wendy, Vol II
Bernstein, Mark H., Vol II, III, IV
Blanchard, Robert O., Vol II
Brackenridge, Robert Douglas, Vol I, IV
Breit, William Leo, Vol IV
Burton, Joan, Vol II, III
Carey, Catherine, Vol II
Caver, Christine, Vol I, II
Chittenden, Jean Stahl, Vol III
Christ, William G., Vol II
Clayson, W., Vol I
Craven, Alan, Vol II
Diem, Richard A., Vol V
Drinka, Bridget, Vol III
Empereur, James L., Vol IV
Estep, Myrna Lynne, Vol IV
Firestone, Juanita M., Vol V
Fisher, Judith Law, Vol II
Garrison, Mark, Vol I
Gelo, Daniel J., Vol V
Graff, Harvey J., Vol I
Henderson, Dwight F., Vol I
Hernandez, Arthur E., Vol IV, V
Hill, L. Brooks, Vol II
Himelblau, Jack J., Vol III
Hovey, Kenneth, Vol II
Huesca, Robert, Vol II
Hughes, Glenn, Vol IV
Humphries, Bettye, Vol II
Hutton, John, Vol I

Jacobson, Rodolfo, Vol III, V
Johnson, David R., Vol I
Kates, Gary R., Vol I
Kellman, Steven G., Vol III
Lampe, Philip, Vol IV, V
Langlinais, J. Willis, Vol IV
Larraga, Maribel, Vol III
Larson, Doran, Vol II
Leies, John A., Vol IV
Levitt, Steven R., Vol II
Lopez, Debbie, Vol II
Luper, Steven, Vol IV
Lyons, Bonnie, Vol II
Martin, John J., Vol I
Matthews, Rebecca, Vol I, II
McBride, Margaret, Vol II
McCusker, John J., Vol IV
Mendoza, Louis, Vol II, V
Metcalf, Alida C., Vol I
Miller, A. R., Vol IV
Miller, Char, Vol I
Myers, Ellen H., Vol I
Nadeau, Randall, Vol IV
Norman, Judith, Vol IV
Oleszkiewicz, Malgorzata, Vol III
Paleczny, Barbara, Vol IV
Pearce, James, Vol II, III
Perry, John, Vol II
Reesman, J. C., Vol II
Reitzes, Lisa B., Vol I
Rodriguez, Clemencia, Vol II
Romano, Susan, Vol II
Romo, Ricardo, Vol I
Ryan, Eilish, Vol IV
Salvucci, Linda Kerrigan, Vol I
Sauer, James B., Vol IV
Schott, Linda, Vol I
Schulte, Josephine Helen, Vol I
Sherwood, Stephen K., Vol IV
Spinks, C. William, Vol II
Stroud, Matthew David, Vol III
Talbot, Charles, Vol I
Taylor-Mitchell, Laurie, Vol I
Valone, Carolyn, Vol I
Walker, William O., Jr., Vol IV
Wells, Colin, Vol II, III
Wickham, Christopher, Vol III
Wilkinson, Kenton, Vol II
Williams, Suzanne Hurst, Vol II
Woodson, Linda, Vol II

San Macros
Rosenberg, Teya, Vol II

San Marcos
Beebe, Steven A., Vol II
Bell-Metereau, Rebecca, Vol II
Blair, John, Vol II
Brister, Louis Edwin, Vol III
Brown, Ronald Conklin, Vol I
Brunson, Martha Luan, Vol II
Cagniant, Pierre, Vol I
Chase Hankins, June, Vol II, V
Chavkin, Allan, Vol II
de la Teja, J. F., Vol I
Dunn, Dennis John, Vol I
England, Michael Timothy, Vol II
Fite, Kathleen E., Vol V
Frost, Christopher J., Vol V
Grayson, Nancy Jane, Vol II
Hardwick, Susan Wiley, Vol I
Hennessy, Michael, Vol II
Laird, Edgar, Vol II
Liddle, William D., Vol I
Lochman, Daniel, Vol II
Makowski, Elizabeth, Vol I
Margerison, Kenneth, Vol I
Marron, Maria B., Vol II
Martin, Carole, Vol III
Monroe, Debra, Vol II
Nelson, Claudia B., Vol II
Nelson, David C., Vol II
Peirce, Kate L., Vol II
Pohl, James William, Vol I
Rao, Sandhya, Vol II
Renfro, Paula C., Vol II
Renfro, R. Bruce, Vol II
Ronan, Clifford J., Vol II
Salem, Philip, Vol II
Skerpan-Wheeler, Elizabeth P., Vol II
Smith, Joanne Hamlin, Vol V
Swinney, Everette, Vol I
Wilson, Steven M., Vol II
Yick, Joseph Kong Sang, Vol I

Seguin
Beck, Norman Arthur, Vol IV
Bittrich, Louis Edward, Vol II, III

Sherman
Cape, Robert W., Jr., Vol II, III
Carlson, Arvid John, Vol I
Cummins, Light Townsend, Vol I
Cummins, Victoria Hennessey, Vol I
Duffey, John Patrick, Vol III
Moore, William Hamilton, Vol II
Tooley, T. Hunt, Vol I

Snyder
Wilks, Duffy J., Vol IV

Station
Costa, Richard Hauer, Vol II
Koepke, Wulf, Vol III

Stephenville
Gibson, Jennifer, Vol V
Martin, William Bizzell, Vol II

Tomball
Dernovsek, Vera, Vol II

Tyler
Cooper, M. Wayne, Vol IV
Eidenmuller, Michael, Vol II
Jedlicka, Davor, Vol V
Park, Hong-Kyu, Vol I, IV
Rogers, Jack E., Vol II, V
Scherb, Victor I., Vol II

Vernon
Farber, Jimmie D., Vol II

Victoria
Hardin, Stephen L., Vol I
Smith, Harold L., Vol I
Stanford, RoseMary, Vol IV
Walker, Ronald Gary, Vol II

Waco
Baird, Robert Malcolm, Vol IV
Barge, J. Kevin, Vol II
Barker, Lewis M., Vol V
Beck, Rosalie, Vol IV
Breckenridge, James, Vol I, IV
Charlton, Thomas L., Vol I
Collmer, Robert George, Vol II
Conyers, A. J., Vol IV
Creed, Bradley, Vol IV
Cresson, Bruce Collins, Vol I, IV
Davis, Derek H., Vol IV
Davis, William V., Vol II, IV
Duncan, Elmer H., Vol IV
Hail, Jim G., Vol V
Hendon, David Warren, Vol I
Hunt, Maurice A., Vol II
Kelly, S., Vol II
Kent, Dan Gentry, Vol IV
Kisacky, Julie, Vol III
Lahaie, Scott, Vol I, II
Lemaster, Jimmie R., Vol II
Longfellow, David Lyman, Vol I
Ngan, Lai Ling E., Vol IV
Nordling, John G., Vol II, III
Olson, Roger E., Vol I, IV
Patterson, Bob E., Vol II, IV
Pitts, Bill, Vol I, IV
Ray, Robert H., Vol II
Rennie, Mairi C., Vol II
Rust, Eric C., Vol I
Smith, Diane E., Vol II, III
Sorelle, James Martin, Vol I
Talbert, Charles H., Vol IV
Vardaman, James Welch, Vol I
Velez, Joseph Francisco, Vol III
Wallace, Patricia D., Vol I
Wood, John A., Vol IV

Wharton
Loessin, Jonathan K., Vol V
Soderstrom, Doug, Vol V
Spellman, Paul, Vol I

Wichita Falls
Arnoult, Sharon L., Vol I
Brown, Harry Matthew, Vol II
Hoggard, James Martin, Vol II
Kindig, Everett W., Vol I
Smith, Evans L., Vol II, III
Taylor, Arvilla Kerns, Vol II

Wimberley
Trull, Joe, Vol IV

Woodlands
Schmandt, Jurgen, Vol IV

UTAH

Cedar City
Aton, James M., Vol II
Harrison, James W., Vol III
Heuett, Brian L., Vol II
Lee, William David, Vol II
Vlasich, James Anthony, Vol I

Ceder City
Lee, David, Vol II

Logan
Bakker, Jan, Vol II
Carmack, Noel A., Vol I
Chung, Younsook Na, Vol II
Cole, Robert, Vol I
Derry, James, Vol II
Ellsworth, Samuel George, Vol I
Fawcett, Bill, Vol V
Glass-Cofin, Bonnie, Vol V
Glatfelter, Ralph Edward, Vol I
Huenemann, Charles, Vol IV
Jones, Norman L., Vol I
Lewis, David Rich, Vol I
McInerney, Daniel J., Vol I
Milner, Clyde A., II, Vol I
Nicholls, Michael Lee, Vol I
O'Connor, Carol A., Vol I
Pease, Ted, Vol II
Peterson, Charles S., Vol I
Peterson, Frank Ross, Vol I
Posthofen, Renate, Vol III
Robson, Kent E., Vol IV
Siporin, Steve, Vol I, II
Smitten, Jeffrey, Vol II
Sweeney, Michael S., Vol II
Tweraser, Felix W., Vol III
Wilson, William Albert, Vol V

Ogden
Elliott, Harold M., Vol I
Godfrey, Gary M., Vol III
Krantz, Mary Diane F., Vol II
Mathews, Thomas J., Vol III
Sharpes, Donald Kenneth, Vol V
Vause, L. Mikel, Vol II
Wei-Arthus, Huiying, Vol V
Wutz, Michael, Vol II

Orem
Bennion, J., Vol V
Kazemzadeh, Masoud, Vol IV
Keller, David R., Vol IV
McDonald, R., Vol II
Mizell, K., Vol IV
Paulsen, David L., Vol IV
Snedegar, Keith, Vol I

Provo
Alexander, Thomas G., Vol I
Baker, Joseph O., Vol III
Barton, Sally H., Vol V
Beecher, Maureen Ursenbach, Vol I, III
Britsch, R. Lanier, Vol I
Brown, Scott Kent, Vol I, IV
Burlingame, Gary M., Vol V
Cannon, Donald Quayle, Vol I
Carter, K. Codell, Vol IV
Christenson, Allen J., Vol I
Christiansen, Nancy Lee, Vol II
Cowan, Richard O., Vol I, IV
Cracroft, Richard Holton, Vol II
Davis, Garold N., Vol III
Depillis, Mario Stephen, Vol I
Duerden, Richard Y., Vol II
Faulconer, James E., Vol IV
Fox, Frank Wayne, Vol I
Geary, Edward Acord, Vol II
Graham, Daniel W., Vol IV
Hallen, Cynthia L., Vol III
Hart, Edward Leroy, Vol II
Hawkins, John P., Vol V
Hegstrom, Valerie, Vol III
Holmes, Blair R., Vol I
Hyer, Paul V., Vol I
Jackson, Kent Phillips, Vol III
Jacobson, Cardell K., Vol V
Jarvis, Donald Karl, Vol III
Jensen, De Lamar, Vol I
Jones, Randall Lee, Vol III
Keele, Alan F., Vol III
Kelling, Hans-Wilhelm L., Vol III
Klein, Ilona, Vol III
Lambert Brigham Young Univ, Michael J., Vol V
Lounsbury, Richard Cecil, Vol I, III
Luthy, Melvin Joseph, Vol III
Lyon, James K., Vol III
Madsen, Carol Cornwall, Vol I, V
Madsen, Truman Grant, Vol IV
Murphy, John J., Vol II
Oaks, Harold Rasmus, Vol II
Parry, Joseph D., Vol II
Paxman, David B., Vol II
Pedersen, Darhl M., Vol V
Peer, Larry Howard, Vol III
Perkins, George W., Vol III
Pixton, Paul Brewer, Vol I
Preston, Cheryl B., Vol IV
Quackenbush, Louis Howard, Vol III
Reynolds, Noel Beldon, Vol IV
Rogers, Thomas Franklyn, Vol III
Ryskamp, George R., Vol IV
Shumway, Larry V., Vol II, V
Skousen, Royal, Vol III
Slife, Brent D., Vol V
Sperry, Kip, Vol I
Tanner, John Sears, Vol II
Tanner, Stephen Lowell, Vol II
Tate, George Sheldon, Vol II
Thomas, Paul R., Vol II
Walton, Elaine, Vol V
Warner, Ted J., Vol I
Wilson, Laurie J., Vol II
Worthen, Vaughn E., Vol V
York, Neil L., Vol I

Provost
Pratt, Dale J., Vol III

Salt Lake City
Adams, Winthrop Lindsay, Vol I
Aggeler, Geoffrey Donovan, Vol II
Alexander, Dennis C., Vol II
Barlow, K. Renee, Vol I, V
Barusch, Amanda S., Vol V
Battin, Margaret Pabst, Vol IV
Bergstrom, Mark, Vol II
Brunvand, Jan Harold, Vol V
Bullough, Robert V., Jr., Vol I, V
Cassell, P. G., Vol IV
Chopyk, Dan Bohdan, Vol III
Clayton, James L., Vol I, IV
Coleman, Ronald Gerald, Vol I
Coombs, Frank Alan, Vol I
Council, Norman Briggs, Vol II
Davison, Alan R., Vol III
Derezotes, David S., Vol V
Donavin, Georgiana, Vol II
Downes, Stephen M., Vol IV
Fiema, Zbigniew, Vol I, V
Firmage, Edwin Brown, Vol IV
Gerlach, Larry Reuben, Vol I
Gess, Randall S., Vol III
Giles, Jerry, Vol V
Goldberg, Robert A., Vol I
Gringeri, Christina E., Vol V
Helbling, Robert E., Vol III
Hess, William Huie, Vol II, III
Hollstein, Milton C., Vol II
Holmes, Michael E., Vol II
Johnson, Paul E., Vol I
Keiter, Robert B., Vol I, IV
Knapp, Gerhard Peter, Vol II
Madsen, Brigham Dwaine, Vol I
McPhail, Mark L., Vol II
Millgram, Elijah, Vol IV
Mujcinovic, Fatima, Vol II
Neta, Ram, Vol IV
Newman, Lex, Vol I, IV
Olsen, Glenn Warren, Vol I
Oravec, Christine, Vol II
Revell, Donald, Vol II
Samuels, Wilfred D., Vol II
Sillars, Malcolm O., Vol II
Smith, Larry L., Vol IV
Steensma, Robert Charles, Vol II
Taylor, Sandra C., Vol I
Tiemens, Robert K., Vol II
Tompson, Richard Stevens, Vol I
Torrago, Loretta, Vol IV
Tuttle, Howard N., Vol IV
Vlam, Grace A. H., Vol I
Walgren, Kent, Vol IV
White, Nicholas P., Vol IV

VERMONT

Barton
Hoagland, Edward, Vol II

Bennington
Burkhardt, Frederick, Vol IV
Glazier, Lyle Edward, Vol II
Newman, Lea Bertani Vozar, Vol II
Sandy, Stephen, Vol II
Wang, Shunzhu, Vol III

Brattleboro
Oakes, James L., Vol IV

Burlington
Ambrose, Z. Philip, Vol III
Andrea, Alfred J., Vol I
Bailly, Jacques A., Vol II, III
Berkowitz, Stephen David, Vol V
Crichfield, Grant, Vol III
Daniels, Robert V., Vol I
Davison, Jean Margaret, Vol I, III
Doyle, Mary Beth, Vol V
Flores, Yolanda, Vol III
Grinde, Donald Andrew, Vol I
Guignon, Charles B., Vol IV
Guitar, Barry, Vol II
Gutman, Stanley T., Vol II
Hall, Robert William, Vol IV
Hand, Samuel B., Vol I
Huddle, David R., Vol II
Hutton, Patrick H., Vol I
Joffe, Justin M., Vol V
Kornblith, Hilary, Vol IV
Mann, William Edward, Vol I, IV
McCann, Harold G., Vol V
McCauley, Rebecca J., Vol II
Metcalfe, William Craig, Vol I
Prelock, Patricia A., Vol II
Randall, Willard, Vol I
Roberts, Julie, Vol II
Rosa, Alfred, Vol II
Rothwell, Kenneth Sprague, Vol II
Sandoval, Dolores S., Vol V
Stoler, Mark A., Vol I
Stout, Neil R., Vol I
van Slyke, Gretchen J., Vol III
Weiger, John George, Vol III
Winter, Kari J., Vol II
Youngblood, Denise J., Vol I

Castleton
Acheson, Julianna, Vol V
Chamberlain, Kathleen P., Vol I
Cook, Warren Lawrence, Vol I
Gershon, Robert, Vol II
Holmes, Burnham, Vol II

Colchester
Balutansky, Kathleen M., Vol II
Dameron, George Williamson, Vol I
Kaplan, Carey, Vol II
Kenney, John Peter, Vol IV
Lewis, Nathaniel, Vol I, II
Niemi, Robert, Vol II
Reiss, John, Vol II
Shea, Kerry, Vol III
Smith, Lorrie, Vol II
Trumbower, Jeffrey A., Vol IV
Umanzor, Marta A., Vol III
Wang, K. W., Vol I

Cornwall
Littlefield, David J., Vol II

Island Heights
Noble, William P., Vol I, IV

Lincoln
Shattuck, Roger, Vol II

Lyndonville
Viles, Perry, Vol I

Marlboro
Kevra, Susan, Vol III
Weiner, Neal O., Vol II, III, IV

Middlebury
Andreu, Alicia Graciela, Vol III
Bates, Stanley P., Vol IV
Berninghausen, John, Vol III
Carney, Raymond, Vol II
Davydov, Sergei, Vol III
DiGiacomo, Susan, Vol V
Elder, John, Vol II
Endicott, Elizabeth, Vol I
Ferm, Robert L., Vol IV
Huber, Thomas, Vol III
Jacobs, Travis B., Vol I

Keenan, John P., Vol IV
Knox, Edward Chapman, Vol III
Lamberti, Marjorie, Vol I
Macey, David A. J., Vol I
Margolis, Gary, Vol V
Matthias, Bettina Ulrike, Vol III
McWilliams, John P., Vol II
Millier, Brett, Vol II
Monod, Paul, Vol I
Moran, Thomas Hillcrest, Vol III
Potts, Cassandra W., Vol I
Ralph, James R., Vol I
Rockefeller, Steven C., Vol I, IV
Schaumann, Caroline, Vol III
Schine, Robert S., Vol IV
Sonderegger, Katherine, Vol IV
Sparks, Kimberly, Vol III
Waldron, William S., Vol IV
Waters, Neil L., Vol I
West, James L., Vol I
Wyatt, Don, Vol I
Yarbrough, O. Larry, Vol IV
Yu, Clara, Vol III
Zenteno, Gloria Estela Gonzalez, Vol III

Montpelier
Brenneman, Walter L., Jr., Vol I, IV

New Haven
Clifford, Nicholas R., Vol I

Northfield
Liberman, Terri, Vol II
Shernock, Stanley K., Vol V

Norwich
Conley, Katharine, Vol II, III

Poultney
Christensen, Laird E., Vol II

Pownal
Gibson, Walter S., Vol I

Proctorsville
Chick, Edson Marland, Vol III

Putney
Halpern, Beth, Vol IV

Saint George
Manchel, Frank, Vol II

Tunbridge
Wolfe, David L., Vol IV, V

Washington
Dates, Jannette Lake, Vol II
Felder, Cain Hope, Vol IV
George, Luvenia A., Vol II, V
Gilmore, Al Tony, Vol I
Hamilton, Edwin, Vol V
Harvey, Louis-Charles, Vol IV
Mason, Donna S., Vol V
Miller, Tedd, Vol IV
Saunders, Mauderie Hancock, Vol V
Shopshire, James Maynard, Vol IV
Subryan, Carmen, Vol II
Taylor, Arnold H., Vol I
Thornell, Richard Paul, Vol IV
Wallace, Karen Smyley, Vol III
Wilson, Willie Frederick, Vol IV

White River Junction
Madden, Edward H., Vol IV

Worcester
Young-Eisendrath, Polly, Vol V

VIRGINIA

Alexandria
Atkeson, Edward B., Vol I
Bochnowski, Michael, Vol IV, V
Cook, Stephen L., Vol IV
Davis, Ellen F., Vol IV
Delacre, Georges, Vol IV
Duncan, Richard R., Vol I
Dyer, James Mark, Vol IV
Edwards, Don R., Vol II, III
Eversley, Walter V. L., Vol IV
Falk, Stanley Lawrence, Vol I
Francis, Samuel Todd, Vol I
Fuller, Reginald H., Vol IV
Gearey, Amelia J., Vol IV, V
Hanchey, Howard, Vol IV
Horne, Martha J., Vol IV
Jones, Richard J., Vol IV
McDaniel, Judith M., Vol IV
McVeigh, Paul J., Vol II
Newman, Murray L., Vol IV
Parrent, Allan Mitchell, Vol IV
Petraglia, Michael, Vol I, V
Prichard, Robert W., Vol IV
Ross, James F., Vol IV
Sandy, Kity, Vol I
Scott, David Allen, Vol IV
Seale, William, Vol I
Sedgwick, Timothy F., Vol IV
Shosky, John, Vol IV
Stafford, William Sutherland, Vol I, IV
Walen, Alec D., Vol IV

Annandale
Alford, Terry L., Vol I
Eadie, William F., Vol II
Watson, John W., Vol III

Arlington
Bearss, Edwin Cole, Vol I
Boylan, Michael A., Vol IV
Burford, Jim, Vol I
Byrne, James E., Vol IV
Cohen, Lloyd R., Vol IV
Haines, Gerald Kenneth, Vol I
Hering, Frank G., Vol II
Hollander, Rachelle D., Vol IV
Langley, Harold D., Vol I
Moss, Alfred A., Jr., Vol IV
Oglesby, James Robert, Vol V
Schurman, Lydia Cushman, Vol II

Ashland
Beatty, Joseph, Vol IV
Daugherty, Gregory Neil, Vol II, III
deGraff, Amy, Vol I, III
McCaffrey, Daniel, Vol II, III
Scanlon, James Edward, Vol I
Tuell, Steven Shawn, Vol IV
Yamamoto, Masahiro, Vol I

Bellingham
Vajda, Edward J., Vol III

Big Stone Gap
Quillen, Rita S., Vol II

Blacksburg
Anderson, Linda, Vol II
Assar, Nandini Narain, Vol V
Barr, Marleen Sandra, Vol II, V
Becker, Andrew S., Vol II, III
Bixler, Jacqueline, Vol III
Britt, Brian M., Vol IV
Burian, Richard M., Vol IV
Doswald, Herman K., Vol III
Drake, Dana Blackmar, Vol III
Ekirch, A. Roger, Vol I
Fine, Elizabeth C., Vol II, V
Fishwick, Marshall W., Vol I
Fitzpatrick, William J., Vol IV
Fowler, Virginia C., Vol II
Graham, Peter W., Vol II
Hammond, Guy Bowers, Vol IV
Hasselman, Margaret, Vol II
Hattab, Helen, Vol IV
Hirsh, Richard Frederic, Vol I
Howard, Thomas Carlton, Vol I
Kaufman, Burton I., Vol I
Klagge, James C., Vol IV
Levy, John M., Vol I
Malbon, Elizabeth Struthers, Vol IV
Mann, Jeffrey A., Vol II
Mcallister, Matthew P., Vol II
Norstedt, Johann A., Vol II
Pitt, Joseph C., Vol IV
Riley, Sam G., Vol II
Robertson, James I., Vol I
Robertson, James Irvin, Vol I
Saffle, Michael, Vol II
Shumsky, Neil Larry, Vol I
Stahl, John D., Vol II
Stubbs, John C., Vol II
Sulloway, Alison G., Vol II
Taylor, Charles L., Vol IV
Tucker, Edward L., Vol II
Wallenstein, Peter, Vol I
Welch, Dennis Martin, Vol II

Bluefield
Crawford, Timothy G., Vol IV
Lyle, Kenneth, Vol IV

Bridgewater
Phenix, Philip Henry, Vol IV
Piepke, Susan L., Vol III
Pierson, Jeffery A., Vol II

Bristol
Pridgen, Allen, Vol II

Buena Vista
Armstrong, John M., Vol IV
Cluff, Randall, Vol II

Burke
Gropman, Alan Louis, Vol I

Charlottesville
Abbot, William Wright, Vol I
Allinson, Gary, Vol I
Arata, Stephen D., Vol II
Barolsky, Paul, Vol I, II
Battestin, Martin Carey, Vol II
Beizer, Janet L., Vol III
Berkeley, Edmund, Vol I
Berlanstein, Lenard Russell, Vol I
Blotner, Joseph Leo, Vol II
Bluestone, Daniel, Vol I
Bond, Julian, Vol I
Bonnie, Richard J., Vol IV
Cantor, Paul Arthur, Vol II
Casey, John Dudley, Vol I, II, IV
Casteen, John, Vol I, III
Chase, Karen S., Vol II
Chase, Philander Dean, Vol I
Childress, James Franklin, Vol IV
Clay, Jenny Strauss, Vol II, III
Cohen, George M., Vol IV
Colker, Marvin L., Vol III
Connolly, Julian Welch, Vol III
Cook, Robert Francis, Vol III
Courtney, Edward, Vol II, III
Cross, Robert Dougherty, Vol I
Cushman, Stephen B., Vol II
Cusick, Suzanne G., Vol II
Davidson, Hugh Maccullough, Vol III
Denomme, Robert T., Vol III
DeVeaux, Scott, Vol II
Duggan, Hoyt Nolan, Vol III
Edsall, Nicholas Cranford, Vol I
Elson, Mark Jeffrey, Vol III
Feldman, Jessica R., Vol II
Felski, Rita, Vol II
Forbes, John Douglas, Vol I
Fry, Donald K., Vol II
Gallagher, Gary W., Vol I
Gaston, Paul M., Vol I
Gaunt, Kyra D., Vol II
Gerli, E. Michael, Vol I, III
Gies, David Thatcher, Vol III
Green, Mitchell S., Vol IV
Grossman, Jeffrey, Vol III
Haberly, David T., Vol III
Hajibashi, Zjaleh, Vol III
Hartt, Julian Norris, Vol IV
Havran, Martin Joseph, Vol I
Hermann, E. C., Vol III
Herrero, Javier, Vol III
Holt, Michael Fitzgibbon, Vol I
Howard, A. E. Dick, Vol IV
Hudson, G. Elizabeth, Vol II
Jackson, William Edward, Vol III
Jordan, Ervin L., Vol I
Kauffman, James M., Vol V
Kett, Joseph Francis, Vol I, V
Kovacs, P. David, Vol II, III
Kraehe, Enno Edward, Vol I
Kubovy, Michael, Vol V
Lang, Cecil Y., Vol II
Langbaum, Robert, Vol II
Leaman, George R., Vol IV
Leffler, Melvyn P., Vol I
Levenson, Jacob Clavner, Vol II
Loach, Donald, Vol II
Lyons, John D., Vol III
Malone, Dumas, Vol I, II
Mathewes, Charles, Vol IV
Maus, Fred Everett, Vol II
Maus, Katharine E., Vol II
Mcclellan, Woodford, Vol I
McClymonds, Marita P., Vol II
McCurdy, Charles William, Vol I
McDonald, William Cecil, Vol III
McKinley, Mary B., Vol III
Meador, Daniel John, Vol IV
Merrill, Richard Austin, Vol IV
Midelfort, H. C. Erik, Vol I
Miles, David Holmes, Vol III
Miller, John F., Vol II, III
Miller, Joseph Calder, Vol I
Moore, John Norton, Vol IV
Neiman, Fraser Duff, Vol I
Noble, Thomas Francis Xavier, Vol I
Nohrnberg, James Carson, Vol II, IV
Nolan, Barbara, Vol II
Onuf, Peter S., Vol I
Opere, Fernando, Vol III
Osheim, Duane Jeffrey, Vol I
Perdue, Charles L., Vol V
Perkowski, Jan Louis, Vol III
Peterson, Merrill Daniel, Vol I
Picker, John, Vol II
Picker, Martin, Vol II
Ramazani, Jahan, Vol II
Reed, Bradley W., Vol I
Reilly, Lisa, Vol I
Rini, Joel, Vol III
Roberts, Marion Elizabeth, Vol I
Rubin, David Lee, Vol III
Russell, Edmund Paul, III, Vol I
Sabato, Larry J., Vol IV
Scharlemann, Robert Paul, Vol IV
Schmitt, Hans Adolf, Vol I
Schuker, Stephen A., Vol I
Schutte, Anne Jacobson, Vol I
Scott, Nathan Alexander, Jr., Vol IV
Secada, Jorge E. K., Vol IV
Sedgwick, Alexander, Vol I
Simmons, A. John, Vol IV
Simon, Roland Henri, Vol I, III
Stephan, Paul Brooke, III, Vol IV
Thomas, Mark, Vol I
Trotter, A. H., Jr., Vol IV
Turner, Edith, Vol V
Turner, Robert Foster, Vol IV
Twohig, Dorothy Ann, Vol I
Unsworth, John M., Vol II
Vandersee, Charles Andrew, Vol II
Velimirovic, Milos, Vol II
Wadlington, Walter James, Vol IV
Wagner, Roy, Vol I, V
Wells, Camille, Vol I
White, G. Edward, Vol I, IV
Wilson, Richard Guy, Vol I
Winner, Anthony, Vol II, III
Winner, Viola Hopkins, Vol II
Wollenberg, Bruce, Vol IV
Wyatt, David M., Vol II
Zagorin, Perez, Vol I
Zunz, Olivier, Vol I

Danville
Charity, Ruth Harvey, Vol IV
Hayes, Jack, Vol I
Laughlin, John C. H., Vol IV, V

Dunn Loring
Mickolus, Edward F., Vol IV

Emory
Reid, Robert L., Vol II

Fairfax
Bateson, Mary Catherine, Vol II, V
Berroa, Rei, Vol III
Brown, Lorraine Anne, Vol II
Brown, Stephen Jeffry, Vol II
Brunette, Peter, Vol I
Censer, Jack R., Vol I
Censer, Jane Turner, Vol I
Colvin, Mark, Vol V
Davis, Molly F., Vol V
DeCosta-Willis, Miriam, Vol III
Dennis, Rutledge M., Vol V
Deshmukh, Marion Fishel, Vol I
Dietz, Thomas, Vol V
Elstun, Esther Nies, Vol III
Foster, John Burt, Vol II
Fuchs, Cynthia, Vol I
Gras, Vernon W., Vol II
Hecht, Leo, Vol III
Irvine, Lorna Marie, Vol II
Jacobs, Mark D., Vol V
Jann, Rosemary, Vol II
Kalof, Linda E., Vol V
Kelley, Michael Robert, Vol II, III
Kinnaman, Theodore J., Vol IV
Lont, Cynthia M., Vol II
Pfund, Peter H., Vol I, IV
Roman-Mendoza, Esperanza, Vol II, III
Rosenzweig, Roy A., Vol I
Rothbart, Daniel, Vol IV
Rowan, Katherine E., Vol II
Schunn, C., Vol V
Smith, Paul, Vol I
Starosta, William J., Vol II, V
Stearns, Peter N., Vol I
Tavani, Nicholas J., Vol V
Tolchin, Susan Jane, Vol IV
Williams, Marcus Doyle, Vol IV
Winkler, Martin M., Vol II, III
Yocom, Margaret Rose, Vol II, V
Zagarri, Rosemarie, Vol I

Falls Church
Moore, Robert Hamilton, Vol II

Farmville
Cormier, Raymond, Vol III
Millar, Gilbert J., Vol I
Orth, Geoffrey C., Vol III
Simmons, Betty Jo, Vol V
Strait, John B., Vol I

Ferrum
Hardt, John S., Vol II
Woods, Daniel, Vol I

Franklin
LeBlanc, W. James, Vol III

Fredericksburg
Aminrazavi, Mehdi, Vol IV
Bourdon, Roger J., Vol I
Krick, Robert Kenneth, Vol I
Merrill, Sammy Ray, Vol III
Rochelle, Warren Gary, Vol II
Smith, Roy H., Vol V
Wellington, Marie Annette, Vol III

Fredricksburg
Ryang, Key S., Vol I

Front Royal
Carroll, Warren Hasty, Vol I, IV
Flippen, Douglas, Vol IV

Glen Allen
Tesmer, Floyd S., Vol V

Hampden-Sydney
Arieti, James Alexander, Vol I, II, III
Heinemann, Ronald, Vol I
Jagasich, Paul A., Vol III
Simpson, Hassell Algernon, Vol II

Hampton
Benjamin, Lois, Vol V
Brown, Jessie Lemon, Vol II
Duncan, John C., Jr., Vol IV
Jefferson, M. Ivory, Vol IV
Jones, Bonnie Louise, Vol IV
Locke, Mamie Evelyn, Vol IV
Long, Thomas L., Vol II
Morris, Margaret Lindsay, Vol III
Noel, Melvina, Vol V
Norwood, Margaret M., Vol V
Porter, Michael LeRoy, Vol I, II
Whittenburg, Carolyn, Vol I

Harrisburg
Fawkes, Don, Vol IV

Harrisonburg
Anderson, Steven D., Vol II
Arthur, Thomas H., Vol II
Bland, Sidney Roderick, Vol I, V
Cohen, Ralph Alan, Vol II
Congdon, Lee W., Vol I
Couch, James, Vol V
Engle, James R., Vol IV
Finger, Thomas, Vol IV
Gabbin, Joanne Veal, Vol II
Galgano, Michael J., Vol I
Gingerich, Ray C., Vol IV
Grimsrud, Theodore G., Vol IV
Halonen, Jane S., Vol V
Hawthorne, Mark D., Vol II
Hoskins, Robert V., Vol II
Hyser, Raymond M., Vol I
Keim, Albert N., Vol IV
King, Sallie B., Vol IV
King, Thomas L., Vol II
Maclean, Iain Stewart, Vol IV
McGuire, Charles, Vol II
McKinney, Lauren D., Vol IV
Morey, Ann-Janine, Vol IV

Nickels, Cameron C., Vol II
Riley, Philip Ferdinand, Vol I
Sprunger, Mary S., Vol IV
Weaver, Dorothy Jean, Vol IV
Zehr, Howard, Vol V
Zimmerman, Earl, Vol IV

Keswick
Bates, George Albert, Vol IV

Lawrenceville
Kamau, Mosi, Vol I

Lexington
Bausum, Henry S., Vol I
Brown, Alexandra, Vol IV
Campbell, Gwyn E., Vol III
Craun, Edwin David, Vol II
Davis, Thomas Webster, Vol I
Davis, Winston, Vol I, IV
Emmitt, Helen, Vol II
Fay, Mary Ann, Vol I
Gentry, Thomas Blythe, Vol II
Hays, Willard Murrell, Vol I
Hodges, Louis Wendell, Vol II, IV
Keen, Suzanne, Vol II
Kirgis, Frederic Lee, Vol IV
Koeniger, A. Cash, Vol I
LaRue, Lewis Henry, Vol IV
Martin, Joseph Ramsey, Vol IV
McCleskey, Turk, Vol I
Partlett, David Frederick, Vol IV
Pierpaoli, Paul G., Vol I
Richter, Duncan J., Vol IV
Sessions, William Lad, Vol IV
Sheldon, Rose Mary, Vol I
Stuart, Dabney, Vol II
Thomas, Donald E., Vol I
Thompson, Roger C., Vol II
Tucker, Spencer C., Vol I
Vandervort, Bruce, Vol I
Warren, James Perrin, Vol II
Weing, Siegfried, Vol III

Lynchburg
Adams, Beverly C., Vol V
Beck, W. David, Vol IV
Brindle, Wayne, Vol IV
Deibler, Timothy, Vol IV
Friedman, Lesley, Vol IV
Hanenkrat, Frank Thomas, Vol II
Hostetler, Theodore J., Vol I, II
Huston, James Alvin, Vol I
Isaac, Lily, Vol II
Isaac, Samuel, Vol II
Matheny, William Edward, Vol I
Mayer, Bruce Hillis, Vol III
Potter, Dorothy T., Vol I
Quillian, William F., Vol IV
Scott, William, Vol IV
Towns, Elmer, Vol IV
Vanauken, Sheldon, Vol I, II
Young, William H., Vol I

Manassas
Ackley, John B., Vol IV
Archer, Chalmers, Jr., Vol V

McLean
Garen, Sally, Vol I

Mechanicsville
Davis, Ronald E., Vol IV

Natural Bridge
Cavanaugh, Maureen B., Vol IV

Newport News
Beauchamp, Richard A., Vol IV
Eastman, John Robert, Vol I
Guthrie, J. Richard, Jr., Vol III
Hines, James Robert, Vol II
Hoaglund, John Arthur, Vol IV
Kleber, Brooks Edward, Vol I
Morris, James M., Vol I
Powell, Jouett L., Vol IV
Rose, Kenneth, Vol IV
Sishagne, Shumet, Vol I
Teschner, George A., Vol IV

Norfolk
Altegoer, Diana B., Vol II
Aycock, Roy E., Vol II
Bazin, Nancy Topping, Vol II, III
Berube, Maurice R., Vol V
Bing, Janet M., Vol II
Bogger, Tommy L., Vol I
Boyd, Carl, Vol I
Brenner, William H., Vol IV
Brueggemann, Aminia M., Vol III
Card, James Van Dyck, Vol II
Carroll, William, Vol II
Chen, Jie, Vol IV
Cirrone, Steven F., Vol II
Comfort, Juanita R., Vol II
Cooper, Virginia W., Vol II
Dandridge, Rita Bernice, Vol II
Davis, Katie Campbell, Vol II
Eckenwiler, Lisa A., Vol IV
Edgerton, Gary R., Vol II
Evans, Rod L., Vol IV
Fellman, Anita C., Vol V
Ford, Lewis S., Vol IV
Gainey, Randy R., Vol IV, V
Graf, Daniel William, Vol I
Greene, Douglas G., Vol I
Habib, Imitiaz, Vol II
Hassencahl, Frances J., Vol II
Hatab, Lawrence J., Vol IV
Heller, Dana, Vol II
Hoffmann, Joyce, Vol II
Jackson, Kathy Merlock, Vol II
Jacobs, Edward, Vol II
Jones, William B., Vol IV
Kuehl, John William, Vol I
Lawes, Carolyn J., Vol I
Matthews, A. Warren, Vol IV
Metzger, David, Vol II
Miller, Sheila D., Vol V
Moorti, Sujata, Vol II
Mourao, Manuela, Vol II
Neff, Joyce, Vol II
Pearson, Michael, Vol II
Perez-Lopez, Rene, Vol I
Putney, David P., Vol IV
Raisor, Philip, Vol II
Raver-Lampman, Sharon, Vol V
Richards, Jeffrey H., Vol II
Root, Regina A., Vol III
Shelton, Mark, Vol IV
Shores, David Lee, Vol II, III
Slane, Andrea, Vol I, II
Tyler, Gerald DeForest, Vol V
Wilson, Charles E., Jr., Vol II
Wilson, Harold Stacy, Vol I
Zeigler, Donald J., Vol I

Petersburg
Blouet, Olwyn, Vol I
Garrott, Carl L., Vol III
Hill, Renee Afanan, Vol IV
Norris, Ethel Maureen, Vol II
Thigpen, Calvin Herritage, Vol IV
Toppin, Edgar Allan, Vol I

Portsmouth
Paquette, William A., Vol I

Radford
Adams, Lynn, Vol II
Arbury, Steve, Vol I
Baker, Moira, Vol II
Christianson, Scott, Vol II
Du Plessis, Eric, Vol II
Edwards, Grace Toney, Vol II, V
Gainer, Kim, Vol II
Gallo, Louis, Vol II
Guruswamy, Rosemary, Vol II
Hepburn, Sharon Roger, Vol I
Ioffe, Grigory, Vol I
Jackson, Pamela A., Vol V
Killen, Linda, Vol I
Kovarik, Bill, Vol II
Kranidis, Rita, Vol II
Lanier, Parks, Vol II
Lindberg, Debra, Vol IV
Martin, Glen T., Vol IV
Mcclellan, Charles W., Vol I
Parker, Jacqueline, Vol V
Poe, Elizabeth, Vol II
Poland, Tim, Vol II
Pribram, Karl H., Vol V
Riddle, Rita Sizemore, Vol II
Samson, Donald, Vol II
Saperstein, Jeff, Vol II
Secreast, Donald, Vol II
Servaty, Heather, Vol V
Siebert, Hilary, Vol II
Stanley, Paula H., Vol V
Wawrzycka, Jolanta, Vol II
Weiss, Alexander, Vol II

Reston
Myricks, Noel, Vol IV

Richmond
Achtemeier, Paul John, Vol IV
Addiss, Stephen L., Vol I
Bagby, Daniel G., Vol IV
Bendersky, Joseph William, Vol I
Berry, Boyd Mcculloch, Vol II
Bolt, Ernest C., Jr., Vol I
Bonfiglio, Thomas, Vol III
Brennen, Bonnie S., Vol IV
Briceland, Alan Vance, Vol I
Brown, William P., Vol IV
Bryson, William Hamilton, Vol I, IV
Bugg, Charles B., Vol IV
Cannon, Katie Geneva, Vol IV
Carroll, John T., Vol IV
Chestnut, Paul Ivar, Vol I
Ciulla, Joanne B., Vol IV
Cobb, John Hunter, Jr., Vol IV
Coppedge, Walter Raleigh, Vol II
Cornis-Pope, Marcel H., Vol II
Cramer, Elizabeth P., Vol V
Dance, Daryl Cumber, Vol II
Daniel, Wilbon Harrison, Vol I
Dawe, Donald Gilbert, Vol IV
DeVries, Dawn A., Vol IV
Dvorak, Paul Francis, Vol III
Eakin, Frank Edwin, Vol IV
Edwards, Clifford Walter, Vol IV
Ellis, Anthony John, Vol IV
Engel, Arthur Jason, Vol I
Farmer, David, Vol IV
Friedman, William Hillel, Vol IV
Giacobbe, George A., Vol V
Gibson, William M., Vol IV
Glover, Raymond F., Vol IV
Griffin, Claudius Williams, Vol II
Gruner, Elisabeth, Vol II
Gunlicks, Arthur B., Vol IV
Hall, James, Vol IV
Hilliard, Raymond Francis, Vol II
Hinson, E. Glenn, Vol I, IV
Hirsch, Herbert, Vol IV
James, Allix Bledsoe, Vol IV
Jones, Suzanne W., Vol II
Kenzer, Robert C., Vol I
Kinney, James Joseph, Vol II
Kirkpatrick, Peter S., Vol III
Lankford, Nelson Douglas, Vol I
Leary, David E., Vol I, IV
Leith, John Haddon, Vol IV
Lewellen, Ted Charles, Vol V
Li, Ping, Vol V
Longest, George Calvin, Vol II
Marcone, Rose Marie, Vol III
McMurtry, Josephine, Vol II
Meeker, Michael W., Vol II
Moore, James Tice, Vol I
Morse, Charlotte Cook, Vol II
Neumann, Frederick, Vol II
Ottati, Douglas Fernando, Vol IV
Palen, J. John, Vol V
Peischl, Margaret Theresa, Vol III
Phipps, William Eugene, Vol IV
Polaski, Sandra Hack, Vol IV
Priebe, Richard K., Vol II
Reed, Daisy Frye, Vol V
Rilling, John R., Vol I
Rissi, Mathias, Vol IV
Roberts, Samuel Kelton, Vol IV
Robertson, Benjamin W., Vol IV
Rogers, Isabel Wood, Vol IV
Ross, Jerome C., Vol IV
Schauber, Nancy Ellen, Vol IV
Schwarz, Philip James, Vol I
Shapiro, Gary, Vol IV
Shear, Jonathan, Vol IV
Sims, Robert Lewis, Vol III
Smylie, James Hutchinson, Vol I, IV
Stevenson, Walt, Vol III
Tarter, Brent, Vol I
Taylor, Welford Dunaway, Vol II
Terry, Robert Meredith, Vol III
Towner, Wayne Sibley, Vol III, IV
Urofsky, Melvin Irving, Vol I
Valeri, Mark, Vol IV
Vallentyne, Peter, Vol IV
Ward, Harry M., Vol I
Watson, John A., Vol III
Watts, Sydney, Vol I
West, Hugh A., Vol I
Yancy, Preston Martin, Vol II
Yang, Zongsui, Vol I

Roanoke
Caujolle, Claude, Vol III
Delaney, David K., Vol IV
Downey, James Patrick, Vol IV
Fallon, Jean, Vol II, III
Keyser, Elizabeth, Vol II
Phillips, Klaus, Vol III
Sampon-Nicolas, Annette, Vol III
Sargent, James E., Vol I
Welch, John, Vol IV

Salem
Hartley, Roger, Vol IV
McDermott, Gerald D., Vol IV
Pranzarone, Galdino F., Vol V
Selby, John G., Vol I
Weiss, Gregory L., Vol V

Spotsylvania
Birchette, William Ashby, III, Vol V

Springfield
Gawalt, Gerard Wilfred, Vol I

Stanardsville
Carpenter, Elizabeth S., Vol IV

Staunton
Cole, Mary Hill, Vol I
Evans, Martha Noel, Vol III
Keller, Kenneth Wayne, Vol I
Menk, Patricia Holbert, Vol I
Reich, Robert D., Vol II

Sweet Briar
Aiken, Ralph, Vol II
Ascari, Rosalia Colombo, Vol III
Berg, Gerald Michael, Vol I
Dabney, Ross H., Vol II
DeWeese, Pamela, Vol III
Evans-Grubbs, Judith, Vol II, III
Horwege, Ronald Eugene, Vol III
Ingber, Alix, Vol III
Killiam, Marie-Therese, Vol III
Mares, Cheryl, Vol II
Metzidakis, Angelo, Vol III
Moran, Diane D., Vol I
Piepho, Lee, Vol II
Richards, Michael Dulany, Vol I
Stanton, Margaret, Vol III
Tamburr, Karl, Vol II
Witcombe, Christopher L. C. E., Vol I

Virginia Beach
Foltz, Howard L., Vol IV
Guarnieri, Nancy M., Vol V
Holman, Charles L., Vol IV
Prosser, Peter E., Vol I, IV
Story, J. Lyle, Vol IV
Synan, Vinson, Vol I, IV
Umidi, Joseph L., Vol IV
Williams, J. Rodman, Vol IV

Williamsburg
Abdalla, Ismail H., Vol I
Armbrecht, Thomas J. D., Vol I, III
Axtell, James Lewis, Vol I
Baron, James, Vol II, III
Becker, Lawrence C., Vol IV
Blank, Paula Carin, Vol II
Bongie, Chris, Vol II, III
Carson, Barbara, Vol I
Catron, Louis E., Vol II
Crapol, Edward P., Vol I
Donahue, John F., Vol II, III
Donaldson, Scott, Vol I, II
Dwyer, James G., Vol IV
Ely, Melvin Patrick, Vol I
Esler, Anthony J., Vol I
Ewell, Judith, Vol I
Finn, Thomas M., Vol I, IV
Fraser, Howard Michael, Vol III
Funigiello, Philip J., Vol I
Furrow, Dwight, Vol IV
Gross, Robert A., Vol I
Gundaker, G., Vol V
Hart, Henry W., Vol II
Hobson, Charles Frederic, Vol I
Hoffman, Ronald, Vol I
Hutton, William E., Vol II, III
Jarvis, Michael J., Vol I
Jones, Ward, Vol II, III
Kelley, E. Morgan, Vol III
Kerns, Virginia B., Vol V
Kevelson, Roberta, Vol IV
Livingston, James Craig, Vol IV
Lounsbury, Carl, Vol I
Matthews, J. Rosser, Vol I
McGiffert, Michael, Vol I
Meyers, Terry L., Vol II
Millar, John F., Vol I
Morgan, Phillip D., Vol I
Nettels, Elsa, Vol II
Oakley, John H., Vol I
Pinson, Hermine Dolorez, Vol II
Potkay, Adam S., Vol II
Preston, Katherine K., Vol I, II
Price, Sally, Vol V
Reilly, Linda, Vol II, III
Scholnick, Robert James, Vol I, II
Selby, John Edward, Vol I
Shean, Glenn D., Vol V
Sheppard, Thomas Frederick, Vol I
Sheriff, Carol, Vol I
Sherman, Richard B., Vol I
Strong, John S., Vol IV
Tate, Thad W., Vol I
Taylor, Talbot J., Vol III
Teute, Fredrika J., Vol I
Trapnell, William Holmes, Vol III
Wallach, Alan, Vol I
Whittenburg, James Penn, Vol I

Willis
Smith, Michael W., Vol II

Winchester
Copenhaver, John, Vol IV
Daddario, Gina, Vol II
Gladwin, Lee Allan, Vol IV
Hofstra, Warren R., Vol I, V
Jacobs, John T., Vol II
Lesman, Ann St Clair, Vol III
St. Clair Lesman, Ann, Vol III
Wooldridge, John B., Vol III

Wise
Benke, Robin Paul, Vol II
Miller, Laura, Vol II

Woodbridge
Gallick, Rosemary, Vol I
Hintz, Suzanne S., Vol II, III
Noone, Timothy, Vol I
Sylvas, Lionel B., Vol V

Wytheville
Jones, Dan Curtis, Vol II

WASHINGTON

Aberdeen
Murrell, Gary J., Vol I

Albion
Hyner, Bernadette H., Vol III

Auburn
Lowe, Walter G., Vol II

Bainbridge Island
Wellman, James K., Jr., Vol IV

Bellevue
Korolenko, A. Michael, Vol II
Skillman, Judith, Vol II, III
Torrey, Glenn E., Vol I

Bellingham
Buckland, Roscoe Lawrence, Vol I, II
Danysk, Cecilia, Vol I
Delorme, Roland L., Vol I
Feit, Neil, Vol IV
Guess, Carol A., Vol II
Hoover, Kenneth R., Vol IV
Janson, Carol, Vol I
Kaplan, Edward Harold, Vol I, III
Klein, Robert H., Vol V
McDonald, Kelly M., Vol II
Merrill, Reed, Vol III
Onorato, Michael P., Vol I
Purtill, Richard L., Vol IV
Ritter, Harry R., Vol I
Skinner, Knute R., Vol II
Smeins, Linda, Vol I
Stoever, William K. B., Vol I, IV
Whisenhunt, Donald W., Vol I
Wlater, Otis M., Vol II
Yusa, M., Vol IV

Big Harbor
Neufeldt, Leonard N., Vol II

Geographic Index

Bothell
DeFiore, Joann, Vol V

Centralia
Vosper, Jim M., Vol I, IV, V

Cheney
Elkind, Pamela D., Vol V
Garcia-Sanchea, Jose, Vol III
Gerber, Sanford E., Vol II
Green, Michael Knight, Vol I
Hendryx-Bedalov, P., Vol II
Kenney, Garrett C., Vol IV
Kieswetter, James Kay, Vol I
Lauritsen, Frederick Michael, Vol I
Lester, Mark, Vol II
Lindholdt, Paul, Vol II
Seedorf, Martin F., Vol I
Smith, Grant William, Vol II
Watkins, Philip C., Vol V
Zhu, Liping, Vol I

Clinton
Parks, Sharon Daloz, Vol IV

College Place
Dickinson, Loren, Vol II
Maynard-Reid, Pedrito U., Vol IV

Des Moines
McColley, Kathleen, Vol II

Edmonds
Charette, Blaine, Vol IV
Lewarne, Charles Pierce, Vol I
Payne, Philip B., Vol IV

Ellenberg
McIntyre, Jerilyn S., Vol I, II

Ellensburg
Benton, Robert Milton, Vol II
Brennan, James Franklin, Vol IV
Halperin, Mike, Vol II
Keller, Chester, Vol IV
Lowther, Lawrence Leland, Vol I
Newman, Gerald Gordon, Vol I
Olson, Steven, Vol II
Powell, Joseph E., Vol II
Schactler, Carolyn, Vol II
Schneider, Christian Immo, Vol II
Williams, Wendy A., Vol V
Xiao, Hong, Vol V

Issaquah
Harrisville, Roy A., III, Vol IV

Kirkland
Inslee, Forrest, Vol II
MacDonald, Margaret Read, Vol II, V

Lacey
Langill, Richard L., Vol IV
Reilich, Eileen, Vol V
Seidel, George J., Vol IV
Winston Suter, David, Vol IV

Lynnwood
Szpek, Heidi M., Vol III

Mount Rainier
Andrew, Scott, Vol IV

Mount Vernon
Muga, David, Vol V

Olympia
Williams, Sean, Vol II

Omak
McMillan, Carol, Vol V

Port Angeles
Kaplan, Robert B., Vol III
Krantz, Grover S., Vol V
Machle, Edward Johnstone, Vol IV

Pullman
Armitage, Susan, Vol I, V
Ashby, LeRoy, Vol I
Bennett, Edward Moore, Vol I
Blackwell, Frederick Warn, Vol I
Brewer, John T., Vol III
Broyles, James Earl, Vol IV
Burbick, Joan, Vol II
Chermak, Gail D., Vol II
Clanton, Orval Gene, Vol I
Cohen, Lindsey, Vol V
Condon, William, Vol II
Coon, David L., Vol I
Delahoyde, Michael, Vol II
Ehrstine, John, Vol II
Faulkner, Thomas Corwin, Vol II
Fowler, Shelli, Vol I
Franks, J. Richard, Vol III
Frykman, George Axel, Vol I
Fulton, Richard Delbert, Vol II
Gillespie, Diane F., Vol II
Gonzalez, Eloy, Vol III
Gordon, Lynn, Vol III, V
Gorsevski, Ellen, Vol II
Gough, Jerry B., Vol I
Green, Paul J., Vol III
Hammond, Alexander, Vol II
Harris, Laurilyn J., Vol I, II
Hellegers, Desiree, Vol II
Hirt, Paul W., Vol I
Hume, Richard L., Vol I
Hyde, Virginia Crosswhite, Vol II
Jankowski, Theodora, Vol II
Johnson, Jeanne M., Vol II
Kale, Steven D., Vol I
Katz, Jennifer, Vol V
Kawamura, Noriko, Vol I
Keim-Campbell, Joseph, Vol IV
Kennedy, George E., Vol II
Kennedy, Thomas L., Vol I
Kicza, John Edward, Vol I
Kiessling, Nicolas, Vol II
Kuhlman, Erika, Vol I
Law, Richard G., Vol II
Linden, Stanton J., Vol II
Lipe, William David, Vol I
Macauley, Beth, Vol III
Madison, Charles L., Vol III
McLeod, Susan, Vol II
Meyer, Kathryn E., Vol I
Myers, Michael W., Vol IV
Ong, Rory J., Vol II
Peabody, Susan, Vol I
Peterson, Jacqueline, Vol I
Reed, T. V., Vol I, II, V
Roman, Camille, Vol II
Rosa, Eugene A., Vol V
Schlesinger, Roger, Vol I
Sherard, Tracey, Vol II
Shier, David, Vol IV
Sitko, Barbara, Vol II
Smith, Shawn M., Vol II
Streets, Heather, Vol I
Sturgeon, Noel A., Vol V
Sun, Raymond, Vol I
Svingen, Orlan J., Vol I
Tolmacheva, Marina, Vol I
Trafzer, Clifford Earl, Vol I
Villanueva, Victor, Vol II
Von Frank, Albert J., Vol II
Warner, Dennis A., Vol V
Watrous, Mary A., Vol I
Williams, Richard S., Vol I

Richland
Orr, Leonard, Vol II

Seattle
Aanerud, Rebecca J., Vol II, V
Adelman, Mara, Vol II
Alden, Dauril, Vol I
Alexander, Edward, Vol II
Allen, Carolyn J., Vol II
Applegate, Judith K., Vol IV
Bacharach, Jere L., Vol I
Banks, James Albert, Vol V
Barrack, Charles Michael, Vol III
Behler, Ernst, Vol III
Benson, Keith Rodney, Vol I
Bernard, J. W., Vol II
Blau, Herbert, Vol II, III
Bliquez, Lawrence J., Vol II, III
Bosmajian, Hamida H., Vol II
Brown, Jane K., Vol III
Brunner, Kathleen Marie, Vol III
Bullon-Fernandez, Maria, Vol II
Burke, William Thomas, Vol IV
Burnstein, Daniel, Vol I
Butow, Robert J. C., Vol I
Carlsen, James Caldwell, Vol II
Catalano, Richard F., Vol V
Ceccarelli, Leah M., Vol II
Chamberlain, Gary L., Vol IV
Clausen, Meredith L., Vol I
Clauss, James, Vol II, III
Cobb, Jerry, Vol II
Coburn, Robert C., Vol IV
Conlon, Frank Fowler, Vol I
Contreras, Heles, Vol III
Cosway, Richard, Vol IV
Cumberland, Sharon L., Vol II
Diao, Wei, Vol V
Dombrowski, Daniel A., Vol IV
Dunn, Richard John, Vol II
Eastman, Carol M., Vol III, V
Eichenlaub, Constance, Vol II, III
Ellison, Herbert J., Vol I
Ellrich, Robert John, Vol III
Ewald, Owen M., Vol II, III
Fearn-Banks, Kathleen, Vol II
Ferrill, Arther L., Vol I
Fortier, Ted, Vol V
Freeze, Karen J., Vol I
Gastil, John Webster, Vol II
Gray, Richard T., Vol III
Griffith, Malcolm A., Vol II
Hankins, Thomas Leroy, Vol I
Harmon, Daniel P., Vol II, III
Hechter, Michael, Vol V
Heilman, Robert Bechtold, Vol II
Hertling, Gunter H., Vol III
Hy, Le Xuan, Vol V
Icard, Larry D., Vol V
Iyer, Nalini, Vol II
Jaeger, C. Stephen, Vol III
Jay, Stewart, Vol IV
Johnson, Richard Rigby, Vol I
Jones, Edward Louis, Vol I
Kahn, Miriam, Vol V
Kaplan, Sydney Janet, Vol II
Keegan, John E., Vol IV
Keyt, David, Vol IV
Klausenburger, Jurgen, Vol III
Korg, Jacob, Vol II
Kosrovani, Emilio M., Vol IV
Kramer, Karl D., Vol III
Kunz, George, Vol V
Leigh, David J., Vol II
Leiren, Terje Ivan, Vol I
Leitich, Keith A., Vol IV
Levi, Margaret, Vol IV
Linehan, Marsha M., Vol V
MacDonald, Don, Vol V
Marinoni, R. Max, Vol III
Matchett, William H., Vol II
Mayerfeld, Jamie, Vol IV
Mccracken, David, Vol II
McElroy, Colleen J., Vol II
McGee, Henry W., Jr., Vol IV
Micklesen, Lew R., Vol III
Mielenz, Cecile C., Vol V
Miller, Jacquelyn C., Vol I
Miyamoto, John M., Vol V
Moody, Joycelyn K., Vol II
Moore, Ronald, Vol IV
Noegel, Scott B., Vol III
Nostrand, Howard Lee, Vol III
Nutting, Maureen M., Vol I
Ochsner, Jeffrey Karl, Vol I
Ottenberg, Simon, Vol V
Palais, James Bernard, Vol I
Palm, Craig W., Vol IV
Pascal, Paul, Vol II, III
Pauwels, Heidi, Vol I
Pease, Otis Arnold, Vol I
Peck, Jeffrey Marc, Vol III
Percival, Walter Keith, Vol III
Perozo, Jaime J., Vol III
Philpott, Jeffrey S., Vol II
Post, Robert M., Vol II
Potter, Karl Harrington, Vol IV
Predmore, Michael P., Vol III
Prosterman, Roy L., Vol IV
Purcell, William, Vol II
Raferty, Adrian E., Vol V
Reichmann, James B., Vol IV
Reinking, Victor, Vol III
Rey, William Henry, Vol III
Risser, James C., Vol IV
Rodriguez-Holguin, Jeanette, Vol IV
Rorabaugh, William J., Vol I
Rowan, Stephen C., Vol II
Salomon, Richard, Vol I, III
Saporta, Sol, Vol III
Scalise, Charles J., Vol I, IV
Schoening, Jeffrey D., Vol IV
Schwartz, Pepper J., Vol V
Shapiro, Michael C., Vol III
Shipley, George A., Vol III
Shulman, Robert P., Vol II
Simonson, Harold Peter, Vol II
Skover, David, Vol IV
Spigner, Clarence, Vol V
Spina, Frank Anthony, Vol IV
Stark, James, Vol III
Starr, Larry, Vol II
Steele, Richard B., Vol IV
Stoebuck, William Brees, Vol IV
Stroup, Sarah Culpepper, Vol II, III
Sutton, Sharon Egretta, Vol I
Tadie, Andrew A., Vol II
Talbott, William J., Vol IV
Taylor, Michael Joseph, Vol IV
Taylor, Quintard, Jr., Vol I
Taylor, Tom, Vol I
Taylor, Velande P., Vol II, IV
Thaden, Edward C., Vol I
Thomas, Carol G., Vol I
Tollefson, James William, Vol III
Ullman, Joan Connelly, Vol I
Van Den Berghe, Pierre L., Vol V
Vaughn, Lea B., Vol IV
Warren, Linda, Vol IV
Waugh, Daniel Clarke, Vol I
Webb, Eugene, Vol III, IV
Weihe, Edwin, Vol II
Wells, Jonathan, Vol IV
Wicks, Andrew C., Vol IV
Wilson, Bev J., Vol V
Wulf, Donald H., Vol II
Ziadeh, Farhat Jacob, Vol III

Sequim
Clark, David Ridgley, Vol II

Spokane
Baird, Forrest, Vol IV
Bynagle, Hans Edward, Vol IV
Campbell, Donna, Vol II
Carriker, Robert C., Vol I
Cook, Michael L., Vol IV
Cook, Susan L., Vol II
Dallen, James, Vol IV
Doohan, Helen, Vol IV
Downey, John, Vol IV
Edwards, James, Vol IV
Graham, J. Michele, Vol IV
Hartin, Patrick, Vol IV
Hazel, Harry Charles, Vol II
Howell, Christopher L., Vol II
Hunt, James, Vol I, IV
Hunt, Linda, Vol II
Jackson, Gordon, Vol II
Migliazzo, Arlin C., Vol I
Mohrlang, Roger L., Vol IV
Palacios, Conny, Vol III
Pomerleau, Wayne Paul, Vol IV
Rendon, Marie E., Vol V
Sanford, Daniel, Vol I, IV
Schlatter, Fredric William, Vol I, III
Sittser, Gerald L., Vol IV
Soden, Dale, Vol I
Stackleberg, J. Roderick, Vol I
Stronks, Julia K., Vol IV
Sugano, Douglas, Vol II
Tyrrell, Bernard James, Vol IV
Weatherby, Georgie Ann, Vol V
Wyma, Keith D., Vol IV
Yoder, John, Vol I, IV

Tacoma
Allen, Michael, Vol I
Alward, Lori L., Vol IV
Arbaugh, George E., Vol IV
Barnett, Suzanne Wilson, Vol I
Block, Geoffrey, Vol II
Carp, E. Wayne, Vol I
Cooney, Terry Arnold, Vol I
Curley, Michael Joseph, Vol II, III
DeLombard, Jeanine, Vol II
Edwards, Douglas R., Vol IV
Eklund, Emmet Elvin, Vol IV
Eyler, Audrey S., Vol II
Garratt, Robert Francis, Vol II
Govig, Stewart D., Vol IV
Guilmet, George, Vol V
Honey, Michael, Vol I
Ives, Christopher, Vol IV
Johnson, Lucille Marguerite, Vol II
Kay, Judith Webb, Vol IV
Killen, Patricia O'Connell, Vol IV
Nordby, Jon Jorgen, Vol IV
Oakman, Douglas E., Vol IV
Orlin, Eric, Vol I
Ostrom, Hans, Vol II
Pilgrim, Walter, Vol IV
Pinzino, Jane M., Vol IV
Potts, David B., Vol I
Proehl, Geoffrey, Vol II
Reigstad, Ruth, Vol I, IV, V
Robinson, Solveig C., Vol II
Smith, David Fredrick, Vol I
Staley, Jeffrey L., Vol IV
Stivers, Robert L., Vol IV

Vancouver
Dawn, Marva J., Vol IV
Hunt, Tim, Vol II
Siegel, Carol, Vol V

Vashon Island
Lone, Jana Mohr, Vol IV

Walla Walla
Breit, Frederick Joseph, Vol I
Davidson, Roberta, Vol II
Desmond, John F., Vol II
DiPasquale, Theresa M., Vol II
Foster, Edward E., Vol II
Hashimoto, I. Y., Vol II, III
Masteller, Richard N., Vol II
Maxfield, James F., Vol II
Mesteller, Jean C., Vol I, II, V
Pailliotet, Ann Watts, Vol II, V

Yakima
Fike, Lawrence Udell, Jr., Vol IV
Matsen, Herbert S., Vol IV
Newbill, James, Vol I

WEST VIRGINIA

Beckley
Moser, Irene, Vol II

Bethany
Asbury, Jo Ellen, Vol V
Kucan, Linda, Vol V

Buckhannon
Baldwin, Arminta Tucker, Vol II
Welliver, Kenneth Bruce, Vol IV

Charleston
Casdorph, Paul Douglas, Vol I
Jones, Jerry, Vol V
Schrum, Stephen, Vol II
Turgeon, Gabrielle S., Vol III

Edmond
Holliday, Shawn P., Vol II

Elkins
Tedford, Barbara Wilkie, Vol II

Fairmont
Baker, J. Robert, Vol II
Boggess, Jennifer H., Vol I
Hussey, John, Vol II
Kime, Wayne R., Vol II
Pudsell, F. David, Vol I, IV
Wills, Jack Charles, Vol II

Glenville
Galenza, Bruce D., Vol V
King, Yvonne, Vol II

Huntington
Burgueno, Maria C., Vol I
Dennison, Corley F., Vol II
Henderson, Herbert H., Vol IV
Linkey, Helen E., Vol V
Lopez, Carlos, Vol II
McKernan, John J., Vol II
Palmer, William, Vol I
Riddel, Frank Stephen, Vol I
Spindel, Donna Jane, Vol I
Vielkind, John N., Vol IV
Watson, Jean Louise, Vol II
Woodward, David Reid, Vol I

Institute
Sharma, R. N., Vol I, II, V
Thorn, Arline Roush, Vol II, III

Keyser
Wolford, R., Vol V

Middleway
Woods, David L., Vol II

Montgomery
Alexander, Ronald R., Vol I
Bradford, Richard Headlee, Vol I
Long, Ronald Wilson, Vol I

Morgantown
Adams, Timothy D., Vol II
Bagby, Wesley Marvin, Vol I
Basu, Ananyo, Vol IV
Blaydes, Sophia Boyatzies, Vol II
Bruner, Jeffrey, Vol III
Cohen, Debra R., Vol IV
Conner, Patrick Wayne, Vol III
Drange, Theodore Michael, Vol IV
Eaton, Richard B., Vol II
Eichorn, Lisa, Vol IV
Elkins, James R., Vol IV
French, William Wirt, Vol II
Ginsberg, Elaine Kaner, Vol II, V
Hood, Mantle, Vol II, V
Hudson, Barton, Vol II
Johnston, John H., Vol II
Jokic, Aleksander, Vol IV
Labys, Walter Carl, Vol IV
Lass, Norman J., Vol II
Maxey, B. Ann, Vol IV
Maxon, Robert Mead, Vol I
Mccluskey, Stephen C., Vol I
McNerney, Kathleen, Vol III
Morris, William O., Vol IV
Murphy, Joseph Anthony, Vol III
Potesta, Woodrow A., Vol IV
Reese, Hayne W., Vol V
Roinila, Mika, Vol I
Schlunk, Juergen Eckart, Vol III
Selinger, Carl Marvin, Vol IV
Shapiro, Daniel, Vol IV
Smith, Madeline C., Vol II
Stitzel, Judith Gold, Vol II, V
Vargas, Julie S., Vol V
Vehse, Charles T., Vol I, IV
Walken, Chrisopher, Vol I
Wicclair, Mark Robert, Vol IV
Wigal, Grace J., Vol II, IV
Yura, Michael T., Vol IV

Parkersburg
Allen, Bernard Lee, Vol I, IV
McClung, Phil, Vol V

Philippi
Maddox, Timothy D. M., Vol IV

Salem
Florian, Robert Bruce, Vol I
Runyan, William Ronald, Vol II

Shepherdstown
Austin, Michael, Vol II
Hanak, Walter Karl, Vol I
Henriksson, Anders H., Vol I
Holland, James C., Vol I
Snyder, Katherine Ann, Vol V
Stealey, John E., Vol I

West Liberty
Gold, Jonathan, Vol IV
Hattman, John, Vol II
Herrick, Susan, Vol V

Wheeling
Charles, May, Vol III
Laker, Joseph Alphonse, Vol I, III
Steltenkamp, Michael F., Vol IV, V
Wack, John Theodore, Vol I

WISCONSIN

Appleton
Boardman, William Smith, Vol IV
Chaney, William Albert, Vol I
Cohen, Paul M., Vol I
Dreher, John Paul, Vol IV
Fritzell, Peter A., Vol II
Goldgar, Bertrand Alvin, Vol II
Lawton, Carol, Vol I
Podair, Jerald E., Vol I
Reed, Gervais Eyer, Vol III
Saunders, George R., Vol V
Taylor, Daniel Jennings, Vol II, III
Ternes, Hans, Vol III, IV
Thompson, Leonard Leroy, Vol IV

Baraboo
Cole, David William, Vol II
Kuhlmann, Annette, Vol V

Beloit
Freeman, Thomas Parry, Vol III
Hodge, Robert White, Vol I
Street, Jack David, Vol II, III
Walsh, Chad, Vol II
White, Lawrence, Vol V

Cross Plains
Davis, Gary A., Vol V

De Pere
Abel, Donald C., Vol IV
Duquette, David A., Vol IV
Hardy, R. Reed, Vol V
Hutchinson, Kevin, Vol II
Kersten, Frederick Irving, Vol IV
Patterson, Wayne Kief, Vol I, IV
Wadell, Paul J., Vol IV
Zahorski, Kenneth, Vol II

Eau Claire
Bushnell, Jack, Vol II
Dale, Helen, Vol II, V
Duyfhuizen, Bernard, Vol II
Fairbanks, Carol, Vol II
Gross, Rita M., Vol I, IV
Harder, Sarah, Vol II
Jerz, Dennis G., Vol II
Kelly, Erna, Vol II
Lauber, Jack M., Vol I
Meiser, Mary, Vol II
Oberly, James W., Vol I
Onwueme, Tess O., Vol II
Rowlett, Lori, Vol IV
Shaddock, Jennifer, Vol II
Walsh, Grace, Vol II

Elkhart Lake
Lydolph, Paul E., Vol I

Glendale
Schmidt, Martin Edward, Vol I

Green Bay
Aldrete, Gregory S., Vol I
Bennett, John, Vol II
Fleurant, Ken, Vol III
Jay, Gregory S., Vol II
Kaye, Harvey Jordan, Vol I, V
Lockard, Craig Alan, Vol I
Salisbury, Joyce E., Vol I
Stokes, Sandra M., Vol V

Hales Corners
Gomez, Raul R., Vol IV
McNally, Vincent J., Vol I, IV

Kenosha
Bailey, John Wendell, Vol I
Buenker, John D., Vol I
Canary, Robert Hughes, Vol II
Chell, Samuel L., Vol II
Christoph, Siegfried, Vol III
Colston, Herbert L., Vol V
Cress, Donald Alan, Vol IV
Dean, Dennis Richard, Vol II, III
Dean, James S., Vol II
DuPriest, Travis Talmadge, Jr., Vol II, IV
Egerton, Frank N., Vol I
Gellott, Laura S., Vol I
Goergen, Donald J., Vol IV
Greenfield, Gerald M., Vol I
Hauck, Allan, Vol IV
Kummings, Donald D., Vol I, II
Lawson, Cassell A., Vol V
Leeds-Hurtwitz, Wendy, Vol II
Lenard, Mary, Vol II
Lindner, Carl Martin, Vol II, V
Lochtefeld, James G., Vol IV
Loewen, Lynn, Vol III
Maczka, Romwald, Vol IV
Magurshak, Daniel J., Vol IV
Mclean, Andrew Miller, Vol I, II
Meyer, Stephen, Vol I
Noer, Thomas John, Vol I
Reeves, Thomas C., Vol I
Rivera, Margarita Tavera, Vol III
Rothstein, Marian, Vol III
Schunk, Thom, Vol I
Shade, Barbara J., Vol V
Shailor, Jonathan G., Vol II
Shucard, Alan Robert, Vol II
Smith, Eleanor Jane, Vol V
Stathatos, Constantine Christopher, Vol III
Tobin, Daniel, Vol II
von Dehsen, Christian D., Vol IV
Yang, Mimi, Vol III

La Crosse
Butterfield, Bradley J., Vol II
Chavalas, Mark W., Vol I
Gedicks, Albert J., Vol V
Hagar, Hope, Vol V
Hyde, William James, Vol II
Jenson, Carol Elizabeth, Vol I
Morehouse, Richard, Vol V
Niedzwiecki, Charissa K., Vol II
O'Grady, Genevieve J., Vol II
Pemberton, William Erwin, Vol I
Pinnell, Richard, Vol I, II
Socha, Donald, Vol III
Zollweg, William, Vol V

Ladysmith
Lewis, Thomas T., Vol I

Madison
Abramson, Lyn, Vol V
Archdeacon, Thomas John, Vol I
Baker, Robert Samuel, Vol II
Baldwin, Gordon Brewster, Vol IV
Barker, John W., Vol I
Bender, Todd K., Vol I, III
Berg, Willaim J., Vol III, V
Berghahn, Klaus L., Vol III
Bogue, Allan G., Vol I
Boyer, Paul S., Vol I
Brighouse, M. H., Vol IV
Buhnemann, Gudrun, Vol I, IV
Bush, Sargent, Jr., Vol II
Card, Claudia F., Vol IV
Chamberlain, Michael, Vol I
Ciplijauskaite, Birute, Vol III
Clover, Frank M., Vol I
Coffman, Edward M., Vol I
Cohen, L. Keith, Vol III
Cook, Harold J., Vol I
Courtenay, William James, Vol I
Coutenay, Lynn, Vol I, II
Csikszentmihalyi, Mark, Vol IV
Cunliffe, William Gordon, Vol III
Dickey, Walter J., Vol IV
Doane, Alger Nicolaus, Vol II
Doran, Madeleine, Vol II
Draine, Betsy, Vol II
Eells, Ellery T., Vol IV
Enc, Berent, Vol IV
Fain, Haskell, Vol IV
Filipowicz, Halina, Vol II
Fox, Michael, Vol I, IV
Friedman, Edward, Vol I, IV
Frykenberg, Robert E., Vol I
Galanter, Marc, Vol IV, V
Gooding, Diane, Vol V
Gorski, Philip, Vol V
Gross, Sabine, Vol III
Hall, Joan H., Vol II
Haller, Archibald O., Vol V
Ham, F. Gerald, Vol I
Hamalainen, Pekka Kalevi, Vol I
Hamerow, Theodore Stephen, Vol I
Hanrez, Marc, Vol III
Harmon-Jones, Eddie A., Vol V
Harris, Max R., Vol IV
Hauser, Robert M., Vol V
Hausman, Daniel M., Vol IV
Haveman, Robert H., Vol IV
Hayman, David, Vol II
Hemand, Jost, Vol I, III, IV
Hermand, Jost, Vol II
Hilts, Victor L., Vol I
Hinden, Michael Charles, Vol II
Hollingsworth, Joseph Rogers, Vol I
Hopkins, Dianne McAfee, Vol V
Hunter, Linda, Vol II
Ingwersen, Niels, Vol III
Jankowsky, Karen Hermine, Vol V
Jones, James Edward, Jr., Vol IV
Kaminski, John Paul, Vol I
Kamtekar, Rachana, Vol IV
Keesey, Richard E., Vol V
Kingdon, Robert McCune, Vol I
Kleinhenz, Christopher, Vol III
Knipe, David Maclay, Vol I, IV
Knowles, Richard Alan John, Vol II
Kornblatt, Judith Deutsch, Vol III, IV
Kutler, Stanley I., Vol I
Latousek, Rob, Vol II, III
Leary, James Patrick, Vol I, V
Leavitt, Judith Walzer, Vol I
Lee, Jean B., Vol I
Lehrer, Richard, Vol V
Levine, Andrew, Vol IV
Lin, Yu-sheng, Vol I
Lindberg, David C., Vol I
Lindstrom, Diana, Vol I
Livorni, Ernesto, Vol III
Loewenstein, David, Vol II
Lovejoy, David Sherman, Vol I
Lucas, Stephen E., Vol II
Lundin, Anne, Vol II
Macaulay, Stewart, Vol IV
Malone, Barbara S. (Bobbie), Vol I
Marks, Elaine, Vol I, III
Marquess, Harlan Earl, Vol III
Mazzaoui, Maureen Fennell, Vol I
McClure, Laura Kathleen, Vol II, III
McKeown, James C., Vol II, III
Melli, Marygold Shire, Vol IV
Memon, Muhammad Umar, Vol IV
Michels, Anthony, Vol I
Miller, Barbara Butler, Vol IV
Moedersheim, Sabine, Vol III
Mortensen, C. David, Vol II
Mosse, George L., Vol I
Naess, Harald S., Vol I
Nelson, James Graham, Vol II
Nicholas, Robert Leon, Vol III
Nollendorfs, Valters, Vol III
Numbers, Ronald L., Vol I
O'Keefe, J. Paul, Vol I
Ohnuki-Tierney, Emiko, Vol V
Ormand, Kirk, Vol II, III
Payne, Stanley George, Vol I
Pfau, Michael, Vol II
Powell, Barry, Vol II, III
Read, Charles, Vol III
Richter, Gerhard, Vol III
Ringler, Richard N., Vol II
Risjord, Norman Kurt, Vol I
Rodini, Robert Joseph, Vol III
Schleicher, Antonia Yetunde Faelarin, Vol II
Schultz, Stanley Kenton, Vol I
Scott, Charles Thomas, Vol III
Senn, Alfred Erich, Vol I
Sewell, Richard Herbert, Vol I
Sidran, Ben H., Vol I
Sihler, Andrew L., Vol III
Silberman, M., Vol III
Singer, Marcus G., Vol IV
Skloot, Robert, Vol II, IV
Sober, Elliott Reuben, Vol IV
Soll, A. Ivan, Vol IV
Sommerville, Johann, Vol I
Sorkin, David, Vol I
Stern, Steve Jefferey, Vol I
Strier, Karen, Vol V
Thain, Gerald John, Vol IV
Tuerkheimer, Frank M., Vol IV
Van Deburg, William L., Vol I
Vansina, Jan, Vol I, V
Vaughn, Stephen Lee, Vol I
Von Schneidemesser, Luanne, Vol III
Wallace, Ronald William, Vol II
Ward, David, Vol I
Weinbrot, Howard D., Vol II
Weiner, Andrew David, Vol II
Whitford, William C., Vol IV
Wiesenfarth, Joseph John, Vol II
Wills, Jeffrey, Vol II, III
Wink, Andre, Vol I
Woodward, David, Vol I
Yandell, Keith E., Vol IV
Young, Richard F., Vol III
Zile, Zigurds Laimons, Vol IV
Zychowicz, James L., Vol II

Manitowoc
Bjerke, Robert Alan, Vol III
Tadych, Renita, Vol II
Trask, Kerry A., Vol I
White, V. Alan, Vol IV

Marinette
Kallgren, Daniel C., Vol I
Krog, Carl Edward, Vol I

Menomonie
Kirby, Alec, Vol I
Levy, Michael Marc, Vol II
Schuler, Robert, Vol II
Thurin, Susan Molly Schoenbauer, Vol II
Williams, John, Vol V
Zeidel, Robert F., Vol I

Mequon
Beck, John A., Vol IV
Eyer, Richard, Vol IV
Garcia, Albert L., Vol IV
Maschke, Timothy, Vol IV
Menuge, Angus, Vol IV
Smith, Carol Y., Vol V
Tews, Rebecca, Vol V
Trattner, Walter Irwin, Vol I
Wolf, Mark J. P., Vol II

Middleton
Black, Edwin, Vol II

Midland
Dorrien, Gary J., Vol IV

Milwaukee
Aman, Mohammed M., Vol I
Anderson, Thomas C., Vol IV
Barbee, Lloyd Augustus, Vol IV
Baron, F. Xavier, Vol II
Bartley, Russell Howard, Vol I
Bates, Milton James, Vol II
Baumann, Carol Edler, Vol IV
Bellegarde-Smith, Patrick, Vol I
Benda, Gisela, Vol III
Bendiner, Kenneth Paul, Vol I
Bieganowski, Ronald, Vol II, IV
Boyland, Joyce Tang, Vol V
Brodwin, Paul E., Vol V
Buck, David, Vol I
Burckel, Nicholas C., Vol I
Carey, Patrick W., Vol I, IV
Carpenter, Joseph, II, Vol I
Chang, Joseph S., Vol II
Christensen, Glenn, Vol II
Christensen, Peter G., Vol III
Coffey, David Michael, Vol IV
Conlon, James J., Vol IV
Connelly, Mark, Vol II
Copeland, M. Shawn, Vol IV
Cordova, Sarah Davies, Vol III
Corre, Alan David, Vol III
Del Colle, Ralph, Vol IV
Donnelly, J. Patrick, Vol I
Downing, Pamela A., Vol III
Dziewanowski, Marian Kamil, Vol I
Edwards, Richard Alan, Vol IV
Fetter, Bruce Sigmond, Vol I
Filips-Juswigg, Katherina P., Vol III
Foley, Mary Briant, Vol I
Friedman, Melvin Jack, Vol II, III
Gardinier, David E., Vol I
Gillespie, Michael Patrick, Vol II
Goldin, Owen Michael, Vol IV
Goldzwig, Steven R., Vol II
Greene, Victor Robert, Vol I
Grossfeld, Bernard, Vol III
Guerinot, Joseph Vincent, Vol II
Gutierrez, Manuel Hierro, Vol III
Hagen, Kenneth G., Vol I
Hamdani, Abbas Husayn, Vol I
Hauser, Stephen, Vol I
Hay, Carla H., Vol I
Hay, Robert Pettus, Vol I
Hayes, Jeffrey R., Vol I
Hockenbery, Jennifer D., Vol IV
Hoeveler, J. David, Vol I
Hoey, Lawrence R., Vol I
Horsman, Reginald, Vol I
Hubbard, Nancy, Vol I
Jones, Robert Alston, Vol II
Justice, George L., Vol II
Kehoe, Alice, Vol V
Kolasny, Judette M., Vol IV
Korabic, Edward W., Vol II
Krause, Linda R., Vol I
Krueger, Christine L., Vol II
Kuist, James Marquis, Vol II
Kurz, William Stephen, Vol IV
Levy, Ian Christopher, Vol I, IV
Little, Jonathan D., Vol II
Luce, David R., Vol IV
Maguire, Daniel C., Vol IV
Mantyh, Mark R., Vol V
Marten, James, Vol I
Martin-Rodriguez, Manuel M., Vol III
McNeely, R. L., Vol V
Mileham, James Warren, Vol III
Misner, Paul, Vol IV
Moberg, David Oscar, Vol V
Moravcsik, Edith Andrea, Vol III
Nardin, Terry, Vol IV
Nielson, Kristy A., Vol V
Pickering-Iazzi, Robin, Vol III

Pollard, Diane S., Vol V
Prucha, Francis Paul, Vol I
Renda, Lex, Vol I
Rivero, Albert J., Vol II
Rodriguez-Luis, Julio, Vol III
Ross, Ronald John, Vol I
Ruff, Julius R., Vol I
Sawkins, Annemarie, Vol I
Schaefer, Jame, Vol IV
Schroeder, John H., Vol I
Seery, Carol H., Vol II
Shashko, Philip, Vol I
Shey, Howard James, Vol II, III
Siegel, Kristi, Vol II
Silverman, Franklin H., Vol II
Skalitzky, Rachel Irene, Vol I, III
Slocum, Robert B., Vol IV
Soley, Lawrence C., Vol II
Spence, Joseph Samuel, Sr., Vol IV
Stone, Andrea Joyce, Vol I
Swanson, Roy Arthur, Vol III
Taylor, Steven Millen, Vol III
Teske, Roland John, Vol IV
Theoharis, Athan, Vol I
Twetten, David B., Vol IV
Ullman, Pierre Lioni, Vol III
Wainwright, William J., Vol IV
Waldbaum, Jane C., Vol I
Wallace, Robert M., Vol IV
Weare, Walter Burdette, Vol I
Weber, Ralph E., Vol I
Weiss, Raymond L., Vol IV
Wilson, Frank Harold, Vol V
Wind, Barry, Vol I
Winter, Ian James, Vol III
Wishne, Brian, Vol I
Woehrmann, Paul John, Vol I
Wolfe, Christopher, Vol IV
Zupko, Ronald Edward, Vol I

Monona
Anderson, Charles W., Vol IV

Mount Horeb
Steinbuch, Thomas A., Vol IV

New Berlin
Milham, Mary Ella, Vol II, III

Oregon
Grittner, Frank Merton, Vol III
Schoville, Keith Norman, Vol III, IV

Oshkosh
Burr, John Roy, Vol IV
Cordero, Ronald Anthony, Vol IV
Grieb, Kenneth J., Vol I
Helmers, Marguerite H., Vol II
Herzing, Thomas Wayne, Vol II
Horner, David T., Vol V
Linenthal, Edward Tabor, Vol I, IV
Missner, Marshall Howard, Vol IV
Nuernberg, Susan M., Vol II
O'Shaughnessy, Andrew J., Vol I
Sieber, George Wesley, Vol I
Thorpe, Judith M., Vol II
Urbrock, William Joseph, Vol IV

Platteville
Culbertson, Robert G., Vol IV
Drefcinski, Shane, Vol IV
Faymonville, Carmen, Vol II
Wendorff, Laura C., Vol I, II, V

Ripon
Hannaford, R., Vol IV
Lillios, Katina, Vol V
Lowry, Eddie R., Jr., Vol III
Miller, George Hall, Vol I
Northrop, Douglas A., Vol II
Smith, Brian H., Vol IV

River Falls
Brantley, Jennifer, Vol II
Brown, Terry, Vol II
Cederberg, Herbert Renando, Vol I, IV
Gerster, Carole, Vol II
Karolides, Nicholas J., Vol II
Luebke, Steve, Vol II
Mannetter, Terrance, Vol III
Peterson, Edward Norman, Vol I
Wood, Ruth, Vol II
Zlogar, Laura, Vol II

Saint Madison
Hutchison, Jane Campbell, Vol I

Sheboygan
Skeris, Robert A., Vol IV

Shorewood
Nerenberg, Bruce Edward, Vol IV

Stevens Point
Bailiff, John, Vol IV
Billings, John R., Vol IV
Bowman, Mary Ruth, Vol II
Fadner, Donald E., Vol IV
Gilson, Greg, Vol IV
Herman, Arthur L., Vol IV
Keefe, Alice Ann, Vol IV
Knowlton, Robert James, Vol I
Meisel, Martin, Vol II, III
Mertz, Paul Eric, Vol I
Missey, James L., Vol II
Nelson, Michael P., Vol IV
Overholt, Thomas William, Vol I, IV
Paul, Justus F., Vol I
Skelton, William B., Vol I
Stokes, James, Vol II
Vollrath, John F., Vol IV
Waligore, Joseph, Vol IV
Walker, Hugh D., Vol I
Warren, Dona, Vol IV

Stoughton
Hatheway, Joseph G., Vol I

Superior
Bischoff, Joan, Vol II
Haugrud-Reiff, Raychel A., Vol II
Hudelson, Richard Henry, Vol IV
Reiff, Raychel A., Vol II
Sipress, Joel M., Vol I

Watertown
Henry, Carl F. H., Vol IV

Waukesha
Dailey, Joseph, Vol II
Dukes, Jack Richard, Vol I
Heim, Joel, Vol IV
Hemmer, Joseph, Vol IV
Jones, Sidney C., Vol II
Rozga, Margaret, Vol II
Settle, Peter, Vol II
Sherrick, Rebecca Louise, Vol I, V
Sinclair, Lawrence A., Vol I

Wausau
Lorence, James J., Vol I

Wauwatosa
Scholz, Daniel J., Vol IV
Starkey, Lawrence H., Vol IV

Whitewater
Adams, George Roy, Vol II, III
Anderson, Janet A., Vol I
Berger, Ronald J., Vol V
Haney, Richard Carlton, Vol I
Haven, Richard P., Vol II
Nye, Andrea, Vol IV
Ostermeier, Terry H., Vol II
Quinlivan, Mary E., Vol I
Salzwedel, Kenneth D., Vol V
Shibles, Warren Alton, Vol IV
Straubel, Linda Helen, Vol II
Yasko, Richard Anthony, Vol I
Zastrow, Charles H., Vol V

WYOMING

Casper
Frankland, Erich, Vol IV

Cody
Bender, Nathan E., Vol II, V

Laramie
Ashley, David, Vol V
Bagby, Lewis, Vol III
Bangerter, Lowell A., Vol III
Denney, Colleen J., Vol I
Durer, Christopher, Vol II, III
Ellsworth, Ralph E., Vol II
Gressley, Gene M., Vol I
Hanson, Klaus D., Vol III
Harkin, Michael E., Vol V
Harris, Duncan Seely, Vol II
Harris, Janice Hubbard, Vol I, II, V
Holt, Philip, Vol I
Jensen, Katherine Ruth, Vol V
Kalbfleisch, Pamela J., Vol II
Kohler, Eric Dave, Vol I
Langlois, Walter G., Vol III
Larsen, Kevin, Vol III
Larson, Taft Alfred, Vol I
Martin, James August, Vol IV
Mayer, Sigrid, Vol III
McIrvin, Michael D., Vol II
Moore, William Howard, Vol I
Mundt, Hannelore, Vol III
Picherit, Jean-Louis, Vol III
Porterfield, Amanda, Vol IV
Reverand, Cedric D., Vol II
Rhoades, Duane, Vol III
Schaefer, Jean Owens, Vol I
Seckinger, Donald Sherman, Vol I, IV, V
Sherline, Ed, Vol IV
Sigalov, Pavel S., Vol III
Tolo, Khama-Basilli, Vol III

Powell
Carlson, Kay, Vol II

Torrington
Nesbitt, John D., Vol II, III

CANADA

ALBERTA

Armena
Jensen, Gordon A., Vol IV

Athabasca
Andria, Marco, Vol II
Finkel, Alvin, Vol I
Roberts, Barbara A., Vol I, V

Calgary
Baker, John Arthur, Vol IV
Bercuson, David Jay, Vol I
Eyck, Frank, Vol I
Francis, Robert D., Vol I
Hexham, Irving, Vol IV
Jensen, Debra J., Vol IV
Knafla, Louis A., Vol I
Kome, Penny J., Vol V
Macintosh, John James, Vol IV
Martin, Charles Burton, Vol IV
Martin, John Sayre, Vol II
McGillivray, Murray D., Vol II
Mckenna, Marian Cecilia, Vol I
Mcmordie, Michael J., Vol I
Neale, David, Vol IV
Penelhum, Terence M., Vol IV
Rasporich, Anthony W., Vol I
Stamp, Robert M., Vol I
Stone-Blackburn, Susan, Vol II
Stratton, Susan B., Vol II
Walbank, Michael Burke, Vol I, II, III
Zekulin, Nicholas Gleb, Vol III

Camrose
Harland, Paul W., Vol II

Cochrane
Peacock, Kevin, Vol IV

College Heights
Heer, Larry G., Vol IV

Edmonton
Blodgett, Edward D., Vol III
Brown, Janice C. L., Vol III
Buck, Robert J., Vol II, III
Cahill, P. Joseph, Vol IV
Dimic, Milan Velimir, Vol III
Dryer, Matthew S., Vol III
Egert, Eugene, Vol III
Ens, Gerhard J., Vol I
Fishwick, Duncan, Vol II, III
Forcadas, Alberto M., Vol III
Frederick, G. Marcille, Vol IV
Grant, Raymond James Shepherd, Vol II
Grundy, Isobel, Vol II
Hoffpauir, Richard, Vol II
Ingles, Ernie B., Vol I, II
Jones, William J., Vol I
Kambeitz, Teresita, Vol IV, V
Krispin, Gerald, Vol IV
Landy, Francis, Vol II, III
Leske, Adrian M., Vol IV
Lightner, David Lee, Vol I
Macleod, Roderick Charles, Vol I
Marahrens, Gerwin, Vol III
Margolin, Uri, Vol II, III
McMaster, Juliet, Vol II
Mcmaster, Rowland Douglas, Vol II
Miall, David S., Vol II
Mozejko, Edward, Vol III
Nedashkivska, Alla, Vol III
Oosterhuis, Tom, Vol IV
Owram, Douglas R., Vol I
Page, Sydney, Vol IV
Pownall, Frances Skoczylas, Vol II, III
Prideaux, Gary Dean, Vol III
Priestly, Tom M. S., Vol III
Rahimich, Nasrin, Vol III
Scott, Timothy, Vol IV
Shiner, Roger Alfred, Vol IV
Slavutych, Yar, Vol III
Swirski, Peter, Vol III
Thompson, John H., Vol I
Trumpener, Ulrich, Vol I
Waugh, Earle Howard, Vol I, IV
Wiesenthal, Christine, Vol II
Williamson, Janice, Vol II
Zvi, Ehud Ben, Vol IV
Zwicker, Heather S., Vol II

Lethbridge
Brown, Bryson, Vol IV
Cassis, Awny F., Vol II
Greenshields, Malcolm, Vol I
Huel, Ray, Vol I
O'Dea, Jane, Vol IV
Peacock, Kent, Vol IV
Penton, Marvin J., Vol I
Robinson, Tom, Vol I
Rodrigues, Hillary, Vol IV
Stingl, Michael, Vol IV
Tagg, James, Vol I
Titley, E. Brian, Vol I
Viminitz, Paul, Vol IV

Mayerthorpe
Zwicky, Jan, Vol IV

BRITISH COLUMBIA

Abbotsford
Fredeman, William E., Vol II
Nichols, Mariam F., Vol II

Burnaby
Black, Stephen Ames, Vol II
Boyer, Richard, Vol I
Budra, Paul Vincent, Vol II
Buitenhuis, Peter M., Vol II
Carlson, Roy L., Vol I
Cohen, Marjorie G., Vol IV, V
Danielson, Dennis R., Vol II
Davison, Rosena, Vol III
Delany, Paul, Vol II
Delany, Sheila, Vol II
Djwa, Sandra A., Vol II
Fellman, Michael, Vol I
Gomez-Moriana, Antonio, Vol III
Harden, Edgar Frederick, Vol II
Kirschner, Teresa, Vol IV
Kitchen, Martin, Vol I
Little, John Irvine, Vol I
Merler, Grazia, Vol III
Parr, Joy, Vol I
Roesch, Ronald, Vol V
St Pierre, Paul Matthew, Vol II
Stanley, Donald, Vol II
Taboada, Maria, Vol III
Todd, Donald David, Vol IV

Delta
Gamlin, Gordon S., Vol III

Duncan
Williams, David R., Vol I

Kelowna
Bindon, K., Vol I

Langley
Abegg, Martin G., Jr., Vol IV
Boersma, Hans, Vol I
Burkinshaw, Robert K., Vol I
Chamberlain, Paul, Vol IV
Shantz, Douglas H., Vol I
Strom, William O., Vol II
Weibe, Phillip H., Vol IV

Nanaimo
Bowen, Lynne E., Vol I
Harrison, Keith, Vol II
Siemens, Raymond G., Vol II

New Westminster
Leschert, Dale, Vol IV

Prince George
Ainley, Marianne G., Vol I, V
Fisher, Robin, Vol I
Horne, Dee A., Vol II
Morrison, William R., Vol I

Saanichton
Crozier, Lorna, Vol II

Sidney
Saddlemyer, Ann, Vol II

Surrey
Findon, Joanne, Vol II

Vancouver
Akrigg, George P. V., Vol II
Avakumovic, Ivan, Vol I, IV
Bak, Janos M., Vol I
Bakan, Joel, Vol IV
Barman, Jean, Vol I, V
Barman, Roderick James, Vol I
Batts, Michael S., Vol III
Baxter, Gisele, Vol II
Blom, Joost, Vol IV
Bongie, Laurence L., Vol III
Bose, Sarika, Vol II
Boyle, Christine, Vol IV
Brinton, Laurel J., Vol III
Brunnee, Jutta, Vol IV
Bryden, Philip, Vol IV
Busza, Andrew/Andrzej, Vol II
Cairns, Hugh A. C., Vol I, IV
Chapman, Mary M., Vol II
Conway, John S., Vol I
Crean, Susan M., Vol II
Dawson, Anthony Blanchard, Vol II
Dick, Eric L., Vol I
Edinger, Elizabeth, Vol IV
Egleston, Don, Vol IV
Elliot, Robin, Vol IV
Endo, Paul, Vol II
Ericson, Richard, Vol IV
Evans, James A. S., Vol II, III
Farquhar, Keith, Vol IV
Franson, Robert T., Vol IV
Frose, Victor, Vol V
Gaston, Lloyd, Vol IV
Goetz-Stankiewicz, Marketa, Vol III
Gooch, Bryan N. S., Vol II
Grace, Sherrill E., Vol II
Grant, Isabel, Vol IV
Grenberg, Bruce L., Vol II
Grenz, Stanley J., Vol IV
Grigorut, Constantin, Vol III
Grogan, Claire, Vol II
Haiken, Elizabeth, Vol I
Hamlin, Frank Rodway, Vol III
Harms, William F., Vol IV
Harnetty, Peter, Vol I
Harvey, William D., Vol III
Hatch, Ronald B., Vol II
Head, Ivan, Vol IV
Hudson, Nicholas, Vol II
Hundert, Edward J., Vol I
Iyer, Nitya, Vol IV
Johnson, Lee Milford, Vol II
Klang, Daniel M., Vol I
Kline, Marlee, Vol IV
Knutson, Harold Christian, Vol III
Koepke, Robert L., Vol I
Kohan, Kevin M., Vol II
Labrie, Ross E., Vol II
Lawrence, Sean, Vol II
Lopes, Dominic McIver, Vol IV
MacCrimmon, Marilyn, Vol IV

MacDougall, Bruce, Vol IV
MacIntyre, James, Vol IV
Maud, Ralph N., Vol II
McClean, Albert, Vol IV
Merivale, Patricia, Vol II, III
Moogk, Peter N., Vol I
Mornin, Edward, Vol II
Mosoff, Judith, Vol IV
Murray, Catherine A., Vol II
Nadel, Ira Bruce, Vol II
Neufeld, Dietmar, Vol I, IV
Neuman, Shirley C., Vol II
New, William H., Vol II
Newman, Peter C., Vol I, IV
Ormsby, Margaret A., Vol I
Pacheco-Ransanz, Arsenio, Vol III
Paterson, Robert, Vol IV
Pavlich, Dennis, Vol IV
Potter, Pitman, Vol IV
Potter, Tiffany, Vol II
Prang, Margaret E., Vol I
Pue, Wesley W., Vol IV
Pulleyblank, Edwin George, Vol I, III
Raoul, Valerie, Vol III, V
Saint-Jacques, Bernard, Vol III
Salzberg, Stephan, Vol IV
Sanders, Douglas, Vol IV
Shadbolt, Douglas, Vol I
Sheppard, Anthony, Vol IV
Smith, Lynn C., Vol IV
Stackhouse, John G., Jr., Vol I, IV
Stanwood, Paul G., Vol II
Strong-Boag, Veronica, Vol I, V
Swart, Paula, Vol I
Wasserman, Jerry, Vol II
Weiler, Joseph, Vol IV
Wexler, Stephen, Vol IV
Windsor-Liscombe, Rhodri, Vol I
Zeitlin, Michael, Vol II

Victoria
Archibald, Elizabeth F., Vol II
Bates, Jennifer, Vol IV
Baxter, Laurie Rae, Vol IV, V
Beardsmore, Barry, Vol I
Bedeski, Robert E., Vol I, IV
Berry, Edward I., Vol II
Best, Michael R., Vol II
Blank, G. Kim, Vol II
Bowman, L. M., Vol I
Bradley, Keith Richard, Vol I, III
Campbell, David A., Vol II, III
Carlin, Claire L., Vol III
Carson, Luke, Vol II
Cassels, Jamie, Vol IV
Casswell, Donald G., Vol IV
Cleary, Thomas R., Vol II
Cobley, Evelyn M., Vol II
Cohen, David, Vol IV
Coward, Harold G., Vol I, IV
Daniels, Charles B., Vol IV
Dean, Misao A., Vol II
Dopp, James A., Vol II
Edwards, Anthony S. G., Vol II
England, Anthony Bertram, Vol II
Ferguson, Gerry, Vol IV
Fitch, J. G., Vol II
Foshay, Toby, Vol II
Foss, Jeffrey E., Vol IV
Foster, Hamar, Vol IV
Fulton, Gordon D., Vol II
Galloway, J. Donald C., Vol IV
Gillen, Mark R., Vol IV
Grant, Patrick, Vol II
Greene, John, Vol II
Grove-White, Elizabeth M., Vol II
Hadley, Michael Llewellyn, Vol III
Herique, Emmanuel, Vol III
Heyd, Thomas, Vol IV
Hodgins, Jack S., Vol II
Hollingsworth, Margaret, Vol II
Holmberg, I. E., Vol III
Howard, Lloyd H., Vol III
Hsieh, Yvonne Y., Vol III
Jackman, Sydney W., Vol I
Jenkins, Anthony W., Vol II
Kamboureli, Smaro, Vol II
Keep, Christopher J., Vol II
Keller, Arnold, Vol II
Kerby-Fulton, Kathryn, Vol II
Kilcoyne, John R., Vol IV
Kluge, Eike-Henner W., Vol IV
Langer, Monika, Vol IV
Lapprand, Marc, Vol III
Lazarevich, Gordana, Vol II
Lessard, Hester A., Vol IV
Limbrick, Elaine, Vol III
Louis, Margot K., Vol II
M'Gonigle, R. Michael, Vol IV
Macleod, Colin, Vol IV
Maloney, Maureen A., Vol IV
McCartney, Sharon, Vol IV
Mccue, Robert J., Vol I
McDorman, Ted L., Vol IV
McLaren, John P. S., Vol IV
Michelsen, John Magnus, Vol IV
Mitchell, Judith I., Vol II
Morgan, Charles G., Vol IV
Neilson, William A. W., Vol IV
Neufeldt, Victor A., Vol II
Niang, Sada, Vol II
Nowlin, Michael E., Vol II
Oleson, John P., Vol I
Osborne, John, Vol I
Petter, Andrew J., Vol IV
Rabillard, Sheila M., Vol II
Riedel, Walter Erwin, Vol III
Robinson, Lyman R., Vol IV
Rodney, William, Vol I
Ross, Mary Ellen, Vol III
Schuler, Robert M., Vol II
Scobie, Stephen A. C., Vol II
Segger, Martin, Vol I
Sexton, James P., Vol II
Sherwood, Terry G., Vol II
Shrimpton, G. S., Vol I
Smith, Nelson C., Vol II
Surridge, Lisa A., Vol II
Taylor, Angus, Vol IV
Thaler, Danielle, Vol II
Thatcher, David S., Vol II
Thomson, Kathryn, Vol IV
Tollefson, Chris, Vol IV
Tolomeo, Diane, Vol II
Tsurumi, E. Patricia, Vol I
Tucker, John J., Vol III
Tumasonis, Elizabeth, Vol I
Vautier, Marie, Vol III
Waelti-Walters, Jennifer, Vol III, V
Waldron, Mary Anne, Vol IV
Waters, Donovan W. M., Vol IV
Wooley, Wesley Theodore, Vol I
Young, James O., Vol IV

West Vancouver
Stursberg, Peter, Vol I

MANITOBA

Brandon
Cederstrom, Lorelei S., Vol II
Florida, Robert E., Vol IV
Mott, Morris K., Vol I
Pernal, Andrew B., Vol I

Otterburne
Perry, Tim, Vol IV
Tiessen, Terrance, Vol IV

Winnipeg
Amabile, George, Vol II
Anna, Timothy, Vol I
Aponiuk, Natalia, Vol I
Arnason, David E., Vol II
Bailey, Donald Atholl, Vol I
Brown, Jennifer S. H., Vol I
Bucknell, Brad, Vol II
Busby, Karen, Vol IV
Cahill, Jane, Vol II
Carroll, Francis Martin, Vol I
Cooley, Dennis O., Vol II
Cooper, Craig, Vol III
Creamer, David G., Vol IV
Daniels, Bruce C., Vol I
Day, Peggy, Vol IV
Day, Terence Patrick, Vol I, IV
de Toro, Fernando, Vol II
Doerksen, Victor Gerard, Vol III
Donatelli, Joseph M. P., Vol II
Egan, Rory Bernard, Vol II, III
Esau, Alvin, Vol IV
Fainstein, Lisa, Vol IV
Finnegan, Robert Emmett, Vol II
Golden, Mark, Vol II, III
Gordon, Alexander Lobban, Vol III
Greenhill, Pauline, Vol V
Groome, Margaret, Vol II
Harvey, Cameron, Vol IV
Harvey, Carol, Vol III
Heidenreich, Rosmarin, Vol II, III
Heller, Henry, Vol I
Hoople, Robin P., Vol II
Jeal, Roy R., Vol IV
Johnson, Christopher G., Vol II
Joubert, Andre, Vol III
Kinnear, Michael S. R., Vol I
Klassen, William, Vol IV
Klostermaier, Klaus Konrad, Vol IV
Kroetsch, Robert P., Vol II
Layman, Lewis M., Vol II
Lenoski, Daniel S., Vol II
Marantz, Enid Goldstine, Vol III
McDougall, Iain, Vol I
McGillivray, Anne, Vol IV
Moss, Laura, Vol II
Moulton, Edward C., Vol I
Muller, Adam, Vol II
O'Kell, Robert P., Vol II
Ogden, John T., Vol II
Penner, Roland, Vol IV
Preston, Carol, Vol I
Rempel, John W., Vol II
Rothney, Gordon O., Vol I
Sauer, Angelika, Vol I
Schwartz, Bryan, Vol IV
Shields, Carol, Vol II
Shillington, V. George, Vol IV
Smith, Brenda Austin, Vol II
Sneiderman, Barney, Vol IV
Snyder, Stephen W., Vol II
Stambrook, Fred, Vol I
Steiman, Lionel Bradley, Vol I
Stuesser, Lee, Vol IV
Teunissen, John J., Vol II
Toles, George E., Vol II
Turner, Myron M., Vol II
Vadney, Thomas Eugene, Vol I
Walton, Douglas, Vol IV
Walz, Eugene P., Vol II
Weil, Herbert S., Vol II
Weil, Judith R., Vol II
Wyke, Clement Horatio, Vol II
Young, Arlene, Vol II
Young, Robert John, Vol I

NEW BRUNSWICK

Douglas
Cogswell, Frederick W., Vol II

Edmundston
LeBlanc, Phyllis, Vol I

Fredericton
Beyea, Marion, Vol II
Buckner, Phillip Alfred, Vol I
Dalzell, Alexander, Vol II, III
Doerksen, Daniel William, Vol II
Edwards, Viviane, Vol V
Frank, David, Vol I
Konishi, Haruo, Vol I
Lemire, Beverly, Vol I
Lorey, Christoph R., Vol I, III
Lumsden, Ian G., Vol I
Neill, Warren, Vol IV
Pugh, Anthony Roy, Vol III
Thompson, Dorothy Gillian, Vol I
Tryphonopoulos, Demetres P. P., Vol II

Moncton
Gallant, Christel, Vol III
Maillet, Marguerite, Vol I
Ohlhauser, Jon B., Vol II
Wilson, Robert Sydney, Vol I

Sackville
Adams, Graham, Jr., Vol I
Bamford, Karen V., Vol II
Godfrey, William Gerald, Vol I
Lapp, Robert Keith, Vol II
Lochhead, Douglas Grant, Vol II
MacMillan, Carrie H., Vol II
Parent, Mark, Vol IV
Stark, James A., Vol II
Vogan, Nancy F., Vol II

NEWFOUNDLAND

Corner Brook
Greenlee, James G. C., Vol I

Saint John's
Clark, Raymond John, Vol II, III
Hewson, John, Vol III
Kealey, Gregory S., Vol I
Kealey, Linda, Vol I
Langford, Michael J., Vol IV
Miller, Elizabeth A., Vol II
O'Dea, Shane, Vol II
Ommer, Rosemary, Vol I
Pitt, David G., Vol II
Rompkey, Ronald G., Vol II

NOVA SCOTIA

Antigonish
Berridge, John Maclennan, Vol IV
Cameron, James D., Vol I
English, Leona, Vol V
Hogan, Patricia, Vol I
Mensch, James, Vol IV
O'Brien, Kevin, Vol II
Stanley-Blackwell, Laurie, Vol I
Walsh, Patrick F., Vol II

Bedford
McAleer, J. Philip, Vol I
Stanley, Della M. M., Vol I

Halifax
Abdul-Masih, Marguerite, Vol IV
Anthony, Geraldine, Vol II
Baylis, Francoise, Vol IV
Bishop, Michael, Vol III
Brett, Nathan C., Vol IV
Burns, Steven A. M., Vol IV
Campbell, Richmond M., Vol IV
Campbell, Susan, Vol IV
Carrigan, David O., Vol I
Chavy, Paul, Vol III
Darby, Barbara, Vol II
Flint, John E., Vol I
Gantar, Jure, Vol II
Gesner, B. Edward, Vol III
Greenfield, Bruce R., Vol II
Hogan, Melinda, Vol IV
Hymers, Michael, Vol IV
MacIntosh, Duncan, Vol IV
Maitzen, Rohan Amanda, Vol II
Maitzen, Stephen, Vol IV
Martin, Robert M., Vol IV
McKenna, Mary Olga, Vol V
Mercer, Mark, Vol IV
Mills, Eric L., Vol I
Ross, Trevor T., Vol II
Schotch, Peter K., Vol II, IV
Sherwin, Susan, Vol IV
Silverberg, Mark A., Vol II
Stokes, Lawrence Duncan, Vol I
Tetreault, Ronald, Vol II
Vinci, Thomas, Vol IV
Wainwright, John A., Vol II
Whitehead, Ruth, Vol I

Pointe-de-l'Eglise
Knutson, Susan, Vol II

Sambro Head
McConnell, Kathleen, Vol II

Stellarton
McNabb, Debra, Vol I

Wolfville
Best, Janice, Vol III
Callon, Gordon, Vol II
Conrad, Margaret R., Vol I, V
Davies, Gwendolyn, Vol II
Delpeche, Bernard, Vol III
Elliott, Shirley B., Vol I
Fink, Robert J., Vol I, II
McLay, Tim, Vol IV
McRobert, Jennifer, Vol IV
Quema, Anne, Vol II
Steggles, Mary Ann, Vol I
Thompson, Hilary, Vol II
Thompson, Ray, Vol II
Zeman, Jarold K., Vol I, IV

ONTARIO

Arnprior
Collins, Robert G., Vol II

Brampton
Sarao, Karam Tej S., Vol IV

Don Mills
Withrow, William, Vol I

Downsview
Adelman, Howard, Vol IV
Corbett, Noel L., Vol III
Feltes, Norman Nicholas, Vol II
Paper, Jordan, Vol I, IV

Dundas
Campbell, Joan, Vol I
Pearson, Anne, Vol IV

Edmonton
Penrod, Lynn K., Vol III

Guelph
Benson, Renate, Vol I, III
Cyr, Mary, Vol I, II
Davis, Marie, Vol II
Dorter, Kenneth, Vol IV
Falding, Harold J., Vol IV, V
Graham, Kenneth Wayne, Vol II
Keefer, Janice Kulyk, Vol II
Marshall, Linda Edith, Vol II
Masters, Donald C., Vol I
Matthews, Victor J., Vol II, III
Rooke, Constance M., Vol II
Rubio, Mary H., Vol II
Settle, Tom, Vol IV
Spring, Howard, Vol II
Vaughan, Frederick, Vol IV

Haileybury
Gold, Joseph, Vol II

Hamilton
Adamson, Joseph, Vol II
Aksan, Virginia, Vol I
Alsop, James, Vol I
Ballstadt, Carl P. A., Vol II
Barrett, David P., Vol I
Beame, Edmond Morton, Vol I
Bishop, Allan, Vol II
Blewett, David, Vol II
Boetzkes, Elizabeth, Vol IV
Bowerbank, Sylvia, Vol II
Brennan, Anthony, Vol II
Campbell, John Pollock, Vol I
Cassels, Alan, Vol I
Clark, David L., Vol II
Coldwell, Joan, Vol II
Coleman, Daniel, Vol II
Cox, Claude E., Vol IV

Cro, Stelio, Vol III
Cruikshank, Kenneth, Vol I
Donaldson, Jeffery, Vol II
Ferns, John, Vol II
Frager, Ruth, Vol I
Gauvreau, J. Michael, Vol I
Geagan, Daniel J., Vol I
George, Peter J., Vol I
Goellnicht, Donald, Vol II
Granofsky, Ronald, Vol II
Griffin, Nicholas, Vol IV
Haley, Evan W., Vol I
Hall, Frederick A., Vol I, II
Hitchcock, David, Vol IV
Hobbs, Trevor Raymond, Vol IV
Horn, Martin, Vol I
Horsnell, Malcolm J. A., Vol IV
Hyman, Roger L., Vol II
John, Brian, Vol II
Johnston, Charles Murray, Vol I
Johnston, Robert H., Vol I
Kaczynski, Bernice M., Vol I
King, James, Vol II
Lee, Alvin A., Vol II
Longenecker, Richard Norman, Vol IV
Madison, Gary Brent, Vol IV
Maqbool, Aziz, Vol II
McKay, Alexander G., Vol II, III
Mendelson, Alan, Vol IV
Meyer, Ben Franklin, Vol IV
Morton, Richard E., Vol II
O'Brien, Susie, Vol II
O'Connor, Mary E., Vol II
Ostovich, Helen, Vol II
Paul, George Mackay, Vol I, II, III
Rempel, Richard A., Vol I
Roland, Charles G., Vol I
Russo, David J., Vol I
Savage, Anne, Vol II
Silcox, Mary, Vol II
Silvestri, Elena M., Vol III, V
Simpson, Evan, Vol IV
Szeman, Imre J., Vol II, V
Thorpe, Wayne L., Vol I
Walmsley, Peter, Vol II
Weaver, John C., Vol I
York, Lorraine, Vol II

Kingston
Akenson, Donald, Vol I
Alistair, Macleod, Vol IV
Angus, Margaret, Vol I
Babbitt, Susan, Vol IV
Bakhurst, David J., Vol IV
Beninger, Richard J., Vol V
Berg, Maggie, Vol II
Berman, Bruce J., Vol IV
Bessette, Gerard, Vol III
Bond, Edward J., Vol IV
Carpenter, Mary, Vol II
Carson, James, Vol IV
Clark, George, Vol II
Colwell, Frederic, Vol II
Craig, Wendy M., Vol V
der Otter, Sandra, Vol IV
Dick, Susan M., Vol II
Duffin, Jacalyn, Vol I
English, Allan D., Vol I
Errington, Jane, Vol I
Feldman, Maurice A., Vol V
Fell, Albert Prior, Vol IV
Finlayson, John, Vol II
Finley, Gerald E., Vol I
Fox, Michael Allen, Vol IV
Gunn, J., Vol IV
Hamilton, Albert C., Vol II
Hansen, Klaus Juergen, Vol I
Hanson, Elizabeth, Vol II
Haycock, Ronald G., Vol I
Helland, Janice, Vol V
Hospital, Clifford G., Vol IV
James, William Closson, Vol II, IV
Jolly, Rosemary J., Vol II
Jones, Mark, Vol II
Kilpatrick, Ross S., Vol II, III
King, Shelley, Vol II
Klepak, Hal, Vol I
Knight, Deborah, Vol IV
Leighton, Stephen, Vol IV
Leith, James A., Vol I
Lobb, Edward, Vol II
Lock, F. P., Vol II
Logan, George, Vol II
MacKinnon, James, Vol IV
Mccready, William David, Vol I
Mewhort, Doug J. K., Vol V
Moffatt, John, Vol II
Monkman, Leslie G., Vol II
Murray, Laura, Vol II
Overall, Christine D., Vol IV
Pierce, John, Vol II
Prado, C. G., Vol IV
Prete, Roy A., Vol I
Quinsey, Vernon L., Vol V
Rae, Patricia, Vol II
Rasula, Jed, Vol II
Riddell, J. Barry, Vol I
Robinson, Laura, Vol II
Rogers, Phil, Vol II
Sandor, Monica A., Vol I
Schlick, Yael, Vol II
Schroeder, Frederic M., Vol II, III
Shirinian, Lorne, Vol III
Sismondo, Sergio, Vol IV
Skarbarnicki, Anne, Vol II
Soderlind, Sylvia, Vol II
Sokolsky, Joel J., Vol IV
Stayer, James Mentzer, Vol I
Stevens, Paul, Vol II
Straznicky, Marta, Vol II
Streight, Irwin, Vol II
Surridge, Marie, Vol I, III
Sypnowich, Christine, Vol IV
Throne, Barry, Vol II
Tulchinsky, Gerald J. J., Vol I
Varadharajan, Asha, Vol II
Ware, Tracy, Vol II
Wiebe, Mel, Vol II
Willmott, Glenn Allan, Vol II
Young, Pamela Dickey, Vol IV

London
Armstrong, Frederick H., Vol I
Auksi, Peter, Vol II
Avotins, Ivars, Vol II, III
Backhouse, Constance B., Vol IV
Baguley, David, Vol III
Bailey, Terence, Vol II
Barsky, Robert, Vol II
Barton, Peter G., Vol IV
Bell, John L., Vol IV
Bentley, D. M. R., Vol II
Brandt, Gregory J., Vol IV
Brown, Craig, Vol IV
Bryant, Alan W., Vol IV
Brydon, Diana, Vol II
Carmichael, Thomas, Vol II
Cheetham, Mark A., Vol I
Cormier, Micheal J., Vol IV
Cozea, Angela, Vol III
Dale, William S. A., Vol I
Davey, Frank W., Vol II
de Looze, Laurence, Vol III
Demopoulos, William G., Vol IV
Edgar, Timothy W., Vol IV
Elliott, Bridget, Vol I
Esterhammer, Angela, Vol II
Falkenstein, Lorne, Vol IV
Farber, Carole, Vol II
Feldthusen, Bruce P., Vol IV
Finlayson, William D., Vol I
Freed, Bruce, Vol IV
Gerber, Douglas E., Vol II, III
Gold, Richard E., Vol IV
Green, Richard F., Vol II
Grier, James, Vol II
Groden, Michael, Vol II
Hair, Donald S., Vol II
Harper, Bill, Vol IV
Harvey, Elizabeth D., Vol II
Hieatt, Allen Kent, Vol II
Hoffmaster, Barry, Vol IV
Kreiswirth, Martin, Vol II
Lander, Jack Robert, Vol I
Lennon, Thomas M., Vol IV
Marras, Ausonio, Vol IV
Maynard, Patrick, Vol IV
Mihailescu, Calin Andrei, Vol III
Myrvold, Wayne C., Vol IV
Neary, Peter F., Vol I
Neville, Don, Vol II
Nicholas, John M., Vol IV
Picard, Anne Marie, Vol III
Plotkin, Howard, Vol IV
Purdy, Anthony, Vol III
Rajan, Balachandra, Vol II
Rajan, Tilottama, Vol II
Rodger, Valentine Watson, Vol III
Ross, Catherine S., Vol II
Roulston, Christine, Vol III
Semmens, Richard, Vol II
Thomson, Clive, Vol III
Thorp, John, Vol IV
Toft, Robert, Vol II
Traister, Bryce, Vol II
Vaillancourt, Daniel, Vol III
Waterston, Elizabeth H., Vol II
Werstine, Paul, Vol II
Wylie, A., Vol IV

Manotick
Morley, Patricia, Vol II

Mississauga
Aster, Sidney, Vol I
Astington, John H., Vol II
Day, Richard B., Vol I, IV
Rubincam, Catherine I., Vol I

Montreal
Bircher, Martin, Vol III

North Bay
Janzen, Lorraine, Vol II
Kooistra, John, Vol II
Kruk, Laurie, Vol II
Muhlberger, Steven, Vol I
Plumstead, William, Vol II
Zytaruk, George J., Vol II

North York
Black, Naomi, Vol I, IV
Brown, Michael G., Vol III
Calvert-Koyzis, Nancy, Vol IV
Carpenter, Carole, Vol V
Cotnam, Jacques, Vol III
Doob, Penelope, Vol II
Faas, Ekbert, Vol II
Godard, Barbara J., Vol II
Gray, Patrick T. R., Vol IV
Herren, Michael W., Vol I, II
Hornstein, Shelley, Vol I
Jarrell, Richard A., Vol I
Kater, Michael H., Vol I
Le Goff, T. J. A., Vol I
Lennox, John W., Vol II
Maidman, Maynard Paul, Vol I, IV
Nelles, Henry V., Vol I
Rowland, Beryl, Vol II
Waddington, Miriam, Vol II

Ottawa
Abel, Kerry, Vol I
Abell, Jennie, Vol IV
Anglin, Douglas G., Vol I, IV
Barber, Marylin J., Vol I
Baycroft, John A., Vol IV
Bazan, Carlos, Vol IV
Benidickson, Jamie, Vol IV
Bennett, Y. Aleksandra, Vol I
Bird, Roger A., Vol II
Black, J. Laurence, Vol I
Bonneau, Normand, Vol IV
Brook, Andrew, Vol IV
Chari, V. K., Vol II
Chartier, Yves, Vol I, II
Clayton, John Douglas, Vol III
Coyle, J. Kevin, Vol I, IV
Currie, John H., Vol IV
D'Allaire, Micheline, Vol I
Dean, David M., Vol I
Delisle, Jean, Vol I, III
Dickason, Olive P., Vol I
Dionne, Rene, Vol III
Dorland, Michael, Vol II
Dornan, Christopher, Vol II
Dourley, John Patrick, Vol IV
Dray, William Herbert, Vol IV
Dube, Jean-Claude, Vol I
Edwards, Mary-Jane, Vol II
Elbaz, Andre Elie, Vol III
Eldredge, Laurence Milton, Vol III
Elliott, B. S., Vol I
Elwood, R. Carter, Vol I
Farr, David M. L., Vol I
Fitzgerald, E. P., Vol I
Geraets, Theodore F., Vol IV
Gillingham, Bryan R., Vol I, II
Gillmor, Alan, Vol II
Gnarowski, Michael, Vol II
Goheen, Jutta, Vol III
Goheen, R. B., Vol I
Goodwin, G. F., Vol I
Gorham, Deborah, Vol I
Gourgues, Michel, Vol IV
Granger, Christopher, Vol IV
Griffiths, Naomi Elizabeth Saundaus, Vol I
Grise, Yolande, Vol III
Gualtieri, Antonio Roberto, Vol IV
Gwyn, Julian, Vol I
Hamelin, Marcel, Vol I
Hare, John Ellis, Vol I
Henighan, Thomas J., Vol II
Hillmer, George Norman, Vol I
Imbert, Patrick L., Vol III
Jaenen, Cornelius John, Vol I
Jeffrey, David Lyle, Vol I, II
Jensen, John T., Vol III
Jurado, Jose, Vol III
Kantowicz, Edward Robert, Vol I
Kaplan, William, Vol IV
Keillor, Elaine, Vol I, II, V
Kelly, Louis G., Vol III
King, Peter John, Vol I
Koerner, E. F. K., Vol III
Korp, Maureen, Vol IV
Kovalio, Jacob, Vol I
Krawchuk, Andrii, Vol IV
Krishna, Vern, Vol IV
Kymlicka, Will, Vol IV
Lafrance, Yvon, Vol IV
Laird, Walter Roy, Vol I
Lamirande, Emilien, Vol I, IV
Lapierre, Andre, Vol III
Le Moine, Roger, Vol III
Lipsett-Rivera, Sonya, Vol I
Loiselle, Andre, Vol II
Macdonald, Robert Hugh, Vol II
Magnet, Joseph E., Vol IV
Major, Jean-Louis, Vol III
Manganiello, Dominic, Vol II
Marks, Laura U., Vol II
Marshall, Dominique, Vol I
McDowall, Duncan L., Vol I
McKillop, A. B., Vol I
McMullen, Lorraine, Vol II
McMullin, Stan, Vol I
McRae, Donald M., Vol IV
Mendes, Errol, Vol IV
Merkely, Paul B., Vol II
Merkley, Paul C., Vol I
Morse, Bradford W., Vol IV
Mosco, Vincent, Vol II
Muise, D. A., Vol I
Neatby, H. Blair, Vol I
Noonan, James S., Vol II
O'Brien, Charles, Vol II
Osborne, Robert E., Vol IV
Paciocco, David, Vol IV
Page, James E., Vol I
Panek, Jennifer Marie, Vol II
Pauli, Lori, Vol I
Payne, Julien, Vol IV
Perrakis, Phyllis J., Vol II
Perrin, David, Vol IV
Petersen, Cynthia, Vol IV
Phillips, Roderick, Vol I
Poplack, Shana, Vol III
Potvin, Thomas R., Vol IV
Ratushny, Edward J., Vol IV
Rivero, Maria Luisa, Vol III
Rodgers, Sanda, Vol IV
Routledge, Marie I., Vol I
Sbrocchi, Leonard G., Vol III
Sheehy, Elizabeth A., Vol IV
Shepherd, John, Vol I, II
Smart, Patricia, Vol II
Spry, Irene, Vol I, IV
Staines, David, Vol II
Stainton, Robert J. H., Vol IV
Sullivan, Ruth, Vol IV
Swinton, George, Vol I
Sylvestre, Jean-Guy, Vol II
Szabo, Franz A. J., Vol I
Theriault, Michel, Vol I, IV
Thomas, Diana, Vol I
Thomson, George Henry, Vol II
Tovell, Rosemarie, Vol I
Vandenakker, John, Vol IV
VanDuzer, Anthony J., Vol IV
Vogels, Walter A., Vol IV
von Baeyer, Edwinna L., Vol I
Von Flotow, Luise, Vol II
Walker, Pamela J., Vol I
Wallot, Jean-Pierre, Vol I
Walton, Priscilla L., Vol II
Watelet, Hubert, Vol I
Way, Rosemary Cairns, Vol IV
Wilson, Keith G., Vol II
Winseck, Dwayne, Vol II
Wise, Sydney F., Vol I
Wyczynski, Paul, Vol II
Yalden, Janice, Vol III
Yardley, J. C., Vol II, III
Young, William Robert, Vol I
Zweibel, Ellen, Vol IV

Peterborough
Burbidge, John William, Vol IV
Carter, Robert Edgar, Vol IV
Conolly, Leonard W., Vol II
Grant, Shelagh D., Vol I
Hodgins, Bruce W., Vol I
Jones, Elwood Hugh, Vol I
Moss, John E., Vol II
Neufeld, James Edward, Vol II
Symons, T. H. B., Vol I

Port Hope
Montagnes, Ian, Vol II

Portland
Killam, G. Douglas, Vol II

Rockwood
Eichner, Hans, Vol III

Saint Catharines
Anderson, Mark, Vol I
Arthur, Alan, Vol I
Baxter-Moore, Nick, Vol II
Bredin, Marian, Vol II
Debly, Patricia, Vol II
Drake, Fred, Vol I
Dyer, Klay, Vol II
Grant, Barry Keith, Vol II, V
Hanyan, Craig, Vol I
Irons, Glenwood H., Vol II
Leach, Jim, Vol II
McGarrell, Hedy M., Vol III
McLeod, Jane, Vol I
Miles, Murray Lewis, Vol IV
Miller, Mary Jane, Vol II
Patrias, Carmela, Vol I
Preston, Joan M., Vol II
Sainsbury, John, Vol I
Sanchez, Monica E., Vol III
Sivell, John, Vol II
Sloniowski, Jeannette, Vol II
Spearey, Susan, Vol II
Szuchewycz, Bohdan G., Vol II
Taylor, Robert R., Vol I
Turner, Wes, Vol I

Saint Catherines
Dirks, Patricia, Vol I
Nicks, Joan P., Vol II
Parker, Richard W., Vol II, III
Sauer, Elizabeth, Vol II

Sault Ste. Marie
Grace, Dominick M., Vol II

Scarborough
Davies, Gordon F., Vol IV
Irwin, Eleanor, Vol II, III
Ruthven, Jon M., Vol IV

Sudbury
Ambrose, Linda M., Vol I
Best, Henry, Vol I
Bray, R. Matthew, Vol I
Burke, Sara Z., Vol I
Colilli, Paul, Vol III
di Norcia, Vincent, Vol IV
Gagnon, Carolle, Vol IV
Gerry, Thomas M. F., Vol II
Giroux, Michel, Vol IV
Hengen, Shannon, Vol II
Ketchen, Jim, Vol IV
Krajewski, Bruce, Vol II
Lemieux, Germain, Vol I, V
Lewis, Gertrud Jaron, Vol III
Liedl, Janice, Vol I
Mount, Graeme S., Vol I
Nash, Roger, Vol IV
Organ, Barbara, Vol IV
Orr, Marilyn, Vol II
Pallard, Henri, Vol IV
Parker, Douglas, Vol II
Pelletier, Lucien, Vol IV
Sahadat, John, Vol IV
Schell, Richard, Vol II
Simpson, Peter, Vol IV
Steven, Laurence, Vol II
Wallace, Carl M., Vol I
Ward, Bruce, Vol IV

Thunder Bay
Colton, Glenn, Vol II
Forbes, Joyce, Vol II
Mamoojee, Abdool-Hack, Vol II, III
Nabarra, Alain, Vol III
Petrone, Serafina, Vol V
Schonberger, Vincent L., Vol III
Vervoort, Patricia, Vol I

Toronto
Abbott, Elizabeth, Vol I
Adams, George, Vol IV
Adolph, Robert, Vol II
Airhart, Phyllis, Vol IV
Ambrozic, Aloysius M., Vol IV
Arciszewska, Barbara, Vol I
Armstrong, Joe C. W., Vol I
Armstrong, Pat, Vol I
Atwood, Margaret, Vol II
Baird, John D., Vol II
Bakker, Barend H., Vol II
Barnes, Timothy David, Vol I, II, III
Bartel, Lee R., Vol II, V
Bartlett, Kenneth Roy, Vol I
Bazan, Bernardo C., Vol IV
Beck, Roger L., Vol II, III
Beckwith, John, Vol I, II
Bedford, Harold, Vol I
Benn, Carl E., Vol I
Bessner, Ronda, Vol IV
Best, Ernest E., Vol IV
Bewell, Alan J., Vol II
Bilaniuk, Petro Borys T., Vol IV
Blackmore, Joshiah, Vol III
Blanchard, Peter, Vol I
Bliss, John W. M., Vol I
Borrows, John, Vol IV
Bothwell, Robert S., Vol I
Bouissac, Paul A., Vol III
Boyle, Joseph, Vol IV
Braithwaite, John, Vol IV
Breton, Raymond J., Vol I
Brock, Peter de Beauvoir, Vol I
Brown, James R., Vol IV
Brown, R. Craig, Vol I
Burgess, Jonathan, Vol II, III
Burke, James F., Vol III
Burnett, David G., Vol I
Callahan, William James, Vol I
Cameron, Donald M., Vol IV
Cameron, Elspeth M., Vol II
Careless, James M. S., Vol I
Case, Fredrick I., Vol III
Chambers, J. K., Vol III
Ching, Julia, Vol IV
Chornenki, Genevieve A., Vol IV
Clarke, Ernest George, Vol I
Clivio, Gianrenzo Pietro, Vol II, III
Cloutier, Cecile, Vol III
Code, Michael, Vol IV
Cohen, Derek M., Vol II
Cohen, Judith, Vol I, II
Cole, Kenneth, Vol IV
Collie, Michael J., Vol I, II
Conacher, Desmond J., Vol II, III
Cook, Eleanor, Vol II
Coop, Jack, Vol IV
Corkin, Jane, Vol II
Corman, Brian, Vol II
Courtney, Richard, Vol II, V
Crowe, Frederick E., Vol IV
Curtis, Alexander Ross, Vol III
Dainard, James A., Vol III
Danesi, Marcel, Vol III
Davies, Alan T., Vol IV
Davis, Natalie Zemon, Vol I
De Sousa, Ronald B., Vol IV
Dewart, Leslie, Vol IV
Dicenso, James, Vol IV
Dolezel, Lubomir, Vol III
Dolezvelova-Velingerova, Milena, Vol III
Domville, Eric W., Vol II
Duffy, Dennis, Vol II
Dutcher-Walls, Patricia, Vol IV
Dyke, Doris J., Vol V
Dyzenhaus, David, Vol IV
Eberts, Mary, Vol IV
Edmondson, Jonathan C., Vol I
Ehrlich, Carl S., Vol III
Eisenbichler, Konrad, Vol III
Elliott, Thomas G., Vol II, III
Ellis, Keith A. A., Vol III
Ellsworth, Randall, Vol IV
Embleton, Sheila, Vol II, III
Endicott, Stephen L., Vol I
Ernst, Joseph Albert, Vol I
Estes, James Martin, Vol I
Evans, Donald D., Vol IV
Fernie, J. Donald, Vol I
Finlayson, Michael G., Vol I
Fish, Arthur, Vol IV
Fitch, Brian T., Vol III
Fleming, Patricia L., Vol I
Forguson, Lynd W., Vol IV
Frank, Roberta, Vol II
French, Goldwin S., Vol I
Gannage, Mark, Vol IV
Genno, Charles N., Vol III
Gentles, Ian, Vol I
Gervers, Michael, Vol I
Goffart, Walter A., Vol I
Golombek, Lisa, Vol I
Gooch, Paul W., Vol IV
Goodman, Susanne R., Vol IV
Granatstein, Jack L., Vol I
Grant, John Neilson, Vol II, III
Grant, John W., Vol IV
Grant, Judith A. S., Vol II
Grayson, Albert K., Vol I
Greenspan, Edward L., Vol IV
Greer, Allan R., Vol I
Gregory, Michael J. P., Vol II
Grosskurth, Phyllis M., Vol II
Gulsoy, J., Vol III
Gupta, Neena, Vol IV
Gwyn, Alexandra, Vol I
Hacking, Ian, Vol IV
Halewood, William H., Vol II
Halperin, Stephen H., Vol IV
Haney, Mary-Ann, Vol IV
Hanke, Robert, Vol II
Harris, Henry Silton, Vol IV
Harrison, Timothy P., Vol I
Hayes, Alan L., Vol IV
Hayne, David Mackness, Vol III
Heath, Joseph, Vol IV
Heinemann, Edward Arthur, Vol III
Heller, Deborah, Vol II
Hillgarth, Jocelyn Nigel, Vol I
Hoeniger, Frederick J. D., Vol II
Hoffman, John C., Vol IV
Howarth, Thomas, Vol I
Hughes, Andrew, Vol I, II
Hughes, Pamela S., Vol IV
Hutcheon, Linda, Vol II, III
Hutchinson, Douglas S., Vol IV
Hutchinson, Roger Charles, Vol IV
Iacovetta, Franca, Vol I
Iannucci, Amilcare Alfredo, Vol III
Imboden, Roberta, Vol II
Ingham, John Norman, Vol I
Innes, Christopher, Vol II
Irvine, Margot Elisabeth, Vol III, V
Irwin, William Henery, Vol IV
Israel, Milton, Vol I
Jackman, Barbara, Vol IV
Jackson, Heather J., Vol II
Jackson, James Robert de Jager, Vol II
Jarvie, Ian Charles, Vol IV, V
Johnson, Robert E., Vol I
Johnson, William M., Vol I
Johnston, Alexandra F., Vol II
Joyce, Douglas A., Vol III
Keep, John L. H., Vol I
Kennedy, David, Vol IV
Khan, Abrahim H., Vol IV
Klein, Martin A., Vol I
Kolko, Gabriel, Vol I
Kornberg, Jacques, Vol I
Kuin, Roger, Vol II
Kushner, Eva, Vol III
Lachan, Katharine, Vol I
Lancashire, Anne C., Vol II
Lancashire, Ian, Vol II
Lary, Nikita, Vol II
Latta, Alan Dennis, Vol III
Lawee, Eric J., Vol IV
Lee, M. Owen, Vol II, III
Legge, Elizabeth, Vol I
Lehouck, Emile, Vol III
Leland, Charles Wallace, Vol II, IV
Leon, Pierre R. A., Vol III
Leonard, Ellen M., Vol IV
Lepofsky, David M., Vol IV
Lesk, Andrew J., Vol II
Levenson, Jill, Vol II
Levy, Kurt Leopold, Vol III
Lightman, Bernard V., Vol I
Lovejoy, Paul E., Vol I
Macpherson, Jay, Vol II
Makuch, Stanley M., Vol IV
Maniates, Maria Rika, Vol II, IV
Marinelli, Peter V., Vol II
Marmura, Michael Elias, Vol III, IV
Martin, Philippe Jean, Vol III
Mason, H. J., Vol II, III
Mason, Steve, Vol I, IV
McAuliffe, J. D., Vol IV
McDonough, C. J., Vol II, III
Mcintire, Carl Thomas, Vol I, IV
McKague, Carla A., Vol IV
McLellan, Bradley N., Vol IV
Merkur, Dan, Vol IV
Mertins, Detlef, Vol I
Monet, Jacques, Vol I
Moore, Christopher H., Vol I
Morgan, Edward M., Vol IV
Mount, Nick James, Vol II
Mowat, Farley, Vol I
Mulhallen, Karen, Vol II
Mullin, Amy M., Vol IV
Murray, Heather, Vol II
Nigosian, Solomon Alexander, Vol I, IV
Nikolova, Irena N., Vol II
Normore, Calvin Gerard, Vol I, IV
Norris, John, Vol IV
Northey, Rodney, Vol IV
Novak, David, Vol IV
O'Grady, Jean, Vol II
Ouellet, Fernand, Vol I
Owens, Richard C., Vol IV
Parry, Hugh, Vol II, III
Paterson, Janet M., Vol III
Pierson, Ruth, Vol I
Pothecary, Sarah, Vol II, III
Powicke, Michael Rhys, Vol I
Prentice, Alison, Vol V
Pugliese, Olga, Vol III
Radomski, Harry B., Vol IV
Rae, Bob, Vol IV
Richardson, Peter, Vol IV
Richardson, Stephen R., Vol IV
Rigg, Arthur George, Vol II
Rix, Brenda, Vol I
Robson, Ann W., Vol I
Rosenthal, Peter, Vol IV
Rutherford, Paul F. W., Vol I, II
Sabiston, Elizabeth, Vol II
Sadlier, Rosemary, Vol I
Sarra, Janis, Vol IV
Savona, Jeannelle, Vol V
Saywell, John T., Vol I
Scarlett, James D., Vol IV
Scharper, Stephen B., Vol IV
Schner, George, Vol IV
Shaw, Joseph Winterbotham, Vol I
Silcox, David P., Vol I
Sol, Adam, Vol II
Stefanovic, Ingid Leman, Vol IV
Stein, Janice Gross, Vol IV
Stitt, Allan J., Vol IV
Stoeber, Michael, Vol IV
Sullivan, Rosemary, Vol II
Swan, Kenneth P., Vol IV
Swinton, Katherine E., Vol I, IV
Thomas, Clara M., Vol II
Thornton, Archibald Paton, Vol I
Trotter, Gary, Vol IV
Tushingham, Arlotte Douglas, Vol I
Underwood, Harry, Vol IV
Unrau, John, Vol II
Valihora, Karen, Vol II
Vertin, Michael, Vol IV
Waddams, Stephen M., Vol I
Walkom, Thomas L., Vol II
Walters, Stanley D., Vol IV
Wark, Wesley K., Vol IV
Warkentin, Germaine, Vol II
Webster, Donald B., Vol I
Webster, Jill, Vol I
Weinrib, Ernest Joseph, Vol I, IV
Welsh-Ovcharov, Bogomila M., Vol I
Wilder, Georgia Lee, Vol II
Wilson, Ian E., Vol I
Winsor, Mary Pickard, Vol I
Winter, Ralph A., Vol IV
Woodward, Steven P., Vol II
Yalden, Robert, Vol IV
Zemans, Joyce P., Vol I

Trenton
Bonisteel, Roy, Vol IV

Waterloo
Abbott, Carmeta, Vol III
Abbott, W. R., Vol IV
Ages, Arnold, Vol III
Ashworth, E. Jennifer, Vol IV
Boire, Gary, Vol I
Brunk, Conrad, Vol IV
Campbell, Gerry, Vol IV
Campbell, Jane, Vol II
Castricano, Jodey, Vol V
Centore, Floyd, Vol IV
Chamberlin, John, Vol II, III
Comacchio, Cynthia, Vol I
Comensoli, Viviana, Vol II
Copp, John T., Vol I
Cornell, Paul G., Vol I
Cristi, Renato, Vol I
Demarco, Don, Vol IV
DeVidi, Dave, Vol IV
DiCenzo, Maria, Vol II
Downey, James, Vol II
Doyle, James, Vol II
Dube, Pierre, Vol III
Enns, Leonard, Vol II
Evans, Joan, Vol II
Fletcher, Judith, Vol II
Fogel, Stan, Vol II
Forsyth, Phyllis, Vol I, II, III
Fournier, Hannah, Vol III
Freed, Joann, Vol I
Froese Tiessen, Hildi, Vol II
George, Rolf A., Vol IV
Gray, Laura, Vol II
Greene, Gordon K., Vol II
Grimes, Ronald L., Vol IV
Groarke, Leo A., Vol IV
Grubisic, Vinko, Vol III
Harrigan, Patrick Joseph, Vol I
Harris, Randy Allen, Vol II
Haworth, Lawrence L., Vol IV
Hendley, Brian, Vol IV
Hinchcliffe, Peter, Vol II
Hoefert, Sigfrid, Vol III
Holmes, Richard H., Vol IV
Horne, James R., Vol IV
Hull, Kenneth, Vol II
Jewinski, Edwin, Vol II
John, David Gethin, Vol III
Jones, Charlene Diehl, Vol II
Klaassen, Walter, Vol I, IV
Kuxdorf, Manfred, Vol III
Lawson, Angus Kerr, Vol IV
Liesbscher, Grit, Vol III
Lorimer, Douglas, Vol I
Lorimer, Joyce, Vol I
MacGillivray, Royce C., Vol I
Macnaughton, William Robert, Vol II
Marteinson, Peter, Vol III
McCormack, Eric, Vol II
McGee, Christopher Edward, Vol II
McLaughlin, Ken, Vol I
Minas, Anne C., Vol IV
Miraglia, Anne Marie, Vol III
Mitchinson, Wendy, Vol I
Moore, Margaret, Vol IV
Moore, Michael, Vol II
Niccoli, Gabriel, Vol III
Novak, Joseph A., Vol IV
Nutbrown, Richard A., Vol IV
O'Dell, Leslie, Vol II
Orend, Brian, Vol IV
Packull, Werner O., Vol I
Reimer, James A., Vol IV
Roberts, Don, Vol IV
Ross, Christopher F. J., Vol IV, V
Rummel, Erika, Vol I
Russell, Anne, Vol II
Russell, Delbert, Vol III
Ryan, Robert, Vol III
Santosuosso, Alma, Vol II
Schaus, Gerald, Vol I
Seljak, David, Vol IV
Shakinovsky, Lynn, Vol II, V
Sibalis, Michael, Vol I, V
Simpson, Chris, Vol I
Smith, Rowland, Vol II
Snyder, Arnold C., Vol I
Socken, Paul, Vol III
Stortz, Gerry, Vol I
Szarycz, Ireneusz, Vol III
Thagard, Paul, Vol IV
Tiessen, Paul, Vol II, V
Ty, Eleanor R., Vol II, V
Van Evra, James, Vol IV
Van Seters, John, Vol III, IV
Wahl, Jim, Vol I
Weldon, James, Vol III
Wilson, Don, Vol III
Wubnig, Judy, Vol IV
Zeller, Suzanne, Vol I
Zweers, Alexander Frederik, Vol III

West Hill
Franceschetti, Antonio, Vol III

West Hill Scarborough
Brown, Russell Morton, Vol II

Whitby
Murray, Joan, Vol I

Willowdale
Copeland, David Robert, Vol II
Woods, Joseph Michael, Vol I

Windsor
Amore, Roy C., Vol IV
Atkinson, Colin B., Vol II
Bebout, Linda J., Vol II
Bird, Harold Wesley, Vol I, II
Brandt, Di, Vol II
Conklin, William E., Vol IV
Davison, Carol Margaret, Vol II
de Villers, Jean-Pierre, Vol II
Dilworth, Thomas, Vol II
Ditsky, John M., Vol II
Halford, Peter W., Vol III
Harder, Bernhard D., Vol II
Herendeen, Wyman H., Vol II
Janzen, Henry David, Vol II
Kingstone, Basil D., Vol III
Klein, Owen, Vol I, II
Kovarik, Edward, Vol II
Mackendrick, Louis King, Vol II
MacLeod, Alistair, Vol II
Manzig, John G. W., Vol IV
Marasinghe, M. Lakshman, Vol IV
McCrone, Kathleen E., Vol I
Mehta, Mahesh Maganlal, Vol IV
Murray, Jacqueline, Vol I
Nielsen, Harry A., Vol IV
Quinsey, Katherine M., Vol II
Ruggles, Myles A., Vol II
Smedick, Lois Katherine, Vol II
Stevens, Peter S., Vol II
Straus, Barrie Ruth, Vol II
Tucker, Bruce, Vol I
van den Hoven, Adrian, Vol III
Weir, John P., Vol IV
Wydrzynski, Christopher J., Vol IV

Winnipeg
Schnitzer, Deborah, Vol II

Woodville
Fleming, Rae B., Vol I

PRINCE EDWARD ISLAND

Charlottetown
Bolger, Francis W. P., Vol I
Bourne, Lesley-Anne, Vol II
Cregier, Don Mesick, Vol I
Epperly, Elizabeth Rollins, Vol II
Robb, Stewart A., Vol I

QUEBEC

Aylmer
Trudel, Marcel, Vol I

Chateauguay
Steigerwald, Diane, Vol IV

Downtown
Lusignan, Serge, Vol I

Hull
L'Allier, Louis, Vol II, III
McGhee, Robert J., Vol I
Russell, Hilary A., Vol I

Laval
Ponton, Lionel, Vol IV
Roberge, Rene-Michel, Vol I, IV

Lennoxville
Kuepper, Karl Josef, Vol III
McLean, Ken, Vol II
Norman, Joanne S., Vol II

Montreal
Anctil, Pierre, Vol I
Asselin, Olivier, Vol I
Austin, Paul Murray, Vol III
Bates, Donald G., Vol I
Bauer, Karin, Vol III
Bayley, C. C., Vol I
Beaudoin-Ross, Jacqueline, Vol I
Belisle, Jean, Vol I
Benalil, Mounia, Vol III
Bernier, Paul, Vol IV
Bertrand de Munoz, Maryse, Vol III
Bird, Frederick, Vol IV
Bode, Frederick August, Vol I
Boisvert, Mathieu, Vol IV
Boker, Hans J., Vol I
Boulad-Ayoub, Josiane, Vol IV
Brennan, Kit, Vol II
Bunge, Mario, Vol IV
Carr, Graham, Vol I
Cauchy, Venant, Vol IV
Chalk, Frank, Vol I
Chausse, Gilles, Vol I, IV
Clarke, Murray, Vol IV
Clas, Andre, Vol III
Cote, Joanne, Vol I
Crowley, David, Vol II
Culter, Suzanne, Vol I
D'Andrea, Antonio, Vol III
Davies, David, Vol IV
Dean, Kenneth, Vol I
Decarie, Graeme, Vol I
Deslauriers, Marguerite, Vol IV
Despland, Michel, Vol IV
DiGiovanni, George, Vol IV
Domaradzki, Theodore F., Vol I
Dorsinville, Max, Vol II, III
Drage-Hale, Rosemary, Vol IV
Dunlop, Anne, Vol I
Duquette, Jean-Pierre, Vol III
Durocher, Rene, Vol I
Dwyer, Susan, Vol IV
Elkayam, Moshe, Vol IV
Fahmy-Eid, Nadia, Vol I
Fick, Carolyn E., Vol I
Fong, Grace, Vol I
Foss, Brian, Vol I
Galavaris, George, Vol I
Gallati, Ernst, Vol III
Galvaris, George, Vol I
Gauthier, Yvon, Vol IV
Germain, Claude, Vol III
Ghosh, Ratna, Vol V
Gillett, Margaret, Vol V
Glen, Thomas L., Vol I
Godin, Jean Cleo, Vol III
Gopnik, Myrna, Vol III
Gravel, Pierre, Vol II, IV
Gray, Christopher, Vol IV
Groening, Laura S., Vol II
Haberl, Franz P., Vol III
Haines, Victor Yelverton, Vol II
Hale, Mark, Vol III
Hallett, Michael, Vol IV
Hamelin, Leonce, Vol IV
Hanna, Blake Thompson, Vol III
Herz, Judith Scherer, Vol II
Hill, John, Vol I
Hofbeck, Josef, Vol IV
Hoffman, Peter C. W., Vol I
Hori, G. Victor Sogen, Vol IV
Hould, Claudette, Vol I
Hubbard, William H., Vol I
Hudson, Robert, Vol I, IV
Ingram, Norman, Vol I
Joos, Ernest, Vol II, IV
Joseph, Norma Baumel, Vol IV
Kilgour, Maggie, Vol II
Kirby, Torrance W., Vol I, IV
Klibansky, Raymond, Vol IV
LaMarre, Thomas, Vol I
Larouche, Michel, Vol I
Laywine, Alison, Vol IV
Lehuu, Isabel, Vol I
Lemieux, Lucien, Vol I, IV
Lesser, Gloria, Vol I
Levin, Charles, Vol II
Lewis, Eric, Vol IV
Lightstone, Jack, Vol IV
Mangan, Jacqueline J. Samperi, Vol III
Mason, Sheila, Vol IV
McCall, Storrs, Vol IV
McDonough, Sheila, Vol IV
McGilvray, James, Vol IV
McLelland, Joseph Cumming, Vol IV
McSheffrey, Shannon, Vol I
Menn, Stephen, Vol IV
Merken, Kathleen, Vol I
Miller, Carman I., Vol I
Miller, David, Vol IV
Morton, Desmond D. P., Vol I
Nielsen, Kai, Vol IV
Nish, Cameron, Vol I
Norton, David Fate, Vol IV
O'Connor, Dennis, Vol IV
O'Toole, Tess, Vol II
Oppenhaim, Michael, Vol IV
Ornstein, Jack, Vol IV
Orr, Leslie, Vol I, IV
Ouimette, Victor, Vol III
Pedersen, Diana, Vol I
Picot, Jocelyne, Vol II
Prades, Jose Albert, Vol IV, V
Prevost, Maxime, Vol III
Ravvin, Norman, Vol IV
Reiss, Charles, Vol III
Ricard, Francois, Vol III
Richard, Ron, Vol II
Robert, Jean-Claude, Vol I
Robert, Lucie, Vol II
Robinson, Gertrude Joch, Vol II
Robinson, Ira, Vol I, III
Roth, Lorna, Vol II
Rudin, Ronald, Vol I
Rukmani, T. S., Vol IV
Sanders, Lionel, Vol I, II
Schade, Rosemarie, Vol I
Scheinberg, Stephen, Vol I
Schoenauer, Norbert, Vol I
Sharma, Arvind, Vol IV
Shlosser, Franziska E., Vol I
Shubert, Howard, Vol I
Singer, Martin, Vol I
Straw, William O., Vol II
Stroud, Sarah, Vol IV
Szanto, George, Vol II
Tansey, Charlotte, Vol V
Taylor, James R., Vol II
Tittler, Robert, Vol I
Valaskakis, Gail, Vol II
van Nus, Walter, Vol I
Vipond, Mary, Vol I
Vogel, Robert, Vol I
Wayne, Andrew, Vol IV
Woloch, George Michael, Vol II, III
Wright, Nicholas Thomas, Vol IV
Yates, Robin D. S., Vol I
Zeman, Vladimir, Vol IV

Outremont
Potvin, Gilles E. J., Vol I, II

Quebec
de Koninck, Thomas, Vol IV
Hirtle, Walter Heal, Vol III
Mackey, William Francis, Vol III
Manning, Alan, Vol III
Pelchat, Marc, Vol IV
Valois, Raynald, Vol I

Rimouski
Dumais, Monique, Vol IV

Saint-Jerome
Toupin, Robert, Vol I

Sherbrooke
Bonenfant, Joseph, Vol II
Forest, Jean, Vol III
Jones, Douglas Gordon, Vol II

St-Joseph-de-la-rive
des Gagniers, Jean, Vol I

Ste. Anne de Bellevue
Leith, Linda J., Vol II

Ste. Foy
Auger, Reginald, Vol I
Dumont, Micheline, Vol I
Fortin, Michel, Vol I
Greenstein, Michael, Vol II
Kempf, Stephen W., Vol IV
Lemire, Maurice, Vol II
Page, Jean-Guy, Vol IV
Painchaud, Louis, Vol IV

Westmount
Mooney, Susan K., Vol II, III

SASKATCHEWAN

Prince Albert
Schweitzer, Don, Vol IV

Regina
Bismanis, Maija, Vol I
Blackstone, Mary A., Vol II
Cowasjee, Saros, Vol II
Givner, Joan, Vol II
Howard, William J., Vol II
Krantz, Arthur A., Vol IV
Mitchell, Kenneth R., Vol II
Spilsbury, Paul, Vol IV
Szabados, Bela, Vol IV

Saskatoon
Berry, Herbert, Vol II
Bietenholz, Peter Gerard, Vol I
Bilson, Beth, Vol IV
Bowden, Marie Ann, Vol IV
Buckingham, Don, Vol IV
Buckwold, Tamara, Vol IV
Cairns, Alan, Vol IV
Calder, Robert L., Vol II
Clark, Don, Vol IV
Corrigan, Kevin, Vol II, III, IV
Cuming, Ron, Vol IV
Fairbairn, Brett T., Vol I
Findlay, Leonard Murray, Vol II
Flannigan, Rob, Vol IV
Foster, John, Vol IV
Fritz, Ron, Vol IV
Gosse, Richard, Vol IV
Greschner, Donna, Vol IV
Hayden, James Michael, Vol I
Heidt, Edward Raymond, Vol II
Henderson, Judith Rice, Vol II
Ish, Daniel, Vol IV
Jobling, David, Vol IV
Mackinnon, Peter, Vol IV
McConnell, William Howard, Vol IV
Miller, James R., Vol I
Miquelon, Dale B., Vol I
Norman, Ken, Vol IV
Porter, John R., Vol I
Quigley, Tim, Vol IV
Roach, Kent, Vol IV
Stephenson, Ken Cooper, Vol IV
Torres-Recinos, Julio, Vol III
Uitti, Roger W., Vol IV
Vandervort, Lucinda, Vol IV
Wiegers, Wanda, Vol IV
Zlotkin, Norman, Vol IV

OTHER COUNTRIES

AUSTRALIA
Rothenberg, Gunther Eric, Vol I

ENGLAND
Heilbron, John L., Vol I
Betz, Mark W., Vol II
Martines, Lauro, Vol I, III
Pagel, Ulrich, Vol IV

SCOTLAND
Graham, Joyce, Vol II

Discipline Index

Accounting
Konditi, Jane, Vol IV, V

Administrative Law
Bauer, Joseph P., Vol IV
Chemerinsky, Erwin, Vol IV
Haggard, Thomas R., Vol IV
Harvey, James Cardwell, Vol IV
Lurie, Howard R., Vol IV
Medlin, S. Alan, Vol IV
Paniccia, Patricia L., Vol IV
Perritt, Henry H., Jr., Vol IV
Sargentich, Thomas O., Vol IV
Slawson, W. David, Vol IV
Spitzer, Matthew L., Vol IV
Strauss, Peter L., Vol IV
Tobias, Carl William, Vol IV

Adult Education
Walker, Connie, Vol V

Advertising
De Lorme, Denise, Vol II
Fletcher, Alan D., Vol II
Labuz, Ronald, Vol II
Lin, Carolyn, Vol II
Mcallister, Matthew P., Vol II
Shen, Fuyuan, Vol II

Aesthetics
Blocker, H. Gene, Vol I
Caranfa, Angelo, Vol I, IV
Fitzgerald, J. Patrick, Vol I, IV
Jusdanis, Gregory, Vol I, II
Kamber, Richard, Vol I
Ross, Stephanie A., Vol I, V
Shapiro, Henry L., Vol I, IV
Shaw, Daniel, Vol I, IV
Silvers, Anita, Vol I, IV
Ternes, Hans, Vol III, IV
Ueda, Makoto, Vol II, IV
Valois, Raynald, Vol I
Wiseman, Mary Bittner, Vol I, V
Wright, Terrence C., Vol II, IV

African History
Austen, Ralph Albert, Vol I
Bellegarde-Smith, Patrick, Vol I
Bennett, Norman Robert, Vol I
Berger, Iris B., Vol I
Bond, Gilbert I., Vol IV
Booth, Alan R., Vol I
Brenner, Louis, Vol I
Clark, Andrew, Vol I
Collins, Robert O., Vol I
Cooke, James Jerome, Vol I
Crais, Clifton C., Vol I
Dorsey, Learthen, Vol I
Ehret, Christopher, Vol I, III
Ekechi, Felix Kamalu, Vol I
Elphick, Richard, Vol I
Feinberg, Harvey Michael, Vol I
Fetter, Bruce Sigmond, Vol I
Gardinier, David E., Vol I
Gerstein, Linda Groves, Vol I
Ham, Debra Newman, Vol I
Harris, Joseph E., Vol I
Howard, Thomas Carlton, Vol I
Hull, Richard W., Vol I
Jones, Laird, Vol I
Kinsey, Winston Lee, Vol I
Klein, Martin A., Vol I
Leroy, Perry Eugene, Vol I
Lovejoy, Paul E., Vol I
Maier, Donna J. E., Vol I
Marcus, Harold G., Vol I
Mazrui, Ali Al'Amin, Vol I
Mbodj, Mohamed, Vol I
Mcclellan, Charles W., Vol I
Miller, Joseph Calder, Vol I
Moore, Marian J., Vol I
Nelson, J. Douglas, Vol I
Northrup, David Arthur, Vol I
Oriji, John, Vol I
Patterson, Karl David, Vol I
Reagon, Bernice Johnson, Vol I
Reber, Vera Blinn, Vol I
Sbacchi, Alberto, Vol I
Smith, Woodruff Donald, Vol I
Smythe, Kathleen, Vol I
Spitzer, Leo, Vol I
Stewart, Charles Cameron, Vol I
Stoetzer, O. Carlos, Vol I
Strayer, Robert William, Vol I
Swanson, Maynard William, Vol I
Thornton, John K., Vol I
Vansina, Jan, Vol I, V
Watson, Richard L., Vol I
Wilcox, Dennis Lee, Vol II
Williams, Nudie Eugene, Vol I, V
Williams, Queen J., Vol I
Wright, Harrison Morris, Vol I
Wright, Marcia, Vol I

African Languages
Clark, Mary Morris, Vol III, V
Frajzyngier, Zygmunt, Vol III
Wendland, Ernst R., Vol II, III

African Literature
Berkley, Constance E. Gresham, Vol III
Cailler, Bernadette Anne, Vol II
Cancel, Robert, Vol II
Cassirer, Thomas, Vol II, III
Dent, Gina, Vol II
Hale, Thomas Albert, Vol II, III
Hunter, Linda, Vol II
Koenig, Jean-Paul Francois Xavier, Vol III
Mama, Raouf, Vol II
Mckoy, Sheila Smith, Vol II
Niang, Sada, Vol II
Nixon, Rob, Vol II
Ojo-Ade, Femi, Vol III
Okoampa-Ahoofe, Kwame, Jr, Vol II
Olney, James, Vol II
Owomoyela, Oyekan, Vol II
Schleicher, Antonia Yetunde Faelarin, Vol II
Wendland, Ernst R., Vol II, III
Wylie, Hal, Vol II, III

African Studies
Accad, Evelyne, Vol I
Blier, Suzanne Preston, Vol I
Butler, Kim D., Vol I
Cheru, Fantu, Vol I
Conyers, Jim, Vol I
Cudjoe, Selwyn Reginald, Vol I
Davies, Carole Boyce, Vol I
Day, Lynda, Vol I
Desai, Gaurav Gajanan, Vol I, II
Gaide, Tanure, Vol I, II
Girgis, Monir Saad, Vol I
Junne, George, Vol I
Kunnie, Julian, Vol I
Lynch, Hollis R., Vol I
Mwamba, Zuberi I., Vol I
Nair, Supryia M., Vol I, II
Nyang, Sulayman, Vol I
Rollins, Judith, Vol I, V
Sarfoh, Kwabwo A., Vol I
Wunsch, James Stevenson, Vol I, IV
Yoder, John, Vol I, IV
Young, Cynthia A., Vol I, II

African-American History
Buni, Andrew, Vol I
Cimbala, Paul A., Vol I
Davis, Henry Vance, Vol I
Fleming, John Emory, Vol I
Glasco, Laurence A., Vol I
Grothaus, Larry Henry, Vol I
Levesque, George August, Vol I
Lewis, David Levering, Vol I
Naison, Mark, Vol I
Ransby, Barbara, Vol I
Scott, William R., Vol I
Thompson, Robert Farris, Vol I
Van Deburg, William L., Vol I
Walker, Juliet Elise Kirkpatrick, Vol I
Watkins-Owens, Irma, Vol I

African-American Literature
Baker, Houston A., Vol II
Butler-Evans, Eliot, Vol II
English, Daylanne K., Vol II
Foster, Frances Smith, Vol II
Fulton, DoVeanna S., Vol II
Gourdine, A. K. M., Vol II
Mckoy, Sheila Smith, Vol II
Nunes, Zita, Vol II
O'Meally, Robert, Vol II
Pettis, Joyce, Vol II
Reilly, John M., Vol II
Richards, Phillip M., Vol II
Rodriguez, Barbara R., Vol II
Williams, John Alfred, Vol II
Wilson, Charles E., Jr., Vol II
Zhang, Weihau, Vol II

African-American Studies
Adams, Russell Lee, Vol I
Allen, Robert L., Vol I
Appiah, Kwame Anthony, Vol I, IV
Asante, Molefi Kete, Vol I
Baird, Keith E., Vol I
Blount, Marcellus, Vol II, V
Bogger, Tommy L., Vol I
Brown, Linda Beatrice, Vol II
Carby, Hazel V., Vol I
Carpenter, Joseph, II, Vol I
Chase Hankins, June, Vol II, V
Chikeka, Charles, Vol I
Collins, Patricia Hill, Vol I
Colvin, William E., Vol I
Crosby, Edward Warren, Vol I
Cvornyek, Bob, Vol I
Davis, Thadious, Vol II
De Santis, Christopher, Vol II
Dickinson, Gloria Harper, Vol I
Dorsey, Carolyn Ann, Vol I
Dorsey, Peter, Vol II
Early, Gerald, Vol I, II
Edmonds, Anthony Owens, Vol I
Fair, Theopolis, Vol I
Fontenot, Chester J., Vol II
Franklin, Robert Michael, Vol IV
Govan, Sandra Yvonne, Vol I, II
Griffith, Ezra, Vol I
Gropman, Alan Louis, Vol I
Guruswamy, Rosemary, Vol II
Guthrie, Danille Taylor, Vol I
Head, Laura Dean, Vol I
Herron, Carolivia, Vol I, II
Hord, Frederick Lee, Vol I
Horne, Gerald Charles, Vol IV
Hudson, Herman C., Vol I
Huff, Carolyn Barbara, Vol I
Jacobs, Donald Martin, Vol I
Jeffries, Leonard, Vol I
Jenkins, Kenneth Vincent, Vol II
Joiner, Burnett, Vol I
Jones, Leander Corbin, Vol I, II
Jones, Marcus E., Vol I
Joyce, Joyce A., Vol I
Kamau, Mosi, Vol I
Kebede, Ashenafi Amde, Vol I
Kinney, Katherine, Vol II
Lafontant, Julien J., Vol I, III
Lehman, Cynthia L., Vol I
LeMelle, Tilden J., Vol I
Ligon, Doris Hillian, Vol I
Logan, Wendell, Vol I
Lowe, John, Vol II
Marsh, Clifton, Vol I, V
McDonald, Sheila, Vol II
Meier, August, Vol I
Murphy, Larry G., Vol I, IV
Muyumba, Francois N., Vol I
Myers, Samuel L., Jr., Vol I
Neverdon-Morton, Cynthia, Vol I
Newton, James E., Vol I
Okunor, Shiame, Vol I
Page, Willie F., Vol I
Pemberton, Gayle R., Vol I
Perkins, Linda Marie, Vol I
Phillips, Ivory, Vol I
Richards, Constance S., Vol I, II, V
Richards, Johnetta Gladys, Vol I
Robinson, Jim C., Vol I
Royster, Philip M., Vol I
Schweninger, Loren Lance, Vol I
Smalls, James, Vol I
Smallwood, Andrew, Vol I
Stalls, M., Vol I
Steady, Filomina, Vol I
Taylor, Jerome, Vol I
Toppin, Edgar Allan, Vol I
Wade, Jacqueline E., Vol I
Walters, Ronald, Vol I
Weber, Shirley Nash, Vol I
Weisbord, Robert G., Vol I
Welch, Ashton Wesley, Vol I
West, C. S'thembile, Vol I
Williams, Leroy Thomas, Vol I
Williams, Ora, Vol I
Williams-Myers, Albert J., Vol I
Yarborough, Richard A., Vol I
Young, Mary, Vol III

American Art
Baigell, Matthew, Vol I
Burns, Sarah, Vol I
Promey, Sally M., Vol I

American Civilization
Brandimarte, Cynthia A., Vol I
Bruce, D. D., Vol I
Buckland, Roscoe Lawrence, Vol I, II
Coale, Samuel Chase, Vol I, II
McCleary, Ann, Vol I
Murphey, Murray Griffin, Vol I
Walker, Robert Harris, Vol I
Ward, John William, Vol I
Webster, Richard J., Vol I
Wolf, George D., Vol I

American Culture Studies
Davis, Ronald Leroy, Vol I, V
Davison, Nancy R., Vol I, II, V
Freehling, William W., Vol I, V
Gelber, Steven Michael, Vol I, V
Goddu, Teresa, Vol II, V
Grimsted, David Allen, Vol I, V
Johnson, Ronald Maberry, Vol I, V
Kostelanetz, Richard, Vol I, II, V
Lindner, Carl Martin, Vol II, V
Ludlow, Jeannie, Vol I, II, V
Maland, Charles J., Vol I, II, V
Paoletti, Jo, Vol I, II, V
Romanowski, William D., Vol I, II, V
Walters, Ronald Gordon, Vol I, V
Wendorff, Laura C., Vol I, II, V
Yox, Andrew, Vol I, V
Zangrando, Joanna Schneider, Vol I, V

American History
Abbot, William Wright, Vol I
Abbott, Albert, Vol I
Abrams, Richard M., Vol I

Aeschbacher, William Driver, Vol I
Ahern, Wilbert H., Vol I
Albert, Peter J., Vol I
Alexander, Charles C., Vol I
Alford, Terry L., Vol I
Ambrosius, Lloyd, Vol I
Anderson, Mark, Vol I
Anderson, Robert Mapes, Vol I, IV
Anderson, Terry Howard, Vol I
Apostolos-Cappadona, Diane, Vol I
Armitage, Susan, Vol I, V
Ashby, LeRoy, Vol I
Aurand, Harold Wilson, Vol I
Austin, Judith, Vol I
Avery, Kevin J., Vol I
Axelrad, Allan M., Vol I
Babcock, Robert Harper, Vol I
Bailey, John Wendell, Vol I
Baird, David, Vol I
Baker, James Franklin, Vol I
Baker, Jean Harvey, Vol I
Baker, Melva Joyce, Vol I
Baker, Paul R., Vol I
Baker, Thomas H., Vol I
Bakken, Gordon Morris, Vol I, IV
Barkan, Elliott Robert, Vol I, V
Barnes, Timothy Mark, Vol I
Barney, William Lesko, Vol I
Barron, Hal S., Vol I
Barrows, Robert, Vol I
Barth, Gunther, Vol I
Bartlett, Irving Henry, Vol I
Bartlett, Richard Adams, Vol I
Bartley, Numan V., Vol I
Barua, Pradeep P., Vol I
Basch, Norma, Vol I, IV
Baum, Dale, Vol I
Bayor, Ronald Howard, Vol I
Beardsley, Edward Henry, Vol I
Beaver, Daniel R., Vol I
Becker, Robert Arthur, Vol I
Becker, William Henry, Vol I, IV
Beckham, Stephen Dow, Vol I
Bedford, Henry F., Vol I
Beebe, Ralph Kenneth, Vol I
Beechert, Edward D., Vol I
Beeth, Howard, Vol I
Beisner, Robert L., Vol I
Bell, Leland V., Vol I
Bell, William Dudley, Vol I
Bellamy, Donnie Duglie, Vol I, IV
Beltman, Brian W., Vol I
Belz, Herman Julius, Vol I
Ben-Atar, Doron, Vol I
Benedict, Michael Les, Vol I
Bennett, David Harry, Vol I
Bennett, Edward Moore, Vol I
Berger, Carl, Vol I
Berger, Henry Weinberg, Vol I
Berger, Mark Lewis, Vol I
Berkin, Carol Ruth, Vol I
Berlin, Robert Harry, Vol I
Bernstein, Barton Jannen, Vol I
Berrol, Selma Cantor, Vol I
Berthrong, Donald John, Vol I
Bigham, Darrel E., Vol I
Billias, George Athan, Vol I
Binder, Frederick Melvin, Vol I
Blackburn, George Mccoy, Vol I
Blackmar, Elizabeth, Vol I
Blakey, George Thomas, Vol I
Bland, Sidney Roderick, Vol I, V
Blantz, Thomas E., Vol I
Blodgett, Ralph Edward, Vol I
Bloom, Alexander, Vol I
Blue, Frederick J., Vol I
Blumhofer, Edith L., Vol I, IV
Bodnar, John Edward, Vol I
Boeger, Palmer Henry, Vol I
Bogger, Tommy L., Vol I
Bogin, Ruth, Vol I
Bogue, Allan G., Vol I
Bolt, Robert, Vol I
Bolton, Sidney Charles, Vol I
Boney, Francis Nash, Vol I
Bonner, Robert Elliott, Vol I
Bonomi, Patricia Updegraff, Vol I
Born, John D., Jr., Vol I
Borne, Lawrence Roger, Vol I
Boskin, Joseph, Vol I
Bourdon, Roger J., Vol I
Bowling, Kenneth R., Vol I
Boyer, Paul S., Vol I
Bradbury, Miles L., Vol I
Bradford, Richard Headlee, Vol I
Braeman, John, Vol I
Breihan, John R., Vol I
Bremer, Francis John, Vol I
Bremer, William Walling, Vol I
Bremner, Robert Hamlett, Vol I
Briceland, Alan Vance, Vol I
Bridges, Roger Dean, Vol I
Broesamle, John Joseph, Vol I
Brooke, John L., Vol I
Brooks, Robin, Vol I
Brown, Margaret T., Vol I
Brown, Norman D., Vol I
Brown, Ronald Conklin, Vol I
Browne, Gary Lawson, Vol I
Brumberg, Joan Jacobs, Vol I
Buenker, John D., Vol I
Burckel, Nicholas C., Vol I
Burdick, Dakin, Vol I
Burke, Albie, Vol I, IV
Burnham, John Chynoweth, Vol I
Burns, Chester Ray, Vol I
Burnstein, Daniel, Vol I
Burton, Orville Vernon, Vol I
Burton, William Lester, Vol I
Bushman, Richard, Vol I
Byrne, Frank Loyola, Vol I
Caine, Stanley Paul, Vol I
Calhoon, Robert M., Vol I
Campbell, Ballard C., Vol I
Cannon, Donald Quayle, Vol I
Cardoso, Joaquin Jose, Vol I
Carey, Patrick W., Vol I, IV
Carleton, Mark Thomas, Vol I
Carlisle, Rodney, Vol I
Carlson, Lewis H., Vol I
Carlson, Paul, Vol I
Carmichael, Peter S., Vol I
Carneal, Thomas William, Vol I
Caroli, Betty Boyd, Vol I
Carr, Graham, Vol I
Carr, Lois Green, Vol I, IV
Carriker, Robert C., Vol I
Carroll, Charles Francis, Vol I
Carroll, Francis Martin, Vol I
Carroll, John M., Vol I
Carter, Edward C., II, Vol I
Carter, Paul Allen, Vol I
Cartwright, Joseph Howard, Vol I
Casdorph, Paul Douglas, Vol I
Cash, Philip, Vol I
Cass, Michael Mcconnell, Vol I, II
Cassedy, James Higgins, Vol I
Castillo, Ed, Vol I, V
Cave, Alfred A., Vol I
Cebula, James E., Vol I
Chan, Loren Briggs, Vol I
Chandler, Robert Joseph, Vol I
Chaput, Donald, Vol I
Chase, Philander Dean, Vol I
Chernow, Barbara A., Vol I
Cherny, Robert Wallace, Vol I
Chestnut, Paul Ivar, Vol I
Chmielewski, Wendy E., Vol I
Christensen, Lawrence, Vol I
Christie, Jean, Vol I
Chudacoff, Howard Peter, Vol I
Clanton, Orval Gene, Vol I
Clark, Charles Edwin, Vol I
Clark, Malcolm Cameron, Vol I
Clarke, Duncan, Vol I
Clendenning, John, Vol II
Clifford, John Garry, Vol I
Clowse, Converse Dilworth, Vol I
Clymer, Kenton James, Vol I
Coben, Stanley, Vol I
Coffman, Edward M., Vol I
Cohen, Joel Alden, Vol I
Cohen, Naomi Wiener, Vol I
Cohen, Norman Sonny, Vol I
Cohen, William, Vol I
Coker, William Sidney, Vol I
Colburn, David Richard, Vol I
Cole, Terrence M., Vol I
Cole, Thomas Richard, Vol I
Cole, Wayne S., Vol I
Coletta, Paolo E., Vol I
Coll, Blanche D., Vol I
Collin, Richard H., Vol I
Collins, Robert Maurice, Vol I
Combs, Jerald A., Vol I
Conley, Patrick Thomas, Vol I, IV
Connell-Szasz, Margaret, Vol I
Contosta, David Richard, Vol I
Cook, Blanche Wiesen, Vol I
Coombs, Frank Alan, Vol I
Coon, David L., Vol I
Cooney, Terry Arnold, Vol I
Cooper, Jerry Marvin, Vol I
Cordasco, Francesco, Vol I
Cotroneo, Ross Ralph, Vol I
Countryman, Edward, Vol I
Cowden, Joanna Dunlap, Vol I
Cowing, Cedric Breslyn, Vol I
Cox, Joseph W., Vol I, V
Cox, Thomas Richard, Vol I
Cramer, Richard S., Vol I
Crane, Elaine F., Vol I
Cravens, Hamilton, Vol I
Crawford, Michael John, Vol I
Cregier, Don Mesick, Vol I
Cripps, Thomas, Vol I
Crist, Lynda Lasswell, Vol I
Critchlow, Donald T., Vol I
Croce, Lewis Henry, Vol I
Croce, Paul Jerome, Vol I
Crofts, Daniel Wallace, Vol I
Crooks, James Benedict, Vol I
Crouch, Tom Day, Vol I
Crouthamel, James L., Vol I
Crow, Jeffrey Jay, Vol I
Culley, John Joel, Vol I
Curl, Donald Walter, Vol I
Curran, Thomas F., Vol I
Curran, Thomas J., Vol I
Current, Richard Nelson, Vol I
Curry, Leonard Preston, Vol I
Curry, Richard Orr, Vol I
Curtis, James C., Vol I
Cutler, William W., III, Vol I
D'Elia, Donald John, Vol I
Dahlstrand, Frederick Charles, Vol I
Dain, Norman, Vol I
Dallek, Robert, Vol I
Dalstrom, Harl A., Vol I
Dalton, Kathleen Mary, Vol I
Danbom, David Byers, Vol I
Daniel, Pete, Vol I
Daniel, Wilbon Harrison, Vol I
Danker, Donald Floyd, Vol I
Davenport, Robert Wilson, Vol I
Davis, Allen Freeman, Vol I
Davis, George H., Vol I
Davis, Ronald Leroy, Vol I, V
Davison, Nancy R., Vol I, II, V
De Pauw, Linda Grant, Vol I
Decker, Leslie Edward, Vol I
DeCredico, Mary A., Vol I
Delorme, Roland L., Vol I
DeMoss, Dorothy Dell, Vol I
Depauw, Linda Grant, Vol I
Depillis, Mario Stephen, Vol I
Derby, William Edward, Vol I
Dethloff, Henry Clay, Vol I
Devine, Michael John, Vol I
Dew, Charles Burgess, Vol I
Dewey, Donald Odell, Vol I
Dillon, Clarissa F., Vol I, IV
Dillon, Merton Lynn, Vol I
Din, Gilbert C., Vol I
Dinkin, Robert J., Vol I
Dinnerstein, Leonard, Vol I
Divine, Robert Alexander, Vol I
Dobson, John Mccullough, Vol I
Dolce, Philip Charles, Vol I
Donaghy, Thomas J., Vol I
Donahoe, Bernard Francis, Vol I
Donald, David Herbert, Vol I
Donegan, Jane Bauer, Vol I
Dorn, Jacob Henry, Vol I
Dorsett, Lyle Wesley, Vol I
Dorsey, Kurk, Vol I
Dougan, Michael Bruce, Vol I
Downey, Dennis B., Vol I
Downing, Marvin Lee, Vol I
Drake, Fred, Vol I
Duberman, Martin, Vol I
Ducker, James H., Vol I
Dudley, William Sheldon, Vol I
Duffy, John Joseph, Vol I
Dufour, Ron, Vol I
Dunkak, Harry Matthew, Vol I
Dunn, Joe Pender, Vol I, IV
Dupre, Dan, Vol I
Duram, James C., Vol I, IV
Early, James, Vol I
Edmonds, Anthony Owens, Vol I
Eggert, Gerald G., Vol I
Eid, Leroy Victor, Vol I
Elam, Earl Henry, Vol I
Ellis, Richard E., Vol I
Ellis, Richard N., Vol I
England, James Merton, Vol I
Erlebacher, Albert, Vol I
Ernst, Joseph Albert, Vol I
Ershkowitz, Herbert J., Vol I
Esslinger, Dean Robert, Vol I
Esthus, Raymond Arthur, Vol I
Ethington, Philip J., Vol I
Eubank, Keith, Vol I
Evans, Emory Gibbons, Vol I
Evans, William Mckee, Vol I
Fabian, Ann, Vol I
Fahl, Ronald Jenks, Vol I
Faragher, John Mack, Vol I
Fass, Paula S., Vol I
Faulk, Odie B., Vol I
Faust, Drew Gilpin, Vol I
Fehrenbacher, Don Edward, Vol I
Feingold, Henry L., Vol I, IV
Ferguson, Clyde Randolph, Vol I
Ferling, John Ernie, Vol I
Ferrell, Robert Hugh, Vol I
Ferris, Norman B., Vol I
Fickle, James Edward, Vol I
Fields, Barbara J., Vol I
Filene, Peter Gabriel, Vol I
Findling, John Ellis, Vol I
Fine, Sidney, Vol I
Fink, Gary M., Vol I
Finkelstein, Barbara, Vol I, V
Fireman, Janet Ruth, Vol I
Fischer, Roger Adrian, Vol I
Fishburn, Janet Forsythe, Vol I, IV
Fitzpatrick, Ellen, Vol I, V
Flanagan, Maureen Anne, Vol I
Fletcher, Marvin Edward, Vol I
Flynn, George Quitman, Vol I
Foley, Mary Briant, Vol I
Foley, William Edward, Vol I
Folmar, John Kent, Vol I
Foner, Eric, Vol I
Fontana, Bernard Lee, Vol I
Forderhase, Rudolph Eugene, Vol I
Forgie, George Barnard, Vol I
Foster, Mark S., Vol I
Foster, Stephen, Vol I
Frakes, George Edward, Vol I
Frantz, John B., Vol I
Franz, George W., Vol I
Fredrickson, George M., Vol I
Freehling, William W., Vol I, V
Frey, Slyvia Rae, Vol I
Fried, Richard M., Vol I
Friedman, Lawrence Jacob, Vol I
Friedman, Murray, Vol I, IV
Fritz, Harry William, Vol I
Fritz, Henry Eugene, Vol I
Frost, James Arthur, Vol I
Frost, Jerry William, Vol I, IV
Frost, Richard Hindman, Vol I
Fuller, Justin, Vol I
Fullinwider, S. Pendleton, Vol I
Funigiello, Philip J., Vol I
Furlong, Patrick Joseph, Vol I
Gabaccia, Donna, Vol I
Gabel, Jack, Vol I
Gaddis, John Lewis, Vol I
Gara, Larry, Vol I
Garcia, Juan Ramon, Vol I
Garrison, Lora Dee, Vol I
Gaston, Paul M., Vol I
Gates, John Morgan, Vol I
Gatewood, Willard Badgett, Vol I
Gavins, Raymond, Vol I
Geib, George Winthrop, Vol I
Gelfand, Lawrence E., Vol I
Gentry, Judith Anne Fenner, Vol I
Gephart, Ronald Michael, Vol I
Gerlach, Don R., Vol I
Gerlach, Larry Reuben, Vol I
Gettleman, Marvin Edward, Vol I
Giebelhaus, August William, Vol I
Giffin, William Wayne, Vol I
Gilbert, Arlan Kemmerer, Vol I
Gilderhus, Mark Theodore, Vol I
Gilje, Paul Arn, Vol I
Glaab, Charles Nelson, Vol I
Godfrey, William Gerald, Vol I
Goff, John S., Vol I
Goldfield, David, Vol I
Gollaher, David L., Vol I
Goodfriend, Joyce Diane, Vol I
Gordon, Lynn Dorothy, Vol I, V
Gordon, Mary Mcdougall, Vol I
Goren, Arthur, Vol I
Gould, Eliga H., Vol I
Gould, Lewis Ludlow, Vol I
Gower, Calvin William, Vol I
Graebner, Alan, Vol I
Graham, Gael N., Vol I
Graham, Hugh Davis, Vol I
Graham, Patricia Albjerg, Vol I
Gray, Ralph D., Vol I
Graybar, Lloyd Joseph, Vol I
Green, Elna C., Vol I
Green, George N., Vol I
Green, Michael Knight, Vol I
Greenbaum, Fred, Vol I
Greene, Victor Robert, Vol I
Greenfield, Gerald M., Vol I
Grele, Ronald J., Vol I
Grenier, Judson A., Vol I
Gribbin, William James, Vol I
Grieb, Kenneth J., Vol I
Grimsted, David Allen, Vol I, V
Grob, Gerald N., Vol I
Grothaus, Larry Henry, Vol I
Grubbs, Donald Hughes, Vol I
Guice, John David Wynne, Vol I
Guidorizzi, Richard Peter, Vol I
Gunther, Gerald, Vol I, IV
Gura, Philip F., Vol I
Gustafson, Milton Odell, Vol I
Haber, Carole, Vol I
Haber, Samuel, Vol I
Hagan, Kenneth James, Vol I
Hagan, William Thomas, Vol I
Haines, Gerald Kenneth, Vol I
Hall, Jacquelyn Dowd, Vol I
Hall, Van Beck, Vol I
Ham, F. Gerald, Vol I
Hamilton, Virginia V., Vol I
Hammond, Alexander, Vol II
Hamre, James S., Vol I, IV
Hanchett, William, Vol I
Hand, Samuel B., Vol I
Handlin, Oscar, Vol I
Haney, Richard Carlton, Vol I
Hansen, Klaus Juergen, Vol I
Harlan, Louis R., Vol I
Harmond, Richard Peter, Vol I
Harrington, Jesse Drew, Vol I
Harris, P. M. G., Vol I
Harris, William C., Vol I
Hartgrove, Joseph Dane, Vol I
Hartshorne, Thomas Llewellyn, Vol I
Harvey, Paul, Vol I
Haskell, Thomas Langdon, Vol I
Hattaway, Herman Morell, Vol I
Hauptman, Laurence Marc, Vol I
Hawkins, Hugh Dodge, Vol I
Hay, Melba Porter, Vol I
Hay, Robert Pettus, Vol I
Hayes, Jack, Vol I
Hays, Willard Murrell, Vol I
Haywood, C. Robert, Vol I
Heath, Jim Frank, Vol I
Heffron, Paul Thayer, Vol I, IV
Helms, John Douglas, Vol I
Hench, John Bixler, Vol I
Henderson, Alexa Benson, Vol I
Hendricks, J. Edwin, Vol I
Henwood, James N. J., Vol I
Hess, Gary R., Vol I
Hilderbrand, Robert Clinton, Vol I
Hill, Patricia, Vol I
Hill, Peter Proal, Vol I
Hilty, James, Vol I
Himmelberg, Robert F., Vol I, IV
Hine, William Cassidy, Vol I
Hirsch, Arnold Richard, Vol I
Hirt, Paul W., Vol I
Hobson, Charles Frederic, Vol I
Hobson, Wayne K., Vol I
Hodge, Robert White, Vol I
Hoff, Joan, Vol I
Hoffecker, Carol E., Vol I
Hoffer, Peter Charles, Vol I
Hofstra, Warren R., Vol I, V
Hoglund, A. William, Vol I
Holbo, Paul S., Vol I
Holsinger, M. Paul, Vol I
Holt, Michael Fitzgibbon, Vol I
Hoogenboom, Ari, Vol I
Hoover, Dwight W., Vol I
Hoover, Herbert Theodore, Vol I
Hopkins, Richard Joseph, Vol I
Horn, John Stephen, Vol I, IV
Horowitz, Daniel, Vol I
Horton, Loren Nelson, Vol I
Howell, Sarah McCanless, Vol I
Hubbell, John Thomas, Vol I
Hueston, Robert Francis, Vol I
Huff, Carolyn Barbara, Vol I
Hume, Richard L., Vol I
Hunt, James, Vol I, IV
Hurley, Forrest Jack, Vol I
Hutchison, William Robert, Vol I
Hyman, Harold Melvin, Vol I
Illick, Joseph E., Vol I
Ingham, John Norman, Vol I
Ingle, Homer Larry, Vol I
Israel, Fred L., Vol I
Issel, William Henry, Vol I

Jablon, Howard, Vol I
Jacklin, Thomas M., Vol I
Jackson, Carl Thomas, Vol I
Jackson, Carlton Luther, Vol I
Jackson, Kenneth T., Vol I
Jackson, William Turrentine, Vol I
Jacobs, Donald Martin, Vol I
Jacobs, Travis B., Vol I
Jacoway, Elizabeth, Vol I
Jaimes-Guerrero, Mariana, Vol I, V
James, Winston, Vol I
Jameson, John R., Vol I
Jarvis, Charles Austin, Vol I
Jarvis, Joseph Anthony, Vol I
Jeffrey, Julie Roy, Vol I
Jeffrey, Kirk, Vol I
Jenkins, Virginia Scott, Vol I
Jensen, Joan Maria, Vol I
Jenson, Carol Elizabeth, Vol I
Johansen, Bruce Elliott, Vol I
Johnson, Arthur L., Vol I
Johnson, Bobby Harold, Vol I, II
Johnson, Curtis, Vol I, IV
Johnson, David Alan, Vol I
Johnson, James Pearce, Vol I
Johnson, Judith R., Vol I
Johnson, Paul B., Vol I
Johnson, Richard Rigby, Vol I
Jonas, Manfred, Vol I
Jones, Beverly Washington, Vol I
Jones, Houston Gwynne, Vol I
Jones, Howard, Vol I
Jones, James Howard, Vol I
Jones, Robert Francis, Vol I
Joy, Mark S., Vol I
Judd, Jacob, Vol I
Juhnke, James Carlton, Vol I
Kallman, Theodore, Vol I
Kaminski, John Paul, Vol I
Kamman, William, Vol I
Kantowicz, Edward Robert, Vol I
Karkhanis, Sharad, Vol I, IV
Karl, Barry D., Vol I
Kasson, John Franklin, Vol I
Katz, Irving, Vol I, IV
Katz, Stanley Nider, Vol I, IV
Katzman, David Manners, Vol I, V
Katznelson, Ira, Vol I
Kaufman, Burton I., Vol I
Kaufman, Martin, Vol I
Kawashima, Yasuhide, Vol I, IV
Keller, Clair Wayne, Vol I
Keller, Kenneth Wayne, Vol I
Keller, Morton, Vol I
Kelley, Brooks Mather, Vol I
Kelley, Donald B., Vol I
Kellner, George, Vol I
Kerber, Linda Kaufman, Vol I
Kern, Gilbert Richard, Vol I, IV
Kerr, Kathel Austin, Vol I
Kett, Joseph Francis, Vol I, V
Kettner, James Harold, Vol I
Kevles, Daniel Jerome, Vol I
King, Peter John, Vol I
Kiple, Kenneth Franklin, Vol I
Klein, Milton M., Vol I
Kneeshaw, Stephen, Vol I, V
Knobel, Dale Thomas, Vol I
Koelsch, William Alvin, Vol I
Koginos, Manny T., Vol I
Koistinen, Paul Abraham Carl, Vol I
Kolko, Gabriel, Vol I
Kolmer, Elizabeth, Vol I
Konig, David Thomas, Vol I, IV
Kostelanetz, Richard, Vol I, II, V
Kovaleff, Theodore Philip, Vol I, IV
Kraft, James P., Vol I
Kramer, Carl Edward, Vol I
Kremer, Gary R., Vol I
Kress, Lee Bruce, Vol I
Krick, Robert Kenneth, Vol I
Kruman, Marc Wayne, Vol I
Kuehl, John William, Vol I
Kuroda, Tadahisa, Vol I
Kushner, James Alan, Vol I, IV
Kutler, Stanley I., Vol I
Kutolowski, Kathleen Smith, Vol I
Kutulas, Judy, Vol I, V
Kuzniewski, Anthony Joseph, Vol I, III
La Forte, Robert Sherman, Vol I, II
Lael, Richard Lee, Vol I
LaFeber, Walter, Vol I
Lagemann, Ellen Condliffe, Vol I, V
Lamar, Howard Roberts, Vol I
Lamplugh, George Russell, Vol I
Landsman, Ned C., Vol I
Lane, Roger, Vol I
Langsam, Miriam Zelda, Vol I
Lankevich, George J., Vol I
Lapomarda, Vincent Anthony, Vol I, IV
Lapp, Rudolph Mathew, Vol I
Larkin, Jack, Vol I
Larsen, Grace H., Vol I
Larsen, Lawrence H., Vol I
Larson, Bruce Llewellyn, Vol I
Larson, Robert Walter, Vol I
Laslett, John Henry Martin, Vol I
Lass, William Edward, Vol I
Latham, Michael E., Vol I
Latner, Richard Barnett, Vol I
Laurie, Bruce, Vol I
Layman, Richard, Vol I, II
Leab, Daniel Josef, Vol I
Leamon, James Shenstone, Vol I
Lears, T. J. Jackson, Vol I, II
Leckie, Shirley A., Vol I
Lee, David Dale, Vol I
Lee, Ta-ling, Vol I
Legan, Marshall Scott, Vol I
Leonard, Henry Beardsell, Vol I
Leonard, Thomas Charles, Vol I
Leonard, Virginia Waugh, Vol I
Levesque, George August, Vol I
Levin, David S., Vol I
Levine, Bruce C., Vol I
Levine, Daniel, Vol I
Levine, David Oscar, Vol I
Levine, Peter D., Vol I
Lewarne, Charles Pierce, Vol I
Lewis, Jan Ellen, Vol I
Lewis, Walter David, Vol I
Leyendecker, Liston Edgington, Vol I
Lightner, David Lee, Vol I
Lillibridge, George Donald, Vol I
Linenthal, Edward Tabor, Vol I, IV
Link, Arthur S., Vol I
Little, Douglas James, Vol I
Littlefield, Daniel C., Vol I
Litwack, Leon F., Vol I
Lofgren, Charles Augustin, Vol I
Logsdon, Joseph, Vol I
Long, Ronald Wilson, Vol I
Lopata, Roy Haywood, Vol I
Lora, Ronald Gene, Vol I
Louis, James Paul, Vol I
Lounsbury, Myron, Vol I
Lounsbury, Richard Cecil, Vol I, III
Lovejoy, David Sherman, Vol I
Lovin, Hugh Taylor, Vol I
Lovoll, Odd Sverre, Vol I
Lowe, Richard Grady, Vol I
Lowther, Lawrence Leland, Vol I
Lubbers, Jeffrey S., Vol I, IV
Lubick, George Michael, Vol I
Lucas, Marion Brunson, Vol I
Luckingham, Bradford Franklin, Vol I
Ludlow, Jeannie, Vol I, II, V
Luebke, Frederick Carl, Vol I
Lunde, Erik Sheldon, Vol I, II
Lytle, Mark Hamilton, Vol I
Macdonald, J. Fred, Vol I
Maddox, Robert James, Vol I
Madison, James H., Vol I
Madsen, Brigham Dwaine, Vol I
Madsen, Carol Cornwall, Vol I, V
Magnaghi, Russell Mario, Vol I
Mahoney, Joseph F., Vol I
Mahoney, Timothy, Vol I
Maier, Pauline Rubbelke, Vol I
Main, Gloria L., Vol I
Maizlish, Stephen E., Vol I
Maland, Charles J., Vol I, II, V
Malone, Barbara S. (Bobbie), Vol I
Malone, Bill Charles, Vol I
Malsberger, John William, Vol I
Manfra, Jo Ann, Vol I, IV
Manikas, William T., Vol I, IV
Marable, Manning, Vol I
Marchione, Margherita Frances, Vol I, III
Marcus, Irwin Murray, Vol I
Maroney, James C., Vol I
Marszalek, John Francis, Vol I
Marten, James, Vol I
Martin, Kenneth R., Vol I
Marty, Myron August, Vol I
Marzolf, Marion Tuttle, Vol I
Mason, Philip P., Vol I
Mathews, Donald G., Vol I
Matray, James Irving, Vol I
Mattingly, Paul Havey, Vol I
Matusow, Allen Joseph, Vol I
May, Elaine Tyler, Vol I
May, Henry Farnham, Vol I
May, Robert Evan, Vol I
Mcafee, Ward Merner, Vol I
Mcbride, Paul Wilbert, Vol I, V
McCaughey, Robert Anthony, Vol I
McClay, Wilfred M., Vol I
Mcclintock, Thomas Coshow, Vol I
Mcclymer, John Francis, Vol I
McCorison, Marcus Allen, Vol I
Mccormick, Richard P., Vol I
McCurdy, Charles William, Vol I
Mccutcheon, James Miller, Vol I
McDonald, Archie Philip, Vol I
McFarland, Gerald W., Vol I
Mcfarlane, Larry Allan, Vol I
McGiffert, Michael, Vol I
McGrath, Sylvia Wallace, Vol I
Mcjimsey, George Tilden, Vol I
Mckenna, Marian Cecilia, Vol I
McKevitt, Gerald, Vol I, IV
Mckitrick, Eric Louis, Vol I
McLaurin, Melton Alonza, Vol I
McManus, Edgar J., Vol I, IV
Mcmillen, Neil Raymond, Vol I
Mcmurry, Richard Manning, Vol I
Mcneil, William Kinneth, Vol I, V
Mcpherson, James Munro, Vol I
McQuaid, Kim, Vol I, IV
Mcseveney, Samuel Thompson, Vol I
Mcwilliams, Tennant S., Vol I
Meade, Catherine M., Vol I
Mehler, Barry Alan, Vol I
Mennel, Robert Mckisson, Vol I
Merritt, Raymond Harland, Vol I
Mertz, Paul Eric, Vol I
Messer, Robert Louis, Vol I
Metz, Leon Claire, Vol I
Mevers, Frank Clement, Vol I
Meyer, Donald Harvey, Vol I
Middlekauff, Robert Lawrence, Vol I
Mihelich, Dennis, Vol I
Mihesuah, Devon Abbott, Vol I
Miles, Edwin Arthur, Vol I
Miller, Douglas T., Vol I
Miller, George Hall, Vol I
Miller, Howard Smith, Vol I
Miller, Jacquelyn C., Vol I
Miller, John E., Vol I
Miller, Kerby A., Vol I
Miller, Randall Martin, Vol I
Miller, Sally M., Vol I
Miller, Zane L., Vol I
Millett, Allan Reed, Vol I
Moneyhon, Carl Hofmann, Vol I
Moody, J. Carroll, Vol I
Moore, James Talmadge, Vol I
Moore, James Tice, Vol I
Moore, Robert Henry, Vol I, II
Moore, Robert Joseph, Vol I
Moore, Robert Laurence, Vol I
Moore, William Howard, Vol I
More, Ellen Singer, Vol I
Morgan, David Taft, Vol I
Morgan, H. Wayne, Vol I
Morgan, Thomas Sellers, Vol I
Morris, Richard J., Vol I
Morris, Thomas Dean, Vol I
Morrison, G. Grant, Vol I
Morton, Marian Johnson, Vol I
Moser, Harold Dean, Vol I, II
Moulton, Gary Evan, Vol I
Moynihan, Ruth Barnes, Vol I
Mueller, Roland Martin, Vol I
Muller, Edward K., Vol I
Munroe, John Andrew, Vol I
Murdoch, James Murray, Vol I
Murphy, Larry G., Vol I, IV
Murray, Shoon, Vol I
Murrin, John Matthew, Vol I
Mushkat, Jerome, Vol I
Muthyala, John S., Vol I
Myers, John L., Vol I
Nall, Garry Lynn, Vol I
Nance, Joseph Milton, Vol I
Nash, Gary B., Vol I
Nash, Roderick W., Vol I
Naylor, Natalie A., Vol I, V
Neilson, James Warren, Vol I
Ness, Gary Clifford, Vol I
Neu, Charles Eric, Vol I
Newby, I. A., Vol I
Newcomb, Benjamin H., Vol I
Nicholls, Michael Lee, Vol I
Nichols, Roger L., Vol I
Niemeyer, Glenn Alan, Vol I
Nissenbaum, Stephen Willner, Vol I
Noble, David Watson, Vol I
Noer, Thomas John, Vol I
Nore, Ellen, Vol I
Norris, James D., Vol I, IV
North, James Brownlee, Vol I
O'Brien, Jean, Vol I
O'Connor, John E., Vol I
O'Connor, Thomas H., Vol I
Odom, Edwin Dale, Vol I
Oestreicher, Richard Jules, Vol I
Ogilvie, Leon Parker, Vol I
Oglesby, Richard E., Vol I
Ohline, Howard Albert, Vol I
Olm, Lee Elmer, Vol I
Olson, Gary Duane, Vol I
Olson, Keith Waldemar, Vol I
Ortquist, Richard Theodore, Vol I
Ourada, Patricia K., Vol I
Owens, Kenneth Nelson, Vol I
Owens, Nora Estelle, Vol I
Palmer, Phyllis Marynick, Vol I
Paludan, Phillip Shaw, Vol I
Paoletti, Jo, Vol I, II, V
Parker, Keith Alfred, Vol I
Parman, Donald Lee, Vol I
Parmet, Herbert S., Vol I
Parmet, Robert David, Vol I
Parrish, Michael Emerson, Vol I
Parrish, William E., Vol I
Pate, James Paul, Vol I
Paterson, Thomas Graham, Vol I
Patterson, David Sands, Vol I, IV
Paul, Justus F., Vol I
Pease, Jane Hanna, Vol I
Pederson, William David, Vol I, IV
Pegram, Thomas R., Vol I
Pemberton, William Erwin, Vol I
Pernick, Martin Steven, Vol I
Peskin, Allan, Vol I
Peterson, Charles S., Vol I
Peterson, Frank Ross, Vol I
Peterson, Jacqueline, Vol I
Peterson, Jon Alvah, Vol I
Peterson, Norma Lois, Vol I
Peterson, Richard Hermann, Vol I
Petillo, Carol Morris, Vol I
Philp, Kenneth, Vol I
Pickens, Donald Kenneth, Vol I
Pierce, Richard A., Vol I
Pitre, Merline, Vol I
Pitzer, Donald Elden, Vol I
Poen, Monte Mac, Vol I
Polakoff, Keith Ian, Vol I
Polenberg, Richard, Vol I
Pollack, Norman, Vol I
Pope, Daniel, Vol I
Posadas, Barbara Mercedes, Vol I
Post, Robert C., Vol I
Potts, Louis Watson, Vol I
Pozzetta, George Enrico, Vol I
Pratt, William C., Vol I
Price, Glenn Warren, Vol I
Price, William, Vol I
Prince, Carl E., Vol I
Procter, Ben, Vol I
Prucha, Francis Paul, Vol I
Purcell, Sarah, Vol I
Putnam, Jackson K., Vol I
Quitt, Martin Herbert, Vol I
Rabinowitz, Howard, Vol I
Rable, George Calvin, Vol I
Racine, Philip N., Vol I
Rader, Benjamin G., Vol I
Rakove, Jack Norman, Vol I
Raucher, Alan R., Vol I
Reed, John Julius, Vol I
Reed, Linda, Vol I
Reed, Merl E., Vol I
Reese, James Verdo, Vol I
Reeves, Thomas C., Vol I
Reeves, William Dale, Vol I
Remini, Robert Vincent, Vol I
Reuter, William C., Vol I
Reynolds, Donald E., Vol I
Rice, Arnold Sanford, Vol I
Rice, Eileen F., Vol I
Rice, Stephen P., Vol I
Richardson, Joe M., Vol I
Ridgway, Whitman Hawley, Vol I
Riess, Steve Allen, Vol I
Riley, Glenda, Vol I
Rink, Oliver A., Vol I
Rischin, Moses, Vol I
Risjord, Norman Kurt, Vol I
Ritchie, Donald Arthur, Vol I
Robbins, William Grover, Vol I
Roberts, Charles Edward, Vol I
Robson, David, Vol I
Rock, Howard Blair, Vol I
Rodnitzky, Jerome L., Vol I
Roediger, David, Vol I
Rohrs, Richard Carlton, Vol I
Roland, Charles P., Vol I
Rolater, Frederick Strickland, Vol I, III
Romanowski, William D., Vol I, II, V
Romo, Ricardo, Vol I
Rosenberg, Emily Schlaht, Vol I, IV
Rosenberg, Jonathan, Vol I
Rosenberg, Norman Lewis, Vol I
Rosenberg, Rosalind Navin, Vol I
Rosner, David, Vol I
Ross, Dorothy Rabin, Vol I
Rothman, David, Vol I
Rowe, Gail Stuart, Vol I
Ruddy, T. Michael, Vol I
Ryan, James G., Vol I
Ryan, Thomas Joseph, Vol I
Rydell, Robert William, Vol I
Rynder, Constance, Vol I
Ryon, Roderick Naylor, Vol I
Safford, Jeffrey Jaeger, Vol I
Sallis, Charles, Vol I, V
Sandweiss, Martha, Vol I
Sargent, James E., Vol I
Sasson, Sarah Diane Hyde, Vol I, II
Scamehorn, Howard Lee, Vol I
Schaffer, Ronald, Vol I
Schaller, Michael, Vol I
Schapsmeier, Edward Lewis, Vol I
Scharnau, Ralph William, Vol I
Scheiber, Harry N., Vol I
Scheinberg, Stephen, Vol I
Schelbert, Leo, Vol I
Scherr, Albert E., Vol I
Schleifer, James Thomas, Vol I
Schlereth, Thomas J., Vol I
Schlotterbeck, John Thomas, Vol I
Schmidt, Greg, Vol I
Schofield, Kent, Vol I
Schoonover, Thomas David, Vol I
Schultz, Stanley Kenton, Vol I
Schuyler, David, Vol I
Schuyler, Michael Wayne, Vol I
Schwartz, Gerald, Vol I
Schwarz, Philip James, Vol I
Schwieder, Dorothy Ann, Vol I, V
Scobie, Ingrid Winther, Vol I, V
Scott, Clifford H., Vol I
Scott, Daryl, Vol I
Scott, Roy V., Vol I
Scranton, Philip, Vol I
Seale, William, Vol I
Sefton, James Edward, Vol I
Selby, John Edward, Vol I
Seller, Maxine Schwartz, Vol I
Semonche, John Erwin, Vol I
Seraile, William, Vol I
Sewell, Richard Herbert, Vol I
Shade, William G., Vol I
Shannon, Timothy J., Vol I
Shapiro, Henry D., Vol I
Shapiro, Herbert, Vol I
Shapiro, Stanley, Vol I
Sharp, James Roger, Vol I
Sharrer, George Terry, Vol I
Shaw, Barton Carr, Vol I
Shea, William Lee, Vol I
Sheldon, Marianne Buroff, Vol I
Shenton, James, Vol I
Sherman, Richard B., Vol I
Sherrick, Rebecca Louise, Vol I, V
Sherry, Michael Stephen, Vol I
Shewmaker, Kenneth Earl, Vol I
Shields, Johanna Nicol, Vol I
Shiels, Richard Douglas, Vol I, IV
Shoemaker, Rebecca Shepherd, Vol I
Shumsky, Neil Larry, Vol I
Siegel, Adrienne, Vol I, II
Sies, Mary Corbin, Vol I
Silber, Nina, Vol I
Silbey, Joel H., Vol I

Simmons, Jerold Lee, Vol I
Simon, John Y., Vol I
Simon, Paul L., Vol I
Simon, Roger David, Vol I
Sims, Robert Carl, Vol I
Singal, Daniel Joseph, Vol I
Singer, David G., Vol I
Singleton, Gregory Holmes, Vol I
Skemp, Sheila Lynn, Vol I
Slater, Peter Gregg, Vol I
Slaughter, Thomas Paul, Vol I
Sloan, Herbert, Vol I
Smith, Daniel Scott, Vol I
Smith, Duane Allan, Vol I
Smith, James Howell, Vol I
Smith, Paul Hubert, Vol I
Smith, Robert Freeman, Vol I
Smith, Tom W., Vol I
Smith, W. Wayne, Vol I
Smith, Wallace Calvin, Vol I
Snetsinger, John, Vol I
Snyder, Robert Edward, Vol I
Solberg, Winton Udell, Vol I
Somerville, James Karl, Vol I
Somkin, Fred, Vol I
Sorelle, James Martin, Vol I
Sorin, Gerald, Vol I
Sosin, Jack Marvin, Vol I
Southern, David Wheaton, Vol I
Soyer, Daniel, Vol I
Spence, Clark Christian, Vol I
Spence, Mary Lee, Vol I
Spetter, Allan Burton, Vol I
Spindel, Donna Jane, Vol I
Sprague, Stuart Seely, Vol I
Spurlock, John C., Vol I
St. George, Robert B., Vol I
Staudenmaier, John M., Vol I
Stave, Bruce M., Vol I
Steele, Jane, Vol I
Steele, Richard William, Vol I
Steelman, Joseph F., Vol I
Steen, Ivan David, Vol I
Steffen, Jerome Orville, Vol I
Stegmaier, Mark Joseph, Vol I
Steinberg, Salme Harju, Vol I
Stephanson, Anders, Vol I
Stephens, William Richard, Vol I, V
Sterling, David L., Vol I
Steward, Dick Houston, Vol I
Stewart, James Brewer, Vol I
Stinson, Robert William, Vol I, II
Stites, Francis Noel, Vol I
Stout, Neil R., Vol I
Strauss, Wallace Patrick, Vol I
Strong, Douglas Hillman, Vol I
Stroup, Rodger Emerson, Vol I
Suellen, Hoy, Vol I
Sumner, Gregory D., Vol I
Sutton, Robert Paul, Vol I
Svingen, Orlan J., Vol I
Sweeney, Kevin, Vol I
Swerdlow, Amy, Vol I
Swierenga, Robert Peter, Vol I
Swinney, Everette, Vol I
Sylvester, John Andrew, Vol I
Sylwester, Harold James, Vol I
Symonds, Craig Lee, Vol I
Szasz, Margaret Connell, Vol I
Tager, Jack, Vol I
Takaki, Ronald Toshiyuki, Vol I
Tarr, Joel A., Vol I
Tarter, Brent, Vol I
Tate, Michael Lynn, Vol I
Tate, Thad W., Vol I
Taylor, Richard Stuart, Vol I, IV
Taylor, Sandra C., Vol I
Terrill, Tom E., Vol I
Teute, Fredrika J., Vol I
Theoharis, Athan, Vol I
Thernstrom, Stephan Albert, Vol I
Thomas, Emory M., Vol I
Thomas, John Lovell, Vol I
Thomas, Samuel Joseph, Vol I
Thompson, Alan Smith, Vol I
Tindall, George Brown, Vol I
Tinsley, James Aubrey, Vol I
Tobin, Eugene Marc, Vol I
Tomasek, Kathryn, Vol I
Tomes, Nancy Jane, Vol I
Toplin, Robert B., Vol I
Torodash, Martin, Vol I
Tracy, Patricia Juneau, Vol I
Trafzer, Clifford Earl, Vol I
Trani, Eugene Paul, Vol I
Trask, David F., Vol I
Trask, Roger R., Vol I
Trattner, Walter Irwin, Vol I
Treckel, Paula Ann, Vol I
Trennert, Robert Anthony, Vol I
Tribe, Ivan Mathews, Vol I
Trickel, John, Vol I
Trolander, Judith Ann, Vol I
Trusty, Norman Lance, Vol I
Tucker, David Milton, Vol I
Tucker, Louis Leonard, Vol I
Tull, Charles Joseph, Vol I
Turk, Richard Wellington, Vol I
Turner, Thomas Reed, Vol I
Tweton, D. Jerone, Vol I
Twohig, Dorothy Ann, Vol I
Tyler, John W., Vol I
Ueda, Reed T., Vol I
Ulrich, Laurel Thatcher, Vol I
Unrau, William Errol, Vol I
Urofsky, Melvin Irving, Vol I
Vadney, Thomas Eugene, Vol I
Valaik, J. David, Vol I
Valletta, Clement Lawrence, Vol I, II
Van Broekhoven, Deborah, Vol I
Vanderpool, Harold Young, Vol I, IV
Vantine, Warren, Vol I
Varga, Nicholas, Vol I
Vaughn, Stephen Lee, Vol I
Verbrugge, Martha Helen, Vol I
Vinovskis, Maris A., Vol I
Viola, Herman Joseph, Vol I
Vipperman, Carl, Vol I
Vivian, James Floyd, Vol I
Vlasich, James Anthony, Vol I
Voegeli, Victor Jacque, Vol I
Vogt, George Leonard, Vol I
Wack, John Theodore, Vol I
Wade, Louise Carroll, Vol I
Wade, William Junius, Vol I
Walch, Timothy G., Vol I
Walker, David Allan, Vol I
Walker, Forrest A., Vol I
Wallace, Andrew, Vol I
Wallenstein, Peter, Vol I
Walton, Brian G., Vol I
Ward, Harry M., Vol I
Ward, James R., Vol I
Warner, Robert Mark, Vol I
Warner, Ted J., Vol I
Waserman, Manfred, Vol I, II
Waters, John J., Vol I
Watson, Alan Douglas, Vol I
Watson, Judge, Vol I
Watson, Thomas Davis, Vol I
Weare, Walter Burdette, Vol I
Webb, George Ernest, Vol I
Webb, Ross Allan, Vol I
Weber, David J., Vol I
Wehtje, Myron Floyd, Vol I
Weisberger, Bernard A., Vol I
Wells, Robert Vale, Vol I
Wendorff, Laura C., Vol I, II, V
Werly, John Mcintyre, Vol I
Wessel, Thomas Roger, Vol I, V
Wesser, Robert F., Vol I
West, Elliott, Vol I
Wexler, Alice Ruth, Vol I
Wheeler, Gerald Everett, Vol I
White, Donald Wallace, Vol I, IV
White, John Hoxland, Vol I
White, Lonnie Joe, Vol I
White, Philip Lloyd, Vol I
Whitehead, John S., Vol I
Whittenburg, James Penn, Vol I
Wiecek, William Michael, Vol I, II
Williams, C. Fred, Vol I
Williams, Leroy Thomas, Vol I
Williams, William Henry, Vol I
Wilson, Charles Reagan, Vol I, IV
Wilson, Daniel Joseph, Vol I
Wilson, David L., Vol I
Wilson, Harold Stacy, Vol I
Wilson, Major L., Vol I
Wilson, Theodore A., Vol I
Wilson, William Henry, Vol I
Winkle, Kenneth, Vol I
Winkler, Allan M., Vol I
Winslow, Richard E., III, Vol I
Winters, Donald Lee, Vol I
Wiseman, John Bailes, Vol I
Wiser, Vivian, Vol I
Wittner, Lawrence Stephen, Vol I
Woehrmann, Paul John, Vol I
Wood, Forrest Glen, Vol I, IV
Wood, Gordon Stewart, Vol I
Woodard, Komazi, Vol I
Woodman, Harold David, Vol I
Wooley, Wesley Theodore, Vol I
Worrall, Arthur John, Vol I
Worrall, Janet Evelyn, Vol I
Wortman, Roy Theodore, Vol I
Wreszin, Michael, Vol I
Wright, Gwendolyn, Vol I
Wright, James Edward, Vol I
Wright, Scott Kenneth, Vol I
Wyman, David S., Vol I
Wynes, Charles Eldridge, Vol I
Yerxa, Donald A., Vol I
Young, Alfred F., Vol I
Young, Mary Elizabeth, Vol I
Yox, Andrew, Vol I, V
Zahniser, Marvin Ralph, Vol I
Zangrando, Robert Lewis, Vol I
Zhuk, Sergei I., Vol I
Ziewacz, Lawrence E., Vol I
Zilversmit, Arthur, Vol I
Zimmerman, Loretta Ellen, Vol I
Zuber, Richard Lee, Vol I

American Jewish History

Chyet, Stanley F., Vol I, IV
Sarna, Jonathan D., Vol I, IV

American Literature

Abbott, Craig Stephens, Vol II
Adams, Charles H., Vol II
Adams, Kimberly V., Vol II, V
Adams, Rachel, Vol II
Adams, Timothy D., Vol II
Adickes, Sandra Elaine, Vol II
Adler, Brian Ungar, Vol II
Adler, Thomas Peter, Vol II
Ahearn, Kerry, Vol II
Alaimo, Stacy, Vol II
Alexander, Sandra Carlton, Vol II
Allaback, Steve, Vol II
Allen, Gilbert Bruce, Vol II
Alsen, Eberhard, Vol II
Angyal, Andrew J., Vol II
Apseloff, Marilyn Fain, Vol II
Arner, Robert David, Vol II
Aspiz, Harold, Vol II
Attebery, Louie Wayne, Vol II, V
Atwill, William D., Vol II
Axelrod, Steven Gould, Vol II
Babin, James L., Vol II
Baender, Paul, Vol II
Bailey, Thomas Cullen, Vol II
Bakerman, Jane Schnabel, Vol II
Bakker, Jan, Vol II
Barbour, Brian Michael, Vol II
Barlow, Judith Ellen, Vol II
Barnes, Daniel Ramon, Vol II, V
Barnett, Louise, Vol II
Barnhisel, Gregory P., Vol II
Barry, Michael, Vol II
Bartlett, Lee, Vol II
Bassan, Maurice, Vol II
Bassett, Charles Walker, Vol I, II
Becker, Lloyd George, Vol I, II
Beidler, Peter Grant, Vol I, II
Benardete, Jane, Vol II
Bender, Carol, Vol II
Bender, Eileen Teper, Vol II, V
Bennett, John, Vol II
Benson, Jackson J., Vol II
Bergmann, Frank, Vol II, III
Bergmann, Linda S., Vol II
Berkove, Lawrence Ivan, Vol II
Berkowitz, Gerald Martin, Vol II
Black, Stephen Ames, Vol II
Blaydes, Sophia Boyatzies, Vol II
Bloom, Harold, Vol II
Bloomfield, Susanne George, Vol II
Blount, Marcellus, Vol II, V
Bluestein, Gene, Vol II
Blumenthal, Anna, Vol II
Boardman, Kathy, Vol II
Bock, Martin F., Vol II
Bogus, Diane Adamz, Vol II
Boyer, Dale Kenneth, Vol II
Braendlin, Bonnie Hoover, Vol II
Branch, Edgar Marquess, Vol II
Branch, Michael, Vol II
Brennan, Anne Denise, Vol II
Brock, Dewey Heyward, Vol II
Brooker, Jewel Spears, Vol II
Brown, James Dale, Vol II
Brown, Lorraine Anne, Vol II
Buckstead, Richard C., Vol II
Buell, Frederick Henderson, Vol II
Bunge, Nancy Liddell, Vol II
Burbick, Joan, Vol II
Busch, Frederick Matthew, Vol II
Bush, Harold K., Vol II
Bush, Sargent, Jr., Vol II
Butler, James Albert, Vol II
Butscher, Edward, Vol II
Callahan, John Francis, Vol II
Callander, Marilyn Berg, Vol II
Cameron, Sharon, Vol II
Campbell, Donna, Vol II
Campbell, Felicia F., Vol II
Canfield, J. Douglas, Vol II
Carafiol, Peter, Vol II
Carlson, Thomas Clark, Vol II
Carney, Raymond, Vol II
Carson, Luke, Vol II
Cass, Michael Mcconnell, Vol I, II
Caver, Christine, Vol I, II
Cella, Charles Ronald, Vol II
Ceniza, Sherry, Vol II
Chari, V. K., Vol II
Christensen, Paul N., Vol II
Christian, Barbara T., Vol II
Christianson, Scott, Vol II
Clark, George Peirce, Vol II
Clark, William Bedford, Vol II
Clendenning, John, Vol II
Cohen, Milton, Vol II
Coleman, Arthur, Vol II
Collier, Cheryl, Vol II
Collins, Christopher, Vol II
Collins, Martha, Vol II
Cooley, Thomas Winfield, Vol I, II
Coonfield, W. A., Vol II
Core, George, Vol II
Coulombe, Joseph L., Vol II
Courts, Patrick Lawrence, Vol II
Cowan, Bainard, Vol II
Crabtree, Clarie, Vol II, V
Cracroft, Richard Holton, Vol II
Crane, Milton, Vol II
Crowley, J. Donald, Vol II
Crowley, John W., Vol II
Crozier, Alice Cooper, Vol II
Crump, Gail Bruce, Vol II
Cyganowski, Carol K., Vol II
Daly, Robert J., Vol II
Dandridge, Rita Bernice, Vol II
Davidson, Harriet, Vol II
Davis, Thadious, Vol II
Davison, Nancy R., Vol I, II, V
De Santis, Christopher, Vol II
Dean, Susan Day, Vol II
Decker, William, Vol II
Delbanco, Andrew, Vol II
DeLombard, Jeanine, Vol II
Demastes, William, Vol II
Deprospo, Richard Chris, Vol II
Desmond, John F., Vol II
Devlin, Kimberly J., Vol II
Dews, Carlos L., Vol II
Dijkstra, Bram, Vol II, III
Dillingham, William B., Vol II
Dimock, Wai Chee, Vol II
Dobson, Joanne, Vol II
Donaldson, Scott, Vol I, II
Dore, Florence W., Vol II
Dorsey, Peter, Vol II
Dougherty, James P., Vol II
Douglas, Ann, Vol II
Douglas, George Halsey, Vol I, II
Dowell, Richard Walker, Vol II
Dowling, William C., Vol II
Draine, Betsy, Vol II
Dryden, Edgar A., Vol II
Duban, James, Vol II
Dunaway, David K., Vol II
Duncan, Jeffrey Light, Vol II
Eberwein, Jane Donahue, Vol I, II
Eby, Cecil Degrotte, Vol I, II
Eddings, Dennis Wayne, Vol II
Edelstein, Arthur, Vol I, II
Edwards, Grace Toney, Vol II, V
Eigner, Edwin Moss, Vol II
Ellerby, Janet Mason, Vol II
Engel, Leonard W., Vol II
Erisman, Fred Raymond, Vol I, II
Farber, Gerald Howard, Vol II, III
Farr, Judith Banzer, Vol II
Farrell, John C., Vol II
Feeney, Joseph John, Vol II
Felton, Sharon, Vol II
Ferguson, Robert A., Vol II
Ferguson, Suzanne, Vol II
Fetterley, Judith, Vol II, V
Fields, Darin E., Vol II
Filipowicz, Halina, Vol II
Finkelstein, Norman Mark, Vol II
Finneran, Richard John, Vol II
Fishburn, Katherine Richards, Vol II
Fisher, Philip, Vol II
Fleming, Robert, Vol II
Flibbert, Joseph Thomas, Vol II
Flory, Wendy Stallard, Vol II
Fogel, Daniel Mark, Vol II
Folks, Jeffrey J., Vol II
Fontenot, Chester J., Vol II
Ford, Thomas Wellborn, Vol II
Foster, Edward H., Vol II
Fox, Hugh B., Vol II
Francese, Joseph, Vol II, III
Franklin, Benjamin, Vol II
Franklin, H. Bruce, Vol I, II
Franklin, Phyllis, Vol II
Franklin, Wayne S., Vol II
Fredman, Stephen Albert, Vol II
Fredrickson, Robert Stewart, Vol II
Freibert, Lucy Marie, Vol II
Fried, Lewis Fredrick, Vol II
Fritzell, Peter A., Vol II
Frost, Elisabeth, Vol II
Fryer, Judith, Vol I, II
Frykholm, Amy Johnson, Vol II
Fussell, Edwin, Vol II
Gandal, Keith, Vol II
Geary, Edward Acord, Vol II
Geherin, David J., Vol II
Gentry, Marshall Bruce, Vol II
Gerlach, John Charles, Vol II
Gibbens, E. Byrd, Vol II
Gidmark, Jill B., Vol II
Gifford, James J., Vol II
Ginsberg, Elaine Kaner, Vol II, V
Girgus, Sam B., Vol II
Goddu, Teresa, Vol II, V
Golden, Arthur, Vol II
Gonzalez, John M., Vol II
Goodman, Susan, Vol II
Graddy, William E., Vol II
Grebstein, Sheldon Norman, Vol II
Greiner, Donald James, Vol II
Grella, George, Vol II
Griffin, Edward M., Vol II
Griffith, Malcolm A., Vol II
Griswold, Jerome Joseph, Vol II
Grove, James Paul, Vol II
Guilds, John C., Vol II
Gunn, Giles, Vol II
Guruswamy, Rosemary, Vol II
Gustafson, Sandra, Vol II
Guthrie, James Robert, Vol II
Gutierrez-Jones, Carl, Vol II
Guttenberg, Barnett, Vol II
Hakutani, Yoshinobu, Vol II, III
Hall, Larry Joe, Vol I, II
Haller, Evelyn, Vol II
Hallwas, John Edward, Vol II
Hamner, Robert Daniel, Vol II
Hanenkrat, Frank Thomas, Vol II
Harbert, Earl, Vol II
Harder, Henry Louis, Vol II
Hardy, John Edward, Vol II
Harris, Charles Burt, Vol II
Harris, Duncan Seely, Vol II
Harris, Susan Kumin, Vol I, II
Haslam, Gerald William, Vol II, III
Hathaway, Richard Dean, Vol II
Hawkins, Hunt, Vol II
Heath, William, Vol II
Hedges, William Leonard, Vol II
Held, George, Vol II
Heldreth, Leonard Guy, Vol II
Hellenbrand, Harold, Vol II, III
Heller, Dana, Vol II
Herring, Henry, Vol II
Hesla, David H., Vol II
Hilfer, Tony, Vol II
Hinden, Michael Charles, Vol II
Hirsch, David Harry, Vol II
Hirsh, John Campion, Vol II
Hoefel, Roseanne, Vol II, V
Hoffman, Tyler B., Vol II
Holbein, Woodrow Lee, Vol II
Holditch, William Kenneth, Vol II
Holton, William Milne, Vol II
Horton, Susan R., Vol II
Howard, Anne Bail, Vol II
Howell, John M., Vol II
Huberman, Elizabeth Lyle, Vol II
Humma, John Ballard, Vol II
Hunt, Caroline C., Vol II
Hunt, Tim, Vol II
Hussman, Lawrence, Vol II
Irsfeld, John Henry, Vol II
Irwin, John Thomas, Vol I, II

Janik, Del Ivan, Vol II
Jefchak, Andrew Timothy, Vol II
Jenkins, Joyce O., Vol II
Jimoh, A. Yemisi, Vol II
Jobe, Steve, Vol II
Johnson, Linck Christopher, Vol II
Jones, Mary Ellen, Vol II
Joslin, Katherine, Vol I, II
Junkins, Donald A., Vol II
Kaplan, Justin, Vol II
Karcher, Carolyn Lury, Vol I, II
Kaye, Frances Weller, Vol I, II
Kehl, Delmar George, Vol II
Keiser, George Robert, Vol II
Kelly, R. Gordon, Vol II
Kilcup, Karen L., Vol II
Kinney, Katherine, Vol II
Kirby, David, Vol II
Klages, Mary, Vol II
Klotman, Phyllis Rauch, Vol II
Klotz, Marvin, Vol II
Knapp, Peggy Ann, Vol II
Knighton, Robert Tolman, Vol II
Kobler, Jasper Fred, Vol II
Kolodny, Annette, Vol II, V
Komechak, Michael E., Vol II
Korenman, Joan Smolin, Vol II
Kostelanetz, Richard, Vol I, II, V
Kramer, Victor Anthony, Vol II
Krause, David H., Vol II
Krause, Sydney Joseph, Vol II
Kremer, S. Lillian, Vol II
Kreyling, Michael, Vol II
Kronick, Joseph, Vol II
Kuehl, Linda Kandel, Vol II
Kuyk, Dirk Adriaan, Jr., Vol II
Kwasny, Andrea, Vol II
Landrum, Larry N., Vol II
Lane, Alcyee, Vol II
Larson, David Mitchell, Vol II
Law, Richard G., Vol II
Layman, Richard, Vol I, II
Leach, Joseph, Vol II
Lears, T. J. Jackson, Vol I, II
Leavell, Linda, Vol II
Lenz, William Ernest, Vol II
Leon, Philip Wheeler, Vol II
Levin, Jonathan, Vol II
Levy, Alfred J., Vol II
Lewis, Nathaniel, Vol I, II
Lewis, Thomas Spottswood Wellford, Vol II
Liberman, Terri, Vol II
Lightfoot, Marjorie Jean, Vol II
Lindholdt, Paul, Vol II
Lindner, Carl Martin, Vol II, V
Lips, Roger C., Vol II
Ljungquist, Kent Paul, Vol II
Lockridge, Laurence Shockley, Vol II
Longest, George Calvin, Vol II
Lopez, Tiffany Ana, Vol II
Lowance, Mason Ira, Vol II
Lowe, John, Vol II
Luciani, Frederick, Vol III
Ludlow, Jeannie, Vol I, II, V
Luscher, Robert M., Vol II
Machor, James, Vol II
Mack, S. Thomas, Vol II
Mackethan, Lucinda Hardwick, Vol II
Macnaughton, William Robert, Vol II
Maddox, Lucy, Vol II
Maguire, James Henry, Vol I, II
Maland, Charles J., Vol I, II, V
Mann, John Stuart, Vol II
Margolies, Alan, Vol II
Mark, Rebecca, Vol II
Marki, Ivan, Vol II
Marling, William H., Vol II
Marquez, Antonio, Vol II, III
Marren, Susan M., Vol II
Marrs, Suzanne, Vol II
Martin, Bruce Kirk, Vol II
Martine, James John, Vol II
Maslan, Mark, Vol II
Masteller, Richard N., Vol II
Matsen, William, Vol II
May, Charles Edward, Vol II
McAleavey, David Willard, Vol II
McCaskill, Barbara Ann, Vol II
McCullough, Joseph B., Vol II
Mcelroy, John Harmon, Vol II
McFarland, Ronald E., Vol II
McGinty, Carolyn, Vol II
Mchaney, Thomas Lafayette, Vol II
McIlvaine, Robert Morton, Vol II
Mckinley, James Courtright, Vol II
Mckoy, Sheila Smith, Vol II
Meats, Stephen Earl, Vol II
Meeker, Michael W., Vol II
Meinke, Peter, Vol II
Mellard, James Milton, Vol II
Menides, Laura J., Vol II
Messbarger, Paul Robert, Vol II
Messenger, Christian Karl, Vol II
Mesteller, Jean C., Vol I, II, V
Metlitzki, Dorothee, Vol II
Mezey, Robert, Vol II
Michelson, Bruce, Vol I, II
Miller, Gabriel, Vol II
Miller, Joshua L., Vol II
Miner, Madonne, Vol I, V
Mogen, David Lee, Vol II
Moore, Rayburn Sabatzky, Vol II
Moore, Robert Henry, Vol I, II
Moreland, Richard, Vol II
Morgan, Betsy, Vol II
Morse, Jonathan, Vol II
Moser, Harold Dean, Vol I, II
Moser, Thomas Colborn, Sr, Vol II
Mujcinovic, Fatima, Vol II
Mull, Donald L., Vol II
Muller, Gilbert Henry, Vol II
Murphy, Russell E., Vol II
Myerson, Joel Arthur, Vol II
Nadel, Ira Bruce, Vol II
Nakadate, Neil Edward, Vol II
Nelson, Cary Robert, Vol II
Nelson, Randy Franklin, Vol II
Nettels, Elsa, Vol II
Newfield, Cristopher, Vol II
Newman, Lea Bertani Vozar, Vol II
Nichols, Kathleen L., Vol II
Nicol, Charles David, Vol II
Noble, Marianne K., Vol II
Norberg, Peter, Vol II
Nordloh, David Joseph, Vol I, II
Noverr, Douglas Arthur, Vol I, II
Okker, Patricia Ann, Vol II
Oldani, Louis Joseph, Vol II
Olmsted, Jane, Vol II, V
Oriard, Michael, Vol II
Orvell, Miles, Vol I, II
Ostrom, Hans, Vol II
Ostrowski, Carl, Vol II
Outka, Paul Harold, Vol II
Paoletti, Jo, Vol I, II, V
Patrick, Barbara, Vol II
Pearson, John H., Vol II
Perkins, Barbara M., Vol II
Perkins, James Ashbrook, Vol II
Person, Leland S., Vol II
Poirier, Richard, Vol II
Poland, Tim, Vol II
Pope, Deborah, Vol II
Prenshaw, Peggy, Vol II
Price, Alan, Vol II
Price, Bernadette B., Vol II
Quinlan, Kieran, Vol II
Quintero, Ruben, Vol II
Radel, Nicholas F., Vol II
Radway, Janice, Vol II
Raisor, Philip, Vol II
Raper, Julius R., Vol II
Ravitz, Abe C., Vol II
Reed, T. V., Vol I, II, V
Reichardt, Mary R., Vol II
Reid, Panthea, Vol II
Reilly, John M., Vol II
Reiss, John, Vol II
Reynolds, David S., Vol II
Reynolds, Richard Clay, Vol II
Rice, William, Vol II
Roberts, Thomas J., Vol II
Roemer, Kenneth M., Vol I, II
Rojas, J. Nelson, Vol III
Romanowski, William D., Vol I, II, V
Rombes, Nicholas, Vol II
Rosen, Kenneth Mark, Vol II
Rosowski, Susan Jean, Vol II
Rowe, Anne Ervin, Vol II
Rowe, Joyce A., Vol II
Saillant, John D., Vol I, II
Salomon, Roger B., Vol II
Saltzman, Arthur Michael, Vol II
Salzberg, Joel, Vol II
Samson, Donald, Vol II
Samson, John W., Vol II
Samway, Patrick H., Vol II
Sanchez-Eppler, Karen, Vol II
Sasson, Sarah Diane Hyde, Vol I, II
Sawaya, Francesca, Vol II
Schamberger, J. Edward, Vol II
Scheckter, John, Vol II
Scheick, William J., Vol II
Schiff, James A., Vol II
Schmidt, Peter Jarrett, Vol II
Schoen, Carol Bronston, Vol II
Schoenecke, Michael Keith, Vol II
Scholnick, Robert James, Vol I, II
Schultz, R., Vol II
Schultz, William J., Vol II
Schweda, Donald Norman, Vol II
Secor, Robert Arnold, Vol II
Self, Robert Thomas, Vol II
Shafer, Ronald G., Vol II
Shakinovsky, Lynn, Vol II, V
Shaw, Patrick W., Vol II
Shea, Daniel B., Vol II
Shields, John Charles, Vol II, III
Shucard, Alan Robert, Vol II
Shurr, William Howard, Vol II
Shuttleworth, Jack M., Vol II
Siebert, Hilary, Vol II
Silverberg, Mark A., Vol II
Simonson, Harold Peter, Vol II
Simpson, Hassell Algernon, Vol II
Skaggs, Merrill Maguire, Vol II
Skinner, Robert Earle, Vol II
Skitter, Hans Gunter, Vol III
Slabey, Robert M., Vol II
Sloane, David Edward Edison, Vol II
Smith, Gayle Leppin, Vol II
Smith, Julian, Vol II
Smith, Nelson C., Vol II
Smith, Pat Clark, Vol II
Smith, Shawn M., Vol II
Soldati, Joseph Arthur, Vol II
Solomon, Barbara Hochster, Vol II, V
Sorkin, Adam J., Vol II, III
Sossaman, Stephen, Vol II
Springer, Haskell Saul, Vol I, II
Spurlock, John Howard, Vol II, III
St. Omer, Garth, Vol II, III
Staal, Arie, Vol II
Stargardt, Ute, Vol II
Steiner, Joan Elizabeth, Vol II
Stelzig, Eugene Louis, Vol II
Stephens, Charles Ralph, Vol II
Stodola, Zabelle, Vol II
Sugg, Richard Peter, Vol II
Sugnet, Charles Joseph, Vol II
Sukenick, Ronald, Vol II
Sullivan, Sally A., Vol II
Tanner, Stephen Lowell, Vol II
Taylor, Cindy, Vol II, V
Taylor, Gordon Overton, Vol II
Thaden, Barbara, Vol II
Thomas, Joseph M., Vol II
Thompson, Gary, Vol II
Thompson, Gary Richard, Vol II
Thorpe, James, Vol II
Thorson, James Llewellyn, Vol II
Tichi, Cecelia, Vol II, V
Tobin, Daniel, Vol II
Tossa, Wajuppa, Vol II
Toth, Bill, Vol II
Toth, Emily, Vol II
Toulouse, Teresa, Vol II
Travis, Molly Abel, Vol II
Trimmer, Joseph Francis, Vol I, II
True, Michael D., Vol II
Tuten, Nancy, Vol II
Umphlett, Wiley Lee, Vol II
Uphaus, Robert Walter, Vol II
Valentis, Mary Arensberg, Vol II
Vance, William Lynn, Vol II
Vandersee, Charles Andrew, Vol II
Vanderwerken, David Leon, Vol II
Veler, Richard, Vol II
Vitto, Cindy, Vol II
Voloshin, Beverly R., Vol II
Vonalt, Larry, Vol II
Wachtel, Albert, Vol II
Wages, Jack D., Vol II
Wagner, Vern, Vol II
Waldeland, Lynne M., Vol II
Walker, Cheryl, Vol II
Walker, Ronald Gary, Vol II
Walling, William, Vol II
Walser, Richard, Vol II
Warner, Nicholas Oliver, Vol II, III
Washington, Durthy A., Vol II
Waters, Michael, Vol II
Watson, James Gray, Vol II
Watters, David Harper, Vol II
Weber, Donald, Vol II
Weimer, Joan Myers, Vol II, V
Weinstein, Philip Meyer, Vol II
Weinstock, Jeffrey A., Vol II
Welch, Dennis Martin, Vol II
Wells, Daniel Arthur, Vol II
Wendorff, Laura C., Vol I, II, V
Westling, Louise Hutchings, Vol II
Whelchel, Marianne, Vol I, V
White, Peter, Vol II
Wickert, Max Albrecht, Vol II
Widdicombe, Richard Toby, Vol II
Wiener, Harvey Shelby, Vol II
Wiesenfarth, Joseph John, Vol II
Wilde, Alan, Vol II
Willis, Patricia Cannon, Vol II
Wilson, Norma Clark, Vol II
Wilson, Robert H., Vol II
Wilson, Steven M., Vol II
Wineapple, Brenda, Vol II
Winner, Viola Hopkins, Vol II
Witemeyer, Hugh, Vol II
Wohlgelernter, Maurice, Vol II
Wolff, Cynthia Griffin, Vol II
Woodress, James, Vol II
Woodson, Thomas, Vol II
Wrobel, Arthur, Vol II
Wyss, Hilary W., Vol I, II
Yellin, Jean Fagan, Vol I, II
Young, Mary, Vol III
Zacharias, Greg, Vol II
Zavarzadeh, Mas'ud, Vol II
Ziff, Larzer, Vol II
Zimmerman, Michael, Vol II
Zlotnick, Joan C., Vol II
Zucker, David Hard, Vol II

American Military History

Bearss, Edwin Cole, Vol I
Currey, Cecil B., Vol I
Kohn, Richard Henry, Vol I
Spiller, Roger Joseph, Vol I

American Social History

Bartlett, Irving Henry, Vol I
Blewett, Mary H., Vol I
Fox, Frank Wayne, Vol I
Gelber, Steven Michael, Vol I, V
Greenwald, Maurine Weiner, Vol I
Haskell, Thomas Langdon, Vol I
Johnson, Ronald Maberry, Vol I, V
Katz, Michael B., Vol I
Levy, Eugene Donald, Vol I
Pitzer, Donald Elden, Vol I
Pivar, David J., Vol I
Slater, Peter Gregg, Vol I
Strom, Sharon Hartman, Vol I
Vecoli, Rudolph John, Vol I
Walters, Ronald Gordon, Vol I, V
Zangrando, Joanna Schneider, Vol I, V

American Studies

Axelrad, Allan M., Vol I
Badger, Reid, Vol I
Bailey, Beth, Vol I
Baker, Donald G., Vol I
Baker, Paul R., Vol I
Banes, Ruth A., Vol I
Bassett, Charles Walker, Vol I, II
Becker, Lloyd George, Vol I, II
Bishop, Donald M., Vol I
Black, Brian C., Vol I
Bledstein, Burton J., Vol I
Boon, Kevin A., Vol I, II
Boswell, Jackson Campbell, Vol I, II
Bowden, James Henry, Vol I, IV
Breen, Timothy Hall, Vol I
Bronner, Simon J., Vol I
Brown, Candy, Vol I
Buhle, Mari Jo, Vol I
Caffrey, Margaret M., Vol I
Cantrill, Dante, Vol I
Carringer, Robert L., Vol I, II, V
Carter, Nancy Corson, Vol I, V
Castagna, JoAnn E., Vol I
Caughey, John L., Vol I, V
Cawelti, John George, Vol I, II
Cifelli, Edward M., Vol I
Clark, Clifford E., Jr., Vol I
Conolly-Smith, Peter, Vol I
Cooley, Thomas Winfield, Vol I, II
Corrigan, John, Vol I, IV
Costello, Donald Paul, Vol I, II
Cotera, Maria E., Vol I, V
Cutrer, Thomas W., Vol I
Dalton, Kathleen Mary, Vol I
Davidov, Judith Fryer, Vol I
Donaldson, Scott, Vol I, II
Doudna, Martin Kirk, Vol I, II, V
Douglas, George Halsey, Vol I, II
Dulles, John W. F., Vol I
Eberwein, Jane Donahue, Vol I, II
Eby, Cecil Degrotte, Vol I, II
Edelstein, Arthur, Vol I, II
Ellison, Curtis William, Vol I
Engebretsen, Terry, Vol I
England, Robert, Vol I
Erisman, Fred Raymond, Vol I, II
Fabend, Firth Haring, Vol I
Fabian, Ann, Vol I
Faust, Drew Gilpin, Vol I
Fisher, Marvin, Vol I
Fishwick, Marshall W., Vol I
Flint, Allen Denis, Vol I, II
Foley, Neil, Vol I
Folsom, Lowell Edwin, Vol I, II
Fowler, Shelli, Vol I
Franklin, H. Bruce, Vol I, II
Furman, Necah Stewart, Vol I
Gillespie, Angus K., Vol I
Goetzmann, William Harry, Vol I
Goist, Park Dixon, Vol I, II
Grant, Glen, Vol I
Green, Carol Hurd, Vol I
Green, Jesse Dawes, Vol I, V
Greene, Victor Robert, Vol I
Greenspan, Ezra, Vol I
Gross, Robert A., Vol I
Grover, Dorys Crow, Vol I, II
Gudding, Gabriel, Vol I, II
Guttmann, Allen, Vol I
Haddad, Gladys, Vol I
Hall, Larry Joe, Vol I, II
Hapke, Laura, Vol I, II
Harris, Susan Kumin, Vol I, II
Hilson, Arthur Lee, Vol I
Hobson, Wayne K., Vol I
Honey, Maureen, Vol I, V
Hooper, Paul F., Vol I
Horowitz, Daniel, Vol I
Horton, James O., Vol I
Huffman, James Richard, Vol I, II
Hunter, Phyllis A., Vol I
Isenberg, Nancy G., Vol I
Issel, William Henry, Vol I
Jackman, Jarrell C., Vol I, III
Jackson, Bruce, Vol II
Jameson, Elizabeth, Vol I, V
Jenkins, Virginia Scott, Vol I
Johanningsmeier, Charles, Vol I, II
Johnson, David Alan, Vol I
Joslin, Katherine, Vol I, II
Kapsch, Robert J., Vol I
Karcher, Carolyn Lury, Vol I, II
Katzman, David Manners, Vol I, V
Kaye, Frances Weller, Vol I, II
Kazin, Alfred, Vol I
Ketcham, Ralph Louis, Vol I
Koenigsberg, Lisa M., Vol I
Korth, Philip Alan, Vol I
Kuhlman, Erika, Vol I
Kummings, Donald D., Vol I, II
Kutulas, Judy, Vol I, V
Lacey, James, Vol I
Leary, James Patrick, Vol I, V
Leontovich, Olga, Vol I
Levernier, James Arthur, Vol I, II
Lewis, Jan Ellen, Vol I
Lewis, Nathaniel, Vol I, II
Libo, Kenneth Harold, Vol I, IV
Lohmann, Christoph Karl, Vol I, II
Lohof, Bruce Alan, Vol I
Lounsbury, Carl, Vol I
Lounsbury, Myron, Vol I
Lynn, Mary Constance, Vol I
Maguire, James Henry, Vol I, II
Martin, Ronald Edward, Vol I, II
Martinot, Steve, Vol I
Mccutcheon, James Miller, Vol I
Mcnutt, James Charles, Vol I, V
Melendez, Gabriel, Vol I
Mergen, Bernard M., Vol I
Mesteller, Jean C., Vol I, II, V
Meyer, Kenneth John, Vol I, II
Michelson, Bruce, Vol I, II
Miller, Carol, Vol I
Miller, David, Vol I
Miller, Timothy, Vol I
Mintz, Lawrence E., Vol I, II
Morton, Marian Johnson, Vol I

Neussendorfer, Margaret R., Vol II
Newman, Kathy M., Vol I
Nordloh, David Joseph, Vol I, II
Norwood, Vera, Vol I
Noverr, Douglas Arthur, Vol I, II
O'Connor, Leo F., Vol I, II
Orvell, Miles, Vol I, II
Osumare, Halifu, Vol I, II
Owens, Suzanne, Vol I, II
Padovano, Anthony, Vol I
Pankake, Marcia J., Vol I
Pocock, Emil, Vol I
Powell, Thomas F., Vol I
Prell, Riv-Ellen, Vol I, IV, V
Rabinowitz, Paula, Vol I
Raeburn, John H., Vol I, II
Rajagopal, Arvind, Vol I, II, V
Reed, T. V., Vol I, II, V
Rice, Stephen P., Vol I
Rockland, Michael Aaron, Vol I, III
Roemer, Kenneth M., Vol I, II
Rogers, Kim L., Vol I
Rudnick, Lois P., Vol I
Runyon, Randolph Paul, Vol I, III
Ryang, Key S., Vol I
Rydell, Robert William, Vol I
Salem, James M., Vol I
Salvaggio, Ruth, Vol I
Schiffman, Joseph, Vol I, II
Schlereth, Thomas J., Vol I
Scholnick, Robert James, Vol I, II
Scott, Alison M., Vol I
Sidran, Ben H., Vol I
Sies, Mary Corbin, Vol I
Silverman, Kenneth Eugene, Vol I, II
Skaggs, Jimmy M., Vol I, IV
Slotkin, Richard S., Vol I
Smith, Carl, Vol I
Smith, Jeffrey A., Vol I, II
Smith, Judith, Vol I
Sollors, Werner, Vol I, II
Springer, Haskell Saul, Vol I, II
Stevenson, Louise L., Vol I
Stott, William Merrell, Vol I, II
Suchlicki, Jaime, Vol I
Swetnam, Susan, Vol I, II
Titon, Jeff Todd, Vol I
Trachtenberg, Alan, Vol I, II
Trimmer, Joseph Francis, Vol I, II
Upton, Dell, Vol I
Van Broekhoven, Deborah, Vol I
Wald, Alan Maynard, Vol I, II
Waters, Neil L., Vol I
Weber, Ronald, Vol I
Weiner, Lynn, Vol I
Wells, Walter, Vol I, II
Whitfield, Stephen Jack, Vol I
Winters, Donald, Vol I, II
Wyss, Hilary W., Vol I, II
Yates, Gayle Graham, Vol I
Yellin, Jean Fagan, Vol I, II
Yetman, Norman Roger, Vol I, V
Yin, Xiao-Huang, Vol I
York, Neil L., Vol I
Young, M. Jane, Vol I
Young, William H., Vol I
Zboray, Mary Saracino, Vol I
Zuckerman, Michael, Vol I

Ancient History

Adams, Winthrop Lindsay, Vol I
Africa, Thomas Wilson, Vol I
Aldrete, Gregory S., Vol I
Alexander, Michael C., Vol I
Arbagi, Martin George, Vol I
Astour, Michael Czernichow, Vol I
Badian, Ernst, Vol I, II, III
Bagnall, Roger Shaler, Vol I, III
Balcer, Jack Martin, Vol I
Batinski, Emily E., Vol I
Benko, Stephen, Vol I, IV
Billows, Richard A., Vol I
Bing, J. Daniel, Vol I
Birch, Bruce Charles, Vol I, IV
Bird, Harold Wesley, Vol I, II
Bonfante, Larissa, Vol I
Boren, Henry C., Vol I
Borza, Eugene N., Vol I
Bradley, Keith Richard, Vol I, III
Brinkman, John Anthony, Vol I
Broughton, Thomas Robert Shannon, Vol I, II, III
Cameron, Alan, Vol I, III
Cargill, Jack, Vol I
Casson, Lionel, Vol I
Champlin, Edward James, Vol I
Claster, Jill Nadell, Vol I
Cline, Eric, Vol I
Clover, Frank M., Vol I
Constantelos, Demetrios J., Vol I
Culham, Phyllis, Vol I, II
Curtis, Robert I., Vol I
Davison, Jean Margaret, Vol I, III
Dennis, George Thomas, Vol I
Dickison, Sheila Kathryn, Vol I, II, III
Doenges, Norman Arthur, Vol I, II, III
Dunn, Laura, Vol I
Eadie, John W., Vol I
Eckstein, Arthur M., Vol I
Edelman, Diana V., Vol I, IV
Edlund-Berry, Ingrid E. M., Vol I
Evans, Roger S., Vol I
Ferngren, Gary Burt, Vol I
Figueira, Thomas J., Vol I
Foss, Clive, Vol I
Frazee, Charles Aaron, Vol I, IV
Fredrick, David, Vol I
Frost, Frank J., Vol I
Gallatin, Harlie Kay, Vol I
Gilliard, Frank Daniel, Vol I
Gorman, Vanessa, Vol I
Graf, David Frank, Vol I
Gruen, Erich S., Vol I
Guzman, Gregory G., Vol I
Hanak, Walter Karl, Vol I
Harrington, Jesse Drew, Vol I
Harris, William Vernon, Vol I
Hewsen, Robert, Vol I
Hoffman, Daniel, Vol I, IV
Holliday, Vivian Loyrea, Vol I, II, III
Hollis, Susan T., Vol III, IV
Holoka, James P., Vol I, II, III
Holt, Frank L., Vol I
Holt, Philip, Vol I
Hood, David Crockett, Vol I
Huzar, Eleanor Goltz, Vol I
Jashemski, Wilhelmina F., Vol I
Johnson, Richard Ronald, Vol I
Jones, Christopher P., Vol I, II, III
Jones, Nicholas Francis, Vol I, III
Kebric, Robert Barnett, Vol I
Kehoe, Dennis P., Vol I
Kilmer, Anne Draffkorn, Vol I
King, Peter, Vol I, II, III
Knapp, Arthur Bernard, Vol I
Knapp, Robert C., Vol I, II, III
Konishi, Haruo, Vol I
Koumoulides, John A., Vol I
Krahmalkov, Charles R., Vol I
Krekic, Barisa, Vol I
Krentz, Peter Martin, Vol I
Lalonde, Gerald Vincent, Vol I, II, III
Lateiner, Donald, Vol I, II, III
Lauritsen, Frederick Michael, Vol I
Lemke, Werner Erich, Vol I, IV
Littman, Robert J., Vol I, II, III
Losada, Luis Antonio, Vol I, II, III
MacLennan, Robert S., Vol I
Macmullen, Ramsay, Vol I
Macro, Anthony David, Vol I, III
Maidman, Maynard Paul, Vol I, IV
Maier, Paul Luther, Vol I
Mathisen, Ralph Whitney, Vol I, II, III
Matthews, John F., Vol I, II, III
McDougall, Iain, Vol I
Meyer, Kathryn E., Vol I
Mitchell, Richard E., Vol I
Mosshammer, Alden Adams, Vol I, II, III
Moyer, James Carroll, Vol I, IV
Moysey, Robert Allen, Vol I, III
Munn, Mark H., Vol I
Oates, John Francis, Vol I
Panella, Robert J., Vol I
Parker, Simon B., Vol I, III
Paul, George Mackay, Vol I, II, III
Pesely, George E., Vol I
Phillips, C. Robert, III, Vol I, II
Piper, Linda Jane, Vol I
Pomeroy, Sarah B., Vol I, III
Richter, Donald Charles, Vol I
Rigsby, Kent Jefferson, Vol I, III
Rives, James, Vol I
Romm, James S., Vol I, II
Roth, Jonathan, Vol I
Ruebel, James, Vol I, III
Rusch, Scott M., Vol I
Sage, Michael, Vol I, II, III
Schneider, Tammi J., Vol I
Schunk, Thom, Vol I
Sebesta, Judith Lynn, Vol I, II, III
Sharma, Jagdish P., Vol I, IV
Sheldon, Rose Mary, Vol I
Shelton, Jo-Ann, Vol I
Sidebotham, Steven Edward, Vol I
Simmons, Michael, Vol I
Simon, Stephen Joseph, Vol I
Spyridakis, Stylianos V., Vol I
Starr, Chester G., Vol I
Stever, Sarah S., Vol I
Stiebing, William H., Jr, Vol I
Sullivan, Denis, Vol I, III
Talbot, Alice Mary, Vol I
Telesca, William John, Vol I
Thomas, Carol G., Vol I
Thompson, Glen L., Vol I
Trautmann, Thomas Roger, Vol I
Usilton, Larry, Vol I
van de Mieroop, Marc, Vol I
van der Mieroop, Marc, Vol I
Vryonis, Speros, Jr., Vol I
Walberg, Gisela, Vol I
Watkins, Thomas H., Vol I
Weinrib, Ernest Joseph, Vol I, IV
Williams, Richard S., Vol I
Wilson, Glee Everitt, Vol I
Wineland, John D., Vol I
Worthington, Ian, Vol I, II, III
Yamauchi, Edwin Masao, Vol I, III

Ancient Literature

Bird, Harold Wesley, Vol I, II
Phillips, C. Robert, III, Vol I, II

Ancient Philosophy

Austin, Scott, Vol IV
Guy, Fred, Vol IV
Ketchum, Richard J., Vol IV
McKirahan, Richard D., Vol IV
Patterson, Richard, Vol IV
Strange, Steven K., Vol IV
White, Michael J., Vol IV

Anthropology

Abramson, David M., Vol V
Acheson, Julianna, Vol V
Adams, Richard E. W., Vol I, V
Adams, William, Vol V
Adovasio, J. M., Vol V
Alexander, Bobby C., Vol IV, V
Allen, Linda, Vol V
Allen, Peter S., Vol V
Alonso, Ana Maria, Vol V
Anderson, Robert T., Vol V
Andrews, Anthony P., Vol I, V
Arnold, Dean E., Vol V
Aronoff, Myron J., Vol IV, V
Avalos, Hector, Vol V
Bagwell, George, Vol V
Bailey, Frederick George, Vol V
Baker, Lee D., Vol V
Bar-Yosef, Ofer, Vol V
Barfield, Thomas J., Vol V
Barlow, K. Renee, Vol I, V
Bateson, Mary Catherine, Vol II, V
Beaudry, Mary Carolyn, Vol I, V
Bechtold, Brigitte, Vol V
Beck, Lois, Vol V
Bell, Diane, Vol V
Bender, Nathan E., Vol II, V
Bennion, J., Vol V
Berleant, Riva, Vol V
Bettinger, Robert L., Vol V
Biafora, Frank, Vol V
Bilmes, Jack, Vol V
Bindon, James R., Vol V
Bock, Philip K., Vol V
Bodkin, Thomas E., Vol V
Bollong, Charles A., Vol V
Bonvillain, Nancy, Vol III, V
Booxbaum, Ronnie, Vol V
Bourguignon, Erika Eichhorn, Vol V
Brettell, Caroline B., Vol V
Briggs, Charles L., Vol V
Brodwin, Paul E., Vol V
Browman, David L., Vol V
Brown, John A., Vol V
Brown, Judith K., Vol V
Browne, Dallas L., Vol V
Brownell, Susan E., Vol V
Brumfiel, Elizabeth M., Vol V
Bruner, Edward M., Vol V
Buckley, Thomas, Vol V
Burling, Robbins, Vol III, V
Burton, Michael L., Vol V
Caldwell, Sarah, Vol V
Cameron, Catherine M., Vol V
Cameron, Mary M., Vol V
Campbell, Gregory R., Vol V
Campbell, Howard B., Vol V
Carmack, Robert M., Vol V
Carter, Donald, Vol V
Castillo, Ed, Vol I, V
Chao, Paul K., Vol V
Chin, Jeffrey C., Vol V
Ciochon, Russell L., Vol V
Claassen, Cheryl, Vol V
Clark, Gracia, Vol V
Cohen, Myron L., Vol V
Cohn, Bernard Samuel, Vol I, V
Colvin, Mark, Vol V
Comaroff, Jean, Vol V
Connolly, Thomas J., Vol I, V
Corruccini, Robert, Vol V
Cotter, John Lambert, Vol I, V
Creed, Gerald, Vol V
Crew, B. Keith, Vol V
Crumbley, Deidre H., Vol IV, V
Curet, Luis Antonio, Vol I, V
Daniel, E. Valentine, Vol V
De Rios, Marlene Dobkin, Vol V
Deflem, Mathieu, Vol V
Deitrick, Lynn, Vol V
Delaney, Carol L., Vol V
Denbow, James R., Vol V
Dentan, Robert K., Vol V
Descartes, Rene, Vol V
Desmangles, Leslie Gerald, Vol IV, V
Dietler, Michael, Vol V
DiGiacomo, Susan, Vol V
Dillon, Wilton Sterling, Vol V
Dilly, Barbara J., Vol V
Doyel, D., Vol V
Drennan, Robert D., Vol V
Du Toit, Brian M., Vol V
Dumond, D. E., Vol I, V
Dyson, Robert Harris, Jr., Vol I, V
Eastman, Carol M., Vol III, V
Edwards, Jay D., Vol V
Elfimov, Alexei, Vol V
Ellis, Susan, Vol V
Emery, Kitty, Vol V
Everson, George D., Vol V
Falgout, Suzanne, Vol V
Farmer, P., Vol V
Farrer, Claire Rafferty, Vol V
Fawcett, Bill, Vol V
Feder, Kenneth L., Vol V
Fenton, William Nelson, Vol V
Fiema, Zbigniew, Vol I, V
Fink, Deborah R., Vol V
Finney, Ben Rudolph, Vol V
Fisher, James F., Vol V
Foner, Nancy, Vol V
Forman, Michael Lawrence, Vol III, V
Forsyth, Dan W., Vol V
Fortier, Ted, Vol V
Friedlander, Judith, Vol V
Friedrich, Paul, Vol II, III, V
Fry, Christine L., Vol V
Gabel, Creighton, Vol I, V
Gaffney, Patrick D., Vol V
Galvin, Kathleen, Vol V
Gamburd, Geraldine, Vol V
Geertz, Clifford, Vol V
Gibbs, Tyson, Vol V
Giles, Linda, Vol V
Gittins, Anthony, Vol IV, V
Glazier, Stephen D., Vol IV, V
Gmelch, George, Vol V
Gold, Ann G., Vol V
Gonzalez, Norma E., Vol V
Goreham, Gary, Vol V
Gouinlock, James, Vol IV, V
Graber, Robert, Vol V
Graves, Michael W., Vol V
Green, Jesse Dawes, Vol I, V
Greenhill, Pauline, Vol V
Greenwood, Davydd J., Vol V
Guilmet, George, Vol V
Gumperz, John J., Vol III, V
Gundaker, G., Vol V
Gusterson, Hugh, Vol V
Hanson, Allan, Vol V
Harkin, Michael E., Vol V
Harrold, Francis B., Vol V
Haskell, Guy H., Vol V
Hawkins, John P., Vol V
Hay, Fred J., Vol II, V
Hayman, Carol, Vol V
Hayward, Douglas, Vol IV, V
Heath, Dwight Braley, Vol V
Heath, Robin L., Vol V
Hefner, Carl, Vol V
Hegmon, Michelle, Vol V
Heilman, Samuel C., Vol V
Helweg, Arthur W., Vol V
Hester, Thomas R., Vol V
Hicks, Ronald E., Vol V
Hill, Jonathan D., Vol V
Hill, Kim R., Vol V
Hilpert, Bruce, Vol V
Himmelgreen, David, Vol V
Hinkes, Madeline J., Vol V
Hoard, R. J., Vol V
Hockings, Paul E., Vol V
Holloway, Ralph L., Vol V
Horowitz, Michael M., Vol V
Hovendick, Kelly B., Vol I, II, V
Hudak, Thomas John, Vol V
Hudson, Charles M., Vol V
Hyatt, Susan Brin, Vol V
Irschick, Eugene Frederick, Vol I, IV, V
James, Alice, Vol V
Janelli, Roger L., Vol V
Jarvie, Ian Charles, Vol IV, V
Jindra, Michael, Vol IV, V
Johanson, Donald C., Vol V
Jones, Terry L., Vol V
Joyce, Rosemary A., Vol I, V
Kahn, Miriam, Vol V
Kaufman, Debra Renee, Vol V
Kaufman, Terrence Scott, Vol III, V
Keefe, Susan E., Vol V
Kehoe, Alice, Vol V
Keil, Charles M. H., Vol II, V
Keith, Rebecca M., Vol V
Kennedy, Kenneth Adrian Raine, Vol V
Kennett, Douglas, Vol V
Kerber, Jordan E., Vol V
Kerns, Virginia B., Vol V
Kertzer, David Israel, Vol V
Kimmel, Richard H., Vol I, V
King, Roberta R., Vol II, IV, V
Kintigh, Keith W., Vol V
Kipp, Rita, Vol V
Kirch, Patrick V., Vol V
Kopytoff, Igor, Vol V
Krantz, Grover S., Vol V
Krissman, Fred, Vol V
Kronenfeld, David B., Vol V
LaBianca, Oystein S., Vol V
Laderman, Carol, Vol V
Laguerre, Michel S., Vol V
Lamberg-Karlovski, Clifford Charles, Vol V
Landon, Michael Lee, Vol V
Lassiter, Eric, Vol V
Lassiter, Luke E., Vol V
Laughlin, John C. H., Vol IV, V
Launay, Robert G., Vol V
Lawless, Robert, Vol V
Leaf, Murray J., Vol V
Leonard, Karen Isaksen, Vol V
Leonard, William R., Vol V
Lett, James W., Vol V
Lillios, Katina, Vol V
Lindstrom, Lamont, Vol V
Linger, Daniel T., Vol V
Little, Elizabeth A., Vol I, V
Liu, Xin, Vol V
Longacre, William A., II, Vol V
Lopreato, Joseph, Vol V
Luzbetak, Louis Joseph, Vol III, V
Lyman, R. Lee, Vol V
Lynch, Owen, Vol V
Magliocco, Sabina, Vol V
Margolis, Maxine Luanna, Vol V
Marlowe, Frank, Vol V
Marriott, Mc Kim, Vol V
Masquelier, Adeline M., Vol V
Mathiot, Madeleine, Vol III, V
Mayers, Marvin K., Vol III, V
Mbabuike, Michael C., Vol II, V
Mc Grane, Bernard, Vol IV, V
McCord, Beth K., Vol V
McDowell-Loudan, Ellis, Vol V
McGilvray, Dennis B., Vol V
McHenry, Henry M., Vol V
McLean, Athena H., Vol V
McMillan, Carol, Vol V
McNutt, Paula M., Vol I, IV, V
McSpadden, Lucia, Vol V

Medhi, Abbas, Vol V
Meindl, Richard S., Vol V
Mendoza, Ruben, Vol V
Merrifield, William R., Vol III, V
Merry, Sally E., Vol V
Metress, Seamus, Vol V
Metz, Brent E., Vol V
Miller, Naomi F., Vol V
Mitchell, William P., Vol V
Mittal, Sushil, Vol I, IV, V
Montejo, Victor, Vol V
Moore, Sally F., Vol V
Moseley, Michael Edward, Vol I, V
Munson, Henry Lee, Vol V
Nabokov, Isabbelle, Vol V
Nag, Moni, Vol IV, V
Nash, June C., Vol V
Naylor, Larry L., Vol V
Neff, Hector, Vol V
Neihoff, Arthur H., Vol V
Neu, Joyce, Vol V
Neville, Gwen K., Vol V
Newman, J. R., Vol I, V
Newton, Esther, Vol V
Njoku, John, Vol V
O'Dell, Earlene R., Vol V
Oates, John F., Vol V
Oboler, Regina, Vol V
Ohnuki-Tierney, Emiko, Vol V
Orellana, Sandra, Vol V
Oring, Elliott, Vol V
Orlans, Harold, Vol V
Ortner, Sherry B., Vol V
Oths, Kathryn S., Vol V
Otterbein, Keith F., Vol V
Pacheco, Paul J., Vol V
Page, John Bryan, Vol V
Parezo, Nancy Jean, Vol V
Parker, Sue T., Vol V
Parman, Susan, Vol V
Pauketat, Timothy, Vol V
Petraglia, Michael, Vol I, V
Praetzellis, Adrian, Vol V
Prell, Riv-Ellen, Vol I, IV, V
Price, Sally, Vol V
Prins, Harald E., Vol V
Pullen, Daniel J., Vol I, V
Purcell, Trevor W., Vol V
Putsche, Laura, Vol V
Rasmussen, S. J., Vol V
Reckmeyer, William J., Vol V
Reinberg, Richard, Vol V
Reminick, Ronald A., Vol V
Richardson, Miles E., Vol V
Rodriguez, Sylvia, Vol V
Romney, A. Kimball, Vol V
Roosevelt, Anna C., Vol V
Rosen, Lawrence, Vol V
Rothstein, William G., Vol V
Rowe, Bruce M., Vol V
Rowlett, Ralph M., Vol V
Rubel, Arthur J., Vol V
Ruby, Jay W., Vol V
Ryang, Sonia, Vol V
Salamon, Sonya, Vol V
Saunders, George R., Vol V
Schiffer, Michael B., Vol V
Schuyler, Robert L., Vol V
Schwartz, Douglas W., Vol V
Schwartz, Norman B., Vol V
Seizer, Susan, Vol V
Sexton, James D., Vol V
Shackley, M. Steven, Vol V
Shaw, R. Daniel, Vol V
Shenk, Dena, Vol V
Show, Dean R., Vol V
Siegel, Brian V., Vol V
Siegel, Peter E., Vol V
Simonds, Paul E., Vol V
Smith, Michael E., Vol V
Smith, Raymond T., Vol V
Snipes, Marjorie M., Vol V
Snow, D. R., Vol V
Soh, C. Sarah, Vol V
Southerland, Peter, Vol IV, V
Stamps, Richard B., Vol V
Stanley, Jay, Vol V
Stansbury, James P., Vol V
Stauder, Jack, Vol V
Steadman, Lyle B., Vol V
Steltenkamp, Michael F., Vol IV, V
Stieglitz, Robert R., Vol I, V
Stokes, H. Bruce, Vol V
Straus, Lawrence G., Vol V
Strier, Karen, Vol V
Stromberg, Peter G., Vol V
Sturm, Circe, Vol V
Sussman, Robert W., Vol V
Sutherland, Kay, Vol V
Swartz, Benjamin K., Jr, Vol V
Taylor, Christopher C., Vol V
Taylor, Linda L., Vol V
Taylor, Lucien, Vol V
Theodoratus, Robert James, Vol V
Thorp, John P., Vol V
Toby, Ronald P., Vol I, V
Trix, Frances, Vol V
Turnbaugh, William A., Vol V
Turner, Edith, Vol V
Turner, Terence S., Vol V
Tuttle, Russell H., Vol V
Tykot, Robert, Vol V
Tyler, Stephen, Vol V
Ulmer, Jeffery T., Vol V
Van Den Berghe, Pierre L., Vol V
Vansina, Jan, Vol I, V
Vick, Laura G., Vol V
Voigt, David Quentin, Vol I, V
Wagner, Roy, Vol I, V
Walker, Alan Cyril, Vol V
Walker, Deward E., Vol V
Walker, Willard, Vol III, V
Ward, Thomas W., Vol V
Watts, Linda K., Vol V
Weller, Robert P., Vol V
Wendorf, D. Fred, Vol V
Werner, Cynthia, Vol V
Wescott, Roger Williams, Vol III, V
Wessel, Thomas Roger, Vol I, V
Weyland, Karin, Vol V
White, Douglas R., Vol V
Whitley, David S., Vol I, V
Whittaker, John, Vol V
Willey, Gordon R., Vol I, V
Willey, Patrick S., Vol V
Williams, Bruce, Vol V
Williams, Melvin D., Vol V
Winkelman, Michael, Vol V
Wolfe, David L., Vol IV, V
Wong, Bernard P., Vol V
Wood, Corrine Shear, Vol V
Wynn, Jean M., Vol V
Yan, Margaret M., Vol III, V
Ybarrola, Steven J., Vol V
Yen, D. E., Vol V
Young, William C., Vol V
Zollweg, William, Vol V

Apologetics

Beckwith, Frank, Vol IV
Edgar, William, Vol IV
Oliphint, K. Scott, Vol IV
Rhodes, Ron, Vol IV

Applied Linguistics

Dubois, Betty Lou, Vol III
Liesbscher, Grit, Vol III
Matsuda, Paul Kei, Vol II, III
Robison, R. E., Vol III
Tucker, Richard, Vol III
Wong, Jean, Vol III
Young, Richard F., Vol III

Arabic History

Peters, Issa, Vol I
Wilson, William Jerram, Vol I

Arabic Language

Allen, Roger Michael Ashley, Vol III
Amer, Sahar, Vol III
Bonebakker, Seeger A., Vol III
Frank, Richard Macdonough, Vol III
Gamal, Adel Sulaiman, Vol III
Schlenoff, Zeina Tamer, Vol III
Tsiapera, Maria, Vol III

Arabic Literature

Allen, Roger Michael Ashley, Vol III
Bonebakker, Seeger A., Vol III
Gamal, Adel Sulaiman, Vol III
Haydar, Adnan, Vol III
Mikhail, Mona, Vol III, V

Arabic Studies

Abboud, Peter Fouad, Vol I, III
Hermansen, Marcia, Vol I
Knysh, Alexander D., Vol I

Archaeology

Adams, Richard E. W., Vol I, V
Ajootian, Aileen, Vol I
Alexander, Ralph H., Vol I, IV
Andrews, Anthony P., Vol I, V
Arbino, Gary P., Vol I, IV
Auger, Reginald, Vol I
Ault, Bradley A., Vol I
Bagley, Robert W., Vol I
Balcer, Jack Martin, Vol I
Barber, Elizabeth J. Wayland, Vol I, III
Barlow, K. Renee, Vol I, V
Bass, George Fletcher, Vol I
Beaudry, Mary Carolyn, Vol I, V
Benson, Jack Leonard, Vol I
Berlin, Andrea Michelle, Vol I
Bernbeck, Reinhard W., Vol I
Bober, Phyllis Pray, Vol I
Bontty, Monica, Vol I
Borowski, Oded, Vol I, IV
Breece, William H., Vol I
Brisco, Thomas V., Vol I, IV
Brody, Aaron J., Vol I
Browning, Daniel C., Vol I, IV
Bull, Robert Jehu, Vol I, IV
Bullard, Reuben, Vol I
Burrell, Barbara, Vol I
Cagniant, Pierre, Vol I
Carlson, Roy L., Vol I
Carpenter, T. H., Vol I
Carter, Jane B., Vol I
Coleman, John E., Vol I, III
Connolly, Thomas J., Vol I, V
Cooley, Robert E., Vol I, III
Cooper, Frederick A., Vol I
Cotter, John Lambert, Vol I, V
Crawford, John S., Vol I
Cresson, Bruce Collins, Vol I, IV
Curet, Luis Antonio, Vol I, V
Davis, Ellen Nancy, Vol I
Deblauwe, Francis, Vol I
Derfler, Steven, Vol I
des Gagniers, Jean, Vol I
Dever, William Gwinn, Vol I
Dincauze, Dena F., Vol I
Dumond, D. E., Vol I, V
Dyson, Robert Harris, Jr., Vol I, V
Edelman, Diana V., Vol I, IV
Eiteljorg, Harrison, II, Vol I
Fiema, Zbigniew, Vol I, V
Finlayson, William D., Vol I
Finney, Paul Corby, Vol I, IV
Fortin, Michel, Vol I
Foss, Clive, Vol I
Foster, Karen Polinger, Vol I
Frantz, Mary Alison, Vol I
Freed, Joann, Vol I
Gabel, Creighton, Vol I, V
Garrison, Mark, Vol I
Gebhard, Elizabeth Replogle, Vol I
Geraty, Lawrence Thomas, Vol I, IV
Gittlen, Barry M., Vol I
Good, Irene Lee, Vol I
Gottlieb, Carla, Vol I
Greenewalt, Crawford Hallock, Vol I
Gutmann, Joseph, Vol I
Haggis, Donald, Vol I
Hammond, Norman, Vol I
Hansen, Julie, Vol I
Harris-Cline, Diane, Vol I
Harrison, George William Mallory, Vol I
Harrison, Timothy P., Vol I
Hedreen, Guy, Vol I
Hoffecker, J. F., Vol I
Holloway, R. R., Vol I
Jelks, Edward Baker, Vol I
Joukowsky, Martha Sharp, Vol I
Joyce, Rosemary A., Vol I, V
Kaiser, Kevin Robert, Vol I, IV
Kaiser, Walter C., Jr., Vol I, IV
Kimmel, Richard H., Vol I, V
Kleiner, Fred S., Vol I
Knapp, Arthur Bernard, Vol I
Kroll, John Hennig, Vol I
Kuehn, D. D., Vol I
Kuniholm, Peter Ian, Vol I
Linduff, Katheryn Mcallister, Vol I
Lipe, William David, Vol I
Little, Elizabeth A., Vol I, V
Loerke, William, Vol I
MacKinnon, Michael, Vol I
Malone, Carolyn, Vol I
Mc Leod, Ann M., Vol I, V
McGhee, Robert J., Vol I
McGovern, Patrick E., Vol I
McNally, Sheila, Vol I
McNutt, Paula M., Vol I, IV, V
Merling, David, Vol I, IV
Meyers, Carol L., Vol III, IV
Miles, Margaret M., Vol I
Miller, Stephen G., Vol I
Moseley, Michael Edward, Vol I, V
Muscarella, Oscar White, Vol I
Nakhai, Beth Alpert, Vol I, IV
Neils, Jenifer, Vol I
Newman, J. R., Vol I, V
Odell, George H., Vol I
Oleson, John P., Vol I
Orel, Sara E., Vol I
Orlin, Eric, Vol I
Owen, David I., Vol I
Papadopoulos, John K., Vol I
Pedley, John Griffiths, Vol I
Petraglia, Michael, Vol I, V
Pillsbury, Joanne, Vol I
Pollini, John, Vol I
Purefoy Morris, Sarah, Vol I
Radan, George T., Vol I
Rast, Walter Emil, Vol I, IV
Redmount, Carol A., Vol I
Reedy, Chandra L., Vol I
Ridgway, Brunilde Sismondo, Vol I
Romano, David Gilman, Vol I
Rose, Brian, Vol I
Schaub, R. Thomas, Vol IV
Schaus, Gerald, Vol I
Shapiro, H. Alan, Vol I
Sinclair, Lawrence A., Vol I
Smith, Joanna S., Vol I
Stager, Lawrence E., Vol I
Steeger, William P., Vol I, IV
Steinhardt, Nancy Shatzman, Vol I
Stiebing, William H., Jr, Vol I
Stieglitz, Robert R., Vol I, V
Strange, James F., Vol I, IV
Striker, Cecil Leopold, Vol I
Sutton, Robert F., Vol I
Symeonoglou, Sarantis, Vol I
Tatum, George B., Vol I
Todd, Ian Alexander, Vol I
Toker, Franklin K., Vol I
Tushingham, Arlotte Douglas, Vol I
van der Merwe, Nikolaas Johannes, Vol I
Walbank, Michael Burke, Vol I, II, III
Walker, Renee B., Vol I
Watson, Patty Jo, Vol I
White, Donald, Vol I
Whitehouse, David Bryn, Vol I
Whitley, David S., Vol I, V
Wicker, Nancy L., Vol I
Wilkie, Nancy C., Vol I, II, III
Willey, Gordon R., Vol I, V
Williams, Patrick Ryan, Vol I
Willis, Alfred, Vol I
Wineland, John D., Vol I
Younger, John Grimes, Vol I

Architectural History

Alofsin, Anthony, Vol I
Anderson, Stanford Owen, Vol I
Ball, Susan, Vol I
Berry, J. Duncan, Vol I
Bloomer, Jennifer A., Vol I
Bluestone, Daniel, Vol I
Brown, Mark M., Vol I
Bruegmann, Robert, Vol I
Clausen, Meredith L., Vol I
Cohen, Jeffrey A., Vol I
Craig, Robert M., Vol I
Cromley, Elizabeth Collins, Vol I
Crouch, Dora Polk, Vol I
Dewey, Tom, Vol I
Dodds, Dennis R., Vol I
Donhauser, Peter L., Vol I
Draper, Joan E., Vol I
Eggener, Keith L., Vol I
Fergusson, Frances D., Vol I
Flores, Carol A., Vol I, II
Forbes, John Douglas, Vol I
Garvin, James L., Vol I
Gebhard, David, Vol I
Ghirardo, Diane, Vol I
Gobel, David W., Vol I
Groth, Paul, Vol I
Hager, Hellmut, Vol I
Harrington, Kevin, Vol I
Heath, Kingston W., Vol I
Hise, Greg, Vol I
Howarth, Thomas, Vol I
Jansen, Virginia, Vol I
Johnson, Walker C., Vol I
Kruty, Paul, Vol I
Langsam, Walter E., Vol I
Lewis, Douglas, Vol I
MacDonald, William L., Vol I
Marder, Tod A., Vol I
Marshall, Howard Wight, Vol I
McAleer, J. Philip, Vol I
Mcmordie, Michael J., Vol I
Meister, Maureen, Vol I
Mertins, Detlef, Vol I
Morgan, William, Vol I
Morton, Patricia A., Vol I
Morvan, Jennifer, Vol I
Mumford, Eric, Vol I
Murphy, Kevin D., Vol I
Neiman, Fraser Duff, Vol I
Noble, Douglas, Vol I
Oszuscik, Philippe, Vol I
Peters, Tom F., Vol I
Pollak, Martha, Vol I
Rabbat, Nasser O., Vol I
Reiff, Daniel D., Vol I
Reilly, Lisa, Vol I
Reitzes, Lisa B., Vol I
Sanabria, Sergio Luis, Vol I
Schierle, Gotthilf Goetz, Vol I
Schoenauer, Norbert, Vol I
Scott, Susan C., Vol I
Shadbolt, Douglas, Vol I
Shubert, Howard, Vol I
Sprague, Paul Edward, Vol I
Steffensen-Bruce, Ingrid A., Vol I
Thomas, Diana, Vol I
Toker, Franklin K., Vol I
Varnelis, Kazys, Vol I
Weiss, Ellen B., Vol I
Wells, Camille, Vol I
Wendelken, Cherie, Vol I
Williams, Robin B., Vol I
Wilson, Christopher M., Vol I
Wilson, Richard Guy, Vol I
Wood, Charles B., III, Vol I
Wright, Gwendolyn, Vol I
Yanni, Carla, Vol I
Yegul, Fikret Kutlu, Vol I
Yip, Christopher, Vol I
Zabel, Craig, Vol I

Architecture

Ackerman, James Sloss, Vol I
Alofsin, Anthony, Vol I
Baljon, Neil, Vol I
Brandt, Beverly K., Vol I
Buntrock, Dana, Vol I
Burns, Carol J., Vol I
Cavaglieri, Giorgio, Vol I
Cooper, Frederick A., Vol I
DeLong, David G., Vol I
Dewey, Tom, Vol I
Dodds, Dennis R., Vol I
Draper, Joan E., Vol I
Fabos, Julius Gyula, Vol I
Garfinkle, Charlene G., Vol I
Golany, Gideon S., Vol I
Golombek, Lisa, Vol I
Hayden, Dolores, Vol I
Helmer, Stephen, Vol I
Hubbard, Nancy, Vol I
Kapsch, Robert J., Vol I
Kelly, Cathie, Vol I
Knowles, Ralph L., Vol I
Krause, Linda R., Vol I
LaMarche, Jean, Vol I
Marshall, Howard Wight, Vol I
McPhee, Sarah, Vol I
Mead, Christopher Curtis, Vol I
Mical, Thomas, Vol I
Morganstern, James, Vol I
Noble, Douglas, Vol I
Ochsner, Jeffrey Karl, Vol I
Paca, Barbara, Vol I
Panaitescu, Adrian, Vol I
Pile, John F., Vol I
Pollak, Martha, Vol I
Raverty, Dennis, Vol I
Richardson, Peter, Vol IV
Riley, Terence, Vol I
Rohrer, Judith C., Vol I
Rybczynski, Witold, Vol I

Samudio, Jeffrey, Vol I
Schierle, Gotthilf Goetz, Vol I
Schulze, Franz, Vol I
Shank, Wesley I., Vol I
Smith, Elizabeth Bradford, Vol I
Spangler, May, Vol I, III
Sutton, Sharon Egretta, Vol I
Swanson, Randy, Vol I
Tarbell, Roberta K., Vol I
Vann, Robert Lindley, Vol I
Varner, Eric R., Vol I
Walters, Elizabeth J., Vol I
Weil, Mark S., Vol I
Wishne, Brian, Vol I
Woodbridge, John M., Vol I, II
Yip, Christopher, Vol I
Zabel, Craig, Vol I

Armenian Language

Crowe, P. S., Vol III

Armenian Literature

Crowe, P. S., Vol III
Shirinian, Lorne, Vol III

Art

Adams, Douglas Glenn, Vol IV
Addiss, Stephen L., Vol I
Babson, Jane F., Vol I
Ball, Susan, Vol I
Barry, Barbara R., Vol II
Bartelik, Marek, Vol I
Beckley, William, Vol I
Bendiner, Kenneth Paul, Vol I
Benson, LeGrace, Vol I, IV, V
Boggess, Jennifer H., Vol I
Brady, Patrick S., Vol I, III
Brown, Mark M., Vol I
Brunette, Peter, Vol I
Burford, Jim, Vol I
Cagniant, Pierre, Vol I
Carilli, Theresa M., Vol I
Carlson, Roy L., Vol I
Carmack, Noel A., Vol I
Chanzit, Gwen, Vol I
Cheetham, Mark A., Vol I
Codell, Julie, Vol I
Congdon, Kristin G., Vol I, V
Cox, Sharon G., Vol I
Craven, Wayne, Vol I
Crouther, Betty Jean, Vol I
Czuma, Stanislaw, Vol I
de Bretteville, Sheila Levrant, Vol I
Donhauser, Peter L., Vol I
Eggener, Keith L., Vol I
Elliott, Bridget, Vol I
Essick, Robert N., Vol I, II
Faul, Karene Tarquin, Vol I
Ferrari, Roberto, Vol I
Finkelstein, Rona G., Vol I, IV
Fritz, Robert B., Vol I
Fuchs, Cynthia, Vol I
Green, Leamon L., Jr., Vol I
Harris, Michael D., Vol I
Henderson, Linda, Vol I
Howard, Angela, Vol I
Jacobs, Lynn F., Vol I
Joiner, Dorothy, Vol I
Karman, James, Vol I, II, IV
Kellum, Barbara, Vol I
Kimes, Don, Vol I
Kornbluth, Genevra, Vol I
Lambert, Lynda J., Vol I, II
Landau, Ellen G., Vol I
Lawson, Darren P., Vol I
Leoshko, Janice, Vol I
Loud, Patricia Cummings, Vol I
Mai, James L., Vol I
Mallory, Michael, Vol I
Martin, Kenneth R., Vol I
Matynia, Elzbieta, Vol I
McNally, Sheila, Vol I
McNaughton, Patrick, Vol I
McNeill, Paula L., Vol I
Mesch, Claudia, Vol I
Meza, Alberto, Vol I
Millar, Steven, Vol I
Miller, Angela L., Vol I
Minor, Vernon H., Vol I
Nash, Anedith, Vol I
Neils, Jenifer, Vol I
Nordquist, Barbara K., Vol I
Nwadike, Fellina, Vol I
Oszuscik, Philippe, Vol I
Pollini, John, Vol I
Radisich, Paula, Vol I
Rather, Susan, Vol I
Reiff, Daniel D., Vol I
Reitzes, Lisa B., Vol I
Reynolds, Ann, Vol I
Robinson, Joyce H., Vol I
Robinson, Lilien F., Vol I
Rothman, Roger, Vol I
Sawyer, Dana, Vol I
Scaglia, Gustina, Vol I
Schiferl, Ellen, Vol I
Schulze, Franz, Vol I
Senie, Harriet F., Vol I
Shedel, James P., Vol I
Shiff, Richard, Vol I
Sieber, Roy, Vol I
Slatery, William Patrick, Vol I
Slouffman, James W., Vol I
Small, Jocelyn Penny, Vol I
Smith, James David, Vol I
Smith, Paul, Vol I
Soria, Regina, Vol I, III
Spangler, May, Vol I, III
Steggles, Mary Ann, Vol I
Stoddard-Hayes, Marlana, Vol I
Stone-Richards, Michael, Vol I
Stott, Annette, Vol I
Szabo, Joyce, Vol I
Tatum, George B., Vol I
Theodore, Charmant, Vol I
Thompson, Larry, Vol I
Thrasher, William, Vol I
Tomlinson, Robert, Vol I
Trevelyan, Amelia M., Vol I
Trutty-Coohill, Patricia, Vol I
Vita, Steven, Vol I
Walsh, David A., Vol I
Webster, Donald B., Vol I
Welsh-Ovcharov, Bogomila M., Vol I
Young, Zenaida Isabel, Vol I

Art History

Abou-El-Haj, Barbara, Vol I
Abramson, Daniel, Vol I
Adams, Henry, Vol I
Adelson, Fred B., Vol I
Aikin, Roger, Vol I
Ajootian, Aileen, Vol I
Alofsin, Anthony, Vol I
Anderson, Janet A., Vol I
Antliff, Mark, Vol I
Appel, Susan K., Vol I
Arbury, Steve, Vol I
Arciszewska, Barbara, Vol I
Athanassoglou-Kallmyer, Nina Maria, Vol I
Babson, Jane F., Vol I
Barolsky, Paul, Vol I, II
Beck, James Henry, Vol I
Belisle, Jean, Vol I
Berger, Martin A., Vol I
Berlin, Andrea Michelle, Vol I
Berlo, Janet Catherine, Vol I
Bernstein, JoAnne G., Vol I
Berry, J. Duncan, Vol I
Betancourt, Philip Paul, Vol I
Bianchi, Robert S., Vol I
Bismanis, Maija, Vol I
Bizzarro, Tina Waldeier, Vol I
Blier, Suzanne Preston, Vol I
Bober, Phyllis Pray, Vol I
Bock-Weiss, Catherine C., Vol I
Boker, Hans J., Vol I
Branham, Joan R., Vol I
Brett-Smith, Sarah, Vol I
Brilliant, Richard, Vol I
Brock, Karen L., Vol I
Brown, Blanche Rachel, Vol I
Brown, Jonathan M., Vol I
Brown, Marilyn, Vol I
Brumfield, William Craft, Vol I, III
Bruzelius, Caroline, Vol I
Buchanan, Harvey, Vol I
Buettner, Brigitte, Vol I
Burnell, Devin, Vol I
Burnham, Patricia, Vol I
Calkins, Robert Gilmer, Vol I
Campbell, C. Jean, Vol II
Campbell, Mary Schmidt, Vol I
Carman, Charles, Vol I
Carr, Amelia J., Vol I
Cast, David Jesse Dale, Vol I
Caviness, Madeline H., Vol I
Chapman, H. Perry, Vol I
Charlesworth, Michael, Vol I
Chastain, Catherine, Vol I
Check, Ed, Vol I
Chiarenza, Carl, Vol I
Childs, Elizabeth C., Vol I
Christenson, Allen J., Vol I
Chu, Petra, Vol I
Clapper, Michael, Vol I
Clarke, John R., Vol I
Clayson, S. Hollis, Vol I
Coffin, David Robbins, Vol I
Cohen, Ada, Vol I
Cohen, George Michael, Vol I
Colantuono, Anthony, Vol I
Cole, Bruce, Vol I
Cooper, Frederick A., Vol I
Corazzo, Nina, Vol I
Corrigan, Kathleen, Vol I
Cothren, Michael W., Vol I
Coutenay, Lynn, Vol I, II
Crawford, John S., Vol I
Crimp, Douglas, Vol I
Curnow, Kathy, Vol I
Cutler, Anthony, Vol I
Cuttler, Charles David, Vol I
D'Evelyn, Margaret M., Vol I
Dale, William S. A., Vol I
Davidson, Abraham A., Vol I
Davis, Ellen Nancy, Vol I
Davis, Elliot Bostwick, Vol I
Davis, John, Vol I
Davis, Whitney, Vol I
Dawson, Anne, Vol I
De Girolami Cheney, Liana, Vol I
Deblauwe, Francis, Vol I
DeLancey, Julia, Vol I
Denney, Colleen J., Vol I
Denny, Don William, Vol I
Dewey, Tom, Vol I
Digby, Joan, Vol I, II
Dillon, Diane, Vol I
Dixon, Laurinda S., Vol I
Dohanian, Diran Kavork, Vol I
Donaldson, Thomas, Vol I
Dressler, Rachel, Vol I
Duncan, Carol G., Vol I
Dunlop, Anne, Vol I
Dvorsky-Rohner, Dorothy, Vol I
Dwyer, Eugene Joseph, Vol I
Eckhardt, Patricia, Vol I
Edwards, Lee M., Vol I
Edwards, Mary, Vol I
Eidelberg, Martin, Vol I
Eisler, Colin, Vol I
Elkins, James, Vol I
Emerick, Judson, Vol I
Emison, Patricia A., Vol I
Evans, Dorinda, Vol I
Facos, Michelle, Vol I
Faries, Molly, Vol I
Farr, Judith Banzer, Vol II
Favis, Roberta Smith, Vol I
Faxon, Alicia Craig, Vol I
Fehl, Philipp P., Vol I
Felton, Craig, Vol I
Fern, Alan M., Vol I
Ferrari, Roberto, Vol I
Finley, Gerald E., Vol I
Folda, Jaroslav, III, Vol I
Forrest, Larry W., Vol I
Forster-Hahn, Francoise, Vol I
Foss, Brian, Vol I
Foss, D. Pedar W., Vol I
France, Jean R., Vol I
Frinta, Mojmir Svatopluk, Vol I
Fryd, Vivien G., Vol I
Galavaris, George, Vol I
Gallick, Rosemary, Vol I
Galvaris, George, Vol I
Gamboni, Dario, Vol I
Garen, Sally, Vol I
Garfinkle, Charlene G., Vol I
Garrard, Mary, Vol I
Garrison, Mark, Vol I
Gaskell, Ivan, Vol I
Gealt, Adelheid Medicus, Vol I
Gerstel, Sharon E. J., Vol I
Gibson, Ann Eden, Vol I
Gibson, Walter S., Vol I
Gisolfi, Diana, Vol I
Glass, Dorothy, Vol I
Gleissner, Stephen, Vol I
Glen, Thomas L., Vol I
Glosecki, Stephen O., Vol I
Goffen, Rona, Vol I
Golahny, Amy, Vol I
Goldman, Bernard, Vol I
Goldman, Jean, Vol I
Goldstein, Carl, Vol I
Golombek, Lisa, Vol I
Gordon, Allan M., Vol I
Gorman, Carma, Vol I
Gorse, George L., Vol I
Gottlieb, Carla, Vol I
Gouma-Peterson, Thalia, Vol I
Gowans, Alan, Vol I
Grad, Bonnie L., Vol I
Graybill, Maribeth, Vol I
Greenhouse, Wendy, Vol I
Greenough, Sarah, Vol I
Grieder, Terence, Vol I
Guberti-Bassett, Sarah, Vol I
Guilmain, Jacques, Vol I
Gutmann, Joseph, Vol I
Habel, Dorothy Metzger, Vol I
Hales, Peter Bacon, Vol I
Haltman, Kenneth, Vol I
Harbison, Craig, Vol I
Harper, Katherine, Vol I
Harris, Ann Sutherland, Vol I
Hassrick, Peter H., Vol I
Hayes, Jeffrey R., Vol I
Headrick, Annabeth, Vol I
Heck, Marlene, Vol I
Helmer, Stephen, Vol I
Henry, Gray, Vol I, IV
Herman, Bernard L., Vol I
Hersey, George Leonard, Vol I
Higgins, Hannah, Vol I
Hiles, Timothy, Vol I
Hindman, Sandra L., Vol I
Hockley, Allen, Vol I
Hoey, Lawrence R., Vol I
Hoffmann, Donald, Vol I
Holbert, Raymond, Vol I
Holly, Michael Ann, Vol I
Homer, William I., Vol I
Hornstein, Shelley, Vol I
Hould, Claudette, Vol I
Houser, Caroline, Vol I
Hsu, Ginger Cheng-chi, Vol I
Hulse, Clark, Vol I, II
Hungerford, Constance Cain, Vol I
Hunter, John, Vol I
Hunting, Mary Anne, Vol I
Hurley, Forrest Jack, Vol I
Hutchison, Jane Campbell, Vol I
Hutton, John, Vol I
Irish, Sharon, Vol I
Irvine, B. J., Vol I
Ivers, Louise H., Vol I
Jacks, Philip, Vol I
Jansen, Virginia, Vol I
Janson, Anthony F., Vol I
Janson, Carol, Vol I
Jeffrey, David Lyle, Vol I, II
Jeffries, Rosalind R., Vol I
Jegede, Dele, Vol I
Jenkins, A. Lawrence, Vol I
Johnson, Ronald William, Vol I, V
Johnson, William M., Vol I
Jonaitis, Aldona, Vol I
Jones, Amelia, Vol I
Jordan, Jim, Vol I
Kamhi, Michelle Marder, Vol I
Kang, Soo Y., Vol I
Kao, Arthur Mu-sen, Vol I
Kaufmann, Thomas DaCosta, Vol I
Kelly, Cathie, Vol I
Kenfield, John F., III, Vol I
Kenseth, Joy, Vol I
Kessler, Herbert Leon, Vol I
King, Anthony D., Vol I
King-Hammond, Leslie, Vol I
Kirkpatrick, Diane Marie, Vol I
Kiser, Joy, Vol I, II
Kitao, T. Kaori, Vol I
Klein, Cecelia F., Vol I
Klein, Michael Eugene, Vol I
Kleinbauer, W. Eugene, Vol I
Kleiner, Fred S., Vol I
Kohler, Sue A., Vol I
Koshkin-Youritzin, Victor, Vol I
Krinsky, Carol Herselle, Vol I
Kristof, Jane, Vol I
Kruty, Paul, Vol I
Kunzle, David M., Vol I
Lachan, Katharine, Vol I
Landau, Sarah Bradford, Vol I
Landow, George Paul, Vol I, II
Lane, Evelyn Staudinger, Vol I
Larouche, Michel, Vol I
Lawton, Carol, Vol I
Lee, Sherman E., Vol I
Legge, Elizabeth, Vol I
Leibsohn, Dana, Vol I
Leidholdt, Alex S., Vol II
Leighten, Patricia, Vol I
Lemon, Robert S., Jr., Vol I
Leoshko, Janice, Vol I
Leshko, Jaroslav, Vol I
Lesser, Gloria, Vol I
Levin, William R., Vol I
Levine, Sura, Vol I
Lewis, Arnold, Vol I
Lewis, Douglas, Vol I
Lewis, Samella, Vol I
Li, Chu-Tsing, Vol I
Ligo, Larry L., Vol I
Ligon, Doris Hillian, Vol I
Linduff, Katheryn Mcallister, Vol I
Loerke, William, Vol I
Loss, Archie Krug, Vol I
Lumsden, Ian G., Vol I
Lupia, John N., Vol I
Macdougall, Elisabeth Blair, Vol I
Malone, Carolyn, Vol I
Margolin, Victor, Vol I
Markel, Stephen, Vol I
Marks, Arthur S., Vol I
Marquardt-Cherry, Janet Teresa, Vol I
Marter, Joan, Vol I
Martinson, Fred, Vol I
Matilsky, Barbara C., Vol I
Matteson, Lynn Robert, Vol I
Mattison, Robert S., Vol I
Mavor, Carol, Vol I
McCoubrey, John W., Vol I
McCullagh, Suzanne Folds, Vol I
McGrath, Robert, Vol I
McNaughton, Patrick, Vol I
Mead, Christopher Curtis, Vol I
Meister, Maureen, Vol I
Meister, Michael William, Vol I
Merriman, Mira P., Vol I
Meyer, James S., Vol I
Meyer, Jerry D., Vol I
Mezzatesta, Michael P., Vol I
Michaux, Henry G., Vol I
Michels, Eileen M., Vol I
Mille, Diane, Vol I
Miller, Mara, Vol I, V
Miller, Naomi, Vol I
Miller, Virginia E., Vol I
Moffat, Frederick, Vol I
Monroe, Betty I., Vol I
Moran, Diane D., Vol I
Morgan, Ann Lee, Vol I
Morgan, Keith N., Vol I
Morganstern, Anne Mcgee, Vol I
Morganstern, James, Vol I
Morgenthaler, Hans Rudolf, Vol I
Muller, Priscilla Elkow, Vol I
Murray, Joan, Vol I
Nasgaard, Roald, Vol I
Nawrocki, Dennis Alan, Vol I
Neff, Amy, Vol I
Nelson, Robert S., Vol I
Nelson, Steven D., Vol I
Nelson, Susan, Vol I
Ness, Lawrence, Vol I
Norton, Paul F., Vol I
Nzegwu, Nkiru, Vol I
O'Gorman, James F., Vol I
Oakley, John H., Vol I
Okoye, Ikem, Vol I
Olin, Margaret, Vol I
Olugebefola, Ademola, Vol I
Osborne, John, Vol I
Ostrow, Steven F., Vol I
Overby, Osmund R., Vol I
Pal, Pratapaditya, Vol I
Pastan, Elizabeth C., Vol I
Patrick, Darryl L., Vol I
Patterson, Joby, Vol I
Pauli, Lori, Vol I
Peck, William Henry, Vol I
Pellecchia, Linda, Vol I
Penhall, Michele M., Vol I
Perry, Marilyn, Vol I
Phillips, Richard E., Vol I
Pillsbury, Joanne, Vol I
Pinder, Kymberly, Vol I
Poling, Clark V., Vol I
Pollitt, Jerome J., Vol I, III
Porter, Jeanne Chenault, Vol I
Porter, John R., Vol I
Postle, Martin J., Vol I
Pressly, William L., Vol I
Preston, George Nelson, Vol I
Prown, Jules D., Vol I
Puglisi, Catherine, Vol I
Purtle, Carol Jean, Vol I
Quinan, Jack, Vol I
Radan, George T., Vol I
Radisich, Paula, Vol I

Radycki, Diane, Vol I
Ramage, Nancy Hirschland, Vol I
Randolph, Adrian W. B., Vol I
Rather, Susan, Vol I
Raverty, Dennis, Vol I
Reff, Theodore Franklin, Vol I
Reynolds, Ann, Vol I
Rhie, Marylin, Vol I
Rhoads, William B., Vol I
Rhodes, Randall, Vol I
Rice, Louise, Vol I
Riely, John Cabell, Vol I, II
Riggs, Timothy A., Vol I
Rix, Brenda, Vol I
Roberts, Marion Elizabeth, Vol I
Robinson, Jontyle Theresa, Vol I
Robinson, Susan Barnes, Vol I
Rosand, David, Vol I
Rose, Brian, Vol I
Rosenblum, Robert, Vol I
Rosenthal, Angela H., Vol I
Roskill, Mark, Vol I
Roth, Moira, Vol I
Routledge, Marie I., Vol I
Rubin, James Henry, Vol I
Rudolph, Conrad, Vol I
Sandler, Lucy Freeman, Vol I
Sandy, Kity, Vol I
Sawkins, Annemarie, Vol I
Scallen, Catherine B., Vol I
Schaefer, Jean Owens, Vol I
Schama, Simon, Vol I
Schiffhorst, Gerald Joseph, Vol I, II
Schroth, Sarah W., Vol I
Schulz, Anne Markham, Vol I
Schulz, Juergen, Vol I
Scott, Susan C., Vol I
Segger, Martin, Vol I
Seiberling, Grace, Vol I
Senie, Harriet F., Vol I
Serebrennikov, Nina Eugenia, Vol I
Sheon, Aaron, Vol I
Sheriff, Mary D., Vol I
Shesgreen, Sean Nicholas, Vol I, II
Shiff, Richard, Vol I
Silcox, David P., Vol I
Silk, Gerald, Vol I
Simon, Janice, Vol I
Sims, Lowery Stokes, Vol I
Sirhandi, Marcella, Vol I
Sirridge, Mary, Vol IV
Sloan, Thomas, Vol I
Smalls, James, Vol I
Smeins, Linda, Vol I
Smith, C. Shaw, Jr., Vol I
Smith, Elizabeth Bradford, Vol I
Smith, Henry, Vol I
Smith, Jeffrey Chipps, Vol I
Sokol, David M., Vol I
Southard, Edna Carter, Vol I
Sparks, Esther, Vol I
Spink, Walter M., Vol I
Sprague, Paul Edward, Vol I
St Clair Harvey, Archer, Vol I
Stafford, Barbara Maria, Vol I
Staley, Allen, Vol I
Standring, Timoty, Vol I
Stanton, Phoebe Baroody, Vol I
Steffensen-Bruce, Ingrid A., Vol I
Steinberg, Leo, Vol I
Steinhardt, Nancy Shatzman, Vol I
Stern, Robin, Vol I
Stiles, Kristine, Vol I
Stillman, Damie, Vol I
Stoddard, Whitney S., Vol I
Stokstad, Marilyn Jane, Vol I
Stone, Andrea Joyce, Vol I
Stone, David M., Vol I
Stone-Miller, Rebecca, Vol I
Striker, Cecil Leopold, Vol I
Sturgeon, Mary C., Vol I
Swinton, George, Vol I
Tagg, John, Vol I
Talbot, Charles, Vol I
Tankard, Judith B., Vol I
Tarbell, Roberta K., Vol I
Tatham, David Frederic, Vol I
Taylor, Cledie Collins, Vol I
Taylor, Sue, Vol I
Taylor-Mitchell, Laurie, Vol I
ten Grotenhuis, Elizabeth, Vol I
Terry, Ann R., Vol I
Teviotdale, Elizabeth C., Vol I
Tomasini, Wallace John, Vol I
Toure, Diala, Vol I
Tovell, Rosemarie, Vol I
Townsend, Gavin, Vol I
Townsend, Richard, Vol I
Tronzo, William, Vol I
Troy, Virgina Gardner, Vol I
Tumasonis, Elizabeth, Vol I
Tuttle, Richard J., Vol I
Uhr, Horst, Vol I
Van Miegroet, Hans J., Vol I
Varner, Eric R., Vol I
Vazquez, Oscar E., Vol I
Verkerk, Dorothy Hoogland, Vol I
Vervoort, Patricia, Vol I
Vetrocq, Marcia E., Vol I
Vlam, Grace A. H., Vol I
Vonfalkenhausen, L., Vol I
Waldbaum, Jane C., Vol I
Walker, Robert Miller, Vol I
Wallace, William E., Vol I
Wallach, Alan, Vol I
Walsh, David A., Vol I
Walters, Elizabeth J., Vol I
Walton, Guy E., Vol I
Wark, Robert Rodger, Vol I
Warlick, M. E., Vol I
Watrous, Livingston V., Vol I
Weil, Mark S., Vol I
Wendelken, Cherie, Vol I
Werckmeister, O. K., Vol I
Westermann, Mariet, Vol I
Westfall, Carroll W., Vol I
Wharton, Annabel Jane, Vol I
Wheelock, Arthur K., Jr., Vol I
White, Barbara Ehrlich, Vol I
Whitehead, Ruth, Vol I
Whiting, Cecile, Vol I
Williams, Joanna, Vol I
Williams, John W., Vol I
Williams, Lynn Barstis, Vol I, III
Willis, Alfred, Vol I
Willumson, Glenn Gardner, Vol I, II
Wilson, Jean C., Vol I
Wilson, Richard Guy, Vol I
Wind, Barry, Vol I
Windsor-Liscombe, Rhodri, Vol I
Witcombe, Christopher L. C. E., Vol I
Withrow, William, Vol I
Wolf, Reva J., Vol I
Wolff, Janet, Vol I
Wolohojian, Stephan S., Vol I
Wood, Carolyn B., Vol I
Wood, Charles B., III, Vol I
Woodman, Taylor, Vol I
Worthen, Thomas, Vol I
Wosk, Julie, Vol I, II
Wright, Georgia Sommers, Vol I
Yanni, Carla, Vol I
Yegul, Fikret Kutlu, Vol I
Zalesch, Saul E., Vol I
Zemans, Joyce P., Vol I
Zemel, Carol, Vol I
Zukowsky, John, Vol I

Asian Art

Brown, Kendall H., Vol I
Fraser, Sarah, Vol I

Asian History

Armstrong, Charles, Vol I
Bajpai, Shiva Gopal, Vol I
Baumgarten, Joseph M., Vol III
Bays, Daniel Henry, Vol I
Bedeski, Robert E., Vol I, IV
Blackwell, Frederick Warn, Vol I
Blake, Stephen, Vol I
Boyle, John Hunter, Vol I
Chandra, Vipan, Vol I
Chen, Ching-Chih, Vol I
Choe, Yong-ho, Vol I
Clark, Hugh R., Vol I, III
Coble, Parks, Vol I
Dirks, Nicholas, Vol I
Earhart, Harry Byron, Vol I, IV
Endicott, Elizabeth, Vol I
Fay, Peter Ward, Vol I
Fiala, Robert D., Vol I
Fields, Lanny Bruce, Vol I
Forbes, Geraldine May, Vol I
Frederick, William Hayward, Vol I
Friedman, Edward, Vol I, IV
Frykenberg, Robert E., Vol I
Gaeffke, Peter, Vol III
Gibson, Todd, Vol III
Hane, Mikiso, Vol I
Harris, Ishwar C., Vol IV
Hauser, William Barry, Vol I
Haynes, Edward S., Vol I
Hill, John, Vol I
Hoji, Hajime, Vol III
Hyer, Paul V., Vol I
Ishimatsu, Ginette, Vol III
Jalal, Ayesha, Vol I
Jordan, Donald A., Vol I
Kagan, Richard C., Vol I
Kahn, B. Winston, Vol I
Kawashima, Yasuhide, Vol I, IV
Kennedy, Thomas L., Vol I
Klein, Ira N., Vol I
Knipe, David Maclay, Vol I, IV
Kopf, David, Vol I
Lam, Truong Buu, Vol I
Lent, John Anthony, Vol II
Lockard, Craig Alan, Vol I
Mackinnon, Stephen Robert, Vol I
Marme, Michael, Vol I
Matisoff, James Alan, Vol III
Moore, George Eagleton, Vol I
Moore, Ray A., Vol I
Nathan, Andrew J., Vol I
Onorato, Michael P., Vol I
Pachow, Wang, Vol III, IV
Paper, Jordan, Vol I, IV
Risso, Patricia, Vol I
Sardesai, D. R. (Damodar Ramaji), Vol I
Singer, Martin, Vol I
Singer, Wendy F., Vol I
Spencer, George W., Vol I
Stephan, John Jason, Vol I
Stillman, Norman (Noam) Arthur, Vol I
Stunkel, Kenneth Reagan, Vol I
Swanger, Eugene R., Vol IV
Teiser, Stephen F., Vol III, IV
Teng, Tony, Vol I
Totten, George Oakley, III, Vol I
Tucker, Richard Philip, Vol I
Walker, Hugh D., Vol I
Wallace, Vesna Acimovic, Vol III
Waters, Neil L., Vol I
Wilson, Constance Maralyn, Vol I
Wilson, Joe Bransford, Jr., Vol III, IV
Witek, John W., Vol I
Wolters, Oliver William, Vol I
Wyatt, David Kent, Vol I
Xiong, Victor, Vol I
Yeh, Wen-hsin, Vol I
Yoon, Won Z., Vol I
Young, Kenneth Ray, Vol I
Yuan, Tsing, Vol I

Asian Languages

Birge, Bettine, Vol III
Bofman, Theodora Helene, Vol III
Cheung, Dominic C. N., Vol III
Dorsey, James, Vol II, III
Glinert, Lewis, Vol II, III
Goodman, David G., Vol III
Han, Mieko, Vol III
Hayden, George A., Vol III
Hoji, Hajime, Vol III
Kim-Renaud, Young-Key, Vol III, V
Knight, Deirdre Sabina, Vol III
Li, Audrey, Vol III
McGinnis, Scott G., Vol III
Moayyad, Heshmat, Vol III
Mowry, Hua-yuan Li, Vol II, III
Naim, Choudhri Mohammed, Vol III
Shapiro, Michael C., Vol III
Shumway, Eric Brandon, Vol II, III
Washburn, Dennis, Vol II, III
Wendland, Ernst R., Vol II, III
Yang, Insun, Vol III

Asian Literature

Bashiri, Iraj, Vol I, III
Buckstead, Richard C., Vol II
Cooke, Miriam, Vol III
Dorsey, James, Vol II, III
Glinert, Lewis, Vol II, III
Knight, Deirdre Sabina, Vol III
McGinnis, Scott G., Vol III
Mowry, Hua-yuan Li, Vol II, III
Naim, Choudhri Mohammed, Vol III
Shapiro, Michael C., Vol III
Walker, Janet Anderson, Vol III
Washburn, Dennis, Vol II, III

Asian Philosophy

Sterckx, Roel, Vol I, IV

Asian Religion

Heine, Steven, Vol IV
Ludwig, Theodore Mark, Vol I, IV
Orr, Leslie, Vol I, IV
Unno, Mark, Vol IV

Asian Studies

Allan, Sarah K. M., Vol I
Bashiri, Iraj, Vol I, III
Ben-Amos, Dan, Vol I
Berry, Margaret, Vol II, III
Bodde, Derk, Vol I
Braester, Yomi, Vol I, III
Crabtree, Loren William, Vol I
Culter, Suzanne, Vol I
De Bary, Wm. Theodore, Vol I
Dean, Kenneth, Vol I
Doak, Kevin M., Vol I
Dulai, Surjit Singh, Vol I, III
Foley, Mary Kathleen, Vol I, II
Fong, Grace, Vol I
Goldin, Paul Rakita, Vol I
Gupta, Brijen Kishore, Vol I
Haboush, Ja-Hyun Kim, Vol I
Hafner, J., Vol I
Harzer, Edeltraud, Vol I
Kahn, B. Winston, Vol I
Khan, Yoshmitsu, Vol I
Kubler, Cornelius C., Vol I
LaMarre, Thomas, Vol I
Merken, Kathleen, Vol I
Mittal, Sushil, Vol I, IV, V
Natavar, Mekhala D., Vol I
Ohnuma, Reiko, Vol I, IV
Pauwels, Heidi, Vol I
Paz, Francis Xavier, Vol I, III
Prindle, Tamae K., Vol I
Rabson, Steve, Vol I
Seigle, Cecelia, Vol I
Silver, Mark H., Vol I
Slawek, Stephen, Vol I, II
Swart, Paula, Vol I
Terrill, Ross, Vol I
Thompson, Laurence G., Vol I
Tsai, Shih-shan Henry, Vol I
Tuck, Donald Richard, Vol I, IV
Weinstein, Stanley, Vol I, IV
Wright, Theodore P., Jr., Vol I
Yamamoto, Masahiro, Vol I
Yang, Winston L., Vol I
Yates, Robin D. S., Vol I
Yoon, Won Z., Vol I

Asian-American History

Hauser, William Barry, Vol I

Asian-American Literature

Eng, David L., Vol II
Ong, Rory J., Vol II
Yamamoto, Traise, Vol I, II
Zhang, Weihau, Vol II

Asian-American Studies

de Jesus, Melinda L., Vol I
Yamamoto, Traise, Vol I, II
Yin, Xiao-Huang, Vol I

Assyriology

Biggs, Robert Dale, Vol I
Civil, Miguel, Vol I, III
Cooper, Jerrold Stephen, Vol I
Foster, Benjamin Read, Vol I
Jacobsen, Thorkild, Vol I
Leichty, Erle Verdun, Vol I
Lieberman, Stephen Jacob, Vol I, III
Owen, David I., Vol I
Reiner, Erica, Vol I
Sasson, Jack Murad, Vol I, IV
Weisberg, David B., Vol I

Audiology

Grantham, D. Wesley, Vol V
Korabic, Edward W., Vol II
Lass, Norman J., Vol II
Shiau, Wendy, Vol II
Stockman, Ida J., Vol II

Australian History

Geehr, Richard Stockwell, Vol I

Australian Literature

Scheckter, John, Vol II

Baltic Studies

Gedmintas, Aleksandras, Vol I

Baroque Art

Hults, Linda, Vol I
Rosenthal, Lisa, Vol I

Behavioral Sciences

Alberts, Darlene J., Vol V
Burris-Kitchen, Deborah J., Vol V
Byrne, William, Vol V
Capra, Carl J., Vol V
Cassara, Shirley, Vol V
Conrad, Cheryl D., Vol V
Gelo, Daniel J., Vol V
Glazer, Ilsa M., Vol V
Granrose, Cherlyn Skromme, Vol V
Hardgrave, Billy D., Vol V
Hinrichs, Bruce, Vol V
Irvin, Deborah M., Vol V
Katz, Sanford Noah, Vol IV, V
Kubey, Robert W., Vol V
Loessin, Jonathan K., Vol V
Madril, Jim, Vol V
Osborne, Randall E., Vol V
Pennix, Pamela R., Vol V
Picchi, Debra, Vol V
Porter, David B., Vol V
Robertson, Patricia, Vol V
Rosenthal, Marilynn M., Vol V
Somers, Cheryl L., Vol V
Spigner, Clarence, Vol V
Staples, S. L., Vol V
Stolba, Soheir, Vol V
Sturges, James W., Vol V
Vargas, Julie S., Vol V

Biblical Studies

Allison, Dale C., Jr., Vol IV
Ames, Frank, Vol II, IV
Ashburn, Johnny, Vol IV
Atkins, Robert A., Jr., Vol IV
Baird, William R., Vol IV
Barr, David Lawrence, Vol I, IV
Bechtel, Lyn, Vol IV
Bergant, Dianne, Vol IV
Berlin, Adele, Vol I, IV
Beyer, Bryan E., Vol IV
Black, C. Clifton, Vol IV
Blenkinsopp, Joseph, Vol IV
Bloom, John A., Vol IV
Boadt, Lawrence E., Vol IV
Boisclair, Regina A., Vol IV
Bonneau, Normand, Vol IV
Boraas, Roger Stuart, Vol IV
Borowski, Oded, Vol I, IV
Branick, Vincent P., Vol IV
Brisco, Thomas V., Vol I, IV
Brown, Alexandra, Vol IV
Brown, Kenneth, Vol I, IV
Brown, William P., Vol IV
Browning, Daniel C., Vol I, IV
Buckley, Thomas W., Vol IV
Bullard, John Moore, Vol II, IV
Burres, Kenneth Lee, Vol III, IV
Butler, Trent C., Vol IV
Callaway, Mary Chilton, Vol IV
Calvert-Koyzis, Nancy, Vol IV
Caneday, Ardel B., Vol IV
Carmichael, Calum MacNeill, Vol IV
Carroll, John T., Vol IV
Carter, Warren, Vol IV
Charles, J. Daryl, Vol IV
Clifford, Richard J., Vol IV
Collins, John J., Vol IV
Cook, Stephen L., Vol IV
Cotton, Roger D., Vol IV
Croke, Prudence Mary, Vol IV
Cuffey, Kenneth H., Vol IV
Custer, John S., Vol IV
Dalman, Rodger, Vol IV

Daube, David, Vol IV
Davis, Christopher A., Vol IV
Davis, Ellen F., Vol IV
Davis, Ronald E., Vol IV
Day, J. Norfleete, Vol IV
De Young, James B., Vol IV
Dearman, John Andrew, Vol IV
Deasley, Alex R. G., Vol IV
Donfried, Karl P., Vol IV
Doron, Pinchas, Vol III, IV
Dutcher-Walls, Patricia, Vol IV
Eakin, Frank Edwin, Vol IV
Economou, Elly Helen, Vol IV
Edelman, Diana V., Vol I, IV
Edwards, James, Vol IV
Eisenbaum, Pamela, Vol IV
Ekeya, Bette Jan, Vol IV
Elkayam, Moshe, Vol IV
Ellington, John, Vol IV
Fager, Jeff, Vol III, IV
Farrell, Hobert K., Vol IV
Fischer, John, Vol IV
Follis, Elaine R., Vol IV
Fox, Michael, Vol I, IV
Frerichs, Ernest S., Vol IV
Friedman, Richard Elliott, Vol III, IV
Frizzell, Lawrence E., Vol IV
Frymer-Kensky, Tikva, Vol IV
Giblin, Charles Homer, Vol IV
Gillman, Florence Morgan, Vol IV
Gourgues, Michel, Vol IV
Granberg, Stan, Vol IV
Greenspahn, Frederick E., Vol IV
Greenspoon, Leonard Jay, Vol IV
Guild, Sonny, Vol IV
Hagner, Donald A., Vol IV
Hamm, Michael Dennis, S. J., Vol IV
Handy, Lowell, Vol IV
Happel, Stephen P., Vol IV
Harbin, Michael A., Vol II, IV
Harlow, Daniel C., Vol IV
Harrington, Daniel Joseph, Vol I, IV
Harris, J. Gordon, Vol IV, V
Harrisville, Roy A., III, Vol IV
Hauser, Alan J., Vol IV
Hawkins, Ralph K., Vol IV
Hedrick, Charles W., Vol IV
Helyer, Larry R., Vol IV
Hollenbach, Paul William, Vol IV
Holleran, John Warren, Vol IV
Horsnell, Malcolm J. A., Vol IV
Hull, Michael F., Vol IV
Ingolfsland, Dennis E., Vol IV
Irwin, William Henery, Vol IV
Jeal, Roy R., Vol IV
Jobes, Karen H., Vol IV
Jobling, David, Vol IV
Jones, Barney Lee, Vol I, IV
Jones, Bruce William, Vol III, IV
Kaiser, Kevin Robert, Vol I, IV
Kaiser, Walter C., Jr., Vol I, IV
Kamionkowski, Susan T., Vol IV
Keay, Robert, Vol IV
Kim, Chan-Hie, Vol IV
Kostenberger, Andreas J., Vol IV
Kozar, Joseph F., Vol IV
Laughlin, John C. H., Vol IV, V
Leeb, Carolyn, Vol III, IV
Leschert, Dale, Vol IV
Lillie, Betty Jane, Vol IV
Lind, Millard C., Vol IV
Lodge, John G., Vol IV
Long, Burke O'Connor, Vol IV
Low, Roy, Vol IV
Lundbom, Jack R., Vol IV
Lunde, Jonathan M., Vol IV
Luter, A. Boyd, Vol IV
Maczka, Romwald, Vol IV
Madden, Patrick, Vol IV
Maidman, Maynard Paul, Vol I, IV
Malbon, Elizabeth Struthers, Vol IV
Maloney, Francis J., Vol IV
Marcus, David, Vol III, IV
Martin, Raymond Albert, Vol IV
Martin, Troy W., Vol IV
Maticich, Karen K., Vol IV
McEleney, Neil Joseph, Vol IV
McHatten, Mary Timothy, Vol IV
McNutt, Paula M., Vol I, IV, V
McVann, Mark, Vol IV
Meier, John P., Vol IV
Meyer, Ben Franklin, Vol IV
Meyers, Carol L., Vol III, IV
Meyers, Eric Mark, Vol IV
Miller, J. Maxwell, Vol III, IV
Modica, Joseph Benjamin, Vol IV
Mort, Dale L., Vol IV
Moulder, William J., Vol IV
Nakhai, Beth Alpert, Vol I, IV
Newport, J., Vol IV
Nohrnberg, James Carson, Vol II, IV
Nowell, Irene, Vol IV
Odell, Margaret S., Vol IV
Olbricht, Thomas H., Vol II, IV
Osburn, Carroll D., Vol IV
Oswalt, John N., Vol IV
Overholt, Thomas William, Vol I, IV
Pacwa, Mitch, Vol IV
Palmer, Russ, Vol I, IV
Park, Eung Chun, Vol IV
Pascuzzi, Maria, Vol IV
Patte, Daniel, Vol IV
Penchansky, David, Vol III, IV
Picirilli, Robert Eugene, Vol IV
Rabinowitz, Mayer E., Vol IV
Ratcliffe, Carolyn, Vol IV
Rhee, Victor, Vol IV
Rhoads, David, Vol IV
Roop, Eugene F., Vol I, IV
Rowland, Rick, Vol IV
Rubsys, Anthony L., Vol IV
Sanders, James Alvin, Vol IV
Sarna, Nahum M., Vol IV
Schaub, R. Thomas, Vol IV
Schoville, Keith Norman, Vol III, IV
Schultz, Carl, Vol IV
Selvidge, Marla J., Vol IV
Setzer, Claudia, Vol IV
Shearer, Rodney H., Vol IV
Shoemaker, Melvin H., Vol II, IV
Skemp, V., Vol IV
Snodgrass, Klyne Ryland, Vol IV
Sparks, Kenton L., Vol IV
Spender, Robert D., Vol IV
Sprinkle, Joe M., Vol IV
Stanley, John E., Vol IV
Starbuck, Scott R., Vol IV
Staton, Cecil P., Vol IV
Steussy, Marti J., Vol III, IV
Still, Todd, Vol IV
Strange, James F., Vol I, IV
Strugnell, John, Vol IV
Stuhlmueller, Carroll, Vol IV
Swartley, Willard M., Vol IV
Tashiro, Paul Y., Vol IV
Taylor, Jon, Vol III, IV
Thatcher, Tom, Vol IV
Thomas, M. Carolyn, Vol IV
Thompson, David L., Vol IV
Tigay, Jeffrey Howard, Vol II, IV
Trotter, A. H., Jr., Vol IV
Tuell, Steven Shawn, Vol IV
Tumpkin, Mary A., Vol IV
Vall, Gregory, Vol IV
Vance, Donald Richard, Vol IV
Vander Kam, James C., Vol IV
Visotzky, Burton L., Vol IV
Vogels, Walter A., Vol IV
von Dehsen, Christian D., Vol IV
Vyhmeister, Nancy Jean, Vol IV
Walsh, Carey Ellen, Vol III, IV
Walsh, Jerome T., Vol III, IV
Watts, James W., Vol IV
Welliver, Kenneth Bruce, Vol IV
Whitacre, Rodney A., Vol IV
White, Hugh, Vol III, IV
White, Marsha, Vol III, IV
Williams, William C., Vol IV
Wilson, Jonatan R., Vol IV
Wilson, Victor M., Vol IV
Wood, Bryant G., Vol III, IV
Wyrick, Stephen Von, Vol III, IV
Yarbrough, O. Larry, Vol IV
Yee, Gale A., Vol IV
York, Anthony Delano, Vol IV
Yun, Samuel, Vol IV
Ziffer, Walter, Vol IV
Zvi, Ehud Ben, Vol IV

Bibliography

Billick, David Joseph, Vol II, III
Cope, Kevin, Vol II
Elliott, Clark Albert, Vol I, II
Franklin, Ralph William, Vol II
Graham, Kenneth Wayne, Vol II
Greetham, David Charles, Vol II
Ingles, Ernie B., Vol I, II
La Forte, Robert Sherman, Vol I, II
Nordloh, David Joseph, Vol I, II
Parks, Stephen Robert, Vol II
Uffelman, Larry Kent, Vol II

Bioethics

Bandman, Bertram, Vol IV
Bell, Nora Kizer, Vol IV
Boyle, John Phillips, Vol IV
Campbell, Courtney S., Vol IV
Caplan, Arthur L., Vol IV
Eckenwiler, Lisa A., Vol IV
Garland, Michael John, Vol IV
Kahn, Jeffrey P., Vol IV
Khushf, George, Vol IV
Kluge, Eike-Henner W., Vol IV
Momeyer, Rick, Vol IV
Parker, Lisa S., Vol IV
Reich, Warren T., Vol IV
Sale, William F., Vol IV
Shapiro, Michael H., Vol IV
Smith, Janet E., Vol IV
Walter, James J., Vol IV

Biography

Doyle, James, Vol II
Elledge, Paul, Vol II
Malone, Dumas, Vol I, II
Mariani, Paul L., Vol II
Maynard, John Rogers, Vol II

Biological Sciences

Bogen, Joseph E., Vol III
Haffner, Marlene Elisabeth, Vol IV
McBride, Angela Barron, Vol III
Orlans, F. Barbara, Vol III
Robinson, Daniel N., Vol III
Saywell, John T., Vol I
Schubert, E., Vol IV
Wissler, Robert W., Vol IV

Brazilian History

Cunniff, Roger Lee, Vol I
Riedinger, Edward, Vol I

Brazilian Literature

Maharg, James, Vol III
Rector, Monica Paula, Vol III
Valente, Luiz Fernando, Vol III

Brazilian Studies

Fitz, Earl Eugene, Vol I, III

British History

Abadie, Hubert Dale, Vol I
Adams, Ralph James Quincy, Vol I
Anderson, Gerald D., Vol I
Bailey, Victor, Vol I
Barnes, James John, Vol I
Barrows, Floyd Dell, Vol I
Baugh, Daniel Albert, Vol I
Baxter, Colin Frank, Vol I
Beeler, John F., Vol I
Beer, Barrett L., Vol I
Bertelsen, Lance, Vol I, II
Bittle, William George, Vol I
Blackey, Robert Alan, Vol I
Bohstedt, John, Vol I
Bone, Quentin, Vol I
Brown, John E., Vol I
Brown, Stewart Jay, Vol I
Buckner, Phillip Alfred, Vol I
Callahan, Raymond Aloysius, Vol I
Cannadine, David, Vol I
Clark, Anna, Vol I, V
Cline, Peter Knox, Vol I
Coakley, Thomas M., Vol I
Collins, Jacquelin, Vol I
Condon, Richard Herrick, Vol I
Cosgrove, Richard A., Vol I
Courtemanche, Regis Armand, Vol I
Crawford, Michael John, Vol I
Cregier, Don Mesick, Vol I
Crompton, Louis, Vol I
Crosby, Travis L., Vol I
Davis, Thomas Webster, Vol I
Dean, David M., Vol I
Draznin, Yaffa Claire, Vol I
Edsall, Nicholas Cranford, Vol I
Engel, Arthur Jason, Vol I
Epstein, James A., Vol I
Fahey, David Michael, Vol I
Fiala, Robert D., Vol I
Fideler, Paul Arthur, Vol I, IV
Fisk, William Lyons, Vol I
Florian, Robert Bruce, Vol I
Francis, Samuel Todd, Vol I
Frey, Slyvia Rae, Vol I
Froide, Amy, Vol I
Furdell, Ellzabeth Lane, Vol I, IV
Glen, Robert Allan, Vol I
Gough, Jerry B., Vol I
Gould, Eliga H., Vol I
Greenberger, Allen Jay, Vol I
Gullace, Nicoletta F., Vol I, V
Haas, James M., Vol I
Hayden, Albert A., Vol I
Hays, Rosalind Conklin, Vol I
Helly, Dorothy O., Vol I
Herlan, Ronald Wallace, Vol I
Hibbard, Caroline Marsh, Vol I
Hirst, Derek M., Vol I
Horwitz, Henry Gluck, Vol I, IV
Howard, Thomas Carlton, Vol I
Jackman, Sydney W., Vol I
Jitendra, Asha K., Vol I
Johnson, Paul B., Vol I
Kennedy, Dane Keith, Vol I
Koerper, Phillip Eldon, Vol I
Krey, Gary De, Vol I
Kruppa, Patricia Stallings, Vol I
Lammers, Donald N., Vol I
Landau, Norma Beatrice, Vol I
Lander, Jack Robert, Vol I
Lee, Patricia-Ann, Vol I
LeMahieu, Dan Lloyd, Vol I
Levack, Brian Paul, Vol I
Leventhal, Fred Marc, Vol I
Loveridge-Sanbonmatsu, Joan, Vol I, II
Maccaffrey, Wallace T., Vol I
Manning, Roger B., Vol I
Marsh, Peter T., Vol I
McCarthy, John P., Vol I
McGee, James Sears, Vol I
Mcintosh, Marjorie Keniston, Vol I
Mclean, Andrew Miller, Vol I, II
Meacham, Standish, Vol I
Mendle, Michael J., Vol I
Meza, Pedro Thomas, Vol I
Monheit, Michael L., Vol I
More, Ellen Singer, Vol I
Morris-Hale, Walter, Vol I
Munsell, Floyd Darrell, Vol I
Newman, Gerald Gordon, Vol I
O'Neil, Patrick M., Vol I
Oppenheim, Janet, Vol I
Palmegiano, Eugenia M., Vol I
Parins, James, Vol I
Parker, Keith Alfred, Vol I
Peterson, M. Jeanne, Vol I
Phillips, John Allen, Vol I
Platt, Franklin Dewitt, Vol I
Rauschenberg, Roy A., Vol I
Reedy, William T., Vol I
Rilling, John R., Vol I
Rosenheim, James Morton, Vol I
Rossi, John P., Vol I
Rothblatt, Sheldon, Vol I
Rynder, Constance, Vol I
Sainsbury, John, Vol I
Satre, Lowell Joseph, Vol I
Savage, David William, Vol I
Schunk, Thom, Vol I
Schwarz, Marc Lewis, Vol I
Seaver, Paul Siddall, Vol I
Shapiro, Barbara June, Vol I
Sharp, Buchanan, Vol I
Shuter, Bill, Vol II
Smith, David Fredrick, Vol I
Smith, Harold L., Vol I
Snow, Vernon F., Vol I
Sommerville, Charles John, Vol I
Spall, Richard, Vol I
Startt, James Dill, Vol I
Stevenson, John A., Vol I, II
Stow, George Buckley, Vol I
Streets, Heather, Vol I
Syrett, David, Vol I
Tatum, Nancy R., Vol I, II
Tompson, Richard Stevens, Vol I
Turner, Frank Miller, Vol I
Turner, Wes, Vol I
Valenze, Deborah, Vol I
Walker, Pamela J., Vol I
Webb, Ross Allan, Vol I
Weisser, Henry G., Vol I
Wiener, Joel H., Vol I
Wiener, Martin J., Vol I
Willen, Diane, Vol I
Wollman, David Harris, Vol I
Wood, Curtis W., Vol I
Woods, Joseph Michael, Vol I
Yeandle, Laetitia, Vol I

British Literature

Adams, Kimberly V., Vol II, V
Adler, Thomas Peter, Vol II
Austin, Linda, Vol II
Aycock, Wendell M., Vol II, III
Bailey, Thomas Cullen, Vol II
Barbour, Brian Michael, Vol II
Batteiger, Richard P., Vol II
Benardete, Jane, Vol II
Benis, Toby Ruth, Vol II
Bennett, John, Vol II
Berkove, Lawrence Ivan, Vol II
Berkowitz, Gerald Martin, Vol II
Blake, James Joseph, Vol II
Blaydes, Sophia Boyatzies, Vol II
Bledsoe, Robert Terrell, Vol II
Bloom, Harold, Vol II
Boardman, Kathy, Vol II
Bock, Carol A., Vol II
Booker, M. Keith, Vol II
Boyer, Dale Kenneth, Vol II
Braendlin, Bonnie Hoover, Vol II
Brailow, David Gregory, Vol II
Brennan, Anne Denise, Vol II
Brock, Dewey Heyward, Vol II
Brockmann, Stephen, Vol II
Brooker, Jewel Spears, Vol II
Browne, William Francis, Vol II
Brunson, Martha Luan, Vol II
Buckley, William Kermit, Vol II
Buell, Frederick Henderson, Vol II
Butler, Gerald Joseph, Vol II, III
Butler, James Albert, Vol II
Butscher, Edward, Vol II
Buttigieg, Joseph A., Vol II
Cameron, Sharon, Vol II
Canfield, J. Douglas, Vol II
Casines, Gisela P., Vol II
Castronovo, David, Vol II, III
Chari, V. K., Vol II
Christian, Barbara T., Vol II
Christianson, Scott, Vol II
Churchill, Robert J., Vol II
Clark, George Peirce, Vol II
Clarke, Bruce Cooper, Vol II
Coakley, Jean Alexander, Vol II
Coburn, William Leon, Vol II
Conger, Syndy Mcmillen, Vol II, III
Cook, Elizabeth Heckendorn, Vol II, III
Coolidge, John Stanhope, Vol II, III
Core, George, Vol II
Cox, Don Richard, Vol II
Crane, Milton, Vol II
Crawshaw, William Henry, Vol II
Crowley, John W., Vol II
Crump, Gail Bruce, Vol II
Crump, Rebecca, Vol II
Dandridge, Rita Bernice, Vol II
Dawson, William, Vol II
DiCenzo, Maria, Vol II
Digby, Joan, Vol I, II
Doody, Margaret A., Vol II
Dowling, William C., Vol II
Draine, Betsy, Vol II
Eckhardt, Caroline Davis, Vol II, III
Eddings, Dennis Wayne, Vol II
Eigner, Edwin Moss, Vol II
Elledge, Paul, Vol II
Essick, Robert N., Vol I, II
Fallon, Robert Thomas, Vol II, III
Farrell, John C., Vol II
Feeney, Joseph John, Vol II
Feldman, Paula R., Vol II
Felton, Sharon, Vol II
Filipowicz, Halina, Vol II
Finneran, Richard John, Vol II
Fishburn, Katherine Richards, Vol II
Fisher, Philip, Vol II
Fletcher, LuAnn McCracken, Vol II
Fournier, Lucien, Vol II
Frazer, June, Vol II

Fredrickson, Robert Stewart, Vol II
Fritz, Donald Wayen, Vol II
Fussell, Edwin, Vol II
Geherin, David J., Vol II
Gillespie, Diane F., Vol II
Gillon, Adam, Vol II, III
Glanville, Priscilla J., Vol II
Golden, Bruce, Vol II, III
Grella, George, Vol II
Griffin, Edward M., Vol II
Griffin, John R., Vol II
Griffith, Malcolm A., Vol II
Grimes, Kyle, Vol II
Grove, James Paul, Vol II
Grover, Dorys Crow, Vol I, II
Grubgeld, Elizabeth, Vol II
Gutierrez, Donald, Vol II
Habib, M. A. Rafey, Vol II
Haller, Evelyn, Vol II
Hallwas, John Edward, Vol II
Hamner, Robert Daniel, Vol II
Harder, Henry Louis, Vol II
Hardy, John Edward, Vol II
Harris, Duncan Seely, Vol II
Harris, Janice Hubbard, Vol I, II, V
Harrison, Gary, Vol II
Hazen, James F., Vol II
Held, George, Vol II
Hermansson, Casie, Vol II
Herzing, Thomas Wayne, Vol II
Hesla, David H., Vol II
Hill, Linda Marie, Vol II
Hill-Miller, Katherine Cecelia, Vol II, V
Hinden, Michael Charles, Vol II
Hinkel, Howard, Vol II
Hirsch, David Harry, Vol II
Holbein, Woodrow Lee, Vol II
Huberman, Elizabeth Lyle, Vol II
Hunt, Caroline C., Vol II
Hutchings, William, Vol II
Jackson, Arlene M., Vol II
Jacobs, Edward, Vol II
Janik, Del Ivan, Vol II
Jobe, Steve, Vol II
Johnson, Jeffrey, Vol II
Johnston, Georgia, Vol II
Jones, Ellen, Vol II
Jooma, Minaz, Vol II
Judd, Catherine, Vol II, V
Kaminski, Thomas, Vol II
Kastan, David Scott, Vol II, III
Keep, Christopher J., Vol II
Keiser, George Robert, Vol II
Kemp, Theresa D., Vol II
Kendrick, Walter, Vol II
Kershner, R. Brandon, Vol II, III
Knapp, Peggy Ann, Vol II
Komechak, Michael E., Vol II
Kowalczyk, Richard L., Vol II
Krause, Sydney Joseph, Vol II
Kuist, James Marquis, Vol II
Kurata, Marilyn J., Vol II
Lanier, Parks, Vol II
Larson, David Mitchell, Vol II
Latta, Kimberly, Vol II
Lee, David, Vol II
Lenard, Mary, Vol II
Lenz, William Ernest, Vol II
Letzring, Monica, Vol II, III
Levy, Alfred J., Vol II
Lewis, Thomas Spottswood Wellford, Vol II
Loesberg, Jonathan, Vol II
Logan, Deborah, Vol II
Lowance, Mason Ira, Vol II
Lutz, William, Vol II
Mack, Robert, Vol II
Mackethan, Lucinda Hardwick, Vol II
Maitzen, Rohan Amanda, Vol II
Mann, John Stuart, Vol II
Marcus, Sharon, Vol II, III
Margolies, Alan, Vol II
Marks, Patricia, Vol II
Martin, Bruce Kirk, Vol II
Martin, Timothy, Vol II
Martinez, Nancy Conrad, Vol II
May, Charles Edward, Vol II
Mayer, Robert, Vol II
McAleavey, David Willard, Vol II
McCarthy, William Paul, Vol II
McDonald, R., Vol II
McIlvaine, Robert Morton, Vol II
Mckinley, James Courtright, Vol II
Meeker, Michael W., Vol II
Melada, Ivan, Vol II
Mellor, Anne Kostelanetz, Vol II, III
Metzger, Lore, Vol II, III
Montgomery, Lyna Lee, Vol II
Moore, John David, Vol II
Morris, David B., Vol II
Morris, Francis J., Vol II
Morris, Virginia Baumgartner, Vol II
Moukhlis, Salah M., Vol II, III
Murphy, Russell E., Vol II
Nadel, Ira Bruce, Vol II
Nardo, Anna, Vol II
Nelson, Cary Robert, Vol II
Neufeldt, Victor A., Vol II
Nixon, Rob, Vol II
O'Toole, Tess, Vol II
Ottenhoff, John, Vol II, III
Pifer, Ellen, Vol II, III
Pope, Deborah, Vol II
Price, Danielle E., Vol II
Raisor, Philip, Vol II
Ranes, Barbara, Vol II
Raper, Julius R., Vol II
Reed, Walter, Vol II, III
Richardson, Stephanie A., Vol II
Rosenberg, Beth C., Vol II
Rosenthal, Michael, Vol II
Ryan, Robert M., Vol II, IV
Saltzman, Arthur Michael, Vol II
Samson, Donald, Vol II
Schneider, Karen, Vol II
Schneider, Matthew T., Vol II, III
Schneller, Beverly, Vol II
Schoenfield, Mark, Vol II
Schor, Esther, Vol II
Scott, James F., Vol II
Secor, Robert Arnold, Vol II
Secreast, Donald, Vol II
Selmon, Michael, Vol II
Semeiks, Jonna Gormely, Vol II
Shafer, Ronald G., Vol II
Shearon, Forrest Bedford, Vol II
Shiller, Dana, Vol II
Sicker, Philip, Vol II
Silver, Carole Greta, Vol II
Silverberg, Mark A., Vol II
Simonson, Harold Peter, Vol II
Simpson, Hassell Algernon, Vol II
Skarbarnicki, Anne, Vol II
Skarda, Patricia Lyn, Vol II
Smith, Duane, Vol II
Smith, Rowland, Vol II
Sprinker, Michael, Vol II, III
Staley, Thomas F., Vol II
Steiner, Joan Elizabeth, Vol II
Stelzig, Eugene Louis, Vol II
Stinson, John Jerome, Vol II
Story, Kenneth Ervin, Vol II
Straub, Kristina, Vol II
Sugnet, Charles Joseph, Vol II
Sweet, Nan, Vol II
Swiontkowski, Gale, Vol II
Tanner, William Edward, Vol II
Thaden, Barbara, Vol II
Thompson, Gary Richard, Vol II
Thomson, George Henry, Vol II
Thorpe, James, Vol II
Thorson, James Llewellyn, Vol II
Tiessen, Paul, Vol II, V
Tobin, Daniel, Vol II
Toth, Bill, Vol II
Travis, Molly Abel, Vol II
Uphaus, Robert Walter, Vol II
Valentis, Mary Arensberg, Vol II
Vance, William Lynn, Vol II
Vander Mey, Randall J., Vol II
Viator, Timothy J., Vol II
Vitto, Cindy, Vol II
Vonalt, Larry, Vol II
Wachtel, Albert, Vol II
Walker, Cheryl, Vol II
Walker, Ronald Gary, Vol II
Wallen, Martin, Vol II
Walton, James H., Vol II
Watson, Jean Louise, Vol II
Wawrzycka, Jolanta, Vol II
Weinstein, Mark A., Vol II
Weinstein, Philip Meyer, Vol II
Welch, Dennis Martin, Vol II
Wess, Robert, Vol II
White, Roberta, Vol II
Wickert, Max Albrecht, Vol II
Widdicombe, Richard Toby, Vol II
Wiesenfarth, Joseph John, Vol II
Williams, Emily A., Vol II
Wilson, Norma Clark, Vol II
Wilson, Rebecca A., Vol II
Wineapple, Brenda, Vol II
Witemeyer, Hugh, Vol II
Wolff, Cynthia Griffin, Vol II
Wollaeger, Mark A., Vol II
Wood, Gerald Carl, Vol II
Woodward, Carolyn, Vol II, V
Yerkes, David, Vol II, III
Zimmerman, Evertett, Vol II
Zucker, David Hard, Vol II

Buddhist Studies

Buhnemann, Gudrun, Vol I, IV
Carter, John Ross, Vol I, IV
Day, Terence Patrick, Vol I, IV
Gyatso, J., Vol IV
Hsieh, Dinghwa Evelyn, Vol IV
Jackson, Roger, Vol IV
Katz, Nathan, Vol IV
Kohn, Richard, Vol IV
Leighton, Taigen Daniel, Vol IV
Nakasone, Ronald, Vol IV
Nasu, Eisho, Vol I, IV
Ohnuma, Reiko, Vol I, IV
Pagel, Ulrich, Vol IV
Prebish, Charles Stuart, Vol IV
Reynolds, Frank E., Vol I, IV
Sharf, Robert H., Vol IV
Unno, Taitetsu, Vol IV
Weinstein, Stanley, Vol I, IV

Business Administration

Anthony, William Philip, Vol IV
Ballot, Michael, Vol IV
Black, Kenneth, Jr., Vol IV
Boddewyn, Jean J., Vol II, IV
Calkins, Martin, Vol IV
Cohen, Debra R., Vol IV
Davis, Gordon B., Vol IV
Fottler, Myron D., Vol IV
Halal, William E., Vol IV
Kay, Gersil N., Vol IV
Leontiades, Milton, Vol IV
Letts, Christine Webb, Vol IV
Lewis, David Lanier, Vol I, IV
McClain, John O., Vol IV
McKinley, Barbara L., Vol IV
Mendosa, Antonio, Vol IV
Mockler, Robert J., Vol IV
Stanley, Tom, Vol IV
Terpstra, Vern, Vol II, IV
Wilkins, Mira, Vol I, IV
Woolsey, Robert, Vol IV
Wren, Daniel Alan, Vol IV

Business History

Lewis, David Lanier, Vol I, IV
Wilkins, Mira, Vol I, IV

Business Law

Cohen, Arnold B., Vol IV
Duboff, Leonard David, Vol IV
Fischel, Daniel R., Vol IV
Hazen, Thomas Lee, Vol IV
Maxey, B. Ann, Vol IV
Rothman, Frederick P., Vol IV
Santoni, Roland J., Vol IV
Saunders, Kurt M., Vol IV

Canadian History

Aponiuk, Natalia, Vol I
Babcock, Robert Harper, Vol I
Bercuson, David Jay, Vol I
Boudreau, Joseph A., Vol I
Brown, R. Craig, Vol I
Buckner, Phillip Alfred, Vol I
Burkinshaw, Robert K., Vol I
Comacchio, Cynthia, Vol I
Diubaldo, Richard J., Vol I
Dorsey, Kurk, Vol I
Elliott, B. S., Vol I
Foss, Brian, Vol I
Frank, David, Vol I
Godfrey, William Gerald, Vol I
Grant, Shelagh D., Vol I
Hare, John Ellis, Vol I
Hodgins, Bruce W., Vol I
Holsinger, M. Paul, Vol I
Iacovetta, Franca, Vol I
Johnson, Arthur L., Vol I
Little, John Irvine, Vol I
Lorimer, Douglas, Vol I
McDowall, Duncan L., Vol I
Metcalfe, William Craig, Vol I
Morton, Desmond D. P., Vol I
Neary, Peter F., Vol I
Neatby, H. Blair, Vol I
Nish, Cameron, Vol I
Patrias, Carmela, Vol I
Trudel, Marcel, Vol I
Turner, Wes, Vol I
Weaver, John C., Vol I

Canadian Literature

Brind'Amour, Lucie, Vol II, III
Davey, Frank W., Vol II
Dean, Misao A., Vol II
Dopp, James A., Vol II
Godard, Barbara J., Vol II
Haines, Victor Yelverton, Vol II
Hare, John Ellis, Vol I
Jewinski, Edwin, Vol II
Jones, Douglas Gordon, Vol II
Kamboureli, Smaro, Vol II
Neufeld, James Edward, Vol II
Neuman, Shirley C., Vol II
New, William H., Vol II
Smith, Nelson C., Vol II
Vautier, Marie, Vol III

Canadian Studies

Armstrong, Pat, Vol I
Cristi, Renato, Vol I
Maillet, Marguerite, Vol I
Page, James E., Vol I
Sauer, Angelika, Vol I
Stanley, Della M. M., Vol I
Stursberg, Peter, Vol I
Zeller, Suzanne, Vol I

Canon Law

Kaucheck, Ken, Vol IV
McManus, Frederick Richard, Vol IV

Caribbean History

Bolster, W. Jeffrey, Vol I
Brown, Richmond F., Vol I
Hall, Gwendolyn Midlo, Vol I

Caribbean Literature

Martinez-San Miguel, Yolanda M., Vol III

Caribbean Studies

Martinez-Fernandez, Luis, Vol I

Celtic Languages

Dorian, Nancy Currier, Vol III
Melia, Daniel Frederick, Vol II

Celtic Literature

Melia, Daniel Frederick, Vol II

Celtic Studies

Doan, James E., Vol I, II, V

Child Development

Baker, Linda D., Vol V
Jacobs, Janis E., Vol V
Oetting, Janna B., Vol V
Reigstad, Ruth, Vol I, IV, V
Rodkin, Philip C., Vol V
Runco, Mark, Vol V
Sera, Maria D., Vol V
Sroufe, L. Alan, Vol V
Wolf, Maryanne, Vol V

Chinese History

Barnett, Suzanne Wilson, Vol I
Bays, Daniel Henry, Vol I
Bilsky, Lester James, Vol I
Brooks, E. Bruce, Vol I
Chang, Chun-Shu, Vol I, III
Chu, Pao-Chin, Vol I
Clardy, Jesse V., Vol I
Cohen, Alvin Philip, Vol I, III
Cohen, Paul Andrew, Vol I
Dietrich, Craig, Vol I
Dirlik, Arif, Vol I
Elman, B. A., Vol I
Endicott, Elizabeth, Vol I
Esherick, Joseph Wharton, Vol I
Gardella, Robert Paul, Vol I
Gedalecia, David, Vol I
Gordon, Leonard H. D., Vol I
Hatch, George, Vol I
Henderson, John B., Vol I, IV
Henry, Eric Putnam, Vol I, III
Hsu, Cho-yun, Vol I
Hsu, Ginger Cheng-chi, Vol I
Huang, Ray, Vol I
Kaplan, Edward Harold, Vol I, III
Keightley, David Noel, Vol I
Kennedy, Thomas L., Vol I
Kwok, D. W. Y., Vol I
Lee, Ta-ling, Vol I
Leung, Kai-Cheong, Vol III
Lin, Yu-sheng, Vol I
Lufrano, Richard, Vol I
Mackinnon, Stephen Robert, Vol I
Major, John Stephen, Vol I
Metzger, Thomas Albert, Vol I
Mungello, David Emil, Vol I
Naquin, Susan, Vol I
Olenik, John Kenneth, Vol I, III
Peterson, Willard James, Vol I
Pulleyblank, Edwin George, Vol I, III
Schoppa, Robert Keith, Vol I
Sinclair, Michael Loy, Vol I
Spence, Jonathan Dermot, Vol I
Sterckx, Roel, Vol I, IV
Stranahan, Patricia, Vol I
Tao, Tien-Yi, Vol I
Thompson, Laurence G., Vol I
Tillman, Hoyt Cleveland, Vol I
Tsin, Michael, Vol I
Tu, Ching-I, Vol I, III
Wakeman, Frederic Evans, Jr., Vol I
Wang, Di, Vol I
Wang, Q. Edward, Vol I
Wu, Pei-Yi, Vol I, III
Zelin, Madeleine, Vol I

Chinese Language

Berninghausen, John, Vol III
Bien, Gloria, Vol III
Chang, Cecilia, Vol III
Chang, Chun-Shu, Vol I, III
Chang, Kang-I S., Vol II, III
Chen, Jingsong, Vol III
Chen, Lilly, Vol III
Chow, Kai-Wing, Vol III
Coblin, Weldon South, Vol III
Cohen, Alvin Philip, Vol I, III
Defrancis, John, Vol III
Dolezvelova-Velingerova, Milena, Vol III
Fuller, M. A., Vol II, III
Gao, Q., Vol III
Gui, Ming C., Vol III
Hanan, Patrick Dewes, Vol II, III
Hartman, C., Vol II, III
Houng, Caroline C., Vol III
Hsieh, Hsin-I, Vol III
Kaplan, Edward Harold, Vol I, III
Leung, Kai-Cheong, Vol III
Lo, Chin-Tang, Vol III
Mair, Victor H., Vol III
Moran, Thomas Hillcrest, Vol III
Nitsche, Richard, Vol II, III, V
Pulleyblank, Edwin George, Vol I, III
Ross, Claudia, Vol III
Sargent, Stuart H., Vol II, III
Seaton, Jerome P., Vol III
Silber, Cathy L., Vol III
Tomayko, James Edward, Vol I, III
Wang, John C. Y., Vol III
Wang, Shunzhu, Vol III
Williams, Philip F. C., Vol II, III
Wong, Timothy C., Vol II, III
Yang, Peter Jianhua, Vol III
Yang, Xiaobin, Vol II, III
Yu, Clara, Vol III
Yu, Shiao-Ling, Vol III

Chinese Literature

Chang, Kang-I S., Vol II, III
Chen, Jingsong, Vol III
Chow, Kai-Wing, Vol III

Dolezvelova-Velingerova, Milena, Vol III
Fuller, M. A., Vol II, III
Hanan, Patrick Dewes, Vol II, III
Hartman, C., Vol II, III
Henry, Eric Putnam, Vol I, III
Olenik, John Kenneth, Vol I, III
Qian, Nanxiu, Vol III
Sargent, Stuart H., Vol II, III
Seaton, Jerome P., Vol III
Tu, Ching-I, Vol I, III
Wang, Ban, Vol III
Wang, John C. Y., Vol III
Williams, Philip F. C., Vol II, III
Wong, Timothy C., Vol II, III
Wu, Joseph Sen, Vol III, IV
Wu, Pei-Yi, Vol I, III
Yang, Xiaobin, Vol II, III
Yu, Anthony C., Vol III, IV

Chinese Studies
Hsu, Kylie, Vol I, III
Schneider, Laurence, Vol I

Christian Education
Ahn, Timothy Myunghoon, Vol IV, V
Cunningham, Jack R., Vol IV, V
Curry, Allen, Vol IV, V
Gearey, Amelia J., Vol IV, V
Hayes, Edward L., Vol IV, V
Johnson, Ronnie J., Vol IV, V
Richardson, Brian C., Vol IV, V
Simpson, Mark E., Vol IV, V
Williams, Dennis E., Vol IV, V

Christian Ethics
Cahill, Lisa Sowle, Vol IV
Cook, E. David, Vol IV
Davis, John Jefferson, Vol IV
Genovesi, Vincent Joseph, Vol IV
Geyer, Alan, Vol IV
Giblin, Marie J., Vol IV
Gushee, David P., Vol IV
Harned, David B., Vol IV
Howell, John C., Vol IV
Hutter, Reinhard, Vol IV
Isasi-Diaz, Ada Maria, Vol IV
Jones, L. Gregory, Vol IV
Jung, Patricia Beattie, Vol IV
Malloy, Edward A., Vol IV
Martin, Joan M., Vol IV
McIntyre, Moni, Vol IV
Michael, Aloysius, Vol IV
Mitchell, C. Ben, Vol IV
Mount, Eric, Jr., Vol II, IV
Palmer, Russ, Vol I, IV
Parrent, Allan Mitchell, Vol IV
Prosser, Peter E., Vol I, IV
Sedgwick, Timothy F., Vol IV
Spohn, William C., Vol IV
Stackhouse, Max Lynn, Vol IV
Stenger, Robert Leo, Vol IV
Townes, Emilie M., Vol IV
Verhey, Allen Dale, Vol IV
Villafane, Eldin, Vol IV
Walter, James J., Vol IV
Webber, George Williams, Vol IV
Willis, Robert E., Vol IV
Wood, John A., Vol IV

Christian History
Brauer, Jerald, Vol I, IV
Farmer, Craig S., Vol I, IV
Hughes, Kevin L., Vol I, IV
Hughes, Richard T., Vol I, IV
Kalantzis, George, Vol I, IV
Lamirande, Emilien, Vol I, IV
Leyerle, Blake, Vol I, IV
Lund, Eric, Vol I, IV
Machado, Daisy L., Vol I, IV
Marsden, G. M., Vol I, IV
Massanari, Ronald Lee, Vol I, IV
Matter, Edith Ann, Vol I, IV
McClelland, William Lester, Vol I, IV
McGinn, Bernard John, Vol I, IV
Nelson, James David, Vol I, IV
Pearson, Samuel C., Vol I, IV
Quere, Ralph Walter, Vol I, IV
Rader, Rosemary, Vol I, IV
Sachs, William L., Vol I, IV
Strong, Douglas M., Vol I, IV

Christian Studies
Lambert, Byron C., Vol I, IV

Christianity
Brauer, Jerald, Vol I, IV
Chesnutt, Randall D., Vol IV
Delaney, David K., Vol IV
Devenish, Philip Edward, Vol IV
Edwards, Douglas R., Vol IV
Farmer, Craig S., Vol I, IV
Garrison, Roman, Vol IV
Harned, David B., Vol IV
Hauser, Richard Joseph, Vol IV
Himes, Michael J., Vol IV
Holder, Arthur G., Vol IV
Hughes, Kevin L., Vol I, IV
Kalantzis, George, Vol I, IV
Kurz, William Stephen, Vol IV
Lambert, Jean Christine, Vol IV
Lamirande, Emilien, Vol I, IV
Leyerle, Blake, Vol I, IV
Lund, Eric, Vol I, IV
Maddox, Timothy D. M., Vol IV
Marsden, G. M., Vol I, IV
Matter, Edith Ann, Vol I, IV
McClelland, William Lester, Vol I, IV
McGinn, Bernard John, Vol I, IV
Mitchell, Alan C., Vol IV
Mohler, R. Albert, Jr., Vol IV
Paul, Garrett E., Vol IV
Pearson, Samuel C., Vol I, IV
Pinzino, Jane M., Vol IV
Rader, Rosemary, Vol I, IV
Ruffing, Janet, Vol IV
Sachs, William L., Vol I, IV
Steele, Richard B., Vol IV
Strong, Douglas M., Vol I, IV
Tobin, Thomas Herbert, Vol IV
Ware, Bruce A., Vol IV
Watson, D. F., Vol IV
White, John L., Vol IV
Yarbrough, O. Larry, Vol IV

Church Growth
Lawless, Charles E., Vol IV
Rainer, Thom S., Vol IV

Church History
Albin, Thomas R., Vol I, IV
Attridge, Harold William, Vol IV
Babcock, William Summer, Vol I, IV
Bacchiocchi, Samuele, Vol I, IV
Barbour, Hugh, Vol I, IV
Barker, William Shirmer, II, Vol I, IV
Beale, David Otis, Vol I, IV
Bozeman, Theodore D., Vol I, IV
Brackenridge, Robert Douglas, Vol I, IV
Breckenridge, James, Vol I, IV
Brown, Scott Kent, Vol I, IV
Bull, Robert Jehu, Vol I, IV
Burkett, Delbert Royce, Vol I, IV
Byrnes, Joseph Francis, Vol I
Callahan, Daniel Francis, Vol I, IV
Campbell, Ted A., Vol I, IV
Carroll, Warren Hasty, Vol I, IV
Cecire, Robert C., Vol I, IV
Chausse, Gilles, Vol I, IV
Cheatham, Carl W., Vol I, IV
Christensen, Michael, Vol I, IV
Coakley, John, Vol I, IV
Conser, Walter H., Jr., Vol I, IV
Cook, William Robert, Vol I, IV
Cowan, Richard O., Vol I, IV
Coyle, J. Kevin, Vol I, IV
Crosthwaite, Jane Freeman, Vol I, IV
Daley, Brian Edward, Vol I, IV
Davis, Daniel Clair, Vol I, IV
Deleeuw, Patricia Allwin, Vol I, IV
Delio, Ilia, Vol I, IV
DiPasquale, Theresa M., Vol II
Dolan, Jay P., Vol I, IV
Durnbaugh, Donald F., Vol I, IV
Echols, James Kenneth, Vol I, IV
Elliott, Susan Elli, Vol IV
Eno, Robert Bryan, Vol I, IV
Evans, John Whitney, Vol I, IV
Farrell, Frank, Vol I, IV
Finn, Thomas M., Vol I, IV
Fischer, Robert Harley, Vol I, IV
Fishburn, Janet Forsythe, Vol I, IV
Flowers, Ronald Bruce, Vol III, IV
Forde, Gerhard Olaf, Vol I, IV
Foster, Douglas A., Vol I, IV
Frazee, Charles Aaron, Vol I, IV
Frost, Jerry William, Vol I, IV
Gaustad, Edwin Scott, Vol I, IV
Gorman, Michael J., Vol I, IV
Gorrell, Donald Kenneth, Vol I, IV
Gratz, Delbert L., Vol I, IV
Guinan, Michael Damon, Vol III, IV
Gustafson, David, Vol I, IV
Hart, Darryl Glenn, Vol I, IV
Hayes, Alan L., Vol IV
Healey, Robert Mathieu, Vol I, IV
Heitzenrater, Richard, Vol I, IV
Hinson, E. Glenn, Vol I, IV
Hoffecker, W. Andrew, Vol I, IV
Hoffman, Daniel, Vol I, IV
Honeycutt, Dwight A., Vol I, IV
Huber, Donald L., Vol I, IV
Irwin, Joyce Louise, Vol I, IV
Isaac, Gordon L., Vol I, IV
Isenberg, Sheldon Robert, Vol I, IV
James, Frank A., III, Vol I, IV
Jones, Barney Lee, Vol I, IV
Kardong, Terrence G., Vol IV
Kaufmann, Frank, Vol I, IV
Kemeny, P, Vol I, IV
Kern, Gilbert Richard, Vol I, IV
Kessler, Ann Verona, Vol I, IV
Kevern, John, Vol I, IV
Kinghorn, Kenneth Cain, Vol I, IV
Kittelson, James, Vol I, IV
Krey, Philip D. W., Vol I, IV
Krodel, Gottfried G., Vol I, IV
Kuzniewski, Anthony Joseph, Vol I, III
Lindberg, Carter Harry, Vol IV
Linder, Robert Dean, Vol I, IV
Logan, Samuel Talbot, Jr., Vol I, IV
Lotz, David Walter, Vol I, IV
Lowe, Eugene Y., Jr., Vol I, IV
Lumpp, Randolph, Vol IV
Lyman, J. Rebecca, Vol I, IV
Lynch, Joseph Howard, Vol I, IV
Lyons, Robin R., Vol I, IV
Machaffie, Barbara J., Vol I, IV
Mallard, William, Vol I, IV
Marschall, John Peter, Vol I, IV
McBeth, Harry Leon, Vol I, IV
McGuckin, John A., Vol I, IV
McKinion, Steven A., Vol I, IV
McNally, Vincent J., Vol I, IV
Meade, Denis, Vol I, IV
Mercadante, Linda A., Vol IV
Moorhead, James Howell, Vol I, IV
Mulder, John Mark, Vol I, IV
Murphy, Francis Joseph, Vol I
Murzaku, Ines A., Vol I, IV
Nestingen, James A., Vol I, IV
Nickelsburg, George William Elmer, Vol I, IV
Noll, Mark Allan, Vol I, IV
Palmer, Russ, Vol I, IV
Patterson, James A., Vol I, IV
Pierard, Richard Victor, Vol I, IV
Pitts, Bill, Vol I, IV
Pointer, Steven R., Vol I
Prichard, Robert W., Vol IV
Prosser, Peter E., Vol I, IV
Reher, Margaret Mary, Vol I, IV
Richey, Russell Earle, Vol I, IV
Rinderle, Walter, Vol I, IV
Rolater, Frederick Strickland, Vol I, III
Rosell, Garth M., Vol I, IV
Scalise, Charles J., Vol I, IV
Schiefen, Richard John, Vol I, IV
Schmidt, William John, Vol I, IV
Shaw, Susan J., Vol IV
Smylie, James Hutchinson, Vol I, IV
Stackhouse, John G., Jr., Vol I, IV
Stafford, William Sutherland, Vol I, IV
Steeves, Paul David, Vol I, IV
Steinmetz, David Curtis, Vol I, IV
Sundberg, Walter, Vol I, IV
Synan, Vinson, Vol I, IV
Tabbernee, William, Vol I, IV
Toulouse, Mark G., Vol I, IV
Tredway, John Thomas, Vol I, IV
Tucker, William E., Vol I, IV
Vaughn, Barry, Vol I, IV
Walters, Gwenfair, Vol I, IV
Weaver, Doug, Vol I, IV
Weber, Timothy P., Vol I, IV
Wells, David Falconer, Vol I, IV
Wills, Gregory A., Vol I, IV
Wilson, John Elbert, Vol I, IV
Wilson, John Frederick, Vol I, IV
Wintle, Thomas, Vol I, IV
Wright, John Robert, Vol I, IV
Zeman, Jarold K., Vol I, IV
Zinn, Grover A., Vol I, IV
Zuck, Lowell H., Vol I, IV

Church Management
Anderson, Dennis A., Vol IV
Mathis, Robert, Vol IV
Van Rheenen, Gailyn, Vol IV
Welch, Robert H., Vol IV

Church Music
Heiman, Lawrence Frederick, Vol II, IV
McCoy, Gary W., Vol II, IV
Rothenbusch, Esther H., Vol II, IV
Schwarz, May L., Vol II, IV
Westermeyer, Paul, Vol II, IV

City Planning
Marsh, Vincent, Vol I

Civil Procedure
Gavil, Andrew I., Vol IV
Lynn, Richardson R., Vol IV

Classical Archaeology
Ajootian, Aileen, Vol I
Ault, Bradley A., Vol I
Bass, George Fletcher, Vol I
Benson, Jack Leonard, Vol I
Betancourt, Philip Paul, Vol I
Burrell, Barbara, Vol I
Carpenter, T. H., Vol I
Carter, Jane B., Vol I
Carter, Joseph Coleman, Vol I, II, III
Cheal, Catheryn Leda, Vol I
De Puma, Richard Daniel, Vol I
Dwyer, Eugene Joseph, Vol I
Edlund-Berry, Ingrid E. M., Vol I
Foss, D. Pedar W., Vol I
Gebhard, Elizabeth Replogle, Vol I
Greenewalt, Crawford Hallock, Vol I
Haggis, Donald, Vol I
Harris-Cline, Diane, Vol I
Hedreen, Guy, Vol I
Kuniholm, Peter Ian, Vol I
Lattimore, Steven, Vol I, II, III
Mellink, Machteld Johanna, Vol I
Miles, Margaret M., Vol I
Miller, Stephen G., Vol I
Oakley, John H., Vol I
Oleson, John P., Vol I
Overbeck, John Clarence, Vol I, III
Pedley, John Griffiths, Vol I
Pinney, Gloria Ferrari, Vol I
Pullen, Daniel J., Vol I, V
Purefoy Morris, Sarah, Vol I
Ramage, Nancy Hirschland, Vol I
Richardson, Lawrence, Jr., Vol I
Shapiro, H. Alan, Vol I
Shaw, Joseph Winterbotham, Vol I
Shelmerdine, Cynthia Wright, Vol I, II, III
Sidebotham, Steven Edward, Vol I
Sutton, Robert F., Vol I
Symeonoglou, Sarantis, Vol I
Thomas, Jean D'Amato, Vol I, II
Waldbaum, Jane C., Vol I
White, Donald, Vol I

Classical Languages
Adkin, Neil, Vol II, III
Adkins, Arthur William Hope, Vol II, III, IV
Ahrensdorf, Peter J., Vol II, III
Ambrose, Z. Philip, Vol III
Anderson, Greg, Vol I, II, III
Anderson, James C., Jr., Vol II, III
Anderson, Michael John, Vol II, III
Anderson, William Scovil, Vol II, III
Ando, Clifford, Vol II, III
Andronica, John Louis, Vol III
Arieti, James Alexander, Vol I, II, III
Asmis, Elizabeth, Vol II, III
Athanassakis, Apostolos N., Vol II, III
Austin, J. Norman, Vol II, III
Avery, Harry Costas, Vol II, III
Avotins, Ivars, Vol II, III
Babcock, Robert, Vol II, III
Bacon, Helen Hazard, Vol II, III
Badian, Ernst, Vol I, II, III
Bailly, Jacques A., Vol II, III
Ball, Robert J., Vol II, III
Bannon, Cynthia J., Vol II, III
Barnard, Sylvia, Vol II, III
Barnes, Timothy David, Vol I, II, III
Baron, James, Vol II, III
Bartsch, Shadi, Vol II, III
Beck, Roger L., Vol II, III
Becker, Andrew S., Vol II, III
Belifiore, Elizabeth S., Vol II, III
Benardete, Seth Gabriel, Vol II, III
Benario, Herbert W., Vol II, III
Bender, Henry V., Vol II, III
Bender, Todd K., Vol I, III
Bennett, Robert E., Vol II, III
Berlin, Netta, Vol II, III
Bernstein, Mark H., Vol II, III, IV
Bers, Victor, Vol II, III
Bertman, Stephen, Vol II, III
Bett, Richard, Vol II, III, IV
Biles, Zachary P., Vol II, III
Blank, David L., Vol II, III
Bleisch, Pamela, Vol II, III
Bliquez, Lawrence J., Vol II, III
Bloomer, W. Martin, Vol II, III
Boatwright, Mary T., Vol II, III
Bodel, John, Vol II, III
Boegehold, Alan, Vol II, III
Bolchazy, Ladislaus J., Vol II, III, IV
Bowditch, Lowell, Vol II, III
Boyd, Barbara Weiden, Vol II, III
Bradley, James Robert, Vol II, III
Bradley, Keith Richard, Vol I, III
Brennan, Mary Alethea, Vol II, III, IV
Briggs, Ward W., Vol II, III
Bright, David F., Vol II, III
Broughton, Thomas Robert Shannon, Vol I, II, III
Buck, Robert J., Vol II, III
Buller, Jeffrey L., Vol II, III
Bunge, Wilfred F., Vol III, IV
Burgess, Jonathan, Vol II, III
Burnett, Anne Pippin, Vol II, III
Burton, Joan, Vol II, III
Byre, Calvin S., Vol II, III
Calder, William M., III, Vol II, III
Campbell, David A., Vol II, III
Cape, Robert W., Jr., Vol II, III
Carter, Joseph Coleman, Vol I, II, III
Castellani, Victor, Vol II, III
Catto, Bonnie A., Vol II, III
Christ, Matthew R., Vol II, III
Christensen, Kerry A., Vol II, III
Clack, Jerry, Vol II, III
Clark, John Richard, Vol III
Clark, Mark E., Vol II, III
Clark, Raymond John, Vol II, III
Clauss, James, Vol II, III
Clay, Jenny Strauss, Vol II, III
Clinton, Kevin, Vol II, III
Cole, Eve Browning, Vol II, III, IV
Conacher, Desmond J., Vol II, III
Connolly, Joy P. T., Vol II, III
Connor, Carolyn, Vol II, III
Connor, W. Robert, Vol II, III
Conwell, David, Vol II, III
Cook, Erwin, Vol II, III
Cooper, Craig, Vol III
Corbeill, Anthony, Vol II, III
Corrigan, Kevin, Vol II, III, IV
Countryman, L. Wm, Vol II, III, IV
Courtney, Edward, Vol II, III
Craig, Christopher P., Vol II, III
Cramer, Owen C., Vol II, III
Cribiore, Raffaela, Vol II, III
Csaki, Luciana Cuppo, Vol III

Wesselschmidt, Quentin F., Vol III, IV
West, Grace Starry, Vol II, III
West, William C., III, Vol II, III
Whaley, Lindsay, Vol III
White, Cynthia, Vol II, III
Wicker, Kathleen O'Brien, Vol III, IV
Wigodsky, Michael M., Vol II, III
Wildberg, Christian, Vol II, III, IV
Wilkens, Ann, Vol II, III
Wilkie, Nancy C., Vol I, II, III
Williams, Frederick, Vol II, III
Williams, Gareth D., Vol II, III
Wills, Jeffrey, Vol II, III
Wilson, Joseph P., Vol II, III
Wiltshire, Susan Ford, Vol II, III
Winkler, Martin M., Vol II, III
Winter, Thomas Nelson, Vol II, III
Wolfe, Ethyle Renee, Vol II, III
Woloch, George Michael, Vol II, III
Wolverton, Robert E., Vol II, III
Wooten, Cecil W., Vol II, III
Worthen, Thomas, Vol II, III
Worthington, Ian, Vol I, II, III
Wyatt, William F., Vol II, III
Yardley, J. C., Vol II, III
Young, David Charles, Vol II, III
Zaferson, William S., Vol II, III, IV
Ziolkowski, John Edmund, Vol III
Zirin, Ronald A., Vol II, III

Classical Literature

Adkin, Neil, Vol II, III
Adkins, Arthur William Hope, Vol II, III, IV
Ahrensdorf, Peter J., Vol II, III
Anderson, Greg, Vol I, II, III
Anderson, James C., Jr., Vol II, III
Anderson, Michael John, Vol II, III
Anderson, William Scovil, Vol II, III
Ando, Clifford, Vol II, III
Arieti, James Alexander, Vol I, II, III
Asmis, Elizabeth, Vol II, III
Austin, J. Norman, Vol II, III
Avery, Harry Costas, Vol II, III
Avotins, Ivars, Vol II, III
Babcock, Robert, Vol II, III
Bacon, Helen Hazard, Vol II, III
Badian, Ernst, Vol I, II, III
Bailly, Jacques A., Vol II, III
Ball, Robert J., Vol II, III
Bannon, Cynthia J., Vol II, III
Barnard, Sylvia, Vol II, III
Barnes, Timothy David, Vol I, II, III
Baron, James, Vol II, III
Bartsch, Shadi, Vol II, III
Batinski, Emily E., Vol I
Beck, Roger L., Vol II, III
Becker, Andrew S., Vol II, III
Belifiore, Elizabeth S., Vol II, III
Benardete, Seth Gabriel, Vol II, III
Benario, Herbert W., Vol II, III
Bender, Henry V., Vol II, III
Bennett, Robert E., Vol II, III
Berlin, Netta, Vol II, III
Bernstein, Mark H., Vol II, III, IV
Bers, Victor, Vol II, III
Bertman, Stephen, Vol II, III
Bett, Richard, Vol II, III, IV
Biles, Zachary P., Vol II, III
Blank, David L., Vol II, III
Bleisch, Pamela, Vol II, III
Bliquez, Lawrence J., Vol II, III
Bloomer, W. Martin, Vol II, III
Boatwright, Mary T., Vol II, III
Bodel, John, Vol II, III
Boegehold, Alan, Vol II, III
Bolchazy, Ladislaus J., Vol II, III, IV
Bowditch, Lowell, Vol II, III
Boyd, Barbara Weiden, Vol II, III
Bradley, James Robert, Vol II, III
Brennan, Mary Alethea, Vol II, III, IV
Brewer, Daniel, Vol II
Briggs, Ward W., Vol II, III
Bright, David F., Vol II, III
Broughton, Thomas Robert Shannon, Vol I, II, III
Buck, Robert J., Vol II, III
Buller, Jeffrey L., Vol II, III
Burgess, Jonathan, Vol II, III
Burnett, Anne Pippin, Vol II, III
Burton, Joan, Vol II, III
Byre, Calvin S., Vol II, III
Cahill, Jane, Vol II
Calder, William M., III, Vol II, III
Campbell, David A., Vol II, III
Cape, Robert W., Jr., Vol II, III
Carrubba, Robert W., Vol III
Carter, Joseph Coleman, Vol I, II, III
Castellani, Victor, Vol II, III
Catto, Bonnie A., Vol II, III
Christ, Matthew R., Vol II, III
Christensen, Kerry A., Vol II, III
Clack, Jerry, Vol II, III
Clark, Mark E., Vol II, III
Clark, Raymond John, Vol II, III
Clarke, William M., Vol II
Clauss, James, Vol II, III
Clay, Jenny Strauss, Vol II, III
Clayton, Tom, Vol I, II
Clinton, Kevin, Vol II, III
Cole, Eve Browning, Vol II, III, IV
Collins, Derek B., Vol II, III, V
Conacher, Desmond J., Vol II, III
Connolly, Joy P. T., Vol II, III
Connor, Carolyn, Vol II, III
Connor, W. Robert, Vol II, III
Conwell, David, Vol II, III
Cook, Erwin, Vol II, III
Corbeill, Anthony, Vol II, III
Corrigan, Kevin, Vol II, III, IV
Countryman, L. Wm, Vol II, III, IV
Courtney, Edward, Vol II, III
Craig, Christopher P., Vol II, III
Cramer, Owen C., Vol II, III
Cribiore, Raffaela, Vol II, III
Cueva, Edmund, Vol II, III
Culham, Phyllis, Vol I, II
Cummins, W. Joseph, Vol II, III, IV
Curran, Leo C., Vol II, III
Dalzell, Alexander, Vol II, III
Daugherty, Gregory Neil, Vol II, III
Davis, Gregson, Vol II, III
Davis, Jack L., Vol II, III
Davisson, Mary H. T., Vol II, III
Deagon, Ann Fleming, Vol II, III
deBoo, Edward L., Vol II, III
DeForest, Mary Margolies, Vol II, III
DeSmidt, Ben, Vol II, III
Dessen, Cynthia Sheldon, Vol II
Detmer, Hellena R., Vol II, III
Dickerson, Gregory Weimer, Vol II, III
Dickison, Sheila Kathryn, Vol I, II, III
Dik, Helma, Vol II, III
Dilts, Mervin R., Vol II, III
Dimaio, Michael, Vol II, III
Doenges, Norman Arthur, Vol I, II, III
Domingo-Foraste, Douglas, Vol II, III
Donahue, John F., Vol II, III
Donlan, Walter, Vol II, III
Drake, Harold A., Vol I, II, III
Drummond, Richard Henry, Vol II, III
Dunn, Francis M., Vol II
Dyck, Andrew R., Vol II, III
Dyson, Steven L., Vol II, III
Edgeworth, Robert J., Vol II, III
Edmiston, William F., Vol II
Edmunds, Lowell, Vol II, III
Edwards, Don R., Vol II, III
Egan, Rory Bernard, Vol II, III
Eldred, Katherine O., Vol II, III
Elliott, Thomas G., Vol II, III
Ellsworth, James Dennis, Vol II, III
Engberg, Norma J., Vol II
Engel, David M., Vol II, III
Engels, Donald W., Vol I, II, III
Evans, Dale Wilt, Vol II, III, IV
Evans, James A. S., Vol II, III
Evans-Grubbs, Judith, Vol II, III
Ewald, Owen M., Vol II, III
Fant, J. Clayton, Vol II, III
Fantham, Elaine, Vol II, III
Faraone, Christopher, Vol II, III
Farber, Jay Joel, Vol II, III
Farrow, J. G., Vol II, III
Fears, J. Rufus, Vol I, II, III
Feldman, Louis H., Vol II, III
Ferreira, Debora R. S., Vol II, III
Finn, Margaret R., Vol II, III
Fishwick, Duncan, Vol II, III
Fitch, J. G., Vol II
Flory, Marleen Boudreau, Vol II, III
Flory, Stewart Gilman, Vol II, III
Floyd, Edwin Douglas, Vol II, III
Fogel, Jerise, Vol II, III
Fontes, Manuel D., Vol II, III
Ford, Andrew, Vol II, III
Fornara, Charles William, Vol II, III
Forsyth, Phyllis, Vol I, II, III
Fortenbaugh, William Wall, Vol II, III
Franklin, James L., Vol II, III
Fredricksmeyer, Ernst A., Vol II, III
Freiert, William K., Vol II, III
Freis, Catherine Ruggiero, Vol II, III
Frier, Bruce W., Vol I, II, III
Frischer, Bernard D., Vol II, III
Froehlich, Charles Donald, Vol II, III, IV
Fukuyama, Francis, Vol II, III
Fuqua, Charles, Vol II, III
Gagarin, Michael, Vol II, III
Gaichas, Lawrence Edward, Vol II, III
Galinsky, Karl, Vol II, III
Garner, Richard, Vol II, III
Garrison, Daniel H., Vol II, III
Garton, Charles, Vol II, III
Gasienica-Byrcyn, Anna Zofia, Vol II, III
Genovese, Edgar Nicholas, Vol II, III
George, Edward, Vol II, III
Gerber, Douglas E., Vol II, III
Gesell, Geraldine C., Vol II, III
Gillis, Daniel J., Vol II, III
Gleason, Maude, Vol II, III
Glowacki, Kevin T., Vol II, III
Godfrey, Aaron W., Vol II, III
Goff, Barbara E., Vol II, III
Goins, Scott, Vol II, III
Gold, Barbara K., Vol II, III
Goldberg, Sander M., Vol II, III
Golden, Leon, Vol II, III
Golden, Mark, Vol II, III
Graham, A. John, Vol II, III
Grant, John Neilson, Vol II, III
Greeley, June-Ann T., Vol II, III
Green, Peter, Vol II, III
Gregg, Robert C., Vol II, III
Gregory, Justina, Vol II, III
Groton, Anne H., Vol II, III
Gruber-Miller, John C., Vol II, III
Gurval, Robert Alan, Vol II, III
Gutzwiller, Kathryn, Vol II, III
Hahn, Francis V. Hickson, Vol II, III
Hall, Jonathan M., Vol II, III
Halporn, James W., Vol II, III
Hansen, Wells S., Vol II, III
Hansen, William F., Vol II, III, V
Harmon, Daniel P., Vol II, III
Hartigan, Karelisa V., Vol II, III
Haynes, Holly, Vol II, III
Held, Dirk, Vol II, III
Helm, James Joel, Vol II, III
Helzle, Martin, Vol II, III
Henderson, Charles, Jr., Vol II, III
Henderson, Jeffrey, Vol II, III
Herren, Michael W., Vol I, II
Hess, William Huie, Vol II, III
Higgins, William E., Vol II, III
Holliday, Vivian Loyrea, Vol I, II, III
Hollingsworth, Anthony L., Vol II, III
Holoka, James P., Vol I, II, III
Hooley, Daniel M., Vol III
Hoover, Polly, Vol II, III
Hornsby, Roger Allen, Vol II, III
Houston, George W., Vol II, III
Huffman, Carl A., Vol II, III
Hunt, John M., Jr., Vol II, III
Hunt, Patrick, Vol II, III
Hutton, William E., Vol II, III
Irwin, Eleanor, Vol II, III
Iverson, Stanley, Vol II, III
Jackson, Jacqueline Dougan, Vol II
Jacobson, Howard, Vol II
Jameson, Michael H., Vol II, III
Johnson, W. Ralph, Vol II, III
Johnston, Patricia A., Vol II, III
Jones, Christopher P., Vol I, II, III
Jones, Ward, Vol II, III
Jordan, Borimir, Vol II, III
Joyce, Jane W., Vol II, III
Jusdanis, Gregory, Vol I, II
Kaimowitz, Jeffrey H., Vol II, III
Kallendorf, Craig William, Vol II
Kaster, Robert A., Vol II, III
Katz, Phyllis, Vol II, III
Keaney, John J., Vol II, III
Keenan, J. G., Vol II, III
Kennedy, George A., Vol II, III
Kilpatrick, Ross S., Vol II, III
King, Ben L., Vol II, III
King, Peter, Vol I, II, III
Kirby, John T., Vol II, III
Kitchell, Kenneth F., Vol II, III
Knapp, Robert C., Vol I, II, III
Knauer, Georg Nicolaus, Vol II, III
Knorr, Ortwin, Vol II, III
Konstan, David, Vol II, III
Kovacs, P. David, Vol II, III
Kraabel, Alf Thomas, Vol II, III, IV
Krabbe, Judith, Vol II, III
Kraus, Matthew A., Vol II, III
Krevans, Nita, Vol II, III
Kroeger, Catherine Clark, Vol II, III
Kustus, George L., Vol II, III
L'Allier, Louis, Vol II, III
LaFleur, Richard Allen, Vol II, III
Lalonde, Gerald Vincent, Vol I, II, III
Lardinois, Andre P. M. H., Vol II, III
Laroche, Roland Arthur, Vol II, III
Lateiner, Donald, Vol I, II, III
Latousek, Rob, Vol II, III
Lattimore, Steven, Vol I, II, III
Lawall, Gilbert Westcott, Vol II, III
Leach, Eleanor W., Vol II, III
Leahy, David G., Vol II, III
Lee, Hugh Ming, Vol II, III
Lee, M. Owen, Vol II, III
Lefkowitz, Mary Rosenthal, Vol II, III
Leinieks, Valdis, Vol II, III
Leitao, David, Vol II, III
Lenz, John Richard, Vol II, III
Levin, Saul, Vol II, III
Levine, Daniel Blank, Vol II, III
Levine, Molly Myerowitz, Vol II, III
Lewis, Martha Hoffman, Vol II, III
Lidov, Joel, Vol II, III
Linderski, Jerzy, Vol II, III
Lindheim, Sara H., Vol II, III
Littman, Robert J., Vol I, II, III
Lockhart, Philip N., Vol II, III
Long, Anthony A., Vol II, III
Long, Timothy, Vol II, III
Lonigan, Paul R., Vol II, III
Losada, Luis Antonio, Vol I, II, III
Louden, Bruce, Vol II, III
Lowrie, Michele, Vol II, III
Lushnig, Cecilia Eaton, Vol II, III
Lyons, Declan P., Vol II, III
Macchiarulo, Louis, Vol II, III
MacCoull, Leslie, Vol II, III, IV
Mace, Sarah, Vol II, III
MacEwen, Sally, Vol II, III
Mack, Sara, Vol II, III
Mackie, Hilary S., Vol II, III
Mahoney, John Francis, Vol II, III
Major, Wilfred E., Vol II, III
Malamud, Martha A., Vol II, III
Malandra, William, Vol I, II, III
Malsbary, Gerald Henry, Vol II, III
Mamoojee, Abdool-Hack, Vol II, III
Manning, Joseph G., Vol II, III
Marincola, John, Vol II, III
Marsilio, Maria S., Vol II, III
Martin, Janet Marion, Vol II, III
Martin, Susan D., Vol II, III
Mason, H. J., Vol II, III
Mathisen, Ralph Whitney, Vol I, II, III
Matthews, John F., Vol I, II, III
Matthews, Victor J., Vol II, III
Maxmin, Jody, Vol II, III
May, James M., Vol II
McCaffrey, Daniel, Vol II, III
McCall, Marsh H., Jr., Vol II, III
McCarren, Vincent Paul, Vol II, III
McClure, Laura Kathleen, Vol II, III
McCulloh, William Ezra, Vol II, III
McDonough, C. J., Vol II, III
McGuire, Donald T., Jr., Vol II, III
McKay, Alexander G., Vol II, III
McKeown, James C., Vol II, III
McNamee, Kathleen, Vol II, III
Mcshea, William Patrick, Vol I, II
Mele, Alfred R., Vol II, III, IV
Mellor, Ronald, Vol II, III
Meritt, Lucy Shoe, Vol II, III
Metcalf, William E., Vol II, III
Michelini, Ann Norris, Vol II, III
Miles, Gary B., Vol II, III
Milham, Mary Ella, Vol II, III
Miller, Andrew M., Vol II, III
Miller, D. Gary, Vol II, III
Miller, John F., Vol II, III
Mills, Sophie J., Vol II, III
Mitchell-Boyask, Robin N., Vol II, III
Monoson, S. Sara, Vol II, III, IV
Moore, T. J., Vol II, III
Morgan, Kathryn A., Vol II, III
Morison, William S., Vol I, II, III
Morris, Ian, Vol II, III
Morrison, James V., Vol II, III
Mosshammer, Alden Adams, Vol I, II, III
Motto, Anna Lydia, Vol II, III
Mueller, Martin, Vol II
Murgia, Charles Edward, Vol II, III
Nagle, Betty Rose, Vol II, III
Nagler, Michael Nicholas, Vol II
Nagy, Gregory John, Vol II, III
Naiditch, P. G., Vol II, III
Nappa, Christopher, Vol II, III
Natunewicz, Mary Ann T., Vol II, III
Nethercut, William Robert, Vol II, III
Nevin, Thomas R., Vol II, III
Newmyer, Stephen Thomas, Vol II, III
Nicholson, John H., Vol II, III
Nicholson, Nigel, Vol II, III
Nightingale, Andrea Wilson, Vol II, III
Nishimura-Jensen, Julie M., Vol II, III
Nordling, John G., Vol II, III
North, Helen Florence, Vol II
O'Conell, Robert J., Vol II, III
O'Connor, Eugene, Vol II, III
O'Donnell, James J., Vol II, III
O'Neill, Kerill, Vol II, III
Ormand, Kirk, Vol II, III
Owens, William M., Vol II, III
Packer, James, Vol II, III
Padilla, Mark, Vol II, III
Paley, Samuel M., Vol II, III
Palma, Ronald B., Vol II, III
Parker, Holt, Vol II, III
Parker, Richard W., Vol II, III
Parry, Hugh, Vol II, III
Parsons, Jedediah David, Vol II, III
Pascal, Paul, Vol II, III
Paul, George Mackay, Vol I, II, III
Pazdernik, Charles, Vol II, III
Pearce, James, Vol II, III
Pendergraft, Mary L., Vol II, III
Penella, Robert J., Vol II, III
Penniston, Joyce K., Vol II, III
Peradotto, John Joseph, Vol II, III
Perdicoyianui-Paleologou, Helene, Vol II, III
Peters, Francis Edward, Vol II, IV
Philippides, Dia M., Vol II, III
Phillips, Jane Ellen, Vol II, III
Pohlsander, Hans Achim, Vol II, III
Porter, David H., Vol II, III
Porter, J. I., Vol II, III
Pothecary, Sarah, Vol II, III
Powell, Barry, Vol II, III
Pownall, Frances Skoczylas, Vol II, III
Pratt, L., Vol II, III
Prince, Susan, Vol II, III
Pucci, Pietro, Vol II, III
Purinton, Jeffrey S., Vol II, III

Putnam, Michael C. J., Vol II, III
Raaflaub, Kurt A., Vol II, III
Race, William H., Vol II, III
Rainey, Penelope, Vol II, III
Ramsey, John T., Vol II, III
Rayor, Diane J., Vol II
Redfield, James M., Vol II, III
Reece, Steve, Vol II
Reginald, Allen, Vol II, III
Rehm, Rush, Vol II, III
Reid, Peter L. D., Vol II, III
Reilly, Linda, Vol II, III
Relihan, Joel C., Vol II, III
Resinski, Rebecca, Vol II, III
Reusher, Jay, Vol II, III
Reydams-Schils, Gretchen, Vol II, III, IV
Richardson, Donald, Vol II, III
Richlin, Amy, Vol II, III
Rinkevich, Thomas E., Vol II, III
Roberts, Michael, Vol II, III
Rodriguez, Lydia H., Vol II, III
Roisman, Hanna M., Vol II, III
Roller, Matthew B., Vol I, II, III
Roman-Mendoza, Esperanza, Vol II, III
Romer, F. E., Vol II, III
Romm, James S., Vol I, II
Ronnick, Michele Valerie, Vol II, III
Rose, Peter Wires, Vol II, III
Rosivach, Vincent John, Vol II, III
Rothwell, Kenneth S., Vol II, III
Rouman, John Christ, Vol II, III
Russo, Joseph Anthony, Vol II, III
Rutledge, Harry Carraci, Vol II, III
Rutledge, Steven H., Vol II, III
Rutter, Jeremy B., Vol II, III
Saffire, Paula Reiner, Vol II, III, IV
Sage, Michael, Vol I, II, III
Sale, Mary, Vol II, III, IV
Sanders, Lionel, Vol I, II
Sansone, David, Vol II, III
Santos, Jose Andre, Vol II, III
Saylor, Charles F., Vol III
Scanlan, Richard T., Vol II, III
Schaeffer, Peter Moritz-Friedrich, Vol II, III, IV
Schierling, Stephen P., Vol II, III
Schlam, Carl C., Vol II, III
Schroeder, Frederic M., Vol II, III
Scott, William Clyde, Vol II, III
Scullion, Scott, Vol II, III
Scully, Stephen P., Vol II, III
Seavey, William, Vol II, III
Sebesta, Judith Lynn, Vol I, II, III
Segal, Charles P., Vol II, III
Shaw, Michael, Vol II, III
Shelmerdine, Cynthia Wright, Vol I, II, III
Shelmerdine, Susan C., Vol II, III
Sheridan, Jennifer A., Vol II, III
Sherk, Robert K., Vol II, III
Sherry, Lee F., Vol II, III
Shey, Howard James, Vol II, III
Shields, John Charles, Vol II, III
Sick, David, Vol II, III
Sieber, John Harold, Vol II, III, IV
Simpson, Michael, Vol II, III
Simpson, Peter P., Vol II, III, IV
Sinos, Rebecca H., Vol II, III
Skelnar, Robert John, Vol II, III
Slagle, Judith Baily, Vol II
Smethurst, Mae J., Vol II, III
Smith, David Richard, Vol II, III
Smith, Diane E., Vol II, III
Smith, Rebekah M., Vol II, III
Solodow, Joseph B., Vol II, III
Sonkowsky, Robert Paul, Vol II, III
Sorum, Christina Elliott, Vol II, III
Sosower, Mark L., Vol II, III
Spaeth, Barbette S., Vol II, IV
Springer, Carl P. E., Vol II, III
Stadter, Philip Austin, Vol II
Staley, Gregory A., Vol II, III
Stephens, Susan A., Vol II, III
Stevens, John A., Vol II, III
Sthele, Eva, Vol II
Stroud, Ronald Sidney, Vol II, III
Stroup, Sarah Culpepper, Vol II, III
Sullivan, John P., Vol II, III
Sussman, Lewis Arthur, Vol II, III
Sutherland, Elizabeth H., Vol II, III
Sutton, Dana Ferrin, Vol II, III
Swift, Louis Joseph, Vol II, III
Syed, Jasmin, Vol II, III
Tahara, Mildred Machiko, Vol III
Taran, Leonardo, Vol II, III, IV
Tarkow, Theodore A., Vol II, III
Tarrant, Richard John, Vol II, III
Taylor, Daniel Jennings, Vol II, III
Tebben, Joseph Richard, Vol II, III
Thomas, Jean D'Amato, Vol I, II
Thompson, Cynthia L., Vol II, IV
Threatte, Leslie L., Vol II, III
Toher, Mark, Vol II, III
Toumazou, Michael K., Vol II, III
Treadgold, Warren, Vol I, II, III
Treggiari, Susan M., Vol II, III
Ulery, Robert W., Vol II, III
Van Steen, Gonda Aline Hector, Vol II, III
Vandiver, Elizabeth, Vol II, III
Vine, Brent, Vol II, III
Wacholder, Ben Zion, Vol I, II
Walbank, Michael Burke, Vol I, II, III
Walker, Andrew David, Vol II, III
Wallace, Robert, Vol II, III
Wallach, Luitpold, Vol II, III
Webb, Ruth H., Vol II, V
Weber, Clifford Whitbeck, Vol II, III
Weigel, Richard David, Vol I, II, III
Weiner, Neal O., Vol II, III, IV
Weiss, Michael L., Vol II, III
Wells, Colin, Vol II, III
West, Grace Starry, Vol II, III
West, William C., III, Vol II, III
White, Cynthia, Vol II, III
Wigodsky, Michael M., Vol II, III
Wildberg, Christian, Vol II, III, IV
Wiley, Raymond A., Vol II, III
Wilkens, Ann, Vol II, III
Wilkie, Nancy C., Vol I, II, III
Williams, Frederick, Vol II, III
Williams, Gareth D., Vol II, III
Williams, John Howard, Vol II, III
Wills, Jeffrey, Vol II, III
Wilson, Joseph P., Vol II, III
Wiltshire, Susan Ford, Vol II, III
Winkler, Martin M., Vol II, III
Winter, Thomas Nelson, Vol II, III
Witke, E. C., Vol II
Wlater, Otis M., Vol II
Wolfe, Ethyle Renee, Vol II, III
Woloch, George Michael, Vol II, III
Wolverton, Robert E., Vol II, III
Womack, Morris M., Vol II
Wooten, Cecil W., Vol II, III
Worthen, Thomas, Vol II, III
Worthington, Ian, Vol I, II, III
Wyatt, William F., Vol II, III
Yardley, J. C., Vol II, III
Young, David Charles, Vol II, III
Zaferson, William S., Vol II, III, IV
Zirin, Ronald A., Vol II, III

Classical Philology

Bergren, Ann L. T., Vol III
Cameron, Alan, Vol I, III
Chambers, Mortimer Hardin, Vol III
Clader, Linda, Vol III, IV
Clayman, Dee Lesser, Vol III
Coffta, David J., Vol III
D'Arms, John H., Vol III
Dickie, Matthew Wallace, Vol III
Gaisser, Julia Haig, Vol III
Greenberg, Nathan Abraham, Vol III
Hallett, Judith Peller, Vol III
Heiden, Bruce A., Vol III
Jenkins, Fred W., Vol III
Jones, Nicholas Francis, Vol I, III
Kirkwood, Gordon Macdonald, Vol III
Knox, Bernard MacGregor Walker, Vol III
Koenen, Ludwig, Vol III
Lang, Mabel Louise, Vol III
Macro, Anthony David, Vol I, III
Mastronarde, Donald John, Vol III
McDonough, Christopher Michael, Vol III
McHugh, Michael P., Vol III, IV
Mourelatos, Alexander Phoebus Dionysiou, Vol III, IV
Newman, John Kevin, Vol III
Nisetich, Frank, Vol III
Ostwald, Martin, Vol III
Parker, Henry H., Vol III
Pascal, Cecil Bennett, Vol III
Phillips, Joanne Higgins, Vol III
Pollitt, Jerome J., Vol I, III
Pomeroy, Sarah B., Vol I, III
Ross, Marilyn A., Vol III
Silverberg, Joann C., Vol III
Slatkin, Laura M., Vol III
Steele, Marta N., Vol III
Stevenson, Walt, Vol III
Suits, Thomas Allan, Vol III
Tandy, David, Vol III
White, Peter, Vol III
Willis, William Hailey, Vol III
Wooley, Allan D., Vol III
Wray, David L., Vol III

Clinical Psychology

Andreasen, Nancy C., Vol V
Appelbaum, Paul S., Vol V
Barrett, Barnaby B., Vol V
Chen, John C., Vol V
Coan, Richard W., Vol V
Cohen, Jonathan Allan, Vol V
Conigliaro, Vincent, Vol V
Hutchinson, Dorothy Stauss, Vol V
Marcus, Paul, Vol V
Miller, Robert D., Vol V
Muuss, Rolf Eduard Helmut, Vol V
Poythress, N. G., Vol V
Rojahn, Johannes, Vol V
Rychlak, Joseph F., Vol V
Shadish, W. R., Vol V
Slovenko, Ralph, Vol V
Smith-Rosenberg, Carroll, Vol I, V
Sroufe, L. Alan, Vol V
Swensen, Clifford Henrik, Vol V
Velting, Drew, Vol V
Walsh, Roger, Vol V
Young-Eisendrath, Polly, Vol V
Zucker, Arnold H., Vol V

Cognitive Psychology

Kasper, Loretta F., Vol V
Noice, Helga, Vol V

Cognitive Science

Berkeley, Istvan S. N., Vol V
Lieberman, Philip, Vol V

Colonial History

Cannon, Donald Quayle, Vol I
Harris, P. M. G., Vol I
Leamon, James Shenstone, Vol I
Middlekauff, Robert Lawrence, Vol I
Quitt, Martin Herbert, Vol I
Sosin, Jack Marvin, Vol I
Waters, John J., Vol I
Wells, Robert Vale, Vol I

Communication Disorders

Bartlett, Cynthia L., Vol II
Bashir, Anthony S., Vol II

Communications

Adams, Katherine L., Vol II
Adams, Lynn, Vol II
Adams, Michael F., Vol II
Adams, Tyrone L., Vol II
Adelman, Mara, Vol II
Afifi, Walid A., Vol II
Aitken, Joan Evelyn, Vol II
Alexander, Dennis C., Vol II
Allen, Brenda J., Vol II
Allen, Chris, Vol II
Allen, Myria, Vol II
Allen, Ronald J., Vol IV
Allman, William Arthur, Vol II
Amason, Patricia, Vol II
Amato, Philip P., Vol II
Anderson, Carolyn M., Vol II
Anderson, Floyd D., Vol II
Andria, Marco, Vol II
Anstendig, Linda, Vol II
Anton, Corey, Vol II
Aoki, Eric, Vol II
Aram, Dorothy M., Vol II
Arliss, Laurie, Vol II
Arneson, Pat, Vol II
Arnett, Ronald C., Vol II
Arthur, Gwen, Vol II
Atkin, David J., Vol II
Attias, Bernardo, Vol II
Auter, Philip J., Vol II
Avram, Wesley D., Vol II
Babrow, Austin S., Vol II, V
Bahk, C. M., Vol II
Baldwin, John R., Vol II, IV
Banbury, Horace, Vol II
Banet-Weiser, Sarah, Vol II
Bar, Francois, Vol II
Barbour, Alton Bradford, Vol II
Barge, J. Kevin, Vol II
Barnes, Sue, Vol II
Barnum, Carol, Vol II
Barr, Jeanine R., Vol II
Barrett, Janice M,, Vol II
Bates, Benjamin J., Vol II
Bauer, Otto Frank, Vol II, III
Baxter-Moore, Nick, Vol II
Bayless, Ovid Lyndal, Vol II
Beale, Walter Henry, Vol II
Beatty, Michael, Vol II, III
Beebe, Steven A., Vol II
Bender, Carol, Vol II
Beniger, James R., Vol II, V
Benkendorf, Ray R., Vol II
Benoit, William L., Vol II
Benremouga, Karima, Vol II
Bensman, Marvin R., Vol II
Berger, Arthur A., Vol II
Bergstrom, Mark, Vol II
Bethel, Elizabeth Rauh, Vol II, V
Bettagere, Ramesh N., Vol II
Bezanson, Mark, Vol II
Biesecker, Barbara, Vol II
Black, Lendley C., Vol II
Blackwood, Roy E., Vol II
Blair, Carole, Vol II
Blanchard, Robert O., Vol II
Blatt, Stephen J., Vol II
Bloom, Melanie, Vol II
Blythe, Stuart, Vol II
Bolz, Barbara J., Vol II
Bostdorff, Denise M., Vol II
Botan, Carl H., Vol II
Boyd, Linda F. Wharton, Vol II
Brady, Robert M., Vol II
Braithwaite, Dawn O., Vol II
Bredin, Marian, Vol II
Breen, Marcus, Vol II
Breitrose, Henry S., Vol II
Brennen, Bonnie S., Vol IV
Broadhead, Glenn J., Vol II
Brommel, Bernard, Vol II
Brooks, Dwight E., Vol II
Brown, Dan, Vol II
Brown, Robert E., Vol II
Bruder, Kurt A., Vol II
Bruner, M. Lane, Vol II, III
Bruning, Stephen D., Vol II
Bryan, Ferald J., Vol II
Buchanan, Raymond W., Vol II
Buerkel-Rothfuss, Nancy, Vol II
Burgchardt, Carl, Vol II
Burgoon, Judee, Vol II
Burks, Don M., Vol II
Burleson, Brant R., Vol II
Burnett, Ann K., Vol II
Busby, Rudolph E., Vol II
Butler, Katharine G., Vol II
Buzzard, Karen S., Vol II
Byers, Lori, Vol II
Cai, Deborah A., Vol II
Cannon, Keith, Vol II
Cantrill, James G., Vol II
Cappella, Joseph N., Vol II
Cargile, Aaron C., Vol II
Carmichael, Carl W., Vol II, III
Carmichael, Sheleigh, Vol II
Carr, Steven A., Vol II
Carrier, Rebecca, Vol II
Carroll, Linda M., Vol II
Cartwright, Marguerite Dorsey, Vol II
Casey, Michael W., Vol II
Casmir, Fred L., Vol II, III
Catano, James, Vol II
Catt, Stephen E., Vol II
Ceccarelli, Leah M., Vol II
Cegala, Donald Joseph, Vol II
Chaffee, Steven H., Vol II
Chandler, Daniel Ross, Vol II
Chang, Briankle G., Vol II
Chapman, Virginia, Vol II
Chen, Guo-Ming, Vol II
Chen, Ni, Vol II
Cheng, Hong, Vol II
Chesebro, James W., Vol II
Christ, William G., Vol II
Christians, Clifford G., Vol II
Cissna, Kenneth N., Vol II
Clair, Robin P., Vol II
Cloud, Dana L., Vol II
Clowers, Marsha L., Vol II
Colbourn, Frank E., Vol II
Cole, Mike, Vol II
Collins, Vicki, Vol II
Comor, Edward, Vol II, V
Comstock, George Adolphe, Vol II, V
Conrad, Charles R., Vol II, III
Cook, Susan L., Vol II
Cooks, Leda M., Vol II
Cooper, Virginia W., Vol II
Cooren, Francois, Vol II
Coppola, Nancy, Vol II
Courtright, John A., Vol II
Covington, William, Jr., Vol II
Cox, E. Sam, Vol II
Crabtree, Robbin D., Vol II
Craig, J. Robert, Vol II
Craig, Robert T., Vol II
Crane, Jon, Vol II
Crew, H., Vol II
Cronn-Mills, Daniel, Vol II
Crowley, David, Vol II
Crume, Alice L., Vol II
Curtin, Michael, Vol II
Daddario, Gina, Vol II
Dailey, Joseph, Vol II
Dailey, Sheron, Vol II
Daniels, LeAnne, Vol II
Darsey, James, Vol II
Dates, Jannette Lake, Vol II
Dause, Charles A., Vol II
Davis, Janet, Vol II
Davis, Johnetta Garner, Vol II
Davis, Katie Campbell, Vol II
Davis, Kenneth G., Vol III, IV
Davis, Susan, Vol II
de Grazia, Edward, Vol II, IV
De Ortego Y Gasca, Felipe, Vol II
Dee, Juliet L., Vol II
Deetz, Stanley A., Vol II
Dell, Chad E., Vol II
Derry, James, Vol II
Detenber, Benjamin H., Vol II
Dick, Robert C., Vol II
Dicks, Vivian I., Vol II
Dionisopoulos, George N., Vol II
Dixon, Lynda D., Vol II
Doerfel, Marya L., Vol II
Doherty, Karen A., Vol II
Dooley, Patricia, Vol II, IV
Dorgan, Howard, Vol II, V
Dorland, Michael, Vol II
Dornan, Christopher, Vol II
Dorsey, Leroy, Vol II
Dragga, Sam A., Vol II
Drew, Shirley K., Vol II, III
Duffy, Bernard K., Vol II
Dunne, Joseph Fallon, Vol II
Durham, Ken R., Vol III, IV
Dutton, William H., Vol II
Dyer, Sam Coad, Vol II
Eadie, William F., Vol II
Earnest, Robert S., Vol II
Ede, Lisa, Vol II
Edgerton, Gary R., Vol II
Edwards, Clark, Vol II
Edwards, Janis, Vol II
Edwards, Mary Louise, Vol II
Ellis, Carolyn Sue, Vol II, V
Ellis, Donald, Vol II
Elwood, William N., Vol II
Engestrom, Yrjo, Vol II
Esposito, Steven, Vol II
Eyster, Kevin Irenies, Vol II
Faller, Greg, Vol II
Fang, Irving E., Vol II
Farber, Carole, Vol II
Farrar, Ronald, Vol II
Fearn-Banks, Kathleen, Vol II
Feinman, Paul I., Vol II
Feinstein, Herbert Charles Verschleisser, Vol II
Fennelly, Laurence W., Vol II
Ferguson, Sherilyn, Vol II
Ferre, John P., Vol II
Filemyr, Ann, Vol II
Fine, Marlene G., Vol II
Fink, Edward L., Vol II
Fiordo, Richard A., Vol II
Fisher, Walter R., Vol II

Discipline Index

Fisherkeller, JoEllen, Vol II, V
Flippen, Charles, Vol II
Fraleigh, Douglas, Vol II
Franks, J. Richard, Vol III
Frazier, Leta J., Vol II
Freeman, Joanna Mae, Vol II
Frentz, Thomas S., Vol II
Friedenberg, Robert Victor, Vol II
Friedrich, Gustav William, Vol II
Fry, Katherine G., Vol II
Frymier, Ann Bainbridge, Vol II
Fulk, Janet, Vol II
Fulkerson, Raymond Gerald, Vol II
Gaines, Robert N., Vol II, IV
Gallagher, Victoria J., Vol II
Gangotena, Margarita, Vol II
Garay, Mary Sue, Vol II
Garay, Ronald, Vol II
Gastil, John Webster, Vol II
Gaunt, Philip, Vol II
Gayeski, Diane M., Vol II
Geist, Patricia, Vol II
Gerber, Sanford E., Vol II
Gershon, Robert, Vol II
Gibson, Melissa K., Vol II
Gibson, Stephanie, Vol II
Gilbert, Harvey R., Vol II
Gill, Ann, Vol II
Gillam, Ronald G., Vol II
Giuliano, Michael J., Vol II
Glaser, Hollis F., Vol II
Glasser, Theodore L., Vol II
Goering, Elizabeth, Vol II
Gold, Ellen Reid, Vol II
Goldzwig, Steven R., Vol II
Goodall, Harold L., Vol II
Goodman, Michael B., Vol II
Goodnight, G. Thomas, Vol II, IV
Gordon, Ronald D., Vol II
Grant, August E., Vol II
Gravlee, Jack, Vol II
Greaves, Gail-Ann, Vol II
Green, Lon C., Vol II
Greene, John O., Vol II
Griffin, Michael S., Vol II
Groch, John R., Vol II, III
Gross, Daniel D., Vol II
Grossberg, Lawrence, Vol II
Guenther, Barbara J., Vol II
Guitar, Barry, Vol II
Guzman-Merced, Rosa Maria, Vol II, III
Haapanen, Lawrence W., Vol II
Hackman, Michael, Vol II
Hahn, Laura K., Vol II
Hall, Dennis R., Vol II
Hall, Jill, Vol II
Hallin, Daniel C., Vol II
Hamilton, Mark A., Vol II
Hamilton, Peter K., Vol II
Hammer, Mitchell R., Vol II
Hammerback, John C., Vol II
Hanke, Robert, Vol II
Hanson, Colan T., Vol II
Harpine, William, Vol II
Harpold, Terry, Vol II, V
Harris, Gil W., Vol II
Harris, Thomas E., Vol II
Harrison, Randall Paul, Vol II
Hart, Joy L., Vol II
Hart, Roderick P., Vol II
Hartouni, Valerie, Vol II
Hashem, Mahboub, Vol II
Hassencahl, Frances J., Vol II
Haven, Richard P., Vol II
Hawes, William K., Vol II
Hawkes, Lory, Vol II
Hawkinson, Kenneth S., Vol II
Hecht, Michael L., Vol II
Hendrix, Jerry, Vol II
Hendryx-Bedalov, P., Vol II
Herbeck, Dale A., Vol II
Herndon, Sandra L., Vol II
Hesselgrave, David J., Vol II
Heuett, Brian L., Vol II
Hickson, Mark, Vol II
Higgins, Mary Anne, Vol II
Hill, Susan E. Kogler, Vol II
Hilliard, Jerry, Vol II
Hilt, Michael, Vol II
Hines, Randy, Vol II
Hirokawa, Randy Y., Vol II
Hogan, J. Michael, Vol II
Hollstein, Milton C., Vol II
Holmes, Michael E., Vol II
Horvath, Cary W., Vol II
Horwitz, Robert, Vol II
Hostetler, Michael J., Vol II
Howard, Diane, Vol II
Howard, Herbert, Vol II
Huang, Shaorong, Vol II
Huesca, Robert, Vol II
Huffman, John L., Vol II
Hufman, Melody J., Vol II
Hughes, Diana L., Vol II
Humphries, Tom, Vol II
Hunt, Steven B., Vol II
Hutchinson, Kevin, Vol II
Huttenstine, Marian L., Vol II
Huxman, Susan S., Vol II
Hynes, Thomas J., Jr., Vol II
Iacobucci, Christine, Vol II
Irons, Glenwood H., Vol II
Irvine, Carolyn Lenette, Vol II
Isang, S. Akpan, Vol II
Jackson, Gordon, Vol II
Jackson, James Harvey, Vol II
Jackson, Kathy Merlock, Vol II
Jackson, Michele, Vol II
Jackson, Miles Merrill, Vol II
Jackson, Ronald, II, Vol II
Jacobi, Martin, Vol II
Jacobson, Thomas L., Vol II
James, Michael L., Vol II
Jandt, Fred E., Vol II
Jeffres, Leo, Vol II
Jia, Wenshan, Vol II
Jim, Kim Soon-Jin, Vol II
Johansen, Bruce Elliott, Vol I
Johnson, Willie J., Vol II, V
Johnson-Sheehan, Richard, Vol II
Jones, Leander Corbin, Vol I, II
Jones, Robin A., Vol II
Jones, Stanley E., Vol II
Jung, Donald J., Vol II
Kailing, Joel, Vol II, III
Kalbfleisch, Pamela J., Vol II
Kane, Peter, Vol II
Karre, Idahlynn, Vol II
Kauffman, Bette J., Vol II
Kauffman, Janet, Vol III
Keaten, James A., Vol II, V
Keehner, Mary, Vol II
Keel, Vernon, Vol IV
Keller, Dale, Vol II
Kellett, Pete, Vol II
Kelley, Beverly M., Vol II
Kelley, Samuel L., Vol II
Kelly, Rebecca, Vol II
Kendall, Kathleen E., Vol II
Keshishian, Flora, Vol II
Ketrow, Sandra M., Vol II
Key, Wilson Bryan, Vol II
Keyssar, Helene, Vol II
Khatib, Syed Malik, Vol II
Kirkwood, William, Vol II
Kizer, Elizabeth J., Vol II
Klemt, Barbara, Vol II
Klenotic, Jeffrey F., Vol II
Knapp, Mark L., Vol II
Koch, Christian Herbert, Vol II
Konick, Steve, Vol II
Koper, Randall J., Vol II
Kopfman, Jenifer E., Vol II
Koptak, Paul E., Vol II, IV
Korn, Kim Haimes, Vol II
Korolenko, A. Michael, Vol II
Korwar, Arati, Vol IV
Koski, Cheryl A., Vol II
Kovarik, Bill, Vol II
Kozikowski, Stanley John, Vol II
Kramer, Michael W., Vol II
Kraus, Sidney, Vol II
Kreps, Gary L., Vol II
Kruckeberg, Dean A., Vol II
Kuypers, Jim A., Vol II
Laffoon, Elizabeth Anne, Vol II
Langellier, Kristin M., Vol II
Langley, Stephen G., Vol II, III
Laubenthal, Penne J., Vol II
Lavasseur, David G., Vol II
Lawrence, Kathleen, Vol II
Lawrence, Samuel G., Vol II, III
Leach, Jim, Vol II
LeBaron, Curtis D., Vol II
Leche, Emma Jean Ghee, Vol II
Lee, Jae-Won, Vol II
Lee, Ronald E., Vol II
Leeds-Hurtwitz, Wendy, Vol II
Leeman, Richard W., Vol II
Lenard, Mary, Vol II
Lent, John Anthony, Vol II
Lessl, Thomas M., Vol III
Leuthold, Steven M., Vol II
Levin, Charles, Vol II
Levitt, Steven R., Vol II
Lightfoot, David, Vol II
Liles, Betty Z., Vol II
Lind, Rebecca, Vol II
Lipschultz, Jeremy Harris, Vol II
Lisby, Gregory C., Vol II
Loeffler, Donald Lee, Vol II
Lont, Cynthia M., Vol II
Loveridge-Sanbonmatsu, Joan, Vol I, II
Lu, Xing L., Vol II
Lucas, Stephen E., Vol II
Lustig, Myron W., Vol II, V
Lutz, William, Vol II
Lytal, Billy D., Vol II
Madden, Kate, Vol II
Malek, Abbas, Vol II
Manchel, Frank, Vol II
Manuel, Sharon Y., Vol III
Many, Paul, Vol II
Marlane, Judith, Vol II
Marron, Maria B., Vol II
Marrus, Francine E., Vol II
Martin, Donald R., Vol II
Martinez, Jacqueline M., Vol II, III, V
Matabane, Paula W., Vol II
Matanle, Stephen, Vol II
Matlon, Ronald, Vol III
Matthews, Jack, Vol II, V
Mattingly, Carol, Vol II
Mayo, Charles M., Vol II
Mc Master, Michele, Vol II, V
McCaleb, Joseph L., Vol II
McCauley, Rebecca J., Vol II
McCombs, Maxwell E., Vol II
McDaniel, Rebecca M., Vol II
McDonald, Kelly M., Vol II
McDonald, Verlaine, Vol II
McElreath, Mark, Vol II
McGlone, Edward L., Vol II
McGuire, Peter, Vol II
McIntyre, Jerilyn S., Vol I, II
Mcleod, Douglas M., Vol II
McLeod, Susan, Vol II
McPeak, Judith L., Vol II
McPhail, Mark L., Vol II
McPhail, Thomas Lawrence, Vol II
Means, James, Vol III, IV
Messere, Frank, Vol II
Meyer, John, Vol II
Miller, Carolyn R., Vol II
Miller, Katherine I., Vol II
Miller, Vernon D., Vol II
Miller-Day, Michelle, Vol II
Milne, Christopher, Vol II
Milosky, Linda M., Vol II
Mohsen, Raed, Vol II
Montagnes, Ian, Vol II
Mooney, Jack, Vol II
Moore, Patrick, Vol II
Mortensen, C. David, Vol II
Mosco, Vincent, Vol II
Moulthrop, Stuart, Vol II
Mowlana, Hamid, Vol II
Mukerji, Chandra, Vol II
Mullen, Lawrence J., Vol II
Mumby, Dennis K., Vol II, III, IV
Murdick, William, Vol II, III
Murphy, Patrick D., Vol II
Murray, Catherine A., Vol II
Myers, Scott, Vol II
Nakadate, Neil Edward, Vol II
Nass, Clifford I., Vol II
Neff, Joyce, Vol II
Neiva, Eduardo, Vol II
Nelson, David C., Vol II
Nemeth, Neil, Vol II
Nerone, John, Vol II
Nersessian, Nancy, Vol II, V
Neuendorf, Kimberly A., Vol II
Newman, Robert P., Vol II
Newsom, Douglas Ann, Vol II
Nicks, Joan P., Vol II
Niedzwiecki, Charissa K., Vol II
Nielsen, Michael, Vol II
Noyes, Martha, Vol II
O'Donnell, Mabry Miller, Vol II, III
Ogles, Robert M., Vol II, V
Ohlhauser, Jon B., Vol II
Oliver, Mary Beth, Vol II
Olsen, Lester C., Vol II
Olsen, Richard K., Vol II
Onwumechili, Chukwuka, Vol II
Oravec, Christine, Vol II
Oseguera, A. Anthony, Vol II
Ostermeier, Terry H., Vol II
Ottenhoff, John, Vol II, III
Padden, Carol, Vol II
Paddon, Anna R., Vol II
Palmer, William, Vol II
Parks, Sheri L., Vol II
Parry-Giles, Trevor, Vol II
Patterson, Ward L., Vol II
Pauley, John L., Vol II
Pavitt, Charles, Vol II
Payne, J. Gregory, Vol II
Pearson, Judy C., Vol II
Pease, Ted, Vol II
Peirce, Kate L., Vol II
Pena, Juan A., Vol II
Pendell, Sue D., Vol II
Perloff, Richard M., Vol II
Perse, Elizabeth M., Vol II
Peterson, Eric E., Vol II
Peterson, Tarla Rai, Vol III
Petraglia-Bahri, Joseph, Vol II, III
Pettey, Gary R., Vol II
Pfau, Michael, Vol II
Pfeiffer, William S., Vol II
Phillips, Denny, Vol II
Phillips, Robert, Vol II
Philpott, Jeffrey S., Vol II
Picklesimer, Dorman, Vol I, II
Picot, Jocelyne, Vol II
Pollock, Della, Vol II
Poole, Marshall Scott, Vol II
Preston, Joan M., Vol II
Price, David C., Vol II
Prieve, Beth A., Vol II
Purcell, William, Vol II
Putnam, Linda L., Vol II
Qi, Shouhua, Vol II
Radford, Gary P., Vol II
Radner, Hilary A., Vol II
Rafael, Vicente, Vol II
Ragsdale, J. Donald, Vol II
Rahman, Shafiqur, Vol II
Rainey, Kenneth T., Vol II
Rajagopal, Arvind, Vol I, II, V
Ralston, Steven, Vol II
Ranta, Richard R., Vol II
Rao, Nagesh, Vol II, V
Rao, Ramesh N., Vol II, III
Rao, Sandhya, Vol II
Raskin, Jonah, Vol II
Ratliff, Gerald Lee, Vol II
Rawlins, William K., Vol II
Ray, Eileen Berlin, Vol II
Ray, George B., Vol II
Real, Michael, Vol II
Reece, Debra J., Vol II
Reed, Bill, Vol II
Reeder, Heidi M., Vol II, III
Reeves, Byron, Vol II
Reich, Robert D., Vol II
Reid, Loren, Vol II
Reid, Ronald F., Vol II
Reis, Raul, Vol II
Renfro, Paula C., Vol II
Renfro, R. Bruce, Vol II
Reno, J. David, Vol II
Richardson, Charles R., Vol II
Richardson, Don, Vol II
Riley, Sam G., Vol II
Rimal, Rajiv Nath, Vol II
Risser, James V., Vol II
Robards, Brooks, Vol II
Robb, Michael P., Vol II
Roberto, Anthony J., Vol II
Roberts, Charles, Vol II
Roberts, Donald F., Vol II
Roberts, Julie, Vol II
Roberts, Nancy L., Vol II
Robinson, Gertrude Joch, Vol II
Robinson, Kelly A., Vol II
Rodriguez, Clemencia, Vol II
Rogers, Jimmie N., Vol II
Rogers, Richard A., Vol II
Ronan, John J., Vol II
Ross, Billy I., Vol II
Ross, Catherine S., Vol II
Ross, Theophil, Vol II
Rosteck, H. Thomas, Vol II
Roth, Lane, Vol II
Roth, Lorna, Vol II
Rousselow, Jessica, Vol II
Rowan, Katherine E., Vol II
Rowland, Gordon, Vol II
Roy, Abhik, Vol II
Rozema, Hazel J., Vol II
Ruben, Brent David, Vol II
Rudd, Jill, Vol II, III
Rude, Carolyn D., Vol II
Ruggles, Myles A., Vol II
Rushing, Janice H., Vol II
Russell, Charles G., Vol II
Sachsman, David B., Vol II
Sager, Allan Henry, Vol IV
Salazar, Abran J., Vol II
Salem, Philip, Vol II
Samra, Risà Jana, Vol II
Samson, Donald, Vol II
Samter, Wendy, Vol II
Samuels, Marilyn S., Vol II
Sanders, Robert E., Vol II
Sanders, Scott P., Vol II
Sands, Helen R., Vol II
Sauter, Kevin O., Vol II
Sayre, Shay, Vol II
Schaefer, Richard J., Vol II
Schaller, Kristi, Vol II
Scheele, Henry Zaegel, Vol II
Schiff, Frederick, Vol II, V
Schmidt, Patricia Lois, Vol II
Schneider, Valerie Lois, Vol II, III
Schnell, James, Vol II
Schneller, Beverly, Vol II
Schultze, Quentin J., Vol II
Schulz, Geralyn, Vol II
Schwoch, James J., Vol II
Seidman, Steven A., Vol II
Selfe, Richard J., Vol II
Selmon, Michael, Vol II
Seminara, Gloria, Vol II
Settle, Peter, Vol II
Shailor, Jonathan G., Vol II
Shaner, Jaye L., Vol II
Sharf, Barbara F., Vol II, V
Shaw, Donald Lewis, Vol I, II
Shedletsky, Leonard Jerald, Vol II
Shields, Bruce E., Vol II, IV
Shields, Donald C., Vol II
Shields, Donald J., Vol II, IV
Shyles, Leonard C., Vol II
Sigman, Stuart J., Vol II
Signorielli, Nancy, Vol II
Simmons, Donald B., Vol II
Skinner, Ewart C., Vol II
Slaughter, Beverley, Vol II
Sloniowski, Jeannette, Vol II
Smith, Herb J., Vol II
Smith, John Kares, Vol II
Smith, L. Ripley, Vol II
Smith, Larry D., Vol II
Smith, Matthew, Vol II
Smith, Ralph R., Vol II
Smith, Robert E., Vol II
Smith, Stephen A., Vol II
Smith, Voncile Marshall, Vol II, III
Soloski, John, Vol II
Soukup, Paul A., Vol II
Sparks, Glenn G., Vol II
Sparks, Sherry L., Vol II
Spears, Lee A., Vol II
Spencer, Darrell W., Vol II
Spencer, Gregory H., Vol II
Spitzberg, Brian H., Vol II
St. Amant, Kirk R., Vol II
Stack, Richard, Vol II
Stanton, Don, Vol II
Stargardt, Ute, Vol II
Starosta, William J., Vol II, V
Stathopoulos, E. T., Vol II
Steckline, C. Turner, Vol II, III
Stevens, Mark, Vol II
Stewart, Charles J., Vol II
Stewart, Thomas D., Vol II
Stohl, Cynthia B., Vol II, III
Strain, Ellen, Vol II
Strate, Lance, Vol II
Straw, William O., Vol II
Strohmaier, Mahla, Vol II
Strom, William O., Vol II
Sullivan, Dale L., Vol II
Sullivan, Sheila J., Vol II
Sutton, Jane, Vol II
Sutton, Sharyn, Vol II
Sweeney, Michael S., Vol II
Switzer, Les, Vol II
Szanto, George, Vol II
Szuchewycz, Bohdan G., Vol II
Taylor, Bryan C., Vol II
Taylor, Jacqueline S., Vol II
Taylor, James R., Vol II
Taylor, Orlando L., Vol II
Terrero, Irene, Vol II, III, V
Terrill, Robert, Vol II
Teven, Jason, Vol II
Thomason, Wallace Ray, Vol II
Thorpe, Judith M., Vol II
Thrall, Trevor, Vol II
Tiemens, Robert K., Vol II
Tompkins, Phillip K., Vol II
Totosy de Zepetnek, Steven, Vol II
Tracy, Karen, Vol II

Trent, Judith, Vol II
Trujillo, Nick L., Vol II
Turk, Judy Van Slyke, Vol II
Turner, Jeanine W., Vol II
Turner, Paige K., Vol II
Turow, Joseph G., Vol II
Valaskakis, Gail, Vol II
Valesio, Paolo, Vol II
Vancil, David, Vol II
Vande Berg, Leah R., Vol II
Vangelisti, Anita L., Vol II
Varallo, Sharon, Vol III, V
Varona, Federico, Vol II
Vatz, Richard E., Vol II
Vest, David, Vol II
Visconti, Colleen, Vol II
Viser, Victor J., Vol II
Von Friederichs-Fitzwater, Marlene M., Vol II
Wainer, Alex, Vol II
Wakefield, Robert, Vol II
Waks, Leah, Vol II
Walker, David E., Vol II
Walker, Kim, Vol II
Walker, Robert Jefferson, Vol II
Walkom, Thomas L., Vol II
Wallace, Nathaniel, Vol II
Wanca-Thibault, Maryanne, Vol II
Ward, Annalee R., Vol II
Wardrope, William J., Vol II
Warren, Clay, Vol II
Watt, Willis M., Vol II
Waugh, Charles G., Vol II, V
Weaver, Gary, Vol II
Webb, Lynne M., Vol I, II
Webb, Ralph, Jr., Vol II
Welch, Olga Michele, Vol II
Whitchurch, Gail, Vol II, V
White, Cindy H., Vol II
Wick, Audrey, Vol II
Wiegenstein, Steve, Vol II
Wiemann, John M., Vol II
Wignall, Dennis L., Vol II
Wilcox, Dennis Lee, Vol II
Wilkens, Kenneth G., Vol II
Wilkinson, Kenton, Vol II
Willard, Barb, Vol II
Willard, Charles A., Vol II
Williams, Suzanne Hurst, Vol II
Williamson, Keith, Vol II, III
Wilson, Laurie J., Vol II
Wilson, Steven R., Vol II
Wilt, David E., Vol II
Winseck, Dwayne, Vol II
Witmer, Diane F., Vol II
Wittebols, James H., Vol II
Wolvin, Andrew D., Vol II, III
Wood, Barbara, Vol II
Wood, Julia T., Vol II
Woodard, Emory H., IV, Vol II
Woods, David L., Vol II
Worley, David W., Vol II
Wright, Roosevelt R., Jr., Vol II
Yancy, Preston Martin, Vol II
Yoder, Don, Vol II
Young, C., Vol II
Young, James A., Vol I, II
Yowell, Robert L., Vol II
Zaharna, Rhonda S., Vol II
Zakahi, Walter R., Vol II
Ziegelmueller, George W., Vol II
Zoch, Lynn M., Vol II
Zompetti, Joseph P., Vol II

Community Studies

Tripp, Luke S., Vol I, V
Webb, Lynne M., Vol I, II
Wilson, Carter, Vol I, V

Comparative Education

Alexander, George P., Vol V
Craig, John Eldon, Vol I, V

Comparative History

Abou-El-Haj, Rifaat Ali, Vol I
Lillyman, William J., Vol III
Schoeps, Karl H., Vol III
Schuster, Leslie, Vol I

Comparative Law

Ludwikowski, Rett R., Vol IV
Reidenberg, Joel R., Vol IV
Vautier, Marie, Vol III

Comparative Literature

Abel, Richard Owen, Vol II, III
Ahearn, Edward J., Vol I, III
Alter, Robert, Vol III
Andrews, Larry Ray, Vol II, III
Arroyo, Ciriaco Moron, Vol III
Atkinson, James Blakely, Vol II, III
Avins, Carol Joan, Vol III
Axelrod, Mark R., Vol III
Aycock, Wendell M., Vol II, III
Bachman, Charles Roger, Vol III
Ball, David, Vol III
Barnes, Jim Weaver, Vol II, III
Bedini, Silvio A., Vol III
Beecher, Maureen Ursenbach, Vol I, III
Begnal, Michael Henry, Vol II, III
Behler, Ernst, Vol III
Bell-Villada, Gene Harold, Vol III
Bellos, David M., Vol III
Beltran, Luis, Vol III
Bentley, Eric, Vol II, III
Bergmann, Frank, Vol II, III
Bernstein, Carol L., Vol II, III
Bernstein, Eckhard Richard, Vol III
Bittrich, Louis Edward, Vol II, III
Black, Nancy BreMiller, Vol II, III
Blake, Nancy, Vol III
Blau, Herbert, Vol II, III
Block, Haskell M., Vol III
Blodgett, Edward D., Vol III
Boening, John, Vol III
Boerner, Peter, Vol III
Bogle, Edra Charlotte, Vol III
Bohn, Willard, Vol III
Bonfini, Marie Roseanne, Vol III
Bongie, Chris, Vol II, III
Brady, Patrick S., Vol I, III
Braester, Yomi, Vol I, III
Brault, Pascale-Anne, Vol III
Brodsky, Patricia Pollock, Vol III
Brooks, Peter Preston, Vol III
Brown, Jane K., Vol III
Brown, John Lackey, Vol III
Brunsdale, Mitzi Mallarian, Vol II, III
Bucher, Gerard C., Vol III
Bump, Jerome Francis Anthony, Vol II, III
Burch, Francis Floyd, Vol III, IV
Butler, Gerald Joseph, Vol II, III
Caban, Pedro, Vol I, III
Carpenter, Bogdana, Vol III
Carter, Albert Howard, II, Vol III
Cascardi, Anthony Joseph, Vol III
Castronovo, David, Vol II, III
Caws, Mary Ann, Vol II, III
Cerf, Steven Roy, Vol III
Charles, May, Vol III
Cheney, Donald, Vol II, III
Cheung, Dominic C. N., Vol III
Chew, Kristina, Vol III
Chinosole, Vol III
Christensen, Peter G., Vol III
Ciholas, Karin Nordenhaug, Vol III
Clogan, Paul Maurice, Vol II, III
Clubb, Louise George, Vol III
Cohen, L. Keith, Vol III
Cohen, Walter Isaac, Vol III
Cohn, Dorrit, Vol III
Collins, Derek B., Vol II, III, V
Compagnon, Antoine M., Vol III
Conger, Syndy Mcmillen, Vol II, III
Cooey, Paula M., Vol III, IV
Coolidge, John Stanhope, Vol II, III
Copjec, Joan, Vol II, III
Coppola, Carlo, Vol III
Corngold, Stanley Alan, Vol III
Cox, Roger Lindsay, Vol II, III
Culbertson, Diana, Vol III, IV
Czerwinski, Edward J., Vol II, III
Damrosch, David N., Vol III
Davidheiser, James Charles, Vol III
Davies, Laurence J., Vol III
Davis, Dale W., Vol II, III
Davis, Garold N., Vol III
Davis, Gregson, Vol II, III
Davis, William, Vol III
Dearmas, Frederick A., Vol III
Del Caro, Adrian, Vol III
DellaNeva, JoAnn, Vol III
Dersofi, Nancy, Vol III
Dickstein, Morris, Vol II, III
Dijkstra, Bram, Vol II, III
Dimic, Milan Velimir, Vol III
Dix, Jennifer A., Vol III
Dolezel, Lubomir, Vol III
Domingo-Foraste, Douglas, Vol II, III
Dorsinville, Max, Vol II, III
Duggan, Joseph J., Vol III
Dulai, Surjit Singh, Vol I, III
Durer, Christopher, Vol II, III
Eckhardt, Caroline Davis, Vol II, III
Eichenlaub, Constance, Vol II, III
Elam, Helen Regueiro, Vol III
Elbaz, Andre Elie, Vol III
Engelberg, Edward, Vol II, III
Erickson, John, Vol III
Exner, Richard, Vol III
Fagles, Robert, Vol II, III
Fagundo, Ana Maria, Vol II, III
Fallon, Robert Thomas, Vol II, III
Fanger, Donald Lee, Vol III
Farber, Gerald Howard, Vol II, III
Federman, Raymond, Vol II, III
Ferguson, Margaret Williams, Vol II, III
Ferrante, Joan M., Vol III
Fido, Franco, Vol III
Fifer, Elizabeth, Vol II, III
Figueira, Dorothy, Vol III
Firchow, Peter Edgerly, Vol II, III
Fischler, Alexander, Vol III
Fitz, Brewster, Vol III
Fitz, Earl Eugene, Vol I, III
Fizer, John, Vol III
Fleischer, Georgette, Vol II, III
Foley, John Miles, Vol III
Fontanella, Lee, Vol I, III
Fradin, Joseph I., Vol III
Frakes, Jerold C., Vol III
Franke, William, Vol III
Fraser, Theodore, Vol III
Freedman, Morris, Vol II, III
French, Paulette, Vol III
Frieden, Ken, Vol III
Friedman, Donald F., Vol III
Friedman, Melvin Jack, Vol II, III
Frydman, Anne, Vol III
Fuegi, John B., Vol III
Furst, Lillian R., Vol III
Gabbard, Krin, Vol III
Gaeffke, Peter, Vol III
Gallati, Ernst, Vol III
Gasche, Rodolphe, Vol III
Gaylin, Ann E. E., Vol III
Gelber, Lynne Levick, Vol III
Gelernt, Jules, Vol II, III
Gemunden, Gerd, Vol III
Gerber, Barbara Leslie, Vol III
Gibaldi, Joseph, Vol II, III
Gillon, Adam, Vol II, III
Gilman, Donald, Vol III
Gittleman, Sol, Vol III
Gleason, Michael, Vol III
Golden, Bruce, Vol II, III
Goldin, Frederick, Vol III
Gontrum, Peter B., Vol III
Goodson, Alfred Clement, Vol II, III
Gordon, Lois G., Vol II, III
Green, Paul J., Vol III
Greenberg, Wendy, Vol III
Gregory, Elmer Richard, Vol II, III
Grimm, Reinhold, Vol III
Grimstad, Kirsten J., Vol III
Gross, David Stuart, Vol II, III
Grosz, Elizabeth, Vol III
Haase, Donald P., Vol I, III
Hagiwara, Takao, Vol III
Hamalian, Leo, Vol II, III
Hardin, James Neal, Vol III
Harries, Elizabeth Wanning, Vol II, III
Harvey, Robert, Vol III
Haviland, Beverly, Vol III
Hegstrom, Valerie, Vol III
Heinrich, Amy Vladeck, Vol III
Helgerson, Richard, Vol II, III
Hernadi, Paul, Vol III
Herrero, Javier, Vol III
Hertz, David M., Vol III
Hewitt, Andrew, Vol III
Hinze, Klaus-Peter Wilhelm, Vol III
Hirsch, Marianne, Vol III
Hoffmeister, Gerhart, Vol III
Hoffmeister, Werner, Vol III
Hollander, Robert, Vol III
Horn, Pierre Laurence, Vol III
Hubert, Renee Riese, Vol III
Hubert, Renee Riese, Vol III
Humphries, John J., Vol III
Hutcheon, Linda, Vol II, III
Hyatte, Reginald L., Vol III
Hyers, M. Conrad, Vol I, III, IV
Ilie, Paul, Vol III
Jacobs, Carol F., Vol III
Jankofsky, Klaus P., Vol III
Jennermann, Donald L., Vol III
Jewers, Caroline, Vol III
Jobim, Jose Luis, Vol III
Johnson, Warren, Vol III
Kamuf, Peggy, Vol III
Kane, Leslie, Vol III
Kaplan, Edward Kivie, Vol III
Kaplan, Elizabeth Ann, Vol III
Kaske, Carol Vonckx, Vol II, III
Kastan, David Scott, Vol II, III
Keener, Frederick M., Vol II, III
Kellman, Steven G., Vol III
Kennedy, William John, Vol II, III
Kenshur, Oscar S., Vol III
Kershner, R. Brandon, Vol II, III
King, Katherine Callen, Vol III
Kirby, John T., Vol II, III
Knapp, Bettina, Vol III
Knight, Alan Edgar, Vol III
Knopp, Sherron Elizabeth, Vol II, III
Knust, Herbert, Vol III
Koch, Kenneth, Vol II, III
Koelb, Clayton L., Vol III
Komar, Kathleen Lenore, Vol II, III
Kovach, Thomas A., Vol III
Kuenzli, Rudolf Ernst, Vol II, III
Kurman, George, Vol III
Kusch, Manfred, Vol III
Kushner, Eva, Vol III
Landy, Francis, Vol II, III
Lane, Eugene N., Vol II
Lansing, Richard H., Vol III
Latimer, Dan Raymond, Vol II, III
Lawall, Sarah Nesbit, Vol III
Lazar, Moshe, Vol II, III
Le Hir, Marie-Pierre, Vol III
Leer, Norman Robert, Vol II, III
Letzring, Monica, Vol II, III
Levy, Diane Wolfe, Vol III
Lewes, Ulle Erika, Vol II, III
Lima, Robert F., Vol III
Lindenburger, Herbert S., Vol II, III
Lobner, Corina Del Greco, Vol III
Locke, John, Vol III
Louden, Bruce, Vol II, III
Lukacher, Ned, Vol II, III
Lundell, Torborg Lovisa, Vol III, V
Mackey, Louis Henry, Vol III, IV
Macksey, Richard Alan, Vol II, III
Magliola, Robert, Vol III
Maniquis, Robert Manuel, Vol II, III
Manteiga, Robert Charles, Vol III
Marchi, Dudley M., Vol III
Marcus, Sharon, Vol II, III
Margolin, Uri, Vol II, III
Marquez, Antonio, Vol II, III
Martin, Dellita Lillian, Vol III
Martinez, Ronald L., Vol III
Mathews, Gary, Vol III
Mazzaro, Jerome L., Vol II
McCarthy, John A., Vol III
Mcentyre, Marilyn Chandler, Vol III
McGowan, John P., Vol II, III
McGregor, James H. S., Vol III
McKulik, Ben, Vol III
McManus, James, Vol III
Meisel, Martin, Vol II, III
Mellor, Anne Kostelanetz, Vol II, III
Merivale, Patricia, Vol II, III
Merrill, Reed, Vol III
Metzger, Lore, Vol II, III
Mews, Siegfried, Vol III
Michalski, John, Vol III
Miller, Paul, Vol III
Most, Glenn Warren, Vol III
Moukhlis, Salah M., Vol II, III
Mozejko, Edward, Vol III
Mudimbe, Valentine, Vol III
Mueller, Agnes C., Vol III
Murphy, Laurence Lyons, Vol III, IV
Nagel, Alan Frederick, Vol II, III
Nagem, Monique F., Vol III
Nalbantian, Suzanne, Vol II, III
Nanfito, Jacqueline C., Vol III
Nemcova, Maria, Vol III
Newman, John Kevin, Vol III
Nichols, Fred Joseph, Vol III
Niebylski, Dianna, Vol III
Nogueira, Claudia B., Vol III
Odhoji, Benjamin M. M., Vol III
Orenstein, Gloria Feman, Vol III, V
Palencia-Roth, Michael, Vol III
Pan, Da'an, Vol III
Parker, Stephen Jan, Vol III
Paz, Francis Xavier, Vol I, III
Peck, Jeffrey Marc, Vol III
Peer, Larry Howard, Vol III
Perl, Jeffery Michael, Vol III
Phillips, Louis, Vol II, III
Pichois, Claude, Vol III
Pickering-Iazzi, Robin, Vol III
Pifer, Ellen, Vol II, III
Pinkus, Karen, Vol III
Pireddu, Nicoletta, Vol III
Porter, Abioseh Michael, Vol III
Porter, Dennis, Vol III
Porter, J. I., Vol II, III
Porter, Laurence M., Vol III
Porter, Michael, Vol III
Pratt, Dale J., Vol III
Pratt, Mary Louise, Vol III
Pucci, Joseph M., Vol III
Qian, Zhaoming, Vol II, III
Rabinowitz, Peter Jacob, Vol III
Rahimich, Nasrin, Vol III
Rashkow, Ilona N., Vol III
Rastalsky, Hartmut, Vol III
Reck, Rima Drell, Vol III
Reed, Walter, Vol II, III
Remak, Henry Heymann Herman, Vol I, III
Rennert, Hellmut Hal, Vol III
Ricapito, Joseph V., Vol III
Rice, Laura, Vol III
Richardson, Scott D., Vol III
Robbins, Jill, Vol III
Rodriquez-Hernandez, Raul, Vol III
Rose, Marilyn Gaddis, Vol III
Rosello, Michelle M., Vol III
Rosenberg, Joel William, Vol III
Rosenberg, Justus, Vol III
Rothenberg, Molly, Vol III
Roy, G(eorge) Ross, Vol II, III
Rueschmann, Eva, Vol III
Rugg, Linda Haverty, Vol III
Russell, Charles, Vol III
Ryan, Judith, Vol III
Sanchez, Elizabeth Doremus, Vol III
Sanders, Ivan, Vol II, III
Sarles, Harvey Burton, Vol III, V
Savvas, Minas, Vol II, III
Scanlan, Margaret C., Vol III
Scher, Steven Paul, Vol III
Schlant, Ernestine, Vol III
Schleiner, Winfried H., Vol II, III
Schneider, Matthew T., Vol II, III
Scholes, Robert, Vol II, III
Schow, Wayne, Vol III
Schraibman, Joseph, Vol III
Schriber, Mary Suzanne, Vol III
Scott, Daniel Marcellus, Vol III
Seiden, Morton Irving, Vol II, III
Seidler, Ingo, Vol III
Serrano, Richard, Vol III
Shapiro, Gavriel, Vol III
Shields, John Charles, Vol II, III
Shirley, Paula, Vol III
Simons, John Donald, Vol III
Simpson, Ethel C., Vol III
Skalitzky, Rachel Irene, Vol I, III
Skillman, Judith, Vol II, III
Slade, Carole, Vol II, III
Smarr, Janet Levarie, Vol III
Smith, Daniel L., Vol II, III, IV
Smith, Evans L., Vol II, III
Sonnenfeld, Albert, Vol III
Spahr, Blake Lee, Vol III
Spilka, Mark, Vol II, III
Spivak, Gayatri Chakravorty, Vol III
Sprinker, Michael, Vol II, III
Sridhar, S. N., Vol III
Stadler, Eva Maria, Vol II, III
Starr, Peter, Vol III
Steiner, Thomas Robert, Vol II, III
Stern, Guy, Vol III
Stewart, Philip R., Vol III
Stoltzfus, Ben F., Vol III

Suarez-Galban, Eugenio, Vol III
Suleiman, Susan Rubin, Vol III
Sussman, Henry, Vol III
Swanson, Roy Arthur, Vol III
Swirski, Peter, Vol III
Sypher, Francis Jacques, Vol II, III
Tamburri, Anthony J., Vol III
Thiem, Jon, Vol III
Thomas, Katherine, Vol III, V
Thompson, Ewa Majewska, Vol III
Thorn, Arline Roush, Vol II, III
Tikku, Girdhari, Vol III
Timpe, Eugene Frank, Vol III
Titche, Leon L., Vol III
Torgovnick, Marianna De Marco, Vol II, III
Torrance, Robert M., Vol III
Trahan, Elizabeth Welt, Vol III
Trommler, Frank Alfred, Vol III
Tucker, Cynthia Grant, Vol II, III
Udwin, Victor, Vol III
Ungar, Steven, Vol III
Valente, Luiz Fernando, Vol III
Vasvari, Louise O., Vol III
Vickers, Nancy J., Vol III
Vitiello, Justin, Vol III
Walker, Janet Anderson, Vol III
Walker, Steven Friemel, Vol III
Waller, Marguerite R., Vol III
Wang, Ban, Vol III
Wang, Joan Parsons, Vol II, III
Wang, Mason Yu-Heng, Vol II, III
Warner, Nicholas Oliver, Vol II, III
Warren, M., Vol III
Wasiolek, Edward, Vol III
Webb, Eugene, Vol III, IV
Weisstein, Ulrich, Vol III
Wilhelm, James Jerome, Vol III
Williams, Charles Garfield Singer, Vol III
Williams, Lynn Barstis, Vol I, III
Winner, Anthony, Vol II, III
Wisse, Ruth R., Vol III
Witt, Mary Ann Frese, Vol III
Xu, Ping, Vol III
Yang, Peter Jianhua, Vol III
Yarrison, Betsy, Vol III
Yeh, Michelle, Vol III
Yehuda, Simone N., Vol II, III
Young, Cynthia A., Vol I, II
Young, Robert Vaughan, Vol II, III
Zimmerman, Zora Devrnja, Vol III, V
Ziolkowski, Theodore J., Vol III
Zlotsky, Andres, Vol II, III

Comparative Philosophy

Panikkar, Raimundo, Vol IV
Vernoff, Charles Elliott, Vol IV

Comparative Religion

Gualtieri, Antonio Roberto, Vol IV
Henry, Gray, Vol I, IV
Panikkar, Raimundo, Vol IV
Park, Jin Y., Vol IV
Sproul, Barbara Chamberlain, Vol IV
Vernoff, Charles Elliott, Vol IV

Composition (Language Arts)

Bakish, David Joseph, Vol II
Barber, Margaret, Vol II
Bell, Kimberly, Vol II
Bergmann, Linda S., Vol II
Block, Steven, Vol II
Bonesteel, Margaret D., Vol II
Bouler, Steven W., Vol II
Breslin, Linda, Vol II
Brosnahan, Leger, Vol II, V
Brown, Lady, Vol II
Buchanan, Carl J., Vol II
Cacicedo, Alberto Jesus, Vol II
Calendrillo, Linda T., Vol II
Campbell, J. Lee, Vol II, III
Chapman, David W., Vol II
Chell, Samuel L., Vol II
Cole, David William, Vol II
Comfort, Juanita R., Vol II
Edwards, Grace Toney, Vol II, V
Egginton, William, Vol II, III
Ewald, Helen Rothschild, Vol II
Fine, Africa R., Vol II
Goodburn, Amy M., Vol II
Gradin, Sherrie L., Vol II
Griffin, Claudius Williams, Vol II
Griffin, John R., Vol II
Hand, Sally Nixon, Vol II
Harrienger, Myrna J., Vol II
Harris, Robert Allen, Vol II
Holmes, David, Vol II
Howard, Anne Bail, Vol II
Kaplan, Carey, Vol II
Mackay, Carol Hanbery, Vol II
MacNealy, Mary Sue, Vol II
Marrs, Suzanne, Vol II
Martin, Wanda, Vol II
Matsuda, Paul Kei, Vol II, III
Mattingly, Carol, Vol II
McKendrick, Norman G., Vol II
McQueeney, Mary Patricia, Vol II
Morris, Paul, Vol II
Myers, Marshall, Vol II
Nikolova, Irena N., Vol II
Ong, Rory J., Vol II
Oster, Judith, Vol II, V
Penrod, Diane, Vol II
Railton, Benjamin A., Vol II
Regney, Gabrielle, Vol II, V
Roen, Duane, Vol II
Romano, Susan, Vol II
Saperstein, Jeff, Vol II
Seabury, Marcia, Vol II
Siebenschuh, William R., Vol II
Smith, Ronald E., Vol II
Sullivan, Brad, Vol II
Sullivan, Paula, Vol II
Sunyoger, Mary Ann, Vol II
Tedards, Douglas Manning, Vol II
Wang, Xiao, Vol II
Weasmer, Jerie, Vol II, V
White, Fred D., Vol II
Woods, William Forrestere, Vol II
Zacharias, Greg, Vol II

Constitutional Law

Arrow, Dennis Wayne, Vol IV
Baker, C. Edwin, Vol II, IV
Belz, Herman Julius, Vol I
Bice, Scott H., Vol IV
Brown, R. L., Vol IV
Burgdorf, Robert L., Jr., Vol IV
Bybee, Jay S., Vol IV
Capra, Daniel J., Vol IV
Clarke, Duncan, Vol I
Claude, Richard P., Vol IV
Conley, Patrick Thomas, Vol I, IV
Cruz, David B., Vol IV
Dickson, David Franklin, Vol IV
Dorsen, Norman, Vol IV
Fenner, G. Michael, Vol IV
Garet, Ronald R., Vol IV
Gerard, Jules Bernard, Vol IV
Gottlieb, Stephen Elliot, Vol IV
Greenawalt, Robert Kent, Vol IV
Gunther, Gerald, Vol I, IV
James, Bernard, Vol IV
Johanson, Herbert A., Vol I, IV
Johnson, Herbert A., Vol I, IV
Karst, Kenneth L., Vol IV
Kende, Mark, Vol IV
Konvitz, Milton R., Vol IV
Lanctot, Catherine J., Vol IV
LaRue, Lewis Henry, Vol IV
McAffee, Thomas B., Vol IV
McAninch, William S., Vol IV
McCoy, Thomas Raymond, Vol IV
Raskin, Jamin, Vol IV
Richardson, Dean M., Vol IV
Rosenfeld, Michel, Vol IV
Rudenstine, David, Vol IV
Sargentich, Thomas O., Vol IV
Schwartz, Herman, Vol IV
Shapiro, Michael H., Vol IV
Shugrue, Richard E., Vol IV
Simon, Larry G., Vol IV
Suh, Dae-Suk, Vol IV
Tobias, Carl William, Vol IV
Turner, Robert Foster, Vol IV
Uddo, Basile Joseph, Vol IV
Underwood, James L., Vol IV
Vaughan, Frederick, Vol IV
Vollmar, Valerie J., Vol IV
Wechsler, Burton D., Vol IV
Weisberg, Richard H., Vol IV
Young, Ernest A., Vol IV

Contract Law

Perillo, Joseph M., Vol IV
Shkolnick, Rodney, Vol IV

Counseling

Araoz, Daniel L., Vol V
Casile, William, Vol V
Fischer, Jerome M., Vol V
Henry, Carolyn S., Vol V
Lewis, Meharry Hubbard, Vol V
Ramage, Jean C., Vol V
Rupp, Gary, Vol V
Schoen, Jill, Vol V
Shoffner, Marie F., Vol V
Stilwell, William E., III, Vol V
Strauser, David, Vol V
Trusty, Jerry, Vol V
Voss, Richard W., Vol V
Walters, Glenn D., Vol V
Worthen, Vaughn E., Vol V
Worzbyt, John C., Vol V
Yager, Geoffrey, Vol V

Creative Writing

Abinader, Elmaz, Vol II
Alexander, Pamela, Vol II
Anderson, Chris, Vol II
Atwood, Margaret, Vol II
Bankowsky, Richard James, Vol II
Barba, Harry, Vol II
Barnes, Jim Weaver, Vol II, III
Baron, Mary K., Vol II
Bartlett, Lee, Vol II
Bedford, Bonnie C., Vol II
Bellow, Saul, Vol II
Blaise, C., Vol II
Borofka, David, Vol II
Bourne, Lesley-Anne, Vol II
Brackett, Mary Virginia, Vol II
Buchanan, Carl J., Vol II
Calcagno, Ann, Vol II
Chichetto, James W., Vol II
Clayton, John J., Vol II
Cooley, Nicole R., Vol II
Crean, Susan M., Vol II
Crozier, Lorna, Vol II
Dace, Letitia, Vol II
Daniels, Richard, Vol II
Daugherty, Tracy, Vol II
Daughtry, Philip J., Vol II
Davidson, Cynthia A., Vol II
Davis, Albert J., Vol II
Davis, Todd Fleming, Vol II
Deagon, Ann Fleming, Vol II, III
Douglas, Marcia B., Vol II
Drake, Barbara, Vol II
Dufresne, John, Vol II
Ellis, Katherine, Vol II
Epstein, Leslie, Vol II
Fedder, Norman Joseph, Vol II
Findon, Joanne, Vol II
Fischer, Katherine, Vol II
Fitzpatrick, Carolyn H., Vol II
Flower, Linda S., Vol II
Flowers, Betty Sue, Vol II
Furia, Philip George, Vol II
Gallo, Louis, Vol II
Gandal, Keith, Vol II
Glassman, Steve, Vol II
Gudding, Gabriel, Vol I, II
Gundy, Jeffrey G., Vol II
Guttman, Naomi E., Vol II
Hall, Joan Lord, Vol II
Hannah, James R., Vol II
Harris, Elizabeth Hall, Vol II
Harrison, Keith, Vol II
Hashimoto, I. Y., Vol II, III
Heath, William, Vol II
Heffernan, Michael, Vol II
Heitzmann, William Ray, Vol II
Hoagland, Edward, Vol II
Hochman, Will, Vol II
Hodgins, Jack S., Vol II
Hoggard, James Martin, Vol II
Hollingsworth, Margaret, Vol II
Hoover, Paul, Vol II
Horner, Carl S., III, Vol II
Howell, Christopher L., Vol II
Hubbard, Susan S., Vol II
Hunt, Linda, Vol II
Hunt, Tim, Vol II
Jauss, David, Vol II
Johnson, Simon, Vol II
Johnston, Arnold, Vol II
Junkins, Donald A., Vol II
King, Roger, Vol II
Kirby, David, Vol II
Kiteley, Brian, Vol II
Kittredge, William Alfred, Vol II
Ladin, Jay, Vol II
Larson, Doran, Vol II
Lassner, Phyllis, Vol II, V
Leeson, Ted, Vol II
Leland, Christopher, Vol II
Levine, Philip, Vol II
Lewis, Lisa, Vol II
Liggett, Sarah, Vol II
Mares, E. A., Vol II
Martin, Herbert Woodward, Vol II
McCann, Richard, Vol II
McConnell, Kathleen, Vol II
McFarland, Ronald E., Vol II
McIrvin, Michael D., Vol II
McTaggart, William, Vol II
Miller, Edmund, Vol II
Moran, Charles, Vol II
Morris, Paul, Vol II
Morrison, Toni, Vol II
Moyer, Kermit W., Vol II
Ne Jame, Adele, Vol II
Nigg, Joseph Eugene, Vol II
Norgaard, Rolf, Vol II
Olsen, Lance, Vol II
Ostrom, Hans, Vol II
Palmer, William, Vol II
Pearson, Michael, Vol II
Perry, John, Vol II
Peterfreund, Stuart S., Vol II
Pfefferle, W. T., Vol II
Ploeger, Katherine, Vol II
Powell, Joseph E., Vol II
Prufer, Kevin D., Vol II
Pugh, Christian A., Vol II
Richmond, M. Temple, Vol II
Robertson-Gutierrez, Noel D., Vol II
Roeske, Paulette, Vol II
Savvas, Minas, Vol II, III
Scammell, Michael, Vol II
Schultz, R., Vol II
Secreast, Donald, Vol II
Shelton, Richard William, Vol II
Smith, Barbara, Vol II
Smith, Pat Clark, Vol II
Solomon, Andrew Joseph, Vol II
Sossaman, Stephen, Vol II
Sullivan, Sally A., Vol II
Swanger, David, Vol II, IV
Venn, George, Vol II
Wall, Eamonn, Vol II
Washburn, Laura Lee, Vol II
Waterhouse, Carole, Vol II
Wharton, Lawrence, Vol II
Wilson, Steven M., Vol II
Yancy, Kathleen Blake, Vol II
Yehuda, Simone N., Vol II, III
Yuan, Yuan, Vol II
Zheng, Jianqing, Vol II

Criminal Justice

Abadinsky, Howard, Vol IV
Alarid, Leanne F., Vol IV
Anson, Richard, Vol IV
Baker, Thomas E., Vol IV, V
Bing, Robert, Vol IV
Brennan, Pauline G., Vol IV
Chermak, Steven, Vol IV
Coratti, John Edward, Vol IV
Costanza, Stephen E., Vol IV, V
Covert, Henry, Vol IV
Culbertson, Robert G., Vol IV
Curtin, John C., Vol IV
Decker, John F., Vol IV
DeGraw, Darrel, Vol IV
del Carmen, Alex, Vol IV
Doherty, John F., Vol IV
Dumont, Lloyd F., Vol IV, V
Felson, Marcus, Vol IV
Fox, James Walker, Vol IV
Friedrichs, David, Vol IV
Gainey, Randy R., Vol IV, V
Haller, Mark Hughlin, Vol I, IV
Harleston, Robert Alonzo, Vol IV
Heide, Kathleen M., Vol IV
Hume, Wendelin M., Vol IV, V
Ireland, Roderick Louis, Vol IV
Jiao, Allan, Vol IV
Johnson, Jacob Edwards, III, Vol IV
Johnson, John M., Vol IV
Lawrence, Richard, Vol IV
Leone, Matthew C., Vol IV
Lindberg, Debra, Vol IV
Lomax, John Phillip, Vol I, IV
Long, James L., Vol IV
Mathias, William J., Vol IV
McCabe, Kimberly A., Vol IV
McCord, Joan, Vol IV
McShane, Marilyn, Vol IV
Miller, J. Mitchell, Vol IV
Minor, Kevin I., Vol IV
Myers, Johnnie D., Vol IV
Nalla, Mahesh K., Vol IV
Neithercutt, Marc G., Vol IV
Ochie, C., Vol IV
Omole-Odubekun, Omolola E., Vol IV
Onwudiwe, Ihekwoaba, Vol IV
Perry, Barbara, Vol IV
Peterson, Morgan, Vol IV
Polk, Elmer, Vol IV
Reichel, Phillip, Vol IV
Resig, Michael D., Vol IV
Ritter, Susan, Vol IV
Rouse, John Jay, Vol IV
Sigler, Robert T., Vol IV
Silk, William, Vol IV, V
Stalans, Loretta, Vol IV
Standen, Jeffery A., Vol IV
Stanford, RoseMary, Vol IV
Stephens, R. Eugene, Vol IV
Stitt, B. Grant, Vol IV
Struckhoff, David, Vol IV
Suggs, Jon-Christian, Vol IV
Taylor, William B., Vol IV
Thomas, Timothy, Vol IV
Torres, Sam, Vol IV
Vaughn, Michael S., Vol IV
Veneziano, Carol, Vol IV
Wang, Hsiao-Ming, Vol IV
Watkins, John C., Vol IV
Weyer, Robert A., Vol IV
White, Jonathan, Vol IV
Wilkinson, D., Vol IV
Williams, Franklin P., Vol IV
Winfree, L. Thomas, Jr, Vol IV, V
Wint, Arthur Valentine Noris, Vol IV
Wooldredge, John, Vol IV
Yizar, Marvin, Vol IV

Criminal Law

Abraham, Gerald, Vol IV
Anderson, Michelle J., Vol IV
Bersoff, Donald N., Vol IV
Blakesley, Christopher L., Vol IV
Caldwell, Harry M., Vol IV
Capra, Daniel J., Vol IV
Duke, Steven Barry, Vol IV
Gibson, William M., Vol IV
Katz, Lewis Robert, Vol IV
Lawson Mack, Raneta, Vol IV
Lee, Milton C., Jr., Vol IV
Levine, Martin L., Vol IV
McAninch, William S., Vol IV
Moenssens, Andre A., Vol IV
Morris, Norval, Vol IV
Packel, Leonard, Vol IV
Poulin, Anne Bowen, Vol IV
Raskin, Jamin, Vol IV
Taylor, Felicia Michelle, Vol IV
Whitebread, Charles H., Vol IV

Criminology

Amsterdam, Anthony G., Vol IV
Bing, Robert, Vol IV
Cochran, John K., Vol IV
Conklin, John E., Vol IV, V
Counts, M. Reid, Vol IV, V
Dabney, Dean A., Vol IV
del Carmen, Alex, Vol IV
Dembo, Richard, Vol IV, V
Dodge, Mary J., Vol IV
Eskridge, Chris W., Vol IV
Fox, James Walker, Vol IV
Garrett, Gerald R., Vol IV, V
Grossi, Elizabeth L., Vol IV
Huff-Corzine, Lin, Vol IV
Jackson, Jerome E., Vol IV
Keller, Robert L., Vol IV, V
Kleck, Gary, Vol IV
Leonard, Kimberly K., Vol IV
Nickoli, Angela M., Vol IV
Polk, Elmer, Vol IV
Richards, Stephen C., Vol IV, V
Roy, Sudipto, Vol IV
Smith, Cindy J., Vol IV
Stack, Steven, Vol IV
Thompson, O., Vol IV
Walker, Jeff T., Vol IV
Yura, Michael T., Vol IV

Cultural Anthropology

Brown, Michael Fobes, Vol V
Gmelch, Sharon Bohn, Vol V

Lewellen, Ted Charles, Vol V
Li, Jian, Vol V
Ness, Sally A., Vol V
Ottenberg, Simon, Vol V

Culture Studies

Alexander, George P., Vol V
Blount, Marcellus, Vol II, V
Carringer, Robert L., Vol I, II, V
Castricano, Jodey, Vol V
Colatrella, Carol, Vol II, V
Comor, Edward, Vol II, V
Del Campo, Robert L., Vol V
Devine, Mary E., Vol V
Dharwadker, Aparna, Vol II, V
Doudna, Martin Kirk, Vol I, II, V
Estes, Richard J., Vol V
Gardaphe, Fred L., Vol II
Goldfarb, Jeffrey C., Vol IV, V
Gover, Yerah, Vol V
Grant, Barry Keith, Vol II, V
Harpold, Terry, Vol II, V
Hayward, Douglas, Vol IV, V
Hofstra, Warren R., Vol I, V
Johnston, William, Vol V
Kaye, Harvey Jordan, Vol I, V
Keaten, James A., Vol II, V
Kim, Elaine, Vol V
Knapp, Ronald G., Vol I, V
Lu, Min-Zhan, Vol V
Lustig, Myron W., Vol II, V
Martinez, Elizabeth Coonrod, Vol III, V
McGee, Patrick, Vol V
Mendoza, Louis, Vol II, V
Mercado, Juan Carlos, Vol V
Miller, Angela L., Vol I
Moss, Roger W., Vol I, V
Rajagopal, Arvind, Vol I, II, V
Rao, Nagesh, Vol II, V
Rauch, Alan, Vol V
Reed, T. V., Vol I, II, V
Sandiford, Keith, Vol II, V
Sarles, Harvey Burton, Vol III, V
Seaton, Shirley Smith, Vol V
Shale, Rick, Vol II, V
Sibalis, Michael, Vol I, V
Siegel, Carol, Vol V
Starosta, William J., Vol II, V
Steffen, Tom, Vol V
Suarez-Arauz, Nicomedes, Vol V
Szeman, Imre J., Vol II, V
Torrecilla, Jesus, Vol V
Yamauchi, Joanne, Vol V
Zacharias, Ravi, Vol IV, V

Dance

Albright, Ann Cooper, Vol II
Miller, Gill Wright, Vol II
Osumare, Halifu, Vol I, II
Prevots, Naima, Vol II

Demography

Hill, Allan G., Vol I
Stephen, Elizabeth H., Vol I

Developmental Psychology

Feldman, Heidi M., Vol V
Young-Eisendrath, Polly, Vol V

Developmental Studies

Bontatibus, Donna, Vol V

Drama

Armer, Alan A., Vol II
Arthur, Thomas H., Vol II
Arzoomanian, Ralph Sarkis, Vol II
Astington, John H., Vol II
Baker, Stuart Eddy, Vol II
Barlow, Judith Ellen, Vol II
Barnes, Ronald Edgar, Vol II
Barnouw, Erik, Vol II
Bauland, Peter Max, Vol II
Baumlin, Tita French, Vol II
Bedford, Bonnie C., Vol II
Benson, Richard Lee, Vol II
Bentley, Eric, Vol II, III
Berger, Thomas Leland, Vol II
Best, Michael R., Vol II
Blansfield, Karen C., Vol II
Bolin, John Seelye, Vol I, II
Booth, Stephen, Vol II
Brady, Leo, Vol II
Brady, Owen E., Vol II
Brandon, James R., Vol II
Brennan, Kit, Vol II
Brokaw, John W., Vol II
Browning, Judith, Vol II
Bruster, Douglas, Vol II
Burian, Jarka Marsano, Vol II
Burroughs, Catherine, Vol II
Calarco, N. Joseph, Vol II
Carlson, Harry Gilbert, Vol II
Carpenter, Charles Albert, Vol II
Carroll, William Dennis, Vol II
Coleman, William S. E., Vol II
Comensoli, Viviana, Vol II
Conolly, Leonard W., Vol II
Cornelia, Marie E., Vol II
Costello, Donald Paul, Vol I, II
Courtney, Richard, Vol II, V
Crawford, Jerry L., Vol II
Czerwinski, Edward J., Vol II, III
Dace, Letitia, Vol II
Darby, Barbara, Vol II
Dawson, Anthony Blanchard, Vol II
Decker, Philip H., Vol II
Demastes, William, Vol II
Devin, Lee, Vol II
Diamond, Elin, Vol II, V
Dunn, Francis M., Vol II
Elwood, William R., Vol II
Fallon, Richard Gordon, Vol II
Fearnow, Mark, Vol II
Fedder, Norman Joseph, Vol II
Findlay, Robert, Vol II
Fjelde, Rolf Gerhard, Vol II
Fleck, George, Vol II
Fletcher, Judith, Vol II
Fletcher, Winona Lee, Vol II
Friedman, Sidney Joseph, Vol II
Gaffney, Floyd, Vol II
Gantar, Jure, Vol II
Gellrich, Michelle, Vol II, III
Giannetti, Louis Daniel, Vol II
Gounaridou, Kiki, Vol II
Green, William, Vol II
Halpern, Martin, Vol II
Harbin, Bill J., Vol II
Harris, Laurilyn J., Vol I, II
Hatch, James V., Vol II
Hill, Philip George, Vol II
Hodgdon, Barbara Covington, Vol II
Howard, Jean E., Vol II
Jankowski, Theodora, Vol II
Jannarone, Kimberly M., Vol II
Johnston, Alexandra F., Vol II
Kalbouss, George, Vol III
Kamenish, Paula K., Vol II, III
Kiralyfalvi, Bela, Vol II
Kirshenblatt-Gimblett, Barbara, Vol II
Koritz, Amy, Vol II
Kuehl, Linda Kandel, Vol II
Kuriyama, Constance, Vol II
Lamb, Margaret, Vol II
Larson, Orville K., Vol II
Lauterbach, Charles Everett, Vol II
Lazar, Moshe, Vol II, III
Leland, Charles Wallace, Vol II, IV
Limbacher, James L., Vol II
Londre, Felicia Hardison, Vol II
Lopez, Tiffany Ana, Vol II
Macky, Nancy, Vol II
Mates, Julian, Vol II
Mcdermott, Douglas, Vol II
Mcleod, Archibald, Vol II
Mento, Joan, Vol II
Miller, Gabriel, Vol II
Molette, Carlton Woodard, II, Vol II
Moore, Don, Vol II
Morrison, Robert R., Vol II
Morton, Carlos, Vol II
Moss, S., Vol II
Neufeld, James Edward, Vol II
Newman, Geoffrey W., Vol II
Nichols, Kathleen L., Vol II
Novelli, Cornelius, Vol II
Ogden, Dunbar Hunt, Vol II
Onyshkevych, Larissa M. L. Z., Vol II
Pearce, Richard, Vol II
Peters, Julie, Vol I, II
Pizzato, Mark, Vol II
Post, Robert M., Vol II
Potter, Robert Alonzo, Vol II
Quigley, Austin F., Vol II
Rabillard, Sheila M., Vol II
Randall, Dale B. J., Vol II
Rehm, Rush, Vol II, III
Richard, Ron, Vol II
Ringer, Mark, Vol II
Rosenberg, Marvin, Vol II
Russell, Anne, Vol II
Saddlemyer, Ann, Vol II
Schactler, Carolyn, Vol II
Scheeder, Louis, Vol II
Scheye, Thomas Edward, Vol II
Selmon, Michael, Vol II
Shine, Theodis, Vol II
Shirley, Frances A., Vol II
Skloot, Robert, Vol II, IV
Smarr, Janet L., Vol I, II
Sponberg, Arvid Frederic, Vol II
Styan, John Louis, Vol II
Swift, Carolyn Ruth, Vol II
Szegedy-Maszak, Andrew, Vol II
Tassi, Marguerite, Vol II
Trace, Jacqueline Bruch, Vol II
Tricomi, Albert Henry, Vol II
Turner, Robert Kean, Vol II
Viator, Timothy J., Vol II
Walker, Ethel Pitts, Vol II
Washington, Von Hugo, Sr., Vol II
Whitney, Charles C., Vol II
Wilder, Georgia Lee, Vol II
Wilkerson, Margaret Buford, Vol II
Williamson-Ige, Dorothy Kay, Vol II
Wolfensohn, James David, Vol II

Economic History

Aldrich, Mark, Vol I, IV
Brown, Jonathan Charles, Vol I, IV
Carneal, Thomas William, Vol I
Clayton, James L., Vol I, IV
Forbes, John Douglas, Vol I
Fries, Russell Inslee, Vol I
Galambos, Louis Paul, Vol I, IV
Geiger, Reed G., Vol I
Giebelhaus, August William, Vol I
Giffin, Phillip E., Vol I, IV
Glazier, Ira Albert, Vol I, IV
Hanson, Carl Aaron, Vol I
Himmelberg, Robert F., Vol I, IV
Jones, Peter D. A., Vol I, IV
Mccarthy, Dennis Michael Patrick, Vol I
Moody, J. Carroll, Vol I
Ringrose, David R., Vol I
Spry, Irene, Vol I, IV
Stabile, Donald Robert, Vol I
Strausberg, Stephen Frederick, Vol I, IV
Twohig, Dorothy Ann, Vol I
Wood, Forrest Glen, Vol I, IV

Economics

Aronson, Jay Richard, Vol IV
Becker, Charles M., Vol IV
Becker, William Henry, Vol I, IV
Beckerman, Paul, Vol IV
Beil, Richard O., Vol IV
Belsley, David A., Vol IV
Berman, Eli, Vol IV
Blecker, Robert A., Vol IV
Botticini, Maristella, Vol IV
Bowers, J. W., Vol IV
Brabant, Jozef M., Vol IV
Breit, William Leo, Vol IV
Brennan, Timothy J., Vol IV
Brown, Murray, Vol IV
Bruno, James Edward, Vol IV, V
Burnett, Donald L., Vol IV
Capron, Alexander M., Vol I, IV
Carney, William J., Vol IV
Cassell, P. G., Vol IV
Cogley, Timothy W., Vol IV
Comor, Edward, Vol II, V
Currie, Janet, Vol IV
Davis, Benjamin G., Vol IV
Davis, Lance E., Vol IV
de Vries, Jan, Vol I, IV
Doepke, Matthias, Vol IV
Downs, Anthony, Vol IV
Dunaway, Baxter, Vol IV
Eaton, Jonathan, Vol IV
Echols, Marsha A., Vol IV
Elbow, Gary S., Vol I, IV
Ellis, Randall P., Vol IV
Elston, Julie A., Vol IV
Engerman, Stanley Lewis, Vol I, IV
Falero, Frank, Vol IV
Field, A. J., Vol IV
Finn, Daniel R., Vol IV
Fishback, Price Vanmeter, Vol IV
Fratianni, Michele, Vol IV
Frazer, William Johnson, Vol IV
Fry, Michael G., Vol I, IV
Gardner, Richard Newton, Vol IV
Garlick, Peter C., Vol IV
Geistfeld, Mark, Vol IV
Gentry, Judith Anne Fenner, Vol I
Ghilarducci, Teresa, Vol IV
Giffin, Phillip E., Vol I, IV
Gintis, Herbert, Vol IV
Glahe, Fred Rufus, Vol IV
Goldin, Claudia, Vol IV
Goodman, Louis, Vol IV, V
Gravelle, Jane Gibson, Vol IV
Graves, Philip E., Vol IV
Greenwood, Michael J., Vol IV
Grubb, Farley, Vol IV
Halal, William E., Vol IV
Hall, Bronwyn H., Vol IV
Hansen, Gary, Vol IV
Harberger, Arnold C., Vol IV
Haveman, Robert H., Vol IV
Henning, Randall, Vol I
Herrera, Enrique, Vol III, IV
Hirsch, Werner Z., Vol IV
Intrilligator, Michael D., Vol IV
Jacoby, Sanford M., Vol IV
Kain, John Forrest, Vol IV
Kaufman, George G., Vol IV
King, Roger, Vol II
Klein, Benjamin, Vol IV
Krislov, Joseph, Vol IV
Kunreuther, Howard, Vol IV
Labys, Walter Carl, Vol IV
Lanzillotti, Robert F., Vol IV
Leven, Charles Louis, Vol IV
Lipsey, Robert E., Vol IV
Liu, Jung-Chao, Vol IV
Lyons, Joseph, Vol IV
MacKinnon, James, Vol IV
Magee, S. P., Vol IV
Malkiel, Burton Gordon, Vol IV
Mattei, Ugo A., Vol IV
Mayo, Charles M., Vol II
McCloskey, Deirdre, Vol IV
McCusker, John J., Vol IV
McFadden, Daniel L., Vol IV
McLean, Edward L., Vol IV
McLure, Charles E., Jr., Vol IV
McQuaid, Kim, Vol I, IV
Mehlman, Maxwell, Vol IV
Meltzer, Allan H., Vol IV
Mieczkowski, Bogdon, Vol IV
Mokyr, Joel, Vol IV
Moore, Max, Vol IV
Musgrove, Philip, Vol IV
Nafziger, E. Wayne, Vol IV
Newell, William H., Vol IV
Norris, James D., Vol I, IV
Olney, Martha L., Vol IV
Pasha, Mustapha, Vol IV
Pass, Martha White, Vol IV
Pejovich, Svetozar, Vol IV
Perkins, Dwight Heald, Vol IV
Prager, Jonas, Vol IV
Quandt, Richard E., Vol IV
Quigley, John M., Vol IV
Raabe, William A., Vol IV
Ratliff, Charles Edward, Vol IV
Reynolds, Clark Winton, Vol IV
Roland, Gerard, Vol IV
Romans, J. Thomas, Vol IV
Rubin, Paul H., Vol IV
Rychlak, Ronald J., Vol IV
Santos, Manuel S., Vol IV
Sarri, Samuel, Vol IV
Saunders, Kurt M., Vol IV
Schachter, Gustav, Vol IV
Schmid, A. Allan, Vol IV
Schwartz, Eli, Vol IV
Scotchmer, Suzanne Andersen, Vol IV
Sent, Esther Mirjam, Vol IV
Shavell, S., Vol IV
Shen, Raphael, Vol IV
Sherman, Roger, Vol IV
Sichel, Werner, Vol IV
Sigman, Hilary A., Vol IV
Silvia, Stephen J., Vol IV
Skaggs, Jimmy M., Vol I, IV
Slavin, Stephen L., Vol IV
Small, Kenneth Alan, Vol IV
Soltow, Lee, Vol IV
Spears, Lee A., Vol II
Stanley, Tom, Vol IV
Steckel, Richard H., Vol IV
Stewart, Charles Todd, Vol IV
Stewart, Daniel Lewis, Vol IV
Stith-Cabranes, Kate, Vol IV
Strong, John S., Vol IV
Taylor, Lester D., Vol IV
Thomas, Duncan, Vol IV
Thomas, Randall S., Vol IV
Thompson, Earl A., Vol IV
Tornell, Aaron, Vol IV
Traynor, Michael, Vol IV
Wang, William Kai-Sheng, Vol IV
Wells, Jerome C., Vol IV
Wilson, Jeffrey R., Vol IV
Witte, Ann Dryden, Vol IV
Yellen, Janet L., Vol IV
Zack, Arnold Marshall, Vol IV
Zarembka, Paul, Vol IV
Zax, Jeffrey S., Vol IV
Zimmerman, Joseph F., Vol IV

Education

Abrams, Janice K., Vol V
Adekson, Mary Olufunmilayo, Vol V
Agne, Karen J., Vol V
Akca, Zeynep, Vol V
Alexander, James, Vol IV, V
Alexander, Theodore Thomas, Jr., Vol V
Ali, Kamal Hassan, Vol V
Allington, Richard Lloyd, Vol V
Altekruse, Michael, Vol V
Amos, Oris Elizabeth Carter, Vol V
Anderson, David Atlas, Vol V
Andrews, Donna G., Vol V
Andrews-McCall, Maxine Ramseur, Vol V
Anton, Harley F., Vol I, V
Archer, Chalmers, Jr., Vol V
Arnold, Edwin P., Vol V
Arnold, Gordon, Vol V
Atang, Christopher, Vol V
Atkins, Kathleen, Vol V
Atkinson, Harley, Vol IV, V
Atlas, John Wesley, Vol V
Aull, Felice, Vol V
Austin, Patricia, Vol V
Babbitt, Beatrice C., Vol V
Baber, Ceola Ross, Vol V
Bacigalupe, Gonzalo, Vol V
Bader, Carol H., Vol V
Bailey, Adrienne Yvonne, Vol V
Bailey, Velda, Vol V
Banks, James Albert, Vol V
Banks, William Maron, III, Vol V
Barlow, William B., Vol V
Barman, Jean, Vol I, V
Beaman, Marian L., Vol V
Bean, Suzanne M., Vol V
Beck, Sylven S., Vol V
Becker, Gary J., Vol V
Becker-Slaton, Nellie Frances, Vol V
Bell, Katie Roberson, Vol V
Bell, Reva Pearl, Vol V
Bellamy, Everett, Vol V
Belpedio, James R., Vol V
Beneson, Wayne A., Vol V
Benson, John S., Vol V
Benson, Warren S., Vol I, V
Berg, James J., Vol V
Berube, Maurice R., Vol V
Berube, Michael, Vol V
Beyeler, Julia M., Vol V
Bickel, Julia M., Vol V
Biggs, Shirley Ann, Vol V
Bilodeau, Lorraine, Vol IV, V
Birchette, William Ashby, III, Vol V
Black, Wesley O., Vol V
Blalock, Carmen Fountain, Vol V
Blockley, Mary Eva, Vol V
Blum, Lawrence A., Vol IV, V
Bochnowski, Michael, Vol IV, V
Boland, James M., Vol V
Bollendorf, Robert F., Vol V
Bonner, Mary Winstead, Vol V
Borstel, Frederico Von, Vol V
Bowe, Frank, Vol V
Bower, Beverly Lynne, Vol V
Boyd, Candy Dawson, Vol V
Brabeck, Mary M., Vol V
Broudy, Harry S., Vol IV, V
Brown, Frank, Vol V

Brown, John Andrew, Vol V
Brown, Ola M., Vol V
Brown, Robert, Vol V
Brown, Steven M., Vol IV, V
Bruno, James Edward, Vol IV, V
Bryan, Jesse A., Vol V
Bryant, Bunyan I., Vol V
Bull, Barry L., Vol IV, V
Bullough, Robert V., Jr., Vol I, V
Burger, Mary Williams, Vol V
Burns, Mary T., Vol V
Burton, J. D., Vol I, V
Butler, Rebecca Batts, Vol V
Cahn, Edgar S., Vol IV, V
Caldwell, M. Milford, Vol V
Campbell, John W., Vol V
Carter, Barbara Lillian, Vol V
Carter, David G., Sr., Vol V
Carter, Judy L., Vol V
Castenell, Louis Anthony, Jr., Vol V
Chandler, Theodore Alan, Vol V
Chestnut, Dennis Earl, Vol V
Chiang, Linda H., Vol V
Childs, Francine C., Vol V
Christie, Alice, Vol V
Clark, Sanza Barbara, Vol V
Clark, VeVe A., Vol V
Clemmer, Linda, Vol V
Cobb, Jeanne B., Vol V
Codling, Jim, Vol I, IV, V
Cofield, Elizabeth Bias, Vol V
Cohen, Andrew D., Vol V
Cohen, Burton I., Vol IV, V
Collins, Elsie, Vol V
Copeland, Robert M., Vol V
Costley, Kevin, Vol V
Courage, Richard A., Vol II, V
Courtney, Richard, Vol II, V
Courtney, Sean, Vol V
Cowen, John Edwin, Vol V
Cox, Joseph W., Vol I, V
Coxwell, Margaret, Vol V
Crim, Alonzo A., Vol V
Crismore, Avan G., Vol II, V
Crosby, Margaree Seawright, Vol V
Cross, Dolores E., Vol V
Cullinan, Bernice Ellinger, Vol V
Culyer, Richard, Vol V
Cummings, William K., Vol V
Cunningham, James J., Vol V
Cunningham, William Dean, Vol V
Cutter, William, Vol IV, V
Daane, Mary, Vol V
Dale, Helen, Vol II, V
Danzer, Gerald, Vol I, V
Darling, Carol, Vol V
Davis, Edward L., Vol V
Davis, Gloria-Jeanne, Vol V
Davis, Robert Leigh, Vol II, V
Davis, Robert Paul, Vol V
De Boer, George E., Vol V
Deal, Terrance E., Vol V
Dekeyser, R. M., Vol III
Demko, David, Vol V
DePillars, Murry Norman, Vol V
Di Pardo, Anne, Vol II, V
Dibaba, Mamo, Vol V
Dickel, Charles Timothy, Vol V
Diem, Richard A., Vol V
Donat, Patricia, Vol V
Donovan, Aine, Vol V
Dornan, Reade W., Vol II, V
Douglass, Melvin Isadore, Vol V
Doyel, D., Vol V
Druliner, Marcia M., Vol III, V
Dube, Thomas M. T., Vol V
Duckworth, Eleanor R., Vol V
Durham, Joseph Thomas, Vol V
Durnin, John H., Vol V
Dyke, Doris J., Vol V
Dzuback, Mary Ann, Vol I, V
Easter, Marilyn, Vol V
Edgette, J. Joseph, Vol V
Edwards, Joy, Vol V
Eldridge, Daryl, Vol V
Eliot, John, Vol V
Emihovich, Catherine A., Vol V
Engel, Martin, Vol V
England, Micheal, Vol V
Engler, Russell, Vol IV, V
English, Leona, Vol V
Erikson, Fritz John, Vol V
Ethridge, Robert Wylie, Vol V
Eubanks, Eugene E., Vol V
Evans, Donna Browder, Vol V
Evans, Wayne, Vol V
Fant, Gene C., Jr., Vol II, V
Farley, Roy C., Vol V
Ferere, Gerard Alphonse, Vol V
Ferro, Trenton R., Vol V
Fields, Milton, Vol V
Fischer, Jerome M., Vol V
Fisherkeller, JoEllen, Vol II, V
Fite, Kathleen E., Vol V
Flint-Ferguson, Janis, Vol V
Follman, John C., Vol V
Frasier, Mary Mack, Vol V
Freeman, Bernice, Vol II, V
Freeman, Stephanny Fumi, Vol V
Friedman, Saul S., Vol I, V
Gaddy, Stephanie, Vol V
Garibaldi, Antoine Michael, Vol V
Garofalo, V. James, Vol V
Garrett, Aline M., Vol V
Garrison, Ronilue B., Vol V
Gatewood, Algie C., Vol V
Gavin, Rosemarie Julie, Vol II, V
Gayles-Felton, Anne Richardson, Vol V
Geier, Connie, Vol V
Gentry, Atron A., Vol V
Ghosh, Ratna, Vol V
Gifford, Bernard R., Vol V
Giles, Jerry, Vol V
Gillett, Margaret, Vol V
Gilson, Joan, Vol II, V
Glasco, Anita L., Vol V
Glenn, Cecil E., Vol V
Gordon, Aaron Z., Vol V
Gordon, Milton A., Vol V
Goring, William S., Vol V
Goss, Theresa Carter, Vol V
Graff, Gerald E., Vol II, V
Greek, Morgan S. J., Vol V
Greenbaum, Michael B., Vol IV, V
Greenberg, Steven, Vol V
Greenwood, Theresa M. Winfrey, Vol V
Griffin, Betty Sue, Vol V
Groome, Thomas H., Vol IV, V
Guarnieri, Nancy M., Vol V
Gutek, Gerald Lee, Vol I, V
Hagan, Willie James, Vol V
Hale, Janice Ellen, Vol V
Hall, Gene E., Vol V
Hall, Wayne W., Vol V
Halverson, Susan E., Vol V
Hamilton, Edwin, Vol V
Hampton, Grace, Vol V
Hansen, Barbara L., Vol II, V
Hanson, Marci J., Vol V
Hardeman, Carole Hall, Vol V
Harper, Gary F., Vol V
Harris, Edward E., Vol V
Harris, Joseph John, III, Vol V
Harris, Walter, Jr., Vol V
Harris, Willa Bing, Vol V
Harris, William McKinley, Sr., Vol V
Harrison, Algea Othella, Vol V
Harrison, Don K., Sr., Vol V
Hawkins, Dorisula Wooten, Vol V
Hayes, Charles Leonard, Vol V
Hayes, Leola G., Vol V
Haynes, James H., Vol V
Heflin, John F., Vol V
Helle, Anita, Vol II, V
Henderson, George, Vol V
Hendrick, Irving Guilford, Vol I, V
Henry, Mildred M. Dalton, Vol V
Henry, Samuel Dudley, Vol V
Heslep, Robert Durham, Vol IV, V
Hewett, Stephenie M., Vol V
Hildreth, Gladys Johnson, Vol V
Hillis, Rick, Vol II, V
Holsey, Lilla G., Vol V
Holtz, Barry, Vol IV, V
Hopkins, Dianne McAfee, Vol V
Hopkins, John Orville, Vol V
Hourcade, Jack, Vol V
Hrabowski, Freeman Alphonsa, III, Vol V
Huber, Tonya, Vol V
Hudson, James Blaine, III, Vol V
Huff, Delores J., Vol V
Hughes, Carl D., Vol V
Hutchinson, George, Vol V
Insignares, Harriette B., Vol II, V
Irizarry, Maria A., Vol V
Jackson, Agnes Moreland, Vol V
Jackson, Charles C., Vol V
Jaimes-Guerrero, Mariana, Vol I, V
Jalongo, Mary, Vol V
James, David L., Vol V
James, David Phillip, Vol V
James, Elridge M., Vol V
James, H. Rhett, Vol IV, V
Jefferson, Joseph L., Vol V
Johannesen, Richard Lee, Vol II, V
Johanningmeier, Erwin, Vol V
Johnson, Leroy, Vol V
Johnson, Marion L., Vol V
Johnson, Robert C., Vol V
Johnson, Willie J., Vol II, V
Johnstone, D. Bruce, Vol V
Jones, Carroll J., Vol V
Jones, Jerry, Vol V
Jones, Phillip Erskine, Vol V
Jordan, Abbie H., Vol V
Jordan, Eddie Jack, Sr., Vol V
Jordan, Karin B., Vol V
Joy, Donald Marvin, Vol V
Kabateck, Gladys, Vol V
Kambeitz, Teresita, Vol IV, V
Kauffman, James M., Vol V
Keen, Cheryl, Vol V
Kennedy, Joyce S., Vol V
Kiah, Ruth Josephine, Vol V
Kierstead, Fred P., Vol V
Kijne, Hugo, Vol V
Kilpatrick, Thomas L., Vol V
King, Edith, Vol V
King, Ora Sterling, Vol V
Kirk, Wyatt D., Vol V
Kirschenbaum, Howard, Vol V
Kirshner, David, Vol V
Klein, Robert H., Vol V
Klimes, Rudolf, Vol V
Klitzkie, Lourdes Palomo, Vol V
Knight, Eileen Q., Vol V
Konditi, Jane, Vol IV, V
Kovacs, Edna M., Vol V
Kristofco, John P., Vol V
Kucan, Linda, Vol V
Kyle Higgins, Amanda, Vol V
Lancaster, Jane Fairchild, Vol V
Lassek, Yun Ja, Vol IV, V
Lawson, Cassell A., Vol V
Lenaghan, Donna D., Vol V
Lewis, Dan A., Vol V
Liberopoulos, Maura H., Vol V
Littlejohn, Walter L., Vol V
Liu, Ruth A., Vol V
Locke, Don C., Vol V
London, Clement B. G., Vol V
Lonewol, Ted, Vol V
Long, Lynn Landis, Vol V
Lopes, William H., Vol V
Lord-Maes, Janiece, Vol V
Love, Barbara, Vol V
Luckey, Evelyn F., Vol V
MacDonald, Jane, Vol V
MacKinnon, Patricia L., Vol V
Manning, Jean Bell, Vol V
Mariotti, Arleen, Vol V
Marshall-Bradley, Tina, Vol V
Marthaler, Berard Lawrence, Vol IV, V
Martin, Jane Roland, Vol IV, V
Mason, Donna S., Vol V
Mauser, August J., Vol V
May, Jill P., Vol II, V
McCarthy, Joseph M., Vol V
McCauley, Terita, Vol V
McClain, Andrew Bradley, Vol V
McClain, Shirla R., Vol V
McClarty, Wilma King- Doering, Vol II, V
McClelland, Patricia, Vol V
McClure, Wesley Cornelious, Vol V
McCummings, LeVerne, Vol V
McKeen, William, Vol I, II, V
McKenna, Mary Olga, Vol V
McLean, Mable Parker, Vol V
McLeod, Stephen G., Vol II, V
McNairy, Francine G., Vol V
McSpadden, Lucia, Vol V
McWhorter, Kathleen T., Vol V
McWilliams, Alfred E., Jr., Vol V
Melancon, Donald, Vol V
Menjares, Pete, Vol V
Mertens, Thomas R., Vol V
Middleton, Richard Temple, III, Vol V
Mielenz, Cecile C., Vol V
Mika, Joseph John, Vol II, V
Miles, Dorothy D., Vol V
Miller, Bernice Johnson, Vol V
Milner, Joseph O'Beirne, Vol II, V
Monnett, John, Vol V
Monteiro, Thomas, Vol V
Moody, Charles David, Sr., Vol V
Morehead, Joseph Hyde, Vol II, V
Morgan, Harry, Vol V
Morgan, Lyle W., II, Vol II, V
Murray, Joseph L., Vol V
Murray, Mabel Lake, Vol V
Mutisya, Philliph, Vol V
Myers, Charles Bennett, Vol V
Myers, Elwin R., Vol V
Myrick, Howard A., Jr., Vol V
Neisler, Otherine Johnson, Vol V
Nelson, Dorothy J. Smith, Vol V
Nelson, Randolph A., Vol V
Nelson, Wanda Lee, Vol V
Nilsen, Alleen Pace, Vol III, V
Noel, Melvina, Vol V
Nunis, Doyce Blackman, Jr., Vol I, V
Nunnally, David H., Sr., Vol V
Obringer, Stephen, Vol V
Oglesby, James Robert, Vol V
Olitzky, Kerry M., Vol V
Omatseye, Jim, Vol IV, V
Orlans, Harold, Vol V
Ornstein, Allan, Vol V
Orton, Arlene, Vol V
Osterberg, Susan, Vol V
Pailliotet, Ann Watts, Vol II, V
Painter, Lorene H., Vol V
Palmer, Robert L., II, Vol V
Parette, Howard P., Vol V
Parker, Sidney Baynes, Vol V
Patton, Gerald Wilson, Vol V
Peoples, VerJanis Andrews, Vol V
Person, Dawn Renee, Vol V
Person, William Alfred, Vol V
Peters, William H., Vol V
Petrone, Serafina, Vol V
Pierson, Steven J., Vol II, V
Pitts, Vera L., Vol V
Polk, Robert L., Vol V
Pollard, Diane S., Vol V
Ponder, Fred T., Vol V
Porter, Curtiss E., Vol V
Powell, Lydia C., Vol V
Prentice, Alison, Vol V
Presseau, Jack R., Vol IV, V
Pruitt, Anne Smith, Vol V
Purkey, William Watson, Vol V
Rallis, Helen, Vol V
Ramsey, Patricia G., Vol V
Rathnam, Mahadev, Vol V
Raver-Lampman, Sharon, Vol V
Reagan, Mary Jane, Vol V
Reaves, Benjamin Franklin, Vol V
Reed, Daisy Frye, Vol V
Reilich, Eileen, Vol V
Reilly, Michael S., Vol V
Reitz, Charles, Vol IV, V
Rendon, Marie E., Vol V
Rice, Berry, Vol IV, V
Richardson, Cordell, Vol V
Richardson, Richard C., Jr., Vol V
Ridgel, Gus Tolver, Vol V
Rittenhouse, Robert K., Vol V
Roberts, Bryndis Wynette, Vol V
Robinson, Andrew, Vol V
Robinson, Ruth, Vol V
Rocca, Al M., Vol I, V
Rodriguez, Juan A., Vol V
Rogers, Oscar Allan, Jr., Vol V
Ross, Peter A., Vol V
Rouse, Donald E., Vol V
Rubenstein, Joseph H., Vol V
Rudge, David W., Vol V
Rudman, Masha, Vol V
Ryan, Kevin, Vol V
Sadler, Wilbert L., Jr., Vol V
Safran, Joan, Vol V
Sagaria, Mary Ann D., Vol V
Sagini, Meshack, Vol I, V
Sandoval, Dolores S., Vol V
Sandoval, Jonathan H., Vol V
Sandy, Leo, Vol V
Saunders, Mauderie Hancock, Vol V
Sawyer, William Gregory, Vol V
Schweigert, Francis J., Vol V
Schweiker-Marra, Karen, Vol V
Scott, Kieran, Vol IV, V
Seal, Robert, Vol V
Seely, Gordon M., Vol I, V
Seibert-McCauley, Mary F., Vol V
Seifman, Eli, Vol V
Settles, Rosetta Hayes, Vol V
Shade, Barbara J., Vol V
Sharma, R. N., Vol I, II, V
Sherrill, Catherine Anne, Vol II, V
Sherrill, Vanita Lytle, Vol V
Shively, Marsha L., Vol V
Shivers, Jay Sanford, Vol V
Shmurak, Carole B., Vol V
Shoffner, Marie F., Vol V
Shuman, R. Baird, Vol II, V
Simmons, Betty Jo, Vol V
Simon, Georgianna, Vol V
Simpson, Terry L., Vol V
Sizemore, Barbara A., Vol V
Skidell, Myrna, Vol V
Smith, Charles F., Jr., Vol V
Smith, Corrine, Vol V
Smith, Diane M., Vol II, V
Smith, Eleanor Jane, Vol V
Smith, G., Vol V
Smith, Glenn R., Vol V
Smith, Joanne Hamlin, Vol V
Smith, Louis R., Vol V
Smith, Paul M., Jr., Vol V
Smith, Walter L., Vol V
Smitherman, Geneva, Vol V
Smorra, Mary A., Vol V
Somers, Cheryl L., Vol V
Soven, Margot, Vol II, V
Spokane, Arnold R., Vol V
Stanley, Paula H., Vol V
Stennis-Williams, Shirley, Vol V
Stewart, Cisley P., Vol V
Stewart, Cisley P., Vol V
Stewart, Mac A., Vol V
Stokes, Sandra M., Vol V
Strickland, Dorothy S., Vol V
Sudzina, Mary, Vol V
Suggs, Robert Chinelo, Vol V
Sullivan, G. Sharon, Vol V
Sutter, Leslie E., Vol IV, V
Sweeney, Thomas John, Vol V
Sylvas, Lionel B., Vol V
Talley, William B., Vol V
Tansey, Charlotte, Vol V
Taylor, Charles Avon, Vol V
Taylor, James Coleridge, Vol V
Terrell, Melvin C., Vol V
Tesmer, Floyd S., Vol V
Thomas, Katherine, Vol III, V
Thomas, Sidney C., Vol V
Thornton, Jeri, Vol II, V
Thurber, Karl T., Vol V
Thurman, Alfonzo, Vol V
Timberlake, Constance Hector, Vol V
Ting, Siu-Man R., Vol V
Toms-Robinson, Dolores C., Vol V
Trapp-Dail, Rosa Lee, Vol V
Tyler, Gerald DeForest, Vol V
Uhde, Anna P., Vol V
Urdan, Timothy C., Vol V
Usiskin, Zalman, Vol V
Van Der Slik, Jack Ronald, Vol V
Violas, Paul Constantine, Vol I, V
von Borstel, Federico, Vol V
Vosper, Jim M., Vol I, IV, V
Wakefield, John F., Vol V
Walker, Valaida Smith, Vol V
Warner, Dennis A., Vol V
Warren, Donald R., Vol I, V
Warren, Joseph David, Vol V
Warren, Morrison Fulbright, Vol V
Warren, Stanley, Vol V
Washington, Earl Melvin, Vol V
Washington, Michael Harlan, Vol V
Washington, Robert Orlanda, Vol V
Waterman, Thelma M., Vol V
Waters, Sharon, Vol V
Watson, Dwight C., Vol V
Watts, Anne Wimbush, Vol V
Wavering, Michael J., Vol V
Weasmer, Jerie, Vol II, V
Webb, Ruth H., Vol II, V
Webb-Johnson, Gwendolyn, Vol V
West, Herbert Lee, Jr., Vol V
Wheeler, John, Vol V
Wheeler, Kathleen B., Vol V
Wilde, Jerry, Vol V
Wildman, Louis Robert, Vol V
Williams, Carolyn Chandler, Vol V
Williams, Eddie R., Jr., Vol V
Williams, James Hiawatha, Vol V
Williams, John, Vol V
Wilson, David, Vol V
Wilson, Patricia I., Vol V
Wilson, Rudolph George, Vol V
Wingard, Edward L., Vol V

Winstead, Roy, Vol V
Woodard, Fredrick, Vol V
Woodland, Calvin Emmanuel, Vol V
Worrill, Conrad W., Vol V
Worzbyt, John C., Vol V
Wyrick, Floyd I., Vol V
Yen, Shu-Chen, Vol V
Yount, William R., Vol V
Zigler, Ronald L., Vol V
Zimmer, Joseph E., Vol V
Zuss, Mark, Vol V

Educational Philosophy
Baxter, Laurie Rae, Vol IV, V

Educational Psychology
Downs, Louis, Vol V
Doyle, Mary Beth, Vol V
Eckart, Michelle, Vol V
Fullard, William, Vol V
Garavalia, Linda, Vol V
Green, Malinda Hendricks, Vol V
Harris, Sandra M., Vol V
Helminiak, Daniel A., Vol IV, V
Huberty, Carl J., Vol V
Joy, Donald Marvin, Vol V
Lehrer, Richard, Vol V
Muuss, Rolf Eduard Helmut, Vol V
Ratcliff, Donald, Vol V
Robyn, Elisa, Vol V
Sharpes, Donald Kenneth, Vol V
Sheehan-Holt, Jan, Vol V
Soares, Anthony T., Vol V
Swiderski, Suzanne M., Vol II, V
Tang, Mei, Vol V
Tarver-Behring, Shari, Vol V
Te, Jordan, Vol V
Tohidi, Nayereh E., Vol V
Turnbull, Barbara, Vol V
Valiante, Giovanni, Vol V
Wittrock, Merlin Carl, Vol V

Egyptology
Goedicke, Hans, Vol I
Lesko, Leonard Henry, Vol I
Robins, Gay, Vol I
Wente, Edward Frank, Vol I

English as a Second Language
Barry, Bert, Vol V
Brosnahan, Leger, Vol II, V
Chaudron, Craig, Vol III
Ekbantani, Glayol, Vol V
Feng-Checkett, Gayle, Vol II, V
Gordon, Lynn, Vol III, V
Hislope, Kristi A., Vol III, V
Imamura, Shigeo, Vol III, V
Lay, Nancy, Vol V
Leki, Ilona, Vol III, V
Lesikin, Joan, Vol V
McKenna, Sheila, Vol II
Natalicio, Diana, Vol III, V
Nitsche, Richard, Vol II, III, V
Oster, Judith, Vol II, V
Raney, George William, Vol III
Saitz, Robert Leonard, Vol III, V
Silvestri, Elena M., Vol III, V
Thompson, Roger Mark, Vol III, V

English History
Baker, William Joseph, Vol I
Boyle, Thomas Coraghessan, Vol II
Breihan, John R., Vol I
Caldwell, Larry, Vol III
Cope, Esther Sidney, Vol I
Kriegel, Abraham David, Vol II
Luthy, Melvin Joseph, Vol III
Meisel, Janet Anne, Vol I
Nenner, Howard Allen, Vol I
Schwoerer, Lois Green, Vol I
Tholfsen, Trygve Rainone, Vol I
Tholfsen, Trygve Rainone, Vol I
Trumbach, Randolph, Vol I
Warnicke, Retha Marvine, Vol I
Weikel, Ann, Vol I

English Language
Abraham, Julie L., Vol II
Atkinson, Colin B., Vol II
Attridge, Derek, Vol II
Bauerlein, Mark, Vol II
Beale, Walter Henry, Vol II
Beattie, Thomas Charles, Vol II
Beaty, Jerome, Vol II
Bebout, Linda J., Vol II
Belton, John, Vol II
Cable, Thomas Monroe, Vol II, III
Caruth, Cathy, Vol II
Cavanagh, Sheila T., Vol II
Cervo, Nathan Anthony, Vol II
Chace, William M., Vol II
Christianson, Paul, Vol II
Claydon, Margaret, Vol II
Collins, K. K., Vol II
Corbett, Janice, Vol II
Cox, John D., Vol II
Crane, Susan, Vol II
Craun, Edwin David, Vol II
DeKoven, Marianne, Vol II
Ditsky, John M., Vol II
Dowell, Peter W., Vol II
Elliott, Michael, Vol II
Fisher, James Randolph, Vol II
Ford, James Eric, Vol II
Frazer, Timothy C., Vol II, III
Galperin, William, Vol II
Ganzel, Dewey Alvin, Vol II
Geist, Joseph E., Vol II
George, Kearns, Vol II
Golumbia, David, Vol II
Guetti, James L., Vol II
Hamel, Mary, Vol II
Harder, Bernhard D., Vol II
Harris, Daniel A., Vol II
Hartman, James Walter, Vol II, III
Harty, Kevin John, Vol II
Herendeen, Wyman H., Vol II
Irsfeld, John Henry, Vol II
Jacobs, Dorothy Hieronymus, Vol II
Janzen, Henry David, Vol II
Jehlen, Myra, Vol II
Jin, Xuefei, Vol II
Johnston, John, Vol II
Kalaidjian, Walter, Vol II
Kleiner, Elaine Laura, Vol II
Lane, Christopher, Vol II
Lemaster, Jimmie R., Vol II
Levenduski, Cristine, Vol II
Levine, George L., Vol II
Linn, Michael D., Vol II, III
Lohrli, Anne, Vol II
Lyons, Bridget G., Vol II
Mackendrick, Louis King, Vol II
MacLeod, Alistair, Vol II
Manley, Frank, Vol II
McClure, John, Vol II
Mezo, Richard E., Vol II
Morey, James, Vol II
Nickerson, Catherine Ross, Vol II
Ostriker, Alicia, Vol II
Paxman, David B., Vol II
Pederson, Lee, Vol II
Petraglia-Bahri, Deepika, Vol II
Qualls, Barry V., Vol II
Quinsey, Katherine M., Vol II
Rambuss, Richard, Vol II, III
Sanders, Mark, Vol II
Schuchard, W. Ronald, Vol II
Serum, Robert W., Vol II
Sitter, John, Vol II
Smedick, Lois Katherine, Vol II
Steensma, Robert Charles, Vol II
Stockwell, Robert Paul, Vol II, III
Straus, Barrie Ruth, Vol II
Tchudi, Stephen, Vol II
Tm, King, Vol II, IV
Woodward, Pauline, Vol II

English Literature
Aanerud, Rebecca J., Vol II, V
Aarsleff, Hans, Vol II
Abbott, Anthony S., Vol II
Abbott, H. Porter, Vol II
Abelove, Henry, Vol II
Abernethy, Cecil Emory, Vol II
Abernethy, Francis Edward, Vol II
Abner, Julie LaMay, Vol II
Abraham, Julie L., Vol II
Abrams, Meyer Howard, Vol II
Achinstein, Sharon, Vol II
Acker, Paul, Vol II
Adams, Barbara, Vol II
Adams, Barry Banfield, Vol II
Adams, Dale Talmadge, Vol II
Adams, Elsie B., Vol II
Adams, George Roy, Vol II, III
Adams, Leslie Kennedy, Vol II
Adams, Percy Guy, Vol II
Adams, Stephen J., Vol II
Adams, Timothy D., Vol II
Adamson, Joseph, Vol II
Adamson, Lynda G., Vol II
Adelman, Gary S., Vol II
Adelman, Janet Ann, Vol II
Adickes, Sandra Elaine, Vol II
Adicks, Richard R., Vol II
Adolph, Robert, Vol II
Adrian, Daryl B., Vol II
Aers, David, Vol II
Aggeler, Geoffrey Donovan, Vol II
Agosta, Lucien, Vol II
Aguirre, Robert D., Vol II
Ahearn, W. Barry, Vol II
Ahmadi, Shahwali, Vol I, II
Aiken, Ralph, Vol II
Aiken, Susan Hardy, Vol II
Akrigg, George P. V., Vol II
Alaya, Flavia M., Vol II
Alberti, John, Vol II
Albertini, Virgil, Vol II
Albin, Craig D., Vol II
Albright, Daniel, Vol II
Aleman, Jesse, Vol II
Alexander, Bryan, Vol II
Alexander, Edward, Vol II
Alexander, Estella Conwill, Vol II
Alexander, Jonathan F., Vol II, V
Alexander, Lynn M., Vol II
Alexander, Meena, Vol II
Algeo, John T., Vol II
Ali, Schari M., Vol II
Allegrezza, William, Vol II
Allen, Carolyn J., Vol II
Allen, Gilbert Bruce, Vol II
Allen, Harriette Louise, Vol II
Allen, Julia M., Vol II
Allen, Mark, Vol II
Allentuck, Marcia Epstein, Vol II
Alley, Henry Melton, Vol II
Allison, Jonathan, Vol II
Allmendinger, Blake, Vol II
Alpert, Julie, Vol II
Altegoer, Diana B., Vol II
Alter, Judy, Vol II
Altieri, Charles F., Vol II
Alton, Anne, Vol II
Alvey, Richard Gerald, Vol II, V
Amabile, George, Vol II
Amberg, Anthony, Vol II
Ames, Christopher, Vol II
Amstutz, Margaret A., Vol II
Anatol, Giselle L., Vol II
Anderson, Judith H., Vol II
Anderson, Linda, Vol II
Anderson, Roland F., Vol II
Andrea, Bernadette D., Vol II
Andreas, James, Sr., Vol II
Andrews, Larry Ray, Vol II, III
Angyal, Andrew J., Vol II
Ankeny, Rebecca T., Vol II
Anspaugh, Kelly C., Vol II
Anstendig, Linda, Vol II
Anthony, Booker T., Vol II
Anthony, Geraldine, Vol II
Antonucci, Michael A., Vol II
Antush, John V., Vol II
Anwar, Waseem, Vol II
Appel, Alfred, Jr., Vol II
Appelbaum, Robert, Vol II
Applewhite, James W., Vol II
Appleyard, Joseph A., Vol II
Apter, Ronnie, Vol II
Arac, Jonathan, Vol II
Arata, Stephen D., Vol II
Araujo, Luisa, Vol II
Aravamundan, Srinivas, Vol II
Arcana, Judith, Vol II
Armstrong, Dianne, Vol II
Arnason, David E., Vol II
Arnez, Nancy L., Vol II
Ashley, Leonard R. N., Vol II, III
Ashworth, Suzanne M., Vol II
Askew, Timothy, Vol II
Aspinall, Dana E., Vol II
Aspiz, Harold, Vol II
Astington, John H., Vol II
Athanason, Arthur Nicholas, Vol II
Atkinson, Colin B., Vol II
Atkinson, James Blakely, Vol II, III
Atlas, Marilyn Judith, Vol II
Aton, James M., Vol II
Attebery, Brian, Vol II
Attebery, Jennifer, Vol II
Attebery, Louie Wayne, Vol II, V
Attridge, Derek, Vol II
Aubrey, James R., Vol II
Auerbach, Jonathan, Vol II
August, Eugene R., Vol II
Auksi, Peter, Vol II
Austen, Zelda, Vol II
Austin, Michael, Vol II
Axelrad, Arthur Marvin, Vol II
Axton, William F., Vol II
Aycock, Roy E., Vol II
Babb, Valerie M., Vol II
Bach, Rebecca Ann, Vol II
Backscheider, Paula R., Vol II
Bacon, Roger L., Vol II
Badal, James J., Vol II
Baer, Joel H., Vol II
Baer, William, Vol II
Baetzhold, Howard George, Vol II
Bagley, Mary, Vol II
Bailey, Richard Weld, Vol II
Baird, John D., Vol II
Baker, Barbara A., Vol II
Baker, Christopher P., Vol II
Baker, David, Vol II
Baker, David Anthony, Vol II
Baker, Denise Nowakowski, Vol II
Baker, Donald C., Vol II
Baker, Donald Whitelaw, Vol II
Baker, J. Robert, Vol II
Baker, Moira, Vol II
Baker, Robert Samuel, Vol II
Baker, Robert Samuel, Vol II
Baker, Terri M., Vol II
Baker, William, Vol II
Bakish, David Joseph, Vol II
Baldo, Jonathan, Vol II
Baldwin, Arminta Tucker, Vol II
Baldwin, Dean, Vol II
Bales, Kent, Vol II
Ball, Bo, Vol II
Ballstadt, Carl P. A., Vol II
Balutansky, Kathleen M., Vol II
Bamford, Karen V., Vol II
Banta, Martha, Vol II
Barasch, Frances K., Vol II
Barba, Harry, Vol II
Barbarese, J. T., Vol II
Barber, Margaret, Vol II
Barbour, Paula Louise, Vol II
Barden, Thomas, Vol II
Barfield, Ray, Vol II
Barge, Laura I., Vol II
Barker, Thomas T., Vol II
Barkley, Heather S., Vol II
Barnes, Dorothy, Vol II
Barney, Stephen Allen, Vol II
Baron, Dennis, Vol II
Baron, F. Xavier, Vol II
Baron, Mary K., Vol II
Barr, Alan Philip, Vol II
Barros, Carolyn, Vol II
Barry, Jackson Granville, Vol II
Barsky, Robert, Vol II
Barth, J. Robert, Vol II
Barton, Gay, Vol II
Baruch, Elaine Hoffman, Vol II, V
Bass, Eben E., Vol II
Bassett, John E., Vol II
Baswell, Christopher C., Vol II
Bate, Walter Jackson, Vol II
Bates, Milton James, Vol II
Bateson, Mary Catherine, Vol II, V
Battersby, James L., Vol II
Battestin, Martin Carey, Vol II
Baucom, Ian, Vol II
Bauer, Margaret D., Vol II
Bauer, Ralph R., Vol II
Bauerlein, Mark, Vol II
Bauland, Peter Max, Vol II
Baumbach, Jonathan, Vol II
Baumwoll, Dennis, Vol II
Baxter, Gisele, Vol II
Baxter, Harold J., Vol II
Bay, Libby, Vol II
Baym, Nina, Vol II
Bazargan, Susan, Vol II
Bazerman, Charles, Vol II
Bazin, Nancy Topping, Vol II, III
Beal, Rebecca S., Vol II
Bean, Judith M., Vol II, V
Beasley, Jerry Carr, Vol II
Beattie, Thomas Charles, Vol II
Beaty, Frederick L., Vol II
Beaty, Jerome, Vol II
Beaufort, Anne, Vol II
Beavers, Myrtle B., Vol II
Bebout, Linda J., Vol II
Becker, John, Vol II
Beckman, Richard, Vol II
Beckson, Karl, Vol II
Beckwith, Sarah, Vol II
Bednarz, James P., Vol II
Begiebing, Robert J., Vol II
Begnal, Michael Henry, Vol II, III
Behrendt, Stephen C., Vol II
Beidler, Peter Grant, Vol I, II
Beja, Morris, Vol II
Belasco, Susan, Vol II
Bell, Bernard W., Vol II
Bell, Ilona, Vol II
Bell, Roseann P., Vol II
Bellamy, Joe David, Vol II
Bellman, Samuel Irving, Vol II
Belton, John, Vol II
Ben-Zvi, Linda, Vol II
Bender, Bert, Vol II
Bender, Robert M., Vol II
Bender, Todd K., Vol I, III
Bennett, Alma, Vol II
Bennett, Barbara A., Vol II
Bennett, Carl D., Vol II
Bennett, James Richard, Vol II
Bennett, Ronald, Vol II
Benoit, Raymond, Vol II
Benson, Larry Dean, Vol II
Benson, Mary E., Vol II
Benstock, Shari, Vol II
Bentley, D. M. R., Vol II
Bentman, Raymond, Vol II
Benton, Robert Milton, Vol II
Beran, Carol L., Vol II
Berets, Ralph Adolph, Vol II
Berg, Maggie, Vol II
Berger, Thomas Leland, Vol II
Bergeron, David M., Vol II
Berggren, Paula S., Vol II
Bergman, David L., Vol II
Berkeley, David Shelley, Vol II
Berkhout, Carl T., Vol II
Berland, Kevin Joel, Vol II
Berley, Marc, Vol II
Berlin, Normand, Vol II
Berlind, Bruce, Vol II
Berman, Avis, Vol II
Bernard, John, Vol II
Bernard, Kenneth, Vol II
Berne, Stanley, Vol II
Bernstein, Carol L., Vol II, III
Bernstein, Charles, Vol II
Bernstein, Jane, Vol II
Berry, Boyd Mcculloch, Vol II
Berry, Herbert, Vol II
Berry, Margaret, Vol II, III
Berry, Ralph M., Vol II
Berst, Charles A., Vol II
Bertelsen, Lance, Vol I, II
Berthoff, Ann Evans, Vol II, III
Berthoff, Warner Bement, Vol II
Berthold, Dennis A., Vol II
Betz, Paul F., Vol II
Bevington, David M., Vol II
Bewell, Alan J., Vol II
Bialostosky, Don, Vol II
Bibb, T. Clifford, Vol II
Bicknell, John W., Vol II
Bieganowski, Ronald, Vol II, IV
Bien, Peter Adolph, Vol II
Bier, Jesse, Vol II
Biester, James, Vol II
Bilodeau, Brenda, Vol II
Bing, Janet M., Vol II
Birdsall, Eric, Vol II
Birenbaum, Harvey, Vol II
Birnbaum, Milton, Vol II
Bischoff, Joan, Vol II
Bishop, Allan, Vol II
Bishop, Jonathan P., Vol II
Bishop, Wendy, Vol II
Bivona, Daniel E., Vol II
Bizzell, Patricia L., Vol II
Black, Daniel, Vol II
Black, Nancy BreMiller, Vol II, III
Blackburn, Alexander, Vol II
Blackburn, Thomas, Vol II
Blackmore, Robert Long, Vol II
Blackstone, Mary A., Vol II
Blair, John, Vol II
Blair, P., Vol II
Blair, Rebecca S., Vol II
Blake, Robert Grady, Vol II
Blanchard, Scott, Vol II
Blank, G. Kim, Vol II
Blank, Paula Carin, Vol II
Blasing, Mutlu Konuk, Vol II

Blau, Herbert, Vol II, III
Blau, Sheridan, Vol II
Bledstein, Adrien, Vol I, II
Bleich, David, Vol II
Blessington, Francis C., Vol II
Blewett, David, Vol II
Bloch, Chana, Vol II
Blodgett, Harriet H., Vol II
Bloom, Lynn Z., Vol II
Bloom, Robert, Vol II
Blot, David, Vol II
Blotner, Joseph Leo, Vol II
Blues, Thomas, Vol II
Blumenthal, Anna, Vol II
Bobbitt, Curtis W., Vol II
Bock, Martin F., Vol II
Bode, Robert Francis, Vol II
Bodo, Murray, Vol II
Bogel, Fredric V., Vol II
Boiarsky, Carolyn, Vol II
Bolsterli, Margaret Jones, Vol I, II, V
Bolton, Jonathan W., Vol II
Bonaccorso, Richard L., Vol II
Bonesteel, Margaret D., Vol II
Bongie, Chris, Vol II, III
Bonner, Thomas, Jr., Vol II
Bonnyman-Stanley, Isabel, Vol II
Bono, Barbara Jane, Vol II
Boon, Kevin A., Vol I, II
Boos, Florence Saunders, Vol II, V
Boose, Lynda E., Vol II
Booth, Philip, Vol II
Booth, Stephen, Vol II
Booth, Wayne Clayson, Vol II
Borck, Jim Springer, Vol II
Borden, Diane M., Vol II
Boren, James Lewis, Vol II
Boris, Edna Z., Vol II
Bornstein, George J., Vol II
Borofka, David, Vol II
Borsch, Frederick Houk, Vol II, IV
Boscagli, Maurizia, Vol II
Bose, Sarika, Vol II
Bosmajian, Hamida H., Vol II
Boswell, Jackson Campbell, Vol I, II
Bottigheimer, Ruth B., Vol II
Boudreau, Gordon V., Vol II
Bourne, Lesley-Anne, Vol II
Bouson, J. Brooks, Vol II
Bowen, Roger, Vol II
Bowerbank, Sylvia, Vol II
Bowers, Bege K., Vol II
Bowers, Edgar, Vol II
Bowers, John M., Vol II
Bowers, Neal, Vol II
Bowers, Paul, Vol II
Bowman, Mary Ruth, Vol II
Boyd, Anne E., Vol II
Boyd, Melba J., Vol II
Boyer, Jay M., Vol II
Boyers, Robert, Vol II
Boyle, Frank T., Vol II
Boyle, Thomas Coraghessan, Vol II
Boynton, Victoria A., Vol II
Bracken, Pamela, Vol II
Brackett, Mary Virginia, Vol II
Bracy, William, Vol II
Braddock, Robert Cook, Vol I, II
Bradley, Jacqueline, Vol II
Bradley, Jerry W., Vol II
Bradley, Ritamary, Vol II
Brande, David, Vol II
Brandler, Marcielle, Vol II
Brandt, Bruce E., Vol II
Brandt, Di, Vol II
Brantley, Jennifer, Vol II
Brantley, William, Vol II
Brasfield, James, Vol II
Brater, Enoch, Vol II
Braunmuller, A. R., Vol II
Bredbeck, Gregory W., Vol II
Breeden, David M., Vol II
Bremen, Brian A., Vol II
Brennan, Anthony, Vol II
Brennan, John P., Vol II
Brennan, Matthew C., Vol II
Breslin, Paul, Vol II
Brett, Sally A., Vol II
Brewster, Glen, Vol II
Brewton, Butler E., Vol II
Brier, Peter A., Vol II
Briggs, John, Vol II
Briggs, John C., Vol II
Brink, Jean R., Vol II
Brinkley, Ellen H., Vol II
Brisman, Leslie, Vol II
Brkkila, Betsy, Vol II
Brockman, William S., Vol II
Broderick, John Caruthers, Vol II
Bromwich, David, Vol II
Brooks, A. Russell, Vol II
Brosnahan, Leger, Vol II, V
Brown, Alan K., Vol II
Brown, Alanna Kathleen, Vol II
Brown, Arthur A., Vol II
Brown, Bill, Vol II
Brown, Brenda, Vol II
Brown, Carole Ann, Vol II
Brown, George Hardin, Vol II
Brown, Harry Matthew, Vol II
Brown, Homer O., Vol II
Brown, Jessie Lemon, Vol II
Brown, Julia Prewitt, Vol II
Brown, Linda Beatrice, Vol II
Brown, Lorraine Anne, Vol II
Brown, Marion Marsh, Vol II
Brown, Mark W., Vol II
Brown, Monkia, Vol II
Brown, Pearl Leblanc, Vol II
Brown, Robert E., Vol II
Brown, Russell Morton, Vol II
Brown, Ruth Christiani, Vol II
Brown, Stephen Jeffry, Vol II
Brown, Steven, Vol II
Brown, Terry, Vol II
Brown, Thomas H., Vol II
Brown-Guillory, Elizabeth, Vol II
Browne, Ray B., Vol II
Browning, Judith, Vol II
Browning, Mark, Vol II
Brownley, Martine Watson, Vol II, V
Bruccoli, Matthew J., Vol II
Bruce, Alexander, Vol II
Bruffee, Kenneth Allen, Vol II
Bruns, Gerald L., Vol II
Brunsdale, Mitzi Mallarian, Vol II, III
Brustein, Robert, Vol II
Bruster, Douglas, Vol II
Bryant, John, Vol II
Brydon, Diana, Vol II
Bryer, Jackson R., Vol II
Bryson, Ralph J., Vol II
Bucco, Martin, Vol II
Buccola, Regina M., Vol II
Buckalew, Ronald Eugene, Vol II
Buckland, Roscoe Lawrence, Vol I, II
Buckley, Jerome Hamilton, Vol II
Buckley, Joan, Vol II
Bucknell, Brad, Vol II
Budd, Louis John, Vol II
Budra, Paul Vincent, Vol II
Buell, Lawrence I., Vol II
Bugge, John Michael, Vol II
Buhler, Stephen M., Vol II
Buitenhuis, Peter M., Vol II
Bullard, John Moore, Vol II, IV
Bullaro, Grace Russo, Vol II
Bullon-Fernandez, Maria, Vol II
Bump, Jerome Francis Anthony, Vol II, III
Bunge, Nancy Liddell, Vol II
Burd, Van Akin, Vol II
Burde, Edgar J., Vol II
Burduck, Michael L., Vol II
Burke, Alexander J., Vol II
Burke, John J., Jr, Vol II
Burkman, Katherine H., Vol II
Burlin, Robert B., Vol II
Burling, William J., Vol II
Burnham, Michelle, Vol II
Burroway, Janet Gay, Vol II
Bursk, Christopher, Vol II
Burt, John D., Vol II
Burt, Susan Meredith, Vol II
Burwell, Rose Marie, Vol II
Burwick, Frederick, Vol II
Bush, Sargent, Jr., Vol II
Bushnell, Jack, Vol II
Busza, Andrew/Andrzej, Vol II
Butte, George, Vol II
Butterfield, Bradley J., Vol II
Butterfield, Bruce A., Vol II
Butters, Ronald R., Vol II
Byrd, R., Vol II
Bzdyl, Donald G., Vol II
Cabezut-Ortiz, Delores, Vol II
Cacicedo, Alberto Jesus, Vol II
Caffrey, Raymond T., Vol II
Cahn, Victor L., Vol II
Calcagno, Ann, Vol II
Calder, Robert L., Vol II
Caldwell, Mark Leonard, Vol II
Calendrillo, Linda T., Vol II
Calhoun, Richard James, Vol II
Calhoun, Thomas O., Vol II
Callaghan, Michael J., Vol II
Camargo, Martin J., Vol II
Cameron, Elspeth M., Vol II
Cameron, John, Vol II
Cameron, Ruth A., Vol II
Camfield, Gregg, Vol II
Caminals-Heath, Roser, Vol II
Caminero-Santangelo, Byron, Vol II
Caminero-Santangelo, Marta, Vol II
Campbell, Donna, Vol II
Campbell, Felicia F., Vol II
Campbell, Jackson Justice, Vol II
Campbell, Jane, Vol II
Campbell, SueEllen, Vol II
Campion, Daniel R., Vol II
Canada, Mark A., Vol II
Canary, Robert Hughes, Vol II
Candido, Joseph D., Vol II
Cannon, Garland, Vol II
Cantor, Paul Arthur, Vol II
Cantrell, Carol, Vol II
Capps, Jack L., Vol II
Cappucci, Paul R., Vol II
Caputi, Anthony Francis, Vol II
Caramagno, Thomas C., Vol II
Caramello, Charles, Vol II
Carballo, Robert, Vol II
Card, James Van Dyck, Vol II
Cardaci, Paul F., Vol II
Carducci, Eleanor, Vol II
Carducci, Jane, Vol II
Carey, Catherine, Vol II
Carey-Webb, Allen, Vol II
Carino, Peter A., Vol II
Carkeet, David Corydon, Vol II
Carlson, Eric Walter, Vol II
Carlson, Julie, Vol II
Carlson, Melvin, Jr., Vol II
Carmichael, Thomas, Vol II
Carnell, Corbin Scott, Vol II
Carney, Virginia I., Vol II, V
Carnochan, Walter Bliss, Vol II
Carpenter, Charles Albert, Vol II
Carpenter, Lynette, Vol II
Carpenter, Mary, Vol II
Carpenter, William Morton, Vol II
Carr, Robin, Vol II
Carrig, Maria, Vol II
Carrithers, Gale, Vol II
Carroll, William, Vol II
Carson, Michael, Vol II
Carson, Warren Jason, Jr., Vol II
Carter, Everett, Vol II
Carter, Steven Ray, Vol II
Carter-Sanborn, Kristin, Vol II
Caruth, Cathy, Vol II
Cary, Cecile Williamson, Vol II
Casagrande, Peter Joseph, Vol II
Case, Alison, Vol II
Casey, Ellen Miller, Vol II
Cassel, Susie L., Vol II
Cassis, Awny F., Vol II
Cassuto, Leonard, Vol II
Casteen, John, Vol I, III
Castellitto, George, Vol II
Castiglia, Christopher, Vol II
Castle, Terry, Vol II
Caughie, Pamela L., Vol II
Cavanagh, Sheila T., Vol II
Caws, Mary Ann, Vol II, III
Caywood, Cynthia, Vol II
Cederstrom, Lorelei S., Vol II
Cerasano, Susan P., Vol II
Cervo, Nathan Anthony, Vol II
Cevasco, George Anthony, Vol II
Chace, William M., Vol II
Chamberlin, John, Vol II, III
Chametzky, Jules, Vol II
Chance, Jane, Vol II
Chandler, Wayne A., Vol II
Chang, Joseph S., Vol II
Chapman, David W., Vol II
Chapman, Mary M., Vol II
Chapman, Wayne K., Vol II
Chappell, Fred Davis, Vol II
Charney, Mark, Vol II
Charney, Maurice Myron, Vol II
Charters, Ann D., Vol II
Chase, Karen S., Vol II
Chay, Deborah, Vol II
Cheah, Pheng, Vol II
Checkett, Lawrence, Vol II
Chell, Samuel L., Vol II
Chelte, Judith S., Vol II
Chen, Chih-Ping, Vol II
Cheney, Donald, Vol II, III
Cheney, Patrick, Vol II
Cheng, Sinkwan, Vol II
Cherchi-Usai, Paolo, Vol II
Cherniss, Michael David, Vol II
Cherry, Caroline Lockett, Vol II
Cherry, Charles L., Vol II
Cheung, King-Kok, Vol II
Chilcote, Wayne L., Vol I, II
Childers, Joseph W., Vol II
Chilton, H. Randolph, Vol II
Chinery, Mary, Vol II
Chinitz, David, Vol II
Chinoy, Helen Krich, Vol II
Chow, Karen, Vol II
Christ, Carol Tecla, Vol II
Christensen, Glenn, Vol II
Christensen, Laird E., Vol II
Christiansen, Nancy Lee, Vol II
Christianson, Paul, Vol II
Christie, N. Bradley, Vol II
Christopher, Georgia B., Vol II
Chu, Mike S., Vol II
Chung, Younsook Na, Vol II
Ciancio, Ralph Armando, Vol II
Cima, Gay Gibson, Vol II
Cirrone, Steven F., Vol II
Clancy, Joseph P., Vol II
Clapp-Intyre, Alisa, Vol II
Clark, Basil Alfred, Vol II
Clark, Beverly Lyon, Vol II
Clark, David L., Vol II
Clark, David Ridgley, Vol II
Clark, Edward, Vol II
Clark, Edward Depriest, Sr., Vol II
Clark, George, Vol II
Clark, Ira, Vol II
Clark, James Alfred, Vol II
Clark, James Drummond, Vol II
Clark, Justus Kent, Vol II
Clark, Kevin, Vol II
Clark, L. D., Vol II
Clark, Suzanne, Vol II
Clark, William Bedford, Vol II
Clarke, Michael, Vol II
Clausen, Christopher, Vol II
Claydon, Margaret, Vol II
Clayton, Jay, Vol II
Clayton, Lawrence Ray, Vol II
Clayton, Tom, Vol I, II
Cleary, Thomas R., Vol II
Clegg, Cyndia Susan, Vol II
Cleghorn, Cassandra, Vol II
Clerc, Charles, Vol II
Clines, Raymond H., Vol II
Clogan, Paul Maurice, Vol II, III
Clougherty, Robert, Jr., Vol II
Clubbe, John, Vol II
Clubbe, John L. E., Vol II
Cluff, Randall, Vol II
Clum, John M., Vol II
Coale, Samuel Chase, Vol I, II
Cobb, Jerry, Vol II
Cobley, Evelyn M., Vol II
Cody, Richard John, Vol II
Coers, Donald V., Vol II
Coffin, Tristram Potter, Vol II, V
Coffler, Gail H., Vol II
Cohen, Derek M., Vol II
Cohen, Eileen Z., Vol II
Cohen, Joseph, Vol II
Cohen, Michael Martin, Vol II
Cohen, Philip G., Vol II
Cohen, Ralph Alan, Vol II
Cohen, Sandy, Vol II
Cohn, Jan, Vol II
Colby, Robert Alan, Vol II
Coldiron, Anne E. B., Vol II
Coldwell, Joan, Vol II
Cole, David William, Vol II
Cole, Howard Chandler, Vol II
Cole, Susan Letzler, Vol II
Coleman, Daniel, Vol II
Coleman, Joyce K., Vol II
Coleman, Mark, Vol II
Collette, Carolyn Penney, Vol II
Colley, Ann C., Vol II
Collie, Michael J., Vol I, II
Collington, Phillip D., Vol II
Collins, Dan Stead, Vol II
Collins, James M., Vol II
Collins, K. K., Vol II
Collins, Michael J., Vol II
Collins, Richard W., Vol II
Collins, Robert G., Vol II
Collison, Gary L., Vol II
Collmer, Robert George, Vol II
Coltrane, Robert, Vol II
Colvert, James B., Vol II
Colvin, Daniel Lester, Vol II
Colwell, Frederic, Vol II
Comprone, Joseph John, Vol II
Condon, William, Vol II
Conlon, John J., Vol II
Connelly, Mark, Vol II
Connolly, Thomas F., Vol II
Connor, J. D., Vol II
Connor, Joan, Vol II
Conolly, Leonard W., Vol II
Conrad, Kathryn A., Vol II
Conte, Joseph, Vol II
Conway, Glenda, Vol II
Coogan, David, Vol II
Cook, Eleanor, Vol II
Cook, James Wyatt, Vol II
Cook, Stephan H., Vol II
Cooley, Nicole R., Vol II
Coolidge, Archibald Cary, Jr., Vol II
Coonfield, W. A., Vol II
Cooper, G. Burns, Vol II
Cooper, John Rex, Vol II
Cope, Kevin, Vol II
Copek, Peter Joseph, Vol II
Copeland, David Robert, Vol II
Copjec, Joan, Vol II, III
Coppedge, Walter Raleigh, Vol II
Corbett, Janice, Vol II
Corman, Brian, Vol II
Cornelia, Marie E., Vol II
Corodimas, Peter, Vol II
Corrigan, Maureen, Vol II
Cosgrove, Peter, Vol II
Costa, Richard Hauer, Vol II
Costanzo, William Vincent, Vol II
Cotter, James Finn, Vol II, IV
Cotton, William Theodore, Vol II
Coughlin, Robert M., Vol II
Council, Norman Briggs, Vol II
Courage, Richard A., Vol II, V
Court, Franklin Edward, Vol II
Coutenay, Lynn, Vol I, II
Covert, James Thayne, Vol I, II
Cowart, David, Vol II
Cowasjee, Saros, Vol II
Cowell, Pattie Lee, Vol II
Cox, John D., Vol II
Cox, Robert, Vol II
Cox, Roger Lindsay, Vol II, III
Cox, Shelly Marie, Vol II
Cox, Stephen D., Vol II
Coyne, Stephen, Vol II
Crafton, Robert E., Vol II
Craig, George Armour, Vol II
Crain, Patricia, Vol II
Crane, Susan, Vol II
Craven, Alan, Vol II
Crawford, John W., Vol II
Creed, Walter Gentry, Vol II
Crew, Louie, Vol II
Crewe, Jonathan V., Vol II
Crews, Frederick, Vol II
Crismore, Avan G., Vol II, V
Crockett, Bryan L., Vol II
Croskery, Margaret C., Vol II
Crosland, Andrew Tate, Vol II
Crosman, Robert, Vol II
Cross, Gilbert B., Vol II
Crossley, Robert Thomas, Vol II
Crow, Charles L., Vol II
Crowell, Douglas E., Vol II
Crowl, Samuel, Vol II
Crowley, Joseph P., Vol II
Crowley, Kelley M. Wickham, Vol II
Crump, Rebecca, Vol II
Crupi, Charles William, Vol II
Culik, Hugh, Vol II
Culler, Arthur Dwight, Vol II
Culross, Jack Lewis, Vol II
Cumberland, Sharon L., Vol II
Cummings, Peter March, Vol II
Cummings, Sherwood, Vol II
Cummins, Walter M., Vol II
Cunningham, Frank Robert, Vol II
Cunningham, Karen, Vol II
Cunningham, Merrilee A., Vol II
Curley, Stephen J., Vol II
Curley, Thomas Michael, Vol II
Curlin, J., Vol II
Curran, Sonia Terrie, Vol II
Curran, Stuart Alan, Vol II
Currie, William W., Vol II
Curry, Elizabeth R., Vol II
Cushman, Stephen B., Vol II

Cyganowski, Carol K., Vol II
D'Avanzo, Mario L., Vol II
Dabney, Ross H., Vol II
Dahood, Roger, Vol II
Daigle, Lennet J., Vol II
Daigle-Williamson, Marsha A., Vol II
Dale, Helen, Vol II, V
Daley, Koos W., Vol II
Daly, Brenda O., Vol II
Daly, Robert J., Vol II
Dameron, John Lasley, Vol II
Dames, Nicholas, Vol II
Damico, Helen, Vol II
Dammers, Richard H., Vol II
Damon, John Edward, Vol II
Damon-Bach, Lucinda, Vol II
Damrosch, Leo, Vol II
Dance, Daryl Cumber, Vol II
Danford, Robert E., Vol II
Daniell, Beth, Vol II
Danielson, Dennis R., Vol II
Danielson, Larry W., Vol II
Darhower, Martin L., Vol II, III
Darling, Gregory J., Vol II
Dash, Irene Golden, Vol II, V
Daugherty, Sarah B., Vol II
Davenport, Guy Mattison, Vol II
David, Alfred, Vol II
Davidson, Arnold E., Vol II
Davidson, Cathy N., Vol II
Davidson, Clifford Oscar, Vol II
Davies, Gwendolyn, Vol II
Davis, Adam B., Vol II
Davis, Albert J., Vol II
Davis, Charles Roger, Vol II
Davis, Cheryl K., Vol II
Davis, Christopher, Vol II
Davis, Dale W., Vol II, III
Davis, James, Vol II
Davis, Kenneth Waldron, Vol II
Davis, Marianna White, Vol II
Davis, Marie, Vol II
Davis, Robert Leigh, Vol II, V
Davis, Ron, Vol II
Davis, Terry, Vol II
Davis, Thomas M., Vol II
Davis, Wendell Eugene, Vol II
Davis, William V., Vol II, IV
Davison, Carol Margaret, Vol II
Dawson, Anthony Blanchard, Vol II
Dawson, Carl, Vol II
de Almeida, Hermione, Vol II
De Grave, Kathleen R., Vol II
de Jongh, James Laurence, Vol II
de Toro, Fernando, Vol II
Deakins, Roger Lee, Vol II
Dean, Dennis Richard, Vol II, III
Dean, James S., Vol II
Dean, Joan Fitzpatrick, Vol II
Dean, Margaret J., Vol II
Dean, Susan Day, Vol II
Dean, Tim, Vol II
Debo, Annette R., Vol II
Deena, Seodial, Vol II
Deese, Helen R., Vol II
DeKoven, Marianne, Vol II
Delahoyde, Michael, Vol II
Delahunty, Gerald, Vol II
Delaney, Paul, Vol II
Delano, Sterling F., Vol II
Delany, Paul, Vol II
Delany, Sheila, Vol II
Delasanta, Rodney, Vol II
DeLaura, David Joseph, Vol II
Deller, David C., Vol II
DeLoughrey, Elizabeth M., Vol II
DeMaria, Robert, Jr., Vol II
DeMarr, Mary Jean, Vol II, V
Demastes, William, Vol II
Deming, Robert Howard, Vol II
Dendinger, Lloyd N., Vol II
DeNeef, Leigh A., Vol II
Denniston, Dorothy L., Vol II
Denniston, Elliott Averett, Vol II
Depas-Orange, Ann, Vol II
Deporte, Michael V., Vol II
Deresiewicz, William, Vol II
DeRitter, Jones, Vol II
DeRosa, Robin, Vol II
Derrick, Clarence, Vol II
DeShong, Scott, Vol II
Dessen, Alan Charles, Vol II
Dessen, Cynthia Sheldon, Vol II
Dessner, Lawrence Jay, Vol II
Detmer-Groebel, Emily, Vol II
Dettmar, Kevin, Vol II
Devitt, Amy J., Vol II
Devlin, Albert J., Vol II
Devlin, James E., Vol II
Dews, Carlos L., Vol II
Di Pardo, Anne, Vol II, V
Dial-Driver, Emily, Vol II
Dick, Bernard F., Vol II
Dick, Susan M., Vol II
Dickey, James, Vol II
Dickson-Carr, Darryl, Vol II
Dickstein, Morris, Vol II, III
Diedrick, James K., Vol II
Diehl, Huston, Vol II
Dietrich, Bryan, Vol II
Dietrich, Wilfred O., Vol I, II
DiGaetani, John Louis, Vol II
Dilgen, Regina M., Vol II
Dillard, J. L., Vol II
Diller, Christopher G., Vol II
Dillman, Richard H., Vol II
Dillon, Bert, Vol II
Dilworth, Thomas, Vol II
Dimmitt, Jean Pollard, Vol II
DiPasquale, Theresa M., Vol II
Dircks, Phyllis T., Vol II
Dircks, Richard J., Vol II
Discenza, Nicole Guenther, Vol II
Ditsky, John M., Vol II
Dixon, Kathleen, Vol II
Dixon, Mimi S., Vol II
Dixon, Wheeler Winston, Vol II
Djos, Matts G., Vol II
Djwa, Sandra A., Vol II
Doak, Robert, Vol II
Doan, Laura L., Vol II, V
Doane, Alger Nicolaus, Vol II
Dobson, Frank, Vol II
Dobson, Jeannie S., Vol II
Dobson, Joane, Vol II
Dodd, Wayne Donald, Vol II
Dodge, Robert Kendall, Vol II
Dodson, Danita Joan, Vol II
Doerksen, Daniel William, Vol II
Dolan, Frances E., Vol II
Dolan, Marc, Vol II
Dolis, John, Vol II
Doloff, Steven, Vol II
Dombrowski, Paul M., Vol II
Dominik, Jane, Vol II
Domville, Eric W., Vol II
Donaldson, Jeffery, Vol II
Donaldson, Peter Samuel, Vol II
Donaldson, Sandra, Vol II
Donatelli, Joseph M. P., Vol II
Donavin, Georgiana, Vol II
Donawerth, Jane L., Vol II
Doob, Penelope, Vol II
Dooley, Deborah, Vol II
Doran, Madeleine, Vol II
Dornan, Reade W., Vol II, V
Dornsife, Rob, Vol II
Dorsinville, Max, Vol II, III
Dorwick, Keith, Vol II
Doskow, Minna, Vol II
Doudna, Martin Kirk, Vol I, II, V
Douglas, Jane Yellowlees, Vol II
Douglas, Paul H., Vol II
Douglass, Paul, Vol II
Douglass, Thomas E., Vol II
Dove, Linda L., Vol II
Dowell, Peter W., Vol II
Dowell, Richard Walker, Vol II
Downes, David Anthony, Vol II
Downey, James, Vol II
Downing, David, Vol II
Doxey, William S., Vol II
Doyle, Charles Clay, Vol II, V
Doyle, Esther M., Vol II
Doyle, Jacqueline, Vol II
Doyle, Paul A., Vol II
Doyno, Victor, Vol II
Drake, Robert Y., Jr., Vol II
Dramin, Edward, Vol II
Dreher, Diane Elizabeth, Vol II
Drewry, Cecelia Hodges, Vol II
Drout, Michael D. C., Vol II
Dryden, M., Vol II
Dubey, Madhu, Vol II
Dubino, Jeanne, Vol II
Dubrovsky, Gertrude, Vol II
Ducharme, Robert, Vol II
Duchovnay, Gerald, Vol II
Duckworth, Alistair Mckay, Vol II
Duclow, Donald F., Vol I, II, IV
Dudley, Edward J., Vol II, III
Dudt, Charmazel, Vol II
Duerden, Richard Y., Vol II
Duffy, Andrew E., Vol II
Duffy, Dennis, Vol II
Dugaw, Dianne M., Vol II, V
Dunaway, David K., Vol II
Dunbar, Mary Judith, Vol II
Duncan, Bonnie I., Vol II
Duncan, Charles, Vol II
Duncan, Kirby Luther, Vol II
Dunn, Charles W., Vol II
Dunn, E. Catherine, Vol II
Dunn, Richard John, Vol II
Dunn, Robert P., Vol II
Dunne, Joseph Fallon, Vol II
DuPlessis, Rachel Blau, Vol II
DuPriest, Travis Talmadge, Jr., Vol II, IV
Durer, Christopher, Vol II, III
Dussinger, John Andrew, Vol II
Duyfhuizen, Bernard, Vol II
Dybek, Stuart, Vol II
Dyc, Gloria, Vol II
Dyer, Joyce, Vol II
Dyer, Klay, Vol II
Eakin, Paul John, Vol II
Early, Gerald, Vol I, II
Eaton, Charles Edward, Vol II
Eaton, Richard B., Vol II
Eaves, Morris, Vol II
Ebbitt, Wilma Robb, Vol II
Eberhart, Richard, Vol II
Eble, Connie C., Vol II, III
Eby, Carl P., Vol II
Echeruo, Michael, Vol II
Eckersley, L. Lynnette, Vol II
Edwards, Brent Hayes, Vol II
Edwards, Clifford Duane, Vol II
Edwards, Lee R., Vol II
Edwards, Mary-Jane, Vol II
Egan, James, Vol II
Egan, Mary Joan, Vol I, II
Eggert, Katherine, Vol II
Egginton, William, Vol II, III
Ehret, Terry, Vol II
Eichelman, Sarah M., Vol II
Eichenlaub, Constance, Vol II, III
Eisenstein, Paul S., Vol II
Eisner, Sigmund, Vol II
Eiss, Harry Edwin, Vol II
Elder, John, Vol II
Elia, Richard Leonard, Vol II
Elkin, Robert Terrell, Vol II
Eller, Jonathan R., Vol II
Elliott, Dorice W., Vol II
Elliott, Emory B., Vol II
Elliott, Michael, Vol II
Ellison, Jerome, Vol II
Ellison, Robert, Vol II
Elsbree, Langdon, Vol II
Elton, William R., Vol II
Ely, Robert Eugene, Vol II
Emanuel, James Andrew, Vol II
Emery, Sarah W., Vol II, IV
Emma, Ronald David, Vol II, III
Emmerson, Richard K., Vol I, II
Emmitt, Helen, Vol II
Endo, Paul, Vol II
Engel, Kirsten H., Vol II
Engel, Leonard W., Vol II
Engelberg, Edward, Vol II, III
England, Anthony Bertram, Vol II
Ensor, Allison R., Vol II
Entzminger, Robert L., Vol II
Epperly, Elizabeth Rollins, Vol II
Epstein, Bonnie W., Vol II
Epstein, Edmund Lloyd, Vol II, III
Epstein, William Henry, Vol II
Erickson, Darlene E. Williams, Vol II
Erickson, Gregory T., Vol II
Erickson, Nancy Lou, Vol I, II
Erickson, Robert A., Vol II
Erler, Mary C., Vol II
Erlich, Richard D., Vol II
Ervin, Hazel A., Vol II
Esterhammer, Angela, Vol II
Euba, Femi, Vol II
Evans, David Allan, Vol II
Evans, Deanna G., Vol II
Evans, Gwynne Blakemore, Vol II
Evans, James Edward, Vol II
Evans, James L., Vol II, V
Evans, John Martin, Vol II
Evans, Lawrence, Vol II
Evans, Mei Mei, Vol II
Evans, Robert C., Vol II
Evans, Robley Jo, Vol II
Evelev, John, Vol II
Evenson, Brian, Vol II
Evett, David Hal, Vol II
Ewell, Barbara Claire, Vol II, V
Eyler, Audrey S., Vol II
Eyster, Kevin Irenies, Vol II
Fabricant, Carole, Vol II
Faderman, Lillian, Vol II
Fagles, Robert, Vol II, III
Fagundo, Ana Maria, Vol II, III
Faigley, Lester, Vol II
Fairbanks, Carol, Vol II
Fairchild, Bertram H., Vol II
Fairley, Irene R., Vol II, III
Faller, Lincoln B., Vol II
Fanning, Charles F., Vol II
Fant, Gene C., Jr., Vol II, V
Farber, Gerald Howard, Vol II, III
Farber, Jimmie D., Vol II
Farnham, Anthony Edward, Vol II, III
Farr, Judith Banzer, Vol II
Farr, Marie T., Vol II
Farred, Grant, Vol II
Farrell, John P., Vol II
Farrokh, Faridoun, Vol II
Farrow, Anthony, Vol II
Farwell, Tricia M., Vol II
Fast, Robin Riley, Vol II
Faulkner, Thomas Corwin, Vol II
Favor, J. Martin, Vol II
Faymonville, Carmen, Vol II
Federman, Raymond, Vol II, III
Fein, Richard J., Vol II
Feinberg, Leonard, Vol II
Feinstein, Herbert Charles Verschleisser, Vol II
Feinstein, Sandy, Vol II
Felder, Mira B., Vol II, III
Feldman, Irving, Vol II
Felgar, Robert, Vol II
Felluga, Dino F., Vol II
Felski, Rita, Vol II
Feltes, Norman Nicholas, Vol II
Felton, Sharon, Vol II
Feng-Checkett, Gayle, Vol II, V
Fennell, Francis L., Vol II
Feola, Maryann, Vol II
Fergenson, Laraine R., Vol II
Ferguson, Margaret Williams, Vol II, III
Ferguson, Oliver Watkins, Vol II
Ferguson, Suzanne, Vol II
Fernandez, Ramona E., Vol II
Ferns, John, Vol II
Ferrari, Rita, Vol II
Ferraro, Thomas J., Vol II
Fewer, Colin D., Vol II, IV
Fiedler, Leslie Aaron, Vol II
Field, Michael J., Vol II
Fields, Beverly, Vol II
Fields, Polly Stevens, Vol II
Fifer, Elizabeth, Vol II, III
Figg, Kristen Mossler, Vol II
Findlay, Leonard Murray, Vol II
Fine, Laura, Vol II
Fink, Thomas A., Vol II
Finke, L. A., Vol II
Finkelpearl, Philip J., Vol II
Finlayson, John, Vol II
Finnegan, Robert Emmett, Vol II
Fiordo, Richard A., Vol II
Fiore, Peter Amadeus, Vol II
Firchow, Peter Edgerly, Vol II, III
Fischer, John Irwin, Vol II
Fischer, Michael, Vol II
Fish, Cheryl, Vol II
Fish, Stanley E., Vol II, IV
Fish, Thomas Edward, Vol II
Fisher, Benjamin, Vol II
Fisher, James Randolph, Vol II
Fisher, John Hurt, Vol II
Fisher, Judith Law, Vol II
Fisher, Leona W., Vol II, V
Fisher, Nancy, Vol II
Fishman, Jerry, Vol II
Fitter, Chris, Vol II
Fitzpatrick, Vincent D., Vol II
Fitzsimmons, Thomas, Vol II
Fix, Stephen, Vol II
Flachmann, Michael C., Vol II
Flahive, Doug, Vol II
Flannagan, Roy C., Vol II
Fleck, Richard F., Vol II
Fleischer, Georgette, Vol II, III
Fleishman, Avrom, Vol II
Fleissner, Robert F., Vol II
Fleming, Bruce E., Vol II
Fleming, Deborah, Vol II
Fleming, John, Vol II
Fletcher, Angus S., Vol II
Fletcher, Marie, Vol II
Flick, Robert Gene, Vol II
Fliegelman, Jay, Vol II
Flint, Allen Denis, Vol I, II
Flitterman-Lewis, Sandy, Vol II
Flora, Joseph M., Vol II
Flory, Wendy Stallard, Vol II
Flower, Dean Scott, Vol II
Flower, Linda S., Vol II
Flowers, Betty Sue, Vol II
Flynn, David, Vol II
Fogel, Daniel Mark, Vol II
Fogel, Stan, Vol II
Foley, Barbara, Vol II
Folkenflik, Robert, Vol II
Folsom, Lowell Edwin, Vol I, II
Folsom, Marcia M., Vol II
Fonesca, Terezinha, Vol II
Fong, Bobby, Vol II
Fontana, Ernest L., Vol II
Forbes, Joyce, Vol II
Ford, James Eric, Vol II
Forker, Charles Rush, Vol II
Forman, Robert, Vol II
Fort, Keith, Vol II
Fortier, Jan Marie, Vol II
Foshay, Toby, Vol II
Foster, David, Vol II
Foster, Donald W., Vol II
Foster, Edward E., Vol II
Foster, John Burt, Vol II
Foster, Verna A., Vol II
Foulke, Robert Dana, Vol II
Fowler, Doreen, Vol II
Fowler, Virginia C., Vol II
Fox, Alice, Vol II
Fox, Hugh B., Vol II
Fox, Pamela, Vol II
Fox, Robert Charles, Vol II
Fox, Stephen D., Vol II
Fraistat, Neil R., Vol II
Francoz, Marion, Vol II
Frank, Joseph, Vol II
Frank, Mortimer Henry, Vol II
Frank, Robert, Vol II
Frank, Roberta, Vol II
Franklin, H. Bruce, Vol I, II
Franklin, Ralph William, Vol II
Franklin, Rosemary F., Vol II
Franson, J. Karl, Vol II
Frantzen, Allen J., Vol II
Fredeman, William E., Vol II
Free, William Joseph, Vol II
Freedman, Carl H., Vol II
Freedman, Diane P., Vol II
Freedman, Morris, Vol II, III
Freeman, Bernice, Vol II, V
Freeman, Christopher Edward, Vol II
Freeman, Donald C., Vol II
Freeman, James A., Vol II
Freeman, Joanna Mae, Vol II
Freeman, Kathryn S., Vol II
Freeman, Margaret H., Vol II
Freer, Coburn, Vol II
Freier, Mary P., Vol II
Freimarck, Vincent, Vol II
French, Roberts Walker, Vol II
French, William Wirt, Vol II
Fresch, Cheryl, Vol II
Friedman, Alan, Vol II
Friedman, Donald M., Vol II
Friedman, John Block, Vol II
Friedman, Melvin Jack, Vol II, III
Friedman, Michael D., Vol II
Friedman, Norman, Vol II, V
Friedman, Philip Allan, Vol II, IV
Friedman, Sidney Joseph, Vol II
Friedman, Stanley, Vol II
Fries, Maureen Holmberg, Vol II
Frischkorn, Craig, Vol II
Fritzell, Peter A., Vol II
Froese Tiessen, Hildi, Vol II
Fromm, Gloria Glikin, Vol II
Frosch, Thomas Richard, Vol II
Frost, Linda Anne, Vol II
Froula, Christine, Vol II
Frushell, Richard Clayton, Vol II
Fry, Carrol Lee, Vol II
Frye, Joanne S., Vol II
Frye, Roland Mushat, Vol II
Fuchs, Jacob, Vol II
Fulkerson, Richard P., Vol II
Fulkerth, Robert C., Vol II
Fuller, Lawrence Benedict, Vol I, II
Fuller, Marshall Todd, Vol II
Fuller, Mary J., Vol II
Fulmer, Constance M., Vol II
Fulton, Gordon D., Vol II
Fulton, Henry Levan, Vol II
Fulton, Richard Delbert, Vol II
Fulweiler, Howard, Vol II

Funston, Judith, Vol II
Furey, Hester L., Vol II
Furness, Edna Lue, Vol II, III
Furnish, Shearle, Vol II
Furtwangler, Albert, Vol II
Fusco, Richard A., Vol II
Gabbin, Joanne Veal, Vol II
Gaines, Barry, Vol II
Gaines, Jane M., Vol II
Gajowski, Evelyn J., Vol II
Galchinsky, Michael, Vol II
Galef, David A., Vol II
Gallant, Christine, Vol II
Galperin, William, Vol II
Gamble, James D., Vol II
Ganesan, Indira, Vol II, V
Ganim, John Michael, Vol II, III
Gans, Bruce, Vol II
Ganz, Arthur F., Vol II
Ganzel, Dewey Alvin, Vol II
Gard, Betty A., Vol II
Gardaphe, Fred L., Vol II
Gardiner, Judith Kegan, Vol II
Gardner, Joseph Hogue, Vol II
Gargan, William M., Vol II
Gariepy, Margo R., Vol I, II
Garratt, Robert Francis, Vol II
Garrett, James M., Vol II
Garrett, Peter, Vol II
Garrigan, Kristine O., Vol II
Garrison, James Dale, Vol II
Gaskill, Gayle, Vol II
Gasque, Thomas J., Vol II
Gaston, Edwin W., Jr, Vol II
Gates, Barbara Timm, Vol II, V
Gatta, John J., Vol II
Gaull, Marilyn, Vol II
Gavin, Rosemarie Julie, Vol II, V
Gavran, James Holt, Vol II
Gay, Richard R., Vol II
Gaylord, Alan T., Vol II
Geary, Edward Acord, Vol II
Gebhard, Ann, Vol II
Geist, Joseph E., Vol II
Gelderman, Carol W., Vol II
Gelernt, Jules, Vol II, III
Geller, Lila Belle, Vol II
Gemmett, Robert J., Vol II
Gentry, Marshall Bruce, Vol II
Gentry, Thomas Blythe, Vol II
Georgalas, Robert N., Vol II
George, Kearns, Vol II
George, Michael W., Vol II
George, Stephen, Vol II
Germain, Edward B., Vol II
Gernes, Sonia, Vol II
Gernes, Todd Steven, Vol II
Gerry, Thomas M. F., Vol II
Gerster, Carole, Vol II
Gertzman, Jay Albert, Vol II
Gewanter, David, Vol II
Ghnassia, Jill Dix, Vol II
Ghose, Zulfikar Ahmed, Vol II
Gianakaris, Constantine John, Vol II
Giannone, Richard, Vol II
Giarelli, Andrew, Vol II
Gibaldi, Joseph, Vol II, III
Gibbons, Reginald, Vol II
Gibson, Claude Louis, Vol II
Gibson, Donald Bernard, Vol II
Gibson, Margaret, Vol II
Gibson, Richard J., Vol II
Gigliotti, Gilbert L., Vol II
Gikandi, Simon E., Vol II
Gilbert, Pamela K., Vol II
Gilbert, Sandra Mortola, Vol II, V
Giles, James Richard, Vol II
Gillan, Jeniffer, Vol II
Gillespie, Michael Patrick, Vol II
Gilliland, C. Herbert, Vol II
Gillis, Catherine L., Vol II
Gilman, Ernest B., Vol II
Gilman, Owen W., Vol II
Gilson, Joan, Vol II, V
Gindele, Karen C., Vol II
Ginsberg, Lesley, Vol II
Giron, Robert L., Vol II
Gish, Nancy K., Vol II, V
Gish, Robert F., Vol II
Gissendanner, John M., Vol II
Givner, Joan, Vol II
Gladish, Robert Willis, Vol II
Glancy, Diane, Vol II
Glassman, Steve, Vol II
Glavac, Cynthia, Vol II
Glavin, John, Vol II
Glazener, Nancy K., Vol II
Glazier, Loss Pequeno, Vol II
Glazier, Lyle Edward, Vol II
Gleason, Paul W., Vol II
Gleckner, Robert F., Vol II
Glover, Albert G., Vol II
Gnarowski, Michael, Vol II
Gochberg, Donald S., Vol II
Goddard, Nettye, Vol II
Godshalk, William Leigh, Vol II
Goellnicht, Donald, Vol II
Goffman, Ethan E., Vol II
Goggin, Maureen Daly, Vol II
GoGwilt, Christopher, Vol II
Gold, Joel Jay, Vol II
Gold, Joseph, Vol II
Goldbeck, Janne, Vol II
Golden, Arthur, Vol II
Goldenberg, Myrna, Vol II
Goldenberg, Robert, Vol II
Goldensohn, Barry, Vol II
Goldfarb, Nancy D., Vol II
Goldgar, Bertrand Alvin, Vol II
Goldstein, R. James, Vol II
Goldweber, David E., Vol II
Gollin, Richard M., Vol II
Gollin, Rita K., Vol II
Golumbia, David, Vol II
Gontarski, S. E., Vol II, III
Gonzalez, Alexander G., Vol II
Gooch, Bryan N. S., Vol II
Good, Jacquelyn Fox, Vol II
Goodheart, Eugene, Vol II
Goodman, Michael B., Vol II
Goodson, Alfred Clement, Vol II, III
Gopalan, Lalitha, Vol II
Gopen, George D., Vol II
Gordon, Lois G., Vol II, III
Gordon, Walter Martin, Vol II, IV
Gorfain, Phyllis, Vol II, V
Gossett, Suzanne, Vol II
Gossin, Pamela, Vol I, II
Gottesman, Leslie D., Vol II
Gottschalk, Katherine K., Vol II
Gougeon, Len G., Vol II
Gould, Christopher, Vol II
Govan, Sandra Yvonne, Vol I, II
Gowdy, Anne R., Vol II
Grace, Dominick M., Vol II
Grace, Joan Carroll, Vol II
Grace, Nancy, Vol II
Grace, Sherrill E., Vol II
Gradin, Sherrie L., Vol II
Graff, Gerald E., Vol II, V
Graham, Joyce, Vol II
Graham, Kenneth Wayne, Vol II
Graham, Maryemma, Vol II
Graham, Peter W., Vol II
Graham, Theodora Rapp, Vol II
Grammer, John M., Vol II
Grandt, Jurgen E., Vol II
Granofsky, Ronald, Vol II
Grant, John Ernest, Vol II
Grant, Judith A. S., Vol II
Grant, Patrick, Vol II
Grant, Raymond James Shepherd, Vol II
Gras, Vernon W., Vol II
Graver, Lawrence S., Vol II
Graver, Suzanne, Vol II
Graves, Roy Neil, Vol II
Grawe, Paul H., Vol II
Gray, Donald, Vol II
Gray, Jeffrey, Vol II
Grayson, Janet, Vol II
Grayson, Nancy Jane, Vol II
Greeley, Andrew M., Vol II, IV, V
Green, Lawrence Donald, Vol II
Green, Martin, Vol II
Green, Richard F., Vol II
Green, Suzanne Disheroon, Vol II
Green, William, Vol II
Greenberg, Alvin D., Vol II
Greenberg, Robert M., Vol II
Greenburg, Mark Lawrence, Vol II
Greene, David Louis, Vol II
Greene, Gayle Jacoba, Vol II
Greene, Martha D., Vol II, IV
Greene, Roland, Vol II
Greene, Thomas R., Vol I, II
Greenfield, Bruce R., Vol II
Greenfield, Susan, Vol II
Greenstein, Michael, Vol II
Gregory, Elmer Richard, Vol II, III
Gregory, Michael J. P., Vol II
Gregory, Michael Strietmann, Vol II
Grenberg, Bruce L., Vol II
Grennen, Joseph Edward, Vol I, II
Gribben, Alan, Vol II, IV
Griesinger, Emily, Vol II
Griffin, Dustin, Vol II
Griffin, Kathleen, Vol II
Griffin, Larry D., Vol II
Grigsby, Bryon L., Vol II
Grimshaw, James, Vol II, IV
Griswold, Wendy, Vol II
Grob, Alan, Vol II
Groden, Michael, Vol II
Groening, Laura S., Vol II
Grogan, Claire, Vol II
Groome, Margaret, Vol II
Groppe, John Daniel, Vol II
Gross, Alan G., Vol II
Gross, David Stuart, Vol II, III
Gross, Kenneth, Vol II
Grosskurth, Phyllis M., Vol II
Grossman, Jonathan H., Vol II
Groth, Janet, Vol II
Grove-White, Elizabeth M., Vol II
Groves, Jeffrey D., Vol II
Grow, Lynn, Vol II
Gruber, Loren C., Vol II
Gruber, William, Vol II
Grundy, Isobel, Vol II
Gruner, Elisabeth, Vol II
Grushow, Ira, Vol II
Grusin, Richard A., Vol II
Guenther, Barbara J., Vol II
Guerin, Wilfred Louis, Vol II
Guerinot, Joseph Vincent, Vol II
Guess, Carol A., Vol II
Guetti, James L., Vol II
Guibbory, Achsah, Vol II
Guilhamet, Leon, Vol II
Gullason, Thomas Arthur, Vol II
Gumbrecht, Hans Ulrich, Vol II
Gundy, Jeffrey G., Vol II
Guralnick, Elissa Schagrin, Vol II
Guss, Donald Leroy, Vol II
Gutman, Stanley T., Vol II
Guttman, Naomi E., Vol II
Habib, Imitiaz, Vol II
Habib, M. A. Rafey, Vol II
Habich, Robert D., Vol II
Hackmann, William Kent, Vol I, II
Hadas, Rachel, Vol II
Haegert, John, Vol II
Hageman, Elizabeth H., Vol II
Hagen, Patricia, Vol II
Hager, Alan, Vol II
Haggerty, George E., Vol II
Hahn, H. George, Vol II
Hahn, Thomas George O'Hara, Vol II
Hai, Ambreen, Vol II
Haight, Robert C., Vol II
Haines, Dorothy, Vol II
Hair, Donald S., Vol II
Halaby, Raouf J., Vol II
Halasz, Alexandra W., Vol II
Hale, David George, Vol II
Hale, J. Keith, Vol II
Halio, Jay L., Vol II
Hall, Dennis R., Vol II
Hall, James R., Vol II
Hall, Joan H., Vol II
Hall, Joan Lord, Vol II
Hall, Kim, Vol II
Hall, N. John, Vol II
Hall, P. W., Vol II, IV
Hall, Wade H., Vol II
Hallett, Charles A., Vol II
Hallissy, Margaret, Vol II
Halloran, Stephen Michael, Vol II
Halperin, John, Vol II
Halperin, Mike, Vol II
Halpern, Sheldon, Vol II
Hamalian, Leo, Vol II, III
Hamblin, Robert W., Vol II
Hamel, Mary, Vol II
Hamilton, Albert C., Vol II
Hamilton, Carol Van der Veer, Vol II
Hamilton, Harlan, Vol II
Hamilton, Sharon J., Vol II
Hamlin, William, Vol II
Hammons, Pamela Susanne, Vol II
Hancher, Charles Michael, Vol II
Hand, Sally Nixon, Vol II
Haney, David P., Vol II
Hannay, Margaret Patterson, Vol II
Hanning, Robert W., Vol II
Hans, James Stuart, Vol II, IV
Hansen, Barbara L., Vol II, V
Hansen, Helynne, Vol II, III
Hanson, Elizabeth, Vol II
Hapgood, Robert, Vol II
Hapke, Laura, Vol I, II
Harbert, Earl, Vol II
Harbin, Michael A., Vol II, IV
Harbison, Sherrill, Vol II
Harden, Edgar Frederick, Vol II
Harder, Bernhard D., Vol II
Harder, Sarah, Vol II
Hardin, Richard F., Vol II
Hardt, John S., Vol II
Hark, Ina Rae, Vol II
Harmon, Gary L., Vol II
Harner, James L., Vol II
Harpham, Geoffrey Galt, Vol II
Harries, Elizabeth Wanning, Vol II, III
Harrington, Henry R., Vol II, IV
Harris, Daniel A., Vol II
Harris, Jonathan Gil, Vol II
Harris, Joseph, Vol II, V
Harris, Mark, Vol II
Harris, Randy Allen, Vol II
Harris, Trudier, Vol II
Harrison, Antony Howard, Vol II
Harrison, Carol Lynn, Vol II
Harrison, Keith, Vol II
Harsh, Constance D., Vol II, V
Hart, Edward Leroy, Vol II
Hart, Henry W., Vol II
Hart, John Augustine, Vol II
Hart, Thomas Joel, Vol II
Hartman, Charles O., Vol II
Harty, Kevin John, Vol II
Harvey, Elizabeth D., Vol II
Harvey, Tamara, Vol II
Haskin, Dayton, Vol II
Hassett, Constance W., Vol II
Hassler, Donald M., Vol II
Hastings, A. Waller, Vol II
Hatch, James V., Vol II
Hatch, Ronald B., Vol II
Hatlen, Burton Norval, Vol II
Hattman, John, Vol II
Hawkes, Carol A., Vol II
Hawkins, Emma, Vol II, IV
Hawkins, Hunt, Vol II
Hawthorne, Mark D., Vol II
Hay, M. Victoria, Vol II
Hayes, Ann Louise, Vol II
Hayes, Kevin J., Vol II
Hayes-Scott, Fairy Cesena, Vol II
Hayles, Katherine N., Vol II
Hayman, David, Vol II
Hays, Peter L., Vol II
Hazlett, John D., Vol II
Hearn, Rosemary, Vol II
Heath, William Webster, Vol II
Hedgepeth, Chester Melvin, Jr., Vol II
Hedrick, Donald Keith, Vol II
Heffernan, Carol F., Vol II
Heffernan, James Anthony Walsh, Vol II
Heffernan, William A., Vol II
Heflin, Ruth J., Vol II
Heidenreich, Rosmarin, Vol II, III
Heidt, Edward Raymond, Vol II
Heilbrun, Carolyn G., Vol II
Heilman, Robert Bechtold, Vol II
Hein, Rolland Neal, Vol II, IV
Heineman, Helen, Vol II
Heldman, James M., Vol II
Heldreth, Leonard Guy, Vol II
Heldrich, Philip J., Vol II
Helfand, Jody, Vol II
Helfand, Michael S., Vol II
Helle, Anita, Vol II, V
Heller, Deborah, Vol II
Heller, Janet, Vol II, III, V
Heller, Lee Ellen, Vol II
Heller, Terry L., Vol II
Hellinger, Benjamin, Vol II
Hellmann, John M., Vol II
Hellwig, Hal, Vol II
Helmers, Marguerite H., Vol II
Helms, Randel, Vol II
Hemminger, William, Vol II
Hemmingway, Beulah S., Vol II
Hench, Michael, Vol II
Henderson, Carol E., Vol II
Henderson, Judith Rice, Vol II
Hengen, Shannon, Vol II
Henighan, Thomas J., Vol II
Hennedy, John Francis, Vol II
Hennessy, Michael, Vol II
Herbert, Christopher, Vol II
Herendeen, Wyman H., Vol II
Hering, Frank G., Vol II
Herring, Phillip F., Vol II
Herron, Carolivia, Vol I, II
Herz, Judith Scherer, Vol II
Herzberg, Bruce, Vol II
Herzman, Ronald Bernard, Vol II
Herzog, Kristin, Vol II
Herzog, Tobey C., Vol II
Hewitt, Avis Grey, Vol II
Hickok, Kathleen Klaire, Vol II
Hieatt, Allen Kent, Vol II
Higdon, David Leon, Vol II
Higgins, Elizabeth J., Vol II
Higley, Sarah, Vol II
Hill, David, Vol II
Hill, James Lee, Vol II
Hill, Mike K., Vol II
Hill, Ordelle Gerhard, Vol II
Hill, Patricia Liggins, Vol II
Hill, Thomas Dana, Vol II
Hill, W. Speed, Vol II
Hill, Wanda W., Vol II
Hill-Lubin, Mildred Anderson, Vol II
Hillard, Van E., Vol II
Hilliard, Raymond Francis, Vol II
Hilliard, Stephen Shortis, Vol II
Hilligoss, Susan, Vol II
Hilton, Nelson, Vol II
Himelstein, Morgan Y., Vol II
Hinchcliffe, Peter, Vol II
Hines, Susan Carol, Vol II
Hinnant, Charles H., Vol II
Hintz, Carrie, Vol II
Hirsch, Bernard Alan, Vol II
Hirsch, Gordon D., Vol II
Hirsch, Julia, Vol II
Hirschberg, Stuart, Vol II
Hirsh, Elizabeth, Vol II
Hirsh, James E., Vol II
Hise, Pat J., Vol II
Hitchcock, Walter B., Vol II
Hobson, Christopher, Vol II
Hobson, Fred C., Vol II
Hochman, Will, Vol II
Hocks, Richard, Vol II
Hodgdon, Barbara Covington, Vol II
Hodgins, Jack S., Vol II
Hoffman, Daniel, Vol II
Hoffman, Michael Jerome, Vol II
Hoffpauir, Richard, Vol II
Hogan, Robert, Vol II
Hoggard, James Martin, Vol II
Hogle, Jerrold Edwin, Vol II
Holden, Jonathan, Vol II
Holian, Gail, Vol II
Holladay, Hilary, Vol II
Hollahan, Eugene, Vol II
Holland, Norman N., Vol II
Hollander, John, Vol II
Hollenberg, Donna Krolik, Vol II
Holley, Linda Tarte, Vol II
Holliday, Shawn P., Vol II
Holloway, Karla F. C., Vol II
Holmer, Joan Ozark, Vol II
Holmes, Burnham, Vol II
Holmes, Charlotte, Vol II
Holtz, William, Vol II
Holzberger, William George, Vol II
Hoople, Robin P., Vol II
Hoover, Paul, Vol II
Hopkins, Leroy Taft, Jr., Vol II, III
Hopper, Paul, Vol II, III
Horan, Elizabeth R., Vol II, III
Hornback, Bert, Vol II
Horner, Bruce, Vol II
Horning, Alice S., Vol II, III
Horowitz, Sara R., Vol II
Horton, Ronald A., Vol II
Horton, Susan R., Vol II
Horvath, Brooke, Vol II
Horvath, Richard P., Vol II
Horwitz, Barbara, Vol II
Hoskins, Robert V., Vol II
House, Kay S., Vol II
Hovanec, Evelyn Ann, Vol I, II, V
Howard, C. Jeriel, Vol II
Howard, Hubert Wendell, Vol II
Howard, Leigh Anne, Vol II
Howard, Lillie Pearl, Vol II
Howard, Susan K., Vol II
Howard, Tharon, Vol II
Howard, W. Scott, Vol II
Howard, William J., Vol II
Howarth, William L., Vol II
Hoyt, Charles Alva, Vol II
Hozeski, Bruce William, Vol I, II
Huang, Guiyou, Vol II
Hubbard, Susan S., Vol II
Huddle, David R., Vol II

Hudgins, Christopher Chapman, Vol II
Hudson, Nicholas, Vol II
Hudson, Robert J., Vol II
Hudson-Weems, Clenora, Vol II
Huffman, Clifford Chalmers, Vol II
Huffman, James Richard, Vol I, II
Huggins, Cynthia, Vol II
Hughes, Elaine W., Vol II
Hughes, Linda K., Vol II
Hughes, Shaun Francis Douglas, Vol II
Hull, Akasha Gloria, Vol II
Hulse, Clark, Vol I, II
Hume, Robert David, Vol II
Humpherys, Anne, Vol II
Humphries, Bettye, Vol II
Hunning, Robert W., Vol II
Hunt, Anthony, Vol II
Hunt, John Dixon, Vol II
Hunt, Maurice A., Vol II
Hunter, Dianne McKinley, Vol II
Hurt, James Riggins, Vol II
Huse, Ann A., Vol II
Huse, Nancy Lyman, Vol II
Huseboe, Arthur R., Vol II
Hussey, John, Vol II
Hussey, Mark, Vol II
Hussman, Lawrence, Vol II
Huston, John Dennis, Vol II
Hutcheon, Linda, Vol II, III
Hutchins, Christine Ellen, Vol II
Hutchisson, James M., Vol II
Huttar, Charles Adolph, Vol II
Huttenstine, Marian L., Vol II
Huyett, Patricia, Vol II
Hyde, Virginia Crosswhite, Vol II
Hyde, William James, Vol II
Hyman, Roger L., Vol II
Hynes, Jennifer, Vol II
Iadonisi, Richard A., Vol II
Imboden, Roberta, Vol II
Inge, M. Thomas, Vol II
Ingebretsen, Edward J., Vol II
Ingersoll, Earl G., Vol II
Ingraham, Vernon Leland, Vol II
Inman, Billie Andrew, Vol II
Innes, Christopher, Vol II
Inness, Sherrie A., Vol II
Insignares, Harriette B., Vol II, V
Irmscher, Christoph, Vol II
Irsfeld, John Henry, Vol II
Irvine, Carolyn Lenette, Vol II
Irvine, Lorna Marie, Vol II
Irvine, Martin, Vol II
Irving, Kartina M., Vol II
Irwin, Bonnie D., Vol II
Isaac, Lily, Vol II
Isaac, Samuel, Vol II
Isaacs, Neil D., Vol II
Ishman, Sybil R., Vol II
Iskander, Sylvia W., Vol II
Issac, Megan, Vol II
Iyer, Nalini, Vol II
Jackson, Blyden, Vol II
Jackson, Heather J., Vol II
Jackson, James Robert de Jager, Vol II
Jackson, Richard P., Vol II
Jackson, Wallace, Vol II
Jacobi, Martin, Vol II
Jacobs, Dorothy Hieronymus, Vol II
Jacobs, John T., Vol II
Jacobs, Karen, Vol II
Jacobs, Naomi, Vol II
Jacobus, Lee Andre, Vol II, IV
Jahn-Clough, Lisa, Vol II
Jahner, Elaine A., Vol II
James, William Closson, Vol II, IV
Jamil, S. Selina, Vol II
Jamme, Albert W. F., Vol II, III
Janangelo, Joseph, Vol II
Jankowski, Theodora, Vol II
Jann, Rosemary, Vol II
Janzen, Henry David, Vol II
Jaskoski, Helen, Vol II
Jay, Gregory S., Vol II
Jay, Paul, Vol II
Jeffrey, David Lyle, Vol I, II
Jehlen, Myra, Vol II
Jemielity, Thomas J., Vol II
Jenkins, Charles M., Vol II
Jenkins, Kenneth Vincent, Vol II
Jenkins, Nicholas, Vol II
Jennings, Maude M., Vol II
Jensen, Ejner Jacob, Vol II
Jensen, H. James, Vol II
Jensen, Peter, Vol II
Jerz, Dennis G., Vol II
Jeter, Joseph, Vol II
Jiang, Nan, Vol II
Jin, Xuefei, Vol II
Jockers, Matthew L., Vol II
Johannesen, Richard Lee, Vol II, V
Johanningsmeier, Charles, Vol I, II
John, Brian, Vol II
John, Judith A., Vol II
Johnson, Alex C., Vol II
Johnson, Christopher G., Vol II
Johnson, David, Vol II
Johnson, Eric, Vol II
Johnson, James William, Vol II
Johnson, Jean L., Vol II
Johnson, Kenneth E., Vol II
Johnson, Lee Milford, Vol II
Johnson, Lemuel A., Vol II
Johnson, Lucille Marguerite, Vol II
Johnson, Michael Lillard, Vol II
Johnson, Patricia E., Vol II
Johnson, Richard F., Vol II
Johnson-Eilola, Johndan, Vol II
Johnston, Alexandra F., Vol II
Johnston, John, Vol II
Johnston, John H., Vol II
Johnston, Kenneth R., Vol II
Johnston, Paul, Vol II
Johnston, Stanley Howard, Vol II
Jolly, Rosemary J., Vol II
Joly, Ralph Robert, Vol II
Jones, Buford, Vol II
Jones, Charlene Diehl, Vol II
Jones, Christopher A., Vol II
Jones, Dan Curtis, Vol II
Jones, Daryl, Vol II
Jones, James H., Vol II
Jones, Jane A., Vol II
Jones, Jill T., Vol II
Jones, John H., Vol II
Jones, Mark, Vol II
Jones, Nicholas, Vol II
Jones, Richard A., Vol II
Jones, Sidney C., Vol II
Jones, Steven, Vol II
Jones, Suzanne W., Vol II
Jorgens, Jack J., Vol II
Joris, Pierre, Vol II
Joslin, Michael E., Vol II
Juhnke, Janet Ann, Vol II
Julier, Laura S., Vol II
Justice, George L., Vol II
Justus, James Huff, Vol II
Juszcyk, Frank, Vol II
Kadlec, David, Vol II
Kagle, Steven Earl, Vol II
Kahane, Claire, Vol II
Kahn, Coppelia, Vol II
Kahn, Madeleine, Vol II
Kairschner, Anne J., Vol II
Kaivola, Karen, Vol II
Kalaidjian, Walter, Vol II
Kallendorf, Craig William, Vol II
Kalpakgian, Mitchell A., Vol II
Kanwar, Anju, Vol II
Kaplan, Fred, Vol II
Kaplan, Lindsay, Vol II
Kaplan, Sydney Janet, Vol II
Kari, Daven Michael, Vol II
Karman, James, Vol I, II, IV
Karolides, Nicholas J., Vol II
Kartiganer, Donald M., Vol II
Kaske, Carol Vonckx, Vol II, III
Katasse, Conny, Vol II
Katz, Sandra, Vol II
Kavanagh, Peter, Vol II
Kay, W. David, Vol II
Kearly, Peter R., Vol II
Kearns, Francis E., Vol II
Kearns, Nancy, Vol II
Kearns, Terrance, Vol II
Keating, Patrick, Vol II
Keeble, Robert L., Vol II
Keefe, Robert, Vol II
Keefer, Janice Kulyk, Vol II
Keen, Suzanne, Vol II
Keenan, Richard Charles, Vol II
Keener, Frederick M., Vol II, III
Kegl, Rosemary, Vol II
Kelleghan, Fiona, Vol II
Keller, Arnold, Vol II
Keller, Eve, Vol II
Keller, Jill Lenett, Vol II
Kelley, Delores G., Vol II
Kelley, Michael Robert, Vol II, III
Kellogg, David, Vol II
Kelly, Erna, Vol II
Kelly, Ernece Beverly, Vol II
Kelly, Henry Ansgar, Vol II
Kelly, Justin J., Vol II
Kelly, William, Vol II
Kelvin, Norman, Vol II
Kemmerer, Kathleen, Vol II
Kendall, Calvin B., Vol II
Kendrick, Christopher, Vol II
Kennan, William R., Jr., Vol II
Kennedy, Christopher, Vol II
Kennedy, J. Gerald, Vol II
Kennelly, Laura B., Vol II
Kent, Carol Fleisher, Vol II
Kerby-Fulton, Kathryn, Vol II
Kerner, Howard A., Vol II
Kessler, Carol, Vol II
Kessler, Jascha Frederick, Vol II
Kessler, Rod, Vol II
Kesterson, David B., Vol II
Kesterson, David Bert, Vol II
Keyes, Claire J., Vol II
Keyishian, Harry, Vol II
Keyser, Elizabeth, Vol II
Kezar, Dennis, Vol II
Khwaja, Waqas A., Vol II
Kibler, James Everett, Jr., Vol II
Kiefer, Frederick P., Vol II
Kiefer, Kate, Vol II
Kiefer, Lauren, Vol II
Kiernan, Kevin S., Vol II
Kiernan, Michael Terence, Vol II
Kiernan, Robert F., Vol II
Kievitt, F. David, Vol II
Kijinski, John, Vol II
Kilcup, Karen L., Vol II
Kilgour, Maggie, Vol II
Killam, G. Douglas, Vol II
Killoran, Helen, Vol II
Kilwein-Guevara, Maurice A., Vol II
Kim, Margaret, Vol II
Kime, Wayne R., Vol II
Kimmelman, Burt, Vol II
Kimnach, Wilson H., Vol II
King, James, Vol II
King, Kathleen, Vol II
King, Shelley, Vol II
Kinnamon, Keneth, Vol II
Kinnamon, Noel James, Vol II
Kinnebrew, Mary Jane, Vol II
Kinney, Arthur F., Vol II
Kinney, James Joseph, Vol II
Kinney, Joseph, Vol II
Kinsman, Lawrence, Vol II
Kinzie, Mary, Vol II
Kipling, Gordon L., Vol II
Kipperman, Mark, Vol II
Kirby-Smith, H. T., Vol II
Kirschke, James J., Vol II
Kiser, Lisa J., Vol II
Kittredge, William Alfred, Vol II
Kitts, Thomas M., Vol II
Klein, Joan Larsen, Vol II
Klein, William Francis, Vol II
Kleinberg, Seymour, Vol II
Kleiner, Elaine Laura, Vol II
Kleiner, John, Vol II
Klene, Jean M., Vol II
Kligerman, Jack, Vol II
Kliman, Bernice W., Vol II
Klinkowitz, Jerome, Vol II
Knapp, Gerhard Peter, Vol II
Knapp, James A., Vol II
Knapp, James Franklin, Vol II
Knapp, John A., II, Vol II
Knapp, John V., Vol II
Knapp, Robert Stanley, Vol II
Knies, Earl Allen, Vol II
Knight, Charles, Vol II
Knight, Denise D., Vol II
Knight, Fawn, Vol II
Knighton, Robert Tolman, Vol II
Knoblauch, Cyril H., Vol II
Knoeller, Christian, Vol II
Knoepflmacher, U. C., Vol II
Knoles, Lucia, Vol II
Knott, John R., Vol II
Knowles, Richard Alan John, Vol II
Knuth, Deborah, Vol II
Knutson, Roslyn L., Vol II
Knutson, Susan, Vol II
Kobler, Jasper Fred, Vol II
Koch, Kenneth, Vol II, III
Kochhar-Lindgren, Gray M., Vol II
Koehler, G. Stanley, Vol II
Kohan, Kevin M., Vol II
Kolb, Gwin Jack, Vol II
Kolb, Gwin Jackson, Vol II
Kolin, Philip, Vol II
Kolker, Delphine, Vol II
Komar, Kathleen Lenore, Vol II, III
Konek, Carol Wolfe, Vol II, V
Konigsberg, Ira, Vol II
Konkle, Lincoln Ernest, Vol II
Kooistra, John, Vol II
Koon, G. W., Vol II
Koontz, Christian, Vol II, III
Kopacz, Paula D., Vol II
Korg, Jacob, Vol II
Korshin, Paul J., Vol II
Koshi, Annie, Vol II
Kotzin, Joshua Boaz, Vol II
Kovach, Charles, Vol II
Kovacik, Karen, Vol II
Kowalewski, Michael J., Vol II
Kozikowski, Stanley John, Vol II
Krafft, John M., Vol II
Kraft, Elizabeth A., Vol II
Kraft, Ruth Nelson, Vol II
Krahnke, Karl, Vol II
Krajewski, Bruce, Vol II
Kraman, Cynthia, Vol II
Kramer, Dale Vernon, Vol II
Kramer, Joseph Elliot, Vol II
Kramer, Mary Duhamel, Vol II
Kramer, Maurice, Vol II
Kranidis, Rita, Vol II
Krantz, Mary Diane F., Vol II
Kreiswirth, Martin, Vol II
Krejci-Papa, Marianna, Vol II
Kretzschmar, William A., Jr., Vol II, III
Kriegel, Leonard, Vol II
Krieger, Murray, Vol II
Kring, Hilda Adam, Vol II, V
Krise, Thomas W., Vol II
Kroeber, Karl, Vol II
Kroetsch, Robert P., Vol II
Kronenfeld, Judith Z., Vol II
Krueger, Christine L., Vol II
Kruk, Laurie, Vol II
Krupat, Arnold, Vol II
Kubis, Theresa S., Vol II
Kucich, John Richard, Vol II
Kuenzli, Rudolf Ernst, Vol II, III
Kuin, Roger, Vol II
Kullman, Colby Haight, Vol II
Kummings, Donald D., Vol I, II
Kunitz, Stanley, Vol II
Kunz, Don, Vol II
Kupersmith, William Roger, Vol II
Kuriyama, Constance, Vol II
Kurland, Stuart M., Vol II
Kutzer, M. Daphne, Vol II
Kuyk, Dirk Adriaan, Jr., Vol II
Kuznets, Lois R., Vol II
La Prade, Douglas E., Vol II
Labor, Earle G., Vol II
Labrie, Ross E., Vol II
Labriola, Albert C., Vol II
Lackey, Kris L., Vol II
Ladd, Barbara, Vol II
Ladefoged, Peter, Vol II, III
LaFaye, A., Vol II
Lago, Mary Mcclelland, Vol II, III
LaHood, Marvin John, Vol II
Laird, David, Vol II
Lake Prescott, Anne, Vol II
Lakin, Barbara, Vol II
Lally, Tim Douglas Patrick, Vol III
Laman, Barbara, Vol II
Lamay, J. Leo, Vol II
Lambert, Gregg, Vol II
Lancashire, Anne C., Vol II
Lancashire, Ian, Vol II
Landow, George Paul, Vol I, II
Landy, Francis, Vol II, III
Landy, Marcia, Vol II
Lane, Christopher, Vol II
Lane, Pinkie Gordon, Vol II
Lang, Cecil Y., Vol II
Langbaum, Robert, Vol II
Langdon, Barbara Tracy, Vol II
Langford, Gerald, Vol II
Langford, Thomas, Vol II
Langiulli, Nino Francis, Vol II, IV
Langstraat, Lisa R., Vol II
Lanham, Richard Alan, Vol II
Lanier, Douglas M., Vol II
Lankewish, Vincent A., Vol II
Lanouette, William John, Vol II
Lapp, Robert Keith, Vol II
Lares, Jameela, Vol II
Larson, George S., Vol II
Larson, Richard Leslie, Vol II
Larsson, Donald, Vol II
Lary, Nikita, Vol II
Lasarenko, Jane, Vol II
Latham, Sean, Vol II
Latimer, Dan Raymond, Vol II, III
Latta, Susan M., Vol II, III
Laubach, David C., Vol II
Laubenthal, Penne J., Vol II
Laurent, Dianna V., Vol II
Lavezzo, Kathy, Vol II
Law, Jules, Vol II
Law, Richard, Vol II
Lawler, Traugott, Vol II
Lawrence, Elizabeth Atwood, Vol II
Lawrence, Sean, Vol II
Lawson, Lewis Allen, Vol II
Layman, Lewis M., Vol II
Layman, Richard, Vol I, II
Lebofsky, Dennis Stanley, Vol II, III
Lederer, Katherine, Vol II
Lee, Alvin A., Vol II
Lee, Dorothy A. H., Vol II
Lee, Hsiao-Hung, Vol II
Lee, James Ward, Vol II
Lee, William L., Vol II
Lee-Riffe, Nancy M., Vol II
Leeds, Barry H., Vol II
Leeper, Jill M., Vol II
Leer, Norman Robert, Vol II, III
Lefcowitz, Barbara, Vol II
LeFew-Blake, Penelope, Vol II
Lehman, Paul Robert, Vol II
Leibowitz, Herbert, Vol II
Leigh, David J., Vol II
Leighton, Lauren Gray, Vol II, III
Leissner, Debra, Vol II
Leitch, Thomas, Vol II
Leith, Linda J., Vol II
Leitz, Robert C., Vol II
Leland, Charles Wallace, Vol II, IV
Lemaster, Jimmie R., Vol II
Lemire, Elise V., Vol II
Lennon, J. Michael, Vol II
Lennox, John W., Vol II
Lenoski, Daniel S., Vol II
Lentricchia, Frank, Jr., Vol II
Leonard, James S., Vol II
Leonardi, Susan J., Vol II
Lepley, Doug, Vol II
Lesk, Andrew J., Vol II
Lesser, Wendy, Vol II
Lester, James, Vol II
Lester, Mark, Vol II
LeStourgeon, Diana E., Vol II
Lettis, Richard, Vol II
Levander, Caroline Field, Vol II
Levenduski, Cristine, Vol II
Levenson, Carl, Vol II
Levenson, Jacob Clavner, Vol II
Levenson, Jill, Vol II
Levernier, James Arthur, Vol I, II
Levin, Richard A., Vol II
Levin, Richard L., Vol II
Levine, Bernard, Vol II
Levine, George L., Vol II
Levine, George Richard, Vol II
Levine, Richard Allan, Vol II
Levine, Robert, Vol II
Levitin, Alexis, Vol II
Levitt, Morton Paul, Vol II
Levy, Anita B., Vol II
Levy, Stephen, Vol II
Levy, William Turner, Vol II
Lewalski, Barbara Kiefer, Vol II
Lewis, Cynthia, Vol II
Lewis, Gladys S., Vol II
Lewis, Jayne Elizabeth, Vol II
Lewis, Mitchell R., Vol II
Lewis, Perciles, Vol II
Lewis, Robert William, Vol II
Leyasmeyer, Archibald I., Vol II
Lhamon, W. T., Jr., Vol II
Lickona, Thomas E., Vol II, V
Liddell, Janice Lee, Vol II
Lieb, Michael J., Vol II
Lieberman, Laurence, Vol II
Liebler, Michael L., Vol II
Lightfoot, Jean Harvey, Vol II
Lightfoot, Marjorie Jean, Vol II
Lilly, Paul R., Jr., Vol II
Lim, Shirley G., Vol II
Limon, John, Vol II
Lin, Yi-chun Tricia, Vol II

Lincoln, Kenneth, Vol II
Lindenburger, Herbert S., Vol II, III
Lindskold, Jane M., Vol II
Link, Frederick M., Vol II
Link, James R., Vol II
Linn, William Joseph, Vol II
Linton, Calvin Darlington, Vol II
Lionarons, Joyce T., Vol II
Lipking, Lawrence, Vol II
Lipscomb, Drema Richelle, Vol II
Liston, William T., Vol II
Little, Anne Colclough, Vol II
Little, Greta D., Vol II, III
Little, Jonathan D., Vol II
Littlefield, David J., Vol II
Litz, Arthur Walton, Vol II
Liu, Alan, Vol II
Liu, T., Vol II
Liu, Yu, Vol II
Liuzza, Roy, Vol II
Livatino, Melvin W., Vol II
Lloyd, David T., Vol II
Lobb, Edward, Vol II
Lochhead, Douglas Grant, Vol II
Lochrie, Karma D., Vol II
Lock, F. P., Vol II
Lockette, Agnes Louise, Vol II
Locklin, Gerald Ivan, Vol II
Lockridge, Laurence Shockley, Vol II
Loe, Thomas Benjamin, Vol II
Loewenstein, David, Vol II
Loftis, John E., Vol II
Logan, George, Vol II
Loggins, Vernon P., Vol II
Logsdon, Loren, Vol II
Lohmann, Christoph Karl, Vol I, II
Lohrli, Anne, Vol II
Loizeaux, Elizabeth Bergmann, Vol II
London, Bette, Vol II
Long, Richard Alexander, Vol II
Long, Thomas L., Vol II
Longenbach, James, Vol II
Longmire, Samuel, Vol II
Longo, Bernadette, Vol II
Looker, Mark S., Vol II
Looser, Devoney K., Vol II, V
Lott, Raymond, Vol II
Loucks, James F., Vol II
Lougy, Robert E., Vol II
Louis, Margot K., Vol II
Lounsberry, Barbara S., Vol II
Love, Glen A., Vol II
Lovelady, Edgar John, Vol II, III
Lovering, Joseph Paul, Vol II
Loving, Jerome M., Vol II
Lovitt, Carl, Vol II
Low, Anthony, Vol II
Low, Lisa, Vol II
Lowe, Walter G., Vol II
Lowney, John, Vol II
Lucas, Brad E., Vol II
Lucas, James L., Vol II
Lucas, Mark T., Vol II
Lucid, Robert Francis, Vol II
Ludwig, Richard Milton, Vol II
Luebke, Steve, Vol II
Luhr, William, Vol II
Lukacher, Ned, Vol II, III
Lunsford, Andrea A., Vol II
Lupack, Alan, Vol II
Lusardi, James P., Vol II
Lutkus, Alan, Vol II, III
Lutz, Mary Anne, Vol II
Lutz, Reinhart, Vol II
Luxon, Thomas H., Vol II
Lvovich, Natasha, Vol II
Lyda, Paul, Vol II
Lylak, Eugene, Vol II
Lynch, Kathryn, Vol II
Lynch, Rose Marie, Vol II
Lynch, Thomas Patrick, Vol II
Lyngstad, Sverre, Vol II
Lyon, Janet W., Vol II, V
Lyons, Bridget G., Vol II
Lyons-Chase, Rosemary, Vol II
Ma, Qian, Vol II
MacCurdy, Marian, Vol II
Macdonald, Robert Hugh, Vol II
Machann, Clinton J., Vol II
Machann, Virginia, Vol II
Machor, James, Vol II
Mack, Michael, Vol II
Mackay, Carol Hanbery, Vol II
Mackendrick, Louis King, Vol II
MacKenzie, Raymond, Vol II
Macklin, F. Anthony, Vol II
Macksey, Richard Alan, Vol II, III
Maclaine, Allan Hugh, Vol II
Maclean, Hugh Norman, Vol II
MacLeod, Alistair, Vol II
Macleod, Glen, Vol II
MacMillan, Carrie H., Vol II
Macnaughton, William Robert, Vol II
MacPhee, Laurence Edward, Vol II
Macpherson, Jay, Vol II
Madden, David, Vol II
Madden, David, Vol II
Madden, Etta M., Vol II
Maddock, Lawrence H., Vol II
Madgett, Naomi Long, Vol II
Madigan, Mark J., Vol II
Madigan, Mary, Vol II
Maertz, Gregory, Vol II
Mager, Donald, Vol II, IV
Magnuson, Paul Andrew, Vol II
Mahoney, Dhira B., Vol II
Mahoney, Irene, Vol II
Mahoney, John Francis, Vol II, III
Mahoney, John L., Vol II
Mahony, Robert E. P., Vol I, II
Maier, John, Vol II
Maiers, Joan, Vol II
Maio, Samuel, Vol II
Major, Clarence, Vol II
Malachuk, Daniel S., Vol II
Mallin, Dea Z., Vol II
Malof, Joseph Fetler, Vol II
Malone, Edward A., Vol II
Malouf, Melissa, Vol II
Maltz, Diana F., Vol II
Manchel, Frank, Vol II
Mandl, Bette, Vol II
Maner, Martin, Vol II
Manganaro, Elise Salem, Vol II
Manganiello, Dominic, Vol II
Manheim, Michael, Vol II
Maniquis, Robert Manuel, Vol II, III
Manley, Frank, Vol II
Mann, Harveen Sachdeva, Vol II
Mann, Jeffrey A., Vol II
Mann, Karen Berg, Vol II
Manning, Peter J., Vol II
Manning, Susan, Vol II
Mannino, Mary Ann V., Vol II
Manogue, Ralph Anthony, Vol II
Mansell, Darrell L., Vol II
Maqbool, Aziz, Vol II
Marbais, Peter C., Vol II
Marchant, Peter L., Vol II
Marcus, Leah S., Vol II
Marcus, Mordecai, Vol II
Marder, Herbert, Vol II
Mares, Cheryl, Vol II
Marinelli, Peter V., Vol II
Markels, Julian, Vol II
Marken, Jack Walter, Vol II
Markley, Arnold A., Vol II
Markos, Louis, Vol II
Marks, Patricia, Vol II
Marlin, John, Vol II
Marlow, James Elliott, Vol II
Marlowe, Ann, Vol II
Marocchino, Kathryn D., Vol II
Marotti, Arthur Francis, Vol II
Marovitz, Sanford E., Vol II
Marshall, Cynthia, Vol II
Marshall, David, Vol II
Marshall, Donald G., Vol II
Marshall, Linda Edith, Vol II
Marshall, W. Gerald, Vol II
Marsland, Amy, Vol II
Martin, John Sayre, Vol II
Martin, Ronald Edward, Vol I, II
Martin, Russell L., Vol II
Martin, Sean Elliot, Vol II
Martin, Terry J., Vol II
Martin, William Bizzell, Vol II
Martin-Murrey, Loretta, Vol II
Martine, James John, Vol II
Martinez, Inez A., Vol II
Martone, Michael, Vol II
Martz, Louis Lohr, Vol II
Marvin, Julia, Vol II
Marx, Paul, Vol II
Marzec, Marcia Smith, Vol II
Mason, Abelle, Vol II
Mason, Bobbie Ann, Vol II
Mason, David, Vol II
Mason, William E., Vol II
Massa, Richard Wayne, Vol II
Masselink, Noralyn, Vol II
Masters, Hilary, Vol II
Matar, Nabil, Vol II
Matchett, William H., Vol II
Mathewson, Dave L., Vol II
Matin, A. Michael, Vol II
Matott, Glenn, Vol II
Matro, Thomas G., Vol II
Matsen, William, Vol II
Matteson, Robert Steere, Vol II
Matthews, Jack, Vol II
Matthews, Rebecca, Vol I, II
Matthias, John Edward, Vol II
Matuka, Yeno M., Vol II
Maud, Ralph N., Vol II
Maurer, A. E. Wallace, Vol II
Maurer, Margaret, Vol II
Maus, Katharine E., Vol II
Maxfield, James F., Vol II
Maxwell, Richard, Vol II
May, Steven W., Vol II
Maynard, John Rogers, Vol II
Mazel, David, Vol II
Mc Cauley, Barbara L., Vol II
Mc Glamery, Gayla, Vol II
Mc Millin, Barbara C., Vol II
McAlexander, Hubert H., Vol II
Mcalexander, Patricia Jewell, Vol II
McAlpin, Sara, Vol II
Mcalpine, Monica Ellen, Vol II
Mcbane, John Spencer, Vol II
McBride, William, Vol II
Mccabe, Bernard, Vol II
McCabe, Nancy, Vol II
McCann, Janet P., Vol II
Mccarthy, B. Eugene, Vol II
McCarthy, Gerald, Vol II
Mccarthy, John F., Vol II
McCarthy, Patrick A., Vol II
McCarthy, Patrick J., Vol II
McCarthy, William B., Vol II
McCartney, Jesse Franklin, Vol II
McClain, E., Vol II
McClarty, Wilma King- Doering, Vol II, V
McClary, Ben Harris, Vol II
McClelland, John Fleming, Vol II
McClung, William A., Vol II
McClure, John, Vol II
Mccolley, Diane K., Vol II
McColley, Kathleen, Vol II
McConnell, Kathleen, Vol II
Mccord, Howard, Vol II
McCorduck, Edward Scott, Vol II
McCorkle, W. Benson, Vol II
McCormack, Eric, Vol II
McCormick, Edgar Lindsley, Vol II
Mccracken, David, Vol II
McCullen, Maurice, Vol II
McCutcheon, Elizabeth North, Vol II
McDaniel, Gerald, Vol II
McDaniel, Rebecca M., Vol II
McDonald, Walter Robert, Vol II
McDonnell, Clare I., Vol II
McDougall, Warren, Vol II
Mcdowell, Frederick Peter Woll, Vol II
McElrath, Joseph R., Jr., Vol II
McElroy, Colleen J., Vol II
McFarland, Katharine, Vol II
McFarland, Ronald E., Vol II
McGee, Christopher Edward, Vol II
McGillivray, Murray D., Vol II
McGiveron, Rafeeq O., Vol II
McGlinn, Jeanne, Vol II
McGlynn, Paul Dumon, Vol II
McGowan, John P., Vol II, III
McGowan, Joseph P., Vol II
McGrain, John W., Vol II
Mcguire, Philip Carroll, Vol II
McHugh, Susan B., Vol II
McInnis, Judy B., Vol II
McIntosh, James Henry, Vol II
McJannet, Linda, Vol II
McKee, Patricia, Vol II
Mckenzie, Alan T., Vol II
McKernan, John J., Vol II
McKusick, James C., Vol II
McLaughlin, Robert, Vol II
Mclean, Andrew Miller, Vol I, II
McLean, Ken, Vol II
Mcleod, Alan L., Vol II
McLeod, Glenda Kaye W., Vol II
McLeod, Stephen G., Vol II, V
McMaster, Juliet, Vol II
Mcmaster, Rowland Douglas, Vol II
McMillan, Douglas J., Vol II
McMillin, H. Scott, Vol II
McMullan, Margaret, Vol II
McMullen, Lorraine, Vol II
McMullen, Margaret, Vol II
McMunn, Maradith T., Vol II
McMurtry, Josephine, Vol II
McNair, Marcia, Vol II
McNamee, Maurice Basil, Vol II
McNaron, Toni Ann Hurley, Vol II
McVeigh, Paul J., Vol II
McWhorter, Stanley B., Vol II
McWilliams, John P., Vol II
Meanor, Patrick, Vol II
Medine, Peter Ernest, Vol II
Meek, Edwin, Vol II
Meeker, Joseph W., Vol II
Meiners, Roger K., Vol II
Meisel, Martin, Vol II, III
Meisel, Perry H., Vol II
Meiser, Mary, Vol II
Melbourne, Lucy, Vol II
Mell, Donald Charles, Vol II
Mellard, James Milton, Vol II
Mellown, Elgin Wendell, Vol II
Melnyk, Julie, Vol II
Menikoff, Barry, Vol II
Mento, Joan, Vol II
Merivale, Patricia, Vol II, III
Merrill, Thomas F., Vol II
Meserole, Harrison Talbot, Vol II
Messer, Richard, Vol II
Metcalf, Allan Albert, Vol II, III
Meyer, Kenneth John, Vol I, II
Meyer, Russell J., Vol II
Meyering, Sheryl L., Vol II
Meyers, Ronald J., Vol II
Meyers, Terry L., Vol II
Meyler, Joan Bernadette, Vol II, IV
Mezo, Richard E., Vol II
Miall, David S., Vol II
Micciche, Laura Rose, Vol II
Michael, John, Vol II
Michael, Marion C., Vol II
Michaels, Leonard, Vol II
Michie, Elsie B., Vol II
Middendorf, John Harlan, Vol II
Middlebrook, Diane W., Vol II
Middlebrook, Geoffrey C., Vol II
Middlebrook, Jonathan, Vol II
Middleton, Anne Louise, Vol II
Middleton, Joyce Irene, Vol II
Mieszkowski, Gretchen, Vol II
Mignon, Charles William, Vol II
Mikics, David, Vol II
Miko, Stephen, Vol II
Milder, Robert, Vol II
Miles, Diana F., Vol II
Miles, Libby, Vol II
Mileur, Jean-Pierre, Vol II
Milic, Louis Tonko, Vol II
Milledge, Luetta Upshur, Vol II
Miller, Clarence Harvey, Vol II
Miller, Daisy Sophia, Vol II
Miller, David Lee, Vol II
Miller, Edwin Haviland, Vol II
Miller, Eugene Ernest, Vol II
Miller, Greg, Vol II
Miller, Jay, Vol II
Miller, Jeanne-Marie A., Vol II
Miller, Mary Ruth, Vol II
Miller, O. Victor, Vol II
Miller, Peter, Vol II, IV
Miller, Robert H., Vol II
Miller, Steven Max, Vol II
Millichap, Joseph R., Vol II
Mills, Carl Rhett, Vol III
Mills, John Arvin, Vol II
Milner, Joseph O'Beirne, Vol II, V
Milowicki, Edward John, Vol II
Miner, Thelma Smith, Vol II
Miner, Ward L., Vol II
Mink, Joanna, Vol II
Minkoff, Harvey, Vol II, III
Minot, Walter, Vol II
Minter, David Lee, Vol II
Mintz, Kenneth A., Vol II
Mintz, Lawrence E., Vol I, II
Missey, James L., Vol II
Mitchell, Angelyn, Vol II
Mitchell, Judith I., Vol II
Mitchell, Kenneth R., Vol II
Mitchell, Mozella, Vol II
Mitchell, Sally, Vol II
Mitchell, Thomas R., Vol II
Mizejewski, Linda, Vol II
Mizruchi, Susan L., Vol II
Mock, Michele L., Vol II
Moehlmann, John Frederick, Vol II
Moffatt, John, Vol II
Moglen, Helene, Vol II
Moldenhauer, Joseph John, Vol II
Molino, Michael R., Vol II
Molitierno, Arthur, Vol II
Mollenkott, Virginia Ramey, Vol II, V
Monkman, Leslie G., Vol II
Monroe, Debra, Vol II
Moody, Joycelyn K., Vol II
Mooney, Susan K., Vol II, III
Moore, Charles B., Vol II
Moore, Don, Vol II
Moore, Nathan, Vol II
Moore, Robert Hamilton, Vol II
Moore, William Hamilton, Vol II
Morace, Robert A., Vol II
Moragne e Silva, Michele, Vol II
Moran, Charles, Vol II
Moran, Mary H., Vol II
Moran, Michael G., Vol II
Morant, Mack Bernard, Vol II
Morey, James, Vol II
Morgan, Eileen M., Vol I, II
Morgan, Lyle W., II, Vol II, V
Morley, Patricia, Vol II
Morral, Frank R., Vol II
Morris, Bernard E., Vol II
Morris, Harry, Vol II
Morrison, Toni, Vol II
Morrissey, Lee J., Vol II
Morrissey, Thomas J., Vol II
Morrisson, Mark S., Vol II
Morsberger, Robert E., Vol II
Morse, Charlotte Cook, Vol II
Morse, Josiah Mitchell, Vol II
Morton, Richard E., Vol II
Moseley, Merritt, Vol II
Moser, Irene, Vol II
Moser, Thomas Colborn, Sr, Vol II
Moses, Michael Valdez, Vol II
Mosier, John, Vol II
Moss, John E., Vol II
Moss, Laura, Vol II
Moss, Sidney Phil, Vol II
Moulton, Janice, Vol II, IV
Mount, Eric, Jr., Vol II, IV
Mount, Nick James, Vol II
Mourao, Manuela, Vol II
Mueller, Martin, Vol II
Mueller, Roger, Vol II
Mulcahy, Gregory, Vol II
Mulcaire, Terry, Vol II
Mulford, Carla J., Vol II
Mulhallen, Karen, Vol II
Mullen, Karen A., Vol II, III
Mullen, Laura, Vol II
Mullen, Richard D., Vol II
Muller, Adam, Vol II
Mullin, Anne, Vol II
Mulling, Sylvia S., Vol II
Mulvihill, Maureen E., Vol II
Munker, Dona Feldman, Vol II
Munn, Paul T., Vol II
Murfin, Ross C., Vol II
Murphey, Kathleen, Vol II
Murphy, B. Keith, Vol II
Murphy, Brenda C., Vol II
Murphy, Brian, Vol II
Murphy, John J., Vol II
Murphy, Patrick Dennis, Vol II
Murphy, Peter, Vol II
Murphy, Richard, Vol II
Murray, Heather, Vol II
Murray, Laura, Vol II
Musgrove, Laurence E., Vol II
Mustafa, Shakir M., Vol II
Myers, David G., Vol II, IV
Myers, Mitzi, Vol II
Myrsiades, Linda, Vol II
Nabholtz, John R., Vol II
Nagel, Alan Frederick, Vol II, III
Nagy, Joseph F., Vol II
Nakell, Martin E., Vol II
Naremore, James, Vol II
Nassar, Eugene Paul, Vol II
Nathanson, Leonard, Vol II
Natov, Roni, Vol II
Ne Jame, Adele, Vol II
Neeld, Elizabeth Harper, Vol II
Neely, Carol Thomas, Vol II
Nelles, William, Vol II
Nelson, Barbara J., Vol II
Nelson, Claudia B., Vol II
Nelson, Dana D., Vol II

Nelson, Harland S., Vol II
Nelson, James Graham, Vol II
Nelson, Malcolm A., Vol II
Nelson, Marie, Vol II
Nelson, Marilyn, Vol II
Nelson, Nicolas Harding, Vol II
Nesanovich, Stella, Vol II
Nesbitt, John D., Vol II, III
Nesset, Kirk, Vol II
Nettels, Elsa, Vol II
Neufeldt, Leonard N., Vol II
Neumeyer, Peter F., Vol II
Neville, Mary Eileen, Vol II
New, Melvyn, Vol II
Newberry, Frederick, Vol II
Newberry, Ruth E., Vol II
Newkirk, Glen A., Vol II
Newman, Arnold E., Vol II
Newman, Barbara J., Vol II, IV
Newman, Marcy J. Knopf, Vol II
Newton, Adam Zachary, Vol II
Ney, James Walter, Vol II, III
Nicholl, James Robert, Vol II
Nichols, Ashton, Vol II
Nichols, Mariam F., Vol II
Nichols, Patricia Causey, Vol II, III
Nicholson, Peter C., Vol II
Nickerson, Catherine Ross, Vol II
Niemi, Robert, Vol II
Nigg, Joseph Eugene, Vol II
Nigro, August John, Vol II
Nims, John Frederick, Vol II
Nitsche, Richard, Vol II, III, V
Nolan, Barbara, Vol II
Nolan, Edward Francis, Vol II
Nolletti, Arthur E., Jr., Vol II
Nordquist, Richard, Vol II
Norland, Howard Bernett, Vol II
Norman, Joanne S., Vol II
Norman, Paralee Frances, Vol II
Norstedt, Johann A., Vol II
Northrop, Douglas A., Vol II
Norton, Camille, Vol II
Nourie, Alan Raymond, Vol II
Novak, Maximillian E., Vol II
Nuernberg, Susan M., Vol II
Nunnally, Thomas E., Vol II, III
Nussbaum, Felicity, Vol II
Nyce, Benjamin M., Vol II
O'Barr, William M., Vol II
O'Brien, George, Vol II
O'Brien, Susie, Vol II
O'Connell, Barry, Vol II
O'Connell, Michael, Vol II
O'Connell, Shaun V., Vol II
O'Connor, Leo F., Vol I, II
O'Connor, Mary E., Vol II
O'Connor, Patricia E., Vol II
O'Dea, Shane, Vol II
O'Donnell, Anne M., Vol II
O'Donnell, Thomas G., Vol II
O'Grady, Genevieve J., Vol II
O'Grady, Jean, Vol II
O'Hearn, Carolyn, Vol II, III
O'Kell, Robert P., Vol II
O'Neill, John H., Vol II
O'Shea, Edward, Vol II
O'Shea, Michael J., Vol II
Oakes, Elisabeth, Vol II
Oden, Gloria, Vol II
Ogden, John T., Vol II
Ohlgren, Thomas Harold, Vol II
Okafor, Dubem, Vol II
Okechukwu, Chinwe C., Vol II
Okhamafe, Imafedia, Vol II, IV
Okoampa-Ahoofe, Kwame, Jr, Vol II
Oldani, Louis Joseph, Vol II
Olin-Ammentorp, Julie, Vol II
Olin-Hitt, Michael, Vol II
Oliphant, Dave, Vol II
Oliver, Eileen, Vol II
Oliver, Elizabeth L., Vol II
Olsen, Alexandra, Vol II
Olson, Paul A., Vol II
Olson, Steven, Vol II
Omosupe, Ekua Rashida, Vol II, V
Onwueme, Tess O., Vol II
Oppenheimer, Paul, Vol II
Orel, Harold, Vol II
Orr, Leonard, Vol II
Orr, Marilyn, Vol II
Ortiz, Ricardo, Vol II
Osberg, Richard H., Vol I, II
Osborne, Carol D., Vol II
Osinubi, Olumide, Vol II
Ostovich, Helen, Vol II
Ostriker, Alicia, Vol II
Ostrom, Hans, Vol II
Otten, Terry Ralph, Vol II
Otter, Monika, Vol II
Owens, Suzanne, Vol I, II
Ower, John, Vol II
Paananen, Victor N., Vol II
Packer, Barbara Lee, Vol II
Page, Judith W., Vol II
Paglia, Camille, Vol II
Pahl, Dennis A., Vol II
Pailliotet, Ann Watts, Vol II, V
Palmer, Barton, Vol II
Palmeri, Frank, Vol II
Panek, Jennifer Marie, Vol II
Pannapacker, William Albert, Vol II
Parins, Marylyn, Vol II
Paris, Bernard J., Vol II
Parish, Charles, Vol II, III
Park, Clara C., Vol II
Parker, Douglas, Vol II
Parker, Patricia L., Vol II
Parkes, Adam, Vol II
Parks, Stephen Robert, Vol II
Parotti, Phillip, Vol II
Parry, Joseph D., Vol II
Pasternack, Carol Braun, Vol I, II
Patey, Douglas L., Vol II
Patten, Robert Lowry, Vol II
Patterson, Anita, Vol II
Pattison, Eugene H., Vol II
Patton, Marilyn D., Vol II
Pavel, Thomas, Vol II
Payant, Katherine B., Vol II
Payne, Michael, Vol II
Pearsall, Derek A., Vol II
Pease, Donald E., Vol II
Peck, Russell A., Vol II
Peckham, Joel, Vol II
Pecora, Vincent P., Vol II
Pederson, Lee, Vol II
Peel, Ellen S., Vol II
Peemoeller, Helen C., Vol II
Pelzer, Linda C., Vol II
Penceal, Bernadette Whitley, Vol II
Pereira, Malin, Vol II
Perelman, Bob, Vol II
Perez, Frank E., Vol II
Perez-Torres, Rafael, Vol II
Peritz, Janice H., Vol II
Perkins, David, Vol II
Perkins, George, Vol II
Perkins, James Ashbrook, Vol II
Perloff, Marjorie Gabrielle, Vol II
Perrakis, Phyllis J., Vol II
Perry, Patsy Brewington, Vol II
Peterfreund, Stuart S., Vol II
Peters, Erskine Alvin, Vol II
Peters, John U., Vol II
Petersen, Meg, Vol II
Peterson, Carla L., Vol II
Peterson, Dale E., Vol II, III
Peterson, Linda H., Vol II
Peterson, R. G., Vol II
Peterson, Richard Scot, Vol II
Pethica, James, Vol II
Petit, Susan, Vol II, III
Petitjean, Thomas D., Jr, Vol II
Petraglia-Bahri, Deepika, Vol II
Petrie, Neil, Vol II
Petronella, Vincent F., Vol II
Petrulionis, Sandra H., Vol II
Petry, Alice Hall, Vol II
Pettit, Rhonda S., Vol II
Pfau, Thomas, Vol II
Pfeiffer, John R., Vol II
Pfordresher, John P., Vol II
Phegley, Jennifer J., Vol II
Phelan, James Pius X., Vol II
Philipon, Daniel J., Vol II
Phillips, Elizabeth, Vol II
Phillips, Gene D., Vol II
Phillips, Louis, Vol II, III
Phillips, Robert, Vol II
Piacentino, Edward J., Vol II
Pichaske, David, Vol II
Pickens, Ernestine W. McCoy, Vol II
Pickens, William Garfield, Vol II
Picker, John, Vol II
Piepho, Lee, Vol II
Pierce, John, Vol II
Pierson, Jeffery A., Vol II
Pinka, Patricia G., Vol II
Pinsker, Sanford S., Vol II
Pinsky, Robert, Vol II
Pinson, Hermine Dolorez, Vol II
Pitchford, Nicola, Vol II
Pizer, Donald, Vol II
Pizzo, Joseph S., Vol II
Plath, James, Vol II
Ploeger, Katherine, Vol II
Plumstead, William, Vol II
Poague, Leland A., Vol II
Podis, Joanne, Vol II
Poirier, Richard, Vol II
Polhemus, Robert M., Vol II
Polk, Noel E., Vol II
Pollard, Tanya Louise, Vol II
Pollock, James, Vol II
Pope, Rebecca A., Vol II
Portales, Marco, Vol II
Porter, Joseph A., Vol II
Post, Jonathan F. S., Vol II
Poster, Carol, Vol II
Poston, Lawrence S., Vol II
Potkay, Adam S., Vol II
Potter, Tiffany, Vol II
Powell, Michael, Vol II
Power, Mary, Vol II, V
Powers, Alan W., Vol II
Pratt, John Clark, Vol II
Pratt, Linda Ray, Vol II
Pratt, Louis Hill, Vol II
Pratt, Minnie Bruce, Vol II
Prescott, Anne L., Vol II
Preston, Cathy L., Vol II
Preussner, Arnold, Vol II
Price, Alan, Vol II
Pridgen, Allen, Vol II
Priebe, Richard K., Vol II
Prineas, Matthew L., Vol II
Prioli, Carmen A., Vol II
Pritchard, William H., Vol II
Pruitt, Virginia D., Vol II
Puchek, Peter A., Vol II
Purinton, Marjean D., Vol II
Pye, Christopher, Vol II
Qian, Zhaoming, Vol II, III
Qualls, Barry V., Vol II
Quantic, Dine D., Vol II
Quema, Anne, Vol II
Quigley, Austin E., Vol II
Quillen, Rita S., Vol II
Quinsey, Katherine M., Vol II
Quintero, Ruben, Vol II
Quirk, Thomas Vaughan, Vol II
Rabkin, Eric S., Vol II
Radden, Viki, Vol II
Radel, Nicholas F., Vol II
Rae, Patricia, Vol II
Raeburn, John H., Vol I, II
Raffel, Burton, Vol II
Ragen, Brian A., Vol II
Ragussis, Michael, Vol II
Raily, Kevin, Vol II
Rajan, Balachandra, Vol II
Rajan, Tilottama, Vol II
Ramazani, Jahan, Vol II
Rambuss, Richard, Vol II, III
Ramet, Carlos, Vol II
Rampersad, Arnold, Vol II
Ramsey, Jarold, Vol II
Ramsey, Mary K., Vol II
Ramsey, Renee R., Vol II
Randall, Dale B. J., Vol II
Rank, Hugh, Vol II
Ransome, Cora, Vol II
Rapp, M. H. Kris, Vol II
Raschke, Debra, Vol II
Rasula, Jed, Vol II
Ratcliffe, Stephen, Vol II
Ratliff, Gerald Lee, Vol II
Ratliff, Peggy S., Vol II
Rawlings, Wendy Mai, Vol II
Ray, Robert H., Vol II
Rebholtz, Ronald A., Vol II
Reddick, Robert J., Vol II
Reddy, Maureen T., Vol II
Redfield, Marc, Vol II
Redford, Bruce, Vol II
Reed, John R., Vol II
Reed, Peter J., Vol II
Reed, Ron S., Vol II
Reesman, J. C., Vol II
Reeve, F. D., Vol II
Rege, Josna E., Vol II
Reid, Louann, Vol II
Reid, Robert L., Vol II
Reid, Stephen, Vol II
Reiff, Raychel A., Vol II
Reigelman, Milton M., Vol II
Reinheimer, David, Vol II
Reisman, Rosemary C., Vol II
Reiss, Benjamin D., Vol II
Rempel, Gerhard, Vol II
Rempel, John W., Vol II
Renza, Louis A., Vol II
Revell, Donald, Vol II
Reverand, Cedric D., Vol II
Reynolds, David S., Vol II
Reynolds, Mark, Vol II
Rhode, Robert T., Vol II
Rhodes, Chip, Vol II
Rhule, Imogene G., Vol II
Ribeiro, Alvaro, Vol II
Ricciardi, Cynthia Booth, Vol II
Rice, Grantland S., Vol II
Rice, Julian, Vol II
Rice, Louise Allen, Vol II
Rice, Peggy S., Vol II
Richard, Thelma Shinn, Vol II
Richards, Constance S., Vol I, II, V
Richards, Jeffrey H., Vol II
Richards, Leon, Vol II, IV
Richardson, Anne, Vol II
Richardson, Betty, Vol II
Richardson, David A., Vol II
Richardson, Don, Vol II
Richardson, Gary A., Vol II
Richardson, Malcolm, Vol II
Richetti, John J., Vol II
Richman, Gerald I., Vol II
Richmond, M. Temple, Vol II
Richmond, Velma Bourgeois, Vol I, II
Richter, David H., Vol II
Ricke, Joseph M., Vol II
Riddell, Richard, Vol II
Riddle, Rita Sizemore, Vol II
Ridland, John, Vol II
Riebling, Barbara, Vol II
Riegle, Rosalie G., Vol II
Riehl, Joseph E., Vol II
Rielly, Edward J., Vol II
Riely, John Cabell, Vol I, II
Rietz, John, Vol II
Rigg, Arthur George, Vol II
Riggs, William G., Vol II
Rigney, Barbara, Vol II
Rinehart, Lucy, Vol II
Ringer, Marinelle, Vol II
Ringler, Richard N., Vol II
Rising, Catharine C., Vol II
Ritvo, Harriet, Vol I, II
Rivero, Albert J., Vol II
Rivers, Wilga Marie, Vol II, III
Robbins, Bruce, Vol II
Robbins, Helen W., Vol II
Roberson, Susan L., Vol II
Roberts, Brian, Vol II
Roberts, John, Vol II
Roberts, Thomas J., Vol II
Robertson-Gutierrez, Noel D., Vol II
Robinson, Amy, Vol II
Robinson, Christine A., Vol II
Robinson, David, Vol II
Robinson, Edward A., Vol II
Robinson, Ella S., Vol I, II
Robinson, Fred, Vol II
Robinson, Fred C., Vol II, III
Robinson, Gabrielle S., Vol II
Robinson, Laura, Vol II
Robinson, Rochelle, Vol II
Robinson, Solveig C., Vol II
Robinson, William Henry, Vol II
Robinson, Zan, Vol II
Rochelle, Warren Gary, Vol II
Rocks, James E., Vol II
Roderick, John M., Vol II
Rodowick, David N., Vol II
Roeske, Paulette, Vol II
Rogers, Deborah D., Vol II
Rogers, Katharine Munzer, Vol II
Rogers, Phil, Vol II
Rogers, William E., Vol II
Rohman, Chad, Vol II
Rollin, Lucy, Vol II
Rollyson, Carl E., Jr., Vol II
Roma-Deeley, Lois, Vol II
Roman, Camille, Vol II
Rompkey, Ronald G., Vol II
Ronald, Ann, Vol II
Ronan, Clifford J., Vol II
Ronda, Bruce, Vol II
Rooke, Constance M., Vol II
Roorbach, Bill F., Vol II
Root, Robert L., Jr., Vol II
Roper, Alan, Vol II
Rosa, Alfred, Vol II
Rose, Ellen Cronan, Vol II
Rose, Judith, Vol II
Rose, Phyllis Davidoff, Vol II
Rose, Toby, Vol II
Rosen, Nina, Vol II
Rosen, Robert Charles, Vol II
Rosenberg, Bruce, Vol II, V
Rosenberg, Edgar, Vol II
Rosenberg, John D., Vol II
Rosenberg, Judith, Vol II
Rosenberg, Teya, Vol II
Rosenblatt, Jason Philip, Vol II
Rosenblum, Joseph, Vol II
Rosenheim, Shawn, Vol II
Rosenthal, Judith Ann, Vol II
Rosenwald, Lawrence A., Vol II
Ross, Daniel W., Vol II
Ross, Deborah, Vol II
Ross, Donald, Vol II
Ross, Marilyn J., Vol II
Ross, Thomas W., Vol II
Ross, Trevor T., Vol II
Rossignol, Rosalyn, Vol II
Rossman, Charles R., Vol II
Roston, Murray, Vol II
Rota, C. David, Vol II
Roth, Phyllis Ann, Vol II
Rothman, Irving N., Vol II
Rothwell, Kenneth Sprague, Vol II
Rouillard, Zelda Jeanne, Vol II
Rouzie, Albert, Vol II
Rowan, Stephen C., Vol II
Rowe, John Carlos, Vol II
Rowe, Karen E., Vol II
Rowland, Beryl, Vol II
Rowlinson, Matthew C., Vol II
Roy, Alice M., Vol II
Roy, Emil L., Vol II
Roy, G(eorge) Ross, Vol II, III
Roy, Parama, Vol II
Rozakis, Laurie, Vol II
Rozbicki, Michal J., Vol I, II
Rozga, Margaret, Vol II
Rubenstein, Roberta, Vol II
Rubin, Andrew M., Vol II
Rubin, L., Vol II
Rubin, Steven J., Vol II
Rude, Donald W., Vol II
Ruderman, Judith, Vol II
Rudolph, Robert Samuel, Vol II
Rugoff, Milton, Vol I, II
Ruland, Richard, Vol II
Runge, Laura, Vol II
Runyan, William Ronald, Vol II
Rupp, Richard, Vol II
Ruppersburg, Hugh, Vol II
Russell, David L., Vol II
Russo, John Paul, Vol II
Rust, Richard Dilworth, Vol II
Ruud, Jay, Vol II
Ryals, Clyde De L., Vol II
Ryan, Lawrence Vincent, Vol II
Ryckebusch, Jules, Vol II
Rye, Marilyn, Vol II
Ryken, Leland, Vol II
Sabino, Osvaldo R., Vol II
Sabiston, Elizabeth, Vol II
Saccio, Peter, Vol II
Saddlemyer, Ann, Vol II
Sadock, Geoffrey, Vol II
Saenger, Michael B., Vol II
Safer, Elaine Berkman, Vol II
Saha, Prosanta Kumar, Vol II, III
Sahni, Chaman Lall, Vol II
Said, Edward, Vol II
Sajdak, Bruce T., Vol II
Salamon, Linda B., Vol II
Saldivar, Toni, Vol II
Salomon, David A., Vol II, IV
Salomon, Roger B., Vol II
Salwak, Dale F., Vol II
Sammons, Martha Cragoe, Vol II
Sample, Maxine J., Vol II, IV
Sampson, Edward C., Vol II
Samuels, Shirley, Vol II
Samuels, Wilfred D., Vol II
Samuelson, David N., Vol II
Sand, R. H., Vol II
Sanders, Mark, Vol II
Sandner, David M., Vol II
Sandy, Stephen, Vol II
Santos, Sherod, Vol II, IV
Saperstein, Jeff, Vol II
Sasso, Michael J., Vol II
Sasson, Victor, Vol II, IV
Saucerman, James Ray, Vol II
Sauer, David K., Vol II
Sauer, Elizabeth, Vol II
Saunders, William, Vol II
Saupe, Karen E., Vol II
Savage, Anne, Vol II
Savage, Elizabeth, Vol II
Savard, Jeannine, Vol II

Savers, Ann C., Vol II
Sayers, Kari, Vol II
Sayre, Robert F., Vol II
Scalabrini, Massimo, Vol II, III
Scanlan, J. T., Vol I, II
Schaafsma, David, Vol II
Schaber, Bennet, Vol II
Schachterle, Lance E., Vol II
Schaefer, Josephine O'Brien, Vol II
Schafer, William John, Vol II
Schapiro, Barbara, Vol II
Scheele, Roy M., Vol II
Scheinberg, Cynthia, Vol II
Schell, Richard, Vol II
Scheponik, Peter C., Vol II
Scheps, Walter, Vol II
Scherb, Victor I., Vol II
Scheye, Thomas Edward, Vol II
Schiff, James A., Vol II
Schiffer, James M., Vol II
Schiffhorst, Gerald Joseph, Vol I, II
Schiffman, Joseph, Vol I, II
Schirmeister, Pamela J., Vol II
Schleiner, Winfried H., Vol II, III
Schlick, Yael, Vol II
Schlissel, Lillian, Vol II
Schmemann, S., Vol II
Schmidt, Mark, Vol II, IV
Schmidt, Roger, Vol II
Schmidtberger, Loren F., Vol II
Schneidau, Herbert N., Vol II
Schneider, Barbara J., Vol II
Schneider, Duane, Vol II
Schneiderman, Davis A., Vol II
Schnitzer, Deborah, Vol II
Scholes, Robert, Vol II, III
Schonhorn, Manuel, Vol II
Schor, Hilary, Vol II
Schrader, Richard J., Vol II
Schroeder, Christopher L., Vol II
Schuchard, W. Ronald, Vol II
Schuler, Robert, Vol II
Schultz, Heidi M., Vol II
Schultz, R., Vol II
Schurman, Lydia Cushman, Vol II
Schwab, Allen, Vol II
Schwartz, Henry J., Vol II
Schwartz, Howard, Vol II
Schwartz, Lloyd, Vol II
Schwartz, Mimi J., Vol II
Schwartz, Regina, Vol II
Schwartz, Richard A., Vol II
Schwartz, Richard B., Vol II
Schwarz, Daniel R., Vol II
Schwarz, Kathryn, Vol II
Schwarzbach, Fredric S., Vol I, II
Schweda, Donald Norman, Vol II
Schweickart, Patrocinio Pagaduan, Vol II
Schweik, Robert Charles, Vol II
Schweitzer, Ivy, Vol II
Scobie, Stephen A. C., Vol II
Scott, Bonnie Kime, Vol II, V
Scott, James Frazier, Vol II
Scott, Mary Jane W., Vol II
Scott, Patrick G., Vol II
Scott, Peter Dale, Vol II, IV
Scott, William O., Vol II
Scrivener, Michael Henry, Vol II
Seabury, Marcia, Vol II
Seaman, John, Vol II
Searl, Stanford J., Vol II
Sears, Priscilla F., Vol II
Seelig, Sharon Cadman, Vol II
Seidel, Michael Alan, Vol II
Seiden, Morton Irving, Vol II, III
Seigneurie, Kenneth E., Vol II
Seitz, James E., Vol II
Selig, Robert L., Vol II
Sellery, J'nan Morse, Vol II
Sellin, Paul R., Vol II
Sena, John F., Vol II
Sendry, Joseph M., Vol II
Serum, Robert W., Vol II
Sessions, William Alfred, Vol II
Sethi, Robbie Clipper, Vol II
Sexton, James P., Vol II
Seymour, Deborah M., Vol II
Shaddock, Jennifer, Vol II
Shafer, Gregory, Vol II
Shaffer, Brian W., Vol II
Shaheen, Naseeb, Vol II
Shand, Rosa, Vol II
Shankle, Nancy, Vol II
Shanks, Hershel, Vol II, IV, V
Shannon, Laurie, Vol II
Shapiro, Ann, Vol II
Shapiro, James S., Vol II
Shapiro, Michael, Vol II
Shapiro, Susan, Vol II
Sharma, Vishnu, Vol II
Sharp, Ronald Alan, Vol II
Sharpe, Jenny, Vol II
Shatsky, Joel, Vol II
Shaughnessy, Edward, Vol II
Shaw, Harry Edmund, Vol II
Shawcross, John Thomas, Vol II
Shea, John Stephen, Vol II
Shearon, Forrest Bedford, Vol II
Sheasby, R., Vol II
Sheats, Paul Douglas, Vol II
Sheehan, Donald, Vol II
Sheffey, Ruthe G., Vol II
Sheidley, William E., Vol II
Shelburne, D. Audell, Vol II
Shell, Marc, Vol II
Shelley, Bryan, Vol II
Shelton, Richard William, Vol II
Shepard, Alan, Vol II
Shepherd, Reginald, Vol II
Sherard, Tracey, Vol II
Sherman, Theodore, Vol II
Sherman, William H., Vol II
Sherrill, Catherine Anne, Vol II, V
Sherwood, Steven E., Vol II
Shesgreen, Sean Nicholas, Vol I, II
Shields, Carol, Vol II
Shields, David S., Vol II
Shields, Kenneth, Vol II
Shillingsburg, Peter Leroy, Vol II
Shilstone, Frederick William, Vol II
Shin, Andrew, Vol II
Shinagel, Michael, Vol II
Shine, Theodis, Vol II
Shipps, Anthony Wimberly, Vol II
Shires, Linda M., Vol II
Shoaf, R. Allen, Vol II
Shokoff, James, Vol II
Shores, David Lee, Vol II, III
Shorter, Robert Newland, Vol II
Shostak, Debra, Vol II
Shout, John, Vol II
Shucard, Alan Robert, Vol II
Shuffelton, Frank, Vol II
Shuger, Debora, Vol II
Shugrue, Michael F., Vol II
Shulman, Jeffrey, Vol II
Shulman, Robert P., Vol II
Shuman, R. Baird, Vol II, V
Shumway, Eric Brandon, Vol II, III
Shuttleworth, Jack M., Vol II
Sicari, Stephen, Vol II
Sider, John W., Vol II
Siebenschuh, William R., Vol II
Siebert, Hilary, Vol II
Siegel, Joel E., Vol II
Siegel, Kristi, Vol II
Siegel, Paul N., Vol II
Siemens, Raymond G., Vol II
Siemon, James Ralph, Vol II
Silcox, Mary, Vol II
Silet, C. Loring, Vol II
Sill, Geoffrey M., Vol II
Silva, J. Donald, Vol II
Silva, John O., Vol II
Silver, Brenda R., Vol II
Silverberg, Carol, Vol II
Silverman, Jay R., Vol II
Silverman, Kenneth Eugene, Vol I, II
Simmons, Diane, Vol II
Simmons, Joseph Larry, Vol II
Simon, James, Vol II
Simon, Linda, Vol II
Simpson, Megan B., Vol II
Sims, James Hylbert, Vol II
Sinclair, Gail, Vol II
Singh, Amritjit, Vol II
Singley, Carol J., Vol II
Sipahigil, Teoman, Vol II
Siporin, Steve, Vol I, II
Sitter, John, Vol II
Sitterson, Joseph, Vol II
Sivell, John, Vol II
Sizemore, Christine Wick, Vol II
Skerpan-Wheeler, Elizabeth P., Vol II
Skillman, Judith, Vol II, III
Skinner, Knute R., Vol II
Slade, Carole, Vol II, III
Slakey, Roger L., Vol II
Slate, Joseph Evans, Vol II
Slater, Thomas J., Vol II
Slavin, Arthur J., Vol I, II
Slevin, James, Vol II
Slotkin, Alan, Vol II
Small, Judy Jo, Vol II
Small, Ray, Vol II
Smallenburg, Harry Russell, Vol II
Smedick, Lois Katherine, Vol II
Smith, Barbara H., Vol II
Smith, Brenda Austin, Vol II
Smith, Bruce Ray, Vol II
Smith, Carol Hertzig, Vol II
Smith, David J., Vol II
Smith, David Lee, Vol II
Smith, David Quintin, Vol II
Smith, Diane M., Vol II, V
Smith, Evans L., Vol II, III
Smith, Gail K., Vol II
Smith, Grant William, Vol II
Smith, Herb J., Vol II
Smith, Jeffrey A., Vol I, II
Smith, Jonathan, Vol II
Smith, Larry, Vol II
Smith, Louise, Vol II
Smith, Madeline C., Vol II
Smith, Michael W., Vol II
Smith, Patrick J., Vol II
Smith, Riley Blake, Vol II, III
Smith, Robert Mark, Vol II
Smith, Sarah, Vol II
Smith, Stephanie A., Vol II
Smitten, Jeffrey, Vol II
Snow, Helena, Vol II
Snyder, Robert Lance, Vol II
Snyder, Stephen W., Vol II
Snyder, Susan Brooke, Vol II
Soderlind, Sylvia, Vol II
Sofer, Andrew, Vol II
Sol, Adam, Vol II
Sollors, Werner, Vol I, II
Solomon, Andrew Joseph, Vol II
Solomon, H. Eric, Vol II
Solomon, Jack, Vol II
Solomon, Julie R., Vol II
Solomon, Stanley J., Vol II
Sosnoski, James Joseph, Vol II
Soule, George, Vol II
Sourian, Peter, Vol II
Soven, Margot, Vol II, V
Spancer, Janet, Vol II
Spanos, William, Vol II, IV
Sparks, Elisa Kay, Vol II
Spearey, Susan, Vol II
Spector, Robert Donald, Vol II
Speirs, Logan, Vol II
Spengemann, William C., Vol II
Sperry, Stuart M., Vol II
Spiegelman, Willard Lester, Vol II
Spilka, Mark, Vol II, III
Spinks, C. William, Vol II
Spivack, Charlotte K., Vol II
Spivak, Gayatri Chakravorty, Vol II
Spivey, Ted Ray, Vol II
Splitter, Randolph N., Vol II
Sprich, Robert, Vol II
Sprow, Richard, Vol II
Sprunger, David A., Vol II
Spurgeon, Dickie A., Vol II
St Pierre, Paul Matthew, Vol II
Stade, George, Vol II
Stagg, Louis Charles, Vol II
Stahl, John D., Vol II
Staines, David, Vol II
Stallworth, Frances H., Vol II
Stambovsky, Phillip, Vol II
Stanford, Donald Elwin, Vol II
Stanley, Donald, Vol II
Stanley, William Chad, Vol II
Stanton, Robert J., Vol II
Stanwood, Paul G., Vol II
Stargardt, Ute, Vol II
Stauffer, Helen Winter, Vol II
Staves, Susan, Vol II
Steen, Sara Jayne, Vol II
Steensma, Robert Charles, Vol II
Steffel, Susan B., Vol II
Stehle, Cheryl F., Vol II
Stein, Arnold, Vol II
Stein, Karen F., Vol II, V
Stein, Kevin J., Vol II
Stein, Robert David, Vol II
Steinberg, Erwin Ray, Vol II
Steinbrink, Jeffrey, Vol II
Steiner, Thomas Robert, Vol II, III
Steiner, Wendy Lois, Vol II
Steinman, Lisa M., Vol II
Sten, Christopher W., Vol II
Stephens, Jessica, Vol II
Stephens, Margaret Holler, Vol II
Stephens, Martha Thomas, Vol II
Stephens, Robert Oren, Vol II
Stepto, Robert Burns, Vol II
Stern, Julia, Vol II
Stern, Milton R., Vol II
Stern, Richard G., Vol II
Sternlicht, Sanford, Vol II
Stetz, Margaret, Vol II
Steven, Laurence, Vol II
Stevens, Earl Eugene, Vol II
Stevens, Paul, Vol II
Stevenson, Catherine Barnes, Vol II, V
Stevenson, John A., Vol I, II
Stevenson, John Weamer, Vol II
Stewart, E. Kate, Vol II
Stewart, John Othneil, Vol II
Stewart, Larry, Vol II
Stewart, Maaja Agur, Vol II
Stewart, Stanley N., Vol II
Stillinger, Jack, Vol II
Stitzel, Judith Gold, Vol II, V
Stock, Robert Douglas, Vol II
Stokes, James, Vol II
Stone, Donald David, Vol II
Stone-Blackburn, Susan, Vol II
Stonum, Gary Lee, Vol II
Story, Kenneth Ervin, Vol II
Stott, William Merrell, Vol I, II
Stowe, William, Vol II
Stranberg, Victor H., Vol II
Strater, Henry A., Vol I, III
Stratton, Charles R., Vol II
Stratton, Susan B., Vol II
Straubel, Linda Helen, Vol II
Straus, Barrie Ruth, Vol II
Strauss, Albrecht Benno, Vol II
Straznicky, Marta, Vol II
Street, Jack David, Vol II, III
Streeter, Donald, Vol II
Streight, Irwin, Vol II
Strier, Richard, Vol II
Stripling, Mahala Yates, Vol II
Stroffolino, Chris, Vol II
Stroud, Theodore Albert, Vol II
Strychacz, Thomas, Vol II
Stubbs, John C., Vol II
Stuber, Florian, Vol II
Stull, William L., Vol II
Styan, John Louis, Vol II
Sublette, Walter, Vol II
Subryan, Carmen, Vol II
Sugano, Douglas, Vol II
Sukenick, Ronald, Vol II
Sukholutskaya, Mara, Vol II, V
Sullivan, Brad, Vol II
Sullivan, C. W., III, Vol II
Sullivan, D., Vol II
Sullivan, Jack R., Vol II
Sullivan, James, Vol II
Sullivan, Rosemary, Vol II
Sullivan, Sally A., Vol II
Sullivan, Sherry A., Vol II
Sullivan, Walter L., Vol II
Sullivan, Zohreh Tawakuli, Vol II
Sulloway, Alison G., Vol II
Sultan, Stanley, Vol II
Summers, Claude Joseph, Vol II
Sundstrom, Roy Alfred, Vol I, II
Sununu, Andrea, Vol II
Super, Robert Henry, Vol II
Surace, Peter C., Vol II
Surridge, Lisa A., Vol II
Sussman, Herbert, Vol II
Sutherland, William Owen Sheppard, Vol II
Sutton, Max K., Vol II
Suzuki, Mihoko, Vol II
Swaim, Kathleen Mackenzie, Vol II
Swann, Brian, Vol II
Swanson, Donald Roland, Vol II
Swardson, Harold Roland, Vol II
Sweeney, Susan Elizabeth, Vol II
Sweetser, Wesley Duaine, Vol II
Sweney, John R., Vol II
Swerdlow, David G., Vol II
Swetnam, Ford, Vol II
Swetnam, Susan, Vol I, II
Swiderski, Suzanne M., Vol II, V
Swift, Carolyn Ruth, Vol II
Swinson, Ward, Vol II
Syndergaard, Larry E., Vol II
Sypher, Francis Jacques, Vol II, III
Szabo, Lynda, Vol II
Szarmach, Paul E., Vol I, II
Szeman, Imre J., Vol II, V
Szittya, Penn, Vol II
Tabbi, Joseph, Vol II
Tadie, Andrew A., Vol II
Tadych, Renita, Vol II
Tagge, Anne, Vol III
Tamburr, Karl, Vol II
Tanner, Jim, Vol II
Tanselle, George Thomas, Vol II
Tapper, Gordon, Vol II
Taranow, Gerda, Vol I, II
Tarr, Rodger Leroy, Vol II
Tasch, Peter Anthony, Vol II
Tate, Claudia, Vol II
Tatum, Nancy R., Vol I, II
Tave, Stuart Malcolm, Vol II
Tayler, Edward W., Vol II
Taylor, Arvilla Kerns, Vol II
Taylor, Beverly W., Vol II
Taylor, Donald Stewart, Vol II
Taylor, E. Dennis, Vol II
Taylor, Gordon Overton, Vol II
Taylor, Henry, Vol II
Taylor, Mark, Vol II
Taylor, Susan L., Vol II, V
Taylor, Welford Dunaway, Vol II
Taylor-Thompson, Betty E., Vol II
Tchudi, Stephen, Vol II
Teague, Frances Nicol, Vol II
Tebbetts, Terrell L., Vol II
Tedford, Barbara Wilkie, Vol II
Teichmann, Sandra G., Vol II
Teller, Stephen J., Vol II
Temple, Judy Nolte, Vol II
Temple, Kathryn, Vol II
Tennyson, Georg Bernhard, Vol II
Tetel, Julie, Vol II
Tetreault, Ronald, Vol II
Teunissen, John J., Vol II
Thatcher, David S., Vol II
Thayer, Calvin G., Vol II
Thesing, William Barney, Vol II
Thiel, Diane, Vol II
Thomas, Amy M., Vol II
Thomas, Brook, Vol II
Thomas, C. R., Vol II
Thomas, Clara M., Vol II
Thomas, Deborah Allen, Vol II
Thomas, Paul R., Vol II
Thompson, Gary, Vol II
Thompson, Hilary, Vol II
Thompson, Ray, Vol II
Thompson, Roger C., Vol II
Thongthiraj, Dootsdeemalachanok, Vol II
Thorn, Arline Roush, Vol II, III
Thornton, Jeri, Vol II, V
Thorson, Connie C., Vol II
Throne, Barry, Vol II
Thuente, Mary Helen, Vol II, III
Thundy, Zacharias P., Vol II, III
Thurin, Susan Molly Schoenbauer, Vol II
Tidwell, John Edgar, Vol II
Tierney, James Edward, Vol II
Tiger, Virginia Marie, Vol II
Timko, Michael, Vol II
Tinkcom, Matthew, Vol II
Tippens, Darryl L., Vol II
Tisdale, Celes, Vol II
Tobias, Richard C., Vol II
Tobin, Thomas J., Vol II
Todd, Dennis, Vol II
Todd, William B., Vol II
Tokarczyk, Michelle M., Vol II
Toler, Colette, Vol II
Toles, George E., Vol II
Tollers, Vincent Louis, Vol II
Tolomeo, Diane, Vol II
Tolson, Nancy D., Vol II
Tomlin, Carol, Vol II
Tompkins, Jane, Vol II
Tongson, Karen L., Vol II
Tonkin, Humphrey R., Vol II, III
Torgovnick, Marianna De Marco, Vol II, III
Torres, Louis, Vol II, V
Towns, Sanna Nimtz, Vol II
Townsend, Robert Campbell, Vol II
Trachtenberg, Alan, Vol I, II
Tracy, Ann B., Vol II
Trainor, Charles Robert, Vol II
Traister, Bryce, Vol II
Travis, Peter W., Vol II
Travisano, Thomas J., Vol II
Trawick, Leonard Moses, Vol II
Traylor, Eleanor W., Vol II
Trela, D. J., Vol II
Trembath, Paul, Vol II
Tricomi, Albert Henry, Vol II
Trimble, John Ralston, Vol II

Troost, Linda V., Vol II
Trotter, Mary, Vol II
Truax, Elizabeth, Vol II
True, Michael D., Vol II
Trumpener, Katie, Vol II
Tsagaris, Ellen, Vol II
Tucker, Cynthia Grant, Vol II, III
Tucker, Edward L., Vol II
Tucker, Martin, Vol II
Turco, Lewis, Vol II
Turley, Hans, Vol II
Turner, Frederick, Vol II
Turner, Myron M., Vol II
Turner, Richard Charles, Vol II
Turner, Robert Kean, Vol II
Turner, Robert Y., Vol II
Tuten, Nancy, Vol II
Tuttle, Jon, Vol II
Tuttleton, James Wesley, Vol II
Twining, Mary Arnold, Vol II
Twitchell, James B., Vol II
Twombly, Robert Gray, Vol II
Twomey, Michael, Vol II
Ty, Eleanor R., Vol II, V
Tyler, Carole-Anne, Vol II
Tyson, Nancy Jane, Vol II
Uffelman, Larry Kent, Vol II
Ulanov, Barry, Vol II
Ulen, Elisa Nefertari, Vol II
Ulmer, William A., Vol II
Umeh, Marie A., Vol II
Umland, Rebecca, Vol II
Umland, Samuel, Vol II
Underwood, Richard, Vol II
Unger, Douglas A., Vol II
Unsworth, John M., Vol II
Upchurch, David A., Vol II
Upton, Dell, Vol I
Upton, Lee, Vol II
Uraizee, Joya F., Vol II
Urgo, Joseph R., Vol II
Urkowitz, Steven, Vol II
Utz, Richard J., Vol II
Valenti, Peter Louis, Vol II
Valerie M., Babb, Vol II
Valgemae, Mardi, Vol II
Valihora, Karen, Vol II
Van, Thomas A., Vol II, III
Van Dover, James K., Vol II
van Gelderen, Elly, Vol II
Van Pelt, Tamise, Vol II
Vanauken, Sheldon, Vol I, II
Vance, John Anthony, Vol II
Vanden Bossche, Chris R., Vol II
Vander Ploeg, Scott D., Vol II
Vanegmond, Peter, Vol II
Vann, Jerry Don, Vol II
Vann, Roberta Jeanne, Vol II
Varadharajan, Asha, Vol II
Varnum-Gallant, Billie M., Vol II
Vaughan, Virginia M., Vol II
Vaughn, Gary Lee, Vol II
Vause, L. Mikel, Vol II
Vavra, Edward, Vol II
Vecera, Grant, Vol II
Velie, Alan R., Vol II
Venn, George, Vol II
Verrico, Rose May, Vol II
Vesterman, William, Vol II
Vickery, John B., Vol II
Vickroy, Laurie, Vol II
Villanueva, Victor, Vol II
Vinson, Mark Alan, Vol II
Visor, Julia N., Vol II
Viswanathan, Gauri, Vol II
Vlasopolos, Anca, Vol II
Vogel, Nancy, Vol II
Vogeler, Martha Salmon, Vol I, II
Voigt, John F., Vol II
Voloshin, Beverly R., Vol II
Von Frank, Albert J., Vol II
Vos, Alvin, Vol II
Vos, Nelvin Leroy, Vol II, IV
Vrettos, Athena, Vol II
Waage, Frederick O., Vol II, III
Wacholder, Ben Zion, Vol I, II
Waddington, Miriam, Vol II
Wade, Seth, Vol II
Wade-Gayles, Gloria Jean, Vol II
Wadlington, Warwick Paul, Vol II
Wadsworth, Sarah A., Vol II
Wagner, M. John, Vol II
Wagner, Mark G., Vol II
Wagner, Vern, Vol II
Waingrow, Marshall, Vol II
Wainwright, John A., Vol II
Waith, Eugene Mersereau, Vol II
Wakoski, Diane, Vol II
Wald, Alan Maynard, Vol I, II
Walden, Daniel, Vol II
Waldoff, Leon, Vol II
Walker, Albert Lyell, Vol II
Walker, Brena B., Vol II
Walker, Charlotte Zoe, Vol II
Walker, David, Vol II
Walker, Jeanne M., Vol II
Walker, Jeffrey, Vol II
Walker, Nancy A., Vol II
Walker, Pierre (Peter), Vol II
Walker-Nixon, Donna, Vol II
Wall, Rebecca A., Vol II
Wall, Wendy, Vol II
Wall, William G., Vol II
Wallace, Catherine Miles, Vol II, IV
Wallace, John Malcolm, Vol II
Wallenstein, Barry, Vol II
Walls, Laura Dassow, Vol II
Walmsley, Peter, Vol II
Walsh, Chad, Vol II
Walsh, Dennis, Vol II
Walsh, Elizabeth, Vol II
Walsh, Mary Ellen, Vol II
Walsh, Patrick F., Vol II
Walsh, Thomas M., Vol II
Walter, Kay, Vol II
Walton, James E., Vol II
Walton, Priscilla L., Vol II
Walz, Eugene P., Vol II
Wang, Jennie, Vol II
Wang, Joan Parsons, Vol II, III
Wang, Mason Yu-Heng, Vol II, III
Wang, Qun, Vol II
Ward, Audrey L., Vol II
Ward, Carol, Vol II
Ward, Carole Geneva, Vol II
Ward, Herman M., Vol II
Ward, Jerry W., Vol II
Ward, John C., Vol II
Ware, Thomas C., Vol II
Ware, Tracy, Vol II
Warkentin, Germaine, Vol II
Warner, John M., Vol II
Warner, Michael D., Vol II
Warner, William Beatty, Vol II
Warren, James Perrin, Vol II
Warren, Joseph W., Vol II
Warren, Joyce, Vol II
Warren, Leland Eddie, Vol II
Warren, Nagueyalti, Vol II
Washington, Mary Helen, Vol II
Washington, Sarah M., Vol II
Wasserman, Jerry, Vol II
Waterston, Elizabeth H., Vol II
Watkins-Goffman, Linda, Vol II
Watson, Charles N., Jr., Vol II
Watson, Cresap Shaw, Vol II
Watson, Reginald, Vol II
Watson, Robert Winthrop, Vol II
Watts, Ann Chalmers, Vol II
Waugh, Butler Huggins, Vol II, V
Wayne, Valerie, Vol II
Weales, Gerald, Vol II
Wearing, J. P., Vol I, II
Weatherby, Harold L., Jr., Vol II
Weathers, Winston, Vol II
Weaver, Jack Wayne, Vol II
Webb, Igor M., Vol II
Webb, Nancy L., Vol II
Webster, Grant T., Vol II
Wedberg, Lloyd W., Vol II, III
Wee, David Luther, Vol II
Wegmann-Sanchez, Jessica M., Vol II
Weidhorn, Manfred, Vol II
Weihe, Edwin, Vol II
Weil, Eric A., Vol II
Weil, Herbert S., Vol II
Weil, Judith R., Vol II
Weinbrot, Howard D., Vol II
Weiner, Andrew David, Vol II
Weiner, Bruce I., Vol II
Weiner, Estha, Vol II
Weinhouse, Linda, Vol II
Weinreich, Regina, Vol II
Weinstock, Donald Jay, Vol II
Weintraub, Stanley, Vol II
Weise, Judith Anderson, Vol II
Weiser, David K., Vol II
Weiss, Alexander, Vol II
Weiss, Victoria Louise, Vol II
Weitzman, Arthur J., Vol II
Weixlmann, Joseph Norman, Vol II
Welburn, Ronald Garfield, Vol II
Welch, Donovan LeRoy, Vol II
Wells, Walter, Vol I, II
Welsh, Alexander, Vol II
Welsh, Andrew, Vol II
Weltman, Sharon, Vol II
Wendling, Ronald Charles, Vol II
Wenzel, Siegfried, Vol II
Werstine, Paul, Vol II
Wertheim, Albert, Vol II
Wertheim, Stanley Claude, Vol II
Wesling, Donald Truman, Vol II
West, James L. W., III, Vol II
West, John Oliver, Vol II
West, Mark I., Vol II
West, Michael Davidson, Vol II
Westbrook, Ellen E., Vol II
Westfahl, Gary, Vol II
Westling, Louise Hutchings, Vol II
Weston, Ruth Deason, Vol II
Westrem, Scott D., Vol II
Westwater, Martha E., Vol II
Wetherbee Phelps, Louise, Vol II
Wexler, Joyce, Vol II
Wexman, Virginia Wright, Vol II
Weyler, Karen A., Vol II
Whalen, David, Vol II
Whatley, Eric Gordon, Vol II
Wheatley, Christopher J., Vol II
Wheatley, Edward, Vol II
Wheeler, Arthur M., Vol II, IV
Wheeler, Bonnie, Vol II
Wheeler, Richard Paul, Vol II
Whidden, Mary Bess, Vol II
Whitaker, Elaine E., Vol II
Whitaker, Faye Pauli, Vol II
Whitaker, Rosemary, Vol II
Whitaker, Thomas Russell, Vol II
White, Donna R., Vol II
White, Douglas Howarth, Vol II
White, Edward Michael, Vol II
White, James P., Vol II
White, Lana, Vol II
Whiteaker, Janet Faye, Vol II
Whiteley, Patrick, Vol II
Whiteman, D. Bruce, Vol II
Whitman, Robert F., Vol II
Wick, Robert L., Vol II
Wickes, George, Vol II
Wiebe, Mel, Vol II
Wienen, Mark Van, Vol II
Wiener, Harvey Shelby, Vol II
Wiesenthal, Christine, Vol II
Wikander, Matthew H., Vol II
Wilde, Alan, Vol II
Wilder, Georgia Lee, Vol II
Will, Barbara E., Vol II
Willard, Thomas Spaulding, Vol II
Willerton, Christian William, Vol II
Willey, Edward, Vol II
Williams, Carmaletta M., Vol II
Williams, Daniel E., Vol II
Williams, Edwin W., Vol II
Williams, Gary, Vol II
Williams, George W., Vol II
Williams, Hazel Browne, Vol II
Williams, Jeff, Vol II
Williams, John S., Vol II
Williams, Joseph M., Vol II, III
Williams, Kenny J., Vol II
Williams, Melvin Gilbert, Vol II
Williams, Roland L., Vol II
Williams, Susan, Vol II
Williams, William Proctor, Vol II
Williamson, Craig B., Vol II
Williamson, J. W., Vol II
Williamson, Jane Louise, Vol II
Williamson, Janice, Vol II
Williamson, John Stewart, Vol II
Williamson, Marilyn Lammert, Vol II
Willis, Deborah, Vol II
Willis, Gladys January, Vol II
Willis, Paul J., Vol II
Willis, Resa, Vol II
Willis, Susan, Vol II
Willis, Susan, Vol II
Willmott, Glenn Allan, Vol II
Wills, Jack Charles, Vol II
Willumson, Glenn Gardner, Vol I, II
Wilson, Douglas B., Vol II
Wilson, Douglas Lawson, Vol II
Wilson, Grace G., Vol II
Wilson, Hugh F., Vol II
Wilson, John H., Vol II
Wilson, John H., Vol II
Wilson, John Harold, Vol II
Wilson, Keith G., Vol II
Wilson, L. Austin, Vol II
Wilson, Lisa Marie, Vol II
Wilson, Robert F., Vol II
Wilson, Robert J., Vol II
Wilson, Sharon Rose, Vol II
Wilt, Judith, Vol II
Wimsatt, James I., Vol II
Wimsatt, Mary Ann, Vol II
Winans, Robert B., Vol II
Winchell, Donna, Vol II
Winchell, Mark, Vol II
Winderl, Carl A., Vol II
Windholz, Anne, Vol II
Winner, Anthony, Vol II, III
Winship, Michael B., Vol II
Winston, Mathew, Vol II
Winter, Daria Portray, Vol II
Winter, Kari J., Vol II
Winton, Calhoun, Vol II
Wion, Philip Kennedy, Vol II
Wisneski, Richard, Vol II
Witherell, Elizabeth H., Vol II
Witt, Doris, Vol II
Wittig, Joseph Sylvester, Vol I, II
Wittreich, Joseph Anthony, Jr, Vol II
Wohlgelernter, Maurice, Vol II
Wojcik, Daniel, Vol II, V
Wolf, Donald, Vol II
Wolfe, Ralph Haven, Vol II
Wolff, George, Vol II
Wolgast, Eliz H., Vol II, IV
Wolper, Roy S., Vol II
Womack, Whitney, Vol II
Wood, Andelys, Vol II
Wood, Nancy, Vol II
Wood, Ruth, Vol II
Wood, Susan H., Vol II
Woodall, Natalie Joy, Vol II
Woodbridge, John M., Vol I, II
Woodbridge, Linda, Vol II
Woodell, Harold, Vol II
Woodring, Carl, Vol II
Woods, Willie G., Vol II
Woodson, Thomas, Vol II
Woodward, Pauline, Vol II
Woodward, Steven P., Vol II
Woolf, Leonard, Vol II
Woolley, James, Vol II
Work, James, Vol II
Worth, George John, Vol II
Wortham, Thomas, Vol II
Wortman, William A., Vol II
Wosk, Julie, Vol I, II
Wright, Austin M., Vol II
Wright, Deborah Kempf, Vol II
Wright, George Thaddeus, Vol II
Wright, H. Bunker, Vol II
Wright, Michelle M., Vol II
Wright, Stephen Caldwell, Vol II
Wrobel, Arthur, Vol II
Wutz, Michael, Vol II
Wyatt, David M., Vol II
Wyke, Clement Horatio, Vol II
Wykes, David, Vol II
Wylder, Delbert E., Vol II
Wyman, Linda Lee, Vol II
Yalkut, Carolyn, Vol II
Yancy, Kathleen Blake, Vol II
Yannella, Donald, Vol II
Yeager, Robert Frederick, Vol II
Yeazell, Ruth Bernard, Vol II
Yelin, Louise, Vol II
Yenser, Stephen I., Vol II
Yezzo, Dominick, Vol II
Yocom, Margaret Rose, Vol II, V
Yoder, R. Paul, Vol I
Yoke, Carl B., Vol II
York, Lorraine, Vol II
Young, Arlene, Vol II
Young, Arthur P., Vol II
Young, Elizabeth V., Vol II
Young, Jane J., Vol II
Young, Kay, Vol II
Young, Michael, Vol II
Young, Richard E., Vol II
Young, Robert Vaughan, Vol II, III
Younger, Kelly, Vol II
Zacher, Christian Keeler, Vol II
Zackel, Fred, Vol II
Zahorski, Kenneth, Vol II
Zatlin, Linda Gertner, Vol II
Zeiger, Melissa F., Vol II
Zeitlin, Michael, Vol II
Zender, Karl Francis, Vol II
Ziegler, Dhyana, Vol II
Zimbardo, Rose A., Vol II
Ziolkowski, Jan M., Vol II
Zlogar, Laura, Vol II
Zlotsky, Andres, Vol II, III
Zucker, Alfred John, Vol I, II
Zulauf, Sander W., Vol II
Zurlo, John A., Vol II
Zwerdling, Alex, Vol II
Zwicker, Heather S., Vol II
Zytaruk, George J., Vol II

Environmental Law

Cheever, Fred, Vol IV
Condit, Richard E., Vol IV

Epistemology

Ammon, Theodore G., Vol I, IV
Estep, Myrna Lynne, Vol IV
Senor, Thomas, Vol IV
Shirley, Edward S., Vol IV
Triplett, Tim, Vol IV

Ethical Theory

Harris, Charles Edwin, Vol IV
Lee, Richard, Vol IV

Ethics

Albrecht, Gloria H., Vol IV
Almeder, Robert F., Vol IV
Aquino, Maria Pilar, Vol IV
Audi, Robert, Vol IV
Baker, John Arthur, Vol IV
Barker, Lance R., Vol IV
Barnette, Henlee Hulix, Vol IV
Bauerschmidt, Frederick Christian, Vol IV
Bayer, Richard C., Vol IV
Bell, Linda A., Vol IV, V
Bethel, Arthur Charles Walter, Vol IV
Blake, Deborah, Vol IV
Blizek, William L., Vol IV
Blumenfeld, David, Vol I, IV
Boltuc, Piotr, Vol IV
Boss, Judith A., Vol IV
Botzler, Richard G., Vol IV
Boys, Samuel A., Vol IV
Branick, Vincent P., Vol IV
Brennen, Bonnie S., Vol IV
Brodsky, Garry, Vol IV
Brogan, Jacqueline V., Vol II
Cafaro, Philip, Vol IV
Calkins, Martin, Vol IV
Carter, Michele A., Vol IV
Carver, Marc, Vol IV
Caste, Nicholas J., Vol IV
Cavalier, Robert, Vol IV
Chamberlain, Paul, Vol IV
Childress, James Franklin, Vol IV
Chismar, Douglas, Vol IV
Chung, Chai-sik, Vol IV
Copeland, Warren R., Vol IV
Coyle, Michael Gordon, Vol II
Crossley, John P., Vol IV
Crysdale, Cynthia S. W., Vol IV
Curd, Patricia, Vol IV
Danley, John Robert, Vol IV
Day, Louis A., Vol IV
de S. Cameron, Nigel M., Vol IV
Diener, Paul W., Vol IV
Dooley, Patricia, Vol II, IV
Dumais, Monique, Vol IV
Dunne, Tad, Vol IV
Dyck, Arthur James, Vol IV
Evans, Rod L., Vol IV
Farley, Margaret Ann, Vol IV
Filonowicz, Joseph, Vol I, IV
Finn, Daniel R., Vol IV
Fischer, Marilyn R., Vol IV
Fitzgerald, Patrick, Vol IV
Friedlander, Walter J., Vol I, IV
Friesen, Duane K., Vol IV
Gelwick, Richard, Vol IV
Gilbert, Joseph, Vol IV
Gill, David W., Vol IV
Gill, Michael, Vol IV
Gilson, Anne Bathurst, Vol IV
Gingerich, Ray C., Vol IV
Goldberg, Hillel, Vol IV
Good, Robert C., Vol IV
Goree, William K., Vol IV
Gorman, Michael J., Vol I, IV
Gough, Russell W., Vol IV
Gray, Bonnie Jean, Vol IV
Green, Clifford James, Vol IV
Green, Ronald Michael, Vol IV
Groothuis, Douglas, Vol IV
Grounds, Vernon, Vol IV
Hall, Pamela M., Vol IV

Discipline Index

Hanigan, James P., Vol IV
Heim, Joel, Vol IV
Herman, Stewart W., Vol IV
Hocks, Elaine, Vol IV
Hofbeck, Josef, Vol IV
Hutchinson, Roger Charles, Vol IV
Iserson, Kenneth V., Vol IV
Johnson, David Lawrence, Vol IV
Jones, Donald D., Vol IV
Joseph, Norma Baumel, Vol IV
Jung, L. Shannon, Vol IV
Kasachkoff, Tziporah, Vol IV
Kay, Judith Webb, Vol IV
King, Patricia Ann, Vol IV
Kirkpatrick, Frank Gloyd, Vol IV
Kis, Miroslav M., Vol IV
Krakauer, Eric, Vol IV
Kunkel, Joseph C., Vol IV
Kuo, Lenore, Vol I, IV
Lambert, Richard Thomas, Vol I, IV
Liechty, Daniel, Vol IV
Lincourt, John M., Vol IV
Livezey, Lowell W., Vol IV
Loewy, Erich H., Vol IV
Loewy, Roberta S., Vol IV
Loofbourrow, Richard C., Vol IV
Luke, Brian A., Vol IV
Maguire, Daniel C., Vol IV
Mason, Sheila, Vol IV
Mazoue, Jim, Vol IV
Mazumdar, Rinita, Vol IV, V
McCullough, Laurence B., Vol IV
Merchant, Carolyn, Vol I, IV
Meyers, Diana Tietjens, Vol IV, V
Michael, Aloysius, Vol IV
Momeyer, Rick, Vol IV
Morey, Ann-Janine, Vol IV
Neumann, Harry, Vol IV
Newman, Louis E., Vol IV
O'Neill, William George, Vol IV
O'Sullivan, Michael, Vol IV
Ornstein, Jack, Vol IV
Ottati, Douglas Fernando, Vol IV
Pappas, Gregory F., Vol IV
Pappu, Rama Rao, Vol IV
Pawlikowski, John, Vol IV
Phillips, Craig A., Vol IV
Potter, Nancy, Vol IV
Potter, Nelson, Vol IV
Price, Robert George, Vol I, IV
Quinn, John F., Vol IV
Rawling, J. Piers, Vol IV
Richardson, Kurt A., Vol IV
Roberts, Melinda, Vol IV
Rockefeller, Steven C., Vol I, IV
Ross, Rosetta E., Vol IV
Rowe, Stephen C., Vol IV
Ruprecht, Louis A., Jr., Vol IV
Russow, Lilly-Marlene, Vol IV
Sale, William F., Vol IV
Scholz, Sally J., Vol IV
Sepper, Dennis L., Vol IV
Shannon, Thomas A., Vol IV
Sharpe, Virginia A., Vol IV
Simmons, Lance, Vol IV
Smaw, Eric, Vol IV
Smith, F. Lagard, Vol IV
Snoeyenbos, Milton, Vol IV
Solheim, Barbara P., Vol IV
Speidell, Todd, Vol IV, V
Stempsey, William Edward, Vol IV
Stivers, Robert L., Vol IV
Stone, Ronald Henry, Vol IV
Stortz, Martha Ellen, Vol I, IV
Stuhr, Walter Martin, Vol IV
Sunshine, Edward R., Vol IV
Tenenbaum, Sergio, Vol I, IV
Toenjes, Richard H., Vol IV
Vacek, Edward Victor, Vol IV
van Roojen, Mark, Vol IV
Vanderpool, Harold Young, Vol I, IV
Waldau, Paul, Vol IV
Wallwork, Ernest, Vol IV
Weber, Leonard J., Vol IV
Wert, Newell John, Vol IV
West, Charles Converse, Vol IV
Westmoreland, Robert B., Vol IV
Winters, Francis Xavier, Vol IV
Wogaman, John Philip, Vol IV
Wolfram, Charles W., Vol IV
Yates, Wilson, Vol IV
Zaner, Richard, Vol IV

Ethnography

Caughey, John L., Vol I, V
Dorgan, Howard, Vol II, V

Ethnohistory

Barkan, Elliott Robert, Vol I, V
Bolsterli, Margaret Jones, Vol I, II, V
Fenton, William Nelson, Vol V
Mcbride, Paul Wilbert, Vol I, V
Parot, Joseph John, Vol I, IV
Perry, Robert Lee, Vol I, V
Tanner, Helen Hornbeck, Vol I, V
Williams, Nudie Eugene, Vol I, V

Ethnology

Arrizon, Alicia, Vol V
Boneva, Bonka, Vol V
Chang, Edward T., Vol V
Cuellar, Jose, Vol V
Hurh, Won Moo, Vol V
Katzman, David Manners, Vol I, V
Micco, Melinda, Vol V
Munoz, Carlos, Jr, Vol V
Sallis, Charles, Vol I, V
Santana, Deborah Berman, Vol V
Scott, John Sherman, Vol V
Scott, Otis L., Vol V
Witkin-New Holy, Alexandra, Vol V
Yang, Fenggang, Vol IV, V

Ethnomusicology

Cooley, Timothy, Vol II, V
Davis, Nathan T., Vol II, V
Erdener, Yildiray, Vol II, V
George, Luvenia A., Vol II, V
Goosman, Stuart, Vol II, V
Hampton, Barbara L., Vol II, V
Hood, Mantle, Vol II, V
Keillor, Elaine, Vol I, II, V
Levine, Victoria Lindsay, Vol I, II, V
Malm, William P., Vol II, V
Meadows, Eddie, Vol II, V
Pian, Rulan Chao, Vol II, V
Reck, David, Vol II, V
Shumway, Larry V., Vol II, V

European History

Abou-El-Haj, Rifaat Ali, Vol I
Abrams, Bradley, Vol I
Addington, Larry H., Vol I
Ambler, Effie, Vol I
Anderson, Gerald D., Vol I
Applebaum, David, Vol I
Arnold, Eric Anderson, Vol I
Ashley, Susan A., Vol I
Augustinos, Gerasimos, Vol I
Ausmus, Harry Jack, Vol I
Bailey, Charles Randall, Vol I, V
Bailey, Donald Atholl, Vol I
Bailey, Stephen, Vol I
Baird, Jay Warren, Vol I
Barbour, Richmond, Vol II
Barker, Nancy Nichols, Vol I
Barnes, James John, Vol I
Bartlett, Kenneth Roy, Vol I
Barton, H. Arnold, Vol I
Baxter, Douglas Clark, Vol I
Baylor, Michael G., Vol I
Bazillion, Richard J., Vol I
Becker, Peter Wolfgang, Vol I
Bedford, Harold, Vol I
Beinfeld, Solon, Vol I
Bell, Leland V., Vol I
Bendersky, Joseph William, Vol I
Bennett, Norman Robert, Vol I
Bergen, Doris L., Vol I
Berger, Martin Edgar, Vol I
Berger, Patrice, Vol I
Berlanstein, Lenard Russell, Vol I
Bernstein, John Andrew, Vol I
Bertrand, Charles L., Vol I
Billington, James H., Vol I
Bireley, Robert Lee, Vol I
Black, Eugene Charlton, Vol I
Black, Shirley Jean, Vol I
Blanke, Richard, Vol I
Blum, George Paul, Vol I
Blumberg, Arnold, Vol I
Boeger, Palmer Henry, Vol I
Boll, Michael Mitchel, Vol I
Bond, Gordon Crews, Vol I
Bone, Quentin, Vol I
Borg, Daniel Raymond, Vol I
Botjer, George, Vol I
Botzenhart-Viehe, Verena, Vol I
Boyajian, James Charles, Vol I
Boyer, John William, Vol I
Braddock, Robert Cook, Vol I, II
Breit, Frederick Joseph, Vol I
Brennan, John James, Vol I
Briggs, J. M., Vol I
Browder, George C., Vol I
Brown, James Seay, Jr., Vol I
Brown, Peter B., Vol I
Brown, Stewart Jay, Vol I
Browning, C. R., Vol I
Burnett, Amy, Vol I
Busch, Briton Cooper, Vol I
Byrnes, Joseph Francis, Vol I
Caldwell, Ronald James, Vol I
Calkins, Kenneth Roy, Vol I
Callahan, William James, Vol I
Camp, Richard, Vol I
Campbell, Joan, Vol I
Campbell, John Coert, Vol I
Carlson, Arvid John, Vol I
Carrington, Laurel, Vol I
Cassels, Alan, Vol I
Chastain, James G., Vol I
Cho, Joanne M., Vol I
Cienciala, Anna M., Vol I
Clark, Malcolm Cameron, Vol I
Clouse, Robert G., Vol I
Cohen, William B., Vol I
Cole, Richard G., Vol I
Connelly, Owen S., Vol I
Cook, Bernard Anthony, Vol I
Coope, Jessica, Vol I
Cope, Esther Sidney, Vol I
Copeland, Henry Jefferson, Vol I
Coppa, Frank John, Vol I
Corrin, Jay Patrick, Vol I
Covert, James Thayne, Vol I, II
Craig, John Eldon, Vol I, V
Crosby, Travis L., Vol I
Cummings, Raymond L., Vol I
Cunsolo, Ronald S., Vol I
Davis, Barbara Beckerman, Vol I
de Grazia, Victoria, Vol I
Deak, Istvan, Vol I
Dean, David M., Vol I
Demolen, Richard Lee, Vol I
Despalatovic, Elinor Murray, Vol I
Detwiler, Donald Scaife, Vol I
Diamond, Sander A., Vol I
Diefendorf, Barbara Boonstoppel, Vol I
Diefendorf, Jeffry Mindlin, Vol I
Divita, James John, Vol I
Djordjevic, Dimitrije, Vol I
Dominick, Raymond, Vol I
Doty, Charles Stewart, Vol I
Dougherty, Patricia M., Vol I
Douglas, Donald Morse, Vol I
Dukes, Jack Richard, Vol I
Durnbaugh, Donald F., Vol I, IV
Edmondson, Clifton Earl, Vol I
Eisenstein, Elizabeth Lewisohn, Vol I
Eley, Geoff, Vol I
Endelman, Todd Michael, Vol I, IV
Enssle, Manfred Joachim, Vol I
Epstein, David M., Vol I
Eubank, Keith, Vol I
Evans, Ellen Lovell, Vol I
Falk, Marvin W., Vol I
Fann, Willerd Reese, Vol I
Farge, James Knox, Vol I
Fay, Peter Ward, Vol I
Feldman, Gerald Donald, Vol I
Ferguson, James Wilson, Vol I
Fichtner, Paula Sutter, Vol I
Fideler, Paul Arthur, Vol I, IV
Field, Earle, Vol I
Fisher, Alan Washburn, Vol I
Fiss, Karen A., Vol I
Fleischer, Manfred Paul, Vol I, IV
Florian, Robert Bruce, Vol I
Flynn, James Thomas, Vol I
Fouquet, Patricia Root, Vol I
Friedman, Ellen G., Vol I
Friedman, Jerome, Vol I
Frierson, Cathy A., Vol I
Froide, Amy, Vol I
Gagliardo, John G., Vol I
Garrett, Clarke W., Vol I
Gasman, Daniel E., Vol I
Geerken, John Henry, Vol I
Geiger, Reed G., Vol I
George, Emery Edward, Vol I, III
Giles, Geoffrey John, Vol I
Gillis, John R., Vol I
Gispen, Kees, Vol I
Glen, Robert Allan, Vol I
Gold, Carol, Vol I
Golden, Richard Martin, Vol I
Goldman, Aaron L., Vol I
Gonzalez de Leon, Fernando Javier, Vol I
Gordon, Bertram M., Vol I
Gordon, Michael Danish, Vol I
Graf, Daniel William, Vol I
Graham, John Thomas, Vol I
Grew, Raymond, Vol I
Griffin, William Denis, Vol I
Grill, Johnpeter Horst, Vol I
Grimsted, Patricia Kennedy, Vol I
Gross, Hanns, Vol I
Gruber, Helmut, Vol I
Gullace, Nicoletta F., Vol I, V
Gullickson, Gay Linda, Vol I, V
Guzman, Gregory G., Vol I
Hackett, David Andrew, Vol I
Hackmann, William Kent, Vol I, II
Hafter, Daryl Maslow, Vol I
Hagen, William Walter, Vol I
Hamalainen, Pekka Kalevi, Vol I
Hamm, Michael Franklin, Vol I
Harris, James F., Vol I
Harris, Robert Dalton, Vol I
Hatfield, Douglas Wilford, Vol I
Hatheway, Joseph G., Vol I
Hauben, Paul J., Vol I
Hause, Steven C., Vol I
Hayden, James Michael, Vol I
Headley, John M., Vol I
Held, Joseph, Vol I
Helmreich, Jonathan Ernst, Vol I
Henwood, James N. J., Vol I
Herber, Charles Joseph, Vol I
Herlan, Ronald Wallace, Vol I
Hicks, David L., Vol I
Hochstadt, Steve, Vol I
Holtman, Robert Barney, Vol I
Homan, Gerlof Douwe, Vol I
Howell, Martha, Vol I
Hull, Henry Lane, Vol I
Hulse, James W., Vol I
Hutton, Patrick H., Vol I
Ingle, Harold Norman, Vol I
Ingrao, Charles William, Vol I
Iseminger, Gordon Llewellyn, Vol I
Isherwood, Robert M., Vol I
Isser, Natalie K., Vol I
Jay, Martin Evan, Vol I
Jenkins, Jennifer L., Vol I
Jensen, De Lamar, Vol I
Jewsbury, George Frederick, Vol I
Johnson, Christopher Howard, Vol I
Johnson, Owen V., Vol I
Johnson, Robert E., Vol I
Jones, Larry Eugene, Vol I
Joseph, Brian Daniel, Vol III
Kafker, Frank Arthur, Vol I
Kale, Steven D., Vol I
Kanipe, Esther Sue, Vol I, V
Kaufman, Suzanne, Vol I
Keller, William, Vol I
Kelley, Donald R., Vol I
Kelly, Alfred Herbert, Vol I
Kennedy, W. Benjamin, Vol I
Kern, Robert, Vol I
Keylor, William Robert, Vol I
Kieswetter, James Kay, Vol I
Kitterman, David Harold, Vol I
Klang, Daniel M., Vol I
Klassen, Peter James, Vol I
Klein, Ira N., Vol I
Knight, Isabel Frances, Vol I
Koerper, Phillip Eldon, Vol I
Kohler, Eric Dave, Vol I
Kohls, Winfred A., Vol I
Kollander, Patricia A., Vol I
Kollmann, Nancy Shields, Vol I
Konvitz, Josef Wolf, Vol I
Koot, Gerard M., Vol I
Koumoulides, John A., Vol I
Kramer, Arnold Paul, Vol I
Kren, George M., Vol I
Krey, Gary De, Vol I
Krieger, Leonard, Vol I
Kuisel, Richard F., Vol I
Kutolowski, John Francis, Vol I
Kuzmic, Peter, Vol I
Laccetti, Silvio R., Vol I
Lane, Barbara Miller, Vol I
Larew, Karl G., Vol I
Larson, Robert H., Vol I
Laurence, Richard Robert, Vol I
Laurent, Jane Katherine, Vol I
Lebovics, Herman, Vol I
Lee, Loyd Ervin, Vol I
Leeb, Isidore Leonard, Vol I
Lees, Lynn Hollen, Vol I
Leith, James A., Vol I
Levy, Richard S., Vol I
Lidtke, Vernon Leroy, Vol I
Lindemann, Albert S., Vol I
Lindenfeld, David Frank, Vol I
Linder, Robert Dean, Vol I, IV
Litchfield, Robert Burr, Vol I
Livezeanu, I., Vol I
Loengard, Janet Senderowitz, Vol I
Long, John Wendell, Vol I
Longfellow, David Lyman, Vol I
Loomie, Albert J., Vol I
Lorimer, Joyce, Vol I
Lotz, David Walter, Vol I, IV
Lougee, Robert Wayne, Vol I
Lowenstein, Steven Mark, Vol I
Lowry, Bullitt, Vol I
Lubenow, William Cornelius, Vol I
Lucas, Paul, Vol I
Luehrs, Robert Boice, Vol I
Luft, David Sheers, Vol I
Lunenfeld, Marvin, Vol I
Lynn, John A., Vol I
Macisaac, David, Vol I
Maciuika, Benedict Vytenis, Vol I
Malefakis, Edward Emanuel, Vol I
Marino, John Anthony, Vol I
Marks, Sally Jean, Vol I
Marme, Michael, Vol I
Marquis, Alice Goldfarb, Vol I
Martin, Benjamin F., Vol I
Martines, Lauro, Vol I, III
Matheny, William Edward, Vol I
Matthews, Roy T., Vol I
Maughan, Steven, Vol I
Mayer, Arno Joseph, Vol I
Mcbride, Theresa Marie, Vol I
Mcclellan, Woodford, Vol I
Mccue, Robert J., Vol I
McGeoch, Lyle Archibald, Vol I
Mckale, Donald Marshall, Vol I
Mckay, John Patrick, Vol I
McLeod, Jane, Vol I
Mcneil, David O., Vol I
Mears, John A., Vol I
Mellini, Peter John Dreyfus, Vol I
Mellon, Stanley, Vol I
Merriman, John M., Vol I
Metcalfe, William Craig, Vol I
Meyer, Kathryn E., Vol I
Meyer, Michael, Vol I
Meyer, Michael, Vol I
Miller, Jacquelyn C., Vol I
Miller, Martin Alan, Vol I
Moore, Edgar Benjamin, Vol I
Moore, John Clare, Vol I
Morby, John Edwin, Vol I
Moss, Bernard Haym, Vol I
Mueller, Roland Martin, Vol I
Mungello, David Emil, Vol I
Munsell, Floyd Darrell, Vol I
Murphy, Francis Joseph, Vol I
Murphy, Orville Theodore, Vol I
Murray, James, Vol I
Nelson, Otto Millard, Vol I
Newman, Edgar Leon, Vol I
Nichols, Jalden, Vol I
Niewyk, Donald Lee, Vol I
Nolan, Mary, Vol I, V
Nordstrom, Byron John, Vol I
Nye, Robert Allen, Vol I
O'Neil, Patrick M., Vol I
Oldson, William O., Vol I
Oliva, L. Jay, Vol I
Oppenheim, Samuel, Vol I
Orlow, Dietrich Otto, Vol I
Papacosma, Solon Victor, Vol I
Pastor, Leslie P., Vol I, III
Patriarca, Silvana, Vol I
Paul, Harry W., Vol I, IV
Pauley, Bruce F., Vol I
Paxton, Robert Owen, Vol I
Payne, Harry Charles, Vol I
Payne, Stanley George, Vol I
Peabody, Susan, Vol I
Pearson, Thomas Spencer, Vol I
Phillips, Ann, Vol I
Pierard, Richard Victor, Vol I, IV

Pierson, Peter O'Malley, Vol I
Pike, Ruth, Vol I
Plakans, Andrejs, Vol I
Polasky, Janet, Vol I
Porterfield, Richard Maurice, Vol I
Raack, Richard C., Vol I
Rabinowitch, Alexander, Vol I
Rearick, Charles, Vol I
Reinerman, Alan Jerome, Vol I
Reinhartz, Dennis Paul, Vol I
Reinharz, Jehuda, Vol I
Remak, Joachim, Vol I
Riddel, Frank Stephen, Vol I
Riley, Philip Ferdinand, Vol I
Rinderle, Walter, Vol I, IV
Ritter, Harry R., Vol I
Robb, George, Vol I
Robins, Marianne Ruel, Vol I
Rock, Kenneth Willett, Vol I
Rogers, Daniel E., Vol I
Ross, Ronald John, Vol I
Rothenberg, Gunther Eric, Vol I
Rothenberg, Gunther Eric, Vol I
Rummel, Erika, Vol I
Saab, E. Ann Pottinger, Vol I
Sanchez, Jose Mariano, Vol I
Saunders, Elmo Stewart, Vol I
Sbacchi, Alberto, Vol I
Scherer, Paul Henry, Vol I
Schlauch, Wolfgang T., Vol I
Schlunz, Thomas Paul, Vol I
Schmandt, Raymond Henry, Vol I
Schmeller, Helmut John, Vol I
Schneider, Joanne, Vol I
Schnucker, Robert Victor, Vol I
Schofield, H., Vol I
Schuster, Leslie, Vol I
Scionti, Joseph Natale, Vol I
Scott, Samuel Francis, Vol I
Sedgwick, Alexander, Vol I
Sedlar, Jean Whitenack, Vol I
Senn, Alfred Erich, Vol I
Sharp, Buchanan, Vol I
Shashko, Philip, Vol I
Sheehan, James John, Vol I
Sheppard, Thomas Frederick, Vol I
Shorrock, William Irwin, Vol I
Sims, Amy R., Vol I
Slind, Marvin G., Vol I
Smiley, Ralph, Vol I
Smit, J. W., Vol I
Smith, Mark, Vol I
Smith, Woodruff Donald, Vol I
Snow, George Edward, Vol I
Soffer, Reba Nusbaum, Vol I
Soldon, Norbert C., Vol I
Solomon, Howard Mitchell, Vol I
Soucy, Robert J., Vol I
Southard, Robert Fairbairn, Vol I
Sowards, Jesse Kelley, Vol I
Spector, Sherman David, Vol I
Spitzer, Alan B., Vol I
Stanislawski, Michael, Vol I, IV
Starn, Randolph, Vol I
Stebbins, Robert E., Vol I
Steiman, Lionel Bradley, Vol I
Stein, Leon, Vol I
Steinweis, Alan, Vol I, IV
Stern, Fritz, Vol I
Stevens, Donald G., Vol I
Stokes, Lawrence Duncan, Vol I
Stoltzfus, Nathan, Vol I
Strayer, Robert William, Vol I
Stunkel, Kenneth Reagan, Vol I
Sturgill, Claude C., Vol I
Sun, Raymond, Vol I
Sundstrom, Roy Alfred, Vol I, II
Swartz, Marvin, Vol I
Sweets, John Frank, Vol I
Talbott, John Edwin, Vol I
Tanenbaum, Jan Karl, Vol I
Taylor, Robert R., Vol I
Thackeray, Frank W., Vol I
Thomaidis, Spero T., Vol I
Thomas, Samuel Joseph, Vol I
Thurston, Gary J., Vol I
Tiersten, Lisa, Vol I
Torrey, Glenn E., Vol I
Tracey, Donald Richard, Vol I
Trumbach, Randolph, Vol I
Trumpener, Ulrich, Vol I
Ultee, Maarten, Vol I
Underwood, Ted Leroy, Vol I
Valone, James S., Vol I
Vardaman, James Welch, Vol I
Vardy, Steven Bela, Vol I
Viault, Birdsall Scrymser, Vol I
Viles, Perry, Vol I
Voeltz, Richard Andrew, Vol I
Wagner, William Gilson, Vol I
Walker, Lawrence David, Vol I
Walker, Mack, Vol I
Walker, Philip Alfred, Vol I
Wall, Irwin M., Vol I
Walt, Joseph W., Vol I
Wandycz, Piotr Stefan, Vol I
Wank, Solomon, Vol I
Watelet, Hubert, Vol I
Watson, Judge, Vol I
Watt, Jeffrey R., Vol I
Wegs, James Robert, Vol I
Weisberger, William, Vol I
Weisbord, Robert G., Vol I
Weiss, James Michael, Vol I
Wexler, Victor G., Vol I
White, Dan Seligsberger, Vol I
Whitehouse, Eugene Alan, Vol I
Wilcox, Larry Dean, Vol I
Williams, Bernard D., Vol I
Wilson, James Hugh, Vol I
Wilson, John Barney, Vol I
Wilt, Alan Freese, Vol I
Wiltenburg, Joy, Vol I, V
Wobst, H. Martin, Vol I
Wollman, David Harris, Vol I
Woloch, Isser, Vol I
Wood, James Brian, Vol I
Woodward, David Reid, Vol I
Zacek, Joseph Frederick, Vol I
Zimmer, Louis Bernard, Vol I

European Studies

Anderson, Gordon A., Vol I, II
Domaradzki, Theodore F., Vol I
Nitzova, Petya, Vol I
Remak, Henry Heymann Herman, Vol I, III
Zipes, Jack, Vol I

Evangelism

Beougher, Timothy K., Vol IV
Knight, Henry H., III, Vol IV
Lawless, Charles E., Vol IV
Rainer, Thom S., Vol IV
Schutz, Samuel R., Vol IV
Schweer, G. William, Vol IV
Terry, J. Mark, Vol IV

Experimental Psychology

Basden, B. H., Vol V
O'Connell, Daniel C., Vol V
Scharf, Bertram, Vol V

Family Counseling

Hurley, James, Vol V
Richardson, William, Vol V

Family Law

Altman, Scott A., Vol IV
Cochran, Robert F., Jr., Vol IV
Elrod, Linda Henry, Vol IV
Griffith, Gwendolyn, Vol IV
McKnight, Joseph Webb, Vol I, IV
Miller, Anthony, Vol IV
Saks, Elyn R., Vol IV
Shalleck, Ann, Vol IV
Waysdorf, Susan L., Vol IV

Family Studies

Atwood, Joan Delores, Vol V
Malonebeach, Eileen, Vol V
Pasley, B. Kay, Vol V
Schumm, Walter R., Vol V
Vazsonyi, Alexander T., Vol V
Whitchurch, Gail, Vol II, V

Film History

Grupenhoff, Richard, Vol I, II
Kawin, Bruce Frederick, Vol I, II
Lyons, Timothy James, Vol I, II
Scheide, Frank Milo, Vol I, II
Shary, Timothy, Vol I, II
Slane, Andrea, Vol I, II

Film Studies

Abel, Richard Owen, Vol II, III
Achberger, Karen Ripp, Vol II, III
Allen, M. Austin, Vol II
Allman, William Arthur, Vol II
Altman, Rick (Charles Frederick), Vol II, III
Anderson, Steve, Vol II
Barbera, Jack Vincent, Vol II
Barlow, John Denison, Vol III
Barsam, Richard, Vol II
Bates, Scott, Vol II, III
Bauland, Peter Max, Vol II
Baumbach, Jonathan, Vol II
Bell-Metereau, Rebecca, Vol II
Berets, Ralph Adolph, Vol II
Berliner, Todd, Vol II
Bernstein, Matthew H., Vol II
Betz, Mark W., Vol II
Bezanson, Mark, Vol II
Blackwell, Marilyn Johns, Vol II, III
Blake, Richard, Vol II
Bodon, Jean, Vol II
Budd, Michael, Vol II
Bukalski, Peter J., Vol II
Burwell, Rose Marie, Vol II
Byars, Jackie L., Vol II, V
Captain, Yvonne, Vol II, III
Carney, Raymond, Vol II
Carringer, Robert L., Vol I, II, V
Cartwright, Lisa, Vol II, V
Charney, Mark, Vol II
Church, Dan M., Vol II, V
Citron, Michelle, Vol II
Cohen, Ralph Alan, Vol II
Cooke, Thomas D., Vol II
Costanzo, William Vincent, Vol II
Costello, Donald Paul, Vol I, II
Cunningham, Frank Robert, Vol II
Desjardins, Mary, Vol II
Duchovnay, Gerald, Vol II
Faller, Greg, Vol II
Fink, Robert J., Vol I, II
Fletcher, Robert E., Vol III, IV
Gall, John, Vol II
Gerster, Carole, Vol II
Geyh, Paula E., Vol II
Giannetti, Louis Daniel, Vol II
Gifford, James J., Vol II
Girgus, Sam B., Vol II
Goulding, Daniel J., Vol II
Grant, Barry Keith, Vol II, V
Grella, George, Vol II
Grupenhoff, Richard, Vol I, II
Hark, Ina Rae, Vol II
Heldreth, Leonard Guy, Vol II
Houston, Velina H., Vol II
Jackson, Bruce, Vol II
Jefchak, Andrew Timothy, Vol II
Jorgens, Jack J., Vol II
Kaleta, Kenneth C., Vol II
Knapp, Gerhard Peter, Vol II
Kramer, Jennifer, Vol II
Kuriyama, Constance, Vol II
Lancashire, Anne C., Vol II
Lang, Robert, Vol II
LaValley, Albert J., Vol II
Leff, Leonard J., Vol II
Levy, Emanuel, Vol II, V
Lewis, Jon, Vol II
Limbacher, James L., Vol II
Loiselle, Andre, Vol II
Lunde, Erik Sheldon, Vol I, II
Lyons, Timothy James, Vol I, II
Margulies, Ivone, Vol II
Marks, Laura U., Vol II
May, John Richard, Vol II, IV
Mellen, Joan, Vol II
Mercer, Mark, Vol IV
Metz, Walter C., Vol II
Michalczyk, John Joseph, Vol II, III
Miller, Gabriel, Vol II
Miller, Mary Jane, Vol II
Naficy, Hamid, Vol II
Nelson, Ardis L., Vol II, III
O'Brien, Charles, Vol II
O'Leary, Brian Eugene, Vol II
Phillips, Klaus, Vol III
Pike, David, Vol II
Porter, Joyce K., Vol II
Ragsdale, J. Donald, Vol II
Ranta, Richard R., Vol II
Rollins, Peter, Vol II
Roth, Lane, Vol II
Saperstein, Jeff, Vol II
Schoenecke, Michael Keith, Vol II
Scott, James Frazier, Vol II
Self, Robert Thomas, Vol II
Shale, Rick, Vol II, V
Shary, Timothy, Vol I, II
Shokoff, James, Vol II
Sklar, Robert Anthony, Vol I, III
Slane, Andrea, Vol I, II
Smith, Julian, Vol II
Smith, Patrick J., Vol II
Stadler, Eva Maria, Vol II, III
Sugg, Richard Peter, Vol II
Tiessen, Paul, Vol II, V
Tobias, Michael Charles, Vol II
Tomasulo, Frank P., Vol II
Von Dassanowsky, Robert, Vol II, III
Waldeland, Lynne M., Vol II
Ward, Carole Geneva, Vol II
Wexman, Virginia Wright, Vol II
Williams, Bruce, Vol I, II, III
Williams, Tony, Vol II
Wills, David, Vol II
Wood, Gerald Carl, Vol II
Worth, Fabienne Andre, Vol II, III
Yahnke, Robert Eugene, Vol II
Zants, Emily, Vol II, III
Zuker, Joel, Vol II

Finance

Kaufman, George G., Vol IV
Strong, John S., Vol IV

Folklore

Alexander, Aley E., Vol V
Alvey, Richard Gerald, Vol II, V
Attebery, Louie Wayne, Vol II, V
Azzolina, Davis S., Vol V
Baker, Ronald Lee, Vol V
Barnes, Daniel Ramon, Vol II, V
Beatie, Bruce A., Vol II, V
Bowden, Betsy, Vol II
Brown, Mary Ellen, Vol V
Brunvand, Jan Harold, Vol V
Bulger, Peggy A., Vol V
Burrison, John A., Vol V
Bynum, David Eliab, Vol V
Carpenter, Carole, Vol V
Clough, Wulfstan, Vol II, V
Cochran, Robert, Vol V
Coffin, Tristram Potter, Vol II, V
Collins, Derek B., Vol II, III, V
Congdon, Kristin G., Vol I, V
Crabtree, Clarie, Vol II, V
Cunningham, Keith K., Vol V
de Caro, Frank, Vol V
Doan, James E., Vol I, II, V
Dow, James Raymond, Vol III, V
Doyle, Charles Clay, Vol II, V
Dresser, N., Vol V
Dugaw, Dianne M., Vol II, V
Dundes, Alan, Vol V
Edwards, Grace Toney, Vol II, V
Erdener, Yildiray, Vol II, V
Farrer, Claire Rafferty, Vol V
Fine, Elizabeth C., Vol II, V
Foote, Bud, Vol II
Georges, Robert A., Vol III, V
Goodyear, Russell, Vol IV, V
Gorfain, Phyllis, Vol II, V
Green, George, Vol III, V
Hansen, William F., Vol II, III, V
Haring, Lee, Vol V
Harris, Joseph, Vol II, V
Haskell, Guy H., Vol V
Heinze, Ruth-Inge, Vol IV, V
Hovanec, Evelyn Ann, Vol I, II, V
Ives, Edward Dawson, Vol V
Janelli, Roger L., Vol V
Jones, Michael Owen, Vol V
Jordan, Rosan, Vol V
Ketner, Kenneth Laine, Vol II, IV
Koontz, Thomas Wayne, Vol II
Korom, Frank J., Vol II, V
Kring, Hilda Adam, Vol II, V
Lankford, George E., Vol V
Laudun, John, Vol II, V
Leary, James Patrick, Vol I, V
Lemieux, Germain, Vol I, V
Lindahl, Carl, Vol II, V
Lundell, Torborg Lovisa, Vol III, V
Lurie, Alison, Vol II, V
MacDonald, Margaret Read, Vol II, V
Mcneil, William Kinneth, Vol I, V
Mcnutt, James Charles, Vol I, V
Morgan, Kathryn L., Vol I, V
Na'allah, Abdul-Rasheed, Vol II, V
Null, Elisabeth M., Vol I, II, V
Perdue, Charles L., Vol V
Pichugin, Valentina, Vol III, V
Prahlad, Sw. Anand, Vol II, V
Primiano, Leonard Norman, Vol IV
Roeder, Bea, Vol II, V
Rosenberg, Bruce, Vol II, V
Sherman, Sharon R., Vol V
Sparks, Esther, Vol I
Stitt, J. Michael, Vol II, V
Waugh, Butler Huggins, Vol II, V
Wilson, William Albert, Vol V
Wojcik, Daniel, Vol II, V
Wright, Robert L., Vol II, V
Yocom, Margaret Rose, Vol II, V
Zimmerman, Zora Devrnja, Vol III, V
Ziolkowski, Margaret C., Vol III, V

French History

Accad, Evelyne, Vol I
Akehurst, F. R. P., Vol I, III
Arnold, Eric Anderson, Vol I
Baxter, Douglas Clark, Vol I
Beardsmore, Barry, Vol I
Black, Shirley Jean, Vol I
Campbell, Stuart Lorin, Vol I
Cobb, William Henry, Vol I
Conrad, Glenn Russell, Vol I
Cooke, James Jerome, Vol I
Davis, Barbara Beckerman, Vol I
deGraff, Amy, Vol I, III
Doolittle, James, Vol I, III
Doty, Charles Stewart, Vol I
Fink, Robert J., Vol I, II
Friguglietti, James, Vol I
Hamscher, Albert Nelson, Vol I
Heller, Henry, Vol I
Ingram, Norman, Vol I
Kieswetter, James Kay, Vol I
Malino, Frances, Vol I, IV
Maza, Sarah C., Vol I
Mcbride, Theresa Marie, Vol I
Meisel, Janet Anne, Vol I
Mellon, Stanley, Vol I
Merriman, John M., Vol I
Moss, Bernard Haym, Vol I
Niccoli, Gabriel, Vol III
Nostrand, Howard Lee, Vol III
Nye, Robert Allen, Vol I
Papayanis, Nicholas, Vol I
Polasky, Janet, Vol I
Ragan, Bryant T., Jr., Vol I
Riley, Philip Ferdinand, Vol I
Rothney, John Alexander, Vol I
Scott, Samuel Francis, Vol I
Sibalis, Michael, Vol I, V
Simon, Roland Henri, Vol I, III
Spires, Jeffrey, Vol II
Spitzer, Alan B., Vol I
Thompson, Dorothy Gillian, Vol I
Valis, Noel M., Vol III
Waldman, Martin, Vol I
Wall, Irwin M., Vol I
Williams, Alan John, Vol I

French Language

Affron, Charles M., Vol III
Akehurst, F. R. P., Vol I, III
Albert-Galtier, Alexandre, Vol III
Allaire, Joseph Leo, Vol III
Amer, Sahar, Vol III
Ankrom, Jeffrey, Vol III
Ansart, Guillaume, Vol III
Araujo, Norman, Vol III
Archambault, Paul Joseph, Vol III
Arlyck, Elisabeth C., Vol III
Armbrecht, Thomas J. D., Vol I, III
Ashby, William James, Vol III
Aubery, Pierre, Vol III
Auld, Louis, Vol III
Azzi, Marie-Denise Boros, Vol III
Babcock, Arthur Edward, Vol III
Bailey, Phillip, Vol III
Barbour, Sarah E., Vol III
Barnes, Betsy, Vol III
Barran, Thomas, Vol III
Bates, Scott, Vol II, III
Bazin, Nancy Topping, Vol II, III
Beardsley, Theodore S., Jr., Vol III
Beasley, Faith E., Vol III

Discipline Index

Beauvois, Margaret H., Vol III
Becker, Lucille Frackman, Vol III
Beer, Jeanette Mary Ayres, Vol III
Bellos, David M., Vol III
Benalil, Mounia, Vol III
Benouis, Mustapha Kemal, Vol III
Bereaud, Jacques, Vol III
Berg, Willaim J., Vol III, V
Berger, Patrice, Vol I
Bergstrom, Anna, Vol III, V
Berrong, Richard, Vol III
Bessette, Gerard, Vol III
Birkett, Mary Ellen, Vol III
Bishop, Thomas, Vol III
Black, Margaretta, Vol III
Blain, Nancy Marie, Vol III
Bloomfield, Elisabeth M., Vol II, III
Blumenfeld-Kosinski, Renate, Vol III
Boateng, Faustine, Vol III
Bobia, Rosa, Vol III
Bohn, Willard, Vol III
Bond, Gerald Albert, Vol I, III
Bonfini, Marie Roseanne, Vol III
Bongie, Laurence L., Vol III
Bordeau, Catherine, Vol III
Bouissac, Paul A., Vol III
Bove, Carol Mastrangelo, Vol III
Bowles, B., Vol III
Bradford, Carole A., Vol III
Brault, Pascale-Anne, Vol III
Braun, Theodore, Vol III
Breines, Joseph, Vol III
Brodman, Marian, Vol III
Brody, Jules, Vol III
Brooks, Peter Preston, Vol III
Brown, Frederick, Vol III
Brown, James Lorin, Vol III
Brown, John Lackey, Vol III
Bruneau, Marie Florine, Vol III
Brunner, Kathleen Marie, Vol III
Brush, Craig Balcombe, Vol III
Campion, Edmund J., Vol III
Cap, Jean-Pierre, Vol III
Caplan, Jay L., Vol III
Carlin, Claire L., Vol III
Carlton, Charles Merritt, Vol III
Carr, Richard Alan, Vol III
Carroll, Carleton Warren, Vol III
Carroll, David, Vol III
Carron, Jean-Claude, Vol III
Carter, William Causey, Vol III
Casagrande, Jean, Vol III
Case, Fredrick I., Vol III
Catel, Mylene, Vol III
Cauvin, Jean-Pierre Bernard, Vol III
Champagne, Roland A., Vol III
Chauderlot, Fabienne Sophie, Vol III
Chavy, Paul, Vol III
Chitoran, Ioanaa, Vol III
Ciholas, Karin Nordenhaug, Vol III
Cintas, Pierre Francois Diego, Vol III
Citton, Yves, Vol III
Cloutier, Cecile, Vol III
Coates, Carrol F., Vol III
Cobb, Eulalia Benejam, Vol III
Cohn, Robert G., Vol III
Coleman, Patrick J., Vol III
Colombat, Andre P., Vol III
Comfort, Kathleen, Vol III
Compagnon, Antoine M., Vol III
Cone, Annabelle, Vol III
Conley, Katharine, Vol II, III
Conley, Tom C., Vol I, III
Connor, Peter T., Vol III
Conroy, Peter Vincent, Vol III
Consenstein, Peter, Vol I, III
Cook, Robert Francis, Vol III
Cooper, Danielle Chavy, Vol I, III
Corbett, Noel L., Vol III
Cordova, Sarah Davies, Vol III
Corgan, Margaret M., Vol III
Cormier, Raymond, Vol III
Corredor, Eva Livia, Vol III
Cracolici, Stefano, Vol III
Cranston, Mechthild, Vol III
Crichfield, Grant, Vol III
Crist, Larry S., Vol III
Crowder, Diane Griffin, Vol III, V
Curtis, Alexander Ross, Vol III
Dainard, James A., Vol III
Dana, Marie Immaculee, Vol III
Davidson, Hugh Maccullough, Vol III
Davison, Rosena, Vol III
Day, James T., Vol III
De Cruz-Saenz, Michele S., Vol III
De Ley, Herbert C., Vol III
deGraff, Amy, Vol I, III
Dehon, Claire L., Vol III
DellaNeva, JoAnn, Vol III
Delpeche, Bernard, Vol III
Denomme, Robert T., Vol III
Desroches, Richard Henry, Vol III
Desrosiers-Scholt, Nicole, Vol III
Detienne, Marcel, Vol III
Diller, George Theodore, Vol III
Dionne, Rene, Vol III
Diop, Samba, Vol III
Djebar, Assia, Vol I, III
Dobsevage, Alvin P., Vol III, IV
Dockery, Charles D., Vol III
Donadey, Anne, Vol III, V
Doolittle, James, Vol I, III
Dorenlot, Francoise, Vol III
Doubrovsky, Serge, Vol III
Doyle, Ruth Lestha, Vol III
Duggan, Anne E., Vol III
Dunaway, John Marson, Vol III
Duncan, Janice Marie, Vol III
Dupuy, Beatrice, Vol III
Durand, Alain-Philippe, Vol III
Durham, Carolyn Ann, Vol III
Durham, Scot, Vol III
Eichmann, Raymond, Vol III
Elbaz, Andre Elie, Vol III
Ellis, Marion Leroy, Vol III
Etzkorn, Girard J., Vol III, IV
Evans, Arthur Bruce, Vol III
Feal, Gisele C., Vol III
Fein, David, Vol III
Fellbaum, Christiane, Vol III
Fetzer, Glenn W., Vol III
Figurito, Joseph, Vol III
Fine, Ellen Sydney, Vol III
Fitch, Brian T., Vol III
Fogel, Herbert, Vol III
Fraioli, Deborah, Vol III
Franklin, Ursula, Vol III
Fraser, Theodore, Vol III
Frautschi, Richard Lane, Vol III
Freed, Barbara, Vol III, V
French, Paulette, Vol III
Frey, John Andrew, Vol III
Fritz, Annick, Vol III
Fuller, Clarence, Vol III
Galand, Rene, Vol III
Gans, Eric L., Vol III
Gavronsky, Serge, Vol III
Gaylord, Inez K., Vol III
Gearhart, Suzzane, Vol III
Gelber, Lynne Levick, Vol III
Gerato, Erasmo Gabriele, Vol III
Gerber, Barbara Leslie, Vol III
Gieber, Robert L., Vol III
Gilman, Donald, Vol III
Ginsberg, Ellen Sutor, Vol III
Ginsburg, Michal P., Vol III
Gobert, David Lawrence, Vol III
Godfrey, Gary M., Vol III
Godin, Jean Cleo, Vol III
Gollrad, Gareth E., Vol III
Gordon, Alexander Lobban, Vol III
Grant, Richard Babson, Vol III
Gray, Floyd Francis, Vol III
Green, Virginia M., Vol III
Greenberg, Wendy, Vol III
Greene, Robert William, Vol III
Grigorut, Constantin, Vol III
Gross, Irena Grudzinska, Vol III
Grossvogel, David I., Vol III
Gruzinska, Aleksandra, Vol III
Guthrie, Elizabeth M., Vol III
Guthrie, J. Richard, Jr., Vol III
Guynn, Noah, Vol III
Haidu, Peter, Vol III
Haig, I. R. Stirling, Vol III
Halford, Peter W., Vol III
Hamilton, James Francis, Vol III
Hanna, Blake Thompson, Vol III
Hanrez, Marc, Vol III
Hansen, Elena S., Vol III
Hansen, Helynne, Vol II, III
Harlow, L. L., Vol III
Harris, Frederick J., Vol III
Harrison, Ann Tukey, Vol III
Harvey, Carol, Vol III
Haymann, Mary, Vol III
Hayne, David Mackness, Vol III
Heimonet, Jean-Michel, Vol III
Heinemann, Edward Arthur, Vol III
Hellerstein, Nina, Vol III
Hester, Ralph M., Vol III
Higgins, Lynn Anthony, Vol III
Hiner, Susan, Vol III
Hines, Thomas Moore, Vol III
Hirsch, Marianne, Vol III
Hoffmann, George, Vol III
Hong, Ran-e, Vol II, III
Horn, Pierre Laurence, Vol III
Hottell, Ruth A., Vol III
Hubert, Judd D., Vol III
Hubert, Marie Louise, Vol III
Hubert, Renee Riese, Vol III
Hubert, Renee Riese, Vol III
Huffman, Claire, Vol III
Hull, Alexander, Vol III
Humphries, John J., Vol III
Hyatte, Reginald L., Vol III
Ifri, Pascal A., Vol III
Ingram, Mark, Vol III
Ippolito, Christophe, Vol III
Irvine, Margot Elisabeth, Vol III, V
Isbell, John, Vol III
Ivliyeva, Irina, Vol III
Jamme, Albert W. F., Vol II, III
Janc, John J., Vol III
Jeannet, Angela Maria, Vol III
Jenkins, Frederic Magill, Vol III
Jochnowitz, George, Vol III
Jonassaint, Jean, Vol III
Jones, Christopher M., Vol III
Jones, Michele, Vol III
Josephs, Herbert, Vol III
Joubert, Andre, Vol III
Kamuf, Peggy, Vol III
Kande, Sylvie, Vol III
Kanes, Martin, Vol III
Kaplan, Edward Kivie, Vol III
Kaplan, Jane Payne, Vol III
Keffer, Charles K., Jr., Vol III
Kelley, Paul B., Vol III
Kern, Richard G., Vol III
Kevra, Susan, Vol III
Killiam, Marie-Therese, Vol III
King, Adele C., Vol III
King, Charlotte P., Vol III
Kingstone, Basil D., Vol III
Kirkpatrick, Peter S., Vol III
Knapp, Richard Gilbert, Vol III
Knight, Alan Edgar, Vol III
Knox, Edward Chapman, Vol III
Knutson, Harold Christian, Vol III
Koch, Philip, Vol III
Kocher, Suzanne A., Vol III
Koenig, Jean-Paul Francois Xavier, Vol III
Kogan, Vivian, Vol III
Kom, Ambroise, Vol I, III
Koop, Marie-Christine W., Vol III
Kopp, Richard L., Vol III
Koppisch, Michael Seibert, Vol III
Kreiss, Paul Theodore, Vol III
Kreuter, Katherine, Vol III
Kronegger, Maria Elisabeth, Vol III
Krueger, Roberta L., Vol III
Kruger, Carole A., Vol III
Kuhn, Rose Marie, Vol III
Kuizenga, Donna, Vol III
Kuntz, Marion L., Vol III
Kupper, Nelly J., Vol III
Labrie, Gilles R., Vol III
Lacava, J., Vol III
Lacy, Norris J., Vol III
Lafontant, Julien J., Vol I, III
Lairet, Dolores Person, Vol III
Lamoureux, Normand J., Vol III
Langlois, Walter G., Vol III
LaPaire, Pierre J., Vol III
Lapierre, Andre, Vol III
Larson, Ann R., Vol III
Lawall, Sarah Nesbit, Vol III
Lazarus, Joyce B., Vol III
Le Hir, Marie-Pierre, Vol III
Lee, Joseph Patrick, Vol III
Levitt, Jesse, Vol III
Lewis, David Wilfrid Paul, Vol III
Lionnet, Francoise, Vol III
Lipschutz, Ilse Hempel, Vol III
Lomba, Arthur J., Vol III
Losse, Deborah N., Vol III
Lowrie, Joyce Oliver, Vol III
Lyons, Declan P., Vol II, III
Lyons, John D., Vol III
Maazaoui, Abbes, Vol III
Machonis, Peter A., Vol III
Maddux, Stephen, Vol III
Mann, Joan Debbie, Vol III
Manopolous, Monique M., Vol III
Maples, Robert John Barrie, Vol III
Marantz, Enid Goldstine, Vol III
Marchi, Dudley M., Vol III
Marecaux, Marie-Laure, Vol III
Marinoni, R. Max, Vol III
Marks, Elaine, Vol I, III
Marshall, Grover Edwin, Vol III
Martin-Ogunsola, Dellita Lillian, Vol III
Masters, George Mallary, Vol III
May, Gita, Vol III
McCarthy, Mary Theresa, Vol III
McCash, June, Vol III
McDonald, Christie, Vol III
McKinney, Mark, Vol III
McLendon, Will Loving, Vol III
Mead, Gerald, Vol III
Meininger, Robert Alan, Vol III
Mermier, Guy R., Vol III
Mesavage, Ruth Matilde, Vol III
Metzidakis, Angelo, Vol III
Meyer, Paul Hugo, Vol III
Michael, Colette, Vol III, IV
Michael, Colette Verger, Vol III, IV
Mignolo, Walter, Vol III
Miller, Margaret P., Vol III
Mistacco, Vicki, Vol III
Mitterand, Henri, Vol III
Monga, Luigi, Vol III
Monye, Laurent, Vol III
Morgan, Leslie Zarker, Vol III
Moss, Jane, Vol III
Mudimbe, Valentine, Vol III
Muller, Marcel, Vol III
Muratore, Mary Jo, Vol III
Murphy, Joseph Anthony, Vol III
Murstein, Nelly Kashy, Vol III
Muyskens, Judith A., Vol III
Nabarra, Alain, Vol III
Nagy, Moses Melchior, Vol III
Nash, Jerry, Vol III
Naudin, Marie, Vol III
Ndiaye, Cheikh, Vol III
Nelson, Robert J. Ames, Vol III
Nelson, Roy Ray, Vol II, III
Nicholls, James C., Vol III
Niers, Werner Gert, Vol III
Nnaemeka, Obioma G., Vol III
Noel, Roger A., Vol III
Noland, Carrie J., Vol III
Norman, G. Buford, Vol III
Norton, Glyn P., Vol III
O'Neal, John Coffee, Vol III
Ojo-Ade, Femi, Vol III
Oppenheim, Lois B., Vol III
Orlando, Valerie, Vol III
Oxenhandler, Neal, Vol III
Paden, William D., Vol III
Paliyenko, Adrianna M., Vol III
Pallister, Janis Louise, Vol III
Parsell, David Beatty, Vol III
Pasco, Allan, Vol III
Patty, James Singleton, Vol III
Paulson, Michael G., Vol III
Pautrot, Jean-Louis, Vol III
Pence, Ellsworth Dean, Vol III
Perkins, Jean A., Vol III
Petit, Susan, Vol II, III
Petrovic, Njegos M., Vol III
Picherit, Jean-Louis, Vol III
Pickens, Rupert Tarpley, Vol IV
Pickman-Gertz, Charlotte, Vol III
Picone, Michael D., Vol III
Pinet, Christopher, Vol III
Plottel, Jeanine Parisier, Vol III
Polachek, Dora, Vol III
Polly, Lyle R., Vol III
Porter, Charles Allen, Vol III
Porter, Dennis, Vol III
Porter, Laurence M., Vol III
Power, Margaret, Vol I, III, IV
Rabine, Leslie W., Vol III
Raby, Michel J., Vol III
Raoul, Valerie, Vol III, V
Raquidel, Danielle, Vol III
Reed, Gervais Eyer, Vol III
Regosin, Richard L., Vol III
Reinking, Victor, Vol III
Rejhon, Annalee C., Vol III
Ricard, Francois, Vol III
Rivers, Kenneth T., Vol III
Rivers, Wilga Marie, Vol II, III
Rizzuto, Anthony, Vol III
Roberts, Anna, Vol III
Rockmore, Sylvie, Vol III
Rockwell, Paul, Vol III
Rodger, Valentine Watson, Vol III
Rodini, Robert Joseph, Vol III
Rogers, Kenneth Hall, Vol III
Rohinsky, Marie-Claire, Vol III
Rolfe, Oliver Willis, Vol III
Romeiser, John B., Vol III
Rosello, Michelle M., Vol III
Rosenberg, Samuel N., Vol III
Rothstein, Marian, Vol III
Rubin, David Lee, Vol III
Rueda, Ana, Vol III
Russo, Adelaide, Vol III
Saigal, M., Vol III
Saint-Amand, Pierre N., Vol III
Sallustio, Anthony Thomas, Vol III
Sandro, Paul Denney, Vol III
Sanko, Helene N., Vol III
Sankovitch, Tilde, Vol III
Sauret, Martine, Vol III
Scalabrini, Massimo, Vol II, III
Schlossman, Beryl, Vol III
Schmidt, Joanne (Josephine A.), Vol III
Schnapp, Jeffrey, Vol III
Schneider, Robert J., Vol III, IV
Schonberger, Vincent L., Vol III
Schrader, Dorothy Lynne, Vol III
Schubert, Virginia Ann, Vol III
Schuster, Marilyn R., Vol III, V
Sclippa, Norbert, Vol III
Senn, Harry, Vol III
Serrano, Richard, Vol III
Sherak, Constance E., Vol III
Showalter, English, Vol III
Sices, David, Vol III
Silvestri, Elena M., Vol III, V
Sims, Robert Lewis, Vol III
Singerman, Alan J., Vol III
Skrupskelis, Viktoria, Vol III
Sonnenfeld, Albert, Vol III
Spencer, Janine, Vol III
Spencer, Samia I., Vol III
Stamelman, Richard, Vol III
Starr, Peter, Vol III
Stavan, Henry-Anthony, Vol III
Stewart, Philip R., Vol III
Sticca, Sandro, Vol III
Stiglitz, Beatrice, Vol III
Stivale, Charles J., Vol III
Stoltzfus, Ben F., Vol III
Strauss, Jonathan, Vol III
Strauss, Walter Adolf, Vol III
Street, Jack David, Vol II, III
Suleiman, Susan Rubin, Vol III
Surridge, Marie, Vol I, III
Sutton, Homer B., Vol III
Sweetser, Marie-Odile, Vol III
Switten, Margaret L., Vol III
Talbot, Emile, Vol III
Taminiaux, Pierre S., Vol I, III
Terry, Robert Meredith, Vol III
Tetel, Marcel, Vol III
Thiher, Ottah Allen, Vol III
Thomas, Dominic R., Vol III
Thomas, Ruth Paula, Vol III
Thompson, Brian, Vol III
Tinsley, James R., Vol I, III
Tobin, Ronald William Francis, Vol III
Tolo, Khama-Basilli, Vol III
Tournier, Claude, Vol III
Tournissac, Annick-France, Vol III
Tregouet, Annie D., Vol I, III
Turgeon, Gabrielle S., Vol III
Ungar, Steven, Vol III
Vahlkamp, Charles G., Vol III
Valdman, Albert, Vol III
Valette, Rebecca Marianne, Vol III
Van Baelen, Jacqueline, Vol III
van den Hoven, Adrian, Vol III
van Slyke, Gretchen J., Vol III
Vance, Sylvia P., Vol III
Vautier, Marie, Vol III
Vermette, Rosalie Ann, Vol III
Volpe, Gerald Carmine, Vol III
Vosteen, Thomas, Vol III
Waage, Frederick O., Vol II, III
Waelti-Walters, Jennifer, Vol III, V
Wagener, Guy, Vol III
Waldinger, Renee, Vol III
Walker, Hallam, Vol III
Walker, Janet L., Vol III
Wallace, Karen Smyley, Vol III
Ward, Patricia A., Vol III
Warren, M., Vol III

Waters, Harold A., Vol II, III
Waugh, Linda Ruth, Vol III
Weis, Carol M., Vol III
Wellington, Marie Annette, Vol III
Wells, Maria Xenia Zevelechi, Vol III
Wetsel, William David, Vol III
Whidden, Seth A., Vol III
Williams, John Howard, Vol II, III
Winn, Colette Henriette, Vol III
Winston, Jane, Vol III
Winter, Ian James, Vol III
Wolfgang, Lenora D., Vol III
Wolsey, Mary Lou Morris, Vol III
Wood, Paul William, Vol III
Wood, Philip R., Vol III
Woshinsky, Barbara, Vol III
Wrage, William, Vol III
Yetiv, Isaac, Vol III
Yoder, Lauren Wayne, Vol III
Yoken, Mel B., Vol III
Young, Howard Thomas, Vol III
Young-Ferrell, Brenda, Vol III
Zegura, Elizabeth Chesney, Vol II, III
Zinni, Hannah Case, Vol III
Zupancic, Metka, Vol III

French Literature

Abbott, Carmeta, Vol III
Ages, Arnold, Vol III
Albanese, Ralph, Vol III
Altman, Rick (Charles Frederick), Vol II, III
Anyinefa, Koffi, Vol III
Argyros, Alex, Vol III
Armbrecht, Thomas J. D., Vol I, III
Ashby, William James, Vol III
Assa, Sonia, Vol III
Aubery, Pierre, Vol III
Auger, Julie, Vol III
Auld, Louis, Vol III
Babcock, Arthur Edward, Vol III
Baguley, David, Vol III
Baker, Deborah Lesko, Vol III
Baker, Mary Jordan, Vol III
Baker, Susan Read, Vol III
Barchilon, Jacques, Vol III
Bart, Benjamin Franklin, Vol III, V
Beaudry, Agnes Porter, Vol III
Becker, Lucille Frackman, Vol III
Beer, Jeanette Mary Ayres, Vol III
Beizer, Janet L., Vol III
Bellos, David M., Vol III
Benouis, Mustapha Kemal, Vol III
Bensky, Roger Daniel, Vol III
Berkvam, Michael, Vol III
Berwald, Jean-Pierre, Vol III
Best, Janice, Vol III
Betz, Dorothy, Vol III
Biggs, Henry N., Vol III
Bishop, Michael, Vol III
Black, Margaretta, Vol III
Blackwood-Collier, Mary, Vol III
Bloomfield, Elisabeth M., Vol II, III
Blumenfeld-Kosinski, Renate, Vol III
Boateng, Faustine, Vol III
Bobia, Rosa, Vol III
Bohn, Willard, Vol III
Bonfini, Marie Roseanne, Vol III
Boon, Jean-Pierre, Vol III
Boulton, Maureen, Vol III
Boutin, Aimee Marie-Carmen, Vol III
Bove, Carol Mastrangelo, Vol III
Bowman, Frank Paul, Vol III
Brady, Patrick S., Vol I, III
Brault, Gerard Joseph, Vol III
Bree, Germaine, Vol III
Brewer, Maria Minich, Vol III
Broden, Thomas F., Vol III
Brooks, Peter Preston, Vol III
Brown, Royal Scott, Vol III
Brulotte, Gaetan, Vol III
Busi, Frederick, Vol III
Calin, William, Vol III
Cap, Jean-Pierre, Vol III
Carlin, Claire L., Vol III
Carre, Marie-Rose, Vol III
Carson, Katharine Whitman, Vol III
Carter, William Causey, Vol III
Cassirer, Thomas, Vol II, III
Cauvin, Jean-Pierre Bernard, Vol III
Caws, Mary Ann, Vol II, III
Cazenave, Odile, Vol III
Chaitin, Gilbert D., Vol III
Chavy, Paul, Vol III
Cisar, Mary, Vol III
Cismaru, Alfred, Vol III
Coates, Carrol F., Vol III
Compagnon, Antoine M., Vol III
Conley, Katharine, Vol II, III
Conley, Tom C., Vol I, III
Consenstein, Peter, Vol I, III
Cook, Elizabeth Heckendorn, Vol II, III
Cook, Robert Francis, Vol III
Cooper, Danielle Chavy, Vol I, III
Corgan, Margaret M., Vol III
Corum, Robert T., Jr., Vol III
Cottrell, Robert Duane, Vol III
Coulet Du Gard, Rene, Vol III
Cozea, Angela, Vol III
Crichfield, Grant, Vol III
Dana, Marie Immaculee, Vol III
Dassonville, Michel, Vol III
Dawson, Robert Lewis, Vol III
de Looze, Laurence, Vol III
deGraff, Amy, Vol I, III
Dekydtspotter, Laurent, Vol III
Delpeche, Bernard, Vol III
Detienne, Marcel, Vol III
Diop, Samba, Vol III
Djebar, Assia, Vol I, III
Donahue, Thomas John, Vol II, III
Doolittle, James, Vol I, III
Dorenlot, Francoise, Vol III
Douthwaite, Julia V., Vol III
Doyle, Ruth Lestha, Vol III
Dube, Pierre, Vol III
DuBruck, Edelgard E., Vol III
Duggan, Anne E., Vol III
Dunaway, John Marson, Vol III
Dunn, Susan, Vol III
Duquette, Jean-Pierre, Vol III
Durham, Carolyn Ann, Vol III
Durmelat, Sylvie, Vol III
Egea, Esteban R., Vol III
Eichmann, Raymond, Vol III
Elbaz, Andre Elie, Vol III
Ellrich, Robert John, Vol III
Engelhardt, Klaus Heinrich, Vol III
Erickson, John, Vol III
Essif, Les, Vol III
Evans, Martha Noel, Vol III
Fallon, Jean, Vol II, III
Finco, Aldo, Vol III
Fine, Ellen Sydney, Vol III
Fink, Beatrice, Vol III, IV
Fleurant, Ken, Vol III
Force, Pierre, Vol III
Ford, Alvin Earle, Vol III
Forest, Jean, Vol III
Fouchereaux, Jean, Vol III
Fournier, Hannah, Vol III
Fourny, Diane, Vol III
Fowler, Carolyn A., Vol III
Frankel, Margherita, Vol III
Franklin, Ursula, Vol III
Fraser, Theodore, Vol III
Freeman, Bryant C., Vol III
Fresco, Alain D., Vol III
Fresco, Karen, Vol III
Frickey, Pierrette M., Vol III
Fritz, Annick, Vol III
Froment-Meurice, Marc, Vol III, IV
Gaines, James Frederick, Vol III
Gallagher, Edward J., Vol III
Gallucci, John, Vol III
Garaud, Christian, Vol III
Garnett, Mary Anne, Vol III
Gay-Crosier, Raymond, Vol III
Gaylord, Inez K., Vol III
Gelber, Lynne Levick, Vol III
Gendzier, Stephen J., Vol III
Gerato, Erasmo Gabriele, Vol III
Gerrard, Charlotte, Vol III
Gieber, Robert L., Vol III
Gilman, Donald, Vol III
Gilroy, James Paul, Vol III
Ginsberg, Ellen Sutor, Vol III
Gobert, David Lawrence, Vol III
Godin, Jean Cleo, Vol III
Goetz, Thomas Henry, Vol III
Goode, William Osborne, Vol III
Gray, Eugene Francis, Vol III
Gray, Margaret, Vol III
Greenberg, Wendy, Vol III
Greene, John, Vol II
Grise, Yolande, Vol III
Grossman, Kathryn Marie, Vol III
Gruzinska, Aleksandra, Vol III
Guieu, Jean-Max, Vol III
Gutwirth, Madelyn, Vol III, V
Hale, Thomas Albert, Vol II, III
Halford, Peter W., Vol III
Hamilton, James Francis, Vol III
Hanrez, Marc, Vol III
Harrington, Karen A., Vol III
Harth, Erica, Vol III
Helbling, Robert E., Vol III
Henry, Freeman George, Vol III
Herique, Emmanuel, Vol III
Higgins, Lynn Anthony, Vol III
Hilgar, Marie-France, Vol III
Hinds, Leonard, Vol III
Holmlund, Christine, Vol III
Hong, Ran-e, Vol II, III
Horn, Pierre Laurence, Vol III
Houston, Mona T., Vol III
Hsieh, Yvonne Y., Vol III
Hubert, Renee Riese, Vol III
Humphries, John J., Vol III
Hyatte, Reginald L., Vol III
Ifri, Pascal A., Vol III
Imbert, Patrick L., Vol III
Jackson, Elizabeth R., Vol III
Janc, John J., Vol III
Johnson, Leonard Wilkie, Vol III
Jones, Tobin H., Vol III
Julien, Helene, Vol III
Kamuf, Peggy, Vol III
Kaplan, Edward Kivie, Vol III
Kaplan, James Maurice, Vol III
Kaplan, Jane Payne, Vol III
Keffer, Charles K., Jr., Vol III
Kelly, Dorothy J., Vol III
Kelly, Van, Vol III
Kibbee, Douglas, Vol III
Kibler, Louis Wayne, Vol III
Killiam, Marie-Therese, Vol III
Kline, Thomas Jefferson, Vol III
Knapp, Bettina, Vol III
Knapp, Richard Gilbert, Vol III
Kneller, John William, Vol III
Knight, Alan Edgar, Vol III
Koch, Erec R., Vol III
Kopp, Richard L., Vol III
Kra, Pauline, Vol III
Krueger, Roberta L., Vol III
Kruger, Carole A., Vol III
Kuizenga, Donna, Vol III
Kusch, Manfred, Vol III
Laborde, Alice M., Vol III
Labrie, Gilles R., Vol III
Lapprand, Marc, Vol III
Lawler, James Ronald, Vol III
Lazarus, Joyce B., Vol III
Le Hir, Marie-Pierre, Vol III
Le Moine, Roger, Vol III
Lee, Joseph Patrick, Vol III
Lee, Sonia M., Vol III
Lehouck, Emile, Vol III
Leki, Ilona, Vol III, V
Letts, Janet Taylor, Vol III
Leushuis, Reinier, Vol III
Levitine, Eda Mezer, Vol III
Levy, Diane Wolfe, Vol III
Levy, Gayle A., Vol III
Levy, Karen D., Vol III
Lewis, Philip Eugene, Vol III
Limbrick, Elaine, Vol III
Lintz, Bernadette C., Vol III
Liu, Catherine, Vol II, III
Lloyd, Caryl, Vol III
Lloyd, Rosemary, Vol III
Lyman-Hager, Mary Ann, Vol III
Macary, Jean Louis, Vol III
MacKenzie, Louis A., Vol III
MacPhail, Eric, Vol III
Maddox, Donald, Vol III
Major, Jean-Louis, Vol III
Makward, Christiane Perrin, Vol III, V
Mall, Laurence, Vol III
Mall, Rita Sparrow, Vol III
Malpezzi Price, Paola, Vol III
Mann, Maria A., Vol III
Marchi, Dudley M., Vol III
Margolis, Nadia, Vol III
Marks, Elaine, Vol I, III
Marteinson, Peter, Vol III
Martin, Carole, Vol III
Martin, Daniel, Vol III
Maxwell, Donald R., Vol III
May, Georges, Vol III
Mayer, Bruce Hillis, Vol III
Mazzocco, Elizabeth H., Vol III
McAlpin, Mary, Vol III
McCarthy, Mary Theresa, Vol III
McKenna, Andrew Joseph, Vol III
McKinley, Mary B., Vol III
Meadows, Patrick, Vol III
Merceron, Jacques E., Vol III
Merler, Grazia, Vol III
Metzidakis, Angelo, Vol III
Michalczyk, John Joseph, Vol II, III
Mickel, Emanuel J., Vol III
Mihailescu, Calin Andrei, Vol III
Mileham, James Warren, Vol III
Miraglia, Anne Marie, Vol III
Mistacco, Vicki, Vol III
Monye, Laurent, Vol III
Mortimer, Armine Kotin, Vol III
Morton, Jacqueline, Vol III
Moskos, George, Vol III
Murdoch, H. Adlai, Vol III
Nakuma, Constancio, Vol III
Naughton, John, Vol III
Nelson, Roy Ray, Vol II, III
Nicholls, James C., Vol III
Nicholls, Maria, Vol III
Norman, G. Buford, Vol III
Normand, Guessler, Vol III
O'Neal, John Coffee, Vol III
Omaggio Hadley, Alice, Vol III
Paganini, Maria, Vol III
Paliyenko, Adrianna M., Vol III
Pallister, Janis Louise, Vol III
Papachristos, Katherine, Vol III
Paterson, Janet M., Vol III
Pence, Ellsworth Dean, Vol III
Penrod, Lynn K., Vol III
Perry, Catherine, Vol III
Petrey, Sandy, Vol III
Petrovic, Njegos M., Vol III
Pfohl, Russell, Vol III
Picard, Anne Marie, Vol III
Pichois, Claude, Vol III
Pinkus, Karen, Vol III
Plottel, Jeanine Parisier, Vol III
Polachek, Dora, Vol III
Polly, Lyle R., Vol III
Popescu, Nicolae, Vol III
Porter, Charles Allen, Vol III
Porter, Dennis, Vol III
Porter, Laurence M., Vol III
Portuges, Catherine, Vol III
Preckshot, Judith, Vol III
Prevost, Maxime, Vol III
Prince, Gerald, Vol III
Profit, Vera Barbara, Vol III
Pugh, Anthony Roy, Vol III
Purdy, Anthony, Vol III
Rabbitt, Kara, Vol III
Ranwez, Alain Daniel, Vol III
Regalado, Nancy Freeman, Vol III
Rejhon, Annalee C., Vol III
Ricard, Francois, Vol III
Rizzuto, Anthony, Vol III
Romanowski, Sylvie, Vol III
Rosello, Michelle M., Vol III
Rosenberg, Samuel N., Vol III
Ross, Mary Ellen, Vol III
Rothstein, Marian, Vol III
Roulin, Jean-Marie, Vol III
Roulston, Christine, Vol III
Runyon, Randolph Paul, Vol I, III
Russell, Delbert, Vol III
Ryan, Robert, Vol III
Sachs, Murray, Vol III
Salmon, John Hearsey Mcmillan, Vol I, III
Sampon-Nicolas, Annette, Vol III
Sanchez, Elizabeth Doremus, Vol III
Sandro, Paul Denney, Vol III
Scanlan, Timothy Michael, Vol III
Schonberger, Vincent L., Vol III
Schrader, Richard J., Vol III
Schubert, Virginia Ann, Vol III
Schwartz, Jerome, Vol III
Schwartzwald, Robert, Vol III
Sears, Dianne, Vol III
Senn, Harry, Vol III
Sherman, Carol Lynn, Vol III
Sices, David, Vol III
Silenieks, Juris, Vol III
Singerman, Alan J., Vol III
Sivert, Eileen, Vol III
Smith, Nigel, Vol III
Smith, Roch Charles, Vol III
Socken, Paul, Vol III
Spangler, May, Vol I, III
Speer, Mary B., Vol III
Spires, Jeffrey, Vol II
Stahuljak, Zrinka, Vol III
Stampino, Maria Galli, Vol III
Starr, Peter, Vol III
Stefanovska, Malina, Vol III
Stewart, Joan Hinde, Vol III
Stewart, Philip R., Vol III
Sticca, Sandro, Vol III
Stiglitz, Beatrice, Vol III
Stivale, Charles J., Vol III
Stoltzfus, Ben F., Vol III
Stone, Jennifer, Vol III
Strauss, Walter Adolf, Vol III
Sturm-Maddox, Sara, Vol III
Suleiman, Susan Rubin, Vol III
Sungolowsky, Joseph, Vol III
Surridge, Marie, Vol I, III
Sutton, Homer B., Vol III
Sweetser, Marie-Odile, Vol III
Switten, Margaret L., Vol III
Taminiaux, Pierre S., Vol I, III
Tarica, Ralph, Vol III
Taylor, Steven Millen, Vol III
Thibault, Bruno, Vol III
Thomson, Clive, Vol III
Tobin, Ronald William Francis, Vol III
Toumayan, Alain P., Vol III
Trapnell, William Holmes, Vol III
Tregouet, Annie D., Vol I, III
Trouille, Mary S., Vol III
Uitti, Karl D., Vol III
Ungar, Steven, Vol III
Urbain, Henri, Vol III
Vahlkamp, Charles G., Vol III
Vaillancourt, Daniel, Vol III
Van Baelen, Jacqueline, Vol III
Vance, Barbara, Vol III
Vance, Sylvia P., Vol III
Vermette, Rosalie Ann, Vol III
Vernier, Richard, Vol III
Vessely, Thomas Richard, Vol III
Vickers, Nancy J., Vol III
Vitello, Ralph Michael, Vol III
Vitz, Evelyn Birge, Vol III
Vogler, Frederick Wright, Vol III
Wagener, Guy, Vol III
Waldinger, Renee, Vol III
Walsh, Jonathan D., Vol II, III
Ward, Patricia A., Vol III
Warren, M., Vol III
Wellington, Marie Annette, Vol III
Whidden, Seth A., Vol III
Willard, Charity Cannon, Vol III
Williams, Charles Garfield Singer, Vol III
Williams, John Howard, Vol II, III
Wilson, Don, Vol III
Winn, Colette Henriette, Vol III
Winter, Ian James, Vol III
Wolfgang, Lenora D., Vol III
Wolsey, Mary Lou Morris, Vol III
Wood, Paul William, Vol III
Worth, Fabienne Andre, Vol II, III
Woshinsky, Barbara, Vol III
Wylie, Hal, Vol II, III
Wyngaard, Amy S., Vol III
Yoder, Lauren Wayne, Vol III
Yoken, Mel B., Vol III
Zamparelli, Thomas, Vol III
Zants, Emily, Vol II, III
Zinni, Hannah Case, Vol III

French Studies

Ahearn, Edward J., Vol I, III
Armbrecht, Thomas J. D., Vol I, III
Conley, Tom C., Vol I, III
Consenstein, Peter, Vol I, III
Cooper, Danielle Chavy, Vol I, III
Djebar, Assia, Vol I, III
Gelfand, Elissa Deborah, Vol I, V
Kom, Ambroise, Vol I, III
Marks, Elaine, Vol I, III
Schenck, Mary Jane, Vol I
Surridge, Marie, Vol I, III
Taminiaux, Pierre S., Vol I, III
Tregouet, Annie D., Vol I, III

French-Canadian Literature

Cotnam, Jacques, Vol III
Merler, Grazia, Vol III

Gender Studies

Andre, Maria Claudia, Vol III, V
Andrzejewski, Julie, Vol V
Cartwright, Lisa, Vol II, V
Enterline, Lynn, Vol II, V
Jordan, Rosan, Vol V
Lassner, Phyllis, Vol II, V
Lauzen, Martha M., Vol II, V
Mendoza, Louis, Vol II, V
Mikhail, Mona, Vol III, V
Nemzoff, Ruth, Vol IV, V
O'Donnell, Mabry Miller, Vol II, III
Orenstein, Gloria Feman, Vol III, V
Regney, Gabrielle, Vol II, V
Samarasinghe, Vidyamali, Vol V
Siegel, Carol, Vol V
Stuckey, Priscilla F., Vol IV, V
Tiessen, Paul, Vol II, V
Varderi, Alejandro, Vol III, V
Zilfi, Madeline Carol, Vol I, IV, V

Geography

Agnew, John A., Vol I
Andronikov, Sergei V., Vol I
Aryeetey-Attoh, Samuel, Vol I
Baez, Angel David Cruz, Vol I
Bartlett, Sandra, Vol I
Bays, Brad A., Vol I
Berry, Brian J. L., Vol I
Bertolas, Randy, Vol I
Blanken, Peter D., Vol I
Botjer, George, Vol I
Brown, Christopher P., Vol I
Burnett, G. Wesley, Vol I
Buttenfield, Barbara P., Vol I
Carney, Judith A., Vol I
Carter, Doris, Vol I
Ceh, Brian, Vol I
Chang, Sen Dou, Vol I
Chatterjee, Lata, Vol I
Chilcote, Wayne L., Vol I, II
Cordova, Carlos E., Vol I
Cosgrove, Denis E., Vol I
Cox, Kevin R., Vol I
Crausaz, Winston, Vol I
Dando, William, Vol I
Davis, James Edward, Vol I
Driever, Steven L., Vol I
Duram, Leslie, Vol I
Dutt, Ashok K., Vol I
Egenhofer, Max J., Vol I
Elbow, Gary S., Vol I, IV
Elliott, Harold M., Vol I
Entrikin, J. Nicholas, Vol I
Fournier, Eric J., Vol I
Friend, Donald A., Vol I
Gaile, Gary L., Vol I
Gerlach, Jerry, Vol I
Glassner, Martin, Vol I, IV
Golledge, Reginald G., Vol I
Graves, Steven, Vol I
Greenland, David E., Vol I
Griffith, Daniel A., Vol I
Groth, Paul, Vol I
Haddock, Gregory, Vol I
Hafner, J., Vol I
Halvorson, Peter L., Vol I
Hannon, Bruce M., Vol I
Hardwick, Susan Wiley, Vol I
Harshbarger, Terry L., Vol I
Hasnath, Syed A., Vol I
Haycox, Steve, Vol I
He, Chansheng, Vol I
Holz, Robert K., Vol I
Ioffe, Grigory, Vol I
Jakle, John Allais, Vol I
Janiskee, Robert L., Vol I
Jankowski, Piotr, Vol I
Jett, Stephen C., Vol I
Jezierski, John V., Vol I
Jimenez, Randall, Vol I
Johnson, David C., Vol I
Jones, Gregory, Vol I
Kalipeni, Ezekiel, Vol I
Kaplan, Abram, Vol I
Kaplan, David H., Vol I
Kent, Robert B., Vol I
Kilpinen, Jon T., Vol I
Knapp, Ronald G., Vol I, V
Koelsch, William Alvin, Vol I
Kuby, Michael, Vol I
Lant, Christopher, Vol I
Lenz, Ralph D., Vol I
Lewis, T., Vol I
Logan, Joanne, Vol I
Lopez, Jose Javier, Vol I
Lydolph, Paul E., Vol I
Lyons, Robin, Vol I
Mason, Robert, Vol I
Meisse, Tom, Vol I, V
Merrett, Christopher D., Vol I
Miller, E. Willard, Vol I
Miller, Richard, Vol I
Minghi, Julian M., Vol I
Monmonier, Mark, Vol I
Morrison, Dennis L., Vol I
Muller, Peter O., Vol I
Murphy, Alexander B., Vol I
Nagar, Richa, Vol I, V
Napton, Darrell E., Vol I
Narey, Martha, Vol I
Ojala, Carl F., Vol I
Oldakowski, Raymond K., Vol I
Oliver, John E., Vol I
Pasqualetti, Martin J., Vol I
Patrick, Kevin J., Vol I
Paulovskaya, Marianna, Vol I
Peterson, Michael, Vol I
Pomeroy, George, Vol I
Pontius, Robert Gilmore, Jr., Vol I
Preston, William L., Vol I
Prorok, Carolyn V., Vol I
Pucci, Frank J., Vol I
Reagan, Rhonda, Vol I
Reilly, Timothy F., Vol I
Rengert, George, Vol I
Riddell, J. Barry, Vol I
Roder, Wolf, Vol I
Roinila, Mika, Vol I
Romey, William Dowden, Vol I
Rwiza, Katetegeilwe MosesKatetegeilwe MosesKatetegeilwe Moses, Vol I
Saku, James C., Vol I
Samatar, Abdi I., Vol I
Sauder, Robert A., Vol I
Savage, Melissa, Vol I
Schnell, George Adam, Vol I
Selya, Roger M., Vol I
Shen, Xiaoping, Vol I
Shortridge, James R., Vol I
Shrestha, Mohan N., Vol I
Sierra-Maldonado, Rodrigo, Vol I
Silverman, Sherman E., Vol I
Slattery, M. C., Vol I
Smith, Neil, Vol I
Snaden, James N., Vol I
Steffen, Konrad, Vol I
Stoddard, Robert, Vol I
Strait, John B., Vol I
Sutton, Paul, Vol I
Tata, Robert J., Vol I
Terry, Sean, Vol I
Thompson, Stephen A., Vol I
Torbenson, Craig L., Vol I
Trimble, Stanley W., Vol I
Tseo, George, Vol I
Turner, B. L., II, Vol I
Urban, Michael A., Vol I
Walter, Hartmut S., Vol I
Ward, David, Vol I
Warf, Barney, Vol I
Webster, Gerald R., Vol I
Wikle, Thomas A., Vol I
Williamson, Chris, Vol I
Withington, William Adriance, Vol I
Wolter, John A., Vol I
Woodward, David, Vol I
Zeigler, Donald J., Vol I
Zelinski, Wilbur, Vol I

Geology

Aldrich, Michele, Vol I
Anderson, Thomas H., Vol I
Argen, Ralph J., III, Vol I, IV
Boyle, Edward A., Vol I
Carr, Michael Harold, Vol I
Crausaz, Winston, Vol I
Dando, William, Vol I
El-Baz, Farouk, Vol I
Harner, John P., Vol I
Romey, William Dowden, Vol I
Slattery, M. C., Vol I
Whiting, Peter, Vol I

German History

Allen, William Sheridan, Vol I
Baird, Jay Warren, Vol I
Barkin, Kenneth, Vol I
Barrett, Michael Baker, Vol I
Bendersky, Joseph William, Vol I
Bridenthal, Renate, Vol I
Campbell, Joan, Vol I
Cho, Joanne M., Vol I
Classen, Albrecht, Vol I, III
Deshmukh, Marion Fishel, Vol I
Dorondo, David R., Vol I
Eley, Geoff, Vol I
Enssle, Manfred Joachim, Vol I
Falk, Marvin W., Vol I
Fraley, David, Vol I
Gagliardo, John G., Vol I
Ganz, Albert Harding, Vol I
Gispen, Kees, Vol I
Harris, James F., Vol I
Hemand, Jost, Vol I, III, IV
Hoeng, Peter, Vol I, III
Hoffman, Donald Stone, Vol I
Homze, Edward L., Vol I
Inman, Beverly J., Vol I, III
Jones, Larry Eugene, Vol I
Keefe, Thomas M., Vol I
Kelly, Alfred Herbert, Vol I
Kleinfeld, Gerald R., Vol I
Kohler, Eric Dave, Vol I
Kramer, Arnold Paul, Vol I
Levy, Richard S., Vol I
Lindenfeld, David Frank, Vol I
McClelland, Charles E., Vol I
Midelfort, H. C. Erik, Vol I
Mork, Gordon Robert, Vol I
Prowe, Diethelm Manfred-Hartmut, Vol I
Reill, Peter Hanns, Vol I
Schleunes, Karl Albert, Vol I
Schneider, Joanne, Vol I
Stark, Gary Duane, Vol I
Stern, Fritz, Vol I
Stokes, Lawrence Duncan, Vol I
West, Franklin Carl, Vol I
Wilcox, Larry Dean, Vol I
Ziefle, Helmut W., Vol I, III

German Language

Ackermann, Paul Kurt, Vol III
Aikin, Judith Popovich, Vol III
Andriopoulos, Stefan, Vol III
Arend, Jutta, Vol III
Arens, Katherine M., Vol III
Arnett, Carlee, Vol III, V
Ashliman, D. L., Vol III
Avery, George Costas, Vol III
Bacon, Thomas Ivey, Vol III
Baker, Joseph O., Vol III
Bangerter, Lowell A., Vol III
Banta, Frank Graham, Vol III
Barber, Paul Thomas, Vol III
Barnouw, Dagmar, Vol III
Baron, Frank, Vol III
Barrack, Charles Michael, Vol III
Bauer, Karin, Vol III
Bauml, Franz H., Vol III
Becker-Cantarino, Barbara, Vol III
Beckers, Astrid M., Vol III
Behler, Ernst, Vol III
Bekker, Hugo, Vol III
Benda, Gisela, Vol III
Bernstein, Eckhard Richard, Vol III
Betz, Frederick, Vol III
Bjerke, Robert Alan, Vol III
Blackshire-Belay, C. Aisha, Vol III
Blair, John T., Vol III
Blaney, Benjamin, Vol III
Blickle, Peter, Vol III
Blumenthal, Bernhardt George, Vol III
Bond, Gerald Albert, Vol I, III
Bonfiglio, Thomas, Vol III
Borchardt, Frank L., Vol III
Bormann, Dennis Robert, Vol II, III
Braun, Wilhelm, Vol III
Brevart, Francis B., Vol III
Brewer, John T., Vol III
Brister, Louis Edwin, Vol III
Brodsky, Patricia Pollock, Vol III
Brown, Jane K., Vol III
Brown, Peter D. G., Vol III
Brueggemann, Aminia M., Vol III
Campana, Phillip Joseph, Vol III
Carr, Gerald Francis, Vol III
Cerf, Steven Roy, Vol III
Chick, Edson Marland, Vol III
Chickering, Roger, Vol III
Chisholm, David, Vol III
Christoph, Siegfried, Vol III
Christy, T. Craig, Vol III
Clausing, Gerhard, Vol III
Clouser, Robin, Vol III
Cobbs, Alfred Leon, Vol III
Cohen, Robert, Vol III
Cohn, Dorrit, Vol III
Conant, Jonathan Brendan, Vol III
Conner, Maurice Wayne, Vol III
Corngold, Stanley Alan, Vol III
Corredor, Eva Livia, Vol III
Cox, Jerry Lynn, Vol III
Craig, Charlotte Marie, Vol III
Crossgrove, William C., Vol III
Crowner, David L., Vol III
Cunliffe, William Gordon, Vol III
Cunningham, William, Vol III
Curschmann, Michael J., Vol III
Daemmrich, Horst S., Vol III
Daviau, Donald G., Vol III
Davis, Garold N., Vol III
Davis, William, Vol III
Del Caro, Adrian, Vol III
Denham, Scott, Vol III
Di Napoli, Thomas John, Vol III
Dick, Ernst S., Vol III
Dimler, George Richard, Vol III
Doswald, Herman K., Vol III
Driver, Eddy Beverley, Vol III
Druxes, Helga, Vol III
Duncan, Bruce, Vol III
Durr, Volker, Vol III
Dvorak, Paul Francis, Vol III
Dye, Robert Ellis, Vol III
Eckhard, Rolz, Vol III
Egert, Eugene, Vol III
Eichner, Hans, Vol III
Einbeck, Kandace, Vol III
Elardo, Ronald Joseph, Vol III
Elstun, Esther Nies, Vol III
Ertl, Wolfgang, Vol III
Exner, Richard, Vol III
Fabian, Hans Joachim, Vol III
Fellbaum, Christiane, Vol III
Fenves, Peter, Vol III
Fetzer, John Francis, Vol III
Fichtner, Edward G., Vol III
Fiedler, Theodore, Vol III
Fink, Karl J., Vol III
Firchow, Evelyn Scherabon, Vol III
Firestone, Ruth H., Vol III
Fleck, Jere, Vol III
Foell, Kristie A., Vol III
Frakes, Jerold C., Vol III
Frantz, Barbara, Vol III, V
Friedman, Eva Mary, Vol III
Friedrichsmeyer, Erhard Martin, Vol III
Fullerton, Gerald Lee, Vol III
Furst, Lillian R., Vol III
Gallati, Ernst, Vol III
Galli, Barbara E., Vol II, III
Gemunden, Gerd, Vol III
Genno, Charles N., Vol III
Gentry, Francis G., Vol III
George, Emery Edward, Vol I, III
Gittleman, Sol, Vol III
Glade, Henry, Vol III
Glatz, Lawrence F., Vol III
Glenn, Jerry, Vol III
Goetschel, Willi, Vol III
Goheen, Jutta, Vol III
Gontrum, Peter B., Vol III
Gorman, John, Vol III
Gramberg, Anne-Katrin, Vol III
Gray, Richard T., Vol III
Green, Anne, Vol III
Gries, Frauke, Vol III
Griffen, Toby David, Vol III
Grimm, Reinhold, Vol III
Grittner, Frank Merton, Vol III
Grossman, Jeffrey, Vol III
Grotans, Anna A., Vol III
Gruettner, Mark, Vol III
Gumpel, Liselotte, Vol III
Guthrie, J. Richard, Jr., Vol III
Haberl, Franz P., Vol III
Haberland, Paul Mallory, Vol III
Hadley, Michael Llewellyn, Vol III
Hallstein, Christian W., Vol III
Hanlin, Todd, Vol III
Hanson, Klaus D., Vol III
Hardin, James Neal, Vol III
Harding, George E., Vol III
Hargraves, John A., Vol III
Harrison, James W., Vol III
Hart, Gail K., Vol III
Hatch, Mary G., Vol III
Heidsieck, Arnold, Vol III
Heinen, Hubert, Vol III
Helmetag, Charles Hugh, Vol III
Hens, Gregor, Vol III
Herminghouse, Patricia A., Vol III
Hertling, Gunter H., Vol III
Herz, Julius Michael, Vol III
Hill, Susanne, Vol III
Hintz, Ernst Ralf, Vol III
Hinze, Klaus-Peter Wilhelm, Vol III
Hodges, Carolyn Richardson, Vol III
Hoefert, Sigfrid, Vol III
Hoffmeister, Gerhart, Vol III
Hoffmeister, Werner, Vol III
Hollingsworth, Anthony L., Vol II, III
Hopkins, Leroy Taft, Jr., Vol II, III
Horsley, Ritta Jo, Vol III
Horwath, Peter, Vol III
Horwege, Ronald Eugene, Vol III
Howes, Geoffrey C., Vol III
Huang, Alexander C. Y., Vol III
Huber, Thomas, Vol III
Huffines, Marion Lois, Vol III
Hughes, William Nolin, Vol III
Huppauf, Bernd, Vol III
Huyssen, Andreas, Vol III
Hyner, Bernadette H., Vol III
Inman, Beverly J., Vol I, III
Jackman, Jarrell C., Vol I, III
Jackson, William Edward, Vol III
Jagasich, Paul A., Vol III
James, Dorothy, Vol III
Jennings, Lee B., Vol III
John, David Gethin, Vol III
Johnston, Otto William, Vol III
Jonas, Klaus Werner, Vol III
Jones, Calvin N., Vol III
Jordan, Sabine D., Vol III
Joyce, Douglas A., Vol III
Juntune, Thomas William, Vol III
Kacandes, Irene, Vol III
Kamla, Thomas A., Vol III
Karch, Dieter, Vol III
Kath, Ruth R., Vol III
Katritzky, Linde, Vol III
Keck, Christiane Elisabeth, Vol III
Keel, William D., Vol III
Keele, Alan F., Vol III
Kelling, Hans-Wilhelm L., Vol III
Kemp, Henrietta J., Vol I, II, III
Kenkel, Konrad, Vol III
Kieffer, Bruce, Vol III
Kipa, Albert Alexander, Vol III
Koch, Ernst, Vol III
Koekkoek, Byron J., Vol III
Koelb, Clayton L., Vol III
Koepke, Wulf, Vol III
Koester, Rudolf Alfred, Vol III
Kolb, Jocelyne, Vol III
Kratz, Henry, Vol III
Krause, Maureen Therese, Vol III
Krawczeniuk, Joseph V., Vol III
Kreiss, Paul Theodore, Vol III
Kuepper, Karl Josef, Vol III
Kuhn-Osius, Eckhard, Vol III
Kurtz, Horst, Vol III
Kusmer, Robert L., Vol III
Kyes, Robert L., Vol III
Kym, Annette, Vol III
Lamb, Margarete, Vol III
Lange, Horst, Vol III
Langston, Dwight E., Vol III
Lanzinger, Klaus, Vol III
Latta, Alan Dennis, Vol III
Lawson, Richard H., Vol III
Lea, Henry A., Vol III
Lederer, Herbert, Vol III
Lehnert, Herbert Hermann, Vol III
Levin, Thomas Y., Vol III
Lewis, Ward B., Vol III
Lillyman, William J., Vol III
Logan, Paul Ellis, Vol III
Lutcavage, Charles, Vol III
Lyon, James K., Vol III
Lys, Franziska, Vol III
Macris, Peter John, Vol III
Madland, Helga Stipa, Vol III
Marchand, James Woodrow, Vol III
Matijevich, Elke, Vol III
Matthias, Bettina Ulrike, Vol III
Mayer, Sigrid, Vol III
Mc Culloh, Mark R., Vol III
McCarthy, John A., Vol III
McCort, Dennis, Vol III
McCumber, John, Vol III

McDonald, William Cecil, Vol III
McGlathery, James Melville, Vol III
McKnight, Phillip S., Vol III
Meier, Marga, Vol III
Mellor, Chauncey Jeffries, Vol III
Meredith, Hugh Edwin, Vol III
Merrill, Sammy Ray, Vol III
Metzger, Erika Alma, Vol III
Metzger, Michael Moses, Vol III
Mews, Siegfried, Vol III
Michael, Wolfgang Friedrich, Vol III
Michaels, Jennifer, Vol III
Miles, David Holmes, Vol III
Miller, Eric, Vol III
Miner, Ellis D., Vol III
Moedersheim, Sabine, Vol III
Morris, Walter D., Vol III
Mueller, Agnes C., Vol III
Muller-Sievers, Helmut, Vol III
Mundt, Hannelore, Vol III
Must, Gustav, Vol III
Nadar, Thomas R., Vol III
Negus, Kenneth George, Vol III
Neuse, Erna Kritsch, Vol III
Newman, Gail M., Vol III
Nicholls, Roger Archibald, Vol III
Nicolai, Elke, Vol III
Niers, Werner Gert, Vol III
Norton, Robert E., Vol III
O'Flaherty, James Carneal, Vol III
Olsen, Solveig, Vol III
Oppenheimer, Fred E., Vol III
Orth, Geoffrey C., Vol III
Paas, John Roger, Vol III
Parent, David J., Vol III
Partsch, Cornelius, Vol III
Pastor, Leslie P., Vol I, III
Peck, Jeffrey Marc, Vol III
Peischl, Margaret Theresa, Vol III
Pentlin, Susan Lee, Vol III
Pettey, John Carson, Vol III
Pfanner, Helmut F., Vol III
Piedmont, Ferdinand, Vol III
Piepke, Susan L., Vol III
Pizer, John, Vol III
Plant, Helmut R., Vol III
Plater, Edward M. V., Vol III
Poag, James F., Vol III
Posthofen, Renate, Vol III
Rainer, Ulrike, Vol III
Rauch, Irmengard, Vol III
Reeves-Marquardt, Dona, Vol III
Reid, Constance L., Vol III
Reidel-Schrewe, Ursula, Vol III
Remak, Henry Heymann Herman, Vol I, III
Rennert, Hellmut Hal, Vol III
Richardson, Horst Fuchs, Vol III
Ricker-Abderhalden, Judith, Vol III
Riedel, Walter Erwin, Vol III
Riley, Helene M., Vol III
Rindisbacher, Hans J., Vol III
Ritterson, Michael, Vol III
Rogers, Nels Jeffrey, Vol III
Rosenfeld, Sidney, Vol III
Rudnytzky, Leonid, Vol III
Ryan, Judith, Vol III
Sautermeister, Gert, Vol III
Sazaki, Kristina R., Vol III
Schade, Richard E., Vol III
Schaeffer, Peter Moritz-Friedrich, Vol II, III, IV
Schaumann, Caroline, Vol III
Scher, Steven Paul, Vol III
Schlant, Ernestine, Vol III
Schlunk, Juergen Eckart, Vol III
Schmidt, Sabine I., Vol III
Schmiesing, Ann, Vol III
Schnauber, Cornelius, Vol III
Schneider, Gerd K., Vol III
Schoeps, Karl H., Vol III
Schoolfield, George C., Vol III
Schulz, Renate A., Vol III, V
Schweitzer, Christoph Eugen, Vol III
Schweizer, Niklaus R., Vol III
Seidler, Ingo, Vol III
Senner, Wayne, Vol III
Sevin, Dieter H., Vol III
Seymour, Richard Kellogg, Vol III
Shannon, Thomas F., Vol III
Shetter, William Zeiders, Vol III
Shookman, Ellis, Vol III
Silberman, M., Vol III
Simons, John Donald, Vol III
Sinka, Margit M., Vol III
Snapper, Johan Pieter, Vol III
Sokel, Walter H., Vol III
Sonnenfeld, Marion Wilma, Vol III
Southern, Mark R. V., Vol III
Spaethling, Robert H., Vol III
Spahr, Blake Lee, Vol III
Sparks, Kimberly, Vol III
Speck, Oliver C., Vol III
Stanley, Patricia H., Vol III
Stark, James, Vol III
Starkey, Kathryn, Vol III
Steinbruckner, Bruno, Vol III
Steiner, Carl, Vol III
Stephan, Alexander, Vol III
Stern, Guy, Vol III
Swaffar, Janet King, Vol III
Tang, Chenxi, Vol III
Tatar, Maria, Vol III
Terras, Rita, Vol III
Thiel, Anne, Vol III
Thomas, John Wesley, Vol III
Thorsen, Kristine, Vol III
Thorson, Helga, Vol III
Tobin, Frank J., Vol II, IV
Trommler, Frank Alfred, Vol III
Tweraser, Felix W., Vol III
Udwin, Victor, Vol III
Vazsonyi, Nicholas, Vol III
von der Emde, Silke, Vol III
Von Dirke, Sabine B., Vol III
Von Schneidemesser, Luanne, Vol III
Vos, Morris, Vol III
Wailes, Stephen L., Vol III
Walker, Richard E., Vol III
Wallach, Martha K., Vol III
Warg, Ilse-Rose, Vol III
Webber, Philip Ellsworth, Vol III
Wedel, Alfred R., Vol III
Weing, Siegfried, Vol III
Weiss, Hermann Friedrich, Vol III
Weisstein, Ulrich, Vol III
Wellbery, David E., Vol III
Wensinger, Arthur Stevens, Vol III
West, Larry E., Vol III
Whelan, Robert, Vol III
Wickersham, Erlis, Vol III
Wickham, Christopher, Vol III
Wildner-Bassett, Mary E., Vol III, V
Wiley, Raymond A., Vol II, III
Williams, Eric, Vol III
Wilson, Joseph Benjamin, Vol III
Winston, Krishna, Vol III
Yang, Peter Jianhua, Vol III
Zachau, Reinhard Konrad, Vol III
Ziegler, Vickie Lynne, Vol III
Zilcosky, John, Vol III
Zohn, Harry, Vol III

German Literature

Achberger, Karen Ripp, Vol II, III
Acker, Robert, Vol III
Aikin, Judith Popovich, Vol III
Arens, Hiltrud, Vol III
Avery, George Costas, Vol III
Bacon, Thomas Ivey, Vol III
Bahr, Ehrhard, Vol III
Baker, Joseph O., Vol III
Baldwin, Thomas Pratt, Vol III
Banziger, Hans, Vol III
Barlow, John Denison, Vol III
Bauer, Karin, Vol III
Baumgartner, Ingeborg Hogh, Vol III
Bauschinger, Sigrid Elisabeth, Vol II
Beckers, Astrid M., Vol III
Benda, Gisela, Vol III
Berghahn, Klaus L., Vol III
Bernd, Clifford Albrecht, Vol III
Bernstein, Eckhard Richard, Vol III
Best, Otto Ferdinand, Vol III
Betz, Frederick, Vol III
Bircher, Martin, Vol III
Bodine, Jay F., Vol III
Boerner, Peter, Vol III
Braun, Ernst, Vol III
Brister, Louis Edwin, Vol III
Brown, Jane K., Vol III
Browning, Barton W., Vol III
Carr, Gerald Francis, Vol III
Cerf, Steven Roy, Vol III
Chisholm, David, Vol III
Classen, Albrecht, Vol I, III
Cobbs, Alfred Leon, Vol III
Cohn, Dorrit, Vol III
Conner, Maurice Wayne, Vol III
Corngold, Stanley Alan, Vol III
Cory, Mark E., Vol III
Cowen, Roy C., Vol III
Craig, Charlotte Marie, Vol III
Crawford, Ronald Lee, Vol III
Davidheiser, James Charles, Vol III
Davis, Garold N., Vol III
Davis, William, Vol III
Deinert, Herbert, Vol III
Del Caro, Adrian, Vol III
Denham, Scott, Vol III
Di Napoli, Thomas John, Vol III
Dimic, Milan Velimir, Vol III
Dimler, George Richard, Vol III
Doerksen, Victor Gerard, Vol III
Dow, James Raymond, Vol III, V
Drees, Hajo, Vol III
Duncan, Bruce, Vol III
Dvorak, Paul Francis, Vol III
Dyck, Martin, Vol III
Dye, Robert Ellis, Vol III
Eckhard, Rolz, Vol III
Eichner, Hans, Vol III
Elardo, Ronald Joseph, Vol III
Elfe, Wolfgang Dieter, Vol II
Elstun, Esther Nies, Vol III
Ertl, Wolfgang, Vol III
Exner, Richard, Vol III
Eykman, Christoph Wolfgang, Vol III
Fiedler, Theodore, Vol III
Fink, Karl J., Vol III
Firchow, Evelyn Scherabon, Vol III
Freeman, Thomas Parry, Vol III
Fuller, Homer Woodrow, Vol II
Gallati, Ernst, Vol III
Gemunden, Gerd, Vol III
Gerlach, U. Henry, Vol III
Gittleman, Sol, Vol III
Glatz, Lawrence F., Vol III
Godsall-Myers, Jean, Vol III
Gries, Frauke, Vol III
Grimm, Reinhold, Vol III
Gross, Sabine, Vol III
Gumpel, Liselotte, Vol III
Guthke, Karl Siegfried, Vol III
Haase, Donald P., Vol I, III
Haberl, Franz P., Vol III
Haberland, Paul Mallory, Vol III
Hadley, Michael Llewellyn, Vol III
Haenicke, Diether H., Vol III
Hagens, Jan Luber, Vol III
Haile, Harry G., Vol III
Hardin, James Neal, Vol III
Harding, George E., Vol III
Hasselbach, Ingrid Tiesler, Vol III
Hasselbach, Karl Heinz, Vol III
Heidenreich, Rosmarin, Vol II, III
Heinen, Hubert, Vol III
Helbling, Robert E., Vol III
Hemand, Jost, Vol I, III, IV
Hermand, Jost, Vol II
Hillen, Gerd, Vol III
Hinderer, Walter, Vol III, IV
Hinze, Klaus-Peter Wilhelm, Vol III
Hirschbach, Frank Donald, Vol III
Hoeng, Peter, Vol I, III
Hoffmann, Klaus D., Vol III
Hoffmeister, Gerhart, Vol III
Hoffmeister, Werner, Vol III
Hollingsworth, Anthony L., Vol II, III
Holub, Robert C., Vol II, III
Horsley, Ritta Jo, Vol III
Hoyt, Giles Reid, Vol III
Huber, Thomas, Vol III
Hunt, Irmgard, Vol III
Huppauf, Bernd, Vol III
Hye, Allen Edward, Vol III
Iggers, Wilma Abeles, Vol III
Jackson, William Edward, Vol III
Jaeger, C. Stephen, Vol III
Jensen, Birgit A., Vol III
Jofen, Jean, Vol III
John, David Gethin, Vol III
Jonas, Klaus Werner, Vol III
Jones, Robert Alston, Vol II
Kamla, Thomas A., Vol III
Keck, Christiane Elisabeth, Vol III
Keele, Alan F., Vol III
Kelling, Hans-Wilhelm L., Vol III
Kipa, Albert Alexander, Vol III
Koc, Richard, Vol III
Koch, Ernst, Vol III
Koelb, Clayton L., Vol III
Koepke, Wulf, Vol III
Koester, Rudolf Alfred, Vol III
Komar, Kathleen Lenore, Vol II, III
Kosta, Barbara, Vol III
Kratz, Bernd, Vol III
Kudszus, Winfried G., Vol III
Kurtz, Horst, Vol III
Kuxdorf, Manfred, Vol III
Kuzniar, A. A., Vol III
Lange, Horst, Vol III
Latta, Alan Dennis, Vol III
Lea, Henry A., Vol III
Levin, David J., Vol I, III
Lewis, Gertrud Jaron, Vol III
Logan, Paul Ellis, Vol III
Lorbe, Ruth Elisabeth, Vol II
Lutzeler, Paul M., Vol III
Lyon, James K., Vol III
Macris, Peter John, Vol III
Madland, Helga Stipa, Vol III
Mahlendorf, Ursula R., Vol III
Maierhofer, Walter, Vol III
Marahrens, Gerwin, Vol III
Marx, Leonie, Vol III
Maurer, Warren R., Vol III
Mayer, Reinhard, Vol III
McCarthy, John A., Vol III
McConnell, Winder, Vol III
McDonald, William Cecil, Vol III
Meredith, Hugh Edwin, Vol III
Merrill, Sammy Ray, Vol III
Metzger, Erika Alma, Vol III
Metzger, Michael Moses, Vol III
Moeller, Hans-Bernhard, Vol III
Mornin, Edward, Vol II
Morris, Walter D., Vol III
Nagele, Rainer, Vol II, III
Nahrgang, Wilbur Lee, Vol II
Nehring, Wolfgang, Vol III
Neuse, Erna Kritsch, Vol III
Newton, Robert Parr, Vol III
Nollendorfs, Valters, Vol III
Olsen, Solveig, Vol III
Oppenheimer, Fred E., Vol III
Ossar, Michael Lee, Vol III
Osterle, Heinz D., Vol III
Otto, Karl F., Vol III
Parent, David J., Vol III
Paslick, Robert H., Vol III
Paulsen, Wolfgang, Vol III
Peck, Jeffrey Marc, Vol III
Peischl, Margaret Theresa, Vol III
Pettey, John Carson, Vol III
Pizer, John, Vol III
Porter, Michael, Vol III
Pribic, Rado, Vol III
Profit, Vera Barbara, Vol III
Reidel-Schrewe, Ursula, Vol III
Rennert, Hellmut Hal, Vol III
Rey, William Henry, Vol III
Richardson, Horst Fuchs, Vol III
Richter, Gerhard, Vol III
Rindisbacher, Hans J., Vol III
Rippley, La Vern J., Vol I, III
Ritterson, Michael, Vol III
Roche, Mark W., Vol III, IV
Roethke, Gisela, Vol III
Rudnytzky, Leonid, Vol III
Rundell, Richard Jason, Vol III
Ryan, Judith, Vol III
Saine, Thomas Price, Vol III
Sammons, Jeffrey Leonard, Vol III
Scherer, William F., Vol III
Schlant, Ernestine, Vol III
Schlunk, Juergen Eckart, Vol III
Schmiesing, Ann, Vol III
Schneider, Christian Immo, Vol II
Schoolfield, George C., Vol III
Schwarz, E., Vol III
Seeba, Hinrich Claassen, Vol III
Seelig, Harry E., Vol II, III
Seidler, Ingo, Vol III
Senner, Wayne, Vol III
Sharp, Francis Michael, Vol III
Simons, John Donald, Vol III
Sinka, Margit M., Vol III
Skitter, Hans Gunter, Vol III
Sokel, Walter H., Vol III
Solomon, Janis Virginia Little, Vol III
Spaethling, Robert H., Vol III
Spahr, Blake Lee, Vol III
Stanley, Patricia H., Vol III
Steiner, Carl, Vol III
Stern, Guy, Vol III
Stewart, Walter K., Vol III
Strelka, Joseph Peter, Vol II, III
Swaffar, Janet King, Vol III
Tang, Chenxi, Vol III
Tatlock, Lynne, Vol III
Ternes, Hans, Vol III, IV
Terras, Rita, Vol III
Thomas, Gary Craig, Vol II, III
Trommler, Frank Alfred, Vol III
Tweraser, Felix W., Vol III
Udwin, Victor, Vol III
Viehmeyer, L. Allen, Vol III
Von Dassanowsky, Robert, Vol II, III
Vos, Morris, Vol III
Wagener, Hans, Vol III
Wallach, Martha K., Vol III
Washington, Ida Harrison, Vol III
Wedberg, Lloyd W., Vol II, III
Weiss, Hermann Friedrich, Vol III
Weissenberger, Klaus, Vol III
Wensinger, Arthur Stevens, Vol III
West, Larry E., Vol III
Wickersham, Erlis, Vol III
Wilson, Joseph Benjamin, Vol III
Wimmer, Albert K., Vol III
Winston, Krishna, Vol III
Wishard, Armin, Vol III
Wittkowski, Wolfgang, Vol III
Wolff, Roland A., Vol III
Zachau, Reinhard Konrad, Vol III
Ziefle, Helmut W., Vol I, III
Ziolkowski, Theodore J., Vol III

German Studies

Baackmann, Susanne, Vol I, III
Batts, Michael S., Vol III
Benson, Renate, Vol I, III
Bullivant, Keith, Vol I, III
Crosby, Donald H., Vol III
Di Maio, Irene S., Vol I, III
Goetz-Stankiewicz, Marketa, Vol III
Groos, Arthur, Vol I, III
Haase, Donald P., Vol I, III
Hammermeister, Kai, Vol I, III
Hanlin, Todd, Vol III
Hoffer, Peter T., Vol I, III
Hohendahl, Peter U., Vol I, III
Holschuh, Albrecht, Vol III
Kleinfeld, Gerald R., Vol I
Lorey, Christoph R., Vol I, III
Martinson, Steven D., Vol III
Pickett, Terry H., Vol I, III
Rasch, William, Vol I, III
Resler, Michael, Vol I, III
Sauer, Angelika, Vol I
Schneider, Jeffrey A., Vol I, III
Siekhaus, Elisabeth, Vol I, III
Teraoka, Arlene, Vol I, III
Ward, Dorothy Cox, Vol III
Wetzell, Richard, Vol I, III
Zipes, Jack, Vol I

German-American Studies

Tolzmann, Don Heinrich, Vol I

Germanic Languages

Dorian, Nancy Currier, Vol III
Hasselbach, Karl Heinz, Vol III
Jones, Randall Lee, Vol III
Levin, David J., Vol I, III
Marahrens, Gerwin, Vol III
Stokker, Kathleen Marie, Vol III
Waldman, Glenys A., Vol III
Yerkes, David, Vol II, III

Germanic Studies

Levin, David J., Vol I, III

Gerontology

Achenbaum, W. Andrew, Vol I, V
De Vries, Brian, Vol V
Dwyer, Johanna, Vol V
Gutowski, Carolyn, Vol IV, V
Harris, J. Gordon, Vol IV, V
Hershey, Daniel, Vol V
Idleburg, Dorothy, Vol V
Liebig, Phoebe, Vol V
Malonebeach, Eileen, Vol V
Thorson, James A., Vol V

Greek History
Bowman, L. M., Vol I
Buckler, John, Vol I
Frakes, Robert, Vol I
Hedrick, Charles W., Jr., Vol I
Legon, Ronald, Vol I
Minor, Clifford Edward, Vol I
Peirce, Sarah, Vol I
Plescia, Joseph, Vol I
Rubincam, Catherine I., Vol I
Shrimpton, G. S., Vol I

Greek Language
Bliss, Francis Royster, Vol III
Coleman, John E., Vol I, III
Erickson, Daniel Nathan, Vol III
Freis, Richard, Vol III
Glenn, Justin Matthews, Vol III
Halton, Thomas, Vol III
Hawthorne, Gerald F., Vol III, IV
Immerwahr, Henry R., Vol III
Johnston, Sarah Iles, Vol III
Kopff, Edward Christian, Vol III
Kurth, William Charles, Vol III
Lovelady, Edgar John, Vol II, III
Lowry, Eddie R., Jr., Vol III
Ma, John T., Vol III
Meadors, Gary T., Vol III, IV
Moss, C. Michael, Vol IV
Olivia, Leonora, Vol III
Olson, Stuart Douglas, Vol III
Overbeck, John Clarence, Vol I, III
Philippides, Marios, Vol III
Planeaux, Christopher, Vol I, IV
Rose, Gilbert Paul, Vol III
Ruck, Carl Anton Paul, Vol III
Schmeling, Gareth Lon, Vol III
Strong, L. Thomas, III, Vol IV
Traill, David Angus, Vol III
Tucker, Robert Askew, Vol III
Warren, Edward W., Vol III, IV
Zeitlin, Froma I., Vol III

Greek Literature
Bagnall, Roger Shaler, Vol I, III
Doherty, Lillian E., Vol III
Falkner, Thomas M., Vol III
Freis, Richard, Vol III
Gellrich, Michelle, Vol II, III
Hamilton, Richard, Vol III
Holmberg, I. E., Vol III
Lombardo, Stanley, Vol III
Olivia, Leonora, Vol III
Poe, Joe Park, Vol III
Renehan, Robert, Vol III
Ruck, Carl Anton Paul, Vol III
Schenker, David J., Vol III
Sider, David, Vol III
Tannen, Deborah F., Vol III
Zeitlin, Froma I., Vol III

Greek Philosophy
Lesher, James, Vol IV
Michelsen, John Magnus, Vol IV

Health Communication
Freimuth, Vicki S., Vol II, V
Marshall, Alicia A., Vol II, V
Street, Richard L., Jr., Vol II, V

Health Science
Amaro, Hortensia, Vol V
Babrow, Austin S., Vol II, V
Bonder, Bette R., Vol V
Cissell, William B., Vol V
Crystal, Stephen, Vol V
Dytell, Rita, Vol V
Guthman, Christine A., Vol V
Hobson, Matthew L., Vol V
Mahoney, Daniel F., Vol V
Ogunseitan, Oladele, Vol V
Olney, Marjorie F., Vol V
Scott, James J., Vol V
Sharf, Barbara F., Vol II, V
Wechsler, Henry, Vol V

Hebrew Language
Ames, Frank, Vol II, IV
Barrick, William D., Vol IV
Block, Daniel I., Vol III
Brown, Michael G., Vol III
Doron, Pinchas, Vol III, IV
Ehrlich, Carl S., Vol III
Fager, Jeff, Vol III, IV
Fuller, Russell T., Vol IV
Golb, Norman, Vol I, III, IV
Grossfeld, Bernard, Vol III
Jones, Bruce William, Vol III, IV
Leeb, Carolyn, Vol III, IV
Miller, J. Maxwell, Vol III, IV
Mitchell, Christopher, Vol III
Penchansky, David, Vol III, IV
Sasson, Jack Murad, Vol I, IV
Shearer, Rodney H., Vol IV
Steussy, Marti J., Vol III, IV
Taylor, Jon, Vol III, IV
Walsh, Carey Ellen, Vol III, IV
Walsh, Jerome T., Vol III, IV
White, Hugh, Vol III, IV
White, Marsha, Vol III, IV
Wyrick, Stephen Von, Vol III, IV
Yetiv, Isaac, Vol III

Hebrew Literature
Berlin, Charles, Vol IV
Cutter, William, Vol IV, V
Fuchs, Esther, Vol III
Grossfeld, Bernard, Vol III
Holtz, Avraham, Vol IV
Kabakoff, Jacob, Vol III
Nash, Stanley, Vol III
Pollack, Gloria W., Vol III

Hispanic Literature
Arroyo, Ciriaco Moron, Vol III
Craddock, Jerry Russell, Vol IV
Docter, Mary K., Vol III
Fernandezcifuentes, L., Vol III
Holland, Norman, Vol III
Martin-Rodriguez, Manuel M., Vol III
Nelson, Ardis L., Vol II, III
Otero, Jose, Vol III
Pouwels, Joel, Vol III
Saltarelli, Mario, Vol III
Zayas-Bazan, Eduardo, Vol III

Hispanic Studies
Albada-Jelgersma, Jill Elizabeth, Vol III
Beechert, Edward D., Vol I
Charbran, H. Rafael, Vol I, III
Contreras, Raoul, Vol I
Coons, Dix Scott, Vol III
Cotera, Maria E., Vol I, V
Fontanella, Lee, Vol I, III
Gerli, E. Michael, Vol I, III
Nagy-Zekmi, Silvia, Vol I, III
Orozco, Cynthia E., Vol I
Rivero, Eliana Suarez, Vol III
Rojas, J. Nelson, Vol III
Toplin, Robert B., Vol I
Valdes, Dennis N., Vol I

Historic Preservation
Ligibel, Theodore J., Vol I
Pina, Leslie, Vol I

History
Abbott, Carl, Vol I
Abbott, Elizabeth, Vol I
Abbott, William M., Vol I
Abdalla, Ismail H., Vol I
Abel, Elie, Vol I
Abel, Kerry, Vol I
Abels, Richard, Vol I
Abelson, Elaine S., Vol I
Abrams, Douglas Carl, Vol I
Abzug, Robert H., Vol I
Accampo, Elinor A., Vol I
Achenbaum, W. Andrew, Vol I, V
Ackerman, James Sloss, Vol I
Adams, Graham, Jr., Vol I
Adams, Michael Charles, Vol I
Adams, Nicholas, Vol I
Adams, William, Vol I
Adamson, Walter L., Vol I
Adamthwaite, Anthony, Vol I
Adas, Michael Peter, Vol I
Adelson, Roger, Vol I
Adolphson, Mikael, Vol I
Akenson, Donald, Vol I
Akin, William Ernest, Vol I
Aksan, Virginia, Vol I
Alaimo, Kathleen, Vol I, IV
Albala, Kenneth, Vol I
Albisetti, James C., Vol I
Albrecht, Catherine, Vol I
Alden, Dauril, Vol I
Aldrich, Michele, Vol I
Alexander, Jon, Vol I
Alexander, Ronald R., Vol I
Alexander, Thomas G., Vol I
Allee, Mark, Vol I
Allen, Bernard Lee, Vol I, IV
Allen, Howard W., Vol I
Allen, Jack, Vol I
Allen, Lee Norcross, Vol I
Allen, Michael, Vol I
Allinson, Gary, Vol I
Allison, Robert, Vol I
Allitt, Patrick, Vol I
Allman, Jean M., Vol I
Allmendinger, David F., Vol I
Alpern Engel, Barbara, Vol I
Alpers, Edward A., Vol I
Alsop, James, Vol I
Alter, George, Vol I
Altherr, Thomas L., Vol I
Altholz, Josef L., Vol I
Altman, Ida, Vol I
Altstadt, Audrey L., Vol I
Alvarez, Jose E., Vol I
Alves, Abel A., Vol I
Amanat, Abbas, Vol I
Amar, Joseph P., Vol I, III
Ambrose, Linda M., Vol I
Amdur, Kathryn E., Vol I
Amiji, Hatim M., Vol I
Amussen, Susan, Vol I
Anctil, Pierre, Vol I
Anderson, Betty S., Vol I
Anderson, David L., Vol I
Anderson, Fred, Vol I
Anderson, Greg, Vol I, II, III
Anderson, James D., Vol I
Anderson, Kirk, Vol III
Anderson, Margaret Lavinia, Vol I
Anderson, Nancy Fix, Vol I
Andrea, Alfred J., Vol I
Andrew, John Alfred, Vol I
Andrews, Avery D., Vol I
Angel, Marc D., Vol I
Angelou, Maya, Vol I, II
Anglin, Douglas G., Vol I, IV
Angus, Margaret, Vol I
Ankeny, Rachel A., Vol I, IV
Anna, Timothy, Vol I
Annis, James L., Vol I
Anthony, David Henry, III, Vol I
Anton, Harley F., Vol I, V
Apena, Igho Adeline, Vol I
Appleby, Joyce, Vol I
Appleton, Thomas H., Jr., Vol I
Archdeacon, Thomas John, Vol I
Argersinger, Jo Ann E., Vol I
Argersinger, Peter, Vol I
Arieti, James Alexander, Vol I, II, III
Armfield, Felix L., Vol I
Armitage, David, Vol I
Armstrong, Brian G., Vol I
Armstrong, Frederick H., Vol I
Armstrong, Joe C. W., Vol I
Armus, Seth, Vol I
Arnold, Joseph L., Vol I
Arnoult, Sharon L., Vol I
Artibise, Alan F. J., Vol I
Ash, Stephen V., Vol I
Asher, Robert, Vol I
Askew, Thomas A., Vol I
Ast, Theresa, Vol I
Aster, Sidney, Vol I
Atkins, E. Taylor, Vol I
Attreed, Lorraine C., Vol I
Attrep, Abraham M., Vol I
Aucoin, Brent J., Vol I
Auerbach, Jerold, Vol I
Auger, Reginald, Vol I
August, Andrew, Vol I
Augustine, Dolores L., Vol I
Aurand, Harold, Jr., Vol I
Ausmus, Harry Jack, Vol I
Austen, Ralph Albert, Vol I
Auten, Arthur, Vol I
Avakumovic, Ivan, Vol I, IV
Avrich, Paul Henry, Vol I
Axtell, James Lewis, Vol I
Bagby, Wesley Marvin, Vol I
Bailey, Anne J., Vol I
Bailey, Charles E., Vol I, IV
Bailey, Victor, Vol I
Bailyn, Bernard, Vol I
Baird, Bruce C., Vol I
Baker, Keith M., Vol I
Baker, Richard Allan, Vol I
Baker, Thomas Lindsay, Vol I
Bakewell, Peter, Vol I
Baldwin, John Wesley, Vol I
Baldwin, Peter, Vol I
Ball, Larry D., Sr, Vol I
Ballard, Allen Butler, Jr., Vol I
Baltakis, Anthony, Vol I
Bambach, Charles, Vol I
Banker, James Roderick, Vol I
Banker, Mark T., Vol I
Banner, Lois W., Vol I
Banning, Lance, Vol I
Barahona, Renato, Vol I
Barany, George, Vol I
Barber, Marylin J., Vol I
Bardaglio, Peter W., Vol I
Barker, Rosanne M., Vol I
Barker-Benfield, Graham John, Vol I
Barman, Jean, Vol I, V
Barmann, Lawrence F., Vol I, IV
Barnard, Virgil John, Vol I
Barnes, Andrew E., Vol I
Barnes, Kenneth C., Vol I
Barnes, Thomas Garden, Vol I
Barnes, Timothy David, Vol I, II, III
Barnhart, Michael, Vol I
Barnhill, Georgia Brady, Vol I
Barnhill, John Herschel, Vol I
Baron, Samuel Haskell, Vol I
Barr, Alwyn, Vol I
Barrett, David P., Vol I
Barrett, James R., Vol I
Bartlett, Beatrice S., Vol I
Bartley, Abel A., Vol I
Barton, Carlin, Vol I
Barton, Marcella Biro, Vol I, IV
Barzun, Jacques, Vol I
Bast, Robert, Vol I
Batalden, Stephen Kalmar, Vol I
Bauer, Arnold Jacob, Vol I
Bauer, Craig A., Vol I
Baughman, T. H., Vol I
Baumler, Alan, Vol I
Bausum, Henry S., Vol I
Baxter, Stephen Bartow, Vol I
Bayley, C. C., Vol I
Baynton, Douglas C., Vol I
Bean, Jonathan J., Vol I
Beatty, Edward N., Vol I
Beaudoin-Ross, Jacqueline, Vol I
Beaumont, Roger A., Vol I
Beck, Herman, Vol I
Becker, Susan D., Vol I
Beckman, Gary M., Vol I
Bedeski, Robert E., Vol I, IV
Bedford, Steven M., Vol I
Bednarek, Janet, Vol I
Bedos-Rezak, Brigitte, Vol I
Beecher, Jonathan F., Vol I
Beecher, Maureen Ursenbach, Vol I, III
Beik, William, Vol I
Beiriger, Eugene, Vol I
Beito, David T., Vol I
Bell, Andrew J. E., Vol I
Bell, James Brugler, Vol I
Bell, John D., Vol I
Bell, John P., Vol I
Bell, Rudolph Mark, Vol I
Bell, Susan Groag, Vol I, V
Bellesiles, Michael A., Vol I
Bellinzoni, Arthur J., Vol I, IV
Bellot, Leland Joseph, Vol I
Bellush, Bernard, Vol I
Belohlavek, John M., Vol I
Ben-Ghiat, Ruth, Vol I
Bender, Melvin E., Vol I
Bender, Thomas, Vol I
Benedict, Philip, Vol I
Bennett, James D., Vol I
Bennett, Judith M., Vol I
Bennett, Y. Aleksandra, Vol I
Bennett Peterson, Barbara, Vol I
Benson, Keith Rodney, Vol I
Benton, Russell E., Vol I
Berg, Gerald Michael, Vol I
Bergen, Barry, Vol I
Berger, David, Vol I
Berger, Gordon, Vol I
Bergeron, Paul H., Vol I
Bergquist, James, Vol I
Beringer, Richard E., Vol I
Berkeley, Edmund, Vol I
Berkey, Jonathan P., Vol I
Berkman, Joyce A., Vol I, V
Berkowitz, Edward D., Vol I
Berlin, Ira, Vol I
Berman, Hyman, Vol I
Bernard, Paul Peter, Vol I
Bernhard, Virginia P., Vol I
Bernstein, Iver, Vol I
Berry, Lee Roy, Jr., Vol I
Berthold, Richard M., Vol I
Berwanger, Eugene H., Vol I
Best, Gary Dean, Vol I
Best, Henry, Vol I
Betts, Raymond Frederick, Vol I
Bhana, Surendra, Vol I
Biddle, Tami Davis, Vol I
Biggs, Douglas L., Vol I
Bilhartz, Terry D., Vol I
Billings, William M., Vol I
Billington, Monroe, Vol I
Bindon, K., Vol I
Binford, Henry C., Vol I
Bingham, Edwin Ralph, Vol I
Binion, Rudolph, Vol I
Birkner, Michael J., Vol I
Birn, Raymond, Vol I
Birnbaum, Lucia Chiavola, Vol I
Bischof, Gunter J., Jr., Vol I
Bishop, C. James, Vol I
Bisson, Douglas R., Vol I
Bisson, Thomas N., Vol I
Black, J. Laurence, Vol I
Black, Naomi, Vol I, IV
Blackbourn, David G., Vol I
Blackey, Robert Alan, Vol I
Blackford, Mansel Griffiths, Vol I
Blackwell, Frederick Warn, Vol I
Blaisdell, Charmarie Jenkins, Vol I
Blakely, Allison, Vol I
Blaser, L. Kent, Vol I
Blaszak, Barbara J., Vol I
Blatz, Perry K., Vol I
Bledstein, Adrien, Vol I, II
Blethen, H. Tyler, Vol I
Bliss, John W. M., Vol I
Bliss, Katherine, Vol I
Bliss, Robert M., Vol I
Bloomfield, Maxwell H., Vol I
Blouet, Olwyn, Vol I
Blum, Albert A., Vol I
Blumberg, Barbara, Vol I
Blumenfeld, David, Vol I, IV
Blumenshine, Gary Baker, Vol I
Blumenthal, Eileen, Vol II
Blumin, Stuart, Vol I
Bobinski, George Sylvan, Vol I, II
Bode, Frederick August, Vol I
Bodian, Miriam, Vol I, IV
Boehling, Rebecca, Vol I
Boersma, Hans, Vol I
Bohnstedt, John Wolfgang, Vol I
Boime, Albert, Vol I
Boles, John B., Vol I
Boles, Lawrence H., Jr., Vol I
Bolger, Francis W. P., Vol I
Bolster, W. Jeffrey, Vol I
Bolt, Ernest C., Jr., Vol I
Bolton, Charles C., Vol I
Bond, Julian, Vol I
Bonner, Thomas Neville, Vol I
Boorstin, Daniel Joseph, Vol I
Borchert, James A., Vol I
Borg, Dorothy, Vol I, IV
Borstelmann, Thomas, Vol I
Bothwell, Robert S., Vol I
Botjer, George, Vol I
Botstein, Leon, Vol I
Bottigheimer, Karl S., Vol I
Botzenhart-Viehe, Verena, Vol I
Boucher, Philip P., Vol I
Bourguignon, Henry J., Vol I, IV
Bouwsma, William James, Vol I
Bowden, Henry Warner, Vol I, IV
Bowen, Lynne E., Vol I
Bowers, William Lavalle, Vol I
Bowles, Suzanne, Vol I
Bowlus, Bruce, Vol I
Bowman, Jeffrey A., Vol I
Bowman, Joye L., Vol I
Bowman, Shearer Davis, Vol I
Bowman, Steven, Vol I
Boyer, Lee R., Vol I
Boylan, Anne M., Vol I
Boyle, Kevin, Vol I
Brackenridge, Robert Douglas, Vol I, IV
Bradley, Joseph C., Vol I
Bradley, Owen, Vol I

Braisted, William Reynolds, Vol I
Branson, Susan, Vol I
Brasseaux, Carl A., Vol I
Bratton, Timothy L., Vol I
Braude, Benjamin, Vol I
Brauer, Carl Malcolm, Vol I
Brauer, Kinley, Vol I
Bray, R. Matthew, Vol I
Breen, Timothy Hall, Vol I
Breihan, John R., Vol I
Breisach, Ernst Adolf, Vol I
Breit, Peter K., Vol I
Breitman, Richard D., Vol I
Brennan, Pat, Vol I
Breslaw, Elaine, Vol I
Breslin, Thomas Aloysius, Vol I
Breslow, Boyd, Vol I
Breslow, Marvin A., Vol I
Breton, Raymond J., Vol I
Briggs, J. M., Vol I
Bringhurst, Newell G., Vol I, IV
Brink, James Eastgate, Vol I
Brinkley, Alan, Vol I
Brinks, Herbert John, Vol I
Britsch, R. Lanier, Vol I
Brock, Peter de Beauvoir, Vol I
Brodhead, Michael John, Vol I
Brodman, James W., Vol I
Brody, David, Vol I
Brommel, Bernard, Vol II
Bronner, Edwin Blaine, Vol I
Brooks, E. Willis, Vol I
Brooks, George E., Vol I
Brooks, John, Vol I, IV
Brookshire, Jerry, Vol I
Bross, James Beverley, Vol I, IV
Brower, Daniel Roberts, Vol I
Browing, Reed S., Vol I
Brown, Alan S., Vol I
Brown, D. Clayton, Vol I
Brown, Dorothy M., Vol I
Brown, Ira Vernon, Vol I
Brown, Jennifer S. H., Vol I
Brown, Jerry Wayne, Vol I, IV
Brown, Kenneth, Vol I, IV
Brown, Leslie, Vol I
Brown, Richard Carl, Vol I
Brown, Richard D., Vol I
Brown, Richard Holbrook, Vol I
Brown, Richmond F., Vol I
Brown, Robert W., Vol I
Brown, Ronald Paul, Vol I
Brown, Sallie, Vol I
Brown, Sidney DeVere, Vol I
Brown, Spencer Hunter, Vol I
Brown, Walter R., Vol I
Browning, Reed St. Clair, Vol I
Broxton, Randall, Vol I
Broyles, Michael, Vol I, II
Bruce, Robert Vance, Vol I
Brucker, Gene Adam, Vol I
Brummett, Palmira, Vol I
Brundage, James A., Vol I
Brundage, William F., Vol I
Brungardt, Maurice P., Vol I
Buccellati, Giorgio, Vol I
Buchanan, Harvey, Vol I
Bucholz, Arden K., Vol I
Buck, David, Vol I
Buckley, Thomas Hugh, Vol I
Bucklin, Steve, Vol I
Buel, Richard (Van Wyck), Vol I
Buettinger, Craig, Vol I
Buhle, Mari Jo, Vol I
Buisseret, David, Vol I
Bukey, Evan B., Vol I
Bullard, Alice, Vol I
Bullard, Melissa Meriam, Vol I
Bullion, John Lewis, Vol I
Bullock, Steven C., Vol I
Bullough, Robert V., Jr., Vol I, V
Bullough, William Alfred, Vol I
Bunch, Richard Alan, Vol I
Burg, B. R., Vol I
Burggraaff, Winfield J., Vol I
Burke, Bernard V., Vol I
Burke, Colin B., Vol I
Burke, Edmund, Vol I
Burke, Martin J., Vol I
Burke, Sara Z., Vol I
Burkett, Randall Keith, Vol I, IV
Burkhardt, Richard W., Vol I
Burkholder, Mark A., Vol I
Burlingame, Michael A., Vol I
Burman, Thomas, Vol I
Burner, David B., Vol I, II
Burnett, Stephen G., Vol I, IV
Burnette, Rand, Vol I
Burns, Michael, Vol I
Burns, Thomas S., Vol I
Burnstein, Daniel, Vol I
Burroughs, Charles, Vol I
Burrows, Edwin G., Vol I
Burstein, Andrew, Vol I
Burstein, Stanley M., Vol I
Burt, Larry, Vol I
Burton, David Henry, Vol I
Bush, John M., Vol I
Bush, Perry, Vol I
Bushman, Claudia, Vol I
Bushnell, David, Vol I
Buss, Dietrich, Vol I
Butler, Jon, Vol I
Butler, Kim D., Vol I
Butler, Leslie, Vol I
Butow, Robert J. C., Vol I
Butts, Michele T., Vol I
Cafferty, Pastora San Juan, Vol I
Cairns, Hugh A. C., Vol I, IV
Calder, Lendol, Vol I
Caldwell, L. K., Vol I, IV
Calhoun, Charles W., Vol I
Calhoun, Robert M., Vol I
Cameron, James D., Vol I
Cameron, James Reese, Vol I
Camfield, Thomas M., Vol I
Camp, Helen C., Vol I
Campbell, Randolph B., Vol I
Canning, Paul, Vol I
Cantor, Louis, Vol I
Cantor, Milton, Vol I
Cantrell, Gregg, Vol I
Canup, John, Vol I
Capron, Alexander M., Vol I, IV
Caputi, Jane, Vol I, V
Cardenas, Maria de la Luz Rodriguez, Vol I, V
Cardoza, Anthony L., Vol I
Careless, James M. S., Vol I
Carey, James Charles, Vol I
Carlebach, Michael L., Vol I
Carleton, Don E., Vol I
Carls, Alice-Catherine, Vol I
Carls, Stephen, Vol I
Carlson, Andrew, Vol I
Carlson, Robert E., Vol I
Carlton, David L., Vol I
Carmical, Oline, Jr., Vol I
Carnes, Mark C., Vol I
Carp, E. Wayne, Vol I
Carpenter, Gerald, Vol I
Carpenter, Joel A., Vol I
Carrigan, David O., Vol I
Carroll, Bret E., Vol I
Carroll, James T., Vol I
Carroll, Rosemary F., Vol I, IV
Carson, Clayborne, Vol I
Carson, David, Vol I
Carter, Dan T., Vol I
Carter, Doris, Vol I
Cary, Noel D., Vol I
Casebier, Allan, Vol I, IV
Casey, John Dudley, Vol I, II, IV
Casey, Michael S., Vol I
Cashdollar, Charles D., Vol I
Casper, Scott E., Vol I
Cassar, George H., Vol I
Casteen, John, Vol I, III
Castiglione, Caroline F., Vol I
Caulfield, Norman, Vol I
Cederberg, Herbert Renando, Vol I, IV
Cell, John W., Vol I
Celms, Peter, Vol I
Censer, Jack R., Vol I
Censer, Jane Turner, Vol I
Cerillo, Augustus, Vol I
Chalfant, William Y., Vol I, IV
Chalk, Frank, Vol I
Challener, Richard Delo, Vol I
Chamberlain, Kathleen P., Vol I
Chamberlain, Michael, Vol I
Chamberlin, Eugene Keith, Vol I
Chambers, Henry Edmund, Vol I
Chambers, John W., II, Vol I
Chambers, Marjorie Bell, Vol I
Chambers, Sarah, Vol I
Chandler, Joan, Vol I
Chang, Sidney H., Vol I
Channell, David, Vol I
Chapelle, Suzanne E. G., Vol I
Chappell, David L., Vol I
Charlton, Thomas L., Vol I
Chase, James S., Vol I
Chassen-Lopez, Francie R., Vol I
Chatfield, E. Charles, Vol I
Chavalas, Mark W., Vol I
Chavez, John R., Vol I
Chehabi, Houchang E., Vol I, IV
Cheng, Weikun, Vol I
Chesson, Michael, Vol I
Ching, Erik K., Vol I
Chomsky, Aviva, Vol I
Chrisman, Miriam Usher, Vol I
Christian, Garna, Vol I
Christianson, Eric Howard, Vol I
Christianson, Gale Edward, Vol I
Christman, Calvin, Vol I
Chu, Jonathan M., Vol I
Chung, Sue Fawn, Vol I
Churchill, Charles B., Vol I
Cimprich, John, Vol I
Citino, Robert M., Vol I
Citron, Henry, Vol I, IV
Clark, Anna, Vol I, V
Clark, Clifford E., Jr., Vol I
Clark, Geoffrey W., Vol I
Clark, Hugh R., Vol I, III
Clark, Linda L., Vol I
Clark, Michael D., Vol I
Clayson, W., Vol I
Clegern, Wayne M., Vol I
Clemens, Diane Shaver, Vol I
Clements, Kendrick A., Vol I
Clifford, Dale Lothrop, Vol I
Cline, Catherine Ann, Vol I
Clingan, Edmund, Vol I
Clulee, Nicholas H., Vol I
Cobble, Dorothy Sue, Vol I, V
Cochran, Sherman, Vol I
Cochran, Thomas Childs, Vol I
Cockfield, Jamie H., Vol I
Cocks, Geoffrey C., Vol I
Codling, Jim, Vol I, IV, V
Coffey, Joan L., Vol I
Cohassey, John F., Vol I
Cohen, Gary Bennett, Vol I
Cohen, Judith, Vol I, II
Cohen, Miriam J., Vol I
Cohen, Patricia Cline, Vol I
Cohen, Paul M., Vol I
Cohen, Sheldon S., Vol I
Cohen, Warren I., Vol I
Cohn, Bernard Samuel, Vol I, V
Colbert, Thomas Burnell, Vol I
Cole, Donald Barnard, Vol I
Cole, John R., Vol I
Cole, Juan R., Vol I
Cole, Mary Hill, Vol I
Cole, Robert, Vol I
Coleman, Ronald Gerald, Vol I
Colish, Marcia L., Vol I
Collier, Christopher, Vol I
Collier-Thomas, Bettye, Vol I
Collins, Donald E., Vol I
Collins, Elliott, Vol I
Colman, Gould P., Vol I
Combs, William L., Vol I
Conard, Rebecca, Vol I
Congdon, Lee W., Vol I
Conkin, Paul K., Vol I
Conley, Carolyn, Vol I
Connelly, Owen S., Vol I
Conner, Valerie Jean, Vol I
Conrad, David C., Vol I
Conrad, Margaret R., Vol I, V
Constance, Joseph, Vol I, II
Conway, John S., Vol I
Cook, Harold J., Vol I
Cook, Noble David, Vol I
Cook, Philip C., Vol I
Cooke, Jacob Ernest, Vol I
Coon, Lynda L., Vol I
Coons, Ronald E., Vol I
Cooper, Gail, Vol I
Cooper, William, Vol I
Coopersmith, Jonathan C., Vol I
Copp, John T., Vol I
Corbett, William P., Vol I
Cordell, Dennis Dale, Vol I
Cordery, Simon, Vol I, IV
Cordery, Stacy A. Rozek, Vol I
Cornelius, Janet Duitsman, Vol I
Cornell, Paul G., Vol I
Corrales, Edwin, Vol I, II
Cortes, Carlos Eliseo, Vol I
Costigliola, Frank Charles, Vol I
Cott, Nancy Falik, Vol I
Coudert, Allison P., Vol I
Coughtry, Jay, Vol I
Coulter, Matthew, Vol I
Courtwright, David T., Vol I
Coutenay, Lynn, Vol I, II
Coutts, Brian E., Vol I, II
Couvares, Francis G., Vol I
Coward, Harold G., Vol I, IV
Cowie, Jefferson R., Vol I
Cox, Caroline, Vol I
Cox, Harold E., Vol I
Cox, Thomas C., Vol I
Crabtree, Loren William, Vol I
Craft, George S., Jr., Vol I
Craig, Gordon Alexander, Vol I
Craig, Robert, Vol I
Crapol, Edward P., Vol I
Crawford, Katherine B., Vol I
Cray, Robert, Vol I
Cressy, David, Vol I
Crew, David F., Vol I
Crews, Daniel A., Vol I
Crimando, Thomas, Vol I
Crimm, Carolina Castillo, Vol I
Criscenti, Joseph Thomas, Vol I
Crisp, James E., Vol I
Cronin, James E., Vol I
Crosby, Alfred W., Vol I
Cross, Gary, Vol I
Cross, Robert Dougherty, Vol I
Crothers, A. Glenn, Vol I
Crouch, Dora Polk, Vol I
Crouse, Maurice A., Vol I
Crowe, David, Vol I
Crowley, John G., Vol I
Cruikshank, Kenneth, Vol I
Crummey, Donald E., Vol I
Culbert, David H., Vol I
Cummins, Light Townsend, Vol I
Cunningham, Noble E., Jr., Vol I
Cunningham, Sarah Gardner, Vol I, IV
Cuno, Kenneth M., Vol I
Curran, Daniel John, Vol I
Curran, Robert Emmott, Vol I
Curry, Lawrence H., Jr., Vol I
Curtin, N. J., Vol I
Curtin, Philip De Armond, Vol I
Curtis, Susan, Vol I
Cushing, James T., Vol I
Cutter, Donald C., Vol I
Cuvalo, Ante, Vol I
Cyr, Mary, Vol I, II
D'Agostino, Anthony W., Vol I
D'Agostino, Peter R., Vol I, IV
D'Allaire, Micheline, Vol I
Daily, Jonathan, Vol I
Dales, Richard C., Vol I
Daly, John P., Vol I
Daly, Lawrence John, Vol I
Daly, William M., Vol I
Dameron, George Williamson, Vol I
Daniel, Cletus Edward, Vol I
Daniel, Marcus L., Vol I
Daniell, Jere, Vol I
Daniels, Bruce C., Vol I
Daniels, Douglas Henry, Vol I
Daniels, Robert V., Vol I
Danysk, Cecilia, Vol I
Danzer, Gerald, Vol I, V
Danziger, Edmund J., Vol I
Dardess, John W., Vol I
Darling, Linda T., Vol I
David, Arthur LaCurtiss, Vol I
Davis, Calvin D., Vol I
Davis, Carl L., Vol I, IV
Davis, David Brion, Vol I
Davis, David D., Vol I, II
Davis, Donald G., Jr., Vol I, II
Davis, Jack E., Vol I
Davis, James Edward, Vol I
Davis, Leroy, Vol I
Davis, Miriam, Vol I
Davis, Natalie Zemon, Vol I
Davis, Richard W., Vol I
Davis, Rodney, Vol I
Davis, Thomas Joseph, Vol I
Davison, Roderic Hollett, Vol I
Dawson, John Philip, Vol I
Dawson, Joseph G., III, Vol I
Day, Richard B., Vol I, IV
Day, Ronnie, Vol I
Dayton, Cornelia H., Vol I
De Baca, Vincent C., Vol I
De Hart, Jane S., Vol I
De La Pedraja, Rene, Vol I
de la Teja, J. F., Vol I
De Leon, David, Vol I
de Schaepdrijver, Sophie, Vol I
De Syon, Guillaume, Vol I
de Vries, Jan, Vol I, IV
Deal, J. Douglas, Vol I
Dean, Warren, Vol I
deBuys, William Eno, Vol I
Decarie, Graeme, Vol I
Decker, Hannah S., Vol I
Deconde, Alexander, Vol I
Deering, Ronald F., Vol I, II, IV
Deeter, Allen C., Vol I, IV
Degler, Carl Neumann, Vol I
DeGroat, Judith A., Vol I
Delaney, John J., Vol I
Delaney, Norman, Vol I
Delisle, Jean, Vol I, III
Deloria, Vine, Jr., Vol I
Delph, Ronald, Vol I
Demy, Timothy J., Vol I, IV
Denham, James M., Vol I
Dennis, David B., Vol I
Derden, John K., Vol I
Derfler, Leslie A., Vol I
Deroche, Andrew, Vol I
Deutsch, Harold Charles, Vol I
Deutsch, Sandra McGee, Vol I
Devereux, David R., Vol I
Devinatz, Victor G., Vol I
Devine, Joseph A., Jr., Vol I
DeWindt, Edwin B., Vol I
Diacon, Todd, Vol I
Diamond, Sigmund, Vol I, V
Dick, Eric L., Vol I
Dickason, Olive P., Vol I
Dicke, Thomas Scott, Vol I
Dickerman, Edmund H., Vol I
Dickson, Charles Ellis, Vol I
Dierenfield, Bruce, Vol I
Dietrich, Wilfred O., Vol I, II
Dinan, Susan A., Vol I
Diner, Steven J., Vol I
Dingman, Roger V., Vol I
Dirks, Patricia, Vol I
Dittmer, John, Vol I
Dockery, David S., Vol I, IV
Dodds, Gordon B., Vol I
Dodge, Timothy, Vol I, II
Doenecke, Justus D., Vol I
Dolnikowski, Edith W., Vol I
Dombrowski, Nicole, Vol I
Domenico, Roy P., Vol I
Donaghay, Marie, Vol I
Donakowski, Conrad L., Vol I, II, IV
Donnelly, J. Patrick, Vol I
Donner, Fred M., Vol I
Dooley, Howard John, Vol I
Doran, Katheryn, Vol I
Dorinson, Joseph, Vol I
Dorwart, Jeffrey M., Vol I
Doster, James Fletcher, Vol I
Doughty, Robert, Vol I
Doyle, Don H., Vol I
Doyle, Michael W., Vol I
Dozier, Robert R., Vol I, IV
Drake, Fred, Vol I
Drake, Harold A., Vol I, II, III
Dreifort, John E., Vol I
Drescher, Seymour, Vol I
Dreyer, Edward L., Vol I
Drinkard-Hawkshawe, Dorothy, Vol I
Dube, Jean-Claude, Vol I
Dublin, Thomas, Vol I
Dubofsky, Melvyn, Vol I
DuBois, Ellen Carol, Vol I
Dudden, Arthur Power, Vol I
Dudden, Faye E., Vol I
Duley, Margot I., Vol I
Dumont, Micheline, Vol I
Dunar, Andrew J., Vol I
Duncan, Richard R., Vol I
Duncan, Russell, Vol I
Dunn, Durwood, Vol I
Dunn, Richard Slator, Vol I
Dunnell, Ruth W., Vol I
DuPlessis, Robert S., Vol I
Dupree, Anderson Hunter, Vol I
Durden, Robert Franklin, Vol I
Durocher, Rene, Vol I
Durrill, Wayne K., Vol I
Dutton, Paul V., Vol I
Dyck, Cornelius John, Vol I, IV
Dykes, DeWitt S., Jr., Vol I
Dykstra, Robert R., Vol I
Dzamba, Anne, Vol I, V
Dziewanowski, Marian Kamil, Vol I
Dzuback, Mary Ann, Vol I, V
Eagles, Charles W., Vol I
Eakin, Marshall C., Vol I
Eastman, John Robert, Vol I
Ebner, Michael Howard, Vol I
Eckert, Edward K., Vol I
Edelstein, Melvin A., Vol I
Edgar, Walter B., Vol I
Edie, Carolyn A., Vol I
Edmondson, Jonathan C., Vol I

Edwards, Rebecca, Vol I
Edwards, Wendy J. Deichmann, Vol I
Egerton, Frank N., Vol I
Egler, David G., Vol I
Eglin, John, Vol I
Eick, Gretchen, Vol I
Einhorn, Robin, Vol I
Eisenstadt, Abraham S., Vol I
Eisenstadt, Peter, Vol I
Ekirch, A. Roger, Vol I
Elbert, Sarah, Vol I
Elfenbein, Jessica, Vol I
Eller, David B., Vol I, IV
Eller, Ronald, Vol I
Elliott, Carolyn S., Vol I, IV
Elliott, Derek W., Vol I
Elliott, Shirley B., Vol I
Ellis, Edward Earle, Vol I, IV
Ellis, Jack D., Vol I
Ellis, R. Clyde, Vol I
Ellis, William Elliott, Vol I
Ellsworth, Samuel George, Vol I
Elman, Benjamin, Vol I
Elwood, R. Carter, Vol I
Ely, Melvin Patrick, Vol I
Endicott, Stephen L., Vol I
Eng, Robert Y., Vol I
Engels, Donald W., Vol I, II, III
Engerman, Stanley Lewis, Vol I, IV
England, Robert, Vol I
Engle, Stephen D., Vol I
English, Allan D., Vol I
English, John Cammel, Vol I
Engs, Robert Francis, Vol I
Engstrand, Iris H. Wilson, Vol I
Ens, Gerhard J., Vol I
Entenmann, Robert, Vol I
Epstein, Catherine A., Vol I
Erdel, Timothy Paul, Vol I, IV
Erenberg, Lewis, Vol I
Erickson, Erling A., Vol I
Erickson, Nancy Lou, Vol I, II
Erlen, Jonathon, Vol I
Ermarth, Elizabeth Deeds, Vol I
Ermarth, Hans Michael, Vol I
Ernst, Eldon G., Vol I
Ernst, John, Vol I
Errington, Jane, Vol I
Escott, Paul David, Vol I
Esler, Anthony J., Vol I
Eslinger, Ellen T., Vol I
Essin, Emmett M., Vol I
Etulain, Richard W., Vol I
Eula, Michael James, Vol I, IV
Evans, John Karl, Vol I
Evans, Michael J., Vol I
Evans, Sara M., Vol I
Eyck, F. Gunther, Vol I
Faherty, William Barnaby, Vol I
Fahmy-Eid, Nadia, Vol I
Fahs, Alice E., Vol I
Fair, John, Vol I
Fairbairn, Brett T., Vol I
Faler, Paul G., Vol I
Falk, Candace, Vol I, IV
Falk, Marvin W., Vol I
Falola, Toyin, Vol I
Farah, Caesar E., Vol I, IV
Farmer, Edward, Vol I
Farr, David M. L., Vol I
Farris, W. Wayne, Vol I
Fasolt, Constantin, Vol I
Faue, Elizabeth V., Vol I
Faulkner, Ronnie, Vol I, IV
Fausold, Martin L., Vol I
Fausz, John Frederick, Vol I
Fay, Mary Ann, Vol I
Fears, J. Rufus, Vol I, II, III
Fechner, Roger J., Vol I
Fee, Elizabeth, Vol I, IV
Fehrenbach, Heide, Vol I
Feller, Daniel, Vol I
Fellman, Michael, Vol I
Felstiner, Mary Lowenthal, Vol I
Ferguson, Arthus Bowles, Vol I
Ferguson, Everett, Vol I, IV
Ferleger, Louis A., Vol I
Fernandez, Jose A., Vol I
Fernstein, Margarete Myers, Vol I
Ferrill, Arther L., Vol I
Fetzer, James Henry, Vol I, IV
Feyerick, Ada, Vol I
Fick, Carolyn E., Vol I
Fidler, Ann, Vol I
Fiege, Mark T., Vol I
Field, Arthur, Vol I
Field, Daniel, Vol I
Field, Lester L., Jr, Vol I
Field, Phyllis F., Vol I
Fierce, Milfred C., Vol I
Findlay, James F., Vol I
Findlen, Paula, Vol I
Findley, Carter Vaughn, Vol I, III
Finger, John R., Vol I
Fink, Carole K., Vol I
Fink, William Bertrand, Vol I
Finkel, Alvin, Vol I
Finkelstein, Gabriel, Vol I
Finkelstein, Joseph, Vol I
Finkenbine, Roy E., Vol I
Finlay, Robert, Vol I
Finlayson, Michael G., Vol I
Finlayson, William D., Vol I
Finn, Margot C., Vol I
Finnegan, Terence Robert, Vol I
Finney, Paul Corby, Vol I, IV
Fischer, Bernd, Vol I
Fischer, Klaus P., Vol I
Fisher, Robert Bruce, Vol I
Fisher, Robin, Vol I
Fishman-Boyd, Sarah, Vol I
Fite, Gilbert Courtland, Vol I
Fitter, Chris, Vol II
Fitzgerald, E. P., Vol I
Fitzgerald, Michael, Vol I
Fitzpatrick, Ellen, Vol I, V
Fitzsimmons, Michael P., Vol I
Fix, Andrew C., Vol I
Flack, James, Vol I
Flader, Susan L., Vol I
Flayhart, William H., III, Vol I
Fleming, Patricia L., Vol I
Fleming, Rae B., Vol I
Flint, John E., Vol I
Flores, Dan, Vol I
Flynt, J. Wayne, Vol I
Fogarty, Robert Stephen, Vol I
Fogelson, Robert M., Vol I
Fogleman, Aaron S., Vol I
Foley, Neil, Vol I
Foltz, Richard, Vol I
Fonge, Fuabeh P., Vol I
Fonrobert, Charlotte, Vol I
Foos, Paul W., Vol I
Forage, Paul C., Vol I
Ford, Bonnie L., Vol I
Ford, Franklin Lewis, Vol I
Fordham, Monroe, Vol I
Formisano, Ronald P., Vol I
Formwalt, Lee W., Vol I
Forslund, Catherine, Vol I
Forster, Marc R., Vol I
Forster, Robert, Vol I
Forsyth, Phyllis, Vol I, II, III
Foster, Anne L., Vol I
Foster, E. C., Vol I
Fouche, Rayvon, Vol I
Fowler, William M., Vol I
Fox-Genovese, Elizabeth, Vol I
Frager, Ruth, Vol I
Francis, Robert D., Vol I
Franks, Kenny Arthur, Vol I
Fraser, J(ulius) T(homas), Vol I
Frassetto, Michael, Vol I
Frazer, Heather, Vol I
Frazier, Alison, Vol I
Frederick, Richard G., Vol I
Fredriksen, P., Vol I, IV
Freeberg, E., Vol I
Freedman, Estelle, Vol I
Freedman, Robert Owen, Vol I
Freeman, Joanne B., Vol I
Freeze, Gregory L., Vol I
Freeze, Karen J., Vol I
French, Goldwin S., Vol I
French, Henry P., Jr, Vol I, IV
French, Valerie, Vol I
Frey, Linda, Vol I
Frey, Marsha, Vol I
Freyer, Tony Allan, Vol I, IV
Friedel, Robert D., Vol I
Friedman, Hal M., Vol I
Friedman, Jean E., Vol I
Frierson, Cathy A., Vol I
Fritz, Stephen G., Vol I
Fritze, Ronald H., Vol I
Fritzsche, Peter, Vol I
Frizzell, Robert, Vol I
Frost, Ginger S., Vol I
Frost, Peter K., Vol I
Fry, Joseph A., Vol I
Fry, Michael G., Vol I, IV
Fryer, Judith, Vol I, II
Frykman, George Axel, Vol I
Fu, Poshek, Vol I
Fuchs, Rachel G., Vol I
Fuller, Lawrence Benedict, Vol I, II
Fumerton, Patricia, Vol II
Funchion, Michael Francis, Vol I
Funk, Arthur Layton, Vol I
Funkenstein, Amos, Vol I
Furlough, Ellen, Vol I
Furman, Necah Stewart, Vol I
Furth, Charlotte, Vol I
Fussner, Frank Smith, Vol I
Gaab, Jeffrey S., Vol I
Galgano, Michael J., Vol I
Galishoff, Stuart, Vol I
Gallagher, Gary W., Vol I
Gallagher, Mary A. Y., Vol I
Gallicchio, Marc S., Vol I
Galush, William J., Vol I
Gamber, Wendy, Vol I
Ganson, Barbara, Vol I
Garber, Marilyn, Vol I, IV
Garceau, Dee, Vol I
Garcia, Matt, Vol I
Gardner, Bettye J., Vol I
Gariepy, Margo R., Vol I, II
Garland, Martha, Vol I
Gauvreau, J. Michael, Vol I
Gawalt, Gerard Wilfred, Vol I
Geagan, Daniel J., Vol I
Geary, Patrick, Vol I
Geggus, D., Vol I
Geiger, Mary Virginia, Vol I, IV
Gellman, I., Vol I
Gellott, Laura S., Vol I
Gellrich, Jesse M., Vol II
Gentles, Ian, Vol I
George, Charles Hilles, Vol I
George, Peter J., Vol I
Gerber, David, Vol I
Gerber, Larry G., Vol I
Gerberding, Richard A., Vol I
Gerrish, Brian Albert, Vol I, IV
Gerteis, Louis, Vol I
Geyer, M., Vol I
Ghazzal, Zouhair, Vol I
Giacumakis, George, Vol I
Giamo, Benedict, Vol I
Gibert, John C., Vol I
Giglio, James N., Vol I
Gilb, Corinne Lathrop, Vol I
Gilbert, Bentley Brinkerhoff, Vol I
Gilbert, James B., Vol I
Gildemeister, Glen A., Vol I
Gildric, Richard P., Vol I, IV
Gilfoyle, Timothy J., Vol I
Gill, Gerald Robert, Vol I
Gill, J., Vol I
Gillette, William, Vol I
Gillingham, Bryan R., Vol I, II
Gilmore, Al Tony, Vol I
Gimelli, Louis B., Vol I, IV
Gish, Steven D., Vol I
Glad, Paul Wilbur, Vol I
Glasrud, Bruce A., Vol I
Glassberg, David, Vol I
Glatfelter, Ralph Edward, Vol I
Gleason, Abbott, Vol I
Glueckert, Leopold, Vol I
Gocking, Roger, Vol I
Godbeer, R., Vol I
Godbold, E. Stanly, Vol I
Goff, Richard D., Vol I
Goheen, R. B., Vol I
Goins, Richard Anthony, Vol I
Golas, Peter John, Vol I
Gold, Penny Schine, Vol I
Goldberg, Barry, Vol I
Goldberg, Robert A., Vol I
Goldman, Merle, Vol I
Goldschmidt, Arthur E., Jr, Vol I
Goldstein, Jonathan, Vol I
Goldstein, Laurence Alan, Vol I
Gonzales, John Edmond, Vol I
Gonzales, Manuel G., Vol I
Gonzalez, Deena J., Vol I
Gonzalez, Evelyn, Vol I
Good, David F., Vol I
Good, Jane E., Vol I
Goode, James, Vol I
Goodheart, Lawrence, Vol I
Goodman, Paul, Vol I
Goodrich, Thomas Day, Vol I
Goodwin, G. F., Vol I
Goodwin, Joanne, Vol I
Gootenberg, Paul, Vol I
Goranson, Stephen, Vol I, IV
Gordon, Amy Glassner, Vol I
Gordon, Daniel, Vol I
Gordon, Jacob U., Vol I
Gordon, John W., Vol I
Gordon, Leonard Abraham, Vol I
Gordon, Linda, Vol I
Gorham, Deborah, Vol I
Gorin, Robert M., Jr, Vol I
Gorn, Elliott J., Vol I
Gossman, Norbert Joseph, Vol I
Gowaskie, Joseph M., Vol I
Graff, Harvey J., Vol I
Grafton, Anthony T., Vol I
Graham, Richard, Vol I
Graham, W. Fred, Vol I, IV
Granatstein, Jack L., Vol I
Grant, H. Roger, Vol I
Grantham, Dewey Wesley, Vol I
Gratton, Brian, Vol I
Graubard, Stephen Richards, Vol I
Graves, John W., Vol I, IV
Graves, Pamela, Vol I
Gray, Susan E., Vol I
Greaves, Richard L., Vol I
Greaves, Rose Louise, Vol I
Green, George D., Vol I
Green, Harvey, Vol I
Greenbaum, Louis Simpson, Vol I
Greenberg, Brian, Vol I
Greenberg, Cheryl, Vol I
Greenberg, Kenneth, Vol I
Greene, Douglas G., Vol I
Greene, Jack P., Vol I
Greene, John C., Vol I
Greene, Nathanael, Vol I
Greene, Sandra E., Vol I
Greenlee, James G. C., Vol I
Greenshields, Malcolm, Vol I
Greenspan, Anders, Vol I
Greer, Allan R., Vol I
Gregg, Edward, Vol I
Grego, Richard, Vol I
Gregory, Robert G., Vol I
Grendler, Paul F., Vol I
Gressley, Gene M., Vol I
Grewal, Jyoti, Vol I
Griffin, Paul R., Vol I
Griffith, Robert, Vol I
Griffith, Sally F., Vol I
Grinde, Donald Andrew, Vol I
Gritsch, Eric W., Vol I, IV
Gross, David, Vol I
Gross, Pamela, Vol I
Gross, Robert A., Vol I
Gross-Diaz, Theresa, Vol I
Grubb, James S., Vol I
Gruber, Carlos S., Vol I
Gruber, Ira, Vol I
Guarneri, Carl J., Vol I
Gudmundson, Lowell, Vol I
Guenther, Karen, Vol I
Guilmartin, John F., Vol I
Gundersen, J., Vol I
Gundersheimer, W. L., Vol I
Gupta, Brijen Kishore, Vol I
Gura, Philip F., Vol I
Gutmann, Myron P., Vol I
Gutzke, David W., Vol I
Guy, Donna Jay, Vol I
Guyotte, Roland L., Vol I
Gwyn, Alexandra, Vol I
Gythiel, Anthony P., Vol I
Haas, Arthur G., Vol I
Hackenburg, Michael, Vol I
Hackney, Sheldon, Vol I
Hadden, Sally E., Vol I
Hagedorn, Nancy, Vol I
Hagen, Kenneth G., Vol I
Hahm, David Edgar, Vol I, III, IV
Haiken, Elizabeth, Vol I
Halbersleben, Karen I., Vol I
Haley, Evan W., Vol I
Hall, David D., Vol I
Hall, Michael, Vol I
Hall, Michael G., Vol I
Hall, Mitchell K., Vol I
Hall, Timothy D., Vol I
Haller, John S., Jr, Vol I
Haller, Mark Hughlin, Vol I, IV
Halpern, Paul G., Vol I
Halttunen, Karen, Vol I
Hamby, Alonzo Lee, Vol I
Hamdani, Abbas Husayn, Vol I
Hamelin, Marcel, Vol I
Hamlin, Christopher S., Vol I
Hamm, Thomas D., Vol I
Hanawalt, Barbara A., Vol I
Hanchett, Tom, Vol I
Handsman, Russell G., Vol I
Hanft, Sheldon, Vol I
Hanley, Sarah, Vol I
Hanna, Martha, Vol I
Hansen, Bert, Vol I
Hansen, Debra Gold, Vol I
Hansen, Peter H., Vol I
Hanson, Charles Parker, Vol I
Hanyan, Craig, Vol I
Hao, Yen-Ping, Vol I
Harbutt, Fraser J., Vol I
Harcave, Sidney Samuel, Vol I
Hardin, John Arthur, Vol I
Hardin, Stephen L., Vol I
Harding, Vincent, Vol I
Hardy, B. Carmon, Vol I
Hardy, Charles, III, Vol I
Hargreaves, Mary Wilma Massey, Vol I
Harp, Stephen L., Vol I
Harrell, David E., Vol I
Harrington, Ann M., Vol I
Harris, J. William, Vol I
Harris, Janice Hubbard, Vol I, II, V
Harris, Leslie M., Vol I
Harris, Michael Wesley, Vol I
Harris, Paul, Vol I
Harris, Robert L., Jr., Vol I
Harrison, Cynthia, Vol I
Harrison, Lowell Hayes, Vol I
Harrison, Patricia G., Vol I
Harrold, Stanley, Vol I
Hart, John Mason, Vol I
Hartman, Mary Susan, Vol I
Hartmann, Susan, Vol I
Hassing, Arne, Vol I, IV
Hassing, Richard F., Vol I, IV
Hassrick, Peter H., Vol I
Hata, Donald Teruo, Vol I
Hata, Nadine Ishitani, Vol I
Hatch, Nathan O., Vol I
Hathaway, Jane, Vol I
Hathorn, Billy B., Vol I
Hatzenbuehler, Ronald Lee, Vol I
Hauser, Stephen, Vol I
Havran, Martin Joseph, Vol I
Haw, James A., Vol I
Hawes, Joseph, Vol I
Hawley, Ellis Wayne, Vol I
Hay, Carla H., Vol I
Haycox, Steve, Vol I
Hayden, John K., Vol I
Hayes, Floyd Windom, III, Vol I
Hayes, Jack, Vol I
Hayner, Linda K., Vol I
Haynes, John Earl, Vol I
Haynes, Keith A., Vol I
Hays, Jo N., Vol I
Hays, Samuel Pfrimmer, Vol I
Hayse, Michael, Vol I
Haywood, Geoffrey, Vol I
Heibron, John L., Vol I
Heinemann, Ronald, Vol I
Heinz, Vira I., Vol I
Heiss, Mary Ann, Vol I
Heisser, David C. R., Vol I, II
Held, Beverly Orlove, Vol I
Heller, Rita, Vol I
Helmholz, R. H., Vol I, IV
Helmreich, Ernst Christian, Vol I
Helmreich, Paul Christian, Vol I
Hemphill, C. Dallett, Vol I
Henderson, Dwight F., Vol I
Henderson, H. James, Vol I
Hendon, David Warren, Vol I
Henggeler, Paul R., Vol I
Henig, Gerald S., Vol I
Henretta, James A., Vol I
Henriksson, Anders H., Vol I
Hepburn, Sharon Roger, Vol I
Herbert, Eugenia Warren, Vol I
Herman, Gerald Harvey, Vol I
Herman, Phyllis, Vol I
Herr, Richard, Vol I
Herring, George C., Vol I
Herrup, Cynthia, Vol I, IV
Hershkowitz, Leo, Vol I
Hertzberg, Arthur, Vol I
Hervey, Norma J., Vol I
Herzstein, Robert Edwin, Vol I
Hesse, C., Vol I
Hettinger, Madonna, Vol I
Heyck, Thomas William, Vol I
Heyrman, Christine L., Vol I
Hickey, Damon, Vol I
Hickey, Donald Robert, Vol I
Hickey, Michael C., Vol I
Hicks, L. Edward, Vol I
Higashi, Sumiko, Vol I
Higbee, Mark, Vol I
Higginbotham, R. Don, Vol I
Higginson, John, Vol I
Higgs, Catherine, Vol I

Higham, John, Vol I
Higham, Robin, Vol I
Higonnet, Patrice, Vol I
Hilden, Patricia Penn, Vol I
Hill, Bennett David, Vol I
Hill, Christopher V., Vol I
Hill, Eugene David, Vol I, II
Hill, Lamar Mott, Vol I
Hillmer, George Norman, Vol I
Hilton, Kathleen C., Vol I
Hilwig, Stuart, Vol I
Hinckley, Ted C., Vol I
Hindman, E. James, Vol I
Hines, Thomas S., Vol I
Hinsley, Curtis M., Vol I
Hirsch, Susan E., Vol I
Hirschmann, Edwin A., Vol I
Hitchcock, James, Vol I
Hitchens, Marilynn Jo, Vol I
Hixson, Walter L., Vol I
Hoak, Dale E., Vol I
Hobsbawm, Eric, Vol I
Hochman, Jiri, Vol I
Hoddeson, Lillian, Vol I
Hodges, James A., Vol I
Hoeflich, Michael H., Vol I, IV
Hoeveler, J. David, Vol I
Hoffman, Peter C. W., Vol I
Hoffman, Ronald, Vol I
Hoffman, Steven J., Vol I
Hoffmann, David, Vol I
Hofsommer, Don L., Vol I
Hofstadter, Douglas Richard, Vol IV
Hogan, Lawrence Daniel, Vol I
Hogan, Michael J., Vol I
Hogan, Patricia, Vol I
Hohlfelder, Robert L., Vol I
Hoidal, Oddvar Karsten, Vol I
Holcombe, Lee, Vol I
Holifield, E. Brooks, Vol I, IV
Holland, Antonio F., Vol I
Holland, James C., Vol I
Holli, Melvin G., Vol I
Hollinger, David A., Vol I
Hollingsworth, Joseph Rogers, Vol I
Hollis, Daniel W., Vol I
Holmes, Blair R., Vol I
Holmes, Larry E., Vol I
Holmes, Steven J., Vol I
Holmes, William F., Vol I
Homel, Michael W., Vol I
Homer, Francis X. J., Vol I
Hondros, John L., Vol I
Honey, Michael, Vol I
Hooper, Paul F., Vol I
Hoopes, James E., Vol I
Hopkins, Fred, Vol I
Horn, Martin, Vol I
Hornsby, Alton, Vol I
Horowitz, David A., Vol I
Horowitz, Joel, Vol I
Horsman, Reginald, Vol I
Horstman, Allen, Vol I, IV
Hostetler, Theodore J., Vol I, II
Hovanec, Evelyn Ann, Vol I, II, V
Hovendick, Kelly B., Vol I, II, V
Howard, Thomas A., Vol I
Howarth, Thomas, Vol I
Howe, Daniel, Vol I
Howe, John R., Vol I
Hoxie, Frederick E., Vol I
Hoxie, Ralph Gordon, Vol I, IV
Hoyt-O'Connor, Paul E., Vol I, IV
Hubbard, William H., Vol I
Huddle, Thomas S., Vol I
Hudson, Benjamin T., Vol I
Hudson, Leonne M., Vol I
Hudson, Robert Vernon, Vol I, II
Huebner, Timothy, Vol I
Huel, Ray, Vol I
Hufbauer, Karl G., Vol I
Huggard, Chris, Vol I
Hughes, Andrew, Vol I, II
Hughes, J. Donald, Vol I
Hughes, Judith Markham, Vol I
Huhta, James Kenneth, Vol I
Hull, N. E. H., Vol I, IV
Humphreys, Leonard A., Vol I
Humphreys, Margaret, Vol I
Hundert, Edward J., Vol I
Hundley, Norris Cecil, Vol I
Hunt, James, Vol I, IV
Hunt, Michael H., Vol I
Hunt, Richard Allen, Vol I
Hunt, Richard M., Vol I, V
Hunter, Gary, Vol I
Hunter, Leslie G., Vol I
Hunter, Phyllis A., Vol I
Hupchick, Dennis P., Vol I
Huppert, George, Vol I
Hurley, Andrew J., Vol I
Hurtado, A. L., Vol I
Huston, James Alvin, Vol I
Huston, Richard P., Vol I
Hutcheson, John A., Jr., Vol I
Huttenbach, Henry R., Vol I
Hyatt, Irwin T., Jr., Vol I
Hyser, Raymond M., Vol I
Iggers, Georg G., Vol I
Illick, Joseph E., Vol I
Imholt, Robert Joseph, Vol I
Ingalls, Robert Paul, Vol I
Ingles, Ernie B., Vol I, II
Ingram, Earl Glynn, Vol I
Ipsen, Carl, Vol I
Ireland, Robert, Vol I
Irschick, Eugene Frederick, Vol I, IV, V
Irwin, John Thomas, Vol I, II
Irwin, Raymond D., Vol I, IV
Irwin, Robert, Vol I
Isaac, Ephraim, Vol I, III
Isaacman, Allen, Vol I
Isaacs, Harold, Vol I
Isenberg, Nancy G., Vol I
Isett, Christopher, Vol I
Israel, Milton, Vol I
Izenberg, Gerald Nathan, Vol I
Jackson, Joe C., Vol I, IV
Jackson, Kennell A., Jr., Vol I
Jackson, Richard A., Vol I
Jackson, Robert H., Vol I
Jackson, W. Sherman, Vol I
Jacob, James R., Vol I
Jacobs, David M., Vol I
Jacobs, Margaret D., Vol I
Jacobs, Sylvia M., Vol I
Jacobsen, Nils, Vol I
Jacobson, Paul Kenneth, Vol I, IV
Jacoby, Karl, Vol I
Jaegers, Marvin, Vol I
Jaenen, Cornelius John, Vol I
Jaffe, David P., Vol I
Jaffe, Lorna S., Vol I
Jagodzinski, Cecile M., Vol I
Jaher, Frederic Cople, Vol I
James, Felix, Vol I
James, Harold, Vol I
Janson-La Palme, Bayly, Vol I
Jansson, Maija, Vol I
Jarvis, Michael J., Vol I
Jefferson, Alphine W., Vol I
Jefferson, Carter, Vol I
Jeffrey, Thomas Edward, Vol I
Jeffries, John W., Vol I
Jelavich, Barbara, Vol I
Jenkins, Ellen Janet, Vol I
Jezierski, John V., Vol I
Jimenez, Randall, Vol I
Jodziewicz, Thomas W., Vol I
Johannsen, Robert W., Vol I
John, James J., Vol I, III
John, Richard R., Vol I
Johnson, Charles, Vol I
Johnson, Dale, Vol I, IV
Johnson, David C., Vol I
Johnson, David R., Vol I
Johnson, Donald Ellis, Vol I, IV
Johnson, Eric A., Vol I
Johnson, Harold Benjamin, Vol I
Johnson, James M., Vol I
Johnson, Jerah W., Vol I
Johnson, John W., Vol I
Johnson, Leroy Ronald, Vol I
Johnson, Lloyd, Vol I
Johnson, Paul E., Vol I
Johnson, Roger A., Vol I, IV
Johnson, Timothy D., Vol I
Johnson, Troy R., Vol I
Johnson, Walker C., Vol I
Johnson, Yvonne, Vol I
Johnson-Odim, Cheryl, Vol I
Johnston, Carolyn, Vol I
Johnston, Robert H., Vol I
Johnston, William M., Vol I
Joiner, Harry M., Vol I
Jones, Edward Louis, Vol I
Jones, Elwood Hugh, Vol I
Jones, Jacqueline, Vol I
Jones, Jerry W., Vol I
Jones, Kenneth Paul, Vol I
Jones, Laird, Vol I
Jones, Louis Clark, Vol I, II
Jones, Norman L., Vol I
Jones, Wilbur Devereux, Vol I
Jones, William J., Vol I
Jordan, David P., Vol I
Jordan, Ervin L., Vol I
Jordan, Philip D., Vol I
Jordan, Robert Welsh, Vol I, IV
Jordan, William C., Vol I
Joyce, Davis D., Vol I
Judd, Richard, Vol I
Jumonville, Neil Talbot, Vol I
Juricek, John T., Vol I
Kaczynski, Bernice M., Vol I
Kadish, Gerald E., Vol I
Kaegi, Walter Emil, Vol I
Kahan, Alan S., Vol I
Kahn, Jonathan, Vol I
Kaiser, Thomas Ernest, Vol I
Kalas, Robert, Vol I
Kallgren, Daniel C., Vol I
Kalman, Laura, Vol I
Kaloudis, George, Vol I
Kalvoda, Josef, Vol I, IV
Kamachi, Noriko, Vol I
Kammen, Michael, Vol I
Kamoche, Jidlaph Gitau, Vol I
Kaplan, Benjamin J., Vol I
Kaplan, Herbert Harold, Vol I
Kaplan, Lawrence Samuel, Vol I
Karamanski, Theodore J., Vol I
Karamustafa, Ahmet T., Vol I, IV
Karavites, Peter, Vol I
Karetzky, Stephen, Vol I
Karlsen, Carol F., Vol I
Kars, Marjoleine, Vol I
Karsten, Peter, Vol I
Kater, Michael H., Vol I
Kates, Gary R., Vol I
Katsaros, Thomas, Vol I
Katz, Esther, Vol I
Kawamura, Noriko, Vol I
Kay, Thomas O., Vol I
Kaye, Harvey Jordan, Vol I, V
Kealey, Gregory S., Vol I
Kealey, Linda, Vol I
Kearney, Milo, Vol I
Kee, Howard Clark, Vol I, IV
Keeler, Mary Frear, Vol I
Keene, Jennifer D., Vol I
Kehl, James Arthur, Vol I
Keillor, Elaine, Vol I, II, V
Keiter, Robert B., Vol I, IV
Kelleher, Patricia, Vol I
Kelley, John T., Vol I
Kelley, Mary, Vol I
Kellogg, Frederick, Vol I
Kelly, David H., Vol I
Kelly, Thomas, Vol I
Kemp, Henrietta J., Vol I, II, III
Kennedy, David M., Vol I
Kennedy, James C., Vol I
Kennedy, Lawrence W., Vol I
Kennedy, Rick, Vol I
Kennedy, Thomas C., Vol I
Kenny, Kevin, Vol I
Kent, Susan, Vol I
Kenzer, Robert C., Vol I
Kepler, Jon S., Vol I
Kern, Stephen R., Vol I
Kerr-Ritchie, Jeffrey R., Vol I
Kersey, Harry A., Vol I
Keselman, Thomas A., Vol I
Kesselman, Amy, Vol I
Kessler, Ann Verona, Vol I, IV
Kessler-Harris, Alice, Vol I
Kessner, Thomas, Vol I
Ketchersid, William L., Vol I
Keuchel, Edward F., Vol I
Keyssar, Alexander, Vol I
Khodarkovsky, Michael, Vol I
Khoury, Philip S., Vol I
Kicklighter, Joseph Allen, Vol I
Kieckhefer, Richard, Vol I, IV
Kieft, David, Vol I
Kiger, Joseph Charles, Vol I
Killen, Linda, Vol I
Kim, Young Hum, Vol I, IV
Kimball, Jeffrey P., Vol I
Kimball, Warren, Vol I
Kindig, Everett W., Vol I
King, H. Roger, Vol I
King, John O., Vol I
King, Margaret L., Vol I
King, Richard D., Vol I
King, Walter Joseph, Vol I
Kingdon, Robert McCune, Vol I
Kinkley, Jeffrey Carroll, Vol I
Kinnear, Michael S. R., Vol I
Kinsey, Winston Lee, Vol I
Kirby, Alec, Vol I
Kirby, Jack Temple, Vol I
Kirby, Torrance W., Vol I, IV
Kirshner, Alan Michael, Vol I
Kitchen, Martin, Vol I
Kivelson, Valerie, Vol I
Klaassen, Walter, Vol I, IV
Klein, Bernard, Vol I, IV
Klein, Lawrence E., Vol I
Klein, Maurice N., Vol I
Klein, R., Vol I
Kleine-Ahlbrandt, Wm. Laird, Vol I
Klejment, Anne, Vol I
Klepak, Hal, Vol I
Klepper, Deeana, Vol I
Kling, Blair B., Vol I
Klooster, Willem, Vol I
Klotter, James, Vol I
Klunder, Willard Carl, Vol I
Knapp, Thomas A., Vol I
Kneeland, Timothy W., Vol I
Knepper, George W., Vol I
Knoll, Paul W., Vol I
Knott, Alexander W., Vol I
Koditschek, Theodore, Vol I
Koeniger, A. Cash, Vol I
Koenker, Diane P., Vol I
Kofas, Jon, Vol I
Kohler, Sue A., Vol I
Kohut, Thomas A., Vol I
Kolb, Robert A., Vol I
Kollar, Nathan Rudolph, Vol I, IV
Kooi, Christine, Vol I
Koonz, Claudia, Vol I
Koppes, Clayton R., Vol I
Kornberg, Jacques, Vol I
Kornblith, Gary J., Vol I
Korr, Charles P., Vol I
Kors, Alan Charles, Vol I
Koslofsky, Craig, Vol I
Kousser, Joseph Morgan, Vol I
Kowaleski, Maryanne, Vol I
Kraehe, Enno Edward, Vol I
Krause, Corinne Azen, Vol I, V
Kraut, Alan M., Vol I
Kremm, Diane Neal, Vol I
Krieger, Daniel, Vol I
Kroeber, Clifton Brown, Vol I
Krog, Carl Edward, Vol I
Kross, Jessica, Vol I
Kruze, Uldis, Vol I
Krysiek, James Stephen, Vol I
Kuhlman, Erika, Vol I
Kuklick, Bruce, Vol I
Kulczycki, John, Vol I
Kulikowski, Mark, Vol I
Kulikowski, Michael, Vol I
Kuniholm, Bruce Robellet, Vol I
Kupperman, Karen, Vol I
Kurland, Jordan Emil, Vol I
Kurtz, Michael L., Vol I
Kusmer, Kenneth L., Vol I
Kuzdale, Ann E., Vol I
Kuzminski, Adrian, Vol I, IV
Kuznick, Peter J., Vol I
Kyle, Donald G., Vol I
Kyte, George Wallace, Vol I
Kyvig, David E., Vol I
Lacey, Barbara E., Vol I
Ladd, Doris, Vol I
Lael, Richard Lee, Vol I
Lagrand, James B., Vol I
Laker, Joseph Alphonse, Vol I, III
Lal, Vinay, Vol I
Lam, Truong Buu, Vol I
Lambert, Byron C., Vol I, IV
Lamberti, Marjorie, Vol I
Lamm, Alan K., Vol I, IV
Lancaster, Jane Fairchild, Vol V
Lang, Berel, Vol I, IV
Lang, William, Vol I
Langdon, John W., Vol I
Langer, Erick Detlef, Vol I
Langley, Harold D., Vol I
Langley, Lester Danny, Vol I
Langmuir, Gavin Ince, Vol I
Lankford, Nelson Douglas, Vol I
Lansky, Lewis, Vol I
Lapidus, Ira M., Vol I
Lapsansky, Emma J., Vol I
Laqueur, Thomas Walter, Vol I
Larebo, Haile, Vol I
Larkin, Janet, Vol I
Larocca, John Joseph, Vol I
Larson, John L., Vol I
Larson, Stephanie L., Vol I
Larson, Taft Alfred, Vol I
Laska, Vera, Vol I
Lauren, Paul Gordon, Vol I
Laurent, Pierre Henri, Vol I
Laux, James Michael, Vol I
Lavrin, Asuncion, Vol I
Law, Ron, Vol I
Lawes, Carolyn J., Vol I
Lay, Shawn, Vol I
Layton, Edwin Thomas, Vol I
Lazzerini, Edward James, Vol I
Le Breton, Marietta, Vol I
Le Goff, T. J. A., Vol I
Le Sueur, James, Vol I
Leary, David E., Vol I, IV
Leary, William M., Vol I
LeBeau, Bryan, Vol I
LeBlanc, Phyllis, Vol I
Ledford, Kenneth F., Vol I, IV
Lee, Anthony A., Vol I
Lee, George Robert, Vol I
Lee, Jean B., Vol I
Lee, Maurice D., Jr, Vol I
Lee, Roy Alton, Vol I
Lees, Andrew, Vol I
Leff, Mark H., Vol I
Leffler, Melvyn P., Vol I
Leguin, Charles A., Vol I
Lehmann, Clayton M., Vol I
Lehmberg, Stanford E., Vol I
Lehuu, Isabel, Vol I
Leiman, Sid Zalman, Vol I, IV
Lemieux, Germain, Vol I, V
Lemieux, Lucien, Vol I, IV
Lemire, Beverly, Vol I
Lemke-Santangelo, Gretchen, Vol I
Lemmon, Sarah McCulloh, Vol I
Lemmons, Russell, Vol I
Lemons, J. Stanley, Vol I
Lenaghan, Michael J., Vol I, IV
Lenihan, John H., Vol I
Lenior, Timothy, Vol I
Lenk, Richard William, Vol I
Leonard, Angela, Vol I
Leonard, Elizabeth D., Vol I
Leonard, Thomas M., Vol I, IV
Leplin, Jarrett, Vol I, IV
Lepore, Jill, Vol I
Lerner, Barron H., Vol I
Lerner, Robert E., Vol I
Lesesne, Henry H., Vol I
Lesser, Jeffrey, Vol I
Lessoff, Alan H., Vol I
Levering, Ralph Brooks, Vol I
Levi, Darrell Erville, Vol I
Levin, Eve, Vol I
Levy, Barry, Vol I
Levy, Darline G., Vol I
Levy, David W., Vol I
Levy, Leonard Williams, Vol I
Lewis, David Rich, Vol I
Lewis, James A., Vol I
Lewis, Johanna M., Vol I
Lewis, Thomas T., Vol I
Li, Bing, Vol I
Libby, Justin, Vol I
Liddle, William D., Vol I
Liebersohn, Harry, Vol I
Liedl, Janice, Vol I
Lifka, Mary L., Vol I
Lightman, Bernard V., Vol I
Lightner, Robert P., Vol I, IV
Limbaugh, Ronald H., Vol I
Limerick, Patricia Nelson, Vol I
Lindenmeyer, Kriste A., Vol I
Lindenmeyr, Adele, Vol I
Lindgren, James, Vol I
Lindgren, Raymond Elmer, Vol I
Lindley, Terry, Vol I
Lindo-Fuentes, Hector, Vol I
Lindstrom, Diana, Vol I
Ling, Huping, Vol I
Lint, Gregg Lewis, Vol I
Lintelman, Joy, Vol I
Lipsett-Rivera, Sonya, Vol I
Lisio, Donald J., Vol I
Litoff, Judy Barrett, Vol I
Little, Monroe Henry, Vol I
Litwicki, Ellen M., Vol I
Lloyd, Elisabeth A., Vol I, IV
Lloyd, Jennifer, Vol I, V
Lo, Winston W., Vol I
Loader, Colin T., Vol I
Lomax, John Phillip, Vol I, IV
Long, Roger D., Vol I
Loos, John Louis, Vol I
Lorence, James J., Vol I
Lotchin, Roger W., Vol I
Lougee-Chappell, Carolyn, Vol I
Louisa, Angelo, Vol I
Louthan, Howard, Vol I
Loveland, Anne C., Vol I
Lovett, Bobby L., Vol I

Lovin, Clifford R., Vol I
Lowe, Benno P., Vol I
Lowe, Donald M., Vol I
Lowe, Stephen, Vol I
Lowery, Bullitt, Vol I
Lozovsky, Natalia, Vol I
Lubbers, Jeffrey S., Vol I, IV
Luft, Herbert, Vol I
Lukacs, John Adalbert, Vol I
Lutz, Jessie Gregory, Vol I
Lydon, Ghislaine, Vol I
Lyman, Richard B., Vol I
Lynch, Catherine, Vol I
Lynn, Kenneth Schuyler, Vol I
Lyons, Clare A., Vol I
MacDonald, Roderick James, Vol I
Macey, David A. J., Vol I
MacGillivray, Royce C., Vol I
Mach, Thomas S., Vol I
Mackey, Thomas C., Vol I
MacKinnon, Aran S., Vol I
MacLean, Elizabeth, Vol I
MacLennan, Robert S., Vol I
Macleod, David, Vol I
Macleod, Roderick Charles, Vol I
Madden, Paul, Vol I
Mahan, Howard F., Vol I, IV
Maier, Donna J. E., Vol I
Main, Jackson T., Vol I
Malamud, Margaret, Vol I
Malik, Salahuddin, Vol I
Malone, Dumas, Vol I, II
Mancke, Elizabeth, Vol I
Maness, Lonnie E., Vol I, IV
Maney, Patrick J., Vol I
Mangrum, Robert G., Vol I
Mangusso, Mary C., Vol I
Manley, James, Vol I
Mann, Arthur, Vol I
Mann, Kristin, Vol I
Mann, Ralph, Vol I
Manning, Patrick, Vol I
Marcello, Ronald E., Vol I
Marcopoulos, George John, Vol I
Marcus, Alan I., Vol I
Margerison, Kenneth, Vol I
Marina, William F., Vol I
Marks, Robert B., Vol I
Marrin, Albert, Vol I
Marrone, Steve P., Vol I
Marsh, Vincent, Vol I
Marshall, Byron K., Vol I
Marshall, Dominique, Vol I
Marshman, Michelle, Vol I
Marti, Donald B., Vol I
Martin, James I., Vol I
Martin, James Kirby, Vol I
Martin, John J., Vol I
Martin, Russell, Vol I
Martin, Tony, Vol I
Martin, Virginia, Vol I
Martinez, Oscar J., Vol I
Marty, Martin Emil, Vol I, IV
Marzik, Thomas David, Vol I
Maslowski, Peter, Vol I
Mason, Francis M., Vol I
Mason, Herbert W., Vol I
Masters, Donald C., Vol I
Matrician, Marian, Vol I
Matthews, J. Rosser, Vol I
Matthews, Rebecca, Vol I, II
Mattison, William H., Vol I, V
Mattson, Vernon E., Vol I
Matzko, John A., Vol I
Maughan, Steven, Vol I
Mauss, Armand, Vol I, V
Maxon, Robert Mead, Vol I
Maxwell, Kenneth R., Vol I
May, Gary, Vol I
May, Lary L., Vol I
Mayer, Frank A., Vol I
Mayer, Henri Andre Van Huysen, Vol I
Mayer, Thomas F., Vol I
Mayfield, John R., Vol I, II
Maynes, Mary Jo, Vol I
Mazlish, Bruce, Vol I, IV
Mazon, Mauricio, Vol I
Mc Farland, Keith D., Vol I
McCaa, Robert, Vol I
Mccaffrey, Lawrence John, Vol I
McCann, Francis D., Jr., Vol I
McCarl, Mary Rhinelander, Vol I
McCarthy, Justin, Vol I
McCartin, Joseph A., Vol I
McCaslin, Richard, Vol I
McClain, Molly A., Vol I
Mcclellan, Charles W., Vol I
McClendon, Thomas, Vol I
McCleskey, Turk, Vol I
McColley, Robert, Vol I
Mccomb, David Glendinning, Vol I
McConnell, Roland Calhoun, Vol I
McCormick, Robert B., Vol I
McCrone, Kathleen E., Vol I
Mcculloch, Samuel Clyde, Vol I
McDaniel, George William, Vol I
McDonald, Forrest, Vol I
McDonald, Robert M. S., Vol I
McElvaine, Robert S., Vol I
McFeely, Eliza, Vol I
McGehee, R. V., Vol I
McGerr, M., Vol I
McGhee, Robert J., Vol I
McInerney, Daniel J., Vol I
Mcintire, Carl Thomas, Vol I, IV
Mcintosh, Marjorie Keniston, Vol I
McIntyre, Jerilyn S., Vol I, II
McKate, Donald M., Vol I
McKeen, William, Vol I, II, V
McKenna, Mary Olga, Vol V
McKillop, A. B., Vol I
McKiven, Henry M., Jr., Vol I
McLaughlin, Ken, Vol I
McLaughlin, Megan, Vol I
McLeod, John, Vol I
McLeod, Johnathan, Vol I
McLeod, Marshall W., Vol I
McLoud, Melissa, Vol I
McMahon, Gregory, Vol I
McMahon, Robert J., Vol I
McManamon, John, Vol I
McMillan, Daniel, Vol I
Mcmordie, Michael J., Vol I
McMullin, Stan, Vol I
McMullin, Thomas Austin, Vol I
McMurry-Edwards, Linda O., Vol I
McNally, Michael, Vol I
McNeill, John R., Vol I
Mcneill, William Hardy, Vol I
McPherson, James Alan, Vol I, II, IV
Mcshea, William Patrick, Vol I, II
McSheffrey, Shannon, Vol I
McTague, Robert, Vol I
Meade, Wade C., Vol I
Meaders, Daniel, Vol I
Meckler, Michael Louis, Vol I
Meier, Samuel, Vol I
Meikle, Jeffrey L., Vol I
Melancon, Michael S., Vol I
Melendy, Howard Brett, Vol I
Melosi, Martin V., Vol I
Melton, James V. H., Vol I
Melusky, Joseph, Vol I, IV
Menard, Russell R., Vol I
Menk, Patricia Holbert, Vol I
Mentzer, Raymond A., Vol I
Meo, Susan Rimby, Vol I
Merkley, Paul C., Vol I
Messer-Kruse, Timothy, Vol I
Metcalf, Alida C., Vol I
Metcalf, Michael F., Vol I
Meyer, Donald, Vol I
Meyer, Judith, Vol I
Meyer, Stephen, Vol I
Meyerowitz, Joanne, Vol I
Meyers, Debra A., Vol I
Meznar, Joan E., Vol I
Michaels, Paula A., Vol I
Michel, Sonya, Vol I
Michels, Anthony, Vol I
Mickler, Michael L., Vol I, IV
Middleton, Charles, Vol I
Middleton, Stephen, Vol I
Migliazzo, Arlin C., Vol I
Milac, Metod M., Vol I, II
Millar, Gilbert J., Vol I
Millar, John F., Vol I
Millen, Shirley A., Vol I
Miller, Angela L., Vol I
Miller, Carman I., Vol I
Miller, Char, Vol I
Miller, James R., Vol I
Miller, Judith A., Vol I
Miller, M. Sammye, Vol I
Miller, Marion S., Vol I
Miller, Marla R., Vol I
Miller, Richard G., Vol I
Miller, Wilbur R., Vol I
Miller, Worth Robert, Vol I
Mills, Kenneth R., Vol I
Milner, Clyde A., II, Vol I
Minault, Gail, Vol I
Minear, Richard H., Vol I
Miner, Craig, Vol I
Minkema, Kenneth P., Vol I
Minnich, Nelson H., Vol I
Mintz, Steven, Vol I
Miquelon, Dale B., Vol I
Misa, Thomas J., Vol I
Mitchell, Arthur, Vol I
Mitchell, Betty L., Vol I
Mitchell, Helen Buss, Vol I
Mitchell, Reid, Vol I
Mitchinson, Wendy, Vol I
Mixon, Wayne, Vol I
Moehring, Eugene P., Vol I
Mohr, Clarence L., Vol I
Mohr, James C., Vol I
Monet, Jacques, Vol I
Monkkonen, Eric H., Vol I
Monnett, John, Vol V
Monod, Paul, Vol I
Monroe, William S., Vol I
Moogk, Peter N., Vol I
Moon, Cyris Hee Suk, Vol I
Mooney-Melvin, Patricia, Vol I
Moore, Christopher H., Vol I
Moore, Michael J., Vol I
Moore, Winfred B., Jr., Vol I
Morello, John, Vol I
Morgan, David, Vol I
Morgan, Joseph, Vol I, IV
Morgan, Kathryn L., Vol I, V
Morgan, Marjorie, Vol I
Morgan, Phillip D., Vol I
Mori, Barbara L., Vol I, V
Morison, William S., Vol I, II, III
Mork, Gordon Robert, Vol I
Morris, Bonnie J., Vol I, V
Morris, Christopher, Vol I
Morris, James M., Vol I
Morrison, Dennis L., Vol I
Morrison, Karl F., Vol I
Morrison, William R., Vol I
Morrow, John Howard, Jr., Vol I
Moses, Wilson Jeremiah, Vol I
Moss, Roger W., Vol I, V
Mosse, George L., Vol I
Mott, Morris K., Vol I
Moulton, Edward C., Vol I
Mount, Graeme S., Vol I
Mowat, Farley, Vol I
Moya, Jose C., Vol I
Moyer, Ann E., Vol I
Moylan, Prudence A., Vol I
Moynihan, Kenneth J., Vol I
Muccigrosso, Robert Henry, Vol I
Mueller, Wolfgang, Vol I
Muhlberger, Steven, Vol I
Muir, Edward, Vol I
Muir, Malcolm, Jr, Vol I, IV
Muise, D. A., Vol I
Mulcahey, Donald C., Vol I
Mulcahy, Richard P., Vol I
Mullaney, Marie, Vol I
Muller, Jerry Z., Vol I
Mulligan, William, Vol I
Mundy, John Hine, Vol I
Munholland, John Kim, Vol I
Murdoch, Norman H., Vol I
Murphy, Paul Lloyd, Vol I
Murray, Jacqueline, Vol I
Murray, Michael D., Vol I, II
Murray, Peter, Vol I
Murray, Robert Keith, Vol I
Murrell, Gary J., Vol I
Musto, David F., Vol I, V
Musto, Ronald G., Vol I
Mutschler, Ben, Vol I
Myers, Ellen H., Vol I
Nadel, Stanley, Vol I
Nadell, Pamela, Vol I
Nagle, D. Brendan, Vol I
Najita, Tetsuo, Vol I
Nalle, Sara Tilghman, Vol I
Nance, Brian K., Vol I
Nash, Gerald David, Vol I
Nash, Lee, Vol I
Naske, Claus M., Vol I
Nauert, Charles G., Vol I
Naugle, Ronald C., Vol I
Nauman, Ann K., Vol I
Naylor, John F., Vol I
Neaman, Elliott Y., Vol I
Neary, Timothy B., Vol I
Needell, Jeffrey D., Vol I
Neel, Carol, Vol I
Neiberg, Michael, Vol I
Nelles, Henry V., Vol I
Nelson, Anna K., Vol I
Nelson, Daniel, Vol I
Nelson, Gersham, Vol I
Nelson, Keith LeBahn, Vol I
Nelson, Paul D., Vol I
Newbill, James, Vol I
Newell, Margaret E., Vol I
Newman, Peter C., Vol I, IV
Newport, William H. A., Vol I
Newton, Merlin Owen, Vol I
Newton, Wesley Phillips, Vol I
Neyland, Leedell Wallace, Vol I
Ng, Franklin C., Vol I
Ng, On-cho, Vol I, IV
Ni, Ting, Vol I
Nichols, C. Howard, Vol I
Nichols, John A., Vol I
Nickles, Thomas, Vol I, IV
Niessen, James P., Vol I
Nightingale, Carl, Vol I
Noble, William P., Vol I, IV
Nobles, Gregory H., Vol I
Noe, Kenneth W., Vol I
Noel, Thomas J., Vol I
Nolan, Cathal J., Vol I
Nolan, Janet, Vol I
Noonan, Thomas S., Vol I
Norling, Lisa A., Vol I
Norrell, Robert J., Vol I
Norton, Mary Beth, Vol I
Norwood, Stephen H., Vol I
Nosco, Peter, Vol I
Nugent, Donald Christopher, Vol I, IV
Nugent, Walter, Vol I
Null, Elisabeth M., Vol I, II, V
Numbers, Ronald L., Vol I
Nunis, Doyce Blackman, Jr., Vol I, V
Nutting, Maureen M., Vol I
Nwaubani, Chidiebere, Vol I
Nybakken, Elizabeth I., Vol I
Nystrom, Bradley, Vol I
O'Boyle, Cornelius, Vol I
O'Brien, Michael, Vol I
O'Brien, Thomas F., Vol I
O'Connor, Carol A., Vol I
O'Connor, Joseph E., Vol I
O'Donnell, James, Vol I
O'Donnell, Krista E., Vol I
O'Keefe, J. Paul, Vol I
O'Neill, William L., Vol I
O'Shaughnessy, Andrew J., Vol I
Ober, Josiah, Vol I
Oberdeck, Kathryn J., Vol I
Oberly, James W., Vol I
Odem, Mary E., Vol I
Oggins, Robin S., Vol I
Ogorzaly, Michael, Vol I
Ogren, Kathy J., Vol I
Okihiro, Gary Y., Vol I
Okin, Louis A., Vol I
Olasky, Marvin N., Vol I, II
Olien, Diana Davids, Vol I
Olin, John C., Vol I
Olsen, P., Vol I
Olson, James S., Vol I
Olson, Jeannine, Vol I
Olson, Robert W., Vol I
Ommer, Rosemary, Vol I
Onuf, Peter S., Vol I
Ormsby, Margaret A., Vol I
Orozco, Cynthia E., Vol I
Osborn, Wayne S., Vol I
Osborne, John Walter, Vol I
Osborne, Thomas, Vol I
Osborne, Thomas R., Vol I
Osheim, Duane Jeffrey, Vol I
Osthaus, Carl Richard, Vol I
Ostrower, Gary Bert, Vol I
Ottaway, Susannah R., Vol I
Ouellet, Fernand, Vol I
Overacker, Ingrid, Vol I
Owen, Christopher H., Vol I
Owens, Larry, Vol I
Owens, Patricia, Vol I
Owens, Richard H., Vol I
Owram, Douglas R., Vol I
Packard, Randall M., Vol I
Packull, Werner O., Vol I
Painter, Nell Irvine, Vol I
Pajakowski, Philip E., Vol I
Palais, James Bernard, Vol I
Palmer, Scott W., Vol I
Palmer, Stanley Howard, Vol I
Palmer, William, Vol I
Panella, Robert J., Vol I
Papadakis, Aristeides, Vol I
Papalas, Anthony John, Vol I
Pappas, Nicholas C. J., Vol I
Paquette, William A., Vol I
Paret, Peter, Vol I
Parisi, Peter, Vol II
Park, Hong-Kyu, Vol I, IV
Parker, David B., Vol I
Parr, Joy, Vol I
Parsons, Keith M., Vol I, IV
Parsons, Lynn, Vol I
Pastor, Peter, Vol I
Pasztor, Suzanne B., Vol I
Pate, J'Nell, Vol I
Patrouch, Joseph F., Vol I
Patsouras, Louis, Vol I
Patterson, Cynthia, Vol I
Patterson, James Tyler, Vol I
Patterson, Robert Leyburne, Vol I
Patterson, Wayne Kief, Vol I, IV
Patterson, William Brown, Vol I
Pavlac, Brian A., Vol I
Paxton, Frederick S., Vol I
Pearson, Edward, Vol I
Pease, Otis Arnold, Vol I
Peck, William Henry, Vol I
Pedersen, Diana, Vol I
Peek, Marvin E., Vol I
Peiss, Kathy, Vol I
Pelikan, Jaroslav J., Vol I
Pells, Richard Henry, Vol I
Peloso, Vincent C., Vol I
Pelz, Stephen Ernest, Vol I
Pencak, William A., Vol I
Penkower, Monty Noam, Vol I
Penton, Marvin J., Vol I
Penvenne, Jeanne Marie, Vol I
Perera, Nihal, Vol I
Peretti, Burton W., Vol I
Perez, Louis, Vol I
Perkins, Bradford, Vol I
Perkins, Kenneth J. Ames, Vol I
Perman, Michael, Vol I
Pernal, Andrew B., Vol I
Perry, Charles R., Vol I
Perry, Elizabeth Israels, Vol I
Perry, Lewis C., Vol I
Pessen, Edward, Vol I
Pestana, Carla Gardina, Vol I
Peterson, Edward Norman, Vol I
Peterson, Joyce Shaw, Vol I
Peterson, Larry R., Vol I
Peterson, Luther D., Vol I
Peterson, Merrill Daniel, Vol I
Petrik, Paula E., Vol I
Petrone, Karen, Vol I
Petrovich, Alisa, Vol I
Petrusewitz, Marta, Vol I
Petry, Carl F., Vol I
Pfaff, Richard W., Vol I
Pfeffer, Paula F., Vol I
Pfund, Peter H., Vol I, IV
Phillips, Carla Rahn, Vol I
Phillips, Glenn Owen, Vol I
Phillips, Ivory, Vol I
Phillips, William D., Jr, Vol I
Philyaw, Scott L., Vol I
Picklesimer, Dorman, Vol I, II
Piehler, G. Kurt, Vol I
Pierpaoli, Paul G., Vol I
Pierson, Ruth, Vol I
Pike, Fredrick B., Vol I
Pine, Martin L., Vol I
Pineo, Ronn, Vol I
Pinkett, Harold Thomas, Vol I, II
Pino, Julio Cesar, Vol I
Piott, Steven L., Vol I
Pipes, Daniel, Vol I
Piston, Williams Garrett, Vol I
Pittenger, Mark A., Vol I
Planeaux, Christopher, Vol I, IV
Plank, Geoffrey, Vol I
Platt, Harold L., Vol I
Pleck, Elizabeth, Vol I
Pletcher, David Mitchell, Vol I
Plummer, Marguerite R., Vol I
Po-Chia Hsia, Ronnie, Vol I
Pobst, Phyllis E., Vol I
Podair, Jerald E., Vol I
Podany, Amanda H., Vol I
Pointer, Richard W., Vol I
Pois, Robert, Vol I
Polak, Emil J., Vol I
Polk, Jim, Vol I
Pollak, Oliver, Vol I
Pomeroy, Earl, Vol I
Pong, David, Vol I
Poos, L. R., Vol I
Pope, Robert G., Vol I
Popkin, Jeremy D., Vol I
Porrua, Enrique J., Vol I
Porsild, Charlene, Vol I
Porter, David L., Vol I, IV
Porter, Glenn, Vol I

Porter, Jonathan, Vol I
Porter, Michael LeRoy, Vol I, II
Porter, Theodore, Vol I
Post, Gaines, Vol I
Potash, Robert Aaron, Vol I
Potter, Dorothy T., Vol I
Potts, Cassandra W., Vol I
Potts, David B., Vol I
Potvin, Gilles E. J., Vol I, II
Power, Margaret, Vol I, III, IV
Powicke, Michael Rhys, Vol I
Prall, Stuart E., Vol I
Prang, Margaret E., Vol I
Preisser, Thomas, Vol I, IV
Prentice, Alison, Vol V
Presley, Paula, Vol I
Preston, Carol, Vol I
Prete, Roy A., Vol I
Pribic, Rado, Vol III
Price, Don C., Vol I
Price, Richard, Vol I
Primack, Maxwell, Vol I, IV
Primm, James Neal, Vol I
Prisco, Salvatore, Vol I
Prochaska, David, Vol I
Prude, Jonathan, Vol I
Pruett, John H., Vol I
Pudsell, F. David, Vol I, IV
Pugach, Noel H., Vol I
Pugliese, Stanislao, Vol I
Purcell, E. A., Vol I, IV
Pursell, Carroll W., Vol I
Purvis, Thomas L., Vol I
Qian, Wen-yuan, Vol I
Quinlivan, Mary E., Vol I
Quirin, James, Vol I
Quist, John W., Vol I
Quivik, Fredric L., Vol I, V
Raat, William D., Vol I
Rabb, Theodore K., Vol I
Rabe, Stephen, Vol I
Rachleff, Peter J., Vol I
Radding, Cynthia, Vol I
Raeff, Marc, Vol I
Rainger, Ronald, Vol I
Ralph, James R., Vol I
Ramage, James A., Vol I
Ramsbottom, Mary Macmanus, Vol I
Ramsey, Jeff, Vol I, IV
Ramusack, Barbara N., Vol I
Rand, Harry, Vol I
Randall, Francis Ballard, Vol I
Randall, Willard, Vol I
Ransel, David, Vol I
Ranum, Orest, Vol I
Rapson, Richard L., Vol I
Rasmussen, Chris, Vol I
Rasporich, Anthony W., Vol I
Ratner, Lorman A. (Larry), Vol I
Ravina, Mark, Vol I
Rawley, James A., Vol I
Rawls, James J., Vol I
Rawski, Evelyn S., Vol I
Rea, Kenneth W., Vol I
Reagan, Leslie J., Vol I
Reagan, Patrick, Vol I
Reardon, John J., Vol I
Rector, John L., Vol I
Rediker, Marcus, Vol I
Reed, Bradley W., Vol I
Reed, Christopher A., Vol I
Reed, James Wesley, Vol I
Reedy, Jay, Vol I
Reese, Roger R., Vol I
Refai, Shahid, Vol I
Regalado, Samuel, Vol I
Reichman, Henry F., Vol I
Reilly, Bernard, Vol I
Reilly, Timothy F., Vol I
Reisch, George, Vol I, IV
Reisdorfer, Kathryn, Vol I
Remer, Rosalind, Vol I
Rempel, Richard A., Vol I
Renda, Lex, Vol I
Resch, John P., Vol I
Reyerson, Kathryn L., Vol I
Reynolds, Clark G., Vol I
Reynolds, E. Bruce, Vol I
Reynolds, Elaine A., Vol I
Reynolds, Terry S., Vol I
Rhoads, Edward J. M., Vol I
Rhoads, Linda S., Vol I, V
Rice, Richard, Vol I
Richard, Carl, Vol I
Richards, Leonard, Vol I
Richards, Michael Dulany, Vol I
Richmond, Douglas Wertz, Vol I
Richter, Daniel K., Vol I
Ridley, Jack, Vol I
Riggs, Cheryl A., Vol I
Rikard, Marlene Hunt, Vol I
Riley, James, Vol I
Rilling, John R., Vol I
Riney-Kehrberg, Pamela, Vol I
Ringenberg, William C., Vol I
Ringer, Fritz K., Vol I
Rippley, La Vern J., Vol I, III
Ritschel, Daniel, Vol I
Ritvo, Harriet, Vol I, II
Roark, James L., Vol I
Robb, Stewart A., Vol I
Robbins, Richard G., Vol I
Roberge, Rene-Michel, Vol I, IV
Robert, Jean-Claude, Vol I
Roberts, Barbara A., Vol I, V
Roberts, Wesley A., Vol I
Roberts, William, Vol I, IV
Robertson, James I., Vol I
Robertson, James Irvin, Vol I
Robinson, David W., Vol I
Robinson, Ella S., Vol I, II
Robinson, Genevieve, Vol I
Robinson, Raymond H., Vol I
Robinson, Tom, Vol I
Robson, Ann W., Vol I
Rocca, Al M., Vol I, V
Rodney, William, Vol I
Rodriguez, Junius, Vol I
Roeber, Anthony G., Vol I
Roeder, George H., Jr., Vol I
Roell, Craig, Vol I
Rogers, Clifford J., Vol I
Rohrbough, Malcolm J., Vol I
Rojas, Carlos, Vol I, III
Roland, Alex, Vol I
Rollings, Willard H., Vol I
Roman, Eric, Vol I, IV
Roney, John B., Vol I
Roop, Eugene F., Vol I, IV
Ropp, Paul, Vol I
Rorabaugh, William J., Vol I
Rorlich, Azade-Ayse, Vol I
Rose, Jonathan, Vol I
Rose, Mark, Vol I
Rose, Paul Lawrence, Vol I
Rosen, Ruth E., Vol I
Rosenberg, Harry, Vol I
Rosenberg, Milla, Vol I
Rosenstone, Robert Allan, Vol I
Rosenthal, Bernice Glatzer, Vol I
Rosenthal, Naomi, Vol I, V
Rosenzweig, Roy A., Vol I
Ross, Ellen, Vol I
Ross, Steven, Vol I
Roszak, Theodore, Vol I
Roth, Mitchel, Vol I
Roth, Randolph A., Vol I
Rothenberg, Marc, Vol I
Rothfeld, Anne, Vol I, II
Rothman, Hal K., Vol I
Rothney, Gordon O., Vol I
Rothney, John Alexander, Vol I
Rouse, Jacqueline Anne, Vol I
Rowan, Steven, Vol I
Rowe, D. L., Vol I
Royster, Charles William, Vol I
Rozbicki, Michal J., Vol I, II
Rubert, Steven, Vol I
Rucker, Brian, Vol I
Rudin, Ronald, Vol I
Rudolph, Frederick, Vol I
Rudy, Willis, Vol I
Ruestow, Edward G., Vol I
Ruff, Julius R., Vol I
Ruggiero, Guido, Vol I
Ruggles, Steven, Vol I
Rugoff, Milton, Vol I, II
Ruiz, Teofilo Fabian, Vol I
Runyan, Timothy J., Vol I
Rupp, Leila J., Vol I, V
Rupp, Teresa, Vol I
Russell, Edmund Paul, III, Vol I
Russell, Frederick, Vol I
Russell, Hilary A., Vol I
Russell, James M., Vol I
Russell, Paul A., Vol I
Russell-Wood, A. J. R., Vol I
Russo, David J., Vol I
Rust, Eric C., Vol I
Rutherford, Paul F. W., Vol I, II
Rutkoff, Peter, Vol I
Rutland, Robert Allen, Vol I
Ryan, Herbert Joseph, Vol I, IV
Ryan, James D., Vol I
Rychlak, Ronald J., Vol IV
Sachar, Howard M., Vol I
Sack, James J., Vol I
Sack, Ronald H., Vol I
Sacks, David Harris, Vol I
Sadlier, Rosemary, Vol I
Saeger, James Schofield, Vol I
Sagini, Meshack, Vol I, V
Saillant, John D., Vol I, II
Sakihara, Michael Mitsugu, Vol I
Sakmyster, Thomas Lawrence, Vol I
Salisbury, Joyce E., Vol I
Salisbury, Neal, Vol I
Saller, Richard, Vol I
Salmon, John Hearsey Mcmillan, Vol I, III
Salvatore, Nicholas Anthony, Vol I
Salvucci, Linda Kerrigan, Vol I
Salyer, Lucy, Vol I
Salzman, Michele, Vol I
Salzman, Neil, Vol I
Samaha, Joel, Vol I
Sanchez, George J., Vol I
Sandage, Scott A., Vol I
Sanders, Lionel, Vol I, II
Sandford, George W., Vol I
Sandor, Monica A., Vol I
Sandos, James A., Vol I
Sanneh, Lamin, Vol I
Sanson, Jerry P., Vol I, IV
Santiago, Myrna, Vol I
Saperstein, Marc E., Vol I
Sapper, Neil Gary, Vol I
Sappol, Michael, Vol I
Sarantakes, Nick, Vol I
Saretzky, Gary D., Vol I
Sarti, Roland, Vol I
Sato, Elizabeth Selanders, Vol I
Satya, Laxman D., Vol I
Saul, Norman E., Vol I, IV
Saunt, Claudio, Vol I
Savage, William W., Jr., Vol I
Sawatsky, Rodney James, Vol I, IV
Sawyer, Jeffrey K., Vol I
Sax, Benjamin, Vol I
Saxon, Arthur Hartley, Vol I, II
Saywell, John T., Vol I
Scaglia, Gustina, Vol I
Scanlon, James Edward, Vol I
Scarborough, William, Vol I
Schaar, Stuart H., Vol I
Schacht, John N., Vol I
Schade, Rosemarie, Vol I
Schafer, Elizabeth D., Vol I
Schafer, Judith, Vol I
Schantz, Mark S., Vol I
Schick, James Baldwin Mcdonald, Vol I
Schilcher, Linda, Vol I
Schilling, Donald, Vol I
Schlafly, Daniel L., Vol I
Schlatter, Fredric William, Vol I, III
Schlesinger, Roger, Vol I
Schmidt, Martin Edward, Vol I
Schmitt, Hans Adolf, Vol I
Schneider, Robert A., Vol I
Schneider, Robert W., Vol I
Schoenauer, Norbert, Vol I
Schoenbrun, D. L., Vol I
Schoenl, William J., Vol I
Schott, Linda, Vol I
Schrader, William C., Vol I
Schrecker, Ellen, Vol I
Schreiber, Roy, Vol I
Schrier, Arnold, Vol I
Schroeder, John H., Vol I
Schroeder, Paul W., Vol I
Schroeder, Susan P., Vol I
Schroeder-Lein, Glenna R., Vol I
Schuker, Stephen A., Vol I
Schulman, Bruce J., Vol I
Schultheiss, K., Vol I
Schultz, Marvin, Vol I
Schultz, Robert, Vol I
Schulzinger, Robert D., Vol I
Schutte, Anne Jacobson, Vol I
Schwalm, Leslie A., Vol I
Schwartz, Joel, Vol I
Schweikart, Larry Earl, Vol I
Scott, Donald M., Vol I
Scott, William Butler, Vol I
Scully, Pamela F., Vol I
Seadle, Michael S., Vol I, II
Seager, Sharon Hannum, Vol I
Sealey, Raphael, Vol I
See, Scott W., Vol I
Seedorf, Martin F., Vol I
Seely, Bruce E., Vol I
Seelye, John D., Vol I
Seeman, Erik R., Vol I
Segel, Edward Barton, Vol I
Sehlinger, Peter J., Vol I
Seidel, Robert Neal, Vol I
Seidman, Michael, Vol I
Seip, Terry, Vol I
Selby, John G., Vol I
Selinger, Suzanne, Vol I
Sengupta, Gunja, Vol I
Sentilles, Renee M., Vol I
Serels, M. Mitchell, Vol I, V
Servlnikov, Sergio, Vol I
Sexton, Donal J., Vol I
Shabazz, Amilear, Vol I
Shadbolt, Douglas, Vol I
Shaffer, Arthur, Vol I
Shaffer, Thomas Lindsay, Vol I
Shahid, Irfan Arif, Vol I, II
Shalhope, Robert E., Vol I
Shanafelt, Gary, Vol I
Shannon, Catherine Barbara, Vol I
Shannon, Sylvia C., Vol I
Shantz, Douglas H., Vol I
Shapere, Dudley, Vol I, IV
Shapiro, Edward S., Vol I
Sharfman, Glenn, Vol I
Sharma, R. N., Vol I, II, V
Shea, Emmett A., Vol I, IV
Shedel, James P., Vol I
Sheehan, Bernard W., Vol I
Sheidley, Harlow W., Vol I
Shepardson, Donald E., Vol I
Sheppard, Thomas Frederick, Vol I
Sheriff, Carol, Vol I
Sherwin, Martin J., Vol I
Shi, Mingzheng, Vol I
Shiner, Larry, Vol I, IV
Shingleton, Royce Gordon, Vol I
Shipley, Neal Robert, Vol I
Shlapentokh, Dmitry V., Vol I
Shoemaker, Raymond Leroy, Vol I
Showalter, Dennis, Vol I
Shrader, Charles R., Vol I
Sicher, Erwin, Vol I
Sicius, Francis, Vol I
Sidbury, James, Vol I
Sieber, George Wesley, Vol I
Siegel, Jerrold, Vol I
Sievens, Mary Beth, Vol I
Sil, Narasingha P., Vol I
Silverman, Deborah, Vol I
Silverman, Jason H., Vol I
Silverman, Victor, Vol I
Simon, Eckehard, Vol III
Siporin, Steve, Vol I, II
Sipress, Joel M., Vol I
Sishagne, Shumet, Vol I
Sitkoff, Harvard, Vol I
Skaggs, David Curtis, Vol I
Skeen, C. Edward, Vol I
Sklar, Kathryn Kish, Vol I
Sklar, Robert Anthony, Vol I, III
Slatta, Richard W., Vol I
Slavin, Arthur J., Vol I, II
Sloan, David, Vol I
Sloan, Edward William, Vol I
Sloan, Phillip R., Vol I
Small, Daniel Lord, Vol I
Small, Lawrence Farnsworth, Vol I, IV
Small, Melvin, Vol I
Smallwood, Arwin, Vol I
Smallwood, James Milton, Vol I, IV
Smart, Ninian, Vol I, IV
Smiley, David Leslie, Vol I
Smith, Billy G., Vol I
Smith, Charles, Vol I
Smith, Charlie Calvin, Vol I
Smith, Daniel B., Vol I
Smith, David Clayton, Vol I
Smith, Dennis P., Vol I
Smith, Dwight L., Vol I
Smith, F. Todd, Vol I
Smith, Gene A., Vol I
Smith, Helmut, Vol I
Smith, James Morton, Vol I
Smith, John David, Vol I
Smith, Lacey Baldwin, Vol I
Smith, Michael Myrle, Vol I
Smith, Pamela H., Vol I
Smith, Philip Chadwick Foster, Vol I
Smith, Reuben W., Vol I
Smith, Richard Candida, Vol I
Smith, Richard J., Vol I
Smith, Robert J., Vol I
Smith, Robert W., Vol I
Smith, Sherry L., Vol I
Smith, Thomas G., Vol I
Smith, Wilson, Vol I
Smith-Rosenberg, Carroll, Vol I, V
Smoot, Rick, Vol I
Smuts, Malcolm R., Vol I
Snead, David L., Vol I
Snyder, Arnold C., Vol I
Sochen, June, Vol I
Socolofsky, Homer Edward, Vol I
Socolow, Susan M., Vol I
Soden, Dale, Vol I
Soderlund, Jean, Vol I
Solheim, Bruce, Vol I
Soliday, Gerald, Vol I
Solomon, Howard Mitchell, Vol I
Soloway, Richard Allen, Vol I
Soltow, James Harold, Vol I
Sommerfeldt, John R., Vol I
Sommerville, Johann, Vol I
Sonn, Richard D., Vol I
Sorkin, David, Vol I
Sortor, M., Vol I
Sosnowski, Thomas C., Vol I
Soto, Shirlene, Vol I
Sowards, Steven W., Vol I, II
Spann, Edward K., Vol I
Spear, Allan H., Vol I
Specht, Neva Jean, Vol I
Spector, Daniel E., Vol I
Spector, Ronald H., Vol I
Spector, Scott, Vol I
Spellman, Paul, Vol I
Spencer, Elaine Glovka, Vol I
Spencer, Heath A., Vol I
Sperber, Jonathon, Vol I
Sperry, Kip, Vol I
Spiegel, Gabrielle Michele, Vol I
Spitz, Lewis W., Vol I
Spreng, Ronald, Vol I
Spring, David, Vol I
Sprunger, Keith L., Vol I
Stabile, Donald Robert, Vol I
Stackleberg, J. Roderick, Vol I
Stadtwald, Kurt, Vol I
Stambrook, Fred, Vol I
Stamp, Robert M., Vol I
Stanley-Blackwell, Laurie, Vol I
Stansky, Peter D. L., Vol I
Staples, A., Vol I
Starkey, Armstrong, Vol I
Starr, Kevin, Vol I
Starr-Lebeau, Gretchen D., Vol I
Stavig, Ward, Vol I
Stavrianos, Leften Stavros, Vol I
Stavros, Steve, Vol I
Stayer, James Mentzer, Vol I
Stealey, John E., Vol I
Stearns, Stephen, Vol I
Stebenne, David, Vol I, IV
Steely, Melvin T., Vol I
Steffel, R. Vladimir, Vol I
Stein, Kenneth W., Vol I
Steinberg, Mark D., Vol I
Steinberg, Michael P., Vol I
Steiner, Bruce E., Vol I
Stepenoff, Bonita M., Vol I
Stephens, Lester Dow, Vol I
Stern, Marvin, Vol I
Stevens, Kevin M., Vol I
Stevens, M., Vol I
Stewart, Charles Cameron, Vol I
Stith-Cabranes, Kate, Vol IV
Stoff, Michael B., Vol I
Stoianovich, Traian, Vol I
Stokes, Gale, Vol I
Stoler, Mark A., Vol I
Stoll, Steven, Vol I
Stone, Bailey S., Vol I
Stone, Karen, Vol I
Storch, Neil T., Vol I
Storrs, Landon R. Y., Vol I
Stortz, Gerry, Vol I
Story, Ronald, Vol I
Stout, Harry S., Vol I
Stout, Joseph A., Vol I
Stover, John Ford, Vol I
Strauss, David, Vol I
Strauss, Gerald, Vol I
Strayer, Robert William, Vol I
Stricker, Frank A., Vol I
Strickland, Arvarh E., Vol I
Stricklin, David, Vol I
Strocchia, Sharon T., Vol I
Strokanov, Alexandre, Vol I
Strong, John A., Vol I
Strong-Boag, Veronica, Vol I, V
Strozier, Charles B., Vol I
Struever, Nancy Schermerhorn, Vol I

Struve, Walter, Vol I
Stuard, Susan M., Vol I
Sturtevant, David Reeves, Vol I
Suchlicki, Jaime, Vol I
Sugrue, Thomas J., Vol I
Sullivan, Charles R., Vol I
Sullivan, Michael J., Vol I
Sumida, Jon T., Vol I
Sunseri, Alvin Raymond, Vol I
Sutherland, Daniel E., Vol I
Sutton, Donald Sinclair, Vol I
Svejda, George J., Vol I
Swain, Martha Helen, Vol I
Swanson, Maynard William, Vol I
Sweeney, Jerry K., Vol I
Sweet, Paul Robinson, Vol I
Swidler, Leonard, Vol I, IV
Swinth, Kirsten, Vol I
Swinton, Katherine E., Vol I, IV
Symcox, Geoffrey, Vol I
Symons, Van J., Vol I
Synnott, Marcia G., Vol I
Szabo, Franz A. J., Vol I
Szasz, Ferenc, Vol I
Tabili, Laura, Vol I
Tackett, Timothy, Vol I
Tagg, James, Vol I
Tambs, Lewis, Vol I
Tannenbaum, Rebecca J., Vol I
Tarr, Zoltan, Vol I, V
Tarver, H. Michael, Vol I
Tatarewicz, Joseph N., Vol I
Taura, Graciella Cruz, Vol I
Taylor, Alan S., Vol I
Taylor, Arnold H., Vol I
Taylor, David Vassar, Vol I
Taylor, Dorceta E., Vol I
Taylor, Ira Donathan, Vol I
Taylor, James S., Vol I
Taylor, Karen, Vol I
Taylor, Larissa Juliet, Vol I
Taylor, Quintard, Jr., Vol I
Taylor, Robert, Vol I
Taylor, Sarah E., Vol I
Taylor, Thomas Templeton, Vol I
Taylor, Tom, Vol I
Teaford, Jon C., Vol I
Tebbenhoff, Edward H., Vol I
Tegeder, Vincent George, Vol I, IV
Tenkotte, Paul A., Vol I
Teorio-Trillo, Mauricio, Vol I
Terborg-Penn, Rosalyn M., Vol I
Thacker, Jack W., Vol I
Thaden, Edward C., Vol I
Thal, Sarah, Vol I
Thayer, John A., Vol I
Theile, Karl H., Vol I, IV
Theriault, Michel, Vol I, IV
Thomas, Carl Eric, Vol I
Thomas, Donald E., Vol I
Thomas, Gerald Eustis, Vol I
Thomas, Mark, Vol I
Thomas, Nigel J. T., Vol I, IV
Thomasson, Gordon C., Vol I, IV
Thompson, Bruce, Vol I
Thompson, G. Ray, Vol I
Thompson, Janet Ann, Vol I
Thompson, John H., Vol I
Thompson, Margaret Susan, Vol I, IV
Thompson, Victoria E., Vol I
Thormann, Gerard Charles, Vol I
Thornton, Archibald Paton, Vol I
Thornton, Richard C., Vol I
Thornton, S. A., Vol I
Thorpe, Wayne L., Vol I
Thurber, Tim, Vol I
Thyret, Isolde, Vol I
Tichenor, Irene, Vol I
Tierney, Brian, Vol I
Tijerina, Andres, Vol I
Tillman, Hoyt Cleveland, Vol I
Tillson, Albert H., Jr., Vol I
Tilly, Louise A., Vol I
Timberlake, Charles E., Vol I
Tingley, Donald Fred, Vol I
Tinsley, James R., Vol I, III
Tirado, Isabel A., Vol I
Tirado, Thomas C., Vol I
Titley, E. Brian, Vol I
Tittler, Robert, Vol I
Tiyambe Zeleza, Paul, Vol I
Toby, Ronald P., Vol I, V
Todd, Margo, Vol I
Todd, Mary, Vol I
Todorova, M., Vol I
Tokunaga, Emiko, Vol I
Tolson, Arthur, Vol I
Tolzmann, Don Heinrich, Vol I
Tomlins, Christopher L., Vol I, IV
Tooley, T. Hunt, Vol I
Torbenson, Craig L., Vol I
Torrecilla, Jesus, Vol V
Trachtenberg, Marc, Vol I
Tracy, James, Vol I
Trask, Kerry A., Vol I
Treadgold, Warren, Vol I, II, III
Trefousse, Hans L., Vol I
Trelease, Allen William, Vol I
Trentmann, Frank, Vol I
Trexler, Richard C., Vol I
Trimble, Richard M., Vol I
Trisco, Robert Frederick, Vol I, IV
Tritle, Lawrence, Vol I
Trout, J. D., Vol IV
Troxler, Carole Watterson, Vol I
Truss, Ruth Smith, Vol I
Tsirpanlis, Constantine Nicholas, Vol I, IV
Tu, Wei-Ming, Vol I, IV
Tucker, Bruce, Vol I
Tucker, Mark, Vol I, II
Tucker, Mary Evelyn, Vol I, IV
Tucker, Melvin Jay, Vol I
Tucker, Nancy Bernkopf, Vol I
Tucker, Spencer C., Vol I
Tucker, William F., Vol I
Tulchinsky, Gerald J. J., Vol I
Tull, Herman, Vol I, IV
Tullos, Allen E., Vol I
Turk, Eleanor L., Vol I
Turner, Eldon R., Vol I
Turner, Henry Ashby, Jr., Vol I
Turner, James, Vol I
Tuttle, William M., Vol I
Twombly, Robert C., Vol I
Tyler, Daniel, Vol I
Tyler, Pamela, Vol I
Tyler May, Elaine, Vol I
Ubbelohde, Carl, Vol I
Ufford, Lettia W., Vol I
Ulbrich, David J., Vol I
Unger, Irwin, Vol I
Unger, Nancy, Vol I
Unterberger, Betty Miller, Vol I
Upshur, Jiu-Hwa Lo, Vol I
Upton, Dell, Vol I
Urness, Carol, Vol I
Valdes, Dennis N., Vol I
van Hartesveldt, Fred R., Vol I
van Nus, Walter, Vol I
Van Patten, James J., Vol I, IV
Van Tine, Warren R., Vol I
Van Zanten, David, Vol I
Vanauken, Sheldon, Vol I, II
VanderMeer, Philip, Vol I
Vandervort, Bruce, Vol I
Vandiver, Frank Everson, Vol I
Vann, Richard T., Vol I
Vaporis, Constantine N., Vol I
Vardy, Steven Bela, Vol I
Varg, Paul Albert, Vol I
Vaughan, Alden T., Vol I
Venarde, Bruce L., Vol I, II
Verge, Arthur C., Vol I
Vernon, James, Vol I
Verrett, Joyce M., Vol I
Viereck, Peter, Vol I, II
Vietor, Richard Henry Kingsbury, Vol I
Vigil, Ralph Harold, Vol I
Vincent, K. Steven, Vol I
Vinikas, Vincent, Vol I
Vinyard, JoEllen, Vol I
Violette, Aurele J., Vol I
Vipond, Mary, Vol I
Visser, Derk, Vol I
Vitz, Robert C., Vol I
Vogeler, Martha Salmon, Vol I, II
Vogt, Daniel, Vol I
Voigt, David Quentin, Vol I, V
Volpe, Vernon L., Vol I
von Arx, Jeffery P., Vol I
von Baeyer, Edwinna L., Vol I
Von Hagen, Mark L., Vol I
Vosper, Jim M., Vol I, IV, V
Vucinich, Wayne S., Vol I
Wabuda, Susan, Vol I
Wacholder, Ben Zion, Vol I, II
Waddams, Stephen M., Vol I
Waddell, James, Vol I, IV
Waddell, Louis Morton, Vol I
Wade, Michael G., Vol I
Wagar, W. Warren, Vol I
Wagenaar, Larry, Vol I
Wagenheim, Olga, Vol I
Wahl, Jim, Vol I
Waibel, Paul R., Vol I
Wajda, Shirley, Vol I
Wakelyn, Jon L., Vol I
Walcott, Robert, Vol I
Waldrep, Christopher, Vol I
Waldstreicher, David L., Vol I
Walker, Ernestein, Vol I
Walker, George Kontz, Vol I, IV
Walker, Melissa, Vol I
Walkowitz, Daniel Jay, Vol I
Wall, Bennett Harrison, Vol I
Wall, Helena M., Vol I
Wallace, Carl M., Vol I
Wallace, Patricia D., Vol I
Wallot, Jean-Pierre, Vol I
Walter, John Christopher, Vol I
Walter, Richard John, Vol I
Walters, E. Garrison, Vol I
Walther, Thomas Robert, Vol I
Waltner, Ann, Vol I
Wang, Aihe, Vol I
Wang, Di, Vol I
Wang, K. W., Vol I
Wang, Liping, Vol I
Ward, Allen M., Vol I
Ward, James A., Vol I
Waring, Stephen P., Vol I
Warmbrunn, Werner, Vol I
Warren-Findley, Janelle, Vol I
Warth, Robert Douglas, Vol I
Wasserman, Mark, Vol I
Wasson, Ellis Archer, Vol I
Watson, Harry L., Vol I
Watts, Jill, Vol I
Watts, Sydney, Vol I
Weaver, Garrett F., Vol I
Webb, Robert Kiefer, Vol I
Webb, Stephen Saunders, Vol I
Webber, Randall C., Vol I, IV, V
Weber, Ralph E., Vol I
Webre, Stephen, Vol I
Webster, Donald B., Vol I
Webster, Jill, Vol I
Webster, Niambi Dyanne, Vol I
Weeks, Theodore R., Vol I
Wei, C. X. George, Vol I
Wei, William, Vol I
Weigel, Richard David, Vol I, II, III
Weigley, Russell F., Vol I
Weikart, Richard, Vol I
Weinberg, Gerhard Ludwig, Vol I
Weiner, Lynn, Vol I
Weingartner, James Joseph, Vol I
Weir, David A., Vol I
Weisbrot, Robert S., Vol I
Weiss, John, Vol I
Weissbach, Lee Shai, Vol I
Weissman, Neil Bruce, Vol I
Welch, June R., Vol I
Welke, Barbara Y., Vol I
Weller, Cecil, Vol I
Wellman, Judith, Vol I
Werner, John M., Vol I
Wert, Hal E., Vol I
Wertheimer, John, Vol I
West, Carroll V., Vol I
West, Hugh A., Vol I
West, James L., Vol I
West, Martha S., Vol I, IV
Westerkamp, Marilyn J., Vol I
Westerlund, John S., Vol I
Westhauser, Karl E., Vol I
Weston, Corinne Comstock, Vol I
Weston, Timothy B., Vol I
Wetherell, Charles W., Vol I
Whayne, Jeannie, Vol I
Whealey, Robert H., Vol I
Wheeler, Douglas L., Vol I
Wheeler, Rachel, Vol I
Wheeler, William Bruce, Vol I
Whelan, Stephen T., Vol I, IV
Whisenhunt, Donald W., Vol I
White, Elizabeth, Vol I
White, G. Edward, Vol I, IV
White, Ronald C., Vol I, IV
White, Steven D., Vol I
Whiteside, James B., Vol I
Whitman, T. Stephen, Vol I
Whitney, Elspeth, Vol I
Whittenburg, Carolyn, Vol I
Wickberg, Daniel, Vol I
Wickstrom, John B., Vol I
Widenor, William C., Vol I
Wiener, Jonathan M., Vol I
Wigen, Karen, Vol I
Wiggins, James Bryan, Vol I, IV
Wiggins, Sarah W., Vol I
Wilhelmsen, Alexandra, Vol I
Wilkie, Jacqueline S., Vol I
Wilkie, William E., Vol I
Willett, Donald E., Vol I
Williams, Bruce, Vol I, II, III
Williams, David R., Vol I
Williams, Harry M., Vol I
Williams, Joan C., Vol I
Williams, John Alexander, Vol I
Williams, Lawrence H., Vol I
Williams, Lee Erskine, II, Vol I
Williams, Michael, Vol I
Williams, Richard Hal, Vol I
Williams, Vernon J., Jr., Vol I
Williamson, Arthur H., Vol I
Williamson, Joel R., Vol I
Willis, James F., Vol I
Wills, John E., Jr., Vol I
Wilmarth, Arthur E., Vol I
Wilson, B., Vol I
Wilson, Donald E., Vol I, IV
Wilson, George M., Vol I
Wilson, Ian E., Vol I
Wilson, John, Vol I
Wilson, Lewis, Vol I
Wilson, Lisa H., Vol I
Wilson, Mary, Vol I
Wilson, Mary C., Vol I
Wilson, Michael, Vol I
Wilson, Norman J., Vol I
Wilson, Raymond, Vol I
Wilson, Robert Arden, Vol I
Wilson, Robert Sydney, Vol I
Wimberly, Dan, Vol I
Winch, Julie P., Vol I
Wines, Roger, Vol I
Wink, Andre, Vol I
Winkler, Henry Ralph, Vol I
Winks, Robin William Evert, Vol I
Winpenny, Thomas R., Vol I
Winquist, Alan, Vol I
Winroth, Anders, Vol I
Winship, Peter, Vol I, II
Winston, Michael R., Vol I
Winter, Robert W., Vol I
Wintz, Cary DeCordova, Vol I
Wise, Steve, Vol I
Wise, Sydney F., Vol I
Withington, Ann F., Vol I
Wohl, Anthony Stephen, Vol I
Wolf, Kenneth Baxter, Vol I, IV
Wolfe, Michael, Vol I
Wolff, Gerald W., Vol I
Woloch, Nancy, Vol I
Wolters, Raymond, Vol I
Wood, Charles Tuttle, Vol I
Wood, Peter H., Vol I
Wood, Walter Kirk, Vol I
Woodruff, Nan Elizabeth, Vol I
Woods, Daniel, Vol I
Woods, Randall, Vol I
Woods, Robert L., Vol I
Woodward, Ralph L., Vol I
Woolley, Peter J., Vol I, IV
Wooster, Ralph Ancil, Vol I
Wooster, Robert, Vol I
Works, John A., Vol I
Worobec, Christine D., Vol I
Worsfold, Victor, Vol I
Worthy, Barbara Ann, Vol I
Wosh, Peter J., Vol I
Wozniak, Judith, Vol I
Wozniuk, Vladimir, Vol I
Wright, Donald R., Vol I
Wright, Thomas C., Vol I
Wright, William John, Vol I
Wrobel, David M., Vol I
Wunder, John R., Vol I
Wunderli, Richard M., Vol I
Wyatt, Don, Vol I
Wyatt-Brown, Bertram, Vol I
Wynar, Lubomyr Roman, Vol I
Xing, Jun, Vol I
Xu, Guangqin, Vol I
Yamashita, Samuel Hideo, Vol I
Yang, Sung Chul, Vol I
Yang, Zongsui, Vol I
Yasko, Richard Anthony, Vol I
Yelton, David K., Vol I
Yick, Joseph Kong Sang, Vol I
Yip, Ka-che, Vol I
York, Neil L., Vol I
Young, Alfred, Vol I
Young, Charles Robert, Vol I
Young, James A., Vol I, II
Young, James Harvey, Vol I
Young, Jordan Marten, Vol I
Young, Michael B., Vol I
Young, Otis E., Vol I
Young, Robert, Vol I
Young, Robert John, Vol I
Young, William Robert, Vol I
Youngblood, Denise J., Vol I
Yu, Henry, Vol I
Yungblut, Laura Hunt, Vol I
Zabel, James Allen, Vol I
Zagarri, Rosemarie, Vol I
Zagorin, Perez, Vol I
Zaller, Robert, Vol I
Zboray, Ronald J., Vol I
Zeidel, Robert F., Vol I
Zhu, Liping, Vol I
Zieger, R. H., Vol I
Ziegler, Paul R., Vol I
Ziemke, Earl Frederick, Vol I
Zimmerman, James A., Vol I
Zimmerman, Josh, Vol I
Zirinsky, Michael Paul, Vol I, IV
Zonderman, David A., Vol I
Zophy, Jonathan W., Vol I
Zucker, Alfred John, Vol I, II
Zunz, Olivier, Vol I

History of Education

Bailey, Charles Randall, Vol I, V
Benson, Warren S., Vol I, V
Burton, J. D., Vol I, V
Clifford, Geraldine Joncich, Vol I, V
Cohen, Ronald Dennis, Vol I
Cutler, William W., III, Vol I
Donohue, John Waldron, Vol I, IV, V
Finkelstein, Barbara, Vol I, V
Gutek, Gerald Lee, Vol I, V
Hendrick, Irving Guilford, Vol I, V
Kett, Joseph Francis, Vol I, V
Kneeshaw, Stephen, Vol I, V
Lindgren, C. E., Vol I, V
Seckinger, Donald Sherman, Vol I, IV, V
Seely, Gordon M., Vol I, V
Seymour, Jack L., Vol I, IV, V
Stephens, William Richard, Vol I, V
Violas, Paul Constantine, Vol I, V
Warren, Donald R., Vol I, V

History of India

Conlon, Frank Fowler, Vol I
Connell-Szasz, Margaret, Vol I
Eaton, Richard Maxwell, Vol I
Embree, Ainslie Thomas, Vol I
Gokhale, Balkrishna Govind, Vol I
Gordon, Leonard Abraham, Vol I
Hambly, Gavin Richard Grenville, Vol I
Harnetty, Peter, Vol I
Laushey, David Mason, Vol I

History of Language

Hozeski, Bruce William, Vol I, II

History of Literature

Mancini, Albert Nicholas, Vol II

History of Medicine

Bates, Donald G., Vol I
Beardsley, Edward Henry, Vol I
Blustein, Bonnie Ellen, Vol I
Brieger, Gert Henry, Vol I
Burns, Chester Ray, Vol I
Carmichael, Ann Grayton, Vol I
Charbran, H. Rafael, Vol I, III
Coulter, Harris L., Vol I
Davis, Audrey Blyman, Vol I
Duffin, Jacalyn, Vol I
Friedlander, Walter J., Vol I, IV
Geison, Gerald Lynn, Vol I
Kaufman, Martin, Vol I
Kushner, Howard I., Vol I
Lesch, John Emmett, Vol I
Magner, Lois, Vol I
May, Jude Thomas, Vol I
Mcvaugh, Michael Rogers, Vol I
Miller, Genevieve, Vol I
Pernick, Martin Steven, Vol I
Roland, Charles G., Vol I
Rossiter, Margaret W., Vol I
Sharrer, George Terry, Vol I
Shedd, D., Vol I

Smith, Dale Cary, Vol I
Verbrugge, Martha Helen, Vol I
Voigts, Linda Ehrsam, Vol I, III
Wilson, Leonard Gilchrist, Vol I

History of Philosophy

Achtenberg, Deborah, Vol I, IV
Ammon, Theodore G., Vol I, IV
Beanblossom, Ronald Edwin, Vol I, IV
Cederberg, Herbert Renando, Vol I, IV
Dye, James Wayne, Vol I, IV
Gill, Michael, Vol IV
Hoffman, Piotr, Vol I, IV
Kahn, Charles H., Vol I, IV
Kane, Stanley G., Vol I, IV
Kuehn, Manfred, Vol I, IV
Kuo, Lenore, Vol I, IV
Lambert, Richard Thomas, Vol I, IV
Lawhead, William F., Vol I, IV
Livingston, Donald W., Vol I, IV
Mann, William Edward, Vol I, IV
Martin, Wayne M., Vol I, IV
Meerbote, Ralf, Vol I, IV
Newman, Lex, Vol I, IV
Nuzzo, Angelica, Vol I, IV
Perreiah, Alan Richard, Vol I, IV
Price, Robert George, Vol I, IV
Rutherford, Donald P., Vol I, IV
Scherer, Imgard S., Vol I, IV
Schufreider, Gregory, Vol I, IV
Smith, Steven G., Vol I, IV
Sorrenson, Richard J., Vol I, IV
Tenenbaum, Sergio, Vol I, IV

History of Psychology

Pomper, Philip, Vol I, V
Smith, Laurence D., Vol I, V

History of Religion

Aageson, James W., Vol I, IV
Adams, Marilyn M., Vol I, IV
Anderson, Charles Samuel, Vol I, IV
Anderson, Robert Mapes, Vol I, IV
Ashanin, Charles B., Vol I, IV
Barmann, Lawrence F., Vol I, IV
Barr, David Lawrence, Vol I, IV
Barton, Marcella Biro, Vol I, IV
Beck, Guy, Vol I, IV
Benton, Catherine, Vol I, IV
Bijlefeld, Willem A., Vol I, IV
Blumhofer, Edith L., Vol I, IV
Bodling, Kurt A., Vol I, II, IV
Borelli, John, Vol I, IV
Breckenridge, James, Vol I, IV
Brenneman, Walter L., Jr., Vol I, IV
Brinkman, John T., Vol I, IV
Bronstein, Herbert, Vol I, IV
Buck, Harry Merwyn, Vol I, IV
Byman, Seymour David, Vol I, IV
Carey, Patrick W., Vol I, IV
Carter, Guy C., Vol I, IV
Carter, Jeffrey D. R., Vol I, IV
Carter, John Ross, Vol I, IV
Cenkner, William, Vol I, IV
Chancellor, James D., Vol I, IV
Chappell, David Wellington, Vol I, IV
Chapple, C. K., Vol I, IV
Chinnici, Joseph Patrick, Vol I, IV
Clothey, Frederick Wilson, Vol I, IV
Coburn, Thomas Bowen, Vol I, IV
Converse, Hyla Stuntz, Vol I, IV
Cornwall, Robert D., Vol I, IV
Cottrell, Jack Warren, Vol I, IV
Crouter, Richard E., Vol I, IV
Daley, Brian Edward, Vol I, IV
Danner, Dan Gordon, Vol I, IV
Davis, Winston, Vol I, IV
Day, Terence Patrick, Vol I, IV
Dayton, Donald Wilber, Vol I, IV
Deignan, Kathleen P., CND, Vol IV
Doherty, Barbara, Vol I, IV
Donovan, Mary Ann, Vol I, IV
Dornish, Margaret Hammond, Vol I, IV
Dreisbach, Donald Fred, Vol I, IV
Dyck, Cornelius John, Vol I, IV
Earhart, Harry Byron, Vol I, IV
Eckardt, Alice Lyons, Vol I, IV
Epp, Eldon Jay, Vol I, IV
Falk, Nancy Ellen, Vol I, IV
Feuerhahn, Ronald R., Vol I, IV
Fisher, James T., Vol I, IV
Fleischer, Manfred Paul, Vol I, IV
Fox, Douglas A., Vol I, IV
Frankforter, Albertus Daniel, Vol I, IV
Girardot, Norman J., Vol I, IV
Gnuse, Robert, Vol I, IV
Gonzalez, Catherine Gunsalus, Vol I, IV
Gonzalez, Justo Luis, Vol I, IV
Gottschalk, Peter, Vol I, IV
Graham, William, Vol I, IV
Graham, William C., Vol I, IV
Grillo, Laura, Vol I, IV
Grim, John A., Vol I, IV
Gross, Rita M., Vol I, IV
Gyug, Richard F., Vol I, IV
Haas, Peter J., Vol I, IV
Hackett, David H., Vol I, IV, V
Hobgood-Oster, Laura, Vol I, IV
Hopkins, Thomas J., Vol I, IV
Huff, Peter A., Vol I, IV
Hyers, M. Conrad, Vol I, III, IV
Johnson, Curtis, Vol I, IV
Jones, Paul Henry, Vol I, IV
Kang, Wi Jo, Vol I, IV
Kassam, Zayn, Vol I, IV
Kirby, Torrance W., Vol I, IV
Knipe, David Maclay, Vol I, IV
Lapomarda, Vincent Anthony, Vol I, IV
Levy, Ian Christopher, Vol I, IV
Lewis, James F., Vol I, IV
Lienhard, Joseph T., Vol I, IV
Long, Jerome Herbert, Vol I, IV
Luckert, Karl Wilhelm, Vol I, IV
Ludwig, Theodore Mark, Vol I, IV
MacDonald, Mary N., Vol I, IV
Macy, Gary A., Vol I, IV
Mahan, Susan, Vol I, IV
Martin, Marty, Vol I, IV
Martin, Richard C., Vol I, IV
Marty, Martin Emil, Vol I, IV
McDonald, William, Vol I, IV
Miller, Patricia Cox, Vol I, IV
Moss, Alfred A., Jr., Vol IV
Mueller, Howard Ernest, Vol I, IV
Mullin, Robert Bruce, Vol I, IV
Myers, David, Vol I, IV
Nardone, Richard Morton, Vol I, IV
Nasu, Eisho, Vol I, IV
Neufeld, Dietmar, Vol I, IV
Newby, Gordon D., Vol I, IV
Nieto, Jose Constantino, Vol I, IV
Nigosian, Solomon Alexander, Vol I, IV
Nutt, R., Vol I, IV
Olson, Roger E., Vol I, IV
Orr, Leslie, Vol I, IV
Overbeck, James A., Vol I, IV
Overholt, Thomas William, Vol I, IV
Paper, Jordan, Vol I, IV
Parot, Joseph John, Vol I, IV
Paul, Harry W., Vol I, IV
Pearson, Birger Albert, Vol I, IV
Penner, Hans Henry, Vol I, IV
Perry, Edmund, Vol I, IV
Pilant, Craig Wesley, Vol I, IV
Pruett, Gordon Earl, Vol I, IV
Reher, Margaret Mary, Vol I, IV
Reynolds, Frank E., Vol I, IV
Ritson, G. Joy, Vol I, IV
Rockefeller, Steven C., Vol I, IV
Rosin, Robert L., Vol I, IV
Sarason, Richard Samuel, Vol I, IV
Schiefen, Richard John, Vol I, IV
Schultenover, David, SJ, Vol I, IV
Scorgie, Glen G., Vol I, IV
Segal, Alan Franklin, Vol I, IV
Shelley, Bruce, Vol I, IV
Shiels, Richard Douglas, Vol I, IV
Shriver, George Hite, Vol I, IV
Smith, Jonathan Zittell, Vol I, IV
Stockman, Robert H., Vol I, IV
Stoeffler, Fred Ernest, Vol I, IV
Stoever, William K. B., Vol I, IV
Stowers, Stanley Kent, Vol I, IV
Swain, Charles W., Vol I, IV
Swearer, Donald K., Vol I, IV
Taylor, Richard Stuart, Vol I, IV
Thursby, Gene Robert, Vol I, IV
Timbie, Janet Ann, Vol I, IV
Tuck, Donald Richard, Vol I, IV
Turner, John D., Vol I, IV
Ury, M. William, Vol I, IV
Vehse, Charles T., Vol I, IV
Warren, Ann Kosser, Vol I, IV
Wartluft, David J., Vol I, IV
Waugh, Earle Howard, Vol I, IV
Weckman, George, Vol I, IV
Williams, Daniel, Vol I, IV
Zirkel, Patricia McCormick, Vol I, IV

History of Science

Ainley, Marianne G., Vol I, V
Allen, Garland E., Vol I
Badash, Lawrence, Vol I
Barbour, Ian Graeme, Vol IV
Baron, Charles Hillel, Vol IV
Bartholomew, James Richard, Vol I
Beardsley, Edward Henry, Vol I
Beaver, Donald de Blasiis, Vol I
Blustein, Bonnie Ellen, Vol I
Briggs, J. M., Vol I
Brittain, James Edward, Vol I
Brush, Stephen George, Vol I
Cahan, David, Vol I
Capshew, James H., Vol I
Cassidy, David C., Vol I
Cassidy, James G., Vol I
Chen, Xiang, Vol I, IV
Christianson, Gale Edward, Vol I
Churchill, Frederick Barton, Vol I
Clayton, Philip, Vol I, IV
Collie, Michael J., Vol I, II
Cowan, Ruth Schwartz, Vol I
Cravens, Hamilton, Vol I
Crowe, Michael J., Vol I
Cutcliffe, Stephen Hosmer, Vol I
Darden, Lindley, Vol I, IV
Dauben, Joseph Warren, Vol I
Davis, Audrey Blyman, Vol I
Davis, Edward B., Vol I
Dean, Dennis Richard, Vol II, III
Drachman, Virginia Goldsmith, Vol I, V
Eamon, William, Vol I
Eastwood, Bruce Stansfield, Vol I
Egerton, Frank N., Vol I
Elliott, Clark Albert, Vol I, II
Farber, Paul L., Vol I
Ferngren, Gary Burt, Vol I
Fernie, J. Donald, Vol I
Ferst, Barry Joel, Vol IV
Fleming, James Rodger, Vol I
Forman, P., Vol I
Franklin, Allan David, Vol I, IV
Fries, Russell Inslee, Vol I
Fullmer, June Zimmerman, Vol I
Garber, Daniel Elliot, Vol IV
Gasman, Daniel E., Vol I
Geison, Gerald Lynn, Vol I
Gillmor, Charles Stewart, Vol I
Goldman, Steven, Vol I
Golinski, Jan, Vol I
Goodstein, Judith Ronnie, Vol I
Gosselin, Edward Alberic, Vol I
Gossin, Pamela, Vol I, II
Graham, Loren Raymond, Vol I
Grant, Edward, Vol I
Gregory, Frederick, Vol I
Haber, Carole, Vol I
Hahn, Roger, Vol I
Hallion, Richard Paul, Vol I
Hankins, Thomas Leroy, Vol I
Harmond, Richard Peter, Vol I
Hatch, Robert A., Vol I
Heilbron, John L., Vol I
Herbert, Sandra Swanson, Vol I
Hetherington, Norriss Swigart, Vol I
Hilts, Victor L., Vol I
Hirsh, Richard Frederic, Vol I
Hudson, Robert, Vol I, IV
Hughes, Thomas Parke, Vol I
Hunt, Bruce J., Vol I
Jarrell, Richard A., Vol I
Jasanoff, Sheila S., Vol IV
Kargon, Robert, Vol I
Kauffman, George B., Vol I
Kevles, Daniel Jerome, Vol I
Kidwell, Clara Sue, Vol I
Kline, Ronald R., Vol I
Koertge, Noretta, Vol I, IV
Kohlstedt, Sally Gregory, Vol I
Kranzberg, Melvin, Vol I
Krimsky, Sheldon, Vol I, IV
Landow, George Paul, Vol I, II
Leavitt, Judith Walzer, Vol I
Lesch, John Emmett, Vol I
Lewenstein, Bruce V., Vol I
Lindberg, David C., Vol I
MacIntosh, Duncan, Vol IV
Mahoney, Michael Sean, Vol I
Major, John Stephen, Vol I
Mauskopf, Seymour Harold, Vol I
Mccluskey, Stephen C., Vol I
McCullough, Ralph C., II, Vol IV
McGrath, Sylvia Wallace, Vol I
Meli, Domenico Bertoloni, Vol I
Mendelsohn, Everett Irwin, Vol I
Merchant, Carolyn, Vol I, IV
Miller, Howard Smith, Vol I
Mills, Eric L., Vol I
More, Ellen Singer, Vol I
Moss, Lenny, Vol IV
Mullen, Pierce C., Vol I
Multhauf, Robert Phillip, Vol I
Nauenberg, M., Vol I
Needell, Allan A., Vol I
Nye, Mary Jo, Vol I
Page, Benjamin Bakewell, Vol IV
Park, David Allen, Vol I
Parssinen, Terry, Vol I
Patterson, Elizabeth G., Vol IV
Patterson, Karl David, Vol I
Pinch, Trevor J., Vol I, V
Potts, Louis Watson, Vol I
Rappaport, Rhoda, Vol I
Reigstad, Ruth, Vol I, IV, V
Richards, Joan Livingston, Vol I
Robinet, Harriette Gillem, Vol I
Rocke, Alan J., Vol I
Rossiter, Margaret W., Vol I
Rothenberg, Marc, Vol I
Russell, Edmund Paul, III, Vol I
Schmaus, Warren Stanley, Vol I, IV
Schofield, Robert Edwin, Vol I
Seidel, Robert H., Vol I
Shaffer, Nancy E., Vol I, IV
Silliman, Robert Horace, Vol I
Sivin, Nathan, Vol I
Smith, John K., Jr., Vol I
Smith, Pamela H., Vol I
Smocovitis, Vassiliki B., Vol I
Snedegar, Keith, Vol I
Sokal, Michael Mark, Vol I
Steneck, Nicholas H., Vol I
Stern, Nancy B., Vol I
Stranges, Anthony N., Vol I
Stuewer, Roger H., Vol I
Sylla, Edith Dudley, Vol I, IV
Tancredi, Laurence Richard, Vol IV
Tauber, Alfred I., Vol I, IV
Taylor, Kenneth Lapham, Vol I
Teich, Albert Harris, Vol I
Tobey, Ronald Charles, Vol I
Tomayko, James Edward, Vol I, III
Van Helden, Albert, Vol I
Warga, Richard G., Jr., Vol I, III
Waters, Raphael Thomas, Vol IV
Weart, Spencer R., Vol I
Webb, George Ernest, Vol I
Wheaton, Bruce R., Vol I
Williams, James Calhoun, Vol I
Williams, L. Pearce, Vol I
Wilson, David B., Vol I
Wilson, Philip, Vol I
Winnik, Herbert Charles, Vol I
Winsor, Mary Pickard, Vol I
Yost, Robinson M., Vol I

History of Technology

Bilstein, Roger Eugene, Vol I
Brittain, James Edward, Vol I
Clark, Mark, Vol I
Cowan, Ruth Schwartz, Vol I
Crouch, Tom Day, Vol I
Edmonson, James Milton, Vol I
Ferguson, Eugene S., Vol I
Hewlett, Richard Greening, Vol I
Hirsh, Richard Frederic, Vol I
Kline, Ronald R., Vol I
Kohlstedt, Sally Gregory, Vol I
Mahoney, Michael Sean, Vol I
Scranton, Philip, Vol I
Smith, Merritt Roe, Vol I
Sokal, Michael Mark, Vol I
Tobey, Ronald Charles, Vol I

Homiletics

Barlow, Jerry N., Vol IV
Clader, Linda, Vol III, IV
Fasol, Al, Vol IV
Gross, Nancy Lammers, Vol IV
Harms, Paul W. F., Vol IV
Hughes, Robert G., Vol IV
Kay, James F., Vol IV
McDaniel, Judith M., Vol IV
Ramp, Steven W., Vol IV
Rogness, Michael, Vol IV
Shaw, Wayne Eugene, Vol II, IV
Troeger, Thomas, Vol IV

Human Development

Andrzejewski, Julie, Vol V
Bartle-Haring, Suzanne, Vol V
Devitis, Joseph, Vol V
Eyer, Diane E., Vol V
Habermas, Ronald T., Vol IV, V
Kubey, Robert W., Vol V
Pasley, B. Kay, Vol V
Rodkin, Philip C., Vol V
Samarasinghe, Vidyamali, Vol V
Smith, Gregory C., Vol V
Van Beveren, Toosje T., Vol V

Human Ecology

Evans, Gary W., Vol V

Indian Language

Salomon, Richard, Vol I, III
Scharf, Peter M., Vol I, III

Indian Studies

Buhnemann, Gudrun, Vol I, IV
Lariviere, Richard Wilfred, Vol I
Natavar, Mekhala D., Vol I
Salomon, Richard, Vol I, III
Scharf, Peter M., Vol I, III
Schmidt, Hanns-Peter, Vol I
Steets, Cheryl, Vol I

International Law

Adams, Louis Jerold, Vol IV
Al-Marayati, Abid Amin, Vol IV, V
Barton, John Hays, Vol IV
Blakesley, Christopher L., Vol IV
Carter, Barry Edward, Vol IV
Chiu, Hungdah, Vol IV
Christol, Carl Quimby, Vol IV
de Grazia, Edward, Vol II, IV
Echols, Marsha A., Vol IV
Gardner, Richard Newton, Vol IV
Gordon, Ruth E., Vol IV
Gotanda, John Yukio, Vol IV
Lowenfeld, Andreas F., Vol IV
Ludwikowski, Rett R., Vol IV
Mayer, Don, Vol IV
Meagher, Robert Francis, Vol IV
Meron, Theodor, Vol IV
Murphy, John F., Vol IV
Nafziger, James A. R., Vol IV
Nichols, P. M., Vol IV
Pieck, Manfred, Vol IV
Ratner, Steven Richard, Vol IV
Reisman, W. Michael, Vol IV
Rossi, Christopher, Vol IV
Rubin, Alfred P., Vol IV
Salla, Michael, Vol IV
Salzman, Jim, Vol IV
Smith, Edwin M., Vol IV
Szasz, Paul Charles, Vol IV
Teson, Fernando R., Vol IV
Turner, Robert Foster, Vol IV
Watson, James Shand, Vol IV
Weston, Burns H., Vol IV
Williams, Paul R., Vol IV

International Relations

Aronson, Jonathan David, Vol IV
Baumann, Carol Edler, Vol IV
Berton, Peter, Vol IV
Chehabi, Houchang E., Vol I, IV
Cromwell, William C., Vol IV
Dowty, Alan K., Vol IV
Dunn, Joe Pender, Vol I, IV
Garthoff, Raymond L., Vol IV
Goldstein, Joshua S., Vol IV
Gregg, Robert, Vol IV

Hilton, Ronald, Vol IV
Johnson, Donald Ellis, Vol I, IV
Katada, Saori, Vol IV
Kegley, Charles W., Vol IV
Klare, Michael T., Vol IV
Langill, Richard L., Vol IV
Leahy, Margaret E., Vol IV
Liotta, Peter H., Vol IV
Lombardi, Mark O., Vol IV
Lu, Suping, Vol I, IV
McHale, Vincent Edward, Vol IV
Mittelman, James H., Vol IV
Patterson, David Sands, Vol I, IV
Patterson, Wayne Kief, Vol I, IV
Richards, Leon, Vol II, IV
Rosenberg, Emily Schlaht, Vol I, IV
Saadoun, Mohamed, Vol IV
Said, Abdul Aziz, Vol IV
Saul, Norman E., Vol I, IV
Smoker, Paul L., Vol IV
Terfa, Solomon, Vol IV
Theile, Karl H., Vol I, IV
Thornton, David, Vol IV
Wark, Wesley K., Vol IV
White, Donald Wallace, Vol I, IV

International Studies
Craig, Robert, Vol I
Mardin, Serif, Vol I, IV
Sanford, Daniel, Vol I, IV
Syliowicz, Joseph S., Vol I, IV

Iranian Studies
Garthwaite, Gene Ralph, Vol I
Schmidt, Hanns-Peter, Vol I
Steets, Cheryl, Vol I

Irish History
Carroll, Francis Martin, Vol I
Lowe, William J., Vol I
Manning, Roger B., Vol I
Miller, Kerby A., Vol I
Moriarty, Thomas Francis, Vol I
Tompson, Richard Stevens, Vol I
Weisser, Henry G., Vol I
Woods, Joseph Michael, Vol I

Irish Literature
Blake, James Joseph, Vol II
Booker, M. Keith, Vol II
Desmond, John F., Vol II
Fabricant, Carole, Vol II
Fackler, Herbert Vern, Vol II
Garratt, Robert Francis, Vol II
Gontarski, S. E., Vol II, III
Knapp, James Franklin, Vol II
Macky, Nancy, Vol II
Mahoney, Christina Hunt, Vol III
Morris, Virginia Baumgartner, Vol II
Mulvihill, Maureen E., Vol II
Thuente, Mary Helen, Vol II, III
Tobin, Daniel, Vol II
Wall, Eamonn, Vol II

Irish Studies
Davies, Morgan, Vol I, III
Deane, Seamus, Vol I
Egan, Mary Joan, Vol I, II
MacKillop, James J., Vol I
Mahony, Robert E. P., Vol I, II
Morgan, Eileen M., Vol I, II
Richtarik, Marilynn J., Vol I

Islamic History
Brinner, William Michael, Vol I, III, IV
Wolper, Ethel Sara, Vol I

Islamic Studies
Bacharach, Jere L., Vol I
Bijlefeld, Willem A., Vol I, IV
Eaton, Richard Maxwell, Vol I
Graham, William, Vol I, IV
Haddad, Robert Mitchell, Vol I
Hermansen, Marcia, Vol I
Hussain, Amir, Vol I
Knysh, Alexander D., Vol I
Mandaville, Jon Elliott, Vol I
Munir, Fareed Z., Vol I
Peters, Francis Edward, Vol II, IV
Powers, David Stephen, Vol I, IV
Udovitch, Abraham L., Vol I
Zahniser, A. H. Mathias, Vol I
Zilfi, Madeline Carol, Vol I, IV, V

Italian History
Banker, James Roderick, Vol I
Blomquist, Thomas W., Vol I
Cannistraro, Philip Vincent, Vol I
Costa, Gustavo, Vol I, III
Emery, Ted, Vol I, III
Mazzaoui, Maureen Fennell, Vol I
Pugliese, Olga, Vol III
Stinger, Charles Lewis, Vol I

Italian Language
Adler, Sara Maria, Vol III
Allaire, Gloria, Vol III
Anderlini-D'Onofrio, Serena, Vol III
Ansart, Guillaume, Vol III
Ascari, Rosalia Colombo, Vol III
Barrett, Tracy, Vol III, V
Bizzarro, Salvatore, Vol III
Botterill, Steven, Vol III
Braidotti, Erminio, Vol III
Brizio-Skov, Flavia, Vol III
Cappelletti, Salvatore, Vol III
Carle, Barbara, Vol III
Carrera, Alessandro, Vol III
Carroll, Linda Louise, Vol III
Cavallo, JoAnn, Vol III
Chiampi, James T., Vol III
Colaneri, John Nunzio, Vol III
Cone, Annabelle, Vol III
Costa, Gustavo, Vol I, III
Cracolici, Stefano, Vol III
Cro, Stelio, Vol III
D'Andrea, Antonio, Vol III
Damiani, Bruno Mario, Vol III
DellaNeva, JoAnn, Vol III
Dersofi, Nancy, Vol III
Eisenbichler, Konrad, Vol III
Emery, Ted, Vol I, III
Farina, Luciano Fernando, Vol III
Farronato, Cristina, Vol III
Finco, Aldo, Vol III
Fleming, Raymond Richard, Vol III
Franceschetti, Antonio, Vol III
Frankel, Margherita, Vol III
Gerato, Erasmo Gabriele, Vol III
Hollander, Robert, Vol III
Howard, Lloyd H., Vol III
Huffman, Claire, Vol III
Iliescu, Nicolae, Vol III
Illiano, Antonio, Vol III
Kibler, Louis Wayne, Vol III
Kirkham, Victoria E., Vol III
Kisacky, Julie, Vol III
Klein, Ilona, Vol III
Kozma, Janice M., Vol III
Kuntz, Marion L., Vol III
Lansing, Richard H., Vol III
Laurenti, Joseph L., Vol III
LaValva, Rosemarie, Vol III
Looney, Dennis, Vol III
Lyman-Hager, Mary Ann, Vol III
Malpezzi Price, Paola, Vol III
Mangan, Jacqueline J. Samperi, Vol III
Mann, Maria A., Vol III
Manopolous, Monique M., Vol III
Marchione, Margherita Frances, Vol I, III
Marshall, Grover Edwin, Vol III
Matteo, Sante, Vol III
Mazzocco, Angelo, Vol III
Melzi, Robert C., Vol III
Mignolo, Walter, Vol III
Mignone, Mario B., Vol III
Morgan, Leslie Zarker, Vol III
Morrison, Molly, Vol III
Mueller, Roseanna M., Vol III
Niccoli, Gabriel, Vol III
Norton, Glyn P., Vol III
Oldcorn, Anthony, Vol III
Orban, Clara E., Vol III
Parati, Graziella, Vol III
Pasco, Allan, Vol III
Passaro, Maria C. Pastore, Vol III
Passaro, Maria P., Vol III
Pedroni, Peter, Vol III
Pelosi, Olimpia, Vol III
Pesca-Cupolo, Carmela, Vol III
Pickering-Iazzi, Robin, Vol III
Pickman-Gertz, Charlotte, Vol III
Pierce, Glenn, Vol III
Pireddu, Nicoletta, Vol III
Principe, D. Del, Vol III
Rini, Joel, Vol III
Roglieri, Maria Ann, Vol III
Rosenthal, Margaret F., Vol II, III
Rueda, Ana, Vol III
Sbrocchi, Leonard G., Vol III
Schnapp, Jeffrey, Vol III
Shapiro, Marianne, Vol III
Soria, Regina, Vol I, III
Stampino, Maria Galli, Vol III
Tamburri, Anthony J., Vol III
Traversa, Vincenzo, Vol III
Tusiani, Joseph, Vol III
Vena, Michael, Vol III
Weaver, Elissa B., Vol III
Weis, Carol M., Vol III
Welle, John Patrick, Vol III
Wells, Maria Xenia Zevelechi, Vol III
Zegura, Elizabeth Chesney, Vol II, III

Italian Literature
Adler, Sara Maria, Vol III
Anderlini-D'Onofrio, Serena, Vol III
Ascari, Rosalia Colombo, Vol III
Barolini, Teodolinda, Vol III
Biggs, Henry N., Vol III
Bondanella, Julia Conaway, Vol III
Bondanella, Peter, Vol III
Botterill, Steven, Vol III
Cannon, Joann Charlene, Vol III
Caserta, Ernesto, Vol III
Cassell, Anthony K., Vol III
Cavigioli, Rita C., Vol III
Chiampi, James T., Vol III
Ciccarelli, Andrea, Vol III
Colilli, Paul, Vol III
Curry, Corrada, Vol III
Danesi, Marcel, Vol III
DiMaria, Salvatore, Vol III
Farronato, Cristina, Vol III
Fido, Franco, Vol III
Francese, Joseph, Vol II, III
Franco, Charles, Vol III
Frankel, Margherita, Vol III
Gragnolati, Manuele, Vol III
Hallock, Ann Hayes, Vol III
Iannucci, Amilcare Alfredo, Vol III
Kleinhenz, Christopher, Vol III
Klopp, Charles, Vol III
Kozma, Janice M., Vol III
LaValva, Rosemarie, Vol III
Lebano, Edoardo A., Vol III
Leushuis, Reinier, Vol III
Livorni, Ernesto, Vol III
Lorenzi, Paola G., Vol III
Maddox, Donald, Vol III
Malpezzi Price, Paola, Vol III
Markey, Constance D., Vol III
Martines, Lauro, Vol I, III
Mazzotta, Giuseppe F., Vol III
Migiel, Marilyn, Vol III
Moevs, Christian, Vol III
Musa, Mark, Vol III
Needler, Howard, Vol III
Oldcorn, Anthony, Vol III
Parati, Graziella, Vol III
Passaro, Maria C. Pastore, Vol III
Passaro, Maria P., Vol III
Pesca-Cupolo, Carmela, Vol III
Pinkus, Karen, Vol III
Pireddu, Nicoletta, Vol III
Rebay, Luciano, Vol III
Rosenthal, Margaret F., Vol II, III
Rozier, Louise, Vol III
Russell, Rinaldina, Vol III
Sbrocchi, Leonard G., Vol III
Severino, Roberto, Vol III
Stimilli, Davide, Vol III
Stone, Jennifer, Vol III
Sturm-Maddox, Sara, Vol III
Tusiani, Joseph, Vol III
Vickers, Nancy J., Vol III
Weiss, Beno, Vol III
Welle, John Patrick, Vol III

Italian Studies
Blumenfeld, Rodica, Vol I
Curry, Corrada, Vol III
Holub, Renate, Vol I
Lewis, Douglas, Vol I
Manca, Franco, Vol I
Marcus, Milicent, Vol I
McPhee, Sarah, Vol I
Rossi, Monica, Vol I
Smarr, Janet L., Vol I, II

Japanese History
Adolphson, Mikael, Vol I
Bartholomew, James Richard, Vol I
Bernstein, Gail Lee, Vol I
Burkman, Thomas, Vol I
Chamberlain, Gordon Blanding, Vol I
Cook, Theodore F., Jr., Vol I
Cornwall, Peter G., Vol I
Craig, Albert Morton, Vol I
Gluck, Carol, Vol I
Goodman, Grant Kohn, Vol I
Hauser, William Barry, Vol I
Henderson, John B., Vol I, IV
Hoover, William Davis, Vol I
Huffman, James Lamar, Vol I
Koschmann, Julien Victor, Vol I
Kovalio, Jacob, Vol I
Laker, Joseph Alphonse, Vol I, III
Mass, Jeffrey Paul, Vol I
Mitchell, Richard Hanks, Vol I
Moore, Ray A., Vol I
Notehelfer, Fred G., Vol I
Pflugfelder, Gregory, Vol I
Scheiner, Irwin, Vol I
Smethurst, Richard Jacob, Vol I
Smith, Henry, Vol I
Stranahan, Patricia, Vol I
Tsunoda, Elizabeth, Vol I
Tsurumi, E. Patricia, Vol I
Wang, Q. Edward, Vol I
Waswo, Ann, Vol I
Waters, Neil L., Vol I
Yamashita, Samuel Hideo, Vol I
Yasko, Richard Anthony, Vol I

Japanese Language
Aoki, Michikoy, Vol III
Hagiwara, Takao, Vol III
Hatasa, Kazumi, Vol III
Heinrich, Amy Vladeck, Vol III
Hulvey, S. Yumiko, Vol III
Ishikawa, Minako, Vol III
Johnson, Mayumi Yuki, Vol III
Kaga, Mariko, Vol III
Koda, Keiko, Vol III, V
Kohl, Stephen William, Vol III
Kumayama, Akihisa, Vol III
Marcus, Marvin H., Vol III
Mathias, Gerald Barton, Vol III
Mills, David Otis, Vol III
Naff, William E., Vol III
Nagase, Takako, Vol III
Perkins, George W., Vol III
Rogers, Lawrence William, Vol III
So, Sufumi, Vol III
Unger, James Marshall, Vol III
Vance, Timothy, Vol III
Weitzman, Raymond Stanley, Vol III
Yamada, Reiko, Vol III

Japanese Literature
Brown, Janice C. L., Vol III
Cohn, Joel, Vol III
Cranston, Edwin Augustus, Vol III
Field, Norma, Vol III
Iwamoto, Yoshio, Vol III
Kohl, Stephen William, Vol III
Lacure, Jon W., Vol III
Marcus, Marvin H., Vol III
Mathias, Gerald Barton, Vol III
McCann, David Richard, Vol III
Mills, David Otis, Vol III
Morita, James R., Vol III
Ochner, Nobuko M., Vol III
Perkins, George W., Vol III
Pinnington, Noel J., Vol III
Rogers, Lawrence William, Vol III
Tahara, Mildred Machiko, Vol III
Thomas, Roger K., Vol III
Wallace, John R., Vol III

Japanese Studies
Khan, Yoshmitsu, Vol I
Makino, Yasuko, Vol I, II

Jewish History
Bristow, Edward, Vol I, IV
Cohen, Jeremy, Vol I, IV
Cohen, Martin Aaron, Vol I, IV
Endelman, Todd Michael, Vol I, IV
Feingold, Henry L., Vol I, IV
Fishman, David E., Vol I, IV
Gerber, Jane Satlow, Vol I, IV
Golb, Norman, Vol I, III, IV
Harrington, Daniel Joseph, Vol I, IV
Hoffman, Anne, Vol I, II
Isenberg, Sheldon Robert, Vol I, IV
Jick, Leon Allen, Vol I, IV
Klein, Bernard, Vol I, IV
Klein, Dennis B., Vol I, IV
Kraut, Benny, Vol I, IV
Lowenstein, Steven Mark, Vol I
Malino, Frances, Vol I, IV
Meyer, Michael Albert, Vol I, IV
Orbach, Alexander, Vol I, IV
Perelmuter, Hayim Goren, Vol I, IV
Podet, Allen Howard, Vol I, IV
Porton, Gary Gilbert, Vol I, IV
Reguer, Sara, Vol I, IV
Schorsch, Ismar, Vol I, IV
Schwartz, Shuly Rubin, Vol I, IV
Stanislawski, Michael, Vol I, IV
Steinweis, Alan, Vol I, IV
Wertheimer, Jack, Vol I, IV

Jewish Philosophy
Bland, Kalman Perry, Vol IV
Gillman, Neil, Vol IV
Lamm, Norman, Vol IV

Jewish Studies
Abramson, Henry, Vol IV
Baskin, Judith R., Vol IV
Berlin, Charles, Vol IV
Blumberg, Sherry H., Vol III
Blumenthal, David Reuben, Vol IV
Boadt, Lawrence E., Vol IV
Bodian, Miriam, Vol I, IV
Boyarin, Daniel, Vol IV
Bronstein, Herbert, Vol I, IV
Brown, Steven M., Vol IV, V
Cahan, Jean, Vol IV
Cooley, Robert E., Vol I, III
Feldman, Yael S., Vol IV
Felstiner, John, Vol II, III, IV
Fischer, John, Vol IV
Fortner, John D., Vol IV
Friedman, Murray, Vol I, IV
Friedman, Saul S., Vol I, V
Garber, Zev Warren, Vol IV
Goldberg, Hillel, Vol IV
Goldman, Edward A., Vol II
Gottschalk, Alfred, Vol IV
Greenbaum, Michael B., Vol IV, V
Haas, Peter J., Vol I, IV
Hertz, Richard C., Vol IV
Holtz, Barry, Vol IV, V
Hoppe, Leslie John, Vol IV
Joseph, Norma Baumel, Vol IV
Katz, Irving, Vol I, IV
Katz, Steven T., Vol IV
Kepnes, Steven D., Vol IV
Kramer, Phyllis S., Vol IV
Krassen, Miles, Vol IV
Kraut, Benny, Vol I, IV
Kremer, S. Lillian, Vol II
Krome, Frederic, Vol IV
Lansen, Oscar, Vol I
Lawee, Eric J., Vol IV
Libo, Kenneth Harold, Vol I, IV
Lubetski, Edith, Vol II, IV
Mason, Steve, Vol I, IV
McGaha, Michael Dennis, Vol III
Meyers, Eric Mark, Vol IV
Myers, David G., Vol II, IV
Newman, Louis E., Vol IV
Nickelsburg, George William Elmer, Vol I, IV
Niedner, Frederick A., Vol IV

Passamaneck, Stephen Maurice, Vol II
Pawlikowski, John, Vol IV
Pelli, Moshe, Vol IV
Penkower, Monty Noam, Vol I
Pentiuc, Eugene, Vol IV
Povarsky, Chaim, Vol IV
Prell, Riv-Ellen, Vol I, IV, V
Rabinowitz, Mayer E., Vol IV
Ramras-Rauch, Gila, Vol IV
Reinharz, Jehuda, Vol I
Roth, Joel, Vol IV
Sarna, Nahum M., Vol IV
Scheindlin, Raymond Paul, Vol III
Schine, Robert S., Vol IV
Schultz, Joseph P., Vol III, IV
Segal, Alan Franklin, Vol I, IV
Shapiro, Rami, Vol IV
Sherwin, Byron Lee, Vol III
Skloot, Robert, Vol II, IV
Staub, Jacob J., Vol IV
Steinberg, Theodore Louis, Vol II, IV
Strickman, Norman, Vol IV
Szpek, Heidi M., Vol III
Varner, Willaim, Vol IV
Visotzky, Burton L., Vol IV
Weisbord, Robert G., Vol I
Wolf, Arnold J., Vol IV
Yarbrough, O. Larry, Vol IV
Yerushalmi, Yosef Hayim, Vol I
Zahavy, Tzvee, Vol IV

Journalism
Alisky, Marvin Howard, Vol II
Allen, Chris, Vol II
Ashdown, Paul George, Vol II
Bagdikian, Ben Haig, Vol II
Baker, Delbert Wayne, Vol II
Bird, Roger A., Vol II
Brasch, Walter Milton, Vol II
Click, J. William, Vol II
Conn, Earl Lewis, Vol II
Dennison, Corley F., Vol II
Dunlap, Karen F. Brown, Vol II
Farrar, Ronald, Vol II
Filemyr, Ann, Vol II
Flynn, David, Vol II
Fry, Donald K., Vol II
Gates, Henry Louis, Jr., Vol II
Greenberg, Bradley, Vol II
Hamilton, John Maxwell, Vol II
Harrison, W. Dale, Vol II
Hiebert, Ray Eldon, Vol II
Hodges, Louis Wendell, Vol II, IV
Hoffmann, Joyce, Vol II
Humphries, Bettye, Vol II
Hunt, Linda, Vol II
Hybels, Saundra, Vol II
Ibelema, Minabere, Vol II
Jeffres, Leo, Vol II
Jensen, Robert W., Vol II
Johnson, Bobby Harold, Vol I, II
Johnson, DeWayne Burton, Vol II
Johnson, Owen V., Vol I
Lee, Jae-Won, Vol II
Lee, Jai Hyon, Vol II
Leedom, Tim C., Vol II
Leidholdt, Alex S., Vol II
Likes, Terry, Vol II
Lisby, Gregory C., Vol II
Mayeux, Peter, Vol II
Murray, Michael D., Vol I, II
Nord, David P., Vol II
Olasky, Marvin N., Vol I, II
Parisi, Peter, Vol II
Paxton, Mark, Vol II
Perloff, Richard M., Vol II
Pettey, Gary R., Vol II
Pfaff, Daniel W., Vol II
Pfau, Michael, Vol II
Reis, Raul, Vol II
Riley, Sam G., Vol II
Schaefer, Richard J., Vol II
Schwarzlose, Richard A., Vol II
Self, Charles C., Vol II
Selfridge-Field, Eleanor, Vol II
Smith, Kim A., Vol II
Soloski, John, Vol II
Sylvie, George, Vol II
Tankard, James William, Vol II
Taylor, Michael, Vol II
Terrell, Robert L., Vol II
Waterhouse, Carole, Vol II
Watson, John Clifton, Vol II
Williams, Penny, Vol II
Williams-Hackett, Lamara, Vol II
Youm, K. H., Vol II

Labor Law
Cannon, John J., Vol IV
Feller, David Edward, Vol IV
Larson, David A., Vol IV

Language Acquisition
Arnett, Carlee, Vol III, V
Borer, Hagit, Vol III, V
Church, Dan M., Vol II, V
Deak, Gedeon O., Vol V
Freed, Barbara, Vol III, V
Jarvis, Gilbert Andrew, Vol V
Koda, Keiko, Vol III, V
Schulz, Renate A., Vol III, V
Sukholutskaya, Mara, Vol II, V
Tapia, Elena, Vol V
Wildner-Bassett, Mary E., Vol III, V

Language and Languages
Aissen, Judith, Vol III
Allen, Wendy, Vol III
Anderson, Kirk, Vol III
Duval, John, Vol III
Embleton, Sheila, Vol II, III
Ford, James, Vol III
Gura, Timothy, Vol III
Hashimoto, I. Y., Vol II, III
Kanellos, Nicolas, Vol II, III
Lackey, Robert Sam, Vol III
Lafayette, Robert, Vol III
Martin, Laura, Vol III
Preuss, Mary, Vol III
Rodrigo, Victoria, Vol III
Slavutych, Yar, Vol III
Sousa, Ronald W., Vol III
Stern, Irwin, Vol III
Tetzlaff, Otto W., Vol III

Language Education
Bart, Benjamin Franklin, Vol III, V
Berg, Willaim J., Vol III, V
Bergstrom, Anna, Vol III, V
Clark, Mary Morris, Vol III, V
Deak, Gedeon O., Vol V
Diaz-Duque, Ozzie Francis, Vol V
Edwards, Viviane, Vol V
Freeman, Yvonne, Vol V
Frose, Victor, Vol V
Garfinkel, Alan, Vol III, V
Hanna, Blake Thompson, Vol III
Huang, Zhen, Vol V
Jacobson, Rodolfo, Vol III, V
Jarvis, Gilbert Andrew, Vol V
Kim-Renaud, Young-Key, Vol III, V
Klee, Carol A., Vol III, V
Rivers, Elias Lynch, Vol III, V
Rodriguez, Juan A., Vol V

Latin American History
Andrews, George Reid, Vol I
Andrien, Kenneth James, Vol I
Baily, Samuel Longstreth, Vol I
Barman, Roderick James, Vol I
Baum, Dale, Vol I
Becker, Marjorie R., Vol I
Bieber, Judy, Vol I
Blanchard, Peter, Vol I
Boyajian, James Charles, Vol I
Boyer, Richard, Vol I
Broussard, Ray F., Vol I
Brown, Kendall Walker, Vol I
Brown, Richmond F., Vol I
Brunk, Samuel, Vol I
Burke, Michael E., Vol I
Chipman, Donald Eugene, Vol I
Clayton, Lawrence A., Vol I
Coker, William Sidney, Vol I
Cook, Warren Lawrence, Vol I
Cooper, Donald B., Vol I
Cummins, Victoria Hennessey, Vol I
Cunniff, Roger Lee, Vol I
DeMoss, Dorothy Dell, Vol I
Dudley, William Sheldon, Vol I
Dysart, Jane Ellen, Vol I
Ewell, Judith, Vol I
Fair, Theopolis, Vol I
Finan, John J., Vol I
Fleener, Charles Joseph, Vol I
Gagliano, Joseph Anthony, Vol I
Greenfield, Gerald M., Vol I
Greenleaf, Richard E., Vol I
Grieb, Kenneth J., Vol I
Gutierrez, Ramon A., Vol I
Hahner, June Edith, Vol I
Hale, Charles Adams, Vol I
Hall, Gwendolyn Midlo, Vol I
Hall, Linda, Vol I
Helguera, J. Leon, Vol I
Hinds, Harold E., Jr, Vol I
Hoberman, Louisa Schell, Vol I
Holloway, Thomas Halsey, Vol I
Johnson, Judith R., Vol I
Johnson, Phil Brian, Vol I
Joseph, Harriet D., Vol I
Keen, Benjamin, Vol I
Kicza, John Edward, Vol I
Kiple, Kenneth Franklin, Vol I
Kirshner, Alan Michael, Vol I
Klaren, Peter Flindell, Vol I
Klein, Herbert S., Vol I
Knight, Franklin Willis, Vol I
Knowlton, Robert James, Vol I
Kress, Lee Bruce, Vol I
Kuethe, Allan James, Vol I
Kuhn, Gary G., Vol I
Leonard, Virginia Waugh, Vol I
Levine, Robert M., Vol I
Lewin, Linda, Vol I
Liss, Peggy K., Vol I
Liss, Sheldon Barnett, Vol I
Love, Joseph L., Vol I
Mabry, Donald Joseph, Vol I
Macias, Anna, Vol I
Martinez, Jose-Luis, Vol I
Mendez, Jesus, Vol I
Miller, Hubert J., Vol I
Nunn, Frederick Mckinley, Vol I
Piccato, Pablo, Vol I
Poppino, Rollie Edward, Vol I
Raat, William D., Vol I
Ramos, Donald, Vol I
Rausch, Jane M., Vol I
Reber, Vera Blinn, Vol I
Riley, James Denson, Vol I
Ryan, Thomas Joseph, Vol I
Safford, Frank Robinson, Vol I
Salisbury, Richard Vanalstyne, Vol I
Scardaville, Michael Charles, Vol I
Schmidt, Henry Conrad, Vol I
Schulte, Josephine Helen, Vol I
Schwaller, John, Vol I, III
Schwartz, Stuart, Vol I
Scott, Rebecca Jarvis, Vol I
Seed, Patricia, Vol I
Sherman, William Lewis, Vol I
Sims, Harold Dana, Vol I
Southerland, James Edward, Vol I
Stansifer, Charles Lee, Vol I
Stern, Steve Jefferey, Vol I
Stoetzer, O. Carlos, Vol I
Szuchman, Mark David, Vol I
Talbott, Robert Dean, Vol I
Tambs, Lewis, Vol I
Tepaske, John J., Vol I
Thomas, Jack Ray, Vol I
Tirado, Thomas C., Vol I
Torodash, Martin, Vol I
Twinam, Ann, Vol I
Vanderwood, Paul Joseph, Vol I
Vassberg, David Erland, Vol I
Verba, Ericka K., Vol I
Vigil, Ralph Harold, Vol I
Warren, J. Benedict, Vol I
Watrous, Mary A., Vol I
Watson, Thomas Davis, Vol I
Weber, David J., Vol I
Werlich, David P., Vol I
White, David Anthony, Vol I
Wilkie, James Wallace, Vol I
Wirth, John Davis, Vol I
Worcester, Donald Emmet, Vol I
Worrall, Janet Evelyn, Vol I

Latin American Literature
Alzate, Gaston A., Vol III
Anderson, Danny L., Vol III
Andre, Maria Claudia, Vol III, V
Arroyo, Jossiana, Vol III
Bixler, Jacqueline, Vol III
da Cunha-Giabbai, Gloria E., Vol III
de Tejada, Cristina Saenz, Vol III
Figueredo, Danilo H., Vol III
Flori, Monica Roy, Vol III
Grunfeld, Mihai, Vol III
Gudmundson, Lowell, Vol I
Hernandez, Juan, Vol III
Hood, Edward, Vol III
Jimenez, Francisco, Vol III
Lewis, Bart L., Vol III
Lichtblau, Myron Ivor, Vol III
Lopez, Carlos, Vol II
Luciani, Frederick, Vol III
Martinez, Elizabeth Coonrod, Vol III, V
Martinez-San Miguel, Yolanda M., Vol III
Marun, Gioconda, Vol III
Medina, Manuel F., Vol III
Meinhardt, Warren Lee, Vol III
Nagy-Zekmi, Silvia, Vol I, III
Oleszkiewicz, Malgorzata, Vol III
Pastor, Beatriz, Vol III
Paz-Soldan, Jose Edmundo, Vol III
Pratt, Mary Louise, Vol III
Quackenbush, Louis Howard, Vol III
Reinshagen-Joho, Liane, Vol III
Restrepo, Luis F., Vol III
Rivera, Margarita Tavera, Vol III
Root, Regina A., Vol III
Rosa, William, Vol III
Rose, Stanley Ludwig, Vol III
Sabat-Rivers, Georgina, Vol III
San Pedro, Teresa Anta, Vol III
Santana, Jorge Armando, Vol III
Schwaller, John, Vol I, III
Suarez-Galban, Eugenio, Vol III
Torres-Recinos, Julio, Vol III
Vailakis, Ivan Gordon, Vol II, III
Verani, Hugo Juan, Vol III
Verdesio, Gustavo, Vol III
Vogeley, Nancy Jeanne, Vol III
Zalacain, Daniel, Vol II, III
Zenteno, Gloria Estela Gonzalez, Vol III

Latin American Studies
Bedford, David, Vol I, III
Burgueno, Maria C., Vol I
Deck, Allan F., Vol III, IV
DeLaney, Jeane, Vol I
Gomez-Herrero, Fernando, Vol I
Irwin, Robert McKee, Vol I
Luis, William, Vol I
Maisch, Christian, Vol I
Matheny, William Edward, Vol I
Merrell, F., Vol I
Ogden, Estrella V., Vol I, III
Perez-Lopez, Rene, Vol I
Pineo, Ronn, Vol I
Rockland, Michael Aaron, Vol I, III
Stephens, Thomas M., Vol I
Turner, Doris J., Vol I

Latin History
Swietek, Francis Roy, Vol I

Latin Language
Archambault, Paul Joseph, Vol III
Bliss, Francis Royster, Vol III
Clark, John Richard, Vol III
Colker, Marvin L., Vol III
Craun, Edwin David, Vol II
Curley, Michael Joseph, Vol II, III
Dobsevage, Alvin P., Vol III, IV
Erickson, Daniel Nathan, Vol III
Frakes, Jerold C., Vol III
Frank, Elfrieda, Vol III
Halton, Thomas, Vol III
John, James J., Vol I, III
Johnston, Sarah Iles, Vol III
Kaster, Robert A., Vol II, III
Kopff, Edward Christian, Vol III
Kurth, William Charles, Vol III
Lanham, Carol D., Vol III
Lofstedt, Bengt, Vol III
Lowry, Eddie R., Jr., Vol III
Pence, Ellsworth Dean, Vol III
Philippides, Marios, Vol III
Saa, Orlando, Vol III
Smith, Diane E., Vol II, III
Traill, David Angus, Vol III
Tucker, Robert Askew, Vol III
Wright, John, Vol III

Latin Literature
Doherty, Lillian E., Vol III
Evans, Harry B., Vol III
Falkner, Thomas M., Vol III
Freis, Richard, Vol III
Glenn, Justin Matthews, Vol III
Hammond, Mason, Vol I, III
Lombardo, Stanley, Vol III
Nordling, John G., Vol II, III
Olivia, Leonora, Vol III
Poe, Joe Park, Vol III
Renehan, Robert, Vol III
Rose, Gilbert Paul, Vol III
Schmeling, Gareth Lon, Vol III

Law
Abell, Jennie, Vol IV
Abou El Fadl, Khaled M., Vol IV
Abraham, Gerald, Vol IV
Abrams, Douglas Edward, Vol IV
Abramson, Harold I., Vol IV
Ackerman, Robert M., Vol IV
Adams, George, Vol IV
Adams, Gregory B., Vol IV
Adams, John Oscar, Vol IV
Addams, Robert David, Vol IV
Adelman, Martin Jerome, Vol IV
Aiken, Jane Harris, Vol IV
Akram, Susan M., Vol IV
Al'Uqdah, William Mujahid, Vol IV
Alexander, George J., Vol IV
Alexander, Laurence Benedict, Vol IV
Alford, Haile Lorraine, Vol IV
Ali-Jackson, Kamil, Vol IV
Allen, Layman E., Vol IV
Alschuler, Albert W., Vol IV
Amaker, Norman Carey, Vol IV
Aman, Alfred C., Jr., Vol IV
Amsterdam, Anthony G., Vol IV
Anawalt, Howard C., Vol IV
Andersen, Roger William, Vol IV
Anderson, Alexis J., Vol IV
Andreen, William L., Vol IV
Andrus, Kay L., Vol IV
Ankersen, Thomas T., Vol IV
Anzalone, Filippa M., Vol IV
Appell, Annette Ruth, Vol IV
Araiza, William, Vol IV
Argen, Ralph J., III, Vol I, IV
Argrett, Loretta Collins, Vol IV
Arlen, Jennifer H., Vol IV
Armour, Jody D., Vol IV
Arnelle, Hugh Jesse, Vol IV
Arnold, Craig Anthony, Vol IV
Arnold, Rudolph P., Vol IV
Ashe, Marie, Vol IV
Askin, Frank, Vol IV
Atleson, James B., Vol IV
Avery, Michael, Vol IV
Baade, Hans Wolfgang, Vol IV
Babcock, Barbara Allen, Vol IV
Backhouse, Constance B., Vol IV
Bakan, Joel, Vol IV
Baker, Beverly Poole, Vol IV
Baker, Donald W., Vol IV
Baker, Thomas E., Vol IV
Baker-Kelly, Beverly, Vol IV
Bakken, Gordon Morris, Vol I, IV
Baldwin, Cynthia A., Vol IV
Baldwin, Fletcher N., Jr., Vol IV
Baldwin, Gordon Brewster, Vol IV
Ball, David T., Vol IV
Ball, William Batten, Vol IV
Banks, Sharon P., Vol IV
Barbee, Lloyd Augustus, Vol IV
Barksdale, Leonard N., III, Vol IV
Barnes, Joseph Nathan, Vol IV
Barnes, Willie R., Vol IV
Baron, Charles Hillel, Vol IV
Barrett, John A., Vol IV
Barron, David J., Vol IV
Bartholet, Elizabeth, Vol IV
Barton, Peter G., Vol IV
Basch, Norma, Vol I, IV
Bassett, William W., Vol I, IV
Bateman, Paul E., Vol IV
Bates, George Albert, Vol IV
Battaglia, Jack M., Vol IV
Baur, Michael, Vol IV
Baynes, Leonard M., Vol IV
Beane, Dorothea Annette, Vol IV
Beard, James William, Jr., Vol IV
Beasley, A., Vol IV
Beatty, Otto, Jr., Vol IV
Becker, Lewis, Vol IV
Beckerman-Rodau, Andrew, Vol IV
Beckett, Steven J., Vol IV
Beerman, Jack, Vol IV
Befort, Stephen, Vol IV

Discipline Index

Begleitor, Martin D., Vol IV
Bell, Derrick Albert, Jr., Vol IV
Bell, Sheila Trice, Vol IV
Belliotti, Raymond A., Vol IV
Belton, Robert, Vol IV
Benidickson, Jamie, Vol IV
Bennet, Joel F., Vol III
Bennett, Gerald T., Vol IV
Bennett, Patricia W., Vol IV
Bennett-Alexander, Dawn DeJuana, Vol IV
Benson, Lenni B., Vol IV
Benson, Robert W., Vol IV
Bepko, Gerald L., Vol IV
Berger, Lawrence, Vol IV
Berger, Mark, Vol IV
Berger, Vivian O., Vol IV
Bergman, Paul, Vol IV
Berman, Harold J., Vol IV
Berman, Jeffrey B., Vol IV
Bernstine, Daniel O., Vol IV
Beschle, D. L., Vol IV
Bessner, Ronda, Vol IV
Besson, Paul Smith, Vol IV
Bezanson, Randall P., Vol IV
Bhandari, Jagdeep S., Vol IV
Biernat, Leonard F., Vol IV
Bilson, Beth, Vol IV
Binder, David A., Vol IV
Birch, Adolpho A., Jr., Vol IV
Bix, Brian, Vol IV
Blackburn, Terence L., Vol IV
Blackman, Rodney J., Vol IV
Blakesley, Christopher L., Vol IV
Bleich, J. David, Vol IV
Block, John Martin, Vol IV
Blom, Joost, Vol IV
Bloom, Robert M., Vol IV
Blum, John D., Vol IV
Blum, Karen M., Vol IV
Blumberg, Grace Ganz, Vol IV
Blumberg, Phillip Irvin, Vol IV
Blumenson, Eric D., Vol IV
Blumm, Micahel C., Vol IV
Blumrosen, Alfred W., Vol IV
Blumstein, James Franklin, Vol IV
Bogen, David S., Vol IV
Bogus, Carl T., Vol IV
Bok, Derek Curtis, Vol IV
Bonnie, Richard J., Vol IV
Booth, Richard A., Vol IV
Borchert, Gerald Leo, Vol IV
Borg, Dorothy, Vol I, IV
Bork, Robert Heron, Vol IV
Borrows, John, Vol IV
Botein, Michael, Vol IV
Bowden, Marie Ann, Vol IV
Bowers, J. W., Vol IV
Boyd, Willard L., Vol IV
Boyle, Ashby D., II, Vol IV
Boyle, Christine, Vol IV
Boyle, Francis, Vol IV
Boyle, Robin A., Vol IV
Bracey, Willie Earl, Vol IV
Bradley, Craig M., Vol IV
Brady, James B., Vol IV
Braithwaite, John, Vol IV
Braithwaite, William T., Vol IV
Brandt, Gregory J., Vol IV
Branson, Douglas M., Vol IV
Brecht, Albert O., Vol IV
Brennan, James Franklin, Vol IV
Brest, Paul, Vol IV
Brett, Nathan C., Vol IV
Brewbaker, William S., III, Vol IV
Breyer, Stephen Gerald, Vol IV
Brickey, Kathleen F., Vol IV
Brickman, Lester, Vol IV
Bridwell, R. Randal, Vol IV
Brietzke, Paul H., Vol IV
Bristow, Clinton, Jr., Vol IV
Brodin, Mark S., Vol IV
Brodley, Joseph F., Vol IV
Brogan, Doris DelTosto, Vol IV
Brooks, Catherine M., Vol IV
Brooks, Roy Lavon, Vol IV
Brophy, Alfred L., Vol IV
Brown, Barry, Vol IV
Brown, Craig, Vol IV
Brown, James J., Vol IV
Brown, William H., III, Vol IV
Brown Weiss, Edith, Vol IV
Bruch, C. S., Vol IV
Brumbaugh, John Maynard, Vol IV
Brunnee, Jutta, Vol IV
Bryant, Alan W., Vol IV
Bryden, Philip, Vol IV
Bubany, Charles Phillip, Vol IV
Buckingham, Don, Vol IV
Buckwold, Tamara, Vol IV
Bucy, Pamela H., Vol IV
Bulbulia, Ahmed I., Vol IV
Bullard, Edward A., Jr., Vol IV
Bullock, James, Vol IV
Bullock, Joan R., Vol IV
Burbank, Stephen B., Vol IV
Burke, William Thomas, Vol IV
Burnett, Donald L., Vol IV
Burris, John L., Vol IV
Burt, Robert Amsterdam, Vol IV
Busby, Karen, Vol IV
Bush, Nathaniel, Vol IV
Bussel, Daniel J., Vol IV
Buxbaum, Richard Manfred, Vol IV
Byrd, Jerry Stewart, Vol IV
Byrne, Edmund F., Vol IV
Byrne, James E., Vol IV
Cairns, Alan, Vol IV
Cairns, Hugh A. C., Vol I, IV
Calabresi, The Honorable Guido, Vol IV
Caldwell, Harry M., Vol IV
Calfee, Dennis A., Vol IV
Callender, Carl O., Vol IV
Callender, Wilfred A., Vol IV
Callies, David Lee, Vol IV
Cameron, Donald M., Vol IV
Campbell, Lee W., Vol IV
Capriotti, Emile, Vol IV
Capron, Alexander M., Vol I, IV
Carney, William J., Vol IV
Carrasco, Gilbert P., Vol IV
Carrington, Paul, Vol IV
Carroll, Raoul Lord, Vol IV
Carroll, Rosemary F., Vol I, IV
Carter, Charles Edward, Vol IV
Carter, Charles Michael, Vol IV
Carter, Theodore Ulysses, Vol IV
Casey, John Dudley, Vol I, II, IV
Cass, Ronald Andrew, Vol IV
Cassels, Jamie, Vol IV
Casswell, Donald G., Vol IV
Cavallaro, Rosanna, Vol IV
Cavanaugh, Maureen B., Vol IV
Chalfant, William Y., Vol I, IV
Chamberlin, Bill F., Vol IV
Chambers, John Curry, Jr., Vol IV
Chambers, Julius LeVonne, Vol IV
Chambliss, Prince C., Jr., Vol IV
Chandler, Everett A., Vol IV
Chandler, James P., Vol IV
Chang, Howard F., Vol IV
Chapman, Douglas K., Vol IV
Charity, Ruth Harvey, Vol IV
Charney, Jonathan I., Vol IV
Cheek, King Virgil, Jr., Vol IV
Chen, J., Vol IV
Chen, Jim, Vol IV
Chester, Ronald, Vol IV
Childs, Winston, Vol IV
Choper, Jesse H., Vol IV
Chornenki, Genevieve A., Vol IV
Christian, Amy, Vol IV
Christopher, Thomas Weldon, Vol IV
Clark, David S., Vol IV
Clark, Don, Vol IV
Clark, Gerard J., Vol IV
Clark, Leroy D., Vol IV
Clarke, Anne-Marie, Vol IV
Clegg, Legrand H., II, Vol IV
Clermont, Kevin Michael, Vol IV
Clinton, Robert N., Vol IV
Closius, Phillip J., Vol IV
Cloud, W. Eric, Vol IV
Cluchey, David P., Vol IV
Coates, Robert Crawford, Vol IV
Cobb, John Hunter, Jr., Vol IV
Code, Michael, Vol IV
Coggins, George Cameron, Vol IV
Cohen, Amy B., Vol IV
Cohen, David, Vol IV
Cohen, Debra R., Vol IV
Cohen, George M., Vol IV
Cohen, Lloyd R., Vol IV
Cohn, Henry S., Vol IV
Cohn, Sherman Louis, Vol IV
Cohn, Stuart R., Vol IV
Cole, Kenneth, Vol IV
Coleman, Arthur H., Vol IV
Collier, Charles W., Vol IV
Collins, Kenneth L., Vol IV
Colombo, John D., Vol IV
Conard, Alfred Fletcher, Vol IV
Concannon, James M., Vol IV
Conison, Jay, Vol IV
Conkle, Daniel O., Vol IV
Conklin, William E., Vol IV
Conley, Charles S., Vol IV
Conley, John A., Vol IV
Cook, Julian Abele, Jr., Vol IV
Coop, Jack, Vol IV
Cooper, Almeta E., Vol IV
Cooper, Clarence, Vol IV
Cooper, Clement Theodore, Vol IV
Cooper, Corinne, Vol IV
Cooper, Joseph, Vol IV
Coquillette, Daniel R., Vol IV
Cordell, LaDoris Hazzard, Vol IV
Cormier, Micheal J., Vol IV
Corrado, Michael L., Vol IV
Cosway, Richard, Vol IV
Cotter, Thomas F., Vol IV
Cottrol, Robert James, Vol IV
Covington, Robert N., Vol IV
Cox, Archibald, Vol IV
Cox, James D., Vol IV
Craig-Taylor, Phyliss, Vol IV
Cramton, Roger C., Vol IV
Crawford, Clan, Jr., Vol IV
Crawford, Colin, Vol IV
Crawford, William Edward, Vol IV
Crenshaw, Ronald Willis, Vol IV
Cribbet, John E., Vol IV
Cronk, George, Vol IV
Crooms, Lisa A., Vol IV
Cruise, Warren Michael, Vol IV
Crump, Arthel Eugene, Vol IV
Crusto, Mitchell F., Vol IV
Crystal, Nathan M., Vol IV
Culhane, Marianne B., Vol IV
Cuming, Ron, Vol IV
Cunningham, L. A., Vol IV
Curran, Vivian, Vol IV
Currie, David P., Vol IV
Currie, John H., Vol IV
Dale, Walter R., Vol IV
Dalley, George Albert, Vol IV
Dam, Kenneth W., Vol IV
Daniel, Wiley Young, Vol IV
Darden, Christopher A., Vol IV
Darden, George Harry, Vol IV
Dau-Schmidt, Kenneth G., Vol IV
Daube, David, Vol IV
Davenport, Charles, Vol IV
Davey, William J., Vol IV
David, Marcella, Vol IV
Davis, Derek H., Vol IV
Davis, Jeffrey, Vol IV
Davis, John Wesley, Vol IV
Davis, Morris E., Vol IV
Davis, Peter L., Vol IV
Davis, Robert N., Vol IV
Davis, Willie J., Vol IV
Day, Kate N., Vol IV
Day, Louis A., Vol IV
Day, Richard E., Vol IV
Daye, Charles Edward, Vol IV
DeBracy, Warren, Vol IV
Dellapenna, Joseph W., Vol IV
Dellums, Leola M. Roscoe, Vol IV
Delogu, Orlando E., Vol IV
Demott, Deborah A., Vol IV
Denicola, Robert C., Vol IV
Denson, Fred L., Vol IV
Derby, Daniel H., Vol IV
Dernbach, John C., Vol IV
Dershowitz, Alan Morton, Vol IV
DeWitt, Franklin Roosevelt, Vol IV
di Filippo, Terry, Vol IV
Dickey, Walter J., Vol IV
Dienes, C. Thomas, Vol IV
Diller, Matthew, Vol IV
Dilley, Patricia E., Vol IV
Dinkins, David N., Vol IV
Dobbs, Dan Byron, Vol IV
Dobbyn, John Francis, Vol IV
Dodd, Victoria J., Vol IV
Donahue, John J., Vol IV
Donegan, Charles Edward, Vol IV
Donoho, Douglas L., Vol IV
Dooley, Patricia, Vol II, IV
Dore, Laurie Kratky, Vol IV
Dorsen, Norman, Vol IV
Dorsey, Elbert, Vol IV
Douglas, James Matthew, Vol IV
Dowd, Nancy E., Vol IV
Driesen, David, Vol IV
Drinan, Robert Frederick, Vol IV
Dudziak, Mary L., Vol I, IV
Dukeminier, Jesse, Vol IV
Duncan, John C., Jr., Vol IV
Dupre, Anne P., Vol IV
Durland, William, Vol IV
Dworkin, Roger Barnett, Vol IV
Dwyer, James G., Vol IV
Dyzenhaus, David, Vol IV
Eberts, Mary, Vol IV
Edelman, Diane Penneys, Vol IV
Edgar, Timothy W., Vol IV
Edinger, Elizabeth, Vol IV
Edwards, Harry T., Vol IV
Edwards, Richard W., Vol IV
Edwards, Ruth McCalla, Vol IV
Egleston, Don, Vol IV
Eichorn, Lisa, Vol IV
Eisele, Thomas David, Vol IV
Eisenberg, Melvin Aron, Vol IV
Eisenstat, Steven M., Vol IV
Eisler, Beth A., Vol IV
Elkins, James R., Vol IV
Ellickson, Robert Chester, Vol IV
Elliot, Robin, Vol IV
Ellsworth, Randall, Vol IV
Elrod, Linda Diane Henry, Vol IV
Elrod, Linda Henry, Vol IV
Engler, Russell, Vol IV, V
Enos, V. Pualani, Vol IV
Epps, Garrett, Vol IV
Epps, Valerie C., Vol IV
Epstein, Edwin M., Vol IV
Epstein, Richard Allen, Vol IV
Ericson, Richard, Vol IV
Esau, Alvin, Vol IV
Estrich, Susan, Vol IV
Eula, Michael James, Vol I, IV
Eustice, James S., Vol IV
Evans, Warren Cleage, Vol IV
Everett, Ralph B., Vol IV
Fainstein, Lisa, Vol IV
Fair, Bryan K., Vol IV
Fallon, Richard H., Vol IV
Farber, Daniel Alan, Vol IV
Farnsworth, E. Allan, Vol IV
Farquhar, Keith, Vol IV
Feaster, Bruce Sullivan, Vol IV
Feerick, John David, Vol IV
Feinman, Jay M., Vol IV
Feldthusen, Bruce P., Vol IV
Felix, Robert E., Vol IV
Felsenfeld, Carl, Vol IV
Ferejohn, John, Vol IV
Ferguson, Gerry, Vol IV
Ferguson, Kenneth D., Vol IV
Ferguson, William Dean, Vol IV
Field, Thomas G., Jr., Vol IV
Finkin, Matthew W., Vol IV
Finlayson, Arnold Robert, Vol IV
Firmage, Edwin Brown, Vol IV
Fischer, David Arnold, Vol IV
Fischer, Thomas C., Vol IV
Fish, Arthur, Vol IV
Fish, Stanley E., Vol II, IV
Fisher, Roger, Vol IV
Fiss, Owen M., Vol IV
Flanagan, James F., Vol IV
Flannery, Michael T., Vol IV
Flannigan, Rob, Vol IV
Flechtner, Harry M., Vol IV
Fleming, James E., Vol IV
Fleming, John G., Vol IV
Fletcher, George Philip, Vol IV
Fletcher, Robert E., Vol III, IV
Flournoy, Alyson Craig, Vol IV
Flowers, William Harold, Jr., Vol IV
Fogelman, Martin, Vol IV
Ford, Judith Donna, Vol IV
Forell, Caroline, Vol IV
Foreman, Peggy E., Vol IV
Forman, Jonathan Barry, Vol IV
Forrester, William Ray, Vol IV
Foster, Hamar, Vol IV
Foster, John, Vol IV
Fox, Eleanor M., Vol IV
Fox, Lawrence J., Vol IV
Fox, Sanford J., Vol IV
Franck, Thomas M., Vol IV
Frank, Sally, Vol IV
Frankel, Tamar, Vol IV
Franklin, Carl M., Vol IV
Franklin, Floyd, Vol IV
Franson, Robert T., Vol IV
Frase, Richard S., Vol IV
Freeman, Edward C., Vol IV
Freeman, Jody L., Vol IV
Freyer, Tony Allan, Vol I, IV
Freyfogle, Eric T., Vol IV
Fried, Charles, Vol IV
Friedman, Howard M., Vol IV
Friedman, Lawrence M., Vol IV
Friel, Michael K., Vol IV
Fritz, Ron, Vol IV
Frug, Gerald E., Vol IV
Fukurai, Hiroshi, Vol IV, V
Fuller, Alfredia Y., Vol IV
Funk, David A., Vol IV
Furman, Patrick, Vol IV
Fykes, Leroy Matthews, Jr., Vol IV
Gaetke, Eugene Roger, Vol IV
Gafni, Abraham J., Vol IV
Galanter, Marc, Vol IV, V
Galligan, Thomas C. Thomas C, Vol IV
Galloway, J. Donald C., Vol IV
Galston, M., Vol IV
Gamble, Charles W., Vol IV
Gannage, Mark, Vol IV
Ganz, David L., Vol IV
Garber, Marilyn, Vol I, IV
Garland, John William, Vol IV
Garro, A. M., Vol IV
Garvey, John Leo, Vol IV
Geistfeld, Mark, Vol IV
Geller, David A., Vol IV
Gellhorn, Gay, Vol IV
Gerken, Heather K., Vol IV
Getches, David H., Vol IV
Ghosh, Shuba, Vol IV
Giannelli, Paul Clark, Vol IV
Gibbs, Jack Gilbert, Jr., Vol IV
Gifford, Daniel Joseph, Vol IV
Gigger, Helen C., Vol IV
Gillen, Mark R., Vol IV
Gilmore, Vanessa D., Vol IV
Ginsburg, Martin D., Vol IV
Giroux, Michel, Vol IV
Gitelman, Morton, Vol IV
Givelber, Daniel James, Vol IV
Glannon, Joseph William, Vol IV
Goforth, Carol R., Vol IV, V
Golann, Dwight, Vol IV
Gold, Richard E., Vol IV
Golden, Evelyn Davis, Vol IV
Goldfarb, Ronald L., Vol IV
Goldstein, Abraham Samuel, Vol IV
Goldstein, Anne B., Vol IV
Goldstein, Paul, Vol IV
Goodman, Susanne R., Vol IV
Goodman-Delahunty, Jane, Vol IV, V
Goodwin, James Osby, Vol IV
Gordon, Michael W., Vol IV
Gordon, Walter Lear, III, Vol IV
Gordon, Wendy, Vol IV
Gore, Blinzy L., Vol IV
Goroff, David B., Vol IV
Gosse, Richard, Vol IV
Gostin, Lo, Vol IV
Gould, William Benjamin, Vol IV
Gouvin, Eric J., Vol IV
Govan, Reginald C., Vol IV
Grad, Frank P., Vol IV
Graetz, Michael J., Vol IV
Graglia, L. A., Vol IV
Granger, Christopher, Vol IV
Grant, Isabel, Vol IV
Grant, J. Kirkland, Vol IV
Gray, Christopher, Vol IV
Gray, Ronald A., Vol IV
Green, Barbara S., Vol IV
Green, J. Patrick, Vol IV
Greenfield, Michael M., Vol IV
Greenspan, Edward L., Vol IV
Gregory, David L., Vol IV
Greschner, Donna, Vol IV
Grey, Thomas C., Vol IV
Griffin, Ronald Charles, Vol IV
Griffith, Elwin Jabez, Vol IV
Griffith, Gwendolyn, Vol IV
Gross, Karen, Vol IV
Grossman, George S., Vol II, IV
Groves, Harry Edward, Vol IV
Guinier, (Carol) Lani, Vol IV
Gupta, Neena, Vol IV
Guttman, Egon, Vol IV
Guy, Daniel Sowers, Vol IV
Haar, Charles Monroe, Vol IV
Hagedorn, Richard B., Vol IV
Hagel, Thomas L., Vol IV
Haggard, Thomas R., Vol IV
Haines, Diana, Vol IV
Halberstam, Malvina, Vol IV
Halbert, Terry Ann, Vol IV
Hall, Benjamin Lewis, III, Vol IV
Hall, David, Vol IV
Halperin, Daniel, Vol IV
Halperin, Stephen H., Vol IV

Hamilton, Charles Vernon, Vol IV
Hamilton, Eugene Nolan, Vol IV
Hamilton, Robert W., Vol IV
Handler, Joel F., Vol IV
Haney, Mary-Ann, Vol IV
Harding, Robert E., Jr., Vol IV
Hardy, Michael A., Vol IV
Harris, David A., Vol IV
Harris, Fred O., Vol IV
Harris, Jimmie, Vol IV
Harrison, Jeffrey L., Vol IV
Hart, Christopher Alvin, Vol IV
Hartman, Laura Pincus, Vol IV
Harvey, Cameron, Vol IV
Hatcher, Richard Gordon, Vol IV
Hatchett, Joseph Woodrow, Vol IV
Hauser, Thomas, Vol IV
Havighurst, Clark C., Vol IV
Hawk, Charles Nathaniel, III, Vol IV
Haydock, Roger S., Vol IV
Haynes, William J., Jr., Vol IV
Haywoode, M. Douglas, Vol IV
Hazen, Thomas Lee, Vol IV
Head, Ivan, Vol IV
Head, John W., Vol IV
Headrick, Thomas E., Vol IV
Hecht, Neil S., Vol IV
Heinz, John P., Vol IV, V
Heise, Michael, Vol IV
Hellerstein, Walter, Vol IV
Hellman, Arthur D., Vol IV
Helmholz, R. H., Vol I, IV
Hemmer, Joseph, Vol IV
Henderson, Herbert H., Vol IV
Henkin, Louis, Vol IV
Henry, Brent Lee, Vol IV
Henry, Daniel Joseph, Vol IV
Henslee, William D., Vol IV
Herr, Stanley S., Vol IV
Herrup, Cynthia, Vol I, IV
Herwitz, David Richard, Vol IV
Herzog, Peter Emilius, Vol IV
Hetzel, Otto J., Vol IV
Hiers, Richard H., Vol IV
Hightower, Anthony, Vol IV
Hildreth, Richard George, Vol IV
Hill, Jacqueline R., Vol IV
Hilliard, David C., Vol IV
Hinds, Lennox S., Vol IV
Hines, N. William, Vol IV
Hochberg, Stephen, Vol IV
Hoeflich, Michael H., Vol I, IV
Hoff, Timothy, Vol IV
Hoffheimer, Michael H., Vol IV
Hoffman, Peter Toll, Vol IV
Holmes, Robert A., Vol IV
Holmes, Robert Ernest, Vol IV
Hood, Edwin T., Vol IV
Hooks, Benjamin Lawson, Vol IV
Hopkins, Donald Ray, Vol IV
Hopperton, Robert J., Vol IV
Horne, Gerald Charles, Vol IV
Horne, Ralph Albert, Vol IV
Horowitz, Donald L., Vol IV
Horstman, Allen, Vol I, IV
Hovenkamp, Herb, Vol IV
Howard, A. E. Dick, Vol IV
Howe, Ruth-Arlene W., Vol IV
Howze, Karen Aileen, Vol IV
Hoyt, Christopher R., Vol IV
Hubbard, F. Patrick, Vol IV
Hudec, Robert Emil, Vol IV
Hudson, Davis M., Vol IV
Hughes, Joyce A., Vol IV
Hughes, Pamela S., Vol IV
Hull, N. E. H., Vol I, IV
Hunter, Frederick Douglas, Vol IV
Hunter, Jerry L., Vol IV
Hurd, Heidi M., Vol IV
Hurst, Thomas R., Vol IV
Hurwitz, Ilana, Vol IV
Husak, Douglas Neil, Vol IV
Hutchison, Harry Greene, IV, Vol IV
Hyde, Alan, Vol IV
Hylton, Maria, Vol IV
Hyman, Jonathan Morris, Vol IV
Hyson, John M., Vol IV
Iannuzzi, John N., Vol IV
Ike, Alice Denise, Vol IV
Imwinkelried, Edward, Vol IV
Ireland, Roderick Louis, Vol IV
Isadore, Harold W., Vol IV
Ish, Daniel, Vol IV
Isom, Dallas W., Vol IV
Israel, Jerold H., Vol IV
Iyer, Nitya, Vol IV
Jackman, Barbara, Vol IV
Jackson, Carol E., Vol IV
Jackson, Janice Tudy, Vol IV
Jackson, Randolph, Vol IV
Jackson, Ricardo C., Vol IV
Jacob, Bruce Robert, Vol IV
Jacobs, Ennis Leon, Jr., Vol IV
Jacobs, Michelle S., Vol IV
Jacobson, Arthur J., Vol IV
Jamar, Steven D., Vol IV
James, Frank Samuel, III, Vol IV
James, Marquita L., Vol IV
James, William, Vol IV
Jarvis, Robert M., Vol IV
Jasanoff, Sheila S., Vol IV
Jay, Stewart, Vol IV
Jeffers, Clifton R., Vol IV
Jefferson, M. Ivory, Vol IV
Jensen, Ronald H., Vol IV
Jerin, Robert A., Vol IV
Johnson, Caliph, Vol IV
Johnson, Chas Floyd, Vol IV
Johnson, Ernest L., Vol IV
Johnson, Geraldine Ross, Vol IV
Johnson, Golden Elizabeth, Vol IV
Johnson, John W., Vol IV
Johnson, Johnnie L., Jr., Vol IV
Johnson, Justin Morris, Vol IV
Johnson, Kevin R., Vol IV
Johnson, Patricia L., Vol IV
Johnson, Walter Thaniel, Jr., Vol IV
Jolls, C., Vol IV
Jones, Bonnie Louise, Vol IV
Jones, Eileen G., Vol IV
Jones, James Edward, Jr., Vol IV
Jones, Owen D., Vol IV
Jones, William K., Vol IV
Jordan, Eddie J., Jr., Vol IV
Jordan, Emma Coleman, Vol IV
Jordan, Sandra D., Vol IV
Joseph, Norma Baumel, Vol IV
Joseph, Weiler H. H., Vol IV
Jost, Timothy Stolzfus, Vol IV
Joy, Peter, Vol IV
Joyner, Irving L., Vol IV
Juergensmeyer, Julian C., Vol IV
Juliano, Ann Carey, Vol IV
Kadens, Michael G., Vol IV
Kadish, Sanford H., Vol IV
Kahan, Marcel, Vol IV
Kahn, Douglas A., Vol IV
Kamisar, Yale, Vol IV
Kaplan, Richard L., Vol IV
Kaplan, William, Vol IV
Kaplow, Louis, Vol IV
Karjala, Dennis S., Vol IV
Karmel, Roberta S., Vol IV
Kasachkoff, Tziporah, Vol IV
Katz, Milton, Vol IV
Katz, Sanford Noah, Vol IV, V
Kaufman, Andrew L., Vol IV
Kay, Herma Hill, Vol IV
Keating, Gregory C., Vol IV
Keegan, John E., Vol IV
Keel, Vernon, Vol IV
Keeton, Robert Ernest, Vol IV
Keiter, Robert B., Vol I, IV
Kellogg, Frederic R., Vol IV
Kendrick, Joy A., Vol IV
Kennedy, Bruce, Vol IV
Kennedy, David, Vol IV
Kennedy, Robin M., Vol IV
Kenny, Alfreida B., Vol IV
Kesan, Jay P., Vol IV
Ketchen, Jim, Vol IV
Kilcoyne, John R., Vol IV
King, Patricia Ann, Vol IV
Kinney, E. D., Vol IV
Kirgis, Frederic Lee, Vol IV
Kirtland, Robert, Vol IV
Klare, Karl E., Vol IV
Klebba, James Marshall, Vol IV
Klein, Christine A., Vol IV
Klein, Richard, Vol IV
Klein, William A., Vol IV
Klerman, Daniel M., Vol IV
Kline, Marlee, Vol IV
Kludze, A. Kodzo Paaku, Vol IV
Kmiec, Douglas William, Vol IV
Knight, Gary, Vol IV
Knight, W. H., Vol IV
Knoll, Michael S., Vol IV
Knox, George F., Vol IV
Kobach, Kris W., Vol IV
Koppel, Glenn, Vol IV
Korn, Harold Leon, Vol IV
Korwar, Arati, Vol IV
Kozyris, Phaedon John, Vol IV
Kramer, Robert, Vol IV
Krattenmaker, Thomas George, Vol IV
Krause, Joan H., Vol IV
Krawiec, Kimberly D., Vol IV
Krier, James Edward, Vol IV
Krishna, Vern, Vol IV
Kurland, Adam H., Vol IV
Kushner, James Alan, Vol I, IV
Lacy, Hugh Gale, Vol IV
Lacy, Philip T., Vol IV
Ladenson, Robert, Vol IV
LaFave, Wayne R., Vol IV
Laitos, Jan Gordon, Vol I, IV
Lambert, Benjamin Franklin, Vol IV
Lancaster, Herman Burtram, Vol IV
Landers, Renee M., Vol IV
Lane, Marc J., Vol IV
Lang, Michael B., Vol IV
Langum, David J., Vol IV
Larosiliere, Jean Darly Martin, Vol IV
Lasson, Kenneth, Vol IV
Latham, Weldon Hurd, Vol IV
Lawrence, Lary, Vol IV
Lazaroff, Daniel E., Vol IV
Lear, Elizabeth T., Vol IV
Ledford, Kenneth F., Vol I, IV
Lee, Cheryl R., Vol IV
Lee, Milton C., Jr., Vol IV
Lefcoe, George, Vol IV
Leighton, Paul S., Vol IV, V
Lempert, Richard O., Vol IV
Leonard, Walter J., Vol IV
Lepard, Brian, Vol IV
Lepofsky, David M., Vol IV
Lerman, Lisa G., Vol IV
Lessard, Hester A., Vol IV
Lester, Gillian, Vol IV
Leubsdorf, John, Vol II, IV
Levie, Howard Sidney, Vol IV
Levin, Ronald Mark, Vol IV
Levine, Julius B., Vol IV
Levit, Nancy, Vol IV
Levmore, Saul, Vol IV
Lewis, Cary B., Jr., Vol IV
Lewis, David Baker, Vol IV
Lewis, Jeffrey E., Vol IV
Lewis, William A., Jr., Vol IV
Libonati, Michael E., Vol IV
Liddick, Donald R., Vol IV
Lidsky, Lyrissa C. Barnett, Vol IV
Lieberman, Jethro K., Vol IV
Little, Joseph W., Vol IV
Littlefield, Neil Oakman, Vol IV
Littlejohn, Edward J., Vol IV
Llewellyn, Don W., Vol IV
Lokken, Lawrence, Vol IV
Lowenstein, Daniel H., Vol IV
Lubic, Robert B., Vol IV
Lyon, Thomas D., Vol IV
M'Gonigle, R. Michael, Vol IV
Macaulay, Stewart, Vol IV
MacCrimmon, Marilyn, Vol IV
MacDougall, Bruce, Vol IV
MacIntyre, James, Vol IV
Mack, Kenneth W., Vol IV
Mackinnon, Peter, Vol IV
Macneil, Ian Roderick, Vol IV
Macurdy, Allan, Vol IV
Maggs, Peter B., Vol IV
Magid, Laurie, Vol IV
Magnet, Joseph E., Vol IV
Mahern, Catherine, Vol IV
Maier, Harold Geistweit, Vol IV
Makuch, Stanley M., Vol IV
Malavet, Pedro A., Vol IV
Malinowski, Michael J., Vol IV
Maloney, Maureen A., Vol IV
Mandelker, Daniel Robert, Vol IV
Manfra, Jo Ann, Vol I, IV
Mangrum, R. Collin, Vol IV
Manning, Blanche Marie, Vol IV
Manning, Elliott, Vol IV
Manzig, John G. W., Vol IV
Marasinghe, M. Lakshman, Vol IV
Marder, Nancy S., Vol IV
Marsh, Lucy A., Vol IV
Martin, Janice R., Vol IV
Martyn, Susan, Vol IV
Maruna, Shadd, Vol IV
Mashburn, Amy R., Vol IV
Matasar, Richard, Vol IV
Mather, Henry S., Vol IV
Matlon, Ronald, Vol III
Mattei, Ugo A., Vol IV
Maule, James Edward, Vol IV
May, Christopher N., Vol IV
Maynard, Therese H., Vol IV
Mazur, Diane H., Vol IV
McArthur, Robert L., Vol IV
McCaffery, Edward J., Vol IV
McCarthy, J. Thomas, Vol IV
McCartney, Sharon, Vol IV
McClean, Albert, Vol IV
McClurg, Andrew, Vol IV
McConnaughay, Philip J., Vol IV
McConnell, William Howard, Vol IV
McCoy, Francis T., Vol IV
McCoy, Patricia A., Vol IV
McCulloch, Elizabeth, Vol IV
McCullough, Ralph C., II, Vol IV
McDevitt, Anthony, Vol IV
McDorman, Ted L., Vol IV
McElhaney, James Willson, Vol IV
McFarland, Douglas D., Vol II, IV
McGee, Henry W., Jr., Vol IV
McGillivray, Anne, Vol IV
McGinnis, James W., Vol IV
McGovern, William M., Vol IV
McIntosh, Phillip L., Vol IV
McIntosh, Simeon Charles, Vol IV
McKague, Carla A., Vol IV
McKenzie, Elizabeth M., Vol IV
McKissick, Floyd B., Jr., Vol IV
McLaren, John P. S., Vol IV
McLaughlin, Joseph M., Vol IV
McLellan, Bradley N., Vol IV
McMahon, Martin J., Jr., Vol IV
McNeill, Susan Patricia, Vol IV
McNulty, John K., Vol IV
McPherson, James Alan, Vol I, II, IV
McRae, Donald M., Vol IV
Mead, Lisa M., Vol IV
Meador, Daniel John, Vol IV
Mehlman, Maxwell, Vol IV
Meidinger, Errol Eldon, Vol IV
Meisel, Alan, Vol IV
Melli, Marygold Shire, Vol IV
Mendes, Errol, Vol IV
Merrill, Richard Austin, Vol IV
Merritt, Frank S., Vol IV
Merryman, John Henry, Vol IV
Mersky, Roy Martin, Vol IV
Meyers, Michael, Vol IV
Meyler, Joan Bernadette, Vol II, IV
Mikva, A. J., Vol IV
Millender, Michael J., Vol IV
Miller, Anthony, Vol IV
Miller, C. Douglas, Vol IV
Miller, Jeremy M., Vol IV
Miller, Tedd, Vol IV
Miller, Walter, Jr, Vol IV
Millner, Dianne Maxine, Vol IV
Mills, Jon L., Vol IV
Millstein, Ira M., Vol IV
Minow, Martha, Vol IV
Mintz, Joel A., Vol IV
Moberly, Robert B., Vol IV
Moenssens, Andre A., Vol IV
Moffat, Robert C. L., Vol IV
Montgomery, John E., Vol IV
Moore, Fred Henderson, Vol IV
Moore, John Norton, Vol IV
Moppett, Samantha A., Vol IV
Moran, Gerald P., Vol IV
Moreno, Joelle, Vol IV
Morgan, Edward M., Vol IV
Morgan, Martha, Vol IV
Morris, Grant H., Vol IV
Morris, Jeffrey B., Vol IV
Morris, Norval, Vol IV
Morris, William O., Vol IV
Morrison, Fred L., Vol IV
Morse, Bradford W., Vol IV
Morse, Edward A., Vol IV
Morse, Oliver, Vol IV
Moskovitz, Myron, Vol IV
Mosoff, Judith, Vol IV
Mostaghel, Deborah M., Vol IV
Munneke, Gary A., Vol IV
Munzer, Stephen Roger, Vol IV
Murphy, Jane C., Vol IV
Murphy, Liam Beresford, Vol IV
Murphy, Romallus O., Vol IV
Myricks, Noel, Vol IV
Nagan, Winston P., Vol IV
Nagel, Robert F., Vol IV
Nanda, Ved P., Vol IV
Neely, David E., Vol IV
Neilson, William A. W., Vol IV
Nenner, Howard Allen, Vol I
Nesson, Charles Rothwell, Vol IV
Newman, Joel S., Vol IV
Nice, Julie A., Vol IV
Nicholas, James C., Vol IV
Noah, Lars, Vol IV
Noble, William P., Vol I, IV
Nobles, Patricia Joyce, Vol IV
Nolan, John Joseph, Vol IV
Norman, Ken, Vol IV
Norris, John, Vol IV
Northey, Rodney, Vol IV
Norton, Eleanor Holmes, Vol IV
Norwood, Kimberly Jade, Vol IV
Notz, John K., Jr., Vol IV
Novak, David, Vol IV
Nowak, John E., Vol IV
Nunn, Kenneth B., Vol IV
O'Brien, J. Willard, Vol IV
O'Rourke, Maureen, Vol IV
Oakes, James L., Vol IV
Oakley, John Bilyeu, Vol IV
Oberst, Michael A., Vol IV
Ochoa, Tyler T., Vol IV
Ogden, Gregory L., Vol IV
Ogletree, Charles J., Jr., Vol IV
Olken, Samuel R., Vol IV
Ordower, Henry M., Vol II, IV
Orr, Janice, Vol IV
Orth, John Victor, Vol I, IV
Ortiz, Victor, Vol IV
Orts, Eric W., Vol IV
Ottley, Bruce L., Vol IV
Owen, David G., Vol IV
Owens, Richard C., Vol IV
Paciocco, David, Vol IV
Page, Joseph Anthony, Vol IV
Painter, Richard W., Vol IV
Pallard, Henri, Vol IV
Palm, Craig W., Vol IV
Palmer, Larry Isaac, Vol IV
Pappu, Rama Rao, Vol IV
Park, Roger Cook, Vol IV
Park, William Wynnewood, Vol IV
Parker, Joseph C., Jr., Vol IV
Parker, Vernon B., Vol IV
Parks, Edward Y., Vol IV
Partan, Daniel Gordon, Vol IV
Partlett, David Frederick, Vol IV
Paterson, Robert, Vol IV
Patry, William F., Vol IV
Patterson, D., Vol IV
Patterson, Elizabeth G., Vol IV
Patterson, Elizabeth Hayes, Vol IV
Patterson, Mark R., Vol IV
Paulsen, David L., Vol IV
Pavlich, Dennis, Vol IV
Payne, Julien, Vol IV
Pearce, Russell G., Vol IV
Pedrick, Willard Hiram, Vol IV
Pennell, Jeffrey N., Vol IV
Penner, Roland, Vol IV
Pennick, Aurie Alma, Vol IV
Penrod, Steven D., Vol IV, V
Pepper, Stephen L., Vol IV
Peppet, Scott R., Vol IV
Perlin, Marc G., Vol IV
Perlman, Harvey, Vol IV
Perlmutter, Richard Mark, Vol IV
Perritt, Henry H., Jr., Vol IV
Persons, W. Ray, Vol IV
Peters, Aulana Louise, Vol IV
Peters, Ellen Ash, Vol IV
Petersen, Cynthia, Vol IV
Peterson, Courtland H., Vol IV
Petter, Andrew J., Vol IV
Pfund, Peter H., Vol I, IV
Phelan, Jim, Vol IV
Phelan, Marilyn E., Vol IV
Phelps, Teresa Godwin, Vol IV
Pitofsky, Robert, Vol IV
Pollak, Louis Heilprin, Vol IV
Popper, Robert, Vol IV
Post, Deborah W., Vol IV
Postema, Gerald Jay, Vol IV
Postlewaite, Philip F., Vol IV
Potesta, Woodrow A., Vol IV
Potter, Pitman, Vol IV
Potuto, Josephine R., Vol IV
Povarsky, Chaim, Vol IV
Powell, Burnele Venable, Vol IV
Powell, Cedric Merlin, Vol IV
Power, Garrett, Vol IV
Powers, David Stephen, Vol I, IV
Preston, Cheryl B., Vol IV
Price, Charles Eugene, Vol IV
Price, Monroe E., Vol IV
Prince, John R., Vol IV
Procter, Harvey Thornton, Jr., Vol IV

Prosterman, Roy L., Vol IV
Pue, Wesley W., Vol IV
Pugsley, Robert Adrian, Vol IV
Purcell, E. A., Vol I, IV
Pyles, John E., Vol IV
Quander, Rohulamin, Vol IV
Queen, Evelyn E. Crawford, Vol IV
Quick, Albert T., Vol IV
Quigley, Tim, Vol IV
Quinn, Thomas Michael, Vol IV
Quirk, William J., Vol IV
Raabe, William A., Vol IV
Rabin, Robert Leonard, Vol IV
Rabouin, E. Michelle, Vol IV
Rachlinski, J. J., Vol IV
Radomski, Harry B., Vol IV
Rae, Bob, Vol IV
Raitt, Ronald D., Vol IV
Randall, Kenneth C., Vol IV
Randall, Susan Lyons, Vol IV
Ratushny, Edward J., Vol IV
Rauch, Doreen E., Vol IV
Raven-Hansen, Peter, Vol IV
Ravenell, William Hudson, Vol IV
Ray, Douglas E., Vol IV
Raye, Vance Wallace, Vol IV
Reed, Gregory J., Vol IV
Reese, Mike, Vol IV
Rehnquist, William Hubbs, Vol IV
Reich, Peter L., Vol IV
Reid, Inez Smith, Vol IV
Reid, John P., Vol IV
Reide, Jerome L., Vol IV
Reidenberg, Joel R., Vol IV
Reidy, David A., Vol IV
Reisman, W. Michael, Vol IV
Reitz, Curtis R., Vol IV
Resnik, Judith, Vol IV
Revelos, C. Nicholas, Vol IV
Reynolds, Laurie A., Vol IV
Rhodes, Paula R., Vol IV
Rice, Charles E., Vol IV
Rice, Horace Warren, Vol IV
Rice, Paul R., Vol IV
Rich, Robert F., Vol IV
Richards, Edward P., Vol IV
Richardson, Andra Virginia, Vol IV
Richardson, David M., Vol IV
Richardson, Stephen R., Vol IV
Richman, William M., Vol IV
Rieser, Alison, Vol IV
Rigby, Kenneth, Vol IV
Ripple, Kenneth Francis, Vol IV
Rivera, Jenny, Vol IV
Roach, Kent, Vol IV
Robbins, Ira Paul, Vol IV
Robertson, Heidi Gorovitz, Vol IV
Robinson, Lyman R., Vol IV
Robinson, Mary Elizabeth, Vol IV
Robinson, Reginald L., Vol IV
Rodes, Robert Emmet, Vol IV
Rodgers, Sanda, Vol IV
Roe, Mark J., Vol IV
Rose, I. Nelson, Vol IV
Rose-Ackerman, Susan, Vol IV
Rosenblum, Victor Gregory, Vol IV
Rosenthal, Peter, Vol IV
Ross, Stephen F., Vol IV
Roth, Jeffrey I., Vol IV
Rothman, Frederick P., Vol IV
Rothstein, Paul Frederick, Vol IV
Rotunda, Ronald Daniel, Vol IV
Rounds, Charles E., Jr, Vol IV
Rubenstein, William, Vol IV
Rubin, Paul H., Vol IV
Runkel, Ross R., Vol IV
Rush, Sharon E., Vol IV
Russell, Irma S., Vol IV
Rutter, Irvin C., Vol IV
Ryskamp, George R., Vol IV
Saltzman, Robert M., Vol IV
Salzberg, Stephan, Vol IV
Salzman, Jim, Vol IV
Sandalow, Terrance, Vol IV
Sander, Frank E. A., Vol IV
Sanders, Douglas, Vol IV
Sarat, Austin D., Vol IV
Sarra, Janis, Vol IV
Satterfield, Patricia Polson, Vol IV
Sax, Joseph L., Vol IV
Scales-Trent, Judy, Vol IV
Scaperlanda, Michael, Vol IV
Scarlett, James D., Vol IV
Schack, Haimo, Vol IV
Schneider, Carl E., Vol IV
Schoenfeld, Marcus, Vol IV
Schooner, Steven L., Vol IV
Schrag, Philip G., Vol IV
Schroeder, Jeanne L., Vol IV
Schroeder, Milton R., Vol IV
Schuck, Peter H., Vol IV
Schultz, Nancy L., Vol IV
Schwab, Stewart J., Vol IV
Schwabach, Aaron, Vol IV
Schwartz, Bryan, Vol IV
Schwartz, Justin, Vol IV
Schwartz, Martin A., Vol IV
Schwartz, William, Vol IV
Schweitzer, Thomas A., Vol IV
Scoles, Eugene Francis, Vol IV
Scott, Hugh B., Vol IV
Searls, Eileen H., Vol IV
Sedler, Robert Allen, Vol IV
Seidman, Ann, Vol IV
Seidman, Louis Michael, Vol IV
Seidman, Robert, Vol IV
Seigel, Michael L., Vol IV
Seligman, Joel, Vol IV
Selinger, Carl Marvin, Vol IV
Sellers, Mortimer, Vol IV
Seplowitz, Rena C., Vol IV
Shakoor, Adam Adib, Vol IV
Shalleck, Ann, Vol IV
Shaman, Jeffrey Marc, Vol IV
Shanks, Hershel, Vol II, IV, V
Shapiro, David L., Vol IV
Shapiro, Scott J., Vol IV
Shapo, Marshall S., Vol IV
Sharpe, Calvin William, Vol IV
Shaviro, Daniel N., Vol IV
Shaw, Curtis Mitchell, Vol IV
Shaw, Gary M., Vol IV
Shaw, Theodore Michael, Vol IV
Sheehy, Elizabeth A., Vol IV
Sheppard, Anthony, Vol IV
Sherry, John E. H., Vol IV
Sherwood, O. Peter, Vol IV
Sherwood, Wallace Walter, Vol IV
Shoben, Elaine W., Vol IV
Shores, David Francis, Vol IV
Shreve, Gene R., Vol IV
Shuman, Daniel Wayne, Vol IV
Silbaugh, Katharine, Vol IV
Silver, Marjorie A., Vol IV
Simmelkjaer, Robert T., Vol IV
Simmons, Esmeralda, Vol IV
Simon, William Hackett, Vol IV
Simpson, Stephen Whittington, Vol IV
Sims, Genevieve Constance, Vol IV
Singer, Joseph W., Vol IV
Sinsheimer, Ann M., Vol IV
Sirico, Louis J., Jr., Vol IV
Sisk, G. C., Vol IV
Skover, David, Vol IV
Slobogin, Christopher, Vol IV
Smalls, O'Neal, Vol IV
Smaw, Eric, Vol IV
Smit, Hans, Vol IV
Smith, Charles Edison, Vol IV
Smith, Daniel L., Vol II, III, IV
Smith, David R., Vol IV
Smith, David T., Vol IV
Smith, F. Lagard, Vol IV
Smith, George P., Vol IV
Smith, Harold Teliaferro, Jr., Vol IV
Smith, Heman Bernard, Vol IV
Smith, J. Clay, Jr., Vol IV
Smith, Jeraldine Williams, Vol IV
Smith, Lynn C., Vol IV
Smith, Stanley G., Vol IV
Smith, Terry, Vol IV
Smithburn, John Eric, Vol IV
Smitherman, Carole, Vol IV
Sneiderman, Barney, Vol IV
Sobel, Lionel S., Vol IV
Soden, Richard Allan, Vol IV
Sohn, Louis Bruno, Vol IV
Solan, Lawrence, Vol III, IV
Solum, Lawrence B., Vol IV
Sorkin, David E., Vol IV
Sovern, Jeff, Vol IV
Sovern, Michael I., Vol IV
Spaht, Katherine S., Vol IV
Spence, Joseph Samuel, Sr., Vol IV
Spillenger, Clyde, Vol IV
Spring, Raymond Lewis, Vol IV
Stancell, Dolores Wilson Pegram, Vol IV
Stanley, Kathryn Velma, Vol IV
Stebenne, David, Vol I, IV
Steiker, Carol S., Vol IV
Stein, Eric, Vol IV
Steinbock, Daniel J., Vol IV
Steinman, Joan E., Vol IV
Stenger, Robert Leo, Vol IV
Stensvaag, John-Mark, Vol IV
Stent, Michelle Dorene, Vol IV
Stephan, Paul Brooke, III, Vol IV
Stephens, Cynthia Diane, Vol IV
Stephenson, Ken Cooper, Vol IV
Stern, Craig A., Vol IV
Steuben, Norton L., Vol IV
Stevens, John Paul, Vol IV
Stewart, Daniel Lewis, Vol IV
Stith, Richard T., Vol IV
Stitt, Allan J., Vol IV
Stockmeyer, Norman Otto, Sr, Vol IV
Stoebuck, William Brees, Vol IV
Stokes, Louis, Vol IV
Stolzenberg, N. M., Vol IV
Stone, Alan Abraham, Vol IV
Stone, Christopher D., Vol IV
Stone, Dennis J., Vol IV
Stone, Victor J., Vol IV
Strauss, Marcy, Vol IV
Strickland, Henry C., Vol IV
Strom, Lyle E., Vol IV
Stronks, Julia K., Vol IV
Stuesser, Lee, Vol IV
Stuntz, William J., Vol IV
Subotnik, Dan, Vol IV
Suh, Dae-Suk, Vol IV
Sullivan, Ruth, Vol IV
Sumler-Edmond, Janice L., Vol IV
Summers, Clyde W., Vol IV
Summers, Robert Samuel, Vol IV
Swain, James H., Vol IV
Swan, Kenneth P., Vol IV
Swanson, Carol B., Vol IV
Swartz, Barbara E., Vol IV
Sweet, Justin, Vol IV
Swinton, Katherine E., Vol I, IV
Syverud, K. D., Vol IV
Taggart, Walter John, Vol IV
Talley, Eric L., Vol IV
Tancredi, Laurence Richard, Vol IV
Tanford, J. Alexander, Vol IV
Tarlock, Anthony Dan, Vol IV
Tarr, Nina W., Vol IV
Taylor, G. H., Vol IV
Taylor, Grace W., Vol IV
Taylor, Patricia E., Vol IV
Teply, Larry L., Vol IV
Termini, Roseann B., Vol IV
Terrell, Francis D'Arcy, Vol IV
Terrell, Timothy Prater, Vol IV
Terry, Charles T., Vol IV
Thain, Gerald John, Vol IV
Thigpen, Calvin Herritage, Vol IV
Thomas, Chantal, Vol IV
Thomas, Clarence, Vol IV
Thomas, Claude Roderick, Vol IV
Thomas, Douglas L., Vol IV
Thomas, Kendall, Vol IV
Thomas, Maxine Suzanne, Vol IV
Thomas, Randall S., Vol IV
Thompson, Almose Alphonse, II, Vol IV
Thompson, M. T., Jr., Vol IV
Thomson, Kathryn, Vol IV
Thornburg, E. G., Vol IV
Thornell, Richard Paul, Vol IV
Thorson, Norm, Vol IV
Tiefer, Charles, Vol IV
Tierney, James E., Vol IV
Tierney, Kevin H., Vol IV
Tiersma, Peter M., Vol IV
Tillers, Peter, Vol IV
Tilles, Gerald Emerson, Vol IV
Tinsley, Fred Leland, Jr., Vol IV
Tollefson, Chris, Vol IV
Tomlins, Christopher L., Vol I, IV
Tomlinson, John G., Vol IV
Toote, Gloria E. A., Vol IV
Tornquist, Leroy J., Vol IV
Tractenberg, Paul L., Vol IV
Trautman, Donald T., Vol IV
Travers, Arthur Hopkins, Vol IV
Traynor, Michael, Vol IV
Treusch, Paul E., Vol IV
Tribe, Laurence Henry, Vol IV
Trotter, Gary, Vol IV
Tuchler, Dennis John, Vol IV
Tucker, Bonnie, Vol IV
Tuerkheimer, Frank M., Vol IV
Tunick, David C., Vol IV
Turkington, Richard C., Vol IV
Turner, Robert Foster, Vol IV
Tusan, Gail S., Vol IV
Tushnet, Mark Victor, Vol I, IV
Twitchell, Mary Poe, Vol IV
Ulen, Thomas S., Vol IV
Underwood, Harry, Vol IV
Underwood, James L., Vol IV
Utton, Albert E., Vol IV
Uviller, H. Richard, Vol IV
Vagts, Detlev F., Vol IV
Vairo, Georgene M., Vol IV
Van Der Vyver, Johan D., Vol IV
Vandervort, Lucinda, Vol IV
VanDuzer, Anthony J., Vol IV
Vaughn, Lea B., Vol IV
Vaughn, Robert Gene, Vol IV
Veltri, Stephen, Vol IV
Verchick, Robert R., Vol IV
Vining, Joseph, Vol IV
Volkmer, Ronald R., Vol IV
Vollmar, Valerie J., Vol IV
Volokh, Eugene, Vol IV
Vorspan, Rachel, Vol IV
Vukowich, William T., Vol IV
Wade, Jeffry, Vol IV
Wade, Robert J., Vol IV
Wadlington, Walter James, Vol IV
Waggoner, Lawrence W., Vol IV
Wagner, Annice, Vol IV
Wagner, Wenceslas Joseph, Vol IV
Wald, Patricia M., Vol IV
Waldron, Mary Anne, Vol IV
Walen, Alec D., Vol IV
Walgren, Kent, Vol IV
Walker, Charles Edward, Jr., Vol IV
Walker, George Kontz, Vol I, IV
Walker, Stanley M., Vol IV
Walker, T. B., Vol IV, V
Wallace, Paul Starett, Jr., Vol IV
Walton, R. Keith, Vol IV
Wang, William Kai-Sheng, Vol IV
Ward, Thomas M., Vol IV
Warren, Alvin C., Jr., Vol IV
Warren, Elizabeth, Vol IV
Warren, Manning G., III, Vol IV
Washington, Robert Benjamin, Jr., Vol IV
Wasserman, Rhonda S., Vol IV
Waters, Donovan W. M., Vol IV
Way, Gary Darryl, Vol IV
Way, Rosemary Cairns, Vol IV
Waysdorf, Susan L., Vol IV
Weaver, Russell L., Vol IV
Weberman, David, Vol IV
Webster, William H., Vol IV
Weckstein, Donald Theodore, Vol IV
Weekes, Martin Edward, Vol IV
Weems, Vernon Eugene, Jr., Vol IV
Weidner, Donald John, Vol IV
Weiler, Joseph, Vol IV
Weiler, Paul C., Vol IV
Weinberg, Harold R., Vol IV
Weinreb, Lloyd L., Vol IV
Weinrib, Ernest Joseph, Vol I, IV
Weinstein, Jack B., Vol IV
Weintraub, Russell Jay, Vol IV
Weir, John P., Vol IV
Weisberg, Richard H., Vol IV
Weisburd, Arthur M., Vol IV
Weissbrodt, David Samuel, Vol IV
Welch, Edward L., Vol IV
Wells, William W., Vol IV
Wertheimer, Ellen, Vol IV
West, George Ferdinand, Jr., Vol IV
West, Martha S., Vol I, IV
Weston, Burns H., Vol IV
Wexler, David Barry, Vol IV
Wexler, Stephen, Vol IV
Weyrauch, Walter Otto, Vol IV
Whaley, Douglas John, Vol IV
Wharton, A. C., Jr., Vol IV
Wheeler, Stanton, Vol IV, V
Whelan, Stephen T., Vol I, IV
White, Frankie Walton, Vol IV
White, Frederic Paul, Jr., Vol IV
White, G. Edward, Vol I, IV
White, Howard A., Vol IV
White, James Justesen, Vol IV
White, Janice G., Vol IV
White, Patricia D., Vol IV
Whitebread, Charles H., Vol IV
Whitehouse, George, Vol IV
Whitford, William C., Vol IV
Whitman, Robert, Vol IV
Whitten, Ralph U., Vol IV
Widiss, Alan I., Vol IV
Wiegers, Wanda, Vol IV
Wigal, Grace J., Vol II, IV
Wilkins, David Brian, Vol IV
Willacy, Hazel M., Vol IV
Williams, Cynthia A., Vol IV
Williams, Gary C., Vol IV
Williams, Gregory Howard, Vol IV
Williams, Junius W., Vol IV
Williams, Karen Hastie, Vol IV
Williams, Marcus Doyle, Vol IV
Williams, Paul R., Vol IV
Williams, Wilbert Lee, Vol IV
Williams, William J., Vol IV
Williams, Winton E., Vol IV
Williams, Yvonne LaVerne, Vol IV
Willis, Steven J., Vol IV
Wilmot, David Winston, Vol IV
Wilson, Clarence S., Jr., Vol IV
Wilson, Evelyn, Vol IV
Wilson, Kim Adair, Vol IV
Wilson, Samuel S., Vol IV
Wing, Adrien Katherine, Vol IV
Winston, Kenneth Irwin, Vol IV
Winter, Douglas E., Vol IV
Winter, Ralph A., Vol IV
Wise, Edward Martin, Vol I, IV
Wishart, Lynn, Vol IV
Witte, John, Jr., Vol IV
Wojcik, Mark E., Vol IV
Wolfman, Bernard, Vol IV
Wolfram, Charles W., Vol IV
Wood, William L., Jr., Vol IV
Works, Robert G., Vol IV
Wriggins, Jennifer, Vol IV
Wright, Charles Alan, Vol IV
Wright, Danaya C., Vol IV
Wright, Roberta V. Hughes, Vol IV
Wright-Botchwey, Roberta Yvonne, Vol IV
Wu, Frank H., Vol IV
Wydrzynski, Christopher J., Vol IV
Wyre, Stanley Marcel, Vol IV
Yalden, Robert, Vol IV
Yamada, David C., Vol IV
Yarbrough, Marilyn Virginia, Vol IV
Yegge, Robert Bernard, Vol IV
Yiannopoulos, A. N., Vol IV
Youm, K. H., Vol II
Young, Michael K., Vol IV
Zablotsky, Peter A., Vol IV
Zachary, Steven W., Vol IV
Zietlow, Rebecca, Vol IV
Zile, Zigurds Laimons, Vol IV
Zillman, Donald N., Vol IV
Zimmerman, Diane L., Vol IV
Zittrain, Jonathan L., Vol IV
Zlotkin, Norman, Vol IV
Zweibel, Ellen, Vol IV

Legal History

Bassett, William W., Vol I, IV
Bourguignon, Henry J., Vol I, IV
Bryson, William Hamilton, Vol I, IV
Burke, Albie, Vol I, IV
Cantor, Norman Frank, Vol I, IV, V
Carr, Lois Green, Vol I, IV
Clayton, James L., Vol I, IV
Cordery, Simon, Vol I, IV
Dudziak, Mary L., Vol I, IV
Duram, James C., Vol I, IV
Frier, Bruce W., Vol I, II, III
Green, Thomas Andrew, Vol I, IV
Horwitz, Henry Gluck, Vol I, IV
Johanson, Herbert A., Vol I, IV
Johnson, Herbert A., Vol I, IV
Katz, Stanley Nider, Vol I, IV
Kawashima, Yasuhide, Vol I, IV
Konig, David Thomas, Vol I, IV
Kovaleff, Theodore Philip, Vol I, IV
Laitos, Jan Gordon, Vol I, IV
Mazor, Lester Jay, Vol I, IV
McCurdy, Charles William, Vol I
McKnight, Joseph Webb, Vol I, IV
McManus, Edgar J., Vol I, IV
Orth, John Victor, Vol I, IV
Scanlan, J. T., Vol I, II
Seipp, David J., Vol I, IV
Surrency, Erwin C., Vol I, IV

Tushnet, Mark Victor, Vol I, IV
Wiecek, William Michael, Vol I, II
Wise, Edward Martin, Vol I, IV

Legal Philosophy

Fried, Charles, Vol IV
Terrell, Timothy Prater, Vol IV

Legal Writing

Edelman, Diane Penneys, Vol IV
Flannery, Michael T., Vol IV
Phelps, Teresa Godwin, Vol IV
Sinsheimer, Ann M., Vol IV

Library Science

Ames, Frank, Vol II, IV
Anderson, Gordon A., Vol I, II
Anthes, Susan H., Vol II
Arthur, Gwen, Vol II
Astroff, Roberta J., Vol II
Atkins, Stephen E., Vol II, IV
Bean, Bobby, Vol II
Bender, Nathan E., Vol II, V
Benke, Robin Paul, Vol II
Berkhout, Carl T., Vol II
Beyea, Marion, Vol II
Black, Steve, Vol II
Blazek, Ronald David, Vol II
Blouin, Lenora P., Vol II
Bobinski, George Sylvan, Vol I, II
Bodi, Sonia, Vol II
Bodling, Kurt A., Vol I, II, IV
Bracken, James K., Vol II
Brockman, William S., Vol II
Burgess, Michael, Vol II
Carlson, Kay, Vol II
Carlson, Melvin, Jr., Vol II
Chu, Felix T., Vol II
Clark, Patricia, Vol II
Clarke, Robert F., Vol II
Colby, Robert Alan, Vol II
Cole, John Y., Jr., Vol II
Constance, Joseph, Vol I, II
Constantinou, Constantia, Vol II
Coral, Lenore, Vol II
Cordell, Rosanne M., Vol II
Corkin, Jane, Vol II
Coutts, Brian E., Vol I, II
Currie, William W., Vol II
Danford, Robert E., Vol II
Davis, David D., Vol I, II
Davis, Donald G., Jr., Vol I, II
Deering, Ronald F., Vol I, II, IV
Dodge, Timothy, Vol I, II
Donovan, Maureen H., Vol II
Drane, James Francis, Vol II
Dunlap, Isaac H., Vol II
Elliott, Clark Albert, Vol I, II
Ellsworth, Ralph E., Vol II
Erdel, Timothy Paul, Vol I, IV
Fiscella, Joan B., Vol II, IV
Fisher, Edith Maureen, Vol II
Gard, Betty A., Vol II
Gargan, William M., Vol II
Gilliland-Swetland, Anne J., Vol II
Giral, Angela, Vol II
Golian, Linda Marie, Vol II
Goodson, Carol F., Vol II
Grassian, Esther Stampfer, Vol II
Greenwood, Tina Evans, Vol II
Grossman, George S., Vol II, IV
Haines, Annette L., Vol II
Haverly, Thomas, Vol II, IV
Hay, Fred J., Vol II, V
Heisser, David C. R., Vol I, II
Hernon, Peter, Vol II
Hostetler, Theodore J., Vol I, II
Hovendick, Kelly B., Vol I, II, V
Jackson, Mary E., Vol II
Jarred, Ada D., Vol II
Joyce, Donald Franklin, Vol II
Juhl, M. E., Vol II
Karr, Ronald Dale, Vol II
Kelleghan, Fiona, Vol II
Kemp, Henrietta J., Vol I, II, III
Kiser, Joy, Vol I, II
Krummel, Donald William, Vol II
La Moy, William T., Vol II
Lasslo, Andrew, Vol II
Lee, Hsiao-Hung, Vol II
Lu, Suping, Vol I, IV
Lubetski, Edith, Vol II, IV
Lukenbill, Willis B., Vol II
Lundin, Anne, Vol II
Makino, Yasuko, Vol I, II
Maman, Marie, Vol II
Mann, Thomas J., Vol II
May, Jill P., Vol II, V
McClure, Charles R., Vol II
Mehaffey, Karen Rae, Vol II
Mengxiong, Liu, Vol II
Merrill, Jeanne W., Vol II
Mika, Joseph John, Vol II, V
Milac, Metod M., Vol I, II
Mintz, Kenneth A., Vol II
Moran, Barbara B., Vol II
Morehead, Joseph Hyde, Vol II, V
Musmann, Klaus, Vol II
Nelihaus, Tobin, Vol II
Nourie, Alan Raymond, Vol II
Null, Elisabeth M., Vol I, II, V
O'Sullivan, Michael K., Vol II
Peterson, Lorna Ingrid, Vol II
Pinkett, Harold Thomas, Vol I, II
Powell, Ronald R., Vol II
Pritchard, Susan V., Vol II
Quirk, Ruthmarie, Vol II
Rice, Albert R., Vol II
Richardson, Anne, Vol II
Rothfeld, Anne, Vol I, II
Sajdak, Bruce T., Vol II
SantaVicca, Edmund F., Vol II
Sarkodie-Mensah, Kwasi, Vol II
Schiller, Anita R., Vol II
Schlachter, Gail Ann, Vol II
Schmidt, Steven J., Vol II
Seadle, Michael S., Vol I, II
Sharma, R. N., Vol I, II, V
Sheldon, Ted P., Vol II
Shiflett, Orvin Lee, Vol II
Shipps, Anthony Wimberly, Vol II
Sineath, Timothy W., Vol II
Smith, Daniel L., Vol II, III, IV
Sowards, Steven W., Vol I, II
Stewart, Henry R., Jr., Vol II
Straiton, T. Harmon, Jr., Vol II
Subramanian, Jane M., Vol II
Terry, James L., Vol II, V
Thorson, Connie C., Vol II
Tonn, Anke, Vol II
Tucker, Mark, Vol I, II
Veaner, Allen B., Vol II
Wallis, Carrie G., Vol II
Waserman, Manfred, Vol I, II
Waterman, Sue A., Vol II
Waters, Richard L., Vol II
Weingand, Darlene E., Vol II
Wheeler, Wayne R., Vol II
White, Cecil R., Vol II
Whiteman, D. Bruce, Vol II
Wick, Robert L., Vol II
Williams, Helen Elizabeth, Vol II
Williams-Hackett, Lamara, Vol II
Zafren, Herbert C., Vol II
Zhou, Jian-Zhong, Vol II

Linguistics

Abbott, B., Vol III
Abboud, Peter Fouad, Vol I, III
Abdelrahim-Soboleva, Valentina, Vol III
Abramson, Arthur Seymour, Vol III
Abu-Absi, Samir, Vol III
Acker, Robert, Vol III
Adams, George Roy, Vol II, III
Adamson, Hugh Douglas, Vol III
Aleinikov, Andrei G., Vol III
Amastae, Jon Edward, Vol III
Amer, Sahar, Vol III
Andersen, Elaine, Vol III
Anderson, David G., Vol III
Andrews, Stephen J., Vol III
Angelis, Paul J., Vol III
Aronson, Howard Isaac, Vol III
Ashby, William James, Vol III
Ashley, Leonard R. N., Vol II, III
Athanassakis, Apostolos N., Vol II, III
Atlas, Jay David, Vol III, IV
Attardo, Salvatore, Vol III
Austin, Timothy Robert, Vol III
Axelrod, Melissa, Vol III
Ayuninjam, Funwi, Vol III
Azevedo, Milton M., Vol III
Babby, Leonard Harvey, Vol III
Bach, Emmon, Vol III
Banta, Frank Graham, Vol III
Barabtarlo, Gene, Vol III
Barbe, Katharina, Vol III
Barber, Elizabeth J. Wayland, Vol I, III
Barnes, Betsy, Vol III
Barrack, Charles Michael, Vol III
Bauer, Otto Frank, Vol II, III
Beard, Robert Earl, Vol III
Beck, Sigrid, Vol III
Becker, Alton Lewis, Vol III
Beer, Jeanette Mary Ayres, Vol III
Bender, Byron Wilbur, Vol III
Bennett, Tina L., Vol III
Berthoff, Ann Evans, Vol II, III
Bethin, Christina Y., Vol III
Bevington, Gary, Vol III
Beynen, Gijsbertus (Bert) Koolemans, Vol III
Bickerton, Derek, Vol III
Biggs, Henry N., Vol III
Bills, Garland D., Vol III
Birner, Betty, Vol III
Blain, Nancy Marie, Vol III
Blaney, Benjamin, Vol III
Blumstein, Sheila Ellen, Vol III
Bodkin, Robin O., Vol III
Bond, Zinny, Vol III
Bonvillain, Nancy, Vol III, V
Borer, Hagit, Vol III, V
Bormanshinov, Arash, Vol III
Boskovic, Zeljko, Vol III
Brennan, Virginia M., Vol III
Brinton, Laurel J., Vol III
Browne, E. Wayles, Vol III
Burling, Robbins, Vol III, V
Burres, Kenneth Lee, Vol III, IV
Buxbaum, Melba M., Vol III
Bybee, Joan L., Vol III
Cable, Thomas Monroe, Vol II, III
Cadely, Jean Robert Joseph, Vol III
Calabrese, Andrea, Vol III
Caldwell, Larry, Vol III
Callaghan, Catherine A., Vol III
Campbell, J. Lee, Vol II, III
Cannon, Joann Charlene, Vol III
Cardona, George, Vol III
Carlton, Charles Merritt, Vol III
Carmichael, Carl W., Vol II, III
Carr, Gerald Francis, Vol III
Carroll, Linda Louise, Vol III
Casagrande, Jean, Vol III
Cathey, James E., Vol III
Caujolle, Claude, Vol III
Chaika, Elaine Ostrach, Vol III
Chamberlin, John, Vol II, III
Chambers, J. K., Vol III
Chandola, Anoop C., Vol III
Chaudron, Craig, Vol III
Chen, Lilly, Vol III
Chen, Zhiyuan, Vol III
Cheng, Chung-Ying, Vol III, IV
Chitoran, Ioanaa, Vol III
Chomsky, Noam, Vol III
Christy, T. Craig, Vol III
Chu, Chauncey Cheng-Hsi, Vol III
Chung, Sandra, Vol III
Cintas, Pierre Francois Diego, Vol III
Civil, Miguel, Vol I, III
Clark, Eve Vivienne, Vol III
Clark, Mary Morris, Vol III, V
Clark, Thomas L., Vol III
Clas, Andre, Vol III
Clausing, Gerhard, Vol III
Clendenen, E. Ray, Vol III
Clivio, Gianrenzo Pietro, Vol II, III
Coady, James Martin, Vol III
Coblin, Weldon South, Vol III
Coelho, Carl, Vol III
Coffey, Jerome Edward, Vol III
Cole, Peter, Vol III
Colina, Sonia, Vol III
Contreras, Heles, Vol III
Cook, Haruko M., Vol III
Cook, Kenneth William, Vol III
Coppola, Carlo, Vol III
Corbett, Noel L., Vol III
Corre, Alan David, Vol III
Corredor, Eva Livia, Vol III
Cortes, Julio, Vol III
Costello, John Robert, Vol III
Cowart, Wayne, Vol III
Cox, Jerry Lynn, Vol III
Crowhurst, Megan J., Vol III
Cummins, Fred, Vol III
Danker, Frederick W., Vol III, IV
Darhower, Martin L., Vol II, III
Davis, Stuart, Vol III
Dellinger, Mary Ann, Vol III
Demers, Richard Arthur, Vol III
Der-Houssikian, Haig, Vol III
Diaz, Luis Felipe, Vol III
Dinneen, David A., Vol III
Disterheft, Dorothy, Vol III
Dollenmayer, David Bristol, Vol II, III
Dorian, Nancy Currier, Vol III
Dougherty, Ray Cordell, Vol III, IV
Douglass, R. Thomas, Vol III
Downing, Pamela A., Vol III
Drinka, Bridget, Vol III
Druliner, Marcia M., Vol III, V
Dryer, Matthew S., Vol III
Dubois, Sylvie, Vol IV
Duckert, Audrey Rosalind, Vol III
Dumas, Bethany K., Vol III
Dupuy, Beatrice, Vol III
Duran, Jaime, Vol III
Eastman, Carol M., Vol III, V
Ebert, Robert P., Vol III
Eble, Connie C., Vol II, III
Ehret, Christopher, Vol I, III
Elson, Mark Jeffrey, Vol III
Embleton, Sheila, Vol II, III
Emeneau, Murray Barnson, Vol III
Epstein, Edmund Lloyd, Vol II, III
Epstein, Richard, Vol III
Faingold, Eduardo D., Vol III
Fairley, Irene R., Vol II, III
Falk, Julia Sableski, Vol III
Farina, Luciano Fernando, Vol III
Farkas, Donka F., Vol III
Feinberg, Lawrence E., Vol III
Felder, Mira B., Vol II, III
Feldstein, Ronald Fred, Vol III
Fernandez-Olmos, Margarite, Vol III
Fichtner, Edward G., Vol III
Field, Thomas Tilden, Vol III
Finegan, Edward J., Vol III, IV
Fink, Hilary L., Vol III
Fisher, John C., Vol II, III
Fishman, Joshua Aaron, Vol III
Fleck, Jere, Vol III
Ford, James Francis, Vol III
Forman, Michael Lawrence, Vol III, V
Fowkes, Robert Allen, Vol III
Frajzyngier, Zygmunt, Vol III
Francis, Winthrop Nelson, Vol III
Frank, Francine, Vol III
Frank, Yakira H., Vol III
Franks, Steven, Vol III
Frazer, Timothy C., Vol II, III
Frazier, Lyn, Vol III
Freeman, David, Vol III
Frey, Herschel J., Vol III
Friedman, Victor A., Vol III
Friedrich, Paul, Vol II, III, V
Fromkin, Victoria A., Vol III
Fullerton, Gerald Lee, Vol III
Gair, James Wells, Vol III
Gamlin, Gordon S., Vol III
Ganim, John Michael, Vol II, III
Gariano, Carmelo, Vol III
Garrott, Carl L., Vol III
Georges, Robert A., Vol III, V
Germain, Claude, Vol III
Gesner, B. Edward, Vol III
Gess, Randall S., Vol III
Glon, Daniel, Vol III
Glowka, Arthur Wayne, Vol II, III
Golston, Chris, Vol III
Gopnik, Myrna, Vol III
Gorbatov, Inna, Vol III
Gordon, Lynn, Vol III, V
Gragg, Gene Balford, Vol III
Green, George, Vol III, V
Green, Georgia Marks, Vol III
Green, Lisa, Vol III
Greppin, John Aird Coutts, Vol III
Griffen, Toby David, Vol III
Griffin, David Alexander, Vol III
Guitart, Jorge, Vol III
Gumperz, John J., Vol III, V
Gundel, Jeannette K., Vol III
Guthrie, J. Richard, Jr., Vol III
Gutierrez, John R., Vol III
Haile, Getatchew, Vol III, IV
Hakutani, Yoshinobu, Vol II, III
Hale, Mark, Vol III
Haley, Michael, Vol III
Hall, John, Vol III
Halleck, Gene B., Vol III
Hallen, Cynthia L., Vol III
Haller, Hermann W., Vol III
Hamlin, Frank Rodway, Vol III
Hammond, Michael, Vol III
Hamp, Eric Pratt, Vol III
Hankamer, Jorge, Vol III
Harms, Robert Thomas, Vol III
Harper, A. Dianne, Vol III
Harris, Alice C., Vol III
Harrison, Ann Tukey, Vol III
Hartman, James Walter, Vol II, III
Hartman, Steven Lee, Vol III
Harvey, William D., Vol III
Haslam, Gerald William, Vol II, III
Hawkins, John A., Vol III
Heller, Janet, Vol II, III, V
Hensey, Frederick Gerald, Vol III
Henton, Caroline G., Vol III
Herique, Emmanuel, Vol III
Herzfeld, Anita, Vol III
Hewson, John, Vol III
Higgins, Roger F., Vol III
Hirtle, Walter Heal, Vol III
Hiz, Henry, Vol III, IV
Hoenigswald, Henry M., Vol III
Hoji, Hajime, Vol III
Hong, Wei, Vol III
Hoover, David Lowell, Vol II, III
Hopper, Paul, Vol II, III
Horning, Alice S., Vol II, III
Horwege, Ronald Eugene, Vol III
Houng, Caroline C., Vol III
Hsieh, Hsin-I, Vol III
Hsu, Kylie, Vol I, III
Huang, J., Vol III
Huffines, Marion Lois, Vol III
Hume, Elizabeth, Vol III
Hurst, Mary Jane, Vol III
Ifri, Pascal A., Vol III
Imamura, Shigeo, Vol III, V
Ingemann, Frances, Vol III
Insler, Stanley, Vol III
Irizarry, Estelle, Vol III
Isham, William P., Vol III
Ito, Junko, Vol III
Ivanov, Vyacheslav V., Vol III
Ivliyeva, Irina, Vol III
Jackendoff, Ray Saul, Vol III
Jacobs, Roderick Arnold, Vol III
Jacobson, Rodolfo, Vol III, V
Jacoby, Sally, Vol III
Jagasich, Paul A., Vol III
Jaini, Padmanabh S., Vol III, IV
Jankofsky, Klaus P., Vol III
Jenkins, Frederic Magill, Vol III
Jensen, John Barry, Vol III
Jensen, John T., Vol III
John-Steiner, Vera P., Vol III
Johnson, Kyle B., Vol III
Jones, Larry Bert, Vol III
Jones, Randall Lee, Vol III
Jorgensen, Peter A., Vol III
Joseph, Brian Daniel, Vol III
Juffs, Alan, Vol III
Jun, Sun-Ah, Vol III
Junod, Samuel A., Vol II, III
Juntune, Thomas William, Vol III
Kachru, Braj Behari, Vol III
Kachru, Yamuna, Vol III
Kaplan, Jane Payne, Vol III
Kaplan, Robert B., Vol III
Karch, Dieter, Vol III
Karttunen, Frances, Vol III
Kaufman, Terrence Scott, Vol III, V
Kaye, Alan Stewart, Vol III
Kazazis, Kostas, Vol III
Ke, C. R., Vol III
Keller, Gary D., Vol III
Keller, Howard Hughes, Vol III
Kelley, E. Morgan, Vol III
Kelley, Michael Robert, Vol II, III
Kelly, David H., Vol III
Kelly, Louis G., Vol III
Kemmer, Suzanne E., Vol III
Kennedy, Chris, Vol III
Kesler, Linc, Vol III
Keumsil, Kim Yoon, Vol III
Kevelson, Roberta, Vol IV
Kim, Nam-Kil, Vol III
Kim-Renaud, Young-Key, Vol III, V
Kingston, John, Vol III
Kirby, Carol, Vol III
Klausenburger, Jurgen, Vol III
Klee, Carol A., Vol III, V
Klein, Jared S., Vol III
Klima, Edward Stephens, Vol III
Knowlton, Edgar C., Jr., Vol III
Koekkoek, Byron J., Vol III
Koerner, E. F. K., Vol III
Koike, Dale A., Vol III
Koontz, Christian, Vol II, III

Discipline Index

Kratz, Bernd, Vol III
Kratzer, Anglelika, Vol III
Krauss, Michael, Vol III
Kretzschmar, William A., Jr., Vol II, III
Kronik, John W., Vol III
Kucera, Henry, Vol III
Kuepper, Karl Josef, Vol III
Kuno, Susumu, Vol III
Kupper, Nelly J., Vol III
Ladefoged, Peter, Vol II, III
Ladusaw, William A., Vol III
Lafayette, Robert, Vol III
Lance, Donald M., Vol III
Langacker, Ronald Wayne, Vol III
Langendoen, Terence, Vol III
Lapierre, Andre, Vol III
Lasersohn, Peter, Vol III
Lasnik, Howard, Vol III
Latta, Susan M., Vol II, III
Lauer, Janice M., Vol II, III
LeBlanc, W. James, Vol III
Lebofsky, Dennis Stanley, Vol II, III
Leffel, Katherine, Vol III
Lehiste, Ilse, Vol III
Lehmann, Winfred Philipp, Vol III
Leon, Pierre R. A., Vol III
Levi, Joseph Abraham, Vol III
Levi, Judith N., Vol III
Levin, Beth, Vol III
Levin, Jules Fred, Vol III
Levin, Maurice Irwin, Vol III
Li, Charles N., Vol III
Lieberman, Stephen Jacob, Vol I, III
Lillo-Martin, Diane C., Vol III
Linn, Michael D., Vol II, III
Lisker, Leigh, Vol III
Little, Greta D., Vol II, III
Liu, Jun, Vol III
Lopez-Morillas, Consuelo, Vol III
Lozano-Renieblas, Isabel, Vol III
Lubensky, Sophia, Vol III
Lunt, Horace Gray, Vol III
Luthy, Melvin Joseph, Vol III
Lutkus, Alan, Vol II, III
Luzbetak, Louis Joseph, Vol III, V
Lyovin, Anatole Vladimirovich, Vol III
MacDonald, Maryellen, Vol III, V
Machonis, Peter A., Vol III
Mackey, William Francis, Vol III
MacLeish, Andrew, Vol III
Makkai, Adam, Vol III
Maldonado-Deoliveira, Debora, Vol III
Malone, Joseph Lawrence, Vol III
Manley, Joan, Vol III
Mannetter, Terrance, Vol III
Mariani, Bethania S. C., Vol III
Marquess, Harlan Earl, Vol III
Marrone, Nila Gutierrez, Vol III
Marshall, David, Vol III
Martin, Philippe Jean, Vol III
Martin, Samuel Elmo, Vol III
Martinez, Jacqueline M., Vol II, III, V
Mathias, Gerald Barton, Vol III
Mathiot, Madeleine, Vol III, V
Matisoff, James Alan, Vol III
Mattingly, Ignatius G., Vol III
Mayers, Marvin K., Vol III, V
Mazzola, Michael Lee, Vol III
McCawley, James D., Vol III
Mccloskey, James, Vol III
McGarrell, Hedy M., Vol III
Means, John B., Vol III
Megenney, William Wilber, Vol III
Meier, A. J., Vol III
Melchert, H. Craig, Vol III
Menn, Lise, Vol III
Merrifield, William R., Vol III, V
Mester, Armin, Vol III
Metcalf, Allan Albert, Vol II, III
Meyers, Walter Earl, Vol II, III
Miano, Alice, Vol III
Michaelis, Laura A., Vol III
Michaels, David, Vol III
Michalski, John, Vol III
Micklesen, Lew R., Vol III
Miller, D. Gary, Vol II, III
Miller, William Irvin, Vol III
Mills, Carl Rhett, Vol III
Mills, David Otis, Vol III
Minkoff, Harvey, Vol II, III
Minkova, Donka, Vol III
Mitchell, Douglas, Vol III
Moder, Carol Lynn, Vol III
Montgomery, Michael M., Vol III
Moravcsik, Edith Andrea, Vol III
Morford, Jill P., Vol III
Morgan, Jerry Lee, Vol III
Moshi, Lioba, Vol III
Moskowitz, Andre J., Vol III
Moutsos, Demetrius George, Vol III
Mullen, Karen A., Vol II, III
Murdick, William, Vol II, III
Must, Gustav, Vol III
Nagy, Gregory John, Vol II, III
Nakayama, Mineharu, Vol III
Napoli, Donna Jo, Vol III
Naro, Anthony Julius, Vol III
Natalicio, Diana, Vol III, V
Nathan, Geoffrey Steven, Vol III
Newman, Paul, Vol III
Newmark, Leonard, Vol III
Ney, James Walter, Vol II, III
Nguyen, Dinh-Hoa, Vol II, III
Ni, W. J., Vol III
Nichols, Ann, Vol III
Nichols, Patricia Causey, Vol II, III
Nilsen, Alleen Pace, Vol III, V
Nilsen, Don Lee Fred, Vol III
Nuessel, Frank, Vol III
Nunnally, Thomas E., Vol II, III
Nussbaum, Alan, Vol III
O'Hearn, Carolyn, Vol II, III
Oates, Michael David, Vol III
Ohala, John Jerome, Vol III
Oinas, Felix Johannes, Vol III
Oller, John William, Vol III
Otero-Krauthammer, Elizabeth, Vol III
Ottenhoff, John, Vol II, III
Overfield, Denise, Vol III
Padgett, Jaye, Vol III
Paper, Herbert Harry, Vol III
Paredes, Liliana, Vol III
Parish, Charles, Vol II, III
Partee, Barbara H., Vol III
Paulston, Christina Bratt, Vol III
Percival, Walter Keith, Vol III
Perez-Firmat, Gustavo, Vol III
Perissinotto, Giorgio, Vol III
Perkins, Allan Kyle, Vol III
Perna, Michael, Vol III
Peters, Ann Marie, Vol III
Peterson, Philip Leslie, Vol III, IV
Picone, Michael D., Vol III
Pierrehumbert, Janet, Vol III
Pitt, David, Vol III, IV
Poplack, Shana, Vol III
Prideaux, Gary Dean, Vol III
Priestly, Tom M. S., Vol III
Pullum, Geoffrey K., Vol III
Purczinsky, Julius O., Vol III
Qian, Nanxiu, Vol III
Rabbitt, Kara, Vol III
Rameh, Clea Abdon, Vol III
Ramirez, Arnulfo G., Vol III
Raney, George William, Vol III
Read, Charles, Vol III
Redenbarger, Wayne Jacob, Vol IV
Reid, Lawrence Andrew, Vol III
Reiss, Charles, Vol III
Reynolds, Audrey L., Vol III
Rich, John Stanley, Vol III
Richman, Stephen, Vol III
Richter, Gregory, Vol III
Ringen, Catherine Oleson, Vol III
Rivero, Maria Luisa, Vol III
Rodgers, Joseph James, Jr., Vol III
Roeper, Thomas, Vol III
Rogers, Kenneth Hall, Vol III
Rohrbacher, Bernhard, Vol III
Rojas, J. Nelson, Vol III
Rolfe, Oliver Willis, Vol III
Rood, David Stanley, Vol III
Rose, Sharon, Vol III
Rosenberg, Justus, Vol III
Ross, Claudia, Vol III
Rossabi, Morris, Vol III
Rouman, John Christ, Vol II, III
Rundell, Richard Jason, Vol III
Rutherford, William E., Vol III
Sabino, Robin, Vol III
Saenz de tejada, Cristina, Vol III
Saez, Richard, Vol III
Sag, Ivan Andrew, Vol III
Saha, Prosanta Kumar, Vol II, III
Saint-Jacques, Bernard, Vol III
Saitz, Robert Leonard, Vol III, V
Salien, Jean, Vol II, III
Saltarelli, Mario, Vol III
Sanchez, Monica E., Vol III
Santos, Jose Andre, Vol II, III
Saporta, Sol, Vol III
Sara, Solomon Ishu, Vol III
Saskova-Pierce, Mila, Vol III
Scatton, Ernest Alden, Vol III
Schaffer, Deborah, Vol III
Scharf, Peter M., Vol I, III
Schein, Barry, Vol III
Schlenoff, Zeina Tamer, Vol III
Schmalstieg, William Riegel, Vol III
Schneider, Gerd K., Vol III
Scholes, Robert James, Vol III
Schutz, Albert J., Vol III
Scott, Charles Thomas, Vol III
Seidenberg, Mark, Vol III, V
Selkirk, Elisabeth, Vol III
Seymour, Harry N., Vol III
Sheets, George Archibald, Vol III
Sherak, Constance E., Vol III
Shetter, William Zeiders, Vol III
Shipley, William F., Vol III
Shores, David Lee, Vol II, III
Shuy, Roger W., Vol III
Sihler, Andrew L., Vol III
Silva, David James, Vol III
Silva-Corvalan, Carmen M., Vol III
Silverman, Daniel, Vol III
Siracusa, Joseph, Vol III
Sjoberg, Andree Frances, Vol III
Skousen, Royal, Vol III
Smith, Carlota S., Vol III
Smith, Riley Blake, Vol II, III
Snyder, Emery, Vol II, III
Snyder, William, Vol III
Sobin, Nicholas, Vol III
Sobrer, Josep Miquel, Vol II, III
Solan, Lawrence, Vol III, IV
Sole, Carlos A., Vol III
Southern, Mark R. V., Vol III
Spaccarelli, Thomas Dean, Vol III
Speas, Margaret, Vol III
Spurlock, John Howard, Vol II, III
Sridhar, S. N., Vol III
St Clair, Robert, Vol III
Stalker, James Curtis, Vol III
Stenson, Nancy Jean, Vol III
Stimson, Hugh McBirney, Vol III
Stine, Philip C., Vol III
Stockwell, Robert Paul, Vol II, III
Strause, Glynis, Vol III
Sumner, Gordon H., Vol III
Suner, Margarita, Vol III
Sungdai, Cho, Vol III
Suwarno, Peter, Vol III
Taboada, Maria, Vol III
Tang, Chenxi, Vol III
Tannen, Deborah F., Vol III
Taylor, Allan Ross, Vol III
Taylor, Daniel Jennings, Vol II, III
Taylor, Talbot J., Vol III
Terrero, Irene, Vol II, III, V
Teschner, Richard Vincent, Vol III
Thomas, Margaret, Vol III
Thomason, Phil, Vol III
Thompson, Roger Mark, Vol III, V
Thundy, Zacharias P., Vol II, III
Toledano, Jaun Carlos, Vol III
Tollefson, James William, Vol III
Tong, Diane, Vol III
Tonkin, Humphrey R., Vol II, III
Traugott, Elizabeth Closs, Vol III
Truckenbrodt, Hubert, Vol III
Tsiapera, Maria, Vol III
Tuttle, Edward Fowler, Vol III
Tweraser, Felix W., Vol III
Ulatowska, Hanna K., Vol III
Unger, James Marshall, Vol III
Vajda, Edward J., Vol III
Valdman, Albert, Vol III
Valentine, Tamara M., Vol III
Van, Thomas A., Vol II, III
Van Eemeren, Frans H., Vol II
Van Vliet, Edward Richie, Vol III
Vandeloise, Claude, Vol III
Vergnaud, Jean-Roger, Vol III
Vickrey, John Frederick, Vol III
Viehmeyer, L. Allen, Vol III
Villena-Alvarez, Juanita, Vol III
Wachal, Robert Stanley, Vol III
Walchak, Karol L., Vol II, III
Walker, Rachel, Vol III
Walker, Willard, Vol III, V
Wang, William S. Y., Vol III
Wanner, Dieter, Vol IV
Ward, Gregory, Vol III
Wasow, Thomas Alexander, Vol III
Watkins, Calvert Ward, Vol III
Watson, John W., Vol III
Watt, Jonathan M., Vol III
Watt, William Carnell, Vol III
Waugh, Linda Ruth, Vol III
Weiger, John George, Vol III
Weitzman, Raymond Stanley, Vol III
Wertz, Christopher Allen, Vol III
Wescott, Roger Williams, Vol III, V
Westfall, R., Vol III
Whaley, Lindsay, Vol III
Whidden, Seth A., Vol III
Wilcox, Phyllis Perrin, Vol III
Wilcox, Sherman E., Vol III
Williams, Joseph M., Vol II, III
Wintergerst, Ann C., Vol III
Wolff, John Ulrich, Vol III
Wood, Carol L., Vol II, III
Woodard, Roger, Vol III
Woolford, Ellen, Vol III
Worth, Dean Stoddard, Vol III
Wrobel, Janusz, Vol III
Wyatt-Brown, Anne M., Vol III
Yalden, Janice, Vol III
Yan, Margaret M., Vol III, V
Yang, Insun, Vol III
Yu, Ning, Vol III
Zamora, Juan C., Vol III
Zawawi, Sharifa, Vol III
Zhou, Peter Xinping, Vol III
Zolbrod, Paul Geyer, Vol II, III
Zou, Ke, Vol III
Zubizarreta, Maria Luisa, Vol III

Literary Theory

Benseler, David P., Vol II
Buttigieg, Joseph A., Vol II
Christianson, Scott, Vol II
Clayton, Jay, Vol II
Epstein, William Henry, Vol II
Gumbrecht, Hans Ulrich, Vol II
Gunn, Giles, Vol II
Hammill, Graham L., Vol II
Harrison, Gary, Vol II
Holub, Robert C., Vol II, III
Klein, William Francis, Vol II
Krieger, Murray, Vol II
Kucich, John Richard, Vol II
Liu, Catherine, Vol II, III
Michelson, Bruce, Vol I, II
Nagele, Rainer, Vol II, III
Rothenberg, Molly, Vol III
Valesio, Paolo, Vol II
Wawrzycka, Jolanta, Vol II
Whitney, Charles C., Vol II
Wills, David, Vol II
Woodmansee, Martha, Vol II

Literature

Abudu, Gabriel, Vol II
Adams, Susan S., Vol II
Adisa, Opal P., Vol II
Adrian, Daryl B., Vol II
Alaya, Flavia M., Vol II
Albrecht, Wilbur T., Vol II
Alexander, Lynn M., Vol II
Allen, Mark, Vol II
Allert, Beate I., Vol II
Alley, Henry Melton, Vol II
Amos, Mark Addison, Vol II
Anderson, Celia Catlett, Vol II
Anderson, Laurie, Vol II
Angelou, Maya, Vol I, II
Apseloff, Marilyn Fain, Vol II
Arenberg, Nancy, Vol II
Atkinson, Michael, Vol II, V
Austin, Bobby William, Vol II
Babb, Genie, Vol II
Baker, Beulah Pearl, Vol II
Bakker, Barend H., Vol II
Band, Arnold J., Vol II
Barbera, Jack Vincent, Vol II
Barbour, John D., Vol II, IV
Barker, Wendy, Vol II
Barnes, Ronald Edgar, Vol II
Barolsky, Paul, Vol I, II
Barr, Marleen Sandra, Vol II, V
Barrett, Eileen, Vol II
Barry, Marilyn H., Vol II
Barton, Mike Alan, Vol I, II
Bauer, Ralph R., Vol II
Baumlin, James S., Vol II
Beatie, Bruce A., Vol II, V
Bechtel, Judith A., Vol II
Beck, Charlotte H., Vol II
Bedford, Bonnie C., Vol II
Beevi, Mariam, Vol II, V
Behdad, Ali, Vol II
Bell, Vereen M., Vol II
Bell-Metereau, Rebecca, Vol II
Bennett, Betty T., Vol II
Bennett, Paula, Vol II
Bernard, Claudie, Vol II
Bird, Delores, Vol II
Birns, Nicholas B., Vol II
Bishop, Thomas G., Vol II
Blaisdell, Robert Ehler, Vol II
Bloom, Abigail Burnham, Vol II
Bloomfield, Elisabeth M., Vol II, III
Blume, Donald Thomas, Vol II
Blyn, Robin, Vol II
Bock, Martin F., Vol II
Bofman, Theodora Helene, Vol III
Boling, Becky, Vol II, V
Bonenfant, Joseph, Vol II
Booker, John T., Vol II
Bouler, Steven W., Vol II
Bowen, Barbara C., Vol II
Bowman, Leonard Joseph, Vol II, IV
Brady, Owen E., Vol II
Braudy, Leo, Vol II
Brennan, Timothy A., Vol II
Bresnahan, Roger J. Jiang, Vol II
Brofman, Mikita, Vol II
Brown, James Dale, Vol II
Brown, Scott Kent, Vol I, IV
Bryson, Norman, Vol II
Buchanan, Carl J., Vol II
Buckley, William Kermit, Vol II
Burgos, Fernando, Vol II
Burland, Margaret A. Jewett, Vol II
Burneko, Guy, Vol II, IV
Burner, David B., Vol I, II
Cachia, Pierre J. E., Vol III
Campbell, C. Jean, Vol II
Campbell, Elizabeth, Vol II
Campbell, Felicia F., Vol II
Carmona, Vicente, Vol II
Carpenter, Scott, Vol II
Carr, Stephen Leo, Vol II
Carruthers, Virginia, Vol II
Casey, James Galligami, Vol II
Casey, John Dudley, Vol I, II, IV
Casto-Urios, Jose, Vol II
Cawelti, John George, Vol I, II
Chambers, Anthony Hood, Vol II
Champion, Larry Stephen, Vol II
Chavkin, Allan, Vol II
Chichetto, James W., Vol II
Cirillo, Albert, Vol II
Clarke, George E., Vol II
Clinton, Jerome Wright, Vol III
Clivio, Gianrenzo Pietro, Vol II, III
Cogswell, Frederick W., Vol II
Cohen, Derek M., Vol II
Colatrella, Carol, Vol II, V
Collins, Martha, Vol II
Conley, Katharine, Vol II, III
Conrad, Bryce D., Vol II
Converse, Hyla Stuntz, Vol I, IV
Cooley, Dennis O., Vol II
Cooper, Marilyn Marie, Vol II
Cornis-Pope, Marcel H., Vol II
Corrales, Edwin, Vol I, II
Coupe, Lynda, Vol II
Cowgill, Kent, Vol II
Coyle, Michael Gordon, Vol II
Craft, William, Vol II
Craig, Herbert Eugene, Vol II, III
Craig, Virginia Robertson, Vol III
Craige, Betty Jean, Vol II
Crannell, Kenneth C., Vol III
Crispin, John, Vol III
Crone, Anna Lisa, Vol III
Croskery, Margaret C., Vol II
Crowley, Sue Mitchell, Vol II, IV
Darby, Barbara, Vol II
Davidson, Harriet, Vol II
Davidson, John E., Vol II
Davis, James, Vol II
Davis, Lennard J., Vol II
Davis, Phoebe Stein, Vol II
Davis, Todd Fleming, Vol II
Davison, Neil, Vol II
De Mott, Robert J., Vol II
De Veaux, Alexis, Vol II
Dean, Margaret J., Vol II

Dennis, Harry Joe, Vol III
Dernovsek, Vera, Vol II
Desai, Gaurav Gajanan, Vol I, II
Desalvo, Louise Anita, Vol II
Dharwadker, Aparna, Vol II, V
Dickson, Donald R., Vol II
Digby, Joan, Vol I, II
Dixon, Nancy J., Vol II
Dolezel, Lubomir, Vol III
Doll, Mary A., Vol IV
Dollenmayer, David Bristol, Vol II, III
Donaldson-Evans, Mary P., Vol II
Donawerth, Jane L., Vol II
Donovan, Josephine, Vol II
Dooley, Allan C., Vol II
Dore, Florence W., Vol II
Douglas, Marcia B., Vol II
Dowdey, Diane, Vol II
Doyno, Victor, Vol II
Drake, Barbara, Vol II
Drekonja, Otmar Maximilian, Vol II
Driver, Tom Faw, Vol II, IV
Du Plessis, Eric, Vol II
Dunn, E. Catherine, Vol II
Dyck, Martin, Vol III
Eberle, Gary M., Vol II
Eckersley, L. Lynnette, Vol II
Eden, Melissa, Vol II
Eder, Doris Leonora, Vol II
Edmiston, William F., Vol II
Ehrstine, John, Vol II
Elder, Arlene Adams, Vol II, III
Elliott, Gary D., Vol II
Ellis, Katherine, Vol II
Embleton, Sheila, Vol II, III
Emerson, Everett, Vol II
Enterline, Lynn, Vol II, V
Epstein, Bonnie W., Vol II
Ervin, Hazel A., Vol II
Erwin, D. Timothy, Vol II
Faas, Ekbert, Vol II
Fackler, Herbert Vern, Vol II
Fajardo, Salvador J., Vol II, III
Falk, Thomas Heinrich, Vol II
Fallon, Stephen, Vol II
Faulkenberg, Marilyn, Vol II
Fawzia, Mustafa, Vol II
Feldman, Jessica R., Vol II
Felix, Robert E., Vol IV
Fernandez, Ramona E., Vol II
Filips-Juswigg, Katherina P., Vol III
Fisher, John C., Vol II, III
Fisk, Deborah Payne, Vol I, II
Fitch, Noel Filey, Vol II
Fitch, Raymond E., Vol II
Flick, Robert Gene, Vol II
Foote, Bud, Vol II
Foster, Edward H., Vol II
Franco, Jean, Vol II
Freeman, Donald C., Vol II
Friedman, Barton Robert, Vol II
Friel, James P., Vol II, IV
Fu, Hongchu, Vol II
Gaide, Tanure, Vol I, II
Galli, Barbara E., Vol II, III
Gallo, Louis, Vol II
Garcia-Castanon, Santiago, Vol II
Garcia-Gomez, Jorge, Vol II, IV
Garlinger, Patrick P., Vol II, III
Garson, Helen S., Vol II
Gellrich, Michelle, Vol II, III
Gerhart, Mary, Vol II, IV
Gernes, Sonia, Vol II
Geyh, Paula E., Vol II
Glazier, Loss Pequeno, Vol II
Gliserman, Martin, Vol II
Gochberg, Donald S., Vol II
Goddard, Nettye, Vol II
Goodburn, Amy M., Vol II
Goodman, Jennifer Robin, Vol II
Gordon, Andrew, Vol II
Goss, James, Vol II, IV
Gossy, Mary S., Vol II, V
Gottfried, Roy K., Vol II
Graham, Don B., Vol II
Graham, Joyce, Vol II
Gravel, Pierre, Vol II, IV
Greenberg, Robert M., Vol II
Greenfield, John R., Vol II
Griffin, John R., Vol II
Grimstad, Kaaren, Vol III
Griswold, Jerome Joseph, Vol II
Grubgeld, Elizabeth, Vol II
Grubisic, Vinko, Vol III
Gumbrecht, Hans Ulrich, Vol II
Haba, James, Vol II
Habib, M. A. Rafey, Vol II
Hahn, Thomas George O'Hara, Vol II
Hai, Ambreen, Vol II
Hale, Jane Alison, Vol II
Halewood, William H., Vol II
Hamel, Mary, Vol II
Hansen, Bob, Vol I, II
Harbin, Bill J., Vol II
Harland, Paul W., Vol II
Harpold, Terry, Vol II, V
Harris, Elizabeth Hall, Vol II
Harris, William Styron, Jr., Vol II
Harrison, Gary, Vol II
Harrison, Leland Bruce, Vol II
Hartle, Anthony E., Vol II, IV
Hassel, R. Chris, Jr, Vol II
Haugrud-Reiff, Raychel A., Vol II
Hayes, Douglas W., Vol II
Haynes, Cynthia, Vol II
Haynes, Jonathan, Vol II
Heath, William, Vol II
Heavilin, Barbara A., Vol II
Heffernan, Michael, Vol II
Hegel, Robert E., Vol II
Heise, Ursula K., Vol II
Held, Dennis, Vol II
Helgerson, Richard, Vol II, III
Hellegers, Desiree, Vol II
Hellenbrand, Harold, Vol II, III
Helm, Thomas Eugene, Vol II, IV
Helstern, Linda Lizut, Vol II
Heringman, Noah, Vol II
Hesla, David H., Vol II
Hicks, Patrick, Vol II
Hieatt, Constance B., Vol II
Higonnet, Margaret R., Vol II
Hindman, Kathleen Behrenbruch, Vol II
Hintz, Suzanne S., Vol II, III
Hoagland, Edward, Vol II
Hoeniger, Frederick J. D., Vol II
Hoffman, Anne, Vol I, II
Hogeland, L. M., Vol III
Holland, Eugene W., Vol II
Holley, Robert P., Vol II
Hong, Ran-e, Vol II, III
Horne, Dee A., Vol II
Horner, Carl S., III, Vol II
Hovey, Kenneth, Vol II
Howell, Christopher L., Vol II
Hubbard, Thomas K., Vol II
Hume, Kathryn, Vol II
Inboden, Robin L., Vol II
Inge, M. Thomas, Vol II
Ingram, William, Vol II
Jackson, Jacqueline Dougan, Vol II
Jaimes, H., Vol II
Janzen, Lorraine, Vol II
Jason, Philip K., Vol II
Jeffreys, Mark, Vol II
Jensen, Katharine, Vol II, V
Jeter, Joseph, Vol II
Johanyak, Debra L., Vol II
Johnson, J. Theodore, Jr., Vol II
Johnston, Otto William, Vol III
Jones, Anne Hudson, Vol II
Jones, Edward T., Vol II
Jones, Ellen, Vol II
Jones, Louis Clark, Vol I, II
Joos, Ernest, Vol II, IV
Josephs, Allen, Vol III
Junod, Samuel A., Vol II, III
Kalpakgian, Mitchell A., Vol II
Kamenish, Paula K., Vol II, III
Kaminsky, Alice R., Vol II
Kanellos, Nicolas, Vol II, III
Kaplan, Nancy, Vol II
Kartiganer, Donald M., Vol II
Keessen, Jan, Vol II
Kehoe, Dennis P., Vol I
Kelly, Robert Leroy, Vol II
Kennedy, George E., Vol II
Kessler, Carol, Vol II
Kharpertian, Theodore, Vol II
Kilmer, Anne Draffkorn, Vol I
King, Yvonne, Vol II
Kleinman, Neil, Vol II
Klink, William, Vol II
Knapp, John V., Vol II
Koontz, Thomas Wayne, Vol II
Koritz, Amy, Vol II
Kratz, Dennis, Vol II
Kropf, Carl R., Vol II
Kucich, John Richard, Vol II
La Femina, Gerard, Vol II
Ladin, Jay, Vol II
Lahey, Christine, Vol II
Lambert, Lynda J., Vol I, II
Lamparska, Rena A., Vol II
Lang-Peralta, Linda, Vol II
Langer, Lawrence L., Vol II
Larson, Charles Raymond, Vol II
Laudun, John, Vol II, V
Lauinger, Joseph, Vol II
Lee, Helen Elaine, Vol II
Lee, William David, Vol II
Leitch, Vincent B., Vol II
Lemire, Maurice, Vol II
Leubsdorf, John, Vol II, IV
Leupin, Alexandre, Vol II
Levander, Caroline Field, Vol II
Levy, Michael Marc, Vol II
Lewis, Kevin, Vol II, IV
Linden, Stanton J., Vol II
Linton, Patricia, Vol II
Lips, Roger C., Vol II
Little, Jonathan D., Vol II
Lockyer, Judith Ann, Vol II
Lohafer, Susan, Vol II
Long, Ada, Vol II, V
Lopez, Debbie, Vol II
Lopez, Oscar R., Vol II, III
Loss, Archie Krug, Vol I
Luey, Beth Edelmann, Vol II
Lunardi, Egidio, Vol II
Lurie, Alison, Vol II, V
Luxon, Thomas H., Vol II
Lyons, Bonnie, Vol II
MacDonald, Margaret Read, Vol II, V
Macovski, Michael, Vol II
Malachuk, Daniel S., Vol II
Malicote, S., Vol II
Mancini, Albert Nicholas, Vol II
Mandel, Oscar, Vol II
Maner, Martin, Vol II
Mann, David D., Vol II
Manso, Leira Annette, Vol II
Marcus, Steven, Vol II
Martin, Herbert Woodward, Vol II
Martin, Jay, Vol II
Martin, Timothy, Vol II
Martinez, Yolanda, Vol II
Masse, Michelle, Vol II
Mates, Julian, Vol II
May, Jill P., Vol II, V
May, John Richard, Vol II, IV
Mayfield, John R., Vol I, II
Mbabuike, Michael C., Vol II, V
McBride, Margaret, Vol II
McCaffrey, Jerrine A., Vol II
McConnell, Kathleen, Vol II
McDonald, Sheila, Vol II
McFague, Sallie, Vol II, IV
McGaha, Michael Dennis, Vol III
McGrath, Francis C., Vol II
McIrvin, Michael D., Vol II
McKendrick, Norman G., Vol II
McKenzie, Stanley D., Vol II
McKeon, Michael, Vol II
McLaughlin, Andree Nicola, Vol II, V
McMahon, Robert, Vol II, IV
McPherson, James Alan, Vol I, II, IV
Mellen, Joan, Vol II
Mendelson, Edward, Vol II
Mendoza, Louis, Vol II, V
Messenger, Christian Karl, Vol II
Meyers, Walter Earl, Vol II, III
Michaelson, Pat, Vol II
Miller, David G., Vol II
Miller, Edmund, Vol II
Miller, Elizabeth A., Vol II
Miller, Jo Ellen, Vol II
Millier, Brett, Vol II
Minot, Walter, Vol II
Mitchell, W. J. Thomas, Vol II
Moore, Judith, Vol II
Moore, Michael, Vol II
Morrow, Patrick D., Vol II
Moseley, James G., Vol II, IV
Moyer, Ronald L., Vol I, II
Mullen, Edward, Vol II
Mullin, Michael A., Vol II
Murphy, Brenda C., Vol II
Murphy, Richard, Vol II
Murphy, Sean P., Vol II
Na'allah, Abdul-Rasheed, Vol II, V
Nair, Supryia M., Vol I, II
Nalbantian, Suzanne, Vol II, III
Napieralski, Edmund Anthony, Vol II
Ne Jame, Adele, Vol II
Neaman, Judith S., Vol II
Nelles, William, Vol II
Nelsen, Robert, Vol II
Nelson, Roy Ray, Vol II, III
Neuman, Shirley C., Vol II
Neussendorfer, Margaret R., Vol II
Newman, Barbara J., Vol II, IV
Newsom, Robert, Vol II
Nguyen, Dinh-Hoa, Vol II, III
Nichols, James, Vol II
Nickels, Cameron C., Vol II
Nicol, Charles David, Vol II
Nikolova, Irena N., Vol II
Noegel, Scott B., Vol III
Noonan, James S., Vol II
Norgaard, Rolf, Vol II
Nowlin, Michael E., Vol II
O'Brien, Kevin, Vol II
O'Connor, Michael P., Vol II
Oczkowicz, Edyta Katarzyna, Vol II
Ogede, Ode S., Vol II
Olivera, Otto H., Vol II, III
Olney, James, Vol II
Onyshkevych, Larissa M. L. Z., Vol II
Orozco, S. Luz Maria, Vol II
Ozsvath, Zsuzsanna, Vol II
Packer, Barbara Lee, Vol II
Parker, Jo Alyson, Vol II
Parker, Mary, Vol II
Patterson, Bob E., Vol II, IV
Patton, Venetria, Vol II
Pauly, Thomas Harry, Vol II
Paxman, David B., Vol II
Pearce, Richard, Vol II
Pike, David, Vol II
Pinchin, Jane Lagoudis, Vol II
Pinti, Daniel J., Vol II
Pirraglia, Elvira, Vol II
Pitt, David G., Vol II
Poe, Elizabeth, Vol II
Pollock, John, Vol II
Portales, Marco, Vol II
Porter, Michael LeRoy, Vol I, II
Posfay, Eva, Vol II
Prenshaw, Peggy, Vol II
Prettiman, C. A., Vol II
Pugh, Christian A., Vol II
Quigley, Austin F., Vol II
Quinlan, Kieran, Vol II
Rabillard, Sheila M., Vol II
Rainwater, Catherine, Vol II
Ramsey, C. Earl, Vol II
Rathburn, Paul A., Vol II
Ravitz, A., Vol II
Redman, Tim, Vol II
Reid, Panthea, Vol II
Rennie, Mairi C., Vol II
Richardson, Granetta L., Vol II
Richmond, Hugh M., Vol II
Rieckmann, Jens, Vol II
Rigolot, Francois, Vol II
Robert, Lucie, Vol II
Robinson, Jeffrey Cane, Vol II
Rockwell, Susan L., Vol II
Roeder, Bea, Vol II, V
Rogers, Franklin R., Vol II
Rosales, Elisa, Vol II
Rosenthal, Peggy, Vol II
Ross, Deborah, Vol II
Ross, Trevor T., Vol II
Rowley, Hazel Joan, Vol II
Rubio, Mary H., Vol II
Ruffin, Paul, Vol II
Rumold, Rainer, Vol II
Russo, Mary, Vol II
Salien, Jean, Vol II, III
Salomon, Herman Prins, Vol II
Salyer, Gregory, Vol II, IV
Sampon-Nicolas, Annette, Vol III
Samuelson, David N., Vol II
Sanders, Ivan, Vol II, III
Sandiford, Keith, Vol II, V
Sandler, Samuel, Vol III
Saur, Pamela S., Vol II
Sawyer-Laucanno, Christopher, Vol II
Scaglione, Aldo, Vol II
Schedler, Gilbert W., Vol II
Schmidt, Barbara Quinn, Vol II
Schmitz-Burgard, Sylvia, Vol II
Schotch, Peter K., Vol II, IV
Schulte, Rainer, Vol II
Schwartz, Jeff L., Vol II
Schweninger, Lee, Vol II
Scott, Mary Jane W., Vol II
Sebouhian, George, Vol II
Sensibar, Judith L., Vol II
Serio, John N., Vol II
Sexton, James P., Vol II
Sha, Richard, Vol II
Shahid, Irfan Arif, Vol I, II
Shattuck, Roger, Vol II
Shea, Kerry, Vol III
Sherman, Sandra, Vol II
Sherman, Stuart, Vol II
Shin, Andrew, Vol II
Shirley, Frances A., Vol II
Showalter, Elaine, Vol II
Shumway, David R., Vol II
Shumway, Nicolas, Vol II, III
Sicker, Philip, Vol II
Siegel, Adrienne, Vol I, II
Siegel, Gerald, Vol II
Silbajoris, Rimvydas, Vol III
Simon, Roland Henri, Vol I, III
Skau, Michael Walter, Vol II
Sligh, Gary Lee, Vol II
Smarr, Janet L., Vol I, II
Smart, Patricia, Vol II
Smith, Elton Edward, Vol II, IV
Smith, Robert E., Vol II
Smoot, Jeanne, Vol II
Snyder, Emery, Vol II, III
Sobrer, Josep Miquel, Vol II, III
Soens, A. L., Jr., Vol II
Soldati, Joseph Arthur, Vol II
Sommer, Doris, Vol II
Sossaman, Stephen, Vol II
Souza, M., Vol II
Spinelli, Donald C., Vol II
Spinelli, Emily L., Vol II
St. Clair, Gloriana, Vol II
Staal, Arie, Vol II
Stanton, Leonard J., Vol III
Stauffer, George B., Vol I, II
Stevens, Peter S., Vol II
Stimpson, Catharine R., Vol II, V
Stokker, Kathleen Marie, Vol III
Stone, Gregory, Vol II
Strand, Dana, Vol II
Strelka, Joseph Peter, Vol II, III
Strickland, Johnye, Vol II, V
Stuart, Dabney, Vol II
Stuber, Florian, Vol II
Sullivan, Jack R., Vol II
Sullivan, Mary C., RSM, Vol II, IV
Sullivan, Paula, Vol II
Sylvestre, Jean-Guy, Vol II
Taliaferro, Charles, Vol II, IV
Tapper, Gordon, Vol II
Taylor, Beverly W., Vol II
Taylor, Velande P., Vol II, IV
Tenger, Zeynep, Vol II
Thaler, Danielle, Vol II
Thomas, Brook, Vol II
Thomas, Orlan E., Vol I, II
Thompson, Chevia, Vol II
Thorndike, Jonathan L., Vol II
Tigay, Jeffrey Howard, Vol II, IV
Tischler, Nancy Marie, Vol II
Tompkins, Cynthia Margarita, Vol II
Toombs, Charles Phillip, Vol II
Townsel, Sylviane, Vol II, III
Traub, George William, Vol II, IV
Tuerk, Richard, Vol II
Tull, Herman, Vol I, IV
Tytell, John, Vol II
Ueda, Makoto, Vol II, IV
Unrau, John, Vol II
Valletta, Clement Lawrence, Vol I, II
Vanden Bossche, Chris R., Vol II
Vannatta, Dennis, Vol II
Vardy, Agnes Huszar, Vol II
Vause, Deborah, Vol II
Venarde, Bruce L., Vol I, II
Venclova, Tomas Andrius, Vol III
Vendler, Helen Hennessy, Vol II
Versluis, Arthur, Vol II
Vickers, Anita M., Vol II
Vickery, Walter, Vol III
Villanueva, Celestino Alberto, Vol II
Von Flotow, Luise, Vol II
Waddington, Raymond B., Vol II
Wagner, Mark G., Vol II
Wakefield, Ray Milan, Vol III
Walchak, Karol L., Vol II, III
Walkiewicz, Edward P., Vol II
Wallace, Catherine Miles, Vol II, IV
Wallace, Ronald William, Vol II
Waller, Gary F., Vol II
Walterscheid, Kathryn A., Vol II
Wasser, Henry H., Vol II

Waterhouse, Carole, Vol II
Watson, Jean Louise, Vol II
Watts, Emily, Vol II
Wawrzycka, Jolanta, Vol II
Weekes, Ann, Vol II
Weigel, Robert G., Vol II
Weigl, Bruce, Vol II
Weiner, Estha, Vol II
Welsh, James Michael, Vol II
Werge, Thomas, Vol II
White, Deborah, Vol II
White, Donald Jerry, Vol II
Whitlark, James S., Vol II, III
Whitney, Charles C., Vol II
Wilcox, John Chapman, Vol III
Wilkie, Brian, Vol II
Wills, David, Vol II
Wilson, John H., Vol II
Wing, Nathaniel, Vol II
Winship, Peter, Vol I, II
Witt, Robert Wayne, Vol II
Wolfe, Gary Kent, Vol II
Wood, Carol L., Vol II, III
Woodson, Linda, Vol II
Wright, Janis, Vol II
Wright, John, Vol III
Wright, Michelle M., Vol II
Wyczynski, Paul, Vol II
Yandell, Cathy M., Vol II
Yelin, Louise, Vol II
Yetman, Michael G., Vol II
Young, David, Vol II
Young, Jane J., Vol II
Yu, Anthony C., Vol III, IV
Yuan, Yuan, Vol II
Yudin, Florence L., Vol II, III
Zagano, Phyllis, Vol II, IV
Zagarell, Sandra Abelson, Vol II
Zebouni, Selma, Vol II
Zegura, Elizabeth Chesney, Vol II, III
Ziarek, Ewa, Vol II
Ziarek, Krzysztof, Vol II
Ziolkowski, Eric Jozef, Vol II, IV
Zolbrod, Paul Geyer, Vol II, III
Zwicker, Steven Nathan, Vol II

Literature Criticism

George, Laura J., Vol II
Kramer, Victor Anthony, Vol II
Marki, Ivan, Vol II
McGinty, Carolyn, Vol II
Smith, Francis J., Vol II
Tanner, Stephen Lowell, Vol II

Marketing

Boddewyn, Jean J., Vol II, IV
Gaunt, Philip, Vol II
Kotler, Philip, Vol II
Terpstra, Vern, Vol II, IV
Vaccaro, Joseph, Vol II
Zuckerman, Mary Ellen, Vol II

Marriage Counseling

Hurley, James, Vol V
Richardson, William, Vol V

Mass Communication

Abelman, Robert, Vol II
Allen, Craig Mitchell, Vol II
Anderson, Steven D., Vol II
Aufderheide, Patricia, Vol II
Babcock, William, Vol II
Balsamo, Anne, Vol II
Bareiss, Warren J., Vol II
Berg, David M., Vol II
Borden, Sandra L., Vol II
Browne, Donald R., Vol II
Chang, Tsan-Kuo, Vol II
Coleman, Robin R., Vol II
d'Hemecourt, Jules, Vol II
Edwards, Emily D., Vol II
England, Michael Timothy, Vol II
Faber, Ronald, Vol II
Gaines, Elliot I., Vol II
Garcia, Hazel F. Dicken, Vol II
Gillmor, Donald M., Vol II
Hudson, Robert Vernon, Vol I, II
Iorio, Sharon, Vol II
Jensen, Robert W., Vol II
Kurpius, David, Vol II
Lauzen, Martha M., Vol II, V
Lee, Chin-Chuan, Vol II
Lev, Peter, Vol II
Likes, Terry, Vol II
Lin, Carolyn, Vol II
Linder, Laura R., Vol II
Lowry, David, Vol II
Lumsden, Linda, Vol II
McCluskey, James J., Vol II
McKeen, William, Vol I, II, V
Merron, Jeffrey L., Vol II
Meyers, Marian J., Vol II
Mickelson, Sig, Vol II
Nelson, Richard Alan, Vol II
Omanchonu, John, Vol II
Orlik, Peter B., Vol II
Perlmutter, David, Vol II
Pfaff, Daniel W., Vol II
Pinedo, Isabel, Vol II
Robb, Stephen, Vol II
Schwartz, Dona B., Vol II
Shoemaker, Pamela J., Vol II
Smith, F. Leslie, Vol II
Smith, Kim A., Vol II
Soley, Lawrence C., Vol II
Sternberg, Joel, Vol II
Thorn, J. Dale, Vol II
Tims, Albert R., Vol II
Tripp, Bernell E., Vol II
Walker, James, Vol II
Wartella, Ellen A., Vol II
Wells, William D., Vol II
Windhauser, John W., Vol II
Wolf, Mark J. P., Vol II
Zaharopoulos, Thimios, Vol II

Media Studies

Baker, C. Edwin, Vol II, IV
Barlow, William, Vol II
Budd, Michael, Vol II
Cartwright, Lisa, Vol II, V
Citron, Michelle, Vol II
Copjec, Joan, Vol II, III
Douglas, Jane Yellowlees, Vol II
Dunaway, David K., Vol II
Garay, Ronald, Vol II
Gencarelli, Thomas F., Vol II
Gunzerath, David, Vol II
Morris, Paul, Vol II
Mueller, Claus, Vol II, V
Nemanic, Mary Lou, Vol II
Roome, Dorothy M., Vol II, V
Ross, Billy I., Vol II
Rutherford, Paul F. W., Vol I, II
Scheide, Frank Milo, Vol I, II
Shyles, Leonard C., Vol II
Sourian, Peter, Vol II
Strate, Lance, Vol II
Winderl, Ronda Rice, Vol II
Winseck, Dwayne, Vol II
Wolf, Mark J. P., Vol II

Medieval Art

McLachlan, Elizabeth Parker, Vol I
Scheifele, Eleanor L., Vol I

Medieval History

Allen, Michael I., Vol I
Arbagi, Martin George, Vol I
Arthur, Alan, Vol I
Bachrach, Bernard S., Vol I
Bak, Janos M., Vol I
Barker, John W., Vol I
Barstow, Anne Llewellyn, Vol I, V
Becker, Marvin Burton, Vol I
Blaine, Bradford Bennett, Vol I
Blomquist, Thomas W., Vol I
Bond, Gerald Albert, Vol I, III
Bornstein, Daniel E., Vol I
Botterill, Steven, Vol III
Bouchard, Constance Brittain, Vol I
Bowers, Richard Hugh, Vol I
Bowsky, William Marvin, Vol I
Boyer, Marjorie Nice, Vol I
Brand, Charles Macy, Vol I
Brentano, Robert, Vol I
Bynum, Caroline Walker, Vol I
Callahan, Daniel Francis, Vol I, IV
Cantor, Norman Frank, Vol I, IV, V
Carr, David Randolph, Vol I
Carrington, Laurel, Vol I
Chaney, William Albert, Vol I
Cheyette, Fredric Lawrence, Vol I
Choksy, Jamsheed, Vol I
Clagett, Marshall, Vol I
Cohen, Jeremy, Vol I, IV
Contreni, John Joseph, Vol I
Cook, William Robert, Vol I, IV
Coope, Jessica, Vol I
Courtenay, William James, Vol I
Cruz, Jo Ann Hoeppner Moran, Vol I
Deleeuw, Patricia Allwin, Vol I, IV
Dewar, Mary, Vol I
Dicks, Samuel Eugene, Vol I
Drew, Katherine Fischer, Vol I
Duclow, Donald F., Vol I, II, IV
Eastman, John Robert, Vol I
Ellington, Donna S., Vol I
Emmerson, Richard K., Vol I, II
Evergates, Theodore, Vol I
Fanning, Steve, Vol I
Fisher, Craig B., Vol I
Ford, Peter Anthony, Vol I
Forse, James Harry, Vol I
Frankforter, Albertus Daniel, Vol I, IV
Freed, John Beckmann, Vol I
Ganz, Margery Ann, Vol I
Gervers, Michael, Vol I
Glick, Thomas F., Vol I
Goffart, Walter A., Vol I
Goldy, Charlotte Newman, Vol I
Gorsuch, Edwin N., Vol I
Greene, Thomas R., Vol I, II
Grennen, Joseph Edward, Vol I, II
Groves, Nicholas, Vol I
Guzman, Gregory G., Vol I
Hanak, Walter Karl, Vol I
Hays, Rosalind Conklin, Vol I
Head, Thomas F., Vol I
Hillgarth, Jocelyn Nigel, Vol I
Howard, Lloyd H., Vol III
Howe, John Mcdonald, Vol I
John, James J., Vol I, III
Johnson, Penelope Delafield, Vol I
Kaeuper, Richard William, Vol I
Kaulbach, Ernest Norman, Vol III, IV
Kaye, Joel, Vol I
Kealey, Edward J., Vol I
Keefe, Susan Ann, Vol I
Kirshner, Julius, Vol I
Klausner, Carla Levine, Vol I
Kleimola, Ann, Vol I
Kleinbauer, W. Eugene, Vol I
Kohl, Benjamin Gibbs, Vol I
Kosto, Adam, Vol I
Kosztolnyik, Zoltan Joseph Desiderius, Vol I
Krekic, Barisa, Vol I
Kuzdale, Ann E., Vol I
Laird, Walter Roy, Vol I
Lander, Jack Robert, Vol I
Lemay, Helen Rodnite, Vol I
Lemay, Richard, Vol I
Lewis, Andrew Wells, Vol I
Lifshitz, Felice, Vol I
Lindgren, C. E., Vol I, V
Lindner, Rudi Paul, Vol I
Loengard, Janet Senderowitz, Vol I
Lucas, Robert Harold, Vol I
Lusignan, Serge, Vol I
Lynch, John Edward, Vol I
Lynch, Joseph Howard, Vol I, IV
Madden, Thomas, Vol I
Madison, Kenneth Glenn, Vol I
Makowski, Elizabeth, Vol I
Mate, Mavis, Vol I
Mazzaoui, Maureen Fennell, Vol I
Mccluskey, Stephen C., Vol I
Mccready, William David, Vol I
Mcculloh, John Marshall, Vol I
Mckenna, John William, Vol I
McLaughlin, Mary Martin, Vol I
Mcvaugh, Michael Rogers, Vol I
Meisel, Janet Anne, Vol I
Miller, David H., Vol I
Moore, John Clare, Vol I
Murphy, John C., Vol I
Murray, James, Vol I
Nelson, Lynn Harry, Vol I
Noakes, Susan, Vol III
Noble, Thomas Francis Xavier, Vol I
Oakley, Francis Christopher, Vol I
Olsen, Glenn Warren, Vol I
Pascoe, Louis B., Vol I
Pastan, Elizabeth C., Vol I
Patterson, Robert Benjamin, Vol I
Pegues, Franklin J., Vol I
Peters, Edward Murray, Vol I
Pixton, Paul Brewer, Vol I
Powell, James Matthew, Vol I
Powers, James Francis, Vol I
Reedy, William T., Vol I
Reeves, Albert Compton, Vol I
Renna, Thomas Julius, Vol I
Richmond, Velma Bourgeois, Vol I, II
Riesenberg, Peter, Vol I
Rosenwein, Barbara Herstein, Vol I
Rupp, Teresa, Vol I
Schlunz, Thomas Paul, Vol I
Schunk, Thom, Vol I
Schwartz, Peter, Vol I
Shlosser, Franziska E., Vol I
Shneidman, J. Lee, Vol I
Snedegar, Keith, Vol I
Spiegel, Gabrielle Michele, Vol I
Stahl, Alan Michael, Vol I
Stever, Sarah S., Vol I
Stow, George Buckley, Vol I
Sullivan, Donald David, Vol I
Svejda, George J., Vol I
Swietek, Francis Roy, Vol I
Szarmach, Paul E., Vol I, II
Telesca, William John, Vol I
Turner, Ralph V., Vol I
Urban, William Lawrence, Vol I
Usilton, Larry, Vol I
Wagner, Roy, Vol I, V
Walker, Sue Sheridan, Vol I
Warren, Ann Kosser, Vol I, IV
Watanabe, Morimichi, Vol I, IV
Watson, Judge, Vol I
Waugh, Daniel Clarke, Vol I
Weakland, John Edgar, Vol I
Weikel, Ann, Vol I
Weinberger, Stephen, Vol I
Wemple, Suzanne Fonay, Vol I
Wessley, Stephen Eugene, Vol I
Williams, Gerhild Scholz, Vol I
Yerushalmi, Yosef Hayim, Vol I
Zupko, Ronald Edward, Vol I

Medieval Languages

Burke, James F., Vol III
Curley, Michael Joseph, Vol II, III
Davies, Morgan, Vol I, III
Duggan, Hoyt Nolan, Vol III
Eldredge, Laurence Milton, Vol III
Grimstad, Kaaren, Vol III
Haines, Victor Yelverton, Vol II
Harwood, Britton James, Vol II
Lally, Tim Douglas Patrick, Vol III
Manning, Alan, Vol III
Steinberg, Theodore Louis, Vol II, IV
Tucker, John J., Vol III

Medieval Literature

Archibald, Elizabeth F., Vol II
Baron, F. Xavier, Vol II
Beatie, Bruce A., Vol II, V
Bittenbender, J. Christopher, Vol II
Bjork, Robert E., Vol II
Blanch, Robert James, Vol II
Bleeth, Kenneth Alan, Vol II
Boehne, Patricia Jeanne, Vol III
Bowden, Betsy, Vol II
Brind'Amour, Lucie, Vol II, III
Cassell, Anthony K., Vol III
Casteen, John, Vol I, III
Clough, Wulfstan, Vol II, V
Colby-Hall, Alice Mary, Vol I, III
Conner, Patrick Wayne, Vol III
Cooke, Thomas D., Vol II
Craddock, Jerry Russell, Vol IV
Craun, Edwin David, Vol II
Damon, John Edward, Vol II
Dane, Joseph A., Vol II
Davidson, Roberta, Vol II
Davies, Morgan, Vol I, III
Doan, James E., Vol I, II, V
Doane, Alger Nicolaus, Vol II
Driver, Martha Westcott, Vol II
Duggan, Hoyt Nolan, Vol III
Duggan, Joseph J., Vol III
Edwards, Anthony S. G., Vol II
Eldredge, Laurence Milton, Vol III
Engberg, Norma J., Vol II
Enterline, Lynn, Vol II, V
Faber, J. Arthur, Vol II
Fradenburg, L. O. Aranye, Vol II
Frese, Dolores, Vol II
Fritz, Donald Wayen, Vol II
Gainer, Kim, Vol II
Geary, John Steven, Vol III
Gellrich, Jesse M., Vol II
Glowka, Arthur Wayne, Vol II, III
Godfrey, Mary F., Vol II, IV
Goldin, Frederick, Vol III
Gonzalez, Eloy, Vol III
Haahr, Joan Gluckauf, Vol II
Harwood, Britton James, Vol II
Hasler, Antony, Vol II
Herrera, Robert Anthony, Vol IV
Hirsh, John Campion, Vol II
Hoover, David Lowell, Vol II, III
Hozeski, Bruce William, Vol I, II
Hughes, Shaun Francis Douglas, Vol II
Jankofsky, Klaus P., Vol II
Jenkins, Anthony W., Vol II
Keenan, Hugh Thomas, Vol II
Kelly, Robert Leroy, Vol II
Kemp, Theresa D., Vol II
Kiessling, Nicolas, Vol II
Kline, Daniel, Vol II
Knight, Nicholas William, Vol II
Knopp, Sherron Elizabeth, Vol II, III
Korcheck, Robert, Vol II
Kratz, Bernd, Vol III
Laird, Edgar, Vol II
Lehrberger, James, Vol IV
Leupin, Alexandre, Vol II
Lewes, Ulle Erika, Vol II, III
Lewis, Gertrud Jaron, Vol III
Liuzza, Roy, Vol II
Lochman, Daniel, Vol II
Macrae, Suzanne H., Vol II
Manning, Alan, Vol III
Margolis, Nadia, Vol III
Marshall, Peter K., Vol III
Martinez, Esther M., Vol III
Martinez, Ronald L., Vol III
McCarren, Vincent Paul, Vol II, III
McConnell, Winder, Vol III
McDonald, William Cecil, Vol III
Morris, Francis J., Vol II
Nohrnberg, James Carson, Vol II, IV
O'Brien-O'Keeffe, Katherine, Vol II
Ordower, Henry M., Vol II, IV
Pappano, Margaret, Vol II
Parente, James A., Jr., Vol III
Payne, F. Anne, Vol II
Plummer, John F., Vol II
Prior, Sandra Pierson, Vol II
Pulham, Carol Ann, Vol II
Quinn, William A., Vol II
Rutherford, Charles Shepard, Vol II
Schlobin, Roger Clark, Vol II
Schwartz, Debora B., Vol II
Shea, Kerry, Vol III
Shippey, T. A., Vol II
Simon, Eckehard, Vol III
Staley, Lynn, Vol II
Stitt, J. Michael, Vol II, V
Stone, Gregory, Vol II
Tate, George Sheldon, Vol II
Thomas, Paul R., Vol II
Tobin, Frank J., Vol II, IV
Tucker, John J., Vol III
Vasta, Edward, Vol II
Viera, David John, Vol III
Voigts, Linda Ehrsam, Vol I, III
Wasserman, Julian, Vol II
Weldon, James, Vol III
Wenzel, Siegfried, Vol II
Wheeler, Bonnie, Vol II
Whitaker, Elaine E., Vol II
Witke, E. C., Vol II
Wright, Thomas L., Vol II

Medieval Philosophy

Edwards, Sandra S., Vol IV
Inglis, John, Vol IV
Pessin, Sarah, Vol IV
Scott, Kermit, Vol IV
Thro, Linus J., Vol IV
Vos, Arvin G., Vol IV
Zupko, Jack, Vol IV

Medieval Studies

Arn, Mary-Jo, Vol I
Conway, Melissa, Vol I

DeWindt, Anne R., Vol I
Elder, Ellen Rozanne, Vol I
Forman, Mary, Vol I
Gallacher, Patrick, Vol I
Grabowska, James A., Vol I
Herren, Michael W., Vol I, II
Kardon, Peter F., Vol I
Kitchel, Mary Jean, Vol I, IV
Kuczynski, Michael, Vol I
Lindahl, Carl, Vol II, V
Macierowski, E. M., Vol I, IV
McKee, Sally, Vol I
Mooney, L. R., Vol I
Nodes, Daniel J., Vol I
Noone, Timothy, Vol I
Normore, Calvin Gerard, Vol I, IV
O'Neill, W. Patrick, Vol I
Osberg, Richard H., Vol I, II
Pasternack, Carol Braun, Vol I, II
Rigg, Arthur George, Vol II
Robbert, Louise Buenger, Vol I
Schenck, Mary Jane, Vol I
Shockey, Gary C., Vol I
Skalitzky, Rachel Irene, Vol I, III
Snyder, Lee Daniel, Vol I
Spatz, Nancy, Vol I
Van Liere, Frans, Vol I
Wittig, Joseph Sylvester, Vol I, II

Mexican History

Raat, William D., Vol I
Warren, J. Benedict, Vol I

Mexican Studies

Hall, Linda, Vol I

Mexican-American History

Garcia, Juan Ramon, Vol I

Middle Ages History

Claster, Jill Nadell, Vol I
Gallatin, Harlie Kay, Vol I

Middle Eastern History

Abu-Ghazaleh, Adnan M., Vol I
Bulliet, Richard, Vol I
Busch, Briton Cooper, Vol I
Crecelius, Daniel, Vol I
Greaves, Rose Louise, Vol I
Haddad, Mahmoud, Vol I
Hambly, Gavin Richard Grenville, Vol I
Haynes, Edward S., Vol I
Keddie, Nikki R., Vol I
Klausner, Carla Levine, Vol I
Kortepeter, C. Max, Vol I
Mandaville, Jon Elliott, Vol I
Peters, Issa, Vol I
Quataert, Donald George, Vol I
Reid, Donald Malcolm, Vol I
Rosenbloom, Joseph R., Vol I
Ruedy, John D., Vol I
Saab, E. Ann Pottinger, Vol I
Stillman, Norman (Noam) Arthur, Vol I
Tignor, Robert L., Vol I
Tolmacheva, Marina, Vol I
Voll, John Obert, Vol I
Wilson, William Jerram, Vol I

Middle Eastern Languages & Literature

Cooke, Miriam, Vol III
Dorsey, James, Vol II, III
Friedman, Richard Elliott, Vol III, IV
Glinert, Lewis, Vol II, III
Mowry, Hua-yuan Li, Vol II, III
Washburn, Dennis, Vol II, III

Middle Eastern Studies

Adamec, Ludwig W., Vol I
Aman, Mohammed M., Vol I
Atkin, Muriel Ann, Vol I
Blake, Stephen, Vol I
Choksy, Jamsheed, Vol I
Enns, Peter, Vol III
Esposito, John L., Vol I
Findley, Carter Vaughn, Vol I, III
Foltz, Richard, Vol I
Fox, Michael, Vol I, IV
Friedman, Saul S., Vol I, V
Frye, Richard Nelson, Vol I
Gerber, Jane Satlow, Vol I, IV
Hamdani, Abbas Husayn, Vol I
Jankowski, James Paul, Vol I
Livingston, John W., Vol I
Malandra, William, Vol I, II, III
Mellink, Machteld Johanna, Vol I
Meyers, Carol L., Vol III, IV
Newby, Gordon D., Vol I, IV
Reguer, Sara, Vol I, IV
Risso, Patricia, Vol I
Salih, Halil Ibrahim, Vol I, IV
Sharoni, Simona, Vol I
Shirazi, Faegheh S., Vol I
Smiley, Ralph, Vol I
Snell, Daniel C., Vol III
Terry, Janice J., Vol I
Van Seters, John, Vol III, IV
Windfuhr, Gernot Ludwig, Vol III
Wolper, Ethel Sara, Vol I
Zilfi, Madeline Carol, Vol I, IV, V

Military History

Adams, Michael Charles, Vol I
Addington, Larry H., Vol I
Atkeson, Edward B., Vol I
Barrett, Michael Baker, Vol I
Baxter, Colin Frank, Vol I
Beeler, John F., Vol I
Bell, William Gardner, Vol I
Benn, Carl E., Vol I
Berlin, Robert Harry, Vol I
Boyd, Carl, Vol I
Bradford, James Chapin, Vol I
Burdick, Dakin, Vol I
Coll, Blanche D., Vol I
Cooke, James Jerome, Vol I
Courtemanche, Regis Armand, Vol I
Crane, Conrad Charles, Vol I
Drake, Fred, Vol I
Falk, Stanley Lawrence, Vol I
Ganz, Albert Harding, Vol I
Gates, John Morgan, Vol I
Greene, Jerome Allen, Vol I
Gropman, Alan Louis, Vol I
Hagan, Kenneth James, Vol I
Hattaway, Herman Morell, Vol I
Haycock, Ronald G., Vol I
Kleber, Brooks Edward, Vol I
Larew, Karl G., Vol I
Lynn, John A., Vol I
Macisaac, David, Vol I
McCaffrey, James M., Vol I
Millett, Allan Reed, Vol I
Piehler, G. Kurt, Vol I
Pohl, James William, Vol I
Rothenberg, Gunther Eric, Vol I
Schaffer, Ronald, Vol I
Syrett, David, Vol I
Turk, Richard Wellington, Vol I
Wood, James Brian, Vol I

Ministry

Coombs, Robert Stephen, Vol IV, V
Gilmour, Peter, Vol IV
Hornecker, Ronald L., Vol IV
Jones, Shawn, Vol IV
Lyon, Steve, Vol IV
Park, Timothy K., Vol IV
Schutz, Samuel R., Vol IV
Swetland, Kenneth L., Vol IV
Whitlock, Luder, Vol IV

Missiology

Bruant, Rees, Vol IV
Covell, Ralph, Vol IV
Eitel, Keith E., Vol IV
Garrett, Robert I., Vol IV
Guder, Darrell L., Vol IV
Hayward, Douglas, Vol IV, V
Huffman, Gordon, Jr., Vol IV
Kang, Wi Jo, Vol I, IV
King, Roberta R., Vol II, IV, V
Long, Paul, Vol IV
Martinson, Paul V., Vol IV
Miller, Roland, Vol IV
Moffett, Samuel Hugh, Vol I, IV
Mulholland, Kenneth B., Vol IV
Norton, H. Wilbert, Sr., Vol IV
Park, Kyeong-Sook, Vol IV
Shenk, Wilbert, Vol IV
Slate, Philip, Vol IV
Terry, J. Mark, Vol IV
Van Rheenen, Gailyn, Vol IV
Waldrop, Richard E., Vol IV
Wan, Enoch, Vol IV

Modern Art

Asselin, Olivier, Vol I
Kennedy, Janet, Vol I
Meyer, Richard, Vol I
Smith, Patrick, Vol I
Spector, Jack, Vol I
Troy, Nancy J., Vol I

Modern History

Abadie, Hubert Dale, Vol I
Adams, Ralph James Quincy, Vol I
Addington, Larry H., Vol I
Adler, Philip Joseph, Vol I
Alexander, John T., Vol I
Allen, William Sheridan, Vol I
Anderson, Gerald D., Vol I
Applebaum, David, Vol I
Arnold, Eric Anderson, Vol I
Ashley, Susan A., Vol I
Austensen, Roy Allen, Vol I
Bailey, Charles Randall, Vol I, V
Bailey, Stephen, Vol I
Baird, Jay Warren, Vol I
Barker, Nancy Nichols, Vol I
Barker, Thomas M., Vol I
Barkin, Kenneth, Vol I
Barnett, Richard Chambers, Vol I
Bartley, Russell Howard, Vol I
Basil, John Duryea, Vol I
Baylor, Michael G., Vol I
Bazillion, Richard J., Vol I
Becker, Peter Wolfgang, Vol I
Becker, Seymour, Vol I
Beers, Burton Floyd, Vol I
Beinfeld, Solon, Vol I
Bell, Leland V., Vol I
Bendersky, Joseph William, Vol I
Berger, Martin Edgar, Vol I
Bernstein, John Andrew, Vol I
Bertrand, Charles L., Vol I
Bireley, Robert Lee, Vol I
Birn, Donald S., Vol I
Black, Eugene Charlton, Vol I
Blanke, Richard, Vol I
Blum, George Paul, Vol I
Blumberg, Arnold, Vol I
Boeger, Palmer Henry, Vol I
Bohstedt, John, Vol I
Bond, Gordon Crews, Vol I
Bone, Quentin, Vol I
Borg, Daniel Raymond, Vol I
Boyajian, James Charles, Vol I
Braddock, Robert Cook, Vol I, II
Breines, Paul, Vol I
Breit, Frederick Joseph, Vol I
Brennan, John James, Vol I
Browder, George C., Vol I
Brown, Stewart Jay, Vol I
Browning, C. R., Vol I
Burnett, Amy, Vol I
Busch, Briton Cooper, Vol I
Butler, Jeffrey Ernest, Vol I
Caldwell, Ronald James, Vol I
Calhoun, Daniel Fairchild, Vol I
Calkins, Kenneth Roy, Vol I
Callahan, Raymond Aloysius, Vol I
Callahan, William James, Vol I
Camp, Richard, Vol I
Campbell, Joan, Vol I
Campbell, John Pollock, Vol I
Cannadine, David, Vol I
Cannistraro, Philip Vincent, Vol I
Carlson, Arvid John, Vol I
Cassels, Alan, Vol I
Chamberlain, Gordon Blanding, Vol I
Chastain, James G., Vol I
Cho, Joanne M., Vol I
Chrislock, C. Winston, Vol I
Chrisman, Miriam Usher, Vol I
Clifford, Nicholas R., Vol I
Cline, Peter Knox, Vol I
Clouse, Robert G., Vol I
Cohen, William B., Vol I
Colton, Joel, Vol I
Cook, Bernard Anthony, Vol I
Cooper, Sandi E., Vol I
Copeland, Henry Jefferson, Vol I
Coppa, Frank John, Vol I
Cornwall, Peter G., Vol I
Corrin, Jay Patrick, Vol I
Cosgrove, Richard A., Vol I
Covert, James Thayne, Vol I, II
Crecelius, Daniel, Vol I
Crosby, Travis L., Vol I
Cummings, Raymond L., Vol I
Cunsolo, Ronald S., Vol I
Davis, Natalie Zemon, Vol I
Deak, Istvan, Vol I
Demolen, Richard Lee, Vol I
Despalatovic, Elinor Murray, Vol I
Diamond, Sander A., Vol I
Diefendorf, Jeffry Mindlin, Vol I
Dirlik, Arif, Vol I
Divita, James John, Vol I
Djordjevic, Dimitrije, Vol I
Dorondo, David R., Vol I
Doty, Charles Stewart, Vol I
Dougherty, Patricia M., Vol I
Dukes, Jack Richard, Vol I
Edmondson, Clifton Earl, Vol I
Edsall, Nicholas Cranford, Vol I
Eley, Geoff, Vol I
Embree, Ainslie Thomas, Vol I
Epstein, David M., Vol I
Ernst, Robert, Vol I
Estes, James Martin, Vol I
Eubank, Keith, Vol I
Evans, Ellen Lovell, Vol I
Eyck, Frank, Vol I
Fann, Willerd Reese, Vol I
Feldman, Gerald Donald, Vol I
Felix, David, Vol I
Ferguson, James Wilson, Vol I
Filene, Peter Gabriel, Vol I
Florescu, Radu R., Vol I
Florian, Robert Bruce, Vol I
Flynn, James Thomas, Vol I
Fouquet, Patricia Root, Vol I
Fox, Frank, Vol I
Fox, Stephen C., Vol I
Frank, Sam Hager, Vol I
Friedman, Jerome, Vol I
Friend, Theodore W., Vol I
Futrell, Robert Frank, Vol I
Gagliardo, John G., Vol I
Garrett, Clarke W., Vol I
Gasster, Michael, Vol I
Genovese, Eugene D., Vol I
Gettleman, Marvin Edward, Vol I
Giles, Geoffrey John, Vol I
Givens, Stuart R., Vol I
Gleason, Elisabeth Gregorich, Vol I
Golden, Richard Martin, Vol I
Gordon, Bertram M., Vol I
Gordon, Leonard H. D., Vol I
Graf, Daniel William, Vol I
Graham, Gael N., Vol I
Graham, John Thomas, Vol I
Grew, Raymond, Vol I
Griffin, William Denis, Vol I
Griffiths, Naomi Elizabeth Saundaus, Vol I
Grill, Johnpeter Horst, Vol I
Gross, Hanns, Vol I
Gruber, Helmut, Vol I
Gruder, Vivian Rebecca, Vol I
Guinn, Paul, Vol I
Gutchen, Robert M., Vol I
Gwyn, Julian, Vol I
Hackmann, William Kent, Vol I, II
Haddad, Mahmoud, Vol I
Hafter, Daryl Maslow, Vol I
Hagen, William Walter, Vol I
Hamerow, Theodore Stephen, Vol I
Harnetty, Peter, Vol I
Harrigan, Patrick Joseph, Vol I
Harris, James F., Vol I
Harrison, Carol, Vol I
Harvey, Paul, Vol I
Hatfield, Douglas Wilford, Vol I
Hatheway, Joseph G., Vol I
Hauben, Paul J., Vol I
Hause, Steven C., Vol I
Hayden, James Michael, Vol I
Headley, John M., Vol I
Heath, Jim Frank, Vol I
Held, Joseph, Vol I
Helly, Dorothy O., Vol I
Helmreich, Jonathan Ernst, Vol I
Henwood, James N. J., Vol I
Herber, Charles Joseph, Vol I
Hicks, David L., Vol I
Himmelfarb, Gertrude, Vol I
Hitchins, Keith, Vol I
Hoffman, Donald Stone, Vol I
Holtman, Robert Barney, Vol I
Homan, Gerlof Douwe, Vol I
Homze, Edward L., Vol I
Horgan, Paul, Vol I
Horward, Donald D., Vol I
Huffman, James Lamar, Vol I
Hulse, James W., Vol I
Hundert, Edward J., Vol I
Hunt, William Raymond, Vol I
Hurley, Alfred Francis, Vol I
Hutton, Patrick H., Vol I
Iseminger, Gordon Llewellyn, Vol I
Isherwood, Robert M., Vol I
Isser, Natalie K., Vol I
Jay, Martin Evan, Vol I
Jenkins, Jennifer L., Vol I
Jensen, De Lamar, Vol I
Johnson, Christopher Howard, Vol I
Johnston, Charles Murray, Vol I
Jones, Larry Eugene, Vol I
Joravsky, David, Vol I
Kafker, Frank Arthur, Vol I
Kagan, Richard Lauren, Vol I
Kahn, David, Vol I
Kale, Steven D., Vol I
Kaufman, Suzanne, Vol I
Keefe, Thomas M., Vol I
Kennedy, W. Benjamin, Vol I
Keylor, William Robert, Vol I
Kinser, Samuel, Vol I
Kitterman, David Harold, Vol I
Klang, Daniel M., Vol I
Klassen, Peter James, Vol I
Knafla, Louis A., Vol I
Knight, Isabel Frances, Vol I
Koepke, Robert L., Vol I
Kohler, Eric Dave, Vol I
Kohls, Winfred A., Vol I
Kollander, Patricia A., Vol I
Kornberg, Jacques, Vol I
Kors, Alan Charles, Vol I
Koumoulides, John A., Vol I
Kren, George M., Vol I
Krieger, Leonard, Vol I
Kuisel, Richard F., Vol I
Kutolowski, John Francis, Vol I
Landon, Michael De Laval, Vol I
Larson, Robert H., Vol I
Lauber, Jack M., Vol I
Laurence, Richard Robert, Vol I
Lebovics, Herman, Vol I
Lee, Loyd Ervin, Vol I
Leeb, Isidore Leonard, Vol I
Lees, Lynn Hollen, Vol I
Leith, James A., Vol I
Leventhal, Fred Marc, Vol I
Lidtke, Vernon Leroy, Vol I
Lindemann, Albert S., Vol I
London, Herbert, Vol I
Long, John Wendell, Vol I
Loomie, Albert J., Vol I
Lotz, David Walter, Vol I, IV
Lowry, Bullitt, Vol I
Lubenow, William Cornelius, Vol I
Lucas, Paul, Vol I
Lufrano, Richard, Vol I
Luft, David Sheers, Vol I
Maccaffrey, Wallace T., Vol I
Macdonald, J. Fred, Vol I
Mackenzie, David, Vol I
Maltby, William Saunders, Vol I
Manning, Roger B., Vol I
Marcus, Irwin Murray, Vol I
Marino, John Anthony, Vol I
Marme, Michael, Vol I
Marsh, Peter T., Vol I
Martin, Benjamin F., Vol I
Matossian, Mary Kilbourne, Vol I
Mayer, Arno Joseph, Vol I
McGeoch, Lyle Archibald, Vol I
Mcgrew, Roderick Erle, Vol I
Mcjimsey, Robert, Vol I
Mckale, Donald Marshall, Vol I
Mcneil, David O., Vol I
Meacham, Standish, Vol I
Mears, John A., Vol I
Mehlinger, Howard Dean, Vol I
Mellini, Peter John Dreyfus, Vol I
Mellon, Stanley, Vol I
Menk, Patricia Holbert, Vol I
Metcalf, Thomas R., Vol I
Meza, Pedro Thomas, Vol I
Miller, David William, Vol I
Mitchell, Richard Hanks, Vol I
Moore, A. Lloyd, Vol I

Discipline Index

Mork, Gordon Robert, Vol I
Moss, Bernard Haym, Vol I
Mruck, Armin Einhard, Vol I
Munsell, Floyd Darrell, Vol I
Murphy, Orville Theodore, Vol I
Necheles-Jansyn, Ruth F., Vol I
Nelson, Otto Millard, Vol I
Newhall, David Sowle, Vol I
Nichols, Jalden, Vol I
Niemeyer, Glenn Alan, Vol I
Niewyk, Donald Lee, Vol I
Notehelfer, Fred G., Vol I
Novick, Peter, Vol I
Nye, Robert Allen, Vol I
O'Neill, James E., Vol I
Oliva, L. Jay, Vol I
Olson, Alison Gilbert, Vol I
Oppenheim, Samuel, Vol I
Orbach, Alexander, Vol I, IV
Orlow, Dietrich Otto, Vol I
Page, Stanley W., Vol I
Palmegiano, Eugenia M., Vol I
Papacosma, Solon Victor, Vol I
Parmet, Robert David, Vol I
Payne, Stanley George, Vol I
Perry, John Curtis, Vol I
Peterson, M. Jeanne, Vol I
Phillips, Roderick, Vol I
Pierson, Peter O'Malley, Vol I
Pike, Ruth, Vol I
Podet, Allen Howard, Vol I, IV
Postma, Johannes, Vol I
Prowe, Diethelm Manfred-Hartmut, Vol I
Raack, Richard C., Vol I
Rearick, Charles, Vol I
Reinerman, Alan Jerome, Vol I
Remak, Joachim, Vol I
Riasanovsky, Nicholas, Vol I
Rich, Norman, Vol I
Richardson, Charles O., Vol I
Ritter, Harry R., Vol I
Roberts, Warren Errol, Vol I
Robins, Marianne Ruel, Vol I
Rogers, Daniel E., Vol I
Ross, Ronald John, Vol I
Rossi, John P., Vol I
Saab, E. Ann Pottinger, Vol I
Sakmyster, Thomas Lawrence, Vol I
Satre, Lowell Joseph, Vol I
Saunders, Elmo Stewart, Vol I
Savage, David William, Vol I
Sbacchi, Alberto, Vol I
Scheiner, Irwin, Vol I
Schlauch, Wolfgang T., Vol I
Schleunes, Karl Albert, Vol I
Schnucker, Robert Victor, Vol I
Schofield, Kent, Vol I
Schoppa, Robert Keith, Vol I
Schwartz, Gerald, Vol I
Scionti, Joseph Natale, Vol I
Scott, Samuel Francis, Vol I
Sedgwick, Alexander, Vol I
Segre, Claudio Giuseppe, Vol I
Senn, Alfred Erich, Vol I
Sheehan, James John, Vol I
Silvera, Alain, Vol I
Simon, Paul L., Vol I
Skelton, William B., Vol I
Smit, J. W., Vol I
Smith, David Fredrick, Vol I
Smith, Harold L., Vol I
Snow, George Edward, Vol I
Soffer, Reba Nusbaum, Vol I
Soldon, Norbert C., Vol I
Soucy, Robert J., Vol I
Southard, Robert Fairbairn, Vol I
Sowards, Jesse Kelley, Vol I
Spitzer, Alan B., Vol I
Stark, Gary Duane, Vol I
Starn, Randolph, Vol I
Stearns, Peter N., Vol I
Stebbins, Robert E., Vol I
Stern, Fritz, Vol I
Stevens, Donald G., Vol I
Stewart, Gordon Thomas, Vol I
Stokes, Lawrence Duncan, Vol I
Stoltzfus, Nathan, Vol I
Streets, Heather, Vol I
Sturgill, Claude C., Vol I
Sundstrom, Roy Alfred, Vol I, II
Sweets, John Frank, Vol I
Symons, T. H. B., Vol I
Talbott, John Edwin, Vol I
Tanenbaum, Jan Karl, Vol I
Thomaidis, Spero T., Vol I
Thomas, Samuel Joseph, Vol I
Thurston, Robert, Vol I
Torrey, Glenn E., Vol I
Toupin, Robert, Vol I
Tracey, Donald Richard, Vol I
Trumpener, Ulrich, Vol I
Tsunoda, Elizabeth, Vol I
Turner, Frank Miller, Vol I
Underwood, Ted Leroy, Vol I
Utley, Robert Marshall, Vol I
Valone, James S., Vol I
Vardaman, James Welch, Vol I
Viles, Perry, Vol I
Vincent, Charles, Vol I
Voeltz, Richard Andrew, Vol I
Vogel, Robert, Vol I
Waite, Robert George Leeson, Vol I
Walker, Mack, Vol I
Walker, Philip Alfred, Vol I
Walt, Joseph W., Vol I
Wandycz, Piotr Stefan, Vol I
Wank, Solomon, Vol I
Watelet, Hubert, Vol I
Wegs, James Robert, Vol I
Weinstein, Fred, Vol I
Weir, Robert Mccolloch, Vol I
West, Franklin Carl, Vol I
White, Dan Seligsberger, Vol I
White, John Charles, Vol I
Whitehouse, Eugene Alan, Vol I
Wickwire, Mary Botts, Vol I
Wiener, Martin J., Vol I
Williams, Bernard D., Vol I
Williams, Robert Chadwell, Vol I
Willis, Frank Roy, Vol I
Wilson, James Hugh, Vol I
Wilt, Alan Freese, Vol I
Winters, Stanley B., Vol I
Wohl, Robert, Vol I
Wollman, David Harris, Vol I
Woloch, Isser, Vol I
Woods, Joseph Michael, Vol I
Wreszin, Michael, Vol I
Zacek, Joseph Frederick, Vol I
Zelin, Madeleine, Vol I
Zelnik, Reginald Ely, Vol I

Modern Literature

Axelrod, Steven Gould, Vol II
Bell, Steven, Vol II, III
Boudreau, Harold Laverne, Vol III
Brewer, Maria Minich, Vol II
Brooker, Jewel Spears, Vol II
Busch, Frederick Matthew, Vol II
Butscher, Edward, Vol II
Christiansen, Hope, Vol II, III
Clayton, John J., Vol II
Crump, Gail Bruce, Vol II
de Villers, Jean-Pierre, Vol II
Desalvo, Louise Anita, Vol II
Fackler, Herbert Vern, Vol II
Gibbens, E. Byrd, Vol II
Gillespie, Diane F., Vol II
Gonzalez, Bernardo Antonio, Vol III
Grebstein, Sheldon Norman, Vol II
Hazen, James F., Vol II
Holton, William Milne, Vol II
Jones, Douglas Gordon, Vol II
Kawin, Bruce Frederick, Vol I, II
Kowalczyk, Richard L., Vol II
Law, Richard G., Vol II
Leggett, B. J., Vol II
Levy, Anita, Vol II
Liberman, Terri, Vol II
Nicholas, Robert Leon, Vol III
Noone, Pat, Vol II
Semeiks, Jonna Gormely, Vol II
Stinson, John Jerome, Vol II
Wachtel, Albert, Vol II
Watson, James Gray, Vol II
Zheng, Jianqing, Vol II

Museum Studies

Burnett, David G., Vol I
Cote, Joanne, Vol I
Crew, Spencer R., Vol I
des Gagniers, Jean, Vol I
Markel, Stephen, Vol I
McNabb, Debra, Vol I
Moore, Marian J., Vol I
Tolles, Bryant F., Vol I

Music

Anderson, Thomas Jefferson, Vol II
Azzara, Christopher D., Vol II
Bailey, Terence, Vol II
Baron, Carol K., Vol II
Behague, Gerard, Vol II
Bernard, J. W., Vol II
Bilson, Malcolm, Vol II
Bjerken, Xak, Vol II
Bloxam, M. Jennifer, Vol II
Boyer, Horace Clarence, Vol II
Braus, Ira, Vol II
Brett, Philip, Vol II
Britton, Allen Perdue, Vol II
Brothers, Thomas, Vol II
Brown, T. Dennis, Vol II
Buchanan, Donna A., Vol II
Bullard, Truman, Vol II
Callon, Gordon, Vol II
Camus, Raoul F., Vol II
Capwell, Charles, Vol II
Carter, Marva Griffin, Vol II
Cassidy, Jane W., Vol II
Chapman, Norman, Vol II
Cockrell, Dale, Vol II
Coral, Lenore, Vol II
Crawford, Richard, Vol II
Cyrus, Cynthia, Vol II
Davis, Peter, Vol II
DeVeaux, Scott, Vol II
Dickson, John H., Vol II
Donakowski, Conrad L., Vol I, II, IV
Dorsey, Scott W., Vol II
Draper, David E., Vol II
Druesedow, John E., Vol II
Ellis, Laura, Vol II
Enns, Leonard, Vol II
Erickson, Gregory T., Vol II
Erwin, Joanne, Vol II
Evans, David Huhn, Vol II
Forte, Allen, Vol II, V
Foster, Dudley E., Vol II
French, Richard Frederic, Vol II, V
Fuller, Sarah, Vol II
Gaunt, Kyra D., Vol II
Gillmor, Alan, Vol II
Goertzen, Chris, Vol II
Gooch, Bryan N. S., Vol II
Graves, Robert, Vol II
Gray, Laura, Vol II
Grier, James, Vol II
Gushee, Lawrence, Vol II
Hall, Tom, Vol II
Halpern, Martin, Vol II
Hancock, Virginia, Vol II
Harris, Robert Allen, Vol II
Harris, Victoria, Vol II
Harris-Warrick, Rebecca, Vol II
Hasselman, Margaret, Vol II
Hatch, Martin, Vol II
Heffernan, Charles, Vol II
Hermann, Richard, Vol II
Hester, Karlton Edward, Vol II
Heuchemer, Dane, Vol II
Hill, John Walter, Vol II
Hooper, William Loyd, Vol II
Howard, Hubert Wendell, Vol II
Howe, Sondra Wieland, Vol II
Howell, Allen C., Vol II
Hull, Kenneth, Vol II
Hutcheson, Thom, Vol II
Jacobson, Paul A., Vol II
James, Woodrow C., Vol II
Jenne, Natalie R., Vol II
Jimenez-Ramirez, Talia, Vol II
Johnson, Calvert, Vol II
Karpinski, Gary S., Vol II
Keil, Charles M. H., Vol II, V
Kindall, Susan Carol, Vol II
King, Roberta R., Vol II, IV, V
Klimko, Ronald, Vol II
Kraft, Ruth Nelson, Vol II
Kuehmann, Karen Marie, Vol II
Laudon, Robert Tallant, Vol II
Lazarevich, Gordana, Vol II
Leaver, Robin A., Vol II
Lee, Douglas, Vol II
Levy, David Benjamin, Vol II
Loach, Donald, Vol II
Mann, Alfred, Vol II
Mathiesen, Thomas J., Vol II
Maultsby, Portia K., Vol II
May, Ernest, Vol II
McClymonds, Marita P., Vol II
McCray, James, Vol II
McLaughlin, Kevin P., Vol II
Meyer, Leonard B., Vol II
Miller, Patrick, Vol II
Mintz, Donald, Vol II
Miskell, Jerry, Vol II
Montgomery, Toni-Marie, Vol II
Mori, Akane, Vol II
Moskovitz, Marc, Vol II
Ness, Arthur J., Vol II
Neville, Don, Vol II
Norris, Ethel Maureen, Vol II
Oby, Jason B., Vol II
Pace, Kay Robertine, Vol II
Palisca, Claude Victor, Vol II
Pasler, Jann C., Vol II
Patterson, Willis Charles, Vol II
Peraino, Judith A., Vol II
Perricone, Jack, Vol II
Pierson, Steven J., Vol II, V
Pinnell, Richard, Vol I, II
Porter, David H., Vol II, III
Rinehart, John, Vol II
Ringer, Alexander, Vol II
Roberts, Kenneth C., Jr., Vol II
Robertson, Patricia C., Vol II
Root, Deane Leslie, Vol II
Rosen, David, Vol II
Ross, David, Vol II
Rothstein, William, Vol II
Rowe, Patsy Baxter, Vol II
Russell, Tilden A., Vol II
Rust, Ezra Gardner, Vol II
Saunders, T. Clark, Vol II
Scatterday, Mark Davis, Vol II
Schmidt, Jack, Vol II
Schoenbach, Peter J., Vol II
Seelig, Harry E., Vol II, III
Selfridge-Field, Eleanor, Vol II
Semmens, Richard, Vol II
Shay, Robert, Vol I, II
Shotwell, Clayton M., Vol II
Silbiger, Alexander, Vol II
Soto, Gilberto D., Vol II
Southall, Geneva H., Vol II
Southern, Eileen Jackson, Vol II
Speer, Donald R., Vol II
Stark, James A., Vol II
Stinson, Russell, Vol II
Strecker, Judy, Vol II
Suderburg, Robert, Vol II
Swain, Joseph, Vol II
Swindell, Warren C., Vol II
Swinden, Kevin J., Vol II
Takenaka, Makoto, Vol II
Taylor, Herman Daniel, Vol II
Temperley, Nicholas, Vol II
Thompson, Jewel T., Vol II
Tillis, Frederick C., Vol II
Todd, Larry, Vol II
Toft, Robert, Vol II
Turino, Thomas, Vol II
Uscher, Nancy, Vol II
Vogan, Nancy F., Vol II
Ward, Tom R., Vol II
Warkentin, Larry R., Vol II
Wason, Robert W., Vol II
Watkins, Andrea, Vol II
Webster, James, Vol II
White, John D., Vol II, IV
Wider, Sarah Ann, Vol I, II
Wile, Kip, Vol II
Willheim, Imanuel, Vol II
Williams, Linda F., Vol II
Williams, Peter, Vol II
Williams, Sean, Vol II
Wilson, Dana, Vol II
Wright, Robert L., Vol II, V
Yannatos, James, Vol II
Yearsley, David, Vol II
Zaslaw, Neal, Vol II

Music Composition

Danby, Judd G., Vol II
Eubanks, Rachel Amelia, Vol II
Van Appledorn, Mary Jeanne, Vol II
Yellin, Victor Fell, Vol I

Music Education

Bartel, Lee R., Vol II, V
Beyer, David W., Vol II, V
Floyd, Samuel A., Jr., Vol II, V
Forte, Allen, Vol II, V
Garcia, William Burres, Vol II, V
LeBlanc, Albert, Vol II, V
Phillips, Romeo Eldridge, Vol II, V
Regelski, Thomas Adam, Vol II, V
Snyder, David W., Vol II, V
Walters, Hubert Everett, Vol II, V
Wiggins, Jacqueline D., Vol II, V
Wilkins, Leona B., Vol II, V

Music History

Agee, Richard J., Vol II
Avins, Styra, Vol II
Baltzer, Rebecca, Vol I
Beckwith, John, Vol I, II
Block, Geoffrey, Vol II
Bomberger, E. Douglas, Vol I, II
Brackett, David, Vol II
Brown, A. Peter, Vol I, II
Broyles, Michael, Vol I, II
Budds, Michael J., Vol II
Carter, Marva Griffin, Vol II
Chartier, Yves, Vol I, II
Chusid, Martin, Vol II
Crocker, Richard Lincoln, Vol I, II
Cusick, Suzanne G., Vol II
Cutter, Paul F., Vol II
DeFord, Ruth, Vol II
Dell' Antonio, Andrew, Vol II
Dietz, Hanns-Bertold, Vol I
Dolskaya-Ackerly, Olga, Vol II
Erlmann, Veit, Vol II
Eskew, Harry Lee, Vol I, II
Evans, Joan, Vol II
Fontijn-Harris, Claire, Vol I, II
Foreman, George, Vol II
Glenny, Sharon, Vol II
Glover, Raymond F., Vol IV
Gordon-Seifert, Catherine, Vol I, II
Green, Douglass Marshall, Vol II
Greene, Gordon K., Vol II
Griffel, L. Michael, Vol II
Haar, James, Vol I, II
Hall, Frederick A., Vol I, II
Hanson, John, Vol II
Hobbs, Wayne, Vol II
Hudson, Barton, Vol II
Hurley, David, Vol I, II
Jeffery, Peter, Vol II
Koegel, John, Vol II
Kovarik, Edward, Vol II
Kroeger, Karl D., Vol II
Ladewig, James L., Vol I
Laird, Paul, Vol II
Libin, Kathryn, Vol II
Lincoln, Harry B., Vol II
Lippman, Edward, Vol I, II
MacNeil, Anne, Vol II
Mallard, Harry, Vol II
Mann, Brian, Vol II
Marissen, Michael, Vol II
Martin, Sherrill V., Vol II
Maus, Fred Everett, Vol II
Merkely, Paul B., Vol II
Monk, Dennis C., Vol II
Morrison, Simon, Vol II
Neumann, Frederick, Vol II
Norton, Kay, Vol II
Orr, N. Lee, Vol II
Perlis, Vivian, Vol I, II
Pinnell, Richard, Vol I, II
Pisani, Michael, Vol II
Pogemiller, Leroy, Vol II
Porter, Ellen-Jane Lorenz, Vol I, II
Preston, Katherine K., Vol I, II
Quin, Carolyn L., Vol II
Radice, Mark A., Vol I, II
Reardon, Colleen, Vol II
Rife, Jerry E., Vol II
Riggs, Robert, Vol II
Santosuosso, Alma, Vol II
Sears, Elizabeth Ann, Vol I
Seaton, Douglass, Vol I, II
Selfridge-Field, Eleanor, Vol II
Shay, Robert, Vol I, II
Shepherd, John, Vol I, II
Sherr, Richard Jonathan, Vol II
Shultis, Christopher, Vol II
Smither, Howard Elbert, Vol I, II
Spitzer, John, Vol II
Starr, Larry, Vol II
Stauffer, George B., Vol I, II
Steel, David Warren, Vol II
Swenson, Edward, Vol II
Thomas, Orlan E., Vol I, II
Tick, Judith, Vol II
Tischler, Hans, Vol II
Tolbert, Elizabeth D., Vol II
Tusa, Michael, Vol I
Ulrich, Homer, Vol I
Velimirovic, Milos, Vol II
Wagstaff, Grayson, Vol II

Walken, Chrisopher, Vol I
Weiss, Piero, Vol II
Weiss, Susan Forscher, Vol II
Wright, Josephine, Vol II
Yellin, Victor Fell, Vol I
Zimmerman, Franklin B., Vol II

Music Theory

Arlin, Mary I., Vol II
Brodhead, Garry, Vol II
Burstein, L. Poundie, Vol II
Cummings, Craig, Vol II
deZeeuw, Anne Marie, Vol II
Gilinsky, Joshua, Vol II
Johnson, Timothy, Vol II
Kosar, Anthony J., Vol II
Lubben, Joseph, Vol II
Parker, Mark M., Vol II
Pelto, William, Vol II
Rogers, Lynne, Vol II
Schuster-Craig, John, Vol II
Tirro, Frank Pascale, Vol II

Musicology

Abraham, Daniel, Vol II
Ake, David, Vol II
Antokoletz, Elliott Maxim, Vol II
Austern, Linda, Vol II
Barbera, Andre, Vol II
Baron, John H., Vol II
Bartlet, M. Elizabeth C., Vol II
Behague, Gerard, Vol II
Bellman, Jonathan, Vol II
Bergquist, Peter, Vol II
Bernstein, Lawrence F., Vol II
Blazekovic, Zdravko, Vol II
Bomberger, E. Douglas, Vol I, II
Broman, Per F., Vol II
Brook, Barry Shelley, Vol II
Brown, A. Peter, Vol I, II
Buelow, George John, Vol II
Buja, Maureen, Vol II
Burnim, Mellonee Victoria, Vol II
Cardamone, Donna, Vol II
Carlsen, James Caldwell, Vol II
Cazeaux, Isabelle, Vol II
Cherry, Paul, Vol II
Clark, Walter, Vol II
Cohen, Judith, Vol I, II
Colton, Glenn, Vol II
Constantinou, Constantia, Vol II
Cooley, Timothy, Vol II, V
Copeland, Robert M., Vol II
Corrigan, Vincent, Vol II
Couch, Leon W., III, Vol II
Crawford, Richard, Vol II
Cummings, Anthony M., Vol II
Cyr, Mary, Vol I, II
Danby, Judd G., Vol II
Davis, Nathan T., Vol II, V
Debly, Patricia, Vol II
Dietz, Hanns-Bertold, Vol I
Dirst, Matthew, Vol II
Dudgeon, Ralph T., Vol II
Ellsworth, Oliver B., Vol II
Emge, Steven W., Vol I
Erickson, Raymond Frederick, Vol II
Eubanks, Rachel Amelia, Vol II
Faulcon, Clarence Augustus, II, Vol II
Finson, Jon William, Vol II
Fontijn-Harris, Claire, Vol I, II
Frank, Mortimer Henry, Vol II
George, Luvenia A., Vol II, V
Gilliam, Bryan, Vol II
Gillingham, Bryan R., Vol I, II
Gingery, Gail Alvah, Vol II
Godwin, Joscelyn, Vol II
Goldin, Milton, Vol II, V
Goosman, Stuart, Vol II, V
Gossett, Philip, Vol II
Guentner, Frances J., Vol II
Hampton, Barbara L., Vol II, V
Harley, Maria Anna, Vol II
Harris, Charles David, Vol II
Harrison, Daphne Duval, Vol II
Heck, Thomas F., Vol II
Hines, James Robert, Vol II
Hood, Mantle, Vol II, V
Houghton, Edward Francis, Vol II
Hudson, G. Elizabeth, Vol II
Hughes, Andrew, Vol I, II
Jackson, Philip Taylor, Vol II
Jimenez-Ramirez, Talia, Vol II
Kagan, Susan, Vol II
Karpf, Juanita, Vol II
Kirk-Duggan, Cheryl Ann, Vol II, IV
Kleinsasser, Jerome, Vol II
Kowalke, Kim H., Vol II
Kramer, Lawrence Eliot, Vol II
Krummel, Donald William, Vol II
Kushner, David Z., Vol II
Ladewig, James L., Vol I
Laudon, Robert Tallant, Vol II
Lee, Douglas, Vol II
Lindberg, John, Vol II
Locke, Ralph Paul, Vol II, V
Lockwood, Lewis Henry, Vol II
Longyear, Rey Morgan, Vol II
Malm, William P., Vol II, V
Maniates, Maria Rika, Vol II, IV
McGuire, Charles, Vol II
McLucas, Anne Dhu, Vol II
Milac, Metod M., Vol I, II
Miller, Clement Albin, Vol II
Monk, Dennis C., Vol II
Murdock, Katherine, Vol II
Nettl, Bruno, Vol II
Ogasapian, John, Vol II
Parsons, James, Vol II
Perkins, Leeman Lloyd, Vol II
Perlis, Vivian, Vol I, II
Peterson, Larry, Vol II
Picker, Martin, Vol II
Pitman, Grover A., Vol II
Plank, Steven E., Vol II
Pogue, Samuel Franklin, Vol II
Potvin, Gilles E. J., Vol I, II
Powers, Doris Bosworth, Vol II
Quin, Carolyn L., Vol II
Rice, Albert R., Vol II
Rivest, Johanne, Vol II
Root, Deane Leslie, Vol II
Saffle, Michael, Vol II
Saloman, Ora Frishberg, Vol II
Scherzinger, M., Vol II
Schmidt, Jack, Vol II
Seaton, Douglass, Vol I, II
Shumway, Larry V., Vol II, V
Slawek, Stephen, Vol I, II
Smither, Howard Elbert, Vol I, II
Sommers, Laurie., Vol II
Spring, Howard, Vol II
Stinson, Robert William, Vol I, II
Stripling, Luther, Vol II
Sweeney, John Albert, Vol II
Tawa, Nicholas E., Vol II
Temperley, Nicholas, Vol II
Thomas, Gary Craig, Vol II, III
Thomson, William, Vol IV
Thym, Jurgen, Vol II
Ulrich, Homer, Vol I
Van Appledorn, Mary Jeanne, Vol II
Wagstaff, Grayson, Vol II
Weiss, Susan Forscher, Vol II
Whiting, Steven, Vol II
Williams, Sean, Vol II
Wilson, Blake, Vol II
Wolf, Eugene Kendrick, Vol II
Zychowicz, James L., Vol II

Native American History

Beckham, Stephen Dow, Vol I
Littlefield, Daniel F., Vol I, II
Miller, Susan, Vol I
Peterson, Jacqueline, Vol I
Wortman, Roy Theodore, Vol I

Native American Literature

Barnett, Louise, Vol II
Burlingame, Lori, Vol II
Littlefield, Daniel F., Vol I, II
Mogen, David Lee, Vol II

Native American Studies

Aldred, Lisa, Vol I
Anderson, Eric Gary, Vol II
Anderson, William L., Vol I
Beidler, Peter Grant, Vol I, II
Furlong, Patrick Joseph, Vol I
Greene, Jerome Allen, Vol I
Levine, Victoria Lindsay, Vol I, II, V
Luna, Eileen, Vol I
Meredith, Howard, Vol I
Miller, Carol, Vol I
O'Brien, Jean, Vol I
Ourada, Patricia K., Vol I
Roberts, Charles Edward, Vol I
Trafzer, Clifford Earl, Vol I
Vecsey, Christopher, Vol I, IV
Vlasich, James Anthony, Vol I

Near Eastern History

Abou-El-Haj, Rifaat Ali, Vol I
Behrooz, Maziar, Vol I
De Vries, Bert, Vol I
Garthwaite, Gene Ralph, Vol I
Hamilton, Victor Paul, Vol I, IV
Stager, Lawrence E., Vol I

Near Eastern Languages

Chelkowski, Peter Jan, Vol III
Enns, Peter, Vol III
Fulco, William J., Vol III
Hollis, Susan T., Vol III, IV
Kennedy-Day, Kiki, Vol III, IV
Shrayer, Maxim D., Vol III
Snell, Daniel C., Vol III
Wood, Bryant G., Vol III, IV

Near Eastern Literature

Chelkowski, Peter Jan, Vol III

Near Eastern Studies

Adamec, Ludwig W., Vol I
Ahmadi, Shahwali, Vol I, II
Arnold, Bill T., Vol I, IV
Beaumont, Daniel E., Vol I
Berlin, Adele, Vol I, IV
Betlyon, John Wilson, Vol I, III
Clarke, Ernest George, Vol I
Clayton, Tom, Vol I, II
Crawford, Sidnie White, Vol I, III
Goodrich, Thomas Day, Vol I
Grayson, Albert K., Vol I
Kaye, Alan Stewart, Vol III
Levinson, Bernard M., Vol I
Modarressi, Hossein, Vol I
Nelson, William B., Vol I, III
Newman, Judith H., Vol I, III
Rendsburg, Gary A., Vol I
Robinson, Ira, Vol I, III
Schniedewind, William M., Vol I
Tappy, Ron E., Vol I, III
Veenker, Ronald Allen, Vol I, IV
Zuckerman, Bruce, Vol I

New Testament Studies

Aageson, James W., Vol I, IV
Achtemeier, Paul John, Vol IV
Alexanian, Joseph M., Vol IV
Allen, O. Wesley, Jr., Vol IV
Allen, Ronald J., Vol IV
Attridge, Harold William, Vol IV
Balcomb, Raymond, Vol IV
Bateman, Herbert W., Vol IV
Bayer, Hans F., Vol IV
Beale, Gregory, Vol IV
Berge, Paul S., Vol IV
Blackstone, Thomas L., Vol IV
Bock, Darrell L., Vol IV
Bowland, Terry, Vol IV
Boyce, James, Vol IV
Brehm, H. Alan, Vol IV
Brown, Alexandra, Vol IV
Brownson, James, Vol IV
Buchanan, George Wesley, Vol IV
Burkett, Delbert Royce, Vol I, IV
Burton, Keith, Vol IV
Calvert-Koyzis, Nancy, Vol IV
Carroll, John T., Vol IV
Carter, Warren, Vol IV
Charette, Blaine, Vol IV
Chesnutt, Randall D., Vol IV
Clark, David, Vol IV
Comfort, Philip W., Vol IV
Cook, Michael J., Vol IV
Countryman, L. Wm, Vol II, III, IV
Crockett, William, Vol IV
Crump, David, Vol IV
Danker, Frederick W., Vol III, IV
Davis, Casey W., Vol IV
Deering, Ronald F., Vol I, II, IV
Dowd, Sharyn, Vol IV
Ecklebarger, Kermit A., Vol IV
Edwards, Douglas R., Vol IV
Edwards, Richard Alan, Vol IV
Elliott, Susan Elli, Vol IV
Elwell, Walter Alexander, Vol IV
Ericson, Norman R., Vol IV
Fiensy, David A., Vol IV
Fiorenza, Elizabeth Schussler, Vol IV
Fitzgerald, John Thomas, Jr., Vol IV
Fortna, Robert Tomson, Vol IV
Fredrickson, David, Vol IV
Fuller, Reginald H., Vol IV
Gaston, Lloyd, Vol IV
Goh, David T., Vol IV
Gorman, Michael J., Vol I, IV
Gray, Sherman W., Jr., Vol IV
Green, Joel B., Vol IV
Gruenler, Royce Gordon, Vol IV
Hagner, Donald A., Vol IV
Hamm, Michael Dennis, S. J., Vol IV
Hare, Douglas Robert Adams, Vol IV
Harvey, John D., Vol IV
Hawthorne, Gerald F., Vol III, IV
Henrich, Sarah, Vol IV
Hill, Charles, Vol IV
Hingle, Norwood N., III, Vol IV
Hoggatt, Jerry Camery, Vol IV
Holman, Charles L., Vol IV
Hoops, Merlin Henry, Vol IV
Horne, Martha J., Vol IV
Hultgren, Arland J., Vol IV
Hutson, Christopher R., Vol IV
Johnson, Luke Timothy, Vol IV
Just, Felix, S. J., Vol IV
Kalin, Everett Roy, Vol IV
Keener, Craig S., Vol IV
Kidd, Reggie McReynolds, Vol IV
Kim, Chan-Hie, Vol IV
Kistemaker, Simon, Vol IV
Klein, William W., Vol IV
Koch, Glenn A., Vol IV
Koester, Helmut, Vol IV
Kostenberger, Andreas J., Vol IV
Krentz, Edgar, Vol IV
Kurz, William Stephen, Vol IV
Lea, Thomas Dale, Vol IV
Leske, Adrian M., Vol IV
Linss, Wilhelm Camill, Vol IV
Lodge, John G., Vol IV
Longenecker, Richard Norman, Vol IV
Lunceford, Joe E., Vol IV
Luter, A. Boyd, Vol IV
Lyle, Kenneth, Vol IV
Lyon, Robert William, Vol IV
Maczka, Romwald, Vol IV
Malbon, Elizabeth Struthers, Vol IV
Maloney, Elliott Charles, Vol III, IV
Mamo, Nathan, Vol IV
Mansfield, Mecklin Robert, Vol IV
Marrow, Stanley Behjet, Vol IV
Martin, D. Michael, Vol IV
Martyn, James Louis, Vol IV
Matthews, A. Warren, Vol IV
May, David M., Vol IV
Maynard-Reid, Pedrito U., Vol IV
McCartney, Dan Gale, Vol IV
Meadors, Gary T., Vol III, IV
Metzger, Bruce Manning, Vol IV
Meyer, Paul William, Vol IV
Miletic, Stephen F., Vol IV
Mitchell, Alan C., Vol IV
Moss, C. Michael, Vol IV
Mounce, William D., Vol IV
Newman, Robert Chapman, Vol IV
Neyrey, Jerome H., Vol IV
Nickelsburg, George William Elmer, Vol I, IV
Nystrom, David P., Vol I, IV
Oosterhuis, Tom, Vol IV
Oropeza, B. J., Vol IV
Padilla, Alvin, Vol IV
Page, Sydney, Vol IV
Patzia, Arthur G., Vol IV
Paulien, Jon, Vol IV
Payne, Philip B., Vol IV
Pelletier, Samuel R., Vol IV
Peterson, Brian, Vol IV
Powell, Mark Allan, Vol IV
Reasoner, Mark, Vol IV
Richards, Randy, Vol IV
Schmidt, Daryl Dean, Vol IV
Schmidt, Frederick W., Vol IV
Schnabel, Eckhard J., Vol IV
Schnaiter, Samuel E., Vol IV
Schneiders, Sandra Marie, Vol IV
Scholer, David M., Vol IV
Schreiner, Thomas R., Vol IV
Scott, Timothy, Vol IV
Seynaeve, Jaak, Vol IV
Shields, Bruce E., Vol II, IV
Shoemaker, Melvin H., Vol II, IV
Sinclair, Scott, Vol IV
Slingerland, Dixon, Vol IV
Smith, D. Moody, Vol IV
Smith, Dennis E., Vol IV
Smith, Robert Harry, Vol IV
Spencer, Aida Besancon, Vol IV
Spilsbury, Paul, Vol IV
Stein, Robert H., Vol IV
Story, J. Lyle, Vol IV
Strauss, Mark, Vol IV
Stroker, William Dettwiller, Vol IV
Strong, L. Thomas, III, Vol IV
Stutts, Deborah A., Vol IV
Stylianopoulos, Theodore, Vol IV
Swartley, Willard M., Vol IV
Tannehill, Robert C., Vol IV
Tashjian, Jirair S., Vol IV
Taylor, Walter F., Jr., Vol IV
Thompson, Cynthia L., Vol II, IV
Thurston, Bonnie Bowman, Vol IV
Tiede, David L., Vol IV
Tobin, Thomas Herbert, Vol IV
Trobisch, David, Vol IV
Tyler, Ronald, Vol IV
Verhey, Allen Dale, Vol IV
von Dehsen, Christian D., Vol IV
von Wahlde, Urban C., Vol IV
Waetjen, Herman C., Vol IV
Wallace, Daniel B., Vol IV
Walters, John R., Vol IV
Warden, Duane, Vol IV
Watson, D. F., Vol IV
Weaver, Dorothy Jean, Vol IV
Welborn, L. L., Vol IV
Westblade, Donald, Vol IV
White, John L., Vol IV
White, R. Fowler, Vol IV
Whitehead, Brady, Jr., Vol IV
Wicker, Kathleen O'Brien, Vol III, IV
Wills, Lawrence M., Vol IV
Wilson, Danny K., Vol IV
Wilson, Jack Howard, Vol IV
Wink, Walter, Vol IV
Winston Suter, David, Vol IV
Wright, Nicholas Thomas, Vol IV
Wu, Julie L., Vol IV
Young, David, Vol IV

Old Testament Studies

Ahlstrom, Gosta Werner, Vol IV
Alexander, Ralph H., Vol I, IV
Arbino, Gary P., Vol I, IV
Arnold, Bill T., Vol I, IV
Barrick, William D., Vol IV
Beck, John A., Vol IV
Benjamin, Paul, Vol IV
Bergen, Robert D., Vol III, IV
Birch, Bruce Charles, Vol I, IV
Boraas, Roger Stuart, Vol IV
Braaten, Laurie, Vol IV
Cook, Stephen L., Vol IV
Cuffey, Kenneth H., Vol IV
Davenport, Gene Looney, Vol IV, V
Davies, Gordon F., Vol IV
Davis, Ralph, Vol IV
Doermann, Ralph W., Vol IV
Dorn, Louis, Vol IV
Drinkard, Joel F., Jr., Vol IV
Ellis, Robert, Vol III, IV
Finley, Thomas John, Vol III, IV
Fisher, Eli D., Vol IV
Floyd, Michael H., Vol IV
Fontaine, Carole R., Vol IV
Forbes, A. Dean, Vol IV
Fretheim, Terence E., Vol IV
Fuerst, Wesley J., Vol IV
Fuller, Russell T., Vol IV
Gaiser, Frederick J., Vol IV
Geraty, Lawrence Thomas, Vol I, IV
Gladson, Jerry A., Vol IV
Gnuse, Robert, Vol I, IV
Gold, Victor Roland, Vol IV
Gottwald, Norman Karol, Vol IV
Gowan, Donald E., Vol IV
Greig, Gary S., Vol IV
Hamilton, Victor Paul, Vol I, IV
Han, Jin Hee, Vol IV
Hanson, Paul David, Vol IV

Hays, Danny, Vol IV
Heider, George C., Vol IV
Hillers, Delbert Roy, Vol III, IV
Hillmer, Mark, Vol IV
Hobbs, Trevor Raymond, Vol IV
Hooker, Paul K., Vol IV
House, Paul R., Vol IV
Hutton, Rodney R., Vol IV
Jackson, Jared Judd, Vol IV
Jacobson, Diane L., Vol IV
Janzen, John Gerald, Vol IV
Jobling, David, Vol IV
Johnson, Rick L., Vol IV
Kaufman, Stephen Allan, Vol III, IV
Kent, Dan Gentry, Vol IV
Klein, Ralph W., Vol IV
Koptak, Paul E., Vol II, IV
Landes, George Miller, Vol IV
Lawlor, John I., Vol IV
Lemke, Werner Erich, Vol I, IV
Lind, Millard C., Vol IV
Low, Roy, Vol IV
Lubeck, Ray, Vol IV
Martens, Elmer Arthur, Vol IV
Matthews, A. Warren, Vol IV
McClain, T. Van, Vol III, IV
McDaniel, Thomas F., Vol III, IV
McLay, Tim, Vol IV
Merling, David, Vol I, IV
Merrill, Eugene H., Vol IV
Michel, Walter L., Vol IV
Miller, Douglas B., Vol IV
Miller, Stephen R., Vol IV
Moore, Rickie D., Vol IV
Morgan, Donn F., Vol IV
Moseley, Allan, Vol IV
Moyer, James Carroll, Vol I, IV
Nakamura, C. Lynn, Vol IV
Newman, Murray L., Vol IV
Niehaus, Jeffrey J., Vol IV
Nowell, Irene, Vol IV
Nysse, Richard W., Vol IV
Peacock, Kevin, Vol IV
Poethig, Eunice Blanchard, Vol IV
Polk, Timothy H., Vol IV
Pratico, Gary D., Vol IV
Rast, Walter Emil, Vol I, IV
Reid, Garnett, Vol IV
Richards, Kent Harold, Vol IV
Roberts, Kathryn L., Vol IV
Robertson, O. Palmer, Vol IV
Rodas, M. Daniel Carroll, Vol IV
Roop, Eugene F., Vol I, IV
Ross, James F., Vol IV
Rowland, Rick, Vol IV
Ryou, Daniel H., Vol IV
Schultz, Carl, Vol IV
Shearer, Rodney H., Vol IV
Simundson, Daniel J., Vol IV
Spina, Frank Anthony, Vol IV
Steeger, William P., Vol I, IV
Steiner, Vernon J., Vol IV
Stuart, Douglas Keith, Vol III, IV
Throntveit, Mark A., Vol IV
Tucker, Gene M., Vol IV
Van Seters, John, Vol III, IV
Vandergriff, Ken, Vol IV
Vannoy, J. Robert, Vol IV
Veenker, Ronald Allen, Vol I, IV
Waltke, Bruce K., Vol IV
Watts, James W., Vol IV
Yee, Gale A., Vol IV
Youngblood, Ronald F., Vol IV

Pastoral Care

Albers, Robert H., Vol IV
Binau, Brad A., Vol IV
Butler, Lee Hayward, Jr., Vol IV
Elhard, Leland E., Vol IV
Hanchey, Howard, Vol IV
Hunter, Rodney J., Vol IV
Jackson, Gordon Edmund, Vol IV
Kimble, Melvin, Vol IV
Lyon, Steve, Vol IV
Poling, James N., Vol IV
Ramshaw, Elaine Julian, Vol IV
Whitlock, Luder, Vol IV
Willimon, William Henry, Vol IV

Performing Arts

Aronson, Arnold, Vol II
Griffith, Larry D., Vol II
Harrington, E. Michael, Vol II
Landes, W. Daniel, Vol II
Marvin, Elizabeth W., Vol II
O'Hara, Michael M., Vol II
Schechner, Richard, Vol II
Shea, Ann Marie, Vol II
Suchy, Patricia, Vol II
Yordon, Judy E., Vol II

Persian Language

Hajibashi, Zjaleh, Vol III

Philology

Bernardo, Aldo Sisto, Vol III
Brinner, William Michael, Vol I, III, IV
Chatham, James Ray, Vol III
Conant, Jonathan Brendan, Vol III
Conner, Patrick Wayne, Vol III
Craddock, Jerry Russell, Vol IV
Dee, James H., Vol III
Dembowski, Peter Florian, Vol III
Doubles, Malcolm Carroll, Vol III, IV
Duckert, Audrey Rosalind, Vol III
Emma, Ronald David, Vol II, III
Emplaincourt, Edmond Arthur, Vol III
Farnham, Anthony Edward, Vol II, III
Fichtner, Edward G., Vol III
Geary, John Steven, Vol III
Gignac, Francis Thomas, Vol III, IV
Hallen, Cynthia L., Vol III
Haller, Hermann W., Vol III
Isaac, Ephraim, Vol I, III
Jensen, Frede, Vol III
Johnston, Otto William, Vol III
Keel, William D., Vol III
Kleinhenz, Christopher, Vol III
Krotkoff, Georg, Vol III
Kubiak, David Payne, Vol III
Lehmann, Winfred Philipp, Vol III
Liberman, Anatoly, Vol III
Lloyd, Paul M., Vol III
MacLeish, Andrew, Vol III
Mellor, Chauncey Jeffries, Vol III
Must, Gustav, Vol III
Pickens, Rupert Tarpley, Vol IV
Poag, James F., Vol III
Purczinsky, Julius O., Vol III
Robinson, Fred C., Vol II, III
Simon, Eckehard, Vol III
Stimson, Hugh McBirney, Vol III
Sullivan, Denis, Vol I, III
Swanson, Roy Arthur, Vol III
Towner, Wayne Sibley, Vol III, IV
Vickrey, John Frederick, Vol III
Von Schneidemesser, Luanne, Vol III
Wakefield, Ray Milan, Vol III
Wallacker, Benjamin E., Vol III
Webber, Philip Ellsworth, Vol III
Young, Dwight Wayne, Vol III
Zgusta, Ladislav, Vol III
Zyla, Wolodymyr T., Vol III

Philosophy

Aarons, Leslie Ann, Vol IV
Abbott, W. R., Vol IV
Abel, Donald C., Vol IV
Abela, Paul R., Vol IV
Abele, Robert P., Vol IV
Acampora, Christa Davis, Vol IV
Achinstein, Peter, Vol IV
Achtenberg, Deborah, Vol I, IV
Ackerman, Felicia, Vol IV
Ackley-Bean, Heather Ann, Vol IV
Adams, E. Maynard, Vol IV
Adams, Frederick R., Jr., Vol IV
Adams, Robert Merrihew, Vol IV
Addis, Laird Clark, Vol IV
Adelman, Howard, Vol IV
Adkins, Arthur William Hope, Vol II, III, IV
Adler, Jacob, Vol IV
Agich, George J., Vol IV
Albert, Sidney Paul, Vol IV
Alexakos, Panos D., Vol IV
Alexander, George, Vol IV
Alexander, Larry, Vol IV
Alexander, Thomas, Vol IV
Alexandrakis, Aphrodite, Vol IV
Alistair, Macleod, Vol IV
Allen, Anita, Vol IV
Allen, Bernard Lee, Vol I, IV
Allen, Colin, Vol IV
Allen, Robert F., Vol IV
Almeder, Robert F., Vol IV
Almeida, Onesimo, Vol IV
Alperson, Philip A., Vol IV
Alter, Torin, Vol IV
Altman, Ira, Vol IV, V
Alward, Lori L., Vol IV
Ambrosio, Francis J., Vol IV
Ameriks, Karl, Vol IV
Amico, Robert P., Vol IV
Aminrazavi, Mehdi, Vol IV
Ammon, Theodore G., Vol I, IV
Anchustegui, Ann-Marie, Vol IV
Anderson, David Leech, Vol IV
Anderson, David M., Vol IV
Anderson, Douglas R., Vol IV
Anderson, Elizabeth S., Vol IV
Anderson, Jami L., Vol IV
Anderson, Myron George, Vol IV
Anderson, R. Lanier, Vol IV
Anderson, Stanley Daniel, Vol IV
Anderson, Susan Leigh, Vol IV
Anderson, Thomas C., Vol IV
Anderson-Gold, Sharon, Vol IV
Andrew, Scott, Vol IV
Andrews, Kristin, Vol IV
Angelelli, Ignazio Alfredo, Vol IV
Angell, Richard B., Vol IV
Ankeny, Rachel A., Vol I, IV
Ansbro, John J., Vol IV
Anton, John P., Vol IV
Antonelli, Gian Aldo, Vol IV
Appel, Frederick, Vol IV
Appiah, Kwame Anthony, Vol I, IV
Aquila, Richard E., Vol IV
Arbaugh, George E., Vol IV
Archie, Lee C., Vol IV
Argen, Ralph J., III, Vol I, IV
Arkway, Angela, Vol IV
Armstrong, John M., Vol IV
Armstrong, Susan Jean, Vol IV
Arneson, Richard J., Vol IV
Arnold, Barry, Vol IV
Arnold, Scott, Vol IV
Arp, Kristana, Vol IV
Arp, Robert, Vol IV
Arrington, Robert Lee, Vol IV
Ashley, Benedict M., Vol IV
Ashworth, E. Jennifer, Vol IV
Askland, Andrew, Vol IV
Aspell, Patrick Joseph, Vol IV, V
Atkins, Robert, Vol IV
Atkinson, Camille, Vol IV
Atlas, Jay David, Vol III, IV
Atterton, Peter C., Vol IV
Auble, Joel, Vol IV
Audi, Robert, Vol IV
Aune, Bruce Arthur, Vol IV
Aune, James Arnt, Vol IV
Austin, William H., Vol IV
Averill, Edward W., Vol IV
Axinn, Sidney, Vol IV
Axtell, G. S., Vol IV
Aydede, Murat, Vol IV
Babbitt, Susan, Vol IV
Baber, Harriet Erica, Vol IV
Babich, Babette E., Vol IV
Bach, Kent, Vol IV
Bach, Shirley, Vol IV
Bache, Christopher Martin, Vol IV
Bachman, James V., Vol IV
Back, Allan, Vol IV
Baehr, Amy R., Vol IV
Baer, Eugen Silas, Vol IV
Baergen, Ralph, Vol IV
Bailey, Alison, Vol IV
Bailey, Lee, Vol IV
Bailey, Storm M., Vol IV
Bailiff, John, Vol IV
Baird, Davis, Vol IV
Baird, Forrest, Vol IV
Baird, Robert Malcolm, Vol IV
Baker, C. Edwin, Vol II, IV
Baker, John Arthur, Vol IV
Baker, John M., Vol IV
Baker, John R., Vol IV
Baker, Lynne R., Vol IV
Baker, Robert B., Vol IV
Bakhurst, David J., Vol IV
Balas, David L., Vol IV
Baldner, Kent, Vol IV
Balestra, Dominic Joseph, Vol IV
Banchetti-Robino, Marina P., Vol IV
Bannan, John F., Vol IV
Bar-On, Dorit, Vol IV
Barad, Judith A., Vol IV
Barash, Carol Isaacson, Vol IV
Barbone, Steven, Vol IV
Barker, Evelyn M., Vol IV
Barker, Jeffrey, Vol IV
Barker, Peter, Vol IV
Barlow, Brian C., Vol IV
Barlow, J. Stanley, Vol IV
Barnbaum, Deborah, Vol IV
Barnes, Gerald, Vol IV
Barnhart, Joe Edward, Vol IV
Barnhart, Michael G., Vol IV
Baron, Charles Hillel, Vol IV
Baron, Marcia, Vol IV
Barrett, J. Edward, Vol IV
Barry, Robert M., Vol IV
Bartkowiak, Julia, Vol IV
Bartky, Sandra, Vol IV
Bartlett, Beth, Vol IV
Bartlett, Steven J., Vol IV
Barton, Charles K. B., Vol IV
Barwick, Daniel, Vol IV
Basu, Ananyo, Vol IV
Bates, Jennifer, Vol IV
Bates, Stanley P., Vol IV
Battin, Margaret Pabst, Vol IV
Bauder, Mark, Vol IV
Bauer, Nancy, Vol IV
Baum, Robert J., Vol IV
Baumgarten, Elias, Vol IV
Baumrin, Bernard Herbert, Vol IV
Baur, Michael, Vol IV
Baxter, Donald, Vol IV
Baxter, Laurie Rae, Vol IV, V
Bayer, Greg, Vol IV
Baylis, Francoise, Vol IV
Bazan, Bernardo C., Vol IV
Bazan, Carlos, Vol IV
Beanblossom, Ronald Edwin, Vol I, IV
Beardsley, Ruth E., Vol IV
Beatty, John, Vol IV
Beatty, Joseph, Vol IV
Beauchamp, Richard A., Vol IV
Beauchamp, Tom, Vol IV
Beaudoin, John M., Vol IV
Bechtel, William, Vol IV
Beck, Martha Catherine, Vol IV
Beck, W. David, Vol IV
Becker, Edward, Vol IV
Becker, Lawrence C., Vol IV
Bedau, Hugo Adam, Vol IV
Bell, John L., Vol IV
Bell, Linda A., Vol IV, V
Bell, Nora Kizer, Vol IV
Bell, Richard H., Vol IV
Belliotti, Raymond A., Vol IV
Benditt, Theodore Matthew, Vol IV
Benfield, David William, Vol IV
Benhabib, Seyla, Vol IV
Bennett, James O., Vol IV
Bennett, Philip W., Vol IV
Benson, LeGrace, Vol I, IV, V
Benson, P. Jann, Vol IV
Benson, Paul H., Vol IV
Berger, Morris I., Vol IV
Bergmann, Michael, Vol IV
Bergo, Bettina, Vol IV
Berleant, Arnold, Vol IV
Berman, Scott, Vol IV
Bernier, Paul, Vol IV
Bernstein, Jerry, Vol IV
Bernstein, Mark H., Vol II, III, IV
Bernstein, Richard J., Vol IV
Bernstein-Nahar, Avi K., Vol IV
Berofsky, Bernard A., Vol IV
Bertolet, Rod, Vol IV
Best, Ernest E., Vol IV
Best, Steven, Vol IV
Bett, Richard, Vol II, III, IV
Betz, Joseph M., Vol IV
Bica, Camillo C., Vol IV
Bien, Joseph J., Vol IV
Billings, John R., Vol IV
Bilsker, Richard L., Vol IV
Bishop, Michael, Vol IV
Bittner, Thomas, Vol IV
Bix, Brian, Vol IV
Blachowicz, James, Vol IV
Blackburn, Simon, Vol IV
Blackman, Rodney J., Vol IV
Blackwell, Richard Joseph, Vol IV
Blair, George Alfred, Vol IV
Blanchette, Oliva, Vol IV
Blanchette, Patricia, Vol IV
Blankemeyer, Kenneth Joseph, Vol IV
Blattner, William, Vol IV
Blizek, William L., Vol IV
Block, Ned, Vol IV
Bloom, Irene, Vol IV
Blosser, Philip, Vol IV
Blum, Lawrence A., Vol IV, V
Blumenfeld, David, Vol I, IV
Blustein, Jeffrey, Vol IV
Boardman, William Smith, Vol IV
Bobik, Joseph, Vol IV
Boedeker, Edgar, Vol IV
Boetzkes, Elizabeth, Vol IV
Bogdan, Radu J., Vol IV
Boghossian, Paul, Vol IV
Boh, Ivan, Vol IV
Boisvert, Raymond, Vol IV
Bolchazy, Ladislaus J., Vol II, III, IV
Bolton, Martha Brandt, Vol IV
Boltuc, Piotr, Vol IV
Bombardi, Ronald Jude, Vol IV
Bond, Edward J., Vol IV
Bondeson, William B., Vol IV
Bonevac, Daniel A., Vol IV
Boni, Sylvain, Vol IV
Bonnette, Dennis, Vol IV
Bontekoe, Ron, Vol IV
Borjesson, Gary, Vol IV
Borradori, Giovanna, Vol IV
Botham, Thad M., Vol IV
Boulad-Ayoub, Josiane, Vol IV
Bourgeois, Patrick Lyall, Vol IV
Bouseman, John W., Vol IV
Bouzard, Walter, Vol IV
Bowen, David H., Vol IV
Bowie, Norman, Vol IV
Bowne, Dale Russell, Vol IV
Boyd, James W., Vol IV
Boyd, Robert, Vol IV
Boyd, Tom Wesley, Vol IV
Boylan, Michael A., Vol IV
Boyle, Joseph, Vol IV
Bradie, Michael, Vol IV
Bradley, Denis J. M., Vol IV
Bradley, Marshell C., Vol IV
Bradshaw, Denny, Vol IV
Brady, James B., Vol IV
Brady, Jules M., Vol IV
Brady, Michelle E., Vol IV
Brakas, Jurgis George, Vol IV
Brakman, Sarah-Vaughan, Vol IV
Bramann, Jorn, Vol IV
Brand, Myles, Vol IV
Brandom, Robert Boyce, Vol IV
Brandon, Robert N., Vol IV
Brant, Dale, Vol IV
Braungardt, Jurgen, Vol IV
Braybrooke, David, Vol IV
Brennan, Mary Alethea, Vol II, III, IV
Brenner, William H., Vol IV
Brett, Nathan C., Vol IV
Brier, Bob, Vol IV
Brighouse, M. H., Vol IV
Brink, David O., Vol IV
Brinkmann, Klaus, Vol IV
Broadie, Sarah, Vol IV
Brock, Dan W., Vol IV
Brockelman, Paul, Vol IV
Brod, Harry, Vol IV
Brodsky, Garry, Vol IV
Brody, Boruch Alter, Vol IV
Brogan, Walter A., Vol IV
Broniak, Christopher, Vol IV
Brook, Andrew, Vol IV
Broudy, Harry S., Vol IV, V
Broughton, Janet Setzer, Vol IV
Brower, Bruce W., Vol IV
Brown, Alison L., Vol IV
Brown, Bryson, Vol IV
Brown, Eric, Vol IV
Brown, Harold I., Vol IV
Brown, J. Daniel, Vol IV
Brown, James R., Vol IV
Brown, Kristen M., Vol I, IV
Brown, Lee Bateman, Vol IV
Brown, Mark A., Vol IV
Brown, Paul Llewellyn, Vol IV
Brown, Peter G., Vol IV
Browne, Gregory M., Vol IV
Browne, Stanley M., Vol IV
Browning, Peter, Vol IV
Broyles, James Earl, Vol IV
Brunk, Conrad, Vol IV
Bub, Jeffrey, Vol IV
Buford, Thomas O., Vol IV
Buickerood, James G., Vol IV
Bull, Barry L., Vol IV, V
Bunge, Mario, Vol IV
Burbidge, John William, Vol IV
Burch, Robert W., Vol IV
Burger, Ronna C., Vol IV

Burgh, Richard, Vol IV
Burian, Richard M., Vol IV
Burke, Michael B., Vol IV
Burkey, John, Vol IV
Burkhardt, Frederick, Vol IV
Burkle, Howard R., Vol IV
Burks, Arthur Walter, Vol IV
Burks, Don M., Vol II
Burneko, Guy, Vol II, IV
Burnor, Richard N., Vol IV
Burns, Steven A. M., Vol IV
Burr, John Roy, Vol IV
Burrell, David, Vol IV
Burrington, Dale E., Vol IV
Burt, Donald X., Vol IV
Busch, Thomas W., Vol IV
Bussanich, John, Vol IV
Butchvarov, Panayot K., Vol IV
Butler, Clark Wade, Vol IV
Butler, J., Vol IV
Byer, Inez, Vol IV
Bynagle, Hans Edward, Vol IV
Byrd, James David, Jr., Vol IV
Byrne, Edmund F., Vol IV
Byrne, Patrick Hugh, Vol IV
Byrnes, John, Vol IV
Cady, Duane Lynn, Vol IV
Caffentzis, C. George, Vol IV
Cahill, Ann J., Vol IV
Cahoone, Lawrence, Vol IV
Cain, James, Vol IV
Campbell, Gerry, Vol IV
Campbell, Joseph Gordon, Vol IV
Campbell, Richmond M., Vol IV
Campbell, Susan, Vol IV
Cannon, Dale W., Vol IV
Capriotti, Emile, Vol IV
Caputo, John D., Vol IV
Caranfa, Angelo, Vol I, IV
Card, Claudia F., Vol IV
Carman, Taylor, Vol IV
Carney, James Donald, Vol IV
Carpenter, Elizabeth S., Vol IV
Carpenter, James Anderson, Vol IV
Carr, David, Vol IV
Carrier, David, Vol IV
Carson, James, Vol IV
Carson, Thomas L., Vol IV
Carter, David K., Vol IV
Carter, K. Codell, Vol IV
Carter, Michele A., Vol IV
Carter, Robert Edgar, Vol IV
Cartwright, Helen Morris, Vol IV
Carvalho, John, Vol IV
Cary, Phillip, Vol IV
Casebier, Allan, Vol I, IV
Casey, Edward S., Vol IV
Casey, Kenneth, Vol IV
Casey, Timothy, Vol IV
Cassidy, Laurence Lavelle, Vol IV
Caste, Nicholas J., Vol IV
Casullo, Albert, Vol IV
Catalano, Joseph Stellario, Vol IV
Cauchy, Venant, Vol IV
Causey, Robert Louis, Vol IV
Cavanaugh, Thomas A., Vol IV
Cave, Eric M., Vol IV
Caws, Peter James, Vol IV
Cederblom, Jerry, Vol IV
Centore, Floyd, Vol IV
Cesarz, Gary, Vol IV
Chalmers, David, Vol IV
Chambers, Timothy, Vol IV
Chandler, Hugh, Vol IV
Chandler, Marthe Atwater, Vol IV
Chang, Ruth, Vol IV
Chapman, Robert L., Vol IV
Chappell, Vere Claiborne, Vol IV
Charron, William C., Vol IV
Chastain, Charles, Vol IV
Cheek, H. Lee, Jr., Vol IV
Cheng, Chung-Ying, Vol III, IV
Chethimattam, John Britto, Vol IV
Chismar, Douglas, Vol IV
Cho, Kah-Kyung, Vol IV
Christian, Ollie, Vol IV
Christie, Drew, Vol IV
Christopher, Russell L., Vol IV
Chung, Bongkil, Vol IV
Church, Jennifer, Vol IV
Churchland, Paul M., Vol IV
Ciulla, Joanne B., Vol IV
Clark, Austen, Vol IV
Clark, Kelly James, Vol IV
Clark, Mary T., Vol IV
Clarke, Bowman Lafayette, Vol IV
Clarke, Murray, Vol IV
Clarke, William Norris, Vol IV
Clayton, Marcus, Vol IV
Cleary, John J., Vol IV
Clegg, Jerry Stephen, Vol IV
Cleland, Carol, Vol IV
Clement, Grace, Vol IV
Clements, Tad S., Vol IV
Clifton, Robert K., Vol IV
Clough, Sharon, Vol IV
Clouser, Karl Danner, Vol IV
Clouser, Roy A., Vol IV
Coburn, Robert C., Vol IV
Cocchiarella, Nino Barnabas, Vol IV
Codling, Jim, Vol I, IV, V
Coe, William Jerome, Vol IV
Cohen, Andrew I., Vol IV
Cohen, Elliot, Vol IV
Cohen, Johathan, Vol IV
Cohen, Sheldon M., Vol IV
Cohen, Stephen Marshall, Vol IV
Cohen, Ted, Vol IV
Cohon, Rachel, Vol IV
Cole, Eve Browning, Vol II, III, IV
Cole, Richard, Vol IV
Collins, Ardis B., Vol IV
Colson, Darrel D., Vol IV
Colvin, Christopher, Vol IV
Colwell, Chauncey, Vol IV
Combes, Richard E., Vol IV
Comer, John, Vol IV, V
Compton, John J., Vol IV
Conces, Rory, Vol IV
Congdon, Howard Krebs, Vol IV
Congelton, Ann, Vol IV
Conklin, William E., Vol IV
Conley, John J., Vol IV
Conlon, James J., Vol IV
Conn, Christopher, Vol IV
Connolly, John M., Vol IV
Conway, Gertrude D., Vol IV
Conwill, Giles, Vol IV
Cook, Daniel Joseph, Vol IV
Cook, J. Thomas, Vol IV
Cook, Jonathan A., Vol IV
Cook, S. D. Noam, Vol IV
Cooney, Brian Patrick, Vol IV
Cooney, William, Vol IV
Cooper, M. Wayne, Vol IV
Cope, Kevin, Vol II
Corcoran, John, Vol IV
Corcoran, Kevin J., Vol IV
Cordero, Alberto, Vol IV
Cordero, Ronald Anthony, Vol IV
Corduan, Winfried, Vol IV
Corlett, J. Angelo, Vol IV
Corliss, Richard Lee, Vol IV
Corr, Charles A., Vol IV
Corrigan, Kevin, Vol II, III, IV
Corvino, John F., Vol IV
Cosculluela, Victor, Vol IV
Costa, Michael J., Vol IV
Cotter, James Finn, Vol II, IV
Cover, Jan, Vol IV
Cowan, S. B., Vol IV
Cox, Chana Berniker, Vol IV
Coyne, Anthony M., Vol IV
Craig, William Lane, Vol IV
Craighead, Houston Archer, Vol IV
Cranor, Carl F., Vol IV
Crawford, Dan, Vol IV
Crawford, David R., Vol IV
Crease, Robert P., Vol IV
Cress, Donald Alan, Vol IV
Crittenden, Charles, Vol IV
Cronce, Philip, Vol IV
Crosby, Donald A., Vol IV
Crosson, Frederick J., Vol IV
Crouch, Margaret, Vol IV
Crowell, Steven G., Vol IV
Crownfield, David R., Vol IV
Croy, Marvin J., Vol IV
Cua, Antonio S., Vol IV
Cubie, Michael, Vol IV, V
Cudd, Ann E., Vol IV
Culp, Sylvia, Vol IV
Cummins, W. Joseph, Vol II, III, IV
Cunningham, Sarah B., Vol IV
Cunningham, Suzanne M., Vol IV
Curd, Martin Vincent, Vol IV
Curd, Patricia, Vol IV
Curren, Randall R., Vol IV
Curtler, Hugh, Vol IV
Curzer, Howard J., Vol IV
Cussins, Adrian, Vol IV
Cust, Kenneth F. T., Vol IV
Cutney, Barbara, Vol IV
Cutrofello, Andrew, Vol IV
D'Amico, Robert, Vol IV
Dahl, Norman, Vol IV
Daise, Benjamin, Vol IV
Dallmayr, Fred Reinhard, Vol IV
Dalton, Peter C., Vol IV
Dalton, Stuart, Vol IV
Daly, Markate, Vol IV
Danaher, James, Vol IV
Daniels, Charles B., Vol IV
Daniels, Norman, Vol IV
Danley, John Robert, Vol IV
Darby, Derrick, Vol IV
Darden, Lindley, Vol I, IV
Darwall, Stephen L., Vol IV
Dauer, Francis W., Vol IV
Daurio, Janice, Vol IV
Davenport, Harbert William, Vol IV
Davenport, Manuel M., Vol IV
David, Gerald, Vol IV, V
David, Keith R., Vol IV, V
David, Marian, Vol IV
Davidson, Donald, Vol IV
Davies, Brian, Vol IV
Davies, David, Vol IV
Davies, Julian A., Vol IV
Davis, Lawrence H., Vol IV
Davis, Michael, Vol IV
Davis, Michael Peter, Vol IV
Davis, Wayne, Vol IV
Dawes, Robyn M., Vol IV, V
De Bolt, Darian C., Vol IV
de Koninck, Thomas, Vol IV
De Laurentiis, Allegra, Vol IV
de Marneffe, Peter L., Vol IV
De Sousa, Ronald B., Vol IV
De Vries, Willem A., Vol IV
DeCew, Judith Wagner, Vol IV
Dechert, Charles Richard, Vol IV
DeGeorge, Richard, Vol IV
Deibler, Timothy, Vol IV
Deigh, John, Vol IV
Dejnozka, Jan, Vol IV
Delaney, Cornelius F., Vol IV
Dell'Agostino, David, Vol IV
Demecs, Desiderio D., Vol IV
Demenchonok, Edward V., Vol IV
Demopoulos, William G., Vol IV
den Ouden, Bernard, Vol IV
Denby, David A., Vol IV
Dennett, Daniel C., Vol IV
DePascuale, Juan E., Vol IV
DePaul, Michael R., Vol IV
der Otter, Sandra, Vol IV
Derdak, Thomas J., Vol IV
DesAutels, Peggy, Vol IV
Deslauriers, Marguerite, Vol IV
Detlefsen, Michael, Vol IV
Detmer, David J., Vol IV
Deutsch, Eliot, Vol IV
Deutsch, Kenneth L., Vol IV
DeVidi, Dave, Vol IV
Devine, Philip E., Vol IV
Devitt, Michael, Vol IV
Devos, Jean, Vol IV
Dewart, Leslie, Vol IV
di Filippo, Terry, Vol IV
di Norcia, Vincent, Vol IV
Dicker, Georges, Vol IV
Dickie, George T., Vol IV
Dickson, W. Michael, Vol IV
DiGiovanni, George, Vol IV
Dilley, Frank B., Vol IV
Dillon, M. C., Vol IV
Dilworth, John, Vol IV
Dinneen, David A., Vol III
Discher, Mark, Vol IV
Dmochowski, Henry W., Vol IV
Dobsevage, Alvin P., Vol III, IV
Doepke, Frederick C., Vol IV
Dolan, Frederick M., Vol IV
Dolan, John M., Vol IV
Dolling, Lisa M., Vol IV
Dombrowski, Daniel A., Vol IV
Domino, Brian, Vol IV
Donaghy, John A., Vol IV
Donelan, James, Vol IV
Doney, Willis, Vol IV
Donkel, Douglas L., Vol IV
Donnelly, John, Vol IV
Donovan, John F., Vol IV
Doody, John A., Vol IV
Dooley, Patrick Kiaran, Vol IV
Doorley, Mark J., Vol IV
Dorter, Kenneth, Vol IV
Doss, Barney J., Vol IV
Dostal, Robert J., Vol IV
Doty, Ralph, Vol IV
Dougherty, James E., Vol IV
Dougherty, Jude Patrick, Vol IV
Dougherty, Ray Cordell, Vol III, IV
Downes, Stephen M., Vol IV
Downey, James Patrick, Vol IV
Doyle, James F., Vol IV
Drange, Theodore Michael, Vol IV
Dray, William Herbert, Vol IV
Drefcinski, Shane, Vol IV
Dreher, John Paul, Vol IV
Dreier, James, Vol IV
Dreisbach, Donald Fred, Vol I, IV
Dreyfus, Hubert Lederer, Vol IV
Drost, Mark P., Vol IV
Druart, Therese-Anne, Vol IV
Drummond, John J., Vol IV
Dubay, Thomas E., Vol IV
DuBois, James M., Vol IV
Ducharme, Howard M., Vol IV
Duclow, Donald F., Vol I, II, IV
Duerlinger, James, Vol IV
Duffy, Stephen Joseph, Vol IV
DuFour, John H., Vol IV
Dumain, Harold, Vol IV
Duncan, Elmer H., Vol IV
Dundon, Stanislaus, Vol IV
Dunlop, Charles, Vol IV
Dunn, Jon Michael, Vol IV
Dunne, John Scribner, Vol IV
Duquette, David A., Vol IV
Durland, William, Vol IV
Dusek, Rudolph Valentine, Vol IV
Duska, Ronald F., Vol IV
Dworkin, Gerald, Vol IV
Dwyer, Susan, Vol IV
Dybowski, Brian, Vol IV, V
Dye, James Wayne, Vol I, IV
Dykeman, King John, Vol IV
Dyzenhaus, David, Vol IV
Eagan, Jennifer, Vol IV
Eagleson, Ian, Vol IV
Eames, Elizabeth R., Vol IV
Easton, Loyd D., Vol IV
Easton, Patricia Ann, Vol IV
Eaton, Marcia M., Vol IV
Ebbs, Gary, Vol IV
Eberle, Rolf A., Vol IV
Echelbarger, Charles G., Vol IV
Eckenwiler, Lisa A., Vol IV
Eckstein, Jerome, Vol IV
Edelberg, Walter, Vol IV
Edgar, William John, Vol IV
Edge, Hoyt Littleton, Vol IV
Edler, Frank H. W., Vol IV
Edwards, Rem B., Vol IV
Eells, Ellery T., Vol IV
Eisele, Thomas David, Vol IV
Eisenberg, Paul D., Vol IV
Eldridge, Michael, Vol IV
Elfstrom, Gerard, Vol IV
Ellin, Joseph S., Vol IV
Ellingsen, Mark, Vol IV
Elliott, Carl, Vol IV
Elliott, Deni, Vol IV
Ellis, Anthony John, Vol IV
Emery, Sarah W., Vol II, IV
Enc, Berent, Vol IV
Engelhardt, Hugo Tristram, Jr., Vol IV
Ennis, Robert H., Vol IV
Ephraim, Charlesworth W., Vol IV
Erdel, Timothy Paul, Vol I, IV
Erickson, Stephen Anthony, Vol IV
Eskridge, John Clarence, Vol IV
Ess, Charles, Vol IV
Estep, Myrna Lynne, Vol IV
Estlund, David, Vol IV
Etzkorn, Girard J., Vol III, IV
Evangeliou, Christos C., Vol IV
Evans, C. Stephen, Vol IV
Evans, Dale Wilt, Vol II, III, IV
Evans, Donald D., Vol IV
Evans, Rod L., Vol IV
Evnine, Simon, Vol IV
Eyer, Richard, Vol IV
Factor, Ralph Lance, Vol IV
Fain, Haskell, Vol IV
Fair, Frank Kenneth, Vol IV
Fales, Evan Michael, Vol IV
Falk, Arthur, Vol IV
Falkenstein, Lorne, Vol IV
Faller, Thompson Mason, Vol IV
Farley, Benjamin Wirt, Vol I, IV
Fasanaro, Charles N., Vol IV
Faulconer, James E., Vol IV
Fawkes, Don, Vol IV
Feagin, Susan Louise, Vol IV
Fee, Elizabeth, Vol I, IV
Feinberg, Walter, Vol IV
Feit, Neil, Vol IV
Felder, David W., Vol IV
Feldman, Richard Harold, Vol IV
Fell, Albert Prior, Vol IV
Fell, Joseph Phineas, Vol IV
Felt, James Wright, Vol IV
Ferejohn, Michael T., Vol IV
Ferguson, Kenneth G., Vol IV
Ferraiolo, William D., Vol IV
Ferrarin, Alfredo, Vol IV
Ferst, Barry Joel, Vol IV
Fesmire, Steven A., Vol IV
Fetzer, James Henry, Vol I, IV
Fewer, Colin D., Vol II, IV
Fideler, Paul Arthur, Vol I, IV
Field, Hartry, Vol IV
Field, Richard, Vol IV
Fielder, John H., Vol IV
Fike, Lawrence Udell, Jr., Vol IV
Fillingim, David, Vol IV
Filonowicz, Joseph, Vol I, IV
Fine, Arthur, Vol IV
Fine, Kit, Vol IV
Finger, Thomas, Vol IV
Fink, Beatrice, Vol III, IV
Finkelstein, Rona G., Vol I, IV
Finken, Bryan W., Vol IV
Finocchiaro, Maurice A., Vol IV
Fiore, Robin N., Vol IV
Fiscella, Joan B., Vol II, IV
Fischer, John Martin, Vol IV
Fischer, Marilyn R., Vol IV
Fischer, Norman Arthuf, Vol IV
Fisher, David Hickman, Vol IV
Fisher, Robert Thaddeus, Vol IV
Fisher, Saul, Vol IV
Fitz, Hope K., Vol IV
FitzGerald, Desmond J., Vol IV
Fitzgerald, J. Patrick, Vol I, IV
Fitzgerald, John Joseph, Vol IV
Fitzgerald, Patrick, Vol IV
Fitzpatrick, William J., Vol IV
Flanagan, Owen, Vol IV
Fleischacker, Sam, Vol IV
Fletcher, David B., Vol IV
Fletcher, George Philip, Vol IV
Flint, Thomas P., Vol IV
Flippen, Douglas, Vol IV
Floyd, Juliet, Vol IV
Flynn, Thomas R., Vol IV
Folse, Henry J., Jr., Vol IV
Foltz, Bruce, Vol IV
Fontinell, Eugene, Vol IV
Forbes, Graeme, Vol IV
Ford, Lewis S., Vol IV
Foreman, Terry Hancock, Vol IV
Forguson, Lynd W., Vol IV
Forsberg, Ralph P., Vol IV
Fosl, Peter S., Vol IV
Foss, Jeffrey E., Vol IV
Foster, Lawrence, Vol IV
Foti, Veronique M., Vol IV
Fotion, Nicholas, Vol IV
Fouke, Daniel C., Vol IV
Foulk, Gary J., Vol IV
Fox, Michael Allen, Vol IV
Fox, Richard Milan, Vol IV
Fox, Samuel, Vol IV
Franco, Abel B., Vol IV
Frank, Daniel H., Vol IV
Frank, William A., Vol IV
Franklin, Allan David, Vol I, IV
Fraser, J(ulius) T(homas), Vol I
Freddoso, Alfred J., Vol IV
Freed, Bruce, Vol IV
Freeman, Donald Dale, Vol IV
Freeman, James B., Vol IV
French, Louise, Vol IV
French, Peter A., Vol IV
French, Stanley G., Vol IV
Freund, Norm, Vol IV
Freund, Richard A., Vol IV
Friedland, Julian, Vol IV
Friedman, Harvey Martin, Vol IV
Friedman, Lesley, Vol IV
Friedman, Marilyn A., Vol IV
Friedman, Maurice Stanley, Vol IV
Friedman, Michael, Vol IV
Friedman, Philip Allan, Vol II, IV
Friedman, William Hillel, Vol IV
Friel, James P., Vol II, IV
Friquegnon, Marie, Vol IV
Frisch, Mathias F., Vol IV
Fritsche, Johannes, Vol IV
Froment-Meurice, Marc, Vol III, IV

Fumerton, Richard, Vol IV
Furrow, Dwight, Vol IV
Fuss, Peter L., Vol IV
Gabhart, Mitchell, Vol IV
Gaffney, John Patrick, Vol IV
Gagnon, Carolle, Vol IV
Gaines, Robert N., Vol II, IV
Galgan, Gerald J., Vol IV
Galis, Leon, Vol IV
Gall, Robert, Vol IV
Gallagher, David M., Vol IV
Gallagher, Shaun, Vol IV
Gangadean, Ashok Kumar, Vol IV
Garber, Daniel Elliot, Vol IV
Garcia, Laura, Vol IV
Garcia-Gomez, Jorge, Vol II, IV
Gardner, Catherine, Vol IV
Garrett, Don James, Vol IV
Garry, Ann, Vol IV
Garver, Newton, Vol IV
Gass, William Howard, Vol IV
Gauker, Christopher P., Vol IV
Gauthier, Candace, Vol IV
Gauthier, Jeff, Vol IV
Gauthier, Yvon, Vol IV
Gavin, William, Vol IV
Gay, William Carroll, Vol IV
Geiger, Mary Virginia, Vol I, IV
Geiman, Kevin, Vol IV
Geisler, Norman Leo, Vol IV
Gendin, Sidney, Vol IV
Gennaro, Rocco J., Vol IV
Genova, Anthony Charles, Vol IV
Gensler, Harry J., Vol IV
George, Kathryn Paxton, Vol IV
George, Rolf A., Vol IV
Geraets, Theodore F., Vol IV
Gert, Bernard, Vol IV
Gert, Heather, Vol IV
Gibbard, Allan Fletcher, Vol IV
Gibbs, Paul J., Vol IV
Gier, Nicholas F., Vol IV
Giere, Ronald N., Vol IV
Gilbert, Joseph, Vol IV
Gilbert, Margaret, Vol IV
Gildric, Richard P., Vol I, IV
Giles, Thomas Ransom, Vol IV
Gill, Mary Louise, Vol IV
Gill, Michael, Vol IV
Gillan, Garth J., Vol IV
Gillett, Carl, Vol IV
Gilmore, George Barnes, Vol IV
Gilmour, John C., Vol IV
Gilson, Greg, Vol IV
Gini, Alfred, Vol IV
Ginsberg, Robert, Vol IV
Gladwin, Lee Allan, Vol IV
Glazebrook, Patricia, Vol IV
Glenn, John D., Jr., Vol IV
Glidden, David, Vol IV
Glidden, Jock, Vol IV
Glowienka, Emerine Frances, Vol IV, V
Gluck, Andrew L., Vol IV
Glymour, Clark, Vol IV
Glynn, Simon, Vol IV
Goad, Candace Shelby, Vol IV
Goddu, Andre, Vol IV
Goetsch, James R., Vol IV
Goff, Edwin L., Vol IV
Gold, Jeff, Vol IV
Gold, Jonathan, Vol IV
Goldberg, Sanford C., Vol IV
Goldin, Owen Michael, Vol IV
Golding, Martin P., Vol IV
Goldman, Alan H., Vol IV
Goldman, Alvin I., Vol IV
Goldstein, Irwin, Vol IV
Goldstein, Leon J., Vol IV
Goldthwait, John T., Vol IV
Goldworth, Amnon, Vol IV
Golluber, Michael, Vol IV
Gomberg, Paul, Vol IV
Gonzalez, Luis G., Vol IV
Gooch, Paul W., Vol IV
Gooding-Williams, Robert, Vol IV
Goodman, Lenn Evan, Vol IV
Goodman, Michael F., Vol IV
Goodman, Russell B., Vol IV
Gordon, Dane R., Vol IV
Gordon, Robert Morris, Vol IV
Gotthelf, Allan, Vol IV
Gottlieb, Roger Samuel, Vol IV
Gouinlock, James, Vol IV, V
Gould, Josiah B., Vol IV
Gourevitch, Victor, Vol IV
Gowans, Christopher W., Vol IV
Gracia, Jorge Jesus Emiliano, Vol IV
Graham, Daniel W., Vol IV
Graham, George, Vol IV
Graham, George Jackson, Vol IV
Grandy, Richard E., Vol IV
Grange, Joseph, Vol IV
Granger, Herbert, Vol IV
Gravel, Pierre, Vol II, IV
Gravlee, G. Scott, Vol IV
Gray, Bonnie Jean, Vol IV
Gray, Christopher, Vol IV
Gray, Wallace, Vol IV
Grcic, Joseph, Vol IV
Greco, John, Vol IV
Green, Judith, Vol IV
Green, Michael, Vol IV
Green, Michael J., Vol IV
Green, Mitchell S., Vol IV
Green, O. Harvey, Vol IV
Greenberg, Gershon, Vol IV
Greenstein, Harold, Vol IV
Gregory, Wanda Torres, Vol IV
Gribben, Alan, Vol II, IV
Griffin, Nicholas, Vol IV
Griffith, Stephen R., Vol IV
Grim, Patrick, Vol IV
Grimshaw, James, Vol II, IV
Grimsrud, Theodore G., Vol IV
Groarke, Leo A., Vol IV
Gronbacher, Gregory, Vol IV
Groothuis, Douglas, Vol IV
Grossman, Neal, Vol IV
Groth, Miles, Vol IV, V
Grover, Dorothy, Vol IV
Grover, Robinson Allen, Vol IV
Gruender, Carl David, Vol IV
Grunbaum, Adolf, Vol IV
Grunfeld, Joseph, Vol IV
Guerriere, Daniel, Vol IV
Guignon, Charles B., Vol IV
Gulley, Anthony D., Vol IV
Gunderson, Keith, Vol IV
Gunter, Peter A. Y., Vol IV
Gupta, Anil, Vol IV
Gurtler, Gary M., Vol IV
Gustason, William, Vol IV
Guzeldere, Guven, Vol IV
Haack, Susan, Vol IV
Haakonssen, Knud, Vol IV
Haber, Joram G., Vol IV
Habermehl, Lawrence L., Vol IV
Habibi, Don, Vol IV
Hackett, Elizabeth, Vol IV
Hackett, Jeremiah M., Vol IV
Hacking, Ian, Vol IV
Hahm, David Edgar, Vol I, III, IV
Haight, David F., Vol IV
Hajdin, Mane, Vol IV
Halberstam, Michael, Vol IV
Hales, Steven D., Vol IV
Hall, David Lynn, Vol IV
Hall, James, Vol IV
Hall, John, Vol IV
Hall, Richard John, Vol IV
Hall, Robert William, Vol IV
Hall, Ronald L., Vol IV
Hallberg, Fred William, Vol IV
Hallborg, Robert B., Jr., Vol IV
Hallen, Barry, Vol IV
Hallett, Michael, Vol IV
Hallman, Max, Vol IV
Halper, Edward Charles, Vol IV
Halpern, Beth, Vol IV
Halwani, Raja, Vol IV
Hammer, Jane R., Vol IV
Hammond, Guy Bowers, Vol IV
Hand, Michael, Vol IV
Handwerk-Noragon, Patricia, Vol IV
Haney, Marsha Snulligan, Vol IV
Hanks, Donald, Vol IV
Hannaford, R., Vol IV
Hannan, Barbara, Vol IV
Hans, James Stuart, Vol II, IV
Hansen, Carl L., Vol IV
Hanson, Bruce, Vol IV
Hanson, William H., Vol IV
Hardimon, Michael O., Vol IV
Hardin, Clyde Laurence, Vol IV
Hardman, Keith J., Vol IV
Hardwig, John R., Vol IV
Hare, John, Vol IV
Harms, William F., Vol IV
Harnsberger, R. Scott, Vol IV
Harper, Bill, Vol IV
Harries, Karsten, Vol IV
Harrington, Michael Louis, Vol IV
Harris, Bond, Vol IV
Harris, Charles Edwin, Vol IV
Harris, Errol E., Vol IV
Harris, Henry Silton, Vol IV
Harris, Norman, Vol IV
Harrison, Frank Russell, Vol IV
Hart, Bill, Vol IV
Hart, Richard E., Vol IV
Hart, W. D., Vol IV
Hartle, Ann, Vol IV
Hartle, Anthony E., Vol II, IV
Harvey, Charles W., Vol IV
Harwood, Robin, Vol IV
Hasker, William, Vol IV
Hassing, Richard F., Vol I, IV
Hatab, Lawrence J., Vol IV
Hatcher, Donald L., Vol IV
Hatfield, Gary C., Vol IV
Hattab, Helen, Vol IV
Hauck, Allan, Vol IV
Haugeland, John Christian, Vol IV
Hausman, Carl R., Vol IV
Hausman, Daniel M., Vol IV
Havas, Randall E., Vol IV
Hawkins, Benjamin Sanford, Jr., Vol IV
Haworth, Lawrence L., Vol IV
Heath, Eugene, Vol IV
Heath, Joseph, Vol IV
Heck, Richard, Vol IV
Heckman, Hugh W., Vol IV
Heckman, Peter, Vol IV
Heelan, Patrick Aidan, Vol IV
Heffernan, James, Vol IV
Heffner, John Howard, Vol IV
Heidt, Sarah L., Vol IV
Heim, Michael R., Vol IV
Heller, Agnes, Vol IV
Hellman, Geoffrey, Vol IV
Hemand, Jost, Vol I, III, IV
Henderson, Edward H., Vol IV
Hendley, Brian, Vol IV
Hendley, Steve, Vol IV
Henrich, Dieter, Vol IV
Herbenick, Raymond M., Vol IV
Herbert, Gary B., Vol IV
Herman, Arthur L., Vol IV
Hermann, Robert M., Vol IV
Hernandez, Arthur E., Vol IV, V
Heslep, Robert Durham, Vol IV, V
Hester, D. Micah, Vol IV
Hester, Lee, Vol IV
Hester, Marcus B., Vol IV
Hestevoid, H. Scott, Vol IV
Heyd, Thomas, Vol IV
Hicks, Stephen R. C., Vol IV
Hieronymi, Pamela, Vol IV
Higgins, Kathleen Marie, Vol IV
High, Dallas Milton, Vol IV
Hilbert, David, Vol IV
Hildebrand, David, Vol IV
Hill, Christopher, Vol IV
Hill, Jason D., Vol IV
Hill, Randolph K., Vol IV
Hill, Renee Afanan, Vol IV
Hill, Roscoe Earl, Vol IV
Hill, Thomas E., Vol IV
Hillar, Marian, Vol IV
Hinchman, Lewis P., Vol IV
Hinderer, Walter, Vol III, IV
Hintikka, Jaakko, Vol IV
Hintzen, Percy Claude, Vol IV
Hirstein, William, Vol IV
Hitchcock, David, Vol IV
Hiz, Henry, Vol III, IV
Hoag, Robert W., Vol IV
Hoaglund, John Arthur, Vol IV
Hockenbery, Jennifer D., Vol IV
Hocks, Elaine, Vol IV
Hodapp, Paul F., Vol IV
Hodes, Harold T., Vol IV
Hodges, Donald Clark, Vol IV
Hodges, Michael P., Vol IV
Hoefer, Carl, Vol IV
Hoeflin, Ronald K., Vol IV
Hoekema, David A., Vol IV
Hoesle, Vittorio, Vol IV
Hoff, Joan Whitman, Vol IV
Hoffman, Paul, Vol I, IV
Hoffman, Piotr, Vol I, IV
Hoffmaster, Barry, Vol IV
Hofstadter, Douglas Richard, Vol IV
Hogan, Melinda, Vol IV
Hogan, Wilbur C., Vol IV
Hogenson, George B., Vol IV
Holland, Margaret G., Vol IV
Holland, Robert A., Vol IV
Hollander, Rachelle D., Vol IV
Holley, David M., Vol IV
Holloway, Alvin J., Vol IV
Holmes, Richard H., Vol IV
Holmes, Robert Lawrence, Vol IV
Holmstrom-Hintikka, Ghita B. E., Vol IV
Holtman, Sarah Williams, Vol IV
Hong, Chang-Seong, Vol IV
Hong, Howard V., Vol IV
Hopkins, Jasper, Vol IV
Hoppe, E. A., Vol IV
Horne, James R., Vol IV
Horne, Ralph Albert, Vol IV
Horovitz, Amir, Vol IV
Horst, Steven, Vol IV
Horty, John F., Vol IV
Hosoi, Y. Tim, Vol IV
Hossein, Ziai, Vol IV
Houlgate, Laurence Davis, Vol IV
Houser, Nathan, Vol IV
Howard, Michael W., Vol IV
Howe, Lawrence W., Vol IV
Howe, Leroy T., Vol IV
Howell, Robert, Vol IV
Howie, John, Vol IV
Hoyt-O'Connor, Paul E., Vol I, IV
Huang, Siu Chi, Vol IV
Huddleston, Tobianna W., Vol IV
Hudelson, Richard Henry, Vol IV
Hudson, James L., Vol IV
Hudson, Yeager, Vol IV
Huenemann, Charles, Vol IV
Huggett, Nick, Vol IV
Hughes, Glenn, Vol IV
Hughes, Paul, Vol IV
Hugly, Philip, Vol IV
Hull, David L., Vol IV
Hull, Richard T., Vol IV
Hullett, James N., Vol IV
Hullot-Kentor, Robert, Vol IV
Humber, James Michael, Vol IV
Hunter, Allan, Vol IV, V
Hurd, Heidi M., Vol IV
Husak, Douglas Neil, Vol IV
Hustwit, Ronald E., Vol IV
Hutcheson, Richard E., Vol IV
Hutchinson, Douglas S., Vol IV
Hutchison, John A., Vol IV
Hyland, Drew Alan, Vol IV
Hylton, Peter, Vol IV
Hymers, Michael, Vol IV
Hyun, Insoo, Vol IV
Iannone, A. Pablo, Vol IV
Ide, Harry, Vol IV
Ihde, Don, Vol IV
Ihlan, Amy, Vol IV
Immerwahr, John, Vol IV
Inada, Kenneth K., Vol IV
Ingram, David B., Vol IV
Iorio, Dominick Anthony, Vol IV
Irschick, Eugene Frederick, Vol I, IV, V
Irwin, William Henery, Vol IV
Irwin, William T., Vol IV
Iseminger, Gary H., Vol IV
Ismael, Jenann, Vol IV
Jackman, Henry, Vol IV
Jackson, Joseph Hollister, Vol IV, V
Jacobs, David C., Vol IV
Jacobs, Jo Ellen, Vol IV
Jacobs, Jonathan, Vol IV
Jacobson, Paul Kenneth, Vol I, IV
Jacobson, Stephen, Vol IV
Jacobus, Lee Andre, Vol II, IV
Janack, Marianne, Vol IV
Jarrett, James L., Vol IV
Jarrett, Jon, Vol IV
Jarvie, Ian Charles, Vol IV, V
Jay, Stewart, Vol IV
Jeffrey, Richard C., Vol IV
Jegstrup, Elsebet, Vol IV
Jenemann, Albert Harry, Vol IV
Jenkins, John, Vol IV
Jih, Luke, Vol IV
John, Eileen, Vol IV
Johnsen, Bredo C., Vol IV
Johnson, David Lawrence, Vol IV
Johnson, Edward, Vol IV
Johnson, Frederick A., Vol IV
Johnson, J. Prescott, Vol IV
Johnson, Patricia Altenbernd, Vol IV
Jokic, Aleksander, Vol IV
Jolley, Nicholas, Vol IV
Jollimore, Troy, Vol IV
Jonas, Hans, Vol IV
Jones, Joe Frank, Vol IV
Jones, Judith A., Vol IV
Jones, Thomas Canby, Vol IV
Jones, William B., Vol IV
Joohariglan, Robert B., Vol IV
Joos, Ernest, Vol II, IV
Jordan, Mark, Vol IV
Jordan, Robert Welsh, Vol I, IV
Joseph, Stephen, Vol IV
Josephson, Susan G., Vol IV
Joy, Lynn S., Vol IV
Jung, Darryl, Vol IV
Jurczak, Paul M., Vol IV
Kac, Michael, Vol IV
Kadish, Mortimer R., Vol IV
Kaebnick, Gregory E., Vol IV
Kaelin, Eugene Francis, Vol IV
Kahane, Howard, Vol IV
Kahn, Charles H., Vol I, IV
Kaminsky, Jack, Vol IV
Kamm, Frances Myrna, Vol IV
Kamtekar, Rachana, Vol IV
Kane, Francis, Vol IV
Kane, Robert H., Vol IV
Kaplan, David M., Vol IV
Kaplan, Laura Duhan, Vol IV, V
Kasachkoff, Tziporah, Vol IV
Kasely, Terry S., Vol IV
Kassim, Husain, Vol IV
Kates, Carol A., Vol IV
Kaufer, David S., Vol IV
Kaufman, William E., Vol IV
Kaulbach, Ernest Norman, Vol III, IV
Kaye, Lawrence J., Vol IV
Kearney, Richard, Vol IV
Kearns, John Thomas, Vol IV
Keefer, Donald R., Vol IV
Keeling, Lytle Bryant, Vol IV
Keeton, Morris Teuton, Vol IV
Kegley, Jacquelyn A., Vol IV
Keim-Campbell, Joseph, Vol IV
Keith, Heather, Vol IV
Kekes, John, Vol IV
Kelbley, Charles A., Vol IV
Kellenberger, Bertram James, Vol IV
Keller, Chester, Vol IV
Keller, David R., Vol IV
Keller, James Albert, Vol IV
Keller, Pierre, Vol IV
Kellogg, Frederic R., Vol IV
Kelly, Jim Kelly, Vol IV
Kelly, Sean D., Vol IV
Kelsey, Sean, Vol IV
Kenevan, Phyllis Berdt, Vol IV
Kennedy, Thomas, Vol IV
Kenneson, Philip D., Vol IV
Kennick, William Elmer, Vol IV
Kerckhove, Lee, Vol IV
Kerlin, Michael J., Vol IV
Kerr, Gregory, Vol IV
Kersten, Frederick Irving, Vol IV
Ketner, Kenneth Laine, Vol II, IV
Kevelson, Roberta, Vol IV
Keyt, David, Vol IV
Kielkopf, Charles F., Vol IV
Kiersky, James H., Vol IV
Kim, Yong Choon, Vol IV
Kimball, Robert, Vol IV
Kind, Amy L., Vol IV
King, Sallie B., Vol IV
Kinnaman, Theodore J., Vol IV
Kirkpatrick, Frank Gloyd, Vol IV
Kirshbaum, Hal, Vol IV
Kisiel, Theodore Joseph, Vol IV
Kitchel, Mary Jean, Vol I, IV
Kitchener, Richard F., Vol IV
Kitcher, Patricia, Vol IV
Kitching, Benita, Vol IV
Kittay, Eva Feder, Vol IV
Kivy, Peter Nathan, Vol IV
Klagge, James C., Vol IV
Kleiman, Lowell, Vol IV
Klein, Ellen R., Vol IV
Klein, Kenneth, Vol IV
Klein, Peter David, Vol IV
Kleiner, Scott Alter, Vol IV
Kleingeld, Pauline, Vol IV
Klemke, Elmer Daniel, Vol IV
Klibansky, Raymond, Vol IV
Klima, Gyula, Vol IV
Kline, George Louis, Vol IV
Klonoski, Richard, Vol IV
Kneller, Jane E., Vol IV
Knight, Deborah, Vol IV
Koch, Michael, Vol IV
Koddermann, Achim D., Vol IV
Koegler, Hans-Herbert, Vol IV
Koenig, Thomas Roy, Vol IV
Koestenbaum, Peter, Vol IV
Kohl, Marvin, Vol IV
Kolak, Daniel, Vol IV
Kolb, David Alan, Vol IV

Koons, Robert C., Vol IV
Kopaczynski, Germain, Vol IV
Kopelman, Loretta M., Vol IV
Koperski, Jeffrey, Vol IV
Korcz, Keith, Vol IV
Kornblatt, Judith Deutsch, Vol III, IV
Kornblith, Hilary, Vol IV
Korsgaard, Christine M., Vol IV
Korsmeyer, Carolyn, Vol IV
Kosrovani, Emilio M., Vol IV
Koterski, Joseph, Vol IV
Kotzin, Rhoda Hadassah, Vol IV
Krakauer, Eric, Vol IV
Krantz, Arthur A., Vol IV
Krausz, Michael, Vol IV
Kraut, Richard, Vol IV
Krebs, Victor J., Vol IV
Kremer, Michael, Vol IV
Kress, Robert Lee, Vol IV
Krimerman, Leonard I., Vol IV
Krimm, Hans Heinz, Vol IV
Krimsky, Sheldon, Vol I, IV
Kristeller, Paul Oskar, Vol IV
Kucheman, Clark Arthur, Vol IV
Kuehn, Manfred, Vol I, IV
Kuhn, Steven Thomas, Vol IV
Kuhns, Richard, Vol IV
Kukla, Rebecca, Vol I, IV
Kulstad, Mark Alan, Vol IV
Kultgen, John, Vol IV
Kumar, Rahul, Vol IV
Kupperman, Joel J., Vol IV
Kurtz, Paul, Vol IV
Kuzminski, Adrian, Vol I, IV
Kymlicka, Will, Vol IV
Lachs, John, Vol IV
Lackey, Douglas Paul, Vol IV
Lacy, Allen, Vol IV
Lacy, William Larry, Vol IV
Ladd, Rosalind Ekman, Vol IV
Laden, Anthony, Vol IV
Ladenson, Robert, Vol IV
LaFollette, Hugh, Vol IV
Lafont, Cristina, Vol IV
Lafrance, Yvon, Vol IV
Lahey, Stephen, Vol IV
Laidlaw, Elizabeth Santana, Vol IV
Lamarche, Pierre, Vol IV
Lambert, J. Karel, Vol IV
Lambert, Richard Thomas, Vol I, IV
Lampe, Philip, Vol IV, V
Lance, Mark, Vol IV
Landesman, Charles, Vol IV
Landini, Gregory, Vol IV
Lang, Berel, Vol I, IV
Langan, John P., Vol IV
Langer, Monika, Vol IV
Langerak, Edward Anthony, Vol IV
Langford, Michael J., Vol IV
Langiulli, Nino Francis, Vol II, IV
Laporte, Joseph F., Vol IV
Larrabee, Mary Jane, Vol IV
Larsen, Allan W., Vol IV
Lass, Tris, Vol IV
Lassek, Yun Ja, Vol IV, V
Latiolais, Christopher, Vol IV
Lauder, Robert Edward, Vol IV
Laughlin, John C. H., Vol IV, V
Laumakis, Stephen J., Vol IV
Lawhead, William F., Vol I, IV
Lawrence, John Shelton, Vol IV
Lawry, Edward George, Vol IV
Lawson, Angus Kerr, Vol IV
Laywine, Alison, Vol IV
Leaman, George R., Vol IV
Leary, David E., Vol I, IV
Leck, Glorianne Mae, Vol IV
Leddy, T., Vol IV
Leder, Drew L., Vol IV
Ledoux, Arthur O'brien, Vol IV
Lee, Donald Soule, Vol IV
Lee, Grant S., Vol IV
Lee, Mi Kyoung, Vol IV
Lee, Richard, Vol IV
Lee, Sander H., Vol IV
Lee, Steven Peyton, Vol IV
Lee, Sukjae, Vol IV
Lee, Wonkee "Dan", Vol IV
Lee, Young Sook, Vol IV
Leeds, Stephen J., Vol IV
Leftow, Brian, Vol IV
Lehmann, Scott K., Vol IV
Leibowitz, Constance, Vol IV
Leibowitz, Flora L., Vol IV
Leighton, Stephen, Vol IV
Leiser, Burton, Vol IV
LeMoncheck, Linda, Vol IV, V
Lemos, John P., Vol IV
Lemos, Ramon M., Vol IV
Lennon, Thomas M., Vol IV
Lennox, James Gordon, Vol IV
Leonard, Thomas M., Vol I, IV
Leplin, Jarrett, Vol I, IV
Levi, Isaac, Vol IV
Levin, David M., Vol IV
Levine, Andrew, Vol IV
Levinson, Jerrold, Vol IV
Levy, Robert J., Vol IV
Lewis, Douglas, Vol IV
Lewis, Eric, Vol IV
Lewis, Neil, Vol IV
Lewis, Peter J., Vol IV
Lewis, Randy Lynn, Vol IV
Li, Chenyang, Vol IV
Lichtenbert, Robert H., Vol IV
Lidz, Joel W., Vol IV
Limper, Peter Frederick, Vol IV
Lincourt, John M., Vol IV
Lindberg, Jordan, Vol IV
Lindgren, John Ralph, Vol IV
Lineback, Richard Harold, Vol IV
Linehan, Elizabeth Ann, Vol IV
Lingis, Alphonso, Vol IV
Lingswiler, Robert Dayton, Vol IV
Linker, Maureen, Vol IV
Linsenbard, Gail E., Vol IV
Lipman, Matthew, Vol IV
Lisska, Anthony Joseph, Vol IV
List, Peter C., Vol IV
Liszka, James, Vol IV
Litch, Mary, Vol IV
Little, Daniel E., Vol IV
Livingston, Donald W., Vol I, IV
Lobo, Alfonso Gomez, Vol IV
Lochtefeld, James G., Vol IV
Lockwood, Kimberly Mosher, Vol IV
Lodge, Paul A., Vol IV
Loeb, Louis Edward, Vol IV
Lombard, Lawrence B., Vol IV
Lombardi, Joseph L., Vol IV
Lone, Jana Mohr, Vol IV
Long, Douglas C., Vol IV
Long, Eugene T., Vol IV
Long, R. James, Vol I, IV
Long, Roderick T., Vol IV
Long, Steven A., Vol IV
Longino, Helen, Vol IV
Loofbourrow, Richard C., Vol IV
Lopes, Dominic McIver, Vol IV
Lord, Timothy C., Vol IV
Lorek, Robert, Vol IV
Losoncy, Thomas A., Vol IV
Losonsky, Michael, Vol IV
Louch, Alfred, Vol IV
Louden, Robert B., Vol IV
Loughran, James N., Vol IV
Lounibos, John, Vol IV
Loux, Michael, Vol IV
Lu, Matthias, Vol IV
Lucas, Raymond E., Vol IV
Lucash, Frank S., Vol IV
Luce, David R., Vol IV
Luckhardt, C. Grant, Vol IV
Ludwig, Kirk, Vol IV
Luebke, Neil Robert, Vol IV
Luft, Sandra, Vol I
Luke, Brian A., Vol IV
Luper, Steven, Vol IV
Luyster, Robert W., Vol IV
Lynch, Joseph J., Vol IV
Lynch, Michael P., Vol IV
Lyon, Gordon W., Vol IV
Lyons, Daniel D., Vol IV
Lyons, David, Vol IV
Lytle, Timothy F., Vol IV
Mabe, Alan R., Vol IV
MacArthur, Steven D., Vol IV
MacDonald, Scott C., Vol IV
Machamer, Peter Kennedy, Vol IV
Machan, Tibor R., Vol IV
Machina, Kenton F., Vol IV
Machle, Edward Johnstone, Vol IV
Macierowski, E. M., Vol I, IV
MacIntosh, Duncan, Vol IV
Macintosh, John James, Vol IV
Mack, Eric M., Vol IV
Mackey, Louis Henry, Vol III, IV
Mackler, Aaron L., Vol IV
Macklin, Ruth C., Vol IV
Macleod, Colin, Vol IV
Madden, Daniel Patrick, Vol IV
Madden, Edward H., Vol IV
Maddox, Timothy D. M., Vol IV
Maddy, Penelope, Vol IV
Madison, Gary Brent, Vol IV
Madsen, Truman Grant, Vol IV
Maffie, James, Vol IV
Magee, Glenn A., Vol IV
Mager, Donald, Vol II, IV
Magnus, Bernd, Vol IV
Magurshak, Daniel J., Vol IV
Maher, Patrick L., Vol IV
Mahoney, Edward P., Vol IV
Maitzen, Stephen, Vol IV
Makau, Josina M., Vol II, IV
Makkreel, Rudolf A., Vol IV
Malhotra, Ashok Kumar, Vol IV
Maller, Mark, Vol IV
Malm, Heidi, Vol IV
Maloney, J. Christoper, Vol IV
Maloney, Thomas, Vol IV
Mamary, Anne, Vol IV
Mandle, Jonathan, Vol IV
Mandt, Almer J., III, Vol IV
Mangrum, Franklin M., Vol IV
Maniates, Maria Rika, Vol II, IV
Mann, William Edward, Vol I, IV
Manns, James William, Vol IV
Mansueto, Anthony, Vol IV
Marchenkov, Vladimir, Vol IV
Marcin, Raymond B., Vol IV
Marcus, Ruth Borcan, Vol IV
Marenco, Marc, Vol IV
Margolis, Joseph, Vol IV
Marietta, Don E., Vol IV
Marion, Laurie Cowan, Vol IV
Markie, Peter J., Vol IV
Marks, Joel Howard, Vol IV
Marler, Grant A., Vol IV
Marmura, Michael Elias, Vol III, IV
Marquis, Donald Bagley, Vol IV
Marras, Ausonio, Vol IV
Marsh, James L., Vol IV
Marti, Genoveva, Vol IV
Martin, Charles Burton, Vol IV
Martin, Edward N., Vol IV
Martin, Francis David, Vol IV
Martin, Glen T., Vol IV
Martin, James August, Vol IV
Martin, Jane Roland, Vol IV, V
Martin, Jerry Lee, Vol IV
Martin, Joseph Ramsey, Vol IV
Martin, Michael Lou, Vol IV
Martin, Mike W., Vol IV
Martin, Raymond Frederick, Vol IV
Martin, Rex, Vol IV
Martin, Robert M., Vol IV
Martin, Thomas, Vol IV
Martin, Wayne M., Vol I, IV
Martinez, Roy, Vol IV
Martinich, Aloysius P., Vol IV
Martland, T(homas) R(odolphe), Vol IV
Masolo, D. A., Vol IV
Mason, H. E., Vol IV
Mason, Jeffrey A., Vol IV
Mason, Sheila, Vol IV
Massey, Gerald J., Vol IV
Matejka, George, Vol IV
Mathews, Mark William, Vol IV
Matsen, Herbert S., Vol IV
Matthews, Gareth Blanc, Vol IV
Matthews, Patricia, Vol IV
Matthews, Robert Joseph, Vol IV
Matthis, Michael, Vol IV
Mattingly, Richard Edward, Vol IV
Mattingly, Susan Shotliff, Vol IV
Matustik, Martin J. Beck, Vol IV
May, Richard Warren, Vol IV
Maynard, Patrick, Vol IV
Mazoue, Jim, Vol IV
Mazumdar, Rinita, Vol IV, V
Mazur, Dennis J., Vol IV
Mc Grane, Bernard, Vol IV, V
McAlister, Elizabeth, Vol IV
McAlister, Linda L., Vol IV
McAninch, Robert D., Vol IV
McArthur, Robert L., Vol IV
McBain, James F., Jr., Vol IV
McBride, William Leon, Vol IV
McCabe, David, Vol IV
McCall, Storrs, Vol IV
McCann, Edwin, Vol IV
McCann, Hugh Joseph, Vol IV
McCarthy, Thomas, Vol IV
McCarthy, Thomas A., Vol IV
McCarthy, Timothy, Vol IV
McCartney, James J., Vol IV
McCarty, Doran Chester, Vol IV
McCauley, Robert N., Vol IV
McClamrock, Ron, Vol IV
McConnell, Jeff, Vol IV
McConnell, Terrance C., Vol IV
McCoy, Jerry, Vol IV
McCracken, Charles James, Vol IV
McCullagh, Mark, Vol IV
McDermott, A. Charlene, Vol IV
McDermott, John J., Vol IV
McDonald, Peter J. T., Vol IV
McElwain, Hugh Thomas, Vol IV
McGary, Howard, Vol IV
McGilvray, James, Vol IV
McGinley, John Willard, Vol IV
McGovern, Arthur F., Vol IV
McHenry, Leemon, Vol IV
McInerney, Peter K., Vol IV
McInerny, Ralph, Vol IV
McIntyre, Lee C., Vol IV
McIntyre, Ronald Treadwell, Vol IV
McKee, Patrick M., Vol IV
McKenna, Michael S., Vol IV
McKenna, William R., Vol IV
McKinney, Richard I., Vol IV
McKinsey, Michael, Vol IV
McLean, George Francis, Vol IV
McMahan, Jefferson, Vol IV
McMahon, Robert, Vol II, IV
McMahon, William Edward, Vol IV
McNamara, Paul, Vol IV
McRobert, Jennifer, Vol IV
Mead, Walter Bruce, Vol IV
Meade, E. M., Vol IV
Meehan, M. Johanna, Vol IV
Meerbote, Ralf, Vol I, IV
Mehl, Peter J., Vol IV
Mehta, Mahesh Maganlal, Vol IV
Mehuron, Kate, Vol IV
Meikeljohn, Donald, Vol IV
Meilaender, Gilbert, Vol IV
Meinwald, Constance, Vol IV
Melchionne, Kevin, Vol IV
Mele, Alfred R., Vol II, III, IV
Mellema, Gregory, Vol IV
Melnick, Atrhur, Vol IV
Mendieta, Eduardo, Vol IV
Mendola, Joseph, Vol IV
Menke, Christoph, Vol IV
Menn, Stephen, Vol IV
Mensch, James, Vol IV
Menuge, Angus, Vol IV
Menzel, Christopher, Vol IV
Mercer, Mark, Vol IV
Merchant, Carolyn, Vol I, IV
Merlino, Scott A., Vol IV
Merrill, Daniel Davy, Vol IV
Merrill, Kenneth Rogers, Vol IV
Merwin, Peter Matthew, Vol IV
Mesle, C. Robert, Vol IV
Meyer, Leroy N., Vol IV
Meyer, Milton Wachsberg, Vol IV
Meyers, Diana Tietjens, Vol IV, V
Meyers, Robert, Vol IV
Michael, Colette, Vol III, IV
Michael, Colette Verger, Vol III, IV
Michael, Emily, Vol IV
Michelman, Stephen A., Vol IV
Miles, Kevin Thomas, Vol IV
Miles, Murray Lewis, Vol IV
Miller, A. R., Vol IV
Miller, Benjamin, Vol IV
Miller, Clarence, Vol IV
Miller, Danna R., Vol IV
Miller, Edward L., Vol IV
Miller, Franklin, Vol IV
Miller, Jerome A., Vol IV
Miller, John Douglas, Vol IV
Miller, John F., III, Vol IV
Miller, Myron, Vol IV
Millgram, Elijah, Vol IV
Millikan, Ruth G., Vol IV
Mills, Charles, Vol IV
Mills, Claudia, Vol IV
Minar, Edward, Vol IV
Minas, Anne C., Vol IV
Minnich, Elizabeth, Vol IV
Minogue, Brendan Patrick, Vol IV
Mints, Grigori, Vol IV
Miranda de Almeida, Rogerio, Vol IV
Missner, Marshall Howard, Vol IV
Mitchell, Jeff, Vol IV
Mitchell, R. Lloyd, Vol IV
Mitias, Michael Hanna, Vol IV
Mizell, K., Vol IV
Mizzoni, John M., Vol IV
Mohan, Robert Paul, Vol IV
Mohanty, Jitendra N., Vol IV
Mohr, Richard, Vol IV
Monan, James Donald, Vol IV
Montgomery, Sharon Burke, Vol IV
Moor, James H., Vol IV
Moore, Brooke N., Vol IV
Moore, Joseph G., Vol IV
Moore, Kathleen D., Vol IV
Moore, Margaret, Vol IV
Moore, Max, Vol IV
Moore, Ronald, Vol IV
Moore, Terrence L., Vol IV
Morales, Maria H., Vol IV
Moran, Jon S., Vol IV
Moran, Richard, Vol IV
Moravcsik, Julius M., Vol IV
Morelli, Mario Frank, Vol IV
Morgan, Charles G., Vol IV
Morick, Harold, Vol IV
Morrison, Clayton T., Vol IV
Morton, Charles E., Vol IV
Moser, Paul K., Vol IV
Moses, Greg, Vol IV
Moskop, John C., Vol IV
Moss, Lenny, Vol IV
Moss, Myra Ellen, Vol IV
Mosser, Kurt, Vol III, IV
Mothersill, Mary, Vol IV
Moultón, Janice, Vol II, IV
Mountcastle, William W., Vol IV
Mourelatos, Alexander Phoebus Dionysiou, Vol III, IV
Moustakas, Clark, Vol IV
Mozur, Gerald E., Vol IV
Muir, Malcolm, Jr, Vol I, IV
Muller, Ralf, Vol IV
Mullin, Amy M., Vol IV
Mulvey, Ben, Vol IV
Mumby, Dennis K., Vol II, III, IV
Munson, Ronald, Vol IV
Munzel, Gisela Felicitas, Vol IV
Munzer, Stephen Roger, Vol IV
Murdock, Jonah, Vol IV
Murnion, William E., Vol IV
Murphy, Julien, Vol IV
Murphy, Laurence Lyons, Vol III, IV
Murphy, Liam Beresford, Vol IV
Murphy, Mark Christopher, Vol IV
Murphy, Nancey, Vol IV
Murrell, Nathaniel Samuel, Vol IV
Muscari, Paul G., Vol IV
Myers, Gerald E., Vol IV
Myers, Michael W., Vol IV
Myers, Robert, Vol IV
Myrvold, Wayne C., Vol IV
Nagel, Mechthild E., Vol IV
Nagel, Thomas, Vol IV
Nagy, Paul, Vol IV
Nails, Debra, Vol IV
Nairn, Charles E., Vol IV
Nakhnikion, George, Vol IV
Nardin, Terry, Vol IV
Naser, Curtis R., Vol IV
Nash, Roger, Vol IV
Nash, Ronald H., Vol IV
Nathan, Daniel O., Vol IV
Nathanson, Stephen L., Vol IV
Nauckhoff, Josefine C., Vol IV
Naylor, Andrew, Vol IV
Neale, Philip Whitby, Vol IV
Neander, K., Vol IV
Needleman, Jacob, Vol IV
Neeley, G. Steven, Vol IV
Neely, Wright, Vol IV
Nehamas, Alexander, Vol IV
Neill, Warren, Vol IV
Nelson, Herbert James, Vol IV
Nelson, James L., Vol IV
Nelson, Lonnie R., Vol IV
Nelson, Lynn Hankinson, Vol IV
Nelson, Michael P., Vol IV
Nelson, William N., Vol IV
Nenon, Thomas J., Vol IV
Nerenberg, Bruce Edward, Vol IV
Neta, Ram, Vol IV
Neu, Jerome, Vol IV
Neuhouser, Frederick, Vol I, IV
Neujahr, Philip Joseph, Vol IV
Neumann, Harry, Vol IV
Neville, Robert C., Vol IV
Newman, Andrew, Vol IV
Newman, David, Vol IV
Newman, Lex, Vol I, IV
Newport, J., Vol IV
Newton, Lisa Haenlein, Vol IV

Ni, Peimin, Vol IV
Nicholas, John M., Vol IV
Nicholson, L., Vol IV
Nickel, James W., Vol IV
Nickles, Thomas, Vol I, IV
Nielsen, Harry A., Vol IV
Nielsen, Kai, Vol IV
Nikulin, Dmitri, Vol IV
Nissen, Lowell A., Vol IV
Nissim-Sabat, Marilyn, Vol IV
Nnam, Nkuzi, Vol IV
Nnoruka, Sylvanos I., Vol IV
Noda, Keisuke, Vol IV
Nogales, Patti, Vol IV
Nolan, Rita, Vol IV
Noller, David K., Vol II
Nordby, Jon Jorgen, Vol IV
Nordenhaug, Erik, Vol IV
Noren, Stephen J., Vol IV
Norman, Andrew, Vol IV
Norman, Judith, Vol IV
Normore, Calvin Gerard, Vol I, IV
Norton, Bryan G., Vol IV
Norton, David Fate, Vol IV
Norton-Smith, Thomas M., Vol IV
Novak, Joseph A., Vol IV
Nozick, Robert, Vol IV
Nutbrown, Richard A., Vol IV
Nuzzo, Angelica, Vol I, IV
Nye, Andrea, Vol IV
O'Connor, Daniel D., Vol IV
O'Connor, David, Vol IV
O'Connor, David, Vol IV
O'Connor, Dennis, Vol IV
O'Connor, Patricia, Vol IV
O'Dea, Jane, Vol IV
O'Donovan-Anderson, Michael, Vol IV
O'Hara, Mary L., Vol IV
O'Neill, William George, Vol IV
Oaklander, L. Nathan, Vol IV
Oakley, John Bilyeu, Vol IV
Oberdiek, Hans Fredrick, Vol IV
Obitts, Stanley Ralph, Vol IV
Oddie, Graham James, Vol IV
Okhamafe, Imafedia, Vol II, IV
Oliker, Michael A., Vol II, IV
Oliver, Harold Hunter, Vol IV
Olshewsky, Thomas Mack, Vol IV
Omatseye, Jim, Vol IV, V
Ophardt, Michael, Vol IV
Oppenheim, Frank M., Vol IV
Orend, Brian, Vol IV
Ornstein, Jack, Vol IV
Ort, Larry V., Vol IV
Ostertag, Gary, Vol IV
Otteson, James R., Vol IV
Ouderkirk, Wayne, Vol IV
Ouren, Dallas, Vol IV
Overall, Christine D., Vol IV
Owens, Joseph, Vol IV
Owens, Kathleen Marie, Vol IV
Ozar, David T., Vol IV
Padgett, Alan G., Vol IV
Page, Benjamin Bakewell, Vol IV
Painter, Mark A., Vol IV
Palmer, Richard E., Vol IV
Papazian, Michael, Vol IV
Pappas, George Sotiros, Vol IV
Pappas, Gregory F., Vol IV
Pappu, Rama Rao, Vol IV
Paprzycka, Katarzyna, Vol IV
Parchment, Steven, Vol I, IV
Parens, Joshua, Vol IV
Parker, Kelly A., Vol IV
Parks, Jennifer A., Vol IV
Parrish, Stephen E., Vol IV
Parry, Richard D., Vol IV
Parsons, Charles D., Vol IV
Pasch, Alan, Vol IV
Paskow, Alan, Vol IV
Passell, Dan, Vol IV
Patel, Ramesh, Vol IV
Patterson, Becky H., Vol IV
Patterson, D., Vol IV
Paulo, Craig N., Vol IV
Paulsen, David L., Vol IV
Paulson, Stanley Lowell, Vol IV
Pavesich, Vida, Vol IV
Pawelski, James, Vol IV
Payne, Steven, Vol IV
Peacock, Kent, Vol IV
Pearson, Eric, Vol IV
Peck, William Dayton, Vol IV
Pecorino, Philip Anthony, Vol IV, V
Peden, William Creighton, Vol IV
Pellegrino, Edmund Daniel, Vol IV
Pelletier, Lucien, Vol IV
Penaskovic, Richard, Vol IV
Pence, Gregory E., Vol IV
Penczek, Alan, Vol IV
Pennock, Robert T., Vol IV
Pentiuc, Eugene, Vol IV
Peperzak, Adriaan Theodoor, Vol IV
Pepper, George B., Vol IV
Perhac, Ralph M., Vol IV
Perkins, Moreland, Vol IV
Perlman, Mark, Vol IV
Perry, Constance K., Vol IV
Pestana, Mark, Vol IV
Peters, Theodore Frank, Vol IV
Peterson, Gregory R., Vol IV
Peterson, Michael Lynn, Vol IV
Peterson, Philip Leslie, Vol III, IV
Peterson, Sandra, Vol IV
Petit, Philip, Vol IV
Pfeiffer, Raymond Smith, Vol IV
Phenix, Philip Henry, Vol IV
Phillips, Clarence Mark, Vol IV
Phillips, Dewi Zephaniah, Vol IV
Phillips, Robert L., Vol IV
Philpott, Mark, Vol IV
Phipps, William Eugene, Vol IV
Picart, Caroline (Kay) J. S., Vol IV
Pickard, Dean, Vol IV
Pietsch, Paul Andrew, Vol IV, V
Pinkard, Terry, Vol IV
Piper, Adrian Margaret Smith, Vol IV
Pirau, Vasile, Vol IV
Pitcher, George Willard, Vol IV
Pitt, David, Vol III, IV
Pitt, Jack, Vol IV
Pitt, Joseph C., Vol IV
Planeaux, Christopher, Vol I, IV
Plantinga, Alvin, Vol IV
Platt, David S., Vol IV
Plotkin, Howard, Vol IV
Pluhar, Evelyn Begley, Vol IV
Pluhar, Werner S., Vol IV
Pojman, Louis, Vol IV
Polansky, Ronald M., Vol IV
Pollock, John Leslie, Vol IV
Pols, Edward, Vol IV
Pomerleau, Wayne Paul, Vol IV
Ponton, Lionel, Vol IV
Popkin, Richard, Vol IV
Poppe, Susan, Vol IV
Porter, Burton F., Vol IV
Pospesel, Howard, Vol IV
Postema, Gerald Jay, Vol IV
Posy, Carl J., Vol IV
Potter, Karl Harrington, Vol IV
Potter, Nelson, Vol IV
Potts, Michael, Vol IV
Powell, Jouett L., Vol IV
Powell, Sam, Vol IV
Power, Margaret, Vol I, III, IV
Powers, Madison, Vol IV
Pozzo, Riccardo, Vol IV
Prado, C. G., Vol IV
Press, Gerald, Vol IV
Pressman, H. Mark, Vol IV
Preus, Anthony, Vol IV
Prialkowski, Kristoff, Vol IV
Price, Daniel, Vol IV
Price, Marjorie S., Vol IV
Price, Robert M., Vol IV
Primack, Maxwell, Vol I, IV
Prince, Arthur, Vol IV
Pritchard, Michael, Vol IV
Pritzl, Kurt, Vol IV
Proops, Ian, Vol IV
Prust, Richard Charles, Vol IV
Pudsell, F. David, Vol I, IV
Puligandla, Ramakrishna, Vol IV
Purtill, Richard L., Vol IV
Putnam, Hilary, Vol IV
Putney, David P., Vol IV
Quigley, Timothy R., Vol IV
Quillian, William F., Vol IV
Quinn, John F., Vol IV
Rachels, James, Vol IV
Rachels, Stuart, Vol IV
Radden, Jennifer, Vol IV
Radzik, Linda, Vol IV
Rafalko, Robert J., Vol IV
Rakus, Daniel T., Vol IV
Ramsey, Jeff, Vol I, IV
Ransdell, Joseph M., Vol IV
Rapaport, William J., Vol IV
Rappaport, Steven D., Vol IV
Raskin, Jay, Vol IV
Rauhut, Nils, Vol IV
Ravven, Heidi, Vol IV
Rawling, J. Piers, Vol IV
Rawls, John, Vol IV
Ray, Greg, Vol IV
Rayfield, David, Vol IV
Raymond, Diane, Vol IV
Rea, Michael C., Vol IV
Reath, Andrews, Vol IV
Reck, Andrew Joseph, Vol IV
Reck, Erich H., Vol IV
Reed, Ross Channing, Vol IV
Reeder, Harry P., Vol IV
Reese, William L., Vol IV
Regnister, Bernard, Vol IV
Reibetanz, S. Sophia, Vol IV
Reich, Louis, Vol IV
Reichberg, Gregory M., Vol IV
Reichenbach, Bruce Robert, Vol IV
Reichenbach, Maria, Vol IV
Reichmann, James B., Vol IV
Reidy, David A., Vol IV
Reisch, George, Vol I, IV
Reiter, David Dean, Vol IV
Reitz, Charles, Vol IV, V
Renick, Timothy Mark, Vol IV
Rennie, Bryan, Vol IV
Rescher, Nicholas, Vol IV
Resnik, Michael D., Vol IV
Reuscher, John, Vol IV
Reydams-Schils, Gretchen, Vol II, III, IV
Reynolds, Noel Beldon, Vol IV
Reynolds, Steven L., Vol IV
Ricci, Paul O., Vol IV
Ricciardelli, Angela R., Vol IV
Richards, Jerald H., Vol IV
Richards, William M., Vol IV
Richardson, Henry, Vol IV
Richardson, Peter, Vol IV
Richardson, Robert Calvin, Vol IV
Richman, Kenneth A., Vol IV
Richter, Duncan J., Vol IV
Ricketts, Thomas G., Vol IV
Rickless, Samuel, Vol IV
Ricoeur, Paul, Vol IV
Rieber, Steven, Vol III, IV
Riggins, Thomas, Vol IV
Rind, Miles, Vol IV
Risjord, Mark, Vol IV
Risser, James C., Vol IV
Roark, Dallas Morgan, Vol IV
Roberson, Christopher, Vol IV
Roberts, Don, Vol IV
Roberts, Lani, Vol IV
Roberts, Melinda, Vol IV
Roberts, Rodney C., Vol IV
Roberts, Victor William, Vol IV
Robertson, Teresa, Vol IV
Robinson, Hoke, Vol IV
Robinson, John H., Vol IV
Robinson, Keith Alan, Vol IV
Robinson, William Spencer, Vol IV
Robson, Kent E., Vol IV
Roche, Mark W., Vol III, IV
Rocker, Stephen, Vol IV
Roda, Anthony, Vol IV
Rogers, W. Kim, Vol IV
Rohatyn, Dennis Anthony, Vol IV
Rohr, Michael D., Vol IV
Rollin, Bernard E., Vol IV
Rolston, Holmes, Vol IV
Roman, Eric, Vol I, IV
Root, Michael, Vol IV
Rorty, Amelie Oksenberg, Vol IV
Rorty, R., Vol IV
Rose, Kenneth, Vol IV
Rosemann, Philipp W., Vol IV
Rosemont, Henry, Jr., Vol IV
Rosen, Stanley H., Vol IV
Rosenkrantz, Gary Sol, Vol IV
Rosenstein, Leon, Vol IV
Rosenthal, Abigail L., Vol IV
Rosenthal, David M., Vol IV
Rosenthal, Michael A., Vol IV
Rosner, Jennifer, Vol IV
Ross, Jamie, Vol IV
Ross, Patricia A., Vol IV
Ross, Peter W., Vol IV
Ross, Stephen D., Vol IV
Rosthal, Robert, Vol IV
Roth, Paul A., Vol IV
Roth, Robert J., Vol IV
Rothbart, Daniel, Vol IV
Rothberg, Donald Jay, Vol IV
Rottschaefer, William Andrew, Vol IV
Roush, Sherrilyn, Vol IV
Rowan, John R., Vol IV
Rowe, William L., Vol IV
Rubarth, Scott M., Vol IV
Rubenstein, Eric M., Vol IV
Rudinow, Joel, Vol IV
Ruegsegger, Ronald W., Vol IV
Ruja, Harry, Vol IV
Rura, Svetlana, Vol IV
Russell, Bruce Alan, Vol IV
Russell, Kathryn, Vol IV
Russon, John E., Vol IV
Russow, Lilly-Marlene, Vol IV
Rutherford, Donald P., Vol I, IV
Ryan, Eugene Edward, Vol IV
Ryan, Frank X., Vol IV
Ryder, John, Vol IV
Saatkamp, Herman J., Vol IV
Sacksteder, William, Vol IV
Saenz, Mario, Vol IV
Saffire, Paula Reiner, Vol II, III, IV
Sagoff, Mark, Vol IV
Sakezles, Priscilla, Vol IV
Sale, Mary, Vol II, III, IV
Sallis, John C., Vol IV
Sallstrom, John Emery, Vol IV
Salmon, Nathan, Vol IV
Salomon, David A., Vol II, IV
Saltzman, Judy Deane, Vol IV
Samar, Vincent J., Vol IV
Sample, Maxine J., Vol II, IV
Sample, Ruth, Vol IV
Sanders, John T., Vol IV
Sanford, David Hawley, Vol IV
Santas, Gerasimos, Vol IV
Santoni, Ronald Ernest, Vol IV
Santos, Sherod, Vol II, IV
Sapontzis, Steve Frederic, Vol IV
Sarri, Samuel, Vol IV
Sarver, Vernon T., Jr., Vol IV
Sassower, Raphael, Vol IV
Satris, Stephen A., Vol IV
Sauer, James B., Vol IV
Savage, C. Wade, Vol IV
Sayre, Kenneth Malcolm, Vol IV
Sayre, Patricia, Vol IV
Sayward, Charles, Vol III, IV
Scanlan, James P., Vol IV
Scanlon, T. M., Vol IV
Scerri, Eric R., Vol IV
Schacht, Richard, Vol IV
Schagrin, Morton L., Vol IV
Schall, James Vincent, Vol IV
Schaller, Walter E., Vol IV
Schalow, Frank H., Vol IV
Schauber, Nancy Ellen, Vol IV
Schechtman, Marya, Vol IV
Schedler, George Edward, Vol IV
Scheffler, Israel, Vol IV
Schejbal, David, Vol IV
Scheman, Naomi, Vol IV
Scherer, Imgard S., Vol I, IV
Schiavona, Christopher F., Vol IV
Schick, Frederic, Vol IV
Schievella, P. S., Vol IV
Schlagel, Richard H., Vol IV
Schmaltz, Ted M., Vol IV
Schmandt, Jurgen, Vol IV
Schmaus, Warren Stanley, Vol I, IV
Schmid, W. Thomas, Vol IV
Schmidt, Dennis, Vol IV
Schmidt, Lawrence, Vol IV
Schmidt, Mark, Vol II, IV
Schmidt, Paul F., Vol IV
Schmitt, Frederick Francis, Vol IV
Schmitt, Richard George, Vol IV
Schmitter, Amy, Vol I, IV
Schneewind, Jerome B., Vol IV
Schneider, Samuel, Vol IV
Schner, George, Vol IV
Schoen, Edward Lloyd, Vol IV
Scholz, Sally J., Vol IV
Schonfeld, Martin, Vol IV
Schotch, Peter K., Vol II, IV
Schouborg, Gary, Vol IV
Schouls, Peter A., Vol IV
Schrader, David, Vol IV
Schrag, Calvin Orville, Vol IV
Schrag, Oswald O., Vol IV
Schrift, Alan D., Vol IV
Schroeder, Steven H., Vol IV
Schroeder, William, Vol IV
Schueler, G. Frederick, Vol IV
Schufreider, Gregory, Vol I, IV
Schultz, Reynolds Barton, Vol IV
Schultz, Walter, Vol IV
Schultz-Aldrich, Janice Lee, Vol IV
Schwanauer, Francis, Vol IV
Schwartz, Justin, Vol IV
Schweickart, David, Vol IV
Schwerin, Alan, Vol IV
Schwitzgebel, Eric, Vol IV
Scoledes, Aristotle, Vol IV
Scott, Charles, Vol IV
Scott, Gary Alan, Vol IV
Scott, Gregory L., Vol IV
Scott, James, Vol IV
Scott, Walter Gaylord, Vol IV
Searle, John R., Vol IV
Secada, Jorge E. K., Vol IV
Seckinger, Donald Sherman, Vol I, IV, V
Seeskin, Kenneth, Vol IV
Seidel, Asher M., Vol IV
Seidel, George J., Vol IV
Seidenfeld, Teddy, Vol IV
Seigfried, Charlene, Vol IV, V
Seigfried, Hans, Vol IV
Seiple, David I., Vol IV
Seitz, Brian, Vol IV
Selner-Wright, Susan C., Vol IV
Sencerz, Stefan, Vol IV
Sennett, James, Vol IV
Sepper, Dennis L., Vol IV
Serafini, Anthony, Vol IV
Serequeberhan, Tsenay, Vol IV
Sergeev, Mikhail, Vol IV
Sessions, Robert, Vol IV
Sessions, William Lad, Vol IV
Settle, Tom, Vol IV
Seung, Thomas Kaehao, Vol IV
Shafer-Landau, Russell, Vol IV
Shaffer, Jerome A., Vol IV
Shanab, Robert, Vol IV
Shanks, Niall, Vol IV
Shannon, Daniel E., Vol IV
Shapere, Dudley, Vol I, IV
Shapiro, Daniel, Vol IV
Shapiro, Gary, Vol IV
Shapiro, Henry L., Vol I, IV
Shapiro, Stewart, Vol IV
Sharkey, Paul, Vol IV
Sharpe, Virginia A., Vol IV
Shaw, Daniel, Vol I, IV
Shaw, Marvin C., Vol IV
Shear, Jonathan, Vol IV
Sheehan, Thomas, Vol IV
Sheehy, John, Vol IV, V
Sheets-Johnstone, Maxine, Vol IV
Shehadi, Fadlou A., Vol IV
Shelton, Jim D., Vol IV
Shelton, Mark, Vol IV
Sher, George, Vol IV
Sher, Gila, Vol IV
Sherline, Ed, Vol IV
Sherman, Nancy, Vol IV
Sherover, Charles M., Vol IV
Sherwin, Susan, Vol IV
Shibles, Warren Alton, Vol IV
Shields, George W., Vol IV
Shier, David, Vol IV
Shin, Sun Joo, Vol IV
Shiner, Larry, Vol I, IV
Shiner, Roger Alfred, Vol IV
Shipka, Thomas A., Vol IV
Shoemaker, David W., Vol IV
Shosky, John, Vol IV
Shrader, Douglas Wall, Jr., Vol IV
Shusterman, Richard, Vol IV
Shwayder, David, Vol IV
Sia, Santiago, Vol IV
Sibley, Jack Raymond, Vol IV
Sicha, Jeffrey Franklin, Vol IV
Sider, Theodore, Vol IV
Sieg, Wilfried, Vol IV
Silber, Daniel, Vol IV
Silber, John, Vol IV
Silliman, Matthew R., Vol IV
Silver, Bruce, Vol IV
Silver, Mitchell, Vol IV
Silvers, Anita, Vol I, IV
Simco, Nancy Davis, Vol IV
Simmons, A. John, Vol IV
Simmons, Jack R., Vol IV
Simmons, Lance, Vol IV
Simmons, Paul D., Vol IV
Simmons, William A., Vol IV
Simon, Julius J., Vol IV
Simon, Robert L., Vol IV
Simpson, Evan, Vol IV
Simpson, Peter, Vol IV
Simpson, Peter P., Vol II, III, IV
Simson, Rosalind, Vol IV
Singer, Beth J., Vol IV
Singer, Irving, Vol IV
Singer, Marcus G., Vol IV

Sinkler, Georgette, Vol IV
Sinnot-Armstrong, Walter P., Vol IV
Sipfle, David A., Vol IV
Sirridge, Mary, Vol IV
Sismondo, Sergio, Vol IV
Sisson, Russell, Vol IV
Skaggs, Rebecca, Vol IV
Skelly, Brian, Vol IV
Sklar, Lawrence, Vol IV
Skrupskelis, Agnas K., Vol IV
Skyrms, Brian, Vol IV
Slattery, Kenneth F., Vol IV
Sleigh, Robert Collins, Vol IV
Smart, Ninian, Vol I, IV
Smaw, Eric, Vol IV
Smillov, Marin S., Vol IV
Smith, Barry, Vol IV
Smith, John Edwin, Vol IV
Smith, Kelly C., Vol IV
Smith, Randall Brian, Vol IV
Smith, Robin, Vol IV
Smith, Steven G., Vol I, IV
Smith, William A., Vol IV
Smurl, James Frederick, Vol IV
Smythe, Thomas W., Vol IV
Snoeyenbos, Milton, Vol IV
Sober, Elliott Reuben, Vol IV
Sobstyl, Edrie, Vol IV
Soffer, Gail, Vol IV
Soffer, Walter, Vol IV
Sokolowski, Robert S., Vol IV
Sokolowski, William R., Vol IV
Soldan, Angelika, Vol IV
Solheim, Barbara P., Vol IV
Soll, A. Ivan, Vol IV
Solomon, Robert Charles, Vol IV
Solomon, William David, Vol IV
Sommer, John D., Vol IV
Sontag, Frederick Earl, Vol IV
Sorensen, Roy, Vol IV
Sorrenson, Richard J., Vol I, IV
Sosa, Ernest, Vol IV
Spanos, William, Vol II, IV
Spellman, Lynne, Vol IV
Spencer, James Calvin, Sr., Vol IV
Spiegel, James S., Vol IV
Spitz, Ellen Handler, Vol IV
Sprague, Elmer D., Jr., Vol IV
Sprague, Rosamond Kent, Vol IV
Squadrito, Kathleen Marie, Vol IV
Sreedhar, Susanne, Vol IV
Sreenivasan, Gopal, Vol IV
Stack, George Joseph, Vol IV
Stackhouse, John G., Jr., Vol I, IV
Stadler, Ingrid, Vol IV
Stafford, Sue P., Vol IV
Stagaman, David, Vol IV
Stainton, Robert J. H., Vol IV
Stam, James H., Vol IV
Stambaugh, Joan, Vol IV
Stamey, Joseph Donald, Vol IV
Stanford, Preston K., Vol IV
Stanovsky, Derek, Vol IV
Stark, Herman E., Vol IV
Stark, Tracey, Vol IV
Starkey, Lawrence H., Vol IV
Stecker, Robert, Vol IV
Stefanovic, Ingid Leman, Vol IV
Steigerwald, Diane, Vol IV
Steinbock, Bonnie, Vol IV
Steinbuch, Thomas A., Vol IV
Steinhart, Eric, Vol IV
Steinman, Joan E., Vol IV
Steltenkamp, Michael F., Vol IV, V
Stempsey, William Edward, Vol IV
Stenstad, Gail, Vol IV
Stephens, Lynn, Vol IV
Stephens, William O., Vol IV
Sterba, James P., Vol IV
Stern, David S., Vol IV
Stern, Laurent, Vol IV
Stewart, David, Vol IV
Stewart, Melville Y., Vol IV
Stich, Stephen P., Vol IV
Stichler, Richard, Vol IV
Stieb, James, Vol IV
Stingl, Michael, Vol IV
Stoehr, Kevin L., Vol IV
Stone, Jerome Arthur, Vol IV
Storch, Steven R., Vol IV
Stramel, James, Vol IV
Strang, J. V., Vol IV
Strasser, Mark, Vol IV
Straumanis, Joan, Vol IV
Strikwerds, Robert A., Vol IV
Stroh, Guy Weston, Vol IV
Stroll, Avrum, Vol IV
Stromberg, James S., Vol IV
Stroud, Sarah, Vol IV
Stuart, James Donald, Vol IV
Stubenberg, Leopold, Vol IV
Stump, David James, Vol IV
Sturm, Fred G., Vol IV
Sturm, Fred Gillette, Vol IV
Suber, Peter Dain, Vol IV
Sullivan, John G., Vol IV
Sullivan, Stephen J., Vol IV
Sundaram, K., Vol IV
Suppe, Frederick, Vol IV
Suppes, Patrick, Vol IV
Suter, Ronald, Vol IV
Sutter, Leslie E., Vol IV, V
Swanger, David, Vol II, IV
Swanger, Eugene R., Vol IV
Sweeney, Leo, Vol IV
Sweetman, Brendan M., Vol IV
Swindler, James Kenneth, Vol IV
Switala, Kristin, Vol IV
Sylla, Edith Dudley, Vol I, IV
Sypnowich, Christine, Vol IV
Szabados, Bela, Vol IV
Taber, John, Vol IV
Taiwo, Olufemi, Vol IV
Talbott, William J., Vol IV
Taliaferro, Charles, Vol II, IV
Tandy, Charles, Vol IV
Tang, Paul C. L., Vol IV
Tarala, Joseph J., Vol IV
Taran, Leonardo, Vol II, III, IV
Tartaglia, Philip, Vol IV
Tassi, Aldo, Vol IV
Tate, Paul Dean, Vol III, IV
Tauber, Alfred I., Vol I, IV
Tavani, Herman, Vol IV
Taylor, Angus, Vol IV
Taylor, Charles, Vol IV
Taylor, Gene Fred, Vol IV
Taylor, James, Vol IV
Taylor, Velande P., Vol II, IV
Teehan, John, Vol IV
Teller, Paul, Vol IV
Tenenbaum, Sergio, Vol I, IV
Terezakis, Katie, Vol IV
Terrell, Huntington, Vol IV
Teschner, George A., Vol IV
Teske, Roland John, Vol IV
Teves, Rita R., Vol IV
Thagard, Paul, Vol IV
Thalos, Mariam G., Vol IV
Tharp, Louis, Vol IV, V
Thayer, H. S., Vol IV
Thiruvengadam, Raj, Vol IV
Thomas, John Joseph, Vol IV
Thomas, Nigel J. T., Vol I, IV
Thomasma, David C., Vol IV
Thompson, Kenneth F., Vol IV
Thompson, Paul B., Vol IV
Thompson, William M., Vol IV
Thomson, Garrett, Vol IV
Thomson, William, Vol IV
Thorp, John, Vol IV
Thorpe, Samuel, Vol IV
Tibbetts, Paul E., Vol IV
Tiberius, Valerie, Vol IV
Tidman, Paul, Vol IV
Tierney, Nathan, Vol IV
Tiles, J. E., Vol IV
Tilley, John, Vol IV
Tilley, Terrence W., Vol IV
Toadvine, Ted, Vol IV
Tobin, Frank J., Vol II, IV
Todd, Donald David, Vol IV
Toenjes, Richard H., Vol IV
Tomarchio, John, Vol IV
Tominaga, Thomas T., Vol IV
Tong, Lik Kuen, Vol IV
Tong, Rosemarie, Vol IV
Tooley, Michael J., Vol IV
Torell, Kurt Charles, Vol IV
Toribio, Josefa, Vol IV
Torrago, Loretta, Vol IV
Torres-Gregory, Wanda, Vol IV
Townsend, Dabney W., Jr., Vol IV
Trammell, Richard Louis, Vol IV
Tress, Daryl McGowan, Vol IV
Tress, Daryl McGowen, Vol IV
Tribe, Laurence Henry, Vol IV
Trigilio, Jo, Vol IV, V
Tristan, J., Vol IV
Trotter, Griffin, Vol IV
Trout, J. D., Vol IV
Trowbridge, John, Vol IV
Troyer, John G., Vol IV
Trundle, Robert, Vol IV
Tschemplik, Andrea, Vol IV
Tsirpanlis, Constantine Nicholas, Vol I, IV
Tumlin, John S., Vol IV
Turetzky, Nachum, Vol IV
Turnbull, Robert George, Vol IV
Turner, Donald A., Vol IV
Turner, Stephen, Vol II, V
Turquette, Atwell R., Vol IV
Tuttle, Howard N., Vol IV
Twaddell, Gerald E., Vol IV
Twetten, David B., Vol IV
Twiss, Sumner Barnes, Vol IV
Tyrrell, Bernard James, Vol IV
Uitti, Karl D., Vol III
Ulian, Joseph, Vol IV
Ulrich, Dolph, Vol IV
Ulrich, Lawrence P., Vol IV
Ungar, Anthony, Vol IV
Upton, Thomas Vernon, Vol IV
Uzgalis, William, Vol III, IV
Vacek, Edward Victor, Vol IV
Vaillancourt, Daniel, Vol IV
Vallega-Neu, Daniela, Vol IV
Vallentyne, Peter, Vol IV
Vallicella, William F., Vol IV
van Buren, John, Vol IV
Van Camp, Julie C., Vol IV
Van Cleve, James, Vol IV
Van Der Linden, Harry, Vol IV
Van Evra, James, Vol IV
Van Hook, Jay M., Vol IV
van Inwagen, Peter, Vol IV
Van Norden, Bryan W., Vol IV
Van Patten, James J., Vol I, IV
van Roojen, Mark, Vol IV
Varner, Gary Edward, Vol IV
Varzi, Achille C., Vol IV
Vaughan, Frederick, Vol IV
Veatch, Robert M., Vol IV
Velkley, Richard L., Vol IV
Ver Eecke, Wilfried, Vol IV
Verene, Donald P., Vol IV
Verhaegh, Marcus, Vol IV
Vermazen, Bruce James, Vol IV
Vernezze, Peter J., Vol IV
Vertin, Michael, Vol IV
Vielkind, John N., Vol IV
Viminitz, Paul, Vol IV
Vincent, David, Vol IV
Vinci, Thomas, Vol IV
Vision, Gerald, Vol IV
Vivas, Eliseo, Vol IV
Vollrath, John F., Vol IV
Von Eckardt, Barbara, Vol IV
Vosper, Jim M., Vol I, IV, V
Waddell, James, Vol I, IV
Wagner, Michael Frank, Vol IV
Wagner, Paul Anthony, Vol IV
Wagner, Steven, Vol IV
Wahl, Russell, Vol IV
Wainwright, Sue, Vol IV
Wainwright, William J., Vol IV
Wakin, Malham M., Vol IV
Waldau, Paul, Vol IV
Walen, Alec D., Vol IV
Walhout, Donald, Vol IV
Waligore, Joseph, Vol IV
Walker, James Silas, Vol IV
Walker, Margaret, Vol IV
Walker, Margaret Urban, Vol IV
Walker, Rebecca, Vol IV
Wall, Barbara E., Vol IV
Wallace, James Donald, Vol IV
Wallace, John, Vol IV
Wallace, Kathleen, Vol IV
Wallace, Robert M., Vol IV
Wallis, James, Vol IV
Walsh, David John, Vol IV
Walsh, James Jerome, Vol IV
Walsh, John H., Vol IV
Walter, Edward F., Vol IV
Walton, Craig, Vol IV
Walton, Douglas, Vol IV
Walton, Kendall, Vol IV
Wang, Hao, Vol IV
Wang, Xinli, Vol IV
Wangu, Madhu Bazaz, Vol IV
Wantland, Burdett L., Vol IV
Ward, Benjamin F., Vol IV
Ward, Julie, Vol IV
Warfield, Ted A., Vol IV
Warnke, George C., Vol IV
Warren, Dona, Vol IV
Warren, Edward W., Vol III, IV
Warren, Linda, Vol IV
Warren, Paul R., Vol IV
Warren, Scott, Vol IV
Waters, Raphael Thomas, Vol IV
Watson, James R., Vol IV
Watson, Richard A., Vol IV
Watson, Stephen, Vol IV
Watson, Walter, Vol IV
Wautischer, Helmut, Vol IV, V
Wauzzinski, Robert, Vol IV
Waymack, Mark H., Vol IV
Weatherford, Roy C., Vol IV
Weatherston, Martin B., Vol IV
Weber, Mark E., Vol IV
Weber, Michael, Vol IV
Wedgwood, Ralph N., Vol IV
Weibe, Phillip H., Vol IV
Weil, Vivian, Vol IV
Weinberger, Leon Judah, Vol IV
Weiner, Neal O., Vol II, III, IV
Weiner, Robert, Vol IV
Weinreb, Lloyd L., Vol IV
Weirich, Paul, Vol IV
Weiss, Raymond L., Vol IV
Weiss, Roslyn, Vol IV
Weithman, Paul J., Vol IV
Welch, John, Vol IV
Welker, David Dale, Vol IV
Weller, Eric John, Vol IV
Wellman, Carl, Vol IV
Wells, Donald A., Vol IV
Welton, William A., Vol IV
Wengert, Robert, Vol IV
Weninger, Robert, Vol IV
Wennberg, Robert N., Vol IV
Werner, Richard W., Vol IV
Werth, Lee Frederick, Vol IV
Wertheimer, Roger, Vol IV
Wertz, S. K., Vol IV
Wess, Robert C., Vol IV
West, Henry Robison, Vol IV
Westacott, Emrys, Vol IV
Westley, Richard J., Vol IV
Westmoreland, Robert B., Vol IV
Westphal, Jonathan, Vol IV
Westphal, Merold, Vol IV
Wettstein, Howard K., Vol IV
Wheeler, Arthur M., Vol II, IV
Wheeler, Samuel C., III, Vol IV
Whipps, Judy, Vol IV
Whitbeck, Caroline, Vol IV
White, Alfred Loe, Vol IV
White, David A., Vol IV
White, John D., Vol II, IV
White, Kevin, Vol I, IV
White, Morton G., Vol IV
White, Nicholas P., Vol IV
White, Stephen W., Vol IV
White, V. Alan, Vol IV
Whitebook, Joel, Vol IV
Whitman, Jeffrey P., Vol IV
Whitney, Barry L., Vol IV
Whitt, Laurie A., Vol IV
Whittier, Duane Hapgood, Vol IV
Wicclair, Mark Robert, Vol IV
Wider, Kathleen V., Vol IV
Wiedmann, Sally N., Vol IV
Wierenga, Edward Ray, Vol IV
Wiggins, Osborne P., Jr., Vol IV
Wike, Victoria S., Vol IV
Wilcox, Joel, Vol IV
Wildberg, Christian, Vol II, III, IV
Wiliams, Ron G., Vol IV
Wilks, Duffy J., Vol IV
Willett, Cynthia, Vol IV
Williams, Christopher, Vol IV
Williams, Clifford E., Vol IV
Williams, Meredith, Vol IV
Williams, Michael J., Vol IV
Williams, Nancy M., Vol IV, V
Williamson, William B., Vol IV
Wilshire, Bruce W., Vol IV
Wilson, Bradley E., Vol IV
Wilson, Holly, Vol IV
Wilson, Joe Bransford, Jr., Vol III, IV
Wilson, Kent, Vol IV
Wilson, Robert, Vol IV
Wininger, Kathleen J., Vol IV
Winkler, Kenneth P., Vol IV
Winnik, Herbert Charles, Vol I
Winston, Kenneth Irwin, Vol IV
Winston, Morton E., Vol IV
Winter, John Ellsworth, Vol IV, V
Wippel, John F., Vol IV
Wirth, Jason M., Vol IV
Wirzba, Norman, Vol IV
Witherspoon, Edward, Jr., Vol IV
Witman, Edward Paul, Vol IV
Witmer, Donald G., Vol IV
Witt, Charlotte, Vol IV
Wittrup, Eleanor, Vol IV
Wolf, Susan R., Vol IV
Wolfe, David L., Vol IV, V
Wolff, Robert Paul, Vol IV
Wolgast, Eliz H., Vol II, IV
Wood, David C., Vol IV
Wood, Forrest E., Jr., Vol IV
Wood, Rega, Vol IV
Wood, Robert, Vol IV
Woodhouse, Mark B., Vol IV
Woodruff, Paul, Vol IV
Woodward, J., Vol IV
Worth, Sarah Elizabeth, Vol IV
Wren, Thomas, Vol IV
Wright, John, Vol IV
Wright, Terrence C., Vol II, IV
Wu, Joseph Sen, Vol III, IV
Wu, Kuang-Ming, Vol IV
Wubnig, Judy, Vol IV
Wurzburger, Walter S., Vol IV
Wylie, A., Vol IV
Wyma, Keith D., Vol IV
Wyschogrod, Michael, Vol IV
Yaffe, Martin David, Vol IV
Yagisawa, Takasi, Vol IV
Yalowitz, Steven, Vol IV
Yanal, Robert J., Vol IV
Yandell, K. David, Vol IV
Yandell, Keith E., Vol IV
Yang, Xiaosi, Vol IV
Yaqub, Aladdin M., Vol IV
Yartz, Frank, Vol IV
Yates, Jenny, Vol IV
Yezzi, Ronald D., Vol IV
Yizar, Marvin, Vol IV
Yolton, John W., Vol IV
Young, James O., Vol IV
Young, Phillips Edward, Vol IV
Yovel, Yirmiyahu, Vol IV
Zack, Naomi, Vol IV
Zaferson, William S., Vol II, III, IV
Zaner, Richard, Vol IV
Zavodny, John, Vol IV
Zellner, Harold Marcellars, Vol IV
Zeman, Vladimir, Vol IV
Zheng, Yiwei, Vol IV
Zimany, Roland Daniel, Vol IV
Zimmerman, Dean, Vol IV
Zimmerman, Michael E., Vol IV
Zinkin, Melissa R., Vol IV
Zong, Desheng, Vol IV
Zuidervaart, Lambert P., Vol IV
Zweig, Arnulf, Vol IV
Zwicky, Jan, Vol IV

Philosophy of Education

Donohue, John Waldron, Vol I, IV, V
Kaplan, Laura Duhan, Vol IV, V
Seymour, Jack L., Vol I, IV, V

Philosophy of History

Martinez, H. Salvador, Vol III, IV
Mcintire, Carl Thomas, Vol I, IV

Philosophy of Language

Mayr, Franz Karl, Vol III, IV

Philosophy of Law

Bandman, Bertram, Vol IV
Mazor, Lester Jay, Vol I, IV
Roberts, Melinda, Vol IV

Philosophy of Religion

Alexander, William M., Vol IV
Bandman, Bertram, Vol IV
Bellinzoni, Arthur J., Vol I, IV
Brown, Robert Fath, Vol IV
Bussanich, John, Vol IV
Cabal, Theodore James, Vol IV
Churchill, John Hugh, Vol IV
Cooper, Burton, Vol IV
Crawford, Dan, Vol IV
Crites, Stephen Decatur, Vol IV
Ellwood, Gracia F., Vol IV
Ferguson, Everett, Vol I, IV
Gualtieri, Antonio Roberto, Vol IV
Habermehl, Lawrence L., Vol IV
Harwood, Robin, Vol IV
Herrera, Robert Anthony, Vol IV
Hoitenga, Dewey J., Vol IV
Holler, Clyde, Vol IV
Jensen, Debra J., Vol IV
Kane, Stanley G., Vol I, IV

Keeling, Lytle Bryant, Vol IV
Kopas, Jane, Vol IV
Lehrberger, James, Vol IV
Makarushka, Irena, Vol IV
Maloney, Thomas, Vol IV
Marina, Jacqueline, Vol IV
Mayr, Franz Karl, Vol III, IV
McCulloh, Gerald William, Vol IV
McLelland, Joseph Cumming, Vol IV
Mitchell, Donald, Vol IV
Nolan, Richard T., Vol IV
O'Connor, David, Vol IV
Obayashi, Hiroshi, Vol IV
Parsons, Keith M., Vol I, IV
Pool, Jeff B., Vol IV
Rockefeller, Steven C., Vol I, IV
Sanders, John E., Vol IV
Smith, Janet E., Vol IV
Smith, Steven G., Vol I, IV
Trammell, Richard Louis, Vol IV
Tu, Wei-Ming, Vol I, IV
Vogel, Manfred H., Vol IV
Yusa, M., Vol IV

Philosophy of Science

Ashley, James Matthew, Vol IV
Bechtel, William, Vol IV
Bunzl, Martin, Vol IV
Chen, Xiang, Vol I, IV
Delacre, Georges, Vol IV
Demopoulos, William G., Vol IV
Dickson, W. Michael, Vol IV
Doppelt, Gerald D., Vol IV
Elsamahi, Mohamed, Vol IV
Fox, Christopher B., Vol IV
Girill, T. R., Vol IV
Gutting, Gary Michael, Vol IV
Hannan, Barbara, Vol IV
Hiskes, Anne L., Vol IV
Howard, Don A., Vol IV
Hudson, Robert, Vol I, IV
Kitcher, Philip, Vol IV
Kleiner, Scott Alter, Vol IV
Koertge, Noretta, Vol I, IV
Lloyd, Elisabeth A., Vol I, IV
Ludwig, Jan Keith, Vol IV
Malament, David Baruch, Vol IV
Manier, A. Edward, Vol IV
McMullin, Ernan, Vol IV
Mirowski, Philip E., Vol IV
Mitchell, Sandra D., Vol IV
Munevar, Gonzalo, Vol IV
Parsons, Keith M., Vol I, IV
Pole, Nelson, Vol IV
Quinn, Philip L., Vol IV
Ramsey, William M., Vol IV
Rosenberg, Alexander, Vol IV
Salmon, Wesley Charles, Vol IV
Scanlan, Michael, Vol IV
Shaffer, Nancy E., Vol I, IV
Sneed, Joseph Donald, Vol IV
Stein, Howard, Vol IV
Titiev, Robert Jay, Vol IV
Wallace, William A., Vol IV
Waters, C. Kenneth, Vol IV
Wayne, Andrew, Vol IV
Weston, Thomas Spengler, Vol IV
Wright, Larry, Vol IV

Physical Education

Gems, Gerald R., Vol V
Gould, Daniel, Vol V
Guthrie, Sharon R., Vol V
Harper, William, Vol V
Hart, Susan J., Vol V
Hausenblas, Heather Ann, Vol V
Hillis, Rick, Vol II, V
Hunnicutt, Benjamin K., Vol V
Polvino, Geraldine J., Vol V
Sharma, Manoj, Vol V
Singer, Laurienne, Vol V
Stoll, Sharon, Vol V
Walford, Gerald, Vol V
Walker, Connie, Vol V

Physical Sciences

Knopoff, L., Vol I
Krupp, E. C., Vol I
Ryzl, Milan, Vol I
Weinberg, Steven, Vol IV

Poetry

Alexander, Pamela, Vol II
Allen, Gilbert Bruce, Vol II
Anderson, Earl Robert, Vol II
Athanassakis, Apostolos N., Vol II, III
Atwood, Margaret, Vol II
Balakian, Peter, Vol II
Berggren, Paula S., Vol II
Bernstein, Charles, Vol II
Brandler, Marcielle, Vol II
Brogan, Jacqueline V., Vol II
Burris, Sidney, Vol II
Collins, Christopher, Vol II
Cooley, Peter John, Vol II
Coughlin, Robert M., Vol II
Crowley, J. Donald, Vol II
Eden, Kathy, Vol II
Fallon, Jean, Vol II, III
Felstiner, John, Vol II, III, IV
Finkelstein, Norman Mark, Vol II
Friedrich, Paul, Vol II, III, V
Gudding, Gabriel, Vol I, II
Harrison, Antony Howard, Vol II
Hassel, Jon, Vol II
Hillis, Rick, Vol II, V
Hoover, Paul, Vol II
Jacobik, Gray, Vol II
Jewinski, Edwin, Vol II
Johnson, Jeannine R., Vol II
Krapf, Norbert A., Vol II
La Femina, Gerard, Vol II
Lewis, Lisa, Vol II
Lieberman, Laurence, Vol II
Maiers, Joan, Vol II
Marcello, Leo L., Vol II
Mares, E. A., Vol II
Margolin, Uri, Vol II, III
Mariani, Paul L., Vol II
Marks, Patricia, Vol II
Menides, Laura J., Vol II
Mezey, Robert, Vol II
Miller, R. Baxter, Vol II
Naughton, John, Vol III
O'Hara, James J., Vol II
Olney, James, Vol II
Powell, Joseph E., Vol II
Prahlad, Sw. Anand, Vol II, V
Prufer, Kevin D., Vol II
Raisor, Philip, Vol II
Rosenwald, John, Vol II
Russell, Anne, Vol II
Skellings, Edmund, Vol II
Smith, Lorrie, Vol II
Stuart, Dabney, Vol II
Tedards, Douglas Manning, Vol II
Townsend, Ann, Vol II
Tryphonopoulos, Demetres P. P., Vol II
Viereck, Peter, Vol I, II
Washburn, Laura Lee, Vol II
Waters, Harold A., Vol II, III
Williams, Emily A., Vol II
Winters, Donald, Vol I, II
Zweig, Ellen, Vol II

Polish History

Piotrowski, Thaddeus M., Vol I, V

Polish Studies

Baer, Joachim Theodor, Vol I

Political Science

Aberbach, Joel D., Vol IV
Abu-Nimer, Mohammed, Vol IV
Ackelsberg, Martha A., Vol IV
Adams, Louis Jerold, Vol IV
Al-Marayati, Abid Amin, Vol IV, V
Alaimo, Kathleen, Vol I, IV
Alisky, Marvin Howard, Vol II
Allen, William Barclay, Vol IV
Allin, Craig Willard, Vol IV
Aman, Alfred C., Jr., Vol IV
Anderson, Charles W., Vol IV
Anglin, Douglas G., Vol I, IV
Anise, Ladun Oladunjoye E., Vol IV
Appel, Frederick, Vol IV
Appleton, Sheldon L., Vol IV
Ardrey, Saundra Curry, Vol IV
Arnold, Steven H., Vol IV
Aronoff, Myron J., Vol IV, V
Asuagbor, Greg, Vol IV
Atkins, Stephen E., Vol II, IV
Avakumovic, Ivan, Vol I, IV
Baer, Judith A., Vol IV
Ball, Terence, Vol IV
Bartlett, Robert V., Vol IV
Bedeski, Robert E., Vol I, IV
Beer, Francis A., Vol IV
Bellamy, Donnie Duglie, Vol I, IV
Bensel, Richard F., Vol IV
Berman, Bruce J., Vol IV
Best, Judith A., Vol IV
Betts, Richard Kevin, Vol IV
Binder, Leonard, Vol IV
Black, Naomi, Vol I, IV
Blasius, Mark, Vol IV
Bobic, Michael, Vol IV
Bock, Robert L., Vol IV
Bokina, John, Vol IV
Boykin, Keith, Vol IV
Boyle, Francis, Vol IV
Brautigam, Deborah, Vol IV
Brettschneider, Marla, Vol IV
Brigham, John, Vol IV
Bringhurst, Newell G., Vol I, IV
Brinkley, George A., Vol I, IV
Broad, Robin, Vol IV
Brooks, John, Vol I, IV
Brown, Kenneth Lee, Vol IV
Brownmiller, Sara N., Vol IV
Caiden, Gerald E., Vol IV
Cairns, Hugh A. C., Vol I, IV
Caldwell, L. K., Vol I, IV
Camp, Roderic A., Vol IV
Carey, John M., Vol IV
Carter, John J., Vol IV
Cederman, Lars-Erik, Vol IV
Cerillo, Augustus, Vol I
Chambers, James, Vol IV
Chang, Dae Hong, Vol IV
Cheek, H. Lee, Jr., Vol IV
Chen, Jie, Vol IV
Christol, Carl Quimby, Vol IV
Cimbala, Stephen J., Vol IV
Cioffi-Revilla, Claudio, Vol IV
Citron, Henry, Vol I, IV
Clarke, James W., Vol IV
Claude, Richard P., Vol IV
Clinton, Richard Lee, Vol IV
Cochran, Augustus B., Vol IV
Cochran, Charles Leo, Vol IV
Cohen, Marjorie G., Vol IV, V
Cohen, Stephen P., Vol IV
Collins, Elizabeth F., Vol IV
Conkle, Daniel O., Vol IV
Cooper, Allan D., Vol IV
Cotman, John W., Vol IV
Covin, David Leroy, Vol IV
Creevey, Lucy, Vol IV
Cumings, Bruce, Vol IV
Cummings, Richard M., Vol IV
Dagger, Richard K., Vol IV
Davenport, Christian A., Vol IV
Davidson, Roger Harry, Vol IV
Davis, Carl L., Vol I, IV
Davis, Nathaniel, Vol IV
Day, Richard B., Vol I, IV
Deng, Francis M., Vol IV
Devine, Donald J., Vol IV
Dickson, David Franklin, Vol IV
Dillon, Clarissa F., Vol I, IV
Dionne, E. J., Vol IV
Dominguez, Jorge Ignacio, Vol IV
Dougherty, James E., Vol IV
Dozier, Robert R., Vol I, IV
Dye, Thomas R., Vol IV
Ebel, Roland H., Vol IV
Edwards, George Charles, III, Vol IV
Ehrenreich, N., Vol IV
Ekeh, Peter, Vol IV
Elliott, Ward Edward Yandell, Vol IV
Epstein, Edwin M., Vol IV
Epstein, Lee, Vol IV
Evans, Rod L., Vol IV
Falk, Candace, Vol I, IV
Faltyn, Tim, Vol IV
Farmer, David, Vol IV
Farrell, Warren Thomas, Vol IV
Faulkner, Ronnie, Vol I, IV
Feeley, Malcolm M., Vol IV
Feinberg, Barbara Jane, Vol IV
Ferber, Paul H., Vol IV
Ferguson, Kathy E., Vol IV
Finifter, Ada Weintraub, Vol IV
Fisher, Louis, Vol IV
Fleer, Jack David, Vol IV
Fletcher, Anthony Q., Vol IV
Frankland, Erich, Vol IV
French, Henry P., Jr, Vol I, IV
Friedman, Edward, Vol I, IV
Fry, Gerald W., Vol IV
Furdell, Ellzabeth Lane, Vol I, IV
Garson, G. David, Vol IV
Gazell, James A., Vol IV
Gelb, Joyce, Vol IV
George, Robert P., Vol IV
Gerber, Mitchell, Vol IV
Geyer, Alan, Vol IV
Gibbs, David N., Vol IV
Gilbert, Robert Emile, Vol IV
Gimelli, Louis B., Vol I, IV
Glassner, Martin, Vol I, IV
Goel, Madan Lal, Vol IV
Goldfarb, Jeffrey C., Vol IV, V
Goldfield, Michael, Vol IV
Goldman, Sheldon, Vol IV
Goodnight, G. Thomas, Vol II, IV
Graber, Doris A., Vol IV
Graham, George Jackson, Vol IV
Graves, John W., Vol I, IV
Greenfield, Liah, Vol IV, V
Grieves, Forest L., Vol IV
Griffin, Richard W., Vol IV
Grofman, Bernard N., Vol IV, V
Groth, Alexander J., Vol IV
Grundy, Kenneth William, Vol IV
Gunlicks, Arthur B., Vol IV
Gunn, J., Vol IV
Gutmann, Amy, Vol IV
Guy, Mary E., Vol IV
Hahn, Harlan, Vol IV
Halbert, Debora, Vol IV
Hammond, Paul Y., Vol IV
Hanson, Eric O., Vol IV
Harding, David R., Jr., Vol IV
Harris, Charles Wesley, Vol IV
Hart, Jeffrey Allen, Vol IV
Heffron, Paul Thayer, Vol I, IV
Heidenheimer, Arnold J., Vol IV
Henning, Randall, Vol I
Hicks, Alexander, Vol IV
Hirsch, Herbert, Vol IV
Hoefer, Richard, Vol IV, V
Hoff, Samuel B., Vol IV
Hoffmann, Stanley, Vol IV
Holmes, Robert A., Vol IV
Holsti, Ole R., Vol IV
Hoover, Kenneth R., Vol IV
Horn, John Stephen, Vol I, IV
Horowitz, Donald L., Vol IV
Hoxie, Ralph Gordon, Vol I, IV
Hunt, James, Vol I, IV
Jackson, Joe C., Vol I, IV
Jaffa, Harry Victor, Vol IV
James, Scott C., Vol IV
Jan, George Pokung, Vol IV
Jardine, Murray D., Vol IV
Jervis, Robert, Vol IV
Johannes, John R., Vol IV
Johnson, M. Glen, Vol IV
Jones-Correa, Michael, Vol IV
Kagan, Robert A., Vol IV
Kalvoda, Josef, Vol I, IV
Kanet, Roger E., Vol IV
Karkhanis, Sharad, Vol I, IV
Kazemzadeh, Masoud, Vol IV
Kelly, Rita Mae, Vol IV
Kelman, Steven, Vol IV
Keohane, Nannerl O., Vol IV
Kim, Young Hum, Vol I, IV
Kinsella, David, Vol I
Klehr, Harvey, Vol IV
Klinghoffer, Arthur Jay, Vol IV
Kochanek, Stanley Anthony, Vol IV
Kotler, Neil G., Vol IV
Lamb, Charles M., Vol IV
Langill, Richard L., Vol IV
LaPorte, Robert, Jr., Vol IV
Laursen, John Christian, Vol IV
Leedom, Tim C., Vol II
Leitich, Keith A., Vol IV
Lenaghan, Michael J., Vol I, IV
Lentner, Howard H., Vol IV
Levi, Margaret, Vol IV
Lewis, Bradley, Vol IV
Lewis, Peter, Vol IV
Lipson, Charles, Vol IV
Locke, Mamie Evelyn, Vol IV
Lockett, James, Vol IV
Lomax, John Phillip, Vol I, IV
Lombardi, Mark O., Vol IV
Lopach, James Joseph, Vol IV
Lowry, William R., Vol IV
Lubbers, Jeffrey S., Vol I, IV
MacFarquhar, Roderick, Vol IV
Mahan, Howard F., Vol I, IV
Malik, Hafeez, Vol IV
Maness, Lonnie E., Vol I, IV
Manikas, William T., Vol I, IV
Markovitz, Irving Leonard, Vol IV
Marlin-Bennett, Renee, Vol IV
Martel, Leon C., Vol IV
Martin, Randy, Vol IV, V
Marx, Anthony W., Vol IV
Masters, Roger D., Vol IV
Mayerfeld, Jamie, Vol IV
Mazlish, Bruce, Vol I, IV
Mazrui, Ali Al'Amin, Vol I
McAninch, Robert D., Vol IV
McConnell, William Howard, Vol IV
McCurdy, Howard Earl, Vol IV
McGeever, Patrick, Vol IV
McHale, Vincent Edward, Vol IV
Mehlman, Maxwell, Vol IV
Melusky, Joseph, Vol I, IV
Mendelson, Johanna, Vol IV
Merkl, Peter Hans, Vol IV
Meyer, George H., Vol IV
Mezei, Regina A., Vol IV
Mickiewicz, Ellen Propper, Vol IV
Mickolus, Edward F., Vol IV
Miller, James, Vol IV
Mohan, Brij, Vol IV
Molette-Ogden, Carla E., Vol IV
Monoson, S. Sara, Vol II, III, IV
Monroe, Kristen R., Vol IV
Moody, Peter R., Vol IV
Moreland-Young, Curtina, Vol IV
Morgan, Joseph, Vol I, IV
Muir, William Ker, Jr., Vol IV
Mutchler, David Edward, Vol IV
Nagin, Daniel S., Vol IV
Nantambu, Kwame, Vol IV
Nemzoff, Ruth, Vol IV, V
Newman, Peter C., Vol I, IV
Nichols, Mary P., Vol IV
Nnam, Nkuzi, Vol IV
Nogee, Joseph Lippman, Vol IV
Olcott, Martha, Vol IV
Palmer, David Scott, Vol IV
Panford, Kwamina, Vol IV
Parente, William, Vol IV
Paris, Roland C., Vol IV
Park, Hong-Kyu, Vol I, IV
Patterson, Samuel C., Vol IV
Pederson, William David, Vol I, IV
Perkins, Edward Joseph, Vol IV
Perry, Glenn, Vol IV
Petras, James Frank, Vol IV
Piekalkiewicz, Jaroslaw, Vol IV
Piper, Richard, Vol IV
Plestina, Dijana, Vol IV
Porter, David L., Vol I, IV
Posen, Barry R., Vol IV
Preisser, Thomas, Vol I, IV
Prindle, David F., Vol IV
Pubantz, Jerry, Vol IV
Pynn, Ronald Earl, Vol IV
Race, Jeffrey, Vol IV
Raelin, Joseph A., Vol IV
Rapoport, David C., Vol IV
Reese, Catherine C., Vol IV
Reese, Thomas, Vol IV
Rejai, Mostafa, Vol IV
Rice, Charles E., Vol IV
Richards, Leon, Vol II, IV
Richardson, John, Vol IV
Roberts, William, Vol I, IV
Rodden, Kirk A., Vol IV
Rose, Leo E., Vol IV
Rosenblum, Victor Gregory, Vol IV
Rossell, Christine H., Vol IV
Roth, William, Vol IV
Rowan, Bernard, Vol IV
Roy, Donald H., Vol IV
Rusco, Elmer R., Vol IV
Ryavec, Karl William, Vol IV
Ryden, David K., Vol IV
Sabato, Larry J., Vol IV
Sabes, Jane, Vol IV
Sadri, Houman A., Vol IV
Saeed, Khalid, Vol IV
Safford, John L., Vol IV
Safran, William, Vol IV
Salih, Halil Ibrahim, Vol I, IV
Salisbury, Robert H., Vol IV
Sanson, Jerry P., Vol I, IV
Sarat, Austin D., Vol IV
Sarri, Samuel, Vol IV
Sassen, Saskia, Vol IV, V
Scheele, Raymond H., Vol IV
Schlafly, Phyllis Stewart, Vol IV

Schlesinger, Joseph Abraham, Vol IV
Schmidhauser, John Richard, Vol IV
Schmidt, James W., Vol IV
Schneider, Cathy, Vol IV
Schreiber, Mae N., Vol IV
Schultz, Reynolds Barton, Vol IV
Schwab, Peter, Vol IV
Scott, Peter Dale, Vol II, IV
Seroka, James H., Vol IV
Sharp, Mike, Vol IV
Shea, Emmett A., Vol I, IV
Shields, Donald J., Vol II, IV
Shiels, Frederick L., Vol IV
Sigmund, Paul Eugene, Vol IV
Silverstein, Josef, Vol IV
Simon, Sheldon W., Vol IV
Simpson, Dick, Vol IV
Sinclair, Barbara, Vol IV
Singer, J. David, Vol IV
Sklar, Richard Lawrence, Vol IV
Skolnikoff, Eugene B., Vol IV
Small, Lawrence Farnsworth, Vol I, IV
Smallwood, James Milton, Vol I, IV
Smith, Brian H., Vol IV
Smith, Jesse Owens, Vol IV
Smith, Larry L., Vol IV
Snow, Steven Gregory, Vol IV
Snyder, Glenn Herald, Vol IV
Sokolsky, Joel J., Vol IV
Stein, Janice Gross, Vol IV
Steinmo, Sven, Vol IV
Strickland, Ruth Ann, Vol IV
Strum, Philippa, Vol IV
Suleiman, Michael W., Vol IV
Swanson, Bert E., Vol IV
Swanstrom, Todd F., Vol IV
Tarver, Leon R., II, Vol IV
Taylor, Charles L., Vol IV
Tegeder, Vincent George, Vol I, IV
Terchek, Ronald John, Vol IV
Thomas, Norman C., Vol IV
Thompson, Margaret Susan, Vol I, IV
Thorelli, Hans Birger, Vol IV
Tolchin, Susan Jane, Vol IV
Totten, George Oakley, III, Vol I
Tryman, Mfanya Donald, Vol IV
Tsebelis, George, Vol IV
Tulis, Jeffrey K., Vol IV
Urban, Michael, Vol IV
Van Der Slik, Jack Ronald, Vol V
van Roojen, Mark, Vol IV
Wagner, Wenceslas Joseph, Vol IV
Walker, Stephen G., Vol IV
Wallace, Paul, Vol IV
Waltman, Jerold Lloyd, Vol IV
Waltz, Kenneth Neal, Vol IV
Walzer, Michael, Vol IV
Wang, Enbao, Vol IV
Wapner, Paul, Vol IV
Warren, Scott, Vol IV
Watanabe, Morimichi, Vol I, IV
Weaver, Russell L., Vol IV
Weiss, T. G., Vol IV
Wilhelm, Robert, Vol IV
Will, W. Marvin, Vol IV
Wilson, Donald E., Vol I, IV
Wilson, Joseph F., Vol IV
Wolf, Thomas Phillip, Vol IV
Wolfe, Alan, Vol IV
Wolfe, Christopher, Vol IV
Wolfenstein, E. Victor, Vol IV
Woodhouse, Edward James, Vol IV
Woolley, Peter J., Vol I, IV
Wright, Theodore P., Jr., Vol I
Wunsch, James Stevenson, Vol I, IV
Wysong, Earl, Vol IV, V
Yancy, Dorothy Cowser, Vol IV
Yoder, John, Vol I, IV
Young, James Van, Vol IV
Zack, Arnold Marshall, Vol IV
Zaki, Mamoon, Vol IV
Zhao, Quansheng, Vol IV
Zimmerman, Joseph F., Vol IV
Ziring, Lawrence, Vol IV
Zirinsky, Michael Paul, Vol I, IV
Zwiebach, Burton, Vol IV

Portuguese History

Hanson, Carl Aaron, Vol I

Portuguese Language

Anderson, Helene M., Vol III
Araujo, Norman, Vol III
Bates, Margaret Jane, Vol III
Beard, Laura J., Vol III
Bulman, Gail A., Vol III
Clemente, Alice Rodrigues, Vol III
Courteau, Joanna, Vol III
Curran, Mark Joseph, Vol III
Dawson, Robert Lewis, Vol III
del Valle, Jose, Vol III
Dennis, Harry Joe, Vol III
Forster, Merlin Henry, Vol III
Garrison, David Lee, Vol III
Herron, Robert Deupree, Vol III
Igel, Regina, Vol III
Jackson, K. David, Vol III
Jensen, John Barry, Vol III
Kerr, Lucille, Vol III
Klock, Sheldon, Jr, Vol III
Krabbenhoft, Kenneth, Vol III
Larraga, Maribel, Vol III
Levi, Joseph Abraham, Vol III
Lindstrom, Naomi, Vol III
Mohler, Stephen Charles, Vol III
Rabassa, Gregory, Vol III
Rameh, Clea Abdon, Vol III
Redenbarger, Wayne Jacob, Vol IV
Rini, Joel, Vol III
Silverman, Malcolm Noel, Vol III
Warrin, Donald Ogden, Vol III

Portuguese Literature

Arenas, Fernando, Vol III
Blackmore, Joshiah, Vol III
Ferran, Ofelia, Vol III
Jackson, K. David, Vol III
Jara, Rene, Vol III
Levi, Joseph Abraham, Vol III
O'Connell, Joanna, Vol III
Ocampo, Francisco, Vol III
Perez, Genaro J., Vol III
Ramos-Garcia, Luis A., Vol III
Rector, Monica Paula, Vol III
Sharpe, Peggy, Vol III
Silva-Filho, Euridice, Vol III
Sullivan, Constance, Vol III
Washburn, Yulan M., Vol III
Young, Theodore Robert, Vol III
Zahareas, Anthony, Vol III

Professional Writing

Adams, Leslie Kennedy, Vol II
Beene, Lynn Dianne, Vol II
Searles, George J., Vol II

Psychoacoustics

Grantham, D. Wesley, Vol V

Psycholinguistics

Mcneill, David, Vol III, V
Shapiro, Lewis P., Vol III, V
Slobin, Dan Isaac, Vol III, V

Psychology

Aanstoos, Christopher, Vol V
Abraham, M. Francis, Vol V
Abramson, Lyn, Vol V
Achmitt, Neal W., Vol V
Adams, Afesa M., Vol V
Adams, Beverly C., Vol V
Adams, Jeffrey, Vol V
Affinito, Mona Gustafson, Vol V
Aldwin, Carolyn M., Vol V
Alfonso, Vincent C., Vol V
Allard, M. June, Vol V
Allen, Rhianon, Vol V
Alley, Thomas R., Vol V
Altman, Joanne, Vol V
Aman, Michael G., Vol V
Amir, Nader, Vol V
Anastasi, Jeffrey S., Vol V
Anderman, Eric M., Vol V
Andreassi, John L., Vol V
Antia, Kersey H., Vol V
Antoni, Michael H., Vol V
Antonucci, Tony C., Vol V
Appel, James B., Vol V
Araoz, Daniel L., Vol V
Aries, Elizabeth J., Vol V
Aronson, Elliot, Vol V
Asbury, Jo Ellen, Vol V
Ascencao, Erlene M., Vol V
Ashton, Nancy, Vol V
Aspell, Patrick Joseph, Vol IV, V
Atanda, Alfred W., Vol V
Atkinson, Michael, Vol II, V
Ayala-Alcantar, Christina, Vol V
Ayres, John J. B., Vol V
Baeza, J., Vol V
Bagwell, George, Vol V
Bailyn, Lotte, Vol V
Bakeman, Roger, Vol V
Balch, William, Vol V
Baldo, Tracy D. Bostwick, Vol V
Banerjee, Leena, Vol V
Banich, Marie T., Vol V
Barakat, Lamia, Vol V
Barker, Lewis M., Vol V
Barlow, David H., Vol V
Baron, Steven H., Vol V
Barrett-Larimore, Rita L., Vol V
Barriga, Alvaro, Vol V
Barron, Sheree S., Vol V
Barton, Beth, Vol V
Barton, Sally H., Vol V
Basden, B. H., Vol V
Baskind, David, Vol V
Bassett, Rodney, Vol V
Bate, Brian R., Vol V
Baum, William M., Vol V
Beauchamp, Heather, Vol V
Bechtel, Robert, Vol V
Bell, Barbara Mosallai, Vol V
Bell, Linda, Vol V
Beninger, Richard J., Vol V
Benson, LeGrace, Vol I, IV, V
Benton, Stephen L., Vol V
Bernstein, Ira H., Vol V
Bevin, Teresa, Vol V
Biasco, Frank, Vol V
Bibace, Roger, Vol V
Biran, Mia W., Vol V
Blatt, Sidney Jules, Vol V
Block, Joyce, Vol V
Blum, Toni L., Vol V
Boivin, Michael, Vol V
Boles, David B., Vol V
Bolich, Greg, Vol V
Bond, Meg, Vol V
Bornet, Bruno, Vol V
Borsky, Susan, Vol V
Bottoms, Bette L., Vol V
Boucher, Jerry, Vol V
Bourne, Lyle E., Vol V
Bower, Gordon, Vol V
Boyland, Joyce Tang, Vol V
Brandt-Williams, Ann, Vol V
Braud, William, Vol V
Brennan, Linda, Vol II, V
Briner, Wayne, Vol V
Brooke, Roger, Vol V
Brooks-Gunn Brooks-Gunn, Jeanne, Vol V
Brown, Beatrice S., Vol V
Bufford, Rodger K., Vol V
Burghardt, Gordon M., Vol V
Burlingame, Gary M., Vol V
Burright, Richard B., Vol V
Burston, Daniel, Vol V
Butler, J. Corey, Vol V
Calcagnetti, Daniel J., Vol V
Callaghan, Glenn McKee, Vol V
Carlisle, Harry J., Vol V
Carlsmith, Lyn, Vol V
Carmazza, Alfonso, Vol V
Cash, Robert W., Vol V
Castonguay, Louis G., Vol V
Catania, A. Charles, Vol V
Chandler, Theodore A., Vol V
Chang, Mei-I, Vol V
Chapman, Judith G., Vol V
Chen, Yiwei, Vol V
Chestnut, Dennis Earl, Vol V
Chia, Rosina, Vol V
Chirban, John T., Vol V
Chope, Robert C., Vol V
Chrisler, Joan C., Vol V
Ciena, Mel, Vol V
Cogan, Karen D., Vol V
Cohen, Lindsey, Vol V
Colarelli, Stephen Michael, Vol V
Coleman, Karen J., Vol V
Coleman, Priscilla K., Vol V
Colston, Herbert L., Vol V
Comstock, George Adolphe, Vol II, V
Conyne, Robert, Vol V
Cook, Anne E., Vol V
Cook, Sharon, Vol V
Coombs, Robert Stephen, Vol IV, V
Cooper, Harris M., Vol V
Cooper, Joel, Vol V
Copeland, Anne P., Vol V
Corley, Constance Saltz, Vol V
Cote, Nathalie, Vol V
Cottle, Thomas J., Vol V
Couch, James, Vol V
Craig, Wendy M., Vol V
Crank, Joe N., Vol V
Cronin, Christopher, Vol V
Crowley-Long, Kathleen, Vol V
Csikszentmihalyi, Mihaly, Vol V
Cubie, Michael, Vol IV, V
Cullinan, Bernice Ellinger, Vol V
Curtis, William H., Vol V
D'Aoust, Jean-Jacques, Vol IV, V
D'heurle, Adma J., Vol V
Daley, James, Vol V
Daneshpour, Manijeh, Vol V
Darlington, Richard B., Vol V
Dasgupta, Nilanjana, Vol V
Davenport, Gene Looney, Vol IV, V
David, Gerald, Vol IV, V
Davies, Ivor Kevin, Vol V
Davis, Gary A., Vol V
Davis, James O., Vol V
Dawes, Robyn M., Vol IV, V
DeAngelo, LeAnna M., Vol V
Deci, Edward, Vol V
DeFilipis, Nick A., Vol V
Demko, David, Vol V
Denmark, Florence L., Vol V
Dewsbury, Donald A., Vol V
Diaz-Lefebvre, Rene, Vol V
Dittes, James Edward, Vol IV, V
Dominowski, Roger L., Vol V
Donohue, Bradley C., Vol V
Dorsel, Thomas N., Vol V
Doty, Dale V., Vol V
Doyel, D., Vol V
Doyle, Charlotte, Vol V
Doyle, Kenneth, Vol V
Drake, Roger A., Vol V
Drugan, Robert C., Vol V
Duck, Steve, Vol V
Dulany, Don E., Vol V
Dunn, Annie M., Vol V
Dunn, Ivy D., Vol V
Dust, Margaret C., Vol V
Dybowski, Brian, Vol IV, V
Dyck, Arthur James, Vol IV
Eagly, Alice H., Vol V
Eberly, Mary B., Vol V
Eduljee, Nina, Vol V
Edwards, Carla, Vol V
Eells, Gregory T., Vol V
Eichenbaum, Howard, Vol V
Eigen, Michael, Vol V
Eisner, Wendy, Vol V
Eliot, John, Vol V
Ellens, Jay Harold, Vol IV, V
Ellsworth, Phoebe C., Vol V
Engel, Scott, Vol V
Epperson, Douglas, Vol V
Erickson, Martha F., Vol V
Ericsson, K. Anders, Vol V
Erikson, Fritz John, Vol V
Espelage, Dorothy, Vol V
Evans, David, Vol V
Falk, John L., Vol V
Falvo, Donna R., Vol V
Fear, Marcia B., Vol V
Feifer, Irwin, Vol V
Feldman, Maurice A., Vol V
Fennessee, W. T., Vol V
Ferris, Alan, Vol V
Fiebert, Martin S., Vol V
Firestone, Juanita M., Vol V
Fittipaldi, Silvio Edward, Vol IV, V
Flacks, Richard, Vol V
Flint, Marcha, Vol V
Fortner-Wood, Cheryl, Vol V
Fortunato, Vincent J., Vol V
Fosshage, James L., Vol V
Frager, Robert, Vol V
Freedheim, Donald K., Vol V
French, Laurence, Vol V
Friedenberg, Jay, Vol V
Friedman, Monroe P., Vol V
Friedman, Norman, Vol II, V
Froman, Larry, Vol V
Frost, Christopher J., Vol V
Fruzzetti, Alan, Vol V
Frye, Cheryl A., Vol V
Funk, Joel D., Vol V
Gadsden, Gloria Y., Vol V
Galenza, Bruce D., Vol V
Gamache, Gerald L., Vol V
Gardner, Howard E., Vol V
Gardner, Rick M., Vol V
Gathercoal, Kathleen, Vol V
Geary, David, Vol V
Geiselman, Paula, Vol V
Geist, Charles R., Vol V
Gelhart, Robert, Vol V
Gerritz, E. Keith, Vol V
Gevirtz, Richard N., Vol V
Gibson, Jennifer, Vol V
Gielen, Uwe P., Vol V
Gilbert, Bennie Ruth, Vol V
Gilbert, Edward R., Vol V
Gilbert, James L., Vol V
Gilgen, Albert R., Vol V
Gill, Diane L., Vol V
Gilmartin, Brian G., Vol V
Gladden, John W., Vol V
Glaser, Robert, Vol V
Glisky, Elizabeth Louise, Vol V
Goforth, Carol R., Vol IV, V
Goggin, William, Vol V
Gold-Neil, Valerie L., Vol V
Goldberg, Herbert, Vol V
Goldberger, Leo, Vol V
Goldin, Milton, Vol II, V
Gonzales, Gail, Vol V
Gooding, Diane, Vol V
Goodman, William, Vol V
Goodman-Delahunty, Jane, Vol IV, V
Gorsuch, Richard L., Vol IV, V
Grace, Christopher R., Vol V
Graham, Cynthia A., Vol V
Grahe, Jon E., Vol V
Granrose, Cherlyn Skromme, Vol V
Grimes, Tresmaine, Vol V
Grisel, Judith E., Vol V
Grofman, Bernard N., Vol IV, V
Groth, Miles, Vol IV, V
Guarnaccia, Charles A., Vol V
Guido, Joseph, Vol V
Hail, Jim G., Vol V
Hall, Cathy W., Vol V
Halonen, Jane S., Vol V
Halperin, D., Vol V
Hammond, James Matthew, Vol V
Hardy, R. Reed, Vol V
Harmon-Jones, Eddie A., Vol V
Harre, H. Romano, Vol V
Harrington, Robert, Vol V
Harrison, Robert M., Vol V
Hartsough, Carolyn, Vol V
Harvey, Lewis O., Jr., Vol V
Harvey, Richard D., Vol V
Haslett, Tammy, Vol V
Hatfield, Elaine, Vol V
Hauck, Paul A., Vol V
Haupt, Edward, Vol V
Hausenblas, Heather Ann, Vol V
Hawthorne, Berton J., Vol V
Hayes, Steven C., Vol V
Helweg-Larsen, Marie, Vol V
Henly, Julia, Vol V
Hensley, Robert B., Vol V
Hernandez, Arthur E., Vol IV, V
Hersen, Michel, Vol V
Hershenson, David B., Vol V
Hershenson, Maurice, Vol V
Hershey, Douglas, Vol V
Herzbrun, Michael B., Vol V
Heuchert, J. W., Vol V
Hill, Clara E., Vol V
Hillier, Susan, Vol V
Hobfoll, Steven E., Vol V
Hock, Roger R., Vol V
Hofmann, Stefan G., Vol V
Holden, George W., Vol V
Horner, David T., Vol V
Hossain, Ziarat, Vol V
Hovey, Joseph, Vol V
Huber, R. John, Vol V
Hunter, Allan, Vol IV, V
Hunter, Laurie Sullivan, Vol V
Hy, Le Xuan, Vol V
Ince, Elizabeth, Vol V
Ingram-Wallace, Brenda, Vol V
Inman, M. L., Vol V
Iwamasa, Gayle, Vol V
Izawa, Chizuko, Vol V
Jacks, Julia Zuwerink, Vol V
Jackson, Andrew, Vol V
Jackson, James S., Vol V
Jackson, Joseph Hollister, Vol IV, V

Discipline Index

Jackson, Pamela A., Vol V
Jedlicka, Davor, Vol V
Joffe, Justin M., Vol V
Johnson, Don Hanlon, Vol V
Johnson, Eric L., Vol V
Johnson, Roger N., Vol V
Johnson, Ronald C., Vol V
Johnson, Ronald William, Vol I, V
Johnson, Sheri L., Vol V
Johnson, Steve, Vol V
Johnson, Thomas E., Vol V
Jordan, J. Scott, Vol V
Jou, Jerwen, Vol V
Joy, Stephen, Vol V
Jusczyk, P. W., Vol V
Jussim, Lee, Vol V
Kagan, Jerome, Vol V
Kaiser, Charles F., Vol V
Kaminski, Patricia, Vol V
Kanel, Kristi L., Vol V
Kantor, John, Vol V
Kaplan, Francene E., Vol V
Kaplowitz, Henry L., Vol V
Karon, Bertram Paul, Vol V
Karp, Stephen A., Vol V
Katz, Jeffrey S., Vol V
Katz, Jennifer, Vol V
Keen, J. Ernest, Vol V
Keesey, Richard E., Vol V
Kelemen, Deborah A., Vol V
Kelley, Karl Neal, Vol V
Kennedy, Elizabeth, Vol V
Kennison, Shelia, Vol V
Keys, Christopher, Vol V
Kidwell, R. Jay, Vol V
Kintsch, Walter, Vol V
Kipper, David A., Vol V
Kirkhart, Matthew, Vol V
Klahr, David, Vol V
Kleck, Robert E., Vol V
Kocel, Katherine, Vol V
Koch, Chris, Vol V
Konecni, Vladimir J., Vol V
Kopp, Claire, Vol V
Kopper, Beverly A., Vol V
Kowalski, Robin Marie, Vol V
Kraft, William F., Vol V
Kressel, Neil, Vol V
Krumhansl, Carol L., Vol V
Kubey, Robert W., Vol V
Kubovy, Michael, Vol V
Kulkosky, Paul, Vol V
Kunz, George, Vol V
Kupers, Terry, Vol V
Kuther, Tara, Vol V
Kwiatkowski, J., Vol V
L'Abate, Luciano, Vol V
La Jeunesse, Charles A., Vol V
Lacy, William B., Vol V
Lambert Brigham Young Univ, Michael J., Vol V
Lang, Gerhard, Vol V
Langer, Ellen J., Vol V
Larzelere, R. E., Vol V
Laubscher, Leswin, Vol V
Lauer, Rachel M., Vol V
Lauterbach, Dean, Vol V
Lawry, John, Vol V
Lawson-Briddell, Lois Y., Vol V
Leavitt, Fred I., Vol V
Lee, Robert E., Vol V
Lee, Yueh-Ting, Vol V
Lefkowitz, Joel M., Vol V
Lehmann, Timothy J., Vol V
Leigh, Irene W., Vol V
Leitma, Grant, Vol V
Leroux, Jeffrey, Vol V
Lester, David, Vol V
Levin, Irwin P., Vol V
Levin, Shana, Vol V
Lewis, Meharry Hubbard, Vol V
Ley, Ronald, Vol V
Li, Ping, Vol V
Lichtenberg, Phillip, Vol V
Lickona, Thomas E., Vol II, V
Lilenfeld, Lisa, Vol V
Lindsay, Cindy, Vol V
Linehan, Marsha M., Vol V
Linkey, Helen E., Vol V
Liu, Zili, Vol V
Lloyd, Carl, Vol V
Lloyd, Paul J., Vol V
Lollar, Laddie H., Vol V
Lord-Maes, Janiece, Vol V
Lovelace, Eugene A., Vol V
Lu, Zhong-Lin, Vol V
Lubin, Bernard, Vol V
Lubinski, David, Vol V
Luecken, Linda, Vol V
Lumin, Bernard, Vol V
Lundgren, Amy, Vol V
Lundy, Duane, Vol V
MacDonald, Don, Vol V
MacDonald, Maryellen, Vol III, V
Majeres, Raymond L., Vol V
Makerec, Katherine, Vol V
Malpass, Leslie Frederick, Vol V
Mamali, Catalin, Vol V
Markley, Robert, Vol V
Martasian, Paula J., Vol V
Martin, Michael T., Vol V
Martinez, Thomas, Vol V
Mather, Patricia L., Vol V
Mathes, Eugene W., Vol V
Mathews, Spencer R., Vol V
Mathura, Clyde, Vol V
Matthews, G., Vol V
Matthews, Jack, Vol II, V
Mattis, Sara, Vol V
Mattison, William H., Vol I, V
Mc Leod, Ann M., Vol I, V
Mc Master, Michele, Vol II, V
McBeath, Michael K., Vol V
McClung, Phil, Vol V
McClure, Kimberley A., Vol V
McCracken, Blair, Vol V
McGahan, Joseph R., Vol V
McGarva, Andrew R., Vol V
McGuire, William J., Vol V
McKeachie, William M., Vol V
McKinley, Nita Mary, Vol V
McNicol, Sharon-Ann, Vol V
McRae, Mary B., Vol V
Meadow, Phyllis W., Vol V
Meana, Marta, Vol V
Mehiel, Ronald, Vol V
Mettlin, Connie, Vol V
Mewhort, Doug J. K., Vol V
Meyers, Barton, Vol V
Miklowitz, David J., Vol V
Milburn, Michael A., Vol V
Miller, Eric D., Vol V
Miller, Thomas W., Vol V
Miller-Jones, Dalton, Vol V
Miller-Perrin, Cindy, Vol V
Minor-Evans, Leslie, Vol V
Miyamoto, John M., Vol V
Mo, Suchoon S., Vol V
Moftakhar, Hossein, Vol V
Molfese, Dennis L., Vol V
Morehouse, Richard, Vol V
Moreland, Raymond T., Jr., Vol IV, V
Morris, Robin K., Vol V
Mosig, Yozan Dirk, Vol V
Motiff, James P., Vol V
Mount, George, Vol V
Mulgrew, John, Vol V
Mundy, Peter, Vol V
Murdock, Gwendolyn K., Vol V
Murray, Ed, Vol V
Murstein, Bernard I., Vol V
Musto, David F., Vol I, V
Myers, Ernest R., Vol V
Nail, Paul R., Vol V
Nash, Peggy, Vol V
Nath, Pamela S., Vol V
Nathan, Mitchell J., Vol V
Neely, Margery A., Vol V
Nelson, Charles A., Vol V
Nelson, Randy J., Vol V
Nersessian, Nancy, Vol II, V
Newton, Peter M., Vol V
Nicholson, Robert A., Vol V
Nielsen, Michael, Vol V
Nielson, Kristy A., Vol V
Nikelly, Arthur G., Vol V
Noonberg, Aaron R., Vol V
Norcross, John C., Vol V
Norris, Deborah Olin, Vol V
Norwood, Margaret M., Vol V
O'Connell, Daniel C., Vol V
O'Day, Edward Francis, Vol V
O'Dell, Cynthia D., Vol V
O'Donnell, Kim, Vol V
O'Leary, Virginia, Vol V
O'Reilly, Randall C., Vol V
Ogles, Robert M., Vol II, V
Overbeck, T. Jerome, Vol IV, V
Overmier, J. Bruce, Vol V
Overstreet, Charles, Vol V
Ozorak, Elizabeth Weiss, Vol V
Page, Roger A., Vol V
Pambookian, Hagop S., Vol V
Paris, Ginette, Vol V
Patterson, Miles L., Vol V
Pecorino, Philip Anthony, Vol IV, V
Pedersen, Darhl M., Vol V
Peng, Kaiping, Vol V
Penner, Merrilynn J., Vol V
Penrod, Steven D., Vol IV, V
Perrott, David R., Vol V
Perrucci, Alissa, Vol V
Phelps, Brady, Vol V
Phinney, Jean S., Vol V
Pisacreta, Richard J., Vol V
Plascak-Craig, Faye D., Vol V
Pogatshnik, Lee Wolfram, Vol V
Polischuk, Pablo, Vol IV, V
Pollack, Bonnie N., Vol V
Pollack, Robert, Vol V
Ponder, Fred T., Vol V
Portes, Pedro R., Vol V
Pouncey, Alice, Vol V
Pranzarone, Galdino F., Vol V
Pribram, Karl H., Vol V
Pruitt, Dean, Vol V
Quaytman, Joyce A., Vol V
Quickel, Kim, Vol V
Quinsey, Vernon L., Vol V
Rachlin, Howard C., Vol V
Rainer, Jackson P., Vol V
Rains, G. Dennis, Vol V
Ramage, Jean C., Vol V
Ramirez, Paul, Vol V
Ramsay, Carol, Vol V
Ramsey, Patricia G., Vol V
Randolph, Mickey M. K., Vol V
Rasmusson, D. X., Vol V
Rediehs, Robert E., Vol V
Reed, William, Vol V
Reeder, Glenn D., Vol V
Reese, Hayne W., Vol V
Reiter, Henry H., Vol V
Resick, Patricia A., Vol V
Rettig, Salomon, Vol V
Rhoades, Vance, Vol V
Rickert, Edward J., Vol V
Riegner, Elizabeth Jane, Vol V
Riso, Lawrence P., Vol V
Rittenhouse, Robert K., Vol V
Ritts, Vicki, Vol V
Robbins, Paul Richard, Vol V
Roberts, Michael C., Vol V
Roediger, Henry L., Vol V
Roesch, Ronald, Vol V
Rojahn, Johannes, Vol V
Ronan, George F., Vol V
Rosenberg, Jack L., Vol V
Rosenblatt, Jay, Vol V
Rosenthal, Howard, Vol V
Rosner, Stanley, Vol V
Rosnow, Ralph Leon, Vol V
Ross, Christopher F. J., Vol IV, V
Ross, Peter A., Vol V
Rossi, Joseph S., Vol V
Rowe, David C., Vol V
Rubin, Linda J., Vol V
Ruscio, J., Vol V
Russo, Nancy Felipe, Vol V
Sabat, Steven, Vol V
Salekin, Randall T., Vol V
Salzwedel, Kenneth D., Vol V
Sameroff, Arnold, Vol V
Sanchez, Mary Ann M., Vol V
Sandhu, Dava S., Vol V
Sandoval, Jonathan H., Vol V
Sandoz, Charles Jeffrey, Vol V
Santilli, Nicholas R., Vol V
Sarbin, Theodore R., Vol V
Sass, Louise A., Vol V
Sato, Toru, Vol V
Saxby, William R., Vol V
Schaefer, Charles, Vol V
Scharf, Bertram, Vol V
Scharff, Lauren F., Vol V
Schefft, Bruce K., Vol V
Scheiffele, Eberhard, Vol II, V
Schlenker, Barry R., Vol V
Schlewitt-Haynes, Lora D., Vol V
Schofield, Janet W., Vol V
Schuman, Elliott Paul, Vol V
Schunn, C., Vol V
Schweer, Kathryn, Vol V
Scott, Roxanna, Vol V
Scott, Vann, Vol V
Sears, David O., Vol V
Segal, Marilyn, Vol V
Segal, N. L., Vol V
Seidenberg, Mark, Vol III, V
Seitz, Jay, Vol V
Serels, M. Mitchell, Vol I, V
Serper, Mark R., Vol V
Servaty, Heather, Vol V
Sharf, Richard S., Vol V
Sharps, Matthew J., Vol V
Shaver, Phillip R., Vol V
Shean, Glenn D., Vol V
Sheldon, Kennon, Vol V
Shepperd, James A., Vol V
Shifren, Kim, Vol V
Shiner, Rebecca, Vol V
Shoemaker, Allen L., Vol V
Sicoli, Mary L., Vol V
Silber, David E., Vol V
Silva, Christopher, Vol V
Simms, Eva-Maria, Vol V
Simon, Herbert A., Vol V
Simonton, Dean K., Vol V
Singelis, Theodore M., Vol V
Sinisi, Christina S., Vol V
Sinnott, Jan Dynda, Vol V
Slavin, Robert Edward, Vol V
Slife, Brent D., Vol V
Sloan, Tod Stratton, Vol V
Slocum, Patricia, Vol V
Smith, Barry D., Vol V
Smith, Carol Y., Vol V
Smith, Corrine, Vol V
Smith, Laurence D., Vol I, V
Smith, Roy H., Vol V
Snell, William, Jr, Vol V
Snyder, Katherine Ann, Vol V
Soderstrom, Doug, Vol V
Soraci, Salvatore, Vol V
Souheaver, Harold G., Vol V
Spatz, K. Christopher, Vol V
Speidell, Todd, Vol IV, V
Spivey, Michael, Vol V
Spokane, Arnold R., Vol V
St Clair, Michael, Vol V
Stadtlander, Leann (Lee) M., Vol V
Stake, Jayne E., Vol V
Stallkamp, Ray H., III, Vol V
Stanley, Julian Cecil, Vol V
Stanny, Claudia J., Vol V
Steele, Claude Mason, Vol V
Steil, Janice M., Vol V
Stern, Frances Meritt, Vol V
Sternberg, Robert, Vol V
Stevens, Robert, Vol V
Stevenson, Michael R., Vol V
Stiles, William B., Vol V
Stilwell, William E., III, Vol V
Stoffregen, Thomas, Vol V
Stone, Gerald L., Vol V
Stone, Ruth J., Vol V
Strawser, Sherri C., Vol V
Strieby, H. Reid, Vol V
Stubbs, Janet C., Vol V
Stuber-McEwen, Donna, Vol V
Studzinski, Raymond James, Vol IV, V
Stukas, Arthur A., Vol V
Suinn, Richard Michael, Vol V
Sullivan, Kieran, Vol V
Sussman, Stephan, Vol V
Swenson, Elizabeth V., Vol V
Syler, Eleanor G., Vol V
Taborn, John Marvin, Vol V
Takooshian, Harold, Vol V
Tartter, Vivien, Vol V
Taub, Edward, Vol V
Taylor, Jennifer F., Vol V
Tedeschi, James, Vol V
Templer, Donald I., Vol V
Tennyson, Robert, Vol V
Terry, William S., Vol V
Tews, Rebecca, Vol V
Thakur, Parsram S., Vol V
Tharp, Louis, Vol IV, V
Thaw, Kurt A., Vol V
Thomas, Jay, Vol V
Thompson, Spencer K., Vol V
Thompson, Vetta L., Vol V
Throckmorton, E. Warren, Vol V
Thumin, Fred J., Vol V
Tolen, W. Christopher, Vol V
Torosyan, Roben, Vol V
Torres, Louis, Vol II, V
Toscano, Peter, Vol V
Townsend, David J., Vol V
Traver, Holly A., Vol V
Travis, Fred, Vol V
Treadwell, Thomas, Vol V
Trehub, Arnold, Vol V
Trevisan, Carey, Vol V
Tripp, Michael, Vol V
Trope, Yaacov, Vol V
Turkewitz, Gerald, Vol V
Tweney, Ryan D., Vol V
Ulanov, Ann Belford, Vol IV, V
Urbina, Susana P., Vol V
Urdan, Timothy C., Vol V
Vance, Cynthia Lynn, Vol V
Vande Kemp, Hendrika, Vol V
Velicer, Wayne F., Vol V
Verschoor, Charles V., Vol V
von Eye, Alexander A., Vol V
Vuchinich, Rudolph E., Vol V
Wade, Jenny, Vol V
Walker, Gail, Vol V
Walters, Glenn D., Vol V
Wapner, Seymour, Vol V
Ward, Jeannette P., Vol V
Watkins, Philip C., Vol V
Watson, Mary Ann, Vol V
Watt, Norman F., Vol V
Waugh, Charles G., Vol II, V
Wautischer, Helmut, Vol IV, V
Waxman, Sandra R., Vol V
Webb, Robert C., Vol V
Weisman, Amy Gina, Vol V
Werner, Sonia S., Vol V
Wertlieb, Donald, Vol V
Westermeyer, Joseph John, Vol V
Westman, Alida S., Vol V
Westra, Matthew R., Vol V
Whatley, Mark A., Vol V
White, Joseph, Vol V
White, Lawrence, Vol V
Whittaker, John, Vol IV, V
Wilcox, Rand R., Vol V
Williams, John, Vol V
Williams, Wendy A., Vol V
Wilson, Bev J., Vol V
Wilson, Dick, Vol V
Wilson, Janie Hamn, Vol V
Wilson, Wayne J., Vol V
Winbush, Raymond A., Vol V
Winter, David G., Vol V
Winter, Jerry Alan, Vol V
Wolach, Allen H., Vol V
Wolowitz, Howard M., Vol V
Worthen, Vaughn E., Vol V
Wosinska, Wilhelmina, Vol V
Wynn, Jean M., Vol V
Xie, Xiaolin, Vol V
Yoder, Janice, Vol V
Young, Andy, Vol V
Youngman, C. Van, Vol V
Youniss, James, Vol V
Zakowski, Sandra, Vol V
Zapf, Patricia A., Vol V
Zecker, Steven G., Vol V
Zigler, Edward, Vol V
Zook, Donna M., Vol V
Zucker, Arnold H., Vol V
Zuckerman, Marvin, Vol V

Public Affairs

Caiden, Gerald E., Vol IV
Chambers, James, Vol IV
Goetz, Edward G., Vol IV
Hartley, Roger, Vol IV
McCurdy, Howard Earl, Vol IV
Sabes, Jane, Vol IV
Seroka, James H., Vol IV

Puerto Rican Studies

Caban, Pedro, Vol I, III

Reformation History

Baker, Joseph Wayne, Vol I
Beame, Edmond Morton, Vol I
Bietenholz, Peter Gerard, Vol I
Christensen, Carl C., Vol I
Duggan, Lawrence Gerald, Vol I
Fichtner, Paula Sutter, Vol I
Gray, Hanna Holborn, Vol I
Hendel, Kurt Karl, Vol I
McGoldrick, James Edward, Vol I
Nader, Helen, Vol I
Nischan, Bodo, Vol I
O'Malley, John William, Vol I
Sessions, Kyle Cutler, Vol I
Wengert, Timothy J., Vol I
Witt, Ronald Gene, Vol I

Religious Education

Bilodeau, Lorraine, Vol IV, V
Habermas, Ronald T., Vol IV, V
Lee, Johng O., Vol IV, V
Leroy Conrad, Robert, Vol IV, V
Miller, James Blair, Vol IV, V
Page, Patricia, Vol IV, V
Pazmino, Robert W., Vol IV, V
Russo, Donald T., Vol IV, V

Religious Ethics

Johnson, James Turner, Vol IV
Magill, Gerard, Vol IV
Myers, Charles Edward, Vol IV
O'Connor, June Elizabeth, Vol IV
Patty, Stacy L., Vol IV
Pope, Stephen J., Vol IV
Wicks, Andrew C., Vol IV

Religious Studies

Abegg, Martin G., Jr., Vol IV
Abrahamsen, Valerie, Vol IV
Ackerman, James S., Vol IV
Adamek, Wendi, Vol IV
Adler, Joseph A., Vol IV
Airhart, Phyllis, Vol IV
Albrecht, Gloria H., Vol IV
Alexakis, Alexander, Vol IV
Alexander, Bobby C., Vol IV, V
Alexander, James, Vol IV, V
Alexander, Scott C., Vol IV
Alpert, Rebecca T., Vol IV
Amaru-Halpern, Betsy, Vol IV
Aminrazavi, Mehdi, Vol IV
Amore, Roy C., Vol IV
Anderson, William P., Vol IV
Andresen, Jensine, Vol IV
Antoci, Peter, Vol IV
Arai, Paula K. R., Vol IV
Arav, Rami, Vol IV
Argall, Randall A., Vol IV
Arnold, Philip P., Vol IV
Aronowicz, Annette, Vol IV
Ashton, Dianne C., Vol IV
Atkinson, Harley, Vol IV, V
Atwood, Craig D., Vol IV
Aune, Michael B., Vol IV
Avery-Peck, Alan, Vol IV
Awn, Peter, Vol IV
Ayers, James R., Vol IV
Babler, John, Vol IV
Bache, Christopher Martin, Vol IV
Bagby, Daniel G., Vol IV
Bailey, Charles E., Vol I, IV
Bailey, Lee, Vol IV
Bailey, Randall Charles, Vol IV
Bailly, Constantina Rhodes, Vol IV
Baird, Robert Dahlen, Vol IV
Baker, John R., Vol IV
Baldwin, John R., Vol II, IV
Balmer, Randall, Vol IV
Bandstra, Barry L., Vol IV
Baranowski, Shelley, Vol IV
Barbieri, William A., Jr., Vol IV
Barbour, Ian Graeme, Vol IV
Barbour, John D., Vol II, IV
Barlow, Brian C., Vol IV
Barlow, J. Stanley, Vol IV
Barlow, Jerry N., Vol IV
Barnes, Michael Horton, Vol IV
Barrett, J. Edward, Vol IV
Bascom, Robert, Vol IV
Bashir, Shahzad, Vol IV
Batey, Richard A., Vol IV
Battenfield, James R., Vol IV
Battle, Michael, Vol IV
Bauer, Nancy, Vol IV
Baycroft, John A., Vol IV
Beal, Timothy K., Vol IV
Beaty, James M., Vol IV
Beauchesne, Richard J., Vol IV
Beck, Rosalie, Vol IV
Bedell, George Chester, Vol IV
Bence, Clarence, Vol IV
Bender, Ross Thomas, Vol IV
Benjamin, Don C., Jr., Vol IV
Benko, Stephen, Vol I, IV
Berenbaum, Michael, Vol IV
Berger, Alan L., Vol IV
Beritela, Gerard F., Vol IV
Berkey, Robert Fred, Vol IV
Berkley, Constance E. Gresham, Vol III
Berkman, John, Vol IV
Bernstein-Nahar, Avi K., Vol IV
Berquist, Jon L., Vol IV
Berry, Donald K., Vol IV
Best, Ernest E., Vol IV
Betty, Stafford, Vol IV
Betz, Hans Dieter, Vol IV
Biallas, Leonard John, Vol IV
Bianchi, Eugene Carl, Vol IV
Bilaniuk, Petro Borys T., Vol IV
Bird, Frederick, Vol IV
Blake, Deborah, Vol IV
Blessing, Kamila, Vol IV
Blevins, James Lowell, Vol IV
Blizek, William L., Vol IV
Blodgett, Barbara, Vol IV
Blomberg, Craig L., Vol IV
Bloom, Alfred, Vol IV
Blumenthal, David Reuben, Vol IV
Bobik, Joseph, Vol IV
Bochnowski, Michael, Vol IV, V
Bohmbach, Karla G., Vol IV
Boisvert, Mathieu, Vol IV
Bokenkamp, Stephen R., Vol IV
Boling, Robert Gordon, Vol IV
Bongmba, Elias Kifon, Vol IV
Bonisteel, Roy, Vol IV
Boomer, Dennis, Vol IV
Borchert, Gerald Leo, Vol IV
Bourgeois, Patrick Lyall, Vol IV
Bouzard, Walter, Vol IV
Bowden, Henry Warner, Vol I, IV
Bowden, James Henry, Vol I, IV
Bowman, Leonard Joseph, Vol II, IV
Bowne, Dale Russell, Vol IV
Boyd, J. Wesley, Vol IV
Boyle, Ashby D., II, Vol IV
Boys, Samuel A., Vol IV
Brakke, David, Vol IV
Brandt, Eric A., Vol IV
Brassard, Francis, Vol IV
Bredeck, Martin James, Vol IV
Bregman, Lucy, Vol IV
Bricker, Daniel P., Vol IV
Brindle, Wayne, Vol IV
Britt, Brian M., Vol IV
Brockopp, Jonathan E., Vol IV
Bross, James Beverley, Vol I, IV
Brown, Alexandra, Vol IV
Brown, Colin, Vol IV
Brown, Daniel Aloysius, Vol IV
Brown, J. Daniel, Vol IV
Brown, Jerry Wayne, Vol I, IV
Brown, Kenneth Lee, Vol IV
Brown, Paul Llewellyn, Vol IV
Brown, Stephen G., Vol IV
Bruland, Esther, Vol IV
Bryant, David J., Vol IV
Bryant, Lynn Ross, Vol IV
Bucher, Glenn R., Vol IV
Buehler, Arthur, Vol IV
Buehler, Arthur F., Vol IV
Bunge, Wilfred F., Vol III, IV
Burgess, Andrew J., Vol IV
Burgess, Stanley M., Vol IV
Burke, John, Vol IV
Burke, Ronald R., Vol IV
Burkett, Randall Keith, Vol I, IV
Burkle, Howard R., Vol IV
Burnett, Fredrick Wayne, Vol IV
Burnett, Stephen G., Vol I, IV
Burrill, Russell C., Vol IV
Burris, John, Jr., Vol IV
Bush, L. Russ, Vol IV
Buss, Martin John, Vol IV
Byer, Inez, Vol IV
Cadorette, Curt R., Vol IV
Cahill, P. Joseph, Vol IV
Calian, Carnegie Samuel, Vol IV
Callan, T., Vol IV
Campany, Robert F., Vol IV
Campbell, Joseph Gordon, Vol IV
Cannon, Dale W., Vol IV
Capps, Donald E., Vol IV
Carlson, David A., Vol IV
Carlston, Charles E., Vol IV
Carpenter, Elizabeth S., Vol IV
Carr, Anne E., Vol IV
Carr, Thomas, Vol IV
Carroll, Beverlee Jill, Vol IV
Carter, Jeffrey D. R., Vol I, IV
Carter, Lawrence E., Sr., Vol IV
Carver, Frank G., Vol IV
Cary, Phillip, Vol IV
Castelli, Elizabeth, Vol IV
Cayard, W. W., Vol IV
Chamberlain, Gary L., Vol IV
Chandler, Daniel Ross, Vol II
Charlesworth, James H., Vol IV
Chernus, Ira, Vol IV
Chethimattam, John Britto, Vol IV
Childress, James Franklin, Vol IV
Childs, James M., Jr., Vol IV
Chilton, Bruce, Vol IV
Chinchar, Gerald T., Vol IV
Ching, Julia, Vol IV
Chuang, Rueyling, Vol IV
Churchill, Mary, Vol IV
Ciorra, Anthony J., Vol IV
Cladis, Mark, Vol IV
Clapper, Greg, Vol IV
Clark, J. Michael, Vol IV
Clark, Jack Lowell, Vol IV
Clark, W. Royce, Vol IV
Cloud, Fred, Vol IV
Cobb, Kelton, Vol IV
Cogley, Richard W., Vol IV
Cohen, Burton I., Vol IV, V
Coleman, John Aloysius, Vol IV, V
Collinge, William Joseph, Vol IV
Collins, Mary, Vol IV
Cone, James H., Vol IV
Conn, Marie A., Vol IV
Conn, Walter Eugene, Vol IV
Conver, Leigh E., Vol IV
Cooey, Paula M., Vol III, IV
Coogan, Michael, Vol IV
Cooper-Lewter, Nicholas Charles, Vol IV
Copenhaver, John, Vol IV
Corrigan, John, Vol I, IV
Cort, John E., Vol IV
Couture, Pamela D., Vol IV
Coward, Harold G., Vol I, IV
Cox, Claude E., Vol IV
Cranford, Lorin L., Vol IV
Crawford, Timothy G., Vol IV
Creed, Bradley, Vol IV
Crenshaw, James L., Vol IV
Cresson, Bruce Collins, Vol I, IV
Crosby, Donald A., Vol IV
Crowley, Sue Mitchell, Vol II, IV
Crownfield, David R., Vol IV
Crumbley, Deidre H., Vol IV, V
Csikszentmihalyi, Mark, Vol IV
Cubie, David Livingston, Vol IV
Culbertson, Diana, Vol III, IV
Cullinan, Alice R., Vol IV
Cunningham, Sarah Gardner, Vol I, IV
Curtis-Howe, E. Margaret, Vol IV
D'Agostino, Peter R., Vol I, IV
D'Aoust, Jean-Jacques, Vol IV, V
Dallen, James, Vol IV
Davenport, Gene Looney, Vol IV, V
Davies, Alan T., Vol IV
Davies, Brian, Vol IV
Davies, Horton, Vol IV
Davis, Richard, Vol IV
Davis, William V., Vol II, IV
Dawe, Donald Gilbert, Vol IV
Day, Peggy, Vol IV
Debona, Guerric, Vol IV
DeChant, Dell, Vol IV
Deeter, Allen C., Vol I, IV
Demarco, Don, Vol IV
Denny, Fred, Vol IV
Denzey, Nicola, Vol IV
Derr, Thomas S., Vol IV
Desmangles, Leslie Gerald, Vol IV, V
Despland, Michel, Vol IV
Deutsch, Celia, Vol IV
deVries, Paul, Vol IV
Dewart, Leslie, Vol IV
Dicenso, James, Vol IV
Dick, Michael B., Vol IV
Diener, Paul W., Vol IV
Dinges, William, Vol IV
Discher, Mark, Vol IV
Dittes, James Edward, Vol IV, V
Dockery, David S., Vol I, IV
Dodson, Jualynne, Vol IV
Doermann, Ralph W., Vol IV
Doll, Mary A., Vol IV
Donakowski, Conrad L., Vol I, II, IV
Donaldson, Daniel J., Vol IV
Donfried, Karl P., Vol IV
Doohan, Helen, Vol IV
Dorrien, Gary J., Vol IV
Doubles, Malcolm Carroll, Vol III, IV
Dourley, John Patrick, Vol IV
Downey, John, Vol IV
Doyle, Dennis M., Vol IV
Drage-Hale, Rosemary, Vol IV
Driskill, Joseph D., Vol IV
Drury, Keith, Vol IV
Dude, Carl K., Vol IV
Duffy, Stephen Joseph, Vol IV
Dunnavant, Anthony L., Vol IV
Dunning, Stephen Northrop, Vol IV
DuPriest, Travis Talmadge, Jr., Vol II, IV
Durham, Ken R., Vol III, IV
Dykstra, Wayne A., Vol IV
Dymale, Herbert Richard, Vol IV
Eaton, Kent A., Vol IV
Edwards, Abiyah, Jr., Vol IV
Edwards, Clifford Walter, Vol IV
Eisenbaum, Pamela, Vol IV
Ekeya, Bette Jan, Vol IV
Eklund, Emmet Elvin, Vol IV
Elias, Jamal J., Vol IV
Ellens, Jay Harold, Vol IV, V
Eller, David B., Vol I, IV
Ellingsen, Mark, Vol IV
Elliott, Carolyn S., Vol I, IV
Ellwood, Robert S., Vol IV
Eminhizer, Earl Eugene, Vol IV
Emler, Donald, Vol IV
Engel, J. Ronald, Vol IV
Epp, Eldon Jay, Vol I, IV
Ernst, Carl W., Vol IV
Erwin, Pamela, Vol IV
Eskildsen, Stephen E., Vol IV
Evans, Donald D., Vol IV
Evans, William, Vol IV
Everett, William J., Vol IV
Fadner, Donald E., Vol IV
Fairchild, Mark, Vol IV
Fallding, Harold J., Vol IV, V
Farah, Caesar E., Vol I, IV
Farthing, John L., Vol III, IV
Fasching, Darrell, Vol IV
Favazza, Joseph A., Vol IV
Feagin, Glyndle M., Vol IV
Ferguson, Marianne, Vol IV
Ferm, Deane William, Vol IV
Ferm, Robert L., Vol IV
Fernandez, Eduardo, Vol IV
Ferst, Barry Joel, Vol IV
Fiensy, David A., Vol IV
Finney, Paul Corby, Vol I, IV
Fisch, Thomas, Vol IV
Fisher, David Hickman, Vol IV
Fisher, Eli D., Vol IV
Fisher, Eugene J., Vol IV
Fittipaldi, Silvio Edward, Vol IV, V
Fitzgerald, John Thomas, Jr., Vol IV
Fitzmyer, Joseph A., Vol IV
Flanagan, Kathleen, Vol IV
Florida, Robert E., Vol IV
Flowers, Ronald Bruce, Vol III, IV
Foard, James Harlan, Vol IV
Foerst, Anne, Vol IV
Foley, W. Trent, Vol IV
Follick, Edwin D., Vol IV, V
Foltz, Howard L., Vol IV
Ford, James L., Vol IV
Ford, Paul F., Vol IV
Foreman, Terry Hancock, Vol IV
Forman, Robert, Vol IV
Forshey, Harold Odes, Vol IV
Fortna, Robert Tomson, Vol IV
Foster, James Hadlei, Vol IV
Foster, Matthew, Vol IV
Fouke, Daniel C., Vol IV
Fowler, Vivia, Vol IV
Fox, Charles W., Vol IV
Fox, Samuel, Vol IV
Fraade, Steven D., Vol IV
Frankfurter, David, Vol IV
Franklin, Naomi P., Vol IV
Fredriksen, P., Vol I, IV
Freeman, Donald Dale, Vol IV
French, Harold Wendell, Vol III
French, Richard Frederic, Vol II, V
Frerichs, Ernest S., Vol IV
Freund, Richard A., Vol IV
Frick, Frank Smith, Vol IV
Friesen, Lauren, Vol II, IV
Frigge, S. Marielle, Vol IV
Fuller, Robert Charles, Vol IV
Fulop, Timothy E., Vol IV
Gall, Robert, Vol IV
Gane, A. Barry, Vol IV
Gardiner, David, Vol IV
Garfinkel, Stephen Paul, Vol IV
Garland, Michael John, Vol IV
Gates, Gary, Vol IV
Gauthier, Candace, Vol IV
Gerig, Wesley Lee, Vol III, IV
Gerkin, Charles Vincent, Vol IV
Gerrish, Brian Albert, Vol I, IV
Gibbs, Lee Wayland, Vol IV
Gibson, Scott M., Vol IV
Gill, Sam, Vol IV
Gilpin, W. Clark, Vol IV
Githiga, John Gatungu, Vol IV
Glazier-McDonald, Beth, Vol IV
Godfrey, Mary F., Vol II, IV
Gomez, Raul R., Vol IV
Gooch, Paul W., Vol IV
Good, Robert C., Vol IV
Goranson, Stephen, Vol I, IV
Gorsuch, Richard L., Vol IV, V
Goss, James, Vol II, IV
Gossai, Hemchand, Vol IV
Gottschalk, Alfred, Vol IV
Gough, Russell W., Vol IV
Goulding, James Allan, Vol IV
Govig, Stewart D., Vol IV
Gowler, David B., Vol IV
Graber-Miller, Keith A., Vol IV
Graham, Stephen R., Vol IV
Graham, W. Fred, Vol I, IV
Grammer, Michael B., Vol IV
Granquist, Mark, Vol IV
Grant, John W., Vol IV
Grassie, William, Vol IV
Gray, Donald P., Vol IV
Gray, Wallace, Vol IV
Greeley, Andrew M., Vol II, IV, V
Green, Garrett, Vol IV
Green, Ronald Michael, Vol IV
Greenberg, Gershon, Vol IV
Greene, Martha D., Vol II, IV
Grelle, Bruce, Vol IV
Griffith, R. Marie, Vol IV
Grigg, Richard M., Vol IV
Grimes, John A., Vol IV
Grimes, Ronald L., Vol IV
Gritsch, Eric W., Vol I, IV
Groome, Thomas H., Vol IV, V
Groothuis, Douglas, Vol IV
Gudorf, Christine E., Vol IV
Gundry, Robert H., Vol IV
Gutowski, Carolyn, Vol IV, V
Gyug, Richard F., Vol I, IV
Haberman, David L., Vol IV
Habibi, Don, Vol IV
Haile, Getatchew, Vol III, IV
Halivni, David, Vol IV
Hall, David Lynn, Vol IV
Hall, P. W., Vol II, IV
Hall, Ronald L., Vol IV
Halstead, Thomas, Vol IV
Hambrick, A. Fred, Vol IV
Hamilton, John Daniel Burgoyne, Vol III, IV
Hamlin, Ernest Lee, Vol IV
Hammond, Guy Bowers, Vol IV
Hamre, James S., Vol I, IV
Hanford, Jack, Vol IV
Hanks, Donald, Vol IV
Hanson, Bruce, Vol IV
Happel, Stephen P., Vol IV
Hardesty, Nancy A., Vol IV
Hardman, Keith J., Vol IV
Hargis, Jeffrey W., Vol IV
Harley, Gail M., Vol IV
Harrill, J. Albert, Vol IV
Harris, Bond, Vol IV
Harris, Ishwar C., Vol IV
Harris, Max R., Vol IV
Harris, Stephen Leroy, Vol IV
Harris, Xavier, Vol IV
Harrod, Howard L., Vol IV, V
Harrop, Clayton Keith, Vol IV
Hart, James G., Vol IV
Hartin, Patrick, Vol IV
Hartley, Loyde Hobart, Vol IV, V
Hartt, Julian Norris, Vol IV
Harvey, Mark S., Vol IV
Hassing, Arne, Vol I, IV
Hauck, Allan, Vol IV
Haverly, Thomas, Vol II, IV
Hawkins, Emma, Vol II, IV
Hawkins, Merrill M., Vol IV
Hawley, John Stratton, Vol IV
Hayes, Alan L., Vol IV
Heer, Larry G., Vol IV
Heft, James L., Vol IV
Heim, Joel, Vol IV
Hein, David, Vol IV
Hein, Norvin, Vol IV
Heinze, Ruth-Inge, Vol IV, V
Helm, Thomas Eugene, Vol II, IV
Henderson, John B., Vol I, IV
Hennessy, Anne, Vol IV
Henry, Carl F. H., Vol IV
Henshaw, Richard A., Vol IV
Herman, Jonathan R., Vol IV
Hess, Richard S., Vol IV
Hester, James D., Vol IV
Hexham, Irving, Vol IV
Hiebert, Theodore, Vol IV
Highfield, Ronald Curtis, Vol IV
Hill, Harvey, Vol IV
Hines, Mary E., Vol IV

Hoag, Robert W., Vol IV
Hodder, Alan, Vol IV
Hodges, John O., Vol IV
Hodges, Louis Wendell, Vol II, IV
Hoffman, Mark G., Vol IV
Hoffman, Valerie J., Vol IV
Hoge, Dean R., Vol IV, V
Holifield, E. Brooks, Vol I, IV
Holladay, William Lee, Vol IV
Hollenbach, Paul William, Vol IV
Hollis, Susan T., Vol III, IV
Holm, Tawny L., Vol IV
Homans, Peter, Vol IV
Homerin, T. Emil, Vol IV
Hoover, Stewart, Vol IV
Hoppe, Leslie John, Vol IV
Hopper, David Henry, Vol IV
Hori, G. Victor Sogen, Vol IV
Horne, Milton P., Vol IV
Hospital, Clifford G., Vol IV
Hostetter, Edwin C., Vol IV
Howard, David M., Jr., Vol IV
Howe, Leroy T., Vol IV
Huddleston, Mark, Vol IV
Hudnut-Beumler, James, Vol IV
Huffman, Gordon, Jr., Vol IV
Hughes, Richard Allan, Vol IV
Hughes, Robert Don, Vol IV
Hull, William E., Vol IV
Hutchinson, Roger Charles, Vol IV
Hutton, Chane, Vol IV
Hwang, Tzu-Yang, Vol IV
Hyun, Yong Soo, Vol IV
Irvin, Dale T., Vol IV
Irvine, Stuart, Vol IV
Irwin, Raymond D., Vol I, IV
Isaac, Gordon L., Vol I, IV
Ives, Christopher, Vol IV
Jablonski, Leanne M., Vol IV
Jackson, Roger, Vol IV
Jackson, William Joseph, Vol IV
Jacobson, Arland D., Vol IV
Jaini, Padmanabh S., Vol III, IV
James, Robert N., Vol IV
James, William Closson, Vol II, IV
Jarow, E. H. Rick, Vol IV
Jensen, Tim, Vol IV
Jesse, Jennifer G., Vol IV
Jih, Luke, Vol IV
Jindra, Michael, Vol IV, V
John, PM, Vol IV
Johnnson, Thomas F., Vol IV
Johnson, Dale, Vol I, IV
Johnson, Dale Arthur, Vol IV
Johnson, David Lawrence, Vol IV
Johnson, E. Elizabeth, Vol IV
Johnson, James Turner, Vol IV
Johnson, Stephen M., Vol IV
Johnson, Steven D., Vol IV
Johnson, Willard, Vol IV
Jonas, W. Glenn, Jr., Vol IV
Jones, Barry Alan, Vol IV
Jones, Charles B., Vol IV
Jones, Christopher R. A. Morray, Vol IV
Jones, Donald L., Vol IV
Jones, F. Stanley, Vol IV
Jones, Richard J., Vol IV
Jones, Robert Alun, Vol IV
Jones, Thomas Canby, Vol IV
Jones, William Paul, Vol IV
Jonte-Pace, Diane E., Vol IV
Jordan, Mark, Vol IV
Jorgensen, Danny L., Vol IV
Jurisson, Cynthia, Vol IV
Just, Felix, S. J., Vol IV
Kambeitz, Teresita, Vol IV, V
Kane, John, Vol IV
Kane, Thomas Anthony, Vol IV
Karaban, Roslyn A., Vol IV
Karamustafa, Ahmet T., Vol I, IV
Karman, James, Vol I, II, IV
Kasfir, Sidney L., Vol IV
Kater, John L., Jr., Vol IV
Katz, Nathan, Vol IV
Kavanagh, Aidan, Vol IV
Kaylor, Robert David, Vol IV
Keck, Leander E., Vol IV
Kee, Howard Clark, Vol I, IV
Keefe, Alice Ann, Vol IV
Keen, Ralph, Vol IV
Keenan, J. F., Vol IV
Keenan, John P., Vol IV
Kelly, Joseph F., Vol IV
Kenney, Garrett C., Vol IV
Kenney, John Peter, Vol IV
Khan, Abrahim H., Vol IV
Kieckhefer, Richard, Vol I, IV
Kierstead, Melanie Starks, Vol IV
Killen, Patricia O'Connell, Vol IV
Kim, Ai Ra, Vol IV
Kim, Wonil, Vol IV
Kim, Yong Choon, Vol IV
King, Sallie B., Vol IV
Kinnaman, Theodore J., Vol IV
Kirkpatrick, Frank Gloyd, Vol IV
Kissling, Paul J., Vol IV
Kitts, Margo, Vol IV
Klass, Dennis, Vol IV
Klassen, William, Vol IV
Klein, Anne, Vol III, IV
Kline, Meredith George, Vol IV
Kling, David, Vol I, IV
Klostermaier, Klaus Konrad, Vol IV
Kniker, Charles R., Vol IV
Knitter, Paul Francis, Vol IV
Kohn, Livia, Vol IV
Kollar, Nathan Rudolph, Vol I, IV
Korp, Maureen, Vol IV
Kort, Wesley A., Vol IV
Koss, David H., Vol IV
Kraabel, Alf Thomas, Vol II, III, IV
Kraft, Robert Alan, Vol I, IV
Krondorfer, Bjoern, Vol IV
Krych, Margaret A., Vol IV
Kubicki, Judith M., Vol IV
Kucheman, Clark Arthur, Vol IV
Kujawa, Sheryl A., Vol IV
Kuntz, J. Kenneth, Vol IV
Kuzmic, Peter, Vol I
Kwon, Kyeong-Seog, Vol IV
Laffey, Alice L., Vol IV
Laine, James W., Vol IV
Lamb, Ramdas, Vol IV
Lamm, Alan K., Vol I, IV
LaMothe, Kimerer L., Vol IV
Lang, Martin Andrew, Vol IV
Langer, Ruth, Vol IV
Laniak, Timothy, Vol IV
Lanning, Bill L., Vol IV
Lapsley, James N., Vol IV
Larson, Gerald J., Vol IV
Lathrop, Gordon W., Vol IV
Lau, Sue, Vol IV
Laumakis, Stephen J., Vol IV
Lawson, E. Thomas, Vol IV
Lee, Johng O., Vol IV, V
Lee, Jung Young, Vol IV
Lee, K. Samuel, Vol IV
Lee, Sungho, Vol IV
Leiman, Sid Zalman, Vol I, IV
Lelwica, Michelle M., Vol IV
Lemieux, Lucien, Vol I, IV
Lerner, Anne Lapidus, Vol IV
Leroy Conrad, Robert, Vol IV, V
Lester, Robert Carlton, Vol IV
Levesque, Paul J., Vol IV
Lewis, Daniel J., Vol IV
Lewis, Jack Pearl, Vol IV
Lewis, Kevin, Vol II, IV
Liebert, Elizabeth, Vol IV
Liechty, Daniel, Vol IV
Lightstone, Jack, Vol IV
Limburg, James, Vol IV
Lincoln, Bruce K., Vol IV
Lincoln, C. Eric, Vol IV
Lindquist, Larry, Vol IV
Lindsey, William D., Vol IV
Lindt, Gillian, Vol IV
Linenthal, Edward Tabor, Vol I, IV
Lippy, Charles, Vol IV
Livezey, Lowell W., Vol IV
Livingston, James Craig, Vol IV
Lobel, Diana, Vol IV
Long, Burke O'Connor, Vol IV
Long, John Edward, Vol IV
Longstaff, Thomas R. W., Vol IV
Lott, John Bertrand, Vol IV
Lounibos, John, Vol IV
Lowe, Eugene Y., Jr., Vol I, IV
Lumpp, Randolph, Vol IV
Lyons, Robin R., Vol I, IV
Lysaught, M. Therese, Vol IV
MacArthur, Steven D., Vol IV
MacCormick, Chalmers, Vol IV
Machaffie, Barbara J., Vol I, IV
Maclean, Iain Stewart, Vol IV
Madden, Daniel Patrick, Vol IV
Madsen, Charles Clifford, Vol IV
Madsen, Truman Grant, Vol IV
Maguire, Daniel C., Vol IV
Mahony, William K., Vol IV
Maier, Walter A., III, Vol IV
Makowski, Lee, Vol IV
Mallard, William, Vol I, IV
Mann, Gurinder Singh, Vol IV
Manning, Christel, Vol IV, V
Mansfield, Mecklin Robert, Vol IV
Marangos, Frank, Vol IV
Marks, Herbert J., Vol IV
Marrs, Riock R., Vol IV
Martens, Elmer Arthur, Vol IV
Marthaler, Berard Lawrence, Vol IV, V
Martin, Dean M., Vol IV
Martin, James Luther, Vol IV
Martin, Joel, Vol IV
Martin, Judith G., Vol IV
Martinson, Paul V., Vol IV
Martland, T(homas) R(odolphe), Vol IV
Martos, Joseph, Vol IV
Mason, Steve, Vol I, IV
Matheny, Paul Duane, Vol IV
Mathewes, Charles, Vol IV
Matovina, Timothy M., Vol IV
May, John Richard, Vol II, IV
Maynard, Arthur Homer, Vol IV
McAuliffe, J. D., Vol IV
McCagney, Nancy, Vol IV
McCollough, C. Thomas, Vol IV
McCollough, Thomas Elmore, Vol IV
McCoy, Jerry, Vol IV
McDaniel, John B., Vol IV
McDermott, Gerald D., Vol IV
McDermott, John J., Vol IV
McDonald, Patricia M., Vol IV
McDonough, Sheila, Vol IV
McDowell, Markus, Vol IV
McElwain, Hugh Thomas, Vol IV
McFague, Sallie, Vol II, IV
McGinley, John Willard, Vol IV
McGinn, Sheila E., Vol IV
McGowan, Andrew, Vol IV
McGuire, Anne M., Vol IV
McHugh, Michael P., Vol III, IV
McKale, Michael, Vol IV
McKenna, John H., C.M., Vol IV
McKim, Robert, Vol IV
McKnight, Edgar Vernon, Vol III, IV
McLennan, Scotty, Vol IV
McMahan, Oliver, Vol IV
McMullen, Mike, Vol IV, V
McRae, John R., Vol IV
McRay, John Robert, Vol IV
Means, James, Vol III, IV
Meany, Mary Walsh, Vol IV
Medine, Carolyn Jones, Vol IV
Medley, Mark S., Vol IV
Meeks, Wayne Atherton, Vol IV
Mehl, Peter J., Vol IV
Mehta, Mahesh Maganlal, Vol IV
Memon, Muhammad Umar, Vol IV
Mendelson, Alan, Vol IV
Merkle, John Charles, Vol IV
Merkur, Dan, Vol IV
Mesle, C. Robert, Vol IV
Metzger, Daniel, Vol IV
Michael, Randall Blake, Vol IV
Michaelsen, Robert Slocumb, Vol IV
Milgrom, Jacob, Vol IV
Millen, Rochelle L., Vol IV
Miller, Barbara Butler, Vol IV
Miller, Benjamin, Vol IV
Miller, David, Vol IV
Miller, David Leroy, Vol IV
Miller, Donald, Vol IV, V
Miller, Douglas James, Vol IV
Miller, James Blair, Vol IV, V
Miller, Patricia Cox, Vol I, IV
Miller, Peter, Vol II, IV
Miller, Richard B., Vol IV
Miller, Ronald H., Vol IV
Miller, Timothy, Vol I
Minor, Robert Neil, Vol IV
Mirecki, Paul A., Vol IV
Mittal, Sushil, Vol I, IV, V
Mobley, Tommy W., Vol IV
Moffett, Samuel Hugh, Vol I, IV
Mongoven, Ann, Vol IV
Moore, Cecilia, Vol IV
Moore, Deborah D., Vol IV
Morey, Ann-Janine, Vol IV
Morris, Derek, Vol IV
Moseley, James G., Vol II, IV
Mount, Eric, Jr., Vol II, IV
Mueller, David L., Vol IV
Muesse, Mark William, Vol IV
Murnion, William E., Vol IV
Murphy, Frederick J., Vol IV
Murphy, Larry G., Vol I, IV
Murphy, Tim, Vol IV
Murrell, Nathaniel Samuel, Vol IV
Nadeau, Randall, Vol IV
Nagarajan, Vijaya, Vol IV
Naim, Elissa Ben, Vol IV
Nairn, Charles E., Vol IV
Nancarrow, Paul S., Vol IV
Nanji, Azim A., Vol III
Nanos, Mark D., Vol IV
Nash, Robert N., Vol IV
Nasr, Sayed H., Vol IV
Nasu, Eisho, Vol I, IV
Neale, Philip Whitby, Vol IV
Needleman, Jacob, Vol IV
Nelson, Lance E., Vol IV
Nelson, Paul T., Vol IV
Neufeld, Dietmar, Vol I, IV
Neusner, Jacob, Vol IV
Newman, Barbara J., Vol II, IV
Ng, On-cho, Vol I, IV
Niditch, Susan, Vol IV
Nieto, Jose Constantino, Vol I, IV
Nieva, Constantino S., Vol IV
Nitschke, Beverley A., Vol IV
Northup, Lesley A., Vol IV
Novak, Philip Charles, Vol IV
Nugent, Patrick, Vol IV
O'Connell, Robert H., Vol IV
O'Hyun, Park, Vol IV
O'Sullivan, Michael, Vol IV
Oakes, Edward T., Vol IV
Oakman, Douglas E., Vol IV
Ocker, Christopher, Vol IV
Oliver, Harold Hunter, Vol IV
Olson, Carl, Vol IV
Olson, Richard P., Vol IV
Oppenhaim, Michael, Vol IV
Organ, Barbara, Vol IV
Orsi, Robert A., Vol IV
Ortiz, Manuel, Vol IV
Osborne, Kenan Bernard, Vol IV
Osborne, Robert E., Vol IV
Outka, Gene Harold, Vol IV
Pachow, Wang, Vol III, IV
Page, Jean-Guy, Vol IV
Palmer, Richard E., Vol IV
Pandharipande, Rajeshwari, Vol IV
Parent, Mark, Vol IV
Parr, Chris, Vol IV
Parrott, Rod, Vol IV
Paskow, Shimon, Vol IV
Patel, Ramesh, Vol IV
Patrick, Anne E., Vol IV
Paulsell, William O., Vol IV
Payne, Rodger M., Vol IV
Pazmino, Robert W., Vol IV, V
Pearson, Anne, Vol IV
Peden, William Creighton, Vol IV
Peebles, I. Hall, Vol IV
Pelchat, Marc, Vol IV
Penelhum, Terence M., Vol IV
Perkins, Dorothy, Vol IV
Perry, Richard J., Jr., Vol IV
Pesantubbee, Michelene, Vol IV
Peters, Theodore Frank, Vol IV
Peterson, Gregory R., Vol IV
Peterson, Thomas V., Vol IV
Petuchowski, Jakob Josef, Vol IV
Phenix, Philip Henry, Vol IV
Phillips, L. Edward, Vol IV
Phipps, William Eugene, Vol IV
Piar, Carlos R., Vol IV
Picart, Caroline (Kay) J. S., Vol IV
Pickens, George F., Vol IV
Pickering, George W., Vol IV
Pilant, Craig Wesley, Vol I, IV
Pilgrim, Richard B., Vol IV
Pilgrim, Walter, Vol IV
Pinches, Charles R., Vol IV
Pinn, Anthony B., Vol IV
Pintchman, Tracy, Vol IV
Pippin, Tina, Vol IV
Pitts, Bill, Vol I, IV
Plank, Karl A., Vol IV
Plantinga, Richard, Vol IV
Pohlhaus, Gaile, Vol IV
Poland, Lynn, Vol IV
Polaski, Sandra Hack, Vol IV
Polischuk, Pablo, Vol IV, V
Polley, Max Eugene, Vol IV
Porter, Samuel C., Vol IV, V
Porterfield, Amanda, Vol IV
Poston, Larry A., Vol IV
Powell, Jouett L., Vol IV
Powell, Sam, Vol IV
Power, William L., Vol IV
Powers, Bruce P., Vol IV
Prades, Jose Albert, Vol IV, V
Pratt, Richard L., Jr., Vol IV
Prentiss, Karen Pechilis, Vol IV
Presseau, Jack R., Vol IV, V
Prichard, Robert W., Vol IV
Primiano, Leonard Norman, Vol IV
Proffitt, Anabel C., Vol IV
Proudfoot, Wayne, Vol IV
Prust, Richard Charles, Vol IV
Puckett, Pauline N., Vol IV
Pulcini, Theodore, Vol IV
Putney, David P., Vol IV
Quitslund, Sonya Antoinette, Vol IV
Rankin, Steve, Vol IV
Raser, Harold E., Vol IV
Rathel, Mark, Vol IV
Ravvin, Norman, Vol IV
Ray, Reginald, Vol IV
Reddish, Mitchell Glenn, Vol IV
Redditt, Paul L., Vol IV
Reeder, John P., Jr., Vol IV
Reese, Thomas, Vol IV
Reeves, John C., Vol IV
Regan, Patrick J., Vol IV
Reid, Stephen B., Vol IV
Reigstad, Ruth, Vol I, IV, V
Reimer, James A., Vol IV
Resnick, Irven M., Vol IV
Reynolds, J. Alvin, Vol IV
Rhoads, David, Vol IV
Richman, Paula, Vol IV
Ridgway, John Karl, Vol IV
Rigdon, V. Bruce, Vol IV
Rike, Jennifer L., Vol IV
Rissi, Mathias, Vol IV
Rivers, Clarence Joseph, Vol IV
Roark, Dallas Morgan, Vol IV
Robinson, Haddon W., Vol IV
Robinson, James Burnell, Vol IV
Roddy, Nicolae, Vol IV
Rodrigues, Hillary, Vol IV
Rogers, Isabel Wood, Vol IV
Rohrbaugh, Richard L., Vol IV
Rohrer, James, Vol IV
Rollins, Wayne Gilbert, Vol IV
Ross, Christopher F. J., Vol IV, V
Ross, Jerome C., Vol IV
Ross, Rosetta E., Vol IV
Roth, Jean, Vol IV
Rothauge, Arlin J., Vol IV
Rowlett, Lori, Vol IV
Rubenstein, Richard Lowell, Vol IV
Rubinstein, Ernest, Vol IV
Ruether, Rosemary R., Vol IV
Rukmani, T. S., Vol IV
Ruprecht, Louis A., Jr., Vol IV
Russell, C. Allyn, Vol IV
Russell, William R., Vol IV
Russo, Donald T., Vol IV, V
Ryan, Robert M., Vol II, IV
Saliba, John A., Vol IV
Sallstrom, John Emery, Vol IV
Salomon, David A., Vol II, IV
Saltzman, Judy Deane, Vol IV
Salyer, Gregory, Vol II, IV
Samuelson, Hava Tirosh, Vol IV
Sanders, Jack Thomas, Vol IV
Santa Maria, Dario Atehortua, Vol IV
Santucci, James A., Vol IV
Sarao, Karam Tej S., Vol IV
Sarason, Richard Samuel, Vol I, IV
Sasson, Victor, Vol II, IV
Sawatsky, Rodney James, Vol I, IV
Sawyer, Mary R., Vol IV
Scarborough, Milton R., Vol IV
Schaberg, Jane D., Vol IV
Schaeffer, Peter Moritz-Friedrich, Vol II, III, IV
Schaub, Marilyn McNamara, Vol I, IV
Schmalenberger, Jerry L., Vol IV
Schneider, Robert J., Vol III, IV
Schneiders, Sandra Marie, Vol IV
Schoedel, William Richard, Vol IV
Schoening, Jeffrey D., Vol IV
Schrag, Oswald O., Vol IV
Schreiter, Robert John, Vol IV
Schroeder, Steven H., Vol IV
Schultz, Joseph P., Vol III, IV
Schwanda, Tom, Vol IV
Scott, Kieran, Vol IV, V
Seligman, Adam, Vol IV

Seljak, David, Vol IV
Sergeev, Mikhail, Vol IV
Shackelford, Don, Vol IV
Shafiq, Muhammed, Vol IV
Sharma, Arvind, Vol IV
Sharma, Jagdish P., Vol I, IV
Sharpe, Kevin J., Vol IV
Sheeley, Steven M., Vol IV
Shields, Mary E., Vol IV
Shilling, Burnette P., Vol IV
Shillington, V. George, Vol IV
Shriver, Donald W., Vol IV
Shuler, Philip L., Vol IV
Sider, Morris, Vol IV
Sieber, John Harold, Vol II, III, IV
Silva, Moises, Vol IV
Singh, Mann Gurinder, Vol IV
Sisson, Russell, Vol IV
Skjoldal, Neil O., Vol IV
Slate, Philip, Vol IV
Sloyan, Gerard, Vol IV
Smith, Bardwell L., Vol III, IV
Smith, D. Moody, Vol IV
Smith, David H., Vol IV
Smith, Elton Edward, Vol II, IV
Smith, Ervin, Vol IV
Smith, Jonathan Zittell, Vol I, IV
Smith, Kathryn, Vol IV
Smith, Marsha A. Ellis, Vol IV
Smith, Robert Houston, Vol IV
Smith, Susan Warrener, Vol IV
Smith, W. Alan, Vol IV
Smith, Yolanda Y., Vol IV
Smyers, Karen A., Vol IV
Somerville, Robert, Vol IV
Sommer, Benjamin D., Vol IV
Sonderegger, Katherine, Vol IV
Soneson, Jerome P., Vol IV
Southerland, Peter, Vol IV, V
Spaeth, Barbette S., Vol II, IV
Spalding, Christopher J., Vol IV
Spalding, James Colwell, Vol IV
Spalding, Paul S., Vol IV
Spellman, Norman Woods, Vol IV
Spencer, James Calvin, Sr., Vol IV
Spretnak, Charlene, Vol IV
Stacy, Wayne, Vol IV
Staley, Jeffrey L., Vol IV
Stamey, Joseph Donald, Vol IV
Staub, Jacob J., Vol IV
Steffen, Lloyd, Vol IV
Stein, Stephen J., Vol IV
Steinmann, Andrew E., Vol IV
Sterling, Gregory, Vol IV
Stevens-Arroyo, Antonio M., Vol IV
Stivers, Robert L., Vol IV
Stoeffler, Fred Ernest, Vol I, IV
Stone, Jerome Arthur, Vol IV
Stone, Ronald Henry, Vol IV
Stone, S. L., Vol IV
Streeter, Jarvis, Vol IV
Strieder, Leon, Vol IV
Stroble, Paul E., Jr., Vol IV
Stuckey, Priscilla F., Vol IV, V
Studzinski, Raymond James, Vol IV, V
Stulman, Louis, Vol IV
Sturm, Douglas Earl, Vol IV
Sullivan, Mary C., RSM, Vol II, IV
Sullivan, William Joseph, Vol IV
Sullivan, Winnifred F., Vol IV
Sunshine, Edward R., Vol IV
Sutherland, Gail Hinich, Vol IV
Swartz, Alice M., Vol IV
Swidler, Leonard, Vol I, IV
Talbert, Charles H., Vol IV
Tatum, W. Barnes, Vol IV
Tatz, Mark, Vol IV
Taylor, Raymond Hargus, Vol IV
Taylor, Rodney, Vol IV
Teiser, Stephen F., Vol III, IV
Terry, J. Mark, Vol IV
Thandeka, Vol IV
Theriault, Michel, Vol I, IV
Thibeau, Matthew J., Vol IV
Thomas, David, Vol IV
Thomasson, Gordon C., Vol I, IV
Thompson, Leonard Leroy, Vol IV
Timmerman, Joan H., Vol IV
Tm, King, Vol II, IV
Todd, Virgil H., Vol IV
Tong, Lik Kuen, Vol IV
Torjesen, Karen Jo, Vol IV
Towner, Wayne Sibley, Vol III, IV
Towns, Elmer, Vol IV
Treat, James, Vol IV
Trisco, Robert Frederick, Vol I, IV
Trulear, Harold Dean, Vol IV
Trull, Joe, Vol IV
Trumbower, Jeffrey A., Vol IV
Tubb, Gary, Vol IV
Tubbs, James B., Vol IV
Tucker, Gene M., Vol IV
Tucker, Gordon, Vol IV
Tucker, Mary Evelyn, Vol I, IV
Tucker, William E., Vol I, IV
Tuell, Steven Shawn, Vol IV
Tweed, Thomas A., Vol IV
Twiss, Sumner Barnes, Vol IV
Tyrrell, Bernard James, Vol IV
Tyson, Joseph B., Vol IV
Urbrock, William Joseph, Vol IV
Valeri, Mark, Vol IV
Valesio, Paolo, Vol II
Valliere, Paul R., Vol IV
Vanallen, Rodger, Vol IV
VanDale, Robert, Vol IV
Vander Vliet, Marvin J., Vol IV
Varnado, Douglas, Vol IV
Vecsey, Christopher, Vol I, IV
Verkruyse, Peter, Vol IV
Vertin, Michael, Vol IV
Vogelaar, Harold Stanton, Vol IV
Von Kellenbach, Katharine, Vol IV, V
Vyhmeister, Nancy Jean, Vol IV
Waldau, Paul, Vol IV
Waldron, William S., Vol IV
Walker, James Silas, Vol IV
Walker, William O., Jr., Vol IV
Wallace, B. Alan, Vol IV
Wallace, Catherine Miles, Vol II, IV
Wallace, Dewey D., Jr., Vol IV
Wallace, Vesna Acimovic, Vol III
Wallis, James, Vol IV
Walsh, Andrew, Vol IV
Walsh, Thomas, Vol IV
Walters, Stanley D., Vol IV
Walton, Woodrow E., Vol IV
Wan, Sze-Kar, Vol IV
Wangu, Madhu Bazaz, Vol IV
Wantland, Burdett L., Vol IV
Ward, Bruce, Vol IV
Ward, Roy Bowen, Vol IV
Warden, Duane, Vol IV
Ware, Corinne, Vol IV
Wartluft, David J., Vol I, IV
Watson, H. Justin, Vol IV
Wauzzinski, Robert, Vol IV
Weaver, J. Denny, Vol IV
Weaver, Mary Jo, Vol IV
Webb, Eugene, Vol III, IV
Webb, Gisela, Vol III, IV
Webber, Randall C., Vol I, IV, V
Weber, Samuel F., Vol IV
Weddle, David L., Vol IV
Weidmann, Frederick W., Vol IV
Weil, Louis, Vol IV
Weinberger, Leon Judah, Vol IV
Weiner, Robert, Vol IV
Weinstein, Stanley, Vol I, IV
Weisenfeld, Judith, Vol IV
Weiss, Herold D., Vol IV
Welborn, L. L., Vol IV
Welliver, Kenneth Bruce, Vol IV
Wellman, James K., Jr., Vol IV
Wentz, Richard E., Vol IV
Wetzel, James Richared, Vol IV
Wheeler, Sondra E., Vol IV
White, Charles Sidney John, Vol I, IV
White, David, Vol IV
White, Leland J., Vol IV
White, M. Chris, Vol IV
White, Ronald C., Vol I, IV
Whitney, Ruth, Vol IV, V
Whittaker, John, Vol IV, V
Wierenga, Edward Ray, Vol IV
Wigal, Donald, Vol IV
Wiggins, James Bryan, Vol I, IV
Wilcox, John R., Vol IV
Wiley, George, Vol IV
Wilhite, Dennis, Vol IV
Williams, Gary G. Cohen, Vol IV
Williams, Jay G., Vol IV
Williams, Kyle, Vol IV
Williams, Peter W., Vol IV
Williams, Samuel Keel, Vol IV
Willis, Robert E., Vol IV
Willis, Tim, Vol IV
Wills, David Wood, Vol IV
Wilson, Charles Reagan, Vol I, IV
Wimbush, Vincent L., Vol IV
Windley-Daoust, Susan M., Vol IV
Winings, Kathy, Vol IV
Winston, Diane, Vol IV
Witherington, Ben, Vol IV
Witherspoon, Edward, Jr., Vol IV
Wolf, Herbert Christian, Vol IV
Wolf, Kenneth Baxter, Vol I, IV
Wollenberg, Bruce, Vol IV
Woodyard, David O., Vol IV
Wu, Kuang-Ming, Vol IV
Yamashita, Tadanori, Vol IV
Yang, Fenggang, Vol IV, V
Yates, Wilson, Vol IV
Yeo, Khiok-Khng, Vol IV
Yocum, Glenn E., Vol IV
Yocum, Sandra Mize, Vol IV
Young, David, Vol IV
Young, Pamela Dickey, Vol IV
Yu, Anthony C., Vol III, IV
Yusa, M., Vol IV
Zaas, Peter S., Vol IV
Zacharias, Ravi, Vol IV, V
Zagano, Phyllis, Vol II, IV
Zahavy, Tzvee, Vol IV
Zank, Michael, Vol IV
Ziadeh, Farhat Jacob, Vol III
Zimmerman, Earl, Vol IV
Ziolkowski, Eric Jozef, Vol II, IV
Zito, Angela, Vol IV

Renaissance Art

Curran, Brian A., Vol I
Hults, Linda, Vol I
Hunter, John, Vol I
McHam, Sarah Blake, Vol I
Rosenthal, Lisa, Vol I
Southard, Edna Carter, Vol I
Valone, Carolyn, Vol I

Renaissance History

Baker, Joseph Wayne, Vol I
Bartlett, Kenneth Roy, Vol I
Beame, Edmond Morton, Vol I
Becker, Marvin Burton, Vol I
Bietenholz, Peter Gerard, Vol I
Bornstein, Daniel E., Vol I
Christensen, Carl C., Vol I
Dotson, John Edward, Vol I
Duggan, Lawrence Gerald, Vol I
Ellington, Donna S., Vol I
Fichtner, Paula Sutter, Vol I
Friedman, Jerome, Vol I
Ganz, Margery Ann, Vol I
Goldthwaite, Richard A., Vol I
Gosselin, Edward Alberic, Vol I
Gray, Hanna Holborn, Vol I
Heller, Henry, Vol I
Horowitz, Maryanne Cline, Vol I
Hunter, John, Vol I
Ilardi, Vincent, Vol I
Kirshner, Julius, Vol I
Kohl, Benjamin Gibbs, Vol I
Laurent, Jane Katherine, Vol I
Mazzaoui, Maureen Fennell, Vol I
McGoldrick, James Edward, Vol I
Monheit, Michael L., Vol I
Nader, Helen, Vol I
Najemy, John Michael, Vol I
Nischan, Bodo, Vol I
O'Malley, John William, Vol I
Oakley, Francis Christopher, Vol I
Owens, John Bingner, Vol I
Schwoerer, Lois Green, Vol I
Sessions, Kyle Cutler, Vol I
Southard, Edna Carter, Vol I
Stever, Sarah S., Vol I
Stinger, Charles Lewis, Vol I
Sullivan, Donald David, Vol I
Weakland, John Edgar, Vol I
Wider, Sarah Ann, Vol I, II
Witt, Ronald Gene, Vol I
Zimmermann, Thomas C. Price, Vol I

Renaissance Literature

Allman, Eileen Jorge, Vol II
Archibald, Elizabeth F., Vol II
Baker, Mary Jordan, Vol III
Berggren, Paula S., Vol II
Berry, Boyd Mcculloch, Vol II
Berry, Edward I., Vol II
Bliss, Lee, Vol II
Brailow, David Gregory, Vol II
Brink, Jean R., Vol II
Carducci, Jane, Vol II
Carrithers, Gale, Vol II
Christopher, Georgia B., Vol II
Decatur, Louis Aubrey, Vol II
Driver, Martha Westcott, Vol II
Edwards, Anthony S. G., Vol II
Faber, J. Arthur, Vol II
Frantz, David Oswin, Vol II
Freeman, John, Vol II
Gainer, Kim, Vol II
Green, Lawrence Donald, Vol II
Grudin, Robert, Vol II
Hester, Marvin Thomas, Vol II
Hill, Eugene David, Vol I, II
Howard, Jean E., Vol II
Hudson, George C., Jr., Vol II
Imbrie, Ann Elizabeth, Vol II
Impey, Olga Tudorica, Vol III
Jenkins, Ronald Bradford, Vol II
Johnston, Carol Ann, Vol II
Kennedy, William John, Vol II, III
Kezar, Dennis, Vol II
Kiessling, Nicolas, Vol II
Klawitter, George, Vol II
Knight, Nicholas William, Vol II
Knowles, Richard Alan John, Vol II
Knutson, Roslyn L., Vol II
Korcheck, Robert, Vol II
Lewalski, Barbara Kiefer, Vol II
Livingston, James L., Vol II
Martin, Daniel, Vol III
Mazzaro, Jerome L., Vol II
Mccolley, Diane K., Vol II
McKinley, Mary B., Vol III
Mclean, Andrew Miller, Vol I, II
McPherson, David, Vol II
Moisan, Thomas, Vol II
Papazian, Mary A., Vol II
Schuler, Robert M., Vol II
Schwartz, Robert Barnett, Vol II
Shaheen, Naseeb, Vol II
Sherwood, Terry G., Vol II
Skura, Meredith Anne, Vol II
Snare, Gerald, Vol II
Staley, Lynn, Vol II
Steen, Sara Jayne, Vol II
Tanner, John Sears, Vol II
Tassi, Marguerite, Vol II
Taylor, Arvilla Kerns, Vol II
Thayer, Calvin G., Vol II
Trace, Jacqueline Bruch, Vol II
Vitello, Ralph Michael, Vol III
Walsh, Thomas M., Vol II
Wider, Sarah Ann, Vol I, II
Wilder, Georgia Lee, Vol II

Renaissance Studies

Baer, Joachim Theodor, Vol I

Rhetoric

Alexander, Sandra Carlton, Vol II
Baker, Tracey, Vol II
Barret, Harold, Vol II
Beasley, Vanessa B., Vol II
Beene, Lynn Dianne, Vol II
Black, Edwin, Vol II
Brown, Lady, Vol II
Carter, Locke, Vol II
Casaregola, Vincent, Vol II
Ceccarelli, Leah M., Vol II
Chapman, David W., Vol II
Coburn, William Leon, Vol II
Collins, Vicki, Vol II
Comfort, Juanita R., Vol II
Darsey, James, Vol II
Day, Michael, Vol II
Duin, Ann Hill, Vol II
Dykeman, Therese B., Vol II
Eden, Kathy, Vol II
Ewald, Helen Rothschild, Vol II
Faigley, Lester, Vol II
Frank, David A., Vol II
Freedman-Baum, Roselyn L., Vol II
Friedenberg, Robert Victor, Vol II
Greaves, Gail-Ann, Vol II
Green, Lawrence Donald, Vol II
Green, Lon C., Vol II
Griffin, Claudius Williams, Vol II
Gross, Daniel D., Vol II
Gurak, Laura J., Vol II
Hariman, Robert, Vol II
Harrienger, Myrna J., Vol II
Hauser, Gerard A., Vol II
Herzberg, Bruce, Vol II
Hoefel, Roseanne, Vol II, V
Irvine, James Richard, Vol II
Johnson, Lucille Marguerite, Vol II
Johnston, Mark D., Vol II
Keessen, Jan, Vol II
Kellner, Hans, Vol II
Kemp, Fred O., Vol II
Klumpp, James F., Vol II
Kolko, Beth E., Vol II
Lauer, Janice M., Vol II, III
Lay, Mary M., Vol II
Lindsay, Stan A., Vol II
Liu, Yameng, Vol II
Lu, Xing L., Vol II
Mackay, Carol Hanbery, Vol II
MacNealy, Mary Sue, Vol II
Makau, Josina M., Vol II, IV
Martin, Wanda, Vol II
McDowell, Earl E., Vol II
Metzger, David, Vol II
Mikelonis-Paraskov, Victoria M., Vol II
Miller, Carolyn R., Vol II
Myers, Marshall, Vol II
Nordquist, Richard, Vol II
North, Helen Florence, Vol II
O'Neill, Megan, Vol II
Olbricht, Thomas H., Vol II, IV
Ong, Rory J., Vol II
Palmquist, Mike, Vol II
Penrod, Diane, Vol II
Petruzzi, Anthony, Vol II
Philipon, Daniel J., Vol II
Rice, William, Vol II
Rickly, Rebecca, Vol II
Rigsby, Enrique D., Vol II
Roen, Duane, Vol II
Romano, Susan, Vol II
Runyan, William Ronald, Vol II
Ruszkiewicz, John Joseph, Vol II
Scanlan, Thomas, Vol II
Sipahigil, Teoman, Vol II
Sitko, Barbara, Vol II
Sloane, Thomas O., Vol II
Smith, Matthew, Vol II
St. Amant, Kirk R., Vol II
Stripling, Mahala Yates, Vol II
Sudol, Ronald A., Vol II
Sullivan, Brad, Vol II
Sutton, Jane, Vol II
Tanner, William Edward, Vol II
Van Eemeren, Frans H., Vol II
Wahlstrom, Billie J., Vol II
Walker, Brena B., Vol II
Walzer, Arthur E., Vol II
Wang, Xiao, Vol II
Waznak, Robert P., Vol II
Weathers, Winston, Vol II
Wells, Corri Elizabeth, Vol II
Whipple, Robert Dale, Jr., Vol II
Williams, David E., Vol II
Wlater, Otis M., Vol II
Womack, Morris M., Vol II
Woods, William Forrestere, Vol II
Woodson, Linda, Vol II
Yancy, Kathleen Blake, Vol II
Young, Richard E., Vol II

Roman History

Adams, Winthrop Lindsay, Vol I
Boire, Gary, Vol I
Bonfante, Larissa, Vol I
Cagniant, Pierre, Vol I
Feldherr, Andrew, Vol I
Frakes, Robert, Vol I
Hammond, Mason, Vol I, III
Hedrick, Charles W., Jr., Vol I
Holt, Philip, Vol I
Minor, Clifford Edward, Vol I
Morstein-Marx, Robert, Vol I
Nystrom, David P., Vol I, IV
Plescia, Joseph, Vol I
Roller, Matthew B., Vol I, II, III
Ruebel, James, Vol I, III
Rusch, Scott M., Vol I
Simpson, Chris, Vol I
Speidel, Michael Paul, Vol I
Wilson, Glee Everitt, Vol I

Rural Development

Hirschmann, David, Vol I
Kim, Hyung Kook, Vol I

Russian History

Abrams, Bradley, Vol I
Alexander, John T., Vol I

Ambler, Effie, Vol I
Atkin, Muriel Ann, Vol I
Basil, John Duryea, Vol I
Bedford, Harold, Vol I
Boll, Michael Mitchel, Vol I
Breit, Frederick Joseph, Vol I
Brinkley, George A., Vol I, IV
Brown, Peter B., Vol I
Chase, William John, Vol I
Clardy, Jesse V., Vol I
Clements, Barbara Evans, Vol I
Crummey, Robert Owen, Vol I
Dmytryshyn, Basil, Vol I
Dunn, Dennis John, Vol I
Dunn, Patrick Peter, Vol I
Ellison, Herbert J., Vol I
Ezergailis, Andrew, Vol I
Farnsworth, Beatrice, Vol I
Fiala, Robert D., Vol I
Fisher, Alan Washburn, Vol I
Fitter, Chris, Vol II
Getty, J. Arch, Vol I
Giffin, Frederick Charles, Vol I
Graham, Loren Raymond, Vol I
Grimsted, Patricia Kennedy, Vol I
Hamm, Michael Franklin, Vol I
Hartgrove, Joseph Dane, Vol I
Hellie, Richard, Vol I
Hewsen, Robert, Vol I
Hogan, Heather, Vol I
Hull, Henry Lane, Vol I
Ingle, Harold Norman, Vol I
Jewsbury, George Frederick, Vol I
Johnson, Robert E., Vol I
Jones, Robert Edward, Vol I
Judge, Edward H., Vol I
Kaiser, Daniel Hugh, Vol I
Kassow, Samuel D., Vol I
Kazemzadeh, Firuz, Vol I
Keep, John L. H., Vol I
Kenez, Peter, Vol I
Kleimola, Ann, Vol I
Kollmann, Nancy Shields, Vol I
Lerner, Warren, Vol I
Lubrano, Linda L., Vol I
Lupinin, Nickolas, Vol I
Maciuika, Benedict Vytenis, Vol I
Manning, Roberta Thompson, Vol I
Mcclellan, Woodford, Vol I
McClelland, James, Vol I
Mcgrew, Roderick Erle, Vol I
Mcnally, Raymond T., Vol I
Mehlinger, Howard Dean, Vol I
Menashe, Louis, Vol I
Miller, David B., Vol I
Miller, Martin Alan, Vol I
Moss, Walter Gerald, Vol I
Okenfuss, Max Joseph, Vol I
Oppenheim, Samuel, Vol I
Owen, Thomas C., Vol I
Page, Stanley W., Vol I
Papazian, Dennis Richard, Vol I
Pearson, Thomas Spencer, Vol I
Pierce, Richard A., Vol I
Pintner, Walter Mckenzie, Vol I
Pomper, Philip, Vol I, V
Procko, Bohdan P., Vol I
Rabinowitch, Alexander, Vol I
Reinhartz, Dennis Paul, Vol I
Resis, Albert, Vol I
Ries, Nancy, Vol I
Shashko, Philip, Vol I
Spector, Sherman David, Vol I
Stanislawski, Michael, Vol I, IV
Steeves, Paul David, Vol I, IV
Stephan, John Jason, Vol I
Suny, Ronald Grigor, Vol I
Swift, Mary Grace, Vol I
Thackeray, Frank W., Vol I
Thurston, Gary J., Vol I
Thurston, Robert, Vol I
Valkenier, Elizabeth Kridl, Vol I
Wade, Rex Arvin, Vol I
Wagner, William Gilson, Vol I
Waugh, Daniel Clarke, Vol I
Weissman, Neil Bruce, Vol I
Whittaker, Cynthia Hyla, Vol I
Wieczynski, Joseph Leon, Vol I
Wilson, John Barney, Vol I
Woodward, David Reid, Vol I
Wortman, Richard, Vol I
Zelnik, Reginald Ely, Vol I

Russian Language

Austin, Paul Murray, Vol III
Avins, Carol Joan, Vol III
Barran, Thomas, Vol III
Benson, Morton, Vol III
Cassiday, Julie A., Vol III
Castellano, Charlene, Vol III
Chopyk, Dan Bohdan, Vol III
Conrad, Joseph Lawrence, Vol III
Croft, Lee B., Vol III
Davydov, Sergei, Vol III
Derbyshire, William W., Vol III
Engel, Barbara, Vol III
Fanger, Donald Lee, Vol III
Feldstein, Ronald Fred, Vol III
Garretson, Deborah, Vol III
Glade, Henry, Vol III
Goldstein, Darra, Vol III
Grenoble, Lenore A., Vol III
Gustafson, Richard Folke, Vol III
Hansen, Elena S., Vol III
Hecht, Leo, Vol III
Helfant, Ian M., Vol III
Huffman, Claire, Vol III
Iudin-Nelson, Laurie, Vol III
Ivliyeva, Irina, Vol III
Jarvis, Donald Karl, Vol III
Johnson, Emily, Vol III
Johnson, Vida, Vol III
Kalbouss, George, Vol III
Katz, Michael Ray, Vol III
Kolonosky, Walter F., Vol III
Kornblatt, Judith Deutsch, Vol III, IV
Kramer, Karl D., Vol III
Krawczeniuk, Joseph V., Vol III
Kupper, Nelly J., Vol III
Lahti, Katherine, Vol III
Lanzinger, Klaus, Vol III
Lozovaya, Elizaveta V., Vol III
Lubensky, Sophia, Vol III
Malby, Maria Bozicevic, Vol III
Mamoon, Trina, Vol III
Marquess, Harlan Earl, Vol III
Meyer, Priscilla, Vol III
Mitrevski, George G., Vol III
Monas, Sidney, Vol III
Nemcova, Maria, Vol III
Norton, Robert E., Vol III
Olcott, Anthony, Vol III
Pachmuss, Temira, Vol III
Parker, Stephen Jan, Vol III
Paternost, Joseph, Vol III
Peterson, Dale E., Vol II, III
Petrovic, Njegos M., Vol III
Rakova, Alfia A., Vol III
Ryfa, Juras, Vol III
Scherr, Barry, Vol III
Shapiro, Michael, Vol III
Sigalov, Pavel S., Vol III
Sloane, David, Vol III
Stanton, Leonard J., Vol III
Tall, Emily, Vol III
Vajda, Edward J., Vol III
Visson, Lynn, Vol III
Walker, Richard E., Vol III
Ziolkowski, Margaret C., Vol III, V

Russian Literature

Austin, Paul Murray, Vol III
Bagby, Lewis, Vol III
Balasubramanian, Radha, Vol III
Barabtarlo, Gene, Vol III
Belknap, Robert Lamont, Vol III
Brumfield, William Craft, Vol I, III
Carnicke, Sharon Marie, Vol III
Clayton, John Douglas, Vol III
Conrad, Joseph Lawrence, Vol III
Crone, Anna Lisa, Vol III
Curtis, James Malcolm, Vol III
Debreczeny, Paul, Vol III
Ehre, Milton, Vol III
Ermolaev, Herman, Vol III
Filips-Juswigg, Katherina P., Vol III
Fleishman, Lazar, Vol III
Frydman, Anne, Vol III
Gasperetti, David, Vol III
Grenoble, Lenore A., Vol III
Gustafson, Richard Folke, Vol III
Hart, Pierre, Vol III
Hecht, Leo, Vol III
Jahn, Gary Robert, Vol III
Johnson, Donald Barton, Vol III
Kalbouss, George, Vol III
Kallaur, Constantine H., Vol III
Kanevskaya, Marina, Vol III
Katz, Michael Ray, Vol III
Keller, Howard Hughes, Vol III
Kolonosky, Walter F., Vol III
Kornblatt, Judith Deutsch, Vol III, IV
Kramer, Karl D., Vol III
Kustanovich, Konstantin, Vol III
Lanoux, Andrea, Vol III
Lee, Charles Nicholas, Vol III
Leighton, Lauren Gray, Vol II, III
Lipovetsky, Mark, Vol III
Loseff, Lev V., Vol III
Malby, Maria Bozicevic, Vol III
Morris, Marcia A., Vol III
Nakhimovsky, Alice, Vol III
Nepomnyashchy, Catharine Theimer, Vol III
Olcott, Anthony, Vol III
Pachmuss, Temira, Vol III
Pribic, Rado, Vol III
Rinkus, Jerome Joseph, Vol III
Rogers, Thomas Franklyn, Vol III
Schultze, Sydney, Vol III
Shapiro, Gavriel, Vol III
Silbajoris, Rimvydas, Vol III
Sokol, Elena, Vol III
Szarycz, Ireneusz, Vol III
Tucker, Janet, Vol III
Turner, Joan, Vol III
Visson, Lynn, Vol III
Wanner, Adrian J., Vol III
Zekulin, Nicholas Gleb, Vol III
Ziolkowski, Margaret C., Vol III, V
Zweers, Alexander Frederik, Vol III

Russian Studies

Choldin, Marianna Tax, Vol I
Hoogenboom, Hilde, Vol I

Scandinavian History

Christianson, John Robert, Vol I
Leiren, Terje Ivan, Vol I

Scandinavian Languages

Senner, Wayne, Vol III

Scandinavian Literature

Blackwell, Marilyn Johns, Vol II, III
Ingwersen, Niels, Vol III

Scandinavian Studies

Naess, Harald S., Vol I
Rees, Ellen R., Vol I

Scottish History

Connell-Szasz, Margaret, Vol I

Semitic Languages

Alexander, Ralph H., Vol I, IV
Amar, Joseph P., Vol I, III
Andrews, Stephen J., Vol III
Aoun, Joseph, Vol III
Bellamy, James Andrew, Vol III
Betlyon, John Wilson, Vol I, III
Bird, Thomas E., Vol III
Block, Daniel I., Vol III
Carmichael, Calum MacNeill, Vol IV
Corre, Alan David, Vol III
Crawford, Sidnie White, Vol I, III
Davis, Ellen F., Vol IV
Ellis, Robert, Vol III, IV
Finley, Thomas John, Vol III, IV
Fortner, John D., Vol IV
Frank, Richard Macdonough, Vol III
Freedman, David Noel, Vol III
Garr, W. Randall, Vol III
Gerig, Wesley Lee, Vol III, IV
Guinan, Michael Damon, Vol III, IV
Hillers, Delbert Roy, Vol III, IV
Jackson, Kent Phillips, Vol III
Jordan, Greogory D., Vol III
Kabakoff, Jacob, Vol III
Kaufman, Stephen Allan, Vol III, IV
Krotkoff, Georg, Vol III
Lund, Jerome A., Vol III
Maloney, Elliott Charles, Vol III, IV
Marcus, David, Vol III, IV
McClain, T. Van, Vol III, IV
Meier, Samuel, Vol III, IV
Nelson, William B., Vol I, III
Newman, Judith H., Vol I, III
Noegel, Scott B., Vol III
Oden, Robert A., Jr., Vol III
Parker, Simon B., Vol I, III
Robinson, Ira, Vol I, III
Rosenberg, Joel William, Vol III
Running, Leona Glidden, Vol III
Sbait, Dirgham H., Vol III
Schiffman, Lawrence H., Vol III
Schoville, Keith Norman, Vol III, IV
Steiner, Richard C., Vol III
Story, J. Lyle, Vol IV
Strugnell, John, Vol IV
Tappy, Ron E., Vol I, III
Taylor, Richard A., Vol III
Ward, Seth, Vol III
West, Cornel, Vol III
Yamauchi, Edwin Masao, Vol I, III
York, Anthony Delano, Vol IV
Zevit, Ziony, Vol III
Ziadeh, Farhat Jacob, Vol III

Semitic Literature

Bird, Thomas E., Vol III
Freedman, David Noel, Vol III
Sbait, Dirgham H., Vol III
Steiner, Richard C., Vol III

Semitic Studies

Harbin, Michael A., Vol II, IV
MacCoull, Leslie, Vol II, III, IV

Slavic Languages

Babby, Leonard Harvey, Vol III
Baran, Henryk, Vol III
Beard, Robert Earl, Vol III
Bethin, Christina Y., Vol III
Birnbaum, Henrik, Vol III
Bormanshinov, Arash, Vol III
Bristol, Evelyn C., Vol III
Burgin, Diana Lewis, Vol III
Butler, Thomas J., Vol III
Carpenter, Bogdana, Vol III
Chernetsky, Vitaly, Vol III
Chvany, Catherine Vakar, Vol III
Connolly, Julian Welch, Vol III
Cooper, Henry Ronald, Jr., Vol III
Derbyshire, William W., Vol III
Dukas, Vytas, Vol III
Dunham, Vera S., Vol III
Elson, Mark Jeffrey, Vol III
Erlich, Victor, Vol III
Feinberg, Lawrence E., Vol III
Feldstein, Ronald Fred, Vol III
Fink, Hilary L., Vol III
Flier, Michael S., Vol III
Friedberg, Maurice, Vol III
Galton, Herbert, Vol III
Gasienica-Byrcyn, Anna Zofia, Vol II, III
Gladney, Frank Y., Vol III
Gorup, Radmila J., Vol III
Greenberg, Marc L., Vol III
Gribble, Charles Edward, Vol III
Grossman, Joan Delaney, Vol III
Halle, Morris, Vol III
Harris, Jane Gary, Vol III
Hill, Steven Phillips, Vol III
Ingham, Norman William, Vol III
Jackson, Robert Louis, Vol III
Karlinsky, Simon, Vol III
Koropeckyj, Roman, Vol III
Krzyzanowski, Jerzy Roman, Vol III
Kucera, Henry, Vol III
Kussi, Peter, Vol III
Levin, Maurice Irwin, Vol III
Levitsky, Alexander, Vol III
Lumpkins, David W., Vol III
Lunt, Horace Gray, Vol III
Marullo, Thomas Gaiton, Vol III
Matejic, Mateja, Vol III
McLean, Hugh, Vol III
Meyer, Ronald, Vol III
Micklesen, Lew R., Vol III
Mihailovich, Vasa D., Vol III
Nedashkivska, Alla, Vol III
Nemec-Ignashev, Diane M., Vol III
Perkowski, Jan Louis, Vol III
Pichugin, Valentina, Vol III, V
Pirog, Gerald, Vol III
Polakiewicz, Leonard A., Vol III
Prestel, David K., Vol III
Reyfman, Irina, Vol III
Rzhevsky, Nicholas, Vol III
Saskova-Pierce, Mila, Vol III
Scatton, Ernest Alden, Vol III
Schamschula, Walter, Vol III
Schmalstieg, William Riegel, Vol III
Schmiesing, Ann, Vol III
Segel, Harold Bernard, Vol III
Shane, Alex Michael, Vol III
Sheldon, Richard, Vol III
Shrayer, Maxim D., Vol III
Sigalov, Pavel S., Vol III
Stolz, Benjamin Armond, Vol III
Terras, Victor, Vol III
Vickery, Walter, Vol III
Volkova, Bronislava, Vol III
Wertz, Christopher Allen, Vol III
Worth, Dean Stoddard, Vol III
Zholkovsky, Alexander, Vol III

Slavic Literature

Baran, Henryk, Vol III
Birnbaum, Henrik, Vol III
Bristol, Evelyn C., Vol III
Burgin, Diana Lewis, Vol III
Butler, Thomas J., Vol III
Chvany, Catherine Vakar, Vol III
Connolly, Julian Welch, Vol III
Cooper, Henry Ronald, Jr., Vol III
Dunham, Vera S., Vol III
Eekman, Thomas, Vol III
Erlich, Victor, Vol III
Fizer, John, Vol III
Flier, Michael S., Vol III
Friedberg, Maurice, Vol III
Greenberg, Marc L., Vol III
Harris, Jane Gary, Vol III
Hill, Steven Phillips, Vol III
Ingham, Norman William, Vol III
Jackson, Robert Louis, Vol III
Karlinsky, Simon, Vol III
Kipa, Albert Alexander, Vol III
Koropeckyj, Roman, Vol III
Matejic, Mateja, Vol III
McLean, Hugh, Vol III
Mihailovich, Vasa D., Vol III
Nemec-Ignashev, Diane M., Vol III
Nollendorfs, Valters, Vol III
Pichugin, Valentina, Vol III, V
Pirog, Gerald, Vol III
Polakiewicz, Leonard A., Vol III
Prestel, David K., Vol III
Rudnytzky, Leonid, Vol III
Schamschula, Walter, Vol III
Segel, Harold Bernard, Vol III
Shane, Alex Michael, Vol III
Sheldon, Richard, Vol III
Terras, Victor, Vol III
Volkova, Bronislava, Vol III
Zholkovsky, Alexander, Vol III

Slavic Studies

Cox, Gary D., Vol I
Domaradzki, Theodore F., Vol I
Znayenko, Myroslava, Vol I

Social Welfare

Gill, David G., Vol V
Loneck, Barry Martin, Vol V
Segal, Steve P., Vol V

Social Work

Ackerson, Barry J., Vol V
Ager, Richard D., Vol V
Aiello, T., Vol V
Akubukwe, David, Vol V
Ariker, Shirley, Vol V
Austin, John, Vol V
Bartlett, Maria, Vol V
Barusch, Amanda S., Vol V
Battle-Walters, Kimberly, Vol V
Benda, Brent B., Vol V
Berg-Weger, Marla, Vol V
Besthorn, Fred H., Vol V
Black, Beverly M., Vol V

Blair, Robert G., Vol V
Blakely, Everett, Vol V
Bologna, M., Vol V
Burson, Herbert I., Vol V
Callicutt, James W., Vol V
Cashwell, Susan T., Vol V
Chen, Sheying, Vol V
Chu, Mayling M., Vol V
Cowles, Lois Anne Fort, Vol V
Cramer, Elizabeth P., Vol V
Daley, James G., Vol V
Dane, Barbara, Vol V
Davis, Molly F., Vol V
Deaton, Robert L., Vol V
Derezotes, David S., Vol V
Dolan, Ronald, Vol V
Dolon, Ronald, Vol V
Dziegielewski, Sophia, Vol V
Eachron, Ann Mac, Vol V
Earle, Kathleen Alison, Vol V
Estes, Richard J., Vol V
Evans, John, Vol V
Fortune, Anne E., Vol V
Fullmer, Elise M., Vol V
Furman, David M., Vol V
Garrison, Mary Elizabeth, Vol V
Garth, Phyllis Ham, Vol V
Gary, Lawrence E., Vol V
Ginsberg, Leon, Vol V
Globerman, Erma, Vol V
Green, Ronald K., Vol V
Gringeri, Christina E., Vol V
Grissett, Barbara, Vol V
Hagar, Hope, Vol V
Hall, Ronald, Vol V
Henning, Nelson, Vol V
Hobler, Bruce, Vol V
Hoefer, Richard, Vol IV, V
Holter, Mark Clark, Vol V
Hudson, Christopher G., Vol V
Iatridis, Demetrius S., Vol V
Icard, Larry D., Vol V
Ivanoff, Andre, Vol V
Johnson, Harriette C., Vol V
Jordan, Catheleen, Vol V
Joseph, Alfred, Vol V
Julia, Maria C., Vol V
Jurkowski, Elaine, Vol V
Kapoor, Jitendra M., Vol V
Kawewe, Saliew, Vol V
Keys, Paul, Vol V
Kinsella, Susan, Vol V
Kramer, Joyce Marie, Vol V
Kurzman, Paul, Vol V
Lewis, Mary R., Vol V
Lloyd, Carl, Vol V
Mackey, Richard A., Vol V
Maguire, Lambert, Vol V
Marshall, Linda, Vol V
Masi, Dale A., Vol V
Mathews, Gary, Vol V
Maypole, Donald E., Vol V
McClennen, Joan, Vol V
Miller, Sheila D., Vol V
Neighbors, Ira, Vol V
Nelson, Judith C., Vol V
Neugeboren, Bernard, Vol V
Nucho, Aina O., Vol V
Palley, Howard A., Vol V
Parker, Jacqueline, Vol V
Patti, Rino J., Vol V
Raymond, Frank B., Vol V
Reitz, Miriam, Vol V
Robbins, Susan P., Vol V
Rocha, Cynthia, Vol V
Rosenthal, Beth, Vol V
Saari, Carolyn, Vol V
Sallee, Alvin L., Vol V
Sansone, Frank A., Vol V
Sarnoff, Susan, Vol V
Saulnier, Christine F., Vol V
Sherraden, Margaret, Vol V
Sidell, Nancy, Vol V
Simmons, Louise, Vol V
Smith, Marshall L., Vol V
Smith, Priscilla R., Vol V
Solomon, P., Vol V
Stevens, Joyce W., Vol V
Strand, Virginia, Vol V
Straussner, Shulamith Lala, Vol V
Suri, Kul Bhushan, Vol V
Thompson, Sanna J., Vol V
Tripodi, Tony, Vol V
Turner, Win, Vol V
Unrau, Yvonne A., Vol V
Valentine, P. V., Vol V
Van Dam, Deedee, Vol V
Vaughan, Stephanie L., Vol V
Voss, Richard W., Vol V
Wagner, David, Vol V
Walton, Elaine, Vol V
Wernet, Stephen P., Vol V
Wiinamaki, Lizabeth, Vol V
Yoshioka, Marianne R., Vol V
Zastrow, Charles H., Vol V
Zuravin, Susan, Vol V

Sociology

Abraham, M. Francis, Vol V
Abrahams, Caryl, Vol V
Abramovitz, Mimi, Vol V
Adetunji, Jacob, Vol V
Adler, Marina, Vol V
Adler, Peter, Vol V
Ahmed, Ansaruddin, Vol V
Aiken, Linda H., Vol V
Akubukwe, David, Vol V
Al-Marayati, Abid Amin, Vol IV, V
Alba, Richard, Vol V
Albrecht, Gary Louis, Vol V
Aldous, Joan, Vol V
Allen, Henry L., Vol V
Allen, Irving L., Vol V
Altalib, Omar, Vol V
Altman, Ira, Vol IV, V
Anderson, Kevin, Vol V
Andes, Nancy, Vol V
Andrews, Gregg L., Vol V
Antonio, Robert, Vol V
Arafat, Ibtihaj, Vol V
Ardelt, Monika, Vol V
Armstrong, Christopher, Vol V
Ashley, David, Vol V
Assar, Nandini Narain, Vol V
Ba-Yunus, Ilyas, Vol V
Baird-Olson, Karren P., Vol V
Baker, David V., Vol V
Baker, Parris, Vol V
Baker, Thomas E., Vol IV, V
Ball, Richard E., Vol V
Bandy, Joe, Vol V
Bank, Barbara J., Vol V
Bankston, Carl L., Vol V
Bar, Rosann, Vol V
Barakat, Lamia, Vol V
Bartkowski, John, Vol V
Bartle, Elizabeth E., Vol V
Battle-Walters, Kimberly, Vol V
Bechtold, Brigitte, Vol V
Belknap, Joanne, Vol V
Beniger, James R., Vol II, V
Benjamin, Lois, Vol V
Berardo, Felix Mario, Vol V
Berger, Bennet Maurice, Vol V
Berger, Ronald J., Vol V
Berk, Bernard B., Vol V
Berkowitz, Stephen David, Vol V
Bethel, Elizabeth Rauh, Vol II, V
Bevin, Teresa, Vol V
Bhatia, Kundan Lai, Vol V
Biafora, Frank, Vol V
Bidwell, Charles E., Vol V
Biegel, David E., Vol V
Binder, Amy J., Vol V
Birnbaum, Norman, Vol V
Blain, Robert R., Vol V
Blake, J. Herman, Vol V
Blake, Michelle, Vol V
Blakeslee, Spencer, Vol V
Blalock, Carmen Fountain, Vol V
Blasi, Anthony J., Vol V
Blau, Judith R., Vol V
Blee, K. M., Vol V
Blevins, Gregory A., Vol V
Bolland, O. Nigel, Vol V
Boneva, Bonka, Vol V
Borchard, Kurt, Vol V
Borchert, Susan D., Vol V
Borg, Marian J., Vol V
Borocz, Jozsef, Vol V
Bowser, Benjamin Paul, Vol V
Boychuk, Terry, Vol V
Boyd, Robert, Vol V
Brackett, Kimberly P., Vol V
Breines, Winifred, Vol V
Briscoe, David L., Vol V
Broad, David B., Vol V
Brown, Richard H., Vol V
Brown, Susan G., Vol V
Bruhn, John Glyndon, Vol V
Brustein, William, Vol V
Burch, Hobart, Vol V
Burton, Charles E., Vol V
Busch, Lawrence M., Vol V
Bush, Harry H., Vol V
Buzzell, Timothy, Vol V
Cades, Steven, Vol V
Calgaro, W., Vol V
Calhoun, Lee A., Vol V
Camp, David A., Vol V
Cantor, Norman Frank, Vol I, IV, V
Cao, Liqun, Vol V
Carmel, Simon J., Vol V
Castro, Russell A., Vol V
Catalano, Richard F., Vol V
Chambliss, William J., Vol V
Chang, Patricia, Vol V
Chattopadhyay, Arpita, Vol V
Chen, Sheying, Vol V
Chin, Jeffrey C., Vol V
Chirayath, Verghese J., Vol V
Chorajian, Levon, Vol V
Clark, James J., Vol V
Clark, Terry Nichols, Vol V
Clayton, Obie, Vol V
Colburn, Kenneth, Vol V
Cole, Stephen, Vol V
Coleman, John Aloysius, Vol IV, V
Colvin, Mark, Vol V
Comer, John, Vol IV, V
Conklin, John E., Vol IV, V
Cook, Sharon, Vol V
Cooksey, Elizabeth C., Vol V
Coombs, Robert H., Vol V
Cooney, Mark, Vol V
Cooper, Chris, Vol V
Costanza, Stephen E., Vol IV, V
Cottle, Thomas J., Vol V
Coughlan, Reed, Vol V
Counts, M. Reid, Vol IV, V
Crane, Diana, Vol V
Crew, B. Keith, Vol V
Croissant, Jennifer L., Vol V
Crow, Ben, Vol V
Cullinan, Bernice Ellinger, Vol V
Cunnigen, Donald, Vol V
Curran, Sara R., Vol V
D'Angelo, Raymond, Vol V
D'Antonio, William, Vol V
Dabbs, Jennifer B., Vol V
Danzger, M. Herbert, Vol V
Darling, Rosalyn, Vol V
Dashefsky, Arnold, Vol V
Dasilva, Fabio B., Vol V
David, Keith R., Vol IV, V
Davies, James, Vol V
Davies, Kimberly A., Vol V
De Ollos, Ione Y., Vol V
Deal, Terrance E., Vol V
Deegan, Mary Jo, Vol V
DeFiore, Joann, Vol V
Deflem, Mathieu, Vol V
Dembo, Richard, Vol IV, V
Demko, David, Vol V
Demone, Harold Wellington, Vol V
Dendinger, Donald, Vol V
Dennis, Rutledge M., Vol V
Derose, Laurie, Vol V
Deutscher, Irwin, Vol V
Diamond, Sigmund, Vol I, V
Diao, Wei, Vol V
Diaz, Hector L., Vol V
Dickerson, Joyce, Vol V
Dietz, Thomas, Vol V
Diggs, William P., Vol V
Dillon, Michele, Vol V
DiRenzo, Gordon James, Vol V
Dizard, Jan, Vol V
Dobrin, Arthur, Vol V
Dubin, S. C., Vol V
Dukes, Richard L., Vol V
Dumont, Lloyd F., Vol IV, V
Dunham, Roger, Vol V
Dworkin, Anthony G., Vol V
Eckstein, Susan, Vol V
Edwards, Harry, Vol V
Eisenstein, Hester, Vol V
Elkind, Pamela D., Vol V
Elliott, Marta, Vol V
Ellis, Carolyn Sue, Vol II, V
Elnajjar, Hassan, Vol V
Emigh, Rebecca Jean, Vol V
Erdmans, Mary Patrice, Vol V
Erickson, Rebecca J., Vol V
Evans, Gary W., Vol V
Evans, James L., Vol II, V
Eyal, Gil, Vol V
Faber, Daniel R., Vol V
Falding, Harold J., Vol IV, V
Fararo, Thomas J., Vol V
Farganis, James, Vol V
Feagin, Joe R., Vol V
Feifer, Irwin, Vol V
Fellman, Gordon, Vol V
Feltey, Kathryn M., Vol V
Ferber, Abby L., Vol V
Fernquist, Robert M., Vol V
Ferraro, Kenneth K., Vol V
Field, Mark G., Vol V
Filinson, Rachel, Vol V
Fink, Virginia, Vol V
Firebaugh, Glenn, Vol V
Firestone, Juanita M., Vol V
Fisher, Gene A., Vol V
Fitzptrick, Kevin Michael, Vol V
Flippen, J. Brooks, Vol V
Follick, Edwin D., Vol IV, V
Foster, Mark A., Vol V
Frank, John David, Vol V
French, Sandra, Vol V
Freymeyer, Robert H., Vol V
Frundt, Henry, Vol V
Fukurai, Hiroshi, Vol IV, V
Gadsden, Gloria Y., Vol V
Gainey, Randy R., Vol IV, V
Galanter, Marc, Vol IV, V
Gans, Herbert J., Vol V
Garner, Roberta, Vol V
Garrett, Gerald R., Vol IV, V
Garroutte, Eva, Vol V
Gedicks, Albert J., Vol V
Gemmill, Robert H., Vol V
Gerson, Kathleen, Vol V
Giele, Janet Z., Vol V
Glaser, Daniel, Vol V
Glass-Cofin, Bonnie, Vol V
Glassman, Ronald, Vol V
Glazier, Stephen D., Vol IV, V
Glowienka, Emerine Frances, Vol IV, V
Goldberg, Steven, Vol V
Goodman, Louis, Vol IV, V
Goreham, Gary, Vol V
Gorski, Philip, Vol V
Gottdiener, Mark, Vol V
Grassby, Richard, Vol V
Greeley, Andrew M., Vol II, IV, V
Greenfield, Liah, Vol IV, V
Greil, Arthur L., Vol V
Grissett, Barbara, Vol V
Gronbjerg, Kirsten Anderson, Vol V
Gugler, Josef, Vol V
Hackett, David H., Vol I, IV, V
Hajjar, Lisa, Vol V
Hall, John R., Vol V
Haller, Archibald O., Vol V
Hamilton, Richard Frederick, Vol V
Hampton, Robert L., Vol V
Handel, Gerald, Vol V
Hansen, Karen V., Vol V
Hanson, David J., Vol V
Hanson, Sandra L., Vol V
Harrod, Howard L., Vol IV, V
Hart, Julie, Vol V
Hart, Stephen, Vol V
Hartley, Loyde Hobart, Vol IV, V
Hartmann, Douglas R., Vol V
Hartwell, Stephanie, Vol V
Hassenger, Robert, Vol V
Hattery, Angela J., Vol V
Hausbeck, Kate, Vol V
Hauser, Robert M., Vol V
Havir, Linda, Vol V
Hawdon, James E., Vol V
Hazelrigg, Lawrence E., Vol V
Hechter, Michael, Vol V
Heilman, Samuel C., Vol V
Heinz, John P., Vol IV, V
Herman, Randolph W., Vol V
Hernandez, Juan E., Vol V
Herrick, Susan, Vol V
Hessler, Richard M., Vol V
Heyns, Barbara, Vol V
Hill, Michael R., Vol V
Hillebrand, John D., Vol V
Ho, Truc-Nhu, Vol V
Hoge, Dean R., Vol IV, V
Horowitz, Irving Louis, Vol V
Hoskins, Billie, Vol V
House, James S., Vol V
Howard, John Robert, Vol V
Howell, J. Susan, Vol V
Huaco, George, Vol V
Huff, Toby E., Vol V
Hughes, Kathy L., Vol V
Humble, Jeanne, Vol V
Hume, Wendelin M., Vol IV, V
Hunt, Richard M., Vol I, V
Hurh, Won Moo, Vol V
Idleburg, Dorothy, Vol V
Ingersoll, Richard, Vol V
Isaac, Larry, Vol V
Iutcovich, Mark, Vol V
Jackson, Robert Max, Vol V
Jacobs, Mark D., Vol V
Jacobs, Norman G., Vol V
Jacobs, Ruth, Vol V
Jacobson, Cardell K., Vol V
Jalata, Asafa, Vol V
Jang, Sung Joon, Vol V
Jasper, James M., Vol V
Jasso, Guillermina, Vol V
Jedlicka, Davor, Vol V
Jenkins, Carol A., Vol V
Jennings, Robert Ray, Vol V
Jensen, Katherine Ruth, Vol V
Jindra, Michael, Vol IV, V
Johns, Adrian, Vol V
Johnson, Alice K., Vol V
Johnson, Christopher J., Vol V
Johnston, Barbara J., Vol V
Johnston, Norman, Vol V
Jolley, Jerry, Vol V
Jones, John F., Vol V
Joseph, Cheryl, Vol V
Kahne, Hilda, Vol V
Kalof, Linda E., Vol V
Kando, Thomas M., Vol V
Karp, David, Vol V
Kashefi, Mahmoud, Vol V
Kattago, Siobhan, Vol V
Kaufman, Debra Renee, Vol V
Kaye, Howard, Vol V
Kearns, Emily, Vol V
Keen, Mike F., Vol V
Keller, Evelyn Fox, Vol V
Keller, Robert J., Vol V
Keller, Robert L., Vol IV, V
Kerber, Jordan E., Vol V
Keteku, Oheneba E., Vol V
Khopkar, Asha D., Vol V
Kim, Kwang Chung, Vol V
Kimball, Gayle H., Vol V
King, C. Richard, Vol V
King, Edith, Vol V
Kisthardt, Walter E., Vol V
Kivisto, Peter J., Vol V
Klatch, Rebecca, Vol V
Kledaras, Constantine G., Vol V
Knoke, David, Vol V
Korgen, Kathleen, Vol V
Kourvetaris, George A., Vol V
Kposowa, Augustine, Vol V
Kramer, John E., Vol V
Krause, Corinne Azen, Vol I, V
Kraybill, Donald B., Vol V
Kriesberg, Louis, Vol V
Kronenfeld, Jennie Jacobs, Vol V
Krumholz, Susan, Vol V
Kuhlmann, Annette, Vol V
Kunkel, Charlotte A., Vol V
Kunz, Jennifer, Vol V
Lacy, William B., Vol V
Lampe, Philip, Vol IV, V
Laner, Mary Riege, Vol V
Larsen, Nick, Vol V
Larson, Calvin J., Vol V
Laumann, Edward O., Vol V
Lazreg, Marnia, Vol V
Lee, Shoou-Yih D., Vol V
Leeder, Elaine, Vol V
Lehmann, Jennifer M., Vol V
Leibo, Steve, Vol V
Leighton, Paul S., Vol IV, V
Lemelle, Anthony J., Vol V
Levine, Hillel, Vol V
Levy, Emanuel, Vol II, V
Lewis, George H., Vol V
Lewis, Lionel Stanley, Vol V
Li, Rebecca, Vol V
Liazos, Alexander, Vol V
Liberman, Kenneth B., Vol V
Lie, John J., Vol V
Light, Ivan, Vol V
Lillios, Katina, Vol V
Lindenfeld, Frank, Vol V
Linzey, Sharon, Vol V
Lo, Celia C., Vol V
Locke, Ralph Paul, Vol II, V
Lockman, Paul, Vol V
Loewen, James W., Vol V
Long, Susan O., Vol V
Lopata, Helena Z., Vol V
Lopreato, Joseph, Vol V
Lord, George F., Vol V
Love, James, Vol V
Lucas, Wayne L., Vol V
Ludewig, Larry M., Vol V

Lueschen, Guenther, Vol V
Lutke, Debi Reed, Vol V
MacDonald, William L., Vol V
Macharia, Kinuthia, Vol V
Magdol, Lynn, Vol V
Mahdi, Akbar, Vol V
Mahmoudi, Kooros M., Vol V
Maida, Lori, Vol V
Makepeace, James, Vol V
Malone, Martin J., Vol V
Maneker, Jerry S., Vol V
Manes, Averell, Vol V
Manning, Christel, Vol IV, V
Manning, Peter K., Vol V
Mantyh, Mark R., Vol V
Margolis, Gary, Vol V
Markert, John P., Vol V
Markides, Kyriacos, Vol V
Markoff, John, Vol V
Markovsky, Barry, Vol V
Marsh, Clifton, Vol I, V
Marshall, Linda, Vol V
Marshood, Nabil, Vol V
Marson, Stephen, Vol V
Martin, Randy, Vol IV, V
Marx, Jonathan I., Vol V
Mauss, Armand, Vol I, V
Mazumdar, Sanjoy, Vol V
Mc Grane, Bernard, Vol IV, V
Mc Guire, Patrick, Vol V
McCann, Harold G., Vol V
McCarthy, William, Vol V
McCloskey, Michael, Vol V
McGee, Reece Jerome, Vol V
McLanahan, Sara S., Vol V
McMullen, Mike, Vol IV, V
McNamara, Dennis, Vol V
McNeely, R. L., Vol V
McPherson, Miller, Vol V
McVeigh, Frank J., Vol V
McWorter, Gerald A., Vol V
Medhi, Abbas, Vol V
Meisse, Tom, Vol I, V
Mesler, Mark A., Vol V
Messinger, Sheldon L., Vol V
Metress, Seamus, Vol V
Meyers, Thomas J., Vol V
Miller, Donald, Vol IV, V
Miller, Laura L., Vol V
Miller, Sharon L., Vol V
Miller, Stuart J., Vol V
Moberg, David Oscar, Vol V
Moghadam, Valentine M., Vol V
Mohamed, A. Rafil, Vol V
Moore, Gwen L., Vol V
Moore, Melanie, Vol V
Mootry, Russell, Vol V
Morawska, Ewa, Vol V
Morgan, Gordon D., Vol V
Mori, Barbara L., Vol I, V
Morris, Kenneth Earl, Vol V
Moskos, Charles C., Vol V
Moxley, Robert L., Vol V
Mtika, Mike M., Vol V
Mueller, Claus, Vol II, V
Muga, David, Vol V
Murnion, Philip Joseph, Vol V
Murray, Paul, Vol V
Murray, S. B., Vol V
Murray, Stephen O., Vol V
Myers, Lena Wright, Vol V
Nagy, Karoly, Vol V
Negrey, Cynthia, Vol V
Nelkin, Dorothy, Vol V
Ness, Gayl DeForrest, Vol V
Nienonen, Jack E., Vol V
Nimbark, Ashakant, Vol V
Nishi, Setsuko Matsunaga, Vol V
Njoku, John, Vol V
Norton-Hawk, Maureen, Vol V
O'Bireck, Gary M., Vol V
O'Brien, Jean, Vol V
Ohiwerei, Godwin, Vol V
Oliner, Samuel P., Vol V
Olzak, Susan, Vol V
Onyekwuluje, Anne B., Vol V
Oppenheimer, Martin, Vol V
Osborne, Randall E., Vol V
Ousley, Charles, Vol V
Padilla, Yolanda C., Vol V
Page, Patricia, Vol IV, V
Palen, J. John, Vol V
Palmer, Stuart, Vol V
Patterson, H. Orlando L., Vol V
Pattnayak, Satya R., Vol V
Pease, John, Vol V
Perlstadt, Harry, Vol V
Pettigrew, Thomas Fraser, Vol V
Phillips, Julie, Vol V
Phillips, Peter, Vol V
Piercy, Earl, Vol V
Pigg, Kenneth E., Vol V
Pigott, Ruth, Vol V
Pinch, Trevor J., Vol I, V
Piotrowski, Thaddeus M., Vol I, V
Platt, Gerald M., Vol V
Poll, Carol, Vol V
Poloma, Margaret Mary, Vol V
Popenoe, David, Vol V
Porter, Jack Nusan, Vol V
Potts, D. Malcolm, Vol V
Prades, Jose Albert, Vol IV, V
Presser, Harriet B., Vol V
Price, Tanya Y., Vol V
Price-Spratlen, Townsand, Vol V
Primous, Dianella, Vol V
Psathas, George, Vol V
Pyle, Ralph, Vol V
Quinn, James F., Vol V
Quivik, Fredric L., Vol I, V
Raabe, Phyllis H., Vol V
Raajpoot, Uzzer A., Vol V
Radosh, Mary F., Vol V
Raferty, Adrian E., Vol V
Raley, R. Kelly, Vol V
Rao, K. Vaninadha, Vol V
Rashotte, Lisa Slattery, Vol V
Regoli, Robert M., Vol V
Reid, Joel Otto, Vol V
Restivo, Sal, Vol V
Richards, Stephen C., Vol IV, V
Richardson, Laurel, Vol V
Richter, Maurice N., Vol V
Ritzer, George, Vol V
Robbins, Richard H., Vol V
Roberts, Keith A., Vol V
Roberts, Michael J., Vol V
Robinson, William I., Vol V
Roby, Pamela A., Vol V
Rochedecoppens, Peter, Vol V
Rodriguez, Clara, Vol V
Rogers, Jack E., Vol II, V
Rogler, Lloyd H., Vol V
Rollins, Judith, Vol I, V
Romney, A. Kimball, Vol V
Roof, Wade Clark, Vol V
Rosa, Eugene A., Vol V
Rosenthal, Marilynn M., Vol V
Rosenthal, Naomi, Vol I, V
Ross, Robert J. S., Vol V
Rothstein, William G., Vol V
Roy, William G., Vol V
Rubinstein, Robert L., Vol V
Rundblad, Georganne, Vol V
Russell, Diana Elizabeth H., Vol V
Ryu, Jai, Vol V
Sabaratnam, Lakshmanan, Vol V
Sadri, Ahmad, Vol V
Sadri, Malmoud, Vol V
Saiedi, Nader, Vol V
Sailes, Gary, Vol V
Salamone, Frank A., Vol V
Sassen, Saskia, Vol IV, V
Satler, Gail R., Vol V
Savelsberg, Joachim, Vol V
Scheff, Thomas, Vol V
Schiff, Frederick, Vol II, V
Schlenker, Jon A., Vol V
Schlesinger, Yaffa, Vol V
Schmid, Carol L., Vol V
Schneider, Mareleyn, Vol V
Schneider, Mark A., Vol V
Schudson, Michael, Vol V
Schwartz, Mildred A., Vol V
Schwartz, Pepper J., Vol V
Schweiker, William F., Vol V
Schweizer, Karl W., Vol V
Scott, Ellen, Vol V
Scott, William Richard, Vol V
Segal, David R., Vol V
Sengstock, Mary C., Vol V
Shaidian, Hammed, Vol V
Shanks, Hershel, Vol II, IV, V
Shaw, Victor, Vol V
Sheehy, John, Vol IV, V
Sheridan, Mary, Vol V
Sherkat, Darren E., Vol V
Shernock, Stanley K., Vol V
Silk, William, Vol IV, V
Sims, Toni Y., Vol V
Singelmann, Peter, Vol V
Skau, George, Vol V
Slobin, Kathleen, Vol V
Slomczynski, Kazimietz M., Vol V
Smith, Andrea L., Vol V
Smith, C. S., Vol V
Smith, Gary, Vol V
Smith, William L., Vol V
Snell, Joel C., Vol V
Snodgrass, Jon, Vol V
Spano, Rina Gangemi, Vol V
Spencer, Patricia, Vol V
Spigner, Clarence, Vol V
Spillman, Lynette P., Vol V
Springer, David W., Vol V
Stacey, Judith, Vol V
Stanley, Jay, Vol V
Staples, Robert Eugene, Vol V
Starr, Paul D., Vol V
Steiger, Thomas L., Vol V
Stepan-Norris, Judith, Vol V
Stephanides, Marios, Vol V
Stewart, Mary W., Vol V
Stockwell, Edward G., Vol V
Storer, Norman William, Vol V
Strassberg, Barbara, Vol V
Stratton, John Ray, Vol V
Straus, Murray A., Vol V
Stuck, Mary Frances, Vol V
Sullins, Donald Paul, Vol V
Sullivan, Deborah A., Vol V
Swank, Eric W., Vol V
Swanson, Louis E., Vol V
Tang, Shengming, Vol V
Tarr, Zoltan, Vol I, V
Taub, Richard P., Vol V
Tavani, Nicholas J., Vol V
Taylor, Howard F., Vol V
Taylor, Verta, Vol V
Tec, Nechama, Vol V
Terrell, Nathaniel E., Vol V
Terry, James L., Vol II, V
Tettah, Joshua, Vol V
Thibault, Edward, Vol V
Thompson, Becky, Vol V
Thompson, William, Vol V
Tiryakian, Edward A., Vol V
Todd, Alexandra, Vol V
Tohidi, Nayereh E., Vol V
Tomaskovic-Devey, Barbara A., Vol V
Townsley, Eleanor R., Vol V
Trevizo, Dolores, Vol V
Tricarico, Donald, Vol V
Troyer, Lisa L., Vol V
Tumminia, Diana, Vol V
Turk, Austin T., Vol V
Turley, Alan, Vol V
Turner, Jonathan H., Vol V
Turner, Stephen, Vol II, V
Uggen, Chris, Vol V
Ulmer, Jeffery T., Vol V
Unnithan, N. Prabha, Vol V
Van De Walle, Etienne, Vol V
Van Den Berghe, Pierre L., Vol V
Vann, Barbara H., Vol V
Varacalli, Joseph A., Vol V
Verbit, Mervin F., Vol V
Victor, Jeffery, Vol V
Voigt, David Quentin, Vol I, V
Wachtel, David, Vol V
Waite, Linda J., Vol V
Waldner-Haugrud, Lisa, Vol V
Walker, T. B., Vol IV, V
Wallace, Walter L., Vol V
Wallerstein, Immanuel, Vol V
Walsh, Joseph A., Vol V
Wang, Guang-zhen, Vol V
Warner, R. Stephen, Vol V
Washington, Mary L., Vol V
Waters, Mary C., Vol V
Watson, Jack B., Vol V
Watson, Wilbur H., Vol V
Waxman, Chaim I., Vol V
Weatherby, Georgie Ann, Vol V
Webber, Randall C., Vol I, IV, V
Wehrli, Mary Brent, Vol V
Wei-Arthus, Huiying, Vol V
Weigert, Andrew, Vol V
Weinberg, Martin, Vol V
Weinstein, Deena A., Vol V
Weiss, Gregory L., Vol V
Weitzer, Ronald, Vol V
Werum, Regina, Vol V
Western, Bruce, Vol V
Weyland, Karin, Vol V
White, Clovis L., Vol V
White, Helene R., Vol V
Wickham-Crowley, Timothy P., Vol V
Wiggins, Robert R., Vol V
Wiley, Juniper, Vol V
Wilkinson, Doris, Vol V
Willeto, Agela A., Vol V
Williams, Bruce, Vol V
Williams, Dessima, Vol V
Williams, Joyce E., Vol V
Williams, Rhys H., Vol V
Williams, Robin M., Vol V
Wilson, Frank Harold, Vol V
Wilson, Janelle L., Vol V
Wilson, Janet, Vol V
Winfree, L. Thomas, Jr, Vol IV, V
Winter, Jerry Alan, Vol V
Winter, John Ellsworth, Vol IV, V
Wirth-Cauchon, Janet, Vol V
Witt, Irving M., Vol V
Wolfer, Loreen T., Vol V
Wolford, R., Vol V
Wong, Eugene F., Vol V
Wood, Richard L., Vol V
Wooddell, George, Vol V
Woodroffe, Annette, Vol V
Woodrow-Lafield, Kare, Vol V
Wortham, Anne, Vol V
Wrong, Dennis H., Vol V
Wysong, Earl, Vol IV, V
Xiao, Hong, Vol V
Yablonsky, Lewis, Vol V
Yang, Fenggang, Vol IV, V
Yetman, Norman Roger, Vol I, V
Young, Andy, Vol V
Zavestoski, Stephen, Vol V
Zehr, Howard, Vol V
Zehr, Stephen C., Vol V
Zeitlin, Maurice, Vol V
Zeller, Richard A., Vol V
Zerai, Assata, Vol V
Zhou, Xueguang, Vol V
Zolberg, Vera L., Vol V
Zollweg, William, Vol V
Zulfacar, Maliha, Vol V

Sociology of Education

Lavin, David E., Vol V
Sineshaw, T., Vol V

Sociology of Law

Wheeler, Stanton, Vol IV, V

Sociology of Religion

Porter, Samuel C., Vol IV, V

Spanish History

Andrien, Kenneth James, Vol I
Boyd, Carolyn Patricia, Vol I
Fontana, Bernard Lee, Vol I
Fox, Edward Inman, Vol III
Friedman, Ellen G., Vol I
Griggs, John W., Vol I, III
Kern, Robert, Vol I
Lunenfeld, Marvin, Vol I
Martinez, Jose-Luis, Vol I
Owens, John Bingner, Vol I
Powers, James Francis, Vol I
Ringrose, David R., Vol I
Suarez-Galban, Eugenio, Vol III
Tirado, Thomas C., Vol I
Ullman, Joan Connelly, Vol I
Vassberg, David Erland, Vol I
White, David Anthony, Vol I
Zorita, C. Angel, Vol III

Spanish Language

Aaron, N. Grace, Vol III
Ahumada, Alfredo, Vol III
Al-Kasey, Tamara, Vol III
Albada-Jelgersma, Jill Elizabeth, Vol III
Allen, John, Vol III
Allgood, Myralyn Frizzelle, Vol III
Allocati, Iris F., Vol III
Almeida, Jose Agusin, Vol III
Alstrum, James, Vol III
Alvarino, Madelyn L., Vol III
Amador, Raysa E., Vol III
Anderson, Helene M., Vol III
Andres, Carlos M., Vol III
Andrist, Debra D., Vol III
Angeles, Jose Luis, Vol III
Arenas, Fernando, Vol III
Armengol, Armando, Vol III
Arredondo, Isabel, Vol III
Arrington, Melvin, Vol III
Balderston, Daniel, Vol III
Balestra, Alejandra, Vol III
Bandera, Cesareo, Vol III
Barnstone, Willis, Vol III
Bates, Margaret Jane, Vol III
Beard, Laura J., Vol III
Beardsley, Theodore S., Jr., Vol III
Bedford, David, Vol I, III
Bejel, Emilio, Vol II, III
Bell-Villada, Gene Harold, Vol III
Benito-Vessels, Carmen, Vol III
Bergen, John J., Vol III
Bergstrom, Anna, Vol III, V
Berroa, Rei, Vol III
Bingham, John L., Vol III
Bizzarro, Salvatore, Vol III
Blain, Nancy Marie, Vol III
Blanco, Virgil H., Vol III
Blast, Alberto, Vol III
Bleznick, Donald William, Vol III
Borland, Isabel Alvarez, Vol III
Boyce, Elizabeth, Vol III
Bradford, Carole A., Vol III
Braidotti, Erminio, Vol III
Brown, Joan L., Vol III
Brushwood, John Stubbs, Vol II, III
Buchanan, Rhonda L., Vol III
Bulman, Gail A., Vol III
Burke, James F., Vol III
Buxbaum, Melba M., Vol III
Byron, Kristine Ann, Vol I, III
Cababas, Miguel Angel, Vol III
Callan, Richard Jerome, Vol III
Cammarata, Joan F., Vol III
Campbell, Gwyn E., Vol III
Campos, Javier F., Vol III
Camurati, Mireya Beatriz, Vol II, III
Capeles, Mervin, Vol III
Carreno, Antonio, Vol I, III
Casa, Frank Paul, Vol III
Casado, Pablo Gil, Vol III
Case, Thomas Edward, Vol III
Castilla, Alberto, Vol III
Castro-Klaren, Sara, Vol III
Castro-Ponce, Clara E., Vol III
Caufield, Carlota, Vol III
Cavallari, Hector Mario, Vol I, III
Cere, Ronald, Vol III
Chaffee-Sorace, Diane, Vol III
Charlebois, Lucile C., Vol III
Charnon-Deutsch, Lou, Vol I, III
Chatham, James Ray, Vol III
Chittenden, Jean Stahl, Vol III
Christensen, Karen L., Vol III
Chrzanowski, Joseph, Vol III
Ciplijauskaite, Birute, Vol III
Clemente, Alice Rodrigues, Vol III
Cobb, Eulalia Benejam, Vol III
Cocozzella, Peter, Vol III
Cole, George L., Vol III
Colecchia, Francesca, Vol III
Colina, Sonia, Vol III
Coll-Tellecha, Reyes, Vol I, III
Compitello, Malcolm Alan, Vol III
Contreras, Heles, Vol III
Coons, Dix Scott, Vol III
Coughlin, Edward V., Vol III
Courteau, Joanna, Vol III
Craig, Herbert Eugene, Vol II, III
Craig, Virginia Robertson, Vol III
Crispin, John, Vol III
Cro, Stelio, Vol III
Cull, John T., Vol III
Curran, Mark Joseph, Vol III
Cypess, Sandra M., Vol III
da Cunha-Giabbai, Gloria E., Vol III
Damiani, Bruno Mario, Vol III
Daniel, Lee A., Vol II, III
Dauster, Frank Nicholas, Vol III
Davilla-Lopez, Grace, Vol III
De Armas, Frederick A., Vol III
De Cruz-Saenz, Michele S., Vol III
de Tejada, Cristina Saenz, Vol III
Dearmas, Frederick A., Vol III
Debicki, Andrew Peter, Vol III
DeCosta-Willis, Miriam, Vol III
del Pliego, Jose B., Vol III
del Valle, Jose, Vol III
Dellepiane, Angela B., Vol II, III
Dellinger, Mary Ann, Vol III
Dendle, Brian John, Vol III
Dennis, Harry Joe, Vol III
Detwiler, Louise A., Vol III
DeWeese, Pamela, Vol III
Diaz, Lidia, Vol III
Diaz, Lomberto, Vol III
Diaz, Roberto Ignacio, Vol II, III
Dietz, Donald T., Vol III

Docter, Mary K., Vol III
Dominguez, Sylvia, Vol III
Doudoroff, Michael John, Vol III
Douglass, R. Thomas, Vol III
Dowling, John Clarkson, Vol III
Drake, Dana Blackmar, Vol III
Dudley, Edward J., Vol II, III
Dunn, Peter Norman, Vol III
Duran, Jaime, Vol III
Durand, Frank, Vol III
Dworkin y Mendez, Kenya C., Vol III
Earle, Peter G., Vol III
Ellis, Bradford, Vol III
Epple, Juan Armando, Vol II, III
Fagundo, Ana Maria, Vol II, III
Fajardo, Salvador J., Vol II, III
Feal, Carlos, Vol III
Feal, Gisele C., Vol III
Feal, Rosemary Geisdorfer, Vol III
Ferguson, William Rotch, Vol III
Fernandez-Olmos, Margarite, Vol III
Ferran, Ofelia, Vol III
Ferriol, Antonia, Vol III
Filer, Malva Esther, Vol II, III
Finch, Patricia S., Vol III
Fiore, Robert L., Vol III
Flores, Yolanda, Vol III
Forcadas, Alberto M., Vol III
Ford, James Francis, Vol III
Forster, Merlin Henry, Vol III
Foster, David W., Vol III, V
Fox, Linda Chodosh, Vol III, V
Frank, Francine, Vol III
Frazier, Earlene, Vol III
Frey, Herschel J., Vol III
Fryer, T. Bruce, Vol III
Furness, Edna Lue, Vol II, III
Gantt, Barbara N., Vol III
Garcia-Sanchea, Jose, Vol III
Garfinkel, Alan, Vol III, V
Gariano, Carmelo, Vol III
Garlinger, Patrick P., Vol II, III
Garrison, David Lee, Vol III
Gasta, Chad M., Vol III
Gatto, Katherine M., Vol III
Gauggel, Karl H., Vol III
George, Hermon, Jr., Vol III
Gericke, Philip Otto, Vol III
Gerli, E. Michael, Vol I, III
Gibbs, Virginia, Vol III
Gilmore, Roger H., Vol III
Gimenez, Antonio, Vol III
Giraldez, Susan C., Vol III
Giro, Jorge A., Vol III
Gleaves, Robert Milnor, Vol III
Goldberg, Rita Maria, Vol III
Gomez, Gilberto, Vol II, III
Gomez-Moriana, Antonio, Vol III
Gonzalez, Alfonso, Vol III
Gonzalez-Cruz, Luis F., Vol III
Gonzalez-del-Valle, Luis T., Vol III
Goss, Noble T., Vol III
Graf, Eric, Vol III
Granrose, Kathleen, Vol III
Greenfield, Sumner M., Vol III
Griffin, David Alexander, Vol III
Grittner, Frank Merton, Vol III
Grossi, Veronica, Vol III
Guerrero, Vladimir, Vol III
Gulsoy, J., Vol III
Guntermann, Gail, Vol III
Guntsche, Marina, Vol III
Gutierrez, Jesus, Vol III
Gutierrez, Manuel Hierro, Vol III
Gutierrez-Vega, Zenaida, Vol II, III
Guzman-Merced, Rosa Maria, Vol II, III
Haberly, David T., Vol III
Hahn, Hannelore, Vol III
Haidt, Rebecca, Vol III
Hall, John, Vol III
Halliburton, C. Lloyd, Vol III
Halpern, Cynthia L., Vol III
Halsey, Martha T., Vol III
Harper, Sandra Nadine, Vol III
Hart, Thomas Roy, Vol III
Hartman, Steven Lee, Vol III
Hatton, Robert Wayland, Vol III
Hegstrom, Valerie, Vol III
Helguero, Grace, Vol III
Hernandez, Consuelo, Vol III
Herrera, Enrique, Vol III, IV
Herrero, Javier, Vol III
Herron, Robert Deupree, Vol III
Himelblau, Jack J., Vol III
Hintz, Suzanne S., Vol II, III
Hislope, Kristi A., Vol III, V
Hoddie, James Henry, Vol III
Honig, Edwin, Vol III
Hopper, Edward W., Vol III
Hutton, Lewis J., Vol III
Ilie, Paul, Vol III
Imhoff, Brian, Vol III
Impey, Olga Tudorica, Vol III
Ingber, Alix, Vol III
Irwin, Amanda Lee, Vol III
Jacobson, Rodolfo, Vol III, V
Jara, Rene, Vol III
Jensen, Theodore Wayne, Vol III
Jimenez, Carlos, Vol III
Jimenez, Qiu Y., Vol III
Johnson, Julie Greer, Vol II, III
Jones, Margaret E. W., Vol III
Jorgensen, Beth E., Vol III
Jrade, Cathy L., Vol II, III
Jurkevich, Gayana, Vol III
Karsen, Sonja Petra, Vol III
Katarzyna, Olga B., Vol III
Kauffmann, Ruth A., Vol III
Keller, John Esten, Vol III
Kelley, Alita, Vol III
Kelz, Rochelle Kanter, Vol III
Kerr, Lucille, Vol III
King, Charlotte P., Vol III
King, Samuel C., Vol III
Kingery, Sandra L., Vol III
Kinkade, Richard Paisley, Vol III
Kirby, Steven D., Vol III
Kirschner, Teresa, Vol IV
Klee, Ildora, Vol III
Klein, Dennis Allan, Vol III
Klibbe, Lawrence H., Vol III
Klock, Sheldon, Jr, Vol III
Knowlton, Edgar C., Jr., Vol III
Kooreman, Thomas Edward, Vol II, III
Krabbenhoft, Kenneth, Vol III
Kramer-Hellinx, Nechama, Vol III
Krauel, Ricardo, Vol III
Krogstad, Allison D., Vol III
Labrador, Jose J., Vol III
Larraga, Maribel, Vol III
Larsen, Kevin, Vol III
Lasarte, Pedro, Vol III
Lathrop, Thomas A., Vol III
Laurenti, Joseph L., Vol III
Leal, Luis, Vol III
Ledford-Miller, Linda, Vol III
Leeber, Victor F., Vol III
Lesman, Ann St Clair, Vol III
Levy, Kurt Leopold, Vol III
Lewis, Marvin A., Vol III
Lida, Denah Levy, Vol III
Lihani, John, Vol III
Lima, Robert F., Vol III
Lindstrom, Naomi, Vol III
Loewen, Lynn, Vol III
Long, Mary, Vol III
Long, Sheri Spaine, Vol III
Lopez, Ignacio Javier, Vol III
Lopez, Oscar R., Vol II, III
Lopez-Calvo, Ignacio, Vol III
Lore, Anthony George, Vol III
Lott, Robert Eugene, Vol III
Lutes, Leasa, Vol III
Mac Adam, Alfred J., Vol III
Mace, Carroll E., Vol III
Macias, Manuel Jato, Vol III
Magnarelli, Sharon, Vol III
Maier, Linda, Vol II, III
Mannetter, Terrance, Vol III
Mantero, Manuel, Vol III
Mapa, Marina Vargas, Vol III
Marcone, Rose Marie, Vol III
Marichal, Juan, Vol III
Marquez-Villanueva, Francisco, Vol III
Martin, Charles Edward, Vol III
Martin-Ogunsola, Dellita Lillian, Vol III
Martin-Rodriguez, Manuel M., Vol III
Martinez-Bonati, Felix, Vol III
Mathews, Thomas J., Vol III
Mazzocco, Angelo, Vol III
McCaw, R. John, Vol III
McGaha, Michael Dennis, Vol III
McGrath, Michael J., Vol III
McKay, Douglas R., Vol III
Medina, Cindy, Vol III
Medina, Jeremy Tyler, Vol III
Mendez-Clark, Ronald, Vol III
Menton, Seymour, Vol II, III
Merithew, Charlene L., Vol III
Mermall, Thomas, Vol III
Meyer, Doris, Vol III
Mignolo, Walter, Vol III
Miller, William Irvin, Vol III
Mohler, Stephen Charles, Vol III
Molina-Gavilan, Yolanda, Vol III
Mooney, Susan K., Vol II, III
Moore, Charles B., Vol III
Moran, F., Vol III
Morgan, Terrell A., Vol III
Morris, Margaret Lindsay, Vol III
Mueller, Roseanna M., Vol III
Munoz, Willy O., Vol III
Myers, Eunice Doman, Vol III
Nagy, Edward, Vol III
Nahson, Daniel L., Vol III
Nanfito, Jacqueline C., Vol III
Naylor, Eric Woodfin, Vol III
Nepaulsingh, Colbert Ivor, Vol III
Nesbitt, John D., Vol II, III
Nicastro, Anthony J., Vol III
Nieman, Nancy Dale, Vol III
Norat, Gisela, Vol III
Nuessel, Frank, Vol III
Nye, Jean C., Vol III
O'Connell, Joanna, Vol III
O'Connor, Patricia W., Vol III
O'Connor, Thomas, Vol III
Oberhelman, Harley Dean, Vol III
Ocampo, Francisco, Vol III
Ocasio, Rafael, Vol III
Ogden, Estrella V., Vol I, III
Olivera, Otto H., Vol II, III
Ollivier, Louis L., Vol III
Olson, Paul Richard, Vol III
Opere, Fernando, Vol III
Orringer, Nelson R., Vol III
Pacheco-Ransanz, Arsenio, Vol III
Palacios, Conny, Vol III
Palley, Julian, Vol III
Pancrazio, James, Vol II, III
Paolini, Gilberto, Vol III
Paredes, Liliana, Vol III
Parker, Margaret, Vol III
Parr, James A., Vol I, III
Parsons, Robert A., Vol III
Paulson, Michael G., Vol III
Pearson, Lon, Vol III
Pearson, Lynn E., Vol III
Peavler, Terry J., Vol III
Pelaez-Benitz, Lola, Vol III
Pellicer, James O., Vol III
Penrose, Mehl A., Vol III
Perez, Genaro J., Vol III
Perez, Mireya, Vol III
Perez-Pisonero, Arturo, Vol III
Perissinotto, Giorgio, Vol III
Perozo, Jaime J., Vol III
Petreman, David A., Vol III
Picerno, Richard A., Vol III
Piepke, Susan L., Vol III
Piluso, Robert Vincent, Vol III
Pintado-Casas, Pablo, Vol III
Piper, Anson Conant, Vol III
Polansky, Susan, Vol III
Ponce de Leon, Gina, Vol III
Powell, Amanda W., Vol III
Prats, Jorge, Vol III
Pratt, Dale J., Vol III
Predmore, Michael P., Vol III
Prieto, Char, Vol III
Principe, D. Del, Vol III
Pritchett, Kay, Vol III
Purcell, John Marshall, Vol III
Quintana, Hilda E., Vol III
Quirk, Ronald Joseph, Vol III
Rabassa, Gregory, Vol III
Radchik, Laura, Vol III
Rambaldo, Ana M., Vol III
Ramos-Garcia, Luis A., Vol III
Reinshagen-Joho, Liane, Vol III
Reitz, Richard Allen, Vol III
Rhoades, Duane, Vol III
Ricapito, Joseph V., Vol III
Rich, Lawrence, Vol III
Rini, Joel, Vol III
Rivers, Elias Lynch, Vol III, V
Robb, James Willis, Vol III
Rodriguez, Rodney T., Vol III
Rodriguez-Luis, Julio, Vol III
Rogachevsky, Jorge R., Vol III
Rojas-Auda, Elizabeth, Vol III
Roman-Morales, Belen, Vol II, III
Rose, Stanley Ludwig, Vol III
Roses, Lorraine Elena, Vol III
Rubin, Mordecai, Vol III
Rueda, Ana, Vol III
Ruiz, Roberto, Vol III
Rush, Patricia, Vol III
Saa, Orlando, Vol III
Sackett, Theodore Alan, Vol III
Saenz de tejada, Cristina, Vol III
Saigal, M., Vol III
Sampedro, Benita, Vol III
San Pedro, Teresa Anta, Vol III
Sanz, Cristina, Vol III
Saporta, Sol, Vol III
Scalabrini, Massimo, Vol II, III
Scales, Manderline Elizabeth, Vol III
Scarlett, Elizabeth, Vol III
Schade, George D., Vol III
Schmiedel, Donald Emerson, Vol III
Schraibman, Joseph, Vol III
Schuhl, Mark, Vol III
Schurlknight, Donald E., Vol III
Scott, Lindy, Vol III
Sebold, Russell Perry, Vol III
Sepulveda-Pulventini, Emma, Vol III
Shaw, Bradley Alan, Vol III
Shipley, George A., Vol III
Shivers, George Robert, Vol III
Shuford, William Harris, Vol III
Shumway, Nicolas, Vol II, III
Sieburth, Stephanie, Vol III
Silver, Philip Warnock, Vol III
Silverman, Malcolm Noel, Vol III
Sims, Edna N., Vol III
Sims, Robert Lewis, Vol III
Smith, Roch Charles, Vol III
Smith-Soto, Mark, Vol III
Snell, Ana Maria, Vol III
Sole, Carlos A., Vol III
Souza, Raymond D., Vol III
St. Clair Lesman, Ann, Vol III
Stanton, Edward F., Vol I, III
Stanton, Margaret, Vol III
Stathatos, Constantine Christopher, Vol III
Stavans, Ilan, Vol III
Sternbach, Nancy Saporta, Vol III
Stoll, Anita K., Vol III
Stone, Cynthia, Vol III
Strolle, Jon M., Vol III
Stroud, Matthew David, Vol III
Stycos, Maria Nowakowska, Vol III
Sullivan, Constance, Vol III
Suner, Margarita, Vol III
Teschner, Richard Vincent, Vol III
Thorburn, Carolyn Coles, Vol III
Toledano, Jaun Carlos, Vol III
Torres-Recinos, Julio, Vol III
Toruno, Rhina, Vol III
Townsel, Sylviane, Vol II, III
Troiano, James J., Vol III
Tuninetti, Angel T., Vol III
Ullman, Pierre Lioni, Vol III
Umanzor, Marta A., Vol III
Valis, Noel M., Vol III
Varderi, Alejandro, Vol III, V
Vega, Carlos, Vol III
Velez, Joseph Francisco, Vol III
Vetrano, Anthony Joseph, Vol III
Vidal, Hernan, Vol II, III
Volek, Emil, Vol III
Watson, John A., Vol III
Wedel, Alfred R., Vol III
Weiger, John George, Vol III
Weiner, Jack, Vol III
West-Duran, Alan, Vol III
Williams, Bruce, Vol I, II, III
Williams, Daniel Anthony, Vol III
Wilson, Donna M., Vol III
Wiltrout, Ann Elizabeth, Vol III
Woodbridge, Hensley Charles, Vol III
Wooldridge, John B., Vol III
Yang, Mimi, Vol III
Yates, Donald Alfred, Vol III
Young, Howard Thomas, Vol III
Young, Theodore Robert, Vol III
Yudin, Florence L., Vol II, III
Zaderenko, Irene, Vol III
Zahareas, Anthony, Vol III
Zamora, Juan C., Vol III
Zatlin, Phyllis, Vol III
Zeitz, Eileen, Vol II, III
Zlotchew, Clark M., Vol III
Zorita, C. Angel, Vol III
Zucker, George K., Vol III

Spanish Literature

Aguirre, Angela M., Vol III
Allen, John, Vol III
Almeida, Jose Agusin, Vol III
Altisent, Marta E., Vol III
Anadon, Jose, Vol III
Andreu, Alicia Graciela, Vol III
Angeles, Jose Luis, Vol III
Arenas, Fernando, Vol III
Avalle-Arce, Juan Bautista, Vol III
Avelar, Idelber, Vol III
Bandera, Cesareo, Vol III
Beard, Laura J., Vol III
Bennett, Janice L., Vol III
Benson, Douglas Keith, Vol III
Bertrand de Munoz, Maryse, Vol III
Bieder, Maryellen, Vol III
Billick, David Joseph, Vol II, III
Bleznick, Donald William, Vol III
Blue, William Robert, Vol III
Boehne, Patricia Jeanne, Vol III
Borgeson, Paul A., Vol III
Boudreau, Harold Laverne, Vol III
Bruner, Jeffrey, Vol III
Buckley, Christina A., Vol III
Burke, James F., Vol III
Buxbaum, Melba M., Vol III
Byron, Kristine Ann, Vol I, III
Caban, Pedro, Vol I, III
Capeles, Mervin, Vol III
Captain, Yvonne, Vol II, III
Carreno, Antonio, Vol I, III
Castellanos, Isabel, Vol III
Castells, Ricardo, Vol III
Castro, Amanda, Vol III
Cavallari, Hector Mario, Vol I, III
Chamberlin, V. A., Vol III
Charbran, H. Rafael, Vol I, III
Charlebois, Lucile C., Vol III
Cherry, Charles Maurice, Vol III
Chrzanowski, Joseph, Vol III
Clamurro, William, Vol III
Cocozzella, Peter, Vol III
Colecchia, Francesca, Vol III
Coll-Tellecha, Reyes, Vol I, III
Compitello, Malcolm Alan, Vol III
Cortijo, Antonio, Vol III
Coughlin, Edward V., Vol III
Craig, Herbert Eugene, Vol II, III
Creel, Bryant L., Vol III
Cuenca, Jose Ramon Araluce, Vol III
Darst, David High, Vol III
Davison, Alan R., Vol III
De Rafols, Wifredo, Vol III
Delgado, Luisa Elena, Vol III
Detwiler, Louise A., Vol III
DeWeese, Pamela, Vol III
Diaz-Jimeno, Felipe, Vol III
Doudoroff, Michael John, Vol III
Duffey, John Patrick, Vol III
Duran, Jaime, Vol III
Durand, Frank, Vol III
Dussias, Paola E., Vol III
Dust, Patrick, Vol II, III
Earle, Peter G., Vol III
Egea, Esteban R., Vol III
Egginton, William, Vol II, III
Ellis, Keith A. A., Vol III
Escobar, Anna Maria, Vol III
Faber, Sebastion, Vol III
Faulhaber, Charles Bailey, Vol III
Ferran, Ofelia, Vol III
Ferriol, Antonia, Vol III
Finch, Patricia S., Vol III
Finello, Dominick Louis, Vol III
Flori, Monica Roy, Vol III
Forcadas, Alberto M., Vol III
Fox, Dian, Vol III
Fox, Edward Inman, Vol III
Franz, Thomas Rudy, Vol III
Frazier, Earlene, Vol III
Freixas, Erik Camayd, Vol III
Friedman, Edward Herbert, Vol III
Gabriele, John P., Vol III
Galoppe, Raul A., Vol III
Galvan, Delia V., Vol I, III
Garcia, Jose Luis Suarez, Vol III
Garcia-Castellon, Manuel, Vol III
Garcia-Osuna, Alfonso, Vol III
Gericke, Philip Otto, Vol III
Gies, David Thatcher, Vol III
Giles, Mary E., Vol III
Giraldez, Susan C., Vol III
Glenn, Kathleen Mary, Vol III
Gonzalez, Alfonso, Vol III
Gonzalez, Bernardo Antonio, Vol III
Gonzalez, Eloy, Vol III
Goodyear, Russell, Vol IV, V
Goss, Noble T., Vol III

Graf, Eric, Vol III
Green, George, Vol III, V
Griggs, John W., Vol I, III
Gulsoy, J., Vol III
Gutierrez, Jesus, Vol III
Gutierrez, Manuel Hierro, Vol III
Hafter, Monroe Z., Vol III
Hahn, Oscar, Vol III
Hart, Patricia, Vol III
Harvey, Maria-Luisa Alvarez, Vol III
Hathaway, Robert L., Vol III
Hermann, E. C., Vol III
Higginbotham, Virginia, Vol III
Hoddie, James Henry, Vol III
Horan, Elizabeth R., Vol II, III
Hualde, Jose Ignacio, Vol III
Ibsen, Kristine L., Vol III
Irwin, Amanda Lee, Vol III
Jaen-Portillo, Isabel, Vol III
Jara, Rene, Vol III
Jelinski, Jack Bernard, Vol III
Jensen, Theodore Wayne, Vol III
Jerez-Farran, Carlos, Vol III
Johnson, Anita L., Vol III
Johnson, Carroll B., Vol III
Josephs, Allen, Vol III
Juarez, Encarnacion, Vol III
Jurado, Jose, Vol III
Kaplan, Gregory, Vol III
Kauffmann, Ruth A., Vol III
Keller, Gary D., Vol III
Kirkpatrick, Susan, Vol III, V
Kirschner, Teresa, Vol IV
Klee, Carol A., Vol III, V
Klock, Sheldon, Jr, Vol III
Krauel, Ricardo, Vol III
Labrador, Jose J., Vol III
Lee, Cecilia Castro, Vol III
Leeber, Victor F., Vol III
Lerner, Isaias, Vol III
Lihani, John, Vol III
Lopez, Ignacio Javier, Vol III
Lopez, Oscar R., Vol II, III
Lozano-Renieblas, Isabel, Vol III
Maier, Carol Smith, Vol III
Maldonado-Deoliveira, Debora, Vol III
Mansour, George Phillip, Vol III
Manteiga, Robert Charles, Vol III
Mapa, Marina Vargas, Vol III
Marquez-Villanueva, Francisco, Vol III
Martin, Dellita Lillian, Vol III
Martin, Vincent, Vol III
Martinez, Esther M., Vol III
Martinez, H. Salvador, Vol III, IV
Martinez-Lopez, Enrique, Vol III
Masanat, Lydia, Vol III
Mayberry, Nancy Kennington, Vol III
McCaw, R. John, Vol III
McKay, Douglas R., Vol III
McNerney, Kathleen, Vol III
Medina, Jeremy Tyler, Vol III
Muniz, Olga, Vol III
Myers, Eunice Doman, Vol III
Nemes, Graciela Palau, Vol III
Nepaulsingh, Colbert Ivor, Vol III
Nicholas, Robert Leon, Vol III
Nunez-Betelu, Maite, Vol III
O'Connell, Joanna, Vol III
O'Connor, Thomas, Vol III
Oberhelman, Harley Dean, Vol III
Ocampo, Francisco, Vol III
Ocasio, Rafael, Vol III
Olivera, Otto H., Vol II, III
Olson, Paul Richard, Vol III
Opere, Fernando, Vol III
Ordonez, Elizabeth Jane, Vol III
Ordonez, Francisco, Vol III
Oro, Cesar, Vol III
Ortiz, Mario A., Vol III
Ouimette, Victor, Vol III
Oxford, Jeffery, Vol III
Palley, Julian, Vol III
Paolini, Gilberto, Vol III
Parr, James A., Vol I, III
Pastor, Beatriz, Vol III
Peale, C. George, Vol III
Pearson, Lon, Vol III
Pecoraro, Rosilie Hernandez, Vol III
Perez, Genaro J., Vol III
Picerno, Richard A., Vol III
Piedra, Jose, Vol III
Pinet, Simone, Vol III
Piper, Anson Conant, Vol III
Plata, Fernando, Vol III
Polt, John H. R., Vol III
Predmore, Michael P., Vol III
Presberg, Charles D., Vol III
Quirk, Ronald Joseph, Vol III
Rabassa, Clementine Christos, Vol III
Ramirez, Maria-Esther D., Vol III
Ramos-Garcia, Luis A., Vol III
Regueiro, Jose Miguel, Vol III
Reinshagen-Joho, Liane, Vol III
Rivera-Rodas, Oscar, Vol III
Rivero, Eliana Suarez, Vol III
Robb, James Willis, Vol III
Roberts, Helen Freear, Vol III
Rodriguez, Alvaro, Vol III
Rodriguez-Florido, Jorge J., Vol III
Rojas, Carlos, Vol I, III
Rudder, Robert S., Vol III
Rugg, Marilyn D., Vol III
Ruiz, Miguel, Vol III
Ruiz, Roberto, Vol III
Saa, Orlando, Vol III
Saenz de tejada, Cristina, Vol III
Salgado, Maria A., Vol III
Sanchez, Elizabeth Doremus, Vol III
Saz, Sara M., Vol III
Schneider, Marshall Jerrold, Vol III
Schurlknight, Donald E., Vol III
Scott, Nina Margaret, Vol III
Scroggins, Daniel Coy, Vol III
Selimov, Alexander R., Vol III
Shaw, Bradley Alan, Vol III
Shivers, George Robert, Vol III
Shumway, Nicolas, Vol II, III
Sims, Edna N., Vol III
Smith-Soto, Mark, Vol III
Sobejano-Morgan, Antonio, Vol III
Socha, Donald, Vol III
Soons, C. Alan, Vol III
Spaccarelli, Thomas Dean, Vol III
Spires, Robert Cecil, Vol III
Stansfield, Maria Pilar Perez, Vol III
Stanton, Edward F., Vol I, III
Stanton, Margaret, Vol III
Stoll, Anita K., Vol III
Sullivan, Constance, Vol III
Toledano, Jaun Carlos, Vol III
Tolliver, Joyce, Vol III
Torres, Hector, Vol II
Townsel, Sylviane, Vol II, III
Ugarte, Michael, Vol III
Urbanc, Katica, Vol III
Valbuena-Briones, Angel Julian, Vol III
VanPatten, Bill, Vol III
Vargas, Margarita, Vol III
Velez, Joseph Francisco, Vol III
Viscarri, Dionisio, Vol III
Vogeley, Nancy Jeanne, Vol III
Welles, Marcia Louise, Vol III
West-Duran, Alan, Vol III
Whitenack, Judith A., Vol III
Wilcox, John Chapman, Vol III
Willem, Linda M., Vol III
Williams, Daniel Anthony, Vol III
Williams, Maria Rosa Olivera, Vol III
Yang, Mimi, Vol III
Young, Dolly J., Vol III
Young, Theodore Robert, Vol III
Zahareas, Anthony, Vol III
Zorita, C. Angel, Vol III
Zubizarreta, Armando F., Vol III

Spanish Studies
Byron, Kristine Ann, Vol I, III
Carreno, Antonio, Vol I, III
Cavallari, Hector Mario, Vol I, III
Charnon-Deutsch, Lou, Vol I, III
Coll-Tellecha, Reyes, Vol I, III
Martinez-Fernandez, Luis, Vol I
Parr, James A., Vol I, III
Rodriguez, Richard T., Vol I
Stanton, Edward F., Vol I, III
Torres, Hector, Vol II

Spanish-American Literature
Bejel, Emilio, Vol II, III
Bell, Steven, Vol II, III
Brushwood, John Stubbs, Vol II, III
Camurati, Mireya Beatriz, Vol II, III
Christiansen, Hope, Vol II, III
Daniel, Lee A., Vol II, III
Dellepiane, Angela B., Vol II, III
Diaz, Lomberto, Vol III
Diaz, Roberto Ignacio, Vol II, III
Epple, Juan Armando, Vol II, III
Filer, Malva Esther, Vol II, III
Fitz, Earl Eugene, Vol I, III
Fraser, Howard Michael, Vol III
Gleaves, Robert Milnor, Vol III
Goic, Cedomil, Vol III
Gomez, Gilberto, Vol II, III
Gutierrez-Vega, Zenaida, Vol II, III
Holland, Norman, Vol III
Johnson, Julie Greer, Vol II, III
Jrade, Cathy L., Vol II, III
Kooreman, Thomas Edward, Vol II, III
Maharg, James, Vol III
Maier, Linda, Vol II, III
Marrone, Nila Gutierrez, Vol III
Menton, Seymour, Vol II, III
Pancrazio, James, Vol II, III
Rodriguez-Florido, Jorge J., Vol III
Roman-Morales, Belen, Vol II, III
Silva, Arlyn Sanchez, Vol III
Vidal, Hernan, Vol II, III
Zeitz, Eileen, Vol II, III

Spanish-American Studies
Galvan, Delia V., Vol I, III

Special Education
Christensen, John E., Vol V
Crank, Joe N., Vol V
Dil, Nasim, Vol V
Filler, John W., Vol V
Healey, William C., Vol II, V
Irvin, Deborah M., Vol V
Kyle Higgins, Amanda, Vol V
Miller, Susan P., Vol V
Petch-Hogan, Beverly M., Vol V
Pierce, Thomas B., Vol V
Safran, Stephen P., Vol V
Steinmiller, Georgine, Vol V
Strawser, Sherri C., Vol V
Terrero, Irene, Vol II, III, V

Speech Communication
Armer, Alan A., Vol II
Barret, Harold, Vol II
Bartow, Charles L., Vol II
Barushok, James William, Vol II
Bayless, Ovid Lyndal, Vol II
Bello, Richard S., Vol II
Benson, Thomas W., Vol II
Bertelsen, Dale A., Vol II
Bochin, Hal William, Vol II
Bormann, Dennis Robert, Vol II, III
Bradford, Clinton W., Vol II
Bradley, Doris P., Vol II
Brennan, Linda, Vol II, V
Brock, James W., Vol II
Capps, Randall, Vol II
Carlson, Harry Gilbert, Vol II
Chermak, Gail D., Vol II
Clark, Bertha Smith, Vol II
Claussen, Ernest Neal, Vol II
Coleman, Edwin Leon, II, Vol II
Dallinger, Judith M., Vol II
Daniels, Marilyn, Vol II
Davis, Jed H., Vol II
Dearin, Ray Dean, Vol II
Decker, Philip H., Vol II
Derryberry, Bob R., Vol II
Dick, Donald, Vol II
Dickinson, Loren, Vol II
Eidenmuller, Michael, Vol II
Elkins, Michael R., Vol II
Evans, Adeline, Vol II
Fallon, Richard Gordon, Vol II
Fernandes, James, Vol II
Fletcher, Winona Lee, Vol II
Fraleigh, Douglas, Vol II
Gibson, Dirk C., Vol II
Goldsmith, Daena J., Vol II
Gorsevski, Ellen, Vol II
Griffen, Charles, Vol II
Griffin, Cindy L., Vol II
Gruner, Charles R., Vol II
Haslett, Betty J., Vol II
Hawkins, Kate, Vol II
Hawthorne, Lucia Shelia, Vol II
Hazel, Harry Charles, Vol II
Hensley, Carl Wayne, Vol II
Hill, L. Brooks, Vol II
Honeycutt, James M., Vol II
Hough, Monica, Vol II
Inslee, Forrest, Vol II
Irvine, James Richard, Vol II
Jackson, James Harvey, Vol II
Jensen, J. Vernon, Vol II
Kass, Elaine W., Vol II
Kelly, S., Vol II
Kern-Foxworth, Marilyn L., Vol II
King, Paul E., Vol II
King, Stephen, Vol II
Kline, John A., Vol II
Lewis, Todd Vernon, Vol II
Lomas, Ronald Leroy, Vol II
Loney, Glenn Meredith, Vol II
Mackey, Barbara S., Vol II
Madden, Deidre, Vol II
Marocchino, Kathryn D., Vol II
Matheny, David Leon, Vol II
Maxwell, David Lowell, Vol II, V
McFarland, Douglas D., Vol II, IV
McIntosh, Anne, Vol II
McMullen, Wayne, Vol II
Medhurst, Martin J., Vol II
Merriam, Allen H., Vol II
Niles, Lyndrey Arnaud, Vol II
O'Donnell, Victoria, Vol II
Ott, Brian L., Vol II
Park-Fuller, Linda M., Vol II
Pauley, John L., Vol II
Perry, John, Vol II
Petress, Kenneth C., Vol II
Phillips, Kendall R., Vol II
Post, Robert M., Vol II
Potee, Nanette, Vol II
Ritter, Kurt, Vol II
Rivers, Louis, Vol II
Robb, Stephen, Vol II
Robey, David H., Vol II
Rogers, Jack E., Vol II, V
Rubin, Rebecca B., Vol II
Salem, Philip, Vol II
Scheele, Henry Zaegel, Vol II
Scott, Robert Lee, Vol II
Seiler, William John, Vol II
Seymour, Victor, Vol II
Shaw, Wayne Eugene, Vol II, IV
Sillars, Malcolm O., Vol II
Simmons, Donald B., Vol II
Slater, John W., Vol II
Smith, Karen A., Vol II
Steer, Helen V., Vol II
Stockman, Ida J., Vol II
Strohkirch, Carolyn, Vol II
Taylor, James Sheppard, Vol II
Thameling, Carl L., Vol II
Thomas, Stafford H., Vol II
Trent, Jimmie Douglas, Vol II
Triece, Mary, Vol II
Underwood, Willard A., Vol II
Valley, David B., Vol II
Vartabedian, Robert A., Vol II
Verderber, Rudolph Francis, Vol II
Walker, Robert Jefferson, Vol II
Walsh, Grace, Vol II
Ward, Jean M., Vol II
Wardrope, William J., Vol II
Wenzel, Joseph Wilfred, Vol II
Williamson-Ige, Dorothy Kay, Vol II
Winchatz, Michaela R., Vol II
Winkler, Carol, Vol II
Wolff, Florence I., Vol II
Womack, Morris M., Vol II
Wright, Janis, Vol II
Wulff, Donald H., Vol II
Wynn, Dianna, Vol II
Yingling, Julie, Vol II
Young, Elizabeth Bell, Vol II
Zeuschner, Raymond F., Vol II
Zurakowski, Michele M., Vol II

Speech-Language Pathology
Applegate, John A., Vol II
Aram, Dorothy M., Vol II
Arehole, S., Vol II
Beck, Ann R., Vol II
Benson, Richard Lee, Vol II
Bettagere, Ramesh N., Vol II
Butler, Katharine G., Vol II
Culatta, Barbara, Vol II
Davis, Johnetta Garner, Vol II
Doherty, Karen A., Vol II
Doyle, Esther M., Vol II
Edwards, Mary Louise, Vol II
Fleck, George, Vol II
Gerber, Sanford E., Vol II
Haire, Carol, Vol II
Halloran, Stephen Michael, Vol II
Healey, William C., Vol II, V
Hendryx-Bedalov, P., Vol II
Holley, Sandra Cavanaugh, Vol II
Hulit, Lloyd, Vol II
Johnson, Jeanne M., Vol II
Keating, Patrick, Vol II
Kovarsky, Dana, Vol II
Lass, Norman J., Vol II
Lazarus, Cathy Lynn, Vol II
Macauley, Beth, Vol III
Madison, Charles L., Vol III
Mcleod, Alan L., Vol II
Milosky, Linda M., Vol II
Oetting, Janna B., Vol V
Prelock, Patricia A., Vol II
Prieve, Beth A., Vol II
Robinson, Kelly A., Vol II
Schulz, Geralyn, Vol II
Seery, Carol H., Vol II
Silverman, Franklin H., Vol II
Stevens, Lizbeth Jane, Vol II
Streeter, Donald, Vol II
Wallach, Geraldine P., Vol II
Yaruss, J. Scott, Vol II
Zahorski, Kenneth, Vol II

Sport Psychology
Burke, Kevin, Vol V
Cardinal, Bradley J., Vol V
Crafts, Amy, Vol V
Dimond, Roberta R., Vol V
Figone, Albert J., Vol V
Freischlag, Jerry A., Vol V
Gill, Diane L., Vol V
Janelle, Christopher M., Vol V
Jorden, Crystal W., Vol V
Lox, Curt L., Vol V
Petlichkoff, Linda M., Vol V
Sailes, Gary, Vol V

Statistics
Kotz, Samuel, Vol IV
Nag, Moni, Vol IV, V
Scalisi, Joseph M., Vol IV

Systematic Theology
Ackley, John B., Vol IV
Blaising, Craig A., Vol IV
Bouman, Walter R., Vol IV
Brown, Harold O. J., Vol IV
Burtness, James H., Vol IV
Carl, Harold F., Vol IV
Conyers, A. J., Vol IV
Copeland, M. Shawn, Vol IV
DeHart, Paul, Vol IV
Eddy, Paul R., Vol IV
Fagan, Eileen M., Vol IV
Gamble, Richard C., Vol IV
Hanson, Bradley, Vol IV
Jones, David Clyde, Vol IV
Keifert, Patrick, Vol IV
Kelly, Douglas, Vol IV
Kennedy, Robert E., Vol IV
Kolden, Marc, Vol IV
Krispin, Gerald, Vol IV
Leslie, Benjamin C., Vol IV
Lull, Timothy F., Vol IV
McGinty, Mary Peter, Vol IV
Nagel, Norman E., Vol IV
Newell, Roger, Vol IV
Nicole, Roger R., Vol IV
Ogden, Schubert Miles, Vol IV
Paulson, Steven, Vol IV
Rajashekar, J. Paul, Vol IV
Reymond, Robert L., Vol IV
Root, Michael, Vol IV
Ruthven, Jon M., Vol IV
Sachs, John R., Vol IV
Schweitzer, Don, Vol IV
Scott, David Allen, Vol IV
Simpson, Gary M., Vol IV
Snook, Lee E., Vol IV
Sponheim, Paul R., Vol IV
Sproul, R. C., Vol IV
Stafford, Gilbert W., Vol IV
Talar, Charles J. T., Vol IV
Thomsen, Mark, Vol IV

Topel, Bernadette, Vol IV
Will, James Edward, Vol IV
Williams, J. Rodman, Vol IV

Tax Law
Boyle, F. Ladson, Vol IV
Bullock, Alice G., Vol IV
Cameron, David L., Vol IV
Feld, Alan L., Vol IV
Ginsburg, Martin D., Vol IV
Griffith, Thomas D., Vol IV
Katsoris, Constantine N., Vol IV
Mulroney, Michael, Vol IV
Spragens, Janet R., Vol IV
Wade, Robert J., Vol IV
White, Patricia D., Vol IV

Teacher Education
Giacobbe, George A., Vol V
Heggins, Martha Jean Adams, Vol V
Hines, Virginia E., Vol V
Kissen, Rita, Vol V

Technical Writing
Bakker, Jan, Vol II
Garay, Mary Sue, Vol II
Jerz, Dennis G., Vol II
Patterson, Celia, Vol II
Smith, Ronald E., Vol II
Warren, Thomas, Vol II
Washington, Durthy A., Vol II

Theater History
Austin, Gayle M., Vol I, II
Barton, Mike Alan, Vol I, II
Bolin, John Seelye, Vol I, II
Ericson, Robert Edward, Vol I, II
Fisk, Deborah Payne, Vol I, II
Free, Katherine B., Vol I, II
Gill, Glenda E., Vol I, II
Glenn, George D., Vol I, II
Haarbauer, Don Ward, Vol I, II
Hansen, Bob, Vol I, II
Harris, Laurilyn J., Vol I, II
Klein, Owen, Vol I, II
Lahaie, Scott, Vol I, II
Mcdowell, John H., Vol I
Miller, Tice Lewis, Vol I, II
Peters, Julie, Vol I, II
Sarlos, Robert Karoly, Vol I, II
Saxon, Arthur Hartley, Vol I, II
Taranow, Gerda, Vol I, II
Wearing, J. P., Vol I, II
Wilcox, Dean, Vol I, II
Wilmeth, Don B., Vol I, II
Woods, Alan Lambert, Vol I, II

Theater Studies
Allman, William Arthur, Vol II
Ashby, Clifford, Vol II
Ault, C. Thomas, Vol II
Bank, Rosemarie Katherine, Vol II
Barry, Barbara R., Vol II
Berger, Sidney L., Vol II
Berkman, Leonard, Vol II
Bittrich, Louis Edward, Vol II, III
Blumenthal, Eileen, Vol II
Brater, Enoch, Vol II
Braun, Kazimierz, Vol II
Brewer, Maria Minich, Vol II
Brokaw, John W., Vol II
Brown, Jared, Vol II
Burkman, Katherine H., Vol II
Burroughs, Catherine, Vol II
Casto-Urios, Jose, Vol II
Catron, Louis E., Vol II
Cerasano, Susan P., Vol II
Chabora, Pamela, Vol II
Charney, Mark, Vol II
Cheng, Meiling, Vol II
Chinoy, Helen Krich, Vol II
Colley, Nathaniel S., Vol II
Cook, Smalley Mike, Vol II
Counts, Michael L., Vol II
Davis, Jed H., Vol II
De Young, James, Vol II
Devenyi, Jutka, Vol II
Diamond, Elin, Vol II, V
DiCenzo, Maria, Vol II
Donahue, Thomas John, Vol II, III
Doty, Gresdna Ann, Vol II
Earnest, Steve, Vol II
Edgerton, Gary R., Vol II
Elkin, Saul, Vol II
Elwood, William R., Vol II
Erdman, Harley M., Vol II
Ericson, Robert Edward, Vol I, II
Euba, Femi, Vol II
Fearnow, Mark, Vol II
Findlay, Robert, Vol II
Fine, Elizabeth C., Vol II, V
Fisher, James, Vol II
Foley, Mary Kathleen, Vol I, II
Forman, Sandra, Vol II
Frederickson, Ronald Q., Vol II
Friesen, Lauren, Vol II, IV
Gale, Richard A., Vol II
Garvey, Sheila Hickey, Vol II
Gibson, Richard J., Vol II
Gillespie, Patti P., Vol II
Goist, Park Dixon, Vol I, II
Goulding, Daniel J., Vol II
Greene, Martha D., Vol II, IV
Hawes, William K., Vol II
Hill, Holly, Vol II
Hornby, Richard, Vol II
Houston, Velina H., Vol II
Howard, Leigh Anne, Vol II
Innes, Christopher, Vol II
Jackson, Allan Stuart, Vol II
Jewell, James Earl, Vol II
Kahn, Sy M., Vol II
Kass, Elaine W., Vol II
Keenan, Richard Charles, Vol II
King, Thomas L., Vol II
Kiralyfalvi, Bela, Vol II
Knapp, Terence R., Vol II
Krasner, David, Vol II
Kuftinec, Sonja, Vol II
Kuritz, Paul, Vol II
Kydd, Elspeth, Vol II
Langley, Stephen G., Vol II, III
Latham, Angela, Vol II
Leiter, Samuel Louis, Vol II
Levy, Jacques, Vol II
Liepe-Levinson, Katherine, Vol II
Lockford, Lesa, Vol II
Loeffler, Donald Lee, Vol II
Londre, Felicia Hardison, Vol II
Loney, Glenn Meredith, Vol II
Mapp, Edward C., Vol II
Mark, Rebecca, Vol II
Marra, Kim, Vol II
Mazer, Cary M., Vol II
McCoy, Ken W., Vol II
McDonald, Marianne, Vol II
McDonough, Ann, Vol II
McGeever, Kathleen, Vol II
McGhee, James, Vol II
Mento, Joan, Vol II
Metz, Walter C., Vol II
Miller, Laura, Vol II
Molette, Barbara J., Vol II
Monaco, Paul, Vol II
Moyer, Ronald L., Vol I, II
Mullenix, Elizabeth Reitz, Vol II
Myers, Norman Jerald, Vol II
Nash, Elizabeth, Vol II
Nelihaus, Tobin, Vol II
Norwood, James, Vol II
O'Dell, Leslie, Vol II
Oaks, Harold Rasmus, Vol II
Orchard, Lee F., Vol II
Pagen, Michele A., Vol II
Parisi, Barbara, Vol II
Park-Fuller, Linda M., Vol II
Parker-Starbuck, Jennifer, Vol II
Paterson, Douglas L., Vol II
Patraka, Vivian, Vol II
Pizzato, Mark, Vol II
Poole, John R., Vol II
Poppiti, Kim, Vol II
Porter, Joyce K., Vol II
Proehl, Geoffrey, Vol II
Pullin, Nicolas G., Vol II
Radner, Hilary A., Vol II
Riccio, Tom, Vol II
Ringer, Mark, Vol II
Robbins, Kenneth, Vol II
Ross, Theophil, Vol II
Rude, Roberta N., Vol II
Sandberg, Stephanie L., Vol II
Sauer, David K., Vol II
Schactler, Carolyn, Vol II
Scharffenberger, Elizabeth Watson, Vol II
Schechter, Joel, Vol II
Scheiffele, Eberhard, Vol II, V
Schlossman, David A., Vol II
Schrum, Stephen, Vol II
Seymour, Victor, Vol II
Shelton, Lewis E., Vol II
Sivier, Evelyn M., Vol II
Spencer, Darrell W., Vol II
Steckline, C. Turner, Vol II, III
Steer, Helen V., Vol II
Sullivan, Claudia N., Vol II
Tandberg, Gerilyn, Vol II
Thaler, Danielle, Vol II
Ukpokodu, Peter, Vol II
Underiner, Tamara, Vol II
Walsh, Jonathan D., Vol II, III
Watermeier, Daniel J., Vol II
White, Robert A., Vol II
Willetts, Elizabeth M., Vol II
Wolak, William J., Vol II
Woods, Jeannie Marlin, Vol II
Yowell, Robert L., Vol II
Zalacain, Daniel, Vol II, III

Theology
Abdul-Masih, Marguerite, Vol IV
Abe, Nobuhiko, Vol IV
Adams, Douglas Glenn, Vol IV
Adams, Marilyn M., Vol I, IV
Ahlers, Rolf, Vol IV
Aichele, George, Vol IV
Akin, Daniel L., Vol IV
Allen, Diogenes, Vol IV
Ambrozic, Aloysius M., Vol IV
Anderson, Charles Samuel, Vol I, IV
Anderson, Neil D., Vol IV
Anderson, Vinton Randolph, Vol IV
Applegate, Judith K., Vol IV
Aquino, Maria Pilar, Vol IV
Arand, Charles P., Vol IV
Armentrout, Donald S., Vol IV
Ascough, Richard S., Vol IV
Ashburn, Johnny, Vol IV
Ashley, Benedict M., Vol IV
Bacchiocchi, Samuele, Vol I, IV
Bachman, James V., Vol IV
Bagley, Stanley B., Vol IV
Bailey, James L., Vol IV
Balas, David L., Vol IV
Baldwin, Donald E., Vol IV
Baldwin, Lewis V., Vol IV
Ball, David T., Vol IV
Ballard, Harold Wayne, Jr., Vol IV
Bangert, Mark Paul, Vol IV
Bangs, Carl, Vol IV
Barlow, Philip L., Vol IV
Barry, William Anthony, Vol IV
Bartelt, Andrew H., Vol IV
Bass, Dorothy C., Vol IV
Bateman, Herbert W., Vol IV
Bauerschmidt, Frederick Christian, Vol IV
Baumbach, Gerard, Vol IV
Beale, David Otis, Vol I, IV
Bebis, George S., Vol IV
Bechard, Dean P., Vol IV
Bechtel, Carol M., Vol IV
Beck, Norman Arthur, Vol IV
Benham, Priscilla, Vol IV
Berling, Judith, Vol IV
Berridge, John Maclennan, Vol IV
Berthold, George Charles, Vol IV
Bertocci, Rosemary, Vol IV
Bethel, Leonard Leslie, Vol IV
Bevans, Stephen, Vol IV
Biallas, Leonard John, Vol IV
Bibza, James, Vol IV
Bieganowski, Ronald, Vol II, IV
Bilaniuk, Petro Borys T., Vol IV
Binau, Brad A., Vol IV
Blevins, Kent, Vol IV
Bloesch, Donald G., Vol IV
Blowers, LaVerne P., Vol IV
Bodling, Kurt A., Vol I, II, IV
Bolt, John, Vol IV
Bond, Gilbert I., Vol IV
Borelli, John, Vol I, IV
Borg, Marcus J., Vol IV
Borsch, Frederick Houk, Vol II, IV
Bovon, Francois, Vol IV
Bowdle, Donald N., Vol IV
Bowland, Terry, Vol IV
Boyd, Tom Wesley, Vol IV
Boyle, John Phillips, Vol IV
Bracken, J. A., Vol IV
Bracken, W. Jerome, Vol IV
Brame, Grace Adolphsen, Vol IV
Bramer, Paul G., Vol IV
Brand, Eugene L., Vol IV
Branick, Vincent P., Vol IV
Brauch, Manfred T., Vol IV
Brauer, James L., Vol IV
Braxton, Edward Kenneth, Vol IV
Bray, Gerald L., Vol IV
Breeden, James Pleasant, Vol IV
Breshears, Russell, Vol IV
Bretzke, James T., Vol IV
Brister, C. W., Vol IV
Brown, Amos Cleophilus, Vol IV
Brown, Dale W., Vol IV
Brown, George, Jr., Vol IV
Brown, Kenneth, Vol I, IV
Browning, Don S., Vol IV
Buckley, Francis J., Vol IV
Bufford, Edward Eugene, Vol IV
Bugg, Charles B., Vol IV
Burch, Francis Floyd, Vol III, IV
Burch, Sharon Peebles, Vol IV
Burkhart, John E., Vol IV
Burns, J. Lanier, Vol IV
Burns, J. Patout, Jr., Vol IV
Burtchaell, James T., Vol IV
Buschart, David, Vol IV
Butler, J. Ray, Vol IV
Butler, Lee Hayward, Jr., Vol IV
Calian, Carnegie Samuel, Vol IV
Callahan, James P., Vol IV
Campbell, Ken M., Vol IV
Cannon, Katie Geneva, Vol IV
Capizzi, Joseph E., Vol IV
Carpenter, James Anderson, Vol IV
Carr, Anne E., Vol IV
Carr, Thomas, Vol IV
Carson, Logan, Vol IV
Carter, Guy C., Vol I, IV
Carter, Percy A., Jr., Vol IV
Cassel, J. David, Vol IV
Cassidy, Laurence Lavelle, Vol IV
Cavadini, John C., Vol IV
Chance, J. Bradley, Vol IV
Charlton, Charles Hayes, Vol IV
Chausse, Gilles, Vol I, IV
Childs, Brevard Springs, Vol IV
Chiles, Robert Eugene, Vol IV
Chinnici, Joseph Patrick, Vol I, IV
Chopp, Rebeca S., Vol IV
Christensen, Michael, Vol I, IV
Chryssavgis, John, Vol IV
Clayton, Philip, Vol I, IV
Cobb, John Boswell, Vol IV
Cody, Aelred, Vol IV
Coffey, David Michael, Vol IV
Cogdill, James, Vol IV
Cohen, Martin Aaron, Vol I, IV
Cole, Basil, Vol IV
Collins, Kenneth J., Vol IV
Collins, Robert H., Vol IV
Colyer, Elmer M., Vol IV
Comer, John, Vol IV, V
Compier, Don H., Vol IV
Conn, Walter Eugene, Vol IV
Cook, Michael L., Vol IV
Cooley, James F., Vol IV
Cooper, Burton, Vol IV
Copeland, Warren R., Vol IV
Corduan, Winfried, Vol IV
Cornwall, Robert D., Vol I, IV
Costen, Melva Wilson, Vol IV
Costigan, Richard F., Vol IV
Courtney, Charles, Vol IV
Cox, Howard A., Vol IV
Cox, Steven L., Vol IV
Crabtree, Arthur Bamford, Vol IV
Craig, William Lane, Vol IV
Creamer, David G., Vol IV
Croke, Prudence Mary, Vol IV
Crossley, John P., Vol IV
Crouter, Richard E., Vol I, IV
Crowe, Frederick E., Vol IV
Cruz, Virgil, Vol IV
Crysdale, Cynthia S. W., Vol IV
Culpepper, R. Alan, Vol IV
Custer, John S., Vol IV
Dallen, James, Vol IV
Daniel, E. Randolph, Vol IV
Danker, Frederick W., Vol III, IV
Davies, Julian A., Vol IV
Davis, Benjamin G., Vol IV
Davis, John Jefferson, Vol IV
Davis, Kenneth G., Vol III, IV
Dawn, Marva J., Vol IV
Dayton, Donald Wilber, Vol I, IV
de Koninck, Thomas, Vol IV
Dean, William D., Vol IV
Deck, Allan F., Vol III, IV
Deibler, Timothy, Vol IV
Deignan, Kathleen P., CND, Vol IV
Dekar, Paul R., Vol IV
Del Colle, Ralph, Vol IV
Demaray, Donald E., Vol IV
Demarest, Bruce, Vol IV
Deming, Will H., Vol IV
Demkovich, Michael, Vol IV
Dempsey, Carol J., Vol IV
Dempsey, Joseph P., Vol IV
Demy, Timothy J., Vol I, IV
Deppe, Dean B., Vol IV
Deschner, John, Vol IV
Deterding, Paul E., Vol IV
Devenish, Philip Edward, Vol IV
DeVries, Dawn A., Vol IV
DiCicco, Mario, Vol IV
Dickerson, Dennis Clark, Vol IV
Dickinson, Charles C., Vol IV
Dingilian, Der Stepanos, Vol IV
DiPuccio, William, Vol IV
Doherty, Barbara, Vol I, IV
Donohoo, Lawrence, Vol IV
Donovan, Mary Ann, Vol I, IV
Dorn, Louis, Vol IV
Douglas, Walter, Vol IV
Draper, David E., Vol IV
Driver, Tom Faw, Vol II, IV
Dumais, Monique, Vol IV
Dunlap, Elden Dale, Vol IV
Dunne, John Scribner, Vol IV
Dunne, Tad, Vol IV
Dych, William V., Vol IV
Dyck, Cornelius John, Vol I, IV
Dyer, James Mark, Vol IV
Easley, Ray, Vol IV
Eckley, Richard K., Vol IV
Egan, Harvey Daniel, Vol IV
Eichelberger, William L., Vol IV
Eiesland, Nancy L., Vol IV
Eigo, Francis Augustine, Vol IV
Elhard, Leland E., Vol IV
Elliott, John Hall, Vol IV
Ellis, Anthony John, Vol IV
Ellis, Edward Earle, Vol I, IV
Elsbernd, Mary, Vol IV, V
Elwell, Walter Alexander, Vol IV
Empereur, James L., Vol IV
Engle, James R., Vol IV
Eno, Robert Bryan, Vol I, IV
Erickson, Millard J., Vol IV
Erwin, James Otis, Vol IV
Eschelbach, Michael A., Vol IV
Eversley, Walter V. L., Vol IV
Fabbro, Amata, Vol IV
Fackre, Gabriel Joseph, Vol IV
Fakhrid-Deen, Nashid Abdullah, Vol IV
Farley, Benjamin Wirt, Vol I, IV
Faupel, William, Vol IV
Feiss, Hugh, Vol IV
Felder, Cain Hope, Vol IV
Ferguson, Marianne, Vol IV
Ferguson, Paul, Vol IV
Ferrara, Louis F., Vol IV
Feuerhahn, Ronald R., Vol I, IV
Fields, Stephen M., Vol IV
Fisch, Thomas, Vol IV
Fischer, Mark F., Vol IV
Fitts, Leroy, Vol IV
Foerst, Anne, Vol IV
Ford, John T., Vol IV
Ford, Paul F., Vol IV
Forde, Gerhard Olaf, Vol I, IV
Forell, George Wolfgang, Vol IV
Fox, Douglas A., Vol I, IV
Franklin, Robert Michael, Vol IV
Frederick, G. Marcille, Vol IV
Freiday, Dean, Vol IV
Frein, Brigid Curtin, Vol IV
French, William, Vol IV
Froehlich, Charles Donald, Vol II, III, IV
Frohlich, Mary, Vol IV
Fuller, George Cain, Vol IV
Furnish, Victor Paul, Vol IV
Gabriele, Edward, Vol IV
Gaffin, Richard Birch, Jr., Vol IV
Gaffney, John Patrick, Vol IV
Garcia, Albert L., Vol IV
Garrett, James Leo, Jr., Vol IV
Geddert, Tim J., Vol IV
Geisler, Norman Leo, Vol IV
Gelwick, Richard, Vol IV
Genovesi, Vincent Joseph, Vol IV
Gentry, Peter J., Vol IV
Gerdes, Neil W., Vol III
Gerhart, Mary, Vol II, IV
Gerig, Wesley Lee, Vol III, IV

Gibbs, Jeffrey A., Vol IV
Gignac, Francis Thomas, Vol III, IV
Gilkes, Cheryl Townsend, Vol IV
Gillis, Chester, Vol IV
Gilmore, George Barnes, Vol IV
Gilmore, Robert McKinley, Sr., Vol IV
Gilson, Anne Bathurst, Vol IV
Gingerich, Ray C., Vol IV
Gittins, Anthony, Vol IV, V
Giurlanda, Paul, Vol IV
Glazier, Stephen D., Vol IV, V
Godsey, John Drew, Vol IV
Goergen, Donald J., Vol IV
Goldingay, John, Vol IV
Golphin, Vincent F. A., Vol IV
Gonzalez, Catherine Gunsalus, Vol I, IV
Gonzalez, Justo Luis, Vol I, IV
Goode, James Edward, Vol IV
Gooden, Winston Earl, Vol IV
Gordon, Dane R., Vol IV
Gordon, Walter Martin, Vol II, IV
Gorman, Rosemarie E., Vol IV
Gouwens, David J., Vol IV
Graham, J. Michele, Vol IV
Graham, William C., Vol I, IV
Grant, Jacquelyn, Vol IV
Gray, Patrick T. R., Vol IV
Green, Clifford James, Vol IV
Greenhaw, David M., Vol IV
Greig, Alexander Josef, Vol IV
Grenz, Stanley J., Vol IV
Griener, George E., Vol IV
Grigsby, Marshall C., Vol IV
Grimsrud, Theodore G., Vol IV
Grisez, Germain, Vol IV
Gromada, Conrad T., Vol IV
Gros, Jeffrey, Vol IV
Gumms, Emmanuel George, Sr., Vol IV
Hall, Thor, Vol IV
Hallman, Joseph Martin, Vol IV
Hamelin, Leonce, Vol IV
Hanchey, Howard, Vol IV
Handy, William Talbot, Jr., Vol IV
Hanigan, James P., Vol IV
Hansen, Carl L., Vol IV
Harley, Philip A., Vol IV
Harrelson, Walter, Vol IV
Harrington, Henry R., Vol II, IV
Harris, John, Vol IV
Harrold, Jeffery Deland, Vol IV
Hart, John, Vol IV
Harvey, Louis-Charles, Vol IV
Hayden, John Carleton, Vol IV
Hayes, Diana L., Vol IV
Hayes, Zachary Jerome, Vol I, IV
Heggen, Bruce A., Vol IV
Heil, John P., Vol IV
Hein, Rolland Neal, Vol II, IV
Helminiak, Daniel A., Vol IV, V
Herdt, Jennifer A., Vol IV
Hertig, Paul, Vol IV
Hertig, Young Lee, Vol IV
Hicks, H. Beecher, Jr., Vol IV
Himes, Michael J., Vol IV
Hinsdale, Mary Ann, Vol IV
Hobgood-Oster, Laura, Vol I, IV
Hodgson, Peter C., Vol IV
Hoeffner, Kent, Vol IV
Hofbeck, Josef, Vol IV
Hoffman, John C., Vol IV
Holladay, Carl R., Vol IV
Holleran, John Warren, Vol IV
Holley, Jim, Vol IV
Hoops, Merlin Henry, Vol IV
Hopkins, Dwight N., Vol IV
Hoyt, Thomas L., Jr., Vol IV
Huff, Peter A., Vol I, IV
Huffman, Douglas S., Vol IV
Hummel, Bradford Scott, Vol IV
Humpreys, Fisher H., Vol IV
Hunt, Mary Elizabeth, Vol IV
Hunter, Joel, Vol IV
Hunter, Rodney J., Vol IV
Hutter, Reinhard, Vol IV
Inbody, Tyron Lee, Vol IV
Inyamah, Nathaniel Ginikanwa N., Vol IV
Iozzio, Mary Jo, Vol IV
Jackson, Gordon Edmund, Vol IV
James, Allix Bledsoe, Vol IV
James, H. Rhett, Vol IV, V
Jamros, Daniel, Vol IV
Jefferson, M. Ivory, Vol IV
Jensen, Gordon A., Vol IV
Johns, Loren L., Vol IV
Johnson, Ben, Vol IV
Johnson, Elizabeth A., Vol IV
Johnson, Luke Timothy, Vol IV
Johnson, Merwyn S., Vol IV
Johnson, Roger A., Vol I, IV
Johnson, Ronald W., Vol IV
Johnson, Steven D., Vol IV
Johnston, Carol F., Vol IV
Johnston, R. K., Vol IV
Jones, Donald D., Vol IV
Jones, L. Gregory, Vol IV
Jones, Paul Henry, Vol I, IV
Jones, William A., Jr., Vol IV
Kaiser, Christopher Barina, Vol IV
Kajevich, Steven N., Vol IV
Kallenberg, Brad J., Vol IV
Kaufman, Gordon Dester, Vol IV
Kay, James F., Vol IV
Kealy, Sean P., Vol IV
Keating, James, Vol IV
Keenan, John P., Vol IV
Keeney, Donald E., Vol IV
Keim, Albert N., Vol IV
Kelly, David F., Vol IV
Kempf, Stephen W., Vol IV
Kennedy, D. Robert, Vol IV
Kenneson, Philip D., Vol IV
Kim, Younglae, Vol IV
Kirk-Duggan, Cheryl Ann, Vol II, IV
Kirkpatrick, W. David, Vol IV
Klaassen, Walter, Vol I, IV
Knight, Caroly Ann, Vol IV
Knight, Henry H., III, Vol IV
Knitter, Paul Francis, Vol IV
Koegel, Lynne, Vol IV
Koenig, Thomas Roy, Vol IV
Koester, Craig R., Vol IV
Kolasny, Judette M., Vol IV
Komonchak, Joseph Andrew, Vol IV
Kopaczynski, Germain, Vol IV
Koperski, Veronica, Vol IV
Koterski, Joseph, Vol IV
Kraemer, David, Vol IV
Krahmer, Shawn Madison, Vol IV
Kramer-Mills, Hartmut, Vol IV
Krawchuk, Andrii, Vol IV
Kress, Robert Lee, Vol IV
Krieg, Robert A., Vol IV
Krug, Barbara C., Vol IV
Kumfer, Earl T., Vol IV
Lambert, Jean Christine, Vol IV
Lamm, Julia A., Vol IV
Lang, Martin Andrew, Vol IV
Langlinais, J. Willis, Vol IV
Larkin, Ernest Eldon, Vol IV
Latcovich, Mark A., Vol IV
Lauer, Eugene F., Vol IV
Layman, Fred Dale, Vol IV
Lederle, Henry, Vol IV
Lee, Jung Young, Vol IV
Lee, K. Samuel, Vol IV
Lee, Sungho, Vol IV
Lee, Wonkee "Dan", Vol IV
Lefebure, Leo D., Vol IV
Leies, John A., Vol IV
Leith, John Haddon, Vol IV
Lennox, Stephen J., Vol IV
Leonard, Ellen M., Vol IV
Lescher, Bruce, Vol IV
Levy, Ian Christopher, Vol I, IV
Lewis, Gordon Russel, Vol IV
Lewis, Harold T., Vol IV
Liderbach, Daniel, Vol IV
Lienhard, Joseph T., Vol I, IV
Lightner, Robert P., Vol I, IV
Lindberg, Carter Harry, Vol IV
Lints, Richard, Vol IV
Lo, Jim, Vol IV
Loewe, William Patrick, Vol IV
Longenecker, Richard Norman, Vol IV
Longman, Tremper, III, Vol IV
Lovejoy, Grant I., Vol IV
Lovett, Leonard, Vol IV
Lowery, Mark, Vol IV
Lu, Matthias, Vol IV
Luck, Donald G., Vol IV
Luter, A. Boyd, Vol IV
Mabery, Lucy, Vol IV
MacArthur, John, Vol IV
Mackler, Aaron L., Vol IV
Madsen, Charles Clifford, Vol IV
Magill, Gerard, Vol IV
Mahan, Susan, Vol I, IV
Makowski, Lee, Vol IV
Maldari, Donald, Vol IV
Malloy, Edward A., Vol IV
March, Wallace Eugene, Vol III, IV
Marcin, Raymond B., Vol IV
Marshall, Robert J., Vol IV
Martin, Charlotte Joy, Vol IV
Martin, Ernest L., Vol IV
Martin, Robert K., Vol IV
Martin, Sean Charles, Vol IV
Martinson, Roland, Vol IV
Maschke, Timothy, Vol IV
Mask, E. Jefferey, Vol IV
Mason, David Raymond, Vol IV
Massanari, Ronald Lee, Vol I, IV
Massey, James Earl, Vol IV
Mathews, Edward G., Jr., Vol IV
Matovina, Timothy M., Vol IV
Matthaei, Sondra, Vol IV
May, Melanie A., Vol IV
McAvoy, Jane, Vol IV
McBrien, Richard Peter, Vol IV
McCall, Emmanuel Lemuel, Sr., Vol IV
McCarty, Doran Chester, Vol IV
McClendon, James William, Jr., Vol IV
McCulloh, Gerald William, Vol IV
McDevitt, Anthony, Vol IV
McDonald, William, Vol I, IV
McFague, Sallie, Vol II, IV
McGlone, Mary M., Vol IV
McIntyre, Moni, Vol IV
McKelway, Alexander Jeffrey, Vol IV
McKenna, John H., C.M., Vol IV
McKevitt, Gerald, Vol I, IV
McKim, Donald K., Vol IV
McKinion, Steven A., Vol I, IV
McKinney, George Dallas, Jr., Vol IV
McKinney, Lauren D., Vol IV
McLeod, Frederick G., Vol IV
McNally, Michael J., Vol IV
Meade, Denis, Vol I, IV
Mercadante, Linda A., Vol IV
Merkle, John Charles, Vol IV
Mickler, Michael L., Vol I, IV
Middleton, Darren J. N., Vol IV
Miles, Delos, Vol IV
Miletic, Stephen F., Vol IV
Miller, Edward L., Vol IV
Miller, James Blair, Vol IV, V
Miller, Myron, Vol IV
Miller, Telly Hugh, Vol IV
Miller-McLemore, Bonnie Jean, Vol IV
Miranda de Almeida, Rogerio, Vol IV
Misner, Paul, Vol IV
Modras, Ronald E., Vol IV
Mohler, R. Albert, Jr., Vol IV
Mohrlang, Roger L., Vol IV
Monroe, Theresa M., Vol IV
Moody, Linda A., Vol IV
Moreland, Raymond T., Jr., Vol IV, V
Morrill, Bruce T., Vol IV
Morris, Calvin S., Vol IV
Morris, Paul, Vol IV
Mosha, Raymond S., Vol IV
Moss, Alfred A., Jr., Vol IV
Muller, Earl, Vol IV
Murphy, Nancey, Vol IV
Murray, J. Glenn, Vol IV
Muzorewa, Gwinyal, Vol IV
Myers, Charles Edward, Vol IV
Myers, William R., Vol IV
Nardone, Richard Morton, Vol I, IV
Nash, Ronald H., Vol IV
Neale, David, Vol IV
Nelson, James David, Vol I, IV
Nelson, Lance E., Vol IV
Nelson, Lonnie R., Vol IV
Nelson, Stanley A., Vol IV
Nessan, Craig L., Vol IV
Neville, Robert C., Vol IV
Newsome, Clarence Geno, Vol IV
Ngan, Lai Ling E., Vol IV
Niedner, Frederick A., Vol IV
Nilson, Jon, Vol IV
Norris, John Martin, Vol IV
Norris, Robert, Vol IV
Nuffer, Richard T., Vol IV
Nugent, Donald Christopher, Vol I, IV
O'Meara, Thomas F., Vol IV
Obayashi, Hiroshi, Vol IV
Obitts, Stanley Ralph, Vol IV
Olczak, Joseph M., Vol IV
Olson, Roger E., Vol I, IV
Oosterhuis, Tom, Vol IV
Osborne, Kenan Bernard, Vol IV
Ottati, Douglas Fernando, Vol IV
Otto, David, Vol IV
Overbeck, T. Jerome, Vol IV, V
Owens, Dorothy M., Vol IV
Pacwa, Mitch, Vol IV
Padgett, Alan G., Vol IV
Paffenroth, Kim, Vol IV
Page, Jean-Guy, Vol IV
Painchaud, Louis, Vol IV
Paleczny, Barbara, Vol IV
Pankey, William J., Vol IV
Parker, Paul P., Vol IV
Parker, Thomas D., Vol IV
Parks, Sharon Daloz, Vol IV
Patrick, Dale, Vol IV
Patsavos, Lewis J., Vol IV
Patterson, Bob E., Vol II, IV
Patton, Corrine, Vol IV
Patty, Stacy L., Vol IV
Paul, Garrett E., Vol IV
Payne, Steven, Vol IV
Peitz-Hillenbrand, Darlene, Vol IV
Penaskovic, Richard, Vol IV
Pereira, Jose V., Vol IV
Pero, Albert, Vol IV
Perrin, David, Vol IV
Perry, Tim, Vol IV
Peter, David J., Vol IV
Petuchowski, Jakob Josef, Vol IV
Phillips, Craig A., Vol IV
Phillips, Randall R., Vol IV
Phillips, Thomas, Vol IV
Picirilli, Robert Eugene, Vol IV
Pilant, Craig Wesley, Vol I, IV
Pilch, John J., Vol IV
Placher, William C., Vol IV
Platt, Elizabeth Ellan, Vol IV
Polhill, John B., Vol IV
Poling, James N., Vol IV
Pollard, Alton Brooks, III, Vol IV
Pool, Jeff B., Vol IV
Pope, Stephen J., Vol IV
Popiden, John Robert, Vol IV
Porter, Andrew P., Vol IV
Porter, Kwame John R., Vol IV
Portier, William L., Vol IV
Potts, Donald R., Vol IV
Potvin, Thomas R., Vol IV
Poythress, Vern S., Vol IV
Priebe, Duane A., Vol IV
Primeaux, Patrick, Vol IV
Prokurat, Michael, Vol IV
Quere, Ralph Walter, Vol I, IV
Raabe, Paul R., Vol IV
Radic, Randall, Vol IV
Raepple, Eva Marie, Vol IV
Raitt, Jill, Vol IV
Raj, Victor A. R., Vol IV
Ramey, George, Vol IV
Rankin, Duncan, Vol IV
Rates, Norman M., Vol IV
Rausch, Thomas P., Vol IV
Reher, Margaret Mary, Vol I, IV
Resseguie, James L., Vol IV
Reumann, John Henry Paul, Vol IV
Reynolds, Edward, Vol IV
Rhys, J. Howard W., Vol IV
Rice, Berry, Vol IV, V
Rice, Charles L., Vol IV
Richards, Jeffrey, Vol IV
Richardson, Kurt A., Vol IV
Rigali, Norbert Jerome, Vol IV
Rinderle, Walter, Vol I, IV
Ring, Nancy C., Vol IV
Ritson, G. Joy, Vol I, IV
Roberge, Rene-Michel, Vol I, IV
Roberts, Samuel Kelton, Vol IV
Roberts, Victor William, Vol IV
Roberts, Wendy Hunter, Vol IV
Robertson, Benjamin W., Vol IV
Rodriguez, Angel Manuel, Vol IV
Rodriguez, Jose David, Vol IV
Rodriguez-Holguin, Jeanette, Vol IV
Roll, Susan K., Vol IV
Rollins, Richard Albert, Vol IV
Rolnick, Philip, Vol IV
Rolwing, Richard J., Vol IV
Rooks, Charles Shelby, Vol IV
Rosin, Robert L., Vol I, IV
Ross, Ralph M., Vol IV
Rowan, Albert T., Vol IV
Rowold, Henry, Vol IV
Ruffing, Janet, Vol IV
Russo, Mary, Vol II
Ryan, Eilish, Vol IV
Ryan, Herbert Joseph, Vol I, IV
Sable, Thomas F., Vol IV
Sager, Allan Henry, Vol IV
Sahadat, John, Vol IV
Saliba, John A., Vol IV
Saliers, Don E., Vol IV
Sanders, Cheryl J., Vol IV
Sanders, John E., Vol IV
Sands, Kathleen M., Vol IV
Sanks, T. Howland, Vol IV
Santillana, Fernando, Vol IV
Scaer, David P., Vol IV
Scalise, Charles J., Vol I, IV
Schaefer, Jame, Vol IV
Scharlemann, Robert Paul, Vol IV
Scharper, Stephen B., Vol IV
Schneider, Laurel, Vol IV
Schner, George, Vol IV
Scholz, Daniel J., Vol IV
Scholz, Susanne, Vol IV
Schubert, Judith, Vol IV
Schuchard, Bruce G., Vol IV
Schultenover, David, SJ, Vol I, IV
Scorgie, Glen G., Vol I, IV
Scott, Nathan Alexander, Jr., Vol IV
Scott, William, Vol IV
Scotto, Dominic, Vol IV
Selengut, Charles, Vol IV
Selner-Wright, Susan C., Vol IV
Serano, J., Vol IV
Shanahan, Thomas Joseph, Vol IV
Sheehy, John, Vol IV, V
Shelley, Bruce, Vol I, IV
Shelp, Earl E., Vol IV
Sheridan, Thomas L., Vol IV
Sherwood, Stephen K., Vol IV
Shimmyo, Theodore T., Vol IV
Shipley, Anthony J., Vol IV
Shofner, Robert Dancey, Vol IV
Shopshire, James Maynard, Vol IV
Shuster, Marguerite, Vol IV
Sibley, Jack Raymond, Vol IV
Sider, Ronald J., Vol IV
Simmons, Paul D., Vol IV
Simmons, William A., Vol IV
Sittser, Gerald L., Vol IV
Skeris, Robert A., Vol IV
Skiba, Paulette, Vol IV
Slater, Peter, Vol IV
Slocum, Robert B., Vol IV
Slusser, Michael, Vol IV
Smith, Luther Edward, Jr., Vol IV
Smith, Mark Stratton, Vol IV
Smith, Pamela A., Vol IV
Smith, Paul, Vol IV
Smith, Randall Brian, Vol IV
Smith, Susan Warrener, Vol IV
Smith, W. Alan, Vol IV
Smith, Wallace Charles, Vol IV
Smurl, James Frederick, Vol IV
Sockness, Brent, Vol IV
Speidell, Todd, Vol IV, V
Spradley, Garey B., Vol IV
Sprunger, Mary S., Vol IV
Stackhouse, John G., Jr., Vol I, IV
Stallard, Michael D., Vol IV
Steele, Richard B., Vol IV
Steiner, Vernon J., Vol IV
Stendahl, Krister, Vol IV
Stevens, Paul W., Vol IV
Stevenson-Moessner, Jeanne, Vol IV
Stewart, Carlyle F., III, Vol IV
Stewart, William H., Vol IV
Stoeber, Michael, Vol IV
Stokes, Mack B., Vol IV
Stortz, Martha Ellen, Vol I, IV
Sur, Carolyn Worman, Vol IV
Swayne, Steven Robert, Vol IV
Taylor, Michael Joseph, Vol IV
Taylor, Williamson S., Vol IV
Terrell, JoAnne M., Vol IV
Teselle, Eugene A., Vol IV
Thomas, Herman Edward, Vol IV
Thomas, Owen Clark, Vol IV
Thomasma, David C., Vol IV
Thompson, George, Jr., Vol IV
Thompson, William M., Vol IV
Tiessen, Terrance, Vol IV
Tilley, Terrence W., Vol IV
Tiso, Francis V., Vol IV
Tm, King, Vol II, IV
Tolliver, Richard Lamar, Vol IV
Traub, George William, Vol II, IV
Trobisch, David, Vol IV
Truemper, David George, Vol IV
Twesigye, Emmanuel, Vol IV

Tylenda, Joseph N., Vol IV
Tyson, John R., Vol IV
Udoh, Fabian E., Vol IV
Uitti, Roger W., Vol IV
Ulanov, Ann Belford, Vol IV, V
Umidi, Joseph L., Vol IV
Upton, Julia A., Vol IV
Upton, Thomas Vernon, Vol IV
Ury, M. William, Vol I, IV
Van De Mortel, Joseph A., Vol IV
Van Dyke, Brian D., Vol IV
Vanallen, Rodger, Vol IV
Vandenakker, John, Vol IV
Vanderwilt, Jeffery T., Vol IV
Vandoorn-Harder, Nelly, Vol IV
Varnado, Douglas, Vol IV
Verkamp, Bernard, Vol IV
Vidal, Jaime R., Vol IV
Vigilanti, John A., Vol IV
Vivian, Cordy Tindell, Vol IV
Voelz, James W., Vol IV
Vos, Nelvin Leroy, Vol II, IV
Vrame, Anton C., Vol IV
Wachsmuth, Wayne R., Vol IV
Wadell, Paul J., Vol IV
Wainwright, Geoffrey, Vol IV
Walker, Wyatt Tee, Vol IV
Ward, Jule D., Vol IV
Ware, Bruce A., Vol IV
Washington, James Melvin, Vol IV
Waters, John W., Vol IV
Watson, Cletus Claude, T.O.R., Vol IV
Watson, Daivd Lowes, Vol IV
Watson, Joann Ford, Vol IV
Weatherly, Jon A., Vol IV
Weber, Theodore R., Vol IV
Weidmann, Frederick W., Vol IV
Weima, Jeffrey A. D., Vol IV
Wells, David Falconer, Vol I, IV
Wells, Jonathan, Vol IV
Wenderoth, Christine, Vol IV
Wennemyr, Susan E., Vol IV
Wesselschmidt, Quentin F., Vol III, IV
West, Charles Converse, Vol IV
West, Frederick S., Vol IV
West, James E., Vol IV
Wheeler, David L., Vol IV
Whelan, Winifred, Vol IV
Whidden, Woodrow W., II, Vol IV
White, James F., Vol IV
Whittlesey, Wellington W., Vol IV
Wigall, Steve R., Vol IV
Wiggins, William H., Jr., Vol IV
Willems, Elizabeth, Vol IV
Williams, Daniel, Vol I, IV
Williams, Donald T., Vol IV
Williams, Preston N., Vol IV
Williamson, Clark M., Vol IV
Williamson, Lamar, Vol IV
Willimon, William Henry, Vol IV
Wilson, Danny K., Vol IV
Wilson, Jonatan R., Vol IV
Wilson, Willie Frederick, Vol IV
Wimberly, Edward P., Vol IV
Winters, Francis Xavier, Vol IV
Wise, Philip D., Vol IV
Wiseman, James A., Vol IV
Wolfe, David L., Vol IV, V
Wolfe, Deborah Cannon Partridge, Vol IV
Wolfe, Robert F., Vol IV
Wood, Charles M., Vol IV
Woodring, Andrew N., Vol IV
Wright, John H., Vol IV
Young, John Terry, Vol IV
Ziffer, Walter, Vol IV
Zimany, Roland Daniel, Vol IV
Zimmerman, Joyce Ann, Vol IV
Zirkel, Patricia McCormick, Vol I, IV
Zukowski, Edward, Jr., Vol IV

Translation

Allocati, Iris F., Vol III
Colina, Sonia, Vol III
Delisle, Jean, Vol I, III
Farina, Luciano Fernando, Vol III
Felstiner, John, Vol II, III, IV
Gallant, Christel, Vol III
Glon, Daniel, Vol III
Hajibashi, Zjaleh, Vol III
Howard, Joan E., Vol III
Rabassa, Clementine Christos, Vol III
Rodger, Valentine Watson, Vol III
Rozier, Louise, Vol III
Sorkin, Adam J., Vol II, III
Ward, Margaret Charlotte, Vol III

Urban Planning

Dodds, Dennis R., Vol I
Kushner, James Alan, Vol I, IV

Urban Studies

Bayor, Ronald Howard, Vol I
Byrne, John M., Vol I
Carson, Barbara, Vol I
Fisher, Robert Bruce, Vol I
Heying, Charles, Vol I
Levy, John M., Vol I
Robbins, Edward, Vol I
Schultz, Stanley Kenton, Vol I
Schwarzbach, Fredric S., Vol I, II
Shen, Qing, Vol I
Suarez-Villa, Luis, Vol I
Turshen, Meredeth, Vol I
Umemoto, Karen, Vol I

Women's History

Dicks, Samuel Eugene, Vol I
Johnson, Penelope Delafield, Vol I

Women's Studies

Aanerud, Rebecca J., Vol II, V
Adams, Kimberly V., Vol II, V
Ainley, Marianne G., Vol I, V
Alexander, Jonathan F., Vol II, V
Armitage, Susan, Vol I, V
Arrizon, Alicia, Vol V
Baker, Christina L., Vol V
Baker, Melva Joyce, Vol I
Barbour, Paula Louise, Vol II
Barr, Marleen Sandra, Vol II, V
Barrett, Tracy, Vol III, V
Barstow, Anne Llewellyn, Vol I, V
Baruch, Elaine Hoffman, Vol II, V
Bean, Judith M., Vol II, V
Beevi, Mariam, Vol II, V
Bell, Linda A., Vol IV, V
Bell, Susan Groag, Vol I, V
Bender, Eileen Teper, Vol II, V
Berger, Iris B., Vol I
Berkman, Joyce A., Vol I, V
Bland, Sidney Roderick, Vol I, V
Boling, Becky, Vol II, V
Boos, Florence Saunders, Vol II, V
Bradley, Josephine, Vol V
Browning, Judith, Vol II
Brownley, Martine Watson, Vol II, V
Burr, Carol E., Vol V
Byars, Jackie L., Vol II, V
Cameron, Mary M., Vol V
Caputi, Jane, Vol I, V
Cardenas, Maria de la Luz Rodriguez, Vol I, V
Carney, Virginia I., Vol II, V
Carter, Nancy Corson, Vol I, V
Chase Hankins, June, Vol II, V
Clark, Anna, Vol I, V
Cobble, Dorothy Sue, Vol I, V
Cohen, Marjorie G., Vol IV, V
Cole, Phillis B., Vol V
Conrad, Margaret R., Vol I, V
Cotera, Maria E., Vol I, V
Crowder, Diane Griffin, Vol III, V
Dash, Irene Golden, Vol II, V
DeMarr, Mary Jean, Vol II, V
Diamond, Elin, Vol II, V
Dinnerstein, Myra, Vol V
Doan, Laura L., Vol II, V
Donadey, Anne, Vol III, V
Drachman, Virginia Goldsmith, Vol I, V
Dzamba, Anne, Vol I, V
Eden, Melissa, Vol II
Ellis, Katherine, Vol II
Elsbernd, Mary, Vol IV, V
Enders, Victoria L., Vol V
Ewell, Barbara Claire, Vol II, V
Fellman, Anita C., Vol V
Fetterley, Judith, Vol II, V
Fisher, Leona W., Vol II, V
Fitzpatrick, Ellen, Vol I, V
Foster, David W., Vol III, V
Fox, Linda Chodosh, Vol III, V
Frantz, Barbara, Vol III, V
Frink, Helen, Vol V
Froide, Amy, Vol I
Ganesan, Indira, Vol II, V
Gates, Barbara Timm, Vol II, V
Gelfand, Elissa Deborah, Vol I, V
Gilbert, Sandra Mortola, Vol II, V
Ginsberg, Elaine Kaner, Vol II, V
Gish, Nancy K., Vol II, V
Gordon, Lynn Dorothy, Vol I, V
Gossy, Mary S., Vol II, V
Greenhill, Pauline, Vol V
Griffin, Wendy, Vol V
Gullace, Nicoletta F., Vol I, V
Gullickson, Gay Linda, Vol I, V
Gutwirth, Madelyn, Vol III, V
Guy-Sheftall, Beverly, Vol V
Hand, Sally Nixon, Vol II
Harris, Janice Hubbard, Vol I, II, V
Harsh, Constance D., Vol II, V
Helland, Janice, Vol V
Heller, Janet, Vol II, III, V
Hill-Miller, Katherine Cecelia, Vol II, V
Hoefel, Roseanne, Vol II, V
Honey, Maureen, Vol I, V
Hunt, Barbara Ann, Vol V
Irvine, Margot Elisabeth, Vol III, V
Jameson, Elizabeth, Vol I, V
Jankowsky, Karen Hermine, Vol V
Jensen, Katharine, Vol II, V
Johnson, Rhoda E., Vol V
Jordan, Rosan, Vol V
Judd, Catherine, Vol II, V
Kahf, Mohja, Vol V
Kane, John, Vol IV
Kanipe, Esther Sue, Vol I, V
Kaplan, Laura Duhan, Vol IV, V
Kirkpatrick, Susan, Vol III, V
Kitch, Sally L., Vol V
Kolodny, Annette, Vol II, V
Kome, Penny J., Vol V
Konek, Carol Wolfe, Vol II, V
Kranidis, Rita, Vol II
Kutulas, Judy, Vol I, V
Lagemann, Ellen Condliffe, Vol I, V
Langston, Donna Hightower, Vol V
Lefkovitz, Lori Hope, Vol V
Lehmann, Jennifer M., Vol V
Lelwica, Michelle M., Vol IV
LeMoncheck, Linda, Vol IV, V
Lewiecki-Wilson, Cynthia B., Vol V
Lloyd, Jennifer, Vol I, V
Long, Ada, Vol II, V
Looser, Devoney K., Vol II, V
Luibheid, E., Vol V
Lyon, Janet W., Vol II, V
Madsen, Carol Cornwall, Vol I, V
Makward, Christiane Perrin, Vol III, V
Malin, Jo E., Vol V
Marshall, Suzanne G., Vol V
Martinez, Jacqueline M., Vol II, III, V
Mazumdar, Rinita, Vol IV, V
McGowan, Marcia Phillips, Vol V
McKay, Diane L., Vol V
McKinley, Nita Mary, Vol V
McLaughlin, Andree Nicola, Vol II, V
Mesteller, Jean C., Vol I, II, V
Meyers, Diana Tietjens, Vol IV, V
Miller, Mara, Vol I, V
Miner, Madonne, Vol I, V
Mollenkott, Virginia Ramey, Vol II, V
Moorti, Sujata, Vol II
Morris, Bonnie J., Vol I, V
Moses, Claire G., Vol V
Nagar, Richa, Vol I, V
Naylor, Natalie A., Vol I, V
Nolan, Mary, Vol I, V
O'Malley, Susan Gushee, Vol II
Oakes, Elisabeth, Vol II
Olmsted, Jane, Vol II, V
Omosupe, Ekua Rashida, Vol II, V
Pierman, Carol J., Vol V
Pinchin, Jane Lagoudis, Vol II
Potter, Elizabeth, Vol V
Power, Mary, Vol II, V
Raoul, Valerie, Vol III, V
Rhoads, Linda S., Vol I, V
Richards, Constance S., Vol I, II, V
Roberts, Barbara A., Vol I, V
Roberts, Robin, Vol V
Roome, Dorothy M., Vol II, V
Ross, Stephanie A., Vol I, V
Rupp, Leila J., Vol I, V
Savona, Jeannelle, Vol V
Scanlon, Jennifer, Vol V
Schaberg, Jane D., Vol IV
Schneider, Joanne, Vol I
Schneider, Karen, Vol II
Schuster, Marilyn R., Vol III, V
Schwieder, Dorothy Ann, Vol I, V
Scobie, Ingrid Winther, Vol I, V
Scott, Bonnie Kime, Vol II, V
Seigfried, Charlene, Vol IV, V
Shakinovsky, Lynn, Vol II, V
Shaw, Susan J., Vol IV
Sherrick, Rebecca Louise, Vol I, V
Smith, Barbara, Vol II
Solomon, Barbara Hochster, Vol II, V
Stage, Sarah J., Vol V
Stein, Karen F., Vol II, V
Stevenson, Catherine Barnes, Vol II, V
Stimpson, Catharine R., Vol II, V
Stitzel, Judith Gold, Vol II, V
Stokes, Sandra M., Vol V
Stott, Deborah, Vol V
Strickland, Johnye, Vol II, V
Strong-Boag, Veronica, Vol I, V
Sturgeon, Noel A., Vol V
Taylor, Cindy, Vol II, V
Taylor, Susan L., Vol II, V
Tichi, Cecelia, Vol II, V
Trigilio, Jo, Vol IV, V
Ty, Eleanor R., Vol II, V
Van Dyke, Annette, Vol V
Varallo, Sharon, Vol III, V
Von Kellenbach, Katharine, Vol IV, V
Waelti-Walters, Jennifer, Vol III, V
Weimer, Joan Myers, Vol II, V
Whelchel, Marianne, Vol I, V
Whitney, Ruth, Vol IV, V
Williams, Nancy M., Vol IV, V
Wiltenburg, Joy, Vol I, V
Wiseman, Mary Bittner, Vol I, V
Woodward, Carolyn, Vol II, V
Zongo, Opportune Marie, Vol V

World History

Bentley, Jerry Harrell, Vol I
Davis, Thomas Webster, Vol I
Fahey, David Michael, Vol I
Francis, Samuel Todd, Vol I
Headrick, Daniel Richard, Vol I
Herlan, Ronald Wallace, Vol I
Lansen, Oscar, Vol I
Lockard, Craig Alan, Vol I
Marks, Sally Jean, Vol I
Sedlar, Jean Whitenack, Vol I
Spitzer, Leo, Vol I
Thornton, John K., Vol I
Vadney, Thomas Eugene, Vol I
Watrous, Mary A., Vol I

World Politics

Baker, Richard Allan, Vol I
Fausold, Martin L., Vol I
Klunder, Willard Carl, Vol I
Newton, Merlin Owen, Vol I

Yiddish Language

Warnke, Nina, Vol III

Yiddish Literature

Warnke, Nina, Vol III

Alphabetical Index

Aageson, James W., Vol I, IV
Aanerud, Rebecca J., Vol II, V
Aanstoos, Christopher, Vol V
Aaron, N. Grace, Vol III
Aarons, Leslie Ann, Vol IV
Aarsleff, Hans, Vol II
Abadie, Hubert Dale, Vol I
Abadinsky, Howard, Vol IV
Abbot, William Wright, Vol I
Abbott, Albert, Vol I
Abbott, Anthony S., Vol II
Abbott, B., Vol III
Abbott, Carl, Vol I
Abbott, Carmeta, Vol III
Abbott, Craig Stephens, Vol II
Abbott, Elizabeth, Vol I
Abbott, H. Porter, Vol II
Abbott, W. R., Vol IV
Abbott, William M., Vol I
Abboud, Peter Fouad, Vol I, III
Abdalla, Ismail H., Vol I
Abdelrahim-Soboleva, Valentina, Vol III
Abdul-Masih, Marguerite, Vol IV
Abe, Nobuhiko, Vol IV
Abegg, Martin G., Jr., Vol IV
Abel, Donald C., Vol IV
Abel, Elie, Vol I
Abel, Kerry, Vol I
Abel, Richard Owen, Vol II, III
Abela, Paul R., Vol IV
Abele, Robert P., Vol IV
Abell, Jennie, Vol IV
Abelman, Robert, Vol II
Abelove, Henry, Vol II
Abels, Richard, Vol I
Abelson, Elaine S., Vol I
Aberbach, Joel D., Vol IV
Abernethy, Cecil Emory, Vol II
Abernethy, Francis Edward, Vol II
Abinader, Elmaz, Vol II
Abner, Julie LaMay, Vol II
Abou El Fadl, Khaled M., Vol IV
Abou-El-Haj, Barbara, Vol I
Abou-El-Haj, Rifaat Ali, Vol I
Abraham, Daniel, Vol II
Abraham, Gerald, Vol IV
Abraham, Julie L., Vol II
Abraham, M. Francis, Vol V
Abrahams, Caryl, Vol V
Abrahamsen, Valerie, Vol IV
Abramovitz, Mimi, Vol V
Abrams, Bradley, Vol I
Abrams, Douglas Carl, Vol I
Abrams, Douglas Edward, Vol IV
Abrams, Janice K., Vol V
Abrams, Meyer Howard, Vol II
Abrams, Richard M., Vol I
Abramson, Arthur Seymour, Vol III
Abramson, Daniel, Vol I
Abramson, David M., Vol V
Abramson, Harold I., Vol IV
Abramson, Henry, Vol IV
Abramson, Lyn, Vol V
Abu-Absi, Samir, Vol III
Abu-Ghazaleh, Adnan M., Vol I
Abu-Nimer, Mohammed, Vol IV
Abudu, Gabriel, Vol II
Abzug, Robert H., Vol I
Acampora, Christa Davis, Vol IV
Accad, Evelyne, Vol I
Accampo, Elinor A., Vol I
Achberger, Karen Ripp, Vol II, III
Achenbaum, W. Andrew, Vol I, V
Acheson, Julianna, Vol V
Achinstein, Peter, Vol IV
Achinstein, Sharon, Vol II
Achmitt, Neal W., Vol V
Achtemeier, Paul John, Vol IV
Achtenberg, Deborah, Vol I, IV
Ackelsberg, Martha A., Vol IV
Acker, Paul, Vol II
Acker, Robert, Vol III
Ackerman, Felicia, Vol IV
Ackerman, James S., Vol IV
Ackerman, James Sloss, Vol I
Ackerman, Robert M., Vol IV
Ackermann, Paul Kurt, Vol III
Ackerson, Barry J., Vol V
Ackley, John B., Vol IV
Ackley-Bean, Heather Ann, Vol IV
Adamec, Ludwig W., Vol I
Adamek, Wendi, Vol IV
Adams, Afesa M., Vol V
Adams, Barbara, Vol II
Adams, Barry Banfield, Vol II
Adams, Beverly C., Vol V
Adams, Charles H., Vol II
Adams, Dale Talmadge, Vol II
Adams, Douglas Glenn, Vol IV
Adams, E. Maynard, Vol IV
Adams, Elsie B., Vol II
Adams, Frederick R., Jr., Vol IV
Adams, George, Vol IV
Adams, George Roy, Vol II, III
Adams, Graham, Jr., Vol I
Adams, Gregory B., Vol IV
Adams, Henry, Vol I
Adams, Jeffrey, Vol V
Adams, John Oscar, Vol IV
Adams, Katherine L., Vol II
Adams, Kimberly V., Vol II, V
Adams, Leslie Kennedy, Vol II
Adams, Louis Jerold, Vol IV
Adams, Lynn, Vol II
Adams, Marilyn M., Vol I, IV
Adams, Michael Charles, Vol I
Adams, Michael F., Vol II
Adams, Nicholas, Vol I
Adams, Percy Guy, Vol II
Adams, Rachel, Vol II
Adams, Ralph James Quincy, Vol I
Adams, Richard E. W., Vol I, V
Adams, Robert Merrihew, Vol IV
Adams, Russell Lee, Vol I
Adams, Stephen J., Vol II
Adams, Susan S., Vol II
Adams, Timothy D., Vol II
Adams, Tyrone L., Vol II
Adams, William, Vol I
Adams, William, Vol V
Adams, Winthrop Lindsay, Vol I
Adamson, Hugh Douglas, Vol III
Adamson, Joseph, Vol II
Adamson, Lynda G., Vol II
Adamson, Walter L., Vol I
Adamthwaite, Anthony, Vol I
Adas, Michael Peter, Vol I
Addams, Robert David, Vol IV
Addington, Larry H., Vol I
Addis, Laird Clark, Vol IV
Addiss, Stephen L., Vol I
Adekson, Mary Olufunmilayo, Vol V
Adelman, Gary S., Vol II
Adelman, Howard, Vol IV
Adelman, Janet Ann, Vol II
Adelman, Mara, Vol II
Adelman, Martin Jerome, Vol IV
Adelson, Fred B., Vol I
Adelson, Roger, Vol I
Adetunji, Jacob, Vol V
Adickes, Sandra Elaine, Vol II
Adicks, Richard R., Vol II
Adisa, Opal P., Vol II
Adkin, Neil, Vol II, III
Adkins, Arthur William Hope, Vol II, III, IV
Adler, Brian Ungar, Vol II
Adler, Jacob, Vol IV
Adler, Joseph A., Vol IV
Adler, Marina, Vol V
Adler, Peter, Vol V
Adler, Philip Joseph, Vol I
Adler, Sara Maria, Vol III
Adler, Thomas Peter, Vol II
Adolph, Robert, Vol II
Adolphson, Mikael, Vol I
Adovasio, J. M., Vol V
Adrian, Daryl B., Vol II
Aers, David, Vol II
Aeschbacher, William Driver, Vol I
Affinito, Mona Gustafson, Vol V
Affron, Charles M., Vol III
Afifi, Walid A., Vol II
Africa, Thomas Wilson, Vol I
Agee, Richard J., Vol II
Ager, Richard D., Vol V
Ages, Arnold, Vol III
Aggeler, Geoffrey Donovan, Vol II
Agich, George J., Vol IV
Agne, Karen J., Vol V
Agnew, John A., Vol I
Agosta, Lucien, Vol II
Aguirre, Angela M., Vol III
Aguirre, Robert D., Vol II
Ahearn, Edward J., Vol I, III
Ahearn, Kerry, Vol II
Ahearn, W. Barry, Vol II
Ahern, Wilbert H., Vol I
Ahlers, Rolf, Vol IV
Ahlstrom, Gosta Werner, Vol IV
Ahmadi, Shahwali, Vol I, II
Ahmed, Ansaruddin, Vol V
Ahn, Timothy Myunghoon, Vol IV, V
Ahrensdorf, Peter J., Vol II, III
Ahumada, Alfredo, Vol III
Aichele, George, Vol IV
Aiello, T., Vol V
Aiken, Jane Harris, Vol IV
Aiken, Linda H., Vol V
Aiken, Ralph, Vol II
Aiken, Susan Hardy, Vol II
Aikin, Judith Popovich, Vol III
Aikin, Roger, Vol I
Ainley, Marianne G., Vol I, V
Airhart, Phyllis, Vol IV
Aissen, Judith, Vol III
Aitken, Joan Evelyn, Vol II
Ajootian, Aileen, Vol I
Akca, Zeynep, Vol V
Ake, David, Vol II
Akehurst, F. R. P., Vol I, III
Akenson, Donald, Vol I
Akin, Daniel L., Vol IV
Akin, William Ernest, Vol I
Akram, Susan M., Vol IV
Akrigg, George P. V., Vol II
Aksan, Virginia, Vol I
Akubukwe, David, Vol V
Al'Uqdah, William Mujahid, Vol IV
Al-Kasey, Tamara, Vol III
Al-Marayati, Abid Amin, Vol IV, V
Alaimo, Kathleen, Vol I, IV
Alaimo, Stacy, Vol II
Alarid, Leanne F., Vol IV
Alaya, Flavia M., Vol II
Alba, Richard, Vol V
Albada-Jelgersma, Jill Elizabeth, Vol III
Albala, Kenneth, Vol I
Albanese, Ralph, Vol III
Albers, Robert H., Vol IV
Albert, Peter J., Vol I
Albert, Sidney Paul, Vol IV
Albert-Galtier, Alexandre, Vol III
Alberti, John, Vol II
Albertini, Virgil, Vol II
Alberts, Darlene J., Vol V
Albin, Craig D., Vol II
Albin, Thomas R., Vol I, IV
Albisetti, James C., Vol I
Albrecht, Catherine, Vol I
Albrecht, Gary Louis, Vol V
Albrecht, Gloria H., Vol IV
Albrecht, Wilbur T., Vol II
Albright, Ann Cooper, Vol II
Albright, Daniel, Vol II
Alden, Dauril, Vol I
Aldous, Joan, Vol V
Aldred, Lisa, Vol I
Aldrete, Gregory S., Vol I
Aldrich, Mark, Vol I, IV
Aldrich, Michele, Vol I
Aldwin, Carolyn M., Vol V
Aleinikov, Andrei G., Vol III
Aleman, Jesse, Vol II
Alexakis, Alexander, Vol IV
Alexakos, Panos D., Vol IV
Alexander, Aley E., Vol V
Alexander, Bobby C., Vol IV, V
Alexander, Bryan, Vol II
Alexander, Charles C., Vol I
Alexander, Dennis C., Vol II
Alexander, Edward, Vol II
Alexander, Estella Conwill, Vol II
Alexander, George, Vol IV
Alexander, George J., Vol IV
Alexander, George P., Vol V
Alexander, James, Vol IV, V
Alexander, John T., Vol I
Alexander, Jon, Vol I
Alexander, Jonathan F., Vol II, V
Alexander, Larry, Vol IV
Alexander, Laurence Benedict, Vol IV
Alexander, Lynn M., Vol II
Alexander, Meena, Vol II
Alexander, Michael C., Vol I
Alexander, Pamela, Vol II
Alexander, Ralph H., Vol I, IV
Alexander, Ronald R., Vol I
Alexander, Sandra Carlton, Vol II
Alexander, Scott C., Vol IV
Alexander, Theodore Thomas, Jr., Vol V
Alexander, Thomas, Vol IV
Alexander, Thomas G., Vol I
Alexander, William M., Vol IV
Alexandrakis, Aphrodite, Vol IV
Alexanian, Joseph M., Vol IV
Alfonso, Vincent C., Vol V
Alford, Haile Lorraine, Vol IV
Alford, Terry L., Vol I
Algeo, John T., Vol II
Ali, Kamal Hassan, Vol V
Ali, Schari M., Vol II
Ali-Jackson, Kamil, Vol IV
Alisky, Marvin Howard, Vol II
Alistair, Macleod, Vol IV
Allaback, Steve, Vol II
Allaire, Gloria, Vol III
Allaire, Joseph Leo, Vol III
Allan, Sarah K. M., Vol I
Allard, M. June, Vol V
Allee, Mark, Vol I
Allegrezza, William, Vol II
Allen, Anita, Vol IV
Allen, Bernard Lee, Vol I, IV
Allen, Brenda J., Vol II
Allen, Carolyn J., Vol II
Allen, Chris, Vol II
Allen, Colin, Vol IV
Allen, Craig Mitchell, Vol II
Allen, Diogenes, Vol IV
Allen, Garland E., Vol I
Allen, Gilbert Bruce, Vol II
Allen, Harriette Louise, Vol II
Allen, Henry L., Vol V
Allen, Howard W., Vol I
Allen, Irving L., Vol V
Allen, Jack, Vol I
Allen, John, Vol III
Allen, Julia M., Vol II
Allen, Layman E., Vol IV
Allen, Lee Norcross, Vol I
Allen, Linda, Vol V
Allen, M. Austin, Vol II
Allen, Mark, Vol II
Allen, Michael, Vol I
Allen, Michael I., Vol I
Allen, Myria, Vol II
Allen, O. Wesley, Jr., Vol IV
Allen, Peter S., Vol V
Allen, Rhianon, Vol V
Allen, Robert F., Vol IV
Allen, Robert L., Vol I
Allen, Roger Michael Ashley, Vol III
Allen, Ronald J., Vol IV
Allen, Wendy, Vol III
Allen, William Barclay, Vol IV
Allen, William Sheridan, Vol I
Allentuck, Marcia Epstein, Vol II
Allert, Beate I., Vol II
Alley, Henry Melton, Vol II
Alley, Thomas R., Vol V

Allgood, Myralyn Frizzelle, Vol III
Allin, Craig Willard, Vol IV
Allington, Richard Lloyd, Vol V
Allinson, Gary, Vol I
Allison, Dale C., Jr., Vol IV
Allison, Jonathan, Vol II
Allison, Robert, Vol I
Allitt, Patrick, Vol I
Allman, Eileen Jorge, Vol II
Allman, Jean M., Vol I
Allman, William Arthur, Vol II
Allmendinger, Blake, Vol II
Allmendinger, David F., Vol I
Allocati, Iris F., Vol III
Almeder, Robert F., Vol IV
Almeida, Jose Agusin, Vol III
Almeida, Onesimo, Vol IV
Alofsin, Anthony, Vol I
Alonso, Ana Maria, Vol V
Alpern Engel, Barbara, Vol I
Alpers, Edward A., Vol I
Alperson, Philip A., Vol IV
Alpert, Julie, Vol II
Alpert, Rebecca T., Vol IV
Alschuler, Albert W., Vol IV
Alsen, Eberhard, Vol II
Alsop, James, Vol I
Alstrum, James, Vol III
Altalib, Omar, Vol V
Altegoer, Diana B., Vol II
Altekruse, Michael, Vol V
Alter, George, Vol I
Alter, Judy, Vol II
Alter, Robert, Vol III
Alter, Torin, Vol IV
Altherr, Thomas L., Vol I
Altholz, Josef L., Vol I
Altieri, Charles F., Vol II
Altisent, Marta E., Vol III
Altman, Idà, Vol I
Altman, Ira, Vol IV, V
Altman, Joanne, Vol V
Altman, Rick (Charles Frederick), Vol II, III
Altman, Scott A., Vol IV
Alton, Anne, Vol II
Altstadt, Audrey L., Vol I
Alvarez, Jose E., Vol I
Alvarino, Madelyn L., Vol III
Alves, Abel A., Vol I
Alvey, Richard Gerald, Vol II, V
Alward, Lori L., Vol IV
Alzate, Gaston A., Vol III
Amabile, George, Vol II
Amador, Raysa E., Vol III
Amaker, Norman Carey, Vol IV
Aman, Alfred C., Jr., Vol IV
Aman, Michael G., Vol V
Aman, Mohammed M., Vol I
Amanat, Abbas, Vol I
Amar, Joseph P., Vol I, III
Amaro, Hortensia, Vol V
Amaru-Halpern, Betsy, Vol IV
Amason, Patricia, Vol II
Amastae, Jon Edward, Vol III
Amato, Philip P., Vol II
Amberg, Anthony, Vol II
Ambler, Effie, Vol I
Ambrose, Linda M., Vol I
Ambrose, Z. Philip, Vol III
Ambrosio, Francis J., Vol IV
Ambrosius, Lloyd, Vol I
Ambrozic, Aloysius M., Vol IV
Amdur, Kathryn E., Vol I
Amer, Sahar, Vol III
Ameriks, Karl, Vol IV
Ames, Christopher, Vol II
Ames, Frank, Vol II, IV
Amico, Robert P., Vol IV
Amiji, Hatim M., Vol I
Aminrazavi, Mehdi, Vol IV
Amir, Nader, Vol V
Ammon, Theodore G., Vol I, IV
Amore, Roy C., Vol IV
Amos, Mark Addison, Vol II
Amos, Oris Elizabeth Carter, Vol V
Amsterdam, Anthony G., Vol IV
Amstutz, Margaret A., Vol II
Amussen, Susan, Vol I
Anadon, Jose, Vol III
Anastasi, Jeffrey S., Vol V
Anatol, Giselle L., Vol II
Anawalt, Howard C., Vol IV
Anchustegui, Ann-Marie, Vol IV
Anctil, Pierre, Vol I
Anderlini-D'Onofrio, Serena, Vol III
Anderman, Eric M., Vol V
Andersen, Elaine, Vol III
Andersen, Roger William, Vol IV
Anderson, Alexis J., Vol IV
Anderson, Betty S., Vol I
Anderson, Carolyn M., Vol II
Anderson, Celia Catlett, Vol II
Anderson, Charles Samuel, Vol I, IV
Anderson, Charles W., Vol IV
Anderson, Chris, Vol II
Anderson, Danny L., Vol III
Anderson, David Atlas, Vol V
Anderson, David G., Vol III
Anderson, David L., Vol I
Anderson, David Leech, Vol IV
Anderson, David M., Vol IV
Anderson, Dennis A., Vol IV
Anderson, Douglas R., Vol IV
Anderson, Earl Robert, Vol II
Anderson, Elizabeth S., Vol IV
Anderson, Eric Gary, Vol II
Anderson, Floyd D., Vol II
Anderson, Fred, Vol I
Anderson, Gerald D., Vol I
Anderson, Gordon A., Vol I, II
Anderson, Greg, Vol I, II, III
Anderson, Helene M., Vol III
Anderson, James C., Jr., Vol II, III
Anderson, James D., Vol I
Anderson, Jami L., Vol IV
Anderson, Janet A., Vol I
Anderson, Judith H., Vol II
Anderson, Kevin, Vol V
Anderson, Kirk, Vol III
Anderson, Laurie, Vol II
Anderson, Linda, Vol II
Anderson, Margaret Lavinia, Vol I
Anderson, Mark, Vol I
Anderson, Michael John, Vol II, III
Anderson, Michelle J., Vol IV
Anderson, Myron George, Vol IV
Anderson, Nancy Fix, Vol I
Anderson, Neil D., Vol IV
Anderson, R. Lanier, Vol IV
Anderson, Robert Mapes, Vol I, IV
Anderson, Robert T., Vol V
Anderson, Roland F., Vol II
Anderson, Stanford Owen, Vol I
Anderson, Stanley Daniel, Vol IV
Anderson, Steve, Vol II
Anderson, Steven D., Vol II
Anderson, Susan Leigh, Vol IV
Anderson, Terry Howard, Vol I
Anderson, Thomas C., Vol IV
Anderson, Thomas H., Vol I
Anderson, Thomas Jefferson, Vol II
Anderson, Vinton Randolph, Vol IV
Anderson, William L., Vol I
Anderson, William P., Vol IV
Anderson, William Scovil, Vol II, III
Anderson-Gold, Sharon, Vol IV
Andes, Nancy, Vol V
Ando, Clifford, Vol II, III
Andre, Maria Claudia, Vol III, V
Andrea, Alfred J., Vol I
Andrea, Bernadette D., Vol II
Andreas, James, Sr., Vol II
Andreasen, Nancy C., Vol V
Andreassi, John L., Vol V
Andreen, William L., Vol IV
Andres, Carlos M., Vol III
Andresen, Jensine, Vol IV
Andreu, Alicia Graciela, Vol III
Andrew, John Alfred, Vol I
Andrew, Scott, Vol IV
Andrews, Anthony P., Vol I, V
Andrews, Avery D., Vol I
Andrews, Donna G., Vol IV
Andrews, George Reid, Vol I
Andrews, Gregg L., Vol V
Andrews, Kristin, Vol IV
Andrews, Larry Ray, Vol II, III
Andrews, Stephen J., Vol III
Andrews-McCall, Maxine Ramseur, Vol V
Andria, Marco, Vol II
Andrien, Kenneth James, Vol I
Andriopoulos, Stefan, Vol III
Andrist, Debra D., Vol III
Andronica, John Louis, Vol III
Andronikov, Sergei V., Vol I
Andrus, Kay L., Vol IV
Andrzejewski, Julie, Vol V
Angel, Marc D., Vol I
Angelelli, Ignazio Alfredo, Vol IV
Angeles, Jose Luis, Vol III
Angelis, Paul J., Vol III
Angell, Richard B., Vol IV
Angelou, Maya, Vol I, II
Anglin, Douglas G., Vol I, IV
Angus, Margaret, Vol I
Angyal, Andrew J., Vol II
Anise, Ladun Oladunjoye E., Vol IV
Ankeny, Rachel A., Vol I, IV
Ankeny, Rebecca T., Vol II
Ankersen, Thomas T., Vol IV
Ankrom, Jeffrey, Vol III
Anna, Timothy, Vol I
Annis, James L., Vol I
Ansart, Guillaume, Vol III
Ansbro, John J., Vol IV
Anson, Richard, Vol IV
Anspaugh, Kelly C., Vol II
Anstendig, Linda, Vol II
Anthes, Susan H., Vol II
Anthony, Booker T., Vol II
Anthony, David Henry, III, Vol I
Anthony, Geraldine, Vol II
Anthony, William Philip, Vol IV
Antia, Kersey H., Vol V
Antliff, Mark, Vol I
Antoci, Peter, Vol IV
Antokoletz, Elliott Maxim, Vol II
Anton, Corey, Vol II
Anton, Harley F., Vol I, V
Anton, John P., Vol IV
Antonelli, Gian Aldo, Vol IV
Antoni, Michael H., Vol V
Antonio, Robert, Vol V
Antonucci, Michael A., Vol II
Antonucci, Tony C., Vol V
Antush, John V., Vol II
Anwar, Waseem, Vol II
Anyinefa, Koffi, Vol III
Anzalone, Filippa M., Vol IV
Aoki, Eric, Vol II
Aoki, Michikoy, Vol III
Aoun, Joseph, Vol III
Apena, Igho Adeline, Vol I
Aponiuk, Natalia, Vol I
Apostolos-Cappadona, Diane, Vol I
Appel, Alfred, Jr., Vol II
Appel, Frederick, Vol IV
Appel, James B., Vol V
Appel, Susan K., Vol I
Appelbaum, Paul S., Vol V
Appelbaum, Robert, Vol II
Appell, Annette Ruth, Vol IV
Appiah, Kwame Anthony, Vol I, IV
Applebaum, David, Vol I
Appleby, Joyce, Vol I
Applegate, John A., Vol II
Applegate, Judith K., Vol IV
Appleton, Sheldon L., Vol IV
Appleton, Thomas H., Jr., Vol I
Applewhite, James W., Vol II
Appleyard, Joseph A., Vol II
Apseloff, Marilyn Fain, Vol II
Apter, Ronnie, Vol II
Aquila, Richard E., Vol IV
Aquino, Maria Pilar, Vol IV
Arac, Jonathan, Vol II
Arafat, Ibtihaj, Vol V
Arai, Paula K. R., Vol IV
Araiza, William, Vol IV
Aram, Dorothy M., Vol II
Arand, Charles P., Vol IV
Araoz, Daniel L., Vol V
Arata, Stephen D., Vol II
Araujo, Luisa, Vol II
Araujo, Norman, Vol III
Arav, Rami, Vol IV
Aravamundan, Srinivas, Vol II
Arbagi, Martin George, Vol I
Arbaugh, George E., Vol IV
Arbino, Gary P., Vol I, IV
Arbury, Steve, Vol I
Arcana, Judith, Vol II
Archambault, Paul Joseph, Vol III
Archdeacon, Thomas John, Vol I
Archer, Chalmers, Jr., Vol V
Archibald, Elizabeth F., Vol II
Archie, Lee C., Vol IV
Arciszewska, Barbara, Vol I
Ardelt, Monika, Vol V
Ardrey, Saundra Curry, Vol IV
Arehole, S., Vol II
Arenas, Fernando, Vol III
Arenberg, Nancy, Vol II
Arend, Jutta, Vol III
Arens, Hiltrud, Vol III
Arens, Katherine M., Vol III
Argall, Randall A., Vol IV
Argen, Ralph J., III, Vol I, IV
Argersinger, Jo Ann E., Vol I
Argersinger, Peter, Vol I
Argrett, Loretta Collins, Vol IV
Argyros, Alex, Vol III
Aries, Elizabeth J., Vol V
Arieti, James Alexander, Vol I, II, III
Ariker, Shirley, Vol V
Arkway, Angela, Vol IV
Arlen, Jennifer H., Vol IV
Arlin, Mary I., Vol II
Arliss, Laurie, Vol II
Arlyck, Elisabeth C., Vol III
Armbrecht, Thomas J. D., Vol I, III
Armengol, Armando, Vol III
Armentrout, Donald S., Vol IV
Armer, Alan A., Vol II
Armfield, Felix L., Vol I
Armitage, David, Vol I
Armitage, Susan, Vol I, V
Armour, Jody D., Vol IV
Armstrong, Brian G., Vol I
Armstrong, Charles, Vol I
Armstrong, Christopher, Vol V
Armstrong, Dianne, Vol II
Armstrong, Frederick H., Vol I
Armstrong, Joe C. W., Vol I
Armstrong, John M., Vol IV
Armstrong, Pat, Vol I
Armstrong, Susan Jean, Vol IV
Armus, Seth, Vol I
Arn, Mary-Jo, Vol I
Arnason, David E., Vol II
Arnelle, Hugh Jesse, Vol IV
Arner, Robert David, Vol II
Arneson, Pat, Vol II
Arneson, Richard J., Vol IV
Arnett, Carlee, Vol III, V
Arnett, Ronald C., Vol II
Arnez, Nancy L., Vol II
Arnold, Barry, Vol IV
Arnold, Bill T., Vol I, IV
Arnold, Craig Anthony, Vol IV
Arnold, Dean E., Vol V
Arnold, Edwin P., Vol V
Arnold, Eric Anderson, Vol I
Arnold, Gordon, Vol V
Arnold, Joseph L., Vol I
Arnold, Philip P., Vol IV
Arnold, Rudolph P., Vol IV
Arnold, Scott, Vol IV
Arnold, Steven H., Vol IV
Arnoult, Sharon L., Vol I
Aronoff, Myron J., Vol IV, V
Aronowicz, Annette, Vol IV
Aronson, Arnold, Vol II
Aronson, Elliot, Vol V
Aronson, Howard Isaac, Vol III
Aronson, Jay Richard, Vol IV
Aronson, Jonathan David, Vol IV
Arp, Kristana, Vol IV
Arp, Robert, Vol IV
Arredondo, Isabel, Vol III
Arrington, Melvin, Vol III
Arrington, Robert Lee, Vol IV
Arrizon, Alicia, Vol V
Arrow, Dennis Wayne, Vol IV
Arroyo, Ciriaco Moron, Vol III
Arroyo, Jossiana, Vol III
Arthur, Alan, Vol I
Arthur, Gwen, Vol II
Arthur, Thomas H., Vol II
Artibise, Alan F. J., Vol I
Aryeetey-Attoh, Samuel, Vol I
Arzoomanian, Ralph Sarkis, Vol II
Asante, Molefi Kete, Vol I
Asbury, Jo Ellen, Vol V
Ascari, Rosalia Colombo, Vol III
Ascencao, Erlene M., Vol V
Ascough, Richard S., Vol IV
Ash, Stephen V., Vol I
Ashanin, Charles B., Vol I, IV
Ashburn, Johnny, Vol IV
Ashby, Clifford, Vol II
Ashby, LeRoy, Vol I
Ashby, William James, Vol III
Ashdown, Paul George, Vol II
Ashe, Marie, Vol IV
Asher, Robert, Vol I
Ashley, Benedict M., Vol IV
Ashley, David, Vol V
Ashley, James Matthew, Vol IV
Ashley, Leonard R. N., Vol II, III
Ashley, Susan A., Vol I
Ashliman, D. L., Vol III
Ashton, Dianne C., Vol IV
Ashton, Nancy, Vol V
Ashworth, E. Jennifer, Vol IV
Ashworth, Suzanne M., Vol II
Askew, Thomas A., Vol I
Askew, Timothy, Vol II
Askin, Frank, Vol IV
Askland, Andrew, Vol IV
Asmis, Elizabeth, Vol II, III
Aspell, Patrick Joseph, Vol IV, V
Aspinall, Dana E., Vol II
Aspiz, Harold, Vol II
Assa, Sonia, Vol III
Assar, Nandini Narain, Vol V
Asselin, Olivier, Vol I
Ast, Theresa, Vol I
Aster, Sidney, Vol I
Astington, John H., Vol II
Astour, Michael Czernichow, Vol I
Astroff, Roberta J., Vol II
Asuagbor, Greg, Vol IV
Atanda, Alfred W., Vol V
Atang, Christopher, Vol V
Athanason, Arthur Nicholas, Vol II
Athanassakis, Apostolos N., Vol II, III
Athanassoglou-Kallmyer, Nina Maria, Vol I
Atkeson, Edward B., Vol I
Atkin, David J., Vol II
Atkin, Muriel Ann, Vol I
Atkins, E. Taylor, Vol I
Atkins, Kathleen, Vol V
Atkins, Robert, Vol IV
Atkins, Robert A., Jr., Vol IV
Atkins, Stephen E., Vol II, IV
Atkinson, Camille, Vol IV
Atkinson, Colin B., Vol II
Atkinson, Harley, Vol IV, V
Atkinson, James Blakely, Vol II, III
Atkinson, Michael, Vol II, V
Atlas, Jay David, Vol III, IV
Atlas, John Wesley, Vol V
Atlas, Marilyn Judith, Vol II
Atleson, James B., Vol IV
Aton, James M., Vol II
Attardo, Salvatore, Vol III
Attebery, Brian, Vol II
Attebery, Jennifer, Vol II
Attebery, Louie Wayne, Vol II, V
Atterton, Peter C., Vol IV
Attias, Bernardo, Vol II
Attreed, Lorraine C., Vol I
Attrep, Abraham M., Vol I
Attridge, Derek, Vol II
Attridge, Harold William, Vol IV
Atwill, William D., Vol II
Atwood, Craig D., Vol IV
Atwood, Joan Delores, Vol V
Atwood, Margaret, Vol II
Aubery, Pierre, Vol III
Auble, Joel, Vol IV
Aubrey, James R., Vol II
Aucoin, Brent J., Vol I
Audi, Robert, Vol IV
Auerbach, Jerold, Vol I
Auerbach, Jonathan, Vol II
Aufderheide, Patricia, Vol II
Auger, Julie, Vol III
Auger, Reginald, Vol I
August, Andrew, Vol I
August, Eugene R., Vol II
Augustine, Dolores L., Vol I
Augustinos, Gerasimos, Vol I
Auksi, Peter, Vol II
Auld, Louis, Vol III
Aull, Felice, Vol V
Ault, Bradley A., Vol I
Ault, C. Thomas, Vol II
Aune, Bruce Arthur, Vol IV
Aune, James Arnt, Vol IV
Aune, Michael B., Vol IV
Aurand, Harold, Jr., Vol I
Aurand, Harold Wilson, Vol I
Ausmus, Harry Jack, Vol I
Austen, Ralph Albert, Vol I
Austen, Zelda, Vol II
Austensen, Roy Allen, Vol I
Austern, Linda, Vol II
Austin, Bobby William, Vol II
Austin, Gayle M., Vol I, II
Austin, J. Norman, Vol II, III
Austin, John, Vol V
Austin, Judith, Vol I
Austin, Linda, Vol II
Austin, Michael, Vol II

Austin, Patricia, Vol V
Austin, Paul Murray, Vol III
Austin, Scott, Vol IV
Austin, Timothy Robert, Vol III
Austin, William H., Vol IV
Auten, Arthur, Vol I
Auter, Philip J., Vol II
Avakumovic, Ivan, Vol I, IV
Avalle-Arce, Juan Bautista, Vol III
Avalos, Hector, Vol V
Avelar, Idelber, Vol III
Averill, Edward W., Vol IV
Avery, George Costas, Vol III
Avery, Harry Costas, Vol II, III
Avery, Kevin J., Vol I
Avery, Michael, Vol IV
Avery-Peck, Alan, Vol IV
Avins, Carol Joan, Vol III
Avins, Styra, Vol II
Avotins, Ivars, Vol II, III
Avram, Wesley D., Vol II
Avrich, Paul Henry, Vol I
Awn, Peter, Vol IV
Axelrad, Allan M., Vol I
Axelrad, Arthur Marvin, Vol II
Axelrod, Mark R., Vol III
Axelrod, Melissa, Vol III
Axelrod, Steven Gould, Vol II
Axinn, Sidney, Vol IV
Axtell, G. S., Vol IV
Axtell, James Lewis, Vol I
Axton, William F., Vol II
Ayala-Alcantar, Christina, Vol V
Aycock, Roy E., Vol II
Aycock, Wendell M., Vol II, III
Aydede, Murat, Vol IV
Ayers, James R., Vol IV
Ayres, John J. B., Vol V
Ayuninjam, Funwi, Vol III
Azevedo, Milton M., Vol III
Azzara, Christopher D., Vol II
Azzi, Marie-Denise Boros, Vol III
Azzolina, Davis S., Vol V
Ba-Yunus, Ilyas, Vol V
Baackmann, Susanne, Vol I, III
Baade, Hans Wolfgang, Vol IV
Babb, Genie, Vol II
Babb, Valerie M., Vol II
Babbitt, Beatrice C., Vol V
Babbitt, Susan, Vol IV
Babby, Leonard Harvey, Vol III
Babcock, Arthur Edward, Vol III
Babcock, Barbara Allen, Vol IV
Babcock, Robert, Vol II, III
Babcock, Robert Harper, Vol I
Babcock, William, Vol II
Babcock, William Summer, Vol I, IV
Baber, Ceola Ross, Vol V
Baber, Harriet Erica, Vol IV
Babich, Babette E., Vol IV
Babin, James L., Vol II
Babler, John, Vol IV
Babrow, Austin S., Vol II, V
Babson, Jane F., Vol I
Bacchiocchi, Samuele, Vol I, IV
Bach, Emmon, Vol III
Bach, Kent, Vol IV
Bach, Rebecca Ann, Vol II
Bach, Shirley, Vol IV
Bacharach, Jere L., Vol I
Bache, Christopher Martin, Vol IV
Bachman, Charles Roger, Vol III
Bachman, James V., Vol IV
Bachrach, Bernard S., Vol I
Bacigalupe, Gonzalo, Vol V
Back, Allan, Vol IV
Backhouse, Constance B., Vol IV
Backscheider, Paula R., Vol II
Bacon, Helen Hazard, Vol II, III
Bacon, Roger L., Vol II
Bacon, Thomas Ivey, Vol III
Badal, James J., Vol II
Badash, Lawrence, Vol I
Bader, Carol H., Vol V
Badger, Reid, Vol I
Badian, Ernst, Vol I, II, III
Baehr, Amy R., Vol IV
Baender, Paul, Vol II
Baer, Eugen Silas, Vol IV
Baer, Joachim Theodor, Vol I
Baer, Joel H., Vol II
Baer, Judith A., Vol IV
Baer, William, Vol II
Baergen, Ralph, Vol IV
Baetzhold, Howard George, Vol II
Baez, Angel David Cruz, Vol I
Baeza, J., Vol V
Bagby, Daniel G., Vol IV
Bagby, Lewis, Vol III
Bagby, Wesley Marvin, Vol I
Bagdikian, Ben Haig, Vol II
Bagley, Mary, Vol II
Bagley, Robert W., Vol I
Bagley, Stanley B., Vol IV
Bagnall, Roger Shaler, Vol I, III
Baguley, David, Vol III
Bagwell, George, Vol V
Bahk, C. M., Vol II
Bahr, Ehrhard, Vol III
Baigell, Matthew, Vol I
Bailey, Adrienne Yvonne, Vol V
Bailey, Alison, Vol IV
Bailey, Anne J., Vol I
Bailey, Beth, Vol I
Bailey, Charles E., Vol I, IV
Bailey, Charles Randall, Vol I, V
Bailey, Donald Atholl, Vol I
Bailey, Frederick George, Vol V
Bailey, James L., Vol IV
Bailey, John Wendell, Vol I
Bailey, Lee, Vol IV
Bailey, Phillip, Vol III
Bailey, Randall Charles, Vol IV
Bailey, Richard Weld, Vol II
Bailey, Stephen, Vol I
Bailey, Storm M., Vol IV
Bailey, Terence, Vol II
Bailey, Thomas Cullen, Vol II
Bailey, Velda, Vol V
Bailey, Victor, Vol I
Bailiff, John, Vol IV
Bailly, Constantina Rhodes, Vol IV
Bailly, Jacques A., Vol II, III
Baily, Samuel Longstreth, Vol I
Bailyn, Bernard, Vol I
Bailyn, Lotte, Vol V
Baird, Bruce C., Vol I
Baird, David, Vol I
Baird, Davis, Vol IV
Baird, Forrest, Vol IV
Baird, Jay Warren, Vol I
Baird, John D., Vol II
Baird, Keith E., Vol I
Baird, Robert Dahlen, Vol IV
Baird, Robert Malcolm, Vol IV
Baird, William R., Vol IV
Baird-Olson, Karren P., Vol V
Bajpai, Shiva Gopal, Vol I
Bak, Janos M., Vol I
Bakan, Joel, Vol IV
Bakeman, Roger, Vol V
Baker, Barbara A., Vol II
Baker, Beulah Pearl, Vol II
Baker, Beverly Poole, Vol IV
Baker, C. Edwin, Vol II, IV
Baker, Christina L., Vol V
Baker, Christopher P., Vol II
Baker, David, Vol II
Baker, David Anthony, Vol II
Baker, David V., Vol V
Baker, Deborah Lesko, Vol III
Baker, Delbert Wayne, Vol II
Baker, Denise Nowakowski, Vol II
Baker, Donald C., Vol II
Baker, Donald G., Vol I
Baker, Donald W., Vol IV
Baker, Donald Whitelaw, Vol II
Baker, Houston A., Vol II
Baker, J. Robert, Vol II
Baker, James Franklin, Vol I
Baker, Jean Harvey, Vol I
Baker, John Arthur, Vol IV
Baker, John M., Vol IV
Baker, John R., Vol IV
Baker, Joseph O., Vol III
Baker, Joseph Wayne, Vol I
Baker, Keith M., Vol I
Baker, Lee D., Vol V
Baker, Linda D., Vol V
Baker, Lynne R., Vol IV
Baker, Mary Jordan, Vol III
Baker, Melva Joyce, Vol I
Baker, Moira, Vol II
Baker, Parris, Vol V
Baker, Paul R., Vol I
Baker, Richard Allan, Vol I
Baker, Robert B., Vol IV
Baker, Robert Samuel, Vol II
Baker, Robert Samuel, Vol II
Baker, Ronald Lee, Vol V
Baker, Stuart Eddy, Vol II
Baker, Susan Read, Vol III
Baker, Terri M., Vol II
Baker, Thomas E., Vol IV
Baker, Thomas E., Vol IV, V
Baker, Thomas H., Vol I
Baker, Thomas Lindsay, Vol I
Baker, Tracey, Vol II
Baker, William, Vol II
Baker, William Joseph, Vol I
Baker-Kelly, Beverly, Vol IV
Bakerman, Jane Schnabel, Vol II
Bakewell, Peter, Vol I
Bakhurst, David J., Vol IV
Bakish, David Joseph, Vol II
Bakken, Gordon Morris, Vol I, IV
Bakker, Barend H., Vol II
Bakker, Jan, Vol II
Balakian, Peter, Vol II
Balas, David L., Vol IV
Balasubramanian, Radha, Vol III
Balcer, Jack Martin, Vol I
Balch, William, Vol V
Balcomb, Raymond, Vol IV
Balderston, Daniel, Vol III
Baldner, Kent, Vol IV
Baldo, Jonathan, Vol II
Baldo, Tracy D. Bostwick, Vol V
Baldwin, Arminta Tucker, Vol II
Baldwin, Cynthia A., Vol IV
Baldwin, Dean, Vol II
Baldwin, Donald E., Vol IV
Baldwin, Fletcher N., Jr., Vol IV
Baldwin, Gordon Brewster, Vol IV
Baldwin, John R., Vol II, IV
Baldwin, John Wesley, Vol I
Baldwin, Lewis V., Vol IV
Baldwin, Peter, Vol I
Baldwin, Thomas Pratt, Vol III
Bales, Kent, Vol II
Balestra, Alejandra, Vol III
Balestra, Dominic Joseph, Vol IV
Baljon, Neil, Vol I
Ball, Bo, Vol II
Ball, David, Vol III
Ball, David T., Vol IV
Ball, Larry D., Sr, Vol I
Ball, Richard E., Vol V
Ball, Robert J., Vol II, III
Ball, Susan, Vol I
Ball, Terence, Vol IV
Ball, William Batten, Vol IV
Ballard, Allen Butler, Jr., Vol I
Ballard, Harold Wayne, Jr., Vol IV
Ballot, Michael, Vol IV
Ballstadt, Carl P. A., Vol II
Balmer, Randall, Vol IV
Balsamo, Anne, Vol II
Baltakis, Anthony, Vol I
Baltzer, Rebecca, Vol I
Balutansky, Kathleen M., Vol II
Bambach, Charles, Vol I
Bamford, Karen V., Vol II
Banbury, Horace, Vol II
Banchetti-Robino, Marina P., Vol IV
Band, Arnold J., Vol II
Bandera, Cesareo, Vol III
Bandman, Bertram, Vol IV
Bandstra, Barry L., Vol IV
Bandy, Joe, Vol V
Banerjee, Leena, Vol V
Banes, Ruth A., Vol I
Banet-Weiser, Sarah, Vol II
Bangert, Mark Paul, Vol IV
Bangerter, Lowell A., Vol III
Bangs, Carl, Vol IV
Banich, Marie T., Vol V
Bank, Barbara J., Vol V
Bank, Rosemarie Katherine, Vol II
Banker, James Roderick, Vol I
Banker, Mark T., Vol I
Bankowsky, Richard James, Vol II
Banks, James Albert, Vol V
Banks, Sharon P., Vol IV
Banks, William Maron, III, Vol V
Bankston, Carl L., Vol V
Bannan, John F., Vol IV
Banner, Lois W., Vol I
Banning, Lance, Vol I
Bannon, Cynthia J., Vol II, III
Banta, Frank Graham, Vol III
Banta, Martha, Vol II
Banziger, Hans, Vol III
Bar, Francois, Vol II
Bar, Rosann, Vol V
Bar-On, Dorit, Vol IV
Bar-Yosef, Ofer, Vol V
Barabtarlo, Gene, Vol III
Barad, Judith A., Vol IV
Barahona, Renato, Vol I
Barakat, Lamia, Vol V
Baran, Henryk, Vol III
Baranowski, Shelley, Vol IV
Barany, George, Vol I
Barasch, Frances K., Vol II
Barash, Carol Isaacson, Vol IV
Barba, Harry, Vol II
Barbarese, J. T., Vol II
Barbe, Katharina, Vol III
Barbee, Lloyd Augustus, Vol IV
Barber, Elizabeth J. Wayland, Vol I, III
Barber, Margaret, Vol II
Barber, Marylin J., Vol I
Barber, Paul Thomas, Vol III
Barbera, Andre, Vol II
Barbera, Jack Vincent, Vol II
Barbieri, William A., Jr., Vol IV
Barbone, Steven, Vol IV
Barbour, Alton Bradford, Vol II
Barbour, Brian Michael, Vol II
Barbour, Hugh, Vol I, IV
Barbour, Ian Graeme, Vol IV
Barbour, John D., Vol II, IV
Barbour, Paula Louise, Vol II
Barbour, Richmond, Vol II
Barbour, Sarah E., Vol III
Barchilon, Jacques, Vol III
Bardaglio, Peter W., Vol I
Barden, Thomas, Vol II
Bareiss, Warren J., Vol II
Barfield, Ray, Vol II
Barfield, Thomas J., Vol V
Barge, J. Kevin, Vol II
Barge, Laura I., Vol II
Barkan, Elliott Robert, Vol I, V
Barker, Evelyn M., Vol IV
Barker, Jeffrey, Vol IV
Barker, John W., Vol I
Barker, Lance R., Vol IV
Barker, Lewis M., Vol V
Barker, Nancy Nichols, Vol I
Barker, Peter, Vol IV
Barker, Rosanne M., Vol I
Barker, Thomas M., Vol I
Barker, Thomas T., Vol II
Barker, Wendy, Vol II
Barker, William Shirmer, II, Vol I, IV
Barker-Benfield, Graham John, Vol I
Barkin, Kenneth, Vol I
Barkley, Heather S., Vol II
Barksdale, Leonard N., III, Vol IV
Barlow, Brian C., Vol IV
Barlow, David H., Vol V
Barlow, J. Stanley, Vol IV
Barlow, Jerry N., Vol IV
Barlow, John Denison, Vol III
Barlow, Judith Ellen, Vol II
Barlow, K. Renee, Vol I, V
Barlow, Philip L., Vol IV
Barlow, William, Vol II
Barlow, William B., Vol V
Barman, Jean, Vol I, V
Barman, Roderick James, Vol I
Barmann, Lawrence F., Vol I, IV
Barnard, Sylvia, Vol II, III
Barnard, Virgil John, Vol I
Barnbaum, Deborah, Vol IV
Barnes, Andrew E., Vol I
Barnes, Betsy, Vol III
Barnes, Daniel Ramon, Vol II, V
Barnes, Dorothy, Vol II
Barnes, Gerald, Vol IV
Barnes, James John, Vol I
Barnes, Jim Weaver, Vol II, III
Barnes, Joseph Nathan, Vol IV
Barnes, Kenneth C., Vol I
Barnes, Michael Horton, Vol IV
Barnes, Ronald Edgar, Vol II
Barnes, Sue, Vol II
Barnes, Thomas Garden, Vol I
Barnes, Timothy David, Vol I, II, III
Barnes, Timothy Mark, Vol I
Barnes, Willie R., Vol IV
Barnett, Louise, Vol II
Barnett, Richard Chambers, Vol I
Barnett, Suzanne Wilson, Vol I
Barnette, Henlee Hulix, Vol IV
Barney, Stephen Allen, Vol II
Barney, William Lesko, Vol I
Barnhart, Joe Edward, Vol IV
Barnhart, Michael, Vol I
Barnhart, Michael G., Vol IV
Barnhill, Georgia Brady, Vol I
Barnhill, John Herschel, Vol I
Barnhisel, Gregory P., Vol II
Barnouw, Dagmar, Vol III
Barnouw, Erik, Vol II
Barnstone, Willis, Vol III
Barnum, Carol, Vol II
Barolini, Teodolinda, Vol III
Barolsky, Paul, Vol I, II
Baron, Carol K., Vol II
Baron, Charles Hillel, Vol IV
Baron, Dennis, Vol II
Baron, F. Xavier, Vol II
Baron, Frank, Vol III
Baron, James, Vol II, III
Baron, John H., Vol II
Baron, Marcia, Vol IV
Baron, Mary K., Vol II
Baron, Samuel Haskell, Vol I
Baron, Steven H., Vol V
Barr, Alan Philip, Vol II
Barr, Alwyn, Vol I
Barr, David Lawrence, Vol I, IV
Barr, Jeanine R., Vol II
Barr, Marleen Sandra, Vol II, V
Barrack, Charles Michael, Vol III
Barran, Thomas, Vol III
Barret, Harold, Vol II
Barrett, Barnaby B., Vol V
Barrett, David P., Vol I
Barrett, Eileen, Vol II
Barrett, J. Edward, Vol IV
Barrett, James R., Vol I
Barrett, Janice M., Vol II
Barrett, John A., Vol IV
Barrett, Michael Baker, Vol I
Barrett, Tracy, Vol III, V
Barrett-Larimore, Rita L., Vol V
Barrick, William D., Vol IV
Barriga, Alvaro, Vol V
Barron, David J., Vol IV
Barron, Hal S., Vol I
Barron, Sheree S., Vol V
Barros, Carolyn, Vol II
Barrows, Floyd Dell, Vol I
Barrows, Robert, Vol I
Barry, Barbara R., Vol II
Barry, Bert, Vol V
Barry, Jackson Granville, Vol II
Barry, Marilyn H., Vol II
Barry, Michael, Vol II
Barry, Robert M., Vol IV
Barry, William Anthony, Vol IV
Barsam, Richard, Vol II
Barsky, Robert, Vol II
Barstow, Anne Llewellyn, Vol I, V
Bart, Benjamin Franklin, Vol III, V
Bartel, Lee R., Vol II, V
Bartelik, Marek, Vol I
Bartelt, Andrew H., Vol IV
Barth, Gunther, Vol I
Barth, J. Robert, Vol II
Bartholet, Elizabeth, Vol IV
Bartholomew, James Richard, Vol I
Bartkowiak, Julia, Vol IV
Bartkowski, John, Vol V
Bartky, Sandra, Vol IV
Bartle, Elizabeth E., Vol V
Bartle-Haring, Suzanne, Vol V
Bartlet, M. Elizabeth C., Vol II
Bartlett, Beatrice S., Vol I
Bartlett, Beth, Vol IV
Bartlett, Cynthia L., Vol II
Bartlett, Irving Henry, Vol I
Bartlett, Kenneth Roy, Vol I
Bartlett, Lee, Vol II
Bartlett, Maria, Vol V
Bartlett, Richard Adams, Vol I
Bartlett, Robert V., Vol IV
Bartlett, Sandra, Vol I
Bartlett, Steven J., Vol IV
Bartley, Abel A., Vol I
Bartley, Numan V., Vol I
Bartley, Russell Howard, Vol I
Barton, Beth, Vol V
Barton, Carlin, Vol I
Barton, Charles K. B., Vol IV
Barton, Gay, Vol II
Barton, H. Arnold, Vol I
Barton, John Hays, Vol IV
Barton, Marcella Biro, Vol I, IV
Barton, Mike Alan, Vol I, II
Barton, Peter G., Vol IV
Barton, Sally H., Vol V
Bartow, Charles L., Vol II
Bartsch, Shadi, Vol II, III
Barua, Pradeep P., Vol I
Baruch, Elaine Hoffman, Vol II, V
Barusch, Amanda S., Vol V
Barushok, James William, Vol II
Barwick, Daniel, Vol IV
Barzun, Jacques, Vol I
Basch, Norma, Vol I, IV

Bascom, Robert, Vol IV
Basden, B. H., Vol V
Bashir, Anthony S., Vol II
Bashir, Shahzad, Vol IV
Bashiri, Iraj, Vol I, III
Basil, John Duryea, Vol I
Baskin, Judith R., Vol IV
Baskind, David, Vol V
Bass, Dorothy C., Vol IV
Bass, Eben E., Vol II
Bass, George Fletcher, Vol I
Bassan, Maurice, Vol II
Bassett, Charles Walker, Vol I, II
Bassett, John E., Vol II
Bassett, Rodney, Vol V
Bassett, William W., Vol I, IV
Bast, Robert, Vol I
Basu, Ananyo, Vol IV
Baswell, Christopher C., Vol II
Batalden, Stephen Kalmar, Vol I
Bate, Brian R., Vol V
Bate, Walter Jackson, Vol II
Bateman, Herbert W., Vol IV
Bateman, Paul E., Vol IV
Bates, Benjamin J., Vol II
Bates, Donald G., Vol I
Bates, George Albert, Vol IV
Bates, Jennifer, Vol IV
Bates, Margaret Jane, Vol III
Bates, Milton James, Vol II
Bates, Scott, Vol II, III
Bates, Stanley P., Vol IV
Bateson, Mary Catherine, Vol II, V
Batey, Richard A., Vol IV
Batinski, Emily E., Vol I
Battaglia, Jack M., Vol IV
Batteiger, Richard P., Vol II
Battenfield, James R., Vol IV
Battersby, James L., Vol II
Battestin, Martin Carey, Vol II
Battin, Margaret Pabst, Vol IV
Battle, Michael, Vol IV
Battle-Walters, Kimberly, Vol V
Batts, Michael S., Vol III
Baucom, Ian, Vol II
Bauder, Mark, Vol IV
Bauer, Arnold Jacob, Vol I
Bauer, Craig A., Vol I
Bauer, Joseph P., Vol IV
Bauer, Karin, Vol III
Bauer, Margaret D., Vol II
Bauer, Nancy, Vol IV
Bauer, Otto Frank, Vol II, III
Bauer, Ralph R., Vol II
Bauerlein, Mark, Vol II
Bauerschmidt, Frederick Christian, Vol IV
Baugh, Daniel Albert, Vol I
Baughman, T. H., Vol I
Bauland, Peter Max, Vol II
Baum, Dale, Vol I
Baum, Robert J., Vol IV
Baum, William M., Vol V
Baumann, Carol Edler, Vol IV
Baumbach, Gerard, Vol IV
Baumbach, Jonathan, Vol II
Baumgarten, Elias, Vol IV
Baumgarten, Joseph M., Vol III
Baumgartner, Ingeborg Hogh, Vol III
Bauml, Franz H., Vol III
Baumler, Alan, Vol I
Baumlin, James S., Vol II
Baumlin, Tita French, Vol II
Baumrin, Bernard Herbert, Vol IV
Baumwoll, Dennis, Vol II
Baur, Michael, Vol IV
Bauschinger, Sigrid Elisabeth, Vol II
Bausum, Henry S., Vol I
Baxter, Colin Frank, Vol I
Baxter, Donald, Vol IV
Baxter, Douglas Clark, Vol I
Baxter, Gisele, Vol II
Baxter, Harold J., Vol II
Baxter, Laurie Rae, Vol IV, V
Baxter, Stephen Bartow, Vol I
Baxter-Moore, Nick, Vol II
Bay, Libby, Vol II
Baycroft, John A., Vol IV
Bayer, Greg, Vol IV
Bayer, Hans F., Vol IV
Bayer, Richard C., Vol IV
Bayless, Ovid Lyndal, Vol II
Bayley, C. C., Vol I
Baylis, Francoise, Vol IV
Baylor, Michael G., Vol I
Baym, Nina, Vol II
Baynes, Leonard M., Vol IV
Baynton, Douglas C., Vol I
Bayor, Ronald Howard, Vol I
Bays, Brad A., Vol I
Bays, Daniel Henry, Vol I
Bazan, Bernardo C., Vol IV
Bazan, Carlos, Vol IV
Bazargan, Susan, Vol II
Bazerman, Charles, Vol II
Bazillion, Richard J., Vol I
Bazin, Nancy Topping, Vol II, III
Beal, Rebecca S., Vol II
Beal, Timothy K., Vol IV
Beale, David Otis, Vol I, IV
Beale, Gregory, Vol IV
Beale, Walter Henry, Vol II
Beaman, Marian L., Vol V
Beame, Edmond Morton, Vol I
Bean, Bobby, Vol II
Bean, Jonathan J., Vol I
Bean, Judith M., Vol II, V
Bean, Suzanne M., Vol V
Beanblossom, Ronald Edwin, Vol I, IV
Beane, Dorothea Annette, Vol IV
Beard, James William, Jr., Vol IV
Beard, Laura J., Vol III
Beard, Robert Earl, Vol III
Beardsley, Edward Henry, Vol I
Beardsley, Ruth E., Vol IV
Beardsley, Theodore S., Jr., Vol III
Beardsmore, Barry, Vol I
Bearss, Edwin Cole, Vol I
Beasley, A., Vol IV
Beasley, Faith E., Vol III
Beasley, Jerry Carr, Vol II
Beasley, Vanessa B., Vol II
Beatie, Bruce A., Vol II, V
Beattie, Thomas Charles, Vol II
Beatty, Edward N., Vol I
Beatty, John, Vol IV
Beatty, Joseph, Vol IV
Beatty, Michael, Vol II, III
Beatty, Otto, Jr., Vol IV
Beaty, Frederick L., Vol II
Beaty, James M., Vol IV
Beaty, Jerome, Vol II
Beauchamp, Heather, Vol V
Beauchamp, Richard A., Vol IV
Beauchamp, Tom, Vol IV
Beauchesne, Richard J., Vol IV
Beaudoin, John M., Vol IV
Beaudoin-Ross, Jacqueline, Vol I
Beaudry, Agnes Porter, Vol III
Beaudry, Mary Carolyn, Vol I, V
Beaufort, Anne, Vol II
Beaumont, Daniel E., Vol I
Beaumont, Roger A., Vol I
Beauvois, Margaret H., Vol III
Beaver, Daniel R., Vol I
Beaver, Donald de Blasiis, Vol I
Beavers, Myrtle B., Vol II
Bebis, George S., Vol IV
Bebout, Linda J., Vol II
Bechard, Dean P., Vol IV
Bechtel, Carol M., Vol IV
Bechtel, Judith A., Vol II
Bechtel, Lyn, Vol IV
Bechtel, Robert, Vol V
Bechtel, William, Vol IV
Bechtold, Brigitte, Vol V
Beck, Ann R., Vol II
Beck, Charlotte H., Vol II
Beck, Guy, Vol I, IV
Beck, Herman, Vol I
Beck, James Henry, Vol I
Beck, John A., Vol IV
Beck, Lois, Vol V
Beck, Martha Catherine, Vol IV
Beck, Norman Arthur, Vol IV
Beck, Roger L., Vol II, III
Beck, Rosalie, Vol IV
Beck, Sigrid, Vol III
Beck, Sylven S., Vol V
Beck, W. David, Vol IV
Becker, Alton Lewis, Vol III
Becker, Andrew S., Vol II, III
Becker, Charles M., Vol IV
Becker, Edward, Vol IV
Becker, Gary J., Vol V
Becker, John, Vol II
Becker, Lawrence C., Vol IV
Becker, Lewis, Vol IV
Becker, Lloyd George, Vol I, II
Becker, Lucille Frackman, Vol III
Becker, Marjorie R., Vol I
Becker, Marvin Burton, Vol I
Becker, Peter Wolfgang, Vol I
Becker, Robert Arthur, Vol I
Becker, Seymour, Vol I
Becker, Susan D., Vol I
Becker, William Henry, Vol I, IV
Becker-Cantarino, Barbara, Vol III
Becker-Slaton, Nellie Frances, Vol V
Beckerman, Paul, Vol IV
Beckerman-Rodau, Andrew, Vol IV
Beckers, Astrid M., Vol III
Beckett, Steven J., Vol IV
Beckham, Stephen Dow, Vol I
Beckley, William, Vol I
Beckman, Gary M., Vol I
Beckman, Richard, Vol II
Beckson, Karl, Vol II
Beckwith, Frank, Vol IV
Beckwith, John, Vol I, II
Beckwith, Sarah, Vol II
Bedau, Hugo Adam, Vol IV
Bedell, George Chester, Vol IV
Bedeski, Robert E., Vol I, IV
Bedford, Bonnie C., Vol II
Bedford, David, Vol I, III
Bedford, Harold, Vol I
Bedford, Henry F., Vol I
Bedford, Steven M., Vol I
Bedini, Silvio A., Vol III
Bednarek, Janet, Vol I
Bednarz, James P., Vol II
Bedos-Rezak, Brigitte, Vol I
Beebe, Ralph Kenneth, Vol I
Beebe, Steven A., Vol II
Beecher, Jonathan F., Vol I
Beecher, Maureen Ursenbach, Vol I, III
Beechert, Edward D., Vol I
Beeler, John F., Vol I
Beene, Lynn Dianne, Vol II
Beer, Barrett L., Vol I
Beer, Francis A., Vol IV
Beer, Jeanette Mary Ayres, Vol III
Beerman, Jack, Vol IV
Beers, Burton Floyd, Vol I
Beeth, Howard, Vol I
Beevi, Mariam, Vol II, V
Befort, Stephen, Vol IV
Begiebing, Robert J., Vol II
Begleitor, Martin D., Vol IV
Begnal, Michael Henry, Vol II, III
Behague, Gerard, Vol II
Behdad, Ali, Vol II
Behler, Ernst, Vol III
Behrendt, Stephen C., Vol II
Behrooz, Maziar, Vol I
Beidler, Peter Grant, Vol I, II
Beik, William, Vol I
Beil, Richard O., Vol IV
Beinfeld, Solon, Vol I
Beiriger, Eugene, Vol I
Beisner, Robert L., Vol I
Beito, David T., Vol I
Beizer, Janet L., Vol III
Beja, Morris, Vol II
Bejel, Emilio, Vol II, III
Bekker, Hugo, Vol III
Belasco, Susan, Vol II
Belifiore, Elizabeth S., Vol II, III
Belisle, Jean, Vol I
Belknap, Joanne, Vol V
Belknap, Robert Lamont, Vol III
Bell, Andrew J. E., Vol I
Bell, Barbara Mosallai, Vol V
Bell, Bernard W., Vol II
Bell, Derrick Albert, Jr., Vol IV
Bell, Diane, Vol V
Bell, Ilona, Vol II
Bell, James Brugler, Vol I
Bell, John D., Vol I
Bell, John L., Vol IV
Bell, John P., Vol I
Bell, Katie Roberson, Vol V
Bell, Kimberly, Vol II
Bell, Leland V., Vol I
Bell, Linda, Vol V
Bell, Linda A., Vol IV, V
Bell, Nora Kizer, Vol IV
Bell, Reva Pearl, Vol V
Bell, Richard H., Vol IV
Bell, Roseann P., Vol II
Bell, Rudolph Mark, Vol I
Bell, Sheila Trice, Vol IV
Bell, Steven, Vol II, III
Bell, Susan Groag, Vol I, V
Bell, Vereen M., Vol II
Bell, William Dudley, Vol I
Bell, William Gardner, Vol I
Bell-Metereau, Rebecca, Vol II
Bell-Villada, Gene Harold, Vol III
Bellamy, Donnie Duglie, Vol I, IV
Bellamy, Everett, Vol V
Bellamy, James Andrew, Vol III
Bellamy, Joe David, Vol II
Bellegarde-Smith, Patrick, Vol I
Bellesiles, Michael A., Vol I
Bellinzoni, Arthur J., Vol I, IV
Belliotti, Raymond A., Vol IV
Bellman, Jonathan, Vol II
Bellman, Samuel Irving, Vol II
Bello, Richard S., Vol II
Bellos, David M., Vol III
Bellot, Leland Joseph, Vol I
Bellow, Saul, Vol II
Bellush, Bernard, Vol I
Belohlavek, John M., Vol I
Belpedio, James R., Vol V
Belsley, David A., Vol IV
Beltman, Brian W., Vol I
Belton, John, Vol II
Belton, Robert, Vol IV
Beltran, Luis, Vol III
Belz, Herman Julius, Vol I
Ben-Amos, Dan, Vol I
Ben-Atar, Doron, Vol I
Ben-Ghiat, Ruth, Vol I
Ben-Zvi, Linda, Vol II
Benalil, Mounia, Vol III
Benardete, Jane, Vol II
Benardete, Seth Gabriel, Vol II, III
Benario, Herbert W., Vol II, III
Bence, Clarence, Vol IV
Benda, Brent B., Vol V
Benda, Gisela, Vol III
Bender, Bert, Vol II
Bender, Byron Wilbur, Vol III
Bender, Carol, Vol II
Bender, Eileen Teper, Vol II, V
Bender, Henry V., Vol II, III
Bender, Melvin E., Vol I
Bender, Nathan E., Vol II, V
Bender, Robert M., Vol II
Bender, Ross Thomas, Vol IV
Bender, Thomas, Vol I
Bender, Todd K., Vol I, III
Bendersky, Joseph William, Vol I
Bendiner, Kenneth Paul, Vol I
Benditt, Theodore Matthew, Vol IV
Benedict, Michael Les, Vol I
Benedict, Philip, Vol I
Beneson, Wayne A., Vol V
Benfield, David William, Vol IV
Benhabib, Seyla, Vol IV
Benham, Priscilla, Vol IV
Benidickson, Jamie, Vol IV
Beniger, James R., Vol II, V
Beninger, Richard J., Vol V
Benis, Toby Ruth, Vol II
Benito-Vessels, Carmen, Vol III
Benjamin, Don C., Jr., Vol IV
Benjamin, Lois, Vol V
Benjamin, Paul, Vol IV
Benke, Robin Paul, Vol II
Benkendorf, Ray R., Vol II
Benko, Stephen, Vol I, IV
Benn, Carl E., Vol I
Bennet, Joel F., Vol III
Bennett, Alma, Vol II
Bennett, Barbara A., Vol II
Bennett, Betty T., Vol II
Bennett, Carl D., Vol II
Bennett, David Harry, Vol I
Bennett, Edward Moore, Vol I
Bennett, Gerald T., Vol IV
Bennett, James D., Vol I
Bennett, James O., Vol IV
Bennett, James Richard, Vol II
Bennett, Janice L., Vol III
Bennett, John, Vol II
Bennett, Judith M., Vol I
Bennett, Norman Robert, Vol I
Bennett, Patricia W., Vol IV
Bennett, Paula, Vol II
Bennett, Philip W., Vol IV
Bennett, Robert E., Vol II, III
Bennett, Ronald, Vol II
Bennett, Tina L., Vol III
Bennett, Y. Aleksandra, Vol I
Bennett Peterson, Barbara, Vol I
Bennett-Alexander, Dawn DeJuana, Vol IV
Bennion, J., Vol V
Benoit, Raymond, Vol II
Benoit, William L., Vol II
Benouis, Mustapha Kemal, Vol III
Benremouga, Karima, Vol II
Bensel, Richard F., Vol IV
Benseler, David P., Vol II
Bensky, Roger Daniel, Vol III
Bensman, Marvin R., Vol II
Benson, Douglas Keith, Vol III
Benson, Jack Leonard, Vol I
Benson, Jackson J., Vol II
Benson, John S., Vol V
Benson, Keith Rodney, Vol I
Benson, Larry Dean, Vol II
Benson, LeGrace, Vol I, IV, V
Benson, Lenni B., Vol IV
Benson, Mary E., Vol II
Benson, Morton, Vol III
Benson, P. Jann, Vol IV
Benson, Paul H., Vol IV
Benson, Renate, Vol I, III
Benson, Richard Lee, Vol II
Benson, Robert W., Vol IV
Benson, Thomas W., Vol II
Benson, Warren S., Vol I, V
Benstock, Shari, Vol II
Bentley, D. M. R., Vol II
Bentley, Eric, Vol II, III
Bentley, Jerry Harrell, Vol I
Bentman, Raymond, Vol II
Benton, Catherine, Vol I, IV
Benton, Robert Milton, Vol II
Benton, Russell E., Vol I
Benton, Stephen L., Vol V
Beougher, Timothy K., Vol IV
Bepko, Gerald L., Vol IV
Beran, Carol L., Vol II
Berardo, Felix Mario, Vol V
Bercuson, David Jay, Vol I
Bereaud, Jacques, Vol III
Berenbaum, Michael, Vol IV
Berets, Ralph Adolph, Vol II
Berg, David M., Vol II
Berg, Gerald Michael, Vol I
Berg, James J., Vol V
Berg, Maggie, Vol II
Berg, Willaim J., Vol III, V
Berg-Weger, Marla, Vol V
Bergant, Dianne, Vol IV
Berge, Paul S., Vol IV
Bergen, Barry, Vol I
Bergen, Doris L., Vol I
Bergen, John J., Vol III
Bergen, Robert D., Vol III, IV
Berger, Alan L., Vol IV
Berger, Arthur A., Vol II
Berger, Bennet Maurice, Vol V
Berger, Carl, Vol I
Berger, David, Vol I
Berger, Gordon, Vol I
Berger, Henry Weinberg, Vol I
Berger, Iris B., Vol I
Berger, Lawrence, Vol IV
Berger, Mark, Vol IV
Berger, Mark Lewis, Vol I
Berger, Martin A., Vol I
Berger, Martin Edgar, Vol I
Berger, Morris I., Vol IV
Berger, Patrice, Vol I
Berger, Ronald J., Vol V
Berger, Sidney L., Vol II
Berger, Thomas Leland, Vol II
Berger, Vivian O., Vol IV
Bergeron, David M., Vol II
Bergeron, Paul H., Vol I
Berggren, Paula S., Vol II
Berghahn, Klaus L., Vol III
Bergman, David L., Vol II
Bergman, Paul, Vol IV
Bergmann, Frank, Vol II, III
Bergmann, Linda S., Vol II
Bergmann, Michael, Vol IV
Bergo, Bettina, Vol IV
Bergquist, James, Vol I
Bergquist, Peter, Vol II
Bergren, Ann L. T., Vol III
Bergstrom, Anna, Vol III, V
Bergstrom, Mark, Vol II
Beringer, Richard E., Vol I
Beritela, Gerard F., Vol IV
Berk, Bernard B., Vol V
Berkeley, David Shelley, Vol II
Berkeley, Edmund, Vol I
Berkeley, Istvan S. N., Vol V
Berkey, Jonathan P., Vol I
Berkey, Robert Fred, Vol IV
Berkhout, Carl T., Vol II
Berkin, Carol Ruth, Vol I
Berkley, Constance E. Gresham, Vol III
Berkman, John, Vol IV
Berkman, Joyce A., Vol I, V
Berkman, Leonard, Vol II
Berkove, Lawrence Ivan, Vol II

Berkowitz, Edward D., Vol I
Berkowitz, Gerald Martin, Vol II
Berkowitz, Stephen David, Vol V
Berkvam, Michael, Vol III
Berland, Kevin Joel, Vol II
Berlanstein, Lenard Russell, Vol I
Berleant, Arnold, Vol IV
Berleant, Riva, Vol V
Berley, Marc, Vol II
Berlin, Adele, Vol I, IV
Berlin, Andrea Michelle, Vol I
Berlin, Charles, Vol IV
Berlin, Ira, Vol I
Berlin, Netta, Vol II, III
Berlin, Normand, Vol II
Berlin, Robert Harry, Vol I
Berlind, Bruce, Vol II
Berliner, Todd, Vol II
Berling, Judith, Vol IV
Berlo, Janet Catherine, Vol I
Berman, Avis, Vol II
Berman, Bruce J., Vol IV
Berman, Eli, Vol IV
Berman, Harold J., Vol IV
Berman, Hyman, Vol I
Berman, Jeffrey B., Vol IV
Berman, Scott, Vol IV
Bernard, Claudie, Vol II
Bernard, J. W., Vol II
Bernard, John, Vol II
Bernard, Kenneth, Vol II
Bernard, Paul Peter, Vol I
Bernardo, Aldo Sisto, Vol III
Bernbeck, Reinhard W., Vol I
Bernd, Clifford Albrecht, Vol III
Berne, Stanley, Vol II
Bernhard, Virginia P., Vol I
Bernier, Paul, Vol IV
Berninghausen, John, Vol III
Bernstein, Barton Jannen, Vol I
Bernstein, Carol L., Vol II, III
Bernstein, Charles, Vol II
Bernstein, Eckhard Richard, Vol III
Bernstein, Gail Lee, Vol I
Bernstein, Ira H., Vol V
Bernstein, Iver, Vol I
Bernstein, Jane, Vol II
Bernstein, Jerry, Vol IV
Bernstein, JoAnne G., Vol I
Bernstein, John Andrew, Vol I
Bernstein, Lawrence F., Vol II
Bernstein, Mark H., Vol II, III, IV
Bernstein, Matthew H., Vol II
Bernstein, Richard J., Vol IV
Bernstein-Nahar, Avi K., Vol IV
Bernstine, Daniel O., Vol IV
Berofsky, Bernard A., Vol IV
Berquist, Jon L., Vol IV
Berridge, John Maclennan, Vol IV
Berroa, Rei, Vol III
Berrol, Selma Cantor, Vol I
Berrong, Richard, Vol III
Berry, Boyd Mcculloch, Vol II
Berry, Brian J. L., Vol I
Berry, Donald K., Vol IV
Berry, Edward I., Vol II
Berry, Herbert, Vol II
Berry, J. Duncan, Vol I
Berry, Lee Roy, Jr., Vol I
Berry, Margaret, Vol II, III
Berry, Ralph M., Vol II
Bers, Victor, Vol II, III
Bersoff, Donald N., Vol IV
Berst, Charles A., Vol II
Bertelsen, Dale A., Vol II
Bertelsen, Lance, Vol I, II
Berthoff, Ann Evans, Vol II, III
Berthoff, Warner Bement, Vol II
Berthold, Dennis A., Vol II
Berthold, George Charles, Vol IV
Berthold, Richard M., Vol I
Berthrong, Donald John, Vol I
Bertman, Stephen, Vol II, III
Bertocci, Rosemary, Vol IV
Bertolas, Randy, Vol I
Bertolet, Rod, Vol IV
Berton, Peter, Vol IV
Bertrand, Charles L., Vol I
Bertrand de Munoz, Maryse, Vol III
Berube, Maurice R., Vol V
Berube, Michael, Vol V
Berwald, Jean-Pierre, Vol III
Berwanger, Eugene H., Vol I
Beschle, D. L., Vol IV
Bessette, Gerard, Vol III
Bessner, Ronda, Vol IV
Besson, Paul Smith, Vol IV
Best, Ernest E., Vol IV
Best, Gary Dean, Vol I
Best, Henry, Vol I
Best, Janice, Vol III
Best, Judith A., Vol IV
Best, Michael R., Vol II
Best, Otto Ferdinand, Vol III
Best, Steven, Vol IV
Besthorn, Fred H., Vol V
Betancourt, Philip Paul, Vol I
Bethel, Arthur Charles Walter, Vol IV
Bethel, Elizabeth Rauh, Vol II, V
Bethel, Leonard Leslie, Vol IV
Bethin, Christina Y., Vol III
Betlyon, John Wilson, Vol I, III
Bett, Richard, Vol II, III, IV
Bettagere, Ramesh N., Vol II
Bettinger, Robert L., Vol V
Betts, Raymond Frederick, Vol I
Betts, Richard Kevin, Vol IV
Betty, Stafford, Vol IV
Betz, Dorothy, Vol III
Betz, Frederick, Vol III
Betz, Hans Dieter, Vol IV
Betz, Joseph M., Vol IV
Betz, Mark W., Vol II
Betz, Paul F., Vol II
Bevans, Stephen, Vol IV
Bevin, Teresa, Vol V
Bevington, David M., Vol II
Bevington, Gary, Vol III
Bewell, Alan J., Vol II
Beyea, Marion, Vol II
Beyeler, Julia M., Vol V
Beyer, Bryan E., Vol IV
Beyer, David W., Vol II, V
Beynen, Gijsbertus (Bert) Koolemans, Vol III
Bezanson, Mark, Vol II
Bezanson, Randall P., Vol IV
Bhana, Surendra, Vol I
Bhandari, Jagdeep S., Vol IV
Bhatia, Kundan Lai, Vol V
Biafora, Frank, Vol V
Biallas, Leonard John, Vol IV
Bialostosky, Don, Vol II
Bianchi, Eugene Carl, Vol IV
Bianchi, Robert S., Vol I
Biasco, Frank, Vol V
Bibace, Roger, Vol V
Bibb, T. Clifford, Vol II
Bibza, James, Vol IV
Bica, Camillo C., Vol IV
Bice, Scott H., Vol IV
Bickel, Julia M., Vol V
Bickerton, Derek, Vol III
Bicknell, John W., Vol II
Biddle, Tami Davis, Vol I
Bidwell, Charles E., Vol V
Bieber, Judy, Vol I
Bieder, Maryellen, Vol III
Bieganowski, Ronald, Vol II, IV
Biegel, David E., Vol V
Bien, Gloria, Vol III
Bien, Joseph J., Vol IV
Bien, Peter Adolph, Vol II
Bier, Jesse, Vol II
Biernat, Leonard F., Vol IV
Biesecker, Barbara, Vol II
Biester, James, Vol II
Bietenholz, Peter Gerard, Vol I
Biggs, Douglas L., Vol I
Biggs, Henry N., Vol III
Biggs, Robert Dale, Vol I
Biggs, Shirley Ann, Vol V
Bigham, Darrel E., Vol I
Bijlefeld, Willem A., Vol I, IV
Bilaniuk, Petro Borys T., Vol IV
Biles, Zachary P., Vol II, III
Bilhartz, Terry D., Vol I
Billias, George Athan, Vol I
Billick, David Joseph, Vol II, III
Billings, John R., Vol IV
Billings, William M., Vol I
Billington, James H., Vol I
Billington, Monroe, Vol I
Billows, Richard A., Vol I
Bills, Garland D., Vol III
Bilmes, Jack, Vol V
Bilodeau, Brenda, Vol II
Bilodeau, Lorraine, Vol IV, V
Bilsker, Richard L., Vol IV
Bilsky, Lester James, Vol I
Bilson, Beth, Vol IV
Bilson, Malcolm, Vol II
Bilstein, Roger Eugene, Vol I
Binau, Brad A., Vol IV
Binder, Amy J., Vol V
Binder, David A., Vol IV
Binder, Frederick Melvin, Vol I
Binder, Leonard, Vol IV
Bindon, James R., Vol V
Bindon, K., Vol I
Binford, Henry C., Vol I
Bing, J. Daniel, Vol I
Bing, Janet M., Vol II
Bing, Robert, Vol IV
Bingham, Edwin Ralph, Vol I
Bingham, John L., Vol III
Binion, Rudolph, Vol I
Biran, Mia W., Vol V
Birch, Adolpho A., Jr., Vol IV
Birch, Bruce Charles, Vol I, IV
Bircher, Martin, Vol III
Birchette, William Ashby, III, Vol V
Bird, Delores, Vol II
Bird, Frederick, Vol IV
Bird, Harold Wesley, Vol I, II
Bird, Roger A., Vol II
Bird, Thomas E., Vol III
Birdsall, Eric, Vol II
Bireley, Robert Lee, Vol I
Birenbaum, Harvey, Vol II
Birge, Bettine, Vol III
Birkett, Mary Ellen, Vol III
Birkner, Michael J., Vol I
Birn, Donald S., Vol I
Birn, Raymond, Vol I
Birnbaum, Henrik, Vol III
Birnbaum, Lucia Chiavola, Vol I
Birnbaum, Milton, Vol II
Birnbaum, Norman, Vol V
Birner, Betty, Vol III
Birns, Nicholas B., Vol II
Bischof, Gunter J., Jr., Vol I
Bischoff, Joan, Vol II
Bishop, Allan, Vol II
Bishop, C. James, Vol I
Bishop, Donald M., Vol I
Bishop, Jonathan P., Vol II
Bishop, Michael, Vol IV
Bishop, Michael, Vol III
Bishop, Thomas, Vol III
Bishop, Thomas G., Vol II
Bishop, Wendy, Vol II
Bismanis, Maija, Vol I
Bisson, Douglas R., Vol I
Bisson, Thomas N., Vol I
Bittenbender, J. Christopher, Vol II
Bittle, William George, Vol I
Bittner, Thomas, Vol IV
Bittrich, Louis Edward, Vol II, III
Bivona, Daniel E., Vol II
Bix, Brian, Vol IV
Bixler, Jacqueline, Vol III
Bizzarro, Salvatore, Vol III
Bizzarro, Tina Waldeier, Vol I
Bizzell, Patricia L., Vol II
Bjerke, Robert Alan, Vol III
Bjerken, Xak, Vol II
Bjork, Robert E., Vol II
Blachowicz, James, Vol IV
Black, Beverly M., Vol V
Black, Brian C., Vol I
Black, C. Clifton, Vol IV
Black, Daniel, Vol II
Black, Edwin, Vol II
Black, Eugene Charlton, Vol I
Black, J. Laurence, Vol I
Black, Kenneth, Jr., Vol IV
Black, Lendley C., Vol II
Black, Margaretta, Vol III
Black, Nancy BreMiller, Vol II, III
Black, Naomi, Vol I, IV
Black, Shirley Jean, Vol I
Black, Stephen Ames, Vol II
Black, Steve, Vol II
Black, Wesley O., Vol V
Blackbourn, David G., Vol I
Blackburn, Alexander, Vol II
Blackburn, George Mccoy, Vol I
Blackburn, Simon, Vol IV
Blackburn, Terence L., Vol IV
Blackburn, Thomas, Vol II
Blackey, Robert Alan, Vol I
Blackford, Mansel Griffiths, Vol I
Blackman, Rodney J., Vol IV
Blackmar, Elizabeth, Vol I
Blackmore, Joshiah, Vol III
Blackmore, Robert Long, Vol II
Blackshire-Belay, C. Aisha, Vol III
Blackstone, Mary A., Vol II
Blackstone, Thomas L., Vol IV
Blackwell, Frederick Warn, Vol I
Blackwell, Marilyn Johns, Vol II, III
Blackwell, Richard Joseph, Vol IV
Blackwood, Roy E., Vol II
Blackwood-Collier, Mary, Vol III
Blain, Nancy Marie, Vol III
Blain, Robert R., Vol V
Blaine, Bradford Bennett, Vol I
Blair, Carole, Vol II
Blair, George Alfred, Vol IV
Blair, John, Vol II
Blair, John T., Vol III
Blair, P., Vol II
Blair, Rebecca S., Vol II
Blair, Robert G., Vol V
Blaisdell, Charmarie Jenkins, Vol I
Blaisdell, Robert Ehler, Vol II
Blaise, C., Vol II
Blaising, Craig A., Vol IV
Blake, Deborah, Vol IV
Blake, J. Herman, Vol V
Blake, James Joseph, Vol II
Blake, Michelle, Vol V
Blake, Nancy, Vol III
Blake, Richard, Vol II
Blake, Robert Grady, Vol II
Blake, Stephen, Vol I
Blakely, Allison, Vol I
Blakely, Everett, Vol V
Blakeslee, Spencer, Vol V
Blakesley, Christopher L., Vol IV
Blakey, George Thomas, Vol I
Blalock, Carmen Fountain, Vol V
Blanch, Robert James, Vol II
Blanchard, Peter, Vol I
Blanchard, Robert O., Vol II
Blanchard, Scott, Vol II
Blanchette, Oliva, Vol IV
Blanchette, Patricia, Vol IV
Blanco, Virgil H., Vol III
Bland, Kalman Perry, Vol IV
Bland, Sidney Roderick, Vol I, V
Blaney, Benjamin, Vol III
Blank, David L., Vol II, III
Blank, G. Kim, Vol II
Blank, Paula Carin, Vol II
Blanke, Richard, Vol I
Blankemeyer, Kenneth Joseph, Vol IV
Blanken, Peter D., Vol I
Blansfield, Karen C., Vol II
Blantz, Thomas E., Vol I
Blaser, L. Kent, Vol I
Blasi, Anthony J., Vol V
Blasing, Mutlu Konuk, Vol II
Blasius, Mark, Vol IV
Blast, Alberto, Vol III
Blaszak, Barbara J., Vol I
Blatt, Sidney Jules, Vol V
Blatt, Stephen J., Vol II
Blattner, William, Vol IV
Blatz, Perry K., Vol I
Blau, Herbert, Vol II, III
Blau, Judith R., Vol V
Blau, Sheridan, Vol II
Blaydes, Sophia Boyatzies, Vol II
Blazek, Ronald David, Vol II
Blazekovic, Zdravko, Vol II
Blecker, Robert A., Vol IV
Bledsoe, Robert Terrell, Vol II
Bledstein, Adrien, Vol I, II
Bledstein, Burton J., Vol I
Blee, K. M., Vol V
Bleeth, Kenneth Alan, Vol II
Bleich, David, Vol II
Bleich, J. David, Vol IV
Bleisch, Pamela, Vol II, III
Blenkinsopp, Joseph, Vol IV
Blessing, Kamila, Vol IV
Blessington, Francis C., Vol II
Blethen, H. Tyler, Vol I
Blevins, Gregory A., Vol V
Blevins, James Lowell, Vol IV
Blevins, Kent, Vol IV
Blewett, David, Vol II
Blewett, Mary H., Vol I
Bleznick, Donald William, Vol III
Blickle, Peter, Vol III
Blier, Suzanne Preston, Vol I
Bliquez, Lawrence J., Vol II, III
Bliss, Francis Royster, Vol III
Bliss, John W. M., Vol I
Bliss, Katherine, Vol I
Bliss, Lee, Vol II
Bliss, Robert M., Vol I
Blizek, William L., Vol IV
Bloch, Chana, Vol II
Block, Daniel I., Vol III
Block, Geoffrey, Vol II
Block, Haskell M., Vol III
Block, John Martin, Vol IV
Block, Joyce, Vol V
Block, Ned, Vol IV
Block, Steven, Vol II
Blocker, H. Gene, Vol I
Blockley, Mary Eva, Vol V
Blodgett, Barbara, Vol IV
Blodgett, Edward D., Vol III
Blodgett, Harriet H., Vol II
Blodgett, Ralph Edward, Vol I
Bloesch, Donald G., Vol IV
Blom, Joost, Vol IV
Blomberg, Craig L., Vol IV
Blomquist, Thomas W., Vol I
Bloom, Abigail Burnham, Vol II
Bloom, Alexander, Vol I
Bloom, Alfred, Vol IV
Bloom, Harold, Vol II
Bloom, Irene, Vol IV
Bloom, John A., Vol IV
Bloom, Lynn Z., Vol II
Bloom, Melanie, Vol II
Bloom, Robert, Vol II
Bloom, Robert M., Vol IV
Bloomer, Jennifer A., Vol I
Bloomer, W. Martin, Vol II, III
Bloomfield, Elisabeth M., Vol II, III
Bloomfield, Maxwell H., Vol I
Bloomfield, Susanne George, Vol II
Blosser, Philip, Vol IV
Blot, David, Vol II
Blotner, Joseph Leo, Vol II
Blouet, Olwyn, Vol I
Blouin, Lenora P., Vol II
Blount, Marcellus, Vol II, V
Blowers, LaVerne P., Vol IV
Bloxam, M. Jennifer, Vol II
Blue, Frederick J., Vol I
Blue, William Robert, Vol III
Blues, Thomas, Vol II
Bluestein, Gene, Vol II
Bluestone, Daniel, Vol I
Blum, Albert A., Vol I
Blum, George Paul, Vol I
Blum, John D., Vol IV
Blum, Karen M., Vol IV
Blum, Lawrence A., Vol IV, V
Blum, Toni L., Vol V
Blumberg, Arnold, Vol I
Blumberg, Barbara, Vol I
Blumberg, Grace Ganz, Vol IV
Blumberg, Phillip Irvin, Vol IV
Blumberg, Sherry H., Vol III
Blume, Donald Thomas, Vol II
Blumenfeld, David, Vol I, IV
Blumenfeld, Rodica, Vol I
Blumenfeld-Kosinski, Renate, Vol III
Blumenshine, Gary Baker, Vol I
Blumenson, Eric D., Vol IV
Blumenthal, Anna, Vol II
Blumenthal, Bernhardt George, Vol III
Blumenthal, David Reuben, Vol IV
Blumenthal, Eileen, Vol II
Blumhofer, Edith L., Vol I, IV
Blumin, Stuart, Vol I
Blumm, Micahel C., Vol IV
Blumrosen, Alfred W., Vol IV
Blumstein, James Franklin, Vol IV
Blumstein, Sheila Ellen, Vol III
Blustein, Bonnie Ellen, Vol I
Blustein, Jeffrey, Vol IV
Blyn, Robin, Vol II
Blythe, Stuart, Vol II
Boadt, Lawrence E., Vol IV
Boardman, Kathy, Vol II
Boardman, William Smith, Vol IV
Boateng, Faustine, Vol III
Boatwright, Mary T., Vol II, III
Bobbitt, Curtis W., Vol II
Bober, Phyllis Pray, Vol I
Bobia, Rosa, Vol III
Bobic, Michael, Vol IV
Bobik, Joseph, Vol IV
Bobinski, George Sylvan, Vol I, II
Bochin, Hal William, Vol II
Bochnowski, Michael, Vol IV, V
Bock, Carol A., Vol II
Bock, Darrell L., Vol IV
Bock, Martin F., Vol II
Bock, Philip K., Vol V
Bock, Robert L., Vol IV
Bock-Weiss, Catherine C., Vol I
Bodde, Derk, Vol I

Boddewyn, Jean J., Vol II, IV
Bode, Frederick August, Vol I
Bode, Robert Francis, Vol II
Bodel, John, Vol II, III
Bodi, Sonia, Vol II
Bodian, Miriam, Vol I, IV
Bodine, Jay F., Vol III
Bodkin, Robin O., Vol III
Bodkin, Thomas E., Vol V
Bodling, Kurt A., Vol I, II, IV
Bodnar, John Edward, Vol I
Bodo, Murray, Vol II
Bodon, Jean, Vol II
Boedeker, Edgar, Vol IV
Boegehold, Alan, Vol II, III
Boeger, Palmer Henry, Vol I
Boehling, Rebecca, Vol I
Boehne, Patricia Jeanne, Vol III
Boening, John, Vol III
Boerner, Peter, Vol III
Boersma, Hans, Vol I
Boetzkes, Elizabeth, Vol IV
Bofman, Theodora Helene, Vol III
Bogdan, Radu J., Vol IV
Bogel, Fredric V., Vol II
Bogen, David S., Vol IV
Bogen, Joseph E., Vol III
Bogger, Tommy L., Vol I
Boggess, Jennifer H., Vol I
Boghossian, Paul, Vol IV
Bogin, Ruth, Vol I
Bogle, Edra Charlotte, Vol III
Bogue, Allan G., Vol I
Bogus, Carl T., Vol IV
Bogus, Diane Adamz, Vol II
Boh, Ivan, Vol IV
Bohmbach, Karla G., Vol IV
Bohn, Willard, Vol III
Bohnstedt, John Wolfgang, Vol I
Bohstedt, John, Vol I
Boiarsky, Carolyn, Vol II
Boime, Albert, Vol I
Boire, Gary, Vol I
Boisclair, Regina A., Vol IV
Boisvert, Mathieu, Vol IV
Boisvert, Raymond, Vol IV
Boivin, Michael, Vol V
Bok, Derek Curtis, Vol IV
Bokenkamp, Stephen R., Vol IV
Boker, Hans J., Vol I
Bokina, John, Vol IV
Boland, James M., Vol V
Bolchazy, Ladislaus J., Vol II, III, IV
Boles, David B., Vol V
Boles, John B., Vol I
Boles, Lawrence H., Jr., Vol I
Bolger, Francis W. P., Vol I
Bolich, Greg, Vol V
Bolin, John Seelye, Vol I, II
Boling, Becky, Vol II, V
Boling, Robert Gordon, Vol IV
Boll, Michael Mitchel, Vol I
Bolland, O. Nigel, Vol V
Bollendorf, Robert F., Vol V
Bollong, Charles A., Vol V
Bologna, M., Vol V
Bolster, W. Jeffrey, Vol I
Bolsterli, Margaret Jones, Vol I, II, V
Bolt, Ernest C., Jr., Vol I
Bolt, John, Vol IV
Bolt, Robert, Vol I
Bolton, Charles C., Vol I
Bolton, Jonathan W., Vol II
Bolton, Martha Brandt, Vol IV
Bolton, Sidney Charles, Vol I
Boltuc, Piotr, Vol IV
Bolz, Barbara J., Vol II
Bombardi, Ronald Jude, Vol IV
Bomberger, E. Douglas, Vol I, II
Bonaccorso, Richard L., Vol II
Bond, Edward J., Vol IV
Bond, Gerald Albert, Vol I, III
Bond, Gilbert I., Vol IV
Bond, Gordon Crews, Vol I
Bond, Julian, Vol I
Bond, Meg, Vol V
Bond, Zinny, Vol III
Bondanella, Julia Conaway, Vol III
Bondanella, Peter, Vol III
Bonder, Bette R., Vol V
Bondeson, William B., Vol IV
Bone, Quentin, Vol I
Bonebakker, Seeger A., Vol III
Bonenfant, Joseph, Vol II
Bonesteel, Margaret D., Vol II
Boneva, Bonka, Vol V
Bonevac, Daniel A., Vol IV
Boney, Francis Nash, Vol I
Bonfante, Larissa, Vol I
Bonfiglio, Thomas, Vol III
Bonfini, Marie Roseanne, Vol III
Bongie, Chris, Vol II, III
Bongie, Laurence L., Vol III
Bongmba, Elias Kifon, Vol IV
Boni, Sylvain, Vol IV
Bonisteel, Roy, Vol IV
Bonneau, Normand, Vol IV
Bonner, Mary Winstead, Vol V
Bonner, Robert Elliott, Vol I
Bonner, Thomas, Jr., Vol II
Bonner, Thomas Neville, Vol I
Bonnette, Dennis, Vol IV
Bonnie, Richard J., Vol IV
Bonnyman-Stanley, Isabel, Vol II
Bono, Barbara Jane, Vol II
Bonomi, Patricia Updegraff, Vol I
Bontatibus, Donna, Vol V
Bontekoe, Ron, Vol IV
Bontty, Monica, Vol I
Bonvillain, Nancy, Vol III, V
Booker, John T., Vol II
Booker, M. Keith, Vol II
Boomer, Dennis, Vol IV
Boon, Jean-Pierre, Vol III
Boon, Kevin A., Vol I, II
Boorstin, Daniel Joseph, Vol I
Boos, Florence Saunders, Vol II, V
Boose, Lynda E., Vol II
Booth, Alan R., Vol I
Booth, Philip, Vol II
Booth, Richard A., Vol IV
Booth, Stephen, Vol II
Booth, Wayne Clayson, Vol II
Booxbaum, Ronnie, Vol V
Boraas, Roger Stuart, Vol IV
Borchard, Kurt, Vol V
Borchardt, Frank L., Vol III
Borchert, Gerald Leo, Vol IV
Borchert, James A., Vol I
Borchert, Susan D., Vol V
Borck, Jim Springer, Vol II
Bordeau, Catherine, Vol III
Borden, Diane M., Vol II
Borden, Sandra L., Vol II
Borelli, John, Vol I, IV
Boren, Henry C., Vol I
Boren, James Lewis, Vol II
Borer, Hagit, Vol III, V
Borg, Daniel Raymond, Vol I
Borg, Dorothy, Vol I, IV
Borg, Marcus J., Vol IV
Borg, Marian J., Vol V
Borgeson, Paul A., Vol III
Boris, Edna Z., Vol II
Borjesson, Gary, Vol IV
Bork, Robert Heron, Vol IV
Borland, Isabel Alvarez, Vol III
Bormann, Dennis Robert, Vol II, III
Bormanshinov, Arash, Vol III
Born, John D., Jr., Vol I
Borne, Lawrence Roger, Vol I
Bornet, Bruno, Vol V
Bornstein, Daniel E., Vol I
Bornstein, George J., Vol II
Borocz, Jozsef, Vol V
Borofka, David, Vol II
Borowski, Oded, Vol I, IV
Borradori, Giovanna, Vol IV
Borrows, John, Vol IV
Borsch, Frederick Houk, Vol II, IV
Borsky, Susan, Vol V
Borstel, Frederico Von, Vol V
Borstelmann, Thomas, Vol I
Borza, Eugene N., Vol I
Boscagli, Maurizia, Vol II
Bose, Sarika, Vol II
Boskin, Joseph, Vol I
Boskovic, Zeljko, Vol III
Bosmajian, Hamida H., Vol II
Boss, Judith A., Vol IV
Bostdorff, Denise M., Vol II
Boswell, Jackson Campbell, Vol I, II
Botan, Carl H., Vol II
Botein, Michael, Vol IV
Botham, Thad M., Vol IV
Bothwell, Robert S., Vol I
Botjer, George, Vol I
Botstein, Leon, Vol I
Botterill, Steven, Vol III
Botticini, Maristella, Vol IV
Bottigheimer, Karl S., Vol I
Bottigheimer, Ruth B., Vol II
Bottoms, Bette L., Vol V
Botzenhart-Viehe, Verena, Vol I
Botzler, Richard G., Vol IV
Bouchard, Constance Brittain, Vol I
Boucher, Jerry, Vol V
Boucher, Philip P., Vol I
Boudreau, Gordon V., Vol II
Boudreau, Harold Laverne, Vol III
Boudreau, Joseph A., Vol I
Bouissac, Paul A., Vol III
Boulad-Ayoub, Josiane, Vol IV
Bouler, Steven W., Vol II
Boulton, Maureen, Vol III
Bouman, Walter R., Vol IV
Bourdon, Roger J., Vol I
Bourgeois, Patrick Lyall, Vol IV
Bourguignon, Erika Eichhorn, Vol V
Bourguignon, Henry J., Vol I, IV
Bourne, Lesley-Anne, Vol II
Bourne, Lyle E., Vol V
Bouseman, John W., Vol IV
Bouson, J. Brooks, Vol II
Boutin, Aimee Marie-Carmen, Vol III
Bouwsma, William James, Vol I
Bouzard, Walter, Vol IV
Bove, Carol Mastrangelo, Vol III
Bovon, Francois, Vol IV
Bowden, Betsy, Vol II
Bowden, Henry Warner, Vol I, IV
Bowden, James Henry, Vol I, IV
Bowden, Marie Ann, Vol IV
Bowditch, Lowell, Vol II, III
Bowdle, Donald N., Vol IV
Bowe, Frank, Vol V
Bowen, Barbara C., Vol II
Bowen, David H., Vol IV
Bowen, Lynne E., Vol I
Bowen, Roger, Vol II
Bower, Beverly Lynne, Vol V
Bower, Gordon, Vol V
Bowerbank, Sylvia, Vol II
Bowers, Bege K., Vol II
Bowers, Edgar, Vol II
Bowers, J. W., Vol IV
Bowers, John M., Vol II
Bowers, Neal, Vol II
Bowers, Paul, Vol II
Bowers, Richard Hugh, Vol I
Bowers, William Lavalle, Vol I
Bowie, Norman, Vol IV
Bowland, Terry, Vol IV
Bowles, B., Vol III
Bowles, Suzanne, Vol I
Bowling, Kenneth R., Vol I
Bowlus, Bruce, Vol I
Bowman, Frank Paul, Vol III
Bowman, Jeffrey A., Vol I
Bowman, Joye L., Vol I
Bowman, L. M., Vol I
Bowman, Leonard Joseph, Vol II, IV
Bowman, Mary Ruth, Vol II
Bowman, Shearer Davis, Vol I
Bowman, Steven, Vol I
Bowne, Dale Russell, Vol IV
Bowser, Benjamin Paul, Vol V
Bowsky, William Marvin, Vol I
Boyajian, James Charles, Vol I
Boyarin, Daniel, Vol IV
Boyce, Elizabeth, Vol III
Boyce, James, Vol IV
Boychuk, Terry, Vol V
Boyd, Anne E., Vol II
Boyd, Barbara Weiden, Vol II, III
Boyd, Candy Dawson, Vol V
Boyd, Carl, Vol I
Boyd, Carolyn Patricia, Vol I
Boyd, J. Wesley, Vol IV
Boyd, James W., Vol IV
Boyd, Linda F. Wharton, Vol II
Boyd, Melba J., Vol II
Boyd, Robert, Vol IV
Boyd, Robert, Vol V
Boyd, Tom Wesley, Vol IV
Boyd, Willard L., Vol IV
Boyer, Dale Kenneth, Vol II
Boyer, Horace Clarence, Vol II
Boyer, Jay M., Vol II
Boyer, John William, Vol I
Boyer, Lee R., Vol I
Boyer, Marjorie Nice, Vol I
Boyer, Paul S., Vol I
Boyer, Richard, Vol I
Boyers, Robert, Vol II
Boykin, Keith, Vol IV
Boylan, Anne M., Vol I
Boylan, Michael A., Vol IV
Boyland, Joyce Tang, Vol V
Boyle, Ashby D., II, Vol IV
Boyle, Christine, Vol IV
Boyle, Edward A., Vol I
Boyle, F. Ladson, Vol IV
Boyle, Francis, Vol IV
Boyle, Frank T., Vol II
Boyle, John Hunter, Vol I
Boyle, John Phillips, Vol IV
Boyle, Joseph, Vol IV
Boyle, Kevin, Vol I
Boyle, Robin A., Vol IV
Boyle, Thomas Coraghessan, Vol II
Boynton, Victoria A., Vol II
Boys, Samuel A., Vol IV
Bozeman, Theodore D., Vol I, IV
Braaten, Laurie, Vol IV
Brabant, Jozef M., Vol IV
Brabeck, Mary M., Vol V
Bracey, Willie Earl, Vol IV
Bracken, J. A., Vol IV
Bracken, James K., Vol II
Bracken, Pamela, Vol II
Bracken, W. Jerome, Vol IV
Brackenridge, Robert Douglas, Vol I, IV
Brackett, David, Vol II
Brackett, Kimberly P., Vol V
Brackett, Mary Virginia, Vol II
Bracy, William, Vol II
Bradbury, Miles L., Vol I
Braddock, Robert Cook, Vol I, II
Bradford, Carole A., Vol III
Bradford, Clinton W., Vol II
Bradford, James Chapin, Vol I
Bradford, Richard Headlee, Vol I
Bradie, Michael, Vol IV
Bradley, Craig M., Vol IV
Bradley, Denis J. M., Vol IV
Bradley, Doris P., Vol II
Bradley, Jacqueline, Vol II
Bradley, James Robert, Vol II, III
Bradley, Jerry W., Vol II
Bradley, Joseph C., Vol I
Bradley, Josephine, Vol V
Bradley, Keith Richard, Vol I, III
Bradley, Marshell C., Vol IV
Bradley, Owen, Vol I
Bradley, Ritamary, Vol II
Bradshaw, Denny, Vol IV
Brady, James B., Vol IV
Brady, Jules M., Vol IV
Brady, Leo, Vol II
Brady, Michelle E., Vol IV
Brady, Owen E., Vol II
Brady, Patrick S., Vol I, III
Brady, Robert M., Vol II
Braeman, John, Vol I
Braendlin, Bonnie Hoover, Vol II
Braester, Yomi, Vol I, III
Braidotti, Erminio, Vol III
Brailow, David Gregory, Vol II
Braisted, William Reynolds, Vol I
Braithwaite, Dawn O., Vol II
Braithwaite, John, Vol IV
Braithwaite, William T., Vol IV
Brakas, Jurgis George, Vol IV
Brakke, David, Vol IV
Brakman, Sarah-Vaughan, Vol IV
Bramann, Jorn, Vol IV
Brame, Grace Adolphsen, Vol IV
Bramer, Paul G., Vol IV
Branch, Edgar Marquess, Vol II
Branch, Michael, Vol II
Brand, Charles Macy, Vol I
Brand, Eugene L., Vol IV
Brand, Myles, Vol IV
Brande, David, Vol II
Brandimarte, Cynthia A., Vol I
Brandler, Marcielle, Vol II
Brandom, Robert Boyce, Vol IV
Brandon, James R., Vol II
Brandon, Robert N., Vol IV
Brandt, Beverly K., Vol I
Brandt, Bruce E., Vol II
Brandt, Di, Vol II
Brandt, Eric A., Vol IV
Brandt, Gregory J., Vol IV
Brandt-Williams, Ann, Vol V
Branham, Joan R., Vol I
Branick, Vincent P., Vol IV
Branson, Douglas M., Vol IV
Branson, Susan, Vol I
Brant, Dale, Vol IV
Brantley, Jennifer, Vol II
Brantley, William, Vol II
Brasch, Walter Milton, Vol II
Brasfield, James, Vol II
Brassard, Francis, Vol IV
Brasseaux, Carl A., Vol I
Brater, Enoch, Vol II
Bratton, Timothy L., Vol I
Brauch, Manfred T., Vol IV
Braud, William, Vol V
Braude, Benjamin, Vol I
Braudy, Leo, Vol II
Brauer, Carl Malcolm, Vol I
Brauer, James L., Vol IV
Brauer, Jerald, Vol I, IV
Brauer, Kinley, Vol I
Brault, Gerard Joseph, Vol III
Brault, Pascale-Anne, Vol III
Braun, Ernst, Vol III
Braun, Kazimierz, Vol II
Braun, Theodore, Vol III
Braun, Wilhelm, Vol III
Braungardt, Jurgen, Vol IV
Braunmuller, A. R., Vol II
Braus, Ira, Vol II
Brautigam, Deborah, Vol IV
Braxton, Edward Kenneth, Vol IV
Bray, Gerald L., Vol IV
Bray, R. Matthew, Vol I
Braybrooke, David, Vol IV
Brecht, Albert O., Vol IV
Breckenridge, James, Vol I, IV
Bredbeck, Gregory W., Vol II
Bredeck, Martin James, Vol IV
Bredin, Marian, Vol II
Bree, Germaine, Vol III
Breece, William H., Vol I
Breeden, David M., Vol II
Breeden, James Pleasant, Vol IV
Breen, Marcus, Vol II
Breen, Timothy Hall, Vol I
Bregman, Lucy, Vol IV
Brehm, H. Alan, Vol IV
Breihan, John R., Vol I
Breines, Joseph, Vol III
Breines, Paul, Vol I
Breines, Winifred, Vol V
Breisach, Ernst Adolf, Vol I
Breit, Frederick Joseph, Vol I
Breit, Peter K., Vol I
Breit, William Leo, Vol IV
Breitman, Richard D., Vol I
Breitrose, Henry S., Vol II
Bremen, Brian A., Vol II
Bremer, Francis John, Vol I
Bremer, William Walling, Vol I
Bremner, Robert Hamlett, Vol I
Brennan, Anne Denise, Vol II
Brennan, Anthony, Vol II
Brennan, James Franklin, Vol IV
Brennan, John James, Vol I
Brennan, John P., Vol II
Brennan, Kit, Vol II
Brennan, Linda, Vol II, V
Brennan, Mary Alethea, Vol II, III, IV
Brennan, Matthew C., Vol II
Brennan, Pat, Vol I
Brennan, Pauline G., Vol IV
Brennan, Timothy A., Vol II
Brennan, Timothy J., Vol IV
Brennan, Virginia M., Vol III
Brenneman, Walter L., Jr., Vol I, IV
Brennen, Bonnie S., Vol IV
Brenner, Louis, Vol I
Brenner, William H., Vol IV
Brentano, Robert, Vol I
Breshears, Russell, Vol IV
Breslaw, Elaine, Vol I
Breslin, Linda, Vol II
Breslin, Paul, Vol II
Breslin, Thomas Aloysius, Vol I
Breslow, Boyd, Vol I
Breslow, Marvin A., Vol I
Bresnahan, Roger J. Jiang, Vol II
Brest, Paul, Vol IV
Breton, Raymond J., Vol I
Brett, Nathan C., Vol IV
Brett, Philip, Vol II
Brett, Sally A., Vol II
Brett-Smith, Sarah, Vol I
Brettell, Caroline B., Vol V
Brettschneider, Marla, Vol IV
Bretzke, James T., Vol IV
Brevart, Francis B., Vol III
Brewbaker, William S., III, Vol IV
Brewer, Daniel, Vol II
Brewer, John T., Vol III
Brewer, Maria Minich, Vol III
Brewer, Maria Minich, Vol II

Brewster, Glen, Vol II
Brewton, Butler E., Vol II
Breyer, Stephen Gerald, Vol IV
Briceland, Alan Vance, Vol I
Bricker, Daniel P., Vol IV
Brickey, Kathleen F., Vol IV
Brickman, Lester, Vol IV
Bridenthal, Renate, Vol I
Bridges, Roger Dean, Vol I
Bridwell, R. Randal, Vol IV
Brieger, Gert Henry, Vol I
Brier, Bob, Vol IV
Brier, Peter A., Vol II
Brietzke, Paul H., Vol IV
Briggs, Charles L., Vol V
Briggs, J. M., Vol I
Briggs, John, Vol II
Briggs, John C., Vol II
Briggs, Ward W., Vol II, III
Brigham, John, Vol IV
Brighouse, M. H., Vol IV
Bright, David F., Vol II, III
Brilliant, Richard, Vol I
Brind'Amour, Lucie, Vol II, III
Brindle, Wayne, Vol IV
Briner, Wayne, Vol V
Bringhurst, Newell G., Vol I, IV
Brink, David O., Vol IV
Brink, James Eastgate, Vol I
Brink, Jean R., Vol II
Brinkley, Alan, Vol I
Brinkley, Ellen H., Vol II
Brinkley, George A., Vol I, IV
Brinkman, John Anthony, Vol I
Brinkman, John T., Vol I, IV
Brinkmann, Klaus, Vol IV
Brinks, Herbert John, Vol I
Brinner, William Michael, Vol I, III, IV
Brinton, Laurel J., Vol III
Brisco, Thomas V., Vol I, IV
Briscoe, David L., Vol V
Brisman, Leslie, Vol II
Brister, C. W., Vol IV
Brister, Louis Edwin, Vol III
Bristol, Evelyn C., Vol III
Bristow, Clinton, Jr., Vol IV
Bristow, Edward, Vol I, IV
Britsch, R. Lanier, Vol I
Britt, Brian M., Vol IV
Brittain, James Edward, Vol I
Britton, Allen Perdue, Vol II
Brizio-Skov, Flavia, Vol III
Brkkila, Betsy, Vol II
Broad, David B., Vol V
Broad, Robin, Vol IV
Broadhead, Glenn J., Vol II
Broadie, Sarah, Vol IV
Brock, Dan W., Vol IV
Brock, Dewey Heyward, Vol II
Brock, James W., Vol II
Brock, Karen L., Vol I
Brock, Peter de Beauvoir, Vol I
Brockelman, Paul, Vol IV
Brockman, William S., Vol II
Brockmann, Stephen, Vol II
Brockopp, Jonathan E., Vol IV
Brod, Harry, Vol IV
Broden, Thomas F., Vol III
Broderick, John Caruthers, Vol II
Brodhead, Garry, Vol II
Brodhead, Michael John, Vol I
Brodin, Mark S., Vol IV
Brodley, Joseph F., Vol IV
Brodman, James W., Vol I
Brodman, Marian, Vol III
Brodsky, Garry, Vol IV
Brodsky, Patricia Pollock, Vol III
Brodwin, Paul E., Vol V
Brody, Aaron J., Vol I
Brody, Boruch Alter, Vol IV
Brody, David, Vol I
Brody, Jules, Vol III
Broesamle, John Joseph, Vol I
Brofman, Mikita, Vol II
Brogan, Doris DelTosto, Vol IV
Brogan, Jacqueline V., Vol II
Brogan, Walter A., Vol IV
Brokaw, John W., Vol II
Broman, Per F., Vol II
Brommel, Bernard, Vol II
Bromwich, David, Vol II
Broniak, Christopher, Vol IV
Bronner, Edwin Blaine, Vol I
Bronner, Simon J., Vol I
Bronstein, Herbert, Vol I, IV
Brook, Andrew, Vol IV
Brook, Barry Shelley, Vol II
Brooke, John L., Vol I
Brooke, Roger, Vol V
Brooker, Jewel Spears, Vol II
Brooks, A. Russell, Vol II
Brooks, Catherine M., Vol IV
Brooks, Dwight E., Vol II
Brooks, E. Bruce, Vol I
Brooks, E. Willis, Vol I
Brooks, George E., Vol I
Brooks, John, Vol I, IV
Brooks, Peter Preston, Vol III
Brooks, Robin, Vol I
Brooks, Roy Lavon, Vol IV
Brooks-Gunn Brooks-Gunn, Jeanne, Vol V
Brookshire, Jerry, Vol I
Brophy, Alfred L., Vol IV
Brosnahan, Leger, Vol II, V
Bross, James Beverley, Vol I, IV
Brothers, Thomas, Vol II
Broudy, Harry S., Vol IV, V
Broughton, Janet Setzer, Vol IV
Broughton, Thomas Robert Shannon, Vol I, II, III
Broussard, Ray F., Vol I
Browder, George C., Vol I
Brower, Bruce W., Vol IV
Brower, Daniel Roberts, Vol I
Browing, Reed S., Vol I
Browman, David L., Vol V
Brown, A. Peter, Vol I, II
Brown, Alan K., Vol II
Brown, Alan S., Vol I
Brown, Alanna Kathleen, Vol II
Brown, Alexandra, Vol IV
Brown, Alison L., Vol IV
Brown, Amos Cleophilus, Vol IV
Brown, Arthur A., Vol II
Brown, Barry, Vol IV
Brown, Beatrice S., Vol V
Brown, Bill, Vol II
Brown, Blanche Rachel, Vol I
Brown, Brenda, Vol II
Brown, Bryson, Vol IV
Brown, Candy, Vol I
Brown, Carole Ann, Vol II
Brown, Christopher P., Vol I
Brown, Colin, Vol IV
Brown, Craig, Vol IV
Brown, D. Clayton, Vol I
Brown, Dale W., Vol IV
Brown, Dan, Vol II
Brown, Daniel Aloysius, Vol IV
Brown, Dorothy M., Vol I
Brown, Eric, Vol IV
Brown, Frank, Vol V
Brown, Frederick, Vol III
Brown, George, Jr., Vol IV
Brown, George Hardin, Vol II
Brown, Harold I., Vol IV
Brown, Harold O. J., Vol IV
Brown, Harry Matthew, Vol II
Brown, Homer O., Vol II
Brown, Ira Vernon, Vol I
Brown, J. Daniel, Vol IV
Brown, James Dale, Vol II
Brown, James J., Vol IV
Brown, James Lorin, Vol III
Brown, James R., Vol IV
Brown, James Seay, Jr., Vol I
Brown, Jane K., Vol III
Brown, Janice C. L., Vol III
Brown, Jared, Vol II
Brown, Jennifer S. H., Vol I
Brown, Jerry Wayne, Vol I, IV
Brown, Jessie Lemon, Vol II
Brown, Joan L., Vol III
Brown, John A., Vol V
Brown, John Andrew, Vol V
Brown, John E., Vol I
Brown, John Lackey, Vol III
Brown, Jonathan Charles, Vol I, IV
Brown, Jonathan M., Vol I
Brown, Judith K., Vol V
Brown, Julia Prewitt, Vol II
Brown, Kendall H., Vol I
Brown, Kendall Walker, Vol I
Brown, Kenneth, Vol I, IV
Brown, Kenneth Lee, Vol IV
Brown, Kristen M., Vol I, IV
Brown, Lady, Vol II
Brown, Lee Bateman, Vol IV
Brown, Leslie, Vol I
Brown, Linda Beatrice, Vol II
Brown, Lorraine Anne, Vol II
Brown, Margaret T., Vol I
Brown, Marilyn, Vol I
Brown, Marion Marsh, Vol II
Brown, Mark A., Vol IV
Brown, Mark M., Vol I
Brown, Mark W., Vol II
Brown, Mary Ellen, Vol V
Brown, Michael Fobes, Vol V
Brown, Michael G., Vol III
Brown, Monkia, Vol II
Brown, Murray, Vol IV
Brown, Norman D., Vol I
Brown, Ola M., Vol V
Brown, Paul Llewellyn, Vol IV
Brown, Pearl Leblanc, Vol II
Brown, Peter B., Vol I
Brown, Peter D. G., Vol III
Brown, Peter G., Vol IV
Brown, R. Craig, Vol I
Brown, R. L., Vol IV
Brown, Richard Carl, Vol I
Brown, Richard D., Vol I
Brown, Richard H., Vol V
Brown, Richard Holbrook, Vol I
Brown, Richmond F., Vol I
Brown, Robert, Vol V
Brown, Robert E., Vol II
Brown, Robert Fath, Vol IV
Brown, Robert W., Vol I
Brown, Ronald Conklin, Vol I
Brown, Ronald Paul, Vol I
Brown, Royal Scott, Vol III
Brown, Russell Morton, Vol II
Brown, Ruth Christiani, Vol II
Brown, Sallie, Vol I
Brown, Scott Kent, Vol I, IV
Brown, Sidney DeVere, Vol I
Brown, Spencer Hunter, Vol I
Brown, Stephen G., Vol IV
Brown, Stephen Jeffry, Vol II
Brown, Steven, Vol II
Brown, Steven M., Vol IV, V
Brown, Stewart Jay, Vol I
Brown, Susan G., Vol V
Brown, T. Dennis, Vol II
Brown, Terry, Vol II
Brown, Thomas H., Vol II
Brown, Walter R., Vol I
Brown, William H., III, Vol IV
Brown, William P., Vol IV
Brown Weiss, Edith, Vol IV
Brown-Guillory, Elizabeth, Vol II
Browne, Dallas L., Vol V
Browne, Donald R., Vol II
Browne, E. Wayles, Vol III
Browne, Gary Lawson, Vol I
Browne, Gregory M., Vol IV
Browne, Ray B., Vol II
Browne, Stanley M., Vol IV
Browne, William Francis, Vol II
Brownell, Susan E., Vol V
Browning, Barton W., Vol III
Browning, C. R., Vol I
Browning, Daniel C., Vol I, IV
Browning, Don S., Vol IV
Browning, Judith, Vol II
Browning, Mark, Vol II
Browning, Peter, Vol IV
Browning, Reed St. Clair, Vol I
Brownley, Martine Watson, Vol II, V
Brownmiller, Sara N., Vol IV
Brownson, James, Vol IV
Broxton, Randall, Vol I
Broyles, James Earl, Vol IV
Broyles, Michael, Vol I, II
Bruant, Rees, Vol IV
Bruccoli, Matthew J., Vol II
Bruce, Alexander, Vol II
Bruce, D. D., Vol I
Bruce, Robert Vance, Vol I
Bruch, C. S., Vol IV
Brucker, Gene Adam, Vol I
Bruder, Kurt A., Vol II
Brueggemann, Aminia M., Vol III
Bruegmann, Robert, Vol I
Bruffee, Kenneth Allen, Vol II
Bruhn, John Glyndon, Vol V
Bruland, Esther, Vol IV
Brulotte, Gaëtan, Vol III
Brumbaugh, John Maynard, Vol IV
Brumberg, Joan Jacobs, Vol I
Brumfiel, Elizabeth M., Vol V
Brumfield, William Craft, Vol I, III
Brummett, Palmira, Vol I
Brundage, James A., Vol I
Brundage, William F., Vol I
Bruneau, Marie Florine, Vol III
Bruner, Edward M., Vol V
Bruner, Jeffrey, Vol III
Bruner, M. Lane, Vol II, III
Brunette, Peter, Vol I
Brungardt, Maurice P., Vol I
Bruning, Stephen D., Vol II
Brunk, Conrad, Vol IV
Brunk, Samuel, Vol I
Brunnee, Jutta, Vol IV
Brunner, Kathleen Marie, Vol III
Bruno, James Edward, Vol IV, V
Bruns, Gerald L., Vol II
Brunsdale, Mitzi Mallarian, Vol II, III
Brunson, Martha Luan, Vol II
Brunvand, Jan Harold, Vol V
Brush, Craig Balcombe, Vol III
Brush, Stephen George, Vol I
Brushwood, John Stubbs, Vol II, III
Brustein, Robert, Vol II
Brustein, William, Vol V
Bruster, Douglas, Vol II
Bruzelius, Caroline, Vol I
Bryan, Ferald J., Vol II
Bryan, Jesse A., Vol V
Bryant, Alan W., Vol IV
Bryant, Bunyan I., Vol V
Bryant, David J., Vol IV
Bryant, John, Vol II
Bryant, Lynn Ross, Vol IV
Bryden, Philip, Vol IV
Brydon, Diana, Vol II
Bryer, Jackson R., Vol II
Bryson, Norman, Vol II
Bryson, Ralph J., Vol II
Bryson, William Hamilton, Vol I, IV
Bub, Jeffrey, Vol IV
Bubany, Charles Phillip, Vol IV
Buccellati, Giorgio, Vol I
Bucco, Martin, Vol II
Buccola, Regina M., Vol II
Buchanan, Carl J., Vol II
Buchanan, Donna A., Vol II
Buchanan, George Wesley, Vol IV
Buchanan, Harvey, Vol I
Buchanan, Raymond W., Vol II
Buchanan, Rhonda L., Vol III
Bucher, Gerard C., Vol III
Bucher, Glenn R., Vol IV
Bucholz, Arden K., Vol I
Buck, David, Vol I
Buck, Harry Merwyn, Vol I, IV
Buck, Robert J., Vol II, III
Buckalew, Ronald Eugene, Vol II
Buckingham, Don, Vol IV
Buckland, Roscoe Lawrence, Vol I, II
Buckler, John, Vol I
Buckley, Christina A., Vol III
Buckley, Francis J., Vol IV
Buckley, Jerome Hamilton, Vol II
Buckley, Joan, Vol II
Buckley, Thomas, Vol V
Buckley, Thomas Hugh, Vol I
Buckley, Thomas W., Vol IV
Buckley, William Kermit, Vol II
Bucklin, Steve, Vol I
Bucknell, Brad, Vol II
Buckner, Phillip Alfred, Vol I
Buckstead, Richard C., Vol II
Buckwold, Tamara, Vol IV
Bucy, Pamela H., Vol IV
Budd, Louis John, Vol II
Budd, Michael, Vol II
Budds, Michael J., Vol II
Budra, Paul Vincent, Vol II
Buehler, Arthur, Vol IV
Buehler, Arthur F., Vol IV
Buel, Richard (Van Wyck), Vol I
Buell, Frederick Henderson, Vol II
Buell, Lawrence I., Vol II
Buelow, George John, Vol II
Buenker, John D., Vol I
Buerkel-Rothfuss, Nancy, Vol II
Buettinger, Craig, Vol I
Buettner, Brigitte, Vol I
Bufford, Edward Eugene, Vol IV
Bufford, Rodger K., Vol V
Buford, Thomas O., Vol IV
Bugg, Charles B., Vol IV
Bugge, John Michael, Vol II
Buhle, Mari Jo, Vol I
Buhler, Stephen M., Vol II
Buhnemann, Gudrun, Vol I, IV
Buickerood, James G., Vol IV
Buisseret, David, Vol I
Buitenhuis, Peter M., Vol II
Buja, Maureen, Vol II
Bukalski, Peter J., Vol II
Bukey, Evan B., Vol I
Bulbulia, Ahmed I., Vol IV
Bulger, Peggy A., Vol V
Bull, Barry L., Vol IV, V
Bull, Robert Jehu, Vol I, IV
Bullard, Alice, Vol I
Bullard, Edward A., Jr., Vol IV
Bullard, John Moore, Vol II, IV
Bullard, Melissa Meriam, Vol I
Bullard, Reuben, Vol I
Bullard, Truman, Vol II
Bullaro, Grace Russo, Vol II
Buller, Jeffrey L., Vol II, III
Bulliet, Richard, Vol I
Bullion, John Lewis, Vol I
Bullivant, Keith, Vol I, III
Bullock, Alice G., Vol IV
Bullock, James, Vol IV
Bullock, Joan R., Vol IV
Bullock, Steven C., Vol I
Bullon-Fernandez, Maria, Vol II
Bullough, Robert V., Jr., Vol I, V
Bullough, William Alfred, Vol I
Bulman, Gail A., Vol III
Bump, Jerome Francis Anthony, Vol II, III
Bunch, Richard Alan, Vol I
Bunge, Mario, Vol IV
Bunge, Nancy Liddell, Vol II
Bunge, Wilfred F., Vol III, IV
Buni, Andrew, Vol I
Buntrock, Dana, Vol I
Bunzl, Martin, Vol IV
Burbank, Stephen B., Vol IV
Burbick, Joan, Vol II
Burbidge, John William, Vol IV
Burch, Francis Floyd, Vol III, IV
Burch, Hobart, Vol V
Burch, Robert W., Vol IV
Burch, Sharon Peebles, Vol IV
Burckel, Nicholas C., Vol I
Burd, Van Akin, Vol II
Burde, Edgar J., Vol II
Burdick, Dakin, Vol I
Burduck, Michael L., Vol II
Burford, Jim, Vol I
Burg, B. R., Vol I
Burgchardt, Carl, Vol II
Burgdorf, Robert L., Jr., Vol IV
Burger, Mary Williams, Vol V
Burger, Ronna C., Vol IV
Burgess, Andrew J., Vol IV
Burgess, Jonathan, Vol II, III
Burgess, Michael, Vol II
Burgess, Stanley M., Vol IV
Burggraaff, Winfield J., Vol I
Burgh, Richard, Vol IV
Burghardt, Gordon M., Vol V
Burgin, Diana Lewis, Vol III
Burgoon, Judee, Vol II
Burgos, Fernando, Vol II
Burgueno, Maria C., Vol I
Burian, Jarka Marsano, Vol II
Burian, Richard M., Vol IV
Burke, Albie, Vol I, IV
Burke, Alexander J., Vol II
Burke, Bernard V., Vol I
Burke, Colin B., Vol I
Burke, Edmund, Vol I
Burke, James F., Vol III
Burke, John, Vol IV
Burke, John J., Jr, Vol II
Burke, Kevin, Vol V
Burke, Martin J., Vol I
Burke, Michael B., Vol IV
Burke, Michael E., Vol I
Burke, Ronald R., Vol IV
Burke, Sara Z., Vol I
Burke, William Thomas, Vol IV
Burkett, Delbert Royce, Vol I, IV
Burkett, Randall Keith, Vol I, IV
Burkey, John, Vol IV
Burkhardt, Frederick, Vol IV
Burkhardt, Richard W., Vol I
Burkhart, John E., Vol IV
Burkholder, Mark A., Vol I
Burkinshaw, Robert K., Vol I
Burkle, Howard R., Vol IV
Burkman, Katherine H., Vol II
Burkman, Thomas, Vol I
Burks, Arthur Walter, Vol IV
Burks, Don M., Vol II
Burland, Margaret A. Jewett, Vol II
Burleson, Brant R., Vol II
Burlin, Robert B., Vol II
Burling, Robbins, Vol III, V
Burling, William J., Vol II
Burlingame, Gary M., Vol V
Burlingame, Lori, Vol II

Burlingame, Michael A., Vol I
Burman, Thomas, Vol I
Burneko, Guy, Vol II, IV
Burnell, Devin, Vol I
Burner, David B., Vol I, II
Burnett, Amy, Vol I
Burnett, Ann K., Vol II
Burnett, Anne Pippin, Vol II, III
Burnett, David G., Vol I
Burnett, Donald L., Vol IV
Burnett, Fredrick Wayne, Vol IV
Burnett, G. Wesley, Vol I
Burnett, Stephen G., Vol I, IV
Burnette, Rand, Vol I
Burnham, John Chynoweth, Vol I
Burnham, Michelle, Vol II
Burnham, Patricia, Vol I
Burnim, Mellonee Victoria, Vol II
Burnor, Richard N., Vol IV
Burns, Carol J., Vol I
Burns, Chester Ray, Vol I
Burns, J. Lanier, Vol IV
Burns, J. Patout, Jr., Vol IV
Burns, Mary T., Vol V
Burns, Michael, Vol I
Burns, Sarah, Vol I
Burns, Steven A. M., Vol IV
Burns, Thomas S., Vol I
Burnstein, Daniel, Vol I
Burr, Carol E., Vol V
Burr, John Roy, Vol IV
Burrell, Barbara, Vol I
Burrell, David, Vol IV
Burres, Kenneth Lee, Vol III, IV
Burright, Richard B., Vol V
Burrill, Russell C., Vol IV
Burrington, Dale E., Vol IV
Burris, John, Jr., Vol IV
Burris, John L., Vol IV
Burris, Sidney, Vol II
Burris-Kitchen, Deborah J., Vol V
Burrison, John A., Vol V
Burroughs, Catherine, Vol II
Burroughs, Charles, Vol I
Burroway, Janet Gay, Vol II
Burrows, Edwin G., Vol I
Bursk, Christopher, Vol II
Burson, Herbert I., Vol V
Burstein, Andrew, Vol I
Burstein, L. Poundie, Vol II
Burstein, Stanley M., Vol I
Burston, Daniel, Vol V
Burt, Donald X., Vol IV
Burt, John D., Vol II
Burt, Larry, Vol I
Burt, Robert Amsterdam, Vol IV
Burt, Susan Meredith, Vol II
Burtchaell, James T., Vol IV
Burtness, James H., Vol IV
Burton, Charles E., Vol V
Burton, David Henry, Vol I
Burton, J. D., Vol I, V
Burton, Joan, Vol II, III
Burton, Keith, Vol IV
Burton, Michael L., Vol V
Burton, Orville Vernon, Vol I
Burton, William Lester, Vol I
Burwell, Rose Marie, Vol II
Burwick, Frederick, Vol II
Busby, Karen, Vol IV
Busby, Rudolph E., Vol II
Busch, Briton Cooper, Vol I
Busch, Frederick Matthew, Vol II
Busch, Lawrence M., Vol V
Busch, Thomas W., Vol IV
Buschart, David, Vol IV
Bush, Harold K., Vol II
Bush, Harry H., Vol V
Bush, John M., Vol I
Bush, L. Russ, Vol IV
Bush, Nathaniel, Vol IV
Bush, Perry, Vol I
Bush, Sargent, Jr., Vol II
Bushman, Claudia, Vol I
Bushman, Richard, Vol I
Bushnell, David, Vol I
Bushnell, Jack, Vol II
Busi, Frederick, Vol III
Buss, Dietrich, Vol I
Buss, Martin John, Vol IV
Bussanich, John, Vol IV
Bussel, Daniel J., Vol IV
Busza, Andrew/Andrzej, Vol II
Butchvarov, Panayot K., Vol IV
Butler, Clark Wade, Vol IV
Butler, Gerald Joseph, Vol II, III
Butler, J., Vol IV
Butler, J. Corey, Vol V
Butler, J. Ray, Vol IV
Butler, James Albert, Vol II
Butler, Jeffrey Ernest, Vol I
Butler, Jon, Vol I
Butler, Katharine G., Vol II
Butler, Kim D., Vol I
Butler, Lee Hayward, Jr., Vol IV
Butler, Leslie, Vol I
Butler, Rebecca Batts, Vol V
Butler, Thomas J., Vol III
Butler, Trent C., Vol IV
Butler-Evans, Eliot, Vol II
Butow, Robert J. C., Vol I
Butscher, Edward, Vol II
Butte, George, Vol II
Buttenfield, Barbara P., Vol I
Butterfield, Bradley J., Vol II
Butterfield, Bruce A., Vol II
Butters, Ronald R., Vol II
Buttigieg, Joseph A., Vol II
Butts, Michele T., Vol I
Buxbaum, Melba M., Vol III
Buxbaum, Richard Manfred, Vol IV
Buzzard, Karen S., Vol II
Buzzell, Timothy, Vol V
Byars, Jackie L., Vol II, V
Bybee, Jay S., Vol IV
Bybee, Joan L., Vol III
Byer, Inez, Vol IV
Byers, Lori, Vol II
Byman, Seymour David, Vol I, IV
Bynagle, Hans Edward, Vol IV
Bynum, Caroline Walker, Vol I
Bynum, David Eliab, Vol V
Byrd, James David, Jr., Vol IV
Byrd, Jerry Stewart, Vol IV
Byrd, R., Vol II
Byre, Calvin S., Vol II, III
Byrne, Edmund F., Vol IV
Byrne, Frank Loyola, Vol I
Byrne, James E., Vol IV
Byrne, John M., Vol I
Byrne, Patrick Hugh, Vol IV
Byrne, William, Vol V
Byrnes, John, Vol IV
Byrnes, Joseph Francis, Vol I
Byron, Kristine Ann, Vol I, III
Bzdyl, Donald G., Vol II
Cababas, Miguel Angel, Vol III
Cabal, Theodore James, Vol IV
Caban, Pedro, Vol I, III
Cabezut-Ortiz, Delores, Vol II
Cable, Thomas Monroe, Vol II, III
Cachia, Pierre J. E., Vol III
Cacicedo, Alberto Jesus, Vol II
Cadely, Jean Robert Joseph, Vol III
Cades, Steven, Vol V
Cadorette, Curt R., Vol IV
Cady, Duane Lynn, Vol IV
Cafaro, Philip, Vol IV
Caffentzis, C. George, Vol IV
Cafferty, Pastora San Juan, Vol I
Caffrey, Margaret M., Vol I
Caffrey, Raymond T., Vol II
Cagniant, Pierre, Vol I
Cahan, David, Vol I
Cahan, Jean, Vol IV
Cahill, Ann J., Vol IV
Cahill, Jane, Vol II
Cahill, Lisa Sowle, Vol IV
Cahill, P. Joseph, Vol IV
Cahn, Edgar S., Vol IV, V
Cahn, Victor L., Vol II
Cahoone, Lawrence, Vol IV
Cai, Deborah A., Vol II
Caiden, Gerald E., Vol IV
Cailler, Bernadette Anne, Vol II
Cain, James, Vol IV
Caine, Stanley Paul, Vol I
Cairns, Alan, Vol IV
Cairns, Hugh A. C., Vol I, IV
Calabrese, Andrea, Vol III
Calabresi, The Honorable Guido, Vol IV
Calarco, N. Joseph, Vol II
Calcagnetti, Daniel J., Vol V
Calcagno, Ann, Vol II
Calder, Lendol, Vol I
Calder, Robert L., Vol II
Calder, William M., III, Vol II, III
Caldwell, Harry M., Vol IV
Caldwell, L. K., Vol I, IV
Caldwell, Larry, Vol III
Caldwell, M. Milford, Vol V
Caldwell, Mark Leonard, Vol II
Caldwell, Ronald James, Vol I
Caldwell, Sarah, Vol V
Calendrillo, Linda T., Vol II
Calfee, Dennis A., Vol IV
Calgaro, W., Vol V
Calhoon, Robert M., Vol I
Calhoun, Charles W., Vol I
Calhoun, Daniel Fairchild, Vol I
Calhoun, Lee A., Vol V
Calhoun, Richard James, Vol II
Calhoun, Robert M., Vol I
Calhoun, Thomas O., Vol II
Calian, Carnegie Samuel, Vol IV
Calin, William, Vol III
Calkins, Kenneth Roy, Vol I
Calkins, Martin, Vol IV
Calkins, Robert Gilmer, Vol I
Callaghan, Catherine A., Vol III
Callaghan, Glenn McKee, Vol V
Callaghan, Michael J., Vol II
Callahan, Daniel Francis, Vol I, IV
Callahan, James P., Vol IV
Callahan, John Francis, Vol II
Callahan, Raymond Aloysius, Vol I
Callahan, William James, Vol I
Callan, Richard Jerome, Vol III
Callan, T., Vol IV
Callander, Marilyn Berg, Vol II
Callaway, Mary Chilton, Vol IV
Callender, Carl O., Vol IV
Callender, Wilfred A., Vol IV
Callicutt, James W., Vol V
Callies, David Lee, Vol IV
Callon, Gordon, Vol II
Calvert-Koyzis, Nancy, Vol IV
Camargo, Martin J., Vol II
Cameron, Alan, Vol I, III
Cameron, Catherine M., Vol V
Cameron, David L., Vol IV
Cameron, Donald M., Vol IV
Cameron, Elspeth M., Vol II
Cameron, James D., Vol I
Cameron, James Reese, Vol I
Cameron, John, Vol II
Cameron, Mary M., Vol V
Cameron, Ruth A., Vol II
Cameron, Sharon, Vol II
Camfield, Gregg, Vol II
Camfield, Thomas M., Vol I
Caminals-Heath, Roser, Vol II
Caminero-Santangelo, Byron, Vol II
Caminero-Santangelo, Marta, Vol II
Cammarata, Joan F., Vol III
Camp, David A., Vol V
Camp, Helen C., Vol I
Camp, Richard, Vol I
Camp, Roderic A., Vol IV
Campana, Phillip Joseph, Vol III
Campany, Robert F., Vol IV
Campbell, Ballard C., Vol I
Campbell, C. Jean, Vol II
Campbell, Courtney S., Vol IV
Campbell, David A., Vol II, III
Campbell, Donna, Vol II
Campbell, Elizabeth, Vol II
Campbell, Felicia F., Vol II
Campbell, Gerry, Vol IV
Campbell, Gregory R., Vol V
Campbell, Gwyn E., Vol III
Campbell, Howard B., Vol V
Campbell, J. Lee, Vol II, III
Campbell, Jackson Justice, Vol II
Campbell, Jane, Vol II
Campbell, Joan, Vol I
Campbell, John Coert, Vol I
Campbell, John Pollock, Vol I
Campbell, John W., Vol V
Campbell, Joseph Gordon, Vol IV
Campbell, Ken M., Vol IV
Campbell, Lee W., Vol IV
Campbell, Mary Schmidt, Vol I
Campbell, Randolph B., Vol I
Campbell, Richmond M., Vol IV
Campbell, Stuart Lorin, Vol I
Campbell, SueEllen, Vol II
Campbell, Susan, Vol IV
Campbell, Ted A., Vol I, IV
Campion, Daniel R., Vol II
Campion, Edmund J., Vol III
Campos, Javier F., Vol III
Camurati, Mireya Beatriz, Vol II, III
Camus, Raoul F., Vol II
Canada, Mark A., Vol II
Canary, Robert Hughes, Vol II
Cancel, Robert, Vol II
Candido, Joseph D., Vol II
Caneday, Ardel B., Vol IV
Canfield, J. Douglas, Vol II
Cannadine, David, Vol I
Canning, Paul, Vol I
Cannistraro, Philip Vincent, Vol I
Cannon, Dale W., Vol IV
Cannon, Donald Quayle, Vol I
Cannon, Garland, Vol II
Cannon, Joann Charlene, Vol III
Cannon, John J., Vol IV
Cannon, Katie Geneva, Vol IV
Cannon, Keith, Vol II
Cantor, Louis, Vol I
Cantor, Milton, Vol I
Cantor, Norman Frank, Vol I, IV, V
Cantor, Paul Arthur, Vol II
Cantrell, Carol, Vol II
Cantrell, Gregg, Vol I
Cantrill, Dante, Vol I
Cantrill, James G., Vol II
Canup, John, Vol I
Cao, Liqun, Vol V
Cap, Jean-Pierre, Vol III
Cape, Robert W., Jr., Vol II, III
Capeles, Mervin, Vol III
Capizzi, Joseph E., Vol IV
Caplan, Arthur L., Vol IV
Caplan, Jay L., Vol III
Cappella, Joseph N., Vol II
Cappelletti, Salvatore, Vol III
Capps, Donald E., Vol IV
Capps, Jack L., Vol II
Capps, Randall, Vol II
Cappucci, Paul R., Vol II
Capra, Carl J., Vol V
Capra, Daniel J., Vol IV
Capriotti, Emile, Vol IV
Capron, Alexander M., Vol I, IV
Capshew, James H., Vol I
Captain, Yvonne, Vol II, III
Caputi, Anthony Francis, Vol II
Caputi, Jane, Vol I, V
Caputo, John D., Vol IV
Capwell, Charles, Vol II
Carafiol, Peter, Vol II
Caramagno, Thomas C., Vol II
Caramello, Charles, Vol II
Caranfa, Angelo, Vol I, IV
Carballo, Robert, Vol II
Carby, Hazel V., Vol I
Card, Claudia F., Vol IV
Card, James Van Dyck, Vol II
Cardaci, Paul F., Vol II
Cardamone, Donna, Vol II
Cardenas, Maria de la Luz Rodriguez, Vol I, V
Cardinal, Bradley J., Vol V
Cardona, George, Vol III
Cardoso, Joaquin Jose, Vol I
Cardoza, Anthony L., Vol I
Carducci, Eleanor, Vol II
Carducci, Jane, Vol II
Careless, James M. S., Vol I
Carey, Catherine, Vol II
Carey, James Charles, Vol I
Carey, John M., Vol IV
Carey, Patrick W., Vol I, IV
Carey-Webb, Allen, Vol II
Cargile, Aaron C., Vol II
Cargill, Jack, Vol I
Carilli, Theresa M., Vol I
Carino, Peter A., Vol II
Carkeet, David Corydon, Vol II
Carl, Harold F., Vol IV
Carle, Barbara, Vol III
Carlebach, Michael L., Vol I
Carleton, Don E., Vol I
Carleton, Mark Thomas, Vol I
Carlin, Claire L., Vol III
Carlisle, Harry J., Vol V
Carlisle, Rodney, Vol I
Carls, Alice-Catherine, Vol I
Carls, Stephen, Vol I
Carlsen, James Caldwell, Vol II
Carlsmith, Lyn, Vol V
Carlson, Andrew, Vol I
Carlson, Arvid John, Vol I
Carlson, David A., Vol IV
Carlson, Eric Walter, Vol II
Carlson, Harry Gilbert, Vol II
Carlson, Julie, Vol II
Carlson, Kay, Vol II
Carlson, Lewis H., Vol I
Carlson, Melvin, Jr., Vol II
Carlson, Paul, Vol I
Carlson, Robert E., Vol I
Carlson, Roy L., Vol I
Carlson, Thomas Clark, Vol II
Carlston, Charles E., Vol IV
Carlton, Charles Merritt, Vol III
Carlton, David L., Vol I
Carmack, Noel A., Vol I
Carmack, Robert M., Vol V
Carman, Charles, Vol I
Carman, Taylor, Vol IV
Carmazza, Alfonso, Vol V
Carmel, Simon J., Vol V
Carmical, Oline, Jr., Vol I
Carmichael, Ann Grayton, Vol I
Carmichael, Calum MacNeill, Vol IV
Carmichael, Carl W., Vol II, III
Carmichael, Peter S., Vol I
Carmichael, Sheleigh, Vol II
Carmichael, Thomas, Vol II
Carmona, Vicente, Vol II
Carneal, Thomas William, Vol I
Carnell, Corbin Scott, Vol II
Carnes, Mark C., Vol I
Carney, James Donald, Vol IV
Carney, Judith A., Vol I
Carney, Raymond, Vol II
Carney, Virginia I., Vol II, V
Carney, William J., Vol IV
Carnicke, Sharon Marie, Vol III
Carnochan, Walter Bliss, Vol II
Caroli, Betty Boyd, Vol I
Carp, E. Wayne, Vol I
Carpenter, Bogdana, Vol III
Carpenter, Carole, Vol V
Carpenter, Charles Albert, Vol II
Carpenter, Elizabeth S., Vol IV
Carpenter, Gerald, Vol I
Carpenter, James Anderson, Vol IV
Carpenter, Joel A., Vol I
Carpenter, Joseph, II, Vol I
Carpenter, Lynette, Vol II
Carpenter, Mary, Vol II
Carpenter, Scott, Vol II
Carpenter, T. H., Vol I
Carpenter, William Morton, Vol II
Carr, Amelia J., Vol I
Carr, Anne E., Vol IV
Carr, David, Vol IV
Carr, David Randolph, Vol I
Carr, Gerald Francis, Vol III
Carr, Graham, Vol I
Carr, Lois Green, Vol I, IV
Carr, Michael Harold, Vol I
Carr, Richard Alan, Vol III
Carr, Robin, Vol II
Carr, Stephen Leo, Vol II
Carr, Steven A., Vol II
Carr, Thomas, Vol IV
Carrasco, Gilbert P., Vol IV
Carre, Marie-Rose, Vol III
Carreno, Antonio, Vol I, III
Carrera, Alessandro, Vol III
Carrier, David, Vol IV
Carrier, Rebecca, Vol II
Carrig, Maria, Vol II
Carrigan, David O., Vol I
Carriker, Robert C., Vol I
Carringer, Robert L., Vol I, II, V
Carrington, Laurel, Vol I
Carrington, Paul, Vol IV
Carrithers, Gale, Vol II
Carroll, Beverlee Jill, Vol IV
Carroll, Bret E., Vol I
Carroll, Carleton Warren, Vol III
Carroll, Charles Francis, Vol I
Carroll, David, Vol III
Carroll, Francis Martin, Vol I
Carroll, James T., Vol I
Carroll, John M., Vol I
Carroll, John T., Vol IV
Carroll, Linda Louise, Vol III
Carroll, Linda M., Vol II
Carroll, Raoul Lord, Vol IV
Carroll, Rosemary F., Vol I, IV
Carroll, Warren Hasty, Vol I, IV
Carroll, William, Vol II
Carroll, William Dennis, Vol II
Carron, Jean-Claude, Vol III
Carrubba, Robert W., Vol III
Carruthers, Virginia, Vol II
Carson, Barbara, Vol I
Carson, Clayborne, Vol I
Carson, David, Vol I
Carson, James, Vol IV
Carson, Katharine Whitman, Vol III
Carson, Logan, Vol IV
Carson, Luke, Vol II
Carson, Michael, Vol II
Carson, Thomas L., Vol IV
Carson, Warren Jason, Jr., Vol II
Carter, Albert Howard, II, Vol III

Carter, Barbara Lillian, Vol V
Carter, Barry Edward, Vol IV
Carter, Charles Edward, Vol IV
Carter, Charles Michael, Vol IV
Carter, Dan T., Vol I
Carter, David G., Sr., Vol V
Carter, David K., Vol IV
Carter, Donald, Vol V
Carter, Doris, Vol I
Carter, Edward C., II, Vol I
Carter, Everett, Vol II
Carter, Guy C., Vol I, IV
Carter, Jane B., Vol I
Carter, Jeffrey D. R., Vol I, IV
Carter, John J., Vol IV
Carter, John Ross, Vol I, IV
Carter, Joseph Coleman, Vol I, II, III
Carter, Judy L., Vol V
Carter, K. Codell, Vol IV
Carter, Lawrence E., Sr., Vol IV
Carter, Locke, Vol II
Carter, Marva Griffin, Vol II
Carter, Marva Griffin, Vol II
Carter, Michele A., Vol IV
Carter, Nancy Corson, Vol I, V
Carter, Paul Allen, Vol I
Carter, Percy A., Jr., Vol IV
Carter, Robert Edgar, Vol IV
Carter, Steven Ray, Vol II
Carter, Theodore Ulysses, Vol IV
Carter, Warren, Vol IV
Carter, William Causey, Vol III
Carter-Sanborn, Kristin, Vol II
Cartwright, Helen Morris, Vol IV
Cartwright, Joseph Howard, Vol I
Cartwright, Lisa, Vol II, V
Cartwright, Marguerite Dorsey, Vol II
Caruth, Cathy, Vol II
Carvalho, John, Vol IV
Carver, Frank G., Vol IV
Carver, Marc, Vol IV
Cary, Cecile Williamson, Vol II
Cary, Noel D., Vol I
Cary, Phillip, Vol IV
Casa, Frank Paul, Vol III
Casado, Pablo Gil, Vol III
Casagrande, Jean, Vol III
Casagrande, Peter Joseph, Vol II
Casaregola, Vincent, Vol II
Cascardi, Anthony Joseph, Vol III
Casdorph, Paul Douglas, Vol I
Case, Alison, Vol II
Case, Fredrick I., Vol III
Case, Thomas Edward, Vol III
Casebier, Allan, Vol I, IV
Caserta, Ernesto, Vol III
Casey, Edward S., Vol IV
Casey, Ellen Miller, Vol II
Casey, James Galligami, Vol II
Casey, John Dudley, Vol I, II, IV
Casey, Kenneth, Vol IV
Casey, Michael S., Vol I
Casey, Michael W., Vol II
Casey, Timothy, Vol IV
Cash, Philip, Vol I
Cash, Robert W., Vol V
Cashdollar, Charles D., Vol I
Cashwell, Susan T., Vol V
Casile, William, Vol V
Casines, Gisela P., Vol II
Casmir, Fred L., Vol II, III
Casper, Scott E., Vol I
Cass, Michael Mcconnell, Vol I, II
Cass, Ronald Andrew, Vol IV
Cassar, George H., Vol I
Cassara, Shirley, Vol V
Cassedy, James Higgins, Vol I
Cassel, J. David, Vol IV
Cassel, Susie L., Vol II
Cassell, Anthony K., Vol III
Cassell, P. G., Vol IV
Cassels, Alan, Vol I
Cassels, Jamie, Vol IV
Cassiday, Julie A., Vol III
Cassidy, David C., Vol I
Cassidy, James G., Vol I
Cassidy, Jane W., Vol II
Cassidy, Laurence Lavelle, Vol IV
Cassirer, Thomas, Vol II, III
Cassis, Awny F., Vol II
Casson, Lionel, Vol I
Cassuto, Leonard, Vol II
Casswell, Donald G., Vol IV
Cast, David Jesse Dale, Vol I
Castagna, JoAnn E., Vol I
Caste, Nicholas J., Vol IV
Casteen, John, Vol I, III
Castellani, Victor, Vol II, III
Castellano, Charlene, Vol III
Castellanos, Isabel, Vol III
Castelli, Elizabeth, Vol IV
Castellitto, George, Vol II
Castells, Ricardo, Vol III
Castenell, Louis Anthony, Jr., Vol V
Castiglia, Christopher, Vol II
Castiglione, Caroline F., Vol I
Castilla, Alberto, Vol III
Castillo, Ed, Vol I, V
Castle, Terry, Vol II
Casto-Urios, Jose, Vol II
Castonguay, Louis G., Vol V
Castricano, Jodey, Vol V
Castro, Amanda, Vol III
Castro, Russell A., Vol V
Castro-Klaren, Sara, Vol III
Castro-Ponce, Clara E., Vol III
Castronovo, David, Vol II, III
Casullo, Albert, Vol IV
Catalano, Joseph Stellario, Vol IV
Catalano, Richard F., Vol V
Catania, A. Charles, Vol V
Catano, James, Vol II
Catel, Mylene, Vol III
Cathey, James E., Vol III
Catron, Louis E., Vol II
Catt, Stephen E., Vol II
Catto, Bonnie A., Vol II, III
Cauchy, Venant, Vol IV
Caufield, Carlota, Vol III
Caughey, John L., Vol I, V
Caughie, Pamela L., Vol II
Caujolle, Claude, Vol III
Caulfield, Norman, Vol I
Causey, Robert Louis, Vol IV
Cauvin, Jean-Pierre Bernard, Vol III
Cavadini, John C., Vol IV
Cavaglieri, Giorgio, Vol I
Cavalier, Robert, Vol IV
Cavallari, Hector Mario, Vol I, III
Cavallaro, Rosanna, Vol IV
Cavallo, JoAnn, Vol III
Cavanagh, Sheila T., Vol II
Cavanaugh, Maureen B., Vol IV
Cavanaugh, Thomas A., Vol IV
Cave, Alfred A., Vol I
Cave, Eric M., Vol IV
Caver, Christine, Vol I, II
Cavigioli, Rita C., Vol III
Caviness, Madeline H., Vol I
Cawelti, John George, Vol I, II
Caws, Mary Ann, Vol II, III
Caws, Peter James, Vol IV
Cayard, W. W., Vol IV
Caywood, Cynthia, Vol II
Cazeaux, Isabelle, Vol II
Cazenave, Odile, Vol III
Cebula, James E., Vol I
Ceccarelli, Leah M., Vol II
Cecire, Robert C., Vol I, IV
Cederberg, Herbert Renando, Vol I, IV
Cederblom, Jerry, Vol IV
Cederman, Lars-Erik, Vol IV
Cederstrom, Lorelei S., Vol II
Cegala, Donald Joseph, Vol II
Ceh, Brian, Vol I
Cell, John W., Vol I
Cella, Charles Ronald, Vol II
Celms, Peter, Vol I
Ceniza, Sherry, Vol II
Cenkner, William, Vol I, IV
Censer, Jack R., Vol I
Censer, Jane Turner, Vol I
Centore, Floyd, Vol IV
Cerasano, Susan P., Vol II
Cere, Ronald, Vol III
Cerf, Steven Roy, Vol III
Cerillo, Augustus, Vol I
Cervo, Nathan Anthony, Vol II
Cesarz, Gary, Vol IV
Cevasco, George Anthony, Vol II
Chabora, Pamela, Vol II
Chace, William M., Vol II
Chaffee, Steven H., Vol II
Chaffee-Sorace, Diane, Vol III
Chaika, Elaine Ostrach, Vol III
Chaitin, Gilbert D., Vol III
Chalfant, William Y., Vol I, IV
Chalk, Frank, Vol I
Challener, Richard Delo, Vol I
Chalmers, David, Vol IV
Chamberlain, Gary L., Vol IV
Chamberlain, Gordon Blanding, Vol I
Chamberlain, Kathleen P., Vol I
Chamberlain, Michael, Vol I
Chamberlain, Paul, Vol IV
Chamberlin, Bill F., Vol IV
Chamberlin, Eugene Keith, Vol I
Chamberlin, John, Vol II, III
Chamberlin, V. A., Vol III
Chambers, Anthony Hood, Vol II
Chambers, Henry Edmund, Vol I
Chambers, J. K., Vol III
Chambers, James, Vol IV
Chambers, John Curry, Jr., Vol IV
Chambers, John W., II, Vol I
Chambers, Julius LeVonne, Vol IV
Chambers, Marjorie Bell, Vol I
Chambers, Mortimer Hardin, Vol III
Chambers, Sarah, Vol I
Chambers, Timothy, Vol IV
Chambliss, Prince C., Jr., Vol IV
Chambliss, William J., Vol V
Chametzky, Jules, Vol II
Champagne, Roland A., Vol III
Champion, Larry Stephen, Vol II
Champlin, Edward James, Vol I
Chan, Loren Briggs, Vol I
Chance, J. Bradley, Vol IV
Chance, Jane, Vol II
Chancellor, James D., Vol I, IV
Chandler, Daniel Ross, Vol II
Chandler, Everett A., Vol IV
Chandler, Hugh, Vol IV
Chandler, James P., Vol IV
Chandler, Joan, Vol I
Chandler, Marthe Atwater, Vol IV
Chandler, Robert Joseph, Vol I
Chandler, Theodore A., Vol V
Chandler, Theodore Alan, Vol V
Chandler, Wayne A., Vol II
Chandola, Anoop C., Vol III
Chandra, Vipan, Vol I
Chaney, William Albert, Vol I
Chang, Briankle G., Vol II
Chang, Cecilia, Vol III
Chang, Chun-Shu, Vol I, III
Chang, Dae Hong, Vol IV
Chang, Edward T., Vol V
Chang, Howard F., Vol IV
Chang, Joseph S., Vol II
Chang, Kang-I S., Vol II, III
Chang, Mei-I, Vol V
Chang, Patricia, Vol V
Chang, Ruth, Vol IV
Chang, Sen Dou, Vol I
Chang, Sidney H., Vol I
Chang, Tsan-Kuo, Vol II
Channell, David, Vol I
Chanzit, Gwen, Vol I
Chao, Paul K., Vol V
Chapelle, Suzanne E. G., Vol I
Chapman, David W., Vol II
Chapman, Douglas K., Vol IV
Chapman, H. Perry, Vol I
Chapman, Judith G., Vol V
Chapman, Mary M., Vol II
Chapman, Norman, Vol II
Chapman, Robert L., Vol IV
Chapman, Virginia, Vol II
Chapman, Wayne K., Vol II
Chappell, David L., Vol I
Chappell, David Wellington, Vol I, IV
Chappell, Fred Davis, Vol II
Chappell, Vere Claiborne, Vol IV
Chapple, C. K., Vol I, IV
Chaput, Donald, Vol I
Charbran, H. Rafael, Vol I, III
Charette, Blaine, Vol IV
Chari, V. K., Vol II
Charity, Ruth Harvey, Vol IV
Charlebois, Lucile C., Vol III
Charles, J. Daryl, Vol IV
Charles, May, Vol III
Charlesworth, James H., Vol IV
Charlesworth, Michael, Vol I
Charlton, Charles Hayes, Vol IV
Charlton, Thomas L., Vol I
Charney, Jonathan I., Vol IV
Charney, Mark, Vol II
Charney, Maurice Myron, Vol II
Charnon-Deutsch, Lou, Vol I, III
Charron, William C., Vol IV
Charters, Ann D., Vol II
Chartier, Yves, Vol I, II
Chase, James S., Vol I
Chase, Karen S., Vol II
Chase, Philander Dean, Vol I
Chase, William John, Vol I
Chase Hankins, June, Vol II, V
Chassen-Lopez, Francie R., Vol I
Chastain, Catherine, Vol I
Chastain, Charles, Vol IV
Chastain, James G., Vol I
Chatfield, E. Charles, Vol I
Chatham, James Ray, Vol III
Chatterjee, Lata, Vol I
Chattopadhyay, Arpita, Vol V
Chauderlot, Fabienne Sophie, Vol III
Chaudron, Craig, Vol III
Chausse, Gilles, Vol I, IV
Chavalas, Mark W., Vol I
Chavez, John R., Vol I
Chavkin, Allan, Vol II
Chavy, Paul, Vol III
Chay, Deborah, Vol II
Cheah, Pheng, Vol II
Cheal, Catheryn Leda, Vol I
Cheatham, Carl W., Vol I, IV
Check, Ed, Vol I
Checkett, Lawrence, Vol II
Cheek, H. Lee, Jr., Vol IV
Cheek, King Virgil, Jr., Vol IV
Cheetham, Mark A., Vol I
Cheever, Fred, Vol IV
Chehabi, Houchang E., Vol I, IV
Chelkowski, Peter Jan, Vol III
Chell, Samuel L., Vol II
Chelte, Judith S., Vol II
Chemerinsky, Erwin, Vol IV
Chen, Chih-Ping, Vol II
Chen, Ching-Chih, Vol I
Chen, Guo-Ming, Vol II
Chen, J., Vol IV
Chen, Jie, Vol IV
Chen, Jim, Vol IV
Chen, Jingsong, Vol III
Chen, John C., Vol V
Chen, Lilly, Vol III
Chen, Ni, Vol II
Chen, Sheying, Vol V
Chen, Xiang, Vol I, IV
Chen, Yiwei, Vol V
Chen, Zhiyuan, Vol III
Cheney, Donald, Vol II, III
Cheney, Patrick, Vol II
Cheng, Chung-Ying, Vol III, IV
Cheng, Hong, Vol II
Cheng, Meiling, Vol II
Cheng, Sinkwan, Vol II
Cheng, Weikun, Vol I
Cherchi-Usai, Paolo, Vol II
Chermak, Gail D., Vol II
Chermak, Steven, Vol IV
Chernetsky, Vitaly, Vol III
Cherniss, Michael David, Vol II
Chernow, Barbara A., Vol I
Chernus, Ira, Vol IV
Cherny, Robert Wallace, Vol I
Cherry, Caroline Lockett, Vol II
Cherry, Charles L., Vol II
Cherry, Charles Maurice, Vol III
Cherry, Paul, Vol II
Cheru, Fantu, Vol I
Chesebro, James W., Vol II
Chesnutt, Randall D., Vol IV
Chesson, Michael, Vol I
Chester, Ronald, Vol IV
Chestnut, Dennis Earl, Vol V
Chestnut, Paul Ivar, Vol I
Chethimattam, John Britto, Vol IV
Cheung, Dominic C. N., Vol III
Cheung, King-Kok, Vol II
Chew, Kristina, Vol III
Cheyette, Fredric Lawrence, Vol I
Chia, Rosina, Vol V
Chiampi, James T., Vol III
Chiang, Linda H., Vol V
Chiarenza, Carl, Vol I
Chichetto, James W., Vol II
Chick, Edson Marland, Vol III
Chickering, Roger, Vol III
Chikeka, Charles, Vol I
Chilcote, Wayne L., Vol I, II
Childers, Joseph W., Vol II
Childress, James Franklin, Vol IV
Childs, Brevard Springs, Vol IV
Childs, Elizabeth C., Vol I
Childs, Francine C., Vol V
Childs, James M., Jr., Vol IV
Childs, Winston, Vol IV
Chiles, Robert Eugene, Vol IV
Chilton, Bruce, Vol IV
Chilton, H. Randolph, Vol II
Chin, Jeffrey C., Vol V
Chinchar, Gerald T., Vol IV
Chinery, Mary, Vol II
Ching, Erik K., Vol I
Ching, Julia, Vol IV
Chinitz, David, Vol II
Chinnici, Joseph Patrick, Vol I, IV
Chinosole, Vol III
Chinoy, Helen Krich, Vol II
Chipman, Donald Eugene, Vol I
Chirayath, Verghese J., Vol V
Chirban, John T., Vol V
Chisholm, David, Vol III
Chismar, Douglas, Vol IV
Chitoran, Ioanaa, Vol III
Chittenden, Jean Stahl, Vol III
Chiu, Hungdah, Vol IV
Chmielewski, Wendy E., Vol I
Cho, Joanne M., Vol I
Cho, Kah-Kyung, Vol IV
Choe, Yong-ho, Vol I
Choksy, Jamsheed, Vol I
Choldin, Marianna Tax, Vol I
Chomsky, Aviva, Vol I
Chomsky, Noam, Vol III
Chope, Robert C., Vol V
Choper, Jesse H., Vol IV
Chopp, Rebeca S., Vol IV
Chopyk, Dan Bohdan, Vol III
Chorajian, Levon, Vol V
Chornenki, Genevieve A., Vol IV
Chow, Kai-Wing, Vol III
Chow, Karen, Vol II
Chrisler, Joan C., Vol V
Chrislock, C. Winston, Vol I
Chrisman, Miriam Usher, Vol I
Christ, Carol Tecla, Vol II
Christ, Matthew R., Vol II, III
Christ, William G., Vol II
Christensen, Carl C., Vol I
Christensen, Glenn, Vol II
Christensen, John E., Vol V
Christensen, Karen L., Vol III
Christensen, Kerry A., Vol II, III
Christensen, Laird E., Vol II
Christensen, Lawrence, Vol I
Christensen, Michael, Vol I, IV
Christensen, Paul N., Vol II
Christensen, Peter G., Vol III
Christenson, Allen J., Vol I
Christian, Amy, Vol IV
Christian, Barbara T., Vol II
Christian, Garna, Vol I
Christian, Ollie, Vol IV
Christians, Clifford G., Vol II
Christiansen, Hope, Vol II, III
Christiansen, Nancy Lee, Vol II
Christianson, Eric Howard, Vol I
Christianson, Gale Edward, Vol I
Christianson, John Robert, Vol I
Christianson, Paul, Vol II
Christianson, Scott, Vol II
Christie, Alice, Vol V
Christie, Drew, Vol IV
Christie, Jean, Vol I
Christie, N. Bradley, Vol II
Christman, Calvin, Vol I
Christol, Carl Quimby, Vol IV
Christoph, Siegfried, Vol III
Christopher, Georgia B., Vol II
Christopher, Russell L., Vol IV
Christopher, Thomas Weldon, Vol IV
Christy, T. Craig, Vol III
Chryssavgis, John, Vol IV
Chrzanowski, Joseph, Vol III
Chu, Chauncey Cheng-Hsi, Vol III
Chu, Felix T., Vol II
Chu, Jonathan M., Vol I
Chu, Mayling M., Vol V
Chu, Mike S., Vol II
Chu, Pao-Chin, Vol I
Chu, Petra, Vol I
Chuang, Rueyling, Vol IV
Chudacoff, Howard Peter, Vol I
Chung, Bongkil, Vol IV
Chung, Chai-sik, Vol V
Chung, Sandra, Vol III
Chung, Sue Fawn, Vol I
Chung, Younsook Na, Vol II
Church, Dan M., Vol II, V
Church, Jennifer, Vol IV
Churchill, Charles B., Vol I
Churchill, Frederick Barton, Vol I
Churchill, John Hugh, Vol IV
Churchill, Mary, Vol IV
Churchill, Robert J., Vol II
Churchland, Paul M., Vol IV
Chusid, Martin, Vol II
Chvany, Catherine Vakar, Vol III
Chyet, Stanley F., Vol I, IV
Ciancio, Ralph Armando, Vol II
Ciccarelli, Andrea, Vol III

Ciena, Mel, Vol V
Cienciala, Anna M., Vol I
Cifelli, Edward M., Vol I
Ciholas, Karin Nordenhaug, Vol III
Cima, Gay Gibson, Vol II
Cimbala, Paul A., Vol I
Cimbala, Stephen J., Vol IV
Cimprich, John, Vol I
Cintas, Pierre Francois Diego, Vol III
Ciochon, Russell L., Vol V
Cioffi-Revilla, Claudio, Vol IV
Ciorra, Anthony J., Vol IV
Ciplijauskaite, Birute, Vol III
Cirillo, Albert, Vol II
Cirrone, Steven F., Vol II
Cisar, Mary, Vol III
Cismaru, Alfred, Vol III
Cissell, William B., Vol V
Cissna, Kenneth N., Vol II
Citino, Robert M., Vol I
Citron, Henry, Vol I, IV
Citron, Michelle, Vol II
Citton, Yves, Vol III
Ciulla, Joanne B., Vol IV
Civil, Miguel, Vol I, III
Claassen, Cheryl, Vol V
Clack, Jerry, Vol II, III
Clader, Linda, Vol III, IV
Cladis, Mark, Vol IV
Clagett, Marshall, Vol I
Clair, Robin P., Vol II
Clamurro, William, Vol III
Clancy, Joseph P., Vol II
Clanton, Orval Gene, Vol I
Clapp-Intyre, Alisa, Vol II
Clapper, Greg, Vol IV
Clapper, Michael, Vol I
Clardy, Jesse V., Vol I
Clark, Andrew, Vol I
Clark, Anna, Vol I, V
Clark, Austen, Vol IV
Clark, Basil Alfred, Vol II
Clark, Bertha Smith, Vol II
Clark, Beverly Lyon, Vol II
Clark, Charles Edwin, Vol I
Clark, Clifford E., Jr., Vol I
Clark, David, Vol IV
Clark, David L., Vol II
Clark, David Ridgley, Vol II
Clark, David S., Vol IV
Clark, Don, Vol IV
Clark, Edward, Vol II
Clark, Edward Depriest, Sr., Vol II
Clark, Eve Vivienne, Vol III
Clark, Geoffrey W., Vol I
Clark, George, Vol II
Clark, George Peirce, Vol II
Clark, Gerard J., Vol IV
Clark, Gracia, Vol V
Clark, Hugh R., Vol I, III
Clark, Ira, Vol II
Clark, J. Michael, Vol IV
Clark, Jack Lowell, Vol IV
Clark, James Alfred, Vol II
Clark, James Drummond, Vol II
Clark, James J., Vol V
Clark, John Richard, Vol III
Clark, Justus Kent, Vol II
Clark, Kelly James, Vol IV
Clark, Kevin, Vol II
Clark, L. D., Vol II
Clark, Leroy D., Vol IV
Clark, Linda L., Vol I
Clark, Malcolm Cameron, Vol I
Clark, Mark, Vol I
Clark, Mark E., Vol II, III
Clark, Mary Morris, Vol III, V
Clark, Mary T., Vol IV
Clark, Michael D., Vol I
Clark, Patricia, Vol II
Clark, Raymond John, Vol II, III
Clark, Sanza Barbara, Vol V
Clark, Suzanne, Vol II
Clark, Terry Nichols, Vol V
Clark, Thomas L., Vol III
Clark, VeVe A., Vol V
Clark, W. Royce, Vol IV
Clark, Walter, Vol II
Clark, William Bedford, Vol II
Clarke, Anne-Marie, Vol IV
Clarke, Bowman Lafayette, Vol IV
Clarke, Bruce Cooper, Vol II
Clarke, Duncan, Vol I
Clarke, Ernest George, Vol I
Clarke, George E., Vol II
Clarke, James W., Vol IV
Clarke, John R., Vol I
Clarke, Michael, Vol II
Clarke, Murray, Vol IV
Clarke, Robert F., Vol II
Clarke, William M., Vol II
Clarke, William Norris, Vol IV
Clas, Andre, Vol III
Classen, Albrecht, Vol I, III
Claster, Jill Nadell, Vol I
Claude, Richard P., Vol IV
Clausen, Christopher, Vol II
Clausen, Meredith L., Vol I
Clausing, Gerhard, Vol III
Clauss, James, Vol II, III
Claussen, Ernest Neal, Vol II
Clay, Jenny Strauss, Vol II, III
Claydon, Margaret, Vol II
Clayman, Dee Lesser, Vol III
Clayson, S. Hollis, Vol I
Clayson, W., Vol I
Clayton, James L., Vol I, IV
Clayton, Jay, Vol II
Clayton, John Douglas, Vol III
Clayton, John J., Vol II
Clayton, Lawrence A., Vol I
Clayton, Lawrence Ray, Vol II
Clayton, Marcus, Vol IV
Clayton, Obie, Vol V
Clayton, Philip, Vol I, IV
Clayton, Tom, Vol I, II
Cleary, John J., Vol IV
Cleary, Thomas R., Vol II
Clegern, Wayne M., Vol I
Clegg, Cyndia Susan, Vol II
Clegg, Jerry Stephen, Vol IV
Clegg, Legrand H., II, Vol IV
Cleghorn, Cassandra, Vol II
Cleland, Carol, Vol IV
Clemens, Diane Shaver, Vol I
Clement, Grace, Vol IV
Clemente, Alice Rodrigues, Vol III
Clements, Barbara Evans, Vol I
Clements, Kendrick A., Vol I
Clements, Tad S., Vol IV
Clemmer, Linda, Vol V
Clendenen, E. Ray, Vol III
Clendenning, John, Vol II
Clerc, Charles, Vol II
Clermont, Kevin Michael, Vol IV
Click, J. William, Vol II
Clifford, Dale Lothrop, Vol I
Clifford, Geraldine Joncich, Vol I, V
Clifford, John Garry, Vol I
Clifford, Nicholas R., Vol I
Clifford, Richard J., Vol IV
Clifton, Robert K., Vol IV
Cline, Catherine Ann, Vol I
Cline, Eric, Vol I
Cline, Peter Knox, Vol I
Clines, Raymond H., Vol II
Clingan, Edmund, Vol I
Clinton, Jerome Wright, Vol III
Clinton, Kevin, Vol II, III
Clinton, Richard Lee, Vol IV
Clinton, Robert N., Vol IV
Clivio, Gianrenzo Pietro, Vol II, III
Clogan, Paul Maurice, Vol II, III
Closius, Phillip J., Vol IV
Clothey, Frederick Wilson, Vol I, IV
Cloud, Dana L., Vol II
Cloud, Fred, Vol IV
Cloud, W. Eric, Vol IV
Clough, Sharon, Vol IV
Clough, Wulfstan, Vol II, V
Clougherty, Robert, Jr., Vol II
Clouse, Robert G., Vol I
Clouser, Karl Danner, Vol IV
Clouser, Robin, Vol III
Clouser, Roy A., Vol IV
Cloutier, Cecile, Vol III
Clover, Frank M., Vol I
Clowers, Marsha L., Vol II
Clowse, Converse Dilworth, Vol I
Clubb, Louise George, Vol III
Clubbe, John, Vol II
Clubbe, John L. E., Vol II
Cluchey, David P., Vol IV
Cluff, Randall, Vol II
Clulee, Nicholas H., Vol I
Clum, John M., Vol II
Clymer, Kenton James, Vol I
Coady, James Martin, Vol III
Coakley, Jean Alexander, Vol II
Coakley, John, Vol I, IV
Coakley, Thomas M., Vol I
Coale, Samuel Chase, Vol I, II
Coan, Richard W., Vol V
Coates, Carrol F., Vol III
Coates, Robert Crawford, Vol IV
Cobb, Eulalia Benejam, Vol III
Cobb, Jeanne B., Vol V
Cobb, Jerry, Vol II
Cobb, John Boswell, Vol IV
Cobb, John Hunter, Jr., Vol IV
Cobb, Kelton, Vol IV
Cobb, William Henry, Vol I
Cobble, Dorothy Sue, Vol I, V
Cobbs, Alfred Leon, Vol III
Coben, Stanley, Vol I
Coble, Parks, Vol I
Cobley, Evelyn M., Vol II
Coblin, Weldon South, Vol III
Coburn, Robert C., Vol IV
Coburn, Thomas Bowen, Vol I, IV
Coburn, William Leon, Vol II
Cocchiarella, Nino Barnabas, Vol IV
Cochran, Augustus B., Vol IV
Cochran, Charles Leo, Vol IV
Cochran, John K., Vol IV
Cochran, Robert, Vol V
Cochran, Robert F., Jr., Vol IV
Cochran, Sherman, Vol I
Cochran, Thomas Childs, Vol I
Cockfield, Jamie H., Vol I
Cockrell, Dale, Vol II
Cocks, Geoffrey C., Vol I
Cocozzella, Peter, Vol III
Code, Michael, Vol IV
Codell, Julie, Vol I
Codling, Jim, Vol I, IV, V
Cody, Aelred, Vol IV
Cody, Richard John, Vol II
Coe, William Jerome, Vol IV
Coelho, Carl, Vol III
Coers, Donald V., Vol II
Coffey, David Michael, Vol IV
Coffey, Jerome Edward, Vol III
Coffey, Joan L., Vol I
Coffin, David Robbins, Vol I
Coffin, Tristram Potter, Vol II, V
Coffler, Gail H., Vol II
Coffman, Edward M., Vol I
Coffta, David J., Vol III
Cofield, Elizabeth Bias, Vol V
Cogan, Karen D., Vol V
Cogdill, James, Vol IV
Coggins, George Cameron, Vol IV
Cogley, Richard W., Vol IV
Cogley, Timothy W., Vol IV
Cogswell, Frederick W., Vol II
Cohassey, John F., Vol I
Cohen, Ada, Vol I
Cohen, Alvin Philip, Vol I, III
Cohen, Amy B., Vol IV
Cohen, Andrew D., Vol V
Cohen, Andrew I., Vol IV
Cohen, Arnold B., Vol IV
Cohen, Burton I., Vol IV, V
Cohen, David, Vol IV
Cohen, Debra R., Vol IV
Cohen, Derek M., Vol II
Cohen, Eileen Z., Vol II
Cohen, Elliot, Vol IV
Cohen, Gary Bennett, Vol I
Cohen, George M., Vol IV
Cohen, George Michael, Vol I
Cohen, Jeffrey A., Vol I
Cohen, Jeremy, Vol I, IV
Cohen, Joel Alden, Vol I
Cohen, Johathan, Vol IV
Cohen, Jonathan Allan, Vol V
Cohen, Joseph, Vol II
Cohen, Judith, Vol I, II
Cohen, L. Keith, Vol III
Cohen, Lindsey, Vol V
Cohen, Lloyd R., Vol IV
Cohen, Marjorie G., Vol IV, V
Cohen, Martin Aaron, Vol I, IV
Cohen, Michael Martin, Vol II
Cohen, Milton, Vol II
Cohen, Miriam J., Vol I
Cohen, Myron L., Vol V
Cohen, Naomi Wiener, Vol I
Cohen, Norman Sonny, Vol I
Cohen, Patricia Cline, Vol I
Cohen, Paul Andrew, Vol I
Cohen, Paul M., Vol I
Cohen, Philip G., Vol II
Cohen, Ralph Alan, Vol II
Cohen, Robert, Vol III
Cohen, Ronald Dennis, Vol I
Cohen, Sandy, Vol II
Cohen, Sheldon M., Vol IV
Cohen, Sheldon S., Vol I
Cohen, Stephen Marshall, Vol IV
Cohen, Stephen P., Vol IV
Cohen, Ted, Vol IV
Cohen, Walter Isaac, Vol III
Cohen, Warren I., Vol I
Cohen, William, Vol I
Cohen, William B., Vol I
Cohn, Bernard Samuel, Vol I, V
Cohn, Dorrit, Vol III
Cohn, Henry S., Vol IV
Cohn, Jan, Vol II
Cohn, Joel, Vol III
Cohn, Robert G., Vol III
Cohn, Sherman Louis, Vol IV
Cohn, Stuart R., Vol IV
Cohon, Rachel, Vol IV
Coker, William Sidney, Vol I
Colaneri, John Nunzio, Vol III
Colantuono, Anthony, Vol I
Colarelli, Stephen Michael, Vol V
Colatrella, Carol, Vol II, V
Colbert, Thomas Burnell, Vol I
Colbourn, Frank E., Vol II
Colburn, David Richard, Vol I
Colburn, Kenneth, Vol V
Colby, Robert Alan, Vol II
Colby-Hall, Alice Mary, Vol I, III
Coldiron, Anne E. B., Vol II
Coldwell, Joan, Vol II
Cole, Basil, Vol IV
Cole, Bruce, Vol I
Cole, David William, Vol II
Cole, Donald Barnard, Vol I
Cole, Eve Browning, Vol II, III, IV
Cole, George L., Vol III
Cole, Howard Chandler, Vol II
Cole, John R., Vol I
Cole, John Y., Jr., Vol II
Cole, Juan R., Vol I
Cole, Kenneth, Vol IV
Cole, Mary Hill, Vol I
Cole, Mike, Vol II
Cole, Peter, Vol III
Cole, Phillis B., Vol V
Cole, Richard, Vol IV
Cole, Richard G., Vol I
Cole, Robert, Vol I
Cole, Stephen, Vol V
Cole, Susan Letzler, Vol II
Cole, Terrence M., Vol I
Cole, Thomas Richard, Vol I
Cole, Wayne S., Vol I
Colecchia, Francesca, Vol III
Coleman, Arthur, Vol II
Coleman, Arthur H., Vol IV
Coleman, Daniel, Vol II
Coleman, Edwin Leon, II, Vol II
Coleman, John Aloysius, Vol IV, V
Coleman, John E., Vol I, III
Coleman, Joyce K., Vol II
Coleman, Karen J., Vol V
Coleman, Mark, Vol II
Coleman, Patrick J., Vol III
Coleman, Priscilla K., Vol V
Coleman, Robin R., Vol II
Coleman, Ronald Gerald, Vol I
Coleman, William S. E., Vol II
Coletta, Paolo E., Vol I
Colilli, Paul, Vol III
Colina, Sonia, Vol III
Colish, Marcia L., Vol I
Colker, Marvin L., Vol III
Coll, Blanche D., Vol I
Coll-Tellecha, Reyes, Vol I, III
Collette, Carolyn Penney, Vol II
Colley, Ann C., Vol II
Colley, Nathaniel S., Vol II
Collie, Michael J., Vol I, II
Collier, Charles W., Vol IV
Collier, Cheryl, Vol II
Collier, Christopher, Vol I
Collier-Thomas, Bettye, Vol I
Collin, Richard H., Vol I
Collinge, William Joseph, Vol IV
Collington, Phillip D., Vol II
Collins, Ardis B., Vol IV
Collins, Christopher, Vol II
Collins, Dan Stead, Vol II
Collins, Derek B., Vol II, III, V
Collins, Donald E., Vol I
Collins, Elizabeth F., Vol IV
Collins, Elliott, Vol I
Collins, Elsie, Vol V
Collins, Jacquelin, Vol I
Collins, James M., Vol II
Collins, John J., Vol IV
Collins, K. K., Vol II
Collins, Kenneth J., Vol IV
Collins, Kenneth L., Vol IV
Collins, Martha, Vol II
Collins, Mary, Vol IV
Collins, Michael J., Vol II
Collins, Patricia Hill, Vol I
Collins, Richard W., Vol II
Collins, Robert G., Vol II
Collins, Robert H., Vol IV
Collins, Robert Maurice, Vol I
Collins, Robert O., Vol I
Collins, Vicki, Vol II
Collison, Gary L., Vol II
Collmer, Robert George, Vol II
Colman, Gould P., Vol I
Colombat, Andre P., Vol III
Colombo, John D., Vol IV
Colson, Darrel D., Vol IV
Colston, Herbert L., Vol V
Colton, Glenn, Vol II
Colton, Joel, Vol I
Coltrane, Robert, Vol II
Colvert, James B., Vol II
Colvin, Christopher, Vol IV
Colvin, Daniel Lester, Vol II
Colvin, Mark, Vol V
Colvin, William E., Vol I
Colwell, Chauncey, Vol IV
Colwell, Frederic, Vol II
Colyer, Elmer M., Vol IV
Comacchio, Cynthia, Vol I
Comaroff, Jean, Vol V
Combes, Richard E., Vol IV
Combs, Jerald A., Vol I
Combs, William L., Vol I
Comensoli, Viviana, Vol II
Comer, John, Vol IV, V
Comfort, Juanita R., Vol II
Comfort, Kathleen, Vol III
Comfort, Philip W., Vol IV
Comor, Edward, Vol II, V
Compagnon, Antoine M., Vol III
Compier, Don H., Vol IV
Compitello, Malcolm Alan, Vol III
Comprone, Joseph John, Vol II
Compton, John J., Vol IV
Comstock, George Adolphe, Vol II, V
Conacher, Desmond J., Vol II, III
Conant, Jonathan Brendan, Vol III
Conard, Alfred Fletcher, Vol IV
Conard, Rebecca, Vol I
Concannon, James M., Vol IV
Conces, Rory, Vol IV
Condit, Richard E., Vol IV
Condon, Richard Herrick, Vol I
Condon, William, Vol II
Cone, Annabelle, Vol III
Cone, James H., Vol IV
Congdon, Howard Krebs, Vol IV
Congdon, Kristin G., Vol I, V
Congdon, Lee W., Vol I
Congelton, Ann, Vol IV
Conger, Syndy Mcmillen, Vol II, III
Conigliaro, Vincent, Vol V
Conison, Jay, Vol IV
Conkin, Paul K., Vol I
Conkle, Daniel O., Vol IV
Conklin, John E., Vol IV, V
Conklin, William E., Vol IV
Conley, Carolyn, Vol I
Conley, Charles S., Vol IV
Conley, John A., Vol IV
Conley, John J., Vol IV
Conley, Katharine, Vol II, III
Conley, Patrick Thomas, Vol I, IV
Conley, Tom C., Vol I, III
Conlon, Frank Fowler, Vol I
Conlon, James J., Vol IV
Conlon, John J., Vol II
Conn, Christopher, Vol IV
Conn, Earl Lewis, Vol II
Conn, Marie A., Vol IV
Conn, Walter Eugene, Vol IV
Connell-Szasz, Margaret, Vol I
Connelly, Mark, Vol II
Connelly, Owen S., Vol I
Conner, Maurice Wayne, Vol III
Conner, Patrick Wayne, Vol III
Conner, Valerie Jean, Vol I
Connolly, John M., Vol IV
Connolly, Joy P. T., Vol II, III
Connolly, Julian Welch, Vol III
Connolly, Thomas F., Vol II
Connolly, Thomas J., Vol I, V
Connor, Carolyn, Vol II, III
Connor, J. D., Vol II
Connor, Joan, Vol II
Connor, Peter T., Vol III

Connor, W. Robert, Vol II, III
Conolly, Leonard W., Vol II
Conolly-Smith, Peter, Vol I
Conrad, Bryce D., Vol II
Conrad, Charles R., Vol II, III
Conrad, Cheryl D., Vol V
Conrad, David C., Vol I
Conrad, Glenn Russell, Vol I
Conrad, Joseph Lawrence, Vol III
Conrad, Kathryn A., Vol II
Conrad, Margaret R., Vol I, V
Conroy, Peter Vincent, Vol III
Consenstein, Peter, Vol I, III
Conser, Walter H., Jr., Vol I, IV
Constance, Joseph, Vol I, II
Constantelos, Demetrios J., Vol I
Constantinou, Constantia, Vol II
Conte, Joseph, Vol II
Contosta, David Richard, Vol I
Contreni, John Joseph, Vol I
Contreras, Heles, Vol III
Contreras, Raoul, Vol I
Conver, Leigh E., Vol IV
Converse, Hyla Stuntz, Vol I, IV
Conway, Gertrude D., Vol IV
Conway, Glenda, Vol II
Conway, John S., Vol I
Conway, Melissa, Vol I
Conwell, David, Vol II, III
Conwill, Giles, Vol IV
Conyers, A. J., Vol IV
Conyers, Jim, Vol I
Conyne, Robert, Vol V
Cooey, Paula M., Vol III, IV
Coogan, David, Vol II
Coogan, Michael, Vol IV
Cook, Anne E., Vol V
Cook, Bernard Anthony, Vol I
Cook, Blanche Wiesen, Vol I
Cook, Daniel Joseph, Vol IV
Cook, E. David, Vol IV
Cook, Eleanor, Vol II
Cook, Elizabeth Heckendorn, Vol II, III
Cook, Erwin, Vol II, III
Cook, Harold J., Vol I
Cook, Haruko M., Vol III
Cook, J. Thomas, Vol IV
Cook, James Wyatt, Vol II
Cook, Jonathan A., Vol IV
Cook, Julian Abele, Jr., Vol IV
Cook, Kenneth William, Vol III
Cook, Michael J., Vol IV
Cook, Michael L., Vol IV
Cook, Noble David, Vol I
Cook, Philip C., Vol I
Cook, Robert Francis, Vol III
Cook, S. D. Noam, Vol IV
Cook, Sharon, Vol V
Cook, Smalley Mike, Vol II
Cook, Stephan H., Vol II
Cook, Stephen L., Vol IV
Cook, Susan L., Vol II
Cook, Theodore F., Jr., Vol I
Cook, Warren Lawrence, Vol I
Cook, William Robert, Vol I, IV
Cooke, Jacob Ernest, Vol I
Cooke, James Jerome, Vol I
Cooke, Miriam, Vol III
Cooke, Thomas D., Vol II
Cooks, Leda M., Vol II
Cooksey, Elizabeth C., Vol V
Cooley, Dennis O., Vol II
Cooley, James F., Vol IV
Cooley, Nicole R., Vol II
Cooley, Peter John, Vol II
Cooley, Robert E., Vol I, III
Cooley, Thomas Winfield, Vol I, II
Cooley, Timothy, Vol II, V
Coolidge, Archibald Cary, Jr., Vol II
Coolidge, John Stanhope, Vol II, III
Coombs, Frank Alan, Vol I
Coombs, Robert H., Vol V
Coombs, Robert Stephen, Vol IV, V
Coon, David L., Vol I
Coon, Lynda L., Vol I
Cooney, Brian Patrick, Vol IV
Cooney, Mark, Vol V
Cooney, Terry Arnold, Vol I
Cooney, William, Vol IV
Coonfield, W. A., Vol II
Coons, Dix Scott, Vol III
Coons, Ronald E., Vol I
Coop, Jack, Vol IV
Coope, Jessica, Vol I
Cooper, Allan D., Vol IV
Cooper, Almeta E., Vol IV
Cooper, Burton, Vol IV
Cooper, Chris, Vol V
Cooper, Clarence, Vol IV
Cooper, Clement Theodore, Vol IV
Cooper, Corinne, Vol IV
Cooper, Craig, Vol III
Cooper, Danielle Chavy, Vol I, III
Cooper, Donald B., Vol I
Cooper, Frederick A., Vol I
Cooper, G. Burns, Vol II
Cooper, Gail, Vol I
Cooper, Harris M., Vol V
Cooper, Henry Ronald, Jr., Vol III
Cooper, Jerrold Stephen, Vol I
Cooper, Jerry Marvin, Vol I
Cooper, Joel, Vol V
Cooper, John Rex, Vol II
Cooper, Joseph, Vol IV
Cooper, M. Wayne, Vol IV
Cooper, Marilyn Marie, Vol II
Cooper, Sandi E., Vol I
Cooper, Virginia W., Vol II
Cooper, William, Vol I
Cooper-Lewter, Nicholas Charles, Vol IV
Coopersmith, Jonathan C., Vol I
Cooren, Francois, Vol II
Cope, Esther Sidney, Vol I
Cope, Kevin, Vol II
Copek, Peter Joseph, Vol II
Copeland, Anne P., Vol V
Copeland, David Robert, Vol II
Copeland, Henry Jefferson, Vol I
Copeland, M. Shawn, Vol IV
Copeland, Robert M., Vol V
Copeland, Robert M., Vol II
Copeland, Warren R., Vol IV
Copenhaver, John, Vol IV
Copjec, Joan, Vol II, III
Copp, John T., Vol I
Coppa, Frank John, Vol I
Coppedge, Walter Raleigh, Vol II
Coppola, Carlo, Vol III
Coppola, Nancy, Vol II
Coquillette, Daniel R., Vol IV
Coral, Lenore, Vol II
Coratti, John Edward, Vol IV
Corazzo, Nina, Vol I
Corbeill, Anthony, Vol II, III
Corbett, Janice, Vol II
Corbett, Noel L., Vol III
Corbett, William P., Vol I
Corcoran, John, Vol IV
Corcoran, Kevin J., Vol IV
Cordasco, Francesco, Vol I
Cordell, Dennis Dale, Vol I
Cordell, LaDoris Hazzard, Vol IV
Cordell, Rosanne M., Vol II
Cordero, Alberto, Vol IV
Cordero, Ronald Anthony, Vol IV
Cordery, Simon, Vol I, IV
Cordery, Stacy A. Rozek, Vol I
Cordova, Carlos E., Vol I
Cordova, Sarah Davies, Vol III
Corduan, Winfried, Vol IV
Core, George, Vol II
Corgan, Margaret M., Vol III
Corkin, Jane, Vol II
Corlett, J. Angelo, Vol IV
Corley, Constance Saltz, Vol V
Corliss, Richard Lee, Vol IV
Corman, Brian, Vol II
Cormier, Micheal J., Vol IV
Cormier, Raymond, Vol III
Cornelia, Marie E., Vol II
Cornelius, Janet Duitsman, Vol I
Cornell, Paul G., Vol I
Corngold, Stanley Alan, Vol III
Cornis-Pope, Marcel H., Vol II
Cornwall, Peter G., Vol I
Cornwall, Robert D., Vol I, IV
Corodimas, Peter, Vol II
Corr, Charles A., Vol IV
Corrado, Michael L., Vol IV
Corrales, Edwin, Vol I, II
Corre, Alan David, Vol III
Corredor, Eva Livia, Vol III
Corrigan, John, Vol I, IV
Corrigan, Kathleen, Vol I
Corrigan, Kevin, Vol II, III, IV
Corrigan, Maureen, Vol II
Corrigan, Vincent, Vol II
Corrin, Jay Patrick, Vol I
Corruccini, Robert, Vol V
Cort, John E., Vol IV
Cortes, Carlos Eliseo, Vol I
Cortes, Julio, Vol III
Cortijo, Antonio, Vol III
Corum, Robert T., Jr., Vol III
Corvino, John F., Vol IV
Cory, Mark E., Vol III
Cosculluela, Victor, Vol IV
Cosgrove, Denis E., Vol I
Cosgrove, Peter, Vol II
Cosgrove, Richard A., Vol I
Costa, Gustavo, Vol I, III
Costa, Michael J., Vol IV
Costa, Richard Hauer, Vol II
Costanza, Stephen E., Vol IV, V
Costanzo, William Vincent, Vol II
Costello, Donald Paul, Vol I, II
Costello, John Robert, Vol III
Costen, Melva Wilson, Vol IV
Costigan, Richard F., Vol IV
Costigliola, Frank Charles, Vol I
Costley, Kevin, Vol V
Cosway, Richard, Vol IV
Cote, Joanne, Vol I
Cote, Nathalie, Vol V
Cotera, Maria E., Vol I, V
Cothren, Michael W., Vol I
Cotman, John W., Vol IV
Cotnam, Jacques, Vol III
Cotroneo, Ross Ralph, Vol I
Cott, Nancy Falik, Vol I
Cotter, James Finn, Vol II, IV
Cotter, John Lambert, Vol I, V
Cotter, Thomas F., Vol IV
Cottle, Thomas J., Vol V
Cotton, Roger D., Vol IV
Cotton, William Theodore, Vol II
Cottrell, Jack Warren, Vol I, IV
Cottrell, Robert Duane, Vol III
Cottrol, Robert James, Vol IV
Couch, James, Vol V
Couch, Leon W., III, Vol II
Coudert, Allison P., Vol I
Coughlan, Reed, Vol V
Coughlin, Edward V., Vol III
Coughlin, Robert M., Vol II
Coughtry, Jay, Vol I
Coulet Du Gard, Rene, Vol III
Coulombe, Joseph L., Vol II
Coulter, Harris L., Vol I
Coulter, Matthew, Vol I
Council, Norman Briggs, Vol II
Countryman, Edward, Vol I
Countryman, L. Wm, Vol II, III, IV
Counts, M. Reid, Vol IV, V
Counts, Michael L., Vol II
Coupe, Lynda, Vol II
Courage, Richard A., Vol II, V
Court, Franklin Edward, Vol II
Courteau, Joanna, Vol III
Courtemanche, Regis Armand, Vol I
Courtenay, William James, Vol I
Courtney, Charles, Vol IV
Courtney, Edward, Vol II, III
Courtney, Richard, Vol II, V
Courtney, Sean, Vol V
Courtright, John A., Vol II
Courts, Patrick Lawrence, Vol II
Courtwright, David T., Vol I
Coutenay, Lynn, Vol I, II
Coutts, Brian E., Vol I, II
Couture, Pamela D., Vol IV
Couvares, Francis G., Vol I
Covell, Ralph, Vol IV
Cover, Jan, Vol IV
Covert, Henry, Vol IV
Covert, James Thayne, Vol I, II
Covin, David Leroy, Vol IV
Covington, Robert N., Vol IV
Covington, William, Jr., Vol II
Cowan, Bainard, Vol II
Cowan, Richard O., Vol I, IV
Cowan, Ruth Schwartz, Vol I
Cowan, S. B., Vol IV
Coward, Harold G., Vol I, IV
Cowart, David, Vol II
Cowart, Wayne, Vol III
Cowasjee, Saros, Vol II
Cowden, Joanna Dunlap, Vol I
Cowell, Pattie Lee, Vol II
Cowen, John Edwin, Vol V
Cowen, Roy C., Vol III
Cowgill, Kent, Vol II
Cowie, Jefferson R., Vol I
Cowing, Cedric Breslyn, Vol I
Cowles, Lois Anne Fort, Vol V
Cox, Archibald, Vol IV
Cox, Caroline, Vol I
Cox, Chana Berniker, Vol IV
Cox, Claude E., Vol IV
Cox, Don Richard, Vol II
Cox, E. Sam, Vol II
Cox, Gary D., Vol I
Cox, Harold E., Vol I
Cox, Howard A., Vol IV
Cox, James D., Vol IV
Cox, Jerry Lynn, Vol III
Cox, John D., Vol II
Cox, Joseph W., Vol I, V
Cox, Kevin R., Vol I
Cox, Robert, Vol II
Cox, Roger Lindsay, Vol II, III
Cox, Sharon G., Vol I
Cox, Shelly Marie, Vol II
Cox, Stephen D., Vol II
Cox, Steven L., Vol IV
Cox, Thomas C., Vol I
Cox, Thomas Richard, Vol I
Coxwell, Margaret, Vol V
Coyle, J. Kevin, Vol I, IV
Coyle, Michael Gordon, Vol II
Coyne, Anthony M., Vol IV
Coyne, Stephen, Vol II
Cozea, Angela, Vol III
Crabtree, Arthur Bamford, Vol IV
Crabtree, Clarie, Vol II, V
Crabtree, Loren William, Vol I
Crabtree, Robbin D., Vol II
Cracolici, Stefano, Vol III
Cracroft, Richard Holton, Vol II
Craddock, Jerry Russell, Vol IV
Craft, George S., Jr., Vol I
Craft, William, Vol II
Crafton, Robert E., Vol II
Crafts, Amy, Vol V
Craig, Albert Morton, Vol I
Craig, Charlotte Marie, Vol III
Craig, Christopher P., Vol II, III
Craig, George Armour, Vol II
Craig, Gordon Alexander, Vol I
Craig, Herbert Eugene, Vol II, III
Craig, J. Robert, Vol II
Craig, John Eldon, Vol I, V
Craig, Robert, Vol I
Craig, Robert M., Vol I
Craig, Robert T., Vol II
Craig, Virginia Robertson, Vol III
Craig, Wendy M., Vol V
Craig, William Lane, Vol IV
Craig-Taylor, Phyliss, Vol IV
Craige, Betty Jean, Vol II
Craighead, Houston Archer, Vol IV
Crain, Patricia, Vol II
Crais, Clifton C., Vol I
Cramer, Elizabeth P., Vol V
Cramer, Owen C., Vol II, III
Cramer, Richard S., Vol I
Cramton, Roger C., Vol IV
Crane, Conrad Charles, Vol I
Crane, Diana, Vol V
Crane, Elaine F., Vol I
Crane, Jon, Vol II
Crane, Milton, Vol II
Crane, Susan, Vol II
Cranford, Lorin L., Vol IV
Crank, Joe N., Vol V
Crannell, Kenneth C., Vol III
Cranor, Carl F., Vol IV
Cranston, Edwin Augustus, Vol III
Cranston, Mechthild, Vol III
Crapol, Edward P., Vol I
Craun, Edwin David, Vol II
Crausaz, Winston, Vol I
Craven, Alan, Vol II
Craven, Wayne, Vol I
Cravens, Hamilton, Vol I
Crawford, Clan, Jr., Vol IV
Crawford, Colin, Vol IV
Crawford, Dan, Vol IV
Crawford, David R., Vol IV
Crawford, Jerry L., Vol II
Crawford, John S., Vol I
Crawford, John W., Vol II
Crawford, Katherine B., Vol I
Crawford, Michael John, Vol I
Crawford, Richard, Vol II
Crawford, Ronald Lee, Vol III
Crawford, Sidnie White, Vol I, III
Crawford, Timothy G., Vol IV
Crawford, William Edward, Vol IV
Crawshaw, William Henry, Vol II
Cray, Robert, Vol I
Creamer, David G., Vol IV
Crean, Susan M., Vol II
Crease, Robert P., Vol IV
Crecelius, Daniel, Vol I
Creed, Bradley, Vol IV
Creed, Gerald, Vol V
Creed, Walter Gentry, Vol II
Creel, Bryant L., Vol III
Creevey, Lucy, Vol IV
Cregier, Don Mesick, Vol I
Crenshaw, James L., Vol IV
Crenshaw, Ronald Willis, Vol IV
Cress, Donald Alan, Vol IV
Cresson, Bruce Collins, Vol I, IV
Cressy, David, Vol I
Crew, B. Keith, Vol V
Crew, David F., Vol I
Crew, H., Vol II
Crew, Louie, Vol II
Crew, Spencer R., Vol I
Crewe, Jonathan V., Vol II
Crews, Daniel A., Vol I
Crews, Frederick, Vol II
Cribbet, John E., Vol IV
Cribiore, Raffaela, Vol II, III
Crichfield, Grant, Vol III
Crim, Alonzo A., Vol V
Crimando, Thomas, Vol I
Crimm, Carolina Castillo, Vol I
Crimp, Douglas, Vol I
Cripps, Thomas, Vol I
Criscenti, Joseph Thomas, Vol I
Crismore, Avan G., Vol II, V
Crisp, James E., Vol I
Crispin, John, Vol III
Crist, Larry S., Vol III
Crist, Lynda Lasswell, Vol I
Cristi, Renato, Vol I
Critchlow, Donald T., Vol I
Crites, Stephen Decatur, Vol IV
Crittenden, Charles, Vol IV
Cro, Stelio, Vol III
Croce, Lewis Henry, Vol I
Croce, Paul Jerome, Vol I
Crocker, Richard Lincoln, Vol I, II
Crockett, Bryan L., Vol II
Crockett, William, Vol IV
Croft, Lee B., Vol III
Crofts, Daniel Wallace, Vol I
Croissant, Jennifer L., Vol V
Croke, Prudence Mary, Vol IV
Cromley, Elizabeth Collins, Vol I
Crompton, Louis, Vol I
Cromwell, William C., Vol IV
Cronce, Philip, Vol IV
Crone, Anna Lisa, Vol III
Cronin, Christopher, Vol V
Cronin, James E., Vol I
Cronk, George, Vol IV
Cronn-Mills, Daniel, Vol II
Crooks, James Benedict, Vol I
Crooms, Lisa A., Vol IV
Crosby, Alfred W., Vol I
Crosby, Donald A., Vol IV
Crosby, Donald H., Vol III
Crosby, Edward Warren, Vol I
Crosby, Margaree Seawright, Vol V
Crosby, Travis L., Vol I
Croskery, Margaret C., Vol II
Crosland, Andrew Tate, Vol II
Crosman, Robert, Vol II
Cross, Dolores E., Vol V
Cross, Gary, Vol I
Cross, Gilbert B., Vol II
Cross, Robert Dougherty, Vol I
Crossgrove, William C., Vol III
Crossley, John P., Vol IV
Crossley, Robert Thomas, Vol II
Crosson, Frederick J., Vol IV
Crosthwaite, Jane Freeman, Vol I, IV
Crothers, A. Glenn, Vol I
Crouch, Dora Polk, Vol I
Crouch, Margaret, Vol IV
Crouch, Tom Day, Vol I
Crouse, Maurice A., Vol I
Crouter, Richard E., Vol I, IV
Crouthamel, James L., Vol I
Crouther, Betty Jean, Vol I
Crow, Ben, Vol V
Crow, Charles L., Vol II
Crow, Jeffrey Jay, Vol I
Crowder, Diane Griffin, Vol III, V
Crowe, David, Vol I
Crowe, Frederick E., Vol IV
Crowe, Michael J., Vol I
Crowe, P. S., Vol III
Crowell, Douglas E., Vol II
Crowell, Steven G., Vol IV
Crowhurst, Megan J., Vol III
Crowl, Samuel, Vol II
Crowley, David, Vol II

Alphabetical Index

Crowley, J. Donald, Vol II
Crowley, John G., Vol I
Crowley, John W., Vol II
Crowley, Joseph P., Vol II
Crowley, Kelley M. Wickham, Vol II
Crowley, Sue Mitchell, Vol II, IV
Crowley-Long, Kathleen, Vol V
Crowner, David L., Vol III
Crownfield, David R., Vol IV
Croy, Marvin J., Vol IV
Crozier, Alice Cooper, Vol II
Crozier, Lorna, Vol II
Cruikshank, Kenneth, Vol I
Cruise, Warren Michael, Vol IV
Crumbley, Deidre H., Vol IV, V
Crume, Alice L., Vol II
Crummey, Donald E., Vol I
Crummey, Robert Owen, Vol I
Crump, Arthel Eugene, Vol IV
Crump, David, Vol IV
Crump, Gail Bruce, Vol II
Crump, Rebecca, Vol II
Crupi, Charles William, Vol II
Crusto, Mitchell F., Vol IV
Cruz, David B., Vol IV
Cruz, Jo Ann Hoeppner Moran, Vol I
Cruz, Virgil, Vol IV
Crysdale, Cynthia S. W., Vol IV
Crystal, Nathan M., Vol IV
Crystal, Stephen, Vol V
Csaki, Luciana Cuppo, Vol III
Csikszentmihalyi, Mark, Vol IV
Csikszentmihalyi, Mihaly, Vol V
Cua, Antonio S., Vol IV
Cubie, David Livingston, Vol IV
Cubie, Michael, Vol IV, V
Cudd, Ann E., Vol IV
Cudjoe, Selwyn Reginald, Vol I
Cuellar, Jose, Vol V
Cuenca, Jose Ramon Araluce, Vol III
Cueva, Edmund, Vol II, III
Cuffey, Kenneth H., Vol IV
Culatta, Barbara, Vol II
Culbert, David H., Vol I
Culbertson, Diana, Vol III, IV
Culbertson, Robert G., Vol IV
Culham, Phyllis, Vol I, II
Culhane, Marianne B., Vol IV
Culik, Hugh, Vol II
Cull, John T., Vol III
Culler, Arthur Dwight, Vol II
Culley, John Joel, Vol I
Cullinan, Alice R., Vol IV
Cullinan, Bernice Ellinger, Vol V
Culp, Sylvia, Vol IV
Culpepper, R. Alan, Vol IV
Culross, Jack Lewis, Vol II
Culter, Suzanne, Vol I
Culyer, Richard, Vol V
Cumberland, Sharon L., Vol II
Cuming, Ron, Vol IV
Cumings, Bruce, Vol IV
Cummings, Anthony M., Vol II
Cummings, Craig, Vol II
Cummings, Peter March, Vol II
Cummings, Raymond L., Vol I
Cummings, Richard M., Vol IV
Cummings, Sherwood, Vol II
Cummings, William K., Vol V
Cummins, Fred, Vol III
Cummins, Light Townsend, Vol I
Cummins, Victoria Hennessey, Vol I
Cummins, W. Joseph, Vol II, III, IV
Cummins, Walter M., Vol II
Cunliffe, William Gordon, Vol III
Cunniff, Roger Lee, Vol I
Cunnigen, Donald, Vol V
Cunningham, Frank Robert, Vol II
Cunningham, Jack R., Vol IV, V
Cunningham, James J., Vol V
Cunningham, Karen, Vol II
Cunningham, Keith K., Vol V
Cunningham, L. A., Vol IV
Cunningham, Merrilee A., Vol II
Cunningham, Noble E., Jr., Vol I
Cunningham, Sarah B., Vol IV
Cunningham, Sarah Gardner, Vol I, IV
Cunningham, Suzanne M., Vol IV
Cunningham, William, Vol III
Cunningham, William Dean, Vol V
Cuno, Kenneth M., Vol I
Cunsolo, Ronald S., Vol I
Curd, Martin Vincent, Vol IV
Curd, Patricia, Vol IV
Curet, Luis Antonio, Vol I, V
Curl, Donald Walter, Vol I
Curley, Michael Joseph, Vol II, III
Curley, Stephen J., Vol II
Curley, Thomas Michael, Vol II
Curlin, J., Vol II
Curnow, Kathy, Vol I
Curran, Brian A., Vol I
Curran, Daniel John, Vol I
Curran, Leo C., Vol II, III
Curran, Mark Joseph, Vol III
Curran, Robert Emmott, Vol I
Curran, Sara R., Vol V
Curran, Sonia Terrie, Vol II
Curran, Stuart Alan, Vol II
Curran, Thomas F., Vol I
Curran, Thomas J., Vol I
Curran, Vivian, Vol IV
Curren, Randall R., Vol IV
Current, Richard Nelson, Vol I
Currey, Cecil B., Vol I
Currie, David P., Vol IV
Currie, Janet, Vol IV
Currie, John H., Vol IV
Currie, William W., Vol II
Curry, Allen, Vol IV, V
Curry, Corrada, Vol III
Curry, Elizabeth R., Vol II
Curry, Lawrence H., Jr., Vol I
Curry, Leonard Preston, Vol I
Curry, Richard Orr, Vol I
Curschmann, Michael J., Vol III
Curtin, John C., Vol IV
Curtin, Michael, Vol II
Curtin, N. J., Vol I
Curtin, Philip De Armond, Vol I
Curtis, Alexander Ross, Vol III
Curtis, James C., Vol I
Curtis, James Malcolm, Vol III
Curtis, Robert I., Vol I
Curtis, Susan, Vol I
Curtis, William H., Vol V
Curtis-Howe, E. Margaret, Vol IV
Curtler, Hugh, Vol IV
Curzer, Howard J., Vol IV
Cushing, James T., Vol I
Cushman, Stephen B., Vol II
Cusick, Suzanne G., Vol II
Cussins, Adrian, Vol IV
Cust, Kenneth F. T., Vol IV
Custer, John S., Vol IV
Cutcliffe, Stephen Hosmer, Vol I
Cutler, Anthony, Vol I
Cutler, William W., III, Vol I
Cutney, Barbara, Vol IV
Cutrer, Thomas W., Vol I
Cutrofello, Andrew, Vol IV
Cutter, Donald C., Vol I
Cutter, Paul F., Vol II
Cutter, William, Vol IV, V
Cuttler, Charles David, Vol I
Cuvalo, Ante, Vol I
Cvornyek, Bob, Vol I
Cyganowski, Carol K., Vol II
Cypess, Sandra M., Vol III
Cyr, Mary, Vol I, II
Cyrus, Cynthia, Vol II
Czerwinski, Edward J., Vol II, III
Czuma, Stanislaw, Vol I
D'Agostino, Anthony W., Vol I
D'Agostino, Peter R., Vol I, IV
D'Allaire, Micheline, Vol I
D'Amico, Robert, Vol IV
D'Andrea, Antonio, Vol III
D'Angelo, Raymond, Vol V
D'Antonio, William, Vol V
D'Aoust, Jean-Jacques, Vol IV, V
D'Arms, John H., Vol III
D'Avanzo, Mario L., Vol II
D'Elia, Donald John, Vol I
D'Evelyn, Margaret M., Vol I
d'Hemecourt, Jules, Vol II
D'heurle, Adma J., Vol V
da Cunha-Giabbai, Gloria E., Vol III
Daane, Mary, Vol V
Dabbs, Jennifer B., Vol V
Dabney, Dean A., Vol IV
Dabney, Ross H., Vol II
Dace, Letitia, Vol II
Daddario, Gina, Vol II
Daemmrich, Horst S., Vol III
Dagger, Richard K., Vol IV
Dahl, Norman, Vol IV
Dahlstrand, Frederick Charles, Vol I
Dahood, Roger, Vol II
Daigle, Lennet J., Vol II
Daigle-Williamson, Marsha A., Vol II
Dailey, Joseph, Vol II
Dailey, Sheron, Vol II
Daily, Jonathan, Vol I
Dain, Norman, Vol I
Dainard, James A., Vol III
Daise, Benjamin, Vol IV
Dale, Helen, Vol II, V
Dale, Walter R., Vol IV
Dale, William S. A., Vol I
Dales, Richard C., Vol I
Daley, Brian Edward, Vol I, IV
Daley, James, Vol V
Daley, James G., Vol V
Daley, Koos W., Vol II
Dallek, Robert, Vol I
Dallen, James, Vol IV
Dalley, George Albert, Vol IV
Dallinger, Judith M., Vol II
Dallmayr, Fred Reinhard, Vol IV
Dalman, Rodger, Vol IV
Dalstrom, Harl A., Vol I
Dalton, Kathleen Mary, Vol I
Dalton, Peter C., Vol IV
Dalton, Stuart, Vol IV
Daly, Brenda O., Vol II
Daly, John P., Vol I
Daly, Lawrence John, Vol I
Daly, Markate, Vol IV
Daly, Robert J., Vol II
Daly, William M., Vol I
Dalzell, Alexander, Vol II, III
Dam, Kenneth W., Vol IV
Dameron, George Williamson, Vol I
Dameron, John Lasley, Vol II
Dames, Nicholas, Vol II
Damiani, Bruno Mario, Vol III
Damico, Helen, Vol II
Dammers, Richard H., Vol II
Damon, John Edward, Vol II
Damon-Bach, Lucinda, Vol II
Damrosch, David N., Vol III
Damrosch, Leo, Vol II
Dana, Marie Immaculee, Vol III
Danaher, James, Vol IV
Danbom, David Byers, Vol I
Danby, Judd G., Vol II
Dance, Daryl Cumber, Vol II
Dando, William, Vol I
Dandridge, Rita Bernice, Vol II
Dane, Barbara, Vol V
Dane, Joseph A., Vol II
Daneshpour, Manijeh, Vol V
Danesi, Marcel, Vol III
Danford, Robert E., Vol II
Daniel, Cletus Edward, Vol I
Daniel, E. Randolph, Vol IV
Daniel, E. Valentine, Vol V
Daniel, Lee A., Vol II, III
Daniel, Marcus L., Vol I
Daniel, Pete, Vol I
Daniel, Wilbon Harrison, Vol I
Daniel, Wiley Young, Vol IV
Daniell, Beth, Vol II
Daniell, Jere, Vol I
Daniels, Bruce C., Vol I
Daniels, Charles B., Vol IV
Daniels, Douglas Henry, Vol I
Daniels, LeAnne, Vol II
Daniels, Marilyn, Vol II
Daniels, Norman, Vol IV
Daniels, Richard, Vol II
Daniels, Robert V., Vol I
Danielson, Dennis R., Vol II
Danielson, Larry W., Vol II
Danker, Donald Floyd, Vol I
Danker, Frederick W., Vol III, IV
Danley, John Robert, Vol IV
Danner, Dan Gordon, Vol I, IV
Danysk, Cecilia, Vol I
Danzer, Gerald, Vol I, V
Danzger, M. Herbert, Vol V
Danziger, Edmund J., Vol I
Darby, Barbara, Vol II
Darby, Derrick, Vol IV
Darden, Christopher A., Vol IV
Darden, George Harry, Vol IV
Darden, Lindley, Vol I, IV
Dardess, John W., Vol I
Darhower, Martin L., Vol II, III
Darling, Carol, Vol V
Darling, Gregory J., Vol II
Darling, Linda T., Vol I
Darling, Rosalyn, Vol V
Darlington, Richard B., Vol V
Darsey, James, Vol II
Darst, David High, Vol III
Darwall, Stephen L., Vol IV
Dasgupta, Nilanjana, Vol V
Dash, Irene Golden, Vol II, V
Dashefsky, Arnold, Vol V
Dasilva, Fabio B., Vol V
Dassonville, Michel, Vol III
Dates, Jannette Lake, Vol II
Dau-Schmidt, Kenneth G., Vol IV
Daube, David, Vol IV
Dauben, Joseph Warren, Vol I
Dauer, Francis W., Vol IV
Daugherty, Gregory Neil, Vol II, III
Daugherty, Sarah B., Vol II
Daugherty, Tracy, Vol II
Daughtry, Philip J., Vol II
Daurio, Janice, Vol IV
Dause, Charles A., Vol II
Dauster, Frank Nicholas, Vol III
Davenport, Charles, Vol IV
Davenport, Christian A., Vol IV
Davenport, Gene Looney, Vol IV, V
Davenport, Guy Mattison, Vol II
Davenport, Harbert William, Vol IV
Davenport, Manuel M., Vol IV
Davenport, Robert Wilson, Vol I
Davey, Frank W., Vol II
Davey, William J., Vol IV
Daviau, Donald G., Vol III
David, Alfred, Vol II
David, Arthur LaCurtiss, Vol I
David, Gerald, Vol IV, V
David, Keith R., Vol IV, V
David, Marcella, Vol IV
David, Marian, Vol IV
Davidheiser, James Charles, Vol III
Davidov, Judith Fryer, Vol I
Davidson, Abraham A., Vol I
Davidson, Arnold E., Vol II
Davidson, Cathy N., Vol II
Davidson, Clifford Oscar, Vol II
Davidson, Cynthia A., Vol II
Davidson, Donald, Vol IV
Davidson, Harriet, Vol II
Davidson, Hugh Maccullough, Vol III
Davidson, John E., Vol II
Davidson, Roberta, Vol II
Davidson, Roger Harry, Vol IV
Davies, Alan T., Vol IV
Davies, Brian, Vol IV
Davies, Carole Boyce, Vol I
Davies, David, Vol IV
Davies, Gordon F., Vol IV
Davies, Gwendolyn, Vol II
Davies, Horton, Vol IV
Davies, Ivor Kevin, Vol V
Davies, James, Vol V
Davies, Julian A., Vol IV
Davies, Kimberly A., Vol V
Davies, Laurence J., Vol III
Davies, Morgan, Vol I, III
Davilla-Lopez, Grace, Vol III
Davis, Adam B., Vol II
Davis, Albert J., Vol II
Davis, Allen Freeman, Vol I
Davis, Audrey Blyman, Vol I
Davis, Barbara Beckerman, Vol I
Davis, Benjamin G., Vol IV
Davis, Calvin D., Vol I
Davis, Carl L., Vol I, IV
Davis, Casey W., Vol IV
Davis, Charles Roger, Vol II
Davis, Cheryl K., Vol II
Davis, Christopher, Vol II
Davis, Christopher A., Vol IV
Davis, Dale W., Vol II, III
Davis, Daniel Clair, Vol I, IV
Davis, David Brion, Vol I
Davis, David D., Vol I, II
Davis, Derek H., Vol IV
Davis, Donald G., Jr., Vol I, II
Davis, Edward B., Vol I
Davis, Edward L., Vol V
Davis, Ellen F., Vol IV
Davis, Ellen Nancy, Vol I
Davis, Elliot Bostwick, Vol I
Davis, Garold N., Vol III
Davis, Gary A., Vol V
Davis, George H., Vol I
Davis, Gloria-Jeanne, Vol V
Davis, Gordon B., Vol IV
Davis, Gregson, Vol II, III
Davis, Henry Vance, Vol I
Davis, Jack E., Vol I
Davis, Jack L., Vol II, III
Davis, James, Vol II
Davis, James Edward, Vol I
Davis, James O., Vol V
Davis, Janet, Vol II
Davis, Jed H., Vol II
Davis, Jeffrey, Vol IV
Davis, John, Vol I
Davis, John Jefferson, Vol IV
Davis, John Wesley, Vol IV
Davis, Johnetta Garner, Vol II
Davis, Katie Campbell, Vol II
Davis, Kenneth G., Vol III, IV
Davis, Kenneth Waldron, Vol II
Davis, Lance E., Vol IV
Davis, Lawrence H., Vol IV
Davis, Lennard J., Vol II
Davis, Leroy, Vol I
Davis, Marianna White, Vol II
Davis, Marie, Vol II
Davis, Michael, Vol IV
Davis, Michael Peter, Vol IV
Davis, Miriam, Vol I
Davis, Molly F., Vol V
Davis, Morris E., Vol IV
Davis, Natalie Zemon, Vol I
Davis, Nathan T., Vol II, V
Davis, Nathaniel, Vol IV
Davis, Peter, Vol II
Davis, Peter L., Vol IV
Davis, Phoebe Stein, Vol II
Davis, Ralph, Vol IV
Davis, Richard, Vol IV
Davis, Richard W., Vol I
Davis, Robert Leigh, Vol II, V
Davis, Robert N., Vol IV
Davis, Robert Paul, Vol V
Davis, Rodney, Vol I
Davis, Ron, Vol II
Davis, Ronald E., Vol IV
Davis, Ronald Leroy, Vol I, V
Davis, Stuart, Vol III
Davis, Susan, Vol II
Davis, Terry, Vol II
Davis, Thadious, Vol II
Davis, Thomas Joseph, Vol I
Davis, Thomas M., Vol II
Davis, Thomas Webster, Vol I
Davis, Todd Fleming, Vol II
Davis, Wayne, Vol IV
Davis, Wendell Eugene, Vol II
Davis, Whitney, Vol I
Davis, William, Vol III
Davis, William V., Vol II, IV
Davis, Willie J., Vol IV
Davis, Winston, Vol I, IV
Davison, Alan R., Vol III
Davison, Carol Margaret, Vol II
Davison, Jean Margaret, Vol I, III
Davison, Nancy R., Vol I, II, V
Davison, Neil, Vol II
Davison, Roderic Hollett, Vol I
Davison, Rosena, Vol III
Davisson, Mary H. T., Vol II, III
Davydov, Sergei, Vol III
Dawe, Donald Gilbert, Vol IV
Dawes, Robyn M., Vol IV, V
Dawn, Marva J., Vol IV
Dawson, Anne, Vol I
Dawson, Anthony Blanchard, Vol II
Dawson, Carl, Vol II
Dawson, John Philip, Vol I
Dawson, Joseph G., III, Vol I
Dawson, Robert Lewis, Vol III
Dawson, William, Vol II
Day, J. Norfleete, Vol IV
Day, James T., Vol III
Day, Kate N., Vol IV
Day, Louis A., Vol IV
Day, Lynda, Vol I
Day, Michael, Vol II
Day, Peggy, Vol IV
Day, Richard B., Vol I, IV
Day, Richard E., Vol IV
Day, Ronnie, Vol I
Day, Terence Patrick, Vol I, IV
Daye, Charles Edward, Vol IV
Dayton, Cornelia H., Vol I
Dayton, Donald Wilber, Vol I, IV
de Almeida, Hermione, Vol II
De Armas, Frederick A., Vol III
De Baca, Vincent C., Vol I
De Bary, Wm. Theodore, Vol I
De Boer, George E., Vol IV
De Bolt, Darian C., Vol IV
de Bretteville, Sheila Levrant, Vol I
de Caro, Frank, Vol V

De Cruz-Saenz, Michele S., Vol III
De Girolami Cheney, Liana, Vol I
De Grave, Kathleen R., Vol II
de Grazia, Edward, Vol II, IV
de Grazia, Victoria, Vol I
De Hart, Jane S., Vol I
de Jesus, Melinda L., Vol I
de Jongh, James Laurence, Vol II
de Koninck, Thomas, Vol IV
De La Pedraja, Rene, Vol I
de la Teja, J. F., Vol I
De Laurentiis, Allegra, Vol IV
De Leon, David, Vol I
De Ley, Herbert C., Vol III
de Looze, Laurence, Vol III
De Lorme, Denise, Vol II
de Marneffe, Peter L., Vol IV
De Mott, Robert J., Vol II
De Ollos, Ione Y., Vol V
De Ortego Y Gasca, Felipe, Vol II
De Pauw, Linda Grant, Vol I
De Puma, Richard Daniel, Vol I
De Rafols, Wifredo, Vol III
De Rios, Marlene Dobkin, Vol V
de S. Cameron, Nigel M., Vol IV
De Santis, Christopher, Vol II
de Schaepdrijver, Sophie, Vol I
De Sousa, Ronald B., Vol IV
De Syon, Guillaume, Vol I
de Tejada, Cristina Saenz, Vol III
de Toro, Fernando, Vol II
De Veaux, Alexis, Vol II
de Villers, Jean-Pierre, Vol II
De Vries, Bert, Vol I
De Vries, Brian, Vol V
de Vries, Jan, Vol I, IV
De Vries, Willem A., Vol IV
De Young, James, Vol II
De Young, James B., Vol IV
Deagon, Ann Fleming, Vol II, III
Deak, Gedeon O., Vol V
Deak, Istvan, Vol I
Deakins, Roger Lee, Vol II
Deal, J. Douglas, Vol I
Deal, Terrance E., Vol V
Dean, David M., Vol I
Dean, Dennis Richard, Vol II, III
Dean, James S., Vol II
Dean, Joan Fitzpatrick, Vol II
Dean, Kenneth, Vol I
Dean, Margaret J., Vol II
Dean, Misao A., Vol II
Dean, Susan Day, Vol II
Dean, Tim, Vol II
Dean, Warren, Vol I
Dean, William D., Vol IV
Deane, Seamus, Vol I
DeAngelo, LeAnna M., Vol V
Dearin, Ray Dean, Vol II
Dearman, John Andrew, Vol IV
Dearmas, Frederick A., Vol III
Deasley, Alex R. G., Vol IV
Deaton, Robert L., Vol V
Debicki, Andrew Peter, Vol III
Deblauwe, Francis, Vol I
Debly, Patricia, Vol II
Debo, Annette R., Vol II
Debona, Guerric, Vol IV
deBoo, Edward L., Vol II, III
DeBracy, Warren, Vol IV
Debreczeny, Paul, Vol III
deBuys, William Eno, Vol I
Decarie, Graeme, Vol I
Decatur, Louis Aubrey, Vol II
DeCew, Judith Wagner, Vol IV
DeChant, Dell, Vol IV
Dechert, Charles Richard, Vol IV
Deci, Edward, Vol V
Deck, Allan F., Vol III, IV
Decker, Hannah S., Vol I
Decker, John F., Vol IV
Decker, Leslie Edward, Vol I
Decker, Philip H., Vol II
Decker, William, Vol II
Deconde, Alexander, Vol I
DeCosta-Willis, Miriam, Vol III
DeCredico, Mary A., Vol I
Dee, James H., Vol III
Dee, Juliet L., Vol II
Deegan, Mary Jo, Vol V
Deena, Seodial, Vol II
Deering, Ronald F., Vol I, II, IV
Deese, Helen R., Vol II
Deeter, Allen C., Vol I, IV
Deetz, Stanley A., Vol II
DeFilipis, Nick A., Vol V
DeFiore, Joann, Vol V
Deflem, Mathieu, Vol V
DeFord, Ruth, Vol II
DeForest, Mary Margolies, Vol II, III
Defrancis, John, Vol III
DeGeorge, Richard, Vol IV
Degler, Carl Neumann, Vol I
deGraff, Amy, Vol I, III
DeGraw, Darrel, Vol IV
DeGroat, Judith A., Vol I
DeHart, Paul, Vol IV
Dehon, Claire L., Vol III
DeHoratius, Edmund F., Vol III
Deibler, Timothy, Vol IV
Deigh, John, Vol IV
Deignan, Kathleen P., CND, Vol IV
Deinert, Herbert, Vol III
Deitrick, Lynn, Vol V
Dejnozka, Jan, Vol IV
Dekar, Paul R., Vol IV
Dekeyser, R. M., Vol III
DeKoven, Marianne, Vol II
Dekydtspotter, Laurent, Vol III
Del Campo, Robert L., Vol V
del Carmen, Alex, Vol IV
Del Caro, Adrian, Vol III
Del Colle, Ralph, Vol IV
del Pliego, Jose B., Vol III
del Valle, Jose, Vol III
Delacre, Georges, Vol IV
Delahoyde, Michael, Vol II
Delahunty, Gerald, Vol II
DeLancey, Julia, Vol I
Delaney, Carol L., Vol V
Delaney, Cornelius F., Vol IV
Delaney, David K., Vol IV
DeLaney, Jeane, Vol I
Delaney, John J., Vol I
Delaney, Norman, Vol I
Delaney, Paul, Vol II
Delano, Sterling F., Vol II
Delany, Paul, Vol II
Delany, Sheila, Vol II
Delasanta, Rodney, Vol II
DeLaura, David Joseph, Vol II
Delbanco, Andrew, Vol II
Deleeuw, Patricia Allwin, Vol I, IV
Delgado, Luisa Elena, Vol III
Delio, Ilia, Vol I, IV
Delisle, Jean, Vol I, III
Dell, Chad E., Vol II
Dell' Antonio, Andrew, Vol II
Dell'Agostino, David, Vol IV
DellaNeva, JoAnn, Vol III
Dellapenna, Joseph W., Vol IV
Dellepiane, Angela B., Vol II, III
Deller, David C., Vol II
Dellinger, Mary Ann, Vol III
Dellums, Leola M. Roscoe, Vol IV
Delogu, Orlando E., Vol IV
DeLombard, Jeanine, Vol II
DeLong, David G., Vol I
Deloria, Vine, Jr., Vol I
Delorme, Roland L., Vol I
DeLoughrey, Elizabeth M., Vol II
Delpeche, Bernard, Vol III
Delph, Ronald, Vol I
Demaray, Donald E., Vol IV
Demarco, Don, Vol IV
Demarest, Bruce, Vol IV
DeMaria, Robert, Jr., Vol II
DeMarr, Mary Jean, Vol II, V
Demastes, William, Vol II
Dembo, Richard, Vol IV, V
Dembowski, Peter Florian, Vol III
Demecs, Desiderio D., Vol IV
Demenchonok, Edward V., Vol IV
Demers, Richard Arthur, Vol III
Deming, Robert Howard, Vol II
Deming, Will H., Vol IV
Demko, David, Vol V
Demkovich, Michael, Vol IV
Demolen, Richard Lee, Vol I
Demone, Harold Wellington, Vol V
Demopoulos, William G., Vol IV
DeMoss, Dorothy Dell, Vol I
Demott, Deborah A., Vol IV
Dempsey, Carol J., Vol IV
Dempsey, Joseph P., Vol IV
Demy, Timothy J., Vol I, IV
den Ouden, Bernard, Vol IV
Denbow, James R., Vol V
Denby, David A., Vol IV
Dendinger, Donald, Vol V
Dendinger, Lloyd N., Vol II
Dendle, Brian John, Vol III
DeNeef, Leigh A., Vol II
Deng, Francis M., Vol IV
Denham, James M., Vol I
Denham, Scott, Vol III
Denicola, Robert C., Vol IV
Denmark, Florence L., Vol V
Dennett, Daniel C., Vol IV
Denney, Colleen J., Vol I
Dennis, David B., Vol I
Dennis, George Thomas, Vol I
Dennis, Harry Joe, Vol III
Dennis, Rutledge M., Vol V
Dennison, Corley F., Vol II
Denniston, Dorothy L., Vol II
Denniston, Elliott Averett, Vol II
Denny, Don William, Vol I
Denny, Fred, Vol IV
Denomme, Robert T., Vol III
Denson, Fred L., Vol IV
Dent, Gina, Vol II
Dentan, Robert K., Vol V
Denzey, Nicola, Vol IV
Depas-Orange, Ann, Vol II
DePascuale, Juan E., Vol IV
DePaul, Michael R., Vol IV
Depauw, Linda Grant, Vol I
DePillars, Murry Norman, Vol V
Depillis, Mario Stephen, Vol I
Deporte, Michael V., Vol II
Deppe, Dean B., Vol IV
Deprospo, Richard Chris, Vol II
der Otter, Sandra, Vol IV
Der-Houssikian, Haig, Vol III
Derby, Daniel H., Vol IV
Derby, William Edward, Vol I
Derbyshire, William W., Vol III
Derdak, Thomas J., Vol IV
Derden, John K., Vol I
Deresiewicz, William, Vol II
Derezotes, David S., Vol V
Derfler, Leslie A., Vol I
Derfler, Steven, Vol I
DeRitter, Jones, Vol II
Dernbach, John C., Vol IV
Dernovsek, Vera, Vol II
Deroche, Andrew, Vol I
DeRosa, Robin, Vol II
Derose, Laurie, Vol V
Derr, Thomas S., Vol IV
Derrick, Clarence, Vol II
Derry, James, Vol II
Derryberry, Bob R., Vol II
Dershowitz, Alan Morton, Vol IV
Dersofi, Nancy, Vol III
des Gagniers, Jean, Vol I
Desai, Gaurav Gajanan, Vol I, II
Desalvo, Louise Anita, Vol II
DesAutels, Peggy, Vol IV
Descartes, Rene, Vol V
Deschner, John, Vol IV
Deshmukh, Marion Fishel, Vol I
DeShong, Scott, Vol II
Desjardins, Mary, Vol II
Deslauriers, Marguerite, Vol IV
Desmangles, Leslie Gerald, Vol IV, V
DeSmidt, Ben, Vol II, III
Desmond, John F., Vol II
Despalatovic, Elinor Murray, Vol I
Despland, Michel, Vol IV
Desroches, Richard Henry, Vol III
Desrosiers-Scholt, Nicole, Vol III
Dessen, Alan Charles, Vol II
Dessen, Cynthia Sheldon, Vol II
Dessner, Lawrence Jay, Vol II
Detenber, Benjamin H., Vol II
Deterding, Paul E., Vol IV
Dethloff, Henry Clay, Vol I
Detienne, Marcel, Vol III
Detlefsen, Michael, Vol IV
Detmer, David J., Vol IV
Detmer, Hellena R., Vol II, III
Detmer-Groebel, Emily, Vol II
Dettmar, Kevin, Vol II
Detwiler, Donald Scaife, Vol I
Detwiler, Louise A., Vol III
Deutsch, Celia, Vol IV
Deutsch, Eliot, Vol IV
Deutsch, Harold Charles, Vol I
Deutsch, Kenneth L., Vol IV
Deutsch, Sandra McGee, Vol I
Deutscher, Irwin, Vol V
DeVeaux, Scott, Vol II
Devenish, Philip Edward, Vol IV
Devenyi, Jutka, Vol II
Dever, William Gwinn, Vol I
Devereux, David R., Vol I
DeVidi, Dave, Vol IV
Devin, Lee, Vol II
Devinatz, Victor G., Vol I
Devine, Donald J., Vol IV
Devine, Joseph A., Jr., Vol I
Devine, Mary E., Vol V
Devine, Michael John, Vol I
Devine, Philip E., Vol IV
Devitis, Joseph, Vol V
Devitt, Amy J., Vol II
Devitt, Michael, Vol IV
Devlin, Albert J., Vol II
Devlin, James E., Vol II
Devlin, Kimberly J., Vol II
Devos, Jean, Vol IV
DeVries, Dawn A., Vol IV
deVries, Paul, Vol IV
Dew, Charles Burgess, Vol I
Dewar, Mary, Vol I
Dewart, Leslie, Vol IV
DeWeese, Pamela, Vol III
Dewey, Donald Odell, Vol I
Dewey, Tom, Vol I
DeWindt, Anne R., Vol I
DeWindt, Edwin B., Vol I
DeWitt, Franklin Roosevelt, Vol IV
Dews, Carlos L., Vol II
Dewsbury, Donald A., Vol V
deZeeuw, Anne Marie, Vol II
Dharwadker, Aparna, Vol II, V
di Filippo, Terry, Vol IV
Di Maio, Irene S., Vol I, III
Di Napoli, Thomas John, Vol III
di Norcia, Vincent, Vol IV
Di Pardo, Anne, Vol II, V
Diacon, Todd, Vol I
Dial-Driver, Emily, Vol II
Diamond, Elin, Vol II, V
Diamond, Sander A., Vol I
Diamond, Sigmund, Vol I, V
Diao, Wei, Vol V
Diaz, Hector L., Vol V
Diaz, Lidia, Vol III
Diaz, Lomberto, Vol III
Diaz, Luis Felipe, Vol III
Diaz, Roberto Ignacio, Vol II, III
Diaz-Duque, Ozzie Francis, Vol V
Diaz-Jimeno, Felipe, Vol III
Diaz-Lefebvre, Rene, Vol V
Dibaba, Mamo, Vol V
Dicenso, James, Vol IV
DiCenzo, Maria, Vol II
DiCicco, Mario, Vol IV
Dick, Bernard F., Vol II
Dick, Donald, Vol II
Dick, Eric L., Vol I
Dick, Ernst S., Vol III
Dick, Michael B., Vol IV
Dick, Robert C., Vol II
Dick, Susan M., Vol II
Dickason, Olive P., Vol I
Dicke, Thomas Scott, Vol I
Dickel, Charles Timothy, Vol V
Dicker, Georges, Vol IV
Dickerman, Edmund H., Vol I
Dickerson, Dennis Clark, Vol IV
Dickerson, Gregory Weimer, Vol II, III
Dickerson, Joyce, Vol V
Dickey, James, Vol II
Dickey, Walter J., Vol IV
Dickie, George T., Vol IV
Dickie, Matthew Wallace, Vol III
Dickinson, Charles C., Vol IV
Dickinson, Gloria Harper, Vol I
Dickinson, Loren, Vol II
Dickison, Sheila Kathryn, Vol I, II, III
Dicks, Samuel Eugene, Vol I
Dicks, Vivian I., Vol II
Dickson, Charles Ellis, Vol I
Dickson, David Franklin, Vol IV
Dickson, Donald R., Vol II
Dickson, John H., Vol II
Dickson, W. Michael, Vol IV
Dickson-Carr, Darryl, Vol II
Dickstein, Morris, Vol II, III
Diedrick, James K., Vol II
Diefendorf, Barbara Boonstoppel, Vol I
Diefendorf, Jeffry Mindlin, Vol I
Diehl, Huston, Vol II
Diem, Richard A., Vol V
Diener, Paul W., Vol IV
Dienes, C. Thomas, Vol IV
Dierenfield, Bruce, Vol I
Dietler, Michael, Vol V
Dietrich, Bryan, Vol II
Dietrich, Craig, Vol I
Dietrich, Wilfred O., Vol I, II
Dietz, Donald T., Vol III
Dietz, Hanns-Bertold, Vol I
Dietz, Thomas, Vol V
DiGaetani, John Louis, Vol II
Digby, Joan, Vol I, II
Diggs, William P., Vol V
DiGiacomo, Susan, Vol V
DiGiovanni, George, Vol IV
Dijkstra, Bram, Vol II, III
Dik, Helma, Vol II, III
Dil, Nasim, Vol V
Dilgen, Regina M., Vol II
Dillard, J. L., Vol II
Diller, Christopher G., Vol II
Diller, George Theodore, Vol III
Diller, Matthew, Vol IV
Dilley, Frank B., Vol IV
Dilley, Patricia E., Vol IV
Dillingham, William B., Vol II
Dillman, Richard H., Vol II
Dillon, Bert, Vol II
Dillon, Clarissa F., Vol I, IV
Dillon, Diane, Vol I
Dillon, M. C., Vol IV
Dillon, Merton Lynn, Vol I
Dillon, Michele, Vol V
Dillon, Wilton Sterling, Vol V
Dilly, Barbara J., Vol V
Dilts, Mervin R., Vol II, III
Dilworth, John, Vol IV
Dilworth, Thomas, Vol II
Dimaio, Michael, Vol II, III
DiMaria, Salvatore, Vol III
Dimic, Milan Velimir, Vol III
Dimler, George Richard, Vol III
Dimmitt, Jean Pollard, Vol II
Dimock, Wai Chee, Vol II
Dimond, Roberta R., Vol V
Din, Gilbert C., Vol I
Dinan, Susan A., Vol I
Dincauze, Dena F., Vol I
Diner, Steven J., Vol I
Dinges, William, Vol IV
Dingilian, Der Stepanos, Vol IV
Dingman, Roger V., Vol I
Dinkin, Robert J., Vol I
Dinkins, David N., Vol IV
Dinneen, David A., Vol III
Dinnerstein, Leonard, Vol I
Dinnerstein, Myra, Vol V
Dionisopoulos, George N., Vol II
Dionne, E. J., Vol IV
Dionne, Rene, Vol III
Diop, Samba, Vol III
DiPasquale, Theresa M., Vol II
DiPuccio, William, Vol IV
Dircks, Phyllis T., Vol II
Dircks, Richard J., Vol II
DiRenzo, Gordon James, Vol V
Dirks, Nicholas, Vol I
Dirks, Patricia, Vol I
Dirlik, Arif, Vol I
Dirst, Matthew, Vol II
Discenza, Nicole Guenther, Vol II
Discher, Mark, Vol IV
Disterheft, Dorothy, Vol III
Ditsky, John M., Vol II
Dittes, James Edward, Vol IV, V
Dittmer, John, Vol I
Diubaldo, Richard J., Vol I
Divine, Robert Alexander, Vol I
Divita, James John, Vol I
Dix, Jennifer A., Vol III
Dixon, Kathleen, Vol II
Dixon, Laurinda S., Vol I
Dixon, Lynda D., Vol II
Dixon, Mimi S., Vol II
Dixon, Nancy J., Vol II
Dixon, Wheeler Winston, Vol II
Dizard, Jan, Vol V
Djebar, Assia, Vol I, III
Djordjevic, Dimitrije, Vol I
Djos, Matts G., Vol II
Djwa, Sandra A., Vol II
Dmochowski, Henry W., Vol IV
Dmytryshyn, Basil, Vol I
Doak, Kevin M., Vol I
Doak, Robert, Vol II
Doan, James E., Vol I, II, V
Doan, Laura L., Vol II, V
Doane, Alger Nicolaus, Vol II
Dobbs, Dan Byron, Vol IV
Dobbyn, John Francis, Vol IV
Dobrin, Arthur, Vol V
Dobsevage, Alvin P., Vol III, IV
Dobson, Frank, Vol II
Dobson, Jeannie S., Vol II
Dobson, Joane, Vol II
Dobson, Joanne, Vol II
Dobson, John Mccullough, Vol I

Dockery, Charles D., Vol III
Dockery, David S., Vol I, IV
Docter, Mary K., Vol III
Dodd, Victoria J., Vol IV
Dodd, Wayne Donald, Vol II
Dodds, Dennis R., Vol I
Dodds, Gordon B., Vol I
Dodge, Mary J., Vol IV
Dodge, Robert Kendall, Vol II
Dodge, Timothy, Vol I, II
Dodson, Danita Joan, Vol II
Dodson, Jualynne, Vol IV
Doenecke, Justus D., Vol I
Doenges, Norman Arthur, Vol I, II, III
Doepke, Frederick C., Vol IV
Doepke, Matthias, Vol IV
Doerfel, Marya L., Vol II
Doerksen, Daniel William, Vol II
Doerksen, Victor Gerard, Vol III
Doermann, Ralph W., Vol IV
Dohanian, Diran Kavork, Vol I
Doherty, Barbara, Vol I, IV
Doherty, John F., Vol IV
Doherty, Karen A., Vol II
Doherty, Lillian E., Vol III
Dolan, Frances E., Vol II
Dolan, Frederick M., Vol IV
Dolan, Jay P., Vol I, IV
Dolan, John M., Vol IV
Dolan, Marc, Vol II
Dolan, Ronald, Vol V
Dolce, Philip Charles, Vol I
Dolezel, Lubomir, Vol III
Dolezvelova-Velingerova, Milena, Vol III
Dolis, John, Vol II
Doll, Mary A., Vol IV
Dollenmayer, David Bristol, Vol II, III
Dolling, Lisa M., Vol IV
Dolnikowski, Edith W., Vol I
Doloff, Steven, Vol II
Dolon, Ronald, Vol V
Dolskaya-Ackerly, Olga, Vol II
Domaradzki, Theodore F., Vol I
Dombrowski, Daniel A., Vol IV
Dombrowski, Nicole, Vol I
Dombrowski, Paul M., Vol II
Domenico, Roy P., Vol I
Domingo-Foraste, Douglas, Vol II, III
Dominguez, Jorge Ignacio, Vol IV
Dominguez, Sylvia, Vol III
Dominick, Raymond, Vol I
Dominik, Jane, Vol II
Domino, Brian, Vol IV
Dominowski, Roger L., Vol V
Domville, Eric W., Vol II
Donadey, Anne, Vol III, V
Donaghay, Marie, Vol I
Donaghy, John A., Vol IV
Donaghy, Thomas J., Vol I
Donahoe, Bernard Francis, Vol I
Donahue, John F., Vol II, III
Donahue, John J., Vol IV
Donahue, Thomas John, Vol II, III
Donakowski, Conrad L., Vol I, II, IV
Donald, David Herbert, Vol I
Donaldson, Daniel J., Vol IV
Donaldson, Jeffery, Vol II
Donaldson, Peter Samuel, Vol II
Donaldson, Sandra, Vol II
Donaldson, Scott, Vol I, II
Donaldson, Thomas, Vol I
Donaldson-Evans, Mary P., Vol II
Donat, Patricia, Vol V
Donatelli, Joseph M. P., Vol II
Donavin, Georgiana, Vol II
Donawerth, Jane L., Vol II
Donegan, Charles Edward, Vol IV
Donegan, Jane Bauer, Vol I
Donelan, James, Vol IV
Doney, Willis, Vol IV
Donfried, Karl P., Vol IV
Donhauser, Peter L., Vol I
Donkel, Douglas L., Vol IV
Donlan, Walter, Vol II, III
Donnelly, J. Patrick, Vol I
Donnelly, John, Vol IV
Donner, Fred M., Vol I
Donoho, Douglas L., Vol IV
Donohoo, Lawrence, Vol IV
Donohue, Bradley C., Vol V
Donohue, John Waldron, Vol I, IV, V
Donovan, Aine, Vol V
Donovan, John F., Vol IV
Donovan, Josephine, Vol II
Donovan, Mary Ann, Vol I, IV
Donovan, Maureen H., Vol II
Doob, Penelope, Vol II
Doody, John A., Vol IV
Doody, Margaret A., Vol II
Doohan, Helen, Vol IV
Dooley, Allan C., Vol II
Dooley, Deborah, Vol II
Dooley, Howard John, Vol I
Dooley, Patricia, Vol II, IV
Dooley, Patrick Kiaran, Vol IV
Doolittle, James, Vol I, III
Doorley, Mark J., Vol IV
Dopp, James A., Vol II
Doppelt, Gerald D., Vol IV
Doran, Katheryn, Vol I
Doran, Madeleine, Vol II
Dore, Florence W., Vol II
Dore, Laurie Kratky, Vol IV
Dorenlot, Francoise, Vol III
Dorgan, Howard, Vol II, V
Dorian, Nancy Currier, Vol III
Dorinson, Joseph, Vol I
Dorland, Michael, Vol II
Dorn, Jacob Henry, Vol I
Dorn, Louis, Vol IV
Dornan, Christopher, Vol II
Dornan, Reade W., Vol II, V
Dornish, Margaret Hammond, Vol I, IV
Dornsife, Rob, Vol II
Doron, Pinchas, Vol III, IV
Dorondo, David R., Vol I
Dorrien, Gary J., Vol IV
Dorsel, Thomas N., Vol V
Dorsen, Norman, Vol IV
Dorsett, Lyle Wesley, Vol I
Dorsey, Carolyn Ann, Vol I
Dorsey, Elbert, Vol IV
Dorsey, James, Vol II, III
Dorsey, Kurk, Vol I
Dorsey, Learthen, Vol I
Dorsey, Leroy, Vol II
Dorsey, Peter, Vol II
Dorsey, Scott W., Vol II
Dorsinville, Max, Vol II, III
Dorter, Kenneth, Vol IV
Dorwart, Jeffrey M., Vol I
Dorwick, Keith, Vol II
Doskow, Minna, Vol II
Doss, Barney J., Vol IV
Dostal, Robert J., Vol IV
Doster, James Fletcher, Vol I
Doswald, Herman K., Vol III
Dotson, John Edward, Vol I
Doty, Charles Stewart, Vol I
Doty, Dale V., Vol V
Doty, Gresdna Ann, Vol II
Doty, Ralph, Vol IV
Doubles, Malcolm Carroll, Vol III, IV
Doubrovsky, Serge, Vol III
Doudna, Martin Kirk, Vol I, II, V
Doudoroff, Michael John, Vol III
Dougan, Michael Bruce, Vol I
Dougherty, James E., Vol IV
Dougherty, James P., Vol II
Dougherty, Jude Patrick, Vol IV
Dougherty, Patricia M., Vol I
Dougherty, Ray Cordell, Vol III, IV
Doughty, Robert, Vol I
Douglas, Ann, Vol II
Douglas, Donald Morse, Vol I
Douglas, George Halsey, Vol I, II
Douglas, James Matthew, Vol IV
Douglas, Jane Yellowlees, Vol II
Douglas, Marcia B., Vol II
Douglas, Paul H., Vol II
Douglas, Walter, Vol IV
Douglass, Melvin Isadore, Vol V
Douglass, Paul, Vol II
Douglass, R. Thomas, Vol III
Douglass, Thomas E., Vol II
Dourley, John Patrick, Vol IV
Douthwaite, Julia V., Vol III
Dove, Linda L., Vol II
Dow, James Raymond, Vol III, V
Dowd, Nancy E., Vol IV
Dowd, Sharyn, Vol IV
Dowdey, Diane, Vol II
Dowell, Peter W., Vol II
Dowell, Richard Walker, Vol II
Dowling, John Clarkson, Vol III
Dowling, William C., Vol II
Downes, David Anthony, Vol II
Downes, Stephen M., Vol IV
Downey, Dennis B., Vol I
Downey, James, Vol II
Downey, James Patrick, Vol IV
Downey, John, Vol IV
Downing, David, Vol II
Downing, Marvin Lee, Vol I
Downing, Pamela A., Vol III
Downs, Anthony, Vol IV
Downs, Louis, Vol V
Dowty, Alan K., Vol IV
Doxey, William S., Vol II
Doyel, D., Vol V
Doyle, Charles Clay, Vol II, V
Doyle, Charlotte, Vol V
Doyle, Dennis M., Vol IV
Doyle, Don H., Vol I
Doyle, Esther M., Vol II
Doyle, Jacqueline, Vol II
Doyle, James, Vol II
Doyle, James F., Vol IV
Doyle, Kenneth, Vol V
Doyle, Mary Beth, Vol V
Doyle, Michael W., Vol I
Doyle, Paul A., Vol II
Doyle, Ruth Lestha, Vol III
Doyno, Victor, Vol II
Dozier, Robert R., Vol I, IV
Drachman, Virginia Goldsmith, Vol I, V
Drage-Hale, Rosemary, Vol IV
Dragga, Sam A., Vol II
Draine, Betsy, Vol II
Drake, Barbara, Vol II
Drake, Dana Blackmar, Vol III
Drake, Fred, Vol I
Drake, Fred, Vol I
Drake, Harold A., Vol I, II, III
Drake, Robert Y., Jr., Vol II
Drake, Roger A., Vol V
Dramin, Edward, Vol II
Drane, James Francis, Vol II
Drange, Theodore Michael, Vol IV
Draper, David E., Vol IV
Draper, David E., Vol II
Draper, Joan E., Vol I
Dray, William Herbert, Vol IV
Draznin, Yaffa Claire, Vol I
Drees, Hajo, Vol III
Drefcinski, Shane, Vol IV
Dreher, Diane Elizabeth, Vol II
Dreher, John Paul, Vol IV
Dreier, James, Vol IV
Dreifort, John E., Vol I
Dreisbach, Donald Fred, Vol I, IV
Drekonja, Otmar Maximilian, Vol II
Drennan, Robert D., Vol V
Drescher, Seymour, Vol I
Dresser, N., Vol V
Dressler, Rachel, Vol I
Drew, Katherine Fischer, Vol I
Drew, Shirley K., Vol II, III
Drewry, Cecelia Hodges, Vol II
Dreyer, Edward L., Vol I
Dreyfus, Hubert Lederer, Vol IV
Driesen, David, Vol IV
Driever, Steven L., Vol I
Drinan, Robert Frederick, Vol IV
Drinka, Bridget, Vol III
Drinkard, Joel F., Jr., Vol IV
Drinkard-Hawkshawe, Dorothy, Vol I
Driskill, Joseph D., Vol IV
Driver, Eddy Beverley, Vol III
Driver, Martha Westcott, Vol II
Driver, Tom Faw, Vol II, IV
Drost, Mark P., Vol IV
Drout, Michael D. C., Vol II
Druart, Therese-Anne, Vol IV
Druesedow, John E., Vol II
Drugan, Robert C., Vol V
Druliner, Marcia M., Vol III, V
Drummond, John J., Vol IV
Drummond, Richard Henry, Vol II, III
Drury, Keith, Vol IV
Druxes, Helga, Vol III
Dryden, Edgar A., Vol II
Dryden, M., Vol II
Dryer, Matthew S., Vol III
Du Plessis, Eric, Vol II
Du Toit, Brian M., Vol V
Duban, James, Vol II
Dubay, Thomas E., Vol IV
Dube, Jean-Claude, Vol I
Dube, Pierre, Vol III
Dube, Thomas M. T., Vol V
Duberman, Martin, Vol I
Dubey, Madhu, Vol II
Dubin, S. C., Vol V
Dubino, Jeanne, Vol II
Dublin, Thomas, Vol I
Duboff, Leonard David, Vol IV
Dubofsky, Melvyn, Vol I
Dubois, Betty Lou, Vol III
DuBois, Ellen Carol, Vol I
DuBois, James M., Vol IV
Dubois, Sylvie, Vol IV
Dubrovsky, Gertrude, Vol II
DuBruck, Edelgard E., Vol III
Ducharme, Howard M., Vol IV
Ducharme, Robert, Vol II
Duchovnay, Gerald, Vol II
Duck, Steve, Vol V
Ducker, James H., Vol I
Duckert, Audrey Rosalind, Vol III
Duckworth, Alistair Mckay, Vol II
Duckworth, Eleanor R., Vol V
Duclow, Donald F., Vol I, II, IV
Dudden, Arthur Power, Vol I
Dudden, Faye E., Vol I
Dude, Carl K., Vol IV
Dudgeon, Ralph T., Vol II
Dudley, Edward J., Vol II, III
Dudley, William Sheldon, Vol I
Dudt, Charmazel, Vol II
Dudziak, Mary L., Vol I, IV
Duerden, Richard Y., Vol II
Duerlinger, James, Vol IV
Duffey, John Patrick, Vol III
Duffin, Jacalyn, Vol I
Duffy, Andrew E., Vol II
Duffy, Bernard K., Vol II
Duffy, Dennis, Vol II
Duffy, John Joseph, Vol I
Duffy, Stephen Joseph, Vol IV
DuFour, John H., Vol IV
Dufour, Ron, Vol I
Dufresne, John, Vol II
Dugaw, Dianne M., Vol II, V
Duggan, Anne E., Vol III
Duggan, Hoyt Nolan, Vol III
Duggan, Joseph J., Vol III
Duggan, Lawrence Gerald, Vol I
Duin, Ann Hill, Vol II
Dukas, Vytas, Vol III
Duke, Steven Barry, Vol IV
Dukeminier, Jesse, Vol IV
Dukes, Jack Richard, Vol I
Dukes, Richard L., Vol V
Dulai, Surjit Singh, Vol I, III
Dulany, Don E., Vol V
Duley, Margot I., Vol I
Dulles, John W. F., Vol I
Dumain, Harold, Vol IV
Dumais, Monique, Vol IV
Dumas, Bethany K., Vol III
Dumond, D. E., Vol I, V
Dumont, Lloyd F., Vol IV, V
Dumont, Micheline, Vol I
Dunar, Andrew J., Vol I
Dunaway, Baxter, Vol IV
Dunaway, David K., Vol II
Dunaway, John Marson, Vol III
Dunbar, Mary Judith, Vol II
Duncan, Bonnie I., Vol II
Duncan, Bruce, Vol III
Duncan, Carol G., Vol I
Duncan, Charles, Vol II
Duncan, Elmer H., Vol IV
Duncan, Janice Marie, Vol III
Duncan, Jeffrey Light, Vol II
Duncan, John C., Jr., Vol IV
Duncan, Kirby Luther, Vol II
Duncan, Richard R., Vol I
Duncan, Russell, Vol I
Dundes, Alan, Vol V
Dundon, Stanislaus, Vol IV
Dunham, Roger, Vol V
Dunham, Vera S., Vol III
Dunkak, Harry Matthew, Vol I
Dunlap, Elden Dale, Vol IV
Dunlap, Isaac H., Vol II
Dunlap, Karen F. Brown, Vol II
Dunlop, Anne, Vol I
Dunlop, Charles, Vol IV
Dunn, Annie M., Vol V
Dunn, Charles W., Vol II
Dunn, Dennis John, Vol I
Dunn, Durwood, Vol I
Dunn, E. Catherine, Vol II
Dunn, Francis M., Vol II
Dunn, Ivy D., Vol V
Dunn, Joe Pender, Vol I, IV
Dunn, Jon Michael, Vol IV
Dunn, Laura, Vol I
Dunn, Patrick Peter, Vol I
Dunn, Peter Norman, Vol III
Dunn, Richard John, Vol II
Dunn, Richard Slator, Vol I
Dunn, Robert P., Vol II
Dunn, Susan, Vol III
Dunnavant, Anthony L., Vol IV
Dunne, John Scribner, Vol IV
Dunne, Joseph Fallon, Vol II
Dunne, Tad, Vol IV
Dunnell, Ruth W., Vol I
Dunning, Stephen Northrop, Vol IV
DuPlessis, Rachel Blau, Vol II
DuPlessis, Robert S., Vol I
Dupre, Anne P., Vol IV
Dupre, Dan, Vol I
Dupree, Anderson Hunter, Vol I
DuPriest, Travis Talmadge, Jr., Vol II, IV
Dupuy, Beatrice, Vol III
Duquette, David A., Vol IV
Duquette, Jean-Pierre, Vol III
Duram, James C., Vol I, IV
Duram, Leslie, Vol I
Duran, Jaime, Vol III
Durand, Alain-Philippe, Vol III
Durand, Frank, Vol III
Durden, Robert Franklin, Vol I
Durer, Christopher, Vol II, III
Durham, Carolyn Ann, Vol III
Durham, Joseph Thomas, Vol V
Durham, Ken R., Vol III, IV
Durham, Scot, Vol III
Durland, William, Vol IV
Durmelat, Sylvie, Vol III
Durnbaugh, Donald F., Vol I, IV
Durnin, John H., Vol V
Durocher, Rene, Vol I
Durr, Volker, Vol III
Durrill, Wayne K., Vol I
Dusek, Rudolph Valentine, Vol IV
Duska, Ronald F., Vol IV
Dussias, Paola E., Vol III
Dussinger, John Andrew, Vol II
Dust, Margaret C., Vol V
Dust, Patrick, Vol II, III
Dutcher-Walls, Patricia, Vol IV
Dutt, Ashok K., Vol I
Dutton, Paul V., Vol I
Dutton, William H., Vol II
Duval, John, Vol III
Duyfhuizen, Bernard, Vol II
Dvorak, Paul Francis, Vol III
Dvorsky-Rohner, Dorothy, Vol I
Dworkin, Anthony G., Vol V
Dworkin, Gerald, Vol IV
Dworkin, Roger Barnett, Vol IV
Dworkin y Mendez, Kenya C., Vol III
Dwyer, Eugene Joseph, Vol I
Dwyer, James G., Vol IV
Dwyer, Johanna, Vol V
Dwyer, Susan, Vol IV
Dybek, Stuart, Vol II
Dybowski, Brian, Vol IV, V
Dyc, Gloria, Vol II
Dych, William V., Vol IV
Dyck, Andrew R., Vol II, III
Dyck, Arthur James, Vol IV
Dyck, Cornelius John, Vol I, IV
Dyck, Martin, Vol III
Dye, James Wayne, Vol I, IV
Dye, Robert Ellis, Vol III
Dye, Thomas R., Vol IV
Dyer, James Mark, Vol IV
Dyer, Joyce, Vol II
Dyer, Klay, Vol II
Dyer, Sam Coad, Vol II
Dyke, Doris J., Vol V
Dykeman, King John, Vol IV
Dykeman, Therese B., Vol II
Dykes, DeWitt S., Jr., Vol I
Dykstra, Robert R., Vol I
Dykstra, Wayne A., Vol IV
Dymale, Herbert Richard, Vol IV
Dysart, Jane Ellen, Vol I
Dyson, Robert Harris, Jr., Vol I, V
Dyson, Steven L., Vol II, III
Dytell, Rita, Vol V
Dyzenhaus, David, Vol IV
Dzamba, Anne, Vol I, V
Dziegielewski, Sophia, Vol V
Dziewanowski, Marian Kamil, Vol I
Dzuback, Mary Ann, Vol I, V
Eachron, Ann Mac, Vol V
Eadie, John W., Vol I
Eadie, William F., Vol II
Eagan, Jennifer, Vol IV
Eagles, Charles W., Vol I
Eagleson, Ian, Vol IV

Eagly, Alice H., Vol V
Eakin, Frank Edwin, Vol IV
Eakin, Marshall C., Vol I
Eakin, Paul John, Vol II
Eames, Elizabeth R., Vol IV
Eamon, William, Vol I
Earhart, Harry Byron, Vol I, IV
Earle, Kathleen Alison, Vol V
Earle, Peter G., Vol III
Early, Gerald, Vol I, II
Early, James, Vol I
Earnest, Robert S., Vol II
Earnest, Steve, Vol II
Easley, Ray, Vol IV
Easter, Marilyn, Vol V
Eastman, Carol M., Vol III, V
Eastman, John Robert, Vol I
Easton, Loyd D., Vol IV
Easton, Patricia Ann, Vol IV
Eastwood, Bruce Stansfield, Vol I
Eaton, Charles Edward, Vol II
Eaton, Jonathan, Vol IV
Eaton, Kent A., Vol IV
Eaton, Marcia M., Vol IV
Eaton, Richard B., Vol II
Eaton, Richard Maxwell, Vol I
Eaves, Morris, Vol II
Ebbitt, Wilma Robb, Vol II
Ebbs, Gary, Vol IV
Ebel, Roland H., Vol IV
Eberhart, Richard, Vol II
Eberle, Gary M., Vol II
Eberle, Rolf A., Vol IV
Eberly, Mary B., Vol V
Ebert, Robert P., Vol III
Eberts, Mary, Vol IV
Eberwein, Jane Donahue, Vol I, II
Eble, Connie C., Vol II, III
Ebner, Michael Howard, Vol I
Eby, Carl P., Vol II
Eby, Cecil Degrotte, Vol I, II
Echelbarger, Charles G., Vol IV
Echeruo, Michael, Vol II
Echols, James Kenneth, Vol I, IV
Echols, Marsha A., Vol IV
Eckardt, Alice Lyons, Vol I, IV
Eckart, Michelle, Vol V
Eckenwiler, Lisa A., Vol IV
Eckersley, L. Lynnette, Vol II
Eckert, Edward K., Vol I
Eckhard, Rolz, Vol III
Eckhardt, Caroline Davis, Vol II, III
Eckhardt, Patricia, Vol I
Ecklebarger, Kermit A., Vol IV
Eckley, Richard K., Vol IV
Eckstein, Arthur M., Vol I
Eckstein, Jerome, Vol IV
Eckstein, Susan, Vol V
Economou, Elly Helen, Vol IV
Eddings, Dennis Wayne, Vol II
Eddy, Paul R., Vol IV
Ede, Lisa, Vol II
Edelberg, Walter, Vol IV
Edelman, Diana V., Vol I, IV
Edelman, Diane Penneys, Vol IV
Edelstein, Arthur, Vol I, II
Edelstein, Melvin A., Vol I
Eden, Kathy, Vol II
Eden, Melissa, Vol II
Eder, Doris Leonora, Vol II
Edgar, Timothy W., Vol IV
Edgar, Walter B., Vol I
Edgar, William, Vol IV
Edgar, William John, Vol IV
Edge, Hoyt Littleton, Vol IV
Edgerton, Gary R., Vol II
Edgette, J. Joseph, Vol V
Edgeworth, Robert J., Vol II, III
Edie, Carolyn A., Vol I
Edinger, Elizabeth, Vol IV
Edler, Frank H. W., Vol IV
Edlund-Berry, Ingrid E. M., Vol I
Edmiston, William F., Vol II
Edmonds, Anthony Owens, Vol I
Edmondson, Clifton Earl, Vol I
Edmondson, Jonathan C., Vol I
Edmonson, James Milton, Vol I
Edmunds, Lowell, Vol II, III
Edsall, Nicholas Cranford, Vol I
Eduljee, Nina, Vol V
Edwards, Abiyah, Jr., Vol IV
Edwards, Anthony S. G., Vol II
Edwards, Brent Hayes, Vol II
Edwards, Carla, Vol V
Edwards, Clark, Vol II
Edwards, Clifford Duane, Vol II
Edwards, Clifford Walter, Vol IV
Edwards, Don R., Vol II, III
Edwards, Douglas R., Vol IV
Edwards, Emily D., Vol II
Edwards, George Charles, III, Vol IV
Edwards, Grace Toney, Vol II, V
Edwards, Harry, Vol V
Edwards, Harry T., Vol IV
Edwards, James, Vol IV
Edwards, Janis, Vol II
Edwards, Jay D., Vol V
Edwards, Joy, Vol V
Edwards, Lee M., Vol I
Edwards, Lee R., Vol II
Edwards, Mary, Vol I
Edwards, Mary Louise, Vol II
Edwards, Mary-Jane, Vol II
Edwards, Rebecca, Vol I
Edwards, Rem B., Vol IV
Edwards, Richard Alan, Vol IV
Edwards, Richard W., Vol IV
Edwards, Ruth McCalla, Vol IV
Edwards, Sandra S., Vol IV
Edwards, Viviane, Vol V
Edwards, Wendy J. Deichmann, Vol I
Eekman, Thomas, Vol III
Eells, Ellery T., Vol IV
Eells, Gregory T., Vol V
Egan, Harvey Daniel, Vol IV
Egan, James, Vol II
Egan, Mary Joan, Vol I, II
Egan, Rory Bernard, Vol II, III
Egea, Esteban R., Vol III
Egenhofer, Max J., Vol I
Egert, Eugene, Vol III
Egerton, Frank N., Vol I
Eggener, Keith L., Vol I
Eggert, Gerald G., Vol I
Eggert, Katherine, Vol II
Egginton, William, Vol II, III
Egler, David G., Vol I
Egleston, Don, Vol IV
Eglin, John, Vol I
Ehre, Milton, Vol III
Ehrenreich, N., Vol IV
Ehret, Christopher, Vol I, III
Ehret, Terry, Vol II
Ehrlich, Carl S., Vol III
Ehrstine, John, Vol II
Eichelberger, William L., Vol IV
Eichelman, Sarah M., Vol II
Eichenbaum, Howard, Vol V
Eichenlaub, Constance, Vol II, III
Eichmann, Raymond, Vol III
Eichner, Hans, Vol III
Eichorn, Lisa, Vol IV
Eick, Gretchen, Vol I
Eid, Leroy Victor, Vol I
Eidelberg, Martin, Vol I
Eidenmuller, Michael, Vol II
Eiesland, Nancy L., Vol IV
Eigen, Michael, Vol V
Eigner, Edwin Moss, Vol II
Eigo, Francis Augustine, Vol IV
Einbeck, Kandace, Vol III
Einhorn, Robin, Vol I
Eisele, Thomas David, Vol IV
Eisenbaum, Pamela, Vol IV
Eisenberg, Melvin Aron, Vol IV
Eisenberg, Paul D., Vol IV
Eisenbichler, Konrad, Vol III
Eisenstadt, Abraham S., Vol I
Eisenstadt, Peter, Vol I
Eisenstat, Steven M., Vol IV
Eisenstein, Elizabeth Lewisohn, Vol I
Eisenstein, Hester, Vol V
Eisenstein, Paul S., Vol II
Eisler, Beth A., Vol IV
Eisler, Colin, Vol I
Eisner, Sigmund, Vol II
Eisner, Wendy, Vol V
Eiss, Harry Edwin, Vol II
Eitel, Keith E., Vol IV
Eiteljorg, Harrison, II, Vol I
Ekbantani, Glayol, Vol V
Ekechi, Felix Kamalu, Vol I
Ekeh, Peter, Vol IV
Ekeya, Bette Jan, Vol IV
Ekirch, A. Roger, Vol I
Eklund, Emmet Elvin, Vol IV
El-Baz, Farouk, Vol I
Elam, Earl Henry, Vol I
Elam, Helen Regueiro, Vol III
Elardo, Ronald Joseph, Vol III
Elbaz, Andre Elie, Vol III
Elbert, Sarah, Vol I
Elbow, Gary S., Vol I, IV
Elder, Arlene Adams, Vol II, III
Elder, Ellen Rozanne, Vol I
Elder, John, Vol II
Eldred, Katherine O., Vol II, III
Eldredge, Laurence Milton, Vol III
Eldridge, Daryl, Vol V
Eldridge, Michael, Vol IV
Eley, Geoff, Vol I
Elfe, Wolfgang Dieter, Vol II
Elfenbein, Jessica, Vol I
Elfimov, Alexei, Vol V
Elfstrom, Gerard, Vol IV
Elhard, Leland E., Vol IV
Elia, Richard Leonard, Vol II
Elias, Jamal J., Vol IV
Eliot, John, Vol V
Elkayam, Moshe, Vol IV
Elkin, Robert Terrell, Vol II
Elkin, Saul, Vol II
Elkind, Pamela D., Vol V
Elkins, James, Vol I
Elkins, James R., Vol IV
Elkins, Michael R., Vol II
Elledge, Paul, Vol II
Ellens, Jay Harold, Vol IV, V
Eller, David B., Vol I, IV
Eller, Jonathan R., Vol II
Eller, Ronald, Vol I
Ellerby, Janet Mason, Vol II
Ellickson, Robert Chester, Vol IV
Ellin, Joseph S., Vol IV
Ellingsen, Mark, Vol IV
Ellington, Donna S., Vol I
Ellington, John, Vol IV
Elliot, Robin, Vol IV
Elliott, B. S., Vol I
Elliott, Bridget, Vol I
Elliott, Carl, Vol IV
Elliott, Carolyn S., Vol I, IV
Elliott, Clark Albert, Vol I, II
Elliott, Deni, Vol IV
Elliott, Derek W., Vol I
Elliott, Dorice W., Vol II
Elliott, Emory B., Vol II
Elliott, Gary D., Vol II
Elliott, Harold M., Vol I
Elliott, John Hall, Vol IV
Elliott, Marta, Vol V
Elliott, Michael, Vol II
Elliott, Shirley B., Vol I
Elliott, Susan Elli, Vol IV
Elliott, Thomas G., Vol II, III
Elliott, Ward Edward Yandell, Vol IV
Ellis, Anthony John, Vol IV
Ellis, Bradford, Vol III
Ellis, Carolyn Sue, Vol II, V
Ellis, Donald, Vol II
Ellis, Edward Earle, Vol I, IV
Ellis, Jack D., Vol I
Ellis, Katherine, Vol II
Ellis, Keith A. A., Vol III
Ellis, Laura, Vol II
Ellis, Marion Leroy, Vol III
Ellis, R. Clyde, Vol I
Ellis, Randall P., Vol IV
Ellis, Richard E., Vol I
Ellis, Richard N., Vol I
Ellis, Robert, Vol III, IV
Ellis, Susan, Vol V
Ellis, William Elliott, Vol I
Ellison, Curtis William, Vol I
Ellison, Herbert J., Vol I
Ellison, Jerome, Vol II
Ellison, Robert, Vol II
Ellrich, Robert John, Vol III
Ellsworth, James Dennis, Vol II, III
Ellsworth, Oliver B., Vol II
Ellsworth, Phoebe C., Vol V
Ellsworth, Ralph E., Vol II
Ellsworth, Randall, Vol IV
Ellsworth, Samuel George, Vol I
Ellwood, Gracia F., Vol IV
Ellwood, Robert S., Vol IV
Elman, B. A., Vol I
Elman, Benjamin, Vol I
Elnajjar, Hassan, Vol V
Elphick, Richard, Vol I
Elrod, Linda Diane Henry, Vol IV
Elrod, Linda Henry, Vol IV
Elsamahi, Mohamed, Vol IV
Elsbernd, Mary, Vol IV, V
Elsbree, Langdon, Vol II
Elson, Mark Jeffrey, Vol III
Elston, Julie A., Vol IV
Elstun, Esther Nies, Vol III
Elton, William R., Vol II
Elwell, Walter Alexander, Vol IV
Elwood, R. Carter, Vol I
Elwood, William N., Vol II
Elwood, William R., Vol II
Ely, Melvin Patrick, Vol I
Ely, Robert Eugene, Vol II
Emanuel, James Andrew, Vol II
Embleton, Sheila, Vol II, III
Embree, Ainslie Thomas, Vol I
Emeneau, Murray Barnson, Vol III
Emerick, Judson, Vol I
Emerson, Everett, Vol II
Emery, Kitty, Vol V
Emery, Sarah W., Vol II, IV
Emery, Ted, Vol I, III
Emge, Steven W., Vol I
Emigh, Rebecca Jean, Vol V
Emihovich, Catherine A., Vol V
Eminhizer, Earl Eugene, Vol IV
Emison, Patricia A., Vol I
Emler, Donald, Vol IV
Emma, Ronald David, Vol II, III
Emmerson, Richard K., Vol I, II
Emmitt, Helen, Vol II
Empereur, James L., Vol IV
Emplaincourt, Edmond Arthur, Vol III
Enc, Berent, Vol IV
Endelman, Todd Michael, Vol I, IV
Enders, Victoria L., Vol V
Endicott, Elizabeth, Vol I
Endicott, Stephen L., Vol I
Endo, Paul, Vol II
Eng, David L., Vol II
Eng, Robert Y., Vol I
Engberg, Norma J., Vol II
Engebretsen, Terry, Vol I
Engel, Arthur Jason, Vol I
Engel, Barbara, Vol III
Engel, David M., Vol II, III
Engel, J. Ronald, Vol IV
Engel, Kirsten H., Vol II
Engel, Leonard W., Vol II
Engel, Martin, Vol V
Engel, Scott, Vol V
Engelberg, Edward, Vol II, III
Engelhardt, Hugo Tristram, Jr., Vol IV
Engelhardt, Klaus Heinrich, Vol III
Engels, Donald W., Vol I, II, III
Engerman, Stanley Lewis, Vol I, IV
Engestrom, Yrjo, Vol II
England, Anthony Bertram, Vol II
England, James Merton, Vol I
England, Michael Timothy, Vol II
England, Micheal, Vol V
England, Robert, Vol I
Engle, James R., Vol IV
Engle, Stephen D., Vol I
Engler, Russell, Vol IV, V
English, Allan D., Vol I
English, Daylanne K., Vol II
English, John Cammel, Vol I
English, Leona, Vol IV
Engs, Robert Francis, Vol I
Engstrand, Iris H. Wilson, Vol I
Ennis, Robert H., Vol IV
Enns, Leonard, Vol II
Enns, Peter, Vol III
Eno, Robert Bryan, Vol I, IV
Enos, V. Pualani, Vol IV
Ens, Gerhard J., Vol I
Ensor, Allison R., Vol II
Enssle, Manfred Joachim, Vol I
Entenmann, Robert, Vol I
Enterline, Lynn, Vol II, V
Entrikin, J. Nicholas, Vol I
Entzminger, Robert L., Vol II
Ephraim, Charlesworth W., Vol IV
Epp, Eldon Jay, Vol I, IV
Epperly, Elizabeth Rollins, Vol II
Epperson, Douglas, Vol V
Epple, Juan Armando, Vol II, III
Epps, Garrett, Vol IV
Epps, Valerie C., Vol IV
Epstein, Bonnie W., Vol II
Epstein, Catherine A., Vol I
Epstein, David M., Vol I
Epstein, Edmund Lloyd, Vol II, III
Epstein, Edwin M., Vol IV
Epstein, James A., Vol I
Epstein, Lee, Vol IV
Epstein, Leslie, Vol II
Epstein, Richard, Vol III
Epstein, Richard Allen, Vol IV
Epstein, William Henry, Vol II
Erdel, Timothy Paul, Vol I, IV
Erdener, Yildiray, Vol II, V
Erdman, Harley M., Vol II
Erdmans, Mary Patrice, Vol V
Erenberg, Lewis, Vol I
Erickson, Daniel Nathan, Vol III
Erickson, Darlene E. Williams, Vol II
Erickson, Erling A., Vol I
Erickson, Gerald M., Vol III
Erickson, Gregory T., Vol II
Erickson, John, Vol III
Erickson, Martha F., Vol V
Erickson, Millard J., Vol IV
Erickson, Nancy Lou, Vol I, II
Erickson, Raymond Frederick, Vol II
Erickson, Rebecca J., Vol V
Erickson, Robert A., Vol II
Erickson, Stephen Anthony, Vol IV
Ericson, Norman R., Vol IV
Ericson, Richard, Vol IV
Ericson, Robert Edward, Vol I, II
Ericsson, K. Anders, Vol V
Erikson, Fritz John, Vol V
Erisman, Fred Raymond, Vol I, II
Erlebacher, Albert, Vol I
Erlen, Jonathon, Vol I
Erler, Mary C., Vol II
Erlich, Richard D., Vol II
Erlich, Victor, Vol III
Erlmann, Veit, Vol II
Ermarth, Elizabeth Deeds, Vol I
Ermarth, Hans Michael, Vol I
Ermolaev, Herman, Vol III
Ernst, Carl W., Vol IV
Ernst, Eldon G., Vol I
Ernst, John, Vol I
Ernst, Joseph Albert, Vol I
Ernst, Robert, Vol I
Errington, Jane, Vol I
Ershkowitz, Herbert J., Vol I
Ertl, Wolfgang, Vol III
Ervin, Hazel A., Vol II
Erwin, D. Timothy, Vol II
Erwin, James Otis, Vol IV
Erwin, Joanne, Vol II
Erwin, Pamela, Vol IV
Esau, Alvin, Vol IV
Eschelbach, Michael A., Vol IV
Escobar, Anna Maria, Vol III
Escott, Paul David, Vol I
Esherick, Joseph Wharton, Vol I
Eskew, Harry Lee, Vol I, II
Eskildsen, Stephen E., Vol IV
Eskridge, Chris W., Vol IV
Eskridge, John Clarence, Vol IV
Esler, Anthony J., Vol I
Eslinger, Ellen T., Vol I
Espelage, Dorothy, Vol V
Esposito, John L., Vol I
Esposito, Steven, Vol II
Ess, Charles, Vol IV
Essick, Robert N., Vol I, II
Essif, Les, Vol III
Essin, Emmett M., Vol I
Esslinger, Dean Robert, Vol I
Estep, Myrna Lynne, Vol IV
Esterhammer, Angela, Vol II
Estes, James Martin, Vol I
Estes, Richard J., Vol V
Esthus, Raymond Arthur, Vol I
Estlund, David, Vol IV
Estrich, Susan, Vol IV
Ethington, Philip J., Vol I
Ethridge, Robert Wylie, Vol V
Etulain, Richard W., Vol I
Etzkorn, Girard J., Vol III, IV
Euba, Femi, Vol II
Eubank, Keith, Vol I
Eubanks, Eugene E., Vol V
Eubanks, Rachel Amelia, Vol II
Eula, Michael James, Vol I, IV
Eustice, James S., Vol IV
Evangeliou, Christos C., Vol IV
Evans, Adeline, Vol II
Evans, Arthur Bruce, Vol III
Evans, C. Stephen, Vol IV
Evans, Dale Wilt, Vol II, III, IV
Evans, David, Vol V
Evans, David Allan, Vol II
Evans, David Huhn, Vol II
Evans, Deanna G., Vol II
Evans, Donald D., Vol IV
Evans, Donna Browder, Vol V
Evans, Dorinda, Vol I
Evans, Ellen Lovell, Vol I
Evans, Emory Gibbons, Vol I
Evans, Gary W., Vol V
Evans, Gwynne Blakemore, Vol II

Evans, Harry B., Vol III
Evans, James A. S., Vol II, III
Evans, James Edward, Vol II
Evans, James L., Vol II, V
Evans, Joan, Vol II
Evans, John, Vol V
Evans, John Karl, Vol I
Evans, John Martin, Vol II
Evans, John Whitney, Vol I, IV
Evans, Lawrence, Vol II
Evans, Martha Noel, Vol III
Evans, Mei Mei, Vol II
Evans, Michael J., Vol I
Evans, Robert C., Vol II
Evans, Robley Jo, Vol II
Evans, Rod L., Vol IV
Evans, Roger S., Vol I
Evans, Sara M., Vol I
Evans, Warren Cleage, Vol IV
Evans, Wayne, Vol V
Evans, William, Vol IV
Evans, William Mckee, Vol I
Evans-Grubbs, Judith, Vol II, III
Evelev, John, Vol II
Evenson, Brian, Vol II
Everett, Ralph B., Vol IV
Everett, William J., Vol IV
Evergates, Theodore, Vol I
Eversley, Walter V. L., Vol IV
Everson, George D., Vol V
Evett, David Hal, Vol II
Evnine, Simon, Vol IV
Ewald, Helen Rothschild, Vol II
Ewald, Owen M., Vol II, III
Ewell, Barbara Claire, Vol II, V
Ewell, Judith, Vol I
Exner, Richard, Vol III
Eyal, Gil, Vol V
Eyck, F. Gunther, Vol I
Eyck, Frank, Vol I
Eyer, Diane E., Vol V
Eyer, Richard, Vol IV
Eykman, Christoph Wolfgang, Vol III
Eyler, Audrey S., Vol II
Eyster, Kevin Irenies, Vol II
Ezergailis, Andrew, Vol I
Faas, Ekbert, Vol II
Fabbro, Amata, Vol IV
Fabend, Firth Haring, Vol I
Faber, Daniel R., Vol V
Faber, J. Arthur, Vol II
Faber, Ronald, Vol II
Faber, Sebastion, Vol III
Fabian, Ann, Vol I
Fabian, Hans Joachim, Vol III
Fabos, Julius Gyula, Vol I
Fabricant, Carole, Vol II
Fackler, Herbert Vern, Vol II
Fackre, Gabriel Joseph, Vol IV
Facos, Michelle, Vol I
Factor, Ralph Lance, Vol IV
Faderman, Lillian, Vol II
Fadner, Donald E., Vol IV
Fagan, Eileen M., Vol IV
Fager, Jeff, Vol III, IV
Fagles, Robert, Vol II, III
Fagundo, Ana Maria, Vol II, III
Faherty, William Barnaby, Vol I
Fahey, David Michael, Vol I
Fahl, Ronald Jenks, Vol I
Fahmy-Eid, Nadia, Vol I
Fahs, Alice E., Vol I
Faigley, Lester, Vol II
Fain, Haskell, Vol IV
Faingold, Eduardo D., Vol III
Fainstein, Lisa, Vol IV
Fair, Bryan K., Vol IV
Fair, Frank Kenneth, Vol IV
Fair, John, Vol I
Fair, Theopolis, Vol I
Fairbairn, Brett T., Vol I
Fairbanks, Carol, Vol II
Fairchild, Bertram H., Vol II
Fairchild, Mark, Vol IV
Fairley, Irene R., Vol II, III
Fajardo, Salvador J., Vol II, III
Fakhrid-Deen, Nashid Abdullah, Vol IV
Faler, Paul G., Vol I
Falero, Frank, Vol IV
Fales, Evan Michael, Vol IV
Falgout, Suzanne, Vol V
Falk, Arthur, Vol IV
Falk, Candace, Vol I, IV
Falk, John L., Vol V
Falk, Julia Sableski, Vol III
Falk, Marvin W., Vol I
Falk, Nancy Ellen, Vol I, IV
Falk, Stanley Lawrence, Vol I
Falk, Thomas Heinrich, Vol II
Falkenstein, Lorne, Vol IV
Falkner, Thomas M., Vol III
Fallding, Harold J., Vol IV, V
Faller, Greg, Vol II
Faller, Lincoln B., Vol II
Faller, Thompson Mason, Vol IV
Fallon, Jean, Vol II, III
Fallon, Richard Gordon, Vol II
Fallon, Richard H., Vol IV
Fallon, Robert Thomas, Vol II, III
Fallon, Stephen, Vol II
Falola, Toyin, Vol I
Faltyn, Tim, Vol IV
Falvo, Donna R., Vol V
Fang, Irving E., Vol II
Fanger, Donald Lee, Vol III
Fann, Willerd Reese, Vol I
Fanning, Charles F., Vol II
Fanning, Steve, Vol I
Fant, Gene C., Jr., Vol II, V
Fant, J. Clayton, Vol II, III
Fantham, Elaine, Vol II, III
Faragher, John Mack, Vol I
Farah, Caesar E., Vol I, IV
Faraone, Christopher, Vol II, III
Fararo, Thomas J., Vol V
Farber, Carole, Vol II
Farber, Daniel Alan, Vol IV
Farber, Gerald Howard, Vol II, III
Farber, Jay Joel, Vol II, III
Farber, Jimmie D., Vol II
Farber, Paul L., Vol I
Farganis, James, Vol V
Farge, James Knox, Vol I
Faries, Molly, Vol I
Farina, Luciano Fernando, Vol III
Farkas, Donka F., Vol III
Farley, Benjamin Wirt, Vol I, IV
Farley, Margaret Ann, Vol IV
Farley, Roy C., Vol V
Farmer, Craig S., Vol I, IV
Farmer, David, Vol IV
Farmer, Edward, Vol I
Farmer, P., Vol V
Farnham, Anthony Edward, Vol II, III
Farnsworth, Beatrice, Vol I
Farnsworth, E. Allan, Vol IV
Farquhar, Keith, Vol IV
Farr, David M. L., Vol I
Farr, Judith Banzer, Vol II
Farr, Marie T., Vol II
Farrar, Ronald, Vol II
Farred, Grant, Vol II
Farrell, Frank, Vol I, IV
Farrell, Hobert K., Vol IV
Farrell, John C., Vol II
Farrell, John P., Vol II
Farrell, Warren Thomas, Vol IV
Farrer, Claire Rafferty, Vol V
Farris, W. Wayne, Vol I
Farrokh, Faridoun, Vol II
Farronato, Cristina, Vol III
Farrow, Anthony, Vol II
Farrow, J. G., Vol II, III
Farthing, John L., Vol III, IV
Farwell, Tricia M., Vol II
Fasanaro, Charles N., Vol IV
Fasching, Darrell, Vol IV
Fasol, Al, Vol IV
Fasolt, Constantin, Vol I
Fass, Paula S., Vol I
Fast, Robin Riley, Vol II
Faue, Elizabeth V., Vol I
Faul, Karene Tarquin, Vol I
Faulcon, Clarence Augustus, II, Vol II
Faulconer, James E., Vol IV
Faulhaber, Charles Bailey, Vol III
Faulk, Odie B., Vol I
Faulkenberg, Marilyn, Vol II
Faulkner, Ronnie, Vol I, IV
Faulkner, Thomas Corwin, Vol II
Faupel, William, Vol IV
Fausold, Martin L., Vol I
Faust, Drew Gilpin, Vol I
Fausz, John Frederick, Vol I
Favazza, Joseph A., Vol IV
Favis, Roberta Smith, Vol I
Favor, J. Martin, Vol II
Fawcett, Bill, Vol V
Fawkes, Don, Vol IV
Fawzia, Mustafa, Vol II
Faxon, Alicia Craig, Vol I
Fay, Mary Ann, Vol I
Fay, Peter Ward, Vol I
Faymonville, Carmen, Vol II
Feagin, Glyndle M., Vol IV
Feagin, Joe R., Vol V
Feagin, Susan Louise, Vol IV
Feal, Carlos, Vol III
Feal, Gisele C., Vol III
Feal, Rosemary Geisdorfer, Vol III
Fear, Marcia B., Vol V
Fearn-Banks, Kathleen, Vol II
Fearnow, Mark, Vol II
Fears, J. Rufus, Vol I, II, III
Feaster, Bruce Sullivan, Vol IV
Fechner, Roger J., Vol I
Fedder, Norman Joseph, Vol II
Feder, Kenneth L., Vol V
Federman, Raymond, Vol II, III
Fee, Elizabeth, Vol I, IV
Feeley, Malcolm M., Vol IV
Feeney, Joseph John, Vol II
Feerick, John David, Vol IV
Fehl, Philipp P., Vol I
Fehrenbach, Heide, Vol I
Fehrenbacher, Don Edward, Vol I
Feifer, Irwin, Vol V
Fein, David, Vol III
Fein, Richard J., Vol II
Feinberg, Barbara Jane, Vol IV
Feinberg, Harvey Michael, Vol I
Feinberg, Lawrence E., Vol III
Feinberg, Leonard, Vol II
Feinberg, Walter, Vol IV
Feingold, Henry L., Vol I, IV
Feinman, Jay M., Vol IV
Feinman, Paul I., Vol II
Feinstein, Herbert Charles Verschleisser, Vol II
Feinstein, Sandy, Vol II
Feiss, Hugh, Vol IV
Feit, Neil, Vol IV
Feld, Alan L., Vol IV
Felder, Cain Hope, Vol IV
Felder, David W., Vol IV
Felder, Mira B., Vol II, III
Feldherr, Andrew, Vol I
Feldman, Gerald Donald, Vol I
Feldman, Heidi M., Vol V
Feldman, Irving, Vol II
Feldman, Jessica R., Vol II
Feldman, Louis H., Vol II, III
Feldman, Maurice A., Vol V
Feldman, Paula R., Vol II
Feldman, Richard Harold, Vol IV
Feldman, Yael S., Vol IV
Feldstein, Ronald Fred, Vol III
Feldthusen, Bruce P., Vol IV
Felgar, Robert, Vol II
Felix, David, Vol I
Felix, Robert E., Vol IV
Fell, Albert Prior, Vol IV
Fell, Joseph Phineas, Vol IV
Fellbaum, Christiane, Vol III
Feller, Daniel, Vol I
Feller, David Edward, Vol IV
Fellman, Anita C., Vol V
Fellman, Gordon, Vol V
Fellman, Michael, Vol I
Felluga, Dino F., Vol II
Felsenfeld, Carl, Vol IV
Felski, Rita, Vol II
Felson, Marcus, Vol IV
Felstiner, John, Vol II, III, IV
Felstiner, Mary Lowenthal, Vol I
Felt, James Wright, Vol IV
Feltes, Norman Nicholas, Vol II
Feltey, Kathryn M., Vol V
Felton, Craig, Vol I
Felton, Sharon, Vol II
Feng-Checkett, Gayle, Vol II, V
Fennell, Francis L., Vol II
Fennelly, Laurence W., Vol II
Fenner, G. Michael, Vol IV
Fennessee, W. T., Vol V
Fenton, William Nelson, Vol V
Fenves, Peter, Vol III
Feola, Maryann, Vol II
Ferber, Abby L., Vol V
Ferber, Paul H., Vol IV
Ferejohn, John, Vol IV
Ferejohn, Michael T., Vol IV
Ferere, Gerard Alphonse, Vol V
Fergenson, Laraine R., Vol II
Ferguson, Arthus Bowles, Vol I
Ferguson, Clyde Randolph, Vol I
Ferguson, Eugene S., Vol I
Ferguson, Everett, Vol I, IV
Ferguson, Gerry, Vol IV
Ferguson, James Wilson, Vol I
Ferguson, Kathy E., Vol IV
Ferguson, Kenneth D., Vol IV
Ferguson, Kenneth G., Vol IV
Ferguson, Margaret Williams, Vol II, III
Ferguson, Marianne, Vol IV
Ferguson, Oliver Watkins, Vol II
Ferguson, Paul, Vol IV
Ferguson, Robert A., Vol II
Ferguson, Sherilyn, Vol II
Ferguson, Suzanne, Vol II
Ferguson, William Dean, Vol IV
Ferguson, William Rotch, Vol III
Fergusson, Frances D., Vol I
Ferleger, Louis A., Vol I
Ferling, John Ernie, Vol I
Ferm, Deane William, Vol IV
Ferm, Robert L., Vol IV
Fern, Alan M., Vol I
Fernandes, James, Vol II
Fernandez, Eduardo, Vol IV
Fernandez, Jose A., Vol I
Fernandez, Ramona E., Vol II
Fernandez-Olmos, Margarite, Vol III
Fernandezcifuentes, L., Vol III
Ferngren, Gary Burt, Vol I
Fernie, J. Donald, Vol I
Fernquist, Robert M., Vol V
Ferns, John, Vol II
Fernstein, Margarete Myers, Vol I
Ferraiolo, William D., Vol IV
Ferran, Ofelia, Vol III
Ferrante, Joan M., Vol III
Ferrara, Louis F., Vol IV
Ferrari, Rita, Vol II
Ferrari, Roberto, Vol I
Ferrarin, Alfredo, Vol IV
Ferraro, Kenneth K., Vol V
Ferraro, Thomas J., Vol II
Ferre, John P., Vol II
Ferreira, Debora R. S., Vol II, III
Ferrell, Robert Hugh, Vol I
Ferrill, Arther L., Vol I
Ferriol, Antonia, Vol III
Ferris, Alan, Vol V
Ferris, Norman B., Vol I
Ferro, Trenton R., Vol V
Ferst, Barry Joel, Vol IV
Fesmire, Steven A., Vol IV
Fetter, Bruce Sigmond, Vol I
Fetterley, Judith, Vol II, V
Fetzer, Glenn W., Vol III
Fetzer, James Henry, Vol I, IV
Fetzer, John Francis, Vol III
Feuerhahn, Ronald R., Vol I, IV
Fewer, Colin D., Vol II, IV
Feyerick, Ada, Vol I
Fiala, Robert D., Vol I
Fichtner, Edward G., Vol III
Fichtner, Paula Sutter, Vol I
Fick, Carolyn E., Vol I
Fickle, James Edward, Vol I
Fideler, Paul Arthur, Vol I, IV
Fidler, Ann, Vol I
Fido, Franco, Vol III
Fiebert, Martin S., Vol V
Fiedler, Leslie Aaron, Vol II
Fiedler, Theodore, Vol III
Fiege, Mark T., Vol I
Field, A. J., Vol IV
Field, Arthur, Vol I
Field, Daniel, Vol I
Field, Earle, Vol I
Field, Hartry, Vol IV
Field, Lester L., Jr, Vol I
Field, Mark G., Vol V
Field, Michael J., Vol II
Field, Norma, Vol III
Field, Phyllis F., Vol I
Field, Richard, Vol IV
Field, Thomas G., Jr., Vol IV
Field, Thomas Tilden, Vol III
Fielder, John H., Vol IV
Fields, Barbara J., Vol I
Fields, Beverly, Vol II
Fields, Darin E., Vol II
Fields, Lanny Bruce, Vol I
Fields, Milton, Vol V
Fields, Polly Stevens, Vol II
Fields, Stephen M., Vol IV
Fiema, Zbigniew, Vol I, V
Fiensy, David A., Vol IV
Fierce, Milfred C., Vol I
Fifer, Elizabeth, Vol II, III
Figg, Kristen Mossler, Vol II
Figone, Albert J., Vol V
Figueira, Dorothy, Vol III
Figueira, Thomas J., Vol I
Figueredo, Danilo H., Vol III
Figurito, Joseph, Vol III
Fike, Lawrence Udell, Jr., Vol IV
Filemyr, Ann, Vol II
Filene, Peter Gabriel, Vol I
Filer, Malva Esther, Vol II, III
Filinson, Rachel, Vol V
Filipowicz, Halina, Vol II
Filips-Juswigg, Katherina P., Vol III
Filler, John W., Vol V
Fillingim, David, Vol IV
Filonowicz, Joseph, Vol I, IV
Finan, John J., Vol I
Finch, Patricia S., Vol III
Finco, Aldo, Vol III
Findlay, James F., Vol I
Findlay, Leonard Murray, Vol II
Findlay, Robert, Vol II
Findlen, Paula, Vol I
Findley, Carter Vaughn, Vol I, III
Findling, John Ellis, Vol I
Findon, Joanne, Vol II
Fine, Africa R., Vol II
Fine, Arthur, Vol IV
Fine, Elizabeth C., Vol II, V
Fine, Ellen Sydney, Vol III
Fine, Kit, Vol IV
Fine, Laura, Vol II
Fine, Marlene G., Vol II
Fine, Sidney, Vol I
Finegan, Edward J., Vol III, IV
Finello, Dominick Louis, Vol III
Finger, John R., Vol I
Finger, Thomas, Vol IV
Finifter, Ada Weintraub, Vol IV
Fink, Beatrice, Vol III, IV
Fink, Carole K., Vol I
Fink, Deborah R., Vol V
Fink, Edward L., Vol II
Fink, Gary M., Vol I
Fink, Hilary L., Vol III
Fink, Karl J., Vol III
Fink, Robert J., Vol I, II
Fink, Thomas A., Vol II
Fink, Virginia, Vol V
Fink, William Bertrand, Vol I
Finke, L. A., Vol II
Finkel, Alvin, Vol I
Finkelpearl, Philip J., Vol II
Finkelstein, Barbara, Vol I, V
Finkelstein, Gabriel, Vol I
Finkelstein, Joseph, Vol I
Finkelstein, Norman Mark, Vol II
Finkelstein, Rona G., Vol I, IV
Finken, Bryan W., Vol IV
Finkenbine, Roy E., Vol I
Finkin, Matthew W., Vol IV
Finlay, Robert, Vol I
Finlayson, Arnold Robert, Vol IV
Finlayson, John, Vol II
Finlayson, Michael G., Vol I
Finlayson, William D., Vol I
Finley, Gerald E., Vol I
Finley, Thomas John, Vol III, IV
Finn, Daniel R., Vol IV
Finn, Margaret R., Vol II, III
Finn, Margot C., Vol I
Finn, Thomas M., Vol I, IV
Finnegan, Robert Emmett, Vol II
Finnegan, Terence Robert, Vol I
Finneran, Richard John, Vol II
Finney, Ben Rudolph, Vol V
Finney, Paul Corby, Vol I, IV
Finocchiaro, Maurice A., Vol IV
Finson, Jon William, Vol II
Fiordo, Richard A., Vol II
Fiore, Peter Amadeus, Vol II
Fiore, Robert L., Vol III
Fiore, Robin N., Vol IV
Fiorenza, Elizabeth Schussler, Vol IV
Firchow, Evelyn Scherabon, Vol III
Firchow, Peter Edgerly, Vol II, III
Firebaugh, Glenn, Vol V
Fireman, Janet Ruth, Vol I
Firestone, Juanita M., Vol V
Firestone, Ruth H., Vol III
Firmage, Edwin Brown, Vol IV
Fiscella, Joan B., Vol II, IV
Fisch, Thomas, Vol IV
Fischel, Daniel R., Vol IV
Fischer, Bernd, Vol I
Fischer, David Arnold, Vol IV
Fischer, Jerome M., Vol V
Fischer, John, Vol IV
Fischer, John Irwin, Vol II
Fischer, John Martin, Vol IV
Fischer, Katherine, Vol II
Fischer, Klaus P., Vol I
Fischer, Marilyn R., Vol IV

Fischer, Mark F., Vol IV
Fischer, Michael, Vol II
Fischer, Norman Arthuf, Vol IV
Fischer, Robert Harley, Vol I, IV
Fischer, Roger Adrian, Vol I
Fischer, Thomas C., Vol IV
Fischler, Alexander, Vol III
Fish, Arthur, Vol IV
Fish, Cheryl, Vol II
Fish, Stanley E., Vol II, IV
Fish, Thomas Edward, Vol II
Fishback, Price Vanmeter, Vol IV
Fishburn, Janet Forsythe, Vol I, IV
Fishburn, Katherine Richards, Vol II
Fisher, Alan Washburn, Vol I
Fisher, Benjamin, Vol II
Fisher, Craig B., Vol I
Fisher, David Hickman, Vol IV
Fisher, Edith Maureen, Vol II
Fisher, Eli D., Vol IV
Fisher, Eugene J., Vol IV
Fisher, Gene A., Vol V
Fisher, James, Vol II
Fisher, James F., Vol V
Fisher, James Randolph, Vol II
Fisher, James T., Vol I, IV
Fisher, John C., Vol II, III
Fisher, John Hurt, Vol II
Fisher, Judith Law, Vol II
Fisher, Leona W., Vol II, V
Fisher, Louis, Vol IV
Fisher, Marvin, Vol I
Fisher, Nancy, Vol II
Fisher, Philip, Vol II
Fisher, Robert Bruce, Vol I
Fisher, Robert Thaddeus, Vol IV
Fisher, Robin, Vol I
Fisher, Roger, Vol IV
Fisher, Saul, Vol IV
Fisher, Walter R., Vol II
Fisherkeller, JoEllen, Vol II, V
Fishman, David E., Vol I, IV
Fishman, Jerry, Vol II
Fishman, Joshua Aaron, Vol III
Fishman-Boyd, Sarah, Vol I
Fishwick, Duncan, Vol II, III
Fishwick, Marshall W., Vol I
Fisk, Deborah Payne, Vol I, II
Fisk, William Lyons, Vol I
Fiss, Karen A., Vol I
Fiss, Owen M., Vol IV
Fitch, Brian T., Vol III
Fitch, J. G., Vol II
Fitch, Noel Filey, Vol II
Fitch, Raymond E., Vol II
Fite, Gilbert Courtland, Vol I
Fite, Kathleen E., Vol V
Fitter, Chris, Vol II
Fittipaldi, Silvio Edward, Vol IV, V
Fitts, Leroy, Vol IV
Fitz, Brewster, Vol III
Fitz, Earl Eugene, Vol I, III
Fitz, Hope K., Vol IV
FitzGerald, Desmond J., Vol IV
Fitzgerald, E. P., Vol I
Fitzgerald, J. Patrick, Vol I, IV
Fitzgerald, John Joseph, Vol IV
Fitzgerald, John Thomas, Jr., Vol IV
Fitzgerald, Michael, Vol I
Fitzgerald, Patrick, Vol IV
Fitzmyer, Joseph A., Vol IV
Fitzpatrick, Carolyn H., Vol II
Fitzpatrick, Ellen, Vol I, V
Fitzpatrick, Vincent D., Vol II
Fitzpatrick, William J., Vol IV
Fitzptrick, Kevin Michael, Vol V
Fitzsimmons, Michael P., Vol I
Fitzsimmons, Thomas, Vol II
Fix, Andrew C., Vol I
Fix, Stephen, Vol II
Fizer, John, Vol III
Fjelde, Rolf Gerhard, Vol II
Flachmann, Michael C., Vol II
Flack, James, Vol I
Flacks, Richard, Vol V
Flader, Susan L., Vol I
Flahive, Doug, Vol II
Flanagan, James F., Vol IV
Flanagan, Kathleen, Vol IV
Flanagan, Maureen Anne, Vol I
Flanagan, Owen, Vol IV
Flannagan, Roy C., Vol II
Flannery, Michael T., Vol IV
Flannigan, Rob, Vol IV
Flayhart, William H., III, Vol I
Flechtner, Harry M., Vol IV
Fleck, George, Vol II
Fleck, Jere, Vol III
Fleck, Richard F., Vol II
Fleener, Charles Joseph, Vol I
Fleer, Jack David, Vol IV
Fleischacker, Sam, Vol IV
Fleischer, Georgette, Vol II, III
Fleischer, Manfred Paul, Vol I, IV
Fleishman, Avrom, Vol II
Fleishman, Lazar, Vol III
Fleissner, Robert F., Vol II
Fleming, Bruce E., Vol II
Fleming, Deborah, Vol II
Fleming, James E., Vol IV
Fleming, James Rodger, Vol I
Fleming, John, Vol II
Fleming, John Emory, Vol I
Fleming, John G., Vol IV
Fleming, Patricia L., Vol I
Fleming, Rae B., Vol I
Fleming, Raymond Richard, Vol III
Fleming, Robert, Vol II
Fletcher, Alan D., Vol II
Fletcher, Angus S., Vol II
Fletcher, Anthony Q., Vol IV
Fletcher, David B., Vol IV
Fletcher, George Philip, Vol IV
Fletcher, Judith, Vol II
Fletcher, LuAnn McCracken, Vol II
Fletcher, Marie, Vol II
Fletcher, Marvin Edward, Vol I
Fletcher, Robert E., Vol III, IV
Fletcher, Winona Lee, Vol II
Fleurant, Ken, Vol III
Flibbert, Joseph Thomas, Vol II
Flick, Robert Gene, Vol II
Fliegelman, Jay, Vol II
Flier, Michael S., Vol III
Flint, Allen Denis, Vol I, II
Flint, John E., Vol I
Flint, Marcha, Vol V
Flint, Thomas P., Vol IV
Flint-Ferguson, Janis, Vol V
Flippen, Charles, Vol II
Flippen, Douglas, Vol IV
Flippen, J. Brooks, Vol V
Flitterman-Lewis, Sandy, Vol II
Flora, Joseph M., Vol II
Flores, Carol A., Vol I, II
Flores, Dan, Vol I
Flores, Yolanda, Vol III
Florescu, Radu R., Vol I
Flori, Monica Roy, Vol III
Florian, Robert Bruce, Vol I
Florida, Robert E., Vol IV
Flory, Marleen Boudreau, Vol II, III
Flory, Stewart Gilman, Vol II, III
Flory, Wendy Stallard, Vol II
Flournoy, Alyson Craig, Vol IV
Flower, Dean Scott, Vol II
Flower, Linda S., Vol II
Flowers, Betty Sue, Vol II
Flowers, Ronald Bruce, Vol III, IV
Flowers, William Harold, Jr., Vol IV
Floyd, Edwin Douglas, Vol II, III
Floyd, Juliet, Vol IV
Floyd, Michael H., Vol IV
Floyd, Samuel A., Jr., Vol II, V
Flynn, David, Vol II
Flynn, George Quitman, Vol I
Flynn, James Thomas, Vol I
Flynn, Thomas R., Vol IV
Flynt, J. Wayne, Vol I
Foard, James Harlan, Vol IV
Foell, Kristie A., Vol III
Foerst, Anne, Vol IV
Fogarty, Robert Stephen, Vol I
Fogel, Daniel Mark, Vol II
Fogel, Herbert, Vol III
Fogel, Jerise, Vol II, III
Fogel, Stan, Vol II
Fogelman, Martin, Vol IV
Fogelson, Robert M., Vol I
Fogleman, Aaron S., Vol I
Folda, Jaroslav, III, Vol I
Foley, Barbara, Vol II
Foley, John Miles, Vol III
Foley, Mary Briant, Vol I
Foley, Mary Kathleen, Vol I, II
Foley, Neil, Vol I
Foley, W. Trent, Vol IV
Foley, William Edward, Vol I
Folkenflik, Robert, Vol II
Folks, Jeffrey J., Vol II
Follick, Edwin D., Vol IV, V
Follis, Elaine R., Vol IV
Follman, John C., Vol V
Folmar, John Kent, Vol I
Folse, Henry J., Jr., Vol IV
Folsom, Lowell Edwin, Vol I, II
Folsom, Marcia M., Vol II
Foltz, Bruce, Vol IV
Foltz, Howard L., Vol IV
Foltz, Richard, Vol I
Foner, Eric, Vol I
Foner, Nancy, Vol V
Fonesca, Terezinha, Vol II
Fong, Bobby, Vol II
Fong, Grace, Vol I
Fonge, Fuabeh P., Vol I
Fonrobert, Charlotte, Vol I
Fontaine, Carole R., Vol IV
Fontana, Bernard Lee, Vol I
Fontana, Ernest L., Vol II
Fontanella, Lee, Vol I, III
Fontenot, Chester J., Vol II
Fontes, Manuel D., Vol II, III
Fontijn-Harris, Claire, Vol I, II
Fontinell, Eugene, Vol IV
Foos, Paul W., Vol I
Foote, Bud, Vol II
Forage, Paul C., Vol I
Forbes, A. Dean, Vol IV
Forbes, Geraldine May, Vol I
Forbes, Graeme, Vol IV
Forbes, John Douglas, Vol I
Forbes, Joyce, Vol II
Forcadas, Alberto M., Vol III
Force, Pierre, Vol III
Ford, Alvin Earle, Vol III
Ford, Andrew, Vol II, III
Ford, Bonnie L., Vol I
Ford, Franklin Lewis, Vol I
Ford, James, Vol III
Ford, James Eric, Vol II
Ford, James Francis, Vol III
Ford, James L., Vol IV
Ford, John T., Vol IV
Ford, Judith Donna, Vol IV
Ford, Lewis S., Vol IV
Ford, Paul F., Vol IV
Ford, Peter Anthony, Vol I
Ford, Thomas Wellborn, Vol II
Forde, Gerhard Olaf, Vol I, IV
Forderhase, Rudolph Eugene, Vol I
Fordham, Monroe, Vol I
Forell, Caroline, Vol IV
Forell, George Wolfgang, Vol IV
Foreman, George, Vol II
Foreman, Peggy E., Vol IV
Foreman, Terry Hancock, Vol IV
Forest, Jean, Vol III
Forgie, George Barnard, Vol I
Forguson, Lynd W., Vol IV
Forker, Charles Rush, Vol II
Forman, Jonathan Barry, Vol IV
Forman, Mary, Vol I
Forman, Michael Lawrence, Vol III, V
Forman, P., Vol I
Forman, Robert, Vol IV
Forman, Robert, Vol II
Forman, Sandra, Vol II
Formisano, Ronald P., Vol I
Formwalt, Lee W., Vol I
Fornara, Charles William, Vol II, III
Forrest, Larry W., Vol I
Forrester, William Ray, Vol IV
Forsberg, Ralph P., Vol IV
Forse, James Harry, Vol I
Forshey, Harold Odes, Vol IV
Forslund, Catherine, Vol I
Forster, Marc R., Vol I
Forster, Merlin Henry, Vol III
Forster, Robert, Vol I
Forster-Hahn, Francoise, Vol I
Forsyth, Dan W., Vol V
Forsyth, Phyllis, Vol I, II, III
Fort, Keith, Vol II
Forte, Allen, Vol II, V
Fortenbaugh, William Wall, Vol II, III
Fortier, Jan Marie, Vol II
Fortier, Ted, Vol V
Fortin, Michel, Vol I
Fortna, Robert Tomson, Vol IV
Fortner, John D., Vol IV
Fortner-Wood, Cheryl, Vol V
Fortunato, Vincent J., Vol V
Fortune, Anne E., Vol V
Foshay, Toby, Vol II
Fosl, Peter S., Vol IV
Foss, Brian, Vol I
Foss, Clive, Vol I
Foss, D. Pedar W., Vol I
Foss, Jeffrey E., Vol IV
Fosshage, James L., Vol V
Foster, Anne L., Vol I
Foster, Benjamin Read, Vol I
Foster, David, Vol II
Foster, David W., Vol III, V
Foster, Donald W., Vol II
Foster, Douglas A., Vol I, IV
Foster, Dudley E., Vol II
Foster, E. C., Vol I
Foster, Edward E., Vol II
Foster, Edward H., Vol II
Foster, Frances Smith, Vol II
Foster, Hamar, Vol IV
Foster, James Hadlei, Vol IV
Foster, John, Vol IV
Foster, John Burt, Vol II
Foster, Karen Polinger, Vol I
Foster, Lawrence, Vol IV
Foster, Mark A., Vol V
Foster, Mark S., Vol I
Foster, Matthew, Vol IV
Foster, Stephen, Vol I
Foster, Verna A., Vol II
Foti, Veronique M., Vol IV
Fotion, Nicholas, Vol IV
Fottler, Myron D., Vol IV
Fouche, Rayvon, Vol I
Fouchereaux, Jean, Vol III
Fouke, Daniel C., Vol IV
Foulk, Gary J., Vol IV
Foulke, Robert Dana, Vol II
Fouquet, Patricia Root, Vol I
Fournier, Eric J., Vol I
Fournier, Hannah, Vol III
Fournier, Lucien, Vol II
Fourny, Diane, Vol III
Fowkes, Robert Allen, Vol III
Fowler, Carolyn A., Vol III
Fowler, Doreen, Vol II
Fowler, Shelli, Vol I
Fowler, Virginia C., Vol II
Fowler, Vivia, Vol IV
Fowler, William M., Vol I
Fox, Alice, Vol II
Fox, Charles W., Vol IV
Fox, Christopher B., Vol IV
Fox, Dian, Vol III
Fox, Douglas A., Vol I, IV
Fox, Edward Inman, Vol III
Fox, Eleanor M., Vol IV
Fox, Frank, Vol I
Fox, Frank Wayne, Vol I
Fox, Hugh B., Vol II
Fox, James Walker, Vol IV
Fox, Lawrence J., Vol IV
Fox, Linda Chodosh, Vol III, V
Fox, Michael, Vol I, IV
Fox, Michael Allen, Vol IV
Fox, Pamela, Vol II
Fox, Richard Milan, Vol IV
Fox, Robert Charles, Vol II
Fox, Samuel, Vol IV
Fox, Sanford J., Vol IV
Fox, Stephen C., Vol I
Fox, Stephen D., Vol II
Fox-Genovese, Elizabeth, Vol I
Fraade, Steven D., Vol IV
Fradenburg, L. O. Aranye, Vol II
Fradin, Joseph I., Vol III
Frager, Robert, Vol V
Frager, Ruth, Vol I
Fraioli, Deborah, Vol III
Fraistat, Neil R., Vol II
Frajzyngier, Zygmunt, Vol III
Frakes, George Edward, Vol I
Frakes, Jerold C., Vol III
Frakes, Robert, Vol I
Fraleigh, Douglas, Vol II
Fraley, David, Vol I
France, Jean R., Vol I
Franceschetti, Antonio, Vol III
Francese, Joseph, Vol II, III
Francis, Robert D., Vol I
Francis, Samuel Todd, Vol I
Francis, Winthrop Nelson, Vol III
Franck, Thomas M., Vol IV
Franco, Abel B., Vol IV
Franco, Charles, Vol III
Franco, Jean, Vol II
Francoz, Marion, Vol II
Frank, Daniel H., Vol IV
Frank, David, Vol I
Frank, David A., Vol II
Frank, Elfrieda, Vol III
Frank, Francine, Vol III
Frank, John David, Vol V
Frank, Joseph, Vol II
Frank, Mortimer Henry, Vol II
Frank, Richard Macdonough, Vol III
Frank, Robert, Vol II
Frank, Roberta, Vol II
Frank, Sally, Vol IV
Frank, Sam Hager, Vol I
Frank, William A., Vol IV
Frank, Yakira H., Vol III
Franke, William, Vol III
Frankel, Margherita, Vol III
Frankel, Tamar, Vol IV
Frankforter, Albertus Daniel, Vol I, IV
Frankfurter, David, Vol IV
Frankland, Erich, Vol IV
Franklin, Allan David, Vol I, IV
Franklin, Benjamin, Vol II
Franklin, Carl M., Vol IV
Franklin, Floyd, Vol IV
Franklin, H. Bruce, Vol I, II
Franklin, James L., Vol II, III
Franklin, Naomi P., Vol IV
Franklin, Phyllis, Vol II
Franklin, Ralph William, Vol II
Franklin, Robert Michael, Vol IV
Franklin, Rosemary F., Vol II
Franklin, Ursula, Vol III
Franklin, Wayne S., Vol II
Franks, J. Richard, Vol III
Franks, Kenny Arthur, Vol I
Franks, Steven, Vol III
Franson, J. Karl, Vol II
Franson, Robert T., Vol IV
Frantz, Barbara, Vol III, V
Frantz, David Oswin, Vol II
Frantz, John B., Vol I
Frantz, Mary Alison, Vol I
Frantzen, Allen J., Vol II
Franz, George W., Vol I
Franz, Thomas Rudy, Vol III
Frase, Richard S., Vol IV
Fraser, Howard Michael, Vol III
Fraser, J(ulius) T(homas), Vol I
Fraser, Sarah, Vol I
Fraser, Theodore, Vol III
Frasier, Mary Mack, Vol V
Frassetto, Michael, Vol I
Fratianni, Michele, Vol IV
Frautschi, Richard Lane, Vol III
Frazee, Charles Aaron, Vol I, IV
Frazer, Heather, Vol I
Frazer, June, Vol II
Frazer, Timothy C., Vol II, III
Frazer, William Johnson, Vol IV
Frazier, Alison, Vol I
Frazier, Earlene, Vol III
Frazier, Leta J., Vol II
Frazier, Lyn, Vol III
Freddoso, Alfred J., Vol IV
Fredeman, William E., Vol II
Frederick, G. Marcille, Vol IV
Frederick, Richard G., Vol I
Frederick, William Hayward, Vol I
Frederickson, Ronald Q., Vol II
Fredman, Stephen Albert, Vol II
Fredrick, David, Vol I
Fredricksmeyer, Ernst A., Vol II, III
Fredrickson, David, Vol IV
Fredrickson, George M., Vol I
Fredrickson, Robert Stewart, Vol II
Fredriksen, P., Vol I, IV
Free, Katherine B., Vol I, II
Free, William Joseph, Vol II
Freeberg, E., Vol I
Freed, Barbara, Vol III, V
Freed, Bruce, Vol IV
Freed, Joann, Vol I
Freed, John Beckmann, Vol I
Freedheim, Donald K., Vol V
Freedman, Carl H., Vol II
Freedman, David Noel, Vol III
Freedman, Diane P., Vol II
Freedman, Estelle, Vol I
Freedman, Morris, Vol II, III
Freedman, Robert Owen, Vol I
Freedman-Baum, Roselyn L., Vol II
Freehling, William W., Vol I, V
Freeman, Bernice, Vol II, V
Freeman, Bryant C., Vol III
Freeman, Christopher Edward, Vol II
Freeman, David, Vol III
Freeman, Donald C., Vol II

Freeman, Donald Dale, Vol IV
Freeman, Edward C., Vol IV
Freeman, James A., Vol II
Freeman, James B., Vol IV
Freeman, Joanna Mae, Vol II
Freeman, Joanne B., Vol I
Freeman, Jody L., Vol IV
Freeman, John, Vol II
Freeman, Kathryn S., Vol II
Freeman, Margaret H., Vol II
Freeman, Stephanny Fumi, Vol V
Freeman, Thomas Parry, Vol III
Freeman, Yvonne, Vol V
Freer, Coburn, Vol II
Freeze, Gregory L., Vol I
Freeze, Karen J., Vol I
Freibert, Lucy Marie, Vol II
Freiday, Dean, Vol IV
Freier, Mary P., Vol II
Freiert, William K., Vol II, III
Freimarck, Vincent, Vol II
Freimuth, Vicki S., Vol II, V
Frein, Brigid Curtin, Vol IV
Freis, Catherine Ruggiero, Vol II, III
Freis, Richard, Vol III
Freischlag, Jerry A., Vol V
Freixas, Erik Camayd, Vol III
French, Goldwin S., Vol I
French, Harold Wendell, Vol III
French, Henry P., Jr, Vol I, IV
French, Laurence, Vol V
French, Louise, Vol IV
French, Paulette, Vol III
French, Peter A., Vol IV
French, Richard Frederic, Vol II, V
French, Roberts Walker, Vol II
French, Sandra, Vol V
French, Stanley G., Vol IV
French, Valerie, Vol I
French, William, Vol IV
French, William Wirt, Vol II
Frentz, Thomas S., Vol II
Frerichs, Ernest S., Vol IV
Fresch, Cheryl, Vol II
Fresco, Alain D., Vol III
Fresco, Karen, Vol III
Frese, Dolores, Vol II
Fretheim, Terence E., Vol IV
Freund, Norm, Vol IV
Freund, Richard A., Vol IV
Frey, Herschel J., Vol III
Frey, John Andrew, Vol III
Frey, Linda, Vol I
Frey, Marsha, Vol I
Frey, Slyvia Rae, Vol I
Freyer, Tony Allan, Vol I, IV
Freyfogle, Eric T., Vol IV
Freymeyer, Robert H., Vol V
Frick, Frank Smith, Vol IV
Frickey, Pierrette M., Vol III
Fried, Charles, Vol IV
Fried, Lewis Fredrick, Vol II
Fried, Richard M., Vol I
Friedberg, Maurice, Vol III
Friedel, Robert D., Vol I
Frieden, Ken, Vol III
Friedenberg, Jay, Vol V
Friedenberg, Robert Victor, Vol II
Friedland, Julian, Vol IV
Friedlander, Judith, Vol V
Friedlander, Walter J., Vol I, IV
Friedman, Alan, Vol II
Friedman, Barton Robert, Vol II
Friedman, Donald F., Vol III
Friedman, Donald M., Vol II
Friedman, Edward, Vol I, IV
Friedman, Edward Herbert, Vol III
Friedman, Ellen G., Vol I
Friedman, Eva Mary, Vol III
Friedman, Hal M., Vol I
Friedman, Harvey Martin, Vol IV
Friedman, Howard M., Vol IV
Friedman, Jean E., Vol I
Friedman, Jerome, Vol I
Friedman, John Block, Vol II
Friedman, Lawrence Jacob, Vol I
Friedman, Lawrence M., Vol IV
Friedman, Lesley, Vol IV
Friedman, Marilyn A., Vol IV
Friedman, Maurice Stanley, Vol IV
Friedman, Melvin Jack, Vol II, III
Friedman, Michael, Vol IV
Friedman, Michael D., Vol II
Friedman, Monroe P., Vol V
Friedman, Murray, Vol I, IV
Friedman, Norman, Vol II, V
Friedman, Philip Allan, Vol II, IV
Friedman, Richard Elliott, Vol III, IV
Friedman, Saul S., Vol I, V
Friedman, Sidney Joseph, Vol II
Friedman, Stanley, Vol II
Friedman, Victor A., Vol III
Friedman, William Hillel, Vol IV
Friedrich, Gustav William, Vol II
Friedrich, Paul, Vol II, III, V
Friedrichs, David, Vol IV
Friedrichsmeyer, Erhard Martin, Vol III
Friel, James P., Vol II, IV
Friel, Michael K., Vol IV
Friend, Donald A., Vol I
Friend, Theodore W., Vol I
Frier, Bruce W., Vol I, II, III
Frierson, Cathy A., Vol I
Fries, Maureen Holmberg, Vol II
Fries, Russell Inslee, Vol I
Friesen, Duane K., Vol IV
Friesen, Lauren, Vol II, IV
Frigge, S. Marielle, Vol IV
Friguglietti, James, Vol I
Frink, Helen, Vol V
Frinta, Mojmir Svatopluk, Vol I
Friquegnon, Marie, Vol IV
Frisch, Mathias F., Vol IV
Frischer, Bernard D., Vol II, III
Frischkorn, Craig, Vol II
Fritsche, Johannes, Vol IV
Fritz, Annick, Vol III
Fritz, Donald Wayen, Vol II
Fritz, Harry William, Vol I
Fritz, Henry Eugene, Vol I
Fritz, Robert B., Vol I
Fritz, Ron, Vol IV
Fritz, Stephen G., Vol I
Fritze, Ronald H., Vol I
Fritzell, Peter A., Vol II
Fritzsche, Peter, Vol I
Frizzell, Lawrence E., Vol IV
Frizzell, Robert, Vol I
Froehlich, Charles Donald, Vol II, III, IV
Froese Tiessen, Hildi, Vol II
Frohlich, Mary, Vol IV
Froide, Amy, Vol I
Froman, Larry, Vol V
Froment-Meurice, Marc, Vol III, IV
Fromkin, Victoria A., Vol III
Fromm, Gloria Glikin, Vol II
Frosch, Thomas Richard, Vol II
Frose, Victor, Vol V
Frost, Christopher J., Vol V
Frost, Elisabeth, Vol II
Frost, Frank J., Vol I
Frost, Ginger S., Vol I
Frost, James Arthur, Vol I
Frost, Jerry William, Vol I, IV
Frost, Linda Anne, Vol II
Frost, Peter K., Vol I
Frost, Richard Hindman, Vol I
Froula, Christine, Vol II
Frug, Gerald E., Vol IV
Frundt, Henry, Vol V
Frushell, Richard Clayton, Vol II
Fruzzetti, Alan, Vol V
Fry, Carrol Lee, Vol II
Fry, Christine L., Vol V
Fry, Donald K., Vol II
Fry, Gerald W., Vol IV
Fry, Joseph A., Vol I
Fry, Katherine G., Vol II
Fry, Michael G., Vol I, IV
Fryd, Vivien G., Vol I
Frydman, Anne, Vol III
Frye, Cheryl A., Vol V
Frye, Joanne S., Vol II
Frye, Richard Nelson, Vol I
Frye, Roland Mushat, Vol II
Fryer, Judith, Vol I, II
Fryer, T. Bruce, Vol III
Frykenberg, Robert E., Vol I
Frykholm, Amy Johnson, Vol II
Frykman, George Axel, Vol I
Frymer-Kensky, Tikva, Vol IV
Frymier, Ann Bainbridge, Vol II
Fu, Hongchu, Vol II
Fu, Poshek, Vol I
Fuchs, Cynthia, Vol I
Fuchs, Esther, Vol III
Fuchs, Jacob, Vol II
Fuchs, Rachel G., Vol I
Fuegi, John B., Vol III
Fuerst, Wesley J., Vol IV
Fukurai, Hiroshi, Vol IV, V
Fukuyama, Francis, Vol II, III
Fulco, William J., Vol III
Fulk, Janet, Vol II
Fulkerson, Raymond Gerald, Vol II
Fulkerson, Richard P., Vol II
Fulkerth, Robert C., Vol II
Fullard, William, Vol V
Fuller, Alfredia Y., Vol IV
Fuller, Clarence, Vol III
Fuller, George Cain, Vol IV
Fuller, Homer Woodrow, Vol II
Fuller, Justin, Vol I
Fuller, Lawrence Benedict, Vol I, II
Fuller, M. A., Vol II, III
Fuller, Marshall Todd, Vol II
Fuller, Mary J., Vol II
Fuller, Reginald H., Vol IV
Fuller, Robert Charles, Vol IV
Fuller, Russell T., Vol IV
Fuller, Sarah, Vol II
Fullerton, Gerald Lee, Vol III
Fullinwider, S. Pendleton, Vol I
Fullmer, Elise M., Vol V
Fullmer, June Zimmerman, Vol I
Fulmer, Constance M., Vol II
Fulop, Timothy E., Vol IV
Fulton, DoVeanna S., Vol II
Fulton, Gordon D., Vol II
Fulton, Henry Levan, Vol II
Fulton, Richard Delbert, Vol II
Fulweiler, Howard, Vol II
Fumerton, Patricia, Vol II
Fumerton, Richard, Vol IV
Funchion, Michael Francis, Vol I
Funigiello, Philip J., Vol I
Funk, Arthur Layton, Vol I
Funk, David A., Vol IV
Funk, Joel D., Vol V
Funkenstein, Amos, Vol I
Funston, Judith, Vol II
Fuqua, Charles, Vol II, III
Furdell, Ellzabeth Lane, Vol I, IV
Furey, Hester L., Vol II
Furia, Philip George, Vol II
Furlong, Patrick Joseph, Vol I
Furlough, Ellen, Vol I
Furman, David M., Vol V
Furman, Necah Stewart, Vol I
Furman, Patrick, Vol IV
Furness, Edna Lue, Vol II, III
Furnish, Shearle, Vol II
Furnish, Victor Paul, Vol IV
Furrow, Dwight, Vol IV
Furst, Lillian R., Vol III
Furth, Charlotte, Vol I
Furtwangler, Albert, Vol II
Fusco, Richard A., Vol II
Fuss, Peter L., Vol IV
Fussell, Edwin, Vol II
Fussner, Frank Smith, Vol I
Futrell, Robert Frank, Vol I
Fykes, Leroy Matthews, Jr., Vol IV
Gaab, Jeffrey S., Vol I
Gabaccia, Donna, Vol I
Gabbard, Krin, Vol III
Gabbin, Joanne Veal, Vol II
Gabel, Creighton, Vol I, V
Gabel, Jack, Vol I
Gabhart, Mitchell, Vol IV
Gabriele, Edward, Vol IV
Gabriele, John P., Vol III
Gaddis, John Lewis, Vol I
Gaddy, Stephanie, Vol V
Gadsden, Gloria Y., Vol V
Gaeffke, Peter, Vol III
Gaetke, Eugene Roger, Vol IV
Gaffin, Richard Birch, Jr., Vol IV
Gaffney, Floyd, Vol II
Gaffney, John Patrick, Vol IV
Gaffney, Patrick D., Vol V
Gafni, Abraham J., Vol IV
Gagarin, Michael, Vol II, III
Gagliano, Joseph Anthony, Vol I
Gagliardi, Frank M., Vol III
Gagliardo, John G., Vol I
Gagnon, Carolle, Vol IV
Gaichas, Lawrence Edward, Vol II, III
Gaide, Tanure, Vol I, II
Gaile, Gary L., Vol I
Gainer, Kim, Vol II
Gaines, Barry, Vol II
Gaines, Elliot I., Vol II
Gaines, James Frederick, Vol III
Gaines, Jane M., Vol II
Gaines, Robert N., Vol II, IV
Gainey, Randy R., Vol IV, V
Gair, James Wells, Vol III
Gaiser, Frederick J., Vol IV
Gaisser, Julia Haig, Vol III
Gajowski, Evelyn J., Vol II
Galambos, Louis Paul, Vol I, IV
Galand, Rene, Vol III
Galanter, Marc, Vol IV, V
Galavaris, George, Vol I
Galchinsky, Michael, Vol II
Gale, Richard A., Vol II
Galef, David A., Vol II
Galenza, Bruce D., Vol V
Galgan, Gerald J., Vol IV
Galgano, Michael J., Vol I
Galinsky, Karl, Vol II, III
Galis, Leon, Vol IV
Galishoff, Stuart, Vol I
Gall, John, Vol II
Gall, Robert, Vol IV
Gallacher, Patrick, Vol I
Gallagher, David M., Vol IV
Gallagher, Edward J., Vol III
Gallagher, Gary W., Vol I
Gallagher, Mary A. Y., Vol I
Gallagher, Shaun, Vol IV
Gallagher, Victoria J., Vol II
Gallant, Christel, Vol III
Gallant, Christine, Vol II
Gallati, Ernst, Vol III
Gallatin, Harlie Kay, Vol I
Galli, Barbara E., Vol II, III
Gallicchio, Marc S., Vol I
Gallick, Rosemary, Vol I
Galligan, Thomas C. Thomas C, Vol IV
Gallo, Louis, Vol II
Galloway, J. Donald C., Vol IV
Gallucci, John, Vol III
Galoppe, Raul A., Vol III
Galperin, William, Vol II
Galston, M., Vol IV
Galton, Herbert, Vol III
Galush, William J., Vol I
Galvan, Delia V., Vol I, III
Galvaris, George, Vol I
Galvin, Kathleen, Vol V
Gamache, Gerald L., Vol V
Gamal, Adel Sulaiman, Vol III
Gamber, Wendy, Vol I
Gamble, Charles W., Vol IV
Gamble, James D., Vol II
Gamble, Richard C., Vol IV
Gamboni, Dario, Vol I
Gamburd, Geraldine, Vol V
Gamlin, Gordon S., Vol III
Gandal, Keith, Vol II
Gane, A. Barry, Vol IV
Ganesan, Indira, Vol II, V
Gangadean, Ashok Kumar, Vol IV
Gangotena, Margarita, Vol II
Ganim, John Michael, Vol II, III
Gannage, Mark, Vol IV
Gans, Bruce, Vol II
Gans, Eric L., Vol III
Gans, Herbert J., Vol V
Ganson, Barbara, Vol I
Gantar, Jure, Vol II
Gantt, Barbara N., Vol III
Ganz, Albert Harding, Vol I
Ganz, Arthur F., Vol II
Ganz, David L., Vol IV
Ganz, Margery Ann, Vol I
Ganzel, Dewey Alvin, Vol II
Gao, Q., Vol III
Gara, Larry, Vol I
Garaud, Christian, Vol III
Garavalia, Linda, Vol V
Garay, Mary Sue, Vol II
Garay, Ronald, Vol II
Garber, Daniel Elliot, Vol IV
Garber, Marilyn, Vol I, IV
Garber, Zev Warren, Vol IV
Garceau, Dee, Vol I
Garcia, Albert L., Vol IV
Garcia, Hazel F. Dicken, Vol II
Garcia, Jose Luis Suarez, Vol III
Garcia, Juan Ramon, Vol I
Garcia, Laura, Vol IV
Garcia, Matt, Vol I
Garcia, William Burres, Vol II, V
Garcia-Castanon, Santiago, Vol II
Garcia-Castellon, Manuel, Vol III
Garcia-Gomez, Jorge, Vol II, IV
Garcia-Osuna, Alfonso, Vol III
Garcia-Sanchea, Jose, Vol III
Gard, Betty A., Vol II
Gardaphe, Fred L., Vol II
Gardella, Robert Paul, Vol I
Gardiner, David, Vol IV
Gardiner, Judith Kegan, Vol II
Gardinier, David E., Vol I
Gardner, Bettye J., Vol I
Gardner, Catherine, Vol IV
Gardner, Howard E., Vol V
Gardner, Joseph Hogue, Vol II
Gardner, Richard Newton, Vol IV
Gardner, Rick M., Vol V
Garen, Sally, Vol I
Garet, Ronald R., Vol IV
Garfinkel, Alan, Vol III, V
Garfinkel, Stephen Paul, Vol IV
Garfinkle, Charlene G., Vol I
Gargan, William M., Vol II
Gariano, Carmelo, Vol III
Garibaldi, Antoine Michael, Vol V
Gariepy, Margo R., Vol I, II
Garland, John William, Vol IV
Garland, Martha, Vol I
Garland, Michael John, Vol IV
Garlick, Peter C., Vol IV
Garlinger, Patrick P., Vol II, III
Garner, Richard, Vol II, III
Garner, Roberta, Vol V
Garnett, Mary Anne, Vol III
Garofalo, V. James, Vol V
Garr, W. Randall, Vol III
Garrard, Mary, Vol I
Garratt, Robert Francis, Vol II
Garretson, Deborah, Vol III
Garrett, Aline M., Vol V
Garrett, Clarke W., Vol I
Garrett, Don James, Vol IV
Garrett, Gerald R., Vol IV, V
Garrett, James Leo, Jr., Vol IV
Garrett, James M., Vol II
Garrett, Peter, Vol II
Garrett, Robert I., Vol IV
Garrigan, Kristine O., Vol II
Garrison, Daniel H., Vol II, III
Garrison, David Lee, Vol III
Garrison, James Dale, Vol II
Garrison, Lora Dee, Vol I
Garrison, Mark, Vol I
Garrison, Mary Elizabeth, Vol V
Garrison, Roman, Vol IV
Garrison, Ronilue B., Vol V
Garro, A. M., Vol IV
Garrott, Carl L., Vol III
Garroutte, Eva, Vol V
Garry, Ann, Vol IV
Garson, G. David, Vol IV
Garson, Helen S., Vol II
Garth, Phyllis Ham, Vol V
Garthoff, Raymond L., Vol IV
Garthwaite, Gene Ralph, Vol I
Garton, Charles, Vol II, III
Garver, Newton, Vol IV
Garvey, John Leo, Vol IV
Garvey, Sheila Hickey, Vol II
Garvin, James L., Vol I
Gary, Lawrence E., Vol V
Gasche, Rodolphe, Vol III
Gasienica-Byrcyn, Anna Zofia, Vol II, III
Gaskell, Ivan, Vol I
Gaskill, Gayle, Vol II
Gasman, Daniel E., Vol I
Gasperetti, David, Vol III
Gasque, Thomas J., Vol II
Gass, William Howard, Vol IV
Gasster, Michael, Vol I
Gasta, Chad M., Vol III
Gastil, John Webster, Vol II
Gaston, Edwin W., Jr, Vol II
Gaston, Lloyd, Vol IV
Gaston, Paul M., Vol I
Gates, Barbara Timm, Vol II, V
Gates, Gary, Vol IV
Gates, Henry Louis, Jr., Vol II
Gates, John Morgan, Vol I
Gatewood, Algie C., Vol V
Gatewood, Willard Badgett, Vol I
Gathercoal, Kathleen, Vol V
Gatta, John J., Vol II
Gatto, Katherine M., Vol III
Gauggel, Karl H., Vol III
Gauker, Christopher P., Vol IV
Gaull, Marilyn, Vol II
Gaunt, Kyra D., Vol II
Gaunt, Philip, Vol II
Gaustad, Edwin Scott, Vol I, IV
Gauthier, Candace, Vol IV
Gauthier, Jeff, Vol IV
Gauthier, Yvon, Vol IV
Gauvreau, J. Michael, Vol I
Gavil, Andrew I., Vol IV
Gavin, Rosemarie Julie, Vol II, V

Gavin, William, Vol IV
Gavins, Raymond, Vol I
Gavran, James Holt, Vol II
Gavronsky, Serge, Vol III
Gawalt, Gerard Wilfred, Vol I
Gay, Richard R., Vol II
Gay, William Carroll, Vol IV
Gay-Crosier, Raymond, Vol III
Gayeski, Diane M., Vol II
Gayles-Felton, Anne Richardson, Vol V
Gaylin, Ann E. E., Vol III
Gaylord, Alan T., Vol II
Gaylord, Inez K., Vol III
Gazell, James A., Vol IV
Geagan, Daniel J., Vol I
Gealt, Adelheid Medicus, Vol I
Gearey, Amelia J., Vol IV, V
Gearhart, Suzzane, Vol III
Geary, David, Vol V
Geary, Edward Acord, Vol II
Geary, John Steven, Vol III
Geary, Patrick, Vol I
Gebhard, Ann, Vol II
Gebhard, David, Vol I
Gebhard, Elizabeth Replogle, Vol I
Gedalecia, David, Vol I
Geddert, Tim J., Vol IV
Gedicks, Albert J., Vol V
Gedmintas, Aleksandras, Vol I
Geehr, Richard Stockwell, Vol I
Geerken, John Henry, Vol I
Geertz, Clifford, Vol V
Geggus, D., Vol I
Geherin, David J., Vol II
Geib, George Winthrop, Vol I
Geier, Connie, Vol V
Geiger, Mary Virginia, Vol I, IV
Geiger, Reed G., Vol I
Geiman, Kevin, Vol IV
Geiselman, Paula, Vol V
Geisler, Norman Leo, Vol IV
Geison, Gerald Lynn, Vol I
Geist, Charles R., Vol V
Geist, Joseph E., Vol II
Geist, Patricia, Vol II
Geistfeld, Mark, Vol IV
Gelb, Joyce, Vol IV
Gelber, Lynne Levick, Vol III
Gelber, Steven Michael, Vol I, V
Gelderman, Carol W., Vol II
Gelernt, Jules, Vol II, III
Gelfand, Elissa Deborah, Vol I, V
Gelfand, Lawrence E., Vol I
Gelhart, Robert, Vol V
Geller, David A., Vol IV
Geller, Lila Belle, Vol II
Gellhorn, Gay, Vol IV
Gellman, I., Vol I
Gellott, Laura S., Vol I
Gellrich, Jesse M., Vol II
Gellrich, Michelle, Vol II, III
Gelo, Daniel J., Vol V
Gelwick, Richard, Vol IV
Gemmett, Robert J., Vol II
Gemmill, Robert H., Vol V
Gems, Gerald R., Vol V
Gemunden, Gerd, Vol III
Gencarelli, Thomas F., Vol II
Gendin, Sidney, Vol IV
Gendzier, Stephen J., Vol III
Gennaro, Rocco J., Vol IV
Genno, Charles N., Vol III
Genova, Anthony Charles, Vol IV
Genovese, Edgar Nicholas, Vol II, III
Genovese, Eugene D., Vol I
Genovesi, Vincent Joseph, Vol IV
Gensler, Harry J., Vol IV
Gentles, Ian, Vol I
Gentry, Atron A., Vol V
Gentry, Francis G., Vol III
Gentry, Judith Anne Fenner, Vol I
Gentry, Marshall Bruce, Vol II
Gentry, Peter J., Vol IV
Gentry, Thomas Blythe, Vol II
Georgalas, Robert N., Vol II
George, Charles Hilles, Vol I
George, Edward, Vol II, III
George, Emery Edward, Vol I, III
George, Hermon, Jr., Vol III
George, Kathryn Paxton, Vol IV
George, Kearns, Vol II
George, Laura J., Vol II
George, Luvenia A., Vol II, V
George, Michael W., Vol II
George, Peter J., Vol I
George, Robert P., Vol IV
George, Rolf A., Vol IV
George, Stephen, Vol II
Georges, Robert A., Vol III, V
Gephart, Ronald Michael, Vol I
Geraets, Theodore F., Vol IV
Gerard, Jules Bernard, Vol IV
Gerato, Erasmo Gabriele, Vol III
Geraty, Lawrence Thomas, Vol I, IV
Gerber, Barbara Leslie, Vol III
Gerber, David, Vol I
Gerber, Douglas E., Vol II, III
Gerber, Jane Satlow, Vol I, IV
Gerber, Larry G., Vol I
Gerber, Mitchell, Vol IV
Gerber, Sanford E., Vol II
Gerberding, Richard A., Vol I
Gerdes, Neil W., Vol III
Gerhart, Mary, Vol II, IV
Gericke, Philip Otto, Vol III
Gerig, Wesley Lee, Vol III, IV
Gerken, Heather K., Vol IV
Gerkin, Charles Vincent, Vol IV
Gerlach, Don R., Vol I
Gerlach, Jerry, Vol I
Gerlach, John Charles, Vol II
Gerlach, Larry Reuben, Vol I
Gerlach, U. Henry, Vol III
Gerli, E. Michael, Vol I, III
Germain, Claude, Vol III
Germain, Edward B., Vol II
Gernes, Sonia, Vol II
Gernes, Todd Steven, Vol II
Gerrard, Charlotte, Vol III
Gerrish, Brian Albert, Vol I, IV
Gerritz, E. Keith, Vol V
Gerry, Thomas M. F., Vol II
Gershon, Robert, Vol II
Gerson, Kathleen, Vol V
Gerstein, Linda Groves, Vol I
Gerstel, Sharon E. J., Vol I
Gerster, Carole, Vol II
Gert, Bernard, Vol IV
Gert, Heather, Vol IV
Gerteis, Louis, Vol I
Gertzman, Jay Albert, Vol II
Gervers, Michael, Vol I
Gesell, Geraldine C., Vol II, III
Gesner, B. Edward, Vol III
Gess, Randall S., Vol III
Getches, David H., Vol IV
Gettleman, Marvin Edward, Vol I
Getty, J. Arch, Vol I
Gevirtz, Richard N., Vol V
Gewanter, David, Vol II
Geyer, Alan, Vol IV
Geyer, M., Vol I
Geyh, Paula E., Vol II
Ghazzal, Zouhair, Vol I
Ghilarducci, Teresa, Vol IV
Ghirardo, Diane, Vol I
Ghnassia, Jill Dix, Vol II
Ghose, Zulfikar Ahmed, Vol II
Ghosh, Ratna, Vol V
Ghosh, Shuba, Vol IV
Giacobbe, George A., Vol V
Giacumakis, George, Vol I
Giamo, Benedict, Vol I
Gianakaris, Constantine John, Vol II
Giannelli, Paul Clark, Vol IV
Giannetti, Louis Daniel, Vol II
Giannone, Richard, Vol II
Giarelli, Andrew, Vol II
Gibaldi, Joseph, Vol II, III
Gibbard, Allan Fletcher, Vol IV
Gibbens, E. Byrd, Vol II
Gibbons, Reginald, Vol II
Gibbs, David N., Vol IV
Gibbs, Jack Gilbert, Jr., Vol IV
Gibbs, Jeffrey A., Vol IV
Gibbs, Lee Wayland, Vol IV
Gibbs, Paul J., Vol IV
Gibbs, Tyson, Vol V
Gibbs, Virginia, Vol III
Gibert, John C., Vol I
Giblin, Charles Homer, Vol IV
Giblin, Marie J., Vol IV
Gibson, Ann Eden, Vol I
Gibson, Claude Louis, Vol II
Gibson, Dirk C., Vol II
Gibson, Donald Bernard, Vol II
Gibson, Jennifer, Vol V
Gibson, Margaret, Vol II
Gibson, Melissa K., Vol II
Gibson, Richard J., Vol II
Gibson, Scott M., Vol IV
Gibson, Stephanie, Vol II
Gibson, Todd, Vol III
Gibson, Walter S., Vol I
Gibson, William M., Vol IV
Gidmark, Jill B., Vol II
Giebelhaus, August William, Vol I
Gieber, Robert L., Vol III
Giele, Janet Z., Vol V
Gielen, Uwe P., Vol V
Gier, Nicholas F., Vol IV
Giere, Ronald N., Vol IV
Gies, David Thatcher, Vol III
Giffin, Frederick Charles, Vol I
Giffin, Phillip E., Vol I, IV
Giffin, William Wayne, Vol I
Gifford, Bernard R., Vol V
Gifford, Daniel Joseph, Vol IV
Gifford, James J., Vol II
Gigger, Helen C., Vol IV
Giglio, James N., Vol I
Gigliotti, Gilbert L., Vol II
Gignac, Francis Thomas, Vol III, IV
Gikandi, Simon E., Vol II
Gilb, Corinne Lathrop, Vol I
Gilbert, Arlan Kemmerer, Vol I
Gilbert, Bennie Ruth, Vol V
Gilbert, Bentley Brinkerhoff, Vol I
Gilbert, Edward R., Vol V
Gilbert, Harvey R., Vol II
Gilbert, James B., Vol I
Gilbert, James L., Vol V
Gilbert, Joseph, Vol IV
Gilbert, Margaret, Vol IV
Gilbert, Pamela K., Vol II
Gilbert, Robert Emile, Vol IV
Gilbert, Sandra Mortola, Vol II, V
Gildemeister, Glen A., Vol I
Gilderhus, Mark Theodore, Vol I
Gildric, Richard P., Vol I, IV
Giles, Geoffrey John, Vol I
Giles, James Richard, Vol II
Giles, Jerry, Vol V
Giles, Linda, Vol V
Giles, Mary E., Vol III
Giles, Thomas Ransom, Vol IV
Gilfoyle, Timothy J., Vol I
Gilgen, Albert R., Vol V
Gilinsky, Joshua, Vol II
Gilje, Paul Arn, Vol I
Gilkes, Cheryl Townsend, Vol IV
Gill, Ann, Vol II
Gill, David G., Vol V
Gill, David W., Vol IV
Gill, Diane L., Vol V
Gill, Gerald Robert, Vol I
Gill, Glenda E., Vol I, II
Gill, J., Vol I
Gill, Mary Louise, Vol IV
Gill, Michael, Vol IV
Gill, Sam, Vol IV
Gillam, Ronald G., Vol II
Gillan, Garth J., Vol IV
Gillan, Jeniffer, Vol II
Gillen, Mark R., Vol IV
Gillespie, Angus K., Vol I
Gillespie, Diane F., Vol II
Gillespie, Michael Patrick, Vol II
Gillespie, Patti P., Vol II
Gillett, Carl, Vol IV
Gillett, Margaret, Vol V
Gillette, William, Vol I
Gilliam, Bryan, Vol II
Gilliard, Frank Daniel, Vol I
Gilliland, C. Herbert, Vol II
Gilliland-Swetland, Anne J., Vol II
Gillingham, Bryan R., Vol I, II
Gillis, Catherine L., Vol II
Gillis, Chester, Vol IV
Gillis, Daniel J., Vol II, III
Gillis, John R., Vol I
Gillman, Florence Morgan, Vol IV
Gillman, Neil, Vol IV
Gillmor, Alan, Vol II
Gillmor, Charles Stewart, Vol I
Gillmor, Donald M., Vol II
Gillon, Adam, Vol II, III
Gilman, Donald, Vol III
Gilman, Ernest B., Vol II
Gilman, Owen W., Vol II
Gilmartin, Brian G., Vol V
Gilmore, Al Tony, Vol I
Gilmore, George Barnes, Vol IV
Gilmore, Robert McKinley, Sr., Vol IV
Gilmore, Roger H., Vol III
Gilmore, Vanessa D., Vol IV
Gilmour, John C., Vol IV
Gilmour, Peter, Vol IV
Gilpin, W. Clark, Vol IV
Gilroy, James Paul, Vol III
Gilson, Anne Bathurst, Vol IV
Gilson, Greg, Vol IV
Gilson, Joan, Vol II, V
Gimelli, Louis B., Vol I, IV
Gimenez, Antonio, Vol III
Gindele, Karen C., Vol II
Gingerich, Ray C., Vol IV
Gingery, Gail Alvah, Vol II
Gini, Alfred, Vol IV
Ginsberg, Elaine Kaner, Vol II, V
Ginsberg, Ellen Sutor, Vol III
Ginsberg, Leon, Vol V
Ginsberg, Lesley, Vol II
Ginsberg, Robert, Vol IV
Ginsburg, Martin D., Vol IV
Ginsburg, Michal P., Vol III
Gintis, Herbert, Vol IV
Giral, Angela, Vol II
Giraldez, Susan C., Vol III
Girardot, Norman J., Vol I, IV
Girgis, Monir Saad, Vol I
Girgus, Sam B., Vol II
Girill, T. R., Vol IV
Giro, Jorge A., Vol III
Giron, Robert L., Vol II
Giroux, Michel, Vol IV
Gish, Nancy K., Vol II, V
Gish, Robert F., Vol II
Gish, Steven D., Vol I
Gisolfi, Diana, Vol I
Gispen, Kees, Vol I
Gissendanner, John M., Vol II
Gitelman, Morton, Vol IV
Githiga, John Gatungu, Vol IV
Gittins, Anthony, Vol IV, V
Gittleman, Sol, Vol III
Gittlen, Barry M., Vol I
Giuliano, Michael J., Vol II
Giurlanda, Paul, Vol IV
Givelber, Daniel James, Vol IV
Givens, Stuart R., Vol I
Givner, Joan, Vol II
Glaab, Charles Nelson, Vol I
Glad, Paul Wilbur, Vol I
Gladden, John W., Vol V
Glade, Henry, Vol III
Gladish, Robert Willis, Vol II
Gladney, Frank Y., Vol III
Gladson, Jerry A., Vol IV
Gladwin, Lee Allan, Vol IV
Glahe, Fred Rufus, Vol IV
Glancy, Diane, Vol II
Glannon, Joseph William, Vol IV
Glanville, Priscilla J., Vol II
Glasco, Anita L., Vol V
Glasco, Laurence A., Vol I
Glaser, Daniel, Vol V
Glaser, Hollis F., Vol II
Glaser, Robert, Vol V
Glasrud, Bruce A., Vol I
Glass, Dorothy, Vol I
Glass-Cofin, Bonnie, Vol V
Glassberg, David, Vol I
Glasser, Theodore L., Vol II
Glassman, Ronald, Vol V
Glassman, Steve, Vol II
Glassner, Martin, Vol I, IV
Glatfelter, Ralph Edward, Vol I
Glatz, Lawrence F., Vol III
Glavac, Cynthia, Vol II
Glavin, John, Vol II
Glazebrook, Patricia, Vol IV
Glazener, Nancy K., Vol II
Glazer, Ilsa M., Vol V
Glazier, Ira Albert, Vol I, IV
Glazier, Loss Pequeno, Vol II
Glazier, Lyle Edward, Vol II
Glazier, Stephen D., Vol IV, V
Glazier-McDonald, Beth, Vol IV
Gleason, Abbott, Vol I
Gleason, Elisabeth Gregorich, Vol I
Gleason, Maude, Vol II, III
Gleason, Michael, Vol III
Gleason, Paul W., Vol II
Gleaves, Robert Milnor, Vol III
Gleckner, Robert F., Vol II
Gleissner, Stephen, Vol I
Glen, Robert Allan, Vol I
Glen, Thomas L., Vol I
Glenn, Cecil E., Vol V
Glenn, George D., Vol I, II
Glenn, Jerry, Vol III
Glenn, John D., Jr., Vol IV
Glenn, Justin Matthews, Vol III
Glenn, Kathleen Mary, Vol III
Glenny, Sharon, Vol II
Glick, Thomas F., Vol I
Glidden, David, Vol IV
Glidden, Jock, Vol IV
Glinert, Lewis, Vol II, III
Gliserman, Martin, Vol II
Glisky, Elizabeth Louise, Vol V
Globerman, Erma, Vol V
Glon, Daniel, Vol III
Glosecki, Stephen O., Vol I
Glover, Albert G., Vol II
Glover, Raymond F., Vol IV
Glowacki, Kevin T., Vol II, III
Glowienka, Emerine Frances, Vol IV, V
Glowka, Arthur Wayne, Vol II, III
Gluck, Andrew L., Vol IV
Gluck, Carol, Vol I
Glueckert, Leopold, Vol I
Glymour, Clark, Vol IV
Glynn, Simon, Vol IV
Gmelch, George, Vol V
Gmelch, Sharon Bohn, Vol V
Gnarowski, Michael, Vol II
Gnuse, Robert, Vol I, IV
Goad, Candace Shelby, Vol IV
Gobel, David W., Vol I
Gobert, David Lawrence, Vol III
Gochberg, Donald S., Vol II
Gocking, Roger, Vol I
Godard, Barbara J., Vol II
Godbeer, R., Vol I
Godbold, E. Stanly, Vol I
Goddard, Nettye, Vol II
Goddu, Andre, Vol IV
Goddu, Teresa, Vol II, V
Godfrey, Aaron W., Vol II, III
Godfrey, Gary M., Vol III
Godfrey, Mary F., Vol II, IV
Godfrey, William Gerald, Vol I
Godin, Jean Cleo, Vol III
Godsall-Myers, Jean, Vol III
Godsey, John Drew, Vol IV
Godshalk, William Leigh, Vol II
Godwin, Joscelyn, Vol II
Goedicke, Hans, Vol I
Goel, Madan Lal, Vol IV
Goellnicht, Donald, Vol II
Goergen, Donald J., Vol IV
Goering, Elizabeth, Vol II
Goertzen, Chris, Vol II
Goetsch, James R., Vol IV
Goetschel, Willi, Vol III
Goetz, Edward G., Vol IV
Goetz, Thomas Henry, Vol III
Goetz-Stankiewicz, Marketa, Vol III
Goetzmann, William Harry, Vol I
Goff, Barbara E., Vol II, III
Goff, Edwin L., Vol IV
Goff, John S., Vol I
Goff, Richard D., Vol I
Goffart, Walter A., Vol I
Goffen, Rona, Vol I
Goffman, Ethan E., Vol II
Goforth, Carol R., Vol IV, V
Goggin, Maureen Daly, Vol II
Goggin, William, Vol V
GoGwilt, Christopher, Vol II
Goh, David T., Vol IV
Goheen, Jutta, Vol III
Goheen, R. B., Vol I
Goic, Cedomil, Vol III
Goins, Richard Anthony, Vol I
Goins, Scott, Vol II, III
Goist, Park Dixon, Vol I, II
Gokhale, Balkrishna Govind, Vol I
Golahny, Amy, Vol I
Golann, Dwight, Vol IV
Golany, Gideon S., Vol I
Golas, Peter John, Vol I
Golb, Norman, Vol I, III, IV
Gold, Ann G., Vol V
Gold, Barbara K., Vol II, III
Gold, Carol, Vol I
Gold, Ellen Reid, Vol II
Gold, Jeff, Vol IV
Gold, Joel Jay, Vol II
Gold, Jonathan, Vol IV
Gold, Joseph, Vol II
Gold, Penny Schine, Vol I
Gold, Richard E., Vol IV
Gold, Victor Roland, Vol IV
Gold-Neil, Valerie L., Vol V
Goldbeck, Janne, Vol II
Goldberg, Barry, Vol I
Goldberg, Herbert, Vol V
Goldberg, Hillel, Vol IV
Goldberg, Rita Maria, Vol III
Goldberg, Robert A., Vol I
Goldberg, Sander M., Vol II, III
Goldberg, Sanford C., Vol IV
Goldberg, Steven, Vol V

Goldberger, Leo, Vol V
Golden, Arthur, Vol II
Golden, Bruce, Vol II, III
Golden, Evelyn Davis, Vol IV
Golden, Leon, Vol II, III
Golden, Mark, Vol II, III
Golden, Richard Martin, Vol I
Goldenberg, Myrna, Vol II
Goldenberg, Robert, Vol II
Goldensohn, Barry, Vol II
Goldfarb, Jeffrey C., Vol IV, V
Goldfarb, Nancy D., Vol II
Goldfarb, Ronald L., Vol IV
Goldfield, David, Vol I
Goldfield, Michael, Vol IV
Goldgar, Bertrand Alvin, Vol II
Goldin, Claudia, Vol IV
Goldin, Frederick, Vol III
Goldin, Milton, Vol II, V
Goldin, Owen Michael, Vol IV
Goldin, Paul Rakita, Vol I
Golding, Martin P., Vol IV
Goldingay, John, Vol IV
Goldman, Aaron L., Vol I
Goldman, Alan H., Vol IV
Goldman, Alvin I., Vol IV
Goldman, Bernard, Vol I
Goldman, Edward A., Vol II
Goldman, Jean, Vol I
Goldman, Merle, Vol I
Goldman, Sheldon, Vol IV
Goldman, Steven, Vol I
Goldschmidt, Arthur E., Jr, Vol I
Goldsmith, Daena J., Vol II
Goldstein, Abraham Samuel, Vol IV
Goldstein, Anne B., Vol IV
Goldstein, Carl, Vol I
Goldstein, Darra, Vol III
Goldstein, Irwin, Vol IV
Goldstein, Jonathan, Vol I
Goldstein, Joshua S., Vol IV
Goldstein, Laurence Alan, Vol I
Goldstein, Leon J., Vol IV
Goldstein, Paul, Vol IV
Goldstein, R. James, Vol II
Goldthwait, John T., Vol IV
Goldthwaite, Richard A., Vol I
Goldweber, David E., Vol II
Goldworth, Amnon, Vol IV
Goldy, Charlotte Newman, Vol I
Goldzwig, Steven R., Vol II
Golian, Linda Marie, Vol II
Golinski, Jan, Vol I
Gollaher, David L., Vol I
Golledge, Reginald G., Vol I
Gollin, Richard M., Vol II
Gollin, Rita K., Vol II
Gollrad, Gareth E., Vol III
Golluber, Michael, Vol IV
Golombek, Lisa, Vol I
Golphin, Vincent F. A., Vol IV
Golston, Chris, Vol III
Golumbia, David, Vol II
Gomberg, Paul, Vol IV
Gomez, Gilberto, Vol II, III
Gomez, Raul R., Vol IV
Gomez-Herrero, Fernando, Vol I
Gomez-Moriana, Antonio, Vol III
Gontarski, S. E., Vol II, III
Gontrum, Peter B., Vol III
Gonzales, Gail, Vol V
Gonzales, John Edmond, Vol I
Gonzales, Manuel G., Vol I
Gonzalez, Alexander G., Vol II
Gonzalez, Alfonso, Vol III
Gonzalez, Bernardo Antonio, Vol III
Gonzalez, Catherine Gunsalus, Vol I, IV
Gonzalez, Deena J., Vol I
Gonzalez, Eloy, Vol III
Gonzalez, Evelyn, Vol I
Gonzalez, John M., Vol II
Gonzalez, Justo Luis, Vol I, IV
Gonzalez, Luis G., Vol IV
Gonzalez, Norma E., Vol V
Gonzalez de Leon, Fernando Javier, Vol I
Gonzalez-Cruz, Luis F., Vol III
Gonzalez-del-Valle, Luis T., Vol III
Gooch, Bryan N. S., Vol II
Gooch, Paul W., Vol IV
Good, David F., Vol I
Good, Irene Lee, Vol I
Good, Jacquelyn Fox, Vol II
Good, Jane E., Vol I
Good, Robert C., Vol IV
Goodall, Harold L., Vol II
Goodburn, Amy M., Vol II
Goode, James, Vol I
Goode, James Edward, Vol IV
Goode, William Osborne, Vol III
Gooden, Winston Earl, Vol IV
Goodfriend, Joyce Diane, Vol I
Goodheart, Eugene, Vol II
Goodheart, Lawrence, Vol I
Gooding, Diane, Vol V
Gooding-Williams, Robert, Vol IV
Goodman, David G., Vol III
Goodman, Grant Kohn, Vol I
Goodman, Jennifer Robin, Vol II
Goodman, Lenn Evan, Vol IV
Goodman, Louis, Vol IV, V
Goodman, Michael B., Vol II
Goodman, Michael F., Vol IV
Goodman, Paul, Vol I
Goodman, Russell B., Vol IV
Goodman, Susan, Vol II
Goodman, Susanne R., Vol IV
Goodman, William, Vol V
Goodman-Delahunty, Jane, Vol IV, V
Goodnight, G. Thomas, Vol II, IV
Goodrich, Thomas Day, Vol I
Goodson, Alfred Clement, Vol II, III
Goodson, Carol F., Vol II
Goodstein, Judith Ronnie, Vol I
Goodwin, G. F., Vol I
Goodwin, James Osby, Vol IV
Goodwin, Joanne, Vol I
Goodyear, Russell, Vol IV, V
Goosman, Stuart, Vol II, V
Gootenberg, Paul, Vol I
Gopalan, Lalitha, Vol II
Gopen, George D., Vol II
Gopnik, Myrna, Vol III
Goranson, Stephen, Vol I, IV
Gorbatov, Inna, Vol III
Gordon, Aaron Z., Vol V
Gordon, Alexander Lobban, Vol III
Gordon, Allan M., Vol I
Gordon, Amy Glassner, Vol I
Gordon, Andrew, Vol II
Gordon, Bertram M., Vol I
Gordon, Dane R., Vol IV
Gordon, Daniel, Vol I
Gordon, Jacob U., Vol I
Gordon, John W., Vol I
Gordon, Leonard Abraham, Vol I
Gordon, Leonard H. D., Vol I
Gordon, Linda, Vol I
Gordon, Lois G., Vol II, III
Gordon, Lynn, Vol III, V
Gordon, Lynn Dorothy, Vol I, V
Gordon, Mary Mcdougall, Vol I
Gordon, Michael Danish, Vol I
Gordon, Michael W., Vol IV
Gordon, Milton A., Vol V
Gordon, Robert Morris, Vol IV
Gordon, Ronald D., Vol II
Gordon, Ruth E., Vol IV
Gordon, Walter Lear, III, Vol IV
Gordon, Walter Martin, Vol II, IV
Gordon, Wendy, Vol IV
Gordon-Seifert, Catherine, Vol I, II
Gore, Blinzy L., Vol IV
Goree, William K., Vol IV
Goreham, Gary, Vol V
Goren, Arthur, Vol I
Gorfain, Phyllis, Vol II, V
Gorham, Deborah, Vol I
Gorin, Robert M., Jr, Vol I
Goring, William S., Vol V
Gorman, Carma, Vol I
Gorman, John, Vol III
Gorman, Michael J., Vol I, IV
Gorman, Rosemarie E., Vol IV
Gorman, Vanessa, Vol I
Gorn, Elliott J., Vol I
Goroff, David B., Vol IV
Gorrell, Donald Kenneth, Vol I, IV
Gorse, George L., Vol I
Gorsevski, Ellen, Vol II
Gorski, Philip, Vol V
Gorsuch, Edwin N., Vol I
Gorsuch, Richard L., Vol IV, V
Gorup, Radmila J., Vol III
Goss, James, Vol II, IV
Goss, Noble T., Vol III
Goss, Theresa Carter, Vol V
Gossai, Hemchand, Vol IV
Gosse, Richard, Vol IV
Gosselin, Edward Alberic, Vol I
Gossett, Philip, Vol II
Gossett, Suzanne, Vol II
Gossin, Pamela, Vol I, II
Gossman, Norbert Joseph, Vol I
Gossy, Mary S., Vol II, V
Gostin, Lo, Vol IV
Gotanda, John Yukio, Vol IV
Gottdiener, Mark, Vol V
Gottesman, Leslie D., Vol II
Gottfried, Roy K., Vol II
Gotthelf, Allan, Vol IV
Gottlieb, Carla, Vol I
Gottlieb, Roger Samuel, Vol IV
Gottlieb, Stephen Elliot, Vol IV
Gottschalk, Alfred, Vol IV
Gottschalk, Katherine K., Vol II
Gottschalk, Peter, Vol I, IV
Gottwald, Norman Karol, Vol IV
Gougeon, Len G., Vol II
Gough, Jerry B., Vol I
Gough, Russell W., Vol IV
Gouinlock, James, Vol IV, V
Gould, Christopher, Vol II
Gould, Daniel, Vol V
Gould, Eliga H., Vol I
Gould, Josiah B., Vol IV
Gould, Lewis Ludlow, Vol I
Gould, William Benjamin, Vol IV
Goulding, Daniel J., Vol II
Goulding, James Allan, Vol IV
Gouma-Peterson, Thalia, Vol I
Gounaridou, Kiki, Vol II
Gourdine, A. K. M., Vol II
Gourevitch, Victor, Vol IV
Gourgues, Michel, Vol IV
Gouvin, Eric J., Vol IV
Gouwens, David J., Vol IV
Govan, Reginald C., Vol IV
Govan, Sandra Yvonne, Vol I, II
Gover, Yerah, Vol V
Govig, Stewart D., Vol IV
Gowan, Donald E., Vol IV
Gowans, Alan, Vol I
Gowans, Christopher W., Vol IV
Gowaskie, Joseph M., Vol I
Gowdy, Anne R., Vol II
Gower, Calvin William, Vol I
Gowler, David B., Vol IV
Graber, Doris A., Vol IV
Graber, Robert, Vol V
Graber-Miller, Keith A., Vol IV
Grabowska, James A., Vol I
Grace, Christopher R., Vol V
Grace, Dominick M., Vol II
Grace, Joan Carroll, Vol II
Grace, Nancy, Vol II
Grace, Sherrill E., Vol II
Gracia, Jorge Jesus Emiliano, Vol IV
Grad, Bonnie L., Vol I
Grad, Frank P., Vol IV
Graddy, William E., Vol II
Gradin, Sherrie L., Vol II
Graebner, Alan, Vol I
Graetz, Michael J., Vol IV
Graf, Daniel William, Vol I
Graf, David Frank, Vol I
Graf, Eric, Vol III
Graff, Gerald E., Vol II, V
Graff, Harvey J., Vol I
Grafton, Anthony T., Vol I
Gragg, Gene Balford, Vol III
Graglia, L. A., Vol IV
Gragnolati, Manuele, Vol III
Graham, A. John, Vol II, III
Graham, Cynthia A., Vol V
Graham, Daniel W., Vol IV
Graham, Don B., Vol II
Graham, Gael N., Vol I
Graham, George, Vol IV
Graham, George Jackson, Vol IV
Graham, Hugh Davis, Vol I
Graham, J. Michele, Vol IV
Graham, John Thomas, Vol I
Graham, Joyce, Vol II
Graham, Kenneth Wayne, Vol II
Graham, Loren Raymond, Vol I
Graham, Maryemma, Vol II
Graham, Patricia Albjerg, Vol I
Graham, Peter W., Vol II
Graham, Richard, Vol I
Graham, Stephen R., Vol IV
Graham, Theodora Rapp, Vol II
Graham, W. Fred, Vol I, IV
Graham, William, Vol I, IV
Graham, William C., Vol I, IV
Grahe, Jon E., Vol V
Gramberg, Anne-Katrin, Vol III
Grammer, John M., Vol II
Grammer, Michael B., Vol IV
Granatstein, Jack L., Vol I
Granberg, Stan, Vol IV
Grandt, Jurgen E., Vol II
Grandy, Richard E., Vol IV
Grange, Joseph, Vol IV
Granger, Christopher, Vol IV
Granger, Herbert, Vol IV
Granofsky, Ronald, Vol II
Granquist, Mark, Vol IV
Granrose, Cherlyn Skromme, Vol V
Granrose, Kathleen, Vol III
Grant, August E., Vol II
Grant, Barry Keith, Vol II, V
Grant, Edward, Vol I
Grant, Glen, Vol I
Grant, H. Roger, Vol I
Grant, Isabel, Vol IV
Grant, J. Kirkland, Vol IV
Grant, Jacquelyn, Vol IV
Grant, John Ernest, Vol II
Grant, John Neilson, Vol II, III
Grant, John W., Vol IV
Grant, Judith A. S., Vol II
Grant, Patrick, Vol II
Grant, Raymond James Shepherd, Vol II
Grant, Richard Babson, Vol III
Grant, Shelagh D., Vol I
Grantham, D. Wesley, Vol V
Grantham, Dewey Wesley, Vol I
Gras, Vernon W., Vol II
Grassby, Richard, Vol V
Grassian, Esther Stampfer, Vol II
Grassie, William, Vol IV
Gratton, Brian, Vol I
Gratz, Delbert L., Vol I, IV
Graubard, Stephen Richards, Vol I
Gravel, Pierre, Vol II, IV
Gravelle, Jane Gibson, Vol IV
Graver, Lawrence S., Vol II
Graver, Suzanne, Vol II
Graves, John W., Vol I, IV
Graves, Michael W., Vol V
Graves, Pamela, Vol I
Graves, Philip E., Vol IV
Graves, Robert, Vol II
Graves, Roy Neil, Vol II
Graves, Steven, Vol I
Gravlee, G. Scott, Vol IV
Gravlee, Jack, Vol II
Grawe, Paul H., Vol II
Gray, Bonnie Jean, Vol IV
Gray, Christopher, Vol IV
Gray, Donald, Vol II
Gray, Donald P., Vol IV
Gray, Eugene Francis, Vol III
Gray, Floyd Francis, Vol III
Gray, Hanna Holborn, Vol I
Gray, Jeffrey, Vol II
Gray, Laura, Vol II
Gray, Margaret, Vol III
Gray, Patrick T. R., Vol IV
Gray, Ralph D., Vol I
Gray, Richard T., Vol III
Gray, Ronald A., Vol IV
Gray, Sherman W., Jr., Vol IV
Gray, Susan E., Vol I
Gray, Wallace, Vol IV
Graybar, Lloyd Joseph, Vol I
Graybill, Maribeth, Vol I
Grayson, Albert K., Vol I
Grayson, Janet, Vol II
Grayson, Nancy Jane, Vol II
Grcic, Joseph, Vol IV
Greaves, Gail-Ann, Vol II
Greaves, Richard L., Vol I
Greaves, Rose Louise, Vol I
Grebstein, Sheldon Norman, Vol II
Greco, John, Vol IV
Greek, Morgan S. J., Vol V
Greeley, Andrew M., Vol II, IV, V
Greeley, June-Ann T., Vol II, III
Green, Anne, Vol III
Green, Barbara S., Vol IV
Green, Carol Hurd, Vol I
Green, Clifford James, Vol IV
Green, Douglass Marshall, Vol II
Green, Elna C., Vol I
Green, Garrett, Vol IV
Green, George, Vol III, V
Green, George D., Vol I
Green, George N., Vol I
Green, Georgia Marks, Vol III
Green, Harvey, Vol I
Green, J. Patrick, Vol IV
Green, Jesse Dawes, Vol I, V
Green, Joel B., Vol IV
Green, Judith, Vol IV
Green, Lawrence Donald, Vol II
Green, Leamon L., Jr., Vol I
Green, Lisa, Vol III
Green, Lon C., Vol II
Green, Malinda Hendricks, Vol V
Green, Martin, Vol II
Green, Michael, Vol IV
Green, Michael J., Vol IV
Green, Michael Knight, Vol I
Green, Mitchell S., Vol IV
Green, O. Harvey, Vol IV
Green, Paul J., Vol III
Green, Peter, Vol II, III
Green, Richard F., Vol II
Green, Ronald K., Vol V
Green, Ronald Michael, Vol IV
Green, Suzanne Disheroon, Vol II
Green, Thomas Andrew, Vol I, IV
Green, Virginia M., Vol III
Green, William, Vol II
Greenawalt, Robert Kent, Vol IV
Greenbaum, Fred, Vol I
Greenbaum, Louis Simpson, Vol I
Greenbaum, Michael B., Vol IV, V
Greenberg, Alvin D., Vol II
Greenberg, Bradley, Vol II
Greenberg, Brian, Vol I
Greenberg, Cheryl, Vol I
Greenberg, Gershon, Vol IV
Greenberg, Kenneth, Vol I
Greenberg, Marc L., Vol III
Greenberg, Nathan Abraham, Vol III
Greenberg, Robert M., Vol II
Greenberg, Steven, Vol V
Greenberg, Wendy, Vol III
Greenberger, Allen Jay, Vol I
Greenburg, Mark Lawrence, Vol II
Greene, David Louis, Vol II
Greene, Douglas G., Vol I
Greene, Gayle Jacoba, Vol II
Greene, Gordon K., Vol II
Greene, Jack P., Vol I
Greene, Jerome Allen, Vol I
Greene, John, Vol II
Greene, John C., Vol I
Greene, John O., Vol II
Greene, Martha D., Vol II, IV
Greene, Nathanael, Vol I
Greene, Robert William, Vol III
Greene, Roland, Vol II
Greene, Sandra E., Vol I
Greene, Thomas R., Vol I, II
Greene, Victor Robert, Vol I
Greenewalt, Crawford Hallock, Vol I
Greenfield, Bruce R., Vol II
Greenfield, Gerald M., Vol I
Greenfield, John R., Vol II
Greenfield, Liah, Vol IV, V
Greenfield, Michael M., Vol IV
Greenfield, Sumner M., Vol III
Greenfield, Susan, Vol II
Greenhaw, David M., Vol IV
Greenhill, Pauline, Vol V
Greenhouse, Wendy, Vol I
Greenland, David E., Vol I
Greenleaf, Richard E., Vol I
Greenlee, James G. C., Vol I
Greenough, Sarah, Vol I
Greenshields, Malcolm, Vol I
Greenspahn, Frederick E., Vol IV
Greenspan, Anders, Vol I
Greenspan, Edward L., Vol IV
Greenspan, Ezra, Vol I
Greenspoon, Leonard Jay, Vol IV
Greenstein, Harold, Vol IV
Greenstein, Michael, Vol II
Greenwald, Maurine Weiner, Vol I
Greenwood, Davydd J., Vol V
Greenwood, Michael J., Vol IV
Greenwood, Theresa M. Winfrey, Vol V
Greenwood, Tina Evans, Vol II
Greer, Allan R., Vol I
Greetham, David Charles, Vol II
Gregg, Edward, Vol I
Gregg, Robert, Vol IV
Gregg, Robert C., Vol II, III
Grego, Richard, Vol I
Gregory, David L., Vol IV
Gregory, Elmer Richard, Vol II, III
Gregory, Frederick, Vol I
Gregory, Justina, Vol II, III
Gregory, Michael J. P., Vol II

Gregory, Michael Strietmann, Vol II
Gregory, Robert G., Vol I
Gregory, Wanda Torres, Vol IV
Greig, Alexander Josef, Vol IV
Greig, Gary S., Vol IV
Greil, Arthur L., Vol V
Greiner, Donald James, Vol II
Grele, Ronald J., Vol I
Grella, George, Vol II
Grelle, Bruce, Vol IV
Grenberg, Bruce L., Vol II
Grendler, Paul F., Vol I
Grenier, Judson A., Vol I
Grennen, Joseph Edward, Vol I, II
Grenoble, Lenore A., Vol III
Grenz, Stanley J., Vol IV
Greppin, John Aird Coutts, Vol III
Greschner, Donna, Vol IV
Gressley, Gene M., Vol I
Grew, Raymond, Vol I
Grewal, Jyoti, Vol I
Grey, Thomas C., Vol IV
Gribben, Alan, Vol II, IV
Gribbin, William James, Vol I
Gribble, Charles Edward, Vol III
Grieb, Kenneth J., Vol I
Grieder, Terence, Vol I
Griener, George E., Vol IV
Grier, James, Vol II
Gries, Frauke, Vol III
Griesinger, Emily, Vol II
Grieves, Forest L., Vol IV
Griffel, L. Michael, Vol II
Griffen, Charles, Vol II
Griffen, Toby David, Vol III
Griffin, Betty Sue, Vol V
Griffin, Cindy L., Vol II
Griffin, Claudius Williams, Vol II
Griffin, David Alexander, Vol III
Griffin, Dustin, Vol II
Griffin, Edward M., Vol II
Griffin, John R., Vol II
Griffin, Kathleen, Vol II
Griffin, Larry D., Vol II
Griffin, Michael S., Vol II
Griffin, Nicholas, Vol IV
Griffin, Paul R., Vol I
Griffin, Richard W., Vol IV
Griffin, Ronald Charles, Vol IV
Griffin, Wendy, Vol V
Griffin, William Denis, Vol I
Griffith, Daniel A., Vol I
Griffith, Elwin Jabez, Vol IV
Griffith, Ezra, Vol I
Griffith, Gwendolyn, Vol IV
Griffith, Larry D., Vol II
Griffith, Malcolm A., Vol II
Griffith, R. Marie, Vol IV
Griffith, Robert, Vol I
Griffith, Sally F., Vol I
Griffith, Stephen R., Vol IV
Griffith, Thomas D., Vol IV
Griffiths, Naomi Elizabeth Saundaus, Vol I
Grigg, Richard M., Vol IV
Griggs, John W., Vol I, III
Grigorut, Constantin, Vol III
Grigsby, Bryon L., Vol II
Grigsby, Marshall C., Vol IV
Grill, Johnpeter Horst, Vol I
Grillo, Laura, Vol I, IV
Grim, John A., Vol I, IV
Grim, Patrick, Vol IV
Grimes, John A., Vol IV
Grimes, Kyle, Vol II
Grimes, Ronald L., Vol IV
Grimes, Tresmaine, Vol V
Grimm, Reinhold, Vol III
Grimshaw, James, Vol II, IV
Grimsrud, Theodore G., Vol IV
Grimstad, Kaaren, Vol III
Grimstad, Kirsten J., Vol III
Grimsted, David Allen, Vol I, V
Grimsted, Patricia Kennedy, Vol I
Grinde, Donald Andrew, Vol I
Gringeri, Christina E., Vol V
Grise, Yolande, Vol III
Grisel, Judith E., Vol V
Grisez, Germain, Vol IV
Grissett, Barbara, Vol V
Griswold, Jerome Joseph, Vol II
Griswold, Wendy, Vol II
Gritsch, Eric W., Vol I, IV
Grittner, Frank Merton, Vol III
Groarke, Leo A., Vol IV
Grob, Alan, Vol II
Grob, Gerald N., Vol I
Groch, John R., Vol II, III
Groden, Michael, Vol II
Groening, Laura S., Vol II
Grofman, Bernard N., Vol IV, V
Grogan, Claire, Vol II
Gromada, Conrad T., Vol IV
Gronbacher, Gregory, Vol IV
Gronbjerg, Kirsten Anderson, Vol V
Groome, Margaret, Vol II
Groome, Thomas H., Vol IV, V
Groos, Arthur, Vol I, III
Groothuis, Douglas, Vol IV
Gropman, Alan Louis, Vol I
Groppe, John Daniel, Vol II
Gros, Jeffrey, Vol IV
Gross, Alan G., Vol II
Gross, Daniel D., Vol II
Gross, David, Vol I
Gross, David Stuart, Vol II, III
Gross, Hanns, Vol I
Gross, Irena Grudzinska, Vol III
Gross, Karen, Vol IV
Gross, Kenneth, Vol II
Gross, Nancy Lammers, Vol IV
Gross, Pamela, Vol I
Gross, Rita M., Vol I, IV
Gross, Robert A., Vol I
Gross, Sabine, Vol III
Gross-Diaz, Theresa, Vol I
Grossberg, Lawrence, Vol II
Grossfeld, Bernard, Vol III
Grossi, Elizabeth L., Vol IV
Grossi, Veronica, Vol III
Grosskurth, Phyllis M., Vol II
Grossman, George S., Vol II, IV
Grossman, Jeffrey, Vol III
Grossman, Joan Delaney, Vol III
Grossman, Jonathan H., Vol II
Grossman, Kathryn Marie, Vol III
Grossman, Neal, Vol IV
Grossvogel, David I., Vol III
Grosz, Elizabeth, Vol III
Grotans, Anna A., Vol III
Groth, Alexander J., Vol IV
Groth, Janet, Vol II
Groth, Miles, Vol IV, V
Groth, Paul, Vol I
Grothaus, Larry Henry, Vol I
Groton, Anne H., Vol II, III
Grounds, Vernon, Vol IV
Grove, James Paul, Vol II
Grove-White, Elizabeth M., Vol II
Grover, Dorothy, Vol IV
Grover, Dorys Crow, Vol I, II
Grover, Robinson Allen, Vol IV
Groves, Harry Edward, Vol IV
Groves, Jeffrey D., Vol II
Groves, Nicholas, Vol I
Grow, Lynn, Vol II
Grubb, Farley, Vol IV
Grubb, James S., Vol I
Grubbs, Donald Hughes, Vol I
Gruber, Carlos S., Vol I
Gruber, Helmut, Vol I
Gruber, Ira, Vol I
Gruber, Loren C., Vol II
Gruber, William, Vol II
Gruber-Miller, John C., Vol II, III
Grubgeld, Elizabeth, Vol II
Grubisic, Vinko, Vol III
Gruder, Vivian Rebecca, Vol I
Grudin, Robert, Vol II
Gruen, Erich S., Vol I
Gruender, Carl David, Vol IV
Gruenler, Royce Gordon, Vol IV
Gruettner, Mark, Vol III
Grunbaum, Adolf, Vol IV
Grundy, Isobel, Vol II
Grundy, Kenneth William, Vol IV
Gruner, Charles R., Vol II
Gruner, Elisabeth, Vol II
Grunfeld, Joseph, Vol IV
Grunfeld, Mihai, Vol III
Grupenhoff, Richard, Vol I, II
Grushow, Ira, Vol II
Grusin, Richard A., Vol II
Gruzinska, Aleksandra, Vol III
Gualtieri, Antonio Roberto, Vol IV
Guarnaccia, Charles A., Vol V
Guarneri, Carl J., Vol I
Guarnieri, Nancy M., Vol V
Guberti-Bassett, Sarah, Vol I
Gudding, Gabriel, Vol I, II
Guder, Darrell L., Vol IV
Gudmundson, Lowell, Vol I
Gudorf, Christine E., Vol IV
Guenther, Barbara J., Vol II
Guenther, Karen, Vol I
Guentner, Frances J., Vol II
Guerin, Wilfred Louis, Vol II
Guerinot, Joseph Vincent, Vol II
Guerrero, Vladimir, Vol III
Guerriere, Daniel, Vol IV
Guess, Carol A., Vol II
Guetti, James L., Vol II
Gugler, Josef, Vol V
Gui, Ming C., Vol III
Guibbory, Achsah, Vol II
Guice, John David Wynne, Vol I
Guido, Joseph, Vol V
Guidorizzi, Richard Peter, Vol I
Guieu, Jean-Max, Vol III
Guignon, Charles B., Vol IV
Guild, Sonny, Vol IV
Guilds, John C., Vol II
Guilhamet, Leon, Vol II
Guilmain, Jacques, Vol I
Guilmartin, John F., Vol I
Guilmet, George, Vol V
Guinan, Michael Damon, Vol III, IV
Guinier, (Carol) Lani, Vol IV
Guinn, Paul, Vol I
Guitar, Barry, Vol II
Guitart, Jorge, Vol III
Gullace, Nicoletta F., Vol I, V
Gullason, Thomas Arthur, Vol II
Gulley, Anthony D., Vol IV
Gullickson, Gay Linda, Vol I, V
Gulsoy, J., Vol III
Gumbrecht, Hans Ulrich, Vol II
Gumms, Emmanuel George, Sr., Vol IV
Gumpel, Liselotte, Vol III
Gumperz, John J., Vol III, V
Gundaker, G., Vol V
Gundel, Jeannette K., Vol III
Gundersen, J., Vol I
Gundersheimer, W. L., Vol I
Gunderson, Keith, Vol IV
Gundry, Robert H., Vol IV
Gundy, Jeffrey G., Vol II
Gunlicks, Arthur B., Vol IV
Gunn, Giles, Vol II
Gunn, J., Vol IV
Gunter, Peter A. Y., Vol IV
Guntermann, Gail, Vol III
Gunther, Gerald, Vol I, IV
Guntsche, Marina, Vol III
Gunzerath, David, Vol II
Gupta, Anil, Vol IV
Gupta, Brijen Kishore, Vol I
Gupta, Neena, Vol IV
Gura, Philip F., Vol I
Gura, Timothy, Vol III
Gurak, Laura J., Vol II
Guralnick, Elissa Schagrin, Vol II
Gurtler, Gary M., Vol IV
Guruswamy, Rosemary, Vol II
Gurval, Robert Alan, Vol II, III
Gushee, David P., Vol IV
Gushee, Lawrence, Vol II
Guss, Donald Leroy, Vol II
Gustafson, David, Vol I, IV
Gustafson, Milton Odell, Vol I
Gustafson, Richard Folke, Vol III
Gustafson, Sandra, Vol II
Gustason, William, Vol IV
Gusterson, Hugh, Vol V
Gutchen, Robert M., Vol I
Gutek, Gerald Lee, Vol I, V
Guthke, Karl Siegfried, Vol III
Guthman, Christine A., Vol V
Guthrie, Danille Taylor, Vol I
Guthrie, Elizabeth M., Vol III
Guthrie, J. Richard, Jr., Vol III
Guthrie, James Robert, Vol II
Guthrie, Sharon R., Vol V
Gutierrez, Donald, Vol II
Gutierrez, Jesus, Vol III
Gutierrez, John R., Vol III
Gutierrez, Manuel Hierro, Vol III
Gutierrez, Ramon A., Vol I
Gutierrez-Jones, Carl, Vol II
Gutierrez-Vega, Zenaida, Vol II, III
Gutman, Stanley T., Vol II
Gutmann, Amy, Vol IV
Gutmann, Joseph, Vol I
Gutmann, Myron P., Vol I
Gutowski, Carolyn, Vol IV, V
Guttenberg, Barnett, Vol II
Gutting, Gary Michael, Vol IV
Guttman, Egon, Vol IV
Guttman, Naomi E., Vol II
Guttmann, Allen, Vol I
Gutwirth, Madelyn, Vol III, V
Gutzke, David W., Vol I
Gutzwiller, Kathryn, Vol II, III
Guy, Daniel Sowers, Vol IV
Guy, Donna Jay, Vol I
Guy, Fred, Vol IV
Guy, Mary E., Vol IV
Guy-Sheftall, Beverly, Vol V
Guynn, Noah, Vol III
Guyotte, Roland L., Vol I
Guzeldere, Guven, Vol IV
Guzman, Gregory G., Vol I
Guzman-Merced, Rosa Maria, Vol II, III
Gwyn, Alexandra, Vol I
Gwyn, Julian, Vol I
Gyatso, J., Vol IV
Gythiel, Anthony P., Vol I
Gyug, Richard F., Vol I, IV
Haack, Susan, Vol IV
Haahr, Joan Gluckauf, Vol II
Haakonssen, Knud, Vol IV
Haapanen, Lawrence W., Vol II
Haar, Charles Monroe, Vol IV
Haar, James, Vol I, II
Haarbauer, Don Ward, Vol I, II
Haas, Arthur G., Vol I
Haas, James M., Vol I
Haas, Peter J., Vol I, IV
Haase, Donald P., Vol I, III
Haba, James, Vol II
Habel, Dorothy Metzger, Vol I
Haber, Carole, Vol I
Haber, Joram G., Vol IV
Haber, Samuel, Vol I
Haberl, Franz P., Vol III
Haberland, Paul Mallory, Vol III
Haberly, David T., Vol III
Haberman, David L., Vol IV
Habermas, Ronald T., Vol IV, V
Habermehl, Lawrence L., Vol IV
Habib, Imitiaz, Vol II
Habib, M. A. Rafey, Vol II
Habibi, Don, Vol IV
Habich, Robert D., Vol II
Haboush, Ja-Hyun Kim, Vol I
Hackenburg, Michael, Vol I
Hackett, David Andrew, Vol I
Hackett, David H., Vol I, IV, V
Hackett, Elizabeth, Vol IV
Hackett, Jeremiah M., Vol IV
Hacking, Ian, Vol IV
Hackman, Michael, Vol II
Hackmann, William Kent, Vol I, II
Hackney, Sheldon, Vol I
Hadas, Rachel, Vol II
Haddad, Gladys, Vol I
Haddad, Mahmoud, Vol I
Haddad, Robert Mitchell, Vol I
Hadden, Sally E., Vol I
Haddock, Gregory, Vol I
Hadley, Michael Llewellyn, Vol III
Haegert, John, Vol II
Haenicke, Diether H., Vol III
Haffner, Marlene Elisabeth, Vol IV
Hafner, J., Vol I
Hafter, Daryl Maslow, Vol I
Hafter, Monroe Z., Vol III
Hagan, Kenneth James, Vol I
Hagan, William Thomas, Vol I
Hagan, Willie James, Vol V
Hagar, Hope, Vol V
Hagedorn, Nancy, Vol I
Hagedorn, Richard B., Vol IV
Hagel, Thomas L., Vol IV
Hageman, Elizabeth H., Vol II
Hagen, Kenneth G., Vol I
Hagen, Patricia, Vol II
Hagen, William Walter, Vol I
Hagens, Jan Luber, Vol III
Hager, Alan, Vol II
Hager, Hellmut, Vol I
Haggard, Thomas R., Vol IV
Haggerty, George E., Vol II
Haggis, Donald, Vol I
Hagiwara, Takao, Vol III
Hagner, Donald A., Vol IV
Hahm, David Edgar, Vol I, III, IV
Hahn, Francis V. Hickson, Vol II, III
Hahn, H. George, Vol II
Hahn, Hannelore, Vol III
Hahn, Harlan, Vol IV
Hahn, Laura K., Vol II
Hahn, Oscar, Vol III
Hahn, Roger, Vol I
Hahn, Thomas George O'Hara, Vol II
Hahner, June Edith, Vol I
Hai, Ambreen, Vol II
Haidt, Rebecca, Vol III
Haidu, Peter, Vol III
Haig, I. R. Stirling, Vol III
Haight, David F., Vol IV
Haight, Robert C., Vol II
Haiken, Elizabeth, Vol I
Hail, Jim G., Vol V
Haile, Getatchew, Vol III, IV
Haile, Harry G., Vol III
Haines, Annette L., Vol II
Haines, Diana, Vol IV
Haines, Dorothy, Vol II
Haines, Gerald Kenneth, Vol I
Haines, Victor Yelverton, Vol II
Hair, Donald S., Vol II
Haire, Carol, Vol II
Hajdin, Mane, Vol IV
Hajibashi, Zjaleh, Vol III
Hajjar, Lisa, Vol V
Hakutani, Yoshinobu, Vol II, III
Halaby, Raouf J., Vol II
Halal, William E., Vol IV
Halasz, Alexandra W., Vol II
Halbersleben, Karen I., Vol I
Halberstam, Malvina, Vol IV
Halberstam, Michael, Vol IV
Halbert, Debora, Vol IV
Halbert, Terry Ann, Vol IV
Hale, Charles Adams, Vol I
Hale, David George, Vol II
Hale, J. Keith, Vol II
Hale, Jane Alison, Vol II
Hale, Janice Ellen, Vol V
Hale, Mark, Vol III
Hale, Thomas Albert, Vol II, III
Hales, Peter Bacon, Vol I
Hales, Steven D., Vol IV
Halewood, William H., Vol II
Haley, Evan W., Vol I
Haley, Michael, Vol III
Halford, Peter W., Vol III
Halio, Jay L., Vol II
Halivni, David, Vol IV
Hall, Benjamin Lewis, III, Vol IV
Hall, Bronwyn H., Vol IV
Hall, Cathy W., Vol V
Hall, David, Vol IV
Hall, David D., Vol I
Hall, David Lynn, Vol IV
Hall, Dennis R., Vol II
Hall, Frederick A., Vol I, II
Hall, Gene E., Vol V
Hall, Gwendolyn Midlo, Vol I
Hall, Jacquelyn Dowd, Vol I
Hall, James, Vol IV
Hall, James R., Vol II
Hall, Jill, Vol II
Hall, Joan H., Vol II
Hall, Joan Lord, Vol II
Hall, John, Vol IV
Hall, John, Vol III
Hall, John R., Vol V
Hall, Jonathan M., Vol II, III
Hall, Kim, Vol II
Hall, Larry Joe, Vol I, II
Hall, Linda, Vol I
Hall, Michael, Vol I
Hall, Michael G., Vol I
Hall, Mitchell K., Vol I
Hall, N. John, Vol II
Hall, P. W., Vol II, IV
Hall, Pamela M., Vol IV
Hall, Richard John, Vol IV
Hall, Robert William, Vol IV
Hall, Ronald, Vol V
Hall, Ronald L., Vol IV
Hall, Thor, Vol IV
Hall, Timothy D., Vol I
Hall, Tom, Vol II
Hall, Van Beck, Vol I
Hall, Wade H., Vol II
Hall, Wayne W., Vol V
Hallberg, Fred William, Vol IV
Hallborg, Robert B., Jr., Vol IV
Halle, Morris, Vol III
Halleck, Gene B., Vol III
Hallen, Barry, Vol IV
Hallen, Cynthia L., Vol III
Haller, Archibald O., Vol V
Haller, Evelyn, Vol II
Haller, Hermann W., Vol III
Haller, John S., Jr, Vol I
Haller, Mark Hughlin, Vol I, IV
Hallett, Charles A., Vol II
Hallett, Judith Peller, Vol III
Hallett, Michael, Vol IV
Halliburton, C. Lloyd, Vol III
Hallin, Daniel C., Vol II

Hallion, Richard Paul, Vol I
Hallissy, Margaret, Vol II
Hallman, Joseph Martin, Vol IV
Hallman, Max, Vol IV
Hallock, Ann Hayes, Vol III
Halloran, Stephen Michael, Vol II
Hallstein, Christian W., Vol III
Hallwas, John Edward, Vol II
Halonen, Jane S., Vol V
Halper, Edward Charles, Vol IV
Halperin, D., Vol V
Halperin, Daniel, Vol IV
Halperin, John, Vol II
Halperin, Mike, Vol II
Halperin, Stephen H., Vol IV
Halpern, Beth, Vol IV
Halpern, Cynthia L., Vol III
Halpern, Martin, Vol II
Halpern, Paul G., Vol I
Halpern, Sheldon, Vol II
Halporn, James W., Vol II, III
Halsey, Martha T., Vol III
Halstead, Thomas, Vol IV
Haltman, Kenneth, Vol I
Halton, Thomas, Vol III
Halttunen, Karen, Vol I
Halverson, Susan E., Vol V
Halvorson, Peter L., Vol I
Halwani, Raja, Vol IV
Ham, Debra Newman, Vol I
Ham, F. Gerald, Vol I
Hamalainen, Pekka Kalevi, Vol I
Hamalian, Leo, Vol II, III
Hamblin, Robert W., Vol II
Hambly, Gavin Richard Grenville, Vol I
Hambrick, A. Fred, Vol IV
Hamby, Alonzo Lee, Vol I
Hamdani, Abbas Husayn, Vol I
Hamel, Mary, Vol II
Hamelin, Leonce, Vol IV
Hamelin, Marcel, Vol I
Hamerow, Theodore Stephen, Vol I
Hamilton, Albert C., Vol II
Hamilton, Carol Van der Veer, Vol II
Hamilton, Charles Vernon, Vol IV
Hamilton, Edwin, Vol V
Hamilton, Eugene Nolan, Vol IV
Hamilton, Harlan, Vol II
Hamilton, James Francis, Vol III
Hamilton, John Daniel Burgoyne, Vol III, IV
Hamilton, John Maxwell, Vol II
Hamilton, Mark A., Vol II
Hamilton, Peter K., Vol II
Hamilton, Richard, Vol III
Hamilton, Richard Frederick, Vol V
Hamilton, Robert W., Vol IV
Hamilton, Sharon J., Vol II
Hamilton, Victor Paul, Vol I, IV
Hamilton, Virginia V., Vol I
Hamlin, Christopher S., Vol I
Hamlin, Ernest Lee, Vol IV
Hamlin, Frank Rodway, Vol III
Hamlin, William, Vol II
Hamm, Michael Dennis, S. J., Vol IV
Hamm, Michael Franklin, Vol I
Hamm, Thomas D., Vol I
Hammer, Jane R., Vol IV
Hammer, Mitchell R., Vol II
Hammerback, John C., Vol II
Hammermeister, Kai, Vol I, III
Hammill, Graham L., Vol II
Hammond, Alexander, Vol II
Hammond, Guy Bowers, Vol IV
Hammond, James Matthew, Vol V
Hammond, Mason, Vol I, III
Hammond, Michael, Vol III
Hammond, Norman, Vol I
Hammond, Paul Y., Vol IV
Hammons, Pamela Susanne, Vol II
Hamner, Robert Daniel, Vol II
Hamp, Eric Pratt, Vol III
Hampton, Barbara L., Vol II, V
Hampton, Grace, Vol V
Hampton, Robert L., Vol V
Hamre, James S., Vol I, IV
Hamscher, Albert Nelson, Vol I
Han, Jin Hee, Vol IV
Han, Mieko, Vol III
Hanak, Walter Karl, Vol I
Hanan, Patrick Dewes, Vol II, III
Hanawalt, Barbara A., Vol I
Hancher, Charles Michael, Vol II
Hanchett, Tom, Vol I
Hanchett, William, Vol I
Hanchey, Howard, Vol IV
Hancock, Virginia, Vol II
Hand, Michael, Vol IV
Hand, Sally Nixon, Vol II
Hand, Samuel B., Vol I
Handel, Gerald, Vol V
Handler, Joel F., Vol IV
Handlin, Oscar, Vol I
Handsman, Russell G., Vol I
Handwerk-Noragon, Patricia, Vol IV
Handy, Lowell, Vol IV
Handy, William Talbot, Jr., Vol IV
Hane, Mikiso, Vol I
Hanenkrat, Frank Thomas, Vol II
Haney, David P., Vol II
Haney, Marsha Snulligan, Vol IV
Haney, Mary-Ann, Vol IV
Haney, Richard Carlton, Vol I
Hanford, Jack, Vol IV
Hanft, Sheldon, Vol I
Hanigan, James P., Vol IV
Hankamer, Jorge, Vol III
Hanke, Robert, Vol II
Hankins, Thomas Leroy, Vol I
Hanks, Donald, Vol IV
Hanley, Sarah, Vol I
Hanlin, Todd, Vol III
Hanna, Blake Thompson, Vol III
Hanna, Martha, Vol I
Hannaford, R., Vol IV
Hannah, James R., Vol II
Hannan, Barbara, Vol IV
Hannay, Margaret Patterson, Vol II
Hanning, Robert W., Vol II
Hannon, Bruce M., Vol I
Hanrez, Marc, Vol III
Hans, James Stuart, Vol II, IV
Hansen, Barbara L., Vol II, V
Hansen, Bert, Vol I
Hansen, Bob, Vol I, II
Hansen, Carl L., Vol IV
Hansen, Debra Gold, Vol I
Hansen, Elena S., Vol III
Hansen, Gary, Vol IV
Hansen, Helynne, Vol II, III
Hansen, Julie, Vol I
Hansen, Karen V., Vol V
Hansen, Klaus Juergen, Vol I
Hansen, Peter H., Vol I
Hansen, Wells S., Vol II, III
Hansen, William F., Vol II, III, V
Hanson, Allan, Vol V
Hanson, Bradley, Vol IV
Hanson, Bruce, Vol IV
Hanson, Carl Aaron, Vol I
Hanson, Charles Parker, Vol I
Hanson, Colan T., Vol II
Hanson, David J., Vol V
Hanson, Elizabeth, Vol II
Hanson, Eric O., Vol IV
Hanson, John, Vol II
Hanson, Klaus D., Vol III
Hanson, Marci J., Vol V
Hanson, Paul David, Vol IV
Hanson, Sandra L., Vol V
Hanson, William H., Vol IV
Hanyan, Craig, Vol I
Hao, Yen-Ping, Vol I
Hapgood, Robert, Vol II
Hapke, Laura, Vol I, II
Happel, Stephen P., Vol IV
Harberger, Arnold C., Vol IV
Harbert, Earl, Vol II
Harbin, Bill J., Vol II
Harbin, Michael A., Vol II, IV
Harbison, Craig, Vol I
Harbison, Sherrill, Vol II
Harbutt, Fraser J., Vol I
Harcave, Sidney Samuel, Vol I
Hardeman, Carole Hall, Vol V
Harden, Edgar Frederick, Vol II
Harder, Bernhard D., Vol II
Harder, Henry Louis, Vol II
Harder, Sarah, Vol II
Hardesty, Nancy A., Vol IV
Hardgrave, Billy D., Vol V
Hardimon, Michael O., Vol IV
Hardin, Clyde Laurence, Vol IV
Hardin, James Neal, Vol III
Hardin, John Arthur, Vol I
Hardin, Richard F., Vol II
Hardin, Stephen L., Vol I
Harding, David R., Jr., Vol IV
Harding, George E., Vol III
Harding, Robert E., Jr., Vol IV
Harding, Vincent, Vol I
Hardman, Keith J., Vol IV
Hardt, John S., Vol II
Hardwick, Susan Wiley, Vol I
Hardwig, John R., Vol IV
Hardy, B. Carmon, Vol I
Hardy, Charles, III, Vol I
Hardy, John Edward, Vol II
Hardy, Michael A., Vol IV
Hardy, R. Reed, Vol V
Hare, Douglas Robert Adams, Vol IV
Hare, John, Vol IV
Hare, John Ellis, Vol I
Hargis, Jeffrey W., Vol IV
Hargraves, John A., Vol III
Hargreaves, Mary Wilma Massey, Vol I
Hariman, Robert, Vol II
Haring, Lee, Vol V
Hark, Ina Rae, Vol II
Harkin, Michael E., Vol V
Harlan, Louis R., Vol I
Harland, Paul W., Vol II
Harleston, Robert Alonzo, Vol IV
Harley, Gail M., Vol IV
Harley, Maria Anna, Vol II
Harley, Philip A., Vol IV
Harlow, Daniel C., Vol IV
Harlow, L. L., Vol III
Harmon, Daniel P., Vol II, III
Harmon, Gary L., Vol II
Harmon-Jones, Eddie A., Vol V
Harmond, Richard Peter, Vol I
Harms, Paul W. F., Vol IV
Harms, Robert Thomas, Vol III
Harms, William F., Vol IV
Harned, David B., Vol IV
Harner, James L., Vol II
Harner, John P., Vol I
Harnetty, Peter, Vol I
Harnsberger, R. Scott, Vol IV
Harp, Stephen L., Vol I
Harper, A. Dianne, Vol III
Harper, Bill, Vol IV
Harper, Gary F., Vol V
Harper, Katherine, Vol I
Harper, Sandra Nadine, Vol III
Harper, William, Vol V
Harpham, Geoffrey Galt, Vol II
Harpine, William, Vol II
Harpold, Terry, Vol II, V
Harre, H. Romano, Vol V
Harrell, David E., Vol I
Harrelson, Walter, Vol IV
Harrienger, Myrna J., Vol II
Harries, Elizabeth Wanning, Vol II, III
Harries, Karsten, Vol IV
Harrigan, Patrick Joseph, Vol I
Harrill, J. Albert, Vol IV
Harrington, Ann M., Vol I
Harrington, Daniel Joseph, Vol I, IV
Harrington, E. Michael, Vol II
Harrington, Henry R., Vol II, IV
Harrington, Jesse Drew, Vol I
Harrington, Karen A., Vol III
Harrington, Kevin, Vol I
Harrington, Michael Louis, Vol IV
Harrington, Robert, Vol V
Harris, Alice C., Vol III
Harris, Ann Sutherland, Vol I
Harris, Bond, Vol IV
Harris, Charles Burt, Vol II
Harris, Charles David, Vol II
Harris, Charles Edwin, Vol IV
Harris, Charles Wesley, Vol IV
Harris, Daniel A., Vol II
Harris, David A., Vol IV
Harris, Duncan Seely, Vol II
Harris, Edward E., Vol V
Harris, Elizabeth Hall, Vol II
Harris, Errol E., Vol IV
Harris, Fred O., Vol IV
Harris, Frederick J., Vol III
Harris, Gil W., Vol II
Harris, Henry Silton, Vol IV
Harris, Ishwar C., Vol IV
Harris, J. Gordon, Vol IV, V
Harris, J. William, Vol I
Harris, James F., Vol I
Harris, Jane Gary, Vol III
Harris, Janice Hubbard, Vol I, II, V
Harris, Jimmie, Vol IV
Harris, John, Vol IV
Harris, Jonathan Gil, Vol II
Harris, Joseph, Vol II, V
Harris, Joseph E., Vol I
Harris, Joseph John, III, Vol V
Harris, Laurilyn J., Vol I, II
Harris, Leslie M., Vol I
Harris, Mark, Vol II
Harris, Max R., Vol IV
Harris, Michael D., Vol I
Harris, Michael Wesley, Vol I
Harris, Norman, Vol IV
Harris, P. M. G., Vol I
Harris, Paul, Vol I
Harris, Randy Allen, Vol II
Harris, Robert Allen, Vol II
Harris, Robert Dalton, Vol I
Harris, Robert L., Jr., Vol I
Harris, Sandra M., Vol V
Harris, Stephen Leroy, Vol IV
Harris, Susan Kumin, Vol I, II
Harris, Thomas E., Vol II
Harris, Trudier, Vol II
Harris, Victoria, Vol II
Harris, Walter, Jr., Vol V
Harris, Willa Bing, Vol V
Harris, William C., Vol I
Harris, William McKinley, Sr., Vol V
Harris, William Styron, Jr., Vol II
Harris, William Vernon, Vol I
Harris, Xavier, Vol IV
Harris-Cline, Diane, Vol I
Harris-Warrick, Rebecca, Vol II
Harrison, Algea Othella, Vol V
Harrison, Ann Tukey, Vol III
Harrison, Antony Howard, Vol II
Harrison, Carol, Vol I
Harrison, Carol Lynn, Vol II
Harrison, Cynthia, Vol I
Harrison, Daphne Duval, Vol II
Harrison, Don K., Sr., Vol V
Harrison, Frank Russell, Vol IV
Harrison, Gary, Vol II
Harrison, George William Mallory, Vol I
Harrison, James W., Vol III
Harrison, Jeffrey L., Vol IV
Harrison, Keith, Vol II
Harrison, Leland Bruce, Vol II
Harrison, Lowell Hayes, Vol I
Harrison, Patricia G., Vol I
Harrison, Randall Paul, Vol II
Harrison, Robert M., Vol V
Harrison, Timothy P., Vol I
Harrison, W. Dale, Vol II
Harrisville, Roy A., III, Vol IV
Harrod, Howard L., Vol IV, V
Harrold, Francis B., Vol V
Harrold, Jeffery Deland, Vol IV
Harrold, Stanley, Vol I
Harrop, Clayton Keith, Vol IV
Harsh, Constance D., Vol II, V
Harshbarger, Terry L., Vol I
Hart, Bill, Vol IV
Hart, Christopher Alvin, Vol IV
Hart, Darryl Glenn, Vol I, IV
Hart, Edward Leroy, Vol II
Hart, Gail K., Vol III
Hart, Henry W., Vol II
Hart, James G., Vol IV
Hart, Jeffrey Allen, Vol IV
Hart, John, Vol IV
Hart, John Augustine, Vol II
Hart, John Mason, Vol I
Hart, Joy L., Vol II
Hart, Julie, Vol V
Hart, Patricia, Vol III
Hart, Pierre, Vol III
Hart, Richard E., Vol IV
Hart, Roderick P., Vol II
Hart, Stephen, Vol V
Hart, Susan J., Vol V
Hart, Thomas Joel, Vol II
Hart, Thomas Roy, Vol III
Hart, W. D., Vol IV
Hartgrove, Joseph Dane, Vol I
Harth, Erica, Vol III
Hartigan, Karelisa V., Vol II, III
Hartin, Patrick, Vol IV
Hartle, Ann, Vol IV
Hartle, Anthony E., Vol II, IV
Hartley, Loyde Hobart, Vol IV, V
Hartley, Roger, Vol IV
Hartman, C., Vol II, III
Hartman, Charles O., Vol II
Hartman, James Walter, Vol II, III
Hartman, Laura Pincus, Vol IV
Hartman, Mary Susan, Vol I
Hartman, Steven Lee, Vol III
Hartmann, Douglas R., Vol V
Hartmann, Susan, Vol I
Hartouni, Valerie, Vol II
Hartshorne, Thomas Llewellyn, Vol I
Hartsough, Carolyn, Vol V
Hartt, Julian Norris, Vol IV
Hartwell, Stephanie, Vol V
Harty, Kevin John, Vol II
Harvey, Cameron, Vol IV
Harvey, Carol, Vol III
Harvey, Charles W., Vol IV
Harvey, Elizabeth D., Vol II
Harvey, James Cardwell, Vol IV
Harvey, John D., Vol IV
Harvey, Lewis O., Jr., Vol V
Harvey, Louis-Charles, Vol IV
Harvey, Maria-Luisa Alvarez, Vol III
Harvey, Mark S., Vol IV
Harvey, Paul, Vol I
Harvey, Richard D., Vol V
Harvey, Robert, Vol III
Harvey, Tamara, Vol II
Harvey, William D., Vol III
Harwood, Britton James, Vol II
Harwood, Robin, Vol IV
Harzer, Edeltraud, Vol I
Hashem, Mahboub, Vol II
Hashimoto, I. Y., Vol II, III
Haskell, Guy H., Vol V
Haskell, Thomas Langdon, Vol I
Hasker, William, Vol IV
Haskin, Dayton, Vol II
Haslam, Gerald William, Vol II, III
Hasler, Antony, Vol II
Haslett, Betty J., Vol II
Haslett, Tammy, Vol V
Hasnath, Syed A., Vol I
Hassel, Jon, Vol II
Hassel, R. Chris, Jr, Vol II
Hasselbach, Ingrid Tiesler, Vol III
Hasselbach, Karl Heinz, Vol III
Hasselman, Margaret, Vol II
Hassencahl, Frances J., Vol II
Hassenger, Robert, Vol V
Hassett, Constance W., Vol II
Hassing, Arne, Vol I, IV
Hassing, Richard F., Vol I, IV
Hassler, Donald M., Vol II
Hassrick, Peter H., Vol I
Hastings, A. Waller, Vol II
Hata, Donald Teruo, Vol I
Hata, Nadine Ishitani, Vol I
Hatab, Lawrence J., Vol IV
Hatasa, Kazumi, Vol III
Hatch, George, Vol I
Hatch, James V., Vol II
Hatch, Martin, Vol II
Hatch, Mary G., Vol III
Hatch, Nathan O., Vol I
Hatch, Robert A., Vol I
Hatch, Ronald B., Vol II
Hatcher, Donald L., Vol IV
Hatcher, Richard Gordon, Vol IV
Hatchett, Joseph Woodrow, Vol IV
Hatfield, Douglas Wilford, Vol I
Hatfield, Elaine, Vol V
Hatfield, Gary C., Vol IV
Hathaway, Jane, Vol I
Hathaway, Richard Dean, Vol II
Hathaway, Robert L., Vol III
Hatheway, Joseph G., Vol I
Hathorn, Billy B., Vol I
Hatlen, Burton Norval, Vol II
Hattab, Helen, Vol IV
Hattaway, Herman Morell, Vol I
Hattery, Angela J., Vol V
Hattman, John, Vol II
Hatton, Robert Wayland, Vol III
Hatzenbuehler, Ronald Lee, Vol I
Hauben, Paul J., Vol I
Hauck, Allan, Vol IV
Hauck, Paul A., Vol V
Haugeland, John Christian, Vol IV
Haugrud-Reiff, Raychel A., Vol II
Haupt, Edward, Vol V
Hauptman, Laurence Marc, Vol I
Hausbeck, Kate, Vol V
Hause, Steven C., Vol I
Hausenblas, Heather Ann, Vol V
Hauser, Alan J., Vol IV
Hauser, Gerard A., Vol II
Hauser, Richard Joseph, Vol IV
Hauser, Robert M., Vol V
Hauser, Stephen, Vol I
Hauser, Thomas, Vol IV
Hauser, William Barry, Vol I
Hausman, Carl R., Vol IV
Hausman, Daniel M., Vol IV
Havas, Randall E., Vol IV

Haveman, Robert H., Vol IV
Haven, Richard P., Vol II
Haverly, Thomas, Vol II, IV
Havighurst, Clark C., Vol IV
Haviland, Beverly, Vol III
Havir, Linda, Vol V
Havran, Martin Joseph, Vol I
Haw, James A., Vol I
Hawdon, James E., Vol V
Hawes, Joseph, Vol I
Hawes, William K., Vol II
Hawk, Charles Nathaniel, III, Vol IV
Hawkes, Carol A., Vol II
Hawkes, Lory, Vol II
Hawkins, Benjamin Sanford, Jr., Vol IV
Hawkins, Dorisula Wooten, Vol V
Hawkins, Emma, Vol II, IV
Hawkins, Hugh Dodge, Vol I
Hawkins, Hunt, Vol II
Hawkins, John A., Vol III
Hawkins, John P., Vol V
Hawkins, Kate, Vol II
Hawkins, Merrill M., Vol IV
Hawkins, Ralph K., Vol IV
Hawkinson, Kenneth S., Vol II
Hawley, Ellis Wayne, Vol I
Hawley, John Stratton, Vol IV
Haworth, Lawrence L., Vol IV
Hawthorne, Berton J., Vol V
Hawthorne, Gerald F., Vol III, IV
Hawthorne, Lucia Shelia, Vol II
Hawthorne, Mark D., Vol II
Hay, Carla H., Vol I
Hay, Fred J., Vol II, V
Hay, M. Victoria, Vol II
Hay, Melba Porter, Vol I
Hay, Robert Pettus, Vol I
Haycock, Ronald G., Vol I
Haycox, Steve, Vol I
Haydar, Adnan, Vol III
Hayden, Albert A., Vol I
Hayden, Dolores, Vol I
Hayden, George A., Vol III
Hayden, James Michael, Vol I
Hayden, John Carleton, Vol IV
Hayden, John K., Vol I
Haydock, Roger S., Vol IV
Hayes, Alan L., Vol IV
Hayes, Ann Louise, Vol II
Hayes, Charles Leonard, Vol V
Hayes, Diana L., Vol IV
Hayes, Douglas W., Vol II
Hayes, Edward L., Vol IV, V
Hayes, Floyd Windom, III, Vol I
Hayes, Jack, Vol I
Hayes, Jeffrey R., Vol I
Hayes, Kevin J., Vol II
Hayes, Leola G., Vol V
Hayes, Steven C., Vol V
Hayes, Zachary Jerome, Vol I, IV
Hayes-Scott, Fairy Cesena, Vol II
Hayles, Katherine N., Vol II
Hayman, Carol, Vol V
Hayman, David, Vol II
Haymann, Mary, Vol III
Hayne, David Mackness, Vol III
Hayner, Linda K., Vol I
Haynes, Cynthia, Vol II
Haynes, Edward S., Vol I
Haynes, Holly, Vol II, III
Haynes, James H., Vol V
Haynes, John Earl, Vol I
Haynes, Jonathan, Vol II
Haynes, Keith A., Vol I
Haynes, William J., Jr., Vol IV
Hays, Danny, Vol IV
Hays, Jo N., Vol I
Hays, Peter L., Vol II
Hays, Rosalind Conklin, Vol I
Hays, Samuel Pfrimmer, Vol I
Hays, Willard Murrell, Vol I
Hayse, Michael, Vol I
Hayward, Douglas, Vol IV, V
Haywood, C. Robert, Vol I
Haywood, Geoffrey, Vol I
Haywoode, M. Douglas, Vol IV
Hazel, Harry Charles, Vol II
Hazelrigg, Lawrence E., Vol V
Hazen, James F., Vol II
Hazen, Thomas Lee, Vol IV
Hazlett, John D., Vol II
He, Chansheng, Vol I
Head, Ivan, Vol IV
Head, John W., Vol IV
Head, Laura Dean, Vol I
Head, Thomas F., Vol I
Headley, John M., Vol I
Headrick, Annabeth, Vol I
Headrick, Daniel Richard, Vol I
Headrick, Thomas E., Vol IV
Healey, Robert Mathieu, Vol I, IV
Healey, William C., Vol II, V
Hearn, Rosemary, Vol II
Heath, Dwight Braley, Vol V
Heath, Eugene, Vol IV
Heath, Jim Frank, Vol I
Heath, Joseph, Vol IV
Heath, Kingston W., Vol I
Heath, Robin L., Vol V
Heath, William, Vol II
Heath, William Webster, Vol II
Heavilin, Barbara A., Vol II
Hecht, Leo, Vol III
Hecht, Michael L., Vol II
Hecht, Neil S., Vol IV
Hechter, Michael, Vol V
Heck, Marlene, Vol I
Heck, Richard, Vol IV
Heck, Thomas F., Vol II
Heckman, Hugh W., Vol IV
Heckman, Peter, Vol IV
Hedgepeth, Chester Melvin, Jr., Vol II
Hedges, William Leonard, Vol II
Hedreen, Guy, Vol I
Hedrick, Charles W., Vol IV
Hedrick, Charles W., Jr., Vol I
Hedrick, Donald Keith, Vol II
Heelan, Patrick Aidan, Vol IV
Heer, Larry G., Vol IV
Heffernan, Carol F., Vol II
Heffernan, Charles, Vol II
Heffernan, James, Vol IV
Heffernan, James Anthony Walsh, Vol II
Heffernan, Michael, Vol II
Heffernan, William A., Vol II
Heffner, John Howard, Vol IV
Heffron, Paul Thayer, Vol I, IV
Heflin, John F., Vol V
Heflin, Ruth J., Vol II
Hefner, Carl, Vol V
Heft, James L., Vol IV
Hegel, Robert E., Vol II
Heggen, Bruce A., Vol IV
Heggins, Martha Jean Adams, Vol V
Hegmon, Michelle, Vol V
Hegstrom, Valerie, Vol III
Heibron, John L., Vol I
Heide, Kathleen M., Vol IV
Heiden, Bruce A., Vol III
Heidenheimer, Arnold J., Vol IV
Heidenreich, Rosmarin, Vol II, III
Heider, George C., Vol IV
Heidsieck, Arnold, Vol III
Heidt, Edward Raymond, Vol II
Heidt, Sarah L., Vol IV
Heil, John P., Vol IV
Heilbron, John L., Vol I
Heilbrun, Carolyn G., Vol II
Heilman, Robert Bechtold, Vol II
Heilman, Samuel C., Vol V
Heim, Joel, Vol IV
Heim, Michael R., Vol IV
Heiman, Lawrence Frederick, Vol II, IV
Heimonet, Jean-Michel, Vol III
Hein, David, Vol IV
Hein, Norvin, Vol IV
Hein, Rolland Neal, Vol II, IV
Heine, Steven, Vol IV
Heineman, Helen, Vol II
Heinemann, Edward Arthur, Vol III
Heinemann, Ronald, Vol I
Heinen, Hubert, Vol III
Heinrich, Amy Vladeck, Vol III
Heinz, John P., Vol IV, V
Heinz, Vira I., Vol I
Heinze, Ruth-Inge, Vol IV, V
Heise, Michael, Vol IV
Heise, Ursula K., Vol II
Heiss, Mary Ann, Vol I
Heisser, David C. R., Vol I, II
Heitzenrater, Richard, Vol I, IV
Heitzmann, William Ray, Vol II
Helbling, Robert E., Vol III
Held, Beverly Orlove, Vol I
Held, Dennis, Vol II
Held, Dirk, Vol II, III
Held, George, Vol II
Held, Joseph, Vol I
Heldman, James M., Vol II
Heldreth, Leonard Guy, Vol II
Heldrich, Philip J., Vol II
Helfand, Jody, Vol II
Helfand, Michael S., Vol II
Helfant, Ian M., Vol III
Helgerson, Richard, Vol II, III
Helguera, J. Leon, Vol I
Helguero, Grace, Vol III
Helland, Janice, Vol V
Helle, Anita, Vol II, V
Hellegers, Desiree, Vol II
Hellenbrand, Harold, Vol II, III
Heller, Agnes, Vol IV
Heller, Dana, Vol II
Heller, Deborah, Vol II
Heller, Henry, Vol I
Heller, Janet, Vol II, III, V
Heller, Lee Ellen, Vol II
Heller, Rita, Vol I
Heller, Terry L., Vol II
Hellerstein, Nina, Vol III
Hellerstein, Walter, Vol IV
Hellie, Richard, Vol I
Hellinger, Benjamin, Vol II
Hellman, Arthur D., Vol IV
Hellman, Geoffrey, Vol IV
Hellmann, John M., Vol II
Hellwig, Hal, Vol II
Helly, Dorothy O., Vol I
Helm, James Joel, Vol II, III
Helm, Thomas Eugene, Vol II, IV
Helmer, Stephen, Vol I
Helmers, Marguerite H., Vol II
Helmetag, Charles Hugh, Vol III
Helmholz, R. H., Vol I, IV
Helminiak, Daniel A., Vol IV, V
Helmreich, Ernst Christian, Vol I
Helmreich, Jonathan Ernst, Vol I
Helmreich, Paul Christian, Vol I
Helms, John Douglas, Vol I
Helms, Randel, Vol II
Helstern, Linda Lizut, Vol II
Helweg, Arthur W., Vol V
Helweg-Larsen, Marie, Vol V
Helyer, Larry R., Vol IV
Helzle, Martin, Vol II, III
Hemand, Jost, Vol I, III, IV
Hemmer, Joseph, Vol IV
Hemminger, William, Vol II
Hemmingway, Beulah S., Vol II
Hemphill, C. Dallett, Vol I
Hench, John Bixler, Vol I
Hench, Michael, Vol II
Hendel, Kurt Karl, Vol I
Henderson, Alexa Benson, Vol I
Henderson, Carol E., Vol II
Henderson, Charles, Jr., Vol II, III
Henderson, Dwight F., Vol I
Henderson, Edward H., Vol IV
Henderson, George, Vol V
Henderson, H. James, Vol I
Henderson, Herbert H., Vol IV
Henderson, Jeffrey, Vol II, III
Henderson, John B., Vol I, IV
Henderson, Judith Rice, Vol II
Henderson, Linda, Vol I
Hendley, Brian, Vol IV
Hendley, Steve, Vol IV
Hendon, David Warren, Vol I
Hendrick, Irving Guilford, Vol I, V
Hendricks, J. Edwin, Vol I
Hendrix, Jerry, Vol II
Hendryx-Bedalov, P., Vol II
Hengen, Shannon, Vol II
Henggeler, Paul R., Vol I
Henig, Gerald S., Vol I
Henighan, Thomas J., Vol II
Henkin, Louis, Vol IV
Henly, Julia, Vol V
Hennedy, John Francis, Vol II
Hennessy, Anne, Vol IV
Hennessy, Michael, Vol II
Henning, Nelson, Vol V
Henning, Randall, Vol I
Henretta, James A., Vol I
Henrich, Dieter, Vol IV
Henrich, Sarah, Vol IV
Henriksson, Anders H., Vol I
Henry, Brent Lee, Vol IV
Henry, Carl F. H., Vol IV
Henry, Carolyn S., Vol V
Henry, Daniel Joseph, Vol IV
Henry, Eric Putnam, Vol I, III
Henry, Freeman George, Vol III
Henry, Gray, Vol I, IV
Henry, Mildred M. Dalton, Vol V
Henry, Samuel Dudley, Vol V
Hens, Gregor, Vol III
Hensey, Frederick Gerald, Vol III
Henshaw, Richard A., Vol IV
Henslee, William D., Vol IV
Hensley, Carl Wayne, Vol II
Hensley, Robert B., Vol V
Henton, Caroline G., Vol III
Henwood, James N. J., Vol I
Hepburn, Sharon Roger, Vol I
Herbeck, Dale A., Vol II
Herbenick, Raymond M., Vol IV
Herber, Charles Joseph, Vol I
Herbert, Christopher, Vol II
Herbert, Eugenia Warren, Vol I
Herbert, Gary B., Vol IV
Herbert, Sandra Swanson, Vol I
Herdt, Jennifer A., Vol IV
Herendeen, Wyman H., Vol II
Hering, Frank G., Vol II
Heringman, Noah, Vol II
Herique, Emmanuel, Vol III
Herlan, Ronald Wallace, Vol I
Herman, Arthur L., Vol IV
Herman, Bernard L., Vol I
Herman, Gerald Harvey, Vol I
Herman, Jonathan R., Vol IV
Herman, Phyllis, Vol I
Herman, Randolph W., Vol V
Herman, Stewart W., Vol IV
Hermand, Jost, Vol II
Hermann, E. C., Vol III
Hermann, Richard, Vol II
Hermann, Robert M., Vol IV
Hermansen, Marcia, Vol I
Hermansson, Casie, Vol II
Herminghouse, Patricia A., Vol III
Hernadi, Paul, Vol III
Hernandez, Arthur E., Vol IV, V
Hernandez, Consuelo, Vol III
Hernandez, Juan, Vol III
Hernandez, Juan E., Vol V
Herndon, Sandra L., Vol II
Hernon, Peter, Vol II
Herr, Richard, Vol I
Herr, Stanley S., Vol IV
Herren, Michael W., Vol I, II
Herrera, Enrique, Vol III, IV
Herrera, Robert Anthony, Vol IV
Herrero, Javier, Vol III
Herrick, Susan, Vol V
Herring, George C., Vol I
Herring, Henry, Vol II
Herring, Phillip F., Vol II
Herron, Carolivia, Vol I, II
Herron, Robert Deupree, Vol III
Herrup, Cynthia, Vol I, IV
Hersen, Michel, Vol V
Hersey, George Leonard, Vol I
Hershenson, David B., Vol V
Hershenson, Maurice, Vol V
Hershey, Daniel, Vol V
Hershey, Douglas, Vol V
Hershkowitz, Leo, Vol I
Hertig, Paul, Vol IV
Hertig, Young Lee, Vol IV
Hertling, Gunter H., Vol III
Hertz, David M., Vol III
Hertz, Richard C., Vol IV
Hertzberg, Arthur, Vol I
Hervey, Norma J., Vol I
Herwitz, David Richard, Vol IV
Herz, Judith Scherer, Vol II
Herz, Julius Michael, Vol III
Herzberg, Bruce, Vol II
Herzbrun, Michael B., Vol V
Herzfeld, Anita, Vol III
Herzing, Thomas Wayne, Vol II
Herzman, Ronald Bernard, Vol II
Herzog, Kristin, Vol II
Herzog, Peter Emilius, Vol IV
Herzog, Tobey C., Vol II
Herzstein, Robert Edwin, Vol I
Hesla, David H., Vol II
Heslep, Robert Durham, Vol IV, V
Hess, Gary R., Vol I
Hess, Richard S., Vol IV
Hess, William Huie, Vol II, III
Hesse, C., Vol I
Hesselgrave, David J., Vol II
Hessler, Richard M., Vol V
Hester, D. Micah, Vol IV
Hester, James D., Vol IV
Hester, Karlton Edward, Vol II
Hester, Lee, Vol IV
Hester, Marcus B., Vol IV
Hester, Marvin Thomas, Vol II
Hester, Ralph M., Vol III
Hester, Thomas R., Vol V
Hestevoid, H. Scott, Vol IV
Hetherington, Norriss Swigart, Vol I
Hettinger, Madonna, Vol I
Hetzel, Otto J., Vol IV
Heuchemer, Dane, Vol II
Heuchert, J. W., Vol V
Heuett, Brian L., Vol II
Hewett, Stephenie M., Vol V
Hewitt, Andrew, Vol III
Hewitt, Avis Grey, Vol II
Hewlett, Richard Greening, Vol I
Hewsen, Robert, Vol I
Hewson, John, Vol III
Hexham, Irving, Vol IV
Heyck, Thomas William, Vol I
Heyd, Thomas, Vol IV
Heying, Charles, Vol I
Heyns, Barbara, Vol V
Heyrman, Christine L., Vol I
Hibbard, Caroline Marsh, Vol I
Hickey, Damon, Vol I
Hickey, Donald Robert, Vol I
Hickey, Michael C., Vol I
Hickok, Kathleen Klaire, Vol II
Hicks, Alexander, Vol IV
Hicks, David L., Vol I
Hicks, H. Beecher, Jr., Vol IV
Hicks, L. Edward, Vol I
Hicks, Patrick, Vol II
Hicks, Ronald E., Vol V
Hicks, Stephen R. C., Vol IV
Hickson, Mark, Vol II
Hieatt, Allen Kent, Vol II
Hieatt, Constance B., Vol II
Hiebert, Ray Eldon, Vol II
Hiebert, Theodore, Vol IV
Hieronymi, Pamela, Vol IV
Hiers, Richard H., Vol IV
Higashi, Sumiko, Vol I
Higbee, Mark, Vol I
Higdon, David Leon, Vol II
Higginbotham, R. Don, Vol I
Higginbotham, Virginia, Vol III
Higgins, Elizabeth J., Vol II
Higgins, Hannah, Vol I
Higgins, Kathleen Marie, Vol IV
Higgins, Lynn Anthony, Vol III
Higgins, Mary Anne, Vol II
Higgins, Roger F., Vol III
Higgins, William E., Vol II, III
Higginson, John, Vol I
Higgs, Catherine, Vol I
High, Dallas Milton, Vol IV
Higham, John, Vol I
Higham, Robin, Vol I
Highfield, Ronald Curtis, Vol IV
Hightower, Anthony, Vol IV
Higley, Sarah, Vol II
Higonnet, Margaret R., Vol II
Higonnet, Patrice, Vol I
Hilbert, David, Vol IV
Hildebrand, David, Vol IV
Hilden, Patricia Penn, Vol I
Hilderbrand, Robert Clinton, Vol I
Hildreth, Gladys Johnson, Vol V
Hildreth, Richard George, Vol IV
Hiles, Timothy, Vol I
Hilfer, Tony, Vol II
Hilgar, Marie-France, Vol III
Hill, Allan G., Vol I
Hill, Bennett David, Vol I
Hill, Charles, Vol IV
Hill, Christopher, Vol IV
Hill, Christopher V., Vol I
Hill, Clara E., Vol V
Hill, David, Vol II
Hill, Eugene David, Vol I, II
Hill, Harvey, Vol IV
Hill, Holly, Vol II
Hill, Jacqueline R., Vol IV
Hill, James Lee, Vol II
Hill, Jason D., Vol IV
Hill, John, Vol I
Hill, John Walter, Vol II
Hill, Jonathan D., Vol V
Hill, Kim R., Vol V
Hill, L. Brooks, Vol II
Hill, Lamar Mott, Vol I
Hill, Linda Marie, Vol II
Hill, Michael R., Vol V
Hill, Mike K., Vol II
Hill, Ordelle Gerhard, Vol II
Hill, Patricia, Vol I
Hill, Patricia Liggins, Vol II
Hill, Peter Proal, Vol I
Hill, Philip George, Vol II
Hill, Randolph K., Vol IV
Hill, Renee Afanan, Vol IV
Hill, Roscoe Earl, Vol IV
Hill, Steven Phillips, Vol III
Hill, Susan E. Kogler, Vol II
Hill, Susanne, Vol III

Hill, Thomas Dana, Vol II
Hill, Thomas E., Vol IV
Hill, W. Speed, Vol II
Hill, Wanda W., Vol II
Hill-Lubin, Mildred Anderson, Vol II
Hill-Miller, Katherine Cecelia, Vol II, V
Hillar, Marian, Vol IV
Hillard, Van E., Vol II
Hillebrand, John D., Vol V
Hillen, Gerd, Vol III
Hillers, Delbert Roy, Vol III, IV
Hillgarth, Jocelyn Nigel, Vol I
Hilliard, David C., Vol IV
Hilliard, Jerry, Vol II
Hilliard, Raymond Francis, Vol II
Hilliard, Stephen Shortis, Vol II
Hillier, Susan, Vol V
Hilligoss, Susan, Vol II
Hillis, Rick, Vol II, V
Hillmer, George Norman, Vol I
Hillmer, Mark, Vol IV
Hilpert, Bruce, Vol V
Hilson, Arthur Lee, Vol I
Hilt, Michael, Vol II
Hilton, Kathleen C., Vol I
Hilton, Nelson, Vol II
Hilton, Ronald, Vol IV
Hilts, Victor L., Vol I
Hilty, James, Vol I
Hilwig, Stuart, Vol I
Himelblau, Jack J., Vol III
Himelstein, Morgan Y., Vol II
Himes, Michael J., Vol IV
Himmelberg, Robert F., Vol I, IV
Himmelfarb, Gertrude, Vol I
Himmelgreen, David, Vol V
Hinchcliffe, Peter, Vol II
Hinchman, Lewis P., Vol IV
Hinckley, Ted C., Vol I
Hinden, Michael Charles, Vol II
Hinderer, Walter, Vol III, IV
Hindman, E. James, Vol I
Hindman, Kathleen Behrenbruch, Vol II
Hindman, Sandra L., Vol I
Hinds, Harold E., Jr, Vol I
Hinds, Lennox S., Vol IV
Hinds, Leonard, Vol III
Hine, William Cassidy, Vol I
Hiner, Susan, Vol III
Hines, James Robert, Vol II
Hines, Mary E., Vol IV
Hines, N. William, Vol IV
Hines, Randy, Vol II
Hines, Susan Carol, Vol II
Hines, Thomas Moore, Vol III
Hines, Thomas S., Vol I
Hines, Virginia E., Vol V
Hingle, Norwood N., III, Vol IV
Hinkel, Howard, Vol II
Hinkes, Madeline J., Vol V
Hinnant, Charles H., Vol II
Hinrichs, Bruce, Vol V
Hinsdale, Mary Ann, Vol IV
Hinsley, Curtis M., Vol I
Hinson, E. Glenn, Vol I, IV
Hintikka, Jaakko, Vol IV
Hintz, Carrie, Vol II
Hintz, Ernst Ralf, Vol III
Hintz, Suzanne S., Vol II, III
Hintzen, Percy Claude, Vol IV
Hinze, Klaus-Peter Wilhelm, Vol III
Hirokawa, Randy Y., Vol II
Hirsch, Arnold Richard, Vol I
Hirsch, Bernard Alan, Vol II
Hirsch, David Harry, Vol II
Hirsch, Gordon D., Vol II
Hirsch, Herbert, Vol IV
Hirsch, Julia, Vol II
Hirsch, Marianne, Vol III
Hirsch, Susan E., Vol I
Hirsch, Werner Z., Vol IV
Hirschbach, Frank Donald, Vol III
Hirschberg, Stuart, Vol II
Hirschmann, David, Vol I
Hirschmann, Edwin A., Vol I
Hirsh, Elizabeth, Vol II
Hirsh, James E., Vol II
Hirsh, John Campion, Vol II
Hirsh, Richard Frederic, Vol I
Hirst, Derek M., Vol I
Hirstein, William, Vol IV
Hirt, Paul W., Vol I
Hirtle, Walter Heal, Vol III
Hise, Greg, Vol I
Hise, Pat J., Vol II
Hiskes, Anne L., Vol IV
Hislope, Kristi A., Vol III, V
Hitchcock, David, Vol IV
Hitchcock, James, Vol I
Hitchcock, Walter B., Vol II
Hitchens, Marilynn Jo, Vol I
Hitchins, Keith, Vol I
Hixson, Walter L., Vol I
Hiz, Henry, Vol III, IV
Ho, Truc-Nhu, Vol V
Hoag, Robert W., Vol IV
Hoagland, Edward, Vol II
Hoaglund, John Arthur, Vol IV
Hoak, Dale E., Vol I
Hoard, R. J., Vol V
Hobbs, Trevor Raymond, Vol IV
Hobbs, Wayne, Vol II
Hoberman, Louisa Schell, Vol I
Hobfoll, Steven E., Vol V
Hobgood-Oster, Laura, Vol I, IV
Hobler, Bruce, Vol V
Hobsbawm, Eric, Vol I
Hobson, Charles Frederic, Vol I
Hobson, Christopher, Vol II
Hobson, Fred C., Vol II
Hobson, Matthew L., Vol V
Hobson, Wayne K., Vol I
Hochberg, Stephen, Vol IV
Hochman, Jiri, Vol I
Hochman, Will, Vol II
Hochstadt, Steve, Vol I
Hock, Roger R., Vol V
Hockenbery, Jennifer D., Vol IV
Hockings, Paul E., Vol V
Hockley, Allen, Vol I
Hocks, Elaine, Vol IV
Hocks, Richard, Vol II
Hodapp, Paul F., Vol IV
Hodder, Alan, Vol IV
Hoddeson, Lillian, Vol I
Hoddie, James Henry, Vol III
Hodes, Harold T., Vol IV
Hodgdon, Barbara Covington, Vol II
Hodge, Robert White, Vol I
Hodges, Carolyn Richardson, Vol III
Hodges, Donald Clark, Vol IV
Hodges, James A., Vol I
Hodges, John O., Vol IV
Hodges, Louis Wendell, Vol II, IV
Hodges, Michael P., Vol IV
Hodgins, Bruce W., Vol I
Hodgins, Jack S., Vol II
Hodgson, Peter C., Vol IV
Hoefel, Roseanne, Vol II, V
Hoefer, Carl, Vol IV
Hoefer, Richard, Vol IV, V
Hoefert, Sigfrid, Vol III
Hoeffner, Kent, Vol IV
Hoeflich, Michael H., Vol I, IV
Hoeflin, Ronald K., Vol IV
Hoekema, David A., Vol IV
Hoeng, Peter, Vol I, III
Hoeniger, Frederick J. D., Vol II
Hoenigswald, Henry M., Vol III
Hoesle, Vittorio, Vol IV
Hoeveler, J. David, Vol I
Hoey, Lawrence R., Vol I
Hofbeck, Josef, Vol IV
Hoff, Joan, Vol I
Hoff, Joan Whitman, Vol IV
Hoff, Samuel B., Vol IV
Hoff, Timothy, Vol IV
Hoffecker, Carol E., Vol I
Hoffecker, J. F., Vol I
Hoffecker, W. Andrew, Vol I, IV
Hoffer, Peter Charles, Vol I
Hoffer, Peter T., Vol I, III
Hoffheimer, Michael H., Vol IV
Hoffman, Anne, Vol I, II
Hoffman, Daniel, Vol I, IV
Hoffman, Daniel, Vol II
Hoffman, Donald Stone, Vol I
Hoffman, John C., Vol IV
Hoffman, Mark G., Vol IV
Hoffman, Michael Jerome, Vol II
Hoffman, Paul, Vol I, IV
Hoffman, Peter C. W., Vol I
Hoffman, Peter Toll, Vol IV
Hoffman, Piotr, Vol I, IV
Hoffman, Ronald, Vol I
Hoffman, Steven J., Vol I
Hoffman, Tyler B., Vol II
Hoffman, Valerie J., Vol IV
Hoffmann, David, Vol I
Hoffmann, Donald, Vol I
Hoffmann, George, Vol III
Hoffmann, Joyce, Vol II
Hoffmann, Klaus D., Vol III
Hoffmann, Stanley, Vol IV
Hoffmaster, Barry, Vol IV
Hoffmeister, Gerhart, Vol III
Hoffmeister, Werner, Vol III
Hoffpauir, Richard, Vol II
Hofmann, Stefan G., Vol V
Hofsommer, Don L., Vol I
Hofstadter, Douglas Richard, Vol IV
Hofstra, Warren R., Vol I, V
Hogan, Heather, Vol I
Hogan, J. Michael, Vol II
Hogan, Lawrence Daniel, Vol I
Hogan, Melinda, Vol IV
Hogan, Michael J., Vol I
Hogan, Patricia, Vol I
Hogan, Robert, Vol II
Hogan, Wilbur C., Vol IV
Hoge, Dean R., Vol IV, V
Hogeland, L. M., Vol III
Hogenson, George B., Vol IV
Hoggard, James Martin, Vol II
Hoggatt, Jerry Camery, Vol IV
Hogle, Jerrold Edwin, Vol II
Hoglund, A. William, Vol I
Hohendahl, Peter U., Vol I, III
Hohlfelder, Robert L., Vol I
Hoidal, Oddvar Karsten, Vol I
Hoitenga, Dewey J., Vol IV
Hoji, Hajime, Vol III
Holbein, Woodrow Lee, Vol II
Holbert, Raymond, Vol I
Holbo, Paul S., Vol I
Holcombe, Lee, Vol I
Holden, George W., Vol V
Holden, Jonathan, Vol II
Holder, Arthur G., Vol IV
Holditch, William Kenneth, Vol II
Holian, Gail, Vol II
Holifield, E. Brooks, Vol I, IV
Holladay, Carl R., Vol IV
Holladay, Hilary, Vol II
Holladay, William Lee, Vol IV
Hollahan, Eugene, Vol II
Holland, Antonio F., Vol I
Holland, Eugene W., Vol II
Holland, James C., Vol I
Holland, Margaret G., Vol IV
Holland, Norman, Vol III
Holland, Norman N., Vol II
Holland, Robert A., Vol IV
Hollander, John, Vol II
Hollander, Rachelle D., Vol IV
Hollander, Robert, Vol III
Hollenbach, Paul William, Vol IV
Hollenberg, Donna Krolik, Vol II
Holler, Clyde, Vol IV
Holleran, John Warren, Vol IV
Holley, David M., Vol IV
Holley, Jim, Vol IV
Holley, Linda Tarte, Vol II
Holley, Robert P., Vol II
Holley, Sandra Cavanaugh, Vol II
Holli, Melvin G., Vol I
Holliday, Shawn P., Vol II
Holliday, Vivian Loyrea, Vol I, II, III
Hollinger, David A., Vol I
Hollingsworth, Anthony L., Vol II, III
Hollingsworth, Joseph Rogers, Vol I
Hollingsworth, Margaret, Vol II
Hollis, Daniel W., Vol I
Hollis, Susan T., Vol III, IV
Holloway, Alvin J., Vol IV
Holloway, Karla F. C., Vol II
Holloway, R. R., Vol I
Holloway, Ralph L., Vol V
Holloway, Thomas Halsey, Vol I
Hollstein, Milton C., Vol II
Holly, Michael Ann, Vol I
Holm, Tawny L., Vol IV
Holman, Charles L., Vol IV
Holmberg, I. E., Vol III
Holmer, Joan Ozark, Vol II
Holmes, Blair R., Vol I
Holmes, Burnham, Vol II
Holmes, Charlotte, Vol II
Holmes, David, Vol II
Holmes, Larry E., Vol I
Holmes, Michael E., Vol II
Holmes, Richard H., Vol IV
Holmes, Robert A., Vol IV
Holmes, Robert Ernest, Vol IV
Holmes, Robert Lawrence, Vol IV
Holmes, Steven J., Vol I
Holmes, William F., Vol I
Holmlund, Christine, Vol III
Holmstrom-Hintikka, Ghita B. E., Vol IV
Holoka, James P., Vol I, II, III
Holschuh, Albrecht, Vol III
Holsey, Lilla G., Vol V
Holsinger, M. Paul, Vol I
Holsti, Ole R., Vol IV
Holt, Frank L., Vol I
Holt, Michael Fitzgibbon, Vol I
Holt, Philip, Vol I
Holter, Mark Clark, Vol V
Holtman, Robert Barney, Vol I
Holtman, Sarah Williams, Vol IV
Holton, William Milne, Vol II
Holtz, Avraham, Vol IV
Holtz, Barry, Vol IV, V
Holtz, William, Vol II
Holub, Renate, Vol I
Holub, Robert C., Vol II, III
Holz, Robert K., Vol I
Holzberger, William George, Vol II
Homan, Gerlof Douwe, Vol I
Homans, Peter, Vol IV
Homel, Michael W., Vol I
Homer, Francis X. J., Vol I
Homer, William I., Vol I
Homerin, T. Emil, Vol IV
Homze, Edward L., Vol I
Hondros, John L., Vol I
Honey, Maureen, Vol I, V
Honey, Michael, Vol I
Honeycutt, Dwight A., Vol I, IV
Honeycutt, James M., Vol II
Hong, Chang-Seong, Vol IV
Hong, Howard V., Vol IV
Hong, Ran-e, Vol II, III
Hong, Wei, Vol III
Honig, Edwin, Vol III
Hood, David Crockett, Vol I
Hood, Edward, Vol III
Hood, Edwin T., Vol IV
Hood, Mantle, Vol II, V
Hoogenboom, Ari, Vol I
Hoogenboom, Hilde, Vol I
Hooker, Paul K., Vol IV
Hooks, Benjamin Lawson, Vol IV
Hooley, Daniel M., Vol III
Hooper, Paul F., Vol I
Hooper, William Loyd, Vol II
Hoopes, James E., Vol I
Hoople, Robin P., Vol II
Hoops, Merlin Henry, Vol IV
Hoover, David Lowell, Vol II, III
Hoover, Dwight W., Vol I
Hoover, Herbert Theodore, Vol I
Hoover, Kenneth R., Vol IV
Hoover, Paul, Vol II
Hoover, Polly, Vol II, III
Hoover, Stewart, Vol IV
Hoover, William Davis, Vol I
Hopkins, Dianne McAfee, Vol V
Hopkins, Donald Ray, Vol IV
Hopkins, Dwight N., Vol IV
Hopkins, Fred, Vol I
Hopkins, Jasper, Vol IV
Hopkins, John Orville, Vol V
Hopkins, Leroy Taft, Jr., Vol II, III
Hopkins, Richard Joseph, Vol I
Hopkins, Thomas J., Vol I, IV
Hoppe, E. A., Vol IV
Hoppe, Leslie John, Vol IV
Hopper, David Henry, Vol IV
Hopper, Edward W., Vol III
Hopper, Paul, Vol II, III
Hopperton, Robert J., Vol IV
Horan, Elizabeth R., Vol II, III
Hord, Frederick Lee, Vol I
Horgan, Paul, Vol I
Hori, G. Victor Sogen, Vol IV
Horn, John Stephen, Vol I, IV
Horn, Martin, Vol I
Horn, Pierre Laurence, Vol III
Hornback, Bert, Vol II
Hornby, Richard, Vol II
Horne, Dee A., Vol II
Horne, Gerald Charles, Vol IV
Horne, James R., Vol IV
Horne, Martha J., Vol IV
Horne, Milton P., Vol IV
Horne, Ralph Albert, Vol IV
Hornecker, Ronald L., Vol IV
Horner, Bruce, Vol II
Horner, Carl S., III, Vol II
Horner, David T., Vol V
Horning, Alice S., Vol II, III
Hornsby, Alton, Vol I
Hornsby, Roger Allen, Vol II, III
Hornstein, Shelley, Vol I
Horovitz, Amir, Vol IV
Horowitz, Daniel, Vol I
Horowitz, David A., Vol I
Horowitz, Donald L., Vol IV
Horowitz, Irving Louis, Vol V
Horowitz, Joel, Vol I
Horowitz, Maryanne Cline, Vol I
Horowitz, Michael M., Vol V
Horowitz, Sara R., Vol II
Horsley, Ritta Jo, Vol III
Horsman, Reginald, Vol I
Horsnell, Malcolm J. A., Vol IV
Horst, Steven, Vol IV
Horstman, Allen, Vol I, IV
Horton, James O., Vol I
Horton, Loren Nelson, Vol I
Horton, Ronald A., Vol II
Horton, Susan R., Vol II
Horty, John F., Vol IV
Horvath, Brooke, Vol II
Horvath, Cary W., Vol II
Horvath, Richard P., Vol II
Horward, Donald D., Vol I
Horwath, Peter, Vol III
Horwege, Ronald Eugene, Vol III
Horwitz, Barbara, Vol II
Horwitz, Henry Gluck, Vol I, IV
Horwitz, Robert, Vol II
Hoskins, Billie, Vol V
Hoskins, Robert V., Vol II
Hosoi, Y. Tim, Vol IV
Hospital, Clifford G., Vol IV
Hossain, Ziarat, Vol V
Hossein, Ziai, Vol IV
Hostetler, Michael J., Vol II
Hostetler, Theodore J., Vol I, II
Hostetter, Edwin C., Vol IV
Hottell, Ruth A., Vol III
Hough, Monica, Vol II
Houghton, Edward Francis, Vol II
Hould, Claudette, Vol I
Houlgate, Laurence Davis, Vol IV
Houng, Caroline C., Vol III
Hourcade, Jack, Vol V
House, James S., Vol V
House, Kay S., Vol II
House, Paul R., Vol IV
Houser, Caroline, Vol I
Houser, Nathan, Vol IV
Houston, George W., Vol II, III
Houston, Mona T., Vol III
Houston, Velina H., Vol II
Hovanec, Evelyn Ann, Vol I, II, V
Hovendick, Kelly B., Vol I, II, V
Hovenkamp, Herb, Vol IV
Hovey, Joseph, Vol V
Hovey, Kenneth, Vol II
Howard, A. E. Dick, Vol IV
Howard, Angela, Vol I
Howard, Anne Bail, Vol II
Howard, C. Jeriel, Vol II
Howard, David M., Jr., Vol IV
Howard, Diane, Vol II
Howard, Don A., Vol IV
Howard, Herbert, Vol II
Howard, Hubert Wendell, Vol II
Howard, Jean E., Vol II
Howard, Joan E., Vol III
Howard, John Robert, Vol V
Howard, Leigh Anne, Vol II
Howard, Lillie Pearl, Vol II
Howard, Lloyd H., Vol III
Howard, Michael W., Vol IV
Howard, Susan K., Vol II
Howard, Tharon, Vol II
Howard, Thomas A., Vol I
Howard, Thomas Carlton, Vol I
Howard, W. Scott, Vol II
Howard, William J., Vol II
Howarth, Thomas, Vol I
Howarth, William L., Vol II
Howe, Daniel, Vol I
Howe, John Mcdonald, Vol I
Howe, John R., Vol I
Howe, Lawrence W., Vol IV
Howe, Leroy T., Vol IV
Howe, Ruth-Arlene W., Vol IV
Howe, Sondra Wieland, Vol II
Howell, Allen C., Vol II
Howell, Christopher L., Vol II
Howell, J. Susan, Vol V
Howell, John C., Vol IV
Howell, John M., Vol II
Howell, Martha, Vol I
Howell, Robert, Vol IV
Howell, Sarah McCanless, Vol I
Howes, Geoffrey C., Vol III

Howie, John, Vol IV
Howze, Karen Aileen, Vol IV
Hoxie, Frederick E., Vol I
Hoxie, Ralph Gordon, Vol I, IV
Hoyt, Charles Alva, Vol II
Hoyt, Christopher R., Vol IV
Hoyt, Giles Reid, Vol III
Hoyt, Thomas L., Jr., Vol IV
Hoyt-O'Connor, Paul E., Vol I, IV
Hozeski, Bruce William, Vol I, II
Hrabowski, Freeman Alphonsa, III, Vol V
Hsieh, Dinghwa Evelyn, Vol IV
Hsieh, Hsin-I, Vol III
Hsieh, Yvonne Y., Vol III
Hsu, Cho-yun, Vol I
Hsu, Ginger Cheng-chi, Vol I
Hsu, Kylie, Vol I, III
Huaco, George, Vol V
Hualde, Jose Ignacio, Vol III
Huang, Alexander C. Y., Vol III
Huang, Guiyou, Vol II
Huang, J., Vol III
Huang, Ray, Vol I
Huang, Shaorong, Vol II
Huang, Siu Chi, Vol IV
Huang, Zhen, Vol V
Hubbard, F. Patrick, Vol IV
Hubbard, Nancy, Vol I
Hubbard, Susan S., Vol II
Hubbard, Thomas K., Vol II
Hubbard, William H., Vol I
Hubbell, John Thomas, Vol I
Huber, Donald L., Vol I, IV
Huber, R. John, Vol V
Huber, Thomas, Vol III
Huber, Tonya, Vol V
Huberman, Elizabeth Lyle, Vol II
Hubert, Judd D., Vol III
Hubert, Marie Louise, Vol III
Hubert, Renee Riese, Vol III
Hubert, Renee Riese, Vol III
Huberty, Carl J., Vol V
Hudak, Thomas John, Vol V
Huddle, David R., Vol II
Huddle, Thomas S., Vol I
Huddleston, Mark, Vol IV
Huddleston, Tobianna W., Vol IV
Hudec, Robert Emil, Vol IV
Hudelson, Richard Henry, Vol IV
Hudgins, Christopher Chapman, Vol II
Hudnut-Beumler, James, Vol IV
Hudson, Barton, Vol II
Hudson, Benjamin T., Vol I
Hudson, Charles M., Vol V
Hudson, Christopher G., Vol V
Hudson, Davis M., Vol IV
Hudson, G. Elizabeth, Vol II
Hudson, George C., Jr., Vol II
Hudson, Herman C., Vol I
Hudson, James Blaine, III, Vol V
Hudson, James L., Vol IV
Hudson, Leonne M., Vol I
Hudson, Nicholas, Vol II
Hudson, Robert, Vol I, IV
Hudson, Robert J., Vol II
Hudson, Robert Vernon, Vol I, II
Hudson, Yeager, Vol IV
Hudson-Weems, Clenora, Vol II
Huebner, Timothy, Vol I
Huel, Ray, Vol I
Huenemann, Charles, Vol IV
Huesca, Robert, Vol II
Hueston, Robert Francis, Vol I
Hufbauer, Karl G., Vol I
Huff, Carolyn Barbara, Vol I
Huff, Delores J., Vol V
Huff, Peter A., Vol I, IV
Huff, Toby E., Vol V
Huff-Corzine, Lin, Vol IV
Huffines, Marion Lois, Vol III
Huffman, Carl A., Vol II, III
Huffman, Claire, Vol III
Huffman, Clifford Chalmers, Vol II
Huffman, Douglas S., Vol IV
Huffman, Gordon, Jr., Vol IV
Huffman, James Lamar, Vol I
Huffman, James Richard, Vol I, II
Huffman, John L., Vol II
Hufman, Melody J., Vol II
Huggard, Chris, Vol I
Huggett, Nick, Vol IV
Huggins, Cynthia, Vol II
Hughes, Andrew, Vol I, II
Hughes, Carl D., Vol V
Hughes, Diana L., Vol II
Hughes, Elaine W., Vol II
Hughes, Glenn, Vol IV
Hughes, J. Donald, Vol I
Hughes, Joyce A., Vol IV
Hughes, Judith Markham, Vol I
Hughes, Kathy L., Vol V
Hughes, Kevin L., Vol I, IV
Hughes, Linda K., Vol II
Hughes, Pamela S., Vol IV
Hughes, Paul, Vol IV
Hughes, Richard Allan, Vol IV
Hughes, Richard T., Vol I, IV
Hughes, Robert Don, Vol IV
Hughes, Robert G., Vol IV
Hughes, Shaun Francis Douglas, Vol II
Hughes, Thomas Parke, Vol I
Hughes, William Nolin, Vol III
Hugly, Philip, Vol IV
Huhta, James Kenneth, Vol I
Hulit, Lloyd, Vol II
Hull, Akasha Gloria, Vol II
Hull, Alexander, Vol III
Hull, David L., Vol IV
Hull, Henry Lane, Vol I
Hull, Kenneth, Vol II
Hull, Michael F., Vol IV
Hull, N. E. H., Vol I, IV
Hull, Richard T., Vol IV
Hull, Richard W., Vol I
Hull, William E., Vol IV
Hullett, James N., Vol IV
Hullot-Kentor, Robert, Vol IV
Hulse, Clark, Vol I, II
Hulse, James W., Vol I
Hultgren, Arland J., Vol IV
Hults, Linda, Vol I
Hulvey, S. Yumiko, Vol III
Humber, James Michael, Vol IV
Humble, Jeanne, Vol V
Hume, Elizabeth, Vol III
Hume, Kathryn, Vol II
Hume, Richard L., Vol I
Hume, Robert David, Vol II
Hume, Wendelin M., Vol IV, V
Humma, John Ballard, Vol II
Hummel, Bradford Scott, Vol IV
Humpherys, Anne, Vol II
Humphreys, Leonard A., Vol I
Humphreys, Margaret, Vol I
Humphries, Bettye, Vol II
Humphries, John J., Vol III
Humphries, Tom, Vol II
Humpreys, Fisher H., Vol IV
Hundert, Edward J., Vol I
Hundley, Norris Cecil, Vol I
Hungerford, Constance Cain, Vol I
Hunnicutt, Benjamin K., Vol V
Hunning, Robert W., Vol II
Hunt, Anthony, Vol II
Hunt, Barbara Ann, Vol V
Hunt, Bruce J., Vol I
Hunt, Caroline C., Vol II
Hunt, Irmgard, Vol III
Hunt, James, Vol I, IV
Hunt, John Dixon, Vol II
Hunt, John M., Jr., Vol II, III
Hunt, Linda, Vol II
Hunt, Mary Elizabeth, Vol IV
Hunt, Maurice A., Vol II
Hunt, Michael H., Vol I
Hunt, Patrick, Vol II, III
Hunt, Richard Allen, Vol I
Hunt, Richard M., Vol I, V
Hunt, Steven B., Vol II
Hunt, Tim, Vol II
Hunt, William Raymond, Vol I
Hunter, Allan, Vol IV, V
Hunter, Dianne McKinley, Vol II
Hunter, Frederick Douglas, Vol IV
Hunter, Gary, Vol I
Hunter, Jerry L., Vol IV
Hunter, Joel, Vol IV
Hunter, John, Vol I
Hunter, Laurie Sullivan, Vol V
Hunter, Leslie G., Vol I
Hunter, Linda, Vol II
Hunter, Phyllis A., Vol I
Hunter, Rodney J., Vol IV
Hunting, Mary Anne, Vol I
Hupchick, Dennis P., Vol I
Huppauf, Bernd, Vol III
Huppert, George, Vol I
Hurd, Heidi M., Vol IV
Hurh, Won Moo, Vol V
Hurley, Alfred Francis, Vol I
Hurley, Andrew J., Vol I
Hurley, David, Vol I, II
Hurley, Forrest Jack, Vol I
Hurley, James, Vol V
Hurst, Mary Jane, Vol III
Hurst, Thomas R., Vol IV
Hurt, James Riggins, Vol II
Hurtado, A. L., Vol I
Hurwitz, Ilana, Vol IV
Husak, Douglas Neil, Vol IV
Huse, Ann A., Vol II
Huse, Nancy Lyman, Vol II
Huseboe, Arthur R., Vol II
Hussain, Amir, Vol I
Hussey, John, Vol II
Hussey, Mark, Vol II
Hussman, Lawrence, Vol II
Huston, James Alvin, Vol I
Huston, John Dennis, Vol II
Huston, Richard P., Vol I
Hustwit, Ronald E., Vol IV
Hutcheon, Linda, Vol II, III
Hutcheson, John A., Jr., Vol I
Hutcheson, Richard E., Vol IV
Hutcheson, Thom, Vol II
Hutchings, William, Vol II
Hutchins, Christine Ellen, Vol II
Hutchinson, Dorothy Stauss, Vol V
Hutchinson, Douglas S., Vol IV
Hutchinson, George, Vol V
Hutchinson, Kevin, Vol II
Hutchinson, Roger Charles, Vol IV
Hutchison, Harry Greene, IV, Vol IV
Hutchison, Jane Campbell, Vol I
Hutchison, John A., Vol IV
Hutchison, William Robert, Vol I
Hutchisson, James M., Vol II
Hutson, Christopher R., Vol IV
Huttar, Charles Adolph, Vol II
Huttenbach, Henry R., Vol I
Huttenstine, Marian L., Vol II
Hutter, Reinhard, Vol IV
Hutton, Chane, Vol IV
Hutton, John, Vol I
Hutton, Lewis J., Vol III
Hutton, Patrick H., Vol I
Hutton, Rodney R., Vol IV
Hutton, William E., Vol II, III
Huxman, Susan S., Vol II
Huyett, Patricia, Vol II
Huyssen, Andreas, Vol III
Huzar, Eleanor Goltz, Vol I
Hwang, Tzu-Yang, Vol IV
Hy, Le Xuan, Vol V
Hyatt, Irwin T., Jr., Vol I
Hyatt, Susan Brin, Vol V
Hyatte, Reginald L., Vol III
Hybels, Saundra, Vol II
Hyde, Alan, Vol IV
Hyde, Virginia Crosswhite, Vol II
Hyde, William James, Vol II
Hye, Allen Edward, Vol III
Hyer, Paul V., Vol I
Hyers, M. Conrad, Vol I, III, IV
Hyland, Drew Alan, Vol IV
Hylton, Maria, Vol IV
Hylton, Peter, Vol IV
Hyman, Harold Melvin, Vol I
Hyman, Jonathan Morris, Vol IV
Hyman, Roger L., Vol II
Hymers, Michael, Vol IV
Hyner, Bernadette H., Vol III
Hynes, Jennifer, Vol II
Hynes, Thomas J., Jr., Vol II
Hyser, Raymond M., Vol I
Hyson, John M., Vol IV
Hyun, Insoo, Vol IV
Hyun, Yong Soo, Vol IV
Iacobucci, Christine, Vol II
Iacovetta, Franca, Vol I
Iadonisi, Richard A., Vol II
Iannone, A. Pablo, Vol IV
Iannucci, Amilcare Alfredo, Vol III
Iannuzzi, John N., Vol IV
Iatridis, Demetrius S., Vol V
Ibelema, Minabere, Vol II
Ibsen, Kristine L., Vol III
Icard, Larry D., Vol V
Ide, Harry, Vol IV
Idleburg, Dorothy, Vol V
Ifri, Pascal A., Vol III
Igel, Regina, Vol III
Iggers, Georg G., Vol I
Iggers, Wilma Abeles, Vol III
Ihde, Don, Vol IV
Ihlan, Amy, Vol IV
Ike, Alice Denise, Vol IV
Ilardi, Vincent, Vol I
Ilie, Paul, Vol III
Iliescu, Nicolae, Vol III
Illiano, Antonio, Vol III
Illick, Joseph E., Vol I
Imamura, Shigeo, Vol III, V
Imbert, Patrick L., Vol III
Imboden, Roberta, Vol II
Imbrie, Ann Elizabeth, Vol II
Imhoff, Brian, Vol III
Imholt, Robert Joseph, Vol I
Immerwahr, Henry R., Vol III
Immerwahr, John, Vol IV
Impey, Olga Tudorica, Vol III
Imwinkelried, Edward, Vol IV
Inada, Kenneth K., Vol IV
Inboden, Robin L., Vol II
Inbody, Tyron Lee, Vol IV
Ince, Elizabeth, Vol V
Ingalls, Robert Paul, Vol I
Ingber, Alix, Vol III
Inge, M. Thomas, Vol II
Ingebretsen, Edward J., Vol II
Ingemann, Frances, Vol III
Ingersoll, Earl G., Vol II
Ingersoll, Richard, Vol V
Ingham, John Norman, Vol I
Ingham, Norman William, Vol III
Ingle, Harold Norman, Vol I
Ingle, Homer Larry, Vol I
Ingles, Ernie B., Vol I, II
Inglis, John, Vol IV
Ingolfsland, Dennis E., Vol IV
Ingraham, Vernon Leland, Vol II
Ingram, David B., Vol IV
Ingram, Earl Glynn, Vol I
Ingram, Mark, Vol III
Ingram, Norman, Vol I
Ingram, William, Vol II
Ingram-Wallace, Brenda, Vol V
Ingrao, Charles William, Vol I
Ingwersen, Niels, Vol III
Inman, Beverly J., Vol I, III
Inman, Billie Andrew, Vol II
Inman, M. L., Vol V
Innes, Christopher, Vol II
Inness, Sherrie A., Vol II
Insignares, Harriette B., Vol II, V
Inslee, Forrest, Vol II
Insler, Stanley, Vol III
Intrilligator, Michael D., Vol IV
Inyamah, Nathaniel Ginikanwa N., Vol IV
Ioffe, Grigory, Vol I
Iorio, Dominick Anthony, Vol IV
Iorio, Sharon, Vol II
Iozzio, Mary Jo, Vol IV
Ippolito, Christophe, Vol III
Ipsen, Carl, Vol I
Ireland, Robert, Vol I
Ireland, Roderick Louis, Vol IV
Irish, Sharon, Vol I
Irizarry, Estelle, Vol III
Irizarry, Maria A., Vol V
Irmscher, Christoph, Vol II
Irons, Glenwood H., Vol II
Irschick, Eugene Frederick, Vol I, IV, V
Irsfeld, John Henry, Vol II
Irvin, Dale T., Vol IV
Irvin, Deborah M., Vol V
Irvine, B. J., Vol I
Irvine, Carolyn Lenette, Vol II
Irvine, James Richard, Vol II
Irvine, Lorna Marie, Vol II
Irvine, Margot Elisabeth, Vol III, V
Irvine, Martin, Vol II
Irvine, Stuart, Vol IV
Irving, Kartina M., Vol II
Irwin, Amanda Lee, Vol III
Irwin, Bonnie D., Vol II
Irwin, Eleanor, Vol II, III
Irwin, John Thomas, Vol I, II
Irwin, Joyce Louise, Vol I, IV
Irwin, Raymond D., Vol I, IV
Irwin, Robert, Vol I
Irwin, Robert McKee, Vol I
Irwin, William Henery, Vol IV
Irwin, William T., Vol IV
Isaac, Ephraim, Vol I, III
Isaac, Gordon L., Vol I, IV
Isaac, Larry, Vol V
Isaac, Lily, Vol II
Isaac, Samuel, Vol II
Isaacman, Allen, Vol I
Isaacs, Harold, Vol I
Isaacs, Neil D., Vol II
Isadore, Harold W., Vol IV
Isang, S. Akpan, Vol II
Isasi-Diaz, Ada Maria, Vol IV
Isbell, John, Vol III
Iseminger, Gary H., Vol IV
Iseminger, Gordon Llewellyn, Vol I
Isenberg, Nancy G., Vol I
Isenberg, Sheldon Robert, Vol I, IV
Iserson, Kenneth V., Vol IV
Isett, Christopher, Vol I
Ish, Daniel, Vol IV
Isham, William P., Vol III
Isherwood, Robert M., Vol I
Ishikawa, Minako, Vol III
Ishimatsu, Ginette, Vol III
Ishman, Sybil R., Vol II
Iskander, Sylvia W., Vol II
Ismael, Jenann, Vol IV
Isom, Dallas W., Vol IV
Israel, Fred L., Vol I
Israel, Jerold H., Vol IV
Israel, Milton, Vol I
Issac, Megan, Vol II
Issel, William Henry, Vol I
Isser, Natalie K., Vol I
Ito, Junko, Vol III
Iudin-Nelson, Laurie, Vol III
Iutcovich, Mark, Vol V
Ivanoff, Andre, Vol V
Ivanov, Vyacheslav V., Vol III
Ivers, Louise H., Vol I
Iverson, Stanley, Vol II, III
Ives, Christopher, Vol IV
Ives, Edward Dawson, Vol V
Ivliyeva, Irina, Vol III
Iwamasa, Gayle, Vol V
Iwamoto, Yoshio, Vol III
Iyer, Nalini, Vol II
Iyer, Nitya, Vol IV
Izawa, Chizuko, Vol V
Izenberg, Gerald Nathan, Vol I
Jablon, Howard, Vol I
Jablonski, Leanne M., Vol IV
Jackendoff, Ray Saul, Vol III
Jacklin, Thomas M., Vol I
Jackman, Barbara, Vol IV
Jackman, Henry, Vol IV
Jackman, Jarrell C., Vol I, III
Jackman, Sydney W., Vol I
Jacks, Julia Zuwerink, Vol V
Jacks, Philip, Vol I
Jackson, Agnes Moreland, Vol V
Jackson, Allan Stuart, Vol II
Jackson, Andrew, Vol V
Jackson, Arlene M., Vol II
Jackson, Blyden, Vol II
Jackson, Bruce, Vol II
Jackson, Carl Thomas, Vol I
Jackson, Carlton Luther, Vol I
Jackson, Carol E., Vol IV
Jackson, Charles C., Vol V
Jackson, Elizabeth R., Vol III
Jackson, Gordon, Vol II
Jackson, Gordon Edmund, Vol IV
Jackson, Heather J., Vol II
Jackson, Jacqueline Dougan, Vol II
Jackson, James Harvey, Vol II
Jackson, James Robert de Jager, Vol II
Jackson, James S., Vol V
Jackson, Janice Tudy, Vol IV
Jackson, Jared Judd, Vol IV
Jackson, Jerome E., Vol IV
Jackson, Joe C., Vol I, IV
Jackson, Joseph Hollister, Vol IV, V
Jackson, K. David, Vol III
Jackson, Kathy Merlock, Vol II
Jackson, Kennell A., Jr., Vol I
Jackson, Kenneth T., Vol I
Jackson, Kent Phillips, Vol III
Jackson, Mary E., Vol II
Jackson, Michele, Vol II
Jackson, Miles Merrill, Vol II
Jackson, Pamela A., Vol V
Jackson, Philip Taylor, Vol II
Jackson, Randolph, Vol IV
Jackson, Ricardo C., Vol IV
Jackson, Richard A., Vol I
Jackson, Richard P., Vol II
Jackson, Robert H., Vol I
Jackson, Robert Louis, Vol III
Jackson, Robert Max, Vol V
Jackson, Roger, Vol IV
Jackson, Ronald, II, Vol II
Jackson, W. Sherman, Vol I
Jackson, Wallace, Vol II
Jackson, William Edward, Vol III
Jackson, William Joseph, Vol IV
Jackson, William Turrentine, Vol I

Jacob, Bruce Robert, Vol IV
Jacob, James R., Vol I
Jacobi, Martin, Vol II
Jacobik, Gray, Vol II
Jacobs, Carol F., Vol III
Jacobs, David C., Vol IV
Jacobs, David M., Vol I
Jacobs, Donald Martin, Vol I
Jacobs, Dorothy Hieronymus, Vol II
Jacobs, Edward, Vol II
Jacobs, Ennis Leon, Jr., Vol IV
Jacobs, Janis E., Vol V
Jacobs, Jo Ellen, Vol IV
Jacobs, John T., Vol II
Jacobs, Jonathan, Vol IV
Jacobs, Karen, Vol II
Jacobs, Lynn F., Vol I
Jacobs, Margaret D., Vol I
Jacobs, Mark D., Vol V
Jacobs, Michelle S., Vol IV
Jacobs, Naomi, Vol II
Jacobs, Norman G., Vol V
Jacobs, Roderick Arnold, Vol III
Jacobs, Ruth, Vol V
Jacobs, Sylvia M., Vol I
Jacobs, Travis B., Vol I
Jacobsen, Nils, Vol I
Jacobsen, Thorkild, Vol I
Jacobson, Arland D., Vol IV
Jacobson, Arthur J., Vol IV
Jacobson, Cardell K., Vol V
Jacobson, Diane L., Vol IV
Jacobson, Howard, Vol II
Jacobson, Paul A., Vol II
Jacobson, Paul Kenneth, Vol I, IV
Jacobson, Rodolfo, Vol III, V
Jacobson, Stephen, Vol IV
Jacobson, Thomas L., Vol II
Jacobus, Lee Andre, Vol II, IV
Jacoby, Karl, Vol I
Jacoby, Sally, Vol III
Jacoby, Sanford M., Vol IV
Jacoway, Elizabeth, Vol I
Jaeger, C. Stephen, Vol III
Jaegers, Marvin, Vol I
Jaen-Portillo, Isabel, Vol III
Jaenen, Cornelius John, Vol I
Jaffa, Harry Victor, Vol IV
Jaffe, David P., Vol I
Jaffe, Lorna S., Vol I
Jagasich, Paul A., Vol III
Jagodzinski, Cecile M., Vol I
Jaher, Frederic Cople, Vol I
Jahn, Gary Robert, Vol III
Jahn-Clough, Lisa, Vol II
Jahner, Elaine A., Vol II
Jaimes, H., Vol II
Jaimes-Guerrero, Mariana, Vol I, V
Jaini, Padmanabh S., Vol III, IV
Jakle, John Allais, Vol I
Jalal, Ayesha, Vol I
Jalata, Asafa, Vol V
Jalongo, Mary, Vol V
Jamar, Steven D., Vol IV
James, Alice, Vol V
James, Allix Bledsoe, Vol IV
James, Bernard, Vol IV
James, David L., Vol V
James, David Phillip, Vol V
James, Dorothy, Vol III
James, Elridge M., Vol V
James, Felix, Vol I
James, Frank A., III, Vol I, IV
James, Frank Samuel, III, Vol IV
James, H. Rhett, Vol IV, V
James, Harold, Vol I
James, Marquita L., Vol IV
James, Michael L., Vol II
James, Robert N., Vol IV
James, Scott C., Vol IV
James, William, Vol IV
James, William Closson, Vol II, IV
James, Winston, Vol I
James, Woodrow C., Vol II
Jameson, Elizabeth, Vol I, V
Jameson, John R., Vol I
Jameson, Michael H., Vol II, III
Jamil, S. Selina, Vol II
Jamme, Albert W. F., Vol II, III
Jamros, Daniel, Vol IV
Jan, George Pokung, Vol IV
Janack, Marianne, Vol IV
Janangelo, Joseph, Vol II
Janc, John J., Vol III
Jandt, Fred E., Vol II
Janelle, Christopher M., Vol V
Janelli, Roger L., Vol V
Jang, Sung Joon, Vol V
Janik, Del Ivan, Vol II
Janiskee, Robert L., Vol I
Jankofsky, Klaus P., Vol III
Jankowski, James Paul, Vol I
Jankowski, Piotr, Vol I
Jankowski, Theodora, Vol II
Jankowsky, Karen Hermine, Vol V
Jann, Rosemary, Vol II
Jannarone, Kimberly M., Vol II
Jansen, Virginia, Vol I
Janson, Anthony F., Vol I
Janson, Carol, Vol I
Janson-La Palme, Bayly, Vol I
Jansson, Maija, Vol I
Janzen, Henry David, Vol II
Janzen, John Gerald, Vol IV
Janzen, Lorraine, Vol II
Jara, Rene, Vol III
Jardine, Murray D., Vol IV
Jarow, E. H. Rick, Vol IV
Jarred, Ada D., Vol II
Jarrell, Richard A., Vol I
Jarrett, James L., Vol IV
Jarrett, Jon, Vol IV
Jarvie, Ian Charles, Vol IV, V
Jarvis, Charles Austin, Vol I
Jarvis, Donald Karl, Vol III
Jarvis, Gilbert Andrew, Vol V
Jarvis, Joseph Anthony, Vol I
Jarvis, Michael J., Vol I
Jarvis, Robert M., Vol IV
Jasanoff, Sheila S., Vol IV
Jashemski, Wilhelmina F., Vol I
Jaskoski, Helen, Vol II
Jason, Philip K., Vol II
Jasper, James M., Vol V
Jasso, Guillermina, Vol V
Jauss, David, Vol II
Jay, Gregory S., Vol II
Jay, Martin Evan, Vol I
Jay, Paul, Vol II
Jay, Stewart, Vol IV
Jeal, Roy R., Vol IV
Jeannet, Angela Maria, Vol III
Jedlicka, Davor, Vol V
Jefchak, Andrew Timothy, Vol II
Jeffers, Clifton R., Vol IV
Jefferson, Alphine W., Vol I
Jefferson, Carter, Vol I
Jefferson, Joseph L., Vol V
Jefferson, M. Ivory, Vol IV
Jeffery, Peter, Vol II
Jeffres, Leo, Vol II
Jeffrey, David Lyle, Vol I, II
Jeffrey, Julie Roy, Vol I
Jeffrey, Kirk, Vol I
Jeffrey, Richard C., Vol IV
Jeffrey, Thomas Edward, Vol I
Jeffreys, Mark, Vol II
Jeffries, John W., Vol I
Jeffries, Leonard, Vol I
Jeffries, Rosalind R., Vol I
Jegede, Dele, Vol I
Jegstrup, Elsebet, Vol IV
Jehlen, Myra, Vol II
Jelavich, Barbara, Vol I
Jelinski, Jack Bernard, Vol III
Jelks, Edward Baker, Vol I
Jemielity, Thomas J., Vol II
Jenemann, Albert Harry, Vol IV
Jenkins, A. Lawrence, Vol I
Jenkins, Anthony W., Vol II
Jenkins, Carol A., Vol V
Jenkins, Charles M., Vol II
Jenkins, Ellen Janet, Vol I
Jenkins, Fred W., Vol III
Jenkins, Frederic Magill, Vol III
Jenkins, Jennifer L., Vol I
Jenkins, John, Vol IV
Jenkins, Joyce O., Vol II
Jenkins, Kenneth Vincent, Vol II
Jenkins, Nicholas, Vol II
Jenkins, Ronald Bradford, Vol II
Jenkins, Virginia Scott, Vol I
Jenne, Natalie R., Vol II
Jennermann, Donald L., Vol III
Jennings, Lee B., Vol III
Jennings, Maude M., Vol II
Jennings, Robert Ray, Vol V
Jensen, Birgit A., Vol III
Jensen, De Lamar, Vol I
Jensen, Debra J., Vol IV
Jensen, Ejner Jacob, Vol II
Jensen, Frede, Vol III
Jensen, Gordon A., Vol IV
Jensen, H. James, Vol II
Jensen, J. Vernon, Vol II
Jensen, Joan Maria, Vol I
Jensen, John Barry, Vol III
Jensen, John T., Vol III
Jensen, Katharine, Vol II, V
Jensen, Katherine Ruth, Vol V
Jensen, Peter, Vol II
Jensen, Robert W., Vol II
Jensen, Ronald H., Vol IV
Jensen, Theodore Wayne, Vol III
Jensen, Tim, Vol IV
Jenson, Carol Elizabeth, Vol I
Jerez-Farran, Carlos, Vol III
Jerin, Robert A., Vol IV
Jervis, Robert, Vol IV
Jerz, Dennis G., Vol II
Jesse, Jennifer G., Vol IV
Jeter, Joseph, Vol II
Jett, Stephen C., Vol I
Jewell, James Earl, Vol II
Jewers, Caroline, Vol III
Jewinski, Edwin, Vol II
Jewsbury, George Frederick, Vol I
Jezierski, John V., Vol I
Jia, Wenshan, Vol II
Jiang, Nan, Vol II
Jiao, Allan, Vol IV
Jick, Leon Allen, Vol I, IV
Jih, Luke, Vol IV
Jim, Kim Soon-Jin, Vol II
Jimenez, Carlos, Vol III
Jimenez, Francisco, Vol III
Jimenez, Qiu Y., Vol III
Jimenez, Randall, Vol I
Jimenez-Ramirez, Talia, Vol II
Jimoh, A. Yemisi, Vol II
Jin, Xuefei, Vol II
Jindra, Michael, Vol IV, V
Jitendra, Asha K., Vol I
Jobe, Steve, Vol II
Jobes, Karen H., Vol IV
Jobim, Jose Luis, Vol III
Jobling, David, Vol IV
Jochnowitz, George, Vol III
Jockers, Matthew L., Vol II
Jodziewicz, Thomas W., Vol I
Jofen, Jean, Vol III
Joffe, Justin M., Vol V
Johannes, John R., Vol IV
Johannesen, Richard Lee, Vol II, V
Johanningmeier, Erwin, Vol V
Johanningsmeier, Charles, Vol I, II
Johannsen, Robert W., Vol I
Johansen, Bruce Elliott, Vol I
Johanson, Donald C., Vol V
Johanson, Herbert A., Vol I, IV
Johanyak, Debra L., Vol II
John, Brian, Vol II
John, David Gethin, Vol III
John, Eileen, Vol IV
John, James J., Vol I, III
John, Judith A., Vol II
John, PM, Vol IV
John, Richard R., Vol I
John-Steiner, Vera P., Vol III
Johnnson, Thomas F., Vol IV
Johns, Adrian, Vol V
Johns, Loren L., Vol IV
Johnsen, Bredo C., Vol IV
Johnson, Alex C., Vol II
Johnson, Alice K., Vol V
Johnson, Anita L., Vol III
Johnson, Arthur L., Vol I
Johnson, Ben, Vol IV
Johnson, Bobby Harold, Vol I, II
Johnson, Caliph, Vol IV
Johnson, Calvert, Vol II
Johnson, Carroll B., Vol III
Johnson, Charles, Vol I
Johnson, Chas Floyd, Vol IV
Johnson, Christopher G., Vol II
Johnson, Christopher Howard, Vol I
Johnson, Christopher J., Vol V
Johnson, Curtis, Vol I, IV
Johnson, Dale, Vol I, IV
Johnson, Dale Arthur, Vol IV
Johnson, David, Vol II
Johnson, David Alan, Vol I
Johnson, David C., Vol I
Johnson, David Lawrence, Vol IV
Johnson, David R., Vol I
Johnson, DeWayne Burton, Vol II
Johnson, Don Hanlon, Vol V
Johnson, Donald Barton, Vol III
Johnson, Donald Ellis, Vol I, IV
Johnson, E. Elizabeth, Vol IV
Johnson, Edward, Vol IV
Johnson, Elizabeth A., Vol IV
Johnson, Emily, Vol III
Johnson, Eric, Vol II
Johnson, Eric A., Vol I
Johnson, Eric L., Vol V
Johnson, Ernest L., Vol IV
Johnson, Frederick A., Vol IV
Johnson, Geraldine Ross, Vol IV
Johnson, Golden Elizabeth, Vol IV
Johnson, Harold Benjamin, Vol I
Johnson, Harriette C., Vol V
Johnson, Herbert A., Vol I, IV
Johnson, J. Prescott, Vol IV
Johnson, J. Theodore, Jr., Vol II
Johnson, Jacob Edwards, III, Vol IV
Johnson, James M., Vol I
Johnson, James Pearce, Vol I
Johnson, James Turner, Vol IV
Johnson, James William, Vol II
Johnson, Jean L., Vol II
Johnson, Jeanne M., Vol II
Johnson, Jeannine R., Vol II
Johnson, Jeffrey, Vol II
Johnson, Jerah W., Vol I
Johnson, John M., Vol IV
Johnson, John W., Vol I
Johnson, John W., Vol IV
Johnson, Johnnie L., Jr., Vol IV
Johnson, Judith R., Vol I
Johnson, Julie Greer, Vol II, III
Johnson, Justin Morris, Vol IV
Johnson, Kenneth E., Vol II
Johnson, Kevin R., Vol IV
Johnson, Kyle B., Vol III
Johnson, Lee Milford, Vol II
Johnson, Lemuel A., Vol II
Johnson, Leonard Wilkie, Vol III
Johnson, Leroy, Vol V
Johnson, Leroy Ronald, Vol I
Johnson, Linck Christopher, Vol II
Johnson, Lloyd, Vol I
Johnson, Lucille Marguerite, Vol II
Johnson, Luke Timothy, Vol IV
Johnson, M. Glen, Vol IV
Johnson, Marion L., Vol V
Johnson, Mayumi Yuki, Vol III
Johnson, Merwyn S., Vol IV
Johnson, Michael Lillard, Vol II
Johnson, Owen V., Vol I
Johnson, Patricia Altenbernd, Vol IV
Johnson, Patricia E., Vol II
Johnson, Patricia L., Vol IV
Johnson, Paul B., Vol I
Johnson, Paul E., Vol I
Johnson, Penelope Delafield, Vol I
Johnson, Phil Brian, Vol I
Johnson, Rhoda E., Vol V
Johnson, Richard F., Vol II
Johnson, Richard Rigby, Vol I
Johnson, Richard Ronald, Vol I
Johnson, Rick L., Vol IV
Johnson, Robert C., Vol V
Johnson, Robert E., Vol I
Johnson, Roger A., Vol I, IV
Johnson, Roger N., Vol V
Johnson, Ronald C., Vol V
Johnson, Ronald Maberry, Vol I, V
Johnson, Ronald W., Vol IV
Johnson, Ronald William, Vol I, V
Johnson, Ronnie J., Vol IV, V
Johnson, Sheri L., Vol V
Johnson, Simon, Vol II
Johnson, Stephen M., Vol IV
Johnson, Steve, Vol V
Johnson, Steven D., Vol IV
Johnson, Thomas E., Vol V
Johnson, Timothy, Vol II
Johnson, Timothy D., Vol I
Johnson, Troy R., Vol I
Johnson, Vida, Vol III
Johnson, W. Ralph, Vol II, III
Johnson, Walker C., Vol I
Johnson, Walter Thaniel, Jr., Vol IV
Johnson, Warren, Vol III
Johnson, Willard, Vol IV
Johnson, William M., Vol I
Johnson, Willie J., Vol II, V
Johnson, Yvonne, Vol I
Johnson-Eilola, Johndan, Vol II
Johnson-Odim, Cheryl, Vol I
Johnson-Sheehan, Richard, Vol II
Johnston, Alexandra F., Vol II
Johnston, Arnold, Vol II
Johnston, Barbara J., Vol V
Johnston, Carol Ann, Vol II
Johnston, Carol F., Vol IV
Johnston, Carolyn, Vol I
Johnston, Charles Murray, Vol I
Johnston, Georgia, Vol II
Johnston, John, Vol II
Johnston, John H., Vol II
Johnston, Kenneth R., Vol II
Johnston, Mark D., Vol II
Johnston, Norman, Vol V
Johnston, Otto William, Vol III
Johnston, Patricia A., Vol II, III
Johnston, Paul, Vol II
Johnston, R. K., Vol IV
Johnston, Robert H., Vol I
Johnston, Sarah Iles, Vol III
Johnston, Stanley Howard, Vol II
Johnston, William, Vol V
Johnston, William M., Vol I
Johnstone, D. Bruce, Vol V
Joiner, Burnett, Vol I
Joiner, Dorothy, Vol I
Joiner, Harry M., Vol I
Jokic, Aleksander, Vol IV
Jolley, Jerry, Vol V
Jolley, Nicholas, Vol IV
Jollimore, Troy, Vol IV
Jolls, C., Vol IV
Jolly, Rosemary J., Vol II
Joly, Ralph Robert, Vol II
Jonaitis, Aldona, Vol I
Jonas, Hans, Vol IV
Jonas, Klaus Werner, Vol III
Jonas, Manfred, Vol I
Jonas, W. Glenn, Jr., Vol IV
Jonassaint, Jean, Vol III
Jones, Amelia, Vol I
Jones, Anne Hudson, Vol IV
Jones, Barney Lee, Vol I, IV
Jones, Barry Alan, Vol IV
Jones, Beverly Washington, Vol I
Jones, Bonnie Louise, Vol IV
Jones, Bruce William, Vol III, IV
Jones, Buford, Vol II
Jones, Calvin N., Vol III
Jones, Carroll J., Vol V
Jones, Charlene Diehl, Vol II
Jones, Charles B., Vol IV
Jones, Christopher A., Vol II
Jones, Christopher M., Vol III
Jones, Christopher P., Vol I, II, III
Jones, Christopher R. A. Morray, Vol IV
Jones, Dan Curtis, Vol II
Jones, Daryl, Vol II
Jones, David Clyde, Vol IV
Jones, Donald D., Vol IV
Jones, Donald L., Vol IV
Jones, Douglas Gordon, Vol II
Jones, Edward Louis, Vol I
Jones, Edward T., Vol II
Jones, Eileen G., Vol IV
Jones, Ellen, Vol II
Jones, Elwood Hugh, Vol I
Jones, F. Stanley, Vol IV
Jones, Gregory, Vol I
Jones, Houston Gwynne, Vol I
Jones, Howard, Vol I
Jones, Jacqueline, Vol I
Jones, James Edward, Jr., Vol IV
Jones, James H., Vol II
Jones, James Howard, Vol I
Jones, Jane A., Vol II
Jones, Jerry, Vol V
Jones, Jerry W., Vol I
Jones, Jill T., Vol II
Jones, Joe Frank, Vol IV
Jones, John F., Vol V
Jones, John H., Vol II
Jones, Judith A., Vol IV
Jones, Kenneth Paul, Vol I
Jones, L. Gregory, Vol IV
Jones, Laird, Vol I
Jones, Larry Bert, Vol III
Jones, Larry Eugene, Vol I
Jones, Leander Corbin, Vol I, II
Jones, Louis Clark, Vol I, II
Jones, Marcus E., Vol I
Jones, Margaret E. W., Vol III
Jones, Mark, Vol II
Jones, Mary Ellen, Vol II
Jones, Michael Owen, Vol V
Jones, Michele, Vol III
Jones, Nicholas, Vol II
Jones, Nicholas Francis, Vol I, III
Jones, Norman L., Vol I
Jones, Owen D., Vol IV
Jones, Paul Henry, Vol I, IV
Jones, Peter D. A., Vol I, IV
Jones, Phillip Erskine, Vol V

Jones, Randall Lee, Vol III
Jones, Richard A., Vol II
Jones, Richard J., Vol IV
Jones, Robert Alston, Vol II
Jones, Robert Alun, Vol IV
Jones, Robert Edward, Vol I
Jones, Robert Francis, Vol I
Jones, Robin A., Vol II
Jones, Shawn, Vol IV
Jones, Sidney C., Vol II
Jones, Stanley E., Vol II
Jones, Steven, Vol II
Jones, Suzanne W., Vol II
Jones, Terry L., Vol V
Jones, Thomas Canby, Vol IV
Jones, Tobin H., Vol III
Jones, Ward, Vol II, III
Jones, Wilbur Devereux, Vol I
Jones, William A., Jr., Vol IV
Jones, William B., Vol IV
Jones, William J., Vol I
Jones, William K., Vol IV
Jones, William Paul, Vol IV
Jones-Correa, Michael, Vol IV
Jonte-Pace, Diane E., Vol IV
Joohariqian, Robert B., Vol IV
Jooma, Minaz, Vol II
Joos, Ernest, Vol II, IV
Joravsky, David, Vol I
Jordan, Abbie H., Vol V
Jordan, Borimir, Vol II, III
Jordan, Catheleen, Vol V
Jordan, David P., Vol I
Jordan, Donald A., Vol I
Jordan, Eddie J., Jr., Vol IV
Jordan, Eddie Jack, Sr., Vol V
Jordan, Emma Coleman, Vol IV
Jordan, Ervin L., Vol I
Jordan, Gregory D., Vol III
Jordan, J. Scott, Vol V
Jordan, Jim, Vol I
Jordan, Karin B., Vol V
Jordan, Mark, Vol IV
Jordan, Philip D., Vol I
Jordan, Robert Welsh, Vol I, IV
Jordan, Rosan, Vol V
Jordan, Sabine D., Vol III
Jordan, Sandra D., Vol IV
Jordan, William C., Vol I
Jorden, Crystal W., Vol V
Jorgens, Jack J., Vol II
Jorgensen, Beth E., Vol III
Jorgensen, Danny L., Vol IV
Jorgensen, Peter A., Vol III
Joris, Pierre, Vol II
Joseph, Alfred, Vol V
Joseph, Brian Daniel, Vol III
Joseph, Cheryl, Vol V
Joseph, Harriet D., Vol I
Joseph, Norma Baumel, Vol IV
Joseph, Stephen, Vol IV
Joseph, Weiler H. H., Vol IV
Josephs, Allen, Vol III
Josephs, Herbert, Vol III
Josephson, Susan G., Vol IV
Joslin, Katherine, Vol I, II
Joslin, Michael E., Vol II
Jost, Timothy Stolzfus, Vol IV
Jou, Jerwen, Vol V
Joubert, Andre, Vol III
Joukowsky, Martha Sharp, Vol I
Joy, Donald Marvin, Vol V
Joy, Lynn S., Vol IV
Joy, Mark S., Vol I
Joy, Peter, Vol IV
Joy, Stephen, Vol V
Joyce, Davis D., Vol I
Joyce, Donald Franklin, Vol II
Joyce, Douglas A., Vol III
Joyce, Jane W., Vol II, III
Joyce, Joyce A., Vol II
Joyce, Rosemary A., Vol I, V
Joyner, Irving L., Vol IV
Jrade, Cathy L., Vol II, III
Juarez, Encarnacion, Vol III
Judd, Catherine, Vol II, V
Judd, Jacob, Vol I
Judd, Richard, Vol I
Judge, Edward H., Vol I
Juergensmeyer, Julian C., Vol IV
Juffs, Alan, Vol III
Juhl, M. E., Vol II
Juhnke, James Carlton, Vol I
Juhnke, Janet Ann, Vol II
Julia, Maria C., Vol V
Juliano, Ann Carey, Vol IV
Julien, Helene, Vol III
Julier, Laura S., Vol II
Jumonville, Neil Talbot, Vol I
Jun, Sun-Ah, Vol III
Jung, Darryl, Vol IV
Jung, Donald J., Vol II
Jung, L. Shannon, Vol IV
Jung, Patricia Beattie, Vol IV
Junkins, Donald A., Vol II
Junne, George, Vol I
Junod, Samuel A., Vol II, III
Juntune, Thomas William, Vol III
Jurado, Jose, Vol III
Jurczak, Paul M., Vol IV
Juricek, John T., Vol I
Jurisson, Cynthia, Vol IV
Jurkevich, Gayana, Vol III
Jurkowski, Elaine, Vol V
Jusczyk, P. W., Vol V
Jusdanis, Gregory, Vol I, II
Jussim, Lee, Vol V
Just, Felix, S. J., Vol IV
Justice, George L., Vol II
Justus, James Huff, Vol II
Juszcyk, Frank, Vol II
Kabakoff, Jacob, Vol III
Kabateck, Gladys, Vol V
Kac, Michael, Vol IV
Kacandes, Irene, Vol III
Kachru, Braj Behari, Vol III
Kachru, Yamuna, Vol III
Kaczynski, Bernice M., Vol I
Kadens, Michael G., Vol IV
Kadish, Gerald E., Vol I
Kadish, Mortimer R., Vol IV
Kadish, Sanford H., Vol IV
Kadlec, David, Vol II
Kaebnick, Gregory E., Vol IV
Kaegi, Walter Emil, Vol I
Kaelin, Eugene Francis, Vol IV
Kaeuper, Richard William, Vol I
Kafker, Frank Arthur, Vol I
Kaga, Mariko, Vol III
Kagan, Jerome, Vol V
Kagan, Richard C., Vol I
Kagan, Richard Lauren, Vol I
Kagan, Robert A., Vol IV
Kagan, Susan, Vol II
Kagle, Steven Earl, Vol II
Kahan, Alan S., Vol I
Kahan, Marcel, Vol IV
Kahane, Claire, Vol II
Kahane, Howard, Vol IV
Kahf, Mohja, Vol V
Kahn, B. Winston, Vol I
Kahn, Charles H., Vol I, IV
Kahn, Coppelia, Vol II
Kahn, David, Vol I
Kahn, Douglas A., Vol IV
Kahn, Jeffrey P., Vol IV
Kahn, Jonathan, Vol I
Kahn, Madeleine, Vol II
Kahn, Miriam, Vol V
Kahn, Sy M., Vol II
Kahne, Hilda, Vol V
Kailing, Joel, Vol II, III
Kaimowitz, Jeffrey H., Vol II, III
Kain, John Forrest, Vol IV
Kairschner, Anne J., Vol II
Kaiser, Charles F., Vol V
Kaiser, Christopher Barina, Vol IV
Kaiser, Daniel Hugh, Vol I
Kaiser, Kevin Robert, Vol I, IV
Kaiser, Thomas Ernest, Vol I
Kaiser, Walter C., Jr., Vol I, IV
Kaivola, Karen, Vol II
Kajevich, Steven N., Vol IV
Kalaidjian, Walter, Vol II
Kalantzis, George, Vol I, IV
Kalas, Robert, Vol I
Kalbfleisch, Pamela J., Vol II
Kalbouss, George, Vol III
Kale, Steven D., Vol I
Kaleta, Kenneth C., Vol II
Kalin, Everett Roy, Vol IV
Kalipeni, Ezekiel, Vol I
Kallaur, Constantine H., Vol III
Kallenberg, Brad J., Vol IV
Kallendorf, Craig William, Vol II
Kallgren, Daniel C., Vol I
Kallman, Theodore, Vol I
Kalman, Laura, Vol I
Kalof, Linda E., Vol V
Kaloudis, George, Vol I
Kalpakgian, Mitchell A., Vol II
Kalvoda, Josef, Vol I, IV
Kamachi, Noriko, Vol I
Kamau, Mosi, Vol I
Kambeitz, Teresita, Vol IV, V
Kamber, Richard, Vol I
Kamboureli, Smaro, Vol II
Kamenish, Paula K., Vol II, III
Kamhi, Michelle Marder, Vol I
Kaminski, John Paul, Vol I
Kaminski, Patricia, Vol V
Kaminski, Thomas, Vol II
Kaminsky, Alice R., Vol II
Kaminsky, Jack, Vol IV
Kamionkowski, Susan T., Vol IV
Kamisar, Yale, Vol IV
Kamla, Thomas A., Vol III
Kamm, Frances Myrna, Vol IV
Kamman, William, Vol I
Kammen, Michael, Vol I
Kamoche, Jidlaph Gitau, Vol I
Kamtekar, Rachana, Vol IV
Kamuf, Peggy, Vol III
Kande, Sylvie, Vol III
Kando, Thomas M., Vol V
Kane, Francis, Vol IV
Kane, John, Vol IV
Kane, Leslie, Vol III
Kane, Peter, Vol II
Kane, Robert H., Vol IV
Kane, Stanley G., Vol I, IV
Kane, Thomas Anthony, Vol IV
Kanel, Kristi L., Vol V
Kanellos, Nicolas, Vol II, III
Kanes, Martin, Vol III
Kanet, Roger E., Vol IV
Kanevskaya, Marina, Vol III
Kang, Soo Y., Vol I
Kang, Wi Jo, Vol I, IV
Kanipe, Esther Sue, Vol I, V
Kantor, John, Vol V
Kantowicz, Edward Robert, Vol I
Kanwar, Anju, Vol II
Kao, Arthur Mu-sen, Vol I
Kaplan, Abram, Vol I
Kaplan, Benjamin J., Vol I
Kaplan, Carey, Vol II
Kaplan, David H., Vol I
Kaplan, David M., Vol IV
Kaplan, Edward Harold, Vol I, III
Kaplan, Edward Kivie, Vol III
Kaplan, Elizabeth Ann, Vol III
Kaplan, Francene E., Vol V
Kaplan, Fred, Vol II
Kaplan, Gregory, Vol III
Kaplan, Herbert Harold, Vol I
Kaplan, James Maurice, Vol III
Kaplan, Jane Payne, Vol III
Kaplan, Justin, Vol II
Kaplan, Laura Duhan, Vol IV, V
Kaplan, Lawrence Samuel, Vol I
Kaplan, Lindsay, Vol II
Kaplan, Nancy, Vol II
Kaplan, Richard L., Vol IV
Kaplan, Robert B., Vol III
Kaplan, Sydney Janet, Vol II
Kaplan, William, Vol IV
Kaplow, Louis, Vol IV
Kaplowitz, Henry L., Vol V
Kapoor, Jitendra M., Vol V
Kapsch, Robert J., Vol I
Karaban, Roslyn A., Vol IV
Karamanski, Theodore J., Vol I
Karamustafa, Ahmet T., Vol I, IV
Karavites, Peter, Vol I
Karch, Dieter, Vol III
Karcher, Carolyn Lury, Vol I, II
Kardon, Peter F., Vol I
Kardong, Terrence G., Vol IV
Karetzky, Stephen, Vol I
Kargon, Robert, Vol I
Kari, Daven Michael, Vol II
Karjala, Dennis S., Vol IV
Karkhanis, Sharad, Vol I, IV
Karl, Barry D., Vol I
Karlinsky, Simon, Vol III
Karlsen, Carol F., Vol I
Karman, James, Vol I, II, IV
Karmel, Roberta S., Vol IV
Karolides, Nicholas J., Vol II
Karon, Bertram Paul, Vol V
Karp, David, Vol V
Karp, Stephen A., Vol V
Karpf, Juanita, Vol II
Karpinski, Gary S., Vol II
Karr, Ronald Dale, Vol II
Karre, Idahlynn, Vol II
Kars, Marjoleine, Vol I
Karsen, Sonja Petra, Vol III
Karst, Kenneth L., Vol IV
Karsten, Peter, Vol I
Kartiganer, Donald M., Vol II
Karttunen, Frances, Vol III
Kasachkoff, Tziporah, Vol IV
Kasely, Terry S., Vol IV
Kasfir, Sidney L., Vol IV
Kashefi, Mahmoud, Vol V
Kaske, Carol Vonckx, Vol II, III
Kasper, Loretta F., Vol V
Kass, Elaine W., Vol II
Kassam, Zayn, Vol I, IV
Kassim, Husain, Vol IV
Kasson, John Franklin, Vol I
Kassow, Samuel D., Vol I
Kastan, David Scott, Vol II, III
Kaster, Robert A., Vol II, III
Katada, Saori, Vol IV
Katarzyna, Olga B., Vol III
Katasse, Conny, Vol II
Kater, John L., Jr., Vol IV
Kater, Michael H., Vol I
Kates, Carol A., Vol IV
Kates, Gary R., Vol I
Kath, Ruth R., Vol III
Katritzky, Linde, Vol III
Katsaros, Thomas, Vol I
Katsoris, Constantine N., Vol IV
Kattago, Siobhan, Vol V
Katz, Esther, Vol I
Katz, Irving, Vol I, IV
Katz, Jeffrey S., Vol V
Katz, Jennifer, Vol V
Katz, Lewis Robert, Vol IV
Katz, Marilyn A., Vol III
Katz, Michael B., Vol I
Katz, Michael Ray, Vol III
Katz, Milton, Vol IV
Katz, Nathan, Vol IV
Katz, Phyllis, Vol II, III
Katz, Sandra, Vol II
Katz, Sanford Noah, Vol IV, V
Katz, Stanley Nider, Vol I, IV
Katz, Steven T., Vol IV
Katzman, David Manners, Vol I, V
Katznelson, Ira, Vol I
Kaucheck, Ken, Vol IV
Kaufer, David S., Vol IV
Kauffman, Bette J., Vol II
Kauffman, George B., Vol I
Kauffman, James M., Vol V
Kauffman, Janet, Vol III
Kauffmann, Ruth A., Vol III
Kaufman, Andrew L., Vol IV
Kaufman, Burton I., Vol I
Kaufman, Debra Renee, Vol V
Kaufman, George G., Vol IV
Kaufman, Gordon Dester, Vol IV
Kaufman, Martin, Vol I
Kaufman, Stephen Allan, Vol III, IV
Kaufman, Suzanne, Vol I
Kaufman, Terrence Scott, Vol III, V
Kaufman, William E., Vol IV
Kaufmann, Frank, Vol I, IV
Kaufmann, Thomas DaCosta, Vol I
Kaulbach, Ernest Norman, Vol III, IV
Kavanagh, Aidan, Vol IV
Kavanagh, Peter, Vol II
Kawamura, Noriko, Vol I
Kawashima, Yasuhide, Vol I, IV
Kawewe, Saliew, Vol V
Kawin, Bruce Frederick, Vol I, II
Kay, Gersil N., Vol IV
Kay, Herma Hill, Vol IV
Kay, James F., Vol IV
Kay, Judith Webb, Vol IV
Kay, Thomas O., Vol I
Kay, W. David, Vol II
Kaye, Alan Stewart, Vol III
Kaye, Frances Weller, Vol I, II
Kaye, Harvey Jordan, Vol I, V
Kaye, Howard, Vol V
Kaye, Joel, Vol I
Kaye, Lawrence J., Vol IV
Kaylor, Robert David, Vol IV
Kazazis, Kostas, Vol III
Kazemzadeh, Firuz, Vol I
Kazemzadeh, Masoud, Vol IV
Kazin, Alfred, Vol I
Ke, C. R., Vol III
Kealey, Edward J., Vol I
Kealey, Gregory S., Vol I
Kealey, Linda, Vol I
Kealy, Sean P., Vol IV
Keaney, John J., Vol II, III
Kearly, Peter R., Vol II
Kearney, Milo, Vol I
Kearney, Richard, Vol IV
Kearns, Emily, Vol V
Kearns, Francis E., Vol II
Kearns, John Thomas, Vol IV
Kearns, Nancy, Vol II
Kearns, Terrance, Vol II
Keaten, James A., Vol II, V
Keating, Gregory C., Vol IV
Keating, James, Vol IV
Keating, Patrick, Vol II
Keay, Robert, Vol IV
Kebede, Ashenafi Amde, Vol I
Kebric, Robert Barnett, Vol I
Keck, Christiane Elisabeth, Vol III
Keck, Leander E., Vol IV
Keddie, Nikki R., Vol I
Kee, Howard Clark, Vol I, IV
Keeble, Robert L., Vol II
Keefe, Alice Ann, Vol IV
Keefe, Robert, Vol II
Keefe, Susan Ann, Vol I
Keefe, Susan E., Vol V
Keefe, Thomas M., Vol I
Keefer, Donald R., Vol IV
Keefer, Janice Kulyk, Vol II
Keegan, John E., Vol IV
Keehner, Mary, Vol II
Keel, Vernon, Vol IV
Keel, William D., Vol III
Keele, Alan F., Vol III
Keeler, Mary Frear, Vol I
Keeling, Lytle Bryant, Vol IV
Keen, Benjamin, Vol I
Keen, Cheryl, Vol V
Keen, J. Ernest, Vol V
Keen, Mike F., Vol V
Keen, Ralph, Vol IV
Keen, Suzanne, Vol II
Keenan, Hugh Thomas, Vol II
Keenan, J. F., Vol IV
Keenan, J. G., Vol II, III
Keenan, John P., Vol IV
Keenan, Richard Charles, Vol II
Keene, Jennifer D., Vol I
Keener, Craig S., Vol IV
Keener, Frederick M., Vol II, III
Keeney, Donald E., Vol IV
Keep, Christopher J., Vol II
Keep, John L. H., Vol I
Keesey, Richard E., Vol V
Keessen, Jan, Vol II
Keeton, Morris Teuton, Vol IV
Keeton, Robert Ernest, Vol IV
Keffer, Charles K., Jr., Vol III
Kegl, Rosemary, Vol II
Kegley, Charles W., Vol IV
Kegley, Jacquelyn A., Vol IV
Kehl, Delmar George, Vol II
Kehl, James Arthur, Vol I
Kehoe, Alice, Vol V
Kehoe, Dennis P., Vol I
Keifert, Patrick, Vol IV
Keightley, David Noel, Vol I
Keil, Charles M. H., Vol II, V
Keillor, Elaine, Vol I, II, V
Keim, Albert N., Vol IV
Keim-Campbell, Joseph, Vol IV
Keiser, George Robert, Vol II
Keiter, Robert B., Vol I, IV
Keith, Heather, Vol IV
Keith, Rebecca M., Vol V
Kekes, John, Vol IV
Kelbley, Charles A., Vol IV
Kelemen, Deborah A., Vol V
Kelleghan, Fiona, Vol II
Kelleher, Patricia, Vol I
Kellenberger, Bertram James, Vol IV
Keller, Arnold, Vol II
Keller, Chester, Vol IV
Keller, Clair Wayne, Vol I
Keller, Dale, Vol II
Keller, David R., Vol IV
Keller, Eve, Vol II
Keller, Evelyn Fox, Vol V
Keller, Gary D., Vol III
Keller, Howard Hughes, Vol III
Keller, James Albert, Vol IV
Keller, Jill Lenett, Vol II
Keller, John Esten, Vol III
Keller, Kenneth Wayne, Vol I
Keller, Morton, Vol I
Keller, Pierre, Vol IV
Keller, Robert J., Vol V
Keller, Robert L., Vol IV, V
Keller, William, Vol I
Kellett, Pete, Vol II
Kelley, Alita, Vol III
Kelley, Beverly M., Vol II
Kelley, Brooks Mather, Vol I
Kelley, Delores G., Vol II
Kelley, Donald B., Vol I
Kelley, Donald R., Vol I
Kelley, E. Morgan, Vol III

Kelley, John T., Vol I
Kelley, Karl Neal, Vol V
Kelley, Mary, Vol I
Kelley, Michael Robert, Vol II, III
Kelley, Paul B., Vol III
Kelley, Samuel L., Vol II
Kelling, Hans-Wilhelm L., Vol III
Kellman, Steven G., Vol III
Kellner, George, Vol I
Kellner, Hans, Vol II
Kellogg, David, Vol II
Kellogg, Frederic R., Vol IV
Kellogg, Frederick, Vol I
Kellum, Barbara, Vol I
Kelly, Alfred Herbert, Vol I
Kelly, Cathie, Vol I
Kelly, David F., Vol IV
Kelly, David H., Vol III
Kelly, David H., Vol I
Kelly, Dorothy J., Vol III
Kelly, Douglas, Vol IV
Kelly, Erna, Vol II
Kelly, Ernece Beverly, Vol II
Kelly, Henry Ansgar, Vol II
Kelly, Jim Kelly, Vol IV
Kelly, Joseph F., Vol IV
Kelly, Justin J., Vol II
Kelly, Louis G., Vol III
Kelly, R. Gordon, Vol II
Kelly, Rebecca, Vol II
Kelly, Rita Mae, Vol IV
Kelly, Robert Leroy, Vol II
Kelly, S., Vol II
Kelly, Sean D., Vol IV
Kelly, Thomas, Vol I
Kelly, Van, Vol III
Kelly, William, Vol II
Kelman, Steven, Vol IV
Kelsey, Sean, Vol IV
Kelvin, Norman, Vol II
Kelz, Rochelle Kanter, Vol III
Kemeny, P, Vol I, IV
Kemmer, Suzanne E., Vol III
Kemmerer, Kathleen, Vol II
Kemp, Fred O., Vol II
Kemp, Henrietta J., Vol I, II, III
Kemp, Theresa D., Vol II
Kempf, Stephen W., Vol IV
Kendall, Calvin B., Vol II
Kendall, Kathleen E., Vol II
Kende, Mark, Vol IV
Kendrick, Christopher, Vol II
Kendrick, Joy A., Vol IV
Kendrick, Walter, Vol II
Kenevan, Phyllis Berdt, Vol IV
Kenez, Peter, Vol I
Kenfield, John F., III, Vol I
Kenkel, Konrad, Vol III
Kennan, William R., Jr., Vol II
Kennedy, Bruce, Vol IV
Kennedy, Chris, Vol III
Kennedy, Christopher, Vol II
Kennedy, D. Robert, Vol IV
Kennedy, Dane Keith, Vol I
Kennedy, David, Vol IV
Kennedy, David M., Vol I
Kennedy, Elizabeth, Vol V
Kennedy, George A., Vol II, III
Kennedy, George E., Vol II
Kennedy, J. Gerald, Vol II
Kennedy, James C., Vol I
Kennedy, Janet, Vol I
Kennedy, Joyce S., Vol V
Kennedy, Kenneth Adrian Raine, Vol V
Kennedy, Lawrence W., Vol I
Kennedy, Rick, Vol I
Kennedy, Robert E., Vol IV
Kennedy, Robin M., Vol IV
Kennedy, Thomas, Vol IV
Kennedy, Thomas C., Vol I
Kennedy, Thomas L., Vol I
Kennedy, W. Benjamin, Vol I
Kennedy, William John, Vol II, III
Kennedy-Day, Kiki, Vol III, IV
Kennelly, Laura B., Vol II
Kenneson, Philip D., Vol IV
Kennett, Douglas, Vol V
Kenney, Garrett C., Vol IV
Kenney, John Peter, Vol IV
Kennick, William Elmer, Vol IV
Kennison, Shelia, Vol V
Kenny, Alfreida B., Vol IV
Kenny, Kevin, Vol I
Kenseth, Joy, Vol I
Kenshur, Oscar S., Vol III
Kent, Carol Fleisher, Vol II
Kent, Dan Gentry, Vol IV
Kent, Robert B., Vol I
Kent, Susan, Vol I
Kenzer, Robert C., Vol I
Keohane, Nannerl O., Vol IV
Kepler, Jon S., Vol I
Kepnes, Steven D., Vol IV
Kerber, Jordan E., Vol V
Kerber, Linda Kaufman, Vol I
Kerby-Fulton, Kathryn, Vol II
Kerckhove, Lee, Vol IV
Kerlin, Michael J., Vol IV
Kern, Gilbert Richard, Vol I, IV
Kern, Richard G., Vol III
Kern, Robert, Vol I
Kern, Stephen R., Vol I
Kern-Foxworth, Marilyn L., Vol II
Kerner, Howard A., Vol II
Kerns, Virginia B., Vol V
Kerr, Gregory, Vol IV
Kerr, Kathel Austin, Vol I
Kerr, Lucille, Vol III
Kerr-Ritchie, Jeffrey R., Vol I
Kersey, Harry A., Vol I
Kershner, R. Brandon, Vol II, III
Kersten, Frederick Irving, Vol IV
Kertzer, David Israel, Vol V
Kesan, Jay P., Vol IV
Keselman, Thomas A., Vol I
Keshishian, Flora, Vol II
Kesler, Linc, Vol III
Kesselman, Amy, Vol I
Kessler, Ann Verona, Vol I, IV
Kessler, Carol, Vol II
Kessler, Herbert Leon, Vol I
Kessler, Jascha Frederick, Vol II
Kessler, Rod, Vol II
Kessler-Harris, Alice, Vol I
Kessner, Thomas, Vol I
Kesterson, David B., Vol II
Kesterson, David Bert, Vol II
Ketcham, Ralph Louis, Vol I
Ketchen, Jim, Vol IV
Ketchersid, William L., Vol I
Ketchum, Richard J., Vol IV
Keteku, Oheneba E., Vol V
Ketner, Kenneth Laine, Vol II, IV
Ketrow, Sandra M., Vol II
Kett, Joseph Francis, Vol I, V
Kettner, James Harold, Vol I
Keuchel, Edward F., Vol I
Keumsil, Kim Yoon, Vol III
Kevelson, Roberta, Vol IV
Kevern, John, Vol I, IV
Kevles, Daniel Jerome, Vol I
Kevra, Susan, Vol III
Key, Wilson Bryan, Vol II
Keyes, Claire J., Vol II
Keyishian, Harry, Vol II
Keylor, William Robert, Vol I
Keys, Christopher, Vol V
Keys, Paul, Vol V
Keyser, Elizabeth, Vol II
Keyssar, Alexander, Vol I
Keyssar, Helene, Vol II
Keyt, David, Vol IV
Kezar, Dennis, Vol II
Khan, Abrahim H., Vol IV
Khan, Yoshmitsu, Vol I
Kharpertian, Theodore, Vol II
Khatib, Syed Malik, Vol II
Khodarkovsky, Michael, Vol I
Khopkar, Asha D., Vol V
Khoury, Philip S., Vol I
Khushf, George, Vol IV
Khwaja, Waqas A., Vol II
Kiah, Ruth Josephine, Vol V
Kibbee, Douglas, Vol III
Kibler, James Everett, Jr., Vol II
Kibler, Louis Wayne, Vol III
Kicklighter, Joseph Allen, Vol I
Kicza, John Edward, Vol I
Kidd, Reggie McReynolds, Vol IV
Kidwell, Clara Sue, Vol I
Kidwell, R. Jay, Vol V
Kieckhefer, Richard, Vol I, IV
Kiefer, Frederick P., Vol II
Kiefer, Kate, Vol II
Kiefer, Lauren, Vol II
Kieffer, Bruce, Vol III
Kieft, David, Vol I
Kielkopf, Charles F., Vol IV
Kiernan, Kevin S., Vol II
Kiernan, Michael Terence, Vol II
Kiernan, Robert F., Vol II
Kiersky, James H., Vol IV
Kierstead, Fred P., Vol V
Kierstead, Melanie Starks, Vol IV
Kiessling, Nicolas, Vol II
Kieswetter, James Kay, Vol I
Kievitt, F. David, Vol II
Kiger, Joseph Charles, Vol I
Kijinski, John, Vol II
Kijne, Hugo, Vol V
Kilcoyne, John R., Vol IV
Kilcup, Karen L., Vol II
Kilgour, Maggie, Vol II
Killam, G. Douglas, Vol II
Killen, Linda, Vol I
Killen, Patricia O'Connell, Vol IV
Killiam, Marie-Therese, Vol III
Killoran, Helen, Vol II
Kilmer, Anne Draffkorn, Vol I
Kilpatrick, Ross S., Vol II, III
Kilpatrick, Thomas L., Vol V
Kilpinen, Jon T., Vol I
Kilwein-Guevara, Maurice A., Vol II
Kim, Ai Ra, Vol IV
Kim, Chan-Hie, Vol IV
Kim, Elaine, Vol V
Kim, Hyung Kook, Vol I
Kim, Kwang Chung, Vol V
Kim, Margaret, Vol II
Kim, Nam-Kil, Vol III
Kim, Wonil, Vol IV
Kim, Yong Choon, Vol IV
Kim, Young Hum, Vol I, IV
Kim, Younglae, Vol IV
Kim-Renaud, Young-Key, Vol III, V
Kimball, Gayle H., Vol V
Kimball, Jeffrey P., Vol I
Kimball, Robert, Vol IV
Kimball, Warren, Vol I
Kimble, Melvin, Vol IV
Kime, Wayne R., Vol II
Kimes, Don, Vol I
Kimmel, Richard H., Vol I, V
Kimmelman, Burt, Vol II
Kimnach, Wilson H., Vol II
Kind, Amy L., Vol IV
Kindall, Susan Carol, Vol II
Kindig, Everett W., Vol I
King, Adele C., Vol III
King, Anthony D., Vol I
King, Ben L., Vol II, III
King, C. Richard, Vol V
King, Charlotte P., Vol III
King, Edith, Vol V
King, H. Roger, Vol I
King, James, Vol II
King, John O., Vol I
King, Katherine Callen, Vol III
King, Kathleen, Vol II
King, Margaret L., Vol I
King, Ora Sterling, Vol V
King, Patricia Ann, Vol IV
King, Paul E., Vol II
King, Peter, Vol I, II, III
King, Peter John, Vol I
King, Richard D., Vol I
King, Roberta R., Vol II, IV, V
King, Roger, Vol II
King, Sallie B., Vol IV
King, Samuel C., Vol III
King, Shelley, Vol II
King, Stephen, Vol II
King, Thomas L., Vol II
King, Walter Joseph, Vol I
King, Yvonne, Vol II
King-Hammond, Leslie, Vol I
Kingdon, Robert McCune, Vol I
Kingery, Sandra L., Vol III
Kinghorn, Kenneth Cain, Vol I, IV
Kingston, John, Vol III
Kingstone, Basil D., Vol III
Kinkade, Richard Paisley, Vol III
Kinkley, Jeffrey Carroll, Vol I
Kinnaman, Theodore J., Vol IV
Kinnamon, Keneth, Vol II
Kinnamon, Noel James, Vol II
Kinnear, Michael S. R., Vol I
Kinnebrew, Mary Jane, Vol II
Kinney, Arthur F., Vol II
Kinney, E. D., Vol IV
Kinney, James Joseph, Vol II
Kinney, Joseph, Vol II
Kinney, Katherine, Vol II
Kinsella, David, Vol I
Kinsella, Susan, Vol V
Kinser, Samuel, Vol I
Kinsey, Winston Lee, Vol I
Kinsman, Lawrence, Vol II
Kintigh, Keith W., Vol V
Kintsch, Walter, Vol V
Kinzie, Mary, Vol II
Kipa, Albert Alexander, Vol III
Kiple, Kenneth Franklin, Vol I
Kipling, Gordon L., Vol II
Kipp, Rita, Vol V
Kipper, David A., Vol V
Kipperman, Mark, Vol II
Kiralyfalvi, Bela, Vol II
Kirby, Alec, Vol I
Kirby, Carol, Vol III
Kirby, David, Vol II
Kirby, Jack Temple, Vol I
Kirby, John T., Vol II, III
Kirby, Steven D., Vol III
Kirby, Torrance W., Vol I, IV
Kirby-Smith, H. T., Vol II
Kirch, Patrick V., Vol V
Kirgis, Frederic Lee, Vol IV
Kirk, Wyatt D., Vol V
Kirk-Duggan, Cheryl Ann, Vol II, IV
Kirkham, Victoria E., Vol III
Kirkhart, Matthew, Vol V
Kirkpatrick, Diane Marie, Vol I
Kirkpatrick, Frank Gloyd, Vol IV
Kirkpatrick, Peter S., Vol III
Kirkpatrick, Susan, Vol III, V
Kirkpatrick, W. David, Vol IV
Kirkwood, Gordon Macdonald, Vol III
Kirkwood, William, Vol II
Kirschenbaum, Howard, Vol V
Kirschke, James J., Vol II
Kirschner, Teresa, Vol IV
Kirshbaum, Hal, Vol IV
Kirshenblatt-Gimblett, Barbara, Vol II
Kirshner, Alan Michael, Vol I
Kirshner, David, Vol V
Kirshner, Julius, Vol I
Kirtland, Robert, Vol IV
Kis, Miroslav M., Vol IV
Kisacky, Julie, Vol III
Kiser, Joy, Vol I, II
Kiser, Lisa J., Vol II
Kisiel, Theodore Joseph, Vol IV
Kissen, Rita, Vol V
Kissling, Paul J., Vol IV
Kistemaker, Simon, Vol IV
Kisthardt, Walter E., Vol V
Kitao, T. Kaori, Vol I
Kitch, Sally L., Vol V
Kitchel, Mary Jean, Vol I, IV
Kitchell, Kenneth F., Vol II, III
Kitchen, Martin, Vol I
Kitchener, Richard F., Vol IV
Kitcher, Patricia, Vol IV
Kitcher, Philip, Vol IV
Kitching, Benita, Vol IV
Kiteley, Brian, Vol II
Kittay, Eva Feder, Vol IV
Kittelson, James, Vol I, IV
Kitterman, David Harold, Vol I
Kittredge, William Alfred, Vol II
Kitts, Margo, Vol IV
Kitts, Thomas M., Vol II
Kivelson, Valerie, Vol I
Kivisto, Peter J., Vol V
Kivy, Peter Nathan, Vol IV
Kizer, Elizabeth J., Vol II
Klaassen, Walter, Vol I, IV
Klages, Mary, Vol II
Klagge, James C., Vol IV
Klahr, David, Vol V
Klang, Daniel M., Vol I
Klare, Karl E., Vol IV
Klare, Michael T., Vol IV
Klaren, Peter Flindell, Vol I
Klass, Dennis, Vol IV
Klassen, Peter James, Vol I
Klassen, William, Vol IV
Klatch, Rebecca, Vol V
Klausenburger, Jurgen, Vol III
Klausner, Carla Levine, Vol I
Klawitter, George, Vol II
Klebba, James Marshall, Vol IV
Kleber, Brooks Edward, Vol I
Kleck, Gary, Vol IV
Kleck, Robert E., Vol V
Kledaras, Constantine G., Vol V
Klee, Carol A., Vol III, V
Klee, Ildora, Vol III
Klehr, Harvey, Vol IV
Kleiman, Lowell, Vol IV
Kleimola, Ann, Vol I
Klein, Anne, Vol III, IV
Klein, Benjamin, Vol IV
Klein, Bernard, Vol I, IV
Klein, Cecelia F., Vol I
Klein, Christine A., Vol IV
Klein, Dennis Allan, Vol III
Klein, Dennis B., Vol I, IV
Klein, Ellen R., Vol IV
Klein, Herbert S., Vol I
Klein, Ilona, Vol III
Klein, Ira N., Vol I
Klein, Jared S., Vol III
Klein, Joan Larsen, Vol II
Klein, Kenneth, Vol IV
Klein, Lawrence E., Vol I
Klein, Martin A., Vol I
Klein, Maurice N., Vol I
Klein, Michael Eugene, Vol I
Klein, Milton M., Vol I
Klein, Owen, Vol I, II
Klein, Peter David, Vol IV
Klein, R., Vol I
Klein, Ralph W., Vol IV
Klein, Richard, Vol IV
Klein, Robert H., Vol V
Klein, William A., Vol IV
Klein, William Francis, Vol II
Klein, William W., Vol IV
Kleinbauer, W. Eugene, Vol I
Kleinberg, Seymour, Vol II
Kleine-Ahlbrandt, Wm. Laird, Vol I
Kleiner, Elaine Laura, Vol II
Kleiner, Fred S., Vol I
Kleiner, John, Vol II
Kleiner, Scott Alter, Vol IV
Kleinfeld, Gerald R., Vol I
Kleingeld, Pauline, Vol IV
Kleinhenz, Christopher, Vol III
Kleinman, Neil, Vol II
Kleinsasser, Jerome, Vol II
Klejment, Anne, Vol I
Klemke, Elmer Daniel, Vol IV
Klemt, Barbara, Vol II
Klene, Jean M., Vol II
Klenotic, Jeffrey F., Vol II
Klepak, Hal, Vol I
Klepper, Deeana, Vol I
Klerman, Daniel M., Vol IV
Klibansky, Raymond, Vol IV
Klibbe, Lawrence H., Vol III
Kligerman, Jack, Vol II
Klima, Edward Stephens, Vol III
Klima, Gyula, Vol IV
Kliman, Bernice W., Vol II
Klimes, Rudolf, Vol V
Klimko, Ronald, Vol II
Kline, Daniel, Vol II
Kline, George Louis, Vol IV
Kline, John A., Vol II
Kline, Marlee, Vol IV
Kline, Meredith George, Vol IV
Kline, Ronald R., Vol I
Kline, Thomas Jefferson, Vol III
Kling, Blair B., Vol I
Kling, David, Vol I, IV
Klinghoffer, Arthur Jay, Vol IV
Klink, William, Vol II
Klinkowitz, Jerome, Vol II
Klitzkie, Lourdes Palomo, Vol V
Klock, Sheldon, Jr, Vol III
Klonoski, Richard, Vol IV
Klooster, Willem, Vol I
Klopp, Charles, Vol III
Klostermaier, Klaus Konrad, Vol IV
Klotman, Phyllis Rauch, Vol II
Klotter, James, Vol I
Klotz, Marvin, Vol II
Kludze, A. Kodzo Paaku, Vol IV
Kluge, Eike-Henner W., Vol IV
Klumpp, James F., Vol II
Klunder, Willard Carl, Vol I
Kmiec, Douglas William, Vol IV
Knafla, Louis A., Vol I
Knapp, Arthur Bernard, Vol I
Knapp, Bettina, Vol III
Knapp, Gerhard Peter, Vol II
Knapp, James A., Vol II
Knapp, James Franklin, Vol II
Knapp, John A., II, Vol II
Knapp, John V., Vol II
Knapp, Mark L., Vol II
Knapp, Peggy Ann, Vol II
Knapp, Richard Gilbert, Vol III
Knapp, Robert C., Vol I, II, III
Knapp, Robert Stanley, Vol II
Knapp, Ronald G., Vol I, V
Knapp, Terence R., Vol II
Knapp, Thomas A., Vol I
Knauer, Georg Nicolaus, Vol II, III
Kneeland, Timothy W., Vol I
Kneeshaw, Stephen, Vol I, V
Kneller, Jane E., Vol IV
Kneller, John William, Vol III
Knepper, George W., Vol I

Knies, Earl Allen, Vol II
Knight, Alan Edgar, Vol III
Knight, Caroly Ann, Vol IV
Knight, Charles, Vol II
Knight, Deborah, Vol IV
Knight, Deirdre Sabina, Vol III
Knight, Denise D., Vol II
Knight, Eileen Q., Vol V
Knight, Fawn, Vol II
Knight, Franklin Willis, Vol I
Knight, Gary, Vol IV
Knight, Henry H., III, Vol IV
Knight, Isabel Frances, Vol I
Knight, Nicholas William, Vol II
Knight, W. H., Vol IV
Knighton, Robert Tolman, Vol II
Kniker, Charles R., Vol IV
Knipe, David Maclay, Vol I, IV
Knitter, Paul Francis, Vol IV
Knobel, Dale Thomas, Vol I
Knoblauch, Cyril H., Vol II
Knoeller, Christian, Vol II
Knoepflmacher, U. C., Vol II
Knoke, David, Vol V
Knoles, Lucia, Vol II
Knoll, Michael S., Vol IV
Knoll, Paul W., Vol I
Knopoff, L., Vol I
Knopp, Sherron Elizabeth, Vol II, III
Knorr, Ortwin, Vol II, III
Knott, Alexander W., Vol I
Knott, John R., Vol II
Knowles, Ralph L., Vol I
Knowles, Richard Alan John, Vol II
Knowlton, Edgar C., Jr., Vol III
Knowlton, Robert James, Vol I
Knox, Bernard MacGregor Walker, Vol III
Knox, Edward Chapman, Vol III
Knox, George F., Vol IV
Knust, Herbert, Vol III
Knuth, Deborah, Vol II
Knutson, Harold Christian, Vol III
Knutson, Roslyn L., Vol II
Knutson, Susan, Vol II
Knysh, Alexander D., Vol I
Kobach, Kris W., Vol IV
Kobler, Jasper Fred, Vol II
Koc, Richard, Vol III
Kocel, Katherine, Vol V
Koch, Chris, Vol V
Koch, Christian Herbert, Vol II
Koch, Erec R., Vol III
Koch, Ernst, Vol III
Koch, Glenn A., Vol IV
Koch, Kenneth, Vol II, III
Koch, Michael, Vol IV
Koch, Philip, Vol III
Kochanek, Stanley Anthony, Vol IV
Kocher, Suzanne A., Vol III
Kochhar-Lindgren, Gray M., Vol II
Koda, Keiko, Vol III, V
Koddermann, Achim D., Vol IV
Koditschek, Theodore, Vol I
Koegel, John, Vol II
Koegel, Lynne, Vol IV
Koegler, Hans-Herbert, Vol IV
Koehler, G. Stanley, Vol II
Koekkoek, Byron J., Vol III
Koelb, Clayton L., Vol III
Koelsch, William Alvin, Vol I
Koenen, Ludwig, Vol III
Koenig, Jean-Paul Francois Xavier, Vol III
Koenig, Thomas Roy, Vol IV
Koeniger, A. Cash, Vol I
Koenigsberg, Lisa M., Vol I
Koenker, Diane P., Vol I
Koepke, Robert L., Vol I
Koepke, Wulf, Vol III
Koerner, E. F. K., Vol III
Koerper, Phillip Eldon, Vol I
Koertge, Noretta, Vol I, IV
Koestenbaum, Peter, Vol IV
Koester, Craig R., Vol IV
Koester, Helmut, Vol IV
Koester, Rudolf Alfred, Vol III
Kofas, Jon, Vol I
Kogan, Vivian, Vol III
Koginos, Manny T., Vol I
Kohan, Kevin M., Vol II
Kohl, Benjamin Gibbs, Vol I
Kohl, Marvin, Vol IV
Kohl, Stephen William, Vol III
Kohler, Eric Dave, Vol I
Kohler, Sue A., Vol I
Kohls, Winfred A., Vol I
Kohlstedt, Sally Gregory, Vol I
Kohn, Livia, Vol IV
Kohn, Richard, Vol IV
Kohn, Richard Henry, Vol I
Kohut, Thomas A., Vol I
Koike, Dale A., Vol III
Koistinen, Paul Abraham Carl, Vol I
Kolak, Daniel, Vol IV
Kolasny, Judette M., Vol IV
Kolb, David Alan, Vol IV
Kolb, Gwin Jack, Vol II
Kolb, Gwin Jackson, Vol II
Kolb, Jocelyne, Vol III
Kolb, Robert A., Vol I
Kolden, Marc, Vol IV
Kolin, Philip, Vol II
Kolker, Delphine, Vol II
Kolko, Beth E., Vol II
Kolko, Gabriel, Vol I
Kollander, Patricia A., Vol I
Kollar, Nathan Rudolph, Vol I, IV
Kollmann, Nancy Shields, Vol I
Kolmer, Elizabeth, Vol I
Kolodny, Annette, Vol II, V
Kolonosky, Walter F., Vol III
Kom, Ambroise, Vol I, III
Komar, Kathleen Lenore, Vol II, III
Kome, Penny J., Vol V
Komechak, Michael E., Vol II
Komonchak, Joseph Andrew, Vol IV
Konditi, Jane, Vol IV, V
Konecni, Vladimir J., Vol V
Konek, Carol Wolfe, Vol II, V
Konick, Steve, Vol II
Konig, David Thomas, Vol I, IV
Konigsberg, Ira, Vol II
Konishi, Haruo, Vol I
Konkle, Lincoln Ernest, Vol II
Konstan, David, Vol II, III
Konvitz, Josef Wolf, Vol I
Konvitz, Milton R., Vol IV
Kooi, Christine, Vol I
Kooistra, John, Vol II
Koon, G. W., Vol II
Koons, Robert C., Vol IV
Koontz, Christian, Vol II, III
Koontz, Thomas Wayne, Vol II
Koonz, Claudia, Vol I
Koop, Marie-Christine W., Vol III
Kooreman, Thomas Edward, Vol II, III
Koot, Gerard M., Vol I
Kopacz, Paula D., Vol II
Kopaczynski, Germain, Vol IV
Kopas, Jane, Vol IV
Kopelman, Loretta M., Vol IV
Koper, Randall J., Vol II
Koperski, Jeffrey, Vol IV
Koperski, Veronica, Vol IV
Kopf, David, Vol I
Kopff, Edward Christian, Vol III
Kopfman, Jenifer E., Vol II
Kopp, Claire, Vol V
Kopp, Richard L., Vol III
Koppel, Glenn, Vol IV
Kopper, Beverly A., Vol V
Koppes, Clayton R., Vol I
Koppisch, Michael Seibert, Vol III
Koptak, Paul E., Vol II, IV
Kopytoff, Igor, Vol V
Korabic, Edward W., Vol II
Korcheck, Robert, Vol II
Korcz, Keith, Vol IV
Korenman, Joan Smolin, Vol II
Korg, Jacob, Vol II
Korgen, Kathleen, Vol V
Koritz, Amy, Vol II
Korn, Harold Leon, Vol IV
Korn, Kim Haimes, Vol II
Kornberg, Jacques, Vol I
Kornblatt, Judith Deutsch, Vol III, IV
Kornblith, Gary J., Vol I
Kornblith, Hilary, Vol IV
Kornbluth, Genevra, Vol I
Korolenko, A. Michael, Vol II
Korom, Frank J., Vol II, V
Koropeckyj, Roman, Vol III
Korp, Maureen, Vol IV
Korr, Charles P., Vol I
Kors, Alan Charles, Vol I
Korsgaard, Christine M., Vol IV
Korshin, Paul J., Vol II
Korsmeyer, Carolyn, Vol IV
Kort, Wesley A., Vol IV
Kortepeter, C. Max, Vol I
Korth, Philip Alan, Vol I
Korwar, Arati, Vol IV
Kosar, Anthony J., Vol II
Koschmann, Julien Victor, Vol I
Koshi, Annie, Vol II
Koshkin-Youritzin, Victor, Vol I
Koski, Cheryl A., Vol II
Koslofsky, Craig, Vol I
Kosrovani, Emilio M., Vol IV
Koss, David H., Vol IV
Kosta, Barbara, Vol III
Kostelanetz, Richard, Vol I, II, V
Kostenberger, Andreas J., Vol IV
Kosto, Adam, Vol I
Kosztolnyik, Zoltan Joseph Desiderius, Vol I
Koterski, Joseph, Vol IV
Kotler, Neil G., Vol IV
Kotler, Philip, Vol II
Kotz, Samuel, Vol IV
Kotzin, Joshua Boaz, Vol II
Kotzin, Rhoda Hadassah, Vol IV
Koumoulides, John A., Vol I
Kourvetaris, George A., Vol V
Kousser, Joseph Morgan, Vol I
Kovach, Charles, Vol II
Kovach, Thomas A., Vol III
Kovacik, Karen, Vol II
Kovacs, Edna M., Vol V
Kovacs, P. David, Vol II, III
Kovaleff, Theodore Philip, Vol I, IV
Kovalio, Jacob, Vol I
Kovarik, Bill, Vol II
Kovarik, Edward, Vol II
Kovarsky, Dana, Vol II
Kowalczyk, Richard L., Vol II
Kowaleski, Maryanne, Vol I
Kowalewski, Michael J., Vol II
Kowalke, Kim H., Vol II
Kowalski, Robin Marie, Vol V
Kozar, Joseph F., Vol IV
Kozikowski, Stanley John, Vol II
Kozma, Janice M., Vol III
Kozyris, Phaedon John, Vol IV
Kposowa, Augustine, Vol V
Kra, Pauline, Vol III
Kraabel, Alf Thomas, Vol II, III, IV
Krabbe, Judith, Vol II, III
Krabbenhoft, Kenneth, Vol III
Kraehe, Enno Edward, Vol I
Kraemer, David, Vol IV
Krafft, John M., Vol II
Kraft, Elizabeth A., Vol II
Kraft, James P., Vol I
Kraft, Robert Alan, Vol I, IV
Kraft, Ruth Nelson, Vol II
Kraft, William F., Vol V
Krahmalkov, Charles R., Vol I
Krahmer, Shawn Madison, Vol IV
Krahnke, Karl, Vol II
Krajewski, Bruce, Vol II
Krakauer, Eric, Vol IV
Kraman, Cynthia, Vol II
Kramer, Arnold Paul, Vol I
Kramer, Carl Edward, Vol I
Kramer, Dale Vernon, Vol II
Kramer, Jennifer, Vol II
Kramer, John E., Vol V
Kramer, Joseph Elliot, Vol II
Kramer, Joyce Marie, Vol V
Kramer, Karl D., Vol III
Kramer, Lawrence Eliot, Vol II
Kramer, Mary Duhamel, Vol II
Kramer, Maurice, Vol II
Kramer, Michael W., Vol II
Kramer, Phyllis S., Vol IV
Kramer, Robert, Vol IV
Kramer, Victor Anthony, Vol II
Kramer-Hellinx, Nechama, Vol III
Kramer-Mills, Hartmut, Vol IV
Kranidis, Rita, Vol II
Krantz, Arthur A., Vol IV
Krantz, Grover S., Vol V
Krantz, Mary Diane F., Vol II
Kranzberg, Melvin, Vol I
Krapf, Norbert A., Vol II
Krasner, David, Vol II
Krassen, Miles, Vol IV
Krattenmaker, Thomas George, Vol IV
Kratz, Bernd, Vol III
Kratz, Dennis, Vol II
Kratz, Henry, Vol III
Kratzer, Anglelika, Vol III
Krauel, Ricardo, Vol III
Kraus, Matthew A., Vol II, III
Kraus, Sidney, Vol II
Krause, Corinne Azen, Vol I, V
Krause, David H., Vol II
Krause, Joan H., Vol IV
Krause, Linda R., Vol I
Krause, Maureen Therese, Vol III
Krause, Sydney Joseph, Vol II
Krauss, Michael, Vol III
Krausz, Michael, Vol IV
Kraut, Alan M., Vol I
Kraut, Benny, Vol I, IV
Kraut, Richard, Vol IV
Krawchuk, Andrii, Vol IV
Krawczeniuk, Joseph V., Vol III
Krawiec, Kimberly D., Vol IV
Kraybill, Donald B., Vol V
Krebs, Victor J., Vol IV
Kreiss, Paul Theodore, Vol III
Kreiswirth, Martin, Vol II
Krejci-Papa, Marianna, Vol II
Krekic, Barisa, Vol I
Kremer, Gary R., Vol I
Kremer, Michael, Vol IV
Kremer, S. Lillian, Vol II
Kremm, Diane Neal, Vol I
Kren, George M., Vol I
Krentz, Edgar, Vol IV
Krentz, Peter Martin, Vol I
Kreps, Gary L., Vol II
Kress, Lee Bruce, Vol I
Kress, Robert Lee, Vol IV
Kressel, Neil, Vol V
Kretzschmar, William A., Jr., Vol II, III
Kreuter, Katherine, Vol III
Krevans, Nita, Vol II, III
Krey, Gary De, Vol I
Krey, Philip D. W., Vol I, IV
Kreyling, Michael, Vol II
Krick, Robert Kenneth, Vol I
Krieg, Robert A., Vol IV
Kriegel, Abraham David, Vol II
Kriegel, Leonard, Vol II
Krieger, Daniel, Vol I
Krieger, Leonard, Vol I
Krieger, Murray, Vol II
Krier, James Edward, Vol IV
Kriesberg, Louis, Vol V
Krimerman, Leonard I., Vol IV
Krimm, Hans Heinz, Vol IV
Krimsky, Sheldon, Vol I, IV
Kring, Hilda Adam, Vol II, V
Krinsky, Carol Herselle, Vol I
Krise, Thomas W., Vol II
Krishna, Vern, Vol IV
Krislov, Joseph, Vol IV
Krispin, Gerald, Vol IV
Krissman, Fred, Vol V
Kristeller, Paul Oskar, Vol IV
Kristof, Jane, Vol I
Kristofco, John P., Vol V
Krodel, Gottfried G., Vol I, IV
Kroeber, Clifton Brown, Vol I
Kroeber, Karl, Vol II
Kroeger, Catherine Clark, Vol II, III
Kroeger, Karl D., Vol II
Kroetsch, Robert P., Vol II
Krog, Carl Edward, Vol I
Krogstad, Allison D., Vol III
Kroll, John Hennig, Vol I
Krome, Frederic, Vol IV
Krondorfer, Bjoern, Vol IV
Kronegger, Maria Elisabeth, Vol III
Kronenfeld, David B., Vol V
Kronenfeld, Jennie Jacobs, Vol V
Kronenfeld, Judith Z., Vol II
Kronick, Joseph, Vol II
Kronik, John W., Vol III
Kropf, Carl R., Vol II
Kross, Jessica, Vol I
Krotkoff, Georg, Vol III
Kruckeberg, Dean A., Vol II
Krueger, Christine L., Vol II
Krueger, Roberta L., Vol III
Krug, Barbara C., Vol IV
Kruger, Carole A., Vol III
Kruk, Laurie, Vol II
Kruman, Marc Wayne, Vol I
Krumhansl, Carol L., Vol V
Krumholz, Susan, Vol V
Krummel, Donald William, Vol II
Krupat, Arnold, Vol II
Krupp, E. C., Vol I
Kruppa, Patricia Stallings, Vol I
Kruty, Paul, Vol I
Kruze, Uldis, Vol I
Krych, Margaret A., Vol IV
Krysiek, James Stephen, Vol I
Krzyzanowski, Jerzy Roman, Vol III
Kubey, Robert W., Vol V
Kubiak, David Payne, Vol III
Kubicki, Judith M., Vol IV
Kubis, Theresa S., Vol II
Kubler, Cornelius C., Vol I
Kubovy, Michael, Vol V
Kuby, Michael, Vol I
Kucan, Linda, Vol V
Kucera, Henry, Vol III
Kucheman, Clark Arthur, Vol IV
Kucich, John Richard, Vol II
Kuczynski, Michael, Vol I
Kudszus, Winfried G., Vol III
Kuehl, John William, Vol I
Kuehl, Linda Kandel, Vol II
Kuehmann, Karen Marie, Vol II
Kuehn, D. D., Vol I
Kuehn, Manfred, Vol I, IV
Kuenzli, Rudolf Ernst, Vol II, III
Kuepper, Karl Josef, Vol III
Kuethe, Allan James, Vol I
Kuftinec, Sonja, Vol II
Kuhlman, Erika, Vol I
Kuhlmann, Annette, Vol V
Kuhn, Gary G., Vol I
Kuhn, Rose Marie, Vol III
Kuhn, Steven Thomas, Vol IV
Kuhn-Osius, Eckhard, Vol III
Kuhns, Richard, Vol IV
Kuin, Roger, Vol II
Kuisel, Richard F., Vol I
Kuist, James Marquis, Vol II
Kuizenga, Donna, Vol III
Kujawa, Sheryl A., Vol IV
Kukla, Rebecca, Vol I, IV
Kuklick, Bruce, Vol I
Kulczycki, John, Vol I
Kulikowski, Mark, Vol I
Kulikowski, Michael, Vol I
Kulkosky, Paul, Vol V
Kullman, Colby Haight, Vol II
Kulstad, Mark Alan, Vol IV
Kultgen, John, Vol IV
Kumar, Rahul, Vol IV
Kumayama, Akihisa, Vol III
Kumfer, Earl T., Vol IV
Kummings, Donald D., Vol I, II
Kumpf, Michael, Vol III
Kuniholm, Bruce Robellet, Vol I
Kuniholm, Peter Ian, Vol I
Kunitz, Stanley, Vol II
Kunkel, Charlotte A., Vol V
Kunkel, Joseph C., Vol IV
Kunnie, Julian, Vol I
Kuno, Susumu, Vol III
Kunreuther, Howard, Vol IV
Kuntz, J. Kenneth, Vol IV
Kuntz, Marion L., Vol III
Kunz, Don, Vol II
Kunz, George, Vol V
Kunz, Jennifer, Vol V
Kunzle, David M., Vol I
Kuo, Lenore, Vol I, IV
Kupers, Terry, Vol V
Kupersmith, William Roger, Vol II
Kupper, Nelly J., Vol III
Kupperman, Joel J., Vol IV
Kupperman, Karen, Vol I
Kurata, Marilyn J., Vol II
Kuritz, Paul, Vol II
Kuriyama, Constance, Vol II
Kurland, Adam H., Vol IV
Kurland, Jordan Emil, Vol I
Kurland, Stuart M., Vol II
Kurman, George, Vol III
Kuroda, Tadahisa, Vol I
Kurpius, David, Vol II
Kurth, William Charles, Vol III
Kurtz, Horst, Vol III
Kurtz, Michael L., Vol I
Kurtz, Paul, Vol IV
Kurz, William Stephen, Vol IV
Kurzman, Paul, Vol V
Kusch, Manfred, Vol III
Kushner, David Z., Vol II
Kushner, Eva, Vol III
Kushner, Howard I., Vol I
Kushner, James Alan, Vol I, IV
Kusmer, Kenneth L., Vol I
Kusmer, Robert L., Vol III
Kussi, Peter, Vol II
Kustanovich, Konstantin, Vol III
Kustus, George L., Vol II, III
Kuther, Tara, Vol V
Kutler, Stanley I., Vol I

Kutolowski, John Francis, Vol I
Kutolowski, Kathleen Smith, Vol I
Kutulas, Judy, Vol I, V
Kutzer, M. Daphne, Vol II
Kuxdorf, Manfred, Vol III
Kuyk, Dirk Adriaan, Jr., Vol II
Kuypers, Jim A., Vol II
Kuzdale, Ann E., Vol I
Kuzmic, Peter, Vol I
Kuzminski, Adrian, Vol I, IV
Kuznets, Lois R., Vol II
Kuzniar, A. A., Vol III
Kuznick, Peter J., Vol I
Kuzniewski, Anthony Joseph, Vol I, III
Kwasny, Andrea, Vol II
Kwiatkowski, J., Vol V
Kwok, D. W. Y., Vol I
Kwon, Kyeong-Seog, Vol IV
Kydd, Elspeth, Vol II
Kyes, Robert L., Vol III
Kyle, Donald G., Vol I
Kyle Higgins, Amanda, Vol V
Kym, Annette, Vol III
Kymlicka, Will, Vol IV
Kyte, George Wallace, Vol I
Kyvig, David E., Vol I
L'Abate, Luciano, Vol V
L'Allier, Louis, Vol II, III
La Femina, Gerard, Vol II
La Forte, Robert Sherman, Vol I, II
La Jeunesse, Charles A., Vol V
La Moy, William T., Vol II
La Prade, Douglas E., Vol II
LaBianca, Oystein S., Vol V
Labor, Earle G., Vol II
Laborde, Alice M., Vol III
Labrador, Jose J., Vol III
Labrie, Gilles R., Vol III
Labrie, Ross E., Vol II
Labriola, Albert C., Vol II
Labuz, Ronald, Vol II
Labys, Walter Carl, Vol IV
Lacava, J., Vol III
Laccetti, Silvio R., Vol I
Lacey, Barbara E., Vol I
Lacey, James, Vol I
Lachan, Katharine, Vol I
Lachs, John, Vol IV
Lackey, Douglas Paul, Vol IV
Lackey, Kris L., Vol II
Lackey, Robert Sam, Vol III
Lacure, Jon W., Vol III
Lacy, Allen, Vol IV
Lacy, Hugh Gale, Vol IV
Lacy, Norris J., Vol III
Lacy, Philip T., Vol IV
Lacy, William B., Vol V
Lacy, William Larry, Vol IV
Ladd, Barbara, Vol II
Ladd, Doris, Vol I
Ladd, Rosalind Ekman, Vol IV
Ladefoged, Peter, Vol II, III
Laden, Anthony, Vol IV
Ladenson, Robert, Vol IV
Laderman, Carol, Vol V
Ladewig, James L., Vol I
Ladin, Jay, Vol II
Ladusaw, William A., Vol III
Lael, Richard Lee, Vol I
LaFave, Wayne R., Vol IV
LaFaye, A., Vol II
Lafayette, Robert, Vol III
LaFeber, Walter, Vol I
Laffey, Alice L., Vol IV
Laffoon, Elizabeth Anne, Vol II
LaFleur, Richard Allen, Vol II, III
LaFollette, Hugh, Vol IV
Lafont, Cristina, Vol IV
Lafontant, Julien J., Vol I, III
Lafrance, Yvon, Vol IV
Lagemann, Ellen Condliffe, Vol I, V
Lago, Mary Mcclelland, Vol II, III
Lagrand, James B., Vol I
Laguerre, Michel S., Vol V
Lahaie, Scott, Vol I, II
Lahey, Christine, Vol II
Lahey, Stephen, Vol IV
LaHood, Marvin John, Vol II
Lahti, Katherine, Vol III
Laidlaw, Elizabeth Santana, Vol IV
Laine, James W., Vol IV
Laird, David, Vol II
Laird, Edgar, Vol II
Laird, Paul, Vol II
Laird, Walter Roy, Vol I
Lairet, Dolores Person, Vol III
Laitos, Jan Gordon, Vol I, IV
Lake Prescott, Anne, Vol II
Laker, Joseph Alphonse, Vol I, III
Lakin, Barbara, Vol II
Lal, Vinay, Vol I
Lally, Tim Douglas Patrick, Vol III
Lalonde, Gerald Vincent, Vol I, II, III
Lam, Truong Buu, Vol I
Laman, Barbara, Vol II
Lamar, Howard Roberts, Vol I
LaMarche, Jean, Vol I
Lamarche, Pierre, Vol IV
LaMarre, Thomas, Vol I
Lamay, J. Leo, Vol II
Lamb, Charles M., Vol IV
Lamb, Margaret, Vol II
Lamb, Margarete, Vol III
Lamb, Ramdas, Vol IV
Lamberg-Karlovski, Clifford Charles, Vol V
Lambert, Benjamin Franklin, Vol IV
Lambert, Byron C., Vol I, IV
Lambert, Gregg, Vol II
Lambert, J. Karel, Vol IV
Lambert, Jean Christine, Vol IV
Lambert, Lynda J., Vol I, II
Lambert, Richard Thomas, Vol I, IV
Lambert Brigham Young Univ, Michael J., Vol V
Lamberti, Marjorie, Vol I
Lamirande, Emilien, Vol I, IV
Lamm, Alan K., Vol I, IV
Lamm, Julia A., Vol IV
Lamm, Norman, Vol IV
Lammers, Donald N., Vol I
LaMothe, Kimerer L., Vol IV
Lamoureux, Normand J., Vol III
Lamparska, Rena A., Vol II
Lampe, Philip, Vol IV, V
Lamplugh, George Russell, Vol I
Lancashire, Anne C., Vol II
Lancashire, Ian, Vol II
Lancaster, Herman Burtram, Vol IV
Lancaster, Jane Fairchild, Vol V
Lance, Donald M., Vol III
Lance, Mark, Vol IV
Lanctot, Catherine J., Vol IV
Landau, Ellen G., Vol I
Landau, Norma Beatrice, Vol I
Landau, Sarah Bradford, Vol I
Lander, Jack Robert, Vol I
Landers, Renee M., Vol IV
Landes, George Miller, Vol IV
Landes, W. Daniel, Vol II
Landesman, Charles, Vol IV
Landini, Gregory, Vol IV
Landon, Michael De Laval, Vol I
Landon, Michael Lee, Vol V
Landow, George Paul, Vol I, II
Landrum, Larry N., Vol II
Landsman, Ned C., Vol I
Landy, Francis, Vol II, III
Landy, Marcia, Vol II
Lane, Alcyee, Vol II
Lane, Barbara Miller, Vol I
Lane, Christopher, Vol II
Lane, Eugene N., Vol II
Lane, Evelyn Staudinger, Vol I
Lane, Marc J., Vol IV
Lane, Pinkie Gordon, Vol II
Lane, Roger, Vol I
Laner, Mary Riege, Vol V
Lang, Berel, Vol I, IV
Lang, Cecil Y., Vol II
Lang, Gerhard, Vol V
Lang, Mabel Louise, Vol III
Lang, Martin Andrew, Vol IV
Lang, Michael B., Vol IV
Lang, Robert, Vol II
Lang, William, Vol I
Lang-Peralta, Linda, Vol II
Langacker, Ronald Wayne, Vol III
Langan, John P., Vol IV
Langbaum, Robert, Vol II
Langdon, Barbara Tracy, Vol II
Langdon, John W., Vol I
Lange, Horst, Vol III
Langellier, Kristin M., Vol II
Langendoen, Terence, Vol III
Langer, Ellen J., Vol V
Langer, Erick Detlef, Vol I
Langer, Lawrence L., Vol II
Langer, Monika, Vol IV
Langer, Ruth, Vol IV
Langerak, Edward Anthony, Vol IV
Langford, Gerald, Vol II
Langford, Michael J., Vol IV
Langford, Thomas, Vol II
Langill, Richard L., Vol IV
Langiulli, Nino Francis, Vol II, IV
Langley, Harold D., Vol I
Langley, Lester Danny, Vol I
Langley, Stephen G., Vol II, III
Langlinais, J. Willis, Vol IV
Langlois, Walter G., Vol III
Langmuir, Gavin Ince, Vol I
Langsam, Miriam Zelda, Vol I
Langsam, Walter E., Vol I
Langston, Donna Hightower, Vol V
Langston, Dwight E., Vol III
Langstraat, Lisa R., Vol II
Langum, David J., Vol IV
Lanham, Carol D., Vol III
Lanham, Richard Alan, Vol II
Laniak, Timothy, Vol IV
Lanier, Douglas M., Vol II
Lanier, Parks, Vol II
Lankevich, George J., Vol I
Lankewish, Vincent A., Vol II
Lankford, George E., Vol V
Lankford, Nelson Douglas, Vol I
Lanning, Bill L., Vol IV
Lanouette, William John, Vol II
Lanoux, Andrea, Vol III
Lansen, Oscar, Vol I
Lansing, Richard H., Vol III
Lansky, Lewis, Vol I
Lant, Christopher, Vol I
Lanzillotti, Robert F., Vol IV
Lanzinger, Klaus, Vol III
LaPaire, Pierre J., Vol III
Lapidus, Ira M., Vol I
Lapierre, Andre, Vol III
Lapomarda, Vincent Anthony, Vol I, IV
Laporte, Joseph F., Vol IV
LaPorte, Robert, Jr., Vol IV
Lapp, Robert Keith, Vol II
Lapp, Rudolph Mathew, Vol I
Lapprand, Marc, Vol III
Lapsansky, Emma J., Vol I
Lapsley, James N., Vol IV
Laqueur, Thomas Walter, Vol I
Lardinois, Andre P. M. H., Vol II, III
Larebo, Haile, Vol I
Lares, Jameela, Vol II
Larew, Karl G., Vol I
Lariviere, Richard Wilfred, Vol I
Larkin, Ernest Eldon, Vol IV
Larkin, Jack, Vol I
Larkin, Janet, Vol I
Larocca, John Joseph, Vol I
Laroche, Roland Arthur, Vol II, III
Larosiliere, Jean Darly Martin, Vol IV
Larouche, Michel, Vol I
Larrabee, Mary Jane, Vol IV
Larraga, Maribel, Vol III
Larsen, Allan W., Vol IV
Larsen, Grace H., Vol I
Larsen, Kevin, Vol III
Larsen, Lawrence H., Vol I
Larsen, Nick, Vol V
Larson, Ann R., Vol III
Larson, Bruce Llewellyn, Vol I
Larson, Calvin J., Vol V
Larson, Charles Raymond, Vol II
Larson, David A., Vol IV
Larson, David Mitchell, Vol II
Larson, Doran, Vol II
Larson, George S., Vol II
Larson, Gerald J., Vol IV
Larson, John L., Vol I
Larson, Orville K., Vol II
Larson, Richard Leslie, Vol II
Larson, Robert H., Vol I
Larson, Robert Walter, Vol I
Larson, Stephanie L., Vol I
Larson, Taft Alfred, Vol I
Larsson, Donald, Vol II
LaRue, Lewis Henry, Vol IV
Lary, Nikita, Vol II
Larzelere, R. E., Vol V
Lasarenko, Jane, Vol II
Lasarte, Pedro, Vol III
Lasersohn, Peter, Vol III
Laska, Vera, Vol I
Laslett, John Henry Martin, Vol I
Lasnik, Howard, Vol III
Lass, Norman J., Vol II
Lass, Tris, Vol IV
Lass, William Edward, Vol I
Lassek, Yun Ja, Vol IV, V
Lassiter, Eric, Vol V
Lassiter, Luke E., Vol V
Lasslo, Andrew, Vol II
Lassner, Phyllis, Vol II, V
Lasson, Kenneth, Vol IV
Latcovich, Mark A., Vol IV
Lateiner, Donald, Vol I, II, III
Latham, Angela, Vol II
Latham, Michael E., Vol I
Latham, Sean, Vol II
Latham, Weldon Hurd, Vol IV
Lathrop, Gordon W., Vol IV
Lathrop, Thomas A., Vol III
Latimer, Dan Raymond, Vol II, III
Latiolais, Christopher, Vol IV
Latner, Richard Barnett, Vol I
Latousek, Rob, Vol II, III
Latta, Alan Dennis, Vol III
Latta, Kimberly, Vol II
Latta, Susan M., Vol II, III
Lattimore, Steven, Vol I, II, III
Lau, Sue, Vol IV
Laubach, David C., Vol II
Laubenthal, Penne J., Vol II
Lauber, Jack M., Vol I
Laubscher, Leswin, Vol V
Lauder, Robert Edward, Vol IV
Laudon, Robert Tallant, Vol II
Laudun, John, Vol II, V
Lauer, Eugene F., Vol IV
Lauer, Janice M., Vol II, III
Lauer, Rachel M., Vol V
Laughlin, John C. H., Vol IV, V
Lauinger, Joseph, Vol II
Laumakis, Stephen J., Vol IV
Laumann, Edward O., Vol V
Launay, Robert G., Vol V
Lauren, Paul Gordon, Vol I
Laurence, Richard Robert, Vol I
Laurent, Dianna V., Vol II
Laurent, Jane Katherine, Vol I
Laurent, Pierre Henri, Vol I
Laurenti, Joseph L., Vol III
Laurie, Bruce, Vol I
Lauritsen, Frederick Michael, Vol I
Laursen, John Christian, Vol IV
Laushey, David Mason, Vol I
Lauterbach, Charles Everett, Vol II
Lauterbach, Dean, Vol V
Laux, James Michael, Vol I
Lauzen, Martha M., Vol II, V
LaValley, Albert J., Vol II
LaValva, Rosemarie, Vol III
Lavasseur, David G., Vol II
Lavery, Gerard B., Vol III
Lavezzo, Kathy, Vol II
Lavin, David E., Vol V
Lavrin, Asuncion, Vol I
Law, Jules, Vol II
Law, Richard, Vol II
Law, Richard G., Vol II
Law, Ron, Vol I
Lawall, Gilbert Westcott, Vol II, III
Lawall, Sarah Nesbit, Vol III
Lawee, Eric J., Vol IV
Lawes, Carolyn J., Vol I
Lawhead, William F., Vol I, IV
Lawler, James Ronald, Vol III
Lawler, Traugott, Vol II
Lawless, Charles E., Vol IV
Lawless, Robert, Vol V
Lawlor, John I., Vol IV
Lawrence, Elizabeth Atwood, Vol II
Lawrence, John Shelton, Vol IV
Lawrence, Kathleen, Vol II
Lawrence, Lary, Vol IV
Lawrence, Richard, Vol IV
Lawrence, Samuel G., Vol II, III
Lawrence, Sean, Vol II
Lawry, Edward George, Vol IV
Lawry, John, Vol V
Lawson, Angus Kerr, Vol IV
Lawson, Cassell A., Vol V
Lawson, Darren P., Vol I
Lawson, E. Thomas, Vol IV
Lawson, Lewis Allen, Vol II
Lawson, Richard H., Vol III
Lawson Mack, Raneta, Vol IV
Lawson-Briddell, Lois Y., Vol V
Lawton, Carol, Vol I
Lay, Mary M., Vol II
Lay, Nancy, Vol V
Lay, Shawn, Vol I
Layman, Fred Dale, Vol IV
Layman, Lewis M., Vol II
Layman, Richard, Vol I, II
Layton, Edwin Thomas, Vol I
Laywine, Alison, Vol IV
Lazar, Moshe, Vol II, III
Lazarevich, Gordana, Vol II
Lazaroff, Daniel E., Vol IV
Lazarus, Cathy Lynn, Vol II
Lazarus, Joyce B., Vol III
Lazreg, Marnia, Vol V
Lazzerini, Edward James, Vol I
Le Breton, Marietta, Vol I
Le Goff, T. J. A., Vol I
Le Hir, Marie-Pierre, Vol III
Le Moine, Roger, Vol III
Le Sueur, James, Vol I
Lea, Henry A., Vol III
Lea, Thomas Dale, Vol IV
Leab, Daniel Josef, Vol I
Leach, Eleanor W., Vol II, III
Leach, Jim, Vol II
Leach, Joseph, Vol II
Leaf, Murray J., Vol V
Leahy, David G., Vol II, III
Leahy, Margaret E., Vol IV
Leal, Luis, Vol III
Leaman, George R., Vol IV
Leamon, James Shenstone, Vol I
Lear, Elizabeth T., Vol IV
Lears, T. J. Jackson, Vol I, II
Leary, David E., Vol I, IV
Leary, James Patrick, Vol I, V
Leary, William M., Vol I
Leavell, Linda, Vol II
Leaver, Robin A., Vol II
Leavitt, Fred I., Vol V
Leavitt, Judith Walzer, Vol I
Lebano, Edoardo A., Vol III
LeBaron, Curtis D., Vol II
LeBeau, Bryan, Vol I
LeBlanc, Albert, Vol II, V
LeBlanc, Phyllis, Vol I
LeBlanc, W. James, Vol III
Lebofsky, Dennis Stanley, Vol II, III
Lebovics, Herman, Vol I
Leche, Emma Jean Ghee, Vol II
Leck, Glorianne Mae, Vol IV
Leckie, Shirley A., Vol I
Leddy, T., Vol IV
Leder, Drew L., Vol IV
Lederer, Herbert, Vol III
Lederer, Katherine, Vol II
Lederle, Henry, Vol IV
Ledford, Kenneth F., Vol I, IV
Ledford-Miller, Linda, Vol III
Ledoux, Arthur O'brien, Vol IV
Lee, Alvin A., Vol II
Lee, Anthony A., Vol I
Lee, Cecilia Castro, Vol III
Lee, Charles Nicholas, Vol III
Lee, Cheryl R., Vol IV
Lee, Chin-Chuan, Vol II
Lee, David, Vol II
Lee, David Dale, Vol I
Lee, Donald Soule, Vol IV
Lee, Dorothy A. H., Vol II
Lee, Douglas, Vol II
Lee, George Robert, Vol I
Lee, Grant S., Vol IV
Lee, Helen Elaine, Vol II
Lee, Hsiao-Hung, Vol II
Lee, Hugh Ming, Vol II, III
Lee, Jae-Won, Vol II
Lee, Jai Hyon, Vol II
Lee, James Ward, Vol II
Lee, Jean B., Vol I
Lee, Johng O., Vol IV, V
Lee, Joseph Patrick, Vol III
Lee, Jung Young, Vol IV
Lee, K. Samuel, Vol IV
Lee, Loyd Ervin, Vol I
Lee, M. Owen, Vol II, III
Lee, Maurice D., Jr, Vol I
Lee, Mi Kyoung, Vol IV
Lee, Milton C., Jr., Vol IV
Lee, Patricia-Ann, Vol I
Lee, Richard, Vol IV
Lee, Robert E., Vol V
Lee, Ronald E., Vol II
Lee, Roy Alton, Vol I
Lee, Sander H., Vol IV
Lee, Sherman E., Vol I
Lee, Shoou-Yih D., Vol V
Lee, Sonia M., Vol III
Lee, Steven Peyton, Vol IV
Lee, Sukjae, Vol IV

Lee, Sungho, Vol IV
Lee, Ta-ling, Vol I
Lee, William David, Vol II
Lee, William L., Vol II
Lee, Wonkee "Dan", Vol IV
Lee, Young Sook, Vol IV
Lee, Yueh-Ting, Vol V
Lee-Riffe, Nancy M., Vol II
Leeb, Carolyn, Vol III, IV
Leeb, Isidore Leonard, Vol I
Leeber, Victor F., Vol III
Leeder, Elaine, Vol V
Leedom, Tim C., Vol II
Leeds, Barry H., Vol II
Leeds, Stephen J., Vol IV
Leeds-Hurtwitz, Wendy, Vol II
Leeman, Richard W., Vol II
Leeper, Jill M., Vol II
Leer, Norman Robert, Vol II, III
Lees, Andrew, Vol I
Lees, Lynn Hollen, Vol I
Leeson, Ted, Vol II
Lefcoe, George, Vol IV
Lefcowitz, Barbara, Vol II
Lefebure, Leo D., Vol IV
LeFew-Blake, Penelope, Vol II
Leff, Leonard J., Vol II
Leff, Mark H., Vol I
Leffel, Katherine, Vol III
Leffler, Melvyn P., Vol I
Lefkovitz, Lori Hope, Vol V
Lefkowitz, Joel M., Vol V
Lefkowitz, Mary Rosenthal, Vol II, III
Leftow, Brian, Vol IV
Legan, Marshall Scott, Vol I
Legge, Elizabeth, Vol I
Leggett, B. J., Vol II
Legon, Ronald, Vol I
Leguin, Charles A., Vol I
Lehiste, Ilse, Vol III
Lehman, Cynthia L., Vol I
Lehman, Paul Robert, Vol II
Lehmann, Clayton M., Vol I
Lehmann, Jennifer M., Vol V
Lehmann, Scott K., Vol IV
Lehmann, Timothy J., Vol V
Lehmann, Winfred Philipp, Vol III
Lehmberg, Stanford E., Vol I
Lehnert, Herbert Hermann, Vol III
Lehouck, Emile, Vol III
Lehrberger, James, Vol IV
Lehrer, Richard, Vol V
Lehuu, Isabel, Vol I
Leibo, Steve, Vol V
Leibowitz, Constance, Vol IV
Leibowitz, Flora L., Vol IV
Leibowitz, Herbert, Vol II
Leibsohn, Dana, Vol I
Leichty, Erle Verdun, Vol I
Leidholdt, Alex S., Vol II
Leies, John A., Vol IV
Leigh, David J., Vol II
Leigh, Irene W., Vol V
Leighten, Patricia, Vol I
Leighton, Lauren Gray, Vol II, III
Leighton, Paul S., Vol IV, V
Leighton, Stephen, Vol IV
Leighton, Taigen Daniel, Vol IV
Leiman, Sid Zalman, Vol I, IV
Leinieks, Valdis, Vol II, III
Leiren, Terje Ivan, Vol I
Leiser, Burton, Vol IV
Leissner, Debra, Vol II
Leitao, David, Vol II, III
Leitch, Thomas, Vol II
Leitch, Vincent B., Vol II
Leiter, Samuel Louis, Vol II
Leith, James A., Vol I
Leith, John Haddon, Vol IV
Leith, Linda J., Vol II
Leitich, Keith A., Vol IV
Leitma, Grant, Vol V
Leitz, Robert C., Vol II
Leki, Ilona, Vol III, V
Leland, Charles Wallace, Vol II, IV
Leland, Christopher, Vol II
Lelwica, Michelle M., Vol IV
LeMahieu, Dan Lloyd, Vol I
Lemaster, Jimmie R., Vol II
Lemay, Helen Rodnite, Vol I
Lemay, Richard, Vol I
Lemelle, Anthony J., Vol V
LeMelle, Tilden J., Vol I
Lemieux, Germain, Vol I, V
Lemieux, Lucien, Vol I, IV
Lemire, Beverly, Vol I
Lemire, Elise V., Vol II
Lemire, Maurice, Vol II
Lemke, Werner Erich, Vol I, IV
Lemke-Santangelo, Gretchen, Vol I
Lemmon, Sarah McCulloh, Vol I
Lemmons, Russell, Vol I
Lemon, Robert S., Jr., Vol I
LeMoncheck, Linda, Vol IV, V
Lemons, J. Stanley, Vol I
Lemos, John P., Vol IV
Lemos, Ramon M., Vol IV
Lempert, Richard O., Vol IV
Lenaghan, Donna D., Vol V
Lenaghan, Michael J., Vol I, IV
Lenard, Mary, Vol II
Lenihan, John H., Vol I
Lenior, Timothy, Vol I
Lenk, Richard William, Vol I
Lennon, J. Michael, Vol II
Lennon, Thomas M., Vol IV
Lennox, James Gordon, Vol IV
Lennox, John W., Vol II
Lennox, Stephen J., Vol IV
Lenoski, Daniel S., Vol II
Lent, John Anthony, Vol II
Lentner, Howard H., Vol IV
Lentricchia, Frank, Jr., Vol II
Lenz, John Richard, Vol II, III
Lenz, Ralph D., Vol I
Lenz, William Ernest, Vol II
Leon, Philip Wheeler, Vol II
Leon, Pierre R. A., Vol III
Leonard, Angela, Vol I
Leonard, Elizabeth D., Vol I
Leonard, Ellen M., Vol IV
Leonard, Henry Beardsell, Vol I
Leonard, James S., Vol II
Leonard, Karen Isaksen, Vol V
Leonard, Kimberly K., Vol IV
Leonard, Thomas Charles, Vol I
Leonard, Thomas M., Vol I, IV
Leonard, Virginia Waugh, Vol I
Leonard, Walter J., Vol IV
Leonard, William R., Vol V
Leonardi, Susan J., Vol II
Leone, Matthew C., Vol IV
Leontiades, Milton, Vol IV
Leontovich, Olga, Vol I
Leoshko, Janice, Vol I
Lepard, Brian, Vol IV
Lepley, Doug, Vol II
Leplin, Jarrett, Vol I, IV
Lepofsky, David M., Vol IV
Lepore, Jill, Vol I
Lerman, Lisa G., Vol IV
Lerner, Anne Lapidus, Vol IV
Lerner, Barron H., Vol I
Lerner, Isaias, Vol III
Lerner, Robert E., Vol I
Lerner, Warren, Vol I
Leroux, Jeffrey, Vol V
Leroy, Perry Eugene, Vol I
Leroy Conrad, Robert, Vol IV, V
Lesch, John Emmett, Vol I
Lescher, Bruce, Vol IV
Leschert, Dale, Vol IV
Lesesne, Henry H., Vol I
Lesher, James, Vol IV
Leshko, Jaroslav, Vol I
Lesikin, Joan, Vol V
Lesk, Andrew J., Vol II
Leske, Adrian M., Vol IV
Lesko, Leonard Henry, Vol I
Leslie, Benjamin C., Vol IV
Lesman, Ann St Clair, Vol III
Lessard, Hester A., Vol IV
Lesser, Gloria, Vol I
Lesser, Jeffrey, Vol I
Lesser, Wendy, Vol II
Lessl, Thomas M., Vol III
Lessoff, Alan H., Vol I
Lester, David, Vol V
Lester, Gillian, Vol IV
Lester, James, Vol II
Lester, Mark, Vol II
Lester, Robert Carlton, Vol IV
LeStourgeon, Diana E., Vol II
Lett, James W., Vol V
Lettis, Richard, Vol II
Letts, Christine Webb, Vol IV
Letts, Janet Taylor, Vol III
Letzring, Monica, Vol II, III
Leubsdorf, John, Vol II, IV
Leung, Kai-Cheong, Vol III
Leupin, Alexandre, Vol II
Leushuis, Reinier, Vol III
Leuthold, Steven M., Vol II
Lev, Peter, Vol II
Levack, Brian Paul, Vol I
Levander, Caroline Field, Vol II
Leven, Charles Louis, Vol IV
Levenduski, Cristine, Vol II
Levenson, Carl, Vol II
Levenson, Jacob Clavner, Vol II
Levenson, Jill, Vol II
Leventhal, Fred Marc, Vol I
Levering, Ralph Brooks, Vol I
Levernier, James Arthur, Vol I, II
Levesque, George August, Vol I
Levesque, Paul J., Vol IV
Levi, Darrell Erville, Vol I
Levi, Isaac, Vol IV
Levi, Joseph Abraham, Vol III
Levi, Judith N., Vol III
Levi, Margaret, Vol IV
Levie, Howard Sidney, Vol IV
Levin, Beth, Vol III
Levin, Charles, Vol II
Levin, David J., Vol I, III
Levin, David M., Vol IV
Levin, David S., Vol I
Levin, Eve, Vol I
Levin, Irwin P., Vol V
Levin, Jonathan, Vol II
Levin, Jules Fred, Vol III
Levin, Maurice Irwin, Vol III
Levin, Richard A., Vol II
Levin, Richard L., Vol II
Levin, Ronald Mark, Vol IV
Levin, Saul, Vol II, III
Levin, Shana, Vol V
Levin, Thomas Y., Vol III
Levin, William R., Vol I
Levine, Andrew, Vol IV
Levine, Bernard, Vol II
Levine, Bruce C., Vol I
Levine, Daniel, Vol I
Levine, Daniel Blank, Vol II, III
Levine, David Oscar, Vol I
Levine, George L., Vol II
Levine, George Richard, Vol II
Levine, Hillel, Vol V
Levine, Julius B., Vol IV
Levine, Martin L., Vol IV
Levine, Molly Myerowitz, Vol II, III
Levine, Peter D., Vol I
Levine, Philip, Vol II
Levine, Richard Allan, Vol II
Levine, Robert, Vol II
Levine, Robert M., Vol I
Levine, Sura, Vol I
Levine, Victoria Lindsay, Vol I, II, V
Levinson, Bernard M., Vol I
Levinson, Jerrold, Vol IV
Levit, Nancy, Vol IV
Levitin, Alexis, Vol II
Levitine, Eda Mezer, Vol III
Levitsky, Alexander, Vol III
Levitt, Jesse, Vol III
Levitt, Morton Paul, Vol II
Levitt, Steven R., Vol II
Levmore, Saul, Vol IV
Levy, Alfred J., Vol II
Levy, Anita, Vol II
Levy, Anita B., Vol II
Levy, Barry, Vol I
Levy, Darline G., Vol I
Levy, David Benjamin, Vol II
Levy, David W., Vol I
Levy, Diane Wolfe, Vol III
Levy, Emanuel, Vol II, V
Levy, Eugene Donald, Vol I
Levy, Gayle A., Vol III
Levy, Ian Christopher, Vol I, IV
Levy, Jacques, Vol II
Levy, John M., Vol I
Levy, Karen D., Vol III
Levy, Kurt Leopold, Vol III
Levy, Leonard Williams, Vol I
Levy, Michael Marc, Vol II
Levy, Richard S., Vol I
Levy, Robert J., Vol IV
Levy, Stephen, Vol II
Levy, William Turner, Vol II
Lewalski, Barbara Kiefer, Vol II
Lewarne, Charles Pierce, Vol I
Lewellen, Ted Charles, Vol V
Lewenstein, Bruce V., Vol I
Lewes, Ulle Erika, Vol II, III
Lewiecki-Wilson, Cynthia B., Vol V
Lewin, Linda, Vol I
Lewis, Andrew Wells, Vol I
Lewis, Arnold, Vol I
Lewis, Bart L., Vol III
Lewis, Bradley, Vol IV
Lewis, Cary B., Jr., Vol IV
Lewis, Cynthia, Vol II
Lewis, Dan A., Vol V
Lewis, Daniel J., Vol IV
Lewis, David Baker, Vol IV
Lewis, David Lanier, Vol I, IV
Lewis, David Levering, Vol I
Lewis, David Rich, Vol I
Lewis, David Wilfrid Paul, Vol III
Lewis, Douglas, Vol I
Lewis, Douglas, Vol IV
Lewis, Eric, Vol IV
Lewis, George H., Vol V
Lewis, Gertrud Jaron, Vol III
Lewis, Gladys S., Vol II
Lewis, Gordon Russel, Vol IV
Lewis, Harold T., Vol IV
Lewis, Jack Pearl, Vol IV
Lewis, James A., Vol I
Lewis, James F., Vol I, IV
Lewis, Jan Ellen, Vol I
Lewis, Jayne Elizabeth, Vol II
Lewis, Jeffrey E., Vol IV
Lewis, Johanna M., Vol I
Lewis, Jon, Vol II
Lewis, Kevin, Vol II, IV
Lewis, Lionel Stanley, Vol V
Lewis, Lisa, Vol II
Lewis, Martha Hoffman, Vol II, III
Lewis, Marvin A., Vol III
Lewis, Mary R., Vol V
Lewis, Meharry Hubbard, Vol V
Lewis, Mitchell R., Vol II
Lewis, Nathaniel, Vol I, II
Lewis, Neil, Vol IV
Lewis, Perciles, Vol II
Lewis, Peter, Vol IV
Lewis, Peter J., Vol IV
Lewis, Philip Eugene, Vol III
Lewis, Randy Lynn, Vol IV
Lewis, Robert William, Vol II
Lewis, Samella, Vol I
Lewis, T., Vol I
Lewis, Thomas Spottswood Wellford, Vol II
Lewis, Thomas T., Vol I
Lewis, Todd Vernon, Vol II
Lewis, Walter David, Vol I
Lewis, Ward B., Vol III
Lewis, William A., Jr., Vol IV
Ley, Ronald, Vol V
Leyasmeyer, Archibald I., Vol II
Leyendecker, Liston Edgington, Vol I
Leyerle, Blake, Vol I, IV
Lhamon, W. T., Jr., Vol II
Li, Audrey, Vol III
Li, Bing, Vol I
Li, Charles N., Vol III
Li, Chenyang, Vol IV
Li, Chu-Tsing, Vol I
Li, Jian, Vol V
Li, Ping, Vol V
Li, Rebecca, Vol V
Liazos, Alexander, Vol V
Libby, Justin, Vol I
Liberman, Anatoly, Vol III
Liberman, Kenneth B., Vol V
Liberman, Terri, Vol II
Liberopoulos, Maura H., Vol V
Libin, Kathryn, Vol II
Libo, Kenneth Harold, Vol I, IV
Libonati, Michael E., Vol IV
Lichtblau, Myron Ivor, Vol III
Lichtenberg, Phillip, Vol V
Lichtenbert, Robert H., Vol IV
Lickona, Thomas E., Vol II, V
Lida, Denah Levy, Vol III
Liddell, Janice Lee, Vol II
Liddick, Donald R., Vol IV
Liddle, William D., Vol I
Liderbach, Daniel, Vol IV
Lidov, Joel, Vol II, III
Lidsky, Lyrissa C. Barnett, Vol IV
Lidtke, Vernon Leroy, Vol I
Lidz, Joel W., Vol IV
Lie, John J., Vol V
Lieb, Michael J., Vol II
Lieberman, Jethro K., Vol IV
Lieberman, Laurence, Vol II
Lieberman, Philip, Vol V
Lieberman, Stephen Jacob, Vol I, III
Liebersohn, Harry, Vol I
Liebert, Elizabeth, Vol IV
Liebig, Phoebe, Vol V
Liebler, Michael L., Vol II
Liechty, Daniel, Vol IV
Liedl, Janice, Vol I
Lienhard, Joseph T., Vol I, IV
Liepe-Levinson, Katherine, Vol II
Liesbscher, Grit, Vol III
Lifka, Mary L., Vol I
Lifshitz, Felice, Vol I
Liggett, Sarah, Vol II
Light, Ivan, Vol V
Lightfoot, David, Vol II
Lightfoot, Jean Harvey, Vol II
Lightfoot, Marjorie Jean, Vol II
Lightman, Bernard V., Vol I
Lightner, David Lee, Vol I
Lightner, Robert P., Vol I, IV
Lightstone, Jack, Vol IV
Ligibel, Theodore J., Vol I
Ligo, Larry L., Vol I
Ligon, Doris Hillian, Vol I
Lihani, John, Vol III
Likes, Terry, Vol II
Lilenfeld, Lisa, Vol V
Liles, Betty Z., Vol II
Lillibridge, George Donald, Vol I
Lillie, Betty Jane, Vol IV
Lillios, Katina, Vol V
Lillo-Martin, Diane C., Vol III
Lilly, Paul R., Jr., Vol II
Lillyman, William J., Vol III
Lim, Shirley G., Vol II
Lima, Robert F., Vol III
Limbacher, James L., Vol II
Limbaugh, Ronald H., Vol I
Limbrick, Elaine, Vol III
Limburg, James, Vol IV
Limerick, Patricia Nelson, Vol I
Limon, John, Vol II
Limper, Peter Frederick, Vol IV
Lin, Carolyn, Vol II
Lin, Yi-chun Tricia, Vol II
Lin, Yu-sheng, Vol I
Lincoln, Bruce K., Vol IV
Lincoln, C. Eric, Vol IV
Lincoln, Harry B., Vol II
Lincoln, Kenneth, Vol II
Lincourt, John M., Vol IV
Lind, Millard C., Vol IV
Lind, Rebecca, Vol II
Lindahl, Carl, Vol II, V
Lindberg, Carter Harry, Vol IV
Lindberg, David C., Vol I
Lindberg, Debra, Vol IV
Lindberg, John, Vol II
Lindberg, Jordan, Vol IV
Lindemann, Albert S., Vol I
Linden, Stanton J., Vol II
Lindenburger, Herbert S., Vol II, III
Lindenfeld, David Frank, Vol I
Lindenfeld, Frank, Vol V
Lindenmeyer, Kriste A., Vol I
Lindenmeyr, Adele, Vol I
Linder, Laura R., Vol II
Linder, Robert Dean, Vol I, IV
Linderski, Jerzy, Vol II, III
Lindgren, C. E., Vol I, V
Lindgren, James, Vol I
Lindgren, John Ralph, Vol IV
Lindgren, Raymond Elmer, Vol I
Lindheim, Sara H., Vol II, III
Lindholdt, Paul, Vol II
Lindley, Terry, Vol I
Lindner, Carl Martin, Vol II, V
Lindner, Rudi Paul, Vol I
Lindo-Fuentes, Hector, Vol I
Lindquist, Larry, Vol IV
Lindsay, Cindy, Vol V
Lindsay, Stan A., Vol II
Lindsey, William D., Vol IV
Lindskold, Jane M., Vol II
Lindstrom, Diana, Vol I
Lindstrom, Lamont, Vol V
Lindstrom, Naomi, Vol III
Lindt, Gillian, Vol IV
Linduff, Katheryn Mcallister, Vol I
Lineback, Richard Harold, Vol IV
Linehan, Elizabeth Ann, Vol IV
Linehan, Marsha M., Vol V
Linenthal, Edward Tabor, Vol I, IV
Ling, Huping, Vol I
Linger, Daniel T., Vol V
Lingis, Alphonso, Vol IV
Lingswiler, Robert Dayton, Vol IV
Link, Arthur S., Vol I
Link, Frederick M., Vol II
Link, James R., Vol II
Linker, Maureen, Vol IV
Linkey, Helen E., Vol V
Linn, Michael D., Vol II, III
Linn, William Joseph, Vol II

Linsenbard, Gail E., Vol IV
Linss, Wilhelm Camill, Vol IV
Lint, Gregg Lewis, Vol I
Lintelman, Joy, Vol I
Linton, Calvin Darlington, Vol II
Linton, Patricia, Vol II
Lints, Richard, Vol IV
Lintz, Bernadette C., Vol III
Linzey, Sharon, Vol V
Lionarons, Joyce T., Vol II
Lionnet, Francoise, Vol III
Liotta, Peter H., Vol IV
Lipe, William David, Vol I
Lipking, Lawrence, Vol II
Lipman, Matthew, Vol IV
Lipovetsky, Mark, Vol III
Lippman, Edward, Vol I, II
Lippy, Charles, Vol IV
Lips, Roger C., Vol II
Lipschultz, Jeremy Harris, Vol II
Lipschutz, Ilse Hempel, Vol III
Lipscomb, Drema Richelle, Vol II
Lipsett-Rivera, Sonya, Vol I
Lipsey, Robert E., Vol IV
Lipson, Charles, Vol IV
Lisby, Gregory C., Vol II
Lisio, Donald J., Vol I
Lisker, Leigh, Vol III
Liss, Peggy K., Vol I
Liss, Sheldon Barnett, Vol I
Lisska, Anthony Joseph, Vol IV
List, Peter C., Vol IV
Liston, William T., Vol II
Liszka, James, Vol IV
Litch, Mary, Vol IV
Litchfield, Robert Burr, Vol I
Litoff, Judy Barrett, Vol I
Little, Anne Colclough, Vol II
Little, Daniel E., Vol IV
Little, Douglas James, Vol I
Little, Elizabeth A., Vol I, V
Little, Greta D., Vol II, III
Little, John Irvine, Vol I
Little, Jonathan D., Vol II
Little, Joseph W., Vol IV
Little, Monroe Henry, Vol I
Littlefield, Daniel C., Vol I
Littlefield, Daniel F., Vol I, II
Littlefield, David J., Vol II
Littlefield, Neil Oakman, Vol IV
Littlejohn, Edward J., Vol IV
Littlejohn, Walter L., Vol V
Littman, Robert J., Vol I, II, III
Litwack, Leon F., Vol I
Litwicki, Ellen M., Vol I
Litz, Arthur Walton, Vol II
Liu, Alan, Vol II
Liu, Catherine, Vol II, III
Liu, Jun, Vol III
Liu, Jung-Chao, Vol IV
Liu, Ruth A., Vol V
Liu, T., Vol II
Liu, Xin, Vol V
Liu, Yameng, Vol II
Liu, Yu, Vol II
Liu, Zili, Vol V
Liuzza, Roy, Vol II
Livatino, Melvin W., Vol II
Livezeanu, I., Vol I
Livezey, Lowell W., Vol IV
Livingston, Donald W., Vol I, IV
Livingston, James Craig, Vol IV
Livingston, James L., Vol II
Livingston, John W., Vol I
Livorni, Ernesto, Vol III
Ljungquist, Kent Paul, Vol II
Llewellyn, Don W., Vol IV
Lloyd, Carl, Vol V
Lloyd, Caryl, Vol III
Lloyd, David T., Vol II
Lloyd, Elisabeth A., Vol I, IV
Lloyd, Jennifer, Vol I, V
Lloyd, Paul J., Vol V
Lloyd, Paul M., Vol III
Lloyd, Rosemary, Vol III
Lo, Celia C., Vol V
Lo, Chin-Tang, Vol III
Lo, Jim, Vol IV
Lo, Winston W., Vol I
Loach, Donald, Vol II
Loader, Colin T., Vol I
Lobb, Edward, Vol II
Lobel, Diana, Vol IV
Lobner, Corina Del Greco, Vol III
Lobo, Alfonso Gomez, Vol IV
Lochhead, Douglas Grant, Vol II
Lochman, Daniel, Vol II
Lochrie, Karma D., Vol II
Lochtefeld, James G., Vol IV
Lock, F. P., Vol II
Lockard, Craig Alan, Vol I
Locke, Don C., Vol V
Locke, John, Vol III
Locke, Mamie Evelyn, Vol IV
Locke, Ralph Paul, Vol II, V
Lockett, James, Vol IV
Lockette, Agnes Louise, Vol II
Lockford, Lesa, Vol II
Lockhart, Philip N., Vol II, III
Locklin, Gerald Ivan, Vol II
Lockman, Paul, Vol V
Lockridge, Laurence Shockley, Vol II
Lockwood, Kimberly Mosher, Vol IV
Lockwood, Lewis Henry, Vol II
Lockyer, Judith Ann, Vol II
Lodge, John G., Vol IV
Lodge, Paul A., Vol IV
Loe, Thomas Benjamin, Vol II
Loeb, Louis Edward, Vol IV
Loeffler, Donald Lee, Vol II
Loengard, Janet Senderowitz, Vol I
Loerke, William, Vol I
Loesberg, Jonathan, Vol II
Loessin, Jonathan K., Vol V
Loewe, William Patrick, Vol IV
Loewen, James W., Vol V
Loewen, Lynn, Vol III
Loewenstein, David, Vol II
Loewy, Erich H., Vol IV
Loewy, Roberta S., Vol IV
Lofgren, Charles Augustin, Vol I
Lofstedt, Bengt, Vol III
Loftis, John E., Vol II
Logan, Deborah, Vol II
Logan, George, Vol II
Logan, Joanne, Vol I
Logan, Paul Ellis, Vol III
Logan, Samuel Talbot, Jr., Vol I, IV
Logan, Wendell, Vol I
Loggins, Vernon P., Vol II
Logsdon, Joseph, Vol I
Logsdon, Loren, Vol II
Lohafer, Susan, Vol II
Lohmann, Christoph Karl, Vol I, II
Lohof, Bruce Alan, Vol I
Lohrli, Anne, Vol II
Loiselle, Andre, Vol II
Loizeaux, Elizabeth Bergmann, Vol II
Lokken, Lawrence, Vol IV
Lollar, Laddie H., Vol V
Lomas, Ronald Leroy, Vol II
Lomax, John Phillip, Vol I, IV
Lomba, Arthur J., Vol III
Lombard, Lawrence B., Vol IV
Lombardi, Joseph L., Vol IV
Lombardi, Mark O., Vol IV
Lombardo, Stanley, Vol III
London, Bette, Vol II
London, Clement B. G., Vol V
London, Herbert, Vol I
Londre, Felicia Hardison, Vol II
Lone, Jana Mohr, Vol IV
Loneck, Barry Martin, Vol V
Lonewol, Ted, Vol V
Loney, Glenn Meredith, Vol II
Long, Ada, Vol II, V
Long, Anthony A., Vol II, III
Long, Burke O'Connor, Vol IV
Long, Douglas C., Vol IV
Long, Eugene T., Vol IV
Long, James L., Vol IV
Long, Jerome Herbert, Vol I, IV
Long, John Edward, Vol IV
Long, John Wendell, Vol I
Long, Lynn Landis, Vol V
Long, Mary, Vol III
Long, Paul, Vol IV
Long, R. James, Vol I, IV
Long, Richard Alexander, Vol II
Long, Roderick T., Vol IV
Long, Roger D., Vol I
Long, Ronald Wilson, Vol I
Long, Sheri Spaine, Vol III
Long, Steven A., Vol IV
Long, Susan O., Vol V
Long, Thomas L., Vol II
Long, Timothy, Vol II, III
Longacre, William A., II, Vol V
Longenbach, James, Vol II
Longenecker, Richard Norman, Vol IV
Longest, George Calvin, Vol II
Longfellow, David Lyman, Vol I
Longino, Helen, Vol IV
Longman, Tremper, III, Vol IV
Longmire, Samuel, Vol II
Longo, Bernadette, Vol II
Longstaff, Thomas R. W., Vol IV
Longyear, Rey Morgan, Vol II
Lonigan, Paul R., Vol II, III
Lont, Cynthia M., Vol II
Loofbourrow, Richard C., Vol IV
Looker, Mark S., Vol II
Loomie, Albert J., Vol I
Looney, Dennis, Vol III
Loos, John Louis, Vol I
Looser, Devoney K., Vol II, V
Lopach, James Joseph, Vol IV
Lopata, Helena Z., Vol V
Lopata, Roy Haywood, Vol I
Lopes, Dominic McIver, Vol IV
Lopes, William H., Vol V
Lopez, Carlos, Vol II
Lopez, Debbie, Vol II
Lopez, Ignacio Javier, Vol III
Lopez, Jose Javier, Vol I
Lopez, Oscar R., Vol II, III
Lopez, Tiffany Ana, Vol II
Lopez-Calvo, Ignacio, Vol III
Lopez-Morillas, Consuelo, Vol III
Lopreato, Joseph, Vol V
Lora, Ronald Gene, Vol I
Lorbe, Ruth Elisabeth, Vol II
Lord, George F., Vol V
Lord, Timothy C., Vol IV
Lord-Maes, Janiece, Vol V
Lore, Anthony George, Vol III
Lorek, Robert, Vol IV
Lorence, James J., Vol I
Lorenzi, Paola G., Vol III
Lorey, Christoph R., Vol I, III
Lorimer, Douglas, Vol I
Lorimer, Joyce, Vol I
Losada, Luis Antonio, Vol I, II, III
Loseff, Lev V., Vol III
Losoncy, Thomas A., Vol IV
Losonsky, Michael, Vol IV
Loss, Archie Krug, Vol I
Losse, Deborah N., Vol III
Lotchin, Roger W., Vol I
Lott, John Bertrand, Vol IV
Lott, Raymond, Vol II
Lott, Robert Eugene, Vol III
Lotz, David Walter, Vol I, IV
Louch, Alfred, Vol IV
Loucks, James F., Vol II
Loud, Patricia Cummings, Vol I
Louden, Bruce, Vol II, III
Louden, Robert B., Vol IV
Lougee, Robert Wayne, Vol I
Lougee-Chappell, Carolyn, Vol I
Loughran, James N., Vol IV
Lougy, Robert E., Vol II
Louis, James Paul, Vol I
Louis, Margot K., Vol II
Louisa, Angelo, Vol I
Lounibos, John, Vol IV
Lounsberry, Barbara S., Vol II
Lounsbury, Carl, Vol I
Lounsbury, Myron, Vol I
Lounsbury, Richard Cecil, Vol I, III
Louthan, Howard, Vol I
Loux, Michael, Vol IV
Love, Barbara, Vol V
Love, Glen A., Vol II
Love, James, Vol V
Love, Joseph L., Vol I
Lovejoy, David Sherman, Vol I
Lovejoy, Grant I., Vol IV
Lovejoy, Paul E., Vol I
Lovelace, Eugene A., Vol V
Lovelady, Edgar John, Vol II, III
Loveland, Anne C., Vol I
Loveridge-Sanbonmatsu, Joan, Vol I, II
Lovering, Joseph Paul, Vol II
Lovett, Bobby L., Vol I
Lovett, Leonard, Vol IV
Lovin, Clifford R., Vol I
Lovin, Hugh Taylor, Vol I
Loving, Jerome M., Vol II
Lovitt, Carl, Vol II
Lovoll, Odd Sverre, Vol I
Low, Anthony, Vol II
Low, Lisa, Vol II
Low, Roy, Vol IV
Lowance, Mason Ira, Vol II
Lowe, Benno P., Vol I
Lowe, Donald M., Vol I
Lowe, Eugene Y., Jr., Vol I, IV
Lowe, John, Vol II
Lowe, Richard Grady, Vol I
Lowe, Stephen, Vol I
Lowe, Walter G., Vol II
Lowe, William J., Vol I
Lowenfeld, Andreas F., Vol IV
Lowenstam, Steven, Vol III
Lowenstein, Daniel H., Vol IV
Lowenstein, Steven Mark, Vol I
Lowery, Bullitt, Vol I
Lowery, Mark, Vol IV
Lowney, John, Vol II
Lowrie, Joyce Oliver, Vol III
Lowrie, Michele, Vol II, III
Lowry, Bullitt, Vol I
Lowry, David, Vol II
Lowry, Eddie R., Jr., Vol III
Lowry, William R., Vol IV
Lowther, Lawrence Leland, Vol I
Lox, Curt L., Vol V
Lozano-Renieblas, Isabel, Vol III
Lozovaya, Elizaveta V., Vol III
Lozovsky, Natalia, Vol I
Lu, Matthias, Vol IV
Lu, Min-Zhan, Vol V
Lu, Suping, Vol I, IV
Lu, Xing L., Vol II
Lu, Zhong-Lin, Vol V
Lubben, Joseph, Vol II
Lubbers, Jeffrey S., Vol I, IV
Lubeck, Ray, Vol IV
Lubenow, William Cornelius, Vol I
Lubensky, Sophia, Vol III
Lubetski, Edith, Vol II, IV
Lubic, Robert B., Vol IV
Lubick, George Michael, Vol I
Lubin, Bernard, Vol V
Lubinski, David, Vol V
Lubrano, Linda L., Vol I
Lucas, Brad E., Vol II
Lucas, James L., Vol II
Lucas, Marion Brunson, Vol I
Lucas, Mark T., Vol II
Lucas, Paul, Vol I
Lucas, Raymond E., Vol IV
Lucas, Robert Harold, Vol I
Lucas, Stephen E., Vol II
Lucas, Wayne L., Vol V
Lucash, Frank S., Vol IV
Luce, David R., Vol IV
Luciani, Frederick, Vol III
Lucid, Robert Francis, Vol II
Luck, Donald G., Vol IV
Luckert, Karl Wilhelm, Vol I, IV
Luckey, Evelyn F., Vol V
Luckhardt, C. Grant, Vol IV
Luckingham, Bradford Franklin, Vol I
Ludewig, Larry M., Vol V
Ludlow, Jeannie, Vol I, II, V
Ludwig, Jan Keith, Vol IV
Ludwig, Kirk, Vol IV
Ludwig, Richard Milton, Vol II
Ludwig, Theodore Mark, Vol I, IV
Ludwikowski, Rett R., Vol IV
Luebke, Frederick Carl, Vol I
Luebke, Neil Robert, Vol IV
Luebke, Steve, Vol II
Luecken, Linda, Vol V
Luehrs, Robert Boice, Vol I
Lueschen, Guenther, Vol V
Luey, Beth Edelmann, Vol II
Lufrano, Richard, Vol I
Luft, David Sheers, Vol I
Luft, Herbert, Vol I
Luft, Sandra, Vol I
Luhr, William, Vol II
Luibheid, E., Vol V
Luis, William, Vol I
Lukacher, Ned, Vol II, III
Lukacs, John Adalbert, Vol I
Luke, Brian A., Vol IV
Lukenbill, Willis B., Vol II
Lull, Timothy F., Vol IV
Lumin, Bernard, Vol V
Lumpkins, David W., Vol III
Lumpp, Randolph, Vol IV
Lumsden, Ian G., Vol I
Lumsden, Linda, Vol II
Luna, Eileen, Vol I
Lunardi, Egidio, Vol II
Lunceford, Joe E., Vol IV
Lund, Eric, Vol I, IV
Lund, Jerome A., Vol III
Lundbom, Jack R., Vol IV
Lunde, Erik Sheldon, Vol I, II
Lunde, Jonathan M., Vol IV
Lundell, Torborg Lovisa, Vol III, V
Lundgren, Amy, Vol V
Lundin, Anne, Vol II
Lundy, Duane, Vol V
Lunenfeld, Marvin, Vol I
Lunsford, Andrea A., Vol II
Lunt, Horace Gray, Vol III
Lupack, Alan, Vol II
Luper, Steven, Vol IV
Lupia, John N., Vol I
Lupinin, Nickolas, Vol I
Lurie, Alison, Vol II, V
Lurie, Howard R., Vol IV
Lusardi, James P., Vol II
Luscher, Robert M., Vol II
Lushnig, Cecilia Eaton, Vol II, III
Lusignan, Serge, Vol I
Lustig, Myron W., Vol II, V
Lutcavage, Charles, Vol III
Luter, A. Boyd, Vol IV
Lutes, Leasa, Vol III
Luthy, Melvin Joseph, Vol III
Lutke, Debi Reed, Vol V
Lutkus, Alan, Vol II, III
Lutz, Jessie Gregory, Vol I
Lutz, Mary Anne, Vol II
Lutz, Reinhart, Vol II
Lutz, William, Vol II
Lutzeler, Paul M., Vol III
Luxon, Thomas H., Vol II
Luyster, Robert W., Vol IV
Luzbetak, Louis Joseph, Vol III, V
Lvovich, Natasha, Vol II
Lyda, Paul, Vol II
Lydolph, Paul E., Vol I
Lydon, Ghislaine, Vol I
Lylak, Eugene, Vol II
Lyle, Kenneth, Vol IV
Lyman, J. Rebecca, Vol I, IV
Lyman, R. Lee, Vol V
Lyman, Richard B., Vol I
Lyman-Hager, Mary Ann, Vol III
Lynch, Catherine, Vol I
Lynch, Hollis R., Vol I
Lynch, John Edward, Vol I
Lynch, Joseph Howard, Vol I, IV
Lynch, Joseph J., Vol IV
Lynch, Kathryn, Vol II
Lynch, Michael P., Vol IV
Lynch, Owen, Vol V
Lynch, Rose Marie, Vol II
Lynch, Thomas Patrick, Vol II
Lyngstad, Sverre, Vol II
Lynn, John A., Vol I
Lynn, Kenneth Schuyler, Vol I
Lynn, Mary Constance, Vol I
Lynn, Richardson R., Vol IV
Lyon, Gordon W., Vol IV
Lyon, James K., Vol III
Lyon, Janet W., Vol II, V
Lyon, Robert William, Vol IV
Lyon, Steve, Vol IV
Lyon, Thomas D., Vol IV
Lyons, Bonnie, Vol II
Lyons, Bridget G., Vol II
Lyons, Clare A., Vol I
Lyons, Daniel D., Vol IV
Lyons, David, Vol IV
Lyons, Declan P., Vol II, III
Lyons, John D., Vol III
Lyons, Joseph, Vol IV
Lyons, Robin, Vol I
Lyons, Robin R., Vol I, IV
Lyons, Timothy James, Vol I, II
Lyons-Chase, Rosemary, Vol II
Lyovin, Anatole Vladimirovich, Vol III
Lys, Franziska, Vol III
Lysaught, M. Therese, Vol IV
Lytal, Billy D., Vol II
Lytle, Mark Hamilton, Vol I
Lytle, Timothy F., Vol IV
M'Gonigle, R. Michael, Vol IV
Ma, John T., Vol III
Ma, Qian, Vol II
Maazaoui, Abbes, Vol III
Mabe, Alan R., Vol IV
Mabery, Lucy, Vol IV
Mabry, Donald Joseph, Vol I
Mac Adam, Alfred J., Vol III
MacArthur, John, Vol IV
MacArthur, Steven D., Vol IV
Macary, Jean Louis, Vol III
Macaulay, Stewart, Vol IV
Macauley, Beth, Vol II
Maccaffrey, Wallace T., Vol I
Macchiarulo, Louis, Vol II, III
MacCormick, Chalmers, Vol IV
MacCoull, Leslie, Vol II, III, IV
MacCrimmon, Marilyn, Vol IV

MacCurdy, Marian, Vol II
MacDonald, Don, Vol V
Macdonald, J. Fred, Vol I
MacDonald, Jane, Vol V
MacDonald, Margaret Read, Vol II, V
MacDonald, Mary N., Vol I, IV
MacDonald, Maryellen, Vol III, V
Macdonald, Robert Hugh, Vol II
MacDonald, Roderick James, Vol I
MacDonald, Scott C., Vol IV
MacDonald, William L., Vol V
MacDonald, William L., Vol I
MacDougall, Bruce, Vol IV
Macdougall, Elisabeth Blair, Vol I
Mace, Carroll E., Vol III
Mace, Sarah, Vol II, III
MacEwen, Sally, Vol II, III
Macey, David A. J., Vol I
MacFarquhar, Roderick, Vol IV
MacGillivray, Royce C., Vol I
Mach, Thomas S., Vol I
Machado, Daisy L., Vol I, IV
Machaffie, Barbara J., Vol I, IV
Machamer, Peter Kennedy, Vol IV
Machan, Tibor R., Vol IV
Machann, Clinton J., Vol II
Machann, Virginia, Vol II
Macharia, Kinuthia, Vol V
Machina, Kenton F., Vol IV
Machle, Edward Johnstone, Vol IV
Machonis, Peter A., Vol III
Machor, James, Vol II
Macias, Anna, Vol I
Macias, Manuel Jato, Vol III
Macierowski, E. M., Vol I, IV
MacIntosh, Duncan, Vol IV
Macintosh, John James, Vol IV
MacIntyre, James, Vol IV
Macisaac, David, Vol I
Maciuika, Benedict Vytenis, Vol I
Mack, Eric M., Vol IV
Mack, Kenneth W., Vol IV
Mack, Michael, Vol II
Mack, Robert, Vol II
Mack, S. Thomas, Vol II
Mack, Sara, Vol II, III
Mackay, Carol Hanbery, Vol II
Mackendrick, Louis King, Vol II
Mackenzie, David, Vol I
MacKenzie, Louis A., Vol III
MacKenzie, Raymond, Vol II
Mackethan, Lucinda Hardwick, Vol II
Mackey, Barbara S., Vol II
Mackey, Louis Henry, Vol III, IV
Mackey, Richard A., Vol V
Mackey, Thomas C., Vol I
Mackey, William Francis, Vol III
Mackie, Hilary S., Vol II, III
MacKillop, James J., Vol I
MacKinnon, Aran S., Vol I
MacKinnon, James, Vol IV
MacKinnon, Michael, Vol I
MacKinnon, Patricia L., Vol V
Mackinnon, Peter, Vol IV
Mackinnon, Stephen Robert, Vol I
Mackler, Aaron L., Vol IV
Macklin, F. Anthony, Vol II
Macklin, Ruth C., Vol IV
Macksey, Richard Alan, Vol II, III
Macky, Nancy, Vol II
Maclaine, Allan Hugh, Vol II
MacLean, Elizabeth, Vol I
Maclean, Hugh Norman, Vol II
Maclean, Iain Stewart, Vol IV
MacLeish, Andrew, Vol III
MacLennan, Robert S., Vol I
MacLeod, Alistair, Vol II
Macleod, Colin, Vol IV
Macleod, David, Vol I
Macleod, Glen, Vol II
Macleod, Roderick Charles, Vol I
MacMillan, Carrie H., Vol II
Macmullen, Ramsay, Vol I
Macnaughton, William Robert, Vol II
MacNealy, Mary Sue, Vol II
MacNeil, Anne, Vol II
Macneil, Ian Roderick, Vol IV
Macovski, Michael, Vol II
MacPhail, Eric, Vol III
MacPhee, Laurence Edward, Vol II
Macpherson, Jay, Vol II
Macrae, Suzanne H., Vol II
Macris, Peter John, Vol III
Macro, Anthony David, Vol I, III
Macurdy, Allan, Vol IV
Macy, Gary A., Vol I, IV
Maczka, Romwald, Vol IV
Madden, Daniel Patrick, Vol IV
Madden, David, Vol II
Madden, David, Vol II
Madden, Deidre, Vol II
Madden, Edward H., Vol IV
Madden, Etta M., Vol II
Madden, Kate, Vol II
Madden, Patrick, Vol IV
Madden, Paul, Vol I
Madden, Thomas, Vol I
Maddock, Lawrence H., Vol II
Maddox, Donald, Vol III
Maddox, Lucy, Vol II
Maddox, Robert James, Vol I
Maddox, Timothy D. M., Vol IV
Maddux, Stephen, Vol III
Maddy, Penelope, Vol IV
Madgett, Naomi Long, Vol II
Madigan, Mark J., Vol II
Madigan, Mary, Vol II
Madison, Charles L., Vol III
Madison, Gary Brent, Vol IV
Madison, James H., Vol I
Madison, Kenneth Glenn, Vol I
Madland, Helga Stipa, Vol III
Madril, Jim, Vol V
Madsen, Brigham Dwaine, Vol I
Madsen, Carol Cornwall, Vol I, V
Madsen, Charles Clifford, Vol IV
Madsen, Truman Grant, Vol IV
Maertz, Gregory, Vol II
Maffie, James, Vol IV
Magdol, Lynn, Vol V
Magee, Glenn A., Vol IV
Magee, S. P., Vol IV
Mager, Donald, Vol II, IV
Maggs, Peter B., Vol IV
Magid, Laurie, Vol IV
Magill, Gerard, Vol IV
Magliocco, Sabina, Vol V
Magliola, Robert, Vol III
Magnaghi, Russell Mario, Vol I
Magnarelli, Sharon, Vol III
Magner, Lois, Vol I
Magnet, Joseph E., Vol IV
Magnus, Bernd, Vol IV
Magnuson, Paul Andrew, Vol II
Maguire, Daniel C., Vol IV
Maguire, James Henry, Vol I, II
Maguire, Lambert, Vol V
Magurshak, Daniel J., Vol IV
Mahan, Howard F., Vol I, IV
Mahan, Susan, Vol I, IV
Maharg, James, Vol III
Mahdi, Akbar, Vol V
Maher, Patrick L., Vol IV
Mahern, Catherine, Vol IV
Mahlendorf, Ursula R., Vol III
Mahmoudi, Kooros M., Vol V
Mahoney, Christina Hunt, Vol III
Mahoney, Daniel F., Vol V
Mahoney, Dhira B., Vol II
Mahoney, Edward P., Vol IV
Mahoney, Irene, Vol II
Mahoney, John Francis, Vol II, III
Mahoney, John L., Vol II
Mahoney, Joseph F., Vol I
Mahoney, Michael Sean, Vol I
Mahoney, Timothy, Vol I
Mahony, Robert E. P., Vol I, II
Mahony, William K., Vol IV
Mai, James L., Vol I
Maida, Lori, Vol V
Maidman, Maynard Paul, Vol I, IV
Maier, Carol Smith, Vol III
Maier, Donna J. E., Vol I
Maier, Harold Geistweit, Vol IV
Maier, John, Vol II
Maier, Linda, Vol II, III
Maier, Paul Luther, Vol I
Maier, Pauline Rubbelke, Vol I
Maier, Walter A., III, Vol IV
Maierhofer, Walter, Vol III
Maiers, Joan, Vol II
Maillet, Marguerite, Vol I
Main, Gloria L., Vol I
Main, Jackson T., Vol I
Maio, Samuel, Vol II
Mair, Victor H., Vol III
Maisch, Christian, Vol I
Maitzen, Rohan Amanda, Vol II
Maitzen, Stephen, Vol IV
Maizlish, Stephen E., Vol I
Majeres, Raymond L., Vol V
Major, Clarence, Vol II
Major, Jean-Louis, Vol III
Major, John Stephen, Vol I
Major, Wilfred E., Vol II, III
Makarushka, Irena, Vol IV
Makau, Josina M., Vol II, IV
Makepeace, James, Vol V
Makerec, Katherine, Vol V
Makino, Yasuko, Vol I, II
Makkai, Adam, Vol III
Makkreel, Rudolf A., Vol IV
Makowski, Elizabeth, Vol I
Makowski, Lee, Vol IV
Makuch, Stanley M., Vol IV
Makward, Christiane Perrin, Vol III, V
Malachuk, Daniel S., Vol II
Malament, David Baruch, Vol IV
Malamud, Margaret, Vol I
Malamud, Martha A., Vol II, III
Maland, Charles J., Vol I, II, V
Malandra, William, Vol I, II, III
Malavet, Pedro A., Vol IV
Malbon, Elizabeth Struthers, Vol IV
Malby, Maria Bozicevic, Vol III
Maldari, Donald, Vol IV
Maldonado-Deoliveira, Debora, Vol III
Malefakis, Edward Emanuel, Vol I
Malek, Abbas, Vol II
Malhotra, Ashok Kumar, Vol IV
Malicote, S., Vol II
Malik, Hafeez, Vol IV
Malik, Salahuddin, Vol I
Malin, Jo E., Vol V
Malino, Frances, Vol I, IV
Malinowski, Michael J., Vol IV
Malkiel, Burton Gordon, Vol IV
Mall, Laurence, Vol III
Mall, Rita Sparrow, Vol III
Mallard, Harry, Vol II
Mallard, William, Vol I, IV
Maller, Mark, Vol IV
Mallin, Dea Z., Vol II
Mallory, Michael, Vol I
Malloy, Edward A., Vol IV
Malm, Heidi, Vol IV
Malm, William P., Vol II, V
Malof, Joseph Fetler, Vol II
Malone, Barbara S. (Bobbie), Vol I
Malone, Bill Charles, Vol I
Malone, Carolyn, Vol I
Malone, Dumas, Vol I, II
Malone, Edward A., Vol II
Malone, Joseph Lawrence, Vol III
Malone, Martin J., Vol V
Malonebeach, Eileen, Vol V
Maloney, Elliott Charles, Vol III, IV
Maloney, Francis J., Vol IV
Maloney, J. Christopher, Vol IV
Maloney, Maureen A., Vol IV
Maloney, Thomas, Vol IV
Malouf, Melissa, Vol II
Malpass, Leslie Frederick, Vol V
Malpezzi Price, Paola, Vol III
Malsbary, Gerald Henry, Vol II, III
Malsberger, John William, Vol I
Maltby, William Saunders, Vol I
Maltz, Diana F., Vol II
Mama, Raouf, Vol II
Mamali, Catalin, Vol V
Maman, Marie, Vol II
Mamary, Anne, Vol IV
Mamo, Nathan, Vol IV
Mamoojee, Abdool-Hack, Vol II, III
Mamoon, Trina, Vol III
Manca, Franco, Vol I
Manchel, Frank, Vol II
Mancini, Albert Nicholas, Vol II
Mancke, Elizabeth, Vol I
Mandaville, Jon Elliott, Vol I
Mandel, Oscar, Vol II
Mandelker, Daniel Robert, Vol IV
Mandl, Bette, Vol II
Mandle, Jonathan, Vol IV
Mandt, Almer J., III, Vol IV
Maneker, Jerry S., Vol V
Maner, Martin, Vol II
Manes, Averell, Vol V
Maness, Lonnie E., Vol I, IV
Maney, Patrick J., Vol I
Manfra, Jo Ann, Vol I, IV
Mangan, Jacqueline J. Samperi, Vol III
Manganaro, Elise Salem, Vol II
Manganiello, Dominic, Vol II
Mangrum, Franklin M., Vol IV
Mangrum, R. Collin, Vol IV
Mangrum, Robert G., Vol I
Mangusso, Mary C., Vol I
Manheim, Michael, Vol II
Maniates, Maria Rika, Vol II, IV
Manier, A. Edward, Vol IV
Manikas, William T., Vol I, IV
Maniquis, Robert Manuel, Vol II, III
Manley, Frank, Vol II
Manley, James, Vol I
Manley, Joan, Vol III
Mann, Alfred, Vol II
Mann, Arthur, Vol I
Mann, Brian, Vol II
Mann, David D., Vol II
Mann, Gurinder Singh, Vol IV
Mann, Harveen Sachdeva, Vol II
Mann, Jeffrey A., Vol II
Mann, Joan Debbie, Vol III
Mann, John Stuart, Vol II
Mann, Karen Berg, Vol II
Mann, Kristin, Vol I
Mann, Maria A., Vol III
Mann, Ralph, Vol I
Mann, Thomas J., Vol II
Mann, William Edward, Vol I, IV
Mannetter, Terrance, Vol III
Manning, Alan, Vol III
Manning, Blanche Marie, Vol IV
Manning, Christel, Vol IV, V
Manning, Elliott, Vol IV
Manning, Jean Bell, Vol V
Manning, Joseph G., Vol II, III
Manning, Patrick, Vol I
Manning, Peter J., Vol II
Manning, Peter K., Vol V
Manning, Roberta Thompson, Vol I
Manning, Roger B., Vol I
Manning, Susan, Vol II
Mannino, Mary Ann V., Vol II
Manns, James William, Vol IV
Manogue, Ralph Anthony, Vol II
Manopolous, Monique M., Vol III
Mansell, Darrell L., Vol II
Mansfield, Mecklin Robert, Vol IV
Manso, Leira Annette, Vol II
Mansour, George Phillip, Vol III
Mansueto, Anthony, Vol IV
Manteiga, Robert Charles, Vol III
Mantero, Manuel, Vol III
Mantyh, Mark R., Vol V
Manuel, Sharon Y., Vol III
Many, Paul, Vol II
Manzig, John G. W., Vol IV
Mapa, Marina Vargas, Vol III
Maples, Robert John Barrie, Vol III
Mapp, Edward C., Vol II
Maqbool, Aziz, Vol II
Marable, Manning, Vol I
Marahrens, Gerwin, Vol III
Marangos, Frank, Vol IV
Marantz, Enid Goldstine, Vol III
Marasinghe, M. Lakshman, Vol IV
Marbais, Peter C., Vol II
Marcello, Leo L., Vol II
Marcello, Ronald E., Vol I
March, Wallace Eugene, Vol III, IV
Marchand, James Woodrow, Vol III
Marchant, Peter L., Vol II
Marchenkov, Vladimir, Vol IV
Marchi, Dudley M., Vol III
Marchione, Margherita Frances, Vol I, III
Marcin, Raymond B., Vol IV
Marcone, Rose Marie, Vol III
Marcopoulos, George John, Vol I
Marcus, Alan I., Vol I
Marcus, David, Vol III, IV
Marcus, Harold G., Vol I
Marcus, Irwin Murray, Vol I
Marcus, Leah S., Vol II
Marcus, Marvin H., Vol III
Marcus, Milicent, Vol I
Marcus, Mordecai, Vol II
Marcus, Paul, Vol V
Marcus, Ruth Borcan, Vol IV
Marcus, Sharon, Vol II, III
Marcus, Steven, Vol II
Marder, Herbert, Vol II
Marder, Nancy S., Vol IV
Marder, Tod A., Vol I
Mardin, Serif, Vol I, IV
Marecaux, Marie-Laure, Vol III
Marenco, Marc, Vol IV
Mares, Cheryl, Vol II
Mares, E. A., Vol II
Margerison, Kenneth, Vol I
Margolies, Alan, Vol II
Margolin, Uri, Vol II, III
Margolin, Victor, Vol I
Margolis, Gary, Vol V
Margolis, Joseph, Vol IV
Margolis, Maxine Luanna, Vol V
Margolis, Nadia, Vol III
Margulies, Ivone, Vol II
Mariani, Bethania S. C., Vol III
Mariani, Paul L., Vol II
Marichal, Juan, Vol III
Marietta, Don E., Vol IV
Marina, Jacqueline, Vol IV
Marina, William F., Vol I
Marincola, John, Vol II, III
Marinelli, Peter V., Vol II
Marino, John Anthony, Vol I
Marinoni, R. Max, Vol III
Marion, Laurie Cowan, Vol IV
Mariotti, Arleen, Vol V
Marissen, Michael, Vol II
Mark, Rebecca, Vol II
Markel, Stephen, Vol I
Markels, Julian, Vol II
Marken, Jack Walter, Vol II
Markert, John P., Vol V
Markey, Constance D., Vol III
Marki, Ivan, Vol II
Markides, Kyriacos, Vol V
Markie, Peter J., Vol IV
Markley, Arnold A., Vol II
Markley, Robert, Vol V
Markoff, John, Vol V
Markos, Louis, Vol II
Markovitz, Irving Leonard, Vol IV
Markovsky, Barry, Vol V
Marks, Arthur S., Vol I
Marks, Elaine, Vol I, III
Marks, Herbert J., Vol IV
Marks, Joel Howard, Vol IV
Marks, Laura U., Vol II
Marks, Patricia, Vol II
Marks, Robert B., Vol I
Marks, Sally Jean, Vol I
Marlane, Judith, Vol II
Marler, Grant A., Vol IV
Marlin, John, Vol II
Marlin-Bennett, Renee, Vol IV
Marling, William H., Vol II
Marlow, James Elliott, Vol II
Marlowe, Ann, Vol II
Marlowe, Frank, Vol V
Marme, Michael, Vol I
Marmura, Michael Elias, Vol III, IV
Marocchino, Kathryn D., Vol II
Maroney, James C., Vol I
Marotti, Arthur Francis, Vol II
Marovitz, Sanford E., Vol II
Marquardt-Cherry, Janet Teresa, Vol I
Marquess, Harlan Earl, Vol III
Marquez, Antonio, Vol II, III
Marquez-Villanueva, Francisco, Vol III
Marquis, Alice Goldfarb, Vol I
Marquis, Donald Bagley, Vol IV
Marra, Kim, Vol II
Marras, Ausonio, Vol IV
Marren, Susan M., Vol II
Marrin, Albert, Vol I
Marriott, Mc Kim, Vol V
Marron, Maria B., Vol II
Marrone, Nila Gutierrez, Vol III
Marrone, Steve P., Vol I
Marrow, Stanley Behjet, Vol IV
Marrs, Riock R., Vol IV
Marrs, Suzanne, Vol II
Marrus, Francine E., Vol II
Marschall, John Peter, Vol I, IV
Marsden, G. M., Vol I, IV
Marsh, Clifton, Vol I, V
Marsh, James L., Vol IV
Marsh, Lucy A., Vol IV
Marsh, Peter T., Vol I
Marsh, Vincent, Vol I
Marshall, Alicia A., Vol II, V
Marshall, Byron K., Vol I
Marshall, Cynthia, Vol II
Marshall, David, Vol II
Marshall, David, Vol III
Marshall, Dominique, Vol I
Marshall, Donald G., Vol II
Marshall, Grover Edwin, Vol III
Marshall, Howard Wight, Vol I

Marshall, Linda, Vol V
Marshall, Linda Edith, Vol II
Marshall, Peter K., Vol III
Marshall, Robert J., Vol IV
Marshall, Suzanne G., Vol V
Marshall, W. Gerald, Vol II
Marshall-Bradley, Tina, Vol V
Marshman, Michelle, Vol I
Marshood, Nabil, Vol V
Marsilio, Maria S., Vol II, III
Marsland, Amy, Vol II
Marson, Stephen, Vol V
Marszalek, John Francis, Vol I
Martasian, Paula J., Vol V
Marteinson, Peter, Vol III
Martel, Leon C., Vol IV
Marten, James, Vol I
Martens, Elmer Arthur, Vol IV
Marter, Joan, Vol I
Marthaler, Berard Lawrence, Vol IV, V
Marti, Donald B., Vol I
Marti, Genoveva, Vol IV
Martin, Benjamin F., Vol I
Martin, Bruce Kirk, Vol II
Martin, Carole, Vol III
Martin, Charles Burton, Vol IV
Martin, Charles Edward, Vol III
Martin, Charlotte Joy, Vol IV
Martin, D. Michael, Vol IV
Martin, Daniel, Vol III
Martin, Dean M., Vol IV
Martin, Dellita Lillian, Vol III
Martin, Donald R., Vol II
Martin, Edward N., Vol IV
Martin, Ernest L., Vol IV
Martin, Francis David, Vol IV
Martin, Glen T., Vol IV
Martin, Herbert Woodward, Vol II
Martin, James August, Vol IV
Martin, James I., Vol II
Martin, James Kirby, Vol I
Martin, James Luther, Vol IV
Martin, Jane Roland, Vol IV, V
Martin, Janet Marion, Vol II, III
Martin, Janice R., Vol IV
Martin, Jay, Vol II
Martin, Jerry Lee, Vol IV
Martin, Joan M., Vol IV
Martin, Joel, Vol IV
Martin, John J., Vol I
Martin, John Sayre, Vol II
Martin, Joseph Ramsey, Vol IV
Martin, Judith G., Vol IV
Martin, Kenneth R., Vol I
Martin, Laura, Vol III
Martin, Marty, Vol I, IV
Martin, Michael Lou, Vol IV
Martin, Michael T., Vol V
Martin, Mike W., Vol IV
Martin, Philippe Jean, Vol III
Martin, Randy, Vol IV, V
Martin, Raymond Albert, Vol IV
Martin, Raymond Frederick, Vol IV
Martin, Rex, Vol IV
Martin, Richard C., Vol I, IV
Martin, Richard Peter, Vol III
Martin, Robert K., Vol IV
Martin, Robert M., Vol IV
Martin, Ronald Edward, Vol I, II
Martin, Russell, Vol I
Martin, Russell L., Vol II
Martin, Samuel Elmo, Vol III
Martin, Sean Charles, Vol IV
Martin, Sean Elliot, Vol II
Martin, Sherrill V., Vol II
Martin, Susan D., Vol II, III
Martin, Terry J., Vol II
Martin, Thomas, Vol IV
Martin, Timothy, Vol II
Martin, Tony, Vol I
Martin, Troy W., Vol IV
Martin, Vincent, Vol III
Martin, Virginia, Vol I
Martin, Wanda, Vol II
Martin, Wayne M., Vol I, IV
Martin, William Bizzell, Vol II
Martin-Murrey, Loretta, Vol II
Martin-Ogunsola, Dellita Lillian, Vol III
Martin-Rodriguez, Manuel M., Vol III
Martine, James John, Vol II
Martines, Lauro, Vol I, III
Martinez, Elizabeth Coonrod, Vol III, V
Martinez, Esther M., Vol III
Martinez, H. Salvador, Vol III, IV
Martinez, Inez A., Vol II
Martinez, Jacqueline M., Vol II, III, V
Martinez, Jose-Luis, Vol I
Martinez, Nancy Conrad, Vol II
Martinez, Oscar J., Vol I
Martinez, Ronald L., Vol III
Martinez, Roy, Vol IV
Martinez, Thomas, Vol V
Martinez, Yolanda, Vol II
Martinez-Bonati, Felix, Vol III
Martinez-Fernandez, Luis, Vol I
Martinez-Lopez, Enrique, Vol III
Martinez-San Miguel, Yolanda M., Vol III
Martinich, Aloysius P., Vol IV
Martinot, Steve, Vol I
Martinson, Fred, Vol I
Martinson, Paul V., Vol IV
Martinson, Roland, Vol IV
Martinson, Steven D., Vol III
Martland, T(homas) R(odolphe), Vol IV
Martone, Michael, Vol II
Martos, Joseph, Vol IV
Marty, Martin Emil, Vol I, IV
Marty, Myron August, Vol I
Martyn, James Louis, Vol IV
Martyn, Susan, Vol IV
Martz, Louis Lohr, Vol II
Marullo, Thomas Gaiton, Vol III
Marun, Gioconda, Vol III
Maruna, Shadd, Vol IV
Marvin, Elizabeth W., Vol II
Marvin, Julia, Vol II
Marx, Anthony W., Vol IV
Marx, Jonathan I., Vol V
Marx, Leonie, Vol III
Marx, Paul, Vol II
Marzec, Marcia Smith, Vol II
Marzik, Thomas David, Vol I
Marzolf, Marion Tuttle, Vol I
Masanat, Lydia, Vol III
Maschke, Timothy, Vol IV
Mashburn, Amy R., Vol IV
Masi, Dale A., Vol V
Mask, E. Jefferey, Vol IV
Maslan, Mark, Vol II
Maslowski, Peter, Vol I
Masolo, D. A., Vol IV
Mason, Abelle, Vol II
Mason, Bobbie Ann, Vol II
Mason, David, Vol II
Mason, David Raymond, Vol IV
Mason, Donna S., Vol V
Mason, Francis M., Vol I
Mason, H. E., Vol IV
Mason, H. J., Vol II, III
Mason, Herbert W., Vol I
Mason, Jeffrey A., Vol IV
Mason, Philip P., Vol I
Mason, Robert, Vol I
Mason, Sheila, Vol IV
Mason, Steve, Vol I, IV
Mason, William E., Vol II
Masquelier, Adeline M., Vol V
Mass, Jeffrey Paul, Vol I
Massa, Richard Wayne, Vol II
Massanari, Ronald Lee, Vol I, IV
Masse, Michelle, Vol II
Masselink, Noralyn, Vol II
Massey, Gerald J., Vol IV
Massey, James Earl, Vol IV
Masteller, Richard N., Vol II
Masters, Donald C., Vol I
Masters, George Mallary, Vol III
Masters, Hilary, Vol II
Masters, Roger D., Vol IV
Mastronarde, Donald John, Vol III
Matabane, Paula W., Vol II
Matanle, Stephen, Vol II
Matar, Nabil, Vol II
Matasar, Richard, Vol IV
Matchett, William H., Vol II
Mate, Mavis, Vol I
Matejic, Mateja, Vol III
Matejka, George, Vol IV
Mates, Julian, Vol II
Matheny, David Leon, Vol II
Matheny, Paul Duane, Vol IV
Matheny, William Edward, Vol I
Mather, Henry S., Vol IV
Mather, Patricia L., Vol V
Mathes, Eugene W., Vol V
Mathewes, Charles, Vol IV
Mathews, Donald G., Vol I
Mathews, Edward G., Jr., Vol IV
Mathews, Gary, Vol III
Mathews, Gary, Vol V
Mathews, Mark William, Vol IV
Mathews, Spencer R., Vol V
Mathews, Thomas J., Vol III
Mathewson, Dave L., Vol II
Mathias, Gerald Barton, Vol III
Mathias, William J., Vol IV
Mathiesen, Thomas J., Vol II
Mathiot, Madeleine, Vol III, V
Mathis, Robert, Vol IV
Mathisen, Ralph Whitney, Vol I, II, III
Mathura, Clyde, Vol V
Maticich, Karen K., Vol IV
Matijevich, Elke, Vol III
Matilsky, Barbara C., Vol I
Matin, A. Michael, Vol II
Matisoff, James Alan, Vol III
Matlon, Ronald, Vol III
Matossian, Mary Kilbourne, Vol I
Matott, Glenn, Vol II
Matovina, Timothy M., Vol IV
Matray, James Irving, Vol I
Matrician, Marian, Vol I
Matro, Thomas G., Vol II
Matsen, Herbert S., Vol IV
Matsen, William, Vol II
Matsuda, Paul Kei, Vol II, III
Mattei, Ugo A., Vol IV
Matteo, Sante, Vol III
Matter, Edith Ann, Vol I, IV
Matteson, Lynn Robert, Vol I
Matteson, Robert Steere, Vol II
Matthaei, Sondra, Vol IV
Matthews, A. Warren, Vol IV
Matthews, G., Vol V
Matthews, Gareth Blanc, Vol IV
Matthews, J. Rosser, Vol I
Matthews, Jack, Vol II, V
Matthews, Jack, Vol II
Matthews, John F., Vol I, II, III
Matthews, Patricia, Vol IV
Matthews, Rebecca, Vol I, II
Matthews, Robert Joseph, Vol IV
Matthews, Roy T., Vol I
Matthews, Victor J., Vol II, III
Matthias, Bettina Ulrike, Vol III
Matthias, John Edward, Vol II
Matthis, Michael, Vol IV
Mattingly, Carol, Vol II
Mattingly, Ignatius G., Vol III
Mattingly, Paul Havey, Vol I
Mattingly, Richard Edward, Vol IV
Mattingly, Susan Shotliff, Vol IV
Mattis, Sara, Vol V
Mattison, Robert S., Vol I
Mattison, William H., Vol I, V
Mattson, Vernon E., Vol I
Matuka, Yeno M., Vol II
Matusow, Allen Joseph, Vol I
Matustik, Martin J. Beck, Vol IV
Matynia, Elzbieta, Vol I
Matzko, John A., Vol I
Maud, Ralph N., Vol II
Maughan, Steven, Vol I
Maule, James Edward, Vol IV
Maultsby, Portia K., Vol II
Maurer, A. E. Wallace, Vol II
Maurer, Margaret, Vol II
Maurer, Warren R., Vol III
Maus, Fred Everett, Vol II
Maus, Katharine E., Vol II
Mauser, August J., Vol V
Mauskopf, Seymour Harold, Vol I
Mauss, Armand, Vol I, V
Mavor, Carol, Vol I
Maxey, B. Ann, Vol IV
Maxfield, James F., Vol II
Maxmin, Jody, Vol II, III
Maxon, Robert Mead, Vol I
Maxwell, David Lowell, Vol II, V
Maxwell, Donald R., Vol III
Maxwell, Kenneth R., Vol I
Maxwell, Richard, Vol II
May, Charles Edward, Vol II
May, Christopher N., Vol IV
May, David M., Vol IV
May, Elaine Tyler, Vol I
May, Ernest, Vol II
May, Gary, Vol I
May, Georges, Vol III
May, Gita, Vol III
May, Henry Farnham, Vol I
May, James M., Vol II
May, Jill P., Vol II, V
May, John Richard, Vol II, IV
May, Jude Thomas, Vol I
May, Lary L., Vol I
May, Melanie A., Vol IV
May, Richard Warren, Vol IV
May, Robert Evan, Vol I
May, Steven W., Vol II
Mayberry, Nancy Kennington, Vol III
Mayer, Arno Joseph, Vol I
Mayer, Bruce Hillis, Vol III
Mayer, Don, Vol IV
Mayer, Frank A., Vol I
Mayer, Henri Andre Van Huysen, Vol I
Mayer, Reinhard, Vol III
Mayer, Robert, Vol II
Mayer, Sigrid, Vol III
Mayer, Thomas F., Vol I
Mayerfeld, Jamie, Vol IV
Mayers, Marvin K., Vol III, V
Mayeux, Peter, Vol II
Mayfield, John R., Vol I, II
Maynard, Arthur Homer, Vol IV
Maynard, John Rogers, Vol II
Maynard, Patrick, Vol IV
Maynard, Therese H., Vol IV
Maynard-Reid, Pedrito U., Vol IV
Maynes, Mary Jo, Vol I
Mayo, Charles M., Vol II
Maypole, Donald E., Vol V
Mayr, Franz Karl, Vol III, IV
Maza, Sarah C., Vol I
Mazel, David, Vol II
Mazer, Cary M., Vol II
Mazlish, Bruce, Vol I, IV
Mazon, Mauricio, Vol I
Mazor, Lester Jay, Vol I, IV
Mazoue, Jim, Vol IV
Mazrui, Ali Al'Amin, Vol I
Mazumdar, Rinita, Vol IV, V
Mazumdar, Sanjoy, Vol V
Mazur, Dennis J., Vol IV
Mazur, Diane H., Vol IV
Mazzaoui, Maureen Fennell, Vol I
Mazzaro, Jerome L., Vol II
Mazzocco, Angelo, Vol III
Mazzocco, Elizabeth H., Vol III
Mazzola, Michael Lee, Vol III
Mazzotta, Giuseppe F., Vol III
Mbabuike, Michael C., Vol II, V
Mbodj, Mohamed, Vol I
Mc Cauley, Barbara L., Vol II
Mc Culloh, Mark R., Vol III
Mc Farland, Keith D., Vol I
Mc Glamery, Gayla, Vol II
Mc Grane, Bernard, Vol IV, V
Mc Guire, Patrick, Vol V
Mc Leod, Ann M., Vol I, V
Mc Master, Michele, Vol II, V
Mc Millin, Barbara C., Vol II
Mcafee, Ward Merner, Vol I
McAffee, Thomas B., Vol IV
McAleavey, David Willard, Vol II
McAleer, J. Philip, Vol I
McAlexander, Hubert H., Vol II
Mcalexander, Patricia Jewell, Vol II
McAlister, Elizabeth, Vol IV
McAlister, Linda L., Vol IV
Mcallister, Matthew P., Vol II
McAlpin, Mary, Vol III
McAlpin, Sara, Vol II
Mcalpine, Monica Ellen, Vol II
McAninch, Robert D., Vol IV
McAninch, William S., Vol IV
McArthur, Robert L., Vol IV
McAuliffe, J. D., Vol IV
McAvoy, Jane, Vol IV
McBain, James F., Jr., Vol IV
Mcbane, John Spencer, Vol II
McBeath, Michael K., Vol V
McBeth, Harry Leon, Vol I, IV
McBride, Angela Barron, Vol III
McBride, Margaret, Vol II
Mcbride, Paul Wilbert, Vol I, V
Mcbride, Theresa Marie, Vol I
McBride, William, Vol II
McBride, William Leon, Vol IV
McBrien, Richard Peter, Vol IV
McCaa, Robert, Vol I
Mccabe, Bernard, Vol II
McCabe, David, Vol IV
McCabe, Kimberly A., Vol IV
McCabe, Nancy, Vol II
McCaffery, Edward J., Vol IV
McCaffrey, Daniel, Vol II, III
McCaffrey, James M., Vol I
McCaffrey, Jerrine A., Vol II
Mccaffrey, Lawrence John, Vol I
McCagney, Nancy, Vol IV
McCaleb, Joseph L., Vol II
McCall, Emmanuel Lemuel, Sr., Vol IV
McCall, Marsh H., Jr., Vol II, III
McCall, Storrs, Vol IV
McCann, David Richard, Vol III
McCann, Edwin, Vol IV
McCann, Francis D., Jr., Vol I
McCann, Harold G., Vol V
McCann, Hugh Joseph, Vol IV
McCann, Janet P., Vol II
McCann, Richard, Vol II
McCarl, Mary Rhinelander, Vol I
McCarren, Vincent Paul, Vol II, III
Mccarthy, B. Eugene, Vol II
Mccarthy, Dennis Michael Patrick, Vol I
McCarthy, Gerald, Vol II
McCarthy, J. Thomas, Vol IV
McCarthy, John A., Vol III
Mccarthy, John F., Vol II
McCarthy, John P., Vol I
McCarthy, Joseph M., Vol V
McCarthy, Justin, Vol I
McCarthy, Mary Theresa, Vol III
McCarthy, Patrick A., Vol II
McCarthy, Patrick J., Vol II
McCarthy, Thomas, Vol IV
McCarthy, Thomas A., Vol IV
McCarthy, Timothy, Vol IV
McCarthy, William, Vol V
McCarthy, William B., Vol II
McCarthy, William Paul, Vol II
McCartin, Joseph A., Vol I
McCartney, Dan Gale, Vol IV
McCartney, James J., Vol IV
McCartney, Jesse Franklin, Vol II
McCartney, Sharon, Vol IV
McCarty, Doran Chester, Vol IV
McCash, June, Vol III
McCaskill, Barbara Ann, Vol II
McCaslin, Richard, Vol I
McCaughey, Robert Anthony, Vol I
McCauley, Rebecca J., Vol II
McCauley, Robert N., Vol IV
McCauley, Terita, Vol V
McCaw, R. John, Vol III
McCawley, James D., Vol III
McClain, Andrew Bradley, Vol V
McClain, E., Vol II
McClain, John O., Vol IV
McClain, Molly A., Vol I
McClain, Shirla R., Vol V
McClain, T. Van, Vol III, IV
McClamrock, Ron, Vol IV
McClarty, Wilma King- Doering, Vol II, V
McClary, Ben Harris, Vol II
McClay, Wilfred M., Vol I
McClean, Albert, Vol IV
McCleary, Ann, Vol I
Mcclellan, Charles W., Vol I
Mcclellan, Woodford, Vol I
McClelland, Charles E., Vol I
McClelland, James, Vol I
McClelland, John Fleming, Vol II
McClelland, Patricia, Vol V
McClelland, William Lester, Vol I, IV
McClendon, James William, Jr., Vol IV
McClendon, Thomas, Vol I
McClennen, Joan, Vol V
McCleskey, Turk, Vol I
Mcclintock, Thomas Coshow, Vol I
McCloskey, Deirdre, Vol IV
Mccloskey, James, Vol III
McCloskey, Michael, Vol V
McClung, Phil, Vol V
McClung, William A., Vol II
McClure, Charles R., Vol II
McClure, John, Vol II
McClure, Kimberley A., Vol V
McClure, Laura Kathleen, Vol II, III
McClure, Wesley Cornelious, Vol V
McClurg, Andrew, Vol IV
McCluskey, James J., Vol II
Mccluskey, Stephen C., Vol I
Mcclymer, John Francis, Vol I
McClymonds, Marita P., Vol II
Mccolley, Diane K., Vol II
McColley, Kathleen, Vol II
McColley, Robert, Vol I
McCollough, C. Thomas, Vol IV

McCollough, Thomas Elmore, Vol IV
Mccomb, David Glendinning, Vol I
McCombs, Maxwell E., Vol II
McConnaughay, Philip J., Vol IV
McConnell, Jeff, Vol IV
McConnell, Kathleen, Vol II
McConnell, Roland Calhoun, Vol I
McConnell, Terrance C., Vol IV
McConnell, William Howard, Vol IV
McConnell, Winder, Vol III
McCord, Beth K., Vol V
Mccord, Howard, Vol II
McCord, Joan, Vol IV
McCorduck, Edward Scott, Vol II
McCorison, Marcus Allen, Vol I
McCorkle, W. Benson, Vol II
McCormack, Eric, Vol II
McCormick, Edgar Lindsley, Vol II
Mccormick, Richard P., Vol I
McCormick, Robert B., Vol I
McCort, Dennis, Vol III
McCoubrey, John W., Vol I
McCoy, Francis T., Vol IV
McCoy, Gary W., Vol II, IV
McCoy, Jerry, Vol IV
McCoy, Ken W., Vol II
McCoy, Patricia A., Vol IV
McCoy, Thomas Raymond, Vol IV
McCracken, Blair, Vol V
McCracken, Charles James, Vol IV
Mccracken, David, Vol II
McCray, James, Vol II
Mccready, William David, Vol I
McCrone, Kathleen E., Vol I
Mccue, Robert J., Vol I
McCullagh, Mark, Vol IV
McCullagh, Suzanne Folds, Vol I
McCullen, Maurice, Vol II
McCulloch, Elizabeth, Vol IV
Mcculloch, Samuel Clyde, Vol I
McCulloh, Gerald William, Vol IV
Mcculloh, John Marshall, Vol I
McCulloh, William Ezra, Vol II, III
McCullough, Joseph B., Vol II
McCullough, Laurence B., Vol IV
McCullough, Ralph C., II, Vol IV
McCumber, John, Vol III
McCummings, LeVerne, Vol V
McCurdy, Charles William, Vol I
McCurdy, Howard Earl, Vol IV
McCusker, John J., Vol IV
McCutcheon, Elizabeth North, Vol II
Mccutcheon, James Miller, Vol I
McDaniel, George William, Vol I
McDaniel, Gerald, Vol II
McDaniel, John B., Vol IV
McDaniel, Judith M., Vol IV
McDaniel, Rebecca M., Vol II
McDaniel, Thomas F., Vol III, IV
McDermott, A. Charlene, Vol IV
Mcdermott, Douglas, Vol II
McDermott, Gerald D., Vol IV
McDermott, John J., Vol IV
McDermott, John J., Vol IV
McDevitt, Anthony, Vol IV
McDonald, Archie Philip, Vol I
McDonald, Christie, Vol III
McDonald, Forrest, Vol I
McDonald, Kelly M., Vol II
McDonald, Marianne, Vol II
McDonald, Patricia M., Vol IV
McDonald, Peter J. T., Vol IV
McDonald, R., Vol II
McDonald, Robert M. S., Vol I
McDonald, Sheila, Vol II
McDonald, Verlaine, Vol II
McDonald, Walter Robert, Vol II
McDonald, William, Vol I, IV
McDonald, William Cecil, Vol III
McDonnell, Clare I., Vol II
McDonough, Ann, Vol II
McDonough, C. J., Vol II, III
McDonough, Christopher Michael, Vol III
McDonough, Sheila, Vol IV
McDorman, Ted L., Vol IV
McDougall, Iain, Vol I
McDougall, Warren, Vol II
McDowall, Duncan L., Vol I
McDowell, Earl E., Vol II
Mcdowell, Frederick Peter Woll, Vol II
Mcdowell, John H., Vol I
McDowell, Markus, Vol IV
McDowell-Loudan, Ellis, Vol V
McEleney, Neil Joseph, Vol IV
McElhaney, James Willson, Vol IV
McElrath, Joseph R., Jr., Vol II
McElreath, Mark, Vol II
McElroy, Colleen J., Vol II
Mcelroy, John Harmon, Vol II
McElvaine, Robert S., Vol I
McElwain, Hugh Thomas, Vol IV
Mcentyre, Marilyn Chandler, Vol III
McFadden, Daniel L., Vol IV
McFague, Sallie, Vol II, IV
McFarland, Douglas D., Vol II, IV
McFarland, Gerald W., Vol I
McFarland, Katharine, Vol II
McFarland, Ronald E., Vol II
Mcfarlane, Larry Allan, Vol I
McFeely, Eliza, Vol I
McGaha, Michael Dennis, Vol III
McGahan, Joseph R., Vol V
McGarrell, Hedy M., Vol III
McGarva, Andrew R., Vol V
McGary, Howard, Vol IV
McGee, Christopher Edward, Vol II
McGee, Henry W., Jr., Vol IV
McGee, James Sears, Vol I
McGee, Patrick, Vol V
McGee, Reece Jerome, Vol V
McGeever, Kathleen, Vol II
McGeever, Patrick, Vol IV
McGehee, R. V., Vol I
McGeoch, Lyle Archibald, Vol I
McGerr, M., Vol I
McGhee, James, Vol II
McGhee, Robert J., Vol I
McGiffert, Michael, Vol I
McGillivray, Anne, Vol IV
McGillivray, Murray D., Vol II
McGilvray, Dennis B., Vol V
McGilvray, James, Vol IV
McGinley, John Willard, Vol IV
McGinn, Bernard John, Vol I, IV
McGinn, Sheila E., Vol IV
McGinnis, James W., Vol IV
McGinnis, Scott G., Vol III
McGinty, Carolyn, Vol II
McGinty, Mary Peter, Vol IV
McGiveron, Rafeeq O., Vol II
McGlathery, James Melville, Vol III
McGlinn, Jeanne, Vol II
McGlone, Edward L., Vol II
McGlone, Mary M., Vol IV
McGlynn, Paul Dumon, Vol II
McGoldrick, James Edward, Vol I
McGovern, Arthur F., Vol IV
McGovern, Patrick E., Vol I
McGovern, William M., Vol IV
McGowan, Andrew, Vol IV
McGowan, John P., Vol II, III
McGowan, Joseph P., Vol II
McGowan, Marcia Phillips, Vol V
McGrain, John W., Vol II
McGrath, Francis C., Vol II
McGrath, Michael J., Vol III
McGrath, Robert, Vol I
McGrath, Sylvia Wallace, Vol I
McGregor, James H. S., Vol III
Mcgrew, Roderick Erle, Vol I
McGuckin, John A., Vol I, IV
McGuire, Anne M., Vol IV
McGuire, Charles, Vol II
McGuire, Donald T., Jr., Vol II, III
McGuire, Peter, Vol II
Mcguire, Philip Carroll, Vol II
McGuire, William J., Vol V
McHale, Vincent Edward, Vol IV
McHam, Sarah Blake, Vol I
Mchaney, Thomas Lafayette, Vol II
McHatten, Mary Timothy, Vol IV
McHenry, Henry M., Vol V
McHenry, Leemon, Vol IV
McHugh, Michael P., Vol III, IV
McHugh, Susan B., Vol II
McIlvaine, Robert Morton, Vol II
McInerney, Daniel J., Vol I
McInerney, Peter K., Vol IV
McInerny, Ralph, Vol IV
McInnis, Judy B., Vol II
Mcintire, Carl Thomas, Vol I, IV
McIntosh, Anne, Vol II
McIntosh, James Henry, Vol II
Mcintosh, Marjorie Keniston, Vol I
Mcintosh, Marjorie Keniston, Vol I
McIntosh, Phillip L., Vol IV
McIntosh, Simeon Charles, Vol IV
McIntyre, Jerilyn S., Vol I, II
McIntyre, Lee C., Vol IV
McIntyre, Moni, Vol IV
McIntyre, Ronald Treadwell, Vol IV
McIrvin, Michael D., Vol II
McJannet, Linda, Vol II
Mcjimsey, George Tilden, Vol I
Mcjimsey, Robert, Vol I
McKague, Carla A., Vol IV
Mckale, Donald Marshall, Vol I
McKale, Michael, Vol IV
McKate, Donald M., Vol I
McKay, Alexander G., Vol II, III
McKay, Diane L., Vol V
McKay, Douglas R., Vol III
Mckay, John Patrick, Vol I
McKeachie, William M., Vol V
McKee, Patricia, Vol II
McKee, Patrick M., Vol IV
McKee, Sally, Vol I
McKeen, William, Vol I, II, V
McKelway, Alexander Jeffrey, Vol IV
McKendrick, Norman G., Vol II
McKenna, Andrew Joseph, Vol III
McKenna, John H., C.M., Vol IV
Mckenna, John William, Vol I
Mckenna, Marian Cecilia, Vol I
McKenna, Mary Olga, Vol V
McKenna, Michael S., Vol IV
McKenna, Sheila, Vol II
McKenna, William R., Vol IV
Mckenzie, Alan T., Vol II
McKenzie, Elizabeth M., Vol IV
McKenzie, Stanley D., Vol II
McKeon, Michael, Vol II
McKeown, James C., Vol II, III
McKernan, John J., Vol II
McKevitt, Gerald, Vol I, IV
McKillop, A. B., Vol I
McKim, Donald K., Vol IV
McKim, Robert, Vol IV
McKinion, Steven A., Vol I, IV
McKinley, Barbara L., Vol IV
Mckinley, James Courtright, Vol II
McKinley, Mary B., Vol III
McKinley, Nita Mary, Vol V
McKinney, George Dallas, Jr., Vol IV
McKinney, Lauren D., Vol IV
McKinney, Mark, Vol III
McKinney, Richard I., Vol IV
McKinsey, Michael, Vol IV
McKirahan, Richard D., Vol IV
McKissick, Floyd B., Jr., Vol IV
Mckitrick, Eric Louis, Vol I
McKiven, Henry M., Jr., Vol I
McKnight, Edgar Vernon, Vol III, IV
McKnight, Joseph Webb, Vol I, IV
McKnight, Phillip S., Vol III
Mckoy, Sheila Smith, Vol II
McKulik, Ben, Vol III
McKusick, James C., Vol II
McLachlan, Elizabeth Parker, Vol I
McLanahan, Sara S., Vol V
McLaren, John P. S., Vol IV
McLaughlin, Andree Nicola, Vol II, V
McLaughlin, Joseph M., Vol IV
McLaughlin, Ken, Vol I
McLaughlin, Kevin P., Vol II
McLaughlin, Mary Martin, Vol I
McLaughlin, Megan, Vol I
McLaughlin, Robert, Vol II
McLaurin, Melton Alonza, Vol I
McLay, Tim, Vol IV
Mclean, Andrew Miller, Vol I, II
McLean, Athena H., Vol V
McLean, Edward L., Vol IV
McLean, George Francis, Vol IV
McLean, Hugh, Vol III
McLean, Ken, Vol II
McLean, Mable Parker, Vol V
McLellan, Bradley N., Vol IV
McLelland, Joseph Cumming, Vol IV
McLendon, Will Loving, Vol III
McLennan, Scotty, Vol IV
Mcleod, Alan L., Vol II
Mcleod, Archibald, Vol II
Mcleod, Douglas M., Vol II
McLeod, Frederick G., Vol IV
McLeod, Glenda Kaye W., Vol II
McLeod, Jane, Vol I
McLeod, John, Vol I
McLeod, Johnathan, Vol I
McLeod, Marshall W., Vol I
McLeod, Stephen G., Vol II, V
McLeod, Susan, Vol II
McLoud, Melissa, Vol I
McLucas, Anne Dhu, Vol II
McLure, Charles E., Jr., Vol IV
McMahan, Jefferson, Vol IV
McMahan, Oliver, Vol IV
McMahon, Gregory, Vol I
McMahon, Martin J., Jr., Vol IV
McMahon, Robert, Vol II, IV
McMahon, Robert J., Vol I
McMahon, William Edward, Vol IV
McManamon, John, Vol I
McManus, Edgar J., Vol I, IV
McManus, Frederick Richard, Vol IV
McManus, James, Vol III
McMaster, Juliet, Vol II
Mcmaster, Rowland Douglas, Vol II
McMillan, Carol, Vol V
McMillan, Daniel, Vol I
McMillan, Douglas J., Vol II
Mcmillen, Neil Raymond, Vol I
McMillin, H. Scott, Vol II
Mcmordie, Michael J., Vol I
McMullan, Margaret, Vol II
McMullen, Lorraine, Vol II
McMullen, Margaret, Vol II
McMullen, Mike, Vol IV, V
McMullen, Wayne, Vol II
McMullin, Ernan, Vol IV
McMullin, Stan, Vol I
McMullin, Thomas Austin, Vol I
McMunn, Maradith T., Vol II
Mcmurry, Richard Manning, Vol I
McMurry-Edwards, Linda O., Vol I
McMurtry, Josephine, Vol II
McNabb, Debra, Vol I
McNair, Marcia, Vol II
McNairy, Francine G., Vol V
McNally, Michael, Vol I
McNally, Michael J., Vol IV
Mcnally, Raymond T., Vol I
McNally, Sheila, Vol I
McNally, Vincent J., Vol I, IV
McNamara, Dennis, Vol V
McNamara, Paul, Vol IV
McNamee, Kathleen, Vol II, III
McNamee, Maurice Basil, Vol II
McNaron, Toni Ann Hurley, Vol II
McNaughton, Patrick, Vol I
McNeely, R. L., Vol V
Mcneil, David O., Vol I
Mcneil, William Kinneth, Vol I, V
Mcneill, David, Vol III, V
McNeill, John R., Vol I
McNeill, Paula L., Vol I
McNeill, Susan Patricia, Vol IV
Mcneill, William Hardy, Vol I
McNerney, Kathleen, Vol III
McNicol, Sharon-Ann, Vol V
McNulty, John K., Vol IV
Mcnutt, James Charles, Vol I, V
McNutt, Paula M., Vol I, IV, V
McPeak, Judith L., Vol II
McPhail, Mark L., Vol II
McPhail, Thomas Lawrence, Vol II
McPhee, Sarah, Vol I
McPherson, David, Vol II
McPherson, James Alan, Vol I, II, IV
Mcpherson, James Munro, Vol I
McPherson, Miller, Vol V
McQuaid, Kim, Vol I, IV
McQueeney, Mary Patricia, Vol II
McRae, Donald M., Vol IV
McRae, John R., Vol IV
McRae, Mary B., Vol V
McRay, John Robert, Vol IV
McRobert, Jennifer, Vol IV
Mcseveney, Samuel Thompson, Vol I
McShane, Marilyn, Vol IV
Mcshea, William Patrick, Vol I, II
McSheffrey, Shannon, Vol I
McSpadden, Lucia, Vol V
McTaggart, William, Vol II
McTague, Robert, Vol I
McVann, Mark, Vol IV
Mcvaugh, Michael Rogers, Vol I
McVeigh, Frank J., Vol V
McVeigh, Paul J., Vol II
McWhorter, Kathleen T., Vol V
McWhorter, Stanley B., Vol II
McWilliams, Alfred E., Jr., Vol V
McWilliams, John P., Vol II
Mcwilliams, Tennant S., Vol I
McWorter, Gerald A., Vol V
Meacham, Standish, Vol I
Mead, Christopher Curtis, Vol I
Mead, Gerald, Vol III
Mead, Lisa M., Vol IV
Mead, Walter Bruce, Vol IV
Meade, Catherine M., Vol I
Meade, Denis, Vol I, IV
Meade, E. M., Vol IV
Meade, Wade C., Vol I
Meaders, Daniel, Vol I
Meador, Daniel John, Vol IV
Meadors, Gary T., Vol III, IV
Meadow, Phyllis W., Vol V
Meadows, Eddie, Vol II, V
Meadows, Patrick, Vol III
Meagher, Robert Francis, Vol IV
Meana, Marta, Vol V
Meanor, Patrick, Vol II
Means, James, Vol III, IV
Means, John B., Vol III
Meany, Mary Walsh, Vol IV
Mears, John A., Vol I
Meats, Stephen Earl, Vol II
Meckler, Michael Louis, Vol I
Medhi, Abbas, Vol V
Medhurst, Martin J., Vol II
Medina, Cindy, Vol III
Medina, Jeremy Tyler, Vol III
Medina, Manuel F., Vol III
Medine, Carolyn Jones, Vol IV
Medine, Peter Ernest, Vol II
Medley, Mark S., Vol IV
Medlin, S. Alan, Vol IV
Meehan, M. Johanna, Vol IV
Meek, Edwin, Vol II
Meeker, Joseph W., Vol II
Meeker, Michael W., Vol II
Meeks, Wayne Atherton, Vol IV
Meerbote, Ralf, Vol I, IV
Megenney, William Wilber, Vol III
Mehaffey, Karen Rae, Vol II
Mehiel, Ronald, Vol V
Mehl, Peter J., Vol IV
Mehler, Barry Alan, Vol I
Mehlinger, Howard Dean, Vol I
Mehlman, Maxwell, Vol IV
Mehta, Mahesh Maganlal, Vol IV
Mehuron, Kate, Vol IV
Meidinger, Errol Eldon, Vol IV
Meier, A. J., Vol III
Meier, August, Vol I
Meier, John P., Vol IV
Meier, Marga, Vol III
Meier, Samuel, Vol III
Meikeljohn, Donald, Vol IV
Meikle, Jeffrey L., Vol I
Meilaender, Gilbert, Vol IV
Meindl, Richard S., Vol V
Meiners, Roger K., Vol II
Meinhardt, Warren Lee, Vol III
Meininger, Robert Alan, Vol III
Meinke, Peter, Vol II
Meinwald, Constance, Vol IV
Meisel, Alan, Vol IV
Meisel, Janet Anne, Vol I
Meisel, Martin, Vol II, III
Meisel, Perry H., Vol II
Meiser, Mary, Vol II
Meisse, Tom, Vol I, V
Meister, Maureen, Vol I
Meister, Michael William, Vol I
Melada, Ivan, Vol II
Melancon, Donald, Vol V
Melancon, Michael S., Vol I
Melbourne, Lucy, Vol II
Melchert, H. Craig, Vol III
Melchionne, Kevin, Vol IV
Mele, Alfred R., Vol II, III, IV
Melendez, Gabriel, Vol I
Melendy, Howard Brett, Vol I
Meli, Domenico Bertoloni, Vol I
Melia, Daniel Frederick, Vol II
Mell, Donald Charles, Vol II
Mellard, James Milton, Vol II
Mellema, Gregory, Vol IV
Mellen, Joan, Vol II

Melli, Marygold Shire, Vol IV
Mellini, Peter John Dreyfus, Vol I
Mellink, Machteld Johanna, Vol I
Mellon, Stanley, Vol I
Mellor, Anne Kostelanetz, Vol II, III
Mellor, Chauncey Jeffries, Vol III
Mellor, Ronald, Vol II, III
Mellown, Elgin Wendell, Vol II
Melnick, Atrhur, Vol IV
Melnyk, Julie, Vol II
Melosi, Martin V., Vol I
Melton, James V. H., Vol I
Meltzer, Allan H., Vol IV
Melusky, Joseph, Vol I, IV
Melzi, Robert C., Vol III
Memon, Muhammad Umar, Vol IV
Menard, Russell R., Vol I
Menashe, Louis, Vol I
Mendelsohn, Everett Irwin, Vol I
Mendelson, Alan, Vol IV
Mendelson, Edward, Vol II
Mendelson, Johanna, Vol IV
Mendes, Errol, Vol IV
Mendez, Jesus, Vol I
Mendez-Clark, Ronald, Vol III
Mendieta, Eduardo, Vol IV
Mendle, Michael J., Vol I
Mendola, Joseph, Vol IV
Mendosa, Antonio, Vol IV
Mendoza, Louis, Vol II, V
Mendoza, Ruben, Vol V
Mengxiong, Liu, Vol II
Menides, Laura J., Vol II
Menikoff, Barry, Vol II
Menjares, Pete, Vol V
Menk, Patricia Holbert, Vol I
Menke, Christoph, Vol IV
Menn, Lise, Vol III
Menn, Stephen, Vol IV
Mennel, Robert Mckisson, Vol I
Mensch, James, Vol IV
Mento, Joan, Vol II
Menton, Seymour, Vol II, III
Mentzer, Raymond A., Vol I
Menuge, Angus, Vol IV
Menzel, Christopher, Vol IV
Meo, Susan Rimby, Vol I
Mercadante, Linda A., Vol IV
Mercado, Juan Carlos, Vol V
Mercer, Mark, Vol IV
Merceron, Jacques E., Vol III
Merchant, Carolyn, Vol I, IV
Meredith, Howard, Vol I
Meredith, Hugh Edwin, Vol III
Mergen, Bernard M., Vol I
Merithew, Charlene L., Vol III
Meritt, Lucy Shoe, Vol II, III
Merivale, Patricia, Vol II, III
Merkely, Paul B., Vol II
Merken, Kathleen, Vol I
Merkl, Peter Hans, Vol IV
Merkle, John Charles, Vol IV
Merkley, Paul C., Vol I
Merkur, Dan, Vol IV
Merler, Grazia, Vol III
Merling, David, Vol I, IV
Merlino, Scott A., Vol IV
Mermall, Thomas, Vol III
Mermier, Guy R., Vol III
Meron, Theodor, Vol IV
Merrell, F., Vol I
Merrett, Christopher D., Vol I
Merriam, Allen H., Vol II
Merrifield, William R., Vol III, V
Merrill, Daniel Davy, Vol IV
Merrill, Eugene H., Vol IV
Merrill, Jeanne W., Vol II
Merrill, Kenneth Rogers, Vol IV
Merrill, Reed, Vol III
Merrill, Richard Austin, Vol IV
Merrill, Sammy Ray, Vol III
Merrill, Thomas F., Vol II
Merriman, John M., Vol I
Merriman, Mira P., Vol I
Merritt, Frank S., Vol IV
Merritt, Raymond Harland, Vol I
Merron, Jeffrey L., Vol II
Merry, Sally E., Vol V
Merryman, John Henry, Vol IV
Mersky, Roy Martin, Vol IV
Mertens, Thomas R., Vol V
Mertins, Detlef, Vol I
Mertz, Paul Eric, Vol I
Merwin, Peter Matthew, Vol IV
Mesavage, Ruth Matilde, Vol III
Mesch, Claudia, Vol I
Meserole, Harrison Talbot, Vol II
Mesle, C. Robert, Vol IV
Mesler, Mark A., Vol V
Messbarger, Paul Robert, Vol II
Messenger, Christian Karl, Vol II
Messer, Richard, Vol II
Messer, Robert Louis, Vol I
Messer-Kruse, Timothy, Vol I
Messere, Frank, Vol II
Messinger, Sheldon L., Vol V
Mesteller, Jean C., Vol I, II, V
Mester, Armin, Vol III
Metcalf, Alida C., Vol I
Metcalf, Allan Albert, Vol II, III
Metcalf, Michael F., Vol I
Metcalf, Thomas R., Vol I
Metcalf, William E., Vol II, III
Metcalfe, William Craig, Vol I
Metlitzki, Dorothee, Vol II
Metress, Seamus, Vol V
Mettlin, Connie, Vol V
Metz, Brent E., Vol V
Metz, Leon Claire, Vol I
Metz, Walter C., Vol II
Metzger, Bruce Manning, Vol IV
Metzger, Daniel, Vol IV
Metzger, David, Vol II
Metzger, Erika Alma, Vol III
Metzger, Lore, Vol II, III
Metzger, Michael Moses, Vol III
Metzger, Thomas Albert, Vol I
Metzidakis, Angelo, Vol III
Mevers, Frank Clement, Vol I
Mewhort, Doug J. K., Vol V
Mews, Siegfried, Vol III
Meyer, Ben Franklin, Vol IV
Meyer, Donald, Vol I
Meyer, Donald Harvey, Vol I
Meyer, Doris, Vol III
Meyer, George H., Vol IV
Meyer, James S., Vol I
Meyer, Jerry D., Vol I
Meyer, John, Vol II
Meyer, Judith, Vol I
Meyer, Kathryn E., Vol I
Meyer, Kenneth John, Vol I, II
Meyer, Leonard B., Vol II
Meyer, Leroy N., Vol IV
Meyer, Michael, Vol I
Meyer, Michael Albert, Vol I, IV
Meyer, Milton Wachsberg, Vol IV
Meyer, Paul Hugo, Vol III
Meyer, Paul William, Vol IV
Meyer, Priscilla, Vol III
Meyer, Richard, Vol I
Meyer, Ronald, Vol III
Meyer, Russell J., Vol II
Meyer, Stephen, Vol I
Meyering, Sheryl L., Vol II
Meyerowitz, Joanne, Vol I
Meyers, Barton, Vol V
Meyers, Carol L., Vol III, IV
Meyers, Debra A., Vol I
Meyers, Diana Tietjens, Vol IV, V
Meyers, Eric Mark, Vol IV
Meyers, Marian J., Vol II
Meyers, Michael, Vol IV
Meyers, Robert, Vol IV
Meyers, Ronald J., Vol II
Meyers, Terry L., Vol II
Meyers, Thomas J., Vol V
Meyers, Walter Earl, Vol II, III
Meyler, Joan Bernadette, Vol II, IV
Meza, Alberto, Vol I
Meza, Pedro Thomas, Vol I
Mezei, Regina A., Vol IV
Mezey, Robert, Vol II
Meznar, Joan E., Vol I
Mezo, Richard E., Vol II
Mezzatesta, Michael P., Vol I
Miall, David S., Vol II
Miano, Alice, Vol III
Mical, Thomas, Vol I
Micciche, Laura Rose, Vol II
Micco, Melinda, Vol V
Michael, Aloysius, Vol IV
Michael, Colette, Vol III, IV
Michael, Colette Verger, Vol III, IV
Michael, Emily, Vol IV
Michael, John, Vol II
Michael, Marion C., Vol II
Michael, Randall Blake, Vol IV
Michael, Wolfgang Friedrich, Vol III
Michaelis, Laura A., Vol III
Michaels, David, Vol III
Michaels, Jennifer, Vol III
Michaels, Leonard, Vol II
Michaels, Paula A., Vol I
Michaelsen, Robert Slocumb, Vol IV
Michaelson, Pat, Vol II
Michalczyk, John Joseph, Vol II, III
Michalski, John, Vol III
Michaux, Henry G., Vol I
Michel, Sonya, Vol I
Michel, Walter L., Vol IV
Michelini, Ann Norris, Vol II, III
Michelman, Stephen A., Vol IV
Michels, Anthony, Vol I
Michels, Eileen M., Vol I
Michelsen, John Magnus, Vol IV
Michelson, Bruce, Vol I, II
Michie, Elsie B., Vol II
Mickel, Emanuel J., Vol III
Mickelson, Sig, Vol II
Mickiewicz, Ellen Propper, Vol IV
Mickler, Michael L., Vol I, IV
Micklesen, Lew R., Vol III
Mickolus, Edward F., Vol IV
Middendorf, John Harlan, Vol II
Middlebrook, Diane W., Vol II
Middlebrook, Geoffrey C., Vol II
Middlebrook, Jonathan, Vol II
Middlekauff, Robert Lawrence, Vol I
Middleton, Anne Louise, Vol II
Middleton, Charles, Vol I
Middleton, Darren J. N., Vol IV
Middleton, Joyce Irene, Vol II
Middleton, Richard Temple, III, Vol V
Middleton, Stephen, Vol I
Midelfort, H. C. Erik, Vol I
Mieczkowski, Bogdon, Vol IV
Mielenz, Cecile C., Vol V
Mieszkowski, Gretchen, Vol II
Migiel, Marilyn, Vol III
Migliazzo, Arlin C., Vol I
Mignolo, Walter, Vol III
Mignon, Charles William, Vol II
Mignone, Mario B., Vol III
Mihailescu, Calin Andrei, Vol III
Mihailovich, Vasa D., Vol III
Mihelich, Dennis, Vol I
Mihesuah, Devon Abbott, Vol I
Mika, Joseph John, Vol II, V
Mikelonis-Paraskov, Victoria M., Vol II
Mikhail, Mona, Vol III, V
Mikics, David, Vol II
Miklowitz, David J., Vol V
Miko, Stephen, Vol II
Mikva, A. J., Vol IV
Milac, Metod M., Vol I, II
Milburn, Michael A., Vol V
Milder, Robert, Vol II
Mileham, James Warren, Vol III
Miles, David Holmes, Vol III
Miles, Delos, Vol IV
Miles, Diana F., Vol II
Miles, Dorothy D., Vol V
Miles, Edwin Arthur, Vol I
Miles, Gary B., Vol II, III
Miles, Kevin Thomas, Vol IV
Miles, Libby, Vol II
Miles, Margaret M., Vol I
Miles, Murray Lewis, Vol IV
Miletic, Stephen F., Vol IV
Mileur, Jean-Pierre, Vol II
Milgrom, Jacob, Vol IV
Milham, Mary Ella, Vol II, III
Milic, Louis Tonko, Vol II
Millar, Gilbert J., Vol I
Millar, John F., Vol I
Millar, Steven, Vol I
Mille, Diane, Vol I
Milledge, Luetta Upshur, Vol II
Millen, Rochelle L., Vol IV
Millen, Shirley A., Vol I
Millender, Michael J., Vol IV
Miller, A. R., Vol IV
Miller, Andrew M., Vol II, III
Miller, Angela L., Vol I
Miller, Anthony, Vol IV
Miller, Barbara Butler, Vol IV
Miller, Benjamin, Vol IV
Miller, Bernice Johnson, Vol V
Miller, C. Douglas, Vol IV
Miller, Carman I., Vol I
Miller, Carol, Vol I
Miller, Carolyn R., Vol II
Miller, Char, Vol I
Miller, Clarence, Vol IV
Miller, Clarence Harvey, Vol II
Miller, Clement Albin, Vol II
Miller, D. Gary, Vol II, III
Miller, Daisy Sophia, Vol II
Miller, Danna R., Vol IV
Miller, David, Vol I
Miller, David, Vol IV
Miller, David B., Vol I
Miller, David G., Vol II
Miller, David H., Vol I
Miller, David Lee, Vol II
Miller, David Leroy, Vol IV
Miller, David William, Vol I
Miller, Donald, Vol IV, V
Miller, Douglas B., Vol IV
Miller, Douglas James, Vol IV
Miller, Douglas T., Vol I
Miller, E. Willard, Vol I
Miller, Edmund, Vol II
Miller, Edward L., Vol IV
Miller, Edwin Haviland, Vol II
Miller, Elizabeth A., Vol II
Miller, Eric, Vol III
Miller, Eric D., Vol V
Miller, Eugene Ernest, Vol II
Miller, Franklin, Vol IV
Miller, Gabriel, Vol II
Miller, Genevieve, Vol I
Miller, George Hall, Vol I
Miller, Gill Wright, Vol II
Miller, Greg, Vol II
Miller, Howard Smith, Vol I
Miller, Hubert J., Vol I
Miller, J. Maxwell, Vol III, IV
Miller, J. Mitchell, Vol IV
Miller, Jacquelyn C., Vol I
Miller, James, Vol IV
Miller, James Blair, Vol IV, V
Miller, James R., Vol I
Miller, Jay, Vol II
Miller, Jeanne-Marie A., Vol II
Miller, Jeremy M., Vol IV
Miller, Jerome A., Vol IV
Miller, Jo Ellen, Vol II
Miller, John Douglas, Vol IV
Miller, John E., Vol I
Miller, John F., III, Vol IV
Miller, John F., Vol II, III
Miller, Joseph Calder, Vol I
Miller, Joshua L., Vol II
Miller, Judith A., Vol I
Miller, Katherine I., Vol II
Miller, Kerby A., Vol I
Miller, Laura, Vol II
Miller, Laura L., Vol V
Miller, M. Sammye, Vol I
Miller, Mara, Vol I, V
Miller, Margaret P., Vol III
Miller, Marion S., Vol I
Miller, Marla R., Vol I
Miller, Martin Alan, Vol I
Miller, Mary Jane, Vol II
Miller, Mary Ruth, Vol II
Miller, Myron, Vol IV
Miller, Naomi, Vol I
Miller, Naomi F., Vol V
Miller, O. Victor, Vol II
Miller, Patricia Cox, Vol I, IV
Miller, Patrick, Vol II
Miller, Paul, Vol III
Miller, Peter, Vol II, IV
Miller, R. Baxter, Vol II
Miller, Randall Martin, Vol I
Miller, Richard, Vol I
Miller, Richard B., Vol IV
Miller, Richard G., Vol I
Miller, Robert D., Vol V
Miller, Robert H., Vol II
Miller, Roland, Vol IV
Miller, Ronald H., Vol IV
Miller, Sally M., Vol I
Miller, Sharon L., Vol V
Miller, Sheila D., Vol V
Miller, Stephen G., Vol I
Miller, Stephen R., Vol IV
Miller, Steven Max, Vol II
Miller, Stuart J., Vol V
Miller, Susan, Vol I
Miller, Susan P., Vol V
Miller, Tedd, Vol IV
Miller, Telly Hugh, Vol IV
Miller, Thomas W., Vol V
Miller, Tice Lewis, Vol I, II
Miller, Timothy, Vol I
Miller, Vernon D., Vol II
Miller, Virginia E., Vol I
Miller, Walter, Jr, Vol IV
Miller, Wilbur R., Vol I
Miller, William Irvin, Vol III
Miller, Worth Robert, Vol I
Miller, Zane L., Vol I
Miller-Day, Michelle, Vol II
Miller-Jones, Dalton, Vol V
Miller-McLemore, Bonnie Jean, Vol IV
Miller-Perrin, Cindy, Vol V
Millett, Allan Reed, Vol I
Millgram, Elijah, Vol IV
Millichap, Joseph R., Vol II
Millier, Brett, Vol II
Millikan, Ruth G., Vol IV
Millner, Dianne Maxine, Vol IV
Mills, Carl Rhett, Vol III
Mills, Charles, Vol IV
Mills, Claudia, Vol IV
Mills, David Otis, Vol III
Mills, Eric L., Vol I
Mills, John Arvin, Vol II
Mills, Jon L., Vol IV
Mills, Kenneth R., Vol I
Mills, Sophie J., Vol II, III
Millstein, Ira M., Vol IV
Milne, Christopher, Vol II
Milner, Clyde A., II, Vol I
Milner, Joseph O'Beirne, Vol II, V
Milosky, Linda M., Vol II
Milowicki, Edward John, Vol II
Minar, Edward, Vol IV
Minas, Anne C., Vol IV
Minault, Gail, Vol I
Minear, Richard H., Vol I
Miner, Craig, Vol I
Miner, Ellis D., Vol III
Miner, Madonne, Vol I, V
Miner, Thelma Smith, Vol II
Miner, Ward L., Vol II
Minghi, Julian M., Vol I
Mink, Joanna, Vol II
Minkema, Kenneth P., Vol I
Minkoff, Harvey, Vol II, III
Minkova, Donka, Vol III
Minnich, Elizabeth, Vol IV
Minnich, Nelson H., Vol I
Minogue, Brendan Patrick, Vol IV
Minor, Clifford Edward, Vol I
Minor, Kevin I., Vol IV
Minor, Robert Neil, Vol IV
Minor, Vernon H., Vol I
Minor-Evans, Leslie, Vol V
Minot, Walter, Vol II
Minow, Martha, Vol IV
Minter, David Lee, Vol II
Mints, Grigori, Vol IV
Mintz, Donald, Vol II
Mintz, Joel A., Vol IV
Mintz, Kenneth A., Vol II
Mintz, Lawrence E., Vol I, II
Mintz, Steven, Vol I
Miquelon, Dale B., Vol I
Miraglia, Anne Marie, Vol III
Miranda de Almeida, Rogerio, Vol IV
Mirecki, Paul A., Vol IV
Mirowski, Philip E., Vol IV
Misa, Thomas J., Vol I
Miskell, Jerry, Vol II
Misner, Paul, Vol IV
Missey, James L., Vol II
Missner, Marshall Howard, Vol IV
Mistacco, Vicki, Vol III
Mitchell, Alan C., Vol IV
Mitchell, Angelyn, Vol II
Mitchell, Arthur, Vol I
Mitchell, Betty L., Vol I
Mitchell, C. Ben, Vol IV
Mitchell, Christopher, Vol III
Mitchell, Donald, Vol IV
Mitchell, Douglas, Vol III
Mitchell, Helen Buss, Vol I
Mitchell, Jeff, Vol IV
Mitchell, Judith I., Vol II
Mitchell, Kenneth R., Vol II
Mitchell, Mozella, Vol II
Mitchell, R. Lloyd, Vol IV
Mitchell, Reid, Vol I
Mitchell, Richard E., Vol I
Mitchell, Richard Hanks, Vol I
Mitchell, Sally, Vol II
Mitchell, Sandra D., Vol IV
Mitchell, Thomas R., Vol II
Mitchell, W. J. Thomas, Vol II
Mitchell, William P., Vol V
Mitchell-Boyask, Robin N., Vol II, III
Mitchinson, Wendy, Vol I
Mitias, Michael Hanna, Vol IV
Mitrevski, George G., Vol III
Mittal, Sushil, Vol I, IV, V
Mittelman, James H., Vol IV
Mitterand, Henri, Vol III

Mixon, Wayne, Vol I
Miyamoto, John M., Vol V
Mizejewski, Linda, Vol II
Mizell, K., Vol IV
Mizruchi, Susan L., Vol II
Mizzoni, John M., Vol IV
Mo, Suchoon S., Vol V
Moayyad, Heshmat, Vol III
Moberg, David Oscar, Vol V
Moberly, Robert B., Vol IV
Mobley, Tommy W., Vol IV
Mock, Michele L., Vol II
Mockler, Robert J., Vol IV
Modarressi, Hossein, Vol I
Moder, Carol Lynn, Vol III
Modica, Joseph Benjamin, Vol IV
Modras, Ronald E., Vol IV
Moedersheim, Sabine, Vol III
Moehlmann, John Frederick, Vol II
Moehring, Eugene P., Vol I
Moeller, Hans-Bernhard, Vol III
Moenssens, Andre A., Vol IV
Moevs, Christian, Vol III
Moffat, Frederick, Vol I
Moffat, Robert C. L., Vol IV
Moffatt, John, Vol II
Moffett, Samuel Hugh, Vol I, IV
Moftakhar, Hossein, Vol V
Mogen, David Lee, Vol II
Moghadam, Valentine M., Vol V
Moglen, Helene, Vol II
Mohamed, A. Rafil, Vol V
Mohan, Brij, Vol IV
Mohan, Robert Paul, Vol IV
Mohanty, Jitendra N., Vol IV
Mohler, R. Albert, Jr., Vol IV
Mohler, Stephen Charles, Vol III
Mohr, Clarence L., Vol I
Mohr, James C., Vol I
Mohr, Richard, Vol IV
Mohrlang, Roger L., Vol IV
Mohsen, Raed, Vol II
Moisan, Thomas, Vol II
Mokyr, Joel, Vol IV
Moldenhauer, Joseph John, Vol II
Molette, Barbara J., Vol II
Molette, Carlton Woodard, II, Vol II
Molette-Ogden, Carla E., Vol IV
Molfese, Dennis L., Vol V
Molina-Gavilan, Yolanda, Vol III
Molino, Michael R., Vol II
Molitierno, Arthur, Vol II
Mollenkott, Virginia Ramey, Vol II, V
Momeyer, Rick, Vol IV
Monaco, Paul, Vol II
Monan, James Donald, Vol IV
Monas, Sidney, Vol III
Monet, Jacques, Vol I
Moneyhon, Carl Hofmann, Vol I
Monga, Luigi, Vol III
Mongoven, Ann, Vol IV
Monheit, Michael L., Vol I
Monk, Dennis C., Vol II
Monkkonen, Eric H., Vol I
Monkman, Leslie G., Vol II
Monmonier, Mark, Vol I
Monnett, John, Vol V
Monod, Paul, Vol I
Monoson, S. Sara, Vol II, III, IV
Monroe, Betty I., Vol I
Monroe, Debra, Vol II
Monroe, Kristen R., Vol IV
Monroe, Theresa M., Vol IV
Monroe, William S., Vol I
Montagnes, Ian, Vol II
Monteiro, Thomas, Vol V
Montejo, Victor, Vol V
Montgomery, John E., Vol IV
Montgomery, Lyna Lee, Vol II
Montgomery, Michael M., Vol III
Montgomery, Sharon Burke, Vol IV
Montgomery, Toni-Marie, Vol II
Monye, Laurent, Vol III
Moody, Charles David, Sr., Vol V
Moody, J. Carroll, Vol I
Moody, Joycelyn K., Vol II
Moody, Linda A., Vol IV
Moody, Peter R., Vol IV
Moogk, Peter N., Vol I
Moon, Cyris Hee Suk, Vol I
Mooney, Jack, Vol II
Mooney, L. R., Vol I
Mooney, Susan K., Vol II, III
Mooney-Melvin, Patricia, Vol I
Moor, James H., Vol IV
Moore, A. Lloyd, Vol I
Moore, Brooke N., Vol IV
Moore, Cecilia, Vol IV
Moore, Charles B., Vol III
Moore, Charles B., Vol II
Moore, Christopher H., Vol I
Moore, Deborah D., Vol IV
Moore, Don, Vol II
Moore, Edgar Benjamin, Vol I
Moore, Fred Henderson, Vol IV
Moore, George Eagleton, Vol I
Moore, Gwen L., Vol V
Moore, James Talmadge, Vol I
Moore, James Tice, Vol I
Moore, John Clare, Vol I
Moore, John David, Vol II
Moore, John Norton, Vol IV
Moore, Joseph G., Vol IV
Moore, Judith, Vol II
Moore, Kathleen D., Vol IV
Moore, Margaret, Vol IV
Moore, Marian J., Vol I
Moore, Max, Vol IV
Moore, Melanie, Vol V
Moore, Michael, Vol II
Moore, Michael J., Vol I
Moore, Nathan, Vol II
Moore, Patrick, Vol II
Moore, Ray A., Vol I
Moore, Rayburn Sabatzky, Vol II
Moore, Rickie D., Vol IV
Moore, Robert Hamilton, Vol II
Moore, Robert Henry, Vol I, II
Moore, Robert Joseph, Vol I
Moore, Robert Laurence, Vol I
Moore, Ronald, Vol IV
Moore, Sally F., Vol V
Moore, T. J., Vol II, III
Moore, Terrence L., Vol IV
Moore, William Hamilton, Vol II
Moore, William Howard, Vol I
Moore, Winfred B., Jr., Vol I
Moorhead, James Howell, Vol I, IV
Moorti, Sujata, Vol II
Mootry, Russell, Vol V
Moppett, Samantha A., Vol IV
Morace, Robert A., Vol II
Moragne e Silva, Michele, Vol II
Morales, Maria H., Vol IV
Moran, Barbara B., Vol II
Moran, Charles, Vol II
Moran, Diane D., Vol I
Moran, F., Vol III
Moran, Gerald P., Vol IV
Moran, Jon S., Vol IV
Moran, Mary H., Vol II
Moran, Michael G., Vol II
Moran, Richard, Vol IV
Moran, Thomas Hillcrest, Vol III
Morant, Mack Bernard, Vol II
Moravcsik, Edith Andrea, Vol III
Moravcsik, Julius M., Vol IV
Morawska, Ewa, Vol V
Morby, John Edwin, Vol I
More, Ellen Singer, Vol I
Morehead, Joseph Hyde, Vol II, V
Morehouse, Richard, Vol V
Moreland, Raymond T., Jr., Vol IV, V
Moreland, Richard, Vol II
Moreland-Young, Curtina, Vol IV
Morelli, Mario Frank, Vol IV
Morello, John, Vol I
Moreno, Joelle, Vol IV
Morey, Ann-Janine, Vol IV
Morey, James, Vol II
Morford, Jill P., Vol III
Morgan, Ann Lee, Vol I
Morgan, Betsy, Vol II
Morgan, Charles G., Vol IV
Morgan, David, Vol I
Morgan, David Taft, Vol I
Morgan, Donn F., Vol IV
Morgan, Edward M., Vol IV
Morgan, Eileen M., Vol I, II
Morgan, Gordon D., Vol V
Morgan, H. Wayne, Vol I
Morgan, Harry, Vol V
Morgan, Jerry Lee, Vol III
Morgan, Joseph, Vol I, IV
Morgan, Kathryn A., Vol II, III
Morgan, Kathryn L., Vol I, V
Morgan, Keith N., Vol I
Morgan, Leslie Zarker, Vol III
Morgan, Lyle W., II, Vol II, V
Morgan, Marjorie, Vol I
Morgan, Martha, Vol IV
Morgan, Phillip D., Vol I
Morgan, Terrell A., Vol III
Morgan, Thomas Sellers, Vol I
Morgan, William, Vol I
Morganstern, Anne Mcgee, Vol I
Morganstern, James, Vol I
Morgenthaler, Hans Rudolf, Vol I
Mori, Akane, Vol II
Mori, Barbara L., Vol I, V
Moriarty, Thomas Francis, Vol I
Morick, Harold, Vol IV
Morison, William S., Vol I, II, III
Morita, James R., Vol III
Mork, Gordon Robert, Vol I
Morley, Patricia, Vol II
Mornin, Edward, Vol II
Morral, Frank R., Vol II
Morrill, Bruce T., Vol IV
Morris, Bernard E., Vol II
Morris, Bonnie J., Vol I, V
Morris, Calvin S., Vol IV
Morris, Christopher, Vol I
Morris, David B., Vol II
Morris, Derek, Vol IV
Morris, Francis J., Vol II
Morris, Grant H., Vol IV
Morris, Harry, Vol II
Morris, Ian, Vol II, III
Morris, James M., Vol I
Morris, Jeffrey B., Vol IV
Morris, Kenneth Earl, Vol V
Morris, Marcia A., Vol III
Morris, Margaret Lindsay, Vol III
Morris, Norval, Vol IV
Morris, Paul, Vol II
Morris, Paul, Vol IV
Morris, Richard J., Vol I
Morris, Robin K., Vol V
Morris, Thomas Dean, Vol I
Morris, Virginia Baumgartner, Vol II
Morris, Walter D., Vol III
Morris, William O., Vol IV
Morris-Hale, Walter, Vol I
Morrison, Clayton T., Vol IV
Morrison, Dennis L., Vol I
Morrison, Fred L., Vol IV
Morrison, G. Grant, Vol I
Morrison, James V., Vol II, III
Morrison, Karl F., Vol I
Morrison, Molly, Vol III
Morrison, Robert R., Vol II
Morrison, Simon, Vol II
Morrison, Toni, Vol II
Morrison, William R., Vol I
Morrissey, Lee J., Vol II
Morrissey, Thomas J., Vol II
Morrisson, Mark S., Vol II
Morrow, John Howard, Jr., Vol I
Morrow, Patrick D., Vol II
Morsberger, Robert E., Vol II
Morse, Bradford W., Vol IV
Morse, Charlotte Cook, Vol II
Morse, Edward A., Vol IV
Morse, Jonathan, Vol II
Morse, Josiah Mitchell, Vol II
Morse, Oliver, Vol IV
Morstein-Marx, Robert, Vol I
Mort, Dale L., Vol IV
Mortensen, C. David, Vol II
Mortimer, Armine Kotin, Vol III
Morton, Carlos, Vol II
Morton, Charles E., Vol IV
Morton, Desmond D. P., Vol I
Morton, Jacqueline, Vol III
Morton, Marian Johnson, Vol I
Morton, Patricia A., Vol I
Morton, Richard E., Vol II
Morvan, Jennifer, Vol I
Mosco, Vincent, Vol II
Moseley, Allan, Vol IV
Moseley, James G., Vol II, IV
Moseley, Merritt, Vol II
Moseley, Michael Edward, Vol I, V
Moser, Harold Dean, Vol I, II
Moser, Irene, Vol II
Moser, Paul K., Vol IV
Moser, Thomas Colborn, Sr, Vol II
Moses, Claire G., Vol V
Moses, Greg, Vol IV
Moses, Michael Valdez, Vol II
Moses, Wilson Jeremiah, Vol I
Mosha, Raymond S., Vol IV
Moshi, Lioba, Vol III
Mosier, John, Vol II
Mosig, Yozan Dirk, Vol V
Moskop, John C., Vol IV
Moskos, Charles C., Vol V
Moskos, George, Vol III
Moskovitz, Marc, Vol II
Moskovitz, Myron, Vol IV
Moskowitz, Andre J., Vol III
Mosoff, Judith, Vol IV
Moss, Alfred A., Jr., Vol IV
Moss, Bernard Haym, Vol I
Moss, C. Michael, Vol IV
Moss, Jane, Vol III
Moss, John E., Vol II
Moss, Laura, Vol II
Moss, Lenny, Vol IV
Moss, Myra Ellen, Vol IV
Moss, Roger W., Vol I, V
Moss, S., Vol II
Moss, Sidney Phil, Vol II
Moss, Walter Gerald, Vol I
Mosse, George L., Vol I
Mosser, Kurt, Vol III, IV
Mosshammer, Alden Adams, Vol I, II, III
Most, Glenn Warren, Vol III
Mostaghel, Deborah M., Vol IV
Mothersill, Mary, Vol IV
Motiff, James P., Vol V
Mott, Morris K., Vol I
Motto, Anna Lydia, Vol II, III
Moukhlis, Salah M., Vol II, III
Moulder, William J., Vol IV
Moulthrop, Stuart, Vol II
Moulton, Edward C., Vol I
Moulton, Gary Evan, Vol I
Moulton, Janice, Vol II, IV
Mounce, William D., Vol IV
Mount, Eric, Jr., Vol II, IV
Mount, George, Vol V
Mount, Graeme S., Vol I
Mount, Nick James, Vol II
Mountcastle, William W., Vol IV
Mourao, Manuela, Vol II
Mourelatos, Alexander Phoebus Dionysiou, Vol III, IV
Moustakas, Clark, Vol IV
Moutsos, Demetrius George, Vol III
Mowat, Farley, Vol I
Mowlana, Hamid, Vol II
Mowry, Hua-yuan Li, Vol II, III
Moxley, Robert L., Vol V
Moya, Jose C., Vol I
Moyer, Ann E., Vol I
Moyer, James Carroll, Vol I, IV
Moyer, Kermit W., Vol II
Moyer, Ronald L., Vol I, II
Moylan, Prudence A., Vol I
Moynihan, Kenneth J., Vol I
Moynihan, Ruth Barnes, Vol I
Moysey, Robert Allen, Vol I, III
Mozejko, Edward, Vol III
Mozur, Gerald E., Vol IV
Mruck, Armin Einhard, Vol I
Mtika, Mike M., Vol V
Muccigrosso, Robert Henry, Vol I
Mudimbe, Valentine, Vol III
Mueller, Agnes C., Vol III
Mueller, Claus, Vol II, V
Mueller, David L., Vol IV
Mueller, Howard Ernest, Vol I, IV
Mueller, Martin, Vol II
Mueller, Roger, Vol II
Mueller, Roland Martin, Vol I
Mueller, Roseanna M., Vol III
Mueller, Wolfgang, Vol I
Muesse, Mark William, Vol IV
Muga, David, Vol V
Muhlberger, Steven, Vol I
Muir, Edward, Vol I
Muir, Malcolm, Jr, Vol I, IV
Muir, William Ker, Jr., Vol IV
Muise, D. A., Vol I
Mujcinovic, Fatima, Vol II
Mukerji, Chandra, Vol II
Mulcahey, Donald C., Vol I
Mulcahy, Gregory, Vol II
Mulcahy, Richard P., Vol I
Mulcaire, Terry, Vol II
Mulder, John Mark, Vol I, IV
Mulford, Carla J., Vol II
Mulgrew, John, Vol V
Mulhallen, Karen, Vol II
Mulholland, Kenneth B., Vol IV
Mull, Donald L., Vol II
Mullaney, Marie, Vol I
Mullen, Edward, Vol II
Mullen, Karen A., Vol II, III
Mullen, Laura, Vol II
Mullen, Lawrence J., Vol II
Mullen, Pierce C., Vol I
Mullen, Richard D., Vol II
Mullenix, Elizabeth Reitz, Vol II
Muller, Adam, Vol II
Muller, Earl, Vol IV
Muller, Edward K., Vol I
Muller, Gilbert Henry, Vol II
Muller, Jerry Z., Vol I
Muller, Marcel, Vol III
Muller, Peter O., Vol I
Muller, Priscilla Elkow, Vol I
Muller, Ralf, Vol IV
Muller-Sievers, Helmut, Vol III
Mulligan, William, Vol I
Mullin, Amy M., Vol IV
Mullin, Anne, Vol II
Mullin, Michael A., Vol II
Mullin, Robert Bruce, Vol I, IV
Mulling, Sylvia S., Vol II
Mulroney, Michael, Vol IV
Multhauf, Robert Phillip, Vol I
Mulvey, Ben, Vol IV
Mulvihill, Maureen E., Vol II
Mumby, Dennis K., Vol II, III, IV
Mumford, Eric, Vol I
Mundt, Hannelore, Vol III
Mundy, John Hine, Vol I
Mundy, Peter, Vol V
Munevar, Gonzalo, Vol IV
Mungello, David Emil, Vol I
Munholland, John Kim, Vol I
Munir, Fareed Z., Vol I
Muniz, Olga, Vol III
Munker, Dona Feldman, Vol II
Munn, Mark H., Vol I
Munn, Paul T., Vol II
Munneke, Gary A., Vol IV
Munoz, Carlos, Jr, Vol V
Munoz, Willy O., Vol III
Munroe, John Andrew, Vol I
Munsell, Floyd Darrell, Vol I
Munson, Henry Lee, Vol V
Munson, Ronald, Vol IV
Munzel, Gisela Felicitas, Vol IV
Munzer, Stephen Roger, Vol IV
Muratore, Mary Jo, Vol III
Murdick, William, Vol II, III
Murdoch, H. Adlai, Vol III
Murdoch, James Murray, Vol I
Murdoch, Norman H., Vol I
Murdock, Gwendolyn K., Vol V
Murdock, Jonah, Vol IV
Murdock, Katherine, Vol II
Murfin, Ross C., Vol II
Murgia, Charles Edward, Vol II, III
Murnion, Philip Joseph, Vol V
Murnion, William E., Vol IV
Murphey, Kathleen, Vol II
Murphey, Murray Griffin, Vol I
Murphy, Alexander B., Vol I
Murphy, B. Keith, Vol II
Murphy, Brenda C., Vol II
Murphy, Brian, Vol II
Murphy, Francis Joseph, Vol I
Murphy, Frederick J., Vol IV
Murphy, Jane C., Vol IV
Murphy, John C., Vol I
Murphy, John F., Vol IV
Murphy, John J., Vol II
Murphy, Joseph Anthony, Vol III
Murphy, Julien, Vol IV
Murphy, Kevin D., Vol I
Murphy, Larry G., Vol I, IV
Murphy, Laurence Lyons, Vol III, IV
Murphy, Liam Beresford, Vol IV
Murphy, Mark Christopher, Vol IV
Murphy, Nancey, Vol IV
Murphy, Orville Theodore, Vol I
Murphy, Patrick D., Vol II
Murphy, Patrick Dennis, Vol II
Murphy, Paul Lloyd, Vol I
Murphy, Peter, Vol II
Murphy, Richard, Vol II
Murphy, Romallus O., Vol IV
Murphy, Russell E., Vol II
Murphy, Sean P., Vol II
Murphy, Tim, Vol IV
Murray, Catherine A., Vol II
Murray, Ed, Vol V
Murray, Heather, Vol II
Murray, J. Glenn, Vol IV
Murray, Jacqueline, Vol I
Murray, James, Vol I
Murray, Joan, Vol I
Murray, Joseph L., Vol V
Murray, Laura, Vol II
Murray, Mabel Lake, Vol V
Murray, Michael D., Vol I, II
Murray, Paul, Vol V

Murray, Peter, Vol I
Murray, Robert Keith, Vol I
Murray, S. B., Vol V
Murray, Shoon, Vol I
Murray, Stephen O., Vol V
Murrell, Gary J., Vol I
Murrell, Nathaniel Samuel, Vol IV
Murrin, John Matthew, Vol I
Murstein, Bernard I., Vol V
Murstein, Nelly Kashy, Vol III
Murzaku, Ines A., Vol I, IV
Musa, Mark, Vol III
Muscarella, Oscar White, Vol I
Muscari, Paul G., Vol IV
Musgrove, Laurence E., Vol II
Musgrove, Philip, Vol IV
Mushkat, Jerome, Vol I
Musmann, Klaus, Vol II
Must, Gustav, Vol III
Mustafa, Shakir M., Vol II
Musto, David F., Vol I, V
Musto, Ronald G., Vol I
Mutchler, David Edward, Vol IV
Muthyala, John S., Vol I
Mutisya, Philliph, Vol V
Mutschler, Ben, Vol I
Muuss, Rolf Eduard Helmut, Vol V
Muyskens, Judith A., Vol III
Muyumba, Francois N., Vol I
Muzorewa, Gwinyal, Vol IV
Mwamba, Zuberi I., Vol I
Myers, Charles Bennett, Vol V
Myers, Charles Edward, Vol IV
Myers, David, Vol I, IV
Myers, David G., Vol II, IV
Myers, Ellen H., Vol I
Myers, Elwin R., Vol V
Myers, Ernest R., Vol V
Myers, Eunice Doman, Vol III
Myers, Gerald E., Vol IV
Myers, John L., Vol I
Myers, Johnnie D., Vol IV
Myers, Lena Wright, Vol V
Myers, Marshall, Vol II
Myers, Michael W., Vol IV
Myers, Mitzi, Vol II
Myers, Norman Jerald, Vol II
Myers, Robert, Vol IV
Myers, Samuel L., Jr., Vol I
Myers, Scott, Vol II
Myers, William R., Vol IV
Myerson, Joel Arthur, Vol II
Myrick, Howard A., Jr., Vol V
Myricks, Noel, Vol IV
Myrsiades, Linda, Vol II
Myrvold, Wayne C., Vol IV
Na'allah, Abdul-Rasheed, Vol II, V
Nabarra, Alain, Vol III
Nabholtz, John R., Vol II
Nabokov, Isabbelle, Vol V
Nadar, Thomas R., Vol III
Nadeau, Randall, Vol IV
Nadel, Ira Bruce, Vol II
Nadel, Stanley, Vol I
Nadell, Pamela, Vol I
Nader, Helen, Vol I
Naess, Harald S., Vol I
Naff, William E., Vol III
Naficy, Hamid, Vol II
Nafziger, E. Wayne, Vol IV
Nafziger, James A. R., Vol IV
Nag, Moni, Vol IV, V
Nagan, Winston P., Vol IV
Nagar, Richa, Vol I, V
Nagarajan, Vijaya, Vol IV
Nagase, Takako, Vol III
Nagel, Alan Frederick, Vol II, III
Nagel, Mechthild E., Vol IV
Nagel, Norman E., Vol IV
Nagel, Robert F., Vol IV
Nagel, Thomas, Vol IV
Nagele, Rainer, Vol II, III
Nagem, Monique F., Vol III
Nagin, Daniel S., Vol IV
Nagle, Betty Rose, Vol II, III
Nagle, D. Brendan, Vol I
Nagler, Michael Nicholas, Vol II
Nagy, Edward, Vol III
Nagy, Gregory John, Vol II, III
Nagy, Joseph F., Vol II
Nagy, Karoly, Vol V
Nagy, Moses Melchior, Vol III
Nagy, Paul, Vol IV
Nagy-Zekmi, Silvia, Vol I, III
Nahrgang, Wilbur Lee, Vol II
Nahson, Daniel L., Vol III
Naiditch, P. G., Vol II, III
Nail, Paul R., Vol V
Nails, Debra, Vol IV
Naim, Choudhri Mohammed, Vol III
Naim, Elissa Ben, Vol IV
Nair, Supryia M., Vol I, II
Nairn, Charles E., Vol IV
Naison, Mark, Vol I
Najemy, John Michael, Vol I
Najita, Tetsuo, Vol I
Nakadate, Neil Edward, Vol II
Nakamura, C. Lynn, Vol IV
Nakasone, Ronald, Vol IV
Nakayama, Mineharu, Vol III
Nakell, Martin E., Vol II
Nakhai, Beth Alpert, Vol I, IV
Nakhimovsky, Alice, Vol III
Nakhnikion, George, Vol IV
Nakuma, Constancio, Vol III
Nalbantian, Suzanne, Vol II, III
Nall, Garry Lynn, Vol I
Nalla, Mahesh K., Vol IV
Nalle, Sara Tilghman, Vol I
Nancarrow, Paul S., Vol IV
Nance, Brian K., Vol I
Nance, Joseph Milton, Vol I
Nanda, Ved P., Vol IV
Nanfito, Jacqueline C., Vol III
Nanji, Azim A., Vol III
Nanos, Mark D., Vol IV
Nantambu, Kwame, Vol IV
Napieralski, Edmund Anthony, Vol II
Napoli, Donna Jo, Vol III
Nappa, Christopher, Vol II, III
Napton, Darrell E., Vol I
Naquin, Susan, Vol I
Nardin, Terry, Vol IV
Nardo, Anna, Vol II
Nardone, Richard Morton, Vol I, IV
Naremore, James, Vol II
Narey, Martha, Vol I
Naro, Anthony Julius, Vol III
Naser, Curtis R., Vol IV
Nasgaard, Roald, Vol I
Nash, Anedith, Vol I
Nash, Elizabeth, Vol II
Nash, Gary B., Vol I
Nash, Gerald David, Vol I
Nash, Jerry, Vol III
Nash, June C., Vol V
Nash, Lee, Vol I
Nash, Peggy, Vol V
Nash, Robert N., Vol IV
Nash, Roderick W., Vol I
Nash, Roger, Vol IV
Nash, Ronald H., Vol IV
Nash, Stanley, Vol III
Naske, Claus M., Vol I
Nasr, Sayed H., Vol IV
Nass, Clifford I., Vol II
Nassar, Eugene Paul, Vol II
Nasu, Eisho, Vol I, IV
Natalicio, Diana, Vol III, V
Natavar, Mekhala D., Vol I
Nath, Pamela S., Vol V
Nathan, Andrew J., Vol I
Nathan, Daniel O., Vol IV
Nathan, Geoffrey Steven, Vol III
Nathan, Mitchell J., Vol V
Nathanson, Leonard, Vol II
Nathanson, Stephen L., Vol IV
Natov, Roni, Vol II
Natunewicz, Mary Ann T., Vol II, III
Nauckhoff, Josefine C., Vol IV
Naudin, Marie, Vol III
Nauenberg, M., Vol I
Nauert, Charles G., Vol I
Naughton, John, Vol III
Naugle, Ronald C., Vol I
Nauman, Ann K., Vol I
Nawrocki, Dennis Alan, Vol I
Naylor, Andrew, Vol IV
Naylor, Eric Woodfin, Vol III
Naylor, John F., Vol I
Naylor, Larry L., Vol V
Naylor, Natalie A., Vol I, V
Ndiaye, Cheikh, Vol III
Ne Jame, Adele, Vol II
Neale, David, Vol IV
Neale, Philip Whitby, Vol IV
Neaman, Elliott Y., Vol I
Neaman, Judith S., Vol II
Neander, K., Vol IV
Neary, Peter F., Vol I
Neary, Timothy B., Vol I
Neatby, H. Blair, Vol I
Necheles-Jansyn, Ruth F., Vol I
Nedashkivska, Alla, Vol III
Needell, Allan A., Vol I
Needell, Jeffrey D., Vol I
Needleman, Jacob, Vol IV
Needler, Howard, Vol III
Neel, Carol, Vol I
Neeld, Elizabeth Harper, Vol II
Neeley, G. Steven, Vol IV
Neely, Carol Thomas, Vol II
Neely, David E., Vol IV
Neely, Margery A., Vol V
Neely, Wright, Vol IV
Neff, Amy, Vol I
Neff, Hector, Vol V
Neff, Joyce, Vol II
Negrey, Cynthia, Vol V
Negus, Kenneth George, Vol III
Nehamas, Alexander, Vol IV
Nehring, Wolfgang, Vol III
Neiberg, Michael, Vol I
Neighbors, Ira, Vol V
Neihoff, Arthur H., Vol V
Neill, Warren, Vol IV
Neils, Jenifer, Vol I
Neilson, James Warren, Vol I
Neilson, William A. W., Vol IV
Neiman, Fraser Duff, Vol I
Neisler, Otherine Johnson, Vol V
Neithercutt, Marc G., Vol IV
Neiva, Eduardo, Vol II
Nelihaus, Tobin, Vol II
Nelkin, Dorothy, Vol V
Nelles, Henry V., Vol I
Nelles, William, Vol II
Nelsen, Robert, Vol II
Nelson, Anna K., Vol I
Nelson, Ardis L., Vol II, III
Nelson, Barbara J., Vol II
Nelson, Cary Robert, Vol II
Nelson, Charles A., Vol V
Nelson, Claudia B., Vol II
Nelson, Dana D., Vol II
Nelson, Daniel, Vol I
Nelson, David C., Vol II
Nelson, Dorothy J. Smith, Vol V
Nelson, Gersham, Vol I
Nelson, Harland S., Vol II
Nelson, Herbert James, Vol IV
Nelson, J. Douglas, Vol I
Nelson, James David, Vol I, IV
Nelson, James Graham, Vol II
Nelson, James L., Vol IV
Nelson, Judith C., Vol V
Nelson, Keith LeBahn, Vol I
Nelson, Lance E., Vol IV
Nelson, Lonnie R., Vol IV
Nelson, Lynn Hankinson, Vol IV
Nelson, Lynn Harry, Vol I
Nelson, Malcolm A., Vol II
Nelson, Marie, Vol II
Nelson, Marilyn, Vol II
Nelson, Michael P., Vol IV
Nelson, Nicolas Harding, Vol II
Nelson, Otto Millard, Vol I
Nelson, Paul D., Vol I
Nelson, Paul T., Vol IV
Nelson, Randolph A., Vol V
Nelson, Randy Franklin, Vol II
Nelson, Randy J., Vol V
Nelson, Richard Alan, Vol II
Nelson, Robert J. Ames, Vol III
Nelson, Robert S., Vol I
Nelson, Roy Ray, Vol II, III
Nelson, Stanley A., Vol IV
Nelson, Steven D., Vol I
Nelson, Susan, Vol I
Nelson, Wanda Lee, Vol V
Nelson, William B., Vol I, III
Nelson, William N., Vol IV
Nemanic, Mary Lou, Vol II
Nemcova, Maria, Vol III
Nemec-Ignashev, Diane M., Vol III
Nemes, Graciela Palau, Vol III
Nemeth, Neil, Vol II
Nemzoff, Ruth, Vol IV, V
Nenner, Howard Allen, Vol I
Nenon, Thomas J., Vol IV
Nepaulsingh, Colbert Ivor, Vol III
Nepomnyashchy, Catharine Theimer, Vol III
Nerenberg, Bruce Edward, Vol IV
Nerone, John, Vol II
Nersessian, Nancy, Vol II, V
Nesanovich, Stella, Vol II
Nesbitt, John D., Vol II, III
Ness, Arthur J., Vol II
Ness, Gary Clifford, Vol I
Ness, Gayl DeForrest, Vol V
Ness, Lawrence, Vol I
Ness, Sally A., Vol V
Nessan, Craig L., Vol IV
Nesset, Kirk, Vol II
Nesson, Charles Rothwell, Vol IV
Nestingen, James A., Vol I, IV
Neta, Ram, Vol IV
Nethercut, William Robert, Vol II, III
Nettels, Elsa, Vol II
Nettl, Bruno, Vol II
Neu, Charles Eric, Vol I
Neu, Jerome, Vol IV
Neu, Joyce, Vol V
Neuendorf, Kimberly A., Vol II
Neufeld, Dietmar, Vol I, IV
Neufeld, James Edward, Vol II
Neufeldt, Leonard N., Vol II
Neufeldt, Victor A., Vol II
Neugeboren, Bernard, Vol V
Neuhouser, Frederick, Vol I, IV
Neujahr, Philip Joseph, Vol IV
Neuman, Shirley C., Vol II
Neumann, Frederick, Vol II
Neumann, Harry, Vol IV
Neumeyer, Peter F., Vol II
Neuse, Erna Kritsch, Vol III
Neusner, Jacob, Vol IV
Neussendorfer, Margaret R., Vol II
Neverdon-Morton, Cynthia, Vol I
Neville, Don, Vol II
Neville, Gwen K., Vol V
Neville, Mary Eileen, Vol II
Neville, Robert C., Vol IV
Nevin, Thomas R., Vol II, III
New, Melvyn, Vol II
New, William H., Vol II
Newberry, Frederick, Vol II
Newberry, Ruth E., Vol II
Newbill, James, Vol I
Newby, Gordon D., Vol I, IV
Newby, I. A., Vol I
Newcomb, Benjamin H., Vol I
Newell, Margaret E., Vol I
Newell, Roger, Vol IV
Newell, William H., Vol IV
Newfield, Cristopher, Vol II
Newhall, David Sowle, Vol I
Newkirk, Glen A., Vol II
Newman, Andrew, Vol IV
Newman, Arnold E., Vol II
Newman, Barbara J., Vol II, IV
Newman, David, Vol IV
Newman, Edgar Leon, Vol I
Newman, Gail M., Vol III
Newman, Geoffrey W., Vol II
Newman, Gerald Gordon, Vol I
Newman, J. R., Vol I, V
Newman, Joel S., Vol IV
Newman, John Kevin, Vol III
Newman, Judith H., Vol I, III
Newman, Kathy M., Vol I
Newman, Lea Bertani Vozar, Vol II
Newman, Lex, Vol I, IV
Newman, Louis E., Vol IV
Newman, Marcy J. Knopf, Vol II
Newman, Murray L., Vol IV
Newman, Paul, Vol III
Newman, Peter C., Vol I, IV
Newman, Robert Chapman, Vol IV
Newman, Robert P., Vol II
Newmark, Leonard, Vol III
Newmyer, Stephen Thomas, Vol II, III
Newport, J., Vol IV
Newport, William H. A., Vol I
Newsom, Douglas Ann, Vol II
Newsom, Robert, Vol II
Newsome, Clarence Geno, Vol IV
Newton, Adam Zachary, Vol II
Newton, Esther, Vol V
Newton, James E., Vol I
Newton, Lisa Haenlein, Vol IV
Newton, Merlin Owen, Vol I
Newton, Peter M., Vol V
Newton, Robert Parr, Vol III
Newton, Wesley Phillips, Vol I
Ney, James Walter, Vol II, III
Neyland, Leedell Wallace, Vol I
Neyrey, Jerome H., Vol IV
Ng, Franklin C., Vol I
Ng, On-cho, Vol I, IV
Ngan, Lai Ling E., Vol IV
Nguyen, Dinh-Hoa, Vol II, III
Ni, Peimin, Vol IV
Ni, Ting, Vol I
Ni, W. J., Vol III
Niang, Sada, Vol II
Nicastro, Anthony J., Vol III
Niccoli, Gabriel, Vol III
Nice, Julie A., Vol IV
Nicholas, James C., Vol IV
Nicholas, John M., Vol IV
Nicholas, Robert Leon, Vol III
Nicholl, James Robert, Vol II
Nicholls, James C., Vol III
Nicholls, Maria, Vol III
Nicholls, Michael Lee, Vol I
Nicholls, Roger Archibald, Vol III
Nichols, Ann, Vol III
Nichols, Ashton, Vol II
Nichols, C. Howard, Vol I
Nichols, Fred Joseph, Vol III
Nichols, Jalden, Vol I
Nichols, James, Vol II
Nichols, John A., Vol I
Nichols, Kathleen L., Vol II
Nichols, Mariam F., Vol II
Nichols, Mary P., Vol IV
Nichols, P. M., Vol IV
Nichols, Patricia Causey, Vol II, III
Nichols, Roger L., Vol I
Nicholson, John H., Vol II, III
Nicholson, L., Vol IV
Nicholson, Nigel, Vol II, III
Nicholson, Peter C., Vol II
Nicholson, Robert A., Vol V
Nickel, James W., Vol IV
Nickels, Cameron C., Vol II
Nickelsburg, George William Elmer, Vol I, IV
Nickerson, Catherine Ross, Vol II
Nickles, Thomas, Vol I, IV
Nickoli, Angela M., Vol IV
Nicks, Joan P., Vol II
Nicol, Charles David, Vol II
Nicolai, Elke, Vol III
Nicole, Roger R., Vol IV
Niditch, Susan, Vol IV
Niebylski, Dianna, Vol III
Niedner, Frederick A., Vol IV
Niedzwiecki, Charissa K., Vol II
Niehaus, Jeffrey J., Vol IV
Nielsen, Harry A., Vol IV
Nielsen, Kai, Vol IV
Nielsen, Michael, Vol II
Nielsen, Michael, Vol V
Nielson, Kristy A., Vol V
Nieman, Nancy Dale, Vol III
Niemeyer, Glenn Alan, Vol I
Niemi, Robert, Vol II
Nienonen, Jack E., Vol V
Niers, Werner Gert, Vol III
Niessen, James P., Vol I
Nieto, Jose Constantino, Vol I, IV
Nieva, Constantino S., Vol IV
Niewyk, Donald Lee, Vol I
Nigg, Joseph Eugene, Vol II
Nightingale, Andrea Wilson, Vol II, III
Nightingale, Carl, Vol I
Nigosian, Solomon Alexander, Vol I, IV
Nigro, August John, Vol II
Nikelly, Arthur G., Vol V
Nikolova, Irena N., Vol II
Nikulin, Dmitri, Vol IV
Niles, Lyndrey Arnaud, Vol II
Nilsen, Alleen Pace, Vol III, V
Nilsen, Don Lee Fred, Vol III
Nilson, Jon, Vol IV
Nimbark, Ashakant, Vol V
Nims, John Frederick, Vol II
Nischan, Bodo, Vol I
Nisetich, Frank, Vol III
Nish, Cameron, Vol I
Nishi, Setsuko Matsunaga, Vol V
Nishimura-Jensen, Julie M., Vol II, III
Nissen, Lowell A., Vol IV
Nissenbaum, Stephen Willner, Vol I
Nissim-Sabat, Marilyn, Vol IV
Nitsche, Richard, Vol II, III, V
Nitschke, Beverley A., Vol IV
Nitzova, Petya, Vol I
Nixon, Rob, Vol II
Njoku, John, Vol V
Nnaemeka, Obioma G., Vol III
Nnam, Nkuzi, Vol IV
Nnoruka, Sylvanos I., Vol IV
Noah, Lars, Vol IV
Noakes, Susan, Vol III
Noble, David Watson, Vol I

Noble, Douglas, Vol I
Noble, Marianne K., Vol II
Noble, Thomas Francis Xavier, Vol I
Noble, William P., Vol I, IV
Nobles, Gregory H., Vol I
Nobles, Patricia Joyce, Vol IV
Noda, Keisuke, Vol IV
Nodes, Daniel J., Vol I
Noe, Kenneth W., Vol I
Noegel, Scott B., Vol III
Noel, Melvina, Vol V
Noel, Roger A., Vol III
Noel, Thomas J., Vol I
Noer, Thomas John, Vol I
Nogales, Patti, Vol IV
Nogee, Joseph Lippman, Vol IV
Nogueira, Claudia B., Vol III
Nohrnberg, James Carson, Vol II, IV
Noice, Helga, Vol V
Nolan, Barbara, Vol II
Nolan, Cathal J., Vol I
Nolan, Edward Francis, Vol II
Nolan, Janet, Vol I
Nolan, John Joseph, Vol IV
Nolan, Mary, Vol I, V
Nolan, Richard T., Vol IV
Nolan, Rita, Vol IV
Noland, Carrie J., Vol III
Noll, Mark Allan, Vol I, IV
Nollendorfs, Valters, Vol III
Noller, David K., Vol II
Nolletti, Arthur E., Jr., Vol II
Noonan, James S., Vol II
Noonan, Thomas S., Vol I
Noonberg, Aaron R., Vol V
Noone, Pat, Vol II
Noone, Timothy, Vol I
Norat, Gisela, Vol III
Norberg, Peter, Vol II
Norcross, John C., Vol V
Nord, David P., Vol II
Nordby, Jon Jorgen, Vol IV
Nordenhaug, Erik, Vol IV
Nordling, John G., Vol II, III
Nordloh, David Joseph, Vol I, II
Nordquist, Barbara K., Vol I
Nordquist, Richard, Vol II
Nordstrom, Byron John, Vol I
Nore, Ellen, Vol I
Noren, Stephen J., Vol IV
Norgaard, Rolf, Vol II
Norland, Howard Bernett, Vol II
Norling, Lisa A., Vol I
Norman, Andrew, Vol IV
Norman, G. Buford, Vol III
Norman, Joanne S., Vol II
Norman, Judith, Vol IV
Norman, Ken, Vol IV
Norman, Paralee Frances, Vol II
Normand, Guessler, Vol III
Normore, Calvin Gerard, Vol I, IV
Norrell, Robert J., Vol I
Norris, Deborah Olin, Vol V
Norris, Ethel Maureen, Vol II
Norris, James D., Vol I, IV
Norris, John, Vol IV
Norris, John Martin, Vol IV
Norris, Robert, Vol IV
Norstedt, Johann A., Vol II
North, Helen Florence, Vol II
North, James Brownlee, Vol I
Northey, Rodney, Vol IV
Northrop, Douglas A., Vol II
Northrup, David Arthur, Vol I
Northup, Lesley A., Vol IV
Norton, Bryan G., Vol IV
Norton, Camille, Vol II
Norton, David Fate, Vol IV
Norton, Eleanor Holmes, Vol IV
Norton, Glyn P., Vol III
Norton, H. Wilbert, Sr., Vol IV
Norton, Kay, Vol II
Norton, Mary Beth, Vol I
Norton, Paul F., Vol I
Norton, Robert E., Vol III
Norton-Hawk, Maureen, Vol V
Norton-Smith, Thomas M., Vol IV
Norwood, James, Vol II
Norwood, Kimberly Jade, Vol IV
Norwood, Margaret M., Vol V
Norwood, Stephen H., Vol I
Norwood, Vera, Vol I
Nosco, Peter, Vol I
Nostrand, Howard Lee, Vol III
Notehelfer, Fred G., Vol I
Notz, John K., Jr., Vol IV
Nourie, Alan Raymond, Vol II
Novak, David, Vol IV
Novak, Joseph A., Vol IV
Novak, Maximillian E., Vol II
Novak, Philip Charles, Vol IV
Novelli, Cornelius, Vol II
Noverr, Douglas Arthur, Vol I, II
Novick, Peter, Vol I
Nowak, John E., Vol IV
Nowell, Irene, Vol IV
Nowlin, Michael E., Vol II
Noyes, Martha, Vol II
Nozick, Robert, Vol IV
Nucho, Aina O., Vol V
Nuernberg, Susan M., Vol II
Nuessel, Frank, Vol III
Nuffer, Richard T., Vol IV
Nugent, Donald Christopher, Vol I, IV
Nugent, Patrick, Vol IV
Nugent, Walter, Vol I
Null, Elisabeth M., Vol I, II, V
Numbers, Ronald L., Vol I
Nunes, Zita, Vol II
Nunez-Betelu, Maite, Vol III
Nunis, Doyce Blackman, Jr., Vol I, V
Nunn, Frederick Mckinley, Vol I
Nunn, Kenneth B., Vol IV
Nunnally, David H., Sr., Vol V
Nunnally, Thomas E., Vol II, III
Nussbaum, Alan, Vol III
Nussbaum, Felicity, Vol II
Nutbrown, Richard A., Vol IV
Nutt, R., Vol I, IV
Nutting, Maureen M., Vol I
Nuzzo, Angelica, Vol I, IV
Nwadike, Fellina, Vol I
Nwaubani, Chidiebere, Vol I
Nyang, Sulayman, Vol I
Nybakken, Elizabeth I., Vol I
Nyce, Benjamin M., Vol II
Nye, Andrea, Vol IV
Nye, Jean C., Vol III
Nye, Mary Jo, Vol I
Nye, Robert Allen, Vol I
Nysse, Richard W., Vol IV
Nystrom, Bradley, Vol I
Nystrom, David P., Vol I, IV
Nzegwu, Nkiru, Vol I
O'Barr, William M., Vol II
O'Bireck, Gary M., Vol V
O'Boyle, Cornelius, Vol I
O'Brien, Charles, Vol II
O'Brien, George, Vol II
O'Brien, J. Willard, Vol IV
O'Brien, Jean, Vol I
O'Brien, Jean, Vol V
O'Brien, Kevin, Vol II
O'Brien, Michael, Vol I
O'Brien, Susie, Vol II
O'Brien, Thomas F., Vol I
O'Brien-O'Keeffe, Katherine, Vol II
O'Conell, Robert J., Vol II, III
O'Connell, Barry, Vol II
O'Connell, Daniel C., Vol V
O'Connell, Joanna, Vol III
O'Connell, Michael, Vol II
O'Connell, Robert H., Vol IV
O'Connell, Shaun V., Vol II
O'Connor, Carol A., Vol I
O'Connor, Daniel D., Vol IV
O'Connor, David, Vol IV
O'Connor, David, Vol IV
O'Connor, Dennis, Vol IV
O'Connor, Eugene, Vol II, III
O'Connor, John E., Vol I
O'Connor, Joseph E., Vol I
O'Connor, June Elizabeth, Vol IV
O'Connor, Leo F., Vol I, II
O'Connor, Mary E., Vol II
O'Connor, Michael P., Vol II
O'Connor, Patricia, Vol IV
O'Connor, Patricia E., Vol II
O'Connor, Patricia W., Vol III
O'Connor, Thomas, Vol III
O'Connor, Thomas H., Vol I
O'Day, Edward Francis, Vol V
O'Dea, Jane, Vol IV
O'Dea, Shane, Vol II
O'Dell, Cynthia D., Vol V
O'Dell, Earlene R., Vol V
O'Dell, Leslie, Vol II
O'Donnell, Anne M., Vol II
O'Donnell, James, Vol I
O'Donnell, James J., Vol II, III
O'Donnell, Kim, Vol V
O'Donnell, Krista E., Vol I
O'Donnell, Mabry Miller, Vol II, III
O'Donnell, Thomas G., Vol II
O'Donnell, Victoria, Vol II
O'Donovan-Anderson, Michael, Vol IV
O'Flaherty, James Carneal, Vol III
O'Gorman, James F., Vol I
O'Grady, Genevieve J., Vol II
O'Grady, Jean, Vol II
O'Hara, James J., Vol II
O'Hara, Mary L., Vol IV
O'Hara, Michael M., Vol II
O'Hearn, Carolyn, Vol II, III
O'Hyun, Park, Vol IV
O'Keefe, J. Paul, Vol I
O'Kell, Robert P., Vol II
O'Leary, Brian Eugene, Vol II
O'Leary, Virginia, Vol V
O'Malley, John William, Vol I
O'Malley, Susan Gushee, Vol II
O'Meally, Robert, Vol II
O'Meara, Thomas F., Vol IV
O'Neal, John Coffee, Vol III
O'Neil, Patrick M., Vol I
O'Neill, James E., Vol I
O'Neill, John H., Vol II
O'Neill, Kerill, Vol II, III
O'Neill, Megan, Vol II
O'Neill, W. Patrick, Vol I
O'Neill, William George, Vol IV
O'Neill, William L., Vol I
O'Reilly, Randall C., Vol V
O'Rourke, Maureen, Vol IV
O'Shaughnessy, Andrew J., Vol I
O'Shea, Edward, Vol II
O'Shea, Michael J., Vol II
O'Sullivan, Michael, Vol IV
O'Sullivan, Michael K., Vol II
O'Toole, Tess, Vol II
Oakes, Edward T., Vol IV
Oakes, Elisabeth, Vol II
Oakes, James L., Vol IV
Oaklander, L. Nathan, Vol IV
Oakley, Francis Christopher, Vol I
Oakley, John Bilyeu, Vol IV
Oakley, John H., Vol I
Oakman, Douglas E., Vol IV
Oaks, Harold Rasmus, Vol II
Oates, John F., Vol V
Oates, John Francis, Vol I
Oates, Michael David, Vol III
Obayashi, Hiroshi, Vol IV
Ober, Josiah, Vol I
Oberdeck, Kathryn J., Vol I
Oberdiek, Hans Fredrick, Vol IV
Oberhelman, Harley Dean, Vol III
Oberly, James W., Vol I
Oberst, Michael A., Vol IV
Obitts, Stanley Ralph, Vol IV
Oboler, Regina, Vol V
Obringer, Stephen, Vol V
Oby, Jason B., Vol II
Ocampo, Francisco, Vol III
Ocasio, Rafael, Vol III
Ochie, C., Vol IV
Ochner, Nobuko M., Vol III
Ochoa, Tyler T., Vol IV
Ochsner, Jeffrey Karl, Vol I
Ocker, Christopher, Vol IV
Oczkowicz, Edyta Katarzyna, Vol II
Oddie, Graham James, Vol IV
Odell, George H., Vol I
Odell, Margaret S., Vol IV
Odem, Mary E., Vol I
Oden, Gloria, Vol II
Oden, Robert A., Jr., Vol III
Odhoji, Benjamin M. M., Vol III
Odom, Edwin Dale, Vol I
Oestreicher, Richard Jules, Vol I
Oetting, Janna B., Vol V
Ogasapian, John, Vol II
Ogden, Dunbar Hunt, Vol II
Ogden, Estrella V., Vol I, III
Ogden, Gregory L., Vol IV
Ogden, John T., Vol II
Ogden, Schubert Miles, Vol IV
Ogede, Ode S., Vol II
Oggins, Robin S., Vol I
Ogilvie, Leon Parker, Vol I
Ogles, Robert M., Vol II, V
Oglesby, James Robert, Vol V
Oglesby, Richard E., Vol I
Ogletree, Charles J., Jr., Vol IV
Ogorzaly, Michael, Vol I
Ogren, Kathy J., Vol I
Ogunseitan, Oladele, Vol V
Ohala, John Jerome, Vol III
Ohiwerei, Godwin, Vol V
Ohlgren, Thomas Harold, Vol II
Ohlhauser, Jon B., Vol II
Ohline, Howard Albert, Vol I
Ohnuki-Tierney, Emiko, Vol V
Ohnuma, Reiko, Vol I, IV
Oinas, Felix Johannes, Vol III
Ojala, Carl F., Vol I
Ojo-Ade, Femi, Vol III
Okafor, Dubem, Vol II
Okechukwu, Chinwe C., Vol II
Okenfuss, Max Joseph, Vol I
Okhamafe, Imafedia, Vol II, IV
Okihiro, Gary Y., Vol I
Okin, Louis A., Vol I
Okker, Patricia Ann, Vol II
Okoampa-Ahoofe, Kwame, Jr, Vol II
Okoye, Ikem, Vol I
Okunor, Shiame, Vol I
Olasky, Marvin N., Vol I, II
Olbricht, Thomas H., Vol II, IV
Olcott, Anthony, Vol III
Olcott, Martha, Vol IV
Olczak, Joseph M., Vol IV
Oldakowski, Raymond K., Vol I
Oldani, Louis Joseph, Vol II
Oldcorn, Anthony, Vol III
Oldson, William O., Vol I
Olenik, John Kenneth, Vol I, III
Oleson, John P., Vol I
Oleszkiewicz, Malgorzata, Vol III
Olien, Diana Davids, Vol I
Oliker, Michael A., Vol II, IV
Olin, John C., Vol I
Olin, Margaret, Vol I
Olin-Ammentorp, Julie, Vol II
Olin-Hitt, Michael, Vol II
Oliner, Samuel P., Vol V
Oliphant, Dave, Vol II
Oliphint, K. Scott, Vol IV
Olitzky, Kerry M., Vol V
Oliva, L. Jay, Vol I
Oliver, Eileen, Vol II
Oliver, Elizabeth L., Vol II
Oliver, Harold Hunter, Vol IV
Oliver, John E., Vol I
Oliver, Mary Beth, Vol II
Olivera, Otto H., Vol II, III
Olivia, Leonora, Vol III
Olken, Samuel R., Vol IV
Oller, John William, Vol III
Ollivier, Louis L., Vol III
Olm, Lee Elmer, Vol I
Olmsted, Jane, Vol II, V
Olney, James, Vol II
Olney, Marjorie F., Vol V
Olney, Martha L., Vol IV
Olsen, Alexandra, Vol II
Olsen, Glenn Warren, Vol I
Olsen, Lance, Vol II
Olsen, Lester C., Vol II
Olsen, P., Vol I
Olsen, Richard K., Vol II
Olsen, Solveig, Vol III
Olshewsky, Thomas Mack, Vol IV
Olson, Alison Gilbert, Vol I
Olson, Carl, Vol IV
Olson, Gary Duane, Vol I
Olson, James S., Vol I
Olson, Jeannine, Vol I
Olson, Keith Waldemar, Vol I
Olson, Paul A., Vol II
Olson, Paul Richard, Vol III
Olson, Richard P., Vol IV
Olson, Robert W., Vol I
Olson, Roger E., Vol I, IV
Olson, Steven, Vol II
Olson, Stuart Douglas, Vol III
Olugebefola, Ademola, Vol I
Olzak, Susan, Vol V
Omaggio Hadley, Alice, Vol III
Omanchonu, John, Vol II
Omatseye, Jim, Vol IV, V
Ommer, Rosemary, Vol I
Omole-Odubekun, Omolola E., Vol IV
Omosupe, Ekua Rashida, Vol II, V
Ong, Rory J., Vol II
Onorato, Michael P., Vol I
Onuf, Peter S., Vol I
Onwudiwe, Ihekwoaba, Vol IV
Onwueme, Tess O., Vol II
Onwumechili, Chukwuka, Vol II
Onyekwuluje, Anne B., Vol V
Onyshkevych, Larissa M. L. Z., Vol II
Oosterhuis, Tom, Vol IV
Opere, Fernando, Vol III
Ophardt, Michael, Vol IV
Oppenhaim, Michael, Vol IV
Oppenheim, Frank M., Vol IV
Oppenheim, Janet, Vol I
Oppenheim, Lois B., Vol III
Oppenheim, Samuel, Vol I
Oppenheimer, Fred E., Vol III
Oppenheimer, Martin, Vol V
Oppenheimer, Paul, Vol II
Oravec, Christine, Vol II
Orbach, Alexander, Vol I, IV
Orban, Clara E., Vol III
Orchard, Lee F., Vol II
Ordonez, Elizabeth Jane, Vol III
Ordonez, Francisco, Vol III
Ordower, Henry M., Vol II, IV
Orel, Harold, Vol II
Orel, Sara E., Vol I
Orellana, Sandra, Vol V
Orend, Brian, Vol IV
Orenstein, Gloria Feman, Vol III, V
Organ, Barbara, Vol IV
Oriard, Michael, Vol II
Oriji, John, Vol I
Oring, Elliott, Vol V
Orlando, Valerie, Vol III
Orlans, F. Barbara, Vol III
Orlans, Harold, Vol V
Orlik, Peter B., Vol II
Orlin, Eric, Vol I
Orlow, Dietrich Otto, Vol I
Ormand, Kirk, Vol II, III
Ormsby, Margaret A., Vol I
Ornstein, Allan, Vol V
Ornstein, Jack, Vol IV
Oro, Cesar, Vol III
Oropeza, B. J., Vol IV
Orozco, Cynthia E., Vol I
Orozco, S. Luz Maria, Vol II
Orr, Janice, Vol IV
Orr, Leonard, Vol II
Orr, Leslie, Vol I, IV
Orr, Marilyn, Vol II
Orr, N. Lee, Vol II
Orringer, Nelson R., Vol III
Orsi, Robert A., Vol IV
Ort, Larry V., Vol IV
Orth, Geoffrey C., Vol III
Orth, John Victor, Vol I, IV
Ortiz, Manuel, Vol IV
Ortiz, Mario A., Vol III
Ortiz, Ricardo, Vol II
Ortiz, Victor, Vol IV
Ortner, Sherry B., Vol V
Orton, Arlene, Vol V
Ortquist, Richard Theodore, Vol I
Orts, Eric W., Vol IV
Orvell, Miles, Vol I, II
Osberg, Richard H., Vol I, II
Osborn, Wayne S., Vol I
Osborne, Carol D., Vol II
Osborne, John, Vol I
Osborne, John Walter, Vol I
Osborne, Kenan Bernard, Vol IV
Osborne, Randall E., Vol V
Osborne, Robert E., Vol IV
Osborne, Thomas, Vol IV
Osborne, Thomas R., Vol I
Osburn, Carroll D., Vol IV
Oseguera, A. Anthony, Vol II
Osheim, Duane Jeffrey, Vol I
Osinubi, Olumide, Vol II
Ossar, Michael Lee, Vol III
Oster, Judith, Vol II, V
Osterberg, Susan, Vol V
Osterle, Heinz D., Vol III
Ostermeier, Terry H., Vol II
Ostertag, Gary, Vol IV
Osthaus, Carl Richard, Vol I
Ostovich, Helen, Vol II
Ostriker, Alicia, Vol II
Ostrom, Hans, Vol II
Ostrow, Steven F., Vol I
Ostrower, Gary Bert, Vol I
Ostrowski, Carl, Vol II
Ostwald, Martin, Vol III
Osumare, Halifu, Vol I, II
Oswalt, John N., Vol IV
Oszuscik, Philippe, Vol I
Otero, Jose, Vol III
Otero-Krauthammer, Elizabeth, Vol III
Oths, Kathryn S., Vol V
Ott, Brian L., Vol II
Ottati, Douglas Fernando, Vol IV
Ottaway, Susannah R., Vol I
Otten, Terry Ralph, Vol II
Ottenberg, Simon, Vol V

Ottenhoff, John, Vol II, III
Otter, Monika, Vol II
Otterbein, Keith F., Vol V
Otteson, James R., Vol IV
Ottley, Bruce L., Vol IV
Otto, David, Vol IV
Otto, Karl F., Vol III
Ouderkirk, Wayne, Vol IV
Ouellet, Fernand, Vol I
Ouimette, Victor, Vol III
Ourada, Patricia K., Vol I
Ouren, Dallas, Vol IV
Ousley, Charles, Vol V
Outka, Gene Harold, Vol IV
Outka, Paul Harold, Vol II
Overacker, Ingrid, Vol I
Overall, Christine D., Vol IV
Overbeck, James A., Vol I, IV
Overbeck, John Clarence, Vol I, III
Overbeck, T. Jerome, Vol IV, V
Overby, Osmund R., Vol I
Overfield, Denise, Vol III
Overholt, Thomas William, Vol I, IV
Overmier, J. Bruce, Vol V
Overstreet, Charles, Vol V
Owen, Christopher H., Vol I
Owen, David G., Vol IV
Owen, David I., Vol I
Owen, Thomas C., Vol I
Owens, Dorothy M., Vol IV
Owens, John Bingner, Vol I
Owens, Joseph, Vol IV
Owens, Kathleen Marie, Vol IV
Owens, Kenneth Nelson, Vol I
Owens, Larry, Vol I
Owens, Nora Estelle, Vol I
Owens, Patricia, Vol I
Owens, Richard C., Vol IV
Owens, Richard H., Vol I
Owens, Suzanne, Vol I, II
Owens, William M., Vol II, III
Ower, John, Vol II
Owomoyela, Oyekan, Vol II
Owram, Douglas R., Vol I
Oxenhandler, Neal, Vol III
Oxford, Jeffery, Vol III
Ozar, David T., Vol IV
Ozorak, Elizabeth Weiss, Vol V
Ozsvath, Zsuzsanna, Vol II
Paananen, Victor N., Vol II
Paas, John Roger, Vol III
Paca, Barbara, Vol I
Pace, Kay Robertine, Vol II
Pacheco, Paul J., Vol V
Pacheco-Ransanz, Arsenio, Vol III
Pachmuss, Temira, Vol III
Pachow, Wang, Vol III, IV
Paciocco, David, Vol IV
Packard, Randall M., Vol I
Packel, Leonard, Vol IV
Packer, Barbara Lee, Vol II
Packer, James, Vol II, III
Packull, Werner O., Vol I
Pacwa, Mitch, Vol IV
Padden, Carol, Vol II
Paddon, Anna R., Vol II
Paden, William D., Vol III
Padgett, Alan G., Vol IV
Padgett, Jaye, Vol III
Padilla, Alvin, Vol IV
Padilla, Mark, Vol II, III
Padilla, Yolanda C., Vol V
Padovano, Anthony, Vol I
Paffenroth, Kim, Vol IV
Paganini, Maria, Vol III
Page, Benjamin Bakewell, Vol IV
Page, James E., Vol I
Page, Jean-Guy, Vol IV
Page, John Bryan, Vol V
Page, Joseph Anthony, Vol IV
Page, Judith W., Vol II
Page, Patricia, Vol IV, V
Page, Roger A., Vol V
Page, Stanley W., Vol I
Page, Sydney, Vol IV
Page, Willie F., Vol I
Pagel, Ulrich, Vol IV
Pagen, Michele A., Vol II
Paglia, Camille, Vol II
Pahl, Dennis A., Vol II
Pailliotet, Ann Watts, Vol II, V
Painchaud, Louis, Vol IV
Painter, Lorene H., Vol V
Painter, Mark A., Vol IV
Painter, Nell Irvine, Vol I
Painter, Richard W., Vol IV
Pajakowski, Philip E., Vol I
Pal, Pratapaditya, Vol I
Palacios, Conny, Vol III
Palais, James Bernard, Vol I
Paleczny, Barbara, Vol IV
Palen, J. John, Vol V
Palencia-Roth, Michael, Vol III
Paley, Samuel M., Vol II, III
Palisca, Claude Victor, Vol II
Paliyenko, Adrianna M., Vol III
Pallard, Henri, Vol IV
Palley, Howard A., Vol V
Palley, Julian, Vol III
Pallister, Janis Louise, Vol III
Palm, Craig W., Vol IV
Palma, Ronald B., Vol II, III
Palmegiano, Eugenia M., Vol I
Palmer, Barton, Vol II
Palmer, David Scott, Vol IV
Palmer, Larry Isaac, Vol IV
Palmer, Phyllis Marynick, Vol I
Palmer, Richard E., Vol IV
Palmer, Robert L., II, Vol V
Palmer, Russ, Vol I, IV
Palmer, Scott W., Vol I
Palmer, Stanley Howard, Vol I
Palmer, Stuart, Vol V
Palmer, William, Vol II
Palmer, William, Vol I
Palmeri, Frank, Vol II
Palmquist, Mike, Vol II
Paludan, Phillip Shaw, Vol I
Pambookian, Hagop S., Vol V
Pan, Da'an, Vol III
Panaitescu, Adrian, Vol I
Pancrazio, James, Vol II, III
Pandharipande, Rajeshwari, Vol IV
Panek, Jennifer Marie, Vol II
Panella, Robert J., Vol I
Panford, Kwamina, Vol IV
Paniccia, Patricia L., Vol IV
Panikkar, Raimundo, Vol IV
Pankake, Marcia J., Vol I
Pankey, William J., Vol IV
Pannapacker, William Albert, Vol II
Paoletti, Jo, Vol I, II, V
Paolini, Gilberto, Vol III
Papachristos, Katherine, Vol III
Papacosma, Solon Victor, Vol I
Papadakis, Aristeides, Vol I
Papadopoulos, John K., Vol I
Papalas, Anthony John, Vol I
Papayanis, Nicholas, Vol I
Papazian, Dennis Richard, Vol I
Papazian, Mary A., Vol II
Papazian, Michael, Vol IV
Paper, Herbert Harry, Vol III
Paper, Jordan, Vol I, IV
Pappano, Margaret, Vol II
Pappas, George Sotiros, Vol IV
Pappas, Gregory F., Vol IV
Pappas, Nicholas C. J., Vol I
Pappu, Rama Rao, Vol IV
Paprzycka, Katarzyna, Vol IV
Paquette, William A., Vol I
Parati, Graziella, Vol III
Parchment, Steven, Vol I, IV
Paredes, Liliana, Vol III
Parens, Joshua, Vol IV
Parent, David J., Vol III
Parent, Mark, Vol IV
Parente, James A., Jr., Vol III
Parente, William, Vol IV
Paret, Peter, Vol I
Parette, Howard P., Vol V
Parezo, Nancy Jean, Vol V
Parins, James, Vol I
Parins, Marylyn, Vol II
Paris, Bernard J., Vol II
Paris, Ginette, Vol V
Paris, Roland C., Vol IV
Parish, Charles, Vol II, III
Parisi, Barbara, Vol II
Parisi, Peter, Vol II
Park, Clara C., Vol II
Park, David Allen, Vol I
Park, Eung Chun, Vol IV
Park, Hong-Kyu, Vol I, IV
Park, Jin Y., Vol IV
Park, Kyeong-Sook, Vol IV
Park, Roger Cook, Vol IV
Park, Timothy K., Vol IV
Park, William Wynnewood, Vol IV
Park-Fuller, Linda M., Vol II
Parker, David B., Vol I
Parker, Douglas, Vol II
Parker, Henry H., Vol III
Parker, Holt, Vol II, III
Parker, Jacqueline, Vol V
Parker, Jo Alyson, Vol II
Parker, Joseph C., Jr., Vol IV
Parker, Keith Alfred, Vol I
Parker, Kelly A., Vol IV
Parker, Lisa S., Vol IV
Parker, Margaret, Vol III
Parker, Mark M., Vol II
Parker, Mary, Vol II
Parker, Patricia L., Vol II
Parker, Paul P., Vol IV
Parker, Richard W., Vol II, III
Parker, Sidney Baynes, Vol V
Parker, Simon B., Vol I, III
Parker, Stephen Jan, Vol III
Parker, Sue T., Vol V
Parker, Thomas D., Vol IV
Parker, Vernon B., Vol IV
Parker-Starbuck, Jennifer, Vol II
Parkes, Adam, Vol II
Parks, Edward Y., Vol IV
Parks, Jennifer A., Vol IV
Parks, Sharon Daloz, Vol IV
Parks, Sheri L., Vol II
Parks, Stephen Robert, Vol II
Parman, Donald Lee, Vol I
Parman, Susan, Vol V
Parmet, Herbert S., Vol I
Parmet, Robert David, Vol I
Parot, Joseph John, Vol I, IV
Parotti, Phillip, Vol II
Parr, Chris, Vol IV
Parr, James A., Vol I, III
Parr, Joy, Vol I
Parrent, Allan Mitchell, Vol IV
Parrish, Michael Emerson, Vol I
Parrish, Stephen E., Vol IV
Parrish, William E., Vol I
Parrott, Rod, Vol IV
Parry, Hugh, Vol II, III
Parry, Joseph D., Vol II
Parry, Richard D., Vol IV
Parry-Giles, Trevor, Vol II
Parsell, David Beatty, Vol III
Parsons, Charles D., Vol IV
Parsons, James, Vol II
Parsons, Jedediah David, Vol II, III
Parsons, Keith M., Vol I, IV
Parsons, Lynn, Vol I
Parsons, Robert A., Vol III
Parssinen, Terry, Vol I
Partan, Daniel Gordon, Vol IV
Partee, Barbara H., Vol III
Partlett, David Frederick, Vol IV
Partsch, Cornelius, Vol III
Pascal, Cecil Bennett, Vol III
Pascal, Paul, Vol II, III
Pasch, Alan, Vol IV
Pasco, Allan, Vol III
Pascoe, Louis B., Vol I
Pascuzzi, Maria, Vol IV
Pasha, Mustapha, Vol IV
Paskow, Alan, Vol IV
Paskow, Shimon, Vol IV
Pasler, Jann C., Vol II
Pasley, B. Kay, Vol V
Paslick, Robert H., Vol III
Pasqualetti, Martin J., Vol I
Pass, Martha White, Vol IV
Passamaneck, Stephen Maurice, Vol II
Passaro, Maria C. Pastore, Vol III
Passaro, Maria P., Vol III
Passell, Dan, Vol IV
Pastan, Elizabeth C., Vol I
Pasternack, Carol Braun, Vol I, II
Pastor, Beatriz, Vol III
Pastor, Leslie P., Vol I, III
Pastor, Peter, Vol I
Pasztor, Suzanne B., Vol I
Pate, J'Nell, Vol I
Pate, James Paul, Vol I
Patel, Ramesh, Vol IV
Paternost, Joseph, Vol III
Paterson, Douglas L., Vol II
Paterson, Janet M., Vol III
Paterson, Robert, Vol IV
Paterson, Thomas Graham, Vol I
Patey, Douglas L., Vol II
Patraka, Vivian, Vol II
Patriarca, Silvana, Vol I
Patrias, Carmela, Vol I
Patrick, Anne E., Vol IV
Patrick, Barbara, Vol II
Patrick, Dale, Vol IV
Patrick, Darryl L., Vol I
Patrick, Kevin J., Vol I
Patrouch, Joseph F., Vol I
Patry, William F., Vol IV
Patsavos, Lewis J., Vol IV
Patsouras, Louis, Vol I
Patte, Daniel, Vol IV
Patten, Robert Lowry, Vol II
Patterson, Anita, Vol II
Patterson, Becky H., Vol IV
Patterson, Bob E., Vol II, IV
Patterson, Celia, Vol II
Patterson, Cynthia, Vol I
Patterson, D., Vol IV
Patterson, David Sands, Vol I, IV
Patterson, Elizabeth G., Vol IV
Patterson, Elizabeth Hayes, Vol IV
Patterson, H. Orlando L., Vol V
Patterson, James A., Vol I, IV
Patterson, James Tyler, Vol I
Patterson, Joby, Vol I
Patterson, Karl David, Vol I
Patterson, Mark R., Vol IV
Patterson, Miles L., Vol V
Patterson, Richard, Vol IV
Patterson, Robert Benjamin, Vol I
Patterson, Robert Leyburne, Vol I
Patterson, Samuel C., Vol IV
Patterson, Ward L., Vol II
Patterson, Wayne Kief, Vol I, IV
Patterson, William Brown, Vol I
Patterson, Willis Charles, Vol II
Patti, Rino J., Vol V
Pattison, Eugene H., Vol II
Pattnayak, Satya R., Vol V
Patton, Corrine, Vol IV
Patton, Gerald Wilson, Vol V
Patton, Marilyn D., Vol II
Patton, Venetria, Vol II
Patty, James Singleton, Vol III
Patty, Stacy L., Vol IV
Patzia, Arthur G., Vol IV
Pauketat, Timothy, Vol V
Paul, Garrett E., Vol IV
Paul, George Mackay, Vol I, II, III
Paul, Harry W., Vol I, IV
Paul, Justus F., Vol I
Pauley, Bruce F., Vol I
Pauley, John L., Vol II
Pauli, Lori, Vol I
Paulien, Jon, Vol IV
Paulo, Craig N., Vol IV
Paulovskaya, Marianna, Vol I
Paulsell, William O., Vol IV
Paulsen, David L., Vol IV
Paulsen, Wolfgang, Vol III
Paulson, Michael G., Vol III
Paulson, Stanley Lowell, Vol IV
Paulson, Steven, Vol IV
Paulston, Christina Bratt, Vol III
Pauly, Thomas Harry, Vol II
Pautrot, Jean-Louis, Vol III
Pauwels, Heidi, Vol I
Pavel, Thomas, Vol II
Pavesich, Vida, Vol IV
Pavitt, Charles, Vol II
Pavlac, Brian A., Vol I
Pavlich, Dennis, Vol IV
Pawelski, James, Vol IV
Pawlikowski, John, Vol IV
Paxman, David B., Vol II
Paxton, Frederick S., Vol I
Paxton, Mark, Vol II
Paxton, Robert Owen, Vol I
Payant, Katherine B., Vol II
Payne, F. Anne, Vol II
Payne, Harry Charles, Vol I
Payne, J. Gregory, Vol II
Payne, Julien, Vol IV
Payne, Michael, Vol II
Payne, Philip B., Vol IV
Payne, Rodger M., Vol IV
Payne, Stanley George, Vol I
Payne, Steven, Vol IV
Paz, Francis Xavier, Vol I, III
Paz-Soldan, Jose Edmundo, Vol III
Pazdernik, Charles, Vol II, III
Pazmino, Robert W., Vol IV, V
Peabody, Susan, Vol I
Peacock, Kent, Vol IV
Peacock, Kevin, Vol IV
Peale, C. George, Vol III
Pearce, James, Vol II, III
Pearce, Richard, Vol II
Pearce, Russell G., Vol IV
Pearsall, Derek A., Vol II
Pearson, Anne, Vol IV
Pearson, Birger Albert, Vol I, IV
Pearson, Edward, Vol I
Pearson, Eric, Vol IV
Pearson, John H., Vol II
Pearson, Judy C., Vol II
Pearson, Lon, Vol III
Pearson, Lynn E., Vol III
Pearson, Michael, Vol II
Pearson, Samuel C., Vol I, IV
Pearson, Thomas Spencer, Vol I
Pease, Donald E., Vol II
Pease, Jane Hanna, Vol I
Pease, John, Vol V
Pease, Otis Arnold, Vol I
Pease, Ted, Vol II
Peavler, Terry J., Vol III
Peck, Jeffrey Marc, Vol III
Peck, Russell A., Vol II
Peck, William Dayton, Vol IV
Peck, William Henry, Vol I
Peckham, Joel, Vol II
Pecora, Vincent P., Vol II
Pecoraro, Rosilie Hernandez, Vol III
Pecorino, Philip Anthony, Vol IV, V
Peden, William Creighton, Vol IV
Pedersen, Darhl M., Vol V
Pedersen, Diana, Vol I
Pederson, Lee, Vol II
Pederson, William David, Vol I, IV
Pedley, John Griffiths, Vol I
Pedrick, Willard Hiram, Vol IV
Pedroni, Peter, Vol III
Peebles, I. Hall, Vol IV
Peek, Marvin E., Vol I
Peel, Ellen S., Vol II
Peemoeller, Helen C., Vol II
Peer, Larry Howard, Vol III
Pegram, Thomas R., Vol I
Pegues, Franklin J., Vol I
Peirce, Kate L., Vol II
Peirce, Sarah, Vol I
Peischl, Margaret Theresa, Vol III
Peiss, Kathy, Vol I
Peitz-Hillenbrand, Darlene, Vol IV
Pejovich, Svetozar, Vol IV
Pelaez-Benitz, Lola, Vol III
Pelchat, Marc, Vol IV
Pelikan, Jaroslav J., Vol I
Pellecchia, Linda, Vol I
Pellegrino, Edmund Daniel, Vol IV
Pelletier, Lucien, Vol IV
Pelletier, Samuel R., Vol IV
Pelli, Moshe, Vol IV
Pellicer, James O., Vol III
Pells, Richard Henry, Vol I
Pelosi, Olimpia, Vol III
Peloso, Vincent C., Vol I
Pelto, William, Vol II
Pelz, Stephen Ernest, Vol I
Pelzer, Linda C., Vol II
Pemberton, Gayle R., Vol I
Pemberton, William Erwin, Vol I
Pena, Juan A., Vol II
Penaskovic, Richard, Vol IV
Pencak, William A., Vol I
Pence, Ellsworth Dean, Vol III
Pence, Gregory E., Vol IV
Penceal, Bernadette Whitley, Vol II
Penchansky, David, Vol III, IV
Penczek, Alan, Vol IV
Pendell, Sue D., Vol II
Pendergraft, Mary L., Vol II, III
Penelhum, Terence M., Vol IV
Penella, Robert J., Vol II, III
Peng, Kaiping, Vol V
Penhall, Michele M., Vol I
Penkower, Monty Noam, Vol I
Pennell, Jeffrey N., Vol IV
Penner, Hans Henry, Vol I, IV
Penner, Merrilynn J., Vol V
Penner, Roland, Vol IV
Pennick, Aurie Alma, Vol IV
Penniston, Joyce K., Vol II, III
Pennix, Pamela R., Vol V
Pennock, Robert T., Vol IV
Penrod, Diane, Vol II
Penrod, Lynn K., Vol III
Penrod, Steven D., Vol IV, V
Penrose, Mehl A., Vol III
Pentiuc, Eugene, Vol IV
Pentlin, Susan Lee, Vol III
Penton, Marvin J., Vol I
Penvenne, Jeanne Marie, Vol I
Peoples, VerJanis Andrews, Vol V
Peperzak, Adriaan Theodoor, Vol IV
Pepper, George B., Vol IV
Pepper, Stephen L., Vol IV
Peppet, Scott R., Vol IV

Peradotto, John Joseph, Vol II, III
Peraino, Judith A., Vol II
Percival, Walter Keith, Vol III
Perdicoyianui-Paleologou, Helene, Vol II, III
Perdue, Charles L., Vol V
Pereira, Jose V., Vol IV
Pereira, Malin, Vol II
Perelman, Bob, Vol II
Perelmuter, Hayim Goren, Vol I, IV
Perera, Nihal, Vol I
Peretti, Burton W., Vol I
Perez, Frank E., Vol II
Perez, Genaro J., Vol III
Perez, Louis, Vol I
Perez, Mireya, Vol III
Perez-Firmat, Gustavo, Vol III
Perez-Lopez, Rene, Vol I
Perez-Pisonero, Arturo, Vol III
Perez-Torres, Rafael, Vol II
Perhac, Ralph M., Vol IV
Perillo, Joseph M., Vol IV
Perissinotto, Giorgio, Vol III
Peritz, Janice H., Vol II
Perkins, Allan Kyle, Vol III
Perkins, Barbara M., Vol II
Perkins, Bradford, Vol I
Perkins, David, Vol II
Perkins, Dorothy, Vol IV
Perkins, Dwight Heald, Vol IV
Perkins, Edward Joseph, Vol IV
Perkins, George, Vol II
Perkins, George W., Vol III
Perkins, James Ashbrook, Vol II
Perkins, Jean A., Vol III
Perkins, Kenneth J. Ames, Vol I
Perkins, Leeman Lloyd, Vol II
Perkins, Linda Marie, Vol I
Perkins, Moreland, Vol IV
Perkowski, Jan Louis, Vol III
Perl, Jeffery Michael, Vol III
Perlin, Marc G., Vol IV
Perlis, Vivian, Vol I, II
Perlman, Harvey, Vol IV
Perlman, Mark, Vol IV
Perlmutter, David, Vol II
Perlmutter, Richard Mark, Vol IV
Perloff, Marjorie Gabrielle, Vol II
Perloff, Richard M., Vol II
Perlstadt, Harry, Vol V
Perman, Michael, Vol I
Perna, Michael, Vol III
Pernal, Andrew B., Vol I
Pernick, Martin Steven, Vol I
Pero, Albert, Vol IV
Perozo, Jaime J., Vol III
Perrakis, Phyllis J., Vol II
Perreiah, Alan Richard, Vol I, IV
Perricone, Jack, Vol II
Perrin, David, Vol IV
Perritt, Henry H., Jr., Vol IV
Perrott, David R., Vol V
Perrucci, Alissa, Vol V
Perry, Barbara, Vol IV
Perry, Catherine, Vol III
Perry, Charles R., Vol I
Perry, Constance K., Vol IV
Perry, Edmund, Vol I, IV
Perry, Elizabeth Israels, Vol I
Perry, Glenn, Vol IV
Perry, John, Vol II
Perry, John Curtis, Vol I
Perry, Lewis C., Vol I
Perry, Marilyn, Vol I
Perry, Patsy Brewington, Vol II
Perry, Richard J., Jr., Vol IV
Perry, Robert Lee, Vol I, V
Perry, Tim, Vol IV
Perse, Elizabeth M., Vol II
Person, Dawn Renee, Vol V
Person, Leland S., Vol II
Person, William Alfred, Vol V
Persons, W. Ray, Vol IV
Pesantubbee, Michelene, Vol IV
Pesca-Cupolo, Carmela, Vol III
Pesely, George E., Vol I
Peskin, Allan, Vol I
Pessen, Edward, Vol I
Pessin, Sarah, Vol IV
Pestana, Carla Gardina, Vol I
Pestana, Mark, Vol IV
Petch-Hogan, Beverly M., Vol V
Peter, David J., Vol IV
Peterfreund, Stuart S., Vol II
Peters, Ann Marie, Vol III
Peters, Aulana Louise, Vol IV
Peters, Edward Murray, Vol I
Peters, Ellen Ash, Vol IV
Peters, Erskine Alvin, Vol II
Peters, Francis Edward, Vol II, IV
Peters, Issa, Vol I
Peters, John U., Vol II
Peters, Julie, Vol I, II
Peters, Theodore Frank, Vol IV
Peters, Tom F., Vol I
Peters, William H., Vol V
Petersen, Cynthia, Vol IV
Petersen, Meg, Vol II
Peterson, Brian, Vol IV
Peterson, Carla L., Vol II
Peterson, Charles S., Vol I
Peterson, Courtland H., Vol IV
Peterson, Dale E., Vol II, III
Peterson, Edward Norman, Vol I
Peterson, Eric E., Vol II
Peterson, Frank Ross, Vol I
Peterson, Gregory R., Vol IV
Peterson, Jacqueline, Vol I
Peterson, Jon Alvah, Vol I
Peterson, Joyce Shaw, Vol I
Peterson, Larry, Vol II
Peterson, Larry R., Vol I
Peterson, Linda H., Vol II
Peterson, Lorna Ingrid, Vol II
Peterson, Luther D., Vol I
Peterson, M. Jeanne, Vol I
Peterson, Merrill Daniel, Vol I
Peterson, Michael, Vol I
Peterson, Michael Lynn, Vol IV
Peterson, Morgan, Vol IV
Peterson, Norma Lois, Vol I
Peterson, Philip Leslie, Vol III, IV
Peterson, R. G., Vol II
Peterson, Richard Hermann, Vol I
Peterson, Richard Scot, Vol II
Peterson, Sandra, Vol IV
Peterson, Tarla Rai, Vol III
Peterson, Thomas V., Vol IV
Peterson, Willard James, Vol I
Pethica, James, Vol II
Petillo, Carol Morris, Vol I
Petit, Philip, Vol IV
Petit, Susan, Vol II, III
Petitjean, Thomas D., Jr, Vol II
Petlichkoff, Linda M., Vol V
Petraglia, Michael, Vol I, V
Petraglia-Bahri, Deepika, Vol II
Petraglia-Bahri, Joseph, Vol II, III
Petras, James Frank, Vol IV
Petreman, David A., Vol III
Petress, Kenneth C., Vol II
Petrey, Sandy, Vol III
Petrie, Neil, Vol II
Petrik, Paula E., Vol I
Petrone, Karen, Vol I
Petrone, Serafina, Vol V
Petronella, Vincent F., Vol II
Petrovic, Njegos M., Vol III
Petrovich, Alisa, Vol I
Petrulionis, Sandra H., Vol II
Petrusewitz, Marta, Vol I
Petruzzi, Anthony, Vol II
Petry, Alice Hall, Vol II
Petry, Carl F., Vol I
Petter, Andrew J., Vol IV
Pettey, Gary R., Vol II
Pettey, John Carson, Vol III
Pettigrew, Thomas Fraser, Vol V
Pettis, Joyce, Vol II
Pettit, Rhonda S., Vol II
Petuchowski, Jakob Josef, Vol IV
Pfaff, Daniel W., Vol II
Pfaff, Richard W., Vol I
Pfanner, Helmut F., Vol III
Pfau, Michael, Vol II
Pfau, Thomas, Vol II
Pfeffer, Paula F., Vol I
Pfefferle, W. T., Vol II
Pfeiffer, John R., Vol II
Pfeiffer, Raymond Smith, Vol IV
Pfeiffer, William S., Vol II
Pflugfelder, Gregory, Vol I
Pfohl, Russell, Vol III
Pfordresher, John P., Vol II
Pfund, Peter H., Vol I, IV
Phegley, Jennifer J., Vol II
Phelan, James Pius X., Vol II
Phelan, Jim, Vol IV
Phelan, Marilyn E., Vol IV
Phelps, Brady, Vol V
Phelps, Teresa Godwin, Vol IV
Phenix, Philip Henry, Vol IV
Philipon, Daniel J., Vol II
Philippides, Dia M., Vol II, III
Philippides, Marios, Vol III
Phillips, Ann, Vol I
Phillips, C. Robert, III, Vol I, II
Phillips, Carla Rahn, Vol I
Phillips, Clarence Mark, Vol IV
Phillips, Craig A., Vol IV
Phillips, Denny, Vol II
Phillips, Dewi Zephaniah, Vol IV
Phillips, Elizabeth, Vol II
Phillips, Gene D., Vol II
Phillips, Glenn Owen, Vol I
Phillips, Ivory, Vol I
Phillips, Jane Ellen, Vol II, III
Phillips, Joanne Higgins, Vol III
Phillips, John Allen, Vol I
Phillips, Julie, Vol V
Phillips, Kendall R., Vol II
Phillips, Klaus, Vol III
Phillips, L. Edward, Vol IV
Phillips, Louis, Vol II, III
Phillips, Peter, Vol V
Phillips, Randall R., Vol IV
Phillips, Richard E., Vol I
Phillips, Robert, Vol II
Phillips, Robert L., Vol IV
Phillips, Roderick, Vol I
Phillips, Romeo Eldridge, Vol II, V
Phillips, Thomas, Vol IV
Phillips, William D., Jr, Vol I
Philp, Kenneth, Vol I
Philpott, Jeffrey S., Vol II
Philpott, Mark, Vol IV
Philyaw, Scott L., Vol I
Phinney, Jean S., Vol V
Phipps, William Eugene, Vol IV
Piacentino, Edward J., Vol II
Pian, Rulan Chao, Vol II, V
Piar, Carlos R., Vol IV
Picard, Anne Marie, Vol III
Picart, Caroline (Kay) J. S., Vol IV
Piccato, Pablo, Vol I
Picchi, Debra, Vol V
Picerno, Richard A., Vol III
Pichaske, David, Vol II
Picherit, Jean-Louis, Vol III
Pichois, Claude, Vol III
Pichugin, Valentina, Vol III, V
Picirilli, Robert Eugene, Vol IV
Pickard, Dean, Vol IV
Pickens, Donald Kenneth, Vol I
Pickens, Ernestine W. McCoy, Vol II
Pickens, George F., Vol IV
Pickens, Rupert Tarpley, Vol IV
Pickens, William Garfield, Vol II
Picker, John, Vol II
Picker, Martin, Vol II
Pickering, George W., Vol IV
Pickering-Iazzi, Robin, Vol III
Pickett, Terry H., Vol I, III
Picklesimer, Dorman, Vol I, II
Pickman-Gertz, Charlotte, Vol III
Picone, Michael D., Vol III
Picot, Jocelyne, Vol II
Pieck, Manfred, Vol IV
Piedmont, Ferdinand, Vol III
Piedra, Jose, Vol III
Piehler, G. Kurt, Vol I
Piekalkiewicz, Jaroslaw, Vol IV
Piepho, Lee, Vol II
Piepke, Susan L., Vol III
Pierard, Richard Victor, Vol I, IV
Pierce, Glenn, Vol III
Pierce, John, Vol II
Pierce, Richard A., Vol I
Pierce, Thomas B., Vol V
Piercy, Earl, Vol V
Pierman, Carol J., Vol V
Pierpaoli, Paul G., Vol I
Pierrehumbert, Janet, Vol III
Pierson, Jeffery A., Vol II
Pierson, Peter O'Malley, Vol I
Pierson, Ruth, Vol I
Pierson, Steven J., Vol II, V
Pietsch, Paul Andrew, Vol IV, V
Pifer, Ellen, Vol II, III
Pigg, Kenneth E., Vol V
Pigott, Ruth, Vol V
Pike, David, Vol II
Pike, Fredrick B., Vol I
Pike, Ruth, Vol I
Pilant, Craig Wesley, Vol I, IV
Pilch, John J., Vol IV
Pile, John F., Vol I
Pilgrim, Richard B., Vol IV
Pilgrim, Walter, Vol IV
Pillsbury, Joanne, Vol I
Piluso, Robert Vincent, Vol III
Pina, Leslie, Vol I
Pinch, Trevor J., Vol I, V
Pinches, Charles R., Vol IV
Pinchin, Jane Lagoudis, Vol II
Pinder, Kymberly, Vol I
Pine, Martin L., Vol I
Pinedo, Isabel, Vol II
Pineo, Ronn, Vol I
Pinet, Christopher, Vol III
Pinet, Simone, Vol III
Pinka, Patricia G., Vol II
Pinkard, Terry, Vol IV
Pinkett, Harold Thomas, Vol I, II
Pinkus, Karen, Vol III
Pinn, Anthony B., Vol IV
Pinnell, Richard, Vol I, II
Pinney, Gloria Ferrari, Vol I
Pinnington, Noel J., Vol III
Pino, Julio Cesar, Vol I
Pinsker, Sanford S., Vol II
Pinsky, Robert, Vol II
Pinson, Hermine Dolorez, Vol II
Pintado-Casas, Pablo, Vol III
Pintchman, Tracy, Vol IV
Pinti, Daniel J., Vol II
Pintner, Walter Mckenzie, Vol I
Pinzino, Jane M., Vol IV
Piotrowski, Thaddeus M., Vol I, V
Piott, Steven L., Vol I
Piper, Adrian Margaret Smith, Vol IV
Piper, Anson Conant, Vol III
Piper, Linda Jane, Vol I
Piper, Richard, Vol IV
Pipes, Daniel, Vol I
Pippin, Tina, Vol IV
Pirau, Vasile, Vol IV
Pireddu, Nicoletta, Vol III
Pirog, Gerald, Vol III
Pirraglia, Elvira, Vol II
Pisacreta, Richard J., Vol V
Pisani, Michael, Vol II
Piston, Williams Garrett, Vol I
Pitcher, George Willard, Vol IV
Pitchford, Nicola, Vol II
Pitman, Grover A., Vol II
Pitofsky, Robert, Vol IV
Pitre, Merline, Vol I
Pitt, David, Vol III, IV
Pitt, David G., Vol II
Pitt, Jack, Vol IV
Pitt, Joseph C., Vol IV
Pittenger, Mark A., Vol I
Pitts, Bill, Vol I, IV
Pitts, Vera L., Vol V
Pitzer, Donald Elden, Vol I
Pivar, David J., Vol I
Pixton, Paul Brewer, Vol I
Pizer, Donald, Vol II
Pizer, John, Vol III
Pizzato, Mark, Vol II
Pizzo, Joseph S., Vol II
Placher, William C., Vol IV
Plakans, Andrejs, Vol I
Planeaux, Christopher, Vol I, IV
Plank, Geoffrey, Vol I
Plank, Karl A., Vol IV
Plank, Steven E., Vol II
Plant, Helmut R., Vol III
Plantinga, Alvin, Vol IV
Plantinga, Richard, Vol IV
Plascak-Craig, Faye D., Vol V
Plata, Fernando, Vol III
Plater, Edward M. V., Vol III
Plath, James, Vol II
Platt, David S., Vol IV
Platt, Elizabeth Ellan, Vol IV
Platt, Franklin Dewitt, Vol I
Platt, Gerald M., Vol V
Platt, Harold L., Vol I
Pleck, Elizabeth, Vol I
Plescia, Joseph, Vol I
Plestina, Dijana, Vol IV
Pletcher, David Mitchell, Vol I
Ploeger, Katherine, Vol II
Plotkin, Howard, Vol IV
Plottel, Jeanine Parisier, Vol III
Pluhar, Evelyn Begley, Vol IV
Pluhar, Werner S., Vol IV
Plummer, John F., Vol II
Plummer, Marguerite R., Vol I
Plumstead, William, Vol II
Po-Chia Hsia, Ronnie, Vol I
Poag, James F., Vol III
Poague, Leland A., Vol II
Pobst, Phyllis E., Vol I
Pocock, Emil, Vol I
Podair, Jerald E., Vol I
Podany, Amanda H., Vol I
Podet, Allen Howard, Vol I, IV
Podis, Joanne, Vol II
Poduska, Donald Miles, Vol III
Poe, Elizabeth, Vol II
Poe, Joe Park, Vol III
Poen, Monte Mac, Vol I
Poethig, Eunice Blanchard, Vol IV
Pogatshnik, Lee Wolfram, Vol V
Pogemiller, Leroy, Vol II
Pogue, Samuel Franklin, Vol II
Pohl, James William, Vol I
Pohlhaus, Gaile, Vol IV
Pohlsander, Hans Achim, Vol II, III
Pointer, Richard W., Vol I
Pointer, Steven R., Vol I
Poirier, Richard, Vol II
Pois, Robert, Vol I
Pojman, Louis, Vol IV
Polachek, Dora, Vol III
Polak, Emil J., Vol I
Polakiewicz, Leonard A., Vol III
Polakoff, Keith Ian, Vol I
Poland, Lynn, Vol IV
Poland, Tim, Vol II
Polansky, Ronald M., Vol IV
Polansky, Susan, Vol III
Polaski, Sandra Hack, Vol IV
Polasky, Janet, Vol I
Pole, Nelson, Vol IV
Polenberg, Richard, Vol I
Polhemus, Robert M., Vol II
Polhill, John B., Vol IV
Poling, Clark V., Vol I
Poling, James N., Vol IV
Polischuk, Pablo, Vol IV, V
Polk, Elmer, Vol IV
Polk, Jim, Vol I
Polk, Noel E., Vol II
Polk, Robert L., Vol V
Polk, Timothy H., Vol IV
Poll, Carol, Vol V
Pollack, Bonnie N., Vol V
Pollack, Gloria W., Vol III
Pollack, Norman, Vol I
Pollack, Robert, Vol V
Pollak, Louis Heilprin, Vol IV
Pollak, Martha, Vol I
Pollak, Oliver, Vol I
Pollard, Alton Brooks, III, Vol IV
Pollard, Diane S., Vol V
Pollard, Tanya Louise, Vol II
Polley, Max Eugene, Vol IV
Pollini, John, Vol I
Pollitt, Jerome J., Vol I, III
Pollock, Della, Vol II
Pollock, James, Vol II
Pollock, John, Vol II
Pollock, John Leslie, Vol IV
Polly, Lyle R., Vol III
Poloma, Margaret Mary, Vol V
Pols, Edward, Vol IV
Polt, John H. R., Vol III
Polvino, Geraldine J., Vol V
Pomerleau, Wayne Paul, Vol IV
Pomeroy, Earl, Vol I
Pomeroy, George, Vol I
Pomeroy, Sarah B., Vol I, III
Pomper, Philip, Vol I, V
Ponce de Leon, Gina, Vol III
Ponder, Fred T., Vol V
Pong, David, Vol I
Pontius, Robert Gilmore, Jr., Vol I
Ponton, Lionel, Vol IV
Pool, Jeff B., Vol IV
Poole, John R., Vol II
Poole, Marshall Scott, Vol II
Poos, L. R., Vol I
Pope, Daniel, Vol I
Pope, Deborah, Vol II
Pope, Rebecca A., Vol II
Pope, Robert G., Vol I
Pope, Stephen J., Vol IV
Popenoe, David, Vol V
Popescu, Nicolae, Vol III
Popiden, John Robert, Vol IV
Popkin, Jeremy D., Vol I
Popkin, Richard, Vol IV
Poplack, Shana, Vol III
Poppe, Susan, Vol IV
Popper, Robert, Vol IV
Poppino, Rollie Edward, Vol I
Poppiti, Kim, Vol II
Porrua, Enrique J., Vol I
Porsild, Charlene, Vol I
Portales, Marco, Vol II
Porter, Abioseh Michael, Vol III
Porter, Andrew P., Vol IV
Porter, Burton F., Vol IV
Porter, Charles Allen, Vol III
Porter, Curtiss E., Vol V

Porter, David B., Vol V
Porter, David H., Vol II, III
Porter, David L., Vol I, IV
Porter, Dennis, Vol III
Porter, Ellen-Jane Lorenz, Vol I, II
Porter, Glenn, Vol I
Porter, J. I., Vol II, III
Porter, Jack Nusan, Vol V
Porter, Jeanne Chenault, Vol I
Porter, John R., Vol I
Porter, Jonathan, Vol I
Porter, Joseph A., Vol II
Porter, Joyce K., Vol II
Porter, Kwame John R., Vol IV
Porter, Laurence M., Vol III
Porter, Michael, Vol III
Porter, Michael LeRoy, Vol I, II
Porter, Samuel C., Vol IV, V
Porter, Theodore, Vol I
Porterfield, Amanda, Vol IV
Porterfield, Richard Maurice, Vol I
Portes, Pedro R., Vol V
Portier, William L., Vol IV
Porton, Gary Gilbert, Vol I, IV
Portuges, Catherine, Vol III
Posadas, Barbara Mercedes, Vol I
Posen, Barry R., Vol IV
Posfay, Eva, Vol II
Pospesel, Howard, Vol IV
Post, Deborah W., Vol IV
Post, Gaines, Vol I
Post, Jonathan F. S., Vol II
Post, Robert C., Vol I
Post, Robert M., Vol II
Postema, Gerald Jay, Vol IV
Poster, Carol, Vol II
Posthofen, Renate, Vol III
Postle, Martin J., Vol I
Postlewaite, Philip F., Vol IV
Postma, Johannes, Vol I
Poston, Larry A., Vol IV
Poston, Lawrence S., Vol II
Posy, Carl J., Vol IV
Potash, Robert Aaron, Vol I
Potee, Nanette, Vol II
Potesta, Woodrow A., Vol IV
Pothecary, Sarah, Vol II, III
Potkay, Adam S., Vol II
Potter, Dorothy T., Vol I
Potter, Elizabeth, Vol V
Potter, Karl Harrington, Vol IV
Potter, Nancy, Vol IV
Potter, Nelson, Vol IV
Potter, Pitman, Vol IV
Potter, Robert Alonzo, Vol II
Potter, Tiffany, Vol II
Potts, Cassandra W., Vol I
Potts, D. Malcolm, Vol V
Potts, David B., Vol I
Potts, Donald R., Vol IV
Potts, Louis Watson, Vol I
Potts, Michael, Vol IV
Potuto, Josephine R., Vol IV
Potvin, Gilles E. J., Vol I, II
Potvin, Thomas R., Vol IV
Poulin, Anne Bowen, Vol IV
Pouncey, Alice, Vol V
Pouwels, Joel, Vol III
Povarsky, Chaim, Vol IV
Powell, Amanda W., Vol III
Powell, Barry, Vol II, III
Powell, Burnele Venable, Vol IV
Powell, Cedric Merlin, Vol IV
Powell, James Matthew, Vol I
Powell, Joseph E., Vol II
Powell, Jouett L., Vol IV
Powell, Lydia C., Vol V
Powell, Mark Allan, Vol IV
Powell, Michael, Vol II
Powell, Ronald R., Vol II
Powell, Sam, Vol IV
Powell, Thomas F., Vol I
Power, Garrett, Vol IV
Power, Margaret, Vol I, III, IV
Power, Mary, Vol II, V
Power, William L., Vol IV
Powers, Alan W., Vol II
Powers, Bruce P., Vol IV
Powers, David Stephen, Vol I, IV
Powers, Doris Bosworth, Vol II
Powers, James Francis, Vol I
Powers, Madison, Vol IV
Powicke, Michael Rhys, Vol I
Pownall, Frances Skoczylas, Vol II, III
Poythress, N. G., Vol V
Poythress, Vern S., Vol IV
Pozzetta, George Enrico, Vol I
Pozzo, Riccardo, Vol IV
Prades, Jose Albert, Vol IV, V
Prado, C. G., Vol IV
Praetzellis, Adrian, Vol V
Prager, Jonas, Vol IV
Prahlad, Sw. Anand, Vol II, V
Prall, Stuart E., Vol I
Prang, Margaret E., Vol I
Pranzarone, Galdino F., Vol V
Pratico, Gary D., Vol IV
Prats, Jorge, Vol III
Pratt, Dale J., Vol III
Pratt, John Clark, Vol II
Pratt, L., Vol II, III
Pratt, Linda Ray, Vol II
Pratt, Louis Hill, Vol II
Pratt, Mary Louise, Vol III
Pratt, Minnie Bruce, Vol II
Pratt, Richard L., Jr., Vol IV
Pratt, William C., Vol I
Prebish, Charles Stuart, Vol IV
Preckshot, Judith, Vol III
Predmore, Michael P., Vol III
Preisser, Thomas, Vol I, IV
Prell, Riv-Ellen, Vol I, IV, V
Prelock, Patricia A., Vol II
Prenshaw, Peggy, Vol II
Prentice, Alison, Vol V
Prentiss, Karen Pechilis, Vol IV
Presberg, Charles D., Vol III
Prescott, Anne L., Vol II
Presley, Paula, Vol I
Press, Gerald, Vol IV
Presseau, Jack R., Vol IV, V
Presser, Harriet B., Vol V
Pressly, William L., Vol I
Pressman, H. Mark, Vol IV
Prestel, David K., Vol III
Preston, Carol, Vol I
Preston, Cathy L., Vol II
Preston, Cheryl B., Vol IV
Preston, George Nelson, Vol I
Preston, Joan M., Vol II
Preston, Katherine K., Vol I, II
Preston, William L., Vol I
Prete, Roy A., Vol I
Prettiman, C. A., Vol II
Preus, Anthony, Vol IV
Preuss, Mary, Vol III
Preussner, Arnold, Vol II
Prevost, Maxime, Vol III
Prevots, Naima, Vol II
Prialkowski, Kristoff, Vol IV
Pribic, Rado, Vol III
Pribram, Karl H., Vol V
Price, Alan, Vol II
Price, Bernadette B., Vol II
Price, Charles Eugene, Vol IV
Price, Daniel, Vol IV
Price, Danielle E., Vol II
Price, David C., Vol II
Price, Don C., Vol I
Price, Glenn Warren, Vol I
Price, Marjorie S., Vol IV
Price, Monroe E., Vol IV
Price, Richard, Vol I
Price, Robert George, Vol I, IV
Price, Robert M., Vol IV
Price, Sally, Vol V
Price, Tanya Y., Vol V
Price, William, Vol I
Price-Spratlen, Townsand, Vol V
Prichard, Robert W., Vol IV
Prideaux, Gary Dean, Vol III
Pridgen, Allen, Vol II
Priebe, Duane A., Vol IV
Priebe, Richard K., Vol II
Priestly, Tom M. S., Vol III
Prieto, Char, Vol III
Prieve, Beth A., Vol II
Primack, Maxwell, Vol I, IV
Primeaux, Patrick, Vol IV
Primiano, Leonard Norman, Vol IV
Primm, James Neal, Vol I
Primous, Dianella, Vol V
Prince, Arthur, Vol IV
Prince, Carl E., Vol I
Prince, Gerald, Vol III
Prince, John R., Vol IV
Prince, Susan, Vol II, III
Principe, D. Del, Vol III
Prindle, David F., Vol IV
Prindle, Tamae K., Vol I
Prineas, Matthew L., Vol II
Prins, Harald E., Vol V
Prioli, Carmen A., Vol II
Prior, Sandra Pierson, Vol II
Prisco, Salvatore, Vol I
Pritchard, Michael, Vol IV
Pritchard, Susan V., Vol II
Pritchard, William H., Vol II
Pritchett, Kay, Vol III
Pritzl, Kurt, Vol IV
Prochaska, David, Vol I
Procko, Bohdan P., Vol I
Procter, Ben, Vol I
Procter, Harvey Thornton, Jr., Vol IV
Proehl, Geoffrey, Vol II
Proffitt, Anabel C., Vol IV
Profit, Vera Barbara, Vol III
Prokurat, Michael, Vol IV
Promey, Sally M., Vol I
Proops, Ian, Vol IV
Prorok, Carolyn V., Vol I
Prosser, Peter E., Vol I, IV
Prosterman, Roy L., Vol IV
Proudfoot, Wayne, Vol IV
Prowe, Diethelm Manfred-Hartmut, Vol I
Prown, Jules D., Vol I
Prucha, Francis Paul, Vol I
Prude, Jonathan, Vol I
Pruett, Gordon Earl, Vol I, IV
Pruett, John H., Vol I
Prufer, Kevin D., Vol II
Pruitt, Anne Smith, Vol V
Pruitt, Dean, Vol V
Pruitt, Virginia D., Vol II
Prust, Richard Charles, Vol IV
Psathas, George, Vol V
Pubantz, Jerry, Vol IV
Pucci, Frank J., Vol I
Pucci, Joseph M., Vol III
Pucci, Pietro, Vol II, III
Puchek, Peter A., Vol II
Puckett, Pauline N., Vol IV
Pudsell, F. David, Vol I, IV
Pue, Wesley W., Vol IV
Pugach, Noel H., Vol I
Pugh, Anthony Roy, Vol III
Pugh, Christian A., Vol II
Pugliese, Olga, Vol III
Pugliese, Stanislao, Vol I
Puglisi, Catherine, Vol I
Pugsley, Robert Adrian, Vol IV
Pulcini, Theodore, Vol IV
Pulham, Carol Ann, Vol II
Puligandla, Ramakrishna, Vol IV
Pullen, Daniel J., Vol I, V
Pulleyblank, Edwin George, Vol I, III
Pullin, Nicolas G., Vol II
Pullum, Geoffrey K., Vol III
Purcell, E. A., Vol I, IV
Purcell, John Marshall, Vol III
Purcell, Sarah, Vol I
Purcell, Trevor W., Vol V
Purcell, William, Vol II
Purczinsky, Julius O., Vol III
Purdy, Anthony, Vol III
Purefoy Morris, Sarah, Vol I
Purinton, Jeffrey S., Vol II, III
Purinton, Marjean D., Vol II
Purkey, William Watson, Vol V
Pursell, Carroll W., Vol I
Purtill, Richard L., Vol IV
Purtle, Carol Jean, Vol I
Purvis, Thomas L., Vol I
Putnam, Hilary, Vol IV
Putnam, Jackson K., Vol I
Putnam, Linda L., Vol II
Putnam, Michael C. J., Vol II, III
Putney, David P., Vol IV
Putsche, Laura, Vol V
Pye, Christopher, Vol II
Pyle, Ralph, Vol V
Pyles, John E., Vol IV
Pynn, Ronald Earl, Vol IV
Qi, Shouhua, Vol II
Qian, Nanxiu, Vol III
Qian, Wen-yuan, Vol I
Qian, Zhaoming, Vol II, III
Quackenbush, Louis Howard, Vol III
Qualls, Barry V., Vol II
Quander, Rohulamin, Vol IV
Quandt, Richard E., Vol IV
Quantic, Dine D., Vol II
Quataert, Donald George, Vol I
Quaytman, Joyce A., Vol V
Queen, Evelyn E. Crawford, Vol IV
Quema, Anne, Vol II
Quere, Ralph Walter, Vol I, IV
Quick, Albert T., Vol IV
Quickel, Kim, Vol V
Quigley, Austin E., Vol II
Quigley, Austin F., Vol II
Quigley, John M., Vol IV
Quigley, Tim, Vol IV
Quigley, Timothy R., Vol IV
Quillen, Rita S., Vol II
Quillian, William F., Vol IV
Quin, Carolyn L., Vol II
Quinan, Jack, Vol I
Quinlan, Kieran, Vol II
Quinlivan, Mary E., Vol I
Quinn, James F., Vol V
Quinn, John F., Vol IV
Quinn, Philip L., Vol IV
Quinn, Thomas Michael, Vol IV
Quinn, William A., Vol II
Quinsey, Katherine M., Vol II
Quinsey, Vernon L., Vol V
Quintana, Hilda E., Vol III
Quintero, Ruben, Vol II
Quirin, James, Vol I
Quirk, Ronald Joseph, Vol III
Quirk, Ruthmarie, Vol II
Quirk, Thomas Vaughan, Vol II
Quirk, William J., Vol IV
Quist, John W., Vol I
Quitslund, Sonya Antoinette, Vol IV
Quitt, Martin Herbert, Vol I
Quivik, Fredric L., Vol I, V
Raabe, Paul R., Vol IV
Raabe, Phyllis H., Vol IV
Raabe, William A., Vol IV
Raack, Richard C., Vol I
Raaflaub, Kurt A., Vol II, III
Raajpoot, Uzzer A., Vol V
Raat, William D., Vol I
Rabassa, Clementine Christos, Vol III
Rabassa, Gregory, Vol III
Rabb, Theodore K., Vol I
Rabbat, Nasser O., Vol I
Rabbitt, Kara, Vol III
Rabe, Stephen, Vol I
Rabillard, Sheila M., Vol II
Rabin, Robert Leonard, Vol IV
Rabine, Leslie W., Vol III
Rabinowitch, Alexander, Vol I
Rabinowitz, Howard, Vol I
Rabinowitz, Mayer E., Vol IV
Rabinowitz, Paula, Vol I
Rabinowitz, Peter Jacob, Vol III
Rabkin, Eric S., Vol II
Rable, George Calvin, Vol I
Rabouin, E. Michelle, Vol IV
Rabson, Steve, Vol I
Raby, Michel J., Vol III
Race, Jeffrey, Vol IV
Race, William H., Vol II, III
Rachels, James, Vol IV
Rachels, Stuart, Vol IV
Rachleff, Peter J., Vol I
Rachlin, Howard C., Vol V
Rachlinski, J. J., Vol IV
Racine, Philip N., Vol I
Radan, George T., Vol I
Radchik, Laura, Vol III
Radden, Jennifer, Vol IV
Radden, Viki, Vol II
Radding, Cynthia, Vol I
Radel, Nicholas F., Vol II
Rader, Benjamin G., Vol I
Rader, Rosemary, Vol I, IV
Radford, Gary P., Vol II
Radic, Randall, Vol IV
Radice, Mark A., Vol I, II
Radisich, Paula, Vol I
Radner, Hilary A., Vol II
Radomski, Harry B., Vol IV
Radosh, Mary F., Vol V
Radway, Janice, Vol II
Radycki, Diane, Vol I
Radzik, Linda, Vol IV
Rae, Bob, Vol IV
Rae, Patricia, Vol II
Raeburn, John H., Vol I, II
Raeff, Marc, Vol I
Raelin, Joseph A., Vol IV
Raepple, Eva Marie, Vol IV
Rafael, Vicente, Vol II
Rafalko, Robert J., Vol IV
Raferty, Adrian E., Vol V
Raffel, Burton, Vol II
Ragan, Bryant T., Jr., Vol I
Ragen, Brian A., Vol II
Ragsdale, J. Donald, Vol II
Ragussis, Michael, Vol II
Rahimich, Nasrin, Vol III
Rahman, Shafiqur, Vol II
Railton, Benjamin A., Vol II
Raily, Kevin, Vol II
Rainer, Jackson P., Vol V
Rainer, Thom S., Vol IV
Rainer, Ulrike, Vol III
Rainey, Kenneth T., Vol II
Rainey, Penelope, Vol II, III
Rainger, Ronald, Vol I
Rains, G. Dennis, Vol V
Rainwater, Catherine, Vol II
Raisor, Philip, Vol II
Raitt, Jill, Vol IV
Raitt, Ronald D., Vol IV
Raj, Victor A. R., Vol IV
Rajagopal, Arvind, Vol I, II, V
Rajan, Balachandra, Vol II
Rajan, Tilottama, Vol II
Rajashekar, J. Paul, Vol IV
Rakova, Alfia A., Vol III
Rakove, Jack Norman, Vol I
Rakus, Daniel T., Vol IV
Raley, R. Kelly, Vol V
Rallis, Helen, Vol V
Ralph, James R., Vol I
Ralston, Steven, Vol II
Ramage, James A., Vol I
Ramage, Jean C., Vol V
Ramage, Nancy Hirschland, Vol I
Ramazani, Jahan, Vol II
Rambaldo, Ana M., Vol III
Rambuss, Richard, Vol II, III
Rameh, Clea Abdon, Vol III
Ramet, Carlos, Vol II
Ramey, George, Vol IV
Ramirez, Arnulfo G., Vol III
Ramirez, Maria-Esther D., Vol III
Ramirez, Paul, Vol V
Ramos, Donald, Vol I
Ramos-Garcia, Luis A., Vol III
Ramp, Steven W., Vol IV
Rampersad, Arnold, Vol II
Ramras-Rauch, Gila, Vol IV
Ramsay, Carol, Vol V
Ramsbottom, Mary Macmanus, Vol I
Ramsey, C. Earl, Vol II
Ramsey, Jarold, Vol II
Ramsey, Jeff, Vol I, IV
Ramsey, John T., Vol II, III
Ramsey, Mary K., Vol II
Ramsey, Patricia G., Vol V
Ramsey, Renee R., Vol II
Ramsey, William M., Vol IV
Ramshaw, Elaine Julian, Vol IV
Ramusack, Barbara N., Vol I
Rand, Harry, Vol I
Randall, Dale B. J., Vol II
Randall, Francis Ballard, Vol I
Randall, Kenneth C., Vol IV
Randall, Susan Lyons, Vol IV
Randall, Willard, Vol I
Randolph, Adrian W. B., Vol I
Randolph, Mickey M. K., Vol V
Ranes, Barbara, Vol II
Raney, George William, Vol III
Rank, Hugh, Vol II
Rankin, Duncan, Vol IV
Rankin, Steve, Vol IV
Ransby, Barbara, Vol I
Ransdell, Joseph M., Vol IV
Ransel, David, Vol I
Ransome, Cora, Vol II
Ranta, Richard R., Vol II
Ranum, Orest, Vol I
Ranwez, Alain Daniel, Vol III
Rao, K. Vaninadha, Vol V
Rao, Nagesh, Vol II, V
Rao, Ramesh N., Vol II, III
Rao, Sandhya, Vol II
Raoul, Valerie, Vol III, V
Rapaport, William J., Vol IV
Raper, Julius R., Vol II
Rapoport, David C., Vol IV
Rapp, M. H. Kris, Vol II
Rappaport, Rhoda, Vol I
Rappaport, Steven D., Vol IV
Rapson, Richard L., Vol I
Raquidel, Danielle, Vol III
Rasch, William, Vol I, III
Raschke, Debra, Vol II
Raser, Harold E., Vol IV
Rashkow, Ilona N., Vol III
Rashotte, Lisa Slattery, Vol V
Raskin, Jamin, Vol IV
Raskin, Jay, Vol IV
Raskin, Jonah, Vol II
Rasmussen, Chris, Vol I
Rasmussen, S. J., Vol V
Rasmusson, D. X., Vol V
Rasporich, Anthony W., Vol I

Rast, Walter Emil, Vol I, IV
Rastalsky, Hartmut, Vol III
Rasula, Jed, Vol II
Ratcliff, Donald, Vol V
Ratcliffe, Carolyn, Vol IV
Ratcliffe, Stephen, Vol II
Rates, Norman M., Vol IV
Rathburn, Paul A., Vol II
Rathel, Mark, Vol IV
Rather, Susan, Vol I
Rathnam, Mahadev, Vol V
Ratliff, Charles Edward, Vol IV
Ratliff, Gerald Lee, Vol II
Ratliff, Peggy S., Vol II
Ratner, Lorman A. (Larry), Vol I
Ratner, Steven Richard, Vol IV
Ratushny, Edward J., Vol IV
Rauch, Alan, Vol V
Rauch, Doreen E., Vol IV
Rauch, Irmengard, Vol III
Raucher, Alan R., Vol I
Rauhut, Nils, Vol IV
Rausch, Jane M., Vol I
Rausch, Thomas P., Vol IV
Rauschenberg, Roy A., Vol I
Raven-Hansen, Peter, Vol IV
Ravenell, William Hudson, Vol IV
Raver-Lampman, Sharon, Vol V
Raverty, Dennis, Vol I
Ravina, Mark, Vol I
Ravitz, A., Vol II
Ravitz, Abe C., Vol II
Ravven, Heidi, Vol IV
Ravvin, Norman, Vol IV
Rawley, James A., Vol I
Rawling, J. Piers, Vol IV
Rawlings, Wendy Mai, Vol II
Rawlins, William K., Vol II
Rawls, James J., Vol I
Rawls, John, Vol IV
Rawski, Evelyn S., Vol I
Ray, Douglas E., Vol IV
Ray, Eileen Berlin, Vol II
Ray, George B., Vol II
Ray, Greg, Vol IV
Ray, Reginald, Vol IV
Ray, Robert H., Vol II
Raye, Vance Wallace, Vol IV
Rayfield, David, Vol IV
Raymond, Diane, Vol IV
Raymond, Frank B., Vol V
Rayor, Diane J., Vol II
Rea, Kenneth W., Vol I
Rea, Michael C., Vol IV
Read, Charles, Vol III
Reagan, Leslie J., Vol I
Reagan, Mary Jane, Vol V
Reagan, Patrick, Vol I
Reagan, Rhonda, Vol I
Reagon, Bernice Johnson, Vol I
Real, Michael, Vol II
Reardon, Colleen, Vol II
Reardon, John J., Vol I
Rearick, Charles, Vol I
Reasoner, Mark, Vol IV
Reath, Andrews, Vol IV
Reaves, Benjamin Franklin, Vol V
Rebay, Luciano, Vol III
Reber, Vera Blinn, Vol I
Rebholtz, Ronald A., Vol II
Reck, Andrew Joseph, Vol IV
Reck, David, Vol II, V
Reck, Erich H., Vol IV
Reck, Rima Drell, Vol III
Reckmeyer, William J., Vol V
Rector, John L., Vol I
Rector, Monica Paula, Vol III
Reddick, Robert J., Vol II
Reddish, Mitchell Glenn, Vol IV
Redditt, Paul L., Vol IV
Reddy, Maureen T., Vol II
Redenbarger, Wayne Jacob, Vol IV
Redfield, James M., Vol II, III
Redfield, Marc, Vol II
Redford, Bruce, Vol II
Rediehs, Robert E., Vol V
Rediker, Marcus, Vol I
Redman, Tim, Vol II
Redmount, Carol A., Vol I
Reece, Debra J., Vol II
Reece, Steve, Vol II
Reed, Bill, Vol II
Reed, Bradley W., Vol I
Reed, Christopher A., Vol I
Reed, Daisy Frye, Vol V
Reed, Gervais Eyer, Vol III
Reed, Gregory J., Vol IV
Reed, James Wesley, Vol I
Reed, John Julius, Vol I
Reed, John R., Vol II
Reed, Linda, Vol I
Reed, Merl E., Vol I
Reed, Peter J., Vol II
Reed, Ron S., Vol II
Reed, Ross Channing, Vol IV
Reed, T. V., Vol I, II, V
Reed, Walter, Vol II, III
Reed, William, Vol V
Reeder, Glenn D., Vol V
Reeder, Harry P., Vol IV
Reeder, Heidi M., Vol II, III
Reeder, John P., Jr., Vol IV
Reedy, Chandra L., Vol I
Reedy, Jay, Vol I
Reedy, William T., Vol I
Rees, Ellen R., Vol I
Reese, Catherine C., Vol IV
Reese, Hayne W., Vol V
Reese, James Verdo, Vol I
Reese, Mike, Vol IV
Reese, Roger R., Vol I
Reese, Thomas, Vol IV
Reese, William L., Vol IV
Reesman, J. C., Vol II
Reeve, F. D., Vol II
Reeves, Albert Compton, Vol I
Reeves, Byron, Vol II
Reeves, John C., Vol IV
Reeves, Thomas C., Vol I
Reeves, William Dale, Vol I
Reeves-Marquardt, Dona, Vol III
Refai, Shahid, Vol I
Reff, Theodore Franklin, Vol I
Regalado, Nancy Freeman, Vol III
Regalado, Samuel, Vol I
Regan, Patrick J., Vol IV
Rege, Josna E., Vol II
Regelski, Thomas Adam, Vol II, V
Reginald, Allen, Vol II, III
Regney, Gabrielle, Vol II, V
Regnister, Bernard, Vol IV
Regoli, Robert M., Vol V
Regosin, Richard L., Vol III
Regueiro, Jose Miguel, Vol III
Reguer, Sara, Vol I, IV
Reher, Margaret Mary, Vol I, IV
Rehm, Rush, Vol II, III
Rehnquist, William Hubbs, Vol IV
Reibetanz, S. Sophia, Vol IV
Reich, Louis, Vol IV
Reich, Peter L., Vol IV
Reich, Robert D., Vol II
Reich, Warren T., Vol IV
Reichardt, Mary R., Vol II
Reichberg, Gregory M., Vol IV
Reichel, Phillip, Vol IV
Reichenbach, Bruce Robert, Vol IV
Reichenbach, Maria, Vol IV
Reichman, Henry F., Vol I
Reichmann, James B., Vol IV
Reid, Constance L., Vol III
Reid, Donald Malcolm, Vol I
Reid, Garnett, Vol IV
Reid, Inez Smith, Vol IV
Reid, Joel Otto, Vol V
Reid, John P., Vol IV
Reid, Lawrence Andrew, Vol III
Reid, Loren, Vol II
Reid, Louann, Vol II
Reid, Panthea, Vol II
Reid, Peter L. D., Vol II, III
Reid, Robert L., Vol II
Reid, Ronald F., Vol II
Reid, Stephen, Vol II
Reid, Stephen B., Vol IV
Reide, Jerome L., Vol IV
Reidel-Schrewe, Ursula, Vol III
Reidenberg, Joel R., Vol IV
Reidy, David A., Vol IV
Reiff, Daniel D., Vol I
Reiff, Raychel A., Vol II
Reigelman, Milton M., Vol II
Reigstad, Ruth, Vol I, IV, V
Reilich, Eileen, Vol V
Reill, Peter Hanns, Vol I
Reilly, Bernard, Vol I
Reilly, John M., Vol II
Reilly, Linda, Vol II, III
Reilly, Lisa, Vol I
Reilly, Michael S., Vol V
Reilly, Timothy F., Vol I
Reimer, James A., Vol IV
Reinberg, Richard, Vol V
Reiner, Erica, Vol I
Reinerman, Alan Jerome, Vol I
Reinhartz, Dennis Paul, Vol I
Reinharz, Jehuda, Vol I
Reinheimer, David, Vol II
Reinking, Victor, Vol III
Reinshagen-Joho, Liane, Vol III
Reis, Raul, Vol II
Reisch, George, Vol I, IV
Reisdorfer, Kathryn, Vol I
Reisman, Rosemary C., Vol II
Reisman, W. Michael, Vol IV
Reiss, Benjamin D., Vol II
Reiss, Charles, Vol III
Reiss, John, Vol II
Reiter, David Dean, Vol IV
Reiter, Henry H., Vol V
Reitz, Charles, Vol IV, V
Reitz, Curtis R., Vol IV
Reitz, Miriam, Vol V
Reitz, Richard Allen, Vol III
Reitzes, Lisa B., Vol I
Rejai, Mostafa, Vol I
Rejhon, Annalee C., Vol III
Relihan, Joel C., Vol II, III
Remak, Henry Heymann Herman, Vol I, III
Remak, Joachim, Vol I
Remer, Rosalind, Vol I
Remini, Robert Vincent, Vol I
Reminick, Ronald A., Vol V
Rempel, Gerhard, Vol II
Rempel, John W., Vol II
Rempel, Richard A., Vol I
Renda, Lex, Vol I
Rendon, Marie E., Vol V
Rendsburg, Gary A., Vol I
Renehan, Robert, Vol III
Renfro, Paula C., Vol II
Renfro, R. Bruce, Vol II
Rengert, George, Vol I
Renick, Timothy Mark, Vol IV
Renna, Thomas Julius, Vol I
Rennert, Hellmut Hal, Vol III
Rennie, Bryan, Vol IV
Rennie, Mairi C., Vol II
Reno, J. David, Vol II
Renza, Louis A., Vol II
Resch, John P., Vol I
Rescher, Nicholas, Vol IV
Resick, Patricia A., Vol V
Resig, Michael D., Vol IV
Resinski, Rebecca, Vol II, III
Resis, Albert, Vol I
Resler, Michael, Vol I, III
Resnick, Irven M., Vol IV
Resnik, Judith, Vol IV
Resnik, Michael D., Vol IV
Resseguie, James L., Vol IV
Restivo, Sal, Vol V
Restrepo, Luis F., Vol III
Rettig, Salomon, Vol V
Reumann, John Henry Paul, Vol IV
Reuscher, John, Vol IV
Reusher, Jay, Vol II, III
Reuter, William C., Vol I
Revell, Donald, Vol II
Revelos, C. Nicholas, Vol IV
Reverand, Cedric D., Vol II
Rey, William Henry, Vol III
Reydams-Schils, Gretchen, Vol II, III, IV
Reyerson, Kathryn L., Vol I
Reyfman, Irina, Vol III
Reymond, Robert L., Vol IV
Reynolds, Ann, Vol I
Reynolds, Audrey L., Vol III
Reynolds, Clark G., Vol I
Reynolds, Clark Winton, Vol IV
Reynolds, David S., Vol II
Reynolds, Donald E., Vol I
Reynolds, E. Bruce, Vol I
Reynolds, Edward, Vol IV
Reynolds, Elaine A., Vol I
Reynolds, Frank E., Vol I, IV
Reynolds, J. Alvin, Vol IV
Reynolds, Laurie A., Vol IV
Reynolds, Mark, Vol II
Reynolds, Noel Beldon, Vol IV
Reynolds, Richard Clay, Vol II
Reynolds, Steven L., Vol IV
Reynolds, Terry S., Vol I
Rhee, Victor, Vol IV
Rhie, Marylin, Vol I
Rhoades, Duane, Vol III
Rhoades, Vance, Vol IV
Rhoads, David, Vol IV
Rhoads, Edward J. M., Vol I
Rhoads, Linda S., Vol I, V
Rhoads, William B., Vol I
Rhode, Robert T., Vol II
Rhodes, Chip, Vol II
Rhodes, Paula R., Vol IV
Rhodes, Randall, Vol I
Rhodes, Ron, Vol IV
Rhule, Imogene G., Vol II
Rhys, J. Howard W., Vol IV
Riasanovsky, Nicholas, Vol I
Ribeiro, Alvaro, Vol II
Ricapito, Joseph V., Vol III
Ricard, Francois, Vol III
Ricci, Paul O., Vol IV
Ricciardelli, Angela R., Vol IV
Ricciardi, Cynthia Booth, Vol II
Riccio, Tom, Vol II
Rice, Albert R., Vol II
Rice, Arnold Sanford, Vol I
Rice, Berry, Vol IV, V
Rice, Charles E., Vol IV
Rice, Charles L., Vol IV
Rice, Eileen F., Vol I
Rice, Grantland S., Vol II
Rice, Horace Warren, Vol IV
Rice, Julian, Vol II
Rice, Laura, Vol III
Rice, Louise, Vol I
Rice, Louise Allen, Vol II
Rice, Paul R., Vol IV
Rice, Peggy S., Vol II
Rice, Richard, Vol I
Rice, Stephen P., Vol I
Rice, William, Vol II
Rich, John Stanley, Vol III
Rich, Lawrence, Vol III
Rich, Norman, Vol I
Rich, Robert F., Vol IV
Richard, Carl, Vol I
Richard, Ron, Vol II
Richard, Thelma Shinn, Vol II
Richards, Constance S., Vol I, II, V
Richards, Edward P., Vol IV
Richards, Jeffrey, Vol IV
Richards, Jeffrey H., Vol II
Richards, Jerald H., Vol IV
Richards, Joan Livingston, Vol I
Richards, Johnetta Gladys, Vol I
Richards, Kent Harold, Vol IV
Richards, Leon, Vol II, IV
Richards, Leonard, Vol I
Richards, Michael Dulany, Vol I
Richards, Phillip M., Vol II
Richards, Randy, Vol IV
Richards, Stephen C., Vol IV, V
Richards, William M., Vol IV
Richardson, Andra Virginia, Vol IV
Richardson, Anne, Vol II
Richardson, Betty, Vol II
Richardson, Brian C., Vol IV, V
Richardson, Charles O., Vol I
Richardson, Charles R., Vol II
Richardson, Cordell, Vol V
Richardson, David A., Vol II
Richardson, David M., Vol IV
Richardson, Dean M., Vol IV
Richardson, Don, Vol II
Richardson, Don, Vol II
Richardson, Donald, Vol II, III
Richardson, Gary A., Vol II
Richardson, Granetta L., Vol II
Richardson, Henry, Vol IV
Richardson, Horst Fuchs, Vol III
Richardson, Joe M., Vol I
Richardson, John, Vol IV
Richardson, Kurt A., Vol IV
Richardson, Laurel, Vol V
Richardson, Lawrence, Jr., Vol I
Richardson, Malcolm, Vol II
Richardson, Miles E., Vol V
Richardson, Peter, Vol IV
Richardson, Richard C., Jr., Vol V
Richardson, Robert Calvin, Vol IV
Richardson, Scott D., Vol III
Richardson, Stephanie A., Vol II
Richardson, Stephen R., Vol IV
Richardson, William, Vol V
Richetti, John J., Vol II
Richey, Russell Earle, Vol I, IV
Richlin, Amy, Vol II, III
Richman, Gerald I., Vol II
Richman, Kenneth A., Vol IV
Richman, Paula, Vol IV
Richman, Stephen, Vol III
Richman, William M., Vol IV
Richmond, Douglas Wertz, Vol I
Richmond, Hugh M., Vol II
Richmond, M. Temple, Vol II
Richmond, Velma Bourgeois, Vol I, II
Richtarik, Marilynn J., Vol I
Richter, Daniel K., Vol I
Richter, David H., Vol II
Richter, Donald Charles, Vol I
Richter, Duncan J., Vol IV
Richter, Gerhard, Vol III
Richter, Gregory, Vol III
Richter, Maurice N., Vol V
Ricke, Joseph M., Vol II
Ricker-Abderhalden, Judith, Vol III
Rickert, Edward J., Vol V
Ricketts, Thomas G., Vol IV
Rickless, Samuel, Vol IV
Rickly, Rebecca, Vol II
Ricoeur, Paul, Vol IV
Riddel, Frank Stephen, Vol I
Riddell, J. Barry, Vol I
Riddell, Richard, Vol II
Riddle, Rita Sizemore, Vol II
Ridgel, Gus Tolver, Vol V
Ridgway, Brunilde Sismondo, Vol I
Ridgway, John Karl, Vol IV
Ridgway, Whitman Hawley, Vol I
Ridland, John, Vol II
Ridley, Jack, Vol I
Rieber, Steven, Vol III, IV
Riebling, Barbara, Vol II
Rieckmann, Jens, Vol II
Riedel, Walter Erwin, Vol III
Riedinger, Edward, Vol I
Riegle, Rosalie G., Vol II
Riegner, Elizabeth Jane, Vol V
Riehl, Joseph E., Vol II
Rielly, Edward J., Vol II
Riely, John Cabell, Vol I, II
Ries, Nancy, Vol I
Riesenberg, Peter, Vol I
Rieser, Alison, Vol IV
Riess, Steve Allen, Vol I
Rietz, John, Vol II
Rife, Jerry E., Vol II
Rigali, Norbert Jerome, Vol IV
Rigby, Kenneth, Vol IV
Rigdon, V. Bruce, Vol IV
Rigg, Arthur George, Vol II
Riggins, Thomas, Vol IV
Riggs, Cheryl A., Vol I
Riggs, Robert, Vol II
Riggs, Timothy A., Vol I
Riggs, William G., Vol II
Rigney, Barbara, Vol II
Rigolot, Francois, Vol II
Rigsby, Enrique D., Vol II
Rigsby, Kent Jefferson, Vol I, III
Rikard, Marlene Hunt, Vol I
Rike, Jennifer L., Vol IV
Riley, Glenda, Vol I
Riley, Helene M., Vol III
Riley, James, Vol I
Riley, James Denson, Vol I
Riley, Philip Ferdinand, Vol I
Riley, Sam G., Vol II
Riley, Terence, Vol I
Rilling, John R., Vol I
Rimal, Rajiv Nath, Vol II
Rind, Miles, Vol IV
Rinderle, Walter, Vol I, IV
Rindisbacher, Hans J., Vol III
Rinehart, John, Vol II
Rinehart, Lucy, Vol II
Riney-Kehrberg, Pamela, Vol I
Ring, Nancy C., Vol IV
Ringen, Catherine Oleson, Vol III
Ringenberg, William C., Vol I
Ringer, Alexander, Vol II
Ringer, Fritz K., Vol I
Ringer, Marinelle, Vol II
Ringer, Mark, Vol II
Ringler, Richard N., Vol II
Ringrose, David R., Vol I
Rini, Joel, Vol III
Rink, Oliver A., Vol I
Rinkevich, Thomas E., Vol II, III
Rinkus, Jerome Joseph, Vol III
Ripple, Kenneth Francis, Vol IV
Rippley, La Vern J., Vol I, III
Rischin, Moses, Vol I
Rising, Catharine C., Vol II
Risjord, Mark, Vol IV
Risjord, Norman Kurt, Vol I
Riso, Lawrence P., Vol V
Risser, James C., Vol IV
Risser, James V., Vol II
Rissi, Mathias, Vol IV
Risso, Patricia, Vol I
Ritchie, Donald Arthur, Vol I
Ritschel, Daniel, Vol I

Ritson, G. Joy, Vol I, IV
Rittenhouse, Robert K., Vol V
Ritter, Harry R., Vol I
Ritter, Kurt, Vol II
Ritter, Susan, Vol IV
Ritterson, Michael, Vol III
Ritts, Vicki, Vol V
Ritvo, Harriet, Vol I, II
Ritzer, George, Vol V
Rivera, Jenny, Vol IV
Rivera, Margarita Tavera, Vol III
Rivera-Rodas, Oscar, Vol III
Rivero, Albert J., Vol II
Rivero, Eliana Suarez, Vol III
Rivero, Maria Luisa, Vol III
Rivers, Clarence Joseph, Vol IV
Rivers, Elias Lynch, Vol III, V
Rivers, Kenneth T., Vol III
Rivers, Louis, Vol II
Rivers, Wilga Marie, Vol II, III
Rives, James, Vol I
Rivest, Johanne, Vol II
Rix, Brenda, Vol I
Rizzuto, Anthony, Vol III
Roach, Kent, Vol IV
Roark, Dallas Morgan, Vol IV
Roark, James L., Vol I
Robards, Brooks, Vol II
Robb, George, Vol I
Robb, James Willis, Vol III
Robb, Michael P., Vol II
Robb, Stephen, Vol II
Robb, Stewart A., Vol I
Robbert, Louise Buenger, Vol I
Robbins, Bruce, Vol II
Robbins, Edward, Vol I
Robbins, Helen W., Vol II
Robbins, Ira Paul, Vol IV
Robbins, Jill, Vol III
Robbins, Kenneth, Vol II
Robbins, Paul Richard, Vol V
Robbins, Richard G., Vol I
Robbins, Richard H., Vol V
Robbins, Susan P., Vol V
Robbins, William Grover, Vol I
Roberge, Rene-Michel, Vol I, IV
Roberson, Christopher, Vol IV
Roberson, Susan L., Vol II
Robert, Jean-Claude, Vol I
Robert, Lucie, Vol II
Roberto, Anthony J., Vol II
Roberts, Anna, Vol III
Roberts, Barbara A., Vol I, V
Roberts, Brian, Vol II
Roberts, Bryndis Wynette, Vol V
Roberts, Charles, Vol II
Roberts, Charles Edward, Vol I
Roberts, Don, Vol IV
Roberts, Donald F., Vol II
Roberts, Helen Freear, Vol III
Roberts, John, Vol II
Roberts, Julie, Vol II
Roberts, Kathryn L., Vol IV
Roberts, Keith A., Vol V
Roberts, Kenneth C., Jr., Vol II
Roberts, Lani, Vol IV
Roberts, Marion Elizabeth, Vol I
Roberts, Melinda, Vol IV
Roberts, Michael, Vol II, III
Roberts, Michael C., Vol V
Roberts, Michael J., Vol V
Roberts, Nancy L., Vol II
Roberts, Robin, Vol V
Roberts, Rodney C., Vol IV
Roberts, Samuel Kelton, Vol IV
Roberts, Thomas J., Vol II
Roberts, Victor William, Vol IV
Roberts, Warren Errol, Vol I
Roberts, Wendy Hunter, Vol IV
Roberts, Wesley A., Vol I
Roberts, William, Vol I, IV
Robertson, Benjamin W., Vol IV
Robertson, Heidi Gorovitz, Vol IV
Robertson, James I., Vol I
Robertson, James Irvin, Vol I
Robertson, O. Palmer, Vol IV
Robertson, Patricia, Vol V
Robertson, Patricia C., Vol II
Robertson, Teresa, Vol IV
Robertson-Gutierrez, Noel D., Vol II
Robey, David H., Vol II
Robinet, Harriette Gillem, Vol I
Robins, Gay, Vol I
Robins, Marianne Ruel, Vol I
Robinson, Amy, Vol II
Robinson, Andrew, Vol V
Robinson, Christine A., Vol II
Robinson, Daniel N., Vol III
Robinson, David, Vol II
Robinson, David W., Vol I
Robinson, Edward A., Vol II
Robinson, Ella S., Vol I, II
Robinson, Fred, Vol II
Robinson, Fred C., Vol II, III
Robinson, Gabrielle S., Vol II
Robinson, Genevieve, Vol I
Robinson, Gertrude Joch, Vol II
Robinson, Haddon W., Vol IV
Robinson, Hoke, Vol IV
Robinson, Ira, Vol I, III
Robinson, James Burnell, Vol IV
Robinson, Jeffrey Cane, Vol II
Robinson, Jim C., Vol I
Robinson, John H., Vol IV
Robinson, Jontyle Theresa, Vol I
Robinson, Joyce H., Vol I
Robinson, Keith Alan, Vol IV
Robinson, Kelly A., Vol II
Robinson, Laura, Vol II
Robinson, Lilien F., Vol I
Robinson, Lyman R., Vol IV
Robinson, Mary Elizabeth, Vol IV
Robinson, Raymond H., Vol I
Robinson, Reginald L., Vol IV
Robinson, Rochelle, Vol II
Robinson, Ruth, Vol V
Robinson, Solveig C., Vol II
Robinson, Susan Barnes, Vol I
Robinson, Tom, Vol I
Robinson, William Henry, Vol II
Robinson, William I., Vol V
Robinson, William Spencer, Vol IV
Robinson, Zan, Vol II
Robison, R. E., Vol III
Robson, Ann W., Vol I
Robson, David, Vol I
Robson, Kent E., Vol IV
Roby, Pamela A., Vol V
Robyn, Elisa, Vol V
Rocca, Al M., Vol I, V
Rocha, Cynthia, Vol V
Roche, Mark W., Vol III, IV
Rochedecoppens, Peter, Vol V
Rochelle, Warren Gary, Vol II
Rock, Howard Blair, Vol I
Rock, Kenneth Willett, Vol I
Rocke, Alan J., Vol I
Rockefeller, Steven C., Vol I, IV
Rocker, Stephen, Vol IV
Rockland, Michael Aaron, Vol I, III
Rockmore, Sylvie, Vol III
Rocks, James E., Vol II
Rockwell, Paul, Vol III
Rockwell, Susan L., Vol II
Roda, Anthony, Vol IV
Rodas, M. Daniel Carroll, Vol IV
Rodden, Kirk A., Vol IV
Roddy, Nicolae, Vol IV
Roder, Wolf, Vol I
Roderick, John M., Vol II
Rodes, Robert Emmet, Vol IV
Rodger, Valentine Watson, Vol III
Rodgers, Joseph James, Jr., Vol III
Rodgers, Sanda, Vol IV
Rodini, Robert Joseph, Vol III
Rodkin, Philip C., Vol V
Rodney, William, Vol I
Rodnitzky, Jerome L., Vol I
Rodowick, David N., Vol II
Rodrigo, Victoria, Vol III
Rodrigues, Hillary, Vol IV
Rodriguez, Alvaro, Vol III
Rodriguez, Angel Manuel, Vol IV
Rodriguez, Barbara R., Vol II
Rodriguez, Clara, Vol V
Rodriguez, Clemencia, Vol II
Rodriguez, Jose David, Vol IV
Rodriguez, Juan A., Vol V
Rodriguez, Junius, Vol I
Rodriguez, Lydia H., Vol II, III
Rodriguez, Richard T., Vol I
Rodriguez, Rodney T., Vol III
Rodriguez, Sylvia, Vol V
Rodriguez-Florido, Jorge J., Vol III
Rodriguez-Holguin, Jeanette, Vol IV
Rodriguez-Luis, Julio, Vol III
Rodriquez-Hernandez, Raul, Vol III
Roe, Mark J., Vol IV
Roeber, Anthony G., Vol I
Roeder, Bea, Vol II, V
Roeder, George H., Jr., Vol I
Roediger, David, Vol I
Roediger, Henry L., Vol V
Roell, Craig, Vol I
Roemer, Kenneth M., Vol I, II
Roen, Duane, Vol II
Roeper, Thomas, Vol III
Roesch, Ronald, Vol V
Roeske, Paulette, Vol II
Roethke, Gisela, Vol III
Rogachevsky, Jorge R., Vol III
Rogers, Clifford J., Vol I
Rogers, Daniel E., Vol I
Rogers, Deborah D., Vol II
Rogers, Franklin R., Vol II
Rogers, Isabel Wood, Vol IV
Rogers, Jack E., Vol II, V
Rogers, Jimmie N., Vol II
Rogers, Katharine Munzer, Vol II
Rogers, Kenneth Hall, Vol III
Rogers, Kim L., Vol I
Rogers, Lawrence William, Vol III
Rogers, Lynne, Vol II
Rogers, Nels Jeffrey, Vol III
Rogers, Oscar Allan, Jr., Vol V
Rogers, Phil, Vol II
Rogers, Richard A., Vol II
Rogers, Thomas Franklyn, Vol III
Rogers, W. Kim, Vol IV
Rogers, William E., Vol II
Rogler, Lloyd H., Vol V
Roglieri, Maria Ann, Vol III
Rogness, Michael, Vol IV
Rohatyn, Dennis Anthony, Vol IV
Rohinsky, Marie-Claire, Vol III
Rohman, Chad, Vol II
Rohr, Michael D., Vol IV
Rohrbacher, Bernhard, Vol III
Rohrbaugh, Richard L., Vol IV
Rohrbough, Malcolm J., Vol I
Rohrer, James, Vol IV
Rohrer, Judith C., Vol I
Rohrs, Richard Carlton, Vol I
Roinila, Mika, Vol I
Roisman, Hanna M., Vol II, III
Rojahn, Johannes, Vol V
Rojas, Carlos, Vol I, III
Rojas, J. Nelson, Vol III
Rojas-Auda, Elizabeth, Vol III
Roland, Alex, Vol I
Roland, Charles G., Vol I
Roland, Charles P., Vol I
Roland, Gerard, Vol IV
Rolater, Frederick Strickland, Vol I, III
Rolfe, Oliver Willis, Vol III
Roll, Susan K., Vol IV
Roller, Matthew B., Vol I, II, III
Rollin, Bernard E., Vol IV
Rollin, Lucy, Vol II
Rollings, Willard H., Vol I
Rollins, Judith, Vol I, V
Rollins, Peter, Vol II
Rollins, Richard Albert, Vol IV
Rollins, Wayne Gilbert, Vol IV
Rollyson, Carl E., Jr., Vol II
Rolnick, Philip, Vol IV
Rolston, Holmes, Vol IV
Rolwing, Richard J., Vol IV
Roma-Deeley, Lois, Vol II
Roman, Camille, Vol II
Roman, Eric, Vol I, IV
Roman-Mendoza, Esperanza, Vol II, III
Roman-Morales, Belen, Vol II, III
Romano, David Gilman, Vol I
Romano, Susan, Vol II
Romanowski, Sylvie, Vol III
Romanowski, William D., Vol I, II, V
Romans, J. Thomas, Vol IV
Rombes, Nicholas, Vol II
Romeiser, John B., Vol III
Romer, F. E., Vol II, III
Romey, William Dowden, Vol I
Romm, James S., Vol I, II
Romney, A. Kimball, Vol V
Romo, Ricardo, Vol I
Rompkey, Ronald G., Vol II
Ronald, Ann, Vol II
Ronan, Clifford J., Vol II
Ronan, George F., Vol V
Ronan, John J., Vol II
Ronda, Bruce, Vol II
Roney, John B., Vol I
Ronnick, Michele Valerie, Vol II, III
Rood, David Stanley, Vol III
Roof, Wade Clark, Vol V
Rooke, Constance M., Vol II
Rooks, Charles Shelby, Vol IV
Roome, Dorothy M., Vol II, V
Roop, Eugene F., Vol I, IV
Roorbach, Bill F., Vol II
Roosevelt, Anna C., Vol V
Root, Deane Leslie, Vol II
Root, Michael, Vol IV
Root, Michael, Vol IV
Root, Regina A., Vol III
Root, Robert L., Jr., Vol II
Roper, Alan, Vol II
Ropp, Paul, Vol I
Rorabaugh, William J., Vol I
Rorlich, Azade-Ayse, Vol I
Rorty, Amelie Oksenberg, Vol IV
Rorty, R., Vol IV
Rosa, Alfred, Vol II
Rosa, Eugene A., Vol V
Rosa, William, Vol III
Rosales, Elisa, Vol II
Rosand, David, Vol I
Rose, Brian, Vol I
Rose, Ellen Cronan, Vol II
Rose, Gilbert Paul, Vol III
Rose, I. Nelson, Vol IV
Rose, Jonathan, Vol I
Rose, Judith, Vol II
Rose, Kenneth, Vol IV
Rose, Leo E., Vol IV
Rose, Marilyn Gaddis, Vol III
Rose, Mark, Vol I
Rose, Paul Lawrence, Vol I
Rose, Peter Wires, Vol II, III
Rose, Phyllis Davidoff, Vol II
Rose, Sharon, Vol III
Rose, Stanley Ludwig, Vol III
Rose, Toby, Vol II
Rose-Ackerman, Susan, Vol IV
Rosell, Garth M., Vol I, IV
Rosello, Michelle M., Vol III
Rosemann, Philipp W., Vol IV
Rosemont, Henry, Jr., Vol IV
Rosen, David, Vol II
Rosen, Kenneth Mark, Vol II
Rosen, Lawrence, Vol V
Rosen, Nina, Vol II
Rosen, Robert Charles, Vol II
Rosen, Ruth E., Vol I
Rosen, Stanley H., Vol IV
Rosenberg, Alexander, Vol IV
Rosenberg, Beth C., Vol II
Rosenberg, Bruce, Vol II, V
Rosenberg, Edgar, Vol II
Rosenberg, Emily Schlaht, Vol I, IV
Rosenberg, Harry, Vol I
Rosenberg, Jack L., Vol V
Rosenberg, Joel William, Vol III
Rosenberg, John D., Vol II
Rosenberg, Jonathan, Vol I
Rosenberg, Judith, Vol II
Rosenberg, Justus, Vol III
Rosenberg, Marvin, Vol II
Rosenberg, Milla, Vol I
Rosenberg, Norman Lewis, Vol I
Rosenberg, Rosalind Navin, Vol I
Rosenberg, Samuel N., Vol III
Rosenberg, Teya, Vol II
Rosenblatt, Jason Philip, Vol II
Rosenblatt, Jay, Vol V
Rosenbloom, Joseph R., Vol I
Rosenblum, Joseph, Vol II
Rosenblum, Robert, Vol I
Rosenblum, Victor Gregory, Vol IV
Rosenfeld, Michel, Vol IV
Rosenfeld, Sidney, Vol III
Rosenheim, James Morton, Vol I
Rosenheim, Shawn, Vol II
Rosenkrantz, Gary Sol, Vol IV
Rosenstein, Leon, Vol IV
Rosenstone, Robert Allan, Vol I
Rosenthal, Abigail L., Vol IV
Rosenthal, Angela H., Vol I
Rosenthal, Bernice Glatzer, Vol I
Rosenthal, Beth, Vol V
Rosenthal, David M., Vol IV
Rosenthal, Howard, Vol V
Rosenthal, Judith Ann, Vol II
Rosenthal, Lisa, Vol I
Rosenthal, Margaret F., Vol II, III
Rosenthal, Marilynn M., Vol V
Rosenthal, Michael, Vol II
Rosenthal, Michael A., Vol IV
Rosenthal, Naomi, Vol I, V
Rosenthal, Peggy, Vol II
Rosenthal, Peter, Vol IV
Rosenwald, John, Vol II
Rosenwald, Lawrence A., Vol II
Rosenwein, Barbara Herstein, Vol I
Rosenzweig, Roy A., Vol I
Roses, Lorraine Elena, Vol III
Rosin, Robert L., Vol I, IV
Rosivach, Vincent John, Vol II, III
Roskill, Mark, Vol I
Rosner, David, Vol I
Rosner, Jennifer, Vol IV
Rosner, Stanley, Vol V
Rosnow, Ralph Leon, Vol V
Rosowski, Susan Jean, Vol II
Ross, Billy I., Vol II
Ross, Catherine S., Vol II
Ross, Christopher F. J., Vol IV, V
Ross, Claudia, Vol III
Ross, Daniel W., Vol II
Ross, David, Vol II
Ross, Deborah, Vol II
Ross, Donald, Vol II
Ross, Dorothy Rabin, Vol I
Ross, Ellen, Vol I
Ross, James F., Vol IV
Ross, Jamie, Vol IV
Ross, Jerome C., Vol IV
Ross, Marilyn A., Vol III
Ross, Marilyn J., Vol II
Ross, Mary Ellen, Vol III
Ross, Patricia A., Vol IV
Ross, Peter A., Vol V
Ross, Peter W., Vol IV
Ross, Ralph M., Vol IV
Ross, Robert J. S., Vol V
Ross, Ronald John, Vol I
Ross, Rosetta E., Vol IV
Ross, Stephanie A., Vol I, V
Ross, Stephen D., Vol IV
Ross, Stephen F., Vol IV
Ross, Steven, Vol I
Ross, Theophil, Vol II
Ross, Thomas W., Vol II
Ross, Trevor T., Vol II
Rossabi, Morris, Vol III
Rossell, Christine H., Vol IV
Rossi, Christopher, Vol IV
Rossi, John P., Vol I
Rossi, Joseph S., Vol V
Rossi, Monica, Vol I
Rossignol, Rosalyn, Vol II
Rossiter, Margaret W., Vol I
Rossman, Charles R., Vol II
Rosteck, H. Thomas, Vol II
Rosthal, Robert, Vol IV
Roston, Murray, Vol II
Roszak, Theodore, Vol I
Rota, C. David, Vol II
Roth, Jean, Vol IV
Roth, Jeffrey I., Vol IV
Roth, Joel, Vol IV
Roth, Jonathan, Vol I
Roth, Lane, Vol II
Roth, Lorna, Vol II
Roth, Mitchel, Vol I
Roth, Moira, Vol I
Roth, Paul A., Vol IV
Roth, Phyllis Ann, Vol II
Roth, Randolph A., Vol I
Roth, Robert J., Vol IV
Roth, William, Vol IV
Rothauge, Arlin J., Vol IV
Rothbart, Daniel, Vol IV
Rothberg, Donald Jay, Vol IV
Rothblatt, Sheldon, Vol I
Rothenberg, Gunther Eric, Vol I
Rothenberg, Marc, Vol I
Rothenberg, Molly, Vol III
Rothenbusch, Esther H., Vol II, IV
Rothfeld, Anne, Vol I, II
Rothman, David, Vol I
Rothman, Frederick P., Vol IV
Rothman, Hal K., Vol I
Rothman, Irving N., Vol II
Rothman, Roger, Vol I
Rothney, Gordon O., Vol I
Rothney, John Alexander, Vol I
Rothstein, Marian, Vol III
Rothstein, Paul Frederick, Vol IV
Rothstein, William, Vol II
Rothstein, William G., Vol V
Rothwell, Kenneth S., Vol II, III
Rothwell, Kenneth Sprague, Vol II
Rottschaefer, William Andrew, Vol IV
Rotunda, Ronald Daniel, Vol IV
Rouillard, Zelda Jeanne, Vol II
Roulin, Jean-Marie, Vol III
Roulston, Christine, Vol III
Rouman, John Christ, Vol II, III
Rounds, Charles E., Jr, Vol IV

Rouse, Donald E., Vol V
Rouse, Jacqueline Anne, Vol I
Rouse, John Jay, Vol IV
Roush, Sherrilyn, Vol IV
Rousselow, Jessica, Vol II
Routledge, Marie I., Vol I
Rouzie, Albert, Vol II
Rowan, Albert T., Vol IV
Rowan, Bernard, Vol IV
Rowan, John R., Vol IV
Rowan, Katherine E., Vol II
Rowan, Stephen C., Vol II
Rowan, Steven, Vol I
Rowe, Anne Ervin, Vol II
Rowe, Bruce M., Vol V
Rowe, D. L., Vol I
Rowe, David C., Vol V
Rowe, Gail Stuart, Vol I
Rowe, John Carlos, Vol II
Rowe, Joyce A., Vol II
Rowe, Karen E., Vol II
Rowe, Patsy Baxter, Vol II
Rowe, Stephen C., Vol IV
Rowe, William L., Vol IV
Rowland, Beryl, Vol II
Rowland, Gordon, Vol II
Rowland, Rick, Vol IV
Rowlett, Lori, Vol IV
Rowlett, Ralph M., Vol V
Rowley, Hazel Joan, Vol II
Rowlinson, Matthew C., Vol II
Rowold, Henry, Vol IV
Roy, Abhik, Vol II
Roy, Alice M., Vol II
Roy, Donald H., Vol IV
Roy, Emil L., Vol II
Roy, G(eorge) Ross, Vol II, III
Roy, Parama, Vol II
Roy, Sudipto, Vol IV
Roy, William G., Vol V
Royster, Charles William, Vol I
Royster, Philip M., Vol I
Rozakis, Laurie, Vol II
Rozbicki, Michal J., Vol I, II
Rozema, Hazel J., Vol II
Rozga, Margaret, Vol II
Rozier, Louise, Vol III
Rubarth, Scott M., Vol IV
Rubel, Arthur J., Vol V
Ruben, Brent David, Vol II
Rubenstein, Eric M., Vol IV
Rubenstein, Joseph H., Vol V
Rubenstein, Richard Lowell, Vol IV
Rubenstein, Roberta, Vol II
Rubenstein, William, Vol IV
Rubert, Steven, Vol I
Rubin, Alfred P., Vol IV
Rubin, Andrew M., Vol II
Rubin, David Lee, Vol III
Rubin, James Henry, Vol I
Rubin, L., Vol II
Rubin, Linda J., Vol V
Rubin, Mordecai, Vol III
Rubin, Paul H., Vol IV
Rubin, Rebecca B., Vol II
Rubin, Steven J., Vol II
Rubincam, Catherine I., Vol I
Rubinstein, Ernest, Vol IV
Rubinstein, Robert L., Vol V
Rubio, Mary H., Vol II
Rubsys, Anthony L., Vol IV
Ruby, Jay W., Vol V
Ruck, Carl Anton Paul, Vol III
Rucker, Brian, Vol I
Rudd, Jill, Vol II, III
Rudder, Robert S., Vol III
Ruddy, T. Michael, Vol I
Rude, Carolyn D., Vol II
Rude, Donald W., Vol II
Rude, Roberta N., Vol II
Rudenstine, David, Vol IV
Ruderman, Judith, Vol II
Rudge, David W., Vol V
Rudin, Ronald, Vol I
Rudinow, Joel, Vol IV
Rudman, Masha, Vol V
Rudnick, Lois P., Vol I
Rudnytzky, Leonid, Vol III
Rudolph, Conrad, Vol I
Rudolph, Frederick, Vol I
Rudolph, Robert Samuel, Vol II
Rudy, Willis, Vol I
Ruebel, James, Vol I, III
Rueda, Ana, Vol III
Ruedy, John D., Vol I
Ruegsegger, Ronald W., Vol IV
Rueschmann, Eva, Vol III
Ruestow, Edward G., Vol I
Ruether, Rosemary R., Vol IV
Ruff, Julius R., Vol I
Ruffin, Paul, Vol II
Ruffing, Janet, Vol IV
Rugg, Linda Haverty, Vol III
Rugg, Marilyn D., Vol III
Ruggiero, Guido, Vol I
Ruggles, Myles A., Vol II
Ruggles, Steven, Vol I
Rugoff, Milton, Vol I, II
Ruiz, Miguel, Vol III
Ruiz, Roberto, Vol III
Ruiz, Teofilo Fabian, Vol I
Ruja, Harry, Vol IV
Rukmani, T. S., Vol IV
Ruland, Richard, Vol II
Rummel, Erika, Vol I
Rumold, Rainer, Vol II
Runco, Mark, Vol V
Rundblad, Georganne, Vol V
Rundell, Richard Jason, Vol III
Runge, Laura, Vol II
Runkel, Ross R., Vol IV
Running, Leona Glidden, Vol III
Runyan, Timothy J., Vol I
Runyan, William Ronald, Vol II
Runyon, Randolph Paul, Vol I, III
Rupp, Gary, Vol V
Rupp, Leila J., Vol I, V
Rupp, Richard, Vol II
Rupp, Teresa, Vol I
Ruppersburg, Hugh, Vol II
Ruprecht, Louis A., Jr., Vol IV
Rura, Svetlana, Vol IV
Rusch, Scott M., Vol I
Ruscio, J., Vol V
Rusco, Elmer R., Vol IV
Rush, Patricia, Vol III
Rush, Sharon E., Vol IV
Rushing, Janice H., Vol II
Russell, Anne, Vol II
Russell, Bruce Alan, Vol IV
Russell, C. Allyn, Vol IV
Russell, Charles, Vol III
Russell, Charles G., Vol II
Russell, David L., Vol II
Russell, Delbert, Vol III
Russell, Diana Elizabeth H., Vol V
Russell, Edmund Paul, III, Vol I
Russell, Frederick, Vol I
Russell, Hilary A., Vol I
Russell, Irma S., Vol IV
Russell, James M., Vol I
Russell, Kathryn, Vol IV
Russell, Paul A., Vol I
Russell, Rinaldina, Vol III
Russell, Tilden A., Vol II
Russell, William R., Vol IV
Russell-Wood, A. J. R., Vol I
Russo, Adelaide, Vol III
Russo, David J., Vol I
Russo, Donald T., Vol IV, V
Russo, John Paul, Vol II
Russo, Joseph Anthony, Vol II, III
Russo, Mary, Vol II
Russo, Nancy Felipe, Vol V
Russon, John E., Vol IV
Russow, Lilly-Marlene, Vol IV
Rust, Eric C., Vol I
Rust, Ezra Gardner, Vol II
Rust, Richard Dilworth, Vol II
Ruszkiewicz, John Joseph, Vol II
Rutherford, Charles Shepard, Vol II
Rutherford, Donald P., Vol I, IV
Rutherford, Paul F. W., Vol I, II
Rutherford, William E., Vol III
Ruthven, Jon M., Vol IV
Rutkoff, Peter, Vol I
Rutland, Robert Allen, Vol I
Rutledge, Harry Carraci, Vol II, III
Rutledge, Steven H., Vol II, III
Rutter, Irvin C., Vol IV
Rutter, Jeremy B., Vol II, III
Ruud, Jay, Vol II
Rwiza, Katetegeilwe MosesKatetegeilwe MosesKatetegeilwe Moses, Vol I
Ryals, Clyde De L., Vol II
Ryan, Eilish, Vol IV
Ryan, Eugene Edward, Vol IV
Ryan, Frank X., Vol IV
Ryan, Herbert Joseph, Vol I, IV
Ryan, James D., Vol I
Ryan, James G., Vol I
Ryan, Judith, Vol III
Ryan, Kevin, Vol V
Ryan, Lawrence Vincent, Vol II
Ryan, Robert, Vol III
Ryan, Robert M., Vol II, IV
Ryan, Thomas Joseph, Vol I
Ryang, Key S., Vol I
Ryang, Sonia, Vol V
Ryavec, Karl William, Vol IV
Rybczynski, Witold, Vol I
Rychlak, Joseph F., Vol V
Rychlak, Ronald J., Vol IV
Ryckebusch, Jules, Vol II
Rydell, Robert William, Vol I
Ryden, David K., Vol IV
Ryder, John, Vol IV
Rye, Marilyn, Vol II
Ryfa, Juras, Vol III
Ryken, Leland, Vol II
Rynder, Constance, Vol I
Ryon, Roderick Naylor, Vol I
Ryou, Daniel H., Vol IV
Ryskamp, George R., Vol IV
Ryu, Jai, Vol V
Ryzl, Milan, Vol I
Rzhevsky, Nicholas, Vol III
Saa, Orlando, Vol III
Saab, E. Ann Pottinger, Vol I
Saadoun, Mohamed, Vol IV
Saari, Carolyn, Vol V
Saatkamp, Herman J., Vol IV
Sabaratnam, Lakshmanan, Vol V
Sabat, Steven, Vol V
Sabat-Rivers, Georgina, Vol III
Sabato, Larry J., Vol IV
Sabes, Jane, Vol IV
Sabino, Osvaldo R., Vol II
Sabino, Robin, Vol III
Sabiston, Elizabeth, Vol II
Sable, Thomas F., Vol IV
Saccio, Peter, Vol II
Sachar, Howard M., Vol I
Sachs, John R., Vol IV
Sachs, Murray, Vol III
Sachs, William L., Vol I, IV
Sachsman, David B., Vol II
Sack, James J., Vol I
Sack, Ronald H., Vol I
Sackett, Theodore Alan, Vol III
Sacks, David Harris, Vol I
Sacksteder, William, Vol IV
Saddlemyer, Ann, Vol II
Sadler, Wilbert L., Jr., Vol V
Sadlier, Rosemary, Vol I
Sadock, Geoffrey, Vol II
Sadri, Ahmad, Vol V
Sadri, Houman A., Vol IV
Sadri, Malmoud, Vol V
Saeed, Khalid, Vol IV
Saeger, James Schofield, Vol I
Saenger, Michael B., Vol II
Saenz, Mario, Vol IV
Saenz de tejada, Cristina, Vol III
Saez, Richard, Vol III
Safer, Elaine Berkman, Vol II
Saffire, Paula Reiner, Vol II, III, IV
Saffle, Michael, Vol II
Safford, Frank Robinson, Vol I
Safford, Jeffrey Jaeger, Vol I
Safford, John L., Vol IV
Safran, Joan, Vol V
Safran, Stephen P., Vol V
Safran, William, Vol IV
Sag, Ivan Andrew, Vol III
Sagaria, Mary Ann D., Vol V
Sage, Michael, Vol I, II, III
Sager, Allan Henry, Vol IV
Sagini, Meshack, Vol I, V
Sagoff, Mark, Vol IV
Saha, Prosanta Kumar, Vol II, III
Sahadat, John, Vol IV
Sahni, Chaman Lall, Vol II
Said, Abdul Aziz, Vol IV
Said, Edward, Vol II
Saiedi, Nader, Vol V
Saigal, M., Vol III
Sailes, Gary, Vol V
Saillant, John D., Vol I, II
Saine, Thomas Price, Vol III
Sainsbury, John, Vol I
Saint-Amand, Pierre N., Vol III
Saint-Jacques, Bernard, Vol III
Saitz, Robert Leonard, Vol III, V
Sajdak, Bruce T., Vol II
Sakezles, Priscilla, Vol IV
Sakihara, Michael Mitsugu, Vol I
Sakmyster, Thomas Lawrence, Vol I
Saks, Elyn R., Vol IV
Saku, James C., Vol I
Salamon, Linda B., Vol II
Salamon, Sonya, Vol V
Salamone, Frank A., Vol V
Salazar, Abran J., Vol II
Saldivar, Toni, Vol II
Sale, Mary, Vol II, III, IV
Sale, William F., Vol IV
Salekin, Randall T., Vol V
Salem, James M., Vol I
Salem, Philip, Vol II
Salgado, Maria A., Vol III
Saliba, John A., Vol IV
Salien, Jean, Vol II, III
Saliers, Don E., Vol IV
Salih, Halil Ibrahim, Vol I, IV
Salisbury, Joyce E., Vol I
Salisbury, Neal, Vol I
Salisbury, Richard Vanalstyne, Vol I
Salisbury, Robert H., Vol IV
Salla, Michael, Vol IV
Sallee, Alvin L., Vol V
Saller, Richard, Vol I
Sallis, Charles, Vol I, V
Sallis, John C., Vol IV
Sallstrom, John Emery, Vol IV
Sallustio, Anthony Thomas, Vol III
Salmon, John Hearsey Mcmillan, Vol I, III
Salmon, Nathan, Vol IV
Salmon, Wesley Charles, Vol IV
Saloman, Ora Frishberg, Vol II
Salomon, David A., Vol II, IV
Salomon, Herman Prins, Vol II
Salomon, Richard, Vol I, III
Salomon, Roger B., Vol II
Saltarelli, Mario, Vol III
Saltzman, Arthur Michael, Vol II
Saltzman, Judy Deane, Vol IV
Saltzman, Robert M., Vol IV
Salvaggio, Ruth, Vol I
Salvatore, Nicholas Anthony, Vol I
Salvucci, Linda Kerrigan, Vol I
Salwak, Dale F., Vol II
Salyer, Gregory, Vol II, IV
Salyer, Lucy, Vol I
Salzberg, Joel, Vol II
Salzberg, Stephan, Vol IV
Salzman, Jim, Vol IV
Salzman, Michele, Vol I
Salzman, Neil, Vol I
Salzwedel, Kenneth D., Vol V
Samaha, Joel, Vol I
Samar, Vincent J., Vol IV
Samarasinghe, Vidyamali, Vol V
Samatar, Abdi I., Vol I
Sameroff, Arnold, Vol V
Sammons, Jeffrey Leonard, Vol III
Sammons, Martha Cragoe, Vol II
Sampedro, Benita, Vol III
Sample, Maxine J., Vol II, IV
Sample, Ruth, Vol IV
Sampon-Nicolas, Annette, Vol III
Sampson, Edward C., Vol II
Samra, Risà Jana, Vol II
Samson, Donald, Vol II
Samson, John W., Vol II
Samter, Wendy, Vol II
Samudio, Jeffrey, Vol I
Samuels, Marilyn S., Vol II
Samuels, Shirley, Vol II
Samuels, Wilfred D., Vol II
Samuelson, David N., Vol II
Samuelson, Hava Tirosh, Vol IV
Samway, Patrick H., Vol II
San Pedro, Teresa Anta, Vol III
Sanabria, Sergio Luis, Vol I
Sanchez, Elizabeth Doremus, Vol III
Sanchez, George J., Vol I
Sanchez, Jose Mariano, Vol I
Sanchez, Mary Ann M., Vol V
Sanchez, Monica E., Vol III
Sanchez-Eppler, Karen, Vol II
Sand, R. H., Vol II
Sandage, Scott A., Vol I
Sandalow, Terrance, Vol IV
Sandberg, Stephanie L., Vol II
Sander, Frank E. A., Vol IV
Sanders, Cheryl J., Vol IV
Sanders, Douglas, Vol IV
Sanders, Ivan, Vol II, III
Sanders, Jack Thomas, Vol IV
Sanders, James Alvin, Vol IV
Sanders, John E., Vol IV
Sanders, John T., Vol IV
Sanders, Lionel, Vol I, II
Sanders, Mark, Vol II
Sanders, Robert E., Vol II
Sanders, Scott P., Vol II
Sandford, George W., Vol I
Sandhu, Dava S., Vol V
Sandiford, Keith, Vol II, V
Sandler, Lucy Freeman, Vol I
Sandler, Samuel, Vol III
Sandner, David M., Vol II
Sandor, Monica A., Vol I
Sandos, James A., Vol I
Sandoval, Dolores S., Vol V
Sandoval, Jonathan H., Vol V
Sandoz, Charles Jeffrey, Vol V
Sandro, Paul Denney, Vol III
Sands, Helen R., Vol II
Sands, Kathleen M., Vol IV
Sandweiss, Martha, Vol I
Sandy, Kity, Vol I
Sandy, Leo, Vol V
Sandy, Stephen, Vol II
Sanford, Daniel, Vol I, IV
Sanford, David Hawley, Vol IV
Sanko, Helene N., Vol III
Sankovitch, Tilde, Vol III
Sanks, T. Howland, Vol IV
Sanneh, Lamin, Vol I
Sanson, Jerry P., Vol I, IV
Sansone, David, Vol II, III
Sansone, Frank A., Vol V
Santa Maria, Dario Atehortua, Vol IV
Santana, Deborah Berman, Vol V
Santana, Jorge Armando, Vol III
Santas, Gerasimos, Vol IV
SantaVicca, Edmund F., Vol II
Santiago, Myrna, Vol I
Santillana, Fernando, Vol IV
Santilli, Nicholas R., Vol V
Santoni, Roland J., Vol IV
Santoni, Ronald Ernest, Vol IV
Santos, Jose Andre, Vol II, III
Santos, Manuel S., Vol IV
Santos, Sherod, Vol II, IV
Santosuosso, Alma, Vol II
Santucci, James A., Vol IV
Sanz, Cristina, Vol III
Saperstein, Jeff, Vol II
Saperstein, Marc E., Vol I
Sapontzis, Steve Frederic, Vol IV
Saporta, Sol, Vol III
Sapper, Neil Gary, Vol I
Sappol, Michael, Vol I
Sara, Solomon Ishu, Vol III
Sarantakes, Nick, Vol I
Sarao, Karam Tej S., Vol IV
Sarason, Richard Samuel, Vol I, IV
Sarat, Austin D., Vol IV
Sarbin, Theodore R., Vol V
Sardesai, D. R. (Damodar Ramaji), Vol I
Saretzky, Gary D., Vol I
Sarfoh, Kwabwo A., Vol I
Sargent, James E., Vol I
Sargent, Stuart H., Vol II, III
Sargentich, Thomas O., Vol IV
Sarkodie-Mensah, Kwasi, Vol II
Sarles, Harvey Burton, Vol III, V
Sarlos, Robert Karoly, Vol I, II
Sarna, Jonathan D., Vol I, IV
Sarna, Nahum M., Vol IV
Sarnoff, Susan, Vol V
Sarra, Janis, Vol IV
Sarri, Samuel, Vol IV
Sarti, Roland, Vol I
Sarver, Vernon T., Jr., Vol IV
Saskova-Pierce, Mila, Vol III
Sass, Louise A., Vol V
Sassen, Saskia, Vol IV, V
Sasso, Michael J., Vol II
Sasson, Jack Murad, Vol I, IV
Sasson, Sarah Diane Hyde, Vol I, II
Sasson, Victor, Vol II, IV
Sassower, Raphael, Vol IV
Satler, Gail R., Vol V
Sato, Elizabeth Selanders, Vol I
Sato, Toru, Vol V
Satre, Lowell Joseph, Vol I
Satris, Stephen A., Vol IV
Satterfield, Patricia Polson, Vol IV
Satya, Laxman D., Vol I
Saucerman, James Ray, Vol II
Sauder, Robert A., Vol I
Sauer, Angelika, Vol I
Sauer, David K., Vol II
Sauer, Elizabeth, Vol II
Sauer, James B., Vol IV
Saul, Norman E., Vol I, IV
Saulnier, Christine F., Vol V

Saunders, Elmo Stewart, Vol I
Saunders, George R., Vol V
Saunders, Kurt M., Vol IV
Saunders, Mauderie Hancock, Vol V
Saunders, T. Clark, Vol II
Saunders, William, Vol II
Saunt, Claudio, Vol I
Saupe, Karen E., Vol II
Saur, Pamela S., Vol II
Sauret, Martine, Vol III
Sauter, Kevin O., Vol II
Sautermaister, Gert, Vol III
Savage, Anne, Vol II
Savage, C. Wade, Vol IV
Savage, David William, Vol I
Savage, Elizabeth, Vol II
Savage, Melissa, Vol I
Savage, William W., Jr., Vol I
Savard, Jeannine, Vol II
Savelsberg, Joachim, Vol V
Savers, Ann C., Vol II
Savona, Jeannelle, Vol V
Savvas, Minas, Vol II, III
Sawatsky, Rodney James, Vol I, IV
Sawaya, Francesca, Vol II
Sawkins, Annemarie, Vol I
Sawyer, Dana, Vol I
Sawyer, Jeffrey K., Vol I
Sawyer, Mary R., Vol IV
Sawyer, William Gregory, Vol V
Sawyer-Laucanno, Christopher, Vol II
Sax, Benjamin, Vol I
Sax, Joseph L., Vol IV
Saxby, William R., Vol V
Saxon, Arthur Hartley, Vol I, II
Sayers, Kari, Vol II
Saylor, Charles F., Vol III
Sayre, Kenneth Malcolm, Vol IV
Sayre, Patricia, Vol IV
Sayre, Robert F., Vol II
Sayre, Shay, Vol II
Sayward, Charles, Vol III, IV
Saywell, John T., Vol I
Saz, Sara M., Vol III
Sazaki, Kristina R., Vol III
Sbacchi, Alberto, Vol I
Sbait, Dirgham H., Vol III
Sbrocchi, Leonard G., Vol III
Scaer, David P., Vol IV
Scaglia, Gustina, Vol I
Scaglione, Aldo, Vol II
Scalabrini, Massimo, Vol II, III
Scales, Manderline Elizabeth, Vol III
Scales-Trent, Judy, Vol IV
Scalise, Charles J., Vol I, IV
Scalisi, Joseph M., Vol IV
Scallen, Catherine B., Vol I
Scamehorn, Howard Lee, Vol I
Scammell, Michael, Vol II
Scanlan, J. T., Vol I, II
Scanlan, James P., Vol IV
Scanlan, Margaret C., Vol III
Scanlan, Michael, Vol IV
Scanlan, Richard T., Vol II, III
Scanlan, Thomas, Vol II
Scanlan, Timothy Michael, Vol III
Scanlon, James Edward, Vol I
Scanlon, Jennifer, Vol V
Scanlon, T. M., Vol IV
Scanlon, Thomas Francis, Vol III
Scaperlanda, Michael, Vol IV
Scarborough, Milton R., Vol IV
Scarborough, William, Vol I
Scardaville, Michael Charles, Vol I
Scarlett, Elizabeth, Vol III
Scarlett, James D., Vol IV
Scatterday, Mark Davis, Vol II
Scatton, Ernest Alden, Vol III
Scerri, Eric R., Vol IV
Schaafsma, David, Vol II
Schaar, Stuart H., Vol I
Schaber, Bennet, Vol II
Schaberg, Jane D., Vol IV
Schacht, John N., Vol I
Schacht, Richard, Vol IV
Schachter, Gustav, Vol IV
Schachterle, Lance E., Vol II
Schack, Haimo, Vol IV
Schactler, Carolyn, Vol II
Schade, George D., Vol III
Schade, Richard E., Vol III
Schade, Rosemarie, Vol I
Schaefer, Charles, Vol V
Schaefer, Jame, Vol IV
Schaefer, Jean Owens, Vol I
Schaefer, Josephine O'Brien, Vol II
Schaefer, Richard J., Vol II
Schaeffer, Peter Moritz-Friedrich, Vol II, III, IV
Schafer, Elizabeth D., Vol I
Schafer, Judith, Vol I
Schafer, William John, Vol II
Schaffer, Deborah, Vol III
Schaffer, Ronald, Vol I
Schagrin, Morton L., Vol IV
Schall, James Vincent, Vol IV
Schaller, Kristi, Vol II
Schaller, Michael, Vol I
Schaller, Walter E., Vol IV
Schalow, Frank H., Vol IV
Schama, Simon, Vol I
Schamberger, J. Edward, Vol II
Schamschula, Walter, Vol III
Schantz, Mark S., Vol I
Schapiro, Barbara, Vol II
Schapsmeier, Edward Lewis, Vol I
Scharf, Bertram, Vol V
Scharf, Peter M., Vol I, III
Scharff, Lauren F., Vol V
Scharffenberger, Elizabeth Watson, Vol II
Scharlemann, Robert Paul, Vol IV
Scharnau, Ralph William, Vol I
Scharper, Stephen B., Vol IV
Schaub, Marilyn McNamara, Vol I, IV
Schaub, R. Thomas, Vol IV
Schauber, Nancy Ellen, Vol IV
Schaumann, Caroline, Vol III
Schaus, Gerald, Vol I
Schechner, Richard, Vol II
Schechter, Joel, Vol II
Schechtman, Marya, Vol IV
Scheckter, John, Vol II
Schedler, George Edward, Vol IV
Schedler, Gilbert W., Vol II
Scheeder, Louis, Vol II
Scheele, Henry Zaegel, Vol II
Scheele, Raymond H., Vol IV
Scheele, Roy M., Vol II
Scheff, Thomas, Vol V
Scheffler, Israel, Vol IV
Schefft, Bruce K., Vol V
Scheiber, Harry N., Vol I
Scheick, William J., Vol II
Scheide, Frank Milo, Vol I, II
Scheifele, Eleanor L., Vol I
Scheiffele, Eberhard, Vol II, V
Schein, Barry, Vol III
Scheinberg, Cynthia, Vol II
Scheinberg, Stephen, Vol I
Scheindlin, Raymond Paul, Vol III
Scheiner, Irwin, Vol I
Schejbal, David, Vol IV
Schelbert, Leo, Vol I
Schell, Richard, Vol II
Scheman, Naomi, Vol IV
Schenck, Mary Jane, Vol I
Schenker, David J., Vol III
Scheponik, Peter C., Vol II
Scheps, Walter, Vol II
Scher, Steven Paul, Vol III
Scherb, Victor I., Vol II
Scherer, Imgard S., Vol I, IV
Scherer, Paul Henry, Vol I
Scherer, William F., Vol III
Scherr, Albert E., Vol I
Scherr, Barry, Vol III
Scherzinger, M., Vol II
Scheye, Thomas Edward, Vol II
Schiavona, Christopher F., Vol IV
Schick, Frederic, Vol IV
Schick, James Baldwin Mcdonald, Vol I
Schiefen, Richard John, Vol I, IV
Schierle, Gotthilf Goetz, Vol I
Schierling, Stephen P., Vol II, III
Schievella, P. S., Vol IV
Schiferl, Ellen, Vol I
Schiff, Frederick, Vol II, V
Schiff, James A., Vol II
Schiffer, James M., Vol II
Schiffer, Michael B., Vol V
Schiffhorst, Gerald Joseph, Vol I, II
Schiffman, Joseph, Vol I, II
Schiffman, Lawrence H., Vol III
Schilcher, Linda, Vol I
Schiller, Anita R., Vol II
Schilling, Donald, Vol I
Schine, Robert S., Vol IV
Schirmeister, Pamela J., Vol II
Schlachter, Gail Ann, Vol II
Schlafly, Daniel L., Vol I
Schlafly, Phyllis Stewart, Vol IV
Schlagel, Richard H., Vol IV
Schlam, Carl C., Vol II, III
Schlant, Ernestine, Vol III
Schlatter, Fredric William, Vol I, III
Schlauch, Wolfgang T., Vol I
Schleicher, Antonia Yetunde Faelarin, Vol II
Schleifer, James Thomas, Vol I
Schleiner, Winfried H., Vol II, III
Schlenker, Barry R., Vol V
Schlenker, Jon A., Vol V
Schlenoff, Zeina Tamer, Vol III
Schlereth, Thomas J., Vol I
Schlesinger, Joseph Abraham, Vol IV
Schlesinger, Roger, Vol I
Schlesinger, Yaffa, Vol V
Schleunes, Karl Albert, Vol I
Schlewitt-Haynes, Lora D., Vol V
Schlick, Yael, Vol II
Schlissel, Lillian, Vol II
Schlobin, Roger Clark, Vol II
Schlossman, Beryl, Vol III
Schlossman, David A., Vol II
Schlotterbeck, John Thomas, Vol I
Schlunk, Juergen Eckart, Vol III
Schlunz, Thomas Paul, Vol I
Schmalenberger, Jerry L., Vol IV
Schmalstieg, William Riegel, Vol III
Schmaltz, Ted M., Vol IV
Schmandt, Jurgen, Vol IV
Schmandt, Raymond Henry, Vol I
Schmaus, Warren Stanley, Vol I, IV
Schmeling, Gareth Lon, Vol III
Schmeller, Helmut John, Vol I
Schmemann, S., Vol II
Schmid, A. Allan, Vol IV
Schmid, Carol L., Vol V
Schmid, W. Thomas, Vol IV
Schmidhauser, John Richard, Vol IV
Schmidt, Barbara Quinn, Vol II
Schmidt, Daryl Dean, Vol IV
Schmidt, Dennis, Vol IV
Schmidt, Frederick W., Vol IV
Schmidt, Greg, Vol I
Schmidt, Hanns-Peter, Vol I
Schmidt, Henry Conrad, Vol I
Schmidt, Jack, Vol II
Schmidt, James W., Vol IV
Schmidt, Joanne (Josephine A.), Vol III
Schmidt, Lawrence, Vol IV
Schmidt, Mark, Vol II, IV
Schmidt, Martin Edward, Vol I
Schmidt, Patricia Lois, Vol II
Schmidt, Paul F., Vol IV
Schmidt, Peter Jarrett, Vol II
Schmidt, Roger, Vol II
Schmidt, Sabine I., Vol III
Schmidt, Steven J., Vol II
Schmidt, William John, Vol I, IV
Schmidtberger, Loren F., Vol II
Schmiedel, Donald Emerson, Vol III
Schmiesing, Ann, Vol III
Schmitt, Frederick Francis, Vol IV
Schmitt, Hans Adolf, Vol I
Schmitt, Richard George, Vol IV
Schmitter, Amy, Vol I, IV
Schmitz-Burgard, Sylvia, Vol II
Schnabel, Eckhard J., Vol IV
Schnaiter, Samuel E., Vol IV
Schnapp, Jeffrey, Vol III
Schnauber, Cornelius, Vol III
Schneewind, Jerome B., Vol IV
Schneidau, Herbert N., Vol II
Schneider, Barbara J., Vol II
Schneider, Carl E., Vol IV
Schneider, Cathy, Vol IV
Schneider, Christian Immo, Vol II
Schneider, Duane, Vol II
Schneider, Gerd K., Vol III
Schneider, Jeffrey A., Vol I, III
Schneider, Joanne, Vol I
Schneider, Karen, Vol II
Schneider, Laurel, Vol IV
Schneider, Laurence, Vol I
Schneider, Mareleyn, Vol V
Schneider, Mark A., Vol V
Schneider, Marshall Jerrold, Vol III
Schneider, Matthew T., Vol II, III
Schneider, Robert A., Vol I
Schneider, Robert J., Vol III, IV
Schneider, Robert W., Vol I
Schneider, Samuel, Vol IV
Schneider, Tammi J., Vol I
Schneider, Valerie Lois, Vol II, III
Schneiderman, Davis A., Vol II
Schneiders, Sandra Marie, Vol IV
Schnell, George Adam, Vol I
Schnell, James, Vol II
Schneller, Beverly, Vol II
Schner, George, Vol IV
Schniedewind, William M., Vol I
Schnitzer, Deborah, Vol II
Schnucker, Robert Victor, Vol I
Schoedel, William Richard, Vol IV
Schoen, Carol Bronston, Vol II
Schoen, Edward Lloyd, Vol IV
Schoen, Jill, Vol V
Schoenauer, Norbert, Vol I
Schoenbauer, Peter J., Vol II
Schoenbrun, D. L., Vol I
Schoenecke, Michael Keith, Vol II
Schoenfeld, Marcus, Vol IV
Schoenfield, Mark, Vol II
Schoening, Jeffrey D., Vol IV
Schoenl, William J., Vol I
Schoeps, Karl H., Vol III
Schofield, H., Vol I
Schofield, Janet W., Vol V
Schofield, Kent, Vol I
Schofield, Robert Edwin, Vol I
Scholer, David M., Vol IV
Scholes, Robert, Vol II, III
Scholes, Robert James, Vol III
Scholnick, Robert James, Vol I, II
Scholz, Daniel J., Vol IV
Scholz, Sally J., Vol IV
Scholz, Susanne, Vol IV
Schonberger, Vincent L., Vol III
Schonfeld, Martin, Vol IV
Schonhorn, Manuel, Vol II
Schoolfield, George C., Vol III
Schooner, Steven L., Vol IV
Schoonover, Thomas David, Vol I
Schoppa, Robert Keith, Vol I
Schor, Esther, Vol II
Schor, Hilary, Vol II
Schorsch, Ismar, Vol I, IV
Schotch, Peter K., Vol II, IV
Schott, Linda, Vol I
Schouborg, Gary, Vol IV
Schouls, Peter A., Vol IV
Schoville, Keith Norman, Vol III, IV
Schow, Wayne, Vol III
Schrader, David, Vol IV
Schrader, Dorothy Lynne, Vol III
Schrader, Richard J., Vol II
Schrader, Richard J., Vol III
Schrader, William C., Vol I
Schrag, Calvin Orville, Vol IV
Schrag, Oswald O., Vol IV
Schrag, Philip G., Vol IV
Schraibman, Joseph, Vol III
Schrecker, Ellen, Vol I
Schreiber, Mae N., Vol IV
Schreiber, Roy, Vol I
Schreiner, Thomas R., Vol IV
Schreiter, Robert John, Vol IV
Schriber, Mary Suzanne, Vol III
Schrier, Arnold, Vol I
Schrift, Alan D., Vol IV
Schroeder, Christopher L., Vol II
Schroeder, Frederic M., Vol II, III
Schroeder, Jeanne L., Vol IV
Schroeder, John H., Vol I
Schroeder, Milton R., Vol IV
Schroeder, Paul W., Vol I
Schroeder, Steven H., Vol IV
Schroeder, Susan P., Vol I
Schroeder, William, Vol IV
Schroeder-Lein, Glenna R., Vol I
Schroth, Sarah W., Vol I
Schrum, Stephen, Vol II
Schubert, E., Vol IV
Schubert, Judith, Vol IV
Schubert, Virginia Ann, Vol III
Schuchard, Bruce G., Vol IV
Schuchard, W. Ronald, Vol II
Schuck, Peter H., Vol IV
Schudson, Michael, Vol V
Schueler, G. Frederick, Vol IV
Schufreider, Gregory, Vol I, IV
Schuhl, Mark, Vol III
Schuker, Stephen A., Vol I
Schuler, Robert, Vol II
Schuler, Robert M., Vol II
Schulman, Bruce J., Vol I
Schulte, Josephine Helen, Vol I
Schulte, Rainer, Vol II
Schultenover, David, SJ, Vol I, IV
Schultheiss, K., Vol I
Schultz, Carl, Vol IV
Schultz, Heidi M., Vol II
Schultz, Joseph P., Vol III, IV
Schultz, Marvin, Vol I
Schultz, Nancy L., Vol IV
Schultz, R., Vol II
Schultz, Reynolds Barton, Vol IV
Schultz, Robert, Vol I
Schultz, Stanley Kenton, Vol I
Schultz, Walter, Vol IV
Schultz, William J., Vol II
Schultz-Aldrich, Janice Lee, Vol IV
Schultze, Quentin J., Vol II
Schultze, Sydney, Vol III
Schulz, Anne Markham, Vol I
Schulz, Geralyn, Vol II
Schulz, Juergen, Vol I
Schulz, Renate A., Vol III, V
Schulze, Franz, Vol I
Schulzinger, Robert D., Vol I
Schuman, Elliott Paul, Vol V
Schumm, Walter R., Vol V
Schunk, Thom, Vol I
Schunn, C., Vol V
Schurlknight, Donald E., Vol III
Schurman, Lydia Cushman, Vol II
Schuster, Leslie, Vol I
Schuster, Marilyn R., Vol III, V
Schuster-Craig, John, Vol II
Schutte, Anne Jacobson, Vol I
Schutz, Albert J., Vol III
Schutz, Samuel R., Vol IV
Schuyler, David, Vol I
Schuyler, Michael Wayne, Vol I
Schuyler, Robert L., Vol V
Schwab, Allen, Vol II
Schwab, Peter, Vol IV
Schwab, Stewart J., Vol IV
Schwabach, Aaron, Vol IV
Schwaller, John, Vol I, III
Schwalm, Leslie A., Vol I
Schwanauer, Francis, Vol IV
Schwanda, Tom, Vol IV
Schwartz, Bryan, Vol IV
Schwartz, Debora B., Vol II
Schwartz, Dona B., Vol II
Schwartz, Douglas W., Vol V
Schwartz, Eli, Vol IV
Schwartz, Gerald, Vol I
Schwartz, Henry J., Vol II
Schwartz, Herman, Vol IV
Schwartz, Howard, Vol II
Schwartz, Jeff L., Vol II
Schwartz, Jerome, Vol III
Schwartz, Joel, Vol I
Schwartz, Justin, Vol IV
Schwartz, Lloyd, Vol II
Schwartz, Martin A., Vol IV
Schwartz, Mildred A., Vol V
Schwartz, Mimi J., Vol II
Schwartz, Norman B., Vol V
Schwartz, Pepper J., Vol V
Schwartz, Peter, Vol I
Schwartz, Regina, Vol II
Schwartz, Richard A., Vol II
Schwartz, Richard B., Vol II
Schwartz, Robert Barnett, Vol II
Schwartz, Shuly Rubin, Vol I, IV
Schwartz, Stuart, Vol I
Schwartz, William, Vol IV
Schwartzwald, Robert, Vol III
Schwarz, Daniel R., Vol II
Schwarz, E., Vol III
Schwarz, Kathryn, Vol II
Schwarz, Marc Lewis, Vol I
Schwarz, May L., Vol II, IV
Schwarz, Philip James, Vol I
Schwarzbach, Fredric S., Vol I, II
Schwarzlose, Richard A., Vol II
Schweda, Donald Norman, Vol II
Schweer, G. William, Vol IV
Schweer, Kathryn, Vol V
Schweickart, David, Vol IV
Schweickart, Patrocinio Pagaduan, Vol II
Schweigert, Francis J., Vol V
Schweik, Robert Charles, Vol II
Schweikart, Larry Earl, Vol I
Schweiker, William F., Vol V
Schweiker-Marra, Karen, Vol V
Schweitzer, Christoph Eugen, Vol III
Schweitzer, Don, Vol IV
Schweitzer, Ivy, Vol II
Schweitzer, Thomas A., Vol IV

Schweizer, Karl W., Vol V
Schweizer, Niklaus R., Vol III
Schweninger, Lee, Vol II
Schweninger, Loren Lance, Vol I
Schwerin, Alan, Vol IV
Schwieder, Dorothy Ann, Vol I, V
Schwitzgebel, Eric, Vol IV
Schwoch, James J., Vol II
Schwoerer, Lois Green, Vol I
Scionti, Joseph Natale, Vol I
Sclippa, Norbert, Vol III
Scobie, Ingrid Winther, Vol I, V
Scobie, Stephen A. C., Vol II
Scoledes, Aristotle, Vol IV
Scoles, Eugene Francis, Vol IV
Scorgie, Glen G., Vol I, IV
Scotchmer, Suzanne Andersen, Vol IV
Scott, Alison M., Vol I
Scott, Bonnie Kime, Vol II, V
Scott, Charles, Vol IV
Scott, Charles Thomas, Vol III
Scott, Clifford H., Vol I
Scott, Daniel Marcellus, Vol III
Scott, Daryl, Vol I
Scott, David Allen, Vol IV
Scott, Donald M., Vol I
Scott, Ellen, Vol V
Scott, Gary Alan, Vol IV
Scott, Gregory L., Vol IV
Scott, Hugh B., Vol IV
Scott, James, Vol IV
Scott, James F., Vol II
Scott, James Frazier, Vol II
Scott, James J., Vol V
Scott, John Sherman, Vol V
Scott, Kermit, Vol IV
Scott, Kieran, Vol IV, V
Scott, Lindy, Vol III
Scott, Mary Jane W., Vol II
Scott, Nathan Alexander, Jr., Vol IV
Scott, Nina Margaret, Vol III
Scott, Otis L., Vol V
Scott, Patrick G., Vol II
Scott, Peter Dale, Vol II, IV
Scott, Rebecca Jarvis, Vol I
Scott, Robert Lee, Vol II
Scott, Roxanna, Vol V
Scott, Roy V., Vol I
Scott, Samuel Francis, Vol I
Scott, Susan C., Vol I
Scott, Timothy, Vol IV
Scott, Vann, Vol V
Scott, Walter Gaylord, Vol IV
Scott, William, Vol IV
Scott, William Butler, Vol I
Scott, William Clyde, Vol II, III
Scott, William O., Vol II
Scott, William R., Vol I
Scott, William Richard, Vol V
Scotto, Dominic, Vol IV
Scranton, Philip, Vol I
Scrivener, Michael Henry, Vol II
Scroggins, Daniel Coy, Vol III
Scullion, Scott, Vol II, III
Scully, Pamela F., Vol I
Scully, Stephen P., Vol II, III
Seabury, Marcia, Vol II
Seadle, Michael S., Vol I, II
Seager, Sharon Hannum, Vol I
Seal, Robert, Vol V
Seale, William, Vol I
Sealey, Raphael, Vol I
Seaman, John, Vol II
Searl, Stanford J., Vol II
Searle, John R., Vol IV
Searles, George J., Vol II
Searls, Eileen H., Vol IV
Sears, David O., Vol V
Sears, Dianne, Vol III
Sears, Elizabeth Ann, Vol I
Sears, Priscilla F., Vol II
Seaton, Douglass, Vol I, II
Seaton, Jerome P., Vol III
Seaton, Shirley Smith, Vol V
Seaver, Paul Siddall, Vol I
Seavey, William, Vol II, III
Sebesta, Judith Lynn, Vol I, II, III
Sebold, Russell Perry, Vol III
Sebouhian, George, Vol II
Secada, Jorge E. K., Vol IV
Seckinger, Donald Sherman, Vol I, IV, V
Secor, Robert Arnold, Vol II
Secreast, Donald, Vol II
Sedgwick, Alexander, Vol I
Sedgwick, Timothy F., Vol IV
Sedlar, Jean Whitenack, Vol I
Sedler, Robert Allen, Vol IV
See, Scott W., Vol I
Seeba, Hinrich Claassen, Vol III
Seed, Patricia, Vol I
Seedorf, Martin F., Vol I
Seelig, Harry E., Vol II, III
Seelig, Sharon Cadman, Vol II
Seely, Bruce E., Vol I
Seely, Gordon M., Vol I, V
Seelye, John D., Vol I
Seeman, Erik R., Vol I
Seery, Carol H., Vol II
Seeskin, Kenneth, Vol IV
Sefton, James Edward, Vol I
Segal, Alan Franklin, Vol I, IV
Segal, Charles P., Vol II, III
Segal, David R., Vol V
Segal, Marilyn, Vol V
Segal, N. L., Vol V
Segal, Steve P., Vol V
Segel, Edward Barton, Vol I
Segel, Harold Bernard, Vol III
Segger, Martin, Vol I
Segre, Claudio Giuseppe, Vol I
Sehlinger, Peter J., Vol I
Seiberling, Grace, Vol I
Seibert-McCauley, Mary F., Vol V
Seidel, Asher M., Vol IV
Seidel, George J., Vol IV
Seidel, Michael Alan, Vol II
Seidel, Robert H., Vol I
Seidel, Robert Neal, Vol I
Seiden, Morton Irving, Vol II, III
Seidenberg, Mark, Vol III, V
Seidenfeld, Teddy, Vol IV
Seidler, Ingo, Vol III
Seidman, Ann, Vol IV
Seidman, Louis Michael, Vol IV
Seidman, Michael, Vol I
Seidman, Robert, Vol IV
Seidman, Steven A., Vol II
Seifman, Eli, Vol V
Seigel, Michael L., Vol IV
Seigfried, Charlene, Vol IV, V
Seigfried, Hans, Vol IV
Seigle, Cecelia, Vol I
Seigneurie, Kenneth E., Vol II
Seiler, William John, Vol II
Seip, Terry, Vol I
Seiple, David I., Vol IV
Seipp, David J., Vol I, IV
Seitz, Brian, Vol IV
Seitz, James E., Vol II
Seitz, Jay, Vol V
Seizer, Susan, Vol V
Selby, John Edward, Vol I
Selby, John G., Vol I
Selengut, Charles, Vol IV
Self, Charles C., Vol II
Self, Robert Thomas, Vol II
Selfe, Richard J., Vol II
Selfridge-Field, Eleanor, Vol II
Selig, Robert L., Vol II
Seligman, Adam, Vol IV
Seligman, Joel, Vol IV
Selimov, Alexander R., Vol III
Selinger, Carl Marvin, Vol IV
Selinger, Suzanne, Vol I
Seljak, David, Vol IV
Selkirk, Elisabeth, Vol III
Seller, Maxine Schwartz, Vol I
Sellers, Mortimer, Vol IV
Sellery, J'nan Morse, Vol II
Sellin, Paul R., Vol II
Selmon, Michael, Vol II
Selner-Wright, Susan C., Vol IV
Selvidge, Marla J., Vol IV
Selya, Roger M., Vol I
Semeiks, Jonna Gormely, Vol II
Seminara, Gloria, Vol II
Semmens, Richard, Vol II
Semonche, John Erwin, Vol I
Sena, John F., Vol II
Sencerz, Stefan, Vol IV
Sendry, Joseph M., Vol II
Sengstock, Mary C., Vol V
Sengupta, Gunja, Vol I
Senie, Harriet F., Vol I
Senn, Alfred Erich, Vol I
Senn, Harry, Vol III
Senner, Wayne, Vol III
Sennett, James, Vol IV
Senor, Thomas, Vol IV
Sensibar, Judith L., Vol II
Sent, Esther Mirjam, Vol IV
Sentilles, Renee M., Vol I
Seplowitz, Rena C., Vol IV
Sepper, Dennis L., Vol IV
Sepulveda-Pulventini, Emma, Vol III
Sera, Maria D., Vol V
Serafini, Anthony, Vol IV
Seraile, William, Vol I
Serano, J., Vol IV
Serebrennikov, Nina Eugenia, Vol I
Serels, M. Mitchell, Vol I, V
Serequeberhan, Tsenay, Vol IV
Sergeev, Mikhail, Vol IV
Serio, John N., Vol II
Seroka, James H., Vol IV
Serper, Mark R., Vol V
Serrano, Richard, Vol III
Serum, Robert W., Vol II
Servaty, Heather, Vol V
Servlnikov, Sergio, Vol I
Sessions, Kyle Cutler, Vol I
Sessions, Robert, Vol IV
Sessions, William Alfred, Vol II
Sessions, William Lad, Vol IV
Sethi, Robbie Clipper, Vol II
Settle, Peter, Vol II
Settle, Tom, Vol IV
Settles, Rosetta Hayes, Vol V
Setzer, Claudia, Vol IV
Seung, Thomas Kaehao, Vol IV
Severino, Roberto, Vol III
Sevin, Dieter H., Vol III
Sewell, Richard Herbert, Vol I
Sexton, Donal J., Vol I
Sexton, James D., Vol V
Sexton, James P., Vol II
Seymour, Deborah M., Vol II
Seymour, Harry N., Vol III
Seymour, Jack L., Vol I, IV, V
Seymour, Richard Kellogg, Vol III
Seymour, Victor, Vol II
Seynaeve, Jaak, Vol IV
Sha, Richard, Vol II
Shabazz, Amilear, Vol I
Shackelford, Don, Vol IV
Shackley, M. Steven, Vol V
Shadbolt, Douglas, Vol I
Shaddock, Jennifer, Vol II
Shade, Barbara J., Vol V
Shade, William G., Vol I
Shadish, W. R., Vol V
Shafer, Gregory, Vol II
Shafer, Ronald G., Vol II
Shafer-Landau, Russell, Vol IV
Shaffer, Arthur, Vol I
Shaffer, Brian W., Vol II
Shaffer, Jerome A., Vol IV
Shaffer, Nancy E., Vol I, IV
Shaffer, Thomas Lindsay, Vol I
Shafiq, Muhammed, Vol IV
Shaheen, Naseeb, Vol II
Shahid, Irfan Arif, Vol I, II
Shaidian, Hammed, Vol V
Shailor, Jonathan G., Vol II
Shakinovsky, Lynn, Vol II, V
Shakoor, Adam Adib, Vol IV
Shale, Rick, Vol II, V
Shalhope, Robert E., Vol I
Shalleck, Ann, Vol IV
Shaman, Jeffrey Marc, Vol IV
Shanab, Robert, Vol IV
Shanafelt, Gary, Vol I
Shanahan, Thomas Joseph, Vol IV
Shand, Rosa, Vol II
Shane, Alex Michael, Vol III
Shaner, Jaye L., Vol II
Shank, Wesley I., Vol I
Shankle, Nancy, Vol II
Shanks, Hershel, Vol II, IV, V
Shanks, Niall, Vol IV
Shannon, Catherine Barbara, Vol I
Shannon, Daniel E., Vol IV
Shannon, Laurie, Vol II
Shannon, Sylvia C., Vol I
Shannon, Thomas A., Vol IV
Shannon, Thomas F., Vol III
Shannon, Timothy J., Vol I
Shantz, Douglas H., Vol I
Shapere, Dudley, Vol I, IV
Shapiro, Ann, Vol II
Shapiro, Barbara June, Vol I
Shapiro, Daniel, Vol IV
Shapiro, David L., Vol IV
Shapiro, Edward S., Vol I
Shapiro, Gary, Vol IV
Shapiro, Gavriel, Vol III
Shapiro, H. Alan, Vol I
Shapiro, Henry D., Vol I
Shapiro, Henry L., Vol I, IV
Shapiro, Herbert, Vol I
Shapiro, James S., Vol II
Shapiro, Lewis P., Vol III, V
Shapiro, Marianne, Vol III
Shapiro, Michael, Vol III
Shapiro, Michael, Vol II
Shapiro, Michael C., Vol III
Shapiro, Michael H., Vol IV
Shapiro, Rami, Vol IV
Shapiro, Scott J., Vol IV
Shapiro, Stanley, Vol I
Shapiro, Stewart, Vol IV
Shapiro, Susan, Vol II
Shapo, Marshall S., Vol IV
Sharf, Barbara F., Vol II, V
Sharf, Richard S., Vol V
Sharf, Robert H., Vol IV
Sharfman, Glenn, Vol I
Sharkey, Paul, Vol IV
Sharma, Arvind, Vol IV
Sharma, Jagdish P., Vol I, IV
Sharma, Manoj, Vol V
Sharma, R. N., Vol I, II, V
Sharma, Vishnu, Vol II
Sharoni, Simona, Vol I
Sharp, Buchanan, Vol I
Sharp, Francis Michael, Vol III
Sharp, James Roger, Vol I
Sharp, Mike, Vol IV
Sharp, Ronald Alan, Vol II
Sharpe, Calvin William, Vol IV
Sharpe, Jenny, Vol II
Sharpe, Kevin J., Vol IV
Sharpe, Peggy, Vol III
Sharpe, Virginia A., Vol IV
Sharpes, Donald Kenneth, Vol V
Sharps, Matthew J., Vol V
Sharrer, George Terry, Vol I
Shary, Timothy, Vol I, II
Shashko, Philip, Vol I
Shatsky, Joel, Vol II
Shattuck, Roger, Vol II
Shaughnessy, Edward, Vol II
Shavell, S., Vol IV
Shaver, Phillip R., Vol V
Shaviro, Daniel N., Vol IV
Shaw, Barton Carr, Vol I
Shaw, Bradley Alan, Vol III
Shaw, Curtis Mitchell, Vol IV
Shaw, Daniel, Vol I, IV
Shaw, Donald Lewis, Vol I, II
Shaw, Gary M., Vol IV
Shaw, Harry Edmund, Vol II
Shaw, Joseph Winterbotham, Vol I
Shaw, Marvin C., Vol IV
Shaw, Michael, Vol II, III
Shaw, Patrick W., Vol II
Shaw, R. Daniel, Vol V
Shaw, Susan J., Vol IV
Shaw, Theodore Michael, Vol IV
Shaw, Victor, Vol V
Shaw, Wayne Eugene, Vol II, IV
Shawcross, John Thomas, Vol II
Shay, Robert, Vol I, II
Shea, Ann Marie, Vol IV
Shea, Daniel B., Vol II
Shea, Emmett A., Vol I, IV
Shea, George W., Vol III
Shea, John Stephen, Vol II
Shea, Kerry, Vol III
Shea, William Lee, Vol I
Shean, Glenn D., Vol V
Shear, Jonathan, Vol IV
Shearer, Rodney H., Vol IV
Shearon, Forrest Bedford, Vol II
Sheasby, R., Vol II
Sheats, Paul Douglas, Vol II
Shedd, D., Vol I
Shedel, James P., Vol I
Shedletsky, Leonard Jerald, Vol II
Sheehan, Bernard W., Vol I
Sheehan, Donald, Vol II
Sheehan, James John, Vol I
Sheehan, Thomas, Vol IV
Sheehan-Holt, Jan, Vol V
Sheehy, Elizabeth A., Vol IV
Sheehy, John, Vol IV, V
Sheeley, Steven M., Vol IV
Sheets, George Archibald, Vol III
Sheets-Johnstone, Maxine, Vol IV
Sheffey, Ruthe G., Vol II
Shehadi, Fadlou A., Vol IV
Sheidley, Harlow W., Vol I
Sheidley, William E., Vol II
Shelburne, D. Audell, Vol II
Sheldon, Kennon, Vol V
Sheldon, Marianne Buroff, Vol I
Sheldon, Richard, Vol III
Sheldon, Rose Mary, Vol I
Sheldon, Ted P., Vol II
Shell, Marc, Vol II
Shelley, Bruce, Vol I, IV
Shelley, Bryan, Vol II
Shelmerdine, Cynthia Wright, Vol I, II, III
Shelmerdine, Susan C., Vol II, III
Shelp, Earl E., Vol IV
Shelton, Jim D., Vol IV
Shelton, Jo-Ann, Vol I
Shelton, Lewis E., Vol II
Shelton, Mark, Vol IV
Shelton, Richard William, Vol II
Shen, Fuyuan, Vol II
Shen, Qing, Vol I
Shen, Raphael, Vol IV
Shen, Xiaoping, Vol I
Shenk, Dena, Vol V
Shenk, Wilbert, Vol IV
Shenton, James, Vol I
Sheon, Aaron, Vol I
Shepard, Alan, Vol II
Shepardson, Donald E., Vol I
Shepherd, John, Vol I, II
Shepherd, Reginald, Vol II
Sheppard, Anthony, Vol IV
Sheppard, Thomas Frederick, Vol I
Shepperd, James A., Vol V
Sher, George, Vol IV
Sher, Gila, Vol IV
Sherak, Constance E., Vol III
Sherard, Tracey, Vol II
Sheridan, Jennifer A., Vol II, III
Sheridan, Mary, Vol IV
Sheridan, Thomas L., Vol IV
Sheriff, Carol, Vol I
Sheriff, Mary D., Vol I
Sherk, Robert K., Vol II, III
Sherkat, Darren E., Vol V
Sherline, Ed, Vol IV
Sherman, Carol Lynn, Vol III
Sherman, Nancy, Vol IV
Sherman, Richard B., Vol I
Sherman, Roger, Vol IV
Sherman, Sandra, Vol II
Sherman, Sharon R., Vol V
Sherman, Stuart, Vol II
Sherman, Theodore, Vol II
Sherman, William H., Vol II
Sherman, William Lewis, Vol I
Shernock, Stanley K., Vol V
Sherover, Charles M., Vol IV
Sherr, Richard Jonathan, Vol II
Sherraden, Margaret, Vol V
Sherrick, Rebecca Louise, Vol I, V
Sherrill, Catherine Anne, Vol II, V
Sherrill, Vanita Lytle, Vol V
Sherry, John E. H., Vol IV
Sherry, Lee F., Vol II, III
Sherry, Michael Stephen, Vol I
Sherwin, Byron Lee, Vol III
Sherwin, Martin J., Vol I
Sherwin, Susan, Vol IV
Sherwood, O. Peter, Vol IV
Sherwood, Stephen K., Vol IV
Sherwood, Steven E., Vol II
Sherwood, Terry G., Vol II
Sherwood, Wallace Walter, Vol IV
Shesgreen, Sean Nicholas, Vol I, II
Shetter, William Zeiders, Vol III
Shewmaker, Kenneth Earl, Vol I
Shey, Howard James, Vol II, III
Shi, Mingzheng, Vol I
Shiau, Wendy, Vol II
Shibles, Warren Alton, Vol IV
Shields, Bruce E., Vol II, IV
Shields, Carol, Vol II
Shields, David S., Vol II
Shields, Donald C., Vol II
Shields, Donald J., Vol II, IV
Shields, George W., Vol IV
Shields, Johanna Nicol, Vol I
Shields, John Charles, Vol II, III
Shields, Kenneth, Vol II
Shields, Mary E., Vol IV
Shiels, Frederick L., Vol IV
Shiels, Richard Douglas, Vol I, IV
Shier, David, Vol IV
Shiff, Richard, Vol I
Shiflett, Orvin Lee, Vol II
Shifren, Kim, Vol V
Shiller, Dana, Vol II
Shilling, Burnette P., Vol IV
Shillingsburg, Peter Leroy, Vol II
Shillington, V. George, Vol IV
Shilstone, Frederick William, Vol II
Shimmyo, Theodore T., Vol IV
Shin, Andrew, Vol II
Shin, Sun Joo, Vol IV

Alphabetical Index

Shinagel, Michael, Vol II
Shine, Theodis, Vol II
Shiner, Larry, Vol I, IV
Shiner, Rebecca, Vol V
Shiner, Roger Alfred, Vol IV
Shingleton, Royce Gordon, Vol I
Shipka, Thomas A., Vol IV
Shipley, Anthony J., Vol IV
Shipley, George A., Vol III
Shipley, Neal Robert, Vol I
Shipley, William F., Vol III
Shippey, T. A., Vol II
Shipps, Anthony Wimberly, Vol II
Shirazi, Faegheh S., Vol I
Shires, Linda M., Vol II
Shirinian, Lorne, Vol III
Shirley, Edward S., Vol IV
Shirley, Frances A., Vol II
Shirley, Paula, Vol III
Shively, Marsha L., Vol V
Shivers, George Robert, Vol III
Shivers, Jay Sanford, Vol V
Shkolnick, Rodney, Vol IV
Shlapentokh, Dmitry V., Vol I
Shlosser, Franziska E., Vol I
Shmurak, Carole B., Vol V
Shneidman, J. Lee, Vol I
Shoaf, R. Allen, Vol II
Shoben, Elaine W., Vol IV
Shockey, Gary C., Vol I
Shoemaker, Allen L., Vol V
Shoemaker, David W., Vol IV
Shoemaker, Melvin H., Vol II, IV
Shoemaker, Pamela J., Vol II
Shoemaker, Raymond Leroy, Vol I
Shoemaker, Rebecca Shepherd, Vol I
Shoffner, Marie F., Vol V
Shofner, Robert Dancey, Vol IV
Shokoff, James, Vol II
Shookman, Ellis, Vol III
Shopshire, James Maynard, Vol IV
Shores, David Francis, Vol IV
Shores, David Lee, Vol II, III
Shorrock, William Irwin, Vol I
Shorter, Robert Newland, Vol II
Shortridge, James R., Vol I
Shosky, John, Vol IV
Shostak, Debra, Vol II
Shotwell, Clayton M., Vol II
Shout, John, Vol II
Show, Dean R., Vol V
Showalter, Dennis, Vol I
Showalter, Elaine, Vol II
Showalter, English, Vol III
Shrader, Charles R., Vol I
Shrader, Douglas Wall, Jr., Vol IV
Shrayer, Maxim D., Vol III
Shrestha, Mohan N., Vol I
Shreve, Gene R., Vol IV
Shrimpton, G. S., Vol I
Shriver, Donald W., Vol IV
Shriver, George Hite, Vol I, IV
Shubert, Howard, Vol I
Shucard, Alan Robert, Vol II
Shuffelton, Frank, Vol II
Shuford, William Harris, Vol III
Shuger, Debora, Vol II
Shugrue, Michael F., Vol II
Shugrue, Richard E., Vol IV
Shuler, Philip L., Vol IV
Shulman, Jeffrey, Vol II
Shulman, Robert P., Vol II
Shultis, Christopher, Vol II
Shuman, Daniel Wayne, Vol IV
Shuman, R. Baird, Vol II, V
Shumsky, Neil Larry, Vol I
Shumway, David R., Vol II
Shumway, Eric Brandon, Vol II, III
Shumway, Larry V., Vol II, V
Shumway, Nicolas, Vol II, III
Shurr, William Howard, Vol II
Shuster, Marguerite, Vol IV
Shusterman, Richard, Vol IV
Shuter, Bill, Vol II
Shuttleworth, Jack M., Vol II
Shuy, Roger W., Vol III
Shwayder, David, Vol IV
Shyles, Leonard C., Vol II
Sia, Santiago, Vol IV
Sibalis, Michael, Vol I, V
Sibley, Jack Raymond, Vol IV
Sicari, Stephen, Vol II
Sices, David, Vol III
Sicha, Jeffrey Franklin, Vol IV
Sichel, Werner, Vol IV
Sicher, Erwin, Vol I
Sicius, Francis, Vol I
Sick, David, Vol II, III
Sicker, Philip, Vol II
Sicoli, Mary L., Vol V
Sidbury, James, Vol I
Sidebotham, Steven Edward, Vol I
Sidell, Nancy, Vol V
Sider, David, Vol III
Sider, John W., Vol II
Sider, Morris, Vol IV
Sider, Ronald J., Vol IV
Sider, Theodore, Vol IV
Sidran, Ben H., Vol I
Siebenschuh, William R., Vol II
Sieber, George Wesley, Vol I
Sieber, John Harold, Vol II, III, IV
Sieber, Roy, Vol I
Siebert, Hilary, Vol II
Sieburth, Stephanie, Vol III
Sieg, Wilfried, Vol IV
Siegel, Adrienne, Vol I, II
Siegel, Brian V., Vol V
Siegel, Carol, Vol V
Siegel, Gerald, Vol II
Siegel, Jerrold, Vol I
Siegel, Joel E., Vol II
Siegel, Kristi, Vol II
Siegel, Paul N., Vol II
Siegel, Peter E., Vol V
Siekhaus, Elisabeth, Vol I, III
Siemens, Raymond G., Vol II
Siemon, James Ralph, Vol II
Sierra-Maldonado, Rodrigo, Vol I
Sies, Mary Corbin, Vol I
Sievens, Mary Beth, Vol I
Sigalov, Pavel S., Vol III
Sigler, Robert T., Vol IV
Sigman, Hilary A., Vol IV
Sigman, Stuart J., Vol II
Sigmund, Paul Eugene, Vol IV
Signorielli, Nancy, Vol II
Sihler, Andrew L., Vol III
Sil, Narasingha P., Vol I
Silbajoris, Rimvydas, Vol III
Silbaugh, Katharine, Vol IV
Silber, Cathy L., Vol III
Silber, Daniel, Vol IV
Silber, David E., Vol V
Silber, John, Vol IV
Silber, Nina, Vol I
Silberman, M., Vol III
Silbey, Joel H., Vol I
Silbiger, Alexander, Vol II
Silcox, David P., Vol I
Silcox, Mary, Vol II
Silenieks, Juris, Vol III
Silet, C. Loring, Vol II
Silk, Gerald, Vol I
Silk, William, Vol IV, V
Sill, Geoffrey M., Vol II
Sillars, Malcolm O., Vol II
Silliman, Matthew R., Vol IV
Silliman, Robert Horace, Vol I
Silva, Arlyn Sanchez, Vol III
Silva, Christopher, Vol V
Silva, David James, Vol III
Silva, J. Donald, Vol II
Silva, John O., Vol II
Silva, Moises, Vol IV
Silva-Corvalan, Carmen M., Vol III
Silva-Filho, Euridice, Vol III
Silver, Brenda R., Vol II
Silver, Bruce, Vol IV
Silver, Carole Greta, Vol II
Silver, Marjorie A., Vol IV
Silver, Mark H., Vol I
Silver, Mitchell, Vol IV
Silver, Philip Warnock, Vol III
Silvera, Alain, Vol I
Silverberg, Carol, Vol II
Silverberg, Joann C., Vol III
Silverberg, Mark A., Vol II
Silverman, Daniel, Vol III
Silverman, Deborah, Vol I
Silverman, Franklin H., Vol II
Silverman, Jason H., Vol I
Silverman, Jay R., Vol II
Silverman, Kenneth Eugene, Vol I, II
Silverman, Malcolm Noel, Vol III
Silverman, Sherman E., Vol I
Silverman, Victor, Vol I
Silvers, Anita, Vol I, IV
Silverstein, Josef, Vol IV
Silvestri, Elena M., Vol III, V
Silvia, Stephen J., Vol IV
Simco, Nancy Davis, Vol IV
Simmelkjaer, Robert T., Vol IV
Simmons, A. John, Vol IV
Simmons, Betty Jo, Vol V
Simmons, Diane, Vol II
Simmons, Donald B., Vol II
Simmons, Esmeralda, Vol IV
Simmons, Jack R., Vol IV
Simmons, Jerold Lee, Vol I
Simmons, Joseph Larry, Vol II
Simmons, Lance, Vol IV
Simmons, Louise, Vol V
Simmons, Michael, Vol I
Simmons, Paul D., Vol IV
Simmons, William A., Vol IV
Simms, Eva-Maria, Vol V
Simon, Eckehard, Vol III
Simon, Georgianna, Vol V
Simon, Herbert A., Vol V
Simon, James, Vol II
Simon, Janice, Vol I
Simon, John Y., Vol I
Simon, Julius J., Vol IV
Simon, Larry G., Vol IV
Simon, Linda, Vol II
Simon, Paul L., Vol I
Simon, Robert L., Vol IV
Simon, Roger David, Vol I
Simon, Roland Henri, Vol I, III
Simon, Sheldon W., Vol IV
Simon, Stephen Joseph, Vol I
Simon, William Hackett, Vol IV
Simonds, Paul E., Vol V
Simons, John Donald, Vol III
Simonson, Harold Peter, Vol II
Simonton, Dean K., Vol V
Simpson, Chris, Vol I
Simpson, Dick, Vol IV
Simpson, Ethel C., Vol III
Simpson, Evan, Vol IV
Simpson, Gary M., Vol IV
Simpson, Hassell Algernon, Vol II
Simpson, Mark E., Vol IV, V
Simpson, Megan B., Vol II
Simpson, Michael, Vol II, III
Simpson, Peter, Vol IV
Simpson, Peter P., Vol II, III, IV
Simpson, Stephen Whittington, Vol IV
Simpson, Terry L., Vol V
Sims, Amy R., Vol I
Sims, Edna N., Vol III
Sims, Genevieve Constance, Vol IV
Sims, Harold Dana, Vol I
Sims, James Hylbert, Vol II
Sims, Lowery Stokes, Vol I
Sims, Robert Carl, Vol I
Sims, Robert Lewis, Vol III
Sims, Toni Y., Vol V
Simson, Rosalind, Vol IV
Simundson, Daniel J., Vol IV
Sinclair, Barbara, Vol IV
Sinclair, Gail, Vol II
Sinclair, Lawrence A., Vol I
Sinclair, Michael Loy, Vol I
Sinclair, Scott, Vol IV
Sineath, Timothy W., Vol II
Sineshaw, T., Vol V
Singal, Daniel Joseph, Vol I
Singelis, Theodore M., Vol V
Singelmann, Peter, Vol V
Singer, Beth J., Vol IV
Singer, David G., Vol I
Singer, Irving, Vol IV
Singer, J. David, Vol IV
Singer, Joseph W., Vol IV
Singer, Laurienne, Vol V
Singer, Marcus G., Vol IV
Singer, Martin, Vol I
Singer, Wendy F., Vol I
Singerman, Alan J., Vol III
Singh, Amritjit, Vol II
Singh, Mann Gurinder, Vol IV
Singleton, Gregory Holmes, Vol I
Singley, Carol J., Vol II
Sinisi, Christina S., Vol V
Sinka, Margit M., Vol III
Sinkler, Georgette, Vol IV
Sinnot-Armstrong, Walter P., Vol IV
Sinnott, Jan Dynda, Vol V
Sinos, Rebecca H., Vol II, III
Sinsheimer, Ann M., Vol IV
Sipahigil, Teoman, Vol II
Sipfle, David A., Vol IV
Siporin, Steve, Vol I, II
Sipress, Joel M., Vol I
Siracusa, Joseph, Vol III
Sirhandi, Marcella, Vol I
Sirico, Louis J., Jr., Vol IV
Sirridge, Mary, Vol IV
Sishagne, Shumet, Vol I
Sisk, G. C., Vol IV
Sismondo, Sergio, Vol IV
Sisson, Russell, Vol IV
Sitko, Barbara, Vol II
Sitkoff, Harvard, Vol I
Sitter, John, Vol II
Sitterson, Joseph, Vol II
Sittser, Gerald L., Vol IV
Sivell, John, Vol II
Sivert, Eileen, Vol III
Sivier, Evelyn M., Vol II
Sivin, Nathan, Vol I
Sizemore, Barbara A., Vol V
Sizemore, Christine Wick, Vol II
Sjoberg, Andree Frances, Vol III
Skaggs, David Curtis, Vol I
Skaggs, Jimmy M., Vol I, IV
Skaggs, Merrill Maguire, Vol II
Skaggs, Rebecca, Vol IV
Skalitzky, Rachel Irene, Vol I, III
Skarbarnicki, Anne, Vol II
Skarda, Patricia Lyn, Vol II
Skau, George, Vol V
Skau, Michael Walter, Vol II
Skeen, C. Edward, Vol I
Skellings, Edmund, Vol II
Skelly, Brian, Vol IV
Skelnar, Robert John, Vol II, III
Skelton, William B., Vol I
Skemp, Sheila Lynn, Vol I
Skemp, V., Vol IV
Skeris, Robert A., Vol IV
Skerpan-Wheeler, Elizabeth P., Vol II
Skiba, Paulette, Vol IV
Skidell, Myrna, Vol V
Skillman, Judith, Vol II, III
Skinner, Ewart C., Vol II
Skinner, Knute R., Vol II
Skinner, Robert Earle, Vol II
Skitter, Hans Gunter, Vol III
Skjoldal, Neil O., Vol IV
Sklar, Kathryn Kish, Vol I
Sklar, Lawrence, Vol IV
Sklar, Richard Lawrence, Vol IV
Sklar, Robert Anthony, Vol I, III
Skloot, Robert, Vol II, IV
Skolnikoff, Eugene B., Vol IV
Skousen, Royal, Vol III
Skover, David, Vol IV
Skrupskelis, Agnas K., Vol IV
Skrupskelis, Viktoria, Vol III
Skura, Meredith Anne, Vol II
Skyrms, Brian, Vol IV
Slabey, Robert M., Vol II
Slade, Carole, Vol II, III
Slagle, Judith Baily, Vol II
Slakey, Roger L., Vol II
Slane, Andrea, Vol I, II
Slate, Joseph Evans, Vol II
Slate, Philip, Vol IV
Slater, John W., Vol II
Slater, Peter, Vol IV
Slater, Peter Gregg, Vol I
Slater, Thomas J., Vol II
Slatery, William Patrick, Vol I
Slatkin, Laura M., Vol III
Slatta, Richard W., Vol I
Slattery, Kenneth F., Vol IV
Slattery, M. C., Vol I
Slaughter, Beverley, Vol II
Slaughter, Thomas Paul, Vol I
Slavin, Arthur J., Vol I, II
Slavin, Robert Edward, Vol V
Slavin, Stephen L., Vol IV
Slavutych, Yar, Vol III
Slawek, Stephen, Vol I, II
Slawson, W. David, Vol IV
Sleigh, Robert Collins, Vol IV
Slevin, James, Vol II
Slife, Brent D., Vol V
Sligh, Gary Lee, Vol II
Slind, Marvin G., Vol I
Slingerland, Dixon, Vol IV
Sloan, David, Vol I
Sloan, Edward William, Vol I
Sloan, Herbert, Vol I
Sloan, Phillip R., Vol I
Sloan, Thomas, Vol I
Sloan, Tod Stratton, Vol V
Sloane, David, Vol III
Sloane, David Edward Edison, Vol II
Sloane, Thomas O., Vol II
Slobin, Dan Isaac, Vol III, V
Slobin, Kathleen, Vol V
Slobogin, Christopher, Vol IV
Slocum, Patricia, Vol V
Slocum, Robert B., Vol IV
Slomczynski, Kazimietz M., Vol V
Sloniowski, Jeannette, Vol II
Slotkin, Alan, Vol II
Slotkin, Richard S., Vol I
Slouffman, James W., Vol I
Slovenko, Ralph, Vol V
Sloyan, Gerard, Vol IV
Slusser, Michael, Vol IV
Small, Daniel Lord, Vol I
Small, Jocelyn Penny, Vol I
Small, Judy Jo, Vol II
Small, Kenneth Alan, Vol IV
Small, Lawrence Farnsworth, Vol I, IV
Small, Melvin, Vol I
Small, Ray, Vol II
Smallenburg, Harry Russell, Vol II
Smalls, James, Vol I
Smalls, O'Neal, Vol IV
Smallwood, Andrew, Vol I
Smallwood, Arwin, Vol I
Smallwood, James Milton, Vol I, IV
Smarr, Janet L., Vol I, II
Smarr, Janet Levarie, Vol III
Smart, Ninian, Vol I, IV
Smart, Patricia, Vol II
Smaw, Eric, Vol IV
Smedick, Lois Katherine, Vol II
Smeins, Linda, Vol I
Smethurst, Mae J., Vol II, III
Smethurst, Richard Jacob, Vol I
Smiley, David Leslie, Vol I
Smiley, Ralph, Vol I
Smillov, Marin S., Vol IV
Smit, Hans, Vol IV
Smit, J. W., Vol I
Smith, Andrea L., Vol V
Smith, Barbara, Vol II
Smith, Barbara H., Vol II
Smith, Bardwell L., Vol III, IV
Smith, Barry, Vol IV
Smith, Barry D., Vol V
Smith, Billy G., Vol I
Smith, Brenda Austin, Vol II
Smith, Brian H., Vol IV
Smith, Bruce Ray, Vol II
Smith, C. S., Vol V
Smith, C. Shaw, Jr., Vol I
Smith, Carl, Vol I
Smith, Carlota S., Vol III
Smith, Carol Hertzig, Vol II
Smith, Carol Y., Vol V
Smith, Charles, Vol I
Smith, Charles Edison, Vol IV
Smith, Charles F., Jr., Vol V
Smith, Charlie Calvin, Vol I
Smith, Cindy J., Vol IV
Smith, Corrine, Vol V
Smith, D. Moody, Vol IV
Smith, Dale Cary, Vol I
Smith, Daniel B., Vol I
Smith, Daniel L., Vol II, III, IV
Smith, Daniel Scott, Vol I
Smith, David Clayton, Vol I
Smith, David Fredrick, Vol I
Smith, David H., Vol IV
Smith, David J., Vol II
Smith, David Lee, Vol II
Smith, David Quintin, Vol II
Smith, David R., Vol IV
Smith, David Richard, Vol II, III
Smith, David T., Vol IV
Smith, Dennis E., Vol IV
Smith, Dennis P., Vol I
Smith, Diane E., Vol II, III
Smith, Diane M., Vol II, V
Smith, Duane, Vol II
Smith, Duane Allan, Vol I
Smith, Dwight L., Vol I
Smith, Edwin M., Vol IV
Smith, Eleanor Jane, Vol V
Smith, Elizabeth Bradford, Vol I
Smith, Elton Edward, Vol II, IV
Smith, Ervin, Vol IV
Smith, Evans L., Vol II, III
Smith, F. Lagard, Vol IV
Smith, F. Leslie, Vol II
Smith, F. Todd, Vol I
Smith, Francis J., Vol II
Smith, G., Vol V
Smith, Gail K., Vol II
Smith, Gary, Vol V
Smith, Gayle Leppin, Vol II
Smith, Gene A., Vol I
Smith, George P., Vol IV
Smith, Glenn R., Vol V
Smith, Grant William, Vol II

Smith, Gregory C., Vol V
Smith, Harold L., Vol I
Smith, Harold Teliaferro, Jr., Vol IV
Smith, Helmut, Vol I
Smith, Heman Bernard, Vol IV
Smith, Henry, Vol I
Smith, Herb J., Vol II
Smith, J. Clay, Jr., Vol IV
Smith, James David, Vol I
Smith, James Howell, Vol I
Smith, James Morton, Vol I
Smith, Janet E., Vol IV
Smith, Jeffrey A., Vol I, II
Smith, Jeffrey Chipps, Vol I
Smith, Jeraldine Williams, Vol IV
Smith, Jesse Owens, Vol IV
Smith, Joanna S., Vol I
Smith, Joanne Hamlin, Vol V
Smith, John David, Vol I
Smith, John Edwin, Vol IV
Smith, John K., Jr., Vol I
Smith, John Kares, Vol II
Smith, Jonathan, Vol II
Smith, Jonathan Zittell, Vol I, IV
Smith, Judith, Vol I
Smith, Julian, Vol II
Smith, Karen A., Vol II
Smith, Kathryn, Vol IV
Smith, Kelly C., Vol IV
Smith, Kim A., Vol II
Smith, L. Ripley, Vol II
Smith, Lacey Baldwin, Vol I
Smith, Larry, Vol II
Smith, Larry D., Vol II
Smith, Larry L., Vol IV
Smith, Laurence D., Vol I, V
Smith, Lorrie, Vol II
Smith, Louis R., Vol V
Smith, Louise, Vol II
Smith, Luther Edward, Jr., Vol IV
Smith, Lynn C., Vol IV
Smith, Madeline C., Vol II
Smith, Mark, Vol I
Smith, Mark Stratton, Vol IV
Smith, Marsha A. Ellis, Vol IV
Smith, Marshall L., Vol V
Smith, Matthew, Vol II
Smith, Merritt Roe, Vol I
Smith, Michael E., Vol V
Smith, Michael Myrle, Vol I
Smith, Michael W., Vol II
Smith, Neil, Vol I
Smith, Nelson C., Vol II
Smith, Nigel, Vol III
Smith, Pamela A., Vol IV
Smith, Pamela H., Vol I
Smith, Pat Clark, Vol II
Smith, Patrick, Vol I
Smith, Patrick J., Vol II
Smith, Paul, Vol I
Smith, Paul, Vol IV
Smith, Paul Hubert, Vol I
Smith, Paul M., Jr., Vol V
Smith, Philip Chadwick Foster, Vol I
Smith, Priscilla R., Vol V
Smith, Ralph R., Vol II
Smith, Randall Brian, Vol IV
Smith, Raymond T., Vol V
Smith, Rebekah M., Vol II, III
Smith, Reuben W., Vol I
Smith, Richard Candida, Vol I
Smith, Richard J., Vol I
Smith, Riley Blake, Vol II, III
Smith, Robert E., Vol II
Smith, Robert Freeman, Vol I
Smith, Robert Harry, Vol IV
Smith, Robert Houston, Vol IV
Smith, Robert J., Vol I
Smith, Robert Mark, Vol II
Smith, Robert W., Vol I
Smith, Robin, Vol IV
Smith, Roch Charles, Vol III
Smith, Ronald E., Vol II
Smith, Rowland, Vol II
Smith, Roy H., Vol V
Smith, Sarah, Vol II
Smith, Shawn M., Vol II
Smith, Sherry L., Vol I
Smith, Stanley G., Vol IV
Smith, Stephanie A., Vol II
Smith, Stephen A., Vol II
Smith, Steven G., Vol I, IV
Smith, Susan Warrener, Vol IV
Smith, Terry, Vol IV
Smith, Thomas G., Vol I
Smith, Tom W., Vol I
Smith, Voncile Marshall, Vol II, III
Smith, W. Alan, Vol IV
Smith, W. Wayne, Vol I
Smith, Wallace Calvin, Vol I
Smith, Wallace Charles, Vol IV
Smith, Walter L., Vol V
Smith, William A., Vol IV
Smith, William L., Vol V
Smith, Wilson, Vol I
Smith, Woodruff Donald, Vol I
Smith, Yolanda Y., Vol IV
Smith-Rosenberg, Carroll, Vol I, V
Smith-Soto, Mark, Vol III
Smithburn, John Eric, Vol IV
Smither, Howard Elbert, Vol I, II
Smitherman, Carole, Vol IV
Smitherman, Geneva, Vol V
Smitten, Jeffrey, Vol II
Smocovitis, Vassiliki B., Vol I
Smoker, Paul L., Vol IV
Smoot, Jeanne, Vol II
Smoot, Rick, Vol I
Smorra, Mary A., Vol V
Smurl, James Frederick, Vol IV
Smuts, Malcolm R., Vol I
Smyers, Karen A., Vol IV
Smylie, James Hutchinson, Vol I, IV
Smythe, Kathleen, Vol I
Smythe, Thomas W., Vol IV
Snaden, James N., Vol I
Snapper, Johan Pieter, Vol III
Snare, Gerald, Vol II
Snead, David L., Vol I
Snedegar, Keith, Vol I
Sneed, Joseph Donald, Vol IV
Sneiderman, Barney, Vol IV
Snell, Ana Maria, Vol III
Snell, Daniel C., Vol III
Snell, Joel C., Vol V
Snell, William, Jr, Vol V
Snetsinger, John, Vol I
Snipes, Marjorie M., Vol V
Snodgrass, Jon, Vol V
Snodgrass, Klyne Ryland, Vol IV
Snoeyenbos, Milton, Vol IV
Snook, Lee E., Vol IV
Snow, D. R., Vol V
Snow, George Edward, Vol I
Snow, Helena, Vol II
Snow, Steven Gregory, Vol IV
Snow, Vernon F., Vol I
Snyder, Arnold C., Vol I
Snyder, David W., Vol II, V
Snyder, Emery, Vol II, III
Snyder, Glenn Herald, Vol IV
Snyder, Katherine Ann, Vol V
Snyder, Lee Daniel, Vol I
Snyder, Robert Edward, Vol I
Snyder, Robert Lance, Vol II
Snyder, Stephen W., Vol II
Snyder, Susan Brooke, Vol II
Snyder, William, Vol III
So, Sufumi, Vol III
Soares, Anthony T., Vol V
Sobejano-Morgan, Antonio, Vol III
Sobel, Lionel S., Vol IV
Sober, Elliott Reuben, Vol IV
Sobin, Nicholas, Vol III
Sobrer, Josep Miquel, Vol II, III
Sobstyl, Edrie, Vol IV
Socha, Donald, Vol III
Sochen, June, Vol I
Socken, Paul, Vol III
Sockness, Brent, Vol IV
Socolofsky, Homer Edward, Vol I
Socolow, Susan M., Vol I
Soden, Dale, Vol I
Soden, Richard Allan, Vol IV
Soderlind, Sylvia, Vol II
Soderlund, Jean, Vol I
Soderstrom, Doug, Vol V
Soens, A. L., Jr., Vol II
Sofer, Andrew, Vol II
Soffer, Gail, Vol IV
Soffer, Reba Nusbaum, Vol I
Soffer, Walter, Vol IV
Soh, C. Sarah, Vol V
Sohn, Louis Bruno, Vol IV
Sokal, Michael Mark, Vol I
Sokel, Walter H., Vol III
Sokol, David M., Vol I
Sokol, Elena, Vol III
Sokolowski, Robert S., Vol IV
Sokolowski, William R., Vol IV
Sokolsky, Joel J., Vol IV
Sol, Adam, Vol II
Solan, Lawrence, Vol III, IV
Solberg, Winton Udell, Vol I
Soldan, Angelika, Vol IV
Soldati, Joseph Arthur, Vol II
Soldon, Norbert C., Vol I
Sole, Carlos A., Vol III
Soley, Lawrence C., Vol II
Solheim, Barbara P., Vol IV
Solheim, Bruce, Vol I
Soliday, Gerald, Vol I
Soll, A. Ivan, Vol IV
Sollors, Werner, Vol I, II
Solodow, Joseph B., Vol II, III
Solomon, Andrew Joseph, Vol II
Solomon, Barbara Hochster, Vol II, V
Solomon, H. Eric, Vol II
Solomon, Howard Mitchell, Vol I
Solomon, Jack, Vol II
Solomon, Janis Virginia Little, Vol III
Solomon, Julie R., Vol II
Solomon, P., Vol V
Solomon, Robert Charles, Vol IV
Solomon, Stanley J., Vol II
Solomon, William David, Vol IV
Soloski, John, Vol II
Soloway, Richard Allen, Vol I
Soltow, James Harold, Vol I
Soltow, Lee, Vol IV
Solum, Lawrence B., Vol IV
Somers, Cheryl L., Vol V
Somerville, James Karl, Vol I
Somerville, Robert, Vol IV
Somkin, Fred, Vol I
Sommer, Benjamin D., Vol IV
Sommer, Doris, Vol II
Sommer, John D., Vol IV
Sommerfeldt, John R., Vol I
Sommers, Laurie., Vol II
Sommerville, Charles John, Vol I
Sommerville, Johann, Vol I
Sonderegger, Katherine, Vol IV
Soneson, Jerome P., Vol IV
Sonkowsky, Robert Paul, Vol II, III
Sonn, Richard D., Vol I
Sonnenfeld, Albert, Vol III
Sonnenfeld, Marion Wilma, Vol III
Sontag, Frederick Earl, Vol IV
Soons, C. Alan, Vol III
Soraci, Salvatore, Vol V
Sorelle, James Martin, Vol I
Sorensen, Roy, Vol IV
Soria, Regina, Vol I, III
Sorin, Gerald, Vol I
Sorkin, Adam J., Vol II, III
Sorkin, David, Vol I
Sorkin, David E., Vol IV
Sorrenson, Richard J., Vol I, IV
Sortor, M., Vol I
Sorum, Christina Elliott, Vol II, III
Sosa, Ernest, Vol IV
Sosin, Jack Marvin, Vol I
Sosnoski, James Joseph, Vol II
Sosnowski, Thomas C., Vol I
Sosower, Mark L., Vol II, III
Sossaman, Stephen, Vol II
Soto, Gilberto D., Vol II
Soto, Shirlene, Vol I
Soucy, Robert J., Vol I
Souheaver, Harold G., Vol V
Soukup, Paul A., Vol II
Soule, George, Vol II
Sourian, Peter, Vol II
Sousa, Ronald W., Vol III
Southall, Geneva H., Vol II
Southard, Edna Carter, Vol I
Southard, Robert Fairbairn, Vol I
Southerland, James Edward, Vol I
Southerland, Peter, Vol IV, V
Southern, David Wheaton, Vol I
Southern, Eileen Jackson, Vol II
Southern, Mark R. V., Vol III
Souza, M., Vol II
Souza, Raymond D., Vol III
Soven, Margot, Vol II, V
Sovern, Jeff, Vol IV
Sovern, Michael I., Vol IV
Sowards, Jesse Kelley, Vol I
Sowards, Steven W., Vol I, II
Soyer, Daniel, Vol I
Spaccarelli, Thomas Dean, Vol III
Spaeth, Barbette S., Vol II, IV
Spaethling, Robert H., Vol III
Spahr, Blake Lee, Vol III
Spaht, Katherine S., Vol IV
Spalding, Christopher J., Vol IV
Spalding, James Colwell, Vol IV
Spalding, Paul S., Vol IV
Spall, Richard, Vol I
Spancer, Janet, Vol II
Spangler, May, Vol I, III
Spann, Edward K., Vol I
Spano, Rina Gangemi, Vol V
Spanos, William, Vol II, IV
Sparks, Elisa Kay, Vol II
Sparks, Esther, Vol I
Sparks, Glenn G., Vol II
Sparks, Kenton L., Vol IV
Sparks, Kimberly, Vol III
Sparks, Sherry L., Vol II
Spatz, K. Christopher, Vol V
Spatz, Nancy, Vol I
Spear, Allan H., Vol I
Spearey, Susan, Vol II
Spears, Lee A., Vol II
Speas, Margaret, Vol III
Specht, Neva Jean, Vol I
Speck, Oliver C., Vol III
Spector, Daniel E., Vol I
Spector, Jack, Vol I
Spector, Robert Donald, Vol II
Spector, Ronald H., Vol I
Spector, Scott, Vol I
Spector, Sherman David, Vol I
Speer, Donald R., Vol II
Speer, Mary B., Vol III
Speidel, Michael Paul, Vol I
Speidell, Todd, Vol IV, V
Speirs, Logan, Vol II
Spellman, Lynne, Vol IV
Spellman, Norman Woods, Vol IV
Spellman, Paul, Vol I
Spence, Clark Christian, Vol I
Spence, Jonathan Dermot, Vol I
Spence, Joseph Samuel, Sr., Vol IV
Spence, Mary Lee, Vol I
Spencer, Aida Besancon, Vol IV
Spencer, Darrell W., Vol II
Spencer, Elaine Glovka, Vol I
Spencer, George W., Vol I
Spencer, Gregory H., Vol II
Spencer, Heath A., Vol I
Spencer, James Calvin, Sr., Vol IV
Spencer, Janine, Vol II
Spencer, Patricia, Vol V
Spencer, Samia I., Vol III
Spender, Robert D., Vol IV
Spengemann, William C., Vol II
Sperber, Jonathon, Vol I
Sperry, Kip, Vol I
Sperry, Stuart M., Vol II
Spetter, Allan Burton, Vol I
Spiegel, Gabrielle Michele, Vol I
Spiegel, James S., Vol IV
Spiegelman, Willard Lester, Vol II
Spigner, Clarence, Vol V
Spilka, Mark, Vol II, III
Spillenger, Clyde, Vol IV
Spiller, Roger Joseph, Vol I
Spillman, Lynette P., Vol V
Spilsbury, Paul, Vol IV
Spina, Frank Anthony, Vol IV
Spindel, Donna Jane, Vol I
Spinelli, Donald C., Vol II
Spinelli, Emily L., Vol II
Spink, Walter M., Vol I
Spinks, C. William, Vol II
Spires, Jeffrey, Vol II
Spires, Robert Cecil, Vol III
Spitz, Ellen Handler, Vol IV
Spitz, Lewis W., Vol I
Spitzberg, Brian H., Vol II
Spitzer, Alan B., Vol I
Spitzer, John, Vol II
Spitzer, Leo, Vol I
Spitzer, Matthew L., Vol IV
Spivack, Charlotte K., Vol II
Spivak, Gayatri Chakravorty, Vol III
Spivak, Gayatri Chakravorty, Vol II
Spivey, Michael, Vol V
Spivey, Ted Ray, Vol II
Splitter, Randolph N., Vol II
Spohn, William C., Vol IV
Spokane, Arnold R., Vol V
Sponberg, Arvid Frederic, Vol II
Sponheim, Paul R., Vol IV
Spradley, Garey B., Vol IV
Spragens, Janet R., Vol IV
Sprague, Elmer D., Jr., Vol IV
Sprague, Paul Edward, Vol I
Sprague, Rosamond Kent, Vol IV
Sprague, Stuart Seely, Vol I
Spreng, Ronald, Vol I
Spretnak, Charlene, Vol IV
Sprich, Robert, Vol II
Spring, David, Vol I
Spring, Howard, Vol II
Spring, Raymond Lewis, Vol IV
Springer, Carl P. E., Vol II, III
Springer, David W., Vol V
Springer, Haskell Saul, Vol I, II
Sprinker, Michael, Vol II, III
Sprinkle, Joe M., Vol IV
Sproul, Barbara Chamberlain, Vol IV
Sproul, R. C., Vol IV
Sprow, Richard, Vol II
Sprunger, David A., Vol II
Sprunger, Keith L., Vol I
Sprunger, Mary S., Vol IV
Spry, Irene, Vol I, IV
Spurgeon, Dickie A., Vol II
Spurlock, John C., Vol I
Spurlock, John Howard, Vol II, III
Spyridakis, Stylianos V., Vol I
Squadrito, Kathleen Marie, Vol IV
Sreedhar, Susanne, Vol IV
Sreenivasan, Gopal, Vol IV
Sridhar, S. N., Vol III
Sroufe, L. Alan, Vol V
St Clair, Michael, Vol V
St Clair, Robert, Vol III
St Clair Harvey, Archer, Vol I
St Pierre, Paul Matthew, Vol II
St. Amant, Kirk R., Vol II
St. Clair, Gloriana, Vol II
St. Clair Lesman, Ann, Vol III
St. George, Robert B., Vol I
St. Omer, Garth, Vol II, III
Staal, Arie, Vol II
Stabile, Donald Robert, Vol I
Stacey, Judith, Vol V
Stack, George Joseph, Vol IV
Stack, Richard, Vol II
Stack, Steven, Vol IV
Stackhouse, John G., Jr., Vol I, IV
Stackhouse, Max Lynn, Vol IV
Stackleberg, J. Roderick, Vol I
Stacy, Wayne, Vol IV
Stade, George, Vol II
Stadler, Eva Maria, Vol II, III
Stadler, Ingrid, Vol IV
Stadter, Philip Austin, Vol II
Stadtlander, Leann (Lee) M., Vol V
Stadtwald, Kurt, Vol I
Stafford, Barbara Maria, Vol I
Stafford, Gilbert W., Vol IV
Stafford, Sue P., Vol IV
Stafford, William Sutherland, Vol I, IV
Stagaman, David, Vol IV
Stage, Sarah J., Vol V
Stager, Lawrence E., Vol I
Stagg, Louis Charles, Vol II
Stahl, Alan Michael, Vol I
Stahl, John D., Vol II
Stahuljak, Zrinka, Vol III
Staines, David, Vol II
Stainton, Robert J. H., Vol IV
Stake, Jayne E., Vol V
Stalans, Loretta, Vol IV
Staley, Allen, Vol I
Staley, Gregory A., Vol II, III
Staley, Jeffrey L., Vol IV
Staley, Lynn, Vol II
Staley, Thomas F., Vol II
Stalker, James Curtis, Vol III
Stallard, Michael D., Vol IV
Stallkamp, Ray H., III, Vol V
Stalls, M., Vol I
Stallworth, Frances H., Vol II
Stam, James H., Vol IV
Stambaugh, Joan, Vol IV
Stambovsky, Phillip, Vol II
Stambrook, Fred, Vol I
Stamelman, Richard, Vol III
Stamey, Joseph Donald, Vol IV
Stamp, Robert M., Vol I
Stampino, Maria Galli, Vol III
Stamps, Richard B., Vol V
Stancell, Dolores Wilson Pegram, Vol IV
Standen, Jeffery A., Vol IV
Standring, Timoty, Vol I
Stanford, Donald Elwin, Vol II
Stanford, Preston K., Vol IV
Stanford, RoseMary, Vol IV
Stanislawski, Michael, Vol I, IV
Stanley, Della M. M., Vol I
Stanley, Donald, Vol II
Stanley, Jay, Vol V

Stanley, John E., Vol IV
Stanley, Julian Cecil, Vol V
Stanley, Kathryn Velma, Vol IV
Stanley, Patricia H., Vol III
Stanley, Paula H., Vol V
Stanley, Tom, Vol IV
Stanley, William Chad, Vol II
Stanley-Blackwell, Laurie, Vol I
Stanny, Claudia J., Vol V
Stanovsky, Derek, Vol IV
Stansbury, James P., Vol V
Stansfield, Maria Pilar Perez, Vol III
Stansifer, Charles Lee, Vol I
Stansky, Peter D. L., Vol I
Stanton, Don, Vol II
Stanton, Edward F., Vol I, III
Stanton, Leonard J., Vol III
Stanton, Margaret, Vol III
Stanton, Phoebe Baroody, Vol I
Stanton, Robert J., Vol II
Stanwood, Paul G., Vol II
Staples, A., Vol I
Staples, Robert Eugene, Vol V
Staples, S. L., Vol V
Starbuck, Scott R., Vol IV
Stargardt, Ute, Vol II
Stark, Gary Duane, Vol I
Stark, Herman E., Vol IV
Stark, James, Vol III
Stark, James A., Vol II
Stark, Tracey, Vol IV
Starkey, Armstrong, Vol I
Starkey, Kathryn, Vol III
Starkey, Lawrence H., Vol IV
Starn, Randolph, Vol I
Starosta, William J., Vol II, V
Starr, Chester G., Vol I
Starr, Kevin, Vol I
Starr, Larry, Vol II
Starr, Paul D., Vol V
Starr, Peter, Vol III
Starr, Raymond James, Vol III
Starr-Lebeau, Gretchen D., Vol I
Startt, James Dill, Vol I
Stathatos, Constantine Christopher, Vol III
Stathopoulos, E. T., Vol II
Staton, Cecil P., Vol IV
Staub, Jacob J., Vol IV
Staudenmaier, John M., Vol I
Stauder, Jack, Vol V
Stauffer, George B., Vol I, II
Stauffer, Helen Winter, Vol II
Stavan, Henry-Anthony, Vol III
Stavans, Ilan, Vol III
Stave, Bruce M., Vol I
Staves, Susan, Vol II
Stavig, Ward, Vol I
Stavrianos, Leften Stavros, Vol I
Stavros, Steve, Vol I
Stayer, James Mentzer, Vol I
Steadman, Lyle B., Vol V
Steady, Filomina, Vol I
Stealey, John E., Vol I
Stearns, Peter N., Vol I
Stearns, Stephen, Vol I
Stebbins, Robert E., Vol I
Stebenne, David, Vol I, IV
Steckel, Richard H., Vol IV
Stecker, Robert, Vol IV
Steckline, C. Turner, Vol II, III
Steeger, William P., Vol I, IV
Steel, David Warren, Vol II
Steele, Claude Mason, Vol V
Steele, Jane, Vol I
Steele, Marta N., Vol III
Steele, Richard B., Vol IV
Steele, Richard William, Vol I
Steelman, Joseph F., Vol I
Steely, Melvin T., Vol I
Steen, Ivan David, Vol I
Steen, Sara Jayne, Vol II
Steensma, Robert Charles, Vol II
Steer, Helen V., Vol II
Steets, Cheryl, Vol I
Steeves, Paul David, Vol I, IV
Stefanovic, Ingid Leman, Vol IV
Stefanovska, Malina, Vol III
Steffel, R. Vladimir, Vol I
Steffel, Susan B., Vol II
Steffen, Jerome Orville, Vol I
Steffen, Konrad, Vol I
Steffen, Lloyd, Vol IV
Steffen, Tom, Vol V
Steffensen-Bruce, Ingrid A., Vol I
Steggles, Mary Ann, Vol I
Stegmaier, Mark Joseph, Vol I
Stehle, Cheryl F., Vol II
Steiger, Thomas L., Vol V
Steigerwald, Diane, Vol IV
Steiker, Carol S., Vol IV
Steil, Janice M., Vol V
Steiman, Lionel Bradley, Vol I
Stein, Arnold, Vol II
Stein, Eric, Vol IV
Stein, Howard, Vol IV
Stein, Janice Gross, Vol IV
Stein, Karen F., Vol II, V
Stein, Kenneth W., Vol I
Stein, Kevin J., Vol II
Stein, Leon, Vol I
Stein, Robert David, Vol II
Stein, Robert H., Vol IV
Stein, Stephen J., Vol IV
Steinberg, Erwin Ray, Vol II
Steinberg, Leo, Vol I
Steinberg, Mark D., Vol I
Steinberg, Michael P., Vol I
Steinberg, Salme Harju, Vol I
Steinberg, Theodore Louis, Vol II, IV
Steinbock, Bonnie, Vol IV
Steinbock, Daniel J., Vol IV
Steinbrink, Jeffrey, Vol II
Steinbruckner, Bruno, Vol III
Steinbuch, Thomas A., Vol IV
Steiner, Bruce E., Vol I
Steiner, Carl, Vol III
Steiner, Joan Elizabeth, Vol II
Steiner, Richard C., Vol III
Steiner, Thomas Robert, Vol II, III
Steiner, Vernon J., Vol IV
Steiner, Wendy Lois, Vol II
Steinhardt, Nancy Shatzman, Vol I
Steinhart, Eric, Vol IV
Steinman, Joan E., Vol IV
Steinman, Lisa M., Vol II
Steinmann, Andrew E., Vol IV
Steinmetz, David Curtis, Vol I, IV
Steinmiller, Georgine, Vol V
Steinmo, Sven, Vol IV
Steinweis, Alan, Vol I, IV
Steltenkamp, Michael F., Vol IV, V
Stelzig, Eugene Louis, Vol II
Stempsey, William Edward, Vol IV
Sten, Christopher W., Vol II
Stendahl, Krister, Vol IV
Steneck, Nicholas H., Vol I
Stenger, Robert Leo, Vol IV
Stennis-Williams, Shirley, Vol V
Stenson, Nancy Jean, Vol III
Stenstad, Gail, Vol IV
Stensvaag, John-Mark, Vol IV
Stent, Michelle Dorene, Vol IV
Stepan-Norris, Judith, Vol V
Stepenoff, Bonita M., Vol I
Stephan, Alexander, Vol III
Stephan, John Jason, Vol I
Stephan, Paul Brooke, III, Vol IV
Stephanides, Marios, Vol V
Stephanson, Anders, Vol I
Stephen, Elizabeth H., Vol I
Stephens, Charles Ralph, Vol II
Stephens, Cynthia Diane, Vol IV
Stephens, Jessica, Vol II
Stephens, Lester Dow, Vol I
Stephens, Lynn, Vol IV
Stephens, Margaret Holler, Vol II
Stephens, Martha Thomas, Vol II
Stephens, R. Eugene, Vol IV
Stephens, Robert Oren, Vol II
Stephens, Susan A., Vol II, III
Stephens, Thomas M., Vol I
Stephens, William O., Vol IV
Stephens, William Richard, Vol I, V
Stephenson, Ken Cooper, Vol IV
Stepto, Robert Burns, Vol II
Sterba, James P., Vol IV
Sterckx, Roel, Vol I, IV
Sterling, David L., Vol I
Sterling, Gregory, Vol IV
Stern, Craig A., Vol IV
Stern, David S., Vol IV
Stern, Frances Meritt, Vol V
Stern, Fritz, Vol I
Stern, Guy, Vol III
Stern, Irwin, Vol III
Stern, Julia, Vol II
Stern, Laurent, Vol IV
Stern, Marvin, Vol I
Stern, Milton R., Vol II
Stern, Nancy B., Vol I
Stern, Richard G., Vol II
Stern, Robin, Vol I
Stern, Steve Jefferey, Vol I
Sternbach, Nancy Saporta, Vol III
Sternberg, Joel, Vol II
Sternberg, Robert, Vol V
Sternlicht, Sanford, Vol II
Stetz, Margaret, Vol II
Steuben, Norton L., Vol IV
Steussy, Marti J., Vol III, IV
Steven, Laurence, Vol II
Stevens, Donald G., Vol I
Stevens, Earl Eugene, Vol II
Stevens, John A., Vol II, III
Stevens, John Paul, Vol IV
Stevens, Joyce W., Vol V
Stevens, Kevin M., Vol I
Stevens, Lizbeth Jane, Vol II
Stevens, M., Vol I
Stevens, Mark, Vol II
Stevens, Paul, Vol II
Stevens, Paul W., Vol IV
Stevens, Peter S., Vol II
Stevens, Robert, Vol V
Stevens-Arroyo, Antonio M., Vol IV
Stevenson, Catherine Barnes, Vol II, V
Stevenson, John A., Vol I, II
Stevenson, John Weamer, Vol II
Stevenson, Louise L., Vol I
Stevenson, Michael R., Vol V
Stevenson, Walt, Vol III
Stevenson-Moessner, Jeanne, Vol IV
Stever, Sarah S., Vol I
Steward, Dick Houston, Vol I
Stewart, Carlyle F., III, Vol IV
Stewart, Charles Cameron, Vol I
Stewart, Charles J., Vol II
Stewart, Charles Todd, Vol IV
Stewart, Cisley P., Vol V
Stewart, Cisley P., Vol V
Stewart, Daniel Lewis, Vol IV
Stewart, David, Vol IV
Stewart, E. Kate, Vol II
Stewart, Gordon Thomas, Vol I
Stewart, Henry R., Jr., Vol II
Stewart, James Brewer, Vol I
Stewart, Joan Hinde, Vol III
Stewart, John Othneil, Vol II
Stewart, Larry, Vol II
Stewart, Maaja Agur, Vol II
Stewart, Mac A., Vol V
Stewart, Mary W., Vol V
Stewart, Melville Y., Vol IV
Stewart, Philip R., Vol III
Stewart, Stanley N., Vol II
Stewart, Thomas D., Vol II
Stewart, Walter K., Vol III
Stewart, William H., Vol IV
Sthele, Eva, Vol II
Sticca, Sandro, Vol III
Stich, Stephen P., Vol IV
Stichler, Richard, Vol IV
Stieb, James, Vol IV
Stiebing, William H., Jr, Vol I
Stieglitz, Robert R., Vol I, V
Stiglitz, Beatrice, Vol III
Stiles, Kristine, Vol I
Stiles, William B., Vol V
Still, Todd, Vol IV
Stillinger, Jack, Vol II
Stillman, Damie, Vol I
Stillman, Norman (Noam) Arthur, Vol I
Stilwell, William E., III, Vol V
Stimilli, Davide, Vol III
Stimpson, Catharine R., Vol II, V
Stimson, Hugh McBirney, Vol III
Stine, Philip C., Vol III
Stinger, Charles Lewis, Vol I
Stingl, Michael, Vol IV
Stinson, John Jerome, Vol II
Stinson, Robert William, Vol I, II
Stinson, Russell, Vol II
Stites, Francis Noel, Vol I
Stith, Richard T., Vol IV
Stith-Cabranes, Kate, Vol IV
Stitt, Allan J., Vol IV
Stitt, B. Grant, Vol IV
Stitt, J. Michael, Vol II, V
Stitzel, Judith Gold, Vol II, V
Stivale, Charles J., Vol III
Stivers, Robert L., Vol IV
Stock, Robert Douglas, Vol II
Stockman, Ida J., Vol II
Stockman, Robert H., Vol I, IV
Stockmeyer, Norman Otto, Sr, Vol IV
Stockwell, Edward G., Vol V
Stockwell, Robert Paul, Vol II, III
Stoddard, Robert, Vol I
Stoddard, Whitney S., Vol I
Stoddard-Hayes, Marlana, Vol I
Stodola, Zabelle, Vol II
Stoeber, Michael, Vol IV
Stoebuck, William Brees, Vol IV
Stoeffler, Fred Ernest, Vol I, IV
Stoehr, Kevin L., Vol IV
Stoetzer, O. Carlos, Vol I
Stoever, William K. B., Vol I, IV
Stoff, Michael B., Vol I
Stoffregen, Thomas, Vol V
Stohl, Cynthia B., Vol II, III
Stoianovich, Traian, Vol I
Stokes, Gale, Vol I
Stokes, H. Bruce, Vol V
Stokes, James, Vol II
Stokes, Lawrence Duncan, Vol I
Stokes, Louis, Vol IV
Stokes, Mack B., Vol IV
Stokes, Sandra M., Vol V
Stokker, Kathleen Marie, Vol III
Stokstad, Marilyn Jane, Vol I
Stolba, Soheir, Vol V
Stoler, Mark A., Vol I
Stoll, Anita K., Vol III
Stoll, Sharon, Vol V
Stoll, Steven, Vol I
Stoltzfus, Ben F., Vol III
Stoltzfus, Nathan, Vol I
Stolz, Benjamin Armond, Vol III
Stolzenberg, N. M., Vol IV
Stone, Alan Abraham, Vol IV
Stone, Andrea Joyce, Vol I
Stone, Bailey S., Vol I
Stone, Christopher D., Vol IV
Stone, Cynthia, Vol III
Stone, David M., Vol I
Stone, Dennis J., Vol IV
Stone, Donald David, Vol II
Stone, Gerald L., Vol V
Stone, Gregory, Vol II
Stone, Jennifer, Vol III
Stone, Jerome Arthur, Vol IV
Stone, Karen, Vol I
Stone, Ronald Henry, Vol IV
Stone, Ruth J., Vol V
Stone, S. L., Vol IV
Stone, Victor J., Vol IV
Stone-Blackburn, Susan, Vol II
Stone-Miller, Rebecca, Vol I
Stone-Richards, Michael, Vol I
Stonum, Gary Lee, Vol II
Storch, Neil T., Vol I
Storch, Steven R., Vol IV
Storer, Norman William, Vol V
Storrs, Landon R. Y., Vol I
Stortz, Gerry, Vol I
Stortz, Martha Ellen, Vol I, IV
Story, J. Lyle, Vol IV
Story, Kenneth Ervin, Vol II
Story, Ronald, Vol I
Stott, Annette, Vol I
Stott, Deborah, Vol V
Stott, William Merrell, Vol I, II
Stout, Harry S., Vol I
Stout, Joseph A., Vol I
Stout, Neil R., Vol I
Stover, John Ford, Vol I
Stow, George Buckley, Vol I
Stowe, William, Vol II
Stowers, Stanley Kent, Vol I, IV
Strain, Ellen, Vol II
Strait, John B., Vol I
Straiton, T. Harmon, Jr., Vol II
Stramel, James, Vol IV
Stranahan, Patricia, Vol I
Stranberg, Victor H., Vol II
Strand, Dana, Vol II
Strand, Virginia, Vol V
Strang, J. V., Vol IV
Strange, James F., Vol I, IV
Strange, Steven K., Vol IV
Stranges, Anthony N., Vol I
Strassberg, Barbara, Vol V
Strasser, Mark, Vol IV
Strate, Lance, Vol II
Strater, Henry A., Vol I, III
Stratton, Charles R., Vol II
Stratton, John Ray, Vol V
Stratton, Susan B., Vol II
Straub, Kristina, Vol II
Straubel, Linda Helen, Vol II
Straumanis, Joan, Vol IV
Straus, Barrie Ruth, Vol II
Straus, Lawrence G., Vol V
Straus, Murray A., Vol V
Strausberg, Stephen Frederick, Vol I, IV
Strause, Glynis, Vol III
Strauser, David, Vol V
Strauss, Albrecht Benno, Vol II
Strauss, David, Vol I
Strauss, Gerald, Vol I
Strauss, Jonathan, Vol III
Strauss, Marcy, Vol IV
Strauss, Mark, Vol IV
Strauss, Peter L., Vol IV
Strauss, Wallace Patrick, Vol I
Strauss, Walter Adolf, Vol III
Straussner, Shulamith Lala, Vol V
Straw, William O., Vol II
Strawser, Sherri C., Vol V
Strayer, Robert William, Vol I
Straznicky, Marta, Vol II
Strecker, Judy, Vol II
Street, Jack David, Vol II, III
Street, Richard L., Jr., Vol II, V
Streeter, Donald, Vol II
Streeter, Jarvis, Vol IV
Streets, Heather, Vol I
Streight, Irwin, Vol II
Strelka, Joseph Peter, Vol II, III
Stricker, Frank A., Vol I
Strickland, Arvarh E., Vol I
Strickland, Dorothy S., Vol V
Strickland, Henry C., Vol IV
Strickland, Johnye, Vol II, V
Strickland, Ruth Ann, Vol IV
Stricklin, David, Vol I
Strickman, Norman, Vol IV
Strieby, H. Reid, Vol V
Strieder, Leon, Vol IV
Strier, Karen, Vol V
Strier, Richard, Vol II
Striker, Cecil Leopold, Vol I
Strikwerds, Robert A., Vol IV
Stripling, Luther, Vol II
Stripling, Mahala Yates, Vol II
Stroble, Paul E., Jr., Vol IV
Strocchia, Sharon T., Vol I
Stroffolino, Chris, Vol II
Stroh, Guy Weston, Vol IV
Strohkirch, Carolyn, Vol II
Strohmaier, Mahla, Vol II
Strokanov, Alexandre, Vol I
Stroker, William Dettwiller, Vol IV
Stroll, Avrum, Vol IV
Strolle, Jon M., Vol III
Strom, Lyle E., Vol IV
Strom, Sharon Hartman, Vol I
Strom, William O., Vol II
Stromberg, James S., Vol IV
Stromberg, Peter G., Vol V
Strong, Douglas Hillman, Vol I
Strong, Douglas M., Vol I, IV
Strong, John A., Vol I
Strong, John S., Vol IV
Strong, L. Thomas, III, Vol IV
Strong-Boag, Veronica, Vol I, V
Stronks, Julia K., Vol IV
Stroud, Matthew David, Vol III
Stroud, Ronald Sidney, Vol II, III
Stroud, Sarah, Vol IV
Stroud, Theodore Albert, Vol II
Stroup, Rodger Emerson, Vol I
Stroup, Sarah Culpepper, Vol II, III
Strozier, Charles B., Vol I
Struckhoff, David, Vol IV
Struever, Nancy Schermerhorn, Vol I
Strugnell, John, Vol IV
Strum, Philippa, Vol IV
Struve, Walter, Vol I
Strychacz, Thomas, Vol II
Stuard, Susan M., Vol I
Stuart, Dabney, Vol II
Stuart, Douglas Keith, Vol III, IV
Stuart, James Donald, Vol IV
Stubbs, Janet C., Vol V
Stubbs, John C., Vol II
Stubenberg, Leopold, Vol IV
Stuber, Florian, Vol II
Stuber-McEwen, Donna, Vol V
Stuck, Mary Frances, Vol V
Stuckey, Priscilla F., Vol IV, V
Studzinski, Raymond James, Vol IV, V
Stuesser, Lee, Vol IV
Stuewer, Roger H., Vol I
Stuhlmueller, Carroll, Vol IV
Stuhr, Walter Martin, Vol IV
Stukas, Arthur A., Vol V
Stull, William L., Vol II

Stulman, Louis, Vol IV
Stump, David James, Vol IV
Stunkel, Kenneth Reagan, Vol I
Stuntz, William J., Vol IV
Sturgeon, Mary C., Vol I
Sturgeon, Noel A., Vol V
Sturges, James W., Vol V
Sturgill, Claude C., Vol I
Sturm, Circe, Vol V
Sturm, Douglas Earl, Vol IV
Sturm, Fred G., Vol IV
Sturm, Fred Gillette, Vol IV
Sturm-Maddox, Sara, Vol III
Stursberg, Peter, Vol I
Sturtevant, David Reeves, Vol I
Stutts, Deborah A., Vol IV
Styan, John Louis, Vol II
Stycos, Maria Nowakowska, Vol III
Stylianopoulos, Theodore, Vol IV
Suarez-Arauz, Nicomedes, Vol V
Suarez-Galban, Eugenio, Vol III
Suarez-Villa, Luis, Vol I
Suber, Peter Dain, Vol IV
Sublette, Walter, Vol II
Subotnik, Dan, Vol IV
Subramanian, Jane M., Vol II
Subryan, Carmen, Vol II
Suchlicki, Jaime, Vol I
Suchy, Patricia, Vol II
Suderburg, Robert, Vol II
Sudol, Ronald A., Vol II
Sudzina, Mary, Vol V
Suellen, Hoy, Vol I
Sugano, Douglas, Vol II
Sugg, Richard Peter, Vol II
Suggs, Jon-Christian, Vol IV
Suggs, Robert Chinelo, Vol V
Sugnet, Charles Joseph, Vol II
Sugrue, Thomas J., Vol I
Suh, Dae-Suk, Vol IV
Suinn, Richard Michael, Vol V
Suits, Thomas Allan, Vol III
Sukenick, Ronald, Vol II
Sukholutskaya, Mara, Vol II, V
Suleiman, Michael W., Vol IV
Suleiman, Susan Rubin, Vol III
Sullins, Donald Paul, Vol V
Sullivan, Brad, Vol II
Sullivan, C. W., III, Vol II
Sullivan, Charles R., Vol I
Sullivan, Claudia N., Vol II
Sullivan, Constance, Vol III
Sullivan, D., Vol II
Sullivan, Dale L., Vol II
Sullivan, Deborah A., Vol V
Sullivan, Denis, Vol I, III
Sullivan, Donald David, Vol I
Sullivan, G. Sharon, Vol V
Sullivan, Jack R., Vol II
Sullivan, James, Vol II
Sullivan, John G., Vol IV
Sullivan, John P., Vol II, III
Sullivan, Kieran, Vol V
Sullivan, Mary C., RSM, Vol II, IV
Sullivan, Michael J., Vol I
Sullivan, Paula, Vol II
Sullivan, Rosemary, Vol II
Sullivan, Ruth, Vol IV
Sullivan, Sally A., Vol II
Sullivan, Sheila J., Vol II
Sullivan, Sherry A., Vol II
Sullivan, Stephen J., Vol IV
Sullivan, Walter L., Vol II
Sullivan, William Joseph, Vol IV
Sullivan, Winnifred F., Vol IV
Sullivan, Zohreh Tawakuli, Vol II
Sulloway, Alison G., Vol II
Sultan, Stanley, Vol II
Sumida, Jon T., Vol I
Sumler-Edmond, Janice L., Vol IV
Summers, Claude Joseph, Vol II
Summers, Clyde W., Vol IV
Summers, Robert Samuel, Vol IV
Sumner, Gordon H., Vol III
Sumner, Gregory D., Vol I
Sun, Raymond, Vol I
Sundaram, K., Vol IV
Sundberg, Walter, Vol I, IV
Sundstrom, Roy Alfred, Vol I, II
Suner, Margarita, Vol III
Sungdai, Cho, Vol III
Sungolowsky, Joseph, Vol III
Sunseri, Alvin Raymond, Vol I
Sunshine, Edward R., Vol IV
Sununu, Andrea, Vol II
Suny, Ronald Grigor, Vol I
Sunyoger, Mary Ann, Vol II
Super, Robert Henry, Vol II
Suppe, Frederick, Vol IV
Suppes, Patrick, Vol IV
Sur, Carolyn Worman, Vol IV
Surace, Peter C., Vol II
Suri, Kul Bhushan, Vol V
Surrency, Erwin C., Vol I, IV
Surridge, Lisa A., Vol II
Surridge, Marie, Vol I, III
Sussman, Henry, Vol III
Sussman, Herbert, Vol II
Sussman, Lewis Arthur, Vol II, III
Sussman, Robert W., Vol V
Sussman, Stephan, Vol V
Suter, Ronald, Vol IV
Sutherland, Daniel E., Vol I
Sutherland, Elizabeth H., Vol II, III
Sutherland, Gail Hinich, Vol IV
Sutherland, Kay, Vol V
Sutherland, William Owen Sheppard, Vol II
Sutter, Leslie E., Vol IV, V
Sutton, Dana Ferrin, Vol II, III
Sutton, Donald Sinclair, Vol I
Sutton, Homer B., Vol III
Sutton, Jane, Vol II
Sutton, Max K., Vol II
Sutton, Paul, Vol I
Sutton, Robert F., Vol I
Sutton, Robert Paul, Vol I
Sutton, Sharon Egretta, Vol I
Sutton, Sharyn, Vol II
Suwarno, Peter, Vol III
Suzuki, Mihoko, Vol II
Svejda, George J., Vol I
Svingen, Orlan J., Vol I
Swaffar, Janet King, Vol III
Swaim, Kathleen Mackenzie, Vol II
Swain, Charles W., Vol I, IV
Swain, James H., Vol IV
Swain, Joseph, Vol II
Swain, Martha Helen, Vol I
Swan, Kenneth P., Vol IV
Swanger, David, Vol II, IV
Swanger, Eugene R., Vol IV
Swank, Eric W., Vol V
Swann, Brian, Vol II
Swanson, Bert E., Vol IV
Swanson, Carol B., Vol IV
Swanson, Donald Roland, Vol II
Swanson, Louis E., Vol V
Swanson, Maynard William, Vol I
Swanson, Randy, Vol IV
Swanson, Roy Arthur, Vol III
Swanstrom, Todd F., Vol IV
Swardson, Harold Roland, Vol II
Swart, Paula, Vol I
Swartley, Willard M., Vol IV
Swartz, Alice M., Vol IV
Swartz, Barbara E., Vol IV
Swartz, Benjamin K., Jr, Vol V
Swartz, Marvin, Vol I
Swayne, Steven Robert, Vol IV
Swearer, Donald K., Vol I, IV
Sweeney, Jerry K., Vol I
Sweeney, John Albert, Vol II
Sweeney, Kevin, Vol I
Sweeney, Leo, Vol IV
Sweeney, Michael S., Vol II
Sweeney, Susan Elizabeth, Vol II
Sweeney, Thomas John, Vol V
Sweet, Justin, Vol IV
Sweet, Nan, Vol II
Sweet, Paul Robinson, Vol I
Sweetman, Brendan M., Vol IV
Sweets, John Frank, Vol I
Sweetser, Marie-Odile, Vol III
Sweetser, Wesley Duaine, Vol II
Sweney, John R., Vol II
Swensen, Clifford Henrik, Vol V
Swenson, Edward, Vol II
Swenson, Elizabeth V., Vol V
Swerdlow, Amy, Vol I
Swerdlow, David G., Vol II
Swetland, Kenneth L., Vol IV
Swetnam, Ford, Vol II
Swetnam, Susan, Vol I, II
Swiderski, Suzanne M., Vol II, V
Swidler, Leonard, Vol I, IV
Swierenga, Robert Peter, Vol I
Swietek, Francis Roy, Vol I
Swift, Carolyn Ruth, Vol II
Swift, Louis Joseph, Vol II, III
Swift, Mary Grace, Vol I
Swindell, Warren C., Vol II
Swinden, Kevin J., Vol II
Swindler, James Kenneth, Vol IV
Swinney, Everette, Vol I
Swinson, Ward, Vol II
Swinth, Kirsten, Vol I
Swinton, George, Vol I
Swinton, Katherine E., Vol I, IV
Swiontkowski, Gale, Vol II
Swirski, Peter, Vol III
Switala, Kristin, Vol IV
Switten, Margaret L., Vol III
Switzer, Les, Vol II
Syed, Jasmin, Vol II, III
Syler, Eleanor G., Vol V
Syliowicz, Joseph S., Vol I, IV
Sylla, Edith Dudley, Vol I, IV
Sylvas, Lionel B., Vol V
Sylvester, John Andrew, Vol I
Sylvestre, Jean-Guy, Vol II
Sylvie, George, Vol II
Sylwester, Harold James, Vol I
Symcox, Geoffrey, Vol I
Symeonoglou, Sarantis, Vol I
Symonds, Craig Lee, Vol I
Symons, T. H. B., Vol I
Symons, Van J., Vol I
Synan, Vinson, Vol I, IV
Syndergaard, Larry E., Vol II
Synnott, Marcia G., Vol I
Sypher, Francis Jacques, Vol II, III
Sypnowich, Christine, Vol IV
Syrett, David, Vol I
Syverud, K. D., Vol IV
Szabados, Bela, Vol IV
Szabo, Franz A. J., Vol I
Szabo, Joyce, Vol I
Szabo, Lynda, Vol II
Szanto, George, Vol II
Szarmach, Paul E., Vol I, II
Szarycz, Ireneusz, Vol III
Szasz, Ferenc, Vol I
Szasz, Margaret Connell, Vol I
Szasz, Paul Charles, Vol IV
Szegedy-Maszak, Andrew, Vol II
Szeman, Imre J., Vol II, V
Szittya, Penn, Vol II
Szpek, Heidi M., Vol III
Szuchewycz, Bohdan G., Vol II
Szuchman, Mark David, Vol I
Tabbernee, William, Vol I, IV
Tabbi, Joseph, Vol II
Taber, John, Vol IV
Tabili, Laura, Vol I
Taboada, Maria, Vol III
Taborn, John Marvin, Vol V
Tackett, Timothy, Vol I
Tadie, Andrew A., Vol II
Tadych, Renita, Vol II
Tager, Jack, Vol I
Tagg, James, Vol I
Tagg, John, Vol I
Taggart, Walter John, Vol IV
Tagge, Anne, Vol III
Tahara, Mildred Machiko, Vol III
Taiwo, Olufemi, Vol IV
Takaki, Ronald Toshiyuki, Vol I
Takenaka, Makoto, Vol II
Takooshian, Harold, Vol V
Talar, Charles J. T., Vol IV
Talbert, Charles H., Vol IV
Talbot, Alice Mary, Vol I
Talbot, Charles, Vol I
Talbot, Emile, Vol III
Talbott, John Edwin, Vol I
Talbott, Robert Dean, Vol I
Talbott, William J., Vol IV
Taliaferro, Charles, Vol II, IV
Tall, Emily, Vol III
Talley, Eric L., Vol IV
Talley, William B., Vol V
Tambs, Lewis, Vol I
Tamburr, Karl, Vol II
Tamburri, Anthony J., Vol III
Taminiaux, Pierre S., Vol I, III
Tancredi, Laurence Richard, Vol IV
Tandberg, Gerilyn, Vol II
Tandy, Charles, Vol IV
Tandy, David, Vol III
Tanenbaum, Jan Karl, Vol I
Tanford, J. Alexander, Vol IV
Tang, Chenxi, Vol III
Tang, Mei, Vol V
Tang, Paul C. L., Vol IV
Tang, Shengming, Vol V
Tankard, James William, Vol II
Tankard, Judith B., Vol I
Tannehill, Robert C., Vol IV
Tannen, Deborah F., Vol III
Tannenbaum, Rebecca J., Vol I
Tanner, Helen Hornbeck, Vol I, V
Tanner, Jim, Vol II
Tanner, John Sears, Vol II
Tanner, Stephen Lowell, Vol II
Tanner, William Edward, Vol II
Tanselle, George Thomas, Vol II
Tansey, Charlotte, Vol V
Tao, Tien-Yi, Vol I
Tapia, Elena, Vol V
Tapper, Gordon, Vol II
Tappy, Ron E., Vol I, III
Tarala, Joseph J., Vol IV
Taran, Leonardo, Vol II, III, IV
Taranow, Gerda, Vol I, II
Tarbell, Roberta K., Vol I
Tarica, Ralph, Vol III
Tarkow, Theodore A., Vol II, III
Tarlock, Anthony Dan, Vol IV
Tarr, Joel A., Vol I
Tarr, Nina W., Vol IV
Tarr, Rodger Leroy, Vol II
Tarr, Zoltan, Vol I, V
Tarrant, Richard John, Vol II, III
Tartaglia, Philip, Vol IV
Tarter, Brent, Vol I
Tartter, Vivien, Vol V
Tarver, H. Michael, Vol I
Tarver, Leon R., II, Vol IV
Tarver-Behring, Shari, Vol V
Tasch, Peter Anthony, Vol II
Tashiro, Paul Y., Vol IV
Tashjian, Jirair S., Vol IV
Tassi, Aldo, Vol IV
Tassi, Marguerite, Vol II
Tata, Robert J., Vol I
Tatar, Maria, Vol III
Tatarewicz, Joseph N., Vol I
Tate, Claudia, Vol II
Tate, George Sheldon, Vol II
Tate, Michael Lynn, Vol I
Tate, Paul Dean, Vol III, IV
Tate, Thad W., Vol I
Tatham, David Frederic, Vol I
Tatlock, Lynne, Vol III
Tatum, George B., Vol I
Tatum, Nancy R., Vol I, II
Tatum, W. Barnes, Vol IV
Tatz, Mark, Vol IV
Taub, Edward, Vol V
Taub, Richard P., Vol V
Tauber, Alfred I., Vol I, IV
Taura, Graciella Cruz, Vol I
Tavani, Herman, Vol IV
Tavani, Nicholas J., Vol V
Tave, Stuart Malcolm, Vol II
Tawa, Nicholas E., Vol II
Tayler, Edward W., Vol II
Taylor, Alan S., Vol I
Taylor, Allan Ross, Vol III
Taylor, Angus, Vol IV
Taylor, Arnold H., Vol I
Taylor, Arvilla Kerns, Vol II
Taylor, Beverly W., Vol II
Taylor, Bryan C., Vol II
Taylor, Charles, Vol IV
Taylor, Charles Avon, Vol V
Taylor, Charles L., Vol IV
Taylor, Christopher C., Vol V
Taylor, Cindy, Vol II, V
Taylor, Cledie Collins, Vol I
Taylor, Daniel Jennings, Vol II, III
Taylor, David Vassar, Vol I
Taylor, Donald Stewart, Vol II
Taylor, Dorceta E., Vol I
Taylor, E. Dennis, Vol II
Taylor, Felicia Michelle, Vol IV
Taylor, G. H., Vol IV
Taylor, Gene Fred, Vol IV
Taylor, Gordon Overton, Vol II
Taylor, Grace W., Vol IV
Taylor, Henry, Vol II
Taylor, Herman Daniel, Vol II
Taylor, Howard F., Vol V
Taylor, Ira Donathan, Vol I
Taylor, Jacqueline S., Vol II
Taylor, James, Vol IV
Taylor, James Coleridge, Vol V
Taylor, James R., Vol II
Taylor, James S., Vol I
Taylor, James Sheppard, Vol II
Taylor, Jennifer F., Vol V
Taylor, Jerome, Vol I
Taylor, Jon, Vol III, IV
Taylor, Karen, Vol I
Taylor, Kenneth Lapham, Vol I
Taylor, Larissa Juliet, Vol I
Taylor, Lester D., Vol IV
Taylor, Linda L., Vol V
Taylor, Lucien, Vol V
Taylor, Mark, Vol II
Taylor, Michael, Vol II
Taylor, Michael Joseph, Vol IV
Taylor, Orlando L., Vol II
Taylor, Patricia E., Vol IV
Taylor, Quintard, Jr., Vol I
Taylor, Raymond Hargus, Vol IV
Taylor, Richard A., Vol III
Taylor, Richard Stuart, Vol I, IV
Taylor, Robert, Vol I
Taylor, Robert R., Vol I
Taylor, Rodney, Vol IV
Taylor, Sandra C., Vol I
Taylor, Sarah E., Vol I
Taylor, Steven Millen, Vol III
Taylor, Sue, Vol I
Taylor, Susan L., Vol II, V
Taylor, Talbot J., Vol III
Taylor, Thomas Templeton, Vol I
Taylor, Tom, Vol I
Taylor, Velande P., Vol II, IV
Taylor, Verta, Vol V
Taylor, Walter F., Jr., Vol IV
Taylor, Welford Dunaway, Vol II
Taylor, William B., Vol IV
Taylor, Williamson S., Vol IV
Taylor-Mitchell, Laurie, Vol I
Taylor-Thompson, Betty E., Vol II
Tchudi, Stephen, Vol II
Te, Jordan, Vol V
Teaford, Jon C., Vol I
Teague, Frances Nicol, Vol II
Tebben, Joseph Richard, Vol II, III
Tebbenhoff, Edward H., Vol I
Tebbetts, Terrell L., Vol II
Tec, Nechama, Vol V
Tedards, Douglas Manning, Vol II
Tedeschi, James, Vol V
Tedford, Barbara Wilkie, Vol II
Teehan, John, Vol IV
Tegeder, Vincent George, Vol I, IV
Teich, Albert Harris, Vol I
Teichmann, Sandra G., Vol II
Teiser, Stephen F., Vol III, IV
Telesca, William John, Vol I
Teller, Paul, Vol IV
Teller, Stephen J., Vol II
Temperley, Nicholas, Vol II
Temple, Judy Nolte, Vol II
Temple, Kathryn, Vol II
Templer, Donald I., Vol V
ten Grotenhuis, Elizabeth, Vol I
Tenenbaum, Sergio, Vol I, IV
Teng, Tony, Vol I
Tenger, Zeynep, Vol II
Tenkotte, Paul A., Vol I
Tennyson, Georg Bernhard, Vol II
Tennyson, Robert, Vol V
Teorio-Trillo, Mauricio, Vol I
Tepaske, John J., Vol I
Teply, Larry L., Vol IV
Teraoka, Arlene, Vol I, III
Terborg-Penn, Rosalyn M., Vol I
Terchek, Ronald John, Vol IV
Terezakis, Katie, Vol IV
Terfa, Solomon, Vol IV
Termini, Roseann B., Vol IV
Ternes, Hans, Vol III, IV
Terpstra, Vern, Vol II, IV
Terras, Rita, Vol III
Terras, Victor, Vol III
Terrell, Francis D'Arcy, Vol IV
Terrell, Huntington, Vol IV
Terrell, JoAnne M., Vol IV
Terrell, Melvin C., Vol V
Terrell, Nathaniel E., Vol V
Terrell, Robert L., Vol II
Terrell, Timothy Prater, Vol IV
Terrero, Irene, Vol II, III, V
Terrill, Robert, Vol II
Terrill, Ross, Vol I
Terrill, Tom E., Vol I
Terry, Ann R., Vol I
Terry, Charles T., Vol IV
Terry, J. Mark, Vol IV
Terry, James L., Vol II, V
Terry, Janice J., Vol I
Terry, Robert Meredith, Vol III
Terry, Sean, Vol I
Terry, William S., Vol V
Teschner, George A., Vol IV
Teschner, Richard Vincent, Vol III
Teselle, Eugene A., Vol IV
Teske, Roland John, Vol IV
Tesmer, Floyd S., Vol IV
Teson, Fernando R., Vol IV
Tetel, Julie, Vol II
Tetel, Marcel, Vol III
Tetreault, Ronald, Vol II

Tettah, Joshua, Vol V
Tetzlaff, Otto W., Vol III
Teunissen, John J., Vol II
Teute, Fredrika J., Vol I
Teven, Jason, Vol II
Teves, Rita R., Vol IV
Teviotdale, Elizabeth C., Vol I
Tews, Rebecca, Vol V
Thacker, Jack W., Vol I
Thackeray, Frank W., Vol I
Thaden, Barbara, Vol II
Thaden, Edward C., Vol I
Thagard, Paul, Vol IV
Thain, Gerald John, Vol IV
Thakur, Parsram S., Vol V
Thal, Sarah, Vol I
Thaler, Danielle, Vol II
Thalos, Mariam G., Vol IV
Thameling, Carl L., Vol II
Thandeka, Vol IV
Tharp, Louis, Vol IV, V
Thatcher, David S., Vol II
Thatcher, Tom, Vol IV
Thaw, Kurt A., Vol V
Thayer, Calvin G., Vol II
Thayer, H. S., Vol IV
Thayer, John A., Vol I
Theile, Karl H., Vol I, IV
Theodoratus, Robert James, Vol V
Theodore, Charmant, Vol I
Theoharis, Athan, Vol I
Theriault, Michel, Vol I, IV
Thernstrom, Stephan Albert, Vol I
Thesing, William Barney, Vol II
Thibault, Bruno, Vol III
Thibault, Edward, Vol V
Thibeau, Matthew J., Vol IV
Thiel, Anne, Vol III
Thiel, Diane, Vol II
Thiem, Jon, Vol III
Thigpen, Calvin Herritage, Vol IV
Thiher, Ottah Allen, Vol III
Thiruvengadam, Raj, Vol IV
Tholfsen, Trygve Rainone, Vol I
Thomaidis, Spero T., Vol I
Thomas, Amy M., Vol II
Thomas, Brook, Vol II
Thomas, C. R., Vol II
Thomas, Carl Eric, Vol I
Thomas, Carol G., Vol I
Thomas, Chantal, Vol IV
Thomas, Clara M., Vol II
Thomas, Clarence, Vol IV
Thomas, Claude Roderick, Vol IV
Thomas, David, Vol IV
Thomas, Deborah Allen, Vol II
Thomas, Diana, Vol I
Thomas, Dominic R., Vol III
Thomas, Donald E., Vol I
Thomas, Douglas L., Vol IV
Thomas, Duncan, Vol IV
Thomas, Emory M., Vol I
Thomas, Gary Craig, Vol II, III
Thomas, Gerald Eustis, Vol I
Thomas, Herman Edward, Vol IV
Thomas, Jack Ray, Vol I
Thomas, Jay, Vol V
Thomas, Jean D'Amato, Vol I, II
Thomas, John Joseph, Vol IV
Thomas, John Lovell, Vol I
Thomas, John Wesley, Vol III
Thomas, Joseph M., Vol II
Thomas, Katherine, Vol III, V
Thomas, Kendall, Vol IV
Thomas, M. Carolyn, Vol IV
Thomas, Margaret, Vol III
Thomas, Mark, Vol I
Thomas, Maxine Suzanne, Vol IV
Thomas, Nigel J. T., Vol I, IV
Thomas, Norman C., Vol IV
Thomas, Orlan E., Vol I, II
Thomas, Owen Clark, Vol IV
Thomas, Paul R., Vol II
Thomas, Randall S., Vol IV
Thomas, Roger K., Vol III
Thomas, Ruth Paula, Vol III
Thomas, Samuel Joseph, Vol I
Thomas, Sidney C., Vol V
Thomas, Stafford H., Vol II
Thomas, Timothy, Vol IV
Thomasma, David C., Vol IV
Thomason, Phil, Vol III
Thomason, Wallace Ray, Vol II
Thomasson, Gordon C., Vol I, IV
Thompson, Alan Smith, Vol I
Thompson, Almose Alphonse, II, Vol IV
Thompson, Becky, Vol V
Thompson, Brian, Vol III
Thompson, Bruce, Vol I
Thompson, Chevia, Vol II
Thompson, Cynthia L., Vol II, IV
Thompson, David L., Vol IV
Thompson, Dorothy Gillian, Vol I
Thompson, Earl A., Vol IV
Thompson, Ewa Majewska, Vol III
Thompson, G. Ray, Vol I
Thompson, Gary, Vol II
Thompson, Gary Richard, Vol II
Thompson, George, Jr., Vol IV
Thompson, Glen L., Vol I
Thompson, Hilary, Vol II
Thompson, Janet Ann, Vol I
Thompson, Jewel T., Vol II
Thompson, John H., Vol I
Thompson, Kenneth F., Vol IV
Thompson, Larry, Vol I
Thompson, Laurence G., Vol I
Thompson, Leonard Leroy, Vol IV
Thompson, M. T., Jr., Vol IV
Thompson, Margaret Susan, Vol I, IV
Thompson, O., Vol IV
Thompson, Paul B., Vol IV
Thompson, Ray, Vol II
Thompson, Robert Farris, Vol I
Thompson, Roger C., Vol II
Thompson, Roger Mark, Vol III, V
Thompson, Sanna J., Vol V
Thompson, Spencer K., Vol V
Thompson, Stephen A., Vol I
Thompson, Vetta L., Vol V
Thompson, Victoria E., Vol I
Thompson, William, Vol V
Thompson, William M., Vol IV
Thomsen, Mark, Vol IV
Thomson, Clive, Vol III
Thomson, Garrett, Vol IV
Thomson, George Henry, Vol II
Thomson, Kathryn, Vol IV
Thomson, William, Vol IV
Thongthiraj, Dootsdeemalachanok, Vol II
Thorburn, Carolyn Coles, Vol III
Thorelli, Hans Birger, Vol IV
Thormann, Gerard Charles, Vol I
Thorn, Arline Roush, Vol II, III
Thorn, J. Dale, Vol II
Thornburg, E. G., Vol IV
Thorndike, Jonathan L., Vol II
Thornell, Richard Paul, Vol IV
Thornton, Archibald Paton, Vol I
Thornton, David, Vol IV
Thornton, Jeri, Vol II, V
Thornton, John K., Vol I
Thornton, Richard C., Vol I
Thornton, S. A., Vol I
Thorp, John, Vol IV
Thorp, John P., Vol V
Thorpe, James, Vol II
Thorpe, Judith M., Vol II
Thorpe, Samuel, Vol IV
Thorpe, Wayne L., Vol I
Thorsen, Kristine, Vol III
Thorson, Connie C., Vol II
Thorson, Helga, Vol III
Thorson, James A., Vol V
Thorson, James Llewellyn, Vol II
Thorson, Norm, Vol IV
Thrall, Trevor, Vol II
Thrasher, William, Vol I
Threatte, Leslie L., Vol II, III
Thro, Linus J., Vol IV
Throckmorton, E. Warren, Vol V
Throne, Barry, Vol II
Thronveit, Mark A., Vol IV
Thuente, Mary Helen, Vol II, III
Thumin, Fred J., Vol V
Thundy, Zacharias P., Vol II, III
Thurber, Karl T., Vol V
Thurber, Tim, Vol I
Thurin, Susan Molly Schoenbauer, Vol II
Thurman, Alfonzo, Vol V
Thursby, Gene Robert, Vol I, IV
Thurston, Bonnie Bowman, Vol IV
Thurston, Gary J., Vol I
Thurston, Robert, Vol I
Thym, Jurgen, Vol II
Thyret, Isolde, Vol I
Tibbetts, Paul E., Vol IV
Tiberius, Valerie, Vol IV
Tichenor, Irene, Vol I
Tichi, Cecelia, Vol II, V
Tick, Judith, Vol II
Tidman, Paul, Vol IV
Tidwell, John Edgar, Vol II
Tiede, David L., Vol IV
Tiefer, Charles, Vol IV
Tiemens, Robert K., Vol II
Tierney, Brian, Vol I
Tierney, James E., Vol IV
Tierney, James Edward, Vol II
Tierney, Kevin H., Vol IV
Tierney, Nathan, Vol IV
Tiersma, Peter M., Vol IV
Tiersten, Lisa, Vol I
Tiessen, Paul, Vol II, V
Tiessen, Terrance, Vol IV
Tigay, Jeffrey Howard, Vol II, IV
Tiger, Virginia Marie, Vol II
Tignor, Robert L., Vol I
Tijerina, Andres, Vol I
Tikku, Girdhari, Vol III
Tiles, J. E., Vol IV
Tillers, Peter, Vol IV
Tilles, Gerald Emerson, Vol IV
Tilley, John, Vol IV
Tilley, Terrence W., Vol IV
Tillis, Frederick C., Vol II
Tillman, Hoyt Cleveland, Vol I
Tillson, Albert H., Jr., Vol I
Tilly, Louise A., Vol I
Timberlake, Charles E., Vol I
Timberlake, Constance Hector, Vol V
Timbie, Janet Ann, Vol I, IV
Timko, Michael, Vol II
Timmerman, Joan H., Vol IV
Timpe, Eugene Frank, Vol III
Tims, Albert R., Vol II
Tindall, George Brown, Vol I
Ting, Siu-Man R., Vol V
Tingley, Donald Fred, Vol I
Tinkcom, Matthew, Vol II
Tinsley, Fred Leland, Jr., Vol IV
Tinsley, James Aubrey, Vol I
Tinsley, James R., Vol I, III
Tippens, Darryl L., Vol II
Tirado, Isabel A., Vol I
Tirado, Thomas C., Vol I
Tirro, Frank Pascale, Vol II
Tiryakian, Edward A., Vol V
Tischler, Hans, Vol II
Tischler, Nancy Marie, Vol II
Tisdale, Celes, Vol II
Tiso, Francis V., Vol IV
Titche, Leon L., Vol III
Titiev, Robert Jay, Vol IV
Titley, E. Brian, Vol I
Titon, Jeff Todd, Vol I
Tittler, Robert, Vol I
Tiyambe Zeleza, Paul, Vol I
Tm, King, Vol II, IV
Toadvine, Ted, Vol IV
Tobey, Ronald Charles, Vol I
Tobias, Carl William, Vol IV
Tobias, Michael Charles, Vol II
Tobias, Richard C., Vol II
Tobin, Daniel, Vol II
Tobin, Eugene Marc, Vol I
Tobin, Frank J., Vol II, IV
Tobin, Ronald William Francis, Vol III
Tobin, Thomas Herbert, Vol IV
Tobin, Thomas J., Vol IV
Toby, Ronald P., Vol I, V
Todd, Alexandra, Vol V
Todd, Dennis, Vol II
Todd, Donald David, Vol IV
Todd, Ian Alexander, Vol I
Todd, Larry, Vol II
Todd, Margo, Vol I
Todd, Mary, Vol I
Todd, Virgil H., Vol IV
Todd, William B., Vol II
Todorova, M., Vol I
Toenjes, Richard H., Vol IV
Toft, Robert, Vol II
Toher, Mark, Vol II, III
Tohidi, Nayereh E., Vol V
Tokarczyk, Michelle M., Vol II
Toker, Franklin K., Vol I
Tokunaga, Emiko, Vol I
Tolbert, Elizabeth D., Vol II
Tolchin, Susan Jane, Vol IV
Toledano, Jaun Carlos, Vol III
Tolen, W. Christopher, Vol V
Toler, Colette, Vol II
Toles, George E., Vol II
Tollefson, Chris, Vol IV
Tollefson, James William, Vol III
Tollers, Vincent Louis, Vol II
Tolles, Bryant F., Vol I
Tolliver, Joyce, Vol III
Tolliver, Richard Lamar, Vol IV
Tolmacheva, Marina, Vol I
Tolo, Khama-Basilli, Vol III
Tolomeo, Diane, Vol II
Tolson, Arthur, Vol I
Tolson, Nancy D., Vol II
Tolzmann, Don Heinrich, Vol I
Tomarchio, John, Vol IV
Tomasek, Kathryn, Vol I
Tomasini, Wallace John, Vol I
Tomaskovic-Devey, Barbara A., Vol V
Tomasulo, Frank P., Vol II
Tomayko, James Edward, Vol I, III
Tomes, Nancy Jane, Vol I
Tominaga, Thomas T., Vol IV
Tomlin, Carol, Vol II
Tomlins, Christopher L., Vol I, IV
Tomlinson, John G., Vol IV
Tomlinson, Robert, Vol I
Tompkins, Cynthia Margarita, Vol II
Tompkins, Jane, Vol II
Tompkins, Phillip K., Vol II
Tompson, Richard Stevens, Vol I
Toms-Robinson, Dolores C., Vol V
Tong, Diane, Vol III
Tong, Lik Kuen, Vol IV
Tong, Rosemarie, Vol IV
Tongson, Karen L., Vol II
Tonkin, Humphrey R., Vol II, III
Tonn, Anke, Vol II
Tooley, Michael J., Vol IV
Tooley, T. Hunt, Vol I
Toombs, Charles Phillip, Vol II
Toote, Gloria E. A., Vol IV
Topel, Bernadette, Vol IV
Toplin, Robert B., Vol I
Toppin, Edgar Allan, Vol I
Torbenson, Craig L., Vol I
Torell, Kurt Charles, Vol IV
Torgovnick, Marianna De Marco, Vol II, III
Toribio, Josefa, Vol IV
Torjesen, Karen Jo, Vol IV
Tornell, Aaron, Vol IV
Tornquist, Leroy J., Vol IV
Torodash, Martin, Vol I
Torosyan, Roben, Vol V
Torrago, Loretta, Vol IV
Torrance, Robert M., Vol III
Torrecilla, Jesus, Vol V
Torres, Hector, Vol II
Torres, Louis, Vol II, V
Torres, Sam, Vol IV
Torres-Gregory, Wanda, Vol IV
Torres-Recinos, Julio, Vol III
Torrey, Glenn E., Vol I
Toruno, Rhina, Vol III
Toscano, Peter, Vol V
Tossa, Wajuppa, Vol II
Toth, Bill, Vol II
Toth, Emily, Vol II
Totosy de Zepetnek, Steven, Vol II
Totten, George Oakley, III, Vol I
Toulouse, Mark G., Vol I, IV
Toulouse, Teresa, Vol II
Toumayan, Alain P., Vol III
Toumazou, Michael K., Vol II, III
Toupin, Robert, Vol I
Toure, Diala, Vol I
Tournier, Claude, Vol III
Tournissac, Annick-France, Vol III
Tovell, Rosemarie, Vol I
Towner, Wayne Sibley, Vol III, IV
Townes, Emilie M., Vol IV
Towns, Elmer, Vol IV
Towns, Sanna Nimtz, Vol II
Townsel, Sylviane, Vol II, III
Townsend, Ann, Vol II
Townsend, Dabney W., Jr., Vol IV
Townsend, David J., Vol V
Townsend, Gavin, Vol I
Townsend, Richard, Vol I
Townsend, Robert Campbell, Vol II
Townsley, Eleanor R., Vol V
Trace, Jacqueline Bruch, Vol II
Tracey, Donald Richard, Vol I
Trachtenberg, Alan, Vol I, II
Trachtenberg, Marc, Vol I
Tractenberg, Paul L., Vol IV
Tracy, Ann B., Vol II
Tracy, James, Vol I
Tracy, Karen, Vol II
Tracy, Patricia Juneau, Vol I
Trafzer, Clifford Earl, Vol I
Trahan, Elizabeth Welt, Vol III
Traill, David Angus, Vol III
Trainor, Charles Robert, Vol II
Traister, Bryce, Vol II
Trammell, Richard Louis, Vol IV
Trani, Eugene Paul, Vol I
Trapnell, William Holmes, Vol III
Trapp-Dail, Rosa Lee, Vol V
Trask, David F., Vol I
Trask, Kerry A., Vol I
Trask, Roger R., Vol I
Trattner, Walter Irwin, Vol I
Traub, George William, Vol II, IV
Traugott, Elizabeth Closs, Vol III
Traupman, John Charles, Vol III
Trautman, Donald T., Vol IV
Trautmann, Thomas Roger, Vol I
Traver, Holly A., Vol V
Travers, Arthur Hopkins, Vol IV
Traversa, Vincenzo, Vol III
Travis, Fred, Vol V
Travis, Molly Abel, Vol II
Travis, Peter W., Vol II
Travisano, Thomas J., Vol II
Trawick, Leonard Moses, Vol II
Traylor, Eleanor W., Vol II
Traynor, Michael, Vol IV
Treadgold, Warren, Vol I, II, III
Treadwell, Thomas, Vol V
Treat, James, Vol IV
Treckel, Paula Ann, Vol I
Tredway, John Thomas, Vol I, IV
Trefousse, Hans L., Vol I
Treggiari, Susan M., Vol II, III
Tregouet, Annie D., Vol I, III
Trehub, Arnold, Vol V
Trela, D. J., Vol II
Trelease, Allen William, Vol I
Trembath, Paul, Vol II
Trennert, Robert Anthony, Vol I
Trent, Jimmie Douglas, Vol II
Trent, Judith, Vol II
Trentmann, Frank, Vol I
Tress, Daryl McGowan, Vol IV
Tress, Daryl McGowen, Vol IV
Treusch, Paul E., Vol IV
Trevelyan, Amelia M., Vol I
Trevisan, Carey, Vol V
Trevizo, Dolores, Vol V
Trexler, Richard C., Vol I
Tribe, Ivan Mathews, Vol I
Tribe, Laurence Henry, Vol IV
Tricarico, Donald, Vol V
Trickel, John, Vol I
Tricomi, Albert Henry, Vol II
Triece, Mary, Vol II
Trigilio, Jo, Vol IV, V
Trimble, John Ralston, Vol II
Trimble, Richard M., Vol I
Trimble, Stanley W., Vol I
Trimmer, Joseph Francis, Vol I, II
Triplett, Tim, Vol IV
Tripodi, Tony, Vol V
Tripp, Bernell E., Vol II
Tripp, Luke S., Vol I, V
Tripp, Michael, Vol V
Trisco, Robert Frederick, Vol I, IV
Tristan, J., Vol IV
Tritle, Lawrence, Vol I
Trix, Frances, Vol V
Trobisch, David, Vol IV
Troeger, Thomas, Vol IV
Troiano, James J., Vol III
Trolander, Judith Ann, Vol I
Trommler, Frank Alfred, Vol III
Tronzo, William, Vol I
Troost, Linda V., Vol II
Trope, Yaacov, Vol V
Trotter, A. H., Jr., Vol IV
Trotter, Gary, Vol IV
Trotter, Griffin, Vol IV
Trotter, Mary, Vol II
Trouille, Mary S., Vol III
Trout, J. D., Vol IV
Trowbridge, John, Vol IV
Troxler, Carole Watterson, Vol I
Troy, Nancy J., Vol I
Troy, Virgina Gardner, Vol I
Troyer, John G., Vol IV
Troyer, Lisa L., Vol V
Truax, Elizabeth, Vol II
Truckenbrodt, Hubert, Vol III
Trudel, Marcel, Vol I
True, Michael D., Vol II
Truemper, David George, Vol IV
Trujillo, Nick L., Vol II
Trulear, Harold Dean, Vol IV
Trull, Joe, Vol IV
Trumbach, Randolph, Vol I
Trumbower, Jeffrey A., Vol IV

Trumpener, Katie, Vol II
Trumpener, Ulrich, Vol I
Trundle, Robert, Vol IV
Truss, Ruth Smith, Vol I
Trusty, Jerry, Vol V
Trusty, Norman Lance, Vol I
Trutty-Coohill, Patricia, Vol I
Tryman, Mfanya Donald, Vol IV
Tryphonopoulos, Demetres P. P., Vol II
Tsagaris, Ellen, Vol II
Tsai, Shih-shan Henry, Vol I
Tschemplik, Andrea, Vol IV
Tsebelis, George, Vol IV
Tseo, George, Vol I
Tsiapera, Maria, Vol III
Tsin, Michael, Vol I
Tsirpanlis, Constantine Nicholas, Vol I, IV
Tsunoda, Elizabeth, Vol I
Tsurumi, E. Patricia, Vol I
Tu, Ching-I, Vol I, III
Tu, Wei-Ming, Vol I, IV
Tubb, Gary, Vol IV
Tubbs, James B., Vol IV
Tuchler, Dennis John, Vol IV
Tuck, Donald Richard, Vol I, IV
Tucker, Bonnie, Vol IV
Tucker, Bruce, Vol I
Tucker, Cynthia Grant, Vol II, III
Tucker, David Milton, Vol I
Tucker, Edward L., Vol II
Tucker, Gene M., Vol IV
Tucker, Gordon, Vol IV
Tucker, Janet, Vol III
Tucker, John J., Vol III
Tucker, Louis Leonard, Vol I
Tucker, Mark, Vol I, II
Tucker, Martin, Vol II
Tucker, Mary Evelyn, Vol I, IV
Tucker, Melvin Jay, Vol I
Tucker, Nancy Bernkopf, Vol I
Tucker, Richard, Vol III
Tucker, Richard Philip, Vol I
Tucker, Robert Askew, Vol III
Tucker, Spencer C., Vol I
Tucker, William E., Vol I, IV
Tucker, William F., Vol I
Tuell, Steven Shawn, Vol IV
Tuerk, Richard, Vol II
Tuerkheimer, Frank M., Vol IV
Tulchinsky, Gerald J. J., Vol I
Tulis, Jeffrey K., Vol IV
Tull, Charles Joseph, Vol I
Tull, Herman, Vol I, IV
Tullos, Allen E., Vol I
Tumasonis, Elizabeth, Vol I
Tumlin, John S., Vol IV
Tumminia, Diana, Vol V
Tumpkin, Mary A., Vol IV
Tunick, David C., Vol IV
Tuninetti, Angel T., Vol III
Turco, Lewis, Vol II
Turetzky, Nachum, Vol IV
Turgeon, Gabrielle S., Vol III
Turino, Thomas, Vol II
Turk, Austin T., Vol V
Turk, Eleanor L., Vol I
Turk, Judy Van Slyke, Vol II
Turk, Richard Wellington, Vol I
Turkewitz, Gerald, Vol V
Turkington, Richard C., Vol IV
Turley, Alan, Vol V
Turley, Hans, Vol II
Turnbaugh, William A., Vol V
Turnbull, Barbara, Vol V
Turnbull, Robert George, Vol IV
Turner, B. L., II, Vol I
Turner, Donald A., Vol IV
Turner, Doris J., Vol I
Turner, Edith, Vol V
Turner, Eldon R., Vol I
Turner, Frank Miller, Vol I
Turner, Frederick, Vol II
Turner, Henry Ashby, Jr., Vol I
Turner, James, Vol I
Turner, James Hilton, Vol III
Turner, Jeanine W., Vol II
Turner, Joan, Vol III
Turner, John D., Vol I, IV
Turner, Jonathan H., Vol V
Turner, Myron M., Vol II
Turner, Paige K., Vol II
Turner, Ralph V., Vol I
Turner, Richard Charles, Vol II
Turner, Robert Foster, Vol IV
Turner, Robert Kean, Vol II
Turner, Robert Y., Vol II
Turner, Stephen, Vol II, V
Turner, Terence S., Vol V
Turner, Thomas Reed, Vol I
Turner, Wes, Vol I
Turner, Win, Vol V
Turow, Joseph G., Vol II
Turquette, Atwell R., Vol IV
Turshen, Meredeth, Vol I
Tusa, Michael, Vol I
Tusan, Gail S., Vol IV
Tushingham, Arlotte Douglas, Vol I
Tushnet, Mark Victor, Vol I, IV
Tusiani, Joseph, Vol III
Tuten, Nancy, Vol II
Tuttle, Edward Fowler, Vol III
Tuttle, Howard N., Vol IV
Tuttle, Jon, Vol II
Tuttle, Richard J., Vol I
Tuttle, Russell H., Vol V
Tuttle, William M., Vol I
Tuttleton, James Wesley, Vol II
Twaddell, Gerald E., Vol IV
Tweed, Thomas A., Vol IV
Tweney, Ryan D., Vol V
Tweraser, Felix W., Vol III
Twesigye, Emmanuel, Vol IV
Tweton, D. Jerone, Vol I
Twetten, David B., Vol IV
Twinam, Ann, Vol I
Twining, Mary Arnold, Vol II
Twiss, Sumner Barnes, Vol IV
Twitchell, James B., Vol II
Twitchell, Mary Poe, Vol IV
Twohig, Dorothy Ann, Vol I
Twombly, Robert C., Vol I
Twombly, Robert Gray, Vol II
Twomey, Michael, Vol II
Ty, Eleanor R., Vol II, V
Tykot, Robert, Vol V
Tylenda, Joseph N., Vol IV
Tyler, Carole-Anne, Vol II
Tyler, Daniel, Vol I
Tyler, Gerald DeForest, Vol V
Tyler, John W., Vol I
Tyler, Pamela, Vol I
Tyler, Ronald, Vol IV
Tyler, Stephen, Vol V
Tyler May, Elaine, Vol I
Tyrrell, Bernard James, Vol IV
Tyson, John R., Vol IV
Tyson, Joseph B., Vol IV
Tyson, Nancy Jane, Vol II
Tytell, John, Vol II
Ubbelohde, Carl, Vol I
Uddo, Basile Joseph, Vol IV
Udoh, Fabian E., Vol IV
Udovitch, Abraham L., Vol I
Udwin, Victor, Vol III
Ueda, Makoto, Vol II, IV
Ueda, Reed T., Vol I
Uffelman, Larry Kent, Vol II
Ufford, Lettia W., Vol I
Ugarte, Michael, Vol III
Uggen, Chris, Vol V
Uhde, Anna P., Vol V
Uhr, Horst, Vol I
Uitti, Karl D., Vol III
Uitti, Roger W., Vol IV
Ukpokodu, Peter, Vol II
Ulanov, Ann Belford, Vol IV, V
Ulanov, Barry, Vol II
Ulatowska, Hanna K., Vol III
Ulbrich, David J., Vol I
Ulen, Elisa Nefertari, Vol II
Ulen, Thomas S., Vol IV
Ulery, Robert W., Vol II, III
Ulian, Joseph, Vol IV
Ullman, Joan Connelly, Vol I
Ullman, Pierre Lioni, Vol III
Ulmer, Jeffery T., Vol V
Ulmer, William A., Vol II
Ulrich, Dolph, Vol IV
Ulrich, Homer, Vol I
Ulrich, Laurel Thatcher, Vol I
Ulrich, Lawrence P., Vol IV
Ultee, Maarten, Vol I
Umanzor, Marta A., Vol III
Umeh, Marie A., Vol II
Umemoto, Karen, Vol I
Umidi, Joseph L., Vol IV
Umland, Rebecca, Vol II
Umland, Samuel, Vol II
Umphlett, Wiley Lee, Vol II
Underiner, Tamara, Vol II
Underwood, Harry, Vol IV
Underwood, James L., Vol IV
Underwood, Richard, Vol II
Underwood, Ted Leroy, Vol I
Underwood, Willard A., Vol II
Ungar, Anthony, Vol IV
Ungar, Steven, Vol III
Unger, Douglas A., Vol II
Unger, Irwin, Vol I
Unger, James Marshall, Vol III
Unger, Nancy, Vol I
Unnithan, N. Prabha, Vol V
Unno, Mark, Vol IV
Unno, Taitetsu, Vol IV
Unrau, John, Vol II
Unrau, William Errol, Vol I
Unrau, Yvonne A., Vol V
Unsworth, John M., Vol II
Unterberger, Betty Miller, Vol I
Upchurch, David A., Vol II
Uphaus, Robert Walter, Vol II
Upshur, Jiu-Hwa Lo, Vol I
Upton, Dell, Vol I
Upton, Julia A., Vol IV
Upton, Lee, Vol II
Upton, Thomas Vernon, Vol IV
Uraizee, Joya F., Vol II
Urbain, Henri, Vol III
Urban, Michael, Vol IV
Urban, Michael A., Vol I
Urban, William Lawrence, Vol I
Urbanc, Katica, Vol III
Urbina, Susana P., Vol V
Urbrock, William Joseph, Vol IV
Urdan, Timothy C., Vol V
Urgo, Joseph R., Vol II
Urkowitz, Steven, Vol II
Urness, Carol, Vol I
Urofsky, Melvin Irving, Vol I
Ury, M. William, Vol I, IV
Uscher, Nancy, Vol II
Usilton, Larry, Vol I
Usiskin, Zalman, Vol V
Utley, Robert Marshall, Vol I
Utton, Albert E., Vol IV
Utz, Richard J., Vol II
Uviller, H. Richard, Vol IV
Uzgalis, William, Vol III, IV
Vaccaro, Joseph, Vol II
Vacek, Edward Victor, Vol IV
Vadney, Thomas Eugene, Vol I
Vagts, Detlev F., Vol IV
Vahlkamp, Charles G., Vol III
Vailakis, Ivan Gordon, Vol II, III
Vaillancourt, Daniel, Vol IV
Vaillancourt, Daniel, Vol III
Vairo, Georgene M., Vol IV
Vajda, Edward J., Vol III
Valaik, J. David, Vol I
Valaskakis, Gail, Vol II
Valbuena-Briones, Angel Julian, Vol III
Valdes, Dennis N., Vol I
Valdman, Albert, Vol III
Valente, Luiz Fernando, Vol III
Valenti, Peter Louis, Vol II
Valentine, P. V., Vol V
Valentine, Tamara M., Vol III
Valentis, Mary Arensberg, Vol II
Valenze, Deborah, Vol I
Valeri, Mark, Vol IV
Valerie M., Babb, Vol II
Valesio, Paolo, Vol II
Valette, Rebecca Marianne, Vol III
Valgemae, Mardi, Vol II
Valiante, Giovanni, Vol V
Valihora, Karen, Vol II
Valis, Noel M., Vol III
Valkenier, Elizabeth Kridl, Vol I
Vall, Gregory, Vol IV
Vallega-Neu, Daniela, Vol IV
Vallentyne, Peter, Vol IV
Valletta, Clement Lawrence, Vol I, II
Valley, David B., Vol II
Vallicella, William F., Vol IV
Valliere, Paul R., Vol IV
Valois, Raynald, Vol I
Valone, Carolyn, Vol I
Valone, James S., Vol I
Van, Thomas A., Vol II, III
Van Appledorn, Mary Jeanne, Vol II
Van Baelen, Jacqueline, Vol III
Van Beveren, Toosje T., Vol V
Van Broekhoven, Deborah, Vol I
van Buren, John, Vol IV
Van Camp, Julie C., Vol IV
Van Cleve, James, Vol IV
Van Dam, Deedee, Vol V
van de Mieroop, Marc, Vol I
Van De Mortel, Joseph A., Vol IV
Van De Walle, Etienne, Vol V
Van Deburg, William L., Vol I
Van Den Berghe, Pierre L., Vol V
van den Hoven, Adrian, Vol III
Van Der Linden, Harry, Vol IV
van der Merwe, Nikolaas Johannes, Vol I
van der Mieroop, Marc, Vol I
Van Der Slik, Jack Ronald, Vol V
Van Der Vyver, Johan D., Vol IV
Van Dover, James K., Vol II
Van Dyke, Annette, Vol V
Van Dyke, Brian D., Vol IV
Van Eemeren, Frans H., Vol II
Van Evra, James, Vol IV
van Gelderen, Elly, Vol II
van Hartesveldt, Fred R., Vol I
Van Helden, Albert, Vol I
Van Hook, Jay M., Vol IV
van Inwagen, Peter, Vol IV
Van Liere, Frans, Vol I
Van Miegroet, Hans J., Vol I
Van Norden, Bryan W., Vol IV
van Nus, Walter, Vol I
Van Patten, James J., Vol I, IV
Van Pelt, Tamise, Vol II
Van Rheenen, Gailyn, Vol IV
van Roojen, Mark, Vol IV
Van Seters, John, Vol III, IV
van Slyke, Gretchen J., Vol III
Van Steen, Gonda Aline Hector, Vol II, III
Van Tine, Warren R., Vol I
Van Vliet, Edward Richie, Vol III
Van Zanten, David, Vol I
Vanallen, Rodger, Vol IV
Vanauken, Sheldon, Vol I, II
Vance, Barbara, Vol III
Vance, Cynthia Lynn, Vol V
Vance, Donald Richard, Vol IV
Vance, John Anthony, Vol II
Vance, Sylvia P., Vol III
Vance, Timothy, Vol III
Vance, William Lynn, Vol II
Vancil, David, Vol II
VanDale, Robert, Vol IV
Vande Berg, Leah R., Vol II
Vande Kemp, Hendrika, Vol V
Vandeloise, Claude, Vol III
Vanden Bossche, Chris R., Vol II
Vandenakker, John, Vol IV
Vander Kam, James C., Vol IV
Vander Mey, Randall J., Vol II
Vander Ploeg, Scott D., Vol II
Vander Vliet, Marvin J., Vol IV
Vandergriff, Ken, Vol IV
VanderMeer, Philip, Vol I
Vanderpool, Harold Young, Vol I, IV
Vandersee, Charles Andrew, Vol II
Vandervort, Bruce, Vol I
Vandervort, Lucinda, Vol IV
Vanderwerken, David Leon, Vol II
Vanderwilt, Jeffery T., Vol IV
Vanderwood, Paul Joseph, Vol I
Vandiver, Elizabeth, Vol II, III
Vandiver, Frank Everson, Vol I
Vandoorn-Harder, Nelly, Vol IV
VanDuzer, Anthony J., Vol IV
Vanegmond, Peter, Vol II
Vangelisti, Anita L., Vol II
Vann, Barbara H., Vol V
Vann, Jerry Don, Vol II
Vann, Richard T., Vol I
Vann, Robert Lindley, Vol I
Vann, Roberta Jeanne, Vol II
Vannatta, Dennis, Vol II
Vannoy, J. Robert, Vol IV
VanPatten, Bill, Vol III
Vansina, Jan, Vol I, V
Vantine, Warren, Vol I
Vaporis, Constantine N., Vol I
Varacalli, Joseph A., Vol V
Varadharajan, Asha, Vol II
Varallo, Sharon, Vol III, V
Vardaman, James Welch, Vol I
Varderi, Alejandro, Vol III, V
Vardy, Agnes Huszar, Vol II
Vardy, Steven Bela, Vol I
Varg, Paul Albert, Vol I
Varga, Nicholas, Vol I
Vargas, Julie S., Vol V
Vargas, Margarita, Vol III
Varnado, Douglas, Vol IV
Varnelis, Kazys, Vol I
Varner, Eric R., Vol I
Varner, Gary Edward, Vol IV
Varner, Willaim, Vol IV
Varnum-Gallant, Billie M., Vol II
Varona, Federico, Vol II
Vartabedian, Robert A., Vol II
Varzi, Achille C., Vol IV
Vassberg, David Erland, Vol I
Vasta, Edward, Vol II
Vasvari, Louise O., Vol III
Vatz, Richard E., Vol II
Vaughan, Alden T., Vol I
Vaughan, Frederick, Vol IV
Vaughan, Stephanie L., Vol V
Vaughan, Virginia M., Vol II
Vaughn, Barry, Vol I, IV
Vaughn, Gary Lee, Vol II
Vaughn, Lea B., Vol IV
Vaughn, Michael S., Vol IV
Vaughn, Robert Gene, Vol IV
Vaughn, Stephen Lee, Vol I
Vause, Deborah, Vol II
Vause, L. Mikel, Vol II
Vautier, Marie, Vol III
Vavra, Edward, Vol II
Vazquez, Oscar E., Vol I
Vazsonyi, Alexander T., Vol V
Vazsonyi, Nicholas, Vol III
Veaner, Allen B., Vol II
Veatch, Robert M., Vol IV
Vecera, Grant, Vol II
Vecoli, Rudolph John, Vol I
Vecsey, Christopher, Vol I, IV
Veenker, Ronald Allen, Vol I, IV
Vega, Carlos, Vol III
Vehse, Charles T., Vol I, IV
Veler, Richard, Vol II
Velez, Joseph Francisco, Vol III
Velicer, Wayne F., Vol V
Velie, Alan R., Vol II
Velimirovic, Milos, Vol II
Velkley, Richard L., Vol IV
Velting, Drew, Vol V
Veltri, Stephen, Vol IV
Vena, Michael, Vol III
Venarde, Bruce L., Vol I, II
Venclova, Tomas Andrius, Vol III
Vendler, Helen Hennessy, Vol II
Veneziano, Carol, Vol IV
Venn, George, Vol II
Ver Eecke, Wilfried, Vol IV
Verani, Hugo Juan, Vol III
Verba, Ericka K., Vol I
Verbit, Mervin F., Vol V
Verbrugge, Martha Helen, Vol I
Verchick, Robert R., Vol IV
Verderber, Rudolph Francis, Vol II
Verdesio, Gustavo, Vol III
Verene, Donald P., Vol IV
Verge, Arthur C., Vol I
Vergnaud, Jean-Roger, Vol III
Verhaegh, Marcus, Vol IV
Verhey, Allen Dale, Vol IV
Verkamp, Bernard, Vol IV
Verkerk, Dorothy Hoogland, Vol I
Verkruyse, Peter, Vol IV
Vermazen, Bruce James, Vol IV
Vermette, Rosalie Ann, Vol III
Vernezze, Peter J., Vol IV
Vernier, Richard, Vol III
Vernoff, Charles Elliott, Vol IV
Vernon, James, Vol I
Verrett, Joyce M., Vol I
Verrico, Rose May, Vol II
Verschoor, Charles V., Vol V
Versluis, Arthur, Vol II
Vertin, Michael, Vol IV
Vervoort, Patricia, Vol I
Vessely, Thomas Richard, Vol III
Vest, David, Vol II
Vesterman, William, Vol II
Vetrano, Anthony Joseph, Vol III
Vetrocq, Marcia E., Vol I
Viator, Timothy J., Vol II
Viault, Birdsall Scrymser, Vol I
Vick, Laura G., Vol V
Vickers, Anita M., Vol II
Vickers, Nancy J., Vol III
Vickery, John B., Vol II
Vickery, Walter, Vol III
Vickrey, John Frederick, Vol III
Vickroy, Laurie, Vol II
Victor, Jeffery, Vol V
Vidal, Hernan, Vol II, III
Vidal, Jaime R., Vol IV
Viehmeyer, L. Allen, Vol III
Vielkind, John N., Vol IV
Viera, David John, Vol III
Viereck, Peter, Vol I, II
Vietor, Richard Henry Kingsbury, Vol I
Vigil, Ralph Harold, Vol I
Vigilanti, John A., Vol IV
Viles, Perry, Vol I
Villafane, Eldin, Vol IV

Alphabetical Index

Villanueva, Celestino Alberto, Vol II
Villanueva, Victor, Vol II
Villena-Alvarez, Juanita, Vol III
Viminitz, Paul, Vol IV
Vincent, Charles, Vol I
Vincent, David, Vol IV
Vincent, K. Steven, Vol I
Vinci, Thomas, Vol IV
Vine, Brent, Vol II, III
Vinikas, Vincent, Vol I
Vining, Joseph, Vol IV
Vinovskis, Maris A., Vol I
Vinson, Mark Alan, Vol II
Vinyard, JoEllen, Vol I
Viola, Herman Joseph, Vol I
Violas, Paul Constantine, Vol I, V
Violette, Aurele J., Vol I
Vipond, Mary, Vol I
Vipperman, Carl, Vol I
Viscarri, Dionisio, Vol III
Visconti, Colleen, Vol II
Viser, Victor J., Vol II
Vision, Gerald, Vol IV
Visor, Julia N., Vol II
Visotzky, Burton L., Vol IV
Visser, Derk, Vol I
Visson, Lynn, Vol III
Viswanathan, Gauri, Vol II
Vita, Steven, Vol I
Vitello, Ralph Michael, Vol III
Vitiello, Justin, Vol III
Vitto, Cindy, Vol II
Vitz, Evelyn Birge, Vol III
Vitz, Robert C., Vol I
Vivas, Eliseo, Vol IV
Vivian, Cordy Tindell, Vol IV
Vivian, James Floyd, Vol I
Vlam, Grace A. H., Vol I
Vlasich, James Anthony, Vol I
Vlasopolos, Anca, Vol II
Voegeli, Victor Jacque, Vol I
Voeltz, Richard Andrew, Vol I
Voelz, James W., Vol IV
Vogan, Nancy F., Vol II
Vogel, Manfred H., Vol IV
Vogel, Nancy, Vol II
Vogel, Robert, Vol I
Vogelaar, Harold Stanton, Vol IV
Vogeler, Martha Salmon, Vol I, II
Vogeley, Nancy Jeanne, Vol III
Vogels, Walter A., Vol IV
Vogler, Frederick Wright, Vol III
Vogt, Daniel, Vol I
Vogt, George Leonard, Vol I
Voigt, David Quentin, Vol I, V
Voigt, John F., Vol II
Voigts, Linda Ehrsam, Vol I, III
Volek, Emil, Vol III
Volkmer, Ronald R., Vol IV
Volkova, Bronislava, Vol III
Voll, John Obert, Vol I
Vollmar, Valerie J., Vol IV
Vollrath, John F., Vol IV
Volokh, Eugene, Vol IV
Voloshin, Beverly R., Vol II
Volpe, Gerald Carmine, Vol III
Volpe, Vernon L., Vol I
von Arx, Jeffery P., Vol I
von Baeyer, Edwinna L., Vol I
von Borstel, Federico, Vol V
Von Dassanowsky, Robert, Vol II, III
von Dehsen, Christian D., Vol IV
von der Emde, Silke, Vol III
Von Dirke, Sabine B., Vol III
Von Eckardt, Barbara, Vol IV
von Eye, Alexander A., Vol V
Von Flotow, Luise, Vol II
Von Frank, Albert J., Vol II
Von Friederichs-Fitzwater, Marlene M., Vol II
Von Hagen, Mark L., Vol I
Von Kellenbach, Katharine, Vol IV, V
Von Schneidemesser, Luanne, Vol III
von Wahlde, Urban C., Vol IV
Vonalt, Larry, Vol II
Vonfalkenhausen, L., Vol I
Vorspan, Rachel, Vol IV
Vos, Alvin, Vol II
Vos, Arvin G., Vol IV
Vos, Morris, Vol III
Vos, Nelvin Leroy, Vol II, IV
Vosper, Jim M., Vol I, IV, V
Voss, Richard W., Vol V
Vosteen, Thomas, Vol III
Vrame, Anton C., Vol IV
Vrettos, Athena, Vol II
Vryonis, Speros, Jr., Vol I
Vuchinich, Rudolph E., Vol V
Vucinich, Wayne S., Vol I
Vukowich, William T., Vol IV
Vyhmeister, Nancy Jean, Vol IV
Waage, Frederick O., Vol II, III
Wabuda, Susan, Vol I
Wachal, Robert Stanley, Vol III
Wacholder, Ben Zion, Vol I, II
Wachsmuth, Wayne R., Vol IV
Wachtel, Albert, Vol II
Wachtel, David, Vol V
Wack, John Theodore, Vol I
Waddams, Stephen M., Vol I
Waddell, James, Vol I, IV
Waddell, Louis Morton, Vol I
Waddington, Miriam, Vol II
Waddington, Raymond B., Vol II
Wade, Jacqueline E., Vol I
Wade, Jeffry, Vol IV
Wade, Jenny, Vol V
Wade, Louise Carroll, Vol I
Wade, Michael G., Vol I
Wade, Rex Arvin, Vol I
Wade, Robert J., Vol IV
Wade, Seth, Vol II
Wade, William Junius, Vol I
Wade-Gayles, Gloria Jean, Vol II
Wadell, Paul J., Vol IV
Wadlington, Walter James, Vol IV
Wadlington, Warwick Paul, Vol II
Wadsworth, Sarah A., Vol II
Waelti-Walters, Jennifer, Vol III, V
Waetjen, Herman C., Vol IV
Wagar, W. Warren, Vol I
Wagenaar, Larry, Vol I
Wagener, Guy, Vol III
Wagener, Hans, Vol III
Wagenheim, Olga, Vol I
Wages, Jack D., Vol II
Waggoner, Lawrence W., Vol IV
Wagner, Annice, Vol IV
Wagner, David, Vol V
Wagner, M. John, Vol II
Wagner, Mark G., Vol II
Wagner, Michael Frank, Vol IV
Wagner, Paul Anthony, Vol IV
Wagner, Roy, Vol I, V
Wagner, Steven, Vol IV
Wagner, Vern, Vol II
Wagner, Wenceslas Joseph, Vol IV
Wagner, William Gilson, Vol I
Wagstaff, Grayson, Vol II
Wahl, Jim, Vol I
Wahl, Russell, Vol IV
Wahlstrom, Billie J., Vol II
Waibel, Paul R., Vol I
Wailes, Stephen L., Vol III
Wainer, Alex, Vol II
Waingrow, Marshall, Vol II
Wainwright, Geoffrey, Vol IV
Wainwright, John A., Vol II
Wainwright, Sue, Vol IV
Wainwright, William J., Vol IV
Waite, Linda J., Vol V
Waite, Robert George Leeson, Vol I
Waith, Eugene Mersereau, Vol II
Wajda, Shirley, Vol I
Wakefield, John F., Vol V
Wakefield, Ray Milan, Vol III
Wakefield, Robert, Vol II
Wakelyn, Jon L., Vol I
Wakeman, Frederic Evans, Jr., Vol I
Wakin, Malham M., Vol IV
Wakoski, Diane, Vol II
Waks, Leah, Vol II
Walbank, Michael Burke, Vol I, II, III
Walberg, Gisela, Vol I
Walch, Timothy G., Vol I
Walchak, Karol L., Vol II, III
Walcott, Robert, Vol I
Wald, Alan Maynard, Vol I, II
Wald, Patricia M., Vol IV
Waldau, Paul, Vol IV
Waldbaum, Jane C., Vol I
Waldeland, Lynne M., Vol II
Walden, Daniel, Vol II
Waldinger, Renee, Vol III
Waldman, Glenys A., Vol III
Waldman, Martin, Vol I
Waldner-Haugrud, Lisa, Vol V
Waldoff, Leon, Vol II
Waldrep, Christopher, Vol I
Waldron, Mary Anne, Vol IV
Waldron, William S., Vol IV
Waldrop, Richard E., Vol IV
Waldstreicher, David L., Vol I
Walen, Alec D., Vol IV
Walford, Gerald, Vol V
Walgren, Kent, Vol IV
Walhout, Donald, Vol IV
Waligore, Joseph, Vol IV
Walken, Chrisopher, Vol I
Walker, Alan Cyril, Vol V
Walker, Albert Lyell, Vol II
Walker, Andrew David, Vol II, III
Walker, Brena B., Vol II
Walker, Charles Edward, Jr., Vol IV
Walker, Charlotte Zoe, Vol II
Walker, Cheryl, Vol II
Walker, Connie, Vol V
Walker, David, Vol II
Walker, David Allan, Vol I
Walker, David E., Vol II
Walker, Deward E., Vol V
Walker, Ernestein, Vol I
Walker, Ethel Pitts, Vol II
Walker, Forrest A., Vol I
Walker, Gail, Vol V
Walker, George Kontz, Vol I, IV
Walker, Hallam, Vol III
Walker, Hugh D., Vol I
Walker, James, Vol II
Walker, James Silas, Vol IV
Walker, Janet Anderson, Vol III
Walker, Janet L., Vol III
Walker, Jeanne M., Vol II
Walker, Jeff T., Vol IV
Walker, Jeffrey, Vol II
Walker, Juliet Elise Kirkpatrick, Vol I
Walker, Kim, Vol II
Walker, Lawrence David, Vol I
Walker, Mack, Vol I
Walker, Margaret, Vol IV
Walker, Margaret Urban, Vol IV
Walker, Melissa, Vol I
Walker, Nancy A., Vol II
Walker, Pamela J., Vol I
Walker, Philip Alfred, Vol I
Walker, Pierre (Peter), Vol II
Walker, Rachel, Vol III
Walker, Rebecca, Vol IV
Walker, Renee B., Vol I
Walker, Richard E., Vol III
Walker, Robert Harris, Vol I
Walker, Robert Jefferson, Vol II
Walker, Robert Miller, Vol I
Walker, Ronald Gary, Vol II
Walker, Stanley M., Vol IV
Walker, Stephen G., Vol IV
Walker, Steven Friemel, Vol III
Walker, Sue Sheridan, Vol I
Walker, T. B., Vol IV, V
Walker, Valaida Smith, Vol V
Walker, Willard, Vol III, V
Walker, William O., Jr., Vol IV
Walker, Wyatt Tee, Vol IV
Walker-Nixon, Donna, Vol II
Walkiewicz, Edward P., Vol II
Walkom, Thomas L., Vol II
Walkowitz, Daniel Jay, Vol I
Wall, Barbara E., Vol IV
Wall, Bennett Harrison, Vol I
Wall, Eamonn, Vol II
Wall, Helena M., Vol I
Wall, Irwin M., Vol I
Wall, Rebecca A., Vol II
Wall, Wendy, Vol II
Wall, William G., Vol II
Wallace, Andrew, Vol I
Wallace, B. Alan, Vol IV
Wallace, Carl M., Vol I
Wallace, Catherine Miles, Vol II, IV
Wallace, Daniel B., Vol IV
Wallace, Dewey D., Jr., Vol IV
Wallace, James Donald, Vol IV
Wallace, John, Vol IV
Wallace, John Malcolm, Vol II
Wallace, John R., Vol III
Wallace, Karen Smyley, Vol III
Wallace, Kathleen, Vol IV
Wallace, Nathaniel, Vol II
Wallace, Patricia D., Vol I
Wallace, Paul, Vol IV
Wallace, Paul Starett, Jr., Vol IV
Wallace, Robert, Vol II, III
Wallace, Robert M., Vol IV
Wallace, Ronald William, Vol II
Wallace, Vesna Acimovic, Vol III
Wallace, Walter L., Vol V
Wallace, William A., Vol IV
Wallace, William E., Vol I
Wallach, Alan, Vol I
Wallach, Geraldine P., Vol II
Wallach, Luitpold, Vol II, III
Wallach, Martha K., Vol III
Wallacker, Benjamin E., Vol III
Wallen, Martin, Vol II
Wallenstein, Barry, Vol II
Wallenstein, Peter, Vol I
Waller, Gary F., Vol II
Waller, Marguerite R., Vol III
Wallerstein, Immanuel, Vol V
Walling, William, Vol II
Wallis, Carrie G., Vol II
Wallis, James, Vol IV
Wallot, Jean-Pierre, Vol I
Walls, Laura Dassow, Vol II
Wallwork, Ernest, Vol IV
Walmsley, Peter, Vol II
Walser, Richard, Vol II
Walsh, Andrew, Vol IV
Walsh, Carey Ellen, Vol III, IV
Walsh, Chad, Vol II
Walsh, David A., Vol I
Walsh, David John, Vol IV
Walsh, Dennis, Vol II
Walsh, Elizabeth, Vol II
Walsh, Grace, Vol II
Walsh, James Jerome, Vol IV
Walsh, Jerome T., Vol III, IV
Walsh, John H., Vol IV
Walsh, Jonathan D., Vol II, III
Walsh, Joseph A., Vol V
Walsh, Mary Ellen, Vol II
Walsh, Patrick F., Vol II
Walsh, Roger, Vol V
Walsh, Thomas, Vol IV
Walsh, Thomas M., Vol II
Walt, Joseph W., Vol I
Walter, Edward F., Vol IV
Walter, Hartmut S., Vol I
Walter, James J., Vol IV
Walter, John Christopher, Vol I
Walter, Kay, Vol II
Walter, Richard John, Vol I
Walters, E. Garrison, Vol I
Walters, Elizabeth J., Vol I
Walters, Glenn D., Vol V
Walters, Gwenfair, Vol I, IV
Walters, Hubert Everett, Vol II, V
Walters, John R., Vol IV
Walters, Ronald, Vol I
Walters, Ronald Gordon, Vol I, V
Walters, Stanley D., Vol IV
Walterscheid, Kathryn A., Vol II
Walther, Thomas Robert, Vol I
Waltke, Bruce K., Vol IV
Waltman, Jerold Lloyd, Vol IV
Waltner, Ann, Vol I
Walton, Brian G., Vol I
Walton, Craig, Vol IV
Walton, Douglas, Vol IV
Walton, Elaine, Vol V
Walton, Guy E., Vol I
Walton, James E., Vol II
Walton, James H., Vol II
Walton, Kendall, Vol IV
Walton, Priscilla L., Vol II
Walton, R. Keith, Vol IV
Walton, Woodrow E., Vol IV
Waltz, Kenneth Neal, Vol IV
Walz, Eugene P., Vol II
Walzer, Arthur E., Vol II
Walzer, Michael, Vol IV
Wan, Enoch, Vol IV
Wan, Sze-Kar, Vol IV
Wanca-Thibault, Maryanne, Vol II
Wandycz, Piotr Stefan, Vol I
Wang, Aihe, Vol I
Wang, Ban, Vol III
Wang, Di, Vol I
Wang, Enbao, Vol IV
Wang, Guang-zhen, Vol V
Wang, Hao, Vol IV
Wang, Hsiao-Ming, Vol IV
Wang, Jennie, Vol II
Wang, Joan Parsons, Vol II, III
Wang, John C. Y., Vol III
Wang, K. W., Vol I
Wang, Liping, Vol I
Wang, Mason Yu-Heng, Vol II, III
Wang, Q. Edward, Vol I
Wang, Qun, Vol II
Wang, Shunzhu, Vol III
Wang, William Kai-Sheng, Vol IV
Wang, William S. Y., Vol III
Wang, Xiao, Vol II
Wang, Xinli, Vol IV
Wangu, Madhu Bazaz, Vol IV
Wank, Solomon, Vol I
Wanner, Adrian J., Vol III
Wanner, Dieter, Vol IV
Wantland, Burdett L., Vol IV
Wapner, Paul, Vol IV
Wapner, Seymour, Vol V
Ward, Allen M., Vol I
Ward, Annalee R., Vol II
Ward, Audrey L., Vol II
Ward, Benjamin F., Vol IV
Ward, Bruce, Vol IV
Ward, Carol, Vol II
Ward, Carole Geneva, Vol II
Ward, David, Vol I
Ward, Dorothy Cox, Vol III
Ward, Gregory, Vol III
Ward, Harry M., Vol I
Ward, Herman M., Vol II
Ward, James A., Vol I
Ward, James R., Vol I
Ward, Jean M., Vol II
Ward, Jeannette P., Vol V
Ward, Jerry W., Vol II
Ward, John C., Vol II
Ward, John William, Vol I
Ward, Jule D., Vol IV
Ward, Julie, Vol IV
Ward, Margaret Charlotte, Vol III
Ward, Patricia A., Vol III
Ward, Roy Bowen, Vol IV
Ward, Seth, Vol III
Ward, Thomas M., Vol IV
Ward, Thomas W., Vol V
Ward, Tom R., Vol II
Warden, Duane, Vol IV
Wardrope, William J., Vol II
Ware, Bruce A., Vol IV
Ware, Corinne, Vol IV
Ware, Thomas C., Vol II
Ware, Tracy, Vol II
Warf, Barney, Vol I
Warfield, Ted A., Vol IV
Warg, Ilse-Rose, Vol III
Warga, Richard G., Jr., Vol I, III
Waring, Stephen P., Vol I
Wark, Robert Rodger, Vol I
Wark, Wesley K., Vol IV
Warkentin, Germaine, Vol II
Warkentin, Larry R., Vol II
Warlick, M. E., Vol I
Warmbrunn, Werner, Vol I
Warner, Dennis A., Vol V
Warner, John M., Vol II
Warner, Michael D., Vol II
Warner, Nicholas Oliver, Vol II, III
Warner, R. Stephen, Vol V
Warner, Robert Mark, Vol I
Warner, Ted J., Vol I
Warner, William Beatty, Vol II
Warnicke, Retha Marvine, Vol I
Warnke, George C., Vol IV
Warnke, Nina, Vol III
Warren, Alvin C., Jr., Vol IV
Warren, Ann Kosser, Vol I, IV
Warren, Clay, Vol II
Warren, Dona, Vol IV
Warren, Donald R., Vol I, V
Warren, Edward W., Vol III, IV
Warren, Elizabeth, Vol IV
Warren, J. Benedict, Vol I
Warren, James Perrin, Vol II
Warren, Joseph David, Vol V
Warren, Joseph W., Vol II
Warren, Joyce, Vol II
Warren, Leland Eddie, Vol II
Warren, Linda, Vol IV
Warren, M., Vol III
Warren, Manning G., III, Vol IV
Warren, Morrison Fulbright, Vol V
Warren, Nagueyalti, Vol II
Warren, Paul R., Vol IV
Warren, Scott, Vol IV
Warren, Stanley, Vol V
Warren, Thomas, Vol II
Warren-Findley, Janelle, Vol I
Warrin, Donald Ogden, Vol III
Wartella, Ellen A., Vol II
Warth, Robert Douglas, Vol I
Wartluft, David J., Vol I, IV
Waserman, Manfred, Vol I, II
Washburn, Dennis, Vol II, III
Washburn, Laura Lee, Vol II
Washburn, Yulan M., Vol III
Washington, Durthy A., Vol II
Washington, Earl Melvin, Vol V
Washington, Ida Harrison, Vol III

Washington, James Melvin, Vol IV
Washington, Mary Helen, Vol II
Washington, Mary L., Vol V
Washington, Michael Harlan, Vol V
Washington, Robert Benjamin, Jr., Vol IV
Washington, Robert Orlanda, Vol V
Washington, Sarah M., Vol II
Washington, Von Hugo, Sr., Vol II
Wasiolek, Edward, Vol III
Wason, Robert W., Vol II
Wasow, Thomas Alexander, Vol III
Wasser, Henry H., Vol II
Wasserman, Jerry, Vol II
Wasserman, Julian, Vol II
Wasserman, Mark, Vol I
Wasserman, Rhonda S., Vol IV
Wasson, Ellis Archer, Vol I
Waswo, Ann, Vol I
Watanabe, Morimichi, Vol I, IV
Watelet, Hubert, Vol I
Waterhouse, Carole, Vol II
Waterman, Sue A., Vol II
Waterman, Thelma M., Vol V
Watermeier, Daniel J., Vol II
Waters, C. Kenneth, Vol IV
Waters, Donovan W. M., Vol IV
Waters, Harold A., Vol II, III
Waters, John J., Vol I
Waters, John W., Vol IV
Waters, Mary C., Vol V
Waters, Michael, Vol II
Waters, Neil L., Vol I
Waters, Raphael Thomas, Vol IV
Waters, Richard L., Vol II
Waters, Sharon, Vol V
Waterston, Elizabeth H., Vol II
Watkins, Andrea, Vol II
Watkins, Calvert Ward, Vol III
Watkins, John C., Vol IV
Watkins, Philip C., Vol V
Watkins, Thomas H., Vol I
Watkins-Goffman, Linda, Vol II
Watkins-Owens, Irma, Vol I
Watrous, Livingston V., Vol I
Watrous, Mary A., Vol I
Watson, Alan Douglas, Vol I
Watson, Charles N., Jr., Vol II
Watson, Cletus Claude, T.O.R., Vol IV
Watson, Cresap Shaw, Vol II
Watson, D. F., Vol IV
Watson, Daivd Lowes, Vol IV
Watson, Dwight C., Vol V
Watson, H. Justin, Vol IV
Watson, Harry L., Vol I
Watson, Jack B., Vol V
Watson, James Gray, Vol II
Watson, James R., Vol IV
Watson, James Shand, Vol IV
Watson, Jean Louise, Vol II
Watson, Joann Ford, Vol IV
Watson, John A., Vol III
Watson, John Clifton, Vol II
Watson, John W., Vol III
Watson, Judge, Vol I
Watson, Mary Ann, Vol V
Watson, Patty Jo, Vol I
Watson, Reginald, Vol II
Watson, Richard A., Vol IV
Watson, Richard L., Vol I
Watson, Robert Winthrop, Vol II
Watson, Stephen, Vol IV
Watson, Thomas Davis, Vol I
Watson, Walter, Vol IV
Watson, Wilbur H., Vol V
Watt, Jeffrey R., Vol I
Watt, Jonathan M., Vol III
Watt, Norman F., Vol V
Watt, William Carnell, Vol III
Watt, Willis M., Vol II
Watters, David Harper, Vol II
Watts, Ann Chalmers, Vol II
Watts, Anne Wimbush, Vol V
Watts, Emily, Vol II
Watts, James W., Vol IV
Watts, Jill, Vol I
Watts, Linda K., Vol V
Watts, Sydney, Vol I
Waugh, Butler Huggins, Vol II, V
Waugh, Charles G., Vol II, V
Waugh, Daniel Clarke, Vol I
Waugh, Earle Howard, Vol I, IV
Waugh, Linda Ruth, Vol III
Wautischer, Helmut, Vol IV, V
Wauzzinski, Robert, Vol IV
Wavering, Michael J., Vol V
Wawrzycka, Jolanta, Vol II
Waxman, Chaim I., Vol V
Waxman, Sandra R., Vol V
Way, Gary Darryl, Vol IV
Way, Rosemary Cairns, Vol IV
Waymack, Mark H., Vol IV
Wayman, Alex, Vol III
Wayne, Andrew, Vol IV
Wayne, Valerie, Vol II
Waysdorf, Susan L., Vol IV
Waznak, Robert P., Vol II
Weakland, John Edgar, Vol I
Weales, Gerald, Vol II
Weare, Walter Burdette, Vol I
Wearing, J. P., Vol I, II
Weart, Spencer R., Vol I
Weasmer, Jerie, Vol II, V
Weatherby, Georgie Ann, Vol V
Weatherby, Harold L., Jr., Vol II
Weatherford, Roy C., Vol IV
Weatherly, Jon A., Vol IV
Weathers, Winston, Vol II
Weatherston, Martin B., Vol IV
Weaver, Dorothy Jean, Vol IV
Weaver, Doug, Vol I, IV
Weaver, Elissa B., Vol III
Weaver, Garrett F., Vol I
Weaver, Gary, Vol II
Weaver, J. Denny, Vol IV
Weaver, Jack Wayne, Vol II
Weaver, John C., Vol I
Weaver, Mary Jo, Vol IV
Weaver, Russell L., Vol IV
Webb, Eugene, Vol III, IV
Webb, George Ernest, Vol I
Webb, Gisela, Vol III, IV
Webb, Igor M., Vol II
Webb, Lynne M., Vol I, II
Webb, Nancy L., Vol II
Webb, Ralph, Jr., Vol II
Webb, Robert C., Vol V
Webb, Robert Kiefer, Vol I
Webb, Ross Allan, Vol I
Webb, Ruth H., Vol II, V
Webb, Stephen Saunders, Vol I
Webb-Johnson, Gwendolyn, Vol V
Webber, George Williams, Vol IV
Webber, Philip Ellsworth, Vol III
Webber, Randall C., Vol I, IV, V
Weber, Clifford Whitbeck, Vol II, III
Weber, David J., Vol I
Weber, Donald, Vol II
Weber, Leonard J., Vol IV
Weber, Mark E., Vol IV
Weber, Michael, Vol IV
Weber, Ralph E., Vol I
Weber, Ronald, Vol I
Weber, Samuel F., Vol IV
Weber, Shirley Nash, Vol I
Weber, Theodore R., Vol IV
Weber, Timothy P., Vol I, IV
Weberman, David, Vol IV
Webre, Stephen, Vol I
Webster, Donald B., Vol I
Webster, Gerald R., Vol I
Webster, Grant T., Vol II
Webster, James, Vol II
Webster, Jill, Vol I
Webster, Niambi Dyanne, Vol I
Webster, Richard J., Vol I
Webster, William H., Vol IV
Wechsler, Burton D., Vol IV
Wechsler, Henry, Vol V
Weckman, George, Vol I, IV
Weckstein, Donald Theodore, Vol IV
Wedberg, Lloyd W., Vol II, III
Weddle, David L., Vol IV
Wedel, Alfred R., Vol III
Wedgwood, Ralph N., Vol IV
Wee, David Luther, Vol II
Weekes, Ann, Vol II
Weekes, Martin Edward, Vol IV
Weeks, Theodore R., Vol I
Weems, Vernon Eugene, Jr., Vol IV
Wegmann-Sanchez, Jessica M., Vol II
Wegs, James Robert, Vol I
Wehrli, Mary Brent, Vol V
Wehtje, Myron Floyd, Vol I
Wei, C. X. George, Vol I
Wei, William, Vol I
Wei-Arthus, Huiying, Vol V
Weibe, Phillip H., Vol IV
Weidhorn, Manfred, Vol II
Weidmann, Frederick W., Vol IV
Weidner, Donald John, Vol IV
Weigel, Richard David, Vol I, II, III
Weigel, Robert G., Vol II
Weiger, John George, Vol III
Weigert, Andrew, Vol V
Weigl, Bruce, Vol II
Weigley, Russell F., Vol I
Weihe, Edwin, Vol II
Weikart, Richard, Vol I
Weikel, Ann, Vol I
Weil, Eric A., Vol II
Weil, Herbert S., Vol II
Weil, Judith R., Vol II
Weil, Louis, Vol IV
Weil, Mark S., Vol I
Weil, Vivian, Vol IV
Weiler, Joseph, Vol IV
Weiler, Paul C., Vol IV
Weima, Jeffrey A. D., Vol IV
Weimer, Joan Myers, Vol II, V
Weinberg, Gerhard Ludwig, Vol I
Weinberg, Harold R., Vol IV
Weinberg, Martin, Vol V
Weinberg, Steven, Vol IV
Weinberger, Leon Judah, Vol IV
Weinberger, Stephen, Vol I
Weinbrot, Howard D., Vol II
Weiner, Andrew David, Vol II
Weiner, Bruce I., Vol II
Weiner, Estha, Vol II
Weiner, Jack, Vol III
Weiner, Lynn, Vol I
Weiner, Neal O., Vol II, III, IV
Weiner, Robert, Vol IV
Weing, Siegfried, Vol III
Weingand, Darlene E., Vol II
Weingartner, James Joseph, Vol I
Weinhouse, Linda, Vol II
Weinreb, Lloyd L., Vol IV
Weinreich, Regina, Vol II
Weinrib, Ernest Joseph, Vol I, IV
Weinstein, Deena A., Vol V
Weinstein, Fred, Vol I
Weinstein, Jack B., Vol IV
Weinstein, Mark A., Vol II
Weinstein, Philip Meyer, Vol II
Weinstein, Stanley, Vol I, IV
Weinstock, Donald Jay, Vol II
Weinstock, Jeffrey A., Vol II
Weintraub, Russell Jay, Vol IV
Weintraub, Stanley, Vol II
Weir, David A., Vol I
Weir, John P., Vol IV
Weir, Robert Mccolloch, Vol I
Weirich, Paul, Vol IV
Weis, Carol M., Vol III
Weisberg, David B., Vol I
Weisberg, Richard H., Vol IV
Weisberg, Richard H., Vol IV
Weisberger, Bernard A., Vol I
Weisberger, William, Vol I
Weisbord, Robert G., Vol I
Weisbrot, Robert S., Vol I
Weisburd, Arthur M., Vol IV
Weise, Judith Anderson, Vol II
Weisenfeld, Judith, Vol IV
Weiser, David K., Vol II
Weisman, Amy Gina, Vol V
Weiss, Alexander, Vol II
Weiss, Beno, Vol III
Weiss, Ellen B., Vol I
Weiss, Gregory L., Vol V
Weiss, Hermann Friedrich, Vol III
Weiss, Herold D., Vol IV
Weiss, James Michael, Vol I
Weiss, John, Vol I
Weiss, Michael L., Vol II, III
Weiss, Piero, Vol II
Weiss, Raymond L., Vol IV
Weiss, Roslyn, Vol IV
Weiss, Susan Forscher, Vol II
Weiss, Susan Forscher, Vol II
Weiss, T. G., Vol IV
Weiss, Victoria Louise, Vol II
Weissbach, Lee Shai, Vol I
Weissbrodt, David Samuel, Vol IV
Weissenberger, Klaus, Vol III
Weisser, Henry G., Vol I
Weissman, Neil Bruce, Vol I
Weisstein, Ulrich, Vol III
Weithman, Paul J., Vol IV
Weitzer, Ronald, Vol V
Weitzman, Arthur J., Vol II
Weitzman, Raymond Stanley, Vol III
Weixlmann, Joseph Norman, Vol II
Welborn, L. L., Vol IV
Welburn, Ronald Garfield, Vol II
Welch, Ashton Wesley, Vol I
Welch, Dennis Martin, Vol II
Welch, Donovan LeRoy, Vol II
Welch, Edward L., Vol IV
Welch, John, Vol IV
Welch, June R., Vol I
Welch, Olga Michele, Vol II
Welch, Robert H., Vol IV
Weldon, James, Vol III
Welke, Barbara Y., Vol I
Welker, David Dale, Vol IV
Wellbery, David E., Vol III
Welle, John Patrick, Vol III
Weller, Cecil, Vol I
Weller, Eric John, Vol IV
Weller, Robert P., Vol V
Welles, Marcia Louise, Vol III
Wellington, Marie Annette, Vol III
Welliver, Kenneth Bruce, Vol IV
Wellman, Carl, Vol IV
Wellman, James K., Jr., Vol IV
Wellman, Judith, Vol I
Wells, Camille, Vol I
Wells, Colin, Vol II, III
Wells, Corri Elizabeth, Vol II
Wells, Daniel Arthur, Vol II
Wells, David Falconer, Vol I, IV
Wells, Donald A., Vol IV
Wells, Jerome C., Vol IV
Wells, Jonathan, Vol IV
Wells, Maria Xenia Zevelechi, Vol III
Wells, Robert Vale, Vol I
Wells, Walter, Vol I, II
Wells, William D., Vol II
Wells, William W., Vol IV
Welsh, Alexander, Vol II
Welsh, Andrew, Vol II
Welsh, James Michael, Vol II
Welsh-Ovcharov, Bogomila M., Vol I
Weltman, Sharon, Vol II
Welton, William A., Vol IV
Wemple, Suzanne Fonay, Vol I
Wendelken, Cherie, Vol I
Wenderoth, Christine, Vol IV
Wendland, Ernst R., Vol II, III
Wendling, Ronald Charles, Vol II
Wendorf, D. Fred, Vol V
Wendorff, Laura C., Vol I, II, V
Wengert, Robert, Vol IV
Wengert, Timothy J., Vol I
Weninger, Robert, Vol IV
Wennberg, Robert N., Vol IV
Wennemyr, Susan E., Vol IV
Wensinger, Arthur Stevens, Vol III
Wente, Edward Frank, Vol I
Wentz, Richard E., Vol IV
Wenzel, Joseph Wilfred, Vol II
Wenzel, Siegfried, Vol II
Werckmeister, O. K., Vol I
Werge, Thomas, Vol II
Werlich, David P., Vol I
Werly, John Mcintyre, Vol I
Werner, Cynthia, Vol V
Werner, John M., Vol I
Werner, Richard W., Vol IV
Werner, Sonia S., Vol V
Wernet, Stephen P., Vol V
Werstine, Paul, Vol II
Wert, Hal E., Vol I
Wert, Newell John, Vol IV
Werth, Lee Frederick, Vol IV
Wertheim, Albert, Vol II
Wertheim, Stanley Claude, Vol II
Wertheimer, Ellen, Vol IV
Wertheimer, Jack, Vol I, IV
Wertheimer, John, Vol I
Wertheimer, Roger, Vol IV
Wertlieb, Donald, Vol V
Wertz, Christopher Allen, Vol III
Wertz, S. K., Vol IV
Werum, Regina, Vol V
Wescott, Roger Williams, Vol III, V
Wesling, Donald Truman, Vol II
Wess, Robert, Vol II
Wess, Robert C., Vol IV
Wessel, Thomas Roger, Vol I, V
Wesselschmidt, Quentin F., Vol III, IV
Wesser, Robert F., Vol I
Wessley, Stephen Eugene, Vol I
West, C. S'thembile, Vol I
West, Carroll V., Vol I
West, Charles Converse, Vol IV
West, Cornel, Vol III
West, Elliott, Vol I
West, Franklin Carl, Vol I
West, Frederick S., Vol IV
West, George Ferdinand, Jr., Vol IV
West, Grace Starry, Vol II, III
West, Henry Robison, Vol IV
West, Herbert Lee, Jr., Vol V
West, Hugh A., Vol I
West, James E., Vol IV
West, James L., Vol I
West, James L. W., III, Vol II
West, John Oliver, Vol II
West, Larry E., Vol III
West, Mark I., Vol II
West, Martha S., Vol I, IV
West, Michael Davidson, Vol II
West, William C., III, Vol II, III
West-Duran, Alan, Vol III
Westacott, Emrys, Vol IV
Westblade, Donald, Vol IV
Westbrook, Ellen E., Vol II
Westerkamp, Marilyn J., Vol I
Westerlund, John S., Vol I
Westermann, Mariet, Vol I
Westermeyer, Joseph John, Vol V
Westermeyer, Paul, Vol II, IV
Western, Bruce, Vol V
Westfahl, Gary, Vol II
Westfall, Carroll W., Vol I
Westfall, R., Vol III
Westhauser, Karl E., Vol I
Westley, Richard J., Vol IV
Westling, Louise Hutchings, Vol II
Westman, Alida S., Vol V
Westmoreland, Robert B., Vol IV
Weston, Burns H., Vol IV
Weston, Corinne Comstock, Vol I
Weston, Ruth Deason, Vol II
Weston, Thomas Spengler, Vol IV
Weston, Timothy B., Vol I
Westphal, Jonathan, Vol IV
Westphal, Merold, Vol IV
Westra, Matthew R., Vol V
Westrem, Scott D., Vol II
Westwater, Martha E., Vol II
Wetherbee Phelps, Louise, Vol II
Wetherell, Charles W., Vol I
Wetsel, William David, Vol III
Wettstein, Howard K., Vol IV
Wetzel, James Richared, Vol IV
Wetzell, Richard, Vol I, III
Wexler, Alice Ruth, Vol I
Wexler, David Barry, Vol IV
Wexler, Joyce, Vol II
Wexler, Stephen, Vol IV
Wexler, Victor G., Vol I
Wexman, Virginia Wright, Vol II
Weyer, Robert A., Vol IV
Weyland, Karin, Vol V
Weyler, Karen A., Vol II
Weyrauch, Walter Otto, Vol IV
Whalen, David, Vol II
Whaley, Douglas John, Vol IV
Whaley, Lindsay, Vol III
Wharton, A. C., Jr., Vol IV
Wharton, Annabel Jane, Vol I
Wharton, Lawrence, Vol II
Whatley, Eric Gordon, Vol II
Whatley, Mark A., Vol V
Whayne, Jeannie, Vol I
Whealey, Robert H., Vol I
Wheatley, Christopher J., Vol II
Wheatley, Edward, Vol II
Wheaton, Bruce R., Vol I
Wheeler, Arthur M., Vol II, IV
Wheeler, Bonnie, Vol II
Wheeler, David L., Vol IV
Wheeler, Douglas L., Vol I
Wheeler, Gerald Everett, Vol I
Wheeler, John, Vol V
Wheeler, Kathleen B., Vol V
Wheeler, Rachel, Vol I
Wheeler, Richard Paul, Vol II
Wheeler, Samuel C., III, Vol IV
Wheeler, Sondra E., Vol IV
Wheeler, Stanton, Vol IV, V
Wheeler, Wayne R., Vol II
Wheeler, William Bruce, Vol I
Wheelock, Arthur K., Jr., Vol I
Whelan, Robert, Vol III
Whelan, Stephen T., Vol I, IV
Whelan, Winifred, Vol IV
Whelchel, Marianne, Vol I, V
Whidden, Mary Bess, Vol II
Whidden, Seth A., Vol III
Whidden, Woodrow W., II, Vol IV
Whipple, Robert Dale, Jr., Vol II
Whipps, Judy, Vol IV

Whisenhunt, Donald W., Vol I
Whitacre, Rodney A., Vol IV
Whitaker, Elaine E., Vol II
Whitaker, Faye Pauli, Vol II
Whitaker, Rosemary, Vol II
Whitaker, Thomas Russell, Vol II
Whitbeck, Caroline, Vol IV
Whitchurch, Gail, Vol II, V
White, Alfred Loe, Vol IV
White, Barbara Ehrlich, Vol I
White, Cecil R., Vol II
White, Charles Sidney John, Vol I, IV
White, Cindy H., Vol II
White, Clovis L., Vol V
White, Cynthia, Vol II, III
White, Dan Seligsberger, Vol I
White, David, Vol IV
White, David A., Vol IV
White, David Anthony, Vol I
White, Deborah, Vol II
White, Donald, Vol I
White, Donald Jerry, Vol II
White, Donald Wallace, Vol I, IV
White, Donna R., Vol II
White, Douglas Howarth, Vol II
White, Douglas R., Vol V
White, Edward Michael, Vol II
White, Elizabeth, Vol I
White, Frankie Walton, Vol IV
White, Fred D., Vol II
White, Frederic Paul, Jr., Vol IV
White, G. Edward, Vol I, IV
White, Helene R., Vol V
White, Howard A., Vol IV
White, Hugh, Vol III, IV
White, James F., Vol IV
White, James Justesen, Vol IV
White, James P., Vol II
White, Janice G., Vol IV
White, John Charles, Vol I
White, John D., Vol II, IV
White, John Hoxland, Vol I
White, John L., Vol IV
White, Jonathan, Vol IV
White, Joseph, Vol V
White, Kevin, Vol I, IV
White, Lana, Vol II
White, Lawrence, Vol V
White, Leland J., Vol IV
White, Lonnie Joe, Vol I
White, M. Chris, Vol IV
White, Marsha, Vol III, IV
White, Michael J., Vol IV
White, Morton G., Vol IV
White, Nicholas P., Vol IV
White, Patricia D., Vol IV
White, Peter, Vol II
White, Peter, Vol III
White, Philip Lloyd, Vol I
White, R. Fowler, Vol IV
White, Robert A., Vol II
White, Roberta, Vol II
White, Ronald C., Vol I, IV
White, Stephen W., Vol IV
White, Steven D., Vol I
White, V. Alan, Vol IV
Whiteaker, Janet Faye, Vol II
Whitebook, Joel, Vol IV
Whitebread, Charles H., Vol IV
Whitehead, Brady, Jr., Vol IV
Whitehead, John S., Vol I
Whitehead, Ruth, Vol I
Whitehouse, David Bryn, Vol I
Whitehouse, Eugene Alan, Vol I
Whitehouse, George, Vol IV
Whiteley, Patrick, Vol II
Whiteman, D. Bruce, Vol II
Whitenack, Judith A., Vol III
Whiteside, James B., Vol I
Whitfield, Stephen Jack, Vol I
Whitford, William C., Vol IV
Whiting, Cecile, Vol I
Whiting, Peter, Vol I
Whiting, Steven, Vol II
Whitlark, James S., Vol II, III
Whitley, David S., Vol I, V
Whitlock, Luder, Vol IV
Whitman, Jeffrey P., Vol IV
Whitman, Robert, Vol IV
Whitman, Robert F., Vol II
Whitman, T. Stephen, Vol I
Whitney, Barry L., Vol IV
Whitney, Charles C., Vol II
Whitney, Elspeth, Vol I
Whitney, Ruth, Vol IV, V
Whitt, Laurie A., Vol IV
Whittaker, Cynthia Hyla, Vol I
Whittaker, John, Vol IV, V
Whittaker, John, Vol V
Whitten, Ralph U., Vol IV
Whittenburg, Carolyn, Vol I
Whittenburg, James Penn, Vol I
Whittier, Duane Hapgood, Vol IV
Whittlesey, Wellington W., Vol IV
Wicclair, Mark Robert, Vol IV
Wick, Audrey, Vol II
Wick, Robert L., Vol II
Wickberg, Daniel, Vol I
Wicker, Kathleen O'Brien, Vol III, IV
Wicker, Nancy L., Vol I
Wickersham, Erlis, Vol III
Wickert, Max Albrecht, Vol II
Wickes, George, Vol II
Wickham, Christopher, Vol III
Wickham-Crowley, Timothy P., Vol V
Wicks, Andrew C., Vol IV
Wickstrom, John B., Vol I
Wickwire, Mary Botts, Vol I
Widdicombe, Richard Toby, Vol II
Widenor, William C., Vol I
Wider, Kathleen V., Vol IV
Wider, Sarah Ann, Vol I, II
Widiss, Alan I., Vol IV
Wiebe, Mel, Vol II
Wiecek, William Michael, Vol I, II
Wieczynski, Joseph Leon, Vol I
Wiedmann, Sally N., Vol IV
Wiegenstein, Steve, Vol II
Wiegers, Wanda, Vol IV
Wiemann, John M., Vol II
Wienen, Mark Van, Vol II
Wiener, Harvey Shelby, Vol II
Wiener, Joel H., Vol I
Wiener, Jonathan M., Vol I
Wiener, Martin J., Vol I
Wierenga, Edward Ray, Vol IV
Wiesenfarth, Joseph John, Vol II
Wiesenthal, Christine, Vol II
Wigal, Donald, Vol IV
Wigal, Grace J., Vol II, IV
Wigall, Steve R., Vol IV
Wigen, Karen, Vol I
Wiggins, Jacqueline D., Vol II, V
Wiggins, James Bryan, Vol I, IV
Wiggins, Osborne P., Jr., Vol IV
Wiggins, Robert R., Vol V
Wiggins, Sarah W., Vol I
Wiggins, William H., Jr., Vol IV
Wignall, Dennis L., Vol II
Wigodsky, Michael M., Vol II, III
Wiinamaki, Lizabeth, Vol V
Wikander, Matthew H., Vol II
Wike, Victoria S., Vol IV
Wikle, Thomas A., Vol I
Wilcox, Dean, Vol I, II
Wilcox, Dennis Lee, Vol II
Wilcox, Joel, Vol IV
Wilcox, John Chapman, Vol III
Wilcox, John R., Vol IV
Wilcox, Larry Dean, Vol I
Wilcox, Phyllis Perrin, Vol III
Wilcox, Rand R., Vol V
Wilcox, Sherman E., Vol III
Wildberg, Christian, Vol II, III, IV
Wilde, Alan, Vol II
Wilde, Jerry, Vol V
Wilder, Georgia Lee, Vol II
Wildman, Louis Robert, Vol V
Wildner-Bassett, Mary E., Vol III, V
Wile, Kip, Vol II
Wiley, George, Vol IV
Wiley, Juniper, Vol V
Wiley, Raymond A., Vol II, III
Wilhelm, James Jerome, Vol III
Wilhelm, Robert, Vol IV
Wilhelmsen, Alexandra, Vol I
Wilhite, Dennis, Vol IV
Wiliams, Ron G., Vol IV
Wilkens, Ann, Vol II, III
Wilkens, Kenneth G., Vol II
Wilkerson, Margaret Buford, Vol II
Wilkie, Brian, Vol II
Wilkie, Jacqueline S., Vol I
Wilkie, James Wallace, Vol I
Wilkie, Nancy C., Vol I, II, III
Wilkie, William E., Vol I
Wilkins, David Brian, Vol IV
Wilkins, Leona B., Vol II, V
Wilkins, Mira, Vol I, IV
Wilkinson, D., Vol IV
Wilkinson, Doris, Vol V
Wilkinson, Kenton, Vol II
Wilks, Duffy J., Vol IV
Will, Barbara E., Vol II
Will, James Edward, Vol IV
Will, W. Marvin, Vol IV
Willacy, Hazel M., Vol IV
Willard, Barb, Vol II
Willard, Charity Cannon, Vol III
Willard, Charles A., Vol II
Willard, Thomas Spaulding, Vol II
Willem, Linda M., Vol III
Willems, Elizabeth, Vol IV
Willen, Diane, Vol I
Willerton, Christian William, Vol II
Willeto, Agela A., Vol V
Willett, Cynthia, Vol IV
Willett, Donald E., Vol I
Willetts, Elizabeth M., Vol II
Willey, Edward, Vol II
Willey, Gordon R., Vol I, V
Willey, Patrick S., Vol V
Willheim, Imanuel, Vol II
Williams, Alan John, Vol I
Williams, Bernard D., Vol I
Williams, Bruce, Vol I, II, III
Williams, Bruce, Vol V
Williams, C. Fred, Vol I
Williams, Carmaletta M., Vol II
Williams, Carolyn Chandler, Vol V
Williams, Charles Garfield Singer, Vol III
Williams, Christopher, Vol IV
Williams, Clifford E., Vol IV
Williams, Cynthia A., Vol IV
Williams, Daniel, Vol I, IV
Williams, Daniel Anthony, Vol III
Williams, Daniel E., Vol II
Williams, David E., Vol II
Williams, David R., Vol I
Williams, Dennis E., Vol IV, V
Williams, Dessima, Vol V
Williams, Donald T., Vol IV
Williams, Eddie R., Jr., Vol V
Williams, Edwin W., Vol II
Williams, Emily A., Vol II
Williams, Eric, Vol III
Williams, Franklin P., Vol IV
Williams, Frederick, Vol II, III
Williams, Gareth D., Vol II, III
Williams, Gary, Vol II
Williams, Gary C., Vol IV
Williams, Gary G. Cohen, Vol IV
Williams, George W., Vol II
Williams, Gerhild Scholz, Vol I
Williams, Gregory Howard, Vol IV
Williams, Harry M., Vol I
Williams, Hazel Browne, Vol II
Williams, Helen Elizabeth, Vol II
Williams, J. Rodman, Vol IV
Williams, James Calhoun, Vol I
Williams, James Hiawatha, Vol V
Williams, Jay G., Vol IV
Williams, Jeff, Vol II
Williams, Joan C., Vol I
Williams, Joanna, Vol I
Williams, John, Vol V
Williams, John, Vol V
Williams, John Alexander, Vol I
Williams, John Alfred, Vol II
Williams, John Howard, Vol II, III
Williams, John S., Vol II
Williams, John W., Vol I
Williams, Joseph M., Vol II, III
Williams, Joyce E., Vol V
Williams, Junius W., Vol IV
Williams, Karen Hastie, Vol IV
Williams, Kenny J., Vol II
Williams, Kyle, Vol IV
Williams, L. Pearce, Vol I
Williams, Lawrence H., Vol I
Williams, Lee Erskine, II, Vol I
Williams, Leroy Thomas, Vol I
Williams, Linda F., Vol II
Williams, Lynn Barstis, Vol I, III
Williams, Marcus Doyle, Vol IV
Williams, Maria Rosa Olivera, Vol III
Williams, Melvin D., Vol V
Williams, Melvin Gilbert, Vol II
Williams, Meredith, Vol IV
Williams, Michael, Vol I
Williams, Michael J., Vol IV
Williams, Nancy M., Vol IV, V
Williams, Nudie Eugene, Vol I, V
Williams, Ora, Vol I
Williams, Patrick Ryan, Vol I
Williams, Paul R., Vol IV
Williams, Penny, Vol II
Williams, Peter, Vol II
Williams, Peter W., Vol IV
Williams, Philip F. C., Vol II, III
Williams, Preston N., Vol IV
Williams, Queen J., Vol I
Williams, Rhys H., Vol V
Williams, Richard Hal, Vol I
Williams, Richard S., Vol I
Williams, Robert Chadwell, Vol I
Williams, Robin B., Vol I
Williams, Robin M., Vol V
Williams, Roland L., Vol II
Williams, Samuel Keel, Vol IV
Williams, Sean, Vol II
Williams, Susan, Vol II
Williams, Suzanne Hurst, Vol II
Williams, Tony, Vol II
Williams, Vernon J., Jr., Vol I
Williams, Wendy A., Vol V
Williams, Wilbert Lee, Vol IV
Williams, William C., Vol IV
Williams, William Henry, Vol I
Williams, William J., Vol IV
Williams, William Proctor, Vol II
Williams, Winton E., Vol IV
Williams, Yvonne LaVerne, Vol IV
Williams-Hackett, Lamara, Vol II
Williams-Myers, Albert J., Vol I
Williamson, Arthur H., Vol I
Williamson, Chris, Vol I
Williamson, Clark M., Vol IV
Williamson, Craig B., Vol II
Williamson, J. W., Vol II
Williamson, Jane Louise, Vol II
Williamson, Janice, Vol II
Williamson, Joel R., Vol I
Williamson, John Stewart, Vol II
Williamson, Keith, Vol II, III
Williamson, Lamar, Vol IV
Williamson, Marilyn Lammert, Vol II
Williamson, William B., Vol IV
Williamson-Ige, Dorothy Kay, Vol II
Willimon, William Henry, Vol IV
Willis, Alfred, Vol I
Willis, Deborah, Vol II
Willis, Frank Roy, Vol I
Willis, Gladys January, Vol II
Willis, James F., Vol I
Willis, Patricia Cannon, Vol II
Willis, Paul J., Vol II
Willis, Resa, Vol II
Willis, Robert E., Vol IV
Willis, Steven J., Vol IV
Willis, Susan, Vol II
Willis, Susan, Vol II
Willis, Tim, Vol IV
Willis, William Hailey, Vol III
Willmott, Glenn Allan, Vol II
Wills, David, Vol II
Wills, David Wood, Vol IV
Wills, Gregory A., Vol I, IV
Wills, Jack Charles, Vol II
Wills, Jeffrey, Vol II, III
Wills, John E., Jr., Vol I
Wills, Lawrence M., Vol IV
Willumson, Glenn Gardner, Vol I, II
Wilmarth, Arthur E., Vol I
Wilmeth, Don B., Vol I, II
Wilmot, David Winston, Vol IV
Wilshire, Bruce W., Vol IV
Wilson, B., Vol I
Wilson, Bev J., Vol V
Wilson, Blake, Vol II
Wilson, Bradley E., Vol IV
Wilson, Carter, Vol I, V
Wilson, Charles E., Jr., Vol II
Wilson, Charles Reagan, Vol I, IV
Wilson, Christopher M., Vol I
Wilson, Clarence S., Jr., Vol IV
Wilson, Constance Maralyn, Vol I
Wilson, Dana, Vol II
Wilson, Daniel Joseph, Vol I
Wilson, Danny K., Vol IV
Wilson, David, Vol V
Wilson, David B., Vol I
Wilson, David L., Vol I
Wilson, Dick, Vol V
Wilson, Don, Vol III
Wilson, Donald E., Vol I, IV
Wilson, Donna M., Vol III
Wilson, Douglas B., Vol II
Wilson, Douglas Lawson, Vol II
Wilson, Evelyn, Vol IV
Wilson, Frank Harold, Vol V
Wilson, George M., Vol I
Wilson, Glee Everitt, Vol I
Wilson, Grace G., Vol II
Wilson, Harold Stacy, Vol I
Wilson, Holly, Vol IV
Wilson, Hugh F., Vol II
Wilson, Ian E., Vol I
Wilson, Jack Howard, Vol IV
Wilson, James Hugh, Vol I
Wilson, Janelle L., Vol V
Wilson, Janet, Vol V
Wilson, Janie Hamn, Vol V
Wilson, Jean C., Vol I
Wilson, Jeffrey R., Vol IV
Wilson, Joe Bransford, Jr., Vol III, IV
Wilson, John, Vol I
Wilson, John Barney, Vol I
Wilson, John Elbert, Vol I, IV
Wilson, John Frederick, Vol I, IV
Wilson, John H., Vol II
Wilson, John H., Vol II
Wilson, John Harold, Vol II
Wilson, Jonatan R., Vol IV
Wilson, Joseph Benjamin, Vol III
Wilson, Joseph F., Vol IV
Wilson, Joseph P., Vol II, III
Wilson, Keith G., Vol II
Wilson, Kent, Vol IV
Wilson, Kim Adair, Vol IV
Wilson, L. Austin, Vol II
Wilson, Laurie J., Vol II
Wilson, Leonard Gilchrist, Vol I
Wilson, Lewis, Vol I
Wilson, Lisa H., Vol I
Wilson, Lisa Marie, Vol II
Wilson, Major L., Vol I
Wilson, Mary, Vol I
Wilson, Mary C., Vol I
Wilson, Michael, Vol I
Wilson, Norma Clark, Vol II
Wilson, Norman J., Vol I
Wilson, Patricia I., Vol V
Wilson, Philip, Vol I
Wilson, Raymond, Vol I
Wilson, Rebecca A., Vol II
Wilson, Richard Guy, Vol I
Wilson, Robert, Vol IV
Wilson, Robert Arden, Vol I
Wilson, Robert F., Vol II
Wilson, Robert H., Vol II
Wilson, Robert J., Vol II
Wilson, Robert Sydney, Vol I
Wilson, Rudolph George, Vol V
Wilson, Samuel S., Vol IV
Wilson, Sharon Rose, Vol II
Wilson, Steven M., Vol II
Wilson, Steven R., Vol II
Wilson, Theodore A., Vol I
Wilson, Victor M., Vol IV
Wilson, Wayne J., Vol V
Wilson, William Albert, Vol V
Wilson, William Henry, Vol I
Wilson, William Jerram, Vol I
Wilson, Willie Frederick, Vol IV
Wilt, Alan Freese, Vol I
Wilt, David E., Vol II
Wilt, Judith, Vol II
Wiltenburg, Joy, Vol I, V
Wiltrout, Ann Elizabeth, Vol III
Wiltshire, Susan Ford, Vol II, III
Wimberly, Dan, Vol I
Wimberly, Edward P., Vol IV
Wimbush, Vincent L., Vol IV
Wimmer, Albert K., Vol III
Wimsatt, James I., Vol II
Wimsatt, Mary Ann, Vol II
Winans, Robert B., Vol II
Winbush, Raymond A., Vol V
Winch, Julie P., Vol I
Winchatz, Michaela R., Vol II
Winchell, Donna, Vol II
Winchell, Mark, Vol II
Wind, Barry, Vol I
Winderl, Carl A., Vol II
Winderl, Ronda Rice, Vol II
Windfuhr, Gernot Ludwig, Vol III
Windhauser, John W., Vol II
Windholz, Anne, Vol II
Windley-Daoust, Susan M., Vol IV
Windsor-Liscombe, Rhodri, Vol I
Wineapple, Brenda, Vol II
Wineland, John D., Vol I
Wines, Roger, Vol I
Winfree, L. Thomas, Jr, Vol IV, V
Wing, Adrien Katherine, Vol IV
Wing, Nathaniel, Vol II
Wingard, Edward L., Vol V

Wininger, Kathleen J., Vol IV
Winings, Kathy, Vol IV
Wink, Andre, Vol I
Wink, Walter, Vol IV
Winkelman, Michael, Vol V
Winkle, Kenneth, Vol I
Winkler, Allan M., Vol I
Winkler, Carol, Vol II
Winkler, Henry Ralph, Vol I
Winkler, Kenneth P., Vol IV
Winkler, Martin M., Vol II, III
Winks, Robin William Evert, Vol I
Winn, Colette Henriette, Vol III
Winner, Anthony, Vol II, III
Winner, Viola Hopkins, Vol II
Winnik, Herbert Charles, Vol I
Winpenny, Thomas R., Vol I
Winquist, Alan, Vol I
Winroth, Anders, Vol I
Winseck, Dwayne, Vol II
Winship, Michael B., Vol II
Winship, Peter, Vol I, II
Winslow, Richard E., III, Vol I
Winsor, Mary Pickard, Vol I
Winstead, Roy, Vol V
Winston, Diane, Vol IV
Winston, Jane, Vol III
Winston, Kenneth Irwin, Vol IV
Winston, Krishna, Vol III
Winston, Mathew, Vol II
Winston, Michael R., Vol I
Winston, Morton E., Vol IV
Winston Suter, David, Vol IV
Wint, Arthur Valentine Noris, Vol IV
Winter, Daria Portray, Vol II
Winter, David G., Vol V
Winter, Douglas E., Vol IV
Winter, Ian James, Vol III
Winter, Jerry Alan, Vol V
Winter, John Ellsworth, Vol IV, V
Winter, Kari J., Vol II
Winter, Ralph A., Vol IV
Winter, Robert W., Vol I
Winter, Thomas Nelson, Vol II, III
Wintergerst, Ann C., Vol III
Winters, Donald, Vol I, II
Winters, Donald Lee, Vol I
Winters, Francis Xavier, Vol IV
Winters, Stanley B., Vol I
Wintle, Thomas, Vol I, IV
Winton, Calhoun, Vol II
Wintz, Cary DeCordova, Vol I
Wion, Philip Kennedy, Vol II
Wippel, John F., Vol IV
Wirth, Jason M., Vol IV
Wirth, John Davis, Vol I
Wirth-Cauchon, Janet, Vol V
Wirzba, Norman, Vol IV
Wise, Edward Martin, Vol I, IV
Wise, Philip D., Vol IV
Wise, Steve, Vol I
Wise, Sydney F., Vol I
Wiseman, James A., Vol IV
Wiseman, John Bailes, Vol I
Wiseman, Mary Bittner, Vol I, V
Wiser, Vivian, Vol I
Wishard, Armin, Vol III
Wishart, Lynn, Vol IV
Wishne, Brian, Vol I
Wisneski, Richard, Vol II
Wisse, Ruth R., Vol III
Wissler, Robert W., Vol IV
Witcombe, Christopher L. C. E., Vol I
Witek, John W., Vol I
Witemeyer, Hugh, Vol II
Witherell, Elizabeth H., Vol II
Witherington, Ben, Vol IV
Witherspoon, Edward, Jr., Vol IV
Withington, Ann F., Vol I
Withington, William Adriance, Vol I
Withrow, William, Vol I
Witke, E. C., Vol II
Witkin-New Holy, Alexandra, Vol V
Witman, Edward Paul, Vol IV
Witmer, Diane F., Vol II
Witmer, Donald G., Vol IV
Witt, Charlotte, Vol IV
Witt, Doris, Vol II
Witt, Irving M., Vol V
Witt, Mary Ann Frese, Vol III
Witt, Robert Wayne, Vol II
Witt, Ronald Gene, Vol I
Witte, Ann Dryden, Vol IV
Witte, John, Jr., Vol IV
Wittebols, James H., Vol II
Wittig, Joseph Sylvester, Vol I, II
Wittkowski, Wolfgang, Vol III
Wittner, Lawrence Stephen, Vol I
Wittreich, Joseph Anthony, Jr, Vol II
Wittrock, Merlin Carl, Vol V
Wittrup, Eleanor, Vol IV
Wlater, Otis M., Vol II
Wobst, H. Martin, Vol I
Woehrmann, Paul John, Vol I
Wogaman, John Philip, Vol IV
Wohl, Anthony Stephen, Vol I
Wohl, Robert, Vol I
Wohlgelernter, Maurice, Vol II
Wojcik, Daniel, Vol II, V
Wojcik, Mark E., Vol IV
Wolach, Allen H., Vol V
Wolak, William J., Vol II
Wolf, Arnold J., Vol IV
Wolf, Donald, Vol II
Wolf, Eugene Kendrick, Vol II
Wolf, George D., Vol I
Wolf, Herbert Christian, Vol IV
Wolf, Kenneth Baxter, Vol I, IV
Wolf, Mark J. P., Vol II
Wolf, Maryanne, Vol V
Wolf, Reva J., Vol I
Wolf, Susan R., Vol IV
Wolf, Thomas Phillip, Vol IV
Wolfe, Alan, Vol IV
Wolfe, Christopher, Vol IV
Wolfe, David L., Vol IV, V
Wolfe, Deborah Cannon Partridge, Vol IV
Wolfe, Ethyle Renee, Vol II, III
Wolfe, Gary Kent, Vol II
Wolfe, Michael, Vol I
Wolfe, Ralph Haven, Vol II
Wolfe, Robert F., Vol IV
Wolfenson, James David, Vol II
Wolfenstein, E. Victor, Vol IV
Wolfer, Loreen T., Vol V
Wolff, Cynthia Griffin, Vol II
Wolff, Florence I., Vol II
Wolff, George, Vol II
Wolff, Gerald W., Vol I
Wolff, Janet, Vol I
Wolff, John Ulrich, Vol III
Wolff, Robert Paul, Vol IV
Wolff, Roland A., Vol III
Wolfgang, Lenora D., Vol III
Wolfman, Bernard, Vol IV
Wolford, R., Vol V
Wolfram, Charles W., Vol IV
Wolgast, Eliz H., Vol II, IV
Wollaeger, Mark A., Vol II
Wollenberg, Bruce, Vol IV
Wollman, David Harris, Vol I
Woloch, George Michael, Vol II, III
Woloch, Isser, Vol I
Woloch, Nancy, Vol I
Wolohojian, Stephan S., Vol I
Wolowitz, Howard M., Vol V
Wolper, Ethel Sara, Vol I
Wolper, Roy S., Vol II
Wolsey, Mary Lou Morris, Vol III
Wolter, John A., Vol I
Wolters, Oliver William, Vol I
Wolters, Raymond, Vol I
Wolverton, Robert E., Vol II, III
Wolvin, Andrew D., Vol II, III
Womack, Morris M., Vol II
Womack, Whitney, Vol II
Wong, Bernard P., Vol V
Wong, Eugene F., Vol V
Wong, Jean, Vol III
Wong, Timothy C., Vol II, III
Wood, Andelys, Vol II
Wood, Barbara, Vol II
Wood, Bryant G., Vol III, IV
Wood, Carol L., Vol II, III
Wood, Carolyn B., Vol I
Wood, Charles B., III, Vol I
Wood, Charles M., Vol IV
Wood, Charles Tuttle, Vol I
Wood, Corrine Shear, Vol V
Wood, Curtis W., Vol I
Wood, David C., Vol IV
Wood, Forrest E., Jr., Vol IV
Wood, Forrest Glen, Vol I, IV
Wood, Gerald Carl, Vol II
Wood, Gordon Stewart, Vol I
Wood, James Brian, Vol I
Wood, John A., Vol IV
Wood, Julia T., Vol II
Wood, Nancy, Vol II
Wood, Paul William, Vol III
Wood, Peter H., Vol I
Wood, Philip R., Vol III
Wood, Rega, Vol IV
Wood, Richard L., Vol V
Wood, Robert, Vol IV
Wood, Ruth, Vol II
Wood, Susan H., Vol II
Wood, Walter Kirk, Vol I
Wood, William L., Jr., Vol IV
Woodall, Natalie Joy, Vol II
Woodard, Emory H., IV, Vol II
Woodard, Fredrick, Vol V
Woodard, Komazi, Vol I
Woodard, Roger, Vol III
Woodbridge, Hensley Charles, Vol III
Woodbridge, John M., Vol I, II
Woodbridge, Linda, Vol II
Wooddell, George, Vol V
Woodell, Harold, Vol II
Woodhouse, Edward James, Vol IV
Woodhouse, Mark B., Vol IV
Woodland, Calvin Emmanuel, Vol V
Woodman, Harold David, Vol I
Woodman, Taylor, Vol I
Woodmansee, Martha, Vol II
Woodress, James, Vol II
Woodring, Andrew N., Vol IV
Woodring, Carl, Vol II
Woodroffe, Annette, Vol V
Woodrow-Lafield, Kare, Vol V
Woodruff, Nan Elizabeth, Vol I
Woodruff, Paul, Vol IV
Woods, Alan Lambert, Vol I, II
Woods, Daniel, Vol I
Woods, David L., Vol II
Woods, Jeannie Marlin, Vol II
Woods, Joseph Michael, Vol I
Woods, Randall, Vol I
Woods, Robert L., Vol I
Woods, William Forrestere, Vol II
Woods, Willie G., Vol II
Woodson, Linda, Vol II
Woodson, Thomas, Vol II
Woodward, Carolyn, Vol II, V
Woodward, David, Vol I
Woodward, David Reid, Vol I
Woodward, J., Vol IV
Woodward, Pauline, Vol II
Woodward, Ralph L., Vol I
Woodward, Steven P., Vol II
Woodyard, David O., Vol IV
Wooldredge, John, Vol IV
Wooldridge, John B., Vol III
Wooley, Allan D., Vol III
Wooley, Wesley Theodore, Vol I
Woolf, Leonard, Vol II
Woolford, Ellen, Vol III
Woolley, James, Vol II
Woolley, Peter J., Vol I, IV
Woolsey, Robert, Vol IV
Wooster, Ralph Ancil, Vol I
Wooster, Robert, Vol I
Wooten, Cecil W., Vol II, III
Worcester, Donald Emmet, Vol I
Work, James, Vol II
Works, John A., Vol I
Works, Robert G., Vol IV
Worley, David W., Vol II
Worobec, Christine D., Vol I
Worrall, Arthur John, Vol I
Worrall, Janet Evelyn, Vol I
Worrill, Conrad W., Vol V
Worsfold, Victor, Vol I
Worth, Dean Stoddard, Vol III
Worth, Fabienne Andre, Vol II, III
Worth, George John, Vol II
Worth, Sarah Elizabeth, Vol IV
Wortham, Anne, Vol V
Wortham, Thomas, Vol II
Worthen, Thomas, Vol I
Worthen, Thomas, Vol II, III
Worthen, Vaughn E., Vol V
Worthington, Ian, Vol I, II, III
Worthy, Barbara Ann, Vol I
Wortman, Richard, Vol I
Wortman, Roy Theodore, Vol I
Wortman, William A., Vol II
Worzbyt, John C., Vol V
Wosh, Peter J., Vol I
Woshinsky, Barbara, Vol III
Wosinska, Wilhelmina, Vol V
Wosk, Julie, Vol I, II
Wozniak, Judith, Vol I
Wozniuk, Vladimir, Vol I
Wrage, William, Vol III
Wray, David L., Vol III
Wren, Daniel Alan, Vol IV
Wren, Thomas, Vol IV
Wreszin, Michael, Vol I
Wriggins, Jennifer, Vol IV
Wright, Austin M., Vol II
Wright, Charles Alan, Vol IV
Wright, Danaya C., Vol IV
Wright, Deborah Kempf, Vol II
Wright, Donald R., Vol I
Wright, George Thaddeus, Vol II
Wright, Georgia Sommers, Vol I
Wright, Gwendolyn, Vol I
Wright, H. Bunker, Vol II
Wright, Harrison Morris, Vol I
Wright, James Edward, Vol I
Wright, Janis, Vol II
Wright, John, Vol III
Wright, John, Vol IV
Wright, John H., Vol IV
Wright, John Robert, Vol I, IV
Wright, Josephine, Vol II
Wright, Larry, Vol IV
Wright, Marcia, Vol I
Wright, Michelle M., Vol II
Wright, Nicholas Thomas, Vol IV
Wright, Robert L., Vol II, V
Wright, Roberta V. Hughes, Vol IV
Wright, Roosevelt R., Jr., Vol II
Wright, Scott Kenneth, Vol I
Wright, Stephen Caldwell, Vol II
Wright, Terrence C., Vol II, IV
Wright, Theodore P., Jr., Vol I
Wright, Thomas C., Vol I
Wright, Thomas L., Vol II
Wright, William John, Vol I
Wright-Botchwey, Roberta Yvonne, Vol IV
Wrobel, Arthur, Vol II
Wrobel, David M., Vol I
Wrobel, Janusz, Vol III
Wrong, Dennis H., Vol V
Wu, Frank H., Vol IV
Wu, Joseph Sen, Vol III, IV
Wu, Julie L., Vol IV
Wu, Kuang-Ming, Vol IV
Wu, Pei-Yi, Vol I, III
Wubnig, Judy, Vol IV
Wullf, Donald H., Vol II
Wunder, John R., Vol I
Wunderli, Richard M., Vol I
Wunsch, James Stevenson, Vol I, IV
Wurzburger, Walter S., Vol IV
Wutz, Michael, Vol II
Wyatt, David Kent, Vol I
Wyatt, David M., Vol II
Wyatt, Don, Vol I
Wyatt, William F., Vol II, III
Wyatt-Brown, Anne M., Vol III
Wyatt-Brown, Bertram, Vol I
Wyczynski, Paul, Vol II
Wydrzynski, Christopher J., Vol IV
Wyke, Clement Horatio, Vol II
Wykes, David, Vol II
Wylder, Delbert E., Vol II
Wylie, A., Vol IV
Wylie, Hal, Vol II, III
Wyma, Keith D., Vol IV
Wyman, David S., Vol I
Wyman, Linda Lee, Vol II
Wynar, Lubomyr Roman, Vol I
Wynes, Charles Eldridge, Vol I
Wyngaard, Amy S., Vol III
Wynn, Dianna, Vol II
Wynn, Jean M., Vol V
Wyre, Stanley Marcel, Vol IV
Wyrick, Floyd I., Vol V
Wyrick, Stephen Von, Vol III, IV
Wyschogrod, Michael, Vol IV
Wysong, Earl, Vol IV, V
Wyss, Hilary W., Vol I, II
Xiao, Hong, Vol V
Xie, Xiaolin, Vol V
Xing, Jun, Vol I
Xiong, Victor, Vol I
Xu, Guangqin, Vol I
Xu, Ping, Vol III
Yablonsky, Lewis, Vol V
Yaffe, Martin David, Vol IV
Yager, Geoffrey, Vol V
Yagisawa, Takasi, Vol IV
Yahnke, Robert Eugene, Vol II
Yalden, Janice, Vol III
Yalden, Robert, Vol IV
Yalkut, Carolyn, Vol II
Yalowitz, Steven, Vol IV
Yamada, David C., Vol IV
Yamada, Reiko, Vol III
Yamamoto, Masahiro, Vol I
Yamamoto, Traise, Vol I, II
Yamashita, Samuel Hideo, Vol I
Yamashita, Tadanori, Vol IV
Yamauchi, Edwin Masao, Vol I, III
Yamauchi, Joanne, Vol V
Yan, Margaret M., Vol III, V
Yanal, Robert J., Vol IV
Yancy, Dorothy Cowser, Vol IV
Yancy, Kathleen Blake, Vol II
Yancy, Preston Martin, Vol II
Yandell, Cathy M., Vol II
Yandell, K. David, Vol IV
Yandell, Keith E., Vol IV
Yang, Fenggang, Vol IV, V
Yang, Insun, Vol III
Yang, Mimi, Vol III
Yang, Peter Jianhua, Vol III
Yang, Sung Chul, Vol I
Yang, Winston L., Vol I
Yang, Xiaobin, Vol II, III
Yang, Xiaosi, Vol IV
Yang, Zongsui, Vol I
Yannatos, James, Vol II
Yannella, Donald, Vol II
Yanni, Carla, Vol I
Yaqub, Aladdin M., Vol IV
Yarborough, Richard A., Vol I
Yarbrough, Marilyn Virginia, Vol IV
Yarbrough, O. Larry, Vol IV
Yardley, J. C., Vol II, III
Yarrison, Betsy, Vol III
Yartz, Frank, Vol IV
Yaruss, J. Scott, Vol II
Yasko, Richard Anthony, Vol I
Yates, Donald Alfred, Vol III
Yates, Gayle Graham, Vol I
Yates, Jenny, Vol IV
Yates, Robin D. S., Vol I
Yates, Wilson, Vol IV
Ybarrola, Steven J., Vol V
Yeager, Robert Frederick, Vol II
Yeandle, Laetitia, Vol I
Yearsley, David, Vol II
Yeazell, Ruth Bernard, Vol II
Yee, Gale A., Vol IV
Yegge, Robert Bernard, Vol IV
Yegul, Fikret Kutlu, Vol I
Yeh, Michelle, Vol III
Yeh, Wen-hsin, Vol I
Yehuda, Simone N., Vol II, III
Yelin, Louise, Vol II
Yellen, Janet L., Vol IV
Yellin, Jean Fagan, Vol I, II
Yellin, Victor Fell, Vol I
Yelton, David K., Vol I
Yen, D. E., Vol V
Yen, Shu-Chen, Vol V
Yenser, Stephen I., Vol II
Yeo, Khiok-Khng, Vol IV
Yerkes, David, Vol II, III
Yerushalmi, Yosef Hayim, Vol I
Yerxa, Donald A., Vol I
Yetiv, Isaac, Vol III
Yetman, Michael G., Vol II
Yetman, Norman Roger, Vol I, V
Yezzi, Ronald D., Vol IV
Yezzo, Dominick, Vol II
Yiannopoulos, A. N., Vol IV
Yick, Joseph Kong Sang, Vol I
Yin, Xiao-Huang, Vol I
Yingling, Julie, Vol II
Yip, Christopher, Vol I
Yip, Ka-che, Vol I
Yizar, Marvin, Vol IV
Yocom, Margaret Rose, Vol II, V
Yocum, Glenn E., Vol IV
Yocum, Sandra Mize, Vol IV
Yoder, Don, Vol II
Yoder, Janice, Vol V
Yoder, John, Vol I, IV
Yoder, Lauren Wayne, Vol III
Yoder, R. Paul, Vol I
Yoke, Carl B., Vol II
Yoken, Mel B., Vol III
Yolton, John W., Vol IV
Yoon, Won Z., Vol I
Yordon, Judy E., Vol II
York, Anthony Delano, Vol IV
York, Lorraine, Vol II
York, Neil L., Vol I
Yoshioka, Marianne R., Vol V
Yost, Robinson M., Vol I
Youm, K. H., Vol II
Young, Alfred, Vol I
Young, Alfred F., Vol I
Young, Andy, Vol V

Young, Arlene, Vol II
Young, Arthur P., Vol II
Young, C., Vol II
Young, Charles Robert, Vol I
Young, Cynthia A., Vol I, II
Young, David, Vol II
Young, David, Vol IV
Young, David Charles, Vol II, III
Young, Dolly J., Vol III
Young, Dwight Wayne, Vol III
Young, Elizabeth Bell, Vol II
Young, Elizabeth V., Vol II
Young, Ernest A., Vol IV
Young, Howard Thomas, Vol III
Young, James A., Vol I, II
Young, James Harvey, Vol I
Young, James O., Vol IV
Young, James Van, Vol IV
Young, Jane J., Vol II
Young, John Terry, Vol IV
Young, Jordan Marten, Vol I
Young, Kay, Vol II
Young, Kenneth Ray, Vol I
Young, M. Jane, Vol I
Young, Mary, Vol III
Young, Mary Elizabeth, Vol I
Young, Michael, Vol II
Young, Michael B., Vol I
Young, Michael K., Vol IV
Young, Otis E., Vol I
Young, Pamela Dickey, Vol IV
Young, Phillips Edward, Vol IV
Young, Richard E., Vol II
Young, Richard F., Vol III
Young, Robert, Vol I
Young, Robert John, Vol I
Young, Robert Vaughan, Vol II, III
Young, Theodore Robert, Vol III
Young, William C., Vol V
Young, William H., Vol I
Young, William Robert, Vol I
Young, Zenaida Isabel, Vol I
Young-Eisendrath, Polly, Vol V
Young-Ferrell, Brenda, Vol III
Youngblood, Denise J., Vol I
Youngblood, Ronald F., Vol IV
Younger, John Grimes, Vol I
Younger, Kelly, Vol II
Youngman, C. Van, Vol V
Youniss, James, Vol V
Yount, William R., Vol V
Yovel, Yirmiyahu, Vol IV
Yowell, Robert L., Vol II
Yox, Andrew, Vol I, V
Yu, Anthony C., Vol III, IV
Yu, Clara, Vol III
Yu, Henry, Vol I
Yu, Ning, Vol III
Yu, Shiao-Ling, Vol III
Yuan, Tsing, Vol I
Yuan, Yuan, Vol II
Yudin, Florence L., Vol II, III
Yun, Samuel, Vol IV
Yungblut, Laura Hunt, Vol I
Yura, Michael T., Vol IV
Yusa, M., Vol IV
Zaas, Peter S., Vol IV
Zabel, Craig, Vol I
Zabel, James Allen, Vol I
Zablotsky, Peter A., Vol IV
Zacek, Joseph Frederick, Vol I
Zacharias, Greg, Vol II
Zacharias, Ravi, Vol IV, V
Zachary, Steven W., Vol IV
Zachau, Reinhard Konrad, Vol III
Zacher, Christian Keeler, Vol II
Zack, Arnold Marshall, Vol IV
Zack, Naomi, Vol IV
Zackel, Fred, Vol II
Zaderenko, Irene, Vol III
Zaferson, William S., Vol II, III, IV
Zafren, Herbert C., Vol II
Zagano, Phyllis, Vol II, IV
Zagarell, Sandra Abelson, Vol II
Zagarri, Rosemarie, Vol I
Zagorin, Perez, Vol I
Zahareas, Anthony, Vol III
Zaharna, Rhonda S., Vol II
Zaharopoulos, Thimios, Vol II
Zahavy, Tzvee, Vol IV
Zahniser, A. H. Mathias, Vol I
Zahniser, Marvin Ralph, Vol I
Zahorski, Kenneth, Vol II
Zakahi, Walter R., Vol II
Zaki, Mamoon, Vol IV
Zakowski, Sandra, Vol V
Zalacain, Daniel, Vol II, III
Zalesch, Saul E., Vol I
Zaller, Robert, Vol I
Zamora, Juan C., Vol III
Zamparelli, Thomas, Vol III
Zaner, Richard, Vol IV
Zangrando, Joanna Schneider, Vol I, V
Zangrando, Robert Lewis, Vol I
Zank, Michael, Vol IV
Zants, Emily, Vol II, III
Zapf, Patricia A., Vol V
Zarembka, Paul, Vol IV
Zaslaw, Neal, Vol II
Zastrow, Charles H., Vol V
Zatlin, Linda Gertner, Vol II
Zatlin, Phyllis, Vol III
Zavarzadeh, Mas'ud, Vol II
Zavestoski, Stephen, Vol V
Zavodny, John, Vol IV
Zawawi, Sharifa, Vol III
Zax, Jeffrey S., Vol IV
Zayas-Bazan, Eduardo, Vol III
Zboray, Mary Saracino, Vol I
Zboray, Ronald J., Vol I
Zebouni, Selma, Vol II
Zecker, Steven G., Vol V
Zegura, Elizabeth Chesney, Vol II, III
Zehr, Howard, Vol V
Zehr, Stephen C., Vol V
Zeidel, Robert F., Vol I
Zeiger, Melissa F., Vol II
Zeigler, Donald J., Vol I
Zeitlin, Froma I., Vol III
Zeitlin, Maurice, Vol V
Zeitlin, Michael, Vol II
Zeitz, Eileen, Vol II, III
Zekulin, Nicholas Gleb, Vol III
Zelin, Madeleine, Vol I
Zelinski, Wilbur, Vol I
Zeller, Richard A., Vol V
Zeller, Suzanne, Vol I
Zellner, Harold Marcellars, Vol IV
Zelnik, Reginald Ely, Vol I
Zeman, Jarold K., Vol I, IV
Zeman, Vladimir, Vol IV
Zemans, Joyce P., Vol I
Zemel, Carol, Vol I
Zender, Karl Francis, Vol II
Zenteno, Gloria Estela Gonzalez, Vol III
Zerai, Assata, Vol V
Zeuschner, Raymond F., Vol II
Zevit, Ziony, Vol III
Zgusta, Ladislav, Vol III
Zhang, Weihau, Vol II
Zhao, Quansheng, Vol IV
Zheng, Jianqing, Vol II
Zheng, Yiwei, Vol IV
Zholkovsky, Alexander, Vol III
Zhou, Jian-Zhong, Vol II
Zhou, Peter Xinping, Vol III
Zhou, Xueguang, Vol V
Zhu, Liping, Vol I
Zhuk, Sergei I., Vol I
Ziadeh, Farhat Jacob, Vol III
Ziarek, Ewa, Vol II
Ziarek, Krzysztof, Vol II
Ziefle, Helmut W., Vol I, III
Ziegelmueller, George W., Vol II
Zieger, R. H., Vol I
Ziegler, Dhyana, Vol II
Ziegler, Paul R., Vol I
Ziegler, Vickie Lynne, Vol III
Ziemke, Earl Frederick, Vol I
Zietlow, Rebecca, Vol IV
Ziewacz, Lawrence E., Vol I
Ziff, Larzer, Vol II
Ziffer, Walter, Vol IV
Zigler, Edward, Vol V
Zigler, Ronald L., Vol V
Zilcosky, John, Vol III
Zile, Zigurds Laimons, Vol IV
Zilfi, Madeline Carol, Vol I, IV, V
Zillman, Donald N., Vol IV
Zilversmit, Arthur, Vol I
Zimany, Roland Daniel, Vol IV
Zimbardo, Rose A., Vol II
Zimmer, Joseph E., Vol V
Zimmer, Louis Bernard, Vol I
Zimmerman, Dean, Vol IV
Zimmerman, Diane L., Vol IV
Zimmerman, Earl, Vol IV
Zimmerman, Evertett, Vol II
Zimmerman, Franklin B., Vol II
Zimmerman, James A., Vol I
Zimmerman, Joseph F., Vol IV
Zimmerman, Josh, Vol I
Zimmerman, Joyce Ann, Vol IV
Zimmerman, Loretta Ellen, Vol I
Zimmerman, Michael, Vol II
Zimmerman, Michael E., Vol IV
Zimmerman, Zora Devrnja, Vol III, V
Zimmermann, Thomas C. Price, Vol I
Zinkin, Melissa R., Vol IV
Zinn, Grover A., Vol I, IV
Zinni, Hannah Case, Vol III
Ziolkowski, Eric Jozef, Vol II, IV
Ziolkowski, Jan M., Vol II
Ziolkowski, John Edmund, Vol III
Ziolkowski, Margaret C., Vol III, V
Ziolkowski, Theodore J., Vol III
Zipes, Jack, Vol I
Zirin, Ronald A., Vol II, III
Ziring, Lawrence, Vol IV
Zirinsky, Michael Paul, Vol I, IV
Zirkel, Patricia McCormick, Vol I, IV
Zito, Angela, Vol IV
Zittrain, Jonathan L., Vol IV
Zlogar, Laura, Vol II
Zlotchew, Clark M., Vol III
Zlotkin, Norman, Vol IV
Zlotnick, Joan C., Vol II
Zlotsky, Andres, Vol II, III
Znayenko, Myroslava, Vol I
Zoch, Lynn M., Vol II
Zohn, Harry, Vol III
Zolberg, Vera L., Vol V
Zolbrod, Paul Geyer, Vol II, III
Zollweg, William, Vol V
Zompetti, Joseph P., Vol II
Zonderman, David A., Vol I
Zong, Desheng, Vol IV
Zongo, Opportune Marie, Vol V
Zook, Donna M., Vol V
Zophy, Jonathan W., Vol I
Zorita, C. Angel, Vol III
Zou, Ke, Vol III
Zuber, Richard Lee, Vol I
Zubizarreta, Armando F., Vol III
Zubizarreta, Maria Luisa, Vol III
Zuck, Lowell H., Vol I, IV
Zucker, Alfred John, Vol I, II
Zucker, Arnold H., Vol V
Zucker, David Hard, Vol II
Zucker, George K., Vol III
Zuckerman, Bruce, Vol I
Zuckerman, Marvin, Vol V
Zuckerman, Mary Ellen, Vol II
Zuckerman, Michael, Vol I
Zuidervaart, Lambert P., Vol IV
Zuker, Joel, Vol II
Zukowski, Edward, Jr., Vol IV
Zukowsky, John, Vol I
Zulauf, Sander W., Vol II
Zulfacar, Maliha, Vol V
Zunz, Olivier, Vol I
Zupancic, Metka, Vol III
Zupko, Jack, Vol IV
Zupko, Ronald Edward, Vol I
Zurakowski, Michele M., Vol II
Zuravin, Susan, Vol V
Zurlo, John A., Vol II
Zuss, Mark, Vol V
Zvi, Ehud Ben, Vol IV
Zweers, Alexander Frederik, Vol III
Zweibel, Ellen, Vol IV
Zweig, Arnulf, Vol IV
Zweig, Ellen, Vol II
Zwerdling, Alex, Vol II
Zwicker, Heather S., Vol II
Zwicker, Steven Nathan, Vol II
Zwicky, Jan, Vol IV
Zwiebach, Burton, Vol IV
Zychowicz, James L., Vol II
Zyla, Wolodymyr T., Vol III
Zytaruk, George J., Vol II